2026

노동소법전

중앙경제

머리말

저희 주식회사 중앙경제는 「노동법통람」·「노동법편람」등 노동 관련 법전과 월간 「노동법률」·「HR Insight」등 월간지, 노동과 인사 관련 단행본 등을 발행하며 40여년을 이어온 노동전문 종합출판기업입니다.

또한, 2000년부터는 노동법 포털사이트 이레이버(www.elabor.co.kr)를 구축하여 각종 노동 관련 서비스를 적시에 제공하고 있으며, 2003년 11월부터 운영하고 있는 「중앙경제 HR교육원」도 교육시장에서 큰 호응을 얻고 있습니다.

본 「실무 노동소법전」 또한 「'94 노동법실무소법전」으로 처음 발행되어 여러분의 꾸준한 관심과 사랑에 힘입어 명실상부한 실무법전으로 오늘에 이르고 있습니다.

'실무 노동소법전'은 소법전으로서 갖추어야 할 가볍고·얇고·작다는 장점을 최대한 살리면서도 보다 많은 자료를 수록하기 위해 양질의 얇은 종이를 사용하였으며, 눈의 피로를 최대한 줄이고 가독성을 높이기 위한 편집에 심혈을 기울여 기업의 인사노무담당자 또는 노조관계자, 공무원 등이 실무현장에서 편리하고 효율적으로 활용하실 수 있도록 제작하였습니다.

'2026 실무 노동소법전'은 2026년 1월 중순까지 개정·공포된 주요 노동관계법의 법·령·규칙 전문과 별표를 수록하였으며, 각 법률의 조문 말미에는 위반 시의 적용 벌칙(벌)을 수록하였고, 각 법과 령의 조문 말미에는 그와 관련된 시행령(령)과 시행규칙(칙)의 조문 번호를 수록하였으며, 개정일과 시행일에 상당한 차이가 있는 조문 등은 개정직전조문과 개정조문을 함께 수록하여 법조문 인지에 도움이 되도록 노력하였습니다. 또한, 부록으로 '연간 노무/HR일지'와 2026년 적용되는 주요 '고용노동부 고시'를 요약 수록하였습니다.

아무쪼록 '실무 노동소법전'이 현장 실무에 많은 도움이 되기를 바라며, 발간에 관심을 보여주신 독자 여러분 및 회원사께 깊은 감사를 드립니다.

2026년 1월

주식회사 중앙경제 편집부 일동

최종 제·개정 내역

❑ 근로기준법
[법] 2025.10.01 법률 제21065호(타법)
[령] 2025.04.08 대통령령 제35436호
[칙] 2025.02.21 고용노동부령 제436호

❑ 최저임금법
[법] 2020.05.26 법률 제17326호(타법)
[령] 2018.12.31 대통령령 제29469호
[칙] 2025.12.30 고용노동부령 제459호(타법)

❑ 임금채권보장법
[법] 2025.11.11 법률 제21137호
[령] 2025.12.30 대통령령 제35948호(타법)
[칙] 2025.10.01 고용노동부령 제453호(타법)

❑ 근로자퇴직급여보장법
[법] 2025.11.11 법률 제21135호
[령] 2024.05.28 대통령령 제34533호(타법)
[칙] 2022.07.12 고용노동부령 제359호

❑ 남녀고용평등과일·가정 양립지원에관한법률
[법] 2025.10.01 법률 제21065호(타법)
[령] 2025.10.01 대통령령 제35806호(타법)
[칙] 2025.10.01 고용노동부령 제453호(타법)

❑ 고용상연령차별금지및 고령자고용촉진에관한법률
[법] 2022.06.10 법률 제18921호
[령] 2024.12.24 대통령령 제35100호(타법)
[칙] 2025.12.31 고용노동부령 제457호

❑ 기간제및단시간근로자 보호등에관한법률
[법] 2021.05.18 법률 제18177호
[령] 2021.04.06 대통령령 제31611호(타법)
[칙] 2007.06.29 노동부령 제277호

❑ 파견근로자보호등에관한법률
[법] 2020.12.08 법률 제17605호
[령] 2025.06.20 대통령령 제35597호(타법)
[칙] 2024.06.12 고용노동부령 제416호(타법)

❑ 채용절차의공정화에관한법률
[법] 2020.05.26 법률 제17326호(타법)
[령] 2019.07.09 대통령령 제29963호
[칙] 2014.12.31 고용노동부령 제119호

❑ 노동조합및노동관계조정법
[법] 2025.09.09 법률 제21045호
[령] 2025.08.05 대통령령 제35696호(타법)
[칙] 2025.10.01 고용노동부령 제453호(타법)

❑ 근로자참여및협력증진에관한법률
[법] 2022.06.10 법률 제18927호
[령] 2022.11.08 대통령령 제32983호
[칙] 2023.06.08 고용노동부령 제381호

❑ 산업재해보상보험법
[법] 2025.11.11 법률 제21136호
[령] 2025.12.30 대통령령 제35947호(타법)
[칙] 2025.06.20 고용노동부령 제445호

❑ 고용보험및산업재해보상보험의 보험료징수등에관한법률
[법] 2022.12.31 법률 제19209호
[령] 2025.12.23 대통령령 제35935호

❑ 고용보험법
[법] 2025.11.11 법률 제21133호
[령] 2025.12.30 대통령령 제35947호(타법)

❑ 산업안전보건법
[법] 2025.10.01 법률 제21065호(타법)
[령] 2025.10.01 대통령령 제35805호(타법)

총 목 차

산업재해보상보험법 … 539

고용보험 및 산업재해보상보험의 보험료징수 등에 관한 법률 … 785

고용보험법 … 907

근로기준법

근로기준법

전부개정 2007. 4.11 법률 제 8372호
개정 2007. 5.17 법률 제 8435호
〈생략〉
2021. 4.13 법률 제18037호
2021. 5.18 법률 제18176호
2024.10.22 법률 제20520호
2025.10. 1 법률 제21065호

제1장 총 칙

제1조 【목적】 이 법은 헌법에 따라 근로조건의 기준을 정함으로써 근로자의 기본적 생활을 보장, 향상시키며 균형 있는 국민경제의 발전을 꾀하는 것을 목적으로 한다.

제2조 【정의】 ① 이 법에서 사용하는 용어의 뜻은 다음과 같다.

1. "근로자"란 직업의 종류와 관계없이 임금을 목적으로 사업이나 사업장에 근로를 제공하는 사람을 말한다. (2020.5.26 개정)
2. "사용자"란 사업주 또는 사업 경영 담당자, 그 밖에 근로자에 관한 사항에 대하여 사업주를 위하여 행위하는 자를 말한다.
3. "근로"란 정신노동과 육체노동을 말한다.
4. "근로계약"이란 근로자가 사용자에게 근로를 제공하고 사용자는 이에 대하여 임금을 지급하는 것을 목적으로 체결된 계약을 말한다.
5. "임금"이란 사용자가 근로의 대가로 근로자에게 임금, 봉급, 그 밖에 어떠한 명칭으로든지 지급하는 모든 금품을 말한다. (2020.5.26 개정)
6. "평균임금"이란 이를 산정하여야 할 사유가 발생한 날 이전 3개월 동안에 그 근로자에게 지급된 임금의 총액을 그 기간의 총일수로 나눈 금액을 말한다. 근로자가 취업한 후 3개월 미만인 경우도 이에 준한다.
7. "1주"란 휴일을 포함한 7일을 말한다. (2018.3.20 신설)
8. "소정(所定)근로시간"이란 제50조, 제69조 본문 또는 「산업안전보건법」 제139조제1항에 따른 근로시간의 범위에서 근로자와 사용자 사이에 정한 근로시간을 말한다. (2019.1.15 개정)
9. "단시간근로자"란 1주 동안의 소정근로시간이 그 사업장에서 같은 종류의 업무에 종사하는 통상 근로자의 1주 동안의 소정근로시간에 비하여 짧은 근로자를 말한다. (2018.3.20 개정)

② 제1항제6호에 따라 산출된 금액이 그 근로자의 통상임금보다 적으면 그 통상임금액을 평균임금으로 한다.

령 제2조·제4조·제6조

제3조 【근로조건의 기준】 이 법에서 정하는 근로조건은 최저기준이므로 근로 관계 당사자는 이 기준을 이유로 근로조건을 낮출 수 없다.

제4조 【근로조건의 결정】 근로조건은 근로자와 사용자가 동등한 지위에서 자유의사에 따라 결정하여야 한다.

제5조 【근로조건의 준수】 근로자와 사용자는 각자가 단체협약, 취업규칙과 근로계약을 지키고 성실하게 이행할 의무가 있다.

제6조 【균등한 처우】 사용자는 근로자에 대하여 남녀의 성(性)을 이유로 차별적 대우를 하지 못하고, 국적·신앙 또는 사회적 신분을 이유로 근로조건에 대한 차별적 처우를 하지 못한다.

벌 법 제6조를 위반한 자는 500만원 이하의 벌금에 처한다. (법 제114조제1호)

제7조 【강제 근로의 금지】 사용자는 폭행, 협박, 감금, 그 밖에 정신상 또는 신체상의 자유를 부당하게 구속하는 수단으로써 근로자의 자유의사에 어긋나는 근로를 강요하지 못한다.

벌 법 제7조를 위반한 자는 5년 이하의 징역 또는 5천만원 이하의 벌금에 처한다. (법 제107조)

제8조 【폭행의 금지】 사용자는 사고의 발생이나 그 밖의 어떠한 이유로도 근로자에게 폭행을 하지 못한다.

벌 법 제8조를 위반한 자는 5년 이하의 징역 또는 5천만원 이하의 벌금에 처한다. (법 제107조)

제9조 【중간착취의 배제】 누구든지 법률에 따르지 아니하고는 영리로 다른 사람의 취업에 개입하거나 중간인으로서 이익을 취득하지 못한다.

벌 법 제9조를 위반한 자는 5년 이하의 징역 또는 5천만원 이하의 벌금에 처한다. (법 제107조)

제10조 【공민권 행사의 보장】 사용자는 근로자가 근로시간 중에 선거권, 그 밖의 공민권(公民權) 행사 또는 공(公)의 직무를 집행하기 위하여 필요한 시간을 청구하면 거부하지 못한다. 다만, 그 권리 행사나 공(公)의 직무를 수행하는 데에 지장이 없으면 청구한 시간을 변경할 수 있다.

벌 법 제10조를 위반한 자는 2년 이하의 징역 또는 2천만원 이하의 벌금에 처한다. (법 제110조제1호)

제11조 【적용 범위】 ① 이 법은 상시 5명 이상의 근로자를 사용하는 모든 사업 또는 사업장에 적용한다. 다만, 동거하는 친족만을 사용하는 사업 또는 사업장과 가사(家事) 사용인에 대하여는 적용하지 아니한다.

② 상시 4명 이하의 근로자를 사용하는 사업 또는 사업장에 대하여는 대통령령으로 정하는 바에 따라 이 법의 일부 규정을 적용할 수 있다.

③ 이 법을 적용하는 경우에 상시 사용하는 근로자 수를 산정하는 방법은 대통령령으로 정한다. (2008.3.21 신설)

령 제7조·제7조의2

제12조 【적용 범위】 이 법과 이 법에 따른 대통령령은 국가, 특별시·광역시·도, 시·군·구, 읍·면·동, 그 밖에 이에 준하는 것에 대하여도 적용된다.

제13조 【보고, 출석의 의무】 사용자 또는 근로자는 이 법의 시행에 관하여 고용노동부장관·「노동위원회법」에 따른 노동위원회(이하 "노동위원회"라 한다) 또는 근로감독관의 요구가 있으면 지체 없이 필요한 사항에 대하여 보고하거나 출석하여야 한다. (2010.6.4 개정)

벌 법 제13조에 따른 고용노동부장관, 노동위원회 또는 근로감독관의 요구가 있는 경우에 보고 또는 출석을 하지 아니하거나 거짓된 보고를 한 자에게는 500만원 이하의 과태료를 부과한다. (법 제116조제2항제1호)

제14조 【법령 주요 내용 등의 게시】 ① 사용자는 이 법과 이 법에 따른 대통령령의 주요 내용과 취업규칙을 근로자가 자유롭게 열람할 수 있는 장소에 항상 게시하거나 갖추어 두어 근로자에게 널리 알려야 한다. (2021.1.5 개정)

② 사용자는 제1항에 따른 대통령령 중 기숙사에 관한 규정과 제99조제1항에 따른 기숙사규칙을 기숙사에 게시하거나 갖추어 두어 기숙(寄宿)하는 근로자에게 널리 알려야 한다.

벌 법 제14조를 위반한 자에게는 500만원 이하의 과태료를 부과한다. (법 제116조제2항제2호)

제2장 근로계약

제15조 【이 법을 위반한 근로계약】 ① 이 법에서 정하는 기준에 미치지 못하는 근로조건을 정한 근로계약은 그 부분에 한정하여 무효로 한다. (2020.5.26 개정)

② 제1항에 따라 무효로 된 부분은 이 법에서 정한 기준에 따른다.

제16조 【계약기간】 근로계약은 기간을 정하지 아니한 것과 일정한 사업의 완료에 필요한 기간을 정한 것 외에는 그 기간은 1년을 초과하지 못한다. (※ 유효기간 : 2007.6.30)

벌 법 제16조를 위반한 자는 500만원 이하의 벌금에 처한다. (법 제114조제1호)

제17조 【근로조건의 명시】 ① 사용자는 근로계약을 체결할 때에 근로자에게 다음 각 호의 사항을 명시하여야 한다. 근로계약 체결 후 다음 각 호의 사항을 변경하는 경우에도 또한 같다. (2010.5.25 개정)

1. 임금 〈2010.5.25 신설〉
2. 소정근로시간 〈2010.5.25 신설〉
3. 제55조에 따른 휴일 〈2010.5.25 신설〉
4. 제60조에 따른 연차 유급휴가 〈2010.5.25 신설〉
5. 그 밖에 대통령령으로 정하는 근로조건 〈2010.5.25 신설〉

② 사용자는 제1항제1호와 관련한 임금의 구성항목·계산방법·지급방법 및 제2호부터 제4호까지의 사항이 명시된 서면(「전자문서 및 전자거래 기본법」 제2조제1호에 따른 전자문서를 포함한다)을 근로자에게 교부하여야 한다. 다만, 본문에 따른 사항이 단체협약 또는 취업규칙의 변경 등 대통령령으로 정하는 사유로 인하여 변경되는 경우에는 근로자의 요구가 있으면 그 근로자에게 교부하여야 한다. 〈2021.1.5 개정〉

벌 법 제17조를 위반한 자는 500만원 이하의 벌금에 처한다. (법 제114조 제1호)

령 제8조·제8조의2

제18조 【단시간근로자의 근로조건】 ① 단시간근로자의 근로조건은 그 사업장의 같은 종류의 업무에 종사하는 통상 근로자의 근로시간을 기준으로 산정한 비율에 따라 결정되어야 한다.

② 제1항에 따라 근로조건을 결정할 때에 기준이 되는 사항이나 그 밖에 필요한 사항은 대통령령으로 정한다.

③ 4주 동안(4주 미만으로 근로하는 경우에는 그 기간)을 평균하여 1주 동안의 소정근로시간이 15시간 미만인 근로자에 대하여는 제55조와 제60조를 적용하지 아니한다. 〈2008.3.21 개정〉

령 제9조

제19조 【근로조건의 위반】 ① 제17조에 따라 명시된 근로조건이 사실과 다를 경우에 근로자는 근로조건 위반을 이유로 손해의 배상을 청구할 수 있으며 즉시 근로계약을 해제할 수 있다.

② 제1항에 따라 근로자가 손해배상을 청구할 경우에는 노동위원회에 신청할 수 있으며, 근로계약이 해제되었을 경우에는 사용자는 취업을 목적으로 거주를 변경하는 근로자에게 귀향 여비를 지급하여야 한다.

칙 제2조

제20조 【위약 예정의 금지】 사용자는 근로계약 불이행에 대한 위약금 또는 손해배상액을 예정하는 계약을 체결하지 못한다.

벌 법 제20조를 위반한 자는 500만원 이하의 벌금에 처한다. (법 제114조 제1호)

제21조 【전차금 상계의 금지】 사용자는 전차금(前借金)이나 그 밖에 근로할 것을 조건으로 하는 전대(前貸)채권과 임금을 상계하지 못한다.

벌 법 제21조를 위반한 자는 500만원 이하의 벌금에 처한다. (법 제114조제1호)

제22조 【강제 저금의 금지】 ① 사용자는 근로계약에 덧붙여 강제 저축 또는 저축금의 관리를 규정하는 계약을 체결하지 못한다.

② 사용자가 근로자의 위탁으로 저축을 관리하는 경우에는 다음 각 호의 사항을 지켜야 한다.

1. 저축의 종류·기간 및 금융기관을 근로자가 결정하고, 근로자 본인의 이름으로 저축할 것
2. 근로자가 저축증서 등 관련 자료의 열람 또는 반환을 요구할 때에는 즉시 이에 따를 것

벌 법 제22조제1항을 위반한 자는 2년 이하의 징역 또는 2천만원 이하의 벌금에 처한다. (법 제110조제1호)

벌 법 제22조제2항을 위반한 자는 500만원 이하의 벌금에 처한다. (법 제114조제1호)

제23조 【해고 등의 제한】 ① 사용자는 근로자에게 정당한 이유 없이 해고, 휴직, 정직, 전직, 감봉, 그 밖의 징벌(懲罰)(이하 "부당해고등"이라 한다)을 하지 못한다.

② 사용자는 근로자가 업무상 부상 또는 질병의 요양을 위하여 휴업한 기간과 그 후 30일 동안 또는 산전(産前)·산후(産後)의 여성이 이 법에 따라 휴업한 기간과 그 후 30일 동안은 해고하지 못한다. 다만, 사용자가 제84조에 따라 일시보상을 하였을 경우 또는 사업을 계속할 수 없게 된 경우에는 그러하지 아니하다.

벌 법 제23조제2항을 위반한 자는 5년 이하의 징역 또는 5천만원 이하의 벌금에 처한다. (법 제107조)

제24조 【경영상 이유에 의한 해고의 제한】 ① 사용자가 경영상 이유에 의하여 근로자를 해고하려면 긴박한 경영상의 필요가 있어야 한다. 이 경우 경영 악화를 방지하기 위한 사업의 양도·인수·합병은 긴박한 경영상의 필요가 있는 것으로 본다.

② 제1항의 경우에 사용자는 해고를 피하기 위한 노력을 다하여야 하며, 합리적이고 공정한 해고의 기준을 정하고 이에 따라 그 대상자를 선정하여야 한다. 이 경우 남녀의 성을 이유로 차별하여서는 아니 된다.

③ 사용자는 제2항에 따른 해고를 피하기 위한 방법과 해고의 기준 등에 관하여 그 사업 또는 사업장에 근로자의 과반수로 조직된 노동조합이 있는 경우에는 그 노동조합(근로자의 과반수로 조직된 노동조합이 없는 경우에는 근로자의 과반수를 대표하는 자를 말한다. 이하 "근로자대표"라 한다)에 해고를 하려는 날의 50일 전까지 통보하고 성실하게 협의하여야 한다.

④ 사용자는 제1항에 따라 대통령령으로 정하는 일정한 규모 이상의 인원을 해고하려면 대통령령으로 정하는 바에 따라 고용노동부장관에게 신고하여야 한다. (2010.6.4 개정)
⑤ 사용자가 제1항부터 제3항까지의 규정에 따른 요건을 갖추어 근로자를 해고한 경우에는 제23조제1항에 따른 정당한 이유가 있는 해고를 한 것으로 본다.
령 제10조 칙 제3조

제25조 【우선 재고용 등】 ① 제24조에 따라 근로자를 해고한 사용자는 근로자를 해고한 날부터 3년 이내에 해고된 근로자가 해고 당시 담당하였던 업무와 같은 업무를 할 근로자를 채용하려고 할 경우 제24조에 따라 해고된 근로자가 원하면 그 근로자를 우선적으로 고용하여야 한다.
② 정부는 제24조에 따라 해고된 근로자에 대하여 생계안정, 재취업, 직업훈련 등 필요한 조치를 우선적으로 취하여야 한다.

제26조 【해고의 예고】 사용자는 근로자를 해고(경영상 이유에 의한 해고를 포함한다)하려면 적어도 30일 전에 예고를 하여야 하고, 30일 전에 예고를 하지 아니하였을 때에는 30일분 이상의 통상임금을 지급하여야 한다. 다만, 다음 각 호의 어느 하나에 해당하는 경우에는 그러하지 아니하다. (2019.1.15 개정)
1. 근로자가 계속 근로한 기간이 3개월 미만인 경우 (2019.1.15 신설)
2. 천재·사변, 그 밖의 부득이한 사유로 사업을 계속하는 것이 불가능한 경우 (2019.1.15 신설)
3. 근로자가 고의로 사업에 막대한 지장을 초래하거나 재산상 손해를 끼친 경우로서 고용노동부령으로 정하는 사유에 해당하는 경우 (2019.1.15 신설)

벌 법 제26조를 위반한 자는 2년 이하의 징역 또는 2천만원 이하의 벌금에 처한다. (법 제110조제1호)
칙 제4조

제27조 【해고사유 등의 서면통지】 ① 사용자는 근로자를 해고하려면 해고사유와 해고시기를 서면으로 통지하여야 한다.
② 근로자에 대한 해고는 제1항에 따라 서면으로 통지하여야 효력이 있다.
③ 사용자가 제26조에 따른 해고의 예고를 해고사유와 해고시기를 명시하여 서면으로 한 경우에는 제1항에 따른 통지를 한 것으로 본다. (2014.3.24 신설)

제28조 【부당해고등의 구제신청】 ① 사용자가 근로자에게 부당해고등을 하면 근로자는 노동위원회에 구제를 신청할 수 있다.
② 제1항에 따른 구제신청은 부당해고등이 있었던 날부터 3개월 이내에 하

여야 한다.
칙 제5조

제29조 【조사 등】 ① 노동위원회는 제28조에 따른 구제신청을 받으면 지체 없이 필요한 조사를 하여야 하며 관계 당사자를 심문하여야 한다.
② 노동위원회는 제1항에 따라 심문을 할 때에는 관계 당사자의 신청이나 직권으로 증인을 출석하게 하여 필요한 사항을 질문할 수 있다.
③ 노동위원회는 제1항에 따라 심문을 할 때에는 관계 당사자에게 증거 제출과 증인에 대한 반대심문을 할 수 있는 충분한 기회를 주어야 한다.
④ 제1항에 따른 노동위원회의 조사와 심문에 관한 세부절차는 「노동위원회법」에 따른 중앙노동위원회(이하 "중앙노동위원회"라 한다)가 정하는 바에 따른다.

제30조 【구제명령 등】 ① 노동위원회는 제29조에 따른 심문을 끝내고 부당해고등이 성립한다고 판정하면 사용자에게 구제명령을 하여야 하며, 부당해고등이 성립하지 아니한다고 판정하면 구제신청을 기각하는 결정을 하여야 한다.
② 제1항에 따른 판정, 구제명령 및 기각결정은 사용자와 근로자에게 각각 서면으로 통지하여야 한다.
③ 노동위원회는 제1항에 따른 구제명령(해고에 대한 구제명령만을 말한다)을 할 때에 근로자가 원직복직(原職復職)을 원하지 아니하면 원직복직을 명하는 대신 근로자가 해고기간 동안 근로를 제공하였더라면 받을 수 있었던 임금 상당액 이상의 금품을 근로자에게 지급하도록 명할 수 있다.
④ 노동위원회는 근로계약기간의 만료, 정년의 도래 등으로 근로자가 원직복직(해고 이외의 경우는 원상회복을 말한다)이 불가능한 경우에도 제1항에 따른 구제명령이나 기각결정을 하여야 한다. 이 경우 노동위원회는 부당해고등이 성립한다고 판정하면 근로자가 해고기간 동안 근로를 제공하였더라면 받을 수 있었던 임금 상당액에 해당하는 금품(해고 이외의 경우에는 원상회복에 준하는 금품을 말한다)을 사업주가 근로자에게 지급하도록 명할 수 있다. (2021.5.18 신설)
령 제11조

제31조 【구제명령 등의 확정】 ① 「노동위원회법」에 따른 지방노동위원회의 구제명령이나 기각결정에 불복하는 사용자나 근로자는 구제명령서나 기각결정서를 통지받은 날부터 10일 이내에 중앙노동위원회에 재심을 신청할 수 있다.
② 제1항에 따른 중앙노동위원회의 재심판정에 대하여 사용자나 근로자는 재심판정서를 송달받은 날부터 15일 이내에 「행정소송법」의 규정에 따라 소(訴)를 제기할 수 있다.

③ 제1항과 제2항에 따른 기간 이내에 재심을 신청하지 아니하거나 행정소송을 제기하지 아니하면 그 구제명령, 기각결정 또는 재심판정은 확정된다.
벌 법 제31조제3항에 따라 확정되거나 행정소송을 제기하여 확정된 구제명령 또는 구제명령을 내용으로 하는 재심판정을 이행하지 아니한 자는 1년 이하의 징역 또는 1천만원이하의 벌금에 처한다. (법 제111조)

제32조 【구제명령 등의 효력】 노동위원회의 구제명령, 기각결정 또는 재심판정은 제31조에 따른 중앙노동위원회에 대한 재심 신청이나 행정소송 제기에 의하여 그 효력이 정지되지 아니한다.

제33조 【이행강제금】 ① 노동위원회는 구제명령(구제명령을 내용으로 하는 재심판정을 포함한다. 이하 이 조에서 같다)을 받은 후 이행기한까지 구제명령을 이행하지 아니한 사용자에게 3천만원 이하의 이행강제금을 부과한다. (2021.5.18 개정)
② 노동위원회는 제1항에 따른 이행강제금을 부과하기 30일 전까지 이행강제금을 부과·징수한다는 뜻을 사용자에게 미리 문서로써 알려 주어야 한다.
③ 제1항에 따른 이행강제금을 부과할 때에는 이행강제금의 액수, 부과 사유, 납부기한, 수납기관, 이의제기방법 및 이의제기기관 등을 명시한 문서로써 하여야 한다.
④ 제1항에 따라 이행강제금을 부과하는 위반행위의 종류와 위반 정도에 따른 금액, 부과·징수된 이행강제금의 반환절차, 그 밖에 필요한 사항은 대통령령으로 정한다.
⑤ 노동위원회는 최초의 구제명령을 한 날을 기준으로 매년 2회의 범위에서 구제명령이 이행될 때까지 반복하여 제1항에 따른 이행강제금을 부과·징수할 수 있다. 이 경우 이행강제금은 2년을 초과하여 부과·징수하지 못한다.
⑥ 노동위원회는 구제명령을 받은 자가 구제명령을 이행하면 새로운 이행강제금을 부과하지 아니하되, 구제명령을 이행하기 전에 이미 부과된 이행강제금은 징수하여야 한다.
⑦ 노동위원회는 이행강제금 납부의무자가 납부기한까지 이행강제금을 내지 아니하면 기간을 정하여 독촉을 하고 지정된 기간에 제1항에 따른 이행강제금을 내지 아니하면 국세 체납처분의 예에 따라 징수할 수 있다.
⑧ 근로자는 구제명령을 받은 사용자가 이행기한까지 구제명령을 이행하지 아니하면 이행기한이 지난 때부터 15일 이내에 그 사실을 노동위원회에 알려줄 수 있다.
령 제12조·제13조

제34조 【퇴직급여 제도】 사용자가 퇴직하는 근로자에게 지급하는 퇴직급여 제도에 관하여는 「근로자퇴직급여 보장법」이 정하는 대로 따른다.

제35조 【예고해고의 적용 예외】 삭제(2019.1.15)

제36조 【금품 청산】 사용자는 근로자가 사망 또는 퇴직한 경우에는 그 지급 사유가 발생한 때부터 14일 이내에 임금, 보상금, 그 밖의 모든 금품을 지급하여야 한다. 다만, 특별한 사정이 있을 경우에는 당사자 사이의 합의에 의하여 기일을 연장할 수 있다. (2020.5.26 개정)

벌 법 제36조를 위반한 자는 3년 이하의 징역 또는 3천만원 이하의 벌금에 처한다. (법 제109조제1항)

제37조 【미지급 임금에 대한 지연이자】 ① 사용자는 다음 각 호의 어느 하나에 해당하는 임금의 전부 또는 일부를 각 호에 따른 날까지 지급하지 아니한 경우 그 다음 날부터 지급하는 날까지의 지연 일수에 대하여 연 100분의 40 이내의 범위에서 「은행법」에 따른 은행이 적용하는 연체금리 등 경제 여건을 고려하여 대통령령으로 정하는 이율에 따른 지연이자를 지급하여야 한다. (2024.10.22 개정)

1. 제36조에 따라 지급하여야 하는 임금 및 「근로자퇴직급여 보장법」 제2조제5호에 따른 급여(일시금만 해당된다) : 지급 사유가 발생한 날부터 14일이 되는 날 (2024.10.22 신설)
2. 제43조에 따라 지급하여야 하는 임금 : 제43조제2항에 따라 정하는 날 (2024.10.22 신설)

② 사용자가 제1항제2호에 따른 임금을 지급하지 아니하여 지연이자를 지급할 의무가 발생한 이후 근로자가 사망 또는 퇴직한 경우 해당 임금에 대한 지연이자는 제1항제2호에 따른 날을 기준으로 산정한다. (2024.10.22 신설)

③ 제1항은 사용자가 천재·사변, 그 밖에 대통령령으로 정하는 사유에 따라 임금 지급을 지연하는 경우 그 사유가 존속하는 기간에 대하여는 적용하지 아니한다. (2024.10.22 개정)

령 제17조·제18조

제38조 【임금채권의 우선변제】 ① 임금, 재해보상금, 그 밖에 근로 관계로 인한 채권은 사용자의 총재산에 대하여 질권(質權)·저당권 또는 「동산·채권 등의 담보에 관한 법률」에 따른 담보권에 따라 담보된 채권 외에는 조세·공과금 및 다른 채권에 우선하여 변제되어야 한다. 다만, 질권·저당권 또는 「동산·채권 등의 담보에 관한 법률」에 따른 담보권에 우선하는 조세·공과금에 대하여는 그러하지 아니하다. (2010.6.10 개정)

② 제1항에도 불구하고 다음 각 호의 어느 하나에 해당하는 채권은 사용자의 총재산에 대하여 질권·저당권 또는 「동산·채권 등의 담보에 관한 법률」에 따른 담보권에 따라 담보된 채권, 조세·공과금 및 다른 채권에 우선하여 변제되어야 한다. (2010.6.10 개정)

1. 최종 3개월분의 임금
2. 재해보상금

제39조 【사용증명서】 ① 사용자는 근로자가 퇴직한 후라도 사용 기간, 업무 종류, 지위와 임금, 그 밖에 필요한 사항에 관한 증명서를 청구하면 사실대로 적은 증명서를 즉시 내주어야 한다.
② 제1항의 증명서에는 근로자가 요구한 사항만을 적어야 한다.
벌 법 제39조를 위반한 자에게는 500만원 이하의 과태료를 부과한다. (법 제116조제2항제2호)
령 제19조

제40조 【취업 방해의 금지】 누구든지 근로자의 취업을 방해할 목적으로 비밀 기호 또는 명부를 작성·사용하거나 통신을 하여서는 아니 된다.
벌 법 제40조를 위반한 자는 5년 이하의 징역 또는 5천만원 이하의 벌금에 처한다. (법 제107조)

제41조 【근로자의 명부】 ① 사용자는 각 사업장별로 근로자 명부를 작성하고 근로자의 성명, 생년월일, 이력, 그 밖에 대통령령으로 정하는 사항을 적어야 한다. 다만, 대통령령으로 정하는 일용근로자에 대해서는 근로자 명부를 작성하지 아니할 수 있다. (2021.1.5 개정)
② 제1항에 따라 근로자 명부에 적을 사항이 변경된 경우에는 지체 없이 정정하여야 한다.
벌 법 제41조를 위반한 자에게는 500만원 이하의 과태료를 부과한다. (법 제116조제2항제2호)
령 제20조

제42조 【계약 서류의 보존】 사용자는 근로자 명부와 대통령령으로 정하는 근로계약에 관한 중요한 서류를 3년간 보존하여야 한다.
벌 법 제42조를 위반한 자에게는 500만원 이하의 과태료를 부과한다. (법 제116조제2항제2호)
령 제22조

제3장 임 금

제43조 【임금 지급】 ① 임금은 통화(通貨)로 직접 근로자에게 그 전액을 지급하여야 한다. 다만, 법령 또는 단체협약에 특별한 규정이 있는 경우에는 임금의 일부를 공제하거나 통화 이외의 것으로 지급할 수 있다.
② 임금은 매월 1회 이상 일정한 날짜를 정하여 지급하여야 한다. 다만, 임시로 지급하는 임금, 수당, 그 밖에 이에 준하는 것 또는 대통령령으로 정하는 임금에 대하여는 그러하지 아니하다.
벌 법 제43조를 위반한 자는 3년 이하의 징역 또는 3천만원 이하의 벌금에 처한다. (법 제109조제1항)

령 제23조

제43조의2 【체불사업주 명단 공개】 ① 고용노동부장관은 제36조, 제43조, 제51조의3, 제52조제2항제2호, 제56조에 따른 임금, 보상금, 수당, 「근로자퇴직급여 보장법」 제12조제1항에 따른 퇴직급여등, 그 밖의 모든 금품(이하 "임금등"이라 한다)을 지급하지 아니한 사업주(법인인 경우에는 그 대표자를 포함한다. 이하 "체불사업주"라 한다)가 명단 공개 기준일 이전 3년 이내 임금등을 체불하여 2회 이상 유죄가 확정된 자로서 명단 공개 기준일 이전 1년 이내 임금등의 체불총액이 3천만원 이상인 경우에는 그 인적사항 등을 공개할 수 있다. 다만, 체불사업주의 사망·폐업으로 명단 공개의 실효성이 없는 경우 등 대통령령으로 정하는 사유가 있는 경우에는 그러하지 아니하다. (2024.10.22 개정)

② 고용노동부장관은 제1항에 따라 명단 공개를 할 경우에 체불사업주에게 3개월 이상의 기간을 정하여 소명 기회를 주어야 한다. (2012.2.1 신설)

③ 제1항에 따른 체불사업주의 인적사항 등에 대한 공개 여부 및 제43조의4에 따른 상습체불사업주에 관한 사항을 심의하기 위하여 고용노동부에 임금체불정보심의위원회(이하 이 조 및 제43조의4에서 "위원회"라 한다)를 둔다. 이 경우 위원회의 구성·운영 등 필요한 사항은 고용노동부령으로 정한다. (2024.10.22 개정)

④ 위원회 위원 중 공무원이 아닌 사람은 「형법」 제127조 및 제129조부터 제132조까지를 적용할 때에는 공무원으로 본다. (2024.10.22 신설)

⑤ 제1항에 따른 명단 공개의 구체적인 내용, 기간 및 방법 등 명단 공개에 필요한 사항은 대통령령으로 정한다. (2024.10.22 개정)

령 제23조의2·제23조의3 칙 제7조의2

제43조의3 【임금등 체불자료의 제공】 ① 고용노동부장관은 「신용정보의 이용 및 보호에 관한 법률」 제25조제2항제1호에 따른 종합신용정보집중기관이 다음 각 호의 어느 하나에 해당하는 체불사업주의 인적사항과 체불액 등에 관한 자료(이하 "임금등 체불자료"라 한다)를 요구할 때에는 임금등의 체불을 예방하기 위하여 필요하다고 인정하는 경우에 그 자료를 제공할 수 있다. 다만, 체불사업주의 사망·폐업으로 임금등 체불자료 제공의 실효성이 없는 경우 등 대통령령으로 정하는 사유가 있는 경우에는 그러하지 아니하다. (2024.10.22 개정)

1. 임금등 체불자료 제공일 이전 3년 이내 임금등을 체불하여 2회 이상 유죄가 확정된 자로서 임금등 체불자료 제공일 이전 1년 이내 임금등의 체불총액이 2천만원 이상인 체불사업주 (2024.10.22 신설)
2. 제43조의4에 따른 상습체불사업주 (2024.10.22 신설)

② 제1항에 따라 임금등 체불자료를 받은 자는 이를 체불사업주의 신용도·

신용거래능력 판단과 관련한 업무 외의 목적으로 이용하거나 누설하여서는 아니 된다. 〈2012.2.1 신설〉

③ 제1항에 따른 임금등 체불자료의 제공 절차 및 방법 등 임금등 체불자료의 제공에 필요한 사항은 대통령령으로 정한다. 〈2012.2.1 신설〉

령 제23조의4·제23조의5

제43조의4【상습체불사업주에 대한 보조·지원 제한 등】 ① 고용노동부장관은 위원회의 심의를 거쳐 다음 각 호의 어느 하나에 해당하는 자(법인인 경우에는 그 대표자를 포함한다)를 상습체불사업주(이하 "상습체불사업주"라 한다)로 정할 수 있다. 〈2024.10.22 신설〉

1. 임금등 체불자료 제공일이 속하는 연도의 직전 연도 1년간 근로자에게 임금등(「근로자퇴직급여 보장법」 제12조제1항에 따른 퇴직급여등은 제외한다)을 3개월분 임금 이상 체불한 사업주
2. 임금등 체불자료 제공일이 속하는 연도의 직전 연도 1년간 근로자에게 5회 이상 임금등을 체불하고, 체불총액이 3천만원 이상인 사업주

② 고용노동부장관은 제1항에 따라 상습체불사업주로 정할 경우에 해당 사업주에게 3개월 이상의 기간을 정하여 소명 기회를 주어야 한다. 〈2024.10.22 신설〉

③ 고용노동부장관은 중앙행정기관의 장, 지방자치단체의 장 또는 대통령령으로 정하는 공공기관의 장(이하 "중앙행정기관장등"이라 한다)에게 상습체불사업주에 대하여 다음 각 호의 조치를 하도록 요청하고 임금등 체불자료를 제공할 수 있으며, 중앙행정기관장등이 다음 각 호의 조치를 목적으로 상습체불사업주의 임금등 체불자료를 요청하는 경우 해당 자료를 제공할 수 있다. 〈2024.10.22 신설〉

1. 「보조금 관리에 관한 법률」, 「지방자치단체 보조금 관리에 관한 법률」 또는 개별 법률에 따른 각종 보조·지원사업의 참여 배제나 수급 제한
2. 「국가를 당사자로 하는 계약에 관한 법률」 또는 「지방자치단체를 당사자로 하는 계약에 관한 법률」에 따른 입찰참가자격 사전심사나 낙찰자 심사·결정 시 감점 등 불이익 조치

④ 제3항에 따라 상습체불사업주의 임금등 체불자료를 제공받은 자는 제공받은 자료를 제3항 각 호에서 정한 목적 외의 목적으로 이용하거나 누설하여서는 아니 된다. 〈2024.10.22 신설〉

⑤ 제3항에 따른 임금등 체불자료의 제공 절차 및 방법은 제43조의3제1항 단서 및 같은 조 제3항을 준용한다. 〈2024.10.22 신설〉

⑥ 그 밖에 제1항제1호에 따른 3개월분 임금의 산정, 같은 항 제2호에 따른 임금등의 체불횟수 산정, 제2항에 따른 소명 기회 제공 및 제3항에 따라 제공되는 임금등 체불자료의 제공기간 등에 필요한 사항은 대통령령으로 정한

다. (2024.10.22 신설)
령 제23조의6·제23조의7·제23조의8

제43조의5 【업무위탁 등】 ① 고용노동부장관은 제43조의2부터 제43조의4까지에 관한 업무를 효율적으로 하기 위하여 대통령령으로 정하는 바에 따라 업무 중 일부를 「산업재해보상보험법」 제10조에 따른 근로복지공단(이하 "근로복지공단"이라 한다)이나 전문성을 갖춘 연구기관·법인·단체에 위탁할 수 있다. (2024.10.22 신설)
② 제1항에 따라 위탁받은 기관의 임직원은 「형법」 제129조부터 제132조까지를 적용할 때에는 공무원으로 본다. (2024.10.22 신설)
령 제23조의9

제43조의6 【체불사업주 명단공개 등을 위한 자료제공 등의 요청】 ① 고용노동부장관은 제43조의2에 따른 체불사업주 명단 공개, 제43조의3에 따른 임금등 체불자료의 제공, 제43조의4에 따른 상습체불사업주에 대한 중앙행정기관장등의 보조 및 지원 제한 등에 관한 업무를 수행하기 위하여 다음 각 호의 어느 하나에 해당하는 자료의 제공 또는 관계 전산망의 이용(이하 "자료제공등"이라 한다)을 해당 각 호의 자에게 각각 요청할 수 있다. (2024.10.22 신설)
1. 법원행정처장에게 체불사업주의 법인등기사항증명서
2. 국세청장에게 체불사업주의 「소득세법」 제4조제1항제1호에 따른 종합소득에 관한 자료, 「법인세법」 제4조제1항제1호에 따른 소득에 관한 자료, 「부가가치세법」 제8조, 「법인세법」 제111조 및 「소득세법」 제168조에 따른 사업자등록에 관한 자료
3. 국세청장에게 임금등이 체불된 근로자의 「소득세법」 제4조제1항제1호에 따른 종합소득에 관한 자료
4. 근로복지공단에 임금등이 체불된 근로자의 「고용보험 및 산업재해보상보험의 보험료징수 등에 관한 법률」 제16조의3에 따른 월평균보수에 관한 자료, 「고용보험법」 제13조 및 제15조에 따른 피보험자격 취득에 관한 자료 및 체불사업주의 「임금채권보장법」 제7조, 제7조의2 및 제8조에 따른 대지급금에 관한 자료

② 고용노동부장관은 제1항제4호에 따른 월평균보수 및 피보험자격 취득에 관한 자료를 제공받기 위하여 해당 근로자의 임금, 근로제공기간 등 대통령령으로 정하는 정보를 근로복지공단에 제공할 수 있다. (2024.10.22 신설)
③ 제1항에 따라 자료제공등을 요청받은 자는 정당한 사유가 없으면 그 요청에 따라야 한다. (2024.10.22 신설)
령 제23조의10

제43조의7 【출국금지】 ① 고용노동부장관은 제43조의2에 따라 명단이

공개된 체불사업주에 대하여 법무부장관에게 「출입국관리법」 제4조제3항에 따라 출국금지를 요청할 수 있다. (2024.10.22 신설)
② 법무부장관은 제1항의 요청에 따라 출국금지를 한 경우 고용노동부장관에게 그 결과를 정보통신망 등을 통하여 통보하여야 한다. (2024.10.22 신설)
③ 고용노동부장관은 체불임금의 지급 등으로 출국금지 사유가 없어진 경우 즉시 법무부장관에게 출국금지의 해제를 요청하여야 한다. (2024.10.22 신설)
④ 제1항부터 제3항까지에서 규정한 사항 외에 출국금지 및 그 해제의 요청 등의 절차에 필요한 사항은 대통령령으로 정한다. (2024.10.22 신설)
령 제23조의11

제43조의8 【체불 임금등에 대한 손해배상청구】 ① 근로자는 사업주가 다음 각 호의 어느 하나에 해당하는 경우 법원에 사업주가 지급하여야 하는 임금등의 3배 이내의 금액을 지급할 것을 청구할 수 있다. (2024.10.22 신설)
1. 명백한 고의로 임금등(「근로자퇴직급여 보장법」 제2조제5호의 급여는 제외한다. 이하 이 조에서 같다)의 전부 또는 일부를 지급하지 아니한 경우
2. 1년 동안 임금등의 전부 또는 일부를 지급하지 아니한 개월 수가 총 3개월 이상인 경우
3. 지급하지 아니한 임금등의 총액이 3개월 이상의 통상임금에 해당하는 경우

② 법원은 제1항에 따른 금액을 결정할 때에 다음 각 호의 사항을 고려하여야 한다. (2024.10.22 신설)
1. 임금등의 체불 기간·경위·횟수 및 체불된 임금등의 규모
2. 사업주가 임금등을 지급하기 위하여 노력한 정도
3. 제37조에 따른 지연이자 지급액
4. 사업주의 재산상태

제44조 【도급 사업에 대한 임금 지급】 ① 사업이 한 차례 이상의 도급에 따라 행하여지는 경우에 하수급인(下受給人)(도급이 한 차례에 걸쳐 행하여진 경우에는 수급인을 말한다)이 직상(直上) 수급인(도급이 한 차례에 걸쳐 행하여진 경우에는 도급인을 말한다)의 귀책사유로 근로자에게 임금을 지급하지 못한 경우에는 그 직상 수급인은 그 하수급인과 연대하여 책임을 진다. 다만, 직상 수급인의 귀책사유가 그 상위 수급인의 귀책사유에 의하여 발생한 경우에는 그 상위 수급인도 연대하여 책임을 진다. (2020.3.31 개정)
② 제1항의 귀책사유 범위는 대통령령으로 정한다. (2012.2.1 개정)
벌 법 제44조를 위반한 자는 3년 이하의 징역 또는 3천만원 이하의 벌금에

처한다. (법 제109조제1항)

령 제24조

제44조의2 【건설업에서의 임금 지급 연대책임】 ① 건설업에서 사업이 2차례 이상 「건설산업기본법」 제2조제11호에 따른 도급(이하 "공사도급"이라 한다)이 이루어진 경우에 같은 법 제2조제7호에 따른 건설사업자가 아닌 하수급인이 그가 사용한 근로자에게 임금(해당 건설공사에서 발생한 임금으로 한정한다)을 지급하지 못한 경우에는 그 직상 수급인은 하수급인과 연대하여 하수급인이 사용한 근로자의 임금을 지급할 책임을 진다. (2019.4.30 개정)

② 제1항의 직상 수급인이 「건설산업기본법」 제2조제7호에 따른 건설사업자가 아닌 때에는 그 상위 수급인 중에서 최하위의 같은 호에 따른 건설사업자를 직상 수급인으로 본다. (2019.4.30 개정)

벌 법 제44조의2를 위반한 자는 3년 이하의 징역 또는 3천만원 이하의 벌금에 처한다. (법 제109조제1항)

제44조의3 【건설업의 공사도급에 있어서의 임금에 관한 특례】 ① 공사도급이 이루어진 경우로서 다음 각 호의 어느 하나에 해당하는 때에는 직상 수급인은 하수급인에게 지급하여야 하는 하도급 대금 채무의 부담 범위에서 그 하수급인이 사용한 근로자가 청구하면 하수급인이 지급하여야 하는 임금(해당 건설공사에서 발생한 임금으로 한정한다)에 해당하는 금액을 근로자에게 직접 지급하여야 한다. (2007.7.27 신설)

1. 직상 수급인이 하수급인을 대신하여 하수급인이 사용한 근로자에게 지급하여야 하는 임금을 직접 지급할 수 있다는 뜻과 그 지급 방법 및 절차에 관하여 직상 수급인과 하수급인이 합의한 경우
2. 「민사집행법」 제56조제3호에 따른 확정된 지급명령, 하수급인의 근로자에게 하수급인에 대하여 임금채권이 있음을 증명하는 같은 법 제56조제4호에 따른 집행증서, 「소액사건심판법」 제5조의7에 따른 확정된 이행권고결정, 그 밖에 이에 준하는 집행권원이 있는 경우
3. 하수급인이 그가 사용한 근로자에 대하여 지급하여야 할 임금채무가 있음을 직상 수급인에게 알려주고, 직상 수급인이 파산 등의 사유로 하수급인이 임금을 지급할 수 없는 명백한 사유가 있다고 인정하는 경우

② 「건설산업기본법」 제2조제10호에 따른 발주자의 수급인(이하 "원수급인"이라 한다)으로부터 공사도급이 2차례 이상 이루어진 경우로서 하수급인(도급받은 하수급인으로부터 재하도급 받은 하수급인을 포함한다. 이하 이 항에서 같다)이 사용한 근로자에게 그 하수급인에 대한 제1항제2호에 따른 집행권원이 있는 경우에는 근로자는 하수급인이 지급하여야 하는 임금(해당 건설공사에서 발생한 임금으로 한정한다)에 해당하는 금액을 원수급인에게

직접 지급할 것을 요구할 수 있다. 원수급인은 근로자가 자신에 대하여 「민법」 제404조에 따른 채권자대위권을 행사할 수 있는 금액의 범위에서 이에 따라야 한다. (2011.5.24 개정)
③ 직상 수급인 또는 원수급인이 제1항 및 제2항에 따라 하수급인이 사용한 근로자에게 임금에 해당하는 금액을 지급한 경우에는 하수급인에 대한 하도급 대금 채무는 그 범위에서 소멸한 것으로 본다. (2007.7.27 신설)

제45조 【비상시 지급】 사용자는 근로자가 출산, 질병, 재해, 그 밖에 대통령령으로 정하는 비상(非常)한 경우의 비용에 충당하기 위하여 임금 지급을 청구하면 지급기일 전이라도 이미 제공한 근로에 대한 임금을 지급하여야 한다.

벌 법 제45조를 위반한 자는 1천만원 이하의 벌금에 처한다. (법 제113조)
령 제25조

제46조 【휴업수당】 ① 사용자의 귀책사유로 휴업하는 경우에 사용자는 휴업기간 동안 그 근로자에게 평균임금의 100분의 70 이상의 수당을 지급하여야 한다. 다만, 평균임금의 100분의 70에 해당하는 금액이 통상임금을 초과하는 경우에는 통상임금을 휴업수당으로 지급할 수 있다.
② 제1항에도 불구하고 부득이한 사유로 사업을 계속하는 것이 불가능하여 노동위원회의 승인을 받은 경우에는 제1항의 기준에 못 미치는 휴업수당을 지급할 수 있다.

벌 법 제46조를 위반한 자는 3년 이하의 징역 또는 3천만원 이하의 벌금에 처한다. (법 제109조제1항)
령 제26조 칙 제8조

제47조 【도급 근로자】 사용자는 도급이나 그 밖에 이에 준하는 제도로 사용하는 근로자에게 근로시간에 따라 일정액의 임금을 보장하여야 한다.

벌 법 제47조를 위반한 자는 500만원 이하의 벌금에 처한다. (법 제114조제1호)

제48조 【임금대장 및 임금명세서】 ① 사용자는 각 사업장별로 임금대장을 작성하고 임금과 가족수당 계산의 기초가 되는 사항, 임금액, 그 밖에 대통령령으로 정하는 사항을 임금을 지급할 때마다 적어야 한다. (2021.5.18 개정)
② 사용자는 임금을 지급하는 때에는 근로자에게 임금의 구성항목·계산방법, 제43조제1항 단서에 따라 임금의 일부를 공제한 경우의 내역 등 대통령령으로 정하는 사항을 적은 임금명세서를 서면(「전자문서 및 전자거래 기본법」 제2조제1호에 따른 전자문서를 포함한다)으로 교부하여야 한다. (2021.5.18 신설)

벌 법 제48조를 위반한 자에게는 500만원 이하의 과태료를 부과한다. (법

제116조제2항제2호)
령 제27조·제27조의2

제49조 【임금의 시효】 이 법에 따른 임금채권은 3년간 행사하지 아니하면 시효로 소멸한다.

제4장 근로시간과 휴식

제50조 【근로시간】 ① 1주 간의 근로시간은 휴게시간을 제외하고 40시간을 초과할 수 없다.
② 1일의 근로시간은 휴게시간을 제외하고 8시간을 초과할 수 없다.
③ 제1항 및 제2항에 따라 근로시간을 산정하는 경우 작업을 위하여 근로자가 사용자의 지휘·감독 아래에 있는 대기시간 등은 근로시간으로 본다. (2020.5.26 개정)
벌 법 제50조를 위반한 자는 2년 이하의 징역 또는 2천만원 이하의 벌금에 처한다. (법 제110조제1호)

제51조 【3개월 이내의 탄력적 근로시간제】 ① 사용자는 취업규칙(취업규칙에 준하는 것을 포함한다)에서 정하는 바에 따라 2주 이내의 일정한 난위기간을 평균하여 1주 간의 근로시간이 제50조제1항의 근로시간을 초과하지 아니하는 범위에서 특정한 주에 제50조제1항의 근로시간을, 특정한 날에 제50조제2항의 근로시간을 초과하여 근로하게 할 수 있다. 다만, 특정한 주의 근로시간은 48시간을 초과할 수 없다. (2021.1.5 개정)
② 사용자는 근로자대표와의 서면 합의에 따라 다음 각 호의 사항을 정하면 3개월 이내의 단위기간을 평균하여 1주 간의 근로시간이 제50조제1항의 근로시간을 초과하지 아니하는 범위에서 특정한 주에 제50조제1항의 근로시간을, 특정한 날에 제50조제2항의 근로시간을 초과하여 근로하게 할 수 있다. 다만, 특정한 주의 근로시간은 52시간을, 특정한 날의 근로시간은 12시간을 초과할 수 없다.
1. 대상 근로자의 범위
2. 단위기간(3개월 이내의 일정한 기간으로 정하여야 한다)
3. 단위기간의 근로일과 그 근로일별 근로시간
4. 그 밖에 대통령령으로 정하는 사항
③ 제1항과 제2항은 15세 이상 18세 미만의 근로자와 임신 중인 여성 근로자에 대하여는 적용하지 아니한다.
④ 사용자는 제1항 및 제2항에 따라 근로자를 근로시킬 경우에는 기존의 임금 수준이 낮아지지 아니하도록 임금보전방안(賃金補塡方案)을 강구하여야 한다.

령 제28조

제51조의2【3개월을 초과하는 탄력적 근로시간제】 ① 사용자는 근로자대표와의 서면 합의에 따라 다음 각 호의 사항을 정하면 3개월을 초과하고 6개월 이내의 단위기간을 평균하여 1주간의 근로시간이 제50조제1항의 근로시간을 초과하지 아니하는 범위에서 특정한 주에 제50조제1항의 근로시간을, 특정한 날에 제50조제2항의 근로시간을 초과하여 근로하게 할 수 있다. 다만, 특정한 주의 근로시간은 52시간을, 특정한 날의 근로시간은 12시간을 초과할 수 없다. (2021.1.5 신설)

1. 대상 근로자의 범위
2. 단위기간(3개월을 초과하고 6개월 이내의 일정한 기간으로 정하여야 한다)
3. 단위기간의 주별 근로시간
4. 그 밖에 대통령령으로 정하는 사항

② 사용자는 제1항에 따라 근로자를 근로시킬 경우에는 근로일 종료 후 다음 근로일 개시 전까지 근로자에게 연속하여 11시간 이상의 휴식 시간을 주어야 한다. 다만, 천재지변 등 대통령령으로 정하는 불가피한 경우에는 근로자대표와의 서면 합의가 있으면 이에 따른다. (2021.1.5 신설)

③ 사용자는 제1항제3호에 따른 각 주의 근로일이 시작되기 2주 전까지 근로자에게 해당 주의 근로일별 근로시간을 통보하여야 한다. (2021.1.5 신설)

④ 사용자는 제1항에 따른 근로자대표와의 서면 합의 당시에는 예측하지 못한 천재지변, 기계 고장, 업무량 급증 등 불가피한 사유가 발생한 때에는 제1항제2호에 따른 단위기간 내에서 평균하여 1주간의 근로시간이 유지되는 범위에서 근로자대표와의 협의를 거쳐 제1항제3호의 사항을 변경할 수 있다. 이 경우 해당 근로자에게 변경된 근로일이 개시되기 전에 변경된 근로일별 근로시간을 통보하여야 한다. (2021.1.5 신설)

⑤ 사용자는 제1항에 따라 근로자를 근로시킬 경우에는 기존의 임금 수준이 낮아지지 아니하도록 임금항목을 조정 또는 신설하거나 가산임금 지급 등의 임금보전방안(賃金補塡方案)을 마련하여 고용노동부장관에게 신고하여야 한다. 다만, 근로자대표와의 서면합의로 임금보전방안을 마련한 경우에는 그러하지 아니하다. (2021.1.5 신설)

⑥ 제1항부터 제5항까지의 규정은 15세 이상 18세 미만의 근로자와 임신 중인 여성 근로자에 대해서는 적용하지 아니한다. (2021.1.5 신설)

벌 법 제51조의2제2항을 위반한 자는 2년 이하의 징역 또는 2천만원 이하의 벌금에 처한다. (법 제110조제1호)

벌 법 제51조의2제5항에 따른 임금보전방안을 신고하지 아니한 자에게는 500만원 이하의 과태료를 부과한다. (법 제116조제2항제3호)

령 제28조의2 칙 제8조의2

제51조의3 【근로한 기간이 단위기간보다 짧은 경우의 임금 정산】 사용자는 제51조 및 제51조의2에 따른 단위기간 중 근로자가 근로한 기간이 그 단위기간보다 짧은 경우에는 그 단위기간 중 해당 근로자가 근로한 기간을 평균하여 1주간에 40시간을 초과하여 근로한 시간 전부에 대하여 제56조제1항에 따른 가산임금을 지급하여야 한다. (2021.1.5 신설)

벌 법 제51조의3을 위반한 자는 3년 이하의 징역 또는 3천만원 이하의 벌금에 처한다. (법 제109조제1항)

제52조 【선택적 근로시간제】 ① 사용자는 취업규칙(취업규칙에 준하는 것을 포함한다)에 따라 업무의 시작 및 종료 시각을 근로자의 결정에 맡기기로 한 근로자에 대하여 근로자대표와의 서면 합의에 따라 다음 각 호의 사항을 정하면 1개월(신상품 또는 신기술의 연구개발 업무의 경우에는 3개월로 한다) 이내의 정산기간을 평균하여 1주 간의 근로시간이 제50조제1항의 근로시간을 초과하지 아니하는 범위에서 1주 간에 제50조제1항의 근로시간을, 1일에 제50조제2항의 근로시간을 초과하여 근로하게 할 수 있다. (2021.1.5 개정)

1. 대상 근로자의 범위(15세 이상 18세 미만의 근로자는 제외한다)
2. 정산기간 (2021.1.5 개정)
3. 정산기간의 총 근로시간
4. 반드시 근로하여야 할 시간대를 정하는 경우에는 그 시작 및 종료 시각
5. 근로자가 그의 결정에 따라 근로할 수 있는 시간대를 정하는 경우에는 그 시작 및 종료 시각
6. 그 밖에 대통령령으로 정하는 사항

② 사용자는 제1항에 따라 1개월을 초과하는 정산기간을 정하는 경우에는 다음 각 호의 조치를 하여야 한다. (2021.1.5 신설)

1. 근로일 종료 후 다음 근로일 시작 전까지 근로자에게 연속하여 11시간 이상의 휴식 시간을 줄 것. 다만, 천재지변 등 대통령령으로 정하는 불가피한 경우에는 근로자대표와의 서면 합의가 있으면 이에 따른다.
2. 매 1개월마다 평균하여 1주간의 근로시간이 제50조제1항의 근로시간을 초과한 시간에 대해서는 통상임금의 100분의 50 이상을 가산하여 근로자에게 지급할 것. 이 경우 제56조제1항은 적용하지 아니한다.

벌 법 제52조제2항제1호를 위반한 자는 2년 이하의 징역 또는 2천만원 이하의 벌금에 처한다. (법 제110조제1호)

벌 법 제52조제2항제2호를 위반한 자는 3년 이하의 징역 또는 3천만원 이하의 벌금에 처한다. (법 제109조제1항)

령 제29조

제53조 【연장 근로의 제한】 ① 당사자 간에 합의하면 1주 간에 12시간을 한도로 제50조의 근로시간을 연장할 수 있다.
② 당사자 간에 합의하면 1주 간에 12시간을 한도로 제51조 및 제51조의2의 근로시간을 연장할 수 있고, 제52조제1항제2호의 정산기간을 평균하여 1주 간에 12시간을 초과하지 아니하는 범위에서 제52조제1항의 근로시간을 연장할 수 있다. (2021.1.5 개정)
③ 상시 30명 미만의 근로자를 사용하는 사용자는 다음 각 호에 대하여 근로자대표와 서면으로 합의한 경우 제1항 또는 제2항에 따라 연장된 근로시간에 더하여 1주 간에 8시간을 초과하지 아니하는 범위에서 근로시간을 연장할 수 있다. (2018.3.20 신설 : 2022.12.31까지 유효)
1. 제1항 또는 제2항에 따라 연장된 근로시간을 초과할 필요가 있는 사유 및 그 기간
2. 대상 근로자의 범위
④ 사용자는 특별한 사정이 있으면 고용노동부장관의 인가와 근로자의 동의를 받아 제1항과 제2항의 근로시간을 연장할 수 있다. 다만, 사태가 급박하여 고용노동부장관의 인가를 받을 시간이 없는 경우에는 사후에 지체 없이 승인을 받아야 한다. (2018.3.20 개정)
⑤ 고용노동부장관은 제4항에 따른 근로시간의 연장이 부적당하다고 인정하면 그 후 연장시간에 상당하는 휴게시간이나 휴일을 줄 것을 명할 수 있다. (2018.3.20 개정)
⑥ 제3항은 15세 이상 18세 미만의 근로자에 대하여는 적용하지 아니한다. (2018.3.20 신설 : 2022.12.31까지 유효)
⑦ 사용자는 제4항에 따라 연장 근로를 하는 근로자의 건강 보호를 위하여 건강검진 실시 또는 휴식시간 부여 등 고용노동부장관이 정하는 바에 따라 적절한 조치를 하여야 한다. (2021.1.5 신설)
벌 법 제53조제1항·제2항을 위반한 자는 2년 이하의 징역 또는 2천만원 이하의 벌금에 처한다. (법 제110조제1호)
벌 법 제53조제4항 본문·제7항을 위반한 자는 2년 이하의 징역 또는 2천만원 이하의 벌금에 처한다. (법 제110조제1호)
벌 법 제53조제4항 단서를 위반한 자는 500만원 이하의 벌금에 처한다. (법 제114조제1호)
벌 법 제53조제5항에 따른 명령을 위반한 자는 2년 이하의 징역 또는 2천만원 이하의 벌금에 처한다. (법 제110조제2호)
칙 제9조

제54조 【휴게】 ① 사용자는 근로시간이 4시간인 경우에는 30분 이상, 8시간인 경우에는 1시간 이상의 휴게시간을 근로시간 도중에 주어야 한다.

② 휴게시간은 근로자가 자유롭게 이용할 수 있다.

벌 법 제54조를 위반한 자는 2년 이하의 징역 또는 2천만원 이하의 벌금에 처한다. (법 제110조제1호)

제55조 【휴일】 ① 사용자는 근로자에게 1주에 평균 1회 이상의 유급휴일을 보장하여야 한다. (2018.3.20 개정)

② 사용자는 근로자에게 대통령령으로 정하는 휴일을 유급으로 보장하여야 한다. 다만, 근로자대표와 서면으로 합의한 경우 특정한 근로일로 대체할 수 있다. (2018.3.20 신설)

벌 법 제55조를 위반한 자는 2년 이하의 징역 또는 2천만원 이하의 벌금에 처한다. (법 제110조제1호)

령 제30조

제56조 【연장·야간 및 휴일 근로】 ① 사용자는 연장근로(제53조·제59조 및 제69조 단서에 따라 연장된 시간의 근로를 말한다)에 대하여는 통상임금의 100분의 50 이상을 가산하여 근로자에게 지급하여야 한다. (2018.3.20 개정)

② 제1항에도 불구하고 사용자는 휴일근로에 대하여는 다음 각 호의 기준에 따른 금액 이상을 가산하여 근로자에게 지급하여야 한다. (2018.3.20 신설)

1. 8시간 이내의 휴일근로 : 통상임금의 100분의 50
2. 8시간을 초과한 휴일근로 : 통상임금의 100분의 100

③ 사용자는 야간근로(오후 10시부터 다음 날 오전 6시 사이의 근로를 말한다)에 대하여는 통상임금의 100분의 50 이상을 가산하여 근로자에게 지급하여야 한다. (2018.3.20 신설)

벌 법 제56조를 위반한 자는 3년 이하의 징역 또는 3천만원 이하의 벌금에 처한다. (법 제109조제1항)

제57조 【보상 휴가제】 사용자는 근로자대표와의 서면 합의에 따라 제51조의3, 제52조제2항제2호 및 제56조에 따른 연장근로·야간근로 및 휴일근로 등에 대하여 임금을 지급하는 것을 갈음하여 휴가를 줄 수 있다. (2021.1.5 개정)

제58조 【근로시간 계산의 특례】 ① 근로자가 출장이나 그 밖의 사유로 근로시간의 전부 또는 일부를 사업장 밖에서 근로하여 근로시간을 산정하기 어려운 경우에는 소정근로시간을 근로한 것으로 본다. 다만, 그 업무를 수행하기 위하여 통상적으로 소정근로시간을 초과하여 근로할 필요가 있는 경우에는 그 업무의 수행에 통상 필요한 시간을 근로한 것으로 본다.

② 제1항 단서에도 불구하고 그 업무에 관하여 근로자대표와의 서면 합의를 한 경우에는 그 합의에서 정하는 시간을 그 업무의 수행에 통상 필요한 시간으로 본다.

③ 업무의 성질에 비추어 업무 수행 방법을 근로자의 재량에 위임할 필요가 있는 업무로서 대통령령으로 정하는 업무는 사용자가 근로자대표와 서면 합의로 정한 시간을 근로한 것으로 본다. 이 경우 그 서면 합의에는 다음 각 호의 사항을 명시하여야 한다.

1. 대상 업무
2. 사용자가 업무의 수행 수단 및 시간 배분 등에 관하여 근로자에게 구체적인 지시를 하지 아니한다는 내용
3. 근로시간의 산정은 그 서면 합의로 정하는 바에 따른다는 내용

④ 제1항과 제3항의 시행에 필요한 사항은 대통령령으로 정한다.

령 제31조

제59조【근로시간 및 휴게시간의 특례】 ①「통계법」 제22조제1항에 따라 국가데이터처장이 고시하는 산업에 관한 표준의 중분류 또는 소분류 중 다음 각 호의 어느 하나에 해당하는 사업에 대하여 사용자가 근로자대표와 서면으로 합의한 경우에는 제53조제1항에 따른 주(週) 12시간을 초과하여 연장근로를 하게 하거나 제54조에 따른 휴게시간을 변경할 수 있다. (2025.10.1 개정)

1. 육상운송 및 파이프라인 운송업. 다만,「여객자동차 운수사업법」 제3조제1항제1호에 따른 노선(路線) 여객자동차운송사업은 제외한다.
2. 수상운송업
3. 항공운송업
4. 기타 운송관련 서비스업
5. 보건업

② 제1항의 경우 사용자는 근로일 종료 후 다음 근로일 개시 전까지 근로자에게 연속하여 11시간 이상의 휴식 시간을 주어야 한다. (2018.3.20 개정)

벌 법 제59조제2항을 위반한 자는 2년 이하의 징역 또는 2천만원 이하의 벌금에 처한다. (법 제110조제1호)

제60조【연차 유급휴가】 ① 사용자는 1년간 80퍼센트 이상 출근한 근로자에게 15일의 유급휴가를 주어야 한다. (2012.2.1 개정)

② 사용자는 계속하여 근로한 기간이 1년 미만인 근로자 또는 1년간 80퍼센트 미만 출근한 근로자에게 1개월 개근 시 1일의 유급휴가를 주어야 한다. (2012.2.1 개정)

③ 삭제(2017.11.28)

④ 사용자는 3년 이상 계속해서 근로한 근로자에게는 제1항에 따른 휴가에 최초 1년을 초과하는 계속 근로 연수 매 2년에 대하여 1일을 가산한 유급휴가를 주어야 한다. 이 경우 가산휴가를 포함한 총 휴가 일수는 25일을 한도로 한다.

⑤ 사용자는 제1항부터 제4항까지의 규정에 따른 휴가를 근로자가 청구한 시기에 주어야 하고, 그 기간에 대하여는 취업규칙 등에서 정하는 통상임금 또는 평균임금을 지급하여야 한다. 다만, 근로자가 청구한 시기에 휴가를 주는 것이 사업 운영에 막대한 지장이 있는 경우에는 그 시기를 변경할 수 있다.

⑥ 제1항 및 제2항을 적용하는 경우 다음 각 호의 어느 하나에 해당하는 기간은 출근한 것으로 본다. (2017.11.28 개정)

1. 근로자가 업무상의 부상 또는 질병으로 휴업한 기간
2. 임신 중의 여성이 제74조제1항부터 제3항까지의 규정에 따른 휴가로 휴업한 기간 (2012.2.1 개정)
3. 「남녀고용평등과 일·가정 양립 지원에 관한 법률」 제19조제1항에 따른 육아휴직으로 휴업한 기간 (2017.11.28 신설)
4. 「남녀고용평등과 일·가정 양립 지원에 관한 법률」 제19조의2제1항에 따른 육아기 근로시간 단축을 사용하여 단축된 근로시간 (2024.10.22 신설)
5. 제74조제7항에 따른 임신기 근로시간 단축을 사용하여 단축된 근로시간 (2024.10.22 신설)

⑦ 제1항·제2항 및 제4항에 따른 휴가는 1년간(계속하여 근로한 기간이 1년 미만인 근로자의 제2항에 따른 유급휴가는 최초 1년의 근로가 끝날 때까지의 기간을 말한다) 행사하지 아니하면 소멸된다. 다만, 사용자의 귀책사유로 사용하지 못한 경우에는 그러하지 아니하다. (2020.3.31 개정)

벌 법 제60조제1항·제2항·제4항 및 제5항을 위반한 자는 2년 이하의 징역 또는 2천만원 이하의 벌금에 처한다. (법 제110조제1호)

령 제7조의2·제33조

제61조 【연차 유급휴가의 사용 촉진】 ① 사용자가 제60조제1항·제2항 및 제4항에 따른 유급휴가(계속하여 근로한 기간이 1년 미만인 근로자의 제60조제2항에 따른 유급휴가는 제외한다)의 사용을 촉진하기 위하여 다음 각 호의 조치를 하였음에도 불구하고 근로자가 휴가를 사용하지 아니하여 제60조제7항 본문에 따라 소멸된 경우에는 사용자는 그 사용하지 아니한 휴가에 대하여 보상할 의무가 없고, 제60조제7항 단서에 따른 사용자의 귀책사유에 해당하지 아니하는 것으로 본다. (2020.3.31 개정)

1. 제60조제7항 본문에 따른 기간이 끝나기 6개월 전을 기준으로 10일 이내에 사용자가 근로자별로 사용하지 아니한 휴가 일수를 알려주고, 근로자가 그 사용 시기를 정하여 사용자에게 통보하도록 서면으로 촉구할 것 (2012.2.1 개정)
2. 제1호에 따른 촉구에도 불구하고 근로자가 촉구를 받은 때부터 10일 이내에 사용하지 아니한 휴가의 전부 또는 일부의 사용 시기를 정하여 사용

자에게 통보하지 아니하면 제60조제7항 본문에 따른 기간이 끝나기 2개월 전까지 사용자가 사용하지 아니한 휴가의 사용 시기를 정하여 근로자에게 서면으로 통보할 것

② 사용자가 계속하여 근로한 기간이 1년 미만인 근로자의 제60조제2항에 따른 유급휴가의 사용을 촉진하기 위하여 다음 각 호의 조치를 하였음에도 불구하고 근로자가 휴가를 사용하지 아니하여 제60조제7항 본문에 따라 소멸된 경우에는 사용자는 그 사용하지 아니한 휴가에 대하여 보상할 의무가 없고, 같은 항 단서에 따른 사용자의 귀책사유에 해당하지 아니하는 것으로 본다. (2020.3.31 신설)

1. 최초 1년의 근로기간이 끝나기 3개월 전을 기준으로 10일 이내에 사용자가 근로자별로 사용하지 아니한 휴가 일수를 알려주고, 근로자가 그 사용 시기를 정하여 사용자에게 통보하도록 서면으로 촉구할 것. 다만, 사용자가 서면 촉구한 후 발생한 휴가에 대해서는 최초 1년의 근로기간이 끝나기 1개월 전을 기준으로 5일 이내에 촉구하여야 한다.
2. 제1호에 따른 촉구에도 불구하고 근로자가 촉구를 받은 때부터 10일 이내에 사용하지 아니한 휴가의 전부 또는 일부의 사용 시기를 정하여 사용자에게 통보하지 아니하면 최초 1년의 근로기간이 끝나기 1개월 전까지 사용자가 사용하지 아니한 휴가의 사용 시기를 정하여 근로자에게 서면으로 통보할 것. 다만, 제1호 단서에 따라 촉구한 휴가에 대해서는 최초 1년의 근로기간이 끝나기 10일 전까지 서면으로 통보하여야 한다.

령 제7조의2

제62조 【유급휴가의 대체】 사용자는 근로자대표와의 서면 합의에 따라 제60조에 따른 연차 유급휴가일을 갈음하여 특정한 근로일에 근로자를 휴무시킬 수 있다.

령 제7조의2

제63조 【적용의 제외】 이 장과 제5장에서 정한 근로시간, 휴게와 휴일에 관한 규정은 다음 각 호의 어느 하나에 해당하는 근로자에 대하여는 적용하지 아니한다.

1. 토지의 경작·개간, 식물의 식재(植栽)·재배·채취 사업, 그 밖의 농림 사업 (2021.1.5 개정)
2. 동물의 사육, 수산 동식물의 채취·포획·양식 사업, 그 밖의 축산, 양잠, 수산 사업 (2021.1.5 개정)
3. 감시(監視) 또는 단속적(斷續的)으로 근로에 종사하는 사람으로서 사용자가 고용노동부장관의 승인을 받은 사람 (2020.5.26 개정)
4. 대통령령으로 정하는 업무에 종사하는 근로자

령 제34조 칙 제10조

제5장 여성과 소년

제64조【최저 연령과 취직인허증】 ① 15세 미만인 사람(「초·중등교육법」에 따른 중학교에 재학 중인 18세 미만인 사람을 포함한다)은 근로자로 사용하지 못한다. 다만, 대통령령으로 정하는 기준에 따라 고용노동부장관이 발급한 취직인허증(就職認許證)을 지닌 사람은 근로자로 사용할 수 있다. (2020.5.26 개정)
② 제1항의 취직인허증은 본인의 신청에 따라 의무교육에 지장이 없는 경우에는 직종(職種)을 지정하여서만 발행할 수 있다.
③ 고용노동부장관은 거짓이나 그 밖의 부정한 방법으로 제1항 단서의 취직인허증을 발급받은 사람에게는 그 인허를 취소하여야 한다. (2020.5.26 개정)
벌 법 제64조제1항을 위반한 자는 2년 이하의 징역 또는 2천만원 이하의 벌금에 처한다. (법 제110조제1호)
령 제35조 칙 제11조

제65조【사용 금지】 ① 사용자는 임신 중이거나 산후 1년이 지나지 아니한 여성(이하 "임산부"라 한다)과 18세 미만자를 도덕상 또는 보건상 유해·위험한 사업에 사용하지 못한다.
② 사용자는 임산부가 아닌 18세 이상의 여성을 제1항에 따른 보건상 유해·위험한 사업 중 임신 또는 출산에 관한 기능에 유해·위험한 사업에 사용하지 못한다.
③ 제1항 및 제2항에 따른 금지 직종은 대통령령으로 정한다.
벌 법 제65조를 위반한 자는 3년 이하의 징역 또는 3천만원 이하의 벌금에 처한다. (법 제109조제1항)
령 제40조

제66조【연소자 증명서】 사용자는 18세 미만인 사람에 대하여는 그 연령을 증명하는 가족관계기록사항에 관한 증명서와 친권자 또는 후견인의 동의서를 사업장에 갖추어 두어야 한다. (2020.5.26 개정)
벌 법 제66조를 위반한 자에게는 500만원 이하의 과태료를 부과한다. (법 제116조제2항제2호)

제67조【근로계약】 ① 친권자나 후견인은 미성년자의 근로계약을 대리할 수 없다.
② 친권자, 후견인 또는 고용노동부장관은 근로계약이 미성년자에게 불리하다고 인정하는 경우에는 이를 해지할 수 있다. (2010.6.4 개정)
③ 사용자는 18세 미만인 사람과 근로계약을 체결하는 경우에는 제17조에

따른 근로조건을 서면(「전자문서 및 전자거래 기본법」 제2조제1호에 따른 전자문서를 포함한다)으로 명시하여 교부하여야 한다. (2021.1.5 개정)

벌 법 제67조제1항·제3항을 위반한 자는 500만원 이하의 벌금에 처한다. (법 제114조제1호)

제68조 【임금의 청구】 미성년자는 독자적으로 임금을 청구할 수 있다.

제69조 【근로시간】 15세 이상 18세 미만인 사람의 근로시간은 1일에 7시간, 1주에 35시간을 초과하지 못한다. 다만, 당사자 사이의 합의에 따라 1일에 1시간, 1주에 5시간을 한도로 연장할 수 있다. (2020.5.26 개정)

벌 법 제69조를 위반한 자는 2년 이하의 징역 또는 2천만원 이하의 벌금에 처한다. (법 제110조제1호)

령 제41조

제70조 【야간근로와 휴일근로의 제한】 ① 사용자는 18세 이상의 여성을 오후 10시부터 오전 6시까지의 시간 및 휴일에 근로시키려면 그 근로자의 동의를 받아야 한다.

② 사용자는 임산부와 18세 미만자를 오후 10시부터 오전 6시까지의 시간 및 휴일에 근로시키지 못한다. 다만, 다음 각 호의 어느 하나에 해당하는 경우로서 고용노동부장관의 인가를 받으면 그러하지 아니하다. (2010.6.4 개정)

1. 18세 미만자의 동의가 있는 경우
2. 산후 1년이 지나지 아니한 여성의 동의가 있는 경우
3. 임신 중의 여성이 명시적으로 청구하는 경우

③ 사용자는 제2항의 경우 고용노동부장관의 인가를 받기 전에 근로자의 건강 및 모성 보호를 위하여 그 시행 여부와 방법 등에 관하여 그 사업 또는 사업장의 근로자대표와 성실하게 협의하여야 한다. (2010.6.4 개정)

벌 법 제70조제1항·제2항을 위반한 자는 2년 이하의 징역 또는 2천만원 이하의 벌금에 처한다. (법 제110조제1호)

벌 법 제70조제3항을 위반한 자는 500만원 이하의 벌금에 처한다. (법 제114조제1호)

칙 제12조

제71조 【시간외근로】 사용자는 산후 1년이 지나지 아니한 여성에 대하여는 단체협약이 있는 경우라도 1일에 2시간, 1주에 6시간, 1년에 150시간을 초과하는 시간외근로를 시키지 못한다. (2018.3.20 개정)

벌 법 제71조를 위반한 자는 2년 이하의 징역 또는 2천만원 이하의 벌금에 처한다. (법 제110조제1호)

제72조 【갱내근로의 금지】 사용자는 여성과 18세 미만인 사람을 갱내(坑內)에서 근로시키지 못한다. 다만, 보건·의료, 보도·취재 등 대통령령으로

정하는 업무를 수행하기 위하여 일시적으로 필요한 경우에는 그러하지 아니하다. (2020.5.26 개정)

벌 법 제72조를 위반한 자는 3년 이하의 징역 또는 3천만원 이하의 벌금에 처한다. (법 제109조제1항)

령 제42조

제73조【생리휴가】 사용자는 여성 근로자가 청구하면 월 1일의 생리휴가를 주어야 한다.

벌 법 제73조를 위반한 자는 500만원 이하의 벌금에 처한다. (법 제114조제1호)

제74조【임산부의 보호】 ① 사용자는 임신 중의 여성에게 출산 전과 출산 후를 통하여 90일(미숙아를 출산한 경우에는 100일, 한 번에 둘 이상 자녀를 임신한 경우에는 120일)의 출산전후휴가를 주어야 한다. 이 경우 휴가 기간의 배정은 출산 후에 45일(한 번에 둘 이상 자녀를 임신한 경우에는 60일) 이상이 되어야 하고, 미숙아의 범위, 휴가 부여 절차 등에 필요한 사항은 고용노동부령으로 정한다. (2024.10.22 개정)

② 사용자는 임신 중인 여성 근로자가 유산의 경험 등 대통령령으로 정하는 사유로 제1항의 휴가를 청구하는 경우 출산 전 어느 때라도 휴가를 나누어 사용할 수 있도록 하여야 한다. 이 경우 출산 후의 휴가 기간은 연속하여 45일(한 번에 둘 이상 자녀를 임신한 경우에는 60일) 이상이 되어야 한다. (2014.1.21 개정)

③ 사용자는 임신 중인 여성이 유산 또는 사산한 경우로서 그 근로자가 청구하면 대통령령으로 정하는 바에 따라 유산·사산 휴가를 주어야 한다. 다만, 인공 임신중절 수술(「모자보건법」 제14조제1항에 따른 경우는 제외한다)에 따른 유산의 경우는 그러하지 아니하다. (2012.2.1 개정)

④ 제1항부터 제3항까지의 규정에 따른 휴가 중 최초 60일(한 번에 둘 이상 자녀를 임신한 경우에는 75일)은 유급으로 한다. 다만, 「남녀고용평등과 일·가정 양립 지원에 관한 법률」 제18조에 따라 출산전후휴가급여 등이 지급된 경우에는 그 금액의 한도에서 지급의 책임을 면한다. (2014.1.21 개정)

⑤ 사용자는 임신 중의 여성 근로자에게 시간외근로를 하게 하여서는 아니 되며, 그 근로자의 요구가 있는 경우에는 쉬운 종류의 근로로 전환하여야 한다. (2012.2.1 개정)

⑥ 사업주는 제1항에 따른 출산전후휴가 종료 후에는 휴가 전과 동일한 업무 또는 동등한 수준의 임금을 지급하는 직무에 복귀시켜야 한다. (2012.2.1 개정)

⑦ 사용자는 임신 후 12주 이내 또는 32주 이후에 있는 여성 근로자(고용노동부령으로 정하는 유산, 조산 등 위험이 있는 여성 근로자의 경우 임신 전

기간)가 1일 2시간의 근로시간 단축을 신청하는 경우 이를 허용하여야 한다. 다만, 1일 근로시간이 8시간 미만인 근로자에 대하여는 1일 근로시간이 6시간이 되도록 근로시간 단축을 허용할 수 있다. (2024.10.22 개정)
⑧ 사용자는 제7항에 따른 근로시간 단축을 이유로 해당 근로자의 임금을 삭감하여서는 아니 된다. (2014.3.24 신설)
⑨ 사용자는 임신 중인 여성 근로자가 1일 소정근로시간을 유지하면서 업무의 시작 및 종료 시각의 변경을 신청하는 경우 이를 허용하여야 한다. 다만, 정상적인 사업 운영에 중대한 지장을 초래하는 경우 등 대통령령으로 정하는 경우에는 그러하지 아니하다. (2021.5.18 신설)
⑩ 제7항에 따른 근로시간 단축의 신청방법 및 절차, 제9항에 따른 업무의 시작 및 종료 시각 변경의 신청방법 및 절차 등에 관하여 필요한 사항은 대통령령으로 정한다. (2021.5.18 개정)
벌 법 제74조제1항부터 제5항까지를 위반한 자는 2년 이하의 징역 또는 2천만원 이하의 벌금에 처한다. (법 제110조제1호)
벌 법 제74조제6항을 위반한 자는 500만원 이하의 벌금에 처한다. (법 제114조제1호)
벌 법 제74조제7항·제9항을 위반한 자에게는 500만원 이하의 과태료를 부과한다. (법 제116조제2항제2호)
령 제43조·제43조의2·제43조의3 칙 제12조의2·제12조의3

제74조의2 【태아검진 시간의 허용 등】 ① 사용자는 임신한 여성근로자가 「모자보건법」 제10조에 따른 임산부 정기건강진단을 받는데 필요한 시간을 청구하는 경우 이를 허용하여 주어야 한다. (2008.3.21 신설)
② 사용자는 제1항에 따른 건강진단 시간을 이유로 그 근로자의 임금을 삭감하여서는 아니 된다. (2008.3.21 신설)

제75조 【육아 시간】 생후 1년 미만의 유아(乳兒)를 가진 여성 근로자가 청구하면 1일 2회 각각 30분 이상의 유급 수유 시간을 주어야 한다.
벌 법 제75조를 위반한 자는 2년 이하의 징역 또는 2천만원 이하의 벌금에 처한다. (법 제110조제1호)

제6장 안전과 보건

제76조 【안전과 보건】 근로자의 안전과 보건에 관하여는 「산업안전보건법」에서 정하는 바에 따른다.

제6장의2 직장 내 괴롭힘의 금지

제76조의2 【직장 내 괴롭힘의 금지】 사용자 또는 근로자는 직장에서의 지위 또는 관계 등의 우위를 이용하여 업무상 적정범위를 넘어 다른 근로자에게 신체적·정신적 고통을 주거나 근무환경을 악화시키는 행위(이하 "직장 내 괴롭힘"이라 한다)를 하여서는 아니 된다. (2019.1.15 신설)

벌 사용자(사용자의 「민법」 제767조에 따른 친족 중 대통령령으로 정하는 사람이 해당 사업 또는 사업장의 근로자인 경우를 포함한다)가 제76조의2를 위반하여 직장 내 괴롭힘을 한 경우에는 1천만원 이하의 과태료를 부과한다. (법 제116조제1항)

제76조의3 【직장 내 괴롭힘 발생 시 조치】 ① 누구든지 직장 내 괴롭힘 발생 사실을 알게 된 경우 그 사실을 사용자에게 신고할 수 있다. (2019.1.15 신설)

② 사용자는 제1항에 따른 신고를 접수하거나 직장 내 괴롭힘 발생 사실을 인지한 경우에는 지체 없이 당사자 등을 대상으로 그 사실 확인을 위하여 객관적으로 조사를 실시하여야 한다. (2021.4.13 개정)

③ 사용자는 제2항에 따른 조사 기간 동안 직장 내 괴롭힘과 관련하여 피해를 입은 근로자 또는 피해를 입었다고 주장하는 근로자(이하 "피해근로자등"이라 한다)를 보호하기 위하여 필요한 경우 해당 피해근로자등에 대하여 근무장소의 변경, 유급휴가 명령 등 적절한 조치를 하여야 한다. 이 경우 사용자는 피해근로자등의 의사에 반하는 조치를 하여서는 아니 된다. (2019.1.15 신설)

④ 사용자는 제2항에 따른 조사 결과 직장 내 괴롭힘 발생 사실이 확인된 때에는 피해근로자가 요청하면 근무장소의 변경, 배치전환, 유급휴가 명령 등 적절한 조치를 하여야 한다. (2019.1.15 신설)

⑤ 사용자는 제2항에 따른 조사 결과 직장 내 괴롭힘 발생 사실이 확인된 때에는 지체 없이 행위자에 대하여 징계, 근무장소의 변경 등 필요한 조치를 하여야 한다. 이 경우 사용자는 징계 등의 조치를 하기 전에 그 조치에 대하여 피해근로자의 의견을 들어야 한다. (2019.1.15 신설)

⑥ 사용자는 직장 내 괴롭힘 발생 사실을 신고한 근로자 및 피해근로자등에게 해고나 그 밖의 불리한 처우를 하여서는 아니 된다. (2019.1.15 신설)

⑦ 제2항에 따라 직장 내 괴롭힘 발생 사실을 조사한 사람, 조사 내용을 보고받은 사람 및 그 밖에 조사 과정에 참여한 사람은 해당 조사 과정에서 알게 된 비밀을 피해근로자등의 의사에 반하여 다른 사람에게 누설하여서는 아니 된다. 다만, 조사와 관련된 내용을 사용자에게 보고하거나 관계 기관의 요청에 따라 필요한 정보를 제공하는 경우는 제외한다. (2021.4.13 신설)

벌 법 제76조의3제6항을 위반한 자는 3년 이하의 징역 또는 3천만원 이하의 벌금에 처한다. (법 제109조제1항)

벌 법 제76조의3제2항·제4항·제5항·제7항을 위반한 자에게는 500만원 이하의 과태료를 부과한다. (법 제116조제2항제2호)

제7장 기능 습득

제77조 【기능 습득자의 보호】 사용자는 양성공, 수습, 그 밖의 명칭을 불문하고 기능의 습득을 목적으로 하는 근로자를 혹사하거나 가사, 그 밖의 기능 습득과 관계없는 업무에 종사시키지 못한다. (2020.5.26 개정)
벌 법 제77조를 위반한 자는 500만원 이하의 벌금에 처한다. (법 제114조제1호)

제8장 재해보상

제78조 【요양보상】 ① 근로자가 업무상 부상 또는 질병에 걸리면 사용자는 그 비용으로 필요한 요양을 행하거나 필요한 요양비를 부담하여야 한다.
② 제1항에 따른 업무상 질병과 요양의 범위 및 요양보상의 시기는 대통령령으로 정한다. (2008.3.21 개정)
벌 법 제78조를 위반한 자는 2년 이하의 징역 또는 2천만원 이하의 벌금에 처한다. (법 제110조제1호)
령 제5조·제44조

제79조 【휴업보상】 ① 사용자는 제78조에 따라 요양 중에 있는 근로자에게 그 근로자의 요양 중 평균임금의 100분의 60의 휴업보상을 하여야 한다. (2008.3.21 개정)
② 제1항에 따른 휴업보상을 받을 기간에 그 보상을 받을 사람이 임금의 일부를 지급받은 경우에는 사용자는 평균임금에서 그 지급받은 금액을 뺀 금액의 100분의 60의 휴업보상을 하여야 한다. (2020.5.26 개정)
③ 휴업보상의 시기는 대통령령으로 정한다. (2008.3.21 신설)
벌 법 제79조를 위반한 자는 2년 이하의 징역 또는 2천만원 이하의 벌금에 처한다. (법 제110조제1호)
령 제5조

제80조 【장해보상】 ① 근로자가 업무상 부상 또는 질병에 걸리고, 완치된 후 신체에 장해가 있으면 사용자는 그 장해 정도에 따라 평균임금에 별표에서 정한 일수를 곱한 금액의 장해보상을 하여야 한다. (2008.3.21 개정)
② 이미 신체에 장해가 있는 사람이 부상 또는 질병으로 인하여 같은 부위에 장해가 더 심해진 경우에 그 장해에 대한 장해보상 금액은 장해 정도가 더 심해진 장해등급에 해당하는 장해보상의 일수에서 기존의 장해등급에 해당

하는 장해보상의 일수를 뺀 일수에 보상청구사유 발생 당시의 평균임금을 곱하여 산정한 금액으로 한다. (2020.5.26 개정)

③ 장해보상을 하여야 하는 신체장해 등급의 결정 기준과 장해보상의 시기는 대통령령으로 정한다. (2008.3.21 신설)

벌 법 제80조를 위반한 자는 2년 이하의 징역 또는 2천만원 이하의 벌금에 처한다. (법 제110조제1호)

령 제5조·제47조

제81조 【휴업보상과 장해보상의 예외】 근로자가 중대한 과실로 업무상 부상 또는 질병에 걸리고 또한 사용자가 그 과실에 대하여 노동위원회의 인정을 받으면 휴업보상이나 장해보상을 하지 아니하여도 된다.

칙 제13조

제82조 【유족보상】 ① 근로자가 업무상 사망한 경우에는 사용자는 근로자가 사망한 후 지체 없이 그 유족에게 평균임금 1,000일분의 유족보상을 하여야 한다. (2008.3.21 개정)

② 제1항에서의 유족의 범위, 유족보상의 순위 및 보상을 받기로 확정된 사람이 사망한 경우의 유족보상의 순위는 대통령령으로 정한다. (2020.5.26 개정)

벌 법 제82조를 위반한 자는 2년 이하의 징역 또는 2천만원 이하의 벌금에 처한다. (법 제110조제1호)

령 제5조·제48조

제83조 【장례비】 근로자가 업무상 사망한 경우에는 사용자는 근로자가 사망한 후 지체 없이 평균임금 90일분의 장례비를 지급하여야 한다. (2021.1.5 개정)

벌 법 제83조를 위반한 자는 2년 이하의 징역 또는 2천만원 이하의 벌금에 처한다. (법 제110조제1호)

령 제5조

제84조 【일시보상】 제78조에 따라 보상을 받는 근로자가 요양을 시작한 지 2년이 지나도 부상 또는 질병이 완치되지 아니하는 경우에는 사용자는 그 근로자에게 평균임금 1,340일분의 일시보상을 하여 그 후의 이 법에 따른 모든 보상책임을 면할 수 있다.

령 제5조

제85조 【분할보상】 사용자는 지급 능력이 있는 것을 증명하고 보상을 받는 사람의 동의를 받으면 제80조, 제82조 또는 제84조에 따른 보상금을 1년에 걸쳐 분할보상을 할 수 있다. (2020.5.26 개정)

제86조 【보상 청구권】 보상을 받을 권리는 퇴직으로 인하여 변경되지 아니하고, 양도나 압류하지 못한다.

제87조 【다른 손해배상과의 관계】 보상을 받게 될 사람이 동일한 사유에 대하여 「민법」이나 그 밖의 법령에 따라 이 법의 재해보상에 상당한 금품을 받으면 그 가액(價額)의 한도에서 사용자는 보상의 책임을 면한다. (2020.5.26 개정)

제88조 【고용노동부장관의 심사와 중재】 ① 업무상의 부상, 질병 또는 사망의 인정, 요양의 방법, 보상금액의 결정, 그 밖에 보상의 실시에 관하여 이의가 있는 자는 고용노동부장관에게 심사나 사건의 중재를 청구할 수 있다. (2010.6.4 개정)

② 제1항의 청구가 있으면 고용노동부장관은 1개월 이내에 심사나 중재를 하여야 한다. (2010.6.4 개정)

③ 고용노동부장관은 필요에 따라 직권으로 심사나 사건의 중재를 할 수 있다. (2010.6.4 개정)

④ 고용노동부장관은 심사나 중재를 위하여 필요하다고 인정하면 의사에게 진단이나 검안을 시킬 수 있다. (2010.6.4 개정)

⑤ 제1항에 따른 심사나 중재의 청구와 제2항에 따른 심사나 중재의 시작은 시효의 중단에 관하여는 재판상의 청구로 본다.

칙 제14조

제89조 【노동위원회의 심사와 중재】 ① 고용노동부장관이 제88조제2항의 기간에 심사 또는 중재를 하지 아니하거나 심사와 중재의 결과에 불복하는 자는 노동위원회에 심사나 중재를 청구할 수 있다. (2010.6.4 개정)

② 제1항의 청구가 있으면 노동위원회는 1개월 이내에 심사나 중재를 하여야 한다.

칙 제14조

제90조 【도급 사업에 대한 예외】 ① 사업이 여러 차례의 도급에 따라 행하여지는 경우의 재해보상에 대하여는 원수급인(元受給人)을 사용자로 본다.

② 제1항의 경우에 원수급인이 서면상 계약으로 하수급인에게 보상을 담당하게 하는 경우에는 그 수급인도 사용자로 본다. 다만, 2명 이상의 하수급인에게 똑같은 사업에 대하여 중복하여 보상을 담당하게 하지 못한다.

③ 제2항의 경우에 원수급인이 보상의 청구를 받으면 보상을 담당한 하수급인에게 우선 최고(催告)할 것을 청구할 수 있다. 다만, 그 하수급인이 파산의 선고를 받거나 행방이 알려지지 아니하는 경우에는 그러하지 아니하다.

제91조 【서류의 보존】 사용자는 재해보상에 관한 중요한 서류를 재해보상이 끝나지 아니하거나 제92조에 따라 재해보상 청구권이 시효로 소멸되기 전에 폐기하여서는 아니 된다. (2008.3.21 개정)

벌 법 제91조를 위반한 자에게는 500만원 이하의 과태료를 부과한다. (법 제116조제2항제2호)

제92조 【시효】 이 법의 규정에 따른 재해보상 청구권은 3년간 행사하지 아니하면 시효로 소멸한다.

제9장 취업규칙

제93조 【취업규칙의 작성·신고】 상시 10명 이상의 근로자를 사용하는 사용자는 다음 각 호의 사항에 관한 취업규칙을 작성하여 고용노동부장관에게 신고하여야 한다. 이를 변경하는 경우에도 또한 같다. (2010.6.4 개정)

1. 업무의 시작과 종료 시각, 휴게시간, 휴일, 휴가 및 교대 근로에 관한 사항
2. 임금의 결정·계산·지급 방법, 임금의 산정기간·지급시기 및 승급(昇給)에 관한 사항
3. 가족수당의 계산·지급 방법에 관한 사항
4. 퇴직에 관한 사항
5. 「근로자퇴직급여 보장법」 제4조에 따라 설정된 퇴직급여, 상여 및 최저임금에 관한 사항 (2012.2.1 개정)
6. 근로자의 식비, 작업 용품 등의 부담에 관한 사항
7. 근로자를 위한 교육시설에 관한 사항
8. 출산전후휴가·육아휴직 등 근로자의 모성 보호 및 일·가정 양립 지원에 관한 사항 (2012.2.1 개정)
9. 안전과 보건에 관한 사항

9의2. 근로자의 성별·연령 또는 신체적 조건 등의 특성에 따른 사업장 환경의 개선에 관한 사항 (2008.3.28 신설)

10. 업무상과 업무 외의 재해부조(災害扶助)에 관한 사항
11. 직장 내 괴롭힘의 예방 및 발생 시 조치 등에 관한 사항 (2019.1.15 신설)
12. 표창과 제재에 관한 사항 (2019.1.15 개정)
13. 그 밖에 해당 사업 또는 사업장의 근로자 전체에 적용될 사항 (2019.1.15 개정)

벌 법 제93조를 위반한 자에게는 500만원 이하의 과태료를 부과한다. (법 제116조제2항제2호)

령 제7조의2 칙 제15조

제94조 【규칙의 작성, 변경 절차】 ① 사용자는 취업규칙의 작성 또는 변경에 관하여 해당 사업 또는 사업장에 근로자의 과반수로 조직된 노동조합이 있는 경우에는 그 노동조합, 근로자의 과반수로 조직된 노동조합이 없는 경우에는 근로자의 과반수의 의견을 들어야 한다. 다만, 취업규칙을 근로자에게 불리하게 변경하는 경우에는 그 동의를 받아야 한다.

② 사용자는 제93조에 따라 취업규칙을 신고할 때에는 제1항의 의견을 적은 서면을 첨부하여야 한다.

벌 법 제94조를 위반한 자는 500만원 이하의 벌금에 처한다. (법 제114조제1호)

제95조 【제재 규정의 제한】 취업규칙에서 근로자에 대해서 감급(減給)의 제재를 정할 경우에 그 감액은 1회의 금액이 평균임금의 1일분의 2분의 1을, 총액이 1임금지급기의 임금 총액의 10분의 1을 초과하지 못한다.

벌 법 제95조를 위반한 자는 500만원 이하의 벌금에 처한다. (법 제114조제1호)

제96조 【단체협약의 준수】 ① 취업규칙은 법령이나 해당 사업 또는 사업장에 대하여 적용되는 단체협약과 어긋나서는 아니 된다.

② 고용노동부장관은 법령이나 단체협약에 어긋나는 취업규칙의 변경을 명할 수 있다. (2010.6.4 개정)

벌 법 제96조제2항에 따른 명령을 위반한 자는 500만원 이하의 벌금에 처한다. (법 제114조제2호)

제97조 【위반의 효력】 취업규칙에서 정한 기준에 미달하는 근로조건을 정한 근로계약은 그 부분에 관하여는 무효로 한다. 이 경우 무효로 된 부분은 취업규칙에 정한 기준에 따른다.

제10장 기숙사

제98조 【기숙사 생활의 보장】 ① 사용자는 사업 또는 사업장의 부속 기숙사에 기숙하는 근로자의 사생활의 자유를 침해하지 못한다.

② 사용자는 기숙사 생활의 자치에 필요한 임원 선거에 간섭하지 못한다.

벌 법 제98조제2항을 위반한 자에게는 500만원 이하의 과태료를 부과한다. (법 제116조제2항제2호)

제99조 【규칙의 작성과 변경】 ① 부속 기숙사에 근로자를 기숙시키는 사용자는 다음 각 호의 사항에 관하여 기숙사규칙을 작성하여야 한다.

1. 기상(起床), 취침, 외출과 외박에 관한 사항
2. 행사에 관한 사항
3. 식사에 관한 사항
4. 안전과 보건에 관한 사항
5. 건설물과 설비의 관리에 관한 사항
6. 그 밖에 기숙사에 기숙하는 근로자 전체에 적용될 사항

② 사용자는 제1항에 따른 규칙의 작성 또는 변경에 관하여 기숙사에 기숙하는 근로자의 과반수를 대표하는 자의 동의를 받아야 한다.

③ 사용자와 기숙사에 기숙하는 근로자는 기숙사규칙을 지켜야 한다.
벌 법 제99조를 위반한 자에게는 500만원 이하의 과태료를 부과한다. (법 제116조제2항제2호)
령 제54조

제100조 【부속 기숙사의 설치·운영 기준】 사용자는 부속 기숙사를 설치·운영할 때 다음 각 호의 사항에 관하여 대통령령으로 정하는 기준을 충족하도록 하여야 한다. (2019.1.15 개정)
1. 기숙사의 구조와 설비
2. 기숙사의 설치 장소
3. 기숙사의 주거 환경 조성
4. 기숙사의 면적
5. 그 밖에 근로자의 안전하고 쾌적한 주거를 위하여 필요한 사항

벌 법 제100조를 위반한 자는 500만원 이하의 벌금에 처한다. (법 제114조제1호)
령 제55조·제57조

제100조의2 【부속 기숙사의 유지관리 의무】 사용자는 제100조에 따라 설치한 부속 기숙사에 대하여 근로자의 건강 유지, 사생활 보호 등을 위한 조치를 하여야 한다. (2019.1.15 신설)

제11장 근로감독관 등

제101조 【감독 기관】 ① 근로조건의 기준을 확보하기 위하여 고용노동부와 그 소속 기관에 근로감독관을 둔다. (2010.6.4 개정)
② 근로감독관의 자격, 임면(任免), 직무 배치에 관한 사항은 대통령령으로 정한다.

제102조 【근로감독관의 권한】 ① 근로감독관은 사업장, 기숙사, 그 밖의 부속 건물을 현장조사하고 장부와 서류의 제출을 요구할 수 있으며 사용자와 근로자에 대하여 심문(尋問)할 수 있다. (2017.11.28 개정)
② 의사인 근로감독관이나 근로감독관의 위촉을 받은 의사는 취업을 금지하여야 할 질병에 걸릴 의심이 있는 근로자에 대하여 검진할 수 있다.
③ 제1항 및 제2항의 경우에 근로감독관이나 그 위촉을 받은 의사는 그 신분증명서와 고용노동부장관의 현장조사 또는 검진지령서(檢診指令書)를 제시하여야 한다. (2017.11.28 개정)
④ 제3항의 현장조사 또는 검진지령서에는 그 일시, 장소 및 범위를 분명하게 적어야 한다. (2017.11.28 개정)
⑤ 근로감독관은 이 법이나 그 밖의 노동 관계 법령 위반의 죄에 관하여

「사법경찰관리의 직무를 행할 자와 그 직무범위에 관한 법률」에서 정하는 바에 따라 사법경찰관의 직무를 수행한다.

벌 법 제102조에 따른 근로감독관 또는 그 위촉을 받은 의사의 현장조사나 검진을 거절, 방해 또는 기피하고 그 심문에 대하여 진술을 하지 아니하거나 거짓된 진술을 하며 장부·서류를 제출하지 아니하거나 거짓 장부·서류를 제출한 자에게는 500만원 이하의 과태료를 부과한다. (법 제116조제2항제4호)

제102조의2 【자료 제공의 요청】 ① 고용노동부장관은 이 법에서 정하는 근로조건 보호를 위하여 중앙행정기관의 장과 지방자치단체의 장 또는 근로복지공단 등 관련 기관·단체의 장에게 다음 각 호의 정보 또는 자료의 제공 및 관계 전산망의 이용을 요청할 수 있다. (2024.10.22 신설)

1. 「소득세법」 제4조제1항제1호에 따른 종합소득에 관한 자료
2. 「고용보험법」 제13조 및 제15조에 따른 피보험자격에 관한 신고자료
3. 그 밖에 근로자의 근로조건 보호를 위하여 필요한 정보 또는 자료로서 대통령령으로 정하는 정보 또는 자료

② 제1항에 따라 자료의 제공을 요청받은 자는 정당한 사유가 없으면 그 요청에 따라야 한다. (2024.10.22 신설)

③ 제1항에 따라 제공되는 자료에 대하여는 수수료나 사용료 등을 면제한다. (2024.10.22 신설)

령 제58조의3

제103조 【근로감독관의 의무】 근로감독관은 직무상 알게 된 비밀을 엄수하여야 한다. 근로감독관을 그만 둔 경우에도 또한 같다.

벌 법 제103조를 위반한 자는 500만원 이하의 벌금에 처한다. (법 제114조제1호)

제104조 【감독 기관에 대한 신고】 ① 사업 또는 사업장에서 이 법 또는 이 법에 따른 대통령령을 위반한 사실이 있으면 근로자는 그 사실을 고용노동부장관이나 근로감독관에게 통보할 수 있다. (2010.6.4 개정)

② 사용자는 제1항의 통보를 이유로 근로자에게 해고나 그 밖에 불리한 처우를 하지 못한다.

벌 법 제104조제2항을 위반한 자는 2년 이하의 징역 또는 2천만원 이하의 벌금에 처한다. (법 제110조제1호)

제105조 【사법경찰권 행사자의 제한】 이 법이나 그 밖의 노동 관계 법령에 따른 현장조사, 서류의 제출, 심문 등의 수사는 검사와 근로감독관이 전담하여 수행한다. 다만, 근로감독관의 직무에 관한 범죄의 수사는 그러하지 아니하다. (2017.11.28 개정)

제106조 【권한의 위임】 이 법에 따른 고용노동부장관의 권한은 대통령령으로 정하는 바에 따라 그 일부를 지방고용노동관서의 장에게 위임할 수 있

다. (2010.6.4 개정)
령 제59조

제12장 벌 칙

제107조 【벌칙】 제7조, 제8조, 제9조, 제23조제2항 또는 제40조를 위반한 자는 5년 이하의 징역 또는 5천만원 이하의 벌금에 처한다. (2017.11.28 개정)

제108조 【벌칙】 근로감독관이 이 법을 위반한 사실을 고의로 묵과하면 3년 이하의 징역 또는 5년 이하의 자격정지에 처한다.

제109조 【벌칙】 ① 제36조, 제43조, 제44조, 제44조의2, 제46조, 제51조의3, 제52조제2항제2호, 제56조, 제65조, 제72조 또는 제76조의3제6항을 위반한 자는 3년 이하의 징역 또는 3천만원 이하의 벌금에 처한다. (2021.1.5 개정)

② 제36조, 제43조, 제44조, 제44조의2, 제46조, 제51조의3, 제52조제2항제2호 또는 제56조를 위반한 자에 대하여는 피해자의 명시적인 의사와 다르게 공소를 제기할 수 없다. 다만, 제43조의2에 따라 명단 공개된 체불사업주가 명단 공개 기간 중에 제36조, 제43조, 제44조, 제44조의2, 제46조, 제51조의3, 제52조제2항제2호 또는 제56조를 위반한 경우에는 그러하지 아니하다. (2024.10.22 개정)

제110조 【벌칙】 다음 각 호의 어느 하나에 해당하는 자는 2년 이하의 징역 또는 2천만원 이하의 벌금에 처한다. (2017.11.28 개정)

1. 제10조, 제22조제1항, 제26조, 제50조, 제51조의2제2항, 제52조제2항제1호, 제53조제1항·제2항, 같은조 제4항 본문·제7항, 제54조, 제55조, 제59조제2항, 제60조제1항·제2항·제4항 및 제5항, 제64조제1항, 제69조, 제70조제1항·제2항, 제71조, 제74조제1항부터 제5항까지, 제75조, 제78조부터 제80조까지, 제82조, 제83조 및 제104조제2항을 위반한 자 (2021.1.5 개정)
2. 제53조제5항에 따른 명령을 위반한 자 (2018.3.20 개정)

제111조 【벌칙】 제31조제3항에 따라 확정되거나 행정소송을 제기하여 확정된 구제명령 또는 구제명령을 내용으로 하는 재심판정을 이행하지 아니한 자는 1년 이하의 징역 또는 1천만원 이하의 벌금에 처한다.

제112조 【고발】 ① 제111조의 죄는 노동위원회의 고발이 있어야 공소를 제기할 수 있다.

② 검사는 제1항에 따른 죄에 해당하는 위반행위가 있음을 노동위원회에 통보하여 고발을 요청할 수 있다.

제113조 【벌칙】 제45조를 위반한 자는 1천만원 이하의 벌금에 처한다.

제114조 【벌칙】 다음 각 호의 어느 하나에 해당하는 자는 500만원 이하의 벌금에 처한다.

1. 제6조, 제16조, 제17조, 제20조, 제21조, 제22조제2항, 제47조, 제53조제4항 단서, 제67조제1항·제3항, 제70조제3항, 제73조, 제74조제6항, 제77조, 제94조, 제95조, 제100조 및 제103조를 위반한 자 (2018.3.20 개정)
2. 제96조제2항에 따른 명령을 위반한 자

제115조 【양벌규정】 사업주의 대리인, 사용인, 그 밖의 종업원이 해당 사업의 근로자에 관한 사항에 대하여 제107조, 제109조부터 제111조까지, 제113조 또는 제114조의 위반행위를 하면 그 행위자를 벌하는 외에 그 사업주에게도 해당 조문의 벌금형을 과(科)한다. 다만, 사업주가 그 위반행위를 방지하기 위하여 해당 업무에 관하여 상당한 주의와 감독을 게을리하지 아니한 경우에는 그러하지 아니하다. (2009.5.21 개정)

제116조 【과태료】 ① 사용자(사용자의 「민법」 제767조에 따른 친족 중 대통령령으로 정하는 사람이 해당 사업 또는 사업장의 근로자인 경우를 포함한다)가 제76조의2를 위반하여 직장 내 괴롭힘을 한 경우에는 1천만원 이하의 과태료를 부과한다. (2021.4.13 신설)

② 다음 각 호의 어느 하나에 해당하는 자에게는 500만원 이하의 과태료를 부과한다. (2021.4.13 개정)

1. 제13조에 따른 고용노동부장관, 노동위원회 또는 근로감독관의 요구가 있는 경우에 보고 또는 출석을 하지 아니하거나 거짓된 보고를 한 자 (2010.6.4 개정)
2. 제14조, 제39조, 제41조, 제42조, 제48조, 제66조, 제74조제7항·제9항, 제76조의3제2항·제4항·제5항·제7항, 제91조, 제93조, 제98조제2항 및 제99조를 위반한 자 (2021.5.18 개정)
3. 제51조의2제5항에 따른 임금보전방안을 신고하지 아니한 자 (2021.1.5 신설)
4. 제102조에 따른 근로감독관 또는 그 위촉을 받은 의사의 현장조사나 검진을 거절, 방해 또는 기피하고 그 심문에 대하여 진술을 하지 아니하거나 거짓된 진술을 하며 장부·서류를 제출하지 아니하거나 거짓 장부·서류를 제출한 자 (2021.1.5 개정)

③ 제1항 및 제2항에 따른 과태료는 대통령령으로 정하는 바에 따라 고용노동부장관이 부과·징수한다. (2021.4.13 개정)

④ 삭제(2009.5.21)

⑤ 삭제(2009.5.21)

령 제59조의3·제60조

부 칙

제1조【시행일】 이 법은 공포한 날부터 시행한다. 다만, 부칙 제16조제24항의 개정규정은 2007년 4월 12일부터 시행하고, 제12조, 제13조, 제17조, 제21조, 제23조제1항, 제24조제3항, 제25조제1항, 제27조부터 제33조까지, 제37조제1항, 제38조, 제43조, 제45조, 제64조제3항, 제77조, 제107조, 제110조제1호, 제111조, 제112조, 제114조, 제116조 및 부칙 제16조제9항의 개정규정은 2007년 7월 1일부터 시행하며, 부칙 제16조제21항의 개정규정은 2007년 7월 20일부터 시행한다.

제2조【시행일에 관한 경과조치】 부칙 제1조 단서에 따라 제12조, 제13조, 제17조, 제21조, 제23조제1항, 제24조제3항, 제25조제1항, 제28조, 제37조제1항, 제38조, 제43조, 제45조, 제77조, 제107조, 제110조제1호 및 제114조의 개정규정이 시행되기 전까지는 그에 해당하는 종전의 제11조, 제12조, 제24조, 제28조, 제30조제1항, 제31조제3항, 제31조의2제1항, 제33조, 제36조의2제1항, 제37조, 제42조, 제44조, 제77조, 제110조, 제113조제1호 및 제115조를 적용한다.

제3조【유효기간】 제16조의 개정규정은 2007년 6월 30일까지 효력을 가진다.

제4조【법률 제6974호 근로기준법중개정법률의 시행일】 법률 제6974호 근로기준법중개정법률의 시행일은 다음 각 호와 같다.

1. 금융·보험업, 「정부투자기관 관리기본법」 제2조에 따른 정부투자기관, 「지방공기업법」 제49조 및 같은 법 제76조에 따른 지방공사 및 지방공단, 국가·지방자치단체 또는 정부투자기관이 자본금의 2분의 1 이상을 출자하거나 기본재산의 2분의 1 이상을 출연한 기관·단체와 그 기관·단체가 자본금의 2분의 1 이상을 출자하거나 기본재산의 2분의 1 이상을 출연한 기관·단체 및 상시 1,000명 이상의 근로자를 사용하는 사업 또는 사업장 : 2004년 7월 1일
2. 상시 300명 이상 1,000명 미만의 근로자를 사용하는 사업 또는 사업장 : 2005년 7월 1일
3. 상시 100명 이상 300명 미만의 근로자를 사용하는 사업 또는 사업장 : 2006년 7월 1일
4. 상시 50명 이상 100명 미만의 근로자를 사용하는 사업 또는 사업장 : 2007년 7월 1일
5. 상시 20명 이상 50명 미만의 근로자를 사용하는 사업 또는 사업장 : 2008년 7월 1일
6. 상시 20명 미만의 근로자를 사용하는 사업 또는 사업장, 국가 및 지방자

치단체의 기관 : 2011년을 초과하지 아니하는 기간 이내에서 대통령령으로 정하는 날

제5조【법률 제6974호 근로기준법중개정법률의 적용에 관한 특례】 사용자가 부칙 제4조에 따른 시행일 전에 근로자의 과반수로 조직된 노동조합이 있는 경우에는 그 노동조합, 근로자의 과반수로 조직된 노동조합이 없는 경우에는 근로자의 과반수의 동의를 얻어 노동부령으로 정하는 바에 따라 노동부장관에게 신고한 경우에는 부칙 제4조에 따른 시행일 전이라도 이를 적용할 수 있다.

제5조의2【건설공사 등의 근로시간 적용의 특례】 부칙 제4조제6호에도 불구하고 다음 각 호의 공사 전부 또는 일부가 포함된 공사로서 공사의 발주자가 같고 공사의 목적, 장소 및 공기(工期) 등에 비추어 하나의 일관된 체계에 따라 시공되는 것으로 인정되는 공사(이하 이 조에서 "관련공사"라 한다)에 사용되는 모든 근로자에 대하여는 관련공사의 발주 시 총 공사 계약금액을 바탕으로 대통령령으로 정하는 바에 따라 산정한 관련공사의 상시 근로자 수를 기준으로 제50조에 따른 근로시간을 적용할지를 결정한다. (2008. 3.21 신설)

1. 「건설산업기본법」에 따른 건설공사
2. 「전기공사업법」에 따른 전기공사
3. 「정보통신공사업법」에 따른 정보통신공사
4. 「소방시설공사업법」에 따른 소방시설공사
5. 「문화재보호법」에 따른 문화재수리공사

제6조【연장근로에 관한 특례】 ① 부칙 제4조 각 호의 시행일(부칙 제5조에 따라 노동부장관에게 신고한 경우에는 적용일을 말한다. 이하 같다)부터 3년 간은 제53조제1항 및 제59조제1항을 적용할 때 "12시간"을 각각 "16시간"으로 본다.

② 제1항을 적용할 때 최초의 4시간에 대하여는 제56조 중 "100분의 50"을 "100분의 25"로 본다.

제7조【임금보전 및 단체협약의 변경 등】 ① 사용자는 법률 제6974호 근로기준법중개정법률의 시행으로 인하여 기존의 임금수준 및 시간당 통상임금이 저하되지 아니하도록 하여야 한다.

② 근로자·노동조합 및 사용자는 법률 제6974호 근로기준법중개정법률의 시행과 관련하여 단체협약 유효기간의 만료 여부를 불문하고 가능한 빠른 시일 내에 단체협약, 취업규칙 등에 임금보전방안 및 같은 법의 개정사항이 반영되도록 하여야 한다.

③ 제1항 및 제2항을 적용할 때 임금항목 또는 임금 조정방법은 단체협약, 취업규칙 등을 통하여 근로자·노동조합 및 사용자가 자율적으로 정한다.

제8조【연차 및 월차 유급휴가에 관한 경과조치】 법률 제6974호 근로기준법중개정법률 시행일 전에 발생한 월차 유급휴가 및 연차 유급휴가에 대하여는 종전의 규정에 따른다.

제9조【지연이자에 관한 적용례】 법률 제7465호 근로기준법 일부개정법률 제36조의2의 개정규정은 같은 법 시행 후 최초로 지급사유가 발생하는 경우부터 적용한다.

제10조【유산 또는 사산에 따른 보호휴가 등에 관한 적용례】 법률 제7566호 근로기준법 일부개정법률 제72조제2항 및 제3항의 개정규정은 같은 법 시행 후 최초로 출산·유산 또는 사산하는 여성 근로자부터 적용한다.

제11조【우선 재고용등에 관한 적용례】 제25조제1항의 개정규정은 법률 제8293호 근로기준법 일부개정법률의 시행일인 2007년 7월 1일 이후 최초로 발생한 경영상 이유에 따른 해고부터 적용한다.

제12조【부당해고등에 대한 구제에 관한 적용례】 제28조부터 제33조까지, 제111조 및 제112조의 개정규정은 법률 제8293호 근로기준법 일부개정법률의 시행일인 2007년 7월 1일 이후 최초로 발생한 부당해고등부터 적용한다.

제13조【임금채권 우선변제에 관한 경과조치】 ① 법률 제5473호 근로기준법중개정법률 제37조제2항제2호의 개정규정에도 불구하고 같은 법 시행 전에 퇴직한 근로자의 경우에는 1989년 3월 29일 이후의 계속 근로연수에 대한 퇴직금을 우선변제의 대상으로 한다.
② 법률 제5473호 근로기준법중개정법률 제37조제2항제2호의 개정규정에도 불구하고 같은 법 시행 전에 채용된 근로자로서 같은 법 시행 후 퇴직하는 근로자의 경우에는 1989년 3월 29일 이후부터 같은 법 시행 전까지의 계속 근로연수에 대한 퇴직금에 같은 법 시행 후의 계속 근로연수에 대하여 발생하는 최종 3년 간의 퇴직금을 합산한 금액을 우선변제의 대상으로 한다.
③ 제1항 및 제2항에 따라 우선변제의 대상이 되는 퇴직금은 계속 근로연수 1년에 대하여 30일분의 평균임금으로 계산한 금액으로 한다.
④ 제1항 및 제2항에 따라 우선변제의 대상이 되는 퇴직금은 250일분의 평균임금을 초과할 수 없다.

제14조【처분 등에 관한 일반적 경과조치】 이 법 시행 당시 종전의 규정에 따른 행정기관의 행위나 행정기관에 대한 행위는 그에 해당하는 이 법에 따른 행정기관의 행위나 행정기관에 대한 행위로 본다.

제15조【벌칙에 관한 경과조치】 이 법 시행 전의 행위에 대하여 벌칙 규정을 적용할 때에는 종전의 규정에 따른다.

제16조【다른 법률의 개정】 생략

제17조【다른 법령과의 관계】 이 법 시행 당시 다른 법령에서 종전의「근

로기준법」 또는 그 규정을 인용한 경우에 이 법 가운데 그에 해당하는 규정이 있으면 종전의 규정을 갈음하여 이 법 또는 이 법의 해당 규정을 인용한 것으로 본다.

〈생략〉

부칙(2008.3.21 법률 제8960호)

제1조 【시행일】 이 법은 2008년 7월 1일부터 시행한다.

제2조 【태아검진 시간의 허용 등에 관한 적용례】 제74조의2의 개정규정은 이 법 시행 당시 임신 중인 여성근로자부터 적용한다.

제3조 【근로시간 적용 특례의 적용례】 법률 제8372호 근로기준법 전부개정법률 부칙 제5조의2의 개정규정은 이 법 시행 후 최초로 계약이 체결되는 관련공사에 사용되는 근로자부터 적용한다.

부칙(2008.3.28 법률 제9038호)

① **【시행일】** 이 법은 공포한 날부터 시행한다. 다만, 제93조제8호 및 제9호의2의 개정규정은 공포 후 3개월이 경과한 날부터 시행한다.

② **【산전후휴가 종료 후 업무 등 복귀에 관한 적용례】** 제74조제5항의 개정규정은 이 법 시행 당시 산전후휴가 중인 근로자부터 적용한다.

③ **【취업규칙의 작성·신고에 관한 적용례】** 제93조제8호 및 제9호의2의 개정규정은 이 법 시행 후 최초로 신고하는 취업규칙부터 적용한다.

부칙(2009.5.21 법률 제9699호)

① **【시행일】** 이 법은 공포 후 3개월이 경과한 날부터 시행한다.

② **【벌칙에 관한 경과조치】** 이 법 시행 전의 행위에 관하여 벌칙을 적용할 때에는 종전의 규정에 따른다.

〈생략〉

부칙(2012.2.1 법률 제11270호)

제1조 【시행일】 이 법은 공포 후 6개월이 경과한 날부터 시행한다.

제2조 【체불사업주 명단 공개에 관한 적용례】 제43조의2제1항의 개정규정 중 명단 공개 기준일 이전 1년 이내 임금등의 체불총액이 3천만원 이상인 경우는 이 법 시행 후 최초로 고용노동부장관이 임금등의 체불을 확인한 경우부터 적용한다.

제3조 【임금등 체불자료의 제공에 관한 적용례】 제43조의3제1항의 개정

규정 중 임금등 체불자료 제공일 이전 1년 이내 임금등의 체불총액이 2천만 원 이상인 경우는 이 법 시행 후 최초로 고용노동부장관이 임금등의 체불을 확인한 경우부터 적용한다.

제4조【연차 유급휴가에 관한 적용례】 제60조제2항의 개정규정은 이 법 시행 후의 근로기간이 최초로 1년이 되는 근로자로서 그 1년간 출근 기간이 80퍼센트 미만에 해당하는 근로자부터 적용한다.

제5조【출산전후휴가 분할사용에 관한 적용례】 제74조제2항의 개정규정은 이 법 시행 후 최초로 출산전후휴가 분할사용을 신청한 근로자부터 적용한다.

제6조【유산·사산 휴가에 관한 적용례】 제74조제3항의 개정규정은 이 법 시행 후 최초로 유산·사산 휴가를 신청한 근로자부터 적용한다.

제7조【다른 법률의 개정】 생략

부칙(2014.1.21 법률 제12325호)

제1조【시행일】 이 법은 2014년 7월 1일부터 시행한다.

제2조【출산전후휴가에 관한 적용례】 제74조의 개정규정은 이 법 시행 후 출산하는 근로자부터 적용한다.

부칙(2014.3.24 법률 제12527호)

제1조【시행일】 이 법은 공포한 날부터 시행한다. 다만, 제74조제7항부터 제9항까지의 개정규정은 다음 각 호의 구분에 따른 날부터 시행한다.

1. 상시 300명 이상의 근로자를 사용하는 사업 또는 사업장 : 공포 후 6개월이 경과한 날
2. 상시 300명 미만의 근로자를 사용하는 사업 또는 사업장 : 공포 후 2년이 경과한 날

제2조【해고 예고의 해고사유 등 서면통지 의제에 관한 적용례】 제27조제3항의 개정규정은 이 법 시행 후 최초로 해고를 예고하는 경우부터 적용한다.

제3조【근로시간 단축에 관한 적용례】 제74조제7항의 개정규정은 같은 개정규정 시행 후 최초로 근로시간 단축을 신청한 근로자부터 적용한다.

부칙(2017.11.28 법률 제15108호)

제1조【시행일】 이 법은 공포 후 6개월이 경과한 날부터 시행한다.

제2조【연차 유급휴가에 관한 적용례】 제60조제6항제3호의 개정규정은 이 법 시행 후 최초로 육아휴직을 신청하는 근로자부터 적용한다.

부칙(2018.3.20 법률 제15513호)

제1조【시행일】 ① 이 법은 2018년 7월 1일부터 시행한다.

② 제2조제1항의 개정규정은 다음 각 호의 구분에 따른 날부터 시행한다.

1. 상시 300명 이상의 근로자를 사용하는 사업 또는 사업장, 「공공기관의 운영에 관한 법률」 제4조에 따른 공공기관, 「지방공기업법」 제49조 및 같은 법 제76조에 따른 지방공사 및 지방공단, 국가·지방자치단체 또는 정부투자기관이 자본금의 2분의 1 이상을 출자하거나 기본재산의 2분의 1 이상을 출연한 기관·단체와 그 기관·단체가 자본금의 2분의 1 이상을 출자하거나 기본재산의 2분의 1 이상을 출연한 기관·단체, 국가 및 지방자치단체의 기관 : 2018년 7월 1일(제59조의 개정규정에 따라 근로시간 및 휴게시간의 특례를 적용받지 않게 되는 업종의 경우 2019년 7월 1일)
2. 상시 50명 이상 300명 미만의 근로자를 사용하는 사업 또는 사업장 : 2020년 1월 1일
3. 상시 5명 이상 50명 미만의 근로자를 사용하는 사업 또는 사업장 : 2021년 7월 1일

③ 제53조제3항 및 제6항, 제110조제1호 및 제2호, 제114조제1호의 개정규정은 2021년 7월 1일부터 시행한다. 다만, 제110조제1호의 개정규정 중 제59조제2항의 개정규정과 관련된 부분은 2018년 9월 1일부터 시행한다.

④ 제55조제2항의 개정규정은 다음 각 호의 구분에 따른 날부터 시행한다.

1. 상시 300명 이상의 근로자를 사용하는 사업 또는 사업장, 「공공기관의 운영에 관한 법률」 제4조에 따른 공공기관, 「지방공기업법」 제49조 및 같은 법 제76조에 따른 지방공사 및 지방공단, 국가·지방자치단체 또는 정부투자기관이 자본금의 2분의 1 이상을 출자하거나 기본재산의 2분의 1 이상을 출연한 기관·단체와 그 기관·단체가 자본금의 2분의 1 이상을 출자하거나 기본재산의 2분의 1 이상을 출연한 기관·단체, 국가 및 지방자치단체의 기관 : 2020년 1월 1일
2. 상시 30명 이상 300명 미만의 근로자를 사용하는 사업 또는 사업장 : 2021년 1월 1일
3. 상시 5인 이상 30명 미만의 근로자를 사용하는 사업 또는 사업장 : 2022년 1월 1일

⑤ 제56조의 개정규정은 공포한 날부터 시행한다.

⑥ 제59조제2항의 개정규정은 2018년 9월 1일부터 시행한다.

제2조【유효기간 등】 제53조제3항 및 제6항의 개정규정은 2022년 12월 31일까지 효력을 가진다.

제3조【탄력적 근로시간제 개선을 위한 준비행위】 고용노동부장관은 2022년 12월 31일까지 탄력적 근로시간제의 단위기간 확대 등 제도개선을

위한 방안을 준비하도록 한다.

제4조 【관공서 공휴일 적용을 위한 준비행위】 고용노동부장관은 사업 또는 사업장의 공휴일 적용 실태를 조사하여 그 결과를 2018년 12월 31일까지 국회에 보고한다.

부칙(2019.1.15 법률 제16270호)

제1조 【시행일】 이 법은 공포 후 6개월이 경과한 날부터 시행한다. 다만, 제26조 및 제35조의 개정규정은 공포한 날부터 시행한다.

제2조 【예고해고의 적용 예외에 관한 적용례】 제26조제1호의 개정규정은 같은 개정규정 시행 후 근로계약을 체결한 근로자부터 적용한다.

제3조 【직장 내 괴롭힘 발생 시 조치에 관한 적용례】 제76조의3의 개정규정은 이 법 시행 후 발생한 직장 내 괴롭힘의 경우부터 적용한다.

〈생략〉

부칙(2020.3.31 법률 제17185호)

제1조 【시행일】 이 법은 공포한 날부터 시행한다.

제2조 【연차 유급휴가에 관한 경과조치】 이 법 시행 전에 발생한 연차 유급휴가에 대해서는 종전의 규정에 따른다.

〈생략〉

부칙(2021.1.5 법률 제17862호)

제1조 【시행일】 이 법은 공포한 날부터 시행한다. 다만, 제53조제7항의 개정규정 및 제110조제1호의 개정규정 중 "제53조제7항"에 관한 부분은 공포 후 3개월이 경과한 날부터 시행하고, 제43조의2제1항, 제51조의2, 제51조의3, 제52조, 제53조제2항, 제57조, 제109조 및 제116조의 개정규정 및 제110조제1호의 개정규정 중 "제51조의2제2항 또는 제52조제2항제1호"에 관한 부분은 다음 각 호의 구분에 따른 날부터 시행한다.

1. 상시 50명 이상의 근로자를 사용하는 사업 또는 사업장, 「공공기관의 운영에 관한 법률」 제4조에 따른 공공기관, 「지방공기업법」 제49조 및 같은 법 제76조에 따른 지방공사 및 지방공단, 국가·지방자치단체 또는 정부투자기관이 자본금의 2분의 1 이상을 출자하거나 기본재산의 2분의 1 이상을 출연한 기관·단체와 그 기관·단체가 자본금의 2분의 1 이상을 출자하거나 기본재산의 2분의 1 이상을 출연한 기관·단체, 국가 및 지방자치단체의 기관 : 공포 후 3개월이 경과한 날

2. 상시 5명 이상 50명 미만의 근로자를 사용하는 사업 또는 사업장 : 2021년 7월 1일

제2조【3개월을 초과하는 탄력적 근로시간제 도입을 위한 준비행위】 사용자는 이 법 시행 전에 3개월을 초과하는 탄력적 근로시간제 도입을 위하여 근로자대표와의 서면 합의 등 필요한 준비행위를 할 수 있다.

제3조【1개월을 초과하는 선택적 근로시간제 도입을 위한 준비행위】 사용자는 이 법 시행 전에 1개월을 초과하는 선택적 근로시간제 도입을 위하여 근로자대표와의 서면 합의 등 필요한 준비행위를 할 수 있다.

제4조【이 법 시행을 위한 준비행위】 고용노동부장관은 탄력적 근로시간제 및 선택적 근로시간제의 원활한 시행 등을 위하여 실태를 조사·파악할 수 있다.

부칙(2021.4.13 법률 제18037호)

제1조【시행일】 이 법은 공포 후 6개월이 경과한 날부터 시행한다.

제2조【직장 내 괴롭힘 발생 시 조치에 관한 적용례】 제76조의3제2항 및 제7항의 개정규정은 이 법 시행 후 발생한 직장 내 괴롭힘의 경우부터 적용한다.

부칙(2021.5.18 법률 제18176호)

제1조【시행일】 이 법은 공포 후 6개월이 경과한 날부터 시행한다.

제2조【근로계약기간의 만료 등에 따른 구제명령 등에 관한 적용례】 제30조제4항의 개정규정은 이 법 시행 후 노동위원회가 같은 조 제1항에 따라 구제명령이나 기각결정을 하는 경우부터 적용한다.

제3조【이행강제금에 관한 적용례】 제33조제1항의 개정규정은 이 법 시행 후 발생한 부당해고등부터 적용한다.

부칙(2024.10.22 법률 제20520호)

제1조【시행일】 이 법은 공포 후 1년이 경과한 날부터 시행한다. 다만, 다음 각 호의 사항은 그 구분에 따른 날부터 시행한다.

1. 제60조제6항의 개정규정 : 공포한 날
2. 제74조제1항 및 제7항의 개정규정 : 공포 후 4개월이 경과한 날

제2조【재직 중인 근로자에 대한 미지급 임금의 지연이자에 관한 적용례】 제37조의 개정규정은 이 법 시행 이후 제37조제1항제2호의 개정규정에 따른 지연이자 지급사유가 발생하는 경우부터 적용한다.

제3조【상습체불사업주의 체불횟수 및 체불액 산정에 관한 적용례】 제43조의4의 개정규정에 따라 고용노동부장관이 상습체불사업주를 정하는 경우

임금등 체불자료 제공일이 속하는 연도의 직전 연도 1년간 체불횟수와 체불액은 이 법 시행 이후 고용노동부장관이 임금등의 체불을 확인한 경우부터 산정한다.

제4조【출국금지 요청에 관한 적용례】 제43조의7의 개정규정은 이 법 시행 이후 제43조의2에 따라 명단 공개가 결정된 체불사업주부터 적용한다.

제5조【체불 임금등에 대한 손해배상청구에 관한 적용례】 제43조의8의 개정규정은 이 법 시행 이후 사업주가 같은 개정규정 각 호의 어느 하나에 해당하는 경우부터 적용한다.

제6조【연차 유급휴가에 관한 적용례】 제60조제6항제4호 및 제5호의 개정규정은 부칙 제1조제1호에 따른 시행일 이후 육아기 근로시간 단축 또는 임신기 근로시간 단축을 시작하는 경우부터 적용한다.

제7조【출산전후휴가에 관한 적용례】 제74조제1항의 개정규정은 부칙 제1조제2호에 따른 시행일 이후 출산하는 근로자부터 적용한다.

제8조【벌칙에 관한 적용례】 제109조제2항의 개정규정은 이 법 시행 이후 발생한 위반행위부터 적용한다.

부칙(2025.10.1 법률 제21065호)

제1조【시행일】 이 법은 공포한 날부터 시행한다. 〈단서 생략〉

제2조부터 **제8조**까지 생략

[별표]

신체장해등급과 재해보상표(제80조 관련)

등급	재해보상	등급	재해보상
제1급	1,340일분	제8급	450일분
제2급	1,190일분	제9급	350일분
제3급	1,050일분	제10급	270일분
제4급	920일분	제11급	200일분
제5급	790일분	제12급	140일분
제6급	670일분	제13급	90일분
제7급	560일분	제14급	50일분

근로기준법 시행령

전부개정 2007. 6.29 대통령령 제20142호
개정 2008. 6. 5 대통령령 제20803호
〈생략〉
2021.10.14 대통령령 제32049호
2021.11.19 대통령령 제32130호
2025. 2.18 대통령령 제35276호
2025. 4. 8 대통령령 제35436호

제1조 【목적】 이 영은 「근로기준법」에서 위임한 사항과 그 시행에 필요한 사항을 규정하는 것을 목적으로 한다.

제2조 【평균임금의 계산에서 제외되는 기간과 임금】 ① 「근로기준법」(이하 "법"이라 한다) 제2조제1항제6호에 따른 평균임금 산정기간 중에 다음 각 호의 어느 하나에 해당하는 기간이 있는 경우에는 그 기간과 그 기간 중에 지급된 임금은 평균임금 산정기준이 되는 기간과 임금의 총액에서 각각 뺀다.

1. 근로계약을 체결하고 수습 중에 있는 근로자가 수습을 시작한 날부터 3개월 이내의 기간 (2019.7.9 개정)
2. 법 제46조에 따른 사용자의 귀책사유로 휴업한 기간
3. 법 제74조제1항부터 제3항까지의 규정에 따른 출산전후휴가 및 유산·사산 휴가 기간 (2021.10.14 개정)
4. 법 제78조에 따라 업무상 부상 또는 질병으로 요양하기 위하여 휴업한 기간
5. 「남녀고용평등과 일·가정 양립 지원에 관한 법률」 제19조에 따른 육아휴직 기간 (2008.6.5 개정)
6. 「노동조합 및 노동관계조정법」 제2조제6호에 따른 쟁의행위기간
7. 「병역법」, 「예비군법」 또는 「민방위기본법」에 따른 의무를 이행하기 위하여 휴직하거나 근로하지 못한 기간. 다만, 그 기간 중 임금을 지급받은 경우에는 그러하지 아니하다. (2016.11.29 개정)
8. 업무 외 부상이나 질병, 그 밖의 사유로 사용자의 승인을 받아 휴업한 기간

② 법 제2조제1항제6호에 따른 임금의 총액을 계산할 때에는 임시로 지급된 임금 및 수당과 통화 외의 것으로 지급된 임금을 포함하지 아니한다. 다만, 고용노동부장관이 정하는 것은 그러하지 아니하다. (2010.7.12 개정)

제3조 【일용근로자의 평균임금】 일용근로자의 평균임금은 고용노동부장

관이 사업이나 직업에 따라 정하는 금액으로 한다. (2010.7.12 개정)

제4조【특별한 경우의 평균임금】 법 제2조제1항제6호, 이 영 제2조 및 제3조에 따라 평균임금을 산정할 수 없는 경우에는 고용노동부장관이 정하는 바에 따른다. (2010.7.12 개정)

제5조【평균임금의 조정】 ① 법 제79조, 법 제80조 및 법 제82조부터 제84조까지의 규정에 따른 보상금 등을 산정할 때 적용할 평균임금은 그 근로자가 소속한 사업 또는 사업장에서 같은 직종의 근로자에게 지급된 통상임금의 1명당 1개월 평균액(이하 "평균액"이라 한다)이 그 부상 또는 질병이 발생한 달에 지급된 평균액보다 100분의 5 이상 변동된 경우에는 그 변동비율에 따라 인상되거나 인하된 금액으로 하되, 그 변동 사유가 발생한 달의 다음 달부터 적용한다. 다만, 제2회 이후의 평균임금을 조정하는 때에는 직전 회의 변동 사유가 발생한 달의 평균액을 산정기준으로 한다.

② 제1항에 따라 평균임금을 조정하는 경우 그 근로자가 소속한 사업 또는 사업장이 폐지된 때에는 그 근로자가 업무상 부상 또는 질병이 발생한 당시에 그 사업 또는 사업장과 같은 종류, 같은 규모의 사업 또는 사업장을 기준으로 한다.

③ 제1항이나 제2항에 따라 평균임금을 조정하는 경우 그 근로자의 직종과 같은 직종의 근로자가 없는 때에는 그 직종과 유사한 직종의 근로자를 기준으로 한다.

④ 법 제78조에 따른 업무상 부상을 당하거나 질병에 걸린 근로자에게 지급할 「근로자퇴직급여 보장법」 제8조에 따른 퇴직금을 산정할 때 적용할 평균임금은 제1항부터 제3항까지의 규정에 따라 조정된 평균임금으로 한다.

제6조【통상임금】 ① 법과 이 영에서 "통상임금"이란 근로자에게 정기적이고 일률적으로 소정(所定)근로 또는 총 근로에 대하여 지급하기로 정한 시간급 금액, 일급 금액, 주급 금액, 월급 금액 또는 도급 금액을 말한다.

② 제1항에 따른 통상임금을 시간급 금액으로 산정할 경우에는 다음 각 호의 방법에 따라 산정된 금액으로 한다.

1. 시간급 금액으로 정한 임금은 그 금액
2. 일급 금액으로 정한 임금은 그 금액을 1일의 소정근로시간 수로 나눈 금액
3. 주급 금액으로 정한 임금은 그 금액을 1주의 통상임금 산정 기준시간 수(1주의 소정근로시간과 소정근로시간 외에 유급으로 처리되는 시간을 합산한 시간)로 나눈 금액 (2018.6.29 개정)
4. 월급 금액으로 정한 임금은 그 금액을 월의 통상임금 산정 기준시간 수(1주의 통상임금 산정 기준시간 수에 1년 동안의 평균 주의 수를 곱한 시간을 12로 나눈 시간)로 나눈 금액 (2018.6.29 개정)

5. 일·주·월 외의 일정한 기간으로 정한 임금은 제2호부터 제4호까지의 규정에 준하여 산정된 금액
6. 도급 금액으로 정한 임금은 그 임금 산정 기간에서 도급제에 따라 계산된 임금의 총액을 해당 임금 산정 기간(임금 마감일이 있는 경우에는 임금 마감 기간을 말한다)의 총 근로 시간 수로 나눈 금액
7. 근로자가 받는 임금이 제1호부터 제6호까지의 규정에서 정한 둘 이상의 임금으로 되어 있는 경우에는 제1호부터 제6호까지의 규정에 따라 각각 산정된 금액을 합산한 금액

③ 제1항에 따른 통상임금을 일급 금액으로 산정할 때에는 제2항에 따른 시간급 금액에 1일의 소정근로시간 수를 곱하여 계산한다.

제7조 【적용범위】 법 제11조제2항에 따라 상시 4명 이하의 근로자를 사용하는 사업 또는 사업장에 적용하는 법 규정은 별표 1과 같다.

제7조의2 【상시 사용하는 근로자 수의 산정 방법】 ① 법 제11조제3항에 따른 "상시 사용하는 근로자 수"는 해당 사업 또는 사업장에서 법 적용 사유(휴업수당 지급, 근로시간 적용 등 법 또는 이 영의 적용 여부를 판단하여야 하는 사유를 말한다. 이하 이 조에서 같다) 발생일 전 1개월(사업이 성립한 날부터 1개월 미만인 경우에는 그 사업이 성립한 날 이후의 기간을 말한다. 이하 "산정기간"이라 한다) 동안 사용한 근로자의 연인원을 같은 기간 중의 가동 일수로 나누어 산정한다. (2008.6.25 신설)

② 제1항에도 불구하고 다음 각 호의 구분에 따라 그 사업 또는 사업장에 대하여 5명(법 제93조의 적용 여부를 판단하는 경우에는 10명을 말한다. 이하 이 조에서 "법 적용 기준"이라 한다) 이상의 근로자를 사용하는 사업 또는 사업장(이하 이 조에서 "법 적용 사업 또는 사업장"이라 한다)으로 보거나 법 적용 사업 또는 사업장으로 보지 않는다. (2008.6.25 신설)

1. 법 적용 사업 또는 사업장으로 보는 경우 : 제1항에 따라 해당 사업 또는 사업장의 근로자 수를 산정한 결과 법 적용 사업 또는 사업장에 해당하지 않는 경우에도 산정기간에 속하는 일(日)별로 근로자 수를 파악하였을 때 법 적용 기준에 미달한 일수(日數)가 2분의 1 미만인 경우
2. 법 적용 사업 또는 사업장으로 보지 않는 경우 : 제1항에 따라 해당 사업 또는 사업장의 근로자 수를 산정한 결과 법 적용 사업 또는 사업장에 해당하는 경우에도 산정기간에 속하는 일별로 근로자 수를 파악하였을 때 법 적용 기준에 미달한 일수가 2분의 1 이상인 경우

③ 법 제60조부터 제62조까지의 규정(제60조제2항에 따른 연차유급휴가에 관한 부분은 제외한다)의 적용 여부를 판단하는 경우에 해당 사업 또는 사업장에 대하여 제1항 및 제2항에 따라 월 단위로 근로자 수를 산정한 결과 법 적용 사유 발생일 전 1년 동안 계속하여 5명 이상의 근로자를 사용하는

사업 또는 사업장은 법 적용 사업 또는 사업장으로 본다. (2008.6.25 신설)

④ 제1항의 연인원에는 「파견근로자보호 등에 관한 법률」 제2조제5호에 따른 파견근로자를 제외한 다음 각 호의 근로자 모두를 포함한다. (2008.6.25 신설)

1. 해당 사업 또는 사업장에서 사용하는 통상 근로자, 「기간제 및 단시간근로자 보호 등에 관한 법률」 제2조제1호에 따른 기간제근로자, 단시간근로자 등 고용형태를 불문하고 하나의 사업 또는 사업장에서 근로하는 모든 근로자 (2018.6.29 개정)
2. 해당 사업 또는 사업장에 동거하는 친족과 함께 제1호에 해당하는 근로자가 1명이라도 있으면 동거하는 친족인 근로자

제8조【명시하여야 할 근로조건】 법 제17조제1항제5호에서 "대통령령으로 정하는 근로조건"이란 다음 각 호의 사항을 말한다. (2018.6.29 개정)

1. 취업의 장소와 종사하여야 할 업무에 관한 사항
2. 법 제93조제1호부터 제12호까지의 규정에서 정한 사항
3. 사업장의 부속 기숙사에 근로자를 기숙하게 하는 경우에는 기숙사 규칙에서 정한 사항

제8조의2【근로자의 요구에 따른 서면 교부】 법 제17조제2항 단서에서 "단체협약 또는 취업규칙의 변경 등 대통령령으로 정하는 사유로 인하여 변경되는 경우"란 다음 각 호의 경우를 말한다. (2011.9.22 신설)

1. 법 제51조제2항, 제51조의2제1항, 같은 조 제2항 단서, 같은 조 제5항 단서, 제52조제1항, 같은 조 제2항제1호 단서, 제53조제3항, 제55조제2항 단서, 제57조, 제58조제2항·제3항, 제59조제1항 또는 제62조에 따른 서면 합의로 변경되는 경우 (2021.3.30 개정 : 법 제53조제3항에 관한 부분은 2022.12.31까지 유효)
2. 법 제93조에 따른 취업규칙에 의하여 변경되는 경우
3. 「노동조합 및 노동관계조정법」 제31조제1항에 따른 단체협약에 의하여 변경되는 경우
4. 법령에 의하여 변경되는 경우

제9조【단시간근로자의 근로조건 기준 등】 ① 법 제18조제2항에 따른 단시간근로자의 근로조건을 결정할 때에 기준이 되는 사항이나 그 밖에 필요한 사항은 별표 2와 같다.

② 삭제(2008.6.25)

③ 삭제(2008.6.25)

제10조【경영상의 이유에 의한 해고 계획의 신고】 ① 법 제24조제4항에 따라 사용자는 1개월 동안에 다음 각 호의 어느 하나에 해당하는 인원을 해고하려면 최초로 해고하려는 날의 30일 전까지 고용노동부장관에게 신고

하여야 한다. (2010.7.12 개정)

1. 상시 근로자수가 99명 이하인 사업 또는 사업장 : 10명 이상
2. 상시 근로자수가 100명 이상 999명 이하인 사업 또는 사업장 : 상시 근로자수의 10퍼센트 이상
3. 상시 근로자수가 1,000명 이상 사업 또는 사업장 : 100명 이상

② 제1항에 따른 신고를 할 때에는 다음 각 호의 사항을 포함하여야 한다.

1. 해고 사유
2. 해고 예정 인원
3. 근로자대표와 협의한 내용
4. 해고 일정

칙 제3조

제11조 【구제명령의 이행기한】 「노동위원회법」에 따른 노동위원회(이하 "노동위원회"라 한다)는 법 제30조제1항에 따라 사용자에게 구제명령(이하 "구제명령"이라 한다)을 하는 때에는 이행기한을 정하여야 한다. 이 경우 이행기한은 법 제30조제2항에 따라 사용자가 구제명령을 서면으로 통지받은 날부터 30일 이내로 한다. (2019.7.9 개정)

제12조 【이행강제금의 납부기한 및 의견제출 등】 ① 노동위원회는 법 제33조제1항에 따라 이행강제금을 부과하는 때에는 이행강제금의 부과통지를 받은 날부터 15일 이내의 납부기한을 정하여야 한다.

② 노동위원회는 천재·사변, 그 밖의 부득이한 사유가 발생하여 제1항에 따른 납부기한 내에 이행강제금을 납부하기 어려운 경우에는 그 사유가 없어진 날부터 15일 이내의 기간을 납부기한으로 할 수 있다.

③ 법 제33조제2항에 따라 이행강제금을 부과·징수한다는 뜻을 사용자에게 미리 문서로써 알려줄 때에는 10일 이상의 기간을 정하여 구술 또는 서면(전자문서를 포함한다)으로 의견을 진술할 수 있는 기회를 주어야 한다. 이 경우 지정된 기일까지 의견진술이 없는 때에는 의견이 없는 것으로 본다.

④ 이행강제금의 징수절차는 고용노동부령으로 정한다. (2010.7.12 개정)

칙 제6조

제13조 【이행강제금의 부과기준】 법 제33조제4항에 따른 위반행위의 종류와 위반정도에 따른 이행강제금의 부과기준은 별표 3과 같다.

제14조 【이행강제금의 부과유예】 노동위원회는 다음 각 호의 어느 하나에 해당하는 사유가 있는 경우에는 직권 또는 사용자의 신청에 따라 그 사유가 없어진 뒤에 이행강제금을 부과할 수 있다.

1. 구제명령을 이행하기 위하여 사용자가 객관적으로 노력하였으나 근로자의 소재불명 등으로 구제명령을 이행하기 어려운 것이 명백한 경우
2. 천재·사변, 그 밖의 부득이한 사유로 구제명령을 이행하기 어려운 경우

제15조 【이행강제금의 반환】 ① 노동위원회는 중앙노동위원회의 재심판정이나 법원의 확정판결에 따라 노동위원회의 구제명령이 취소되면 직권 또는 사용자의 신청에 따라 이행강제금의 부과·징수를 즉시 중지하고 이미 징수한 이행강제금을 반환하여야 한다.
② 노동위원회가 제1항에 따라 이행강제금을 반환하는 때에는 이행강제금을 납부한 날부터 반환하는 날까지의 기간에 대하여 고용노동부령으로 정하는 이율을 곱한 금액을 가산하여 반환하여야 한다. (2010.7.12 개정)
③ 제1항에 따른 이행강제금의 구체적 반환절차는 고용노동부령으로 정한다. (2010.7.12 개정)
칙 제7조

제16조 【수습근로자의 정의】 삭제(2019.7.9)

제17조 【미지급 임금에 대한 지연이자의 이율】 법 제37조제1항 각 호 외의 부분에서 "대통령령으로 정하는 이율"이란 연 100분의 20을 말한다. (2025.4.8 개정)

제18조 【지연이자의 적용제외 사유】 법 제37조제3항에서 "그 밖에 대통령령으로 정하는 사유"란 다음 각 호의 어느 하나에 해당하는 경우를 말한다. (2025.4.8 개정)
1. 「임금채권보장법」 제7조제1항제1호부터 제3호까지의 사유 중 어느 하나에 해당하는 경우 (2021.10.14 개정)
2. 「채무자 회생 및 파산에 관한 법률」, 「국가재정법」, 「지방자치법」 등 법령상의 제약에 따라 임금 및 퇴직금을 지급할 자금을 확보하기 어려운 경우
3. 지급이 지연되고 있는 임금 및 퇴직금의 전부 또는 일부의 존부(存否)를 법원이나 노동위원회에서 다투는 것이 적절하다고 인정되는 경우
4. 그 밖에 제1호부터 제3호까지의 규정에 준하는 사유가 있는 경우

제19조 【사용증명서의 청구】 법 제39조제1항에 따라 사용증명서를 청구할 수 있는 자는 계속하여 30일 이상 근무한 근로자로 하되, 청구할 수 있는 기한은 퇴직 후 3년 이내로 한다.

제20조 【근로자 명부의 기재사항】 법 제41조제1항에 따른 근로자 명부에는 고용노동부령으로 정하는 바에 따라 다음 각 호의 사항을 적어야 한다. (2010.7.12 개정)
1. 성명
2. 성(性)별
3. 생년월일
4. 주소
5. 이력(履歷)
6. 종사하는 업무의 종류

7. 고용 또는 고용갱신 연월일, 계약기간을 정한 경우에는 그 기간, 그 밖의 고용에 관한 사항
8. 해고, 퇴직 또는 사망한 경우에는 그 연월일과 사유
9. 그 밖에 필요한 사항

제21조 【근로자 명부 작성의 예외】 사용기간이 30일 미만인 일용근로자에 대하여는 근로자 명부를 작성하지 아니할 수 있다.

제22조 【보존 대상 서류 등】 ① 법 제42조에서 "대통령령으로 정하는 근로계약에 관한 중요한 서류"란 다음 각 호의 서류를 말한다.

1. 근로계약서
2. 임금대장
3. 임금의 결정·지급방법과 임금계산의 기초에 관한 서류
4. 고용·해고·퇴직에 관한 서류
5. 승급·감급에 관한 서류
6. 휴가에 관한 서류
7. 삭제(2014.12.9)
8. 법 제51조제2항, 제51조의2제1항, 같은 조 제2항 단서, 같은 조 제5항 단서, 제52조제1항, 같은 조 제2항제1호 단서, 제53조제3항, 제55조제2항 단서, 제57조, 제58조제2항·제3항, 제59조제1항 및 제62조에 따른 서면 합의 서류 (2021.3.30 개정 : 법 제53조제3항에 관한 부분은 2022.12.31까지 유효)
9. 법 제66조에 따른 연소자의 증명에 관한 서류

② 법 제42조에 따른 근로계약에 관한 중요한 서류의 보존기간은 다음 각 호에 해당하는 날부터 기산한다.

1. 근로자 명부는 근로자가 해고되거나 퇴직 또는 사망한 날
2. 근로계약서는 근로관계가 끝난 날
3. 임금대장은 마지막으로 써 넣은 날
4. 고용, 해고 또는 퇴직에 관한 서류는 근로자가 해고되거나 퇴직한 날
5. 삭제(2018.6.29)
6. 제1항제8호의 서면 합의 서류는 서면 합의한 날
7. 연소자의 증명에 관한 서류는 18세가 되는 날(18세가 되기 전에 해고되거나 퇴직 또는 사망한 경우에는 그 해고되거나 퇴직 또는 사망한 날)
8. 그 밖의 서류는 완결한 날

제23조 【매월 1회 이상 지급하여야 할 임금의 예외】 법 제43조제2항 단서에서 "임시로 지급하는 임금, 수당, 그 밖에 이에 준하는 것 또는 대통령령으로 정하는 임금"이란 다음 각 호의 것을 말한다.

1. 1개월을 초과하는 기간의 출근 성적에 따라 지급하는 정근수당

2. 1개월을 초과하는 일정 기간을 계속하여 근무한 경우에 지급되는 근속수당
3. 1개월을 초과하는 기간에 걸친 사유에 따라 산정되는 장려금, 능률수당 또는 상여금
4. 그 밖에 부정기적으로 지급되는 모든 수당

제23조의2 【체불사업주 명단 공개 제외 대상】 법 제43조의2제1항 단서에서 "체불사업주의 사망·폐업으로 명단 공개의 실효성이 없는 경우 등 대통령령으로 정하는 사유"란 다음 각 호의 어느 하나에 해당하는 경우를 말한다. (2012.6.21 신설)

1. 법 제36조, 제43조, 제51조의3, 제52조제2항제2호 또는 제56조에 따른 임금, 보상금, 수당, 「근로자퇴직급여 보장법」 제12조제1항에 따른 퇴직급여등, 그 밖의 모든 금품(이하 "임금등"이라 한다)을 지급하지 않은 사업주(이하 "체불사업주"라 한다)가 사망하거나 「민법」 제27조에 따라 실종선고를 받은 경우(체불사업주가 자연인인 경우만 해당한다) (2025.4.8 개정)
2. 체불사업주가 법 제43조의2제2항에 따른 소명 기간 종료 전까지 체불 임금등을 전액 지급한 경우
3. 체불사업주가 「채무자 회생 및 파산에 관한 법률」에 따른 회생절차개시 결정을 받거나 파산선고를 받은 경우
4. 체불사업주가 「임금채권보장법 시행령」 제5조에 따른 도산등사실인정을 받은 경우
5. 체불사업주가 체불 임금등의 일부를 지급하고, 남은 체불 임금등에 대한 구체적인 청산 계획 및 자금 조달 방안을 충분히 소명하여 법 제43조의2제3항에 따른 임금체불정보심의위원회(이하 이 조, 제23조의4 및 제23조의7에서 "위원회"라 한다)가 명단 공개 대상에서 제외할 필요가 있다고 인정하는 경우 (2025.4.8 개정)
6. 제1호부터 제5호까지의 규정에 준하는 경우로서 위원회가 체불사업주의 인적사항 등을 공개할 실효성이 없다고 인정하는 경우

제23조의3 【명단공개 내용·기간 등】 ① 고용노동부장관은 법 제43조의2제1항에 따라 다음 각 호의 내용을 공개한다. (2012.6.21 신설)

1. 체불사업주의 성명·나이·상호·주소(체불사업주가 법인인 경우에는 그 대표자의 성명·나이·주소 및 법인의 명칭·주소를 말한다)
2. 명단 공개 기준일 이전 3년간의 임금등 체불액

② 제1항에 따른 공개는 관보에 싣거나 인터넷 홈페이지, 관할 지방고용노동관서 게시판 또는 그 밖에 열람이 가능한 공공장소에 3년간 게시하는 방법으로 한다. (2012.6.21 신설)

제23조의4 【임금 등 체불자료의 제공 제외 대상】 법 제43조의3제1항 각 호 외의 부분 단서에서 "체불사업주의 사망·폐업으로 임금 등 체불자료 제공의 실효성이 없는 경우 등 대통령령으로 정하는 사유"란 다음 각 호의 어느 하나에 해당하는 경우를 말한다. (2025.4.8 개정)

1. 체불사업주가 사망하거나 「민법」 제27조에 따라 실종선고를 받은 경우(체불사업주가 자연인인 경우만 해당한다)
2. 법 제43조의3제1항제1호의 체불사업주가 법 제43조의3제1항에 따른 임금등 체불자료(이하 "임금등 체불자료"라 한다) 제공일 전까지 체불 임금등을 전액 지급한 경우 (2025.4.8 개정)

2의2. 법 제43조의3제1항제2호의 상습체불사업주가 임금등 체불자료 제공일 전까지 체불 임금등을 전액 지급하고 「임금채권보장법」 제7조 및 제7조의2에 따라 직전 연도에 지급된 대지급금을 전액 변제한 경우 (2025.4.8 신설)

3. 체불사업주가 「채무자 회생 및 파산에 관한 법률」에 따른 회생절차개시 결정을 받거나 파산선고를 받은 경우
4. 체불사업주가 「임금채권보장법 시행령」 제5조에 따른 도산등사실인정을 받은 경우
5. 체불자료 제공일 전까지 체불사업주가 체불 임금등의 일부를 지급하고 남은 체불 임금등에 대한 구체적인 청산 계획 및 자금 조달 방안을 충분히 소명하여 고용노동부장관이 체불 임금등 청산을 위하여 성실히 노력하고 있다고 인정하는 경우
6. 체불 임금등의 전부 또는 일부의 존부(存否)에 대하여 소송이나 노동위원회의 심판이 계속 중인 경우로서 위원회가 법원이나 노동위원회에서 다투는 것이 적절하다고 인정하는 경우(법 제43조의3제1항제2호의 상습체불사업주만 해당한다) (2025.4.8 신설)
7. 그 밖에 제1호, 제2호, 제2호의2, 제3호부터 제6호까지의 규정에 준하는 사유로서 위원회가 임금등 체불자료를 제공할 실효성이 없다고 인정하는 경우(법 제43조의3제1항제2호의 상습체불사업주만 해당한다) (2025.4.8 신설)

제23조의5 【임금등 체불자료의 제공절차 등】 ① 법 제43조의3제1항에 따라 임금등 체불자료를 요구하는 자(이하 "요구자"라 한다)는 다음 각 호의 사항을 적은 문서를 고용노동부장관에게 제출하여야 한다. (2012.6.21 신설)

1. 요구자의 성명·상호·주소(요구자가 법인인 경우에는 그 대표자의 성명 및 법인의 명칭·주소를 말한다)
2. 요구하는 임금등 체불자료의 내용과 이용 목적

② 고용노동부장관은 제1항에 따른 임금등 체불자료를 서면 또는 전자적

파일 형태로 작성하여 제공할 수 있다. (2012.6.21 신설)
③ 고용노동부장관은 제2항에 따라 임금등 체불자료를 제공한 후 제23조의4 각 호의 사유가 발생한 경우에는 그 사실을 안 날부터 15일 이내에 요구자에게 그 내용을 통지하여야 한다. 다만, 법 제43조의3제1항제2호의 상습체불사업주에 대해서는 그렇지 않다. (2025.4.8 개정)
④ 법 제43조의3제1항제2호에 따른 상습체불사업주에 대한 임금등 체불자료의 제공기간은 임금등 체불자료의 제공일부터 1년으로 한다. (2025.4.8 신설)

제23조의6 【3개월분 임금·체불횟수 산정 등】 ① 법 제43조의4제1항제1호에 따른 3개월분 임금은 「고용보험 및 산업재해보상보험의 보험료징수 등에 관한 법률」 제16조의3제2항에 따라 산정된 월평균보수의 3개월분으로 하되, 월평균보수의 산정이 곤란한 경우에는 고용노동부장관이 정하여 고시하는 방법에 따라 산정한 월보수액의 3개월분으로 한다. (2025.4.8 신설)
② 법 제43조의4제1항제2호에 따른 임금등의 체불횟수는 임금등을 지급받지 못한 근로자 수를 기준으로 산정한다. (2025.4.8 신설)

제23조의7 【상습체불사업주의 결정】 ① 고용노동부장관은 법 제43조의4제1항에 따라 위원회의 심의를 거쳐 상습체불사업주를 정하려는 경우에는 사업주의 임금등 체불자료를 검토하여 같은 항 각 호의 어느 하나에 해당하는지 여부를 확인해야 한다. (2025.4.8 신설)
② 고용노동부장관은 법 제43조의4제2항에 따른 소명 기회를 제공할 때에는 해당 사업주에게 같은 조 제1항 각 호의 어느 하나에 해당한다는 사실과 소명자료의 제출기간 및 방법 등 소명에 필요한 사항을 미리 알려야 한다. (2025.4.8 신설)
③ 고용노동부장관은 법 제43조의4제2항에 따라 사업주로부터 소명자료를 제출받은 경우에는 같은 조 제1항에 따라 위원회의 심의를 거치기 전에 소명자료에 대한 사실관계를 조사해야 한다. (2025.4.8 신설)

제23조의8 【상습체불사업주의 임금등 체불자료 제공 등】 ① 법 제43조의4제3항 각 호 외의 부분에서 "대통령령으로 정하는 공공기관"이란 다음 각 호의 공공기관을 말한다. (2025.4.8 신설)
1. 「공공기관의 운영에 관한 법률」 제5조에 따른 공기업 및 준정부기관, 기타공공기관
2. 「지방공기업법」 제5조, 제49조 및 제76조에 따른 지방직영기업, 지방공사 및 지방공단
3. 「지방자치단체 출자·출연 기관의 운영에 관한 법률」 제2조제1항에 따른 출자·출연 기관

② 법 제43조의4제3항에 따른 상습체불사업주에 대한 임금등 체불자료의

제공기간은 임금등 체불자료의 제공일부터 1년으로 한다. (2025.4.8 신설)
③ 법 제43조의4제3항에 따라 상습체불사업주에 대한 임금등 체불자료를 요청하려는 중앙행정기관장등(이하 이 조에서 "중앙행정기관장등"이라 한다)은 다음 각 호의 사항을 적은 문서를 고용노동부장관에게 제출해야 한다. 이 경우 고용노동부장관의 임금등 체불자료의 작성·제공방법에 관하여는 제23조의5제2항을 준용한다. (2025.4.8 신설)
1. 중앙행정기관장등의 기관명, 주소 및 요청하는 사람의 성명
2. 요청하는 임금등 체불자료의 내용과 이용 목적

④ 법 제43조의4제5항에 따라 준용되는 법 제43조의3제1항 단서에 따른 상습체불사업주에 대한 임금등 체불자료의 제공 제외 사유에 관하여는 제23조의4(제2호는 제외한다)를 준용한다. 이 경우 "체불사업주"는 각각 "상습체불사업주"로 본다. (2025.4.8 신설)

제23조의9【업무위탁】 고용노동부장관은 법 제43조의5제1항에 따라 다음 각 호의 업무를 「산업재해보상보험법」 제10조에 따른 근로복지공단(이하 "근로복지공단"이라 한다)에 위탁한다. (2025.4.8 신설)
1. 법 제43조의4제2항 및 이 영 제23조의7제2항에 따른 소명에 필요한 사항의 안내
2. 법 제43조의4제2항 및 이 영 제23조의7제3항에 따라 제출된 소명자료의 접수 및 소명자료에 관한 사실관계 조사

제23조의10【자료 제공의 내용】 법 제43조의6제2항에서 "해당 근로자의 임금, 근로제공기간 등 대통령령으로 정하는 정보"란 다음 각 호의 정보를 말한다. (2025.4.8 신설)
1. 해당 근로자의 성명·주민등록번호·주소
2. 해당 근로자의 임금·근로제공기간 등 근로조건
3. 해당 근로자가 소속된 사업장의 명칭·소재지·대표자·사업자등록정보

제23조의11【출국금지의 해제 요청】 고용노동부장관은 법 제43조의7제4항에 따라 출국금지 중인 사람에게 다음 각 호의 어느 하나에 해당하는 사유가 발생한 사실이 확인된 경우로서 체불 임금등의 지급을 회피할 목적으로 국외로 도피할 우려가 없다고 인정되는 경우에는 법무부장관에게 출국금지의 해제를 요청해야 한다. (2025.4.8 신설)
1. 국외건설계약 체결, 수출신용장 개설, 외국인과의 합작사업 계약 체결 등 구체적인 사업계획의 추진을 위하여 출국하려는 경우
2. 국외에 거주하는 직계존비속이 사망하여 출국하려는 경우
3. 제1호 및 제2호의 사유 외에 본인의 질병 치료 등 불가피한 사유로 출국금지를 해제할 필요가 있다고 인정되는 경우

제24조【수급인의 귀책사유】 법 제44조제2항에 따른 귀책사유 범위는 다

음 각 호와 같다. (2012.6.21 개정)
1. 정당한 사유 없이 도급계약에서 정한 도급 금액 지급일에 도급 금액을 지급하지 아니한 경우
2. 정당한 사유 없이 도급계약에서 정한 원자재 공급을 늦게 하거나 공급을 하지 아니한 경우
3. 정당한 사유 없이 도급계약의 조건을 이행하지 아니하여 하수급인이 도급사업을 정상적으로 수행하지 못한 경우

제25조【지급기일 전의 임금 지급】 법 제45조에서 "그 밖에 대통령령으로 정한 비상(非常)한 경우"란 근로자나 그의 수입으로 생계를 유지하는 자가 다음 각 호의 어느 하나에 해당하게 되는 경우를 말한다.
1. 출산하거나 질병에 걸리거나 재해를 당한 경우
2. 혼인 또는 사망한 경우
3. 부득이한 사유로 1주 이상 귀향하게 되는 경우 (2018.6.29 개정)

제26조【휴업수당의 산출】 사용자의 귀책사유로 휴업한 기간 중에 근로자가 임금의 일부를 지급받은 경우에는 사용자는 법 제46조제1항 본문에 따라 그 근로자에게 평균임금에서 그 지급받은 임금을 뺀 금액을 계산하여 그 금액의 100분의 70 이상에 해당하는 수당을 지급하여야 한다. 다만, 법 제46조제1항 단서에 따라 통상임금을 휴업수당으로 지급하는 경우에는 통상임금에서 휴업한 기간 중에 지급받은 임금을 뺀 금액을 지급하여야 한다.

제27조【임금대장의 기재사항】 ① 사용자는 법 제48조제1항에 따른 임금대장에 다음 각 호의 사항을 근로자 개인별로 적어야 한다. (2021.11.19 개정)
1. 성명
2. 생년월일, 사원번호 등 근로자를 특정할 수 있는 정보 (2021.10.14 개정)
3. 고용 연월일
4. 종사하는 업무
5. 임금 및 가족수당의 계산기초가 되는 사항
6. 근로일수
7. 근로시간수
8. 연장근로, 야간근로 또는 휴일근로를 시킨 경우에는 그 시간수
9. 기본급, 수당, 그 밖의 임금의 내역별 금액(통화 외의 것으로 지급된 임금이 있는 경우에는 그 품명 및 수량과 평가총액)
10. 법 제43조제1항 단서에 따라 임금의 일부를 공제한 경우에는 그 금액

② 사용기간이 30일 미만인 일용근로자에 대해서는 제1항제2호 및 제5호의 사항을 적지 않을 수 있다. (2021.10.14 개정)

③ 다음 각 호의 어느 하나에 해당하는 근로자에 대해서는 제1항제7호 및 제8호의 사항을 적지 않을 수 있다. (2021.10.14 개정)

1. 법 제11조제2항에 따른 상시 4명 이하의 근로자를 사용하는 사업 또는 사업장의 근로자
2. 법 제63조 각 호의 어느 하나에 해당하는 근로자

제27조의2 【임금명세서의 기재사항】 사용자는 법 제48조제2항에 따른 임금명세서에 다음 각 호의 사항을 적어야 한다. (2021.11.19 신설)

1. 근로자의 성명, 생년월일, 사원번호 등 근로자를 특정할 수 있는 정보
2. 임금지급일
3. 임금 총액
4. 기본급, 각종 수당, 상여금, 성과금, 그 밖의 임금의 구성항목별 금액(통화 이외의 것으로 지급된 임금이 있는 경우에는 그 품명 및 수량과 평가총액을 말한다)
5. 임금의 구성항목별 금액이 출근일수·시간 등에 따라 달라지는 경우에는 임금의 구성항목별 금액의 계산방법(연장근로, 야간근로 또는 휴일근로의 경우에는 그 시간 수를 포함한다)
6. 법 제43조제1항 단서에 따라 임금의 일부를 공제한 경우에는 임금의 공제 항목별 금액과 총액 등 공제내역

제28조 【3개월 이내의 탄력적 근로시간제에 관한 합의사항 등】 ① 법 제51조제2항제4호에서 "그 밖에 대통령령으로 정하는 사항"이란 서면 합의의 유효기간을 말한다. (2021.3.30 개정)

② 고용노동부장관은 법 제51조제4항에 따른 임금보전방안(賃金補塡方案)을 강구하게 하기 위해 필요한 경우에는 사용자에게 그 임금보전방안의 내용을 제출하도록 명하거나 직접 확인할 수 있다. (2021.3.30 개정)

제28조의2 【3개월을 초과하는 탄력적 근로시간제에 관한 합의사항 등】 ① 법 제51조의2제1항제4호에서 "그 밖에 대통령령으로 정하는 사항"이란 서면 합의의 유효기간을 말한다. (2021.3.30 신설)

② 법 제51조의2제2항 단서에서 "천재지변 등 대통령령으로 정하는 불가피한 경우"란 다음 각 호의 어느 하나에 해당하는 경우를 말한다. (2021.3.30 신설)

1. 「재난 및 안전관리 기본법」에 따른 재난 또는 이에 준하는 사고가 발생하여 이를 수습하거나 재난 등의 발생이 예상되어 이를 예방하기 위해 긴급한 조치가 필요한 경우
2. 사람의 생명을 보호하거나 안전을 확보하기 위해 긴급한 조치가 필요한 경우
3. 그 밖에 제1호 및 제2호에 준하는 사유로 법 제51조의2제2항 본문에 따른 휴식 시간을 주는 것이 어렵다고 인정되는 경우

제29조 【선택적 근로시간제에 관한 합의사항 등】 ① 법 제52조제1항제6

호에서 "그 밖에 대통령령으로 정하는 사항"이란 표준근로시간(유급휴가 등의 계산 기준으로 사용자와 근로자대표가 합의하여 정한 1일의 근로시간을 말한다)을 말한다. (2021.3.30 개정)

② 법 제52조제2항제1호 단서에서 "천재지변 등 대통령령으로 정하는 불가피한 경우"란 다음 각 호의 어느 하나에 해당하는 경우를 말한다. (2021.3.30 개정)

1. 제28조의2제2항제1호 또는 제2호에 해당하는 경우
2. 그 밖에 제1호에 준하는 사유로 법 제52조제2항제1호 본문에 따른 휴식시간을 주는 것이 어렵다고 인정되는 경우

제30조 【휴일】 ① 법 제55조제1항에 따른 유급휴일은 1주 동안의 소정근로일을 개근한 자에게 주어야 한다. (2018.6.29 개정)

② 법 제55조제2항 본문에서 "대통령령으로 정하는 휴일"이란 「관공서의 공휴일에 관한 규정」 제2조 각 호(제1호는 제외한다)에 따른 공휴일 및 같은 영 제3조에 따른 대체공휴일을 말한다. (2018.6.29 신설)

제31조 【재량근로의 대상업무】 법 제58조제3항 전단에서 "대통령령으로 정하는 업무"란 다음 각 호의 어느 하나에 해당하는 업무를 말한다.

1. 신상품 또는 신기술의 연구개발이나 인문사회과학 또는 자연과학분야의 연구 업무
2. 정보처리시스템의 설계 또는 분석 업무
3. 신문, 방송 또는 출판 사업에서의 기사의 취재, 편성 또는 편집 업무
4. 의복·실내장식·공업제품·광고 등의 디자인 또는 고안 업무
5. 방송 프로그램·영화 등의 제작 사업에서의 프로듀서나 감독 업무
6. 그 밖에 고용노동부장관이 정하는 업무 (2010.7.12 개정)

제32조 【근로시간 및 휴게시간의 특례인정 사업】 삭제(2018.6.29)

제33조 【휴가수당의 지급일】 법 제60조제5항에 따라 지급하여야 하는 임금은 유급휴가를 주기 전이나 준 직후의 임금지급일에 지급하여야 한다.

제34조 【근로시간 등의 적용제외 근로자】 법 제63조제4호에서 "대통령령으로 정한 업무"란 사업의 종류에 관계없이 관리·감독 업무 또는 기밀을 취급하는 업무를 말한다.

제35조 【취직인허증의 발급 등】 ① 법 제64조에 따라 취직인허증을 받을 수 있는 자는 13세 이상 15세 미만인 자로 한다. 다만, 예술공연 참가를 위한 경우에는 13세 미만인 자도 취직인허증을 받을 수 있다.

② 제1항에 따른 취직인허증을 받으려는 자는 고용노동부령으로 정하는 바에 따라 고용노동부장관에게 신청하여야 한다. (2010.7.12 개정)

③ 제2항에 따른 신청은 학교장(의무교육 대상자와 재학 중인 자 로 한정한다) 및 친권자 또는 후견인의 서명을 받아 사용자가 될 자와 연명(連名)으로

하여야 한다.
칙 제11조

제36조【취직인허증의 교부 및 비치】 ① 고용노동부장관은 제35조제2항에 따른 신청에 대하여 취직을 인허할 경우에는 고용노동부령으로 정하는 취직인허증에 직종을 지정하여 신청한 근로자와 사용자가 될 자에게 내주어야 한다. (2014.12.9 개정)
② 15세 미만인 자를 사용하는 사용자가 취직인허증을 갖추어 둔 경우에는 법 제66조에 따른 가족관계기록사항에 관한 증명서와 친권자나 후견인의 동의서를 갖추어 둔 것으로 본다. (2014.12.9 신설)

제37조【취직인허의 금지직종】 고용노동부장관은 제40조에 따른 직종에 대하여는 취직인허증을 발급할 수 없다. (2010.7.12 개정)

제38조【취직인허증의 비치 및 반환】 삭제(2014.12.9)

제39조【취직인허증의 재교부】 사용자 또는 15세 미만인 자는 취직인허증이 못쓰게 되거나 이를 잃어버린 경우에는 고용노동부령으로 정하는 바에 따라 지체 없이 재교부 신청을 하여야 한다. (2010.7.12 개정)
칙 제11조

제40조【임산부 등의 사용 금지 직종】 법 제65조에 따라 임산부, 임산부가 아닌 18세 이상인 여성 및 18세 미만인 자의 사용이 금지되는 직종의 범위는 별표 4와 같다.
칙 제11조의2

제41조【근로시간의 계산】 법 제69조 및 「산업안전보건법」 제139조에 따른 근로시간은 휴게시간을 제외한 근로시간을 말한다. (2019.12.24 개정)

제42조【갱내근로 허용업무】 법 제72조에 따라 여성과 18세 미만인 자를 일시적으로 갱내에서 근로시킬 수 있는 업무는 다음 각 호와 같다.
1. 보건, 의료 또는 복지 업무
2. 신문·출판·방송프로그램 제작 등을 위한 보도·취재업무
3. 학술연구를 위한 조사 업무
4. 관리·감독 업무
5. 제1호부터 제4호까지의 규정의 업무와 관련된 분야에서 하는 실습 업무

제43조【유산·사산휴가의 청구 등】 ① 법 제74조제2항 전단에서 "대통령령으로 정하는 사유"란 다음 각 호의 어느 하나에 해당하는 경우를 말한다. (2012.6.21 신설)
1. 임신한 근로자에게 유산·사산의 경험이 있는 경우
2. 임신한 근로자가 출산전후휴가를 청구할 당시 연령이 만 40세 이상인 경우
3. 임신한 근로자가 유산·사산의 위험이 있다는 의료기관의 진단서를 제출

한 경우
② 법 제74조제3항에 따라 유산 또는 사산한 근로자가 유산·사산휴가를 청구하는 경우에는 휴가 청구 사유, 유산·사산 발생일 및 임신기간 등을 적은 유산·사산휴가 신청서에 의료기관의 진단서를 첨부하여 사업주에게 제출하여야 한다. (2012.6.21 개정)
③ 사업주는 제2항에 따라 유산·사산휴가를 청구한 근로자에게 다음 각 호의 기준에 따라 유산·사산휴가를 주어야 한다. (2012.6.21 개정)
1. 유산 또는 사산한 근로자의 임신기간(이하 "임신기간"이라 한다)이 15주 이내인 경우 : 유산 또는 사산한 날부터 10일까지 (2025.2.18 개정)
2. 삭제(2025.2.18)
3. 임신기간이 16주 이상 21주 이내인 경우 : 유산 또는 사산한 날부터 30일까지 (2012.6.21 개정)
4. 임신기간이 22주 이상 27주 이내인 경우 : 유산 또는 사산한 날부터 60일까지 (2012.6.21 개정)
5. 임신기간이 28주 이상인 경우 : 유산 또는 사산한 날부터 90일까지 (2012.6.21 개정)

제43조의2【임신기간 근로시간 단축의 신청】 법 제74조제7항에 따라 근로시간 단축을 신청하려는 여성 근로자는 근로시간 단축 개시 예정일의 3일 전까지 임신기간, 근로시간 단축 개시 예정일 및 종료 예정일, 근무 개시 시각 및 종료 시각 등을 적은 문서(전자문서를 포함한다)에 의사의 진단서(같은 임신에 대하여 근로시간 단축을 다시 신청하는 경우는 제외한다)를 첨부하여 사용자에게 제출하여야 한다. (2014.9.24 신설)

제43조의3【임신기간 업무의 시작 및 종료 시각의 변경】 ① 법 제74조제9항 본문에 따라 업무의 시작 및 종료 시각의 변경을 신청하려는 여성 근로자는 그 변경 예정일의 3일 전까지 임신기간, 업무의 시작 및 종료 시각의 변경 예정 기간, 업무의 시작 및 종료 시각 등을 적은 문서(전자문서를 포함한다)에 임신 사실을 증명하는 의사의 진단서(같은 임신에 대해 업무의 시작 및 종료 시각 변경을 다시 신청하는 경우는 제외한다)를 첨부하여 사용자에게 제출해야 한다. (2021.11.19 신설)
② 법 제74조제9항 단서에서 "정상적인 사업 운영에 중대한 지장을 초래하는 경우 등 대통령령으로 정하는 경우"란 다음 각 호의 어느 하나에 해당하는 경우를 말한다. (2021.11.19 신설)
1. 정상적인 사업 운영에 중대한 지장을 초래하는 경우
2. 업무의 시작 및 종료 시각을 변경하게 되면 임신 중인 여성 근로자의 안전과 건강에 관한 관계 법령을 위반하게 되는 경우

제44조【업무상 질병의 범위 등】 ① 법 제78조제2항에 따른 업무상 질병

과 요양의 범위는 별표 5와 같다.
② 사용자는 근로자가 취업 중에 업무상 질병에 걸리거나 부상 또는 사망한 경우에는 지체 없이 의사의 진단을 받도록 하여야 한다.

제45조 【임금의 일부를 보상받은 경우의 휴업보상】 삭제(2008.6.25)

제46조 【요양 및 휴업보상 시기】 요양보상 및 휴업보상은 매월 1회 이상 하여야 한다.

제47조 【장해등급 결정】 ① 법 제80조제3항에 따라 장해보상을 하여야 하는 신체장해 등급의 결정 기준은 별표 6과 같다. (2008.6.25 개정)
② 별표 6에 따른 신체장해가 둘 이상 있는 경우에는 정도가 심한 신체장해에 해당하는 등급에 따른다. 다만, 다음 각 호의 경우에는 해당 호에서 정하여 조정한 등급에 따른다. 이 경우 그 조정된 등급이 제1급을 초과하는 때에는 제1급으로 한다.
1. 제5급 이상에 해당하는 신체장해가 둘 이상 있는 경우 : 정도가 심한 신체장해에 해당하는 등급에 3개 등급 인상
2. 제8급 이상에 해당하는 신체장해가 둘 이상 있는 경우 : 정도가 심한 신체장해에 해당하는 등급에 2개 등급 인상
3. 제13급 이상에 해당하는 신체장해가 둘 이상 있는 경우 : 정도가 심한 신체장해에 해당하는 등급에 1개 등급 인상

③ 별표 6에 해당하지 아니하는 신체장해가 있는 경우에는 그 장해 정도에 따라 별표 6에 따른 신체장해에 준하여 장해보상을 하여야 한다.
④ 삭제(2008.6.25)

제48조 【유족의 범위 등】 ① 법 제82조제2항에 따른 유족의 범위는 다음 각 호와 같다. 이 경우 유족보상의 순위는 다음 각 호의 순서에 따르되, 같은 호에 해당하는 경우에는 그 적힌 순서에 따른다. (2008.6.25 개정)
1. 근로자가 사망할 때 그가 부양하고 있던 배우자(사실혼 관계에 있던 자를 포함한다), 자녀, 부모, 손(孫) 및 조부모
2. 근로자가 사망할 때 그가 부양하고 있지 아니한 배우자, 자녀, 부모, 손 및 조부모
3. 근로자가 사망할 때 그가 부양하고 있던 형제자매
4. 근로자가 사망할 때 그가 부양하고 있지 아니한 형제자매

② 유족의 순위를 정하는 경우에 부모는 양부모를 선순위로 친부모를 후순위로 하고, 조부모는 양부모의 부모를 선순위로 친부모의 부모를 후순위로 하되, 부모의 양부모를 선순위로 부모의 친부모를 후순위로 한다.
③ 제1항 및 제2항에도 불구하고 근로자가 유언이나 사용자에 대한 예고에 따라 제1항의 유족 중의 특정한 자를 지정한 경우에는 그에 따른다.

제49조 【같은 순위자】 같은 순위의 유족보상 수급권자가 2명 이상 있는

경우에는 그 인원수에 따라 똑같이 나누어 유족보상을 한다.

제50조【보상을 받기로 확정된 자의 사망】 유족보상을 받기로 확정된 유족이 사망한 때에는 같은 순위자가 있는 경우에는 같은 순위자에게, 같은 순위자가 없는 경우에는 그 다음 순위자에게 유족보상을 한다.

제51조【보상시기】 ① 장해보상은 근로자의 부상 또는 질병이 완치된 후 지체 없이 하여야 한다.

② 유족보상 및 장례비의 지급은 근로자가 사망한 후 지체 없이 하여야 한다. (2021.3.30 개정)

제52조【재해보상 시의 평균임금 산정 사유 발생일】 재해보상을 하는 경우에는 사망 또는 부상의 원인이 되는 사고가 발생한 날 또는 진단에 따라 질병이 발생되었다고 확정된 날을 평균임금의 산정 사유가 발생한 날로 한다.

제53조【서류 보존 기간의 기산일】 삭제(2008.6.25)

제54조【기숙사규칙안의 게시 등】 사용자는 법 제99조제2항에 따라 근로자의 과반수를 대표하는 자의 동의를 받으려는 경우 기숙사에 기숙하는 근로자의 과반수가 18세 미만인 때에는 기숙사규칙안을 7일 이상 기숙사의 보기 쉬운 장소에 게시하거나 갖추어 두어 알린 후에 동의를 받아야 한다.

제55조【기숙사의 구조와 설비】 사용자는 기숙사를 설치하는 경우 법 제100조에 따라 기숙사의 구조와 설비에 관하여 다음 각 호의 기준을 모두 충족해야 한다. (2021.11.19 개정)

1. 침실 하나에 8명 이하의 인원이 거주할 수 있는 구조일 것 (2021.11.19 개정)
2. 화장실과 세면·목욕시설을 적절하게 갖출 것
3. 채광과 환기를 위한 적절한 설비 등을 갖출 것
4. 적절한 냉·난방 설비 또는 기구를 갖출 것
5. 화재 예방 및 화재 발생 시 안전조치를 위한 설비 또는 장치를 갖출 것

제56조【기숙사의 설치 장소】 사용자는 소음이나 진동이 심한 장소, 산사태나 눈사태 등 자연재해의 우려가 현저한 장소, 습기가 많거나 침수의 위험이 있는 장소, 오물이나 폐기물로 인한 오염의 우려가 현저한 장소 등 근로자의 안전하고 쾌적한 거주가 어려운 환경의 장소에 기숙사를 설치해서는 안 된다. (2019.7.9 개정)

제57조【기숙사의 주거 환경 조성】 사용자는 기숙사를 운영하는 경우 법 제100조에 따라 기숙사의 주거 환경 조성에 관하여 다음 각 호의 기준을 충족해야 한다. (2021.11.19 개정)

1. 남성과 여성이 기숙사의 같은 방에 거주하지 않도록 할 것
2. 작업 시간대가 다른 근로자들이 같은 침실에 거주하지 않도록 할 것. 다만, 근로자들의 작업 시간대가 다르더라도 근로자들의 수면 시간대가 완

전히 구분되는 등 수면에 방해가 되지 않는 경우에는 같은 침실에 거주하도록 할 수 있다. (2021.11.19 개정)

3. 기숙사에 기숙하는 근로자가 「감염병의 예방 및 관리에 관한 법률」 제2조제1호에 따른 감염병에 걸린 경우에는 다음 각 목의 장소 또는 물건에 대하여 소독 등 필요한 조치를 취할 것
   가. 해당 근로자의 침실
   나. 해당 근로자가 사용한 침구, 식기, 옷 등 개인용품 및 그 밖의 물건
   다. 기숙사 내 근로자가 공동으로 이용하는 장소

제58조【기숙사의 면적】 기숙사 침실의 넓이는 1인당 2.5제곱미터 이상으로 한다. (2019.7.9 개정)

제58조의2【근로자의 사생활 보호 등】 사용자는 기숙사에 기숙하는 근로자의 사생활 보호 등을 위하여 다음 각 호의 사항을 준수해야 한다. (2019.7.9 신설)

1. 기숙사의 침실, 화장실 및 목욕시설 등에 적절한 잠금장치를 설치할 것
2. 근로자의 개인용품을 정돈하여 두기 위한 적절한 수납공간을 갖출 것

제58조의3【제공 요청 대상 정보 및 자료】 법 제102조의2제1항제3호에서 "대통령령으로 정하는 정보 또는 자료"란 다음 각 호의 정보 또는 자료를 말한다. (2025.4.8 신설)

1. 「소득세법」 제164조에 따른 사업소득·근로소득 지급명세서 또는 같은 법 시행령 제185조에 따른 원천징수이행상황신고서
2. 「국민건강보험법」 제69조제4항제1호에 따른 보수월액보험료를 3개월 이상 체납한 사업장에 관한 정보
3. 「건설산업기본법」 제9조에 따른 건설업 등록자료, 같은 법 제17조·제20조의2에 따른 양도·폐업 신고자료, 같은 법 제23조에 따른 건설공사 실적자료 및 같은 법 제82조·제82조의2·제83조에 따른 영업정지 등 행정처분 자료
4. 「고용보험법」 제13조 및 제14조에 따른 피보험자격의 취득 및 상실 자료
5. 「고용보험 및 산업재해보상보험의 보험료징수 등에 관한 법률」 제7조 및 제10조에 따른 고용보험 및 산업재해보상보험 관계의 성립 및 소멸에 관한 정보
6. 「외국인근로자의 고용 등에 관한 법률」 제13조에 따른 출국만기보험등 및 같은 법 제23조에 따른 보증보험의 가입에 관한 정보
7. 「고용정책 기본법」 제15조의2에 따른 고용정보시스템의 사업장별 피보험자 수, 고용형태 등 고용·직업 정보

제59조【권한의 위임】 법 제106조에 따라 고용노동부장관은 다음 각 호의 사항에 관한 권한을 지방고용노동관서의 장에게 위임한다. (2010.7.12

개정)

1. 법 제13조에 따른 보고 또는 출석의 요구
2. 법 제24조제4항에 따른 해고계획 신고의 수리

2의2. 법 제43조의4제1항 각 호에 해당하는지 여부에 관한 확인 (2025.4.8 신설)

2의3. 법 제43조의6제2항에 따른 정보 제공 (2025.4.8 신설)

2의4. 법 제43조의7 및 이 영 제23조의11에 따른 출국금지 해제 사유 발생 사실의 확인 (2025.4.8 신설)

2의5. 법 제51조의2제5항 본문에 따른 임금보전방안 신고의 수리 (2025.4.8 개정)

3. 법 제53조제4항에 따른 근로시간 연장의 인가 또는 승인 (2021.3.30 개정)
4. 법 제53조제5항에 따른 휴게 또는 휴일의 명령 (2021.3.30 개정)
5. 법 제63조제3호에 따른 감시 또는 단속적으로 근로에 종사하는 자에 대한 승인
6. 법 제64조에 따른 취직인허증의 발급 또는 취직인허의 취소
7. 법 제67조제2항에 따른 미성년자에게 불리한 근로계약의 해지
8. 법 제70조제2항 단서에 따른 임산부와 18세 미만인 자의 야간근로 또는 휴일근로의 인가
9. 법 제88조에 따른 재해의 인정 등의 이의에 대한 심사·중재 및 이를 위한 진단이나 검안에 관한 사항
10. 법 제93조에 따른 취업규칙 신고의 수리
11. 법 제96조제2항에 따른 취업규칙의 변경명령
12. 법 제102조제3항에 따른 현장조사 또는 검진지령서의 발급 (2019.7.2 개정)
13. 법 제104조제1항에 따른 위법사실 통보의 수리
14. 법 제116조에 따른 과태료의 부과 및 징수
15. 법률 제6974호 근로기준법중개정법률 부칙 제2조에 따른 특례 신고의 수리

15의2. 제23조의7제1항에 따른 사업주의 임금등 체불자료 검토 (2025.4.8 신설)

16. 제28조제2항에 따른 임금보전방안의 제출명령 및 확인
17. 제35조제2항에 따른 취직인허 신청의 접수
18. 삭제(2021.3.30)

제59조의2 【민감정보 및 고유식별정보의 처리】 고용노동부장관(법 제43조의5에 따라 고용노동부장관의 업무를 위탁받은 자 및 이 영 제59조에 따라 고용노동부장관의 권한을 위임받은 자를 포함한다) 또는 노동위원회는

다음 각 호의 사무를 수행하기 위하여 불가피한 경우 「개인정보 보호법」 제23조에 따른 건강에 관한 정보(제7호의 사무만 해당한다)와 같은 법 시행령 제19조제1호 또는 제4호에 따른 주민등록번호 또는 외국인등록번호가 포함된 자료를 처리할 수 있다. (2025.4.8 개정)
1. 법 제19조제2항에 따른 손해배상 청구에 관한 사무
2. 법 제28조제1항에 따른 부당해고등의 구제에 관한 사무
3. 법 제30조제3항에 따른 금품지급명령에 관한 사무
4. 법 제33조에 따른 부당해고 구제명령의 이행 확인 및 이행강제금 부과 등에 관한 사무

4의2. 법 제43조의2에 따른 체불사업주의 명단 공개 및 법 제43조의3에 따른 임금등 체불자료의 제공에 관한 사무 (2012.6.21 신설)

4의3. 법 제43조의4에 따른 상습체불사업주에 대한 보조·지원 제한 등에 관한 사무 (2025.4.8 신설)

4의4. 법 제43조의6제1항 및 제2항에 따른 체불사업주 명단 공개 등을 위한 자료제공 요청 등에 관한 사무 (2025.4.8 신설)

4의5. 법 제43조의7에 따른 출국금지 요청 및 해제 요청에 관한 사무 (2025.4.8 신설)

5. 법 제64조에 따른 취직인허증에 관한 사무
6. 법 제81조에 따른 중대과실 인정에 관한 사무
7. 법 제88조제1항 및 제89조제1항에 따른 심사와 중재에 관한 사무

7의2. 법 제102조의2에 따른 자료 제공의 요청 등에 관한 사무 (2025.4.8 신설)

8. 법 제104조에 따른 법 위반 사실의 통보에 관한 사무
9. 법 제112조에 따른 확정된 구제명령 등을 이행하지 아니한 자에 대한 고발에 관한 사무

제59조의3 【사용자의 친족인 근로자의 범위】 법 제116조제1항에서 "대통령령으로 정하는 사람"이란 다음 각 호의 사람을 말한다. (2021.10.14 신설)
1. 사용자의 배우자
2. 사용자의 4촌 이내의 혈족
3. 사용자의 4촌 이내의 인척

제60조 【과태료의 부과기준】 법 제116조제1항 및 제2항에 따른 과태료의 부과기준은 별표 7과 같다. (2021.10.14 개정)

칙 제17조

부 칙

제1조 【시행일】 이 영은 2007년 7월 1일부터 시행한다. 다만, 별표 2 중

제4호나목 및 다목의 규정은 부칙 제2조 각호에 따른 시행일부터 시행한다.

제2조【대통령령 제18158호 근로기준법시행령중개정령의 시행일】 대통령령 제18158호 근로기준법시행령중개정령의 시행일은 다음 각 호와 같다.

1. 금융·보험업, 「공공기관의 운영에 관한 법률」 제4조에 따라 공공기관으로 지정되는 기관 중 법률 제8258호 공공기관의 운영에 관한 법률 부칙 제2조에 따라 폐지된 「정부투자기관 관리기본법」 제2조에 따른 정부투자기관의 요건에 해당하는 기관(이하 "정부투자기관"이라 한다), 「지방공기업법」 제49조 및 같은 법 제76조에 따른 지방공사 및 지방공단, 국가·지방자치단체 또는 정부투자기관이 자본금의 2분의 1 이상을 출자하거나 기본재산의 2분의 1 이상을 출연한 기관·단체와 그 기관·단체가 자본금의 2분의 1 이상을 출자하거나 기본재산의 2분의 1 이상을 출연한 기관·단체 및 상시 1,000명 이상의 근로자를 사용하는 사업 또는 사업장 : 2004년 7월 1일
2. 상시 300명 이상 1,000명 미만의 근로자를 사용하는 사업 또는 사업장, 국가 및 지방자치단체의 기관 : 2005년 7월 1일
3. 상시 100명 이상 300명 미만의 근로자를 사용하는 사업 또는 사업장 : 2006년 7월 1일
4. 상시 50명 이상 100명 미만의 근로자를 사용하는 사업 또는 사업장 : 2007년 7월 1일
5. 상시 20명 이상 50명 미만의 근로자를 사용하는 사업 또는 사업장 : 2008년 7월 1일
6. 상시 20명 미만의 근로자를 사용하는 사업 또는 사업장 : 2011년 7월 1일 (2010.12.29 개정)

제3조【대통령령 제18805호 근로기준법시행령 일부개정령의 근로시간등에 관한 법률규정의 시행일】 법률 제6974호 근로기준법중개정법률 부칙 제1조제6호에서 "대통령령이 정하는 날"이란 국가 및 지방자치단체의 기관에 있어서는 2005년 7월 1일을 말한다.

제4조【다른 법령의 개정】 생략

제5조【다른 법령과의 관계】 이 영 시행 당시 다른 법령에서 종전의 「근로기준법 시행령」의 규정을 인용한 경우에 이 영 중 그에 해당하는 규정이 있으면 종전의 규정을 갈음하여 이 영의 해당 규정을 인용한 것으로 본다.

〈생략〉

부칙(2008.6.25 대통령령 제20873호)

제1조【시행일】 이 영은 2008년 7월 1일부터 시행한다.

제2조【근로시간 적용의 특례 대상이 되는 건설공사 등 관련공사의 상시근로자 수 산정 방법】 ① 법률 제8372호 근로기준법 전부개정법률 부칙 제5조의2에 따른 관련공사(이하 이 조에서 "관련공사"라 한다)의 상시 근로자 수는 다음 계산식에 따라 산출한 수를 말한다. 이 경우 "총 공사 계약금액"이란 최종 목적물을 완성하기 위하여 하는 관련공사의 계약상의 도급 금액(발주자가 재료를 제공하는 경우에는 그 재료의 시가 환산액을 포함한다)을 말하고, "해당 연도 노무비율"이란 「고용보험 및 산업재해보상보험의 보험료징수 등에 관한 법률 시행령」 제11조제1항제1호에 따른 일반 건설공사의 노무비율을 말하며, "건설업 월 평균임금"이란 「통계법」 제3조에 따른 지정통계 중 노동부장관이 작성하는 사업체임금근로시간조사의 건설업 임금을 기준으로 노동부장관이 산정하여 고시하는 임금을 말한다.

상시 근로자 수=(총 공사 계약금액×해당 연도 노무비율)÷(해당 연도의 건설업 월 평균임금×조업월수)

② 제1항 후단에 따른 총 공사 계약금액을 산정할 때 위탁이나 그 밖의 명칭과 상관없이 최종 목적물의 완성을 위하여 하는 관련공사를 둘 이상으로 분할하여 도급(발주자가 공사의 일부를 직접 하는 경우를 포함한다)한 경우에는 각 도급 금액을 합산하여 산정한다.

〈생략〉

부칙(2010.12.29 대통령령 제22567호)

제1조【시행일】 이 영은 공포한 날부터 시행한다.

제2조【상시 20명 미만의 근로자를 사용하는 사업 또는 사업장에 대한 법률 제6974호 근로기준법중개정법률의 시행일】 법률 제8372호 근로기준법 전부개정법률 부칙 제4조제6호에서 "대통령령으로 정하는 날"이란 상시 20명 미만의 근로자를 사용하는 사업 또는 사업장에 대해서는 2011년 7월 1일을 말한다.

〈생략〉

부칙(2011.3.30 대통령령 제22804호)

제1조【시행일】 이 영은 공포한 날부터 시행한다.

제2조【과태료에 관한 경과조치】 ① 이 영 시행 전의 위반행위에 대하여 과태료의 부과기준을 적용할 때에는 별표 7의 개정규정에도 불구하고 종전의 규정에 따른다.

② 이 영 시행 전의 위반행위로 받은 과태료 부과처분은 별표 7의 개정규정

에 따른 위반행위의 횟수 산정에 포함하지 아니한다.

〈생략〉

부칙(2013.6.28 대통령령 제24652호)

제1조【시행일】 이 영은 2013년 7월 1일부터 시행한다.

제2조【업무상 질병과 요양의 범위에 관한 적용례】 별표 5의 개정규정은 이 영 시행 전에 발생한 업무상 질병에 대하여 사용자가 근로자에게 필요한 요양을 행하거나 필요한 요양비를 부담하는 경우에도 적용한다.

〈생략〉

부칙(2018.6.29 대통령령 제29010호)

이 영은 2018년 7월 1일부터 시행한다. 다만, 다음 각 호의 사항은 다음 각 호의 구분에 따른 날부터 시행한다.

1. 제6조제2항제3호 및 제4호의 개정규정 : 다음 각 목의 구분에 따른 날
   가. 상시 300명 이상의 근로자를 사용하는 사업 또는 사업장, 「공공기관의 운영에 관한 법률」 제4조에 따른 공공기관, 「지방공기업법」 제49조 및 같은 법 제76조에 따른 지방공사 및 지방공단, 국가·지방자치단체 또는 정부투자기관이 자본금의 2분의 1 이상을 출자하거나 기본재산의 2분의 1 이상을 출연한 기관·단체와 그 기관·단체가 자본금의 2분의 1 이상을 출자하거나 기본재산의 2분의 1 이상을 출연한 기관·단체, 국가 및 지방자치단체의 기관 : 2018년 7월 1일(법률 제15513호 근로기준법 일부개정법률 제59조의 개정규정에 따라 근로시간 및 휴게시간의 특례를 적용받지 아니하게 되는 업종의 경우는 2019년 7월 1일)
   나. 상시 50명 이상 300명 미만의 근로자를 사용하는 사업 또는 사업장 : 2020년 1월 1일
   다. 상시 5명 이상 50명 미만의 근로자를 사용하는 사업 또는 사업장 : 2021년 7월 1일
2. 제7조의2제4항제1호, 제8조 및 제22조제2항제5호의 개정규정 : 공포 한 날
3. 제30조제2항의 개정규정 : 다음 각 목의 구분에 따른 날
   가. 상시 300명 이상의 근로자를 사용하는 사업 또는 사업장, 「공공기관의 운영에 관한 법률」 제4조에 따른 공공기관, 「지방공기업법」 제49조 및 같은 법 제76조에 따른 지방공사 및 지방공단, 국가·지방자치단체 또는 정부투자기관이 자본금의 2분의 1 이상을 출자하거나 기본재산의

2분의 1 이상을 출연한 기관·단체와 그 기관·단체가 자본금의 2분의 1 이상을 출자하거나 기본재산의 2분의 1 이상을 출연한 기관·단체, 국가 및 지방자치단체의 기관 : 2020년 1월 1일

나. 상시 30명 이상 300명 미만의 근로자를 사용하는 사업 또는 사업장 : 2021년 1월 1일

다. 상시 5인 이상 30명 미만의 근로자를 사용하는 사업 또는 사업장 : 2022년 1월 1일

〈생략〉

부칙(2021.3.30 대통령령 제31584호)

제1조 【시행일】 이 영은 2021년 4월 6일부터 시행한다. 다만, 다음 각 호의 부분은 각 호에서 정한 날부터 시행한다.

1. 제8조의2제1호 및 제22조제1항제8호의 개정규정 중 다음 각 목의 부분 : 다음 각 목의 구분에 따라 정한 날

가. 법 제51조의2제1항, 같은 조 제2항 단서, 같은 조 제5항 단서, 제52조제1항 및 같은 조 제2항제1호 단서에 관한 부분으로서 상시 5명 이상 50명 미만의 근로자를 사용하는 사업 또는 사업장에 관한 부분 : 2021년 7월 1일

나. 법 제53조제3항에 관한 부분 : 2021년 7월 1일

다. 법 제55조제2항 단서에 관한 부분으로서 상시 5명 이상 30명 미만의 근로자를 사용하는 사업 또는 사업장에 관한 부분 : 2022년 1월 1일

2. 제23조의2제1호, 제28조의2, 제29조, 제59조제2호의2, 별표 7 제2호사목 및 같은 호 하목의 근거 법조문란의 개정규정 중 상시 5명 이상 50명 미만의 근로자를 사용하는 사업 또는 사업장에 관한 부분 : 2021년 7월 1일

제2조 【유효기간】 제8조의2제1호 및 제22조제1항제8호의 개정규정 중 법 제53조제3항에 관한 부분은 2022년 12월 31일까지 효력을 가진다.

부칙(2021.10.14 대통령령 제32049호)

이 영은 2021년 10월 14일부터 시행한다.

부칙(2021.11.19 대통령령 제32130호)

제1조 【시행일】 이 영은 2021년 11월 19일부터 시행한다. 다만, 제55조제1호, 제57조제2호 및 별표 4의 개정규정은 공포한 날부터 시행한다.

제2조 【기숙사의 구조와 설비에 관한 경과조치】 이 영 시행 당시 종전의

제55조제1호에 따라 설치되었거나 설치 중인 기숙사는 부칙 제1조 단서에 따른 시행일부터 1년 이내에 제55조제1호의 개정규정에 따른 기준을 충족하도록 해야 한다.

부칙(2025.2.18 대통령령 제35276호)

제1조【시행일】 이 영은 2025년 2월 23일부터 시행한다.

제2조【유산·사산휴가 부여에 관한 적용례】 제43조제3항의 개정규정은 이 영 시행 이후 유산 또는 사산하는 경우부터 적용한다.

부칙(2025.4.8 대통령령 제35436호)

이 영은 2025년 10월 23일부터 시행한다.

[별표 1] (2018.6.29 개정)

상시 4명 이하의 근로자를 사용하는 사업 또는 사업장에 적용하는 법 규정(제7조 관련)

구분	적용법규정
제1장 총칙	제1조부터 제13조까지의 규정
제2장 근로계약	제15조, 제17조, 제18조, 제19조제1항, 제20조부터 제22조까지의 규정, 제23조제2항, 제26조, 제35조부터 제42조까지의 규정
제3장 임금	제43조부터 제45조까지의 규정, 제47조부터 제49조까지의 규정
제4장 근로시간과 휴식	제54조, 제55조제1항, 제63조
제5장 여성과 소년	제64조, 제65조제1항·제3항(임산부와 18세 미만인 자로 한정한다), 제66조부터 제69조까지의 규정, 제70조제2항·제3항, 제71조, 제72조, 제74조
제6장 안전과 보건	제76조
제8장 재해보상	제78조부터 제92조까지의 규정
제11장 근로감독관 등	제101조부터 제106조까지의 규정
제12장 벌칙	제107조부터 제116조까지의 규정(제1장부터 제6장까지, 제8장, 제11장의 규정 중 상시 4명 이하 근로자를 사용하는 사업 또는 사업장에 적용되는 규정을 위반한 경우로 한정한다)

[별표 2] (2021.10.14 개정)

단시간근로자의 근로조건 결정기준 등에 관한 사항
(제9조제1항 관련)

1. 근로계약의 체결
   가. 사용자는 단시간근로자를 고용할 경우에 임금, 근로시간, 그 밖의 근로조건을 명확히 적은 근로계약서를 작성하여 근로자에게 내주어야 한다.
   나. 단시간근로자의 근로계약서에는 「기간제 및 단시간근로자 보호 등에 관한 법률」 제17조 각 호의 근로조건이 명시되어야 한다.

2. 임금의 계산
   가. 단시간근로자의 임금산정 단위는 시간급을 원칙으로 하며, 시간급 임금을 일급 통상임금으로 산정할 경우에는 나목에 따른 1일 소정근로시간 수에 시간급 임금을 곱하여 산정한다.
   나. 단시간근로자의 1일 소정근로시간 수는 4주 동안의 소정근로시간을 그 기간의 통상 근로자의 총 소정근로일 수로 나눈 시간 수로 한다.

3. 초과근로
   가. 사용자는 단시간근로자를 소정 근로일이 아닌 날에 근로시키거나 소정근로시간을 초과하여 근로시키고자 할 경우에는 근로계약서나 취업규칙 등에 그 내용 및 정도를 명시하여야 하며, 초과근로에 대하여 가산임금을 지급하기로 한 경우에는 그 지급률을 명시하여야 한다.
   나. 사용자는 근로자와 합의한 경우에만 초과근로를 시킬 수 있다.
   다. 단시간근로자의 초과근로의 제한, 가산임금의 지급에 관한 사항 등에 대해서는 「기간제 및 단시간근로자 보호 등에 관한 법률」에서 정하는 바에 따른다.

4. 휴일·휴가의 적용
   가. 사용자는 단시간근로자에게 법 제55조에 따른 유급휴일을 주어야 한다.
   나. 사용자는 단시간근로자에게 법 제60조에 따른 연차유급휴가를 주어야 한다. 이 경우 유급휴가는 다음의 방식으로 계산한 시간단위로 하며, 1시간 미만은 1시간으로 본다.
   통상 근로자의 연차휴가일수×(단시간근로자의 소정근로시간÷통상 근로자의 소정근로시간
   다. 사용자는 여성인 단시간근로자에 대하여 법 제73조에 따른 생리휴가 및 법 제74조에 따른 출산전후휴가와 유산·사산 휴가를 주어야 한다.
   라. 가목 및 다목(생리휴가는 제외한다)의 경우에 사용자가 지급해야 하는 임금은 제2호가목에 따른 일급 통상임금을 기준으로 한다.

마. 나목의 경우에 사용자가 지급하여야 하는 임금은 시간급을 기준으로 한다.

5. 취업규칙의 작성 및 변경
  가. 사용자는 단시간근로자에게 적용되는 취업규칙을 통상근로자에게 적용되는 취업규칙과 별도로 작성할 수 있다.
  나. 가목에 따라 취업규칙을 작성하거나 변경하고자 할 경우에는 적용대상이 되는 단시간근로자 과반수의 의견을 들어야 한다. 다만, 취업규칙을 단시간근로자에게 불이익하게 변경하는 경우에는 그 동의를 받아야 한다.
  다. 단시간근로자에게 적용될 별도의 취업규칙이 작성되지 아니한 경우에는 통상 근로자에게 적용되는 취업규칙이 적용된다. 다만, 취업규칙에서 단시간근로자에 대한 적용을 배제하는 규정을 두거나 다르게 적용한다는 규정을 둔 경우에는 그에 따른다.
  라. 가목 및 다목에 따라 단시간근로자에게 적용되는 취업규칙을 작성 또는 변경하는 경우에는 법 제18조제1항의 취지에 어긋나는 내용이 포함되어서는 아니 된다.

[별표 3] (2021.11.19 개정)

이행강제금의 부과기준(제13조 관련)

위반행위	해당 법조문	금액
정당한 이유 없는 해고에 대한 구제명령을 이행하지 않은 자	법 제33조 제1항	500만원 이상 3,000만원 이하
정당한 이유 없는 휴직, 정직(停職)에 대한 구제명령을 이행하지 않은 자	법 제33조 제1항	250만원 이상 1,500만원 이하
정당한 이유 없는 전직(轉職), 감봉에 대한 구제명령을 이행하지 않은 자	법 제33조 제1항	200만원 이상 750만원 이하
정당한 이유 없는 그 밖의 징벌(懲罰)에 대한 구제명령을 이행하지 않은 자	법 제33조 제1항	100만원 이상 750만원 이하

※ 비고 : 구체적인 이행강제금의 금액은 위반행위의 종류에 따른 부과금액의 범위에서 위반행위의 동기, 고의·과실 등 사용자의 귀책 정도, 구제명령 이행을 위한 노력의 정도, 구제명령을 이행하지 않은 기간, 해당 사업 또는 사업장에 상시 사용하는 근로자 수 등을 고려하여 결정한다.

[별표 4] (2021.11.19. 개정)

임산부 등의 사용 금지 직종(제40조 관련)

구분	사용 금지 직종
임신 중인 여성	1. 「원자력안전법」 제91조제2항에 따른 방사선작업종사자 등의 피폭방사선량이 선량한도를 초과하는 원자력 및 방사선 관련 업무 2. 납, 수은, 크롬, 비소, 황린, 불소(불화수소산), 염소(산), 시안화수소(시안산), 2-브로모프로판, 아닐린, 수산화칼륨, 페놀, 에틸렌글리콜모노메틸에테르, 에틸렌글리콜모노에틸에테르, 에틸렌글리콜모노에틸에테르 아세테이트, 염화비닐, 벤젠 등 유해물질을 취급하는 업무 3. 사이토메갈로바이러스(Cytomegalovirus)·B형 간염 바이러스 등 병원체로 인하여 오염될 우려가 큰 업무. 다만, 의사·간호사·방사선기사 등의 면허증을 가진 사람 또는 해당 자격 취득을 위한 양성과정 중에 있는 사람의 경우는 제외한다. 4. 신체를 심하게 펴거나 굽히면서 해야 하는 업무 또는 신체를 지속적으로 쭈그려야 하거나 앞으로 구부린 채 해야 하는 업무 5. 연속작업에 있어서는 5킬로그램 이상, 단속(斷續)작업에 있어서는 10킬로그램 이상의 중량물을 취급하는 업무 6. 임신 중인 여성의 안전 및 보건과 밀접한 관련이 있는 업무로서 고용노동부령으로 정하는 업무 7. 그 밖에 고용노동부장관이 「산업재해보상보험법」 제8조에 따른 산업재해보상보험및예방심의위원회(이하 "산업재해보상보험및예방심의위원회"라 한다. 이하 이 표에서 같다)의 심의를 거쳐 지정하여 고시하는 업무
산후 1년이 지나지 않은 여성	1. 납, 비소를 취급하는 업무. 다만, 모유 수유를 하지 않는 여성으로서 본인이 취업 의사를 사업주에게 서면으로 제출한 여성의 경우는 제외한다. 2. 2-브로모프로판을 취급하거나 2-브로모프로판에 노출될 수 있는 업무 3. 그 밖에 고용노동부장관이 산업재해보상보험및예방심의위원회의 심의를 거쳐 지정하여 고시하는 업무
임산부가 아닌 18세 이상인 여성	1. 2-브로모프로판을 취급하거나 2-브로모프로판에 노출될 수 있는 업무. 다만, 의학적으로 임신할 가능성이 전혀 없는 여성인 경우는 제외한다. 2. 그 밖에 고용노동부장관이 산업재해보상보험및예방심의위원회의 심의를 거쳐 지정하여 고시하는 업무
18세 미만인 자	1. 「건설기계관리법」, 「도로교통법」 등에서 18세 미만인 자에 대하여 운전·조종면허 취득을 제한하고 있는 직종 또는 업종의 운전·조종업무 2. 「청소년보호법」 등 다른 법률에서 18세 미만인 청소년의 고용이나 출입을 금지하고 있는 직종이나 업종

	3. 교도소 또는 정신병원에서의 업무 4. 소각 또는 도살의 업무 5. 유류를 취급하는 업무(주유업무는 제외한다) 6. 2-브로모프로판을 취급하거나 2-브로모프로판에 노출될 수 있는 업무 7. 18세 미만인 자의 안전 및 보건과 밀접한 관련이 있는 업무로서 고용노동부령으로 정하는 업무 8. 그 밖에 고용노동부장관이 산업재해보상보험및예방심의위원회의 심의를 거쳐 지정하여 고시하는 업무

[별표 5] (2019.7.2 개정)

업무상 질병과 요양의 범위(제44조제1항 관련)

1. 업무상 질병의 범위
  가. 업무상 부상으로 인한 질병
  나. 물리적 요인으로 인한 질병
    1) 엑스선, 감마선, 자외선 및 적외선 등 유해방사선으로 인한 질병
    2) 덥고 뜨거운 장소에서 하는 업무 또는 고열물체를 취급하는 업무로 인한 일사병, 열사병 및 화상 등의 질병
    3) 춥고 차가운 장소에서 하는 업무 또는 저온물체를 취급하는 업무로 인한 동상 및 저체온증 등의 질병
    4) 이상기압(異常氣壓) 하에서의 업무로 인한 감압병(잠수병) 등의 질병
    5) 강렬한 소음으로 인한 귀의 질병
    6) 착암기(鑿巖機) 등 진동이 발생하는 공구를 사용하는 업무로 인한 질병
    7) 지하작업으로 인한 눈떨림증(안구진탕증)
  다. 화학적 요인으로 인한 질병
    1) 분진이 발생하는 장소에서의 업무로 인한 진폐증 등의 질병
    2) 검댕·광물유·옻·타르·시멘트 등 자극성 성분, 알레르겐 성분 등으로 인한 연조직염, 그 밖의 피부질병
    3) 아연 등의 금속흄으로 인한 금속열(金屬熱)
    4) 산, 염기, 염소, 불소 및 페놀류 등 부식성 또는 자극성 물질에 노출되어 발생한 화상, 결막염 등의 질병
    5) 다음의 물질이나 그 화합물로 인한 중독 또는 질병
      가) 납
      나) 수은
      다) 망간
      라) 비소
      마) 인
      바) 카드뮴
      사) 시안화수소
    6) 다음의 물질로 인한 중독 또는 질병
      가) 크롬·니켈·알루미늄·코발트
      나) 유기주석
      다) 이산화질소·아황산가스
      라) 황화수소
      마) 이황화탄소
      바) 일산화탄소

사) 벤젠 또는 벤젠의 동족체와 그 니트로 및 아미노 유도체
아) 톨루엔, 크실렌 등 유기용제
자) 사) 및 아) 외의 지방족 또는 방향족의 탄화수소화합물
차) 2)부터 5)까지 및 6)가)부터 자)까지의 화학적 요인 외의 독성 물질, 극성 물질, 그 밖의 유해화학물질

라. 생물학적 요인으로 인한 질병
1) 환자의 검진, 치료 및 간호 등 병원체에 감염될 우려가 있는 업무로 인한 감염성 질병
2) 습한 곳에서의 업무로 인한 렙토스피라증
3) 옥외작업으로 인한 쯔쯔가무시증, 신증후군(腎症候群) 출혈열
4) 동물 또는 그 사체, 짐승의 털·가죽, 그 밖의 동물성 물체, 넝마 및 고물 등을 취급하는 업무로 인한 탄저, 단독(丹毒) 등의 질병

마. 직업성 암
검댕, 콜타르, 콜타르피치, 정제되지 않은 광물유, 6가 크롬 또는 그 화합물, 염화비닐, 벤젠, 석면, B형 또는 C형 간염바이러스, 엑스선 또는 감마선 등의 전리방사선, 비소 또는 그 무기 화합물, 니켈 화합물, 카드뮴 또는 그 화합물, 베릴륨 또는 그 화합물, 목재 분진, 벤지딘, 베타나프틸아민, 결정형 유리규산, 포름알데히드, 1,3-부타디엔, 라돈-222 또는 그 붕괴물질, 산화에틸렌 및 스프레이 도장 업무 등 발암성 요인으로 인한 암

바. 무리한 힘을 가해야 하는 업무로 인한 내장탈장, 영상표시단말기(VDT) 취급 등 부적절한 자세를 유지하거나 반복 동작이 많은 업무 등 근골격계에 부담을 주는 업무로 인한 근골격계 질병

사. 업무상 과로 등으로 인한 뇌혈관 질병 또는 심장 질병

아. 업무와 관련하여 정신적 충격을 유발할 수 있는 사건으로 인한 외상후스트레스장애

자. 가목부터 아목까지에서 규정한 질병 외에 「산업재해보상보험법」 제8조에 따른 산업재해보상보험및예방심의위원회의 심의를 거쳐 고용노동부장관이 지정하는 질병

차. 그 밖에 가목부터 자목까지에서 규정한 질병 외에 업무로 인한 것이 명확한 질병

2. 요양의 범위
가. 진찰
나. 약제 또는 진료 재료의 지급
다. 인공팔다리 또는 그 밖의 보조기의 지급
라. 처치, 수술, 그 밖의 치료
마. 입원
바. 간병
사. 이송

[별표 6] (2019.7.2 개정)

신체장해의 등급(제47조제1항 관련)

등급	신체장해
제1급 평균임금의 1,340일분	1. 두 눈이 실명된 사람 2. 말하는 기능과 음식물을 씹는 기능을 모두 영구적으로 완전히 잃은 사람 3. 신경계통의 기능 또는 정신기능에 뚜렷한 장해가 남아 항상 간병을 받아야 하는 사람 4. 흉복부장기의 기능에 뚜렷한 장해가 남아 항상 간병을 받아야 하는 사람 5. 두 팔을 팔꿈치관절 이상에서 잃은 사람 6. 두 팔을 영구적으로 완전히 사용하지 못하게 된 사람 7. 두 다리를 무릎관절 이상에서 잃은 사람 8. 두 다리를 영구적으로 완전히 사용하지 못하게 된 사람
제2급 평균임금의 1,190일분	1. 한 눈이 실명되고 다른 눈의 시력이 0.02 이하로 된 사람 2. 두 눈의 시력이 각각 0.02 이하로 된 사람 3. 두 팔을 손목관절 이상에서 잃은 사람 4. 두 다리를 발목관절 이상에서 잃은 사람 5. 신경계통의 기능 또는 정신기능에 뚜렷한 장해가 남아 수시로 간병을 받아야 하는 사람 6. 흉복부장기의 기능에 뚜렷한 장해가 남아 수시로 간병을 받아야 하는 사람
제3급 평균임금의 1,050일분	1. 한 눈이 실명되고 다른 눈의 시력이 0.06 이하로 된 사람 2. 말하는 기능 또는 음식물을 씹는 기능을 영구적으로 완전히 잃은 사람 3. 신경계통의 기능 또는 정신기능에 뚜렷한 장해가 남아 일생동안 노무에 종사할 수 없는 사람 4. 흉복부장기의 기능에 뚜렷한 장애가 남아 일생동안 노무에 종사할 수 없는 사람 5. 두 손의 손가락을 모두 잃은 사람
제4급 평균임금의 920일분	1. 두 눈이 시력이 각각 0.06 이하로 된 사람 2. 말하는 기능과 음식물을 씹는 기능에 뚜렷한 장해가 남은 사람 3. 고막이 전부 상실되거나 그 밖의 원인으로 두 귀의 청력을 완전히 잃은 사람 4. 한 팔을 팔꿈치관절 이상에서 잃은 사람 5. 한 다리를 무릎관절 이상에서 잃은 사람 6. 두 손의 손가락을 모두 제대로 못쓰게 된 사람 7. 두 발을 리스푸랑관절 이상에서 잃은 사람

제5급 평균임금의 790일분	1. 한 눈이 실명되고 다른 눈의 시력이 0.1 이하로 된 사람 2. 한 팔을 손목관절 이상에서 잃은 사람 3. 한 다리를 발목관절 이상에서 잃은 사람 4. 한 팔을 영구적으로 완전히 사용하지 못하게 된 사람 5. 한 다리를 영구적으로 완전히 사용하지 못하게 된 사람 6. 두 발의 발가락을 모두 잃은 사람 7. 흉복부장기의 기능에 뚜렷한 장해가 남아 특별히 손쉬운 노무 외에는 종사할 수 없는 사람 8. 신경계통의 기능 또는 정신기능에 뚜렷한 장해가 남아 특별히 손쉬운 노무 외에는 종사할 수 없는 사람
제6급 평균임금의 670일분	1. 두 눈의 시력이 각각 0.1 이하로 된 사람 2. 말하는 기능 또는 음식물을 씹는 기능에 뚜렷한 장해가 남은 사람 3. 고막이 대부분 상실되거나 그 밖의 원인으로 두 귀의 청력이 모두 귓바퀴에 대고 말하지 아니하고서는 큰 말소리를 알아듣지 못하게 된 사람 4. 한 귀가 전혀 들리지 아니하게 되고 다른 귀의 청력이 40센티미터 이상의 거리에서 보통의 말소리를 알아듣지 못하게 된 사람 5. 척주에 뚜렷한 기형이나 뚜렷한 기능장해가 남은 사람 6. 한 팔의 3대 관절 중 2개 관절을 제대로 못쓰게 된 사람 7. 한 다리의 3대 관절 중 2개 관절을 제대로 못쓰게 된 사람 8. 한 손의 5개의 손가락 또는 엄지손가락과 둘째손가락을 포함하여 4개의 손가락을 잃은 사람
제7급 평균임금의 560일분	1. 한 눈이 실명되고 다른 눈의 시력이 0.6 이하로 된 사람 2. 두 귀의 청력이 40센티미터 이상의 거리에서 보통의 말소리를 알아듣지 못하게 된 사람 3. 한 귀가 전혀 들리지 아니하게 되고 다른 귀의 청력이 1미터 이상의 거리에서 보통의 말소리를 알아듣지 못하게 된 사람 4. 신경계통의 기능 또는 정신기능에 장해가 남아 손쉬운 노무 외에는 종사하지 못하는 사람 5. 흉복부장기의 기능에 장해가 남아 손쉬운 노무 외에는 종사하지 못하는 사람 6. 한 손의 엄지 손가락과 둘째 손가락을 잃은 사람 또는 엄지 손가락이나 둘째 손가락을 포함하여 3개 이상의 손가락을 잃은 사람 7. 한 손의 5개의 손가락 또는 엄지 손가락과 둘째 손가락을 포함하여 4개의 손가락을 제대로 못쓰게 된 사람 8. 한 발을 리스프랑관절 이상에서 잃은 사람 9. 한 팔에 가관절(假關節 : 부러진 뼈가 완전히 아물지 못하여 그 부분이 마치 관절처럼 움직이는 상태)이 남아 뚜렷한 운동기능장해가 남은 사람 10. 한 다리에 가관절이 남아 뚜렷한 운동기능장해가 남은 사람

	11. 두 발의 발가락을 모두 제대로 못쓰게 된 사람 12. 외모에 뚜렷한 흉터가 남은 사람 13. 양쪽 고환을 잃은 사람
제8급 평균임금의 450일분	1. 한 눈이 실명되거나 또는 한 눈의 시력이 0.02 이하로 된 사람 2. 척주에 경도의 기형이나 기능장해가 남은 사람 3. 한 손의 엄지 손가락을 포함하여 2개의 손가락을 잃은 사람 4. 한 손의 엄지 손가락과 둘째 손가락을 제대로 못쓰게 된 사람 또는 엄지 손가락이나 둘째 손가락을 포함하여 3개 이상의 손가락을 제대로 못쓰게 된 사람 5. 한 다리가 5센티미터 이상 짧아진 사람 6. 한 팔의 3대 관절 중 1개 관절을 제대로 못쓰게 된 사람 7. 한 다리의 3대 관절 중 1개 관절을 제대로 못쓰게 된 사람 8. 한 팔에 가관절이 남은 사람 9. 한 다리에 가관절이 남은 사람 10. 한 발의 5개 발가락을 모두 잃은 사람 11. 비장 또는 한 쪽의 신장을 잃은 사람
제9급 평균임금의 350일분	1. 두 눈의 시력이 0.6 이하로 된 사람 2. 한 눈의 시력이 0.06 이하로 된 사람 3. 두 눈에 모두 반맹증·시야협착 또는 시야변상이 남은 사람 4. 두 눈의 눈꺼풀이 뚜렷하게 상실된 사람 5. 코가 상실되어 그 기능에 뚜렷한 장해가 남은 사람 6. 말하는 기능과 음식물을 씹는 기능에 장해가 남은 사람 7. 두 귀의 청력이 모두 1미터 이상의 거리에서 큰 말소리를 알아듣지 못하게 된 사람 8. 한 귀의 청력이 귓바퀴에 대고 말하지 아니하고서는 큰 말소리를 알아듣지 못하고 다른 귀의 청력이 1미터 이상의 거리에서 보통의 말소리를 알아듣지 못하게 된 사람 9. 한 귀의 청력을 영구적으로 완전히 잃은 사람 10. 한 손의 엄지 손가락을 잃은 사람, 둘째 손가락을 포함하여 2개의 손가락을 잃은 사람 또는 엄지 손가락과 둘째 손가락 외에 3개의 손가락을 잃은 사람 11. 한 손의 엄지 손가락을 포함하여 2개의 손가락을 제대로 못쓰게 된 사람 12. 한 발의 엄지 발가락을 포함하여 2개 이상의 발가락을 잃은 사람 13. 한 발의 발가락을 모두 제대로 못쓰게 된 사람 14. 생식기에 뚜렷한 장해가 남은 사람 15. 신경계통의 기능 또는 정신기능에 장해가 남아 노무가 상당한 정도로 제한된 사람 16. 흉복부장기의 기능에 장해가 남아 노무가 상당한 정도로 제한된 사람

제10급 평균임금의 270일분	1. 한 눈의 시력이 0.1 이하로 된 사람 2. 말하는 기능 또는 음식물을 씹는 기능에 장해가 남은 사람 3. 14개 이상의 치아에 대하여 치과보철을 한 사람 4. 한 귀의 청력이 귓바퀴에 대고 말하지 아니하고서는 큰 말소리를 알아듣지 못하게 된 사람 5. 두 귀의 청력이 모두 1미터 이상의 거리에서 보통의 말소리를 알아듣지 못하게 된 사람 6. 척주에 기능장해가 남았으나 보존적 요법으로 치유된 사람 7. 한 손의 둘째 손가락을 잃은 사람 또는 엄지 손가락과 둘째 손가락 외의 2개의 손가락을 잃은 사람 8. 한 손의 엄지 손가락을 제대로 못쓰게 된 사람, 둘째 손가락을 포함하여 2개의 손가락을 제대로 못쓰게 된 사람 또는 엄지 손가락과 둘째 손가락 외의 3개의 손가락을 제대로 못쓰게 된 사람 9. 한 다리가 3센티미터 이상 짧아진 사람 10. 한 발의 엄지 발가락 또는 그 외의 4개의 발가락을 잃은 사람 11. 한 팔의 3대 관절 중 1개 관절의 기능에 뚜렷한 장해가 남은 사람 12. 한 다리의 3대 관절 중 1개 관절의 기능에 뚜렷한 장해가 남은 사람
제11급 평균임금의 200일분	1. 두 눈이 모두 안구의 조절기능에 뚜렷한 장해가 남거나 뚜렷한 운동기능장해가 남은 사람 2. 두 눈의 눈꺼풀에 뚜렷한 운동기능장해가 남은 사람 3. 한 눈의 눈꺼풀이 뚜렷하게 상실된 사람 4. 한 귀의 청력이 40센티미터 이상의 거리에서 보통 말소리를 알아듣지 못하게 된 사람 5. 척주에 기형이 남은 사람 6. 한 손의 가운데 손가락 또는 넷째 손가락을 잃은 사람 7. 한 손의 둘째 손가락을 제대로 못쓰게 된 사람 또는 엄지 손가락과 둘째 손가락 외의 2개의 손가락을 제대로 못쓰게 된 사람 8. 한 발의 엄지 발가락을 포함하여 2개 이상의 발가락을 제대로 못쓰게 된 사람 9. 흉복부장기의 기능에 장해가 남은 사람 10. 10개 이상의 치아에 대하여 치과보철을 한 사람 11. 두 귀의 청력이 모두 1미터 이상의 거리에서 작은 말소리를 알아듣지 못하게 된 사람
제12급 평균임금의 140일분	1. 한 눈의 안구의 조절기능에 뚜렷한 장해가 남거나 뚜렷한 운동기능장해가 남은 사람 2. 한 눈의 눈꺼풀에 뚜렷한 운동장해가 남은 사람 3. 7개 이상의 치아에 대하여 치과보철을 한 사람 4. 한 귀의 귓바퀴 대부분이 상실된 사람 5. 쇄골(빗장뼈), 흉골(복장뼈), 늑골(갈비뼈), 견갑골(어깨뼈) 또는 골반골(골반뼈)에 뚜렷한 기형이 남은 사람

	6. 한 팔의 3대 관절 중 1개 관절의 기능에 장해가 남은 사람 7. 한 다리의 3대 관절 중 1개 관절의 기능에 장해가 남은 사람 8. 장관골에 기형이 남은 사람 9. 한 손의 가운데 손가락 또는 넷째 손가락을 제대로 못 쓰게 된 사람 10. 한 발의 둘째 발가락을 잃은 사람, 둘째 발가락을 포함하여 2개의 발가락을 잃은 사람 또는 가운데 발가락 이하의 3개의 발가락을 잃은 사람 11. 한 발의 엄지 발가락 또는 그 외의 4개의 발가락을 제대로 못쓰게 된 사람 12. 신체 일부에 완고한 신경증상이 남은 사람 13. 외모에 흉터가 남은 사람
제13급 평균임금의 90일분	1. 한 눈의 시력이 0.6 이하로 된 사람 2. 한 눈에 반맹증·시야협착 또는 시야변상이 남은 사람 3. 두 눈의 눈꺼풀의 일부가 상실되거나 속눈썹이 상실된 사람 4. 5개 이상의 치아에 대하여 치과보철을 한 사람 5. 한 손의 새끼 손가락을 잃은 사람 6. 한 손의 엄지 손가락의 손가락뼈의 일부를 잃은 사람 7. 한 손의 둘째 손가락의 손가락뼈의 일부를 잃은 사람 8. 한 손의 둘째 손가락의 말관절을 굽히고 펼 수 없게 된 사람 9. 한 다리가 1센티미터 이상 짧아진 사람 10. 한 발의 가운데 발가락 이하의 1개 발가락 또는 2개의 발가락을 잃은 사람 11. 한 발의 둘째 발가락을 제대로 못쓰게 된 사람, 둘째 발가락을 포함하여 2개의 발가락을 제대로 못쓰게 된 사람 또는 가운데 발가락 이하의 3개의 발가락을 제대로 못쓰게 된 사람
제14급 평균임금의 50일분	1. 한눈의 눈꺼풀의 일부가 상실되거나 속눈썹이 상실된 사람 2. 3개 이상의 치아에 대하여 치과보철을 한 사람 3. 팔의 노출된 면에 손바닥 크기의 흉터가 남은 사람 4. 다리의 노출된 면에 손바닥 크기의 흉터가 남은 사람 5. 한 손의 새끼 손가락을 제대로 못쓰게 되는 사람 6. 한 손의 엄지 손가락과 둘째 손가락 외의 손가락의 손가락뼈의 일부를 잃은 사람 7. 한 손의 엄지 손가락과 둘째 손가락 외의 손가락의 말관절을 굽히고 펼 수 없게 된 사람 8. 한 발의 가운데 발가락 이하의 1개 또는 2개의 발가락을 제대로 못쓰게 된 사람 9. 신체 일부에 신경증상이 남은 사람 10. 한 귀의 청력이 1미터 이상의 거리에서 작은 말소리를 알아듣지 못하게 된 사람

[별표 7] (2021.11.19 개정)

과태료의 부과기준(제60조 관련)

1. 일반기준
   가. 위반행위의 횟수에 따른 과태료의 가중된 부과기준은 최근 1년간 같은 위반행위로 과태료 부과처분을 받은 경우에 적용한다. 이 경우 기간의 계산은 위반행위에 대하여 과태료 부과처분을 받은 날과 그 처분 후 다시 같은 위반행위를 하여 적발된 날을 기준으로 한다.
   나. 가목에 따라 가중된 부과처분을 하는 경우 가중처분의 적용 차수는 그 위반행위 전 부과처분 차수(가목에 따른 기간 내에 과태료 부과처분이 둘 이상 있었던 경우에는 높은 차수를 말한다)의 다음 차수로 한다.
   다. 부과권자는 다음의 어느 하나에 해당하는 경우에는 제2호에 따른 과태료의 2분의 1 범위에서 그 금액을 줄여 부과할 수 있다. 다만, 과태료를 체납하고 있는 위반행위자의 경우에는 그렇지 않다.
      1) 위반행위자의 사소한 부주의나 오류로 발생한 것으로 인정되는 경우
      2) 위반행위자가 법 위반상태를 시정하거나 해소하기 위해 노력한 것이 인정되는 경우
      3) 위반행위자가 자연재해, 화재 등으로 재산에 현저한 손실이 발생하거나 사업 여건의 악화로 사업이 중대한 위기에 처하는 등의 사정이 있는 경우
      4) 그 밖에 위반행위의 정도, 위반행위의 동기와 그 결과 등을 고려하여 줄일 필요가 있다고 인정되는 경우

2. 개별기준

위반행위	근거 법조문	과태료 금액(단위 : 만원)		
		1차 위반	2차 위반	3차 이상 위반
가. 법 제13조에 따른 요구가 있는 경우에 보고·출석하지 않거나 거짓된 보고를 한 경우	법 제116조 제2항제1호			
1) 보고 또는 출석을 하지 않은 경우		50	100	200
2) 거짓된 보고를 한 경우		300	300	300
나. 법 제14조에 따른 게시 또는 비치 의무를 위반한 경우	법 제116조 제2항제2호	30	50	100
다. 법 제39조에 따른 사용증명서 교부의무를 위반한 경우	법 제116조 제2항제2호			
1) 사용증명서를 즉시 내어주지 않		30	50	100

은 경우				
2) 사실과 다르게 적은 사용증명서를 내어준 경우		50	100	200
3) 근로자가 요구하지 않은 사항을 사용증명서에 적은 경우		80	150	300
라. 법 제41조에 따른 근로자 명부 작성의무를 위반한 경우	법 제116조 제2항제2호			
1) 근로자 명부를 작성하지 않은 경우		30	50	100
2) 근로자 명부에 기재하여야 할 사항의 일부를 적지 않거나 변경내용을 지체 없이 정정하지 않은 경우		20	30	50
마. 법 제42조에 따른 근로자명부와 근로계약에 관한 중요한 서류의 보존의무를 위반한 경우	법 제116조 제2항제2호	80	150	300
바. 법 제48조제1항에 따른 임금대장 작성의무를 위반한 경우	법 제116조 제2항제2호			
1) 임금대장을 작성하지 않은 경우		30	50	100
2) 임금대장에 기재해야 할 사항을 일부 적지 않은 경우		20	30	50
사. 법 제48조제2항에 따른 임금명세서 교부의무를 위반한 경우	법 제116조 제2항제2호			
1) 임금명세서를 교부하지 않은 경우		30	50	100
2) 임금명세서에 기재사항을 적지 않거나, 사실과 다르게 적어 교부한 경우		20	30	50
아. 법 제51조의2제5항에 따른 임금보전방안을 신고하지 않은 경우	법 제116조 제2항제3호	80	150	300
자. 법 제66조에 따른 연소자 증명서류 비치의무를 위반한 경우	법 제116조 제2항제2호	80	150	300
차. 법 제74조제7항에 따른 여성 근로자의 근로시간 단축을 허용하지 않은 경우	법 제116조 제2항제2호	500	500	500
카. 법 제74조제9항을 위반하여 임신 중인 여성 근로자의 업무의 시작 및 종료 시각의 변경을 허용하지 않은 경우	법 제116조 제2항제2호	500	500	500

근로기준법 시행규칙

전부개정 2007. 7.24 노동부령 제281호
개정 2010. 7.12 고용노동부령 제 1호
〈생략〉
2021.11.19 고용노동부령 제335호
2024. 1. 5 산업통상자원부령 제544호
2024. 7.29 고용노동부령 제421호
2025. 2.21 고용노동부령 제436호

제1조 【목적】 이 규칙은 「근로기준법」과 같은 법 시행령에서 위임한 사항과 그 시행에 필요한 사항을 규정하는 것을 목적으로 한다.

제2조 【손해배상 청구의 신청】 근로자는 「근로기준법」(이하 "법"이라 한다) 제19조제2항에 따라 사용자의 근로조건 위반을 이유로 손해배상을 청구하려면 별지 제1호서식의 근로조건 위반 손해배상 청구 신청서에 다음 각 호의 서류를 첨부하여 「노동위원회법」에 따른 지방노동위원회(이하 "관할 지방노동위원회"라 한다)에 제출하여야 한다.

1. 근로계약서 사본
2. 사용자가 근로조건을 위반하였다는 사실을 증명하는 자료

제3조 【경영상 이유에 의한 해고계획의 신고】 사용자는 「근로기준법 시행령」(이하 "영"이라 한다) 제10조에 따라 해고계획을 신고하려면 별지 제2호서식의 경영상 이유에 의한 해고계획 신고서에 법 제24조제3항에 따라 근로자대표에게 통보한 내용을 적은 해고 관련 서류를 첨부하여 관할 지방고용노동관서의 장에게 제출하여야 한다. (2010.7.12 개정)

제4조 【해고 예고의 예외가 되는 근로자의 귀책사유】 법 제26조제3호에서 "고용노동부령으로 정하는 사유"란 별표 1과 같다. (2021.11.19 개정)

제5조 【부당해고등의 구제신청】 근로자는 법 제28조제1항에 따라 부당해고등의 구제를 신청하려면 별지 제3호서식의 부당해고등의 구제 신청서를 관할 지방노동위원회에 제출하여야 한다.

제6조 【이행강제금의 징수절차】 영 제12조제4항에 따른 이행강제금의 징수절차에 관하여는 「국고금관리법 시행규칙」을 준용한다. 이 경우 납입고지서에는 이의 제기 방법 및 기간 등을 함께 적어야 한다.

제7조 【이행강제금의 반환】 ① 영 제15조제2항에서 "고용노동부령으로 정하는 이율"이란 「국세기본법 시행규칙」 제19조의3에 따른 국세환급가산금의 이율을 말한다. (2019.6.28 개정)

② 영 제15조제3항에 따른 이행강제금의 반환절차에 관하여는 「국고금관리법 시행규칙」을 준용한다.

제7조의2【임금체불정보심의위원회 구성 및 운영】 ① 법 제43조의2제3항 전단에 따른 임금체불정보심의위원회(이하 이 조에서 "위원회"라 한다)는 위원장 1명을 포함한 11명의 위원으로 구성한다. (2021.4.5 개정)
② 위원장은 고용노동부차관이 되고, 위원은 다음 각 호의 사람이 된다. (2012.6.22 신설)
1. 고용노동부의 고위공무원단에 속하는 일반직공무원 중 고용노동부장관이 지정하는 직위에 있는 사람 3명
2. 변호사 또는 공인노무사 자격이 있는 사람 중에서 고용노동부장관이 위촉하는 사람 2명
3. 「고등교육법」 제2조에 따른 대학에서 부교수 이상의 직으로 재직하였거나 재직하고 있는 사람 중에서 고용노동부장관이 위촉하는 사람 2명
4. 제1호부터 제3호까지에 준하는 경험 또는 사회적 덕망이 있다고 인정되는 사람으로서 고용노동부장관이 위촉하는 사람 3명
③ 제2항제2호부터 제4호까지에 따른 위원의 임기는 3년으로 한다. (2012.6.22 신설)
④ 위원회의 회의는 위원장을 포함한 재적위원 과반수의 출석으로 개의하고, 출석위원 과반수의 찬성으로 의결한다. (2012.6.22 신설)
⑤ 제1항부터 제4항까지에서 규정한 사항 외에 위원회의 구성 및 운영에 필요한 사항은 고용노동부장관이 정한다. (2012.6.22 신설)

제8조【기준 미달의 휴업수당 지급 승인 신청】 사용자는 법 제46조제2항에 따라 기준에 못 미치는 휴업수당을 지급하기 위하여 승인을 받으려면 별지 제4호서식의 기준 미달의 휴업수당 지급 승인 신청서를 관할 지방노동위원회에 제출하여야 한다.

제8조의2【3개월을 초과하는 탄력적 근로시간제에 관한 임금보전방안의 신고】 사용자는 법 제51조의2제5항 본문에 따라 임금보전방안(賃金補塡方案)을 신고하려는 경우에는 별지 제4호의2서식의 임금보전방안 신고서에 임금보전방안의 내용을 확인할 수 있는 서류를 첨부하여 관할 지방고용노동관서의 장에게 제출해야 한다. (2021.4.5 신설)

제9조【특별한 사정이 있는 경우의 근로시간 연장 신청 등】 ① 법 제53조제4항 본문에서 "특별한 사정"이란 다음 각 호의 어느 하나에 해당하는 경우를 말한다. (2020.1.31 신설)
1. 「재난 및 안전관리 기본법」에 따른 재난 또는 이에 준하는 사고가 발생하여 이를 수습하거나 재난 등의 발생이 예상되어 이를 예방하기 위해 긴급한 조치가 필요한 경우 (2021.4.5 개정)

2. 사람의 생명을 보호하거나 안전을 확보하기 위해 긴급한 조치가 필요한 경우 (2021.4.5 개정)
3. 갑작스런 시설·설비의 장애·고장 등 돌발적인 상황이 발생하여 이를 수습하기 위해 긴급한 조치가 필요한 경우 (2021.4.5 개정)
4. 통상적인 경우에 비해 업무량이 대폭적으로 증가한 경우로서 이를 단기간 내에 처리하지 않으면 사업에 중대한 지장을 초래하거나 손해가 발생하는 경우 (2021.4.5 개정)
5. 「소재·부품·장비산업 경쟁력 강화 및 공급망 안정화를 위한 특별조치법」 제2조제1호 및 제2호에 따른 소재·부품 및 장비의 연구개발 등 연구개발을 하는 경우로서 고용노동부장관이 국가경쟁력 강화 및 국민경제 발전을 위해 필요하다고 인정하는 경우 (2024.1.5 개정)

② 사용자는 법 제53조제4항에 따라 근로시간을 연장하려는 경우와 연장한 경우에는 별지 제5호서식의 근로시간 연장 인가 또는 승인 신청서에 근로자의 동의서 사본 및 근로시간 연장의 특별한 사정이 있음을 증명할 수 있는 서류 사본을 첨부하여 관할 지방고용노동관서의 장에게 제출해야 한다. (2020.1.31 개정)

③ 관할 지방고용노동관서의 장은 제2항에 따른 근로시간 연장 인가 또는 승인 신청을 받은 날부터 3일 이내에 신청을 반려하거나 별지 제6호서식의 근로시간 연장 인가서 또는 승인서를 신청인에게 내주어야 한다. 다만, 부득이한 사유로 본문의 처리기간을 준수하지 못하는 경우에는 신청인에게 그 사유와 예상되는 처리기간을 알려주고 처리기간을 연장할 수 있다. (2020.1.31 개정)

④ 관할 지방고용노동관서의 장은 제3항에 따라 근로시간 연장 인가 또는 승인을 하는 경우, 근로시간을 연장할 수 있는 기간은 특별한 사정에 대처하기 위하여 필요한 최소한으로 한다. (2021.4.5 개정)

제10조 【근로시간 등의 적용제외 승인 신청 등】 ① 사용자는 법 제63조제3호에 따라 감시(監視) 또는 단속적(斷續的)으로 근로에 종사하는 자에 대한 근로시간 등의 적용 제외 승인을 받으려면 별지 제7호서식의 감시적 또는 단속적 근로종사자에 대한 적용 제외 승인 신청서를 관할 지방고용노동관서의 장에게 제출하여야 한다. (2010.7.12 개정)

② 제1항에 따른 승인 대상이 되는 감시적 근로에 종사하는 자는 감시업무를 주 업무로 하며 상태적(狀態的)으로 정신적·육체적 피로가 적은 업무에 종사하는 자로 한다.

③ 제1항에 따른 승인 대상이 되는 단속적으로 근로에 종사하는 자는 근로가 간헐적·단속적으로 이루어져 휴게시간이나 대기시간이 많은 업무에 종사하는 자로 한다.

④ 관할 지방고용노동관서의 장은 제1항에 따른 신청에 대하여 승인을 할 경우에는 별지 제8호서식의 감시적 또는 단속적 근로종사자에 대한 적용 제외 승인서를 내주어야 한다. (2010.7.12 개정)

제11조 【취직인허 신청 등】 ① 15세 미만인 자가 법 제64조와 영 제35조에 따라 취직인허증을 받으려면 별지 제9호서식의 15세 미만인 자의 취직인허증 교부 신청서를 관할 지방고용노동관서의 장에게 제출하여야 한다. (2010.7.12 개정)

② 사용자 또는 15세 미만인 자는 영 제39조에 따라 취직인허증을 재교부받으려면 별지 제9호서식의 15세 미만인 자의 취직인허증 재교부 신청서에 취직인허증이 못쓰게 되거나 이를 잃어버리게 된 사유를 적어 관할 지방고용노동관서의 장에게 제출해야 한다. (2024.7.29 개정)

③ 관할 지방고용노동관서의 장은 제1항과 제2항에 따른 신청으로 취직을 인허할 경우에는 별지 제10호서식의 15세 미만인 자의 취직인허증을 내주어야 한다. (2010.7.12 개정)

제11조의2 【임신 중인 여성 등의 사용 금지 직종】 ① 영 별표 4의 임신 중인 여성의 사용 금지 직종란 제6호에서 "고용노동부령으로 정하는 업무"란 별표 2 제1호 각 목의 업무를 말한다. (2021.11.19 신설)

② 영 별표 4의 18세 미만인 자의 사용 금지 직종란 제7호에서 "고용노동부령으로 정하는 업무"란 별표 2 제2호에 따른 업무를 말한다. (2021.11.19 신설)

제12조 【야간 또는 휴일근로의 인가】 ① 사용자는 법 제70조제2항 단서에 따라 임산부나 18세 미만인 자에게 야간근로나 휴일근로를 시키려면 별지 제11호서식의 야간 또는 휴일근로 인가 신청서에 그 근로자의 동의서 또는 청구서와 법 제70조제3항에 따른 근로자대표와 협의한 결과를 기록한 사본을 첨부하여 관할 지방고용노동관서의 장에게 제출하여야 한다. (2010.7.12 개정)

② 관할 지방고용노동관서의 장은 제1항에 따른 신청으로 인가를 할 경우에는 별지 제12호서식의 야간 또는 휴일근로 인가서를 내주어야 한다. (2010.7.12 개정)

제12조의2 【미숙아의 범위 등】 ① 법 제74조제1항 전단에 따라 임신 중인 여성에게 출산 전과 출산 후를 통하여 100일의 출산전후휴가를 주어야 하는 미숙아의 범위는 임신 37주 미만의 출생아 또는 출생 시 체중이 2천500그램 미만인 영유아로서, 특별한 의료적 관리를 위해 출생 후 24시간 이내에 신생아중환자실에 입원한 영유아로 한다. (2025.2.21 신설)

② 임신 중인 여성 근로자가 법 제74조제1항 전단에 따라 미숙아의 출산으로 100일의 출산전후휴가를 부여받으려는 경우에는 출산전후휴가의 종료예

정일(90일의 출산전후휴가를 사용 중인 여성 근로자가 미숙아의 출산으로 휴가기간을 100일로 변경하려는 경우에는 사용 중인 출산전후휴가의 종료 예정일을 말한다) 7일 전까지 미숙아의 출산사실을 증명할 수 있는 서류를 사업주에게 제출해야 한다. (2025.2.21 신설)

제12조의3 【유산, 조산 등 위험이 있는 여성 근로자의 범위】 법 제74조제7항에서 "고용노동부령으로 정하는 유산, 조산 등 위험이 있는 여성 근로자"란 임신 기간 중에 별표 3에 따른 질환을 진단받은 여성 근로자를 말한다. (2025.2.21 신설)

제13조 【업무상 부상 등에 관한 중대과실 인정 신청】 사용자는 법 제81조에 따라 근로자에게 중대한 과실이 있음을 인정받으려면 별지 제13호서식의 업무상 부상 등에 관한 중대과실 인정 신청서에 근로자의 중대한 과실을 증명하는 자료를 첨부하여 관할 지방노동위원회에 제출하여야 한다.

제14조 【재해인정 등의 이의에 관한 심사 등의 청구】 근로자는 법 제88조제1항이나 법 제89조제1항에 따라 재해의 인정 등에 이의가 있어 심사나 중재를 청구하려면 별지 제14호서식의 재해인정 등의 이의에 관한 심사 또는 중재 신청서에 다음 각 호의 서류를 첨부하여 관할 지방고용노동관서의 장이나 관할 지방노동위원회에 제출하여야 한다. (2010.7.12 개정)

1. 부상 또는 질병 등에 대한 의사의 진단서
2. 이의가 이유 있다는 것을 증명하는 자료(필요한 경우에만 첨부한다)

제15조 【취업규칙의 신고 등】 사용자는 법 제93조에 따라 취업규칙을 신고하거나 변경신고하려면 별지 제15호서식의 취업규칙 신고 또는 변경신고서에 다음 각 호의 서류를 첨부하여 관할 지방고용노동관서의 장에게 제출하여야 한다. (2010.7.12 개정)

1. 취업규칙(변경신고하는 경우에는 변경 전과 변경 후의 내용을 비교한 서류를 포함한다) (2018.6.29 개정)
2. 근로자의 과반수를 대표하는 노동조합 또는 근로자 과반수의 의견을 들었음을 증명하는 자료
3. 근로자의 과반수를 대표하는 노동조합 또는 근로자 과반수의 동의를 받았음을 증명하는 자료(근로자에게 불리하게 변경하는 경우에만 첨부한다)

제16조 【서식】 ① 법 및 영의 시행에 필요한 그 밖의 서식은 다음 각 호와 같다.

1. 법 제41조제1항에 따른 근로자 명부 : 별지 제16호서식
2. 법 제48조제1항에 따른 임금대장 : 별지 제17호서식 (2021.11.19 개정)
3. 법 제53조제5항에 따른 휴게시간 또는 휴일 부여 명령서 : 별지 제18호서식 (2021.4.5 개정)

4. 법 제67조제2항에 따른 근로계약 해지서 : 별지 제19호서식
5. 법 제96조제2항에 따른 취업규칙 변경명령서 : 별지 제20호서식
6. 법 제102조제3항에 따른 현장조사 또는 검진지령서 : 별지 제21호서식 (2019.6.28 개정)

② 사용자는 제1항제1호의 근로자명부와 같은 항 제2호의 임금대장을 통합하여 사용하거나 그 서식을 변경하여 사용할 수 있다.

제16조의2 【규제의 재검토】 삭제(2019.12.23.)

제17조 【과태료의 징수절차】 삭제(2021.4.5)

부 칙

제1조 【시행일】 이 규칙은 공포한 날부터 시행한다.

제2조 【법률 제6974호 근로기준법중개정법률 적용특례의 신고】 ① 사용자가 법 부칙 제5조에 따라 같은 법 부칙 제4조에서 정한 시행일 전에 법률 제6974호 근로기준법중개정법률을 적용받으려면 적용받기로 정한 날의 14일 전까지 별지 제22호서식의 개정규정 적용특례 신고서(이하 이 조에서 "신고서"라 한다)에 다음 각 호의 어느 하나에 해당하는 자료를 첨부하여 관할 지방노동관서의 장에게 제출하여야 한다.

1. 근로자의 과반수로 조직된 노동조합이 있는 경우 : 그 노동조합의 동의를 받았음을 증명하는 자료
2. 근로자의 과반수로 조직된 노동조합이 없는 경우 : 근로자 과반수의 동의를 받았음을 증명하는 자료

② 관할 지방노동관서의 장은 신고서를 접수한 경우에는 7일 이내에 신고서를 수리하였음을 사용자에게 알려야 한다.

③ 관할 지방노동관서의 장은 제1항에 따라 제출된 신고서에 기재사항이 누락되거나 첨부서류를 갖추지 못하여 보완이 필요한 경우에는 상당한 기간을 정하여 보완을 요구할 수 있다. 이 경우 보완된 신고서를 접수한 때에는 3일 이내에 신고서를 수리하였음을 알려야 한다.

④ 관할 지방노동관서의 장은 사용자가 거짓으로 신고하거나 제3항에 따라 보완할 것을 요구하였는데도 보완하지 아니한 경우에는 신고서를 반려하여야 한다.

제3조 【다른 법령의 개정】 생략

제4조 【다른 법령과의 관계】 이 규칙 시행 당시 다른 법령에서 종전의 「근로기준법 시행규칙」의 규정을 인용한 경우에 이 규칙 중 그에 해당하는 규정이 있으면 종전의 규정을 갈음하여 이 규칙의 해당 규정을 인용한 것으로 본다.

〈생략〉

부칙(2020.1.31 고용노동부령 제281호)

이 규칙은 공포한 날부터 시행한다.

부칙(2021.4.5 고용노동부령 제315호)

이 규칙은 2021년 4월 6일부터 시행한다. 다만, 제8조의2 및 별지 제4호의2서식의 개정규정은 상시 5명 이상 50명 미만의 근로자를 사용하는 사업 또는 사업장의 경우 2021년 7월 1일부터 시행한다.

부칙(2021.11.19 고용노동부령 제335호)

이 규칙은 공포한 날부터 시행한다.

부칙(2024.1.5 산업통상자원부령 제544호)

제1조 【시행일】 이 규칙은 2023년 12월 14일부터 시행한다.

제2조 【다른 법령의 개정】 생략

부칙(2024.7.29 고용노동부령 제421호)

이 규칙은 공포한 날부터 시행한다.

부칙(2025.2.21 고용노동부령 제436호)

이 규칙은 2025년 2월 23일부터 시행한다.

[별표 1] (2021.11.19 개정)

해고 예고의 예외가 되는 근로자의 귀책사유(제4조 관련)

1. 납품업체로부터 금품이나 향응을 제공받고 불량품을 납품받아 생산에 차질을 가져온 경우
2. 영업용 차량을 임의로 타인에게 대리운전하게 하여 교통사고를 일으킨 경우
3. 사업의 기밀이나 그 밖의 정보를 경쟁관계에 있는 다른 사업자 등에게 제공하여 사업에 지장을 가져온 경우
4. 허위 사실을 날조하여 유포하거나 불법 집단행동을 주도하여 사업에 막대한 지장을 가져온 경우
5. 영업용 차량 운송 수입금을 부당하게 착복하는 등 직책을 이용하여 공금을 착복, 장기유용, 횡령 또는 배임한 경우
6. 제품 또는 원료 등을 몰래 훔치거나 불법 반출한 경우
7. 인사·경리·회계담당 직원이 근로자의 근무상황 실적을 조작하거나 허위 서류 등을 작성하여 사업에 손해를 끼친 경우
8. 사업장의 기물을 고의로 파손하여 생산에 막대한 지장을 가져온 경우
9. 그 밖에 사회통념상 고의로 사업에 막대한 지장을 가져오거나 재산상 손해를 끼쳤다고 인정되는 경우

[별표 2] (2021.11.19 신설)

임신 중인 여성 및 18세 미만인 자의 사용 금지 직종(제11조의2 관련)

1. 임신 중인 여성의 사용 금지 직종
   가. 건물 해체작업(지상에서 작업을 보조하는 업무를 제외한다) 및 「산업안전보건기준에 관한 규칙」 제71조에서 규정한 통나무 비계의 설치 또는 해체업무
   나. 「산업안전보건기준에 관한 규칙」 제42조에 따른 추락위험이 있는 장소에서의 작업 및 같은 규칙 제50조에 따른 붕괴 또는 낙하의 위험이 있는 장소에서의 작업
   다. 「산업안전보건기준에 관한 규칙」 제105조 및 제106조에서 규정한 둥근톱기계로서 지름이 25센티미터 이상인 기계를 사용하여 목재를 가공하는 업무 또는 같은 규칙 제107조 및 제108조에서 규정하는 띠톱기계로서 풀리(Pulley)의 지름이 75센티미터 이상인 기계를 사용하여 목재를 가공하는 업무
   라. 「산업안전보건기준에 관한 규칙」 제319조부터 제322조까지의 규정에 따른 전기작업 및 충전전로 인근에서의 차량·기계장치 작업
   마. 「산업안전보건기준에 관한 규칙」 제2편제4장제2절제3관에 따른 터널작업
   바. 「산업안전보건기준에 관한 규칙」 제512조제4호에 따른 진동작업
   사. 「산업안전보건기준에 관한 규칙」 제522조제2호 및 제3호에 따른 고압작업 및 잠수작업
   아. 「산업안전보건기준에 관한 규칙」 제559조제1항 및 제2항에 따른 고열작업 및 한랭작업

2. 18세 미만인 자의 사용 금지 직종
   「산업안전보건기준에 관한 규칙」 제522조제2호 및 제3호에 따른 고압작업 및 잠수작업

[별표 3] (2025.2.21 신설)

유산, 조산 등 위험이 있는 여성 근로자의 질환(제12조의3 관련)

1. 임신 및 출산 관련 질환

질환명	질병코드
가. 임신, 출산에 합병된 전에 있던 고혈압	O10
나. 만성 고혈압에 겹친 전자간	O11
다. 임신[임신-유발]고혈압	O13
라. 전자간	O14
마. 자간	O15
바. 상세불명의 산모고혈압	O16
사. 절박유산	O20.0
아. 대사장애를 동반한 임신과다구토	O21.1
자. 임신중 생식관의 감염	O23.5
차. 임신중 당뇨병	O24
카. 다태 임신	O30
타. 다태 임신에 특이한 합병증	O31
파. 자궁의 선천 기형의 산모 관리	O34.0
하. 자궁체부종양에 대한 산모관리	O34.1
거. 자궁경부부전에 대한 산모관리	O34.3
너. 자궁경부의 기타 이상에 대한 산모관리	O34.4
더. 골반기관의 기타 이상에 대한 산모관리	O34.8
러. 태아성장불량에 대한 산모관리	O36.5
머. 양수과다증	O40
버. 양수과소증	O41.0
서. 양막낭 및 양막의 감염	O41.1
어. 양막의 조기 파열	O42
저. 전치태반	O44
처. 태반의 조기분리 [태반조기박리]	O45
커. 달리 분류되지 않은 분만전 출혈	O46
터. 분만이 없는 조기진통	O60.0

2. 순환기 계통의 질환

질환명	질병코드
가. 급성 류마티스 열	I00-I02
나. 만성 류마티스심장질환	I05-I09

다. 고혈압성 질환	I10-I15
라. 허혈성 심장 질환	I20-I25
마. 폐성 심장병 및 폐순환의 질환	I26-I28
바. 급성 심장막염	I30
사. 심장막의 기타 질환	I31
아. 달리 분류된 질환에서의 심장막염	I32*
자. 급성 및 아급성 심내막염	I33
차. 비류마티스성 승모판 장애	I34
카. 비류마티스성 대동맥판 장애	I35
타. 비류마티스성 삼첨판 장애	I36
파. 폐동맥판장애	I37
하. 상세불명 판막의 심내막염	I38
거. 달리 분류된 질환에서의 심내막염 및 심장판막장애	I39*
너. 급성 심근염	I40
더. 달리 분류된 질환에서의 심근염	I41
러. 심근병증	I42
머. 달리 분류된 질환에서의 심근병증	I43
버. 방실차단 및 좌각차단	I44
서. 기타 전도장애	I45
어. 심장정지	I46
저. 발작성 빈맥	I47
처. 심방세동 및 조동	I48
커. 기타 심장부정맥	I49
터. 심부전	I50
퍼. 심장병의 불명확한 기록 및 합병증	I51
허. 달리 분류된 질환에서의 기타 심장장애	I52*

3. 비뇨생식기계통의 질환

질환명	질병코드
가. 사구체질환	N00-N08
나. 신세뇨관-간질질환	N10-N16
다. 신부전	N17-N19
라. 요로결석증	N20-N23

※ 비고 : 제2호 및 제3호에 따른 질환의 경우에는 임신 및 출산 관련 질환명 및 질병코드(O10-O16, O20-O48)가 진단서에 함께 기재되어 있어야 한다.

최저임금법

최저임금법

제정 1986.12.31 법률 제 3927호
개정 1993. 8. 5 법률 제 4575호
〈생략〉
2012. 2. 1 법률 제11278호
2017. 9.19 법률 제14900호
2018. 6.12 법률 제15666호
2020. 5.26 법률 제17326호

제1장 총 칙

제1조 【목적】 이 법은 근로자에 대하여 임금의 최저수준을 보장하여 근로자의 생활안정과 노동력의 질적 향상을 꾀함으로써 국민경제의 건전한 발전에 이바지하는 것을 목적으로 한다. (2008.3.21 개정)

제2조 【정의】 이 법에서 "근로자", "사용자" 및 "임금"이란 「근로기준법」 제2조에 따른 근로자, 사용자 및 임금을 말한다 (2008.3.21 개정)

제3조 【적용 범위】 ① 이 법은 근로자를 사용하는 모든 사업 또는 사업장(이하 "사업"이라 한다)에 적용한다. 다만, 동거하는 친족만을 사용하는 사업과 가사(家事) 사용인에게는 적용하지 아니한다. (2008.3.21 개정)
② 이 법은 「선원법」의 적용을 받는 선원과 선원을 사용하는 선박의 소유자에게는 적용하지 아니한다. (2008.3.21 개정)

제2장 최저임금

제4조 【최저임금의 결정기준과 구분】 ① 최저임금은 근로자의 생계비, 유사 근로자의 임금, 노동생산성 및 소득분배율 등을 고려하여 정한다. 이 경우 사업의 종류별로 구분하여 정할 수 있다. (2008.3.21 개정)
② 제1항에 따른 사업의 종류별 구분은 제12조에 따른 최저임금위원회의 심의를 거쳐 고용노동부장관이 정한다. (2010.6.4 개정)

제5조 【최저임금액】 ① 최저임금액(최저임금으로 정한 금액을 말한다. 이하 같다)은 시간·일(日)·주(週) 또는 월(月)을 단위로 하여 정한다. 이 경우 일·주 또는 월을 단위로 하여 최저임금액을 정할 때에는 시간급(時間給)으로도 표시하여야 한다. (2008.3.21 개정)
② 1년 이상의 기간을 정하여 근로계약을 체결하고 수습 중에 있는 근로자로서 수습을 시작한 날부터 3개월 이내인 사람에 대하여는 대통령령으로 정하는 바에 따라 제1항에 따른 최저임금액과 다른 금액으로 최저임금액을 정할

수 있다. 다만, 단순노무업무로 고용노동부장관이 정하여 고시한 직종에 종사하는 근로자는 제외한다. (2020.5.26 개정)

③ 임금이 통상적으로 도급제나 그 밖에 이와 비슷한 형태로 정하여져 있는 경우로서 제1항에 따라 최저임금액을 정하는 것이 적당하지 아니하다고 인정되면 대통령령으로 정하는 바에 따라 최저임금액을 따로 정할 수 있다. (2008.3.21 개정)

령 제3조·제4조

제5조의2 【최저임금의 적용을 위한 임금의 환산】 최저임금의 적용 대상이 되는 근로자의 임금을 정하는 단위기간이 제5조제1항에 따른 최저임금의 단위기간과 다른 경우에 해당 근로자의 임금을 최저임금의 단위기간에 맞추어 환산하는 방법은 대통령령으로 정한다. (2008.3.21 개정)

제6조 【최저임금의 효력】 ① 사용자는 최저임금의 적용을 받는 근로자에게 최저임금액 이상의 임금을 지급하여야 한다. (2008.3.21 개정)

② 사용자는 이 법에 따른 최저임금을 이유로 종전의 임금수준을 낮추어서는 아니 된다. (2008.3.21 개정)

③ 최저임금의 적용을 받는 근로자와 사용자 사이의 근로계약 중 최저임금액에 미치지 못하는 금액을 임금으로 정한 부분은 무효로 하며, 이 경우 무효로 된 부분은 이 법으로 정한 최저임금액과 동일한 임금을 지급하기로 한 것으로 본다. (2008.3.21 개정)

④ 제1항과 제3항에 따른 임금에는 매월 1회 이상 정기적으로 지급하는 임금을 산입(算入)한다. 다만, 다음 각 호의 어느 하나에 해당하는 임금은 산입하지 아니한다. (2018.6.12 개정)

1. 「근로기준법」 제2조제1항제8호에 따른 소정(所定)근로시간(이하 "소정근로시간"이라 한다) 또는 소정의 근로일에 대하여 지급하는 임금 외의 임금으로서 고용노동부령으로 정하는 임금
2. 상여금, 그 밖에 이에 준하는 것으로서 고용노동부령으로 정하는 임금의 월 지급액 중 해당 연도 시간급 최저임금액을 기준으로 산정된 월 환산액의 100분의 25에 해당하는 부분
3. 식비, 숙박비, 교통비 등 근로자의 생활 보조 또는 복리후생을 위한 성질의 임금으로서 다음 각 목의 어느 하나에 해당하는 것
   가. 통화 이외의 것으로 지급하는 임금
   나. 통화로 지급하는 임금의 월 지급액 중 해당 연도 시간급 최저임금액을 기준으로 산정된 월 환산액의 100분의 7에 해당하는 부분

⑤ 제4항에도 불구하고 「여객자동차 운수사업법」 제3조 및 같은 법 시행령 제3조제2호다목에 따른 일반택시운송사업에서 운전업무에 종사하는 근로자의 최저임금에 산입되는 임금의 범위는 생산고에 따른 임금을 제외한 대

통령령으로 정하는 임금으로 한다. (2008.3.21 개정)

⑥ 제1항과 제3항은 다음 각 호의 어느 하나에 해당하는 사유로 근로하지 아니한 시간 또는 일에 대하여 사용자가 임금을 지급할 것을 강제하는 것은 아니다. (2008.3.21 개정)

1. 근로자가 자기의 사정으로 소정근로시간 또는 소정의 근로일의 근로를 하지 아니한 경우
2. 사용자가 정당한 이유로 근로자에게 소정근로시간 또는 소정의 근로일의 근로를 시키지 아니한 경우

⑦ 도급으로 사업을 행하는 경우 도급인이 책임져야 할 사유로 수급인이 근로자에게 최저임금액에 미치지 못하는 임금을 지급한 경우 도급인은 해당 수급인과 연대(連帶)하여 책임을 진다. (2008.3.21 개정)

⑧ 제7항에 따른 도급인이 책임져야 할 사유의 범위는 다음 각 호와 같다. (2008.3.21 개정)

1. 도급인이 도급계약 체결 당시 인건비 단가를 최저임금액에 미치지 못하는 금액으로 결정하는 행위
2. 도급인이 도급계약 기간 중 인건비 단가를 최저임금액에 미치지 못하는 금액으로 낮춘 행위

⑨ 두 차례 이상의 도급으로 사업을 행하는 경우에는 제7항의 "수급인"은 "하수급인(下受給人)"으로 보고, 제7항과 제8항의 "도급인"은 "직상(直上) 수급인(하수급인에게 직접 하도급을 준 수급인)"으로 본다. (2008.3.21 개정)

벌 법 제6조제1항 또는 제2항을 위반하여 최저임금액보다 적은 임금을 지급하거나 최저임금을 이유로 종전의 임금을 낮춘 자는 3년 이하의 징역 또는 2천만원 이하의 벌금에 처한다. 이 경우 징역과 벌금은 병과(倂科)할 수 있다. (법 제28조제1항)

벌 도급인에게 법 제6조제7항에 따라 연대책임이 발생하여 근로감독관이 그 연대책임을 이행하도록 시정지시하였음에도 불구하고 도급인이 시정기한 내에 이를 이행하지 아니한 경우 2년 이하의 징역 또는 1천만원 이하의 벌금에 처한다. (법 제28조제2항)

령 제5조의2·제5조의3 칙 제2조

제6조의2 【최저임금 산입을 위한 취업규칙 변경절차의 특례】 사용자가 제6조제4항에 따라 산입되는 임금에 포함시키기 위하여 1개월을 초과하는 주기로 지급하는 임금을 총액의 변동 없이 매월 지급하는 것으로 취업규칙을 변경하려는 경우에는 「근로기준법」 제94조제1항에도 불구하고 해당 사업 또는 사업장에 근로자의 과반수로 조직된 노동조합이 있는 경우에는 그 노동조합, 근로자의 과반수로 조직된 노동조합이 없는 경우에는 근로자의 과반수의 의견을 들어야 한다. (2018.6.12 신설)

벌 법 제6조의2를 위반하여 의견을 듣지 아니한 자는 500만원 이하의 벌금에 처한다. (법 제28조제3항)

제7조【최저임금의 적용 제외】 다음 각 호의 어느 하나에 해당하는 사람으로서 사용자가 대통령령으로 정하는 바에 따라 고용노동부장관의 인가를 받은 사람에 대하여는 제6조를 적용하지 아니한다. (2020.5.26 개정)

1. 정신장애나 신체장애로 근로능력이 현저히 낮은 사람 (2020.5.26 개정)
2. 그 밖에 최저임금을 적용하는 것이 적당하지 아니하다고 인정되는 사람 (2020.5.26 개정)

령 제6조·제21조의3 칙 제3조

제3장 최저임금의 결정

제8조【최저임금의 결정】 ① 고용노동부장관은 매년 8월 5일까지 최저임금을 결정하여야 한다. 이 경우 고용노동부장관은 대통령령으로 정하는 바에 따라 제12조에 따른 최저임금위원회(이하 "위원회"라 한다)에 심의를 요청하고, 위원회가 심의하여 의결한 최저임금안에 따라 최저임금을 결정하여야 한다. (2010.6.4 개정)

② 위원회는 제1항 후단에 따라 고용노동부장관으로부터 최저임금에 관한 심의 요청을 받은 경우 이를 심의하여 최저임금안을 의결하고 심의 요청을 받은 날부터 90일 이내에 고용노동부장관에게 제출하여야 한다. (2010.6.4 개정)

③ 고용노동부장관은 제2항에 따라 위원회가 심의하여 제출한 최저임금안에 따라 최저임금을 결정하기가 어렵다고 인정되면 20일 이내에 그 이유를 밝혀 위원회에 10일 이상의 기간을 정하여 재심의를 요청할 수 있다. (2010.6.4 개정)

④ 위원회는 제3항에 따라 재심의 요청을 받은 때에는 그 기간 내에 재심의하여 그 결과를 고용노동부장관에게 제출하여야 한다. (2010.6.4 개정)

⑤ 고용노동부장관은 위원회가 제4항에 따른 재심의에서 재적위원 과반수의 출석과 출석위원 3분의 2 이상의 찬성으로 제2항에 따른 당초의 최저임금안을 재의결한 경우에는 그에 따라 최저임금을 결정하여야 한다. (2010.6.4 개정)

령 제7조·제8조

제9조【최저임금안에 대한 이의 제기】 ① 고용노동부장관은 제8조제2항에 따라 위원회로부터 최저임금안을 제출받은 때에는 대통령령으로 정하는 바에 따라 최저임금안을 고시하여야 한다. (2010.6.4 개정)

② 근로자를 대표하는 자나 사용자를 대표하는 자는 제1항에 따라 고시된

최저임금안에 대하여 이의가 있으면 고시된 날부터 10일 이내에 대통령령으로 정하는 바에 따라 고용노동부장관에게 이의를 제기할 수 있다. 이 경우 근로자를 대표하는 자나 사용자를 대표하는 자의 범위는 대통령령으로 정한다. (2010.6.4 개정)

③ 고용노동부장관은 제2항에 따른 이의가 이유 있다고 인정되면 그 내용을 밝혀 제8조제3항에 따라 위원회에 최저임금안의 재심의를 요청하여야 한다. (2010.6.4 개정)

④ 고용노동부장관은 제3항에 따라 재심의를 요청한 최저임금안에 대하여 제8조제4항에 따라 위원회가 재심의하여 의결한 최저임금안이 제출될 때까지는 최저임금을 결정하여서는 아니 된다. (2010.6.4 개정)

령 제8조·제9조·제10조 칙 제4조

제10조 【최저임금의 고시와 효력발생】 ① 고용노동부장관은 최저임금을 결정한 때에는 지체 없이 그 내용을 고시하여야 한다. (2010.6.4 개정)

② 제1항에 따라 고시된 최저임금은 다음 연도 1월 1일부터 효력이 발생한다. 다만, 고용노동부장관은 사업의 종류별로 임금교섭시기 등을 고려하여 필요하다고 인정하면 효력발생 시기를 따로 정할 수 있다. (2010.6.4 개정)

령 제11조

제11조 【주지 의무】 최저임금의 적용을 받는 사용자는 대통령령으로 정하는 바에 따라 해당 최저임금을 그 사업의 근로자가 쉽게 볼 수 있는 장소에 게시하거나 그 외의 적당한 방법으로 근로자에게 널리 알려야 한다. (2008.3.21 개정)

벌 법 제11조를 위반하여 근로자에게 해당 최저임금을 같은 조에서 규정한 방법으로 널리 알리지 아니한 자에게는 100만원 이하의 과태료를 부과한다. (법 제31조제1항제1호)

령 제11조

제4장 최저임금위원회

제12조 【최저임금위원회의 설치】 최저임금에 관한 심의와 그 밖에 최저임금에 관한 중요 사항을 심의하기 위하여 고용노동부에 최저임금위원회를 둔다. (2010.6.4 개정)

제13조 【위원회의 기능】 위원회는 다음 각 호의 기능을 수행한다. (2008.3.21 개정)

1. 최저임금에 관한 심의 및 재심의
2. 최저임금 적용 사업의 종류별 구분에 관한 심의
3. 최저임금제도의 발전을 위한 연구 및 건의

4. 그 밖에 최저임금에 관한 중요 사항으로서 고용노동부장관이 회의에 부치는 사항의 심의 (2010.6.4 개정)

제14조【위원회의 구성 등】 ① 위원회는 다음 각 호의 위원으로 구성한다. (2008.3.21 개정)

1. 근로자를 대표하는 위원(이하 "근로자위원"이라 한다) 9명
2. 사용자를 대표하는 위원(이하 "사용자위원"이라 한다) 9명
3. 공익을 대표하는 위원(이하 "공익위원"이라 한다) 9명

② 위원회에 2명의 상임위원을 두며, 상임위원은 공익위원이 된다. (2008.3.21 개정)

③ 위원의 임기는 3년으로 하되, 연임할 수 있다. (2008.3.21 개정)

④ 위원이 궐위(闕位)되면 그 보궐위원의 임기는 전임자(前任者) 임기의 남은 기간으로 한다. (2008.3.21 개정)

⑤ 위원은 임기가 끝났더라도 후임자가 임명되거나 위촉될 때까지 계속하여 직무를 수행한다. (2008.3.21 개정)

⑥ 위원의 자격과 임명·위촉 등에 관하여 필요한 사항은 대통령령으로 정한다. (2008.3.21 개정)

령 제12조·제12조의2·제18조

제15조【위원장과 부위원장】 ① 위원회에 위원장과 부위원장 각 1명을 둔다. (2008.3.21 개정)

② 위원장과 부위원장은 공익위원 중에서 위원회가 선출한다. (2008.3.21 개정)

③ 위원장은 위원회의 사무를 총괄하며 위원회를 대표한다. (2008.3.21 개정)

④ 위원장이 불가피한 사유로 직무를 수행할 수 없을 때에는 부위원장이 직무를 대행한다. (2008.3.21 개정)

제16조【특별위원】 ① 위원회에는 관계 행정기관의 공무원 중에서 3명 이내의 특별위원을 둘 수 있다. (2008.3.21 개정)

② 특별위원은 위원회의 회의에 출석하여 발언할 수 있다. (2008.3.21 개정)

③ 특별위원의 자격 및 위촉 등에 관하여 필요한 사항은 대통령령으로 정한다. (2008.3.21 개정)

령 제15조 칙 제6조

제17조【회의】 ① 위원회의 회의는 다음 각 호의 경우에 위원장이 소집한다. (2008.3.21 개정)

1. 고용노동부장관이 소집을 요구하는 경우 (2010.6.4 개정)
2. 재적위원 3분의 1 이상이 소집을 요구하는 경우
3. 위원장이 필요하다고 인정하는 경우

② 위원장은 위원회 회의의 의장이 된다. (2008.3.21 개정)
③ 위원회의 회의는 이 법으로 따로 정하는 경우 외에는 재적위원 과반수의 출석과 출석위원 과반수의 찬성으로 의결한다. (2008.3.21 개정)
④ 위원회가 제3항에 따른 의결을 할 때에는 근로자위원과 사용자위원 각 3분의 1 이상의 출석이 있어야 한다. 다만, 근로자위원이나 사용자위원이 2회 이상 출석요구를 받고도 정당한 이유 없이 출석하지 아니하는 경우에는 그러하지 아니하다. (2008.3.21 개정)

제18조 【의견 청취】 위원회는 그 업무를 수행할 때에 필요하다고 인정하면 관계 근로자와 사용자, 그 밖의 관계인의 의견을 들을 수 있다. (2008.3.21 개정)

령 제16조

제19조 【전문위원회】 ① 위원회는 필요하다고 인정하면 사업의 종류별 또는 특정 사항별로 전문위원회를 둘 수 있다. (2008.3.21 개정)
② 전문위원회는 위원회 권한의 일부를 위임받아 제13조 각 호의 위원회 기능을 수행한다. (2008.3.21 개정)
③ 전문위원회는 근로자위원, 사용자위원 및 공익위원 각 5명 이내의 같은 수로 구성한다. (2008.3.21 개정)
④ 전문위원회에 관하여는 위원회의 운영 등에 관한 제14조제3항부터 제6항까지, 제15조, 제17조 및 제18조를 준용한다. 이 경우 "위원회"를 "전문위원회"로 본다. (2008.3.21 개정)

령 제16조·제17조·제18조

제20조 【사무국】 ① 위원회에 그 사무를 처리하게 하기 위하여 사무국을 둔다. (2008.3.21 개정)
② 사무국에는 최저임금의 심의 등에 필요한 전문적인 사항을 조사·연구하게 하기 위하여 3명 이내의 연구위원을 둘 수 있다. (2008.3.21 개정)
③ 연구위원의 자격·위촉 및 수당과 사무국의 조직·운영 등에 필요한 사항은 대통령령으로 정한다. (2008.3.21 개정)

제21조 【위원의 수당 등】 위원회 및 전문위원회의 위원에게는 대통령령으로 정하는 바에 따라 수당과 여비를 지급할 수 있다. (2008.3.21 개정)

제22조 【운영규칙】 위원회는 이 법에 어긋나지 아니하는 범위에서 위원회 및 전문위원회의 운영에 관한 규칙을 제정할 수 있다. (2008.3.21 개정)

제5장 보 칙

제23조 【생계비 및 임금실태 등의 조사】 고용노동부장관은 근로자의 생계비와 임금실태 등을 매년 조사하여야 한다. (2010.6.4 개정)

령 제19조

제24조 【정부의 지원】 정부는 근로자와 사용자에게 최저임금제도를 원활하게 실시하는 데에 필요한 자료를 제공하거나 그 밖에 필요한 지원을 하도록 최대한 노력하여야 한다. (2008.3.21 개정)

제25조 【보고】 고용노동부장관은 이 법의 시행에 필요한 범위에서 근로자나 사용자에게 임금에 관한 사항을 보고하게 할 수 있다. (2010.6.4 개정)

벌 법 제25조에 따른 임금에 관한 사항의 보고를 하지 아니하거나 거짓 보고를 한 자에게는 100만원 이하의 과태료를 부과한다. (법 제31조제1항제2호)

제26조 【근로감독관의 권한】 ① 고용노동부장관은 「근로기준법」 제101조에 따른 근로감독관에게 대통령령으로 정하는 바에 따라 이 법의 시행에 관한 사무를 관장하도록 한다. (2010.6.4 개정)

② 근로감독관은 제1항에 따른 권한을 행사하기 위하여 사업장에 출입하여 장부와 서류의 제출을 요구할 수 있으며 그 밖의 물건을 검사하거나 관계인에게 질문할 수 있다. (2008.3.21 개정)

③ 제2항에 따라 출입·검사를 하는 근로감독관은 그 신분을 표시하는 증표를 지니고 이를 관계인에게 내보여야 한다. (2008.3.21 개정)

④ 근로감독관은 이 법 위반의 죄에 관하여 「사법경찰관리의 직무를 행할 자와 그 직무범위에 관한 법률」로 정하는 바에 따라 사법경찰관의 직무를 행한다. (2008.3.21 개정)

벌 법 제26조제2항에 따른 근로감독관의 요구 또는 검사를 거부·방해 또는 기피하거나 질문에 대하여 거짓 진술을 한 자에게는 100만원 이하의 과태료를 부과한다. (법 제31조제1항제3호)

령 제20조·제21조

제26조의2 【권한의 위임】 이 법에 따른 고용노동부장관의 권한은 대통령령으로 정하는 바에 따라 그 일부를 지방고용노동관서의 장에게 위임할 수 있다. (2010.6.4 개정)

령 제21조의2

제27조 【시행령】 삭제(2008.3.21)

제6장 벌 칙

제28조 【벌칙】 ① 제6조제1항 또는 제2항을 위반하여 최저임금액보다 적은 임금을 지급하거나 최저임금을 이유로 종전의 임금을 낮춘 자는 3년 이하의 징역 또는 2천만원 이하의 벌금에 처한다. 이 경우 징역과 벌금은 병과(倂科)할 수 있다. (2012.2.1 개정)

② 도급인에게 제6조제7항에 따라 연대책임이 발생하여 근로감독관이 그 연대책임을 이행하도록 시정지시하였음에도 불구하고 도급인이 시정기한 내에 이를 이행하지 아니한 경우 2년 이하의 징역 또는 1천만원 이하의 벌금에 처한다. (2012.2.1 신설)
③ 제6조의2를 위반하여 의견을 듣지 아니한 자는 500만원 이하의 벌금에 처한다. (2018.6.12 신설)

제29조【벌칙】 삭제(1999.2.8)

제30조【양벌규정】 ① 법인의 대표자, 대리인, 사용인, 그 밖의 종업원이 그 법인의 업무에 관하여 제28조의 위반행위를 하면 그 행위자를 벌할 뿐만 아니라 그 법인에도 해당 조문의 벌금형을 과(科)한다. (2008.3.21 개정)
② 개인의 대리인, 사용인, 그 밖의 종업원이 그 개인의 업무에 관하여 제28조의 위반행위를 하면 그 행위자를 벌할 뿐만 아니라 그 개인에게도 해당 조문의 벌금형을 과한다. (2008.3.21 개정)

제31조【과태료】 ① 다음 각 호의 어느 하나에 해당하는 자에게는 100만원 이하의 과태료를 부과한다. (2008.3.21 개정)
1. 제11조를 위반하여 근로자에게 해당 최저임금을 같은 조에서 규정한 방법으로 널리 알리지 아니한 자
2. 제25조에 따른 임금에 관한 사항의 보고를 하지 아니하거나 거짓 보고를 한 자
3. 제26조제2항에 따른 근로감독관의 요구 또는 검사를 거부·방해 또는 기피하거나 질문에 대하여 거짓 진술을 한 자

② 제1항에 따른 과태료는 대통령령으로 정하는 바에 따라 고용노동부장관이 부과·징수한다. (2010.6.4 개정)
③ 제2항에 따른 과태료 처분에 불복하는 자는 그 처분을 고지받은 날부터 30일 이내에 고용노동부장관에게 이의를 제기할 수 있다. (2010.6.4 개정)
④ 제2항에 따른 과태료 처분을 받은 자가 제3항에 따라 이의를 제기하면 고용노동부장관은 지체 없이 관할 법원에 그 사실을 통보하여야 하며, 그 통보를 받은 관할 법원은 「비송사건절차법」에 따른 과태료 재판을 한다. (2010.6.4 개정)
⑤ 제3항에 따른 기간에 이의를 제기하지 아니하고 과태료를 내지 아니하면 국세 체납처분의 예에 따라 징수한다. (2008.3.21 개정)

령 제22조

부 칙

제1조【시행일】 이 법은 공포한 날로부터 시행한다.

제2조【다른 법률의 개정】 생략

제3조 【최초로 시행되는 최저임금의 결정에 관한 경과조치】 ① 노동부장관은 이 법 시행 후 최초로 시행할 최저임금의 결정을 위하여 1987년 6월 30일까지 심의위원회를 구성하여 1987년 7월 1일까지 심의위원회에 최저임금의 심의를 요청하여야 한다.
② 심의위원회는 제1항의 규정에 의한 심의요청을 받은 때에는 제8조제2항의 규정에 불구하고 120일 이내에 이를 심의하여 최저임금안을 노동부장관에게 제출하여야한다.
③ 노동부장관은 제2항의 규정에 의하여 심의위원회로부터 최저임금안을 제출받은 때에는 제8조제1항 및 제10조제1항의 규정에 불구하고 1987년 12월 15일까지 최저임금을 결정·고시하여야 한다.

부칙(1993.8.5 법률 제4575호)

① **【시행일】** 이 법은 1994년 1월 1일부터 시행한다.
② **【최저임금에 관한 경과조치】** 이 법 시행당시 종전의 규정에 의하여 결정되어 1994년 1월 1일부터 적용할 최저임금은 1994년 8월 31일까지 효력을 가진다.

〈생략〉

부칙(2000.10.23 법률 제6278호)

① **【시행일】** 이 법은 공포 후 1월이 경과한 날부터 시행한다.
② **【새로 적용되는 사업에 관한 적용례】** 이 법의 시행으로 새로이 이 법의 적용대상이 되는 사업에 소속된 근로자의 임금에 있어서는 이 법 시행 이후에 행한 근로에 대한 임금분부터 최저임금을 적용한다.

부칙(2005.5.31 법률 제7563호)

① **【시행일】** 이 법은 2005년 9월 1일부터 시행한다. 다만, 제5조제2항제2호의 개정규정은 2007년 1월 1일부터 시행하고, 부칙 제3항은 2005년 7월 1일부터 시행한다.
② **【최저임금에 관한 경과조치】** 이 법 시행당시 종전의 규정에 의하여 결정되어 2005년 9월 1일부터 효력을 발생하는 최저임금은 2006년 12월 31일까지 효력을 가진다.
③ **【근로시간 단축에 따른 최저임금 보전】** 사용자는 법률 제6974호 「근로기준법 중 개정법률」 제49조제1항의 개정규정으로 인하여 소정근로시간이 단축되는 경우 정당한 사유없이 최저임금의 적용대상이 되는 임금을 단축전 소정근로시간에 단축당시 적용되는 시간급 최저임금액을 곱한 금액보다

저하하게 할 수 없다. 다만, 1주 4시간을 초과하여 단축되는 경우 그 초과되는 시간을 단축 전 소정근로시간에서 제외할 수 있다.

〈생략〉

부칙(2017.9.19 법률 제14900호)

제1조【시행일】 이 법은 공포 후 6개월이 경과한 날부터 시행한다.

제2조【최저임금액에 관한 적용례】 제5조제2항의 개정규정은 이 법 시행 후 최초로 체결하는 근로계약부터 적용한다.

부칙(2018.6.12 법률 제15666호)

제1조【시행일】 이 법은 2019년 1월 1일부터 시행한다.

제2조【최저임금의 효력에 관한 적용 특례】 ① 제6조제4항제2호의 개정규정에도 불구하고 같은 호에서 규정하고 있는 "100분의 25"는 다음 각 호에 따른 비율로 한다.

1. 2020년은 100분의 20
2. 2021년은 100분의 15
3. 2022년은 100분의 10
4. 2023년은 100분의 5
5. 2024년부터는 100분의 0

② 제6조제4항제3호의 개정규정에도 불구하고 같은 호 나목에서 규정하고 있는 "100분의 7"은 다음 각 호에 따른 비율로 한다.

1. 2020년은 100분의 5
2. 2021년은 100분의 3
3. 2022년은 100분의 2
4. 2023년은 100분의 1
5. 2024년부터는 100분의 0

부칙(2020.5.26 법률 제17326호)

이 법은 공포한 날부터 시행한다. 〈단서 생략〉

최저임금법 시행령

제정 1987. 7. 7 대통령령 제12207호
개정 1988. 7. 7 대통령령 제12488호
〈생략〉
2012. 1. 6 대통령령 제23488호
2015.12.31 대통령령 제26844호
2018. 3.20 대통령령 제28711호
2018.12.31 대통령령 제29469호

제1조 【목적】 이 영은 「최저임금법」에서 위임된 사항과 그 시행에 필요한 사항을 규정함을 목적으로 한다. (2009.6.26 개정)

제2조 【적용범위】 삭제(2005.8.31)

제3조 【수습 중에 있는 근로자에 대한 최저임금액】 「최저임금법」(이하 "법"이라 한다) 제5조제2항 본문에 따라 1년 이상의 기간을 정하여 근로계약을 체결하고 수습 중에 있는 근로자로서 수습을 시작한 날부터 3개월 이내인 사람에 대해서는 같은 조 제1항 후단에 따른 시간급 최저임금액(최저임금으로 정한 금액을 말한다. 이하 같다)에서 100분의 10을 뺀 금액을 그 근로자의 시간급 최저임금액으로 한다. (2018.3.20 개정)

제4조 【도급제 등의 경우 최저임금액 결정의 특례】 법 제5조제3항에 따라 임금이 도급제나 그 밖에 이와 비슷한 형태로 정해진 경우에 근로시간을 파악하기 어렵거나 그 밖에 같은 조 제1항에 따라 최저임금액을 정하는 것이 적합하지 않다고 인정되면 해당 근로자의 생산고(生産高) 또는 업적의 일정단위에 의하여 최저임금액을 정한다. (2009.6.26 개정)

제5조 【최저임금의 적용을 위한 임금의 환산】 ① 근로자의 임금을 정하는 단위가 된 기간이 그 근로자에게 적용되는 최저임금액을 정할 때의 단위가 된 기간과 다른 경우에는 그 근로자에 대한 임금을 다음 각 호의 구분에 따라 시간에 대한 임금으로 환산한다. (2009.6.26 개정)

1. 일(日) 단위로 정해진 임금 : 그 금액을 1일의 소정근로시간 수로 나눈 금액 (2018.12.31 개정)
2. 주(週) 단위로 정해진 임금 : 그 금액을 1주의 최저임금 적용기준 시간 수(1주 동안의 소정근로시간 수와 「근로기준법」 제55조제1항에 따라 유급으로 처리되는 시간 수를 합산한 시간 수를 말한다)로 나눈 금액 (2018.12.31 개정)
3. 월(月) 단위로 정해진 임금 : 그 금액을 1개월의 최저임금 적용기준 시간 수(제2호에 따른 1주의 최저임금 적용기준 시간 수에 1년 동안의 평균의

주의 수를 곱한 시간을 12로 나눈 시간 수를 말한다)로 나눈 금액 (2018.12.31 개정)

4. 시간·일·주 또는 월 외의 일정 기간을 단위로 정해진 임금 : 제1호부터 제3호까지의 규정에 준하여 산정(算定)한 금액

② 생산고에 따른 임금지급제나 그 밖의 도급제로 정해진 임금은 그 임금 산정기간(임금 마감일이 있는 경우에는 임금 마감기간을 말한다. 이하 이 항에서 같다)의 임금 총액을 그 임금 산정기간 동안의 총근로시간 수로 나눈 금액을 시간에 대한 임금으로 한다. (2009.6.26 개정)

③ 근로자가 받는 임금이 제1항이나 제2항에서 정한 둘 이상의 임금으로 되어 있는 경우에는 해당 부분을 대하여 각각 해당 규정에 따라 환산한 금액의 합산액을 그 근로자의 시간에 대한 임금으로 한다. (2009.6.26 개정)

④ 근로자의 임금을 정한 단위가 된 기간의 소정근로시간 수가 그 근로자에게 적용되는 최저임금액을 정할 때의 단위가 된 기간의 근로시간 수와 다른 경우에는 제1항 각 호의 구분에 따라 그 근로자의 임금을 시간에 대한 임금으로 환산한다. (2009.6.26 개정)

제5조의2【월 환산액의 산정】 법 제6조제4항제2호 및 같은 항 제3호나목에 따른 월 환산액은 해당 연도 시간급 최저임금액에 제5조제1항제3호에 따른 1개월의 최저임금 적용기준 시간 수를 곱하여 산정한다. (2018.12.31 신설)

제5조의3【일반택시운송사업 운전 근로자의 최저임금에 산입되는 임금의 범위】 법 제6조제5항에서 "대통령령으로 정하는 임금"이란 단체협약, 취업규칙, 근로계약에 정해진 지급 조건과 지급률에 따라 매월 1회 이상 지급하는 임금을 말한다. 다만, 다음 각 호의 어느 하나에 해당하는 임금은 산입(算入)하지 아니한다. (2018.12.31 개정)

1. 소정근로시간 또는 소정의 근로일에 대하여 지급하는 임금 외의 임금
2. 근로자의 생활 보조와 복리후생을 위하여 지급하는 임금

제6조【최저임금 적용 제외의 인가 기준】 사용자가 법 제7조에 따라 고용노동부장관의 인가를 받아 최저임금의 적용을 제외할 수 있는 자는 정신 또는 신체의 장애가 업무 수행에 직접적으로 현저한 지장을 주는 것이 명백하다고 인정되는 사람으로 한다. (2010.7.12 개정)

칙 제3조

제7조【최저임금위원회에의 심의 요청】 고용노동부장관은 법 제8조제1항에 따라 매년 3월 31일까지 최저임금위원회(이하 "위원회"라 한다)에 최저임금에 관한 심의를 요청하여야 한다. (2010.7.12 개정)

제8조【최저임금안의 고시】 고용노동부장관은 법 제8조제2항에 따라 위원회로부터 최저임금안을 제출받았을 때에는 법 제9조제1항에 따라 지체 없이 사업 또는 사업장(이하 "사업"이라 한다)의 종류별 최저임금안 및 적용

사업의 범위를 고시하여야 한다. (2010.7.12 개정)

제9조 【최저임금안에 대한 이의 제기】 법 제9조제2항 전단에 따라 최저임금안에 대하여 이의를 제기할 때에는 다음 각 호의 사항을 분명하게 적은 이의제기서를 고용노동부장관에게 제출하여야 한다. (2010.7.12 개정)

1. 이의 제기자의 성명, 주소, 소속 및 직위
2. 이의 제기 대상 업종의 최저임금안의 요지
3. 이의 제기의 사유와 내용

제10조 【이의 제기를 할 수 있는 노·사 대표자의 범위】 법 제9조제2항 후단에 따라 근로자를 대표하는 자는 총연합단체인 노동조합의 대표자 및 산업별 연합단체인 노동조합의 대표자로 하고, 사용자를 대표하는 자는 전국적 규모의 사용자단체로서 고용노동부장관이 지정하는 단체의 대표자로 한다. (2010.7.12 개정)

칙 제4조

제11조 【주지 의무】 ① 법 제11조에 따라 사용자가 근로자에게 주지시켜야 할 최저임금의 내용은 다음 각 호와 같다. (2009.6.26 개정)

1. 적용을 받는 근로자의 최저임금액
2. 법 제6조제4항에 따라 최저임금에 산입하지 아니하는 임금
3. 법 제7조에 따라 해당 사업에서 최저임금의 적용을 제외할 근로자의 범위
4. 최저임금의 효력발생 연월일

② 사용자는 제1항에 따른 최저임금의 내용을 법 제10조제2항에 따른 최저임금의 효력발생일 전날까지 근로자에게 주지시켜야 한다. (2009.6.26 개정)

제12조 【위원회 위원의 위촉 또는 임명 등】 ① 법 제14조제1항에 따른 근로자위원·사용자위원 및 공익위원은 고용노동부장관의 제청에 의하여 대통령이 위촉한다. (2010.7.12 개정)

② 법 제14조제2항에 따른 상임위원은 고용노동부장관의 제청에 의하여 대통령이 임명한다. (2010.7.12 개정)

③ 근로자위원은 총연합단체인 노동조합에서 추천한 사람 중에서 제청하고, 사용자위원은 전국적 규모의 사용자단체 중 고용노동부장관이 지정하는 단체에서 추천한 사람 중에서 제청한다. (2010.7.12 개정)

④ 위원이 궐위된 경우에는 궐위된 날부터 30일 이내에 후임자를 위촉하거나 임명하여야 한다. 다만, 전임자의 남은 임기가 1년 미만인 경우에는 위촉하거나 임명하지 아니할 수 있다. (2009.6.26 개정)

칙 제5조

제12조의2 【위원회 위원의 해촉】 대통령은 법 제14조제1항제1호부터 제3호까지의 규정에 따른 위원이 다음 각 호의 어느 하나에 해당하는 경우에는 해당 위원을 해촉(解囑)할 수 있다. (2015.12.31 신설)

1. 심신장애로 인하여 직무를 수행할 수 없게 된 경우
2. 직무와 관련된 비위사실이 있는 경우
3. 직무태만, 품위손상이나 그 밖의 사유로 인하여 위원으로 적합하지 아니하다고 인정되는 경우
4. 위원 스스로 직무를 수행하는 것이 곤란하다고 의사를 밝히는 경우

제13조 【공익위원의 위촉기준】 공익위원은 다음 각 호의 어느 하나에 해당하는 사람 중에서 위촉한다. (2009.6.26 개정)

1. 3급 또는 3급 상당 이상의 공무원이었거나 고위공무원단에 속하는 공무원이었던 사람으로서 노동문제에 관한 학식과 경험이 풍부한 사람
2. 5년 이상 대학에서 노동경제, 노사관계, 노동법학, 사회학, 사회복지학, 그 밖에 이와 관련된 분야의 부교수 이상으로 재직 중이거나 재직하였던 사람
3. 10년(제2호에서 규정한 분야의 박사학위 소지자는 5년) 이상 공인된 연구기관에서 노동문제에 관한 연구에 종사하고 있거나 종사하였던 사람
4. 그 밖에 제1호부터 제3호까지의 규정에 상당하는 학식과 경험이 있다고 고용노동부장관이 인정하는 사람 (2010.7.12 개정)

제14조 【상임위원의 임용 자격 등】 위원회의 상임위원은 다음 각 호의 어느 하나에 해당하는 사람 중에서 임명한다. (2009.6.26 개정)

1. 3급 또는 3급 상당 이상 공무원이나 고위공무원단에 속하는 공무원으로서 노동행정 경력이 있는 사람
2. 대학에서 노동경제, 노사관계, 노동법학, 사회학, 사회복지학, 그 밖에 이와 관련된 분야의 부교수 이상으로 5년 이상 재직하였던 사람

제15조 【특별위원의 위촉 등】 법 제16조에 따른 특별위원은 관계 행정기관의 3급 또는 3급 상당 이상의 공무원이나 고위공무원단에 속하는 공무원 중에서 고용노동부장관이 위촉한다. (2010.7.12 개정)

칙 제6조

제16조 【실비변상】 법 제18조에 따라 위원회(법 제19조제4항에 따라 준용되는 전문위원회를 포함한다)에 출석한 관계 근로자와 사용자, 그 밖의 관계인에게는 예산의 범위에서 수당과 여비를 지급한다. (2009.6.26 개정)

제17조 【전문위원회의 구성】 ① 법 제19조제1항에 따른 전문위원회는 위원회의 위원장이 그 위원 중에서 지명하는 사람으로 구성한다. (2009.6.26 개정)

② 위원회의 위원장은 위원회의 위원만으로 제1항의 전문위원회를 구성하기 어렵거나 소관 사항을 전문적으로 심의하기 위하여 필요한 경우에는 전문위원회의 위원을 따로 위촉할 수 있다. 이 경우 따로 위촉하는 전문위원회의 위원 중 근로자위원과 사용자위원의 위촉에 관하여는 제12조제3항을, 공익위원의 위촉기준에 관하여는 제13조를 준용한다. (2009.6.26 개정)

제18조 【위원의 수당 등】 법 제14조제1항에 따른 위원회의 상임위원을 제외한 위원 및 법 제19조제3항에 따른 전문위원회의 위원에게는 예산의 범위에서 그 직무 수행에 필요한 수당과 여비를 지급하되, 수당은 출석한 일수에 따라 지급하고 여비는 상임위원의 직위에 상응하는 금액을 지급한다. (2009.6.26 개정)

제19조 【실태조사】 고용노동부장관은 위원회로 하여금 법 제23조에 따른 근로자의 생계비와 임금실태에 관한 조사를 하게 할 수 있다. (2010.7.12 개정)

제20조 【근로감독관의 사무 집행】 법 제26조제1항에 따라 근로감독관이 법의 시행에 관한 사무를 할 때에는 소속 지방고용노동관서의 장의 지휘·감독을 받아야 한다. (2010.7.12 개정)

제21조 【증표】 법 제26조제3항의 증표는 「근로감독관규정」 제7조에 따른 증표로 한다. (2009.6.26 개정)

제21조의2 【권한의 위임】 법 제26조의2에 따라 고용노동부장관은 다음 각 호의 권한을 지방고용노동관서의 장에게 위임한다. (2010.7.12 개정)

1. 법 제7조에 따른 최저임금 적용 제외의 인가
2. 법 제25조에 따른 보고의 요구
3. 법 제31조에 따른 과태료의 부과·징수

제21조의3 【고유식별정보의 처리】 고용노동부장관(제21조의2에 따라 고용노동부장관의 권한을 위임받은 기관을 포함한다)은 법 제7조에 따른 최저임금 적용 제외의 인가에 관한 사무를 수행하기 위하여 불가피한 경우 「개인정보 보호법 시행령」 제19조제1호 또는 제4호에 따른 주민등록번호 또는 외국인등록번호가 포함된 자료를 처리할 수 있다. (2012.1.6 신설)

제22조 【과태료의 부과기준】 법 제31조제1항에 따른 과태료의 부과기준은 별표와 같다. (2011.3.30 개정)

부 칙

① **【시행일】** 이 영은 공포한 날로부터 시행한다.

② **【다른 법령의 개정】** 생략

〈생략〉

부칙(2006.12.21 대통령령 제19771호)

① **【시행일】** 이 영은 2007년 1월 1일부터 시행한다.

② **【감시 또는 단속적으로 근로에 종사하는 자에 대한 최저임금액의 유효기간】** 제3조제2항의 개정규정은 2011년 12월 31일까지 효력을 가진다.

③ **【감시 또는 단속적으로 근로에 종사하는 자에 대한 최저임금액 적용에 관한 특례】** 감시 또는 단속적으로 근로에 종사하는 자로서 사용자가 노동부장관의 승인을 얻은 자에 대하여는 2007년 12월 31일까지는 제3조제2항의 개정규정에 불구하고 법 제5조제1항 후단에 따른 시간급 최저임금액에서 100분의 30을 감한 금액을 그 근로자의 시간급 최저임금액으로 한다.

부칙(2009.6.26 대통령령 제21572호)

이 영은 공포한 날부터 시행한다. 다만, 제5조의2의 개정규정의 시행일은 다음 각 호와 같다.

1. 「지방자치법」 제2조제1항제1호에 따른 특별시 및 광역시 : 2009년 7월 1일
2. 제주특별자치도 및 「지방자치법」 제2조제1항제2호에 따른 시 지역 : 2010년 7월 1일
3. 제1호 및 제2호를 제외한 지역 : 2012년 7월 1일

〈생략〉

부칙(2011.3.30 대통령령 제22805호)

제1조 【시행일】 이 영은 공포한 날부터 시행한다.

제2조 【과태료에 관한 경과조치】 이 영 시행 전의 위반행위에 대하여 과태료의 부과기준을 적용할 때에는 별표의 개정규정에도 불구하고 종전의 규정에 따른다.

부칙(2011.12.21 대통령령 제23388호)

제1조 【시행일】 이 영은 2012년 1월 1일부터 시행한다.

제2조 【감시 또는 단속적으로 근로에 종사하는 자에 대한 최저임금액의 유효기간】 제3조제2항의 개정 규정은 2014년 12월 31일까지 효력을 가진다.

〈생략〉

부칙(2018.3.20 대통령령 제28711호)

이 영은 2018년 3월 20일부터 시행한다.

부칙(2018.12.31 대통령령 제29469호)

이 영은 2019년 1월 1일부터 시행한다.

[별표] (2011.3.30 개정)

과태료의 부과기준(제22조 관련)

1. 일반기준

고용노동부장관은 위반행위자가 다음의 어느 하나에 해당하는 경우에는 제2호에 따른 과태료 금액의 2분의 1의 범위에서 그 금액을 감경할 수 있다. 다만, 과태료를 체납하고 있는 위반행위자의 경우에는 그러하지 아니하다.

1) 위반행위자가 「질서위반행위규제법 시행령」 제2조의2제1항 각 호의 어느 하나에 해당하는 경우
2) 위반행위자가 자연재해·화재 등으로 재산에 현저한 손실이 발생하거나 사업여건의 악화로 사업이 중대한 위기에 처하는 등의 사정이 있는 경우
3) 위반행위가 사소한 부주의나 오류 등 과실로 인한 것으로 인정되는 경우
4) 그 밖에 위반행위의 정도, 위반행위의 동기와 그 결과 등을 고려하여 감경할 필요가 있다고 인정되는 경우

2. 개별기준

위반행위	근거 법조문	과태료 금액
가. 법 제11조를 위반하여 근로자에게 해당 최저임금을 같은 조에서 규정한 방법으로 널리 알리지 않은 경우	법 제31조 제1항제1호	100만원
나. 법 제25조에 따른 임금에 관한 사항의 보고를 하지 않거나 거짓 보고를 한 경우	법 제31조 제1항제2호	100만원
다. 법 제26조제2항에 따른 근로감독관의 요구 또는 검사를 거부·방해 또는 기피하거나 질문에 대하여 거짓 진술을 한 경우	법 제31조 제1항제3호	100만원

최저임금법 시행규칙

제정 1987.11.12 노동부령 제 42호
개정 1989. 6.16 노동부령 제 53호
〈생략〉
2016. 6.16 고용노동부령 제158호
2017. 2. 3 고용노동부령 제179호
2018.12.31 고용노동부령 제240호
2025.12.30 고용노동부령 제459호

제1조 【목적】 이 규칙은 「최저임금법」 및 같은 법 시행령에서 위임된 사항과 그 시행에 필요한 사항을 규정함을 목적으로 한다. (2011.12.19 개정)

제2조 【최저임금의 범위】 ① 「최저임금법」(이하 "법"이라 한다) 제6조제4항제1호에서 "고용노동부령으로 정하는 임금"이란 다음 각 호의 어느 하나에 해당하는 것을 말한다. (2018.12.31 개정)

1. 연장근로 또는 휴일근로에 대한 임금 및 연장·야간 또는 휴일 근로에 대한 가산임금
2. 「근로기준법」 제60조에 따른 연차 유급휴가의 미사용수당
3. 유급으로 처리되는 휴일(「근로기준법」 제55조제1항에 따른 유급휴일은 제외한다)에 대한 임금
4. 그 밖에 명칭에 관계없이 제1호부터 제3호까지의 규정에 준하는 것으로 인정되는 임금

② 법 제6조제4항제2호에서 "고용노동부령으로 정하는 임금"이란 다음 각 호의 어느 하나에 해당하는 것을 말한다. (2018.12.31 개정)

1. 1개월을 초과하는 기간에 걸친 해당 사유에 따라 산정하는 상여금, 장려가급(奬勵加給), 능률수당 또는 근속수당
2. 1개월을 초과하는 기간의 출근성적에 따라 지급하는 정근수당

제3조 【최저임금 적용 제외의 인가】 ① 법 제7조 및 「최저임금법 시행령」(이하 "영"이라 한다) 제6조에 따른 최저임금 적용 제외의 인가 기준은 별표 3과 같다. (2011.12.19 개정)

② 영 제6조에 따른 최저임금 적용 제외의 인가를 받으려는 사용자는 관할 지방고용노동관서의 장에게 별지 제1호서식에 따른 신청서에 다음 각 호의 서류를 첨부하여 제출하여야 한다. (2018.12.31 개정)

1. 신청일이 속하는 달의 직전 달의 사업장 전체 근로자 임금대장 사본 1부 (2018.12.31 신설)
2. 정신장애인이나 신체장애인임을 증명할 수 있는 서류 사본 1부 (2018.

12.31 신설)
3. 친권자 의견서 사본 1부(지적장애, 정신장애 또는 자폐성장애 등으로 인한 신청의 경우만 해당한다) (2018.12.31 신설)

③ 지방고용노동관서의 장은 제2항에 따른 인가 신청에 대하여 인가를 할 때에는 별지 제2호서식의 인가서를 발급하여야 한다. 이 경우 최저임금 적용이 제외되는 근로자에 대하여 유사 직종에 근무하는 근로자의 임금수준에 상응하는 임금을 지급할 것을 사용자에게 권고할 수 있다. (2011.12.19 개정)

제4조 【사용자단체의 지정】 법 제9조제2항 및 영 제10조에 따라 최저임금안에 대하여 이의를 제기할 수 있는 사용자를 대표하는 자는 다음 각 호의 단체의 대표자로 한다. (2011.12.19 개정)

1. 「상공회의소법」에 따른 대한상공회의소
2. 「중소기업협동조합법」에 따른 중소기업중앙회
3. 「소상공인 보호 및 지원에 관한 법률」에 따른 소상공인연합회 (2018.12.31 신설)
4. 그 밖에 전국적 규모를 갖는 사용자단체로서 고용노동부장관이 지정하여 고시하는 단체 (2018.12.31 개정)

제5조 【최저임금위원회 사용자위원의 추천】 영 제12조제3항에 따라 최저임금위원회의 사용자위원을 추천할 수 있는 단체는 다음 각 호의 단체로 한다. (2018.12.31 개정)

1. 제4조제1호부터 제3호까지의 규정에 따른 단체 (2018.12.31 신설)
2. 그 밖에 전국적 규모를 갖는 사용자단체로서 고용노동부장관이 지정하여 고시하는 단체 (2018.12.31 신설)

제6조 【최저임금위원회 특별위원】 고용노동부장관은 법 제16조 및 영 제15조에 따라 최저임금위원회의 특별위원으로 재정경제부·고용노동부 및 중소벤처기업부의 관련 업무를 담당하는 고위공무원단에 속하는 공무원을 위촉한다. (2025.12.30 개정)

제7조 【규제의 재검토】 고용노동부장관은 제4조에 따른 사용자단체의 지정에 대하여 2017년 1월 1일을 기준으로 3년마다(매 3년이 되는 해의 1월 1일 전까지를 말한다) 그 타당성을 검토하여 개선 등의 조치를 하여야 한다. (2017.2.3 개정)

제8조 【과태료의 징수절차】 삭제(2011.12.19)

부 칙

① **【시행일】** 이 규칙은 공포한 날로부터 시행한다.

② **【경과조치】** 이 규칙 시행 전에 최저임금심의위원회위원의 추천을 한 사용자단체는 이 규칙에 의하여 지정된 사용자단체로 본다.

부칙(1989.6.16 노동부령 제53호)

이 영은 공포한 날로부터 시행한다.

부칙(1994.11.14 노동부령 제95호)

이 규칙은 공포한 날부터 시행한다.

부칙(1999.3.20 노동부령 제147호)

이 규칙은 공포한 날부터 시행한다.

부칙(2005.8.31 노동부령 제233호)

① **【시행일】** 이 규칙은 2005년 9월 1일부터 시행한다.

② **【서식에 관한 경과조치】** 이 규칙 시행 당시 종전의 규정에 의하여 사용중인 서식은 2005년 12월 31일까지 이 규칙에 의한 서식과 함께 사용할 수 있다.

부칙(2006.12.27 노동부령 제263호)

이 규칙은 2007년 1월 1일부터 시행한다.

〈생략〉

부칙(2018.12.31 고용노동부령 제240호)

이 규칙은 2019년 1월 1일부터 시행한다.

부칙(2025.12.30 고용노동부령 제459호)

제1조 【시행일】 이 규칙은 공포한 날부터 시행한다. 〈단서 생략〉

제2조부터 **제4조**까지 생략

[별표 1] 삭제(2018.12.31)

[별표 2] 삭제(2018.12.31)

[별표 3] (2011.12.19 개정)

최저임금 적용 제외의 인가 기준(제3조제1항 관련)

구분	인가 기준
근로자의 정신 또는 신체의 장애가 그 근로자를 종사시키려는 업무를 수행하는 데에 직접적으로 현저한 지장을 주는 것이 명백하다고 인정되는 사람	1. 정신 또는 신체 장애인으로서 담당하는 업무를 수행하는 경우에 그 정신 또는 신체의 장애로 같거나 유사한 직종에서 최저임금을 받는 다른 근로자 중 가장 낮은 근로능력자의 평균작업능력에도 미치지 못하는 사람(작업능력은 「장애인고용촉진 및 직업재활법」 제43조에 따른 한국장애인고용공단의 의견을 들어 판단하여야 한다)을 말한다. 2. 인가기간은 1년을 초과할 수 없다.

임금채권보장법

임금채권보장법

제정 1998. 2.20 법률 제 5513호
개정 1999.12.31 법률 제 6100호
〈생략〉
2020.12. 8 법률 제17604호
2021. 4.13 법률 제18042호
2024. 2. 6 법률 제20233호
2025.11.11 법률 제21137호

제1장 총 칙

제1조 【목적】 이 법은 경기 변동과 산업구조 변화 등으로 사업을 계속하는 것이 불가능하거나 기업의 경영이 불안정하여, 임금등을 지급받지 못하고 퇴직한 근로자 등에게 그 지급을 보장하는 조치를 마련함으로써 근로자의 생활안정에 이바지하는 것을 목적으로 한다. (2015.1.20 개정)

제2조 【정의】 이 법에서 사용하는 용어의 뜻은 다음과 같다. (2007.12.27 개정)

1. "근로자"란 「근로기준법」 제2조에 따른 근로자를 말한다.
2. "사업주"란 근로자를 사용하여 사업을 하는 자를 말한다.
3. "임금등"이란 「근로기준법」 제2조·제34조·제46조 및 제74조제4항에 따른 임금·퇴직금·휴업수당 및 출산전후휴가기간 중 급여를 말한다. (2020.12.8 개정)
4. "보수"란 「고용보험 및 산업재해보상보험의 보험료징수 등에 관한 법률」 제2조제3호에 따른 보수를 말한다. (2010.1.27 신설)

제3조 【적용 범위】 이 법은 「산업재해보상보험법」 제6조에 따른 사업 또는 사업장(이하 "사업"이라 한다)에 적용한다. 다만, 국가와 지방자치단체가 직접 수행하는 사업은 그러하지 아니하다. (2007.12.27 개정)
령 제8조

제4조 【준용】 임금채권보장관계에는 「고용보험 및 산업재해보상보험의 보험료징수 등에 관한 법률」(이하 "고용산재보험료징수법"이라 한다) 제3조, 제5조제4항·제5항, 제6조제2항부터 제4항까지 및 제8조를 준용한다. (2021.4.13 개정)

제5조 【국고의 부담】 국가는 매 회계연도 예산의 범위에서 이 법에 따른 임금채권보장을 위한 사무집행에 드는 비용의 일부를 일반회계에서 부담하여야 한다. (2007.12.27 개정)

제6조 【임금채권보장기금심의위원회】 ① 제17조에 따른 임금채권보장기

금의 관리·운용에 관한 중요사항을 심의하기 위하여 고용노동부에 임금채권보장기금심의위원회(이하 "위원회"라 한다)를 둔다. (2010.6.4 개정)

② 위원회는 근로자를 대표하는 사람, 사업주를 대표하는 사람 및 공익을 대표하는 사람으로 구성하되, 각각 같은 수로 한다. (2020.5.26 개정)

③ 위원회의 조직과 운영에 필요한 사항은 대통령령으로 정한다. (2007.12.27 개정)

령 제2조

제2장 임금채권의 지급보장

제7조 【퇴직한 근로자에 대한 대지급금의 지급】 ① 고용노동부장관은 사업주가 다음 각 호의 어느 하나에 해당하는 경우에 퇴직한 근로자가 지급받지 못한 임금등의 지급을 청구하면 제3자의 변제에 관한 「민법」 제469조에도 불구하고 그 근로자의 미지급 임금등을 사업주를 대신하여 지급한다. (2021.4.13 개정)

제7조 【퇴직한 근로자에 대한 대지급금의 지급】 ① 고용노동부장관은 사업주가 다음 각 호의 어느 하나에 해당하는 경우에 퇴직한 근로자가 지급받지 못한 임금등의 지급을 청구하면 제3자의 변제에 관한 「민법」 제469조에도 불구하고 그 근로자의 미지급 임금등을 사업주(「근로기준법」 제44조 또는 제44조의2에 따라 하수급인과 연대하여 근로자의 임금에 대한 연대책임을 부담하는 직상 수급인 및 그 상위 수급인을 포함한다. 이하 이 조, 제7조의2, 제7조의3, 제8조, 제8조의2, 제12조, 제13조, 제22조, 제23조, 제23조의2, 제23조의3 및 제25조에서 같다)를 대신하여 지급한다. (2025.11.11 개정 : 2026.5.12 시행)

1. 「채무자 회생 및 파산에 관한 법률」에 따른 회생절차개시의 결정이 있는 경우 (2014.3.24 신설)
2. 「채무자 회생 및 파산에 관한 법률」에 따른 파산선고의 결정이 있는 경우 (2014.3.24 신설)
3. 고용노동부장관이 대통령령으로 정한 요건과 절차에 따라 미지급 임금등을 지급할 능력이 없다고 인정하는 경우 (2014.3.24 신설)
4. 사업주가 근로자에게 미지급 임금등을 지급하라는 다음 각 목의 어느 하나에 해당하는 판결, 명령, 조정 또는 결정 등이 있는 경우 (2015.1.20 신설)
   가. 「민사집행법」 제24조에 따른 확정된 종국판결
   나. 「민사집행법」 제56조제3호에 따른 확정된 지급명령
   다. 「민사집행법」 제56조제5호에 따른 소송상 화해, 청구의 인낙(認諾)

등 확정판결과 같은 효력을 가지는 것
라. 「민사조정법」 제28조에 따라 성립된 조정
마. 「민사조정법」 제30조에 따른 확정된 조정을 갈음하는 결정
바. 「소액사건심판법」 제5조의7제1항에 따른 확정된 이행권고결정
5. 고용노동부장관이 근로자에게 제12조에 따라 체불임금등과 체불사업주 등을 증명하는 서류(이하 "체불 임금등·사업주 확인서"라 한다)를 발급하여 사업주의 미지급임금등이 확인된 경우 (2021.4.13 신설)

② 제1항에 따라 고용노동부장관이 사업주를 대신하여 지급하는 체불 임금등 대지급금(이하 "대지급금"이라 한다)의 범위는 다음 각 호와 같다. 다만, 대통령령으로 정하는 바에 따라 제1항제1호부터 제3호까지의 규정에 따른 대지급금의 상한액과 같은 항 제4호 및 제5호에 따른 대지급금의 상한액은 근로자의 퇴직 당시의 연령 등을 고려하여 따로 정할 수 있으며 대지급금이 적은 경우에는 지급하지 아니할 수 있다. (2021.4.13 개정)

1. 「근로기준법」 제38조제2항제1호에 따른 임금 및 「근로자퇴직급여 보장법」 제12조제2항에 따른 최종 3년간의 퇴직급여등 (2011.7.25 개정)
2. 「근로기준법」 제46조에 따른 휴업수당(최종 3개월분으로 한정한다)
3. 「근로기준법」 제74조제4항에 따른 출산전후휴가기간 중 급여(최종 3개월분으로 한정한다) (2020.12.8 신설)

③ 제2항 각 호에 따른 근무기간, 휴업기간 또는 출산전후휴가기간에 대한 대지급금의 지급은 다음 각 호의 구분에 따른다. (2021.4.13 개정)

1. 제1항제1호부터 제3호까지에 해당하여 지급하는 대지급금의 경우에는 중복하여 지급하지 아니할 것
2. 제1항제4호 및 제5호에 해당하여 지급하는 대지급금의 경우에는 중복하여 지급하지 아니할 것
3. 제1항제1호부터 제3호까지 중 어느 하나에 해당하여 대지급금을 지급한 경우에는 그에 해당하는 금액을 공제하고, 같은 항 제4호 또는 제5호에 해당하는 대지급금을 지급할 것
4. 제1항제4호 또는 제5호에 해당하여 대지급금을 지급한 경우에는 그에 해당하는 금액을 공제하고, 같은 항 제1호부터 제3호까지 중 어느 하나에 해당하는 대지급금을 지급할 것

④ 대지급금의 지급대상이 되는 퇴직한 근로자와 사업주의 기준은 대통령령으로 정한다. (2021.4.13 개정)

⑤ 사업장 규모 등 고용노동부령으로 정하는 기준에 해당하는 퇴직한 근로자가 제1항에 따라 대지급금을 청구하는 경우 고용노동부령으로 정하는 공인노무사로부터 대지급금 청구서 작성, 사실확인 등에 관한 지원을 받을 수 있다. (2021.4.13 개정)

⑥ 고용노동부장관은 퇴직한 근로자가 제5항에 따라 공인노무사로부터 지원을 받은 경우 그에 드는 비용의 전부 또는 일부를 지원할 수 있으며, 지원금액 및 구체적인 지급방법 등에 관한 사항은 고용노동부령으로 정한다. (2021.4.13 개정)

⑦ 고용노동부장관은 제1항에 따른 대지급금의 지급 여부에 관하여 고용노동부령으로 정하는 바에 따라 해당 사업주(대지급금을 지급하기로 한 경우로 한정한다) 및 근로자에게 통지하여야 한다. (2021.4.13 신설)

⑧ 그 밖에 퇴직한 근로자에 대한 대지급금의 지급 등에 필요한 사항은 대통령령으로 정한다. (2021.4.13 개정)

벌 거짓이나 그 밖의 부정한 방법으로 법 제7조에 따른 대지급금을 받은 자는 3년 이하의 징역 또는 3천만원 이하의 벌금에 처한다. (법 제28조제1항제1호)

벌 거짓이나 그 밖의 부정한 방법으로 다른 사람으로 하여금 법 제7조에 따른 대지급금을 받게 한 자는 3년 이하의 징역 또는 3천만원 이하의 벌금에 처한다. (법 제28조제1항제2호)

벌 부당하게 법 제7조에 따른 대지급금을 받기 위하여 거짓의 보고·증명 또는 서류제출을 한 자는 2년 이하의 징역 또는 2천만원 이하의 벌금에 처한다. (법 제28조제2항제1호)

벌 다른 사람으로 하여금 부당하게 법 제7조에 따른 대지급금을 받게 하기 위하여 거짓의 보고·증명 또는 서류제출을 한 자는 2년 이하의 징역 또는 2천만원 이하의 벌금에 처한다. (법 제28조제2항제2호)

령 제5조·제6조·제7조·제8조·제9조 칙 제5조·제8조의2·3·4·제14조

제7조의2【재직 근로자에 대한 대지급금의 지급】 ① 고용노동부장관은 사업주가 제7조제1항제4호 또는 제5호에 해당하는 경우 해당 사업주와 근로계약이 종료되지 아니한 근로자(이하 "재직 근로자"라 한다)가 지급받지 못한 임금등의 지급을 청구하면 제3자의 변제에 관한 「민법」 제469조에도 불구하고 대지급금을 지급한다. (2021.4.13 신설)

② 제1항에 따라 고용노동부장관이 지급하는 대지급금의 범위는 다음 각 호와 같다. (2021.4.13 신설)

1. 재직 근로자가 체불 임금에 대하여 제7조제1항제4호에 따른 판결, 명령, 조정 또는 결정 등을 위한 소송 등을 제기하거나 해당 사업주에 대하여 진정·청원·탄원·고소 또는 고발 등을 제기한 날을 기준으로 맨 나중의 임금 체불이 발생한 날부터 소급하여 3개월 동안에 지급되어야 할 임금 중 지급받지 못한 임금
2. 제1호와 같은 기간 동안에 지급되어야 할 휴업수당 중 지급받지 못한 휴업수당

3. 제1호와 같은 기간 동안에 지급되어야 할 출산전후휴가기간 중 급여에서 지급받지 못한 급여

③ 대지급금의 지급대상이 되는 재직 근로자와 사업주의 기준 및 대지급금의 상한액은 해당 근로자의 임금이나 소득 수준 및 그 밖의 생활 여건 등을 고려하여 대통령령으로 정한다. (2021.4.13 신설)

④ 재직 근로자에 대한 대지급금은 해당 근로자가 하나의 사업에 근로하는 동안 1회만 지급한다. (2021.4.13 신설)

⑤ 제1항에 따라 대지급금을 지급받은 근로자가 퇴직 후 같은 근무기간, 같은 휴업기간 또는 같은 출산전후휴가기간에 대하여 제7조에 따른 대지급금의 지급을 청구한 경우 그 지급에 관하여는 다음 각 호의 구분에 따른다. (2021.4.13 신설)

1. 제7조제1항제1호부터 제3호까지의 규정 중 어느 하나에 해당하여 대지급금의 지급을 청구한 경우에는 제1항 및 제2항에 따라 지급받은 대지급금에 해당하는 금액을 공제하고 지급할 것
2. 제7조제1항제4호 또는 제5호에 해당하여 대지급금의 지급을 청구한 경우에는 지급하지 아니할 것

⑥ 고용노동부장관은 제1항에 따른 대지급금의 지급 여부에 관하여 고용노동부령으로 정하는 바에 따라 해당 사업주(대지급금을 지급하기로 한 경우로 한정한다) 및 근로자에게 통지하여야 한다. (2021.4.13 신설)

⑦ 그 밖에 재직 근로자에 대한 대지급금의 지급 등에 필요한 사항은 대통령령으로 정한다. (2021.4.13 신설)

벌 거짓이나 그 밖의 부정한 방법으로 법 제7조의2에 따른 대지급금을 받은 자는 3년 이하의 징역 또는 3천만원 이하의 벌금에 처한다. (법 제28조제1항제1호)

벌 거짓이나 그 밖의 부정한 방법으로 다른 사람으로 하여금 법 제7조의2에 따른 대지급금을 받게 한 자는 3년 이하의 징역 또는 3천만원 이하의 벌금에 처한다. (법 제28조제1항제2호)

벌 부당하게 법 제7조의2에 따른 대지급금을 받기 위하여 거짓의 보고·증명 또는 서류제출을 한 자는 2년 이하의 징역 또는 2천만원 이하의 벌금에 처한다. (법 제28조제2항제1호)

벌 다른 사람으로 하여금 부당하게 법 제7조의2에 따른 대지급금을 받게 하기 위하여 거짓의 보고·증명 또는 서류제출을 한 자는 2년 이하의 징역 또는 2천만원 이하의 벌금에 처한다. (법 제28조제2항제2호)

령 제6조·제7조·제8조 칙 제14조

제7조의3 【체불 임금등 및 생계비 융자】 ① 고용노동부장관은 사업주가 근로자에게 임금등을 지급하지 못한 경우에 사업주의 신청에 따라 체불 임

금등을 지급하는 데 필요한 비용을 융자할 수 있다. (2024.2.6 개정)
② 고용노동부장관은 사업주로부터 임금등을 지급받지 못한 근로자(퇴직한 근로자를 포함한다)의 생활안정을 위하여 근로자의 신청에 따라 생계비에 필요한 비용을 융자할 수 있다. (2020.12.8 신설)
③ 제1항 및 제2항에 따른 융자금액은 고용노동부장관이 해당 근로자에게 직접 지급하여야 한다. (2020.12.8 개정)
④ 제1항 및 제2항에 따른 체불 임금등 및 생계비 비용 융자의 구체적인 기준, 금액, 기간 및 절차 등은 고용노동부령으로 정한다. (2020.12.8 개정)

벌 거짓이나 그 밖의 부정한 방법으로 법 제7조의3에 따른 융자를 받은 자는 3년 이하의 징역 또는 3천만원 이하의 벌금에 처한다. (법 제28조제1항제1호)

벌 거짓이나 그 밖의 부정한 방법으로 다른 사람으로 하여금 법 제7조의3에 따른 융자를 받게 한 자는 3년 이하의 징역 또는 3천만원 이하의 벌금에 처한다. (법 제28조제1항제2호)

벌 부당하게 법 제7조의3에 따른 융자를 받기 위하여 거짓의 보고·증명 또는 서류제출을 한 자는 2년 이하의 징역 또는 2천만원 이하의 벌금에 처한다. (법 제28조제2항제1호)

벌 다른 사람으로 하여금 부당하게 법 제7조의3에 따른 융자를 받게 하기 위하여 거짓의 보고·증명 또는 서류제출을 한 자는 2년 이하의 징역 또는 2천만원 이하의 벌금에 처한다. (법 제28조제2항제2호)

칙 제8조의5·6·7·10·12

제8조【미지급 임금등의 청구권의 대위】 ① 고용노동부장관은 제7조 또는 제7조의2에 따라 해당 근로자에게 대지급금을 지급하였을 때에는 그 지급한 금액의 한도에서 그 근로자가 해당 사업주에 대하여 미지급 임금등을 청구할 수 있는 권리를 대위(代位)한다. (2021.4.13 개정)
②「근로기준법」 제38조에 따른 임금채권 우선변제권 및 「근로자퇴직급여 보장법」 제12조제2항에 따른 퇴직급여등 채권 우선변제권은 제1항에 따라 대위되는 권리에 존속한다. (2021.4.13 개정)

령 제11조

제8조의2【변제금의 징수】 ① 고용노동부장관은 제7조 또는 제7조의2에 따라 근로자에게 대지급금을 지급한 경우에는 제8조제1항에 따라 미지급 임금등을 청구할 수 있는 권리를 대위하여 해당 사업주에게 그에 해당하는 금액(이하 "변제금"이라 한다)을 납부할 것을 기한을 정하여 통지하여야 한다. (2025.11.11 신설 : 2026.5.12 시행)
② 변제금의 징수에 관하여는 고용산재보험료징수법 제25조, 제26조의2, 제27조, 제27조의2, 제28조, 제28조의2부터 제28조의5까지, 제28조의7,

제29조, 제32조 및 제42조(제1항제3호·제4호 및 제2항제2호부터 제5호까지로 한정한다)를 준용한다. 이 경우 "납부의무자"는 "사업주"로, "보험료" 및 "보험료, 환수금"은 각각 "변제금"으로, "공단" 또는 "건강보험공단"은 각각 "고용노동부장관(이 법 제27조에 따라 그 권한을 위탁한 경우에는 그 위탁받은 자를 말한다)"으로 본다. (2025.11.11 신설 : 2026.5.12 시행)
③ 변제금의 납부 기한 및 그 밖에 변제금 징수에 필요한 사항은 대통령령으로 정한다. (2025.11.11 신설 : 2026.5.12 시행)

제9조 【사업주의 부담금】 ① 고용노동부장관은 제7조 또는 제7조의2에 따른 대지급금의 지급이나 제7조의3에 따른 체불 임금등 및 생계비의 융자 등 임금채권보장사업에 드는 비용에 충당하기 위하여 사업주로부터 부담금을 징수한다. (2024.2.6 개정)
② 제1항에 따라 사업주가 부담하여야 하는 부담금은 그 사업에 종사하는 근로자의 보수총액에 1천분의 2의 범위에서 위원회의 심의를 거쳐 고용노동부장관이 정하는 부담금비율을 곱하여 산정한 금액으로 한다. (2010.1.27 개정)
③ 보수총액을 결정하기 곤란한 경우에는 고용산재보험료징수법 제13조제6항에 따라 고시하는 노무비율(勞務比率)에 따라 보수총액을 결정한다. (2021.4.13 개정)
④ 도급사업의 일괄적용에 관한 고용산재보험료징수법 제9조는 제1항의 부담금 징수에 관하여 준용한다. 이 경우 같은 법 제9조제1항 단서 중 "공단"을 "고용노동부장관"으로 본다. (2021.4.13 개정)
⑤ 이 법은 사업주의 부담금에 관하여 다른 법률에 우선하여 적용한다. (2018.10.16 신설)
령 제12조·제13조

제10조 【부담금의 경감】 고용노동부장관은 다음 각 호의 어느 하나에 해당하는 사업주에 대하여는 제9조에 따른 부담금을 경감할 수 있다. 이 경우 그 경감기준은 고용노동부장관이 위원회의 심의를 거쳐 정한다. (2010.6.4 개정)
1. 삭제(2014.3.24)
2. 「근로기준법」 또는 「근로자퇴직급여 보장법」에 따라 퇴직금을 미리 정산하여 지급한 사업주
3. 법률 제7379호 근로자퇴직급여보장법 부칙 제2조제1항에 따른 퇴직보험 등에 가입한 사업주, 「근로자퇴직급여 보장법」 제3장에 따른 확정급여형퇴직연금제도, 같은 법 제4장에 따른 확정기여형퇴직연금제도, 같은 법 제4장의2에 따른 중소기업퇴직연금기금제도 또는 같은 법 제25조에 따른 개인형퇴직연금제도를 설정한 사업주 (2024.2.6 개정)

4. 「외국인근로자의 고용 등에 관한 법률」 제13조에 따라 외국인근로자 출국만기보험·신탁에 가입한 사업주

령 제14조·제15조·제16조

제11조 【대지급금수급계좌】 ① 고용노동부장관은 근로자의 신청이 있는 경우에는 제7조 또는 제7조의2에 따른 대지급금을 해당 근로자 명의의 지정된 계좌(이하 "대지급금수급계좌"라 한다)로 입금하여야 한다. 다만, 정보통신장애나 그 밖에 대통령령으로 정하는 불가피한 사유로 대지급금을 대지급금수급계좌로 이체할 수 없을 때에는 현금 지급 등 대통령령으로 정하는 바에 따라 대지급금을 지급할 수 있다. (2021.4.13 개정)

② 대지급금수급계좌의 해당 금융기관은 이 법에 따른 대지급금만이 대지급금수급계좌에 입금되도록 관리하여야 한다. (2021.4.13 개정)

③ 제1항에 따른 신청 방법 및 절차와 제2항에 따른 대지급금수급계좌의 관리에 필요한 사항은 대통령령으로 정한다. (2021.4.13 개정)

령 제18조

제11조의2 【수급권의 보호】 ① 제7조 또는 제7조의2에 따른 대지급금을 지급받을 권리는 양도 또는 압류하거나 담보로 제공할 수 없다. (2021.4.13 개정)

② 대지급금의 수령은 대통령령으로 정하는 바에 따라 위임할 수 있다. (2021.4.13 개정)

③ 미성년자인 근로자는 독자적으로 대지급금의 지급을 청구할 수 있다. (2021.4.13 개정)

④ 대지급금수급계좌의 예금에 관한 채권은 압류할 수 없다. (2021.4.13 개정)

령 제18조의2

제12조 【체불 임금등의 확인】 ① 임금등을 지급받지 못한 근로자는 다음 각 호의 어느 하나에 해당하는 경우 고용노동부장관에게 체불 임금등·사업주 확인서의 발급을 신청할 수 있다. (2021.4.13 개정)

1. 제7조제1항제4호·제5호 또는 제7조의2제1항에 따른 대지급금의 지급 청구 절차를 진행하기 위하여 필요한 경우
2. 「법률구조법」 제22조에 따른 법률구조의 절차 등에 따라 소송 제기를 위하여 필요한 경우

② 제1항에 따른 신청이 있을 경우 고용노동부장관은 근로감독사무 처리과정에서 확인된 체불 임금등·사업주 확인서를 제1항의 근로자, 「산업재해보상보험법」 제10조에 따른 근로복지공단 또는 「법률구조법」 제8조에 따른 대한법률구조공단에 발급할 수 있다. (2021.4.13 개정)

③ 제2항에 따른 서류의 발급절차 및 발급방법 등에 관하여 필요한 사항은 고용노동부령으로 정한다. (2015.1.20 개정)

칙 제9조의2

제13조【재산목록의 제출명령】 ① 고용노동부장관은 제7조 또는 제7조의2에 따라 근로자에게 대지급금을 지급하려는 경우에는 대통령령으로 정하는 바에 따라 해당 사업주에게 재산 관계를 구체적으로 밝힌 재산목록의 제출을 명할 수 있다. (2021.4.13 개정)

② 제1항에 따른 재산목록 제출명령을 받은 사업주는 특별한 사유가 없으면 7일 이내에 고용노동부장관에게 재산 관계를 구체적으로 밝힌 재산목록을 제출하여야 한다. (2010.6.4 개정)

벌 정당한 사유 없이 법 제13조에 따른 재산목록의 제출을 거부하거나 거짓의 재산목록을 제출한 자에게는 1천만원 이하의 과태료를 부과한다. (법 제30조제1항제1호의2)

령 제19조

제14조【부당이득의 환수】 ① 고용노동부장관은 거짓이나 그 밖의 부정한 방법으로 제7조, 제7조의2 및 제7조의3에 따라 대지급금 또는 융자금을 받으려 한 자에게는 대통령령으로 정하는 바에 따라 신청한 대지급금 또는 융자금의 전부 또는 일부를 지급 또는 융자하지 아니할 수 있다. (2021.4.13 개정)

② 고용노동부장관은 제7조, 제7조의2 및 제7조의3에 따라 대지급금 또는 융자금을 이미 받은 자가 다음 각 호의 어느 하나에 해당하는 경우 대통령령으로 정하는 방법에 따라 그 대지급금 또는 융자금의 전부 또는 일부를 환수하여야 한다. (2021.4.13 개정)

1. 거짓이나 그 밖의 부정한 방법으로 대지급금 또는 융자금을 받은 경우 (2021.4.13 개정)
2. 그 밖에 잘못 지급된 대지급금 또는 융자금이 있는 경우 (2021.4.13 개정)

③ 제2항에 따라 대지급금을 환수하는 경우 고용노동부령으로 정하는 기준에 따라 거짓이나 그 밖의 부정한 방법으로 지급받은 대지급금의 5배 이하의 금액을 추가하여 징수할 수 있다. (2021.4.13 개정)

④ 제2항과 제3항의 경우에 대지급금의 지급 또는 융자가 거짓의 보고·진술·증명·서류제출 등 위계(僞計)의 방법에 의한 것이면 그 행위를 한 자는 대지급금 또는 융자금을 받은 자와 연대하여 책임을 진다. (2021.4.13 개정)

령 제20조 칙 제11조

제15조【포상금의 지급】 거짓이나 그 밖의 부정한 방법으로 제7조 또는 제7조의2에 따른 대지급금이 지급된 사실을 지방고용노동관서 또는 수사기관에 신고하거나 고발한 자에게는 대통령령으로 정하는 기준에 따라 포상금을 지급할 수 있다. (2021.4.13 개정)

령 제20조의2

제16조【준 용】 이 법에 따른 부담금이나 그 밖의 징수금의 납부 및 징수(제14조제2항부터 제4항까지에 따른 대지급금의 환수 및 추가 징수를 포함한다)에 관하여는 고용산재보험료징수법 제16조의2부터 제16조의11까지, 제17조부터 제19조까지, 제19조의2, 제20조, 제22조의2, 제22조의3, 제23조, 제23조의2, 제24조, 제25조, 제26조의2, 제27조, 제27조의2, 제27조의3, 제28조, 제28조의2부터 제28조의7까지, 제29조, 제29조의2, 제29조의3, 제30조, 제32조부터 제37조까지, 제39조 및 제50조를 준용한다. 이 경우 "보험가입자"는 "사업주"로, "보험료"는 "부담금"으로, "보험"은 "임금채권보장"으로, "보험사무"는 "임금채권보장사무"로, "공단" 또는 "건강보험공단"은 "고용노동부장관(이 법 제27조에 따라 그 권한을 위탁받은 경우에는 그 위탁받은 자를 말한다)"으로, "개산보험료(概算保險料)"는 "개산부담금"으로, "보험연도"는 "회계연도"로, "보험관계"는 "임금채권보장관계"로, "보험료율"은 "부담금비율"로, "확정보험료"는 "확정부담금"으로, "「고용정책 기본법」 제10조에 따른 고용정책심의회 또는 「산업재해보상보험법」 제8조에 따른 산업재해보상보험및예방심의위원회"는 "위원회"로 본다. (2021.4.13 개정)

제3장 임금채권보장기금

제17조【기금의 설치】 고용노동부장관은 제7조 또는 제7조의2에 따른 대지급금의 지급이나 제7조의3에 따른 체불 임금등 및 생계비의 융자 등 임금채권보장사업에 충당하기 위하여 임금채권보장기금(이하 "기금"이라 한다)을 설치한다. (2024.2.6 개정)

제18조【기금의 조성】 ① 기금은 다음 각 호의 재원으로 조성한다. (2007.12.27 개정)

1. 제8조에 따른 사업주의 변제금(辨濟金)
1. 제8조에 따른 사업주의 변제금 (2025.11.11 개정 : 2026.5.12 시행)
2. 제9조에 따른 사업주의 부담금
3. 제2항에 따른 차입금
4. 기금의 운용으로 생기는 수익금
5. 그 밖의 수입금

② 고용노동부장관은 기금을 운용하는 데에 필요하면 기금의 부담으로 금융기관이나 다른 기금 등으로부터 차입할 수 있다. (2010.6.4 개정)

제19조【기금의 용도】 기금은 다음 각 호의 용도에 사용한다. (2012.2.1 개정)

1. 제7조 또는 제7조의2에 따른 대지급금의 지급과 잘못 납부한 금액 등의

반환 (2021.4.13 개정)
2. 제7조제6항에 따른 공인노무사 지원 비용의 지급 (2021.4.13 개정)
3. 제7조의3에 따른 체불 임금등 및 생계비 지급을 위한 사업주 및 근로자 융자 (2021.4.13 개정)
4. 제27조에 따라 업무를 위탁받은 자에 대한 출연
5. 차입금 및 그 이자의 상환
6. 임금등 체불 예방과 청산 지원 등 임금채권보장제도 관련 연구
7. 「법률구조법」에 따른 대한법률구조공단에 대한 출연. 다만, 임금등이 체불된 근로자에 대한 법률구조사업 지원에 한정한다.
8. 그 밖에 임금채권보장사업과 기금의 관리·운용

제20조 【기금의 관리·운용】 ① 기금은 고용노동부장관이 관리·운용한다. (2010.6.4 개정)
② 기금의 관리·운용 등에 관하여는 「산업재해보상보험법」 제66조제2항부터 제4항까지, 제67조부터 제69조까지 및 제71조를 준용한다. 이 경우 같은 법 중 "보험급여"는 "대지급금"으로, "보험료수입"은 "부담금수입"으로 본다. (2021.4.13 개정)
령 제22조의2

제21조 【회계연도】 기금의 회계연도는 정부의 회계연도에 따른다. (2007.12.27 개정)

제4장 보 칙

제22조 【보고 등】 고용노동부장관은 대통령령으로 정하는 바에 따라 이 법을 적용받는 사업의 사업주나 그 사업에 종사하는 근로자 등 관계 당사자에게 다음 각 호의 사항을 위하여 필요한 보고나 관계 서류의 제출을 요구할 수 있다. (2010.6.4 개정)
1. 기금의 관리·운용
2. 제7조 또는 제7조의2에 따른 대지급금의 지급 (2021.4.13 개정)

벌 정당한 사유 없이 법 제22조에 따른 보고나 관계 서류의 제출요구에 따르지 아니한 자 또는 거짓 보고를 하거나 거짓 서류를 제출한 자에게는 1천만원 이하의 과태료를 부과한다. (법 제30조제1항제2호)
령 제10조·제23조 칙 제12조

제23조 【관계 기관 등에 대한 협조요청】 ① 고용노동부장관은 제7조 또는 제7조의2에 따른 대지급금의 지급, 제7조의3에 따른 체불 임금등 및 생계비의 융자, 제8조에 따른 미지급 임금등의 청구권의 대위, 제12조에 따른 체불 임금등의 확인, 제14조에 따른 부당이득의 환수 등 이 법에 따른 업무를 수

행하기 위하여 다음 각 호의 어느 하나에 해당하는 자료의 제공 또는 관계 전산망의 이용(이하 "자료제공등"이라 한다)을 해당 각 호의 자에게 각각 요청할 수 있다. 이 경우 자료제공등을 요청받은 자는 정당한 사유가 없으면 그 요청에 따라야 한다. (2024.2.6 개정)

1. 법원행정처장에게 체불사업주, 부당이득자 및 연대책임자(이하 "체불사업주등"이라 한다)의 재산에 대한 건물등기사항증명서, 토지등기사항증명서, 법인등기사항증명서 및 「공탁법」 제4조에 따라 납입된 공탁물에 관한 자료 (2021.4.13 개정)
2. 행정안전부장관에게 체불사업주등의 주민등록 등본·초본 (2017.7.26 개정)
3. 국토교통부장관에게 체불사업주등 명의의 부동산 및 자동차·건설기계·항공기·요트 등 재산 자료(등록원부를 포함한다) (2018.10.16 개정)

3의2. 해양수산부장관에게 체불사업주등 명의의 선박 자료(등록원부를 포함한다) (2018.10.16 신설)

3의3. 관계 중앙행정기관의 장 또는 피감독기관인 공제조합의 장에게 해당 체불사업주등 명의의 출자증권 자료 (2021.4.13 개정)

4. 국세청장에게 체불사업주등 명의의 골프(콘도) 회원권, 무체재산권(특허권, 저작권 등), 서화, 골동품, 영업권 및 사업자등록(「부가가치세법」 제8조, 「소득세법」 제168조 및 「법인세법」 제111조에 따른 사업자등록을 말한다)에 관한 자료 (2021.4.13 개정)
5. 지방자치단체의 장에게 체불사업주등의 가족관계등록부(가족관계증명서, 혼인관계증명서, 기본증명서), 재산에 대한 지방세 과세증명원, 일반(집합) 건축물대장, 토지(임야)대장, 체불사업주등 명의의 임차권·전세권·가압류 등 권리등기 및 등록에 따른 등록면허세 과세자료 (2018.10.16 개정)
6. 「법률구조법」 제8조에 따른 대한법률구조공단의 이사장에게 근로자와 체불사업주등 사이의 체불 임금등에 관한 소송, 보전처분, 강제집행 등 민사상 재판절차에 관계된 서류(소장, 신청서, 판결문, 결정문 등의 서류를 포함한다) (2020.5.26 개정)
7. 「국민건강보험법」 제13조에 따른 국민건강보험공단의 이사장에게 체불사업주등에 대한 건강보험·국민연금·산업재해보상보험·고용보험의 보험료 납부 자료(체납 자료를 포함한다) 및 「국민건강보험법」 제47조에 따라 체불사업주등인 요양기관이 청구한 요양급여비용 (2018.10.16 개정)

7의2. 「산업재해보상보험법」 제10조에 따른 근로복지공단에 체불사업주등 및 대지급금 청구 근로자에 대한 다음 각 목에 해당하는 자료 (2024.2.6 개정)

가. 「고용보험법」 제13조에 따른 피보험자격 취득 자료

나. 「고용보험법」 제15조에 따른 피보험자격 신고 자료
다. 고용산재보험료징수법 제7조 및 제10조에 따른 고용보험 및 산업재해보상보험 관계의 성립 및 소멸에 관한 자료(체불사업주등의 주소 및 전화번호를 포함한다)
라. 고용산재보험료징수법 제16조의3에 따른 근로자 개인별 월별보험료의 산정에 관한 자료
마. 고용산재보험료징수법 제16조의10제3항 및 제4항에 따른 근로자의 고용 및 고용관계 종료의 신고에 관한 자료
바. 고용산재보험료징수법 제23조에 따른 보험료등 과납액의 충당 및 반환에 관한 자료
사. 「산업재해보상보험법」 제45조에 따라 청구된 진료비에 관한 자료(체불사업주등이 「산업재해보상보험법」 제43조에 따른 산재보험 의료기관인 경우로 한정한다) (2024.2.6 개정)
아. 「근로자퇴직급여 보장법」 제2조제14호에 따른 중소기업퇴직연금기금제도 가입 여부, 가입기간, 적립금액 또는 부담금액, 지급금액 등 중소기업퇴직연금기금제도에 관한 지료(대지급금 지급 대상 기간으로 한정한다) (2024.2.6 개정)

7의3. 「고용정책 기본법」 제18조에 따른 한국고용정보원에 체불사업주등 및 대지급금 청구 근로자에 대한 다음 각 목에 해당하는 자료 (2024.2.6 개정)
가. 「고용보험법」 제20조부터 제23조까지의 규정에 따른 지원에 관한 자료
나. 「고용보험법」 제42조 및 제44조에 따른 실업 신고 및 실업 인정에 관한 자료
다. 「고용보험법」 제75조에 따른 출산전후휴가 급여 등에 관한 자료

8. 「근로자퇴직급여 보장법」 제26조에 따른 퇴직연금사업자에게 대지급금 청구 근로자의 퇴직연금 가입 여부, 가입기간, 적립금액 또는 부담금액, 지급금액 등 퇴직연금에 관한 정보 자료(체당금 지급 대상 기간에 한정한다) (2021.4.13 개정)
9. 「보험업법」에 따른 보험회사에게 대지급금 청구 외국인 근로자의 출국만기보험·신탁 및 보증보험 가입 및 납입자료(체당금 지급대상기간의 정보에 한정한다) (2021.4.13 개정)
10. 「신용보증기금법」 제4조에 따른 신용보증기금의 이사장 및 「기술보증기금법」 제12조에 따른 기술보증기금의 이사장에게 체불사업주등 명의의 질권 및 근저당권 설정 자료 (2018.10.16 신설)
11. 「보험업법」 제4조제1항제2호라목에 따라 보증보험 허가를 받은 자에게

체불사업주등 명의의 질권 및 근저당권 설정 자료 (2018.10.16 신설)

12. 조달청장에게 「전자조달의 이용 및 촉진에 관한 법률」 제16조제1항에 따라 관리되는 체불사업주등의 계약 관련 정보 (2021.4.13 신설)

② 제1항에 따른 자료제공등을 요청할 때에는 다음 각 호의 사항을 적은 문서 또는 정보통신망(「정보통신망 이용촉진 및 정보보호 등에 관한 법률」 제2조제1항제1호에 따른 정보통신망을 말한다)으로 요청하여야 한다. (2021.4.13 개정)

1. 체불사업주, 대지급금 청구 근로자, 부당이득자(연대책임자를 포함한다)의 인적사항 (2021.4.13 개정)
2. 사용목적
3. 제공요청 자료의 목록

③ 제1항에 따라 제공되는 자료에 대해서는 수수료 및 사용료 등을 면제한다. (2016.1.27 신설)

제23조의2 【개인정보의 보호】 ① 고용노동부장관은 제23조제1항 각 호의 자료의 제공을 요청할 때에는 업무에 필요한 최소한의 정보만 요청하여야 한다. (2020.5.26 개정)

② 고용노동부장관은 제23조제1항 각 호의 자료를 이용할 때에는 보안교육 등 사업주 또는 근로자 등의 개인정보에 대한 보호대책을 마련하여야 한다. (2020.5.26 개정)

③ 고용노동부장관은 제23조제1항제8호 및 제9호에 따른 자료의 제공을 요청할 경우에는 사전에 정보주체의 동의를 받아야 한다. (2016.1.27 신설)

④ 고용노동부장관은 제23조제1항 각 호의 자료를 이용할 때에는 체불 임금등의 지급, 미지급 임금등의 청구권의 대위 등 목적을 달성한 경우 지체 없이 파기하여야 한다. (2020.5.26 개정)

⑤ 제23조제1항 각 호의 개인정보는 고용노동부 또는 고용노동부장관으로부터 권한을 위임받은 기관에서 같은 항 각 호 외의 부분 본문에 따른 업무를 담당하는 자 중 해당 기관의 장으로부터 개인정보 취급승인을 받은 자만 취급할 수 있다. (2016.1.27 신설)

⑥ 임금채권보장 업무에 종사하거나 종사하였던 자는 누구든지 업무 수행과 관련하여 알게 된 사업주 또는 근로자 등의 정보를 누설하거나 다른 용도로 사용하여서는 아니 된다. (2016.1.27 신설)

⑦ 제2항에 따른 보안교육 등 개인정보 보호대책 마련, 제3항에 따른 정보주체에 대한 사전 동의 방법, 제4항에 따른 목적을 달성한 정보의 파기 시기 및 방법, 제5항에 따른 개인정보 취급승인의 절차 등에 필요한 세부적인 사항은 고용노동부장관이 정한다. (2016.1.27 신설)

벌 법 제23조의2제6항을 위반하여 정보를 누설하거나 다른 용도로 사용한

자는 10년 이하의 징역 또는 1억원 이하의 벌금에 처한다. (법 제27조의2제1호)

제23조의3 【미회수된 대지급금 자료의 제공】 ① 고용노동부장관은 「신용정보의 이용 및 보호에 관한 법률」 제25조제2항제1호에 따른 종합신용정보집중기관(이하 이 조에서 "종합신용정보집중기관"이라 한다)이 제7조 또는 제7조의2에 따른 대지급금 중 다음 각 호의 요건에 모두 해당하는 미회수금(이하 이 조에서 "미회수금"이라 한다)과 해당 사업주의 인적사항 등에 관한 자료(이하 "미회수자료"라 한다)를 요구할 때에는 미회수금의 회수를 위하여 필요하다고 인정하는 경우 그 자료를 제공할 수 있다. 다만, 해당 사업주의 사망·폐업으로 미회수자료 제공의 실효성이 없는 경우 등 대통령령으로 정하는 사유가 있는 경우에는 그러하지 아니하다. (2024.2.6 개정)

1. 미회수금의 합계가 500만원 이상으로서 대통령령으로 정하는 금액 이상일 것
2. 법 제7조 또는 제7조의2에 따른 대지급금 지급일의 다음 날부터 1년 이상이 기간으로서 대통령령으로 정하는 기간이 지났을 것

② 고용노동부장관은 제1항에 따라 미회수자료를 종합신용정보집중기관에 제공하기 전에 고용노동부령으로 정하는 바에 따라 해당 사업주에게 그 사실을 미리 알려야 하며, 미회수자료를 제공한 경우 해당 사업주에게 그 제공 사실을 지체 없이 알려야 한다. (2024.2.6 개정)

③ 제1항에 따라 미회수자료를 제공받은 자는 이를 신용도·신용거래능력 판단과 관련한 업무 외의 목적으로 이용·제공 또는 누설해서는 아니 된다. (2024.2.6 개정)

④ 제1항부터 제3항까지에서 규정한 사항 외에 미회수자료의 제공 절차 및 방법 등에 관하여 필요한 사항은 고용노동부령으로 정한다. (2024.2.6 개정)

벌 법 제23조의3제3항을 위반하여 미회수자료를 이용·제공하거나 누설한 자는 10년 이하의 징역 또는 1억원 이하의 벌금에 처한다. (법 제27조의2제2호)

제24조 【검 사】 ① 고용노동부장관은 이 법을 시행하기 위하여 필요하다고 인정하면 관계 공무원 또는 제27조에 따라 권한을 위탁받은 기관에 소속된 직원(위탁받은 업무 처리에 필요한 사항으로 한정한다)으로 하여금 이 법을 적용받는 사업장에 출입하여 관계 서류를 검사하거나 관계인에게 질문하게 할 수 있다. (2021.4.13 개정)

② 제1항에 따라 출입·검사를 하는 공무원 또는 제27조에 따라 권한을 위탁받은 기관에 소속된 직원은 그 권한을 표시하는 증표를 지니고 이를 관계인에게 내보여야 한다. (2021.4.13 개정)

벌 정당한 사유 없이 법 제24조제1항에 따른 관계 공무원의 질문에 답변을

거부하거나 검사를 거부·방해 또는 기피한 자에게는 1천만원 이하의 과태료를 부과한다. (법 제30조제1항제3호)

칙 제12조

제25조 【신 고】 사업주가 이 법 또는 이 법에 따른 명령을 위반하는 사실이 있으면 근로자는 그 사실을 근로감독관에게 신고하여 시정을 위한 조치를 요구할 수 있다. (2007.12.27 개정)

제26조 【소멸시효】 ① 부담금이나 그 밖에 이 법에 따른 징수금을 징수하거나 대지급금·부담금을 반환받을 권리는 3년간 행사하지 아니하면 시효로 소멸한다. (2021.4.13 개정)

② 제1항에 따른 소멸시효에 관하여는 이 법에 규정된 것 외에는 「민법」에 따른다. (2007.12.27 개정)

③ 소멸시효의 중단 등에 관하여는 고용산재보험료징수법 제42조 및 제43조를 준용한다. (2021.4.13 개정)

제27조 【권한의 위임·위탁】 이 법에 따른 고용노동부장관의 권한은 대통령령으로 정하는 바에 따라 그 일부를 지방고용노동관서의 장에게 위임하거나 「산업재해보상보험법」에 따른 근로복지공단, 「국민건강보험법」에 따른 국민건강보험공단 및 「한국자산관리공사 설립 등에 관한 법률」에 따른 한국자산관리공사에 위탁할 수 있다. (2024.2.6 개정)

벌 정당한 사유 없이 법 제27조에 따라 권한을 위탁받은 기관에 소속된 직원의 질문에 답변을 거부하거나 검사를 거부·방해 또는 기피한 자에게는 1천만원 이하의 과태료를 부과한다. (법 제30조제1항제3호)

령 제24조·제25조

제5장 벌 칙

제27조의2 【벌칙】 다음 각 호의 어느 하나에 해당하는 자는 10년 이하의 징역 또는 1억원 이하의 벌금에 처한다. (2024.2.6 개정)

1. 제23조의2제6항을 위반하여 정보를 누설하거나 다른 용도로 사용한 자 (2024.2.6 개정)
2. 제23조의3제3항을 위반하여 미회수자료를 이용·제공하거나 누설한 자 (2024.2.6 개정)

제28조 【벌칙】 ① 다음 각 호의 어느 하나에 해당하는 자는 3년 이하의 징역 또는 3천만원 이하의 벌금에 처한다. (2014.3.24 개정)

1. 거짓이나 그 밖의 부정한 방법으로 제7조·제7조의2에 따른 대지급금 또는 제7조의3에 따른 융자를 받은 자 (2021.4.13 개정)
2. 거짓이나 그 밖의 부정한 방법으로 다른 사람으로 하여금 제7조·제7조의

2에 따른 대지급금 또는 제7조의3에 따른 융자를 받게 한 자 〈2021.4.13 개정〉
3. 삭제(2021.4.13)
② 다음 각 호의 어느 하나에 해당하는 자는 2년 이하의 징역 또는 2천만원 이하의 벌금에 처한다. 〈2014.3.24 신설〉
1. 부당하게 제7조·제7조의2에 따른 대지급금 또는 제7조의3에 따른 융자를 받기 위하여 거짓의 보고·증명 또는 서류제출을 한 자 〈2021.4.13 개정〉
2. 다른 사람으로 하여금 부당하게 제7조·제7조의2에 따른 대지급금 또는 제7조의3에 따른 융자를 받게 하기 위하여 거짓의 보고·증명 또는 서류제출을 한 자 〈2021.4.13 개정〉

제29조 【양벌규정】 법인의 대표자나 법인 또는 개인의 대리인, 사용인, 그 밖의 종업원이 그 법인 또는 개인의 업무에 관하여 제28조의 위반행위를 하면 그 행위자를 벌하는 외에 그 법인 또는 개인에게도 해당 조문의 벌금형을 과(科)한다. 다만, 법인 또는 개인이 그 위반행위를 방지하기 위하여 해당 업무에 관하여 상당한 주의와 감독을 게을리하지 아니한 경우에는 그러하지 아니하다. 〈2009.1.7 개정〉

제30조 【과태료】 ① 다음 각 호의 어느 하나에 해당하는 자에게는 1천만원 이하의 과태료를 부과한다. 〈2021.4.13 개정〉
1. 삭제(2015.1.20.)
1의2. 정당한 사유 없이 제13조에 따른 재산목록의 제출을 거부하거나 거짓의 재산목록을 제출한 자 〈2021.4.13 신설〉
2. 정당한 사유 없이 제22조에 따른 보고나 관계 서류의 제출요구에 따르지 아니한 자 또는 거짓 보고를 하거나 거짓 서류를 제출한 자
3. 정당한 사유 없이 제24조제1항에 따른 관계 공무원 또는 제27조에 따라 권한을 위탁받은 기관에 소속된 직원의 질문에 답변을 거부하거나 검사를 거부·방해 또는 기피한 자 〈2021.4.13 개정〉
② 제1항에 따른 과태료는 대통령령으로 정하는 바에 따라 고용노동부장관이 부과·징수한다. 〈2010.6.4 개정〉
③ 삭제(2012.2.1)
④ 삭제(2012.2.1)
⑤ 삭제(2012.2.1)
령 제26조

부 칙

① **【시행일】** 이 법은 1998년 7월 1일부터 시행한다.
② **【적용례】** 미지급임금 및 퇴직금지급에 관한 제6조제1항의 규정은 이 법

시행 이후 그 지급사유가 되는 파산 등의 사유가 발생한 경우부터 적용한다.
③ **【다른 법률의 개정】** 생략

〈생략〉

부칙(2000.12.30 법률 제6334호)

① **【시행일】** 이 법은 2001년 1월 1일부터 시행한다. 다만, 제13조제1항의 개정규정은 2001년 7월 1일부터 시행한다.
② **【체당금 지급범위에 관한 적용례】** 제6조제1항 및 제2항의 개정규정은 이 법 시행 후 그 지급사유가 발생하는 체당금부터 적용한다.
③ **【휴업수당 상한액에 대한 경과조치】** 제6조제2항의 개정규정에 의하여 지급하는 휴업수당은 2001년 6월 30일까지는 각 1월분이 퇴직당시의 근로자의 연령에 따라 다음 각호의 금액을 각각 초과할 수 없다.
1. 30세 미만인 자 : 56만원
2. 30세 이상 45세 미만인 자 : 70만원
3. 45세 이상인 자 : 84만원

〈생략〉

부칙(2006.12.26 법률 제8093호)

제1조 【시행일】 이 법은 공포 후 3개월이 경과한 날부터 시행한다.

제2조 【부담금·가산금 및 연체금 면제의 유효기간】 제14조의 개정규정 중 보험료징수법 제22조의3에 관한 부분은 2009년 12월 31일까지 효력을 가진다.

제3조 【징수특례사업의 특례부담금 납부기한에 관한 적용례】 제14조의 개정규정 중 보험료징수법 제21조제4항에 관한 부분은 이 법 시행 후 최초로 도래하는 분기부터 적용한다.

제4조 【가산금의 경감에 관한 적용례】 제14조의 개정규정 중 보험료징수법 제24조에 관한 부분은 이 법 시행 후 최초로 확정부담금수정신고서를 제출하는 사업주부터 적용한다.

제5조 【부담금·가산금 및 연체금의 면제에 관한 적용례】 제14조의 개정규정 중 보험료징수법 제22조의3에 관한 부분은 이 법 시행 후 최초로 산업재해보상보험에 가입하는 사업주부터 적용한다.

제6조 【납부기한 전 징수에 관한 적용례】 제14조의 개정규정 중 보험료징수법 제27조의2에 관한 부분은 이 법 시행 후 최초로 동법 제27조의2제1항 각 호의 어느 하나에 해당하는 사유가 발생하는 사업주부터 적용한다.

제7조 【부담금, 이 법에 따른 그 밖의 징수금의 분할납부에 관한 적용례】 제14조의 개정규정 중 보험료징수법 제27조의3에 관한 부분은 이 법 시행 후 최초로 산업재해보상보험에 가입하는 사업주부터 적용한다.

〈생략〉

부칙(2015.1.20 법률 제13047호)

제1조 【시행일】 이 법은 2015년 7월 1일부터 시행한다.

제2조 【체불 임금등의 지급에 관한 적용례】 제7조제1항제4호의 개정규정은 이 법 시행 이후 판결, 명령, 조정 또는 결정 등이 있는 경우부터 적용한다.

제3조 【체불 임금등의 확인에 관한 적용례】 제12조의 개정규정은 이 법 시행 이후 체불 임금등과 체불사업주 등을 증명하는 서류의 발급을 신청한 경우부터 적용한다.

제4조 【부당이득의 환수에 관한 적용례】 제14조제4항의 개정규정은 이 법 시행 이후 지급된 체당금부터 적용한다.

제5조 【과태료에 관한 경과조치】 이 법 시행 전의 행위에 대한 과태료의 적용에 있어서는 종전의 규정에 따른다.

〈생략〉

부칙(2021.4.13 법률 제18042호)

제1조 【시행일】 이 법은 공포 후 6개월이 경과한 날부터 시행한다. 다만, 법률 제17604호 임금채권보장법 일부개정법률 제7조제3항의 개정규정(제7조제1항제5호의 개정규정과 관련된 부분은 제외한다)은 2021년 6월 9일부터 시행한다.

제2조 【대지급금의 지급에 관한 적용례】 ① 제7조제1항제5호 및 제7조의2제1항(제7조제1항제4호와 관련된 부분은 제외한다)의 개정규정은 이 법 시행 이후 해당 근로자가 체불 임금등·사업주 확인서를 발급받아 제출하는 경우(이 법 시행 전에 발급되었던 체불 임금등·사업주 확인서를 재발급받아 제출하는 경우는 제외한다)부터 적용한다.
② 제7조의2제1항의 개정규정은 이 법 시행 전에 제7조제1항제4호 각 목의 어느 하나에 해당하는 판결, 명령, 조정 또는 결정 등이 있은 경우에 대해서도 적용한다.

제3조 【같은 근무기간, 휴업기간 또는 출산전후휴가기간에 대한 대지급금 지급의 적용례】 법률 제17604호 임금채권보장법 일부개정법률 제7조제3항

의 개정규정은 같은 개정규정 시행 이후 해당 근로자가 제7조제1항에 따른 대지급금을 청구하는 경우부터 적용한다.

제4조【대지급금에 관한 경과조치】 법률 제17604호 임금채권보장법 일부개정법률 제7조제3항의 개정규정 중 "대지급금"은 부칙 제1조 본문에 따른 이 법 시행일 전까지는 "체당금"으로 본다.

제5조【부정수급한 대지급금의 추가 징수에 관한 경과조치】 이 법 시행 전에 제14조제2항제1호에 따라 거짓이나 그 밖의 부정한 방법으로 지급받은 대지급금을 환수하는 때에 추가하여 징수하는 금액에 관하여는 제14조제3항의 개정규정에도 불구하고 종전의 규정에 따른다.

제6조【벌칙의 과태료 전환에 관한 경과조치】 이 법 시행 전의 위반행위에 관하여는 제28조제1항제3호의 개정규정에도 불구하고 종전의 규정에 따른다.

부칙(2024.2.6 법률 제20233호)

제1조【시행일】 이 법은 공포 후 6개월이 경과한 날부터 시행한다.

제2조【체불 임금등의 융자에 관한 적용례】 제7조의3제1항의 개정규정은 이 법 시행 당시 체불 임금등의 지급에 필요한 비용의 융자 절차가 진행 중인 경우에도 적용한다.

제3조【미회수자료의 제공에 관한 적용례】 제23조의3의 개정규정은 이 법 시행 이후 제7조 또는 제7조의2에 따라 지급하는 대지급금에 관한 자료부터 적용한다.

부칙(2025.11.11 법률 제21137호)

제1조【시행일】 이 법은 공포 후 6개월이 경과한 날부터 시행한다.

제2조【직상 수급인 및 그 상위 수급인에 관한 적용례】 제7조제1항의 개정규정은 이 법 시행 이후 최초로 근로자가 지급받지 못한 임금등의 지급을 청구하는 경우부터 적용한다.

제3조【변제금의 징수에 관한 적용례】 ① 제8조의2의 개정규정은 이 법 시행 전에 제7조 또는 제7조의2에 따라 고용노동부장관이 근로자에게 지급한 대지급금에 대해서도 적용한다.

② 제1항에도 불구하고 제8조의2제2항의 개정규정에 따라 준용되는 고용산재보험료징수법 제25조는 이 법 시행 이후 고용노동부장관이 근로자에게 지급한 대지급금부터 적용한다.

임금채권보장법 시행령

제정 1998. 5.26 대통령령 제15804호
개정 1999. 1.29 대통령령 제16092호
〈생략〉
2021. 6. 1 대통령령 제31721호
2021.10.14 대통령령 제32048호
2024. 8. 6 대통령령 제34812호
2025.12.30 대통령령 제35948호

제1조【목적】 이 영은 「임금채권보장법」에서 위임된 사항과 그 시행에 필요한 사항을 규정함을 목적으로 한다. (2010.11.15 개정)

제2조【임금채권보장기금심의위원회의 기능】 「임금채권보장법」(이하 "법"이라 한다) 제6조에 따른 임금채권보장기금심의위원회(이하 "위원회"라 한다)는 다음 각 호의 사항을 심의한다. (2010.11.15 개정)

1. 법 제9조제2항에 따른 부담금비율의 결정에 관한 사항
2. 법 제10조에 따른 부담금 경감기준의 결정에 관한 사항
3. 법 제17조에 따른 임금채권보장기금(이하 "기금"이라 한다)의 운용계획 수립에 관한 사항
4. 그 밖에 기금의 관리·운용과 관련하여 중요하다고 인정하여 고용노동부장관이 회의에 부치는 사항

제3조【위원회의 구성 등】 ① 위원회 위원은 다음 각 호의 구분에 따라 고용노동부장관이 임명하거나 위촉한다. (2010.11.15 개정)

1. 근로자를 대표하는 위원 : 총연합단체인 노동조합이 추천하는 사람 5명
2. 사업주를 대표하는 위원 : 전국을 대표하는 사용자단체가 추천하는 사람 5명
3. 공익을 대표하는 위원 : 다음 각 목의 사람 5명
   가. 고용노동부의 임금채권보장업무를 담당하는 고위공무원 1명
   나. 고용노동부의 임금채권보장업무를 담당하는 3급 또는 4급 공무원 1명
   다. 「비영리민간단체 지원법」 제2조에 따른 비영리민간단체에서 추천한 사람과 고용노동부장관이 사회보험에 관한 학식과 경험이 풍부하다고 인정하는 사람 중 3명

② 제1항에서 규정한 사항 외에 위원회의 조직과 운영에 관하여는 「산업재해보상보험법 시행령」 제5조부터 제7조까지 및 제9조부터 제11조까지의 규정을 준용한다. 이 경우 「산업재해보상보험법 시행령」 제5조제1항 단서 중 "제4조제3호가목 또는 나목에 해당하는 위원"은 "고용노동부의 임금채권보

장업무를 담당하는 고위공무원 또는 임금채권보장업무를 담당하는 3급 또는 4급 공무원 중 1명"으로, 같은 법 시행령 제5조제3항 각 호 외의 부분 중 "제4조에 따른 위원회의 위촉위원"은 "제3조제1항에 따른 위원회의 위촉위원"으로, 같은 법 시행령 제6조제2항 중 "고용노동부차관"은 "임금채권보장업무를 담당하는 고위공무원"으로, 같은 법 시행령 제10조 본문 중 "위원회 및 전문위원회의 회의"는 "위원회의 회의"로, "위원과 전문위원회의 위원"은 "위원"으로 본다. (2016.3.22 개정)

제4조【체불 임금등의 지급 사유】 삭제(2014.9.24)

제5조【도산등사실인정의 요건·절차】 ① 법 제7조제1항제3호에서 "대통령령으로 정한 요건과 절차에 따라 미지급 임금등을 지급할 능력이 없다고 인정하는 경우"란 사업주로부터 임금등을 지급받지 못하고 퇴직한 근로자의 신청이 있는 경우로서 해당 사업주가 다음 각 호의 요건에 모두 해당되어 미지급 임금등을 지급할 능력이 없다고 고용노동부장관이 인정(이하 "도산등사실인정"이라 한다)하는 경우를 말한다. (2014.9.24 개정)

1. 별표 1의 방법에 따라 산정한 상시 사용하는 근로자의 수(이하 "상시근로자수"라 한다)가 300명 이하일 것
2. 사업이 폐지되었거나 다음 각 목의 어느 하나의 사유로 사업이 폐지되는 과정에 있을 것
   가. 그 사업의 생산 또는 영업활동이 중단된 상태에서 주된 업무시설이 압류 또는 가압류되거나 채무 변제를 위하여 양도된 경우(「민사집행법」에 따른 경매가 진행 중인 경우를 포함한다)
   나. 그 사업에 대한 인가·허가·등록 등이 취소되거나 말소된 경우
   다. 그 사업의 주된 생산 또는 영업활동이 1개월 이상 중단된 경우
3. 임금등을 지급할 능력이 없거나 다음 각 목의 어느 하나의 사유로 임금등의 지급이 현저히 곤란할 것
   가. 도산등사실인정일 현재 1개월 이상 사업주의 소재를 알 수 없는 경우
   나. 사업주의 재산을 환가(換價)하거나 회수하는 데 도산등사실인정 신청일부터 3개월 이상 걸릴 것으로 인정되는 경우
   다. 사업주(상시근로자수가 10명 미만인 사업의 사업주로 한정한다)가 도산등사실인정을 신청한 근로자에게 「근로기준법」 제36조에 따른 금품 청산 기일이 지난 날부터 3개월 이내에 임금등을 지급하지 못한 경우 (2014.9.24 신설)

② 제1항에 따른 도산등사실인정 신청은 해당 사업에서 퇴직한 날의 다음 날부터 1년 이내에 하여야 한다. (2010.11.15 개정)

③ 제2항에 따른 도산등사실인정 신청에 필요한 사항은 고용노동부령으로 정한다. (2010.11.15 개정)

칙 제2조

제6조【체불 임금등 대지급금 상한액의 결정·고시】 ① 법 제7조제1항 및 제7조의2제1항에 따라 고용노동부장관이 사업주를 대신하여 지급하는 체불 임금등 대지급금(이하 "대지급금"이라 한다)의 종류는 다음 각 호와 같다. (2021.10.14 개정)

1. 법 제7조제1항제1호부터 제3호까지의 규정에 따른 대지급금(이하 "도산대지급금"이라 한다)
2. 법 제7조제1항제4호·제5호 및 법 제7조의2제1항에 따른 대지급금(이하 "간이대지급금"이라 한다)

② 대지급금의 상한액은 법 제7조제2항 단서 및 제7조의2제3항에 따라 근로자의 임금이나 소득 수준, 물가상승률, 기금의 재정상황 및 근로자의 퇴직 당시 연령(근로자의 퇴직 당시 연령은 법 제7조제1항에 따른 대지급금의 상한액을 정하는 경우만 해당한다) 등을 고려하여 고용노동부장관이 기획예산처장관과 협의하여 정한다. (2025.12.30 개정)

③ 고용노동부장관은 제2항에 따라 정한 대지급금 상한액의 내용을 관보 및 인터넷 홈페이지에 고시해야 한다. (2021.10.14 개정)

제7조【대지급금 지급대상 근로자】 ① 도산대지급금은 다음 각 호의 구분에 따른 날의 1년 전이 되는 날 이후부터 3년 이내에 해당 사업 또는 사업장(이하 "사업"이라 한다)에서 퇴직한 근로자에게 지급한다. (2021.10.14 개정)

1. 법 제7조제1항제1호 또는 제2호에 따른 회생절차개시의 결정 또는 파산선고의 결정(이하 "파산선고등"이라 한다)이 있는 경우에는 그 신청일
2. 「채무자 회생 및 파산에 관한 법률」에 따른 회생절차개시 신청 후 법원이 직권으로 파산선고를 한 경우에는 그 신청일 또는 선고일
3. 도산등사실인정이 있는 경우에는 그 도산등사실인정 신청일(제5조제2항에 따른 신청기간의 말일이 공휴일이어서 공휴일 다음 날 신청한 경우에는 그 신청기간의 말일을 말하며, 도산등사실인정의 기초가 된 하나의 사실관계에 대해 둘 이상의 신청이 있는 경우에는 최초의 신청일을 말한다. 이하 같다)

② 간이대지급금 중 법 제7조제1항제4호 및 제5호에 따른 대지급금은 다음 각 호의 구분에 따른 퇴직 근로자에게 지급한다. (2021.10.14 개정)

1. 법 제7조제1항제4호에 따른 대지급금 : 사업에서 퇴직한 날의 다음 날부터 2년 이내에 법 제7조제1항제4호 각 목에 해당하는 판결, 명령, 조정 또는 결정 등(이하 "판결등"이라 한다)에 관한 소송 등(이하 "소송등"이라 한다)을 제기한 근로자
2. 법 제7조제1항제5호에 따른 대지급금 : 사업에서 퇴직한 날의 다음 날부터 1년 이내에 임금등의 체불을 이유로 해당 사업주에 대한 진정·청원·탄

원·고소 또는 고발 등(이하 "진정등"이라 한다)을 제기한 근로자
③ 간이대지급금 중 법 제7조의2제1항에 따른 대지급금은 다음 각 호의 기준을 모두 충족한 재직 근로자에게 지급한다. (2021.10.14 개정)
1. 소송등 또는 진정등을 제기한 당시 해당 사업주와의 근로계약이 종료되지 않은 근로자(근로계약기간이 1개월 미만인 일용근로자는 제외한다)일 것
2. 해당 사업주와 근로계약에서 정한 임금액이 고용노동부장관이 정하여 고시하는 금액 미만일 것
3. 다음 각 목의 구분에 따른 기간 이내에 사업주에 대한 소송등이나 진정등을 제기했을 것
가. 사업주가 법 제7조제1항제4호에 해당하는 경우 : 소송등을 제기한 날 이전 맨 나중의 임금등 체불이 발생한 날의 다음 날부터 2년 이내
나. 사업주가 법 제7조제1항제5호에 해당하는 경우 : 진정등을 제기한 날 이전 맨 나중의 임금등 체불이 발생한 날의 다음 날부터 1년 이내

제8조【사업주의 기준】 ① 근로자가 도산대지급금을 받을 수 있는 사업주는 법 제3조에 따라 법의 적용 대상이 되어 6개월 이상 해당 사업을 한 후에 법 제7조제1항제1호부터 제3호까지의 어느 하나에 해당하는 사유가 발생한 사업주로 한다. (2021.10.14 개정)
② 법 제7조제1항제4호에 따른 대지급금은 다음 각 호의 기준을 모두 충족한 사업주에게 고용되었던 퇴직 근로자로 한정하여 지급한다. (2021.10.14 개정)
1. 법 제3조에 따라 법의 적용 대상이 되어 해당 근로자가 퇴직한 날까지 6개월 이상 해당 사업을 했을 것
2. 해당 근로자에게 임금등을 지급하지 못하여 판결등을 받았을 것
③ 법 제7조제1항제5호에 따른 대지급금은 다음 각 호의 기준을 모두 충족한 사업주에게 고용되었던 퇴직 근로자로 한정하여 지급한다. (2021.10.14 신설)
1. 법 제3조에 따라 법의 적용 대상이 되어 해당 근로자가 퇴직한 날까지 6개월 이상 해당 사업을 했을 것
2. 법 제12조에 따라 고용노동부장관으로부터 발급받은 체불 임금등·사업주 확인서(이하 "체불임금등·사업주확인서"라 한다)로 미지급 임금등이 확인되었을 것
④ 법 제7조의2제1항에 따른 대지급금은 다음 각 호의 기준을 모두 충족한 사업주에게 고용된 재직 근로자로 한정하여 지급한다. (2021.10.14 신설)
1. 법 제3조에 따라 법의 적용 대상이 되어 해당 근로자가 소송등이나 진정등을 제기한 날 이전 맨 나중의 임금등 체불이 발생한 날까지 6개월 이상 해당 사업을 했을 것

2. 해당 근로자에게 임금등을 지급하지 못하여 판결등을 받았거나 법 제12조에 따라 고용노동부장관으로부터 발급받은 체불임금등·사업주확인서로 미지급 임금등이 확인되었을 것

⑤ 제2항제1호, 제3항제1호 및 제4항제1호에도 불구하고 「근로기준법」 제44조의2제1항에 따른 건설업 공사도급의 하수급인(이하 이 항에서 "건설사업자가 아닌 하수급인"이라 한다)인 사업주가 해당 근로자의 퇴직일(재직 근로자의 경우에는 소송등이나 진정등을 제기한 날 이전 맨 나중의 임금등 체불이 발생한 날을 말한다. 이하 이 항에서 같다)까지 6개월 이상 해당 사업을 하지 않은 경우에는 건설사업자가 아닌 하수급인의 직상(直上) 수급인(직상 수급인이 「건설산업기본법」 제2조제7호의 건설사업자가 아닌 경우에는 그 상위 수급인 중에서 최하위의 같은 호에 따른 건설사업자를 말한다)이 해당 근로자의 퇴직일까지 6개월 이상 해당 사업을 한 경우로 한다. (2021.10.14 신설)

제9조 【대지급금의 청구와 지급】 ① 대지급금을 지급받으려는 사람은 다음 각 호의 구분에 따른 기간 이내에 고용노동부장관에게 대지급금의 지급을 청구해야 한다. (2021.10.14 개정)

1. 도산대지급금의 경우 : 파산선고등 또는 도산등사실인정이 있은 날부터 2년 이내
2. 법 제7조제1항제4호에 따른 대지급금의 경우 : 판결등이 있은 날부터 1년 이내
3. 법 제7조제1항제5호에 따른 대지급금의 경우 : 체불임금등·사업주확인서가 최초로 발급된 날부터 6개월 이내
4. 법 제7조의2제1항에 따른 대지급금의 경우 : 판결등이 있은 날부터 1년 이내 또는 체불임금등·사업주확인서가 최초로 발급된 날부터 6개월 이내

② 제1항에서 규정한 사항 외에 대지급금의 청구 및 지급 등에 필요한 사항은 고용노동부령으로 정한다. (2021.10.14 개정)

칙 제5조

제10조 【파산선고등 대지급금 지급 사유의 확인 등】 ① 제9조제1항제1호에 따라 도산대지급금의 지급을 청구하려는 사람은 다음 각 호의 사항에 관하여 고용노동부장관의 확인을 받아야 하며, 그 확인의 신청은 같은 호에 따른 도산대지급금 지급 청구와 함께 해야 한다. (2021.10.14 개정)

1. 파산선고등 또는 도산등사실인정이 있은 날 및 그 신청일
2. 퇴직일 및 퇴직 당시의 연령
3. 법 제7조제2항제1호부터 제3호까지의 규정에 해당하는 임금등 중 미지급액 (2021.6.1 개정)
4. 받아야 할 도산대지급금의 금액 (2021.10.14 개정)

5. 해당 사업주가 제8조제1항에 따른 사업주에 해당하는 사실 (2021.10.14 개정)

② 고용노동부장관은 제1항에 따른 확인을 위하여 필요한 경우에는 법 제22조에 따라 해당 사업주·파산관재인·관재인·관리인 등에게 파산선고등과 관련된 사항의 보고 또는 관계 서류의 제출을 요구하는 등 필요한 조치를 하여야 한다. (2010.11.15 개정)

③ 제1항에 따른 확인에 필요한 사항은 고용노동부령으로 정한다. (2010.11.15 개정)

칙 제6조·제7조

제11조【미지급 임금등 청구권의 대위】 고용노동부장관은 법 제8조제1항에 따라 근로자의 미지급 임금등 청구권을 대위(代位)하는 경우에는 청구권의 행사 및 그 확보 등에 필요한 조치를 하여야 한다. (2010.11.15 개정)

제12조【부담금의 징수】 ① 고용노동부장관은 법 제9조제1항에 따라 부담금을 징수할 때에는 「고용보험 및 산업재해보상보험의 보험료징수 등에 관한 법률」(이하 "고용산재보험료징수법"이라 한다) 제13조제1항제2호에 따른 산재보험료와 통합하여 징수한다. (2021.10.14 개정)

② 고용노동부장관은 제1항에 따라 통합징수된 부담금을 매월 정산하여 기금에 납입하여야 한다. (2010.11.15 개정)

제13조【부담금비율의 고시】 고용노동부장관은 법 제9조제2항에 따라 부담금비율을 결정하였을 때에는 그 내용을 관보 및 「신문 등의 진흥에 관한 법률」 제9조제1항에 따라 그 보급지역을 전국으로 하여 등록한 일반일간신문 1개 이상에 고시하여야 한다. (2010.11.15 개정)

제14조【부담금 경감 대상 사업주의 기준】 ① 삭제(2014.9.24)

② 법 제10조제2호부터 제4호까지의 규정에 따른 부담금 경감 대상 사업주인지의 판단은 전년도 말일을 기준으로 한다. (2010.11.15 개정)

제15조【부담금의 경감 절차】 ① 삭제(2014.9.24)

② 법 제10조제2호부터 제4호까지의 규정에 따라 부담금을 경감받으려는 사업주는 같은 호에서 정하는 부담금 경감 요건을 갖춘 후 고용노동부령으로 정하는 바에 따라 고용노동부장관에게 신청하여야 한다. (2010.11.15 개정)

③ 고용노동부장관은 제2항에 따른 신청 내용을 검토한 후 부담금 경감 요건을 갖춘 사업주에게는 그 경감 내용을 통지하여야 한다. (2010.11.15 개정)

칙 제9조

제16조【부담금 경감기준의 고시】 고용노동부장관은 법 제10조 각 호 외의 부분 후단에 따라 부담금의 경감기준을 결정하였을 때에는 그 내용을 관보 및 「신문 등의 진흥에 관한 법률」 제9조제1항에 따라 그 보급지역을 전국으로 하여 등록한 일반일간신문 1개 이상에 고시하여야 한다. (2010.11.15

개정)

제17조【부담금 또는 그 밖의 징수금 카드의 작성 등】 ① 고용노동부장관은 법의 적용 대상이 되는 사업에 대해서는 사업장별로 부담금 또는 그 밖의 징수금 카드를 작성하여 갖춰 두어야 한다. (2010.11.15 개정)

② 고용노동부장관은 제1항에 따른 부담금 또는 그 밖의 징수금 카드를 열람하려는 사업주에게는 이를 열람하게 하여야 하며, 필요한 사항에 대하여 증명서를 발급받으려는 사업주에게는 증명서를 발급할 수 있다. (2010.11.15 개정)

제18조【대지급금수급계좌】 ① 법 제11조제1항 단서에서 "정보통신장애나 그 밖에 대통령령으로 정하는 불가피한 사유"란 같은 항 본문에 따른 대지급금수급계좌(이하 "대지급금수급계좌"라 한다)가 개설된 금융기관이 폐업, 업무정지 또는 정보통신장애 등으로 정상영업이 불가능하거나 이에 준하는 불가피한 사유로 대지급금을 그 지급 결정일부터 14일 이내에 대지급금수급계좌로 이체할 수 없는 경우를 말한다. (2021.10.14 개정)

② 고용노동부장관은 법 제11조제1항 단서에 따라 대지급금을 대지급금수급계좌로 이체할 수 없을 때에는 해당 대지급금을 지급받을 권리가 있는 사람에게 직접 현금으로 지급할 수 있다. (2021.10.14 개정)

제18조의2【대지급금의 수령 위임】 ① 대지급금을 받을 권리가 있는 사람이 부상 또는 질병으로 대지급금을 수령할 수 없는 경우에는 법 제11조의2 제2항에 따라 그 가족에게 수령을 위임할 수 있다. (2021.10.14 개정)

② 제1항에 따라 대지급금 수령을 위임받은 사람이 대지급금을 지급받으려면 그 위임 사실 및 가족관계를 증명할 수 있는 서류를 제출해야 한다. (2021.10.14 개정)

제19조【재산목록의 기재사항】 고용노동부장관은 법 제13조제1항에 따라 사업주에게 재산목록의 제출을 명할 때 그 재산목록은 다음 각 호의 사항을 포함하여 작성되도록 하여야 한다. (2010.11.15 개정)

1. 부동산에 관한 소유권, 지상권, 전세권, 임차권, 부동산 인도청구권 및 부동산에 관한 권리이전청구권
2. 등기 또는 등록의 대상이 되는 자동차, 건설기계, 선박, 항공기의 소유권·인도청구권 및 그에 관한 권리이전청구권
3. 광업권, 어업권, 그 밖에 부동산에 관한 규정이 준용되는 권리 및 그에 관한 권리이전청구권
4. 질권·저당권 등의 담보물권으로 담보되는 채권은 그 취지 및 담보물권의 내용

칙 제10조

제20조【부당이득의 환수 등】 ① 고용노동부장관은 법 제14조제1항 및

제2항에 따라 거짓이나 그 밖의 부정한 방법으로 대지급금 또는 융자금을 받으려 하거나 이미 받은 사람, 그 밖에 잘못 지급된 대지급금 또는 융자금을 이미 받은 사람에 대해서는 다음 각 호의 구분에 따라 지급신청한 금액을 지급 또는 융자하지 않거나 지급받은 금액을 환수해야 한다. (2021.10.14 개정)

1. 대지급금 또는 융자금 지급요건을 충족하고 있지 않은 경우 : 신청금액 또는 지급금액의 전부 (2021.10.14 개정)
2. 대지급금 또는 융자금 지급요건을 충족하고 있는 경우 : 신청금액 또는 지급금액의 일부(거짓이나 그 밖의 부정한 방법으로 받으려 했거나 이미 받은 대지급금 또는 융자금이나 잘못 지급된 대지급금 또는 융자금에 상당하는 금액을 말한다) (2021.10.14 개정)

② 고용노동부장관은 제1항에 따라 받은 대지급금 또는 융자금의 환수(법 제14조제3항에 따른 추가징수를 포함한다. 이하 같다)를 결정했을 때에는 납부의무가 있는 사람에게 그 금액의 납부를 통지해야 한다. (2021.10.14 개정)

③ 제2항에 따른 통지를 받은 사람은 그 통지를 받은 날부터 30일 이내에 통지된 금액을 납부해야 한다. (2021.10.14 개정)

④ 제1항부터 제3항까지에서 규정한 사항 외에 대지급금 및 융자금의 부지급(不支給) 또는 환수절차, 그 밖에 부정수급 처리에 필요한 사항은 고용노동부장관이 정한다. (2021.10.14 개정)

제20조의2 【대지급금 부정수급사실의 신고 등】 ① 법 제15조에 따라 거짓이나 그 밖의 부정한 방법으로 대지급금이 지급된 사실(이하 이 조에서 "부정수급사실"이라 한다)을 신고하려는 사람은 고용노동부령으로 정하는 바에 따라 지방고용노동관서에 신고해야 한다. (2021.10.14 개정)

② 법 제15조에 따라 부정수급사실에 대하여 고발을 받은 수사기관은 지체 없이 그 사실을 지방고용노동관서에 통보하여야 한다. (2010.11.15 개정)

③ 법 제15조에 따라 부정수급사실을 신고하거나 고발한 사람이 같은 조에 따른 포상금(이하 "포상금"이라 한다)을 지급받으려면 고용노동부령으로 정하는 바에 따라 고용노동부장관에게 포상금 지급을 신청하여야 한다. (2010.11.15 개정)

칙 제11조의2

제20조의3 【포상금의 지급기준】 포상금은 1억원을 지급한도액으로 하여 다음 각 호의 기준에 따라 고용노동부장관이 지급한다. 이 경우 1천원 단위 미만은 지급하지 않는다. (2021.10.14 개정)

1. 거짓이나 그 밖의 부정한 방법으로 지급받은 대지급금(이하 "부정수급액"이라 한다)이 5천만원 이상인 경우 : 1,100만원+(5천만원 초과 부정수급

액×10/100) (2021.10.14 개정)
2. 부정수급액이 1천만원 이상 5천만원 미만인 경우 : 300만원+(1천만원 초과 부정수급액×20/100) (2021.10.14 개정)
3. 부정수급액이 1천만원 미만인 경우 : 부정수급액×30/100 (2021.10.14 개정)

제20조의4 【신고 또는 고발의 기한】 포상금은 거짓이나 그 밖의 부정한 방법으로 대지급금을 지급받은 사람이 그 대지급금을 거짓이나 그 밖의 부정한 방법으로 지급받은(이하 "부정수급"이라 한다) 날부터 3년 이내에 신고하거나 고발한 경우에만 지급한다. (2021.10.14 개정)

제20조의5 【신고 또는 고발의 경합 시 포상금의 지급방법】 ① 동일한 대지급금 부정수급 행위를 2명 이상이 각각 신고하거나 고발한 경우에는 포상금액을 산정할 때 하나의 신고 또는 고발로 본다. (2021.10.14 개정)
② 제1항의 경우 포상금은 부정수급행위의 적발에 기여한 정도 등을 고려하여 각각의 사람에게 적절하게 배분하여 지급하되, 포상금을 받을 사람이 배분방법에 관하여 미리 합의하여 포상금 지급을 신청한 경우에는 그 합의된 방법에 따라 지급한다. (2010.11.15 개정)

제20조의6 【포상금의 지급 시기】 포상금은 제20조제2항에 따른 환수금의 납부 통지 후 이에 대한 불복 제기 기간이 지나거나 불복절차가 종료되어 그 처분이 확정된 후에 지급한다. (2014.9.24 개정)

제21조 【부담금과 그 밖의 징수금의 납부·징수】 법에 따른 부담금과 그 밖의 징수금의 산정·납부·징수 등에 관하여는 고용산재보험료징수법 시행령 제10조, 제19조의2부터 제19조의5까지, 제19조의7, 제19조의8, 제20조부터 제27조까지, 제30조의2부터 제30조의4까지, 제31조, 제32조, 제33조, 제37조부터 제40조까지, 제40조의2부터 제40조의6까지, 제41조, 제41조의2부터 제41조의4까지, 제43조, 제43조의2, 제44조부터 제53조까지의 규정을 준용한다. 이 경우 "보험료" 또는 "산재보험료"는 "부담금"으로, "공단" 또는 "건강보험공단"은 "고용노동부장관(제24조에 따른 위탁이 있는 경우에는 그 권한을 위탁받은 근로복지공단 또는 건강보험공단을 말한다)"으로, "개산보험료"는 "개산부담금"으로, "보험연도"는 "회계연도"로, "보험관계"는 "임금채권보장관계"로, "보험료율"은 "부담금비율"로, "월별보험료"는 "월별부담금"으로, "확정보험료"는 "확정부담금"으로, "보험사무"는 "임금채권보장사무"로 본다. (2021.10.14 개정)

제22조 【기금의 관리·운용 등】 기금의 관리·운용 및 출연금의 반납에 관하여는 「산업재해보상보험법 시행령」 제85조의4제3항, 제86조제1항제2호, 같은 조 제2항 전단, 제87조부터 제89조까지, 제91조부터 제95조까지의 규정을 준용한다. 이 경우 "피출연자"는 "법 제27조에 따라 업무를 위탁받은

자"로, "보험연도"는 "회계연도"로, "기금계정"은 "임금채권보장기금계정"으로, "공단"(같은 법 시행령 제88조제2항 및 제91조제2항의 경우는 제외한다)은 "고용노동부장관(제24조제2항에 따라 그 권한을 위탁받은 경우에는 근로복지공단을 말한다)"으로, "보험료"는 "부담금"으로, "기금"은 "임금채권보장기금"으로 본다. (2021.10.14 개정)

칙 제11조의3

제22조의2 【책임준비금의 적립기준】 법 제20조제2항에 따라 준용되는 「산업재해보상보험법」 제99조에 따른 책임준비금은 전년도 대지급금의 지급에 든 비용에 해당하는 금액으로 한다. (2021.10.14 개정)

제23조 【보고·제출 요구】 법 제22조에 따른 보고 또는 관계 서류의 제출 요구는 문서로 하여야 한다. (2010.11.15 개정)

제23조의2 【미회수된 대지급금 자료의 제공 제외 사유】 법 제23조의3제1항 각 호 외의 부분 단서에서 "해당 사업주의 사망·폐업으로 미회수자료 제공의 실효성이 없는 경우 등 대통령령으로 정하는 사유"란 다음 각 호의 어느 하나에 해당하는 사유를 말한다. (2024.8.6 신설)

1. 해당 사업주가 사망하거나 「민법」 제27조에 따라 실종선고를 받은 경우(사업주가 자연인인 경우만 해당한다)
2. 해당 사업주가 「채무자 회생 및 파산에 관한 법률」에 따른 회생절차 중에 있거나 파산선고를 받은 경우
3. 고용노동부장관이 법 제23조의3제1항 본문에 따라 미회수자료를 종합신용정보집중기관에 제공하기 전까지 고용노동부장관이 해당 사업주를 대신하여 근로자에게 지급한 미지급 임금등을 해당 사업주가 전액 변제한 경우
4. 고용노동부장관이 법 제23조의3제1항 본문에 따라 미회수자료를 종합신용정보집중기관에 제공하기 전까지 고용노동부장관이 사업주를 대신하여 근로자에게 지급한 미지급 임금등의 20퍼센트 이상을 해당 사업주가 변제하고, 나머지 미지급 임금등에 대한 구체적인 변제계획 및 자금 조달 방안을 충분히 소명하여 고용노동부장관이 미지급 임금등의 변제를 위하여 성실히 노력하고 있다고 인정하는 경우

제23조의3 【미회수된 대지급금 자료의 제공 요건】 ① 법 제23조의3제1항제1호에서 "대통령령으로 정하는 금액"이란 2천만원을 말한다. (2024.8.6 신설)

② 법 제23조의3제1항제2호에서 "대통령령으로 정하는 기간"이란 1년을 말한다. (2024.8.6 신설)

제24조 【권한의 위임·위탁】 ① 고용노동부장관은 법 제27조에 따라 다음 각 호의 권한을 지방고용노동관서의 장에게 위임한다. (2010.11.15 개정)

1. 법 제12조에 따른 체불 임금등과 체불사업주 등을 증명하는 서류의 발급 (2015.6.15 신설)
1의2. 법 제13조에 따른 재산목록의 제출명령 (2015.6.15 개정)
2. 법 제22조에 따른 보고 또는 관계 서류의 제출 요구(위임사무 처리에 필요한 경우만 해당한다)
3. 법 제23조에 따른 협조요청(위임사무 처리에 필요한 경우만 해당한다)
4. 법 제24조에 따른 출입·검사·질문(위임사무 처리에 필요한 경우만 해당한다)
5. 법 제30조에 따른 과태료의 부과·징수
6. 제5조에 따른 도산등사실인정
7. 제9조제1항제1호에 따른 도산대지급금 지급 청구의 수리 (2021.10.14 개정)
8. 제10조에 따른 확인
9. 제20조의2제3항에 따른 포상금 지급신청의 접수
10. 제20조의3에 따른 포상금의 지급

② 고용노동부장관은 법 제27조에 따라 다음 각 호의 권한을 「산업재해보상보험법」에 따른 근로복지공단(이하 "근로복지공단"이라 한다)에 위탁한다. (2010.11.15 개정)
1. 법 제7조 및 제7조의2에 따른 대지급금의 지급 (2021.10.14 개정)
1의2. 법 제7조의3에 따른 체불 임금등의 지급 및 생계비에 필요한 비용의 융자 (2021.10.14 개정)
2. 법 제8조에 따른 청구권 대위와 관련된 권한의 행사. 다만, 제4항제1호에 따라 한국자산관리공사에 위탁된 사항은 제외한다. (2024.8.6 개정)
3. 법 제10조에 따른 부담금의 경감
3의2. 법 제11조에 따른 대지급금의 입금 및 지급 (2021.10.14 개정)
4. 법 제14조에 따른 부당이득의 환수 (2014.9.24 개정)
5. 법 제16조에 따라 준용되는 고용산재보험료징수법에 따른 다음 각 목의 권한 (2021.10.14 개정)
   가. 고용산재보험료징수법 제16조의2제1항에 따른 월별부담금의 부과 (2021.10.14 개정)
   나. 고용산재보험료징수법 제16조의3부터 제16조의6까지의 규정에 따른 월별부담금의 산정 (2021.10.14 개정)
   다. 고용산재보험료징수법 제16조의9제1항 및 제2항에 따른 부담금의 산정 (2021.10.14 개정)
   라. 고용산재보험료징수법 제17조에 따른 개산부담금의 수납·징수 (2021.10.14 개정)

마. 고용산재보험료징수법 제18조에 따른 부담금비율 인상·인하 등에 따른 조치 (2021.10.14 개정)
바. 고용산재보험료징수법 제19조에 따른 확정부담금의 수납·징수·정산 (2021.10.14 개정)
사. 고용산재보험료징수법 제22조의2에 따른 부담금 등의 경감 (2021.10.14 개정)
아. 고용산재보험료징수법 제23조에 따른 부담금 등 과납액의 충당과 개산부담금·확정부담금 및 그에 따른 징수금 과납액의 반환 (2021.10.14 개정)
자. 고용산재보험료징수법 제23조의2에 따른 산재보험 진료비 등의 충당 (2021.10.14 신설)
차. 고용산재보험료징수법 제24조제1항에 따른 같은 법 제19조제4항과 관련된 가산금의 징수 (2021.10.14 개정)
카. 고용산재보험료징수법 제27조에 따른 징수금의 통지 및 독촉 (2021.10.14 개정)
타. 고용산재보험료징수법 제27조의2에 따른 징수금의 납부기한 전 징수 (2021.10.14 개정)
파. 고용산재보험료징수법 제28조에 따른 체납처분 (2021.10.14 개정)
하. 고용산재보험료징수법 제29조에 따른 결손처분 (2021.10.14 개정)
거. 고용산재보험료징수법 제29조의2에 따른 체납 또는 결손처분 자료의 제공 (2021.10.14 개정)
너. 고용산재보험료징수법 제33조제2항부터 제5항까지의 규정에 따른 임금채권보장사무의 대행인가, 변경인가, 변경신고의 수리, 업무의 폐지신고의 수리 및 인가취소 (2021.10.14 개정)
더. 고용산재보험료징수법 제34조에 따른 부담금과 그 밖의 징수금 납입의 통지 (2021.10.14 개정)
러. 고용산재보험료징수법 제35조에 따른 가산금·연체금의 징수 (2021.10.14 개정)
머. 고용산재보험료징수법 제37조에 따른 징수비용과 그 밖의 지원금 교부 (2021.10.14 개정)
버. 고용산재보험료징수법 제39조에 따른 납부기한의 연장 (2021.10.14 개정)

6. 법 제22조에 따른 보고 또는 관계 서류의 제출 요구(위탁사무 처리에 필요한 경우만 해당한다)
7. 법 제23조에 따른 협조요청(위탁사무 처리에 필요한 경우만 해당한다)
7의2. 법 제23조의3에 따른 미회수된 대지급금 자료의 제공 (2024.8.6 신설)

8. 법 제24조에 따른 출입·검사·질문(위탁사무 처리에 필요한 경우만 해당한다)
8의2. 제9조제1항제2호부터 제4호까지의 규정에 따른 간이대지급금 지급청구의 접수 (2021.10.14 개정)
9. 제17조에 따른 부담금 또는 그 밖의 징수금 카드의 작성·비치·열람제공 및 증명서의 발급(근로복지공단이 징수하는 경우만 해당한다)
10. 제21조에 따라 준용되는 고용산재보험료징수법 시행령에 따른 다음 각 목의 권한 (2021.10.14 개정)
   가. 고용산재보험료징수법 시행령 제10조에 따른 부담금의 대행납부의 승인, 변경신고의 수리, 승인의 취소 (2021.10.14 개정)
   나. 고용산재보험료징수법 시행령 제45조제3항에 따른 임금채권보장사무의 수임(受任) 및 수임 해지의 신고 수리 (2021.10.14 개정)
   다. 고용산재보험료징수법 시행령 제49조에 따른 청문 (2021.10.14 개정)
11. 제22조에 따라 준용되는「산업재해보상보험법 시행령」제88조제1항에 따른 부담금 등의 기금에의 납입

③ 고용노동부장관은 법 제27조에 따라 다음 각 호의 권한을「국민건강보험법」에 따른 국민건강보험공단에 위탁한다. (2010.11.15 개정)

1. 법 제16조에 따라 준용되는 고용산재보험료징수법에 따른 다음 각 목의 권한 (2021.10.14 개정)
   가. 고용산재보험료징수법 제16조의2제1항에 따른 월별부담금의 징수 (2021.10.14 개정)
   나. 고용산재보험료징수법 제16조의8에 따른 월별부담금의 고지 (2021.10.14 개정)
   다. 고용산재보험료징수법 제16조의9제3항 및 제4항에 따른 과납액의 반환 및 부족 부담금의 징수 (2021.10.14 개정)
   라. 고용산재보험료징수법 제18조제1항에 따른 부담금비율 인상에 따른 조치 (2021.10.14 개정)
   마. 고용산재보험료징수법 제23조제1항에 따른 과오납 월별부담금 충당 후 잔액의 지급 (2021.10.14 개정)
   바. 삭제(2021.10.14)
   사. 고용산재보험료징수법 제25조에 따른 연체금의 징수 (2021.10.14 개정)
   아. 고용산재보험료징수법 제27조에 따른 징수금의 통지 및 독촉 (2021.10.14 개정)
   자. 고용산재보험료징수법 제27조의2에 따른 징수금의 납부기한 전 징수 (2021.10.14 개정)
   차. 고용산재보험료징수법 제27조의3에 따른 부담금 등의 분할납부의 승

인·승인취소 등 〈2021.10.14 개정〉
카. 고용산재보험료징수법 제28조에 따른 체납처분 〈2021.10.14 개정〉
타. 고용산재보험료징수법 제28조의3제4항에 따른 상속재산관리인의 선임 청구 〈2021.10.14 개정〉
파. 고용산재보험료징수법 제28조의6에 따른 고액·상습체납자의 인적 사항 등의 공개 〈2021.10.14 개정〉
하. 고용산재보험료징수법 제28조의7에 따른 체납처분유예를 위한 납부담보의 제공에 관한 사항 〈2021.10.14 개정〉
거. 고용산재보험료징수법 제29조에 따른 결손처분 〈2021.10.14 개정〉
너. 고용산재보험료징수법 제29조의2에 따른 체납 또는 결손처분 자료의 제공 〈2021.10.14 개정〉
더. 고용산재보험료징수법 제29조의3에 따른 금융거래정보의 제공 요청 〈2021.10.14 신설〉
러. 고용산재보험료징수법 제39조에 따른 납부기한의 연장 〈2021.10.14 개정〉

2. 법 제23조에 따른 협조요청(위탁사무 처리에 필요한 경우만 해당한다)
3. 법 제24조에 따른 출입·검사·질문(위탁사무 처리에 필요한 경우만 해당한다)
4. 제22조에 따라 준용되는 「산업재해보상보험법 시행령」 제88조제1항에 따른 부담금 등의 기금에의 납입

④ 고용노동부장관은 법 제27조에 따라 다음 각 호의 권한을 「한국자산관리공사 설립 등에 관한 법률」에 따른 한국자산관리공사에 위탁한다. 〈2024.8.6 신설〉

1. 법 제8조에 따른 청구권 대위와 관련된 권한의 행사(매년 1월 1일을 기준으로 미회수된 대지급금이 다음 각 목의 기준에 모두 해당하는 사업주에 대한 주소·거소 또는 재산의 조사 및 납부 독촉에 관한 사항으로 한정한다)
가. 미회수된 대지급금의 합계가 1억원 미만일 것
나. 가목에 따른 미회수된 대지급금이 근로자에게 최초로 지급된 날의 다음 날부터 5년 이상 경과하였을 것
2. 법 제23조에 따른 협조요청(위탁사무 처리에 필요한 경우만 해당한다)
3. 법 제24조에 따른 출입·검사·질문(위탁사무 처리에 필요한 경우만 해당한다)

칙 제13조

제25조 【공단의 보고】 법 제27조에 따라 권한을 위탁받은 근로복지공단은 매월 다음 각 호의 현황을 다음 달 말일까지 고용노동부장관에게 보고해야 한다. 〈2021.10.14 개정〉

1. 법 제7조 및 제7조의2에 따른 대지급금의 지급 현황
2. 법 제7조의3에 따른 융자금의 지급 현황
3. 법 제14조제2항에 따른 환수금(같은 조 제3항에 따른 추가 징수금을 포함한다)의 징수 현황

제25조의2【고유식별정보의 처리】 고용노동부장관(제24조에 따라 고용노동부장관의 권한을 위임·위탁받은 자를 포함한다)은 다음 각 호의 사무를 수행하기 위해 불가피한 경우「개인정보 보호법 시행령」제19조제1호 또는 제4호에 따른 주민등록번호 또는 외국인등록번호가 포함된 자료를 처리할 수 있다. (2021.6.1 개정)

1. 법 제7조제5항에 따른 대지급금 관련업무 지원 등에 관한 사무 (2021.10.14 개정)

1의2. 법 제7조의3에 따른 체불 임금등의 지급 및 생계비에 필요한 비용의 융자 신청, 확인 등에 관한 사무 (2021.10.14 개정)

1의3. 법 제12조에 따른 체불 임금등과 체불사업주 등을 증명하는 서류의 발급 (2015.6.15 신설)

2. 법 제13조에 따른 재산목록의 제출명령에 관한 사무
3. 법 제14조에 따른 부당이득의 환수에 관한 사무 (2014.9.24 개정)

3의2. 법 제23조의3에 따른 미회수된 대지급금 자료의 제공에 관한 사무 (2024.8.6 신설)

4. 제5조에 따른 도산등사실인정에 관한 사무
5. 제9조에 따른 대지급금의 청구 및 지급에 관한 사무 (2021.10.14 개정)
6. 제10조에 따른 대지급금 지급 사유의 확인 등에 관한 사무 (2021.10.14 개정)

6의2. 제11조에 따른 미지급 임금등 청구권의 대위에 관한 사무 (2014.9.24 신설)

7. 제15조에 따른 부담금 경감에 관한 사무

제25조의3【규제의 재검토】 삭제(2020.3.3)

제26조【과태료의 부과·징수】 법 제30조제1항에 따른 과태료의 부과기준은 별표 3과 같다. (2021.10.14 개정)

부칙

① **【시행일】** 이 영은 1998년 7월 1일부터 시행한다.

② **【지급대상사업주에 관한 적용특례】** 이 영 시행당시 사업주가 산업재해보상보험법 제10조제1호의 규정에 의하여 보험관계가 성립된 날부터 1년 이상 당해 사업을 행한 경우에는 제8조의 규정에 불구하고 1999년 6월 30일까지는 제8조의 규정에 의한 체당금의 지급대상사업주로서의 요건을 갖춘

것으로 본다.

〈생략〉

부칙(2001.6.22 대통령령 제17244호)

① **【시행일】** 이 영은 2001년 7월 1일부터 시행한다.
② **【도산 등 사실인정 대상사업주 확대에 관한 적용례】** 제5조제1항의 개정규정은 이 영 시행 후 제5조제2항의 규정에 의하여 도산 등 사실인정을 신청한 근로자부터 적용한다.
③ **【체당금의 상한액 상향조정에 관한 적용례】** 제6조의 개정규정은 이 영 시행 후 제4조의 규정에 의한 지급사유가 발생한 체당금부터 적용한다.
④ **【체당금부정이득의 징수 등에 관한 경과조치】** 이 영 시행 전에 허위 기타 부정한 방법으로 체당금을 지급받았거나 받고자 한 자에 대하여는 제20조의 개정규정에 불구하고 종전의 규정에 의한다.

부칙(2003.6.25 대통령령 제18018호)

① **【시행일】** 이 영은 공포한 날부터 시행한다.
② **【도산등사실인정의 요건에 관한 적용례】** 제5조제1항의 개정규정은 이 영 시행 후 제5조제2항의 개정규정에 의하여 도산등사실인정을 신청한 근로자부터 적용한다.
③ **【체당금 상한액에 관한 적용례 및 경과조치】** 제6조의 개정규정에 따라 결정·고시된 체당금의 상한액은 그 고시일 이후에 제4조의 규정에 의한 체불임금 등의 지급사유가 발생(다만, 제4조제4호의 규정에 의한 도산등사실인정의 경우에는 그 신청서가 접수된 것을 말한다)한 체당금부터 적용하며, 그 고시일의 전날까지는 제6조의 개정규정에 불구하고 종전의 규정에 의한다.
④ **【사업주의 기준에 관한 적용례】** 제8조의 개정규정은 이 영 시행 후 제5조제2항의 개정규정에 의하여 도산등사실인정을 신청한 근로자부터 적용한다.

〈생략〉

부칙(2015.6.15 대통령령 제26318호)

제1조 【시행일】 이 영은 2015년 7월 1일부터 시행한다.
제2조 【체당금 지급대상 근로자에 관한 적용례 등】 ① 제7조제2항의 개정규정은 이 영 시행 전에 퇴직한 근로자에 대해서도 적용한다.
② 제7조제2항의 개정규정에도 불구하고 이 영 시행 전에 퇴직하여 그 퇴직한 날의 다음 날부터 이 영 시행일까지 2년이 지났으나 2015년 12월 31일까

지 3년이 지나지 아니한 퇴직 근로자가 2015년 12월 31일까지 판결등에 관한 소의 제기 또는 신청 등을 한 경우 해당 근로자도 소액체당금의 지급대상이 되는 근로자로 본다.

제3조【사업주 기준에 관한 적용례】 제8조제2항의 개정규정은 부칙 제2조에 따라 소액체당금의 지급대상이 되는 근로자를 사용한 사업주에 대하여 해당 근로자가 체당금을 받을 수 있는 사업주의 기준에 해당하는지 여부를 판단하는 경우에도 적용한다.

제4조【상시근로자수 산정방법에 관한 경과조치】 이 영 시행 전에 법 제7조 및 이 영 제5조에 따라 도산등사실인정 신청을 한 근로자의 해당 사업에서의 상시근로자수 산정에 관하여는 별표 1 제1호의 개정규정에도 불구하고 종전의 규정에 따른다.

〈생략〉

부칙(2021.6.1 대통령령 제31721호)

이 영은 2021년 6월 9일부터 시행한다. 다만, 제10조제1항 각 호 외의 부분, 같은 항 제3호 및 제21조 전단의 개정규정은 공포한 날부터 시행한다.

부칙(2021.10.14 대통령령 제32048호)

제1조【시행일】 이 영은 2021년 10월 14일부터 시행한다.

제2조【대지급금 지급대상 근로자 기준에 관한 적용례】 ① 제7조제2항제2호의 개정규정은 이 영 시행 전에 진정등을 제기한 퇴직 근로자가 제9조제1항제3호의 개정규정에 따른 기간 이내에 대지급금의 지급을 청구한 경우에도 적용한다.

② 제7조제3항의 개정규정은 이 영 시행 전에 소송등 또는 진정등을 제기한 재직 근로자가 제9조제1항제4호에 따른 기간 이내에 대지급금의 지급을 청구한 경우에도 적용한다.

제3조【포상금 지급기준에 관한 적용례】 제20조의3의 개정규정은 이 영 시행 전에 제20조의2제3항에 따라 포상금 지급 신청을 하여 이 영 시행 당시 그 포상금에 대한 지급절차가 진행 중인 경우에도 적용한다.

제4조【출연금의 반납에 관한 적용례】 제22조의 개정규정은 이 영 시행 전에 법 제27조에 따라 업무를 위탁받은 자가 위탁받아 하는 사업에 사용하고 남은 출연금에 대해서도 적용한다.

부칙(2024.8.6 대통령령 제34812호)

이 영은 2024년 8월 7일부터 시행한다.

부칙(2025.12.30 대통령령 제35948호)

제1조 【시행일】 이 영은 2026년 1월 2일부터 시행한다. 〈단서 생략〉

제2조부터 **제4조**까지 생략

[별표 1] (2021.10.14 개정)

상시근로자수의 산정방법(제5조제1항 관련)

1. 상시근로자수는 도산등사실인정 신청일이 속한 달의 직전 달 이전에 해당 사업을 한 최종 6개월(1개월 중 하루라도 사업을 한 경우 그 달을 포함한 최종 6개월을 말한다) 동안 사용한 근로자의 연인원을 같은 기간 중에 사업을 한 일수로 나눈 수로 한다.

2. 제1호에도 불구하고 건설업의 경우에 상시근로자수를 산정하기 곤란할 때에는 다음 계산식에 따른다.

(전년도 공사 실적액×전년도 노무비율)÷(전년도 건설업 월평균보수×전년도 조업월수)

가. "공사실적액"이란 해당 사업주의 총 공사실적액에서 「건설산업기본법」이나 그 밖의 관계 법령에 따라 적법하게 하도급된 부분의 공사실적액을 제외한 금액을 말한다.

나. "노무비율"이란 고용산재보험료징수법 제13조제6항에 따라 고용노동부장관이 고시한 노무비율을 말한다.

다. "건설업 월평균보수"란 고용산재보험료징수법 시행령 제2조제1항제3호가목 단서에 따라 고용노동부장관이 고시하는 건설업 월평균보수를 말한다.

[별표 2] 삭제(2003.6.25)

[별표 3] (2021.10.14 개정)

과태료의 부과기준(제26조 관련)

1. 일반기준
  가. 부과권자는 다음의 어느 하나에 해당하는 경우에는 제2호의 개별기준에 따른 과태료의 2분의 1 범위에서 그 금액을 줄여 부과할 수 있다. 다만, 과태료를 체납하고 있는 위반행위자에 대해서는 그렇지 않다.
    1) 위반행위가 사소한 부주의나 오류로 인한 것으로 인정되는 경우
    2) 위반행위자가 법 위반상태를 시정하거나 해소하기 위하여 노력한 사실이 인정되는 경우
    3) 그 밖에 위반행위의 정도, 위반횟수, 위반행위의 동기와 그 결과 등을 고려하여 줄일 필요가 있다고 인정되는 경우
  나. 부과권자는 다음의 어느 하나에 해당하는 경우에는 제2호의 개별기준에 따른 과태료의 2분의 1 범위에서 늘려 부과할 수 있다. 다만, 늘려 부과하는 경우에도 법 제30조제1항에 따른 과태료의 상한을 넘을 수 없다.
    1) 위반의 내용·정도가 중대하여 근로자 등에게 미치는 피해가 크다고 인정되는 경우
    2) 그 밖에 위반행위의 정도, 위반횟수, 위반행위의 동기와 그 결과 등을 고려하여 늘릴 필요가 있다고 인정되는 경우

2. 개별기준

위반행위	근거 법조문	과태료 금액
가. 정당한 사유 없이 법 제13조에 따른 재산목록의 제출을 거부하거나 거짓의 재산목록을 제출한 경우	법 제30조 제1항 제1호의2	
1) 재산목록의 제출을 거부한 경우		500만원
2) 거짓의 재산목록을 제출한 경우		800만원
나. 정당한 사유 없이 법 제22조에 따른 보고나 관계 서류의 제출요구에 따르지 않은 경우 또는 거짓 보고를 하거나 거짓 서류를 제출한 경우	법 제30조 제1항 제2호	
1) 보고나 관계 서류의 제출요구에 따르지 않은 경우		500만원
2) 거짓 보고를 하거나 거짓 서류를 제출한 경우		800만원
다. 정당한 사유 없이 법 제24조제1항에 따른 관계 공무원 또는 법 제27조에 따라 권한을 위탁받은 기관에 소속된 직원의 질문에 답변을 거부하거나 검사를 거부·방해 또는 기피한 경우	법 제30조 제1항 제3호	
1) 질문에 답변을 거부한 경우		500만원
2) 검사를 거부·방해 또는 기피한 경우		800만원

임금채권보장법 시행규칙

제정 1998. 6.15 노동부령 제131호
개정 1999. 8.19 노동부령 제154호
〈생략〉
2021.10.14 고용노동부령 제332호
2023. 3. 8 고용노동부령 제378호
2024. 8. 6 고용노동부령 제423호
2025.10. 1 고용노동부령 제453호

제1조 【목적】 이 규칙은 「임금채권보장법」 및 같은 법 시행령에서 위임된 사항과 그 시행에 필요한 사항을 규정함을 목적으로 한다. (2010.12.30 개정)

제2조 【도산등사실인정의 신청】 ① 「임금채권보장법 시행령」(이하 "영"이라 한다) 제5조에 따른 도산등사실인정(이하 "도산등사실인정"이라 한다)을 신청하려는 사람은 별지 제1호서식의 도산등사실인정 신청서를 퇴직 당시의 사업장을 관할하는 지방고용노동청장 또는 지청장(이하 "관할지방고용노동관서의 장"이라 한다)에게 제출하여야 한다. (2015.6.30 개정)

1. 삭제(2015.6.30)
2. 삭제(2015.6.30)

② 제1항에 따라 도산등사실인정의 신청을 하려는 사람은 그 신청서에 다음 각 호의 서류를 첨부하여 제출해야 한다. (2020.8.12 개정)

1. 해당 사업주의 사업이 폐지되었거나 폐지되는 과정에 있으며, 임금등을 지급할 능력이 없거나 지급이 현저히 곤란하다는 사실을 기재하거나 증명하는 자료(해당 사실의 기재나 증명이 가능한 경우로 한정한다) (2021.6.9 개정)
2. 별지 제6호의2서식의 대지급금 관련업무 공인노무사 지원신청서[(「임금채권보장법」(이하 "법"이라 한다) 제7조제2항에 따른 체불 임금등 대지급금(이하 "대지급금"이라 한다) 관련업무 지원 대상으로서 같은 조 제5항에 따라 공인노무사의 지원을 받으려는 경우만 해당한다] (2021.10.14 개정)

③ 같은 사업 또는 사업장에서 퇴직한 근로자가 2명 이상인 경우에 그 중 1명의 퇴직근로자가 제1항에 따라 도산등사실인정 신청서를 제출하였을 때에는 그 외 퇴직근로자는 이를 제출하지 아니할 수 있다. (2015.6.30 개정)

제3조 【도산 등 사실인정의 기준】 삭제(2001.6.27.)

제4조 【도산등사실인정의 통지】 관할지방고용노동관서의 장은 제2조에 따른 도산등사실인정의 신청에 대하여 도산등사실인정 여부를 결정하였을 때에는 지체 없이 별지 제2호서식의 통지서에 따라 그 내용을 신청인에게 통지하여야 한다. (2010.12.30 개정)

제5조【대지급금의 지급 청구】 ① 영 제9조제1항제1호에 따라 법 제7조제1항제1호부터 제3호까지의 규정에 따른 대지급금(이하 "도산대지급금"이라 한다)의 지급을 청구하려는 사람은 별지 제3호서식의 도산대지급금 지급청구서를 관할지방고용노동관서의 장을 거쳐 「산업재해보상보험법」에 따른 근로복지공단(이하 "공단"이라 한다)에 제출해야 한다. (2021.10.14 개정)
② 영 제9조제1항제2호부터 제4호까지의 규정에 따라 법 제7조제1항제4호·제5호 및 법 제7조의2제1항에 따른 대지급금(이하 "간이대지급금"이라 한다)의 지급을 청구하려는 사람은 별지 제3호의2서식의 간이대지급금 지급청구서에 다음 각 호의 구분에 따른 서류를 첨부하여 공단에 제출해야 한다. (2021.10.14 개정)
1. 간이대지급금 중 법 제7조제1항제4호에 해당하는 경우 또는 법 제7조의2 제1항에 따라 법 제7조제1항제4호에 해당하는 경우 : 다음 각 목의 서류
  가. 법 제7조제1항제4호 각 목에 해당하는 판결, 명령, 조정 또는 결정 등(이하 "판결등"이라 한다)이 있는 경우 그 정본 또는 사본
  나. 다음의 종국판결, 소송상 화해 또는 결정이 있는 경우에는 그 확정증명원 정본 또는 사본
    1) 법 제7조제1항제4호가목에 따른 종국판결
    2) 법 제7조제1항제4호다목에 따른 확정판결과 같은 효력을 가지는 것 중 소송상 화해
    3) 법 제7조제1항제4호마목에 따른 조정을 갈음하는 결정
2. 간이대지급금 중 법 제7조제1항제5호에 해당하는 경우 또는 법 제7조의2 제1항에 따라 법 제7조제1항제5호에 해당하는 경우 : 제9조의2에 따라 대지급금 청구를 위한 용도로 발급받은 체불 임금등·사업주 확인서의 원본 또는 사본

제6조【확인의 신청】 영 제10조제1항에 따라 확인을 받으려는 사람은 제5조제1항에 따라 도산대지급금 지급 청구를 할 때 별지 제4호서식의 대지급금 등 확인신청서를 같은 항에 따른 도산대지급금 지급청구서와 함께 관할지방고용노동관서의 장에게 제출해야 한다. (2021.10.14 개정)
1. 삭제(2015.6.30)
2. 삭제(2015.6.30)

제7조【확인의 통지 등】 ① 제6조에 따른 확인신청서를 접수한 관할지방고용노동관서의 장은 영 제10조제1항 각 호에 따른 확인사항에 대하여 사실 확인을 한 후 그 결과를 별지 제5호서식의 확인통지서에 따라 신청인에게 통지하여야 한다. 다만, 확인사항에 대한 사실 확인이 불가능한 경우에는 별지 제5호의2서식의 확인 불가 통지서에 따라 그 사유를 통지하여야 한다. (2015.6.30 개정)

② 관할지방고용노동관서의 장은 제1항에 따른 확인 결과 해당 신청인이 도산대지급금 지급 요건을 갖추고 있는 경우에는 신청인이 제출한 도산대지급금 지급청구서에 확인통지서 사본을 첨부하여 지체 없이 공단에 송부해야 한다. (2021.10.14 개정)

제8조【대지급금의 지급】 ① 제7조제2항에 따라 도산대지급금 지급청구서를 송부받은 공단은 특별한 사유가 없으면 도산대지급금 지급청구서를 받은 날부터 7일 이내에 청구인에게 지급할 도산대지급금을 지급해야 한다. (2021.10.14 개정)

② 제5조제2항에 따라 간이대지급금 지급청구서를 제출받은 공단은 특별한 사유가 없으면 그 지급청구서를 제출받은 날부터 14일 이내에 다음 각 호의 사항을 확인하여 간이대지급금의 지급 여부를 결정하고 청구인에게 지급할 간이대지급금을 지급해야 한다. (2021.10.14 개정)

1. 청구인이 영 제7조제2항 또는 제3항에 따른 대지급금 지급대상인 퇴직 근로자 또는 재직 근로자 기준을 충족하는지 여부 (2021.10.14 개정)
2. 청구인이 영 제9조제1항제2호부터 제4호까지의 규정에 따른 기간 이내에 간이대지급금 지급청구서를 공단에 제출하였는지 여부 (2021.10.14 개정)
3. 삭제(2021.10.14)
4. 법 제7조제2항제1호부터 제3호까지 또는 법 제7조의2제2항제1호부터 제3호까지의 규정에 해당하는 임금등 중 미지급액 (2021.10.14 개정)
5. 지급받아야 할 간이대지급금의 금액 (2021.10.14 개정)
6. 해당 사업주가 영 제8조제2항부터 제4항까지의 규정에 따른 사업주 기준에 해당하는지 여부 (2021.10.14 개정)

③ 제1항 또는 제2항에 따라 공단이 대지급금 지급 여부를 결정한 경우에는 별지 제6호서식의 대지급금 지급·일부지급·부지급 통지서에 대지급금 지급·일부지급·부지급 결정 내용을 적어 해당 사업주(대지급금을 지급 또는 일부지급하기로 결정한 경우로 한정한다) 및 청구인에게 우편으로 통지해야 한다. 다만, 공단이 대지급금을 지급하기로 결정한 경우에는 우편 또는 문자메시지 중 청구인이 원하는 방법으로 청구인에게 대지급금 지급결정 사실을 통지할 수 있다. (2021.10.14 개정)

제8조의2【대지급금 관련업무 지원 대상 기준】 법 제7조제5항에서 "사업장 규모 등 고용노동부령으로 정하는 기준에 해당하는 퇴직한 근로자"란 다음 각 호의 기준에 모두 해당하는 사람을 말한다. (2023.3.8 개정)

1. 영 제5조제1항제2호 및 제3호에 모두 해당하는 사업장에서 퇴직했거나 이 규칙 제2조에 따라 도산등사실인정을 신청했을 것
2. 퇴직한 사업장의 상시근로자수(영 별표 1에 따라 산정한 상시근로자수를 말한다)가 30명 미만일 것

3. 퇴직 전 월평균보수가 고용노동부장관이 정하여 고시하는 금액 이하일 것

제8조의3 【대지급금 관련업무 지원 공인노무사 등】 ① 법 제7조제5항에서 "고용노동부령으로 정하는 공인노무사"란 「공인노무사법」 제5조에 따라 등록한 공인노무사 중에서 관할지방고용노동관서의 장이 고용노동부장관이 정하는 절차에 따라 대지급금 관련업무를 지원하도록 위촉한 공인노무사를 말한다. (2021.10.14 개정)

② 법 제7조제5항에 따른 지원을 받으려는 퇴직한 근로자는 별지 제6호의2서식의 대지급금 관련업무 공인노무사 지원신청서에 신청인의 퇴직 전 월평균보수를 확인할 수 있는 자료로서 다음 각 호의 어느 하나에 해당하는 서류를 첨부하여 관할지방노동관서의 장에게 제출해야 한다. 다만, 「전자정부법」 제36조제1항에 따른 행정정보 공동이용을 통하여 제1호부터 제3호까지의 어느 하나에 해당하는 정보를 확인할 수 있는 경우에는 그 확인으로 첨부서류를 갈음할 수 있다. (2023.3.8 개정)

1. 소득금액증명 (2023.3.8 신설)
2. 고용보험 및 산업재해보상보험의 보험료 개인별 부과고지 산출내역서 (2023.3.8 신설)
3. 국민연금 산정용 가입내역 확인서 (2023.3.8 신설)
4. 국민건강보험공단 직장가입자 보험료 조회자료 (2023.3.8 신설)

③ 제2항에 따라 지원을 신청하는 퇴직한 근로자는 제1항에 따른 공인노무사 중에서 대지급금 관련업무를 대리할 사람을 지정하거나 관할지방노동관서의 장에게 그 지정을 요청할 수 있다. (2021.10.14 개정)

④ 제1항부터 제3항까지에서 규정한 사항 외에 대지급금 관련 업무 공인노무사 지원 신청에 필요한 사항은 고용노동부장관이 정하여 고시한다. (2023.3.8 신설)

제8조의4 【비용지원 금액 및 절차 등】 ① 법 제7조제6항에 따라 고용노동부장관이 공인노무사에게 지원하는 금액은 공인노무사가 수행하는 지원업무의 내용, 대지급금을 지급하는 퇴직한 근로자의 수 등을 고려하여 사업장별로 300만원을 한도로 고용노동부장관이 정하여 고시한다. 이 경우 지원금액은 고용노동부장관이 정하는 금액을 초과하여 대지급금을 받는 퇴직한 근로자를 지원한 경우와 그 금액 이하의 대지급금을 받는 퇴직한 근로자를 지원한 경우에 대하여 각각 차등하여 정할 수 있으며, 도산등사실인정에 관한 업무를 지원한 경우에는 도산등사실인정 여부에 따라 그 지원 금액을 각각 차등하여 정할 수 있다. (2023.3.8 개정)

② 법 제7조제6항에 따라 비용을 지원받으려는 공인노무사는 지원 활동이 종료된 날부터 다음 달 말일까지 별지 제6호의3서식의 대지급금 관련업무

지원비용청구서에 본인 명의의 통장 사본을 첨부하여 관할지방고용노동관서의 장에게 제출해야 한다. (2021.10.14 개정)

③ 관할지방고용노동관서의 장은 제2항에 따른 대지급금 관련업무 지원비용청구서를 받은 날부터 14일 이내에 그 비용을 지급해야 한다. 다만, 예산 사정 등 특별한 사유가 있는 경우에는 해당 청구인에게 그 사유를 통보하고 14일이 지난 후에 지급할 수 있다. (2021.10.14 개정)

④ 공인노무사는 제1항부터 제3항까지의 규정에 따라 지원비용을 받은 경우에는 퇴직한 근로자로부터 지원에 따른 금품을 받아서는 안 된다. 다만, 제1항 후단에 따른 차등지원으로 인하여 대지급금이 고용노동부장관이 정하는 금액을 초과하는 퇴직한 근로자와 관련하여 지원비용을 받지 못한 경우에는 고용노동부장관이 정하는 범위에서 퇴직한 근로자로부터 해당 비용을 받을 수 있다. (2021.10.14 개정)

제8조의5【임금 등의 미지급 사유】 삭제(2024.8.6)

제8조의6【체불 임금등의 융자대상사업주】 법 제7조의3제1항에 따른 체불 임금등의 지급을 위한 융자 대상이 되는 사업주(이하 "융자대상사업주"라 한다)는 법 제3조에 따라 이 법의 적용 대상이 되는 사업 또는 사업장의 사업주로서 6개월 이상 해당 사업을 영위한 자여야 한다. (2023.3.8 개정)

제8조의7【체불 임금등 융자금지급대상근로자】 법 제7조의3제1항에 따른 융자의 지급 대상이 되는 근로자(이하 "체불 임금등 융자금지급대상근로자"라 한다)는 다음 각 호의 사람으로 한다. (2021.10.14 개정)

1. 제8조의6에 해당하는 사업주의 사업 또는 사업장에서 제8조의8제1항에 따른 확인 신청일까지 6개월 이상 계속 근로하고 있는 사람 (2016.2.3 개정)
2. 제8조의6에 해당하는 사업주의 사업 또는 사업장에서 6개월 이상 계속 근로하고 제8조의8제1항에 따른 확인 신청일 전 1년 이내에 퇴직한 사람 (2016.2.3 개정)

제8조의8【융자대상사업주의 확인】 ① 융자대상사업주는 관할지방고용노동관서의 장에게 별지 제6호의4서식의 융자대상사업주 확인신청서를 제출하여 다음 각 호의 사항을 확인받아야 한다. (2021.6.9 개정)

1. 해당 사업주가 제8조의6에 따른 요건을 갖추었다는 사실 (2024.8.6 개정)
2. 체불 임금등 융자금지급대상근로자가 제8조의7에 따른 근로자에 해당한다는 사실 (2021.6.9 개정)
3. 확인 신청일을 기준으로 한 체불 임금등 융자금지급대상근로자에 대한 총 체불금액 (2021.6.9 개정)

② 제1항에 따른 신청을 받은 관할지방고용노동관서의 장은 해당 사항을 확인한 경우 지체 없이 별지 제6호의5서식의 융자대상사업주 확인통지서에 따라 그 내용을 사업주에게 통지해야 한다. (2021.6.9 개정)

제8조의9【체불 임금등 융자의 신청】 ① 융자대상사업주는 제8조의8제2항에 따른 확인통지서를 받은 날부터 45일 이내에 별지 제6호의6서식에 따른 융자대상사업주 융자신청서에 별지 제6호의5서식의 융자대상사업주 확인통지서를 첨부하여 공단에 제출해야 한다. (2021.6.9 개정)
1. 삭제(2013.8.29)
2. 삭제(2013.8.29)

② 제1항에 따른 융자 신청은 사업주당 총 1억5천만원의 범위에서 횟수의 제한 없이 할 수 있다. 이 경우 체불 임금등 융자금지급대상근로자 1명에 대한 융자 신청 금액의 상한은 1,500만원으로 한다. (2024.8.6 개정)

제8조의10【체불 임금등 융자의 금액과 조건】 ① 법 제7조의3제1항에 따른 융자의 금액은 제8조의8제1항제3호에 따라 확인된 총 체불금액 중 사업주가 신청하는 금액으로 한다. (2021.10.14 개정)

② 융자받은 금액은 1년 또는 2년 거치(据置) 후 3년 또는 4년 동안 분할 상환한다. 다만, 고용노동부장관은 천재지변, 고용사정의 급격한 악화 등으로 부득이하게 분할 상환 기간을 연장할 필요가 있다고 인정하는 경우에는 1년의 범위에서 그 분할 상환 기간을 연장할 수 있다. (2023.3.8 개정)

③ 융자의 금리는 연이율 100분의 5를 초과하지 아니하는 범위에서 담보제공 여부 및 시중금리 등을 반영하여 고용노동부장관이 정한다. (2012.6.15 신설)

제8조의11【체불 임금등 융자계약의 체결】 ① 제8조의9에 따라 체불 임금등의 융자 신청을 받은 공단은 예산의 범위에서 융자대상자를 결정하고 해당 사업주와 융자계약을 체결해야 한다. (2021.6.9 개정)

② 공단은 고용노동부장관이 정하는 기준에 따른 신용평가를 통해 융자금 회수가 어렵다고 판단되는 경우 해당 사업주와 융자계약 체결을 거부할 수 있다. (2021.6.9 개정)

③ 제1항 및 제2항에서 정한 사항 외에 융자계약의 체결 및 융자금액의 지급 등에 필요한 사항은 고용노동부장관이 정한다. (2021.6.9 개정)

제8조의12【임금등 체불 근로자 생계비 융자】 ① 법 제7조의3제2항에 따른 근로자 생계비에 필요한 비용의 융자(이하 "생계비융자"라 한다)를 받으려면 다음 각 호의 기준을 모두 충족해야 한다. (2021.10.14 개정)
1. 임금등이 체불된 사업장(운영 또는 휴업 중인 경우만 해당한다)에 재직 중이거나 생계비융자 신청일 이전 6개월 이내에 해당 사업장에서 퇴직한 근로자일 것
2. 생계비융자 신청일 이전 1년 동안 임금등이 1개월분 이상 체불되었을 것

② 제1항에도 불구하고 건설일용근로자(「고용보험법」 제2조제6호에 따른 일용근로자로서 「통계법」 제22조제1항에 따라 국가데이터처장이 고시하는

한국표준산업분류의 대분류상 건설업에 종사하는 사람을 말한다. 이하 같다)가 생계비융자를 받으려면 다음 각 호의 요건을 모두 갖추어야 한다. (2025.10.1 개정)

1. 생계비융자 신청일 이전 180일 이내에 「고용보험법 시행규칙」 별지 제7호서식의 고용보험 근로내용 확인신고서에 따른 근로일수가 30일 이상일 것
2. 생계비융자 신청일이 속하는 연도의 전년도에 고용노동부장관이 정하여 고시하는 노임단가의 5일분에 해당하는 금액 이상의 임금등이 체불되었을 것

③ 생계비융자의 상한액은 임금, 물가상승률 및 임금채권보장기금(이하 "기금"이라 한다)의 재정상황 등을 고려하여 고용노동부장관이 정하여 고시한다. (2021.6.9 신설)

④ 생계비융자의 금액은 제3항에 따른 상한액의 범위에서 다음 각 호의 구분에 따른 금액으로 한다. (2021.6.9 신설)

1. 재직 근로자 또는 건설일용근로자 : 생계비융자 신청일 이전 1년 이내에 발생한 체불 임금등(퇴직금은 제외한다)의 범위에서 해당 근로자가 신청한 금액
2. 퇴직 근로자 : 법 제7조제2항제1호부터 제3호까지의 규정에 해당하는 체불 임금등의 범위에서 해당 근로자가 신청한 금액

⑤ 생계비융자의 기간은 3년 이내 거치 후 5년 이내 분할 상환하는 범위에서 고용노동부장관이 정하여 고시한다. (2021.6.9 신설)

⑥ 생계비융자의 금리는 연이율 100분의 5를 넘지 않는 범위에서 시중금리 등을 반영하여 고용노동부장관이 정하여 고시한다. (2021.6.9 신설)

⑦ 생계비융자를 받으려는 근로자는 고용노동부장관이 정하여 고시하는 서류를 갖추어 임금등이 체불된 날부터 1년 이내에 공단에 생계비융자 신청을 해야 한다. (2021.6.9 신설)

⑧ 제1항부터 제7항까지에서 규정한 사항 외에 생계비융자의 신청 및 지급 등에 필요한 사항은 고용노동부장관이 정하여 고시한다. (2021.6.9 신설)

제9조 【부담금 경감 신청 및 통지】 ① 영 제15조제2항에 따라 부담금을 경감받으려는 사업주는 별지 제7호서식의 부담금 경감신청서에 퇴직보험등의 가입 사실을 증명하는 서류를 첨부하여 공단에 제출하여야 한다. (2010.12.30 개정)

② 영 제15조제3항에 따른 부담금 경감 내역의 통지는 별지 제8호서식의 부담금 경감 내역 통지서에 따른다. (2010.12.30 개정)

제9조의2 【체불 임금등·사업주 확인서의 발급】 ① 법 제12조제1항에 따라 체불 임금등과 체불사업주 등을 증명하는 서류(이하 "체불 임금등·사업주 확인서"라 한다)의 발급을 신청하려는 사람은 별지 제7호의2서식의 체불 임금등·사업주 확인서 발급신청서를 관할지방고용노동관서의 장에게 제출

하여야 한다. 다만, 체불 임금등과 체불사업주 등을 확인하는 근로감독사무 처리과정에서 체불 임금등·사업주 확인서 발급을 희망하는 의사가 확인된 경우에는 체불 임금등·사업주 확인서 발급의 신청이 있는 것으로 본다. (2020.8.12 개정)

② 제1항에 따라 체불 임금등·사업주 확인서 발급을 신청받은 관할지방고용노동관서의 장은 다음 각 호의 사항이 근로감독사무 처리과정에서 모두 확인된 경우에는 신청일(체불 임금등과 체불사업주 등을 확인하는 근로감독사무 처리과정에서 발급 신청서를 제출하거나 발급을 희망하는 의사가 확인된 경우에는 근로감독사무 처리를 완료한 날을 말한다)부터 3일 이내에 별지 제7호의3서식의 체불 임금등·사업주 확인서를 발급해야 한다. (2021.10.14 개정)

1. 체불 임금등에 관한 다음 각 목의 사항
   가. 체불 근로자의 성명·주민등록번호 및 주소
   나. 근무기간
   다. 사업주와 근로계약에서 정한 임금액(재직 근로자의 경우만 해당한다) (2021.10.14 신설)
   라. 체불 기간 및 임금등 (2021.10.14 개정)
   마. 그 밖의 체불 금품 내역 및 금액 (2021.10.14 개정)
2. 체불사업주(「근로기준법」 제44조의2에 따라 하수급인과 연대하여 임금을 지급할 책임을 지는 직상 수급인을 포함한다)에 대한 다음 각 목의 사항 (2020.8.12 개정)
   가. 사업장의 명칭 및 소재지
   나. 사업자등록번호
   다. 대표자의 성명·주민등록번호 및 주소
   라. 사업의 종류 및 사업기간

제10조 【재산목록의 제출】 영 제19조에 따른 재산목록의 제출은 별지 제9호서식의 재산목록에 따른다. (2010.12.30 개정)

제11조 【반환 요구 및 추가 징수 등】 ① 법 제14조제2항에 따른 대지급금 또는 융자금의 환수 및 같은 조 제3항에 따른 추가 징수의 통지는 별지 제10호서식의 대지급금 또는 융자금의 환수 및 부당이득 추가 징수 통지서에 따른다. (2021.10.14 개정)

② 법 제14조제3항에 따른 추가 징수액은 다음 각 호의 구분에 따른 금액으로 한다. 다만, 부정행위를 자진하여 신고한 사람에 대해서는 추가 징수를 면제할 수 있다. (2021.10.14 개정)

1. 다음 각 목의 어느 하나에 해당하는 경우에는 거짓이나 그 밖의 부정한 방법으로 지급받은 대지급금의 5배

가. 청구인이 대지급금 지급 청구 대상기간 동안 체불된 사실이 없음에도 불구하고 사업주(사업 경영 담당자와 그 밖에 사업주를 위하여 행위하는 자를 포함한다. 이하 이 항에서 같다)와 청구인이 공모하여 체불된 사실이 있는 것처럼 속여서 대지급금을 지급받은 경우
나. 거짓이나 그 밖의 부정한 방법으로 대지급금이 지급된 사실(이하 "부정수급사실"이라 한다)의 적발일 이전 5년 동안 거짓이나 그 밖의 부정한 방법으로 대지급금을 청구한 횟수가 2회 이상인 경우
2. 다음 각 목의 어느 하나에 해당하는 경우에는 거짓이나 그 밖의 부정한 방법으로 지급받은 대지급금의 3배
가. 사업주와 청구인이 공모하여 실제 체불된 임금등의 금액보다 더 큰 금액이 체불된 것처럼 속이거나 체불 임금등이 변제되었음에도 그 사실을 숨기고 대지급금을 지급받은 경우
나. 부정수급사실의 적발일 이전 5년 동안 거짓이나 그 밖의 부정한 방법으로 대지급금을 청구한 횟수가 1회인 경우
3. 제1호 및 제2호 외에 거짓이나 그 밖의 부정한 방법으로 대지급금을 지급받은 경우에는 거짓이나 그 밖의 부정한 방법으로 지급받은 대지급금의 2배
③ 하나의 부정수급사실이 제2항 각 호 중 둘 이상에 해당하는 경우에는 그 중 큰 금액으로 한다. (2021.10.14 개정)
④ 법 제14조제4항에 따라 부정행위를 한 사람이 연대하여 책임을 지는 경우 연대책임자에 대한 대지급금 또는 융자금의 환수 및 추가 징수 요구는 별지 제11호서식의 대지급금 또는 융자금 연대 환수 또는 추가 징수 통지서에 따른다. (2021.10.14 신설)

제11조의2【부정수급사실의 신고 등】 ① 영 제20조의2제1항에 따른 부정수급사실의 신고는 별지 제12호서식의 대지급금 부정수급 신고 및 포상금 지급신청서에 따른다. (2021.10.14 개정)
② 지방고용노동관서의 장은 영 제20조의2제1항 또는 제2항에 따른 신고 또는 통보를 받았을 때에는 신고 또는 통보 사항에 대하여 조사를 하고 그 처리 결과를 부정수급사실을 신고 또는 고발한 사람에게 통보하여야 한다. (2010.12.30 개정)
③ 영 제20조의2제3항에 따라 포상금을 지급받으려는 사람은 별지 제12호서식의 대지급금 부정수급 신고 및 포상금 지급신청서에 따라 신청해야 한다. 이 경우 포상금을 지급받으려는 사람이 2명 이상일 때에는 포상금 배분에 관한 합의 각서 1부(배분액에 관한 합의가 성립된 경우만 해당한다)를 첨부해야 한다. (2021.10.14 개정)
④ 포상금 지급에 필요한 세부적인 사항은 고용노동부장관이 정한다. (2010.

12.30 개정)

제11조의3【기금관리요원】 고용노동부장관은 기금의 효율적·전문적 관리를 위하여 필요하다고 인정하는 경우에는 영 제22조에 따라 준용되는「산업재해보상보험법 시행령」제91조제1항에 따른 기금의 회계기관을 보조하는 기금관리요원을 둘 수 있다. (2021.6.9 개정)

제12조【지급 사유 발생 사업주의 관리】 지방고용노동관서의 장은 다음 각 호의 어느 하나에 해당하는 경우 해당 사업주에 대하여 법 제22조에 따라 관련된 사항의 보고 또는 관계 서류의 제출을 요구하거나 법 제24조에 따라 해당 사업장에 출입하여 서류 검사 또는 질문을 하여 필요한 사항을 조사·확인한 후 관리대장을 작성·관리하고 그 사본을 공단에 송부해야 한다. (2021.10.14 개정)

1. 제2조제1항에 따른 도산등사실인정의 신청이 있는 경우
2. 제6조에 따른 도산대지급금 지급 사유의 확인 신청이 있는 경우 (2021.10.14 개정)

제12조의2【미회수자료의 제공 절차 및 방법 등】 ①「신용정보의 이용 및 보호에 관한 법률」제25조제2항제1호에 따른 종합신용정보집중기관(이하 이 조에서 "종합신용정보집중기관"이라 한다)은 법 제23조의3제1항 본문에 따라 미회수금과 해당 사업주의 인적사항 등에 관한 자료(이하 이 조에서 "미회수자료"라 한다)의 제공을 요구하려는 경우에는 다음 각 호의 사항을 적은 자료 제공요구서를 공단에 제출해야 한다. (2024.8.6 신설)

1. 법인의 명칭, 주된 사무소의 소재지 및 대표자의 성명
2. 미회수자료의 제공 요구 목적 및 내용

② 공단은 제1항에 따라 미회수자료의 제공을 요구받는 경우에는 해당 미회수자료를 문서 또는 전자적 파일의 형태로 제공할 수 있다. (2024.8.6 신설)

③ 공단은 법 제23조의3제1항 본문에 따라 미회수자료를 제공하려는 경우에는 같은 조 제2항에 따라 해당 사업주에게 다음 각 호의 사항을 미회수자료의 제공 예정일로부터 60일 전까지 문서, 전자메일, 휴대폰에 의한 문자전송 등의 방법으로 알려야 한다. (2024.8.6 신설)

1. 미회수된 대지급금이 법 제23조의3제1항 각 호의 요건을 모두 충족한다는 사실
2. 미회수자료를 종합신용정보집중기관에 제공한다는 사실 및 미회수자료의 제공 예정일

④ 공단은 법 제23조의3제1항 본문에 따라 종합신용정보집중기관에 미회수자료를 제공한 경우에는 같은 조 제2항에 따라 별지 제13호서식의 미회수자료 제공사실 통보서에 그 사실을 적어 지체 없이 해당 사업주에게 알려야 한다. (2024.8.6 신설)

⑤ 공단은 종합신용정보집중기관에 미회수자료를 제공한 이후에 영 제23조의2 각 호의 어느 하나에 해당하는 사유가 발생한 사실을 알게 된 경우에는 즉시 그 사실을 종합신용정보집중기관에 통지하고, 해당 미회수자료의 폐기를 요청해야 한다. (2024.8.6 신설)

제13조 【업무처리규정】 ① 공단은 영 제24조제2항에 따라 고용노동부장관으로부터 위탁받은 업무 중 다음 각 호의 업무에 대해서는 고용노동부장관의 승인을 받아 해당 업무처리에 필요한 규정을 정해야 한다. (2024.8.6 개정)

1. 법 제7조 및 제7조의2에 따른 대지급금의 지급업무 (2021.10.14 개정)
2. 법 제7조의3에 따른 체불 임금등의 지급을 위한 사업주 융자 업무 (2021.10.14 개정)
3. 법 제8조에 따른 청구권 대위와 관련된 권한의 행사에 관한 업무 (2020.8.12 개정)
4. 법 제16조에 따라 준용되는 「고용보험 및 산업재해보상보험의 보험료징수 등에 관한 법률」에 따른 부담금 징수 업무 (2020.8.12 개정)
5. 법 제23조의3에 따른 미회수된 대지급금 자료의 제공 업무 (2024.8.6 신설)

② 「한국자산관리공사 설립 등에 관한 법률」에 따른 한국자산관리공사는 영 제24조제4항에 따라 고용노동부장관으로부터 위탁받은 업무 중 같은 항 제1호의 업무에 대해서는 고용노동부장관의 승인을 받아 해당 업무처리에 필요한 규정을 정해야 한다. (2024.8.6 신설)

제14조 【공단의 보고】 공단은 다음 각 호의 매월 현황을 해당 달의 다음 달 말일까지 관할지방고용노동관서의 장에게 보고해야 한다. (2021.10.14 개정)

1. 법 제7조 및 제7조의2에 따른 대지급금의 지급 현황
2. 법 제7조의3에 따른 융자금의 지급 현황
3. 법 제14조제2항에 따른 환수금(같은 조 제3항에 따른 추가 징수금을 포함한다)의 징수 현황

제15조 【과태료의 징수절차】 삭제(2010.12.30)

제16조 【서식】 공단이 법, 영 및 이 규칙에 따른 업무를 수행하는 데에 필요한 서식은 이 규칙에서 정하는 것을 제외하고는 고용노동부장관의 승인을 받아 공단이 정한다. (2010.12.30 개정)

제17조 【규제의 재검토】 삭제(2017.2.3)

부 칙

이 규칙은 1998년 7월 1일부터 시행한다.

〈생략〉

부칙(2015.6.30 고용노동부령 제132호)

제1조【시행일】 이 규칙은 2015년 7월 1일부터 시행한다.

제2조【공인노무사에게 지원하는 금액에 관한 경과조치】 이 규칙 시행 전에 체당금 관련업무 지원활동을 종료하였거나 지원 활동 중인 공인노무사에 대해서는 제8조의4제1항의 개정규정에도 불구하고 종전의 규정에 따른다.

제3조【상시근로자수 산정방법에 관한 경과조치】 이 규칙 시행 전에 법 제7조의2 및 이 규칙 제8조의6에 따라 융자 신청을 한 사업주의 해당 사업에서의 상시근로자수 산정에 관하여는 제8조의6제2항의 개정규정에도 불구하고 종전의 규정에 따른다.

제4조【융자의 신청에 관한 경과조치】 이 규칙 시행 전에 제8조의8제2항에 따른 확인을 받은 사업주에 대한 융자 금액 및 횟수에 관하여는 제8조의9제2항 후단의 개정규정에도 불구하고 종전의 규정에 따른다.

〈생략〉

부칙(2021.6.9 고용노동부령 제317호)

이 규칙은 2021년 6월 9일부터 시행한다.

부칙(2021.10.14 고용노동부령 제332호)

제1조【시행일】 이 규칙은 2021년 10월 14일부터 시행한다.

제2조【체불 임금등·사업주 확인서의 발급에 관한 적용례】 제9조의2의 개정규정은 이 규칙 시행 이후 최초로 체불 임금등·사업주 확인서를 발급하는 경우(이 규칙 시행 전에 발급되었던 체불 임금등·사업주 확인서를 재발급하는 경우는 제외한다)부터 적용한다.

제3조【부정수급한 대지급금의 추가 징수에 관한 경과조치】 이 규칙 시행 전에 법 제14조제2항제1호에 따라 거짓이나 그 밖의 부정한 방법으로 지급받은 대지급금을 환수하는 때에 추가하여 징수하는 금액에 대해서는 제11조제2항의 개정규정에도 불구하고 종전의 규정에 따른다.

제4조【다른 법령의 개정】 생략

부칙(2023.3.8 고용노동부령 제378호)

제1조【시행일】 이 규칙은 2023년 7월 1일부터 시행한다.

제2조【대지급금 관련업무 지원에 관한 적용례】 제8조의2, 제8조의3제2

항·제4항, 별지 제1호서식 뒤쪽 및 별지 제6호의2서식의 개정규정은 이 규칙 시행 이후 제8조의3제2항에 따라 대지급금 관련업무 공인노무사 지원을 신청하는 경우부터 적용한다.

제3조【융자대상사업주의 융자에 관한 적용례】 제8조의9제2항, 제8조의10제2항 및 별지 제6호의6서식의 개정규정은 이 규칙 시행 이후 제8조의9제1항에 따라 융자대상사업주의 융자를 신청하는 경우부터 적용한다.

부칙(2024.8.6 고용노동부령 제423호)

이 규칙은 2024년 8월 7일부터 시행한다.

부칙(2025.10.1 고용노동부령 제453호)

제1조【시행일】 이 규칙은 공포한 날부터 시행한다. 〈단서 생략〉

제2조【다른 법령의 개정】 생략

근로자퇴직급여 보장법

근로자퇴직급여 보장법

전부개정 2011. 7.25 법률 제10967호
개정 2018. 6.12 법률 제15664호
2020. 5.26 법률 제17326호
2021. 4.13 법률 제18038호
2022. 1.11 법률 제18752호
2025.11.11 법률 제21135호

제1장 총 칙

제1조【목적】 이 법은 근로자 퇴직급여제도의 설정 및 운영에 필요한 사항을 정함으로써 근로자의 안정적인 노후생활 보장에 이바지함을 목적으로 한다.

제2조【정의】 이 법에서 사용하는 용어의 뜻은 다음과 같다.

1. "근로자"란 「근로기준법」 제2조제1항제1호에 따른 근로자를 말한다.
2. "사용자"란 「근로기준법」 제2조제1항제2호에 따른 사용자를 말한다.
3. "임금"이란 「근로기준법」 제2조제1항제5호에 따른 임금을 말한다.
4. "평균임금"이란 「근로기준법」 제2조제1항제6호에 따른 평균임금을 말한다.
5. "급여"란 퇴직급여제도나 제25조에 따른 개인형퇴직연금제도에 의하여 근로자에게 지급되는 연금 또는 일시금을 말한다.
6. "퇴직급여제도"란 확정급여형퇴직연금제도, 확정기여형퇴직연금제도, 중소기업퇴직연금기금제도 및 제8조에 따른 퇴직금제도를 말한다. (2021. 4.13 개정)
7. "퇴직연금제도"란 확정급여형퇴직연금제도, 확정기여형퇴직연금제도 및 개인형퇴직연금제도를 말한다.
8. "확정급여형퇴직연금제도"란 근로자가 받을 급여의 수준이 사전에 결정되어 있는 퇴직연금제도를 말한다.
9. "확정기여형퇴직연금제도"란 급여의 지급을 위하여 사용자가 부담하여야 할 부담금의 수준이 사전에 결정되어 있는 퇴직연금제도를 말한다.
10. "개인형퇴직연금제도"란 가입자의 선택에 따라 가입자가 납입한 일시금이나 사용자 또는 가입자가 납입한 부담금을 적립·운용하기 위하여 설정한 퇴직연금제도로서 급여의 수준이나 부담금의 수준이 확정되지 아니한 퇴직연금제도를 말한다.
11. "가입자"란 퇴직연금제도 또는 중소기업퇴직연금기금제도에 가입한 사

람을 말한다. (2021.4.13 개정)

12. "적립금"이란 가입자의 퇴직 등 지급사유가 발생할 때에 급여를 지급하기 위하여 사용자 또는 가입자가 납입한 부담금으로 적립된 자금을 말한다.
13. "퇴직연금사업자"란 퇴직연금제도의 운용관리업무 및 자산관리업무를 수행하기 위하여 제26조에 따라 등록한 자를 말한다.
14. "중소기업퇴직연금기금제도"란 중소기업(상시 30명 이하의 근로자를 사용하는 사업에 한정한다. 이하 같다) 근로자의 안정적인 노후생활 보장을 지원하기 위하여 둘 이상의 중소기업 사용자 및 근로자가 납입한 부담금 등으로 공동의 기금을 조성·운영하여 근로자에게 급여를 지급하는 제도를 말한다. (2021.4.13 신설)
15. "사전지정운용제도"란 가입자가 적립금의 운용방법을 스스로 선정하지 아니한 경우 사전에 지정한 운용방법으로 적립금을 운용하는 제도를 말한다. (2022.1.11 신설)
16. "사전지정운용방법"이란 사전지정운용제도에 따라 적립금을 운용하기 위하여 제21조의2제1항에 따라 승인을 받은 운용방법을 말한다. (2022.1.11 신설)

제3조 【적용범위】 이 법은 근로자를 사용하는 모든 사업 또는 사업장(이하 "사업"이라 한다)에 적용한다. 다만, 동거하는 친족만을 사용하는 사업 및 가구 내 고용활동에는 적용하지 아니한다.

제2장 퇴직급여제도의 설정

제4조 【퇴직급여제도의 설정】 ① 사용자는 퇴직하는 근로자에게 급여를 지급하기 위하여 퇴직급여제도 중 하나 이상의 제도를 설정하여야 한다. 다만, 계속근로기간이 1년 미만인 근로자, 4주간을 평균하여 1주간의 소정근로시간이 15시간 미만인 근로자에 대하여는 그러하지 아니하다.

② 제1항에 따라 퇴직급여제도를 설정하는 경우에 하나의 사업에서 급여 및 부담금 산정방법의 적용 등에 관하여 차등을 두어서는 아니 된다.

③ 사용자가 퇴직급여제도를 설정하거나 설정된 퇴직급여제도를 다른 종류의 퇴직급여제도로 변경하려는 경우에는 근로자의 과반수가 가입한 노동조합이 있는 경우에는 그 노동조합, 근로자의 과반수가 가입한 노동조합이 없는 경우에는 근로자 과반수(이하 "근로자대표"라 한다)의 동의를 받아야 한다.

④ 사용자가 제3항에 따라 설정되거나 변경된 퇴직급여제도의 내용을 변경하려는 경우에는 근로자대표의 의견을 들어야 한다. 다만, 근로자에게 불리하게 변경하려는 경우에는 근로자대표의 동의를 받아야 한다.

벌 법 제4조제2항을 위반하여 하나의 사업 안에 퇴직급여제도를 차등하여

설정한 자는 2년 이하의 징역 또는 2천만원 이하의 벌금에 처한다. (법 제45조제1호)

벌 법 제4조제3항·제4항을 위반하여 근로자대표 또는 개별 근로자의 동의를 받지 아니하거나 의견을 듣지 아니한 사용자는 500만원 이하의 벌금에 처한다. (법 제46조제1호)

제5조【새로 성립된 사업의 퇴직급여제도】 법률 제10967호 근로자퇴직급여 보장법 전부개정법률 시행일 이후 새로 성립(합병·분할된 경우는 제외한다)된 사업의 사용자는 근로자대표의 의견을 들어 사업의 성립 후 1년 이내에 확정급여형퇴직연금제도나 확정기여형퇴직연금제도를 설정하여야 한다.

제6조【가입자에 대한 둘 이상의 퇴직연금제도 설정】 ① 사용자가 가입자에 대하여 확정급여형퇴직연금제도 및 확정기여형퇴직연금제도를 함께 설정하는 경우 제15조 및 제20조제1항에도 불구하고 확정급여형퇴직연금제도의 급여 및 확정기여형퇴직연금제도의 부담금 수준은 다음 각 호에 따른다.

1. 확정급여형퇴직연금제도의 급여 : 제15조에 따른 급여수준에 확정급여형퇴직연금규약으로 정하는 설정 비율을 곱한 금액
2. 확정기여형퇴직연금제도의 부담금 : 제20조제1항의 부담금의 부담 수준에 확정기여형퇴직연금규약으로 정하는 설정 비율을 곱한 금액

② 사용자는 제1항제1호 및 제2호에 따른 각각의 설정 비율의 합이 1 이상이 되도록 퇴직연금규약을 정하여 퇴직연금제도를 설정하여야 한다.

제7조【수급권의 보호】 ① 퇴직연금제도(중소기업퇴직연금기금제도를 포함한다. 이하 이 조에서 같다)의 급여를 받을 권리는 양도 또는 압류하거나 담보로 제공할 수 없다. (2021.4.13 개정)

② 제1항에도 불구하고 가입자는 주택구입 등 대통령령으로 정하는 사유와 요건을 갖춘 경우에는 대통령령으로 정하는 한도에서 퇴직연금제도의 급여를 받을 권리를 담보로 제공할 수 있다. 이 경우 제26조에 따라 등록한 퇴직연금사업자[중소기업퇴직연금기금제도의 경우 「산업재해보상보험법」 제10조에 따른 근로복지공단(이하 "공단"이라 한다)을 말한다]는 제공된 급여를 담보로 한 대출이 이루어지도록 협조하여야 한다. (2021.4.13 개정)

령 제2조

제8조【퇴직금제도의 설정 등】 ① 퇴직금제도를 설정하려는 사용자는 계속근로기간 1년에 대하여 30일분 이상의 평균임금을 퇴직금으로 퇴직 근로자에게 지급할 수 있는 제도를 설정하여야 한다.

② 제1항에도 불구하고 사용자는 주택구입 등 대통령령으로 정하는 사유로 근로자가 요구하는 경우에는 근로자가 퇴직하기 전에 해당 근로자의 계속근로기간에 대한 퇴직금을 미리 정산하여 지급할 수 있다. 이 경우 미리 정산하여 지급한 후의 퇴직금 산정을 위한 계속근로기간은 정산시점부터 새로

계산한다.
령 제3조

제9조 【퇴직금의 지급 등】 ① 사용자는 근로자가 퇴직한 경우에는 그 지급사유가 발생한 날부터 14일 이내에 퇴직금을 지급하여야 한다. 다만, 특별한 사정이 있는 경우에는 당사자 간의 합의에 따라 지급기일을 연장할 수 있다. (2021.4.13 개정)
② 제1항에 따른 퇴직금은 근로자가 지정한 개인형퇴직연금제도의 계정 또는 제23조의8에 따른 계정(이하 "개인형퇴직연금제도의 계정등"이라 한다)으로 이전하는 방법으로 지급하여야 한다. 다만, 근로자가 55세 이후에 퇴직하여 급여를 받는 경우 등 대통령령으로 정하는 사유가 있는 경우에는 그러하지 아니하다. (2021.4.13 신설)
③ 근로자가 제2항에 따라 개인형퇴직연금제도의 계정등을 지정하지 아니한 경우에는 근로자 명의의 개인형퇴직연금제도의 계정으로 이전한다. (2021.4.13 신설)
벌 법 제9조제1항을 위반하여 퇴직금을 지급하지 아니한 자는 3년 이하의 징역 또는 3천만원 이하의 벌금에 처한다. 다만, 피해자의 명시적인 의사에 반하여 공소를 제기할 수 없다. (법 제44조제1호)
령 제3조의2

제10조 【퇴직금의 시효】 이 법에 따른 퇴직금을 받을 권리는 3년간 행사하지 아니하면 시효로 인하여 소멸한다.

제11조 【퇴직급여제도의 미설정에 따른 처리】 제4조제1항 본문 및 제5조에도 불구하고 사용자가 퇴직급여제도나 제25조제1항에 따른 개인형퇴직연금제도를 설정하지 아니한 경우에는 제8조제1항에 따른 퇴직금제도를 설정한 것으로 본다.

제12조 【퇴직급여등의 우선변제】 ① 사용자에게 지급의무가 있는 퇴직금, 제15조에 따른 확정급여형퇴직연금제도의 급여, 제20조제3항에 따른 확정기여형퇴직연금제도의 부담금 중 미납입 부담금 및 미납입 부담금에 대한 지연이자, 제23조의7제1항에 따른 중소기업퇴직연금기금제도의 부담금 중 미납입 부담금 및 미납입 부담금에 대한 지연이자, 제25조제2항제4호에 따른 개인형퇴직연금제도의 부담금 중 미납입 부담금 및 미납입 부담금에 대한 지연이자(이하 "퇴직급여등"이라한다)는 사용자의 총재산에 대하여 질권 또는 저당권에 의하여 담보된 채권을 제외하고는 조세·공과금 및 다른 채권에 우선하여 변제되어야 한다. 다만, 질권 또는 저당권에 우선하는 조세·공과금에 대하여는 그러하지 아니하다. (2021.4.13 개정)
② 제1항에도 불구하고 최종 3년간의 퇴직급여등은 사용자의 총재산에 대하여 질권 또는 저당권에 의하여 담보된 채권, 조세·공과금 및 다른 채권에

우선하여 변제되어야 한다.
③ 퇴직급여등 중 퇴직금, 제15조에 따른 확정급여형퇴직연금제도의 급여는 계속근로기간 1년에 대하여 30일분의 평균임금으로 계산한 금액으로 한다.
④ 퇴직급여등 중 제20조제1항에 따른 확정기여형퇴직연금제도의 부담금, 제23조의7제1항에 따른 중소기업퇴직연금기금제도의 부담금 및 제25조제2항제2호에 따른 개인형퇴직연금제도의 부담금은 가입자의 연간 임금총액의 12분의 1에 해당하는 금액으로 계산한 금액으로 한다. (2021.4.13 개정)

제3장 확정급여형퇴직연금제도

제13조 【확정급여형퇴직연금제도의 설정】 확정급여형퇴직연금제도를 설정하려는 사용자는 제4조제3항 또는 제5조에 따라 근로자대표의 동의를 얻거나 의견을 들어 다음 각 호의 사항을 포함한 확정급여형퇴직연금규약을 작성하여 고용노동부장관에게 신고하여야 한다.
1. 퇴직연금사업자 선정에 관한 사항
2. 가입자에 관한 사항
3. 가입기간에 관한 사항
4. 급여수준에 관한 사항
5. 급여 지급능력 확보에 관한 사항
6. 급여의 종류 및 수급요건 등에 관한 사항
7. 제28조에 따른 운용관리업무 및 제29조에 따른 자산관리업무의 수행을 내용으로 하는 계약의 체결 및 해지와 해지에 따른 계약의 이전(移轉)에 관한 사항
8. 운용현황의 통지에 관한 사항
9. 가입자의 퇴직 등 급여 지급사유 발생과 급여의 지급절차에 관한 사항
10. 퇴직연금제도의 폐지·중단 사유 및 절차 등에 관한 사항
10의2. 부담금의 산정 및 납입에 관한 사항 (2021.4.13 신설)
11. 그 밖에 확정급여형퇴직연금제도의 운영을 위하여 대통령령으로 정하는 사항

벌 법 제13조에 따른 확정급여형퇴직연금규약을 신고하지 아니한 사용자에게는 500만원 이하의 과태료를 부과한다. (법 제48조제2항제1호)

령 제4조 칙 제2조·제3조

제14조 【가입기간】 ① 제13조제3호에 따른 가입기간은 퇴직연금제도의 설정 이후 해당 사업에서 근로를 제공하는 기간으로 한다.
② 해당 퇴직연금제도의 설정 전에 해당 사업에서 제공한 근로기간에 대하여도 가입기간으로 할 수 있다. 이 경우 제8조제2항에 따라 퇴직금을 미리

정산한 기간은 제외한다.

제15조【급여수준】 제13조제4호의 급여 수준은 가입자의 퇴직일을 기준으로 산정한 일시금이 계속근로기간 1년에 대하여 30일분 이상의 평균임금이 되도록 하여야 한다. (2021.4.13 개정)

제16조【급여 지급능력 확보 등】 ① 확정급여형퇴직연금제도를 설정한 사용자는 급여 지급능력을 확보하기 위하여 매 사업연도 말 다음 각 호에 해당하는 금액 중 더 큰 금액(이하 "기준책임준비금"이라 한다)에 100분의 60 이상으로 대통령령으로 정하는 비율을 곱하여 산출한 금액(이하 "최소적립금"이라 한다) 이상을 적립금으로 적립하여야 한다. 다만, 제14조제2항에 따라 해당 퇴직연금제도 설정 이전에 해당 사업에서 근로한 기간을 가입기간에 포함시키는 경우 대통령령으로 정하는 비율에 따른다.

1. 매 사업연도 말일 현재를 기준으로 산정한 가입자의 예상 퇴직시점까지의 가입기간에 대한 급여에 드는 비용 예상액의 현재가치에서 장래 근무기간분에 대하여 발생하는 부담금 수입 예상액의 현재가치를 뺀 금액으로서 고용노동부령으로 정하는 방법에 따라 산정한 금액
2. 가입자와 가입자였던 사람의 해당 사업연도 말일까지의 가입기간에 대한 급여에 드는 비용 예상액을 고용노동부령으로 정하는 방법에 따라 산정한 금액

② 확정급여형퇴직연금제도의 운용관리업무를 수행하는 퇴직연금사업자는 매 사업연도 종료 후 6개월 이내에 고용노동부령으로 정하는 바에 따라 산정된 적립금이 최소적립금을 넘고 있는지 여부를 확인하여 그 결과를 대통령령으로 정하는 바에 따라 사용자에게 알려야 한다. 다만, 최소적립금보다 적은 경우에는 그 확인 결과를 근로자대표에게도 알려야 한다. (2020.5.26 개정)

③ 사용자는 제2항에 따른 확인 결과 적립금이 대통령령으로 정하는 수준에 미치지 못하는 경우에는 대통령령으로 정하는 바에 따라 적립금 부족을 해소하여야 한다.

④ 제2항에 따른 확인 결과 매 사업연도 말 적립금이 기준책임준비금을 초과한 경우 사용자는 그 초과분을 향후 납입할 부담금에서 상계(相計)할 수 있으며, 매 사업연도 말 적립금이 기준책임준비금의 100분의 150을 초과하고 사용자가 반환을 요구하는 경우 퇴직연금사업자는 그 초과분을 사용자에게 반환할 수 있다.

벌 법 제16조제2항을 위반하여 적립금이 최소적립금을 넘고 있는지 확인하여 그 결과를 사용자에게 알리지 아니하거나, 적립금이 최소적립금보다 적은 경우 그 확인 결과를 근로자대표에게 알리지 아니한 퇴직연금사업자에게는 1천만원 이하의 과태료를 부과한다. (법 제48조제1항제1호)

벌 법 제16조제3항에 따른 적립금 부족을 해소하지 아니한 사용자에게는

1천만원 이하의 과태료를 부과한다. (법 제48조제1항제2호)

령 제5조·제6조·제7조 칙 제5조·제6조

제17조 【급여 종류 및 수급요건 등】 ① 확정급여형퇴직연금제도의 급여 종류는 연금 또는 일시금으로 하되, 수급요건은 다음 각 호와 같다.

1. 연금은 55세 이상으로서 가입기간이 10년 이상인 가입자에게 지급할 것. 이 경우 연금의 지급기간은 5년 이상이어야 한다.
2. 일시금은 연금수급 요건을 갖추지 못하거나 일시금 수급을 원하는 가입자에게 지급할 것

② 사용자는 가입자의 퇴직 등 제1항에 따른 급여를 지급할 사유가 발생한 날부터 14일 이내에 퇴직연금사업자로 하여금 적립금의 범위에서 지급의무가 있는 급여 전액(사업의 도산 등 대통령령으로 정하는 경우에는 제16조제1항제2호에 따른 금액에 대한 적립금의 비율에 해당하는 금액)을 지급하도록 하여야 한다. 다만, 퇴직연금제도 적립금으로 투자된 운용자산 매각이 단기간에 이루어지지 아니하는 등 특별한 사정이 있는 경우에는 사용자, 가입자 및 퇴직연금사업자 간의 합의에 따라 지급기일을 연장할 수 있다.

③ 사용자는 제2항에 따라 퇴직연금사업자가 지급한 급여수준이 제15조에 따른 급여수준에 미치지 못할 때에는 급여를 지급할 사유가 발생한 날부터 14일 이내에 그 부족한 금액을 해당 근로자에게 지급하여야 한다. 이 경우 특별한 사정이 있는 경우에는 당사자 간의 합의에 따라 지급기일을 연장할 수 있다.

④ 제2항 및 제3항에 따른 급여의 지급은 가입자가 지정한 개인형퇴직연금제도의 계정등으로 이전하는 방법으로 한다. 다만, 가입자가 55세 이후에 퇴직하여 급여를 받는 경우 등 대통령령으로 정하는 사유가 있는 경우에는 그러하지 아니하다. (2021.4.13 개정)

⑤ 가입자가 제4항에 따라 개인형퇴직연금제도의 계정등을 지정하지 아니하는 경우에는 가입자 명의의 개인형퇴직연금제도의 계정으로 이전한다. 이 경우 가입자가 해당 퇴직연금사업자에게 개인형퇴직연금제도를 설정한 것으로 본다. (2021.4.13 개정)

벌 근로자가 퇴직할 때에 법 제17조제2항·제3항을 위반하여 급여를 지급하지 아니하거나 부담금 또는 지연이자를 납입하지 아니한 자는 3년 이하의 징역 또는 3천만원 이하의 벌금에 처한다. 다만, 피해자의 명시적인 의사에 반하여 공소를 제기할 수 없다. (법 제44조제2호)

령 제8조·제9조

제18조 【운용현황의 통지】 퇴직연금사업자는 매년 1회 이상 적립금액 및 운용수익률 등을 고용노동부령으로 정하는 바에 따라 가입자에게 알려야 한다.

칙 제7조

제18조의2 【적립금운용위원회 구성 등】 ① 상시 300명 이상의 근로자를 사용하는 사업의 사용자는 퇴직연금제도 적립금의 합리적인 운용을 위하여 대통령령으로 정하는 바에 따라 적립금운용위원회를 구성하여야 한다. (2021.4.13 신설)

② 제1항의 사용자는 적립금운용위원회의 심의를 거친 적립금운용계획서에 따라 적립금을 운용하여야 한다. 이 경우 적립금운용계획서는 적립금 운용 목적 및 방법, 목표수익률, 운용성과 평가 등 대통령령으로 정하는 내용을 포함하여 매년 1회 이상 작성하여야 한다. (2021.4.13 신설)

벌 법 제18조의2제1항에 따른 적립금운용위원회를 구성하지 아니한 사용자에게는 500만원 이하의 과태료를 부과한다. (법 제48조제2항제1호의2)

벌 법 제18조의2제2항에 따른 적립금운용계획서를 작성하지 아니한 사용자에게는 500만원 이하의 과태료를 부과한다. (법 제48조제2항제1호의3)

령 제9조의2·제9조의3

제4장 확정기여형퇴직연금제도

제19조 【확정기여형퇴직연금제도의 설정】 ① 확정기여형퇴직연금제도를 설정하려는 사용자는 제4조제3항 또는 제5조에 따라 근로자대표의 동의를 얻거나 의견을 들어 다음 각 호의 사항을 포함한 확정기여형퇴직연금규약을 작성하여 고용노동부장관에게 신고하여야 한다.

1. 부담금의 부담에 관한 사항
2. 부담금의 산정 및 납입에 관한 사항 (2021.4.13 개정)
3. 적립금의 운용에 관한 사항
4. 적립금의 운용방법 및 정보의 제공 등에 관한 사항

4의2. 사전지정운용제도에 관한 사항 (2022.1.11 신설)

5. 적립금의 중도인출에 관한 사항
6. 제13조제1호부터 제3호까지 및 제6호부터 제10호까지의 사항
7. 그 밖에 확정기여형퇴직연금제도의 운영에 필요한 사항으로서 대통령령으로 정하는 사항

② 제1항에 따라 확정기여형퇴직연금제도를 설정하는 경우 가입기간에 관하여는 제14조를, 급여의 종류, 수급요건과 급여 지급의 절차·방법에 관하여는 제17조제1항, 제4항 및 제5항을, 운용현황의 통지에 관하여는 제18조를 준용한다. 이 경우 제14조제1항 중 "제13조제3호"는 "제19조제6호"로, 제17조제1항 중 "확정급여형퇴직연금제도"는 "확정기여형퇴직연금제도"로 본다.

벌 법 제19조에 따른 확정기여형퇴직연금규약을 신고하지 아니한 사용자에

게는 500만원 이하의 과태료를 부과한다. (법 제48조제2항제1호)
령 제10조 칙 제2조

제20조【부담금의 부담수준 및 납입 등】 ① 확정기여형퇴직연금제도를 설정한 사용자는 가입자의 연간 임금총액의 12분의 1 이상에 해당하는 부담금을 현금으로 가입자의 확정기여형퇴직연금제도 계정에 납입하여야 한다.
② 가입자는 제1항에 따라 사용자가 부담하는 부담금 외에 스스로 부담하는 추가 부담금을 가입자의 확정기여형퇴직연금 계정에 납입할 수 있다.
③ 사용자는 매년 1회 이상 정기적으로 제1항에 따른 부담금을 가입자의 확정기여형퇴직연금제도 계정에 납입하여야 한다. 이 경우 사용자가 정하여진 기일(확정기여형퇴직연금규약에서 납입 기일을 연장할 수 있도록 한 경우에는 그 연장된 기일)까지 부담금을 납입하지 아니한 경우 그 다음 날부터 부담금을 납입한 날까지 지연 일수에 대하여 연 100분의 40 이내의 범위에서 「은행법」에 따른 은행이 적용하는 연체금리, 경제적 여건 등을 고려하여 대통령령으로 정하는 이율에 따른 지연이자를 납입하여야 한다.
④ 제3항은 사용자가 천재지변, 그 밖에 대통령령으로 정하는 사유에 따라 부담금 납입을 지연하는 경우 그 사유가 존속하는 기간에 대하여는 적용하지 아니한다.
⑤ 사용자는 확정기여형퇴직연금제도 가입자의 퇴직 등 대통령령으로 정하는 사유가 발생한 때에 그 가입자에 대한 부담금을 미납한 경우에는 그 사유가 발생한 날부터 14일 이내에 제1항에 따른 부담금 및 제3항 후단에 따른 지연이자를 해당 가입자의 확정기여형퇴직연금제도 계정에 납입하여야 한다. 다만, 특별한 사정이 있는 경우에는 당사자 간의 합의에 따라 납입 기일을 연장할 수 있다.
⑥ 가입자는 퇴직할 때에 받을 급여를 갈음하여 그 운용 중인 자산을 가입자가 설정한 개인형퇴직연금제도의 계정으로 이전해 줄 것을 해당 퇴직연금사업자에게 요청할 수 있다.
⑦ 제6항에 따른 가입자의 요청이 있는 경우 퇴직연금사업자는 그 운용 중인 자산을 가입자의 개인형퇴직연금제도 계정으로 이전하여야 한다. 이 경우 확정기여형퇴직연금제도 운영에 따른 가입자에 대한 급여는 지급된 것으로 본다.
벌 근로자가 퇴직할 때에 법 제20조제5항을 위반하여 급여를 지급하지 아니하거나 부담금 또는 지연이자를 납입하지 아니한 자는 3년 이하의 징역 또는 3천만원 이하의 벌금에 처한다. 다만, 피해자의 명시적인 의사에 반하여 공소를 제기할 수 없다. (법 제44조제2호)
령 제11조·제12조·제12조의2

제21조【적립금 운용방법 및 정보제공】 ① 확정기여형퇴직연금제도의 가

입자는 적립금의 운용방법을 스스로 선정할 수 있고, 반기마다 1회 이상 적립금의 운용방법을 변경할 수 있다.

② 퇴직연금사업자는 반기마다 1회 이상 위험과 수익구조가 서로 다른 세 가지 이상의 적립금 운용방법을 제시하여야 한다.

③ 퇴직연금사업자는 운용방법별 이익 및 손실의 가능성에 관한 정보 등 가입자가 적립금의 운용방법을 선정하는 데 필요한 정보를 제공하여야 한다.

제21조의2 【사전지정운용제도의 설정】 ① 운용관리업무를 수행하는 퇴직연금사업자는 사전지정운용방법에 다음 각 호 중 하나 이상의 운용유형을 포함하여 고용노동부장관의 승인을 받아야 한다. (2022.1.11 신설)

1. 적립금의 원리금이 보장되는 운용유형
2. 「자본시장과 금융투자업에 관한 법률」 제229조에 따른 집합투자기구의 집합투자증권으로서 투자설명서상 다음 각 목의 어느 하나에 해당하는 운용내용이 운용계획에 명시되는 등 대통령령으로 정하는 요건을 충족하는 운용유형

가. 투자목표시점이 사전에 결정되고 운용기간이 경과함에 따라 투자위험이 낮은 자산의 비중을 증가시키는 방향으로 자산배분을 변경하거나 위험수준을 조절하는 운용내용

나. 투자위험이 상이한 다양한 자산에 분산투자하고 금융시장 상황 및 각 집합투자재산의 가치변동 등을 고려하여 주기적으로 자산배분을 조정함으로써 집합투자재산의 위험을 관리하고 장기 가치 상승을 추구하는 운용내용

다. 단기금융상품 등에 투자하여 집합투자재산의 손실가능성을 최소화하고 단기 안정적인 수익을 추구하는 운용내용

라. 「사회기반시설에 대한 민간투자법」 등 관련 법령에 따라 국가 및 지방자치단체가 추진하는 공공투자계획, 관련 사업 및 정책에 따른 사회기반시설사업 등에 투자하는 등 고용노동부령으로 정하는 요건을 충족하는 운용내용

마. 그 밖에 대통령령으로 정하는 운용내용

② 퇴직연금사업자가 제1항에 따라 고용노동부장관의 승인을 받고자 하는 경우 퇴직연금 관련 전문가로서 퇴직연금 및 자산운용에 관한 학식과 경험이 풍부하다고 인정되는 사람을 포함하는 등 고용노동부령으로 정하는 요건에 따라 구성된 고용노동부장관 소속 심의위원회의 사전심의를 받아야 한다. (2022.1.11 신설)

③ 운용관리업무를 수행하는 퇴직연금사업자는 사전지정운용방법을 사용자에게 고용노동부령으로 정하는 방법에 따라 제시하여야 한다. (2022.1.11 신설)

④ 제1항제2호에 따른 운용유형은 손실가능성과 예상수익이 중·장기적으로 합리적 균형을 이루고 수수료 등의 비용이 예상되는 수익에 비해 과다하여서는 아니 된다. (2022.1.11 신설)
⑤ 제3항에 따라 사전지정운용방법을 제시받은 사용자는 사업 또는 사업장 단위로 사전지정운용방법을 설정하여 근로자대표의 동의를 받아 확정기여형퇴직연금규약에 반영하여야 한다. (2022.1.11 신설)

령 제13조 칙 제8조·제8조의4

제21조의3 【사전지정운용제도의 운영】 ① 운용관리업무를 수행하는 퇴직연금사업자는 사전지정운용제도를 설정한 사업의 가입자에게 다음 각 호의 사항에 관한 정보를 대통령령으로 정하는 바에 따라 제공하여야 한다. (2022.1.11 신설)

1. 해당 사전지정운용방법의 자산배분 현황 및 위험·수익 구조
2. 제2항부터 제5항까지에 관한 사항
3. 그 밖에 사전지정운용제도의 운영에 관한 사항으로서 대통령령으로 정하는 사항

② 가입자는 제1항에 따라 정보를 제공받은 사전지정운용방법 중 하나를 본인이 적용받을 사전지정운용방법으로 선정하여야 한다. 다만, 제21조의2제1항제2호의 운용유형만 사전지정운용방법으로 선정하는 경우에는 같은 호 가목 또는 나목의 운용내용이 포함되어야 한다. (2022.1.11 신설)
③ 운용관리업무를 수행하는 퇴직연금사업자는 가입자가 다음 각 호에 해당하는 때에 운용방법을 스스로 선정하지 아니하는 경우 가입자에게 사전지정운용방법에 따라 적립금이 운용됨을 통지하여야 한다. (2022.1.11 신설)

1. 가입자가 확정기여형퇴직연금제도에 가입하였을 때
2. 가입자가 제21조제1항에 따라 스스로 선정한 적립금 운용방법의 기간 만료일부터 4주가 지났을 때

④ 가입자가 제3항에 따른 통지를 받은 후 2주 이내에 운용방법을 스스로 선정하지 아니할 경우 운용관리업무를 수행하는 퇴직연금사업자는 해당 가입자의 적립금을 사전지정운용방법으로 운용한다. 이 경우 가입자가 스스로 운용방법을 사전지정운용방법으로 선정한 것으로 본다. (2022.1.11 신설)
⑤ 사전지정운용방법으로 적립금을 운용하는 가입자는 언제든지 제21조제1항에 따라 적립금의 운용방법을 스스로 선정할 수 있다. (2022.1.11 신설)
⑥ 운용관리업무를 수행하는 퇴직연금사업자는 고용노동부장관의 승인을 받아 사전지정운용방법을 변경할 수 있다. 이 경우 해당 사전지정운용방법에 따라 운용되는 가입자의 적립금은 가입자에 대한 통지 등 대통령령으로 정하는 절차를 거쳐 변경된 사전지정운용방법에 따라 운용할 수 있다. (2022.1.11 신설)

⑦ 사전지정운용방법의 운용현황 및 수익률의 공시, 해지방법의 고지, 승인 취소 및 그에 따른 적립금의 이전, 그 밖에 사전지정운용제도의 운용을 위하여 필요한 사항은 대통령령으로 정한다. (2022.1.11 신설)

령 제13조의2·제13조의3·제13조의4

제21조의4【가입자의 사전지정운용방법 선정】 ① 사전지정운용방법으로 적립금을 운용하고 있지 아니하는 확정기여형퇴직연금제도의 가입자는 운용관리업무를 수행하는 퇴직연금사업자의 사전지정운용방법 중 제21조의2 제1항 각 호의 어느 하나의 운용유형을 사전지정운용방법으로 선정할 수 있다. 다만, 제21조의2제1항제2호의 운용유형만 사전지정운용방법으로 선정하는 경우에는 같은 호 가목 또는 나목의 운용내용이 포함되어야 한다. (2022.1.11 신설)

② 제1항에 따라 가입자가 선정한 사전지정운용방법이 제21조의3제6항 전단에 따라 변경될 경우 운용관리업무를 수행하는 퇴직연금사업자는 가입자에 대한 통지 등 대통령령으로 정하는 절차를 거쳐 가입자의 적립금을 변경된 사전지정운용방법에 따라 운용할 수 있다. (2022.1.11 신설)

제22조【적립금의 중도인출】 확정기여형퇴직연금제도에 가입한 근로자는 주택구입 등 대통령령으로 정하는 사유가 발생하면 적립금을 중도인출할 수 있다.

령 제14조

제23조【둘 이상의 사용자가 참여하는 확정기여형퇴직연금제도 설정】 퇴직연금사업자가 둘 이상의 사용자를 대상으로 하나의 확정기여형퇴직연금제도 설정을 제안하려는 경우에는 다음 각 호의 사항에 대하여 고용노동부장관의 승인을 받아야 한다.

1. 다음 각 목의 사항이 포함된 확정기여형퇴직연금제도의 표준규약
   가. 제19조제1항 각 호의 사항
   나. 그 밖에 대통령령으로 정하는 사항
2. 대통령령으로 정하는 사항이 포함된 운용관리업무 및 자산관리업무에 관한 표준계약서

령 제15조·제15조의2

제4장의2 중소기업퇴직연금기금제도

제23조의2【중소기업퇴직연금기금제도의 운영】 ① 중소기업퇴직연금기금제도는 공단에서 운영한다. (2021.4.13 신설)

② 중소기업퇴직연금기금제도 운영과 관련한 주요 사항을 심의·의결하기 위하여 공단에 중소기업퇴직연금기금제도운영위원회(이하 "운영위원회"라

한다)를 둔다. (2021.4.13 신설)
③ 운영위원회의 위원장은 공단 이사장으로 한다. (2021.4.13 신설)
④ 운영위원회는 위원장, 퇴직연금 관계 업무를 담당하는 고용노동부의 고위공무원단에 속하는 일반직공무원 및 위원장이 위촉하는 다음 각 호의 위원으로 구성한다. 이 경우 위원장을 포함한 위원의 수는 10명 이상 15명 이내로 구성하되, 제2호와 제3호에 해당하는 위원의 수는 같아야 한다. (2021.4.13 신설)
1. 공단의 상임이사
2. 근로자를 대표하는 사람
3. 사용자를 대표하는 사람
4. 퇴직연금 관련 전문가로서 퇴직연금 및 자산운용에 관한 학식과 경험이 풍부한 사람

⑤ 제4항제2호부터 제4호까지에 해당하는 사람으로서 위원장이 위촉한 위원의 임기는 3년으로 하되, 연임할 수 있다. 다만, 위원의 사임 등으로 새로 위촉된 위원의 임기는 선임 위원 임기의 남은 기간으로 한다. (2021.4.13 신설)
⑥ 운영위원회는 다음 각 호의 사항을 심의·의결한다. (2021.4.13 신설)
1. 중소기업퇴직연금기금 운용계획 및 지침에 관한 사항
2. 제23조의5에 따른 중소기업퇴직연금기금표준계약서의 작성 및 변경에 관한 사항
3. 제23조의6제2항에 따른 수수료 수준에 관한 사항
4. 그 밖에 위원장이 중소기업퇴직연금기금제도 운영과 관련한 주요 사항에 관하여 운영위원회의 회의에 부치는 사항

⑦ 위원장은 중소기업퇴직연금기금 운용 등과 관련하여 운영위원회를 지원하기 위한 자문위원회를 구성할 수 있다. (2021.4.13 신설)
⑧ 그 밖에 운영위원회의 구성 및 운영 등에 필요한 사항은 대통령령으로 정한다. (2021.4.13 신설)
령 제16조

제23조의3【중소기업퇴직연금기금의 관리 및 운용】 ① 공단은 중소기업퇴직연금기금의 안정적 운용 및 수익성 증대를 위하여 대통령령으로 정하는 방법에 따라 중소기업퇴직연금기금을 관리·운용하여야 한다. (2021.4.13 신설)
② 공단은 중소기업퇴직연금기금을 공단의 다른 회계와 구분하여야 한다. (2021.4.13 신설)
령 제16조의4

제23조의4【자료의 활용】 ① 공단은 다음 각 호의 사무를 원활히 수행하

기 위하여 대통령령으로 정하는 범위에서 「고용보험법」, 「고용보험 및 산업재해보상보험의 보험료징수 등에 관한 법률」 및 「근로복지기본법」에 따라 수집된 자료를 활용할 수 있다. (2021.4.13 신설)

1. 중소기업퇴직연금기금제도 가입 대상 사업장에 대한 가입 안내 업무
2. 제23조의5제1항 각 호에 따른 업무 중 사용자 및 근로자의 편의를 도모하기 위하여 대통령령으로 정하는 업무

② 고용노동부장관은 공단이 제23조의14에 따른 업무수행을 위하여 제13조 및 제19조에 따른 퇴직연금규약 신고, 제38조에 따른 퇴직연금규약 폐지 신고 여부에 대한 자료를 요청하는 경우 해당 자료를 제공할 수 있다. (2021.4.13 신설)

령 제16조의6·제16조의7

제23조의5 【중소기업퇴직연금기금표준계약서의 기재사항 등】 ① 공단은 다음 각 호의 사항을 기재한 계약서(이하 "중소기업퇴직연금기금표준계약서"라 한다)를 작성하여 고용노동부장관의 승인을 받아야 한다. (2021.4.13 신설)

1. 제13조제2호, 제3호, 제6호 및 제8호부터 제10호까지의 사항
2. 제19조제1항제1호부터 제3호까지 및 제5호의 사항
3. 제23조의3에 따른 중소기업퇴직연금기금의 관리·운용 업무에 관한 사항
4. 적립금 운용현황의 기록·보관·통지 업무에 관한 사항
5. 계좌의 설정 및 관리, 부담금의 수령, 적립금의 보관 및 관리, 급여의 지급 업무에 관한 사항
6. 그 밖에 중소기업퇴직연금기금제도의 운영을 위하여 대통령령으로 정하는 사항

② 공단은 제1항에 따라 승인받은 중소기업퇴직연금기금표준계약서를 변경하는 경우에는 고용노동부장관의 승인을 받아야 한다. 다만, 변경하는 내용이 사용자 및 가입자에게 불리하지 아니한 경우에는 고용노동부장관에게 신고함으로써 중소기업퇴직연금기금표준계약서를 변경할 수 있다. (2021.4.13 신설)

③ 제1항 및 제2항에 따른 승인 또는 변경승인의 방법 및 절차 등에 필요한 사항은 대통령령으로 정한다. (2021.4.13 신설)

령 제16조의8·제16조의9

제23조의6 【중소기업퇴직연금기금제도의 설정】 ① 중소기업의 사용자는 제23조의5에 따른 중소기업퇴직연금기금표준계약서에서 정하고 있는 사항에 관하여 제4조제3항 또는 제5조에 따라 근로자대표의 동의를 얻거나 의견을 들어 공단과 계약을 체결함으로써 중소기업퇴직연금기금제도를 설정할 수 있다. (2021.4.13 신설)

② 공단은 제23조의5제1항제3호부터 제5호까지 및 제23조의15제1항의 업무수행에 따른 수수료를 사용자 및 가입자에게 부과할 수 있다. (2021.4.13 신설)
③ 공단은 제23조의5제1항제3호부터 제6호까지의 업무 중 대통령령으로 정하는 업무를 인적·물적 요건 등 대통령령으로 정하는 요건을 갖춘 자에게 처리하게 할 수 있다. (2021.4.13 신설)
령 제16조의10

제23조의7 【부담금의 부담수준 및 납입 등】 ① 중소기업퇴직연금기금제도를 설정한 사용자는 매년 1회 이상 정기적으로 가입자의 연간 임금총액의 12분의 1 이상에 해당하는 부담금(이하 "사용자부담금"이라 한다)을 현금으로 가입자의 중소기업퇴직연금기금제도 계정(이하 "기금제도사용자부담금계정"이라 한다)에 납입하여야 한다. 이 경우 사용자가 정하여진 기일(중소기업퇴직연금기금표준계약서에서 납입 기일을 연장할 수 있도록 한 경우에는 그 연장된 기일을 말한다)까지 부담금을 납입하지 아니한 경우에는 그 다음 날부터 부담금을 납입한 날까지 지연 일수에 대하여 제20조제3항 후단에 따라 대통령령으로 정하는 이율에 따른 지연이자를 납입하여야 한다. (2021.4.13 신설)
② 사용자는 중소기업퇴직연금기금제도 가입자의 퇴직 등 대통령령으로 정하는 사유가 발생한 때에 그 가입자에 대한 부담금을 미납한 경우에는 그 사유가 발생한 날부터 14일 이내에 제1항에 따른 부담금과 지연이자를 해당 가입자의 기금제도사용자부담금계정에 납입하여야 한다. 다만, 특별한 사정이 있는 경우에는 당사자 간의 합의에 따라 납입 기일을 연장할 수 있다. (2021.4.13 신설)
③ 제1항 및 제2항의 지연이자에 대한 적용제외 사유는 제20조제4항을 준용한다. (2021.4.13 신설)
④ 그 밖에 사용자부담금의 납입 방법·절차 등에 필요한 사항은 대통령령으로 정한다. (2021.4.13 신설)
벌 근로자가 퇴직할 때에 법 제23조의7제2항을 위반하여 급여를 지급하지 아니하거나 부담금 또는 지연이자를 납입하지 아니한 자는 3년 이하의 징역 또는 3천만원 이하의 벌금에 처한다. 다만, 피해자의 명시적인 의사에 반하여 공소를 제기할 수 없다. (법 제44조제2호)
령 제16조의11

제23조의8 【중소기업퇴직연금기금제도 가입자부담금 계정의 설정 등】 중소기업퇴직연금기금제도의 가입자 중 다음 각 호의 어느 하나에 해당하는 사람은 가입자 명의의 부담금 계정(이하 "기금제도가입자부담금계정"이라 한다)을 설정할 수 있다. 이 경우 공단은 가입자의 기금제도사용자부담금계

정과 구분하여 관리하여야 한다. (2021.4.13 신설)
1. 중소기업퇴직연금기금제도의 급여를 일시금으로 수령하려는 사람
2. 사용자부담금 외에 자기의 부담으로 추가 부담금(이하 "가입자부담금"이라 한다)을 납입하려는 사람

령 제16조의12·제16조의14

제23조의9【가입기간】 중소기업퇴직연금기금제도를 설정하는 경우 가입기간에 관하여는 제14조를 준용한다. 다만, 기금제도가입자부담금계정은 해당 계정이 설정된 날부터 급여가 전액 지급된 날까지로 한다. (2021.4.13 신설)

제23조의10【기금 운용정보 제공】 공단은 중소기업퇴직연금기금 운용에 따라 발생하는 이익 및 손실 가능성 등의 정보를 대통령령으로 정하는 방법에 따라 중소기업퇴직연금기금제도 가입자에게 제공하여야 한다. (2021.4.13 신설)

령 제16조의13

제23조의11【운용현황의 통지】 중소기업퇴직연금기금제도의 가입자별 운용현황의 통지에 관하여는 제18조를 준용한다. 이 경우 "퇴직연금사업자"는 "공단"으로 본다. (2021.4.13 신설)

제23조의12【급여의 종류 및 수급요건 등】 ① 중소기업퇴직연금기금제도의 급여 종류 및 수급요건은 다음 각 호에 따른다. (2021.4.13 신설)
1. 기금제도사용자부담금계정에 관하여는 제17조제1항을 준용한다. 이 경우 "확정급여형퇴직연금제도"는 "중소기업퇴직연금기금제도"로 본다.
2. 기금제도가입자부담금계정에 관하여는 대통령령으로 정한다.

② 기금제도사용자부담금계정에서 가입자에 대한 급여의 지급은 가입자가 지정한 개인형퇴직연금제도의 계정등으로 이전하는 방법으로 한다. 다만, 가입자가 개인형퇴직연금제도의 계정등을 지정하지 아니하는 경우에는 가입자 명의의 개인형퇴직연금제도의 계정으로 이전한다. (2021.4.13 신설)
③ 그 밖에 급여의 지급 등에 필요한 사항은 대통령령으로 정한다. (2021.4.13 신설)

제23조의13【적립금의 중도인출】 중소기업퇴직연금기금제도의 적립금 중도인출에 관한 사항은 다음 각 호에 따른다. (2021.4.13 신설)
1. 기금제도사용자부담금계정에 관하여는 제22조를 준용한다. 이 경우 "확정기여형퇴직연금제도"는 "중소기업퇴직연금기금제도"로 본다.
2. 기금제도가입자부담금계정에 관하여는 제24조제5항을 준용한다. 이 경우 "개인형퇴직연금제도"는 "중소기업퇴직연금기금제도"로 본다.

제23조의14【국가의 지원】 ① 국가는 중소기업퇴직연금기금제도에 가입하는 사업의 재정적 부담을 경감하고, 근로자의 중소기업퇴직연금 가입을

촉진하기 위하여 고용노동부장관이 정하는 요건에 해당하는 경우 사용자부담금, 가입자부담금 또는 중소기업퇴직연금기금제도 운영에 따른 비용의 일부 등을 예산의 범위에서 지원할 수 있다. (2021.4.13 신설)
② 제1항에 따른 지원대상, 지원수준 및 절차 등에 필요한 사항은 대통령령으로 정한다. (2021.4.13 신설)
③ 고용노동부장관은 제1항에 따라 국가의 지원을 받은 자가 다음 각 호의 어느 하나에 해당하는 경우에는 지원금의 전부 또는 일부를 대통령령으로 정하는 바에 따라 환수할 수 있다. 다만, 환수할 지원금액(이하 "환수금"이라 한다)이 대통령령으로 정하는 금액 미만인 경우에는 환수하지 아니할 수 있다. (2021.4.13 신설)

1. 거짓이나 그 밖의 부정한 방법으로 지원금을 받은 경우
2. 지원금이 잘못 지급된 경우
3. 사용자가 도산 등 대통령령으로 정하는 정당한 사유 없이 중소기업퇴직연금기금제도를 폐지한 경우

④ 공단은 제3항에 따른 환수금을 국세강제징수의 예에 따라 징수할 수 있다. (2021.4.13 신설)
⑤ 공단은 제3항에 따른 환수금 징수를 위하여 「지방세법」에 따른 재산세 과세자료 등 대통령령으로 정하는 자료의 제공 또는 관련 전산망의 이용을 관계 기관의 장에게 요청할 수 있다. 이 경우 관계 기관의 장은 정당한 사유가 없으면 그 요청에 따라야 한다. (2021.4.13 신설)
⑥ 제5항에 따라 공단에 제공되는 자료에 대해서는 수수료 또는 사용료 등을 면제한다. (2021.4.13 신설)

벌 법 제23조의14제3항제1호에 따라 거짓이나 그 밖의 부정한 방법으로 지원금을 받은 자는 500만원 이하의 벌금에 처한다. (법 제46조제1호의2)
령 제16조의15·제16조의16·제16조의17·제16조의18

제23조의15 【공단의 책무】 ① 공단은 중소기업퇴직연금기금제도 가입자에 대하여 중소기업퇴직연금기금제도 운영 상황 등 대통령령으로 정하는 사항에 대하여 매년 1회 이상 교육을 실시하여야 한다. (2021.4.13 신설)
② 공단은 매년 중소기업퇴직연금기금제도의 취급실적, 운용현황 및 수익률 등을 대통령령으로 정하는 바에 따라 공시하여야 한다. (2021.4.13 신설)
③ 공단은 중소기업퇴직연금기금표준계약서 내용이 변경된 때에는 고용노동부장관이 정하는 바에 따라 사용자 및 가입자에게 그 변경 사항을 통보하여야 한다. (2021.4.13 신설)
④ 그 밖에 공단의 책무에 관한 사항은 제33조제1항부터 제4항까지를 준용한다. 이 경우 "퇴직연금사업자"는 "공단"으로, "제28조제1항 및 제29조제1항에 따른 계약의 내용"은 "제23조의5제1항 각 호에 따른 계약의 내용"으

로, "제28조제1항에 따른 운용관리업무의 수행계약 체결을 거부하는 행위" 및 "제29조제1항에 따른 자산관리업무의 수행계약 체결을 거부하는 행위"는 각각 "제23조의6에 따른 계약의 체결을 거부하는 행위"로 본다. (2021.4.13 신설)

령 제16조의19·제16조의20

제23조의16 【지도·감독 등】 고용노동부장관은 중소기업퇴직연금기금제도의 원활한 운영을 위하여 공단이 다음 각 호의 사항을 보고하게 하거나 소속 공무원으로 하여금 그 장부·서류 또는 그 밖의 물건을 검사하게 할 수 있으며, 필요하다고 인정하는 경우에는 대통령령으로 정하는 바에 따라 그 운영 등에 시정을 명할 수 있다. (2021.4.13 신설)

1. 공단의 중소기업퇴직연금기금제도 관리 및 운영 실태에 관한 사항
2. 제23조의3에 따른 중소기업퇴직연금기금의 관리·운용에 관한 사항

령 제16조의21

제5장 개인형퇴직연금제도

제24조 【개인형퇴직연금제도의 설정 및 운영 등】 ① 퇴직연금사업자는 개인형퇴직연금제도를 운영할 수 있다.

② 다음 각 호의 어느 하나에 해당하는 사람은 개인형퇴직연금제도를 설정할 수 있다.

1. 퇴직급여제도의 일시금을 수령한 사람
2. 확정급여형퇴직연금제도, 확정기여형퇴직연금제도 또는 중소기업퇴직연금기금제도의 가입자로서 자기의 부담으로 개인형퇴직연금제도를 추가로 설정하려는 사람 (2021.4.13 개정)
3. 자영업자 등 안정적인 노후소득 확보가 필요한 사람으로서 대통령령으로 정하는 사람

③ 제2항에 따라 개인형퇴직연금제도를 설정한 사람은 자기의 부담으로 개인형퇴직연금제도의 부담금을 납입한다. 다만, 대통령령으로 정하는 한도를 초과하여 부담금을 납입할 수 없다.

④ 개인형퇴직연금제도 적립금의 운용방법 및 운용에 관한 정보제공에 관하여는 제21조 및 제21조의2부터 제21조의4까지를 준용한다. 이 경우 "확정기여형퇴직연금제도"는 "개인형퇴직연금제도"로 본다. (2022.1.11 개정)

⑤ 개인형퇴직연금제도의 급여의 종류별 수급요건 및 중도인출에 관하여는 대통령령으로 정한다.

령 제17조·제17조의2·제18조

제25조 【10명 미만을 사용하는 사업에 대한 특례】 ① 상시 10명 미만의

근로자를 사용하는 사업의 경우 제4조제1항 및 제5조에도 불구하고 사용자가 개별 근로자의 동의를 받거나 근로자의 요구에 따라 개인형퇴직연금제도를 설정하는 경우에는 해당 근로자에 대하여 퇴직급여제도를 설정한 것으로 본다.

② 제1항에 따라 개인형퇴직연금제도를 설정하는 경우에는 다음 각 호의 사항은 준수되어야 한다.

1. 사용자가 퇴직연금사업자를 선정하는 경우에 개별 근로자의 동의를 받을 것. 다만, 근로자가 요구하는 경우에는 스스로 퇴직연금사업자를 선정할 수 있다.
2. 사용자는 가입자별로 연간 임금총액의 12분의 1 이상에 해당하는 부담금을 현금으로 가입자의 개인형퇴직연금제도 계정에 납입할 것
3. 사용자가 부담하는 부담금 외에 가입자의 부담으로 추가 부담금을 납입할 수 있을 것
4. 사용자는 매년 1회 이상 정기적으로 제2호에 따른 부담금을 가입자의 개인형퇴직연금제도 계정에 납입할 것. 이 경우 납입이 지연된 부담금에 대한 지연이자의 납입에 관하여는 제20조제3항 후단 및 제4항을 준용한다.
5. 그 밖에 근로자의 급여 수급권의 안정적인 보호를 위하여 대통령령으로 정하는 사항

③ 사용자는 개인형퇴직연금제도 가입자의 퇴직 등 대통령령으로 정하는 사유가 발생한 때에 해당 가입자에 대한 제2항제2호에 따른 부담금을 납입하지 아니한 경우에는 그 사유가 발생한 날부터 14일 이내에 그 부담금과 같은 항 제4호 후단에 따른 지연이자를 해당 가입자의 개인형퇴직연금제도의 계정에 납입하여야 한다. 다만, 특별한 사정이 있는 경우에는 당사자 간의 합의에 따라 납입 기일을 연장할 수 있다.

벌 법 제25조제1항 및 제2항제1호를 위반하여 근로자대표 또는 개별 근로자의 동의를 받지 아니하거나 의견을 듣지 아니한 사용자는 500만원 이하의 벌금에 처한다. (법 제46조제1호)

벌 근로자가 퇴직할 때에 법 제25조제3항을 위반하여 급여를 지급하지 아니하거나 부담금 또는 지연이자를 납입하지 아니한 자는 3년 이하의 징역 또는 3천만원 이하의 벌금에 처한다. 다만, 피해자의 명시적인 의사에 반하여 공소를 제기할 수 없다. (법 제44조제2호)

령 제19조

제6장 퇴직연금사업자 및 업무의 수행

제26조 【퇴직연금사업자의 등록】 다음 각 호의 어느 하나에 해당하는 자

로서 퇴직연금사업자가 되려는 자는 재무건전성 및 인적·물적 요건 등 대통령령으로 정하는 요건을 갖추어 고용노동부장관에게 등록하여야 한다.
1. 「자본시장과 금융투자업에 관한 법률」에 따른 투자매매업자, 투자중개업자 또는 집합투자업자
2. 「보험업법」 제2조제6호에 따른 보험회사
3. 「은행법」 제2조제1항제2호에 따른 은행
4. 「신용협동조합법」 제2조제2호에 따른 신용협동조합중앙회
5. 「새마을금고법」 제2조제3항에 따른 새마을금고중앙회
6. 공단(공단의 퇴직연금사업 대상은 상시 30명 이하의 근로자를 사용하는 사업에 한정한다) (2021.4.13 개정)
7. 그 밖에 제1호부터 제6호까지에 준하는 자로서 대통령령으로 정하는 자

령 제20조

제27조 【퇴직연금사업자에 대한 등록취소 및 이전명령】 ① 고용노동부장관은 퇴직연금사업자가 다음 각 호의 어느 하나에 해당되는 경우에는 고용노동부령으로 정하는 바에 따라 시정을 명하거나 등록을 취소할 수 있다. 다만, 제1호 및 제2호에 해당하는 경우에는 등록을 취소하여야 한다.
1. 해산한 경우
2. 거짓이나 그 밖의 부정한 방법으로 제26조에 따른 등록을 한 경우
3. 제26조에 따른 등록요건을 갖추지 못하게 된 경우
4. 제36조에 따른 고용노동부장관 또는 금융위원회의 명령에 따르지 아니한 경우

② 제1항에 따라 등록이 취소된 퇴직연금사업자는 등록이 취소된 날부터 3년간 퇴직연금사업자 등록을 할 수 없다.

③ 퇴직연금제도 관련 업무를 중단하려는 퇴직연금사업자는 고용노동부장관에게 등록의 말소를 신청하여야 한다. 이 경우 등록이 말소된 퇴직연금사업자는 말소된 날부터 2년간 퇴직연금사업자 등록을 할 수 없다.

④ 제1항 또는 제3항에 따라 등록취소 처분을 받거나 등록말소를 신청한 퇴직연금사업자는 설정된 퇴직연금제도의 이전에 필요한 조치 등 대통령령으로 정하는 가입자 보호조치를 하여야 한다.

⑤ 고용노동부장관은 제1항 또는 제3항에 따라 등록을 취소하거나 말소하는 경우에 근로자의 퇴직급여등 수급권 보호를 위하여 필요하다고 인정하면 등록이 취소되거나 말소되는 퇴직연금사업자에게 그 업무의 전부 또는 일부를 다른 퇴직연금사업자에게 이전할 것을 명할 수 있다. 이 경우 고용노동부장관은 그 업무의 전부 또는 일부를 이전받는 퇴직연금사업자의 동의를 받아야 한다.

벌 법 제27조제4항을 위반하여 가입자 보호조치를 하지 아니한 퇴직연금사

업자는 3년 이하의 징역 또는 3천만원 이하의 벌금에 처한다. (법 제44조제3호)
령 제21조 칙 제9조

제28조 【운용관리업무에 관한 계약의 체결】 ① 퇴직연금제도를 설정하려는 사용자 또는 가입자는 퇴직연금사업자와 다음 각 호의 업무(이하 "운용관리업무"라 한다)를 하는 것을 내용으로 하는 계약을 체결하여야 한다. 다만, 제1호의2의 업무는 확정기여형퇴직연금제도를 설정할 때에만 해당하고, 제2호의 업무는 확정급여형퇴직연금제도를 설정할 때에만 해당한다. (2022.1.11 개정)

1. 사용자 또는 가입자에 대한 적립금 운용방법 및 운용방법별 정보의 제공

1의2. 사전지정운용제도의 설정 및 운영에 관한 업무 (2022.1.11 신설)

2. 연금제도 설계 및 연금 회계처리 (2021.4.13 개정)
3. 적립금 운용현황의 기록·보관·통지
4. 사용자 또는 가입자가 선정한 운용방법을 제29조제1항에 따른 자산관리업무를 수행하는 퇴직연금사업자에게 전달하는 업무
5. 그 밖에 운용관리업무의 적절한 수행을 위하여 대통령령으로 정하는 업무

② 제1항에 따라 운용관리업무를 수행하는 퇴직연금사업자는 대통령령으로 정하는 일부 업무를 인적·물적 요건 등 대통령령으로 정하는 요건을 갖춘 자에게 처리하게 할 수 있다.
령 제22조·제23조

제29조 【자산관리업무에 관한 계약의 체결】 ① 퇴직연금제도를 설정한 사용자 또는 가입자는 다음 각 호의 업무(이하 "자산관리업무"라 한다)의 수행을 내용으로 하는 계약을 퇴직연금사업자와 체결하여야 한다.

1. 계좌의 설정 및 관리
2. 부담금의 수령
3. 적립금의 보관 및 관리
4. 운용관리업무를 수행하는 퇴직연금사업자가 전달하는 적립금 운용지시의 이행
5. 급여의 지급
6. 그 밖에 자산관리업무의 적절한 수행을 위하여 대통령령으로 정하는 업무

② 사용자 또는 가입자가 제1항에 따른 계약을 체결하려는 경우에는 근로자 또는 가입자를 피보험자 또는 수익자로 하여 대통령령으로 정하는 보험계약 또는 신탁계약의 방법으로 하여야 한다.
령 제24조

제29조의2 【수수료】 ① 퇴직연금사업자가 운용관리업무, 자산관리업무 및 그 밖에 대통령령으로 정하는 업무의 수행에 따라 사용자 및 가입자로부터 받는 수수료는 해당 업무의 수행에 따라 발생되는 비용과 적립금의 운용

손익 등을 고려하여 합리적으로 정하여야 한다. (2022.1.11 신설)
② 제1항에 따라 사용자 및 가입자로부터 받는 수수료는 대통령령으로 정하는 부과기준 등을 준수하여야 한다. (2022.1.11 신설)
③ 고용노동부장관은 가입자의 수급권 보호를 위하여 퇴직연금사업자에게 수수료 부과기준 등 대통령령으로 정하는 자료의 제출을 요구할 수 있다. (2022.1.11 신설)

벌 법 제29조의2제3항에 따른 자료의 제출 요구에 따르지 아니한 퇴직연금사업자에게는 500만원 이하의 과태료를 부과한다. (법 제48조제2항제1호의4)

령 제24조의2

제30조【운용관리업무의 수행】 ① 퇴직연금사업자는 선량한 관리자로서의 주의의무를 다하여야 한다.
② 퇴직연금사업자는 적립금의 운용방법을 제시하는 경우에 다음 각 호의 요건을 갖춘 운용방법을 제시하여야 한다.
1. 운용방법에 관한 정보의 취득과 이해가 쉬울 것
2. 운용방법 간의 변경이 쉬울 것
3. 적립금 운용결과의 평가 방법과 절차가 투명할 것
4. 확정기여형퇴직연금제도와 개인형퇴직연금제도의 경우에는 대통령령으로 정하는 원리금보장 운용방법이 하나 이상 포함될 것
5. 적립금의 중장기 안정적 운용을 위하여 분산투자 등 대통령령으로 정하는 운용방법 및 기준 등에 따를 것

령 제25조·제26조

제31조【모집업무의 위탁】 ① 퇴직연금사업자는 다음 각 호의 요건을 모두 갖춘 자(이하 "퇴직연금제도 모집인")에게 퇴직연금제도를 설정하거나 가입할 자를 모집하는 업무(이하 "모집업무")로서 대통령령으로 정하는 업무를 위탁할 수 있다.
1. 제2항에 따라 고용노동부장관에게 등록된 자가 아닐 것
2. 퇴직연금제도에 대한 전문 지식이 있는 자로서 대통령령으로 정하는 요건을 갖출 것
3. 제6항에 따라 등록이 취소된 경우 그 등록이 취소된 날부터 3년이 지났을 것 (2020.5.26 개정)
② 퇴직연금사업자는 제1항에 따라 퇴직연금제도 모집업무를 위탁한 경우에는 위탁받은 자를 고용노동부장관에게 등록하여야 한다. 이 경우 고용노동부장관은 그 등록업무를 대통령령으로 정하는 바에 따라 고용노동부장관이 정하는 기관에 위탁할 수 있다.
③ 제1항에 따라 퇴직연금제도 모집업무를 위탁받은 자는 제2항에 따른 등록을 하지 아니하고는 퇴직연금제도 모집업무를 수행하여서는 아니 된다.

④ 퇴직연금사업자는 제2항에 따라 등록한 퇴직연금제도 모집인 이외의 자에게 모집업무를 위탁하여서는 아니 된다.

⑤ 제2항에 따른 등록 신청, 방법, 절차 및 그 밖에 등록을 위하여 필요한 사항은 고용노동부장관이 정한다.

⑥ 고용노동부장관은 다음 각 호의 어느 하나에 해당하는 경우 제2항의 퇴직연금제도 모집인에 대한 등록을 취소하거나 6개월 이내에서 모집업무를 정지할 수 있다.

1. 제1항 각 호의 요건을 갖추지 못한 경우
2. 제7항 각 호의 위탁받은 자의 준수사항을 위반한 경우

⑦ 제1항에 따라 업무를 위탁한 경우 위탁받은 자는 다음 각 호의 사항을 지켜야 한다.

1. 위탁한 업무를 다른 자에게 다시 위탁하지 아니할 것
2. 허위 정보에 의한 모집행위 금지 등 퇴직연금제도의 적절한 운영을 위하여 필요한 사항으로서 대통령령으로 정하는 사항

⑧ 퇴직연금사업자는 제1항에 따라 모집업무를 위탁받은 자가 제7항 각 호에 따른 준수사항을 지키지 아니한 경우에는 모집업무의 위탁을 취소하여야 한다.

⑨ 퇴직연금사업자는 퇴직연금제도 모집인이 퇴직연금제도 모집업무를 수행할 때 법령을 준수하고 건전한 거래질서를 해하는 일이 없도록 성실히 관리하여야 하며, 이를 위한 퇴직연금제도 모집업무수행기준을 정하여야 한다. (2020.5.26 개정)

⑩ 「민법」 제756조는 퇴직연금제도 모집인이 모집업무를 수행하면서 사용자 또는 가입자에게 손해를 끼친 경우에 준용한다. (2020.5.26 개정)

벌 법 제31조제3항을 위반하여 고용노동부장관에 등록하지 아니하고 퇴직연금제도 모집업무를 수행한 자는 2년 이하의 징역 또는 2천만원 이하의 벌금에 처한다. (법 제45조제2호)

벌 법 제31조제4항을 위반하여 퇴직연금제도 모집인 이외의 자에게 모집업무를 위탁한 퇴직연금사업자는 2년 이하의 징역 또는 2천만원 이하의 벌금에 처한다. (법 제45조제3호)

벌 법 제31조제7항을 위반한 자는 500만원 이하의 벌금에 처한다. (법 제46조제2호)

령 제27조·제28조·제29조·제30조

제7장 책무 및 감독

제32조 【사용자의 책무】 ① 사용자는 법령, 퇴직연금규약 또는 중소기업퇴직연금기금표준계약서를 준수하고 가입자 등을 위하여 대통령령으로 정

하는 사항에 관하여 성실하게 이 법에 따른 의무를 이행하여야 한다. (2021.4.13 개정)

② 확정급여형퇴직연금제도 또는 확정기여형퇴직연금제도를 설정한 사용자는 매년 1회 이상 가입자에게 해당 사업의 퇴직연금제도 운영 상황 등 대통령령으로 정하는 사항에 관한 교육을 하여야 한다. 이 경우 사용자는 퇴직연금사업자 또는 대통령령으로 정하는 요건을 갖춘 전문기관에 그 교육의 실시를 위탁할 수 있다. (2021.4.13 개정)

③ 제2항에 따른 교육 내용 및 방법 등에 필요한 사항은 대통령령으로 정한다. (2021.4.13 신설)

④ 퇴직연금제도를 설정한 사용자는 다음 각 호의 어느 하나에 해당하는 행위를 하여서는 아니 된다. (2021.4.13 개정)

1. 자기 또는 제3자의 이익을 도모할 목적으로 운용관리업무 및 자산관리업무의 수행계약을 체결하는 행위
2. 그 밖에 퇴직연금제도의 적절한 운영을 방해하는 행위로서 대통령령으로 정하는 행위

⑤ 확정급여형퇴직연금제도 또는 퇴직금제도를 설정한 사용자는 다음 각 호의 어느 하나에 해당하는 사유가 있는 경우 근로자에게 퇴직급여가 감소할 수 있음을 미리 알리고 근로자대표와의 협의를 통하여 확정기여형퇴직연금제도나 중소기업퇴직연금기금제도로의 변경, 퇴직급여 산정기준의 개선 등 근로자의 퇴직급여 감소를 예방하기 위하여 필요한 조치를 하여야 한다. (2021.4.13 개정)

1. 사용자가 단체협약 및 취업규칙 등을 통하여 일정한 연령, 근속시점 또는 임금액을 기준으로 근로자의 임금을 조정하고 근로자의 정년을 연장하거나 보장하는 제도를 시행하려는 경우
2. 사용자가 근로자와 합의하여 소정근로시간을 1일 1시간 이상 또는 1주 5시간 이상 단축함으로써 단축된 소정근로시간에 따라 근로자가 3개월 이상 계속 근로하기로 한 경우
3. 법률 제15513호 근로기준법 일부개정법률 시행에 따라 근로시간이 단축되어 근로자의 임금이 감소하는 경우
4. 그 밖에 임금이 감소되는 경우로서 고용노동부령으로 정하는 경우

벌 법 제32조제2항에 따라 매년 1회 이상 교육을 하지 아니한 사용자에게는 1천만원 이하의 과태료를 부과한다. (법 제48조제1항제3호)

벌 법 제32조제4항제1호에 따른 책무를 위반한 사용자는 2년 이하의 징역 또는 2천만원 이하의 벌금에 처한다. (법 제45조제4호)

벌 법 제32조제4항제2호에 따른 책무를 위반한 사용자에게는 500만원 이하의 과태료를 부과한다. (법 제48조제2항제2호)

벌 법 제32조제5항을 위반하여 근로자에게 퇴직급여가 감소할 수 있음을 알리지 아니하거나 퇴직급여의 감소 예방을 위하여 필요한 조치를 하지 아니한 사용자는 500만원 이하의 벌금에 처한다. (법 제46조제3호)

령 제31조·제32조·제32조의2·제32조의3·제33조

제33조【퇴직연금사업자의 책무】 ① 퇴직연금사업자는 이 법을 준수하고 가입자를 위하여 성실하게 그 업무를 하여야 한다.

② 퇴직연금사업자는 제28조제1항 및 제29조제1항에 따른 계약의 내용을 지켜야 한다.

③ 퇴직연금사업자는 정당한 사유 없이 다음 각 호의 어느 하나에 해당하는 행위를 하여서는 아니 된다.

1. 제28조제1항에 따른 운용관리업무의 수행계약 체결을 거부하는 행위
2. 제29조제1항에 따른 자산관리업무의 수행계약 체결을 거부하는 행위
3. 특정 퇴직연금사업자와 계약을 체결할 것을 강요하는 행위
4. 그 밖에 사용자 또는 가입자의 이익을 침해할 우려가 있는 행위로서 대통령령으로 정하는 행위

④ 운용관리업무를 수행하는 퇴직연금사업자는 다음 각 호의 어느 하나에 해당하는 행위를 하여서는 아니 된다.

1. 계약체결 시 가입자 또는 사용자의 손실의 전부 또는 일부를 부담하거나 부담할 것을 약속하는 행위
2. 가입자 또는 사용자에게 경제적 가치가 있는 과도한 부가적 서비스를 제공하거나 가입자 또는 사용자가 부담하여야 할 경비를 퇴직연금사업자가 부담하는 등 대통령령으로 정하는 특별한 이익을 제공하거나 제공할 것을 약속하는 행위
3. 가입자의 성명·주소 등 개인정보를 퇴직연금제도의 운용과 관련된 업무수행에 필요한 범위를 벗어나서 사용하는 행위
4. 자기 또는 제3자의 이익을 도모할 목적으로 특정 운용 방법을 가입자 또는 사용자에게 제시하는 행위

⑤ 제24조제1항에 따라 개인형퇴직연금제도를 운영하는 퇴직연금사업자는 해당 사업의 퇴직연금제도 운영 상황 등 대통령령으로 정하는 사항에 대하여 매년 1회 이상 가입자에게 교육을 하여야 한다.

⑥ 퇴직연금사업자는 고용노동부령으로 정하는 바에 따라 퇴직연금제도의 취급실적을 사용자(개인형퇴직연금제도의 취급실적은 제외한다), 고용노동부장관 및 금융감독원장에게 제출하여야 한다.

⑦ 퇴직연금사업자는 제28조제1항 및 제29조제1항에 따른 계약 체결과 관련된 약관 또는 표준계약서(이하 "약관등"이라 한다)를 제정하거나 변경하려는 경우에는 미리 금융감독원장에게 보고하여야 한다. 다만, 근로자 또는

사용자의 권익이나 의무에 불리한 영향을 주지 아니하는 경우로서 금융위원회가 정하는 경우에는 약관등의 제정 또는 변경 후 10일 이내에 금융감독원장에게 보고할 수 있다.

⑧ 퇴직연금사업자는 매년 말 적립금 운용 수익률 및 수수료 등을 금융위원회가 정하는 바에 따라 공시하여야 한다.

벌 법 제33조제2항에 따른 책무를 위반한 퇴직연금사업자에게는 500만원 이하의 과태료를 부과한다. (법 제48조제2항제3호)

벌 법 제33조제3항 및 제4항을 위반한 퇴직연금사업자는 3년 이하의 징역 또는 3천만원 이하의 벌금에 처한다. (법 제44조제4호)

벌 법 제33조제5항에 따라 매년 1회 이상 교육을 하지 아니한 퇴직연금사업자에게는 1천만원 이하의 과태료를 부과한다. (법 제48조제1항제4호)

벌 법 제33조제6항을 위반하여 퇴직연금제도 취급실적을 제출하지 아니하거나 거짓으로 작성하여 제출한 퇴직연금사업자에게는 500만원 이하의 과태료를 부과한다. (법 제48조제2항제4호)

령 제34조·제35조·제36조 칙 제12조

제34조 【정부의 책무 등】 ① 정부는 퇴직연금제도가 활성화될 수 있도록 지원방안을 마련하여야 한다.

② 정부는 퇴직연금제도의 건전한 정착 및 발전을 위하여 다음 각 호의 조치를 할 수 있다. (2021.4.13 개정)

1. 노사단체, 퇴직연금업무 유관기관·단체와의 공동 연구사업 및 행정적·재정적 지원
2. 퇴직연금제도 운영과 관련한 퇴직연금사업자 평가
3. 건전하고 효율적인 퇴직연금제도 운영을 위한 전문 강사 육성 및 교재의 지원
4. 그 밖에 근로자의 안정적인 노후생활 보장을 위하여 대통령령으로 정하는 사항

③ 제2항제2호에 따른 평가는 퇴직연금사업자의 운용성과, 운용역량, 수수료의 적정성 등을 대상으로 하며, 그 밖에 평가절차 및 방법 등에 필요한 사항은 대통령령으로 정한다. (2021.4.13 신설)

④ 정부는 퇴직연금제도의 급여 지급 보장을 위한 장치 마련 등 근로자의 급여 수급권 보호를 위한 방안을 강구하도록 노력하여야 한다. (2021.4.13 개정)

령 제36조의2

제35조 【사용자에 대한 감독】 ① 고용노동부장관은 사용자가 퇴직연금제도의 설정 또는 그 운영 등에 관하여 이 법 또는 퇴직연금규약 및 중소기업퇴직연금기금표준계약서에 위반되는 행위를 한 경우에는 기간을 정하여 그 위반의 시정을 명할 수 있다. (2021.4.13 개정)

② 고용노동부장관은 사용자가 제1항에 따른 기간 이내에 시정명령에 따르지 아니하는 경우에는 퇴직연금제도 운영의 중단을 명할 수 있다.

벌 법 제35조에 따른 시정명령을 이행하지 아니한 사용자에게는 500만원 이하의 과태료를 부과한다. (법 제48조제2항제5호)

제36조 【퇴직연금사업자에 대한 감독】 ① 고용노동부장관은 퇴직연금사업자가 이 법을 위반하는 행위를 한 경우에는 기간을 정하여 그 위반의 시정을 명할 수 있다.

② 고용노동부장관은 퇴직연금사업자가 제1항에 따른 시정명령에 따르지 아니하는 경우에는 이 법에 따라 수행하는 업무를 다른 퇴직연금사업자에게 이전할 것을 명할 수 있다.

③ 금융위원회는 퇴직연금제도의 안정적 운영과 근로자의 수급권 보호를 위하여 대통령령으로 정하는 업무에 관하여 퇴직연금사업자를 감독하고, 퇴직연금사업자가 제33조를 위반하는 경우 다음 각 호의 조치를 할 수 있다.

1. 퇴직연금사업자에 대한 주의, 그 임원에 대한 주의 또는 그 직원에 대한 주의·견책·감봉·정직·면직의 요구
2. 해당 위반행위에 대한 시정명령
3. 임원의 해임권고 또는 직무정지요구
4. 6개월 이내의 영업의 일부정지

④ 금융감독원장은 퇴직연금사업자의 업무 및 재산상황 등을 검사할 수 있고, 제33조제7항에 따라 퇴직연금사업자가 보고한 약관등이 이 법에 위배될 경우에는 변경·보완을 명할 수 있다.

령 제37조

제37조 【금융거래정보의 제공 요청 등】 ① 고용노동부장관은 사용자가 제16조에 따른 급여 지급능력을 확보하였는지 등 퇴직연금제도 운영을 감독하기 위하여 필요한 경우 「금융실명거래 및 비밀보장에 관한 법률」 제4조 및 「신용정보의 이용 및 보호에 관한 법률」 제33조에도 불구하고 자산관리업무 및 운용관리업무 계약을 체결한 사업에 관한 다음 각 호의 금융거래에 관한 정보 또는 자료(이하 "금융거래정보"라 한다)의 제공을 퇴직연금사업자에게 요청할 수 있다.

1. 가입자 현황
2. 급여 지급 현황
3. 부담금 납입 현황
4. 적립금 운용현황에 관한 정보

② 고용노동부장관이 제1항에 따라 금융거래정보를 요청할 때에는 다음 각 호의 사항을 적은 문서로 요청하여야 한다.

1. 요청대상 거래기간

2. 요청의 법적 근거
3. 사용목적
4. 요청하는 금융거래정보의 내용
③ 제1항에 따른 금융거래정보의 요청은 퇴직연금제도 운영의 건전성 감독을 위하여 필요한 최소한도에 그쳐야 한다.
④ 제2항에 따라 퇴직연금사업자가 고용노동부장관에게 금융거래정보를 제공하는 경우에는 그 퇴직연금사업자는 금융거래정보를 제공한 날부터 10일 이내에 제공한 금융거래정보의 주요 내용, 사용목적, 제공받은 자 및 제공일자 등을 해당 사용자 또는 가입자에게 서면으로 알려야 한다. 이 경우 통지에 드는 비용에 관하여는 「금융실명거래 및 비밀보장에 관한 법률」 제4조의2제4항을 준용한다.
⑤ 고용노동부장관은 제1항에 따라 퇴직연금사업자에게 금융거래정보를 요구하는 경우에는 그 사실을 기록하여야 하며, 금융거래정보를 요구한 날부터 5년간 그 기록을 보관하여야 한다.
⑥ 제1항에 따라 금융거래정보를 제공받아 알게 된 자는 그 알게 된 금융거래정보를 타인에게 제공 또는 누설하거나 그 목적 외의 용도로 이용하여서는 아니 된다.
벌 법 제37조제6항을 위반한 자는 5년 이하의 징역 또는 5천만원 이하의 벌금에 처한다. (법 제43조)

제8장 보 칙

제38조【퇴직연금제도의 폐지·중단 시의 처리】 ① 퇴직연금제도가 폐지되거나 운영이 중단된 경우에는 폐지된 이후 또는 중단된 기간에 대하여는 제8조제1항에 따른 퇴직금제도를 적용한다.
② 사용자는 퇴직연금제도가 폐지된 경우 지체 없이 적립금으로 급여를 지급하는 데에 필요한 조치로서 미납 부담금의 납입 등 대통령령으로 정하는 조치를 하여야 한다.
③ 사용자와 퇴직연금사업자는 제35조제2항에 따른 사유 등으로 퇴직연금제도가 중단된 경우에 적립금 운용에 필요한 업무 등 대통령령으로 정하는 기본적인 업무를 유지하여야 한다.
④ 사용자와 퇴직연금사업자는 퇴직연금제도가 폐지되어 가입자에게 급여를 지급하는 경우에 가입자가 지정한 개인형퇴직연금제도의 계정으로 이전하는 방법으로 지급하여야 한다. 다만, 가입자가 개인형퇴직연금제도의 계정을 지정하지 아니한 경우에는 제17조제5항을 준용한다.
⑤ 가입자가 제4항에 따라 급여를 받은 경우에는 제8조제2항에 따라 중간정

산되어 받은 것으로 본다. 이 경우 중간정산 대상기간의 산정 등에 필요한 사항은 대통령령으로 정한다.

령 제38조·제39조·제40조

제39조 【업무의 협조】 고용노동부장관은 이 법의 시행을 위하여 필요한 경우에 금융위원회 등 관련 기관에 자료의 제출을 요청할 수 있다. 이 경우 자료의 제출을 요청받은 기관은 정당한 사유가 없으면 이를 거부하여서는 아니 된다.

제40조 【보고 및 조사】 ① 고용노동부장관은 이 법 시행에 필요한 범위에서 사용자 및 퇴직연금사업자에게 퇴직연금제도의 실시 상황 등에 관한 보고, 관계 서류의 제출 또는 관계인의 출석을 요구할 수 있다.

② 고용노동부장관은 이 법의 시행을 위하여 필요하다고 인정하는 경우에는 소속 직원으로 하여금 퇴직연금제도를 실시하는 사업장 및 해당 퇴직연금사업자의 사업장에 출입하여 사용자 및 퇴직연금사업자 등 관계인에 대하여 질문하거나 장부 등 서류를 조사하게 할 수 있다.

③ 제2항에 따라 사업장 및 해당 퇴직연금사업자의 사업장에 출입하여 관계인에 대하여 질문하거나 장부 등 서류를 조사하려는 직원은 그 권한을 나타내는 증표를 지니고 이를 관계인에게 내보여야 한다.

제41조 【청문】 고용노동부장관은 제27조제1항에 따른 등록취소 또는 제36조제2항에 따른 이전명령을 하려는 경우에는 청문을 하여야 한다.

제42조 【권한의 위임·위탁】 ① 이 법에 따른 고용노동부장관의 권한은 대통령령으로 정하는 바에 따라 그 일부를 금융위원회, 금융감독원장 또는 공단(제23조의14에 따른 지원 및 환수와 환수금 징수업무, 제34조제2항 각 호의 업무로 한정한다)에 위탁하거나 지방고용노동관서의 장에게 위임할 수 있다. (2021.4.13 개정)

② 이 법에 따른 금융위원회의 권한은 대통령령으로 정하는 바에 따라 그 일부를 금융감독원장에게 위탁할 수 있다.

령 제41조

제9장 벌 칙

제43조 【벌칙】 제37조제6항을 위반한 자는 5년 이하의 징역 또는 5천만원 이하의 벌금에 처한다. (2021.4.13 개정)

제44조 【벌칙】 다음 각 호의 어느 하나에 해당하는 자는 3년 이하의 징역 또는 3천만원 이하의 벌금에 처한다. 다만, 제1호 및 제2호의 경우(「근로기준법」 제43조의2에 따라 명단 공개된 체불사업주가 명단 공개 기간 중에 제1호 또는 제2호에 해당하는 경우는 제외한다) 피해자의 명시적인 의사에

반하여 공소를 제기할 수 없다. 〈2025.11.11 개정〉

1. 제9조제1항을 위반하여 퇴직금을 지급하지 아니한 자 〈2021.4.13 개정〉
2. 근로자가 퇴직할 때에 제17조제2항·제3항, 제20조제5항, 제23조의7제2항 또는 제25조제3항을 위반하여 급여를 지급하지 아니하거나 부담금 또는 지연이자를 납입하지 아니한 자 〈2021.4.13 개정〉
3. 제27조제4항을 위반하여 가입자 보호조치를 하지 아니한 퇴직연금사업자
4. 제33조제3항 및 제4항을 위반한 퇴직연금사업자

제45조【벌칙】 다음 각 호의 어느 하나에 해당하는 자는 2년 이하의 징역 또는 2천만원 이하의 벌금에 처한다. 〈2021.4.13 개정〉

1. 제4조제2항을 위반하여 하나의 사업 안에 퇴직급여제도를 차등하여 설정한 자
2. 제31조제3항을 위반하여 고용노동부장관에 등록하지 아니하고 퇴직연금제도 모집업무를 수행한 자
3. 제31조제4항을 위반하여 퇴직연금제도 모집인 이외의 자에게 모집업무를 위탁한 퇴직연금사업자
4. 제32조제4항제1호에 따른 책무를 위반한 사용자 〈2021.4.13 개정〉

제46조【벌칙】 다음 각 호의 어느 하나에 해당하는 자는 500만원 이하의 벌금에 처한다.

1. 제4조제3항·제4항 또는 제25조제1항 및 제2항제1호를 위반하여 근로자대표 또는 개별 근로자의 동의를 받지 아니하거나 의견을 듣지 아니한 사용자

1의2. 제23조의14제3항제1호에 따라 거짓이나 그 밖의 부정한 방법으로 지원금을 받은 자 〈2021.4.13 신설〉

2. 제31조제7항을 위반한 자
3. 제32조제5항을 위반하여 근로자에게 퇴직급여가 감소할 수 있음을 알리지 아니하거나 퇴직급여의 감소 예방을 위하여 필요한 조치를 하지 아니한 사용자 〈2021.4.13 개정〉

제47조【양벌규정】 법인의 대표자나 법인 또는 개인의 대리인, 사용인, 그 밖의 종업원이 그 법인 또는 개인의 업무에 관하여 제44조부터 제46조까지의 어느 하나에 해당하는 위반행위를 하면 그 행위자를 벌하는 외에 그 법인 또는 개인에게도 해당 조문의 벌금형을 과(科)한다. 다만, 법인 또는 개인이 그 위반행위를 방지하기 위하여 해당 업무에 관하여 상당한 주의와 감독을 게을리하지 아니한 경우에는 그러하지 아니하다.

제48조【과태료】 ① 다음 각 호의 어느 하나에 해당하는 자에게는 1천만원 이하의 과태료를 부과한다.

1. 제16조제2항을 위반하여 적립금이 최소적립금을 넘고 있는지 확인하여

그 결과를 사용자에게 알리지 아니하거나, 적립금이 최소적립금보다 적은 경우 그 확인 결과를 근로자대표에게 알리지 아니한 퇴직연금사업자 (2021.4.13 신설)

2. 제16조제3항에 따른 적립금 부족을 해소하지 아니한 사용자 (2021.4.13 신설)

3. 제32조제2항에 따라 매년 1회 이상 교육을 하지 아니한 사용자 (2021.4.13 개정)

4. 제33조제5항에 따라 매년 1회 이상 교육을 하지 아니한 퇴직연금사업자 (2021.4.13 개정)

② 다음 각 호의 어느 하나에 해당하는 자에게는 500만원 이하의 과태료를 부과한다.

1. 제13조에 따른 확정급여형퇴직연금규약 또는 제19조에 따른 확정기여형 퇴직연금규약을 신고하지 아니한 사용자

1의2. 제18조의2제1항에 따른 적립금운용위원회를 구성하지 아니한 사용자 (2021.4.13 신설)

1의3. 제18조의2제2항에 따른 적립금운용계획서를 작성하지 아니한 사용자 (2021.4.13 신설)

1의4. 제29조의2제3항에 따른 자료의 제출 요구에 따르지 아니한 퇴직연금사업자 (2022.1.11 신설)

2. 제32조제4항제2호에 따른 책무를 위반한 사용자 (2021.4.13 개정)

3. 제33조제2항에 따른 책무를 위반한 퇴직연금사업자 (2021.4.13 개정)

4. 제33조제6항을 위반하여 퇴직연금제도 취급실적을 제출하지 아니하거나 거짓으로 작성하여 제출한 퇴직연금사업자 (2021.4.13 신설)

5. 제35조에 따른 시정명령을 이행하지 아니한 사용자 (2021.4.13 신설)

③ 제1항 및 제2항에 따른 과태료는 대통령령으로 정하는 바에 따라 고용노동부장관이 부과·징수한다.

령 제42조

부 칙

제1조【시행일】 이 법은 공포 후 1년이 경과한 날부터 시행한다.

제2조【퇴직보험등의 유효기간】 ① 법률 제7379호 근로자퇴직급여보장법의 시행일인 2005년 12월 1일 이전에 사용자가 근로자를 피보험자 또는 수익자로 하여 대통령령으로 정하는 퇴직보험 또는 퇴직일시금신탁(이하 "퇴직보험등"이라 한다)에 가입하여 근로자가 퇴직할 때 일시금 또는 연금으로 수령하게 하는 경우에는 법률 제7379호 근로자퇴직급여보장법 제8조제1항에 따른 퇴직금제도를 설정한 것으로 본다. 다만, 퇴직보험등에 의한

퇴직
급여

일시금은 같은 항에 따른 퇴직금보다 적어서는 아니 된다.
② 제1항에 따른 퇴직금제도의 효력기간은 2010년 12월 31일까지로 한다.

제3조【퇴직 전 퇴직금 정산 요건에 관한 적용례】 제8조제2항의 개정규정은 이 법 시행 후 최초로 근로자가 사용자에게 중간정산을 요구하는 경우부터 적용한다.

제4조【급여의 지급 방법에 관한 적용례】 제17조제4항 및 제5항, 제19조제2항(제17조제4항 및 제5항을 준용하는 부분에 한정한다) 및 제38조제4항의 개정규정은 이 법 시행 후 최초로 급여를 지급할 사유가 발생한 경우부터 적용한다.

제5조【확정기여형퇴직연금제도 및 개인형퇴직연금제도 부담금 등 납입에 관한 적용례】 제20조제3항·제4항, 제25조제2항제4호 및 같은 조 제3항의 개정규정에 따른 지연이자에 관한 부분은 이 법 시행 후 최초로 발생하는 지연이자를 납입하는 경우부터 적용한다.

제6조【자영업자 등의 개인형퇴직연금제도 가입에 관한 적용례】 제24조제2항제3호는 이 법 시행 후 5년이 경과한 날부터 적용한다.

제7조【퇴직연금사업자 등록 취소 및 말소에 관한 적용례】 제27조제2항 및 제3항의 개정규정은 이 법 시행 후 최초로 퇴직연금사업자의 등록이 취소되거나 등록의 말소를 신청한 경우부터 적용한다.

제8조【상시 4명 이하의 근로자를 사용하는 사업의 시행시기, 급여 및 부담금 등에 관한 특례】 ① 상시 4명 이하의 근로자를 사용하는 사업에 대하여는 법률 제7379호 근로자퇴직급여보장법 부칙 제1조 단서에 따라 2010년 12월 1일부터 퇴직급여제도가 시행된 것으로 본다.
② 상시 4명 이하의 근로자를 사용하는 사업에 적용되는 퇴직금, 확정급여형퇴직연금제도의 급여액, 확정기여형퇴직연금제도 및 제25조의 개정규정에 따른 개인형퇴직연금제도의 사용자 부담금의 수준은 제8조제1항, 제15조, 제20조제1항 및 제25조제2항제2호의 개정규정에도 불구하고 다음 각 호와 같이 정한다.
1. 2010년 12월 1일부터 2012년 12월 31일까지의 기간에 대한 퇴직금, 확정급여형퇴직연금제도의 급여액, 확정기여형퇴직연금제도 및 제25조의 개정규정에 따른 개인형퇴직연금제도의 사용자 부담금 수준 : 제8조제1항, 제15조, 제20조제1항 및 제25조제2항제2호의 개정규정에서 정하는 수준의 100분의 50 이상
2. 2013년 1월 1일 이후의 기간에 대한 퇴직금, 확정급여형퇴직연금제도의 급여액, 확정기여형퇴직연금제도 및 제25조의 개정규정에 따른 개인형퇴직연금제도의 사용자 부담금 수준 : 제8조제1항, 제15조, 제20조제1항 및 제25조제2항제2호의 개정규정에서 정하는 수준

③ 근로관계 당사자는 제1항 및 제2항을 이유로 기존의 근로조건을 낮출 수 없다.

제9조 【퇴직금 우선변제에 관한 경과조치】 ① 제12조제2항에도 불구하고 1997년 12월 24일 전에 퇴직한 근로자의 경우에는 1989년 3월 29일 이후의 계속근로기간에 대한 퇴직금을 우선변제의 대상으로 한다.
② 제12조제2항에도 불구하고 1997년 12월 24일 전에 채용된 근로자로서 1997년 12월 24일 이후에 퇴직하는 근로자의 경우에는 1989년 3월 29일 이후부터 1997년 12월 23일까지의 계속근로기간에 대한 퇴직금에 1997년 12월 24일 이후의 계속근로기간에 대하여 발생하는 최종 3년간의 퇴직금을 합산한 금액을 우선변제의 대상으로 한다.
③ 제1항 및 제2항에 따라 우선변제의 대상이 되는 퇴직금은 계속근로기간 1년에 대하여 30일분의 평균임금으로 계산한 금액으로 한다.
④ 제1항 및 제2항에 따라 우선변제의 대상이 되는 퇴직금은 250일분의 평균임금을 초과할 수 없다.

제10조 【퇴직금제도에 관한 경과조치】 법률 제7379호 근로자퇴직급여보장법의 시행일인 2005년 12월 1일 당시 종전의 「근로기준법」 제34조제1항에 따라 설정된 퇴직금제도와 미리 정산하여 지급된 퇴직금은 법률 제7379호 근로자퇴직급여보장법에 따라 설정되거나 지급된 것으로 본다.

제11조 【개인퇴직계좌에 관한 경과조치】 이 법 시행 당시 종전의 제25조 또는 제26조에 따라 설정된 개인퇴직계좌는 제24조 또는 제25조의 개정규정에 따라 설정된 개인형퇴직연금제도로 본다.

제12조 【다른 법률의 개정】 생략

제13조 【다른 법령과의 관계】 이 법 시행 당시 다른 법령에서 종전의 「근로자퇴직급여 보장법」의 규정을 인용한 경우에 이 법 가운데 그에 해당하는 규정이 있으면 종전의 규정을 갈음하여 이 법의 해당 규정을 인용한 것으로 본다.

〈생략〉

부칙(2021.4.13 법률 제18038호)

이 법은 공포 후 1년이 경과한 날부터 시행한다.

부칙(2022.1.11 법률 제18752호)

제1조 【시행일】 이 법은 공포 후 6개월이 경과한 날부터 시행한다.

제2조 【확정기여형퇴직연금규약의 변경에 관한 경과조치】 이 법 시행일 전에 확정기여형퇴직연금제도를 설정한 사용자는 이 법 시행일 이후 1년

이내에 확정기여형퇴직연금규약에 제19조제1항제4호의2의 개정규정의 내용을 반영하여야 한다.

부칙(2025.11.11 법률 제21135호)

제1조【시행일】 이 법은 공포한 날부터 시행한다.

제2조【벌칙에 관한 적용례】 제44조의 개정규정은 이 법 시행 이후 발생한 위반행위부터 적용한다.

근로자퇴직급여 보장법 시행령

전부개정 2012. 7.24 대통령령 제23987호
개정 2013.12.24 대통령령 제25022호
〈생략〉
2022. 4.13 대통령령 제32575호
2022. 7.11 대통령령 제32796호
2023.12.12 대통령령 제33953호
2024. 5.28 대통령령 제34533호

제1조【목적】 이 영은 「근로자퇴직급여 보장법」에서 위임된 사항과 그 시행에 필요한 사항을 규정함을 목적으로 한다.

제2조【퇴직연금제도 수급권의 담보제공 사유 등】 ① 「근로자퇴직급여 보장법」(이하 "법"이라 한다) 제7조제2항 전단에서 "주택구입 등 대통령령으로 정하는 사유와 요건을 갖춘 경우"란 다음 각 호의 어느 하나에 해당하는 경우를 말한다.

1. 무주택자인 가입자가 본인 명의로 주택을 구입하는 경우

1의2. 무주택자인 가입자가 주거를 목적으로 「민법」 제303조에 따른 전세금 또는 「주택임대차보호법」 제3조의2에 따른 보증금을 부담하는 경우. 이 경우 가입자가 하나의 사업 또는 사업장(이하 "사업"이라 한다)에 근로하는 동안 1회로 한정한다. (2015.12.15 신설)

2. 가입자가 6개월 이상 요양을 필요로 하는 다음 각 목의 어느 하나에 해당하는 사람의 질병이나 부상에 대한 의료비(「소득세법 시행령」 제118조의5제1항 및 제2항에 따른 의료비를 말한다. 이하 같다)를 부담하는 경우 (2019.10.29 개정)
   가. 가입자 본인
   나. 가입자의 배우자
   다. 가입자 또는 그 배우자의 부양가족(「소득세법」 제50조제1항제3호에 따른 부양가족을 말한다. 이하 같다)

3. 담보를 제공하는 날부터 거꾸로 계산하여 5년 이내에 가입자가 「채무자 회생 및 파산에 관한 법률」에 따라 파산선고를 받은 경우 (2019.7.2 개정)

4. 담보를 제공하는 날부터 거꾸로 계산하여 5년 이내에 가입자가 「채무자 회생 및 파산에 관한 법률」에 따라 개인회생절차개시 결정을 받은 경우 (2019.7.2 개정)

4의2. 다음 각 목의 어느 하나에 해당하는 사람의 대학등록금, 혼례비 또는 장례비를 가입자가 부담하는 경우 (2015.12.15 신설)

가. 가입자 본인
나. 가입자의 배우자
다. 가입자 또는 그 배우자의 부양가족

5. 사업주의 휴업 실시로 근로자의 임금이 감소하거나 재난(「재난 및 안전관리 기본법」 제3조제1호에 따른 재난을 말한다. 이하 같다)으로 피해를 입은 경우로서 고용노동부장관이 정하여 고시하는 사유와 요건에 해당하는 경우 (2020.11.3 개정)

② 법 제7조제2항 전단에서 "대통령령으로 정하는 한도"란 다음 각 호의 구분에 따른 한도를 말한다.

1. 제1항제1호, 제1호의2, 제2호부터 제4호까지 및 제4호의2의 경우 : 가입자별 적립금의 100분의 50 (2015.12.15 개정)
2. 제1항제5호의 경우 : 임금 감소 또는 재난으로 입은 가입자의 피해 정도 등을 고려하여 고용노동부장관이 정하여 고시하는 한도 (2020.11.3 개정)

제3조 【퇴직금의 중간정산 사유】 ① 법 제8조제2항 전단에서 "주택구입 등 대통령령으로 정하는 사유"란 다음 각 호의 경우를 말한다. (2022.4.13 개정)

1. 무주택자인 근로자가 본인 명의로 주택을 구입하는 경우
2. 무주택자인 근로자가 주거를 목적으로 「민법」 제303조에 따른 전세금 또는 「주택임대차보호법」 제3조의2에 따른 보증금을 부담하는 경우. 이 경우 근로자가 하나의 사업에 근로하는 동안 1회로 한정한다. (2015.12.15 개정)
3. 근로자가 6개월 이상 요양을 필요로 하는 다음 각 목의 어느 하나에 해당하는 사람의 질병이나 부상에 대한 의료비를 해당 근로자가 본인 연간 임금총액의 1천분의 125를 초과하여 부담하는 경우 (2019.10.29 개정)

가. 근로자 본인
나. 근로자의 배우자
다. 근로자 또는 그 배우자의 부양가족

4. 퇴직금 중간정산을 신청하는 날부터 거꾸로 계산하여 5년 이내에 근로자가 「채무자 회생 및 파산에 관한 법률」에 따라 파산선고를 받은 경우 (2019.7.2 개정)
5. 퇴직금 중간정산을 신청하는 날부터 거꾸로 계산하여 5년 이내에 근로자가 「채무자 회생 및 파산에 관한 법률」에 따라 개인회생절차개시 결정을 받은 경우 (2019.7.2 개정)
6. 사용자가 기존의 정년을 연장하거나 보장하는 조건으로 단체협약 및 취업규칙 등을 통하여 일정나이, 근속시점 또는 임금액을 기준으로 임금을 줄이는 제도를 시행하는 경우 (2015.12.15 개정)

6의2. 사용자가 근로자와의 합의에 따라 소정근로시간을 1일 1시간 또는 1주 5시간 이상 단축함으로써 단축된 소정근로시간에 따라 근로자가 3개월 이상 계속 근로하기로 한 경우 (2022.4.13 개정)
6의3. 법률 제15513호 근로기준법 일부개정법률의 시행에 따른 근로시간의 단축으로 근로자의 퇴직금이 감소되는 경우 (2018.6.19 신설)
7. 재난으로 피해를 입은 경우로서 고용노동부장관이 정하여 고시하는 사유에 해당하는 경우 (2020.11.3 개정)

② 사용자는 제1항 각 호의 사유에 따라 퇴직금을 미리 정산하여 지급한 경우 근로자가 퇴직한 후 5년이 되는 날까지 관련 증명 서류를 보존하여야 한다.

제3조의2【퇴직금의 개인형퇴직연금제도 계정 등으로의 이전 예외 사유】 ① 법 제9조제2항 단서에서 "근로자가 55세 이후에 퇴직하여 급여를 받는 경우 등 대통령령으로 정하는 사유가 있는 경우"란 다음 각 호의 경우를 말한다. (2022.4.13 신설)
1. 근로자가 55세 이후에 퇴직하여 급여를 받는 경우
2. 급여가 고용노동부장관이 정하여 고시하는 금액 이하인 경우
3. 근로자가 사망한 경우
4. 「출입국관리법 시행령」 제23조제1항에 따라 취업활동을 할 수 있는 체류자격으로 국내에서 근로를 제공하고 퇴직한 근로자가 퇴직 후 국외로 출국한 경우
5. 다른 법령에서 급여의 전부 또는 일부를 공제하도록 한 경우

② 제1항제5호의 사유로 급여에서 일부를 공제한 경우 남은 금액은 근로자가 지정한 개인형퇴직연금제도의 계정 또는 법 제23조의8에 따른 계정(이하 "개인형퇴직연금계정등"이라 한다)으로 이전해야 한다. (2022.4.13 신설)

제4조【확정급여형퇴직연금규약의 규정 사항】 ① 법 제13조제11호에서 "대통령령으로 정하는 사항"이란 다음 각 호의 사항을 말한다. (2022.4.13 개정)
1. 삭제(2022.4.13)
2. 법 제28조에 따른 운용관리업무(이하 "운용관리업무"라 한다)와 법 제29조에 따른 자산관리업무(이하 "자산관리업무"라 한다)의 수행에 대한 수수료의 부담에 관한 사항
3. 가입자에 대한 교육의 방법 및 절차 등에 관한 사항
4. 복수의 퇴직연금사업자와 운용관리업무에 관한 계약을 체결한 경우 업무의 처리방안에 관한 사항. 이 경우 법 제17조제5항에 따라 가입자가 개인형퇴직연금계정등을 지정하지 않은 경우 급여를 이전(移轉)할 퇴직연금사업자의 지정에 관한 사항을 포함한다. (2022.4.13 개정)

② 법 제13조제10호의2에 따른 부담금을 산정하는 퇴직연금사업자는 재정

균형을 장기적으로 유지할 수 있도록 장래 급여에 소요되는 비용예상액, 예상운용수입액 등을 고려해야 하며, 그 세부 기준은 고용노동부령으로 정한다. (2022.4.13 개정)

③ 사용자는 매년 1회 이상 정기적으로 부담금을 납입하여야 한다.

④ 제1항제2호에 따른 수수료는 사용자가 부담한다.

⑤ 삭제(2022.4.13)

⑥ 복수의 퇴직연금사업자와 운용관리업무에 관한 계약을 체결한 사용자는 그 퇴직연금사업자 중 하나를 대표 퇴직연금사업자(이하 "간사기관"이라 한다)로 선정하여 제22조제1항제3호 각 목의 업무를 수행하도록 하여야 한다.

제5조【확정급여형퇴직연금제도의 최소적립금 수준】 ① 법 제16조제1항 각 호 외의 부분 본문에서 "대통령령으로 정하는 비율"이란 100분의 80 이상으로서 고용노동부령으로 정하는 비율을 말한다. (2022.4.13 개정)

② 법 제16조제1항 각 호 외의 부분 단서에서 "대통령령으로 정하는 비율"이란 법 제14조제2항에 따라 해당 퇴직연금제도의 설정 전에 해당 사업에서 제공한 근로기간(이하 "과거근로기간"이라 한다)을 가입기간에 포함시키는 경우 해당 근로기간에 대한 법 제16조제1항 각 호 외의 부분 본문의 기준책임준비금(이하 "기준책임준비금"이라 한다) 대비 적립금 비율로서 과거근로기간의 연수(年數)와 가입 후 연차(年次)의 구분에 따라 고용노동부장관이 정하여 고시하는 비율을 말한다. (2022.4.13 개정)

칙 제4조의2

제6조【재정검증 결과의 통보】 ① 퇴직연금사업자는 법 제16조제2항에 따라 산정된 적립금과 법 제16조제1항 각 호 외의 부분 본문에 따른 최소적립금(이하 "최소적립금"이라 한다)을 비교하여 적립금의 부족 여부, 적립금 및 부담금 납입 현황, 제7조제2항에 따른 적립금 부족 해소 현황 등을 사용자에게 서면으로 알려야 한다. 다만, 적립금이 최소적립금보다 적은 경우에는 근로자의 과반수가 가입한 노동조합이 있는 경우에는 그 노동조합에도 서면으로 알리고, 근로자의 과반수가 가입한 노동조합이 없는 경우에는 전체 근로자에게도 서면 또는 정보통신망에 의한 방법으로 알려야 한다. (2023.12.12 개정)

② 퇴직연금사업자는 제1항 단서에 따라 전체 근로자에게 알리기 위하여 사용자에게 다음 각 호의 사항에 대한 협조를 요청할 수 있다. 이 경우 사용자는 특별한 사유가 없는 한 이에 따라야 한다. (2019.10.29 신설)

1. 사용자가 운영하는 사내 전산망에 대한 이용 제공
2. 전체 근로자의 주소 또는 전자우편주소의 제공
3. 전체 근로자에게 제1항 단서에 따른 사항의 통보

③ 제1항에 따른 통보에 필요한 양식은 고용노동부장관이 정하여 고시한다.

(2019.10.29 개정)

제7조【적립금 부족의 판단기준 및 해소방안】 ① 법 제16조제3항에서 "대통령령으로 정하는 수준"이란 최소적립금의 100분의 95를 말한다.

② 사용자는 법 제16조제3항에 따라 적립금이 제1항의 수준에 미치지 못하는 경우 부담금 납입 등을 통해 최소적립금 대비 부족분 비율의 3분의 1 이상을 직전 사업연도 종료 후 1년 이내에 해소해야 한다. (2023.12.12 개정)

제8조【급여 전액지급 예외 사유】 법 제17조제2항 본문에서 "사업의 도산 등 대통령령으로 정하는 경우"란 다음 각 호의 경우를 말한다. (2022.4.13 개정)

1. 사업주가 「채무자 회생 및 파산에 관한 법률」에 따른 파산선고를 받은 경우
2. 사업주가 「채무자 회생 및 파산에 관한 법률」에 따른 회생절차개시 결정을 받은 경우
3. 사업주가 「임금채권보장법 시행령」 제5조제1항제2호 또는 제3호에 해당하는 경우
4. 법 제16조제2항에 따른 확인결과 기준책임준비금 중 적립금이 비율이 제5조제1항에 따른 비율보다 낮은 경우. 이 경우 과거근로기간을 가입기간에 포함시키는 경우에도 제5조제1항에 따른 비율을 적용한다. (2022.4.13 개정)
5. 다음 값이 고용노동부장관이 정하여 고시한 비율 이상인 경우
   사업연도 개시일 이후 해당 사업의 가입자에게 지급한 퇴직급여의 누계액÷(사업연도 개시일의 적립금+사업연도 개시일 이후 납입된 부담금의 합계액)
6. 그 밖에 급여를 전액 지급하면 다른 근로자의 수급이 제한되는 경우로서 고용노동부령으로 정하는 경우

제9조【급여의 개인형퇴직연금계정등으로 이전 예외 사유】 법 제17조제4항 단서에서 "가입자가 55세 이후에 퇴직하여 급여를 받는 경우 등 대통령령으로 정하는 사유가 있는 경우"란 다음 각 호의 경우를 말한다. (2022.4.13 개정)

1. 가입자가 55세 이후에 퇴직하여 급여를 받는 경우
2. 가입자가 법 제7조제2항에 따라 급여를 담보로 대출받은 금액 등을 상환하기 위한 경우. 이 경우 가입자가 지정한 개인형퇴직연금계정등으로 이전하지 않은 금액은 담보대출 채무상환 금액을 초과할 수 없다. (2022.4.13 개정)
3. 급여가 고용노동부장관이 정하는 금액 이하인 경우 (2022.4.13 개정)
4. 제3조의2제3호부터 제5호까지의 규정에 해당하는 경우 (2022.4.13 신

설)

제9조의2 【확정급여형퇴직연금제도 적립금운용위원회의 구성 등】 ① 법 제18조의2제1항에 따른 적립금운용위원회(이하 이 조에서 "적립금운용위원회"라 한다)는 위원장 1명을 포함하여 5명 이상 7명 이하의 위원으로 구성해야 한다. (2022.4.13 신설)

② 적립금운용위원회의 위원장은 해당 사업에서 퇴직연금업무를 담당하는 임원으로 한다. (2022.4.13 신설)

③ 적립금운용위원회의 위원은 다음 각 호에 해당하는 사람 중에서 위원장이 위촉하는 사람으로 한다. (2022.4.13 신설)

1. 근로자 과반수가 가입한 노동조합이 있는 경우에는 그 노동조합에서 선출된 사람이나 근로자 과반수가 가입한 노동조합이 없는 경우에는 근로자 과반수의 동의로 선출된 사람
2. 자금운용, 재무회계, 인사·노무 등 퇴직연금제도 관련 업무 부서장
3. 퇴직연금 및 자산운용에 관한 경험이나 전문지식이 있는 사람
4. 제1호부터 제3호까지에서 규정한 사람 외에 위원장이 적립금의 합리적인 운용을 위하여 필요하다고 인정하는 사람

④ 제3항에도 불구하고 적립금이 최소적립금에 미치지 못하는 경우에는 제3항제1호부터 제3호까지의 규정에 해당하는 위원을 각각 1명 이상 포함해야 한다. (2022.4.13 신설)

⑤ 적립금운용위원회의 회의는 연 1회 이상 개최해야 한다. (2022.4.13 신설)

⑥ 적립금운용위원회의 회의는 재적위원 과반수가 소집을 요구하거나 적립금운용위원회의 위원장이 필요하다고 인정하는 경우 소집하고, 위원장이 그 의장이 된다. (2022.4.13 신설)

⑦ 제1항부터 제6항까지에서 규정한 사항 외에 적립금운용위원회의 구성에 필요한 사항은 고용노동부장관이 정하여 고시한다. (2022.4.13 신설)

제9조의3 【적립금운용계획서의 내용】 법 제18조의2제2항 후단에서 "적립금 운용 목적 및 방법, 목표수익률, 운용성과 평가 등 대통령령으로 정하는 내용"이란 다음 각 호의 사항을 말한다. (2022.4.13 신설)

1. 적립금 운용 목적 및 목표수익률
2. 적립금 운용 방법(자산배분정책, 투자가능상품 등을 포함한다)
3. 적립금 운용성과에 대한 평가
4. 적립금 운용 담당자의 의무 등 적립금 운용관리에 관한 사항

제10조 【확정기여형퇴직연금규약의 규정 사항】 ① 법 제19조제1항제7호에서 "대통령령으로 정하는 사항"이란 다음 각 호의 사항을 말한다.

1. 운용관리업무 및 자산관리업무의 수행에 대한 수수료의 부담에 관한 사항
2. 가입자에 대한 교육의 방법 및 절차 등에 관한 사항

② 제1항제1호에 따른 수수료는 사용자가 부담한다. 다만, 법 제20조제2항에 따라 가입자가 스스로 부담하는 추가 부담금에 대한 수수료는 가입자가 부담한다.
③ 삭제(2022.4.13)

제11조 【미납 부담금에 대한 지연이자 이율】 법 제20조제3항 후단에서 "대통령령으로 정하는 이율"이란 다음 각 호의 구분에 따른 이율을 말한다.
1. 부담금을 납입하기로 정해진 날짜의 다음 날을 기산일로 하여 가입자의 퇴직 등 급여를 지급할 사유가 발생한 날부터 14일(당사자 간의 합의에 따라 납입 날짜를 연장한 경우 그 연장된 날짜)까지의 기간 : 연 100분의 10
2. 제1호에 따른 기간의 다음 날부터 부담금을 납입하는 날까지의 기간 : 연 100분의 20

제12조 【지연이자의 적용제외 사유】 법 제20조제4항에서 "대통령령으로 정하는 사유"란 「근로기준법 시행령」 제18조 각 호의 어느 하나에 해당하는 경우를 말한다.

제12조의2 【미납 부담금의 납입 사유】 법 제20조제5항 본문에서 "대통령령으로 정하는 사유"란 가입자가 해당 사업에서 퇴직하는 경우를 말한다. (2022.7.11 개정)

제13조 【사전지정운용방법의 승인 요건】 ① 법 제21조의2제1항제2호 각 목 외의 부분에서 "대통령령으로 정하는 요건"이란 다음 각 호의 요건을 말한다. (2022.7.11 신설)
1. 투자설명서상 법 제21조의2제1항제2호 각 목의 어느 하나에 해당하는 운용내용이 주요 운용내용으로 운용계획에 명시되어 있을 것
2. 자산 배분이 적절하고 투자전략이 단순하며 이해하기 쉬울 것
3. 물가, 금리 또는 환율의 변동 등 경제의 중·장기 변동에 따른 손실가능성이 가입자 집단의 속성에 비추어 허용되는 범위일 것
4. 예상수익이 금리·환율 등 금융시장의 상황에 비추어 합리적 수준으로 확보될 것
5. 손실가능성과 예상수익이 중·장기적으로 합리적 균형을 이룰 것
6. 수수료 등의 비용이 예상되는 수익에 비해 과다하지 않을 것
7. 상시 가입이 가능하고 특별한 사정이 없다면 환매를 신청한 날부터 14일 이내에 환매가 가능할 것

② 제1항 각 호의 요건에 관한 세부기준은 고용노동부장관이 정하여 고시한다. (2022.7.11 신설)

제13조의2 【가입자에 대한 정보 제공】 ① 법 제21조의3제1항제3호에서 "대통령령으로 정하는 사항"이란 다음 각 호의 사항을 말한다. (2022.7.11 신설)

1. 사전지정운용방법에 관한 다음 각 목의 사항
   가. 사전지정운용방법의 위험등급, 손실가능성 및 과거 수익률
   나. 수수료 등 가입자가 부담하는 비용에 관한 사항
   다. 예금자 보호 한도 등 가입자의 보호에 관한 사항
   라. 사전지정운용방법의 적용에 따른 퇴직연금자산의 위험도 변경 가능성
   마. 사전지정운용방법의 승인일자 등 승인에 관한 사항
2. 법 제21조의3제6항에 따라 사전지정운용방법이 변경될 수 있다는 사실과 그 절차

② 제1항 각 호의 사항에 관한 세부적인 내용은 고용노동부장관이 정하여 고시한다. (2022.7.11 신설)

③ 법 제21조의3제1항에 따른 정보 제공은 다음 각 호의 어느 하나에 해당하는 방법으로 해야 한다. (2022.7.11 신설)

1. 우편 발송
2. 서면 교부
3. 정보통신망에 의한 전송
4. 그 밖에 제1호부터 제3호까지의 방법에 준하는 방법으로서 당사자가 합의한 방법

제13조의3 【사전지정운용방법에 따른 적립금 운용의 통지】 ① 퇴직연금사업자가 법 제21조의3제3항에 따른 통지를 할 때에는 다음 각 호의 사항을 포함해야 한다. (2022.7.11 신설)

1. 가입자가 통지를 받은 후 2주 이내에 적립금의 운용방법을 스스로 선정하지 않을 경우 법 제21조의3제4항 전단에 따라 가입자의 적립금이 사전지정운용방법으로 운용된다는 사실
2. 가입자가 선정한 사전지정운용방법에 관한 정보로서 법 제21조의3제1항 제1호 및 이 영 제13조의2제1항 각 호의 사항에 관한 정보
3. 가입자는 법 제21조제1항 및 제21조의3제5항에 따라 언제든지 적립금의 운용방법을 스스로 선정할 수 있다는 사실

② 제1항에 따른 통지는 제13조의2제3항 각 호의 어느 하나에 해당하는 방법으로 해야 한다. (2022.7.11 신설)

제13조의4 【사전지정운용방법의 변경】 ① 법 제21조의3제6항에 따라 사전지정운용방법을 변경하려는 퇴직연금사업자는 법 제21조의2제2항에 따른 심의위원회(이하 "심의위원회"라 한다)의 사전심의를 거쳐 고용노동부장관에게 변경 승인을 신청해야 한다. (2022.7.11 신설)

② 퇴직연금사업자는 제1항의 신청에 따라 사전지정운용방법의 변경 승인을 받았을 때에는 그 사실을 변경 승인을 받은 날부터 7일 이내에 해당 사전지정운용방법을 본인이 적용받을 사전지정운용방법으로 선정하였거나 해당

사전지정운용방법으로 적립금이 운용되고 있는 가입자에게 제13조의2제3항 각 호의 어느 하나에 해당하는 방법으로 통지해야 한다. (2022.7.11 신설)
③ 제2항에 따른 통지에는 다음 각 호의 사항이 포함되어야 한다. (2022.7.11 신설)
1. 사전지정운용방법의 변경 사유
2. 변경된 사전지정운용방법에 관한 정보로서 법 제21조의3제1항제1호 및 이 영 제13조의2제1항 각 호의 사항에 관한 정보
3. 법 제21조의3제6항 후단 및 이 조 제4항에 따라 변경 승인을 받은 후 14일이 지난 날부터 가입자의 적립금이 변경된 사전지정운용방법에 따라 운용될 수 있다는 사실
4. 가입자가 희망하는 경우 변경된 사전지정운용방법이 아닌 다른 운용방법을 선정할 수 있다는 사실
5. 적립금이 변경된 사전지정운용방법으로 운용된 이후에도 가입자는 법 제21조제1항 및 제21조의3제5항에 따라 다른 운용방법을 스스로 선정할 수 있다는 사실

④ 퇴직연금사업자는 제2항 및 제3항에 따른 통지를 받은 가입자가 변경된 사전지정운용방법이 아닌 다른 운용방법을 선정하지 않은 경우에는 제1항에 따른 변경 승인을 받은 후 14일이 지난 날부터 가입자의 적립금을 변경된 사전지정운용방법으로 운용할 수 있다. (2022.7.11 신설)

제13조의5【사전지정운용방법의 공시】 고용노동부장관은 사전지정운용방법에 관한 다음 각 호의 사항을 분기별 1회 이상 고용노동부의 인터넷 홈페이지 등에 공시해야 한다. (2022.7.11 신설)
1. 적립금액 및 운용현황
2. 수익률

제13조의6【사전지정운용방법의 승인 취소 등】 ① 고용노동부장관은 사전지정운용방법이 다음 각 호의 어느 하나에 해당하는 경우에는 심의위원회의 사전심의를 거쳐 사전지정운용방법의 승인을 취소할 수 있다. 다만, 제1호에 해당하는 경우에는 승인을 취소해야 한다. (2022.7.11 신설)
1. 거짓이나 그 밖의 부정한 방법으로 사전지정운용방법의 승인을 받은 경우
2. 제13조제1항 각 호의 승인 요건을 갖추지 못하게 된 경우
3. 사전지정운용방법으로 인하여 가입자의 적립금에 현저한 손해가 발생하였거나 발생할 우려가 있다고 명백히 인정되는 경우

② 퇴직연금사업자는 제1항에 따라 사전지정운용방법의 승인이 취소된 경우에는 해당 사전지정운용방법을 본인이 적용받을 사전지정운용방법으로 선정하였거나 해당 사전지정운용방법으로 적립금이 운용되고 있는 가입자에게 다음 각 호의 사항을 통지해야 한다. (2022.7.11 신설)

1. 승인 취소 사유
2. 승인 취소된 사전지정운용방법의 해지 방법·절차에 관한 사항
3. 다른 사전지정운용방법을 포함한 3가지 이상의 운용방법에 관한 정보로서 법 제21조의3제1항제1호 및 이 영 제13조의2제1항 각 호의 사항에 관한 정보

③ 퇴직연금사업자는 제2항에 따른 통지를 받은 가입자가 다른 운용방법을 선정한 경우에는 가입자의 적립금을 가입자가 선정한 다른 운용방법으로 이전하여 운용해야 한다. (2022.7.11 신설)

④ 제3항에 따라 적립금을 이전하여 운용하는 퇴직연금사업자는 적립금을 이전한 운용방법에 관한 정보로서 법 제21조의3제1항제1호 및 이 영 제13조의2제1항 각 호의 사항에 관한 정보를 가입자에게 제공해야 한다. (2022.7.11 신설)

⑤ 퇴직연금사업자는 제2항에 따른 통지를 받은 가입자가 해당 사전지정운용방법을 해지하지 않거나 다른 운용방법을 선정하지 않은 경우에는 가입자의 적립금을 종전의 사전지정운용방법과 같은 위험등급의 다른 사전지정운용방법으로 이전하여 운용할 수 있다. (2022.7.11 신설)

⑥ 제5항에 따라 적립금을 이전하여 운용하는 퇴직연금사업자는 해당 가입자에게 다음 각 호의 사항을 통지해야 한다. (2022.7.11 신설)

1. 적립금을 이전하여 운용한다는 사실
2. 적립금을 이전한 운용방법에 관한 정보로서 법 제21조의3제1항제1호 및 이 영 제13조의2제1항 각 호의 사항에 관한 정보

⑦ 제3항 또는 제5항에 따라 적립금을 이전하여 운용하는 경우 퇴직연금사업자는 가입자에게 해지 수수료 등 적립금의 이전과 관련된 비용을 요구할 수 없다. (2022.7.11 신설)

제14조 【확정기여형퇴직연금제도의 중도인출 사유】 ① 법 제22조에서 "주택구입 등 대통령령으로 정하는 사유"란 다음 각 호의 어느 하나에 해당하는 경우를 말한다. (2020.11.3 개정)

1. 제2조제1항제1호·제1호의2 또는 제5호(재난으로 피해를 입은 경우로 한정한다)에 해당하는 경우 (2020.11.3 개정)

1의2. 제2조제1항제2호에 해당하는 경우로서 가입자가 본인 연간 임금총액의 1천분의 125를 초과하여 의료비를 부담하는 경우 (2019.10.29 신설)

2. 중도인출을 신청한 날부터 거꾸로 계산하여 5년 이내에 가입자가 「채무자 회생 및 파산에 관한 법률」에 따라 파산선고를 받은 경우 (2019.7.2 개정)
3. 중도인출을 신청한 날부터 거꾸로 계산하여 5년 이내에 가입자가 「채무자 회생 및 파산에 관한 법률」에 따라 개인회생절차개시 결정을 받은 경우

(2019.7.2 개정)
4. 법 제7조제2항 후단에 따라 퇴직연금제도의 급여를 받을 권리를 담보로 제공하고 대출을 받은 가입자가 그 대출 원리금을 상환하기 위한 경우로서 고용노동부장관이 정하여 고시하는 사유에 해당하는 경우 (2020.11.3 신설)

② 제1항제4호에 해당하는 사유로 적립금을 중도인출하는 경우 그 중도인출 금액은 대출 원리금의 상환에 필요한 금액 이하로 한다. (2020.11.3 신설)

제15조 【표준규약에 규정될 사항】 법 제23조제1호나목에서 "대통령령으로 정하는 사항"이란 다음 각 호의 사항을 말한다.
1. 표준규약으로 설정되는 확정기여형퇴직연금제도의 특성과 이를 반영한 명칭
2. 가입 대상 사업의 범위 또는 특성에 관한 사항
3. 적립금 운용방법 및 그 선정기준. 이 경우 가입자가 운용지시를 하지 않는 경우의 운용방법 및 그 선정기준을 포함한다.
4. 탈퇴할 수 있는 사유 및 절차 등에 관한 사항
5. 수수료에 관한 사항
6. 그 밖에 둘 이상의 사용자가 참여하는 확정기여형퇴직연금제도의 합리적 운영에 필요한 사항으로서 고용노동부장관이 정하는 사항

제15조의2 【표준계약서에 규정될 사항】 법 제23조제2호에서 "대통령령으로 정하는 사항"이란 다음 각 호의 사항을 말한다. (2022.4.13 개정)
1. 법 제23조제1호에 따른 표준규약의 이행에 관한 사항
2. 둘 이상의 사용자가 참여하는 확정기여형퇴직연금제도의 운영과 관련한 비용 산출 및 부담에 관한 사항
3. 운용관리업무와 자산관리업무의 계약 해지·변경의 사유 및 절차 등에 관한 사항
4. 그 밖에 가입자의 수급권 보장에 필요한 사항으로서 고용노동부장관이 정하여 고시하는 사항

제16조 【중소기업퇴직연금기금제도운영위원회의 구성 등】 ① 법 제23조의2제2항에 따른 중소기업퇴직연금기금제도운영위원회(이하 "운영위원회"라 한다)의 위원 중 같은 조 제4항제2호의 근로자를 대표하는 사람은 총연합단체인 노동조합이 추천하는 사람으로 하고, 같은 항 제3호의 사용자를 대표하는 사람은 전국을 대표하는 사용자단체가 추천하는 사람으로 한다. (2022.4.13 신설)

② 운영위원회의 위원장(이하 "위원장"이라 한다)은 법 제23조의2제4항 각 호의 위원이 다음 각 호의 어느 하나에 해당하는 경우에는 해당 위원을 해촉(解囑)할 수 있다. (2022.4.13 신설)

1. 심신장애로 직무를 수행할 수 없게 된 경우
2. 직무와 관련된 비위사실이 있는 경우
3. 직무태만, 품위손상이나 그 밖의 사유로 위원으로 적합하지 않다고 인정되는 경우
4. 위원 스스로 직무를 수행하기 어렵다는 의사를 밝히는 경우

제16조의2【위원장의 직무】 ① 위원장은 운영위원회를 대표하고, 그 업무를 총괄한다. (2022.4.13 신설)

② 위원장이 부득이한 사유로 직무를 수행할 수 없을 때에는 위원장이 미리 지명한 위원이 그 직무를 대행한다. (2022.4.13 신설)

(2022.4.13 개정)

제16조의3【운영위원회의 운영 등】 ① 위원장은 운영위원회의 회의를 소집하고, 그 의장이 된다. (2022.4.13 신설)

② 위원장은 회의를 소집하려면 회의 개최 7일 전까지 회의의 일시, 장소 및 안건을 각 위원에게 알려야 한다. 다만, 긴급한 사정이나 그 밖의 부득이한 사유가 있는 경우에는 그 기간을 단축할 수 있다. (2022.4.13 신설)

③ 운영위원회의 회의는 재적위원 과반수의 출석으로 개의하고, 출석위원 과반수의 찬성으로 의결한다. (2022.4.13 신설)

④ 위원장은 회의의 일시, 장소, 심의·의결 사항과 각 참석자의 발언내용이 기록된 회의록을 작성하여 보관하고, 회의록의 주요 내용을 공개해야 한다. (2022.4.13 신설)

⑤ 운영위원회에 간사 1명을 두며, 간사는 「산업재해보상보험법」 제10조에 따른 근로복지공단(이하 "근로복지공단"이라 한다) 직원 중에서 위원장이 지명한다. (2022.4.13 신설)

⑥ 운영위원회의 회의에 출석한 위원에게는 예산의 범위에서 수당과 여비를 지급할 수 있다. 다만, 공무원이 그 소관 업무와 직접적으로 관련되어 위원회에 출석하는 경우에는 지급하지 않는다. (2022.4.13 신설)

⑦ 제1항부터 제6항까지에서 규정한 사항 외에 운영위원회의 운영에 필요한 사항은 운영위원회의 의결을 거쳐 위원장이 정한다. (2022.4.13 신설)

제16조의4【중소기업퇴직연금기금의 관리·운용 방법】 ① 근로복지공단은 법 제23조의3제1항에 따른 중소기업퇴직연금기금(이하 "중소기업퇴직연금기금"이라 한다)의 안정적 운용 및 수익성 증대를 위하여 매년 중소기업퇴직연금기금 운용계획 및 지침을 마련해야 한다. (2022.4.13 신설)

② 근로복지공단은 중소기업퇴직연금기금을 제1항에 따른 중소기업퇴직연금기금 운용계획 및 지침에 따라 다음 각 호의 어느 하나에 해당하는 방법으로 관리·운용해야 한다. 이 경우 자산 종류별 시장수익률을 넘는 수익을 낼 수 있도록 신의를 지켜 성실하게 해야 한다. (2022.4.13 신설)

1. 다음 각 목의 금융기관에 대한 예입 또는 신탁
   가. 「보험업법」에 따른 보험회사
   나. 「우체국예금·보험에 관한 법률」에 따른 체신관서
   다. 「은행법」에 따른 은행, 「한국산업은행법」에 따른 한국산업은행, 「중소기업은행법」에 따른 중소기업은행, 「농업협동조합법」에 따른 농협은행 및 「수산업협동조합법」에 따른 수협은행
   라. 「자본시장과 금융투자업에 관한 법률」에 따른 투자매매업자·투자중개업자·신탁업자·집합투자업자 및 종합금융회사
2. 공공사업을 위한 공공부문에 대한 국채 매입을 통한 투자
3. 「자본시장과 금융투자업에 관한 법률」에 따른 증권의 매매 및 대여
4. 「자본시장과 금융투자업에 관한 법률」 제5조제1항제1호부터 제3호까지에서 규정하는 지수 중 금융투자상품지수에 관한 파생상품시장에서의 거래
5. 「자본시장과 금융투자업에 관한 법률」에 따른 장내파생상품과 장외파생상품의 거래
6. 「자본시장과 금융투자업에 관한 법률」에 따른 집합투자기구에 대한 투융자
7. 「산업발전법」 제20조에 따른 기업구조개선 기관전용 사모집합투자기구에 대한 출자
8. 「외국환거래법」에 따른 자본거래
9. 「사회기반시설에 대한 민간투자법」에 따른 사회기반시설사업에 대한 투융자
10. 부동산의 개발·취득·관리 등을 목적으로 하는 사업에 대한 투융자
11. 에너지 및 자원의 개발사업에 대한 투융자
12. 항공기 및 선박의 취득, 기업의 인수 등을 목적으로 하는 회사 또는 사업에 대한 투융자
13. 외국의 관계 법령에 따라 적법하게 설치되거나 시행되고 있는 제5호부터 제12호까지의 규정에 해당하는 투융자

제16조의5 【중소기업퇴직연금기금의 회계】 중소기업퇴직연금기금의 회계에 관하여 필요한 세부적인 사항은 고용노동부장관의 승인을 받아 근로복지공단이 정한다. (2022.4.13 신설)

제16조의6 【자료의 활용 범위】 법 제23조의4제1항 각 호 외의 부분에서 "대통령령으로 정하는 범위에서 「고용보험법」, 「고용보험 및 산업재해보상보험의 보험료징수 등에 관한 법률」 및 「근로복지기본법」에 따라 수집된 자료"란 다음 각 호의 자료를 말한다. (2022.4.13 신설)

1. 「고용보험법」 제15조에 따른 피보험자격에 관한 신고 자료
2. 「고용보험 및 산업재해보상보험의 보험료징수 등에 관한 법률」 제11조에 따른 보험관계의 신고 자료 및 같은 법 제12조에 따른 보험관계의 변경신

고 자료
3. 「고용보험 및 산업재해보상보험의 보험료징수 등에 관한 법률」 제16조의3에 따른 근로자 개인별 월별보험료의 산정 자료, 같은 법 제16조의9에 따른 보험료의 정산 자료, 같은 법 제16조의10에 따른 보수총액 등의 신고 자료, 같은 법 제16조의11에 따른 수정신고 자료 및 같은 법 제19조에 따른 건설업 등의 확정보험료의 신고·정산 자료
4. 「고용보험 및 산업재해보상보험의 보험료징수 등에 관한 법률」 제40조에 따라 근로복지공단이 제공받은 자료 중 다음 각 목의 자료
   가. 「국민건강보험법」에 따른 사업장 신고자료 및 직장가입자의 월별 보험료액 자료
   나. 「국민연금법」에 따른 사업장가입자의 신고자료 및 월별 연금보험료 부과자료
   다. 「부가가치세법」에 따른 사업자등록 자료
   라. 「소득세법」에 따른 원천징수이행상황신고서, 근로소득 지급명세서 및 종합소득세 과세표준 확정신고서의 종합소득자료
   마. 「법인세법」에 따른 표준손익계산서 중 보수·보수액 자료
   바. 「주민등록법」에 따른 주민등록자료

제16조의7【자료의 활용 업무】 법 제23조의4제1항제2호에서 "대통령령으로 정하는 업무"란 다음 각 호의 업무를 말한다. (2022.4.13 신설)
1. 사용자에 관한 다음 각 목의 업무
   가. 부담금의 부담 및 산정
   나. 부담금 납입 방법 등 안내
   다. 법 제23조의6제2항에 따른 수수료의 부과
   라. 법 제23조의14제1항 및 이 영 제16조의15에 따른 사용자부담금 및 중소기업퇴직연금기금제도 운영에 따른 비용에 대한 국가의 지원 요건 확인
2. 가입자에 관한 다음 각 목의 업무
   가. 가입 안내
   나. 수급요건 확인
   다. 퇴직 등 급여 지급사유 확인
   라. 급여의 지급 절차 안내

제16조의8【중소기업퇴직연금기금표준계약서의 기재사항】 법 제23조의5제1항제6호에서 "대통령령으로 정하는 사항"이란 다음 각 호의 사항을 말한다. (2022.4.13 신설)
1. 법 제23조의6제2항에 따라 근로복지공단이 사용자 및 가입자에게 부과하는 수수료에 관한 사항

2. 법 제23조의14제1항 및 이 영 제16조의15에 따른 사용자부담금 및 중소기업퇴직연금기금제도 운영에 따른 비용에 대한 국가의 지원에 관한 사항
3. 법 제23조의15제1항에 따라 근로복지공단이 실시하는 교육 방법에 관한 사항

제16조의9 【중소기업퇴직연금기금표준계약서의 승인 및 변경승인 등】 ① 근로복지공단은 법 제23조의5제1항에 따라 중소기업퇴직연금기금표준계약서의 승인을 받으려는 경우에는 그 승인 신청서에 다음 각 호의 서류를 첨부하여 고용노동부장관에게 제출해야 한다. (2022.4.13 신설)
1. 중소기업퇴직연금기금표준계약서안
2. 운영위원회 심의·의결 결과

② 근로복지공단은 법 제23조의5제2항 본문에 따라 중소기업퇴직연금기금표준계약서의 변경승인을 받으려는 경우에는 변경 내용 및 사유를 적은 변경승인 신청서에 운영위원회 심의·의결 결과를 첨부하여 고용노동부장관에게 제출해야 한다. (2022.4.13 신설)

③ 근로복지공단은 법 제23조의5제2항 단서에 따라 중소기업퇴직연금기금표준계약서의 변경신고를 하려는 경우에는 그 내용을 변경한 날부터 7일 이내에 변경 내용 및 사유를 적은 변경신고서를 고용노동부장관에게 제출해야 한다. (2022.4.13 신설)

④ 근로복지공단은 제1항부터 제3항까지의 규정에 따라 승인 또는 변경승인을 받거나 변경신고를 한 중소기업퇴직연금기금표준계약서를 다음 각 호의 어느 하나에 해당하는 방법으로 사용자에게 통지해야 한다. (2022.4.13 신설)
1. 우편 발송
2. 서면 교부
3. 정보통신망에 의한 전송

제16조의10 【근로복지공단 업무의 일부 처리】 ① 법 제23조의6제3항에서 "대통령령으로 정하는 업무"란 법 제23조의5제1항제3호 및 제5호의 업무를 말한다. (2022.4.13 신설)

② 법 제23조의6제3항에서 "인적·물적 요건 등 대통령령으로 정하는 요건을 갖춘 자"란 다음 각 호의 구분에 따른 요건을 갖춘 자를 말한다. (2022.4.13 신설)
1. 법 제23조의5제1항제3호의 업무 : 다음 각 목의 자
  가. 「자본시장과 금융투자업에 관한 법률」 제12조에 따라 금융투자업인가를 받은 집합투자업자
  나. 「자본시장과 금융투자업에 관한 법률」 제18조에 따라 투자일임업자로 금융투자업등록을 한 자 중 같은 법 제12조에 따라 투자매매업자 또는 투자중개업자로서의 금융투자업인가도 받은 자

퇴직급여

2. 법 제23조의5제1항제5호의 업무 : 「우체국예금·보험에 관한 법률」에 따른 체신관서, 「은행법」에 따른 은행, 「한국산업은행법」에 따른 한국산업은행, 「중소기업은행법」에 따른 중소기업은행, 「농업협동조합법」에 따른 농협은행 및 「수산업협동조합법」에 따른 수협은행

제16조의11 【사용자부담금의 납입 방법 등】 ① 근로복지공단은 사용자에게 법 제23조의7제1항 전단에 따른 사용자부담금 및 같은 항 후단에 따른 지연이자의 납입 방법을 정보통신망을 이용하여 안내할 수 있다. (2022.4.13 신설)

② 법 제23조의7제2항 본문에서 "중소기업퇴직연금기금제도 가입자의 퇴직 등 대통령령으로 정하는 사유가 발생한 때"란 중소기업퇴직연금기금제도 가입자가 해당 사업에서 퇴직하는 때를 말한다. (2022.4.13 신설)

제16조의12 【가입자부담금의 납입 한도】 법 제23조의8제2호의 가입자부담금의 납입 금액은 「소득세법 시행령」 제40조의2제2항제1호에 따른 금액을 한도로 한다. (2022.4.13 신설)

제16조의13 【기금 운용정보 제공 방법】 법 제23조의10에서 "대통령령으로 정하는 방법"이란 다음 각 호의 어느 하나에 해당하는 방법을 말한다. (2022.4.13 신설)

1. 우편 발송
2. 서면 교부
3. 정보통신망에 의한 전송

제16조의14 【기금제도가입자부담금계정의 수급요건】 법 제23조의8 각 호 외의 부분 전단에 따른 기금제도가입자부담금계정(이하 "기금제도가입자부담금계정"이라 한다)의 급여 종류 및 수급요건에 관하여는 법 제23조의12제1항제2호에 따라 제18조제1항을 준용한다. 이 경우 "법 제24조제5항"은 "법 제23조의12제1항제2호"로, "개인형퇴직연금제도"는 "기금제도가입자부담금계정"으로 본다. (2022.4.13 신설)

제16조의15 【지원금의 지원대상 등】 ① 법 제23조의14제1항에 따른 지원대상은 사용자부담금, 가입자부담금 및 중소기업퇴직연금기금제도 운영에 따른 비용으로 한다. (2023.12.12 개정)

② 법 제23조의14제1항에 따른 지원수준은 사용자부담금, 가입자부담금 및 중소기업퇴직연금기금제도 운영에 따른 비용의 범위에서 고용노동부장관이 정하여 고시한다. (2023.12.12 개정)

제16조의16 【지원금 신청절차 및 지급방법】 ① 사용자 또는 가입자가 법 제23조의14제1항에 따른 지원을 받으려는 경우에는 지원금 신청서를 작성하여 고용노동부장관에게 제출해야 한다. (2023.12.12 개정)

② 제1항에 따른 신청을 받은 고용노동부장관은 사용자 또는 가입자가 법

제23조의14제1항에 따른 지원 요건을 갖춘 경우에는 사용자의 계좌 또는 기금제도가입자부담금계정으로 지원금을 입금해야 한다. (2023.12.12 개정)

제16조의17【지원금의 환수】 ① 법 제23조의14제3항에 따라 고용노동부장관이 환수할 수 있는 지원금액 기준은 환수 사유별로 다음 각 호의 구분에 따른다. (2022.4.13 신설)

1. 법 제23조의14제3항제1호에 해당하는 경우 : 지원받은 금액 전부
2. 법 제23조의14제3항제2호에 해당하는 경우 : 잘못 지급된 금액 전부
3. 법 제23조의14제3항제3호에 해당하는 경우 : 지원받은 금액 전부

② 근로복지공단은 법 제23조의14제3항 각 호의 어느 하나에 해당하는 환수 사유가 발생한 경우에는 지원금을 지급받은 사용자 또는 가입자에게 해당 사실을 통보한 후 환수할 금액, 납부 기한 및 방법을 문서로 고지·징수해야 한다. (2023.12.12 개정)

③ 법 제23조의14제3항제3호에서 "도산 등 대통령령으로 정하는 정당한 사유"란 다음 각 호의 사유를 말한다. (2022.4.13 신설)

1. 도산(사업주가 「임금채권보장법 시행령」 제5조제1항에 따라 도산등사실인정을 받은 경우를 말한다)
2. 파산 또는 회생절차개시(사업주가 「채무자 회생 및 파산에 관한 법률」에 따른 파산선고 또는 회생절차개시 결정을 받은 경우를 말한다)
3. 다른 퇴직급여제도로의 변경
4. 그 밖에 폐업 등 중소기업퇴직연금기금제도를 폐지할 수 있는 정당한 사유로서 고용노동부령으로 정하는 사유

④ 법 제23조의14제3항 각 호 외의 부분 단서에서 "대통령령으로 정하는 금액"이란 3천원을 말한다. (2022.4.13 신설)

칙 제6조의2

제16조의18【요청 대상 자료의 범위】 법 제23조의14제5항 전단에서 "「지방세법」에 따른 재산세 과세자료 등 대통령령으로 정하는 자료"란 다음 각 호의 자료를 말한다. (2022.4.13 신설)

1. 소득금액증명
2. 주민등록표 등본·초본
3. 가족관계등록전산정보
4. 지방세세목별과세증명서
5. 자동차등록원부 및 건설기계등록원부
6. 건물등기사항증명서 및 토지등기사항증명서
7. 법인등기사항증명서

제16조의19【가입자에 대한 교육사항】 법 제23조의15제1항에서 "중소기업퇴직연금기금제도 운영 상황 등 대통령령으로 정하는 사항"이란 다음 각

호의 구분에 따른 사항을 말한다. (2022.4.13 신설)

1. 중소기업퇴직연금기금제도를 설정한 사업의 가입자인 경우 다음 각 목의 사항
  가. 제32조제1항제1호의 사항. 이 경우 제32조제1항제1호나목 및 바목의 "퇴직연금제도"는 "중소기업퇴직연금기금제도"로 본다.
  나. 사용자부담금의 수준, 납입 시기 및 납입 현황
  다. 중소기업퇴직연금기금제도 운영 상황
2. 기금제도가입자부담금계정을 설정한 가입자인 경우 다음 각 목의 사항
  가. 제16조의12에 따른 기금제도가입자부담금계정의 납입 금액 한도
  나. 제16조의14에 따른 기금제도가입자부담금계정의 수급요건
  다. 제32조제1항제1호마목 및 사목의 사항
  라. 중소기업퇴직연금기금제도 운영 상황

제16조의20 【중소기업퇴직연금기금제도의 공시】 ① 근로복지공단은 법 제23조의15제2항에 따라 다음 각 호의 사항을 근로복지공단의 인터넷 홈페이지에 공시해야 한다. (2022.4.13 신설)

1. 중소기업퇴직연금기금제도의 취급실적에 관한 다음 각 목의 사항
  가. 중소기업퇴직연금기금제도 운영에 관한 사항(대상 사업 또는 사업장의 규모, 가입자 및 적립금에 대한 현황을 포함한다)
  나. 급여 지급사항(급여 종류별 수급요건 및 중도인출 현황을 포함한다)
2. 중소기업퇴직연금기금의 운용현황 및 수익률
3. 법 제23조의5제1항에 따른 중소기업퇴직연금기금표준계약서
4. 그 밖에 가입자를 보호하기 위하여 공시가 필요하다고 인정되는 사항으로서 운영위원회가 정하는 사항

② 제1항에 따른 공시 기한은 다음 각 호와 같다. (2022.4.13 신설)

1. 제1호 및 제2호의 사항 : 매 분기 종료 후 1개월 이내
2. 제3호의 사항 : 중소기업퇴직연금기금표준계약서를 승인받거나 변경한 날부터 7일 이내
3. 제4호의 사항 : 운영위원회가 공시가 필요하다고 정한 날부터 7일 이내

제16조의21 【시정명령】 ① 고용노동부장관이 법 제23조의16에 따라 근로복지공단에 시정을 명하는 경우에는 90일 이내의 기간을 정하여 그 위반사항을 시정하도록 명할 수 있다. (2022.4.13 신설)

② 고용노동부장관이 제1항에 따라 시정을 명하는 경우에는 다음 각 호의 사항을 적은 문서로 해야 한다. (2022.4.13 신설)

1. 시정명령의 사유
2. 시정명령의 내용
3. 시정기간

제17조【개인형퇴직연금제도의 설정 대상】 법 제24조제2항제3호에서 "자영업자 등 안정적인 노후소득 확보가 필요한 사람으로서 대통령령으로 정하는 사람"이란 다음 각 호의 사람을 말한다. (2022.4.13 개정)
1. 자영업자
2. 법 제4조제1항 단서에 따라 퇴직급여제도가 설정되어 있지 아니한 다음 각 목의 어느 하나에 해당하는 근로자
   가. 계속근로기간이 1년 미만인 근로자
   나. 4주간을 평균하여 1주간의 소정근로시간이 15시간 미만인 근로자
3. 법 제8조제1항에 따른 퇴직금제도를 적용받고 있는 근로자
4. 「공무원연금법」의 적용을 받는 공무원
5. 「군인연금법」의 적용을 받는 군인
6. 「사립학교교직원 연금법」의 적용을 받는 교직원
7. 「별정우체국법」의 적용을 받는 별정우체국 직원

제17조의2【개인형퇴직연금제도의 부담금 납입한도】 법 제24조제3항 단서에서 "대통령령으로 정하는 한도"란 이전 사업에서 받은 퇴직급여제도의 일시금 등을 제외한 금액으로 「소득세법 시행령」 제40조의2제2항제1호에 따른 금액(개인형퇴직연금제도의 계정이 여러 개인 경우에는 부담금의 합계액)을 말한다. (2022.4.13 개정)

제18조【개인형퇴직연금제도의 급여 종류별 수급요건 및 중도인출】 ① 법 제24조제5항에 따른 개인형퇴직연금제도의 급여 종류별 수급요건은 다음 각 호의 구분과 같다.
1. 연금 : 55세 이상인 가입자에게 지급. 이 경우 연금 지급기간은 5년 이상이어야 한다.
2. 일시금 : 55세 이상으로서 일시금 수급을 원하는 가입자에게 지급

② 가입자가 다음 각 호에 해당하는 경우에는 법 제24조제5항에 따라 개인형퇴직연금제도의 적립금을 중도인출할 수 있다. (2022.4.13 개정)
1. 제2조제1항제1호에 해당하는 경우 (2022.4.13 신설)
2. 제2조제1항제1호의2 전단에 해당하는 경우. 다만, 법 제25조에 따른 개인형퇴직연금제도 가입자의 경우에는 하나의 사업에 근로하는 동안 중도인출 횟수를 1회로 한정한다. (2022.4.13 신설)
3. 제2조제1항제2호에 해당하는 경우. 다만, 법 제25조에 따른 개인형퇴직연금제도 가입자의 경우에는 가입자가 본인 연간 임금총액의 1천분의 125를 초과하여 의료비를 부담하는 경우로 한정한다. (2022.4.13 신설)
4. 제2조제1항제5호에 해당하는 경우(재난으로 피해를 입은 경우로 한정한다) (2022.4.13 신설)
5. 중도인출을 신청한 날부터 거꾸로 계산하여 5년 이내에 가입자가 「채무

자 회생 및 파산에 관한 법률」에 따라 파산선고를 받은 경우 (2022.4.13 신설)

6. 중도인출을 신청한 날부터 거꾸로 계산하여 5년 이내에 가입자가 「채무자 회생 및 파산에 관한 법률」에 따라 개인회생절차개시 결정을 받은 경우 (2022.4.13 신설)
7. 제14조제1항제4호에 해당하는 경우 (2022.4.13 신설)

③ 제2항제7호에 해당하는 사유로 적립금을 중도인출하는 경우 중도인출 금액은 대출 원리금의 상환에 필요한 금액 이하로 한다. (2022.4.13 신설)

제19조 【10명 미만을 사용하는 사업에 대한 특례】 ① 법 제25조에 따른 개인형퇴직연금제도의 급여 종류별 수급요건은 법 제17조제1항 각 호와 같다.

② 법 제25조제2항제2호에 따라 사용자가 납입하는 부담금에 대한 수수료는 사용자가 부담하고, 같은 항 제3호에 따라 가입자가 추가로 납입하는 추가 부담금에 대한 수수료는 가입자가 부담한다.

③ 법 제25조제3항 본문에서 "대통령령으로 정하는 사유"란 가입자가 해당 사업에서 퇴직하는 경우를 말한다.

제20조 【퇴직연금사업자의 등록요건 등】 ① 법 제26조 각 호 외의 부분에서 "재무건전성 및 인적·물적 요건 등 대통령령으로 정하는 요건"이란 다음 각 호의 요건을 말한다.

1. 다음 각 호의 구분에 따른 재무건전성의 요건을 갖출 것
   가. 법 제26조제1호부터 제3호까지 또는 제7호에 해당하는 자 : 「금융산업의 구조개선에 관한 법률」 제10조제1항에 따른 자기자본비율(이하 이 조에서 "자기자본비율"이라 한다)이 같은 조 제2항에 따라 금융위원회가 정하여 고시하는 기준 이상일 것 (2020.11.3 개정)
   나. 법 제26조제4호 또는 제5호에 해당하는 자 : 자기자본비율이 법 제26조제1호부터 제3호까지 및 제7호의 어느 하나에 해당하는 자 중 업무 또는 재무구조 등이 가장 유사한 자에게 적용되는 기준 이상일 것
   다. 법 제26조제6호에 해당하는 자 : 법률에 따라 설치된 기금으로부터 출연받을 수 있는 법적 근거를 갖출 것
2. 금융위원회가 정하여 고시하는 바에 따라 운용관리업무 또는 자산관리업무에 관한 전문성이 있는 인력과 업무수행에 필요한 전산요원 등 필요한 인력을 갖출 것. 다만, 법 제28조제2항에 따라 운용관리업무 중 일부 업무를 다른 자에게 위탁하는 경우에는 해당 업무에 관한 인력을 갖춘 것으로 본다.
3. 금융위원회가 정하여 고시하는 바에 따라 운용관리업무 또는 자산관리업무의 수행에 필요한 전산설비와 사무실을 갖출 것. 이 경우 그 전산설비는 정전·화재 등의 사고가 발생할 경우 업무의 연속성을 유지할 수 있도록

보완설비를 갖추고, 제도 내용의 변경 등으로 인하여 가입자에게 피해가 발생하지 않도록 전산 시스템을 미리 구축하여야 한다.

② 제1항제2호 단서에도 불구하고 법 제28조제1항제2호의 업무를 수행하려는 퇴직연금사업자는 금융위원회가 정하여 고시하는 바에 따라 다음 각 호의 요건을 모두 갖춘 연금 회계처리 전문인력을 반드시 갖추어야 한다. (2022.4.13 개정)

1. 「보험업법」 제182조제1항에 따라 등록된 보험계리사일 것
2. 퇴직연금, 퇴직일시금 신탁 또는 퇴직보험 업무에 1년 이상 종사한 경력이 있을 것
3. 금융위원회가 정하는 연금제도의 설계 및 연금 회계처리에 관한 업무교육을 이수할 것 (2022.4.13 개정)

③ 금융위원회는 제1항제2호·제3호 및 제2항의 요건에 관한 세부 기준을 정하여 고시하여야 한다. 이 경우 미리 고용노동부장관과 협의하여야 한다.

④ 법 제26조제7호에서 "대통령령으로 정하는 자"란 「자본시장과 금융투자업에 관한 법률」에 따라 신탁업의 인가를 받은 자를 말한다.

⑤ 고용노동부장관은 법 제26조에 따른 등록 신청이 다음 각 호의 어느 하나에 해당하는 경우를 제외하고는 등록을 해주어야 한다.

1. 등록을 신청한 자가 법 제26조 각 호의 어느 하나에 해당하지 않는 경우
2. 제1항부터 제3항까지의 규정에 따른 요건을 갖추지 못한 경우 (2020.11.3 개정)

제21조 【등록취소 등에 따른 가입자 보호조치】 법 제27조제4항에서 "대통령령으로 정하는 가입자 보호조치"란 다음 각 호의 조치를 말한다.

1. 사용자와 가입자에 대한 등록취소 또는 등록말소 사실과 가입자 보호조치 내용의 통지
2. 운용관리업무 또는 자산관리업무에 관한 계약의 해지·변경에 따른 사용자 및 가입자의 금전적 손실의 보상
3. 법 제27조제5항에 따라 다른 퇴직연금사업자에게 적립금을 이전하고, 해당 사업과 가입자의 퇴직연금제도를 계속 운영하는데 필요한 자료 등의 제공
4. 그 밖에 사용자 또는 가입자에게 끼칠 수 있는 불합리한 피해를 예방하기 위하여 필요한 조치로서 고용노동부장관이 정하는 조치

제22조 【운용관리업무의 범위】 ① 법 제28조제1항제5호에서 "대통령령으로 정하는 업무"란 다음 각 호의 업무를 말한다.

1. 법 제24조에 따른 개인형퇴직연금제도의 설정 및 운영
2. 법 제32조제2항 후단에 따라 사용자가 위탁한 교육의 실시 (2020.11.3 개정)

3. 퇴직연금사업자가 간사기관인 경우에는 다음 각 목의 업무
   가. 법 제16조에 따른 급여 지급능력 확보 여부의 확인 및 그 결과의 통보
   나. 법 제13조제10호의2에 따른 부담금의 산정 〈2023.12.12 개정〉
   다. 퇴직 등 사유가 발생한 경우 급여를 지급하는 퇴직연금사업자의 선정에 관한 사용자의 지시를 그 퇴직연금사업자에게 전달하는 업무
   라. 그 밖에 신규 가입자의 등재, 적립금액 및 운용현황 통지 등 복수의 퇴직연금사업자와 확정급여형퇴직연금제도의 운용관리업무에 관한 계약을 체결한 경우 제도의 안정적·통일적 운용을 위하여 필요한 사항

② 간사기관이 아닌 퇴직연금사업자는 간사기관에 제1항제3호의 업무를 수행하는 데 필요한 자료를 제공하는 등 협조하여야 한다.

제23조 【운용관리업무의 일부 위탁 등】 ① 법 제28조제2항에서 "대통령령으로 정하는 일부 업무"란 법 제28조제1항제2호부터 제4호까지의 업무와 제22조제1항제2호의 업무를 말한다.

② 법 제28조제2항에서 "인적·물적 요건 등 대통령령으로 정하는 요건"이란 제20조제3항에 따라 금융위원회가 세부기준을 정하여 고시한 요건을 말한다.

제24조 【자산관리업무 수행계약의 형태】 법 제29조제2항에서 "대통령령으로 정하는 보험계약 또는 신탁계약"이란 「보험업법」 제108조에 따른 특별계정으로 운영하는 보험계약 또는 「자본시장과 금융투자업에 관한 법률 시행령」 제103조제1호에 따른 특정금전신탁계약으로서 다음 각 호의 요건을 모두 갖춘 것을 말한다.

1. 법 제16조제4항에 따라 적립금이 기준책임준비금의 100분의 150을 초과하고 사용자가 반환을 요구하는 경우 퇴직연금사업자는 사용자에게 그 초과분을 반환할 것
2. 급여는 가입자가 퇴직하는 경우에 지급하는 것일 것
3. 가입자가 퇴직연금사업자에 대하여 직접 급여를 청구할 수 있을 것. 다만, 계속근로기간이 1년 미만인 가입자는 급여를 청구할 수 없으며, 그 적립금은 사용자에게 귀속되는 것이어야 한다.
4. 계약이 해지되는 경우 적립금은 가입자에게 지급되는 것일 것. 다만, 계속근로기간이 1년 미만인 가입자에 대한 적립금은 사용자에게 귀속되는 것이어야 한다.

제24조의2 【수수료 부과기준 등】 ① 법 제29조의2제2항에서 "대통령령으로 정하는 부과기준"이란 다음 각 호의 기준을 말한다. 〈2022.7.11 신설〉

1. 법 제28조제1항 각 호 및 제29조제1항 각 호의 업무 구분과 업무 수행 비용을 고려하여 부과할 것
2. 적립금의 운용 손익과 관련된 업무 수행에 따른 수수료는 적립금의 운용

손익을 고려하여 부과할 것
3. 다음 각 목에 해당하는 기업의 사용자 또는 가입자에게는 수수료 감면 혜택을 제공할 것
가. 「중소기업기본법」 제2조에 따른 중소기업
나. 「사회적기업 육성법」에 따른 사회적기업

② 제1항 각 호의 기준에 관한 세부적인 내용은 고용노동부장관이 정하여 고시한다. (2022.7.11 신설)
③ 법 제29조의2제3항에서 "수수료 부과기준 등 대통령령으로 정하는 자료"란 다음 각 호의 자료를 말한다. (2022.7.11 신설)
1. 수수료 부과기준
2. 운용관리업무 및 자산관리업무의 수행에 따른 수수료 부과현황
3. 운용관리업무 및 자산관리업무의 수행에 따라 발생되는 비용
4. 적립금의 운용 손익

제25조 【확정기여형퇴직연금제도 및 개인형퇴직연금제도 적립금의 원리금보장 운용방법】 ① 법 제30조제2항제4호에서 "대통령령으로 정하는 원리금보장 운용방법"이란 다음 각 호의 운용방법을 말한다.
1. 신용등급 등에 관하여 금융위원회가 정하여 고시하는 기준 이상의 금융기관이 제공하는 다음 각 목의 운용방법
가. 「은행법」 제2조제1항제2호에 따른 은행이 취급하는 예금·적금
나. 「보험업법」 제2조제6호에 따른 보험회사가 취급하는 보험계약으로서 적립금의 최저 이자율을 보증하는 등의 형태로 원리금 지급을 보장하는 보험계약
다. 「자본시장과 금융투자업에 관한 법률」 제8조에 따른 금융투자업자가 원리금 지급을 보장하는 계약으로서 같은 법 시행령 제85조제3호나목에 따른 환매조건부매수 계약
라. 「자본시장과 금융투자업에 관한 법률」에 따른 증권금융회사가 같은 법 제330조제1항에 따라 취급하는 예탁금 (2022.4.13 신설)
2. 「우체국예금·보험에 관한 법률」에 따라 체신관서가 취급하는 예금
3. 「한국은행법」 제69조제1항에 따른 한국은행통화안정증권, 국채증권 및 정부가 원리금 상환을 보증한 채권
3의2. 「자산유동화에 관한 법률」에 따른 유동화전문회사가 발행한 유동화증권 중 「사회기반시설에 대한 민간투자법」 제30조에 따른 산업기반신용보증기금이 원리금 상환을 보증하는 사회기반시설채권 (2022.4.13 신설)
4. 그 밖에 원리금 상환이 보장되는 운용방법으로서 금융위원회가 정하여 고시하는 운용방법
② 금융위원회는 제1항제1호의 기준 및 제4호의 운용방법을 정하거나 변경

하려는 경우에는 고용노동부장관과 협의하여야 한다.

제26조【적립금의 안정적 운용을 위한 운용방법 및 기준】 ① 법 제30조제2항제5호에서 "대통령령으로 정하는 운용방법 및 기준"이란 다음 각 호의 운용방법 및 기준을 말한다. (2022.4.13 개정)

1. 운용방법 : 다음 각 목의 어느 하나에 해당하는 운용방법
   가. 「은행법」 제2조제1항제2호에 따른 은행이 취급하는 예금·적금
   나. 「보험업법」 제2조제6호에 따른 보험회사가 취급하는 보험계약 중 적립금이 반환되는 것으로서 금융위원회가 고시하는 보험계약
   다. 「자본시장과 금융투자업에 관한 법률」 제4조에 따른 증권으로서 금융위원회가 고시하는 증권. 이 경우 증권(「자본시장과 금융투자업에 관한 법률」에 따른 집합투자증권은 제외한다)은 사용자 또는 금융위원회가 정하여 고시하는 이해관계인이 발행한 것이 아니어야 한다.
   라. 「우체국예금·보험에 관한 법률」에 따라 체신관서가 취급하는 예금
   마. 「자본시장과 금융투자업에 관한 법률」에 따른 증권금융회사 중 신용등급 등이 금융위원회가 정하여 고시하는 기준 이상인 증권금융회사가 같은 법 제330조제1항에 따라 취급하는 예탁금 (2022.4.13 신설)
   바. 「자산유동화에 관한 법률」에 따른 유동화전문회사가 발행한 유동화증권 중 「사회기반시설에 대한 민간투자법」 제30조에 따른 산업기반신용보증기금이 원리금 상환을 보증하는 사회기반시설채권 (2022.4.13 신설)
   사. 그 밖에 적립금의 안정적인 중장기 운용을 위하여 필요한 운용방법으로서 금융위원회가 정하여 고시하는 운용방법 (2022.4.13 개정)
2. 기준 : 다음 각 목의 기준을 따를 것
   가. 제1호 각 목에 따른 운용방법 중 제25조제1항 각 호에 따른 원리금보장 운용방법과 증권에 대한 분산투자 등으로 투자위험을 낮춘 운용방법으로서 금융위원회가 고시하는 운용방법을 제외한 운용방법에 대해서는 고용노동부령으로 정하는 총투자한도 내에서 운용할 것. 이 경우 금융위원회는 고용노동부령으로 정하는 총투자한도 내에서 퇴직연금제도별로 세부적인 투자한도를 달리 정하여 고시할 수 있다. (2015.3.23 개정)
   나. 확정기여형퇴직연금제도와 개인형퇴직연금제도의 경우 고용노동부령으로 투자위험이 큰 것으로 정한 자산은 「자본시장과 금융투자업에 관한 법률」 제6조제5항에 따른 집합투자의 방법으로만 투자할 것 (2015.3.23 개정)

② 금융위원회는 제1항제1호나목·다목·사목, 제2호가목의 사항을 고시하는 경우에는 고용노동부장관과 미리 협의해야 한다. (2022.4.13 개정)

칙 제10조

제27조 【모집업무의 위탁범위】 법 제31조제1항 각 호 외의 부분에서 "대통령령으로 정하는 업무"란 다음 각 호의 업무를 말한다.

1. 퇴직연금제도를 설정하거나 가입한 자(설정하거나 가입하려는 자를 포함한다)에게 퇴직연금제도 및 운영에 관한 사항을 설명하는 업무 (2015.12.15 개정)
2. 사용자 또는 가입 예정자를 퇴직연금사업자에게 소개하거나 중개하는 업무
3. 사용자 또는 가입자(가입 예정자를 포함한다. 이하 이 조에서 같다)에 대한 적립금 운용방법의 설명 또는 관련 정보의 전달 업무, 사용자 또는 가입자의 적립금 운용방법에 대한 지시를 전달하는 업무 (2019.10.29 개정)
4. 사용자 또는 가입자의 질의사항, 퇴직연금사업자 등의 답변을 전달하는 업무 (2019.10.29 개정)
5. 그 밖에 퇴직연금제도를 설정하고 가입하도록 권유하는데 필요한 사항으로서 고용노동부장관이 정하는 업무

제28조 【퇴직연금제도 모집인의 요건】 ① 법 제31조제1항제2호에서 "대통령령으로 정하는 요건"이란 다음 각 호의 요건을 말한다.

1. 퇴직연금사업자의 임직원이 아닌 자로서 퇴직연금사업자와 서면 계약으로 모집업무를 위탁받은 자일 것
2. 다음 각 목의 어느 하나에 해당하는 자로서 고용노동부장관이 정하는 교육과정을 이수할 것. 이 경우 교육과정과 이수에 대한 세부사항은 별표 1과 같다.
   가. 「보험업법」 제84조 및 제87조에 따라 금융위원회에 등록된 보험설계사와 개인인 보험대리점 (2024.5.28 개정)
   나. 「자본시장과 금융투자업에 관한 법률」 제51조에 따라 한국금융투자협회에 등록한 투자권유대행인 (2024.5.28 개정)
   다. 그 밖에 고용노동부장관이 퇴직연금제도에 관한 전문성이 있다고 인정하는 자

② 제1항제2호에 따른 교육은 고용노동부장관이 정하는 인력·시설 및 장비를 갖춘 기관에 위탁하여 시행하고, 교육과정 이수, 교육비 및 별표 1에 따른 검정시험의 수수료 등에 관하여 필요한 사항은 고용노동부장관이 정한다. (2023.12.12 개정)

③ 퇴직연금사업자는 법 제31조제2항에 따라 등록한 퇴직연금제도 모집인(이하 "퇴직연금제도 모집인"이라 한다)이 등록한 날부터 기산하여 매 2년이 되는 날부터 6개월 이내에 별표 2에 따른 보수교육을 받도록 하여야 한다.

제29조 【모집인 등록업무의 위탁】 ① 고용노동부장관은 법 제31조제2항 후단에 따라 고용노동부장관이 정하는 인력·시설 및 장비를 갖춘 기관으로서 고용노동부장관이 정하는 절차에 따라 금융위원회가 지정한 기관 중에서

대상 기관을 정하여 퇴직연금제도 모집인의 등록업무를 위탁할 수 있다.
② 제1항에 따른 모집인 등록업무의 위탁 기간은 3년을 넘지 아니하는 범위에서 고용노동부장관이 정할 수 있다.

제30조【퇴직연금제도 모집인의 준수사항】 ① 법 제31조제7항제2호에 따라 퇴직연금제도 모집인은 다음 각 호의 어느 하나에 해당하는 행위를 하여서는 아니 된다.
1. 퇴직연금제도 모집인 외의 명칭을 사용하거나 다른 퇴직연금제도 모집인의 명의를 이용하여 모집업무를 수행하는 행위
2. 허위 사실에 근거하여 모집업무를 수행하거나 그 내용을 사실과 다르게 알리거나 중요한 사항을 알리지 않는 행위
3. 제27조에 따른 모집업무의 위탁범위를 벗어나서 업무를 수행하는 행위
4. 둘 이상의 퇴직연금사업자와 모집업무 위탁계약을 체결하는 행위
5. 모집업무를 수행하면서 알게 된 정보 등을 자기 또는 제3자의 이익을 위하여 이용하는 행위
6. 모집업무를 위탁한 퇴직연금사업자 또는 가입예정인 사용자 등을 대리하여 계약을 체결하는 행위
7. 퇴직연금제도를 설정하였거나 설정하려는 사용자 또는 가입자로부터 금전·증권, 그 밖에 재산상의 가치가 있는 것을 받는 행위
8. 퇴직연금제도를 설정하였거나 설정하려는 사용자, 가입자 또는 이들의 이해관계인에게 법 제33조제4항제2호에 따른 특별한 이익을 제공하거나 제공할 것을 약속하는 행위
9. 사용자 또는 가입자의 적립금 운용방법에 대한 지시를 대리하는 행위 (2019.10.29 개정)
10. 그 밖에 사용자와 가입자를 보호하고 건전한 거래질서를 유지하기 위하여 고용노동부장관이 정하여 고시하는 행위

② 법 제31조제7항제2호에 따라 퇴직연금제도 모집인은 모집업무를 수행하는 경우 자신이 모집업무를 위탁받은 자라는 사실을 나타내는 표지 또는 증표를 사무실에 게시하거나 상대방에게 내보여야 하고, 모집업무를 위탁한 퇴직연금사업자의 명칭 등 사용자와 가입자를 보호하고 건전한 거래질서를 유지하기 위하여 필요한 사항으로서 고용노동부장관이 정하여 고시하는 사항을 미리 사용자 등에게 알려야 한다.
③ 금융위원회는 제1항 각 호 및 제2항에 관한 세부 기준을 고용노동부장관과 협의하여 정하고 고시하여야 한다.

제31조【퇴직급여제도의 안정적 운영을 위한 사용자의 책무】 법 제32조제1항에서 "대통령령으로 정하는 사항"이란 다음 각 호의 사항을 말한다.
1. 삭제(2019.10.29)

2. 운용관리업무와 자산관리업무의 수행, 관련 서비스 제공 등 퇴직연금제도 전반에 대한 능력과 전문성을 종합적으로 판단하여 퇴직연금사업자를 선정할 것. 이 경우 상시 300명 이상의 근로자를 사용하는 사업의 사용자는 법 제13조와 제19조에 따른 퇴직연금규약을 신고하거나 퇴직연금사업자를 선정·변경하는 경우 고용노동부장관에게 퇴직연금사업자 선정·변경사유서를 제출하여야 한다.
3. 단체협약, 취업규칙, 근로계약서, 급여명세서 등 부담금 산정 및 법 제16조에 따른 급여 지급능력 확보 여부 등을 확인하는 데 필요한 자료를 근로복지공단 또는 퇴직연금사업자(제4조제6항에 따라 복수의 퇴직연금사업자와 운용관리업무에 관한 계약을 체결한 경우에는 간사기관을 말한다)에게 제공할 것. 이 경우 법 제16조에 따른 급여 지급능력 확보 여부 등을 확인하는 데 필요한 자료는 매 사업연도 종료 후 3개월 이내에 제공해야 한다. (2022.4.13 개정)
4. 법 제32조제2항 후단에 따라 퇴직연금사업자 또는 전문기관에게 가입자에 대한 교육의 실시를 위탁한 경우 집합교육을 실시할 수 있도록 하는 등 협조할 것 (2022.4.13 개정)
5. 간사기관의 선정 또는 변경 시 그 사실을 그 선정일 또는 변경일부터 7일 이내에 운용관리업무를 수행하는 퇴직연금사업자에게 알릴 것 (2019.10.29 신설)

제32조 【퇴직연금제도 가입자에 대한 교육사항】 ① 법 제32조제2항 전단에서 "해당 사업의 퇴직연금제도 운영 상황 등 대통령령으로 정하는 사항"이란 다음 각 호의 구분에 따른 사항을 말한다.

1. 제도 일반에 관한 내용으로서 다음 각 목의 사항
   가. 급여 종류에 관한 사항, 수급요건, 급여액 등 제도별 특징 및 차이점
   나. 담보대출, 중도인출, 지연이자 등 해당 사업의 퇴직연금제도 운영에 관한 사항
   다. 급여 또는 부담금 산정의 기준이 되는 임금 등에 관한 사항
   라. 퇴직 시 급여 지급절차 및 개인형퇴직연금계정등으로의 적립금 이전에 관한 사항 (2022.4.13 개정)
   마. 연금소득세, 퇴직소득세 등 과세 체계에 관한 사항
   바. 해당 사업의 퇴직연금제도를 중단하거나 폐지하는 경우 그 처리방법
   사. 가입자의 소득, 자산, 부채, 나이 및 근속연수 등을 고려한 자산·부채관리의 일반적 원칙과 노후 설계의 중요성에 관한 사항
2. 확정급여형퇴직연금제도를 설정하는 경우에는 다음 각 목의 사항
   가. 최근 3년간의 부담금 납입 현황
   나. 급여종류별 표준적인 급여액 수준

다. 직전 사업연도 말 기준 최소적립금 대비 적립금 현황
라. 적립금이 최소적립금보다 적은 경우 그 부족분 납입 이행 상황 (2023.12.12 개정)
마. 그 밖에 적립금 운용현황, 운용목표 등에 관한 사항
3. 확정기여형퇴직연금제도를 설정하는 경우에는 다음 각 목의 사항
가. 사용자의 부담금 수준, 납입시기 및 납입 현황
나. 법 제23조에 따라 둘 이상의 사용자가 참여하는 확정기여형퇴직연금제도의 경우 표준규약 및 표준계약서에 관한 사항
다. 분산투자 등 적립금의 안정적 운용을 위하여 행하는 투자원칙에 관한 사항
라. 퇴직연금사업자가 제시하는 집합투자증권 등 적립금 운용방법별 수익구조, 매도기준가, 투자 위험 및 수수료 등에 관한 사항

② 사용자(법 제32조제2항 후단에 따라 위탁받은 전문기관을 포함한다)는 제1항제3호다목 및 라목의 사항을 교육하는 경우 퇴직연금사업자와 협조하여 실시해야 한다. (2022.4.13 개정)

제32조의2【확정급여형퇴직연금제도 가입자 등에 대한 교육 방법】 법 제32조제2항 전단에 따른 가입자에 대한 교육의 방법은 다음 각 호의 구분에 따른다. (2022.4.13 신설)

1. 제32조제1항제1호에 따른 공통 교육 사항 : 사내 전산망 또는 해당 사업장 등 가입자의 접근이 가능한 곳에 교육 자료 상시 게시. 다만, 퇴직연금제도를 도입한 후 최초로 하는 교육은 다음 각 목의 어느 하나에 해당하는 방법으로 해야 한다.
가. 서면 또는 전자우편 등을 통한 교육자료의 발송
나. 연수·회의·강의 등의 집합교육
다. 정보통신망을 활용한 온라인 교육
2. 제32조제1항제2호에 따른 확정급여형퇴직연금제도 가입자에 대한 교육 사항 : 사내 전산망 또는 해당 사업장 등 가입자의 접근이 가능한 곳에 교육 자료 상시 게시하거나 제1호 각 목의 어느 하나에 해당하는 방법
3. 제32조제1항제3호에 따른 확정기여형퇴직연금제도 가입자에 대한 교육 사항 : 제1호 각 목의 어느 하나에 해당하는 방법

제32조의3【전문기관의 요건】 법 제32조제2항 후단에서 "대통령령으로 정하는 요건을 갖춘 전문기관"이란 다음 각 호의 요건을 모두 갖춘 기관을 말한다. (2022.4.13 신설)

1. 퇴직연금제도에 관하여 전문지식이 있는 사람으로서 고용노동부령으로 정하는 강사를 1명 이상 둘 것
2. 제32조의2에 따라 교육을 실시할 수 있는 교육자료와 그 밖에 교육시설

등 고용노동부령으로 정하는 요건을 갖출 것

칙 제11조

제33조【사용자의 금지행위】 법 제32조제4항제2호에서 "대통령령으로 정하는 행위"란 다음 각 호의 행위를 말한다. (2022.4.13 개정)

1. 운용관리업무 또는 자산관리업무를 수행하는 데 필요한 다음 각 목의 자료를 고의로 누락(자료를 제공하지 않는 경우를 포함한다)하거나 거짓으로 작성하여 퇴직연금사업자에게 제공하는 행위 (2019.10.29 개정)
   가. 단체협약, 취업규칙, 근로계약서, 급여명세서 등 부담금 산정 및 법 제16조에 따른 급여 지급능력 확보 여부 등을 확인하는 데 필요한 자료
   나. 그 밖에 급여지급 등 운용관리업무 및 자산관리업무의 수행에 필요한 자료
2. 퇴직연금사업자에게 약관 등에서 정해진 부가서비스 외의 경제적 가치가 있는 서비스의 제공을 요구하거나 제공받는 행위
3. 퇴직연금사업자에게 계약 체결을 이유로 물품 등의 구매를 요구하거나 판매하는 행위
4. 퇴직연금사업자에게 확정되지 않은 운용방법의 수익을 확정적으로 제시할 것을 요구하거나 제공받는 행위
5. 삭제(2023.12.12)

제34조【퇴직연금사업자의 금지행위】 ① 법 제33조제3항제4호에서 "대통령령으로 정하는 행위"란 다음 각 호의 행위를 말한다.

1. 사용자 또는 가입자의 운용지시 등 업무수행과 관련하여 알게 된 정보를 자기 또는 제3자의 이익을 위하여 이용하는 행위
2. 기존 대출을 연장하거나 신규 대출을 제공하는 등 사용자, 가입자 또는 이들의 이해관계인에게 금융거래상의 혜택을 주는 조건으로 퇴직연금계약의 체결을 요구하는 행위
3. 사용자 또는 가입자에게 특정한 운용방법의 선택을 강요하는 행위
4. 사용자 또는 가입자에게 특정한 운용방법의 가치상승 또는 하락에 대한 단정적이거나 합리적 근거가 없는 판단을 제공하는 행위
5. 적립금 운용방법 등에 있어 통상적인 조건을 벗어나 현저히 유리한 조건을 제시하는 행위
6. 원리금 지급을 보장하는 운용방법의 금리 등을 사용자 또는 가입자에 따라 합리적 이유 없이 차등 적용하는 행위 (2019.10.29 개정)
7. 사용자 또는 가입자에게 확정되지 않은 운용방법의 수익을 확정적으로 제시하는 행위
8. 사전지정운용방법에 의한 적립금 운용과 관련된 다음 각 목의 행위 (2022.7.11 신설)

퇴직급여

가. 거짓이나 그 밖의 부정한 방법으로 사전지정운용방법의 승인을 받아 운용하는 행위
나. 특정 가입자를 우대하여 수익률 차이가 크게 나도록 하는 등 가입자를 차별하는 행위
다. 거짓이나 그 밖의 부정한 방법으로 법 제21조의3제1항에 따른 정보를 제공하거나 이 영 제13조의3제1항 또는 제13조의4제2항에 따른 통지를 하는 행위

② 제1항 각 호의 구체적 기준은 고용노동부장관과 협의하여 금융위원회가 정하여 고시한다.

제35조【특별한 이익의 구체적 내용】 ① 법 제33조제4항제2호에서 "대통령령으로 정하는 특별한 이익"이란 다음 각 호의 이익을 말한다.

1. 계약 체결을 유도하거나 계약을 유지하기 위한 금품의 제공
2. 약관에 근거하지 않은 수수료의 할인
3. 가입자 또는 사용자가 부담해야 할 비용의 일부 또는 전부의 부담
4. 가입자 또는 사용자가 해당 퇴직연금사업자로부터 받은 대출금에 대한 이자의 대납(代納)
5. 약관에 근거하지 않은 경제적 가치가 있는 부대서비스의 제공
6. 그 밖에 제1호부터 제5호까지의 이익에 준하는 것으로서 금융위원회가 정하여 고시하는 경제적 이익

② 제1항 각 호의 이익의 구체적 기준은 고용노동부장관과 협의하여 금융위원회가 정하여 고시한다.

제36조【개인형퇴직연금제도 가입자에 대한 교육사항】 ① 법 제33조제5항에서 "해당 사업의 퇴직연금제도 운영 상황 등 대통령령으로 정하는 사항"이란 다음 각 호의 구분에 따른 사항을 말한다.

1. 법 제24조제2항의 개인형퇴직연금제도의 경우 : 이 영 제17조의2, 제18조, 제32조제1항제1호마목 및 사목, 같은 항 제3호다목 및 라목의 사항 (2022.4.13 개정)
2. 법 제25조의 개인형퇴직연금제도의 경우 : 이 영 제32조제1항제1호 및 제3호에 관한 사항

② 제1항에 따른 교육은 제32조의2제1호 각 목의 어느 하나에 해당하는 방법으로 한다. (2022.4.13 개정)

제36조의2【퇴직연금사업자에 대한 평가】 고용노동부장관은 법 제34조제2항제2호에 따른 퇴직연금사업자에 대한 평가를 고용노동부장관이 정하는 바에 따라 매년 실시한다. (2023.12.12 개정)

제37조【퇴직연금사업자에 대한 금융위원회의 감독】 ① 법 제36조제3항 각 호 외의 부분에서 "대통령령으로 정하는 업무"란 운용관리업무와 자산관

리업무를 말한다.

② 금융위원회는 제1항의 업무에 대한 감독을 수행하는 데 필요한 세부기준을 정하여 고시할 수 있다. 이 경우 고용노동부장관과 미리 협의하여야 한다.

제38조 【제도 폐지에 따른 사용자 조치사항】 법 제38조제2항에서 "대통령령으로 정하는 조치"란 다음 각 호의 조치를 말한다.

1. 퇴직연금제도를 폐지한 날부터 1개월 이내에 고용노동부장관에게 다음 각 목의 사항을 포함한 폐지신고서를 제출할 것
   가. 퇴직연금제도 폐지에 대한 법 제4조제3항에 따른 근로자대표의 동의 (2019.10.29 개정)
   나. 퇴직연금제도 폐지 사유 및 폐지일
   다. 퇴직연금제도 폐지일을 기준으로 산정된 해당 사업의 적립금 및 미납 부담금(확정급여형퇴직연금제도의 경우 법 제16조제1항제2호에 따른 금액을 기준으로 한 적립부족액을 말하고, 확정기여형퇴직연금제도의 경우 부담금 납입 지연에 따른 지연이자를 포함한 금액을 말한다)
   라. 미납 부담금의 납입 예정일 등 해소방안(확정기여형퇴직연금제도로 한정한다)
2. 가입자에게 다음 각 목의 사항을 통지할 것
   가. 제1호다목의 사항
   나. 급여 명세 및 지급절차
   다. 제40조에 따른 중간정산 대상기간
   라. 미납 부담금의 납입 예정일 등 해소 방안(확정기여형퇴직연금제도로 한정한다)
3. 퇴직연금제도 폐지일부터 14일 이내에 미납 부담금을 납입하고 퇴직연금사업자가 급여를 지급하도록 할 것

칙 제13조

제39조 【퇴직연금제도 중단 시 유지해야 할 기본적인 업무】 법 제38조제3항에서 "대통령령으로 정하는 기본적인 업무"란 다음 각 호의 구분에 따른 업무를 말한다.

1. 사용자의 경우에는 다음 각 목의 업무
   가. 가입 근로자에게 제도 중단 사유 및 중단일, 재개시(再開始) 일정, 미납 부담금이 있는 경우 그 납입 계획 등 제도 중단기간의 처리방안 등의 공지 개시
   나. 법 제32조제2항 전단에 따른 가입자 교육의 실시
   다. 퇴직연금제도 중단 시에도 급여지급의 요청, 적립금의 운용 등과 관련하여 법령 등에 규정된 업무의 이행을 위해 필요한 조치
   라. 그 밖에 퇴직연금제도의 연속성 유지 및 가입자 보호를 위하여 고용노

동부장관이 정하는 업무
2. 퇴직연금사업자의 경우에는 다음 각 목의 업무
가. 가입자 퇴직 등에 따른 급여의 지급
나. 법 제32조제2항 후단에 따라 위탁받은 가입자 교육의 실시
다. 급여의 지급, 적립금의 운용, 운용현황의 통지 등과 관련하여 법령 및 운용관리업무와 자산관리업무의 계약에서 정해진 업무
라. 그 밖의 퇴직연금제도의 연속성 유지 및 가입자 보호를 위하여 고용노동부장관이 정하는 업무

제40조【퇴직연금제도 폐지에 따른 중간정산의 대상기간 등】 법 제38조제4항 및 제5항에 따라 급여가 중간정산되어 지급되는 것으로 보는 경우의 중간정산금(확정급여형퇴직연금제도만 해당한다) 및 중간정산 대상기간은 다음의 각 호의 구분에 따른다.
1. 확정급여형퇴직연금제도의 경우 : 중간정산금은 사업별로 적립된 금액을 가입자별 근속기간·평균임금과 법 제13조제4호에 따른 급여수준을 고려하여 안분(按分)·산정하고, 중간정산 대상기간은 중간정산금을 기준으로 환산
2. 확정기여형퇴직연금제도와 법 제25조제1항에 따른 개인형퇴직연금제도의 경우 : 중간정산 대상기간은 가입자별로 퇴직연금에 가입한 날부터 사용자가 납입한 부담금에 대응하는 기간의 마지막 날까지로 환산

제41조【권한의 위탁·위임】 ① 고용노동부장관은 법 제42조제1항에 따라 다음 각 호의 권한을 금융위원회에 위탁한다.
1. 법 제26조에 따른 퇴직연금사업자의 등록
2. 법 제27조에 따른 퇴직연금사업자에 대한 등록취소 및 업무 이전명령
3. 법 제31조제6항에 따른 퇴직연금제도 모집인에 대한 등록취소 및 업무정지
4. 법 제36조제1항 및 제2항에 따른 시정명령, 업무 이전명령(해당 권한을 행사하는 데 필요한 범위에서 법 제40조에 따른 보고, 서류의 제출 요구를 포함한다)
5. 법 제41조에 따른 청문
6. 법 제48조에 따른 과태료의 부과·징수(퇴직연금사업자에 대한 과태료의 부과·징수로 한정한다)

② 금융위원회는 제1항제1호부터 제4호까지의 업무를 수행하는 데 필요한 세부 기준을 정하여 고시할 수 있다. 이 경우 미리 고용노동부장관과 협의하여야 한다.
③ 금융위원회는 제1항제3호에 따라 퇴직연금제도 모집인에 대한 등록취소 및 업무정지를 한 경우 그 내용 및 근거를 고용노동부장관에게 알려야 한다.
④ 고용노동부장관은 법 제42조제1항에 따라 다음 각 호의 권한을 금융감독

원장에게 위탁한다.
1. 법 제23조제2호에 따른 표준계약서의 승인
2. 법 제31조제7항에 따라 퇴직연금제도 모집인이 지켜야 할 준수사항의 위반 확인

⑤ 금융감독원장은 제4항제2호에 따른 확인 결과 퇴직연금제도 모집인이 준수사항을 위반한 사실이 있는 경우 그 내용을 금융위원회에 알려야 한다.

⑥ 고용노동부장관은 사용자와 가입자를 보호하고 건전한 거래질서를 유지하기 위하여 필요하다고 인정하는 경우에는 금융감독원장에게 제4항제2호에 따른 조사를 요구할 수 있으며, 금융감독원장은 이에 따라 조사를 한 후 그 결과를 고용노동부장관에게 서면으로 제출하여야 한다.

⑦ 고용노동부장관은 법 제42조제1항에 따라 다음 각 호의 업무를 근로복지공단에 위탁한다. (2023.12.12 개정)
1. 법 제23조의14에 따른 지원 업무 (2023.12.12 신설)
2. 법 제34조제2항제1호에 따른 노사단체, 퇴직연금업무 유관기관·단체와의 공동 연구사업 및 행정적·재정적 지원 업무 (2023.12.12 신설)
3. 법 제34조제2항제2호에 따른 퇴직연금제도 운영과 관련한 퇴직연금사업자 평가 업무 (2023.12.12 신설)

⑧ 고용노동부장관은 법 제42조제1항에 따라 다음 각 호의 권한을 지방고용노동관서의 장에게 위임한다. (2022.4.13 개정)
1. 법 제13조 또는 제19조에 따라 신고하는 퇴직연금규약의 접수
2. 법 제35조에 따른 시정명령 및 퇴직연금의 운영중단 명령
3. 법 제40조제1항에 따른 보고·서류제출 또는 출석 요구, 같은 조 제2항에 따른 질문·조사
4. 법 제48조에 따른 과태료의 부과·징수(사용자에 대한 과태료의 부과·징수로 한정한다)
5. 제31조제2호 후단에 따른 퇴직연금사업자 선정·변경사유서의 접수
6. 제38조제1호에 따른 퇴직연금제도 폐지의 신고 접수

⑨ 금융위원회는 법 제42조제2항에 따라 법 제36조제3항제1호에 따른 조치(직원에 대한 면직 요구는 제외한다)에 관한 권한을 금융감독원장에게 위탁한다. (2022.4.13 개정)

제42조【과태료의 부과기준】 법 제48조제1항 및 제2항에 따른 과태료의 부과기준은 별표 3과 같다.

제43조【고유식별정보의 처리】 고용노동부장관(제41조에 따라 고용노동부장관의 권한을 위탁·위임받은 자를 포함한다), 사용자, 퇴직연금사업자, 근로복지공단, 법 제23조의6제3항에 따라 근로복지공단의 중소기업퇴직연금기금제도의 업무를 처리하는 자, 법 제28조제2항에 따라 퇴직연금사업자

로부터 운용관리업무를 위탁받은 자, 법 제31조제2항 후단에 따라 퇴직연금제도 모집인 등록업무를 위탁받은 기관, 법 제32조제2항 후단에 따라 교육의 실시를 위탁받은 기관은 다음 각 호의 업무를 수행하기 위하여 불가피한 경우 「개인정보 보호법 시행령」 제19조제1호에 따른 주민등록번호 또는 같은 조 제4호에 따른 외국인등록번호가 포함된 자료를 처리할 수 있다. (2022.4.13 개정)

1. 법 제18조에 따른 운용현황의 통지에 관한 업무(법 제23조의11에서 준용하는 경우를 포함한다) (2022.4.13 신설)
2. 법 제23조의6제1항에 따른 중소기업퇴직연금기금제도의 설정을 위한 계약의 체결에 관한 업무 (2022.4.13 신설)
3. 법 제23조의8에 따른 기금제도가입자부담금계정의 설정에 관한 업무 (2022.4.13 신설)
4. 법 제23조의14에 따른 국가의 지원 및 지원금 환수에 관한 업무 (2022.4.13 신설)
5. 법 제23조의16에 따른 근로복지공단에 대한 지도·감독 등에 관한 업무 (2022.4.13 신설)
6. 법 제26조에 따른 퇴직연금사업자의 등록에 관한 업무 (2022.4.13 개정)
7. 법 제27조에 따른 퇴직연금사업자에 대한 등록취소 및 이전명령에 관한 업무 (2022.4.13 개정)
8. 법 제28조에 따른 운용관리업무에 관한 계약의 체결에 관한 업무 (2022.4.13 개정)
9. 법 제29조에 따른 자산관리업무에 관한 계약의 체결에 관한 업무 (2022.4.13 개정)
10. 법 제30조에 따른 운용관리업무의 수행에 필요한 업무 (2022.4.13 개정)
11. 법 제31조에 따른 모집업무의 위탁, 퇴직연금제도 모집인 등록, 등록취소 및 모집업무의 정지 등에 관한 업무 (2022.4.13 개정)
12. 법 제32조제2항 후단에 따라 사용자로부터 위탁받은 교육에 필요한 업무 (2022.4.13 개정)
13. 법 제33조제6항에 따른 퇴직연금제도의 취급실적 제출에 관한 업무 (2022.4.13 개정)
14. 법 제35조에 따른 사용자에 대한 감독에 관한 업무 (2022.4.13 개정)
15. 법 제36조에 따른 퇴직연금사업자에 대한 감독에 관한 업무 (2022.4.13 개정)
16. 법 제37조에 따른 금융거래정보의 제공 요청에 관한 업무 (2022.4.13 개정)
17. 법 제39조에 따른 업무의 협조에 관한 업무 (2022.4.13 개정)

18. 법 제40조에 따른 보고 및 조사에 관한 업무 (2022.4.13 개정)

제44조 【규제의 재검토】 고용노동부장관은 다음 각 호의 사항에 대하여 다음 각 호의 기준일을 기준으로 3년마다(매 3년이 되는 해의 기준일과 같은 날 전까지를 말한다) 그 타당성을 검토하여 개선 등의 조치를 하여야 한다. (2016.12.30 개정)

1. 제5조에 따른 확정급여형퇴직연금제도의 최소적립금 수준 : 2017년 1월 1일 (2016.12.30 개정)
2. 삭제(2016.12.30)
3. 제7조에 따른 적립금 부족의 판단기준 및 해소방안 : 2017년 1월 1일 (2016.12.30 개정)
4. 제28조에 따른 퇴직연금제도 모집인의 요건 : 2017년 1월 1일 (2016.12.30 개정)
5. 제30조에 따른 퇴직연금 모집인의 준수사항 : 2017년 1월 1일 (2016.12.30 개정)

부 칙

제1조 【시행일】 이 영은 2012년 7월 26일부터 시행한다.

제2조 【수수료 부담에 관한 적용례】 이 영 시행 당시 퇴직연금제도를 설정한 사업에 대해서는 제4조제4항, 제10조제2항, 제19조제2항의 개정규정은 2013년 7월 26일 이후 발생하는 수수료부터 적용한다.

제3조 【보험 계리 전문인력에 관한 경과조치】 이 영 시행 당시 종전의 규정에 따라 퇴직연금사업자로 등록한 자는 제20조제2항의 개정규정에 따른 연금 계리 전문인력을 2013년 7월 25일까지 갖추어야 한다.

제4조 【퇴직금제도의 설정이 의제되는 퇴직보험등】 ① 법률 제10967호 근로자퇴직급여 보장법 전부개정법률 부칙 제2조제1항 본문에서 "대통령령으로 정하는 퇴직보험 또는 퇴직일시금신탁"이란 다음 각 호의 요건을 모두 갖춘 보험 또는 신탁(이하 "퇴직보험등"이라 한다)을 말한다.

1. 퇴직하는 근로자가 퇴직보험등을 취급하는 금융기관(이하 "보험사업자등"이라 한다)에 대하여 직접 일시금 또는 연금(퇴직일시금신탁에 가입한 경우는 제외한다. 이하 같다)을 선택하여 청구할 수 있을 것. 다만, 계속근로기간이 1년 미만인 근로자는 일시금 또는 연금을 청구할 수 없으며, 그 일시금 또는 연금은 사용자에게 귀속되는 것이어야 한다.
2. 퇴직보험등의 계약이 해지되는 경우의 환급금(이하 "해지환급금"이라 한다)은 피보험자 또는 수익자(이하 "피보험자등"이라 한다)인 근로자에게 지급되는 것일 것. 다만, 계속근로기간이 1년 미만인 피보험자등인 근로자에 대한 해지환급금은 사용자에게 귀속되는 것이어야 한다.

3. 퇴직보험등에 의한 일시금·연금 또는 해지환급금을 받을 피보험자등인 근로자의 권리는 양도하거나 담보로 제공할 수 없는 것일 것
4. 보험사업자등이 퇴직보험등의 계약 체결 전에 계약의 내용을 피보험자등에게 주지시키고 계약 체결 후에는 그 사실을 통지하는 것일 것
5. 보험사업자등이 매년 보험료 또는 신탁부금 납부 상황과 일시금 또는 연금의 수급 예상액을 피보험자등에게 통지하는 것일 것

② 피보험자등인 근로자가 제1항제2호 본문에 따라 해지환급금을 지급받는 경우에는 법 제8조제2항에 따라 지급받을 퇴직금 중 그 해당 금액을 미리 지급받은 것으로 본다.

③ 사용자는 퇴직보험등에 의한 일시금의 금액이 법 제8조제1항에 따른 퇴직금의 금액보다 적을 경우에는 그 차액을 퇴직하는 근로자에게 지급하여야 한다.

④ 제1항제2호에도 불구하고 사용자 및 근로자가 퇴직보험등의 계약을 해지하고, 확정급여형퇴직연금제도 또는 확정기여형퇴직연금제도를 실시하기로 한 경우에는 해지환급금은 피보험자등인 근로자에게 지급되지 아니할 수 있다.

제5조【다른 법령의 개정】 생략

제6조【다른 법령과의 관계】 이 영 시행 당시 다른 법령에서 종전의 「근로자퇴직급여 보장법 시행령」의 규정을 인용한 경우에 이 영 가운데 그에 해당하는 규정이 있으면 종전의 규정을 갈음하여 이 영의 해당 규정을 인용한 것으로 본다.

〈생략〉

부칙(2019.10.29 대통령령 제30176호)

제1조【시행일】 이 영은 공포 후 6개월이 경과한 날부터 시행한다. 다만, 제31조제1호 및 제38조제1호가목의 개정규정은 공포한 날부터 시행한다.

제2조【퇴직금의 중간정산 사유 등에 관한 적용례】 제3조제1항제3호 및 제14조제1호의2의 개정규정은 각각 이 영 시행 이후 퇴직금 중간정산의 신청 및 확정기여형퇴직연금(개인형퇴직연금을 포함한다)의 적립금 중도인출의 신청을 하는 경우부터 적용한다.

제3조【재정검증 결과의 통보에 관한 적용례】 제6조의 개정규정은 이 영 시행 이후 실시하는 재정검증부터 적용한다.

제4조【퇴직급여제도의 안정적 운영을 위한 사용자 책무에 관한 경과조치】 이 영 시행 전에 종료된 사업연도에 관하여 급여 지급능력 확보 여부 등을 확인하는 데 필요한 자료를 제공하는 사용자의 경우에는 제31조제3호

후단의 개정규정에도 불구하고 종전의 규정에 따른다.

부칙(2020.11.3 대통령령 제31140호)

이 영은 공포한 날부터 시행한다.

부칙(2022.4.13 대통령령 제32575호)

제1조 【시행일】 이 영은 2022년 4월 14일부터 시행한다.

제2조 【적립금 부족 해소 기준 변경에 따른 적용례】 제7조제2항제1호의 개정규정은 이 영 시행 이후 제6조제1항 본문에 따라 재정검증 결과를 통보받은 사용자부터 적용한다.

제3조 【과태료의 부과기준에 관한 적용례 등】 ① 이 영 시행 전의 위반행위로 받은 과태료 부과처분은 별표 3의 개정규정에 따른 위반행위의 횟수 산정에 포함하지 않는다.

② 이 영 시행 전의 위반행위에 대하여 과태료의 부과기준을 적용할 때에는 별표 3의 개정규정에도 불구하고 종전의 규정에 따른다.

부칙(2022.7.11 대통령령 제32796호)

이 영은 2022년 7월 12일부터 시행한다.

부칙(2023.12.12 대통령령 제33953호)

이 영은 공포한 날부터 시행한다.

부칙(2024.5.28 대통령령 제34533호)

제1조 【시행일】 이 영은 공포한 날부터 시행한다. 〈단서 생략〉

제2조부터 **제6조**까지 생략

[별표 1]

퇴직연금제도 모집인의 교육과정 및 이수에 대한 세부 사항

(제28조제1항제2호 관련)

구분	내용	
교육과정	퇴직연금제도의 이해, 「근로자퇴직급여 보장법」 및 관련 하위법령의 이해, 퇴직급여제도와 관계있는 노동 관련 법령의 이해, 모집인의 준수사항	
이수기준	교육시간	20시간 이상
	검정시험	평균 70점 이상(과목당 40점 이상)

[별표 2]

퇴직연금제도 모집인의 보수교육에 관한 세부 사항

(제28조제3항 관련)

구분	내용
교육과목	퇴직연금제도의 이해, 「근로자퇴직급여 보장법」 및 관련 하위법령의 이해, 모집인의 준수사항
교육시간	10시간 이상

[별표 3] (2022.7.11 개정)

과태료의 부과기준(제42조 관련)

1. 일반기준

가. 위반행위의 횟수에 따른 과태료의 가중된 부과기준은 최근 2년간 같은 위반행위로 과태료 부과처분을 받은 경우에 적용한다. 이 경우 기간의 계산은 위반행위에 대하여 과태료 부과처분을 받은 날과 그 처분 후 다시 같은 위반행위를 하여 적발된 날을 기준으로 한다.

나. 가목에 따라 가중된 부과처분을 하는 경우 가중처분의 적용 차수는 그 위반행위 전 부과처분 차수(가목에 따른 기간 내에 과태료 부과처분이 둘 이상 있었던 경우에는 높은 차수를 말한다)의 다음 차수로 한다.

다. 부과권자는 다음의 어느 하나에 해당하는 경우에는 제2호의 개별기준에 따른 과태료의 2분의 1 범위에서 그 금액을 줄여 부과할 수 있다. 다만, 과태료를 체납하고 있는 위반행위자에 대해서는 그렇지 않다.

1) 위반행위자가 자연재해·화재 등으로 재산에 현저한 손실이 발생하거나 사업 여건의 악화로 사업이 중대한 위기에 처하는 등의 사정이 있다고 인정되는 경우

2) 위반행위가 사소한 부주의나 오류로 인한 것으로 인정되는 경우

3) 위반행위자가 법 위반상태를 시정하거나 해소하기 위하여 노력한 것이 인정되는 경우

4) 그 밖에 위반행위의 정도, 위반행위의 동기와 그 결과 등을 고려하여 줄일 필요가 있다고 인정되는 경우

2. 개별기준

위반행위	근거 법조문	과태료		
		1차 위반	2차 위반	3차 이상 위반
가. 사용자가 법 제13조에 따른 확정급여형퇴직연금규약 또는 법 제19조에 따른 확정기여형퇴직연금규약을 신고하지 않은 경우	법 제48조 제2항 제1호	100만원	200만원	500만원
나. 퇴직연금사업자가 법 제16조제2항을 위반하여 적립금이 최소적립금을 넘고 있는지 확인하여 그 결과를 사용자에게 알리지 않거나 적립금이 최소적립금 보다 적은 경우 그 확인 결과를 근로자대표에게 알리지 않은 경우	법 제48조 제1항 제1호	200만원	500만원	1천만원

다. 사용자가 법 제16조제3항에 따른 적립금 부족을 해소하지 않은 경우	법 제48조 제1항 제2호	200만원	500만원	1천만원
라. 사용자가 법 제18조의2제1항에 따른 적립금운용위원회를 구성하지 않은 경우	법 제48조 제2항 제1호의2	100만원	200만원	500만원
마. 사용자가 법 제18조의2제2항에 따른 적립금운용계획서를 작성하지 않은 경우	법 제48조 제2항 제1호의3	100만원	200만원	500만원
바. 퇴직연금사업자가 법 제29조의2 제3항에 따른 자료의 제출 요구에 따르지 않은 경우	법 제48조 제2항 제1호의4	100만원	200만원	500만원
사. 사용자가 법 제32조제2항에 따라 매년 1회 이상 교육을 하지 않은 경우	법 제48조 제1항 제3호	200만원	500만원	1천만원
아. 사용자가 법 제32조제4항제2호에 따른 책무를 위반한 경우	법 제48조 제2항 제2호	100만원	200만원	500만원
자. 퇴직연금사업자가 법 제33조제2항에 따른 책무를 위반한 경우	법 제48조 제2항 제3호	100만원	200만원	500만원
차. 퇴직연금사업자가 법 제33조제5항에 따라 매년 1회 이상 교육을 하지 않은 경우	법 제48조 제1항 제4호	200만원	500만원	1천만원
카. 퇴직연금사업자가 법 제33조제6항을 위반하여 퇴직연금제도 취급실적을 제출하지 않거나 거짓으로 제출한 경우	법 제48조 제2항 제4호	100만원	200만원	500만원
타. 사용자가 제35조에 따른 시정명령을 이행하지 않은 경우	법 제48조 제2항 제5호	100만원	200만원	500만원

근로자퇴직급여 보장법 시행규칙

전부개정 2012. 7.27 고용노동부령 제 63호
개정 2014.12.31 고용노동부령 제117호
〈생략〉
2020.12.29 고용노동부령 제301호
2022. 1.28 고용노동부령 제345호
2022. 5.18 고용노동부령 제351호
2022. 7.12 고용노동부령 제359호

제1조【목적】 이 규칙은 「근로자퇴직급여 보장법」 및 같은 법 시행령에서 위임된 사항과 그 시행에 필요한 사항을 규정함을 목적으로 한다.

제2조【퇴직연금규약의 신고 등】 ① 「근로자퇴직급여 보장법」(이하 "법"이라 한다) 제13조 또는 제19조에 따라 확정급여형퇴직연금규약이나 확정기여형퇴직연금규약을 신고하려는 사용자(법 제6조에 따라 확정급여형퇴직연금규약 및 확정기여형퇴직연금규약을 함께 설정하는 사용자를 포함한다)는 별지 제1호서식의 확정급여형(확정기여형, 혼합형) 퇴직연금규약 신고서에 다음 각 호의 서류를 첨부하여 지방고용노동관서의 장에게 제출하여야 한다.

1. 퇴직연금규약
2. 근로자의 과반수가 가입한 노동조합이 있는 경우에는 그 노동조합, 근로자의 과반수가 가입한 노동조합이 없는 경우에는 근로자 과반수(이하 "근로자대표"라 한다)의 동의를 받았거나 의견을 들었음을 증명하는 자료 (2019.7.26 개정)

② 제1항에 따른 사용자는 신고한 퇴직연금제도의 설정 내용을 변경한 경우에는 다음 각 호에 해당하는 서류를 첨부하여 그 사실을 지방고용노동관서의 장에게 통보하여야 한다.

1. 변경 전과 변경 후의 내용을 비교하여 작성한 퇴직연금규약
2. 근로자대표의 동의를 받았음을 증명하는 자료(근로자에게 불리한 변경의 경우로 한정한다) (2019.7.26 개정)
3. 근로자대표의 의견을 들었음을 증명하는 자료(근로자에게 불리한 변경이 아닌 경우로 한정한다) (2019.7.26 개정)

제3조【확정급여형퇴직연금규약의 부담금 산정 및 납입】 ① 법 제13조제10호의2에 따른 부담금은 각 호의 구분에 따른다. (2022.5.18 개정)

1. 표준부담금 : 법 제14조제1항에 따라 퇴직연금제도의 설정 이후로서 표준부담금을 산출하는 시점에서 장래 근무기간분에 대하여 발생하는 급여

를 충당하기 위한 부담금
2. 보충부담금 : 법 제14조제2항 전단에 따라 퇴직연금제도의 설정 전의 과거 근무기간분에 대하여 발생한 급여를 충당하기 위한 부담금
3. 특별부담금 : 법 제16조에 따라 급여 지급능력 확보 여부 등을 확인한 결과 적립금이 「근로자퇴직급여 보장법 시행령」(이하 "영"이라 한다) 제7조제1항의 수준에 미치지 못하는 경우 최소적립금 대비 부족분을 충당하기 위한 부담금 (2022.5.18 개정)

② 제1항에 따른 부담금은 예상이율, 예상임금상승률, 예상퇴직률, 예상사망률 등(이하 "기초율"이라 한다)을 기초로 산정한다.

③ 기초율은 3년마다 산출하되, 부담금의 기초가 된 기초율이 실제 상황과 현저한 차이가 발생하는 경우 다시 산출하여야 한다.

④ 예상이율은 산출 직전 사업연도 말을 기준으로 「자본시장과 금융투자업에 관한 법률 시행령」 제307조제2항제3호에 따라 채무증권의 매매거래(증권시장 밖에서의 매매거래만 해당한다)에 대한 정보 관리 및 공시에 관한 업무를 수행하는 법인이 발표하는 10년 만기 국고채의 36개월 평균수익률로 한다.

⑤ 예상이율을 제외한 기초율은 해당 사업 또는 사업장(이하 "사업"이라 한다)의 경험통계를 기초로 하여야 한다. 다만, 다음 각 호의 어느 하나에 해당하는 경우에는 고용노동부장관 또는 보험개발원장이 발표하는 자료를 활용한 기초율을 이용할 수 있다.
1. 해당 사업이 성립된 지 3년 미만인 경우. 다만, 합병·분할로 인하여 설립된 경우는 제외한다.
2. 화재 등으로 경험통계 자료를 분실한 경우
3. 경험통계를 장래 예측을 위해 사용하기에 부적합한 경우

⑥ 제1항제2호의 보충부담금은 10년 이내에 충당될 수 있도록 산정되어야 한다.

⑦ 퇴직연금사업자는 제1항의 부담금을 산정하는 데 사용한 기초율을 선택하는 등의 경우에 그 합리적 근거를 분명하게 밝혀야 한다.

제4조【가입자에 대한 교육의 방법 및 절차 등】 삭제(2022.5.18)

제4조의2【확정급여형퇴직연금제도의 최소적립금 산출】 영 제5조제1항에서 "고용노동부령으로 정하는 비율"이란 다음 각 호의 구분에 따른 비율을 말한다. (2022.5.18 개정)
1. 삭제(2022.5.18)
2. 2019년 1월 1일부터 2021년 12월 31일까지의 기간 : 100분의 90 (2020.12.29 개정)
3. 2022년 1월 1일 이후 : 100분의 100 (2020.12.29 개정)

제5조 【기준책임준비금의 산정방식】 ① 법 제16조제1항제1호에서 "고용노동부령으로 정하는 방법"이란 제3조제2항부터 제5항까지의 기초율을 사용하여 예상 퇴직시점의 급여를 산출하고 이를 예상 가입기간 단위로 배분하여 할당하는 방법을 말한다.

② 법 제16조제1항제2호에서 "고용노동부령으로 정하는 방법"이란 해당 가입자의 가입기간에 대하여 법 제15조에 따른 급여수준을 곱하여 예상급여를 산출한 후 가입자별 예상급여를 합하는 방법을 말한다.

제6조 【적립금의 산정】 법 제16조제2항 본문에 따라 확정급여형퇴직연금제도의 운용관리업무를 수행하는 퇴직연금사업자는 다음 각 호의 방법에 따라 적립금을 산정하여야 한다.

1. 매 사업연도 말 직전 12개월간의 시가(時價) 평균에 따른 금액으로 산정할 것. 이 경우 산정된 금액이 사업연도 말 현재 시가에 따라 산정된 금액의 100분의 90 이하 또는 100분의 110 이상이 될 때에는 각각 100분의 90 또는 100분의 110으로 산정할 것
2. 제1호에도 불구하고 손실이 확정되었거나 예금·적금 등 특정시점까지 시간이 지나면서 자산가치가 일정하게 상승하는 운용방법의 경우에는 사업연도 말 시가를 적용하여 산정할 것

제6조의2 【지원금의 환수】 영 제16조의17제3항제4호에서 "고용노동부령으로 정하는 사유"란 폐업을 말한다. (2022.5.18 신설)

제7조 【운용현황의 통지】 ① 법 제18조에 따라 퇴직연금사업자는 적립금액 및 운용수익률 등을 다음 각 호의 하나에 해당하는 방법으로 가입자에게 알려야 한다.

1. 우편 발송
2. 서면 교부
3. 정보통신망에 의한 전송
4. 그 밖에 이에 준하는 방식으로서 운용관리업무의 위탁계약을 체결할 때 당사자가 합의한 방법

② 법 제19조제2항에 따라 확정기여형퇴직연금제도의 퇴직연금사업자는 가입자에게 제1항에서 정한 방법으로 가입자별 적립금의 운용수익 및 운용방법별 구성비율 등의 운용현황을 알려야 한다.

③ 제2항은 법 제24조제2항 및 법 제25조에 따른 개인형퇴직연금제도의 퇴직연금사업자의 가입자에 대한 운용현황의 통지에 관하여 준용한다.

④ 퇴직연금사업자(확정급여형퇴직연금제도의 경우는 제외한다)는 다음 각 호의 어느 하나에 해당하는 경우에는 운용현황의 구체적인 내용을 그 사유가 발생한 날부터 10일 이내에 가입자에게 알려야 한다. (2019.7.26 개정)

1. 부담금이 납입 예정일부터 1개월 이상 미납된 경우

2. 적립금 운용수익률이 현저히 변동한 경우 등 고용노동부장관이 정하여 고시하는 기준에 해당하는 경우

제8조【심의위원회의 구성 등】 ① 법 제21조의2제2항에 따른 심의위원회(이하 "심의위원회"라 한다)는 위원장 1명을 포함한 10명 이내의 위원으로 구성한다. (2022.7.12 신설)

② 심의위원회의 위원장(이하 "위원장"이라 한다)은 고용노동부차관으로 하고, 심의위원회의 위원(이하 "위원"이라 한다)은 다음 각 호의 어느 하나에 해당하는 사람 중에서 고용노동부장관이 성별을 고려하여 임명하거나 위촉한다. (2022.7.12 신설)

1. 고용노동부의 고위공무원단에 속하는 일반직공무원 중 퇴직연금 관련 업무를 담당하는 사람
2. 금융위원회의 고위공무원단에 속하는 일반직공무원 중 퇴직연금 관련 업무를 담당하는 사람으로서 금융위원회의 위원장이 추천하는 사람
3. 퇴직연금 및 자산운용 관련 전문가로서 다음 각 목의 어느 하나의 요건을 갖춘 사람
   가. 「고등교육법」 제2조 각 호의 어느 하나에 해당하는 학교에서 노동, 경제, 경영 또는 금융 관련 분야의 조교수 이상의 직에 3년 이상 근무하였을 것
   나. 노동, 경제, 경영 또는 금융 관련 분야의 연구기관 또는 공공기관에 소속되어 3년 이상 근무하였을 것
   다. 노동, 경제, 경영 또는 금융 관련 분야의 특별법에 따라 설립된 특수법인에 소속되어 3년 이상 근무하였을 것
   라. 금융 관련 기관이나 단체에서 퇴직연금, 자산운용, 금융상품 평가 또는 위험관리를 담당하는 직에 3년 이상 근무하였을 것

③ 제2항제3호에 해당하여 위촉된 위원의 임기는 2년으로 하며, 한 차례만 연임할 수 있다. (2022.7.12 신설)

④ 위원장은 심의위원회의 회의를 소집하며, 그 의장이 된다. (2022.7.12 신설)

⑤ 위원장이 부득이한 사유로 그 직무를 수행할 수 없거나 회의에 참석하지 못할 때에는 위원장이 미리 지명한 위원이 그 직무를 대행한다. (2022.7.12 신설)

⑥ 심의위원회의 회의는 재적위원 과반수의 출석으로 개의하고, 출석위원 과반수의 찬성으로 의결한다. (2022.7.12 신설)

⑦ 위원장이 회의를 소집하려면 회의 개최 7일 전까지 회의의 일시, 장소 및 안건을 각 위원에게 알려야 한다. 다만, 긴급한 사정이나 그 밖의 부득이한 사유가 있는 경우에는 회의 개최 전날까지 통보할 수 있다. (2022.7.12

신설)

제8조의2【위원의 제척·기피·회피】 ① 위원이 다음 각 호의 어느 하나에 해당하는 경우에는 심의위원회의 심의·의결에서 제척(除斥)된다. (2022.7.12 신설)

1. 위원 또는 그 배우자나 배우자이었던 사람이 해당 안건의 당사자인 퇴직연금사업자의 임원이거나 최근 3년 이내에 임원이었던 경우
2. 위원이 다음 각 목의 어느 하나에 해당하는 경우
   가. 해당 안건의 당사자인 퇴직연금사업자의 임원과 4촌 이내의 혈족이거나 혈족이었던 경우
   나. 해당 안건의 당사자인 퇴직연금사업자의 임원과 2촌 이내의 인척이거나 인척이었던 경우
3. 위원이 해당 안건에 관하여 당사자인 퇴직연금사업자의 요청에 따라 자문, 연구 또는 용역을 한 경우
4. 위원 또는 위원이 소속된 법인·단체 등이 해당 안건의 당사자인 퇴직연금사업자의 대리인이거나 대리인이었던 경우

② 당사자는 제1항에 따른 제척사유가 있거나 위원에게 공정한 심의·의결을 기대하기 어려운 사정이 있는 경우에는 위원회에 기피 신청을 할 수 있고, 위원회는 의결로 기피 여부를 결정한다. 이 경우 기피 신청의 대상인 위원은 그 의결에 참여하지 못한다. (2022.7.12 신설)

③ 위원이 제1항 각 호에 따른 제척 사유에 해당하는 경우에는 스스로 해당 안건의 심의·의결에서 회피(回避)해야 한다. (2022.7.12 신설)

제8조의3【위원의 해촉】 고용노동부장관은 제8조제2항제3호에 해당하여 위촉한 위원이 다음 각 호의 어느 하나에 해당하는 경우에는 해당 위원을 해촉할 수 있다. (2022.7.12 신설)

1. 심신장애로 인하여 직무를 수행할 수 없게 된 경우
2. 직무와 관련된 비위사실이 있는 경우
3. 직무태만, 품위손상이나 그 밖의 사유로 위원으로 적합하지 않다고 인정되는 경우
4. 위원 스스로 직무를 수행하는 것이 곤란하다고 의사를 밝히는 경우
5. 제8조의2제1항 각 호의 어느 하나에 해당하는데도 불구하고 스스로 해당 안건의 심의·의결에서 회피하지 않은 경우

제8조의4【사용자에 대한 사전지정운용방법 제시방법 등】 ① 법 제21조의2제3항에서 "고용노동부령으로 정하는 방법"이란 영 제13조의2제3항에 따른 방법을 말한다. (2022.7.12 신설)

② 퇴직연금사업자가 법 제21조의2제3항에 따라 사용자에게 사전지정운용방법을 제시할 때에는 해당 사전지정운용방법에 다음 각 호의 사항을 포함

하여 제시해야 한다. (2022.7.12 신설)
1. 법 제21조의3제1항제1호의 사항
2. 법 제21조의3제1항제3호 및 영 제13조의2제1항 각 호의 사항

제9조【퇴직연금사업자 등록취소 등의 기준】 법 제27조제1항 각 호 외의 부분 본문에 따라 고용노동부장관은 퇴직연금사업자에게 시정을 명하거나 등록을 취소하는 경우에는 별표의 기준에 따라야 한다. (2022.7.12 개정)

제10조【위험자산의 범위 및 운용기준】 ① 영 제26조제1항제2호가목 전단에서 "고용노동부령으로 정하는 총투자한도"란 다음 각 호의 구분에 따른 퇴직연금제도별 적립금의 총투자한도를 말한다. (2022.7.12 개정)
1. 확정급여형퇴직연금제도 : 사용자별 전체 적립금의 100분의 70
2. 확정기여형퇴직연금제도 및 개인형퇴직연금제도 : 가입자별 전체 적립금의 100분의 70

② 영 제26조제1항제2호나목에서 "고용노동부령으로 투자위험이 큰 것으로 정한 자산"이란 「자본시장과 금융투자업에 관한 법률」에 따른 지분증권(같은 법에 따른 투자회사의 지분증권, 같은 법에 따른 투자유한회사·투자합자회사·투자합자조합·투자익명조합의 출자지분 및 「부동산투자회사법」에 따른 부동산투자회사의 지분증권은 제외한다)을 말한다. (2019.12.18 개정)

제11조【전문기관에 두는 강사의 자격기준】 영 제32조의3제1호에서 "고용노동부령으로 정하는 강사"란 다음 각 호의 사람을 말한다. (2022.7.12 개정)
1. 퇴직연금제도 관련 업무에 3년 이상 종사한 경력이 있는 사람
2. 고용노동부와 그 소속기관, 「노동위원회법」에 따른 중앙노동위원회 또는 지방노동위원회에서 퇴직연금제도 관련 업무에 1년 이상 공무원으로 근무한 경력이 있는 사람
3. 퇴직연금 분야에서 1년 이상 「고등교육법」 제14조제2항에 따른 교원이나 같은 법 제17조제1항에 따른 명예교수 또는 겸임교원으로 강의한 경력이 있는 사람
4. 「공인노무사법」 제5조에 따라 등록한 공인노무사
5. 제1호부터 제4호까지에서 규정한 사람 외에 퇴직연금제도에 관한 전문적 지식과 경험이 있다고 고용노동부장관이 인정하는 사람

제12조【취급실적의 제출】 ① 법 제33조제6항에 따라 퇴직연금사업자가 제출하는 취급실적에는 다음 각 호의 사항이 모두 포함되어야 한다. (2022.7.12 개정)
1. 해당 퇴직연금사업자 관련 사항. 이 경우 퇴직연금사업자의 명칭·대표자·주소·재무상황 및 경영하는 업무에 관한 사항이 포함되어야 한다.
2. 운용관리업무와 자산관리업무의 수행에 관한 사항. 이 경우 대상사업, 가

입자 및 적립금에 대한 현황이 포함되어야 한다.
3. 적립금 운용사항. 이 경우 운용방법별 현황이 포함되어야 한다.
4. 급여 지급사항. 이 경우 급여 종류별 수급요건 및 중도인출 현황이 포함되어야 한다.
5. 법 제16조제2항에 따른 재정검증평가 결과에 대한 사항

② 제1항에 따른 취급실적은 분기 또는 연 단위로 다음 각 호의 구분에 따라 사용자, 고용노동부장관 및 금융감독원장에게 취급실적을 제출하여야 한다. (2018.12.19 개정)
1. 매 분기 종료 후 1개월 이내 : 고용노동부장관 및 금융감독원장
2. 매 사업년도 종료 후 3개월 이내 : 사용자, 고용노동부장관 및 금융감독원장

③ 제1항에 따라 제출하는 취급실적별 제출주기와 제출서식은 고용노동부장관이 정하여 고시한다. (2018.12.19 개정)

퇴직 급여

제13조 【퇴직연금제도의 폐지신고】 사용자는 영 제38조제1호에 따라 퇴직연금제도를 폐지한 경우에는 별지 제2호서식의 확정급여형(확정기여형, 혼합형) 퇴직연금제도 폐지신고서에 다음 각 호의 서류를 첨부하여 지방고용노동관서의 장에게 제출해야 한다. 이 경우 지방고용노동관서의 장은 「전자정부법」 제36조제1항에 따른 행정정보의 공동이용을 통하여 폐업사실증명원(퇴직연금제도의 폐지 사유가 폐업인 경우만 해당한다)을 확인해야 하며, 신고인이 폐업사실증명원의 확인에 동의하지 않는 경우에는 해당 서류를 첨부하도록 해야 한다. (2022.7.12 개정)
1. 폐지한 퇴직연금제도의 퇴직연금규약
2. 퇴직연금제도 폐지에 대하여 근로자대표의 동의를 받았음을 증명하는 자료

제14조 【규제의 재검토】 고용노동부장관은 제10조에 따른 위험자산의 범위 및 운용기준에 대하여 2017년 1월 1일을 기준으로 3년마다(매 3년이 되는 해의 1월 1일 전까지를 말한다) 그 타당성을 검토하여 개선 등의 조치를 해야 한다. (2022.7.12 개정)

부 칙

이 규칙은 공포한 날부터 시행한다.

〈생략〉

부칙(2019.7.26 고용노동부령 제261호)

제1조 【시행일】 이 규칙은 공포 후 3개월이 경과한 날부터 시행한다.

제2조 【퇴직연금제도 운용현황 통지에 관한 적용례】 제7조제4항 각 호 외

의 부분의 개정규정은 이 규칙 시행 이후 제7조제4항 각 호에 따른 사유가 발생한 경우부터 적용한다.

부칙(2019.12.18 고용노동부령 제268호)

이 규칙은 공포한 날부터 시행한다.

부칙(2020.12.29 고용노동부령 제301호)

이 규칙은 공포한 날부터 시행한다.

부칙(2022.1.28 고용노동부령 제345호)

이 규칙은 공포한 날부터 시행한다.

부칙(2022.5.18. 고용노동부령 제351호)

이 규칙은 공포한 날부터 시행한다.

부칙(2022.7.12 고용노동부령 제359호)

이 규칙은 2022년 7월 12일부터 시행한다.

[별표] (2022.7.12 개정)

퇴직연금사업자 등록취소 등의 기준(제9조 관련)

위반행위	근거 법조문	처분기준
1. 법 제26조에 따른 등록요건을 갖추지 못하게 된 경우	법 제27조 제1항제3호	
가. 영 제20조에 따른 재무건전성 및 인적·물적 요건을 갖추지 못하게 된 경우로서 시정이 가능한 경우		기간을 정하여 시정명령 후 미시정 시 등록취소
나. 영 제20조에 따른 재무건전성 및 인적·물적 요건을 갖추지 못하게 된 경우로서 시정이 불가능한 경우		등록취소
2. 법 제36조에 따른 고용노동부장관 또는 금융위원회의 명령에 따르지 아니한 경우	법 제27조 제1항제4호	
가. 법 제36조제1항에 따른 고용노동부장관의 명령에 따르지 아니한 경우		기간을 정하여 시정명령 후 미시정 시 등록취소
나. 법 제36조제2항에 따른 고용노동부장관의 업무 이전명령에 따르지 아니한 경우		등록취소
다. 법 제36조제3항제2호에 따른 금융위원회의 명령에 따르지 아니한 경우		기간을 정하여 시정명령 후 미시정 시 등록취소
라. 법 제36조제3항제3호에 따른 금융위원회의 권고 또는 요구 조치에 따르지 아니한 경우		기간을 정하여 시정명령 후 미시정 시 등록취소
마. 법 제36조제3항제4호에 따른 금융위원회의 영업 일부정지 조치에 따르지 아니한 경우		등록취소
바. 법 제36조제4항에 따른 금융감독원장의 변경·보완 명령에 따르지 아니한 경우		기간을 정하여 시정명령 후 미시정 시 등록취소

※ 비고 :

1. 금융위원회가 「금융산업의 구조개선에 관한 법률」 제10조에 따라 퇴직연금사업자에게 적기시정조치를 한 경우에는 위 표 제1호가목의 위반행위에 대한 처분기준인 시정명령을 한 것으로 보며, 적기시정조치 이행기간이 지난 후에도 법 제26조에 따른 등록요건을 갖추지 못하게 된 경우에는 등록을 취소한다.
2. 위 표 제2호가목·다목·라목 및 바목에도 불구하고 위반행위가 중대하여

퇴직연금제도의 운영 및 시장의 질서를 어지럽힌 경우에는 등록을 취소한다.

3. 위 표 제2호라목 또는 바목의 경우에는 2년 이내 각 해당 위반행위를 2회 한 경우에도 등록을 취소한다. 이 경우 기준 적용일은 위반행위에 대한 행정처분일과 그 이후에 한 위반행위가 다시 적발된 날을 기준으로 한다.

남녀고용평등과 일·가정 양립 지원에 관한 법률

남녀고용평등과 일·가정 양립 지원에 관한 법률

전문개정 2001. 8.14 법률 제 6508호
개정 2005. 5.31 법률 제 7564호
〈생략〉
2020.12. 8 법률 제17602호
2021. 5.18 법률 제18178호
2024.10.22 법률 제20521호
2025.10. 1 법률 제21065호

남녀 고용

제1장 총 칙

제1조 【목적】 이 법은 「대한민국헌법」의 평등이념에 따라 고용에서 남녀의 평등한 기회와 대우를 보장하고 모성 보호와 여성 고용을 촉진하여 남녀고용평등을 실현함과 아울러 근로자의 일과 가정의 양립을 지원함으로써 모든 국민의 삶의 질 향상에 이바지하는 것을 목적으로 한다. (2007.12.21 개정)

제2조 【정의】 이 법에서 사용하는 용어의 뜻은 다음과 같다. (2007.12.21 개정)

1. "차별"이란 사업주가 근로자에게 성별, 혼인, 가족 안에서의 지위, 임신 또는 출산 등의 사유로 합리적인 이유 없이 채용 또는 근로의 조건을 다르게 하거나 그 밖의 불리한 조치를 하는 경우[사업주가 채용조건이나 근로조건은 동일하게 적용하더라도 그 조건을 충족할 수 있는 남성 또는 여성이 다른 한 성(性)에 비하여 현저히 적고 그에 따라 특정 성에게 불리한 결과를 초래하며 그 조건이 정당한 것임을 증명할 수 없는 경우를 포함한다]를 말한다. 다만, 다음 각 목의 어느 하나에 해당하는 경우는 제외한다.
   가. 직무의 성격에 비추어 특정 성이 불가피하게 요구되는 경우
   나. 여성 근로자의 임신·출산·수유 등 모성보호를 위한 조치를 하는 경우
   다. 그 밖에 이 법 또는 다른 법률에 따라 적극적 고용개선조치를 하는 경우
2. "직장 내 성희롱"이란 사업주·상급자 또는 근로자가 직장 내의 지위를 이용하거나 업무와 관련하여 다른 근로자에게 성적 언동 등으로 성적 굴욕감 또는 혐오감을 느끼게 하거나 성적 언동 또는 그 밖의 요구 등에 따르지 아니하였다는 이유로 근로조건 및 고용에서 불이익을 주는 것을 말한다. (2017.11.28 개정)
3. "적극적 고용개선조치"란 현존하는 남녀 간의 고용차별을 없애거나 고용평등을 촉진하기 위하여 잠정적으로 특정 성을 우대하는 조치를 말한다.
4. "근로자"란 사업주에게 고용된 사람과 취업할 의사를 가진 사람을 말한

다. (2020.5.26 개정)

칙 제2조

제3조【적용 범위】 ① 이 법은 근로자를 사용하는 모든 사업 또는 사업장(이하 "사업"이라 한다)에 적용한다. 다만, 대통령령으로 정하는 사업에 대하여는 이 법의 전부 또는 일부를 적용하지 아니할 수 있다. (2007.12.21 개정)

② 남녀고용평등의 실현과 일·가정의 양립에 관하여 다른 법률에 특별한 규정이 있는 경우 외에는 이 법에 따른다. (2007.12.21 개정)

령 제2조

제4조【국가와 지방자치단체의 책무】 ① 국가와 지방자치단체는 이 법의 목적을 실현하기 위하여 국민의 관심과 이해를 증진시키고 여성의 직업능력 개발 및 고용 촉진을 지원하여야 하며, 남녀고용평등의 실현에 방해가 되는 모든 요인을 없애기 위하여 필요한 노력을 하여야 한다. (2007.12.21 개정)

② 국가와 지방자치단체는 일·가정의 양립을 위한 근로자와 사업주의 노력을 지원하여야 하며 일·가정의 양립 지원에 필요한 재원을 조성하고 여건을 마련하기 위하여 노력하여야 한다. (2007.12.21 개정)

제5조【근로자 및 사업주의 책무】 ① 근로자는 상호 이해를 바탕으로 남녀가 동등하게 존중받는 직장문화를 조성하기 위하여 노력하여야 한다. (2007.12.21 개정)

② 사업주는 해당 사업장의 남녀고용평등의 실현에 방해가 되는 관행과 제도를 개선하여 남녀근로자가 동등한 여건에서 자신의 능력을 발휘할 수 있는 근로환경을 조성하기 위하여 노력하여야 한다. (2007.12.21 개정)

③ 사업주는 일·가정의 양립을 방해하는 사업장 내의 관행과 제도를 개선하고 일·가정의 양립을 지원할 수 있는 근무환경을 조성하기 위하여 노력하여야 한다. (2007.12.21 개정)

제6조【정책의 수립 등】 ① 고용노동부장관은 남녀고용평등과 일·가정의 양립을 실현하기 위하여 다음 각 호의 정책을 수립·시행하여야 한다. (2010.6.4 개정)

1. 남녀고용평등 의식 확산을 위한 홍보
2. 남녀고용평등 우수기업(제17조의4에 따른 적극적 고용개선조치 우수기업을 포함한다)의 선정 및 행정적·재정적 지원
3. 남녀고용평등 강조 기간의 설정·추진
4. 남녀차별 개선과 여성취업 확대를 위한 조사·연구
5. 모성보호와 일·가정 양립을 위한 제도개선 및 행정적·재정적 지원
6. 그 밖에 남녀고용평등의 실현과 일·가정의 양립을 지원하기 위하여 필요한 사항

② 고용노동부장관은 제1항에 따른 정책의 수립·시행을 위하여 관계자의 의견을 반영하도록 노력하여야 하며 필요하다고 인정되는 경우 관계 행정기관 및 지방자치단체, 그 밖의 공공단체의 장에게 협조를 요청할 수 있다. (2010.6.4 개정)

칙 제3조·제4조

제6조의2 【기본계획 수립】 ① 고용노동부장관은 남녀고용평등 실현과 일·가정의 양립에 관한 기본계획(이하 "기본계획"이라 한다)을 5년마다 수립하여야 한다. (2016.1.28 개정)

② 기본계획에는 다음 각 호의 사항이 포함되어야 한다. (2010.6.4 개정)

1. 여성취업의 촉진에 관한 사항
2. 남녀의 평등한 기회보장 및 대우에 관한 사항
3. 동일 가치 노동에 대한 동일 임금 지급의 정착에 관한 사항
4. 여성의 직업능력 개발에 관한 사항
5. 여성 근로자의 모성 보호에 관한 사항
6. 일·가정의 양립 지원에 관한 사항
7. 여성 근로자를 위한 복지시설의 설치 및 운영에 관한 사항
8. 직전 기본계획에 대한 평가 (2016.1.28 신설)
9. 그 밖에 남녀고용평등의 실현과 일·가정의 양립 지원을 위하여 고용노동부장관이 필요하다고 인정하는 사항 (2016.1.28 개정)

③ 고용노동부장관은 필요하다고 인정하면 관계 행정기관 또는 공공기관의 장에게 기본계획 수립에 필요한 자료의 제출을 요청할 수 있다. (2016.1.28 신설)

④ 고용노동부장관이 기본계획을 수립한 때에는 지체 없이 소관 상임위원회에 보고하여야 한다. (2016.1.28 신설)

제6조의3 【실태조사 실시】 ① 고용노동부장관은 사업 또는 사업장의 남녀차별개선, 모성보호, 일·가정의 양립 실태를 파악하기 위하여 정기적으로 조사를 실시하여야 한다. (2010.6.4 개정)

② 제1항에 따른 실태조사의 대상, 시기, 내용 등 필요한 사항은 고용노동부령으로 정한다. (2010.6.4 개정)

칙 제5조

제2장 고용에서 남녀의 평등한 기회보장 및 대우등

제1절 남녀의 평등한 기회보장 및 대우

제7조 【모집과 채용】 ① 사업주는 근로자를 모집하거나 채용할 때 남녀를

차별하여서는 아니 된다. (2007.12.21 개정)
② 사업주는 근로자를 모집·채용할 때 그 직무의 수행에 필요하지 아니한 용모·키·체중 등의 신체적 조건, 미혼 조건, 그 밖에 고용노동부령으로 정하는 조건을 제시하거나 요구하여서는 아니 된다. (2021.5.18 개정)
벌 사업주가 법 제7조를 위반하여 근로자의 모집 및 채용에서 남녀를 차별하거나, 근로자를 모집·채용할 때 그 직무의 수행에 필요하지 아니한 용모·키·체중 등의 신체적 조건, 미혼 조건 등을 제시하거나 요구한 경우에는 500만원 이하의 벌금에 처한다. (법 제37조제4항제1호)

제8조 【임금】 ① 사업주는 동일한 사업 내의 동일 가치 노동에 대하여는 동일한 임금을 지급하여야 한다. (2007.12.21 개정)
② 동일 가치 노동의 기준은 직무 수행에서 요구되는 기술, 노력, 책임 및 작업 조건 등으로 하고, 사업주가 그 기준을 정할 때에는 제25조에 따른 노사협의회의 근로자를 대표하는 위원의 의견을 들어야 한다. (2007.12.21 개정)
③ 사업주가 임금차별을 목적으로 설립한 별개의 사업은 동일한 사업으로 본다. (2007.12.21 개정)
벌 사업주가 법 제8조제1항을 위반하여 동일한 사업 내의 동일 가치의 노동에 대하여 동일한 임금을 지급하지 아니한 경우에는 3년 이하의 징역 또는 3천만원 이하의 벌금에 처한다. (법 제37조제2항제1호)

제9조 【임금 외의 금품 등】 사업주는 임금 외에 근로자의 생활을 보조하기 위한 금품의 지급 또는 자금의 융자 등 복리후생에서 남녀를 차별하여서는 아니 된다. (2007.12.21 개정)
벌 사업주가 법 제9조를 위반하여 임금 외에 근로자의 생활을 보조하기 위한 금품의 지급 또는 자금의 융자 등 복리후생에서 남녀를 차별한 경우에는 500만원 이하의 벌금에 처한다. (법 제37조제4항제2호)

제10조 【교육·배치 및 승진】 사업주는 근로자의 교육·배치 및 승진에서 남녀를 차별하여서는 아니 된다. (2007.12.21 개정)
벌 사업주가 법 제10조를 위반하여 근로자의 교육·배치 및 승진에서 남녀를 차별한 경우에는 500만원 이하의 벌금에 처한다. (법 제37조제4항제3호)

제11조 【정년·퇴직 및 해고】 ① 사업주는 근로자의 정년·퇴직 및 해고에서 남녀를 차별하여서는 아니 된다. (2007.12.21 개정)
② 사업주는 여성 근로자의 혼인, 임신 또는 출산을 퇴직 사유로 예정하는 근로계약을 체결하여서는 아니 된다. (2007.12.21 개정)
벌 사업주가 법 제11조를 위반하여 근로자의 정년·퇴직 및 해고에서 남녀를 차별하거나 여성 근로자의 혼인, 임신 또는 출산을 퇴직사유로 예정하는 근로계약을 체결하는 경우에는 5년 이하의 징역 또는 3천만원 이하의 벌금에 처한다. (법 제37조제1항)

제2절 직장 내 성희롱의 금지 및 예방

제12조【직장 내 성희롱의 금지】 사업주, 상급자 또는 근로자는 직장 내 성희롱을 하여서는 아니 된다. (2007.12.21 개정)

벌 사업주가 법 제12조를 위반하여 직장 내 성희롱을 한 경우에는 1천만원 이하의 과태료를 부과한다. (법 제39조제2항)

제13조【직장 내 성희롱 예방 교육 등】 ① 사업주는 직장 내 성희롱을 예방하고 근로자가 안전한 근로환경에서 일할 수 있는 여건을 조성하기 위하여 직장 내 성희롱의 예방을 위한 교육(이하 "성희롱 예방 교육"이라 한다)을 매년 실시하여야 한다. (2017.11.28 개정)

② 사업주 및 근로자는 제1항에 따른 성희롱 예방 교육을 받아야 한다. (2014.1.14 신설)

③ 사업주는 성희롱 예방 교육의 내용을 근로자가 자유롭게 열람할 수 있는 장소에 항상 게시하거나 갖추어 두어 근로자에게 널리 알려야 한다. (2017.11.28 신설)

④ 사업주는 고용노동부령으로 정하는 기준에 따라 직장 내 성희롱 예방 및 금지를 위한 조치를 하여야 한다. (2017.11.28 신설)

⑤ 제1항 및 제2항에 따른 성희롱 예방 교육의 내용·방법 및 횟수 등에 관하여 필요한 사항은 대통령령으로 정한다. (2017.11.28 개정)

벌 사업주가 법 제13조제1항을 위반하여 성희롱 예방 교육을 하지 아니한 경우에는 500만원 이하의 과태료를 부과한다. (법 제39조제3항제1호의2)

벌 사업주가 법 제13조제3항을 위반하여 성희롱 예방 교육의 내용을 근로자가 자유롭게 열람할 수 있는 장소에 항상 게시하거나 갖추어 두지 아니한 경우에는 500만원 이하의 과태료를 부과한다. (법 제39조제3항제1호의3)

령 제3조 칙 제5조의2

제13조의2【성희롱 예방 교육의 위탁】 ① 사업주는 성희롱 예방 교육을 고용노동부장관이 지정하는 기관(이하 "성희롱 예방 교육기관"이라 한다)에 위탁하여 실시할 수 있다. (2010.6.4 개정)

② 사업주가 성희롱 예방 교육기관에 위탁하여 성희롱 예방 교육을 하려는 경우에는 제13조제5항에 따라 대통령령으로 정하는 내용을 성희롱 예방 교육기관에 미리 알려 그 사항이 포함되도록 하여야 한다. (2017.11.28 신설)

③ 성희롱 예방 교육기관은 고용노동부령으로 정하는 기관 중에서 지정하되, 고용노동부령으로 정하는 강사를 1명 이상 두어야 한다. (2017.11.28 개정)

④ 성희롱 예방 교육기관은 고용노동부령으로 정하는 바에 따라 교육을 실

시하고 교육이수증이나 이수자 명단 등 교육 실시 관련 자료를 보관하며 사업주나 교육 대상자에게 그 자료를 내주어야 한다. (2020.5.26 개정)

⑤ 고용노동부장관은 성희롱 예방 교육기관이 다음 각 호의 어느 하나에 해당하면 그 지정을 취소할 수 있다. (2017.11.28 개정)

1. 거짓이나 그 밖의 부정한 방법으로 지정을 받은 경우
2. 정당한 사유 없이 제3항에 따른 강사를 3개월 이상 계속하여 두지 아니한 경우 (2017.11.28 개정)
3. 2년 동안 직장 내 성희롱 예방 교육 실적이 없는 경우 (2017.11.28 신설)

⑥ 고용노동부장관은 제5항에 따라 성희롱 예방 교육기관의 지정을 취소하려면 청문을 하여야 한다. (2017.11.28 개정)

칙 제6조·제8조

제14조【직장 내 성희롱 발생 시 조치】 ① 누구든지 직장 내 성희롱 발생 사실을 알게 된 경우 그 사실을 해당 사업주에게 신고할 수 있다. (2017.11.28 개정)

② 사업주는 제1항에 따른 신고를 받거나 직장 내 성희롱 발생 사실을 알게 된 경우에는 지체 없이 그 사실 확인을 위한 조사를 하여야 한다. 이 경우 사업주는 직장 내 성희롱과 관련하여 피해를 입은 근로자 또는 피해를 입었다고 주장하는 근로자(이하 "피해근로자등"이라 한다)가 조사 과정에서 성적 수치심 등을 느끼지 아니하도록 하여야 한다. (2017.11.28 개정)

③ 사업주는 제2항에 따른 조사 기간 동안 피해근로자등을 보호하기 위하여 필요한 경우 해당 피해근로자등에 대하여 근무장소의 변경, 유급휴가 명령 등 적절한 조치를 하여야 한다. 이 경우 사업주는 피해근로자등의 의사에 반하는 조치를 하여서는 아니 된다. (2017.11.28 개정)

④ 사업주는 제2항에 따른 조사 결과 직장 내 성희롱 발생 사실이 확인된 때에는 피해근로자가 요청하면 근무장소의 변경, 배치전환, 유급휴가 명령 등 적절한 조치를 하여야 한다. (2017.11.28 개정)

⑤ 사업주는 제2항에 따른 조사 결과 직장 내 성희롱 발생 사실이 확인된 때에는 지체 없이 직장 내 성희롱 행위를 한 사람에 대하여 징계, 근무장소의 변경 등 필요한 조치를 하여야 한다. 이 경우 사업주는 징계 등의 조치를 하기 전에 그 조치에 대하여 직장 내 성희롱 피해를 입은 근로자의 의견을 들어야 한다. (2017.11.28 개정)

⑥ 사업주는 성희롱 발생 사실을 신고한 근로자 및 피해근로자등에게 다음 각 호의 어느 하나에 해당하는 불리한 처우를 하여서는 아니 된다. (2017.11.28 개정)

1. 파면, 해임, 해고, 그 밖에 신분상실에 해당하는 불이익 조치
2. 징계, 정직, 감봉, 강등, 승진 제한 등 부당한 인사조치

3. 직무 미부여, 직무 재배치, 그 밖에 본인의 의사에 반하는 인사조치
4. 성과평가 또는 동료평가 등에서 차별이나 그에 따른 임금 또는 상여금 등의 차별 지급
5. 직업능력 개발 및 향상을 위한 교육훈련 기회의 제한
6. 집단 따돌림, 폭행 또는 폭언 등 정신적·신체적 손상을 가져오는 행위를 하거나 그 행위의 발생을 방치하는 행위
7. 그 밖에 신고를 한 근로자 및 피해근로자등의 의사에 반하는 불리한 처우

⑦ 제2항에 따라 직장 내 성희롱 발생 사실을 조사한 사람, 조사 내용을 보고받은 사람 또는 그 밖에 조사 과정에 참여한 사람은 해당 조사 과정에서 알게 된 비밀을 피해근로자등의 의사에 반하여 다른 사람에게 누설하여서는 아니 된다. 다만, 조사와 관련된 내용을 사업주에게 보고하거나 관계 기관의 요청에 따라 필요한 정보를 제공하는 경우는 제외한다. (2017.11.28 개정)

벌 사업주가 법 제14조제2항 전단을 위반하여 직장 내 성희롱 발생 사실 확인을 위한 조사를 하지 아니한 경우에는 500만원 이하의 과태료를 부과한다. (법 제39조제3항제1호의4)

벌 사업주가 법 제14조제4항을 위반하여 근무장소의 변경 등 적절한 조치를 하지 아니한 경우에는 500만원 이하의 과태료를 부과한다. (법 제39조제3항제1호의5)

벌 사업주가 법 제14조제5항 전단을 위반하여 징계, 근무장소의 변경 등 필요한 조치를 하지 아니한 경우에는 500만원 이하의 과태료를 부과한다. (법 제39조제3항제1호의6)

벌 사업주가 법 제14조제6항을 위반하여 직장 내 성희롱 발생 사실을 신고한 근로자 및 피해근로자등에게 불리한 처우를 한 경우에는 3년 이하의 징역 또는 3천만원 이하의 벌금에 처한다. (법 제37조제2항제2호)

벌 사업주가 법 제14조제7항을 위반하여 직장 내 성희롱 발생 사실 조사 과정에서 알게 된 비밀을 다른 사람에게 누설한 경우에는 500만원 이하의 과태료를 부과한다. (법 제39조제3항제1호의7)

칙 제9조

제14조의2 【고객 등에 의한 성희롱 방지】 ① 사업주는 고객 등 업무와 밀접한 관련이 있는 사람이 업무수행 과정에서 성적인 언동 등을 통하여 근로자에게 성적 굴욕감 또는 혐오감 등을 느끼게 하여 해당 근로자가 그로 인한 고충 해소를 요청할 경우 근무 장소 변경, 배치전환, 유급휴가의 명령 등 적절한 조치를 하여야 한다. (2020.5.26 개정)

② 사업주는 근로자가 제1항에 따른 피해를 주장하거나 고객 등으로부터의 성적 요구 등에 따르지 아니하였다는 것을 이유로 해고나 그 밖의 불이익한 조치를 하여서는 아니 된다. (2020.5.26 개정)

벌 법 제14조의2제1항을 위반하여 근무 장소 변경, 배치전환, 유급휴가의 명령 등 적절한 조치를 하지 아니한 자에게는 300만원 이하의 과태료를 부과한다. (법 제39조제4항제1호의2)

벌 사업주가 법 제14조의2제2항을 위반하여 근로자가 고객 등에 의한 성희롱 피해를 주장하거나 고객 등으로부터의 성적 요구 등에 따르지 아니하였다는 이유로 해고나 그 밖의 불이익한 조치를 한 경우에는 500만원 이하의 과태료를 부과한다. (법 제39조제3항제2호)

제3절 여성의 직업능력 개발 및 고용 촉진

제15조 【직업 지도】 「직업안정법」 제2조의2제1호에 따른 직업안정기관은 여성이 적성, 능력, 경력 및 기능의 정도에 따라 직업을 선택하고, 직업에 적응하는 것을 쉽게 하기 위하여 고용정보와 직업에 관한 조사·연구 자료를 제공하는 등 직업 지도에 필요한 조치를 하여야 한다. (2009.10.9 개정)

제16조 【직업능력 개발】 국가, 지방자치단체 및 사업주는 여성의 직업능력 개발 및 향상을 위하여 모든 직업능력 개발 훈련에서 남녀에게 평등한 기회를 보장하여야 한다. (2007.12.21 개정)

제17조 【여성 고용 촉진】 ① 고용노동부장관은 여성의 고용 촉진을 위한 시설을 설치·운영하는 비영리법인과 단체에 대하여 필요한 비용의 전부 또는 일부를 지원할 수 있다. (2010.6.4 개정)

② 고용노동부장관은 여성의 고용 촉진을 위한 사업을 실시하는 사업주 또는 여성휴게실과 수유시설을 설치하는 등 사업장 내의 고용환경을 개선하고자 하는 사업주에게 필요한 비용의 전부 또는 일부를 지원할 수 있다. (2010.6.4 개정)

제17조의2 【경력단절여성의 능력개발과 고용촉진지원】 ① 고용노동부장관은 임신·출산·육아 등의 이유로 직장을 그만두었으나 재취업할 의사가 있는 경력단절여성(이하 "경력단절여성"이라 한다)을 위하여 취업유망 직종을 선정하고, 특화된 훈련과 고용촉진프로그램을 개발하여야 한다. (2010.6.4 개정)

② 고용노동부장관은 「직업안정법」 제2조의2제1호에 따른 직업안정기관을 통하여 경력단절여성에게 직업정보, 직업훈련정보 등을 제공하고 전문화된 직업지도, 직업상담 등의 서비스를 제공하여야 한다. (2010.6.4 개정)

제4절 적극적 고용개선조치

제17조의3 【적극적 고용개선조치 시행계획의 수립·제출 등】 ① 성평등가

족부장관은 다음 각 호의 어느 하나에 해당하는 사업주로서 고용하고 있는 직종별 여성 근로자의 비율이 산업별·규모별로 성평등가족부령으로 정하는 고용 기준에 미달하는 사업주에 대하여는 차별적 고용관행 및 제도 개선을 위한 적극적 고용개선조치 시행계획(이하 "시행계획"이라 한다)을 수립하여 제출할 것을 요구할 수 있다. 이 경우 해당 사업주는 시행계획을 제출하여야 한다. (2025.10.1 개정)

1. 대통령령으로 정하는 공공기관·단체의 장
2. 대통령령으로 정하는 규모 이상의 근로자를 고용하는 사업의 사업주

② 제1항 각 호의 어느 하나에 해당하는 사업주는 직종별·직급별 남녀 근로자 현황과 남녀 근로자 임금 현황을 성평등가족부장관에게 제출하여야 한다. (2025.10.1 개정)

③ 제1항 각 호의 어느 하나에 해당하지 아니하는 사업주로서 적극적 고용개선조치를 하려는 사업주는 직종별·직급별 남녀 근로자 현황, 남녀 근로자 임금 현황과 시행계획을 작성하여 성평등가족부장관에게 제출할 수 있다. (2025.10.1 개정)

④ 성평등가족부장관은 제1항과 제3항에 따라 제출된 시행계획을 심사하여 그 내용이 명확하지 아니하거나 차별적 고용관행을 개선하려는 노력이 부족하여 시행계획으로서 적절하지 아니하다고 인정되면 해당 사업주에게 시행계획의 보완을 요구할 수 있다. (2025.10.1 개정)

⑤ 제1항과 제2항에 따른 시행계획과 남녀 근로자 현황, 남녀 근로자 임금 현황의 기재 사항, 제출 시기, 제출 절차 등에 관하여 필요한 사항은 성평등가족부령으로 정한다. (2025.10.1 개정)

벌 법 제17조의3제1항을 위반하여 시행계획을 제출하지 아니한 자에게는 300만원 이하의 과태료를 부과한다. (법 제39조제4항제2호)

벌 법 제17조의3제2항을 위반하여 남녀 근로자 현황을 제출하지 아니하거나 거짓으로 제출한 자에게는 300만원 이하의 과태료를 부과한다. (법 제39조제4항제3호)

령 제4조 칙 제10조·제11조·제12조·제13조

제17조의4【이행실적의 평가 및 지원 등】 ① 제17조의3제1항 및 제3항에 따라 시행계획을 제출한 자는 그 이행실적을 성평등가족부장관에게 제출하여야 한다. (2025.10.1 개정)

② 성평등가족부장관은 제1항에 따라 제출된 이행실적을 평가하고, 그 결과를 사업주에게 통보하여야 한다. (2025.10.1 개정)

③ 성평등가족부장관은 제2항에 따른 평가 결과 이행실적이 우수한 기업(이하 "적극적 고용개선조치 우수기업"이라 한다)에 표창을 할 수 있다. (2025.10.1 개정)

④ 국가와 지방자치단체는 적극적 고용개선조치 우수기업에 행정적·재정적 지원을 할 수 있다. (2007.12.21 개정)
⑤ 성평등가족부장관은 제2항에 따른 평가 결과 이행실적이 부진한 사업주에게 시행계획의 이행을 촉구할 수 있다. (2025.10.1 개정)
⑥ 성평등가족부장관은 제2항에 따른 평가 업무를 대통령령으로 정하는 기관이나 단체에 위탁할 수 있다. (2025.10.1 개정)
⑦ 제1항에 따른 이행실적의 기재 사항, 제출 시기 및 제출 절차와 제2항에 따른 평가 결과의 통보 절차 등에 관하여 필요한 사항은 성평등가족부령으로 정한다. (2025.10.1 개정)

벌 법 제17조의4제1항을 위반하여 이행실적을 제출하지 아니하거나 거짓으로 제출한 자(제17조의3제3항에 따라 시행계획을 제출한 자가 이행실적을 제출하지 아니하는 경우는 제외한다)에게는 300만원 이하의 과태료를 부과한다. (법 제39조제4항제4호)

령 제5조 칙 제14조

제17조의5 【적극적 고용개선조치 미이행 사업주 명단 공표】 ① 고용노동부장관은 명단 공개 기준일 이전에 3회 연속하여 제17조의3제1항의 기준에 미달한 사업주로서 제17조의4제5항의 이행촉구를 받고 이에 따르지 아니한 경우 그 명단을 공표할 수 있다. 다만, 사업주의 사망·기업의 소멸 등 대통령령으로 정하는 사유가 있는 경우에는 그러하지 아니하다. (2025.10.1 개정)
② 제1항에 따른 공표의 구체적인 기준·내용 및 방법 등 공표에 필요한 사항은 대통령령으로 정한다. (2014.1.14 신설)

령 제6조·제7조

제17조의6 【시행계획 등의 게시】 제17조의3제1항에 따라 시행계획을 제출한 사업주는 시행계획 및 제17조의4제1항에 따른 이행실적을 근로자가 열람할 수 있도록 게시하는 등 필요한 조치를 하여야 한다. (2014.1.14 개정)

제17조의7 【적극적 고용개선조치에 관한 협조】 성평등가족부장관은 적극적 고용개선조치의 효율적 시행을 위하여 필요하다고 인정하면 관계 행정기관의 장에게 차별의 시정 또는 예방을 위하여 필요한 조치를 하여 줄 것을 요청할 수 있다. 이 경우 관계 행정기관의 장은 특별한 사유가 없으면 요청에 따라야 한다. (2025.10.1 개정)

제17조의8 【적극적 고용개선조치에 관한 중요 사항 심의】 적극적 고용개선조치에 관한 다음 각 호의 사항은 「고용정책 기본법」 제10조에 따른 고용정책심의회의 심의를 거쳐야 한다. (2014.1.14 개정)
1. 제17조의3제1항에 따른 여성 근로자 고용기준에 관한 사항
2. 제17조의3제4항에 따른 시행계획의 심사에 관한 사항

3. 제17조의4제2항에 따른 적극적 고용개선조치 이행실적의 평가에 관한 사항
4. 제17조의4제3항 및 제4항에 따른 적극적 고용개선조치 우수기업의 표창 및 지원에 관한 사항
5. 제17조의5제1항에 따른 공표 여부에 관한 사항 (2014.1.14 신설)
6. 그 밖에 적극적 고용개선조치에 관하여 고용정책심의회의 위원장이 회의에 부치는 사항 (2014.1.14 개정)

제17조의9 【적극적 고용개선조치의 조사·연구 등】 ① 성평등가족부장관은 적극적 고용개선조치에 관한 업무를 효율적으로 수행하기 위하여 조사·연구·교육·홍보 등의 사업을 할 수 있다. (2025.10.1 개정)
② 성평등가족부장관은 필요하다고 인정하면 제1항에 따른 업무의 일부를 대통령령으로 정하는 자에게 위탁할 수 있다. (2025.10.1 개정)
령 제9조

제3장 모성 보호

제18조 【출산전후휴가 등에 대한 지원】 ① 국가는 제18조의2에 따른 배우자 출산휴가, 제18조의3에 따른 난임치료휴가, 「근로기준법」 제74조에 따른 출산전후휴가 또는 유산·사산 휴가를 사용한 근로자 중 일정한 요건에 해당하는 사람에게 그 휴가기간에 대하여 통상임금에 상당하는 금액(이하 "출산전후휴가급여등"이라 한다)을 지급할 수 있다. (2024.10.22 개정)
② 제1항에 따라 지급된 출산전후휴가급여등은 그 금액의 한도에서 제18조의2제1항, 제18조의3제1항 본문 또는 「근로기준법」 제74조제4항에 따라 사업주가 지급한 것으로 본다. (2024.10.22 개정)
③ 출산전후휴가급여등을 지급하기 위하여 필요한 비용은 국가재정이나 「사회보장기본법」에 따른 사회보험에서 분담할 수 있다. (2012.2.1 개정)
④ 근로자가 출산전후휴가급여등을 받으려는 경우 사업주는 관계 서류의 작성·확인 등 모든 절차에 적극 협력하여야 한다. (2019.8.27 개정)
⑤ 출산전후휴가급여등의 지급요건, 지급기간 및 절차 등에 관하여 필요한 사항은 따로 법률로 정한다. (2012.2.1 개정)
벌 법 제18조제4항을 위반하여 관계 서류의 작성·확인 등 모든 절차에 적극 협력하지 아니한 자에게는 300만원 이하의 과태료를 부과한다. (법 제39조제4항제5호)

제18조의2 【배우자 출산휴가】 ① 사업주는 근로자가 배우자의 출산을 이유로 휴가(이하 "배우자 출산휴가"라 한다)를 고지하는 경우에 20일의 휴가를 주어야 한다. 이 경우 사용한 휴가기간은 유급으로 한다. (2024.10.22

개정)

② 제1항 후단에도 불구하고 출산전후휴가급여등이 지급된 경우에는 그 금액의 한도에서 지급의 책임을 면한다. (2019.8.27 신설)

③ 배우자 출산휴가는 근로자의 배우자가 출산한 날부터 120일이 지나면 사용할 수 없다. (2024.10.22 개정)

④ 배우자 출산휴가는 3회에 한정하여 나누어 사용할 수 있다. (2024.10.22 개정)

⑤ 사업주는 배우자 출산휴가를 이유로 근로자를 해고하거나 그 밖의 불리한 처우를 하여서는 아니 된다. (2019.8.27 신설)

벌 사업주가 제18조의2제1항을 위반하여 근로자가 배우자의 출산을 이유로 휴가를 고지하였는데도 휴가를 주지 아니하거나 근로자가 사용한 휴가를 유급으로 하지 아니한 경우에는 500만원 이하의 과태료를 부과한다. (법 제39조제3항제3호)

벌 사업주가 법 제18조의2제5항을 위반하여 배우자 출산휴가를 이유로 해고나 그 밖의 불리한 처우를 한 경우에는 3년 이하의 징역 또는 3천만원 이하의 벌금에 처한다. (법 제37조제2항제1호의2)

제18조의3 【난임치료휴가】 ① 사업주는 근로자가 인공수정 또는 체외수정 등 난임치료를 받기 위하여 휴가(이하 "난임치료휴가"라 한다)를 청구하는 경우에 연간 6일 이내의 휴가를 주어야 하며, 이 경우 최초 2일은 유급으로 한다. 다만, 근로자가 청구한 시기에 휴가를 주는 것이 정상적인 사업 운영에 중대한 지장을 초래하는 경우에는 근로자와 협의하여 그 시기를 변경할 수 있다. (2024.10.22 개정)

② 사업주는 난임치료휴가를 이유로 해고, 징계 등 불리한 처우를 하여서는 아니 된다. (2017.11.28 신설)

③ 사업주는 제1항에 따라 난임치료휴가의 청구 업무를 처리하는 과정에서 알게 된 사실을 난임치료휴가를 신청한 근로자의 의사에 반하여 다른 사람에게 누설하여서는 아니된다. (2024.10.22 개정)

④ 난임치료휴가의 신청방법 및 절차 등은 대통령령으로 정한다. (2024.10.22 신설)

벌 사업주가 법 제18조의3제1항을 위반하여 난임치료휴가를 주지 아니한 경우에는 500만원 이하의 과태료를 부과한다. (법 제39조제3항제3호의2)

령 제9조의2

제3장의2 일·가정의 양립 지원

제19조 【육아휴직】 ① 사업주는 임신 중인 여성 근로자가 모성을 보호하

거나 근로자가 만 8세 이하 또는 초등학교 2학년 이하의 자녀(입양한 자녀를 포함한다. 이하 같다)를 양육하기 위하여 휴직(이하 "육아휴직"이라 한다)을 신청하는 경우에 이를 허용하여야 한다. 다만, 대통령령으로 정하는 경우에는 그러하지 아니하다. (2021.5.18 개정)

② 육아휴직의 기간은 1년 이내로 한다. 다만, 다음 각 호의 어느 하나에 해당하는 근로자의 경우 6개월 이내에서 추가로 육아휴직을 사용할 수 있다. (2024.10.22 개정)

1. 같은 자녀를 대상으로 부모가 모두 육아휴직을 각각 3개월 이상 사용한 경우의 부 또는 모 (2024.10.22 신설)
2. 「한부모가족지원법」 제4조제1호의 부 또는 모 (2024.10.22 신설)
3. 고용노동부령으로 정하는 장애아동의 부 또는 모 (2024.10.22 신설)

③ 사업주는 육아휴직을 이유로 해고나 그 밖의 불리한 처우를 하여서는 아니 되며, 육아휴직 기간에는 그 근로자를 해고하지 못한다. 다만, 사업을 계속할 수 없는 경우에는 그러하지 아니하다. (2007.12.21 개정)

④ 사업주는 육아휴직을 마친 후에는 휴직 전과 같은 업무 또는 같은 수준의 임금을 지급하는 직무에 복귀시켜야 한다. 또한 제2항의 육아휴직 기간은 근속기간에 포함한다. (2007.12.21 개정)

⑤ 기간제근로자 또는 파견근로자의 육아휴직 기간은 「기간제 및 단시간근로자 보호 등에 관한 법률」 제4조에 따른 사용기간 또는 「파견근로자 보호 등에 관한 법률」 제6조에 따른 근로자파견기간에서 제외한다. (2020.5.26 개정)

⑥ 육아휴직의 신청방법 및 절차 등에 관하여 필요한 사항은 대통령령으로 정한다. (2012.2.1 개정)

벌 사업주가 법 제19조제1항·제4항을 위반하여 근로자의 육아휴직 신청을 받고 육아휴직을 허용하지 아니하거나, 육아휴직을 마친 후 휴직 전과 같은 업무 또는 같은 수준의 임금을 지급하는 직무에 복귀시키지 아니한 경우에는 500만원 이하의 벌금에 처한다. (법 제37조제4항제4호)

벌 사업주가 법 제19조제3항을 위반하여 육아휴직을 이유로 해고나 그 밖의 불리한 처우를 하거나, 같은 항 단서의 사유가 없는데도 육아휴직 기간동안 해당 근로자를 해고한 경우에는 3년 이하의 징역 또는 3천만원 이하의 벌금에 처한다. (법 제37조제2항제3호)

령 제10조·제11조 칙 제14조의3

제19조의2 【육아기 근로시간 단축】 ① 사업주는 근로자가 만 12세 이하 또는 초등학교 6학년 이하의 자녀를 양육하기 위하여 근로시간의 단축(이하 "육아기 근로시간 단축"이라 한다)을 신청하는 경우에 이를 허용하여야 한다. 다만, 대체인력 채용이 불가능한 경우, 정상적인 사업 운영에 중대한 지

장을 초래하는 경우 등 대통령령으로 정하는 경우에는 그러하지 아니하다. (2024.10.22 개정)

② 제1항 단서에 따라 사업주가 육아기 근로시간 단축을 허용하지 아니하는 경우에는 해당 근로자에게 그 사유를 서면으로 통보하고 육아휴직을 사용하게 하거나 출근 및 퇴근 시간 조정 등 다른 조치를 통하여 지원할 수 있는지를 해당 근로자와 협의하여야 한다. (2019.8.27 개정)

③ 사업주가 제1항에 따라 해당 근로자에게 육아기 근로시간 단축을 허용하는 경우 단축 후 근로시간은 주당 15시간 이상이어야 하고 35시간을 넘어서는 아니 된다. (2019.8.27 개정)

④ 육아기 근로시간 단축의 기간은 1년 이내로 한다. 다만, 근로자가 제19조제2항 본문에 따른 육아휴직 기간 중 사용하지 아니한 기간이 있으면 그 기간의 두 배를 가산한 기간 이내로 한다. (2024.10.22 개정)

⑤ 사업주는 육아기 근로시간 단축을 이유로 해당 근로자에게 해고나 그 밖의 불리한 처우를 하여서는 아니 된다. (2007.12.21 신설)

⑥ 사업주는 근로자의 육아기 근로시간 단축기간이 끝난 후에 그 근로자를 육아기 근로시간 단축 전과 같은 업무 또는 같은 수준의 임금을 지급하는 직무에 복귀시켜야 한다. (2007.12.21 신설)

⑦ 육아기 근로시간 단축의 신청방법 및 절차 등에 관하여 필요한 사항은 대통령령으로 정한다. (2007.12.21 신설)

벌 사업주가 법 제19조의2제1항을 위반하여 육아기 근로시간 단축 신청을 받고 육아기 근로시간 단축을 허용하지 아니한 경우에는 500만원 이하의 과태료를 부과한다. (법 제39조제3항제6호)

벌 사업주가 법 제19조의2제2항을 위반하여 육아기 근로시간 단축을 허용하지 아니하였으면서도 해당 근로자에게 그 사유를 서면으로 통보하지 아니하거나, 육아휴직의 사용 또는 그 밖의 조치를 통한 지원 여부에 관하여 해당 근로자와 협의하지 아니한 경우에는 500만원 이하의 과태료를 부과한다. (법 제39조제3항제4호)

벌 사업주가 법 제19조의2제5항을 위반하여 육아기 근로시간 단축을 이유로 해당 근로자에 대하여 해고나 그 밖의 불리한 처우를 한 경우에는 3년 이하의 징역 또는 3천만원 이하의 벌금에 처한다. (법 제37조제2항제4호)

벌 사업주가 법 제19조의2제6항을 위반하여 육아기 근로시간 단축기간이 끝난 후에 육아기 근로시간 단축 전과 같은 업무 또는 같은 수준의 임금을 지급하는 직무에 복귀시키지 아니한 경우에는 500만원 이하의 벌금에 처한다. (법 제37조제4항제5호)

령 제15조·제15조의2·제15조의4

제19조의3 【육아기 근로시간 단축 중 근로조건 등】 ① 사업주는 제19조의

2에 따라 육아기 근로시간 단축을 하고 있는 근로자에 대하여 근로시간에 비례하여 적용하는 경우 외에는 육아기 근로시간 단축을 이유로 그 근로조건을 불리하게 하여서는 아니 된다. (2007.12.21 신설)

② 제19조의2에 따라 육아기 근로시간 단축을 한 근로자의 근로조건(육아기 근로시간 단축 후 근로시간을 포함한다)은 사업주와 그 근로자 간에 서면으로 정한다. (2007.12.21 신설)

③ 사업주는 제19조의2에 따라 육아기 근로시간 단축을 하고 있는 근로자에게 단축된 근로시간 외에 연장근로를 요구할 수 없다. 다만, 그 근로자가 명시적으로 청구하는 경우에는 사업주는 주 12시간 이내에서 연장근로를 시킬 수 있다. (2007.12.21 신설)

④ 육아기 근로시간 단축을 한 근로자에 대하여 「근로기준법」 제2조제6호에 따른 평균임금을 산정하는 경우에는 그 근로자의 육아기 근로시간 단축 기간을 평균임금 산정기간에서 제외한다. (2007.12.21 신설)

벌 사업주가 법 제19조의3제1항을 위반하여 육아기 근로시간 단축을 하고 있는 근로자에 대하여 근로시간에 비례하여 적용하는 경우 외에 육아기 근로시간 단축을 이유로 그 근로조건을 불리하게 한 경우에는 3년 이하의 징역 또는 3천만원 이하의 벌금에 처한다. (법 제37조제2항제5호)

벌 사업주가 법 제19조의3제2항을 위반하여 육아기 근로시간 단축을 한 근로자의 근로조건을 서면으로 정하지 아니한 경우에는 500만원 이하의 과태료를 부과한다. (법 제39조제3항제5호)

벌 사업주가 법 제19조의3제3항을 위반하여 해당 근로자가 명시적으로 청구하지 아니하였는데도 육아기 또는 가족돌봄 등을 위한 근로시간 단축을 하고 있는 근로자에게 단축된 근로시간 외에 연장근로를 요구한 경우에는 1천만원 이하의 벌금에 처한다. (법 제37조제3항)

제19조의4 【육아휴직과 육아기 근로시간 단축의 사용형태】 ① 근로자는 육아휴직을 3회에 한정하여 나누어 사용할 수 있다. 이 경우 임신 중인 여성 근로자가 모성보호를 위하여 육아휴직을 사용한 횟수는 육아휴직을 나누어 사용한 횟수에 포함하지 아니한다. (2024.10.22 개정)

② 근로자는 육아기 근로시간 단축을 나누어 사용할 수 있다. 이 경우 나누어 사용하는 1회의 기간은 1개월(근로계약기간의 만료로 1개월 이상 근로시간 단축을 사용할 수 없는 기간제근로자에 대해서는 남은 근로계약기간을 말한다) 이상이 되어야 한다. (2024.10.22 개정)

제19조의5 【육아지원을 위한 그 밖의 조치】 ① 사업주는 만 8세 이하 또는 초등학교 2학년 이하의 자녀를 양육하는 근로자의 육아를 지원하기 위하여 다음 각 호의 어느 하나에 해당하는 조치를 하도록 노력하여야 한다. (2019.8.27 개정)

1. 업무를 시작하고 마치는 시간 조정
2. 연장근로의 제한
3. 근로시간의 단축, 탄력적 운영 등 근로시간 조정
4. 그 밖에 소속 근로자의 육아를 지원하기 위하여 필요한 조치

② 고용노동부장관은 사업주가 제1항에 따른 조치를 할 경우 고용 효과 등을 고려하여 필요한 지원을 할 수 있다. (2010.6.4 개정)

제19조의6【직장복귀를 위한 사업주의 지원】 사업주는 이 법에 따라 육아휴직 중인 근로자에 대한 직업능력 개발 및 향상을 위하여 노력하여야 하고 출산전후휴가, 육아휴직 또는 육아기 근로시간 단축을 마치고 복귀하는 근로자가 쉽게 직장생활에 적응할 수 있도록 지원하여야 한다. (2012.2.1 개정)

제20조【일·가정의 양립을 위한 지원】 ① 국가는 사업주가 근로자에게 육아휴직이나 육아기 근로시간 단축을 허용한 경우 그 근로자의 생계비용과 사업주의 고용유지비용의 일부를 지원할 수 있다. (2007.12.21 개정)

② 국가는 육아기 재택근무 등 소속 근로자의 일·가정의 양립을 지원하기 위한 조치를 도입하는 사업주에게 세제 및 재정을 통한 지원을 할 수 있다. (2024.10.22 개정)

제21조【직장어린이집 설치 및 지원 등】 ① 사업주는 근로자의 취업을 지원하기 위하여 수유·탁아 등 육아에 필요한 어린이집(이하 "직장어린이집"이라 한다)을 설치하여야 한다. (2011.6.7 개정)

② 직장어린이집을 설치하여야 할 사업주의 범위 등 직장어린이집의 설치 및 운영에 관한 사항은 「영유아보육법」에 따른다. (2011.6.7 개정)

③ 고용노동부장관은 근로자의 고용을 촉진하기 위하여 직장어린이집의 설치·운영에 필요한 지원 및 지도를 하여야 한다. (2011.6.7 개정)

④ 사업주는 직장어린이집을 운영하는 경우 근로자의 고용형태에 따라 차별해서는 아니 된다. (2019.8.27 신설)

령 제17조

제21조의2【그 밖의 보육 관련 지원】 고용노동부장관은 제21조에 따라 직장어린이집을 설치하여야 하는 사업주 외의 사업주가 직장어린이집을 설치하려는 경우에는 직장어린이집의 설치·운영에 필요한 정보 제공, 상담 및 비용의 일부 지원 등 필요한 지원을 할 수 있다. (2011.6.7 개정)

령 제17조

제22조【공공복지시설의 설치】 ① 국가 또는 지방자치단체는 여성 근로자를 위한 교육·육아·주택 등 공공복지시설을 설치할 수 있다. (2007.12.21 개정)

② 제1항에 따른 공공복지시설의 기준과 운영에 필요한 사항은 고용노동부장관이 정한다. (2010.6.4 개정)

령 제16조

제22조의2 【근로자의 가족 돌봄 등을 위한 지원】 ① 사업주는 근로자가 조부모, 부모, 배우자, 배우자의 부모, 자녀 또는 손자녀(이하 "가족"이라 한다)의 질병, 사고, 노령으로 인하여 그 가족을 돌보기 위한 휴직(이하 "가족돌봄휴직"이라 한다)을 신청하는 경우 이를 허용하여야 한다. 다만, 대체인력 채용이 불가능한 경우, 정상적인 사업 운영에 중대한 지장을 초래하는 경우, 본인 외에도 조부모의 직계비속 또는 손자녀의 직계존속이 있는 경우 등 대통령령으로 정하는 경우에는 그러하지 아니하다. (2019.8.27 개정)

② 사업주는 근로자가 가족(조부모 또는 손자녀의 경우 근로자 본인 외에도 직계비속 또는 직계존속이 있는 등 대통령령으로 정하는 경우는 제외한다)의 질병, 사고, 노령 또는 자녀의 양육으로 인하여 긴급하게 그 가족을 돌보기 위한 휴가(이하 "가족돌봄휴가"라 한다)를 신청하는 경우 이를 허용하여야 한다. 다만, 근로자가 청구한 시기에 가족돌봄휴가를 주는 것이 정상적인 사업 운영에 중대한 지장을 초래하는 경우에는 근로자와 협의하여 그 시기를 변경할 수 있다. (2019.8.27 신설)

③ 제1항 단서에 따라 사업주가 가족돌봄휴직을 허용하지 아니하는 경우에는 해당 근로자에게 그 사유를 서면으로 통보하고, 다음 각 호의 어느 하나에 해당하는 조치를 하도록 노력하여야 한다. (2019.8.27 개정)

1. 업무를 시작하고 마치는 시간 조정
2. 연장근로의 제한
3. 근로시간의 단축, 탄력적 운영 등 근로시간의 조정
4. 그 밖에 사업장 사정에 맞는 지원조치

④ 가족돌봄휴직 및 가족돌봄휴가의 사용기간과 분할횟수 등은 다음 각 호에 따른다. (2020.9.8 개정)

1. 가족돌봄휴직 기간은 연간 최장 90일로 하며, 이를 나누어 사용할 수 있을 것. 이 경우 나누어 사용하는 1회의 기간은 30일 이상이 되어야 한다.
2. 가족돌봄휴가 기간은 연간 최장 10일[제3호에 따라 가족돌봄휴가 기간이 연장되는 경우 20일(「한부모가족지원법」 제4조제1호의 모 또는 부에 해당하는 근로자의 경우 25일) 이내]로 하며, 일단위로 사용할 수 있을 것. 다만, 가족돌봄휴가 기간은 가족돌봄휴직 기간에 포함된다. (2020.9.8 개정)
3. 고용노동부장관은 감염병의 확산 등을 원인으로 「재난 및 안전관리 기본법」 제38조에 따른 심각단계의 위기경보가 발령되거나, 이에 준하는 대규모 재난이 발생한 경우로서 근로자에게 가족을 돌보기 위한 특별한 조치가 필요하다고 인정되는 경우 「고용정책 기본법」 제10조에 따른 고용정책심의회의 심의를 거쳐 가족돌봄휴가 기간을 연간 10일(「한부모가족지원법」 제4조제1호에 따른 모 또는 부에 해당하는 근로자의 경우 15일)의

범위에서 연장할 수 있을 것. 이 경우 고용노동부장관은 지체 없이 기간 및 사유 등을 고시하여야 한다. (2020.9.8 신설)

⑤ 제4항제3호에 따라 연장된 가족돌봄휴가는 다음 각 호의 어느 하나에 해당하는 경우에만 사용할 수 있다. (2020.9.8 신설)

1. 감염병 확산을 사유로 「재난 및 안전관리 기본법」 제38조에 따른 심각단계의 위기경보가 발령된 경우로서 가족이 위기경보가 발령된 원인이 되는 감염병의 「감염병의 예방 및 관리에 관한 법률」 제2조제13호부터 제15호까지의 감염병환자, 감염병의사환자, 병원체보유자인 경우 또는 같은 법 제2조제15호의2의 감염병의심자 중 유증상자 등으로 분류되어 돌봄이 필요한 경우
2. 자녀가 소속된 「초·중등교육법」 제2조의 학교, 「유아교육법」 제2조제2호의 유치원 또는 「영유아보육법」 제2조제3호의 어린이집(이하 이 조에서 "학교등"이라 한다)에 대한 「초·중등교육법」 제64조에 따른 휴업명령 또는 휴교처분, 「유아교육법」 제31조에 따른 휴업 또는 휴원 명령이나 「영유아보육법」 제43조의2에 따른 휴원명령으로 자녀의 돌봄이 필요한 경우
3. 자녀가 제1호에 따른 감염병으로 인하여 「감염병의 예방 및 관리에 관한 법률」 제42조제2항제1호에 따른 자가(自家) 격리 대상이 되거나 학교등에서 등교 또는 등원 중지 조치를 받아 돌봄이 필요한 경우
4. 그 밖에 근로자의 가족돌봄에 관하여 고용노동부장관이 정하는 사유에 해당하는 경우

⑥ 사업주는 가족돌봄휴직 또는 가족돌봄휴가를 이유로 해당 근로자를 해고하거나 근로조건을 악화시키는 등 불리한 처우를 하여서는 아니 된다. (2020.9.8 개정)

⑦ 가족돌봄휴직 및 가족돌봄휴가 기간은 근속기간에 포함한다. 다만, 「근로기준법」 제2조제1항제6호에 따른 평균임금 산정기간에서는 제외한다. (2020.9.8 개정)

⑧ 사업주는 소속 근로자가 건전하게 직장과 가정을 유지하는 데에 도움이 될 수 있도록 필요한 심리상담 서비스를 제공하도록 노력하여야 한다. (2020.9.8 개정)

⑨ 고용노동부장관은 사업주가 제1항 또는 제2항에 따른 조치를 하는 경우에는 고용 효과 등을 고려하여 필요한 지원을 할 수 있다. (2020.9.8 개정)

⑩ 가족돌봄휴직 및 가족돌봄휴가의 신청방법 및 절차 등에 관하여 필요한 사항은 대통령령으로 정한다. (2020.9.8 개정)

벌 사업주가 법 제22조의2제1항을 위반하여 가족돌봄휴직의 신청을 받고 가족돌봄휴직을 허용하지 아니한 경우에는 500만원 이하의 과태료를 부과한다. (법 제39조제3항제7호)

벌 사업주가 법 제22조의2제2항(같은 조 제4항제3호에 따라 기간이 연장된 경우를 포함한다)을 위반하여 가족돌봄휴가의 신청을 받고 가족돌봄휴가를 허용하지 아니한 경우에는 500만원 이하의 과태료를 부과한다. (법 제39조제3항제8호)

벌 사업주가 법 제22조의2제6항을 위반하여 가족돌봄휴직 또는 가족돌봄휴가(같은 조 제4항제3호에 따라 기간이 연장된 경우를 포함한다)를 이유로 해당 근로자를 해고하거나 근로조건을 악화시키는 등 불리한 처우를 한 경우에는 3년 이하의 징역 또는 3천만원 이하의 벌금에 처한다. (법 제37조제2항제6호)

령 제16조의2·제16조의3·제16조의6

제22조의3 【가족돌봄 등을 위한 근로시간 단축】 ① 사업주는 근로자가 다음 각 호의 어느 하나에 해당하는 사유로 근로시간의 단축을 신청하는 경우에 이를 허용하여야 한다. 다만, 대체인력 채용이 불가능한 경우, 정상적인 사업 운영에 중대한 지장을 초래하는 경우 등 대통령령으로 정하는 경우에는 그러하지 아니하다. (2019.8.27 신설)

1. 근로자가 가족의 질병, 사고, 노령으로 인하여 그 가족을 돌보기 위한 경우
2. 근로자 자신의 질병이나 사고로 인한 부상 등의 사유로 자신의 건강을 돌보기 위한 경우
3. 55세 이상의 근로자가 은퇴를 준비하기 위한 경우
4. 근로자의 학업을 위한 경우

② 제1항 단서에 따라 사업주가 근로시간 단축을 허용하지 아니하는 경우에는 해당 근로자에게 그 사유를 서면으로 통보하고 휴직을 사용하게 하거나 그 밖의 조치를 통하여 지원할 수 있는지를 해당 근로자와 협의하여야 한다. (2019.8.27 신설)

③ 사업주가 제1항에 따라 해당 근로자에게 근로시간 단축을 허용하는 경우 단축 후 근로시간은 주당 15시간 이상이어야 하고 30시간을 넘어서는 아니 된다. (2019.8.27 신설)

④ 근로시간 단축의 기간은 1년 이내로 한다. 다만, 제1항제1호부터 제3호까지의 어느 하나에 해당하는 근로자는 합리적 이유가 있는 경우에 추가로 2년의 범위 안에서 근로시간 단축의 기간을 연장할 수 있다. (2019.8.27 신설)

⑤ 사업주는 근로시간 단축을 이유로 해당 근로자에게 해고나 그 밖의 불리한 처우를 하여서는 아니 된다. (2019.8.27 신설)

⑥ 사업주는 근로자의 근로시간 단축기간이 끝난 후에 그 근로자를 근로시간 단축 전과 같은 업무 또는 같은 수준의 임금을 지급하는 직무에 복귀시켜야 한다. (2019.8.27 신설)

⑦ 근로시간 단축의 신청방법 및 절차 등에 필요한 사항은 대통령령으로 정한다. (2019.8.27 신설)

벌 사업주가 법 제22조의3제5항을 위반하여 근로시간 단축을 이유로 해당 근로자에게 해고나 그 밖의 불리한 처우를 한 경우에는 3년 이하의 징역 또는 3천만원 이하의 벌금에 처한다. (법 제37조제2항제7호)

령 제16조의7·제16조의8·제16조의11

제22조의4【가족돌봄 등을 위한 근로시간 단축 중 근로조건 등】 ① 사업주는 제22조의3에 따라 근로시간 단축을 하고 있는 근로자에게 근로시간에 비례하여 적용하는 경우 외에는 가족돌봄 등을 위한 근로시간 단축을 이유로 그 근로조건을 불리하게 하여서는 아니 된다. (2019.8.27 신설)

② 제22조의3에 따라 근로시간 단축을 한 근로자의 근로조건(근로시간 단축 후 근로시간을 포함한다)은 사업주와 그 근로자 간에 서면으로 정한다. (2019.8.27 신설)

③ 사업주는 제22조의3에 따라 근로시간 단축을 하고 있는 근로자에게 단축된 근로시간 외에 연장근로를 요구할 수 없다. 다만, 그 근로자가 명시적으로 청구하는 경우에는 사업주는 주 12시간 이내에서 연장근로를 시킬 수 있다. (2019.8.27 신설)

④ 근로시간 단축을 한 근로자에 대하여 「근로기준법」 제2조제6호에 따른 평균임금을 산정하는 경우에는 그 근로자의 근로시간 단축 기간을 평균임금 산정기간에서 제외한다. (2019.8.27 신설)

벌 사업주가 법 제22조의4제1항을 위반하여 근로시간 단축을 하고 있는 근로자에게 근로시간에 비례하여 적용하는 경우 외에 가족돌봄 등을 위한 근로시간 단축을 이유로 그 근로조건을 불리하게 한 경우에는 3년 이하의 징역 또는 3천만원 이하의 벌금에 처한다. (법 제37조제2항제8호)

벌 사업주가 법 제22조의4제3항을 위반하여 해당 근로자가 명시적으로 청구하지 아니하였는데도 육아기 또는 가족돌봄 등을 위한 근로시간 단축을 하고 있는 근로자에게 단축된 근로시간 외에 연장근로를 요구한 경우에는 1천만원 이하의 벌금에 처한다. (법 제37조제3항)

제22조의5【일·가정 양립 지원 기반 조성】 ① 고용노동부장관은 일·가정 양립프로그램의 도입·확산, 모성보호 조치의 원활한 운영 등을 지원하기 위하여 조사·연구 및 홍보 등의 사업을 하고, 전문적인 상담 서비스와 관련 정보 등을 사업주와 근로자에게 제공하여야 한다. (2019.8.27 개정)

② 고용노동부장관은 제1항에 따른 업무와 제21조와 제21조의2에 따른 직장보육시설 설치·운영의 지원에 관한 업무를 대통령령으로 정하는 바에 따라 공공기관 또는 민간에 위탁하여 수행할 수 있다. (2010.6.4 개정)

③ 고용노동부장관은 제2항에 따라 업무를 위탁받은 기관에 업무수행에 사

용되는 경비를 지원할 수 있다. (2010.6.4 개정)

령 제17조

제4장 분쟁의 예방과 해결

제23조 【상담지원】 ① 고용노동부장관은 차별, 직장 내 성희롱, 모성보호 및 일·가정 양립 등에 관한 상담을 실시하는 민간단체에 필요한 비용의 일부를 예산의 범위에서 지원할 수 있다. (2010.6.4 개정)

② 제1항에 따른 단체의 선정요건, 비용의 지원기준과 지원절차 및 지원의 중단 등에 필요한 사항은 고용노동부령으로 정한다. (2010.6.4 개정)

칙 제15조

제24조 【명예고용평등감독관】 ① 고용노동부장관은 사업장의 남녀고용평등 이행을 촉진하기 위하여 그 사업장 소속 근로자 중 노사가 추천하는 사람을 명예고용평등감독관(이하 "명예감독관"이라 한다)으로 위촉할 수 있다. (2020.5.26 개정)

② 명예감독관은 다음 각 호의 업무를 수행한다. (2007.12.21 개정)

1. 해당 사업장의 차별 및 직장 내 성희롱 발생 시 피해 근로자에 대한 상담·조언
2. 해당 사업장의 고용평등 이행상태 자율점검 및 지도 시 참여
3. 법령위반 사실이 있는 사항에 대하여 사업주에 대한 개선 건의 및 감독기관에 대한 신고
4. 남녀고용평등 제도에 대한 홍보·계몽
5. 그 밖에 남녀고용평등의 실현을 위하여 고용노동부장관이 정하는 업무 (2010.6.4 개정)

③ 사업주는 명예감독관으로서 정당한 임무 수행을 한 것을 이유로 해당 근로자에게 인사상 불이익 등의 불리한 조치를 하여서는 아니 된다. (2007.12.21 개정)

④ 명예감독관의 위촉과 해촉 등에 필요한 사항은 고용노동부령으로 정한다. (2010.6.4 개정)

벌 사업주가 법 제24조제3항을 위반하여 명예감독관으로서 정당한 임무 수행을 한 것을 이유로 해당 근로자에게 인사상 불이익 등의 불리한 조치를 한 경우에는 500만원 이하의 벌금에 처한다. (법 제37조제4항제6호)

칙 제16조

제25조 【분쟁의 자율적 해결】 사업주는 제7조부터 제13조까지, 제13조의2, 제14조, 제14조의2, 제18조제4항, 제18조의2, 제19조, 제19조의2부터 제19조의6까지, 제21조 및 제22조의2에 따른 사항에 관하여 근로자가 고충

을 신고하였을 때에는 「근로자참여 및 협력증진에 관한 법률」에 따라 해당 사업장에 설치된 노사협의회에 고충의 처리를 위임하는 등 자율적인 해결을 위하여 노력하여야 한다. (2007.12.21 개정)

령 제18조

제26조【차별적 처우등의 시정신청】 ① 근로자는 사업주로부터 다음 각 호의 어느 하나에 해당하는 차별적 처우 등(이하 "차별적 처우등"이라 한다)을 받은 경우 「노동위원회법」 제1조에 따른 노동위원회(이하 "노동위원회"라 한다)에 그 시정을 신청할 수 있다. 다만, 차별적 처우등을 받은 날(제1호 및 제3호에 따른 차별적 처우등이 계속되는 경우에는 그 종료일)부터 6개월이 지난 때에는 그러하지 아니하다. (2021.5.18 신설)

1. 제7조부터 제11조까지 중 어느 하나를 위반한 행위(이하 "차별적 처우"라 한다)
2. 제14조제4항 또는 제14조의2제1항에 따른 적절한 조치를 하지 아니한 행위
3. 제14조제6항을 위반한 불리한 처우 또는 제14조의2제2항을 위반한 해고나 그 밖의 불이익한 조치

② 근로자가 제1항에 따른 시정신청을 하는 경우에는 차별적 처우등의 내용을 구체적으로 명시하여야 한다. (2021.5.18 신설)

③ 제1항 및 제2항에 따른 시정신청의 절차·방법 등에 관하여 필요한 사항은 「노동위원회법」 제2조제1항에 따른 중앙노동위원회(이하 "중앙노동위원회"라 한다)가 따로 정하여 고시한다. (2021.5.18 신설)

제27조【조사·심문 등】 ① 노동위원회는 제26조에 따른 시정신청을 받은 때에는 지체 없이 필요한 조사와 관계 당사자에 대한 심문을 하여야 한다. (2021.5.18 신설)

② 노동위원회는 제1항에 따른 심문을 하는 때에는 관계 당사자의 신청 또는 직권으로 증인을 출석하게 하여 필요한 사항을 질문할 수 있다. (2021.5.18 신설)

③ 노동위원회는 제1항 및 제2항에 따른 심문을 할 때에는 관계 당사자에게 증거의 제출과 증인에 대한 반대심문을 할 수 있는 충분한 기회를 주어야 한다. (2021.5.18 신설)

④ 제1항부터 제3항까지에 따른 조사·심문의 방법 및 절차 등에 관하여 필요한 사항은 중앙노동위원회가 따로 정하여 고시한다. (2021.5.18 신설)

⑤ 노동위원회는 차별적 처우등 시정사무에 관한 전문적인 조사·연구업무를 수행하기 위하여 전문위원을 둘 수 있다. 이 경우 전문위원의 수·자격 및 보수 등에 관하여 필요한 사항은 대통령령으로 정한다. (2021.5.18 신설)

령 제18조의2

제28조 【조정·중재】 ① 노동위원회는 제27조에 따른 심문 과정에서 관계 당사자 쌍방 또는 일방의 신청이나 직권으로 조정(調停)절차를 개시할 수 있고, 관계 당사자가 미리 노동위원회의 중재(仲裁)결정에 따르기로 합의하여 중재를 신청한 경우에는 중재를 할 수 있다. (2021.5.18 신설)
② 제1항에 따른 조정 또는 중재의 신청은 제26조에 따른 시정신청을 한 날부터 14일 이내에 하여야 한다. 다만, 노동위원회가 정당한 사유로 그 기간에 신청할 수 없었다고 인정하는 경우에는 14일 후에도 신청할 수 있다. (2021.5.18 신설)
③ 노동위원회는 조정 또는 중재를 하는 경우 관계 당사자의 의견을 충분히 들어야 한다. (2021.5.18 신설)
④ 노동위원회는 특별한 사유가 없으면 조정절차를 개시하거나 중재신청을 받은 날부터 60일 이내에 조정안을 제시하거나 중재결정을 하여야 한다. (2021.5.18 신설)
⑤ 노동위원회는 관계 당사자 쌍방이 조정안을 받아들이기로 한 경우에는 조정조서를 작성하여야 하고, 중재결정을 한 경우에는 중재결정서를 작성하여야 한다. (2021.5.18 신설)
⑥ 조정조서에는 관계 당사자와 조정에 관여한 위원 전원이 서명 또는 날인을 하여야 하고, 중재결정서에는 관여한 위원 전원이 서명 또는 날인을 하여야 한다. (2021.5.18 신설)
⑦ 제5항 및 제6항에 따른 조정 또는 중재결정은 「민사소송법」에 따른 재판상 화해와 동일한 효력을 갖는다. (2021.5.18 신설)
⑧ 제1항부터 제7항까지에 따른 조정·중재의 방법, 조정조서·중재결정서의 작성 등에 필요한 사항은 중앙노동위원회가 따로 정하여 고시한다. (2021.5.18 신설)

제29조 【시정명령 등】 ① 노동위원회는 제27조에 따른 조사·심문을 끝내고 차별적 처우등에 해당된다고 판정한 때에는 해당 사업주에게 시정명령을 하여야 하고, 차별적 처우등에 해당하지 아니한다고 판정한 때에는 그 시정신청을 기각하는 결정을 하여야 한다. (2021.5.18 신설)
② 제1항에 따른 판정, 시정명령 또는 기각결정은 서면으로 하되, 그 이유를 구체적으로 명시하여 관계 당사자에게 각각 통보하여야 한다. 이 경우 시정명령을 하는 때에는 시정명령의 내용 및 이행기한 등을 구체적으로 적어야 한다. (2021.5.18 신설)

제29조의2 【조정·중재 또는 시정명령의 내용】 ① 제28조에 따른 조정·중재 또는 제29조에 따른 시정명령의 내용에는 차별적 처우등의 중지, 임금 등 근로조건의 개선(취업규칙, 단체협약 등의 제도개선 명령을 포함한다) 또는 적절한 배상 등의 시정조치 등을 포함할 수 있다. (2021.5.18 신설)

② 제1항에 따라 배상을 하도록 한 경우 그 배상액은 차별적 처우등으로 근로자에게 발생한 손해액을 기준으로 정한다. 다만, 노동위원회는 사업주의 차별적 처우등에 명백한 고의가 인정되거나 차별적 처우등이 반복되는 경우에는 그 손해액을 기준으로 3배를 넘지 아니하는 범위에서 배상을 명령할 수 있다. (2021.5.18 신설)

제29조의3 【시정명령 등의 확정】 ①「노동위원회법」 제2조제1항에 따른 지방노동위원회의 시정명령 또는 기각결정에 불복하는 관계 당사자는 시정명령서 또는 기각결정서를 송달받은 날부터 10일 이내에 중앙노동위원회에 재심을 신청할 수 있다. (2021.5.18 신설)

② 제1항에 따른 중앙노동위원회의 재심결정에 불복하는 관계 당사자는 재심결정서를 송달받은 날부터 15일 이내에 행정소송을 제기할 수 있다. (2021.5.18 신설)

③ 제1항에 따른 기간에 재심을 신청하지 아니하거나 제2항에 따른 기간에 행정소송을 제기하지 아니한 때에는 그 시정명령, 기각결정 또는 재심결정은 확정된다. (2021.5.18 신설)

벌 사업주가 제29조의3(제29조의5제4항 및 제29조의6제3항에 따라 준용되는 경우를 포함한다)에 따라 확정된 시정명령을 정당한 이유 없이 이행하지 아니한 경우에는 1억원 이하의 과태료를 부과한다. (법 제39조제1항)

제29조의4 【시정명령 이행상황의 제출요구 등】 ① 고용노동부장관은 확정된 시정명령에 대하여 사업주에게 이행상황을 제출할 것을 요구할 수 있다. (2021.5.18 신설)

② 시정신청을 한 근로자는 사업주가 확정된 시정명령을 이행하지 아니하는 경우 이를 고용노동부장관에게 신고할 수 있다. (2021.5.18 신설)

벌 사업주가 제29조의4제1항(제29조의5제4항 및 제29조의6제3항에 따라 준용되는 경우를 포함한다)을 위반하여 정당한 이유 없이 고용노동부장관의 시정명령에 대한 이행상황의 제출요구에 따르지 아니한 경우에는 500만원 이하의 과태료를 부과한다. (법 제39조제3항제9호)

제29조의5 【고용노동부장관의 차별적 처우 시정요구 등】 ① 고용노동부장관은 사업주가 차별적 처우를 한 경우에는 그 시정을 요구할 수 있다. (2021.5.18 신설)

② 고용노동부장관은 사업주가 제1항에 따른 시정요구에 따르지 아니할 경우에는 차별적 처우의 내용을 구체적으로 명시하여 노동위원회에 통보하여야 한다. 이 경우 고용노동부장관은 해당 사업주 및 근로자에게 그 사실을 알려야 한다. (2021.5.18 신설)

③ 노동위원회는 제2항에 따라 고용노동부장관의 통보를 받은 때에는 지체 없이 차별적 처우가 있는지 여부를 심리하여야 한다. 이 경우 노동위원회는

해당 사업주 및 근로자에게 의견을 진술할 수 있는 기회를 주어야 한다. (2021.5.18 신설)

④ 제3항에 따른 노동위원회의 심리, 시정절차 및 노동위원회 결정에 대한 효력 등에 관하여는 제26조부터 제29조까지 및 제29조의2부터 제29조의4까지를 준용한다. 이 경우 "시정신청을 한 날"은 "통보를 받은 날"로, "기각결정"은 "차별적 처우가 없다는 결정"으로, "관계 당사자"는 "해당 사업주 또는 근로자"로, "시정신청을 한 근로자"는 "해당 근로자"로 본다. (2021.5.18 신설)

⑤ 제3항 및 제4항에 따른 노동위원회의 심리 등에 관하여 필요한 사항은 중앙노동위원회가 따로 정하여 고시한다. (2021.5.18 신설)

제29조의6 【확정된 시정명령의 효력 확대】 ① 고용노동부장관은 제29조의3(제29조의5제4항에 따라 준용되는 경우를 포함한다)에 따라 확정된 시정명령을 이행할 의무가 있는 사업주의 사업 또는 사업장에서 해당 시정명령의 효력이 미치는 근로자 외의 근로자에 대해서도 차별적 처우가 있는지를 조사하여 차별적 처우가 있는 경우에는 그 시정을 요구할 수 있다. (2021.5.18 신설)

② 고용노동부장관은 사업주가 제1항에 따른 시정요구에 따르지 아니하는 경우 노동위원회에 통보하여야 하고, 노동위원회는 지체 없이 차별적 처우가 있는지 여부를 심리하여야 한다. (2021.5.18 신설)

③ 제2항에 따른 통보 및 심리에 관하여는 제29조의5제2항부터 제5항까지를 준용한다. (2021.5.18 신설)

제29조의7 【차별적 처우등의 시정신청 등으로 인한 불리한 처우의 금지】 사업주는 근로자가 다음 각 호의 어느 하나에 해당하는 행위를 한 것을 이유로 해고나 그 밖의 불리한 처우를 하지 못한다. (2021.5.18 신설)

1. 제26조에 따른 차별적 처우등의 시정신청, 제27조에 따른 노동위원회에의 참석 및 진술, 제29조의3에 따른 재심신청 또는 행정소송의 제기
2. 제29조의4제2항에 따른 시정명령 불이행의 신고

벌 사업주가 법 제29조의7을 위반하여 근로자에게 해고나 그 밖의 불리한 처우를 한 경우에는 3년 이하의 징역 또는 3천만원 이하의 벌금에 처한다. (법 제37조제2항제9호)

제30조 【입증책임】 이 법과 관련한 분쟁해결(제26조부터 제29조까지 및 제29조의2부터 제29조의7까지를 포함한다)에서 입증책임은 사업주가 부담한다. (2021.5.18 개정)

제5장 보 칙

제31조 【보고 및 검사 등】 ① 고용노동부장관은 이 법 시행을 위하여 필요한 경우에는 사업주에게 보고와 관계 서류의 제출을 명령하거나 관계 공무원이 사업장에 출입하여 관계인에게 질문하거나 관계 서류를 검사하도록 할 수 있다. (2010.6.4 개정)
② 제1항의 경우에 관계 공무원은 그 권한을 표시하는 증표를 지니고 이를 관계인에게 내보여야 한다. (2007.12.21 개정)
벌 법 제31조제1항에 따른 검사를 거부, 방해 또는 기피한 자에게는 300만원 이하의 과태료를 부과한다. (법 제39조제4항제7호)
벌 법 제31조제1항에 따른 보고 또는 관계 서류의 제출을 거부하거나 거짓으로 보고 또는 제출한 자에게는 300만원 이하의 과태료를 부과한다. (법 제39조제4항제6호)

제31조의2 【자료 제공의 요청】 ① 고용노동부장관은 다음 각 호의 업무를 수행하기 위하여 보건복지부장관 또는 「국민건강보험법」에 따른 국민건강보험공단에 같은 법 제50조에 따른 임신·출산 진료비의 신청과 관련된 자료의 제공을 요청할 수 있다. 이 경우 해당 자료의 제공을 요청받은 기관의 장은 정당한 사유가 없으면 그 요청에 따라야 한다. (2016.1.28 신설)
1. 제3장에 따른 모성 보호에 관한 업무
2. 제3장의2에 따른 일·가정의 양립 지원에 관한 업무
3. 제3장에 따른 모성 보호, 제3장의2에 따른 일·가정의 양립 지원에 관한 안내
4. 제31조에 따른 보고 및 검사 등

② 고용노동부장관은 제1항에 따라 제공 받은 자료를 「고용정책 기본법」 제15조의2제1항에 따른 고용정보시스템을 통하여 처리할 수 있다. (2021.5.18 개정)

제32조 【고용평등 이행실태 등의 공표】 고용노동부장관은 이 법 시행의 실효성을 확보하기 위하여 필요하다고 인정하면 고용평등 이행실태나 그 밖의 조사결과 등을 공표할 수 있다. 다만, 다른 법률에 따라 공표가 제한되어 있는 경우에는 그러하지 아니하다. (2010.6.4 개정)

제33조 【관계 서류의 보존】 사업주는 이 법의 규정에 따른 사항에 관하여 대통령령으로 정하는 서류를 3년간 보존하여야 한다. 이 경우 대통령령으로 정하는 서류는 「전자문서 및 전자거래 기본법」 제2조제1호에 따른 전자문서로 작성·보존할 수 있다. (2012.6.1 개정)
벌 법 제33조를 위반하여 관계 서류를 3년간 보존하지 아니한 자에게는 300만원 이하의 과태료를 부과한다. (법 제39조제4항제8호)
령 제19조

제34조 【파견근로에 대한 적용】 「파견근로자보호 등에 관한 법률」에 따

라 파견근로가 이루어지는 사업장에 제13조제1항을 적용할 때에는 「파견근로자 보호 등에 관한 법률」 제2조제4호에 따른 사용사업주를 이 법에 따른 사업주로 본다. (2019.4.30 개정)

제35조 【경비보조】 ① 국가, 지방자치단체 및 공공단체는 여성의 취업촉진과 복지증진에 관련되는 사업에 대하여 예산의 범위에서 그 경비의 전부 또는 일부를 보조할 수 있다. (2007.12.21 개정)

② 국가, 지방자치단체 및 공공단체는 제1항에 따라 보조를 받은 자가 다음 각 호의 어느 하나에 해당하면 보조금 지급결정의 전부 또는 일부를 취소하고, 지급된 보조금의 전부 또는 일부를 반환하도록 명령할 수 있다. (2007.12.21 개정)

1. 사업의 목적 외에 보조금을 사용한 경우
2. 보조금의 지급결정의 내용(그에 조건을 붙인 경우에는 그 조건을 포함한다)을 위반한 경우
3. 거짓이나 그 밖의 부정한 방법으로 보조금을 받은 경우

칙 제18조

제36조 【권한의 위임 및 위탁】 고용노동부장관은 대통령령으로 정하는 바에 따라 이 법에 따른 권한의 일부를 지방고용노동행정기관의 장 또는 지방자치단체의 장에게 위임하거나 공공단체에 위탁할 수 있다. (2010.6.4 개정)

령 제21조

제36조의2 【규제의 재검토】 고용노동부장관은 제31조의2에 따른 임신·출산 진료비의 신청과 관련된 자료 제공의 요청에 대하여 2016년 1월 1일을 기준으로 5년마다(매 5년이 되는 해의 1월 1일 전까지를 말한다) 그 타당성을 검토하여 개선 등의 조치를 하여야 한다. (2016.1.28 신설)

제6장 벌 칙

제37조 【벌칙】 ① 사업주가 제11조를 위반하여 근로자의 정년·퇴직 및 해고에서 남녀를 차별하거나 여성 근로자의 혼인, 임신 또는 출산을 퇴직사유로 예정하는 근로계약을 체결하는 경우에는 5년 이하의 징역 또는 3천만원 이하의 벌금에 처한다. (2007.12.21 개정)

② 사업주가 다음 각 호의 어느 하나에 해당하는 위반행위를 한 경우에는 3년 이하의 징역 또는 3천만원 이하의 벌금에 처한다. (2017.11.28 개정)

1. 제8조제1항을 위반하여 동일한 사업 내의 동일 가치의 노동에 대하여 동일한 임금을 지급하지 아니한 경우
2. 제14조제6항을 위반하여 직장 내 성희롱 발생 사실을 신고한 근로자 및 피해근로자등에게 불리한 처우를 한 경우 (2017.11.28 개정)

2의2. 제18조의2제5항을 위반하여 배우자 출산휴가를 이유로 해고나 그 밖의 불리한 처우를 한 경우 (2019.8.27 신설)
3. 제19조제3항을 위반하여 육아휴직을 이유로 해고나 그 밖의 불리한 처우를 하거나, 같은 항 단서의 사유가 없는데도 육아휴직 기간동안 해당 근로자를 해고한 경우
4. 제19조의2제5항을 위반하여 육아기 근로시간 단축을 이유로 해당 근로자에 대하여 해고나 그 밖의 불리한 처우를 한 경우
5. 제19조의3제1항을 위반하여 육아기 근로시간 단축을 하고 있는 근로자에 대하여 근로시간에 비례하여 적용하는 경우 외에 육아기 근로시간 단축을 이유로 그 근로조건을 불리하게 한 경우
6. 제22조의2제6항을 위반하여 가족돌봄휴직 또는 가족돌봄휴가(같은 조 제4항제3호에 따라 기간이 연장된 경우를 포함한다)를 이유로 해당 근로자를 해고하거나 근로조건을 악화시키는 등 불리한 처우를 한 경우 (2020.9.8 개정)
7. 제22조의3제5항을 위반하여 근로시간 단축을 이유로 해당 근로자에게 해고나 그 밖의 불리한 처우를 한 경우 (2019.8.27 신설)
8. 제22조의4제1항을 위반하여 근로시간 단축을 하고 있는 근로자에게 근로시간에 비례하여 적용하는 경우 외에 가족돌봄 등을 위한 근로시간 단축을 이유로 그 근로조건을 불리하게 한 경우 (2019.8.27 신설)
9. 제29조의7을 위반하여 근로자에게 해고나 그 밖의 불리한 처우를 한 경우 (2021.5.18 신설)

③ 사업주가 제19조의3제3항 또는 제22조의4제3항을 위반하여 해당 근로자가 명시적으로 청구하지 아니하였는데도 육아기 또는 가족돌봄 등을 위한 근로시간 단축을 하고 있는 근로자에게 단축된 근로시간 외에 연장근로를 요구한 경우에는 1천만원 이하의 벌금에 처한다. (2019.8.27 개정)

④ 사업주가 다음 각 호의 어느 하나에 해당하는 위반행위를 한 경우에는 500만원 이하의 벌금에 처한다. (2007.12.21 개정)
1. 제7조를 위반하여 근로자의 모집 및 채용에서 남녀를 차별하거나, 근로자를 모집·채용할 때 그 직무의 수행에 필요하지 아니한 용모·키·체중 등의 신체적 조건, 미혼 조건 등을 제시하거나 요구한 경우 (2021.5.18 개정)
2. 제9조를 위반하여 임금 외에 근로자의 생활을 보조하기 위한 금품의 지급 또는 자금의 융자 등 복리후생에서 남녀를 차별한 경우
3. 제10조를 위반하여 근로자의 교육·배치 및 승진에서 남녀를 차별한 경우
4. 제19조제1항·제4항을 위반하여 근로자의 육아휴직 신청을 받고 육아휴직을 허용하지 아니하거나, 육아휴직을 마친 후 휴직 전과 같은 업무 또는 같은 수준의 임금을 지급하는 직무에 복귀시키지 아니한 경우

5. 제19조의2제6항을 위반하여 육아기 근로시간 단축기간이 끝난 후에 육아기 근로시간 단축 전과 같은 업무 또는 같은 수준의 임금을 지급하는 직무에 복귀시키지 아니한 경우
6. 제24조제3항을 위반하여 명예감독관으로서 정당한 임무 수행을 한 것을 이유로 해당 근로자에게 인사상 불이익 등의 불리한 조치를 한 경우

제38조【양벌규정】 법인의 대표자나 법인 또는 개인의 대리인, 사용인, 그 밖의 종업원이 그 법인 또는 개인의 업무에 관하여 제37조의 위반행위를 하면 그 행위자를 벌하는 외에 그 법인 또는 개인에게도 해당 조문의 벌금형을 과(科)한다. 다만, 법인 또는 개인이 그 위반행위를 방지하기 위하여 해당 업무에 관하여 상당한 주의와 감독을 게을리하지 아니한 경우에는 그러하지 아니하다. (2010.2.4 개정)

제39조【과태료】 ① 사업주가 제29조의3(제29조의5제4항 및 제29조의6제3항에 따라 준용되는 경우를 포함한다)에 따라 확정된 시정명령을 정당한 이유 없이 이행하지 아니한 경우에는 1억원 이하의 과태료를 부과한다. (2021.5.18 신설)

② 사업주가 제12조를 위반하여 직장 내 성희롱을 한 경우에는 1천만원 이하의 과태료를 부과한다. (2021.5.18 개정)

③ 사업주가 다음 각 호의 어느 하나에 해당하는 위반행위를 한 경우에는 500만원 이하의 과태료를 부과한다. (2021.5.18 개정)

1. 삭제(2017.11.28)

1의2. 제13조제1항을 위반하여 성희롱 예방 교육을 하지 아니한 경우 (2017.11.28 신설)

1의3. 제13조제3항을 위반하여 성희롱 예방 교육의 내용을 근로자가 자유롭게 열람할 수 있는 장소에 항상 게시하거나 갖추어 두지 아니한 경우 (2017.11.28 신설)

1의4. 제14조제2항 전단을 위반하여 직장 내 성희롱 발생 사실 확인을 위한 조사를 하지 아니한 경우 (2017.11.28 신설)

1의5. 제14조제4항을 위반하여 근무장소의 변경 등 적절한 조치를 하지 아니한 경우 (2017.11.28 신설)

1의6. 제14조제5항 전단을 위반하여 징계, 근무장소의 변경 등 필요한 조치를 하지 아니한 경우 (2017.11.28 신설)

1의7. 제14조제7항을 위반하여 직장 내 성희롱 발생 사실 조사 과정에서 알게 된 비밀을 다른 사람에게 누설한 경우 (2017.11.28 신설)

2. 제14조의2제2항을 위반하여 근로자가 고객 등에 의한 성희롱 피해를 주장하거나 고객 등으로부터의 성적 요구 등에 따르지 아니하였다는 이유로 해고나 그 밖의 불이익한 조치를 한 경우 (2020.5.26 개정)

3. 제18조의2제1항을 위반하여 근로자가 배우자의 출산을 이유로 휴가를 고지하였는데도 휴가를 주지 아니하거나 근로자가 사용한 휴가를 유급으로 하지 아니한 경우 (2024.10.22 개정)
3의2. 제18조의3제1항을 위반하여 난임치료휴가를 주지 아니한 경우 (2017.11.28 신설)
4. 제19조의2제2항을 위반하여 육아기 근로시간 단축을 허용하지 아니하였으면서도 해당 근로자에게 그 사유를 서면으로 통보하지 아니하거나, 육아휴직의 사용 또는 그 밖의 조치를 통한 지원 여부에 관하여 해당 근로자와 협의하지 아니한 경우 (2007.12.21 개정)
5. 제19조의3제2항을 위반하여 육아기 근로시간 단축을 한 근로자의 근로조건을 서면으로 정하지 아니한 경우 (2007.12.21 개정)
6. 제19조의2제1항을 위반하여 육아기 근로시간 단축 신청을 받고 육아기 근로시간 단축을 허용하지 아니한 경우 (2012.2.1 신설)
7. 제22조의2제1항을 위반하여 가족돌봄휴직의 신청을 받고 가족돌봄휴직을 허용하지 아니한 경우 (2012.2.1 신설)
8. 제22조의2제2항(같은 조 제4항제3호에 따라 기간이 연장된 경우를 포함한다)을 위반하여 가족돌봄휴가의 신청을 받고 가족돌봄휴가를 허용하지 아니한 경우 (2020.9.8 개정)
9. 제29조의4제1항(제29조의5제4항 및 제29조의6제3항에 따라 준용되는 경우를 포함한다)을 위반하여 정당한 이유 없이 고용노동부장관의 시정명령에 대한 이행상황의 제출요구에 따르지 아니한 경우 (2021.5.18 신설)

④ 다음 각 호의 어느 하나에 해당하는 자에게는 300만원 이하의 과태료를 부과한다. (2021.5.18 개정)

1. 삭제(2017.11.28)
1의2. 제14조의2제1항을 위반하여 근무 장소 변경, 배치전환, 유급휴가의 명령 등 적절한 조치를 하지 아니한 경우 (2017.11.28 신설)
2. 제17조의3제1항을 위반하여 시행계획을 제출하지 아니한 자
3. 제17조의3제2항을 위반하여 남녀 근로자 현황을 제출하지 아니하거나 거짓으로 제출한 자
4. 제17조의4제1항을 위반하여 이행실적을 제출하지 아니하거나 거짓으로 제출한 자(제17조의3제3항에 따라 시행계획을 제출한 자가 이행실적을 제출하지 아니하는 경우는 제외한다)
5. 제18조제4항을 위반하여 관계 서류의 작성·확인 등 모든 절차에 적극 협력하지 아니한 자
6. 제31조제1항에 따른 보고 또는 관계 서류의 제출을 거부하거나 거짓으로 보고 또는 제출한 자

7. 제31조제1항에 따른 검사를 거부, 방해 또는 기피한 자
8. 제33조를 위반하여 관계 서류를 3년간 보존하지 아니한 자

⑤ 제1항부터 제4항까지의 규정에 따른 과태료는 대통령령으로 정하는 바에 따라 고용노동부장관이 부과·징수한다. (2021.5.18 개정)

⑥ 삭제(2016.1.28)

⑦ 삭제(2016.1.28)

령 제22조

부 칙

① **【시행일】** 이 법은 2001년 11월 1일부터 시행한다.

② **【벌칙 등에 관한 경과조치】** 이 법 시행 전의 행위에 대한 벌칙 또는 과태료의 적용에 있어서는 종전의 규정에 의한다.

③ **【고용평등위원회에 관한 경과조치】** 이 법 시행당시 종전의 규정에 의하여 설치된 고용평등위원회는 이 법에 의한 고용평등위원회로 본다.

④ **【다른 법률과의 관계】** 이 법 시행당시 다른 법령에서 남녀고용평등법의 규정을 인용한 경우에 이 법 중 그에 해당하는 규정이 있는 때에는 종전의 규정에 갈음하여 이 법의 해당 규정을 인용한 것으로 본다.

부칙(2005.5.31 법률 제7564호)

① **【시행일】** 이 법은 2006년 1월 1일부터 시행한다.

② **【산전후휴가급여 등에 관한 적용례】** 산전후휴가급여 등에 관한 제18조제1항의 개정규정은 이 법 시행 후 최초로 출산·유산 또는 사산하는 여성근로자부터 적용한다.

부칙(2005.12.30 법률 제7822호)

제1조 【시행일】 이 법은 2006년 3월 1일부터 시행한다.

제2조 【분쟁조정신청에 관한 경과조치】 ① 이 법 시행 당시 종전의 규정에 의하여 고용평등위원회에 접수된 분쟁조정신청에 대하여는 종전의 규정에 의한다.

② 제26조 내지 제29조의 개정규정에도 불구하고 종전의 규정에 의한 고용평등위원회는 제1항의 규정에 의한 분쟁의 조정에 한하여 존속하는 것으로 본다.

제3조 【육아휴직 신청요건 완화에 따른 경과조치】 제19조의 개정규정은 2008년 1월 1일 이후 출생한 영유아부터 적용한다.

〈생략〉

부칙(2012.2.1 법률 제11274호)

제1조【시행일】 이 법은 공포 후 6개월이 경과한 날부터 시행한다. 다만, 상시 300명 미만의 근로자를 사용하는 사업 또는 사업장에 대하여는 제18조의2, 제22조의2, 제37조제2항제6호, 제39조제2항제3호 및 제7호의 개정규정은 공포 후 1년이 경과한 날부터 시행한다.

제2조【적용례】 ① 제18조의2제1항의 개정규정은 이 법 시행 후 최초로 배우자 출산휴가를 청구한 근로자부터 적용한다.

② 제19조제5항의 개정규정은 이 법 시행 후 최초로 육아휴직을 신청한 기간제근로자 또는 파견근로자부터 적용한다.

③ 제19조의2의 개정규정은 이 법 시행 후 최초로 육아기 근로시간 단축을 신청한 근로자부터 적용한다.

④ 제22조의2의 개정규정은 이 법 시행 후 최초로 가족돌봄휴직을 신청한 근로자부터 적용한다.

제3조【다른 법률의 개정】 생략

〈생략〉

부칙(2014.1.14 법률 제12244호)

제1조【시행일】 이 법은 공포한 날부터 시행한다. 다만, 제17조의5부터 제17조의9까지의 개정규정은 2015년 1월 1일부터 시행한다.

제2조【적극적 고용개선조치 미이행 사업주 명단 공표에 관한 적용례】 제17조의5의 개정규정은 이 법 시행 후 최초로 시행계획을 제출하는 경우부터 적용한다.

제3조【육아휴직 신청요건 완화에 관한 적용례】 제19조제1항의 개정규정은 이 법 시행 후 육아휴직을 신청한 근로자부터 적용한다.

제4조【다른 법률의 개정】 생략

〈생략〉

부칙(2019.8.27 법률 제16558호)

제1조【시행일】 이 법은 2019년 10월 1일부터 시행한다. 다만, 제22조의2, 제37조제2항제6호 및 제39조제2항제8호의 개정규정은 2020년 1월 1일부터 시행한다.

제2조【가족돌봄 등을 위한 근로시간 단축 등에 관한 적용례】 제22조의3, 제22조의4, 제37조제2항제7호·제8호 및 제37조제3항의 개정규정은 다음

각 호의 구분에 따른 날부터 적용한다.

1. 상시 300명 이상의 근로자를 사용하는 사업 또는 사업장, 「공공기관의 운영에 관한 법률」 제4조에 따른 공공기관, 「지방공기업법」 제49조 및 같은 법 제76조에 따른 지방공사 및 지방공단, 국가·지방자치단체 또는 정부투자기관이 자본금의 2분의 1 이상을 출자하거나 기본재산의 2분의 1 이상을 출연한 기관·단체와 그 기관·단체가 자본금의 2분의 1 이상을 출자하거나 기본재산의 2분의 1 이상을 출연한 기관·단체, 국가 및 지방자치단체의 기관 : 2020년 1월 1일
2. 상시 30명 이상 300명 미만의 근로자를 사용하는 사업 또는 사업장 : 2021년 1월 1일
3. 상시 30명 미만의 근로자를 사용하는 사업 또는 사업장 : 2022년 1월 1일

제3조 【배우자 출산휴가에 관한 적용례】 제18조, 제18조의2, 제37조제2항제2호의2 및 제39조제2항제3호의 개정규정은 이 법 시행 후 최초로 배우자 출산휴가를 사용하는 근로자부터 적용한다.

제4조 【육아휴직 및 육아기 근로시간 단축에 관한 적용례】 삭제(2024.10.22)

〈생략〉

부칙(2020.9.8 법률 제17489호)

제1조 【시행일】 이 법은 공포한 날부터 시행한다.

제2조 【가족돌봄휴가에 관한 적용례】 제22조의2의 개정규정은 종전의 규정에 따라 2020년 1월 1일 이후 가족돌봄휴가를 모두 사용한 근로자에게도 적용한다.

부칙(2020.12.8 법률 제17602호)

제1조 【시행일】 이 법은 공포한 날부터 시행한다.

제2조 【육아휴직에 관한 적용례】 제19조의4제1항의 개정규정은 이 법 시행 당시 종전의 규정에 따라 휴직하였거나 휴직 중인 사람에 대해서도 적용한다.

부칙(2021.5.18 법률 제18178호)

제1조 【시행일】 이 법은 공포 후 1년이 경과한 날부터 시행한다. 다만, 제31조의2제2항의 개정규정은 공포한 날부터 시행하고, 제7조제2항 및 제37조제4항제1호의 개정규정은 공포 후 3개월이 경과한 날부터 시행하며, 제19조제1항 본문 및 제19조의4제1항 후단의 개정규정은 공포 후 6개월이

경과한 날부터 시행한다.

제2조【차별적 처우등의 시정신청에 관한 적용례】 제26조의 개정규정은 이 법 시행 이후 발생한 차별적 처우등(이 법 시행 전에 발생하여 이 법 시행 이후에도 계속되는 차별적 처우등을 포함한다)부터 적용한다.

부칙(2024.10.22 법률 제20521호)

제1조【시행일】 이 법은 공포 후 4개월이 경과한 날부터 시행한다. 다만, 제18조의3제3항 및 제20조제2항의 개정규정은 공포한 날부터 시행한다.

제2조【배우자 출산휴가에 관한 적용례】 제18조의2의 개정규정은 이 법 시행 당시 종전의 규정에 따른 배우자 출산휴가를 사용하였으나 청구기한이 남아있는 근로자 또는 사용 중인 근로자에게도 적용한다.

제3조【난임치료휴가에 관한 적용례】 제18조의3의 개정규정은 이 법 시행 당시 종전의 규정에 따른 난임치료휴가를 사용하였거나 사용 중인 사람에게도 적용한다. 다만, 개정규정 중 유급기간에 관한 규정은 이 법 시행 전에 종전의 규정에 따른 난임치료휴가를 2일 이상 사용한 경우에는 적용하지 아니한다.

제4조【육아휴직에 관한 적용례】 제19조 및 제19조의4제1항의 개정규정은 이 법 시행 당시 종전의 규정에 따른 육아휴직을 사용하였거나 사용 중인 근로자에게도 적용한다.

제5조【육아기 근로시간 단축에 관한 적용례】 제19조의2제4항 단서는 이 법 시행 전에 육아기 근로시간 단축을 허용받아 사용 중인 경우에도 적용하되, 이 법 시행 이후 남아있는 육아휴직 기간에 대해서만 적용한다.

부칙(2025.10.1 법률 제21065호)

제1조【시행일】 이 법은 공포한 날부터 시행한다. 〈단서 생략〉

제2조부터 **제8조**까지 생략

남녀고용평등과 일·가정 양립 지원에 관한 법률 시행령

전부개정 2008. 6. 5 대통령령 제20803호
개정 2009. 6.19 대통령령 제21547호
〈생략〉
2023.12.12 대통령령 제33912호
2024.12.24 대통령령 제35102호
2025. 2.18 대통령령 제35275호
2025.10. 1 대통령령 제35806호

제1장 총 칙

제1조【목적】 이 영은 「남녀고용평등과 일·가정 양립 지원에 관한 법률」에서 위임된 사항과 그 시행에 필요한 사항을 규정함을 목적으로 한다.

제2조【적용범위】 ① 「남녀고용평등과 일·가정 양립 지원에 관한 법률」(이하 "법"이라 한다) 제3조제1항 단서에 따라 동거하는 친족만으로 이루어지는 사업 또는 사업장(이하 "사업"이라 한다)과 가사사용인에 대하여는 법의 전부를 적용하지 아니한다.
② 삭제(2018.5.28)

제2장 고용에 있어서 남녀의 평등한 기회보장 및 대우 등

제3조【직장 내 성희롱 예방 교육】 ① 사업주는 법 제13조에 따라 직장 내 성희롱 예방을 위한 교육을 연 1회 이상 하여야 한다.
② 제1항에 따른 예방 교육에는 다음 각 호의 내용이 포함되어야 한다.
1. 직장 내 성희롱에 관한 법령
2. 해당 사업장의 직장 내 성희롱 발생 시의 처리 절차와 조치 기준
3. 해당 사업장의 직장 내 성희롱 피해 근로자의 고충상담 및 구제 절차
4. 그 밖에 직장 내 성희롱 예방에 필요한 사항

③ 제1항에 따른 예방 교육은 사업의 규모나 특성 등을 고려하여 직원연수·조회·회의, 인터넷 등 정보통신망을 이용한 사이버 교육 등을 통하여 실시할 수 있다. 다만, 단순히 교육자료 등을 배포·게시하거나 전자우편을 보내거나 게시판에 공지하는 데 그치는 등 근로자에게 교육 내용이 제대로 전달되었는지 확인하기 곤란한 경우에는 예방 교육을 한 것으로 보지 아니한다.
④ 제2항 및 제3항에도 불구하고 다음 각 호의 어느 하나에 해당하는 사업의 사업주는 제2항제1호부터 제4호까지의 내용을 근로자가 알 수 있도록 교육자료 또는 홍보물을 게시하거나 배포하는 방법으로 직장 내 성희롱 예방 교

육을 할 수 있다. 〈2014.12.30 개정〉

1. 상시 10명 미만의 근로자를 고용하는 사업
2. 사업주 및 근로자 모두가 남성 또는 여성 중 어느 한 성(性)으로 구성된 사업

⑤ 사업주가 소속 근로자에게 「국민 평생 직업능력 개발법」 제24조에 따라 인정받은 훈련과정 중 제2항 각 호의 내용이 포함되어 있는 훈련과정을 수료하게 한 경우에는 그 훈련과정을 마친 근로자에게는 제1항에 따른 예방 교육을 한 것으로 본다. 〈2022.2.17 개정〉

칙 제6조

제4조 【적극적 고용개선조치 시행계획 수립·제출의무 등의 부과대상 사업】 ① 법 제17조의3제1항제1호에서 "대통령령으로 정하는 공공기관·단체"란 「공공기관의 운영에 관한 법률」 제4조에 따른 공공기관, 「지방공기업법」 제49조에 따른 지방공사 및 같은 법 제76조에 따른 지방공단을 말한다. 〈2017.12.19 개정〉

② 법 제17조의3제1항제2호에서 "대통령령으로 정하는 규모 이상의 근로자를 고용하는 사업"이란 다음 각 호의 어느 하나에 해당하는 사업을 말한다. 〈2018.5.28 개정〉

1. 「독점규제 및 공정거래에 관한 법률」 제31조제1항 및 같은 법 시행령 제38조제1항에 따라 지정된 공시대상기업집단의 사업의 경우에는 상시 300명 이상의 근로자를 고용하는 사업 〈2021.12.28 개정〉
2. 제1호 외의 사업의 경우에는 상시 500명 이상의 근로자를 고용하는 사업 〈2018.5.28 신설〉

③ 제2항을 적용할 때 상시 고용하는 근로자의 수는 전년도에 매월 고용한 월평균 근로자 수의 연간 합계를 전년도의 조업월수로 나누어 산정(算定)한다.

제5조 【이행실적 평가 위탁기관 등】 ① 법 제17조의4제6항에서 "대통령령으로 정하는 기관이나 단체"란 「정부출연연구기관 등의 설립·운영 및 육성에 관한 법률」 제8조에 따라 설립된 연구기관 또는 「민법」 제32조에 따라 설립된 비영리법인 중 성평등가족부장관이 지정하는 연구기관 또는 법인을 말한다. 〈2025.10.1 개정〉

② 성평등가족부장관은 법 제17조의4제6항에 따라 평가 업무를 위탁하는 경우에는 그 업무를 위탁받은 기관에 업무 수행에 필요한 경비를 지원할 수 있다. 〈2025.10.1 개정〉

제6조 【명단 공표 제외 사유】 ① 법 제17조의5제1항 단서에서 "사업주의 사망·기업의 소멸 등 대통령령으로 정하는 사유가 있는 경우"란 다음 각 호의 어느 하나에 해당하는 경우를 말한다. 〈2014.12.30 신설〉

1. 사업주가 사망한 경우
2. 사업장이 폐업하거나 소멸한 경우
3. 「채무자 회생 및 파산에 관한 법률」에 따른 회생절차개시 결정을 받거나 파산선고를 받은 경우 등 중대한 경영상의 이유로 법 제17조의3에 따른 시행계획(이하 "시행계획"이라 한다)의 이행이 어려운 경우
4. 사업주가 여성 근로자의 채용 또는 여성 관리자(사업장의 단위 부서의 책임자로서 해당 부서의 사업을 기획·지휘하는 업무를 수행하고 부서 구성원을 감독·평가하는 자를 말한다. 이하 같다)의 임용 등 시행계획의 이행을 위하여 실질적인 노력을 하고 있는 경우

② 성평등가족부장관은 사업주가 제1항 각 호의 어느 하나에 해당하는지 여부를 결정할 때에는 법 제17조의8제5호에 따라 고용정책심의회의 심의를 거쳐야 한다. (2025.10.1 개정)

제7조 【명단 공표의 내용·방법 등】 ① 성평등가족부장관은 법 제17조의5제1항 본문에 따라 명단을 공표하려는 경우 명단 공표 대상 사업주에게 공표 결정 사실, 공표 내용 등을 서면으로 통지하여야 한다. (2025.10.1 개정)
② 성평등가족부장관은 제1항에 따른 통지를 받은 날부터 30일 이상의 기간을 정하여 사업주가 소명자료를 제출하거나 의견을 진술할 수 있도록 기회를 주어야 한다. (2025.10.1 개정)
③ 법 제17조의5제2항에 따른 공표의 내용은 다음 각 호와 같다. (2014.12.30 신설)
1. 해당 사업주의 성명, 사업장의 명칭·주소. 이 경우 해당 사업주가 법인인 경우에는 그 대표자의 성명 및 법인의 명칭·주소를 말한다.
2. 해당 연도의 전체 근로자 수, 여성 근로자 수 및 그 비율, 전체 관리자 수, 여성 관리자 수 및 그 비율, 해당 업종의 여성 근로자의 고용기준
④ 법 제17조의5제2항에 따른 공표 방법은 관보에 게재하거나 성평등가족부의 홈페이지에 6개월 간 게시하는 것으로 한다. (2025.10.1 개정)

제8조 【위원회의 운영】 삭제(2009.12.30)

제9조 【조사·연구 위탁기관】 법 제17조의9제2항에서 "대통령령으로 정하는 자"란 「정부출연연구기관 등의 설립·운영 및 육성에 관한 법률」 제8조에 따라 설립된 연구기관 또는 「민법」 제32조에 따라 설립된 비영리법인 중 성평등가족부장관이 지정한 연구기관 또는 법인을 말한다. (2025.10.1 개정)

제3장 모성 보호 및 일·가정의 양립 지원

제9조의2 【난임치료휴가의 신청】 ① 법 제18조의3제1항에 따라 난임치료를 받기 위한 휴가(이하 "난임치료휴가"라 한다)를 신청하려는 근로자는

난임치료휴가를 사용하려는 날, 난임치료휴가 신청 연월일 등에 대한 사항을 적은 문서(전자문서를 포함한다)를 사업주에게 제출해야 한다. (2019.12.24 개정)

② 사업주는 난임치료휴가를 신청한 근로자에게 난임치료를 받을 사실을 증명할 수 있는 서류의 제출을 요구할 수 있다. (2018.5.28 신설)

제10조【육아휴직의 적용 제외】 법 제19조제1항 단서에서 "대통령령으로 정하는 경우"란 육아휴직을 시작하려는 날(이하 "휴직개시예정일"이라 한다)의 전날까지 해당 사업에서 계속 근로한 기간이 6개월 미만인 근로자가 신청한 경우를 말한다. (2019.12.24 개정)

제11조【육아휴직의 신청 등】 ① 법 제19조제1항 본문에 따라 육아휴직을 신청하려는 근로자는 휴직개시예정일의 30일 전까지 신청서에 다음 각 호의 사항을 적어 사업주에게 제출해야 한다. 이 경우 제6호의 사항에 대해서는 신청서에 해당 사실을 증명하는 서류를 첨부해야 한다. (2025.2.18 개정)

1. 신청인의 성명, 생년월일 등 인적사항
2. 육아휴직 대상인 영유아의 성명·생년월일(임신 중인 여성근로자가 육아휴직을 신청하는 경우에는 영유아의 성명을 적지 않으며, 생년월일 대신 출산 예정일을 적어야 한다)
3. 휴직개시예정일
4. 육아휴직을 종료하려는 날(이하 "휴직종료예정일"이라 한다)
5. 육아휴직 신청 연월일
6. 법 제19조제2항 각 호의 어느 하나에 해당하는 경우에는 그에 해당한다는 사실 (2025.2.18 신설)

② 근로자는 자녀 출생 후 18개월 이내에 육아휴직을 시작하려는 경우에는 「근로기준법」 제74조에 따른 출산전후휴가(이하 "출산전후휴가"라 한다)를 청구하거나 법 제18조의2에 따른 배우자 출산휴가를 고지할 때 법 제19조제1항 본문에 따라 육아휴직을 함께 신청할 수 있다. 이 경우 근로자는 육아휴직 신청서에 제1항 각 호의 사항 및 출산전후휴가 또는 배우자 출산휴가의 개시·종료예정일을 적어 사업주에게 제출해야 하며, 육아휴직의 신청은 육아휴직개시예정일 30일 전까지 해야 한다. (2025.2.18 개정)

③ 제1항 및 제2항 후단에도 불구하고 다음 각 호의 어느 하나에 해당하는 경우에는 휴직개시예정일 7일 전까지 육아휴직을 신청할 수 있다. (2024.12.24 개정)

1. 임신 중인 여성 근로자에게 유산 또는 사산의 위험이 있는 경우 (2021.11.19 신설)
2. 출산 예정일 이전에 자녀가 출생한 경우 (2021.11.19 개정)

3. 배우자의 사망, 부상, 질병 또는 신체적·정신적 장애나 배우자와의 이혼 등으로 해당 영유아를 양육하기 곤란한 경우 (2021.11.19 개정)

④ 사업주는 근로자가 제1항부터 제3항까지의 규정에 따라 육아휴직을 신청하는 경우에는 육아휴직을 허용해야 한다. 이 경우 제1항 및 제2항에 따라 육아휴직을 신청하는 근로자에게는 그 신청일부터 14일 이내에, 제3항에 따라 육아휴직을 신청하는 근로자에게는 그 신청일부터 3일 이내에 육아휴직을 허용한 사실을 서면 또는 전자적 방식으로 알려야 한다. (2024.12.24 신설)

⑤ 사업주가 제4항 후단에 따른 기간 이내에 근로자에게 육아휴직을 허용한다는 사실을 알리지 않은 경우에는 근로자가 육아휴직을 신청한 대로 육아휴직을 허용한 것으로 본다. (2024.12.24 신설)

⑥ 사업주는 근로자가 제1항 또는 제2항 후단에 따른 기한이 지난 뒤에 육아휴직을 신청한 경우에는 그 신청일부터 30일 이내에, 제3항에 따른 기한이 지난 뒤에 육아휴직을 신청한 경우에는 그 신청일부터 7일 이내에 육아휴직 개시일을 지정하여 육아휴직을 허용해야 하고, 그 사실을 서면 또는 전자적 방식으로 알려야 한다. (2024.12.24 개정)

⑦ 사업주는 제1항부터 제3항까지의 규정에 따라 육아휴직을 신청한 근로자에게 본인 또는 배우자가 임신 중인 사실을 증명할 수 있는 서류나 해당 자녀의 출생 등을 증명할 수 있는 서류의 제출을 요구할 수 있다. (2024.12.24 개정)

칙 제14조의2

제12조 【육아휴직의 변경신청 등】 ① 육아휴직을 신청한 근로자는 휴직개시예정일 전에 제11조제3항 각 호의 어느 하나에 해당하는 사유가 발생한 경우에는 사업주에게 그 사유를 명시하여 휴직개시예정일을 당초의 예정일 전으로 변경하여 줄 것을 신청할 수 있다. (2024.12.24 개정)

② 근로자는 휴직종료예정일을 연기하려는 경우에는 한 번만 연기할 수 있다. 이 경우 당초의 휴직종료예정일 30일 전(제11조제3항제1호 또는 제3호의 사유로 휴직종료예정일을 연기하려는 경우에는 당초의 예정일 7일 전)까지 사업주에게 휴직종료예정일의 연기를 신청해야 한다. (2024.12.24 개정)

제13조 【육아휴직 신청의 철회 등】 ① 육아휴직을 신청한 근로자는 휴직개시예정일의 7일 전까지 사유를 밝혀 그 신청을 철회할 수 있다.

② 근로자가 육아휴직을 신청한 후 휴직개시예정일 전에 다음 각 호의 구분에 따른 사유가 발생하면 그 육아휴직 신청은 없었던 것으로 본다. (2021.11.19 개정)

1. 임신 중인 여성 근로자가 육아휴직을 신청한 경우 : 유산 또는 사산
2. 제1호 외의 근로자가 육아휴직을 신청한 경우
   가. 해당 영유아의 사망

나. 양자인 영유아의 파양이나 입양의 취소
다. 육아휴직을 신청한 근로자가 부상 또는 질병이나 신체적·정신적 장애, 배우자와의 이혼 등으로 해당 영유아를 양육할 수 없게 된 경우
라. 법 제19조제2항제2호 또는 제3호의 사유로 6개월 이내에서 추가로 육아휴직을 신청한 근로자가 법 제19조제2항제2호 또는 제3호에 해당하지 않게 된 경우 (2025.2.18 신설)

③ 근로자는 제2항 각 호의 구분에 따른 사유가 발생하면 지체 없이 그 사실을 사업주에게 알려야 한다. (2021.11.19 신설)

제14조 【육아휴직의 종료】 ① 육아휴직 중인 근로자는 다음 각 호의 구분에 따른 사유가 발생하면 그 사유가 발생한 날부터 7일 이내에 그 사실을 사업주에게 알려야 한다. (2021.11.19 개정)

1. 임신 중인 여성 근로자가 육아휴직 중인 경우 : 유산 또는 사산
2. 제1호 외의 근로자가 육아휴직 중인 경우
가. 해당 영유아의 사망
나. 해당 영유아와 동거하지 않고 영유아의 양육에도 기여하지 않게 된 경우

② 사업주는 제1항에 따라 육아휴직 중인 근로자로부터 영유아의 사망 등에 대한 사실을 통지받은 경우에는 통지받은 날부터 30일 이내로 근무개시일을 지정하여 그 근로자에게 알려야 한다.

③ 근로자는 다음 각 호의 어느 하나에 해당하는 날에 육아휴직이 끝난 것으로 본다.

1. 제1항에 따라 통지를 하고 제2항에 따른 근무개시일을 통지받은 경우에는 그 근무개시일의 전날
2. 제1항에 따라 통지를 하였으나 제2항에 따른 근무개시일을 통지받지 못한 경우에는 제1항의 통지를 한 날부터 30일이 되는 날
3. 제1항에 따른 통지를 하지 아니한 경우에는 영유아의 사망 등의 사유가 발생한 날부터 37일이 되는 날

④ 육아휴직 중인 근로자가 새로운 육아휴직을 시작하거나 출산전후휴가 또는 법 제19조의2에 따른 육아기 근로시간 단축(이하 "육아기 근로시간 단축"이라 한다)을 시작하는 경우에는 그 새로운 육아휴직, 출산전후휴가 또는 육아기 근로시간 단축 개시일의 전날에 육아휴직이 끝난 것으로 본다. (2024.12.24 개정)

제15조 【육아기 근로시간 단축의 신청 등】 ① 법 제19조의2제1항 본문에 따라 육아기 근로시간 단축을 신청하려는 근로자는 육아기 근로시간 단축을 시작하려는 날(이하 "단축개시예정일"이라 한다)의 30일 전까지 육아기 근로시간 단축기간 중 양육하는 대상인 자녀의 성명, 생년월일, 단축개시예정

일, 육아기 근로시간 단축을 종료하려는 날(이하 "단축종료예정일"이라 한다), 육아기 근로시간 단축 중 근무개시시각 및 근무종료시각, 육아기 근로시간 단축 신청 연월일, 신청인 등에 대한 사항을 적은 문서(전자문서를 포함한다)를 사업주에게 제출하여야 한다. (2012.7.10 신설)
② 사업주는 근로자가 제1항에 따른 기한이 지난 뒤에 육아기 근로시간 단축을 신청한 경우에는 그 신청일부터 30일 이내로 육아기 근로시간 단축 개시일을 지정하여 육아기 근로시간 단축을 허용하여야 한다. (2012.7.10 신설)
③ 사업주는 제1항 및 제2항에 따라 육아기 근로시간 단축을 신청한 근로자에게 해당 자녀의 출생 등을 증명할 수 있는 서류의 제출을 요구할 수 있다. (2012.7.10 신설)

제15조의2【육아기 근로시간 단축의 허용 예외】 법 제19조의2제1항 단서에서 "대통령령으로 정하는 경우"란 다음 각 호의 어느 하나에 해당하는 경우를 말한다. (2012.7.10 신설)

1. 단축개시예정일의 전날까지 해당 사업에서 계속 근로한 기간이 6개월 미만인 근로자가 신청한 경우 (2019.12.24 개정)
2. 삭제(2019.12.24)
3. 사업주가 「직업안정법」 제2조의2제1호에 따른 직업안정기관(이하 "직업안정기관"이라 한다)에 구인신청을 하고 14일 이상 대체인력을 채용하기 위하여 노력하였으나 대체인력을 채용하지 못한 경우. 다만, 직업안정기관의 장의 직업소개에도 불구하고 정당한 이유 없이 2회 이상 채용을 거부한 경우는 제외한다.
4. 육아기 근로시간 단축을 신청한 근로자의 업무 성격상 근로시간을 분할하여 수행하기 곤란하거나 그 밖에 육아기 근로시간 단축이 정상적인 사업 운영에 중대한 지장을 초래하는 경우로서 사업주가 이를 증명하는 경우

제15조의3【육아기 근로시간 단축의 종료】 ① 육아기 근로시간 단축 중인 근로자는 그 영유아가 사망한 경우 또는 그 영유아와 동거하지 않게 된 경우(영유아의 양육에 기여하지 않는 경우로 한정한다)에는 그 사유가 발생한 날부터 7일 이내에 그 사실을 사업주에게 알려야 한다. (2019.12.24 개정)
② 사업주는 제1항에 따라 육아기 근로시간 단축 중인 근로자로부터 영유아의 사망 등에 대한 사실을 통지받은 경우에는 통지받은 날부터 30일 이내로 육아기 근로시간 단축 전 직무 복귀일을 지정하여 그 근로자에게 알려야 한다. (2012.7.10 신설)
③ 근로자는 다음 각 호의 어느 하나에 해당하는 날에 육아기 근로시간 단축이 끝난 것으로 본다. (2012.7.10 신설)

1. 제1항에 따라 통지를 하고 제2항에 따른 육아기 근로시간 단축 전 직무 복귀일을 통지받은 경우에는 그 육아기 근로시간 단축 전 직무 복귀일의

전날

2. 제1항에 따라 통지를 하였으나 제2항에 따른 육아기 근로시간 단축 전 직무 복귀일을 통지받지 못한 경우에는 제1항의 통지를 한 날부터 30일이 되는 날
3. 제1항에 따른 통지를 하지 아니한 경우에는 영유아의 사망 등 육아기 근로시간 단축의 종료 사유가 발생한 날부터 37일이 되는 날

④ 육아기 근로시간 단축 중인 근로자가 다음 각 호의 어느 하나에 해당하는 경우에는 다음 각 호의 구분에 따른 날의 전날에 육아기 근로시간 단축이 끝난 것으로 본다. (2024.12.24 개정)

1. 근로자가 새로운 육아기 근로시간 단축을 시작하는 경우 : 새로운 육아기 근로시간 단축 개시일
2. 근로자가 육아휴직 또는 출산전후휴가를 시작하는 경우 : 육아휴직 또는 출산전후휴가 개시일
3. 제2호 외의 사유로 근로자가 휴직 또는 휴가(30일 이상의 기간 동안 계속되는 휴직 또는 휴가로 한정한다)를 시작하는 경우 : 휴직 또는 휴가 개시일
4. 사업주의 귀책사유로 휴업(30일 이상의 기간 동안 계속되는 휴업으로 한정한다)을 시작하는 경우 : 휴업 시작일

제15조의4 【준용】 법 제19조의2에 따른 육아기 근로시간 단축의 절차 등에 관하여는 제12조제2항 및 제13조를 준용한다. 이 경우 "육아휴직"은 "육아기 근로시간 단축"으로, "휴직개시예정일"은 "단축개시예정일"로, "휴직종료예정일"은 "단축종료예정일"로 본다. (2012.7.10 개정)

제16조 【복지시설의 우선 설치지역】 법 제22조제1항에 따라 국가나 지방자치단체가 여성근로자를 위한 공공복지시설을 설치하는 경우에는 공업단지·농공지구 등 여성근로자가 많은 지역부터 우선 설치하여야 한다.

제16조의2 【가족돌봄휴직 및 가족돌봄휴가의 신청 등】 ① 법 제22조의2 제1항 본문에 따라 가족돌봄휴직을 신청하려는 근로자는 가족돌봄휴직을 시작하려는 날(이하 "돌봄휴직개시예정일"이라 한다)의 30일 전까지 가족돌봄휴직 기간 중 돌보는 대상인 가족의 성명, 생년월일, 돌봄이 필요한 사유, 돌봄휴직개시예정일, 가족돌봄휴직을 종료하려는 날(이하 "돌봄휴직종료예정일"이라 한다), 가족돌봄휴직 신청 연월일, 신청인 등에 대한 사항을 적은 문서(전자문서를 포함한다)를 사업주에게 제출하여야 한다. (2019.12.24 개정)

② 사업주는 근로자가 제1항에 따른 기한이 지난 뒤에 가족돌봄휴직을 신청한 경우에는 그 신청일부터 30일 이내로 가족돌봄휴직 개시일을 지정하여 가족돌봄휴직을 허용하여야 한다. (2012.7.10 신설)

③ 사업주는 가족돌봄휴직을 신청한 근로자에게 돌봄이 필요한 가족의 건강 상태, 신청인 외의 가족 등의 돌봄 가능 여부 등 근로자의 가족돌봄휴직의 필요성을 확인할 수 있는 서류의 제출을 요구할 수 있다. (2012.7.10 신설)
④ 법 제22조의2제2항 본문에 따라 가족돌봄휴가를 신청하려는 근로자는 가족돌봄휴가를 사용하려는 날, 가족돌봄휴가 중 돌보는 대상인 가족의 성명·생년월일, 가족돌봄휴가 신청 연월일, 신청인 등에 대한 사항을 적은 문서(전자문서를 포함한다)를 사업주에게 제출해야 한다. (2019.12.24 신설)

제16조의3 【가족돌봄휴직 및 가족돌봄휴가의 허용 예외】 ① 법 제22조의2제1항 단서에서 "대통령령으로 정하는 경우"란 다음 각 호의 어느 하나에 해당하는 경우를 말한다. (2019.12.24 개정)
1. 돌봄휴직개시예정일의 전날까지 해당 사업에서 계속 근로한 기간이 6개월 미만인 근로자가 신청한 경우 (2019.12.24 개정)
2. 부모, 배우자, 자녀 또는 배우자의 부모를 돌보기 위하여 가족돌봄휴직을 신청한 근로자 외에도 돌봄이 필요한 가족의 부모, 자녀, 배우자 등이 돌봄이 필요한 가족을 돌볼 수 있는 경우 (2019.12.24 개정)
3. 조부모 또는 손자녀를 돌보기 위하여 가족돌봄휴직을 신청한 근로자 외에도 조부모의 직계비속 또는 손자녀의 직계존속이 있는 경우. 다만, 조부모의 직계비속 또는 손자녀의 직계존속에게 질병, 노령, 장애 또는 미성년 등의 사유가 있어 신청한 근로자가 돌봐야 하는 경우는 제외한다. (2019.12.24 신설)
4. 사업주가 직업안정기관에 구인신청을 하고 14일 이상 대체인력을 채용하기 위하여 노력하였으나 대체인력을 채용하지 못한 경우. 다만, 직업안정기관의 장의 직업소개에도 불구하고 정당한 이유 없이 2회 이상 채용을 거부한 경우는 제외한다. (2019.12.24 개정)
5. 근로자의 가족돌봄휴직으로 인하여 정상적인 사업 운영에 중대한 지장이 초래되는 경우로서 사업주가 이를 증명하는 경우 (2019.12.24 개정)

② 법 제22조의2제2항 본문에서 "조부모 또는 손자녀의 경우 근로자 본인 외에도 직계비속 또는 직계존속이 있는 등 대통령령으로 정하는 경우"란 조부모 또는 손자녀를 돌보기 위하여 가족돌봄휴가를 신청한 근로자 외에도 조부모의 직계비속 또는 손자녀의 직계존속이 있는 경우를 말한다. 다만, 조부모의 직계비속 또는 손자녀의 직계존속에게 질병, 노령, 장애 또는 미성년 등의 사유가 있어 신청한 근로자가 돌봐야 하는 경우는 제외한다. (2019.12.24 신설)

제16조의4 【가족돌봄휴직 신청의 철회 등】 ① 가족돌봄휴직을 신청한 근로자는 돌봄휴직개시예정일의 7일 전까지 사유를 밝혀 그 신청을 철회할 수 있다. (2019.12.24 신설)

② 근로자가 가족돌봄휴직을 신청한 후 돌봄휴직개시예정일 전에 돌봄이 필요한 가족이 사망하거나 질병 등이 치유된 경우에는 그 신청은 없었던 것으로 본다. 이 경우 근로자는 지체 없이 그 사실을 사업주에게 알려야 한다. (2019.12.24 신설)

제16조의5 【가족돌봄휴직의 종료】 ① 가족돌봄휴직 중인 근로자는 돌봄이 필요한 가족이 사망하거나 질병 등이 치유된 경우에는 그 사유가 발생한 날부터 7일 이내에 그 사실을 사업주에게 알려야 한다. (2019.12.24 신설)

② 사업주는 제1항에 따라 통지를 받은 경우 통지받은 날부터 30일 이내로 근무개시일을 지정하여 그 근로자에게 알려야 한다. (2019.12.24 신설)

③ 근로자는 다음 각 호의 어느 하나에 해당하는 날에 가족돌봄휴직이 끝난 것으로 본다. (2019.12.24 신설)

1. 제1항에 따라 통지를 하고 제2항에 따른 근무개시일을 통지받은 경우에는 그 근무개시일의 전날
2. 제1항에 따라 통지를 했으나 제2항에 따른 근무개시일을 통지받지 못한 경우에는 제1항의 통지를 한 날부터 30일이 되는 날
3. 제1항에 따른 통지를 하지 않은 경우에는 제1항에 따른 사유가 발생한 날부터 37일이 되는 날

제16조의6 【준용】 법 제22조의2제1항에 따른 가족돌봄휴직의 절차 등에 관하여는 제12조제2항을 준용한다. 이 경우 "육아휴직"은 "가족돌봄휴직"으로, "휴직개시예정일"은 "돌봄휴직개시예정일"로, "휴직종료예정일"은 "돌봄휴직종료예정일"로, "영유아"는 "돌봄이 필요한 가족"으로 본다. 이 경우 "휴직종료예정일"은 "돌봄휴직종료예정일"로 본다. (2019.12.24 개정)

제16조의7 【가족돌봄 등을 위한 근로시간 단축의 신청 등】 ① 법 제22조의3제1항에 따라 가족돌봄 등을 위한 근로시간 단축(이하 "가족돌봄등근로시간단축"이라 한다)을 신청하려는 근로자는 가족돌봄등근로시간단축을 시작하려는 날(이하 "가족돌봄등단축개시예정일"이라 한다)의 30일 전까지 가족돌봄등근로시간단축 신청사유, 가족돌봄등단축개시예정일, 가족돌봄등근로시간단축을 종료하려는 날(이하 "가족돌봄등단축종료예정일"이라 한다), 가족돌봄등근로시간단축 기간 중 근무개시시각·근무종료시각, 가족돌봄등근로시간단축 신청 연월일 및 신청인 등에 대한 사항을 적은 문서(전자문서를 포함한다)를 사업주에게 제출해야 한다. (2019.12.24 신설)

② 사업주는 근로자가 제1항에 따른 기한이 지난 후에 가족돌봄등근로시간단축을 신청한 경우 그 신청일부터 30일 이내로 가족돌봄등근로시간단축개시일을 지정하여 가족돌봄등근로시간단축을 허용해야 한다. (2019.12.24 신설)

③ 제1항 및 제2항에 따라 근로자가 가족돌봄등근로시간단축을 신청했음에

도 불구하고 그 신청일부터 30일 이내에 사업주로부터 가족돌봄등근로시간단축 허용 여부에 대하여 통지를 받지 못한 경우에는 근로자가 신청한 내용대로 사업주가 가족돌봄등근로시간단축을 허용한 것으로 본다. 〈2019.12.24 신설〉

④ 사업주는 제1항 및 제2항에 따라 가족돌봄등근로시간단축을 신청한 근로자에게 가족의 질병 등 해당 사유를 증명할 수 있는 서류의 제출을 요구할 수 있다. 〈2019.12.24 신설〉

제16조의8【가족돌봄등근로시간단축의 허용 예외】 법 제22조의3제1항 각 호 외의 부분 단서에서 "대체인력 채용이 불가능한 경우, 정상적인 사업 운영에 중대한 지장을 초래하는 경우 등 대통령령으로 정하는 경우"란 다음 각 호의 어느 하나에 해당하는 경우를 말한다. 〈2019.12.24 신설〉

1. 가족돌봄등단축개시예정일의 전날까지 해당 사업에서 계속 근로한 기간이 6개월 미만의 근로자가 신청한 경우
2. 사업주가 직업안정기관에 구인신청을 하고 14일 이상 대체인력을 채용하기 위하여 노력했으나 대체인력을 채용하지 못한 경우. 다만, 직업안정기관의 장의 직업소개에도 불구하고 정당한 이유 없이 2회 이상 채용을 거부한 경우는 제외한다.
3. 가족돌봄등근로시간단축을 신청한 근로자의 업무 성격상 근로시간을 분할하여 수행하기 곤란하거나 그 밖에 가족돌봄등근로시간단축이 정상적인 사업 운영에 중대한 지장을 초래하는 경우로서 사업주가 이를 증명하는 경우
4. 가족돌봄등근로시간단축 종료일부터 2년이 지나지 않은 근로자가 신청한 경우

제16조의9【가족돌봄등근로시간단축의 기간 연장 신청 등】 ① 가족돌봄등근로시간단축 기간을 연장하려는 근로자는 가족돌봄등단축종료예정일 30일 전까지 가족돌봄등근로시간단축 기간 연장 사유, 당초 가족돌봄등단축종료예정일, 가족돌봄등근로시간단축 기간 연장에 따른 가족돌봄등단축종료예정일, 연장된 가족돌봄등근로시간단축 기간 중 근무개시시각·근무종료시각, 가족돌봄등근로시간단축 기간 연장 신청 연월일 및 신청인 등에 대한 사항을 적은 문서(전자문서를 포함한다)를 사업주에게 제출해야 한다. 〈2019.12.24 신설〉

② 사업주는 근로자가 제1항에 따른 기한이 지난 후에 가족돌봄등근로시간단축 기간 연장을 신청한 경우 그 신청일부터 30일 이내에 가족돌봄등근로시간단축을 연장하는 기간을 지정하여 가족돌봄등근로시간단축을 허용해야 한다. 〈2019.12.24 신설〉

③ 제1항 및 제2항에 따른 기간의 연장은 1회로 한정한다. 〈2019.12.24 신설〉

④ 제1항 및 제2항에 따라 근로자가 가족돌봄등근로시간단축 기간 연장을 신청했음에도 불구하고 그 신청일부터 30일 이내에 사업주로부터 가족돌봄등근로시간단축 기간 연장 허용 여부에 대하여 통지를 받지 못한 경우에는 근로자가 신청한 내용대로 사업주가 가족돌봄등근로시간단축 기간 연장을 허용한 것으로 본다. (2019.12.24 신설)
⑤ 사업주는 제1항 및 제2항에 따라 가족돌봄등근로시간단축 기간 연장을 신청한 근로자에게 가족의 질병 등 해당 사유를 증명할 수 있는 서류의 제출을 요구할 수 있다. (2019.12.24 신설)

제16조의10【가족돌봄등근로시간단축 신청의 철회 등】 ① 가족돌봄등근로시간단축을 신청한 근로자는 가족돌봄등단축개시예정일의 7일 전까지 사유를 밝혀 그 신청을 철회할 수 있다. (2019.12.24 신설)
② 근로자가 가족돌봄등근로시간단축을 신청한 후 가족돌봄등단축개시예정일 전에 다음 각 호의 구분에 따른 사유가 발생하면 그 신청은 없었던 것으로 본다. 이 경우 근로자는 지체 없이 그 사실을 사업주에게 알려야 한다. (2019.12.24 신설)
1. 법 제22조의3제1항제1호의 사유로 신청한 경우 : 해당 가족의 사망 또는 질병 등의 치유
2. 법 제22조의3제1항제2호의 사유로 신청한 경우 : 해당 질병 또는 부상 등의 치유
3. 법 제22조의3제1항제3호 또는 제4호의 사유로 신청한 경우 : 사정 변경으로 인한 은퇴준비 또는 학업에 관한 계획의 취소

제16조의11【가족돌봄등근로시간단축의 종료】 ① 가족돌봄등근로시간단축 중인 근로자는 다음 각 호의 구분에 따른 사유가 발생한 경우에는 그 사유가 발생한 날부터 7일 이내에 그 사실을 사업주에게 알려야 한다. (2019.12.24 신설)
1. 법 제22조의3제1항제1호의 사유로 단축 중인 경우 : 해당 가족의 사망 또는 질병 등의 치유
2. 법 제22조의3제1항제2호의 사유로 단축 중인 경우 : 해당 질병 또는 부상 등의 치유
3. 법 제22조의3제1항제3호 또는 제4호의 사유로 단축 중인 경우 : 사정 변경으로 인한 은퇴준비 또는 학업의 중단

② 사업주는 제1항에 따라 통지를 받은 경우 통지받은 날부터 30일 이내로 가족돌봄등근로시간단축 전 직무 복귀일을 지정하여 그 근로자에게 알려야 한다. (2019.12.24 신설)
③ 근로자는 다음 각 호의 어느 하나에 해당하는 날에 가족돌봄등근로시간단축이 끝난 것으로 본다. (2019.12.24 신설)

1. 제1항에 따라 통지를 하고 제2항에 따른 가족돌봄등근로시간단축 전 직무 복귀일을 통지받은 경우에는 그 가족돌봄등근로시간단축 전 직무 복귀일의 전날
2. 제1항에 따라 통지를 했으나 제2항에 따른 가족돌봄등근로시간단축 전 직무 복귀일을 통지받지 못한 경우에는 제1항의 통지를 한 날부터 30일이 되는 날
3. 제1항에 따른 통지를 하지 않은 경우에는 제1항 각 호의 구분에 따른 사유가 발생한 날부터 37일이 되는 날

제17조 【일·가정 양립 지원을 위한 조사·연구 등의 업무 위탁】 고용노동부장관은 법 제22조의5제2항에 따라 법 제21조 및 법 제21조의2에 따른 직장어린이집 설치·운영의 지원에 관한 업무와 법 제22조의5제1항에 따른 일·가정 양립 지원 기반 조성에 관한 업무를 다음 각 호의 어느 하나에 해당하는 기관 또는 법인에 위탁할 수 있다. (2024.12.24 개정)
1. 「공공기관의 운영에 관한 법률」 제5조제4항제2호에 따른 준정부기관
2. 「정부출연연구기관 등의 설립·운영 및 육성에 관한 법률」 제8조에 따라 설립된 연구기관
3. 「민법」 제32조에 따라 설립된 비영리법인으로서 일·가정 양립 지원 등의 사업 수행을 목적으로 설립된 법인

제4장 분쟁의 예방과 해결

제18조 【고충 신고 등】 ① 법 제25조에 따른 고충 신고는 구두, 서면, 우편, 전화, 팩스 또는 인터넷 등의 방법으로 하여야 한다.
② 사업주는 제1항에 따라 고충 신고를 받은 경우 특별한 사유가 없으면 신고 접수일부터 10일 이내에 신고된 고충을 직접 처리하거나 「근로자참여 및 협력증진에 관한 법률」에 따라 설치된 노사협의회에 위임하여 처리하게 하고, 사업주가 직접 처리한 경우에는 처리 결과를, 노사협의회에 위임하여 처리하게 한 경우에는 위임 사실을 해당 근로자에게 알려야 한다.
③ 사업주는 고충접수·처리대장을 작성하여 갖추어 두고 관련 서류를 3년간 보존하여야 한다.
④ 제3항의 고충접수·처리대장은 전자적 처리가 불가능한 특별한 사유가 없으면 전자적 처리가 가능한 방법으로 작성하여 갖추어 두어야 하며, 같은 항에 따른 서류는 전자적인 방법으로 작성·보존할 수 있다.
칙 제17조

제18조의2 【전문위원의 수 및 자격 등】 ① 법 제27조제5항에 따른 전문위원은 「노동위원회법」 제2조제1항에 따른 중앙노동위원회 또는 지방노동위

원회에 둔다. (2021.11.19 신설)

② 제1항에 따라 「노동위원회법」 제2조제1항에 따른 중앙노동위원회 또는 지방노동위원회에 두는 전문위원의 수는 10명 이내로 한다. (2021.11.19 신설)

③ 제2항에 따른 전문위원은 다음 각 호의 어느 하나에 해당하는 사람 중에서 「노동위원회법」 제2조제1항에 따른 중앙노동위원회(이하 "중앙노동위원회"라 한다)의 위원장이 위촉하는 사람으로 한다. (2021.11.19 신설)

1. 법학·경영학·경제학·사회학·여성학 등 남녀고용 및 노동 관련 분야의 박사학위를 가진 사람
2. 변호사·공인회계사 또는 공인노무사의 자격이 있는 사람

④ 제2항에 따른 전문위원의 보수에 관한 사항은 「공무원보수규정」 별표 34에 따른 일반임기제공무원의 연봉등급 기준표를 준용하여 중앙노동위원회가 따로 정한다. (2021.11.19 신설)

제5장 보 칙

제19조 【보존서류의 종류】 법 제33조에서 "대통령령으로 정하는 서류"란 다음 각 호의 서류를 말한다.

1. 법 제7조부터 제11조까지의 규정에 따른 모집과 채용, 임금, 임금 외의 금품 등, 교육·배치 및 승진, 정년·퇴직 및 해고에 관한 서류
2. 법 제13조 및 법 제13조의2에 따른 직장 내 성희롱 예방 교육을 하였음을 확인할 수 있는 서류
3. 법 제14조제5항 전단에 따른 직장 내 성희롱 행위자에 대한 징계 등 조치에 관한 서류 (2018.5.28 개정)
4. 삭제(2009.6.19)
5. 법 제18조의2에 따른 배우자 출산휴가의 고지 및 허용에 관한 서류 (2025.2.18 개정)
6. 법 제19조에 따른 육아휴직의 신청 및 허용에 관한 서류
7. 법 제19조의2 및 법 제19조의3에 따른 육아기 근로시간 단축의 신청 및 허용에 관한 서류, 허용하지 아니한 경우 그 사유의 통보 및 협의 서류, 육아기 근로시간 단축 중의 근로조건에 관한 서류

제20조 【청문】 삭제(2014.12.30)

제21조 【권한의 위임 및 위탁】 ① 법 제36조에 따라 고용노동부장관은 다음 각 호의 권한을 지방고용노동관서의 장에게 위임한다. (2016.3.8 개정)

1. 법 제13조의2에 따른 성희롱 예방 교육기관의 지정 및 지정의 취소
2. 법 제17조에 따른 여성 고용 촉진을 위한 시설의 설치·운영 및 사업시행

비용의 지원
3. 삭제(2025.10.1)
4. 삭제(2025.10.1)
5. 법 제21조제3항 및 법 제21조의2에 따른 직장어린이집의 설치·운영에 필요한 지원·지도, 정보 제공 및 상담 (2011.12.8 개정)
6. 법 제23조에 따라 상담을 실시하는 민간단체에 대한 지원
7. 법 제24조에 따른 명예고용평등감독관의 위촉 및 해촉(解囑)
8. 법 제31조에 따른 보고와 관계 서류의 제출 명령, 사업장 출입, 관계인에 대한 질문 및 관계 서류의 검사
9. 법 제39조에 따른 과태료의 부과·징수

② 고용노동부장관은 법 제36조에 따라 법 제6조의3에 따른 실태조사 업무를 다음 각 호의 어느 하나에 해당하는 공공단체에 위탁할 수 있다. (2023.12.12 신설)
1. 「공공기관의 운영에 관한 법률」 제4조에 따른 공공기관
2. 「정부출연연구기관 등의 설립·운영 및 육성에 관한 법률」 제8조에 따라 설립된 정부출연연구기관
3. 그 밖에 고용노동부장관이 위탁 업무를 수행할 수 있는 인력·시설·장비를 갖추었다고 인정하는 공공단체

③ 고용노동부장관은 법 제36조에 따라 다음 각 호의 업무를 「고용정책 기본법」 제18조에 따른 한국고용정보원에 위탁한다. (2023.12.12 개정)
1. 법 제31조의2제1항에 따른 임신·출산 진료비의 신청과 관련된 자료 제공의 요청
2. 법 제31조의2제2항에 따른 제공받은 자료의 고용정보시스템을 통한 처리 (2021.11.19 개정)

④ 고용노동부장관은 제2항에 따라 업무를 위탁하는 경우 위탁받는 공공단체 및 위탁업무의 내용을 고시해야 한다. (2023.12.12 신설)

제21조의2 【민감정보 및 고유식별정보의 처리】 고용노동부장관(제21조에 따라 고용노동부장관의 권한을 위임·위탁받은 자를 포함한다)은 다음 각 호의 사무를 수행하기 위하여 불가피한 경우 「개인정보 보호법」 제23조에 따른 건강에 관한 정보나 같은 법 시행령 제19조제1호 또는 제4호에 따른 주민등록번호 또는 외국인등록번호가 포함된 자료를 처리할 수 있다. (2016.3.8 신설)
1. 법 제18조에 따른 출산전후휴가 등에 대한 지원 제도 안내와 그 제도 시행에 필요한 지원 및 지도에 관한 사무 (2024.12.24 개정)
2. 법 제19조에 따른 육아휴직 제도 안내와 그 제도 시행에 필요한 지원 및 지도에 관한 사무

3. 법 제19조의2 및 제19조의3에 따른 육아기 근로시간 단축 제도 안내와 그 제도 시행에 필요한 지원 및 지도에 관한 사무
4. 법 제31조에 따른 명령·출입·질문 및 검사에 관한 사무
5. 법 제31조의2에 따른 자료 제공의 요청 및 제공받은 자료의 고용보험전산망을 통한 처리에 관한 사무

제21조의3【규제의 재검토】 고용노동부장관은 제19조에 따른 보존서류의 종류에 대하여 2020년 1월 1일을 기준으로 5년마다(매 5년이 되는 해의 1월 1일 전까지를 말한다) 그 타당성을 검토하여 개선 등의 조치를 하여야 한다. (2020.3.3 개정)

제6장 과태료

제22조【과태료의 부과기준】 ① 법 제39조제1항부터 제4항까지의 규정에 따른 과태료의 부과기준은 별표와 같다. (2021.11.19 개정)
② 삭제(2018.5.28)

부 칙

제1조【시행일】 이 영은 2008년 6월 22일부터 시행한다. 다만, 별표 제4호부터 제6호까지의 개정규정은 2009년 6월 22일부터 시행한다.

제2조【적극적 고용개선조치 시행계획 수립·제출의무 등에 관한 특례】 제4조제1항의 개정규정은 「공공기관의 운영에 관한 법률」 제4조에 따른 공공기관 중 상시 50명 미만의 근로자를 고용하는 공공기관에 대하여는 2013년 4월 30일까지 적용하지 아니한다.

제3조【적극적 고용개선조치 시행계획 수립·제출의무 등에 관한 경과조치】 제4조제1항의 개정규정에 따라 새로 법 제17조의3 및 법 제17조의4를 적용받게 되는 공공기관(부칙 제2조에 해당되는 공공기관은 제외한다)에 대한 다음 각 호의 구분에 따른 제출의무는 그 구분에 따른 연도부터 적용한다.
1. 법 제17조의3제1항에 따라 최초로 제출하는 적극적 고용개선조치 시행계획의 제출(직종별 여성 근로자의 비율이 같은 규정에 따른 고용 기준에 미달하는 공공기관만 해당한다) : 2009년
2. 법 제17조의3제2항에 따라 최초로 제출하는 직종별·직급별 남녀 근로자 현황의 제출 : 2009년
3. 법 제17조의4제1항에 따라 최초로 제출하는 적극적 고용개선조치 시행계획 이행실적의 제출(직종별 여성 근로자의 비율이 법 제17조의3제1항에 따른 고용 기준에 미달하는 공공기관만 해당한다) : 2010년

제4조【다른 법령의 개정】 생략

제5조 【다른 법령과의 관계】 이 영 시행 당시 다른 법령에서 종전의「남녀고용평등법 시행령」 또는 그 규정을 인용한 경우에 이 영 가운데 그에 해당하는 규정이 있으면 종전의 규정을 갈음하여 이 영 또는 이 영의 해당 규정을 인용한 것으로 본다.

〈생략〉

부칙(2018.5.28 대통령령 제28910호)

이 영은 2018년 5월 29일부터 시행한다. 다만, 제2조제2항 및 제4조제2항의 개정규정은 2019년 1월 1일부터 시행한다.

부칙(2019.12.24 대통령령 제30255호)

제1조 【시행일】 이 영은 공포한 날부터 시행한다. 다만, 제16조의2제4항, 제16조의3제1항제2호·제3호 및 같은 조 제2항의 개정규정은 2020년 1월 1일부터 시행하고, 제10조 및 제15조의2제2호의 개정규정은 2020년 2월 28일부터 시행한다.

제2조 【육아휴직 또는 육아기 근로시간 단축의 종료에 관한 적용례】 제14조제1항 또는 제15조의3제1항의 개정규정은 이 영 시행 당시 육아휴직 또는 육아기 근로시간 단축 중인 사람에 대해서도 적용한다.

〈생략〉

부칙(2021.11.19 대통령령 제32131호)

이 영은 2021년 11월 19일부터 시행한다. 다만, 제18조의2, 제22조제1항 및 별표(제2호버목은 제외한다)의 개정규정은 2022년 5월 19일부터 시행한다.

부칙(2021.12.28 대통령령 제32274호)

제1조 【시행일】 이 영은 2021년 12월 30일부터 시행한다.

제2조부터 **제14조**까지 생략

부칙(2022.2.17 대통령령 제32447호)

제1조 【시행일】 이 영은 2022년 2월 18일부터 시행한다.

제2조 및 **제3조** 생략

부칙(2023.12.12 대통령령 제33912호)

이 영은 공포한 날부터 시행한다.

부칙(2024.12.24 대통령령 제35102호)

제1조【시행일】 이 영은 2025년 1월 1일부터 시행한다.

제2조【육아휴직 신청 및 허용에 관한 적용례】 제11조의 개정규정은 이 영 시행 이후 육아휴직을 신청하는 경우부터 적용한다.

부칙(2025.2.18 대통령령 제35275호)

이 영은 2025년 2월 23일부터 시행한다.

부칙(2025.10.1 대통령령 제35806호)

제1조【시행일】 이 영은 공포한 날부터 시행한다. 〈단서 생략〉

제2조부터 **제4조**까지 생략

[별표] (2025.2.18 개정)

과태료의 부과기준(제22조 관련)

1. 일반기준

가. 위반행위(제2호서목 및 어목의 위반행위만 해당한다)의 횟수에 따른 과태료의 가중된 부과기준은 최근 2년간 같은 위반행위로 과태료 부과처분을 받은 경우에 적용한다. 이 경우 기간의 계산은 같은 위반행위에 대하여 과태료 부과처분을 받은 날과 그 처분 후 다시 같은 위반행위를 하여 적발된 날을 기준으로 한다.

나. 가목에 따라 가중된 부과처분을 하는 경우 가중처분의 적용 차수는 그 위반행위 전 부과처분 차수(가목에 따른 기간 내에 과태료 부과 처분이 둘 이상 있었던 경우에는 높은 차수를 말한다)의 다음 차수로 한다.

다. 부과권자는 다음의 어느 하나에 해당하는 경우에는 제2호의 개별기준에 따른 과태료의 2분의 1 범위에서 그 금액을 줄여 부과할 수 있다. 다만, 과태료를 체납하고 있는 위반행위자의 경우에는 그렇지 않다.

1) 위반행위가 사소한 부주의나 오류로 인한 것으로 인정되는 경우
2) 법 위반상태를 시정하거나 해소하기 위한 노력이 인정되는 경우
3) 그 밖에 위반행위의 정도, 위반행위의 동기와 그 결과 등을 고려하여 과태료금액을 줄일 필요가 있다고 인정되는 경우

라. 부과권자는 위반행위의 정도, 위반행위의 동기와 그 결과 등을 고려하여 제2호의 개별기준에 따른 과태료의 2분의 1 범위에서 늘려 부과할 수 있다. 다만, 늘려 부과하는 경우에도 법 제39조에 따른 과태료의 상한을 넘을 수 없다.

2. 개별기준

위반행위	근거 법조문	과태료		
		1차 위반	2차 위반	3차 이상 위반
가. 사업주가 법 제12조를 위반하여 직장 내 성희롱을 한 경우	법 제39조 제2항			
1) 직장 내 성희롱과 관련하여 최근 3년 이내에 과태료처분을 받은 사실이 있는 사람이 다시 직장 내 성희롱을 한 경우		1천만원		
2) 한 사람에게 수차례 직장 내 성희롱을 하거나 2명 이상에게 직장 내 성희롱을 한 경우		500만원		
3) 그 밖의 직장 내 성희롱을 한 경우		300만원		

나. 사업주가 법 제13조제1항을 위반하여 성희롱 예방 교육을 하지 않은 경우	법 제39조 제3항 제1호의2	500만원
다. 사업주가 법 제13조제3항을 위반하여 성희롱 예방 교육의 내용을 근로자가 자유롭게 열람할 수 있는 장소에 항상 게시하거나 갖추어 두지 않은 경우	법 제39조 제3항 제1호의3	500만원
라. 사업주가 법 제14조제2항 전단을 위반하여 직장 내 성희롱 발생 사실 확인을 위한 조사를 하지 않은 경우	법 제39조 제3항 제1호의4	500만원
마. 사업주가 법 제14조제4항을 위반하여 근무장소의 변경 등 적절한 조치를 하지 않은 경우	법 제39조 제3항 제1호의5	500만원
바. 사업주가 법 제14조제5항 전단을 위반하여 징계, 근무장소의 변경 등 필요한 조치를 하지 않은 경우	법 제39조 제3항 제1호의6	500만원
사. 사업주가 법 제14조제7항을 위반하여 직장 내 성희롱 발생 사실 조사 과정에서 알게 된 비밀을 다른 사람에게 누설한 경우	법 제39조 제3항 제1호의7	500만원
아. 사업주가 법 제14조의2제1항을 위반하여 근무 장소 변경, 배치전환, 유급휴가의 명령 등 적절한 조치를 하지 않은 경우	법 제39조 제4항 제1호의2	300만원
자. 사업주가 법 제14조의2제2항을 위반하여 근로자가 고객 등에 의한 성희롱 피해를 주장하거나 고객 등으로부터의 성적 요구 등에 따르지 않았다는 이유로 해고나 그 밖의 불이익한 조치를 한 경우	법 제39조 제3항 제2호	500만원
차. 사업주가 법 제17조의3제1항을 위반하여 시행계획을 제출하지 않은 경우	법 제39조 제4항 제2호	300만원
카. 사업주가 법 제17조의3제2항을 위반하여 남녀 근로자 현황을 제출하지 않거나 거짓으로 제출한 경우	법 제39조 제4항 제3호	300만원
타. 사업주가 법 제17조의4제1항을 위반하여 이행실적을 제출하지 않거나 거짓으로 제출한 경우(법 제17조의3제3항에 따라 시행계획을 제출한 자가 이행실적을 제출하지 않는 경우는 제외한다)	법 제39조 제4항 제4호	300만원

파. 사업주가 법 제18조제4항을 위반하여 관계 서류의 작성·확인 등 모든 절차에 적극 협력하지 않은 경우	법 제39조 제4항 제5호	200만원
하. 사업주가 법 제18조의2제1항을 위반하여 근로자가 배우자의 출산을 이유로 휴가를 고지했는데도 20일의 휴가를 주지 않거나 근로자가 사용한 휴가를 유급으로 하지 않은 경우	법 제39조 제3항 제3호	500만원
거. 사업주가 법 제18조의3제1항을 위반하여 난임치료휴가를 주지 않은 경우	법 제39조 제3항 제3호의2	500만원
너. 사업주가 법 제19조의2제1항을 위반하여 육아기 근로시간 단축 신청을 받고 육아기 근로시간 단축을 허용하지 않은 경우	법 제39조 제3항 제6호	500만원
더. 사업주가 법 제19조의2제2항을 위반하여 육아기 근로시간 단축을 허용하지 않았으면서도 해당 근로자에게 그 사유를 서면으로 통보하지 않거나, 육아휴직의 사용 또는 그 밖의 조치를 통한 지원 여부에 관하여 해당 근로자와 협의하지 않은 경우	법 제39조 제3항 제4호	400만원
러. 사업주가 법 제19조의3제2항을 위반하여 육아기 근로시간 단축을 한 근로자의 근로조건을 서면으로 정하지 않은 경우	법 제39조 제3항 제5호	400만원
머. 사업주가 법 제22조의2제1항을 위반하여 가족돌봄휴직의 신청을 받고 가족돌봄휴직을 허용하지 않은 경우	법 제39조 제3항 제7호	500만원
버. 사업주가 법 제22조의2제2항(같은 조 제4항제3호에 따라 기간이 연장된 경우를 포함한다)을 위반하여 가족돌봄휴가의 신청을 받고 가족돌봄휴가를 허용하지 않은 경우	법 제39조 제3항 제8호	500만원
서. 사업주가 법 제29조의3(법 제29조의5 제4항 및 제29조의6제3항에 따라 준용되는 경우를 포함한다)에 따라 확정된 시정명령을 정당한 이유 없이 이행하지 않은 경우	법 제39조 제1항	
1) 배상을 내용으로 하는 시정명령을 이행하지 않은 경우		1억원의 범위에서 해당 배상 명령액

2) 그 밖에 차별적 처우등의 중지, 임금 등 근로조건의 개선 등의 시정조치를 내용으로 하는 시정명령을 이행하지 않은 경우		500만원	1천만원	2천만원
어. 사업주가 법 제29조의4제1항(법 제29조의5제4항 및 제29조의6제3항에 따라 준용되는 경우를 포함한다)을 위반하여 정당한 이유 없이 고용노동부장관의 시정명령에 대한 이행상황의 제출요구에 따르지 않은 경우	법 제39조 제3항 제9호	200만원	400만원	500만원
저. 법 제31조제1항에 따른 보고 또는 관계 서류의 제출을 거부하거나 거짓으로 보고 또는 제출한 경우	법 제39조 제4항 제6호	200만원		
처. 법 제31조제1항에 따른 검사를 거부, 방해 또는 기피한 경우	법 제39조 제4항 제7호	200만원		
커. 사업주가 법 제33조를 위반하여 관계 서류를 3년간 보존하지 않은 경우	법 제39조 제4항 제8호	200만원		

남녀고용평등과 일·가정 양립 지원에 관한 법률 시행규칙

전부개정	2008. 6.20	노동부령 제301호
개정	2009. 6.11	노동부령 제326호
		〈생략〉
	2024.12.31	고용노동부령 제430호
	2025. 2.21	고용노동부령 제434호
	2025.10. 1	성평등가족부령 제 1호
	2025.10. 1	고용노동부령 제453호

남녀 고용

제1장 총 칙

제1조 【목적】 이 규칙은 「남녀고용평등과 일·가정 양립 지원에 관한 법률」 및 같은 법 시행령에서 위임된 사항과 그 시행에 필요한 사항을 규정함을 목적으로 한다.

제2조 【직장 내 성희롱 판단기준의 예시】 「남녀고용평등과 일·가정 양립 지원에 관한 법률」(이하 "법"이라 한다) 제2조제2호에 따른 직장 내 성희롱을 판단하기 위한 기준의 예시는 별표 1과 같다.

제3조 【남녀고용평등 우수기업의 선정·지원】 ① 고용노동부장관은 법 제6조제1항제2호에 따라 남녀고용평등 실적이 우수한 기업(이하 "남녀고용평등 우수기업"이라 한다)을 매년 선정할 수 있다. 이 경우 고용의 평등한 기회보장, 직업능력 개발 및 모성보호, 일·가정 양립 지원 등 분야별로 성 차별적 고용관행을 앞서 개선하거나 그 실적이 우수한 기업을 선정할 수 있다. (2010.7.12 개정)

② 고용노동부장관은 관계 행정기관과 협의하여 남녀고용평등 우수기업에 대한 행정적·재정적 지원방안을 마련하여야 한다. (2010.7.12 개정)

③ 그 밖에 남녀고용평등 우수기업의 선정 및 지원 등에 필요한 사항은 고용노동부장관이 정한다. (2010.7.12 개정)

제4조 【남녀고용평등 강조 기간의 설정 등】 고용노동부장관은 법 제6조제1항제3호에 따라 매년 5월 25일부터 5월 31일까지를 남녀고용평등 강조기간으로 정하고 남녀고용평등 의식의 확산을 위한 기념행사, 세미나 등 다양한 사업을 하여야 한다. (2012.8.2 개정)

제5조 【일·가정 양립 등 실태조사의 대상 및 시기 등】 ① 법 제6조의3에 따른 실태조사는 상시 5명 이상의 근로자를 고용하는 사업 또는 사업장(이하 "사업"이라 한다)을 대상으로 표본조사의 방법으로 하되, 매년 1회 정기적으로 조사하여야 한다.

② 제1항에 따른 실태조사에는 다음 각 호의 사항이 포함되어야 한다.

1. 법 제7조부터 제11조까지의 규정에 따른 남녀의 평등한 고용기회 보장 및 대우의 이행 여부에 관한 사항
2. 「근로기준법」 제74조에 따른 출산전후휴가(이하 "출산전후휴가"라 한다) 또는 유산·사산 휴가, 같은 법 제75조에 따른 육아 시간의 활용, 법 제18조의2에 따른 배우자 출산휴가(이하 "배우자 출산휴가"라 한다) 및 그 밖의 법령에 따라 허용하는 모성보호제도의 활용 실태에 관한 사항 (2024.12.31 개정)
3. 법 제19조에 따른 육아휴직, 법 제19조의2에 따른 육아기 근로시간 단축, 법 제19조의5에 따른 육아지원을 위한 조치, 법 제19조의6에 따른 직장복귀를 위한 지원 및 법 제22조의2에 따른 근로자의 가족 돌봄 등을 위한 지원 등 사업에서의 일·가정 양립 지원제도 운영 실태에 관한 사항
4. 법 제21조에 따른 직장어린이집의 설치 및 「영유아보육법」에 따른 직장어린이집의 운영과 보육에 필요한 비용의 부담 등 사업의 보육지원 실태에 관한 사항 (2022.6.3 개정)
5. 그 밖에 남녀고용평등과 모성 보호, 일·가정의 양립 지원을 위하여 실태조사가 필요하다고 고용노동부장관이 인정하는 사항 (2010.7.12 개정)

제2장 고용에 있어서 남녀의 평등한 기회보장 및 대우 등

제5조의2 【성희롱 예방 및 금지를 위한 조치】 ① 사업주는 법 제13조제4항에 따라 직장 내 성희롱 예방 및 금지를 위하여 성희롱 예방지침을 마련하고 사업장 내 근로자가 자유롭게 열람할 수 있는 장소에 항상 게시하거나 갖추어 두어야 한다. (2018.5.28 신설)

② 제1항에 따른 성희롱 예방지침에는 다음 각 호의 사항이 포함되어야 한다. (2018.5.28 신설)

1. 직장 내 성희롱 관련 상담 및 고충 처리에 필요한 사항
2. 직장 내 성희롱 조사절차
3. 직장 내 성희롱 발생 시 피해자 보호절차
4. 직장 내 성희롱 행위자 징계 절차 및 징계 수준
5. 그 밖에 직장 내 성희롱 예방 및 금지를 위하여 필요한 사항

제6조 【성희롱 예방 교육기관의 지정 등】 ① 사업주가 법 제13조의2제1항에 따라 고용노동부장관이 지정하는 기관(이하 "성희롱 예방 교육기관"이라 한다)에 위탁하여 성희롱 예방 교육을 하려는 경우에는 해당 사업에서의 「남녀고용평등과 일·가정 양립 지원에 관한 법률 시행령」(이하 "영"이라 한다) 제3조제2항제2호 및 제3호에 관한 사항을 성희롱 예방 교육기관에 미리 알려 그 사항이 성희롱 예방 교육에 포함되도록 하여야 한다. (2010.7.12 개정)

② 고용노동부장관은 법 제13조의2제3항에 따라 다음 각 호의 어느 하나에 해당하는 기관 중에서 성희롱 예방 교육기관을 지정해야 한다. (2022.6.3 개정)

1. 사업주단체
2. 「공인노무사법」 제7조의2에 따른 노무법인
3. 법 제23조에 따라 비용을 지원받는 민간단체
4. 「독점규제 및 공정거래에 관한 법률」 제2조제2호에 따른 기업집단이 운영하는 연수·교육 시설

남녀고용

③ 법 제13조의2제3항에서 "고용노동부령으로 정하는 강사"란 다음 각 호의 어느 하나에 해당하는 강사양성교육을 수료한 강사를 말한다. (2022.6.3 개정)

1. 고용노동부장관이 직접 실시하는 강사양성교육 (2010.7.12 개정)
2. 고용노동부장관이 교육과정을 승인하거나 비용의 전부 또는 일부를 지원하는 강사양성교육 (2010.7.12 개정)

제7조 【성희롱 예방 교육기관의 지정 절차】 ① 성희롱 예방 교육기관으로 지정받으려는 자는 별지 제1호서식의 직장 내 성희롱 예방 교육기관 지정 신청서에 다음 각 호의 서류를 첨부하여 지방고용노동관서의 장에게 제출하여야 한다. (2010.7.12 개정)

1. 예방교육 강사 보유 현황
2. 예방교육 시 사용할 교재 등의 자료
3. 그 밖에 예방교육 자료의 개발 등 관련 사업을 한 경험을 증명할 수 있는 서류

② 제1항에 따른 신청서를 받은 담당 공무원은 「전자정부법」 제36조제1항에 따른 행정정보의 공동이용을 통하여 법인 등기사항증명서(법인인 경우만 해당한다)을 확인하여야 한다. (2012.12.27 개정)

③ 지방고용노동관서의 장은 제1항에 따른 신청서가 제출된 경우에는 접수된 날부터 10일 이내에 지정 여부를 결정하여 알리되, 지정하는 경우에는 별지 제2호서식의 직장 내 성희롱 예방 교육기관 지정서를 발급하여야 한다. (2013.12.31 개정)

④ 제3항에 따라 성희롱 예방 교육기관으로 지정받은 자는 지정받은 내용 중 명칭·소재지 및 대표자에 관한 사항이 변경된 경우에는 별지 제3호서식의 직장 내 성희롱 예방 교육기관 변경 신청서에 변경 사실을 증명할 수 있는 서류와 제3항에 따라 발급받은 지정서를 첨부하여 지방고용노동관서의 장에게 제출하여야 한다. 이 경우 변경 신청서의 처리에 관하여는 제3항을 준용한다. (2010.7.12 개정)

제8조 【성희롱 예방 교육기관의 위탁교육 방법】 성희롱 예방 교육기관의 장은 사업주에게 위탁받아 성희롱 예방 교육을 하는 경우에는 법 제13조의2

제3항에 따라 1시간 이상의 교육과정을 편성하여야 하고 제6조제3항에 따른 강사가 교육을 하도록 하여야 한다.

제9조 【직장 내 성희롱을 한 자에 대한 징계 등】 사업주는 법 제14조제5항에 따라 직장 내 성희롱을 한 자에 대한 징계나 그 밖에 이에 준하는 조치를 하는 경우에는 성희롱의 정도 및 지속성 등을 고려해야 한다. (2022.6.3 개정)

제10조 【적극적 고용개선조치 시행계획 수립·제출 기준】 법 제17조의3제1항에 따른 여성 근로자의 고용기준에 미달하는 사업은 별표 2와 같다.

제11조 【적극적 고용개선조치 시행계획의 제출】 법 제17조의3제1항에 따라 적극적 고용개선조치 시행계획(이하 "시행계획"이라 한다)을 제출하여야 하는 사업주는 별지 제4호서식의 적극적 고용개선조치 시행계획서에 다음 각 호의 사항이 모두 포함된 세부 시행계획을 첨부하여 매년 4월 30일까지 성평등가족부장관에게 제출하여야 한다. (2025.10.1 개정)

1. 다음 각 목의 사항이 포함된 남녀인력 활용 수준의 적정성 분석
 가. 사업별 남녀인력 활용의 적정성 분석
 나. 남녀인력 활용의 불균형이 심한 경우에는 모집·채용·승진·배치 등 고용관리의 단계별 문제점 분석

1의2. 삭제(2020.1.6)

2. 해당 연도 1월 1일부터 12월 31일까지 달성할 전(全) 직종 여성 근로자 및 여성 관리자의 고용목표(장기계획이 필요한 경우에는 그 기간 및 최종 고용목표) (2009.6.11 개정)
3. 다음 각 목의 사항이 포함된 고용관리개선계획
 가. 다음의 내용을 포함하여 사업주가 추진하여야 하는 각종 남녀 차별적 제도·관행의 개선 계획 (2017.12.28 개정)
  1) 여성 근로자 고용목표를 달성하기 위한 취업규칙의 개선
  2) 각종 홍보물 등에 나타난 차별적 요인의 개선
  3) 여성 인력 활용에 관한 인사정책의 고지(告知) 방안
  4) 남녀 근로자 간 임금격차의 개선
 나. 개선 과제별 실행방안 및 연차별 추진 일정
4. 다음 각 목의 사항이 포함된 특이 사항
 가. 여성 근로자의 고용비율이 현저하게 낮음에도 불구하고 단기간에 개선하기 어려운 경우에는 그 사유
 나. 「근로기준법」 제65조에 따라 임산부 등의 사용이 금지되는 직종이 대다수를 차지하여 여성 인력을 활용하기 어려운 경우에는 그 내용
 다. 특정 직종에 여성 전공자가 없어 여성 근로자의 고용목표를 정하기 곤란한 경우에는 그 내용

5. 그 밖에 사업주가 여성 근로자 고용 확대를 위하여 필요하다고 판단하는 사항

제11조의2【시행계획의 제출 요구 유예】 성평등가족부장관은 사업 개시 이후 최초로 법 제17조의3제1항 각 호의 어느 하나에 해당하게 된 사업주가 다음 각 호의 요건을 모두 갖춘 경우에는 같은 조 제2항에 따른 직종별·직급별 남녀 근로자 현황 및 남녀 임금 현황을 제출한 첫해에 한정하여 시행계획의 제출 요구를 하지 않을 수 있다. (2025.10.1 개정)

1. 시행계획의 제출 여부에 대하여 「고용정책기본법」 제10조에 따른 고용정책심의회의 심의·의결을 거칠 것
2. 법 제17조의9제1항에 따라 성평등가족부장관이 실시하는 적극적 고용개선조치에 관한 교육 사업에 참여한 실적이 있을 것 (2025.10.1 개정)

제12조【직종별·직급별 남녀 근로자 현황 등의 제출】 법 제17조의3제2항에 따라 직종별·직급별 남녀 근로자 현황 및 남녀 근로자 임금 현황을 제출해야 하는 사업주는 별지 제5호서식의 직종별·직급별 남녀 근로자 현황 및 남녀 근로자 임금 현황을 작성하여 매년 4월 30일까지 성평등가족부장관에게 제출해야 한다. (2025.10.1 개정)

제13조【시행계획의 보완 요구】 성평등가족부장관은 법 제17조의3제4항에 따라 사업주에게 시행계획의 보완을 요구하는 경우에는 30일 이상의 기간을 정하여 요구하여야 한다. (2025.10.1 개정)

제14조【이행실적의 제출 및 평가】 ① 법 제17조의4제1항에 따라 시행계획의 이행실적(이하 "이행실적"이라 한다)을 제출하여야 하는 사업주는 별지 제6호서식의 적극적 고용개선조치 이행실적 보고서에 다음 각 호의 서류를 첨부하여 매년 4월 30일까지 성평등가족부장관에게 제출하여야 한다. (2025.10.1 개정)

1. 이행실적을 확인할 수 있는 자료 1부
2. 이행실적이 부진한 경우에는 그 사유서 1부

② 성평등가족부장관은 법 제17조의4제2항에 따라 사업주에게 이행실적에 대한 평가 결과를 통보하는 경우에는 별지 제7호서식의 적극적 고용개선조치 평가 결과 통보서에 따른다. 이 경우 이행실적이 부진한 사업주에게는 그 내용 및 시행계획의 이행기한을 자세히 밝혀 통보하여야 한다. (2025.10.1 개정)

제2장의2 일·가정의 양립 지원

제14조의2【육아휴직의 신청】 영 제11조제2항에 따라 출산전후휴가를 청구하거나 배우자 출산휴가를 고지할 때 육아휴직을 함께 신청하려는 근로

자는 별지 제7호의2서식의 출산전후휴가(배우자 출산휴가)·육아휴직 통합 신청서(사업주가 별도의 서식을 정한 경우에는 그 서식으로 한다)를 작성하여 사업주에게 제출해야 한다. (2025.2.21 개정)

제14조의3 【장애아동의 범위】 법 제19조제2항제3호에서 "고용노동부령으로 정하는 장애아동"이란 「장애인복지법 시행규칙」 별표 1에 따른 장애의 정도가 심한 장애아동을 말한다. (2025.2.21 신설)

제3장 분쟁의 예방과 해결

제15조 【민간단체의 선정 등】 ① 법 제23조에 따라 고용노동부장관이 비용을 지원할 수 있는 민간단체는 다음 각 호의 요건을 모두 갖추어야 한다. (2010.7.12 개정)

1. 해당 민간단체 정관의 목적사업에 차별 및 직장 내 성희롱에 관한 상담사업을 포함하고 있는 비영리법인일 것
2. 해당 민간단체 소속 직원 중 다음 각 목의 어느 하나에 해당하는 사람 1명 이상이 상담원으로 종사하고 있을 것
   가. 노동 관련 업무에 3년 이상 종사한 사람
   나. 「고등교육법」에 따른 학교에서 사회학·심리학·여성학·경제학·법학 관련 분야를 전공하고 노동 관련 업무에 1년 이상 종사한 사람
   다. 공인노무사
3. 해당 민간단체의 시설로서 상담사업을 할 수 있는 6.6제곱미터 이상의 사무공간을 확보하고 있을 것

② 제1항의 요건을 갖추고 고용노동부장관이 정하는 절차에 따라 선정된 민간단체는 차별과 직장 내 성희롱에 관한 상담을 전담하는 별도의 상담실(이하 "고용평등상담실"이라 한다)을 설치·운영하여야 한다. (2010.7.12 개정)

③ 제2항에 따른 고용평등상담실을 설치·운영하는 단체에 지원하는 비용의 수준은 고용노동부장관이 정하되, 매년 운영실적을 평가하여 지원 수준을 다르게 정할 수 있다. (2010.7.12 개정)

④ 고용노동부장관은 제2항에 따른 고용평등상담실을 운영하는 단체가 다음 각 호의 어느 하나에 해당하는 경우에는 비용 지원을 중단할 수 있다. (2010.7.12 개정)

1. 제1항 각 호의 요건 전부 또는 일부를 충족하지 못하게 된 경우
2. 제3항에 따른 평가 결과 고용평등상담실을 운영할 능력이 없다고 판단되는 경우
3. 그 밖에 관계법령의 위반으로 고용평등상담실을 운영하기에 적합하지 아니하다고 인정되는 경우

⑤ 그 밖에 고용노동부장관이 비용을 지원할 수 있는 민간단체의 선정과 상담 수행에 필요한 사항은 고용노동부장관이 정한다. (2010.7.12 개정)

제16조 【명예고용평등감독관의 위촉·운영 등】 ① 법 제24조에 따라 명예고용평등감독관(이하 이 조에서 "명예감독관"이라 한다)으로 위촉할 수 있는 사람은 다음 각 호와 같다. (2023.9.1 개정)

1. 「근로자참여 및 협력증진에 관한 법률」에 따른 노사협의회(이하 "노사협의회"라 한다)의 위원 또는 고충처리위원
2. 노동조합의 임원 또는 인사·노무 담당부서의 관리자
3. 차별 및 직장 내 성희롱에 관한 상담, 고충처리, 교육 또는 훈련 업무를 수행한 경험이 있는 사람 (2023.9.1 신설)
4. 그 밖에 해당 사업의 남녀고용평등을 실현하기 위하여 활동하기에 적합하다고 인정하는 사람 (2023.9.1 개정)

② 명예감독관의 임기는 3년으로 하되, 연임할 수 있다.

③ 명예감독관은 법 제24조제2항에 따른 업무를 수행하는 경우에 노사의 협의를 통하여 해결할 필요가 있다고 판단되는 사안은 노사협의회의 토의에 부쳐 처리하게 할 수 있다.

④ 명예감독관은 업무 수행 중에 알게 된 비밀을 누설하여서는 아니 된다.

⑤ 명예감독관이 법 제24조제2항에 따른 업무를 수행하는 경우에는 비상근, 무보수로 함을 원칙으로 한다.

⑥ 고용노동부장관은 명예감독관이 다음 각 호의 어느 하나에 해당하는 경우 그 명예감독관을 해촉할 수 있다. (2010.7.12 개정)

1. 근로자인 명예감독관이 퇴직 등의 사유로 해당 사업의 근로자 지위를 상실한 경우
2. 명예감독관이 업무 수행 중에 알게 된 비밀을 누설하거나 그 밖에 업무와 관련하여 부정한 행위를 한 경우
3. 사업의 폐지 등으로 명예감독관을 둘 필요가 없게 된 경우
4. 그 밖에 명예감독관으로 활동하기에 부적합한 사유가 있어 해당 사업의 노사 대표가 공동으로 해촉을 요청한 경우

⑦ 그 밖에 명예감독관의 위촉·해촉 및 운영 등에 필요한 사항은 고용노동부장관이 정한다. (2010.7.12 개정)

제17조 【고충접수·처리대장】 영 제18조제3항 및 제4항에 따른 고충접수·처리대장은 별지 제8호서식에 따른다.

제18조 【경비보조의 범위】 법 제35조제1항에서 "여성의 취업촉진과 복지증진에 관련되는 사업"이란 다음 각 호의 어느 하나에 해당하는 사업을 말한다.

1. 여성 근로자의 모성보호 사업

2. 여성의 직업능력 개발 및 고용 촉진 사업
3. 여성 근로자의 복지증진 사업
4. 여성의 취업과 관련한 조사·연구 사업
5. 영유아 보육 사업
6. 그 밖에 고용노동부장관이 여성 근로자의 지위향상과 복지증진을 위하여 필요하다고 인정하는 사업 〈2010.7.12 개정〉

제19조【규제의 재검토】 성평등가족부장관은 다음 각 호의 사항에 대하여 다음 각 호의 기준일을 기준으로 3년마다(매 3년이 되는 해의 기준일과 같은 날 전까지를 말한다) 그 타당성을 검토하여 개선 등의 조치를 하여야 한다. 〈2025.10.1 개정〉

1. 제10조 및 별표 2에 따른 적극적 고용개선조치 시행계획 수립·제출 기준 : 2014년 1월 1일
2. 제11조에 따른 적극적 고용개선조치 시행계획의 제출 : 2014년 1월 1일

부 칙

제1조【시행일】 이 규칙은 2008년 6월 22일부터 시행한다.

제2조【다른 법령과의 관계】 이 규칙 시행 당시 다른 법령에서 종전의 「남녀고용평등법 시행규칙」 또는 그 규정을 인용한 경우에 이 규칙 가운데 그에 해당하는 규정이 있으면 종전의 규정을 갈음하여 이 규칙 또는 이 규칙의 해당 규정을 인용한 것으로 본다.

부칙(2009.6.11 노동부령 제326호)

제1조【시행일】 이 규칙은 공포한 날부터 시행한다.

제2조【시행계획의 제출에 관한 경과조치】 2009년 10월 1일부터 2009년 12월 31일까지의 기간에 대한 시행계획은 제출하지 아니하며, 2010년 1월 1일부터 2010년 12월 31일까지에 대한 시행계획은 2010년 3월 31일까지 제출하여야 한다.

제3조【이행실적의 제출에 관한 경과조치】 2008년 10월 1일부터 2009년 9월 30일까지의 기간에 대한 이행실적은 2009년 10월 15일까지 제출하여야 하며, 2009년 10월 1일부터 2009년 12월 31일까지의 기간에 대한 이행실적은 제출하지 아니한다.

〈생략〉

부칙(2013.12.31 고용노동부령 제97호)

제1조【시행일】 이 규칙은 공포한 날부터 시행한다. 다만, 별표 2의 개정

규정은 2014년 1월 1일부터 시행한다.

제2조【여성 근로자의 고용 기준에 관한 적용례】 별표 2의 개정규정은 2014년도의 직종별·직급별 남녀 근로자 고용 현황을 제출하는 경우부터 적용한다.

제3조【성희롱 예방 교육기관의 지정 절차에 관한 경과조치】 이 규칙 시행 전에 성희롱 예방교육 교육기관 지정 신청을 한 자에 대한 지정 여부 결정에 관하여는 제7조제3항의 개정규정에도 불구하고 종전의 규정에 따른다.

〈생략〉

부칙(2020.1.6 고용노동부령 제278호)

이 규칙은 공포한 날부터 시행한다.

부칙(2022.6.3 고용노동부령 제353호)

이 규칙은 공포한 날부터 시행한다.

부칙(2023.9.1 고용노동부령 제390호)

이 규칙은 공포한 날부터 시행한다.

부칙(2024.4.1 고용노동부령 제413호)

이 규칙은 공포한 날부터 시행한다.

부칙(2024.12.31 고용노동부령 제430호)

이 규칙은 2025년 1월 1일부터 시행한다.

부칙(2025.2.21 고용노동부령 제434호)

이 규칙은 2025년 2월 23일부터 시행한다.

부칙(2025.10.1 성평등가족부령 제1호)

제1조【시행일】 이 규칙은 공포한 날부터 시행한다.

제2조부터 **제6조**까지 생략

부칙(2025.10.1 고용노동부령 제453호)

제1조【시행일】 이 규칙은 공포한 날부터 시행한다. 〈단서 생략〉

제2조【다른 법령의 개정】 생략

[별표 1]

직장 내 성희롱을 판단하기 위한 기준의 예시(제2조 관련)

1. 성적인 언동의 예시
   가. 육체적 행위
      1) 입맞춤, 포옹 또는 뒤에서 껴안는 등의 신체적 접촉행위
      2) 가슴·엉덩이 등 특정 신체부위를 만지는 행위
      3) 안마나 애무를 강요하는 행위
   나. 언어적 행위
      1) 음란한 농담을 하거나 음탕하고 상스러운 이야기를 하는 행위(전화통화를 포함한다)
      2) 외모에 대한 성적인 비유나 평가를 하는 행위
      3) 성적인 사실 관계를 묻거나 성적인 내용의 정보를 의도적으로 퍼뜨리는 행위
      4) 성적인 관계를 강요하거나 회유하는 행위
      5) 회식자리 등에서 무리하게 옆에 앉혀 술을 따르도록 강요하는 행위
   다. 시각적 행위
      1) 음란한 사진·그림·낙서·출판물 등을 게시하거나 보여주는 행위(컴퓨터통신이나 팩시밀리 등을 이용하는 경우를 포함한다)
      2) 성과 관련된 자신의 특정 신체부위를 고의적으로 노출하거나 만지는 행위
   라. 그 밖에 사회통념상 성적 굴욕감 또는 혐오감을 느끼게 하는 것으로 인정되는 언어나 행동

2. 고용에서 불이익을 주는 것의 예시
   채용탈락, 감봉, 승진탈락, 전직(轉職), 정직(停職), 휴직, 해고 등과 같이 채용 또는 근로조건을 일방적으로 불리하게 하는 것

※ 비고 : 성희롱 여부를 판단하는 때에는 피해자의 주관적 사정을 고려하되, 사회통념상 합리적인 사람이 피해자의 입장이라면 문제가 되는 행동에 대하여 어떻게 판단하고 대응하였을 것인가를 함께 고려하여야 하며, 결과적으로 위협적·적대적인 고용환경을 형성하여 업무능률을 떨어뜨리게 되는지를 검토하여야 한다.

[별표 2] (2025.10.1 개정)

여성 근로자의 고용 기준에 미달하는 사업(제10조 관련)

1. 상시 1,000명 미만의 근로자를 고용하는 사업의 경우
   가. 여성 근로자의 고용비율이 해당 사업이 속한 산업별 전(全) 직종 여성 근로자의 고용비율 평균(해당 산업에 속하는 사업 중 상시 1,000명 미만의 근로자를 고용하는 사업의 전 직종 여성 근로자의 고용비율 평균을 말한다)의 70퍼센트에 미달하는 사업. 다만, 여성 근로자의 고용비율이 50퍼센트 이상인 사업은 제외한다.
   나. 여성 관리자의 고용비율이 해당 사업이 속한 산업별 여성 관리자의 고용비율 평균(해당 산업에 속하는 사업 중 상시 1,000명 미만의 근로자를 고용하는 사업의 여성 관리자의 고용비율 평균을 말한다)의 70퍼센트에 미달하는 사업

2. 상시 1,000명 이상의 근로자를 고용하는 사업의 경우
   가. 여성 근로자의 고용비율이 해당 사업이 속한 산업별 전 직종 여성 근로자의 고용비율 평균(해당 산업에 속하는 사업 중 상시 1,000명 이상의 근로자를 고용하는 사업의 전 직종 여성 근로자의 고용비율 평균을 말한다)의 70퍼센트에 미달하는 사업. 다만, 여성 근로자의 고용비율이 50퍼센트 이상인 사업은 제외한다.
   나. 여성 관리자의 고용비율이 해당 사업이 속한 산업별 여성 관리자의 고용비율 평균(해당 산업에 속하는 사업 중 상시 1,000명 이상의 근로자를 고용하는 사업의 여성 관리자의 고용비율 평균을 말한다)의 70퍼센트에 미달하는 사업

※ 비고 :
1. 여성 근로자의 고용비율 및 여성 관리자의 고용비율은 법 제17조의3제2항에 따라 해당 사업의 사업주가 제출하는 직종별·직급별 남녀 근로자 현황을 기준으로 다음 각 목과 같이 산정(算定)한다.
   가. 여성 근로자의 고용비율=여성 근로자 수÷근로자 수
   나. 여성 관리자의 고용비율=여성 관리자 수÷관리자 수

2. 산업별 적용방법은 각 사업장별로 그 주된 사업의 종류에 따라 다음과 같이 적용한다.
   가. 사업의 종류는 「통계법」에 따라 국가데이터처장이 고시하는 한국표준산업분류에 따라 적용 사업장의 최종 산출물, 완성품, 제공되는 서비스의 주된 내용에 따라 대분류 기준에 따르는 것을 원칙으로 하

되, 다음과 같이 조정하여 적용한다.

1) 농업, 임업, 어업 및 광업은 통합
2) 제조업은 산업 중분류를 기준으로 경공업 1, 경공업 2, 경공업 3, 화학공업 1, 화학공업 2, 중공업 1, 중공업 2 및 전자산업으로 분류
   가) 경공업 1 : 제조업 중분류 중 식료품 제조업, 음료 제조업, 담배 제조업
   나) 경공업 2 : 제조업 중분류 중 섬유제품 제조업(의복 제외), 의복·액세서리 및 모피제품 제조업, 가죽·가방 및 신발 제조업, 인쇄 및 기록매체 복제업, 기타 제품 제조업
   다) 경공업 3 : 제조업 중분류 중 목재 및 나무제품 제조업(가구 제외), 펄프·종이 및 종이제품 제조업, 가구 제조업
   라) 화학공업 1 : 제조업 중분류 중 의료용 물질 및 의약품 제조업
   마) 화학공업 2 : 제조업 중분류 중 코크스·연탄 및 석유정제품 제조업, 화학물질 및 화학제품 제조업(의약품 제외), 고무제품 및 플라스틱제품 제조업
   바) 중공업 1 : 제조업 중분류 중 비금속 광물제품 제조업, 금속가공제품 제조업(기계 및 가구 제외), 기타 기계 및 장비 제조업, 자동차 및 트레일러 제조업, 산업용 기계 및 장비 수리업
   사) 중공업 2 : 제조업 중분류 중 1차 금속 제조업, 기타 운송장비 제조업
   아) 전자산업 : 제조업 중분류 중 전자부품·컴퓨터·영상·음향 및 통신장비 제조업, 의료·정밀·광학기기 및 시계 제조업, 전기장비 제조업
3) 건설업은 산업 중분류를 기준으로 하여 종합 건설업과 전문직별 공사업으로 분류
   가) 종합 건설업
   나) 전문직별 공사업
4) 숙박 및 음식점업은 산업 중분류를 기준으로 하여 숙박업과 음식점 및 주점업으로 분류
   가) 숙박업
   나) 음식점 및 주점업
5) 운수업은 산업 중분류를 기준으로 하여 육상운송 및 수상운송 관련업과 항공운송업으로 분류
   가) 육상운송 및 수상운송 관련업 : 운수업 중분류 중 육상운송 및 파이프라인 운송업, 수상 운송업, 창고 및 운송 관련 서비스업
   나) 항공 운송업
6) 전문, 과학 및 기술 서비스업은 산업 중분류를 기준으로 연구개발 및 전문서비스 관련업과 기술 서비스 관련업으로 분류

가) 연구개발 및 전문서비스 관련업 : 전문, 과학 및 기술 서비스업 중분류 중 연구개발업, 전문서비스업, 기타 전문, 과학 및 기술 서비스업

나) 기술 서비스 관련업 : 전문, 과학 및 기술 서비스업 중분류 중 건축기술, 엔지니어링 및 기타 과학기술 서비스업

7) 사업시설 관리, 사업 지원 및 임대 서비스업은 산업 중분류를 기준으로 사업시설 관리 관련업 및 사업지원 서비스업으로 분류

가) 사업시설 관리 관련업 : 사업시설 관리, 사업 지원 및 임대 서비스업 중분류 중 사업시설 관리, 조경 서비스업 및 임대업(부동산 제외)

나) 사업지원 서비스업 : 사업시설 관리, 사업 지원 및 임대 서비스업 중분류 중 사업지원 서비스업

8) 공공행정, 국방 및 사회보장 행정, 가구 내 고용활동 및 달리 분류되지 않은 자가소비 생산활동, 국제 및 외국기관은 통합

나. 같은 사업장에서 둘 이상의 사업을 하는 경우 종사하는 근로자 수가 가장 많은 사업을 기준으로 산업분류를 적용한다.

다. 하나의 사업주가 장소가 분리된 둘 이상의 사업장을 경영하면서 사업의 종류가 각각 다른 경우 각 사업별로 산업분류를 적용한다.

3. 직종의 적용방법은 「통계법」에 따라 국가데이터처장이 고시하는 한국표준직업분류에 따라 대분류 기준을 따르고, 관리자란 각급 부서 단위 책임자로서 조직의 다른 부서 또는 외부기관에 대하여 소관부서를 대표하고 그 내부 부서의 정책과 활동을 기획·지휘 및 조정하는 업무를 수행하며, 부서원을 감독·평가하는 위치에 있는 사람을 말한다.

고용상 연령차별금지 및 고령자고용촉진에 관한 법률

고용상 연령차별금지 및 고령자고용촉진에 관한 법률

제정 1991.12.31 법률 제 4487호
개정 1994. 1. 7 법률 제 4733호
〈생략〉
2019. 4.30 법률 제16411호
2020. 5.26 법률 제17326호
2021. 8.17 법률 제18425호
2022. 6.10 법률 제18921호

제1장 총 칙

제1조【목적】 이 법은 합리적인 이유 없이 연령을 이유로 하는 고용차별을 금지하고, 고령자(高齡者)가 그 능력에 맞는 직업을 가질 수 있도록 지원하고 촉진함으로써, 고령자의 고용안정과 국민경제의 발전에 이바지하는 것을 목적으로 한다. (2008.3.21 개정)

제2조【정의】 이 법에서 사용하는 용어의 뜻은 다음과 같다. (2008.3.21 개정)

1. "고령자"란 인구와 취업자의 구성 등을 고려하여 대통령령으로 정하는 연령 이상인 사람을 말한다. (2020.5.26 개정)
2. "준고령자"란 대통령령으로 정하는 연령 이상인 사람으로서 고령자가 아닌 사람을 말한다. (2020.5.26 개정)
3. "사업주"란 근로자를 사용하여 사업을 하는 자를 말한다.
4. "근로자"란 「근로기준법」 제2조제1항제1호에 따른 근로자를 말한다.
5. "기준고용률"이란 사업장에서 상시 사용하는 근로자를 기준으로 하여 사업주가 고령자의 고용촉진을 위하여 고용하여야 할 고령자의 비율로서 고령자의 현황과 고용 실태 등을 고려하여 사업의 종류별로 대통령령으로 정하는 비율을 말한다.

령 제2조·제3조

제3조【정부의 책무】 정부는 고용에서 연령을 이유로 차별하는 관행을 없애기 위하여 연령차별금지정책을 수립·시행하며, 고령자의 고용에 관하여 사업주와 국민 일반의 이해를 높이고, 고령자의 고용촉진과 직업안정을 꾀하기 위하여 고령자 고용촉진 대책의 수립·시행, 직업능력개발훈련 등 필요한 시책을 종합적이고 효과적으로 추진하여야 한다. (2020.5.26 개정)

제4조【사업주의 책무】 사업주는 연령을 이유로 하는 고용차별을 없애고, 고령자의 직업능력계발·향상과 작업시설·업무 등의 개선을 통하여 고령자에게 그 능력에 맞는 고용 기회를 제공함과 아울러 정년연장 등의 방법으로

고령자의 고용이 확대되도록 노력하여야 한다. (2020.5.26 개정)

제4조의2 【고령자 등 고용차별금지】 삭제(2008.3.21)

제4조의3 【고령자 고용촉진 기본계획의 수립】 ① 고용노동부장관은 고령자의 고용촉진에 관한 기본계획(이하 "기본계획"이라 한다)을 관계 중앙기관의 장과 협의하여 5년마다 수립하여야 한다. (2010.6.4 개정)

② 기본계획에는 다음 각 호의 사항이 포함되어야 한다. (2008.3.21 개정)

1. 직전 기본계획에 대한 평가 (2016.1.27 신설)
2. 고령자의 현황과 전망 (2016.1.27 개정)
3. 고령자의 직업능력개발 (2016.1.27 개정)
4. 고령자의 취업알선, 재취업 및 전직(轉職) 지원 등 취업 가능성의 개선방안 (2016.1.27 개정)
5. 그 밖에 고령자의 고용촉진에 관한 주요시책 (2016.1.27 개정)

③ 고용노동부장관은 기본계획을 수립할 때에는 「고용정책 기본법」 제10조에 따른 고용정책심의회(이하 "고용정책심의회"라 한다)의 심의를 거쳐야 한다. (2010.6.4 개정)

④ 고용노동부장관이 기본계획을 수립한 때에는 지체 없이 국회 소관 상임위원회에 보고하여야 한다. (2016.1.27 신설)

⑤ 고용노동부장관은 필요하다고 인정하면 관계 행정기관 또는 공공기관의 장에게 기본계획의 수립에 필요한 자료의 제출을 요청할 수 있다. (2016.1.27 개정)

제1장의2 고용상 연령차별금지

제4조의4 【모집·채용 등에서의 연령차별 금지】 ① 사업주는 다음 각 호의 분야에서 합리적인 이유 없이 연령을 이유로 근로자 또는 근로자가 되려는 사람을 차별하여서는 아니 된다. (2020.5.26 개정)

1. 모집·채용
2. 임금, 임금 외의 금품 지급 및 복리후생 (2008.3.21 신설)
3. 교육·훈련 (2008.3.21 신설)
4. 배치·전보·승진 (2008.3.21 신설)
5. 퇴직·해고 (2008.3.21 신설)

② 제1항을 적용할 때 합리적인 이유 없이 연령 외의 기준을 적용하여 특정 연령집단에 특히 불리한 결과를 초래하는 경우에는 연령차별로 본다. (2008.3.21 신설)

벌 법 제4조의4제1항제1호를 위반하여 모집·채용에서 합리적인 이유 없이 연령을 이유로 차별한 사업주는 500만원 이하의 벌금에 처한다. (법 제23조

의3제2항)

제4조의5 【차별금지의 예외】 다음 각 호의 어느 하나에 해당하는 경우에는 제4조의4에 따른 연령차별로 보지 아니한다. (2008.3.21 신설)

1. 직무의 성격에 비추어 특정 연령기준이 불가피하게 요구되는 경우
2. 근속기간의 차이를 고려하여 임금이나 임금 외의 금품과 복리후생에서 합리적인 차등을 두는 경우
3. 이 법이나 다른 법률에 따라 근로계약, 취업규칙, 단체협약 등에서 정년을 설정하는 경우
4. 이 법이나 다른 법률에 따라 특정 연령집단의 고용유지·촉진을 위한 지원조치를 하는 경우

제4조의6 【진정과 권고의 통보】 ① 제4조의4의 연령차별 금지의 위반으로 연령차별을 당한 사람(이하 "피해자"라 한다)은 「국가인권위원회법」 제30조에 따라 국가인권위원회에 그 내용을 진정할 수 있다. (2008.3.21 신설)

② 국가인권위원회는 제1항에 따른 진정을 조사한 결과 연령차별이 있다고 판단하여 피진정인, 그 소속 기관·단체 또는 감독기관의 장에게 구제조치 등을 권고할 경우 그 권고내용을 고용노동부장관에게도 통보하여야 한다. (2010.6.4 개정)

제4조의7 【시정명령】 ① 고용노동부장관은 제4조의6제2항에 따라 국가인권위원회로부터 구제조치 등의 권고를 받은 사업주가 정당한 사유 없이 권고를 이행하지 아니하고 다음 각 호의 어느 하나에 해당하여 그 피해의 정도가 심각하다고 인정되면 피해자의 신청에 의하거나 직권으로 시정명령을 할 수 있다. (2010.6.4 개정)

1. 피해자가 다수인인 연령차별행위에 대한 권고 불이행
2. 반복적 연령차별행위에 대한 권고 불이행
3. 피해자에게 불이익을 주기 위한 고의적 권고 불이행
4. 그 밖에 피해의 내용과 규모 등을 고려하여 시정명령이 필요하다고 고용노동부령으로 정하는 경우 (2010.6.4 개정)

② 제1항의 시정명령에는 다음 각 호의 사항을 포함하여야 한다. (2008.3.21 신설)

1. 연령차별행위의 중지
2. 피해의 원상회복
3. 연령차별행위의 재발방지를 위한 조치
4. 그 밖에 연령차별시정을 위하여 필요하다고 고용노동부령으로 정한 조치 (2010.6.4 개정)

③ 피해자의 신청에 따라 제1항에 따른 시정명령을 할 경우 그 신청을 받은 날부터 3개월 이내에 하여야 한다. (2008.3.21 신설)

④ 고용노동부장관은 제1항에 따라 시정명령을 할 때에는 다음 각 호의 사항을 명시한 서면을 해당 사업주와 피해자에게 각각 내주어야 한다. (2010.6.4 개정)

1. 시정명령의 이유
2. 시정명령의 내용
3. 시정기한
4. 시정명령에 대한 불복 절차

⑤ 제1항에 따른 시정명령의 절차나 그 밖에 필요한 사항은 대통령령으로 정한다. (2008.3.21 신설)

벌 법 제4조의7에 따른 시정명령을 정당한 사유 없이 이행하지 아니하는 자에게는 3천만원 이하의 과태료를 부과한다. (법 제24조제1항)

령 제4조

제4조의8 【시정명령 이행상황의 제출요구 등】 ① 고용노동부장관은 연령차별행위를 한 사업주에게 제4조의7에 따른 시정명령의 이행상황을 제출할 것을 요구할 수 있다. (2010.6.4 개정)

② 피해자는 연령차별행위를 한 사업주가 시정명령을 이행하지 아니하면 고용노동부장관에게 신고할 수 있다. (2010.6.4 개정)

벌 법 제4조의8제1항에 따른 고용노동부장관의 이행상황 제출요구를 정당한 사유 없이 따르지 아니한 자에게는 500만원 이하의 과태료를 부과한다. (법 제24조제2항제1호)

제4조의9 【해고나 그 밖의 불리한 처우의 금지】 사업주는 근로자가 이 법이 금지하는 연령차별행위에 대한 진정, 자료제출, 답변·증언, 소송, 신고 등을 하였다는 이유로 근로자에게 해고, 전보, 징계, 그 밖의 불리한 처우를 하여서는 아니 된다. (2008.3.21 신설)

벌 법 제4조의9를 위반하여 근로자에게 해고, 전보, 징계, 그 밖의 불리한 처우를 한 사업주는 2년 이하의 징역 또는 1천만원 이하의 벌금에 처한다. (법 제23조의3제1항)

제2장 정부의 고령자 취업지원

제5조 【구인·구직 정보수집】 고용노동부장관 및 특별시장·광역시장·도지사·특별자치도지사(이하 "고용노동부장관등"이라 한다)는 고령자의 고용을 촉진하기 위하여 고령자와 관련된 구인(求人)·구직(求職) 정보를 수집하고 구인·구직의 개척에 노력하여야 하며 관련 정보를 구직자·사업주 및 관련 단체 등에 제공하여야 한다. (2010.6.4 개정)

제6조 【고령자에 대한 직업능력 개발훈련】 ① 고용노동부장관등은 고령

자의 고용을 촉진하고 직업능력의 개발·향상을 위하여 고령자를 대상으로 대통령령으로 정하는 바에 따라 직업능력 개발훈련을 실시하여야 한다. (2010.6.4 개정)
② 고용노동부장관등은 고령자가 작업환경에 쉽게 적응할 수 있도록 하기 위하여 필요하다고 인정하면 취업 전에 안전·보건에 관한 내용을 포함하여 고용노동부령으로 정하는 적응훈련을 실시하도록 조치하여야 한다. (2010.6.4 개정)
③ 고령자의 직업능력 개발훈련과 해당 훈련생의 보호에 관한 사항은 「국민 평생 직업능력 개발법」을 준용하되 고령자의 신체적·정신적 조건 등을 고려하여 특별한 배려를 하여야 한다. (2021.8.17 개정)
령 제5조 칙 제2조·제3조

제7조 【사업주에 대한 고용지도】 ① 고용노동부장관은 필요하다고 인정하면 고령자를 고용하고 있거나 고용하려는 사업주에게 채용, 배치, 작업시설, 작업환경 등 고령자의 고용 관리에 관한 기술적 사항에 대하여 상담, 자문, 그 밖에 필요한 지원을 하여야 한다. (2010.6.4 개정)
② 고용노동부장관은 고령자를 고용하고 있거나, 고용하려는 사업주에 대하여 고령자의 신체적·정신적 조건, 직업능력 등에 관한 정보와 그 밖의 자료를 제공하여야 한다. (2010.6.4 개정)

제8조 【사업주의 고령자 교육·훈련 및 작업환경 개선에 대한 지원】 ① 고용노동부장관은 사업주가 고령자의 고용촉진을 위하여 필요한 교육이나 직업훈련 등을 실시할 경우 그 비용의 전부 또는 일부를 지원할 수 있다. (2010.6.4 개정)
② 고용노동부장관은 사업주가 고령자의 취업에 적합하도록 시설을 개선할 경우 그 비용의 전부 또는 일부를 지원할 수 있다. (2010.6.4 개정)
③ 제1항과 제2항에 따른 지원금은 예산(「고용보험법」에 따른 고용보험기금을 포함한다. 이하 같다)에서 지급하되, 그 지급기준 등에 관한 사항은 고용노동부장관이 정한다. (2010.6.4 개정)

제9조 【고령자의 취업알선 기능 강화】 ① 정부는 고령자가 그 능력에 맞는 직업에 취업할 수 있도록 고령자에 대한 직업상담, 직업적성검사 등 적절한 직업지도와 취업알선 등을 하여야 한다. (2008.3.21 개정)
② 정부는 고령자에 대한 직업지도와 취업알선 등을 위하여 관련 행정기구와 시설을 정비하도록 노력하여야 한다. (2008.3.21 개정)
③ 고용노동부장관등은 고령자의 직업지도와 취업알선 등을 담당하게 하기 위하여 소속 공무원 중에서 직업지도관을 지명한다. (2010.6.4 개정)
④ 직업지도관의 자격 등 필요한 사항은 고용노동부장관이 정한다. (2010.6.4 개정)

제10조【고령자 고용정보센터의 운영】 ① 고용노동부장관등은 고령자의 직업지도와 취업알선 등의 업무를 효율적으로 수행하기 위하여 필요한 지역에 고령자 고용정보센터를 운영할 수 있다. (2010.6.4 개정)

② 고령자 고용정보센터는 다음 각 호의 업무를 수행한다. (2008.3.21 개정)

1. 고령자에 대한 구인·구직 등록, 직업지도 및 취업알선
2. 고령자에 대한 직장 적응훈련 및 교육
3. 정년연장과 고령자 고용에 관한 인사·노무관리와 작업환경 개선 등에 관한 기술적 상담·교육 및 지도
4. 고령자 고용촉진을 위한 홍보
5. 그 밖에 고령자 고용촉진을 위하여 필요한 업무

제11조【고령자인재은행의 지정】 ① 고용노동부장관은 다음 각 호의 단체 또는 기관 중 고령자의 직업지도와 취업알선 또는 직업능력개발훈련 등에 필요한 전문 인력과 시설을 갖춘 단체 또는 기관을 고령자인재은행으로 지정할 수 있다. (2010.6.4 개정)

1. 「직업안정법」 제18조에 따라 무료직업소개사업을 하는 비영리법인이나 공익단체 (2010.2.4 신설)
2. 「국민 평생 직업능력 개발법」 제16조에 따라 직업능력개발훈련을 위탁받을 수 있는 대상이 되는 기관 (2021.8.17 개정)

② 제1항제1호 및 제2호에 모두 해당하는 고령자인재은행의 사업범위는 다음 각 호의 사업 모두로 하고, 제1항제1호에만 해당하는 고령자인재은행의 사업범위는 제1호, 제2호 및 제4호의 사업만으로 하며, 제1항제2호에만 해당하는 고령자인재은행의 사업범위는 제3호 및 제4호의 사업만으로 한다. (2010.2.4 개정)

1. 고령자에 대한 구인·구직 등록, 직업지도 및 취업알선
2. 취업희망 고령자에 대한 직업상담 및 정년퇴직자의 재취업 상담
3. 고령자의 직업능력개발훈련 (2010.2.4 신설)
4. 그 밖에 고령자 고용촉진을 위하여 필요하다고 인정하여 고용노동부장관이 정하는 사업 (2010.6.4 개정)

③ 고용노동부장관은 고령자인재은행에 대하여 직업안정 업무를 하는 행정기관이 수집한 구인·구직 정보, 지역 내의 노동력 수급상황, 그 밖에 필요한 자료를 제공할 수 있다. (2010.6.4 개정)

④ 고용노동부장관은 고령자인재은행에 대하여 예산의 범위에서 소요 경비의 전부 또는 일부를 지원할 수 있다. (2010.6.4 개정)

⑤ 제1항에 따른 고령자인재은행의 지정기준과 지정절차 등에 필요한 사항은 대통령령으로 정한다. (2008.3.21 개정)

[령] 제7조

제11조의2 【중견전문인력 고용지원센터의 지정】 ① 고용노동부장관은 퇴직한 고령자로서 경력 등을 고려하여 고용노동부령으로 정하는 사람(이하 "중견전문인력"이라 한다)의 직업지도와 취업알선 등을 전문적으로 지원하는 중견전문인력 고용지원센터(이하 "중견전문인력 고용지원센터"라 한다)를 지정할 수 있다. (2020.5.26 개정)
② 중견전문인력 고용지원센터는 「직업안정법」 제18조에 따라 무료직업소개사업을 하는 비영리법인 또는 공익단체로서 필요한 전문인력과 시설을 갖춘 단체 중에서 지정한다. (2008.3.21 개정)
③ 중견전문인력 고용지원센터는 다음 각 호의 사업을 한다. (2008.3.21 개정)
1. 중견전문인력의 구인·구직 등록, 직업상담 및 취업알선
2. 중견전문인력의 중소기업에 대한 경영자문 및 자원봉사활동 등의 지원
3. 그 밖에 중견전문인력의 취업에 필요한 사업으로서 대통령령으로 정하는 사업
④ 중견전문인력 고용지원센터에 관하여는 고령자인재은행에 관한 제11조 제3항부터 제5항까지의 규정을 준용한다. 이 경우 "고령자인재은행"은 "중견전문인력 고용지원센터"로 본다. (2008.3.21 개정)
령 제8조·제9조 칙 제5조

제11조의3 【고령자인재은행 및 중견전문인력 고용지원센터의 지정취소 등】 ① 고용노동부장관은 고령자인재은행 또는 중견전문인력 고용지원센터로 지정을 받은 자가 다음 각 호의 어느 하나에 해당하는 경우에는 고용노동부령으로 정하는 바에 따라 그 지정을 취소할 수 있다. (2010.6.4 개정)
1. 무료직업소개사업을 폐지하는 경우
2. 「직업안정법」 제36조에 따라 사업의 정지처분을 받은 경우
3. 「국민 평생 직업능력 개발법」 제27조 또는 제31조에 따라 직업능력개발훈련시설의 승인취소처분·지정취소처분 또는 직업능력개발훈련의 정지처분을 받은 경우 (2021.8.17 개정)
4. 「국민 평생 직업능력 개발법」 제28조제3항에 따라 지정직업훈련시설이 폐업한 경우 (2021.8.17 개정)
5. 「국민 평생 직업능력 개발법」 제32조에 따라 직업능력개발훈련법인의 설립허가 취소처분을 받은 경우 (2021.8.17 개정)
6. 사업실적 부진 등 고용노동부장관이 정하는 사유에 해당하는 경우 (2010.6.4 개정)
② 고용노동부장관은 제1항에 따라 지정을 취소하는 경우에는 「행정절차법」에 따른 청문을 실시하여야 한다. (2022.6.10 신설)
③ 고령자인재은행 또는 중견전문인력 고용지원센터로 지정을 받은 자가 그 업무를 폐지하거나 휴업하려는 경우에는 고용노동부령으로 정하는 바에 따

라 고용노동부장관에게 신고하여야 한다. (2022.6.10 개정)

칙 제7조·제8조·제9조

제11조의4【고령자 고용촉진을 위한 사업】 ① 고용노동부장관은 고령자의 고용촉진을 위하여 다음 각 호의 사업을 할 수 있다. (2010.6.4 개정)

1. 고령자에게 적합한 사회적 일자리의 창출
2. 고령자의 자영업 창업 지원
3. 고령자를 대상으로 하는 취업박람회의 지원
4. 고령자 고용촉진과 고용안정에 관한 정책의 수립과 제도개선에 필요한 조사와 연구
5. 고령자인재은행, 중견전문인력 고용지원센터 등 관련 기관의 종사자에 대한 교육이나 필요한 인력의 양성
6. 고령자 고용 강조기간의 설정과 추진
7. 고령자 고용 우수기업의 선정과 지원
8. 그 밖에 고령자 고용촉진을 위하여 필요한 사업

② 제1항 각 호에 따른 사업의 실시에 필요한 사항은 대통령령으로 정한다. (2008.3.21 개정)

제3장 고령자의 고용촉진 및 고용안정

제12조【사업주의 고령자 고용 노력의무】 대통령령으로 정하는 수 이상의 근로자를 사용하는 사업주는 기준고용률 이상의 고령자를 고용하도록 노력하여야 한다. (2008.3.21 개정)

령 제10조

제13조【사업주의 고령자 고용현황의 제출 등】 ① 제12조에 따른 사업주는 고용노동부령으로 정하는 바에 따라 매년 고령자 고용현황을 고용노동부장관에게 제출하여야 한다. (2010.6.4 개정)

② 고용노동부장관은 제12조에 따른 사업주로서 상시 고용하는 고령자의 비율이 기준고용률에 미달하는 사업주에 대하여 고령자의 고용촉진 및 안정을 위하여 필요한 조치의 시행을 권고할 수 있다. (2010.6.4 개정)

③ 고용노동부장관은 제2항의 권고에 따른 조치를 시행하는 사업주에게 상담, 자문, 그 밖에 필요한 협조와 지원을 할 수 있다. (2010.6.4 개정)

④ 삭제(2010.2.4)

벌 법 제13조제1항에 따른 고령자 고용현황을 제출하지 아니한 자에게는 500만원 이하의 과태료를 부과한다. (법 제24조제2항제2호)

칙 제10조

제14조【고령자 고용촉진을 위한 세제지원 등】 ① 사업주가 제12조에 따

른 기준고용률을 초과하여 고령자를 추가로 고용하는 경우에는 「조세특례제한법」으로 정하는 바에 따라 조세를 감면한다. (2008.3.21 개정)

② 고용노동부장관은 예산의 범위에서 다음 각 호의 구분에 따른 고용 지원금을 지급할 수 있다. (2010.6.4 개정)

1. 고령자를 새로 고용하거나 다수의 고령자를 고용한 사업주 또는 고령자의 고용안정을 위하여 필요한 조치를 취한 사업주에게 일정 기간 지급하는 고용 지원금
2. 사업주가 근로자 대표의 동의를 받아 일정 연령 이상까지 고용을 보장하는 조건으로 일정 연령, 근속시점 또는 임금액을 기준으로 임금을 감액하는 제도를 시행하는 경우에 그 제도의 적용을 받는 근로자에게 일정 기간 지급하는 고용 지원금. 이 경우 "근로자대표"란 근로자의 과반수로 조직된 노동조합이 있는 경우에는 그 노동조합의 대표자를 말하며, 해당 노동조합이 없는 경우에는 근로자의 과반수를 대표하는 자를 말한다.
3. 고령자와 준고령자의 고용안정 및 취업의 촉진 등을 목적으로 임금체계 개편, 직무 재설계(고령자나 준고령자에게 적합한 직무를 개발하고 설계하는 것을 말한다) 등에 관하여 전문기관의 진단을 받는 사업주에게 지원하는 고용 지원금

③ 제2항에 따른 고용 지원금의 지급기준 등에 관한 사항은 대통령령으로 정한다. (2008.3.21 개정)

령 제11조

제15조 【우선고용직종의 선정 등】 ① 고용노동부장관은 고용정책심의회의 심의를 거쳐 고령자와 준고령자를 고용하기에 적합한 직종(이하 "우선고용직종"이라 한다)을 선정하고, 선정된 우선고용직종을 고시하여야 한다. (2010.6.4 개정)

② 고용노동부장관은 우선고용직종의 개발 등 고령자와 준고령자의 고용촉진에 필요한 사항에 대하여 조사·연구하고 관련 자료를 정리·배포하여야 한다. (2010.6.4 개정)

제16조 【우선고용직종의 고용】 ① 국가 및 지방자치단체, 「공공기관의 운영에 관한 법률」 제4조에 따라 공공기관으로 지정받은 기관의 장은 그 기관의 우선고용직종에 대통령령으로 정하는 바에 따라서 고령자와 준고령자를 우선적으로 고용하여야 한다. (2010.2.4 개정)

② 제1항에서 규정한 자 외의 사업주는 우선고용직종에 고령자와 준고령자를 우선적으로 고용하도록 노력하여야 한다. (2008.3.21 개정)

제17조 【고용 확대의 요청 등】 ① 고용노동부장관은 제16조에 따라 고령자와 준고령자를 우선적으로 채용한 실적이 부진한 자에게 그 사유를 제출하게 할 수 있으며, 그 사유가 정당하지 아니한 자(사유를 제출하지 아니한

고령
고용

자를 포함한다)에게 고령자와 준고령자의 고용을 확대하여 줄 것을 요청할 수 있다. (2010.6.4 개정)

② 고용노동부장관은 제13조제2항에 따른 권고를 따르지 아니하는 사업주에게 그 사유를 제출하게 할 수 있으며, 그 사유가 정당하지 아니한 사업주(사유를 제출하지 아니한 사업주를 포함한다)에게 고령자의 고용을 확대하여 줄 것을 요청할 수 있다. (2010.6.4 개정)

제18조 【내용 공표 및 취업알선 중단】 고용노동부장관은 정당한 사유 없이 제17조에 따른 고용 확대 요청에 따르지 아니한 자에게 그 내용을 공표하거나 직업안정 업무를 하는 행정기관에서 제공하는 직업지도와 취업알선 등 고용 관련 서비스를 중단할 수 있다. (2010.6.4 개정)

제4장 정 년

제19조 【정년】 ① 사업주는 근로자의 정년을 60세 이상으로 정하여야 한다. (2013.5.22 개정)

② 사업주가 제1항에도 불구하고 근로자의 정년을 60세 미만으로 정한 경우에는 정년을 60세로 정한 것으로 본다. (2013.5.22 개정)

제19조의2 【정년연장에 따른 임금체계 개편 등】 ① 제19조제1항에 따라 정년을 연장하는 사업 또는 사업장의 사업주와 근로자의 과반수로 조직된 노동조합(근로자의 과반수로 조직된 노동조합이 없는 경우에는 근로자의 과반수를 대표하는 자를 말한다)은 그 사업 또는 사업장의 여건에 따라 임금체계 개편 등 필요한 조치를 하여야 한다. (2013.5.22 신설)

② 고용노동부장관은 제1항에 따라 필요한 조치를 한 사업 또는 사업장의 사업주나 근로자에게 대통령령으로 정하는 바에 따라 고용지원금 등 필요한 지원을 할 수 있다. (2013.5.22 신설)

③ 고용노동부장관은 정년을 60세 이상으로 연장하는 사업 또는 사업장의 사업주 또는 근로자에게 대통령령으로 정하는 바에 따라 임금체계 개편 등을 위한 컨설팅 등 필요한 지원을 할 수 있다. (2013.5.22 신설)

제20조 【정년제도 운영현황의 제출 등】 ① 대통령령으로 정하는 수 이상의 근로자를 사용하는 사업주는 고용노동부령으로 정하는 바에 따라 매년 정년 제도의 운영 현황을 고용노동부장관에게 제출하여야 한다. (2010.6.4 개정)

② 고용노동부장관은 제1항에 따른 사업주로서 정년을 현저히 낮게 정한 사업주에게 정년의 연장을 권고할 수 있다. (2010.6.4 개정)

③ 삭제(2010.2.4)

④ 제2항에 따른 권고를 정당한 사유 없이 따르지 아니한 경우 그 내용을

공표할 수 있다. (2010.2.4 개정)

벌 법 제20조제1항에 따른 정년제도 운영현황을 제출하지 아니한 자에게는 500만원 이하의 과태료를 부과한다. (법 제24조제2항제3호)

령 제14조 칙 제13조

제21조【정년퇴직자의 재고용】 ① 사업주는 정년에 도달한 사람이 그 사업장에 다시 취업하기를 희망할 때 그 직무수행 능력에 맞는 직종에 재고용하도록 노력하여야 한다. (2020.5.26 개정)

② 사업주는 고령자인 정년퇴직자를 재고용할 때 당사자 간의 합의에 의하여 「근로기준법」 제34조에 따른 퇴직금과 같은 법 제60조에 따른 연차유급(年次有給) 휴가일수 계산을 위한 계속근로기간을 산정할 때 종전의 근로기간을 제외할 수 있으며 임금의 결정을 종전과 달리할 수 있다. (2008.3.21 개정)

제21조의2【정년퇴직자의 재고용 지원】 고용노동부장관은 제21조에 따라 정년퇴직자를 재고용하거나 그 밖에 정년퇴직자의 고용안정에 필요한 조치를 하는 사업주에게 장려금 지급 등 필요한 지원을 할 수 있다. (2010.6.4 개정)

제21조의3【퇴직예정자 등에 대한 재취업지원서비스 지원】 ① 사업주는 정년퇴직 등의 사유로 이직예정인 근로자에게 경력·적성 등의 진단 및 향후 진로설계, 취업알선, 재취업 또는 창업에 관한 교육 등 재취업에 필요한 서비스(이하 "재취업지원서비스"라 한다)를 제공하도록 노력하여야 한다. (2019.4.30 개정)

② 제1항에도 불구하고 대통령령으로 정하는 수 이상의 근로자를 사용하는 사업주는 정년 등 대통령령으로 정하는 비자발적인 사유로 이직예정인 준고령자 및 고령자에게 재취업지원서비스를 제공하여야 한다. (2019.4.30 개정)

③ 사업주는 재취업지원서비스를 대통령령으로 정하는 바에 따라 다음 각 호의 어느 하나에 해당하는 단체 또는 기관에 위탁하여 실시할 수 있다. (2019.4.30 개정)

1. 「직업안정법」 제18조에 따라 무료직업소개사업을 하는 비영리법인이나 공익단체
2. 「직업안정법」 제19조에 따라 유료직업소개사업을 하는 법인
3. 「국민 평생 직업능력 개발법」 제16조제1항에 따라 직업능력개발훈련을 위탁받을 수 있는 대상이 되는 기관 (2021.8.17 개정)

④ 고용노동부장관은 사업주가 소속 근로자에게 재취업지원서비스를 제공하는 경우에 예산의 범위에서 필요한 지원을 할 수 있다. (2019.4.30 개정)

⑤ 제1항 및 제2항에 따른 재취업지원서비스의 대상, 내용 및 방법 등에 필

요한 사항은 대통령령으로 정한다. (2019.4.30 개정)
령 제14조의2·3·4·5

제22조 【정년 연장에 대한 지원】 고용노동부장관은 정년 연장에 따른 사업체의 인사와 임금 등에 대하여 상담, 자문, 그 밖에 필요한 협조와 지원을 하여야 한다. (2010.6.4 개정)

제5장 보 칙

제23조 【보고와 검사】 ① 고용노동부장관은 고령자의 고용촉진을 위하여 필요하다고 인정하는 경우에는 사업주, 고령자인재은행 또는 중견전문인력 고용지원센터에 대하여 이 법 시행에 필요한 사항을 보고하게 할 수 있다. (2010.6.4 개정)
② 고용노동부장관은 필요하다고 인정하는 경우에는 관계 공무원에게 사업장, 고령자인재은행, 중견전문인력 고용지원센터, 그 밖의 시설에 출입하여 그 업무상황, 장부, 그 밖의 물건을 검사하게 할 수 있다. (2010.6.4 개정)
③ 고용노동부장관은 제2항에 따라 검사를 하려면 사업주 등에게 검사일시와 검사내용 등 검사에 필요한 사항을 미리 알려주어야 한다. 다만, 긴급히 검사하여야 하거나 미리 알려 줄 경우 그 목적을 달성할 수 없다고 인정되는 경우에는 그러하지 아니하다. (2010.6.4 개정)
④ 제2항에 따라 검사를 하는 관계 공무원은 그 권한을 표시하는 증표를 지니고 이를 관계인에게 내보여야 한다. (2008.3.21 개정)
⑤ 고용노동부장관은 제2항에 따라 검사를 한 경우에는 그 사업주 등에게 그 결과를 서면으로 알려야 한다. (2010.6.4 개정)
벌 법 제23조제1항에 따른 보고를 하지 아니하거나 거짓으로 보고한 자에게는 500만원 이하의 과태료를 부과한다. (법 제24조제2항제4호)
벌 법 제23조제2항에 따른 출입 또는 검사를 거부·방해하거나 기피한 자에게는 500만원 이하의 과태료를 부과한다. (법 제24조제2항제5호)
칙 제15조

제23조의2 【권한의 위임】 이 법에 따른 고용노동부장관의 권한은 대통령령으로 정하는 바에 따라 그 일부를 지방고용노동관서의 장 또는 지방자치단체의 장에게 위임할 수 있다. (2010.6.4 개정)
령 제15조

제23조의3 【벌칙】 ① 제4조의9를 위반하여 근로자에게 해고, 전보, 징계, 그 밖의 불리한 처우를 한 사업주는 2년 이하의 징역 또는 1천만원 이하의 벌금에 처한다. (2008.3.21 신설)
② 제4조의4제1항제1호를 위반하여 모집·채용에서 합리적인 이유 없이 연

령을 이유로 차별한 사업주는 500만원 이하의 벌금에 처한다. (2008.3.21 신설)

제23조의4【양벌규정】 ① 법인의 대표자, 대리인, 사용인, 그 밖의 종업원이 그 법인의 업무에 관하여 제23조의3의 위반행위를 하면 그 행위자를 벌할 뿐만 아니라 그 법인에도 해당 조문의 벌금형을 과(科)한다. 다만, 법인이 그 위반행위를 방지하기 위하여 해당 업무에 관하여 상당한 주의와 감독을 게을리하지 아니한 때에는 그러하지 아니하다. (2008.3.21 신설)

② 개인의 대리인, 사용인, 그 밖의 종업원이 그 개인의 업무에 관하여 제23조의3의 위반행위를 하면 그 행위자를 벌할 뿐만 아니라 그 개인에게도 해당 조문의 벌금형을 과한다. 다만, 개인이 그 위반행위를 방지하기 위하여 해당 업무에 관하여 상당한 주의와 감독을 게을리하지 아니한 때에는 그러하지 아니하다. (2008.3.21 신설)

제24조【과태료】 ① 제4조의7에 따른 시정명령을 정당한 사유 없이 이행하지 아니하는 자에게는 3천만원 이하의 과태료를 부과한다. (2008.3.21 개정)

② 다음 각 호의 어느 하나에 해당하는 자에게는 500만원 이하의 과태료를 부과한다. (2008.3.21 개정)

1. 제4조의8제1항에 따른 고용노동부장관의 이행상황 제출요구를 정당한 사유 없이 따르지 아니한 자 (2010.6.4 개정)
2. 제13조제1항에 따른 고령자 고용현황을 제출하지 아니한 자 (2010.2.4 개정)
3. 제20조제1항에 따른 정년제도 운영현황을 제출하지 아니한 자 (2010.2.4 개정)
4. 제23조제1항에 따른 보고를 하지 아니하거나 거짓으로 보고한 자
5. 제23조제2항에 따른 출입 또는 검사를 거부·방해하거나 기피한 자

③ 제1항과 제2항에 따른 과태료는 대통령령으로 정하는 바에 따라 고용노동부장관이 부과·징수한다. (2010.6.4 개정)

④ 삭제(2010.2.4)

⑤ 삭제(2010.2.4)

⑥ 삭제(2010.2.4)

령 제16조

부 칙

이 법은 1992년 7월 1일부터 시행한다.

〈생략〉

부칙(2008.3.21 법률 제8962호)

제1조【시행일】 이 법은 공포 후 1년이 경과한 날부터 시행한다. 다만, 제4조의4제1항제2호부터 제5호까지의 개정규정은 2010년 1월 1일부터 시행한다.

제2조【적용례】 제4조의7의 개정규정은 이 법 시행 후 최초로 발생한 차별행위에 따른 권고를 이행하지 아니한 경우부터 적용한다.

제3조【다른 법령과의 관계】 이 법 시행 당시 다른 법령에서 종전의 「고령자고용촉진법」 또는 그 규정을 인용한 경우 이 법 중 그에 해당하는 규정이 있는 경우에는 종전의 규정에 갈음하여 이 법 또는 이 법의 해당 조항을 인용한 것으로 본다.

〈생략〉

부칙(2013.5.22 법률 제11791호)

이 법은 공포 후 1년이 경과한 날부터 시행한다. 다만, 제19조, 제19조의2제1항 및 제2항의 개정규정은 다음 각 호의 구분에 따른 날부터 시행한다.

1. 상시 300명 이상의 근로자를 사용하는 사업 또는 사업장, 「공공기관의 운영에 관한 법률」 제4조에 따른 공공기관, 「지방공기업법」 제49조에 따른 지방공사 및 같은 법 제76조에 따른 지방공단 : 2016년 1월 1일
2. 상시 300명 미만의 근로자를 사용하는 사업 또는 사업장, 국가 및 지방자치단체 : 2017년 1월 1일

〈생략〉

부칙(2021.8.17 법률 제18425호)

제1조【시행일】 이 법은 공포 후 6개월이 경과한 날부터 시행한다.
제2조 및 **제3조** 생략

부칙(2022.6.10 법률 제18921호)

이 법은 공포한 날부터 시행한다.

고용상 연령차별금지 및 고령자고용촉진에 관한 법률 시행령

전부개정 2008.12.31 대통령령 제21230호
개정 2010. 4.29 대통령령 제22140호
<생략>
2016.12.30 대통령령 제27751호
2020. 4.28 대통령령 제30644호
2022. 2.17 대통령령 제32447호
2024.12.24 대통령령 제35100호

고령고용

제1장 총 칙

제1조【목적】 이 영은「고용상 연령차별금지 및 고령자고용촉진에 관한 법률」에서 위임된 사항과 그 시행에 필요한 사항을 규정함을 목적으로 한다.

제2조【고령자 및 준고령자의 정의】 ①「고용상 연령차별금지 및 고령자고용촉진에 관한 법률」(이하 "법"이라 한다) 제2조제1호에 따른 고령자는 55세 이상인 사람으로 한다.
② 법 제2조제2호에 따른 준고령자는 50세 이상 55세 미만인 사람으로 한다.

제3조【고령자 기준고용률】 법 제2조제5호에서 "대통령령으로 정하는 비율"이란 다음 각 호의 어느 하나에 해당하는 비율을 말한다.
1. 제조업 : 그 사업장의 상시근로자수의 100분의 2
2. 운수업, 부동산 및 임대업 : 그 사업장의 상시근로자수의 100분의 6
3. 제1호 및 제2호 외의 산업 : 그 사업장의 상시근로자수의 100분의 3

제2장 고용상 연령차별금지

제4조【시정명령의 신청방법 등】 ① 법 제4조의7제1항에 따른 시정명령을 신청하려는 피해자는 다음 각 호의 사항을 적은 서면을 고용노동부장관에게 제출하여야 한다. (2010.7.12 개정)
1. 신청인의 성명과 주소
2. 피신청인의 성명과 주소(피신청인이 법인인 경우에는 그 명칭과 주된 사무소의 소재지를 말한다)
3. 시정명령이 필요한 사유
② 제1항에 따른 시정명령의 신청은 국가인권위원회가 구제조치 등을 권고한 날부터 6개월 이내에 하여야 한다.

제3장 정부의 고령자 취업지원

제5조【고령자에 대한 직업능력개발훈련 등】 ① 고용노동부장관 및 특별시장·광역시장·도지사·특별자치도지사(이하 "고용노동부장관등"이라 한다)는 법 제6조제1항에 따라 고령자의 고용을 촉진하고 직업능력의 개발·향상을 위하여 다음 각 호의 직업능력 개발훈련을 실시하여야 한다. (2010.7.12 개정)

1. 법 제15조제1항에 따라 선정·고시된 우선고용직종(이하 "우선고용직종"이라 한다)에 취업하기를 원하는 고령자를 대상으로 「국민 평생 직업능력 개발법」 제12조에 따라 실시하는 직업능력개발훈련 (2022.2.17 개정)
2. 「고용보험법 시행령」 제12조에 따른 우선지원 대상기업의 사업주와 취업을 원하는 고령자의 신청을 받아 해당 우선지원 대상기업의 생산시설 또는 근무장소에서 실시하는 현장 연수

② 고용노동부장관등은 제1항제2호에 따른 현장 연수를 실시하는 경우에 예산의 범위에서 해당 우선지원 대상기업의 사업주에게는 연수비용의 전부 또는 일부를, 해당 고령자에게는 연수수당을 지원할 수 있다. (2010.7.12 개정)

③ 고용노동부장관등은 고령자에 대한 직업능력개발훈련의 성과를 높이기 위하여 고령자에게 적합한 직업능력개발훈련과정을 개발·보급하여야 한다. (2010.7.12 개정)

④ 고용노동부장관등은 「국민 평생 직업능력 개발법」 제2조제3호에 따른 직업능력개발훈련시설에서 고령자를 대상으로 우선고용직종에 대한 직업능력개발훈련과정을 개발하거나 같은 법에 따른 훈련을 실시하는 경우에 그 비용의 전부 또는 일부를 지원할 수 있다. (2022.2.17 개정)

⑤ 준고령자에 대한 직업능력개발훈련에 관하여는 제1항부터 제4항까지를 준용한다. 이 경우 "고령자"는 "준고령자"로 본다.

제6조【직업능력개발훈련시설 등에 대한 평가 우대】 고용노동부장관은 「국민 평생 직업능력 개발법 시행령」 제48조에 따른 직업능력개발훈련시설 등에 대한 평가를 하는 경우에 고령자를 대상으로 한 훈련실적이 고용노동부장관이 정하는 수준 이상이면 우대할 수 있다. (2022.2.17 개정)

제7조【고령자인재은행의 지정기준 등】 ① 법 제11조제1항에 따른 고령자인재은행(이하 "고령자인재은행"이라 한다)의 지정기준은 별표 1과 같다.

② 고령자인재은행의 지정을 받으려는 자는 고용노동부장관에게 고령자인재은행의 지정을 신청하여야 한다. (2010.7.12 개정)

③ 고용노동부장관은 제2항에 따라 고령자인재은행의 지정 신청을 받은 경우에는 다음 각 호의 사항을 고려하여 지정 여부를 결정한 후, 신청을 받은

날부터 30일 이내에 그 결과를 신청인에게 통보하여야 한다. (2010.7.12 개정)
1. 고령자인재은행의 지역별 분포
2. 고령자 취업알선실적
3. 관련 예산의 규모
4. 그 밖에 고용노동부장관이 고령자인재은행의 지정에 필요하다고 인정하는 사항 (2010.7.12 개정)

④ 고령자인재은행의 지정기간이나 그 밖에 고령자인재은행의 지정 및 운영에 필요한 사항은 고용노동부장관이 정하여 고시한다. (2010.7.12 개정)

칙 제4조

제8조 【중견전문인력고용지원센터의 사업범위】 법 제11조의2제3항제3호에서 "대통령령으로 정하는 사업"이란 다음 각 호의 어느 하나에 해당하는 사업을 말한다.
1. 법 제6조제2항에 따른 고령자 적응훈련사업
2. 법 제6조제3항에 따른 고령자의 신체적, 정신적 조건 등을 고려한 직업능력 개발훈련 과정의 개발·보급사업
3. 법 제7조에 따른 사업주에 대한 고령자 고용 관리에 관한 상담, 자문, 지원 및 정보 등의 제공사업

제9조 【중견전문인력 고용지원센터의 지정기준 등】 ① 법 제11조의2제1항에 따른 중견전문인력 고용지원센터의 지정기준에 관하여는 별표 1을 준용한다. 이 경우 "고령자인재은행"은 "중견전문인력 고용지원센터"로, "제7조제1항"은 "제9조제1항"으로, "고령자"는 "중견전문인력"으로 본다.

② 제1항에 따른 중견전문인력 고용지원센터의 지정절차에 관하여는 제7조 제2항부터 제4항까지를 준용한다. 이 경우 "고령자인재은행"은 "중견전문인력 고용지원센터"로, "고령자"는 "중견전문인력"으로 본다.

칙 제6조

제4장 고령자의 고용촉진 및 고용안정

제10조 【기준고용률이 적용되는 사업주】 법 제12조에 따라 기준고용률 이상의 고령자를 고용하도록 노력하여야 할 사업주는 상시 300명 이상의 근로자를 사용하는 사업장의 사업주로 한다.

제11조 【고용 지원금의 지급기준 등】 ① 법 제14조제2항제1호에 따른 고용 지원금의 지급기준 등에 관하여는 「고용보험법 시행령」 제26조 및 제28조의4에서 정하는 바에 따른다. (2024.12.24 개정)

② 법 제14조제2항제2호에 따른 고용 지원금의 지급기준 등에 관하여는 「고

용보험법 시행령」 제28조 및 제28조의2에서 정하는 바에 따른다. (2015.12.4 개정)

③ 법 제14조제2항제3호에 따른 고용 지원금의 지급기준 등에 관하여는 「고용보험법 시행령」 제33조에서 정하는 바에 따른다.

제12조【우선고용직종의 고용】 ① 국가 및 지방자치단체, 「공공기관의 운영에 관한 법률」 제4조에 따라 공공기관으로 지정받은 기관의 장(이하 "공공기관등의 장"이라 한다)은 그 기관의 우선고용직종에 다음 각 호의 어느 하나에 해당하는 사유가 발생한 경우에는 고령자와 준고령자를 우선적으로 고용하여야 한다. (2010.4.29 개정)

1. 우선고용직종이 신설되거나 확대됨에 따라 신규인력을 채용하는 경우
2. 퇴직이나 이직 등에 따라 우선고용직종에 결원이 생겨서 인력보충이 필요한 경우

② 공공기관등의 장은 해당 기관의 우선고용직종에 직원을 채용하는 경우에 관계 법령상 별도의 자격요건을 정하고 있거나 특별한 사정이 있다고 인정되어 고용노동부장관의 승인을 받은 경우에는 제1항을 적용하지 아니할 수 있다. (2010.7.12 개정)

제13조【우선고용직종에 대한 고용현황 제출】 공공기관등의 장은 그 기관의 우선고용직종에 관한 고용현황을 고용노동부령으로 정하는 바에 따라 매년 고용노동부장관에게 제출하여야 한다. (2010.7.12 개정)

칙 제12조

제5장 정 년

제14조【정년제도 운영현황 제출의무 사업주】 법 제20조제1항에서 "대통령령으로 정하는 수 이상의 근로자를 사용하는 사업주"란 상시 300명 이상의 근로자를 사용하는 사업주를 말한다.

제14조의2【재취업지원서비스의 제공의무 사업주】 법 제21조의3제2항에서 "대통령령으로 정하는 수 이상의 근로자를 사용하는 사업주"란 직전 연도의 매월 말일을 기준으로 각각 산정된 「고용보험법」 제2조제1호가목에 따른 피보험자 수의 평균이 1천명 이상인 사업주를 말한다. (2020.4.28 신설)

제14조의3【재취업지원서비스의 제공 대상】 ① 사업주는 법 제21조의3제2항에 따라 다음 각 호의 요건을 모두 갖춘 이직예정인 준고령자 및 고령자에게 같은 조 제1항에 따른 재취업지원서비스(이하 "재취업지원서비스"라 한다)를 제공해야 한다. (2020.4.28 신설)

1. 이직예정일이 50세 이상이 되는 연도에 있을 것
2. 「고용보험법」 제50조제3항에 따른 피보험기간이 이직예정일 전날까지

계속하여 1년 이상일 것. 다만, 근로계약기간이 정해져 있는 준고령자 및 고령자는 해당 피보험기간이 이직예정일 전날까지 계속하여 3년 이상이어야 한다.

② 법 제21조의3제2항에서 "정년 등 대통령령으로 정하는 비자발적인 사유"란 「고용보험법」 제58조에 따른 수급자격이 제한되는 경우에 해당하지 않는 사유를 말한다. (2020.4.28 신설)

③ 사업주는 제1항 및 제2항에도 불구하고 이직예정인 준고령자 및 고령자가 재취업의 확정 등 고용노동부장관이 정하여 고시하는 사유로 재취업지원서비스를 받지 않겠다고 서면 또는 전자적 방법으로 동의한 경우에는 재취업지원서비스를 제공하지 않을 수 있다. (2020.4.28 신설)

제14조의4【재취업지원서비스의 내용 및 방법】 ① 사업주가 법 제21조의3제2항에 따라 재취업지원서비스를 제공하는 경우에는 고용노동부장관이 정하여 고시하는 바에 따라 다음 각 호 중 어느 하나 이상의 재취업지원서비스를 제공해야 한다. (2020.4.28 신설)

1. 경력·적성 등의 진단 및 향후 진로설계
2. 취업 알선
3. 재취업 또는 창업에 관한 교육
4. 그 밖에 고용노동부장관이 재취업 또는 창업에 필요하다고 인정하는 서비스

② 사업주는 제14조의3에 따른 재취업지원서비스의 제공 대상자에게 그 이직예정일 전 3년 이내에 재취업지원서비스를 제공해야 한다. (2020.4.28 신설)

③ 사업주는 제2항에도 불구하고 경영상 필요에 따른 해고 또는 퇴직사유가 발생하여 이직이 예정된 제14조의3에 따른 재취업지원서비스 제공 대상자에게는 그 이직예정일 전 1년 이내에 재취업지원서비스를 제공하되, 해당 기간에 재취업지원서비스를 제공하기 어려운 경우에는 이직예정일의 다음 날부터 6개월 이내에 재취업지원서비스를 제공할 수 있다. (2020.4.28 신설)

제14조의5【재취업지원서비스 실시의 위탁】 사업주가 법 제21조의3제3항에 따라 같은 조 제2항에 따른 재취업지원서비스(제14조의4제1항제1호부터 제3호까지의 규정에 따른 재취업지원서비스만 해당한다)를 위탁하여 실시하려는 경우 그 수탁단체 또는 수탁기관은 법 제21조의3제3항 각 호의 어느 하나에 해당하는 단체 또는 기관으로서 다음 각 호의 구분에 따른 요건을 갖춘 단체 또는 기관으로 한다. (2020.4.28 신설)

1. 제14조의4제1항제1호·제2호에 따른 재취업지원서비스 : 고용노동부장관이 정하여 고시하는 직업·진로 상담 분야의 자격이나 근무 경력이 있는 인력과 개인별 상담 공간을 갖추고 있을 것
2. 제14조의4제1항제3호에 따른 재취업지원서비스 : 고용노동부장관이 정하여 고시하는 교육훈련 경력이 있는 인력을 갖추고 있을 것

제6장 보 칙

제15조 【권한의 위임】 ① 고용노동부장관은 법 제23조의2에 따라 다음 각 호의 사항에 관한 권한을 지방고용노동관서의 장에게 위임한다. (2010.7.12 개정)

1. 법 제4조의8에 따른 시정명령 이행상황의 제출요구 및 시정명령 불이행에 대한 신고의 수리
2. 법 제11조 및 제11조의2에 따른 고령자인재은행 및 중견전문인력 고용지원센터의 지정
3. 법 제11조의3에 따른 고령자인재은행 및 중견전문인력 고용지원센터의 지정 취소와 업무의 폐지·휴업에 관한 신고의 수리
4. 법 제13조제1항에 따른 고령자 고용현황 제출의 접수 (2010.4.29 개정)
5. 법 제20조제1항에 따른 정년 제도 운영 현황 제출의 접수 (2010.4.29 개정)

5의2. 법 제21조의3제4항에 따른 재취업지원서비스를 제공하는 사업주에 대한 지원 (2020.4.28 신설)

6. 법 제23조에 따른 보고와 검사
7. 법 제24조에 따른 과태료의 부과처분 및 징수

② 고용노동부장관은 법 제4조의7에 따른 시정명령의 권한을 지방고용노동청장에게 위임한다. (2010.7.12 개정)

제15조의2 【고유식별정보의 처리】 고용노동부장관(법 제23조의2에 따라 고용노동부장관의 권한을 위임받은 자를 포함한다)은 다음 각 호의 사무를 수행하기 위하여 불가피한 경우 「개인정보 보호법 시행령」 제19조제1호 또는 제4호에 따른 주민등록번호 또는 외국인등록번호가 포함된 자료를 처리할 수 있다. (2020.4.28 신설)

1. 법 제21조의3제4항에 따른 재취업지원서비스를 제공하는 사업주에 대한 지원에 관한 사무
2. 법 제23조에 따른 고령자의 고용촉진을 위하여 필요한 보고와 검사에 관한 사무

제15조의3 【규제의 재검토】 고용노동부장관은 제7조제1항 및 별표 1에 따른 고령자인재은행의 지정기준 등에 대하여 2017년 1월 1일을 기준으로 3년마다(매 3년이 되는 해의 1월 1일 전까지를 말한다) 그 타당성을 검토하여 개선 등의 조치를 하여야 한다. (2020.4.28 개정)

제16조 【과태료의 부과기준】 법 제24조제1항 및 제2항에 따른 과태료의 부과기준은 별표 2와 같다. (2011.3.30 개정)

부 칙

제1조 【시행일】 이 영은 2009년 3월 22일부터 시행한다.

제2조 【다른 법령의 개정】 생략

제3조 【다른 법령과의 관계】 이 영 시행 당시 다른 법령에서 종전의 「고령자고용촉진법 시행령」 또는 그 규정을 인용한 경우에 이 영 가운데 그에 해당하는 규정이 있으면 종전의 규정을 갈음하여 이 영 또는 이 영의 해당 규정을 인용한 것으로 본다.

부칙(2010.4.29 대통령령 제22140호)

이 영은 2010년 5월 5일부터 시행한다.

〈생략〉

부칙(2020.4.28 대통령령 제30644호)

제1조 【시행일】 이 영은 2020년 5월 1일부터 시행한다.

제2조 【재취업지원서비스 제공기간에 관한 특례】 사업주가 이 영 시행 이후 1년 이내 이직예정인 제14조의3의 개정규정에 따른 재취업지원서비스 제공 대상자에게 법 제21조의3제2항에 따라 재취업지원서비스를 2021년 4월 30일까지 제공하는 경우에는 제14조의4제2항 및 제3항의 개정규정에도 불구하고 같은 개정규정에 따른 기간에 재취업지원서비스를 제공한 것으로 본다.

부칙(2022.2.17 대통령령 제32447호)

제1조 【시행일】 이 영은 2022년 2월 18일부터 시행한다.

제2조 및 **제3조** 생략

부칙(2024.12.24 대통령령 제35100호)

제1조 【시행일】 이 영은 2025년 1월 1일부터 시행한다.

제2조부터 **제9조**까지 생략

[별표 1] (2010.4.29 개정)

고령자인재은행 지정기준(제7조제1항 관련)

구분	지정기준
시설 및 장비	1. 고령자 구인·구직 또는 직업능력개발훈련에 관한 상담을 하기 위한 전화전용회선을 1회선 이상 설치할 것 2. 인터넷을 통하여 고령자 구인·구직 또는 직업능력개발훈련에 관한 상담을 하기 위한 개인용 컴퓨터를 1대 이상 설치할 것 3. 고령자 구인·구직 또는 직업능력개발훈련에 관한 상담을 위한 별도의 상담실을 설치할 것
인력	1. 고령자 구인·구직 또는 직업능력개발훈련에 관한 상담 전담자가 1명 이상일 것 2. 그 밖에 고령자인재은행의 운영을 지원하는 인력이 1명 이상일 것

[별표 2] (2011.3.30 개정)

과태료의 부과기준(제16조 관련)

1. 일반기준

가. 위반행위의 횟수에 따른 과태료 부과기준은 최근 3년간 같은 위반행위로 과태료를 부과받은 경우에 적용한다. 이 경우 위반행위에 대하여 과태료 부과처분을 한 날과 다시 같은 위반행위를 적발한 날을 각각 기준으로 하여 위반횟수를 계산한다.

나. 고용노동부장관은 위반행위자가 다음의 어느 하나에 해당하는 경우에는 제2호에 따른 과태료 금액의 2분의 1의 범위에서 그 금액을 감경할 수 있다. 다만, 과태료를 체납하고 있는 위반행위자의 경우에는 그러하지 아니하다.

1) 위반행위자가 「질서위반행위규제법 시행령」 제2조의2제1항 각 호의 어느 하나에 해당하는 경우
2) 위반행위자가 자연재해·화재 등으로 재산에 현저한 손실이 발생하거나 사업여건의 악화로 사업이 중대한 위기에 처하는 등의 사정이 있는 경우
3) 위반행위가 사소한 부주의나 오류 등 과실로 인한 것으로 인정되는 경우
4) 위반행위자가 처음 해당 위반행위를 한 경우로서 3년 이내에 고령자 고용 우수기업으로 선정되어 대통령·국무총리·고용노동부장관 등의 포상을 받은 경우
5) 그 밖에 위반행위의 정도, 위반행위의 동기와 그 결과 등을 고려하여 감경할 필요가 있다고 인정되는 경우

다. 고용노동부장관은 위반행위자의 위반행위가 둘 이상인 경우에는 제2호에 따른 과태료 금액의 2분의 1의 범위에서 가중할 수 있다. 다만, 법 24조제1항 또는 제2항에 따른 과태료 금액의 상한을 넘을 수 없다.

2. 개별기준

위반행위	근거 법조문	과태료 금액(만원)		
		1차	2차	3차 이상
가. 법 제4조의7에 따른 시정명령을 정당한 사유 없이 이행하지 않은 경우	법 제24조 제1항			
1) 상시근로자 수가 300명 이상인 경우		3,000		
2) 상시근로자 수가 100명 이상 300명 미만인 경우		2,700		
3) 상시근로자 수가 50명 이상 100명 미만인 경우		2,400		
4) 상시근로자 수가 10명 이상 50명 미만인		2,100		

경우				
5) 상시근로자 수가 10명 미만인 경우		1,800		
나. 법 제4조의8제1항에 따른 고용노동부장관의 이행상황 제출요구를 정당한 사유 없이 따르지 않은 경우	법 제24조 제2항제1호	300		
다. 법 제13조제1항에 따른 고령자 고용현황을 제출하지 않은 경우	법 24조 제2항제2호			
1) 1개월 미만 제출 지연		100	200	300
2) 1개월 이상 6개월 미만 제출 지연		200	300	400
3) 6개월 이상 제출 지연 또는 미제출		300	400	500
라. 법 제20조제1항에 따른 정년제도 운영현황을 제출하지 않은 경우	법 제24조 제2항제3호			
1) 1개월 미만 제출 지연		100	200	300
2) 1개월 이상 6개월 미만 제출 지연		200	300	400
3) 6개월 이상 제출 지연 또는 미제출		300	400	500
마. 법 제23조제1항에 따른 보고를 하지 않거나 거짓으로 보고한 경우	법 제24조 제2항제4호	300		
바. 법 제23조제2항에 따른 출입 또는 검사를 거부·방해하거나 기피한 경우	법 제24조 제2항제5호	300		

고용상 연령차별금지 및 고령자고용촉진에 관한 법률 시행규칙

전부개정 2008.12.31 노동부령 제314호
개정 2010. 4.29 노동부령 제343호
〈생략〉
2012. 2. 9 고용노동부령 제 48호
2022. 2.17 고용노동부령 제347호
2022. 7. 1 고용노동부령 제358호
2025.12.31 고용노동부령 제457호

제1장 총 칙

제1조 【목적】 이 규칙은 「고용상 연령차별금지 및 고령자고용촉진에 관한 법률」 및 같은 법 시행령에서 위임된 사항과 그 시행에 필요한 사항을 규정함을 목적으로 한다.

제2장 정부의 고령자 취업지원

제2조 【적응훈련의 내용】 「고용상 연령차별금지 및 고령자고용촉진에 관한 법률」(이하 "법"이라 한다) 제6조제2항에서 "고용노동부령으로 정하는 적응훈련"이란 다음 각 호의 사항을 포함하는 훈련을 말한다. (2010.7.12 개정)
1. 고령자의 업무수행에 필요한 기술 및 기능에 관한 기본적 사항
2. 산업 안전·보건에 관한 기본적 사항
3. 그 밖에 고령자가 작업환경에 적응하기 위하여 필요하다고 고용노동부장관이 인정하는 사항 (2010.7.12 개정)

제3조 【적응훈련 실시자 등】 ① 법 제6조제2항에 따른 적응훈련을 실시할 수 있는 시설은 다음 각 호의 어느 하나의 시설로 한다.
1. 법 제10조에 따른 고령자 고용정보센터
2. 「국민 평생 직업능력 개발법」 제2조제3호에 따른 직업능력개발훈련시설 (2022.2.17 개정)
3. 그 밖에 적응훈련에 필요한 시설 및 장비 등을 갖춘 교육·훈련기관 및 사업장

② 적응훈련의 기간과 그 밖에 적응훈련의 실시에 필요한 사항은 고용노동부장관이 정하여 고시한다. (2010.7.12 개정)

제4조 【고령자인재은행의 지정신청 등】 ① 「고용상 연령차별금지 및 고령자고용촉진에 관한 법률 시행령」(이하 "영"이라 한다) 제7조제2항에 따라 고령자인재은행의 지정을 받으려는 자는 별지 제1호서식의 고령자인재은행

지정신청서에 다음 각 호의 서류를 첨부하여 관할 지방고용노동청 또는 지청(이하 "지방고용노동관서"라 한다)의 장에게 제출해야 한다. (2025.12.31 개정)

1. 「국민 평생 직업능력 개발법 시행령」 제12조 각 호의 어느 하나에 해당하는 시설 또는 기관임을 증명하는 서류 1부(법 제11조제1항제2호의 기관이 신청하는 경우에만 제출한다) (2025.12.31 개정)
2. 취업알선 또는 직업능력개발훈련에 필요한 인력, 시설 및 장비 보유현황 1부 (2010.4.29 개정)
3. 사업계획서 1부

② 지방고용노동관서의 장은 「직업안정법」 제18조제1항에 따라 무료직업소개사업을 신고한 자(같은 조 제4항에 따라 신고를 하지 않고 무료직업소개사업을 할 수 있는 자는 제외한다)로부터 제1항에 따른 신청을 받은 경우에는 고용 관련 전산시스템을 통하여 「직업안정법 시행규칙」 제10조제3항에 따른 무료직업소개사업 신고확인증(이하 "무료직업소개사업 신고확인증"이라 한다)을 확인해야 한다. 다만, 신청인이 고용 관련 전산시스템을 통한 확인에 동의하지 않는 경우에는 해당 서류를 제출하도록 해야 한다. (2025.12.31 신설)

③ 지방고용노동관서의 장은 영 제7조제3항에 따라 고령자인재은행을 지정하였을 때에는 별지 제2호서식의 고령자인재은행 지정서를 신청인에게 내주어야 한다. (2025.12.31 개정)

제5조【중견전문인력의 범위】 법 제11조의2제1항에서 "고용노동부령으로 정하는 자"란 국가·지방자치단체 등 정부기관, 대학교, 연구기관, 법인·단체 및 민간기업 등에서 퇴직한 사람 등으로서 별표의 기준에 해당하는 사람을 말한다. (2010.7.12 개정)

제6조【중견전문인력 고용지원센터의 지정신청 등】 ① 영 제9조제2항에 따라 중견전문인력 고용지원센터의 지정을 받으려는 자는 별지 제3호서식의 중견전문인력 고용지원센터 지정신청서에 다음 각 호의 서류를 첨부하여 관할 지방고용노동관서의 장에게 제출해야 한다. (2025.12.31 개정)

1. 취업알선에 필요한 인력, 시설 및 장비 보유현황 1부 (2025.12.31 개정)
2. 사업계획서 1부 (2025.12.31 개정)

② 지방고용노동관서의 장은 제1항에 따른 신청(「직업안정법」 제18조제4항에 따라 신고를 하지 않고 무료직업소개사업을 할 수 있는 자가 신청한 경우는 제외한다)을 받으면 고용 관련 전산시스템을 통하여 무료직업소개사업 신고확인증을 확인해야 한다. 다만, 신청인이 고용 관련 전산시스템을 통한 확인에 동의하지 않는 경우에는 해당 서류를 제출하도록 해야 한다. (2025.12.31 신설)

③ 지방고용노동관서의 장은 영 제9조제2항에 따라 중견전문인력 고용지원센터를 지정하였을 때에는 별지 제4호서식의 중견전문인력 고용지원센터 지정서를 신청인에게 내주어야 한다. (2025.12.31 개정)

제7조 【청문】 삭제(2022.7.1)

제8조 【고령자인재은행 업무의 폐지·휴업】 법 제11조의3제3항에 따라 고령자인재은행의 업무를 폐지하거나 휴업하려는 고령자인재은행의 대표자는 별지 제5호서식의 고령자인재은행 폐지·휴업 신고서에 고령자인재은행 지정서를 첨부(업무를 폐지하는 경우에만 해당한다)하여 그 업무를 폐지하거나 휴업하려는 날의 30일 전까지 관할 지방고용노동관서의 장에게 제출해야 한다. (2022.7.1 개정)

제9조 【중견전문인력 고용지원센터 업무의 폐지·휴업】 법 제11조의3제3항에 따라 중견전문인력 고용지원센터의 업무를 폐지하거나 휴업하려는 중견전문인력 고용지원센터의 대표자는 별지 제6호서식의 중견전문인력 고용지원센터 폐지·휴업신고서에 중견전문인력 고용지원센터 지정서를 첨부(업무를 폐지하는 경우에만 해당한다)하여 그 업무를 폐지하거나 휴업하려는 날의 30일 전까지 관할 지방고용노동관서의 장에게 제출해야 한다. (2022.7.1 개정)

제3장 고령자의 고용촉진 및 고용안정

제10조 【고령자 고용현황 제출】 ① 법 제13조제1항에 따라 고령자 고용현황을 제출해야 하는 사업주는 별지 제7호서식에 따라 전년도의 고령자 고용현황을 작성하여 매년 1월 31일까지 관할 지방고용노동관서의 장에게 제출해야 한다. (2022.7.1 개정)

② 제1항에도 불구하고 사업주가 「고용보험법」 제15조제1항에 따라 전년도에 발생한 근로자의 피보험자격 취득 및 상실에 관한 사항을 모두 신고한 경우에는 고령자 고용현황을 제출한 것으로 본다. (2022.7.1 신설)

제11조 【고령자 기준고용률 이행계획】 삭제(2010.4.29)

제12조 【우선고용직종에 관한 고용현황 제출】 국가 및 지방자치단체, 「공공기관의 운영에 관한 법률」 제4조에 따라 공공기관으로 지정받은 기관의 장은 영 제13조에 따른 우선고용직종에 관한 고용현황을 별지 제9호서식에 따라 매년 1월 31일까지 고용노동부장관에게 제출하여야 한다. (2010.7.12 개정)

제4장 정 년

제13조【정년 제도 운영 현황 제출】 법 제20조제1항에 따라 정년 제도의 운영 현황을 제출하여야 하는 사업주는 별지 제7호서식의 정년 제도 운영 현황을 작성하여 매년 1월 31일까지 관할 지방고용노동관서의 장에게 제출하여야 한다. 〈2010.7.12 개정〉

제14조【정년 연장에 관한 계획】 삭제〈2010.4.29〉

제5장 보 칙

제15조【증표】 법 제23조제4항에 따른 관계 공무원의 권한을 표시하는 증표는 별지 제11호서식과 같다.

부 칙

제1조【시행일】 이 규칙은 2009년 3월 22일부터 시행한다.

제2조【다른 법령의 개정】 생략

제3조【다른 법령과의 관계】 이 규칙 시행 당시 다른 법령에서 종전의 「고령자고용촉진법 시행규칙」 또는 그 규정을 인용한 경우 이 규칙 가운데 그에 해당하는 규정이 있으면 종전의 규정을 갈음하여 이 규칙 또는 이 규칙의 해당 규정을 인용한 것으로 본다.

부칙〈2010.4.29 노동부령 제343호〉

이 규칙은 2010년 5월 5일부터 시행한다.

부칙〈2010.7.12 고용노동부령 제1호〉

제1조【시행일】 이 규칙은 공포한 날부터 시행한다. 〈단서 생략〉

제2조【다른 법령의 개정】 생략

부칙〈2010.8.30 고용노동부령 제5호〉

제1조【시행일】 이 규칙은 2010년 9월 1일부터 시행한다.

제2조부터 **제4조**까지 생략

부칙〈2012.2.9 고용노동부령 제48호〉

제1조【시행일】 이 규칙은 공포한 날부터 시행한다.

제2조【서식에 관한 경과조치】 이 규칙 시행 당시 종전의 규정에 따라 사용 중인 서식은 계속하여 사용하되, 이 규칙에 따라 "주민등록번호"가 "생년월일"로 개정된 부분은 수정하여 사용한다.

부칙(2022.2.17 고용노동부령 제347호)

제1조 【시행일】 이 규칙은 2022년 2월 18일부터 시행한다.

제2조 및 **제3조** 생략

부칙(2022.7.1 고용노동부령 제358호)

이 규칙은 공포한 날부터 시행한다.

부칙(2025.12.31 고용노동부령 제457호)

이 규칙은 공포한 날부터 시행한다.

[별표] (2010.7.12 개정)

중견전문인력의 범위(제5조 관련)

1. 국가, 지방자치단체 등 정부기관의 4급 이상 직위에 재직한 기간이 3년 이상인 사람
2. 「고등교육법」 제2조에 따른 학교의 교원으로 재직한 기간이 3년 이상인 사람
3. 「정부출연연구기관 등의 설립·운영 및 육성에 관한 법률」 제8조에 따라 설립된 연구기관, 「과학기술분야 정부출연연구기관 등의 설립·운영 및 육성에 관한 법률」 제8조에 따라 설립된 연구기관의 연구원으로 재직한 기간이 3년 이상인 사람
4. 공공기관 등의 과장급 이상 직위에 재직한 기간이 3년 이상인 사람
5. 상장기업의 부장급 이상 직위에 재직한 기간이 3년 이상인 사람
6. 금융기관의 과장급 이상 직위에 재직한 기간이 5년 이상인 사람
7. 각 군의 중령 이상의 계급으로 복무한 기간이 3년 이상인 사람
8. 그 밖에 제1호부터 제7호까지에 준하는 사람으로서 고용노동부장관이 정하는 사람

기간제 및 단시간근로자 보호 등에 관한 법률

기간제 및 단시간근로자 보호 등에 관한 법률

제정 2006.12.21 법률 제 8074호
개정 2007. 4.11 법률 제 8372호
〈생략〉
2014. 3.18 법률 제12469호
2018.10.16 법률 제15848호
2020. 5.26 법률 제17326호
2021. 5.18 법률 제18177호

제1장 총 칙

제1조 【목적】 이 법은 기간제근로자 및 단시간근로자에 대한 불합리한 차별을 시정하고 기간제근로자 및 단시간근로자의 근로조건 보호를 강화함으로써 노동시장의 건전한 발전에 이바지함을 목적으로 한다.

제2조 【정의】 이 법에서 사용하는 용어의 정의는 다음과 같다.

1. "기간제근로자"라 함은 기간의 정함이 있는 근로계약(이하 "기간제 근로계약"이라 한다)을 체결한 근로자를 말한다.
2. "단시간근로자"라 함은 「근로기준법」 제2조의 단시간근로자를 말한다. (2007.4.11 개정)
3. "차별적 처우"라 함은 다음 각 목의 사항에서 합리적인 이유없이 불리하게 처우하는 것을 말한다. (2020.5.26 개정)
   가. 「근로기준법」 제2조제1항제5호에 따른 임금
   나. 정기상여금, 명절상여금 등 정기적으로 지급되는 상여금
   다. 경영성과에 따른 성과금
   라. 그 밖에 근로조건 및 복리후생 등에 관한 사항

제3조 【적용범위】 ① 이 법은 상시 5인 이상의 근로자를 사용하는 모든 사업 또는 사업장에 적용한다. 다만, 동거의 친족만을 사용하는 사업 또는 사업장과 가사사용인에 대하여는 적용하지 아니한다.
② 상시 4인 이하의 근로자를 사용하는 사업 또는 사업장에 대하여는 대통령령으로 정하는 바에 따라 이 법의 일부 규정을 적용할 수 있다. (2020.5.26 개정)
③ 국가 및 지방자치단체의 기관에 대하여는 상시 사용하는 근로자의 수와 관계없이 이 법을 적용한다. (2020.5.26 개정)
령 제2조

기간제법

제2장 기간제근로자

제4조【기간제근로자의 사용】 ① 사용자는 2년을 초과하지 아니하는 범위 안에서(기간제 근로계약의 반복갱신 등의 경우에는 그 계속근로한 총기간이 2년을 초과하지 아니하는 범위 안에서) 기간제근로자를 사용할 수 있다. 다만, 다음 각 호의 어느 하나에 해당하는 경우에는 2년을 초과하여 기간제근로자로 사용할 수 있다.

1. 사업의 완료 또는 특정한 업무의 완성에 필요한 기간을 정한 경우
2. 휴직·파견 등으로 결원이 발생하여 해당 근로자가 복귀할 때까지 그 업무를 대신할 필요가 있는 경우 (2020.5.26 개정)
3. 근로자가 학업, 직업훈련 등을 이수함에 따라 그 이수에 필요한 기간을 정한 경우
4. 「고령자고용촉진법」 제2조제1호의 고령자와 근로계약을 체결하는 경우
5. 전문적 지식·기술의 활용이 필요한 경우와 정부의 복지정책·실업대책 등에 따라 일자리를 제공하는 경우로서 대통령령으로 정하는 경우 (2020.5.26 개정)
6. 그밖에 제1호부터 제5호까지에 준하는 합리적인 사유가 있는 경우로서 대통령령으로 정하는 경우 (2020.5.26 개정)

② 사용자가 제1항 단서의 사유가 없거나 소멸되었음에도 불구하고 2년을 초과하여 기간제근로자로 사용하는 경우에는 그 기간제근로자는 기간의 정함이 없는 근로계약을 체결한 근로자로 본다.

령 제3조

제5조【기간의 정함이 없는 근로자로의 전환】 사용자는 기간의 정함이 없는 근로계약을 체결하고자 하는 경우에 해당 사업 또는 사업장의 동종 또는 유사한 업무에 종사하는 기간제근로자를 우선적으로 고용하도록 노력하여야 한다. (2020.5.26 개정)

제3장 단시간근로자

제6조【단시간근로자의 초과근로 제한】 ① 사용자는 단시간근로자에 대하여 「근로기준법」 제2조의 소정근로시간을 초과하여 근로하게 하는 경우에는 해당 근로자의 동의를 얻어야 한다. 이 경우 1주간에 12시간을 초과하여 근로하게 할 수 없다. (2020.5.26 개정)

② 단시간근로자는 사용자가 제1항의 규정에 따른 동의를 얻지 아니하고 초과근로를 하게 하는 경우에는 이를 거부할 수 있다.

③ 사용자는 제1항에 따른 초과근로에 대하여 통상임금의 100분의 50 이상을 가산하여 지급하여야 한다. (2014.3.18 신설)

벌 법 제6조제1항의 규정을 위반하여 단시간근로자에게 초과근로를 하게 한 자는 1천만원 이하의 벌금에 처한다. (법 제22조)

제7조 【통상근로자로의 전환 등】 ① 사용자는 통상근로자를 채용하고자 하는 경우에는 해당 사업 또는 사업장의 동종 또는 유사한 업무에 종사하는 단시간근로자를 우선적으로 고용하도록 노력하여야 한다. (2020.5.26 개정)

② 사용자는 가사, 학업 그밖의 이유로 근로자가 단시간근로를 신청하는 때에는 해당 근로자를 단시간근로자로 전환하도록 노력하여야 한다. (2020.5.26 개정)

제4장 차별적 처우의 금지 및 시정

제8조 【차별적 처우의 금지】 ① 사용자는 기간제근로자임을 이유로 해당 사업 또는 사업장에서 동종 또는 유사한 업무에 종사하는 기간의 정함이 없는 근로계약을 체결한 근로자에 비하여 차별적 처우를 하여서는 아니된다. (2020.5.26 개정)

② 사용자는 단시간근로자임을 이유로 해당 사업 또는 사업장의 동종 또는 유사한 업무에 종사하는 통상근로자에 비하여 차별적 처우를 하여서는 아니된다. (2020.5.26 개정)

제9조 【차별적 처우의 시정신청】 ① 기간제근로자 또는 단시간근로자는 차별적 처우를 받은 경우 「노동위원회법」 제1조의 규정에 따른 노동위원회(이하 "노동위원회"라 한다)에 그 시정을 신청할 수 있다. 다만, 차별적 처우가 있은 날(계속되는 차별적 처우는 그 종료일)부터 6개월이 지난 때에는 그러하지 아니하다. (2020.5.26 개정)

② 기간제근로자 또는 단시간근로자가 제1항의 규정에 따른 시정신청을 하는 때에는 차별적 처우의 내용을 구체적으로 명시하여야 한다.

③ 제1항 및 제2항의 규정에 따른 시정신청의 절차·방법 등에 관하여 필요한 사항은 「노동위원회법」 제2조제1항의 규정에 따른 중앙노동위원회(이하 "중앙노동위원회"라 한다)가 따로 정한다.

④ 제8조 및 제1항부터 제3항까지의 규정과 관련한 분쟁에서 입증책임은 사용자가 부담한다. (2020.5.26 개정)

제10조 【조사·심문 등】 ① 노동위원회는 제9조의 규정에 따른 시정신청을 받은 때에는 지체 없이 필요한 조사와 관계 당사자에 대한 심문을 하여야 한다.

② 노동위원회는 제1항의 규정에 따른 심문을 하는 때에는 관계당사자의

신청 또는 직권으로 증인을 출석하게 하여 필요한 사항을 질문할 수 있다.
③ 노동위원회는 제1항 및 제2항의 규정에 따른 심문을 할 때에는 관계 당사자에게 증거의 제출과 증인에 대한 반대심문을 할 수 있는 충분한 기회를 주어야 한다. (2020.5.26 개정)
④ 제1항부터 제3항까지의 규정에 따른 조사·심문의 방법 및 절차 등에 관하여 필요한 사항은 중앙노동위원회가 따로 정한다. (2020.5.26 개정)
⑤ 노동위원회는 차별시정사무에 관한 전문적인 조사·연구업무를 수행하기 위하여 전문위원을 둘 수 있다. 이 경우 전문위원의 수·자격 및 보수 등에 관하여 필요한 사항은 대통령령으로 정한다.
령 제4조

제11조 【조정·중재】 ① 노동위원회는 제10조의 규정에 따른 심문의 과정에서 관계 당사자 쌍방 또는 일방의 신청 또는 직권에 의하여 조정(調停)절차를 개시할 수 있고, 관계 당사자가 미리 노동위원회의 중재(仲裁)결정에 따르기로 합의하여 중재를 신청한 경우에는 중재를 할 수 있다.
② 제1항의 규정에 따라 조정 또는 중재를 신청하는 경우에는 제9조의 규정에 따른 차별적 처우의 시정신청을 한 날부터 14일 이내에 하여야 한다. 다만, 노동위원회의 승낙이 있는 경우에는 14일 후에도 신청할 수 있다.
③ 노동위원회는 조정 또는 중재를 하는 경우 관계 당사자의 의견을 충분히 들어야 한다. (2020.5.26 개정)
④ 노동위원회는 특별한 사유가 없으면 조정절차를 개시하거나 중재신청을 받은 때부터 60일 이내에 조정안을 제시하거나 중재결정을 하여야 한다. (2020.5.26 개정)
⑤ 노동위원회는 관계 당사자 쌍방이 조정안을 수락한 경우에는 조정조서를 작성하고 중재결정을 한 경우에는 중재결정서를 작성하여야 한다.
⑥ 조정조서에는 관계 당사자와 조정에 관여한 위원전원이 서명·날인하여야 하고, 중재결정서에는 관여한 위원전원이 서명·날인하여야 한다.
⑦ 제5항 및 제6항의 규정에 따른 조정 또는 중재결정은 「민사소송법」의 규정에 따른 재판상 화해와 동일한 효력을 갖는다.
⑧ 제1항부터 제7항까지의 규정에 따른 조정·중재의 방법, 조정조서·중재결정서의 작성 등에 관한 사항은 중앙노동위원회가 따로 정한다. (2020.5.26 개정)

제12조 【시정명령 등】 ① 노동위원회는 제10조의 규정에 따른 조사·심문을 종료하고 차별적 처우에 해당된다고 판정한 때에는 사용자에게 시정명령을 내려야 하고, 차별적 처우에 해당하지 아니한다고 판정한 때에는 그 시정신청을 기각하는 결정을 하여야 한다. (2020.5.26 개정)
② 제1항의 규정에 따른 판정·시정명령 또는 기각결정은 서면으로 하되 그

이유를 구체적으로 명시하여 관계 당사자에게 각각 교부하여야 한다. 이 경우 시정명령을 내리는 때에는 시정명령의 내용 및 이행기한 등을 구체적으로 기재하여야 한다. (2020.5.26 개정)

제13조 【조정·중재 또는 시정명령의 내용】 ① 제11조의 규정에 따른 조정·중재 또는 제12조의 규정에 따른 시정명령의 내용에는 차별적 행위의 중지, 임금 등 근로조건의 개선(취업규칙, 단체협약 등의 제도개선 명령을 포함한다) 또는 적절한 배상 등이 포함될 수 있다. (2014.3.18 개정)

② 제1항에 따른 배상액은 차별적 처우로 인하여 기간제근로자 또는 단시간근로자에게 발생한 손해액을 기준으로 정한다. 다만, 노동위원회는 사용자의 차별적 처우에 명백한 고의가 인정되거나 차별적 처우가 반복되는 경우에는 손해액을 기준으로 3배를 넘지 아니하는 범위에서 배상을 명령할 수 있다. (2014.3.18 신설)

제14조 【시정명령 등의 확정】 ① 지방노동위원회의 시정명령 또는 기각결정에 대하여 불복하는 관계 당사자는 시정명령서 또는 기각결정서의 송달을 받은 날부터 10일 이내에 중앙노동위원회에 재심을 신청할 수 있다. (2020.5.26 개정)

② 제1항의 규정에 따른 중앙노동위원회의 재심결정에 대하여 불복하는 관계당사자는 재심결정서의 송달을 받은 날부터 15일 이내에 행정소송을 제기할 수 있다. (2020.5.26 개정)

③ 제1항에 규정된 기간 이내에 재심을 신청하지 아니하거나 제2항에 규정된 기간 이내에 행정소송을 제기하지 아니한 때에는 그 시정명령·기각결정 또는 재심결정은 확정된다.

벌 법 제14조(제15조의2제4항 및 제15조의3제2항에 따라 준용되는 경우를 포함한다)에 따라 확정된 시정명령을 정당한 이유 없이 이행하지 아니한 자에게는 1억원 이하의 과태료를 부과한다. (법 제24조제1항)

제15조 【시정명령 이행상황의 제출요구 등】 ① 고용노동부장관은 확정된 시정명령에 대하여 사용자에게 이행상황을 제출할 것을 요구할 수 있다. (2010.6.4 개정)

② 시정신청을 한 근로자는 사용자가 확정된 시정명령을 이행하지 아니하는 경우 이를 고용노동부장관에게 신고할 수 있다. (2010.6.4 개정)

벌 법 제15조제1항(제15조의2제4항 및 제15조의3제2항에 따라 준용되는 경우를 포함한다)을 위반하여 정당한 이유 없이 고용노동부장관의 이행상황 제출요구에 따르지 아니한 자에게는 500만원 이하의 과태료를 부과한다. (법 제24조제2항제1호)

제15조의2 【고용노동부장관의 차별적 처우 시정요구 등】 ① 고용노동부장관은 사용자가 제8조를 위반하여 차별적 처우를 한 경우에는 그 시정을

요구할 수 있다. (2012.2.1 신설)
② 고용노동부장관은 사용자가 제1항에 따른 시정요구에 따르지 아니할 경우에는 차별적 처우의 내용을 구체적으로 명시하여 노동위원회에 통보하여야 한다. 이 경우 고용노동부장관은 해당 사용자 및 근로자에게 그 사실을 통지하여야 한다. (2020.5.26 개정)
③ 노동위원회는 제2항에 따라 고용노동부장관의 통보를 받은 경우에는 지체 없이 차별적 처우가 있는지 여부를 심리하여야 한다. 이 경우 노동위원회는 해당 사용자 및 근로자에게 의견을 진술할 수 있는 기회를 부여하여야 한다. (2012.2.1 신설)
④ 제3항에 따른 노동위원회의 심리 및 그 밖의 시정절차 등에 관하여는 제9조제4항 및 제11조부터 제15조까지의 규정을 준용한다. 이 경우 "시정신청을 한 날"은 "통지를 받은 날"로, "기각결정"은 "차별적 처우가 없다는 결정"으로, "관계 당사자"는 "해당 사용자 또는 근로자"로, "시정신청을 한 근로자"는 "해당 근로자"로 본다. (2012.2.1 신설)
⑤ 제3항 및 제4항에 따른 노동위원회의 심리 등에 관한 사항은 중앙노동위원회가 정한다. (2012.2.1 신설)

제15조의3 【확정된 시정명령의 효력 확대】 ① 고용노동부장관은 제14조(제15조의2제4항에 따라 준용되는 경우를 포함한다)에 따라 확정된 시정명령을 이행할 의무가 있는 사용자의 사업 또는 사업장에서 해당 시정명령의 효력이 미치는 근로자 이외의 기간제근로자 또는 단시간근로자에 대하여 차별적 처우가 있는지를 조사하여 차별적 처우가 있는 경우에는 그 시정을 요구할 수 있다. (2014.3.18 신설)
② 사용자가 제1항에 따른 시정요구에 따르지 아니하는 경우에는 제15조의2제2항부터 제5항까지의 규정을 준용한다. (2020.5.26 개정)

제5장 보 칙

제16조 【불리한 처우의 금지】 사용자는 기간제근로자 또는 단시간근로자가 다음 각 호의 어느 하나에 해당하는 행위를 한 것을 이유로 해고 그 밖의 불리한 처우를 하지 못한다.
1. 제6조제2항의 규정에 따른 사용자의 부당한 초과근로 요구의 거부
2. 제9조의 규정에 따른 차별적 처우에 대한 시정신청, 제10조의 규정에 따른 노동위원회에의 참석 및 진술, 제14조의 규정에 따른 재심신청 또는 행정소송의 제기
3. 제15조제2항의 규정에 따른 시정명령 불이행의 신고
4. 제18조의 규정에 따른 통지 (2020.5.26 개정)

벌 법 제16조의 규정을 위반하여 근로자에게 불리한 처우를 한 자는 2년 이하의 징역 또는 1천만원 이하의 벌금에 처한다. (법 제21조)

제17조 【근로조건의 서면명시】 사용자는 기간제근로자 또는 단시간근로자와 근로계약을 체결하는 때에는 다음 각 호의 모든 사항을 서면으로 명시하여야 한다. 다만, 제6호는 단시간근로자에 한정한다. (2020.5.26 개정)

1. 근로계약기간에 관한 사항
2. 근로시간·휴게에 관한 사항
3. 임금의 구성항목·계산방법 및 지불방법에 관한 사항
4. 휴일·휴가에 관한 사항
5. 취업의 장소와 종사하여야 할 업무에 관한 사항
6. 근로일 및 근로일별 근로시간

벌 법 제17조의 규정을 위반하여 근로조건을 서면으로 명시하지 아니한 자에게는 500만원 이하의 과태료를 부과한다. (법 제24조제2항제2호)

제18조 【감독기관에 대한 통지】 사업 또는 사업장에서 이 법 또는 이 법에 의한 명령을 위반한 사실이 있는 경우에는 근로자는 그 사실을 고용노동부장관 또는 근로감독관에게 통지할 수 있다. (2020.5.26 개정)

제19조 【권한의 위임】 이 법의 규정에 따른 고용노동부장관의 권한은 그 일부를 대통령령으로 정하는 바에 따라 지방고용노동관서의 장에게 위임할 수 있다. (2020.5.26 개정)

령 제5조

제20조 【취업촉진을 위한 국가 등의 노력】 국가 및 지방자치단체는 고용정보의 제공, 직업지도, 취업알선, 직업능력개발 등 기간제근로자 및 단시간근로자의 취업촉진을 위하여 필요한 조치를 우선적으로 취하도록 노력하여야 한다.

제6장 벌 칙

제21조 【벌칙】 제16조의 규정을 위반하여 근로자에게 불리한 처우를 한 자는 2년 이하의 징역 또는 1천만원 이하의 벌금에 처한다.

제22조 【벌칙】 제6조제1항의 규정을 위반하여 단시간근로자에게 초과근로를 하게 한 자는 1천만원 이하의 벌금에 처한다.

제23조 【양벌규정】 사업주의 대리인·사용인 그 밖의 종업원이 사업주의 업무에 관하여 제21조 및 제22조의 규정에 해당하는 위반행위를 한 때에는 행위자를 벌하는 외에 그 사업주에 대하여도 해당 조의 벌금형을 과한다. 다만, 사업주가 그 위반행위를 방지하기 위하여 해당 업무에 관하여 상당한 주의와 감독을 게을리하지 아니한 경우에는 그러하지 아니하다. (2021.5.18

개정)

제24조 【과태료】 ① 제14조(제15조의2제4항 및 제15조의3제2항에 따라 준용되는 경우를 포함한다)에 따라 확정된 시정명령을 정당한 이유 없이 이행하지 아니한 자에게는 1억원 이하의 과태료를 부과한다. (2020.5.26 개정)

② 다음 각 호의 어느 하나에 해당하는 자에게는 500만원 이하의 과태료를 부과한다. (2020.5.26 개정)

1. 제15조제1항(제15조의2제4항 및 제15조의3제2항에 따라 준용되는 경우를 포함한다)을 위반하여 정당한 이유 없이 고용노동부장관의 이행상황 제출요구에 따르지 아니한 자 (2020.5.26 개정)
2. 제17조의 규정을 위반하여 근로조건을 서면으로 명시하지 아니한 자

③ 제1항 및 제2항의 규정에 따른 과태료는 대통령령으로 정하는 바에 따라 고용노동부장관이 부과·징수한다. (2020.5.26 개정)

④ 삭제(2018.10.16)

⑤ 삭제(2018.10.16)

⑥ 삭제(2018.10.16)

령 제6조

부 칙

① **【시행일】** 이 법은 2007년 7월 1일부터 시행한다. 다만, 제10조제5항의 규정은 2007년 1월 1일부터 시행하고, 제8조, 제9조, 제10조제1항 내지 제4항, 제11조 내지 제15조, 제16조제2호·제3호 및 제24조제1항·제2항제1호의 규정의 시행일은 사업 또는 사업장(사용사업주의 사업 또는 사업장을 말한다. 이하 같다)별로 다음 각 호와 같다.

1. 상시 300인 이상의 근로자를 사용하는 사업 또는 사업장 : 2007년 7월 1일
2. 국가 및 지방자치단체의 기관, 「정부산하기관 관리기본법」 제3조의 규정에 따른 정부산하기관, 「정부투자기관 관리기본법」 제2조의 규정에 따른 정부투자기관, 「지방공기업법」 제49조 및 동법 제76조의 규정에 따른 지방공사 및 지방공단, 「정부출연연구기관 등의 설립·운영 및 육성에 관한 법률」 제2조 및 「과학기술분야 정부출연연구기관 등의 설립·운영 및 육성에 관한 법률」 제2조의 규정에 따른 정부출연연구기관 및 연구회, 「국립대학병원 설치법」에 따른 대학병원 : 2007년 7월 1일
3. 상시 100인 이상 300인 미만의 근로자를 사용하는 사업 또는 사업장 : 2008년 7월 1일
4. 상시 100인 미만의 근로자를 사용하는 사업 또는 사업장 : 2009년 7월 1일

② **【근로계약기간에 관한 적용례】** 제4조의 규정은 이 법 시행 후 근로계약이 체결·갱신되거나 기존의 근로계약기간을 연장하는 경우부터 적용한다.
③ **【다른 법률의 개정】** 생략

〈생략〉

부칙(2014.3.18 법률 제12469호)

제1조 【시행일】 이 법은 공포 후 6개월이 경과한 날부터 시행한다.

제2조 【초과근로에 관한 적용례】 제6조제3항의 개정규정은 이 법 시행 후 최초로 초과근로를 하는 경우부터 적용한다.

제3조 【배상 명령에 관한 적용례】 제13조제2항의 개정규정은 이 법 시행 후 최초로 발생한 차별적 처우부터 적용한다.

〈생략〉

부칙(2021.5.18 법률 제18177호)

이 법은 공포한 날부터 시행한다.

기간제 및 단시간근로자 보호 등에 관한 법률 시행령

제정 2007. 6.18 대통령령 제20093호
개정 2009.11.20 대통령령 제21835호
〈생략〉
2013.11.20 대통령령 제24852호
2014. 9.18 대통령령 제25614호
2019. 6.11 대통령령 제29813호
2021. 4. 6 대통령령 제31611호

제1조 【목적】 이 영은 「기간제 및 단시간근로자 보호 등에 관한 법률」에서 위임된 사항과 그 시행에 필요한 사항을 규정하는 것을 목적으로 한다.

제2조 【적용 범위】 「기간제 및 단시간근로자 보호 등에 관한 법률」(이하 "법"이라 한다) 제3조제2항에 따라 상시 4명 이하의 근로자를 사용하는 사업 또는 사업장에 적용하는 법 규정은 별표 1과 같다.

제3조 【기간제근로자 사용기간 제한의 예외】 ① 법 제4조제1항제5호에서 "전문적 지식·기술의 활용이 필요한 경우로서 대통령령이 정하는 경우"란 다음 각 호의 어느 하나에 해당하는 경우를 말한다.

1. 박사 학위(외국에서 수여받은 박사 학위를 포함한다)를 소지하고 해당 분야에 종사하는 경우
2. 「국가기술자격법」 제9조제1항제1호에 따른 기술사 등급의 국가기술자격을 소지하고 해당 분야에 종사하는 경우
3. 별표 2에서 정한 전문자격을 소지하고 해당 분야에 종사하는 경우

② 법 제4조제1항제5호에서 "정부의 복지정책·실업대책 등에 의하여 일자리를 제공하는 경우로서 대통령령이 정하는 경우"란 다음 각 호의 어느 하나에 해당하는 경우를 말한다.

1. 「고용정책 기본법」, 「고용보험법」 등 다른 법령에 따라 국민의 직업능력 개발, 취업 촉진 및 사회적으로 필요한 서비스 제공 등을 위하여 일자리를 제공하는 경우 (2009.12.30 개정)
2. 「제대군인 지원에 관한 법률」 제3조에 따라 제대군인의 고용증진 및 생활안정을 위하여 일자리를 제공하는 경우
3. 「국가보훈기본법」 제19조제2항에 따라 국가보훈대상자에 대한 복지증진 및 생활안정을 위하여 보훈도우미 등 복지지원 인력을 운영하는 경우

③ 법 제4조제1항제6호에서 "대통령령이 정하는 경우"란 다음 각 호의 어느 하나에 해당하는 경우를 말한다. (2010.2.4 개정)

1. 다른 법령에서 기간제근로자의 사용 기간을 법 제4조제1항과 달리 정하

거나 별도의 기간을 정하여 근로계약을 체결할 수 있도록 한 경우
2. 국방부장관이 인정하는 군사적 전문적 지식·기술을 가지고 관련 직업에 종사하거나 「고등교육법」 제2조제1호에 따른 대학에서 안보 및 군사학 과목을 강의하는 경우
3. 특수한 경력을 갖추고 국가안전보장, 국방·외교 또는 통일과 관련된 업무에 종사하는 경우
4. 「고등교육법」 제2조에 따른 학교(같은 법 제30조에 따른 대학원대학을 포함한다)에서 다음 각 목의 업무에 종사하는 경우 (2010.2.4 개정)
가. 「고등교육법」 제14조에 따른 강사, 조교의 업무 (2019.6.11 개정)
나. 「고등교육법 시행령」 제7조에 따른 명예교수, 겸임교원, 초빙교원 등의 업무 (2019.6.11 개정)
5. 「통계법」 제22조에 따라 고시한 한국표준직업분류의 대분류 1과 대분류 2 직업에 종사하는 자의 「소득세법」 제20조제1항에 따른 근로소득(최근 2년간의 연평균근로소득을 말한다)이 고용노동부장관이 최근 조사한 고용형태별근로실태조사의 한국표준직업분류 대분류 2 직업에 종사하는 자의 근로소득 상위 100분의 25에 해당하는 경우 (2010.7.12 개정)
6. 「근로기준법」 제18조제3항에 따른 1주 동안의 소정근로시간이 뚜렷하게 짧은 단시간근로자를 사용하는 경우
7. 「국민체육진흥법」 제2조제4호에 따른 선수와 같은 조 제6호에 따른 체육지도자 업무에 종사하는 경우
8. 다음 각 목의 연구기관에서 연구업무에 직접 종사하는 경우 또는 실험·조사 등을 수행하는 등 연구업무에 직접 관여하여 지원하는 업무에 종사하는 경우 (2010.2.4 신설)
가. 국공립연구기관
나. 「정부출연연구기관 등의 설립·운영 및 육성에 관한 법률」 또는 「과학기술분야 정부출연연구기관 등의 설립·운영 및 육성에 관한 법률」에 따라 설립된 정부출연연구기관
다. 「특정연구기관 육성법」에 따른 특정연구기관
라. 「지방자치단체출연 연구원의 설립 및 운영에 관한 법률」에 따라 설립된 연구기관
마. 「공공기관의 운영에 관한 법률」에 따른 공공기관의 부설 연구기관
바. 기업 또는 대학의 부설 연구기관
사. 「민법」 또는 다른 법률에 따라 설립된 법인인 연구기관

제4조 【전문위원의 수 및 자격 등】 ① 법 제10조제5항에 따라 「노동위원회법」 제2조제1항에 따른 노동위원회(이하 "노동위원회"라 한다)에 두는 전문위원의 수는 10명 이내로 한다.

② 제1항에 따른 전문위원은 법학·경영학·경제학 등 노동문제와 관련된 학문 분야의 박사학위 소지자, 변호사·공인회계사·공인노무사 등 관련 자격증 소지자 중에서 「노동위원회법」 제2조제1항에 따른 중앙노동위원회(이하 "중앙노동위원회"라 한다)의 위원장이 임명한다.

③ 제1항에 따른 전문위원의 보수에 관한 사항은 「공무원보수규정」 별표 34 일반임기제공무원의 연봉등급 기준표를 준용하여 중앙노동위원회가 따로 정한다. (2013.11.20 개정)

제5조【권한의 위임】 고용노동부장관은 법 제19조에 따라 다음 각 호의 사항에 관한 권한을 지방고용노동관서의 장에게 위임한다. (2010.7.12 개정)

1. 법 제15조제1항(법 제15조의2제4항 및 제15조의3제2항에 따라 준용되는 경우를 포함한다)에 따른 확정된 시정명령에 대한 이행상황의 제출 요구 (2014.9.18 개정)
2. 법 제15조제2항(법 제15조의2제4항 및 제15조의3제2항에 따라 준용되는 경우를 포함한다)에 따른 확정된 시정명령 불이행에 대한 신고의 접수 (2014.9.18 개정)

2의2. 법 제15조의2제1항 및 제15조의3제1항에 따른 차별적 처우에 대한 시정요구 및 법 제15조의2제2항(법 제15조의3제2항에 따라 준용되는 경우를 포함한다)에 따른 차별적 처우의 통보·통지 (2014.9.18 개정)

3. 법 제24조에 따른 과태료의 부과·징수

제5조의2【고유식별정보의 처리】 노동위원회는 다음 각 호의 사무를 수행하기 위하여 불가피한 경우 「개인정보 보호법 시행령」 제19조제1호 또는 제4호에 따른 주민등록번호 또는 외국인등록번호가 포함된 자료를 처리할 수 있다. (2012.1.6 신설)

1. 법 제9조제1항에 따른 기간제 및 단시간근로자에 대한 차별적 처우의 시정신청에 관한 사무
2. 법 제11조에 따른 기간제 및 단시간근로자에 대한 차별적 처우의 시정신청에 대한 조정 및 중재에 관한 사무
3. 법 제14조에 따른 기간제 및 단시간근로자에 대한 차별적 처우의 시정명령 또는 기각결정에 대한 재심에 관한 사무

제6조【과태료의 부과기준】 법 제24조제1항 및 제2항에 따른 과태료의 부과기준은 별표 3과 같다. (2011.3.30 개정)

칙 제2조

부 칙

이 영은 2007년 7월 1일부터 시행한다. 다만, 별표 3(제1호 및 제2호에 한정한다)의 시행일은 사업 또는 사업장(사용사업주의 사업 또는 사업장을

말한다. 이하 같다)별로 다음 각 호와 같다.

1. 상시 300명 이상의 근로자를 사용하는 사업 또는 사업장 : 2007년 7월 1일
2. 국가 및 지방자치단체의 기관, 「공공기관의 운영에 관한 법률」 제5조에 따라 공기업, 준정부기관, 기타공공기관으로 지정되는 기관 중 법률 제8258호 공공기관의 운영에 관한 법률 부칙 제2조에 따라 폐지된 「정부산하기관 관리기본법」 제3조에 따른 정부산하기관의 요건에 해당하거나 「정부투자기관 관리기본법」 제2조에 따른 정부투자기관의 요건에 해당하는 기관, 「지방공기업법」 제49조 및 같은 법 제76조에 따른 지방공사 및 지방공단, 「정부출연연구기관 등의 설립·운영 및 육성에 관한 법률」 제2조 및 「과학기술분야 정부출연연구기관 등의 설립·운영 및 육성에 관한 법률」 제2조에 따른 정부출연연구기관 및 연구회, 「국립대학병원 설치법」에 따른 대학병원 : 2007년 7월 1일
3. 상시 100명 이상 300명 미만의 근로자를 사용하는 사업 또는 사업장 : 2008년 7월 1일
4. 상시 100명 미만의 근로자를 사용하는 사업 또는 사업장 : 2009년 7월 1일

<생략>

부칙(2010.2.4 대통령령 제22018호)

제1조 【시행일】 이 영은 공포한 날부터 시행한다.

제2조 【적용례】 제3조제3항제4호, 제5호 및 제8호의 개정규정은 이 영 시행 후 근로계약이 체결·갱신되거나 기존의 근로계약기간을 연장하는 경우부터 적용한다.

<생략>

부칙(2011.3.30 대통령령 제22797호)

제1조 【시행일】 이 영은 2011년 7월 1일부터 시행한다.

제2조 【과태료에 관한 경과조치】 ① 이 영 시행 전의 위반행위에 대하여 과태료의 부과기준을 적용할 때에는 별표 3의 개정규정에도 불구하고 종전의 규정에 따른다.

② 이 영 시행 전의 위반행위로 받은 과태료 부과처분은 별표 3의 개정규정에 따른 위반행위의 횟수 산정에 포함하지 아니한다.

〈생략〉

부칙(2021.4.6 대통령령 제31611호)

제1조 【시행일】 이 영은 2021년 4월 8일부터 시행한다.
제2조부터 **제6조**까지 생략

[별표 1]

상시 4명 이하의 근로자를 사용하는 사업 또는 사업장에 적용하는 법 규정(제2조 관련)

구분	적용법규정
제1장 총 칙	제1조 제2조
제2장 기간제근로자	제5조
제3장 단시간근로자	제7조
제5장 보 칙	제16조제4호 제17조제1호·제2호(휴게에 관한 사항에 한정한다)·제3호·제4호(휴일에 관한 사항에 한정한다)·제5호 제18조부터 제20조까지의 규정
제6장 벌 칙	제21조 제23조 제24조제2항제2호 제24조제3항부터 제6항까지의 규정

[별표 2] (2021.4.6 개정)

전문자격의 종류(제3조제1항제3호 관련)

1. 「건축사법」 제7조에 따른 건축사
2. 「공인노무사법」 제3조에 따른 공인노무사
3. 「공인회계사법」 제3조에 따른 공인회계사
4. 「관세사법」 제4조에 따른 관세사
5. 「변리사법」 제3조에 따른 변리사
6. 「변호사법」 제4조에 따른 변호사
7. 「보험업법」 제182조에 따른 보험계리사
8. 「보험업법」 제186조에 따른 손해사정사
9. 「부동산가격공시 및 감정평가에 관한 법률」 제23조에 따른 감정평가사
10. 「수의사법」 제2조제1호에 따른 수의사
11. 「세무사법」 제3조에 따른 세무사
12. 「약사법」 제3조에 따른 약사
13. 「약사법」 제4조에 따른 한약사
14. 「약사법」 제45조에 따른 한약업사
15. 대통령령 제14319호 약사법 시행령 일부개정령 부칙 제2조에 따른 한약조제사
16. 「의료법」 제5조에 따른 의사
17. 「의료법」 제5조에 따른 치과의사
18. 「의료법」 제5조에 따른 한의사
19. 「경영지도사 및 기술지도사에 관한 법률」 제3조에 따른 경영지도사
20. 「경영지도사 및 기술지도사에 관한 법률」 제3조에 따른 기술지도사
21. 「항공법」 제26조에 따른 사업용조종사
22. 「항공법」 제26조에 따른 운송용조종사
23. 「항공법」 제26조에 따른 항공교통관제사
24. 「항공법」 제26조에 따른 항공기관사
25. 「항공법」 제26조에 따른 항공사

[별표 3] (2014.9.18 개정)

과태료의 부과기준(제6조 관련)

1. 일반기준

가. 위반행위의 횟수에 따른 과태료 부과기준은 최근 2년간 같은 위반행위로 과태료를 부과받은 경우에 적용한다. 이 경우 위반행위에 대하여 과태료 부과처분을 한 날과 다시 같은 위반행위를 적발한 날을 각각 기준으로 하여 위반횟수를 계산한다.

나. 고용노동부장관은 다음의 어느 하나에 해당하는 경우에는 제2호에 따른 과태료 금액의 2분의 1의 범위에서 그 금액을 감경할 수 있다. 다만, 과태료를 체납하고 있는 위반행위자의 경우에는 그러하지 아니하다.

1) 위반행위자가 「질서위반행위규제법 시행령」 제2조의2제1항 각 호의 어느 하나에 해당하는 경우

2) 위반행위자가 자연재해·화재 등으로 재산에 현저한 손실이 발생하거나 사업여건의 악화로 사업이 중대한 위기에 처하는 등의 사정이 있는 경우

3) 위반행위가 사소한 부주의나 오류 등 과실로 인한 것으로 인정되는 경우

4) 위반행위자가 위법행위로 인한 결과를 시정하거나 해소한 경우

5) 그 밖에 위반행위의 정도, 위반행위의 동기와 그 결과 등을 고려하여 감경할 필요가 있다고 인정되는 경우

2. 개별기준

위반행위	근거 법조문	과태료 금액(만원)		
		1차	2차	3차 이상
가. 법 제14조(법 제15조의2제4항 및 제15조의3제2항에 따라 준용되는 경우를 포함한다)에 따라 확정된 시정명령을 정당한 이유 없이 이행하지 않은 경우	법 제24조 제1항			
1) 배상을 내용으로 하는 시정명령을 이행하지 않은 경우		1억원의 범위에서 해당 배상 명령액	1억원의 범위에서 해당 배상 명령액	1억원의 범위에서 해당 배상 명령액
2) 근로시간, 휴일·휴가 등 근로조건의 차별에 대한 시정명령을 이행하지 않은 경우		500	1,000	2,000
3) 시설 등 이용의 차별에 대한 시정명령을 이행하지 않은 경우		500	1,000	2,000

나. 법 제15조제1항(법 제15조의2제4항 및 제15조의3제2항에 따라 준용되는 경우를 포함한다)을 위반하여 정당한 이유 없이 고용노동부장관의 이행상황 제출요구에 불응한 경우	법 제24조 제2항 제1호	200	400	500
다. 법 제17조를 위반하여 근로조건을 서면으로 명시하지 않은 경우	법 제24조 제2항 제2호			
1) 법 제17조제1호, 제3호 또는 제6호를 명시하지 않은 경우		50 (서면명시 사항 1개 호 당)	100 (서면명시 사항 1개 호 당)	200 (서면명시 사항 1개 호 당)
2) 법 제17조제2호, 제4호 또는 제5호를 명시하지 않은 경우		30 (서면명시 사항 1개 호 당)	60 (서면명시 사항 1개 호 당)	120 (서면명시 사항 1개 호 당)

기간제 및 단시간근로자 보호 등에 관한 법률 시행규칙

제정 2007. 6.29 노동부령 제277호

제1조【목적】 이 규칙은 「기간제 및 단시간근로자 보호 등에 관한 법률」 및 같은 법 시행령에서 위임된 사항과 그 시행에 관하여 필요한 사항을 규정하는 것을 목적으로 한다.

제2조【과태료의 징수절차】 「기간제 및 단시간근로자 보호 등에 관한 법률 시행령」 제6조제4항에 따른 과태료의 징수절차에 관하여는 「국고금관리법 시행규칙」을 준용한다. 이 경우 납입고지서에는 이의제기의 방법 및 기간 등을 함께 기재하여야 한다.

부 칙

이 규칙은 2007년 7월 1일부터 시행한다.

파견근로자 보호 등에 관한 법률

파견근로자 보호 등에 관한 법률

제정 1998. 2.20 법률 제 5512호
개정 2006.12.21 법률 제 8076호
〈생략〉
2019. 1.15 법률 제16272호
2019. 4.30 법률 제16413호
2020. 5.26 법률 제17326호
2020.12. 8 법률 제17605호

벌 「성매매알선 등 행위의 처벌에 관한 법률」 제2조제1항제1호에 따른 성매매 행위가 이루어지는 업무에 취업시킬 목적으로 근로자파견을 한 자는 5년 이하의 징역 또는 5천만원 이하의 벌금에 처한다. (법 제42조제1항제1호)

벌 「보건범죄 단속에 관한 특별조치법」 제2조제1항에 따른 부정식품 제조 등 행위가 이루어지는 업무에 취업시킬 목적으로 근로자파견을 한 자는 5년 이하의 징역 또는 5천만원 이하의 벌금에 처한다. (법 제42조제1항제2호)

벌 「보건범죄 단속에 관한 특별조치법」 제3조제1항에 따른 부정의약품 제조 등 행위가 이루어지는 업무에 취업시킬 목적으로 근로자파견을 한 자는 5년 이하의 징역 또는 5천만원 이하의 벌금에 처한다. (법 제42조제1항제3호)

벌 「보건범죄 단속에 관한 특별조치법」 제4조제1항에 따른 부정유독물 제조 등 행위가 이루어지는 업무에 취업시킬 목적으로 근로자파견을 한 자는 5년 이하의 징역 또는 5천만원 이하의 벌금에 처한다. (법 제42조제1항제4호)

벌 「보건범죄 단속에 관한 특별조치법」 제5조에 따른 부정의료 행위가 이루어지는 업무에 취업시킬 목적으로 근로자파견을 한 자는 5년 이하의 징역 또는 5천만원 이하의 벌금에 처한다. (법 제42조제1항제5호)

벌 「식품위생법」 제4조에 따른 위해식품등의 판매 등 행위가 이루어지는 업무에 취업시킬 목적으로 근로자파견을 한 자는 5년 이하의 징역 또는 5천만원 이하의 벌금에 처한다. (법 제42조제1항제6호)

벌 「식품위생법」 제5조에 따른 병든 동물 고기 등의 판매 등 행위가 이루어지는 업무에 취업시킬 목적으로 근로자파견을 한 자는 5년 이하의 징역 또는 5천만원 이하의 벌금에 처한다. (법 제42조제1항제7호)

벌 법 제42조제1항제1호부터 제7호까지의 규정에 준하는 행위가 이루어지는 업무로서 대통령령으로 정하는 업무에 취업시킬 목적으로 근로자파견을 한 자는 5년 이하의 징역 또는 5천만원 이하의 벌금에 처한다. (법 제42조제1항제8호)

제1장 총 칙

제1조 【목적】 이 법은 근로자파견사업의 적정한 운영을 도모하고 파견근로자의 근로조건 등에 관한 기준을 확립하여 파견근로자의 고용안정과 복지증진에 이바지하고 인력수급을 원활하게 함을 목적으로 한다. (2019.4.30 개정)

제2조 【정의】 이 법에서 사용하는 용어의 뜻은 다음과 같다. (2019.4.30 개정)

1. "근로자파견"이란 파견사업주가 근로자를 고용한 후 그 고용관계를 유지하면서 근로자파견계약의 내용에 따라 사용사업주의 지휘·명령을 받아 사용사업주를 위한 근로에 종사하게 하는 것을 말한다.
2. "근로자파견사업"이란 근로자파견을 업(業)으로 하는 것을 말한다.
3. "파견사업주"란 근로자파견사업을 하는 자를 말한다.
4. "사용사업주"란 근로자파견계약에 따라 파견근로자를 사용하는 자를 말한다.
5. "파견근로자"란 파견사업주가 고용한 근로자로서 근로자파견의 대상이 되는 사람을 말한다.
6. "근로자파견계약"이란 파견사업주와 사용사업주 간에 근로자파견을 약정하는 계약을 말한다.
7. "차별적 처우"란 다음 각 목의 사항에서 합리적인 이유 없이 불리하게 처우하는 것을 말한다. (2020.5.26 개정)
   가. 「근로기준법」 제2조제1항제5호의 임금
   나. 정기상여금, 명절상여금 등 정기적으로 지급되는 상여금
   다. 경영성과에 따른 성과금
   라. 그 밖에 근로조건 및 복리후생 등에 관한 사항

칙 제13조

제3조 【정부의 책무】 정부는 파견근로자를 보호하고 근로자의 구직(求職)과 사용자의 인력확보를 쉽게 하기 위하여 다음 각 호의 시책을 마련·시행함으로써 근로자가 사용자에게 직접 고용될 수 있도록 노력하여야 한다. (2019.4.30 개정)

1. 고용정보의 수집·제공
2. 직업에 관한 연구
3. 직업지도
4. 직업안정기관의 설치·운영

제4조 【근로자파견사업의 조사·연구】 ① 정부는 필요한 경우 근로자대

표·사용자대표·공익대표 및 관계전문가에게 근로자파견사업의 적정한 운영과 파견근로자의 보호에 관한 주요사항을 조사·연구하게 할 수 있다. (2019.4.30 개정)

② 제1항에 따른 조사·연구에 필요한 사항은 고용노동부령으로 정한다. (2019.4.30 개정)

칙 제2조

제2장 근로자파견사업의 적정 운영

제5조【근로자파견 대상 업무 등】 ① 근로자파견사업은 제조업의 직접생산공정업무를 제외하고 전문지식·기술·경험 또는 업무의 성질 등을 고려하여 적합하다고 판단되는 업무로서 대통령령으로 정하는 업무를 대상으로 한다. (2019.4.30 개정)

② 제1항에도 불구하고 출산·질병·부상 등으로 결원이 생긴 경우 또는 일시적·간헐적으로 인력을 확보하여야 할 필요가 있는 경우에는 근로자파견사업을 할 수 있다. (2019.4.30 개정)

③ 제1항 및 제2항에도 불구하고 다음 각 호의 어느 하나에 해당하는 업무에 대하여는 근로자파견사업을 하여서는 아니 된다. (2019.4.30 개정)

1. 건설공사현장에서 이루어지는 업무
2. 「항만운송사업법」 제3조제1호, 「한국철도공사법」 제9조제1항제1호, 「농수산물 유통 및 가격안정에 관한 법률」 제40조, 「물류정책기본법」 제2조제1항제1호의 하역(荷役)업무로서 「직업안정법」 제33조에 따라 근로자공급사업 허가를 받은 지역의 업무
3. 「선원법」 제2조제1호의 선원의 업무
4. 「산업안전보건법」 제58조에 따른 유해하거나 위험한 업무
5. 그 밖에 근로자 보호 등의 이유로 근로자파견사업의 대상으로는 적절하지 못하다고 인정하여 대통령령으로 정하는 업무

④ 제2항에 따라 파견근로자를 사용하려는 경우 사용사업주는 해당 사업 또는 사업장에 근로자의 과반수로 조직된 노동조합이 있는 경우에는 그 노동조합, 근로자의 과반수로 조직된 노동조합이 없는 경우에는 근로자의 과반수를 대표하는 자와 사전에 성실하게 협의하여야 한다. (2019.4.30 개정)

⑤ 누구든지 제1항부터 제4항까지의 규정을 위반하여 근로자파견사업을 하거나 그 근로자파견사업을 하는 자로부터 근로자파견의 역무(役務)를 제공받아서는 아니 된다. (2019.4.30 개정)

벌 법 제5조제5항을 위반하여 근로자파견사업을 한 자는 3년 이하의 징역 또는 3천만원 이하의 벌금에 처한다. (법 제43조제1호)

벌 법 제5조제5항을 위반하여 근로자파견의 역무를 제공받은 자는 3년 이하의 징역 또는 3천만원 이하의 벌금에 처한다. (법 제43조제2호)

령 제2조

제6조 【파견기간】 ① 근로자파견의 기간은 제5조제2항에 해당하는 경우를 제외하고는 1년을 초과하여서는 아니 된다. (2019.4.30 개정)

② 제1항에도 불구하고 파견사업주, 사용사업주, 파견근로자 간의 합의가 있는 경우에는 파견기간을 연장할 수 있다. 이 경우 1회를 연장할 때에는 그 연장기간은 1년을 초과하여서는 아니 되며, 연장된 기간을 포함한 총 파견기간은 2년을 초과하여서는 아니 된다. (2019.4.30 개정)

③ 제2항 후단에도 불구하고 「고용상 연령차별금지 및 고령자고용촉진에 관한 법률」 제2조제1호의 고령자인 파견근로자에 대하여는 2년을 초과하여 근로자파견기간을 연장할 수 있다. (2019.4.30 개정)

④ 제5조제2항에 따른 근로자파견의 기간은 다음 각 호의 구분에 따른다. (2019.4.30 개정)

1. 출산·질병·부상 등 그 사유가 객관적으로 명백한 경우 : 해당 사유가 없어지는 데 필요한 기간 (2020.5.26 개정)
2. 일시적·간헐적으로 인력을 확보할 필요가 있는 경우 : 3개월 이내의 기간. 다만, 해당 사유가 없어지지 아니하고 파견사업주, 사용사업주, 파견근로자 간의 합의가 있는 경우에는 3개월의 범위에서 한 차례만 그 기간을 연장할 수 있다. (2020.5.26 개정)

벌 법 제6조제1항·제2항·제4항을 위반하여 근로자파견사업을 한 자는 3년 이하의 징역 또는 3천만원 이하의 벌금에 처한다. (법 제43조제1호)

벌 법 제6조제1항·제2항·제4항을 위반하여 근로자파견의 역무를 제공받은 자는 3년 이하의 징역 또는 3천만원 이하의 벌금에 처한다. (법 제43조제2호)

제6조의2 【고용의무】 ① 사용사업주가 다음 각 호의 어느 하나에 해당하는 경우에는 해당 파견근로자를 직접 고용하여야 한다. (2019.4.30 개정)

1. 제5조제1항의 근로자파견 대상 업무에 해당하지 아니하는 업무에서 파견근로자를 사용하는 경우(제5조제2항에 따라 근로자파견사업을 한 경우는 제외한다)
2. 제5조제3항을 위반하여 파견근로자를 사용하는 경우
3. 제6조제2항을 위반하여 2년을 초과하여 계속적으로 파견근로자를 사용하는 경우
4. 제6조제4항을 위반하여 파견근로자를 사용하는 경우
5. 제7조제3항을 위반하여 근로자파견의 역무를 제공받은 경우

② 제1항은 해당 파견근로자가 명시적으로 반대의사를 표시하거나 대통령령으로 정하는 정당한 이유가 있는 경우에는 적용하지 아니한다. (2019.

4.30 개정)

③ 제1항에 따라 사용사업주가 파견근로자를 직접 고용하는 경우의 파견근로자의 근로조건은 다음 각 호의 구분에 따른다. (2019.4.30 개정)

1. 사용사업주의 근로자 중 해당 파견근로자와 같은 종류의 업무 또는 유사한 업무를 수행하는 근로자가 있는 경우 : 해당 근로자에게 적용되는 취업규칙 등에서 정하는 근로조건에 따를 것
2. 사용사업주의 근로자 중 해당 파견근로자와 같은 종류의 업무 또는 유사한 업무를 수행하는 근로자가 없는 경우 : 해당 파견근로자의 기존 근로조건의 수준보다 낮아져서는 아니 될 것

④ 사용사업주는 파견근로자를 사용하고 있는 업무에 근로자를 직접 고용하려는 경우에는 해당 파견근로자를 우선적으로 고용하도록 노력하여야 한다. (2019.4.30 개정)

벌 법 제6조의2제1항을 위반하여 파견근로자를 직접 고용하지 아니한 자에게는 3천만원 이하의 과태료를 부과한다. (법 제46조제2항)

령 제2조의2

제7조 【근로자파견사업의 허가】 ① 근로자파견사업을 하려는 자는 고용노동부령으로 정하는 바에 따라 고용노동부장관의 허가를 받아야 한다. 허가받은 사항 중 고용노동부령으로 정하는 중요사항을 변경하는 경우에도 또한 같다. (2019.4.30 개정)

② 제1항 전단에 따라 근로자파견사업의 허가를 받은 자가 허가받은 사항 중 같은 항 후단에 따른 중요사항 외의 사항을 변경하려는 경우에는 고용노동부령으로 정하는 바에 따라 고용노동부장관에게 신고하여야 한다. (2019.4.30 개정)

③ 사용사업주는 제1항을 위반하여 근로자파견사업을 하는 자로부터 근로자파견의 역무를 제공받아서는 아니 된다. (2019.4.30 개정)

④ 고용노동부장관은 제2항에 따른 신고를 받은 경우 그 내용을 검토하여 이 법에 적합하면 신고를 수리하여야 한다. (2020.12.8 신설)

벌 법 제7조제1항을 위반하여 근로자파견사업을 한 자는 3년 이하의 징역 또는 3천만원 이하의 벌금에 처한다. (법 제43조제1호)

벌 법 제7조제3항을 위반하여 근로자파견의 역무를 제공받은 자는 3년 이하의 징역 또는 3천만원 이하의 벌금에 처한다. (법 제43조제2호)

벌 거짓이나 그 밖의 부정한 방법으로 법 제7조제1항에 따른 허가를 받은 자는 3년 이하의 징역 또는 3천만원 이하의 벌금에 처한다. (법 제43조제3호)

칙 제3조·제4조

제8조 【허가의 결격사유】 다음 각 호의 어느 하나에 해당하는 자는 제7조에 따른 근로자파견사업의 허가를 받을 수 없다. (2019.4.30 개정)

1. 미성년자, 피성년후견인, 피한정후견인 또는 파산선고를 받고 복권(復權)되지 아니한 사람
2. 금고 이상의 형(집행유예는 제외한다)을 선고받고 그 집행이 끝나거나 집행을 받지 아니하기로 확정된 후 2년이 지나지 아니한 사람
3. 이 법, 「직업안정법」, 「근로기준법」 제7조, 제9조, 제20조부터 제22조까지, 제36조, 제43조, 제44조, 제44조의2, 제45조, 제46조, 제56조 및 제64조, 「최저임금법」 제6조, 「선원법」 제110조를 위반하여 벌금 이상의 형(집행유예는 제외한다)을 선고받고 그 집행이 끝나거나 집행을 받지 아니하기로 확정된 후 3년이 지나지 아니한 자
4. 금고 이상의 형의 집행유예를 선고받고 그 유예기간 중에 있는 사람
5. 제12조에 따라 해당 사업의 허가가 취소(이 조 제1호에 해당하여 허가가 취소된 경우는 제외한다)된 후 3년이 지나지 아니한 자 (2020.12.8 개정)
6. 임원 중 제1호부터 제5호까지의 어느 하나에 해당하는 사람이 있는 법인

제9조 【허가의 기준】 ① 고용노동부장관은 제7조에 따라 근로자파견사업의 허가신청을 받은 경우에는 다음 각 호의 요건을 모두 갖춘 경우에 한정하여 근로자파견사업을 허가할 수 있다. (2019.4.30 개정)

1. 신청인이 해당 근로자파견사업을 적정하게 수행할 수 있는 자산 및 시설 등을 갖추고 있을 것
2. 해당 사업이 특정한 소수의 사용사업주를 대상으로 하여 근로자파견을 하는 것이 아닐 것

② 제1항에 따른 허가의 세부기준은 대통령령으로 정한다. (2019.4.30 개정)

령 제3조

제10조 【허가의 유효기간 등】 ① 근로자파견사업 허가의 유효기간은 3년으로 한다. (2019.4.30 개정)

② 제1항에 따른 허가의 유효기간이 끝난 후 계속하여 근로자파견사업을 하려는 자는 고용노동부령으로 정하는 바에 따라 갱신허가를 받아야 한다. (2019.4.30 개정)

③ 제2항에 따른 갱신허가의 유효기간은 그 갱신 전의 허가의 유효기간이 끝나는 날의 다음 날부터 기산(起算)하여 3년으로 한다. (2019.4.30 개정)

④ 제2항에 따른 갱신허가에 관하여는 제7조부터 제9조까지의 규정을 준용한다. (2019.4.30 개정)

법 거짓이나 그 밖의 부정한 방법으로 법 제10조제2항에 따른 갱신허가를 받은 자는 3년 이하의 징역 또는 3천만원 이하의 벌금에 처한다. (법 제43조 제3호)

칙 제5조

제11조 【사업의 폐지】 ① 파견사업주는 근로자파견사업을 폐지하였을 때

에는 고용노동부령으로 정하는 바에 따라 고용노동부장관에게 신고하여야 한다. (2019.4.30 개정)

② 제1항에 따른 신고가 있을 때에는 근로자파견사업의 허가는 신고일부터 그 효력을 잃는다. (2019.4.30 개정)

벌 법 제11조제1항에 따른 신고를 하지 아니하거나 거짓으로 신고한 자에게는 300만원 이하의 과태료를 부과한다. (법 제46조제5항제1호)

칙 제6조

제12조 【허가의 취소 등】 ① 고용노동부장관은 파견사업주가 다음 각 호의 어느 하나에 해당하는 경우에는 근로자파견사업의 허가를 취소하거나 6개월 이내의 기간을 정하여 영업정지를 명할 수 있다. 다만, 제1호 또는 제2호에 해당하는 경우에는 그 허가를 취소하여야 한다. (2019.4.30 개정)

1. 제7조제1항 또는 제10조제2항에 따른 허가를 거짓이나 그 밖의 부정한 방법으로 받은 경우
2. 제8조에 따른 결격사유에 해당하게 된 경우
3. 제5조제5항을 위반하여 근로자파견사업을 한 경우
4. 제6조제1항·제2항 또는 제4항을 위반하여 근로자파견사업을 한 경우
5. 제7조제1항 후단을 위반하여 허가를 받지 아니하고 중요사항을 변경한 경우
6. 제7조제2항에 따른 변경신고를 하지 아니하고 신고사항을 변경한 경우
7. 제9조에 따른 허가의 기준에 미달하게 된 경우
8. 제11조제1항에 따른 폐지신고를 하지 아니한 경우
9. 제13조제2항을 위반하여 영업정지 처분의 내용을 사용사업주에게 통지하지 아니한 경우
10. 제14조에 따른 겸업금지의무를 위반한 경우
11. 제15조를 위반하여 명의를 대여한 경우
12. 제16조제1항을 위반하여 근로자를 파견한 경우
13. 제17조에 따른 준수사항을 위반한 경우
14. 제18조에 따른 보고를 하지 아니하거나 거짓으로 보고한 경우
15. 제20조제1항에 따른 근로자파견계약을 서면으로 체결하지 아니한 경우
16. 제24조제2항을 위반하여 근로자의 동의를 받지 아니하고 근로자파견을 한 경우
17. 제25조를 위반하여 근로계약 또는 근로자파견계약을 체결한 경우
18. 제26조제1항을 위반하여 파견근로자에게 제20조제1항제2호 및 제4호부터 제12호까지의 사항을 알려주지 아니한 경우
19. 제28조에 따른 파견사업 관리책임자를 선임하지 아니하거나 결격사유가 있는 사람을 선임한 경우

20. 제29조에 따른 파견사업관리대장을 작성하지 아니하거나 보존하지 아니한 경우
21. 제35조제5항을 위반하여 건강진단 결과를 사용사업주에게 보내지 아니한 경우
22. 제37조에 따른 근로자파견사업의 운영 및 파견근로자의 고용관리 등에 관한 개선명령을 이행하지 아니한 경우
23. 제38조에 따른 보고 명령을 위반하거나 관계 공무원의 출입·검사·질문 등의 업무를 거부·방해 또는 기피한 경우

② 고용노동부장관은 법인이 제8조제6호에 따른 결격사유에 해당되어 허가를 취소하려는 경우에는 미리 해당 임원의 교체임명에 필요한 기간을 1개월 이상 주어야 한다. (2019.4.30 개정)

③ 고용노동부장관은 제1항에 따라 허가를 취소하려면 청문을 하여야 한다. (2019.4.30 개정)

④ 제1항에 따른 근로자파견사업의 허가취소 또는 영업정지의 기준은 고용노동부령으로 정한다. (2019.4.30 개정)

벌 법 제12조제1항에 따른 영업정지 명령을 위반하여 근로자파견사업을 계속한 자는 1년 이하의 징역 또는 1천만원 이하의 벌금에 처한다. (법 제44조제1호)

칙 제7조

제13조 【허가취소 등의 처분 후의 근로자파견】 ① 제12조에 따른 허가취소 또는 영업정지 처분을 받은 파견사업주는 그 처분 전에 파견한 파견근로자와 그 사용사업주에 대하여는 그 파견기간이 끝날 때까지 파견사업주로서의 의무와 권리를 가진다. (2019.4.30 개정)

② 제1항의 경우에 파견사업주는 그 처분의 내용을 지체 없이 사용사업주에게 통지하여야 한다. (2019.4.30 개정)

제14조 【겸업금지】 다음 각 호의 어느 하나에 해당하는 사업을 하는 자는 근로자파견사업을 할 수 없다. (2019.4.30 개정)

1. 「식품위생법」 제36조제1항제3호의 식품접객업
2. 「공중위생관리법」 제2조제1항제2호의 숙박업
3. 「결혼중개업의 관리에 관한 법률」 제2조제2호의 결혼중개업
4. 그 밖에 대통령령으로 정하는 사업

제15조 【명의대여의 금지】 파견사업주는 자기의 명의로 타인에게 근로자파견사업을 하게 하여서는 아니 된다. (2019.4.30 개정)

벌 법 제15조를 위반한 자는 3년 이하의 징역 또는 3천만원 이하의 벌금에 처한다. (법 제43조제4호)

제16조 【근로자파견의 제한】 ① 파견사업주는 쟁의행위 중인 사업장에

그 쟁의행위로 중단된 업무의 수행을 위하여 근로자를 파견하여서는 아니 된다. (2019.4.30 개정)

② 누구든지 「근로기준법」 제24조에 따른 경영상 이유에 의한 해고를 한 후 대통령령으로 정하는 기간이 지나기 전에는 해당 업무에 파견근로자를 사용하여서는 아니 된다. (2019.4.30 개정)

벌 법 제16조를 위반한 자는 1년 이하의 징역 또는 1천만원 이하의 벌금에 처한다. (법 제44조제2호)

령 제4조

제17조 【파견사업주 등의 준수사항】 파견사업주 및 제28조에 따른 파견사업관리책임자는 근로자파견사업을 할 때 고용노동부령으로 정하는 사항을 준수하여야 한다. (2019.4.30 개정)

칙 제8조

제18조 【사업보고】 파견사업주는 고용노동부령으로 정하는 바에 따라 사업보고서를 작성하여 고용노동부장관에게 제출하여야 한다. (2019.4.30 개정)

벌 법 제18조에 따른 보고를 하지 아니하거나 거짓으로 보고한 자에게는 300만원 이하의 과태료를 부과한다. (법 제46조제5항제2호)

칙 제9조

제19조 【폐쇄조치 등】 ① 고용노동부장관은 허가를 받지 아니하고 근로자파견사업을 하거나 허가취소 또는 영업정지 처분을 받은 후 계속하여 사업을 하는 자에 대하여는 그 사업을 폐쇄하기 위하여 관계 공무원에게 다음 각 호의 조치를 하게 할 수 있다. (2019.4.30 개정)

1. 해당 사무소 또는 사무실의 간판이나 그 밖의 영업표지물의 제거·삭제
2. 해당 사업이 위법한 것임을 알리는 게시물의 부착
3. 해당 사업의 운영을 위하여 필수불가결한 기구 또는 시설물을 사용할 수 없게 하는 봉인(封印)

② 제1항에 따른 조치를 하려는 경우에는 미리 해당 파견사업주 또는 그 대리인에게 서면으로 알려주어야 한다. 다만, 급박한 사유가 있는 경우에는 그러하지 아니하다. (2019.4.30 개정)

③ 제1항에 따른 조치는 그 사업을 할 수 없게 하는 경우 필요한 최소한의 범위에 그쳐야 한다. (2019.4.30 개정)

④ 제1항에 따라 조치를 하는 관계 공무원은 그 권한을 표시하는 증표를 관계인에게 보여 주어야 한다. (2019.4.30 개정)

칙 제10조

제3장 파견근로자의 근로조건 등

제1절 근로자파견계약

제20조【계약의 내용 등】 ① 근로자파견계약의 당사자는 고용노동부령으로 정하는 바에 따라 다음 각 호의 사항을 포함하는 근로자파견계약을 서면으로 체결하여야 한다. (2019.4.30 개정)

1. 파견근로자의 수
2. 파견근로자가 종사할 업무의 내용
3. 파견 사유(제5조제2항에 따라 근로자파견을 하는 경우만 해당한다)
4. 파견근로자가 파견되어 근로할 사업장의 명칭 및 소재지, 그 밖에 파견근로자의 근로 장소
5. 파견근로 중인 파견근로자를 직접 지휘·명령할 사람에 관한 사항
6. 근로자파견기간 및 파견근로 시작일에 관한 사항
7. 업무 시작 및 업무 종료의 시각과 휴게시간에 관한 사항
8. 휴일·휴가에 관한 사항
9. 연장·야간·휴일근로에 관한 사항
10. 안전 및 보건에 관한 사항
11. 근로자파견의 대가
12. 그 밖에 고용노동부령으로 정하는 사항

② 사용사업주는 제1항에 따라 근로자파견계약을 체결할 때에는 파견사업주에게 제21조제1항을 준수하도록 하기 위하여 필요한 정보를 제공하여야 한다. 이 경우 제공하여야 하는 정보의 범위와 제공방법 등에 관한 사항은 대통령령으로 정한다. (2019.4.30 개정)

령 제4조의2 칙 제11조

제21조【차별적 처우의 금지 및 시정 등】 ① 파견사업주와 사용사업주는 파견근로자라는 이유로 사용사업주의 사업 내의 같은 종류의 업무 또는 유사한 업무를 수행하는 근로자에 비하여 파견근로자에게 차별적 처우를 하여서는 아니 된다. (2019.4.30 개정)

② 파견근로자는 차별적 처우를 받은 경우 「노동위원회법」에 따른 노동위원회(이하 "노동위원회"라 한다)에 그 시정을 신청할 수 있다. (2019.4.30 개정)

③ 제2항에 따른 시정신청, 그 밖의 시정절차 등에 관하여는 「기간제 및 단시간근로자 보호 등에 관한 법률」 제9조부터 제15조까지 및 제16조제2호·제3호를 준용한다. 이 경우 "기간제근로자 또는 단시간근로자"는 "파견근로자"로, "사용자"는 "파견사업주 또는 사용사업주"로 본다. (2019.4.30 개정)

④ 제1항부터 제3항까지의 규정은 사용사업주가 상시 4명 이하의 근로자를 사용하는 경우에는 적용하지 아니한다. (2019.4.30 개정)

벌 법 제21조제3항에 따라 준용되는 「기간제 및 단시간근로자 보호 등에 관한 법률」 제16조제2호 또는 제3호를 위반한 자는 2년 이하의 징역 또는 1천만원 이하의 벌금에 처한다. (법 제43조의2)

벌 법 제21조제3항에 따라 준용되는 「기간제 및 단시간근로자 보호 등에 관한 법률」 제14조제2항 또는 제3항에 따라 확정된 시정명령을 정당한 이유 없이 이행하지 아니한 자에게는 1억원 이하의 과태료를 부과한다. (법 제46조제1항)

벌 법 제21조제3항에 따라 준용되는 「기간제 및 단시간근로자 보호 등에 관한 법률」 제15조제1항에 따른 고용노동부장관의 이행상황 제출요구를 정당한 이유 없이 따르지 아니한 자에게는 500만원 이하의 과태료를 부과한다. (법 제46조제4항)

제21조의2【고용노동부장관의 차별적 처우 시정요구 등】 ① 고용노동부장관은 파견사업주와 사용사업주가 제21조제1항을 위반하여 차별적 처우를 한 경우에는 그 시정을 요구할 수 있다. (2019.4.30 개정)

② 고용노동부장관은 파견사업주와 사용사업주가 제1항에 따른 시정요구에 따르지 아니한 경우에는 차별적 처우의 내용을 구체적으로 명시하여 노동위원회에 통보하여야 한다. 이 경우 고용노동부장관은 해당 파견사업주 또는 사용사업주 및 근로자에게 그 사실을 통지하여야 한다. (2019.4.30 개정)

③ 노동위원회는 제2항에 따라 고용노동부장관의 통보를 받은 경우에는 지체 없이 차별적 처우가 있는지 여부를 심리하여야 한다. 이 경우 노동위원회는 해당 파견사업주 또는 사용사업주 및 근로자에게 의견을 진술할 수 있는 기회를 주어야 한다. (2019.4.30 개정)

④ 제3항에 따른 노동위원회의 심리, 그 밖의 시정절차 등에 관하여는 「기간제 및 단시간근로자 보호 등에 관한 법률」 제15조의2제4항에 따라 준용되는 같은 법 제9조제4항, 제11조부터 제15조까지 및 제15조의2제5항을 준용한다. 이 경우 "시정신청을 한 날"은 "통지를 받은 날"로, "기각결정"은 "차별적 처우가 없다는 결정"으로, "관계 당사자"는 "해당 파견사업주 또는 사용사업주 및 근로자"로, "시정신청을 한 근로자"는 "해당 근로자"로 본다. (2019.4.30 개정)

벌 법 제21조의2제4항에 따라 준용되는 「기간제 및 단시간근로자 보호 등에 관한 법률」 제14조제2항 또는 제3항에 따라 확정된 시정명령을 정당한 이유 없이 이행하지 아니한 자에게는 1억원 이하의 과태료를 부과한다. (법 제46조제1항)

벌 법 제21조의2제4항에 따라 준용되는 「기간제 및 단시간근로자 보호 등에 관한 법률」 제15조제1항에 따른 고용노동부장관의 이행상황 제출요구를 정당한 이유 없이 따르지 아니한 자에게는 500만원 이하의 과태료를 부과한

다. (법 제46조제4항)

제21조의3 【확정된 시정명령의 효력 확대】 ① 고용노동부장관은 제21조제3항 또는 제21조의2제4항에 따라 준용되는 「기간제 및 단시간근로자 보호 등에 관한 법률」 제14조에 따라 확정된 시정명령을 이행할 의무가 있는 파견사업주 또는 사용사업주의 사업 또는 사업장에서 해당 시정명령의 효력이 미치는 근로자 이외의 파견근로자에 대하여 차별적 처우가 있는지를 조사하여 차별적 처우가 있는 경우에는 그 시정을 요구할 수 있다. (2014.3.18 신설)

② 파견사업주 또는 사용사업주가 제1항에 따른 시정요구에 따르지 아니할 경우에는 제21조의2제2항부터 제4항까지의 규정을 준용한다. (2020.5.26 개정)

벌 법 제21조의3제2항에 따라 준용되는 「기간제 및 단시간근로자 보호 등에 관한 법률」 제14조제2항 또는 제3항에 따라 확정된 시정명령을 정당한 이유 없이 이행하지 아니한 자에게는 1억원 이하의 과태료를 부과한다. (법 제46조제1항)

벌 법 제21조의3제2항에 따라 준용되는 「기간제 및 단시간근로자 보호 등에 관한 법률」 제15조제1항에 따른 고용노동부장관의 이행상황 제출요구를 정당한 이유 없이 따르지 아니한 자에게는 500만원 이하의 과태료를 부과한다. (법 제46조제4항)

제22조 【계약의 해지 등】 ① 사용사업주는 파견근로자의 성별, 종교, 사회적 신분, 파견근로자의 정당한 노동조합의 활동 등을 이유로 근로자파견계약을 해지하여서는 아니 된다. (2019.4.30 개정)

② 파견사업주는 사용사업주가 파견근로에 관하여 이 법 또는 이 법에 따른 명령, 「근로기준법」 또는 같은 법에 따른 명령, 「산업안전보건법」 또는 같은 법에 따른 명령을 위반하는 경우에는 근로자파견을 정지하거나 근로자파견계약을 해지할 수 있다. (2019.4.30 개정)

제2절 파견사업주가 마련하여야 할 조치

제23조 【파견근로자의 복지 증진】 파견사업주는 파견근로자의 희망과 능력에 적합한 취업 및 교육훈련 기회의 확보, 근로조건의 향상, 그 밖에 고용안정을 도모하기 위하여 필요한 조치를 마련함으로써 파견근로자의 복지 증진에 노력하여야 한다. (2019.4.30 개정)

제24조 【파견근로자에 대한 고지 의무】 ① 파견사업주는 근로자를 파견근로자로서 고용하려는 경우에는 미리 해당 근로자에게 그 취지를 서면으로 알려 주어야 한다. (2019.4.30 개정)

② 파견사업주는 그가 고용한 근로자 중 파견근로자로 고용하지 아니한 사람을 근로자파견의 대상으로 하려는 경우에는 미리 해당 근로자에게 그 취지를 서면으로 알리고 그의 동의를 받아야 한다. (2019.4.30 개정)

제25조【파견근로자에 대한 고용제한의 금지】 ① 파견사업주는 파견근로자 또는 파견근로자로 고용되려는 사람과 그 고용관계가 끝난 후 그가 사용사업주에게 고용되는 것을 정당한 이유 없이 금지하는 내용의 근로계약을 체결하여서는 아니 된다. (2019.4.30 개정)

② 파견사업주는 파견근로자의 고용관계가 끝난 후 사용사업주가 그 파견근로자를 고용하는 것을 정당한 이유 없이 금지하는 내용의 근로자파견계약을 체결하여서는 아니 된다. (2019.4.30 개정)

제26조【취업조건의 고지】 ① 파견사업주는 근로자파견을 하려는 경우에는 미리 해당 파견근로자에게 제20조제1항 각 호의 사항과 그 밖에 고용노동부령으로 정하는 사항을 서면으로 알려 주어야 한다. (2019.4.30 개정)

② 파견근로자는 파견사업주에게 제20조제1항제11호에 따른 해당 근로자 파견의 대가에 관하여 그 내역을 제시할 것을 요구할 수 있다. (2019.4.30 개정)

③ 파견사업주는 제2항에 따라 그 내역의 제시를 요구받았을 때에는 지체 없이 그 내역을 서면으로 제시하여야 한다. (2019.4.30 개정)

벌 법 제26조제1항을 위반하여 근로자파견을 할 때에 미리 해당 파견근로자에게 제20조제1항 각 호의 사항 및 그 밖에 고용노동부령으로 정하는 사항을 서면으로 알리지 아니한 파견사업주에게는 1천만원 이하의 과태료를 부과한다. (법 제46조제3항)

벌 법 제26조제3항을 위반한 자에게는 300만원 이하의 과태료를 부과한다. (법 제46조제5항제3호)

칙 제12조

제27조【사용사업주에 대한 통지】 파견사업주는 근로자파견을 할 경우에는 파견근로자의 성명 등 고용노동부령으로 정하는 사항을 사용사업주에게 통지하여야 한다. (2019.4.30 개정)

벌 법 제27조를 위반한 자에게는 300만원 이하의 과태료를 부과한다. (법 제46조제5항제4호)

칙 제13조

제28조【파견사업관리책임자】 ① 파견사업주는 파견근로자의 적절한 고용관리를 위하여 제8조제1호부터 제5호까지에 따른 결격사유에 해당하지 아니하는 사람 중에서 파견사업관리책임자를 선임하여야 한다. (2019.4.30 개정)

② 파견사업관리책임자의 임무 등에 필요한 사항은 고용노동부령으로 정한

다. (2019.4.30 개정)

칙 제14조

제29조【파견사업관리대장】 ① 파견사업주는 파견사업관리대장을 작성·보존하여야 한다. (2019.4.30 개정)

② 제1항에 따른 파견사업관리대장의 기재사항 및 그 보존기간은 고용노동부령으로 정한다. (2019.4.30 개정)

법 법 제29조를 위반한 자에게는 300만원 이하의 과태료를 부과한다. (법 제46조제5항제4호)

칙 제15조

제3절 사용사업주가 마련하여야 할 조치

제30조【근로자파견계약에 관한 조치】 사용사업주는 제20조에 따른 근로자파견계약에 위반되지 아니하도록 필요한 조치를 마련하여야 한다. (2019.4.30 개정)

제31조【적정한 파견근로의 확보】 ① 사용사업주는 파견근로자가 파견근로에 관한 고충을 제시한 경우에는 그 고충의 내용을 파견사업주에게 통지하고 신속하고 적절하게 고충을 처리하도록 하여야 한다. (2019.4.30 개정)

② 제1항에 따른 고충의 처리 외에 사용사업주는 파견근로가 적정하게 이루어지도록 필요한 조치를 마련하여야 한다. (2019.4.30 개정)

제32조【사용사업관리책임자】 ① 사용사업주는 파견근로자의 적절한 파견근로를 위하여 사용사업관리책임자를 선임하여야 한다. (2019.4.30 개정)

② 사용사업관리책임자의 임무 등에 필요한 사항은 고용노동부령으로 정한다. (2019.4.30 개정)

칙 제11조·제16조

제33조【사용사업관리대장】 ① 사용사업주는 사용사업관리대장을 작성·보존하여야 한다. (2019.4.30 개정)

② 제1항에 따른 사용사업관리대장의 기재사항 및 그 보존기간은 고용노동부령으로 정한다. (2019.4.30 개정)

법 법 제33조를 위반한 자에게는 300만원 이하의 과태료를 부과한다. (법 제46조제5항제4호)

칙 제17조

제4절 「근로기준법」 등의 적용에 관한 특례

제34조【「근로기준법」의 적용에 관한 특례】 ① 파견 중인 근로자의 파견

근로에 관하여는 파견사업주 및 사용사업주를 「근로기준법」 제2조제1항제2호의 사용자로 보아 같은 법을 적용한다. 다만, 「근로기준법」 제15조부터 제36조까지, 제39조, 제41조부터 제43조까지, 제43조의2, 제43조의3, 제44조, 제44조의2, 제44조의3, 제45조부터 제48조까지, 제56조, 제60조, 제64조, 제66조부터 제68조까지 및 제78조부터 제92조까지의 규정을 적용할 때에는 파견사업주를 사용자로 보고, 같은 법 제50조부터 제55조까지, 제58조, 제59조, 제62조, 제63조, 제69조부터 제74조까지, 제74조의2 및 제75조를 적용할 때에는 사용사업주를 사용자로 본다. (2019.4.30 개정)

② 파견사업주가 대통령령으로 정하는 사용사업주의 귀책사유(歸責事由)로 근로자의 임금을 지급하지 못한 경우에는 사용사업주는 그 파견사업주와 연대하여 책임을 진다. 이 경우 「근로기준법」 제43조 및 제68조를 적용할 때에는 파견사업주 및 사용사업주를 같은 법 제2조제1항제2호의 사용자로 보아 같은 법을 적용한다. (2019.4.30 개정)

③ 「근로기준법」 제55조, 제73조 및 제74조제1항에 따라 사용사업주가 파견근로자에게 유급휴일 또는 유급휴가를 주는 경우 그 휴일 또는 휴가에 대하여 유급으로 지급되는 임금은 파견사업주가 지급하여야 한다. (2019.4.30 개정)

④ 파견사업주와 사용사업주가 「근로기준법」을 위반하는 내용을 포함한 근로자파견계약을 체결하고 그 계약에 따라 파견근로자를 근로하게 함으로써 같은 법을 위반한 경우에는 그 계약 당사자 모두를 같은 법 제2조제1항제2호의 사용자로 보아 해당 벌칙규정을 적용한다. (2019.4.30 개정)

벌 법 제34조제2항을 위반한 자는 3년 이하의 징역 또는 3천만원 이하의 벌금에 처한다. (법 제43조제4호)

령 제5조

제35조 【「산업안전보건법」의 적용에 관한 특례】 ① 파견 중인 근로자의 파견근로에 관하여는 사용사업주를 「산업안전보건법」 제2조제4호의 사업주로 보아 같은 법을 적용한다. 이 경우 「산업안전보건법」 제29조제2항을 적용할 때에는 "근로자를 채용할 때"를 "근로자파견의 역무를 제공받은 경우"로 본다. (2019.4.30 개정)

② 제1항에도 불구하고 「산업안전보건법」 제5조, 제132조제2항 단서, 같은 조 제4항(작업장소 변경, 작업 전환 및 근로시간 단축의 경우로 한정한다), 제157조제3항을 적용할 때에는 파견사업주 및 사용사업주를 같은 법 제2조제4호의 사업주로 본다. (2019.4.30 개정)

③ 사용사업주는 파견 중인 근로자에 대하여 「산업안전보건법」 제129조부터 제131조까지의 규정에 따른 건강진단을 실시하였을 때에는 같은 법 제132조제2항에 따라 그 건강진단 결과를 설명하여야 하며, 그 건강진단 결과

를 지체 없이 파견사업주에게 보내야 한다. (2019.4.30 개정)

④ 제1항 및 제3항에도 불구하고 「산업안전보건법」 제129조 및 제130조에 따라 사업주가 정기적으로 실시하여야 하는 건강진단 중 고용노동부령으로 정하는 건강진단에 대해서는 파견사업주를 같은 법 제2조제4호의 사업주로 본다. (2019.4.30 개정)

⑤ 파견사업주는 제4항에 따른 건강진단을 실시하였을 때에는 「산업안전보건법」 제132조제2항에 따라 그 건강진단 결과를 설명하여야 하며, 그 건강진단 결과를 지체 없이 사용사업주에게 보내야 한다. (2019.4.30 개정)

⑥ 파견사업주와 사용사업주가 「산업안전보건법」을 위반하는 내용을 포함한 근로자파견계약을 체결하고 그 계약에 따라 파견근로자를 근로하게 함으로써 같은 법을 위반한 경우에는 그 계약당사자 모두를 같은 법 제2조제4호의 사업주로 보아 해당 벌칙규정을 적용한다. (2019.4.30 개정)

벌 법 제35조제3항 또는 제5항을 위반하여 해당 건강진단 결과를 파견사업주 또는 사용사업주에게 보내지 아니한 자에게는 300만원 이하의 과태료를 부과한다. (법 제46조제5항제5호)

칙 제18조

제4장 보 칙

제36조 【지도·조언 등】 고용노동부장관은 이 법의 시행을 위하여 필요하다고 인정할 때에는 파견사업주 및 사용사업주에 대하여 근로자파견사업의 적정한 운영 또는 적정한 파견근로를 확보하는 데 필요한 지도 및 조언을 할 수 있다. (2019.4.30 개정)

제37조 【개선명령】 고용노동부장관은 적정한 파견근로의 확보를 위하여 필요하다고 인정할 때에는 파견사업주에게 근로자파견사업의 운영 및 파견근로자의 고용관리 등에 관한 개선을 명할 수 있다. (2019.4.30 개정)

벌 법 제37조의 개선명령을 위반한 자에게는 300만원 이하의 과태료를 부과한다. (법 제46조제5항제6호)

제38조 【보고와 검사】 ① 고용노동부장관은 이 법의 시행을 위하여 필요하다고 인정할 때에는 고용노동부령으로 정하는 바에 따라 파견사업주 및 사용사업주에 대하여 필요한 사항의 보고를 명할 수 있다. (2019.4.30 개정)

② 고용노동부장관은 필요하다고 인정할 때에는 관계 공무원으로 하여금 파견사업주 및 사용사업주의 사업장이나 그 밖의 시설에 출입하여 장부·서류 또는 그 밖의 물건을 검사하거나 관계인에게 질문하게 할 수 있다. (2019.4.30 개정)

③ 제2항에 따라 출입·검사를 하는 공무원은 그 권한을 표시하는 증표를

관계인에게 내보여야 한다. (2019.4.30 개정)

법 법 제38조제1항에 따른 보고를 하지 아니하거나 거짓으로 보고한 자에게는 300만원 이하의 과태료를 부과한다. (법 제46조제5항제2호)

법 법 제38조제2항에 따른 검사를 정당한 이유 없이 거부·방해 또는 기피한 자에게는 300만원 이하의 과태료를 부과한다. (법 제46조제5항제7호)

칙 제10조·제19조

제39조 【자료의 요청】 ① 고용노동부장관은 관계 행정기관이나 그 밖의 공공단체 등에 이 법의 시행에 필요한 자료의 제출을 요청할 수 있다. (2019.4.30 개정)

② 제1항에 따라 자료 제출을 요청받은 자는 그 요청을 거부할 정당한 사유가 없으면 이에 따라야 한다. (2019.4.30 개정)

제40조 【수수료】 제7조 및 제10조에 따른 허가를 받으려는 자는 고용노동부령으로 정하는 바에 따라 수수료를 내야 한다. (2019.4.30 개정)

칙 제20조

제41조 【권한의 위임】 이 법에 따른 고용노동부장관의 권한은 대통령령으로 정하는 바에 따라 그 일부를 지방고용노동관서의 장에게 위임할 수 있다. (2019.4.30 개정)

령 제6조

제5장 벌 칙

제42조 【벌칙】 ① 다음 각 호의 어느 하나에 해당하는 업무에 취업시킬 목적으로 근로자파견을 한 자는 5년 이하의 징역 또는 5천만원 이하의 벌금에 처한다. (2019.4.30 개정)

1. 「성매매알선 등 행위의 처벌에 관한 법률」 제2조제1항제1호에 따른 성매매 행위가 이루어지는 업무
2. 「보건범죄 단속에 관한 특별조치법」 제2조제1항에 따른 부정식품 제조 등 행위가 이루어지는 업무
3. 「보건범죄 단속에 관한 특별조치법」 제3조제1항에 따른 부정의약품 제조 등 행위가 이루어지는 업무
4. 「보건범죄 단속에 관한 특별조치법」 제4조제1항에 따른 부정유독물 제조 등 행위가 이루어지는 업무
5. 「보건범죄 단속에 관한 특별조치법」 제5조에 따른 부정의료 행위가 이루어지는 업무
6. 「식품위생법」 제4조에 따른 위해식품등의 판매 등 행위가 이루어지는 업무

7. 「식품위생법」 제5조에 따른 병든 동물 고기 등의 판매 등 행위가 이루어지는 업무
8. 그 밖에 제1호부터 제7호까지의 규정에 준하는 행위가 이루어지는 업무로서 대통령령으로 정하는 업무

② 제1항의 미수범은 처벌한다. (2019.4.30 개정)

제43조 【벌칙】 다음 각 호의 어느 하나에 해당하는 자는 3년 이하의 징역 또는 3천만원 이하의 벌금에 처한다. (2019.4.30 개정)

1. 제5조제5항, 제6조제1항·제2항·제4항 또는 제7조제1항을 위반하여 근로자파견사업을 한 자
2. 제5조제5항, 제6조제1항·제2항·제4항 또는 제7조제3항을 위반하여 근로자파견의 역무를 제공받은 자
3. 거짓이나 그 밖의 부정한 방법으로 제7조제1항에 따른 허가 또는 제10조제2항에 따른 갱신허가를 받은 자
4. 제15조 또는 제34조제2항을 위반한 자

제43조의2 【벌칙】 제21조제3항에 따라 준용되는 「기간제 및 단시간근로자 보호 등에 관한 법률」 제16조제2호 또는 제3호를 위반한 자는 2년 이하의 징역 또는 1천만원 이하의 벌금에 처한다. (2019.4.30 개정)

제44조 【벌칙】 다음 각 호의 어느 하나에 해당하는 자는 1년 이하의 징역 또는 1천만원 이하의 벌금에 처한다. (2019.4.30 개정)

1. 제12조제1항에 따른 영업정지 명령을 위반하여 근로자파견사업을 계속한 자
2. 제16조를 위반한 자

제45조 【양벌규정】 법인의 대표자나 법인 또는 개인의 대리인, 사용인, 그 밖의 종업원이 그 법인 또는 개인의 업무에 관하여 제42조·제43조·제43조의2 또는 제44조의 위반행위를 하면 그 행위자를 벌하는 외에 그 법인 또는 개인에게도 해당 조문의 벌금형을 과(科)한다. 다만, 법인 또는 개인이 그 위반행위를 방지하기 위하여 해당 업무에 관하여 상당한 주의와 감독을 게을리하지 아니한 경우에는 그러하지 아니하다. (2009.5.21 개정)

제46조 【과태료】 ① 제21조제3항, 제21조의2제4항 및 제21조의3제2항에 따라 준용되는 「기간제 및 단시간근로자 보호 등에 관한 법률」 제14조제2항 또는 제3항에 따라 확정된 시정명령을 정당한 이유 없이 이행하지 아니한 자에게는 1억원 이하의 과태료를 부과한다. (2019.4.30 개정)

② 제6조의2제1항을 위반하여 파견근로자를 직접 고용하지 아니한 자에게는 3천만원 이하의 과태료를 부과한다. (2019.4.30 개정)

③ 제26조제1항을 위반하여 근로자파견을 할 때에 미리 해당 파견근로자에게 제20조제1항 각 호의 사항 및 그 밖에 고용노동부령으로 정하는 사항을

서면으로 알리지 아니한 파견사업주에게는 1천만원 이하의 과태료를 부과한다. (2010.6.4 개정)

④ 제21조제3항, 제21조의2제4항 및 제21조의3제2항에 따라 준용되는 「기간제 및 단시간근로자 보호 등에 관한 법률」 제15조제1항에 따른 고용노동부장관의 이행상황 제출요구를 정당한 이유 없이 따르지 아니한 자에게는 500만원 이하의 과태료를 부과한다. (2019.4.30 개정)

⑤ 다음 각 호의 어느 하나에 해당하는 자에게는 300만원 이하의 과태료를 부과한다. (2019.4.30 개정)

1. 제11조제1항에 따른 신고를 하지 아니하거나 거짓으로 신고한 자
2. 제18조 또는 제38조제1항에 따른 보고를 하지 아니하거나 거짓으로 보고한 자
3. 제26조제3항을 위반한 자
4. 제27조, 제29조 또는 제33조를 위반한 자
5. 제35조제3항 또는 제5항을 위반하여 해당 건강진단 결과를 파견사업주 또는 사용사업주에게 보내지 아니한 자
6. 제37조의 개선명령을 위반한 자
7. 제38조제2항에 따른 검사를 정당한 이유 없이 거부·방해 또는 기피한 자

⑥ 제1항부터 제5항까지에 따른 과태료는 대통령령으로 정하는 바에 따라 고용노동부장관이 부과·징수한다. (2019.4.30 개정)

⑦ 삭제(2009.5.21)

⑧ 삭제(2009.5.21)

령 제7조

파견근로

부 칙

① **【시행일】** 이 법은 1998년 7월 1일부터 시행한다.

② **【다른 법률의 개정】** 생략

부칙(2006.12.21 법률 제8076호)

① **【시행일】** 이 법은 2007년 7월 1일부터 시행한다. 다만, 제20조제2항, 제21조, 제43조의2 및 제46조제1항·제3항의 개정규정의 시행일은 사업 또는 사업장(사용사업주의 사업 또는 사업장을 말한다. 이하 같다)별로 다음 각 호와 같다.

1. 상시 300인 이상의 근로자를 사용하는 사업 또는 사업장 : 2007년 7월 1일
2. 국가 및 지방자치단체의 기관, 「정부산하기관 관리기본법」 제3조의 규정

에 따른 정부산하기관, 「정부투자기관 관리기본법」 제2조의 규정에 따른 정부투자기관, 「지방공기업법」 제49조 및 동법 제76조의 규정에 따른 지방공사 및 지방공단, 「정부출연연구기관 등의 설립·운영 및 육성에 관한 법률」 제2조 및 「과학기술분야 정부출연연구기관 등의 설립·운영 및 육성에 관한 법률」 제2조의 규정에 따른 정부출연연구기관 및 연구회, 「국립대학병원 설치법」에 따른 대학병원 : 2007년 7월 1일

3. 상시 100인 이상 300인 미만의 근로자를 사용하는 사업 또는 사업장 : 2008년 7월 1일
4. 상시 100인 미만의 근로자를 사용하는 사업 또는 사업장 : 2009년 7월 1일

② **【파견기간에 관한 적용례】** 제6조의 개정규정은 이 법 시행 전에 체결되고 이 법 시행 당시 종료되지 아니한(파견기간이 연장된 경우를 포함한다) 근로자파견계약에 대하여도 적용한다.

③ **【고용의제에 관한 경과조치】** 이 법 시행 당시 종전의 제6조제3항의 규정이 적용되는 파견근로자에 대하여는 이 법 시행 후에도 종전의 규정을 적용한다.

④ **【벌칙에 관한 경과조치】** 이 법의 시행 전의 행위에 대한 벌칙의 적용에 있어서는 종전의 규정에 따른다.

〈생략〉

부칙(2017.4.18 법률 제14790호)

제1조 【시행일】 이 법은 공포한 날부터 시행한다.

제2조 【금치산자 등의 결격사유에 관한 경과조치】 제8조제1호의 개정규정에도 불구하고 이 법 시행 당시 법률 제10429호 민법 일부개정법률 부칙 제2조에 따라 금치산 또는 한정치산 선고의 효력이 유지되는 사람에 대하여는 종전의 규정에 따른다.

〈생략〉

부칙(2020.12.8 법률 제17605호)

이 법은 공포한 날부터 시행한다.

파견근로자 보호 등에 관한 법률 시행령

제정 1998. 7. 1 대통령령 제15828호
개정 2007. 6.18 대통령령 제20094호
〈생략〉
2018.12.24 대통령령 제29421호
2019.10.29 대통령령 제30177호
2019.12.24 대통령령 제30256호
2025. 6.20 대통령령 제35597호

제1조 【목적】 이 영은 「파견근로자 보호 등에 관한 법률」에서 위임된 사항과 그 시행에 필요한 사항을 규정함을 목적으로 한다. (2019.10.29 개정)

제2조 【근로자파견의 대상 및 금지업무】 ① 「파견근로자 보호 등에 관한 법률」(이하 "법"이라 한다) 제5조제1항에서 "대통령령으로 정하는 업무"란 별표 1의 업무를 말한다. (2019.10.29 개정)

② 법 제5조제3항제5호에서 "대통령령으로 정하는 업무"란 다음 각 호의 어느 하나에 해당하는 업무를 말한다. (2019.10.29 개정)

1. 「진폐의 예방과 진폐근로자의 보호 등에 관한 법률」 제2조제3호에 따른 분진작업을 하는 업무
2. 「산업안전보건법」 제137조에 따른 건강관리카드의 발급대상 업무 (2019.12.24 개정)
3. 「의료법」 제2조에 따른 의료인의 업무 및 「간호법」 제15조에 따른 간호조무사의 업무 (2025.6.20 개정)
4. 「의료기사 등에 관한 법률」 제3조에 따른 의료기사의 업무
5. 「여객자동차 운수사업법」 제2조제3호에 따른 여객자동차운송사업에서의 운전업무 (2019.10.29 개정)
6. 「화물자동차 운수사업법」 제2조제3호에 따른 화물자동차 운송사업에서의 운전업무 (2019.10.29 개정)

제2조의2 【고용의무의 예외】 법 제6조의2제2항에서 "대통령령으로 정하는 정당한 이유가 있는 경우"란 다음 각 호의 어느 하나에 해당하는 경우를 말한다. (2019.10.29 개정)

1. 「임금채권보장법」 제7조제1항제1호부터 제3호까지의 어느 하나에 해당하는 경우 (2019.10.29 개정)
2. 천재·사변 그 밖의 부득이한 사유로 사업의 계속이 불가능한 경우

제3조 【허가의 세부기준】 법 제9조제2항에 따른 근로자파견사업의 자산 및 시설 등의 기준은 다음 각 호와 같다. (2007.6.18 개정)

1. 상시 5명 이상의 근로자(파견근로자는 제외한다)를 사용하는 사업 또는 사업장으로서 고용보험·국민연금·산업재해보상보험 및 국민건강보험에 가입되어 있을 것 (2019.10.29 개정)
2. 1억원 이상의 자본금(개인인 경우에는 자산평가액)을 갖출 것
3. 전용면적 20제곱미터 이상의 사무실을 갖출 것 (2009.6.30 개정)

제4조 【파견근로자의 사용제한】 법 제16조제2항에서 "대통령령으로 정하는 기간"이란 2년을 말한다. 다만, 해당 사업 또는 사업장에 근로자의 과반수로 조직된 노동조합이 있는 경우 그 노동조합(근로자의 과반수로 조직된 노동조합이 없는 경우에는 근로자의 과반수를 대표하는 자를 말한다)이 동의한 때에는 6개월로 한다. (2019.10.29 개정)

제4조의2 【정보제공의 범위 및 방법】 ① 사용사업주가 법 제20조제2항에 따라 파견사업주에게 제공해야 하는 정보는 사용사업주의 사업에서 파견근로자와 같은 종류 또는 유사한 업무를 수행하는 근로자에 대한 다음 각 호의 정보를 말한다. (2019.10.29 개정)
1. 근로자 유무 및 근로자의 수
2. 임금 및 임금의 구성항목
3. 업무 시작 및 종료의 시각과 휴게시간에 관한 사항 (2019.10.29 개정)
4. 휴일·휴가에 관한 사항
5. 연장·야간·휴일근로에 관한 사항 (2019.10.29 개정)
6. 안전 및 보건에 관한 사항
7. 복리후생시설의 이용에 관한 사항
8. 그 밖에 차별적 처우의 대상이 되는 근로조건 중 제2호부터 제7호까지의 규정에 포함되지 않은 사항 (2019.10.29 개정)

② 사용사업주는 제1항 각 호의 정보를 파견사업주에게 서면으로 제공하여야 한다. (2007.6.18 신설)

제5조 【사용사업주의 귀책사유】 법 제34조제2항 전단에서 "대통령령으로 정하는 사용사업주의 귀책사유"란 다음 각 호의 어느 하나에 해당하는 사유를 말한다. (2019.10.29 개정)
1. 사용사업주가 정당한 사유없이 근로자파견계약을 해지한 경우
2. 사용사업주가 정당한 사유 없이 근로자파견계약에 따른 근로자파견의 대가를 지급하지 않은 경우 (2019.10.29 개정)

제6조 【권한의 위임】 법 제41조에 따라 고용노동부장관은 다음 각 호의 권한을 지방고용노동관서의 장에게 위임한다. (2010.7.12 개정)
1. 법 제7조제1항·제2항 및 제10조제2항에 따른 근로자파견사업의 허가·변경허가·변경신고수리 및 갱신허가 (2019.10.29 개정)
2. 법 11조제1항에 따른 근로자파견사업 폐지신고의 수리 (2019.10.29 개정)

3. 법 제12조에 따른 근로자파견사업의 허가취소 및 영업정지 (2019.10.29 개정)
4. 법 제18조에 따른 사업보고서의 접수 (2019.10.29 개정)
5. 법 제19조에 따른 폐쇄조치 등 (2019.10.29 개정)

5의2. 법 제21조제3항, 제21조의2제4항 및 제21조의3제2항에 따라 준용되는 「기간제 및 단시간근로자 보호 등에 관한 법률」 제15조제1항에 따른 확정된 시정명령에 대한 이행상황의 제출요구 및 같은 조 제2항에 따른 확정된 시정명령 불이행에 대한 신고의 접수 (2014.9.18 개정)

5의3. 법 제21조의2제1항 및 제21조의3제1항에 따른 차별적 처우에 대한 시정요구 및 법 제21조의2제2항(법 제21조의3제2항에 따라 준용되는 경우를 포함한다)에 따른 차별적 처우의 통보·통지 (2014.9.18 개정)

6. 법 제36조에 따른 지도 및 조언 (2019.10.29 개정)
7. 법 제37조에 따른 개선명령 (2019.10.29 개정)
8. 법 제38조에 따른 보고명령 및 출입·검사·질문 (2019.10.29 개정)
9. 법 제39조에 따른 자료의 요청 (2019.10.29 개정)
10. 법 제46조에 따른 과태료의 부과·징수 (2019.10.29 개정)

제6조의2 【민감정보 및 고유식별정보의 처리】 고용노동부장관(제6조에 따라 고용노동부장관의 권한을 위임받은 사람을 포함한다) 또는 노동위원회는 다음 각 호의 사무를 수행하기 위하여 불가피한 경우 「개인정보 보호법 시행령」 제18조제2호에 따른 범죄경력자료에 해당하는 정보와 같은 영 제19조제1호 또는 제4호에 따른 주민등록번호 또는 외국인등록번호가 포함된 자료를 처리할 수 있다. (2019.10.29 개정)

1. 법 제7조에 따른 근로자파견사업의 허가 및 변경신고에 관한 사무
2. 법 제8조에 따른 허가의 결격사유 확인에 관한 사무
3. 법 제10조제2항에 따른 근로자파견사업의 갱신허가에 관한 사무
4. 법 제11조에 따른 근로자파견사업의 폐지신고에 관한 사무
5. 법 제18조에 따른 근로자파견사업의 사업보고에 관한 사무
6. 법 제21조에 따른 파견근로자에 대한 차별적 처우의 시정 신청에 관한 사무

제6조의3 【규제의 재검토】 삭제(2018.12.24)

제7조 【과태료의 부과기준】 법 제46조제1항부터 제5항까지의 규정에 따른 과태료의 부과기준은 별표 2와 같다. (2011.3.30 개정)

부 칙

이 영은 1998년 7월 1일부터 시행한다.

부칙(2007.6.18 대통령령 제20094호)

제1조 【시행일】 이 영은 2007년 7월 1일부터 시행한다. 다만, 제4조의2 및 별표 2(제1호 및 제3호에 한정한다)의 개정규정의 시행일은 사업 또는 사업장(사용사업주의 사업 또는 사업장을 말한다. 이하 같다)별로 다음 각 호와 같다.

1. 상시 300인 이상의 근로자를 사용하는 사업 또는 사업장 : 2007년 7월 1일
2. 국가 및 지방자치단체의 기관, 「공공기관의 운영에 관한 법률」 제5조에 따라 공기업, 준정부기관, 기타공공기관으로 지정되는 기관 중 법률 제8258호 공공기관의 운영에 관한 법률 부칙 제2조에 따라 폐지된 「정부산하기관 관리기본법」 제3조에 따른 정부산하기관의 요건에 해당하거나 「정부투자기관 관리기본법」 제2조에 따른 정부투자기관의 요건에 해당하는 기관, 「지방공기업법」 제49조 및 같은 법 제76조에 따른 지방공사 및 지방공단, 「정부출연연구기관 등의 설립·운영 및 육성에 관한 법률」 제2조 및 「과학기술분야 정부출연연구기관 등의 설립·운영 및 육성에 관한 법률」 제2조에 따른 정부출연연구기관 및 연구회, 「국립대학병원 설치법」에 따른 대학병원 : 2007년 7월 1일
3. 상시 100인 이상 300인 미만의 근로자를 사용하는 사업 또는 사업장 : 2008년 7월 1일
4. 상시 100인 미만의 근로자를 사용하는 사업 또는 사업장 : 2009년 7월 1일

제2조 【근로자파견대상업무에 관한 경과조치】 ① 이 영 시행 당시 종전의 별표 1에 따른 파견대상업무에 파견된 근로자는 그 파견대상업무에 해당하는 별표 1의 개정규정에 따른 파견대상업무에 파견된 것으로 본다.

② 이 영 시행 당시 종전의 별표 1에 따른 파견대상업무는 한국표준직업분류(통계청고시 제2000-2호) 구·신분류 연계표에 따른 신부호의 업무에 포함된 것으로 본다.

〈생략〉

부칙(2011.3.30 대통령령 제22799호)

제1조 【시행일】 이 영은 2011년 7월 1일부터 시행한다.

제2조 【과태료에 관한 경과조치】 ① 이 영 시행 전의 위반행위에 대하여 과태료의 부과기준을 적용할 때에는 별표 2의 개정규정에도 불구하고 종전의 규정에 따른다.

② 이 영 시행 전의 위반행위로 받은 과태료 부과처분은 별표 2의 개정규정

에 따른 위반행위의 횟수 산정에 포함하지 아니한다.

〈생략〉

부칙(2018.12.24 대통령령 제29421호)

이 영은 2019년 1월 1일부터 시행한다.

부칙(2019.10.29 대통령령 제30177호)

이 영은 공포한 날부터 시행한다. 다만, 제2조제2항제2호의 개정규정은 2020년 1월 16일부터 시행한다.

부칙(2019.12.24 대통령령 제30256호)

제1조 【시행일】 이 영은 2020년 1월 16일부터 시행한다. 〈단서 생략〉

제2조부터 **제33조**까지 생략

부칙(2025.6.20 대통령령 제35597호)

제1조 【시행일】 이 영은 2025년 6월 21일부터 시행한다. 〈단서 생략〉

제2조부터 **제5조**까지 생략

[별표 1] (2019.10.29 개정)

근로자파견대상업무(제2조제1항 관련)

한국표준직업분류 (통계청고시 제2000-2호)	대상업무	비고
120	컴퓨터관련 전문가의 업무	
16	행정, 경영 및 재정 전문가의 업무	행정 전문가(161)의 업무는 제외한다.
17131	특허 전문가의 업무	
181	기록 보관원, 사서 및 관련 전문가의 업무	사서(18120)의 업무는 제외한다.
1822	번역가 및 통역가의 업무	
183	창작 및 공연예술가의 업무	
184	영화, 연극 및 방송관련 전문가의 업무	
220	컴퓨터관련 준전문가의 업무	
23219	기타 전기공학 기술공의 업무	
23221	통신 기술공의 업무	
234	제도 기술 종사자, 캐드 포함의 업무	
235	광학 및 전자장비 기술 종사자의 업무	보조업무에 한정한다. 임상병리사(23531), 방사선사(23532), 기타 의료장비 기사(23539)의 업무는 제외한다.
252	정규교육이외 교육 준전문가의 업무	
253	기타 교육 준전문가의 업무	
28	예술, 연예 및 경기 준전문가의 업무	
291	관리 준전문가의 업무	
317	사무 지원 종사자의 업무	
318	도서, 우편 및 관련 사무 종사자의 업무	
3213	수금 및 관련 사무 종사자의 업무	
3222	전화교환 및 번호안내 사무 종사자의 업무	전화교환 및 번호안내 사무 종사자의 업무가 해당 사업의 핵심 업무인 경우는 제외한다.

323	고객 관련 사무 종사자의 업무	
411	개인보호 및 관련 종사자의 업무	
421	음식 조리 종사자의 업무	「관광진흥법」 제3조에 따른 관광 숙박업에서의 조리사 업무는 제외한다.
432	여행안내 종사자의 업무	
51206	주유원의 업무	
51209	기타 소매업체 판매원의 업무	
521	전화통신 판매 종사자의 업무	
842	자동차 운전 종사자의 업무	
9112	건물 청소 종사자의 업무	
91221	수위 및 경비원의 업무	「경비업법」 제2조제1호에 따른 경비업무는 제외한다.
91225	주차장 관리원의 업무	
913	배달, 운반 및 검침 관련 종사자의 업무	

[별표 2] (2019.10.29 개정)

과태료의 부과기준(제7조 관련)

1. 일반기준
  가. 위반행위의 횟수에 따른 과태료의 가중된 부과기준은 최근 2년간 같은 위반행위로 과태료 부과처분을 받은 경우에 적용한다. 이 경우 기간의 계산은 위반행위에 대하여 과태료 부과처분을 받은 날과 그 처분 후 다시 같은 위반행위를 하여 적발된 날을 기준으로 한다.
  나. 가목에 따라 가중된 부과처분을 하는 경우 가중처분의 적용 차수는 그 위반행위 전 부과처분 차수(가목에 따른 기간 내에 과태료 부과처분이 둘 이상 있었던 경우에는 높은 차수를 말한다)의 다음 차수로 한다.
  다. 고용노동부장관은 다음의 어느 하나에 해당하는 경우에는 제2호에 따른 과태료 금액의 2분의 1의 범위에서 그 금액을 줄일 수 있다. 다만, 과태료를 체납하고 있는 위반행위자의 경우에는 그렇지 않다.
    1) 위반행위자가 자연재해·화재 등으로 재산에 현저한 손실이 발생하거나 사업여건의 악화로 사업이 중대한 위기에 처하는 등의 사정이 있는 경우
    2) 위반행위가 사소한 부주의나 오류 등 과실로 인한 것으로 인정되는 경우
    3) 위반행위자가 위법행위로 인한 결과를 시정하거나 해소한 경우
    4) 그 밖에 위반행위의 정도, 위반행위의 동기와 그 결과 등을 고려하여 감경할 필요가 있다고 인정되는 경우

2. 개별기준

위반행위	근거 법조문	과태료 금액		
		1차	2차	3차 이상
가. 법 제6조의2제1항을 위반하여 파견근로자를 직접 고용하지 않은 경우	법 제46조 제2항	1,000 만원	2,000 만원	3,000 만원
나. 법 제11조제1항에 따른 신고를 하지 않거나 거짓으로 신고한 경우	법 제46조 제5항제1호	200만원	300만원	300만원
다. 법 제18조 또는 제38조제1항에 따른 보고를 하지 않거나 거짓으로 보고한 경우	법 제46조 제5항제2호	300만원	300만원	300만원
라. 법 제21조제3항, 제21조의2제4항 및 제21조의3제2항에 따라 준용되는 「기간제 및 단시간근로자 보호 등에 관한 법률」 제14조제2항 또	법 제46조 제1항			

는 제3항에 따라 확정된 시정명령을 정당한 이유 없이 이행하지 않은 경우				
1) 배상을 내용으로 하는 차별시정명령을 이행하지 않은 경우		1억원의 범위에서 해당 배상 명령액	1억원의 범위에서 해당 배상 명령액	1억원의 범위에서 해당 배상 명령액
2) 근로시간, 휴일·휴가 등 근로조건에 대한 차별시정명령을 이행하지 않은 경우		500만원	1,000만원	2,000만원
3) 시설 등 이용에 대한 차별시정명령을 이행하지 않은 경우		500만원	1,000만원	2,000만원
마. 법 제21조제3항, 제21조의2제4항 및 제21조의3제2항에 따라 준용되는 「기간제 및 단시간근로자 보호 등에 관한 법률」 제15조제1항에 따른 고용노동부장관의 이행상황 제출요구를 정당한 이유 없이 따르지 않은 경우	법 제46조 제4항	200만원	400만원	500만원
바. 법 제26조제1항을 위반하여 근로자파견을 할 때에 미리 해당 파견근로자에게 법 제20조제1항 각 호의 사항 및 그 밖에 고용노동부령으로 정하는 사항을 서면으로 알리지 않은 경우	법 제46조 제3항			
1) 전부를 알리지 않은 경우		500만원	1,000만원	1,000만원
2) 일부를 알리지 않은 경우		200만원	400만원	1,000만원
사. 법 제26조제3항을 위반한 경우	법 제46조 제5항제3호	300만원	300만원	300만원
아. 법 제27조·제29조 또는 제33조를 위반한 경우	법 제46조 제5항제4호	200만원	300만원	300만원
자. 법 제35조제3항 또는 제5항을 위반하여 해당 건강진단결과를 파견사업주 또는 사용사업주에게 보내지 않은 경우	법 제46조 제5항제5호	200만원	300만원	300만원
차. 법 제37조에 따른 개선명령을 위반한 경우	법 제46조 제5항제6호	300만원	300만원	300만원
카. 법 제38조제2항에 따른 검사를 정당한 이유 없이 거부·방해 또는 기피한 경우	법 제46조 제5항제7호	300만원	300만원	300만원

파견근로자 보호 등에 관한 법률 시행규칙

제정 1998. 7.20 노동부령 제133호
개정 2006. 3. 2 노동부령 제248호
〈생략〉
2019.11.12 고용노동부령 제266호
2019.12.23 고용노동부령 제270호
2019.12.26 고용노동부령 제272호
2024. 6.12 고용노동부령 제416호

제1조 【목적】 이 규칙은 「파견근로자 보호 등에 관한 법률」 및 같은 법 시행령에서 위임된 사항과 그 시행에 필요한 사항을 규정하는 것을 목적으로 한다. (2019.11.12 개정)

제2조 【근로자파견사업의 조사·연구】 ① 고용노동부장관은 「파견근로자 보호 등에 관한 법률」(이하 "법"이라 한다) 제4조에 따라 다음 각 호의 사람으로 하여금 근로자파견사업의 적정한 운영과 파견근로자의 보호에 관한 주요사항을 조사·연구하게 할 수 있다. (2019.11.12 개정)

1. 노동조합이 추천하는 근로자대표
2. 사용자단체가 추천하는 사용자대표
3. 「정부출연연구기관 등의 설립·운영 및 육성에 관한 법률」에 따른 한국노동연구원이 추천하는 공익대표 및 관계 전문가 (2009.3.10 개정)

② 제1항에 따른 근로자대표·사용자대표·공익대표 및 관계전문가의 수는 7명 이상 10명 이하로 하되, 근로자대표와 사용자대표는 같은 수로 한다. (2019.11.12 개정)

제3조 【근로자파견사업의 허가신청 등】 ① 법 제7조제1항에 따라 근로자파견사업의 허가를 받고자 하는 자는 별지 제1호서식의 근로자파견사업 신규허가신청서에 다음 각 호의 서류를 첨부하여 주된 사업소의 소재지를 관할하는 지방고용노동관서의 장(이하 "허가관청"이라 한다)에게 제출해야 한다. 이 경우 사업소를 둘 이상 두고자 하는 때에는 제1호 및 제4호의 서류는 사업소별로 구분하여 작성해야 한다. (2019.11.12 개정)

1. 별지 제2호서식의 근로자파견사업계획서 (2019.11.12 개정)
2. 정관(법인인 경우만 해당한다) (2019.11.12 개정)
3. 자산상황을 확인할 수 있는 서류(개인인 경우만 해당한다) (2019.11.12 개정)
4. 사무실 전용면적을 확인할 수 있는 서류 및 그 위치도
5. 신청인(법인인 경우에는 임원을 말한다)이 외국인인 경우에는 법 제8조

각 호에 해당하지 않음을 증명하는 해당 국가의 정부, 그 밖에 권한 있는 기관이 발행한 서류 또는 공증인이 공증한 신청인의 진술서로서 「재외공관 공증법」에 따라 해당 국가에 주재하는 대한민국 재외공관의 공증담당 영사가 확인한 서류 (2019.11.12 개정)

② 허가관청은 제1항에 따른 허가신청서를 제출받은 경우 「전자정부법」 제36조제1항에 따른 행정정보의 공동이용을 통하여 다음 각 호의 서류를 확인해야 한다. 다만, 신청인이 제2호의 서류 확인에 동의하지 않는 경우에는 그 서류를 첨부하도록 해야 한다. (2019.11.12 개정)

1. 법인 등기사항증명서(법인인 경우만 해당한다) (2019.11.12 신설)
2. 사업자등록증(개인인 경우만 해당한다) (2019.11.12 신설)

③ 허가관청은 근로자파견사업을 허가하는 경우 별지 제3호서식의 근로자파견사업 허가증(이하 "허가증"이라 한다)을 발급하고, 별지 제4호서식의 근로자파견사업 허가관리대장을 작성하여 보관하거나 같은 서식으로 전산망에 입력하여 관리해야 한다. (2019.11.12 개정)

④ 제3항에 따라 허가를 받은 자(이하 "파견사업주"라 한다)가 허가증을 잃어버리거나 허가증이 못쓰게 되어 재발급받으려는 경우에는 별지 제5호서식의 근로자파견사업허가증 재발급신청서를 허가관청에 제출해야 한다. (2019.11.12 개정)

파견근로

제3조의2【개명에 따른 변경 신청】 ① 파견사업주는 제3조제3항에 따라 허가증을 발급받은 후 파견사업주(사람에 한정한다) 또는 법인의 대표자나 임원, 파견사업관리책임자가 개명한 경우 허가관청에 허가증 또는 허가관리대장에 기록된 이름의 변경을 신청할 수 있다. (2019.11.12 신설)

② 허가관청은 제1항의 신청을 받은 경우 「전자정부법」 제36조제1항에 따른 행정정보의 공동이용을 통하여 해당자의 주민등록표 초본을 확인해야 한다. 다만, 해당자가 확인에 동의하지 않는 경우에는 그 서류를 첨부하게 하고, 주민등록표 초본의 확인으로 개명 여부를 확인하기 어려운 경우에는 가족관계기록에 관한 증명서(기본증명서를 말한다)를 첨부하게 해야 한다. (2019.11.12 신설)

제4조【허가사항의 변경】 ① 법 제7조제1항 후단에 따라 다음 각 호의 어느 하나에 해당하는 허가사항을 변경하려는 파견사업주는 별지 제6호서식의 근로자파견사업 변경허가신청서에 허가증사본과 다음 각 호의 구분에 따른 관계서류를 첨부하여 허가관청에 제출해야 한다. (2019.11.12 개정)

1. 사업소 수의 증가 : 다음 각 목의 서류 (2019.11.12 개정)
   가. 별지 제2호 서식에 따른 해당 사업소의 근로자파견사업계획서
   나. 해당 사업소의 사무실 전용면적을 확인할 수 있는 서류 및 그 위치도 (2019.11.12 개정)

2. 사업소의 위치변경 : 사무실 전용면적을 확인할 수 있는 서류 및 그 위치도
3. 사업주(법인인 경우에는 대표자를 말한다)의 변경 : 제3조제1항제5호에 따른 서류(외국인인 경우만 해당한다) (2019.11.12 개정)

② 법 제7조제2항에 따라 다음 각 호의 어느 하나에 해당하는 허가사항을 변경하려는 파견사업주는 별지 제6호서식의 근로자파견사업 변경신고서에 허가증사본과 다음 각 호의 구분에 따른 관계서류를 첨부하여 허가관청에 제출해야 한다. (2019.11.12 개정)

1. 법인의 임원(대표자는 제외한다)의 변경 : 제3조제1항제5호에 따른 서류(외국인인 경우만 해당한다) (2019.11.12 개정)
2. 법 제28조에 따른 파견사업관리책임자(이하 "파견사업관리책임자"라 한다)의 변경 : 제3조제1항제5호에 따른 서류(외국인인 경우만 해당한다) (2019.11.12 개정)
3. 상호 또는 법인명칭의 변경 : 변경된 내용을 증명할 수 있는 서류
4. 사업소 수의 감소 : 관계서류 없음 (2007.6.29 신설)

③ 허가관청은 근로자파견사업 변경허가를 하거나 허가사항변경신고를 받은 때에는 허가증을 회수하고 새로운 허가증을 발급해야 하며, 별지 제4호서식의 근로자파견사업 허가관리대장에 변경내용을 기재해야 한다. (2019.11.12 개정)

제5조【허가의 갱신】 ① 법 제10조제2항에 따라 근로자파견사업의 갱신허가를 받으려는 파견사업주는 허가의 유효기간만료일 30일 전까지 별지 제1호서식의 근로자파견사업 갱신허가신청서에 다음 각 호의 서류를 첨부하여 허가관청에 제출해야 한다. 다만, 동일한 내용의 서류가 이미 제출되어 있는 경우에는 해당 서류를 제출하지 않을 수 있다. (2019.11.12 개정)

1. 정관(법인인 경우만 해당한다) (2019.11.12 개정)
2. 삭제(2006.7.19)
3. 허가증사본
4. 신청인(법인인 경우에는 임원을 말한다)이 외국인인 경우에는 제3조제1항제5호의 서류 (2019.11.12 개정)

② 허가관청은 제1항에 따른 허가신청서를 제출받은 경우 「전자정부법」 제36조제1항에 따른 행정정보의 공동이용을 통하여 다음 각 호의 서류를 확인해야 한다. 다만, 신청인이 제2호의 서류의 확인에 동의하지 않는 경우에는 그 서류를 첨부하도록 해야 한다. (2019.11.12 개정)

1. 법인 등기사항증명서(법인인 경우만 해당한다) (2012.8.2 개정)
2. 사업자등록증(개인인 경우만 해당한다) (2019.11.12 개정)

③ 허가관청은 갱신허가를 하는 때에는 유효기간이 만료되는 허가증을 회수하고 새로운 허가증을 발급해야 하며, 별지 제4호서식의 근로자파견사업 허

가관리대장에 갱신내용을 기재해야 한다. (2019.11.12 개정)

제6조 【폐지신고】 ① 법 제11조제1항에 따라 근로자파견사업을 폐지한 파견사업주는 별지 제7호서식의 근로자파견사업 폐지신고서에 허가증을 첨부하여 허가관청에 제출해야 한다. (2019.11.12 개정)

② 허가관청은 폐지신고를 받은 때에는 별지 제4호서식의 근로자파견사업 허가관리대장에 그 사실을 기재해야 한다. (2019.11.12 개정)

제7조 【허가취소 또는 영업정지의 기준】 법 제12조제4항에 따른 근로자파견사업의 허가취소 또는 영업정지의 기준은 별표와 같다. (2019.11.12 개정)

제8조 【파견사업주 등의 준수사항】 파견사업주 및 파견사업관리책임자는 법 제17조에 따라 다음 각 호의 사항을 준수해야 한다. (2019.11.12 개정)

1. 파견근로자를 모집하고자 하는 때에는 모집대상이 파견근로자임을 명시할 것
2. 사무소의 보기 쉬운 곳에 허가증을 걸어둘 것

제9조 【사업보고】 파견사업주는 법 제18조에 따라 별지 제8호서식의 근로자파견사업보고서를 매반기 다음 달 10일까지 허가관청에 제출해야 한다. (2019.11.12 개정)

파견
근로

제10조 【증표】 ① 법 제19조제1항에 따라 조치를 하는 관계 공무원은 별지 제9호서식의 권한확인증을 관계인에게 보여 주어야 한다. (2019.11.12 개정)

② 법 제38조제2항에 따라 출입·검사를 하는 공무원은 「근로감독관증 규칙」에 따른 근로감독관증을 관계인에게 보여 주어야 한다. (2019.11.12 신설)

제11조 【계약서의 작성 등】 ① 근로자파견계약의 당사자는 법 제20조제1항에 따른 근로자파견계약을 체결하는 때에는 각 파견근로자별로 계약서를 작성하되, 근로자파견계약의 내용이 같은 경우에는 하나의 계약서로 작성할 수 있다. (2019.11.12 개정)

② 법 제20조제1항제12호에서 "고용노동부령으로 정하는 사항"이란 파견사업관리책임자 및 법 제32조에 따른 사용사업관리책임자(이하 "사용사업관리책임자"라 한다)의 성명·소속 및 직위를 말한다. (2019.11.12 개정)

제12조 【파견근로자에 대한 고지사항】 법 제26조제1항에서 "고용노동부령으로 정하는 사항"이란 파견근로자가 파견되어 근로할 사업장의 복리후생시설의 이용에 관한 사항을 말한다. (2019.11.12 개정)

제13조 【사용사업주에 대한 통지사항】 파견사업주는 법 제27조에 따라 법 제2조제4호에 따른 사용사업주(이하 "사용사업주"라 한다)에게 파견근로자의 성명, 성별, 연령, 학력, 자격, 그 밖에 직업능력에 관한 사항을 통지해야 한다. (2019.11.12 개정)

제14조 【파견사업관리책임자의 선임·임무】 ① 파견사업주는 법 제28조에 따라 사업소별로 파견사업관리책임자를 1명 이상 선임해야 한다. (2019.

11.12 개정)

② 제1항에 따른 파견사업관리책임자는 다음 각 호의 업무를 수행한다. (2019.11.12 개정)

1. 법 제24조, 제26조 및 제27조에 따른 고지 및 통지 등의 업무 (2019.11.12 개정)
2. 파견근로자의 고충처리
3. 제15조에 따른 파견사업관리대장의 작성 및 보존 (2019.11.12 개정)

제15조【파견사업관리대장】 ① 파견사업주는 법 제29조에 따라 파견사업관리대장을 사업소별로 작성·보존해야 한다. (2019.11.12 개정)

② 파견사업관리대장에 기재해야 할 사항은 다음 각 호와 같다. (2019.11.12 개정)

1. 파견근로자의 성명
2. 사용사업주 및 사용사업관리책임자의 성명
3. 파견근로자가 파견된 사업장의 명칭 및 소재지
4. 파견근로자의 파견기간
5. 파견근로자의 업무내용

③ 파견사업주는 파견사업관리대장을 근로자파견이 끝난 날부터 3년간 보존해야 한다. (2019.11.12 개정)

제16조【사용사업관리책임자의 선임·임무】 ① 사용사업주는 법 제32조에 따라 사업장별로 사용사업관리책임자를 1명 이상 선임해야 한다. (2019.11.12 개정)

② 제1항에 따른 사용사업관리책임자는 다음 각 호의 업무를 수행한다. (2019.11.12 개정)

1. 파견근로자를 지휘·명령하는 사람에 대한 지도 및 교육 (2019.11.12 개정)
2. 파견근로자의 고충처리
3. 제17조에 따른 사용사업관리대장의 작성 및 보존 (2019.11.12 개정)

제17조【사용사업관리대장】 ① 사용사업주는 법 제33조에 따라 사용사업관리대장을 사업장별로 작성·보존해야 한다. (2019.11.12 개정)

② 사용사업관리대장에 기재해야 할 사항은 다음 각 호와 같다. (2019.11.12 개정)

1. 파견근로자의 성명
2. 파견사업주 및 파견사업관리책임자의 성명
3. 파견근로자의 파견기간
4. 파견근로자의 업무내용

③ 사용사업주는 사용사업관리대장을 근로자파견이 끝난 날부터 3년간 보존해야 한다. (2019.11.12 개정)

제18조 【파견사업주가 실시해야 하는 건강진단】 법 제35조제4항에서 "고용노동부령으로 정하는 건강진단"이란 「산업안전보건법」 제129조제1항에 따른 일반건강진단을 말한다. (2019.12.26 개정)

제19조 【보고명령】 법 제38조제1항에 따른 보고명령은 서면으로 해야 한다. (2019.11.12 개정)

제20조 【수수료】 법 제40조에 따른 수수료의 금액은 다음 각 호와 같으며, 해당 수수료는 수입인지로 납부하여야 한다. 다만, 전자문서로 신청하는 경우 또는 2024년 7월 1일부터 2026년 6월 30일까지 신청하는 경우에는 무료로 한다. (2024.6.12 개정)

1. 신규허가 : 3만원
2. 변경허가 : 2만원
3. 갱신허가 : 1만원

제21조 【규제의 재검토】 삭제(2019.12.23)

부 칙

① **【시행일】** 이 규칙은 공포한 날부터 시행한다.

② **【사업보고에 관한 특례】** 사업주는 제9조의 규정에 불구하고 이 법 시행 후 1년간은 사업보고서를 매분기 다음달 20일까지 허가관청에 제출하여야 한다.

〈생략〉

부칙(2019.12.26 고용노동부령 제272호)

제1조 【시행일】 이 규칙은 2020년 1월 16일부터 시행한다. 〈단서 생략〉

제2조부터 **제20조**까지 생략

부칙(2024.6.12 고용노동부령 제416호)

이 규칙은 공포한 날부터 시행한다.

[별표] (2019.11.12 개정)

행정처분기준

(제7조 관련)

1. 일반기준

가. 위반행위가 둘 이상인 때에는 그 중 중한 처분기준에 따르며, 둘 이상의 처분기준이 같은 영업정지인 경우에는 중한 처분기준에 나머지 각각의 처분기준의 2분의 1을 더하여 처분한다.

나. 위반행위의 횟수에 따른 행정처분기준은 최근 1년간 같은 위반행위로 행정처분을 받은 경우에 적용한다. 이 경우 기간의 계산은 위반행위에 대하여 행정처분을 받은 날과 그 처분 후 다시 같은 위반행위를 하여 적발된 날을 기준으로 한다.

다. 나목에 따라 가중된 행정처분을 하는 경우 가중처분의 적용 차수는 그 위반행위 전 부과처분 차수(가목에 따른 기간 내에 행정처분이 둘 이상 있었던 경우에는 높은 차수를 말한다)의 다음 차수로 한다.

라. 위반행위의 동기·내용·정도 및 횟수 등 다음의 해당 사유를 고려하여 그 처분을 감경할 수 있다. 이 경우 그 처분이 영업정지인 경우에는 그 처분기준의 2분의 1 범위에서 감경할 수 있고, 허가취소인 경우에는 6개월 이내의 영업정지로 감경(법 제7조제1항에 따른 허가 또는 법 제10조제2항에 따른 갱신허가를 거짓이나 그 밖의 부정한 방법으로 받은 경우와 법 제8조에 따른 결격사유에 해당하게 된 경우는 제외한다)할 수 있다.

1) 위반행위가 고의나 중대한 과실이 아닌 사소한 부주의나 오류로 인한 것으로 인정되는 경우

2) 위반의 내용·정도가 경미하여 파견근로자에게 미치는 피해가 적다고 인정되는 경우

3) 위반행위자가 처음 해당 위반행위를 한 경우로서, 3년 이상 해당 사업을 모범적으로 해 온 사실이 인정되는 경우

4) 위반행위자가 해당 위반행위로 인하여 검사로부터 기소유예 처분을 받거나 법원으로부터 선고유예의 판결을 받은 경우

2. 개별기준

위반사항	근거 법조문	행정처분기준		
		1차 위반	2차 위반	3차 위반
(1) 법 제5조제5항을 위반하여 근로자파견사업을 한 경우	법 제12조 제1항제3호	경고	영업정지 3개월	허가취소

(2) 법 제6조제1항·제2항 또는 제4항을 위반하여 근로자파견사업을 한 경우	법 제12조 제1항제4호	경고	영업정지 3개월	허가취소
(3) 법 제7조제1항을 위반한 경우				
(가) 거짓이나 그 밖의 부정한 방법으로 허가를 받은 경우	법 제12조 제1항제1호	허가취소		
(나) 허가를 받지 않고 중요사항을 변경한 경우	법 제12조 제1항제5호	영업정지 3개월	허가취소	
(4) 법 제7조제2항에 따른 변경신고를 하지 않고 신고사항을 변경한 경우	법 제12조 제1항제6호	경고	영업정지 1개월	허가취소
(5) 법 제8조에 따른 결격사유에 해당하게 된 경우	법 제12조 제1항제2호			
(가) 법 제8조 제1호부터 제5호까지 중 어느 하나에 해당하게 된 경우		허가취소		
(나) 법 제8조제6호에 해당하게 된 경우		경고	허가취소	
(6) 법 제9조에 따른 허가의 기준에 미달하게 된 경우	법 제12조 제1항제7호	경고	영업정지 1개월	허가취소
(7) 법 제10조제2항에 따른 갱신허가를 거짓이나 그 밖의 부정한 방법으로 받은 경우	법 제12조 제1항제1호	허가취소		
(8) 법 제11조제1항에 따른 폐지신고를 하지 않은 경우	법 제12조 제1항제8호	경고	허가취소	
(9) 법 제13조제2항을 위반하여 영업정지 처분의 내용을 사용사업주에게 통지하지 않은 경우	법 제12조 제1항제9호	경고	영업정지 1개월	영업정지 2개월
(10) 법 제14조에 따른 겸업금지의무를 위반한 경우	법 제12조 제1항제10호	경고	영업정지 2개월	허가취소
(11) 법 제15조를 위반하여 명의를 대여한 경우	법 제12조 제1항제11호	허가취소		
(12) 법 제16조제1항을 위반하여 근로자를 파견한 경우	법 제12조 제1항제12호	경고	영업정지 3개월	허가취소
(13) 법 제17조에 따른 준수사항을 위반한 경우	법 제12조 제1항제13호	경고	영업정지 1개월	영업정지 2개월

(14) 법 제18조에 따른 보고를 하지 않거나 거짓으로 보고한 경우	법 제12조 제1항제14호	경고	영업 정지 1개월	영업 정지 2개월
(15) 법 제20조제1항에 따른 근로자파견계약을 서면으로 체결하지 않은 경우	법 제12조 제1항제15호	경고	영업 정지 1개월	영업 정지 2개월
(16) 법 제24조제2항을 위반하여 근로자의 동의를 받지 않고 근로자파견을 한 경우	법 제12조 제1항제16호	경고	영업 정지 1개월	허가 취소
(17) 법 제25조를 위반하여 근로계약 또는 근로자파견계약을 체결한 경우	법 제12조 제1항제17호	경고	영업 정지 1개월	허가 취소
(18) 법 제26조제1항을 위반하여 파견근로자에게 법 제20조제1항제2호 및 제4호부터 제12호까지의 사항을 알려주지 않은 경우	법 제12조 제1항제18호	경고	영업 정지 1개월	영업 정지 2개월
(19) 법 제28조에 따른 파견사업관리책임자를 선임하지 않거나 결격사유가 있는 사람을 선임한 경우	법 제12조 제1항제19호	경고	영업 정지 1개월	허가 취소
(20) 법 제29조에 따른 파견사업관리대장을 작성하지 않거나 보존하지 않은 경우	법 제12조 제1항제20호	경고	영업 정지 1개월	허가 취소
(21) 법 제35조제5항을 위반하여 건강진단 결과를 사용사업주에게 보내지 않은 경우	법 제12조 제1항제21호	경고	영업 정지 1개월	영업 정지 2개월
(22) 법 제37조에 따른 근로자파견사업의 운영 및 파견근로자의 고용관리 등에 관한 개선명령을 이행하지 않은 경우	법 제12조 제1항제22호	경고	영업 정지 1개월	영업 정지 3개월
(23) 법 제38조를 위반한 경우				
(가) 보고명령을 이행하지 않거나 거짓으로 보고한 경우	법 제12조 제1항제23호	경고	영업 정지 1개월	영업 정지 3개월
(나) 관계 공무원의 출입·검사·질문 등의 업무를 거부·방해 또는 기피한 경우	법 제12조 제1항제23호	경고	영업 정지 1개월	영업 정지 3개월

채용절차의 공정화에 관한 법률

채용절차의 공정화에 관한 법률

제정 2014. 1.21 법률 제12326호
개정 2019. 4.16 법률 제16321호
2020. 5.26 법률 제17326호

제1조 【목적】 이 법은 채용과정에서 구직자가 제출하는 채용서류의 반환 등 채용절차에서의 최소한의 공정성을 확보하기 위한 사항을 정함으로써 구직자의 부담을 줄이고 권익을 보호하는 것을 목적으로 한다.

제2조 【정의】 이 법에서 사용하는 용어의 뜻은 다음과 같다.

1. "구인자"란 구직자를 채용하려는 자를 말한다.
2. "구직자"란 직업을 구하기 위하여 구인자의 채용광고에 응시하는 사람을 말한다.
3. "기초심사자료"란 구직자의 응시원서, 이력서 및 자기소개서를 말한다.
4. "입증자료"란 학위증명서, 경력증명서, 자격증명서 등 기초심사자료에 기재한 사항을 증명하는 모든 자료를 말한다. (2020.5.26 개정)
5. "심층심사자료"란 작품집, 연구실적물 등 구직자의 실력을 알아볼 수 있는 모든 물건 및 자료를 말한다. (2020.5.26 개정)
6. "채용서류"란 기초심사자료, 입증자료, 심층심사자료를 말한다.

제3조 【적용범위】 이 법은 상시 30명 이상의 근로자를 사용하는 사업 또는 사업장의 채용절차에 적용한다. 다만, 국가 및 지방자치단체가 공무원을 채용하는 경우에는 적용하지 아니한다.

제4조 【거짓 채용광고 등의 금지】 ① 구인자는 채용을 가장하여 아이디어를 수집하거나 사업장을 홍보하기 위한 목적 등으로 거짓의 채용광고를 내서는 아니 된다.

② 구인자는 정당한 사유 없이 채용광고의 내용을 구직자에게 불리하게 변경하여서는 아니 된다.

③ 구인자는 구직자를 채용한 후에 정당한 사유 없이 채용광고에서 제시한 근로조건을 구직자에게 불리하게 변경하여서는 아니 된다.

④ 구인자는 구직자에게 채용서류 및 이와 관련한 저작권 등의 지식재산권을 자신에게 귀속하도록 강요하여서는 아니 된다.

벌 법 제4조제1항을 위반하여 거짓의 채용광고를 낸 구인자는 5년 이하의

채용
절차

징역 또는 2천만원 이하의 벌금에 처한다. (법 제16조)

벌 법 제4조제2항 또는 제3항을 위반하여 채용광고의 내용 또는 근로조건을 변경한 구인자에게는 500만원 이하의 과태료를 부과한다. (법 제17조제2항제1호)

벌 법 제4조제4항을 위반하여 지식재산권을 자신에게 귀속하도록 강요한 구인자에게는 500만원 이하의 과태료를 부과한다. (법 제17조제2항제2호)

제4조의2 【채용강요 등의 금지】 누구든지 채용의 공정성을 침해하는 다음 각 호의 어느 하나에 해당하는 행위를 할 수 없다. (2019.4.16 신설)

1. 법령을 위반하여 채용에 관한 부당한 청탁, 압력, 강요 등을 하는 행위
2. 채용과 관련하여 금전, 물품, 향응 또는 재산상의 이익을 제공하거나 수수하는 행위

벌 법 제4조의2를 위반하여 채용강요 등의 행위를 한 자에게는 3천만원 이하의 과태료를 부과한다. 다만, 「형법」 등 다른 법률에 따라 형사처벌을 받은 경우에는 과태료를 부과하지 아니하며, 과태료를 부과한 후 형사처벌을 받은 경우에는 그 과태료 부과를 취소한다. (법 제17조제1항)

제4조의3 【출신지역 등 개인정보 요구 금지】 구인자는 구직자에 대하여 그 직무의 수행에 필요하지 아니한 다음 각 호의 정보를 기초심사자료에 기재하도록 요구하거나 입증자료로 수집하여서는 아니 된다. (2019.4.16 신설)

1. 구직자 본인의 용모·키·체중 등의 신체적 조건
2. 구직자 본인의 출신지역·혼인여부·재산
3. 구직자 본인의 직계 존비속 및 형제자매의 학력·직업·재산

벌 법 제4조의3을 위반하여 그 직무의 수행에 필요하지 아니한 개인정보를 기초심사자료에 기재하도록 요구하거나 입증자료로 수집한 구인자에게는 500만원 이하의 과태료를 부과한다. (법 제17조제2항제3호)

제5조 【기초심사자료 표준양식의 사용 권장】 고용노동부장관은 기초심사자료의 표준양식을 정하여 구인자에게 그 사용을 권장할 수 있다.

제6조 【채용서류의 거짓 작성 금지】 구직자는 구인자에게 제출하는 채용서류를 거짓으로 작성하여서는 아니 된다.

제7조 【전자우편 등을 통한 채용서류의 접수】 ① 구인자는 구직자의 채용서류를 사업장 또는 구인자로부터 위탁받아 채용업무에 종사하는 자의 홈페이지 또는 전자우편으로 받도록 노력하여야 한다.

② 구인자는 채용서류를 전자우편 등으로 받은 경우에는 지체 없이 구직자에게 접수된 사실을 제1항에 따른 홈페이지 게시, 휴대전화에 의한 문자전송, 전자우편, 팩스, 전화 등으로 알려야 한다.

제8조 【채용일정 및 채용과정의 고지】 구인자는 구직자에게 채용일정, 채용심사 지연의 사실, 채용과정의 변경 등 채용과정을 알려야 한다. 이 경우

고지방법은 제7조제2항을 준용한다. (2019.4.16 개정)

제9조 【채용심사비용의 부담금지】 구인자는 채용심사를 목적으로 구직자에게 채용서류 제출에 드는 비용 이외의 어떠한 금전적 비용(이하 "채용심사비용"이라고 한다)도 부담시키지 못한다. 다만, 사업장 및 직종의 특수성으로 인하여 불가피한 사정이 있는 경우 고용노동부장관의 승인을 받아 구직자에게 채용심사비용의 일부를 부담하게 할 수 있다. (2020.5.26 개정)

칙 제2조

제10조 【채용 여부의 고지】 구인자는 채용대상자를 확정한 경우에는 지체 없이 구직자에게 채용 여부를 알려야 한다. 이 경우 고지방법은 제7조제2항을 준용한다.

제11조 【채용서류의 반환 등】 ① 구인자는 구직자의 채용 여부가 확정된 이후 구직자(확정된 채용대상자는 제외한다)가 채용서류의 반환을 청구하는 경우에는 본인임을 확인한 후 대통령령으로 정하는 바에 따라 반환하여야 한다. 다만, 제7조제1항에 따라 홈페이지 또는 전자우편으로 제출된 경우나 구직자가 구인자의 요구 없이 자발적으로 제출한 경우에는 그러하지 아니하다.

② 제1항에 따른 구직자의 채용서류 반환 청구는 서면 또는 전자적 방법 등 고용노동부령으로 정하는 바에 따라 하여야 한다.

③ 구인자는 제1항에 따른 구직자의 반환 청구에 대비하여 대통령령으로 정하는 기간 동안 채용서류를 보관하여야 한다. 다만, 천재지변이나 그 밖에 구인자에게 책임 없는 사유로 채용서류가 멸실된 경우 구인자는 제1항에 따른 채용서류의 반환 의무를 이행한 것으로 본다.

④ 구인자는 대통령령으로 정한 반환의 청구기간이 지난 경우 및 채용서류를 반환하지 아니한 경우에는 「개인정보 보호법」에 따라 채용서류를 파기하여야 한다.

⑤ 제1항에 따른 채용서류의 반환에 소요되는 비용은 원칙적으로 구인자가 부담한다. 다만, 구인자는 대통령령으로 정하는 범위에서 채용서류의 반환에 소요되는 비용을 구직자에게 부담하게 할 수 있다.

⑥ 구인자는 제1항부터 제5항까지의 규정을 채용 여부가 확정되기 전까지 구직자에게 알려야 한다.

벌 법 제11조제3항에 따른 채용서류 보관의무를 이행하지 아니한 구인자에게는 300만원 이하의 과태료를 부과한다. (법 제17조제3항제1호)

벌 법 제11조제6항을 위반하여 구직자에 대한 고지의무를 이행하지 아니한 구인자에게는 300만원 이하의 과태료를 부과한다. (법 제17조제3항제2호)

령 제2조, 제3조, 제4조, 제5조 칙 제3조

제12조 【채용심사비용 등에 관한 시정명령】 ① 제9조, 제11조제1항·제4항·제5항을 위반한 구인자에게 고용노동부장관은 시정을 명할 수 있다.

② 제1항에 따른 시정명령을 받은 구인자는 해당 명령을 이행한 경우에 그 이행결과를 지체 없이 고용노동부장관에게 보고하여야 한다.

벌 법 제12조제1항에 따른 시정명령을 이행하지 아니한 구인자에게는 300만원 이하의 과태료를 부과한다. (법 제17조제3항제3호)

제13조 【입증자료·심층심사자료의 제출 제한】 구인자는 채용시험을 서류심사와 필기·면접 시험 등으로 구분하여 실시하는 경우 서류심사에 합격한 구직자에 한정하여 입증자료 및 심층심사자료를 제출하게 하도록 노력하여야 한다.

제14조 【보고 및 조사】 ① 고용노동부장관은 필요하다고 인정하면 구인자에게 이 법 시행에 필요한 자료를 제출하게 하거나 필요한 사항을 보고하게 할 수 있다.

② 고용노동부장관은 이 법 위반 사실의 확인 등을 위하여 필요하면 소속 공무원으로 하여금 이 법을 적용받는 사업의 사업장이나 그 밖의 시설에 출입하여 서류·장부 또는 그 밖의 물건을 조사하고 관계인에게 질문하게 할 수 있다.

③ 고용노동부장관은 제2항에 따른 조사를 하려면 미리 조사 일시, 조사 이유 및 조사 내용 등의 조사계획을 조사 대상자에게 알려야 한다. 다만, 긴급히 조사하여야 하거나 사전에 알리면 증거인멸 등으로 조사목적을 달성할 수 없다고 인정하는 경우에는 그러하지 아니하다.

④ 제2항에 따라 출입·조사를 하는 관계 공무원은 그 권한을 표시하는 증표를 지니고 이를 관계인에게 보여주어야 한다.

제15조 【권한의 위임】 이 법에 따른 고용노동부장관의 권한은 그 일부를 대통령령으로 정하는 바에 따라 지방고용노동관서의 장에게 위임할 수 있다.

령 제6조

제16조 【벌칙】 제4조제1항을 위반하여 거짓의 채용광고를 낸 구인자는 5년 이하의 징역 또는 2천만원 이하의 벌금에 처한다.

제17조 【과태료】 ① 제4조의2를 위반하여 채용강요 등의 행위를 한 자에게는 3천만원 이하의 과태료를 부과한다. 다만, 「형법」 등 다른 법률에 따라 형사처벌을 받은 경우에는 과태료를 부과하지 아니하며, 과태료를 부과한 후 형사처벌을 받은 경우에는 그 과태료 부과를 취소한다. (2019.4.16 신설)

② 다음 각 호의 어느 하나에 해당하는 자에게는 500만원 이하의 과태료를 부과한다. (2019.4.16 개정)

1. 제4조제2항 또는 제3항을 위반하여 채용광고의 내용 또는 근로조건을 변경한 구인자
2. 제4조제4항을 위반하여 지식재산권을 자신에게 귀속하도록 강요한 구인자

3. 제4조의3을 위반하여 그 직무의 수행에 필요하지 아니한 개인정보를 기초심사자료에 기재하도록 요구하거나 입증자료로 수집한 구인자 〈2019.4.16 신설〉

③ 다음 각 호의 어느 하나에 해당하는 자에게는 300만원 이하의 과태료를 부과한다. 〈2019.4.16 개정〉

1. 제11조제3항에 따른 채용서류 보관의무를 이행하지 아니한 구인자
2. 제11조제6항을 위반하여 구직자에 대한 고지의무를 이행하지 아니한 구인자
3. 제12조제1항에 따른 시정명령을 이행하지 아니한 구인자

④ 제1항부터 제3항까지에 따른 과태료는 대통령령으로 정하는 바에 따라 고용노동부장관이 부과·징수한다. 〈2019.4.16 개정〉

령 제7조

부 칙

제1조 【시행일】 이 법의 시행일은 다음 각 호와 같다.

1. 상시 300명 이상의 근로자를 사용하는 사업 또는 사업장, 「공공기관의 운영에 관한 법률」 제4조에 따른 공공기관, 「지방공기업법」 제49조에 따른 지방공사 및 같은 법 제76조에 따른 지방공단, 국가 및 지방자치단체 : 2015년 1월 1일
2. 상시 100명 이상 300명 미만의 근로자를 사용하는 사업 또는 사업장 : 2016년 1월 1일
3. 상시 30명 이상 100명 미만의 근로자를 사용하는 사업 또는 사업장 : 2017년 1월 1일

제2조 【적용례】 이 법은 이 법 시행 후 최초로 개시되는 채용절차부터 적용한다.

부칙(2019.4.16 법률 제16321호)

이 법은 공포 후 3개월이 경과한 날부터 시행한다.

부칙(2020.5.26 법률 제17326호)

이 법은 공포한 날부터 시행한다. 〈단서 생략〉

채용절차의 공정화에 관한 법률 시행령

제정 2014.12.23 대통령령 제25879호
개정 2019. 7. 9 대통령령 제29963호

제1조 【목적】 이 영은 「채용절차의 공정화에 관한 법률」에서 위임된 사항과 그 시행에 필요한 사항을 규정함을 목적으로 한다.

제2조 【채용서류의 반환 이행기간 등】 ① 「채용절차의 공정화에 관한 법률」(이하 "법"이라 한다) 제11조제1항 본문에 따라 구직자로부터 채용서류의 반환 청구를 받은 구인자는 구직자가 반환 청구를 한 날부터 14일 이내에 구직자에게 해당 채용서류를 발송하거나 전달하여야 한다.

② 구인자가 제1항에 따라 채용서류를 반환하는 때에는 해당 채용서류를 「우편법」 제14조제2항제3호 또는 제15조제2항제3호에 따른 특수취급우편물(이하 "특수취급우편물"이라 한다)을 이용하여야 한다. 다만, 구직자가 원하는 경우에는 구직자와 합의하는 방법으로 전달할 수 있다.

③ 제2항에 따라 채용서류를 특수취급우편물로 반환하는 경우 채용서류의 반환 장소는 채용서류에 기재된 구직자의 주소지로 한다. 다만, 구직자가 제1항에 따라 채용서류의 반환을 청구할 때 반환 장소를 지정한 경우에는 그 장소로 한다.

제3조 【채용서류의 보관기간】 법 제11조제3항 본문에서 "대통령령으로 정하는 기간"이란 다음 각 호의 기간을 말한다.

1. 구직자가 법 제11조제1항 본문에 따라 채용서류의 반환을 청구한 경우가 아닌 경우 : 제4조에 따른 구직자의 반환 청구기간
2. 구직자가 법 제11조제1항 본문에 따라 채용서류의 반환을 청구한 경우 : 구인자가 제2조제1항에 따라 특수취급우편물을 발송하거나 전달한 시점까지의 기간

제4조 【채용서류의 반환 청구기간】 법 제11조제4항에 따른 채용서류의 반환 청구기간은 구직자의 채용 여부가 확정된 날 이후 14일부터 180일까지의 기간의 범위에서 구인자가 정한 기간으로 한다. 이 경우 구인자는 채용 여부가 확정되기 전까지 구인자가 정한 채용서류의 반환 청구기간을 구직자에게 알려야 한다.

제5조【채용서류 반환의 비용부담】 ① 법 제11조제5항 단서에서 "대통령령으로 정하는 범위"란 채용서류를 특수취급우편물로 송달하는 경우에 드는 「우편법 시행령」 제12조에 따른 우편에 관한 요금 및 우편이용에 관한 수수료를 말한다.

② 구인자가 법 제11조제5항 단서에 따라 채용서류의 반환에 소요되는 비용을 구직자에게 부담하게 하려는 경우에는 채용 여부가 확정되기 전까지 구직자에게 채용서류 반환에 필요한 비용을 입금할 수 있는 금융기관의 계좌를 지정하여 통지하여야 한다. 다만, 구직자의 신청에 따라 「우편법 시행령」 제29조에 따른 수취인 부담으로 발송하는 경우에는 그러하지 아니하다.

제6조【권한의 위임】 고용노동부장관은 법 제15조에 따라 다음 각 호의 권한을 지방고용노동관서의 장에게 위임한다.

1. 법 제9조 단서에 따른 채용심사비용의 일부 부담에 대한 승인
2. 법 제12조에 따른 채용심사비용 등에 관한 시정명령 및 그 이행결과에 대한 보고의 접수
3. 법 제14조에 따른 보고 및 조사
4. 법 제17조제4항에 따른 과태료의 부과·징수 (2019.7.9 개정)

제7조【과태료의 부과기준】 법 제17조제1항부터 제3항까지의 규정에 따른 과태료의 부과기준은 별표와 같다. (2019.7.9 개정)

부 칙

이 영의 시행일은 다음 각 호와 같다.

1. 상시 300명 이상의 근로자를 사용하는 사업 또는 사업장, 「공공기관의 운영에 관한 법률」 제4조에 따른 공공기관, 「지방공기업법」 제49조에 따른 지방공사 및 같은 법 제76조에 따른 지방공단, 국가 및 지방자치단체 : 2015년 1월 1일
2. 상시 100명 이상 300명 미만의 근로자를 사용하는 사업 또는 사업장 : 2016년 1월 1일
3. 상시 30명 이상 100명 미만의 근로자를 사용하는 사업 또는 사업장 : 2017년 1월 1일

부칙(2019.7.9 대통령령 제29963호)

제1조【시행일】 이 영은 2019년 7월 17일부터 시행한다.

제2조【과태료의 부과기준에 관한 경과조치】 이 영 시행 전의 위반행위에 대하여 과태료의 부과기준을 적용할 때에는 별표의 개정규정에도 불구하고 종전의 규정에 따른다.

[별표] (2019.7.9 개정)

과태료의 부과기준(제7조 관련)

1. 일반기준

가. 위반행위의 횟수에 따른 과태료의 가중된 부과기준은 최근 3년간 같은 위반행위로 과태료 부과처분을 받은 경우에 적용한다. 이 경우 기간의 계산은 위반행위에 대하여 과태료 부과처분을 받은 날과 그 처분 후 다시 같은 위반행위를 하여 적발된 날을 기준으로 한다.

나. 가목에 따라 가중된 부과처분을 하는 경우 가중처분의 적용 차수는 그 위반행위 전 부과처분 차수(가목에 따른 기간 내에 과태료 부과처분이 둘 이상 있었던 경우에는 높은 차수를 말한다)의 다음 차수로 한다.

다. 과태료 부과권자는 위반행위자가 다음의 어느 하나에 해당하는 경우에는 제2호에 따른 과태료 금액의 2분의 1의 범위에서 그 금액을 줄일 수 있다. 다만, 과태료를 체납하고 있는 위반행위자의 경우에는 그렇지 않다.

1) 위반행위자가 「질서위반행위규제법 시행령」 제2조의2제1항 각 호의 어느 하나에 해당하는 경우

2) 위반행위자가 자연재해·사고 등으로 재산에 현저한 손실이 발생하거나 영업여건의 악화로 사업이 중대한 위기에 처하는 등의 사정이 있는 경우

3) 위반행위가 사소한 부주의나 오류 등 과실로 인한 것으로 인정되는 경우

4) 그 밖에 위반행위의 정도, 위반행위의 동기와 그 결과 등을 고려하여 줄일 필요가 있다고 인정되는 경우

2. 개별기준

(단위 : 만원)

위반행위	근거 법조문	과태료 금액		
		1차 위반	2차 위반	3차 이상 위반
가. 구인자가 법 제4조제2항 또는 제3항을 위반하여 채용광고의 내용 또는 근로조건을 변경한 경우	법 제17조 제2항 제1호	300	400	500
나. 구인자가 법 제4조제4항을 위반하여 지식재산권을 구인자에게 귀속하도록 강요한 경우	법 제17조 제2항 제2호	300	400	500
다. 법 제4조의2를 위반하여 채용강요 등의 행위를 한 경우	법 제17조 제1항	1,500	3,000	3,000

라. 구인자가 법 제4조의3을 위반하여 그 직무의 수행에 필요하지 않은 개인정보를 기초심사자료에 기재하도록 요구하거나 입증자료로 수집한 경우	법 제17조 제2항 제3호	300	400	500
마. 구인자가 법 제11조제3항을 위반하여 채용서류 보관의무를 이행하지 않은 경우	법 제17조 제3항 제1호	150	200	300
바. 구인자가 법 제11조제6항을 위반하여 구직자에 대한 고지의무를 이행하지 않은 경우	법 제17조 제3항 제2호	150	200	300
사. 구인자가 법 제12조제1항에 따른 시정명령을 이행하지 않은 경우	법 제17조 제3항 제3호	150	200	300

채용절차의 공정화에 관한 법률 시행규칙

제정 2014.12.31 고용노동부령 제119호

제1조 【목적】 이 규칙은 「채용절차의 공정화에 관한 법률」 및 같은 법 시행령에서 위임한 사항과 그 시행에 필요한 사항을 규정하는 것을 목적으로 한다.

제2조 【채용심사비용의 승인】 ① 구인자는 「채용절차의 공정화에 관한 법률」(이하 "법"이라 한다) 제9조 단서에 따라 구직자에게 채용심사비용의 일부를 부담하게 하려는 경우 별지 제1호서식의 채용심사비용 승인신청서에 다음 각 호의 서류를 첨부하여 관할 지방고용노동관서의 장에게 제출하여야 한다.

1. 채용심사비용 산정 내역서
2. 채용 공고문

② 관할 지방고용노동관서의 장은 제1항에 따른 신청에 대하여 승인을 할 때에는 별지 제2호서식의 채용심사비용 승인서를 내주어야 한다.

제3조 【채용서류의 반환청구 방법】 구직자는 법 제11조제2항에 따라 채용서류의 반환을 청구하는 경우 별지 제3호서식의 채용서류 반환청구서를 홈페이지, 전자우편 또는 팩스 등으로 구인자에게 제출하여야 한다.

부칙(2014.12.31 고용노동부령 제119호)

이 규칙의 시행일은 다음 각 호와 같다.

1. 상시 300명 이상의 근로자를 사용하는 사업 또는 사업장, 「공공기관의 운영에 관한 법률」 제4조에 따른 공공기관, 「지방공기업법」 제49조에 따른 지방공사 및 같은 법 제76조에 따른 지방공단, 국가 및 지방자치단체 : 2015년 1월 1일
2. 상시 100명 이상 300명 미만의 근로자를 사용하는 사업 또는 사업장 : 2016년 1월 1일
3. 상시 30명 이상 100명 미만의 근로자를 사용하는 사업 또는 사업장 : 2017년 1월 1일

노동조합 및 노동관계조정법

노동조합 및 노동관계조정법

제정 1997. 3.13 법률 제 5310호
개정 1998. 2.20 법률 제 5511호
〈생략〉
2018.10.16 법률 제15849호
2020. 6. 9 법률 제17432호
2021. 1. 5 법률 제17864호
2025. 9. 9 법률 제21045호

제1장 총 칙

제1조 【목적】 이 법은 헌법에 의한 근로자의 단결권·단체교섭권 및 단체행동권을 보장하여 근로조건의 유지·개선과 근로자의 경제적·사회적 지위의 향상을 도모하고, 노동관계를 공정하게 조정하여 노동쟁의를 예방·해결함으로써 산업평화의 유지와 국민경제의 발전에 이바지함을 목적으로 한다.

제2조 【정의】 이 법에서 사용하는 용어의 정의는 다음과 같다.

1. "근로자"라 함은 직업의 종류를 불문하고 임금·급료 기타 이에 준하는 수입에 의하여 생활하는 자를 말한다.
2. "사용자"라 함은 사업주, 사업의 경영담당자 또는 그 사업의 근로자에 관한 사항에 대하여 사업주를 위하여 행동하는 자를 말한다.
2. "사용자"라 함은 사업주, 사업의 경영담당자 또는 그 사업의 근로자에 관한 사항에 대하여 사업주를 위하여 행동하는 자를 말한다. 이 경우 근로계약 체결 당사자가 아니더라도 근로자의 근로조건에 대하여 실질적이고 구체적으로 지배·결정할 수 있는 지위에 있는 자도 그 범위에 있어서는 사용자로 본다. (2025.9.9 개정 : 2026.3.10 시행)
3. "사용자단체"라 함은 노동관계에 관하여 그 구성원인 사용자에 대하여 조정 또는 규제할 수 있는 권한을 가진 사용자의 단체를 말한다.
4. "노동조합"이라 함은 근로자가 주체가 되어 자주적으로 단결하여 근로조건의 유지·개선 기타 근로자의 경제적·사회적 지위의 향상을 도모함을 목적으로 조직하는 단체 또는 그 연합단체를 말한다. 다만, 다음 각목의 1에 해당하는 경우에는 노동조합으로 보지 아니한다.
   가. 사용자 또는 항상 그의 이익을 대표하여 행동하는 자의 참가를 허용하는 경우
   나. 경비의 주된 부분을 사용자로부터 원조 받는 경우
   다. 공제·수양 기타 복리사업만을 목적으로 하는 경우
   라. 근로자가 아닌 자의 가입을 허용하는 경우 (2021.1.5 개정)

라. 삭제(2025.9.9 : 2026.3.10 시행)
마. 주로 정치운동을 목적으로 하는 경우

5. "노동쟁의"라 함은 노동조합과 사용자 또는 사용자단체(이하 "노동관계 당사자"라 한다)간에 임금·근로시간·복지·해고 기타 대우 등 근로조건의 결정에 관한 주장의 불일치로 인하여 발생한 분쟁상태를 말한다. 이 경우 주장의 불일치라 함은 당사자간에 합의를 위한 노력을 계속하여도 더 이상 자주적 교섭에 의한 합의의 여지가 없는 경우를 말한다.

5. "노동쟁의"라 함은 노동조합과 사용자 또는 사용자단체(이하 "노동관계 당사자"라 한다)간에 임금·근로시간·복지·해고·근로자의 지위 기타 대우 등 근로조건의 결정과 근로조건에 영향을 미치는 사업경영상의 결정에 관한 주장의 불일치 및 제92조제2호가목부터 라목까지의 사항에 관한 사용자의 명백한 단체협약 위반으로 인하여 발생한 분쟁상태를 말한다. 이 경우 주장의 불일치라 함은 당사자간에 합의를 위한 노력을 계속하여도 더 이상 자주적 교섭에 의한 합의의 여지가 없는 경우를 말한다. (2025.9.9 개정 : 2026.3.10 시행)

6. "쟁의행위"라 함은 파업·태업·직장폐쇄 기타 노동관계 당사자가 그 주장을 관철할 목적으로 행하는 행위와 이에 대항하는 행위로서 업무의 정상적인 운영을 저해하는 행위를 말한다.

제3조 【손해배상청구의 제한】 사용자는 이 법에 의한 단체교섭 또는 쟁의행위로 인하여 손해를 입은 경우에 노동조합 또는 근로자에 대하여 그 배상을 청구할 수 없다.

제3조 【손해배상청구의 제한】 ① 사용자는 이 법에 따른 단체교섭 또는 쟁의행위, 그 밖의 노동조합의 활동으로 인하여 손해를 입은 경우에 노동조합 또는 근로자에 대하여 그 배상을 청구할 수 없다. (2025.9.9 개정 : 2026.3.10 시행)

② 사용자의 불법행위에 대하여 노동조합 또는 근로자의 이익을 방위하기 위하여 부득이 사용자에게 손해를 가한 노동조합 또는 근로자는 배상할 책임이 없다. (2025.9.9 신설 : 2026.3.10 시행)

③ 법원은 단체교섭, 쟁의행위, 그 밖의 노동조합의 활동으로 인한 손해배상책임을 근로자에게 인정하는 경우 손해의 배상의무자인 근로자에 대하여 다음 각 호에 따라 책임비율을 정하여야 한다. (2025.9.9 신설 : 2026.3.10 시행)

1. 노동조합에서의 지위와 역할
2. 쟁의행위 등 참여 경위 및 정도
3. 손해 발생에 대한 관여의 정도
4. 임금 수준과 손해배상 청구금액

5. 손해의 원인과 성격
6. 그 밖에 손해의 공평한 분담을 위하여 고려할 필요가 있다고 인정되는 사항

④ 제3항에 따른 배상의무자인 노동조합과 근로자는 법원에 배상액의 감면을 청구할 수 있다. 이때 법원은 배상의무자의 경제상태, 부양의무 등 가족관계, 최저생계비 보장 및 존립 유지 등을 고려하여 각 배상의무자별로 감면 여부 및 정도를 판단하여야 한다. (2025.9.9 신설 : 2026.3.10 시행)
⑤ 「신원보증법」 제6조에도 불구하고 신원보증인은 단체교섭, 쟁의행위, 그 밖의 노동조합의 활동으로 인하여 발생한 손해에 대해서는 배상할 책임이 없다. (2025.9.9 신설 : 2026.3.10 시행)
⑥ 사용자는 노동조합의 존립을 위태롭게 하거나 운영을 방해할 목적 또는 조합원의 노동조합 활동을 방해하고 손해를 입히려는 목적으로 손해배상청구권을 행사하여서는 아니 된다. (2025.9.9 신설 : 2026.3.10 시행)

제3조의2 【책임의 면제】 사용자는 단체교섭 또는 쟁의행위, 그 밖의 노동조합의 활동으로 인한 노동조합 또는 근로자의 손해배상 등 책임을 면제할 수 있다. (2025.9.9 신설 : 2026.3.10 시행)

제4조 【정당행위】 형법 제20조의 규정은 노동조합이 단체교섭·쟁의행위 기타의 행위로서 제1조의 목적을 달성하기 위하여 한 정당한 행위에 대하여 적용된다. 다만, 어떠한 경우에도 폭력이나 파괴행위는 정당한 행위로 해석되어서는 아니된다.

제2장 노동조합

제1절 통 칙

제5조 【노동조합의 조직·가입·활동】 ① 근로자는 자유로이 노동조합을 조직하거나 이에 가입할 수 있다. 다만, 공무원과 교원에 대하여는 따로 법률로 정한다. (2021.1.5 개정)
② 사업 또는 사업장에 종사하는 근로자(이하 "종사근로자"라 한다)가 아닌 노동조합의 조합원은 사용자의 효율적인 사업 운영에 지장을 주지 아니하는 범위에서 사업 또는 사업장 내에서 노동조합 활동을 할 수 있다. (2021.1.5 신설)
③ 종사근로자인 조합원이 해고되어 노동위원회에 부당노동행위의 구제신청을 한 경우에는 중앙노동위원회의 재심판정이 있을 때까지는 종사근로자로 본다. (2021.1.5 신설)

제6조 【법인격의 취득】 ① 노동조합은 그 규약이 정하는 바에 의하여 법

인으로 할 수 있다.
② 노동조합은 당해 노동조합을 법인으로 하고자 할 경우에는 대통령령이 정하는 바에 의하여 등기를 하여야 한다.
③ 법인인 노동조합에 대하여는 이 법에 규정된 것을 제외하고는 민법 중 사단법인에 관한 규정을 적용한다.
령 제2조

제7조 【노동조합의 보호요건】 ① 이 법에 의하여 설립된 노동조합이 아니면 노동위원회에 노동쟁의의 조정 및 부당노동행위의 구제를 신청할 수 없다.
② 제1항의 규정은 제81조제1항제1호·제2호 및 제5호의 규정에 의한 근로자의 보호를 부인하는 취지로 해석되어서는 아니된다. (2021.1.5 개정)
③ 이 법에 의하여 설립된 노동조합이 아니면 노동조합이라는 명칭을 사용할 수 없다.
벌 법 제7조제3항의 규정에 위반한 자는 500만원 이하의 벌금에 처한다. (법 제93조제1호)

제8조 【조세의 면제】 노동조합에 대하여는 그 사업체를 제외하고는 세법이 정하는 바에 따라 조세를 부과하지 아니한다.

제9조 【차별대우의 금지】 노동조합의 조합원은 어떠한 경우에도 인종, 종교, 성별, 연령, 신체적 조건, 고용형태, 정당 또는 신분에 의하여 차별대우를 받지 아니한다. (2008.3.28 개정)

제2절 노동조합의 설립

제10조 【설립의 신고】 ① 노동조합을 설립하고자 하는 자는 다음 각호의 사항을 기재한 신고서에 제11조의 규정에 의한 규약을 첨부하여 연합단체인 노동조합과 2 이상의 특별시·광역시·특별자치시·도·특별자치도에 걸치는 단위노동조합은 고용노동부장관에게, 2 이상의 시·군·구(자치구를 말한다)에 걸치는 단위노동조합은 특별시장·광역시장·도지사에게, 그 외의 노동조합은 특별자치시장·특별자치도지사·시장·군수·구청장(자치구의 구청장을 말한다. 이하 제12조제1항에서 같다)에게 제출하여야 한다. (2014.5.20 개정)
1. 명 칭
2. 주된 사무소의 소재지
3. 조합원수
4. 임원의 성명과 주소
5. 소속된 연합단체가 있는 경우에는 그 명칭
6. 연합단체인 노동조합에 있어서는 그 구성노동단체의 명칭, 조합원수, 주

된 사무소의 소재지 및 임원의 성명·주소

② 제1항의 규정에 의한 연합단체인 노동조합은 동종산업의 단위노동조합을 구성원으로 하는 산업별 연합단체와 산업별 연합단체 또는 전국규모의 산업별 단위노동조합을 구성원으로 하는 총연합단체를 말한다.

령 제7조 칙 제2조

제11조 【규약】 노동조합은 그 조직의 자주적·민주적 운영을 보장하기 위하여 당해 노동조합의 규약에 다음 각 호의 사항을 기재하여야 한다. (2006.12.30 개정)

1. 명칭
2. 목적과 사업
3. 주된 사무소의 소재지
4. 조합원에 관한 사항(연합단체인 노동조합에 있어서는 그 구성단체에 관한 사항)
5. 소속된 연합단체가 있는 경우에는 그 명칭
6. 대의원회를 두는 경우에는 대의원회에 관한 사항
7. 회의에 관한 사항
8. 대표자와 임원에 관한 사항
9. 조합비 기타 회계에 관한 사항
10. 규약변경에 관한 사항
11. 해산에 관한 사항
12. 쟁의행위와 관련된 찬반투표 결과의 공개, 투표자 명부 및 투표용지 등의 보존·열람에 관한 사항 (2006.12.30 개정)
13. 대표자와 임원의 규약위반에 대한 탄핵에 관한 사항
14. 임원 및 대의원의 선거절차에 관한 사항
15. 규율과 통제에 관한 사항

제12조 【신고증의 교부】 ① 고용노동부장관, 특별시장·광역시장·특별자치시장·도지사·특별자치도지사 또는 시장·군수·구청장(이하 "행정관청"이라 한다)은 제10조제1항의 규정에 의한 설립신고서를 접수한 때에는 제2항 전단 및 제3항의 경우를 제외하고는 3일 이내에 신고증을 교부하여야 한다. (2014.5.20 개정)

② 행정관청은 설립신고서 또는 규약이 기재사항의 누락 등으로 보완이 필요한 경우에는 대통령령이 정하는 바에 따라 20일 이내의 기간을 정하여 보완을 요구하여야 한다. 이 경우 보완된 설립신고서 또는 규약을 접수한 때에는 3일 이내에 신고증을 교부하여야 한다. (1998.2.20 개정)

③ 행정관청은 설립하고자 하는 노동조합이 다음 각호의 1에 해당하는 경우에는 설립신고서를 반려하여야 한다. (1998.2.20 개정)

1. 제2조제4호 각목의 1에 해당하는 경우
2. 제2항의 규정에 의하여 보완을 요구하였음에도 불구하고 그 기간내에 보완을 하지 아니하는 경우

④ 노동조합이 신고증을 교부받은 경우에는 설립신고서가 접수된 때에 설립된 것으로 본다.

령 제4조·제9조

제13조【변경사항의 신고 등】 ① 노동조합은 제10조제1항의 규정에 의하여 설립신고된 사항 중 다음 각호의 1에 해당하는 사항에 변경이 있는 때에는 그 날부터 30일 이내에 행정관청에게 변경신고를 하여야 한다. (2001.3.28 개정)

1. 명 칭
2. 주된 사무소의 소재지
3. 대표자의 성명
4. 소속된 연합단체의 명칭

② 노동조합은 매년 1월 31일까지 다음 각호의 사항을 행정관청에게 통보하여야 한다. 다만, 제1항의 규정에 의하여 전년도에 변경신고된 사항은 그러하지 아니하다. (2001.3.28 개정)

1. 전년도에 규약의 변경이 있는 경우에는 변경된 규약내용
2. 전년도에 임원의 변경이 있는 경우에는 변경된 임원의 성명
3. 전년도 12월 31일 현재의 조합원 수(연합단체인 노동조합에 있어서는 구성단체별 조합원 수)

벌 법 제13조의 규정에 의한 신고 또는 통보를 하지 아니한 자는 300만원 이하의 과태료에 처한다. (법 제96조제2항)

령 제10조 칙 제3조·제6조

제3절 노동조합의 관리

제14조【서류비치 등】 ① 노동조합은 조합설립일부터 30일 이내에 다음 각호의 서류를 작성하여 그 주된 사무소에 비치하여야 한다.

1. 조합원 명부(연합단체인 노동조합에 있어서는 그 구성단체의 명칭)
2. 규약
3. 임원의 성명·주소록
4. 회의록
5. 재정에 관한 장부와 서류

② 제1항제4호 및 제5호의 서류는 3년간 보존하여야 한다.

벌 법 제14조의 규정에 의한 서류를 비치 또는 보존하지 아니한 자는 500만

원 이하의 과태료에 처한다. (법 제96조제1항제1호)
칙 제8조

제15조 【총회의 개최】 ① 노동조합은 매년 1회 이상 총회를 개최하여야 한다.
② 노동조합의 대표자는 총회의 의장이 된다.

제16조 【총회의 의결사항】 ① 다음 각호의 사항은 총회의 의결을 거쳐야 한다.
1. 규약의 제정과 변경에 관한 사항
2. 임원의 선거와 해임에 관한 사항
3. 단체협약에 관한 사항
4. 예산·결산에 관한 사항
5. 기금의 설치·관리 또는 처분에 관한 사항
6. 연합단체의 설립·가입 또는 탈퇴에 관한 사항
7. 합병·분할 또는 해산에 관한 사항
8. 조직형태의 변경에 관한 사항
9. 기타 중요한 사항

② 총회는 재적조합원 과반수의 출석과 출석조합원 과반수의 찬성으로 의결한다. 다만, 규약의 제정·변경, 임원의 해임, 합병·분할·해산 및 조직형태의 변경에 관한 사항은 재적조합원 과반수의 출석과 출석조합원 3분의 2 이상의 찬성이 있어야 한다.
③ 임원의 선거에 있어서 출석조합원 과반수의 찬성을 얻은 자가 없는 경우에는 제2항 본문의 규정에 불구하고 규약이 정하는 바에 따라 결선투표를 실시하여 다수의 찬성을 얻은 자를 임원으로 선출할 수 있다.
④ 규약의 제정·변경과 임원의 선거·해임에 관한 사항은 조합원의 직접·비밀·무기명투표에 의하여야 한다.

제17조 【대의원회】 ① 노동조합은 규약으로 총회에 갈음할 대의원회를 둘 수 있다.
② 대의원은 조합원의 직접·비밀·무기명투표에 의하여 선출되어야 한다.
③ 하나의 사업 또는 사업장을 대상으로 조직된 노동조합의 대의원은 그 사업 또는 사업장에 종사하는 조합원 중에서 선출하여야 한다. (2021.1.5 신설)
④ 대의원의 임기는 규약으로 정하되 3년을 초과할 수 없다. (2021.1.5 개정)
⑤ 대의원회를 둔 때에는 총회에 관한 규정은 대의원회에 이를 준용한다. (2021.1.5 개정)

제18조 【임시총회 등의 소집】 ① 노동조합의 대표자는 필요하다고 인정할 때에는 임시총회 또는 임시대의원회를 소집할 수 있다.
② 노동조합의 대표자는 조합원 또는 대의원의 3분의 1 이상(연합단체인

노동조합에 있어서는 그 구성단체의 3분의 1 이상)이 회의에 부의할 사항을 제시하고 회의의 소집을 요구한 때에는 지체없이 임시총회 또는 임시대의원회를 소집하여야 한다.

③ 행정관청은 노동조합의 대표자가 제2항의 규정에 의한 회의의 소집을 고의로 기피하거나 이를 해태하여 조합원 또는 대의원의 3분의 1 이상이 소집권자의 지명을 요구한 때에는 15일 이내에 노동위원회의 의결을 요청하고 노동위원회의 의결이 있는 때에는 지체없이 회의의 소집권자를 지명하여야 한다. (1998.2.20 개정)

④ 행정관청은 노동조합에 총회 또는 대의원회의 소집권자가 없는 경우에 조합원 또는 대의원의 3분의 1 이상이 회의에 부의할 사항을 제시하고 소집권자의 지명을 요구한 때에는 15일 이내에 회의의 소집권자를 지명하여야 한다. (1998.2.20 개정)

칙 제9조

제19조【소집의 절차】 총회 또는 대의원회는 회의개최일 7일전까지 그 회의에 부의할 사항을 공고하고 규약에 정한 방법에 의하여 소집하여야 한다. 다만, 노동조합이 동일한 사업장내의 근로자로 구성된 경우에는 그 규약으로 공고기간을 단축할 수 있다.

제20조【표결권의 특례】 노동조합이 특정 조합원에 관한 사항을 의결할 경우에는 그 조합원은 표결권이 없다.

제21조【규약 및 결의처분의 시정】 ① 행정관청은 노동조합의 규약이 노동관계법령에 위반한 경우에는 노동위원회의 의결을 얻어 그 시정을 명할 수 있다. (1998.2.20 개정)

② 행정관청은 노동조합의 결의 또는 처분이 노동관계법령 또는 규약에 위반된다고 인정할 경우에는 노동위원회의 의결을 얻어 그 시정을 명할 수 있다. 다만, 규약위반시의 시정명령은 이해관계인의 신청이 있는 경우에 한한다. (1998.2.20 개정)

③ 제1항 또는 제2항의 규정에 의하여 시정명령을 받은 노동조합은 30일 이내에 이를 이행하여야 한다. 다만, 정당한 사유가 있는 경우에는 그 기간을 연장할 수 있다.

벌 법 제21조제1항·제2항의 규정에 의한 명령에 위반한 자는 500만원 이하의 벌금에 처한다. (법 제93조제2호)

제22조【조합원의 권리와 의무】 노동조합의 조합원은 균등하게 그 노동조합의 모든 문제에 참여할 권리와 의무를 가진다. 다만, 노동조합은 그 규약으로 조합비를 납부하지 아니하는 조합원의 권리를 제한할 수 있다.

제23조【임원의 자격 등】 ① 노동조합의 임원 자격은 규약으로 정한다. 이 경우 하나의 사업 또는 사업장을 대상으로 조직된 노동조합의 임원은 그

사업 또는 사업장에 종사하는 조합원 중에서 선출하도록 정한다. (2021.1.5 개정)
② 임원의 임기는 규약으로 정하되 3년을 초과할 수 없다.

제24조 【근로시간 면제 등】 ① 근로자는 단체협약으로 정하거나 사용자의 동의가 있는 경우에는 사용자 또는 노동조합으로부터 급여를 지급받으면서 근로계약 소정의 근로를 제공하지 아니하고 노동조합의 업무에 종사할 수 있다. (2021.1.5 개정)
② 제1항에 따라 사용자로부터 급여를 지급받는 근로자(이하 "근로시간면제자"라 한다)는 사업 또는 사업장별로 종사근로자인 조합원 수 등을 고려하여 제24조의2에 따라 결정된 근로시간 면제 한도(이하 "근로시간 면제 한도"라 한다)를 초과하지 아니하는 범위에서 임금의 손실 없이 사용자와의 협의·교섭, 고충처리, 산업안전 활동 등 이 법 또는 다른 법률에서 정하는 업무와 건전한 노사관계 발전을 위한 노동조합의 유지·관리업무를 할 수 있다. (2021.1.5 개정)
③ 사용자는 제1항에 따라 노동조합이 업무에 종사하는 근로자이 정당한 노동조합 활동을 제한해서는 아니 된다. (2021.1.5 개정)
④ 제2항을 위반하여 근로시간 면제 한도를 초과하는 내용을 정한 단체협약 또는 사용자의 동의는 그 부분에 한정하여 무효로 한다. (2021.1.5 개정)
⑤ 삭제(2021.1.5)
령 제11조의2

노동조합

제24조의2 【근로시간면제심의위원회】 ① 근로시간면제자에 대한 근로시간 면제 한도를 정하기 위하여 근로시간면제심의위원회(이하 이 조에서 "위원회"라 한다)를 「경제사회노동위원회법」에 따른 경제사회노동위원회(이하 "경제사회노동위원회"라 한다)에 둔다. (2021.1.5 개정)
② 위원회는 근로시간 면제 한도를 심의·의결하고, 3년마다 그 적정성 여부를 재심의하여 의결할 수 있다. (2021.1.5 개정)
③ 경제사회노동위원회 위원장은 제2항에 따라 위원회가 의결한 사항을 고용노동부장관에게 즉시 통보하여야 한다. (2021.1.5 개정)
④ 고용노동부장관은 제3항에 따라 경제사회노동위원회 위원장이 통보한 근로시간 면제 한도를 고시하여야 한다. (2021.1.5 신설)
⑤ 위원회는 다음 각 호의 구분에 따라 근로자를 대표하는 위원과 사용자를 대표하는 위원 및 공익을 대표하는 위원 각 5명씩 성별을 고려하여 구성한다. (2021.1.5 신설)
1. 근로자를 대표하는 위원 : 전국적 규모의 노동단체가 추천하는 사람
2. 사용자를 대표하는 위원 : 전국적 규모의 경영자단체가 추천하는 사람
3. 공익을 대표하는 위원 : 경제사회노동위원회 위원장이 추천한 15명 중에

서 제1호에 따른 노동단체와 제2호에 따른 경영자단체가 순차적으로 배제하고 남은 사람

⑥ 위원회의 위원장은 제5항제3호에 따른 위원 중에서 위원회가 선출한다. (2021.1.5 개정)

⑦ 위원회는 재적위원 과반수의 출석과 출석위원 과반수의 찬성으로 의결한다. (2021.1.5 개정)

⑧ 위원의 자격, 위촉과 위원회의 운영 등에 필요한 사항은 대통령령으로 정한다. (2021.1.5 개정)

령 제11조의2·제11조의4

제25조 【회계감사】 ① 노동조합의 대표자는 그 회계감사원으로 하여금 6월에 1회 이상 당해 노동조합의 모든 재원 및 용도, 주요한 기부자의 성명, 현재의 경리상황 등에 대한 회계감사를 실시하게 하고 그 내용과 감사결과를 전체 조합원에게 공개하여야 한다.

② 노동조합의 회계감사원은 필요하다고 인정할 경우에는 당해 노동조합의 회계감사를 실시하고 그 결과를 공개할 수 있다.

령 제11조의7

제26조 【운영상황의 공개】 노동조합의 대표자는 회계연도마다 결산결과와 운영상황을 공표하여야 하며 조합원의 요구가 있을 때에는 이를 열람하게 하여야 한다.

령 제11조의8·제11조의9

제27조 【자료의 제출】 노동조합은 행정관청이 요구하는 경우에는 결산결과와 운영상황을 보고하여야 한다. (1998.2.20 개정)

벌 법 제27조의 규정에 의한 보고를 하지 아니하거나 허위의 보고를 한 자는 500만원 이하의 과태료에 처한다. (법 제96조제1항제2호)

령 제12조

제4절 노동조합의 해산

제28조 【해산사유】 ① 노동조합은 다음 각호의 1에 해당하는 경우에는 해산한다. (1998.2.20 개정)

1. 규약에서 정한 해산사유가 발생한 경우
2. 합병 또는 분할로 소멸한 경우
3. 총회 또는 대의원회의 해산결의가 있는 경우
4. 노동조합의 임원이 없고 노동조합으로서의 활동을 1년 이상하지 아니한 것으로 인정되는 경우로서 행정관청이 노동위원회의 의결을 얻은 경우

② 제1항제1호 내지 제3호의 사유로 노동조합이 해산한 때에는 그 대표자는

해산한 날부터 15일 이내에 행정관청에게 이를 신고하여야 한다. (1998.2.20 개정)

벌 법 제28조제2항의 규정에 의한 신고를 하지 아니한 자는 300만원 이하의 과태료에 처한다. (법 제96조제2항)

령 제13조 칙 제10조

제3장 단체교섭 및 단체협약

제29조【교섭 및 체결권한】 ① 노동조합의 대표자는 그 노동조합 또는 조합원을 위하여 사용자나 사용자단체와 교섭하고 단체협약을 체결할 권한을 가진다.

② 제29조의2에 따라 결정된 교섭대표노동조합(이하 "교섭대표노동조합"이라 한다)의 대표자는 교섭을 요구한 모든 노동조합 또는 조합원을 위하여 사용자와 교섭하고 단체협약을 체결할 권한을 가진다. (2010.1.1 신설)

③ 노동조합과 사용자 또는 사용자단체로부터 교섭 또는 단체협약의 체결에 관한 권한을 위임받은 자는 그 노동조합과 사용자 또는 사용자단체를 위하여 위임받은 범위 안에서 그 권한을 행사할 수 있다. (2010.1.1 개정)

④ 노동조합과 사용자 또는 사용자단체는 제3항에 따라 교섭 또는 단체협약의 체결에 관한 권한을 위임한 때에는 그 사실을 상대방에게 통보하여야 한다. (2010.1.1 개정)

령 제14조·제14조의2·제14조의6·제14조의8

제29조의2【교섭창구 단일화 절차】 ① 하나의 사업 또는 사업장에서 조직형태에 관계없이 근로자가 설립하거나 가입한 노동조합이 2개 이상인 경우 노동조합은 교섭대표노동조합(2개 이상의 노동조합 조합원을 구성원으로 하는 교섭대표기구를 포함한다. 이하 같다)을 정하여 교섭을 요구하여야 한다. 다만, 제3항에 따라 교섭대표노동조합을 자율적으로 결정하는 기한 내에 사용자가 이 조에서 정하는 교섭창구 단일화 절차를 거치지 아니하기로 동의한 경우에는 그러하지 아니하다. (2021.1.5 개정)

② 제1항 단서에 해당하는 경우 사용자는 교섭을 요구한 모든 노동조합과 성실히 교섭하여야 하고, 차별적으로 대우해서는 아니 된다. (2021.1.5 신설)

③ 교섭대표노동조합 결정 절차(이하 "교섭창구 단일화 절차"라 한다)에 참여한 모든 노동조합은 대통령령으로 정하는 기한 내에 자율적으로 교섭대표노동조합을 정한다. (2021.1.5 개정)

④ 제3항에 따른 기한까지 교섭대표노동조합을 정하지 못하고 제1항 단서에 따른 사용자의 동의를 얻지 못한 경우에는 교섭창구 단일화 절차에 참여한 노동조합의 전체 조합원 과반수로 조직된 노동조합(2개 이상의 노동조합이

위임 또는 연합 등의 방법으로 교섭창구 단일화 절차에 참여한 노동조합 전체 조합원의 과반수가 되는 경우를 포함한다)이 교섭대표노동조합이 된다. (2021.1.5 개정)

⑤ 제3항 및 제4항에 따라 교섭대표노동조합을 결정하지 못한 경우에는 교섭창구 단일화 절차에 참여한 모든 노동조합은 공동으로 교섭대표단(이하 이 조에서 "공동교섭대표단"이라 한다)을 구성하여 사용자와 교섭하여야 한다. 이 때 공동교섭대표단에 참여할 수 있는 노동조합은 그 조합원 수가 교섭창구 단일화 절차에 참여한 노동조합의 전체 조합원 100분의 10 이상인 노동조합으로 한다. (2021.1.5 개정)

⑥ 제5항에 따른 공동교섭대표단의 구성에 합의하지 못할 경우에 노동위원회는 해당 노동조합의 신청에 따라 조합원 비율을 고려하여 이를 결정할 수 있다. (2021.1.5 개정)

⑦ 제1항 및 제3항부터 제5항까지에 따른 교섭대표노동조합을 결정함에 있어 교섭요구 사실, 조합원 수 등에 대한 이의가 있는 때에는 노동위원회는 대통령령으로 정하는 바에 따라 노동조합의 신청을 받아 그 이의에 대한 결정을 할 수 있다. (2021.1.5 개정)

⑧ 제6항 및 제7항에 따른 노동위원회의 결정에 대한 불복절차 및 효력은 제69조와 제70조제2항을 준용한다. (2021.1.5 개정)

⑨ 노동조합의 교섭요구·참여 방법, 교섭대표노동조합 결정을 위한 조합원 수 산정 기준 등 교섭창구 단일화 절차와 교섭비용 증가 방지 등에 관하여 필요한 사항은 대통령령으로 정한다. (2021.1.5 개정)

⑩ 제4항부터 제7항까지 및 제9항의 조합원 수 산정은 종사근로자인 조합원을 기준으로 한다. (2021.1.5 신설)

령 제14조의2·6·7·8·9·10·12

제29조의3 【교섭단위 결정】 ① 제29조의2에 따라 교섭대표노동조합을 결정하여야 하는 단위(이하 "교섭단위"라 한다)는 하나의 사업 또는 사업장으로 한다. (2010.1.1 신설)

② 제1항에도 불구하고 하나의 사업 또는 사업장에서 현격한 근로조건의 차이, 고용형태, 교섭 관행 등을 고려하여 교섭단위를 분리하거나 분리된 교섭단위를 통합할 필요가 있다고 인정되는 경우에 노동위원회는 노동관계 당사자의 양쪽 또는 어느 한쪽의 신청을 받아 교섭단위를 분리하거나 분리된 교섭단위를 통합하는 결정을 할 수 있다. (2021.1.5 개정)

③ 제2항에 따른 노동위원회의 결정에 대한 불복절차 및 효력은 제69조와 제70조제2항을 준용한다. (2010.1.1 신설)

④ 교섭단위를 분리하거나 분리된 교섭단위를 통합하기 위한 신청 및 노동위원회의 결정 기준·절차 등에 관하여 필요한 사항은 대통령령으로 정한다.

(2021.1.5 개정)
령 제14조의11 칙 제10조의8

제29조의4 【공정대표의무 등】 ① 교섭대표노동조합과 사용자는 교섭창구 단일화 절차에 참여한 노동조합 또는 그 조합원 간에 합리적 이유 없이 차별을 하여서는 아니 된다. (2010.1.1 신설)
② 노동조합은 교섭대표노동조합과 사용자가 제1항을 위반하여 차별한 경우에는 그 행위가 있은 날(단체협약의 내용의 일부 또는 전부가 제1항에 위반되는 경우에는 단체협약 체결일을 말한다)부터 3개월 이내에 대통령령으로 정하는 방법과 절차에 따라 노동위원회에 그 시정을 요청할 수 있다. (2010.1.1 신설)
③ 노동위원회는 제2항에 따른 신청에 대하여 합리적 이유 없이 차별하였다고 인정한 때에는 그 시정에 필요한 명령을 하여야 한다. (2010.1.1 신설)
④ 제3항에 따른 노동위원회의 명령 또는 결정에 대한 불복절차 등에 관하여는 제85조 및 제86조를 준용한다. (2010.1.1 신설)
령 제14조의12 칙 제10조의9

제29조의5 【그 밖의 교섭창구 단일화 관련 사항】 교섭대표노동조합이 있는 경우에 제2조제5호, 제29조제3항·제4항, 제30조, 제37조제2항·제3항, 제38조제3항, 제42조의6제1항, 제44조제2항, 제46조제1항, 제55조제3항, 제72조제3항 및 제81조제1항제3호 중 "노동조합"은 "교섭대표노동조합"으로 본다. (2021.1.5 개정)

제30조 【교섭 등의 원칙】 ① 노동조합과 사용자 또는 사용자단체는 신의에 따라 성실히 교섭하고 단체협약을 체결하여야 하며 그 권한을 남용하여서는 아니된다.
② 노동조합과 사용자 또는 사용자단체는 정당한 이유없이 교섭 또는 단체협약의 체결을 거부하거나 해태하여서는 아니된다.
③ 국가 및 지방자치단체는 기업·산업·지역별 교섭 등 다양한 교섭방식을 노동관계 당사자가 자율적으로 선택할 수 있도록 지원하고 이에 따른 단체교섭이 활성화될 수 있도록 노력하여야 한다. (2021.1.5 신설)

제31조 【단체협약의 작성】 ① 단체협약은 서면으로 작성하여 당사자 쌍방이 서명 또는 날인하여야 한다. (2006.12.30 개정)
② 단체협약의 당사자는 단체협약의 체결일부터 15일 이내에 이를 행정관청에게 신고하여야 한다. (1998.2.20 개정)
③ 행정관청은 단체협약 중 위법한 내용이 있는 경우에는 노동위원회의 의결을 얻어 그 시정을 명할 수 있다. (1998.2.20 개정)
벌 법 제31조제1항의 규정에 의하여 체결된 단체협약의 내용 중 임금·복리후생비, 퇴직금에 관한 사항을 위반한 자는 1천만원 이하의 벌금에 처한다.

노동조합

(법 제92조제2호)

벌 법 제31조제1항의 규정에 의하여 체결된 단체협약의 내용 중 근로 및 휴게시간, 휴일, 휴가에 관한 사항을 위반한 자는 1천만원 이하의 벌금에 처한다. (법 제92조제2호)

벌 법 제31조제1항의 규정에 의하여 체결된 단체협약의 내용 중 징계 및 해고의 사유와 중요한 절차에 관한 사항을 위반한 자는 1천만원 이하의 벌금에 처한다. (법 제92조제2호)

벌 법 제31조제1항의 규정에 의하여 체결된 단체협약의 내용 중 안전보건 및 재해부조에 관한 사항을 위반한 자는 1천만원 이하의 벌금에 처한다. (법 제92조제2호)

벌 법 제31조제1항의 규정에 의하여 체결된 단체협약의 내용 중 시설·편의 제공 및 근무시간중 회의참석에 관한 사항을 위반한 자는 1천만원 이하의 벌금에 처한다. (법 제92조제2호)

벌 법 제31조제1항의 규정에 의하여 체결된 단체협약의 내용 중 쟁의행위에 관한 사항을 위반한 자는 1천만원 이하의 벌금에 처한다. (법 제92조제2호)

벌 법 제31조제2항의 규정에 의한 신고를 하지 아니한 자는 300만원 이하의 과태료에 처한다. (법 제96조제2항)

벌 법 제31조제3항의 규정에 의한 명령에 위반한 자는 500만원 이하의 벌금에 처한다. (법 제93조제2호)

령 제15조 칙 제11조

제32조【단체협약 유효기간의 상한】 ① 단체협약의 유효기간은 3년을 초과하지 않는 범위에서 노사가 합의하여 정할 수 있다. (2021.1.5 개정)

② 단체협약에 그 유효기간을 정하지 아니한 경우 또는 제1항의 기간을 초과하는 유효기간을 정한 경우에 그 유효기간은 3년으로 한다. (2021.1.5 개정)

③ 단체협약의 유효기간이 만료되는 때를 전후하여 당사자 쌍방이 새로운 단체협약을 체결하고자 단체교섭을 계속하였음에도 불구하고 새로운 단체협약이 체결되지 아니한 경우에는 별도의 약정이 있는 경우를 제외하고는 종전의 단체협약은 그 효력만료일부터 3월까지 계속 효력을 갖는다. 다만, 단체협약에 그 유효기간이 경과한 후에도 새로운 단체협약이 체결되지 아니한 때에는 새로운 단체협약이 체결될 때까지 종전 단체협약의 효력을 존속시킨다는 취지의 별도의 약정이 있는 경우에는 그에 따르되, 당사자 일방은 해지하고자 하는 날의 6월전까지 상대방에게 통고함으로써 종전의 단체협약을 해지할 수 있다. (1998.2.20 개정)

제33조【기준의 효력】 ① 단체협약에 정한 근로조건 기타 근로자의 대우에 관한 기준에 위반하는 취업규칙 또는 근로계약의 부분은 무효로 한다.

② 근로계약에 규정되지 아니한 사항 또는 제1항의 규정에 의하여 무효로 된 부분은 단체협약에 정한 기준에 의한다.

제34조 【단체협약의 해석】 ① 단체협약의 해석 또는 이행방법에 관하여 관계 당사자간에 의견의 불일치가 있는 때에는 당사자 쌍방 또는 단체협약에 정하는 바에 의하여 어느 일방이 노동위원회에 그 해석 또는 이행방법에 관한 견해의 제시를 요청할 수 있다.

② 노동위원회는 제1항의 규정에 의한 요청을 받은 때에는 그 날부터 30일 이내에 명확한 견해를 제시하여야 한다.

③ 제2항의 규정에 의하여 노동위원회가 제시한 해석 또는 이행방법에 관한 견해는 중재재정과 동일한 효력을 가진다.

령 제16조

제35조 【일반적 구속력】 하나의 사업 또는 사업장에 상시 사용되는 동종의 근로자 반수이상이 하나의 단체협약의 적용을 받게 된 때에는 당해 사업 또는 사업장에 사용되는 다른 동종의 근로자에 대하여도 당해 단체협약이 적용된다.

제36조 【지역적 구속력】 ① 하나의 지역에 있어서 종업하는 동종의 근로자 3분의 2 이상이 하나의 단체협약의 적용을 받게 된 때에는 행정관청은 당해 단체협약의 당사자의 쌍방 또는 일방의 신청에 의하거나 그 직권으로 노동위원회의 의결을 얻어 당해 지역에서 종업하는 다른 동종의 근로자와 그 사용자에 대하여도 당해 단체협약을 적용한다는 결정을 할 수 있다. (1998.2.20 개정)

② 행정관청이 제1항의 규정에 의한 결정을 한 때에는 지체없이 이를 공고하여야 한다. (1998.2.20 개정)

제4장 쟁의행위

제37조 【쟁의행위의 기본원칙】 ① 쟁의행위는 그 목적·방법 및 절차에 있어서 법령 기타 사회질서에 위반되어서는 아니된다.

② 조합원은 노동조합에 의하여 주도되지 아니한 쟁의행위를 하여서는 아니된다.

③ 노동조합은 사용자의 점유를 배제하여 조업을 방해하는 형태로 쟁의행위를 해서는 아니 된다. (2021.1.5 신설)

벌 법 제37조제2항의 규정에 위반한 자는 3년 이하의 징역 또는 3천만원 이하의 벌금에 처한다. (법 제89조제1호)

제38조 【노동조합의 지도와 책임】 ① 쟁의행위는 그 쟁의행위와 관계없는 자 또는 근로를 제공하고자 하는 자의 출입·조업 기타 정상적인 업무를

방해하는 방법으로 행하여져서는 아니되며 쟁의행위의 참가를 호소하거나 설득하는 행위로서 폭행·협박을 사용하여서는 아니된다.
② 작업시설의 손상이나 원료·제품의 변질 또는 부패를 방지하기 위한 작업은 쟁의행위 기간중에도 정상적으로 수행되어야 한다.
③ 노동조합은 쟁의행위가 적법하게 수행될 수 있도록 지도·관리·통제할 책임이 있다.
벌 법 제38조제1항의 규정에 위반한 자는 3년 이하의 징역 또는 3천만원 이하의 벌금에 처한다. (법 제89조제1호)
벌 법 제38조제2항의 규정을 위반한 자는 1년 이하의 징역 또는 1천만원 이하의 벌금에 처한다. (법 제91조)
령 제18조

제39조 【근로자의 구속제한】 근로자는 쟁의행위 기간중에는 현행범 외에는 이 법 위반을 이유로 구속되지 아니한다.

제40조 【노동관계의 지원】 삭제(2006.12.30)

제41조 【쟁의행위의 제한과 금지】 ① 노동조합의 쟁의행위는 그 조합원(제29조의2에 따라 교섭대표노동조합이 결정된 경우에는 그 절차에 참여한 노동조합의 전체 조합원)의 직접·비밀·무기명투표에 의한 조합원 과반수의 찬성으로 결정하지 아니하면 이를 행할 수 없다. 이 경우 조합원 수 산정은 종사근로자인 조합원을 기준으로 한다. (2021.1.5 개정)
② 「방위사업법」에 의하여 지정된 주요방위산업체에 종사하는 근로자 중 전력, 용수 및 주로 방산물자를 생산하는 업무에 종사하는 자는 쟁의행위를 할 수 없으며 주로 방산물자를 생산하는 업무에 종사하는 자의 범위는 대통령령으로 정한다. (2006.1.2 개정)
벌 법 제41조제1항의 규정을 위반한 자는 1년 이하의 징역 또는 1천만원 이하의 벌금에 처한다. (법 제91조)
벌 법 제41조제2항의 규정에 위반한 자는 5년 이하의 징역 또는 5천만원 이하의 벌금에 처한다. (법 제88조)
령 제20조

제42조 【폭력행위 등의 금지】 ① 쟁의행위는 폭력이나 파괴행위 또는 생산 기타 주요업무에 관련되는 시설과 이에 준하는 시설로서 대통령령이 정하는 시설을 점거하는 형태로 이를 행할 수 없다.
② 사업장의 안전보호시설에 대하여 정상적인 유지·운영을 정지·폐지 또는 방해하는 행위는 쟁의행위로서 이를 행할 수 없다.
③ 행정관청은 쟁의행위가 제2항의 행위에 해당한다고 인정하는 경우에는 노동위원회의 의결을 얻어 그 행위를 중지할 것을 통보하여야 한다. 다만, 사태가 급박하여 노동위원회의 의결을 얻을 시간적 여유가 없을 때에는 그

의결을 얻지 아니하고 즉시 그 행위를 중지할 것을 통보할 수 있다. (2006.12.30 개정)

④ 제3항 단서의 경우에 행정관청은 지체없이 노동위원회의 사후승인을 얻어야 하며 그 승인을 얻지 못한 때에는 그 통보는 그때부터 효력을 상실한다. (2006.12.30 개정)

벌 법 제42조제1항의 규정에 위반한 자는 3년 이하의 징역 또는 3천만원 이하의 벌금에 처한다. (법 제89조제1호)

벌 법 제42조제2항의 규정을 위반한 자는 1년 이하의 징역 또는 1천만원 이하의 벌금에 처한다. (법 제91조)

령 제18조·제21조·제22조 칙 제12조

제42조의2 【필수유지업무에 대한 쟁의행위의 제한】 ① 이 법에서 "필수유지업무"라 함은 제71조제2항의 규정에 따른 필수공익사업의 업무 중 그 업무가 정지되거나 폐지되는 경우 공중의 생명·건강 또는 신체의 안전이나 공중의 일상생활을 현저히 위태롭게 하는 업무로서 대통령령이 정하는 업무를 말한다. (2006.12.30 신설)

② 필수유지업무의 정당한 유지·운영을 정지·폐지 또는 방해하는 행위는 쟁의행위로서 이를 행할 수 없다. (2006.12.30 신설)

벌 법 제42조의2제2항의 규정에 위반한 자는 3년 이하의 징역 또는 3천만원 이하의 벌금에 처한다. (법 제89조제1호)

령 제22조의2

제42조의3 【필수유지업무협정】 노동관계 당사자는 쟁의행위기간 동안 필수유지업무의 정당한 유지·운영을 위하여 필수유지업무의 필요 최소한의 유지·운영 수준, 대상직무 및 필요인원 등을 정한 협정(이하 "필수유지업무협정"이라 한다)을 서면으로 체결하여야 한다. 이 경우 필수유지업무협정에는 노동관계 당사자 쌍방이 서명 또는 날인하여야 한다. (2006.12.30 신설)

제42조의4 【필수유지업무 유지·운영 수준 등의 결정】 ① 노동관계 당사자 쌍방 또는 일방은 필수유지업무협정이 체결되지 아니하는 때에는 노동위원회에 필수유지업무의 필요 최소한의 유지·운영 수준, 대상직무 및 필요인원 등의 결정을 신청하여야 한다. (2006.12.30 신설)

② 제1항의 규정에 따른 신청을 받은 노동위원회는 사업 또는 사업장별 필수유지업무의 특성 및 내용 등을 고려하여 필수유지업무의 필요 최소한의 유지·운영 수준, 대상직무 및 필요인원 등을 결정할 수 있다. (2006.12.30 신설)

③ 제2항의 규정에 따른 노동위원회의 결정은 제72조의 규정에 따른 특별조정위원회가 담당한다. (2006.12.30 신설)

④ 제2항의 규정에 따른 노동위원회의 결정에 대한 해석 또는 이행방법에 관하여 관계 당사자간에 의견이 일치하지 아니하는 경우에는 특별조정위원

회의 해석에 따른다. 이 경우 특별조정위원회의 해석은 제2항의 규정에 따른 노동위원회의 결정과 동일한 효력이 있다. (2006.12.30 신설)

⑤ 제2항의 규정에 따른 노동위원회의 결정에 대한 불복절차 및 효력에 관하여는 제69조와 제70조제2항의 규정을 준용한다. (2006.12.30 신설)

령 제22조의3 칙 제12조의2

제42조의5 【노동위원회의 결정에 따른 쟁의행위】 제42조의4제2항의 규정에 따라 노동위원회의 결정이 있는 경우 그 결정에 따라 쟁의행위를 한 때에는 필수유지업무를 정당하게 유지·운영하면서 쟁의행위를 한 것으로 본다. (2006.12.30 신설)

제42조의6 【필수유지업무 근무 근로자의 지명】 ① 노동조합은 필수유지업무협정이 체결되거나 제42조의4제2항의 규정에 따른 노동위원회의 결정이 있는 경우 사용자에게 필수유지업무에 근무하는 조합원 중 쟁의행위기간 동안 근무하여야 할 조합원을 통보하여야 하며, 사용자는 이에 따라 근로자를 지명하고 이를 노동조합과 그 근로자에게 통보하여야 한다. 다만, 노동조합이 쟁의행위 개시 전까지 이를 통보하지 아니한 경우에는 사용자가 필수유지업무에 근무하여야 할 근로자를 지명하고 이를 노동조합과 그 근로자에게 통보하여야 한다. (2010.1.1 개정)

② 제1항에 따른 통보·지명시 노동조합과 사용자는 필수유지업무에 종사하는 근로자가 소속된 노동조합이 2개 이상인 경우에는 각 노동조합의 해당 필수유지업무에 종사하는 조합원 비율을 고려하여야 한다. (2010.1.1 신설)

제43조 【사용자의 채용제한】 ① 사용자는 쟁의행위 기간 중 그 쟁의행위로 중단된 업무의 수행을 위하여 당해 사업과 관계없는 자를 채용 또는 대체할 수 없다.

② 사용자는 쟁의행위기간 중 그 쟁의행위로 중단된 업무를 도급 또는 하도급 줄 수 없다.

③ 제1항 및 제2항의 규정은 필수공익사업의 사용자가 쟁의행위기간 중에 한하여 당해 사업과 관계없는 자를 채용 또는 대체하거나 그 업무를 도급 또는 하도급 주는 경우에는 적용하지 아니한다. (2006.12.30 신설)

④ 제3항의 경우 사용자는 당해 사업 또는 사업장 파업참가자의 100분의 50을 초과하지 않는 범위 안에서 채용 또는 대체하거나 도급 또는 하도급 줄 수 있다. 이 경우 파업참가자 수의 산정 방법 등은 대통령령으로 정한다. (2006.12.30 신설)

벌 법 제43조제1항·제2항·제4항의 규정을 위반한 자는 1년 이하의 징역 또는 1천만원 이하의 벌금에 처한다. (법 제91조)

령 제22조의4

제44조 【쟁의행위 기간중의 임금지급요구의 금지】 ① 사용자는 쟁의행위

에 참가하여 근로를 제공하지 아니한 근로자에 대하여는 그 기간중의 임금을 지급할 의무가 없다.
② 노동조합은 쟁의행위 기간에 대한 임금의 지급을 요구하여 이를 관철할 목적으로 쟁의행위를 하여서는 아니된다.
벌 법 제44조제2항의 규정에 위반한 자는 2년 이하의 징역 또는 2천만원 이하의 벌금에 처한다. (법 제90조)

제45조 【조정의 전치】 ① 노동관계 당사자는 노동쟁의가 발생한 때에는 어느 일방이 이를 상대방에게 서면으로 통보하여야 한다.
② 쟁의행위는 제5장 제2절 내지 제4절의 규정에 의한 조정절차(제61조의2의 규정에 따른 조정종료 결정 후의 조정절차를 제외한다)를 거치지 아니하면 이를 행할 수 없다. 다만, 제54조의 규정에 의한 기간 내에 조정이 종료되지 아니하거나 제63조의 규정에 의한 기간 내에 중재재정이 이루어지지 아니한 경우에는 그러하지 아니하다. (2006.12.30 개정)
벌 법 제45조제2항 본문의 규정을 위반한 자는 1년 이하의 징역 또는 1천만원 이하의 벌금에 처한다. (법 제91조)

제46조 【직장폐쇄의 요건】 ① 사용자는 노동조합이 쟁의행위를 개시한 이후에만 직장폐쇄를 할 수 있다.
② 사용자는 제1항의 규정에 의한 직장폐쇄를 할 경우에는 미리 행정관청 및 노동위원회에 각각 신고하여야 한다. (1998.2.20 개정)
벌 법 제46조제1항의 규정을 위반한 자는 1년 이하의 징역 또는 1천만원 이하의 벌금에 처한다. (법 제91조)
벌 법 제46조제2항의 규정에 의한 신고를 하지 아니한 자는 500만원 이하의 과태료에 처한다. (법 제96조제1항제3호)
칙 제12조의3

제5장 노동쟁의의 조정

제1절 통 칙

제47조 【자주적 조정의 노력】 이 장의 규정은 노동관계 당사자가 직접 노사협의 또는 단체교섭에 의하여 근로조건 기타 노동관계에 관한 사항을 정하거나 노동관계에 관한 주장의 불일치를 조정하고 이에 필요한 노력을 하는 것을 방해하지 아니한다.

제48조 【당사자의 책무】 노동관계 당사자는 단체협약에 노동관계의 적정화를 위한 노사협의 기타 단체교섭의 절차와 방식을 규정하고 노동쟁의가 발생한 때에는 이를 자주적으로 해결하도록 노력하여야 한다.

제49조 【국가 등의 책무】 국가 및 지방자치단체는 노동관계 당사자간에 노동관계에 관한 주장이 일치하지 아니할 경우에 노동관계 당사자가 이를 자주적으로 조정할 수 있도록 조력함으로써 쟁의행위를 가능한 한 예방하고 노동쟁의의 신속·공정한 해결에 노력하여야 한다.

제50조 【신속한 처리】 이 법에 의하여 노동관계의 조정을 할 경우에는 노동관계 당사자와 노동위원회 기타 관계기관은 사건을 신속히 처리하도록 노력하여야 한다.

제51조 【공익사업 등의 우선적 취급】 국가·지방자치단체·국공영기업체·방위산업체 및 공익사업에 있어서의 노동쟁의의 조정은 우선적으로 취급하고 신속히 처리하여야 한다.

제52조 【사적 조정·중재】 ① 제2절 및 제3절의 규정은 노동관계 당사자가 쌍방의 합의 또는 단체협약이 정하는 바에 따라 각각 다른 조정 또는 중재방법(이하 이 조에서 "사적조정등"이라 한다)에 의하여 노동쟁의를 해결하는 것을 방해하지 아니한다. (2006.12.30 개정)

② 노동관계 당사자는 제1항의 규정에 의하여 노동쟁의를 해결하기로 한 때에는 이를 노동위원회에 신고하여야 한다.

③ 제1항의 규정에 의하여 노동쟁의를 해결하기로 한 때에는 다음 각호의 규정이 적용된다.

1. 조정에 의하여 해결하기로 한 때에는 제45조제2항 및 제54조의 규정. 이 경우 조정기간은 조정을 개시한 날부터 기산한다.
2. 중재에 의하여 해결하기로 한 때에는 제63조의 규정. 이 경우 쟁의행위의 금지 기간은 중재를 개시한 날부터 기산한다.

④ 제1항의 규정에 의하여 조정 또는 중재가 이루어진 경우에 그 내용은 단체협약과 동일한 효력을 가진다.

⑤ 사적조정등을 수행하는 자는 「노동위원회법」 제8조제2항제2호 각 목의 자격을 가진 자로 한다. 이 경우 사적조정등을 수행하는 자는 노동관계 당사자로부터 수수료, 수당 및 여비 등을 받을 수 있다. (2006.12.30 신설)

[령] 제23조 [칙] 제13조

제2절 조 정

제53조 【조정의 개시】 ① 노동위원회는 관계 당사자의 일방이 노동쟁의의 조정을 신청한 때에는 지체없이 조정을 개시하여야 하며 관계 당사자 쌍방은 이에 성실히 임하여야 한다. (2006.12.30 개정)

② 노동위원회는 제1항의 규정에 따른 조정신청 전이라도 원활한 조정을 위하여 교섭을 주선하는 등 관계 당사자의 자주적인 분쟁 해결을 지원할 수

있다. (2006.12.30 신설)
령 제24조·제25조·제26조 칙 제14조

제54조【조정기간】 ① 조정은 제53조의 규정에 의한 조정의 신청이 있은 날부터 일반사업에 있어서는 10일, 공익사업에 있어서는 15일 이내에 종료하여야 한다.
② 제1항의 규정에 의한 조정기간은 관계당사자간의 합의로 일반사업에 있어서는 10일, 공익사업에 있어서는 15일 이내에서 연장할 수 있다.

제55조【조정위원회의 구성】 ① 노동쟁의의 조정을 위하여 노동위원회에 조정위원회를 둔다.
② 제1항의 규정에 의한 조정위원회는 조정위원 3인으로 구성한다.
③ 제2항의 규정에 의한 조정위원은 당해 노동위원회의 위원 중에서 사용자를 대표하는 자, 근로자를 대표하는 자 및 공익을 대표하는 자 각 1인을 그 노동위원회의 위원장이 지명하되, 근로자를 대표하는 조정위원은 사용자가, 사용자를 대표하는 조정위원은 노동조합이 각각 추천하는 노동위원회의 위원 중에서 지명하여야 한다. 다만, 조정위원회의 회의 3일전까지 관계 당사자가 추천하는 위원의 명단제출이 없을 때에는 당해 위원을 위원장이 따로 지명할 수 있다.
④ 노동위원회의 위원장은 근로자를 대표하는 위원 또는 사용자를 대표하는 위원의 불참 등으로 인하여 제3항의 규정에 따른 조정위원회의 구성이 어려운 경우 노동위원회의 공익을 대표하는 위원 중에서 3인을 조정위원으로 지명할 수 있다. 다만, 관계 당사자 쌍방의 합의로 선정한 노동위원회의 위원이 있는 경우에는 그 위원을 조정위원으로 지명한다. (2006.12.30 신설)

제56조【조정위원회의 위원장】 ① 조정위원회에 위원장을 둔다.
② 위원장은 공익을 대표하는 조정위원이 된다. 다만, 제55조제4항의 규정에 따른 조정위원회의 위원장은 조정위원 중에서 호선한다. (2006.12.30 개정)

제57조【단독조정】 ① 노동위원회는 관계 당사자 쌍방의 신청이 있거나 관계 당사자쌍방의 동의를 얻은 경우에는 조정위원회에 갈음하여 단독조정인에게 조정을 행하게 할 수 있다.
② 제1항의 규정에 의한 단독조정인은 당해 노동위원회의 위원중에서 관계당사자의 쌍방의 합의로 선정된 자를 그 노동위원회의 위원장이 지명한다.

제58조【주장의 확인 등】 조정위원회 또는 단독조정인은 기일을 정하여 관계 당사자쌍방을 출석하게 하여 주장의 요점을 확인하여야 한다.

제59조【출석금지】 조정위원회의 위원장 또는 단독조정인은 관계 당사자와 참고인 외의 자의 출석을 금할 수 있다.

제60조【조정안의 작성】 ① 조정위원회 또는 단독조정인은 조정안을 작성하여 이를 관계당사자에게 제시하고 그 수락을 권고하는 동시에 그 조정

안에 이유를 붙여 공표할 수 있으며, 필요한 때에는 신문 또는 방송에 보도 등 협조를 요청할 수 있다.
② 조정위원회 또는 단독조정인은 관계당사자가 수락을 거부하여 더 이상 조정이 이루어질 여지가 없다고 판단되는 경우에는 조정의 종료를 결정하고 이를 관계당사자 쌍방에 통보하여야 한다.
③ 제1항의 규정에 의한 조정안이 관계 당사자의 쌍방에 의하여 수락된 후 그 해석 또는 이행방법에 관하여 관계 당사자간에 의견의 불일치가 있는 때에는 관계 당사자는 당해 조정위원회 또는 단독조정인에게 그 해석 또는 이행방법에 관한 명확한 견해의 제시를 요청하여야 한다.
④ 조정위원회 또는 단독조정인은 제3항의 규정에 의한 요청을 받은 때에는 그 요청을 받은 날부터 7일 이내에 명확한 견해를 제시하여야 한다.
⑤ 제3항 및 제4항의 해석 또는 이행방법에 관한 견해가 제시될 때까지는 관계당사자는 당해 조정안의 해석 또는 이행에 관하여 쟁의행위를 할 수 없다.
령 제27조

제61조 【조정의 효력】 ① 제60조제1항의 규정에 의한 조정안이 관계당사자에 의하여 수락된 때에는 조정위원 전원 또는 단독조정인은 조정서를 작성하고 관계 당사자와 함께 서명 또는 날인하여야 한다. (2006.12.30 개정)
② 조정서의 내용은 단체협약과 동일한 효력을 가진다.
③ 제60조제4항의 규정에 의하여 조정위원회 또는 단독조정인이 제시한 해석 또는 이행방법에 관한 견해는 중재재정과 동일한 효력을 가진다.
벌 법 제61조제1항의 규정에 의한 조정서의 내용을 준수하지 아니한 자는 1천만원 이하의 벌금에 처한다. (법 제92조제3호)

제61조의2 【조정종료 결정 후의 조정】 ① 노동위원회는 제60조제2항의 규정에 따른 조정의 종료가 결정된 후에도 노동쟁의의 해결을 위하여 조정을 할 수 있다. (2006.12.30 신설)
② 제1항의 규정에 따른 조정에 관하여는 제55조 내지 제61조의 규정을 준용한다. (2006.12.30 신설)

제3절 중 재

제62조 【중재의 개시】 노동위원회는 다음 각 호의 어느 하나에 해당하는 때에는 중재를 행한다. (2006.12.30 개정)
1. 관계 당사자의 쌍방이 함께 중재를 신청한 때
2. 관계 당사자의 일방이 단체협약에 의하여 중재를 신청한 때
3. 삭제(2006.12.30)

령 제24조·제25조·제28조 칙 제15조

제63조 【중재시의 쟁의행위의 금지】 노동쟁의가 중재에 회부된 때에는 그 날부터 15일간은 쟁의행위를 할 수 없다.

벌 법 제63조의 규정을 위반한 자는 1년 이하의 징역 또는 1천만원 이하의 벌금에 처한다. (법 제91조)

제64조 【중재위원회의 구성】 ① 노동쟁의의 중재 또는 재심을 위하여 노동위원회에 중재위원회를 둔다.

② 제1항의 규정에 의한 중재위원회는 중재위원 3인으로 구성한다.

③ 제2항의 중재위원은 당해 노동위원회의 공익을 대표하는 위원 중에서 관계 당사자의 합의로 선정한 자에 대하여 그 노동위원회의 위원장이 지명한다. 다만, 관계 당사자간에 합의가 성립되지 아니한 경우에는 노동위원회의 공익을 대표하는 위원 중에서 지명한다.

제65조 【중재위원회의 위원장】 ① 중재위원회에 위원장을 둔다.

② 위원장은 중재위원중에서 호선한다.

제66조 【주장의 확인 등】 ① 중재위원회는 기일을 정하여 관계 당사자 쌍방 또는 일방을 중재위원회에 출석하게 하여 주장의 요점을 확인하여야 한다.

② 관계당사자가 지명한 노동위원회의 사용자를 대표하는 위원 또는 근로자를 대표하는 위원은 중재위원회의 동의를 얻어 그 회의에 출석하여 의견을 진술할 수 있다.

제67조 【출석금지】 중재위원회의 위원장은 관계 당사자와 참고인 외의 자의 회의출석을 금할 수 있다.

제68조 【중재재정】 ① 중재재정은 서면으로 작성하여 이를 행하며 그 서면에는 효력발생 기일을 명시하여야 한다.

② 제1항의 규정에 의한 중재재정의 해석 또는 이행방법에 관하여 관계당사자간에 의견의 불일치가 있는 때에는 당해 중재위원회의 해석에 따르며 그 해석은 중재재정과 동일한 효력을 가진다.

벌 법 제68조제1항의 규정에 의한 중재재정서의 내용을 준수하지 아니한 자는 1천만원 이하의 벌금에 처한다. (법 제92조제3호)

령 제29조·제30조

제69조 【중재재정 등의 확정】 ① 관계당사자는 지방노동위원회 또는 특별노동위원회의 중재재정이 위법이거나 월권에 의한 것이라고 인정하는 경우에는 그 중재재정서의 송달을 받은 날부터 10일 이내에 중앙노동위원회에 그 재심을 신청할 수 있다.

② 관계 당사자는 중앙노동위원회의 중재재정이나 제1항의 규정에 의한 재심결정이 위법이거나 월권에 의한 것이라고 인정하는 경우에는 행정소송법 제20조의 규정에 불구하고 그 중재재정서 또는 재심결정서의 송달을 받은

날부터 15일 이내에 행정소송을 제기할 수 있다.
③ 제1항 및 제2항에 규정된 기간내에 재심을 신청하지 아니하거나 행정소송을 제기하지 아니한 때에는 그 중재재정 또는 재심결정은 확정된다.
④ 제3항의 규정에 의하여 중재재정이나 재심결정이 확정된 때에는 관계당사자는 이에 따라야 한다.
벌 법 제69조제4항의 규정에 위반한 자는 2년 이하의 징역 또는 2천만원 이하의 벌금에 처한다. (법 제90조)
령 제29조

제70조【중재재정 등의 효력】 ① 제68조제1항의 규정에 따른 중재재정의 내용은 단체협약과 동일한 효력을 가진다. (2006.12.30 개정)
② 노동위원회의 중재재정 또는 재심결정은 제69조제1항 및 제2항의 규정에 따른 중앙노동위원회에의 재심신청 또는 행정소송의 제기에 의하여 그 효력이 정지되지 아니한다. (2006.12.30 개정)

제4절 공익사업 등의 조정에 관한 특칙

제71조【공익사업의 범위 등】 ① 이 법에서 "공익사업"이라 함은 공중의 일상생활과 밀접한 관련이 있거나 국민경제에 미치는 영향이 큰 사업으로서 다음 각호의 사업을 말한다.
1. 정기노선 여객운수사업 및 항공운수사업 (2006.12.30 개정)
2. 수도사업, 전기사업, 가스사업, 석유정제사업 및 석유공급사업 (2006.12.30 개정)
3. 공중위생사업, 의료사업 및 혈액공급사업 (2006.12.30 개정)
4. 은행 및 조폐사업
5. 방송 및 통신사업

② 이 법에서 "필수공익사업"이라 함은 제1항의 공익사업으로서 그 업무의 정지 또는 폐지가 공중의 일상생활을 현저히 위태롭게 하거나 국민경제를 현저히 저해하고 그 업무의 대체가 용이하지 아니한 다음 각호의 사업을 말한다.
1. 철도사업, 도시철도사업 및 항공운수사업 (2006.12.30 개정)
2. 수도사업, 전기사업, 가스사업, 석유정제사업 및 석유공급사업 (2006.12.30 개정)
3. 병원사업 및 혈액공급사업 (2006.12.30 개정)
4. 한국은행사업 (2006.12.30 개정)
5. 통신사업

제72조【특별조정위원회의 구성】 ① 공익사업의 노동쟁의의 조정을 위하

여 노동위원회에 특별조정위원회를 둔다.
② 제1항의 규정에 의한 특별조정위원회는 특별조정위원 3인으로 구성한다.
③ 제2항의 규정에 의한 특별조정위원은 그 노동위원회의 공익을 대표하는 위원 중에서 노동조합과 사용자가 순차적으로 배제하고 남은 4인 내지 6인 중에서 노동위원회의 위원장이 지명한다. 다만, 관계 당사자가 합의로 당해 노동위원회의 위원이 아닌 자를 추천하는 경우에는 그 추천된 자를 지명한다. (2006.12.30 개정)
령 제31조

제73조 【특별조정위원회의 위원장】 ① 특별조정위원회에 위원장을 둔다.
② 위원장은 공익을 대표하는 노동위원회의 위원인 특별조정위원중에서 호선하고, 당해 노동위원회의 위원이 아닌 자만으로 구성된 경우에는 그 중에서 호선한다. 다만, 공익을 대표하는 위원인 특별조정위원이 1인인 경우에는 당해 위원이 위원장이 된다.

제74조 【중재회부의 권고】 삭제(2006.12.30)

제75조 【중재회부의 결정】 삭제(2006.12.30)

제5절 긴급조정

제76조 【긴급조정의 결정】 ① 고용노동부장관은 쟁의행위가 공익사업에 관한 것이거나 그 규모가 크거나 그 성질이 특별한 것으로서 현저히 국민경제를 해하거나 국민의 일상생활을 위태롭게 할 위험이 현존하는 때에는 긴급조정의 결정을 할 수 있다. (2010.6.4 개정)
② 고용노동부장관은 긴급조정의 결정을 하고자 할 때에는 미리 중앙노동위원회 위원장의 의견을 들어야 한다. (2010.6.4 개정)
③ 고용노동부장관은 제1항 및 제2항의 규정에 의하여 긴급조정을 결정한 때에는 지체없이 그 이유를 붙여 이를 공표함과 동시에 중앙노동위원회와 관계 당사자에게 각각 통고하여야 한다. (2010.6.4 개정)
령 제32조

제77조 【긴급조정시의 쟁의행위 중지】 관계당사자는 제76조제3항의 규정에 의한 긴급조정의 결정이 공표된 때에는 즉시 쟁의행위를 중지하여야 하며, 공표일부터 30일이 경과하지 아니하면 쟁의행위를 재개할 수 없다.
벌 법 제77조의 규정에 위반한 자는 2년 이하의 징역 또는 2천만원 이하의 벌금에 처한다. (법 제90조)

제78조 【중앙노동위원회의 조정】 중앙노동위원회는 제76조제3항의 규정에 의한 통고를 받은 때에는 지체없이 조정을 개시하여야 한다.
령 제25조

제79조 【중앙노동위원회의 중재회부 결정권】 ① 중앙노동위원회의 위원장은 제78조의 규정에 의한 조정이 성립될 가망이 없다고 인정한 경우에는 공익위원의 의견을 들어 그 사건을 중재에 회부할 것인가의 여부를 결정하여야 한다.

② 제1항의 규정에 의한 결정은 제76조제3항의 규정에 의한 통고를 받은 날부터 15일 이내에 하여야 한다.

제80조 【중앙노동위원회의 중재】 중앙노동위원회는 당해 관계 당사자의 일방 또는 쌍방으로부터 중재신청이 있거나 제79조의 규정에 의한 중재회부의 결정을 한 때에는 지체없이 중재를 행하여야 한다.

령 제25조

제6장 부당노동행위

제81조 【부당노동행위】 ① 사용자는 다음 각 호의 어느 하나에 해당하는 행위(이하 "부당노동행위"라 한다)를 할 수 없다. (2020.6.9 개정)

1. 근로자가 노동조합에 가입 또는 가입하려고 하였거나 노동조합을 조직하려고 하였거나 기타 노동조합의 업무를 위한 정당한 행위를 한 것을 이유로 그 근로자를 해고하거나 그 근로자에게 불이익을 주는 행위
2. 근로자가 어느 노동조합에 가입하지 아니할 것 또는 탈퇴할 것을 고용조건으로 하거나 특정한 노동조합의 조합원이 될 것을 고용조건으로 하는 행위. 다만, 노동조합이 당해 사업장에 종사하는 근로자의 3분의 2 이상을 대표하고 있을 때에는 근로자가 그 노동조합의 조합원이 될 것을 고용조건으로 하는 단체협약의 체결은 예외로 하며, 이 경우 사용자는 근로자가 그 노동조합에서 제명된 것 또는 그 노동조합을 탈퇴하여 새로 노동조합을 조직하거나 다른 노동조합에 가입한 것을 이유로 근로자에게 신분상 불이익한 행위를 할 수 없다. (2006.12.30 개정)
3. 노동조합의 대표자 또는 노동조합으로부터 위임을 받은 자와의 단체협약체결 기타의 단체교섭을 정당한 이유없이 거부하거나 해태하는 행위
4. 근로자가 노동조합을 조직 또는 운영하는 것을 지배하거나 이에 개입하는 행위와 근로시간 면제한도를 초과하여 급여를 지급하거나 노동조합의 운영비를 원조하는 행위. 다만, 근로자가 근로시간 중에 제24조제2항에 따른 활동을 하는 것을 사용자가 허용함은 무방하며, 또한 근로자의 후생자금 또는 경제상의 불행 그 밖에 재해의 방지와 구제 등을 위한 기금의 기부와 최소한의 규모의 노동조합사무소의 제공 및 그 밖에 이에 준하여 노동조합의 자주적인 운영 또는 활동을 침해할 위험이 없는 범위에서의 운영비 원조행위는 예외로 한다. (2021.1.5 개정)

5. 근로자가 정당한 단체행위에 참가한 것을 이유로 하거나 또는 노동위원회에 대하여 사용자가 이 조의 규정에 위반한 것을 신고하거나 그에 관한 증언을 하거나 기타 행정관청에 증거를 제출한 것을 이유로 그 근로자를 해고하거나 그 근로자에게 불이익을 주는 행위

② 제1항제4호단서에 따른 "노동조합의 자주적 운영 또는 활동을 침해할 위험" 여부를 판단할 때에는 다음 각 호의 사항을 고려하여야 한다. (2020.6.9 신설)

1. 운영비 원조의 목적과 경위
2. 원조된 운영비 횟수와 기간
3. 원조된 운영비 금액과 원조방법
4. 원조된 운영비가 노동조합의 총수입에서 차지하는 비율
5. 원조된 운영비의 관리방법 및 사용처 등

벌 법 제81조제1항의 규정에 위반한 자는 2년 이하의 징역 또는 2천만원 이하의 벌금에 처한다. (법 제90조)

제82조 【구제신청】 ① 사용자의 부당노동행위로 인하여 그 권리를 침해당한 근로자 또는 노동조합은 노동위원회에 그 구제를 신청할 수 있다.

② 제1항의 규정에 의한 구제의 신청은 부당노동행위가 있은 날(계속하는 행위는 그 종료일)부터 3월 이내에 이를 행하여야 한다.

제83조 【조사 등】 ① 노동위원회는 제82조의 규정에 의한 구제신청을 받은 때에는 지체없이 필요한 조사와 관계 당사자의 심문을 하여야 한다.

② 노동위원회는 제1항의 규정에 의한 심문을 할 때에는 관계 당사자의 신청에 의하거나 그 직권으로 증인을 출석하게 하여 필요한 사항을 질문할 수 있다.

③ 노동위원회는 제1항의 규정에 의한 심문을 함에 있어서는 관계 당사자에 대하여 증거의 제출과 증인에 대한 반대심문을 할 수 있는 충분한 기회를 주어야 한다.

④ 제1항의 규정에 의한 노동위원회의 조사와 심문에 관한 절차는 중앙노동위원회가 따로 정하는 바에 의한다.

제84조 【구제명령】 ① 노동위원회는 제83조의 규정에 의한 심문을 종료하고 부당노동행위가 성립한다고 판정한 때에는 사용자에게 구제명령을 발하여야하며, 부당노동행위가 성립되지 아니한다고 판정한 때에는 그 구제신청을 기각하는 결정을 하여야 한다.

② 제1항의 규정에 의한 판정·명령 및 결정은 서면으로 하되, 이를 당해 사용자와 신청인에게 각각 교부하여야 한다.

③ 관계 당사자는 제1항의 규정에 의한 명령이 있을 때에는 이에 따라야 한다.

제85조 【구제명령의 확정】 ① 지방노동위원회 또는 특별노동위원회의 구제명령 또는 기각결정에 불복이 있는 관계 당사자는 그 명령서 또는 결정서의 송달을 받은 날부터 10일 이내에 중앙노동위원회에 그 재심을 신청할 수 있다.
② 제1항의 규정에 의한 중앙노동위원회의 재심판정에 대하여 관계 당사자는 그 재심판정서의 송달을 받은 날부터 15일 이내에 행정소송법이 정하는 바에 의하여 소를 제기할 수 있다.
③ 제1항 및 제2항에 규정된 기간 내에 재심을 신청하지 아니하거나 행정소송을 제기하지 아니한 때에는 그 구제명령·기각결정 또는 재심판정은 확정된다.
④ 제3항의 규정에 의하여 기각결정 또는 재심판정이 확정된 때에는 관계당사자는 이에 따라야 한다.
⑤ 사용자가 제2항의 규정에 의하여 행정소송을 제기한 경우에 관할법원은 중앙노동위원회의 신청에 의하여 결정으로써, 판결이 확정될 때까지 중앙노동위원회의 구제명령의 전부 또는 일부를 이행하도록 명할 수 있으며, 당사자의 신청에 의하여 또는 직권으로 그 결정을 취소할 수 있다.

벌 법 제85조제3항(제29조의4제4항에서 준용하는 경우를 포함한다)에 따라 확정되거나 행정소송을 제기하여 확정된 구제명령에 위반한 자는 3년 이하의 징역 또는 3천만원 이하의 벌금에 처한다. (법 제89조제2호)

벌 법 제85조제5항의 규정에 의한 법원의 명령에 위반한 자는 500만원 이하의 금액(당해 명령이 작위를 명하는 것일 때에는 그 명령의 불이행 일수 1일에 50만원 이하의 비율로 산정한 금액)의 과태료에 처한다. (법 제95조)

제86조 【구제명령 등의 효력】 노동위원회의 구제명령·기각결정 또는 재심판정은 제 85조의 규정에 의한 중앙노동위원회에의 재심신청이나 행정소송의 제기에 의하여 그 효력이 정지되지 아니한다.

제7장 보 칙

제87조 【권한의 위임】 이 법에 의한 고용노동부장관의 권한은 대통령령이 정하는 바에 따라 그 일부를 지방고용노동관서의 장에게 위임할 수 있다. (2010.6.4 개정)

령 제33조

제8장 벌 칙

제88조 【벌칙】 제41조제2항의 규정에 위반한 자는 5년 이하의 징역 또

는 5천만원 이하의 벌금에 처한다.

제89조 【벌칙】 다음 각 호의 어느 하나에 해당하는 자는 3년 이하의 징역 또는 3천만원 이하의 벌금에 처한다. (2006.12.30 개정)

1. 제37조제2항, 제38조제1항, 제42조제1항 또는 제42조의2제2항의 규정에 위반한 자 (2006.12.30 개정)
2. 제85조제3항(제29조의4제4항에서 준용하는 경우를 포함한다)에 따라 확정되거나 행정소송을 제기하여 확정된 구제명령에 위반한 자 (2010.1.1 개정)

제90조 【벌칙】 제44조제2항, 제69조제4항, 제77조 또는 제81조제1항의 규정에 위반한 자는 2년 이하의 징역 또는 2천만원 이하의 벌금에 처한다. (2021.1.5 개정)

제91조 【벌칙】 제38조제2항, 제41조제1항, 제42조제2항, 제43조제1항·제2항·제4항, 제45조제2항 본문, 제46조제1항 또는 제63조의 규정을 위반한 자는 1년 이하의 징역 또는 1천만원 이하의 벌금에 처한다. (2006.12.30 개정)

제92조 【벌칙】 다음 각호의 1에 해당하는 자는 1천만원 이하의 벌금에 처한다.

1. 삭제(2021.1.5.)
2. 제31조제1항의 규정에 의하여 체결된 단체협약의 내용 중 다음 각목의 1에 해당하는 사항을 위반한 자 (2010.1.1 개정)
   가. 임금·복리후생비, 퇴직금에 관한 사항
   나. 근로 및 휴게시간, 휴일, 휴가에 관한 사항
   다. 징계 및 해고의 사유와 중요한 절차에 관한 사항
   라. 안전보건 및 재해부조에 관한 사항
   마. 시설·편의제공 및 근무시간중 회의참석에 관한 사항
   바. 쟁의행위에 관한 사항
3. 제61조제1항의 규정에 의한 조정서의 내용 또는 제68조제1항의 규정에 의한 중재재정서의 내용을 준수하지 아니한 자 (2010.1.1 개정)

제93조 【벌칙】 다음 각호의 1에 해당하는 자는 500만원 이하의 벌금에 처한다.

1. 제7조제3항의 규정에 위반한 자
2. 제21조제1항·제2항 또는 제31조제3항의 규정에 의한 명령에 위반한 자

제94조 【양벌규정】 법인 또는 단체의 대표자, 법인·단체 또는 개인의 대리인·사용인 기타의 종업원이 그 법인·단체 또는 개인의 업무에 관하여 제88조 내지 제93조의 위반행위를 한 때에는 행위자를 벌하는 외에 그 법인·단체 또는 개인에 대하여도 각 해당 조의 벌금형을 과한다. 다만, 법인·단체

또는 개인이 그 위반행위를 방지하기 위하여 해당 업무에 관하여 상당한 주의와 감독을 게을리하지 아니한 경우에는 그러하지 아니하다. (2020.6.9 개정)

제95조【과태료】 제85조제5항의 규정에 의한 법원의 명령에 위반한 자는 500만원 이하의 금액(당해 명령이 작위를 명하는 것일 때에는 그 명령의 불이행 일수 1일에 50만원 이하의 비율로 산정한 금액)의 과태료에 처한다.

제96조【과태료】 ① 다음 각호의 1에 해당하는 자는 500만원 이하의 과태료에 처한다.

1. 제14조의 규정에 의한 서류를 비치 또는 보존하지 아니한 자
2. 제27조의 규정에 의한 보고를 하지 아니하거나 허위의 보고를 한 자
3. 제46조제2항의 규정에 의한 신고를 하지 아니한 자

② 제13조, 제28조제2항 또는 제31조제2항의 규정에 의한 신고 또는 통보를 하지 아니한 자는 300만원 이하의 과태료에 처한다.

③ 제1항 및 제2항의 규정에 의한 과태료는 대통령령이 정하는 바에 의하여 행정관청이 부과·징수한다. (1998.2.20 개정)

④ 삭제(2018.10.16)

⑤ 삭제(2018.10.16)

⑥ 삭제(2018.10.16)

령 제34조

부 칙

제1조【시행일】 이 법은 공포한 날부터 시행한다.

제2조【적용시한】 제71조제2항의 규정 중 제1호의 시내버스 운송사업에 관한 규정 및 제4호의 은행사업(한국은행법에 의한 한국은행은 제외한다)에 관한 규정은 2000년 12월 31일까지 적용한다.

제3조【노동조합에 관한 경과조치】 이 법 시행당시 종전의 규정에 의하여 설립신고증을 교부받은 노동조합은 이 법에 의하여 설립된 노동조합으로 본다.

제4조【해고자에 관한 경과조치】 이 법 시행당시 해고의 효력을 다투고 있는 자는 제2조제4호라목 단서의 규정에 불구하고 근로자가 아닌 자로 해석하여서는 아니된다.

제5조【노동조합 설립에 관한 경과조치】 삭제(2010.1.1)

제6조【노동조합 전임자에 관한 적용의 특례】 ① 삭제(2010.1.1)

② 노동조합과 사용자는 전임자에 대한 급여지원 규모를 노사협의에 의하여 점진적으로 축소하도록 노력하되, 이 경우 그 재원을 노동조합의 재정자립에 사용하도록 한다. (2001.3.28 개정)

제7조【단체협약의 효력에 관한 경과조치】 이 법 시행당시 종전의 규정에 의하여 체결한 단체협약은 이 법에 의하여 행한 것으로 본다.

제8조 【노동쟁의의 조정에 관한 경과조치】 ① 이 법 시행당시 종전의 규정에 의하여 신청한 사적조정·중재는 이 법에 의한 사적조정·중재를 신청한 것으로 본다.
② 이 법 시행당시 종전의 규정에 의하여 노동위원회에 신청한 조정·중재는 이 법에 의한 조정·중재를 신청한 것으로 본다. 이 경우 조정기간을 산정함에 있어서는 제54조의 규정에도 불구하고 종전의 규정에 의한다.
③ 이 법 시행당시 종전의 규정에 의하여 조정이 종료된 노동쟁의는 제45조의 규정을 적용함에 있어서 조정을 거친 것으로 본다.

제9조 【노동조합업무 등에 관한 경과조치】 ① 이 법 시행당시 종전의 규정에 의하여 근로자, 노동조합 또는 사용자가 노동부장관, 행정관청 또는 노동위원회에 행한 신고, 신청, 요구 등은 각각 이 법에 의하여 행한 것으로 본다.
② 이 법 시행당시 종전의 규정에 의하여 노동부장관 또는 행정관청이 노동위원회에 행한 요청 등은 각각 이 법에 의하여 행한 것으로 본다.
③ 이 법 시행당시 종전의 규정에 의하여 노동부장관 또는 행정관청이 행한 명령, 지명, 결정 등은 각각 이 법에 의하여 행한 것으로 본다.

제10조 【벌칙에 관한 경과조치】 이 법 시행 전의 행위에 대한 벌칙의 적용에 있어서는 종전의 규정에 의한다.

제11조 【다른 법률과의 관계】 이 법 시행당시 다른 법령에서 종전의 노동조합및노동관계조정법 또는 그 규정을 인용한 것은 이 법 중 그에 해당하는 규정이 있는 경우에는 이 법 또는 이 법의 해당 조항을 인용한 것으로 본다.

부칙(1998.2.20 법률 제5511호)

제1조 【시행일】 이 법은 1998년 5월 1일부터 시행한다.

제2조 【일방해지에 관한 경과조치】 이 법 시행당시 종전의 제32조제3항의 규정에 의하여 단체협약을 일방해지 한 경우에는 종전의 규정에 의한다.

제3조 【권한변경에 따른 경과조치】 ① 이 법 시행 당시 종전의 규정에 의하여 노동부장관이 행한 신고증의 교부·명령 기타의 행위(연합단체인 노동조합과 2 이상의 특별시·광역시·도에 걸치는 단위노동조합 외의 노동조합에 관한 사항에 한한다)는 이 법에 의한 특별시장·광역시장·도지사가 행한 행위로 본다.
② 이 법 시행당시 종전의 규정에 의하여 노동부장관에 대하여 행한 신고·신청 기타의 행위(연합단체인 노동조합과 2 이상의 특별시·광역시·도에 걸치는 단위노동조합 외의 노동조합에 관한 사항에 한한다)는 이 법에 의한 특별시장·광역시장·도지사에 대하여 행한 행위로 본다.

〈생략〉

부칙(2006.12.30 법률 제8158호)

제1조 【시행일】 이 법은 2007년 7월 1일부터 시행한다. 다만, 제42조의2 내지 제42조의6, 제43조제3항·제4항, 제62조제3호, 제71조, 제74조, 제75조, 제89조제1호(필수유지업무에 대한 쟁의행위의 제한에 관한 부분에 한한다)의 개정규정은 2008년 1월 1일부터, 제81조제2호의 개정규정은 2011년 7월 1일부터, 法律 第5310號 勞動組合및勞動關係調整法 附則(法律 第6456號 勞動組合및勞動關係調整法中改正法律에 따라 개정된 내용을 포함한다) 제5조제1항·제3항 및 제6조제1항의 개정규정은 2007년 1월 1일부터 시행한다. (2010.1.1 개정)

제2조 【필수유지업무 도입을 위한 준비행위】 노동관계 당사자 또는 노동위원회는 필수유지업무의 도입을 위하여 필요한 다음 각 호의 사항에 대하여는 이 법 시행 전에 할 수 있다.

1. 필수유지업무협정의 체결
2. 제42조의4제2항의 결정

제3조 【권한변경에 따른 경과조치】 ① 이 법 시행 당시 종전의 규정에 따라 특별시장·광역시장·도지사가 행한 신고증의 교부, 명령 그 밖의 행위(2 이상의 시·군·구에 걸치는 단위노동조합 외의 노동조합에 관한 사항에 한한다)는 이 법에 따른 특별자치도지사·시장·군수·구청장이 행한 행위로 본다.
② 이 법 시행 당시 종전의 규정에 따라 특별시장·광역시장·도지사에 대하여 행한 신고·신청 그 밖의 행위(2 이상의 시·군·구에 걸치는 단위노동조합 외의 노동조합에 관한 사항에 한한다)는 이 법에 따른 특별자치도지사·시장·군수·구청장에 대하여 행한 행위로 본다.

제4조 【필수공익사업의 조정사건에 관한 경과조치】 부칙 제1조 단서의 규정에 따른 제62조제3호, 제71조, 제74조 및 제75조의 개정규정의 시행 전에 노동위원회에 신청한 필수공익사업에 대한 조정사건에 대하여는 종전의 규정에 따른다.

제5조 【벌칙에 관한 경과조치】 이 법 시행 전에 행한 행위에 대한 벌칙의 적용에 있어서는 종전의 규정에 따른다. 다만, 제42조제3항의 규정에 따른 명령에 위반한 행위에 대한 벌칙의 적용에 관하여는 그러하지 아니하다.

부칙(2008.3.28 법률 제9041호)

이 법은 공포한 날부터 시행한다.

부칙(2010.1.1 법률 제9930호)

제1조 【시행일】 이 법은 2010년 1월 1일부터 시행한다. 다만, 제24조제3항·제4항·제5항, 제81조제4호, 제92조의 개정규정은 2010년 7월 1일부터, 제29조제2항·제3항·제4항, 제29조의2부터 제29조의5까지, 제41조제1항 후단, 제42조의6, 제89조제2호의 개정규정은 2011년 7월 1일부터 시행한다.

제2조 【최초로 시행되는 근로시간 면제 한도의 결정에 관한 경과조치】 ① 근로시간면제심의위원회는 이 법 시행 후 최초로 시행될 근로시간 면제 한도를 2010년 4월 30일까지 심의·의결하여야 한다.

② 근로시간면제심의위원회가 제1항에 따른 기한까지 심의·의결을 하지 못한 때에는 제24조의2제5항에도 불구하고 국회의 의견을 들어 공익위원만으로 심의·의결할 수 있다.

제3조 【단체협약에 관한 경과조치】 이 법 시행일 당시 유효한 단체협약은 이 법에 따라 체결된 것으로 본다. 다만, 이 법 시행에 따라 그 전부 또는 일부 내용이 제24조를 위반하는 경우에는 이 법 시행에도 불구하고 해당 단체협약의 체결 당시 유효기간까지는 효력이 있는 것으로 본다.

제4조 【교섭 중인 노동조합에 관한 경과조치】 이 법 시행일 당시 단체교섭 중인 노동조합은 이 법에 따른 교섭대표노동조합으로 본다.

제5조 【필수유지업무협정 또는 노동위원회의 필수유지업무 유지·운영 수준 등의 결정에 관한 경과조치】 이 법 시행일 당시 유효한 필수유지업무협정 또는 노동위원회의 필수유지업무 유지·운영 수준 등의 결정은 이 법에 따라 체결된 것으로 본다.

제6조 【하나의 사업 또는 사업장에 2개 이상의 노동조합이 있는 경우의 경과조치】 2009년 12월 31일 현재 하나의 사업 또는 사업장에 조직형태를 불문하고 근로자가 설립하거나 가입한 노동조합이 2개 이상 있는 경우에 해당 사업 또는 사업장에 대하여는 제29조제2항·제3항·제4항, 제29조의2부터 제29조의5까지, 제41조제1항 후단, 제89조제2호의 개정규정은 2012년 7월 1일부터 적용한다.

제7조 【노동조합 설립에 관한 경과조치】 ① 하나의 사업 또는 사업장에 노동조합이 조직되어 있는 경우에는 제5조에도 불구하고 2011년 6월 30일까지는 그 노동조합과 조직대상을 같이 하는 새로운 노동조합을 설립할 수 없다.

② 행정관청은 설립하고자 하는 노동조합이 제1항을 위반한 경우에는 그 설립신고서를 반려하여야 한다.

제8조 【노동조합 전임자에 관한 적용 특례】 제24조제2항 및 제81조제4호(노동조합의 전임자에 대한 급여지원에 관한 규정에 한한다)는 2010년 6월 30일까지 적용하지 아니한다.

〈생략〉

부칙(2020.6.9 법률 제17432호)

이 법은 공포한 날부터 시행한다.

부칙(2021.1.5 법률 제17864호)

제1조【시행일】 이 법은 공포 후 6개월이 경과한 날부터 시행한다.

제2조【단체협약의 유효기간에 관한 경과조치】 이 법 시행 전에 체결한 단체협약의 유효기간에 대해서는 제32조제1항 및 제2항의 개정규정에도 불구하고 종전의 규정에 따른다.

제3조【근로시간면제심의위원회 이관에 관한 준비행위】 ① 경제사회노동위원회는 제24조의2에 따른 근로시간면제심의위원회 구성을 위한 위원 위촉 등 필요한 절차를 이 법 시행 전에 진행할 수 있다.

② 경제사회노동위원회는 이 법 시행 즉시 근로시간면제심의위원회가 조합원 수, 조합원의 지역별 분포, 건전한 노사관계 발전을 위한 연합단체에서의 활동 등 운영실태를 고려하여 근로시간면제한도 심의에 착수한다.

제4조【다른 법률의 개정】 생략

부칙(2025.9.9 법률 제21045호)

제1조【시행일】 이 법은 공포 후 6개월이 경과한 날부터 시행한다.

제2조【손해배상 청구의 제한 등에 관한 적용례】 제3조의 개정규정은 이 법 시행 이후 단체교섭, 쟁의행위, 그 밖의 노동조합의 활동으로 인하여 발생하는 손해부터 적용한다. 다만, 제3조의2의 개정규정은 이 법 시행 전 발생한 손해에 대해서도 적용한다.

노동조합 및 노동관계조정법 시행령

제정 1997. 3.27 대통령령 제15321호
개정 1998. 4.27 대통령령 제15780호
〈생략〉
2021. 6.29 대통령령 제31851호
2023. 9.26 대통령령 제33758호
2025. 1.21 대통령령 제35228호
2025. 8. 5 대통령령 제35696호

제1조 【목적】 이 영은 「노동조합 및 노동관계조정법」에서 위임된 사항과 그 시행에 관하여 필요한 사항을 규정함을 목적으로 한다. (2007.11.30 개정)

제2조 【법인등기】 「노동조합 및 노동관계조정법」(이하 "법"이라 한다) 제6조제2항에 따라 노동조합을 법인으로 하려는 때에는 그 주된 사무소의 소재지를 관할하는 등기소에 등기해야 한다. (2021.6.29 개정)

제3조 【등기사항】 제2조에 따른 등기사항은 다음 각호와 같다. (2021.6.29 개정)

1. 명칭
2. 주된 사무소의 소재지
3. 목적 및 사업
4. 대표자의 성명 및 주소
5. 해산사유를 정한 때에는 그 사유

제4조 【등기신청】 ① 제2조에 따른 등기는 그 노동조합의 대표자가 신청한다. (2021.6.29 개정)
② 제1항에 따른 등기 신청을 하려는 때에는 등기신청서에 해당 노동조합의 규약과 법 제12조에 따른 신고증의 사본(제10조제3항에 따라 변경신고증을 교부받은 경우에는 그 사본)을 첨부해야 한다. (2021.6.29 개정)

제5조 【이전등기】 법인인 노동조합이 주된 사무소를 이전한 경우 해당 노동조합의 대표자는 이전 후 3주일 이내에 종전 소재지 또는 새 소재지에서 새 소재지와 이전 연월일을 등기해야 한다. (2025.1.21 개정)

제6조 【변경등기】 노동조합의 대표자는 제3조 각 호의 등기사항이 변경된 경우(제5조에 따른 이전등기에 해당하는 경우는 제외한다)에는 변경 후 3주일 이내에 주된 사무소의 소재지에서 변경사항을 등기해야 한다. (2025.1.21 개정)

제7조 【산하조직의 신고】 산하조직 중 근로조건의 결정권이 있는 독립된

사업 또는 사업장에 조직된 노동단체는 지부·분회 등 명칭이 무엇이든 상관없이 법 제10조제1항에 따른 노동조합의 설립신고를 할 수 있다. (2023.9.26 개정)

제8조【노동조합의 소속연합단체와의 관계 등】 ① 단위노동조합이 산업별 연합단체인 노동조합에 가입하거나, 산업별 연합단체 또는 전국규모의 산업별 단위노동조합이 총연합단체인 노동조합에 가입한 경우에는 해당 노동조합은 소속 산업별 연합단체인 노동조합 또는 총연합단체인 노동조합의 규약이 정하는 의무를 성실하게 이행해야 한다. (2021.6.29 개정)

② 총연합단체인 노동조합 또는 산업별 연합단체인 노동조합은 해당 노동조합에 가입한 노동조합의 활동에 대하여 협조·지원 또는 지도할 수 있다. (2021.6.29 개정)

③ 삭제(2007.11.30)

제9조【설립신고서의 보완요구 등】 ① 고용노동부장관, 특별시장·광역시장·도지사·특별자치도지사, 시장·군수 또는 자치구의 구청장(이하 "행정관청"이라 한다)은 법 제12조제2항에 따라 노동조합의 설립신고가 다음 각 호의 어느 하나에 해당하는 경우에는 보완을 요구하여야 한다. (2010.7.12 개정)

1. 설립신고서에 규약이 첨부되어 있지 아니하거나 설립신고서 또는 규약의 기재사항 중 누락 또는 허위사실이 있는 경우
2. 임원의 선거 또는 규약의 제정절차가 법 제16조제2항부터 제4항까지 또는 법 제23조제1항에 위반되는 경우 (2007.11.30 개정)

② 노동조합이 설립신고증을 교부받은 후 법 제12조제3항제1호에 해당하는 설립신고서의 반려사유가 발생한 경우에는 행정관청은 30일의 기간을 정하여 시정을 요구할 수 있다. (2021.6.29 개정)

③ 행정관청은 노동조합에 설립신고증을 교부한 때에는 지체 없이 그 사실을 관할노동위원회와 해당 사업 또는 사업장의 사용자나 사용자단체에 통보해야 한다. (2021.6.29 개정)

제10조【변경사항의 신고 등】 ① 노동조합은 법 제13조제1항에 따라 변경신고를 하는 경우에는 그 변경신고서에 신고증을 첨부해야 한다. (2021.6.29 개정)

② 노동조합은 법 제13조제1항제2호에 따라 주된 사무소의 소재지 변경을 신고하는 경우로서 그 주된 사무소의 소재지를 다른 행정관청의 관할구역으로 이전하는 경우에는 새로운 소재지를 관할하는 행정관청에 변경신고를 해야 한다. (2021.6.29 개정)

③ 행정관청은 제1항에 따라 변경신고서를 받은 때에는 3일 이내에 변경신고증을 교부해야 한다. (2021.6.29 개정)

④ 노동조합은 행정관청에 법 제13조제2항제3호의 조합원수를 통보할 때 둘 이상의 사업 또는 사업장의 근로자로 구성된 단위노동조합의 경우에는 사업 또는 사업장별로 구분하여 통보해야 한다. (2021.6.29 개정)

칙 제5조

제11조 【명령 등의 통보】 ① 행정관청은 다음 각 호의 경우에는 그 사실을 해당 노동조합의 대표자에게 서면으로 통보해야 한다. (2021.6.29 개정)

1. 법 제18조제3항 또는 제4항에 따라 소집권자를 지명하는 경우 (2021.6.29 개정)
2. 법 제21조제1항 또는 제2항에 따라 노동조합의 규약 또는 결의·처분에 대하여 시정명령을 하는 경우 (2021.6.29 개정)
3. 법 제31조제3항에 따라 위법한 단체협약에 대하여 시정명령을 하는 경우 (2021.6.29 개정)
4. 법 제36조제1항에 따라 지역적 구속력을 결정하는 경우 (2021.6.29 개정)

② 행정관청은 제1항제3호 및 제4호의 경우에는 해당 사업 또는 사업장의 사용자나 사용자단체에도 그 사실을 통보해야 한다. (2021.6.29 개정)

제11조의2 【근로시간 면제 한도】 법 제24조의2제1항에 따른 근로시간면제심의위원회(이하 "위원회"라 한다)는 같은 조 제2항에 따른 근로시간 면제 한도를 정할 때 법 제24조제2항에 따라 사업 또는 사업장에 종사하는 근로자(이하 "종사근로자"라 한다)인 조합원 수와 해당 업무의 범위 등을 고려하여 시간과 이를 사용할 수 있는 인원으로 정할 수 있다. (2021.6.29 개정)

제11조의3 【위원회 위원의 위촉】 위원회 위원은 「경제사회노동위원회법」에 따른 경제사회노동위원회(이하 "경제사회노동위원회"라 한다) 위원장이 위촉한다. (2021.6.29 개정)

제11조의4 【위원회 위원의 자격기준】 ① 법 제24조의2제5항제1호 및 제2호에 따라 단체에서 위원회의 위원으로 추천받을 수 있는 사람의 자격기준은 다음 각 호와 같다. (2021.6.29 개정)

1. 해당 단체의 전직·현직 임원
2. 노동문제 관련 전문가

② 법 제24조의2제5항제3호에 따라 공익을 대표하는 위원으로 추천받을 수 있는 사람의 자격기준은 다음 각 호와 같다. (2021.6.29 개정)

1. 노동 관련 학문을 전공한 자로서 「고등교육법」 제2조제1호·제2호·제5호에 따른 학교나 공인된 연구기관에서 같은 법 제14조제2항에 따른 교원 또는 연구원으로 5년 이상 근무한 경력이 있는 사람
2. 3급 또는 3급 상당 이상의 공무원으로 있었던 자로서 노동문제에 관하여 학식과 경험이 풍부한 사람

3. 그 밖에 제1호 및 제2호에 해당하는 학식과 경험이 있다고 인정되는 사람

제11조의5【위원회 위원의 임기】 ① 위원회 위원의 임기는 2년으로 한다. (2010.2.12 신설)

② 위원회의 위원이 궐위된 경우에 보궐위원의 임기는 전임자(前任者) 임기의 남은 기간으로 한다. (2010.2.12 신설)

③ 위원회의 위원은 임기가 끝났더라도 후임자가 위촉될 때까지 계속하여 그 직무를 수행한다. (2010.2.12 신설)

제11조의6【위원회의 운영】 ① 위원회는 경제사회노동위원회 위원장으로부터 근로시간 면제 한도를 정하기 위한 심의 요청을 받은 때에는 그 심의 요청을 받은 날부터 60일 이내에 심의·의결해야 한다. (2021.6.29 개정)

② 위원회의 사무를 처리하기 위하여 위원회에 간사 1명을 두며, 간사는 경제사회노동위원회 소속 직원 중에서 경제사회노동위원회 위원장이 지명한다. (2021.6.29 개정)

③ 위원회의 위원에 대해서는 예산의 범위에서 그 직무 수행을 위하여 필요한 수당과 여비를 지급할 수 있다. (2010.2.12 신설)

④ 위원회의 위원장은 필요한 경우에 관계 행정기관 공무원 중 관련 업무를 수행하는 공무원으로 하여금 위원회의 회의에 출석하여 발언하게 할 수 있다. (2021.6.29 개정)

⑤ 위원회에 근로시간 면제 제도에 관한 전문적인 조사·연구업무를 수행하기 위하여 전문위원을 둘 수 있다. (2010.2.12 신설)

⑥ 이 영에서 규정한 사항 외에 위원회의 운영에 필요한 사항은 위원회의 의견을 들어 경제사회노동위원회 위원장이 정한다. (2021.6.29 개정)

제11조의7【회계감사원 등】 ① 법 제25조에 따른 회계감사원(이하 이 조에서 "회계감사원"이라 한다)은 재무·회계 관련 업무에 종사한 경력이 있거나 전문지식 또는 경험이 풍부한 사람 등으로 한다. (2023.9.26 신설)

② 노동조합의 대표자는 다음 각 호의 어느 하나에 해당하는 경우에는 조합원이 아닌 공인회계사나 「공인회계사법」 제23조에 따른 회계법인(이하 "회계법인"이라 한다)으로 하여금 법 제25조에 따른 회계감사를 실시하게 할 수 있다. 이 경우 회계감사원이 회계감사를 한 것으로 본다. (2023.9.26 신설)

1. 노동조합의 대표자가 노동조합 회계의 투명성 제고를 위하여 필요하다고 인정하는 경우
2. 조합원 3분의 1 이상의 요구가 있는 경우
3. 연합단체인 노동조합의 경우에는 그 구성노동단체의 3분의 1 이상의 요구가 있는 경우
4. 대의원 3분의 1 이상의 요구가 있는 경우

제11조의8【결산결과 및 운영상황의 공표 시기 등】 노동조합의 대표자는

특별한 사정이 없으면 법 제26조에 따른 결산결과와 운영상황을 매 회계연도 종료 후 2개월(제11조의7제2항에 따라 공인회계사나 회계법인이 회계감사를 실시한 경우에는 3개월로 한다) 이내에 조합원이 그 내용을 쉽게 확인할 수 있도록 해당 노동조합의 게시판에 공고하거나 인터넷 홈페이지에 게시하는 등의 방법으로 공표해야 한다. (2023.9.26 신설)

제11조의9 【공시시스템을 통한 결산결과의 공표】 ① 고용노동부장관은 노동조합의 대표자가 그 결산결과를 공표할 수 있도록 노동조합 회계 공시시스템(이하 "공시시스템"이라 한다)을 구축·운영할 수 있다. (2023.9.26 신설)

② 노동조합의 대표자는 제11조의8에도 불구하고 고용노동부령으로 정하는 서식에 따라 매년 4월 30일까지 공시시스템에 직전 연도의 결산결과를 공표할 수 있다. 이 경우 제11조의8에 따라 결산결과를 공표한 것으로 본다. (2023.9.26 신설)

③ 노동조합의 산하조직(노동조합인 경우는 제외한다)의 대표자는 필요한 경우에는 고용노동부령으로 정하는 서식에 따라 매년 4월 30일까지 공시시스템에 직전 연도의 결산결과를 공표할 수 있다. (2023.9.26 신설)

④ 제2항 및 제3항에도 불구하고 노동조합 등의 합병·분할 또는 해산 등 부득이한 사유가 있는 경우에는 9월 30일까지 직전 연도의 결산결과를 공표할 수 있다. (2023.9.26 신설)

⑤ 제2항 및 제3항에도 불구하고 회계연도 종료일이 12월 31일이 아닌 경우에는 9월 30일까지 직전 연도에 종료한 회계연도의 결산결과를 공표할 수 있다. (2023.9.26 신설)

칙 제9조의2

제12조 【자료제출의 요구】 행정관청은 법 제27조에 따라 노동조합으로부터 결산결과 또는 운영상황의 보고를 받으려는 경우에는 그 사유와 그 밖에 필요한 사항을 적은 서면으로 10일 이전에 요구해야 한다. (2021.6.29 개정)

제13조 【노동위원회의 해산의결 등】 ① 법 제28조제1항제4호에서 "노동조합으로서의 활동을 1년 이상하지 아니한 것으로 인정되는 경우"란 계속하여 1년 이상 조합원으로부터 조합비를 징수한 사실이 없거나 총회 또는 대의원회를 개최한 사실이 없는 경우를 말한다. (2021.6.29 개정)

② 법 제28조제1항제4호에 따른 노동조합의 해산사유가 있는 경우에는 행정관청이 관할 노동위원회의 의결을 얻은 때에 해산된 것으로 본다. (2021.6.29 개정)

③ 노동위원회는 제2항에 따른 의결을 할 때에는 법 제28조제1항제4호에 따른 해산사유 발생일 이후의 해당 노동조합의 활동을 고려해서는 아니 된다. (2021.6.29 개정)

④ 행정관청은 법 제28조제1항제4호에 따른 노동위원회의 의결이 있거나 같은 조 제2항에 따른 해산신고를 받은 때에는 지체 없이 그 사실을 관할 노동위원회(법 제28조제2항에 따른 해산신고를 받은 경우만 해당한다)와 해당 사업 또는 사업장의 사용자나 사용자단체에 통보해야 한다. (2021.6.29 개정)

제14조 【교섭권한 등의 위임통보】 ① 노동조합과 사용자 또는 사용자단체(이하 "노동관계당사자"라 한다)는 법 제29조제3항에 따라 교섭 또는 단체협약의 체결에 관한 권한을 위임하는 경우에는 교섭사항과 권한범위를 정하여 위임하여야 한다. (2010.2.12 개정)

② 노동관계당사자는 법 제29조제4항에 따라 상대방에게 위임사실을 통보하는 경우에 다음 각호의 사항을 포함하여 통보하여야 한다. (2010.2.12 개정)

1. 위임을 받은 자의 성명(위임을 받은 자가 단체인 경우에는 그 명칭 및 대표자의 성명)
2. 교섭사항과 권한범위등 위임의 내용

제14조의2 【노동조합의 교섭 요구 시기 및 방법】 ① 노동조합은 해당 사업 또는 사업장에 단체협약이 있는 경우에는 법 제29조제1항 또는 제29조의2제1항에 따라 그 유효기간 만료일 이전 3개월이 되는 날부터 사용자에게 교섭을 요구할 수 있다. 다만, 단체협약이 2개 이상 있는 경우에는 먼저 이르는 단체협약의 유효기간 만료일 이전 3개월이 되는 날부터 사용자에게 교섭을 요구할 수 있다. (2019.7.2 개정)

② 노동조합은 제1항에 따라 사용자에게 교섭을 요구하는 때에는 노동조합의 명칭, 그 교섭을 요구한 날 현재의 종사근로자인 조합원 수 등 고용노동부령로 정하는 사항을 적은 서면으로 해야 한다. (2021.6.29 개정)

칙 제10조의2

제14조의3 【노동조합 교섭요구 사실의 공고】 ① 사용자는 노동조합으로부터 제14조의2에 따라 교섭 요구를 받은 때에는 그 요구를 받은 날부터 7일간 그 교섭을 요구한 노동조합의 명칭 등 고용노동부령으로 정하는 사항을 해당 사업 또는 사업장의 게시판 등에 공고하여 다른 노동조합과 근로자가 알 수 있도록 하여야 한다. (2010.7.12 개정)

② 노동조합은 사용자가 제1항에 따른 교섭요구 사실의 공고를 하지 아니하거나 다르게 공고하는 경우에는 고용노동부령으로 정하는 바에 따라 노동위원회에 시정을 요청할 수 있다. (2010.7.12 개정)

③ 노동위원회는 제2항에 따라 시정 요청을 받은 때에는 그 요청을 받은 날부터 10일 이내에 그에 대한 결정을 하여야 한다. (2010.2.12 신설)

칙 제10조의3

제14조의4 【다른 노동조합의 교섭 요구 시기 및 방법】 제14조의2에 따라

사용자에게 교섭을 요구한 노동조합이 있는 경우에 사용자와 교섭하려는 다른 노동조합은 제14조의3제1항에 따른 공고기간 내에 제14조의2제2항에 따른 사항을 적은 서면으로 사용자에게 교섭을 요구하여야 한다. (2010.2.12 신설)

제14조의5 【교섭 요구 노동조합의 확정】 ① 사용자는 제14조의3제1항에 따른 공고기간이 끝난 다음 날에 제14조의2 및 제14조의4에 따라 교섭을 요구한 노동조합을 확정하여 통지하고, 그 교섭을 요구한 노동조합의 명칭, 그 교섭을 요구한 날 현재의 종사근로자인 조합원 수 등 고용노동부령으로 정하는 사항을 5일간 공고해야 한다. (2021.6.29 개정)

② 제14조의2 및 제14조의4에 따라 교섭을 요구한 노동조합은 제1항에 따른 노동조합의 공고 내용이 자신이 제출한 내용과 다르게 공고되거나 공고되지 아니한 것으로 판단되는 경우에는 제1항에 따른 공고기간 중에 사용자에게 이의를 신청할 수 있다. (2010.2.12 신설)

③ 사용자는 제2항에 따른 이의 신청의 내용이 타당하다고 인정되는 경우 신청한 내용대로 제1항에 따른 공고기간이 끝난 날부터 5일간 공고하고 그 이의를 제기한 노동조합에 통지하여야 한다. (2010.2.12 신설)

④ 사용자가 제2항에 따른 이의 신청에 대하여 다음 각 호의 구분에 따른 조치를 한 경우에는 해당 노동조합은 해당 호에서 정한 날부터 5일 이내에 고용노동부령으로 정하는 바에 따라 노동위원회에 시정을 요청할 수 있다. (2010.7.12 개정)

1. 사용자가 제3항에 따른 공고를 하지 아니한 경우 : 제1항에 따른 공고기간이 끝난 다음날
2. 사용자가 해당 노동조합이 신청한 내용과 다르게 제3항에 따른 공고를 한 경우 : 제3항에 따른 공고기간이 끝난 날

⑤ 노동위원회는 제4항에 따른 시정 요청을 받은 때에는 그 요청을 받은 날부터 10일 이내에 그에 대한 결정을 하여야 한다. (2010.2.12 신설)

[칙] 제10조의4

제14조의6 【자율적 교섭대표노동조합의 결정 등】 ① 제14조의5에 따라 교섭을 요구한 노동조합으로 확정 또는 결정된 노동조합은 법 제29조의2제3항에 따라 자율적으로 교섭대표노동조합을 정하려는 경우에는 제14조의5에 따라 확정 또는 결정된 날부터 14일이 되는 날을 기한으로 하여 그 교섭대표노동조합의 대표자, 교섭위원 등을 연명으로 서명 또는 날인하여 사용자에게 통지해야 한다. (2021.6.29 개정)

② 사용자에게 제1항에 따른 교섭대표노동조합의 통지가 있은 이후에는 그 교섭대표노동조합의 결정 절차에 참여한 노동조합 중 일부 노동조합이 그 이후의 절차에 참여하지 않더라도 법 제29조제2항에 따른 교섭대표노동조

노동조합

합의 지위는 유지된다. (2010.2.12 신설)

제14조의7 【과반수 노동조합의 교섭대표노동조합 확정 등】 ① 법 제29조의2제3항 및 이 영 제14조의6에 따른 교섭대표노동조합이 결정되지 못한 경우에는 법 제29조의2제3항에 따른 교섭창구 단일화 절차(이하 "교섭창구단일화절차"라 한다)에 참여한 모든 노동조합의 전체 종사근로자인 조합원 과반수로 조직된 노동조합(둘 이상의 노동조합이 위임 또는 연합 등의 방법으로 교섭창구단일화절차에 참여하는 노동조합 전체 종사근로자인 조합원의 과반수가 되는 경우를 포함한다. 이하 "과반수노동조합"이라 한다)은 제14조의6제1항에 따른 기한이 끝난 날부터 5일 이내에 사용자에게 노동조합의 명칭, 대표자 및 과반수노동조합이라는 사실 등을 통지해야 한다. (2021.6.29 개정)

② 사용자가 제1항에 따라 과반수노동조합임을 통지받은 때에는 그 통지를 받은 날부터 5일간 그 내용을 공고하여 다른 노동조합과 근로자가 알 수 있도록 해야 한다. (2021.6.29 개정)

③ 다음 각 호의 사유로 이의를 제기하려는 노동조합은 제2항에 따른 공고기간 내에 고용노동부령으로 정하는 바에 따라 노동위원회에 이의신청을 해야 한다. (2021.6.29 개정)

1. 사용자가 제2항에 따른 공고를 하지 않은 경우
2. 공고된 과반수노동조합에 대하여 그 과반수 여부에 이의가 있는 경우

④ 노동조합이 제2항에 따른 공고기간 내에 이의신청을 하지 않은 경우에는 같은 항에 따라 공고된 과반수노동조합이 교섭대표노동조합으로 확정된다. (2021.6.29 신설)

⑤ 노동위원회는 제3항에 따른 이의신청을 받은 때에는 교섭창구단일화절차에 참여한 모든 노동조합과 사용자에게 통지하고, 조합원 명부(종사근로자인 조합원의 서명 또는 날인이 있는 것으로 한정한다) 등 고용노동부령으로 정하는 서류를 제출하게 하거나 출석하게 하는 등의 방법으로 종사근로자인 조합원 수에 대하여 조사·확인해야 한다. (2021.6.29 개정)

⑥ 제5항에 따라 종사근로자인 조합원 수를 확인하는 경우의 기준일은 제14조의5제1항에 따라 교섭을 요구한 노동조합의 명칭 등을 공고한 날로 한다. (2021.6.29 개정)

⑦ 노동위원회는 제5항에 따라 종사근로자인 조합원 수를 확인하는 경우 둘 이상의 노동조합에 가입한 종사근로자인 조합원에 대해서는 그 종사근로자인 조합원 1명별로 다음 각 호의 구분에 따른 방법으로 종사근로자인 조합원 수를 산정한다. (2021.6.29 개정)

1. 조합비를 납부하는 노동조합이 하나인 경우 : 조합비를 납부하는 노동조합의 종사근로자인 조합원 수에 숫자 1을 더할 것 (2021.6.29 개정)

2. 조합비를 납부하는 노동조합이 둘 이상인 경우 : 숫자 1을 조합비를 납부하는 노동조합의 수로 나눈 후에 그 산출된 숫자를 그 조합비를 납부하는 노동조합의 종사근로자인 조합원 수에 각각 더할 것 (2021.6.29 개정)
3. 조합비를 납부하는 노동조합이 하나도 없는 경우 : 숫자 1을 종사근로자인 조합원이 가입한 노동조합의 수로 나눈 후에 그 산출된 숫자를 그 가입한 노동조합의 종사근로자인 조합원 수에 각각 더할 것 (2021.6.29 개정)

⑧ 노동위원회는 노동조합 또는 사용자가 제5항에 따른 서류 제출 요구 등 필요한 조사에 따르지 않은 경우에 고용노동부령으로 정하는 기준에 따라 종사근로자인 조합원 수를 계산하여 확인한다. (2021.6.29 개정)

⑨ 노동위원회는 제5항부터 제8항까지의 규정에 따라 조사·확인한 결과 과반수노동조합이 있다고 인정하는 경우에는 그 이의신청을 받은 날부터 10일 이내에 그 과반수노동조합을 교섭대표노동조합으로 결정하여 교섭창구단일화절차에 참여한 모든 노동조합과 사용자에게 통지해야 한다. 다만, 그 기간 이내에 종사근로자인 조합원 수를 확인하기 어려운 경우에는 한 차례에 한정하여 10일의 범위에서 그 기간을 연장할 수 있다. (2021.6.29 개정)

칙 제10조의5·제10조의6

제14조의8 【자율적 공동교섭대표단 구성 및 통지】 ① 법 제29조의2제3항 및 제4항에 따라 교섭대표노동조합이 결정되지 못한 경우에, 같은 조 제5항에 따라 공동교섭대표단에 참여할 수 있는 노동조합은 사용자와 교섭하기 위하여 다음 각 호의 구분에 따른 기간 이내에 공동교섭대표단의 대표자, 교섭위원 등 공동교섭대표단을 구성하여 연명으로 서명 또는 날인하여 사용자에게 통지해야 한다. (2021.6.29 개정)
1. 과반수노동조합이 없어서 제14조의7제1항에 따른 통지 및 같은 조 제2항에 따른 공고가 없는 경우 : 제14조의6제1항에 따른 기한이 만료된 날부터 10일간 (2021.6.29 개정)
2. 제14조의7제9항에 따라 과반수노동조합이 없다고 노동위원회가 결정하는 경우 : 제14조의7제9항에 따른 노동위원회 결정의 통지가 있은 날부터 5일간 (2021.6.29 개정)

② 사용자에게 제1항에 따른 공동교섭대표단의 통지가 있은 이후에는 그 공동교섭대표단 결정 절차에 참여한 노동조합 중 일부 노동조합이 그 이후의 절차에 참여하지 않더라도 법 제29조제2항에 따른 교섭대표노동조합의 지위는 유지된다. (2010.2.12 신설)

제14조의9 【노동위원회 결정에 의한 공동교섭대표단의 구성】 ① 법 제29조의2제5항 및 이 영 제14조의8제1항에 따른 공동교섭대표단의 구성에 합의하지 못한 경우에 공동교섭대표단 구성에 참여할 수 있는 노동조합의 일부 또는 전부는 노동위원회에 법 제29조의2제6항에 따라 공동교섭대표단

구성에 관한 결정 신청을 해야 한다. (2021.6.29 개정)
② 노동위원회는 제1항에 따른 공동교섭대표단 구성에 관한 결정 신청을 받은 때에는 그 신청을 받은 날부터 10일 이내에 총 10명 이내에서 각 노동조합의 종사근로자인 조합원 수에 따른 비율을 고려하여 노동조합별 공동교섭대표단에 참여하는 인원 수를 결정하여 그 노동조합과 사용자에게 통지해야 한다. 다만, 그 기간 이내에 결정하기 어려운 경우에는 한 차례에 한정하여 10일의 범위에서 그 기간을 연장할 수 있다. (2021.6.29 개정)
③ 제2항에 따른 공동교섭대표단 결정은 공동교섭대표단에 참여할 수 있는 모든 노동조합이 제출한 종사근로자인 조합원 수에 따른 비율을 기준으로 한다. (2021.6.29 개정)
④ 제3항에 따른 종사근로자인 조합원 수 및 비율에 대하여 그 노동조합 중 일부 또는 전부가 이의를 제기하는 경우 종사근로자인 조합원 수의 조사·확인에 관하여는 제14조의7제5항부터 제8항까지의 규정을 준용한다. (2021.6.29 신설)
⑤ 공동교섭대표단 구성에 참여하는 노동조합은 사용자와 교섭하기 위하여 제2항에 따라 노동위원회가 결정한 인원 수에 해당하는 교섭위원을 각각 선정하여 사용자에게 통지하여야 한다. (2021.6.29 개정)
⑥ 제5항에 따라 공동교섭대표단을 구성할 때에 그 공동교섭대표단의 대표자는 공동교섭대표단에 참여하는 노동조합이 합의하여 정한다. 다만, 합의되지 않은 경우에는 종사근로자인 조합원 수가 가장 많은 노동조합의 대표자로 한다. (2021.6.29 개정)
칙 제10조의7

제14조의10 【교섭대표노동조합의 지위 유지기간 등】 ① 법 제29조의2제3항부터 제6항까지의 규정에 따라 결정된 교섭대표노동조합은 그 결정이 있은 후 사용자와 체결한 첫 번째 단체협약의 효력이 발생한 날을 기준으로 2년이 되는 날까지 그 교섭대표노동조합의 지위를 유지하되, 새로운 교섭대표노동조합이 결정된 경우에는 그 결정된 때까지 교섭대표노동조합의 지위를 유지한다. (2021.6.29 개정)
② 제1항에 따른 교섭대표노동조합의 지위 유지기간이 만료되었음에도 불구하고 새로운 교섭대표노동조합이 결정되지 못할 경우 기존 교섭대표노동조합은 새로운 교섭대표노동조합이 결정될 때까지 기존 단체협약의 이행과 관련해서는 교섭대표노동조합의 지위를 유지한다. (2010.2.12 신설)
③ 법 제29조의2에 따라 결정된 교섭대표노동조합이 그 결정된 날부터 1년 동안 단체협약을 체결하지 못한 경우에는 어느 노동조합이든지 사용자에게 교섭을 요구할 수 있다. 이 경우 제14조의2제2항 및 제14조의3부터 제14조의9까지의 규정을 적용한다. (2010.2.12 신설)

제14조의11【교섭단위 결정】 ① 노동조합 또는 사용자는 법 제29조의3제2항에 따라 교섭단위를 분리하거나 분리된 교섭단위를 통합하여 교섭하려는 경우에는 다음 각 호에 해당하는 기간에 노동위원회에 교섭단위를 분리하거나 분리된 교섭단위를 통합하는 결정을 신청할 수 있다. (2021.6.29 개정)

1. 제14조의3에 따라 사용자가 교섭요구 사실을 공고하기 전
2. 제14조의3에 따라 사용자가 교섭요구 사실을 공고한 경우에는 법 제29조의2에 따른 교섭대표노동조합이 결정된 날 이후

② 제1항에 따른 신청을 받은 노동위원회는 해당 사업 또는 사업장의 모든 노동조합과 사용자에게 그 내용을 통지해야 하며, 그 노동조합과 사용자는 노동위원회가 지정하는 기간까지 의견을 제출할 수 있다. (2021.6.29 개정)

③ 노동위원회는 제1항에 따른 신청을 받은 날부터 30일 이내에 교섭단위를 분리하거나 분리된 교섭단위를 통합하는 결정을 하고 해당 사업 또는 사업장의 모든 노동조합과 사용자에게 통지해야 한다. (2021.6.29 개정)

④ 제3항에 따른 통지를 받은 노동조합이 사용자와 교섭하려는 경우 자신이 속한 교섭단위에 단체협약이 있는 때에는 그 단체협약의 유효기간 만료일 이전 3개월이 되는 날부터 제14조의2제2항에 따라 필요한 사항을 적은 서면으로 교섭을 요구할 수 있다. (2021.6.29 개정)

⑤ 제1항에 따른 신청에 대한 노동위원회의 결정이 있기 전에 제14조의2에 따른 교섭 요구가 있는 때에는 교섭단위를 분리하거나 분리된 교섭단위를 통합하는 결정이 있을 때까지 제14조의3에 따른 교섭요구 사실의 공고 등 교섭창구단일화절차의 진행은 정지된다. (2021.6.29 개정)

⑥ 제1항부터 제5항까지에서 규정한 사항 외에 교섭단위를 분리하거나 분리된 교섭단위를 통합하는 결정 신청 및 그 신청에 대한 결정 등에 관하여 필요한 사항은 고용노동부령으로 정한다. (2021.6.29 개정)

칙 제10조의8

제14조의12【공정대표의무 위반에 대한 시정】 ① 노동조합은 법 제29조의2에 따라 결정된 교섭대표노동조합과 사용자가 법 제29조의4제1항을 위반하여 차별한 경우에는 고용노동부령으로 정하는 바에 따라 노동위원회에 공정대표의무 위반에 대한 시정을 신청할 수 있다. (2010.7.12 개정)

② 노동위원회는 제1항에 따른 공정대표의무 위반의 시정 신청을 받은 때에는 지체 없이 필요한 조사와 관계 당사자에 대한 심문(審問)을 하여야 한다. (2019.7.2 개정)

③ 노동위원회는 제2항에 따른 심문을 할 때에는 관계 당사자의 신청이나 직권으로 증인을 출석하게 하여 필요한 사항을 질문할 수 있다. (2010.2.12 신설)

④ 노동위원회는 제2항에 따른 심문을 할 때에는 관계 당사자에게 증거의

제출과 증인에 대한 반대심문을 할 수 있는 충분한 기회를 주어야 한다. (2010.2.12 신설)

⑤ 노동위원회는 제1항에 따른 공정대표의무 위반의 시정 신청에 대한 명령이나 결정을 서면으로 하여야 하며, 그 서면을 교섭대표노동조합, 사용자 및 그 시정을 신청한 노동조합에 각각 통지하여야 한다. (2010.2.12 신설)

⑥ 노동위원회의 제1항에 따른 공정대표의무 위반의 시정 신청에 대한 조사와 심문에 관한 세부절차는 중앙노동위원회가 따로 정한다. (2010.2.12 신설)

칙 제10조의9

제15조【단체협약의 신고】 법 제31조제2항에 따른 단체협약의 신고는 당사자쌍방이 연명으로 해야 한다. (2021.6.29 개정)

제16조【단체협약의 해석요청】 법 제34조제1항에 따른 단체협약의 해석 또는 이행방법에 관한 견해제시의 요청은 해당 단체협약의 내용과 당사자의 의견 등을 적은 서면으로 해야 한다. (2021.6.29 개정)

제17조【쟁의행위의 신고】 노동조합은 쟁의행위를 하고자 할 경우에는 고용노동부령이 정하는 바에 따라 행정관청과 관할노동위원회에 쟁의행위의 일시·장소·참가인원 및 그 방법을 미리 서면으로 신고하여야 한다. (2010.7.12 개정)

칙 제11조의2

제18조【폭력행위 등의 신고】 ① 사용자는 쟁의행위가 법 제38조제1항·제2항, 제42조제1항 또는 제2항에 위반되는 경우에는 즉시 그 상황을 행정관청과 관할 노동위원회에 신고하여야 한다. (2007.11.30 개정)

② 제1항의 규정에 의한 신고는 서면·구두 또는 전화 기타의 적당한 방법으로 하여야 한다.

제19조【지원을 받고자 하는 자의 신고】 삭제(2007.11.30)

제20조【방산물자 생산업무 종사자의 범위】 법 제41조제2항에서 "주로 방산물자를 생산하는 업무에 종사하는 자"라 함은 방산물자의 완성에 필요한 제조·가공·조립·정비·재생·개량·성능검사·열처리·도장·가스취급 등의 업무에 종사하는 자를 말한다.

제21조【점거가 금지되는 시설】 법 제42조제1항에서 "대통령령이 정하는 시설"이란 다음 각 호의 시설을 말한다. (2021.6.29 개정)

1. 전기·전산 또는 통신시설
2. 철도(도시철도를 포함한다)의 차량 또는 선로
3. 건조·수리 또는 정박중인 선박. 다만, 「선원법」에 의한 선원이 당해 선박에 승선하는 경우를 제외한다. (2007.11.30 개정)
4. 항공기·항행안전시설 또는 항공기의 이·착륙이나 여객·화물의 운송을 위한 시설

5. 화약·폭약등 폭발위험이 있는 물질 또는 「화학물질관리법」 제2조제2호·제2호의2·제2호의3에 따른 인체급성유해성물질·인체만성유해성물질·생태유해성물질을 보관·저장하는 장소 (2025.8.5 개정)
6. 기타 점거될 경우 생산 기타 주요업무의 정지 또는 폐지를 가져오거나 공익상 중대한 위해를 초래할 우려가 있는 시설로서 노동부장관이 관계중앙행정기관의 장과 협의하여 정하는 시설

제22조 【중지통보】 행정관청은 법 제42조제3항에 따라 쟁의행위를 중지할 것을 통보하는 경우에는 서면으로 하여야 한다. 다만, 사태가 급박하다고 인정하는 경우에는 구두로 할 수 있다. (2007.11.30 개정)

칙 제12조

제22조의2 【필수유지업무의 범위】 법 제42조의2제1항에 따른 필수공익사업별 필수유지업무는 별표 1과 같다. (2007.11.30 신설)

제22조의3 【필수유지업무 유지·운영 수준 등의 결정 신청 등】 ① 노동관계 당사자가 법 제42조의4제1항에 따른 필수유지업무 유지·운영 수준, 대상직무 및 필요인원 등의 결정(이하 "필수유지업무 수준 등 결정"이라 한다)을 신청하면 관할 노동위원회는 지체 없이 그 신청에 대한 결정을 위한 특별조정위원회를 구성하여야 한다.

② 노동위원회는 법 제42조의4제2항에 따라 필수유지업무 수준 등 결정을 하면 지체 없이 이를 서면으로 노동관계 당사자에게 통보하여야 한다. (2007.11.30 신설)

③ 노동관계 당사자의 쌍방 또는 일방은 제2항에 따른 결정에 대한 해석이나 이행방법에 관하여 노동관계 당사자 간 의견이 일치하지 아니하면 노동관계 당사자의 의견을 첨부하여 서면으로 관할 노동위원회에 해석을 요청할 수 있다. (2007.11.30 신설)

④ 제3항에 따른 해석 요청에 대하여 법 제42조의4제4항에 따라 해당 특별조정위원회가 해석을 하면 노동위원회는 지체 없이 이를 서면으로 노동관계 당사자에게 통보하여야 한다. (2007.11.30 신설)

⑤ 제1항에 따른 필수유지업무 수준 등 결정의 신청 절차는 고용노동부령으로 정한다. (2010.7.12 개정)

제22조의4 【파업참가자 수의 산정방법】 ① 법 제43조제4항 후단에 따른 파업참가자 수는 근로의무가 있는 근로시간 중 파업 참가를 이유로 근로의 일부 또는 전부를 제공하지 아니한 자의 수를 1일 단위로 산정한다. (2007.11.30 신설)

② 사용자는 제1항에 따른 파업참가자 수 산정을 위하여 필요한 경우 노동조합에 협조를 요청할 수 있다. (2007.11.30 신설)

제23조 【사적 조정·중재의 신고】 ① 노동관계당사자는 법 제52조에 따른

사적조정·중재에 의하여 노동쟁의를 해결하기로 한 경우에는 고용노동부령이 정하는 바에 따라 관할 노동위원회에 신고해야 한다. (2021.6.29 개정)
② 제1항에 따른 신고는 법 제5장제2절부터 제4절까지의 규정에 따른 조정 또는 중재가 진행 중인 경우에도 할 수 있다. (2021.6.29 개정)
③ 노동관계당사자는 법 제52조에 따른 사적 조정·중재에 의하여 노동쟁의가 해결되지 않는 경우에는 법 제5장제2절 또는 제3절에 따라 노동쟁의를 조정 또는 중재하여 줄 것을 고용노동부령으로 정하는 바에 따라 관할 노동위원회에 신청할 수 있다. 이 경우 관할 노동위원회는 지체 없이 법 제5장제2절 또는 제3절에 따른 조정 또는 중재를 개시해야 한다. (2021.6.29 개정)
칙 제13조

제24조 【노동쟁의의 조정 등의 신청】 ① 노동관계당사자는 법 제53조제1항 또는 제62조에 따른 조정 또는 중재를 신청할 경우에는 고용노동부령으로 정하는 바에 따라 관할 노동위원회에 신청하여야 한다. (2010.7.12 개정)
② 제1항에 따른 신청을 받은 노동위원회는 그 신청내용이 법 제5장제2절 또는 제3절에 따른 조정 또는 중재의 대상이 아니라고 인정할 경우에는 그 사유와 다른 해결방법을 알려주어야 한다. (2021.6.29 개정)
칙 제14조·제15조

제25조 【조정의 통보】 노동위원회는 법 제53조, 법 제62조, 법 제78조 및 법 제80조의 규정에 의한 조정과 중재를 하게 된 경우에는 지체없이 이를 서면으로 관계당사자에게 각각 통보하여야 한다.

제26조 【조정위원회의 구성】 노동위원회는 법 제53조에 따라 노동쟁의의 조정을 하게 된 경우에는 지체 없이 해당 사건의 조정을 위한 조정위원회 또는 특별조정위원회를 구성해야 한다. (2021.6.29 개정)

제27조 【조정안의 해석요청】 노동관계당사자는 법 제60조제3항에 따른 조정안의 해석 또는 그 이행방법에 관하여 견해의 제시를 요청하는 경우에는 해당 조정안의 내용과 당사자의 의견 등을 적은 서면으로 해야 한다. (2021.6.29 개정)

제28조 【중재위원회의 구성】 노동위원회는 법 제62조에 따라 노동쟁의의 중재를 하게 된 경우에는 지체 없이 해당 사건의 중재를 위한 중재위원회를 구성해야 한다. (2021.6.29 개정)

제29조 【중재재정서의 송달】 ① 노동위원회는 법 제68조제1항에 따라 중재를 한 때에는 지체 없이 그 중재재정서를 관계 당사자에게 각각 송달해야 한다. (2021.6.29 개정)
② 중앙노동위원회는 법 제69조제1항에 따라 지방노동위원회 또는 특별노동위원회의 중재재정을 재심한 때에는 지체 없이 그 재심결정서를 관계 당사자와 관계 노동위원회에 각각 송달해야 한다. (2021.6.29 개정)

제30조【중재재정의 해석요청】 ① 노동관계당사자는 법 제68조제1항에 따른 중재재정의 해석 또는 이행방법에 관하여 당사자 간에 의견의 불일치가 있는 경우에는 해당 중재위원회에 그 해석 또는 이행방법에 관한 명확한 견해의 제시를 요청할 수 있다. (2021.6.29 개정)

② 제1항에 따른 견해제시의 요청은 해당 중재재정의 내용과 당사자의 의견 등을 적은 서면으로 해야 한다. (2021.6.29 개정)

제31조【수당 등의 지급】 법 제72조제3항 단서에 따라 특별조정위원으로 지명된 자에 대해서는 그 직무의 집행을 위하여 예산의 범위에서 노동위원회의 위원에 준하는 수당과 여비를 지급할 수 있다. (2021.6.29 개정)

제32조【긴급조정의 공표】 법 제76조제3항에 따른 긴급조정 결정의 공표는 신문·라디오 그 밖에 공중이 신속히 알 수 있는 방법으로 해야 한다. (2021.6.29 개정)

제33조【권한의 위임 등】 ① 고용노동부장관은 법 제87조에 따라 다음 각 호의 사항에 관한 권한을 노동조합의 주된 사무소의 소재지를 관할하는 지방고용노동관서의 장에게 위임한다. 다만, 연합단체인 노동조합과 전국규모의 산업별 단위노동조합에 대한 권한은 제외한다. (2021.6.29 개정)

1. 법 제10조제1항에 따른 노동조합 설립신고서의 수리 (2021.6.29 개정)
2. 법 제12조에 따른 신고증의 교부·보완요구 및 반려 (2021.6.29 개정)
3. 법 제13조제1항에 따른 변경신고의 수리 (2021.6.29 개정)
4. 법 제13조제2항 본문에 따른 통보의 접수 (2021.6.29 개정)
5. 법 제18조제3항 및 제4항에 따른 노동위원회의 의결요청 및 임시총회 등의 소집권자 지명 (2021.6.29 개정)
6. 법 제21조에 따른 규약 또는 결의·처분의 시정명령 (2021.6.29 개정)
7. 법 제27조에 따른 자료제출 요구 (2021.6.29 개정)
8. 법 제28조제1항제4호에 따른 노동위원회의 의결요청 및 같은 조 제2항에 따른 해산신고의 수리 (2021.6.29 개정)
9. 법 제31조제2항에 따른 단체협약신고의 수리 및 같은 조 제3항에 따른 단체협약의 시정명령 (2021.6.29 개정)
10. 법 제36조에 따른 노동위원회의 의결요청 및 단체협약의 지역적 확장적용 결정 및 공고 (2021.6.29 개정)
11. 삭제(2007.11.30)
12. 법 제42조제3항 및 제4항에 따른 노동위원회의 의결요청 및 쟁의행위의 중지통보 (2007.11.30 개정)
13. 법 제46조제2항에 따른 직장폐쇄 신고의 수리 (2021.6.29 개정)
14. 법 제96조제1항 및 제2항에 따른 과태료의 부과 (2021.6.29 개정)
15. 제9조제2항에 따른 시정 요구 및 같은 조 제3항에 따른 통보 (2021.6.29

개정)
16. 제10조제2항 및 제3항에 따른 변경신고서의 수리 및 변경신고증의 교부(제10조제2항의 경우에는 노동조합의 주된 사무소의 신소재지를 관할하는 지방고용노동관서의 장을 말한다) (2021.6.29 개정)
17. 제17조에 따른 쟁의행위 신고의 수리 (2021.6.29 개정)
18. 제18조에 따른 폭력행위등 신고의 수리 (2021.6.29 개정)

② 고용노동부장관은 제1항에도 불구하고 노동조합의 주된 사무소의 소재지를 관할하는 지방노동관서에서 처리하기 곤란하거나 업무의 효율적인 운영을 위하여 필요하다고 인정하는 경우에는 지방고용노동관서를 지정하여 해당 사건을 처리하게 할 수 있다. (2021.6.29 개정)

제33조의2 【고유식별정보의 처리】 행정관청 또는 노동위원회는 다음 각 호의 사무를 수행하기 위하여 불가피한 경우 「개인정보 보호법 시행령」 제19조제1호 또는 제4호에 따른 주민등록번호 또는 외국인등록번호가 포함된 자료를 처리할 수 있다. (2012.1.6 신설)
1. 법 제10조제1항에 따른 노동조합 설립의 신고에 관한 사무
2. 법 제13조에 따른 설립신고 사항의 변경신고, 노동조합 정기 현황통보 등에 관한 사무
3. 법 제82조제1항에 따른 부당노동행위의 구제에 관한 사무
4. 제9조제2항에 따른 시정 요구에 관한 사무 (2021.6.29 개정)

제34조 【과태료의 부과기준】 법 제96조제1항 및 제2항에 따른 과태료의 부과기준은 별표 2와 같다. (2011.3.30 개정)

부 칙

① **【시행일】** 이 영은 공포한 날부터 시행한다.

② **【다른 법령의 폐지】** 노동조합법시행령 및 노동쟁의조정법시행령은 이를 각각 폐지한다.

③ **【다른 법령과의 관계】** 이 영 시행당시 다른 법령에서 종전의 노동조합법시행령·노동쟁의조정법시행령 또는 그 규정을 인용한 경우 이 영 중 그에 해당하는 규정이 있는 경우에는 종전의 규정에 갈음하여 이 영 또는 이 영의 해당 규정을 인용한 것으로 본다.

〈생략〉

부칙(2010.2.12 대통령령 제22030호)

제1조 【시행일】 이 영은 공포한 날부터 시행한다. 다만, 제14조 및 제14조의2부터 제14조의12까지의 개정규정은 2011년 7월 1일부터 시행한다.

제2조【노사관계선진화 실무지원단 구성·운영】 ① 노동부장관은 근로시간 면제제도와 교섭창구 단일화 제도의 원활한 시행 등을 위하여 노사관계선진화 실무지원단을 2012년 12월 31일까지 설치·운영한다.
② 노사관계선진화 실무지원단의 구성 및 운영 등에 필요한 사항은 노동부장관이 정한다.

〈생략〉

부칙(2011.3.30 대통령령 제22802호)

제1조【시행일】 이 영은 공포한 날부터 시행한다.
제2조【과태료의 부과기준에 관한 경과조치】 ① 이 영 시행 전의 위반행위에 대하여 과태료의 부과기준을 적용할 때에는 별표 2의 개정규정에도 불구하고 종전의 규정에 따른다.
② 이 영 시행 전의 위반행위로 받은 과태료 부과처분은 별표 2의 개정규정에 따른 위반행위의 횟수 산정에 포함하지 아니한다.

〈생략〉

부칙(2021.6.29 대통령령 제31851호)

이 영은 2021년 7월 6일부터 시행한다.

부칙(2023.9.26 대통령령 제33758호)

제1조【시행일】 이 영은 2024년 1월 1일부터 시행한다. 다만, 제11조의9의 개정규정은 2023년 10월 1일부터 시행한다.
제2조【공시시스템을 통한 공표에 관한 특례】 2022년 회계연도의 결산결과(회계연도의 종료일이 12월 31일이 아닌 경우에는 2022년에 종료한 회계연도의 결산결과를 말한다)는 제11조의9제2항부터 제5항까지의 개정규정에도 불구하고 2023년 11월 30일까지 공표할 수 있다.

부칙(2025.1.21 대통령령 제35228호)

이 영은 2025년 1월 31일부터 시행한다.

부칙(2025.8.5 대통령령 제35696호)

제1조【시행일】 이 영은 2025년 8월 7일부터 시행한다.
제2조【다른 법령의 개정】 생략

[별표 1] (2019.7.2 개정)

필수공익사업별 필수유지업무(제22조의2 관련)

1. 철도사업과 도시철도사업의 필수유지업무
   가. 철도·도시철도 차량의 운전 업무
   나. 철도·도시철도 차량 운행의 관제 업무(정거장·차량기지 등에서 철도신호 등을 취급하는 운전취급 업무를 포함한다)
   다. 철도·도시철도 차량 운행에 필요한 전기시설·설비를 유지·관리하는 업무
   라. 철도·도시철도 차량 운행과 이용자의 안전에 필요한 신호시설·설비를 유지·관리하는 업무
   마. 철도·도시철도 차량 운행에 필요한 통신시설·설비를 유지·관리하는 업무
   바. 안전 운행을 위하여 필요한 차량의 일상적인 점검이나 정비 업무
   사. 선로점검·보수 업무

2. 항공운수사업의 필수유지업무
   가. 승객 및 승무원의 탑승수속 업무
   나. 승객 및 승무원과 수하물 등에 대한 보안검색 업무
   다. 항공기 조종 업무
   라. 객실승무 업무
   마. 비행계획 수립, 항공기 운항 감시 및 통제 업무
   바. 항공기 운항과 관련된 시스템·통신시설의 유지·보수 업무
   사. 항공기의 정비[창정비(Depot Maintenance, 대규모 정비시설 및 장비를 운영하여 수행하는 최상위 정비 단계)는 제외한다] 업무
   아. 항공안전 및 보안에 관련된 법령, 국제협약 또는 취항 국가의 요구에 따른 항공운송사업자의 안전 또는 보안 조치와 관련된 업무
   자. 항공기 유도 및 견인 업무
   차. 항공기에 대한 급유 및 지상전원 공급 업무
   카. 항공기에 대한 제설·제빙 업무
   타. 승객 승하기 시설·차량 운전 업무
   파. 수하물·긴급물품의 탑재·하역 업무
   하. 「항공법」 제2조제16호에 따른 항행안전시설과 항공기 이·착륙 시설의 유지·운영(관제를 포함한다)을 위한 업무

3. 수도사업의 필수유지업무
   가. 취수·정수(소규모 자동화 정수설비를 포함한다)·가압·배수시설의 운영 업무
   나. 수도시설 통합시스템과 계측·제어설비의 운영 업무

다. 수도시설 긴급복구와 수돗물 공급을 위한 법정 기준이나 절차 등의 준수를 위한 업무

4. 전기사업의 필수유지업무
  가. 발전부문의 필수유지업무
    1) 발전설비의 운전(운전을 위한 기술지원을 포함한다) 업무
    2) 발전설비의 점검 및 정비(정비를 위한 기술·행정지원은 제외한다) 업무와 안전관리 업무
  나. 송전·변전 및 배전 부문의 필수유지업무
    1) 지역 전기공급 업무(무인변전소 순회·점검 업무는 제외한다)
    2) 전력계통 보호를 위한 보호계전기 시험 및 정정 업무
    3) 배전선 개폐기 및 자동화 시스템을 통한 배전설비의 감시·제어와 배전선로 긴급 계통 전환 업무
    4) 전력계통 보호를 위한 통신센터(전력계통원방감시제어장치를 포함한다) 운영 업무
    5) 통신보안관제센터 운영 업무
    6) 전력공급 비상시 부하관리 업무
    7) 송전·변전 및 배전 설비의 긴급복구 업무
  다. 전력거래 부문의 필수유지업무
    1) 전력의 공급 운영과 송전설비 계통운영의 제어 업무
    2) 1주 이내의 단기 전력수요 예측에 따른 전력계통의 안정적 운영계획 수립 등 급전 운영 업무
    3) 전력계통 등의 운영을 위한 전산실 운영(출입 보안관리를 포함한다) 업무

5. 가스사업(액화석유가스사업은 제외한다)의 필수유지업무
  가. 천연가스의 인수(引受), 제조, 저장 및 공급 업무
  나. 가목과 관련된 시설의 긴급정비 및 안전관리 업무

6. 석유정제사업과 석유공급사업(액화석유가스사업을 포함한다)의 필수유지업무
  가. 석유(천연가스는 제외한다)의 인수, 제조, 저장 및 공급 업무
  나. 가목과 관련된 시설의 긴급정비 및 안전관리 업무

7. 병원사업의 필수유지업무
  가. 「응급의료에 관한 법률」 제2조제2호에 따른 응급의료 업무
  나. 중환자 치료·분만(신생아 간호를 포함한다)·수술·투석 업무
  다. 가목과 나목의 업무수행을 지원하기 위한 마취, 진단검사(영상검사를 포함한다), 응급약제, 치료식 환자급식, 산소공급, 비상발전 및 냉난방 업무

8. 혈액공급사업의 필수유지업무
  가. 채혈 및 채혈된 혈액의 검사 업무
  나. 「혈액관리법」 제2조제6호에 따른 혈액제제(수혈용에 한정한다. 이하 이 호에서 같다) 제조 업무
  다. 혈액 및 혈액제제의 수송 업무

9. 한국은행사업의 필수유지업무
  가. 「한국은행법」 제6조, 제28조와 제29조에 따른 통화신용정책과 한국은행 운영에 관한 업무
  나. 「한국은행법」 제47조부터 제86조까지의 규정에 따른 다음의 업무
    1) 한국은행이 수행하는 한국은행권 발행 업무
    2) 금융기관의 예금과 예금지급준비 업무
    3) 금융기관에 대한 대출·지급결제 등의 업무
  다. 가목과 나목의 업무수행을 지원하기 위한 각종 전산시스템 운영·통신 및 시설보호 업무
  라. 다른 법령에 따라 한국은행에 위임 또는 위탁된 업무

10. 통신사업의 필수유지업무
  가. 기간망과 가입자망의 운영·관리업무
  나. 통신장애의 신고접수 및 수리 업무
  다. 「우편법」 제14조에 따른 기본우편역무
  라. 「우편법」 제15조에 따른 부가우편역무 중 내용증명과 특별송달 업무

[별표 2] (2021.6.29 개정)

과태료의 부과기준(제34조 관련)

1. 일반기준

가. 위반행위의 횟수에 따른 과태료의 가중된 부과기준은 최근 3년간 같은 위반행위로 과태료 부과처분을 받은 경우에 적용한다. 이 경우 기간의 계산은 위반행위에 대하여 과태료 부과처분을 받은 날과 그 처분 후 다시 같은 위반행위를 하여 적발한 날을 기준으로 한다.

나. 가목에 따라 가중된 부과처분을 하는 경우 가중처분의 적용 차수는 그 위반행위 전 부과처분 차수(가목에 따른 기간 내에 과태료 부과처분이 둘 이상 있었던 경우에는 높은 차수를 말한다)의 다음 차수로 한다.

다. 제2호가목 및 라목부터 바목까지의 규정에 따른 지연기간을 산정할 때에는 천재지변이나 그 밖의 불가피한 이유로 그 의무를 이행하지 않았다고 인정되는 기간은 산입하지 않는다.

라. 부과권자는 다음의 어느 하나에 해당하는 경우에는 제2호의 개별기준에 따른 과태료의 2분의 1 범위에서 그 금액을 줄여 부과할 수 있다. 다만, 과태료를 체납하고 있는 위반행위자에 대해서는 그렇지 않다.

1) 위반행위가 사소한 부주의나 오류로 인한 것으로 인정되는 경우

2) 위반의 내용·정도가 경미하여 사회적 피해가 적다고 인정되는 경우

3) 위반행위자가 법 위반상태를 시정하거나 해소하기 위해 노력한 사실이 인정되는 경우

4) 그 밖에 위반행위의 정도, 위반행위의 동기와 그 결과 등을 고려하여 줄일 필요가 있다고 인정되는 경우

2. 개별기준

위반행위	근거 법조문	과태료 금액
가. 법 제13조제1항에 따른 변경신고를 하지 않거나 같은 조 제2항에 따른 통보를 하지 않은 경우	법 제96조 제2항	
1) 지연신고 또는 통보기간이 1개월 미만인 경우		30만원
2) 지연신고 또는 통보기간이 1개월 이상 6개월 미만인 경우		60만원
3) 지연신고 또는 통보기간이 6개월 이상 12개월 미만인 경우		120만원
4) 지연신고 또는 통보기간이 12개월 이상이거나 신고를 하지 않은 경우		200만원
나. 법 제14조제1항을 위반하여 서류를 비치하지 않거나 같은 조 제2항을 위반하여 서류를 3년간 보전하지 않은 경우	법 제96조 제1항제1호	

1) 1차 위반 2) 2차 위반 3) 3차 위반 이상		100만원 200만원 300만원
다. 법 제27조에 따른 보고를 하지 않거나 허위로 보고를 한 경우 1) 1차 위반 2) 2차 위반 이상	법 제96조 제1항제2호	 150만원 300만원
라. 법 제28조제2항에 따른 신고를 하지 않은 경우 1) 지연신고기간이 1개월 미만인 경우 2) 지연신고기간이 1개월 이상 6개월 미만인 경우 3) 지연신고기간이 6개월 이상 12개월 미만인 경우 4) 지연신고기간이 12개월 이상이거나 신고를 하지 않은 경우	법 제96조 제2항	 30만원 60만원 120만원 200만원
마. 법 제31조제2항에 따른 신고를 하지 않은 경우 1) 지연신고기간이 1개월 미만인 경우 2) 지연신고기간이 1개월 이상 6개월 미만인 경우 3) 지연신고기간이 6개월 이상 12개월 미만인 경우 4) 지연신고기간이 12개월 이상이거나 신고를 하지 않은 경우	법 제96조 제2항	 30만원 60만원 120만원 200만원
바. 법 제46조제2항에 따른 신고를 하지 않은 경우 1) 지연신고기간이 1개월 미만인 경우 2) 지연신고기간이 1개월 이상 6개월 미만인 경우 3) 지연신고기간이 6개월 이상 12개월 미만인 경우 4) 지연신고기간이 12개월 이상이거나 신고를 하지 않은 경우	법 제96조 제1항제3호	 50만원 100만원 200만원 300만원

노동조합 및 노동관계조정법 시행규칙

제정 1997. 4. 7 노동부령 제114호
개정 1998. 4.30 노동부령 제127호
〈생략〉
2021. 7. 6 고용노동부령 제325호
2023. 9.27 고용노동부령 제394호
2023.12.29 고용노동부령 제405호
2025.10. 1 고용노동부령 제453호

제1조【목적】 이 규칙은 「노동조합 및 노동관계조정법」과 같은 법 시행령에서 위임된 사항과 그 시행에 필요한 사항을 규정함을 목적으로 한다. (2007. 12.26 개정)

제2조【노동조합의 설립신고】 「노동조합 및 노동관계조정법」(이하 "법"이라 한다) 제10조제1항에 따라 노동조합의 설립을 신고하려는 자는 별지 제1호서식의 노동조합설립신고서에 규약을 첨부하여 고용노동부장관, 지방고용노동관서의 장, 특별시장·광역시장·도지사·특별자치도지사, 시장·군수 또는 자치구의 구청장(이하 "행정관청"이라 한다)에게 제출해야 한다. (2021. 7.6 개정)

1. 삭제(2010.8.9)
2. 삭제(2010.8.9)
3. 삭제(2010.8.9)
4. 삭제(2010.8.9)

제3조【변경사항의 신고】 법 제13조제1항에 따라 변경신고를 하려는 자는 별지 제1호서식의 노동조합 설립신고사항 변경신고서에 다음 각 호의 서류를 첨부하여 행정관청에 제출해야 한다. (2021.7.6 개정)

1. 변경사항을 증명할 수 있는 총회 또는 대의원회의 회의록이나 규약 등의 서류 1부 (2010.8.9 개정)
2. 설립신고증(변경신고증을 교부받은 사실이 있는 경우에는 변경신고증을 말한다. 이하 같다) (2010.8.9 개정)

제4조【설립신고증의 재교부신청】 노동조합설립신고증이 못쓰게 되거나 이를 잃어버려 신고증을 재교부 받으려는 자는 별지 제3호 서식의 노동조합 설립신고증 재교부신청서를 행정관청에 제출해야 한다. (2021.7.6 개정)

제5조【관할행정관청의 변경】 ① 행정관청은 「노동조합 및 노동관계조정법 시행령」(이하 "영"이라 한다) 제10조제2항에 따라 주된 사무소의 소재지 변경신고를 받아 변경신고증을 교부한 경우에는 그 사실을 구소재지를 관할

노동조합

하는 행정관청 및 노동위원회와 신소재지를 관할하는 노동위원회에 지체 없이 통보해야 한다. (2021.7.6 개정)

② 제1항에 따라 통보를 받은 구소재지를 관할하는 행정관청은 다음 각 호의 서류를 신소재지를 관할하는 행정관청에 지체 없이 송부해야 한다. (2021.7.6 개정)

1. 노동조합 설립신고시에 제출된 서류(변경신고를 한 경우에는 변경신고시에 제출된 서류를 포함한다)
2. 노동단체카드
3. 단체협약서
4. 그 밖에 해당 노동조합에 관련된 서류 (2021.7.6 개정)

제6조 【정기통보】 법 제13조제2항에 따라 노동조합의 대표자는 별지 제4호 서식의 노동조합현황 정기 통보서에 변경된 규약(규약의 변경이 있는 경우에 한한다)을 첨부하여 행정관청에 제출해야 한다. (2023.12.29 개정)

제7조 【노동단체카드】 ① 행정관청은 별지 제5호 서식의 노동단체카드를 갖춰 두고 노동조합이 법 및 영에 따른 신고·보고 또는 신청을 한 경우에는 그 카드에 필요한 사항을 기록·보관해야한다. (2021.7.6 개정)

② 행정관청(고용노동부장관을 제외한다)은 매년 2월 말까지 노동단체카드 사본을 고용노동부장관에게 제출해야 한다. (2021.7.6 개정)

제8조 【재정장부와 서류】 법 제14조제1항제5호에 따른 재정에 관한 장부와 서류는 다음 각 호와 같다. (2021.7.6 개정)

1. 예산서
2. 결산서
3. 총수입원장 및 총지출원장
4. 수입 또는 지출결의서
5. 수입관계장부 및 증빙서
6. 지출관계장부 및 증빙서
7. 자체회계감사 관계서류

제9조 【총회의 소집권자 지명요구】 법 제18조제3항 및 제4항에 따라 임시총회 또는 임시대의원회 소집권자지명을 요구하려는 자는 별지 제6호 서식의 총회 또는 대의원회 소집권자 지명 요구서에 총회 또는 대의원회 소집권자 지명 요구자 명단을 첨부하여 행정관청에 제출해야 한다. (2021.7.6 개정)

제9조의2 【노동조합 회계 공시시스템을 통한 결산결과 공표 표준서식】 영 제11조의9제2항 전단 및 같은 조 제3항에서 "고용노동부령으로 정하는 서식"이란 별지 제6호의2서식에 따른 결산결과 공표 표준서식을 말한다. (2023.9.27 신설)

제10조【해산신고】 법 제28조제2항에 따라 노동조합의 해산신고를 하려는 자는 별지 제7호 서식의 노동조합해산신고서에 회의록을 첨부하여 행정관청에 제출해야 한다. (2021.7.6 개정)

제10조의2【교섭의 요구】 영 제14조의2제2항에서 "노동조합의 명칭, 그 교섭을 요구한 날 현재의 종사근로자인 조합원 수 등 고용노동부령으로 정하는 사항"이란 다음 각 호의 사항을 말한다. (2021.7.6 개정)

1. 노동조합의 명칭과 대표자의 성명
2. 사무소가 있는 경우에는 주된 사무소의 소재지
3. 교섭을 요구한 날 현재의 조합원(법 제29조의2에 따른 교섭대표노동조합 결정 절차에 참여한 노동조합에 소속된 종사근로자인 조합원을 말한다)의 수 (2021.7.6 개정)

제10조의3【교섭요구 사실의 공고 및 시정요청】 ① 영 제14조의3제1항에서 "그 교섭을 요구한 노동조합의 명칭 등 고용노동부령으로 정하는 사항"이란 다음 각 호의 사항을 말한다. (2010.8.9 신설)

1. 영 제14조의2에 따라 교섭을 요구한 노동조합의 명칭과 대표자의 성명
2. 교섭을 요구한 일자
3. 교섭을 하려는 다른 노동조합이 교섭을 요구할 수 있는 기한

② 영 제14조의3제2항에 따라 노동위원회에 시정을 요청하려는 노동조합은 별지 제7호의2서식의 교섭요구 사실의 공고에 대한 시정신청서에 다음 각 호의 자료를 첨부하여 관할 노동위원회에 제출해야 한다. (2021.7.6 개정)

1. 영 제14조의2에 따라 사용자에게 교섭을 요구한 서면 사본
2. 사용자가 해당 노동조합이 신청한 내용과 다르게 공고하였다는 사실을 증명할 수 있는 자료

제10조의4【교섭요구 노동조합의 확정공고 등】 ① 영 제14조의5제1항에서 "그 교섭을 요구한 노동조합의 명칭, 그 교섭을 요구한 날 현재의 종사근로자인 조합원 수 등 고용노동부령으로 정하는 사항"이란 다음 각 호의 사항을 말한다. (2021.7.6 개정)

1. 영 제14조의2 및 제14조의4에 따라 교섭을 요구한 노동조합의 명칭과 대표자의 성명
2. 영 제14조의2 및 제14조의4에 따라 교섭을 요구한 일자
3. 교섭을 요구한 날 현재의 종사근로자인 조합원(법 제29조의2에 따른 교섭대표노동조합 결정 절차에 참여한 노동조합에 소속된 종사근로자인 조합원을 말한다)의 수 (2021.7.6 개정)
4. 공고 내용이 노동조합이 제출한 내용과 다르게 공고되거나 공고되지 않은 경우에는 공고기간 중에 사용자에게 이의를 신청할 수 있다는 사실 (2021.7.6 개정)

② 영 제14조의5제4항에 따라 노동위원회에 시정을 신청하려는 노동조합은 별지 제7호의3서식의 교섭요구 노동조합 확정공고 이의신청 사실의 공고에 대한 시정신청서에 다음 각 호의 자료를 첨부하여 관할 노동위원회에 제출해야 한다. (2021.7.6 개정)

1. 영 제14조의5제2항에 따라 사용자에게 이의를 신청한 서류 사본
2. 사용자가 해당 노동조합이 신청한 내용과 다르게 공고하였다는 사실을 증명할 수 있는 자료

제10조의5 【과반수노동조합에 대한 이의신청】 ① 영 제14조의7제3항에 따라 노동위원회에 이의신청을 하려는 노동조합은 별지 제7호의4서식의 과반수노동조합에 대한 이의신청서에 과반수노동조합에 대한 이의신청 내용을 증명할 수 있는 자료를 첨부하여 관할 노동위원회에 제출해야 한다. (2021.7.6 개정)

② 영 제14조의7제5항에서 "조합원 명부(종사근로자인 조합원의 서명 또는 날인이 있는 것으로 한정한다) 등 고용노동부령으로 정하는 서류"란 다음 각 호의 구분에 따른 서류를 말한다. (2021.7.6 개정)

1. 노동조합에 제출 요구하는 서류 (2021.7.6 개정)
   가. 조합원 명부(종사근로자인 조합원 서명 또는 날인이 있는 것으로 한정한다) 또는 노동조합 가입원서 (2021.7.6 개정)
   나. 조합비 납부 증명서
   다. 노동조합 규약 사본
   라. 단체협약이 있는 경우에는 단체협약 사본
   마. 그 밖에 해당 노동조합의 종사근로자인 조합원임을 증명할 수 있는 서류 (2021.7.6 개정)
2. 사용자에게 제출 요구하는 서류
   가. 근로자 명부
   나. 조합비를 임금에서 공제하는 경우에 공제대상 근로자 명단과 해당 노동조합의 명칭
   다. 단체협약이 있는 경우에는 단체협약 사본
   라. 그 밖에 해당 교섭단위에 소속된 근로자임을 증명할 수 있는 서류

제10조의6 【서류 제출 요구 등 조사에 따르지 않은 경우의 처리 기준】 ① 노동위원회는 영 제14조의7제3항에 따라 이의를 신청한 노동조합이 서류 제출 등 필요한 조사에 따르고 그 노동조합 외에 법 제29조의2제3항에 따른 교섭창구 단일화 절차(이하 "교섭창구단일화절차"라 한다)에 참여한 다른 노동조합이 서류 제출 등 필요한 조사에 따르지 않은 경우에는 제출된 자료를 기준으로 종사근로자인 조합원 수를 계산하여 확인해야 한다. (2021.7.6 개정)

② 노동위원회는 영 제14조의7제3항에 따라 이의를 신청한 노동조합이 서류 제출 요구 등 필요한 조사에 따르지 않은 경우에는 영 제14조의7제1항에 따라 과반수노동조합임을 통보한 노동조합을 교섭대표노동조합으로 결정해야 한다. (2021.7.6 개정)

제10조의7 【공동교섭대표단 구성 결정신청 등】 ① 영 제14조의9제1항에 따라 공동교섭대표단 구성에 관한 결정을 신청하려는 노동조합은 별지 제7호의5서식의 공동교섭대표단 구성 결정 신청서에 해당 노동조합이 교섭창구단일화절차에 참여한 노동조합 전체 종사근로자인 조합원의 100분의 10 이상인 노동조합이라는 사실을 증명할 수 있는 자료를 첨부하여 관할 노동위원회에 제출해야 한다. (2021.7.6 개정)

② 영 제14조의9제4항에 따라 공동교섭대표단 구성과 관련한 종사근로자인 조합원 수 및 비율에 대하여 이의를 제기하려는 노동조합은 별지 제7호의6서식의 공동교섭대표단 구성 결정에 대한 이의신청서에 종사근로자인 조합원 수 및 비율에 대한 이의신청 내용을 증명할 수 있는 자료를 첨부하여 관할 노동위원회에 제출해야 한다. (2021.7.6 개정)

제10조의8 【교섭단위 결정 신청】 ① 법 제29조의3제2항 및 영 제14조의11제1항에 따라 교섭단위를 분리하거나 분리된 교섭단위를 통합하는 결정을 신청하려는 노동조합 또는 사용자는 별지 제7호의7서식의 교섭단위 결정 신청서에 현격한 근로조건의 차이, 고용형태, 교섭 관행 등 교섭단위를 분리하거나 분리된 교섭단위를 통합할 필요가 있다는 사실을 증명할 수 있는 자료를 첨부하여 관할 노동위원회에 제출해야 한다. (2021.7.6 개정)

② 법 제29조의3제3항에 따라 노동위원회의 결정에 대하여 중앙노동위원회에 재심을 신청하려는 자는 별지 제7호의8서식의 교섭단위 결정 재심신청서를 작성하여 중앙노동위원회에 제출해야 한다. (2021.7.6 개정)

제10조의9 【공정대표의무 위반에 대한 시정신청 등】 ① 법 제29조의4제2항 및 영 제14조의12제1항에 따라 공정대표의무 위반에 대한 시정을 신청하려는 노동조합은 별지 제7호의9서식의 공정대표의무 위반 시정신청서에 공정대표의무 위반 신청 내용을 증명할 수 있는 자료를 첨부하여 관할 노동위원회에 제출해야 한다. (2021.7.6 개정)

② 법 제29조의4제4항에 따라 노동위원회의 명령 또는 결정에 대하여 중앙노동위원회에 재심을 신청하려는 자는 별지 제7호의10서식의 공정대표의무 위반 시정 재심신청서를 작성하여 중앙노동위원회에 제출해야 한다. (2021.7.6 개정)

제11조 【단체협약의 신고】 법 제31조제2항에 따라 단체협약의 당사자는 별지 제8호 서식의 단체협약신고서에 단체협약서 사본을 첨부하여 행정관청에 제출해야 한다. (2021.7.6 개정)

제11조의2 【쟁의행위의 신고】 특별시장·광역시장·도지사·특별자치도지사(이하 "시·도지사"라 한다) 또는 시장·군수·구청장(자치구의 구청장을 말한다. 이하 같다)은 영 제17조에 따라 쟁의행위의 신고를 받은 경우에는 그 사본 1부를 지체 없이 해당 노동조합의 주된 사무소의 소재지를 관할하는 지방고용노동관서의 장에게 송부해야 한다. (2021.7.6 개정)

제11조의3 【단체교섭·쟁의행위의 지원신고】 삭제(2007.12.26)

제12조 【중지통보 등】 ① 행정관청은 법 제42조제3항 및 영 제22조에 따라 쟁의행위를 중지할 것을 통보한 경우에는 이를 관할 노동위원회와 쟁의행위의 당사자에게 지체 없이 통지해야 한다. (2021.7.6 개정)

② 시·도지사 또는 시장·군수·구청장이 제1항에 따라 중지를 통보하는 경우에는 그 사본(영 제22조 단서에 따라 구두로 한 때에는 그 내용을 적은 서면을 말한다)에 다음 각 호의 사항을 적은 서면을 첨부하여 지체 없이 해당 노동조합의 주된 사무소의 소재지를 관할하는 지방고용노동관서의 장에게 송부해야 한다. (2021.7.6 개정)

1. 쟁의행위 당사자의 성명 또는 명칭 및 주소
2. 쟁의행위의 발생장소 및 일시
3. 쟁의행위의 목적 및 요구사항
4. 쟁의행위에 참가한 인원수
5. 법 제42조제2항에 따른 안전보호시설의 종목과 그 정상적인 유지·운영을 정지·폐지 또는 방해한 정도 (2021.7.6 개정)
6. 노동위원회의 의결내용(쟁의행위의 중지통보가 법 제42조제3항 본문에 따른 것인 경우에만 해당한다) (2007.12.26 개정)

③ 시·도지사 또는 시장·군수·구청장은 제1항에 따른 쟁의행위의 중지통보가 법 제42조제3항 단서에 따른 것인 경우에는 제2항에 따라 송부한 후 법 제42조제4항에 따른 노동위원회의 사후승인 여부에 관한 사항을 해당 노동조합의 주된 사무소의 소재지를 관할하는 지방고용노동관서의 장에게 통보해야 한다. (2021.7.6 개정)

제12조의2 【필수유지업무 유지·운영 수준 등의 결정 신청】 법 제42조의4 제1항에 따라 필수유지업무의 필요 최소한의 유지·운영 수준, 대상직무 및 필요인원 등의 결정을 신청하려는 자는 별지 제8호의2서식의 필수유지업무 유지·운영 수준 등 결정신청서에 다음 각 호의 내용을 적은 서류를 첨부하여 관할 노동위원회에 제출해야 한다. (2021.7.6 개정)

1. 사업장 개요
2. 필수유지업무 협정 미체결 경위
3. 노동관계 당사자 간 필수유지업무의 필요 최소한의 유지·운영수준, 대상직무 및 필요인원에 대한 의견의 불일치 사항 및 이에 대한 당사자의 주장

4. 그 밖의 참고사항

제12조의3 【직장폐쇄의 신고】 시·도지사 또는 시장·군수·구청장은 법 제46조에 따라 직장폐쇄의 신고를 받은 경우에는 그 사본 1부를 지체 없이 쟁의행위의 당사자인 노동조합의 주된 사무소의 소재지를 관할하는 지방고용노동관서의 장에게 송부해야 한다. (2021.7.6 개정)

제13조 【사적 조정·중재결정의 신고 등】 ① 사적 조정·중재에 따라 노동쟁의를 해결하기로 한 노동관계 당사자는 법 제52조제2항 및 영 제23조제1항에 따라 별지 제9호 서식의 사적 조정·중재 결정 신고서에 사적 조정인 또는 사적 중재인의 인적사항을 첨부하여 관할 노동위원회에 신고해야 한다. (2021.7.6 개정)

② 노동위원회는 제1항에 따른 신고를 받은 경우에는 그 내용을 행정관청에 지체 없이 통보해야 한다. (2021.7.6 개정)

제14조 【조정의 신청】 ① 법 제53조 및 영 제24조제1항에 따라 조정을 신청하려는 자는 별지 제10호 서식의 노동쟁의조정신청서에 다음 각 호의 내용을 적은 서류를 첨부하여 관할 노동위원회에 제출해야 한다. (2021.7.6 개정)

1. 사업장 개요
2. 단체교섭 경위
3. 당사자간 의견의 불일치사항 및 이에 대한 당사자의 주장내용
4. 그 밖의 참고사항 (2021.7.6 개정)

② 노동위원회는 제1항에 따른 신청을 받은 경우와 조정을 종료한 경우에는 그 내용을 행정관청에 지체 없이 통보해야 한다. (2021.7.6 개정)

제15조 【중재의 신청】 ① 법 제62조 및 영 제24조제1항에 따라 중재를 신청하려는 자는 별지 제11호 서식의 노동쟁의중재신청서에 단체협약서 사본(당사자 일방이 단체협약에 따라 신청하는 경우만 해당한다)과 다음 각 호의 내용을 적은 서류를 첨부하여 관할 노동위원회에 제출해야 한다. (2021.7.6 개정)

1. 사업장 개요
2. 단체교섭 경위
3. 당사자간 의견의 불일치사항 및 이에 대한 당사자의 주장내용
4. 그 밖의 참고사항 (2021.7.6 개정)

② 노동위원회는 제1항에 따른 신청을 받은 경우와 중재를 종료한 경우에는 그 내용을 행정관청에 지체 없이 통보해야 한다. (2021.7.6 개정)

제16조 【서식 등】 법 및 영의 시행에 필요한 그 밖의 서식은 다음 각 호와 같다. (2021.7.6 개정)

1. 법 제12조제1항에 따른 설립신고증 : 별지 제12호서식

노동
조합

2. 법 제12조제2항 및 영 제9조제1항에 따른 보완요구서 : 별지 제13호서식
3. 법 제18조제3항 또는 제4항에 따른 총회 또는 대의원회 소집권자의 지명서 : 별지 제14호서식
4. 법 제21조 또는 제31조제3항에 따른 시정명령서 : 별지 제15호서식
5. 법 제27조에 따른 자료제출요구서 : 별지 제16호서식
6. 법 제36조제1항에 따른 단체협약의 지역적 구속력에 대한 결정서 : 별지 제17호서식
7. 법 제42조제3항에 따른 쟁의행위의 중지통보서 : 별지 제18호서식
8. 법 제42조의4제5항 및 제69조제1항에 따른 필수유지업무 유지·운영수준 등 결정에 대한 재심신청서 : 별지 제18호의2서식
9. 법 제46조제2항에 따른 직장폐쇄 신고서 : 별지 제19호서식
10. 법 제69조제1항에 따른 중재재정의 재심신청서 : 별지 제20호서식
11. 영 제9조제2항에 따른 시정요구서 : 별지 제21호서식
12. 영 제9조제2항에 따른 노동조합의 시정결과보고서 : 별지 제22호서식
13. 영 제10조제3항에 따른 변경신고증 : 별지 제23호서식
14. 영 제17조에 따른 쟁의행위신고서 : 별지 제24호서식

제16조의2 【규제의 재검토】 삭제(2017.2.3)

제17조 【과태료의 징수절차】 삭제(2021.7.6)

부 칙

① **【시행일】** 이 규칙은 공포한 날부터 시행한다.

② **【다른 법령의 폐지】** 노동조합법시행규칙 및 노동쟁의조정법시행규칙은 이를 각각 폐지한다.

③ **【다른 법령과의 관계】** 이 규칙 시행당시 다른 법령에서 종전의 노동조합법시행규칙·노동쟁의조정법시행규칙 또는 그 규정을 인용한 경우 이 규칙 중 그에 해당하는 규정이 있는 경우에는 종전의 규정에 갈음하여 이 규칙 또는 이 규칙의 해당 규정을 인용한 것으로 본다.

〈생략〉

부칙(2023.12.29 고용노동부령 제405호)

이 규칙은 2024년 1월 1일부터 시행한다.

부칙(2025.10.1 고용노동부령 제453호)

제1조 【시행일】 이 규칙은 공포한 날부터 시행한다. 〈단서 생략〉

제2조 【다른 법령의 개정】 생략

근로자참여 및 협력증진에 관한 법률

근로자참여 및 협력증진에 관한 법률

제정 1997. 3.13 법률 제 5312호
개정 1999.12.31 법률 제 6098호
〈생략〉
2010. 6. 4 법률 제10339호
2016. 1.27 법률 제13903호
2019. 4.16 법률 제16320호
2022. 6.10 법률 제18927호

제1장 총 칙

제1조 【목적】 이 법은 근로자와 사용자 쌍방이 참여와 협력을 통하여 노사 공동의 이익을 증진함으로써 산업 평화를 도모하고 국민경제 발전에 이바지함을 목적으로 한다. (2007.12.27 개정)

제2조 【신의성실의 의무】 근로자와 사용자는 서로 신의를 바탕으로 성실하게 협의에 임하여야 한다. (2007.12.27 개정)

제3조 【정의】 이 법에서 사용하는 용어의 뜻은 다음과 같다. (2007.12.27 개정)

1. "노사협의회"란 근로자와 사용자가 참여와 협력을 통하여 근로자의 복지 증진과 기업의 건전한 발전을 도모하기 위하여 구성하는 협의기구를 말한다.
2. "근로자"란 「근로기준법」 제2조에 따른 근로자를 말한다.
3. "사용자"란 「근로기준법」 제2조에 따른 사용자를 말한다.

제4조 【노사협의회의 설치】 ① 노사협의회(이하 "협의회"라 한다)는 근로조건에 대한 결정권이 있는 사업이나 사업장 단위로 설치하여야 한다. 다만, 상시(常時) 30명 미만의 근로자를 사용하는 사업이나 사업장은 그러하지 아니하다. (2007.12.27 개정)

② 하나의 사업에 지역을 달리하는 사업장이 있을 경우에는 그 사업장에도 설치할 수 있다. (2007.12.27 개정)

벌 법 제4조제1항에 따른 협의회의 설치를 정당한 사유 없이 거부하거나 방해한 자는 1천만원 이하의 벌금에 처한다. (법 제30조제1호)

령 제2조

제5조 【노동조합과의 관계】 노동조합의 단체교섭이나 그 밖의 모든 활동은 이 법에 의하여 영향을 받지 아니한다. (2007.12.27 개정)

제2장 협의회의 구성

제6조 【협의회의 구성】 ① 협의회는 근로자와 사용자를 대표하는 같은 수의 위원으로 구성하되, 각 3명 이상 10명 이하로 한다. (2007.12.27 개정)
② 근로자를 대표하는 위원(이하 "근로자위원"이라 한다)은 근로자 과반수가 참여하여 직접·비밀·무기명 투표로 선출한다. 다만, 사업 또는 사업장의 특수성으로 인하여 부득이한 경우에는 부서별로 근로자 수에 비례하여 근로자위원을 선출할 근로자(이하 이 조에서 "위원선거인"이라 한다)를 근로자 과반수가 참여한 직접·비밀·무기명 투표로 선출하고 위원선거인 과반수가 참여한 직접·비밀·무기명 투표로 근로자위원을 선출할 수 있다. (2022.6.10 개정)
③ 제2항에도 불구하고 사업 또는 사업장에 근로자의 과반수로 조직된 노동조합이 있는 경우에는 근로자위원은 노동조합의 대표자와 그 노동조합이 위촉하는 자로 한다. (2022.6.10 신설)
④ 사용자를 대표하는 위원(이하 "사용자위원"이라 한다)은 해당 사업이나 사업장의 대표자와 그 대표자가 위촉하는 자로 한다. (2022.6.10 개정)
⑤ 근로자위원이나 사용자위원의 선출과 위촉에 필요한 사항은 대통령령으로 정한다. (2022.6.10 개정)
령 제3조

제7조 【의장과 간사】 ① 협의회에 의장을 두며, 의장은 위원 중에서 호선(互選)한다. 이 경우 근로자위원과 사용자위원 중 각 1명을 공동의장으로 할 수 있다. (2007.12.27 개정)
② 의장은 협의회를 대표하며 회의 업무를 총괄한다. (2007.12.27 개정)
③ 노사 쌍방은 회의 결과의 기록 등 사무를 담당하는 간사 1명을 각각 둔다 (2007.12.27 개정)
칙 제2조

제8조 【위원의 임기】 ① 위원의 임기는 3년으로 하되, 연임할 수 있다 (2007.12.27 개정)
② 보궐위원의 임기는 전임자 임기의 남은 기간으로 한다. (2007.12.27 개정)
③ 위원은 임기가 끝난 경우라도 후임자가 선출될 때까지 계속 그 직무를 담당한다. (2007.12.27 개정)

제9조 【위원의 신분】 ① 위원은 비상임·무보수로 한다. (2007.12.27 개정)
② 사용자는 협의회 위원으로서의 직무 수행과 관련하여 근로자위원에게 불이익을 주는 처분을 하여서는 아니 된다. (2007.12.27 개정)
③ 위원의 협의회 출석 시간과 이와 직접 관련된 시간으로서 제18조에 따른 협의회규정으로 정한 시간은 근로한 시간으로 본다. (2007.12.27 개정)

제10조 【사용자의 의무】 ① 사용자는 근로자위원의 선출에 개입하거나 방해하여서는 아니 된다. (2007.12.27 개정)

② 사용자는 근로자위원의 업무를 위하여 장소의 사용 등 기본적인 편의를 제공하여야 한다. (2007.12.27 개정)

제11조 【시정명령】 고용노동부장관은 사용자가 제9조제2항을 위반하여 근로자위원에게 불이익을 주는 처분을 하거나 제10조제1항을 위반하여 근로자위원의 선출에 개입하거나 방해하는 경우에는 그 시정(是正)을 명할 수 있다. (2010.6.4 개정)

벌 사용자가 정당한 사유 없이 법 제11조에 따른 시정명령을 이행하지 아니하면 500만원 이하의 벌금에 처한다. (법 제31조)

제3장 협의회의 운영

제12조 【회 의】 ① 협의회는 3개월마다 정기적으로 회의를 개최하여야 한다. (2007.12.27 개정)

② 협의회는 필요에 따라 임시회의를 개최할 수 있다. (2007.12.27 개정)

벌 사용자가 법 제12조제1항을 위반하여 협의회를 정기적으로 개최하지 아니한 경우에는 200만원 이하의 벌금에 처한다. (법 제32조)

제13조 【회의 소집】 ① 의장은 협의회의 회의를 소집하며 그 의장이 된다. (2007.12.27 개정)

② 의장은 노사 일방의 대표자가 회의의 목적을 문서로 밝혀 회의의 소집을 요구하면 그 요구에 따라야 한다. (2007.12.27 개정)

③ 의장은 회의 개최 7일 전에 회의 일시, 장소, 의제 등을 각 위원에게 통보하여야 한다. (2007.12.27 개정)

제14조 【자료의 사전 제공】 근로자위원은 제13조제3항에 따라 통보된 의제 중 제20조제1항의 협의 사항 및 제21조의 의결 사항과 관련된 자료를 협의회 회의 개최 전에 사용자에게 요구할 수 있으며 사용자는 이에 성실히 따라야 한다. 다만, 그 요구 자료가 기업의 경영·영업상의 비밀이나 개인정보에 해당하는 경우에는 그러하지 아니하다. (2007.12.27 개정)

제15조 【정족수】 회의는 근로자위원과 사용자위원 각 과반수의 출석으로 개최하고 출석위원 3분의 2 이상의 찬성으로 의결한다. (2007.12.27 개정)

제16조 【회의의 공개】 협의회의 회의는 공개한다. 다만, 협의회의 의결로 공개하지 아니할 수 있다. (2007.12.27 개정)

제17조 【비밀 유지】 협의회의 위원은 협의회에서 알게 된 비밀을 누설하여서는 아니 된다. (2007.12.27 개정)

제18조 【협의회규정】 ① 협의회는 그 조직과 운영에 관한 규정(이하 "협의회규정"이라 한다)을 제정하고 협의회를 설치한 날부터 15일 이내에 고용노동부장관에게 제출하여야 한다. 이를 변경한 경우에도 또한 같다. (2010.

6.4 개정)

② 협의회규정의 규정 사항과 그 제정·변경 절차 등에 관하여 필요한 사항은 대통령령으로 정한다. (2007.12.27 개정)

벌 사용자가 법 제18조를 위반하여 협의회규정을 제출하지 아니한 때에는 200만원 이하의 과태료를 부과한다. (법 제33조제1항)

령 제5조 칙 제3조

제19조 【회의록 비치】 ① 협의회는 다음 각 호의 사항을 기록한 회의록을 작성하여 갖추어 두어야 한다. (2007.12.27 개정)

1. 개최 일시 및 장소
2. 출석 위원
3. 협의 내용 및 의결된 사항
4. 그 밖의 토의사항

② 제1항에 따른 회의록은 작성한 날부터 3년간 보존하여야 한다. (2007.12.27 개정)

령 제6조 칙 제4조

제4장 협의회의 임무

제20조 【협의 사항】 ① 협의회가 협의하여야 할 사항은 다음 각 호와 같다. (2007.12.27 개정)

1. 생산성 향상과 성과 배분
2. 근로자의 채용·배치 및 교육훈련
3. 근로자의 고충처리
4. 안전, 보건, 그 밖의 작업환경 개선과 근로자의 건강증진
5. 인사·노무관리의 제도 개선
6. 경영상 또는 기술상의 사정으로 인한 인력의 배치전환·재훈련·해고 등 고용조정의 일반원칙
7. 작업과 휴게 시간의 운용
8. 임금의 지불방법·체계·구조 등의 제도 개선
9. 신기계·기술의 도입 또는 작업 공정의 개선
10. 작업 수칙의 제정 또는 개정
11. 종업원지주제(從業員持株制)와 그 밖에 근로자의 재산형성에 관한 지원
12. 직무 발명 등과 관련하여 해당 근로자에 대한 보상에 관한 사항
13. 근로자의 복지증진
14. 사업장 내 근로자 감시 설비의 설치
15. 여성근로자의 모성보호 및 일과 가정생활의 양립을 지원하기 위한 사항

16. 「남녀고용평등과 일·가정 양립 지원에 관한 법률」 제2조제2호에 따른 직장 내 성희롱 및 고객 등에 의한 성희롱 예방에 관한 사항 (2019.4.16 신설)
17. 그 밖의 노사협조에 관한 사항 (2019.4.16 개정)

② 협의회는 제1항 각 호의 사항에 대하여 제15조의 정족수에 따라 의결할 수 있다. (2007.12.27 개정)

제21조 【의결 사항】 사용자는 다음 각 호의 어느 하나에 해당하는 사항에 대하여는 협의회의 의결을 거쳐야 한다. (2007.12.27 개정)

1. 근로자의 교육훈련 및 능력개발 기본계획의 수립
2. 복지시설의 설치와 관리
3. 사내근로복지기금의 설치
4. 고충처리위원회에서 의결되지 아니한 사항
5. 각종 노사공동위원회의 설치

제22조 【보고 사항 등】 ① 사용자는 정기회의에 다음 각 호의 어느 하나에 해당하는 사항에 관하여 성실하게 보고하거나 설명하여야 한다. (2007.12.27 개정)

1. 경영계획 전반 및 실적에 관한 사항
2. 분기별 생산계획과 실적에 관한 사항
3. 인력계획에 관한 사항
4. 기업의 경제적·재정적 상황

② 근로자위원은 근로자의 요구사항을 보고하거나 설명할 수 있다. (2007.12.27 개정)

③ 근로자위원은 사용자가 제1항에 따른 보고와 설명을 이행하지 아니하는 경우에는 제1항 각 호에 관한 자료를 제출하도록 요구할 수 있으며 사용자는 그 요구에 성실히 따라야 한다. (2007.12.27 개정)

벌 사용자가 정당한 사유 없이 법 제22조제3항에 따른 자료제출 의무를 이행하지 아니하면 500만원 이하의 벌금에 처한다. (법 제31조)

칙 제5조

제23조 【의결 사항의 공지】 협의회는 의결된 사항을 신속히 근로자에게 널리 알려야 한다. (2007.12.27 개정)

제24조 【의결 사항의 이행】 근로자와 사용자는 협의회에서 의결된 사항을 성실하게 이행하여야 한다. (2007.12.27 개정)

벌 법 제24조를 위반하여 협의회에서 의결된 사항을 정당한 사유 없이 이행하지 아니한 자는 1천만원 이하의 벌금에 처한다. (법 제30조제2호)

제25조 【임의 중재】 ① 협의회는 다음 각 호의 어느 하나에 해당하는 경우에는 근로자위원과 사용자위원의 합의로 협의회에 중재기구(仲裁機構)

를 두어 해결하거나 노동위원회나 그 밖의 제삼자에 의한 중재를 받을 수 있다. (2007.12.27 개정)

1. 제21조에 따른 의결 사항에 관하여 협의회가 의결하지 못한 경우
2. 협의회에서 의결된 사항의 해석이나 이행 방법 등에 관하여 의견이 일치하지 아니하는 경우

② 제1항에 따른 중재 결정이 있으면 협의회의 의결을 거친 것으로 보며 근로자와 사용자는 그 결정에 따라야 한다. (2007.12.27 개정)

벌 법 제25조제2항을 위반하여 중재 결정의 내용을 정당한 사유 없이 이행하지 아니한 자는 1천만원 이하의 벌금에 처한다. (법 제30조제3호)

제5장 고충처리

제26조 【고충처리위원】 모든 사업 또는 사업장에는 근로자의 고충을 청취하고 이를 처리하기 위하여 고충처리위원을 두어야 한다. 다만, 상시 30명 미만의 근로자를 사용하는 사업이나 사업장은 그러하지 아니하다. (2007.12.27 개정)

벌 사용자가 법 제26조에 따른 고충처리위원을 두지 아니한 경우에는 200만원 이하의 벌금에 처한다. (법 제32조)

령 제7조 칙 제7조

제27조 【고충처리위원의 구성 및 임기】 ① 고충처리위원은 노사를 대표하는 3명 이내의 위원으로 구성하되, 협의회가 설치되어 있는 사업이나 사업장의 경우에는 협의회가 그 위원 중에서 선임하고, 협의회가 설치되어 있지 아니한 사업이나 사업장의 경우에는 사용자가 위촉한다. (2007.12.27 개정)

② 위원의 임기에 관하여는 협의회 위원의 임기에 관한 제8조를 준용한다. (2007.12.27 개정)

제28조 【고충의 처리】 ① 고충처리위원은 근로자로부터 고충사항을 청취한 경우에는 10일 이내에 조치 사항과 그 밖의 처리결과를 해당 근로자에게 통보하여야 한다. (2007.12.27 개정)

② 고충처리위원이 처리하기 곤란한 사항은 협의회의 회의에 부쳐 협의 처리한다. (2007.12.27 개정)

제6장 보 칙

제29조 【권한의 위임】 이 법에 따른 고용노동부장관의 권한은 대통령령으로 정하는 바에 따라 그 일부를 지방고용노동관서의 장에게 위임할 수 있다. (2010.6.4 개정)

령 제10조

제7장 벌 칙

제30조 【벌칙】 다음 각 호의 어느 하나에 해당하는 자는 1천만원 이하의 벌금에 처한다. (2007.12.27 개정)
1. 제4조제1항에 따른 협의회의 설치를 정당한 사유 없이 거부하거나 방해한 자
2. 제24조를 위반하여 협의회에서 의결된 사항을 정당한 사유 없이 이행하지 아니한 자
3. 제25조제2항을 위반하여 중재 결정의 내용을 정당한 사유 없이 이행하지 아니한 자

제31조 【벌칙】 사용자가 정당한 사유 없이 제11조에 따른 시정명령을 이행하지 아니하거나 제22조제3항에 따른 자료제출 의무를 이행하지 아니하면 500만원 이하의 벌금에 처한다. (2007.12.27 개정)

제32조 【벌칙】 사용자가 제12조제1항을 위반하여 협의회를 정기적으로 개최하지 아니하거나 제26조에 따른 고충처리위원을 두지 아니한 경우에는 200만원 이하의 벌금에 처한다. (2007.12.27 개정)

제33조 【과태료】 ① 사용자가 제18조를 위반하여 협의회규정을 제출하지 아니한 때에는 200만원 이하의 과태료를 부과한다. (2007.12.27 개정)
② 제1항에 따른 과태료는 대통령령으로 정하는 바에 따라 고용노동부장관이 부과·징수한다. (2010.6.4 개정)
③ 삭제(2016.1.27)
④ 삭제(2016.1.27)
⑤ 삭제(2016.1.27)
령 제11조

부 칙

제1조 【시행일】 이 법은 공포한 날부터 시행한다.

제2조 【협의회의 설치에 관한 경과조치】 이 법 시행당시 종전의 규정에 의하여 설치된 노사협의회는 이 법에 의하여 설치된 것으로 본다.

제3조 【위원의 임기에 관한 경과조치】 이 법 시행당시 재임중인 협의회 위원의 임기는 위원 선출 당시의 규정에 의한다.

제4조 【협의회 규정에 관한 경과조치】 이 법 시행당시 종전의 규정에 의하여 노동부장관에게 제출된 협의회 규정은 이 법에 의하여 제출된 것으로 본다.

제5조 【의결된 사항에 관한 경과조치】 이 법 시행당시 종전의 규정에 의하여 협의회에서 의결된 사항은 이 법에 의한 협의회에서 의결된 것으로 본다.

제6조 【중재결정에 관한 경과조치】 이 법 시행당시 종전의 규정에 의한 중재결정에 대해서는 이 법에 의한 중재결정이 이루어진 것으로 본다.

제7조 【벌칙에 관한 경과조치】 이 법 시행전의 행위에 대한 벌칙의 적용에 있어서는 종전의 규정에 의한다.

〈생략〉

부칙(2007.12.27 법률 제8815호)

제1조 【시행일】 이 법은 공포한 날부터 시행한다.

제2조 【다른 법률의 개정】 생략

제3조 【다른 법령과의 관계】 이 법 시행 당시 다른 법령에서 종전의 「근로자참여 및 협력증진에 관한 법률」 또는 그 규정을 인용한 경우에 이 법 가운데 그에 해당하는 규정이 있으면 종전의 규정을 갈음하여 이 법 또는 이 법의 해당 규정을 인용한 것으로 본다.

부칙(2010.6.4 법률 제10339호)

제1조 【시행일】 이 법은 공포 후 1개월이 경과한 날부터 시행한다. 〈단서 생략〉

제2조부터 **제5조**까지 생략

부칙(2016.1.27 법률 제13903호)

이 법은 공포한 날부터 시행한다.

부칙(2019.4.16 법률 제16320호)

이 법은 공포 후 3개월이 경과한 날부터 시행한다.

부칙(2022.6.10 법률 제18927호)

제1조 【시행일】 이 법은 공포 후 6개월이 경과한 날부터 시행한다.

제2조 【근로자위원 선출에 관한 적용례】 제6조제2항의 개정규정은 이 법 시행 이후 근로자위원을 새로 선출하는 경우부터 적용한다.

근로자참여 및 협력증진에 관한 법률 시행령

전부개정 2008. 6. 5 대통령령 제20804호
개정 2010. 7.12 대통령령 제22269호
2014.12. 9 대통령령 제25840호
2016.12.30 대통령령 제27751호
2018. 4.17 대통령령 제28805호
2022.11. 8 대통령령 제32983호

제1조 【목적】 이 영은 「근로자참여 및 협력증진에 관한 법률」에서 위임된 사항과 그 시행에 필요한 사항을 규정함을 목적으로 한다.

제2조 【설치범위】 「근로자참여 및 협력증진에 관한 법률」(이하 "법"이라 한다) 제4조제1항을 적용하는 경우 하나의 사업에 종사하는 전체 근로자 수가 30명 이상이면 해당 근로자가 지역별로 분산되어 있더라도 그 주된 사무소에 노사협의회(이하 "협의회"라 한다)를 설치하여야 한다.

제3조 【근로자를 대표하는 위원의 입후보 자격】 법 제6조제2항에 따라 근로자를 대표하는 위원(이하 "근로자위원"이라 한다)의 선출에 입후보하려는 사람은 해당 사업이나 사업장의 근로자여야 한다. (2022.11.8 개정)

제4조 【보궐위원】 근로자위원의 결원이 생기면 30일 이내에 보궐위원을 위촉하거나 선출하되, 근로자의 과반수로 구성된 노동조합이 조직되어 있지 아니한 사업 또는 사업장에서는 근로자위원 선출 투표에서 선출되지 못한 사람 중 득표 순에 따른 차점자를 근로자위원으로 할 수 있다.

제5조 【협의회규정】 ① 법 제18조에 따른 협의회규정(이하 "협의회규정"이라 한다)에는 다음 각 호의 사항이 포함되어야 한다.

1. 협의회의 위원의 수
2. 근로자위원의 선출 절차와 후보 등록에 관한 사항
3. 사용자위원의 자격에 관한 사항
4. 법 제9조제3항에 따라 협의회 위원이 근로한 것으로 보는 시간에 관한 사항
5. 협의회의 회의 소집, 회기(會期), 그 밖에 협의회의 운영에 관한사항
6. 법 제25조에 따른 임의 중재의 방법·절차 등에 관한 사항
7. 고충처리위원의 수 및 고충처리에 관한 사항

② 협의회규정을 제정하거나 변경할 경우에는 협의회의 의결을 거쳐야 한다.

제6조 【회의록 작성】 법 제19조에 따른 회의록에는 출석위원 전원이 서명하거나 날인하여야 한다.

제7조【고충처리의 절차】 근로자는 고충사항이 있는 경우에는 법 제26조에 따른 고충처리위원(이하 "고충처리위원"이라 한다)에게 구두 또는 서면으로 신고할 수 있다. 이 경우 신고를 접수한 고충처리위원은 지체 없이 처리하여야 한다.

제8조【고충처리위원의 신분 및 처우】 ① 고충처리위원은 비상임·무보수로 한다.

② 사용자는 고충처리위원의 직무수행과 관련하여 고충처리위원에게 불리한 처분을 하여서는 아니 된다.

③ 고충처리위원이 고충사항의 처리에 관하여 협의하거나 고충처리 업무에 사용한 시간은 근로한 시간으로 본다.

제9조【대장 비치】 고충처리위원은 고충사항의 접수 및 그 처리에 관한 대장을 작성하여 갖추어 두고 1년간 보존하여야 한다.

칙 제7조

제10조【권한의 위임】 법 제29조에 따라 고용노동부장관은 다음 각 호의 권한을 지방고용노동관서의 장에게 위임한다. (2010.7.12 개정)

1. 법 제11조에 따른 시정명령
2. 법 제18조에 따른 협의회규정의 접수
3. 법 제33조에 따른 과태료의 부과·징수

제11조【과태료의 부과기준】 법 제33조제1항에 따른 과태료의 부과기준은 별표와 같다. (2018.4.17 신설)

부 칙

제1조【시행일】 이 영은 2008년 6월 22일부터 시행한다.

제2조【다른 법령과의 관계】 이 영 시행 당시 다른 법령에서 종전의 「근로자참여 및 협력증진에 관한 법률 시행령」의 규정을 인용한 경우에 이 영 가운데 그에 해당하는 규정이 있으면 종전의 규정을 갈음하여 이 영의 해당 규정을 인용한 것으로 본다.

〈생략〉

부칙(2022.11.8 대통령령 제32983호)

제1조【시행일】 이 영은 2022년 12월 11일부터 시행한다.

제2조【근로자위원의 입후보 자격에 관한 적용례】 제3조의 개정규정은 근로자위원의 선출에 참여하기 위하여 이 영 시행 이후 입후보하는 경우부터 적용한다.

[별표] (2018.4.17 신설)

과태료의 부과기준(제11조 관련)

1. 일반기준

가. 제2호의 개별기준에 따른 지연 제출 기간을 산정할 때에는 천재지변이나 그 밖의 불가피한 이유로 그 의무를 이행할 수 없었다고 인정되는 기간은 산입(算入)하지 않는다.

나. 고용노동부장관은 다음의 어느 하나에 해당하는 경우에는 제2호의 개별기준에 따른 과태료 금액의 2분의 1 범위에서 그 금액을 감경할 수 있다. 다만, 과태료를 체납하고 있는 위반행위자의 경우에는 그렇지 않다.

1) 위반행위자가 「질서위반행위규제법 시행령」 제2조의2제1항 각 호의 어느 하나에 해당하는 경우

2) 위반행위가 위반행위자의 사소한 부주의나 오류 등 과실로 인한 것으로 인정되는 경우

3) 위반행위자가 자연재해·화재 등으로 재산에 현저한 손실을 입었거나 사업여건의 악화로 사업이 중대한 위기에 처하는 등 금전납부의무 이행이 곤란하다고 인정할 만한 특별한 사정이 있는 경우

4) 그 밖에 위반행위의 정도, 위반행위를 시정하려는 노력, 위반행위의 동기와 그 결과 등을 종합적으로 고려하여 감경할 필요가 있다고 인정되는 경우

2. 개별기준

위반행위	근거 법조문	과태료 금액
법 제18조제1항을 위반하여 협의회규정을 기한까지 제출하지 않은 경우		
가. 지연 제출 기간이 1개월 미만인 경우	법 제33조 제1항	30만원
나. 지연 제출 기간이 1개월 이상 6개월 미만인 경우		60만원
다. 지연 제출 기간이 6개월 이상 12개월 미만인 경우		120만원
라. 기한이 지난 후 12개월 이상 제출하지 않은 경우		200만원

근로자참여 및 협력증진에 관한 법률 시행규칙

전부개정 2008. 6.17 노동부령 제300호
개정 2010. 7.12 고용노동부령 제 1호
〈생략〉
2016.10.20 고용노동부령 제168호
2018.12.27 고용노동부령 제234호
2019.12.23 고용노동부령 제270호
2023. 6. 8 고용노동부령 제381호

제1조 【목적】 이 규칙은 「근로자참여 및 협력증진에 관한 법률」 및 같은 법 시행령에서 위임된 사항과 그 시행에 필요한 사항을 규정함을 목적으로 한다.

제2조 【노사협의회의 간사】 「근로자참여 및 협력증진에 관한 법률」(이하 "법"이라 한다) 제7조제3항에 따른 간사는 노사협의회(이하 "협의회"라 한다)의 근로자를 대표하는 위원들과 사용자를 대표하는 위원들이 근로자위원과 사용자위원 중에서 각각 1명씩 선출한다.

제3조 【협의회규정의 제출 등】 ① 협의회는 법 제18조에 따른 협의회규정(이하 "협의회규정"이라 한다)을 제정하거나 변경한 경우에는 별지 제1호서식의 제정·변경 협의회규정 제출서에 다음 각 호의 서류를 첨부하여 관할 지방고용노동관서의 장에게 제출해야 한다. (2023.6.8 개정)

1. 제정하거나 변경된 협의회규정 (2023.6.8 신설)
2. 신·구조문대비표(협의회규정이 변경된 경우만 해당한다) (2023.6.8 신설)

② 관할 지방고용노동관서의 장은 제1항에 따라 제출받은 협의회규정의 내용이 관계법령을 위반한다고 인정되는 경우에는 별지 제2호서식의 협의회규정 변경·보완 요청 문서로써 해당 협의회에 그 변경이나 보완을 요청하여야 한다. (2010.7.12 개정)

제4조 【회의록의 작성·비치】 협의회는 법 제19조에 따라 별지 제3호서식의 노사협의회 회의록을 작성하여 갖추어 두어야 한다.

제5조 【사용자의 보고·설명사항】 사용자는 법 제22조에 따라 다음 각 호의 사항을 협의회의 정기회의에 보고하거나 설명하여야 한다.

1. 경영계획 전반 및 실적에 관한 다음 각 목의 사항
   가. 단기 및 중·장기 경영계획
   나. 경영실적과 전망
   다. 기구 개편
   라. 사업확장, 합병, 공장이전 및 휴업·폐업 등 경영상 중요한 결정사항

2. 분기별 생산계획과 실적에 관한 다음 각 목의 사항
   가. 분기별 생산계획과 실적
   나. 사업부서별 목표와 실적
   다. 신제품개발과 기술·기법의 도입
3. 인력계획에 관한 다음 각 목의 사항
   가. 인사방침
   나. 증원이나 감원 등 인력수급계획
   다. 모집과 훈련
4. 기업의 경제적·재정적 상황에 관한 다음 각 목의 사항
   가. 재무구조에 관한 일반 현황
   나. 자산현황과 운용 상황
   다. 부채현황과 상환 상황
   라. 경영수지 현황
5. 그 밖의 다음 각 목의 사항
   가. 사용자가 보고하도록 협의회에서 의결된 사항
   나. 근로자가 정당하게 보고를 요구한 사항

제6조【의결된 사항의 공지방법】 협의회는 회의에서 의결된 사항을 사내방송, 사보 게재, 게시, 그 밖의 적절한 방법으로 전체 근로자에게 신속하게 알려야 한다.

제7조【고충사항 접수 및 처리대장의 작성·비치】 법 제26조에 따른 고충처리위원은 「근로자참여 및 협력증진에 관한 법률 시행령」 제9조에 따라 별지 제4호서식의 고충사항 접수·처리대장을 작성하여 갖추어 두어야 한다.

제8조【규제의 재검토】 삭제(2019.12.23)

부 칙

제1조【시행일】 이 규칙은 2008년 6월 22일부터 시행한다.

제2조【다른 법령과의 관계】 이 규칙 시행 당시 다른 법령에서 종전의 「근로자참여 및 협력증진에 관한 법률 시행규칙」의 규정을 인용한 경우에 이 규칙 가운데 그에 해당하는 규정이 있으면 종전의 규정을 갈음하여 이 규칙의 해당 규정을 인용한 것으로 본다.

〈생략〉

부칙(2019.12.23 고용노동부령 제270호)

이 규칙은 공포한 날부터 시행한다.

부칙(2023.6.8 고용노동부령 제381호)

제1조【시행일】 이 규칙은 공포한 날부터 시행한다.

제2조【협의회규정 등의 제출에 관한 적용례】 제3조제1항 및 별지 제1호 서식의 개정규정은 이 규칙 시행 이후 제정·변경 협의회규정 제출서를 제출하는 경우부터 적용한다.

산업재해 보상보험법

산업재해보상보험법

전부개정 2007.12.14 법률 제 8694호
개정 2007.12.31 법률 제 8835호
〈생략〉
2023. 8. 8 법률 제19612호
2024.10.22 법률 제20523호
2025.10. 1 법률 제21065호
2025.11.11 법률 제21136호

제1장 총 칙

제1조【목적】 이 법은 산업재해보상보험 사업을 시행하여 근로자의 업무상의 재해를 신속하고 공정하게 보상하며, 재해근로자의 재활 및 사회 복귀를 촉진하기 위하여 이에 필요한 보험시설을 설치·운영하고, 재해 예방과 그 밖에 근로자의 복지 증진을 위한 사업을 시행하여 근로자 보호에 이바지하는 것을 목적으로 한다.

제2조【보험의 관장과 보험연도】 ① 이 법에 따른 산업재해보상보험 사업(이하 "보험사업"이라 한다)은 고용노동부장관이 관장한다. (2010.6.4 개정)
② 이 법에 따른 보험사업의 보험연도는 정부의 회계연도에 따른다.

제3조【국고의 부담 및 지원】 ① 국가는 회계연도마다 예산의 범위에서 보험사업의 사무 집행에 드는 비용을 일반회계에서 부담하여야 한다.
② 국가는 회계연도마다 예산의 범위에서 보험사업에 드는 비용의 일부를 지원할 수 있다.

제4조【보험료】 이 법에 따른 보험사업에 드는 비용에 충당하기 위하여 징수하는 보험료나 그 밖의 징수금에 관하여는 「고용보험 및 산업재해보상보험의 보험료징수 등에 관한 법률」(이하 "보험료징수법"이라 한다)에서 정하는 바에 따른다.

제5조【정의】 이 법에서 사용하는 용어의 뜻은 다음과 같다.

1. "업무상의 재해"란 업무상의 사유에 따른 근로자의 부상·질병·장해 또는 사망을 말한다.
2. "근로자"·"임금"·"평균임금"·"통상임금"이란 각각 「근로기준법」에 따른 "근로자"·"임금"·"평균임금"·"통상임금"을 말한다. 다만, 「근로기준법」에 따라 "임금" 또는 "평균임금"을 결정하기 어렵다고 인정되면 고용노동부장관이 정하여 고시하는 금액을 해당 "임금" 또는 "평균임금"으로 한다. (2010.6.4 개정)
3. "유족"이란 사망한 사람의 배우자(사실상 혼인 관계에 있는 사람을 포함

산재보험

한다. 이하 같다)·자녀·부모·손자녀·조부모 또는 형제자매를 말한다. (2020.5.26 개정)

4. "치유"란 부상 또는 질병이 완치되거나 치료의 효과를 더 이상 기대할 수 없고 그 증상이 고정된 상태에 이르게 된 것을 말한다.
5. "장해"란 부상 또는 질병이 치유되었으나 정신적 또는 육체적 훼손으로 인하여 노동능력이 상실되거나 감소된 상태를 말한다. (2010.1.27 개정)
6. "중증요양상태"란 업무상의 부상 또는 질병에 따른 정신적 또는 육체적 훼손으로 노동능력이 상실되거나 감소된 상태로서 그 부상 또는 질병이 치유되지 아니한 상태를 말한다. (2018.6.12 개정)
7. "진폐"(塵肺)란 분진을 흡입하여 폐에 생기는 섬유증식성(纖維增殖性) 변화를 주된 증상으로 하는 질병을 말한다. (2010.5.20 신설)
8. "출퇴근"이란 취업과 관련하여 주거와 취업장소 사이의 이동 또는 한 취업장소에서 다른 취업장소로의 이동을 말한다. (2017.10.24 신설)

제6조【적용 범위】 이 법은 근로자를 사용하는 모든 사업 또는 사업장(이하 "사업"이라 한다)에 적용한다. 다만, 위험률·규모 및 장소 등을 고려하여 대통령령으로 정하는 사업에 대하여는 이 법을 적용하지 아니한다.

령 제2조

제7조【보험 관계의 성립·소멸】 이 법에 따른 보험 관계의 성립과 소멸에 대하여는 보험료징수법으로 정하는 바에 따른다.

제8조【산업재해보상보험및예방심의위원회】 ① 산업재해보상보험 및 예방에 관한 중요 사항을 심의하게 하기 위하여 고용노동부에 산업재해보상보험및예방심의위원회(이하 "위원회"라 한다)를 둔다. (2010.6.4 개정)
② 위원회는 근로자를 대표하는 사람, 사용자를 대표하는 사람 및 공익을 대표하는 사람으로 구성하되, 그 수는 각각 같은 수로 한다. (2020.5.26 개정)
③ 위원회는 그 심의 사항을 검토하고, 위원회의 심의를 보조하게 하기 위하여 위원회에 전문위원회를 둘 수 있다. (2009.10.9 개정)
④ 위원회 및 전문위원회의 조직·기능 및 운영에 필요한 사항은 대통령령으로 정한다. (2009.10.9 개정)

령 제3조·제8조

제9조【보험사업 관련 조사·연구】 ① 고용노동부장관은 보험사업을 효율적으로 관리·운영하기 위하여 조사·연구 사업 등을 할 수 있다. (2010.6.4 개정)
② 고용노동부장관은 필요하다고 인정하면 제1항에 따른 업무의 일부를 대통령령으로 정하는 자에게 대행하게 할 수 있다. (2010.6.4 개정)

령 제12조

제9조의2【산업재해근로자의 날】 ① 산업재해에 대한 국민의 이해를 증

진시키고 산업재해근로자의 권익 향상을 도모하기 위하여 매년 4월 28일을 산업재해근로자의 날로 하며, 산업재해근로자의 날부터 1주간을 산업재해근로자 추모 주간으로 한다. (2024.10.22 신설)
② 고용노동부장관은 산업재해근로자의 날의 취지에 적합한 행사, 산업재해예방교육, 산업재해근로자 지원 등의 사업을 실시하도록 노력하여야 한다. (2024.10.22 신설)

제2장 근로복지공단

제10조 【근로복지공단의 설립】 고용노동부장관의 위탁을 받아 제1조의 목적을 달성하기 위한 사업을 효율적으로 수행하기 위하여 근로복지공단(이하 "공단"이라 한다)을 설립한다. (2010.6.4 개정)
령 제14조

제11조 【공단의 사업】 ① 공단은 다음 각 호의 사업을 수행한다.
1. 보험가입자와 수급권자에 관한 기록의 관리·유지
2. 보험료징수법에 따른 보험료와 그 밖의 징수금의 징수
3. 보험급여의 결정과 지급
4. 보험급여 결정 등에 관한 심사 청구의 심리·결정
5. 산업재해보상보험 시설의 설치·운영
5의2. 업무상 재해를 입은 근로자 등의 진료·요양 및 재활 (2015.1.20 개정)
5의3. 재활보조기구의 연구개발·검정 및 보급 (2010.1.27 신설)
5의4. 보험급여 결정 및 지급을 위한 업무상 질병 관련 연구 (2015.1.20 신설)
5의5. 근로자 등의 건강을 유지·증진하기 위하여 필요한 건강진단 등 예방 사업 (2015.1.20 신설)
6. 근로자의 복지 증진을 위한 사업
7. 그 밖에 정부로부터 위탁받은 사업
8. 제5호·제5호의2부터 제5호의5까지·제6호 및 제7호에 따른 사업에 딸린 사업 (2015.1.20 개정)

② 공단은 제1항제5호의2부터 제5호의5까지의 사업을 위하여 의료기관, 연구기관 등을 설치·운영할 수 있다. (2015.1.20 개정)
③ 제1항제3호에 따른 사업의 수행에 필요한 자문을 하기 위하여 공단에 관계 전문가 등으로 구성되는 보험급여자문위원회를 둘 수 있다. (2010.1.27 개정)
④ 제3항에 따른 보험급여자문위원회의 구성과 운영에 필요한 사항은 공단이 정한다. (2010.1.27 개정)

⑤ 정부는 예산의 범위에서 공단의 사업과 운영에 필요한 비용을 출연할 수 있다. (2015.1.20 신설)

칙 제10조

제12조 【법인격】 공단은 법인으로 한다.

제13조 【사무소】 ① 공단의 주된 사무소 소재지는 정관으로 정한다.

② 공단은 필요하면 정관으로 정하는 바에 따라 분사무소를 둘 수 있다.

제14조 【정관】 ① 공단의 정관에는 다음 각 호의 사항을 적어야 한다.

1. 목적
2. 명칭
3. 주된 사무소와 분사무소에 관한 사항
4. 임직원에 관한 사항
5. 이사회에 관한 사항
6. 사업에 관한 사항
7. 예산 및 결산에 관한 사항
8. 자산 및 회계에 관한 사항
9. 정관의 변경에 관한 사항
10. 내부규정의 제정·개정 및 폐지에 관한 사항
11. 공고에 관한 사항

② 공단의 정관은 고용노동부장관의 인가를 받아야 한다. 이를 변경하려는 때에도 또한 같다. (2010.6.4 개정)

제15조 【설립등기】 공단은 그 주된 사무소의 소재지에서 설립등기를 함으로써 성립한다.

제16조 【임원】 ① 공단의 임원은 이사장 1명과 상임이사 4명을 포함한 15명 이내의 이사와 감사 1명으로 한다. (2010.1.27 개정)

② 이사장·상임이사 및 감사의 임면(任免)에 관하여는 「공공기관의 운영에 관한 법률」 제26조에 따른다. (2010.1.27 개정)

③ 비상임이사(제4항에 따라 당연히 비상임이사로 선임되는 사람은 제외한다)는 다음 각 호의 어느 하나에 해당하는 사람 중에서 「공공기관의 운영에 관한 법률」 제26조제3항에 따라 고용노동부장관이 임명한다. 이 경우 제4호에 해당하는 사람 1명을 포함하여야 하며, 제1호와 제2호에 해당하는 비상임이사는 같은 수로 하되, 노사 어느 일방이 추천하지 아니하는 경우에는 그러하지 아니하다. (2025.11.11 개정)

1. 총연합단체인 노동조합이 추천하는 사람
2. 전국을 대표하는 사용자단체가 추천하는 사람
3. 사회보험 또는 근로복지사업에 관한 학식과 경험이 풍부한 사람으로서 「공공기관의 운영에 관한 법률」 제29조에 따른 임원추천위원회가 추천하

는 사람
4. 3년 이상 재직한 공단 소속 근로자 중에서 근로자대표(근로자의 과반수로 조직된 노동조합이 있는 경우 그 노동조합의 대표자를 말한다)의 추천이나 근로자 과반수의 동의를 받은 사람 (2025.11.11 신설)

④ 당연히 비상임이사로 선임되는 사람은 다음 각 호와 같다. (2010.1.27 신설)
1. 기획예산처에서 공단 예산 업무를 담당하는 3급 공무원 또는 고위공무원단에 속하는 일반직공무원 중에서 기획예산처장관이 지명하는 1명 (2025.10.1 개정)
2. 고용노동부에서 산업재해보상보험 업무를 담당하는 3급 공무원 또는 고위공무원단에 속하는 일반직공무원 중에서 고용노동부장관이 지명하는 1명 (2010.6.4 개정)

⑤ 비상임이사에게는 보수를 지급하지 아니한다. 다만, 직무 수행에 드는 실제 비용은 지급할 수 있다. (2010.1.27 개정)

제17조 【임원의 임기】 이사장의 임기는 3년으로 하고, 이사와 감사의 임기는 2년으로 하되, 각각 1년 단위로 연임할 수 있다. (2010.1.27 개정)

제18조 【임원의 직무】 ① 이사장은 공단을 대표하고 공단의 업무를 총괄한다.

② 상임이사는 정관으로 정하는 바에 따라 공단의 업무를 분장하고, 이사장이 부득이한 사유로 직무를 수행할 수 없을 때에는 정관으로 정하는 순서에 따라 그 직무를 대행한다. (2020.5.26 개정)

③ 감사(監事)는 공단의 업무와 회계를 감사(監査)한다.

제19조 【임원의 결격사유와 당연퇴직】 다음 각 호의 어느 하나에 해당하는 사람은 공단의 임원이 될 수 없다. (2010.1.27 개정)
1. 「국가공무원법」 제33조 각 호의 어느 하나에 해당하는 사람
2. 「공공기관의 운영에 관한 법률」 제34조제1항제2호에 해당하는 사람

제20조 【임원의 해임】 임원의 해임에 관하여는 「공공기관의 운영에 관한 법률」 제22조제1항, 제31조제6항, 제35조제2항·제3항, 제36조제2항 및 제48조제4항·제8항에 따른다. (2010.1.27 개정)

제21조 【임직원의 겸직 제한 등】 ① 공단의 상임임원과 직원은 그 직무 외에 영리를 목적으로 하는 업무에 종사하지 못한다. (2010.1.27 개정)

② 상임임원이 「공공기관의 운영에 관한 법률」 제26조에 따른 임명권자나 제청권자의 허가를 받은 경우와 직원이 이사장의 허가를 받은 경우에는 비영리 목적의 업무를 겸할 수 있다. (2010.1.27 신설)

③ 공단의 임직원이나 그 직에 있었던 사람은 그 직무상 알게 된 비밀을 누설하여서는 아니된다. (2020.5.26 개정)

벌 법 제21조제3항을 위반하여 비밀을 누설한 자는 2년 이하의 징역 또는 1천만원 이하의 벌금에 처한다. (법 제127조제4항)

제22조 【이사회】 ① 공단에 「공공기관의 운영에 관한 법률」 제17조제1항 각 호의 사항을 심의·의결하기 위하여 이사회를 둔다. (2010.1.27 개정)
② 이사회는 이사장을 포함한 이사로 구성한다. (2010.1.27 개정)
③ 이사장은 이사회의 의장이 된다. (2010.1.27 개정)
④ 이사회의 회의는 이사회 의장이나 재적이사 3분의 1 이상의 요구로 소집하고, 재적이사 과반수의 찬성으로 의결한다. (2010.1.27 개정)
⑤ 감사는 이사회에 출석하여 의견을 진술할 수 있다. (2010.1.27 개정)

제23조 【직원의 임면 및 대리인의 선임】 ① 이사장은 정관으로 정하는 바에 따라 공단의 직원을 임명하거나 해임한다.
② 이사장은 정관으로 정하는 바에 따라 직원 중에서 업무에 관한 재판상 행위 또는 재판 외의 행위를 할 수 있는 권한을 가진 대리인을 선임할 수 있다.

제24조 【벌칙 적용에서의 공무원 의제】 공단의 임원과 직원은 「형법」 제129조부터 제132조까지의 규정에 따른 벌칙의 적용에서는 공무원으로 본다.

제25조 【업무의 지도·감독】 ① 공단은 대통령령으로 정하는 바에 따라 회계연도마다 사업 운영계획과 예산에 관하여 고용노동부장관의 승인을 받아야 한다. (2010.6.4 개정)
② 공단은 회계연도마다 회계연도가 끝난 후 2개월 이내에 사업 실적과 결산을 고용노동부장관에게 보고하여야 한다. (2010.6.4 개정)
③ 고용노동부장관은 공단에 대하여 그 사업에 관한 보고를 명하거나 사업 또는 재산 상황을 검사할 수 있고, 필요하다고 인정하면 정관을 변경하도록 명하는 등 감독을 위하여 필요한 조치를 할 수 있다. (2020.5.26 개정)
령 제14조·제15조

제26조 【공단의 회계】 ① 공단의 회계연도는 정부의 회계연도에 따른다.
② 공단은 보험사업에 관한 회계를 공단의 다른 회계와 구분하여 회계처리하여야 한다. (2018.6.12 개정)
③ 공단은 고용노동부장관의 승인을 받아 회계규정을 정하여야 한다. (2010.6.4 개정)

제26조의2 【공단의 수입】 공단의 수입은 다음 각 호와 같다. (2018.6.12 신설)
1. 정부나 정부 외의 자로부터 받은 출연금 또는 기부금
2. 제11조에 따른 공단의 사업수행으로 발생한 수입 및 부대수입
3. 제27조에 따른 차입금 및 이입충당금
4. 제28조에 따른 잉여금

5. 그 밖의 수입금

제27조 【자금의 차입 등】 ① 공단은 제11조에 따른 사업을 위하여 필요하면 고용노동부장관의 승인을 받아 자금을 차입(국제기구·외국 정부 또는 외국인으로부터의 차입을 포함한다)할 수 있다. (2010.6.4 개정)

② 공단은 회계연도마다 보험사업과 관련하여 지출이 수입을 초과하게 되면 제99조에 따른 책임준비금의 범위에서 고용노동부장관의 승인을 받아 제95조에 따른 산업재해보상보험 및 예방 기금에서 이입(移入)하여 충당할 수 있다. (2010.6.4 개정)

령 제17조

제28조 【잉여금의 처리】 공단은 회계연도 말에 결산상 잉여금이 있으면 공단의 회계규정으로 정하는 바에 따라 회계별로 구분하여 손실금을 보전(補塡)하고 나머지는 적립하여야 한다.

제29조 【권한 또는 업무의 위임·위탁】 ① 이 법에 따른 공단 이사장의 대표 권한 중 일부를 대통령령으로 정하는 바에 따라 공단의 분사무소(이하 "소속 기관"이라 한다)의 장에게 위임할 수 있다.

② 이 법에 따른 공단의 업무 중 일부를 대통령령으로 정하는 바에 따라 체신관서나 금융기관에 위탁할 수 있다.

령 제18조·제19조

제30조 【수수료 등의 징수】 공단은 제11조에 따른 사업에 관하여 고용노동부장관의 승인을 받아 공단 시설의 이용료나 업무위탁 수수료 등 그 사업에 필요한 비용을 수익자가 부담하게 할 수 있다. (2010.6.4 개정)

제31조 【자료 제공의 요청】 ① 공단은 보험급여의 결정과 지급 등 보험사업을 효율적으로 수행하기 위하여 필요하면 질병관리청·국세청·경찰청 및 지방자치단체 등 관계 행정기관이나 그 밖에 대통령령으로 정하는 보험사업과 관련되는 기관·단체에 주민등록·외국인등록 등 대통령령으로 정하는 자료의 제공을 요청할 수 있다. (2022.6.10 개정)

② 제1항에 따라 자료의 제공을 요청받은 관계 행정기관이나 관련 기관·단체 등은 정당한 사유 없이 그 요청을 거부할 수 없다.

③ 제1항에 따라 공단에 제공되는 자료에 대하여는 수수료나 사용료 등을 면제한다.

령 제19조의2

제31조의2 【가족관계등록 전산정보의 공동이용】 ① 공단은 다음 각 호의 업무를 수행하기 위하여 「전자정부법」에 따라 「가족관계의 등록 등에 관한 법률」 제9조제1항에 따른 전산정보자료를 공동이용(「개인정보 보호법」 제2조제2호에 따른 처리를 포함한다)할 수 있다. (2021.1.26 신설)

1. 제40조에 따른 요양급여 수급권자의 생존 여부 확인

2. 제52조에 따른 휴업급여 수급권자의 생존 여부 확인
3. 제57조에 따른 장해급여 수급권자의 생존 여부 확인
4. 제61조에 따른 간병급여 수급권자의 생존 여부 확인
5. 제62조에 따른 유족급여 수급권자의 수급자격 확인
6. 제66조에 따른 상병보상연금 수급권자의 생존 여부 확인
7. 제72조에 따른 직업재활급여 수급권자의 생존 여부 확인
8. 제81조에 따른 미지급 보험급여 지급을 위한 수급권자의 유족 여부 확인
9. 제91조의3에 따른 진폐보상연금 수급권자의 생존 여부 및 제91조의4에 따른 진폐유족연금 수급권자의 수급자격 확인

② 법원행정처장은 제1항에 따라 공단이 전산정보자료의 공동이용을 요청하는 경우 특별한 사유가 없으면 그 공동이용을 위하여 필요한 조치를 취하여야 한다. (2021.1.26 신설)

③ 누구든지 제1항에 따라 공동이용하는 전산정보자료를 그 목적 외의 용도로 이용하거나 활용하여서는 아니 된다. (2021.1.26 신설)

벌 법 제31조의2제3항을 위반하여 공동이용하는 전산정보자료를 같은 조 제1항에 따른 목적 외의 용도로 이용하거나 활용한 자는 3년 이하의 징역 또는 3천만원 이하의 벌금에 처한다. (법 제127조제1항)

제32조 【출자 등】 ① 공단은 공단의 사업을 효율적으로 수행하기 위하여 필요하면 제11조제1항제5호·제5호의2부터 제5호의5까지·제6호 및 제7호에 따른 사업에 출자하거나 출연할 수 있다. (2015.1.20 개정)

② 제1항에 따른 출자·출연에 필요한 사항은 대통령령으로 정한다.

령 제20조

제33조 【한국산재의료원의 설립】 삭제(2010.1.27)

제34조 【유사명칭의 사용 금지】 공단이 아닌 자는 근로복지공단 또는 이와 비슷한 명칭을 사용하지 못한다. (2010.1.27 개정)

벌 법 제34조를 위반하여 근로복지공단 또는 이와 비슷한 명칭을 사용한 자에게는 200만원 이하의 과태료를 부과한다. (법 제129조제2항제1호)

제35조 【「민법」의 준용】 공단에 관하여는 이 법과 「공공기관의 운영에 관한 법률」에 규정된 것 외에는 「민법」 중 재단법인에 관한 규정을 준용한다. (2010.1.27 개정)

제3장 보험급여

제36조 【보험급여의 종류와 산정 기준 등】 ① 보험급여의 종류는 다음 각 호와 같다. 다만, 진폐에 따른 보험급여의 종류는 제1호의 요양급여, 제4호의 간병급여, 제7호의 장례비, 제8호의 직업재활급여, 제91조의3에 따른 진

폐보상연금 및 제91조의4에 따른 진폐유족연금으로 하고, 제91조의12에 따른 건강손상자녀에 대한 보험급여의 종류는 제1호의 요양급여, 제3호의 장해급여, 제4호의 간병급여, 제7호의 장례비, 제8호의 직업재활급여로 한다. (2022.1.11 개정)

1. 요양급여
2. 휴업급여
3. 장해급여
4. 간병급여
5. 유족급여
6. 상병(傷病)보상연금
7. 장례비 (2021.1.26 개정)
8. 직업재활급여

② 제1항에 따른 보험급여는 제40조, 제52조부터 제57조까지, 제60조부터 제62조까지, 제66조부터 제69조까지, 제71조, 제72조, 제91조의3 및 제91조의4에 따른 보험급여를 받을 수 있는 사람(이하 "수급권자"라 한다)의 청구에 따라 지급한다. (2020.5.26 개정)

③ 보험급여를 산정하는 경우 해당 근로자의 평균임금을 산정하여야 할 사유가 발생한 날부터 1년이 지난 이후에는 매년 전체 근로자의 임금 평균액의 증감률에 따라 평균임금을 증감하되, 그 근로자의 연령이 60세에 도달한 이후에는 소비자물가변동률에 따라 평균임금을 증감한다. 다만, 제6항에 따라 산정한 금액을 평균임금으로 보는 진폐에 걸린 근로자에 대한 보험급여는 제외한다. (2010.5.20 개정)

④ 제3항에 따른 전체 근로자의 임금 평균액의 증감률 및 소비자물가변동률의 산정 기준과 방법은 대통령령으로 정한다. 이 경우 산정된 증감률 및 변동률은 매년 고용노동부장관이 고시한다. (2010.6.4 개정)

⑤ 보험급여(진폐보상연금 및 진폐유족연금은 제외한다)를 산정할 때 해당 근로자의 근로 형태가 특이하여 평균임금을 적용하는 것이 적당하지 아니하다고 인정되는 경우로서 대통령령으로 정하는 경우에는 대통령령으로 정하는 산정 방법에 따라 산정한 금액을 평균임금으로 한다. (2010.5.20 개정)

⑥ 보험급여를 산정할 때 진폐 등 대통령령으로 정하는 직업병으로 보험급여를 받게 되는 근로자에게 그 평균임금을 적용하는 것이 근로자의 보호에 적당하지 아니하다고 인정되면 대통령령으로 정하는 산정 방법에 따라 산정한 금액을 그 근로자의 평균임금으로 한다. (2010.5.20 개정)

⑦ 보험급여(장례비는 제외한다)를 산정할 때 그 근로자의 평균임금 또는 제3항부터 제6항까지의 규정에 따라 보험급여의 산정 기준이 되는 평균임금이 「고용정책 기본법」 제17조의 고용구조 및 인력수요 등에 관한 통계에

따른 상용근로자 5명 이상 사업체의 전체 근로자의 임금 평균액의 1.8배(이하 "최고 보상기준 금액"이라 한다)를 초과하거나, 2분의 1(이하 "최저 보상기준 금액"이라 한다)보다 적으면 그 최고 보상기준 금액이나 최저 보상기준 금액을 각각 그 근로자의 평균임금으로 하되, 최저 보상기준 금액이 「최저임금법」 제5조제1항에 따른 시간급 최저임금액에 8을 곱한 금액(이하 "최저임금액"이라 한다)보다 적으면 그 최저임금액을 최저 보상기준 금액으로 한다. 다만, 휴업급여 및 상병보상연금을 산정할 때에는 최저 보상기준 금액을 적용하지 아니한다. (2021.1.26 개정)

⑧ 최고 보상기준 금액이나 최저 보상기준 금액의 산정방법 및 적용기간은 대통령령으로 정한다. 이 경우 산정된 최고 보상기준 금액 또는 최저 보상기준 금액은 매년 고용노동부장관이 고시한다. (2010.6.4 개정)

벌 거짓이나 그 밖의 부정한 방법으로 보험급여를 받은 자는 2년 이하의 징역 또는 2천만원 이하의 벌금에 처한다. (법 제127조제3항제1호)

벌 거짓이나 그 밖의 부정한 방법으로 보험급여를 받도록 시키거나 도와준 자는 2년 이하의 징역 또는 2천만원 이하의 벌금에 처한다. (법 제127조제3항제2호)

령 제21·22·23·24·25·26·124조 칙 제19조

제37조 【업무상의 재해의 인정 기준】 ① 근로자가 다음 각 호의 어느 하나에 해당하는 사유로 부상·질병 또는 장해가 발생하거나 사망하면 업무상의 재해로 본다. 다만, 업무와 재해 사이에 상당인과관계(相當因果關係)가 없는 경우에는 그러하지 아니하다.

1. 업무상 사고
   가. 근로자가 근로계약에 따른 업무나 그에 따르는 행위를 하던 중 발생한 사고
   나. 사업주가 제공한 시설물 등을 이용하던 중 그 시설물 등의 결함이나 관리소홀로 발생한 사고
   다. 삭제(2017.10.24)
   라. 사업주가 주관하거나 사업주의 지시에 따라 참여한 행사나 행사준비 중에 발생한 사고
   마. 휴게시간 중 사업주의 지배관리하에 있다고 볼 수 있는 행위로 발생한 사고
   바. 그 밖에 업무와 관련하여 발생한 사고
2. 업무상 질병
   가. 업무수행 과정에서 물리적 인자(因子), 화학물질, 분진, 병원체, 신체에 부담을 주는 업무 등 근로자의 건강에 장해를 일으킬 수 있는 요인을 취급하거나 그에 노출되어 발생한 질병 (2010.1.27 개정)

나. 업무상 부상이 원인이 되어 발생한 질병
다. 「근로기준법」 제76조의2에 따른 직장 내 괴롭힘, 고객의 폭언 등으로 인한 업무상 정신적 스트레스가 원인이 되어 발생한 질병 (2019.1.15 신설)
라. 그 밖에 업무와 관련하여 발생한 질병 (2019.1.15 개정)
3. 출퇴근 재해 (2017.10.24 신설)
가. 사업주가 제공한 교통수단이나 그에 준하는 교통수단을 이용하는 등 사업주의 지배관리하에서 출퇴근하는 중 발생한 사고
나. 그 밖에 통상적인 경로와 방법으로 출퇴근하는 중 발생한 사고

② 근로자의 고의·자해행위나 범죄행위 또는 그것이 원인이 되어 발생한 부상·질병·장해 또는 사망은 업무상의 재해로 보지 아니한다. 다만, 그 부상·질병·장해 또는 사망이 정상적인 인식능력 등이 뚜렷하게 낮아진 상태에서 한 행위로 발생한 경우로서 대통령령으로 정하는 사유가 있으면 업무상의 재해로 본다. (2020.5.26 개정)

③ 제1항제3호나목의 사고 중에서 출퇴근 경로 일탈 또는 중단이 있는 경우에는 해당 일탈 또는 중단 중의 사고 및 그 후의 이동 중의 사고에 대하여는 출퇴근 재해로 보지 아니한다. 다만, 일탈 또는 중단이 일상생활에 필요한 행위로서 대통령령으로 정하는 사유가 있는 경우에는 출퇴근 재해로 본다. (2017.10.24 신설)

④ 출퇴근 경로와 방법이 일정하지 아니한 직종으로 대통령령으로 정하는 경우에는 제1항제3호나목에 따른 출퇴근 재해를 적용하지 아니한다. (2017.10.24 신설)

⑤ 업무상의 재해의 구체적인 인정 기준은 대통령령으로 정한다. (2017.10.24 개정)

령 제25·27·28·30·31·32·33·34·35조, 제35조의2·제36조

제38조 【업무상질병판정위원회】 ① 제37조제1항제2호에 따른 업무상 질병의 인정 여부를 심의하기 위하여 공단 소속 기관에 업무상질병판정위원회(이하 "판정위원회"라 한다)를 둔다.

② 판정위원회의 심의에서 제외되는 질병과 판정위원회의 심의 절차는 고용노동부령으로 정한다. (2010.6.4 개정)

③ 판정위원회의 구성과 운영에 필요한 사항은 고용노동부령으로 정한다. (2010.6.4 개정)

칙 제6조·제7조

제39조 【사망의 추정】 ① 사고가 발생한 선박 또는 항공기에 있던 근로자의 생사가 밝혀지지 아니하거나 항행(航行) 중인 선박 또는 항공기에 있던 근로자가 행방불명 또는 그 밖의 사유로 그 생사가 밝혀지지 아니하면 대통

령령으로 정하는 바에 따라 사망한 것으로 추정하고, 유족급여와 장례비에 관한 규정을 적용한다. (2021.1.26 개정)
② 공단은 제1항에 따른 사망의 추정으로 보험급여를 지급한 후에 그 근로자의 생존이 확인되면 그 급여를 받은 사람이 선의(善意)인 경우에는 받은 금액을, 악의(惡意)인 경우에는 받은 금액의 2배에 해당하는 금액을 징수하여야 한다. (2020.5.26 개정)
령 제37조

제40조【요양급여】 ① 요양급여는 근로자가 업무상의 사유로 부상을 당하거나 질병에 걸린 경우에 그 근로자에게 지급한다.
② 제1항에 따른 요양급여는 제43조제1항에 따른 산재보험 의료기관에서 요양을 하게 한다. 다만, 부득이한 경우에는 요양을 갈음하여 요양비를 지급할 수 있다.
③ 제1항의 경우에 부상 또는 질병이 3일 이내의 요양으로 치유될 수 있으면 요양급여를 지급하지 아니한다.
④ 제1항의 요양급여의 범위는 다음 각 호와 같다.
1. 진찰 및 검사
2. 약제 또는 진료재료와 의지(義肢) 그 밖의 보조기의 지급
3. 처치, 수술, 그 밖의 치료
4. 재활치료
5. 입원
6. 간호 및 간병
7. 이송
8. 그 밖에 고용노동부령으로 정하는 사항 (2010.6.4 개정)
⑤ 제2항 및 제4항에 따른 요양급여의 범위나 비용 등 요양급여의 산정 기준은 고용노동부령으로 정한다. (2010.6.4 개정)
⑥ 업무상의 재해를 입은 근로자가 요양할 산재보험 의료기관이 제43조제1항제2호에 따른 상급종합병원인 경우에는 「응급의료에 관한 법률」 제2조제1호에 따른 응급환자이거나 그 밖에 부득이한 사유가 있는 경우를 제외하고는 그 근로자가 상급종합병원에서 요양할 필요가 있다는 의학적 소견이 있어야 한다. (2010.5.20 개정)
령 제38조 칙 제10조·제11조·제15조

제41조【요양급여의 신청】 ① 제40조제1항에 따른 요양급여(진폐에 따른 요양급여는 제외한다. 이하 이 조에서 같다)를 받으려는 사람은 소속 사업장, 재해발생 경위, 그 재해에 대한 의학적 소견, 그 밖에 고용노동부령으로 정하는 사항을 적은 서류를 첨부하여 공단에 요양급여의 신청을 하여야 한다. 이 경우 요양급여 신청의 절차와 방법은 고용노동부령으로 정한다. (2020.

5.26 개정)
② 근로자를 진료한 제43조제1항에 따른 산재보험 의료기관은 그 근로자의 재해가 업무상의 재해로 판단되면 그 근로자의 동의를 받아 요양급여의 신청을 대행할 수 있다.
칙 제20조·제21조

제41조의2 【요양급여 범위 여부의 확인 등】 ① 제40조제1항에 따른 요양급여를 받은 사람은 자신이 부담한 비용이 같은 조 제5항에 따라 요양급여의 범위에서 제외되는 비용인지 여부에 대하여 공단에 확인을 요청할 수 있다. (2020.12.8 신설)
② 제1항에 따른 확인 요청을 받은 공단은 그 결과를 요청한 사람에게 알려야 한다. 이 경우 확인을 요청한 비용이 요양급여 범위에 해당되는 비용으로 확인되면 그 내용을 제43조제1항에 따른 산재보험 의료기관에 알려야 한다. (2020.12.8 신설)
③ 제2항 후단에 따라 통보받은 산재보험 의료기관은 받아야 할 금액보다 더 많이 징수한 금액(이하 이 조에서 "과다본인부담금"이라 한다)을 지체 없이 확인을 요청한 사람에게 지급하여야 한다. 다만, 공단은 해당 산재보험 의료기관이 과다본인부담금을 지급하지 아니하면 해당 산재보험 의료기관에 지급할 제45조에 따른 진료비에서 과다본인부담금을 공제하여 확인을 요청한 사람에게 지급할 수 있다. (2020.12.8 신설)

제42조 【건강보험의 우선 적용】 ① 제41조제1항에 따라 요양급여의 신청을 한 사람은 공단이 이 법에 따른 요양급여에 관한 결정을 하기 전에는 「국민건강보험법」 제41조에 따른 요양급여 또는 「의료급여법」 제7조에 따른 의료급여(이하 "건강보험 요양급여등"이라 한다)를 받을 수 있다. (2020.5.26 개정)
② 제1항에 따라 건강보험 요양급여등을 받은 사람이 「국민건강보험법」 제44조 또는 「의료급여법」 제10조에 따른 본인 일부 부담금을 산재보험 의료기관에 납부한 후에 이 법에 따른 요양급여 수급권자로 결정된 경우에는 그 납부한 본인 일부 부담금 중 제40조제5항에 따른 요양급여에 해당하는 금액을 공단에 청구할 수 있다. (2020.5.26 개정)

제43조 【산재보험 의료기관의 지정 및 지정취소 등】 ① 업무상의 재해를 입은 근로자의 요양을 담당할 의료기관(이하 "산재보험 의료기관"이라 한다)은 다음 각 호와 같다.
1. 제11조제2항에 따라 공단에 두는 의료기관 (2010.1.27 개정)
2. 「의료법」 제3조의4에 따른 상급종합병원 (2010.5.20 개정)
3. 「의료법」 제3조에 따른 의료기관과 「지역보건법」 제10조에 따른 보건소(「지역보건법」 제12조에 따른 보건의료원을 포함한다. 이하 같다)로서 고

산재보험

용노동부령으로 정하는 인력·시설 등의 기준에 해당하는 의료기관 또는 보건소 중 공단이 지정한 의료기관 또는 보건소 (2015.5.18 개정)

② 공단은 제1항제3호에 따라 의료기관이나 보건소를 산재보험 의료기관으로 지정할 때에는 다음 각 호의 요소를 고려하여야 한다.

1. 의료기관이나 보건소의 인력·시설·장비 및 진료과목
2. 산재보험 의료기관의 지역별 분포

③ 공단은 제1항제2호 및 제3호에 따른 산재보험 의료기관이 다음 각 호의 어느 하나의 사유에 해당하면 그 지정을 취소(제1항제3호의 경우만 해당된다)하거나 12개월의 범위에서 업무상의 재해를 입은 근로자를 진료할 수 없도록 하는 진료제한 조치 또는 개선명령(이하 "진료제한등의 조치"라 한다)을 할 수 있다.

1. 업무상의 재해와 관련된 사항을 거짓이나 그 밖에 부정한 방법으로 진단하거나 증명한 경우
2. 제45조에 따른 진료비를 거짓이나 그 밖에 부정한 방법으로 청구한 경우
3. 제50조에 따른 평가 결과 지정취소나 진료제한등의 조치가 필요한 경우
4. 「의료법」 위반이나 그 밖의 사유로 의료업을 일시적 또는 영구적으로 할 수 없게 되거나, 소속 의사가 의료행위를 일시적 또는 영구적으로 할 수 없게 된 경우
5. 제1항제3호에 따른 인력·시설 등의 기준에 미치지 못하게 되는 경우
6. 진료제한등의 조치를 위반하는 경우

④ 제3항에 따라 지정이 취소된 산재보험 의료기관은 지정이 취소된 날부터 1년의 범위에서 고용노동부령으로 정하는 기간 동안은 산재보험 의료기관으로 다시 지정받을 수 없다. (2010.6.4 개정)

⑤ 공단은 제1항제2호 및 제3호에 따른 산재보험 의료기관이 다음 각 호의 어느 하나의 사유에 해당하면 12개월의 범위에서 진료제한 등의 조치를 할 수 있다. (2010.1.27 개정)

1. 제40조제5항 및 제91조의9제3항에 따른 요양급여의 산정 기준을 위반하여 제45조에 따른 진료비를 부당하게 청구한 경우 (2010.5.20 개정)
2. 제45조제1항을 위반하여 공단이 아닌 자에게 진료비를 청구한 경우
3. 제47조제1항에 따른 진료계획을 제출하지 아니하는 경우
4. 제118조에 따른 보고, 제출 요구 또는 조사에 따르지 아니하는 경우 (2020.5.26 개정)
5. 산재보험 의료기관의 지정 조건을 위반한 경우

⑥ 공단은 제3항 또는 제5항에 따라 지정을 취소하거나 진료제한 조치를 하려는 경우에는 청문을 실시하여야 한다. (2010.1.27 개정)

⑦ 제1항제3호에 따른 지정절차, 제3항 및 제5항에 따른 지정취소, 진료제

한등의 조치의 기준 및 절차는 고용노동부령으로 정한다. (2010.6.4 개정)
령 제46조 칙 제13·23·24·25·26·제26조의2

제44조【산재보험 의료기관에 대한 과징금 등】 ① 공단은 제43조제3항제1호·제2호 및 같은 조 제5항제1호 중 어느 하나에 해당하는 사유로 진료제한 조치를 하여야 하는 경우로서 그 진료제한 조치가 그 산재보험 의료기관을 이용하는 근로자에게 심한 불편을 주거나 그 밖에 특별한 사유가 있다고 인정되면, 그 진료제한 조치를 갈음하여 거짓이나 부정한 방법으로 지급하게 한 보험급여의 금액 또는 거짓이나 부정·부당하게 지급받은 진료비의 5배 이하의 범위에서 과징금을 부과할 수 있다. (2010.1.27 개정)
② 제1항에 따라 과징금을 부과하는 위반행위의 종류와 위반정도 등에 따른 과징금의 금액 등에 관한 사항은 대통령령으로 정한다.
③ 제1항에 따라 과징금 부과 처분을 받은 자가 과징금을 기한 내에 내지 아니하면 고용노동부장관의 승인을 받아 국세 체납처분의 예에 따라 징수한다. (2010.6.4 개정)
령 제39조

제45조【진료비의 청구 등】 ① 산재보험 의료기관이 제40조제2항 또는 제91조의9제1항에 따라 요양을 실시하고 그에 드는 비용(이하 "진료비"라 한다)을 받으려면 공단에 청구하여야 한다. (2010.5.20 개정)
② 제1항에 따라 청구된 진료비에 관한 심사 및 결정, 지급 방법 및 지급 절차는 고용노동부령으로 정한다. (2010.6.4 개정)
벌 법 제45조제1항을 위반하여 공단이 아닌 자에게 진료비를 청구한 자에게는 200만원 이하의 과태료를 부과한다. (법 제129조제2항제2호)
칙 제27조

제46조【약제비의 청구 등】 ① 공단은 제40조제4항제2호에 따른 약제의 지급을 「약사법」 제20조에 따라 등록한 약국을 통하여 할 수 있다.
② 제1항에 따른 약국이 약제비를 받으려면 공단에 청구하여야 한다.
③ 제2항에 따라 청구된 약제비에 관한 심사 및 결정, 지급 방법 및 지급 절차는 고용노동부령으로 정한다. (2010.6.4 개정)
벌 산재보험 의료기관이나 법 제46조제1항에 따른 약국의 종사자로서 거짓이나 그 밖의 부정한 방법으로 진료비나 약제비를 지급받은 자는 3년 이하의 징역 또는 3천만원 이하의 벌금에 처한다. (법 제127조제2항)
칙 제28조

제47조【진료계획의 제출】 ① 산재보험 의료기관은 제41조 또는 제91조의5에 따라 요양급여를 받고 있는 근로자의 요양기간을 연장할 필요가 있는 때에는 그 근로자의 부상·질병 경과, 치료예정기간 및 치료방법 등을 적은 진료계획을 대통령령으로 정하는 바에 따라 공단에 제출하여야 한다. (2020.

5.26 개정)

② 공단은 제1항에 따라 제출된 진료계획이 적절한지를 심사하여 산재보험 의료기관에 대하여 치료기간의 변경을 명하는 등 대통령령으로 정하는 필요한 조치(이하 "진료계획 변경 조치등"이라 한다)를 할 수 있다.

벌 법 제47조제1항에 따른 진료계획을 정당한 사유 없이 제출하지 아니하는 자에게는 100만원 이하의 과태료를 부과한다. (법 제129조제3항제1호)

령 제40조·제41조

제48조 【의료기관 변경 요양】 ① 공단은 다음 각 호의 어느 하나에 해당하는 사유가 있으면 요양 중인 근로자를 다른 산재보험 의료기관으로 옮겨 요양하게 할 수 있다. (2021.1.26 개정)

1. 요양 중인 산재보험 의료기관의 인력·시설 등이 그 근로자의 전문적인 치료 또는 재활치료에 맞지 아니하여 다른 산재보험 의료기관으로 옮길 필요가 있는 경우
2. 생활근거지에서 요양하기 위하여 다른 산재보험 의료기관으로 옮길 필요가 있는 경우
3. 제43조제1항제2호에 따른 상급종합병원에서 전문적인 치료 후 다른 산재보험 의료기관으로 옮길 필요가 있는 경우 (2010.5.20 개정)
4. 그 밖에 대통령령으로 정하는 절차를 거쳐 부득이한 사유가 있다고 인정되는 경우

② 요양 중인 근로자는 제1항제1호부터 제3호까지의 어느 하나에 해당하는 사유가 있으면 공단에 의료기관 변경 요양을 신청할 수 있다. (2021.1.26 개정)

령 제44조

제49조 【추가상병 요양급여의 신청】 업무상의 재해로 요양 중인 근로자는 다음 각 호의 어느 하나에 해당하는 경우에는 그 부상 또는 질병(이하 "추가상병"이라 한다)에 대한 요양급여를 신청할 수 있다.

1. 그 업무상의 재해로 이미 발생한 부상이나 질병이 추가로 발견되어 요양이 필요한 경우
2. 그 업무상의 재해로 발생한 부상이나 질병이 원인이 되어 새로운 질병이 발생하여 요양이 필요한 경우

령 제45조

제50조 【산재보험 의료기관의 평가】 ① 공단은 업무상의 재해에 대한 의료의 질 향상을 촉진하기 위하여 제43조제1항제3호의 산재보험 의료기관 중 대통령령으로 정하는 의료기관에 대하여 인력·시설·의료서비스나 그 밖에 요양의 질과 관련된 사항을 평가할 수 있다. 이 경우 평가의 방법 및 기준은 대통령령으로 정한다.

② 공단은 제1항에 따라 평가한 결과를 고려하여 평가한 산재보험 의료기관을 행정적·재정적으로 우대하거나 제43조제3항제3호에 따라 지정취소 또는 진료제한등의 조치를 할 수 있다.

령 제46조·제47조

제51조【재요양】 ① 제40조에 따른 요양급여를 받은 사람이 치유 후 요양의 대상이 되었던 업무상의 부상 또는 질병이 재발하거나 치유 당시보다 상태가 악화되어 이를 치유하기 위한 적극적인 치료가 필요하다는 의학적 소견이 있으면 다시 제40조에 따른 요양급여(이하 "재요양"이라 한다)를 받을 수 있다. (2020.5.26 개정)

② 재요양의 요건과 절차 등에 관하여 필요한 사항은 대통령령으로 정한다.

령 제48조

제52조【휴업급여】 휴업급여는 업무상 사유로 부상을 당하거나 질병에 걸린 근로자에게 요양으로 취업하지 못한 기간에 대하여 지급하되, 1일당 지급액은 평균임금의 100분의 70에 상당하는 금액으로 한다. 다만, 취업하지 못한 기간이 3일 이내이면 지급하지 아니한다.

제53조【부분휴업급여】 ① 요양 또는 재요양을 받고 있는 근로자가 그 요양기간 중 일정기간 또는 단시간 취업을 하는 경우에는 그 취업한 날에 해당하는 그 근로자의 평균임금에서 그 취업한 날에 대한 임금을 뺀 금액의 100분의 80에 상당하는 금액을 지급할 수 있다. 다만, 제54조제2항 및 제56조제2항에 따라 최저임금액을 1일당 휴업급여 지급액으로 하는 경우에는 최저임금액(별표 1 제2호에 따라 감액하는 경우에는 그 감액한 금액)에서 취업한 날에 대한 임금을 뺀 금액을 지급할 수 있다. (2022.6.10 개정)

② 삭제(2022.6.10)

② 제1항에 따른 부분휴업급여의 지급 요건 및 지급 절차는 대통령령으로 정한다. (2022.6.10 개정)

령 제49조

산재보험

제54조【저소득 근로자의 휴업급여】 ① 제52조에 따라 산정한 1일당 휴업급여 지급액이 최저 보상기준 금액의 100분의 80보다 적거나 같으면 그 근로자에 대하여는 평균임금의 100분의 90에 상당하는 금액을 1일당 휴업급여 지급액으로 한다. 다만, 그 근로자의 평균임금의 100분의 90에 상당하는 금액이 최저 보상기준 금액의 100분의 80보다 많은 경우에는 최저 보상기준 금액의 100분의 80에 상당하는 금액을 1일당 휴업급여 지급액으로 한다.

② 제1항 본문에 따라 산정한 휴업급여 지급액이 최저임금액보다 적으면 그 최저임금액을 그 근로자의 1일당 휴업급여 지급액으로 한다. (2018.6.12 개정)

제55조【고령자의 휴업급여】 휴업급여를 받는 근로자가 61세가 되면 그

이후의 휴업급여는 별표 1에 따라 산정한 금액을 지급한다. 다만, 61세 이후에 취업 중인 사람이 업무상의 재해로 요양하거나 61세 전에 제37조제1항제2호에 따른 업무상 질병으로 장해급여를 받은 사람이 61세 이후에 그 업무상 질병으로 최초로 요양하는 경우 대통령령으로 정하는 기간에는 별표 1을 적용하지 아니한다. (2020.5.26 개정)
령 제51조

제56조【재요양 기간 중의 휴업급여】 ① 재요양을 받는 사람에 대하여는 재요양 당시의 임금을 기준으로 산정한 평균임금의 100분의 70에 상당하는 금액을 1일당 휴업급여 지급액으로 한다. 이 경우 평균임금 산정사유 발생일은 대통령령으로 정한다. (2020.5.26 개정)
② 제1항에 따라 산정한 1일당 휴업급여 지급액이 최저임금액보다 적거나 재요양 당시 평균임금 산정의 대상이 되는 임금이 없으면 최저임금액을 1일당 휴업급여 지급액으로 한다.
③ 장해보상연금을 지급받는 사람이 재요양하는 경우에는 1일당 장해보상연금액(별표 2에 따라 산정한 장해보상연금액을 365로 나눈 금액을 말한다. 이하 같다)과 제1항 또는 제2항에 따라 산정한 1일당 휴업급여 지급액을 합한 금액이 장해보상연금의 산정에 적용되는 평균임금의 100분의 70을 초과하면 그 초과하는 금액 중 휴업급여에 해당하는 금액은 지급하지 아니한다. (2020.5.26 개정)
④ 재요양 기간 중의 휴업급여를 산정할 때에는 제54조를 적용하지 아니한다.
령 제52조 칙 제76조·제78조

제57조【장해급여】 ① 장해급여는 근로자가 업무상의 사유로 부상을 당하거나 질병에 걸려 치유된 후 신체 등에 장해가 있는 경우에 그 근로자에게 지급한다.
② 장해급여는 장해등급에 따라 별표 2에 따른 장해보상연금 또는 장해보상일시금으로 하되, 그 장해등급의 기준은 대통령령으로 정한다.
③ 제2항에 따른 장해보상연금 또는 장해보상일시금은 수급권자의 선택에 따라 지급한다. 다만, 대통령령으로 정하는 노동력을 완전히 상실한 장해등급의 근로자에게는 장해보상연금을 지급하고, 장해급여 청구사유 발생 당시 대한민국 국민이 아닌 사람으로서 외국에서 거주하고 있는 근로자에게는 장해보상일시금을 지급한다. (2020.5.26 개정)
④ 장해보상연금은 수급권자가 신청하면 그 연금의 최초 1년분 또는 2년분(제3항 단서에 따른 근로자에게는 그 연금의 최초 1년분부터 4년분까지)의 2분의 1에 상당하는 금액을 미리 지급할 수 있다. 이 경우 미리 지급하는 금액에 대하여는 100분의 5의 비율 범위에서 대통령령으로 정하는 바에 따라 이자를 공제할 수 있다.

⑤ 장해보상연금 수급권자의 수급권이 제58조에 따라 소멸한 경우에 이미 지급한 연금액을 지급 당시의 각각의 평균임금으로 나눈 일수(日數)의 합계가 별표 2에 따른 장해보상일시금의 일수에 못 미치면 그 못 미치는 일수에 수급권 소멸 당시의 평균임금을 곱하여 산정한 금액을 유족 또는 그 근로자에게 일시금으로 지급한다.

령 제53조·제54조·제57조·제58조·제73조

제58조 【장해보상연금 등의 수급권의 소멸】 장해보상연금 또는 진폐보상연금의 수급권자가 다음 각 호의 어느 하나에 해당하면 그 수급권이 소멸한다. (2010.5.20 개정)

1. 사망한 경우
2. 대한민국 국민이었던 수급권자가 국적을 상실하고 외국에서 거주하고 있거나 외국에서 거주하기 위하여 출국하는 경우 (2010.5.20 개정)
3. 대한민국 국민이 아닌 수급권자가 외국에서 거주하기 위하여 출국하는 경우 (2010.5.20 개정)
4. 장해등급 또는 진폐장해등급이 변경되어 장해보상연금 또는 진폐보상연금의 지급 대상에서 제외되는 경우 (2010.5.20 개정)

제59조 【장해등급등의 재판정】 ① 공단은 장해보상연금 또는 진폐보상연금 수급권자 중 그 장해상태가 호전되거나 악화되어 이미 결정된 장해등급 또는 진폐장해등급(이하 이 조에서 "장해등급등"이라 한다)이 변경될 가능성이 있는 사람에 대하여는 그 수급권자의 신청 또는 직권으로 장해등급등을 재판정할 수 있다. (2020.5.26 개정)

② 제1항에 따른 장해등급등의 재판정 결과 장해등급등이 변경되면 그 변경된 장해등급등에 따라 장해급여 또는 진폐보상연금을 지급한다. (2010.5.20 개정)

③ 제1항과 제2항에 따른 장해등급등 재판정은 1회 실시하되 그 대상자·시기 및 재판정 결과에 따른 장해급여 또는 진폐보상연금의 지급 방법은 대통령령으로 정한다. (2010.5.20 개정)

령 제55조·제56조·제57조

제60조 【재요양에 따른 장해급여】 ① 장해보상연금의 수급권자가 재요양을 받는 경우에도 그 연금의 지급을 정지하지 아니한다.

② 재요양을 받고 치유된 후 장해상태가 종전에 비하여 호전되거나 악화된 경우에는 그 호전 또는 악화된 장해상태에 해당하는 장해등급에 따라 장해급여를 지급한다. 이 경우 재요양 후의 장해급여의 산정 및 지급 방법은 대통령령으로 정한다.

제61조 【간병급여】 ① 간병급여는 제40조에 따른 요양급여를 받은 사람 중 치유 후 의학적으로 상시 또는 수시로 간병이 필요하여 실제로 간병을

받는 사람에게 지급한다. (2020.5.26 개정)
② 제1항에 따른 간병급여의 지급 기준과 지급 방법 등에 관하여 필요한 사항은 대통령령으로 정한다.
령 제59조

제62조 【유족급여】 ① 유족급여는 근로자가 업무상의 사유로 사망한 경우에 유족에게 지급한다.
② 유족급여는 별표 3에 따른 유족보상연금이나 유족보상일시금으로 하되, 유족보상일시금은 근로자가 사망할 당시 제63조제1항에 따른 유족보상연금을 받을 수 있는 자격이 있는 사람이 없는 경우에 지급한다. (2020.5.26 개정)
③ 제2항에 따른 유족보상연금을 받을 수 있는 자격이 있는 사람이 원하면 별표 3의 유족보상일시금의 100분의 50에 상당하는 금액을 일시금으로 지급하고 유족보상연금은 100분의 50을 감액하여 지급한다. (2020.5.26 개정)
④ 유족보상연금을 받던 사람이 그 수급자격을 잃은 경우 다른 수급자격자가 없고 이미 지급한 연금액을 지급 당시의 각각의 평균임금으로 나누어 산정한 일수의 합계가 1,300일에 못 미치면 그 못 미치는 일수에 수급자격 상실 당시의 평균임금을 곱하여 산정한 금액을 수급자격 상실 당시의 유족에게 일시금으로 지급한다. (2020.5.26 개정)
⑤ 제2항에 따른 유족보상연금의 지급 기준 및 방법, 그 밖에 필요한 사항은 대통령령으로 정한다.
령 제62조·제74조

제63조 【유족보상연금 수급자격자의 범위】 ① 유족보상연금을 받을 수 있는 자격이 있는 사람(이하 "유족보상연금 수급자격자"라 한다)은 근로자가 사망할 당시 그 근로자와 생계를 같이 하고 있던 유족(그 근로자가 사망할 당시 대한민국 국민이 아닌 사람으로서 외국에서 거주하고 있던 유족은 제외한다) 중 배우자와 다음 각 호의 어느 하나에 해당하는 사람으로 한다. 이 경우 근로자와 생계를 같이 하고 있던 유족의 판단 기준은 대통령령으로 정한다. (2020.5.26 개정)
1. 부모 또는 조부모로서 각각 60세 이상인 사람 (2020.5.26 개정)
2. 자녀로서 25세 미만인 사람 (2020.5.26 개정)
2의2. 손자녀로서 25세 미만인 사람 (2023.8.8 개정)
3. 형제자매로서 19세 미만이거나 60세 이상인 사람 (2020.5.26 개정)
4. 제1호부터 제3호까지의 규정 중 어느 하나에 해당하지 아니하는 자녀·부모·손자녀·조부모 또는 형제자매로서 「장애인복지법」 제2조에 따른 장애인 중 고용노동부령으로 정한 장애 정도에 해당하는 사람 (2020.5.26 개정)
② 제1항을 적용할 때 근로자가 사망할 당시 태아(胎兒)였던 자녀가 출생한 경우에는 출생한 때부터 장래에 향하여 근로자가 사망할 당시 그 근로자와

생계를 같이 하고 있던 유족으로 본다.
③ 유족보상연금 수급자격자 중 유족보상연금을 받을 권리의 순위는 배우자·자녀·부모·손자녀·조부모 및 형제자매의 순서로 한다.
령 제61조 칙 제51조

제64조【유족보상연금 수급자격자의 자격 상실과 지급 정지 등】 ① 유족보상연금 수급자격자인 유족이 다음 각 호의 어느 하나에 해당하면 그 자격을 잃는다.
1. 사망한 경우
2. 재혼한 때(사망한 근로자의 배우자만 해당하며, 재혼에는 사실상 혼인 관계에 있는 경우를 포함한다)
3. 사망한 근로자와의 친족 관계가 끝난 경우
4. 자녀가 25세가 된 때 (2018.6.12 개정)
4의2. 손자녀가 25세가 된 때 (2023.8.8 개정)
4의3. 형제자매가 19세가 된 때 (2023.8.8 신설)
5. 제63조제1항제4호에 따른 장애인이었던 사람으로서 그 장애 상태가 해소된 경우 (2020.5.26 개정)
6. 근로자가 사망할 당시 대한민국 국민이었던 유족보상연금 수급자격자가 국적을 상실하고 외국에서 거주하고 있거나 외국에서 거주하기 위하여 출국하는 경우
7. 대한민국 국민이 아닌 유족보상연금 수급자격자가 외국에서 거주하기 위하여 출국하는 경우

② 유족보상연금을 받을 권리가 있는 유족보상연금 수급자격자(이하 "유족보상연금 수급권자"라 한다)가 그 자격을 잃은 경우에 유족보상연금을 받을 권리는 같은 순위자가 있으면 같은 순위자에게, 같은 순위자가 없으면 다음 순위자에게 이전된다.
③ 유족보상연금 수급권자가 3개월 이상 행방불명이면 대통령령으로 정하는 바에 따라 연금 지급을 정지하고, 같은 순위자가 있으면 같은 순위자에게, 같은 순위자가 없으면, 다음 순위자에게 유족보상연금을 지급한다. (2010.1.27 개정)
령 제62조

제65조【수급권자인 유족의 순위】 ① 제57조제5항·제62조제2항(유족보상일시금에 한정한다) 및 제4항에 따른 유족 간의 수급권의 순위는 다음 각 호의 순서로 하되, 각 호의 사람 사이에서는 각각 그 적힌 순서에 따른다. 이 경우 같은 순위의 수급권자가 2명 이상이면 그 유족에게 똑같이 나누어 지급한다. (2020.5.26 개정)
1. 근로자가 사망할 당시 그 근로자와 생계를 같이 하고 있던 배우자·자녀·

부모·손자녀 및 조부모
2. 근로자가 사망할 당시 그 근로자와 생계를 같이 하고 있지 아니하던 배우자·자녀·부모·손자녀 및 조부모 또는 근로자가 사망할 당시 근로자와 생계를 같이 하고 있던 형제자매
3. 형제자매

② 제1항의 경우 부모는 양부모(養父母)를 선순위로, 실부모(實父母)를 후순위로 하고, 조부모는 양부모의 부모를 선순위로, 실부모의 부모를 후순위로, 부모의 양부모를 선순위로, 부모의 실부모를 후순위로 한다.

③ 수급권자인 유족이 사망한 경우 그 보험급여는 같은 순위자가 있으면 같은 순위자에게, 같은 순위자가 없으면 다음 순위자에게 지급한다.

④ 제1항부터 제3항까지의 규정에도 불구하고 근로자가 유언으로 보험급여를 받을 유족을 지정하면 그 지정에 따른다.

제66조【상병보상연금】 ① 요양급여를 받는 근로자가 요양을 시작한 지 2년이 지난 날 이후에 다음 각 호의 요건 모두에 해당하는 상태가 계속되면 휴업급여 대신 상병보상연금을 그 근로자에게 지급한다.
1. 그 부상이나 질병이 치유되지 아니한 상태일 것
2. 그 부상이나 질병에 따른 중증요양상태의 정도가 대통령령으로 정하는 중증요양상태등급 기준에 해당할 것 (2018.6.12 개정)
3. 요양으로 인하여 취업하지 못하였을 것 (2010.1.27 신설)

② 상병보상연금은 별표 4에 따른 중증요양상태등급에 따라 지급한다. (2018.6.12 개정)

령 제64조·제65조

제67조【저소득 근로자의 상병보상연금】 ① 제66조에 따라 상병보상연금을 산정할 때 그 근로자의 평균임금이 최저임금액에 70분의 100을 곱한 금액보다 적을 때에는 최저임금액의 70분의 100에 해당하는 금액을 그 근로자의 평균임금으로 보아 산정한다.

② 제66조 또는 제1항에서 정한 바에 따라 산정한 상병보상연금액을 365로 나눈 1일당 상병보상연금 지급액이 제54조에서 정한 바에 따라 산정한 1일당 휴업급여 지급액보다 적으면 제54조에서 정한 바에 따라 산정한 금액을 1일당 상병보상연금 지급액으로 한다. (2010.1.27 개정)

령 제64조·제65조

제68조【고령자의 상병보상연금】 상병보상연금을 받는 근로자가 61세가 되면 그 이후의 상병보상연금은 별표 5에 따른 1일당 상병보상연금 지급기준에 따라 산정한 금액을 지급한다. (2010.1.27 개정)

령 제64조·제65조

제69조【재요양 기간 중의 상병보상연금】 ① 재요양을 시작한 지 2년이

지난 후에 부상·질병 상태가 제66조제1항 각 호의 요건 모두에 해당하는 사람에게는 휴업급여 대신 별표 4에 따른 중증요양상태등급에 따라 상병보상연금을 지급한다. 이 경우 상병보상연금을 산정할 때에는 재요양 기간 중의 휴업급여 산정에 적용되는 평균임금을 적용하되, 그 평균임금이 최저임금액에 70분의 100을 곱한 금액보다 적거나 재요양 당시 평균임금 산정의 대상이 되는 임금이 없을 때에는 최저임금액의 70분의 100에 해당하는 금액을 그 근로자의 평균임금으로 보아 산정한다. (2020.5.26 개정)

② 제1항에 따른 상병보상연금을 받는 근로자가 장해보상연금을 받고 있으면 별표 4에 따른 중증요양상태등급별 상병보상연금의 지급일수에서 별표 2에 따른 장해등급별 장해보상연금의 지급일수를 뺀 일수에 제1항 후단에 따른 평균임금을 곱하여 산정한 금액을 그 근로자의 상병보상연금으로 한다. (2018.6.12 개정)

③ 제2항에 따른 상병보상연금을 받는 근로자가 61세가 된 이후에는 별표 5에 따라 산정한 1일당 상병보상연금 지급액에서 제1항 후단에 따른 평균임금을 기준으로 산정한 1일당 장해보상연금 지급액을 뺀 금액을 1일당 상병보상연금 지급액으로 한다. (2010.1.27 신설)

④ 제1항부터 제3항까지의 규정에도 불구하고 제57조제3항 단서에 따른 장해보상연금을 받는 근로자가 재요양하는 경우에는 상병보상연금을 지급하지 아니한다. 다만, 재요양 중에 중증요양상태등급이 높아지면 제1항 전단에도 불구하고 재요양을 시작한 때부터 2년이 지난 것으로 보아 제2항 및 제3항에 따라 산정한 상병보상연금을 지급한다. (2020.5.26 개정)

⑤ 재요양 기간 중 상병보상연금을 산정할 때에는 제67조를 적용하지 아니한다. (2010.1.27 개정)

령 제64조·제65조 칙 제76조·제78조

제70조【연금의 지급기간 및 지급시기】 ① 장해보상연금, 유족보상연금, 진폐보상연금 또는 진폐유족연금의 지급은 그 지급사유가 발생한 달의 다음 달 첫날부터 시작되며, 그 지급받을 권리가 소멸한 달의 말일에 끝난다. (2020.5.26 개정)

② 장해보상연금, 유족보상연금, 진폐보상연금 또는 진폐유족연금은 그 지급을 정지할 사유가 발생한 때에는 그 사유가 발생한 달의 다음 달 첫날부터 그 사유가 소멸한 달의 말일까지 지급하지 아니한다. (2020.5.26 개정)

③ 장해보상연금, 유족보상연금, 진폐보상연금 또는 진폐유족연금은 매년 이를 12등분하여 매달 25일에 그 달 치의 금액을 지급하되, 지급일이 토요일이거나 공휴일이면 그 전날에 지급한다. (2010.5.20 개정)

④ 장해보상연금, 유족보상연금, 진폐보상연금 또는 진폐유족연금을 받을 권리가 소멸한 경우에는 제3항에 따른 지급일 전이라도 지급할 수 있다. (2010.

5.20 개정)

제71조【장례비】 ① 장례비는 근로자가 업무상의 사유로 사망한 경우에 지급하되, 평균임금의 120일분에 상당하는 금액을 그 장례를 지낸 유족에게 지급한다. 다만, 장례를 지낼 유족이 없거나 그 밖에 부득이한 사유로 유족이 아닌 사람이 장례를 지낸 경우에는 평균임금의 120일분에 상당하는 금액의 범위에서 실제 드는 비용을 그 장례를 지낸 사람에게 지급한다. (2021.1.26 개정)

② 제1항에 따른 장례비가 대통령령으로 정하는 바에 따라 고용노동부장관이 고시하는 최고 금액을 초과하거나 최저 금액에 미달하면 그 최고 금액 또는 최저 금액을 각각 장례비로 한다. (2021.1.26 개정)

③ 제1항에도 불구하고 대통령령으로 정하는 바에 따라 근로자가 업무상의 사유로 사망하였다고 추정되는 경우에는 장례를 지내기 전이라도 유족의 청구에 따라 제2항에 따른 최저 금액을 장례비로 미리 지급할 수 있다. 이 경우 장례비를 청구할 수 있는 유족의 순위에 관하여는 제65조를 준용한다. (2021.5.18 신설)

④ 제3항에 따라 장례비를 지급한 경우 제1항 및 제2항에 따른 장례비는 제3항에 따라 지급한 금액을 공제한 나머지 금액으로 한다. (2021.5.18 신설)

령 제66조·제66조의2

제72조【직업재활급여】 ① 직업재활급여의 종류는 다음 각 호와 같다.

1. 장해급여 또는 진폐보상연금을 받은 사람이나 장해급여를 받을 것이 명백한 사람으로서 대통령령으로 정하는 사람(이하 "장해급여자"라 한다) 중 취업을 위하여 직업훈련이 필요한 사람(이하 "훈련대상자"라 한다)에 대하여 실시하는 직업훈련에 드는 비용 및 직업훈련수당 (2020.5.26 개정)
2. 업무상의 재해가 발생할 당시의 사업에 복귀한 장해급여자에 대하여 사업주가 고용을 유지하거나 직장적응훈련 또는 재활운동을 실시하는 경우(직장적응훈련의 경우에는 직장 복귀 전에 실시한 경우도 포함한다)에 각각 지급하는 직장복귀지원금, 직장적응훈련비 및 재활운동비 (2018.6.12 개정)

② 제1항제1호의 훈련대상자 및 같은 항 제2호의 장해급여자는 장해정도 및 연령 등을 고려하여 대통령령으로 정한다.

령 제68조 칙 제54조·제55조·제61조

제73조【직업훈련비용】 ① 훈련대상자에 대한 직업훈련은 공단과 계약을 체결한 직업훈련기관(이하 "직업훈련기관"이라 한다)에서 실시하게 한다.

② 제72조제1항제1호에 따른 직업훈련에 드는 비용(이하 "직업훈련비용"이라 한다)은 제1항에 따라 직업훈련을 실시한 직업훈련기관에 지급한다. 다만, 직업훈련기관이 「장애인고용촉진 및 직업재활법」, 「고용보험법」 또는 「국민 평생 직업능력 개발법」이나 그 밖에 다른 법령에 따라 직업훈련비용

에 상당한 비용을 받은 경우 등 대통령령으로 정하는 경우에는 지급하지 아니한다. (2021.8.17 개정)
③ 직업훈련비용의 금액은 고용노동부장관이 훈련비용, 훈련기간 및 노동시장의 여건 등을 고려하여 고시하는 금액의 범위에서 실제 드는 비용으로 하되, 직업훈련비용을 지급하는 훈련기간은 12개월 이내로 한다. (2010.6.4 개정)
④ 직업훈련비용의 지급 범위·기준·절차 및 방법, 직업훈련기관과의 계약 및 해지 등에 필요한 사항은 고용노동부령으로 정한다. (2010.6.4 개정)
령 제69조 칙 제57조·제59조

제74조 【직업훈련수당】 ① 제72조제1항제1호에 따른 직업훈련수당은 제73조제1항에 따라 직업훈련을 받는 훈련대상자에게 그 직업훈련으로 인하여 취업하지 못하는 기간에 대하여 지급하되, 1일당 지급액은 최저임금액에 상당하는 금액으로 한다. 다만, 휴업급여나 상병보상연금을 받는 훈련대상자에게는 직업훈련수당을 지급하지 아니한다. (2010.1.27 개정)
② 제1항에 따른 직업훈련수당을 받는 사람이 장해보상연금액 또는 1일당 진폐보상연금액(제91조의3제2항에 따라 산정한 진폐보상연금액을 365로 나눈 금액을 말한다)을 받는 경우에는 1일당 장해보상연금액과 1일당 직업훈련수당을 합한 금액이 그 근로자의 장해보상연금 또는 진폐보상연금 산정에 적용되는 평균임금의 100분의 70을 초과하면 그 초과하는 금액 중 직업훈련수당에 해당하는 금액은 지급하지 아니한다. (2020.5.26 개정)
③ 제1항에 따른 직업훈련수당 지급 등에 필요한 사항은 고용노동부령으로 정한다. (2010.6.4 개정)
칙 제60조

제75조 【직장복귀지원금 등】 ① 제72조제1항제2호에 따른 직장복귀지원금, 직장적응훈련비 및 재활운동비는 장해급여자에 대하여 고용을 유지하거나 직장적응훈련 또는 재활운동을 실시하는 사업주에게 각각 지급한다. 이 경우 직장복귀지원금, 직장적응훈련비 및 재활운동비의 지급요건은 각각 대통령령으로 정한다.
② 제1항에 따른 직장복귀지원금은 고용노동부장관이 임금수준 및 노동시장의 여건 등을 고려하여 고시하는 금액의 범위에서 사업주가 장해급여자에게 지급한 임금액으로 하되, 그 지급기간은 12개월 이내로 한다. (2010.6.4 개정)
③ 제1항에 따른 직장적응훈련비 및 재활운동비는 고용노동부장관이 직장적응훈련 또는 재활운동에 드는 비용을 고려하여 고시하는 금액의 범위에서 실제 드는 비용으로 하되, 그 지급기간은 3개월 이내로 한다. (2010.6.4 개정)
④ 장해급여자를 고용하고 있는 사업주가 「고용보험법」 제23조에 따른 지원

산재 보험

금, 「장애인고용촉진 및 직업재활법」 제30조에 따른 장애인 고용장려금이나 그 밖에 다른 법령에 따라 직장복귀지원금, 직장적응훈련비 또는 재활운동비(이하 "직장복귀지원금등"이라 한다)에 해당하는 금액을 받은 경우 등 대통령령으로 정하는 경우에는 그 받은 금액을 빼고 직장복귀지원금등을 지급한다. (2010.1.27 개정)

⑤ 사업주가 「장애인고용촉진 및 직업재활법」 제28조에 따른 의무로써 장애인을 고용한 경우 등 대통령령으로 정하는 경우에는 직장복귀지원금등을 지급하지 아니한다. (2010.1.27 신설)

령 제70조·제71조

제75조의2【직장복귀 지원】 ① 공단은 업무상 재해를 입은 근로자에게 장기간 요양이 필요하거나 요양 종결 후 장해가 발생할 것이 예상되는 등 대통령령으로 정하는 기준에 해당하여 그 근로자의 직장복귀를 위하여 필요하다고 판단되는 경우에는 업무상 재해가 발생한 당시의 사업주에게 근로자의 직장복귀에 관한 계획서(이하 이 조에서 "직장복귀계획서"라 한다)를 작성하여 제출하도록 요구할 수 있다. 이 경우 공단은 직장복귀계획서의 내용이 적절하지 아니하다고 판단되는 때에는 사업주에게 이를 변경하여 제출하도록 요구할 수 있다. (2021.5.18 신설)

② 공단은 제1항에 따라 사업주가 직장복귀계획서를 작성하거나 그 내용을 이행할 수 있도록 필요한 지원을 할 수 있다. (2021.5.18 신설)

③ 공단은 업무상 재해를 입은 근로자의 직장복귀 지원을 위하여 필요하다고 인정하는 경우에는 그 근로자의 요양기간 중에 산재보험 의료기관에 의뢰하여 해당 근로자의 직업능력 평가 등 대통령령으로 정하는 조치를 할 수 있다. (2021.5.18 신설)

④ 공단은 업무상 재해를 입은 근로자의 직장복귀 지원을 위하여 산재보험 의료기관 중 고용노동부령으로 정하는 인력 및 시설 등을 갖춘 의료기관을 직장복귀지원 의료기관으로 지정하여 운영할 수 있다. (2021.5.18 신설)

⑤ 제4항에 따른 직장복귀지원 의료기관에 대하여는 제40조제5항에 따른 요양급여의 산정 기준 및 제50조에 따른 산재보험 의료기관의 평가 등에서 우대할 수 있다.

⑥ 제4항에 따른 직장복귀지원 의료기관의 지정 절차, 지정 취소 등에 필요한 사항은 고용노동부령으로 정한다. (2021.5.18 신설)

령 제71조의2 칙 제10조·제61조의2

제76조【보험급여의 일시지급】 ① 대한민국 국민이 아닌 근로자가 업무상의 재해에 따른 부상 또는 질병으로 요양 중 치유되기 전에 출국하기 위하여 보험급여의 일시지급을 신청하는 경우에는 출국하기 위하여 요양을 중단하는 날 이후에 청구 사유가 발생할 것으로 예상되는 보험급여를 한꺼번에

지급할 수 있다. (2010.1.27 개정)
② 제1항에 따라 한꺼번에 지급할 수 있는 금액은 다음 각 호의 보험급여를 미리 지급하는 기간에 따른 이자 등을 고려하여 대통령령으로 정하는 방법에 따라 각각 환산한 금액을 합한 금액으로 한다. 이 경우 해당 근로자가 제3호 및 제4호에 따른 보험급여의 지급사유 모두에 해당될 것으로 의학적으로 판단되는 경우에는 제4호에 해당하는 보험급여의 금액은 합산하지 아니한다. (2010.1.27 개정)

1. 출국하기 위하여 요양을 중단하는 날부터 업무상의 재해에 따른 부상 또는 질병이 치유될 것으로 예상되는 날까지의 요양급여 (2010.1.27 개정)
2. 출국하기 위하여 요양을 중단하는 날부터 업무상 부상 또는 질병이 치유되거나 그 부상·질병 상태가 취업할 수 있게 될 것으로 예상되는 날(그 예상되는 날이 요양 개시일부터 2년이 넘는 경우에는 요양 개시일부터 2년이 되는 날)까지의 기간에 대한 휴업급여 (2020.5.26 개정)
3. 출국하기 위하여 요양을 중단할 당시 업무상의 재해에 따른 부상 또는 질병이 치유된 후에 남을 것으로 예상되는 장해의 장해등급에 해당하는 장해보상일시금 (2010.1.27 개정)
4. 출국하기 위하여 요양을 중단할 당시 요양 개시일부터 2년이 지난 후에 상병보상연금의 지급대상이 되는 중증요양상태가 지속될 것으로 예상되는 경우에는 그 예상되는 중증요양상태등급(요양 개시일부터 2년이 지난 후 출국하기 위하여 요양을 중단하는 경우에는 그 당시의 부상·질병 상태에 따른 중증요양상태등급)과 같은 장해등급에 해당하는 장해보상일시금에 해당하는 금액 (2020.5.26 개정)
5. 요양 당시 받고 있는 진폐장해등급에 따른 진폐보상연금 (2010.5.20 신설)

③ 제1항에 따른 일시지급의 신청 및 지급 절차는 고용노동부령으로 정한다. (2010.6.4 개정)

령 제72조 칙 제62조

제77조【합병증 등 예방관리】 ① 공단은 업무상의 부상 또는 질병이 치유된 사람 중에서 합병증 등 재요양 사유가 발생할 우려가 있는 사람에게 산재보험 의료기관에서 그 예방에 필요한 조치를 받도록 할 수 있다 (2020.5.26 개정)
② 제1항에 따른 조치대상, 조치내용 및 조치비용 산정 기준 등 예방관리에 필요한 구체적인 사항은 대통령령으로 정한다. (2018.6.12 신설)

령 제72조의2

제78조【장해특별급여】 ① 보험가입자의 고의 또는 과실로 발생한 업무상의 재해로 근로자가 대통령령으로 정하는 장해등급 또는 진폐장해등급에 해당하는 장해를 입은 경우에 수급권자가 「민법」에 따른 손해배상청구를 갈

음하여 장해특별급여를 청구하면 제57조의 장해급여 또는 제91조의3의 진폐보상연금 외에 대통령령으로 정하는 장해특별급여를 지급할 수 있다. 다만, 근로자와 보험가입자 사이에 장해특별급여에 관하여 합의가 이루어진 경우에 한정한다. (2020.5.26 개정)

② 수급권자가 제1항에 따른 장해특별급여를 받으면 동일한 사유에 대하여 보험가입자에게 「민법」이나 그 밖의 법령에 따른 손해배상을 청구할 수 없다.

③ 공단은 제1항에 따라 장해특별급여를 지급하면 대통령령으로 정하는 바에 따라 그 급여액 모두를 보험가입자로부터 징수한다.

령 제73조·제75조

제79조【유족특별급여】 ① 보험가입자의 고의 또는 과실로 발생한 업무상의 재해로 근로자가 사망한 경우에 수급권자가 「민법」에 따른 손해배상청구를 갈음하여 유족특별급여를 청구하면 제62조의 유족급여 또는 제91조의4의 진폐유족연금 외에 대통령령으로 정하는 유족특별급여를 지급할 수 있다. (2010.5.20 개정)

② 유족특별급여에 관하여는 제78조제1항 단서·제2항 및 제3항을 준용한다. 이 경우 "장해특별급여"는 "유족특별급여"로 본다.

령 제74조·제75조

제80조【다른 보상이나 배상과의 관계】 ① 수급권자가 이 법에 따라 보험급여를 받았거나 받을 수 있으면 보험가입자는 동일한 사유에 대하여 「근로기준법」에 따른 재해보상 책임이 면제된다.

② 수급권자가 동일한 사유에 대하여 이 법에 따른 보험급여를 받으면 보험가입자는 그 금액의 한도 안에서 「민법」이나 그 밖의 법령에 따른 손해배상의 책임이 면제된다. 이 경우 장해보상연금 또는 유족보상연금을 받고 있는 사람은 장해보상일시금 또는 유족보상일시금을 받은 것으로 본다. (2020.5.26 개정)

③ 수급권자가 동일한 사유로 「민법」이나 그 밖의 법령에 따라 이 법의 보험급여에 상당한 금품을 받으면 공단은 그 받은 금품을 대통령령으로 정하는 방법에 따라 환산한 금액의 한도 안에서 이 법에 따른 보험급여를 지급하지 아니한다. 다만, 제2항 후단에 따라 수급권자가 지급받은 것으로 보게 되는 장해보상일시금 또는 유족보상일시금에 해당하는 연금액에 대하여는 그러하지 아니하다.

④ 요양급여를 받는 근로자가 요양을 시작한 후 3년이 지난 날 이후에 상병보상연금을 지급받고 있으면 「근로기준법」 제23조제2항 단서를 적용할 때 그 사용자는 그 3년이 지난 날 이후에는 같은 법 제84조에 따른 일시보상을 지급한 것으로 본다.

령 제76조

제81조 【미지급의 보험급여】 ① 보험급여의 수급권자가 사망한 경우에 그 수급권자에게 지급하여야 할 보험급여로서 아직 지급되지 아니한 보험급여가 있으면 그 수급권자의 유족(유족급여의 경우에는 그 유족급여를 받을 수 있는 다른 유족)의 청구에 따라 그 보험급여를 지급한다.
② 제1항의 경우에 그 수급권자가 사망 전에 보험급여를 청구하지 아니하면 같은 항에 따른 유족의 청구에 따라 그 보험급여를 지급한다.
령 제77조

제82조 【보험급여의 지급】 ① 보험급여는 지급 결정일부터 14일 이내에 지급하여야 한다. (2018.6.12 개정)
② 공단은 수급권자의 신청이 있는 경우에는 보험급여를 수급권자 명의의 지정된 계좌(이하 "보험급여수급계좌"라 한다)로 입금하여야 한다. 다만, 정보통신장애나 그 밖에 대통령령으로 정하는 불가피한 사유로 보험급여를 보험급여수급계좌로 이체할 수 없을 때에는 대통령령으로 정하는 바에 따라 보험급여를 지급할 수 있다. (2018.6.12 신설)
③ 보험급여수급계좌의 해당 금융기관은 이 법에 따른 보험급여만이 보험급여수급계좌에 입금되도록 관리하여야 한다. (2018.6.12 신설)
④ 제2항에 따른 신청의 방법·절차와 제3항에 따른 보험급여수급계좌의 관리에 필요한 사항은 대통령령으로 정한다. (2018.6.12 신설)
령 제77조의2

제83조 【보험급여 지급의 제한】 ① 공단은 근로자가 다음 각 호의 어느 하나에 해당되면 보험급여의 전부 또는 일부를 지급하지 아니할 수 있다.
1. 요양 중인 근로자가 정당한 사유 없이 요양에 관한 지시를 위반하여 부상·질병 또는 장해 상태를 악화시키거나 치유를 방해한 경우
2. 장해보상연금 또는 진폐보상연금 수급권자가 제59조에 따른 장해등급 또는 진폐장해등급 재판정 전에 자해(自害) 등 고의로 장해 상태를 악화시킨 경우 (2010.5.20 개정)

② 공단은 제1항에 따라 보험급여를 지급하지 아니하기로 결정하면 지체 없이 이를 관계 보험가입자와 근로자에게 알려야 한다.
③ 제1항에 따른 보험급여 지급 제한의 대상이 되는 보험급여의 종류 및 제한 범위는 대통령령으로 정한다.
령 제78조 칙 제63조

제84조 【부당이득의 징수】 ① 공단은 보험급여를 받은 사람이 다음 각 호의 어느 하나에 해당하면 그 급여액에 해당하는 금액(제1호의 경우에는 그 급여액의 2배에 해당하는 금액)을 징수하여야 한다. 이 경우 공단이 제90조제2항에 따라 국민건강보험공단등에 청구하여 받은 금액은 징수할 금액에서 제외한다. (2020.5.26 개정)

1. 거짓이나 그 밖의 부정한 방법으로 보험급여를 받은 경우
2. 수급권자 또는 수급권이 있었던 사람이 제114조제2항부터 제4항까지의 규정에 따른 신고의무를 이행하지 아니하여 부당하게 보험급여를 지급받은 경우 (2020.5.26 개정)
3. 그 밖에 잘못 지급된 보험급여가 있는 경우

② 제1항제1호의 경우 보험급여의 지급이 보험가입자·산재보험 의료기관 또는 직업훈련기관의 거짓된 신고, 진단 또는 증명으로 인한 것이면 그 보험가입자·산재보험 의료기관 또는 직업훈련기관도 연대하여 책임을 진다.

③ 공단은 산재보험 의료기관이나 제46조제1항에 따른 약국이 다음 각 호의 어느 하나에 해당하면 그 진료비나 약제비에 해당하는 금액을 징수하여야 한다. 다만, 제1호의 경우에는 그 진료비나 약제비의 2배에 해당하는 금액(제44조제1항에 따라 과징금을 부과하는 경우에는 그 진료비에 해당하는 금액)을 징수한다.

1. 거짓이나 그 밖의 부정한 방법으로 진료비나 약제비를 지급받은 경우
2. 제40조제5항 또는 제91조의9제3항에 따른 요양급여의 산정 기준 및 제77조제2항에 따른 조치비용 산정 기준을 위반하여 부당하게 진료비나 약제비를 지급받은 경우 (2018.6.12 개정)
3. 그 밖에 진료비나 약제비를 잘못 지급받은 경우

④ 제1항 및 제3항 단서에도 불구하고 공단은 거짓이나 그 밖의 부정한 방법으로 보험급여, 진료비 또는 약제비를 받은 자(제2항에 따라 연대책임을 지는 자를 포함한다)가 부정수급에 대한 조사가 시작되기 전에 부정수급 사실을 자진 신고한 경우에는 그 보험급여액, 진료비 또는 약제비에 해당하는 금액을 초과하는 부분은 징수를 면제할 수 있다. (2018.6.12 신설)

령 제79조

제84조의2【부정수급자 명단 공개 등】 ① 공단은 제84조제1항제1호 또는 같은 조 제3항제1호에 해당하는 자(이하 "부정수급자"라 한다)로서 매년 직전 연도부터 과거 3년간 다음 각 호의 어느 하나에 해당하는 자의 명단을 공개할 수 있다. 이 경우 같은 조 제2항에 따른 연대책임자의 명단을 함께 공개할 수 있다. (2018.6.12 신설)

1. 부정수급 횟수가 2회 이상이고 부정수급액의 합계가 1억원 이상인 자
2. 1회의 부정수급액이 2억원 이상인 자

② 부정수급자 또는 연대책임자의 사망으로 명단 공개의 실효성이 없는 경우 등 대통령령으로 정하는 경우에는 제1항에 따른 명단을 공개하지 아니할 수 있다. (2018.6.12 신설)

③ 공단은 이의신청이나 그 밖의 불복절차가 진행 중인 부당이득징수결정처분에 대해서는 해당 이의신청이나 불복절차가 끝난 후 명단을 공개할 수 있

다. (2018.6.12 신설)
④ 공단은 제1항에 따른 공개대상자에게 고용노동부령으로 정하는 바에 따라 미리 그 사실을 통보하고 소명의 기회를 주어야 한다. (2018.6.12 신설)
⑤ 그 밖에 명단 공개의 방법 및 절차 등에 필요한 사항은 고용노동부령으로 정한다. (2018.6.12 신설)
령 제79조의2 칙 제63조의2·제63조의3

제85조 【징수금의 징수】 제39조제2항에 따른 보험급여액의 징수, 제78조에 따른 장해특별급여액의 징수, 제79조에 따른 유족특별급여액의 징수 및 제84조에 따른 부당이득의 징수에 관하여는 보험료징수법 제27조, 제28조, 제29조, 제30조, 제32조, 제39조, 제41조 및 제42조를 준용한다. 이 경우 "건강보험공단"은 "공단"으로 본다. (2010.1.27 개정)

제86조 【보험급여 등의 충당】 ① 공단은 제84조제1항 및 제3항에 따라 부당이득을 받은 자, 제84조제2항에 따라 연대책임이 있는 보험가입자 또는 산재보험 의료기관에 지급할 보험급여·진료비 또는 약제비가 있으면 이를 제84조에 따라 징수할 금액에 충당할 수 있다.
② 보험급여·진료비 및 약제비의 충당 한도 및 충당 절차는 대통령령으로 정한다.
령 제80조

제87조 【제3자에 대한 구상권】 ① 공단은 제3자의 행위에 따른 재해로 보험급여를 지급한 경우에는 그 급여액의 한도 안에서 급여를 받은 사람의 제3자에 대한 손해배상청구권을 대위(代位)한다. 다만, 보험가입자인 둘 이상의 사업주가 같은 장소에서 하나의 사업을 분할하여 각각 행하다가 그 중 사업주를 달리하는 근로자의 행위로 재해가 발생하면 그러하지 아니하다. (2020.5.26 개정)
② 제1항의 경우에 수급권자가 제3자로부터 동일한 사유로 이 법의 보험급여에 상당하는 손해배상을 받으면 공단은 그 배상액을 대통령령으로 정하는 방법에 따라 환산한 금액의 한도 안에서 이 법에 따른 보험급여를 지급하지 아니한다.
③ 수급권자 및 보험가입자는 제3자의 행위로 재해가 발생하면 지체 없이 공단에 신고하여야 한다.
령 제81조

제87조의2 【구상금협의조정기구 등】 ① 공단은 제87조에 따라 「자동차손해배상 보장법」 제2조제7호가목에 따른 보험회사등(이하 이 조에서 "보험회사등"이라 한다)에게 구상권을 행사하는 경우 그 구상금 청구액을 협의·조정하기 위하여 보험회사등과 구상금협의조정기구를 구성하여 운영할 수 있다. (2017.10.24 신설)

② 공단과 보험회사등은 제1항에 따른 협의·조정을 위하여 상대방에게 필요한 자료의 제출을 요구할 수 있다. 이 경우 자료의 제출을 요구받은 상대방은 특별한 사정이 없으면 그 요구에 따라야 한다. (2017.10.24 신설)
③ 제1항 및 제2항에 따른 구상금협의조정기구의 구성 및 운영 등에 관하여 필요한 사항은 공단이 정한다. (2017.10.24 신설)

제88조【수급권의 보호】 ① 근로자의 보험급여를 받을 권리는 퇴직하여도 소멸되지 아니한다.
② 보험급여를 받을 권리는 양도 또는 압류하거나 담보로 제공할 수 없다.
③ 제82조제2항에 따라 지정된 보험급여수급계좌의 예금 중 대통령령으로 정하는 액수 이하의 금액에 관한 채권은 압류할 수 없다. (2018.6.12 신설)
령 제81조의2

제89조【수급권의 대위】 보험가입자(보험료징수법 제2조제5호에 따른 하수급인을 포함한다. 이하 이 조에서 같다)가 소속 근로자의 업무상의 재해에 관하여 이 법에 따른 보험급여의 지급 사유와 동일한 사유로 「민법」이나 그 밖의 법령에 따라 보험급여에 상당하는 금품을 수급권자에게 미리 지급한 경우로서 그 금품이 보험급여에 대체하여 지급한 것으로 인정되는 경우에 보험가입자는 대통령령으로 정하는 바에 따라 그 수급권자의 보험급여를 받을 권리를 대위한다.
령 제82조

제90조【요양급여 비용의 정산】 ① 공단은 「국민건강보험법」 제13조에 따른 국민건강보험공단 또는 「의료급여법」 제5조에 따른 시장, 군수 또는 구청장(이하 "국민건강보험공단등"이라 한다)이 제42조제1항에 따라 이 법에 따른 요양급여의 수급권자에게 건강보험 요양급여등을 우선 지급하고 그 비용을 청구하는 경우에는 그 건강보험 요양급여등이 이 법에 따라 지급할 수 있는 요양급여에 상당한 것으로 인정되면 그 요양급여에 해당하는 금액을 지급할 수 있다. (2011.12.31 개정)
② 공단이 수급권자에게 요양급여를 지급한 후 그 지급결정이 취소된 경우로서 그 지급한 요양급여가 「국민건강보험법」 또는 「의료급여법」에 따라 지급할 수 있는 건강보험 요양급여등에 상당한 것으로 인정되면 공단은 그 건강보험 요양급여등에 해당하는 금액을 국민건강보험공단등에 청구할 수 있다.

제90조의2【국민건강보험 요양급여 비용의 정산】 ① 제40조에 따른 요양급여나 재요양을 받은 사람이 요양이 종결된 후 2년 이내에 「국민건강보험법」 제41조에 따른 요양급여를 받은 경우(종결된 요양의 대상이 되었던 업무상의 부상 또는 질병의 증상으로 요양급여를 받은 경우로 한정한다)에는 공단은 그 요양급여 비용 중 국민건강보험공단이 부담한 금액을 지급할 수 있다. (2015.1.20 신설)

② 제1항에 따른 요양급여 비용의 지급 절차와 그 밖에 필요한 사항은 고용노동부령으로 정한다. (2015.1.20 신설)

칙 제64조의2

제91조 【공과금의 면제】 보험급여로서 지급된 금품에 대하여는 국가나 지방자치단체의 공과금을 부과하지 아니한다.

제3장의2 진폐에 따른 보험급여의 특례

제91조의2 【진폐에 대한 업무상의 재해의 인정기준】 근로자가 진폐에 걸릴 우려가 있는 작업으로서 암석, 금속이나 유리섬유 등을 취급하는 작업 등 고용노동부령으로 정하는 분진작업(이하 "분진작업"이라 한다)에 종사하여 진폐에 걸리면 제37조제1항제2호가목에 따른 업무상 질병으로 본다. (2010.6.4 개정)

칙 제32조

제91조의3 【진폐보상연금】 ① 진폐보상연금은 업무상 질병인 진폐에 걸린 근로자(이하 "진폐근로자"라 한다)에게 지급한다. (2010.5.20 신설)

② 진폐보상연금은 제5조제2호 및 제36조제6항에 따라 정하는 평균임금을 기준으로 하여 별표 6에 따라 산정하는 진폐장해등급별 진폐장해연금과 기초연금을 합산한 금액으로 한다. 이 경우 기초연금은 최저임금액의 100분의 60에 365를 곱하여 산정한 금액으로 한다. (2010.5.20 신설)

③ 진폐보상연금을 받던 사람이 그 진폐장해등급이 변경된 경우에는 변경된 날이 속한 달의 다음 달부터 기초연금과 변경된 진폐장해등급에 해당하는 진폐장해연금을 합산한 금액을 지급한다. (2010.5.20 신설)

제91조의4 【진폐유족연금】 ① 진폐유족연금은 진폐근로자가 진폐로 사망한 경우에 유족에게 지급한다. (2010.5.20 신설)

② 진폐유족연금은 사망 당시 진폐근로자에게 지급하고 있거나 지급하기로 결정된 진폐보상연금과 같은 금액으로 한다. 이 경우 진폐유족연금은 제62조제2항 및 별표 3에 따라 산정한 유족보상연금을 초과할 수 없다. (2010.5.20 신설)

③ 제91조의6에 따른 진폐에 대한 진단을 받지 아니한 근로자가 업무상 질병인 진폐로 사망한 경우에 그 근로자에 대한 진폐유족연금은 제91조의3제2항에 따른 기초연금과 제91조의8제3항에 따라 결정되는 진폐장해등급별로 별표 6에 따라 산정한 진폐장해연금을 합산한 금액으로 한다. (2010.5.20 신설)

④ 진폐유족연금을 받을 수 있는 유족의 범위 및 순위, 자격 상실과 지급 정지 등에 관하여는 제63조 및 제64조를 준용한다. 이 경우 "유족보상연금"

산재
보험

은 "진폐유족연금"으로 본다. (2010.5.20 신설)

제91조의5【진폐에 대한 요양급여 등의 청구】 ① 분진작업에 종사하고 있거나 종사하였던 근로자가 업무상 질병인 진폐로 요양급여 또는 진폐보상연금을 받으려면 고용노동부령으로 정하는 서류를 첨부하여 공단에 청구하여야 한다. (2010.6.4 개정)

② 제1항에 따라 요양급여 등을 청구한 사람이 제91조의8제2항에 따라 요양급여 등의 지급 또는 부지급 결정을 받은 경우에는 제91조의6에 따른 진단이 종료된 날부터 1년이 지나거나 요양이 종결되는 때에 다시 요양급여 등을 청구할 수 있다. 다만, 제91조의6제1항에 따른 건강진단기관으로부터 합병증[「진폐의 예방과 진폐근로자의 보호 등에 관한 법률」(이하 "진폐근로자보호법"이라 한다) 제2조제2호에 따른 합병증을 말한다. 이하 같다]이나 심폐기능의 고도장해 등으로 응급진단이 필요하다는 의학적 소견이 있으면 1년이 지나지 아니한 경우에도 요양급여 등을 청구할 수 있다. (2010.5.20 신설)

칙 제33조·제34조

제91조의6【진폐의 진단】 ① 공단은 근로자가 제91조의5에 따라 요양급여 등을 청구하면 진폐근로자보호법 제15조에 따른 건강진단기관(이하 "건강진단기관"이라 한다)에 제91조의8의 진폐판정에 필요한 진단을 의뢰하여야 한다. (2010.5.20 신설)

② 건강진단기관은 제1항에 따라 진폐에 대한 진단을 의뢰받으면 고용노동부령으로 정하는 바에 따라 진폐에 대한 진단을 실시하고 그 진단결과를 공단에 제출하여야 한다. (2010.6.4 개정)

③ 근로자가 진폐근로자보호법 제11조부터 제13조까지의 규정에 따른 건강진단을 받은 후에 건강진단기관이 같은 법 제16조제1항 후단 및 같은 조 제3항 후단에 따라 해당 근로자의 흉부 엑스선 사진 등을 고용노동부장관에게 제출한 경우에는 제91조의5제1항 및 이 조 제2항에 따라 요양급여 등을 청구하고 진단결과를 제출한 것으로 본다. (2010.6.4 개정)

④ 공단은 제2항에 따라 진단을 실시한 건강진단기관에 그 진단에 드는 비용을 지급한다. 이 경우 그 비용의 산정 기준 및 청구 등에 관하여는 제40조제5항 및 제45조를 준용한다. (2010.5.20 신설)

⑤ 제2항에 따라 진단을 받는 근로자에게는 고용노동부장관이 정하여 고시하는 금액을 진단수당으로 지급할 수 있다. 다만, 장해보상연금 또는 진폐보상연금을 받고 있는 사람에게는 진단수당을 지급하지 아니한다. (2010.6.4 개정)

⑥ 제1항, 제2항 및 제5항에 따른 진단의뢰, 진단결과의 제출 및 진단수당의 구체적인 지급절차 등에 관한 사항은 고용노동부령으로 정한다. (2010.6.4

개정)

령 제56조 칙 제34조·제36조

제91조의7 【진폐심사회의】 ① 제91조의6에 따른 진단결과에 대하여 진폐병형 및 합병증 등을 심사하기 위하여 공단에 관계 전문가 등으로 구성된 진폐심사회의(이하 "진폐심사회의"라 한다)를 둔다. (2010.5.20 신설)

② 진폐심사회의의 위원 구성 및 회의 운영이나 그 밖에 필요한 사항은 고용노동부령으로 정한다. (2010.6.4 개정)

칙 제38조

제91조의8 【진폐판정 및 보험급여의 결정 등】 ① 공단은 제91조의6에 따라 진단결과를 받으면 진폐심사회의의 심사를 거쳐 해당 근로자의 진폐병형, 합병증의 유무 및 종류, 심폐기능의 정도 등을 판정(이하 "진폐판정"이라 한다)하여야 한다. 이 경우 진폐판정에 필요한 기준은 대통령령으로 정한다. (2010.5.20 신설)

② 공단은 제1항의 진폐판정 결과에 따라 요양급여의 지급 여부, 진폐장해등급과 그에 따른 진폐보상연금의 지급 여부 등을 결정하여야 한다. 이 경우 진폐장해등급 기준 및 합병증 등에 따른 요양대상인정기준은 대통령령으로 정한다. (2010.5.20 신설)

③ 공단은 합병증 등으로 심폐기능의 정도를 판정하기 곤란한 진폐근로자에 대하여는 제2항의 진폐장해등급 기준에도 불구하고 진폐병형을 고려하여 진폐장해등급을 결정한다. 이 경우 진폐장해등급 기준은 대통령령으로 정한다. (2010.5.20 신설)

④ 공단은 제2항 및 제3항에 따라 보험급여의 지급 여부 등을 결정하면 그 내용을 해당 근로자에게 알려야 한다. (2010.5.20 신설)

령 제83조의2 칙 제35조·제55조

제91조의9 【진폐에 따른 요양급여의 지급 절차와 기준 등】 ① 공단은 제91조의8제2항에 따라 요양급여를 지급하기로 결정된 진폐근로자에 대하여는 제40조제2항 본문에도 불구하고 산재보험 의료기관 중 진폐근로자의 요양을 담당하는 의료기관(이하 "진폐요양 의료기관"이라 한다)에서 요양을 하게 한다. (2010.5.20 신설)

② 고용노동부장관은 진폐요양 의료기관이 적정한 요양을 제공하는 데 활용할 수 있도록 전문가의 자문 등을 거쳐 입원과 통원의 처리기준, 표준적인 진료기준 등을 정하여 고시할 수 있다. (2010.6.4 개정)

③ 공단은 진폐요양 의료기관에 대하여 시설, 인력 및 의료의 질 등을 고려하여 3개 이내의 등급으로 나누어 등급화할 수 있다. 이 경우 그 등급의 구분기준, 등급별 요양대상 환자 및 등급별 요양급여의 산정 기준은 고용노동부령으로 정한다. (2010.6.4 개정)

④ 진폐요양 의료기관을 평가하는 업무에 대하여 자문하기 위하여 공단에 진폐요양의료기관평가위원회를 둔다. 이 경우 진폐요양의료기관평가위원회의 구성·운영이나 그 밖에 필요한 사항은 고용노동부령으로 정한다. (2010.6.4 개정)

⑤ 진폐요양 의료기관에 대한 평가에 관하여는 제50조를 준용한다. 이 경우 제50조제1항 중 "제43조제1항제3호의 산재보험 의료기관 중 대통령령으로 정하는 의료기관"은 "진폐요양 의료기관"으로 본다. (2010.5.20 신설)

칙 제39조·제40조

제91조의10 【진폐에 따른 사망의 인정 등】 분진작업에 종사하고 있거나 종사하였던 근로자가 진폐, 합병증이나 그 밖에 진폐와 관련된 사유로 사망하였다고 인정되면 업무상의 재해로 본다. 이 경우 진폐에 따른 사망 여부를 판단하는 때에 고려하여야 하는 사항은 대통령령으로 정한다. (2010.5.20 신설)

령 제83조의3

제91조의11 【진폐에 따른 사망원인의 확인 등】 ① 분진작업에 종사하고 있거나 종사하였던 근로자의 사망원인을 알 수 없는 경우에 그 유족은 해당 근로자가 진폐 등으로 사망하였는지 여부에 대하여 확인하기 위하여 병리학 전문의가 있는 산재보험 의료기관 중에서 공단이 지정하는 의료기관에 전신해부에 대한 동의서를 첨부하여 해당 근로자의 시신에 대한 전신해부를 의뢰할 수 있다. 이 경우 그 의료기관은 「시체 해부 및 보존 등에 관한 법률」 제2조에도 불구하고 전신해부를 할 수 있다. (2020.4.7 개정)

② 공단은 제1항에 따라 전신해부를 실시한 의료기관 또는 유족에게 그 비용의 전부 또는 일부를 지원할 수 있다. 이 경우 비용의 지급기준 및 첨부서류 제출, 그 밖에 비용지원 절차에 관한 사항은 고용노동부령으로 정한다. (2010.6.4 개정)

칙 제41조

제3장의3 건강손상자녀에 대한 보험급여의 특례

제91조의12 【건강손상자녀에 대한 업무상의 재해의 인정기준】 임신 중인 근로자가 업무수행 과정에서 제37조제1항제1호·제3호 또는 대통령령으로 정하는 유해인자의 취급이나 노출로 인하여, 출산한 자녀에게 부상, 질병 또는 장해가 발생하거나 그 자녀가 사망한 경우 업무상의 재해로 본다. 이 경우 그 출산한 자녀(이하 "건강손상자녀"라 한다)는 제5조제2호에도 불구하고 이 법을 적용할 때 해당 업무상 재해의 사유가 발생한 당시 임신한 근로자가 속한 사업의 근로자로 본다. (2022.1.11 신설)

령 제83조의4

제91조의13【장해등급의 판정시기】 건강손상자녀에 대한 장해등급 판정은 18세 이후에 한다. (2022.1.11 신설)

제91조의14【건강손상자녀의 장해급여·장례비 산정기준】 건강손상자녀에게 지급하는 보험급여 중 장해급여 및 장례비의 산정기준이 되는 금액은 각각 제57조제2항 및 제71조에도 불구하고 다음 각 호와 같다. (2022.1.11 신설)

1. 장해급여 : 제36조제7항에 따른 최저 보상기준 금액
2. 장례비 : 제71조제2항에 따른 장례비 최저 금액

제3장의4 노무제공자에 대한 특례

제91조의15【노무제공자 등의 정의】 이 장에서 사용하는 용어의 뜻은 다음과 같다. (2022.6.10 신설)

1. "노무제공자"란 자신이 아닌 다른 사람의 사업을 위하여 다음 각 목의 어느 하나에 해당하는 방법에 따라 자신이 직접 노무를 제공하고 그 대가를 지급받는 사람으로서 업무상 재해로부터의 보호 필요성, 노무제공 형태 등을 고려하여 대통령령으로 정하는 직종에 종사하는 사람을 말한다.
   가. 노무제공자가 사업주로부터 직접 노무제공을 요청받은 경우
   나. 노무제공자가 사업주로부터 일하는 사람의 노무제공을 중개·알선하기 위한 전자적 정보처리시스템(이하 "온라인 플랫폼"이라 한다)을 통해 노무제공을 요청받는 경우
2. "플랫폼 종사자"란 온라인 플랫폼을 통해 노무를 제공하는 노무제공자를 말한다.
3. "플랫폼 운영자"란 온라인 플랫폼을 이용하여 플랫폼 종사자의 노무제공을 중개 또는 알선하는 것을 업으로 하는 자를 말한다.
4. "플랫폼 이용 사업자"란 플랫폼 종사자로부터 노무를 제공받아 사업을 영위하는 자를 말한다. 다만, 플랫폼 운영자가 플랫폼 종사자의 노무를 직접 제공받아 사업을 영위하는 경우 플랫폼 운영자를 플랫폼 이용 사업자로 본다.
5. "보수"란 노무제공자가 이 법의 적용을 받는 사업에서 노무제공의 대가로 지급받은 「소득세법」 제19조에 따른 사업소득 및 같은 법 제21조에 따른 기타소득에서 대통령령으로 정하는 금품을 뺀 금액을 말한다. 다만, 노무제공의 특성에 따라 소득확인이 어렵다고 대통령령으로 정하는 직종의 보수는 고용노동부장관이 고시하는 금액으로 한다.
6. "평균보수"란 이를 산정하여야 할 사유가 발생한 날이 속하는 달의 전전

달 말일부터 이전 3개월 동안 노무제공자가 재해가 발생한 사업에서 지급받은 보수와 같은 기간 동안 해당 사업 외의 사업에서 지급받은 보수를 모두 합산한 금액을 해당 기간의 총 일수로 나눈 금액을 말한다. 다만, 노무제공의 특성에 따라 소득확인이 어렵거나 소득의 종류나 내용에 따라 평균보수를 산정하기 곤란하다고 인정되는 경우에는 고용노동부장관이 고시하는 금액으로 한다.

령 제83조의5·제83조의6·제83조의7

제91조의16【다른 조문과의 관계】 ① 제5조제2호에도 불구하고 노무제공자는 이 법의 적용을 받는 근로자로 본다. (2022.6.10 신설)
② 제6조에도 불구하고 노무제공자의 노무를 제공받는 사업은 이 법의 적용을 받는 사업으로 본다. (2022.6.10 신설)

제91조의17【노무제공자에 대한 보험급여의 산정기준 등】 ① 노무제공자의 평균보수 산정사유 발생일은 대통령령으로 정한다. (2022.6.10 신설)
② 노무제공자에 대해 제3장 및 제3장의2에 따른 보험급여에 관한 규정을 적용할 때에는 "임금"은 "보수"로, "평균임금"은 "평균보수"로 본다. (2022.6.10 신설)
③ 제91조의15제6호에도 불구하고 업무상 재해를 입은 노무제공자가 평균보수 산정기간 동안 근로자(대통령령으로 정하는 일용근로자는 제외한다)로서 지급받은 임금이 있는 경우에는 그 기간의 보수와 임금을 합산한 금액을 해당 기간의 총일수로 나누어 평균보수를 산정한다. (2022.6.10 신설)
④ 제36조제3항 본문에도 불구하고 노무제공자에 대한 보험급여를 산정하는 경우 해당 노무제공자의 평균보수를 산정하여야 할 사유가 발생한 날부터 1년이 지난 이후에는 매년 소비자물가변동률에 따라 평균보수를 증감한다. (2022.6.10 신설)
⑤ 노무제공자에 대한 보험급여의 산정에 관하여는 제36조제5항 및 제6항은 적용하지 아니한다. (2022.6.10 신설)

령 제83조의8·제83조의9 칙 제64조의4

제91조의18【노무제공자에 대한 업무상의 재해의 인정기준】 노무제공자에 대한 업무상의 재해의 인정기준은 제37조제1항부터 제4항까지의 규정을 적용하되 구체적인 인정기준은 노무제공 형태 등을 고려하여 대통령령으로 정한다. (2022.6.10 신설)

령 제83조의10

제91조의19【노무제공자에 대한 보험급여 산정 특례】 ① 노무제공자에 대해서는 제54조에도 불구하고 제52조에 따라 산정한 1일당 휴업급여 지급액이 대통령령으로 정하는 최저 휴업급여 보장액(이하 "최저 휴업급여 보장액"이라 한다)보다 적으면 최저 휴업급여 보장액을 1일당 휴업급여 지급액

으로 한다. (2022.6.10 신설)
② 재요양을 받는 노무제공자에 대해서는 제56조제2항에도 불구하고 제56조제1항에 따라 산정한 1일당 휴업급여 지급액이 최저 휴업급여 보장액보다 적거나 재요양 당시 평균보수 산정의 대상이 되는 보수가 없으면 최저 휴업급여 보장액을 1일당 휴업급여 지급액으로 한다. (2022.6.10 신설)
③ 장해보상연금을 지급받는 노무제공자가 재요양하는 경우에는 제56조제3항에도 불구하고 1일당 장해보상연금액과 제2항 또는 제56조제1항에 따라 산정한 1일당 휴업급여 지급액을 합한 금액이 장해보상연금의 산정에 적용되는 평균보수의 100분의 70을 초과하면 그 초과하는 금액 중 휴업급여에 해당하는 금액은 지급하지 아니한다. (2022.6.10 신설)
④ 제1항 및 제2항에 따라 최저 휴업급여 보장액을 1일당 휴업급여 지급액으로 하는 노무제공자가 그 요양기간 중 일정기간 또는 단시간 취업을 하는 경우에는 제53조제1항 단서에도 불구하고 최저 휴업급여 보장액(별표 1 제2호에 따라 감액하는 경우에는 그 감액한 금액)에서 취업한 날에 대한 보수를 뺀 금액을 부분휴업급여로 지급할 수 있다. (2022.6.10 신설)
령 제83조의11

제91조의20【노무제공자에 대한 보험급여의 지급】 ① 노무제공자의 보험급여는 보험료징수법에 따라 공단에 신고된 해당 노무제공자의 보수를 기준으로 평균보수를 산정한 후 그에 따라 지급한다. (2022.6.10 신설)
② 수급권자는 신고 누락 등으로 인하여 제1항에 따라 산정된 평균보수가 실제 평균보수와 다르게 산정된 경우에는 보험료징수법으로 정하는 바에 따라 보수에 대한 정정신고를 거쳐 이 법에 따른 평균보수 및 보험급여의 정정청구를 할 수 있다. (2022.6.10 신설)
③ 노무제공자에 대한 보험급여의 지급 등에 필요한 사항은 고용노동부령으로 정한다. (2022.6.10 신설)

제91조의21【플랫폼 운영자에 대한 자료제공 등의 요청】 공단은 플랫폼 종사자에 관한 보험사무의 효율적 처리를 위하여 플랫폼 운영자에게 해당 온라인 플랫폼의 이용 및 보험관계의 확인에 필요한 다음 각 호의 자료 또는 정보의 제공을 요청할 수 있다. 이 경우 요청을 받은 플랫폼 운영자는 정당한 사유가 없으면 그 요청에 따라야 한다. (2022.6.10 신설)
1. 플랫폼 이용 사업자 및 플랫폼 종사자의 온라인 플랫폼 이용 개시일 또는 종료일
2. 플랫폼 이용 사업자의 보험관계와 관련된 사항으로서 사업장의 명칭·주소 등 대통령령으로 정하는 정보
3. 플랫폼 종사자의 보험관계 및 보험급여의 결정과 지급 등과 관련된 사항으로서 플랫폼 종사자의 이름·직종·보수·노무제공 내용 등 대통령령으로

정하는 자료 또는 정보

벌 법 제91조의21을 위반하여 자료 또는 정보의 제공 요청에 따르지 아니한 자에게는 300만원 이하의 과태료를 부과한다. (법 제129조제1항)

령 제83조의12

제4장 근로복지 사업

제92조 【근로복지 사업】 ① 고용노동부장관은 근로자의 복지 증진을 위한 다음 각 호의 사업을 한다. (2010.6.4 개정)

1. 업무상의 재해를 입은 근로자의 원활한 사회 복귀를 촉진하기 위한 다음 각 목의 보험시설의 설치·운영
   가. 요양이나 외과 후 처치에 관한 시설
   나. 의료재활이나 직업재활에 관한 시설
2. 장학사업 등 재해근로자와 그 유족의 복지 증진을 위한 사업
3. 그 밖에 근로자의 복지 증진을 위한 시설의 설치·운영 사업

② 고용노동부장관은 공단 또는 재해근로자의 복지 증진을 위하여 설립된 법인 중 고용노동부장관의 지정을 받은 법인(이하 "지정법인"이라 한다)에 제1항에 따른 사업을 하게 하거나 같은 항 제1호에 따른 보험시설의 운영을 위탁할 수 있다. (2010.6.4 개정)

③ 지정법인의 지정 기준에 필요한 사항은 고용노동부령으로 정한다. (2010.6.4 개정)

④ 고용노동부장관은 예산의 범위에서 지정법인의 사업에 필요한 비용의 일부를 보조할 수 있다. (2010.6.4 개정)

칙 제65조·제67조

제93조 【국민건강보험 요양급여 비용의 본인 일부 부담금의 대부】 ① 공단은 제37조제1항제2호에 따른 업무상 질병에 대하여 요양 신청을 한 경우로서 요양급여의 결정에 걸리는 기간 등을 고려하여 대통령령으로 정하는 사람에 대하여 「국민건강보험법」 제44조에 따른 요양급여 비용의 본인 일부 부담금에 대한 대부사업을 할 수 있다. (2020.5.26 개정)

② 공단은 제1항에 따라 대부를 받은 사람에게 지급할 이 법에 따른 요양급여가 있으면 그 요양급여를 대부금의 상환에 충당할 수 있다. (2020.5.26 개정)

③ 제1항에 따른 대부의 금액·조건 및 절차는 고용노동부장관의 승인을 받아 공단이 정한다. (2010.6.4 개정)

④ 제2항에 따른 요양급여의 충당 한도 및 충당 절차는 대통령령으로 정한다.

령 제84조·제85조

제94조 【장해급여자의 고용 촉진】 고용노동부장관은 보험가입자에 대하여 장해급여 또는 진폐보상연금을 받은 사람을 그 적성에 맞는 업무에 고용하도록 권고할 수 있다. (2020.5.26 개정)

제5장 산업재해보상보험 및 예방기금

제95조 【산업재해보상보험및예방기금의 설치 및 조성】 ① 고용노동부장관은 보험사업, 산업재해 예방 사업에 필요한 재원을 확보하고, 보험급여에 충당하기 위하여 산업재해보상보험및예방기금(이하 "기금"이라 한다)을 설치한다. (2010.6.4 개정)

② 기금은 보험료, 기금운용 수익금, 적립금, 기금의 결산상 잉여금, 정부 또는 정부 아닌 자의 출연금 및 기부금, 차입금, 그 밖의 수입금을 재원으로 하여 조성한다.

③ 정부는 산업재해 예방 사업을 수행하기 위하여 회계연도마다 기금지출예산 총액의 100분의 3의 범위에서 제2항에 따른 정부의 출연금으로 세출예산에 계상(計上)하여야 한다.

령 제85조의2

제96조 【기금의 용도】 ① 기금은 다음 각 호의 용도에 사용한다.

1. 보험급여의 지급 및 반환금의 반환
2. 차입금 및 이자의 상환
3. 공단에의 출연 (2010.1.27 개정)
4. 「산업안전보건법」 제12조에 따른 용도 (2019.1.15 개정)
5. 재해근로자의 복지 증진
6. 「한국산업안전보건공단법」에 따른 한국산업안전보건공단(이하 "한국산업안전보건공단"이라 한다)에 대한 출연 (2010.1.27 개정)
7. 보험료징수법 제4조에 따른 업무를 위탁받은 자에의 출연 (2010.1.27 신설)
8. 그 밖에 보험사업 및 기금의 관리와 운용 (2010.1.27 개정)

② 고용노동부장관은 회계연도마다 제1항 각 호에 해당하는 기금지출예산 총액의 100분의 8 이상을 제1항제4호 및 제6호에 따른 용도로 계상하여야 한다. (2010.6.4 개정)

③ 제1항제7호에 따라 기금으로부터 「국민건강보험법」 제13조에 따른 국민건강보험공단에 출연하는 금액은 징수업무(고지·수납·체납 업무를 말한다)가 차지하는 비율 등을 기준으로 산정한다. (2018.6.12 신설)

령 제85조의2·제85조의3

제97조 【기금의 관리·운용】 ① 기금은 고용노동부장관이 관리·운용한다. (2010.6.4 개정)
② 고용노동부장관은 다음 각 호의 방법에 따라 기금을 관리·운용하여야 한다. (2010.6.4 개정)
1. 금융기관 또는 체신관서에의 예입(預入) 및 금전신탁
2. 재정자금에의 예탁
3. 투자신탁 등의 수익증권 매입
4. 국가·지방자치단체 또는 금융기관이 직접 발행하거나 채무이행을 보증하는 유가증권의 매입
5. 그 밖에 기금 증식을 위하여 대통령령으로 정하는 사업

③ 고용노동부장관은 제2항에 따라 기금을 관리·운용할 때에는 그 수익이 대통령령으로 정하는 수준 이상이 되도록 하여야 한다. (2010.6.4 개정)
④ 기금은 「국가회계법」 제11조에 따라 회계처리를 한다. (2018.6.12 개정)
⑤ 고용노동부장관은 기금의 관리·운용에 관한 업무의 일부를 공단 또는 한국산업안전보건공단에 위탁할 수 있다. (2010.6.4 개정)
령 제86조·제91조

제98조 【기금의 운용계획】 고용노동부장관은 회계연도마다 위원회의 심의를 거쳐 기금운용계획을 세워야 한다. (2010.6.4 개정)
령 제89조

제99조 【책임준비금의 적립】 ① 고용노동부장관은 보험급여에 충당하기 위하여 책임준비금을 적립하여야 한다. (2010.6.4 개정)
② 고용노동부장관은 회계연도마다 책임준비금을 산정하여 적립금 보유액이 책임준비금의 금액을 초과하면 그 초과액을 장래의 보험급여 지급 재원으로 사용하고, 부족하면 그 부족액을 보험료 수입에서 적립하여야 한다. (2010.6.4 개정)
③ 제1항에 따른 책임준비금의 산정 기준 및 적립에 필요한 사항은 대통령령으로 정한다.
령 제90조

제100조 【잉여금과 손실금의 처리】 ① 기금의 결산상 잉여금이 생기면 이를 적립금으로 적립하여야 한다.
② 기금의 결산상 손실금이 생기면 적립금을 사용할 수 있다.

제101조 【차입금】 ① 기금에 속하는 경비를 지급하기 위하여 필요하면 기금의 부담으로 차입할 수 있다.
② 기금에서 지급할 현금이 부족하면 기금의 부담으로 일시차입을 할 수 있다.
③ 제2항에 따른 일시차입금은 그 회계연도 안에 상환하여야 한다.

제102조 【기금의 출납 등】 기금을 관리·운용을 할 때의 출납 절차 등에

관한 사항은 대통령령으로 정한다.

제6장 심사 청구 및 재심사 청구

제103조 【심사 청구의 제기】 ① 다음 각 호의 어느 하나에 해당하는 공단의 결정 등(이하 "보험급여 결정등"이라 한다)에 불복하는 자는 공단에 심사 청구를 할 수 있다.

1. 제3장, 제3장의2 및 제3장의3에 따른 보험급여에 관한 결정 (2022.1.11 개정)
2. 제45조 및 제91조의6제4항에 따른 진료비에 관한 결정 (2010.5.20 개정)
3. 제46조에 따른 약제비에 관한 결정
4. 제47조제2항에 따른 진료계획 변경 조치등
5. 제76조에 따른 보험급여의 일시지급에 관한 결정

5의2. 제77조에 따른 합병증 등 예방관리에 관한 조치 (2018.6.12 신설)

6. 제84조에 따른 부당이득의 징수에 관한 결정
7. 제89조에 따른 수급권의 대위에 관한 결정

② 제1항에 따른 심사 청구는 그 보험급여 결정등을 한 공단의 소속 기관을 거쳐 공단에 제기하여야 한다.

③ 제1항에 따른 심사 청구는 보험급여 결정등이 있음을 안 날부터 90일 이내에 하여야 한다.

④ 제2항에 따라 심사 청구서를 받은 공단의 소속 기관은 5일 이내에 의견서를 첨부하여 공단에 보내야 한다.

⑤ 보험급여 결정등에 대하여는 「행정심판법」에 따른 행정심판을 제기할 수 없다.

[령] 제96조·제97조

제104조 【산업재해보상보험심사위원회】 ① 제103조에 따른 심사 청구를 심의하기 위하여 공단에 관계 전문가 등으로 구성되는 산업재해보상보험심사위원회(이하 "심사위원회"라 한다)를 둔다.

② 심사위원회 위원의 제척·기피·회피에 관하여는 제108조를 준용한다.

③ 심사위원회의 구성과 운영에 필요한 사항은 대통령령으로 정한다.

[령] 제99조

제105조 【심사 청구에 대한 심리·결정】 ① 공단은 제103조제4항에 따라 심사 청구서를 받은 날부터 60일 이내에 심사위원회의 심의를 거쳐 심사 청구에 대한 결정을 하여야 한다. 다만, 부득이한 사유로 그 기간 이내에 결정을 할 수 없으면 한 차례만 20일을 넘지 아니하는 범위에서 그 기간을 연장할 수 있다. (2020.5.26 개정)

② 제1항 본문에도 불구하고 심사 청구 기간이 지난 후에 제기된 심사 청구 등 대통령령으로 정하는 사유에 해당하는 경우에는 심사위원회의 심의를 거치지 아니할 수 있다.
③ 제1항 단서에 따라 결정기간을 연장할 때에는 최초의 결정기간이 끝나기 7일 전까지 심사 청구인 및 보험급여 결정등을 한 공단의 소속 기관에 알려야 한다.
④ 공단은 심사 청구의 심리를 위하여 필요하면 청구인의 신청 또는 직권으로 다음 각 호의 행위를 할 수 있다.
1. 청구인 또는 관계인을 지정 장소에 출석하게 하여 질문하거나 의견을 진술하게 하는 것
2. 청구인 또는 관계인에게 증거가 될 수 있는 문서나 그 밖의 물건을 제출하게 하는 것
3. 전문적인 지식이나 경험을 가진 제3자에게 감정하게 하는 것
4. 소속 직원에게 사건에 관계가 있는 사업장이나 그 밖의 장소에 출입하여 사업주·근로자, 그 밖의 관계인에게 질문하게 하거나, 문서나 그 밖의 물건을 검사하게 하는 것
5. 심사 청구와 관계가 있는 근로자에게 공단이 지정하는 의사·치과의사 또는 한의사(이하 "의사등"이라 한다)의 진단을 받게 하는 것
⑤ 제4항제4호에 따른 질문이나 검사를 하는 공단의 소속 직원은 그 권한을 표시하는 증표를 지니고 이를 관계인에게 내보여야 한다.

벌 법 제105조제4항(제109조제1항에서 준용하는 경우를 포함한다)에 따른 질문에 답변하지 아니하거나 거짓된 답변을 하거나 검사를 거부·방해 또는 기피한 자에게는 100만원 이하의 과태료를 부과한다. (법 제129조제3항제2호)

령 제101·102·103·104조 칙 제71조

제106조【재심사 청구의 제기】 ① 제105조제1항에 따른 심사 청구에 대한 결정에 불복하는 자는 제107조에 따른 산업재해보상보험재심사위원회에 재심사 청구를 할 수 있다. 다만, 판정위원회의 심의를 거친 보험급여에 관한 결정에 불복하는 자는 제103조에 따른 심사 청구를 하지 아니하고 재심사 청구를 할 수 있다.
② 제1항에 따른 재심사 청구는 그 보험급여 결정등을 한 공단의 소속 기관을 거쳐 제107조에 따른 산업재해보상보험재심사위원회에 제기하여야 한다.
③ 제1항에 따른 재심사 청구는 심사 청구에 대한 결정이 있음을 안 날부터 90일 이내에 제기하여야 한다. 다만, 제1항 단서에 따라 심사 청구를 거치지 아니하고 재심사 청구를 하는 경우에는 보험급여에 관한 결정이 있음을 안 날부터 90일 이내에 제기하여야 한다.

④ 재심사 청구에 관하여는 제103조제4항을 준용한다. 이 경우 "심사 청구서"는 "재심사 청구서"로, "공단"은 "산업재해보상보험재심사위원회"로 본다.

령 제105조

제107조 【산업재해보상보험재심사위원회】 ① 제106조에 따른 재심사 청구를 심리·재결하기 위하여 고용노동부에 산업재해보상보험재심사위원회(이하 "재심사위원회"라 한다)를 둔다. (2010.6.4 개정)

② 재심사위원회는 위원장 1명을 포함한 90명 이내의 위원으로 구성하되, 위원 중 2명은 상임위원으로, 1명은 당연직위원으로 한다. (2018.6.12 개정)

③ 재심사위원회의 위원 중 5분의 2에 해당하는 위원은 제5항제2호부터 제5호까지에 해당하는 사람 중에서 근로자 단체 및 사용자 단체가 각각 추천하는 사람으로 구성한다. 이 경우 근로자 단체 및 사용자 단체가 추천한 사람은 같은 수로 하여야 한다. (2020.5.26 개정)

④ 제3항에도 불구하고 근로자단체나 사용자단체가 각각 추천하는 사람이 위촉하려는 전체 위원 수의 5분의 1보다 적은 경우에는 제3항 후단을 적용하지 아니하고 근로자단체와 사용자단체가 추천하는 위원 수를 전체 위원 수의 5분의 2 미만으로 할 수 있다. (2010.1.27 신설)

⑤ 재심사위원회의 위원장 및 위원은 다음 각 호의 어느 하나에 해당하는 사람 중에서 고용노동부장관의 제청으로 대통령이 임명한다. 다만, 당연직위원은 고용노동부장관이 소속 3급의 일반직 공무원 또는 고위공무원단에 속하는 일반직 공무원 중에서 지명하는 사람으로 한다. (2020.5.26 개정)

1. 3급 이상의 공무원 또는 고위공무원단에 속하는 일반직 공무원으로 재직하고 있거나 재직하였던 사람 (2020.5.26 개정)
2. 판사·검사·변호사 또는 경력 10년 이상의 공인노무사
3. 「고등교육법」 제2조에 따른 학교에서 부교수 이상으로 재직하고 있거나 재직하였던 사람 (2020.5.26 개정)
4. 노동관계 업무 또는 산업재해보상보험 관련 업무에 15년 이상 종사한 사람 (2020.5.26 개정)
5. 사회보험이나 산업의학에 관한 학식과 경험이 풍부한 사람 (2020.5.26 개정)

⑥ 다음 각 호의 어느 하나에 해당하는 사람은 위원에 임명될 수 없다. (2020.5.26 개정)

1. 피성년후견인·피한정후견인 또는 파산선고를 받고 복권되지 아니한 사람 (2020.5.26 개정)
2. 금고 이상의 실형을 선고받고 그 집행이 끝나거나(집행이 끝난 것으로 보는 경우를 포함한다) 집행이 면제된 날부터 3년이 지나지 아니한 사람 (2022.6.10 개정)

2의2. 금고 이상의 형의 집행유예를 선고받고 그 유예기간 중에 있는 사람 (2022.6.10 신설)
3. 심신 상실자·심신 박약자
⑦ 재심사위원회 위원(당연직위원은 제외한다)의 임기는 3년으로 하되 연임할 수 있고, 위원장이나 위원의 임기가 끝난 경우 그 후임자가 임명될 때까지 그 직무를 수행한다. (2018.6.12 개정)
⑧ 재심사위원회의 위원은 다음 각 호의 어느 하나에 해당하는 경우 외에는 그 의사에 반하여 면직되지 아니한다. (2010.1.27 개정)
1. 금고 이상의 형을 선고받은 경우
2. 오랜 심신 쇠약으로 직무를 수행할 수 없게 된 경우
3. 직무와 관련된 비위사실이 있거나 재심사위원회 위원직을 유지하기에 적합하지 아니하다고 인정되는 비위사실이 있는 경우 (2018.6.12 신설)
⑨ 재심사위원회에 사무국을 둔다. (2010.1.27 개정)
⑩ 재심사위원회의 조직·운영 등에 필요한 사항은 대통령령으로 정한다. (2010.1.27 개정)
령 제106조·제107조

제108조 【위원의 제척·기피·회피】 ① 재심사위원회의 위원은 다음 각 호의 어느 하나에 해당하는 경우에는 그 사건의 심리(審理)·재결(裁決)에서 제척(除斥)된다.
1. 위원 또는 그 배우자나 배우자였던 사람이 그 사건의 당사자가 되거나 그 사건에 관하여 공동권리자 또는 의무자의 관계에 있는 경우 (2020.5.26 개정)
2. 위원이 그 사건의 당사자와 「민법」 제777조에 따른 친족이거나 친족이었던 경우
3. 위원이 그 사건에 관하여 증언이나 감정을 한 경우
4. 위원이 그 사건에 관하여 당사자의 대리인으로서 관여하거나 관여하였던 경우
5. 위원이 그 사건의 대상이 된 보험급여 결정등에 관여한 경우
② 당사자는 위원에게 심리·재결의 공정을 기대하기 어려운 사정이 있는 경우에는 기피신청을 할 수 있다.
③ 위원은 제1항이나 제2항의 사유에 해당하면 스스로 그 사건의 심리·재결을 회피할 수 있다.
④ 사건의 심리·재결에 관한 사무에 관여하는 위원 아닌 직원에게도 제1항부터 제3항까지의 규정을 준용한다.
칙 제9조

제109조 【재심사 청구에 대한 심리와 재결】 ① 재심사 청구에 대한 심리

재결에 관하여는 제105조제1항, 같은 조 제3항부터 제5항까지를 준용한다. 이 경우 "공단"은 "재심사위원회"로, "심사위원회의 심의를 거쳐 심사 청구"는 "재심사 청구"로, "결정"은 "재결"로, "소속 직원"은 "재심사위원회의 위원"으로 본다.

② 재심사위원회의 재결은 공단을 기속(羈束)한다.

제110조 【심사 청구인 및 재심사 청구인의 지위 승계】 심사 청구인 또는 재심사 청구인이 사망한 경우 그 청구인이 보험급여의 수급권자이면 제62조제1항 또는 제81조에 따른 유족이, 그 밖의 자이면 상속인 또는 심사 청구나 재심사 청구의 대상인 보험급여에 관련된 권리·이익을 승계한 자가 각각 청구인의 지위를 승계한다.

제111조 【다른 법률과의 관계】 ① 제103조 및 제106조에 따른 심사 청구 및 재심사 청구의 제기는 시효의 중단에 관하여 「민법」 제168조에 따른 재판상의 청구로 본다.

② 제106조에 따른 재심사 청구에 대한 재결은 「행정소송법」 제18조를 적용할 때 행정심판에 내한 재결로 본다.

③ 제103조 및 제106조에 따른 심사 청구 및 재심사 청구에 관하여 이 법에서 정하고 있지 아니한 사항에 대하여는 「행정심판법」에 따른다.

제7장 보 칙

제111조의2 【불이익 처우의 금지】 사업주는 근로자가 보험급여를 신청한 것을 이유로 근로자를 해고하거나 그 밖에 근로자에게 불이익한 처우를 하여서는 아니 된다. (2016.12.27 신설)

벌 법 제111조의2를 위반하여 근로자를 해고하거나 그 밖에 근로자에게 불이익한 처우를 한 사업주는 2년 이하의 징역 또는 2천만원 이하의 벌금에 처한다. (법 제127조제3항제3호)

제112조 【시효】 ① 다음 각 호의 권리는 3년간 행사하지 아니하면 시효로 말미암아 소멸한다. 다만, 제1호의 보험급여 중 장해급여, 유족급여, 장례비, 진폐보상연금 및 진폐유족연금을 받을 권리는 5년간 행사하지 아니하면 시효의 완성으로 소멸한다. (2021.1.26 개정)

1. 제36조제1항에 따른 보험급여를 받을 권리
2. 제45조에 따른 산재보험 의료기관의 권리
3. 제46조에 따른 약국의 권리
4. 제89조에 따른 보험가입자의 권리
5. 제90조제1항에 따른 국민건강보험공단등의 권리

② 제1항에 따른 소멸시효에 관하여는 이 법에 규정된 것 외에는 「민법」에

따른다.

제113조【시효의 중단】 제112조에 따른 소멸시효는 제36조제2항에 따른 청구로 중단된다. 이 경우 청구가 제5조제1호에 따른 업무상의 재해 여부의 판단이 필요한 최초의 청구인 경우에는 그 청구로 인한 시효중단의 효력은 제36조제1항에서 정한 다른 보험급여에도 미친다. (2020.5.26 개정)

제114조【보고 등】 ① 공단은 필요하다고 인정하면 대통령령으로 정하는 바에 따라 이 법의 적용을 받는 사업의 사업주 또는 그 사업에 종사하는 근로자 및 보험료징수법 제33조에 따른 보험사무대행기관(이하 "보험사무대행기관"이라 한다)에게 보험사업에 관하여 필요한 보고 또는 관계 서류의 제출을 요구할 수 있다.

② 장해보상연금, 유족보상연금, 진폐보상연금 또는 진폐유족연금을 받을 권리가 있는 사람은 보험급여 지급에 필요한 사항으로서 대통령령으로 정하는 사항을 공단에 신고하여야 한다. (2020.5.26 개정)

③ 수급권자 및 수급권이 있었던 사람은 수급권의 변동과 관련된 사항으로서 대통령령으로 정하는 사항을 공단에 신고하여야 한다. (2020.5.26 개정)

④ 수급권자가 사망하면 「가족관계의 등록 등에 관한 법률」 제85조에 따른 신고 의무자는 1개월 이내에 그 사망 사실을 공단에 신고하여야 한다.

벌 법 제114조제1항에 따른 보고를 하지 아니하거나 거짓된 보고를 한 자 또는 서류나 물건의 제출 명령에 따르지 아니한 자에게는 100만원 이하의 과태료를 부과한다. (법 제129조제3항제3호)

령 제114조·제116조

제115조【연금 수급권자등의 출국신고 등】 ① 대한민국 국민인 장해보상연금 수급권자, 유족보상연금 수급권자, 진폐보상연금 수급권자, 진폐유족연금 수급권자(이하 이 조에서 "장해보상연금 수급권자등"이라 한다) 또는 유족보상연금·진폐유족연금 수급자격자가 외국에서 거주하기 위하여 출국하는 경우에는 장해보상연금 수급권자등은 이를 공단에 신고하여야 한다. (2010.5.20 개정)

② 장해보상연금 수급권자등과 유족보상연금·진폐유족연금 수급자격자가 외국에서 거주하는 기간에 장해보상연금, 유족보상연금, 진폐보상연금 또는 진폐유족연금을 받는 경우 장해보상연금 수급권자등은 그 수급권 또는 수급자격과 관련된 사항으로서 대통령령으로 정하는 사항을 매년 1회 이상 고용노동부령으로 정하는 바에 따라 공단에 신고하여야 한다. (2010.6.4 개정)

령 제115조 칙 제73조

제116조【사업주 등의 조력】 ① 보험급여를 받을 사람이 사고로 보험급여의 청구 등의 절차를 행하기 곤란하면 사업주는 이를 도와야 한다. (2022.6.10 개정)

② 사업주는 보험급여를 받을 사람이 보험급여를 받는 데에 필요한 증명을 요구하면 그 증명을 하여야 한다. (2020.5.26 개정)
③ 사업주의 행방불명, 그 밖의 부득이한 사유로 제2항에 따른 증명이 불가능하면 그 증명을 생략할 수 있다.
④ 제91조의15제2호에 따른 플랫폼 종사자는 보험급여를 받기 위하여 필요한 경우 노무제공 내용, 노무대가 및 시간에 관한 자료 또는 이와 관련된 정보의 제공을 제91조의15제3호에 따른 플랫폼 운영자에게 요청할 수 있다. 이 경우 요청을 받은 플랫폼 운영자는 특별한 사유가 없으면 해당 자료 또는 정보를 제공하여야 한다. (2022.6.10 신설)

제117조【사업장 등에 대한 조사】 ① 공단은 보험급여에 관한 결정, 심사 청구의 심리·결정 등을 위하여 확인이 필요하다고 인정하면 소속 직원에게 이 법의 적용을 받는 사업의 사무소 또는 사업장과 보험사무대행기관 또는 제91조의15제3호에 따른 플랫폼 운영자의 사무소에 출입하여 관계인에게 질문을 하게 하거나 관계 서류를 조사하게 할 수 있다. (2022.6.10 개정)
② 제1항의 경우에 공단 직원은 그 권한을 표시하는 증표를 지니고 이를 관계인에게 내보여야 한다.

벌 법 제117조에 따른 공단의 소속 직원의 질문에 답변을 거부하거나 조사를 거부·방해 또는 기피한 자에게는 100만원 이하의 과태료를 부과한다. (법 제129조제3항제4호)

제118조【산재보험 의료기관에 대한 조사 등】 ① 공단은 보험급여에 관하여 필요하다고 인정하면 대통령령으로 정하는 바에 따라 보험급여를 받는 근로자를 진료한 산재보험 의료기관(의사를 포함한다. 이하 이 조에서 같다)에 대하여 그 근로자의 진료에 관한 보고 또는 그 진료에 관한 서류나 물건의 제출을 요구하거나 소속 직원으로 하여금 그 관계인에게 질문을 하게 하거나 관계 서류나 물건을 조사하게 할 수 있다.
② 제1항의 조사에 관하여는 제117조제2항을 준용한다.

벌 법 제118조에 따른 보고를 하지 아니하거나 거짓된 보고를 한 자 또는 서류나 물건의 제출 명령에 따르지 아니한 자에게는 100만원 이하의 과태료를 부과한다. (법 제129조제3항제3호)

벌 법 제118조에 따른 공단의 소속 직원의 질문에 답변을 거부하거나 조사를 거부·방해 또는 기피한 자에게는 100만원 이하의 과태료를 부과한다. (법 제129조제3항제4호)

령 제116조 칙 제26조·제30조

제119조【진찰 요구】 공단은 보험급여에 관하여 필요하다고 인정하면 대통령령으로 정하는 바에 따라 보험급여를 받은 사람 또는 이를 받으려는 사람에게 산재보험 의료기관에서 진찰을 받을 것을 요구할 수 있다. (2020.

5.26 개정)

령 제117조·제118조

제119조의2【포상금의 지급】 공단은 제84조제1항 및 같은 조 제3항에 따라 보험급여, 진료비 또는 약제비를 부당하게 지급받은 자를 신고한 사람에게 예산의 범위에서 고용노동부령으로 정하는 바에 따라 포상금을 지급할 수 있다. (2010.6.4 개정)

칙 제73조의2

제120조【보험급여의 일시 중지】 ① 공단은 보험급여를 받고자 하는 사람이 다음 각 호의 어느 하나에 해당되면 보험급여의 지급을 일시 중지할 수 있다. (2020.5.26 개정)

1. 요양 중인 근로자가 제48조제1항에 따른 공단의 의료기관 변경 요양 지시를 정당한 사유 없이 따르지 아니하는 경우(2021.1.26 개정)
2. 제59조에 따라 공단이 직권으로 실시하는 장해등급 또는 진폐장해등급 재판정 요구에 따르지 아니하는 경우 (2020.5.26 개정)
3. 제114조나 제115조에 따른 보고·서류제출 또는 신고를 하지 아니하는 경우
4. 제117조에 따른 질문이나 조사에 따르지 아니하는 경우 (2020.5.26 개정)
5. 제119조에 따른 진찰 요구에 따르지 아니하는 경우

② 제1항에 따른 일시 중지의 대상이 되는 보험급여의 종류, 일시 중지의 기간 및 일시 중지 절차는 대통령령으로 정한다.

령 제119조

제121조【국외의 사업에 대한 특례】 ① 국외 근무 기간에 발생한 근로자의 재해를 보상하기 위하여 우리나라가 당사국이 된 사회 보장에 관한 조약이나 협정(이하 "사회보장관련조약"이라 한다)으로 정하는 국가나 지역에서의 사업에 대하여는 고용노동부장관이 금융위원회와 협의하여 지정하는 자(이하 "보험회사"라 한다)에게 이 법에 따른 보험사업을 자기의 계산으로 영위하게 할 수 있다. (2010.6.4 개정)

② 보험회사는 「보험업법」에 따른 사업 방법에 따라 보험사업을 영위한다. 이 경우 보험회사가 지급하는 보험급여는 이 법에 따른 보험급여보다 근로자에게 불이익하여서는 아니 된다.

③ 제1항에 따라 보험사업을 영위하는 보험회사는 이 법과 근로자를 위한 사회보장관련조약에서 정부가 부담하는 모든 책임을 성실히 이행하여야 한다.

④ 제1항에 따른 국외의 사업과 이를 대상으로 하는 보험사업에 대하여는 제2조, 제3조제1항, 제6조 단서, 제8조, 제82조제1항과 제5장 및 제6장을 적용하지 아니한다. (2018.6.12 개정)

⑤ 보험회사는 제1항에 따른 보험사업을 영위할 때 이 법에 따른 공단의

권한을 행사할 수 있다.

제122조【해외파견자에 대한 특례】 ① 보험료징수법 제5조제3항 및 제4항에 따른 보험가입자가 대한민국 밖의 지역(고용노동부령으로 정하는 지역은 제외한다)에서 하는 사업에 근로시키기 위하여 파견하는 사람(이하 "해외파견자"라 한다)에 대하여 공단에 보험 가입 신청을 하여 승인을 받으면 해외파견자를 그 가입자의 대한민국 영역 안의 사업(2개 이상의 사업이 있는 경우에는 주된 사업을 말한다)에 사용하는 근로자로 보아 이 법을 적용할 수 있다. (2020.5.26 개정)

② 해외파견자의 보험급여의 기초가 되는 임금액은 그 사업에 사용되는 같은 직종 근로자의 임금액 및 그 밖의 사정을 고려하여 고용노동부장관이 정하여 고시하는 금액으로 한다. (2010.6.4 개정)

③ 해외파견자에 대한 보험급여의 지급 등에 필요한 사항은 고용노동부령으로 정한다. (2010.6.4 개정)

④ 제1항에 따라 이 법의 적용을 받는 해외파견자의 보험료 산정, 보험 가입의 신청 및 승인, 보험료의 신고 및 납부, 보험 관계의 소멸, 그 밖에 필요한 사항은 보험료징수법으로 정하는 바에 따른다.

칙 제74조

제123조【현장실습생에 대한 특례】 ① 이 법이 적용되는 사업에서 현장실습을 하고 있는 학생 및 직업 훈련생(이하 "현장실습생"이라 한다) 중 고용노동부장관이 정하는 현장실습생은 제5조제2호에도 불구하고 이 법을 적용할 때는 그 사업에 사용되는 근로자로 본다. (2010.6.4 개정)

② 현장실습생이 실습과 관련하여 입은 재해는 업무상의 재해로 보아 제36조제1항에 따른 보험급여를 지급한다. (2010.5.20 개정)

③ 현장실습생에 대한 보험급여의 기초가 되는 임금액은 현장실습생이 지급받는 훈련수당 등 모든 금품으로 하되, 이를 적용하는 것이 현장실습생의 재해보상에 적절하지 아니하다고 인정되면 고용노동부장관이 정하여 고시하는 금액으로 할 수 있다. (2010.6.4 개정)

④ 현장실습생에 대한 보험급여의 지급 등에 필요한 사항은 대통령령으로 정한다.

⑤ 현장실습생에 대한 보험료의 산정·신고 및 납부 등에 관한 사항은 보험료징수법으로 정하는 바에 따른다.

령 제121조

제123조의2【학생연구자에 대한 특례】 ①「연구실 안전환경 조성에 관한 법률」 제2조제1호에 따른 대학·연구기관등은 제6조에도 불구하고 이 법의 적용을 받는 사업으로 본다. (2021.4.13 신설)

②「연구실 안전환경 조성에 관한 법률」 제2조제8호에 따른 연구활동종사자

중 같은 조 제1호에 따른 대학·연구기관등이 수행하는 연구개발과제에 참여하는 대통령령으로 정하는 학생 신분의 연구자(이하 이 조에서 "학생연구자"라 한다)는 제5조제2호에도 불구하고 이 법을 적용할 때에는 그 사업의 근로자로 본다. (2021.4.13 신설)

③ 제2항에 따라 이 법의 적용을 받는 학생연구자에 대한 보험 관계의 성립·소멸 및 변경, 보험료의 산정·신고·납부, 보험료나 그 밖에 징수금의 징수에 필요한 사항은 보험료징수법에서 정하는 바에 따른다. (2021.4.13 신설)

④ 학생연구자에 대한 보험급여의 산정 기준이 되는 평균임금은 고용노동부장관이 고시하는 금액으로 한다. (2021.4.13 신설)

⑤ 학생연구자에 대한 보험급여 지급사유인 업무상의 재해의 인정 기준은 대통령령으로 정한다. (2021.4.13 신설)

⑥ 학생연구자에게 제36조제1항제2호에 따른 휴업급여 또는 같은 항 제6호에 따른 상병보상연금을 지급하는 경우 제54조, 제56조제2항, 제67조 및 제69조제1항은 적용하지 아니한다. (2021.4.13 신설)

⑦ 학생연구자에 대한 보험급여의 지급 등에 필요한 사항은 대통령령으로 정한다. (2021.4.13 신설)

령 제121조의2·제121조의3·제121조의4 칙 제74조의2·제74조의3

제124조 【중·소기업 사업주등에 대한 특례】 ① 대통령령으로 정하는 중·소기업 사업주(근로자를 사용하지 아니하는 자를 포함한다. 이하 이 조에서 같다)는 공단의 승인을 받아 자기 또는 유족을 보험급여를 받을 수 있는 사람으로 하여 보험에 가입할 수 있다. (2020.12.8 개정)

② 제1항에 따른 중·소기업 사업주의 배우자(사실상 혼인관계에 있는 사람을 포함한다. 이하 이 조에서 같다) 또는 4촌 이내의 친족으로서 대통령령으로 정하는 요건을 갖추어 해당 사업에 노무를 제공하는 사람은 공단의 승인을 받아 보험에 가입할 수 있다. (2020.12.8 신설)

③ 제1항에 따른 중·소기업 사업주 및 제2항에 따른 중·소기업 사업주의 배우자 또는 4촌 이내의 친족(이하 이 조에서 "중·소기업 사업주등"이라 한다)은 제5조제2호에도 불구하고 이 법을 적용할 때에는 근로자로 본다. (2020.12.8 신설)

④ 중·소기업 사업주등에 대한 보험급여의 지급 사유인 업무상의 재해의 인정 범위는 대통령령으로 정한다. (2020.12.8 개정)

⑤ 중·소기업 사업주등에 대한 보험급여의 산정 기준이 되는 평균임금은 고용노동부장관이 정하여 고시하는 금액으로 한다. (2020.12.8 개정)

⑥ 제4항에 따른 업무상의 재해가 보험료의 체납 기간에 발생하면 대통령령으로 정하는 바에 따라 그 재해에 대한 보험급여의 전부 또는 일부를 지급하지 아니할 수 있다. (2020.12.8 개정)

⑦ 중·소기업 사업주등에 대한 보험급여의 지급 등에 필요한 사항은 고용노동부령으로 정한다. (2020.12.8 개정)
⑧ 이 법의 적용을 받는 중·소기업 사업주등의 보험료의 산정, 보험 가입의 신청 및 승인, 보험료의 신고 및 납부, 보험관계의 소멸, 그 밖에 필요한 사항은 보험료징수법에서 정하는 바에 따른다. (2020.12.8 개정)
령 제122조·제123조·제124조 칙 제75조

제125조【특수형태근로종사자에 대한 특례】 삭제(2022.6.10)
벌 법 제125조제3항에 따른 신고를 하지 아니한 자에게는 100만원 이하의 과태료를 부과한다. (법 제129조제3항제5호)
령 제125조·제126조·제126조의2

제126조【「국민기초생활 보장법」상의 수급자에 대한 특례】 ① 제5조제2호에 따른 근로자가 아닌 사람으로서 「국민기초생활 보장법」 제15조에 따른 자활급여 수급자 중 고용노동부장관이 정하여 고시하는 사업에 종사하는 사람은 제5조제2호에도 불구하고 이 법의 적용을 받는 근로자로 본다. (2020.5.26 개정)
② 자활급여 수급자의 보험료 산정 및 보험급여의 기초가 되는 임금액은 자활급여 수급자가 제1항의 사업에 참여하여 받는 자활급여로 한다.

제126조의2【벌칙 적용에서 공무원 의제】 재심사위원회 위원 중 공무원이 아닌 위원은 「형법」 제129조부터 제132조까지의 규정을 적용할 때에는 공무원으로 본다. (2018.6.12 신설)

제8장 벌 칙

제127조【벌칙】 ① 제31조의2제3항을 위반하여 공동이용하는 전산정보자료를 같은 조 제1항에 따른 목적 외의 용도로 이용하거나 활용한 자는 3년 이하의 징역 또는 3천만원 이하의 벌금에 처한다. (2021.1.26 신설)
② 산재보험 의료기관이나 제46조제1항에 따른 약국의 종사자로서 거짓이나 그 밖의 부정한 방법으로 진료비나 약제비를 지급받은 자는 3년 이하의 징역 또는 3천만원 이하의 벌금에 처한다. (2021.1.26 개정)
③ 다음 각 호의 어느 하나에 해당하는 자는 2년 이하의 징역 또는 2천만원 이하의 벌금에 처한다. (2021.1.26 개정)
1. 거짓이나 그 밖의 부정한 방법으로 보험급여를 받은 자 (2016.12.27 신설)
2. 거짓이나 그 밖의 부정한 방법으로 보험급여를 받도록 시키거나 도와준 자 (2018.6.12 신설)
3. 제111조의2를 위반하여 근로자를 해고하거나 그 밖에 근로자에게 불이익한 처우를 한 사업주 (2018.6.12 개정)

④ 제21조제3항을 위반하여 비밀을 누설한 자는 2년 이하의 징역 또는 1천만원 이하의 벌금에 처한다. (2021.1.26 개정)

제128조 【양벌규정】 법인의 대표자나 법인 또는 개인의 대리인, 사용인, 그 밖의 종업원이 그 법인 또는 개인의 업무에 관하여 제127조제2항의 위반행위를 하면 그 행위자를 벌하는 외에 그 법인 또는 개인에게도 해당 조문의 벌금형을 과(科)한다. 다만, 법인 또는 개인이 그 위반행위를 방지하기 위하여 해당 업무에 관하여 상당한 주의와 감독을 게을리하지 아니한 경우에는 그러하지 아니하다. (2021.1.26 개정)

제129조 【과태료】 ① 제91조의21을 위반하여 자료 또는 정보의 제공 요청에 따르지 아니한 자에게는 300만원 이하의 과태료를 부과한다. (2022.6.10 신설)

② 다음 각 호의 어느 하나에 해당하는 자에게는 200만원 이하의 과태료를 부과한다. (2022.6.10 개정)

1. 제34조를 위반하여 근로복지공단 또는 이와 비슷한 명칭을 사용한 자 (2010.1.27 개정)
2. 제45조제1항을 위반하여 공단이 아닌 자에게 진료비를 청구한 자

③ 다음 각 호의 어느 하나에 해당하는 자에게는 100만원 이하의 과태료를 부과한다. (2022.6.10 개정)

1. 제47조제1항에 따른 진료계획을 정당한 사유 없이 제출하지 아니하는 자
2. 제105조제4항(제109조제1항에서 준용하는 경우를 포함한다)에 따른 질문에 답변하지 아니하거나 거짓된 답변을 하거나 검사를 거부·방해 또는 기피한 자
3. 제114조제1항 또는 제118조에 따른 보고를 하지 아니하거나 거짓된 보고를 한 자 또는 서류나 물건의 제출 명령에 따르지 아니한 자
4. 제117조 또는 제118조에 따른 공단의 소속 직원의 질문에 답변을 거부하거나 조사를 거부·방해 또는 기피한 자
5. 삭제(2022.6.10)

④ 제1항부터 제3항까지의 규정에 따른 과태료는 대통령령으로 정하는 바에 따라 고용노동부장관이 부과·징수한다. (2022.6.10 개정)

⑤ 삭제(2010.1.27)

⑥ 삭제(2010.1.27)

령 제128조

부 칙

제1조 【시행일】 이 법은 2008년 7월 1일부터 시행한다. 다만, 제70조의 개정규정 및 부칙 제14조는 공포한 날부터 시행한다.

제2조【평균임금의 증감에 관한 특례】 제36조제3항의 개정규정에도 불구하고 2013년 이후에는 다음 각 호의 구분에 따른 연령에 도달한 이후에 소비자물가변동률에 따라 평균임금을 증감한다.

1. 2013년부터 2017년까지 : 61세
2. 2018년부터 2022년까지 : 62세
3. 2023년부터 2027년까지 : 63세
4. 2028년부터 2032년까지 : 64세
5. 2033년 이후 : 65세

제3조【간병급여에 관한 적용례】 법률 제8373호 「산업재해보상보험법 전부개정법률」 부칙 제2조에 따라 간병급여의 지급 대상이 되지 아니한 자로서 이 법 제61조에 따른 간병급여의 지급대상이 되는 자는 이 법 시행 이후 지급사유가 발생한 간병급여부터 지급한다.

제4조【생존확인에 따른 징수금에 관한 적용례】 제39조제2항의 개정규정은 이 법 시행 이후 생존이 확인된 자부터 적용한다.

제5조【휴업급여 등에 관한 적용례】 ① 제52조 및 제54조부터 제56조까지의 개정규정은 이 법 시행 이후 새로 요양 또는 재요양을 시작하는 자부터 적용한다.

② 제53조의 개정규정은 이 법 시행 당시 요양 또는 재요양 중인 자로서 일정기간 또는 단시간 취업한 자에 대하여도 적용한다.

제6조【장해급여에 관한 적용례】 제57조부터 제60조까지의 개정규정은 이 법 시행 이후 치유되어 장해급여 청구사유가 발생한 자부터 적용한다.

제7조【재요양에 따른 장해급여에 관한 적용례】 제60조제1항의 개정규정은 이 법 시행 이후 새로 재요양을 받는 장해보상연금 수급권자부터 적용한다.

제8조【유족보상연금 수급권자의 행방불명에 관한 적용례】 제64조제3항의 개정규정은 이 법 시행 이후 행방불명된 자부터 적용한다.

제9조【상병보상연금에 관한 적용례】 제66조부터 제69조까지의 개정규정은 이 법 시행 이후 새로 요양 또는 재요양을 시작하는 자부터 적용한다.

제10조【연금의 지급시기에 관한 적용례】 제70조의 개정규정은 이 법 공포일이 속하는 달의 연금분부터 적용한다.

제11조【직업재활급여에 관한 적용례】 ① 제73조 및 제74조의 개정규정은 이 법 시행 이후 치유되어 장해급여를 받은 자부터 적용한다.

② 제75조의 개정규정은 이 법 시행 이후 치유되어 장해급여를 받은 자에 대하여 고용을 유지하거나 직장적응훈련 또는 재활운동을 실시하는 자부터 적용한다.

제12조【부당이득 징수에 관한 적용례】 ① 제84조제1항 후단의 개정규정은 이 법 시행 이후 이 법에 따른 요양급여를 지급받은 자부터 적용한다.

② 제84조제3항의 개정규정은 이 법 시행 이후 산재보험 의료기관 또는 제46조제1항에 따른 약국이 진료비 또는 약제비를 지급받은 경우부터 적용한다.

제13조 【공단의 임원에 대한 경과조치】 종전의 규정에 따라 임명된 공단의 임원은 이 법에 따라 임명된 것으로 보며, 임원의 임기는 종전의 규정에 따라 임명된 날부터 기산한다.

제14조 【재단법인 산재의료관리원에 관한 경과조치】 ① 이 법 공포 당시 종전의 제32조제2항에 따라 설립된 관리기구인 재단법인 산재의료관리원(이하 "관리원"이라 한다)은 이 법 공포 후 산재의료원의 정관을 작성하여 노동부장관의 허가를 받아야 한다.

② 관리원은 제1항에 따른 허가를 받아 2008년 7월 1일에 산재의료원의 설립등기를 하여야 한다.

③ 관리원은 제2항에 따라 설립등기를 마친 때에는 「민법」 중 법인의 해산 및 청산에 관한 규정에도 불구하고 해산된 것으로 본다.

④ 이 법에 따른 산재의료원은 설립 등기일에 관리원의 모든 권리·의무 및 재산을 승계한다.

⑤ 산재의료원의 설립 당시 관리원의 임직원은 이 법에 따른 산재의료원의 임직원으로 보며, 임원의 임기는 종전의 규정에 따라 임명된 날부터 기산한다.

제15조 【처분 등에 관한 일반적 경과조치】 이 법 시행 당시 종전의 규정에 따른 행정기관의 행위나 행정기관에 대한 행위는 그에 해당하는 이 법에 따른 행정기관의 행위나 행정기관에 대한 행위로 본다.

제16조 【과태료에 관한 경과조치】 이 법 시행 전의 행위에 대하여 과태료 규정을 적용할 때에는 종전의 규정에 따른다.

제17조 【최고·최저 보상기준 금액에 관한 경과조치】 제36조제7항 및 제8항의 개정규정에 따른 최고 보상기준 금액 및 최저 보상기준 금액이 각각 이 법 시행 당시 종전의 제35조제6항에 따라 고시된 최고 보상기준 금액 및 최저 보상기준 금액보다 적으면 종전의 규정에 따라 고시된 최고 보상기준 금액 및 최저 보상기준 금액을 적용한다.

제18조 【산재보험 의료기관에 관한 경과조치】 이 법 시행 당시 종전의 제37조제2항에 따라 공단이 지정한 의료기관은 이 법 제43조의 개정규정에 따른 산재보험 의료기관으로 본다.

제19조 【재요양에 따른 장해급여에 관한 경과조치】 이 법 시행 당시 장해보상연금의 수급권자로서 재요양을 받고 있는 자에 대하여는 제60조제1항의 개정규정에도 불구하고 종전의 규정에 따른다.

제20조 【휴업급여에 관한 경과조치】 이 법 시행 당시 요양 또는 재요양을 받고 있는 자는 제52조 및 제54조부터 제56조까지의 개정규정에도 불구하고 종전의 규정에 따른다.

제21조 【장해보상연금 수급권의 소멸 및 장해등급의 재판정에 관한 경과조치】 ① 이 법 시행 당시 대한민국 국민이 아닌 자가 외국에서 거주하면서 장해보상연금을 받고 있는 경우에는 제58조의 개정규정에도 불구하고 종전의 규정에 따른다.
② 이 법 시행 당시 종전의 규정에 따라 장해보상연금을 받고 있는 자는 제59조의 개정규정에도 불구하고 장해등급의 재판정을 하지 아니한다.

제22조 【상병보상연금에 관한 경과조치】 이 법 시행 당시 요양 또는 재요양을 받고 있는 자는 제66조부터 제69조까지의 개정규정에도 불구하고 종전의 규정에 따른다.

제23조 【심사 및 재심사 청구 등에 관한 경과조치】 ① 이 법 시행 전에 종전의 규정에 따라 공단 또는 산업재해보상보험심사위원회에 제기된 심사 청구 또는 재심사 청구는 각각 이 법에 따라 공단 또는 산업재해보상보험재심사위원회에 제기된 심사 청구 또는 재심사 청구로 본다.
② 이 법 시행 전에 종전의 규정에 따라 제기된 심사 청구 또는 재심사 청구에 대한 심리·결정 또는 심리·재결은 각각 제105조 및 제109조의 개정규정에 따른다.

제24조 【재심사위원회 및 위원에 대한 경과조치】 ① 이 법 시행 당시 종전의 규정에 따른 산업재해보상보험심사위원회는 이 법에 따른 산업재해보상보험재심사위원회로 본다.
② 이 법 시행 당시 종전의 규정에 따라 임명된 산업재해보상보험심사위원회의 위원은 이 법에 따라 임명된 산업재해보상보험재심사위원회의 위원으로 보며, 임기는 종전의 임명일부터 기산한다.

제25조 【다른 법률의 개정】 생략

제26조 【다른 법령과의 관계】 ① 이 법 시행 당시 다른 법령에서 종전의 「산업재해보상보험법」 또는 그 규정을 인용한 경우에 이 법 가운데 그에 해당하는 규정이 있으면 종전의 규정을 갈음하여 이 법 또는 이 법의 해당 규정을 인용한 것으로 본다.
② 이 법 시행 당시 다른 법령에서 종전의 재단법인 산재의료관리원을 인용한 경우에는 제33조에 따른 한국산재의료원을 인용한 것으로 본다.

〈생략〉

부칙(2010.1.27 법률 제9988호)

제1조 【시행일】 이 법은 공포한 날부터 시행한다. 다만, 제11조, 제16조제1항, 제32조, 제33조, 제34조, 제35조, 제43조, 제72조제1항제1호, 제75조 및 제96조제1항제3호의 개정규정 및 부칙 제5조·제6조는 공포 후 3개월

이 경과한 날부터 시행하고, 제85조 및 제96조제1항제7호의 개정규정은 2011년 1월 1일부터 시행한다.

제2조 【의료기관 지정 제한에 관한 적용례】 제43조제4항의 개정규정은 같은 개정규정 시행 후 지정이 취소된 의료기관의 경우부터 적용한다.

제3조 【직장복귀지원금등에 관한 적용례】 제75조의 개정규정은 같은 개정규정 시행 후 직장복귀지원금등을 신청하는 경우부터 적용한다.

제4조 【한국산재의료원에 대한 경과조치】 ① 한국산재의료원은 이 법 공포 후 3개월이 경과한 날에 해산한다.

② 제1항에 따른 해산 당시 한국산재의료원의 재산과 권리·의무는 공단이 포괄 승계하며, 그 재산과 권리·의무에 관한 등기부와 그 밖의 공부에 표시된 한국산재의료원의 명의는 공단의 명의로 본다.

③ 제1항에 따라 공단이 포괄 승계하는 재산의 가액은 제1항에 따른 해산일 전날의 장부가액으로 한다.

④ 한국산재의료원 직원에 대한 고용관계는 공단이 포괄 승계하고, 임원은 위 해산일에 당연퇴직된 것으로 본다.

⑤ 한국산재의료원 해산 당시의 정부출연금은 한국산재의료원 해산일에 공단에 출연된 것으로 본다.

제5조 【다른 법률의 개정】 생략

제6조 【다른 법령과의 관계】 이 법 시행 당시 다른 법령에서 종전의 한국산재의료원을 인용한 경우에는 공단을 인용한 것으로 본다.

부칙(2010.5.20 법률 제10305호)

제1조 【시행일】 이 법은 공포 후 6개월이 경과한 날부터 시행한다. 다만, 제16조제3항, 제40조제6항, 제43조제1항제2호 및 제48조제1항제3호의 개정규정은 공포한 날부터 시행한다.

제2조 【진폐에 따른 진폐보상연금의 지급에 관한 적용례】 ① 제36조제1항·제2항 및 제91조의3의 개정규정은 종전의 규정에 따라 진폐로 인하여 장해보상연금을 받고 있는 사람(이 법 시행 전에 지급사유가 발생한 사람을 포함한다)에 대하여도 적용하되, 종전의 규정에 따라 산정된 장해보상연금액이 같은 개정규정에 따라 산정된 진폐보상연금액 보다 많은 경우에는 종전의 규정에 따라 장해보상연금을 계속 지급한다.

② 제36조제1항·제2항 및 제91조의3의 개정규정은 종전의 규정에 따라 진폐로 인하여 장해보상연금을 받고 있는 사람(이 법 시행 전에 지급사유가 발생한 사람을 포함한다) 중 이 법 시행 후에 진폐장해등급이 변경(종전의 장해등급과 비교하여 등급의 급수가 다른 경우를 말한다. 이하 이 조에서 같다)된 사람에 대하여도 적용하되, 종전의 규정에 따라 산정된 장해보상연

금액이 같은 개정규정에 따라 산정된 진폐보상연금액보다 많은 경우에는 종전의 규정에 따라 장해보상연금을 계속 지급한다.
③ 제36조제1항·제2항 및 제91조의3의 개정규정은 종전의 규정에 따라 진폐로 인하여 장해보상일시금을 받은 사람(이 법 시행 전에 지급사유가 발생한 사람을 포함한다)에 대하여도 적용하되, 같은 개정규정에 따른 진폐보상연금액 중에서 기초연금액만을 지급한다.
④ 제36조제1항·제2항 및 제91조의3의 개정규정은 종전의 규정에 따라 진폐로 인하여 장해보상일시금을 받은 사람(이 법 시행 전에 지급사유가 발생한 사람을 포함한다) 중 이 법 시행 후에 진폐장해등급이 변경된 사람에 대하여도 적용하되, 같은 개정규정에 따라 변경된 진폐장해등급에 해당하는 진폐장해연금 일수에서 종전의 장해등급에 해당하는 진폐장해연금 일수를 공제하고 남은 일수를 기준으로 진폐장해연금액을 산정하여 지급한다.

제3조 【진폐에 따른 휴업급여 등의 지급에 관한 경과조치】 이 법 시행 당시 진폐로 인하여 요양 또는 재요양을 받고 있는 사람(이 법 시행 전에 지급사유가 발생한 사람을 포함한다)에 대한 휴업급여 및 상병보상연금의 지급에 관하여는 그 요양 또는 재요양이 종결되기 전까지는 제36조제1항·제2항 및 제91조의3의 개정규정에도 불구하고 제52조부터 제56조까지 및 제66조부터 제69조까지의 규정에 따른다.

제4조 【진폐에 따른 유족급여의 지급에 관한 경과조치】 ① 이 법 시행 당시 진폐로 인하여 요양 또는 재요양을 받고 있는 사람(이 법 시행 전에 지급사유가 발생한 사람을 포함한다)이 이 법 시행 후에도 계속 요양 또는 재요양을 하다가 진폐로 사망한 경우에 그 사람에 대한 유족보상연금 또는 유족보상일시금의 지급에 관하여는 제36조제1항·제2항 및 제91조의4의 개정규정에도 불구하고 제62조부터 제65조까지의 규정에 따른다.
② 이 법 시행 당시 진폐로 인하여 유족보상연금을 받고 있는 사람(이 법 시행 전에 지급사유가 발생한 사람을 포함한다)에 관하여는 제36조제1항·제2항 및 제91조의4의 개정규정에도 불구하고 제62조부터 제64조까지의 규정에 따른다.

제5조 【평균임금 증감에 관한 경과조치】 이 법 시행 당시 진폐에 따른 휴업급여, 장해보상연금, 상병보상연금 또는 유족보상연금을 받고 있는 사람(이 법 시행 전에 지급사유가 발생한 사람을 포함한다)의 평균임금 증감에 대하여는 제36조제3항의 개정규정에도 불구하고 종전의 규정에 따른다.

제6조 【다른 법률의 개정】 생략

〈생략〉

부칙(2012.12.18 법률 제11569호)

제1조 【시행일】 이 법은 공포한 날부터 시행한다.

제2조 【유족보상연금 수급자격에 관한 적용례】 제63조제1항 및 제64조제1항의 개정규정은 이 법 시행 후 최초로 근로자가 업무상의 사유로 사망한 경우부터 적용한다.

부칙(2015.1.20 법률 제13045호)

제1조 【시행일】 이 법은 공포 후 3개월이 경과한 날부터 시행한다.

제2조 【국민건강보험 요양급여 비용의 정산에 관한 적용례】 제90조의2의 개정규정은 제40조에 따른 요양 또는 재요양이 종결된 후 2년이 지나지 아니한 사람이 이 법 시행 후 「국민건강보험법」 제41조에 따라 받는 요양급여부터 적용한다.

제3조 【금치산자 등에 관한 경과조치】 제107조제6항제1호의 개정규정에 따른 피성년후견인 또는 피한정후견인에는 법률 제10429호 민법 일부개정법률 부칙 제2조에 따라 금치산 또는 한정치산 선고의 효력이 유지되는 사람이 포함되는 것으로 본다.

〈생략〉

부칙(2017.10.24 법률 제14933호)

제1조 【시행일】 이 법은 2018년 1월 1일부터 시행한다.

제2조 【출퇴근 재해에 관한 적용례】 제5조 및 제37조의 개정규정은 2016년 9월 29일 이후로 발생한 재해부터 적용한다. (2020.6.9 개정)

〈생략〉

부칙(2018.6.12 법률 제15665호)

제1조 【시행일】 이 법은 공포 후 6개월이 경과한 날부터 시행한다. 다만, 제26조제2항, 제36조제7항, 제54조제2항, 제97조제4항 및 제107조제2항·제7항의 개정규정은 공포한 날부터 시행하며, 제107조제8항, 제126조의2, 제127조제2항의 개정규정은 공포 후 3개월이 경과한 날부터 시행한다.

제2조 【유족보상연금 수급자격의 적용례】 제63조제1항 및 제64조제1항의 개정규정은 이 법 시행 당시 유족보상연금을 수급하고 있는 자녀에 대하여도 적용한다.

제3조 【직장적응훈련비에 관한 적용례】 제72조제1항제2호의 개정규정은 이 법 시행 후 최초로 실시하는 직장적응훈련부터 적용한다.

제4조【부당이득의 징수에 관한 적용례】 제84조제4항의 개정규정은 이 법 시행 후 최초로 부정수급 사실을 자진 신고한 경우부터 적용한다.

〈생략〉

부칙(2020.12.8 법률 제17603호)

제1조【시행일】 이 법은 공포 후 6개월이 경과한 날부터 시행한다.

제2조【다른 법률의 개정】 생략

부칙(2021.1.5 법률 제17865호)

제1조【시행일】 이 법은 2021년 7월 1일부터 시행한다.

제2조【특수형태근로종사자 산재보험 적용 제외 신청에 관한 적용례】 ① 제125조의 개정규정은 종전의 규정에 따라 적용 제외 중인 특수형태근로종사자에게도 적용된다.

② 종전의 규정에 따라 적용 제외 중인 사람이 제125조제4항의 적용제외 사유로 이 법의 적용 제외를 원하는 경우 새로이 적용 제외를 신청하여야 한다.

③ 이 법 시행일 이후 3년 이내에 제2항에 따른 적용 제외 신청을 하고 공단이 이를 승인한 경우 이 법 시행일로부터 이 법을 적용하지 아니한다.

부칙(2021.1.26 법률 제17910호)

이 법은 공포 후 6개월이 경과한 날부터 시행한다.

부칙(2021.4.13 법률 제18040호)

이 법은 2022년 1월 1일부터 시행한다.

부칙(2021.5.18 법률 제18181호)

이 법은 2022년 1월 1일부터 시행한다.

부칙(2021.8.17 법률 제18425호)

제1조【시행일】 이 법은 공포 후 6개월이 경과한 날부터 시행한다.

제2조 및 **제3조** 생략

부칙(2022.1.11 법률 제18753호)

제1조【시행일】 이 법은 공포 후 1년이 경과한 날부터 시행한다.

제2조【건강손상자녀의 보험급여 지급에 관한 적용례】 제36조제1항 및

제3장의3(제91조의12부터 제91조의14까지)의 개정규정은 이 법 시행일 이후에 출생한 자녀부터 적용한다. 다만, 다음 각 호의 어느 하나에 해당하는 경우에는 이 법 시행일 전에 출생한 자녀에게도 적용한다.

1. 이 법 시행일 전에 제36조제2항에 따른 청구를 한 경우
2. 이 법 시행일 전에 법원의 확정판결로 자녀의 부상, 질병·장해의 발생 또는 사망에 대한 공단의 보험급여지급 거부처분이 취소된 경우
3. 이 법 시행일 전 3년 이내에 출생한 자녀로서 이 법 시행일로부터 3년 이내에 제36조제2항에 따른 청구를 하는 경우

부칙(2022.6.10 법률 제18913호)

이 법은 공포한 날부터 시행한다.

부칙(2022.6.10 법률 제18928호)

제1조【시행일】 이 법은 2023년 7월 1일부터 시행한다. 다만, 부칙 제8조는 공포한 날부터 시행한다.

제2조【부분휴업급여에 관한 적용례】 제53조의 개정규정은 이 법 시행 이후 지급사유가 발생한 부분휴업급여부터 적용한다.

제3조【노무제공자에 대한 보험급여의 산정기준 등에 관한 적용례】 ① 제91조의17제1항부터 제3항까지 및 제5항의 개정규정은 이 법 시행 후 새로 요양 또는 재요양을 시작하는 노무제공자부터 적용한다.

② 제91조의17제4항의 개정규정은 이 법 시행 당시 요양 또는 재요양을 받고 있는 노무제공자에게도 적용하되, 이 법 시행 후 평균보수를 증감하는 경우부터 적용한다.

제4조【노무제공자에 대한 업무상 재해의 인정기준에 관한 적용례】 제91조의18의 개정규정은 이 법 시행 후 최초로 발생하는 재해부터 적용한다.

제5조【노무제공자에 대한 보험급여의 지급 등에 관한 적용례】 제91조의19 및 제91조의20의 개정규정은 이 법 시행 후 새로 요양 또는 재요양을 시작하는 노무제공자부터 적용한다.

제6조【노무제공자에 대한 보험급여의 산정기준 등에 관한 경과조치】 이 법 시행 당시 요양 또는 재요양을 받고 있는 노무제공자는 제91조의17제1항부터 제3항까지 및 제5항의 개정규정에도 불구하고 종전의 규정에 따른다.

제7조【노무제공자에 대한 보험급여의 지급 등에 관한 경과조치】 이 법 시행 당시 요양 또는 재요양을 받고 있는 노무제공자는 제91조의19 및 제91조의20의 개정규정에도 불구하고 종전의 규정에 따른다.

**제8조【특수형태근로종사자의 업무상 재해 인정 및 보험급여 지급 등의

특례】 ① 종전의 제125조제1항에 따른 특수형태근로종사자가 이 법 공포 이후 2023년 6월 30일까지 같은 항 제1호에 따른 주된 사업 외의 사업(종전의 제125조제1항에 따른 직종에 종사하는 사업에 한한다)에서 최초로 재해를 입은 경우에는 종전의 규정을 적용받는 특수형태근로종사자로 본다. 이 경우 업무상 재해의 인정 기준 및 보험급여의 지급 등에 대하여는 종전의 제125조제8항·제9항 및 제11항을 적용한다.
② 제1항의 재해가 발생한 사업은 본칙 제6조에도 불구하고 종전의 규정을 적용받는 사업으로 본다. 다만, 종전의 제125조제3항부터 제7항까지와 「고용보험 및 산업재해보상보험의 보험료징수 등에 관한 법률」 제26조, 제49조의3 및 제50조제1항제1호는 적용하지 아니한다.

부칙(2023.8.8 법률 제19612호)

제1조 【시행일】 이 법은 공포 후 6개월이 경과한 날부터 시행한다.

제2조 【유족보상연금 수급자격의 적용례】 제63조제1항 및 제64조제1항의 개정규정은 이 법 시행 당시 유족보상연금의 수급자격자인 손자녀에 대하여도 적용한다.

부칙(2024.10.22 법률 제20523호)

이 법은 2025년 1월 1일부터 시행한다.

부칙(2025.10.1 법률 제21065호)

제1조 【시행일】 이 법은 공포한 날부터 시행한다. 〈단서 생략〉

제2조부터 **제8조**까지 생략

부칙(2025.11.11 법률 제21136호)

이 법은 공포 후 3개월이 경과한 날부터 시행한다.

[별표 1] (2022.6.10 개정)

고령자의 휴업급여 지급기준(제55조 관련)

1. 제52조 및 제56조 및 제91조의19제2항에 따라 산정한 휴업급여를 지급받는 자가 해당 연령에 도달하면 다음 산식에 따라 산정한다. 다만, 제52조에 따라 산정한 휴업급여를 지급받는 자의 경우 그 산정한 금액이 제3호에 따라 산정한 금액보다 적으면 제3호에 따라 산정한다.

연령	지급액
61세	1일당 휴업급여 지급액×66/70
62세	1일당 휴업급여 지급액×62/70
63세	1일당 휴업급여 지급액×58/70
64세	1일당 휴업급여 지급액×54/70
65세 이후	1일당 휴업급여 지급액×50/70

2. 제54조제1항 본문, 제54조제2항 및 제91조의19제1항에 따라 산정한 휴업급여를 지급받는 자가 해당 연령에 도달하면 다음 산식에 따라 산정한다.

연령	지급액
61세	1일당 휴업급여 지급액×86/90
62세	1일당 휴업급여 지급액×82/90
63세	1일당 휴업급여 지급액×78/90
64세	1일당 휴업급여 지급액×74/90
65세 이후	1일당 휴업급여 지급액×70/90

3. 제54조제1항 단서에 따라 산정한 휴업급여를 지급받는 자가 해당 연령에 도달하면 다음 산식에 따라 산정한다.

연령	지급액
61세	최저 보상기준 금액×80/100×86/90
62세	최저 보상기준 금액×80/100×82/90
63세	최저 보상기준 금액×80/100×78/90
64세	최저 보상기준 금액×80/100×74/90
65세 이후	최저 보상기준 금액×80/100×70/90

[별표 2]

장해급여표(제57조제2항 관련)

(평균임금기준)

장해등급	장해보상연금	장해보상일시금
제1급	329일분	1,474일분
제2급	291일분	1,309일분
제3급	257일분	1,155일분
제4급	224일분	1,012일분
제5급	193일분	869일분
제6급	164일분	737일분
제7급	138일분	616일분
제8급		495일분
제9급		385일분
제10급		297일분
제11급		220일분
제12급		154일분
제13급		99일분
제14급		55일분

[별표 3]

유족급여(제62조제2항 관련)

유족급여의 종류	유족급여의 금액
유족보상연금	유족보상연금액은 다음의 기본금액과 가산금액을 합한 금액으로 한다. 1. 기본금액 : 급여기초연액(평균임금에 365를 곱하여 얻은 금액)의 100분의 47에 상당하는 금액 2. 가산금액 : 유족보상연금수급권자 및 근로자가 사망할 당시 그 근로자와 생계를 같이 하고 있던 유족보상연금수급자격자 1인당 급여기초연액의 100분의 5에 상당하는 금액의 합산액. 다만, 그 합산금액이 급여기초연액의 100분의 20을 넘을 때에는 급여기초연액의 100분의 20에 상당하는 금액으로 한다.
유족보상일시금	평균임금의 1,300일분

[별표 4] (2018.6.12 개정)

상병보상연금표(제66조제2항 관련)

중증요양상태등급	상병보상연금
제1급	평균임금의 329일분
제2급	평균임금의 291일분
제3급	평균임금의 257일분

[별표 5] (2018.6.12 개정)

고령자의 1일당 상병보상연금 지급기준(제68조 관련)

1. 제66조에 따라 산정한 상병보상연금을 지급받는 자가 해당 연령에 도달하면 다음 산식에 따라 산정한다. 다만, 그 산정한 금액이 별표 1 제3호에 따라 산정한 금액보다 적으면 별표 1 제3호에 따라 산정한다.

중증요양 상태등급 / 연령	제1급	제2급	제3급
61세	평균임금×(329/365-0.04)	평균임금×(291/365-0.04)	평균임금×(257/365-0.04)
62세	평균임금×(329/365-0.08)	평균임금×(291/365-0.08)	평균임금×(257/365-0.08)
63세	평균임금×(329/365-0.12)	평균임금×(291/365-0.12)	평균임금×(257/365-0.12)
64세	평균임금×(329/365-0.16)	평균임금×(291/365-0.16)	평균임금×(257/365-0.16)
65세 이후	평균임금×(329/365-0.20)	평균임금×(291/365-0.20)	평균임금×(257/365-0.20)

2. 제67조제1항 및 제69조제1항에 따라 산정한 상병보상연금을 지급받는 자가 해당 연령에 도달하면 제1호 본문에 따라 산정한다.

3. 제67조제2항에 따라 산정한 상병보상연금을 지급받는 경우에는 별표 1에 따라 산정한다.

[별표 6] (2010.5.20 신설)

진폐장해연금표(제91조의3제2항 관련)

(평균임금 기준)

진폐장해등급	진폐장해연금
제1급	132일분
제3급	132일분
제5급	72일분
제7급	72일분
제9급	24일분
제11급	24일분
제13급	24일분

산업재해보상보험법 시행령

전부개정 2008. 6.25 대통령령 제20875호
개정 2008. 7.29 대통령령 제20947호
〈생략〉
2024.12.31 대통령령 제35160호
2025. 6.20 대통령령 제35597호
2025.10. 1 대통령령 제35805호
2025.12.30 대통령령 제35947호

제1장 총 칙

제1조 【목적】 이 영은 「산업재해보상보험법」에서 위임한 사항과 그 시행에 필요한 사항을 규정함을 목적으로 한다.

제2조 【법의 적용 제외 사업】 ① 「산업재해보상보험법」(이하 "법"이라 한다) 제6조 단서에서 "대통령령으로 정하는 사업"이란 다음 각 호의 어느 하나에 해당하는 사업 또는 사업장(이하 "사업"이라 한다)을 말한다.

1. 「공무원 재해보상법」 또는 「군인 재해보상법」에 따라 재해보상이 되는 사업. 다만, 「공무원 재해보상법」 제60조에 따라 순직유족급여 또는 위험직무순직유족급여에 관한 규정을 적용받는 경우는 제외한다. (2020.6.9 개정)
2. 「선원법」, 「어선원 및 어선 재해보상보험법」 또는 「사립학교교직원 연금법」에 따라 재해보상이 되는 사업
3. 삭제(2017.12.26)
4. 가구내 고용활동 (2008.8.7 개정)
5. 삭제(2017.12.26)
6. 농업, 임업(벌목업은 제외한다), 어업 및 수렵업 중 법인이 아닌 자의 사업으로서 상시근로자 수가 5명 미만인 사업 (2010.3.26 개정)

② 제1항 각 호의 사업의 범위에 관하여 이 영에 특별한 규정이 없으면 「통계법」에 따라 국가데이터처장이 고시하는 한국표준산업분류표(이하 "한국표준산업분류표"라 한다)에 따른다. (2025.10.1 개정)

③ 삭제(2017.12.26)

제2조의2 【상시근로자 수의 산정 및 적용 시점】 ① 제2조제1항제6호에 따른 상시근로자 수는 사업을 시작한 후 최초로 근로자를 사용한 날부터 그 사업의 가동일수(稼動日數) 14일 동안 사용한 근로자 연인원(延人員)을 14로 나누어 산정한다. 이 경우 상시근로자 수가 5명 미만이면 최초로 근로자를 사용한 날부터 하루씩 순차적으로 미루어 가동기간 14일 동안 사용한

근로자 연인원을 14로 나누어 산정한다. (2017.12.26 개정)
② 제1항에도 불구하고 최초로 근로자를 사용한 날부터 14일 이내에 사업이 종료되거나 업무상 재해가 발생한 경우에는 그 때까지 사용한 연인원을 그 가동일수로 나누어 산정한다. (2010.3.26 신설)
③ 제1항 및 제2항에 따라 산정한 상시근로자 수가 5명 이상이 되는 사업은 상시근로자 수가 최초로 5명 이상이 되는 해당 기간의 첫 날에 상시근로자 수가 5명 이상이 되는 사업이 성립한 것으로 본다. (2017.12.26 개정)
④ 삭제(2017.12.26)

제3조【산업재해보상보험및예방심의위원회의 기능】 법 제8조제1항에 따른 산업재해보상보험및예방심의위원회(이하 "위원회"라 한다)는 다음 각 호의 사항을 심의한다. (2010.2.24 개정)
1. 법 제40조제5항에 따른 요양급여의 범위나 비용 등 요양급여의 산정 기준에 관한 사항
2. 「고용보험 및 산업재해보상보험의 보험료징수 등에 관한 법률」(이하 "보험료징수법"이라 한다) 제14조제3항 및 같은 조 제4항에 따른 산재보험료율의 결정에 관한 사항 (2017.12.26 개정)
3. 법 제98조에 따른 산업재해보상보험및예방기금의 운용계획 수립에 관한 사항
4. 「산업안전보건법」 제4조제1항 각 호에 따른 산업안전·보건 업무와 관련되는 주요 정책 및 같은 법 제7조에 따른 산업재해 예방에 관한 기본계획 (2019.12.24 개정)
5. 그 밖에 고용노동부장관이 산업재해보상보험 사업(이하 "보험사업"이라 한다) 및 산업안전·보건 업무에 관하여 심의에 부치는 사항 (2010.7.12 개정)

제4조【위원회의 구성】 위원회의 위원은 다음 각 호의 구분에 따라 각각 고용노동부장관이 임명하거나 위촉한다. (2010.7.12 개정)
1. 근로자를 대표하는 위원은 총연합단체인 노동조합이 추천하는 사람 5명
2. 사용자를 대표하는 위원은 전국을 대표하는 사용자 단체가 추천하는 사람 5명
3. 공익을 대표하는 위원은 다음 각 목의 사람 5명
   가. 고용노동부 산업안전보건본부장 (2025.10.1 개정)
   나. 고용노동부에서 산업재해보상보험 업무를 담당하는 고위공무원 또는 산업재해 예방 업무를 담당하는 고위공무원 중 1명 (2010.7.12 개정)
   다. 시민단체(「비영리민간단체 지원법」 제2조에 따른 비영리민간단체를 말한다)에서 추천한 사람과 사회보험 또는 산업재해 예방에 관한 학식과 경험이 풍부한 사람 중 3명 (2010.2.24 개정)

제5조【위원의 임기 등】 ① 위원의 임기는 3년으로 하되, 연임할 수 있다. 다만, 제4조제3호가목 또는 나목에 해당하는 위원의 임기는 그 재직기간으로 한다. (2016.3.22 개정)
② 보궐위원의 임기는 전임자의 남은 임기로 한다.
③ 고용노동부장관은 제4조에 따른 위원회의 위촉위원이 다음 각 호의 어느 하나에 해당하는 경우에는 해당 위원을 해촉(解囑)할 수 있다. (2016.3.22 신설)
1. 심신장애로 인하여 직무를 수행할 수 없게 된 경우
2. 직무와 관련된 비위사실이 있는 경우
3. 직무태만, 품위손상이나 그 밖의 사유로 인하여 위원으로 적합하지 아니하다고 인정되는 경우
4. 위원 스스로 직무를 수행하는 것이 곤란하다고 의사를 밝히는 경우

제6조【위원장과 부위원장】 ① 위원회에 위원장과 부위원장을 각 1명씩 둔다.
② 위원장은 고용노동부 산업안전보건본부장이 되고, 부위원장은 공익을 대표하는 위원 중에서 위원회가 선임한다. (2025.10.1 개정)
③ 위원장은 위원회를 대표하며, 위원회의 사무를 총괄한다.
④ 부위원장은 위원장을 보좌하며 위원장이 부득이한 사유로 직무를 수행할 수 없을 때에는 그 직무를 대행한다.

제7조【위원회의 회의】 ① 위원장은 위원회의 회의를 소집하고 그 의장이 된다.
② 위원회의 회의는 고용노동부장관의 요구가 있거나 재적위원 과반수의 요구가 있을 때 소집한다. (2010.7.12 개정)
③ 위원회의 회의는 재적위원 과반수의 출석으로 개의하고, 출석위원 과반수의 찬성으로 의결한다.

제8조【전문위원회】 ① 법 제8조제3항에 따라 위원회에 산업재해보상보험정책전문위원회, 산업재해보상보험요양전문위원회 및 산업안전보건전문위원회를 둔다. (2010.2.24 개정)
② 제1항에 따른 전문위원회는 위원회 위원장의 명을 받아 다음 각 호의 구분에 따른 사항을 검토하여 위원회에 보고한다. (2010.2.24 개정)
1. 산업재해보상보험정책전문위원회 : 산업재해보상보험의 재정·적용·징수·급여·재활 및 복지에 관한 사항
2. 산업재해보상보험요양전문위원회 : 요양급여의 범위나 비용 등 요양급여의 기준 및 요양관리에 관한 사항
3. 산업안전보건전문위원회 : 산업안전보건에 관한 중요정책 및 제도개선에 관한 사항

③ 각 전문위원회는 25명 이내의 위원으로 구성하되, 비상임으로 한다.
④ 산업재해보상보험정책전문위원회의 위원은 다음 각 호의 어느 하나에 해당하는 사람 중에서 위원장이 위촉한다. (2010.2.24 개정)
1. 고용노동부에서 산업재해보상보험 업무를 담당하는 4급 이상 일반직 공무원 (2010.7.12 개정)
2. 총연합단체인 노동조합 또는 전국을 대표하는 사용자 단체가 각각 추천하는 사람
3. 사회보험의 재정·적용·징수·급여 등에 관한 학식과 경험이 풍부한 사람
⑤ 산업재해보상보험요양전문위원회의 위원은 다음 각 호의 어느 하나에 해당하는 사람 중에서 위원장이 위촉한다. (2010.2.24 개정)
1. 고용노동부에서 산업재해보상보험 업무를 담당하는 4급 이상 일반직 공무원 (2010.7.12 개정)
2. 총연합단체인 노동조합 또는 전국을 대표하는 사용자 단체가 각각 추천하는 사람
3. 산업의학 등 전문과목별 의학적 전문지식과 경험이 풍부한 사람
⑥ 산업안전보건전문위원회의 위원은 다음 각 호의 어느 하나에 해당하는 사람 중에서 위원장이 위촉한다. (2010.2.24 신설)
1. 고용노동부에서 산업안전보건 업무를 담당하는 4급 이상 일반직 공무원 (2010.7.12 개정)
2. 총연합단체인 노동조합 또는 전국을 대표하는 사용자 단체가 각각 추천하는 사람
3. 산업안전보건에 관한 학식과 경험이 풍부한 사람
⑦ 위원장은 제4항부터 제6항까지의 규정에 따라 위촉된 위원이 제5조제3항 각 호의 어느 하나에 해당하는 경우에는 해당 위원을 해촉할 수 있다. (2016.3.22 신설)
⑧ 전문위원회의 구성과 운영, 그 밖에 필요한 사항은 위원회의 의결을 거쳐 위원장이 정한다. (2016.3.22 개정)

제8조의2 【조사·연구위원】 ① 산업재해보상보험과 산업재해 예방에 관한 사항을 조사·연구하게 하기 위하여 위원회에 산업재해보상보험·산업안전공학·기계안전·전기안전·화공안전·건축안전·토목안전·산업의학·산업간호·산업위생·인간공학·유해물질관리·안전보건 관련 법령 및 산업재해통계, 그 밖에 필요한 각 분야별로 2명 이내의 조사·연구위원을 둘 수 있다. (2010.2.24 신설)
② 조사·연구위원은 해당 분야에 관한 학식과 경험이 풍부한 사람 중에서 고용노동부장관이 임명한다. (2010.7.12 개정)

제8조의3 【관계 행정기관 등의 협조】 위원회 및 제8조에 따른 전문위원

회는 안건의 심의를 위하여 필요하다고 인정하는 경우에는 관계 행정기관 또는 단체에 자료 제출을 요청하거나 관계 공무원이나 관계 전문가 등을 출석시켜 의견을 들을 수 있다. (2010.2.24 신설)

제9조【위원회의 간사】 ① 위원회에 그 사무를 처리할 간사 1명을 둔다.
② 간사는 고용노동부장관이 그 소속 공무원 중에서 임명한다. (2010.7.12 개정)

제10조【위원의 수당】 위원회 및 전문위원회의 회의에 출석한 위원과 전문위원회의 위원에게는 예산의 범위에서 수당을 지급할 수 있다. 다만, 공무원인 위원이 그 소관업무와 직접적으로 관련되어 위원회에 출석하는 경우에는 그러하지 아니하다.

제11조【운영세칙】 이 영에서 규정한 사항 외에 위원회의 운영에 필요한 사항은 위원회의 의결을 거쳐 위원장이 정한다.

제12조【조사·연구 사업의 대행】 고용노동부장관은 법 제9조제2항에 따라 보험사업에 관한 조사·연구 사업의 일부를 「정부출연연구기관 등의 설립·운영 및 육성에 관한 법률」 제8조에 따라 설립된 연구기관에 대행하게 할 수 있다. 이 경우 연구기관을 선정할 때에는 보험사업과 관련된 연구 인력 및 실적 등을 고려하여야 한다. (2010.7.12 개정)

제2장 근로복지공단

제13조【공단의 비상임이사】 삭제(2010.3.26)

제14조【예산 및 사업운영계획의 승인】 ① 법 제10조에 따른 근로복지공단(이하 "공단"이라 한다)은 법 제25조제1항에 따라 다음 회계연도의 예산에 관하여 고용노동부장관의 승인을 받으려면 다음 회계연도 개시 전까지 예산요구서와 예산에 따른 사업설명서를 고용노동부장관에게 제출하여야 한다. (2010.7.12 개정)
② 공단은 법 제25조제1항에 따라 사업운영계획에 관하여 고용노동부장관의 승인을 받으려면 제1항에 따라 승인을 받은 예산이 확정된 후 지체 없이 사업운영계획을 수립하여 고용노동부장관에게 제출하여야 한다. (2010.7.12 개정)
③ 공단은 제1항 및 제2항에 따라 승인을 받은 예산과 사업운영계획을 변경하려면 그 변경 사유 및 변경 내용을 적은 서류를 고용노동부장관에게 제출하여 승인을 받아야 한다. (2010.7.12 개정)

제15조【결산서의 제출】 공단은 법 제25조제2항에 따라 결산서를 고용노동부장관에게 제출할 때에는 다음 각 호의 서류를 첨부하여야 한다. (2010.7.12 개정)

1. 재무제표(공인회계사나 회계법인의 감사의견서를 포함한다)와 그 부속서류
2. 그 밖에 결산의 내용을 명확하게 하기 위하여 필요한 서류

제16조 【공단 규정의 승인】 공단은 다음 각 호의 사항에 관한 규정을 제정하거나 개정하려면 고용노동부장관의 승인을 받아야 한다. (2010.7.12 개정)

1. 공단의 조직 및 정원에 관한 사항
2. 임직원의 인사 및 보수에 관한 사항
3. 공단의 회계에 관한 사항
4. 그 밖에 공단의 운영, 보험사업 및 근로복지사업에 관한 중요 사항

제17조 【자금 차입 등의 승인 신청】 ① 공단은 법 제27조제1항에 따라 자금의 차입에 관한 승인을 받으려면 다음 각 호의 사항을 적은 승인신청서를 고용노동부장관에게 제출하여야 한다. (2010.7.12 개정)

1. 차입 사유
2. 차입처(借入處)
3. 차입 금액
4. 차입 조건
5. 차입금의 상환방법 및 상환기간
6. 그 밖에 자금의 차입과 상환에 필요한 사항

② 공단은 법 제27조제2항에 따라 산업재해보상보험및예방기금으로부터의 이입충당(移入充當)에 관한 승인을 받으려면 이입충당의 사유 및 금액 등에 관한 사항을 적은 승인신청서를 고용노동부장관에게 제출하여야 한다. (2010.7.12 개정)

제18조 【공단 이사장의 대표 권한의 위임】 ① 법 제29조제1항에 따라 공단 이사장의 대표 권한 중 공단의 분사무소(이하 "소속 기관"이라 한다)의 장에게 대표 권한을 위임하는 공단 업무의 범위는 별표 1과 같다.

② 제1항에 따른 공단 이사장의 대표 권한의 위임에도 불구하고 공단이 당사자가 되는 소송행위, 「행정심판법」에 따른 심판청구 및 「감사원법」에 따른 심사청구에 관한 대표 권한은 공단 이사장에게 있다.

제19조 【업무의 위탁】 ① 공단이 법 제29조제2항에 따라 위탁할 수 있는 업무의 범위는 다음 각 호와 같다.

1. 보험급여의 지급에 관한 사항
2. 제1호의 사항에 딸린 업무

② 공단이 제1항에 따라 업무를 위탁한 경우에는 그 위탁을 받은 자에게 위탁에 따른 수수료를 지급할 수 있다.

제19조의2 【자료 제공 요청】 ① 법 제31조제1항에서 "대통령령으로 정하는 보험사업과 관련되는 기관·단체"란 별표 1의2 제1호에 따른 기관·단체를 말한다. (2023.6.27 신설)

② 법 제31조제1항에서 “주민등록·외국인등록 등 대통령령으로 정하는 자료”란 별표 1의2 제2호에 따른 자료를 말한다. (2023.6.27 신설)

제20조【출자 등】 공단은 법 제32조제1항에 따라 출자 또는 출연을 하려면 다음 각 호의 사항을 적은 신청서를 제출하여 고용노동부장관의 승인을 받아야 한다. (2010.7.12 개정)

1. 출자 또는 출연의 필요성
2. 출자 또는 출연할 재산의 종류 및 가액(價額)
3. 사업의 개요
4. 그 밖에 출자 또는 출연에 필요한 사항

제3장 보험급여

제1절 보험급여의 기준

제21조【보험급여의 청구, 결정 통지 등】 ① 법 제36조제2항에 따라 다음 각 호의 어느 하나에 해당하는 보험급여를 받으려는 사람은 공단에 각각의 보험급여에 대해 신청하거나 청구해야 한다. (2021.6.8 개정)

1. 휴업급여
2. 장해보상일시금 또는 장해보상연금(법 제57조제5항에 따른 일시금을 포함한다)
3. 간병급여
4. 유족보상일시금 또는 유족보상연금(법 제62조제4항에 따른 일시금을 포함한다)
5. 상병보상연금
6. 장례비 (2021.6.8 개정)
7. 직업재활급여
8. 진폐보상연금 (2010.11.15 신설)
9. 진폐유족연금 (2010.11.15 신설)

② 공단은 제1항에 따른 보험급여의 신청 또는 청구를 받으면 보험급여의 지급 여부와 지급 내용 등을 결정하여 청구인에게 알려야 한다.

③ 공단은 장해보상연금, 유족보상연금, 진폐보상연금 또는 진폐유족연금을 지급하기로 결정한 경우에는 그 수급권자에게 연금증서를 내주어야 한다. (2010.11.15 개정)

칙 제74조

제22조【평균임금의 증감】 ① 법 제36조제3항 및 제4항에 따른 전체 근로자의 임금 평균액의 증감률 및 소비자물가변동률의 산정 기준과 방법은

별표 2와 같다.
② 법 제36조제3항에 따른 평균임금의 증감은 보험급여 수급권자의 신청을 받아 하거나 공단이 직권으로 할 수 있다.

제23조 【근로 형태가 특이한 근로자의 범위】 법 제36조제5항에서 "근로 형태가 특이하여 평균임금을 적용하는 것이 적당하지 아니하다고 인정되는 경우로서 대통령령으로 정하는 경우"란 다음 각 호의 어느 하나에 해당하는 경우를 말한다. (2023.6.27 개정)

1. 1일 단위로 고용되거나 근로일에 따라 일당(미리 정하여진 1일 동안의 근로시간에 대하여 근로하는 대가로 지급되는 임금을 말한다. 이하 같다) 형식의 임금을 지급받는 근로자(이하 "일용근로자"라 한다)에게 평균임금을 적용하는 경우. 다만, 일용근로자가 다음 각 목의 어느 하나에 해당하는 경우에는 일용근로자로 보지 아니한다.
   가. 근로관계가 3개월 이상 계속되는 경우
   나. 그 근로자 및 같은 사업에서 같은 직종에 종사하는 다른 일용근로자의 근로조건, 근로계약의 형식, 구체적인 고용 실태 등을 종합적으로 고려할 때 근로 형태가 상용근로자와 비슷하다고 인정되는 경우
2. 둘 이상의 사업(보험료징수법 제5조제3항·제4항 및 제6조제2항·제3항에 따른 산재보험의 보험가입자가 운영하는 사업을 말한다)에서 근로하는 「근로기준법」 제2조제9호에 따른 단시간근로자(일용근로자는 제외하며, 이하 "단시간근로자"라 한다)에게 평균임금을 적용하는 경우 (2023.6.27 개정)

제24조 【근로 형태가 특이한 근로자의 평균임금 산정 방법】 ① 법 제36조제5항에서 "대통령령으로 정하는 산정 방법에 따라 산정한 금액"이란 다음 각 호의 구분에 따라 산정한 금액을 말한다. (2016.3.22 개정)

1. 제23조제1호에 해당하는 경우 : 해당 일용근로자의 일당에 일용근로자의 1개월간 실제 근로일수 등을 고려하여 고용노동부장관이 고시하는 근로계수(이하 "통상근로계수"라 한다)를 곱하여 산정한 금액
2. 제23조제2호에 해당하는 경우 : 평균임금 산정기간 동안 해당 단시간근로자가 재해가 발생한 사업에서 지급받은 임금과 같은 기간 동안 해당 사업 외의 사업에서 지급받은 임금을 모두 합산한 금액을 해당 기간의 총일수로 나눈 금액

② 평균임금 산정사유 발생일 당시 1개월 이상 근로한 일용근로자는 제1항제1호에 따른 산정 방법에 따라 산정한 금액을 평균임금으로 하는 것이 실제의 임금 또는 근로일수에 비추어 적절하지 아니한 경우에는 실제의 임금 또는 근로일수를 증명하는 서류를 첨부하여 공단에 제1항제1호에 따른 산정 방법의 적용 제외를 신청할 수 있다. (2017.12.26 개정)
③ 단시간근로자가 법 제36조제2항에 따라 보험급여를 청구할 때에는 재해

가 발생한 사업 외의 사업에 취업한 사실, 근로시간 및 임금을 증명하는 서류를 공단에 제출하여야 한다. (2016.3.22 신설)

제25조【직업병에 걸린 사람에 대한 평균임금 산정 특례】 ① 법 제36조제6항에서 "진폐 등 대통령령으로 정하는 직업병"이란 법 제37조제1항제2호에 따른 업무상 질병(이하 "업무상 질병"이라 한다)으로서 다음 각 호의 어느 하나에 해당하는 질병(이하 이 조에서 "직업병"이라 한다)을 말한다. 이 경우 유해·위험요인에 일시적으로 다량 노출되어 급성으로 발병한 질병은 제외한다. (2010.11.15 개정)

1. 진폐 (2010.11.15 개정)
2. 별표 3 제2호가목·나목, 제3호가목부터 사목까지, 같은 호 자목부터 카목까지, 제4호, 제5호, 제6호가목부터 다목까지, 같은 호 마목·자목·카목, 제7호마목부터 차목까지, 제8호, 제9호, 제10호, 제11호나목부터 사목까지, 같은 호 아목1)·2) 및 제12호나목부터 라목까지의 질병 중 어느 하나에 해당하는 질병 (2013.6.28 개정)
3. 그 밖에 유해·위험요인에 장기간 노출되어 걸렸거나 유해·위험요인에 노출된 후 일정기간의 잠복기가 지난 후에 걸렸음이 의학적으로 인정되는 질병

② 법 제36조제6항에서 "대통령령으로 정하는 산정 방법에 따라 산정한 금액"이란 다음 각 호의 구분에 따라 산정한 금액을 말한다. (2010.11.15 개정)

1. 제1항제1호에 해당하는 직업병의 경우 : 해당 직업병이 확인된 날을 기준으로 제26조제1항에 따른 전체 근로자의 임금 평균액을 고려하여 고용노동부장관이 매년 고시하는 금액
2. 제1항제2호 및 제3호에 해당하는 직업병의 경우 : 「통계법」 제3조제2호에 따른 지정통계로서 고용노동부장관이 작성하는 사업체노동력조사(이하 "사업체노동력조사"라 한다)에 따른 근로자의 월평균 임금총액에 관한 조사내용 중 해당 직업병에 걸린 근로자와 성별·직종 및 소속한 사업의 업종·규모가 비슷한 근로자의 월평균 임금총액을 해당 근로자의 직업병이 확인된 날이 속하는 분기의 전전분기 말일 이전 1년 동안 합하여 산출한 금액을 그 기간의 총 일수로 나눈 금액. 이 경우 성별·직종 및 소속한 사업의 업종·규모가 비슷한 근로자의 판단기준은 공단이 정한다. (2012.11.12 개정)

③ 제2항에서 직업병이 확인된 날은 그 직업병이 보험급여의 지급 대상이 된다고 확인될 당시에 발급된 진단서나 소견서의 발급일로 한다. 다만, 그 직업병의 검사·치료의 경과 등이 진단서나 소견서의 발급과 시간적·의학적 연속성이 있는 경우에는 그 요양을 시작한 날로 한다. (2016.3.22 개정)

1. 삭제(2016.3.22)

2. 삭제(2016.3.22)

④ 삭제(2010.11.15)

⑤ 법 제36조제6항을 적용할 때 그 근로자가 소속된 사업이 휴업 또는 폐업한 후 제1항제2호 및 제3호에 해당하는 직업병이 확인된 경우(휴업 또는 폐업 전에 그 근로자가 퇴직한 경우를 포함한다)에는 그 사업이 휴업 또는 폐업한 날을 기준으로 제2항제2호에 따라 산정한 금액을 제1항제2호 및 제3호에 해당하는 직업병이 확인된 날까지 별표 2 제1호에 따라 증감하여 산정한 금액을 그 근로자의 평균임금으로 본다. (2010.11.15 개정)

⑥ 법 제36조제6항에 따른 평균임금 산정 방법의 특례는 보험급여 수급권자의 신청이 있는 경우 또는 공단의 직권으로 적용할 수 있다. (2010.11.15 개정)

칙 제5조

제26조 【최고·최저 보상기준 금액의 산정방법】 ① 법 제36조제7항에 따른 최고 보상기준 금액(이하 "최고 보상기준 금액"이라 한다)과 같은 항에 따른 최저 보상기준 금액(이하 "최저 보상기준 금액"이라 한다)의 산정 기준이 되는 임금 평균액은 「고용정책 기본법」 제17조의 고용구조 및 인력수요 등에 관한 통계에 따른 전전 보험연도의 7월 1일부터 직전 보험연도의 6월 30일까지 상용근로자 5명 이상 사업체의 전체 근로자를 대상으로 산정한 근로자 1명당 월별 월평균 임금총액의 합계를 365(산정 기간에 속한 2월이 29일까지 있는 경우에는 366)로 나눈 금액으로 한다. (2018.12.11 개정)

② 최고 보상기준 금액과 최저 보상기준 금액을 산정하는 경우 1원 미만은 버린다.

③ 최고 보상기준 금액과 최저 보상기준 금액의 적용기간은 해당 보험연도 1월 1일부터 12월 31일까지로 한다.

제2절 업무상의 재해의 인정 기준

제27조 【업무수행 중의 사고】 ① 근로자가 다음 각 호의 어느 하나에 해당하는 행위를 하던 중에 발생한 사고는 법 제37조제1항제1호가목에 따른 업무상 사고로 본다.

1. 근로계약에 따른 업무수행 행위
2. 업무수행 과정에서 하는 용변 등 생리적 필요 행위
3. 업무를 준비하거나 마무리하는 행위, 그 밖에 업무에 따르는 필요적 부수행위
4. 천재지변·화재 등 사업장 내에 발생한 돌발적인 사고에 따른 긴급피난·구조행위 등 사회통념상 예견되는 행위

② 근로자가 사업주의 지시를 받아 사업장 밖에서 업무를 수행하던 중에 발생한 사고는 법 제37조제1항제1호가목에 따른 업무상 사고로 본다. 다만, 사업주의 구체적인 지시를 위반한 행위, 근로자의 사적(私的) 행위 또는 정상적인 출장 경로를 벗어났을 때 발생한 사고는 업무상 사고로 보지 않는다.
③ 업무의 성질상 업무수행 장소가 정해져 있지 않은 근로자가 최초로 업무수행 장소에 도착하여 업무를 시작한 때부터 최후로 업무를 완수한 후 퇴근하기 전까지 업무와 관련하여 발생한 사고는 법 제37조제1항제1호가목에 따른 업무상 사고로 본다.

제28조【시설물 등의 결함 등에 따른 사고】 ① 사업주가 제공한 시설물, 장비 또는 차량 등(이하 이 조에서 "시설물등"이라 한다)의 결함이나 사업주의 관리 소홀로 발생한 사고는 법 제37조제1항제1호나목에 따른 업무상 사고로 본다.
② 사업주가 제공한 시설물등을 사업주의 구체적인 지시를 위반하여 이용한 행위로 발생한 사고와 그 시설물등의 관리 또는 이용권이 근로자의 전속적 권한에 속하는 경우에 그 관리 또는 이용 중에 발생한 사고는 법 제37조제1항제1호나목에 따른 업무상 사고로 보지 않는다.

제29조【출퇴근 중의 사고】 삭제(2017.12.26)

제30조【행사 중의 사고】 운동경기·야유회·등산대회 등 각종 행사(이하 "행사"라 한다)에 근로자가 참가하는 것이 사회통념상 노무관리 또는 사업운영상 필요하다고 인정되는 경우로서 다음 각 호의 어느 하나에 해당하는 경우에 근로자가 그 행사에 참가(행사 참가를 위한 준비·연습을 포함한다)하여 발생한 사고는 법 제37조제1항제1호라목에 따른 업무상 사고로 본다.
1. 사업주가 행사에 참가한 근로자에 대하여 행사에 참가한 시간을 근무한 시간으로 인정하는 경우
2. 사업주가 그 근로자에게 행사에 참가하도록 지시한 경우
3. 사전에 사업주의 승인을 받아 행사에 참가한 경우
4. 그 밖에 제1호부터 제3호까지의 규정에 준하는 경우로서 사업주가 그 근로자의 행사 참가를 통상적·관례적으로 인정한 경우

제31조【특수한 장소에서의 사고】 사회통념상 근로자가 사업장 내에서 할 수 있다고 인정되는 행위를 하던 중 태풍·홍수·지진·눈사태 등의 천재지변이나 돌발적인 사태로 발생한 사고는 근로자의 사적 행위, 업무 이탈 등 업무와 관계없는 행위를 하던 중에 사고가 발생한 것이 명백한 경우를 제외하고는 법 제37조제1항제1호바목에 따른 업무상 사고로 본다.

제32조【요양 중의 사고】 업무상 부상 또는 질병으로 요양을 하고 있는 근로자에게 다음 각 호의 어느 하나에 해당하는 사고가 발생하면 법 제37조제1항제1호바목에 따른 업무상 사고로 본다.

1. 요양급여와 관련하여 발생한 의료사고
2. 요양 중인 산재보험 의료기관(산재보험 의료기관이 아닌 의료기관에서 응급진료 등을 받는 경우에는 그 의료기관을 말한다. 이하 이 조에서 같다) 내에서 업무상 부상 또는 질병의 요양과 관련하여 발생한 사고 (2018.12.11 개정)
3. 업무상 부상 또는 질병의 치료를 위하여 거주지 또는 근무지에서 요양 중인 산재보험 의료기관으로 통원하는 과정에서 발생한 사고 (2018.12.11 신설)

제33조【제3자의 행위에 따른 사고】 제3자의 행위로 근로자에게 사고가 발생한 경우에 그 근로자가 담당한 업무가 사회통념상 제3자의 가해행위를 유발할 수 있는 성질의 업무라고 인정되면 그 사고는 법 제37조제1항제1호바목에 따른 업무상 사고로 본다.

제34조【업무상 질병의 인정기준】 ① 근로자가 「근로기준법 시행령」 제44조제1항 및 같은 법 시행령 별표 5의 업무상 질병의 범위에 속하는 질병에 걸린 경우(임신 중인 근로자가 유산·사산 또는 조산한 경우를 포함한다. 이하 이 조에서 같다) 다음 각 호의 요건 모두에 해당하면 법 제37조제1항제2호가목에 따른 업무상 질병으로 본다. (2018.12.11 개정)

1. 근로자가 업무수행 과정에서 유해·위험요인을 취급하거나 유해·위험요인에 노출된 경력이 있을 것
2. 유해·위험요인을 취급하거나 유해·위험요인에 노출되는 업무시간, 그 업무에 종사한 기간 및 업무 환경 등에 비추어 볼 때 근로자의 질병을 유발할 수 있다고 인정될 것
3. 근로자가 유해·위험요인에 노출되거나 유해·위험요인을 취급한 것이 원인이 되어 그 질병이 발생하였다고 의학적으로 인정될 것

② 업무상 부상을 입은 근로자에게 발생한 질병이 다음 각 호의 요건 모두에 해당하면 법 제37조제1항제2호나목에 따른 업무상 질병으로 본다.

1. 업무상 부상과 질병 사이의 인과관계가 의학적으로 인정될 것
2. 기초질환 또는 기존 질병이 자연발생적으로 나타난 증상이 아닐 것

③ 제1항 및 제2항에 따른 업무상 질병(진폐증은 제외한다)에 대한 구체적인 인정 기준은 별표 3과 같다.

④ 공단은 근로자의 업무상 질병 또는 업무상 질병에 따른 사망의 인정 여부를 판정할 때에는 그 근로자의 성별, 연령, 건강 정도 및 체질 등을 고려하여야 한다.

제35조【출퇴근 중의 사고】 ① 근로자가 출퇴근하던 중에 발생한 사고가 다음 각 호의 요건에 모두 해당하면 법 제37조제1항제3호가목에 따른 출퇴근 재해로 본다. (2017.12.26 신설)

1. 사업주가 출퇴근용으로 제공한 교통수단이나 사업주가 제공한 것으로 볼 수 있는 교통수단을 이용하던 중에 사고가 발생하였을 것
2. 출퇴근용으로 이용한 교통수단의 관리 또는 이용권이 근로자측의 전속적 권한에 속하지 아니하였을 것

② 법 제37조제3항 단서에서 "일상생활에 필요한 행위로서 대통령령으로 정하는 사유"란 다음 각 호의 어느 하나에 해당하는 경우를 말한다. (2017.12.26 신설)

1. 일상생활에 필요한 용품을 구입하는 행위
2. 「고등교육법」 제2조에 따른 학교 또는 「직업교육훈련 촉진법」 제2조에 따른 직업교육훈련기관에서 직업능력 개발향상에 기여할 수 있는 교육이나 훈련 등을 받는 행위
3. 선거권이나 국민투표권의 행사
4. 근로자가 사실상 보호하고 있는 아동 또는 장애인을 보육기관 또는 교육기관에 데려주거나 해당 기관으로부터 데려오는 행위
5. 의료기관 또는 보건소에서 질병의 치료나 예방을 목적으로 진료를 받는 행위
6. 근로자의 돌봄이 필요한 가족 중 의료기관 등에서 요양 중인 가족을 돌보는 행위
7. 제1호부터 제6호까지의 규정에 준하는 행위로서 고용노동부장관이 일상생활에 필요한 행위라고 인정하는 행위

제35조의2 【출퇴근 재해 적용 제외 직종 등】 법 제37조제4항에서 "출퇴근 경로와 방법이 일정하지 아니한 직종으로 대통령령으로 정하는 경우"란 다음 각 호의 어느 하나에 해당하는 직종에 종사하는 사람(법 제124조에 따라 자기 또는 유족을 보험급여를 받을 수 있는 자로 하여 보험에 가입한 사람으로서 근로자를 사용하지 않는 사람을 말한다)이 본인의 주거지에 업무에 사용하는 자동차 등의 차고지를 보유하고 있는 경우를 말한다. (2023.6.27 개정)

1. 「여객자동차 운수사업법」 제3조제1항제3호에 따른 수요응답형 여객자동차운송사업
2. 「여객자동차 운수사업법 시행령」 제3조제2호라목에 따른 개인택시운송사업
3. 퀵서비스업[소화물의 집화(集貨)·수송 과정 없이 그 배송만을 업무로 하는 사업을 말한다. 이하 같다] (2023.6.27 개정)

제36조 【자해행위에 따른 업무상의 재해의 인정 기준】 법 제37조제2항 단서에서 "대통령령으로 정하는 사유"란 다음 각 호의 어느 하나에 해당하는 경우를 말한다.

1. 업무상의 사유로 발생한 정신질환으로 치료를 받았거나 받고 있는 사람이 정신적 이상 상태에서 자해행위를 한 경우
2. 업무상의 재해로 요양 중인 사람이 그 업무상의 재해로 인한 정신적 이상 상태에서 자해행위를 한 경우
3. 그 밖에 업무상의 사유로 인한 정신적 이상 상태에서 자해행위를 하였다는 상당인과관계가 인정되는 경우 (2020.1.7 개정)

제37조【사망의 추정】 ① 법 제39조제1항에 따라 사망으로 추정하는 경우는 다음 각 호의 어느 하나에 해당하는 경우로 한다.

1. 선박이 침몰·전복·멸실 또는 행방불명되거나 항공기가 추락·멸실 또는 행방불명되는 사고가 발생한 경우에 그 선박 또는 항공기에 타고 있던 근로자의 생사가 그 사고 발생일부터 3개월간 밝혀지지 아니한 경우
2. 항행 중인 선박 또는 항공기에 타고 있던 근로자가 행방불명되어 그 생사가 행방불명된 날부터 3개월간 밝혀지지 아니한 경우
3. 천재지변, 화재, 구조물 등의 붕괴, 그 밖의 각종 사고의 현장에 있던 근로자의 생사가 사고 발생일부터 3개월간 밝혀지지 아니한 경우

② 제1항에 따라 사망으로 추정되는 사람은 그 사고가 발생한 날 또는 행방불명된 날에 사망한 것으로 추정한다.

③ 제1항 각 호의 사유로 생사가 밝혀지지 아니하였던 사람이 사고가 발생한 날 또는 행방불명된 날부터 3개월 이내에 사망한 것이 확인되었으나 그 사망 시기가 밝혀지지 아니한 경우에도 제2항에 따른 날에 사망한 것으로 추정한다.

④ 보험가입자는 제1항 각 호의 사유가 발생한 때 또는 사망이 확인된 때(제3항에 따라 사망한 것으로 추정하는 때를 포함한다)에는 지체 없이 공단에 근로자 실종 또는 사망확인의 신고를 하여야 한다.

⑤ 법 제39조제1항에 따라 보험급여를 지급한 후에 그 근로자의 생존이 확인되면 보험급여를 받은 사람과 보험가입자는 그 근로자의 생존이 확인된 날부터 15일 이내에 공단에 근로자 생존확인신고를 하여야 한다.

⑥ 공단은 근로자의 생존이 확인된 경우에 보험급여를 받은 사람에게 법 제39조제2항에 따른 금액을 낼 것을 알려야 한다.

⑦ 제6항에 따른 통지를 받은 사람은 그 통지를 받은 날부터 30일 이내에 통지받은 금액을 공단에 내야 한다.

제3절 요양급여 등

제38조【요양비의 청구 등】 ① 법 제40조제2항 단서에 따라 수급권자가 받을 수 있는 요양비는 다음 각 호의 비용으로 한다.

1. 법 제43조제1항에 따른 산재보험 의료기관(이하 "산재보험 의료기관"이라 한다)이 아닌 의료기관에서 응급진료 등 긴급하게 요양을 한 경우의 요양비
2. 다음 각 목의 어느 하나에 해당하는 요양급여에 드는 비용(산재보험 의료기관에서 제공되지 아니하는 경우로 한정한다)
   가. 법 제40조제4항제2호 중 의지(義肢)나 그 밖의 보조기의 지급
   나. 법 제40조제4항제6호 중 간병
   다. 법 제40조제4항제7호의 이송
3. 그 밖에 공단이 정당한 사유가 있다고 인정하는 요양비

② 제1항에 따른 요양비를 받으려는 사람은 공단에 청구하여야 한다.
③ 공단은 긴급하거나 그 밖의 부득이한 사유가 있을 때에는 해당 근로자의 청구를 받아 법 제40조제4항제7호에 따른 이송에 드는 비용을 미리 지급할 수 있다.

칙 제14조·제18조

제39조 【과징금의 부과·납부 및 기준】 ① 공단이 법 제44조제1항에 따라 과징금을 부과하려는 경우에는 해당 위반행위를 조사·확인한 후 위반사실·부과금액·이의방법 및 이의기간 등을 명시하여 이를 낼 것을 부과대상자에게 알려야 한다.
② 제1항에 따른 통지를 받은 자는 통지를 받은 날부터 20일 이내에 과징금을 공단이 지정하는 수납기관에 내야 한다. 다만, 천재지변이나 그 밖의 부득이한 사유로 그 기간에 과징금을 낼 수 없는 경우에는 그 사유가 없어진 날부터 7일 이내에 내야 한다.
③ 제2항에 따라 과징금을 받은 수납기관은 과징금을 낸 자에게 영수증을 내주어야 한다.
④ 과징금의 수납기관은 제2항에 따라 과징금을 수납하면 지체 없이 그 사실을 공단에 알려야 한다.
⑤ 법 제44조제2항에 따른 위반행위의 종류와 위반정도 등에 따른 과징금의 부과기준은 별표 5와 같다.

제40조 【진료계획의 제출】 ① 산재보험 의료기관은 법 제47조제1항에 따른 진료계획(이하 "진료계획"이라 한다)에 다음 각 호의 사항을 적어야 한다.
1. 해당 근로자의 업무상의 재해에 따른 부상 또는 질병의 명칭
2. 해당 근로자의 부상·질병의 경과, 진료내용 및 현재의 상태
3. 요양기간을 연장할 의학적 필요성
4. 향후 입원·통원 또는 취업치료 등 치료방법, 치료내용 및 치료예정기간
5. 그 밖에 해당 근로자의 진료에 필요한 사항

② 산재보험 의료기관은 제1항에 따른 진료계획을 3개월(부상·질병의 특성상 1년 이상의 장기 요양이 필요한 경우로서 공단이 정하는 부상·질병의 경우에는 1년) 단위로 하여 종전의 요양기간(공단이 제41조제2항제1호에 따른 변경조치를 한 경우에는 변경된 요양기간을 말한다)이 끝나기 7일 전까지 공단에 제출하여야 한다.

제41조【진료계획의 심사 및 변경 조치】 ① 법 제47조제2항에 따라 공단이 진료계획을 심사할 때에는 제42조에 따른 자문의사에게 자문하거나 제43조에 따른 자문의사회의의 심의를 거칠 수 있다.

② 법 제47조제2항에서 "대통령령으로 정하는 필요한 조치"란 다음 각 호의 조치를 말한다.

1. 치료의 종결 또는 치료예정기간의 단축
2. 입원·통원 등 치료방법의 변경
3. 법 제48조제1항에 따른 산재보험 의료기관의 변경 (2021.6.8 개정)
4. 그 밖의 진료계획 변경

③ 공단은 진료계획에 대하여 제2항 각 호의 조치를 하려면 그 내용을 해당 근로자 및 산재보험 의료기관에 알려야 한다.

제42조【자문의사】 ① 공단은 업무상의 재해에 따른 보험급여·진료비 또는 약제비 등의 지급 결정이나 그 밖에 보험사업에 필요한 의학적 자문을 하기 위하여 의사·치과의사 또는 한의사(공단의 직원인 의사·치과의사 또는 한의사를 포함한다)를 자문의사로 위촉하거나 임명할 수 있다.

② 제1항에 따른 자문의사(이하 "자문의사"라 한다)의 자격과 위촉·임명 절차 등에 관하여 필요한 사항은 공단이 정한다.

칙 제21조

제43조【자문의사회의】 ① 공단은 업무상의 재해에 따른 보험급여·진료비 또는 약제비 등의 지급 결정이나 그 밖에 보험사업과 관련된 의학적 판단이 필요한 사항에 대하여 체계적으로 자문하기 위하여 공단 소속 기관에 자문의사회의를 둔다.

② 자문의사회의는 자문의사 5명 이상으로 구성한다.

③ 자문의사회의는 공단의 자문에 응하여 의학적인 판단이 필요한 사항으로서 다음 각 호에 해당하는 사항을 심의한다.

1. 요양 중인 근로자의 치료종결 여부(주치의와 자문의사의 치료종결에 관한 의학적 소견이 서로 다른 경우에만 해당된다)
2. 법 제48조제1항제4호에 따른 산재보험 의료기관 변경 요양 사유의 타당성 (2021.6.8 개정)
3. 제72조에 따른 보험급여의 일시지급 금액의 산정과 관련된 의학적 소견
4. 제118조제4항 단서에 따른 판정 또는 판단과 관련된 의학적 소견

5. 그 밖에 보험급여·진료비 및 약제비에 관한 사항으로서 공단 소속 기관의 장이 자문의사회의의 심의가 필요하다고 인정하는 사항

④ 자문의사회의의 구성 및 운영에 필요한 사항은 공단이 정한다.

칙 제21조

제44조【산재보험 의료기관 변경 요양】 법 제48조제1항제4호에서 "대통령령으로 정하는 절차"란 자문의사회의의 심의 절차를 말한다. (2021.6.8 개정)

제45조【추가상병】 제32조에 따른 요양 중의 사고는 요양급여의 신청에 관하여 법 제49조에 따른 추가상병으로 본다.

칙 제75조

제46조【평가 대상 산재보험 의료기관】 ① 법 제50조제1항 전단에서 "대통령령으로 정하는 의료기관"이란 법 제43조제1항제3호에 따른 산재보험 의료기관으로 한다. 다만, 「의료법」 제58조에 따라 의료기관 인증을 받은 의료기관에 대한 평가는 같은 법에 따른 평가에서 제외되는 평가항목으로서 업무상의 재해에 대한 요양의 질과 관련된 사항만을 대상으로 한다. (2012.11.12 개정)

② 공단은 제1항에 따른 평가 대상 산재보험 의료기관 중에서 인력, 시설, 규모, 업무상의 재해를 입은 근로자에 대한 진료 실적, 진료비 청구 금액 또는 요양급여 등에 관한 종전의 평가결과 등을 고려하여 평가할 의료기관을 선정할 수 있다.

제47조【산재보험 의료기관의 평가 방법 등】 ① 법 제50조에 따른 산재보험 의료기관의 평가 방법은 현지평가 또는 서면평가로 한다. 이 경우 현지평가의 대상으로 선정된 산재보험 의료기관에는 그 사실을 미리 알려야 한다.

② 산재보험 의료기관의 평가 기준은 다음 각 호와 같다.

1. 인력, 시설 및 장비
2. 의료서비스의 내용 및 수준
3. 요양한 근로자의 만족도
4. 업무상의 재해를 입은 근로자에 대한 진료 실적
5. 그 밖에 업무상의 재해를 입은 근로자에 대한 요양의 질에 관한 사항

③ 제2항에 따른 평가에 필요한 세부 사항은 공단이 정한다.

제48조【재요양의 요건 및 절차】 ① 법 제51조에 따른 재요양(이하 "재요양"이라 한다)은 업무상 부상 또는 질병에 대하여 요양급여(요양급여를 받지 아니하고 장해급여를 받는 부상 또는 질병의 경우에는 장해급여)를 받은 경우로서 다음 각 호의 요건 모두에 해당하는 경우에 인정한다.

1. 치유된 업무상 부상 또는 질병과 재요양의 대상이 되는 부상 또는 질병 사이에 상당인과관계가 있을 것

2. 재요양의 대상이 되는 부상 또는 질병의 상태가 치유 당시보다 악화된 경우로서 나이나 그 밖에 업무 외의 사유로 악화된 경우가 아닐 것
3. 재요양의 대상이 되는 부상 또는 질병의 상태가 재요양을 통해 호전되는 등 치료효과를 기대할 수 있을 것 (2020.1.7 개정)

② 재요양을 받으려는 사람은 고용노동부령으로 정하는 바에 따라 공단에 재요양을 신청하여야 한다. (2010.7.12 개정)

칙 제31조

제4절 휴업급여

제49조 【부분휴업급여의 지급 요건】 법 제53조에 따른 부분휴업급여를 받으려는 사람은 다음 각 호의 요건 모두를 갖추어야 한다.

1. 요양 중 취업 사업과 종사 업무가 정해져 있을 것 (2023.6.27 개정)
2. 그 근로자의 부상·질병 상태가 취업을 하더라도 치유 시기가 지연되거나 악화되지 아니할 것이라는 의사의 소견이 있을 것

제50조 【부분휴업급여의 지급 절차】 ① 부분휴업급여를 받으려는 사람은 고용노동부령으로 정하는 서류를 첨부하여 공단에 청구하여야 한다. (2010.7.12 개정)

② 공단은 제1항에 따른 청구가 있으면 그 근로자의 부상·질병 상태 및 종사 업무 등을 고려하여 지급 여부를 결정하고 그 내용을 그 근로자에게 알려야 한다. (2023.6.27 개정)

칙 제44조

제51조 【고령자 휴업급여의 감액지급 유예기간】 법 제55조 단서에서 "대통령령으로 정하는 기간"이란 업무상의 재해로 요양을 시작한 날부터 2년을 말한다.

제52조 【재요양에 따른 평균임금 산정사유 발생일】 법 제56조제1항 후단에서 "평균임금 산정사유 발생일"이란 다음 각 호의 어느 하나에 해당하는 날을 말한다.

1. 재요양의 대상이 되는 부상 또는 질병에 대하여 재요양이 필요하다고 진단을 받은 날. 다만, 그 재요양의 대상이 되는 부상 또는 질병에 대한 진단 전의 검사·치료가 재요양의 대상이 된다고 인정하는 진단과 시간적·의학적 연속성이 있는 경우에는 그 검사·치료를 시작한 날
2. 해당 질병의 특성으로 재요양 대상에 해당하는지를 고용노동부령으로 정하는 절차에 따라 판정하여야 하는 질병은 그 판정 신청을 할 당시에 발급된 진단서나 소견서의 발급일 (2010.7.12 개정)

칙 제45조

제5절 장해급여

제53조 【장해등급의 기준 등】 ① 법 제57조제2항에 따른 장해등급의 기준은 별표 6에 따른다. 이 경우 신체부위별 장해등급 판정에 관한 세부기준은 고용노동부령으로 정한다. (2010.7.12 개정)

② 별표 6에 따른 장해등급의 기준에 해당하는 장해가 둘 이상 있는 경우에는 그 중 심한 장해에 해당하는 장해등급을 그 근로자의 장해등급으로 하되, 제13급 이상의 장해가 둘 이상 있는 경우에는 다음 각 호의 구분에 따라 조정된 장해등급을 그 근로자의 장해등급으로 한다. 다만, 조정의 결과 산술적으로 제1급을 초과하게 되는 경우에는 제1급을 그 근로자의 장해등급으로 하고, 그 장해의 정도가 조정된 등급에 규정된 다른 장해의 정도에 비하여 명백히 낮다고 인정되는 경우에는 조정된 등급보다 1개 등급 낮은 등급을 그 근로자의 장해등급으로 한다.

1. 제5급 이상에 해당하는 장해가 둘 이상 있는 경우에는 3개 등급 상향 조정
2. 제8급 이상에 해당하는 장해가 둘 이상 있는 경우에는 2개 등급 상향 조정
3. 제13급 이상에 해당하는 장해가 둘 이상 있는 경우에는 1개 등급 상향 조정

③ 별표 6에 규정되지 아니한 장해가 있을 때에는 같은 표 중 그 장해와 비슷한 장해에 해당하는 장해등급으로 결정한다.

④ 이미 장해가 있던 사람이 업무상 부상 또는 질병으로 같은 부위에 장해의 정도가 심해진 경우에 그 사람의 심해진 장해에 대한 장해급여의 금액은 법 별표 2에 따른 장해등급별 장해보상일시금 또는 장해보상연금의 지급일수를 기준으로 하여 다음 각 호의 구분에 따라 산정한 금액으로 한다.

1. 장해보상일시금으로 지급하는 경우 : 심해진 장해에 해당하는 장해보상일시금의 지급일수에서 기존의 장해에 해당하는 장해보상일시금의 지급일수를 뺀 일수에 급여 청구사유 발생 당시의 평균임금을 곱하여 산정한 금액
2. 장해보상연금으로 지급하는 경우 : 심해진 장해에 해당하는 장해보상연금의 지급일수에서 기존의 장해에 해당하는 장해보상연금의 지급일수(기존의 장해가 제8급부터 제14급까지의 장해 중 어느 하나에 해당하면 그 장해에 해당하는 장해보상일시금의 지급일수에 100분의 22.2를 곱한 일수)를 뺀 일수에 연금 지급 당시의 평균임금을 곱하여 산정한 금액

⑤ 법 제57조제3항 단서에서 "대통령령으로 정하는 노동력을 완전히 상실

한 장해등급"이란 별표 6의 제1급부터 제3급까지의 장해등급을 말한다.
⑥ 법 제57조제5항에 따른 일시금을 지급받으려는 사람은 공단에 청구하여야 한다.
칙 제46조·제48조

제54조【장해보상연금 선급금의 이자율】 삭제(2020.1.7)

제55조【장해등급등의 재판정 대상자】 ① 법 제59조제3항에 따른 장해등급 또는 진폐장해등급(이하 "장해등급등"이라 한다)의 재판정 대상자는 다음 각 호의 어느 하나에 해당하는 장해보상연금 또는 진폐보상연금수급권자로 한다. (2010.11.15 개정)

1. 장해보상연금 지급 대상이 되는 장해 중 별표 6에 따른 제1급제3호, 제2급제5호, 제3급제3호, 제5급제8호, 제7급제4호, 제9급제15호 및 제12급제15호에 해당하는 장해가 하나 이상 있는 경우
2. 장해보상연금 지급 대상이 되는 장해 중 별표 6에 따른 제6급제5호, 제7급제14호, 제8급제2호, 제9급제17호, 제10급제8호, 제11급제7호, 제12급제16호에 해당하는 장해(척추 신경근장해에 따라 장해등급이 결정된 경우만 해당한다)가 하나 이상 있는 경우
3. 장해보상연금 지급 대상이 되는 장해 중 별표 6에 따른 제1급제6호·제8호, 제4급제6호, 제5급제4호·제5호, 제6급제6호·제7호, 제7급제7호·제11호, 제8급제4호·제6호·제7호, 제9급제11호·제13호, 제10급제10호·제13호·제14호, 제11급제9호·제10호, 제12급제9호·제10호·제12호·제14호, 제13급제8호·제11호에 해당하는 장해(신체 관절의 운동기능에 따라 장해등급이 결정된 경우만 해당된다)가 하나 이상 있는 경우
4. 진폐보상연금 지급 대상이 되는 진폐장해 중 별표 11의2 제2호에 따른 제1급부터 제7급까지에 해당하는 진폐장해가 남은 경우 (2010.11.15 개정)
5. 장해보상연금 지급 대상이 되는 장해 중 제53조제3항에 따른 장해가 있는 경우로서 제1호부터 제3호까지의 규정에 해당하는 장해가 하나 이상 포함되어 있는 경우

② 제1항에도 불구하고 장해보상연금 수급권자의 장해 중 제1항 각 호에 따른 장해의 등급이 변경되더라도 그 외의 장해 때문에 최종의 장해등급은 변경되지 아니하는 경우에는 장해등급의 재판정 대상에서 제외한다.

제56조【장해등급등의 재판정 시기 등】 ① 법 제59조에 따른 장해등급등의 재판정은 장해보상연금 또는 진폐보상연금의 지급 결정을 한 날을 기준으로 2년이 지난 날부터 1년 이내에 하여야 한다. (2010.11.15 개정)
② 제1항에도 불구하고 장해등급등의 재판정 대상자가 재요양을 하는 경우에는 그 재요양 후 치유된 날(장해등급등이 변경된 경우에는 그에 따른 장해보상연금 또는 진폐보상연금의 지급 결정을 한 날)을 기준으로 2년이 지난

날부터 1년 이내에 하여야 한다. (2010.11.15 개정)
③ 공단은 제1항 또는 제2항에 따라 장해등급등의 재판정을 하려면 재판정 대상자에게 제117조제1항제2호에 따른 진찰을 받도록 요구하여야 한다. (2010.11.15 개정)
④ 법 제59조제1항에 따라 장해등급등의 재판정을 받으려는 사람은 고용노동부령으로 정하는 바에 따라 공단에 신청하여야 한다. (2010.11.15 개정)
⑤ 공단은 장해등급등의 재판정을 하려는 때에는 장해 정도를 진찰할 산재보험 의료기관(진폐장해등급을 재판정하려는 경우에는 법 제91조의6제1항에 따른 건강진단기관을 말한다), 진찰일이나 그 밖에 재판정에 필요한 사항을 구체적으로 밝혀 진찰일 30일 전까지 해당 근로자에게 알려야 한다. (2010.11.15 개정)
칙 제49조

제57조【장해등급등의 재판정에 따른 장해급여 또는 진폐보상연금의 지급방법】 ① 법 제59조에 따른 장해등급등의 재판정 결과 장해등급등이 변경되어 장해보상연금 또는 진폐보상연금을 청구한 경우에는 다음 각 호의 구분에 따라 장해보상연금 또는 진폐보상연금을 지급한다. (2020.1.7 개정)
1. 장해상태가 악화된 경우 : 제56조제5항에 따른 재판정 진찰일이 속한 달의 다음달부터 변경된 장해등급등에 해당하는 장해보상연금 또는 진폐보상연금을 지급 (2020.1.7 신설)
2. 장해상태가 호전된 경우 : 제56조제1항에 따른 재판정 결정일이 속한 달의 다음달부터 변경된 장해등급등에 해당하는 장해보상연금 또는 진폐보상연금을 지급 (2020.1.7 신설)

② 법 제59조에 따른 장해등급의 재판정 결과 장해등급이 변경되어 장해보상일시금을 청구한 경우에는 다음 각 호의 구분에 따라 지급한다.
1. 장해상태가 악화된 경우 : 변경된 장해등급에 해당하는 장해보상일시금의 지급일수에서 이미 지급한 장해보상연금액을 지급 당시의 각각의 평균임금으로 나눈 일수의 합계를 뺀 일수에 평균임금을 곱한 금액 지급
2. 장해상태가 호전된 경우(변경된 장해등급이 제8급부터 제14급까지에 해당하는 경우를 포함한다) : 변경된 장해등급에 해당하는 장해보상일시금의 지급일수가 이미 지급한 장해보상연금액을 지급 당시의 각각의 평균임금으로 나눈 일수의 합계보다 많은 경우에만 그 일수의 차에 평균임금을 곱한 금액 지급

③ 제1항에 따라 장해보상연금을 지급하는 경우에는 법 제57조제4항을 적용하지 아니한다.

제58조【재요양 후의 장해급여】 ① 장해보상연금을 받던 사람이 재요양 후에 장해등급이 변경되어 장해보상연금을 청구한 경우에는 재요양 후 치유

된 날이 속하는 달의 다음 달부터 변경된 장해등급에 해당하는 장해보상연금을 지급한다.
② 장해보상연금을 받던 사람이 재요양 후에 장해등급이 변경되어 장해보상일시금을 청구한 경우에는 다음 각 호의 구분에 따라 지급한다.
1. 장해상태가 악화된 경우 : 변경된 장해등급에 해당하는 장해보상일시금의 지급일수에서 이미 지급한 장해보상연금액을 지급 당시의 각각의 평균임금으로 나눈 일수의 합계를 뺀 일수에 평균임금을 곱한 금액 지급
2. 장해상태가 호전된 경우(변경된 장해등급이 제8급부터 제14급까지에 해당하는 경우를 포함한다) : 변경된 장해등급에 해당하는 장해보상일시금의 지급일수가 이미 지급한 장해보상연금액을 지급 당시의 각각의 평균임금으로 나눈 일수의 합계보다 많은 경우에만 그 일수의 차에 평균임금을 곱한 금액 지급
③ 장해보상일시금을 받은 사람이 재요양을 한 경우 재요양 후의 장해상태가 종전에 비하여 악화되면 다음 각 호의 방법에 따라 장해급여를 지급한다.
1. 장해보상연금으로 청구한 경우 : 재요양 후 치유된 날이 속하는 달의 다음 달부터 변경된 장해등급에 해당하는 장해보상연금을 지급하되, 청구인의 신청에 따라 이미 지급한 장해보상일시금의 지급일수에 해당하는 기간만큼의 장해보상연금을 지급하지 아니하거나 이미 지급한 장해보상일시금 지급일수의 2배에 해당하는 기간만큼 장해보상연금의 2분의 1을 지급한다. (2017.12.26 개정)
2. 장해보상일시금으로 청구한 경우 : 변경된 장해등급에 해당하는 장해보상일시금의 지급일수에서 종전의 장해등급에 해당하는 장해보상일시금의 지급일수를 뺀 일수에 평균임금을 곱한 금액을 지급한다. (2017.12.26 개정)
④ 재요양 후의 장해급여의 산정에 적용할 평균임금은 종전의 장해급여의 산정에 적용된 평균임금(장해급여를 받지 아니한 경우에는 종전의 요양종결 당시의 평균임금)을 제22조에 따라 증감한 금액으로 한다.
⑤ 재요양 후 장해보상연금을 지급하는 경우에는 법 제57조제4항을 적용하지 아니한다. 다만, 종전에 장해급여의 대상에 해당되지 않았던 사람이 재요양 후에 장해보상연금을 지급받게 되는 경우에는 그러하지 아니하다.

제6절 간병급여

제59조【간병급여의 지급 기준 및 방법】 ① 법 제61조제1항에 따른 간병급여의 지급 대상은 별표 7과 같다.
② 간병급여는 제1항에 따른 간병급여의 지급 대상에 해당되는 사람이 실제로 간병을 받은 날에 대하여 지급한다.

③ 간병급여의 지급 기준은 「통계법」 제3조에 따른 지정통계 중 고용노동부장관이 작성하는 고용형태별근로실태조사의 직종별 월급여총액 등을 기초로 하여 고용노동부장관이 고시하는 금액으로 한다. 이 경우 수시 간병급여의 대상자에게 지급할 간병급여의 금액은 상시 간병급여의 지급 대상자에게 지급할 금액의 3분의 2에 해당하는 금액으로 한다. (2010.7.12 개정)
④ 제1항에도 불구하고 간병급여의 대상자가 무료요양소 등에 들어가 간병 비용을 지출하지 않았거나, 제3항에 따른 지급 기준보다 적은 금액을 지출한 경우에는 실제 지출한 금액을 지급한다.
⑤ 간병급여 수급권자가 법 제51조에 따라 재요양을 받는 경우 그 재요양 기간 중에는 간병급여를 지급하지 않는다.
⑥ 간병급여의 청구 방법 등은 고용노동부령으로 정한다. (2010.7.12 개정)
칙 제50조

제7절 유족급여

제60조 【유족보상연금 청구에 관한 대표자 선임 등】 ① 유족보상연금 수급권자가 2명 이상 있을 때에는 그 중 1명을 유족보상연금의 청구와 수령에 관한 대표자로 선임할 수 있다.
② 제1항에 따라 대표자를 선임하거나 그 선임된 대표자를 해임한 경우에는 지체 없이 그 선임 또는 해임을 증명할 수 있는 서류를 첨부하여 공단에 신고하여야 한다.

제61조 【생계를 같이 하는 유족의 범위】 법 제63조제1항 각 호 외의 부분 전단에서 "근로자와 생계를 같이 하고 있던 유족"이란 근로자가 사망할 당시에 다음 각 호의 어느 하나에 해당하는 사람을 말한다.
1. 근로자와 「주민등록법」에 따른 주민등록표상의 세대를 같이 하고 동거하던 유족으로서 근로자의 소득으로 생계의 전부 또는 상당 부분을 유지하고 있던 사람
2. 근로자의 소득으로 생계의 전부 또는 상당 부분을 유지하고 있던 유족으로서 학업·취업·요양, 그 밖에 주거상의 형편 등으로 주민등록을 달리하였거나 동거하지 않았던 사람
3. 제1호 및 제2호에 따른 유족 외의 유족으로서 근로자가 정기적으로 지급하는 금품이나 경제적 지원으로 생계의 전부 또는 대부분을 유지하고 있던 사람

제62조 【유족보상연금의 지급정지 등】 ① 법 제64조제2항에 따라 유족보상연금을 받을 권리가 이전된 경우에 유족보상연금을 새로 지급받으려는 사람은 공단에 유족보상연금 수급권자 변경신청을 하여야 한다.

② 법 제64조제3항에 따라 유족보상연금 수급권자가 3개월 이상 행방불명이면 같은 순위자(같은 순위자가 없는 경우에는 다음 순위자)의 신청에 따라 행방불명된 달의 다음 달 분부터 그 행방불명 기간 동안 그 행방불명된 사람에 대한 유족보상연금의 지급을 정지하고, 법 제62조제2항 및 법 별표 3에 따라 산정한 금액을 유족보상연금으로 지급한다. 이 경우 행방불명된 종전의 유족보상연금 수급권자는 법 제62조제2항 및 법 별표 3에 따른 가산금액이 적용되는 유족보상연금 수급자격자로 보지 않는다.
③ 제2항 전단에 따라 유족보상연금의 지급이 정지된 사람은 언제든지 그 지급정지의 해제를 신청할 수 있다.

제63조【유족보상연금액의 조정】 공단은 다음 각 호의 사유가 발생하면 유족보상연금 수급권자의 청구에 의하거나 직권으로 그 사유가 발생한 달의 다음 달 분부터 유족보상연금의 금액을 조정한다.
1. 근로자의 사망 당시 태아였던 자녀가 출생한 경우
2. 제62조제3항에 따라 지급정지가 해제된 경우
3. 유족보상연금 수급자격자가 법 제64조제1항에 따라 자격을 잃은 경우
4. 유족보상연금 수급자격자가 행방불명이 된 경우

제8절 상병보상연금

제64조【상병보상연금의 지급 등】 ① 법 제66조부터 제69조까지의 규정에 따른 상병보상연금을 받으려는 사람은 중증요양상태를 증명할 수 있는 의사의 진단서를 첨부하여 공단에 청구하여야 한다. (2018.12.11 개정)
② 공단은 상병보상연금을 받고 있는 근로자의 중증요양상태등급이 변동되면 수급권자의 청구에 의하여 또는 직권으로 그 변동된 날부터 새로운 중증요양상태등급에 따른 상병보상연금을 지급한다. (2018.12.11 개정)
③ 상병보상연금을 받고 있는 근로자가 제2항에 따라 중증요양상태등급의 변동에 따른 상병보상연금을 청구할 때에는 변동된 중증요양상태를 증명할 수 있는 의사의 진단서를 첨부하여야 한다. (2018.12.11 개정)
칙 제52조

제65조【중증요양상태등급 기준 등】 ① 법 제66조부터 제69조까지의 규정에 따른 상병보상연금을 지급하기 위한 중증요양상태등급 기준은 별표 8과 같다. (2018.12.11 개정)
② 중증요양상태가 둘 이상 있는 경우의 중증요양상태등급의 조정에 관하여는 제53조제2항을 준용한다. 이 경우 "장해등급"은 "중증요양상태등급"으로 보고, "장해"는 "중증요양상태"로 보며, 별표 6의 제4급부터 제14급까지의 장해등급의 기준은 각각 해당하는 등급의 중증요양상태등급으로 본다.

(2018.12.11 개정)

③ 기존의 중증요양상태가 새로운 업무상 부상 또는 질병으로 정도가 심해진 경우에 심해진 중증요양상태등급에 대한 상병보상연금의 산정은 심해진 중증요양상태등급에 해당하는 상병보상연금의 지급일수에서 기존의 중증요양상태등급에 해당하는 상병보상연금의 지급일수를 뺀 일수에 연금 지급 당시의 평균임금을 곱하여 산정한 금액으로 한다. (2018.12.11 개정)

[칙] 제53조

제9절 장례비

제66조 【장례비 최고·최저 금액의 산정】 ① 법 제71조제2항에 따른 장례비의 최고금액 및 최저금액은 다음 각 호의 구분에 따라 산정한다. (2021.6.8 개정)

1. 장례비 최고금액 : 전년도 장례비 수급권자에게 지급된 1명당 평균 장례비 90일분+최고 보상기준 금액의 30일분 (2021.6.8 개정)
2. 장례비 최저금액 : 전년도 장례비 수급권자에게 지급된 1명당 평균 장례비 90일분+최저 보상기준 금액의 30일분 (2021.6.8 개정)

② 장례비 최고금액 및 최저금액을 산정할 때 10원 미만은 버린다. (2021.6.8 개정)

③ 장례비 최고금액 및 최저금액의 적용기간은 다음 연도 1월 1일부터 12월 31일까지로 한다. (2021.6.8 개정)

제66조의2 【장례비의 선지급 사유】 법 제71조제3항 전단에 따라 근로자가 법 제37조제1항제1호 각 목 또는 제3호 각 목의 사유로 사망하였다고 추정되는 경우에는 장례를 지내기 전이라도 유족의 청구에 따라 법 제71조제2항에 따른 최저 금액을 장례비로 미리 지급할 수 있다. (2021.12.31 신설)

제10절 직업재활급여 등

제67조 【직업재활 지원】 ① 공단은 업무상의 재해를 입은 사람의 직업재활을 위하여 그 근로자가 요양을 받는 기간이나 요양종결 후에 심리상담, 직업재활에 필요한 정보의 제공, 그 근로자의 직업욕구나 직업능력 등을 고려한 직업평가, 직업복귀계획 수립의 지원이나 그 밖에 필요한 지원을 할 수 있다.

② 공단은 업무상의 재해를 입은 사람에게 제1항에 따른 직업재활의 지원이 필요하면 상담·평가 또는 그 밖의 협조를 요청할 수 있다.

제68조 【직업재활급여 대상자】 ① 법 제72조제1항제1호에 따른 훈련대

상자(이하 "훈련대상자"라 한다)는 다음 각 호의 요건을 모두 갖춘 사람으로 한다.

1. 다음 각 목의 어느 하나에 해당할 것 (2010.3.26 개정)
   가. 장해등급등 제1급부터 제12급까지의 어느 하나에 해당할 것 (2010.11.15 개정)
   나. 업무상의 사유로 발생한 부상 또는 질병으로 인하여 요양 중으로서 그 부상 또는 질병의 상태가 치유 후에도 장해등급 제1급부터 제12급까지의 어느 하나에 해당할 것이라는 내용의 의학적 소견이 있을 것
2. 삭제(2012.11.12)
3. 취업하고 있지 아니한 사람일 것. 이 경우 취업의 범위는 고용노동부령으로 정한다. (2010.7.12 개정)
4. 다른 직업훈련을 받고 있지 아니할 것
5. 제67조제1항에 따른 직업복귀계획을 수립하였을 것

② 제1항제3호에도 불구하고 직업훈련을 받고 있는 훈련대상자가 직업훈련 기간 중에 취업을 한 경우에는 그 직업훈련 과정이 끝날 때까지 직업훈련을 받게 할 수 있되, 취업한 기간에 대하여는 직업훈련수당을 지급하지 않는다.

③ 제1항에 따른 훈련대상자가 직업훈련 기간에 대하여 「고용보험법」에 따른 구직급여를 받은 경우에는 직업훈련을 받게 할 수 있되, 직업훈련수당은 지급하지 않는다. (2010.3.26 개정)

④ 법 제72조제1항제2호에 따른 장해급여자(이하 "장해급여자"라 한다)는 해당 사업에 복귀할 때 제1항제1호에 해당하는 사람으로 한다. (2010.3.26 개정)

칙 제54조

제69조 【직업훈련비용의 지급 제한】 법 제73조제2항 단서에서 "대통령령으로 정하는 경우"란 직업훈련기관이 해당 훈련대상자의 직업훈련과 관련하여 다음 각 호의 어느 하나에 해당하는 경우를 말한다.

1. 「장애인고용촉진 및 직업재활법」 제11조에 따른 직업적응훈련 및 같은 법 제12조에 따른 직업능력개발훈련의 지원을 받은 경우
2. 「고용보험법」 제29조에 따른 직업능력개발훈련의 지원을 받은 경우
3. 「국민 평생 직업능력 개발법」 제11조의2, 제12조, 제15조 및 제17조에 따른 직업능력개발훈련의 지원을 받은 경우 (2022.2.17 개정)
4. 훈련대상자를 고용하려는 사업주가 직업훈련비용을 부담한 경우
5. 그 밖에 법 또는 다른 법령에 따라 직업훈련비용에 상당하는 지원을 받은 경우

제70조 【직장복귀지원금 등의 지급 요건 등】 ① 법 제75조제2항에 따른 직장복귀지원금은 사업주가 장해급여자에 대하여 요양종결일 또는 직장복

귀일부터 6개월 이상 고용을 유지하고 그에 따른 임금을 지급한 경우에 지급한다. 다만, 장해급여자가 요양종결일 또는 직장복귀일부터 6개월이 되기 전에 자발적으로 퇴직한 경우에는 그 퇴직한 날까지의 직장복귀지원금을 지급한다. (2010.3.26 개정)

② 법 제75조제3항에 따른 직장적응훈련비는 사업주가 장해급여자에 대하여 그 직무수행이나 다른 직무로 전환하는 데에 필요한 직장적응훈련을 실시한 경우로서 다음 각 호의 요건 모두에 해당하는 경우에 지급한다. (2018.12.11 개정)

1. 요양종결일 또는 직장복귀일 직전 3개월부터 요양종결일 또는 직장복귀일 이후 6개월 이내에 직장적응훈련을 시작하였을 것 (2018.12.11 개정)
2. 직장적응훈련이 끝난 날의 다음 날부터 6개월 이상 해당 장해급여자에 대한 고용을 유지하였을 것. 다만, 장해급여자가 직장적응훈련이 끝난 날의 다음 날부터 6개월이 되기 전에 자발적으로 퇴직한 경우에는 그러하지 아니하다. (2018.12.11 개정)

③ 법 제75조제3항에 따른 재활운동비는 사업주가 장해급여자에 대하여 그 직무수행이나 다른 직무로 전환하는 데 필요한 재활운동을 실시한 경우로서 다음 각 호의 요건 모두에 해당하는 경우에 지급한다. (2018.12.11 신설)

1. 요양종결일 또는 직장복귀일부터 6개월 이내에 재활운동을 시작하였을 것
2. 재활운동이 끝난 날의 다음 날부터 6개월 이상 해당 장해급여자에 대한 고용을 유지하였을 것. 다만, 장해급여자가 재활운동이 끝난 날의 다음 날부터 6개월이 되기 전에 자발적으로 퇴직한 경우에는 그렇지 않다.

④ 제1항부터 제3항까지의 규정에 따른 요양종결일 또는 직장복귀일을 적용할 때, 장해급여자 중 장해급여를 받은 자는 요양종결일을 적용하고 장해급여를 받을 것이 명백한 자는 직장복귀일을 적용한다. (2018.12.11 개정)

제71조 【직장복귀지원금 등의 지급 제한】 ① 법 제75조제4항에서 "대통령령으로 정하는 경우"란 장해급여자를 고용한 사업주가 다음 각 호의 어느 하나에 해당하는 경우를 말한다. (2010.3.26 개정)

1. 「고용보험법」 제23조·제27조·제32조에 따른 지원을 받은 경우
2. 「장애인고용촉진 및 직업재활법」 제30조에 따른 고용장려금을 받은 경우
3. 「국민 평생 직업능력 개발법」 제20조제1항에 따른 지원을 받은 경우 (2022.2.17 개정)
4. 그 밖에 법이나 다른 법령에 따라 직장복귀지원금·직장적응훈련비 또는 재활운동비에 해당하는 금액을 받은 경우 (2010.3.26 개정)

② 법 제75조제5항에서 "「장애인고용촉진 및 직업재활법」 제28조에 따른 의무로써 장애인을 고용한 경우 등 대통령령으로 정하는 경우"란 장해급여

자를 고용한 사업주가 다음 각 호의 어느 하나에 해당하는 경우를 말한다. (2010.3.26 신설)

1. 「장애인고용촉진 및 직업재활법」 제28조에 따른 고용의무가 있는 장애인을 고용한 경우(직장복귀지원금만을 지급하지 아니한다)
2. 직장복귀지원금을 받을 목적으로 장해급여자가 사업에 복귀하기 3개월 전부터 복귀 후 6개월 이내에 다른 장해급여자 또는 「장애인고용촉진 및 직업재활법」에 따른 장애인을 그 사업에서 퇴직하게 한 경우

제71조의2 【직장복귀 지원】 ① 법 제75조의2제1항에 따라 공단은 업무상 재해를 입은 근로자가 다음 각 호에 해당하는 경우에는 업무상 재해가 발생한 당시의 사업주에게 근로자의 직장복귀에 관한 계획서를 작성하여 제출하도록 요구할 수 있다. (2021.12.31 신설)

1. 업무상 재해로 인한 부상 또는 질병으로 6개월 이상 요양이 필요한 경우
2. 업무상 재해로 인한 부상 또는 질병에 대한 요양 종결 후 별표 6에 따른 제1급부터 제14급까지의 장해등급에 해당하는 장해가 발생할 것이 예상되는 경우
3. 그 밖에 근로자의 원활한 직장복귀를 위하여 지원이 필요한 경우로서 공단이 정하는 경우

② 법 제75조의2제3항에서 "직업능력 평가 등 대통령령으로 정하는 조치"란 다음 각 호의 조치를 말한다. (2021.12.31 신설)

1. 직업능력 평가에 대한 진단 및 직업능력 평가의 실시
2. 작업능력 회복·강화를 위한 지원
3. 재활치료에 대한 진단 및 신체기능 회복·강화를 위한 지원
4. 의지(義肢) 또는 보조기의 처방, 제작·유지·보수를 위한 지원과 그 사용에 따른 적응력 향상 훈련 지원
5. 장해 상태를 고려한 작업환경 개선 및 근로자의 직무 전환을 위한 지원
6. 근로자의 심리적 안정 및 정신기능 회복과 가족, 직장동료와의 관계 회복 지원
7. 그 밖에 근로자의 직장복귀를 위해 공단이 필요하다고 인정하는 조치

제11절 보험급여의 일시지급 등

제72조 【보험급여의 일시지급 기준】 법 제76조제2항 각 호 외의 부분 전단에서 "대통령령으로 정하는 방법에 따라 각각 환산한 금액"이란 같은 항 각 호에 따른 보험급여의 금액에서 각각 그 금액의 100분의 2에 해당하는 금액을 뺀 금액을 말한다. 이 경우 상병보상연금은 그 산정 기준이 되는 중증요양상태등급과 같은 장해등급의 장해보상일시금에 해당하는 금액으로

하고, 장해급여 중 장해보상연금은 그 장해등급의 장해보상일시금으로 한다. (2018.12.11 개정)

제72조의2【합병증 등 예방관리 조치대상 등】 ① 법 제77조제1항에 따른 합병증 등 재요양 사유가 발생할 우려가 있는 사람(이하 "합병증등예방관리대상자"라 한다)는 공단이 자문의사의 자문 또는 제43조에 따른 자문의사회의의 심의를 거쳐 합병증 등의 예방관리가 필요하다고 결정한 사람으로 한다. (2021.6.8 개정)

② 공단은 합병증등예방관리대상자에게 산재보험 의료기관에서 다음 각 호의 어느 하나에 해당하는 조치를 받게 하고 예산의 범위에서 해당 비용을 지원할 수 있다. 이 경우 비용의 산정 기준은 법 제40조제5항에 따른 요양급여의 산정 기준에 따른다. (2018.12.11 신설)

1. 진찰 및 검사
2. 약제 또는 진료재료의 처방
3. 수술을 제외한 처치, 그 밖의 치료
4. 재활치료
5. 입원

③ 합병증등예방관리대상자의 결정 기준 및 절차, 제2항에 따른 조치비용의 인정 범위, 그 밖에 필요한 사항은 공단이 정한다. (2018.12.11 신설)

제73조【장해특별급여의 지급기준 등】 ① 법 제78조제1항 본문에서 "대통령령으로 정하는 장해등급 또는 진폐장해등급"이란 별표 6에 따른 제1급부터 제3급까지의 장해등급 또는 별표 11의2에 따른 제1급부터 제3급까지의 진폐장해등급을 말한다. (2010.11.15 개정)

② 법 제78조제1항 본문에서 "대통령령으로 정하는 장해특별급여"란 평균임금의 30일분에 별표 9에 따른 장해등급 및 진폐장해등급별 노동력 상실률과 별표 11에 따른 취업가능기간에 대응하는 라이프니츠 계수를 곱하여 산정한 금액에서 법 제57조에 따른 장해보상일시금(진폐보상연금을 지급받는 경우에는 진폐장해등급과 같은 장해등급에 해당하는 장해보상일시금을 말한다)을 뺀 금액을 말한다. (2010.11.15 개정)

③ 제2항에서 취업가능기간은 장해등급등이 판정된 날부터 단체협약 또는 취업규칙에서 정하는 취업정년까지로 한다. 이 경우 단체협약 또는 취업규칙에서 취업정년을 정하고 있지 아니하면 60세를 취업정년으로 본다. (2010.11.15 개정)

제74조【유족특별급여의 지급기준 등】 ① 법 제79조제1항에서 "대통령령으로 정하는 유족특별급여"란 평균임금의 30일분에서 사망자 본인의 생활비(평균임금의 30일분에 별표 10에 따른 사망자 본인의 생활비 비율을 곱하여 산정한 금액을 말한다)를 뺀 후 별표 11에 따른 취업가능개월수에

대응하는 라이프니츠 계수를 곱하여 산정한 금액에서 법 제62조에 따른 유족보상일시금을 뺀 금액을 말한다.
② 제1항의 취업가능개월수의 산정에 관하여는 제73조제3항을 준용한다. 이 경우 "장해등급이 판정된 날"은 "사망한 날"로 본다. (2021.6.8 개정)

제75조【특별급여액의 징수】 ① 보험가입자는 법 제78조제3항 및 법 제79조제2항에 따라 장해특별급여액 또는 유족특별급여액의 납부통지를 받으면 그 금액을 1년에 걸쳐 4회로 분할납부할 수 있다.
② 제1항에 따라 장해특별급여액 또는 유족특별급여액을 분할납부하려는 경우 최초의 납부액은 납부통지를 받은 날이 속하는 분기의 말일까지 납부하고, 그 이후의 납부액은 각각 그 분기의 말일까지 납부하여야 한다.

제76조【다른 보상이나 배상과의 조정 기준】 법 제80조제3항 본문에서 "대통령령으로 정하는 방법에 따라 환산한 금액"이란 수급권자가 지급받은 금품의 가액(이 법에 따라 보험급여를 산정할 당시의 가액을 말한다)을 말하되, 요양서비스를 제공받은 경우에는 그 요양에 드는 비용으로 환산한 금액을 말한다. (2017.12.26 개정)

제77조【미지급 보험급여 수급권자의 결정 등】 법 제81조에 따른 미지급 보험급여 수급권자의 결정에 관하여는 법 제65조제1항·제2항 및 제4항을 준용한다.

제77조의2【보험급여수급계좌】 ① 법 제82조제2항 단서에서 "정보통신장애나 그 밖에 대통령령으로 정하는 불가피한 사유"란 다음 각 호의 어느 하나에 해당하는 경우를 말한다. (2018.12.11 신설)
1. 법 제82조제2항 본문에 따른 보험급여수급계좌(이하 "보험급여수급계좌"라 한다)가 개설된 금융기관이 폐업, 업무정지, 정보통신장애 등으로 정상영업이 불가능하여 보험급여를 보험급여수급계좌로 이체할 수 없는 경우
2. 그 밖에 고용노동부장관이 보험급여를 보험급여 지급 결정일부터 14일 이내에 보험급여수급계좌로 이체하는 것이 불가능하다고 인정하는 경우

② 공단은 법 제82조제2항 단서에 따라 보험급여를 보험급여수급계좌로 이체할 수 없을 때에는 수급권자에게 해당 보험급여를 직접 현금으로 지급할 수 있다. (2018.12.11 신설)
③ 공단은 수급권자가 법 제82조제2항 본문에 따른 신청을 하면 보험급여를 보험급여수급계좌로 받을 수 있다는 사실을 수급권자에게 안내해야 한다. (2018.12.11 신설)

제78조【보험급여 지급 제한의 범위 등】 ① 공단은 보험급여 수급권자가 법 제83조제1항제1호에 해당하면 보험급여의 지급을 제한하기로 결정한 날 이후에 지급사유가 발생하는 휴업급여 또는 상병보상연금의 20일분(지급사유가 발생한 기간이 20일 미만이면 그 기간 해당분)에 상당하는 금액을 지급

하지 않는다.
② 공단은 장해보상연금 또는 진폐보상연금 수급권자가 법 제83조제1항제2호에 해당하면 다음 각 호에 따라 장해급여를 지급한다. (2010.11.15 개정)
1. 장해상태가 종전의 장해등급등보다 심해진 경우에도 종전의 장해등급등에 해당하는 장해보상연금 또는 진폐보상연금 지급 (2010.11.15 개정)
2. 장해상태가 종전의 장해등급등보다 호전되었음이 의학적 소견 등으로 확인되는 경우로서 재판정 전에 장해상태를 악화시킨 경우에는 그 호전된 장해등급등에 해당하는 장해급여 또는 진폐보상연금 지급 (2010.11.15 개정)

칙 제63조

제79조 【부당이득의 징수】 ① 공단은 법 제84조에 따른 부당이득을 징수하기로 결정하면 지체 없이 납부 책임이 있는 사람에게 그 금액을 낼 것을 알려야 한다.
② 제1항에 따른 통지를 받은 자는 그 통지를 받은 날부터 30일 이내에 그 금액을 내야 한다.

제79조의2 【부정수급자 명단 공개 제외 사유】 법 제84조의2제2항에서 "부정수급자 또는 연대책임자의 사망으로 명단 공개의 실효성이 없는 경우 등 대통령령으로 정하는 경우"란 다음 각 호의 어느 하나에 해당하는 경우를 말한다. (2018.12.11 신설)
1. 법 제84조의2제1항 각 호 외의 부분 전단에 따른 부정수급자 또는 같은 항 각 호 외의 부분 후단에 따른 연대책임자가 사망한 경우
2. 법 제84조의2제1항 각 호 외의 부분 전단에 따른 부정수급자 또는 같은 항 각 호 외의 부분 후단에 따른 연대책임자가 법 제84조제1항에 따라 공단이 징수해야 하는 금액의 100분의 30 이상을 납부한 경우
3. 「채무자 회생 및 파산에 관한 법률」 제243조에 따른 회생계획인가의 결정에 따라 공단이 법 제84조제1항에 따라 징수해야 하는 금액에 대한 징수를 유예받고 그 유예기간 중에 있거나 해당 금액을 회생계획의 납부일정에 따라 납부하고 있는 경우
4. 공단이 법 제84조의2제1항 각 호 외의 부분 전단에 따른 부정수급자의 재산상황, 미성년자 해당 여부 및 그 밖의 사정 등을 고려하여 명단 공개의 실익이 없거나 공개하는 것이 부적절하다고 인정하는 경우

제80조 【보험급여 등의 충당 한도 및 절차】 ① 공단이 법 제86조에 따라 보험급여·진료비 및 약제비를 충당하는 경우의 충당 한도는 다음 각 호와 같다.
1. 법 제84조제1항에 따른 부당이득을 받은 사람에게 지급할 보험급여(법 제75조에 따른 직장복귀지원금·직장적응훈련비 또는 재활운동비는 제외

한다)가 있으면 그 지급할 보험급여에 10분의 1을 곱한 금액. 다만, 보험급여 수급권자가 고용노동부령으로 정하는 바에 따라 서면으로 10분의 1을 넘는 금액의 충당에 동의하면 그 동의한 금액을 말한다. (2010.7.12 개정)

2. 법 제84조제1항에 따른 부당이득을 받은 사람 또는 같은 조 제2항에 따른 연대책임이 있는 자가 보험가입자인 경우에는 그 보험가입자에게 지급할 보험급여의 금액(그 보험가입자가 법 제89조에 따라 보험급여를 받을 권리를 대위하는 경우에는 그 대위하는 금액을 포함한다)
3. 법 제84조제2항에 따른 연대책임이 있는 산재보험 의료기관에 지급할 진료비가 있으면 그 지급할 진료비에 해당하는 금액
4. 법 제84조제3항에 따른 부당이득을 받은 산재보험 의료기관이나 약국에 지급할 진료비나 약제비가 있으면 그 지급할 진료비나 약제비에 해당하는 금액

② 공단은 제1항에 따라 충당을 하려면 보험급여 수급권자, 보험가입자, 산재보험 의료기관 또는 약국의 의견을 들어야 하며, 충당을 결정하면 지체 없이 보험급여 수급권자, 보험가입자, 산재보험 의료기관 또는 약국에 그 사실을 알려야 한다.

칙 제64조

제81조 【제3자로부터 배상받은 사람에 대한 보험급여의 조정】 보험급여 수급권자가 제3자로부터 손해배상을 받은 경우에 그 손해배상금을 법 제87조제2항에 따라 보험급여를 지급하지 않는 금액으로 환산할 때 그 환산방법에 관하여는 제76조를 준용한다.

제81조의2 【보험급여에 대한 압류 금지】 법 제88조제3항에서 "대통령령으로 정하는 액수"란 법 제82조제2항 본문에 따라 보험급여수급계좌에 입금된 금액 전액을 말한다. (2018.12.11 신설)

제82조 【수급권의 대위】 ① 법 제89조에 따라 보험가입자(보험료징수법 제2조제5호에 따른 하수급인을 포함한다. 이하 이 조에서 같다)가 보험급여 수급권자의 보험급여 수급권을 대위하여 보험급여를 지급받으려는 경우에는 법에 따른 보험급여의 지급 사유와 같은 사유로 보험급여에 상당하는 금품을 수급권자에게 지급한 사실을 증명하는 서류를 첨부하여 공단에 청구하여야 한다.

② 공단은 제1항에 따라 보험가입자가 보험급여 수급권을 대위하여 청구하면 그 보험급여 수급권자가 해당 보험급여에 상당하는 금품을 받았는지를 확인하여야 한다.

③ 보험가입자가 법 제89조에 따라 보험급여 수급권자에게 장해급여 또는 유족급여에 상당하는 금품을 지급한 경우에는 각각 장해보상일시금 또는 유

족보상일시금에 상당하는 금품을 지급한 것으로 본다.

제83조【보험급여 원부의 작성】 ① 공단은 보험급여를 지급하면 그 보험급여를 받은 근로자별 보험급여 원부를 작성하여야 한다.

② 공단은 보험급여와 관계있는 사람이 신청하면 보험급여 원부를 열람시켜야 하며, 필요한 경우에는 증명서를 발급할 수 있다.

제3장의2 진폐에 따른 보험급여의 특례

제83조의2【진폐판정 및 보험급여 결정 기준】 ① 법 제91조의8제1항 및 제2항에 따른 진폐근로자에 대한 진폐판정 및 보험급여의 지급 여부 결정에 필요한 진폐병형 기준, 심폐기능의 정도 판정기준, 진폐장해등급 기준 및 합병증 등에 따른 요양대상인정기준은 별표 11의2와 같다. (2010.11.15 신설)

② 법 제91조의8제3항에 따른 합병증 등으로 심폐기능의 정도를 판정하기 곤란한 진폐근로자에 대한 진폐장해등급의 결정기준은 별표 11의3과 같다. (2010.11.15 신설)

제83조의3【진폐에 따른 사망 여부 판단 시 고려사항】 법 제91조의10에 따라 진폐에 따른 사망 여부를 판단하는 때에 고려하여야 하는 사항은 진폐병형, 심폐기능, 합병증, 성별, 연령 등으로 한다. (2010.11.15 신설)

제3장의3 건강손상자녀에 대한 보험급여의 특례

제83조의4【건강손상자녀 관련 유해인자】 법 제91조의12제1항 전단에서 "대통령령으로 정하는 유해인자"란 별표 11의4에 따른 유해인자를 말한다. (2022.12.30 신설)

제3장의4 노무제공자에 대한 특례

제83조의5【노무제공자의 범위】 법 제91조의15제1호 각 목 외의 부분에서 "대통령령으로 정하는 직종에 종사하는 사람"이란 다음 각 호의 사람을 말한다. (2023.6.27 신설)

1. 보험을 모집하는 사람으로서 다음 각 목의 어느 하나에 해당하는 사람
   가. 「보험업법」 제83조제1항제1호에 따른 보험설계사
   나. 「새마을금고법」 및 「신용협동조합법」에 따른 공제의 모집을 전업으로 하는 사람
   다. 「우체국예금·보험에 관한 법률」에 따른 우체국보험의 모집을 전업으

로 하는 사람
2. 「건설기계관리법」 제3조제1항에 따라 등록된 건설기계를 직접 운전하는 사람
3. 「통계법」 제22조에 따라 국가데이터처장이 고시하는 직업에 관한 표준분류(이하 "한국표준직업분류표"라 한다)의 세분류에 따른 학습·교구 관련 방문강사 등 회원의 가정 등을 직접 방문하여 아동이나 학생 등을 가르치는 사람 (2025.10.1 개정)
4. 「체육시설의 설치·이용에 관한 법률」 제7조에 따라 직장체육시설로 설치된 골프장 또는 같은 법 제19조에 따라 체육시설업의 등록을 한 골프장에서 골프경기를 보조하는 골프장 캐디
5. 한국표준직업분류표의 세분류에 따른 택배원 또는 세세분류에 따른 그 외 배달원으로서 다음 각 목의 어느 하나에 해당하는 사람 (2024.12.31 개정)
가. 「생활물류서비스산업발전법」 제2조제6호가목에 따른 택배서비스종사자로서 집화 또는 배송(설치를 수반하는 배송을 포함한다) 업무를 하는 사람
나. 가목 외의 택배사업(소화물을 집화·수송 과정을 거쳐 배송하는 사업을 말한다)에서 집화 또는 배송 업무를 하는 사람
6. 한국표준직업분류표의 세분류에 따른 늘찬배달원으로서 퀵서비스업의 사업주로부터 업무를 의뢰받아 배송 업무를 하는 사람. 다만, 제5호 또는 제14호에 해당하는 사람은 제외한다. (2024.12.31 개정)
7. 「대부업 등의 등록 및 금융이용자 보호에 관한 법률」 제3조제1항 단서에 따른 대출모집인
8. 「여신전문금융업법」 제14조의2제1항제2호에 따른 신용카드회원 모집인
9. 다음 각 목의 어느 하나에 해당하는 사업자로부터 업무를 의뢰받아 자동차를 운전하는 사람
가. 대리운전업자(자동차 이용자의 요청에 따라 그 이용자와 동승하여 해당 자동차를 목적지까지 운전하는 사업의 사업주를 말한다)
나. 탁송업자(자동차 이용자의 요청에 따라 그 이용자와 동승하지 않고 해당 자동차를 목적지까지 운전하는 사업의 사업주를 말한다)
다. 대리주차업자(자동차 이용자의 요청에 따라 그 이용자를 대신하여 해당 자동차를 주차하는 사업의 사업주를 말한다)
10. 「방문판매 등에 관한 법률」 제2조제2호에 따른 방문판매원 또는 같은 조 제8호에 따른 후원방문판매원으로서 방문판매업무를 하는 사람. 다만, 다음 각 목의 어느 하나에 해당하는 경우는 제외한다.
가. 방문판매는 하지 않고 자가 소비만 하는 경우

나. 제3호 또는 제11호에 해당하는 경우

11. 한국표준직업분류표의 세분류에 따른 대여 제품 방문 점검원 (2024.12.31 개정)

12. 한국표준직업분류표의 세분류에 따른 가전제품 설치 및 수리원으로서 가전제품의 판매를 위한 배송 업무를 주로 수행하고 가전제품의 설치·시운전 등을 통해 작동상태를 확인하는 사람

13. 「화물자동차 운수사업법」 제2조제1호에 따른 화물자동차 중 고용노동부령으로 정하는 자동차를 운전하는 사람

14. 「화물자동차 운수사업법」 제2조제11호에 따른 화물차주로서 다음 각 목의 어느 하나에 해당하는 자동차를 운전하는 사람 및 그 밖에 화물을 운송하기 위하여 다음 각 목의 어느 하나에 해당하는 자동차를 운전하는 사람. 다만, 제5호, 제12호 또는 제13호에 해당하는 사람은 제외한다. (2024.12.31 개정)

가. 「자동차관리법」 제3조제1항제3호에 따른 화물자동차

나. 「자동차관리법」 제3조제1항제4호에 따른 특수자동차 중 견인형 자동차 또는 특수작업형 사다리차(이사 등을 위하여 높은 건물에 필요한 물건을 올리기 위한 자동차를 말한다)

15. 「소프트웨어 진흥법」 제2조제3호에 따른 소프트웨어사업에서 노무를 제공하는 같은 조 제10호에 따른 소프트웨어기술자

16. 다음 각 목의 어느 하나에 해당하는 강사

가. 「초·중등교육법」 제2조에 따른 학교에서 운영하는 방과후학교의 과정을 담당하는 강사

나. 「유아교육법」 제2조제2호에 따른 유치원에서 운영하는 같은 조 제6호에 따른 방과후 과정을 담당하는 강사

다. 「영유아보육법」 제2조제3호에 따른 어린이집에서 운영하는 같은 법 제29조제4항에 따른 특별활동프로그램을 담당하는 강사

17. 「관광진흥법」 제38조제1항 단서에 따른 관광통역안내의 자격을 가진 사람으로서 외국인 관광객을 대상으로 관광안내를 하는 사람

18. 「도로교통법」 제2조제23호에 따른 어린이통학버스를 운전하는 사람

칙 제64조의3

제83조의6 【노무제공자의 보수】 법 제91조의15제5호 본문에서 "대통령령으로 정하는 금품"이란 다음 각 호의 금품을 말한다. (2023.6.27 신설)

1. 「소득세법」 제12조제2호 또는 제5호에 해당하는 비과세소득
2. 고용노동부장관이 정하여 고시하는 방법에 따라 산정한 필요경비

제83조의7 【소득확인이 어려운 직종】 법 제91조의15제5호 단서에서 "대통령령으로 정하는 직종"이란 제83조의5제2호 및 제13호에 해당하는 노무

제공자가 종사하는 직종을 말한다. (2023.6.27 신설)

제83조의8【평균보수 산정사유 발생일】 법 제91조의17제1항에 따른 평균보수 산정사유 발생일은 다음 각 호의 어느 하나에 해당하는 날로 한다. (2023.6.27 신설)

1. 사망 또는 부상의 원인이 되는 사고가 발생한 날
2. 질병이 확인된 날. 이 경우 질병이 확인된 날은 그 질병이 보험급여의 지급 대상이 된다고 확인될 당시에 발급된 진단서나 소견서의 발급일로 하되, 그 질병의 검사·치료의 경과 등이 진단서나 소견서의 발급과 시간적·의학적 연속성이 있는 경우에는 그 요양을 시작한 날로 한다.

제83조의9【평균보수 산정 대상에서 제외되는 일용근로자】 법 제91조의17제3항에서 "대통령령으로 정하는 일용근로자"란 일용근로자로서 제23조제1호 각 목에 해당하지 않는 사람을 말한다. (2023.6.27 신설)

제83조의10【노무제공자에 대한 업무상 재해의 인정기준】 법 제91조의18에 따른 노무제공자에 대한 업무상의 재해의 인정기준에 관하여는 제27조, 제28조, 제30조부터 제35조까지, 제35조의2 및 제36조를 적용한다. 이 경우 "근로자"는 "노무제공자"로, "근로계약"은 "노무제공계약"으로 본다. (2023.6.27 신설)

제83조의11【노무제공자의 최저 휴업급여 보장액】 법 제91조의19제1항에서 "대통령령으로 정하는 최저 휴업급여 보장액"이란 보험료징수법 제48조의6제8항에 따라 공단에 신고된 노무제공자의 월 보수액을 고려하여 매년 위원회의 심의를 거쳐 고용노동부장관이 정하여 고시하는 금액을 말한다. (2023.6.27 신설)

제83조의12【플랫폼 운영자에 대한 자료제공 등의 요청】 ① 법 제91조의21제2호에서 "사업장의 명칭·주소 등 대통령령으로 정하는 정보"란 다음 각 호의 정보를 말한다. (2023.6.27 신설)

1. 사업장의 명칭·주소 및 연락처
2. 사업주(법인인 경우에는 대표자를 말한다)의 이름 및 주민등록번호
3. 사업주의 사업자등록번호(법인인 경우에는 법인등록번호를 포함한다)

② 법 제91조의21제3호에서 "플랫폼 종사자의 이름·직종·보수·노무제공 내용 등 대통령령으로 정하는 자료 또는 정보"란 다음 각 호의 자료 또는 정보를 말한다. (2023.6.27 신설)

1. 플랫폼 종사자의 이름·직종 및 보수
2. 플랫폼 종사자의 주민등록번호(외국인인 경우에는 외국인등록번호를 말한다), 주소 및 연락처
3. 플랫폼 종사자의 노무제공 내용, 노무제공일 및 노무제공시간

제4장 근로복지 사업

제84조 【국민건강보험 요양급여 비용의 본인 일부 부담금의 대부 대상】 법 제93조제1항에서 "대통령령으로 정하는 사람"이란 다음 각 호의 요건 모두에 해당하는 사람을 말한다. (2021.6.8 개정)

1. 근로자가 법 제41조제1항에 따라 요양급여를 신청한 날부터 30일이 지날 때까지 공단이 요양급여에 관한 결정을 하지 아니하였을 것
2. 그 근로자의 업무와 요양급여의 신청을 한 질병 간에 상당인과관계가 있을 것으로 추정된다는 의학적 소견이 있을 것

칙 제74조·제75조·제77조

제85조 【대부금의 충당 한도 및 절차】 ① 공단이 법 제93조제2항에 따라 충당할 때 그 충당 한도는 그 대부를 받은 사람에게 지급할 요양급여의 전액으로 한다.

② 공단은 제1항에 따라 충당을 하려면 해당 요양급여 수급권자의 의견을 들어야 하며, 충당 결정을 하면 지체 없이 그 사실을 요양급여 수급권자에게 알려야 한다.

칙 제74조·제75조·제77조

제5장 산업재해보상보험 및 예방기금

제85조의2 【출연금의 산정 기준 등】 고용노동부장관은 법 제96조제1항 제7호에 따라 법 제95조에 따른 산업재해보상보험및예방기금(이하 "기금"이라 한다)으로부터 「국민건강보험법」 제13조에 따른 국민건강보험공단(이하 "건강보험공단"이라 한다)에 출연하는 금액을 산정하기 위하여 그 금액의 규모·산정기준 등에 관하여 필요한 사항을 보건복지부장관과 협의하여 정한다. (2021.6.8 개정)

제85조의3 【출연금의 용도 등】 ① 공단, 「한국산업안전보건공단법」에 따른 한국산업안전보건공단(이하 "안전보건공단"이라 한다) 및 건강보험공단은 법 제96조제1항제3호·제6호 및 제7호에 따른 출연금(이하 "출연금"이라 한다)을 다음 각 호의 구분에 따른 용도로만 사용하여야 한다. (2012.11.12 개정)

1. 공단 : 법 제11조에 따른 사업에 필요한 경비 및 이에 수반되는 경비
2. 안전보건공단 : 「한국산업안전보건공단법」 제6조에 따른 사업에 필요한 경비 및 이에 수반되는 경비
3. 건강보험공단 : 보험료징수법 제4조에 따른 징수업무를 수행하는 데 필요

한 경비 및 이에 수반되는 경비

② 고용노동부장관은 공단, 안전보건공단 및 건강보험공단(이하 "피출연자"라 한다)이 출연금을 제1항의 용도 외로 사용한 경우에는 그에 해당하는 금액을 회수하여야 한다. (2012.11.12 개정)

③ 피출연자는 출연금을 별도의 계정을 설치하여 관리하여야 하며, 그 계정에서 발생한 이자수입은 고용노동부장관의 승인을 받아 제1항 각 호의 용도로 사용하거나 손실금 보전에 사용할 수 있다. (2012.11.12 개정)

④ 피출연자는 매 분기(分期)의 다음 달 10일까지 그 분기의 출연금 집행실적을 고용노동부장관에게 보고하여야 한다. (2012.11.12 개정)

제85조의4 【출연금의 추가 출연 및 반납】 ① 피출연자는 출연금이 제85조의3제1항 각 호의 비용을 충당하기에 부족한 경우에는 고용노동부장관에게 추가 출연을 요청할 수 있다. (2012.11.12 개정)

② 고용노동부장관은 피출연자가 제1항에 따라 요청한 내용을 검토하여 타당성이 인정되는 경우에는 추가로 출연할 수 있다. (2012.11.12 개정)

③ 피출연자는 보험연도 내에 위탁받아 하는 사업(이하 이 항에서 "목적사업"이라 한다)에 사용하고 남은 출연금이 있는 경우에는 이를 고용노동부장관에게 반납하여야 한다. 다만, 고용노동부장관의 승인을 받은 경우에는 다음 연도에 이월하여 목적사업에 사용할 수 있다. (2012.11.12 개정)

제86조 【기금의 운용】 ① 법 제97조제2항제5호에서 "대통령령으로 정하는 사업"이란 다음 각 호의 사업을 말한다.

1. 근로자 후생복지 사업을 위한 융자
2. 「자본시장과 금융투자업에 관한 법률」 제4조에 따른 증권의 매입 (2008.7.29 개정)
3. 기금의 증식을 위한 부동산의 취득 및 처분 (2021.6.8 개정)

② 법 제97조제3항에서 "대통령령으로 정하는 수준"이란 「은행법」에 따른 은행으로서 전국을 영업구역으로 하는 금융기관의 1년 만기 정기예금 이자율을 고려하여 고용노동부장관이 정하는 수익률을 말한다. 이 경우 고용노동부장관은 기획예산처장관과 협의하여 제1항에 따른 근로자 후생복지 사업을 위한 융자의 이자율을 다른 사업의 수익률과 달리 정할 수 있다. (2025.12.30 개정)

제87조 【기금계정의 설치】 고용노동부장관은 한국은행에 기금계정을 설치하여야 한다. (2010.7.12 개정)

제88조 【보험료 등의 기금 납입 등】 ① 공단은 징수한 보험료와 그 밖의 징수금을 기금계정에 납입하여야 한다.

② 공단은 징수한 전월분의 보험료와 그 밖의 징수금, 미수금 등의 징수 현황을 매월 말일까지 고용노동부장관에게 문서로 보고하여야 한다. (2010.

7.12 개정)

제89조 【기금운용계획】 법 제98조에 따른 기금운용계획에는 다음 각 호의 사항이 포함되어야 한다.

1. 기금의 수입 및 지출에 관한 사항
2. 해당 연도의 사업계획, 지출원인행위계획 및 자금계획에 관한 사항
3. 전년도 이월자금의 처리에 관한 사항
4. 책임준비금에 관한 사항
5. 그 밖에 기금 운용에 필요한 사항

제90조 【책임준비금의 산정 기준 등】 ① 고용노동부장관은 법 제99조제3항에 따라 매년 12월 31일을 기준으로 전년도 1월 1일부터 12월 31일까지 지급 결정한 보험급여의 총액을 다음 연도의 책임준비금으로 산정하여야 한다. (2012.4.16 개정)

② 고용노동부장관은 제1항에 따라 산정된 책임준비금을 초과한 적립금 보유액이 있는 경우에는 장래의 보험급여 지급에 사용하기 위하여 적립하여야 한다. (2012.4.16 개정)

③ 고용노동부장관은 징수한 보험료의 총액과 지급한 보험급여의 총액을 3년마다 분석하여 수입과 지출의 균형을 유지하도록 노력하여야 한다. (2012.4.16 개정)

제91조 【기금의 회계기관 등】 ① 고용노동부장관은 기금의 수입과 지출에 관한 사무를 수행하기 위하여 소속 공무원 중에서 기금수입징수관·기금재무관·기금지출관 및 기금출납공무원을 임명하여야 한다. (2010.7.12 개정)

② 공단 또는 안전보건공단의 이사장은 법 제97조제5항에 따라 기금의 관리·운용에 관한 업무를 위탁받은 경우에는 상임이사 중에서 기금수입 담당이사 및 기금지출원인행위 담당이사를, 그 직원 중에서 기금지출 직원 및 기금출납 직원을 각각 임명할 수 있으며, 이를 고용노동부장관에게 보고해야 한다. 이 경우 기금수입 담당이사는 기금수입징수관의 직무를, 기금지출원인행위 담당이사는 기금재무관의 직무를, 기금지출 직원은 기금지출관의 직무를, 기금출납 직원은 기금출납공무원의 직무를 각각 수행한다. (2021.6.8 개정)

③ 고용노동부장관은 제1항 및 제2항에 따른 기금수입징수관, 기금재무관, 기금지출관, 기금출납공무원, 기금수입 담당이사, 기금지출원인행위 담당이사, 기금지출 직원 및 기금출납 직원의 임명사항을 감사원장 및 한국은행총재에게 각각 알려야 한다. (2010.7.12 개정)

칙 제69조

제92조 【기금의 지출원인행위】 ① 고용노동부장관은 기금재무관에게 기금의 월별 지출 한도액을 배정하고 이를 기금지출관에게 알려야 한다. (2010

7.12 개정)
② 기금재무관은 제1항에 따라 배정된 한도액의 범위에서 지출원인행위를 하여야 한다.

제93조 【기금의 지출】 ① 기금재무관이 기금지출관에게 기금을 지출하게 할 때에는 지출원인행위 관계 서류를 기금지출관에게 보내야 한다.
② 기금지출관은 기금재무관의 지출원인행위에 따라 기금을 지출하려면 한국은행, 「은행법」에 따른 은행 또는 체신관서를 지급인으로 하는 수표를 발행하여야 한다. (2010.11.15 개정)
③ 기금재무관이 지출원인행위를 한 후 불가피한 사유로 그 회계연도 내에 지출하지 못한 금액은 다음 연도에 이월하여 집행할 수 있다.

제94조 【현금 취급의 금지】 기금지출관과 기금출납공무원은 현금을 보관하거나 출납할 수 없다. 다만, 「국고금관리법」 제24조에 따른 관서운영경비의 경우에는 현금을 보관하거나 출납할 수 있다.

제95조 【기금의 결산보고】 고용노동부장관은 회계연도마다 「국가회계법」 제14조에 따른 결산보고서를 작성하여 다음 회계연도 2월 말까지 재정경제부장관에게 제출해야 한다. (2025.12.30 개정)
1. 기금결산의 상황
2. 재정상태표, 재정운용표, 순자산변동표 등 재무상태표 (2021.6.8 개정)
3. 기금의 운용계획과 실적의 대비표
4. 수입 및 지출계산서
5. 그 밖에 결산의 내용을 명백히 하기 위하여 필요한 서류

제6장 심사 청구 및 재심사 청구

제96조 【심사 청구의 방식】 ① 법 제103조에 따른 심사 청구는 다음 각 호의 사항을 적은 문서(이하 "심사 청구서"라 한다)로 해야 한다. (2021.6.8 개정)
1. 심사 청구인의 이름 및 주소(심사 청구인이 법인인 경우에는 그 명칭·소재지 및 대표자의 이름)
2. 심사 청구의 대상이 되는 법 제103조제1항 각 호의 결정 또는 조치 등(이하 "보험급여 결정등"이라 한다)의 내용 (2021.6.8 개정)
3. 보험급여 결정등이 있음을 안 날
4. 심사 청구의 취지 및 이유
5. 심사 청구에 관한 고지의 유무 및 고지의 내용
② 심사 청구인이 재해를 입은 근로자가 아닌 경우(법 제103조제1항제2호 및 제3호에 따른 심사 청구의 경우는 제외한다)에는 심사 청구서에 제1항

각 호의 사항 외에 다음 각 호의 사항을 적어야 한다. (2021.6.8 개정)
1. 재해를 입은 근로자의 이름
2. 재해를 입은 근로자의 재해 당시 소속 사업의 명칭 및 소재지

③ 심사 청구를 선정대표자 또는 대리인이 제기하는 것이면 제1항 및 제2항에 따른 사항 외에 선정대표자 또는 대리인의 이름과 주소를 심사 청구서에 적어야 한다.

④ 심사 청구서에는 심사 청구인 또는 대리인이 서명하거나 날인하여야 한다.

제97조 【보정 및 각하】 ① 공단은 심사 청구가 법 제103조제3항에 따른 기간이 지나 제기되었거나 법령의 방식을 위반하여 보정(補正)할 수 없는 경우 또는 제2항 본문에 따른 기간에 보정하지 아니한 경우에는 각하결정을 하여야 한다.

② 심사 청구가 법령의 방식을 위반한 것이라도 보정할 수 있는 경우에는 공단은 상당한 기간을 정하여 심사 청구인에게 보정할 것을 요구할 수 있다. 다만, 보정할 사항이 경미한 경우에는 공단이 직권으로 보정할 수 있다.

③ 공단은 제2항 단서에 따라 직권으로 심사 청구를 보정한 경우에는 그 사실을 심사청구인에게 알려야 한다.

제98조 【보험급여 결정등의 집행정지】 ① 심사 청구는 해당 보험급여 결정등의 집행을 정지시키지 않는다. 다만, 공단은 그 집행으로 발생할 중대한 손실을 피하기 위하여 긴급한 필요가 있다고 인정하면 그 집행을 정지시킬 수 있다.

② 공단은 제1항 단서에 따라 집행을 정지시킨 경우에는 지체 없이 심사 청구인 및 해당 보험급여 결정등을 한 공단의 소속 기관에 문서로 알려야 한다.

③ 제2항에 따른 문서에는 다음 각 호의 사항을 적어야 한다.
1. 심사 청구 사건명
2. 집행정지 대상인 보험급여 결정등 및 집행정지의 내용
3. 심사 청구인의 이름 및 주소
4. 집행정지의 이유

제99조 【산업재해보상보험심사위원회의 구성】 ① 법 제104조제1항에 따른 산업재해보상보험심사위원회(이하 "심사위원회"라 한다)는 위원장 1명을 포함하여 150명 이내의 위원으로 구성하되, 위원 중 2명은 상임으로 한다. (2015.4.14 개정)

② 심사위원회의 위원은 다음 각 호의 어느 하나에 해당하는 사람 중에서 공단 이사장이 위촉하거나 임명한다.
1. 판사·검사·변호사 또는 경력 5년 이상의 공인노무사
2. 「고등교육법」 제2조에 따른 학교에서 조교수 이상으로 재직하고 있거나

재직하였던 사람
3. 노동 관계 업무 또는 산업재해보상보험 관련 업무에 10년 이상 종사한 사람
4. 사회보험이나 산업의학에 관한 학식과 경험이 풍부한 사람
③ 심사위원회의 위원장은 상임위원 중에서 공단 이사장이 임명한다.
④ 심사위원회의 위원 중 5분의 2에 해당하는 위원은 제2항 각 호의 어느 하나에 해당하는 사람으로서 근로자 단체 및 사용자 단체가 각각 추천하는 사람 중에서 위촉한다. 이 경우 근로자 단체 및 사용자 단체가 추천한 위원은 같은 수로 한다.
⑤ 심사위원회 위원의 임기는 3년으로 하되, 연임할 수 있다. 다만, 임기가 끝난 위원은 그 후임자가 위촉되거나 임명될 때까지 그 직무를 수행할 수 있다.
⑥ 이 영에서 규정한 것 외에 심사위원회의 구성에 필요한 사항은 공단이 정한다.

제100조 【심사위원회의 운영】 ① 심사위원회의 위원장은 심사위원회의 회의를 소집하고, 그 의장이 된다. 다만, 위원장은 심사위원회의 원활한 운영을 위하여 필요하면 상임위원 또는 그 밖에 위원장이 지명하는 위원이 심사위원회의 회의를 주재하도록 할 수 있다. (2016.3.22 개정)
② 심사위원회의 회의는 위원장(제1항 단서에 따라 상임위원 또는 위원장이 지명하는 위원이 회의를 주재하는 경우에는 그 위원)과 회의를 개최할 때마다 위원장이 지정하는 위원 6명으로 구성한다. (2016.3.22 개정)
③ 심사위원회의 회의는 제2항에 따른 구성원 과반수의 출석으로 개의하고, 출석위원 과반수의 찬성으로 의결한다.
④ 공단은 심사 청구에 대하여 심사위원회의 심의를 거쳐 결정하는 경우에는 그 심리 경과에 관하여 심리조서를 작성하여야 한다.
⑤ 제4항에 따른 심리조서의 작성·열람 등에 관하여는 제110조를 준용한다. 이 경우 "재심사위원회"는 "심사위원회"로, "재심사 청구"는 "심사 청구"로 본다.
⑥ 심사위원회의 회의에 출석한 상임위원 및 공단의 임직원인 위원 외의 위원에게는 예산의 범위에서 수당과 여비를 지급할 수 있다.
⑦ 이 영에서 규정한 것 외에 심사위원회의 운영에 필요한 사항은 공단이 정한다.

제101조 【심사 청구에 대한 결정의 방법】 ① 법 제105조제1항에 따른 심사 청구에 대한 결정은 문서로 하여야 한다.
② 제1항에 따른 결정서에는 다음 각 호의 사항을 적어야 한다.
1. 사건번호 및 사건명

2. 심사 청구인의 이름 및 주소(심사 청구인이 법인인 경우에는 그 명칭·소재지 및 대표자의 이름)
3. 선정대표자 또는 대리인의 이름 및 주소(제96조제3항에 따른 심사 청구인 경우만 해당한다)
4. 심사 청구인이 재해를 입은 근로자가 아닌 경우에는 재해를 입은 근로자의 이름 및 주소
5. 주문
6. 심사 청구의 취지
7. 이유
8. 결정연월일

③ 공단은 제1항에 따라 심사 청구에 대한 결정을 하면 심사 청구인에게 심사 결정서 정본을 보내야 한다.

④ 공단이 보험급여 결정등을 하거나 심사 청구에 대한 결정을 할 때에는 그 상대방 또는 심사 청구인에게 그 보험급여 결정등 또는 심사 청구에 대한 결정에 관하여 심사 청구 또는 재심사 청구를 제기할 수 있는지 여부, 제기하는 경우의 절차 및 청구기간을 알려야 한다.

제102조【심사위원회의 심의 제외 대상】 ① 법 제105조제2항에서 "대통령령으로 정하는 사유"란 해당 심사 청구가 다음 각 호의 어느 하나에 해당하는 경우를 말한다.

1. 법 제38조에 따른 업무상질병판정위원회의 심의를 거쳐 업무상 질병의 인정 여부가 결정된 경우
2. 진폐인 경우 〈2010.11.15 개정〉
3. 이황화탄소 중독인 경우 〈2010.11.15 신설〉
4. 제97조제1항에 따른 각하 결정 사유에 해당하는 경우 〈2010.11.15 개정〉
5. 삭제(2020.1.7)
6. 그 밖에 심사 청구의 대상이 되는 보험급여 결정등이 적법한지를 명백히 알 수 있는 경우 〈2010.11.15 개정〉

② 제1항에도 불구하고 제1항 각 호의 어느 하나에 해당하는 심사 청구 중 공단이 심사위원회의 심의를 거쳐 결정할 필요가 있다고 인정하는 경우에는 심사위원회의 심의를 거쳐 결정할 수 있다.

제103조【심리를 위한 조사】 ① 법 제105조제4항에 따른 심사 청구에 대한 심리를 위한 조사 신청은 다음 각 호의 사항을 적은 문서로 하여야 한다.

1. 심사 청구 사건명
2. 신청의 취지 및 이유
3. 출석할 관계인의 이름 및 주소(법 제105조제4항제1호의 경우만 해당한다)
4. 제출할 문서나 그 밖의 물건의 표시 및 그 소유자 또는 보관자의 이름과

주소(법 제105조제4항제2호의 경우만 해당한다)
5. 감정할 사항 및 그 이유(법 제105조제4항제3호의 경우만 해당한다)
6. 출입할 사업장이나 그 밖의 장소의 명칭·소재지, 질문할 사업주·근로자, 그 밖의 관계인의 이름·주소, 검사할 문서나 그 밖의 물건의 표시(법 제105조제4항제4호의 경우만 해당한다)
7. 진단받을 근로자의 이름 및 주소(법 제105조제4항제5호의 경우만 해당한다)

② 공단이 법 제105조제4항에 따라 조사를 한 경우에는 다음 각 호의 사항을 적은 조서를 작성하여야 한다. 이 경우 법 제105조제4항제1호에 따라 심사 청구인 또는 관계인으로부터 진술을 받은 경우에는 진술조서를 작성하여 첨부하여야 한다.
1. 사건번호 및 사건명
2. 조사의 일시 및 장소
3. 조사대상 및 조사방법
4. 조사의 결과

제104조 【실비 지급】 법 제105조제4항제1호에 따라 지정된 장소에 출석한 관계인과 같은 항 제3호에 따라 감정을 한 감정인에게는 고용노동부령으로 정하는 바에 따라 실비를 지급한다. (2010.7.12 개정)

제105조 【재심사 청구의 방식】 ① 법 제106조에 따른 재심사 청구는 다음 각 호의 사항을 적은 문서로 하여야 한다.
1. 재심사 청구인의 이름 및 주소(재심사 청구인이 법인인 경우에는 그 명칭·소재지 및 대표자의 이름)
2. 재심사 청구의 대상이 되는 보험급여 결정등의 내용
3. 심사 청구에 대한 결정(법 제106조제3항 단서에 따라 재심사 청구를 하는 경우에는 보험급여에 관한 결정등)이 있음을 안 날
4. 재심사 청구의 취지 및 이유
5. 재심사 청구에 관한 고지 유무 및 그 내용

② 재심사 청구의 방식에 관하여는 제96조제2항부터 제4항까지의 규정을 준용한다. 이 경우 "심사 청구인"은 "재심사 청구인"으로, "심사 청구서"는 "재심사 청구서"로, "심사 청구"는 "재심사 청구"로 본다.

제106조 【산업재해보상보험재심사위원회의 구성】 ① 법 제107조에 따른 산업재해보상보험재심사위원회(이하 "재심사위원회"라 한다)에 위원장과 3명 이내의 부위원장을 둔다. (2018.12.11 개정)

② 부위원장은 재심사위원회가 위원 중에서 선출한다.

③ 위원장은 재심사위원회를 대표하며, 위원회의 사무를 총괄한다.

④ 부위원장은 위원장을 보좌하며, 위원장이 부득이한 사유로 직무를 수행

할 수 없을 때에는 그 직무를 대행한다.

제107조 【재심사위원회의 운영】 ① 위원장은 재심사위원회의 회의를 소집하고, 그 의장이 된다. 다만, 재심사위원회의 원활한 운영을 위하여 필요하면 위원장의 명을 받아 부위원장이 재심사위원회의 회의를 주재할 수 있다.

② 위원장은 재심사위원회의 회의를 소집하려면 회의 개최 5일 전까지 회의의 일시·장소 및 안건을 위원들에게 서면으로 알려야 한다. 다만, 긴급하게 회의를 소집하여야 할 때에는 회의 개최 전날까지 구두(口頭), 전화, 그 밖의 방법으로 알릴 수 있다.

③ 재심사위원회의 회의는 위원장 또는 부위원장, 상임위원 및 위원장이 회의를 할 때마다 지정하는 위원을 포함하여 9명으로 구성한다. 이 경우 위원장이 지정하는 위원 중에는 법 제107조제5항제2호의 자격이 있는 위원과 같은 항 제5호의 자격이 있는 위원이 각각 1명 이상 포함되어야 한다. (2010. 3.26 개정)

④ 재심사위원회의 회의는 제3항에 따른 구성원 과반수의 출석과 출석위원 과반수의 찬성으로 의결한다. 이 경우 제3항 후단에 따른 자격이 있는 위원이 각각 1명 이상 출석하여야 한다.

⑤ 재심사위원회의 회의에 출석한 상임위원 및 당연직위원 외의 위원에게는 예산의 범위에서 수당과 여비를 지급할 수 있다.

⑥ 이 영에 규정한 것 외에 재심사위원회의 운영에 필요한 사항은 재심사위원회의 의결을 거쳐 위원장이 정한다.

제108조 【재심사 심리기일 및 장소의 통지 등】 ① 재심사위원회는 재심사 청구서를 접수하면 그 청구에 대한 심리기일 및 장소를 정하여 심리기일 5일 전까지 당사자 및 공단에 각각 문서로 알려야 한다.

② 제1항에 따른 통지는 직접 전달하거나 등기우편으로 하여야 한다.

제109조 【심리의 공개】 ① 재심사위원회의 심리는 공개하여야 한다. 다만, 재심사 청구인의 신청이 있으면 공개하지 아니할 수 있다.

② 제1항 단서에 따른 신청은 그 취지 및 이유를 적은 문서로 하여야 한다

제110조 【심리조서】 ① 재심사위원회는 재심사의 심리 경과에 관하여 다음 각 호의 사항을 적은 심리조서를 작성하여야 한다.

1. 사건번호 및 사건명
2. 심리일시 및 장소
3. 출석한 위원의 이름
4. 출석한 당사자의 이름
5. 심리의 내용
6. 그 밖에 필요한 사항

② 제1항의 심리조서에는 작성 연월일을 적고, 위원장이 서명하거나 날인하

여야 한다.
③ 당사자 또는 관계인은 문서로 제1항에 따른 심리조서의 열람을 신청할 수 있다.
④ 재심사위원회는 당사자 또는 관계인이 제3항에 따른 열람을 신청한 경우에는 정당한 사유 없이 거부하지 못한다.

제111조 【소위원회의 구성·운영】 ① 재심사위원회는 재심사 청구의 효율적인 심리를 위하여 필요하다고 인정하는 경우에는 전문 분야별 소위원회(이하 "소위원회"라 한다)를 구성·운영할 수 있다. (2018.12.11 개정)
1. 삭제(2018.12.11)
2. 삭제(2018.12.11)
3. 삭제(2018.12.11)

② 소위원회는 재심사위원회 위원장이 재심사위원회 위원 중에서 지정한 5명 이내의 위원으로 구성한다. (2018.12.11 신설)
③ 소위원회 위원장은 소위원회 위원 중에서 재심사위원회 위원장이 지정한다. (2018.12.11 신설)
④ 소위원회는 위원장이 지정하는 재심사 청구 사건을 검토하여 재심사위원회에 보고하여야 한다. (2018.12.11 개정)
⑤ 소위원회의 운영에 관하여는 제107조제1항 본문, 같은 조 제2항·제4항 및 제5항을 준용한다. 이 경우 "위원장"은 "소위원회 위원장"으로, "재심사위원회"는 "소위원회"로 본다. (2018.12.11 개정)

제112조 【조사연구원의 배치】 ① 고용노동부장관은 산업재해보상보험, 산업의학, 산업간호, 유해물질 관리 및 방사선 등 재심사위원회의 재심사 업무에 필요한 전문적인 조사·연구를 위하여 5명 이내의 조사연구원을 둘 수 있다. (2010.7.12 개정)
② 조사연구원의 보수에 관하여 필요한 사항은 고용노동부령으로 정한다. (2015.2.10 개정)

[칙] 제72조

제113조 【준용규정】 재심사 청구의 보정 및 각하, 보험급여 결정등의 집행정지, 재결의 방법, 심리를 위한 조사 및 실비 지급 등에 관하여는 제97조·제98조·제101조·제103조 및 제104조를 준용한다. 이 경우 "심사 청구"는 "재심사 청구"로, "심사 청구인"은 "재심사 청구인"으로, "공단"은 "재심사위원회"로, "공단의 소속기관"은 "공단"으로, "심사 청구에 대한 결정"은 "재심사 청구에 대한 재결"로, "심사 결정서"는 "재결서"로, 제101조제3항 중 "심사 청구인"은 "공단 및 재심사 청구인"으로, 같은 조 제4항 중 "심사 청구 또는 재심사 청구"는 "행정소송"으로 본다.

제7장 보 칙

제114조【수급권의 변동 신고 등】 ① 공단이 법 제114조제1항에 따라 보고 또는 서류의 제출을 요구할 수 있는 경우는 다음 각 호와 같다. (2018.12.11 신설)

1. 보험관계의 성립·변경 또는 소멸 등 보험관계의 확인이 필요한 경우
2. 근로자 수, 보수총액 및 사업종류 등 보험료 및 보험급여의 산정과 관련된 사항에 대하여 확인이 필요한 경우
3. 보험료징수법 제33조에 따른 보험사무대행기관이 보험사무를 위법 또는 부당하게 처리하거나 그 처리를 게을리하는지 여부에 대한 확인이 필요한 경우 (2021.6.8 개정)
4. 보험료징수법 제37조에 따른 징수비용과 그 밖의 지원금과 관련하여 사실관계의 확인이 필요한 경우 (2021.6.8 개정)

② 법 제114조제2항에서 "대통령령으로 정하는 사항"이란 다음 각 호의 어느 하나에 해당하는 사항을 말한다. (2018.12.11 개정)

1. 보험급여 수급권자가 이 법에 따른 보험급여 지급 사유와 같은 사유로 「민법」이나 그 밖의 법령에 따라 보험급여에 상당하는 금품을 받은 경우에는 그 내용
2. 보험급여 수급권자가 제3자로부터 이 법에 따른 보험급여 지급 사유와 같은 사유로 보험급여에 상당하는 손해배상을 받은 경우에는 그 내용
3. 유족보상연금 수급자격자가 변동된 경우에는 그 내용
4. 그 밖에 보험급여 수급권자의 이름·주민등록번호·주소 등이 변경된 경우에는 그 내용

③ 법 제114조제3항에서 "대통령령으로 정하는 사항"이란 다음 각 호의 어느 하나에 해당하는 사항을 말한다. (2018.12.11 개정)

1. 장해보상연금 또는 진폐보상연금 수급권의 소멸사유가 발생한 경우에는 그 내용 (2010.11.15 개정)
2. 유족보상연금 또는 진폐유족연금 수급권의 변동사유가 발생한 경우에는 그 내용 (2010.11.15 개정)

제115조【외국거주자의 수급권 신고】 법 제115조제2항에서 "대통령령으로 정하는 사항"이란 다음 각 호의 사항을 말한다. 이 경우 제3호부터 제5호까지의 규정은 유족보상연금 또는 진폐유족연금 수급권자에게만 해당된다. (2010.11.15 개정)

1. 생존 여부에 관한 사항
2. 국적(國籍)의 변동에 관한 사항

3. 혼인(사실상의 혼인을 포함한다) 여부에 관한 사항
4. 친족관계의 변동에 관한 사항
5. 장애상태에 관한 사항(유족보상연금 수급자격자 또는 진폐유족연금 수급권자가 법 제63조제1항제4호에 따른 장애인 중 고용노동부령으로 정한 장애 정도에 해당하는 사람인 경우에만 해당된다) (2018.12.31 개정)

제116조 【보고·제출요구】 법 제114조 및 법 제118조에 따른 보고 또는 관계 서류 등의 제출 요구는 문서로 하여야 한다.

제117조 【진찰 요구 대상 등】 ① 법 제119조에 따라 공단이 진찰을 요구할 수 있는 경우는 다음 각 호와 같다.
1. 업무상의 재해로 요양 중인 근로자에 대한 계속 요양의 필요성을 판단하기 위한 진찰
2. 장해등급 또는 중증요양상태등급의 판정을 위한 진찰 (2018.12.11 개정)
3. 업무상의 재해인지 판단하기 위한 진찰
4. 재요양이 필요한지 판단하기 위한 진찰
5. 법 제61조에 따른 간병이 필요한지 판단하기 위한 진찰 (2021.1.12 신설)

② 제1항에 따른 진찰비용은 그 진찰에 드는 실비로 지급한다.
③ 제2항에 따라 지급하는 진찰비용 중 제1항제3호에 따른 진찰비용에는 업무상의 재해로 추정할 수 있는 증상을 가진 사람으로서 그 증세가 위독하거나, 진찰 중 바로치료하지 않으면 증세가 급속히 악화되어 진찰과 향후 치료에 지장이 있다는 의학적 소견에 따라 치료한 경우 그 치료에 든 비용을 포함할 수 있다.
④ 법 제119조에 따른 진찰 요구는 문서로 하여야 한다.

제118조 【특진의료기관】 ① 법 제119조에 따른 진찰(이하 이 조에서 "진찰"이라 한다)은 다음 각 호의 어느 하나에 해당하는 산재보험 의료기관(이하 "특진의료기관"이라 한다)에서 한다.
1. 법 제43조제1항제1호에 따른 공단에 두는 의료기관 (2010.3.26 개정)
2. 법 제43조제1항제2호에 따른 상급종합병원 (2010.11.15 개정)
3. 제1호 및 제2호에 해당하지 아니하는 산재보험 의료기관 중 「의료법」 제3조제2항제3호바목에 따른 종합병원 (2021.6.8 개정)

② 공단은 진찰을 요구할 때에는 진찰 요구의 목적, 진찰을 받을 사람의 거주지, 부상·질병 또는 장해 상태 등을 고려하여 진찰의 목적 달성에 적정하다고 인정하는 2개의 특진의료기관을 제시하여 진찰을 받을 사람이 그 중 하나를 선택하도록 할 수 있다.
③ 공단은 제117조제1항제2호에 따른 진찰을 할 특진의료기관을 따로 정하여 운영할 수 있다.
④ 공단은 특진의료기관에서 진찰한 결과가 주치의 및 자문의사의 소견과

각각 다른 경우에는 다시 진찰하여 판정하거나 판단할 수 있다. 다만, 그 진찰의 결과로는 제117조제1항 각 호의 어느 하나에 해당하는 진찰 요구의 목적에 따른 판정 또는 판단이 곤란한 경우에는 자문의사회의의 심의를 거쳐 판정하거나 판단할 수 있다.

⑤ 특진의료기관은 제117조제1항제3호에 따른 진찰결과 업무상 질병에 해당된다고 판단되는 경우에는 진찰받은 사람과 같은 장소에서 동일 또는 유사한 유해요인에 노출된 근로자에게 법 제41조에 따른 요양급여 신청에 관한 상담, 안내, 그 밖에 필요한 지원을 할 수 있다. (2018.12.11 신설)

제119조 【보험급여의 일시 중지】 ① 공단은 법 제120조제1항에 따라 보험급여의 지급을 일시 중지하기 전에 그 보험급여를 받으려는 사람에게 상당한 기간을 정하여 문서로 의무이행을 촉구하여야 한다.

② 법 제120조에 따라 일시 중지할 수 있는 보험급여는 보험급여를 받으려는 사람이 제1항에 따른 의무를 이행하지 아니하여 그 보험급여를 받으려는 사람에게 지급될 보험급여의 지급결정이 곤란하거나 이에 지장을 주게 되는 모든 보험급여로 하되, 법 제120조제1항제1호의 경우에는 휴업급여 또는 상병보상연금 또는 진폐보상연금으로 한다. (2010.11.15 개정)

③ 보험급여를 일시 중지할 수 있는 기간은 공단이 제1항에 따라 의무를 이행하도록 지정한 날의 다음 날부터 그 의무를 이행한 날의 전날까지로 한다.

제120조 【금융기관의 지정】 법 및 이 영에 따라 보험급여를 받으려는 사람은 공단이 지정하는 금융기관에 계좌를 개설하여야 한다.

제121조 【현장실습생에 대한 보험급여 지급 등】 법 제123조에 따른 현장실습생에게 보험급여를 지급하는 경우 등에 관하여는 제21조부터 제28조까지, 제30조부터 제53조까지, 제55조부터 제85조까지, 제96조부터 제98조까지, 제101조부터 제105조까지 및 제113조부터 제120조까지의 규정을 준용한다. (2021.6.8 개정)

제121조의2 【학생연구자의 범위】 법 제123조의2제2항에서 "대통령령으로 정하는 학생 신분의 연구자"란 다음 각 호의 사람(이하 "학생연구자"라 한다)을 말한다. (2021.12.31 신설)

1. 「연구실 안전환경 조성에 관한 법률」 제2조제1호가목에 따른 대학·연구기관에 두는 학사·석사·박사학위과정(전문학위 및 통합된 학위과정을 포함한다)에 재학 중인 사람(휴학 중이거나 수료한 사람을 포함한다)
2. 제1호에 따른 학사·석사학위과정을 마치고 석사·박사학위과정 입학이 확정된 사람으로서 종전의 학사·석사학위과정에서 수행하던 연구개발과제를 석사·박사학위과정의 입학 전까지 계속 수행하는 사람

제121조의3 【학생연구자의 업무상 재해의 인정 기준】 법 제123조의2제5

항에 따른 학생연구자에 대한 업무상의 재해의 인정 기준에 관하여는 제27조, 제28조, 제30조부터 제35조까지 및 제36조를 준용한다. 이 경우 "근로자"는 "학생연구자"로, "사업장"은 "「연구실 안전환경 조성에 관한 법률」에 따른 대학·연구기관등의 연구활동이 수행되는 장소"로, "사업주"는 "대학·연구기관등"으로 보고, 제27조제1항제1호의 "근로계약에 따른 업무수행 행위"는 "대학·연구기관등이 수행하는 연구개발과제에 참여하여 수행하는 연구활동 행위"로 본다. (2021.12.31 신설)

제121조의4 【학생연구자의 보험급여의 지급 등】 ① 법 제123조의2제2항에 따른 학생연구자의 보험급여의 신청·청구 및 결정·통지 등에 관하여는 제21조, 제37조, 제38조, 제44조, 제45조, 제48조부터 제53조까지, 제55조부터 제69조까지, 제72조, 제72조의2, 제73조부터 제77조까지, 제77조의2, 제78조, 제79조, 제79조의2, 제80조, 제81조, 제81조의2, 제82조, 제83조, 제83조의2, 제83조의3, 제96조부터 제98조까지, 제101조부터 제105조까지 및 제113조부터 제120조까지를 준용한다. 이 경우 "근로자"는 "학생연구자"로, "사업주"는 "「연구실 안전환경 조성에 관한 법률」에 따른 대학·연구기관등"으로 본다. (2021.12.31 신설)

② 제1항에서 규정한 사항 외에 보험급여의 지급 등에 필요한 사항은 고용노동부령으로 정한다. (2021.12.31 신설)

제122조 【중·소기업 사업주의 범위】 ① 법 제124조제1항에서 "대통령령으로 정하는 중·소기업 사업주(근로자를 사용하지 아니하는 자를 포함한다. 이하 이 조에서 같다)"란 다음 각 호의 어느 하나에 해당하는 자를 말한다. (2021.6.8 개정)

1. 보험가입자로서 300명 미만의 근로자를 사용하는 사업주 (2020.1.7 개정)
2. 근로자를 사용하지 않는 사람. 다만, 노무제공자는 제외한다. (2023.6.27 개정)

가. ~ 타. 삭제(2020.1.7)

② 제1항제1호에 따라 보험에 가입한 중·소기업 사업주가 300명 이상의 근로자를 사용하게 된 경우에도 중·소기업 사업주 본인이 보험관계를 유지하려고 하는 경우에는 계속하여 300명 미만의 근로자를 사용하는 사업주로 본다. (2020.1.7 개정)

③ 제1항제2호에 따라 보험에 가입한 사람이 300명 미만의 근로자를 사용하게 된 경우에는 제1항제1호에 따라 보험에 가입한 것으로 본다. (2020.1.7 개정)

④ 법 제124조제2항에서 "대통령령으로 정하는 요건을 갖추어 해당 사업에 노무를 제공하는 사람"이란 제1항에 따른 중·소기업 사업주로부터 노무 제공에 대한 보수를 받지 않고 해당 사업에 노무를 제공하는 사람을 말한다.

(2021.6.8 신설)

제123조 【중·소기업 사업주등의 업무상의 재해의 인정 기준】 법 제124조제1항에 따른 중·소기업 사업주 및 같은 조 제2항에 따른 중·소기업 사업주의 배우자 또는 4촌 이내의 친족(이하 "중·소기업 사업주등"이라 한다)에 대한 같은 조 제4항에 따른 업무상의 재해의 인정 범위에 관하여는 제27조, 제28조, 제30조부터 제35조까지 및 제36조를 준용한다. 이 경우 "근로자" 및 "진폐근로자"는 "중·소기업 사업주등"으로 보고, 제27조 중 "근로계약에 따른 업무수행 행위"는 "해당 사업에 필요한 업무수행 행위"로 본다. (2021.6.8 개정)

제124조 【중·소기업 사업주등에 대한 보험급여 지급의 제한】 법 제124조제6항에 따라 중·소기업 사업주등이 보험료를 체납한 기간 중 발생한 업무상의 재해에 대해서는 법 제36조제1항에 따른 보험급여를 지급하지 않는다. 다만, 체납한 보험료를 보험료 납부기일이 속하는 달의 다음다음 달 10일까지 납부한 경우에는 해당 보험급여를 지급한다. (2021.6.8 개정)

제125조 【특수형태근로종사자의 범위 등】 삭제(2023.6.27)

제126조 【특수형태근로종사자의 노무 제공 신고 등】 삭제(2023.6.27)

제126조의2 【법의 적용 제외 사유】 삭제(2023.6.27)

제127조 【특수형태근로종사자에 대한 업무상의 재해의 인정 기준】 삭제(2023.6.27)

제127조의2 【민감정보 및 고유식별정보의 처리】 고용노동부장관 또는 공단(제19조에 따라 공단의 업무를 위탁받은 자를 포함한다)은 다음 각 호의 사무를 수행하기 위하여 불가피한 경우 「개인정보 보호법」 제23조에 따른 건강에 관한 정보와 같은 법 시행령 제18조제2호에 따른 범죄경력자료, 같은 영 제19조제1호 및 제4호에 따른 주민등록번호 및 외국인등록번호가 포함된 자료를 처리할 수 있다. 다만, 제4호, 제8호의2 및 제8호의3의 사무의 경우에는 「개인정보 보호법 시행령」 제18조제2호에 따른 범죄경력자료에 해당하는 정보는 제외하고, 제8호, 제8호의3 및 제12호의 사무의 경우에는 「개인정보 보호법」 제23조에 따른 건강에 관한 정보는 제외한다. (2023.6.27 개정)

1. 법 제31조에 따른 자료 제공의 요청
2. 법 제36조에 따른 보험급여 지급에 관한 사무
3. 법 제39조제2항에 따른 보험급여액의 징수에 관한 사무 (2012.11.12 신설)
4. 법 제77조에 따른 합병증 등 예방관리에 관한 사무 (2014.8.6 신설)
5. 법 제78조에 따른 장해특별급여 지급에 관한 사무 (2014.8.6 개정)
6. 법 제79조에 따른 유족특별급여 지급에 관한 사무 (2014.8.6 개정)
7. 법 제84조에 따른 부당이득의 징수에 관한 사무 (2014.8.6 개정)

8. 법 제87조에 따른 제3자에 대한 구상권에 관한 사무 (2014.8.6 개정)
8의2. 법 제90조의2에 따른 국민건강보험 요양급여 비용의 정산에 관한 사무 (2015.4.14 신설)
8의3. 법 제91조의21에 따른 플랫폼 운영자에 대한 자료 또는 정보의 제공 요청에 관한 사무 (2023.6.27 신설)
9. 법 제92조에 따른 보험시설의 설치·운영, 장학사업 등 근로복지 사업에 관한 사무 (2014.8.6 개정)
10. 법 제103조에 따른 심사 청구에 관한 사무 (2014.8.6 개정)
11. 법 제106조에 따른 재심사 청구에 관한 사무 (2014.8.6 개정)
12. 법 제119조의2에 따른 포상금의 지급에 관한 사무 (2014.8.6 신설)

제127조의3 【규제의 재검토】 ① 고용노동부장관은 제34조 및 별표 3에 따른 업무상 질병의 인정기준에 대하여 2014년 1월 1일을 기준으로 3년마다(매 3년이 되는 해의 1월 1일 전까지를 말한다) 그 타당성을 검토하여 개선 등의 조치를 하여야 한다. (2014.12.9 개정)
② 고용노동부장관은 제83조의5에 따른 노무제공자의 범위에 대하여 2017년 1월 1일을 기준으로 3년마다(매 3년이 되는 해의 1월 1일 전까지를 말한다) 그 타당성을 검토하여 개선 등의 조치를 해야 한다. (2023.6.27 개정)

제8장 벌 칙

제128조 【과태료의 부과기준】 법 제129조제1항부터 제3항까지의 규정에 따른 과태료의 부과기준은 별표 12와 같다. (2023.6.27 개정)

부 칙

제1조 【시행일】 이 영은 2008년 7월 1일부터 시행한다.

제2조 【평균임금의 증감에 관한 적용례】 제22조 및 별표 2의 개정규정은 이 영 시행 후 평균임금의 증감 사유가 발생한 사람부터 적용한다.

제3조 【근로형태가 특이한 근로자의 평균임금 산정에 관한 적용례】 제23조 및 제24조의 개정규정은 이 영 시행 후 새로 평균임금 산정사유가 발생한 사람부터 적용한다.

제4조 【직업병에 걸린 사람에 대한 평균임금 산정 특례에 관한 적용례】 제25조의 개정규정은 이 영 시행 후 새로 직업병으로 확인된 사람부터 적용한다.

제5조 【과징금에 관한 적용례】 제39조 및 별표 5의 개정규정은 이 영 시행 후 해당 법 규정을 위반한 산재보험 의료기관부터 적용한다.

제6조 【진료계획의 제출 등에 관한 적용례】 제40조 및 제41조의 개정규정은 이 영 시행 후 요양기간을 연장하는 경우부터 적용한다.

제7조【장해급여의 등급 기준 등에 관한 적용례】 제53조 및 별표 6의 개정규정은 이 영 시행 후 치유되어 장해급여 청구사유가 발생한 사람부터 적용한다.

제8조【간병급여에 관한 적용례】 제59조 및 별표 7의 개정규정은 이 영 시행 후 치유된 사람이 간병을 받을 필요가 있게 된 경우부터 적용한다.

제9조【장해특별급여·유족특별급여에 관한 적용례】 제73조제3항 및 제74조제2항의 개정규정은 이 영 시행 후 업무상의 재해가 발생한 사람부터 적용한다.

제10조【국민건강보험 요양급여 비용의 본인 일부 부담금의 대부에 관한 적용례】 제84조의 개정규정은 이 영 시행 후 질병이 발생하여 요양급여를 신청한 사람부터 적용한다.

제11조【장해급여의 등급 기준에 관한 경과조치】 ① 이 영 시행 당시 종전의 규정에 따라 장해등급이 결정된 사람이 재요양을 받고 치유된 후 장해의 상태가 종전에 비하여 호전되지 아니하였음에도 불구하고 제53조제1항의 개정규정을 적용하면 장해등급이 낮아지게 되는 경우에 그 장해에 대한 장해등급은 종전의 규정에 따른다.

③ 이 영 시행 당시 종전의 규정에 따라 장해등급이 결정된 사람이 이 영 시행 후에 새로 발생한 업무상의 재해로 기존 장해 부위의 장해 상태가 더 나빠져서 제53조제4항의 개정규정을 적용하는 경우에 제53조제1항 및 별표 6의 개정규정에도 불구하고 종전의 규정에 따라 결정된 장해등급을 상태가 더 나빠지기 전의 장해등급으로 본다.

제12조【간병급여에 관한 경과조치】 이 영 시행 당시 종전의 규정에 따라 간병급여를 지급받고 있는 사람은 제59조제1항의 개정규정에도 불구하고 종전의 규정에 따른다.

제13조【직장복귀지원금에 관한 경과조치】 이 영 시행 당시 치유되어 장해급여를 받은 사람을 계속 고용하거나 직장적응훈련 또는 재활운동을 실시한 사업주에 대한 직장복귀지원금의 지급에 관하여는 제70조 및 제71조의 개정규정에도 불구하고 종전의 규정에 따른다.

제14조【다른 법령의 개정】 생략

제15조【다른 법령과의 관계】 이 영 시행 당시 다른 법령에서 종전의 「산업재해보상보험법 시행령」의 규정을 인용한 경우에 이 영 중 그에 해당하는 조항이 있을 때에는 종전의 규정을 갈음하여 이 영의 해당 조항을 인용한 것으로 본다.

〈생략〉

부칙(2010.2.24 대통령령 제22060호)

제1조 【시행일】 이 영은 2010년 4월 10일부터 시행한다.

제2조 【산업재해보상보험심의위원회 등에 관한 경과조치】 ① 이 영 시행 당시 종전의 규정에 따라 설치된 산업재해보상보험심의위원회, 정책전문위원회 및 요양전문위원회는 각각 제3조, 제4조 및 제8조의 개정규정에 따라 설치된 산업재해보상보험및예방심의위원회, 산업재해보상보험정책전문위원회 및 산업재해보상보험요양전문위원회로 본다.

② 이 영 시행 당시 종전의 규정에 따라 설치된 산업재해보상보험심의위원회의 위원, 정책전문위원회의 위원 및 요양전문위원회의 위원은 각각 제3조, 제4조 및 제8조의 개정규정에 따라 설치된 산업재해보상보험및예방심의위원회의 위원, 산업재해보상보험정책전문위원회의 위원 및 산업재해보상보험요양전문위원회의 위원으로 본다. 이 경우 산업재해보상보험및예방심의위원회의 위원의 임기는 종전의 위촉일부터 기산한다.

제3조 【전문위원에 관한 경과조치】 이 영 시행 당시 종전의 「산업안전보건법 시행령」 제6조에 따라 임명된 전문위원은 제8조의2의 개정규정에 따라 임명된 조사·연구위원으로 본다.

부칙(2010.3.26 대통령령 제22101호)

제1조 【시행일】 이 영은 2010년 4월 28일부터 시행한다. 다만, 제2조 및 제2조의2의 개정규정은 2010년 3월 31일부터 시행한다.

제2조 【직업재활급여에 관한 적용례】 ① 제68조제1항제1호가목의 개정규정 중 장해등급 제10급부터 제12급까지에 대한 규정은 이 영 시행 후 치유되어 새로 장해등급 제10급부터 제12급까지의 어느 하나에 해당하는 장해등급을 받은 사람부터 적용한다.

② 제68조제1항제1호나목의 개정규정은 이 영 시행 당시 요양 중인 사람부터 적용한다.

〈생략〉

부칙(2010.11.15 대통령령 제22492호)

제1조 【시행일】 이 영은 2010년 11월 21일부터 시행한다.

제2조 【평균임금 산정특례에 관한 적용례】 제25조제2항제1호의 개정규정은 이 영 시행 후 최초로 진폐에 따른 보험급여를 지급하는 경우부터 적용한다.

제3조 【진폐판정 및 보험급여 결정 기준에 관한 적용례】 제83조의2, 별표 11의2 및 별표 11의3의 개정규정은 진폐판정 및 보험급여 결정을 위한 진단

서 또는 소견서가 이 영 시행 후 최초로 발급된 경우부터 적용한다.

〈생략〉

부칙(2016.3.22 대통령령 제27050호)

제1조【시행일】 이 영은 2016년 3월 28일부터 시행한다. 다만, 제23조, 제24조, 제122조제1항제2호 단서, 같은 호 바목 및 제125조제7호부터 제9호까지의 개정규정은 2016년 7월 1일부터 시행한다.

제2조【단시간근로자에 대한 보험급여 산정에 관한 적용례】 제23조제2호 및 제24조제1항제2호의 개정규정은 부칙 제1조 단서에 따른 시행일 이후 업무상의 재해를 입은 경우부터 적용한다.

제3조【소음성 난청에 걸린 근로자에 대한 평균임금 산정 기준일에 관한 경과조치】 소음성 난청으로 이 영 시행 전에 제25조제3항 본문에 따른 진단서나 소견서를 발급받은 근로자에 대하여 보험급여를 지급하는 경우 그 평균임금의 산정 기준일은 제25조제3항의 개정규정에도 불구하고 종전의 규정에 따른다.

제4조【다른 법령의 개정】 생략

〈생략〉

부칙(2017.12.26 대통령령 제28506호)

제1조【시행일】 이 영은 2018년 1월 1일부터 시행한다. 다만, 제2조제1항·제3항 및 제2조의2의 개정규정은 2018년 7월 1일부터 시행한다.

제2조【적용 제외 공사에 관한 적용례】 제2조제1항제3호의 개정규정은 부칙 제1조 단서에 따른 시행일 이후 착공하는 공사부터 적용한다.

제3조【근로 형태가 특이한 근로자의 평균임금 산정에 관한 적용례】 제24조제2항의 개정규정은 이 영 시행 이후 평균임금 산정사유가 발생한 경우부터 적용한다.

제4조【재요양 후의 장해급여에 관한 적용례】 제58조제3항의 개정규정은 이 영 시행 이후 재요양 후의 장해급여를 신청하는 경우부터 적용한다.

제5조【다른 보상이나 배상과의 조정 기준에 관한 적용례】 제76조의 개정규정(제81조에서 준용하는 경우를 포함한다)은 「민법」이나 그 밖의 법령에 따라 지급받은 금품을 이 영 시행 이후 조정하는 경우부터 적용한다.

〈생략〉

부칙(2018.12.11 대통령령 제29354호)

제1조 【시행일】 이 영은 공포한 날부터 시행한다. 다만, 제64조, 제65조, 제70조, 제72조, 제72조의2, 제77조의2, 제79조의2, 제81조의2, 제117조 및 별표 8의 개정규정은 2018년 12월 13일부터 시행하고, 제125조제2호의 개정규정은 2019년 1월 1일부터 시행한다.

제2조 【업무상 질병에 대한 구체적인 인정 기준에 관한 적용례】 별표 3 제5호·제7호 및 제10호의 개정규정은 이 영 시행 당시 보험급여를 신청한 사람에게도 적용한다.

〈생략〉

부칙(2020.1.7 대통령령 제30334호)

제1조 【시행일】 이 영은 공포한 날부터 시행한다. 다만, 제125조의 개정규정은 2020년 7월 1일부터 시행한다.

제2조 【장해보상연금 선급금의 이자율에 관한 적용례】 제54조의 개정규정은 이 영 시행 이후 장해보상연금을 선지급하는 분부터 적용한다.

제3조 【장해등급등의 재판정에 따른 장해보상연금 또는 진폐보상연금 지급에 관한 적용례】 제57조제1항의 개정규정은 이 영 시행 이후 제56조제1항에 따른 재판정 결정을 받고 장해등급등이 변경되는 사람부터 적용한다.

제4조 【진료비 또는 약제비 불복 심사 청구에 대한 심사위원회의 심의에 관한 적용례】 제102조제1항제5호의 개정규정은 이 영 시행 이후 진료비 또는 약제비에 관한 불복 심사 청구에 대하여 결정하는 경우부터 적용한다.

제5조 【특수형태근로종사자의 노무 제공 신고에 관한 경과조치】 이 영 시행 전에 제126조제3항 각 호의 개정규정에 해당하는 서류 및 정보를 교부받거나 입력 또는 제출한 경우에는 이 영 시행일에 제126조제1항제1호 및 제2호의 사항을 신고한 것으로 본다.

〈생략〉

부칙(2021.1.12 대통령령 제31388호)

이 영은 공포한 날부터 시행한다. 다만, 제125조제14호의 개정규정은 2021년 7월 1일부터 시행한다.

부칙(2021.6.8 대통령령 제31750호)

이 영은 공포한 날부터 시행한다. 다만, 다음 각 호의 구분에 따른 개정규정은 해당 각 호에 규정된 날부터 각각 시행한다.

1. 제21조제1항제6호, 제41조제2항제3호, 제43조제3항제2호, 제44조의 제목, 제3장제9절의 제목, 제66조 및 별표 1 제36호의 개정규정 : 2021년 7월 27일
2. 제122조제1항·제4항, 제123조 및 제124조의 개정규정 : 2021년 6월 9일
3. 제126조의2의 개정규정 : 2021년 7월 1일

부칙(2021.12.31 대통령령 제32303호)

이 영은 2022년 1월 1일부터 시행한다.

부칙(2022.2.17 대통령령 제32447호)

제1조 【시행일】 이 영은 2022년 2월 18일부터 시행한다.

제2조 및 **제3조** 생략

부칙(2022.3.15 대통령령 제32539호)

이 영은 2022년 7월 1일부터 시행한다.

부칙(2022.12.20 대통령령 제33112호)

이 영은 공포한 날부터 시행한다.

부칙(2022.12.30 대통령령 제33188호)

이 영은 2023년 1월 12일부터 시행한다.

부칙(2023.6.27 대통령령 제33593호)

제1조 【시행일】 이 영은 2023년 7월 1일부터 시행한다. 다만, 제83조의5 제1호나목 및 같은 조 제16호의 개정규정은 2024년 1월 1일부터 시행한다.

제2조 【노무제공자 중 골프장 캐디의 보수 산정에 관한 특례】 이 영 시행일부터 2023년 12월 31일까지 골프장 캐디의 보수 산정을 함에 있어서는 제83조의7의 개정규정 중 "제83조의5제2호 및 제13호"를 "제83조의5제2호·제4호 및 제13호"로 본다.

제3조 【다른 법령의 개정】 생략

부칙(2024.7.23 대통령령 제34731호)

제1조 【시행일】 이 영은 2024년 7월 31일부터 시행한다.

제2조 및 **제3조** 생략

부칙(2024.12.31 대통령령 제35160호)

이 영은 2025년 1월 1일부터 시행한다.

부칙(2025.6.20 대통령령 제35597호)

제1조 【시행일】 이 영은 2025년 6월 21일부터 시행한다. 〈단서 생략〉

제2조부터 **제5조**까지 생략

부칙(2025.10.1 대통령령 제35805호)

제1조 【시행일】 이 영은 공포한 날부터 시행한다.

제2조 및 **제3조** 생략

부칙(2025.12.30 대통령령 제35947호)

제1조 【시행일】 이 영은 2026년 1월 2일부터 시행한다. 〈단서 생략〉

제2조부터 **제6조**까지 생략

[별표 1] (2023.6.27 개정)

공단 이사장의 대표 권한 중 소속기관의 장에게 대표 권한이 위임되는 공단 업무의 범위(제18조제1항 관련)

대표 권한이 위임되는 공단의 업무	공단 업무의 근거조항
1. 보험료징수법 제5조에 따른 보험가입 승인, 보험계약 해지의 승인 및 보험관계의 소멸에 관한 업무 2. 보험료징수법 제8조제2항 및 제3항에 따른 일괄적용의 승인 및 일괄적용 해지의 승인에 관한 업무 3. 보험료징수법 제9조에 따른 하수급인의 사업주 승인에 관한 업무 4. 보험료징수법 제11조에 따른 보험관계의 성립 및 소멸에 관한 업무 5. 보험료징수법 제12조에 따른 보험관계의 변경에 관한 업무 6. 보험료징수법 제15조제2항에 따른 산재보험료율의 특례에 관한 업무 7. 보험료징수법 제17조제2항에 따른 개산보험료의 징수에 관한 업무 8. 보험료징수법 제18조에 따른 보험료율의 인상 또는 인하에 따른 추가징수 또는 감액조정에 관한 업무 9. 보험료징수법 제19조제4항에 따른 확정보험료의 징수에 관한 업무 10. 보험료징수법 제20조에 따른 보험료징수의 특례에 관한 업무 11. 보험료징수법 제22조의2제2항 및 제3항에 따른 개산보험료 및 특례보험료의 경감에 관한 업무 12. 보험료징수법 제23조에 따른 보험료 등 과납액의 충당과 반환에 관한 업무 13. 보험료징수법 제23조의2에 따른 진료비 또는 약제비의 충당에 관한 업무 14. 보험료징수법 제24조에 따른 가산금의 징수에 관한 업무 15. 보험료징수법 제25조에 따른 연체금의 징수에 관한 업무 16. 보험료징수법 제26조에 따른 산재보험가입자로부터의 보험급여액의 징수에 관한 업무 17. 보험료징수법 제27조에 따른 징수금의 통지 및 독촉에 관한 업무 18. 보험료징수법 제27조의2에 따른 납부기한 전 보험료, 그 밖의 징수금의 징수에 관한 업무 19. 삭제(2017.12.26) 20. 삭제(2017.12.26) 21. 삭제(2017.12.26) 22. 삭제(2017.12.26) 23. 삭제(2017.12.26) 24. 보험료징수법 제31조제1항에 따른 산재보험료 및 부담금의 통합징수에 관한 업무	법 제11조 제1항제2호

25. 보험료징수법 제33조에 따른 보험사무대행기관의 인가 및 인가의 취소, 보험사무의 전부 또는 일부의 폐지, 인가사항의 변경에 관한 업무
26. 보험료징수법 제34조에 따른 보험사무대행기관에 대한 보험료, 그 밖의 징수금의 납입의 통지에 관한 업무
27. 보험료징수법 제37조에 따른 보험사무대행기관에 대한 징수비용과 그 밖의 지원금의 교부에 관한 업무
27의2. 보험료징수법 제47조, 제48조, 제48조의5부터 제48조의7까지, 제49조 및 제49조의5에 따른 해외파견자·현장실습생·학생연구자·산재보험 노무제공자·플랫폼 운영자·중소기업사업주 및 산재보험관리기구의 산재보험 특례 적용에 관한 업무
28. 보험료징수법 제48조의2부터 제48조의4까지 및 제49조의2에 따른 예술인·노무제공자·노무제공플랫폼사업자 및 자영업자의 고용보험 특례 적용에 관한 업무

---

29. 법 제36조제2항에 따른 보험급여의 지급에 관한 업무
30. 법 제39조에 따른 사망의 추정에 따른 보험급여의 지급 및 생존확인에 따른 보험급여 금액의 징수에 관한 업무
31. 법 제43조에 따른 산재보험 의료기관의 지정·지정취소 및 진료제한 등의 조치에 관한 업무
32. 법 제44조에 따른 과징금의 부과 및 징수에 관한 업무
33. 법 제45조에 따른 진료비의 심사 및 지급에 관한 업무 다만, 법 제43조제1항제1호에 따른 산재보험 의료기관은 제외한다.
34. 법 제46조에 따른 약제비의 심사 및 지급에 관한 업무
35. 법 제47조에 따른 진료계획의 심사 및 변경조치 등에 관한 업무
36. 법 제48조에 따른 산재보험 의료기관 변경 요양에 관한 업무
37. 법 제59조에 따른 장해등급등의 재판정에 관한 업무
38. 법 제73조에 따른 직업훈련기관과의 계약 및 직업훈련비용의 지급에 관한 업무
39. 법 제76조에 따른 보험급여의 일시지급에 관한 업무
40. 법 제77조에 따른 합병증 등의 예방관리에 관한 업무
41. 법 제78조에 따른 장해특별급여의 지급 및 급여액의 징수에 관한 업무
42. 법 제79조에 따른 유족특별급여의 지급 및 급여액의 징수에 관한 업무
43. 법 제83조에 따른 보험급여의 지급 제한에 관한 업무
44. 법 제84조에 따른 부당이득의 징수에 관한 업무
45. 법 제86조에 따른 보험급여의 충당에 관한 업무
46. 법 제87조에 따른 제3자에 대한 구상권 행사에 관한 업무
47. 법 제90조에 따른 요양급여 비용의 정산에 관한 업무
47의2. 법 제91조의6에 따른 진폐의 진단에 관한 업무
47의3. 법 제91조의11제2항에 따른 전신해부를 실시한 의료기관 또는 유족에 대한 비용의 지원에 관한 업무

법 제11조 제1항제3호

48. 법 제93조에 따른 국민건강보험 요양급여 비용의 본인 일부 부담금 대부 및 대부금의 충당에 관한 업무 49. 법 제119조에 따른 진찰요구에 관한 업무 50. 법 제120조에 따른 보험급여의 일시중지에 관한 업무	
51. 「임금채권보장법」 제27조에 따라 위탁받은 사업 중 같은 법 시행령 제24조제2항제1호부터 제8호까지, 제9호부터 제11호까지의 규정에 관한 업무 52. 「근로복지기본법」 제22조에 따른 공단의 사업 중 근로자 신용보증지원에 관한 사업 53. 보험료징수법 제21조에 따른 고용보험료의 지원에 관한 업무 54. 보험료징수법 제21조의2에 따른 지원금의 환수에 관한 업무 55. 「고용보험법」 제15조에 따른 피보험자격의 신고 등에 관한 업무 56. 삭제(2020.8.27)	법 제11조 제1항제7호

[별표 1의2] (2025.6.20 개정)

자료 요청 대상 기관·단체 및 자료의 범위(제19조의2 관련)

1. 공단이 자료를 요청할 수 있는 기관·단체
   가. 「건설근로자의 고용개선 등에 관한 법률」 제9조에 따른 건설근로자공제회
   나. 「건설산업기본법」 제54조제1항, 「여객자동차 운수사업법」 제61조제1항, 「화물자동차 운수사업법」 제51조의2제1항 및 「수산업협동조합법」 제2조제4호에 따른 공제조합 또는 조합으로서 보험업을 영위하는 자
   다. 「고용정책 기본법」 제18조에 따른 한국고용정보원
   라. 「공무원연금법」 제4조에 따른 공무원연금공단
   마. 「국민건강보험법」 제13조에 따른 국민건강보험공단과 같은 법 제62조에 따른 건강보험심사평가원
   바. 「국민연금법」 제24조에 따른 국민연금공단
   사. 「국토안전관리원법」에 따른 국토안전관리원
   아. 「금융위원회의 설치 등에 관한 법률」 제24조에 따른 금융감독원
   자. 「금융회사의 지배구조에 관한 법률」 제2조제1호에 따른 금융회사와 「새마을금고법」에 따른 금고
   차. 「노인장기요양보험법」 제2조제4호에 따른 장기요양기관
   카. 「한국도로교통공단법」에 따른 한국도로교통공단
   타. 「별정우체국법」 제16조에 따른 별정우체국 연금관리단
   파. 「보험업법」 제2조제6호에 따른 보험회사 및 같은 법 제176조제1항에 따른 보험요율 산출기관
   하. 「사립학교교직원 연금법」 제4조에 따른 사립학교교직원연금공단
   거. 「사회보장급여의 이용·제공 및 수급권자 발굴에 관한 법률」 제29조에 따른 한국사회보장정보원
   너. 「신용정보의 이용 및 보호에 관한 법률」 제25조제2항제1호에 따른 종합신용정보집중기관
   더. 「의료법」 제3조에 따른 의료기관
   러. 「장애인고용촉진 및 직업재활법」 제43조에 따른 한국장애인고용공단
   머. 「지역보건법」 제2조제1호에 따른 지역보건의료기관
   버. 「한국교통안전공단법」 제2조에 따른 한국교통안전공단
   서. 「한국산업안전보건공단법」 제2조에 따른 한국산업안전보건공단
   어. 그 밖에 「공공기관의 운영에 관한 법률」 제4조에 따른 공공기관으로서 고용노동부령으로 정하는 자료를 보유한 기관·단체

2. 공단이 요청할 수 있는 자료
   가. 「119구조·구급에 관한 법률」 제22조에 따른 구조·구급활동상황 등 화재·재

산재
보험

난·재해 관련 자료

나. 「가족관계의 등록 등에 관한 법률」 제9조에 따른 가족관계등록 전산정보자료와 같은 법 제15조에 따른 가족관계기록사항에 관한 증명서

다. 「감염병의 예방 및 관리에 관한 법률」 제18조에 따른 역학조사 결과

라. 「건설근로자의 고용개선 등에 관한 법률」 제9조의3에 따른 건설근로자 경력증명 등 건설근로자의 근로이력에 관한 자료

마. 「건설기술 진흥법」 제67조에 따른 건설사고 통보 자료

바. 「공간정보의 구축 및 관리 등에 관한 법률」 제2조제19호에 따른 지적공부 및 같은 조 제19호의3에 따른 부동산종합공부

사. 「공무원연금법」 제28조에 따른 급여, 「국가배상법」에 따른 배상금, 「군인연금법」 제7조에 따른 급여, 「별정우체국법」 제24조에 따른 급여, 「사립학교교직원 연금법」 제33조에 따른 급여, 「선원법」 제94조부터 제101조까지에 따른 재해보상, 「어선원 및 어선 재해보상보험법」 제21조에 따른 보험급여, 「의사상자 등 예우 및 지원에 관한 법률」 제8조에 따른 보상금, 「자동차손해배상 보장법」 제10조에 따른 보험금에 관한 자료

아. 「공익사업을 위한 토지 등의 취득 및 보상에 관한 법률」 제40조에 따라 지급하는 보상금에 관한 자료(공단에 보험급여와 관련된 채무가 있는 자에 관한 자료로 한정한다)

자. 「공탁법」에 따른 공탁물 관련 자료(공단에 보험급여와 관련된 채무가 있는 자에 관한 자료로 한정한다)

차. 「국민건강보험법」 제5조에 따른 가입자에 관한 자료, 같은 법 제8조 및 제10조에 따른 자격의 취득·상실에 관한 사항, 같은 법 제41조에 따른 요양급여의 지급에 관한 자료, 같은 법 제51조에 따른 장애인 보조기기에 대한 보험급여 신청·지급에 관한 자료, 같은 법 제52조에 따른 건강검진 관련 자료, 같은 법 제57조에 따른 부당이득의 징수 및 같은 법 제97조에 따른 요양기관의 보고·검사 관련 자료

카. 「국민연금법」 제6조에 따른 가입자에 관한 자료, 같은 법 제11조 및 제12조에 따른 자격의 취득·상실에 관한 자료, 같은 법 제49조에 따른 급여의 결정 및 지급에 관한 자료 및 「석면피해구제법」 제17조에 따른 구제급여의 지급에 관한 자료

타. 「국세기본법」, 「국세징수법」, 「법인세법」, 「상속세 및 증여세법」, 「수출용원재료에 대한 관세 등 환급에 관한 특례법」, 「지방세기본법」, 「지방세법」, 「지방세징수법」에 따른 과세 및 환급 자료

파. 「근로기준법」 제2조제4호 및 제5호에 따른 근로계약 및 임금에 관한 자료

하. 「금융회사의 지배구조에 관한 법률」 제2조제1호에 따른 금융회사의 금융거래 내역과 「새마을금고법」에 따른 금고의 거래 내역(공단에 보험급여와 관련된 채무가 있는 자에 관한 자료로 한정한다)

거. 「도로교통법」 제54조제6항에 따른 교통사고 조사에 관한 자료와 같은 법

제85조, 제87조, 제88조부터 제90조까지 및 제93조에 따른 운전면허의 취득·갱신, 적성검사 및 취소·정지에 관한 자료

너. 「보험업법」 제2조제6호·제7호에 따른 보험회사·상호회사의 보험금 지급에 관한 자료 및 같은 법 제176조제1항에 따른 보험요율 산출기관의 보험 접수 내역과 「건설산업기본법」 제54조제1항, 「여객자동차 운수사업법」 제61조제1항, 「화물자동차 운수사업법」 제51조의2제1항 및 「수산업협동조합법」 제2조제4호에 따른 공제조합 또는 조합의 공제금 지급에 관한 자료

더. 「부동산등기법」에 따른 토지등기사항증명서·건물등기사항증명서, 「선박등기법」에 따른 선박등기사항증명서, 「동산·채권 등의 담보에 관한 법률」에 따른 담보등기부 및 「상업등기법」 및 「비송사건절차법」에 따른 법인등기사항증명서

러. 「사회보장급여의 이용·제공 및 수급권자 발굴에 관한 법률」 제23조에 따른 사회보장정보시스템에 등록된 사회보장정보

머. 「산업안전보건법」 제56조제1항에 따른 중대재해 원인조사 자료, 같은 법 제110조제1항에 따른 물질안전보건자료, 같은 법 제125조에 따른 작업환경측정자료 및 같은 법 제130조제1항에 따른 특수건강진단 자료

버. 「소득세법」 제4조제1호에 따른 종합소득 자료, 같은 법 제127조제1항에 따른 원천징수 자료(근로·사업소득 원천징수분에 한정한다), 같은 법 제164조 및 제164조의3에 따른 근로소득·사업소득 (간이)지급명세서, 「부가가치세법」 제8조에 따른 사업자등록 자료, 같은 법 제29조에 따른 과세표준에 관한 자료 및 같은 법 제32조에 따른 전자세금계산서 발급액

서. 다음의 어느 하나에 해당하는 사람에 대한 면허, 자격 및 행정처분에 대한 자료

1) 「약사법」 제2조제2호에 따른 약사 및 한약사
2) 「의료법」 제2조에 따른 의사, 치과의사, 한의사, 「간호법」 제2조에 따른 간호사, 간호조무사
3) 「의료기사 등에 관한 법률」 제1조의2제2호에 따른 보건의료정보관리사 및 같은 법 제2조에 따른 임상병리사, 방사선사, 물리치료사, 작업치료사, 치과기공사 및 치과위생사
4) 「정신건강증진 및 정신질환자 복지서비스 지원에 관한 법률」 제17조에 따른 정신건강전문요원
5) 「원자력안전법」 제84조에 따른 방사성동위원소취급자 및 방사선취급감독자

어. 「여신전문금융업법」 제64조제6호에 따라 관리하는 신용카드가맹점에 대한 정보 및 「신용정보의 이용 및 보호에 관한 법률」 제23조에 따라 관리하는 신용정보(공단에 보험급여와 관련된 채무가 있는 자에 관한 자료로 한정한다)

저. 「외국인근로자의 고용 등에 관한 법률」 제17조에 따른 외국인근로자와의

근로계약 해지 및 그 밖에 고용과 관련된 중요 사항 등에 관한 자료와 「출입국관리법」 제19조에 따른 외국인 해고, 퇴직 및 고용계약의 중요한 변경 내용에 관한 자료

처. 「의료법」, 「약사법」, 「의료급여법」에 따른 진료·조제 기록부, 진료비 계산서 및 세부 산정 내역서·영수증과 본인부담금 수납대장, 약제·치료재료·의료기기 등 요양급여 구성요소의 구입에 관한 자료

커. 「의료법」 제3조에 따른 의료기관, 「의료급여법」 제2조제2호에 따른 의료급여기관, 「노인장기요양보험법」 제2조제4호에 따른 장기요양기관, 「건강검진기본법」 제3조제2호에 따른 건강검진기관, 「약사법」 제2조제3호에 따른 약국 및 같은 조 제2호에 따른 약사, 「의료기기법」 제2조제3항에 따른 의료기기취급자의 자격에 관한 자료 및 시설·장비·인력 등의 현황 자료

터. 「자동차관리법」 제7조에 따른 자동차등록원부, 「건설기계관리법」 제7조에 따른 건설기계등록원부, 「선박법」 제8조에 따른 선박원부, 「항공안전법」 제11조에 따른 항공기 등록원부 및 「특허권 등의 등록령」 제2조제1호에 따른 등록원부 및 「농지법」 제49조제1항에 따른 농지대장

퍼. 「장애인고용촉진 및 직업재활법」 제28조에 따른 장애인 고용 의무 및 같은 법 제30조에 따른 장애인 고용장려금 지급 등에 관한 자료, 「고용정책 기본법」 제15조에 따른 고용·직업에 관한 정보에 관한 자료

허. 「장애인복지법」에 따른 장애인 등록, 장애인 거주시설 이용, 장애인보조기구 지급에 관한 자료

고. 「장애인활동 지원에 관한 법률」 제2조제2호에 따른 활동지원급여에 관한 자료

노. 「재외동포의 출입국과 법적 지위에 관한 법률」 제6조에 따른 외국국적동포의 국내거소신고 자료 및 「재외국민등록법」 제3조에 따른 재외국민등록에 관한 자료

도. 「주민등록법」에 따른 주민등록 자료

로. 「주택임대차보호법」 제3조의6에 따른 확정일자 부여에 관한 자료(공단에 보험급여와 관련된 채무가 있는 자에 관한 자료로 한정한다)

모. 「출입국관리법」 제3조·제6조에 따른 국민의 출입국 자료, 같은 법 제7조에 따른 외국인의 입국 자료 및 같은 법 제31조에 따른 외국인등록 자료

보. 「택시운송사업의 발전에 관한 법률」 제13조에 따른 택시 운행정보 관리시스템에 등록된 자료

소. 「형의 집행 및 수용자의 처우에 관한 법률」 제11조제1항제1호부터 제3호까지에 따른 교도소·소년교도소·구치소, 「보호소년 등의 처우에 관한 법률」 제4조에 따른 소년원·소년분류심사원 및 「치료감호 등에 관한 법률」 제16조의2에 따른 치료감호시설의 입소·입원·출소 여부, 입소·입원·출소일 및 수용 여부 자료

오. 「형법」에 따른 범죄 조사에 관한 서류로서 사건사고 내역을 확인할 수 있는

자료

조. 그 밖에 국가, 지방자치단체, 「공공기관의 운영에 관한 법률」 제4조에 따른 공공기관이 보유한 자료로서 고용노동부령으로 정하는 자료

[별표 2] (2025.10.1 개정)

전체 근로자의 임금 평균액의 증감률 및 소비자물가변동률의 산정 기준과 방법(제22조제1항 관련)

1. 법 제36조제3항에 따른 전체 근로자의 임금 평균액의 증감률은 사업체노동력조사의 내용 중 전체 근로자를 기준으로 다음 산식에 따라 산정한다.
   • 전체 근로자의 임금 평균액의 증감률=평균임금 증감사유 발생일이 속하는 연도의 전전 보험연도의 7월부터 직전 보험연도의 6월까지의 근로자 1명당 월별 월평균 임금총액의 합계÷평균임금 증감사유 발생일이 속하는 연도의 3년 전 보험연도의 7월부터 전전 보험연도의 6월까지의 근로자 1명당 월별 월평균 임금총액의 합계

   ※ 비고 : "평균임금 증감사유 발생일"이란 법 제36조제3항에 따라 평균임금을 증감할 사유가 발생한 날을 말한다.

2. 소비자물가변동률은 「통계법」에 따른 지정통계로서 국가데이터처장이 작성하는 소비자물가조사의 내용 중 전도시의 소비자물가지수를 기준으로 다음 계산식에 따라 산정한다.
   • 소비자물가 변동률=평균임금 증감사유 발생일이 속하는 연도의 전전 보험연도의 7월부터 직전 보험연도의 6월까지의 월별 소비자물가지수 변동률의 합계÷12

   ※ 비고 : "소비자물가지수 변동률"은 해당 월의 전도시 소비자물가지수를 전년도 전도시 소비자물가지수로 나눈 비율을 말한다.

3. 제1호 및 제2호에 따른 전체 근로자의 임금 평균액의 증감률 및 소비자물가변동률을 산정할 때에는 소수점 이하 다섯째자리에서 반올림한다.

[별표 3] (2021.6.8 개정)

업무상 질병에 대한 구체적인 인정 기준(제34조제3항 관련)

1. 뇌혈관 질병 또는 심장 질병
   가. 다음 어느 하나에 해당하는 원인으로 뇌실질내출혈(腦實質內出血), 지주막하출혈(蜘蛛膜下出血), 뇌경색, 심근경색증, 해리성 대동맥자루(대동맥혈관벽의 중막이 내층과 외층으로 찢어져 혹을 형성하는 질병)가 발병한 경우에는 업무상 질병으로 본다. 다만, 자연발생적으로 악화되어 발병한 경우에는 업무상 질병으로 보지 않는다.
      1) 업무와 관련한 돌발적이고 예측 곤란한 정도의 긴장·흥분·공포·놀람 등과 급격한 업무 환경의 변화로 뚜렷한 생리적 변화가 생긴 경우
      2) 업무의 양·시간·강도·책임 및 업무 환경의 변화 등으로 발병 전 단기간 동안 업무상 부담이 증가하여 뇌혈관 또는 심장혈관의 정상적인 기능에 뚜렷한 영향을 줄 수 있는 육체적·정신적인 과로를 유발한 경우
      3) 업무의 양·시간·강도·책임 및 업무 환경의 변화 등에 따른 만성적인 과중한 업무로 뇌혈관 또는 심장혈관의 정상적인 기능에 뚜렷한 영향을 줄 수 있는 육체적·정신적인 부담을 유발한 경우
   나. 가목에 규정되지 않은 뇌혈관 질병 또는 심장 질병의 경우에도 그 질병의 유발 또는 악화가 업무와 상당한 인과관계가 있음이 시간적·의학적으로 명백하면 업무상 질병으로 본다.
   다. 가목 및 나목에 따른 업무상 질병 인정 여부 결정에 필요한 사항은 고용노동부장관이 정하여 고시한다.

2. 근골격계 질병
   가. 업무에 종사한 기간과 시간, 업무의 양과 강도, 업무수행 자세와 속도, 업무수행 장소의 구조 등이 근골격계에 부담을 주는 업무(이하 "신체부담업무"라 한다)로서 다음 어느 하나에 해당하는 업무에 종사한 경력이 있는 근로자의 팔·다리 또는 허리 부분에 근골격계 질병이 발생하거나 악화된 경우에는 업무상 질병으로 본다. 다만, 업무와 관련이 없는 다른 원인으로 발병한 경우에는 업무상 질병으로 보지 않는다.
      1) 반복 동작이 많은 업무
      2) 무리한 힘을 가해야 하는 업무
      3) 부적절한 자세를 유지하는 업무
      4) 진동 작업
      5) 그 밖에 특정 신체 부위에 부담되는 상태에서 하는 업무
   나. 신체부담업무로 인하여 기존 질병이 악화되었음이 의학적으로 인정되면 업무상 질병으로 본다.

다. 신체부담업무로 인하여 연령 증가에 따른 자연경과적 변화가 더욱 빠르게 진행된 것이 의학적으로 인정되면 업무상 질병으로 본다.
라. 신체부담업무의 수행 과정에서 발생한 일시적인 급격한 힘의 작용으로 근골격계 질병이 발병하면 업무상 질병으로 본다.
마. 신체부위별 근골격계 질병의 범위, 신체부담업무의 기준, 그 밖에 근골격계 질병의 업무상 질병 인정 여부 결정에 필요한 사항은 고용노동부장관이 정하여 고시한다.

3. 호흡기계 질병
가. 석면에 노출되어 발생한 석면폐증
나. 목재 분진, 곡물 분진, 밀가루, 짐승털의 먼지, 항생물질, 크롬 또는 그 화합물, 톨루엔 디이소시아네이트(Toluene Diisocyanate), 메틸렌 디페닐 디이소시아네이트(Methylene Diphenyl Diisocyanate), 헥산메틸렌 디이소시아네이트(Hexamethylene Diisocyanate) 등 디이소시아네이트, 반응성 염료, 니켈, 코발트, 포름알데히드, 알루미늄, 산무수물(acid anhydride) 등에 노출되어 발생한 천식 또는 작업환경으로 인하여 악화된 천식
다. 디이소시아네이트, 염소, 염화수소, 염산 등에 노출되어 발생한 반응성 기도과민증후군
라. 디이소시아네이트, 에폭시수지, 산무수물 등에 노출되어 발생한 과민성 폐렴
마. 목재 분진, 짐승털의 먼지, 항생물질 등에 노출되어 발생한 알레르기성 비염
바. 아연·구리 등의 금속분진(fume)에 노출되어 발생한 금속열
사. 장기간·고농도의 석탄·암석 분진, 카드뮴분진 등에 노출되어 발생한 만성폐쇄성폐질환
아. 망간 또는 그 화합물, 크롬 또는 그 화합물, 카드뮴 또는 그 화합물 등에 노출되어 발생한 폐렴
자. 크롬 또는 그 화합물에 2년 이상 노출되어 발생한 코사이벽 궤양·천공
차. 불소수지·아크릴수지 등 합성수지의 열분해 생성물 또는 아황산가스 등에 노출되어 발생한 기도점막 염증 등 호흡기 질병
카. 톨루엔·크실렌·스티렌·시클로헥산·노말헥산·트리클로로에틸렌 등 유기용제에 노출되어 발생한 비염. 다만, 그 물질에 노출되는 업무에 종사하지 않게 된 후 3개월이 지나지 않은 경우만 해당한다.

4. 신경정신계 질병
가. 톨루엔·크실렌·스티렌·시클로헥산·노말헥산·트리클로로에틸렌 등 유기용제에 노출되어 발생한 중추신경계장해. 다만, 외상성 뇌손상, 뇌전증, 알코올중독, 약물중독, 동맥경화증 등 다른 원인으로 발생한 질병은 제외한다.

나. 다음 어느 하나에 해당하는 말초신경병증
   1) 톨루엔·크실렌·스티렌·시클로헥산·노말헥산·트리클로로에틸렌 및 메틸 n-부틸 케톤 등 유기용제, 아크릴아미드, 비소 등에 노출되어 발생한 말초신경병증. 다만, 당뇨병, 알코올중독, 척추손상, 신경포착 등 다른 원인으로 발생한 질병은 제외한다.
   2) 트리클로로에틸렌에 노출되어 발생한 세갈래신경마비. 다만, 그 물질에 노출되는 업무에 종사하지 않게 된 후 3개월이 지나지 않은 경우만 해당하며, 바이러스 감염, 종양 등 다른 원인으로 발생한 질병은 제외한다.
   3) 카드뮴 또는 그 화합물에 2년 이상 노출되어 발생한 후각신경마비
다. 납 또는 그 화합물(유기납은 제외한다)에 노출되어 발생한 중추신경계장해, 말초신경병증 또는 폄근마비
라. 수은 또는 그 화합물에 노출되어 발생한 중추신경계장해 또는 말초신경병증. 다만, 전신마비, 알코올중독 등 다른 원인으로 발생한 질병은 제외한다.
마. 망간 또는 그 화합물에 2개월 이상 노출되어 발생한 파킨슨증, 근육긴장이상(dystonia) 또는 망간정신병. 다만, 뇌혈관장해, 뇌염 또는 그 후유증, 다발성 경화증, 윌슨병, 척수·소뇌 변성증, 뇌매독으로 인한 말초신경염 등 다른 원인으로 발생한 질병은 제외한다.
바. 업무와 관련하여 정신적 충격을 유발할 수 있는 사건에 의해 발생한 외상후스트레스장애
사. 업무와 관련하여 고객 등으로부터 폭력 또는 폭언 등 정신적 충격을 유발할 수 있는 사건 또는 이와 직접 관련된 스트레스로 인하여 발생한 적응장애 또는 우울병 에피소드

5. 림프조혈기계 질병
가. 벤젠에 노출되어 발생한 다음 어느 하나에 해당하는 질병
   1) 빈혈, 백혈구감소증, 혈소판감소증, 범혈구감소증. 다만, 소화기 질병, 철결핍성 빈혈 등 영양부족, 만성소모성 질병 등 다른 원인으로 발생한 질병은 제외한다.
   2) 0.5피피엠(ppm) 이상 농도의 벤젠에 노출된 후 6개월 이상 경과하여 발생한 골수형성이상증후군, 무형성(無形成) 빈혈, 골수증식성질환(골수섬유증, 진성적혈구증다증 등)
나. 납 또는 그 화합물(유기납은 제외한다)에 노출되어 발생한 빈혈. 다만, 철결핍성 빈혈 등 다른 원인으로 발생한 질병은 제외한다.

6. 피부 질병
가. 검댕, 광물유, 옻, 시멘트, 타르, 크롬 또는 그 화합물, 벤젠, 디이소시아네

이트, 톨루엔·크실렌·스티렌·시클로헥산·노말헥산·트리클로로에틸렌 등 유기용제, 유리섬유·대마 등 피부에 기계적 자극을 주는 물질, 자극성·알레르겐·광독성·광알레르겐 성분을 포함하는 물질, 자외선 등에 노출되어 발생한 접촉피부염. 다만, 그 물질 또는 자외선에 노출되는 업무에 종사하지 않게 된 후 3개월이 지나지 않은 경우만 해당한다.

나. 페놀류·하이드로퀴논류 물질, 타르에 노출되어 발생한 백반증

다. 트리클로로에틸렌에 노출되어 발생한 다형홍반(多形紅斑), 스티븐스존슨 증후군. 다만, 그 물질에 노출되는 업무에 종사하지 않게 된 후 3개월이 지나지 않은 경우만 해당하며 약물, 감염, 후천성면역결핍증, 악성 종양 등 다른 원인으로 발생한 질병은 제외한다.

라. 염화수소·염산·불화수소·불산 등의 산 또는 염기에 노출되어 발생한 화학적 화상

마. 타르에 노출되어 발생한 염소여드름, 국소 모세혈관 확장증 또는 사마귀

바. 덥고 뜨거운 장소에서 하는 업무 또는 고열물체를 취급하는 업무로 발생한 땀띠 또는 화상

사. 춥고 차가운 장소에서 하는 업무 또는 저온물체를 취급하는 업무로 발생한 동창(凍瘡) 또는 동상

아. 햇빛에 노출되는 옥외작업으로 발생한 일광화상, 만성 광선피부염 또는 광선각화증(光線角化症)

자. 전리방사선(물질을 통과할 때 이온화를 일으키는 방사선)에 노출되어 발생한 피부궤양 또는 방사선피부염

차. 작업 중 피부손상에 따른 세균 감염으로 발생한 연조직염

카. 세균·바이러스·곰팡이·기생충 등을 직접 취급하거나, 이에 오염된 물질을 취급하는 업무로 발생한 감염성 피부 질병

7. 눈 또는 귀 질병

가. 자외선에 노출되어 발생한 피질 백내장 또는 각막변성

나. 적외선에 노출되어 발생한 망막화상 또는 백내장

다. 레이저광선에 노출되어 발생한 망막박리·출혈·천공 등 기계적 손상 또는 망막화상 등 열 손상

라. 마이크로파에 노출되어 발생한 백내장

마. 타르에 노출되어 발생한 각막위축증 또는 각막궤양

바. 크롬 또는 그 화합물에 노출되어 발생한 결막염 또는 결막궤양

사. 톨루엔·크실렌·스티렌·시클로헥산·노말헥산·트리클로로에틸렌 등 유기용제에 노출되어 발생한 각막염 또는 결막염 등 점막자극성 질병. 다만, 그 물질에 노출되는 업무에 종사하지 않게 된 후 3개월이 지나지 않은 경우만 해당한다.

아. 디이소시아네이트에 노출되어 발생한 각막염 또는 결막염

자. 불소수지·아크릴수지 등 합성수지의 열분해 생성물 또는 아황산가스 등에 노출되어 발생한 각막염 또는 결막염 등 점막 자극성 질병

차. 소음성 난청

85데시벨[dB(A)] 이상의 연속음에 3년 이상 노출되어 한 귀의 청력손실이 40데시벨 이상으로, 다음 요건 모두를 충족하는 감각신경성 난청. 다만, 내이염, 약물중독, 열성 질병, 메니에르증후군, 매독, 머리 외상, 돌발성 난청, 유전성 난청, 가족성 난청, 노인성 난청 또는 재해성 폭발음 등 다른 원인으로 발생한 난청은 제외한다.

1) 고막 또는 중이에 뚜렷한 손상이나 다른 원인에 의한 변화가 없을 것

2) 순음청력검사결과 기도청력역치(氣導聽力閾値)와 골도청력역치(骨導聽力閾値) 사이에 뚜렷한 차이가 없어야 하며, 청력장해가 저음역보다 고음역에서 클 것. 이 경우 난청의 측정방법은 다음과 같다.

가) 24시간 이상 소음작업을 중단한 후 ISO 기준으로 보정된 순음청력계기를 사용하여 청력검사를 하여야 하며, 500헤르츠(Hz)(a)·1,000헤르츠(b)·2,000헤르츠(c) 및 4,000헤르츠(d)의 주파수음에 대한 기도청력역치를 측정하여 6분법[(a+2b+2c+d)/6]으로 판정한다. 이 경우 난청에 대한 검사항목 및 검사를 담당할 의료기관의 인력·시설 기준은 공단이 정한다.

나) 순음청력검사는 의사의 판단에 따라 48시간 이상 간격으로 3회 이상(음향외상성 난청의 경우에는 요양이 끝난 후 30일 간격으로 3회 이상을 말한다) 실시하여 해당 검사에 의미 있는 차이가 없는 경우에는 그 중 최소가청역치를 청력장해로 인정하되, 순음청력검사의 결과가 다음의 요건을 모두 충족하지 않는 경우에는 1개월 후 재검사를 한다. 다만, 다음의 요건을 충족하지 못하는 경우라도 청성뇌간반응검사(소리자극을 들려주고 그에 대한 청각계로부터의 전기반응을 두피에 위치한 전극을 통해 기록하는 검사를 말한다), 어음청력검사(일상적인 의사소통 과정에서 흔히 사용되는 어음을 사용하여 언어의 청취능력과 이해의 정도를 파악하는 검사를 말한다) 또는 임피던스청력검사[외이도(外耳道)를 밀폐한 상태에서 외이도 내의 압력을 변화시키면서 특정 주파수와 강도의 음향을 줄 때 고막에서 반사되는 음향 에너지를 측정하여 중이강(中耳腔)의 상태를 간접적으로 평가하는 검사를 말한다] 등의 결과를 종합적으로 고려하여 순음청력검사의 최소가청역치를 신뢰할 수 있다는 의학적 소견이 있으면 재검사를 생략할 수 있다.

(1) 기도청력역치와 골도청력역치의 차이가 각 주파수마다 10데시벨 이내일 것

(2) 반복검사 간 청력역치의 최대치와 최소치의 차이가 각 주파수마다 10데시벨 이내일 것

(3) 순음청력도상 어음역(語音域) 500헤르츠, 1,000헤르츠, 2,000헤르츠에서의 주파수 간 역치 변동이 20데시벨 이내이면 순음청력역치의 3분법 평균치와 어음청취역치의 차이가 10데시벨 이내일 것

8. 간 질병

가. 트리클로로에틸렌, 디메틸포름아미드 등에 노출되어 발생한 독성 간염. 다만, 그 물질에 노출되는 업무에 종사하지 않게 된 후 3개월이 지나지 않은 경우만 해당하며, 약물, 알코올, 과체중, 당뇨병 등 다른 원인으로 발생하거나 다른 질병이 원인이 되어 발생한 간 질병은 제외한다.

나. 염화비닐에 노출되어 발생한 간경변

다. 업무상 사고나 유해물질로 인한 업무상 질병의 후유증 또는 치료가 원인이 되어 기존의 간 질병이 자연적 경과 속도 이상으로 악화된 것이 의학적으로 인정되는 경우

9. 감염성 질병

가. 보건의료 및 집단수용시설 종사자에게 발생한 다음의 어느 하나에 해당하는 질병

1) B형 간염, C형 간염, 매독, 후천성면역결핍증 등 혈액전파성 질병

2) 결핵, 풍진, 홍역, 인플루엔자 등 공기전파성 질병

3) A형 간염 등 그 밖의 감염성 질병

나. 습한 곳에서의 업무로 발생한 렙토스피라증

다. 옥외작업으로 발생한 쯔쯔가무시증 또는 신증후군 출혈열

라. 동물 또는 그 사체, 짐승의 털·가죽, 그 밖의 동물성 물체, 넝마, 고물 등을 취급하여 발생한 탄저, 단독(erysipelas) 또는 브루셀라증

마. 말라리아가 유행하는 지역에서 야외활동이 많은 직업 종사자 또는 업무수행자에게 발생한 말라리아

바. 오염된 냉각수 등으로 발생한 레지오넬라증

사. 실험실 근무자 등 병원체를 직접 취급하거나, 이에 오염된 물질을 취급하는 업무로 발생한 감염성 질병

10. 직업성 암

가. 석면에 노출되어 발생한 폐암, 후두암으로 다음의 어느 하나에 해당하며 10년 이상 노출되어 발생한 경우

1) 가슴막반(흉막반) 또는 미만성 가슴막비후와 동반된 경우

2) 조직검사 결과 석면소체 또는 석면섬유가 충분히 발견된 경우

나. 석면폐증과 동반된 폐암, 후두암, 악성중피종

다. 직업적으로 석면에 노출된 후 10년 이상 경과하여 발생한 악성중피종

라. 석면에 10년 이상 노출되어 발생한 난소암

마. 니켈 화합물에 노출되어 발생한 폐암 또는 코안·코곁굴[부비동(副鼻洞)]암
바. 콜타르 찌꺼기(coal tar pitch, 10년 이상 노출된 경우에 해당한다), 라돈-222 또는 그 붕괴물질(지하 등 환기가 잘 되지 않는 장소에서 노출된 경우에 해당한다), 카드뮴 또는 그 화합물, 베릴륨 또는 그 화학물, 6가 크롬 또는 그 화합물 및 결정형 유리규산에 노출되어 발생한 폐암
사. 검댕에 노출되어 발생한 폐암 또는 피부암
아. 콜타르(10년 이상 노출된 경우에 해당한다), 정제되지 않은 광물유에 노출되어 발생한 피부암
자. 비소 또는 그 무기화합물에 노출되어 발생한 폐암, 방광암 또는 피부암
차. 스프레이나 이와 유사한 형태의 도장 업무에 종사하여 발생한 폐암 또는 방광암
카. 벤지딘, 베타나프틸아민에 노출되어 발생한 방광암
타. 목재 분진에 노출되어 발생한 비인두암 또는 코안·코곁굴암
파. 0.5피피엠 이상 농도의 벤젠에 노출된 후 6개월 이상 경과하여 발생한 급성·만성 골수성백혈병, 급성·만성 림프구성백혈병
하. 0.5피피엠 이상 농도의 벤젠에 노출된 후 10년 이상 경과하여 발생한 다발성 골수종, 비호지킨림프종. 다만, 노출기간이 10년 미만이라도 누적노출량이 10피피엠·년 이상이거나 과거에 노출되었던 기록이 불분명하여 현재의 노출농도를 기준으로 10년 이상 누적노출량이 0.5피피엠·년 이상이면 업무상 질병으로 본다.
거. 포름알데히드에 노출되어 발생한 백혈병 또는 비인두암
너. 1,3-부타디엔에 노출되어 발생한 백혈병
더. 산화에틸렌에 노출되어 발생한 림프구성 백혈병
러. 염화비닐에 노출되어 발생한 간혈관육종(4년 이상 노출된 경우에 해당한다) 또는 간세포암
머. 보건의료업에 종사하거나 혈액을 취급하는 업무를 수행하는 과정에서 B형 또는 C형 간염바이러스에 노출되어 발생한 간암
버. 엑스(X)선 또는 감마(γ)선 등의 전리방사선에 노출되어 발생한 침샘암, 식도암, 위암, 대장암, 폐암, 뼈암, 피부의 기저세포암, 유방암, 신장암, 방광암, 뇌 및 중추신경계암, 갑상선암, 급성 림프구성 백혈병 및 급성·만성 골수성 백혈병

11. 급성 중독 등 화학적 요인에 의한 질병
가. 급성 중독
1) 일시적으로 다량의 염화비닐·유기주석·메틸브로마이드·일산화탄소에 노출되어 발생한 중추신경계장해 등의 급성 중독 증상 또는 소견
2) 납 또는 그 화합물(유기납은 제외한다)에 노출되어 발생한 납 창백, 복부 산통, 관절통 등의 급성 중독 증상 또는 소견

3) 일시적으로 다량의 수은 또는 그 화합물(유기수은은 제외한다)에 노출되어 발생한 한기, 고열, 치조농루, 설사, 단백뇨 등 급성 중독 증상 또는 소견
4) 일시적으로 다량의 크롬 또는 그 화합물에 노출되어 발생한 세뇨관 기능 손상, 급성 세뇨관 괴사, 급성 신부전 등 급성 중독 증상 또는 소견
5) 일시적으로 다량의 벤젠에 노출되어 발생한 두통, 현기증, 구역, 구토, 흉부 압박감, 흥분상태, 경련, 급성 기질성 뇌증후군, 혼수상태 등 급성 중독 증상 또는 소견
6) 일시적으로 다량의 톨루엔·크실렌·스티렌·시클로헥산·노말헥산·트리클로로에틸렌 등 유기용제에 노출되어 발생한 의식장해, 경련, 급성 기질성 뇌증후군, 부정맥 등 급성 중독 증상 또는 소견
7) 이산화질소에 노출되어 발생한 점막자극 증상, 메트헤모글로빈혈증, 청색증, 두근거림, 호흡곤란 등의 급성 중독 증상 또는 소견
8) 황화수소에 노출되어 발생한 의식소실, 무호흡, 폐부종, 후각신경마비 등 급성 중독 증상 또는 소견
9) 시안화수소 또는 그 화합물에 노출되어 발생한 점막자극 증상, 호흡곤란, 두통, 구역, 구토 등 급성 중독 증상 또는 소견
10) 불화수소·불산에 노출되어 발생한 점막자극 증상, 화학적 화상, 청색증, 호흡곤란, 폐수종, 부정맥 등 급성 중독 증상 또는 소견
11) 인 또는 그 화합물에 노출되어 발생한 피부궤양, 점막자극 증상, 경련, 폐부종, 중추신경계장해, 자율신경계장해 등 급성 중독 증상 또는 소견
12) 일시적으로 다량의 카드뮴 또는 그 화합물에 노출되어 발생한 급성 위장관계 질병

나. 염화비닐에 노출되어 발생한 말단뼈 용해(acro-osteolysis), 레이노 현상 또는 피부경화증

다. 납 또는 그 화합물(유기납은 제외한다)에 노출되어 발생한 만성 신부전 또는 혈중 납농도가 혈액 100밀리리터(㎖) 중 40마이크로그램(㎍) 이상 검출되면서 나타나는 납중독의 증상 또는 소견. 다만, 혈중 납농도가 40마이크로그램 미만으로 나타나는 경우에는 이와 관련된 검사(소변 중 납농도, ZPP, δ-ALA 등을 말한다) 결과를 참고한다.

라. 수은 또는 그 화합물(유기수은은 제외한다)에 노출되어 발생한 궤양성 구내염, 과다한 타액분비, 잇몸염, 잇몸고름집 등 구강 질병이나 사구체신장염 등 신장 손상 또는 수정체 전낭(前囊)의 적회색 침착

마. 크롬 또는 그 화합물에 노출되어 발생한 구강점막 질병 또는 치아뿌리(치근)막염

바. 카드뮴 또는 그 화합물에 2년 이상 노출되어 발생한 세뇨관성 신장 질병 또는 뼈연화증

사. 톨루엔·크실렌·스티렌·시클로헥산·노말헥산·트리클로로에틸렌 등 유기용

제에 노출되어 발생한 급성 세뇨관괴사, 만성 신부전 또는 전신경화증(systemic sclerosis, 트리클로로에틸렌을 제외한 유기용제에 노출된 경우에 해당한다). 다만, 고혈압, 당뇨병 등 다른 원인으로 발생한 질병은 제외한다.

아. 이황화탄소에 노출되어 발생한 다음 어느 하나에 해당하는 증상 또는 소견
1) 10피피엠 내외의 이황화탄소에 노출되는 업무에 2년 이상 종사한 경우
가) 망막의 미세혈관류, 다발성 뇌경색증, 신장 조직검사상 모세관 사이에 발생한 사구체경화증 중 어느 하나가 있는 경우. 다만, 당뇨병, 고혈압, 혈관장해 등 다른 원인으로 인한 질병은 제외한다.
나) 미세혈관류를 제외한 망막병변, 다발성 말초신경병증, 시신경염, 관상동맥성 심장 질병, 중추신경계장해, 정신장해 중 두 가지 이상이 있는 경우. 다만, 당뇨병, 고혈압, 혈관장해 등 다른 원인으로 인한 질병은 제외한다.
다) 나)의 소견 중 어느 하나와 신장장해, 간장장해, 조혈기계장해, 생식기계장해, 감각신경성 난청, 고혈압 중 하나 이상의 증상 또는 소견이 있는 경우
2) 20피피엠 이상의 이황화탄소에 2주 이상 노출되어 갑작스럽게 발생한 의식장해, 급성 기질성 뇌증후군, 정신분열증, 양극성 장애(조울증) 등 정신장해
3) 다량 또는 고농도 이황화탄소에 노출되어 나타나는 의식장해 등 급성 중독 소견

12. 물리적 요인에 의한 질병
가. 고기압 또는 저기압에 노출되어 발생한 다음 어느 하나에 해당되는 증상 또는 소견
1) 폐, 중이(中耳), 부비강(副鼻腔) 또는 치아 등에 발생한 압착증
2) 물안경, 안전모 등과 같은 잠수기기로 인한 압착증
3) 질소마취 현상, 중추신경계 산소 독성으로 발생한 건강장해
4) 피부, 근골격계, 호흡기, 중추신경계 또는 속귀 등에 발생한 감압병(잠수병)
5) 뇌동맥 또는 관상동맥에 발생한 공기색전증(기포가 동맥이나 정맥을 따라 순환하다가 혈관을 막는 것)
6) 공기가슴증, 혈액공기가슴증, 가슴세로칸(종격동), 심장막 또는 피하기종
7) 등이나 복부의 통증 또는 극심한 피로감

나. 높은 압력에 노출되는 업무 환경에 2개월 이상 종사하고 있거나 그 업무에 종사하지 않게 된 후 5년 전후에 나타나는 무혈성 뼈 괴사의 만성장해. 다만, 만성 알코올중독, 매독, 당뇨병, 간경변, 간염, 류머티스 관절염, 고지혈증, 혈소판감소증, 통풍, 레이노 현상, 결절성 다발성 동맥염, 알캅톤뇨증

(알캅톤을 소변으로 배출시키는 대사장애 질환) 등 다른 원인으로 발생한 질병은 제외한다.

다. 공기 중 산소농도가 부족한 장소에서 발생한 산소결핍증

라. 진동에 노출되는 부위에 발생하는 레이노 현상, 말초순환장해, 말초신경장해, 운동기능장해

마. 전리방사선에 노출되어 발생한 급성 방사선증, 백내장 등 방사선 눈 질병, 방사선 폐렴, 무형성 빈혈 등 조혈기 질병, 뼈 괴사 등

바. 덥고 뜨거운 장소에서 하는 업무로 발생한 일사병 또는 열사병

사. 춥고 차가운 장소에서 하는 업무로 발생한 저체온증

13. 제1호부터 제12호까지에서 규정된 발병요건을 충족하지 못하였거나, 제1호부터 제12호까지에서 규정된 질병이 아니더라도 근로자의 질병과 업무와의 상당인과관계(相當因果關係)가 인정되는 경우에는 해당 질병을 업무상 질병으로 본다.

[별표 4] 별표 11의2로 이동(2010.11.15)

[별표 5] (2010.11.15 개정)

과징금의 부과기준(제39조제5항 관련)

법 제44조제1항에 따른 과징금을 부과할 때 위반행위의 종류와 위반정도 등에 따른 과징금의 부과기준은 다음과 같다.

1. 법 제43조제3항제1호에 해당하는 사유로 하는 진료제한 조치를 갈음하여 과징금을 부과하는 경우에는 법 제84조제1항제1호에 따른 부당이득 금 중 그 산재보험 의료기관이 거짓이나 그 밖의 부정한 방법으로 진단하거나 증명하여 지급된 보험급여 금액의 1.5배에 해당하는 금액으로 한다.

2. 법 제43조제3항제2호에 해당하는 사유로 하는 진료제한 조치를 갈음하여 과징금을 부과하는 경우에는 그 산재보험 의료기관이 거짓이나 그 밖의 부정한 방법으로 청구하여 지급받은 진료비의 금액에 다음 각 목의 구분에 따른 배수를 곱한 금액으로 한다.
   가. 1개월부터 5개월까지의 진료제한 조치를 갈음하는 경우 : 1.5배
   나. 6개월부터 8개월까지의 진료제한 조치를 갈음하는 경우 : 2.0배
   다. 9개월 또는 10개월의 진료제한 조치를 갈음하는 경우 : 2.5배
   라. 11개월 또는 12개월의 진료제한 조치를 갈음하는 경우 : 3.0배

3. 법 제43조제5항제1호에 해당하는 사유로 하는 진료제한 조치를 갈음하여 과징금을 부과하는 경우에는 그 산재보험 의료기관의 월평균 부당금액에 진료제한 조치 기간에 해당하는 개월 수를 곱한 금액의 2배에 해당하는 금액으로 한다. 이 경우 "월평균 부당금액"은 조사대상 기간(법 제118조에 따른 조사 개시일 전 3년을 말한다) 동안 그 산재보험 의료기관이 법 제40조제5항에 따른 요양급여의 산정 기준을 위반하여 부당하게 청구하여 지급받은 진료비를 그 기간의 개월 수로 나눈 금액을 말한다.

[별표 6] (2019.7.2 개정)

장해등급의 기준(제53조제1항 관련)

• 제1급
1. 두 눈이 실명된 사람
2. 말하는 기능과 씹는 기능을 모두 완전히 잃은 사람
3. 신경계통의 기능 또는 정신기능에 뚜렷한 장해가 남아 항상 간병을 받아야 하는 사람
4. 흉복부 장기의 기능에 뚜렷한 장해가 남아 항상 간병을 받아야 하는 사람
5. 두 팔을 팔꿈치관절 이상의 부위에서 잃은 사람
6. 두 팔을 완전히 사용하지 못하게 된 사람
7. 두 다리를 무릎관절 이상의 부위에서 잃은 사람
8. 두 다리를 완전히 사용하지 못하게 된 사람
9. 진폐의 병형이 제1형 이상이면서 동시에 심폐기능에 고도 장해가 남은 사람

• 제2급
1. 한쪽 눈이 실명되고 다른 쪽 눈의 시력이 0.02 이하로 된 사람
2. 두 눈의 시력이 각각 0.02 이하로 된 사람
3. 두 팔을 손목관절 이상의 부위에서 잃은 사람
4. 두 다리를 발목관절 이상의 부위에서 잃은 사람
5. 신경계통의 기능 또는 정신기능에 뚜렷한 장해가 남아 수시로 간병을 받아야 하는 사람
6. 흉복부 장기의 기능에 뚜렷한 장해가 남아 수시로 간병을 받아야 하는 사람

• 제3급
1. 한쪽 눈이 실명되고 다른 쪽 눈의 시력이 0.06 이하로 된 사람
2. 말하는 기능 또는 씹는 기능을 완전히 잃은 사람
3. 신경계통의 기능 또는 정신기능에 뚜렷한 장해가 남아 평생 동안 노무에 종사할 수 없는 사람
4. 흉복부 장기의 기능에 뚜렷한 장해가 남아 평생 동안 노무에 종사할 수 없는 사람
5. 두 손의 손가락을 모두 잃은 사람
6. 진폐증의 병형이 제1형 이상이면서 동시에 심폐기능에 중등도 장해가 남은 사람

• 제4급
1. 두 눈의 시력이 각각 0.06 이하로 된 사람

2. 말하는 기능과 씹는 기능에 뚜렷한 장해가 남은 사람
3. 고막 전부가 상실되거나 그 외의 원인으로 두 귀의 청력을 완전히 잃은 사람
4. 한쪽 팔을 팔꿈치관절 이상의 부위에서 잃은 사람
5. 한쪽 다리를 무릎관절 이상의 부위에서 잃은 사람
6. 두 손의 손가락을 모두 제대로 못 쓰게 된 사람
7. 두 발을 발목발허리관절(족근중족관절) 이상의 부위에서 잃은 사람

• 제5급
1. 한쪽 눈이 실명되고 다른 쪽 눈의 시력이 0.1 이하로 된 사람
2. 한쪽 팔을 손목관절 이상의 부위에서 잃은 사람
3. 한쪽 다리를 발목관절 이상의 부위에서 잃은 사람
4. 한쪽 팔을 완전히 사용하지 못하게 된 사람
5. 한쪽 다리를 완전히 사용하지 못하게 된 사람
6. 두 발의 발가락을 모두 잃은 사람
7. 흉복부 장기의 기능에 뚜렷한 장해가 남아 특별히 쉬운 일 외에는 할 수 없는 사람
8. 신경계통의 기능 또는 정신기능에 뚜렷한 장해가 남아 특별히 쉬운 일 외에는 할 수 없는 사람
9. 진폐증의 병형이 제4형이면서 동시에 심폐기능에 경도장해가 남은 사람

• 제6급
1. 두 눈의 시력이 각각 0.1 이하로 된 사람
2. 말하는 기능 또는 씹는 기능에 뚜렷한 장해가 남은 사람
3. 고막 대부분이 상실되거나 그 외의 원인으로 두 귀의 청력이 모두 귀에 대고 말하지 아니하면 큰 말소리를 알아듣지 못하게 된 사람
4. 한쪽 귀가 전혀 들리지 않게 되고 다른 쪽 귀의 청력이 40센티미터 이상의 거리에서는 보통의 말소리를 알아듣지 못하게 된 사람
5. 척주에 극도의 기능장해나 고도의 기능장해가 남고 동시에 극도의 척추 신경근 장해가 남은 사람
6. 한쪽 팔의 3대 관절 중 2개 관절을 제대로 못 쓰게 된 사람
7. 한쪽 다리의 3대 관절 중 2개 관절을 제대로 못 쓰게 된 사람
8. 한쪽 손의 5개의 손가락 또는 엄지손가락과 둘째 손가락을 포함하여 4개의 손가락을 잃은 사람

• 제7급
1. 한쪽 눈이 실명되고 다른 쪽 눈의 시력이 0.6 이하로 된 사람
2. 두 귀의 청력이 모두 40센티미터 이상의 거리에서는 보통의 말소리를 알아듣지 못하게 된 사람

3. 한쪽 귀가 전혀 들리지 않게 되고 다른 쪽 귀의 청력이 1미터 이상의 거리에서는 보통의 말소리를 알아듣지 못하게 된 사람
4. 신경계통의 기능 또는 정신기능에 장해가 남아 쉬운 일 외에는 하지 못하는 사람
5. 흉복부 장기의 기능에 장해가 남아 쉬운 일 외에는 하지 못하는 사람
6. 한쪽 손의 엄지손가락과 둘째 손가락을 잃은 사람 또는 엄지손가락이나 둘째 손가락을 포함하여 3개 이상의 손가락을 잃은 사람
7. 한쪽 손의 5개의 손가락 또는 엄지손가락과 둘째 손가락을 포함하여 4개의 손가락을 제대로 못 쓰게 된 사람
8. 한쪽 발을 발목발허리관절(족근중족관절) 이상의 부위에서 잃은 사람
9. 한쪽 팔에 가관절(假關節, 부러진 뼈가 완전히 아물지 못하여 그 부분이 마치 관절처럼 움직이는 상태)이 남아 뚜렷한 운동기능장해가 남은 사람
10. 한쪽 다리에 가관절이 남아 뚜렷한 운동기능장해가 남은 사람
11. 두 발의 발가락을 모두 제대로 못 쓰게 된 사람
12. 외모에 극도의 흉터가 남은 사람
13. 양쪽의 고환을 잃은 사람
14. 척주에 극도의 기능장해나 고도의 기능장해가 남고 동시에 고도의 척추 신경근장해가 남은 사람 또는 척주에 중등도의 기능장해나 극도의 변형장해가 남고 동시에 극도의 척추 신경근장해가 남은 사람
15. 진폐증의 병형이 제1형·제2형 또는 제3형이면서 동시에 심폐기능에 경도 장해가 남은 사람

• 제8급

1. 한쪽 눈이 실명되거나 한쪽 눈의 시력이 0.02 이하로 된 사람
2. 척주에 극도의 기능장해가 남은 사람, 척주에 고도의 기능장해가 남고 동시에 중등도의 척추신경근 장해가 남은 사람, 척주에 중등도의 기능장해나 극도의 변형장해가 남고 동시에 고도의 척추 신경근장해가 남은 사람 또는 척주에 경미한 기능장해나 중등도의 변형장해가 남고 동시에 극도의 척추 신경근장해가 남은 사람
3. 한쪽 손의 엄지손가락을 포함하여 2개의 손가락을 잃은 사람
4. 한쪽 손의 엄지손가락과 둘째 손가락을 제대로 못 쓰게 된 사람 또는 엄지손가락이나 둘째 손가락을 포함하여 3개 이상의 손가락을 제대로 못 쓰게 된 사람
5. 한쪽 다리가 5센티미터 이상 짧아진 사람
6. 한쪽 팔의 3대 관절 중 1개 관절을 제대로 못 쓰게 된 사람
7. 한쪽 다리의 3대 관절 중 1개 관절을 제대로 못 쓰게 된 사람
8. 한쪽 팔에 가관절이 남은 사람
9. 한쪽 다리에 가관절이 남은 사람
10. 한쪽 발의 5개의 발가락을 모두 잃은 사람

11. 비장 또는 한쪽의 신장을 잃은 사람

• 제9급

1. 두 눈의 시력이 0.6 이하로 된 사람
2. 한쪽 눈의 시력이 0.06 이하로 된 사람
3. 두 눈에 모두 반맹증 또는 시야협착이 남은 사람
4. 두 눈의 눈꺼풀이 뚜렷하게 상실된 사람
5. 코가 고도로 상실된 사람
6. 말하는 기능과 씹는 기능에 장해가 남은 사람
7. 두 귀의 청력이 모두 1미터 이상의 거리에서는 큰 말소리를 알아듣지 못하게 된 사람
8. 한쪽 귀의 청력이 귀에 대고 말하지 아니하면 큰 말소리를 알아듣지 못하고 다른 귀의 청력이 1미터 이상의 거리에서는 보통의 말소리를 알아듣지 못하게 된 사람
9. 한쪽 귀의 청력을 완전히 잃은 사람
10. 한쪽 손의 엄지손가락을 잃은 사람 또는 둘째 손가락을 포함하여 2개의 손가락을 잃은 사람 또는 엄지손가락과 둘째 손가락 외의 3개의 손가락을 잃은 사람
11. 한쪽 손의 엄지손가락을 포함하여 2개의 손가락을 제대로 못 쓰게 된 사람
12. 한쪽 발의 엄지발가락을 포함하여 2개 이상의 발가락을 잃은 사람
13. 한쪽 발의 발가락을 모두 제대로 못 쓰게 된 사람
14. 생식기에 뚜렷한 장해가 남은 사람
15. 신경계통의 기능 또는 정신기능에 장해가 남아 노무가 상당한 정도로 제한된 사람
16. 흉복부 장기의 기능에 장해가 남아 노무가 상당한 정도로 제한된 사람
17. 척주에 고도의 기능장해가 남은 사람, 척주에 중등도의 기능장해나 극도의 변형장해가 남고 동시에 중등도의 척추 신경근장해가 남은 사람, 척주에 경미한 기능장해나 중등도의 변형장해가 남고 동시에 고도의 척추 신경근장해가 남은 사람 또는 척주에 극도의 척추 신경근장해가 남은 사람
18. 외모에 고도의 흉터가 남은 사람
19. 진폐증의 병형이 제3형 또는 제4형이면서 동시에 심폐기능에 경미한 장해가 남은 사람

• 제10급

1. 한쪽 눈의 시력이 0.1 이하로 된 사람
2. 한쪽 눈의 눈꺼풀이 뚜렷하게 상실된 사람
3. 코가 중등도로 상실된 사람
4. 말하는 기능 또는 씹는 기능에 장해가 남은 사람
5. 14개 이상의 치아에 치과 보철을 한 사람

6. 한 귀의 청력이 귀에 대고 말하지 않으면 큰 말소리를 알아듣지 못 하게 된 사람
7. 두 귀의 청력이 모두 1미터 이상의 거리에서는 보통의 말소리를 알아듣지 못하게 된 사람
8. 척주에 중등도의 기능장해가 남은 사람, 척주에 극도의 변형장해가 남은 사람, 척주에 경미한 기능장해나 중등도의 변형장해가 남고 동시에 중등도의 척추 신경근장해가 남은 사람 또는 척주에 고도의 척추 신경근장해가 남은 사람
9. 한쪽 손의 둘째 손가락을 잃은 사람 또는 엄지손가락과 둘째 손가락 외의 2개의 손가락을 잃은 사람
10. 한쪽 손의 엄지손가락을 제대로 못 쓰게 된 사람 또는 둘째 손가락을 포함하여 2개의 손가락을 제대로 못 쓰게 된 사람 또는 엄지손가락과 둘째 손가락외의 3개의 손가락을 제대로 못 쓰게 된 사람
11. 한쪽 다리가 3센티미터 이상 짧아진 사람
12. 한쪽 발의 엄지발가락 또는 그 외의 4개의 발가락을 잃은 사람
13. 한쪽 팔의 3대 관절 중 1개 관절의 기능에 뚜렷한 장해가 남은 사람
14. 한쪽 다리의 3대 관절 중 1개 관절의 기능에 뚜렷한 장해가 남은 사람

• 제11급

1. 두 눈이 모두 안구의 조절기능에 뚜렷한 장해가 남거나 또는 뚜렷한 운동기능장해가 남은 사람
2. 두 눈의 눈꺼풀에 뚜렷한 운동기능장해가 남은 사람
3. 두 눈의 눈꺼풀의 일부가 상실된 사람
4. 한쪽 귀의 청력이 40센티미터 이상의 거리에서는 보통의 말소리를 알아듣지 못하게 된 사람
5. 두 귀의 청력이 모두 1미터 이상의 거리에서는 작은 말소리를 알아듣지 못하게 된 사람
6. 두 귀의 귓바퀴가 고도로 상실된 사람
7. 척주에 경도의 기능장해가 남은 사람, 척주에 고도의 변형장해가 남은 사람, 척주에 경미한 기능장해나 중등도의 변형장해가 남고 동시에 경도의 척추 신경근장해가 남은 사람 또는 척주에 중등도의 척추 신경근장해가 남은 사람
8. 한쪽 손의 가운데손가락 또는 넷째 손가락을 잃은 사람
9. 한쪽 손의 둘째 손가락을 제대로 못 쓰게 된 사람 또는 엄지손가락과 둘째 손가락 외의 2개의 손가락을 제대로 못 쓰게 된 사람
10. 한쪽 발의 엄지발가락을 포함하여 2개 이상의 발가락을 제대로 못 쓰게 된 사람
11. 흉복부 장기의 기능에 장해가 남은 사람
12. 10개 이상의 치아에 치과 보철을 한 사람
13. 외모에 중등도의 흉터가 남은 사람

14. 두 팔의 노출된 면에 극도의 흉터가 남은 사람
15. 두 다리의 노출된 면에 극도의 흉터가 남은 사람
16. 진폐증의 병형이 제1형 또는 제2형이면서 동시에 심폐기능에 경미한 장해가 남는 사람, 진폐증의 병형이 제2형·제3형 또는 제4형인 사람

• 제12급
1. 한쪽 눈의 안구의 조절기능에 뚜렷한 장해가 남거나 뚜렷한 운동기능장해가 남은 사람
2. 한쪽 눈의 눈꺼풀에 뚜렷한 운동기능장해가 남은 사람
3. 한쪽 눈의 눈꺼풀의 일부가 상실된 사람
4. 7개 이상의 치아에 치과 보철을 한 사람
5. 한쪽 귀의 귓바퀴가 고도로 상실된 사람 또는 두 귀의 귓바퀴가 중등도로 상실된 사람
6. 코가 경도로 상실된 사람
7. 코로 숨쉬기가 곤란하게 된 사람 또는 냄새를 맡지 못하게 된 사람
8. 쇄골(빗장뼈), 흉골(복장뼈), 늑골(갈비뼈), 견갑골(어깨뼈) 또는 골반골(골반뼈)에 뚜렷한 변형이 남은 사람
9. 한쪽 팔의 3대 관절 중 1개 관절의 기능에 장해가 남은 사람
10. 한쪽 다리의 3대 관절 중 1개 관절의 기능에 장해가 남은 사람
11. 장관골에 변형이 남은 사람
12. 한쪽 손의 가운데손가락 또는 넷째 손가락을 제대로 못 쓰게 된 사람
13. 한쪽 발의 둘째 발가락을 잃은 사람 또는 둘째 발가락을 포함하여 2개의 발가락을 잃은 사람 또는 가운데발가락 이하의 3개의 발가락을 잃은 사람
14. 한쪽 발의 엄지발가락 또는 그 외에 4개의 발가락을 제대로 못 쓰게 된 사람
15. 신체 일부에 심한 신경증상이 남은 사람
16. 척주에 경미한 기능장해가 남은 사람, 척주에 중등도의 변형장해가 남은 사람 또는 척주에 경도의 척추 신경근장해가 남은 사람
17. 두 팔의 노출된 면에 고도의 흉터가 남은 사람
18. 두 다리의 노출된 면에 고도의 흉터가 남은 사람

• 제13급
1. 한쪽 눈의 시력이 0.6 이하로 된 사람
2. 한쪽 눈에 반맹증 또는 시야협착이 남은 사람
3. 한쪽 귀의 귓바퀴가 중등도로 상실된 사람 또는 두 귀의 귓바퀴가 경도로 상실된 사람
4. 5개 이상의 치아에 치과 보철을 한 사람
5. 한쪽 손의 새끼손가락을 잃은 사람
6. 한쪽 손의 엄지손가락 뼈의 일부를 잃은 사람

7. 한쪽 손의 둘째 손가락 뼈의 일부를 잃은 사람
8. 한쪽 손의 둘째 손가락 끝관절을 굽혔다 폈다 할 수 없게 된 사람
9. 한쪽 다리가 다른 쪽 다리보다 1센티미터 이상 짧아진 사람
10. 한쪽 발의 가운데발가락 이하의 1개 또는 2개의 발가락을 잃은 사람
11. 한쪽 발의 둘째 발가락을 제대로 못 쓰게 된 사람 또는 둘째 발가락을 포함하여 2개의 발가락을 제대로 못 쓰게 된 사람 또는 가운데발가락 이하의 3개의 발가락을 제대로 못 쓰게 된 사람
12. 척주에 경도의 변형장해가 남은 사람 또는 척주의 수상 부위에 기질적 변화가 남은 사람
13. 외모에 경도의 흉터가 남은 사람
14. 두 팔의 노출된 면에 중등도의 흉터가 남은 사람
15. 두 다리의 노출된 면에 중등도의 흉터가 남은 사람
16. 진폐증의 병형이 제1형인 사람

• 제14급

1. 한쪽 귀의 청력이 1미터 이상의 거리에서는 작은 말소리를 알아듣지 못하게 된 사람
2. 한쪽 귀의 귓바퀴가 경도로 상실된 사람
3. 3개 이상의 치아에 치과 보철을 한 사람
4. 두 팔의 노출된 면에 경도의 흉터가 남은 사람
5. 두 다리의 노출된 면에 경도의 흉터가 남은 사람
6. 한쪽 손의 새끼손가락을 제대로 못 쓰게 된 사람
7. 한쪽 손의 엄지손가락과 둘째 손가락 외의 손가락 뼈의 일부를 잃은 사람
8. 한쪽 손의 엄지손가락과 둘째 손가락 외의 손가락 끝관절을 굽폈다 폈다 할 수 없게 된 사람
9. 한쪽 발의 가운데발가락 이하의 1개 또는 2개의 발가락을 제대로 못 쓰게 된 사람
10. 신체 일부에 신경증상이 남은 사람
11. 척주에 경미한 변형장해가 남은 사람 또는 척추의 수상 부위에 비기질적 변화가 남은 사람

[별표 7]

간병급여의 지급 대상(제59조제1항 관련)

구분	지급 대상
상시 간병급여	1. 신경계통의 기능, 정신기능 또는 흉복부 장기의 기능에 장해등급 제1급에 해당하는 장해가 남아 일상생활에 필요한 동작을 하기 위하여 항상 다른 사람의 간병이 필요한 사람 2. 두 눈, 두 팔 또는 두 다리 중 어느 하나의 부위에 장해등급 제1급에 해당하는 장해가 남고, 다른 부위에 제7급 이상에 해당하는 장해가 남아 일상생활에 필요한 동작을 하기 위하여 항상 다른 사람의 간병이 필요한 사람
수시 간병급여	3. 신경계통의 기능, 정신기능 또는 흉복부 장기의 기능에 장해등급 제2급에 해당하는 장해가 남아 일상생활에 필요한 동작을 하기 위하여 수시로 다른 사람의 간병이 필요한 사람 4. 장해등급 제1급(제53조제2항에 따른 조정의 결과 제1급이 되는 경우를 포함한다)에 해당하는 장해가 남아 일상생활에 필요한 동작을 하기 위하여 수시로 다른 사람의 간병이 필요한 사람

[별표 8] (2018.12.11 개정)

중증요양상태등급의 기준(제65조제1항 관련)

1. 업무상 부상 또는 질병(진폐는 제외한다)으로 요양 중인 근로자의 중증요양상태등급 기준은 다음과 같다.
 가. 제1급
  1) 두 눈이 실명된 사람
  2) 말하는 기능과 씹는 기능을 모두 완전히 잃은 사람
  3) 신경계통의 기능 또는 정신기능에 뚜렷한 장해가 있어 항상 간병을 받아야 하는 사람
  4) 흉복부 장기의 기능에 뚜렷한 장해가 있어 항상 간병을 받아야 하는 사람
  5) 두 팔을 팔꿈치관절 이상의 부위에서 잃은 사람
  6) 두 팔을 영구적으로 완전히 사용하지 못하게 된 사람
  7) 두 다리를 무릎관절 이상의 부위에서 잃은 사람
  8) 두 다리를 완전히 사용하지 못하게 된 사람
 나. 제2급
  1) 한쪽 눈이 실명되고 다른 쪽 눈의 시력이 0.02 이하로 된 사람
  2) 두 눈의 시력이 0.02 이하로 된 사람
  3) 두 팔을 손목관절 이상의 부위에서 잃은 사람
  4) 두 다리를 발목관절 이상의 부위에서 잃은 사람
  5) 신경계통의 기능 또는 정신기능에 뚜렷한 장해가 있어 수시로 간병을 받아야 하는 사람
  6) 흉복부 장기의 기능에 뚜렷한 장해가 있어 수시로 간병을 받아야 하는 사람
 다. 제3급
  1) 한쪽 눈이 실명되고 다른 쪽 눈의 시력이 0.06 이하로 된 사람
  2) 말하는 기능 또는 씹는 기능을 완전히 잃은 사람
  3) 신경계통의 기능 또는 정신기능에 뚜렷한 장해가 있어 전혀 노무에 종사하지 못하는 사람
  4) 흉복부 장기의 기능에 뚜렷한 장해가 있어 전혀 노무에 종사하지 못하는 사람
  5) 두 손의 손가락을 모두 잃은 사람
  6) 위의 3)과 4)에 정한 장해 외의 장해로 전혀 노무에 종사하지 못하는 사람

2. 삭제(2010.11.15)

[별표 9] (2010.11.15 개정)

장해등급 및 진폐장해등급별 노동력 상실률(제73조제2항 관련)

등급	노동력 상실률
제1급	100%
제2급	100%
제3급	100%

[별표 10]

사망자 본인의 생활비 비율(제74조제1항 관련)

구분	생활비 비율
부양가족이 없는 경우	40퍼센트
부양가족이 1명인 경우	35퍼센트
부양가족이 2명인 경우	30퍼센트
부양가족이 3명 이상인 경우	25퍼센트

※ 비고 : 부양의무자 및 부양가족의 범위는 「민법」에 따르되, 사실상 혼인관계에 있는 사람을 포함한다.

[별표 11]

취업가능개월수에 대응하는 라이프니츠 계수

(제73조 및 제74조 관련)

취업가능 개월수	계수	취업가능 개월수	계수
1	0.9958	32	29.9002
2	1.9875	33	30.7719
3	2.9751	34	31.6401
4	3.9586	35	32.5047
5	4.9381	36	33.3657
6	5.9134	37	34.2231
7	6.8847	38	35.0769
8	7.8520	39	35.9272
9	8.8153	40	36.7740
10	9.7740	41	37.6172
11	10.7298	42	38.4570
12	11.6812	43	39.2933
13	12.6286	44	40.1261
14	13.5720	45	40.9554
15	14.5115	46	41.7814
16	15.4472	47	42.6038
17	16.3789	48	43.4229
18	17.3068	49	44.2386
19	18.2309	50	45.0509
20	19.1511	51	45.8598
21	20.0674	52	46.6653
22	20.9800	53	47.4676
23	21.8888	54	48.2665
24	22.7938	55	49.0620
25	23.6951	56	49.8543
26	24.5926	57	50.6433
27	25.4865	58	51.4290
28	26.3766	59	52.2115
29	27.2630	60	52.9907
30	28.1457	61	53.7666
31	29.0247	62	54.5394

63	55.3089	101	82.3023
64	56.0753	102	82.9566
65	56.8385	103	83.6082
66	57.5985	104	84.2572
67	58.3553	105	84.9034
68	59.1090	106	85.5469
69	59.8596	107	86.1878
70	60.6071	108	86.8261
71	61.3514	109	87.4616
72	62.0927	110	88.0946
73	62.8309	111	88.7249
74	63.5661	112	89.3526
75	64.2982	113	89.9777
76	65.0272	114	90.6002
77	65.7532	115	91.2201
78	66.4763	116	91.8374
79	67.1963	117	92.4522
80	67.9133	118	93.0644
81	68.6274	119	93.6741
82	69.3384	120	94.2813
83	70.0466	121	94.8859
84	70.7518	122	95.4881
85	71.4541	123	96.0877
86	72.1534	124	96.6849
87	72.8499	125	97.2795
88	73.5434	126	97.8717
89	74.2341	127	98.4615
90	74.9220	128	99.0488
91	75.6069	129	99.6336
92	76.2891	130	100.2161
93	76.9684	131	100.7961
94	77.6448	132	101.3737
95	78.3185	133	101.9489
96	78.9894	134	102.5217
97	79.6575	135	103.0922
98	80.3228	136	103.6603
99	80.9854	137	104.2260
100	81.6452	138	104.7894

139	105.3504	177	125.0300
140	105.9091	178	125.5070
141	106.4655	179	125.9821
142	107.0196	180	126.4552
143	107.5714	181	126.9263
144	108.1209	182	127.3955
145	108.6681	183	127.8628
146	109.2130	184	128.3281
147	109.7557	185	128.7914
148	110.2961	186	129.2529
149	110.8343	187	129.7124
150	111.3703	188	130.1700
151	111.9040	189	130.6258
152	112.4355	190	131.0796
153	112.9649	191	131.5315
154	113.4920	192	131.9816
155	114.0169	193	132.4298
156	114.5397	194	132.8762
157	115.0602	195	133.3207
158	115.5787	196	133.7633
159	116.0949	197	134.2041
160	116.6091	198	134.6431
161	117.1211	199	135.0803
162	117.6309	200	135.5156
163	118.1387	201	135.9492
164	118.6443	202	136.3809
165	119.1479	203	136.8109
166	119.6493	204	137.2391
167	120.1487	205	137.6655
168	120.6460	206	138.0901
169	121.1413	207	138.5129
170	121.6345	208	138.9340
171	122.1256	209	139.3534
172	122.6147	210	139.7710
173	123.1018	211	140.1869
174	123.5868	212	140.6011
175	124.0699	213	141.0135
176	124.5509	214	141.4243

산재보험

215	141.8333	253	156.1807
216	142.2406	254	156.5285
217	142.6463	255	156.8749
218	143.0502	256	157.2198
219	143.4525	257	157.5633
220	143.8531	258	157.9053
221	144.2521	259	158.2460
222	144.6493	260	158.5852
223	145.0450	261	158.9230
224	145.4390	262	159.2595
225	145.8314	263	159.5945
226	146.2221	264	159.9281
227	146.6112	265	160.2604
228	146.9987	266	160.5912
229	147.3846	267	160.9207
230	147.7689	268	161.2489
231	148.1516	269	161.5756
232	148.5327	270	161.9010
233	148.9123	271	162.2251
234	149.2902	272	162.5478
235	149.6666	273	162.8692
236	150.0414	274	163.1892
237	150.4147	275	163.5080
238	150.7864	276	163.8253
239	151.1566	277	164.1414
240	151.5253	278	164.4562
241	151.8924	279	164.7696
242	152.2580	280	165.0818
243	152.6220	281	165.3927
244	152.9846	282	165.7022
245	153.3457	283	166.0105
246	153.7052	284	166.3175
247	154.0633	285	166.6233
248	154.4199	286	166.9277
249	154.7750	287	167.2310
250	155.1286	288	167.5329
251	155.4808	289	167.8336
252	155.8315	290	168.1330

291	168.4312	329	178.8913
292	168.7282	330	179.1449
293	169.0239	331	179.3974
294	169.3184	332	179.6488
295	169.6117	333	179.8992
296	169.9038	334	180.1486
297	170.1947	335	180.3970
298	170.4843	336	180.6443
299	170.7727	337	180.8906
300	171.0600	338	181.1358
301	171.3461	339	181.3001
302	171.6309	340	181.6233
303	171.9146	341	181.8656
304	172.1971	342	182.1068
305	172.4785	343	182.3470
306	172.7586	344	182.5862
307	173.0376	345	182.8245
308	173.3155	346	183.0617
309	173.5922	347	183.2980
310	173.8677	348	183.5332
311	174.1422	349	183.7675
312	174.4154	350	184.0009
313	174.6876	351	184.2332
314	174.9586	352	184.4646
315	175.2284	353	184.6951
316	175.4972	354	184.9245
317	175.7649	355	185.1531
318	176.0314	356	185.3806
319	176.2968	357	185.6073
320	176.5611	358	185.8330
321	176.8244	359	186.0577
322	177.0865	360	186.2816
323	177.3476	361	186.5045
324	177.6075	362	186.7264
325	177.8664	363	186.9475
326	178.1242	364	187.1676
327	178.3810	365	187.3836
328	178.6367	366	187.6052

367	187.8226	405	195.4485
368	188.0391	406	195.6334
369	188.2547	407	195.8174
370	188.4694	408	196.0008
371	188.6832	409	196.1833
372	188.8961	410	196.3652
373	189.1082	411	196.5462
374	189.3194	412	196.7265
375	189.5296	413	196.9061
376	189.7391	414	197.0849
377	189.9476	415	197.2630
378	190.1553	416	197.4403
379	190.3621	417	197.6169
380	190.5681	418	197.7928
381	190.7732	419	197.9679
382	190.9775	420	198.1423
383	191.1809	421	198.3160
384	191.3834	422	198.4889
385	191.5852	423	198.6612
386	191.7861	424	198.8327
387	191.9861	425	199.0035
388	192.1854	426	199.1736
389	192.3838	427	199.3430
390	192.5813	428	199.5117
391	192.7781	429	199.6798
392	192.9740	430	199.8471
393	193.1692	431	200.0137
394	193.3635	432	200.1796
395	193.5570	433	200.3448
396	193.7497	434	200.5094
397	193.9416	435	200.6732
398	194.1327	436	200.8364
399	194.3230	437	200.9989
400	194.5126	438	201.1607
401	194.7013	439	201.3219
402	194.8893	440	201.4824
403	195.0765	441	201.6422
404	195.2629	442	201.8014

443	201.9599	481	207.5196
444	202.1177	482	207.6543
445	202.2749	483	207.7886
446	202.4314	484	207.9222
447	202.5873	485	208.0553
448	202.7426	486	208.1879
449	202.8972	487	208.3199
450	203.0511	488	208.4513
451	203.2044	489	208.5822
452	203.3571	490	208.7126
453	203.5091	491	208.8424
454	203.6606	492	208.9717
455	203.8113	493	209.1005
456	203.9615	494	209.2287
457	204.1110	495	209.3563
458	204.2600	496	209.4835
459	204.4083	497	209.6101
460	204.5559	498	209.7362
461	204.7030	499	209.8618
462	204.8495	500	209.9869
463	204.9953	501	210.1114
464	205.1406	502	210.2354
465	205.2852	503	210.3589
466	205.4293	504	210.4819
467	205.5727	505	210.6044
468	205.7156	506	210.7264
469	205.8578	507	210.8478
470	205.9995	508	210.9688
471	206.1406	509	211.0893
472	206.2811	510	211.2092
473	206.4210	511	211.3287
474	206.5603	512	211.4476
475	206.6991	513	211.5661
476	206.8372	514	211.6841
477	206.9748	515	211.8016
478	207.1119	516	211.9186
479	207.2483	517	212.0351
480	207.3842	518	212.1512

519	212.2667	557	216.3200
520	212.3818	558	216.4183
521	212.4964	559	216.5161
522	212.6105	560	216.6136
523	212.7242	561	216.7106
524	212.8373	562	216.8073
525	212.9500	563	216.9035
526	213.0623	564	216.9993
527	213.1741	565	217.0948
528	213.2854	566	217.1898
529	213.3962	567	217.2845
530	213.5066	568	217.3787
531	213.6165	569	217.4726
532	213.7260	570	217.5661
533	213.8350	571	217.6591
534	213.9436	572	217.7518
535	214.0517	573	217.8442
536	214.1594	574	217.9361
537	214.2666	575	218.0276
538	214.3734	576	218.1188
539	214.4797	577	218.2096
540	214.5856	578	218.3000
541	214.6911	579	218.3901
542	214.7961	580	218.4797
543	214.9007	581	218.5690
544	215.0048	582	218.6579
545	215.1085	583	218.7465
546	215.2118	584	218.8347
547	215.3147	585	218.9225
548	215.4171	586	219.0100
549	215.5191	587	219.0971
550	215.6207	588	219.1838
551	215.7218	589	219.2702
552	215.8226	590	219.3562
553	215.9229	591	219.4419
554	216.0228	592	219.5272
555	216.1223	593	219.6121
556	216.2214	594	219.6917

595	219.7809	631	222.5919
596	219.8648	632	222.6641
597	219.9484	633	222.7360
598	220.0316	634	222.8077
599	220.1144	635	222.8790
600	220.1970	636	222.9500
601	220.2791	637	223.0208
602	220.3610	638	223.0912
603	220.4425	639	223.1614
604	220.5236	640	223.2313
605	220.6044	641	223.3009
606	220.6849	642	223.3701
607	220.7650	643	223.4392
608	220.8449	644	223.5079
609	220.9243	645	223.5763
610	221.0035	646	223.6444
611	221.0823	647	223.7123
612	221.1608	648	223.7799
613	221.2390	649	223.8472
614	221.3168	650	223.9142
615	221.3943	651	223.9810
616	221.4716	652	224.0474
617	221.5484	653	224.1136
618	221.6250	654	224.1795
619	221.7012	655	224.2452
620	221.7772	656	224.3106
621	221.8528	657	224.3757
622	221.9281	658	224.4405
623	222.0031	659	224.5051
624	222.0777	660	224.5694
625	222.1521	661	224.6334
626	222.2262	662	224.6971
627	222.2999	663	224.7606
628	222.3734	664	224.8239
629	222.4465	665	224.8868
630	222.5193	666	224.9496

※ 비고 : 1개월 미만은 1개월로 한다.

[별표 11의2] (2019.7.2 개정)

진폐병형과 심폐기능의 정도의 판정기준, 진폐장해등급 기준 및 요양대상 인정기준(제83조의2제1항 관련)

1. 진폐병형 및 심폐기능의 정도의 판정기준

가. 진폐병형 판정기준

(1) 진폐에 걸렸는지와 진폐의 진행 정도는 흉부 단순방사선영상을 판독하여 결정한다.

(2) 흉부 단순방사선영상에 따른 진폐의 병형 분류는 국제노동기구(ILO)의 진폐 방사선영상 국제분류법(2000년)에서 규정하는 완전분류(complete classification)에 따른다.

(3) 진폐의 병형 0/1은 의증으로, 1/0, 1/1, 1/2는 제1형으로, 2/1, 2/2, 2/3은 제2형으로, 3/2, 3/3, 3/+는 제3형으로, 큰음영 ABC는 제4형으로 하며, 그 판정 기준은 다음과 같다.

병형		흉부 단순방사선영상
의증	0/1	양쪽 폐에 원형 또는 불규칙한 작은음영의 밀도가 제1형의 하한보다 낮은 경우
제1형	1/0 1/1 1/2	양쪽 폐에 원형 또는 불규칙한 작은음영이 조금 있고, 큰음영이 없다고 인정되는 경우
제2형	2/1 2/2 2/3	양쪽 폐에 원형 또는 불규칙한 작은음영이 많이 있고, 큰음영이 없다고 인정되는 경우
제3형	3/2 3/3 3/+	양쪽 폐에 원형 또는 불규칙한 작은음영이 매우 많이 있고, 큰음영이 없다고 인정되는 경우
제4형	A B C	큰음영이 있다고 인정되는 경우

나. 심폐기능의 정도의 판정기준

(1) 고도 장해(F_3)

폐기능검사에서 노력성폐활량(FVC) 또는 일초량(FEV1)이 정상 예측치의 45% 미만인 경우(일초량인 경우는 노력성폐활량의 70% 미만이어야 함. 이하 이 목에서 같다)

(2) 중등도 장해(F_2)

폐기능검사에서 노력성폐활량(FVC) 또는 일초량(FEV1)이 정상 예측치의 45% 이상, 55% 미만인 경우

(3) 경도 장해(F_1)
폐기능검사에서 노력성폐활량(FVC) 또는 일초량(FEV1)이 정상 예측치의 55% 이상, 70% 미만인 경우

(4) 경미한 장해($F_{1/2}$)
폐기능검사에서 노력성폐활량(FVC) 또는 일초량(FEV1)이 정상 예측치의 70% 이상, 80% 미만인 경우

2. 진폐장해등급 기준

진폐장해등급	구 분
제1급	진폐의 병형이 제1형 이상이면서 동시에 심폐기능에 고도 장해가 남은 사람
제3급	진폐의 병형이 제1형 이상이면서 동시에 심폐기능에 중등도 장해가 남은 사람
제5급	진폐의 병형이 제4형이면서 동시에 심폐기능에 경도 장해가 남은 사람
제7급	진폐의 병형이 제1형, 제2형 또는 제3형이면서 동시에 심폐기능에 경도 장해가 남은 사람
제9급	진폐의 병형이 제3형 또는 제4형이면서 동시에 심폐기능에 경미한 장해가 남은 사람
제11급	진폐의 병형이 제1형 또는 제2형이면서 동시에 심폐기능에 경미한 장해가 남은 사람, 진폐의 병형이 제2형, 제3형 또는 제4형인 사람
제13급	진폐의 병형이 제1형인 사람

3. 합병증 등에 따른 요양대상 인정기준

가. 진폐병형이 제1형 이상인 경우로서 다음의 어느 하나에 해당되는 경우

(1) 진폐의 합병증으로 활동성 폐결핵, 감염에 의한 흉막염(가슴막염), 기관지염, 기관지확장증, 공기가슴증, 폐기종(폐공기증, 심폐기능이 경도 장해 이상인 경우에만 해당한다), 폐성심, 비정형(非定型) 미코박테리아 감염으로 확인된 경우

(2) 진폐로 인하여 고도의 심폐기능장해(F_3)로 확인된 경우

(3) 진폐의 병형이 제4형이고 큰음영의 면적 합계가 오른쪽 폐의 윗쪽 2분의 1을 넘는 경우

(4) 분진작업 종사경력이 있는 진폐근로자에서 원발성(原發性) 폐암이 발생한 경우

나. 진폐의증(0/1)에 활동성 폐결핵이 합병된 경우(법 제36조의 보험급여 중 제1호의 요양급여 및 제4호의 간병급여만 해당한다)

[별표 11의3] (2010.11.15 신설)

심폐기능정도 판정이 곤란한 진폐근로자의 진폐장해등급 기준

(제83조의2제2항 관련)

진폐장해등급	구분
제5급	진폐의 병형이 제4형이면서 B 또는 C에 해당하는 사람
제7급	진폐의 병형이 제3형이거나 제4형이면서 A에 해당하는 사람
제11급	진폐의 병형이 제2형인 사람
제13급	진폐의 병형이 제1형인 사람

[별표 11의4] (2022.12.30 신설)

건강손상자녀 관련 유해인자(제83조의4 관련)

1. 화학적 유해인자
  가. 납(CAS 7439-92-1)
  나. 니켈(CAS 7440-02-0)
  다. 벤젠(CAS 71-43-2)
  라. 사염화탄소(CAS 56-23-5)
  마. 수은(CAS 7439-97-6)
  바. 스토다드 솔벤트(CAS 8052-41-3)
  사. 스티렌(CAS 100-42-5)
  아. 에틸렌글리콜모노메틸에테르(CAS 109-86-4)
  자. 유기수은(CAS 115-09-3)
  차. 이산화황(CAS 7446-09-5)
  카. 이황화탄소(CAS 75-15-0)
  타. 일산화탄소(CAS 630-08-0)
  파. 카드뮴(CAS 7440-43-9)
  하. 크실렌(CAS 1330-20-7)
  거. 테트라브로모비스페놀A(CAS 79-94-7)
  너. 톨루엔(CAS 108-88-3)
  더. 폴리염화비페닐(PCB)(CAS 11096-82-5, CAS 12672-29-6)

2. 약물적 유해인자 : 메토트렉사트, 와파린, 이소트레티노인 등 「약사법」 제23조의2제1항제2호에 따라 식품의약품안전처장이 고시한 임부금기(妊婦禁忌) 성분

3. 물리적 유해인자
  가. 고열 : 「산업안전보건법」 제39조제1항제2호에 따른 고온에 의한 건강장해를 예방하기 위하여 보건조치가 필요한 고열. 이 경우 용광로 등 고용노동부령으로 정하는 고열작업을 하는 장소에서 일을 하는 사람에 대하여 유해인자로 인정된다.
  나. 방사선 : 「산업안전보건법」 제39조제1항제2호에 따른 방사선에 의한 건강장해를 예방하기 위하여 보건조치가 필요한 방사선. 이 경우 엑스선 장치의 제조·사용 또는 엑스선이 발생하는 장치의 검사업무 등 고용노동부령으로 정하는 방사선 업무를 하는 사람에 대하여 유해인자로 인정된다.

4. 생물학적 유해인자 : 「산업안전보건법」 제39조제1항제1호에 따른 병원체에 의

한 건강장해를 예방하기 위하여 보건조치가 필요한 다음 각 목의 유해인자. 이 경우 혈액의 검사 작업 등 고용노동부령으로 정하는 작업을 하는 사람에 대하여 유해인자로 인정된다.

가. B형 간염 바이러스
나. 거대세포바이러스
다. 단순포진바이러스
라. 매독
마. 수두대상포진바이러스
바. 인간면역결핍 바이러스
사. 톡소포자충증
아. 파보바이러스 B-19
자. 풍진바이러스

5. 제1호에서 제4호까지에서 규정되지 않은 유해인자의 경우에도 임신 중인 근로자의 업무수행 과정에서 그 유해인자의 취급이나 유해인자에의 노출이 건강손상자녀와 인과관계가 있음이 「한국산업안전보건공단법」에 따른 한국산업안전보건공단 또는 고용노동부령으로 정하는 기관의 자문을 통해 시간적·의학적으로 증명되는 경우에는 유해인자로 본다.

[별표 12] (2023.6.27 개정)

과태료의 부과기준(제128조 관련)

1. 일반기준

가. 위반행위의 횟수에 따른 과태료의 가중된 부과기준은 최근 1년간 같은 위반행위로 과태료 부과처분을 받은 경우에 적용한다. 이 경우 기간의 계산은 위반행위에 대하여 과태료 부과처분을 받은 날과 그 처분 후 다시 같은 위반행위를 하여 적발된 날을 기준으로 한다.

나. 가목에 따라 가중된 부과처분을 하는 경우 가중처분의 적용 차수는 그 위반행위 전 부과처분 차수(가목에 따른 기간 내에 과태료 부과처분이 둘 이상 있었던 경우에는 높은 차수를 말한다)의 다음 차수로 한다.

다. 부과권자는 다음의 어느 하나에 해당하는 경우에는 제2호의 개별기준에 따른 과태료의 2분의 1 범위에서 그 금액을 줄여 부과할 수 있다. 다만, 과태료를 체납하고 있는 위반행위자에 대해서는 그렇지 않다.

1) 위반행위가 사소한 부주의나 오류로 인한 것으로 인정되는 경우
2) 위반행위의 내용·정도가 경미하여 사회적 피해가 적다고 인정되는 경우
3) 위반행위자가 법 위반상태를 시정하거나 해소하기 위하여 노력한 사실이 인정되는 경우
4) 그 밖에 위반행위의 정도, 위반행위의 동기와 그 결과 등을 고려하여 과태료 금액을 줄일 필요가 있다고 인정되는 경우

라. 부과권자는 다음의 어느 하나에 해당하는 경우에는 제2호의 개별기준에 따른 과태료의 2분의 1 범위에서 늘려 그 금액을 부과할 수 있다. 다만, 늘려 부과하는 경우에도 법 제129조제1항부터 제3항까지의 규정에 따른 과태료의 상한을 넘을 수 없다.

1) 위반의 내용·정도가 중대하여 근로자 등에게 미치는 피해가 크다고 인정되는 경우
2) 그 밖에 위반행위의 정도, 위반행위의 동기와 그 결과 등을 고려하여 과태료 금액을 늘릴 필요가 있다고 인정되는 경우

2. 개별기준

위반행위	근거 법조문	과태료		
		1차 위반	2차 위반	3차 이상 위반
가. 법 제34조를 위반하여 근로복지공단 또는 이와 비슷한 명칭을 사용한 경우	법 제129조 제2항제1호	100만원	150만원	200만원

나. 산재보험 의료기관이 법 제45조제1항을 위반하여 공단이 아닌 자에게 진료비를 청구한 경우	법 제129조제2항제2호	50만원	100만원	200만원
다. 산재보험 의료기관이 법 제47조제1항에 따른 진료계획을 정당한 사유 없이 제출하지 않은 경우	법 제129조제3항제1호	진료계획 미제출 1건당 5만원		
라. 법 제91조의21을 위반하여 자료 또는 정보의 제공 요청에 따르지 않은 경우	법 제129조제1항	100만원	200만원	300만원
마. 법 제105조제4항(법 제109조제1항에서 준용하는 경우를 포함한다)에 따른 질문에 답변하지 않거나 거짓된 답변을 하거나 검사를 거부·방해 또는 기피한 경우	법 제129조제3항제2호	50만원	70만원	100만원
바. 법 제114조제1항 또는 법 제118조에 따른 보고를 하지 않거나 거짓된 보고를 한 경우 또는 서류나 물건의 제출명령에 따르지 않은 경우	법 제129조제3항제3호	50만원	70만원	100만원
사. 법 제117조 또는 법 제118조에 따른 공단의 소속 직원의 질문에 답변을 거부하거나 조사를 거부·방해 또는 기피한 경우	법 제129조제3항제4호	50만원	70만원	100만원

산업재해보상보험법 시행규칙

전부개정 2008. 7. 1 노동부령 제304호
개정 2010. 3.29 노동부령 제341호
〈생략〉
2022. 2.17 고용노동부령 제347호
2022. 7. 5 고용노동부령 제355호
2023. 6.30 고용노동부령 제384호
2025. 6.20 고용노동부령 제445호

제1장 총 칙

제1조【목적】 이 규칙은 「산업재해보상보험법」 및 같은 법 시행령에서 위임한 사항과 그 시행에 필요한 사항을 규정함을 목적으로 한다.

제2조【정보통신망을 이용한 신청 또는 청구】 ① 「산업재해보상보험법」(이하 "법"이라 한다) 및 같은 법 시행령(이하 "영"이라 한다) 또는 이 규칙에 따른 신청·청구·신고 또는 보고 등(이하 "신청등"이라 한다)은 「고용보험 및 산업재해보상보험의 보험료징수 등에 관한 법률」(이하 "보험료징수법"이라 한다) 제4조의2제1항에 따른 고용·산재정보통신망(이하 "고용·산재정보통신망"이라 한다)을 이용하여 할 수 있다. 이 경우 신청등에 관한 내용이 고용·산재정보통신망에 입력된 때에 그 신청등을 한 것으로 본다.
② 고용·산재정보통신망을 이용한 신청등의 방법·절차 등에 관하여는 「고용보험 및 산업재해보상보험의 보험료징수 등에 관한 법률 시행규칙」(이하 "보험료징수법 시행규칙"이라 한다) 제2조의2를 준용한다. 이 경우 "신고 또는 신청"이나 "신고·신청"은 "신청등"으로 본다.
③ 법 제10조에 따른 근로복지공단(이하 "공단"이라 한다)은 법, 영 또는 이 규칙에 따른 신청등에 대한 결정 내용이나 그 밖의 사항을 신청등을 한 사람에게 알릴 때에는 그 신청등을 한 사람이 지정한 정보통신망(「정보통신망 이용촉진 및 정보보호 등에 관한 법률」 제2조제1항제1호에 따른 정보통신망을 말한다. 이하 같다)을 이용하여 전자문서(「정보통신망 이용촉진 및 정보보호 등에 관한 법률」 제2조제1항제5호에 따른 전자문서를 말한다. 이하 같다)로 알릴 수 있다.
④ 제3항에 따른 전자문서는 신청등을 한 사람이 지정한 정보통신망에 입력된 때에 도달된 것으로 본다.

제2장 보험가입자

제3조【상시근로자 수의 산정 및 적용 시점】 삭제(2010.3.29)

제4조【생산제품의 설치공사에 대한 적용 특례】 사업주가 상시적으로 고유제품을 생산하여 그 제품 구매자와의 계약에 따라 직접 설치하는 경우 그 설치공사는 그 제품의 제조업에 포함되는 것으로 본다. 다만, 도급단위별로 고유 생산제품의 설치공사 외에 다른 공사가 포함된 경우에는 그 제품의 제조업에 포함되는 것으로 보지 않는다.

제3장 보험급여

제1절 평균임금 산정의 특례

제5조【특례 적용 여부 통지】 공단은 영 제25조제6항에 따라 평균임금 산정특례신청을 받으면 신청을 받은 날부터 10일 이내에 평균임금 산정 방법의 특례를 적용할지를 결정하여 신청인에게 알려야 한다.

제2절 업무상 질병의 판정

제6조【업무상질병판정위원회의 구성】 ① 법 제38조제1항에 따른 업무상질병판정위원회(이하 "판정위원회"라 한다)는 위원장 1명을 포함하여 180명 이내의 위원으로 구성한다. 이 경우 판정위원회의 위원장은 상임으로 하고, 위원장을 제외한 위원은 비상임으로 한다. (2018.12.13 개정)

② 판정위원회의 위원장 및 위원은 다음 각 호의 어느 하나에 해당하는 사람 중에서 공단 이사장이 위촉하거나 임명한다.

1. 변호사 또는 공인노무사
2. 「고등교육법」 제2조에 따른 학교에서 조교수 이상으로 재직하고 있거나 재직하였던 사람
3. 의사, 치과의사 또는 한의사
4. 산업재해보상보험 관련 업무에 5년 이상 종사한 사람
5. 「국가기술자격법」에 따른 산업위생관리 또는 인간공학 분야 기사 이상의 자격을 취득하고 관련 업무에 5년 이상 종사한 사람 (2012.4.25 신설)

③ 판정위원회의 위원 중 3분의 2에 해당하는 위원은 제2항 각 호의 어느 하나에 해당하는 사람으로서 근로자 단체와 사용자 단체가 각각 추천하는 사람 중에서 위촉한다. 이 경우 근로자 단체와 사용자 단체가 추천하는 위원은 같은 수로 한다. (2012.4.25 개정)

④ 제3항에도 불구하고 근로자 단체나 사용자 단체가 각각 추천하는 사람이 위촉하려는 전체 위원 수의 3분의 1보다 적은 경우에는 제3항 후단을 적용

하지 않고 근로자 단체와 사용자 단체가 추천하는 위원 수를 전체 위원 수의 3분의 2 미만으로 할 수 있다. (2012.4.25 개정)

⑤ 판정위원회의 위원장과 위원의 임기는 2년으로 하되, 연임할 수 있다.

제7조 【판정위원회의 심의에서 제외되는 질병】 법 제38조제2항에 따른 판정위원회의 심의에서 제외되는 질병은 다음 각 호의 어느 하나에 해당하는 질병으로 한다. (2010.11.24 개정)

1. 진폐 (2010.11.24 개정)
2. 이황화탄소 중독증 (2015.3.24 개정)
3. 유해·위험요인에 일시적으로 다량 노출되어 나타나는 급성 중독 증상 또는 소견 등의 질병 (2010.11.24 개정)
4. 영 제117조제1항제3호에 따른 진찰을 한 결과 업무와의 관련성이 매우 높다는 소견이 있는 질병 (2021.2.1 신설)
5. 제22조 각 호의 기관에 자문한 결과 업무와의 관련성이 높다고 인정된 질병 (2021.2.1 신설)
6. 그 밖에 업무와 그 질병 사이에 상당인과관계가 있는지를 명백히 알 수 있는 경우로서 공단이 정하는 질병 (2021.2.1 개정)

제8조 【판정위원회의 심의 절차】 ① 공단의 분사무소(이하 "소속 기관"이라 한다)의 장은 판정위원회의 심의가 필요한 질병에 대하여 보험급여의 신청 또는 청구를 받으면 판정위원회에 업무상 질병으로 인정할지에 대한 심의를 의뢰하여야 한다.

② 판정위원회는 제1항에 따라 심의를 의뢰받은 날부터 20일 이내에 업무상 질병으로 인정되는지를 심의하여 그 결과를 심의를 의뢰한 소속 기관의 장에게 알려야 한다. 다만, 부득이한 사유로 그 기간 내에 심의를 마칠 수 없으면 10일을 넘지 않는 범위에서 한 차례만 그 기간을 연장할 수 있다.

제9조 【판정위원회의 운영】 ① 판정위원회의 위원장은 회의를 소집하고, 그 의장이 된다. 다만, 판정위원회의 원활한 운영을 위하여 필요하면 위원장이 지명하는 위원이 회의를 주재할 수 있다.

② 판정위원회의 회의는 위원장(제1항 단서에 따라 위원장이 지명하는 위원이 회의를 주재하는 경우에는 그 위원) 및 회의를 개최할 때마다 위원장이 지정하는 위원 6명으로 구성한다. 이 경우 위원장은 제6조제2항제3호에 해당하는 위원 2명 이상을 지정하여야 한다.

③ 판정위원회의 위원장이 회의를 소집하려면 회의 개최 5일 전까지 일시·장소 및 안건을 제2항에 따라 위원장이 지정하는 위원에게 서면으로 알려야 한다. 다만, 긴급한 경우에는 회의 개최 전날까지 구두(口頭), 전화, 그 밖의 방법으로 알릴 수 있다.

④ 판정위원회 위원의 제척·기피·회피에 관하여는 법 제108조를 준용한다.

이 경우 "재심사위원회"는 "판정위원회"로 본다.
⑤ 판정위원회의 회의는 제2항에 따른 구성원 과반수의 출석과 출석위원 과반수의 찬성으로 의결한다.
⑥ 공단은 판정위원회의 심의 안건 및 심의 결과 등에 관한 사항을 기록·유지하여야 한다.
⑦ 그 밖에 판정위원회의 운영에 필요한 사항은 공단이 정한다.

제9조의2 【소위원회의 구성·운영】 ① 판정위원회의 업무를 효율적으로 수행하기 위하여 필요하면 소위원회를 둘 수 있다. (2021.2.1 신설)
② 소위원회는 질병명 등 판정위원회가 정하는 경미한 사항에 대하여 심의한다. (2021.2.1 신설)
③ 소위원회는 판정위원회의 위원장이 지명하는 판정위원회 위원 3명으로 구성하며, 소위원회의 위원장은 소위원회의 위원 중에서 호선한다. (2021.2.1 신설)
④ 소위원회의 위원장은 소위원회의 심의 결과를 판정위원회에 보고해야 한다. 이 경우 소위원회에서 심의된 사항은 판정위원회에서 심의된 것으로 본다. (2021.2.1 신설)
⑤ 소위원회의 회의는 구성위원 전원의 출석과 출석위원 전원의 찬성으로 의결한다. (2021.2.1 신설)
⑥ 제1항부터 제5항까지에서 규정한 사항 외에 소위원회의 구성·운영에 필요한 사항은 판정위원회의 위원장이 정한다. (2021.2.1 신설)

제3절 요양급여의 범위 등

제10조 【요양급여의 범위 및 비용】 ① 법 제40조제5항에 따른 요양급여의 범위나 비용 등 요양급여의 산정 기준은 「국민건강보험법」 제41조제2항 및 「국민건강보험 요양급여의 기준에 관한 규칙」, 같은 법 제45조제4항, 같은 법 제49조 및 같은 법 시행규칙 제23조제4항에 따라 보건복지가족부장관이 고시하는 요양급여 비용의 기준, 같은 법 제51조제2항 및 같은 법 시행규칙 제26조에 따른 기준(이하 "건강보험 요양급여기준"이라 한다)에 따른다. 다만, 요양급여의 범위나 비용 중 건강보험 요양급여기준에서 정한 사항이 근로자 보호를 위하여 적당하지 않다고 인정되거나 건강보험 요양급여기준에서 정한 사항이 없는 경우 등 고용노동부장관이 법 제8조에 따른 산업재해보상보험및예방심의위원회의 심의를 거쳐 기준을 따로 정하여 고시하는 경우에는 그 기준에 따른다. (2015.3.24 개정)
② 공단은 법 제11조제2항에 따라 공단에 두는 의료기관에서 하는 요양에 대한 요양급여의 범위·비용 등에 대하여는 고용노동부장관의 승인을 받아

제1항의 기준(이하 "산재보험 요양급여기준"이라 한다)을 조정하여 적용할 수 있다. (2010.7.12 개정)

③ 공단은 법 제75조의2제4항에 따라 지정하는 직장복귀지원 의료기관(이하 "직장복귀지원의료기관"이라 한다)에서 하는 요양에 대한 요양급여의 범위·비용 등에 대해서는 고용노동부장관의 승인을 받아 산재보험 요양급여기준을 조정하여 적용할 수 있다. (2021.12.31 신설)

제11조 【간병의 범위】 ① 법 제40조제4항제6호에 따른 간병은 요양 중인 근로자의 부상·질병 상태 및 간병이 필요한 정도에 따라 구분하여 제공한다. 다만, 요양 중인 근로자가 중환자실이나 회복실에서 요양 중인 경우 그 기간에는 별도의 간병을 제공하지 않는다.

② 간병은 요양 중인 근로자의 부상·질병 상태가 의학적으로 다른 사람의 간병이 필요하다고 인정되는 경우로서 다음 각 호의 어느 하나에 해당하는 사람에게 제공한다.

1. 두 손의 손가락을 모두 잃거나 사용하지 못하게 되어 혼자 힘으로 식사를 할 수 없는 사람
2. 두 눈의 실명 등으로 일상생활에 필요한 동작을 혼자 힘으로 할 수 없는 사람
3. 뇌의 손상으로 정신이 혼미하거나 착란을 일으켜 일상생활에 필요한 동작을 혼자 힘으로 할 수 없는 사람
4. 신경계통 또는 정신의 장해로 의사소통을 할 수 없는 등 치료에 뚜렷한 지장이 있는 사람
5. 신체 표면 면적의 35퍼센트 이상에 걸친 화상을 입어 수시로 적절한 조치를 할 필요가 있는 사람 (2019.10.15 개정)
6. 골절로 인한 견인장치 또는 석고붕대 등을 하여 일상생활에 필요한 동작을 혼자 힘으로 할 수 없는 사람
7. 하반신 마비 등으로 배뇨·배변을 제대로 하지 못하거나 욕창 방지를 위하여 수시로 체위를 변경시킬 필요가 있는 사람
8. 업무상 질병으로 신체가 몹시 허약하여 일상생활에 필요한 동작을 혼자 힘으로 할 수 없는 사람
9. 수술 등으로 일정 기간 거동이 제한되어 일상생활에 필요한 동작을 혼자 힘으로 할 수 없는 사람
10. 그 밖에 부상·질병 상태가 제1호부터 제9호까지의 규정에 준하는 사람

제12조 【간병을 할 수 있는 사람의 범위】 ① 간병을 할 수 있는 사람은 다음 각 호의 어느 하나에 해당하는 사람으로 한다.

1. 「간호법」에 따른 간호사 또는 간호조무사 (2025.6.20 개정)
2. 「노인복지법」 제39조의2에 따른 요양보호사 등 공단이 인정하는 간병

교육을 받은 사람
3. 해당 근로자의 배우자(사실상 혼인관계에 있는 사람을 포함한다), 부모, 13세 이상의 자녀 또는 형제자매
4. 그 밖에 간병에 필요한 지식이나 자격을 갖춘 사람 중에서 간병을 받을 근로자가 지정하는 사람

② 제1항에도 불구하고 간병의 대상이 되는 근로자의 부상·질병 상태 등이 전문적인 간병을 필요로 하는 경우에는 제1항제1호 또는 제2호에 따른 사람만 간병을 하도록 할 수 있다.

제13조【간병료】 ① 간병료는 간병이 필요한 정도 등을 고려하여 고용노동부장관이 고시하는 금액으로 한다. (2010.7.12 개정)

② 고용노동부장관은 제1항에 따른 간병료를 고시할 때 법 제43조제1항에 따른 산재보험 의료기관(이하 "산재보험 의료기관"이라 한다)이 간병을 제공하는 경우에는 간호 인력의 수 등을 고려하여 제1항에 따른 간병료에 일정한 금액 또는 비율에 따른 금액을 가산하여 지급하도록 할 수 있다. (2010.7.12 개정)

③ 고용노동부장관은 제1항에 따른 간병료를 고시할 때 제12조제1항제3호 또는 같은 항 제4호에 따른 사람이 간병을 하는 경우에 대하여 간병료를 따로 정할 수 있다. (2010.7.12 개정)

제14조【간병료의 청구 방법】 ① 산재보험 의료기관이 제11조에 따른 간병을 제공하고 그에 따른 간병료를 받으려면 제27조에 따른 진료비 청구를 하여야 한다. 다만, 산재보험 의료기관에서 간병을 제공하지 않아 근로자가 제12조제1항제3호 또는 같은 항 제4호에 따른 사람을 지정하여 간병을 받은 경우에는 그 근로자가 영 제38조에 따라 요양비 청구를 할 수 있다.

② 공단은 제1항 단서에 따른 요양비 청구를 받으면 그 청구일부터 10일 이내에 지급 여부를 결정하여 근로자에게 그 결과를 알려야 한다.

제15조【이송의 범위】 법 제40조제4항제7호에 따른 이송의 범위는 다음 각 호와 같다.

1. 재해가 발생한 장소에서 의료기관까지의 이송
2. 법 제48조에 따른 의료기관 변경, 법 제119조에 따른 진찰 또는 제62조제2항에 따른 신체감정을 위한 이송 (2021.6.9 개정)
3. 요양 또는 재요양을 위한 통원이나 퇴원의 경우로서 산재보험 의료기관과 그 근로자의 거주지(근무처를 포함한다)까지 그 통원이나 퇴원을 위한 이송 (2015.3.24 개정)
4. 장해등급 판정 및 재판정을 위한 이송 (2015.3.24 신설)
5. 의학적 판단을 위하여 영 제43조에 따른 자문의사회의에 참석하거나 그 밖에 공단이 요청하는 이송 (2017.12.27 신설)

제16조【이송비】 ① 이송비는 해당 근로자 및 그와 동행하는 간호인의 이송에 드는 비용으로 한다.
② 제1항에 따른 이송비의 지급 기준은 산재보험 요양급여기준에 따른다.

제17조【동행 간호인】 ① 해당 근로자의 부상·질병 상태로 보아 이송 시 간호인의 동행이 필요하다고 인정되는 경우에는 간호인 1명이 동행할 수 있다. 다만, 의학적으로 특별히 필요하다고 인정되는 경우에는 2명까지 동행할 수 있다.
② 동행 간호인의 간병료에 관하여는 제13조를 준용한다.

제18조【이송비의 청구 방법】 ① 산재보험 의료기관이 제16조에 따른 이송비를 받으려면 그 명세를 첨부하여 공단에 제27조에 따른 진료비 청구를 하여야 한다. 다만, 해당 근로자가 직접 이송에 드는 비용을 지급한 경우에는 영 제38조에 따라 요양비 청구를 할 수 있다.
② 제1항 단서에 따른 요양비의 결정 및 통지에 관하여는 제14조제2항을 준용한다.

제19조【국외에서 발생한 재해에 대한 보험급여의 청구 절차 등】 ① 근로자가 국외에서 업무상의 재해를 입어 법 제36조에 따른 보험급여를 청구하거나 신청하는 경우에는 진단서 등 재해발생 경위를 확인할 수 있는 자료를 첨부하여야 한다. (2014.12.31 개정)
② 제1항에 따른 업무상의 재해를 입은 근로자가 재해일부터 30일까지의 기간 동안 해당 외국 의료기관에서 받은 요양에 대한 요양비는 해당 외국 의료기관에 지급한 금액으로 한다. (2015.3.24 개정)
③ 제1항에 따른 업무상의 재해를 입은 근로자가 제2항에 따른 재해일부터 30일까지의 기간을 초과하여 해당 외국에서 요양한 경우 그 초과한 기간에 대한 요양비는 해당 근로자의 부상·질병 상태와 비슷한 부상·질병 상태에 대하여 직전 보험연도에 지급된 평균진료비에 준하여 산정한다. 다만, 외국 의료기관에 요양을 위하여 지급한 비용이 해당 평균진료비보다 적은 경우에는 그 외국 의료기관에 지급한 비용으로 한다. (2015.3.24 개정)
④ 제3항 본문에도 불구하고 다음 각 호의 어느 하나에 해당하는 기간의 요양비는 해당 외국 의료기관에 요양을 위하여 지급한 비용으로 한다. (2015.3.24 개정)
1. 천재·지변 등으로 교통수단의 이용이 불가능하여 국내 의료기관으로 변경이 불가능한 기간 (2021.6.9 개정)
2. 상병상태가 위중하거나 그 밖의 부득이한 사유로 국내 의료기관으로 변경할 수 없는 기간 (2021.6.9 개정)

⑤ 제2항, 제3항 단서 및 제4항에 따라 요양비를 지급하는 경우에 적용할 환율은 다음 각 호와 같다. (2015.3.24 개정)

1. 국내에서 외국 의료기관으로 진료비를 송금한 경우에는 국내 금융기관을 통하여 국외로 외환이 송금된 시점의 기준환율
2. 해외지점·출장소·영업소 등에서 해당 외국 의료기관에 직접 진료비를 지급한 경우에는 그 외국 의료기관이 진료비 수납영수증을 발급한 시점의 기준환율 (2021.7.13 개정)

⑥ 국외에서 업무상의 재해를 입은 근로자가 국외 요양 및 국내 요양을 받는 기간 중의 간병료 및 이송료에 관하여는 제11조부터 제18조까지의 규정을 준용한다.

제4절 요양급여의 신청 절차 등

제20조 【요양급여의 신청 등】 ① 법 제41조제2항에 따라 산재보험 의료기관이 근로자의 요양급여(진폐에 따른 요양급여는 제외한다. 이하 이 조에서 같다) 신청을 대행하는 경우에는 해당 근로자가 요양급여의 신청 대행에 동의하였음을 확인할 수 있는 서류를 첨부하여야 한다. (2017.12.27 개정)

② 법 제41조에 따라 요양급여의 신청을 받은 공단은 그 사실을 해당 근로자가 소속된 보험가입자에게 알리고 근로자의 요양급여 신청에 대한 보험가입자의 의견을 들어야 한다. (2021.12.31 개정)

③ 삭제(2021.12.31)

제21조 【요양급여의 결정 등】 ① 공단은 법 제41조에 따른 요양급여의 신청을 받으면 그 신청을 받은 날부터 7일 이내에 요양급여를 지급할지를 결정하여 신청인(법 제41조제2항에 따라 산재보험 의료기관이 요양급여의 신청을 대행한 경우에는 산재보험 의료기관을 포함한다) 및 보험가입자에게 알려야 한다.

② 제1항에 따른 처리기간 7일에는 다음 각 호의 기간은 산입하지 않는다. (2022.7.5 개정)

1. 판정위원회의 심의에 걸리는 기간
2. 법 제117조 및 법 제118조에 따른 조사에 걸리는 기간
3. 법 제119조에 따른 진찰에 걸리는 기간
4. 제20조에 따른 요양급여 신청과 관련된 서류의 보완에 걸리는 기간
5. 제20조제2항에 따른 보험가입자에 대한 통지 및 의견 청취에 걸리는 기간 (2022.7.5 개정)
6. 업무상 재해의 인정 여부를 판단하기 위한 역학조사나 그 밖에 필요한 조사에 걸리는 기간

③ 공단은 제1항에 따른 요양급여에 관한 결정을 할 때 필요하면 영 제42조제1항에 따른 자문의사(이하 "자문의사"라 한다)에게 자문하거나 영 제43

조에 따른 자문의사회의(이하 "자문의사회의"라 한다)의 심의를 거칠 수 있다.

제22조【업무상 질병에 관한 자문】 공단이나 판정위원회는 업무상 질병 여부를 결정할 때 그 질병과 유해·위험요인 사이의 인과관계 등에 대한 자문이 필요한 경우 다음 각 호의 기관에 자문할 수 있다. (2020.1.10 개정)

1. 「한국산업안전보건공단법」에 따른 한국산업안전보건공단 (2023.6.30 개정)
2. 그 밖에 업무상 질병 여부를 판단할 수 있는 기관

제5절 산재보험 의료기관

제23조【산재보험 의료기관의 지정 기준】 법 제43조제1항제3호에서 "고용노동부령으로 정하는 인력·시설 등의 기준"은 별표 1과 같다. (2010.7.12 개정)

제24조【산재보험 의료기관의 지정 절차】 ① 법 제43조제1항제3호에 따른 산재보험 의료기관으로 지정받으려는 의료기관 또는 보건소는 다음 각 호의 서류를 첨부하여 공단에 신청하여야 한다.

1. 의료기관 개요서
2. 의료기관 개설허가증 또는 신고증명서 사본 (2019.10.15 개정)
3. 진료과목의 전문의 자격증 사본
4. 사업자등록증 사본

② 공단은 제1항에 따른 지정 신청을 받은 경우에는 그 지정 신청을 받은 날부터 15일 이내에 지정 여부를 결정하여 지정 신청을 한 의료기관 또는 보건소에 알려야 한다. 이 경우 산재보험 의료기관으로 지정하기로 결정한 경우에는 공단이 정하는 지정 조건을 명시한 지정서를 내주어야 한다.

제25조【지정취소 및 진료제한등의 조치의 기준】 법 제43조제3항 및 같은 조 제5항에 따른 산재보험 의료기관에 대한 지정취소, 진료제한 조치 또는 개선명령(이하 "진료제한등의 조치"라 한다)의 기준은 별표 2와 같다. (2010.3.29 개정)

제26조【지정취소 및 진료제한등의 조치의 절차 등】 ① 공단은 산재보험 의료기관에 대한 지정취소 또는 진료제한등의 조치를 하기로 결정하면 그 사유와 조치 내용을 해당 산재보험 의료기관에 알리고, 그 산재보험 의료기관에서 요양 중인 근로자를 다른 산재보험 의료기관으로 옮겨 요양하게 하는 등 필요한 조치를 하여야 한다.

② 제24조에 따라 지정된 산재보험 의료기관(이하 "지정 산재보험 의료기관"이라 한다)은 공단에 지정취소를 신청할 수 있다. 이 경우 공단은 그 산재보험 의료기관에 대한 지정을 취소하여야 한다.

③ 공단은 제2항에 따른 지정취소 신청을 한 지정 산재보험 의료기관이 별표 2에 따른 지정취소, 진료제한등의 조치의 기준에 해당하는 사유가 있으면 그 지정취소 신청에도 불구하고 법 제43조제3항 및 같은 조 제5항에 따른 지정취소 또는 진료제한등의 조치를 할 수 있다. (2010.3.29 개정)

④ 공단은 지정 산재보험 의료기관에 대하여 지정취소를 한 후에도 그 지정 기간 중의 진료비나 그 밖에 업무상의 재해를 입은 근로자의 진료에 관하여 법 제118조에 따른 조사 등을 할 수 있다.

제26조의2【지정취소 재지정 금지기간】 법 제43조제3항에 따라 지정이 취소된 산재보험 의료기관은 다음 각 호의 구분에 따른 기간 동안 산재보험 의료기관으로 다시 지정받을 수 없다. (2010.3.29 신설)

1. 법 제43조제3항제1호에 해당하는 사유로 지정이 취소된 경우 : 지정취소일부터 1년
2. 법 제43조제3항제2호부터 제6호까지의 규정에 해당하는 사유로 지정이 취소된 경우 : 지정취소일부터 6개월

제27조【진료비의 청구】 산재보험 의료기관이 법 제45조제1항에 따른 진료비(이하 "진료비"라 한다)를 청구하는 경우에는 다음 각 호의 서류를 첨부하여야 한다.

1. 개인별 진료비 명세서
2. 「의료법 시행규칙」 제12조에 따른 처방전(고용·산재정보통신망 또는 정보통신망으로 청구하는 경우에는 처방전의 내용을 입력한 것으로 갈음할 수 있다)

제28조【약제비의 청구】 약국이 법 제46조제2항에 따라 약제비를 청구하는 경우에는 다음 각 호의 서류를 첨부하여야 한다.

1. 약국개설등록증 사본 및 사업자등록증 사본(최초로 청구하는 경우만 해당된다)
2. 개인별 약제비 명세서
3. 산재보험 의료기관에서 발급한 제27조제2호에 따른 처방전(고용·산재정보통신망 또는 정보통신망으로 청구하는 경우에는 처방전의 내용을 입력한 것으로 갈음할 수 있다)

제29조【진료비·약제비의 심사 및 지급결정】 ① 공단은 진료비나 약제비의 청구를 받은 경우에는 다음 각 호의 사항을 심사하여 지급 여부 및 지급 금액을 결정하여야 한다.

1. 청구 명세 중 산재보험 요양급여기준을 위반한 사항이 있는지 여부
2. 진찰·약제·처치·수술이나 그 밖의 치료가 업무상의 재해를 입은 근로자의 요양에 필요하고 적정한 것이었는지 여부

② 제1항에 따른 지급결정은 진료비나 약제비의 청구를 받은 날부터 40일

이내에 하여야 한다. 다만, 고용·산재정보통신망이나 정보통신망으로 청구한 경우에는 10일 이내에 지급결정을 하여야 한다.
③ 공단은 제2항 단서에 따라 10일 이내에 지급결정을 할 수 없는 경우에는 산재보험 의료기관 또는 약국이 청구한 진료비나 약제비의 100분의 85에 해당하는 금액을 미리 지급한 후 제1항에 따른 심사가 끝나면 그 결과에 따라 정산할 수 있다.
④ 공단은 진료비나 약제비의 지급결정을 한 경우에는 그 내용을 해당 산재보험 의료기관 또는 약국에 알려야 한다.

제30조 【진료비의 현지조사】 ① 공단은 법 제118조에 따라 산재보험 의료기관이 실시한 진료의 적정성, 해당 기관의 진료비 부정 또는 부당 청구 여부 등을 확인하기 위하여 해당 산재보험 의료기관을 방문하여 보고의 요구, 서류나 물건의 제출 요구, 질문 또는 서류나 물건의 조사(이하 "현지조사"라 한다)를 할 수 있다. 이 경우 「행정조사기본법」 제17조에 따라 해당 산재보험 의료기관에 현지조사의 일시, 조사 내용 및 조사 방법 등을 알려야 한다. (2018.12.13 개정)
② 현지조사 대상 산재보험 의료기관의 선정 기준, 현지조사의 절차 및 방법은 공단이 정한다.

제31조 【재요양의 신청 절차 등】 ① 영 제48조제2항에 따라 재요양을 신청하는 경우에는 다음 각 호의 서류를 첨부하여야 한다.
1. 재요양의 대상이 되는 부상·질병 상태와 재요양의 필요성에 관한 의사·치과의사 또는 한의사의 진단서 또는 소견서
2. 재요양을 신청하기 전에 보험가입자 또는 제3자 등으로부터 보험급여에 상당하는 금품을 받은 경우에는 그 금품의 명세 및 금액을 확인할 수 있는 판결문·합의서 등의 서류
3. 재요양을 신청하기 전에 보험가입자 또는 제3자 등으로부터 보험급여에 상당하는 금품을 받지 않은 경우에는 그 사실을 확인하는 본인의 확인서

② 재요양의 결정에 관하여는 제21조를 준용한다. 이 경우 "요양급여"는 "재요양"으로 본다.

제6절 진폐에 대한 요양급여 등의 청구절차

제32조 【분진작업의 범위】 법 제91조의2에서 "암석, 금속이나 유리섬유 등을 취급하는 작업 등 고용노동부령으로 정하는 분진작업"은 「산업안전보건기준에 관한 규칙」 제605조제2호에 따른 분진작업과 명백히 진폐에 걸릴 우려가 있다고 인정되는 장소에서의 작업을 말한다. (2011.7.6 개정)

제33조 【진폐에 대한 요양급여 등의 청구 시 필요서류】 법 제91조의5제1

산재
보험

항에서 "고용노동부령으로 정하는 서류"란 다음 각 호의 서류를 말한다. (2010.11.24 개정)

1. 다음 각 목의 어느 하나에 해당하는 서류(최초로 요양급여 신청을 하는 경우만 해당한다)
   가. 사업주가 증명하는 분진작업 종사경력 확인서
   나. 사업의 휴업이나 폐업 등으로 사업주의 증명을 받을 수 없는 경우에는 공단이 정하는 서류
2. 진폐에 관한 의학적 소견서 또는 진단서(요양급여 신청을 하는 경우만 해당한다)

제34조 【진폐진단의 실시 등】 ① 공단은 법 제91조의5제1항에 따라 요양급여 등의 청구를 받으면 요양급여 등을 청구한 사람에게 진단일자, 건강진단기관 등을 정하여 알려주어야 한다. (2010.11.24 개정)

② 건강진단기관은 법 제91조의6제1항에 따라 진폐에 대한 진단을 의뢰받으면 「진폐의 예방과 진폐근로자의 보호 등에 관한 법률 시행규칙」 제11조제4호 및 제13조제1항제2호에 따른 검사항목에 대하여 검사를 실시하여야 한다. (2010.11.24 개정)

③ 건강진단기관은 제2항에 따라 검사를 실시한 결과 심폐기능의 정도 등을 정확히 판정하기 곤란하다고 판단될 경우 6개월의 범위에서 진단을 연기할 수 있다. (2010.11.24 개정)

④ 이 규칙에서 규정한 사항 외에 진폐진단에 필요한 사항은 공단이 정한다. (2010.11.24 개정)

제35조 【진폐진단 결과 제출】 ① 건강진단기관은 제34조에 따른 진폐진단이 끝난 날부터 5일 이내에 다음 각 호의 서류를 첨부하여 그 진단결과를 공단에 제출하여야 한다. (2010.11.24 개정)

1. 진폐건강진단 소견서
2. 흉부 방사선영상 및 심폐기능검사 결과지
3. 그 밖에 공단에서 법 제91조의8제1항에 따른 진폐판정에 필요한 것으로 요구한 자료

② 공단은 법 제91조의8제1항에 따른 진폐판정 등을 위하여 필요한 경우 진폐진단을 담당한 의사에게 의견 제시를 요구할 수 있고, 진폐진단을 담당한 의사는 공단의 요구가 있으면 진폐진단 결과에 대하여 의견을 제시하여야 한다. (2010.11.24 개정)

제36조 【진단수당의 지급】 ① 법 제91조의6제5항에 따른 진단수당을 받으려는 사람은 공단에 청구하여야 한다. (2010.11.24 개정)

② 이 규칙에서 규정한 사항 외에 진단수당의 지급에 관하여 필요한 사항은 공단이 정한다. (2010.11.24 개정)

제37조 【정밀진단 결과 통보】 삭제(2010.11.24)

제38조 【진폐심사회의】 ① 법 제91조의7에 따른 진폐심사회의는 위원장 1명을 포함하여 45명 이내의 위원으로 구성한다. (2022.7.5 개정)

② 진폐심사회의의 위원장 및 위원은 다음 각 호의 어느 하나에 해당하는 사람 중 공단 이사장이 위촉한다. (2010.11.24 개정)

1. 직업환경의학과 전문의로서 3년 이상 근무한 경력이 있는 사람 (2015.3.24 개정)
2. 영상의학과 전문의로서 3년 이상 근무한 경력이 있는 사람
3. 내과 전문의로서 호흡기 분야에 3년 이상 근무한 경력이 있는 사람

③ 진폐심사회의 위원의 임기는 3년으로 한다. (2010.11.24 개정)

④ 진폐심사회의는 다음 각 호의 사항을 심사한다. (2010.11.24 개정)

1. 근로자의 상태가 진폐에 해당하는지 여부에 관한 사항
2. 진폐가 요양대상에 해당하는지 여부에 관한 사항
3. 진폐의 장해정도에 관한 사항
4. 그 밖에 진폐의 요양 및 장해 심사 등에 관한 사항

⑤ 이 규칙에서 규정한 사항 외에 진폐심사회의의 운영에 관한 구체적인 사항은 공단이 정한다. (2010.11.24 개정)

제39조 【진폐요양 의료기관의 범위 및 등급기준 등】 ① 법 제91조의9제1항에 따른 진폐요양 의료기관(이하 "진폐요양 의료기관"이라 한다)은 종사하는 인력과 운영하는 시설·장비에 따라 진폐일반 의료기관과 진폐전문 의료기관으로 등급을 구분하며, 구체적인 등급 기준요건은 별표 2의2와 같다. (2010.11.24 개정)

② 다음 각 호의 자는 제1항에 따른 진폐일반 의료기관이 된다. (2010.11.24 개정)

1. 「의료법」 제3조제2항제3호가목에 따른 병원 중 별표 2의2 제1호에 따른 요건을 갖추어 공단으로부터 진폐일반 의료기관으로 지정받은 자
2. 「의료법」 제3조제2항제3호바목에 따른 종합병원(같은 법 제3조의4에 따른 상급종합병원을 포함한다) (2021.6.9 개정)

③ 「의료법」 제3조제2항제3호가목에 따른 병원 또는 같은 법 제3조제2항제3호바목에 따른 종합병원(같은 법 제3조의4에 따른 상급종합병원을 포함한다)으로서 별표 2의2 제2호에 따른 요건을 갖추어 공단으로부터 진폐전문 의료기관의 지정을 받은 병원은 진폐전문 의료기관이 된다. (2021.6.9 개정)

④ 제2항제1호 및 제3항에 따른 지정을 받으려는 자는 공단에 지정을 신청하여야 한다. (2010.11.24 개정)

⑤ 진폐요양 의료기관에 대한 진료비의 지급범위나 방법 등에 관하여는 제10조를 준용한다. 이 경우 제1항에 따른 진폐요양 의료기관의 등급에 따라

진료비의 산정 기준을 다르게 적용할 수 있다. (2010.11.24 개정)
⑥ 진폐요양 의료기관별 요양대상 환자의 범위는 별표 2의3과 같다. (2010.11.24 개정)

제40조 【진폐요양의료기관평가위원회】 ① 법 제91조의9제4항에 따라 공단에 두는 진폐요양의료기관평가위원회(이하 이 조에서 "평가위원회"라 한다)는 위원장 1명을 포함하여 15명 이내의 위원으로 구성한다. (2010.11.24 개정)
② 평가위원회의 위원장 및 위원은 공단이 정하는 자격을 갖춘 사람 중에서 공단 이사장이 위촉한다. (2010.11.24 개정)
③ 평가위원회의 위원의 임기는 3년으로 한다. (2010.11.24 개정)
④ 이 규칙에서 규정한 사항 외에 평가위원회의 운영에 관한 구체적인 사항은 공단이 정한다. (2010.11.24 개정)

제41조 【전신해부에 따른 비용지원 등】 ① 법 제91조의11제2항에 따라 전신해부를 실시한 의료기관 또는 유족에게 지급하는 비용은 다음 각 호와 같다. (2010.11.24 개정)
1. 해부와 관련된 검사비용
2. 해부행위에 따른 비용
3. 해부관련 소견서 발급에 따른 비용
4. 해부를 위한 이송비용
5. 그 밖에 해부에 필요한 비용으로 공단이 인정하는 비용

② 법 제91조의11제2항에 따라 비용을 청구하려는 의료기관 또는 유족은 다음 각 호의 서류를 첨부하여 공단에 청구하여야 한다. (2010.11.24 개정)
1. 해부관련 검사 내역
2. 전신해부 결과지
3. 이송비용 영수증
4. 공단이 인정하는 해부에 필요한 비용에 관한 영수증

③ 제1항 각 호에 해당하는 비용의 지급범위나 방법 등에 관하여는 제10조를 준용한다. (2010.11.24 개정)
④ 이 규칙에서 규정한 사항 외에 전신해부와 관련한 비용지원 절차 등에 관하여 필요한 사항은 공단이 정한다. (2010.11.24 개정)

제42조 【정밀진단 방법 등】 삭제(2010.11.24)

제43조 【이황화탄소 중독증의 판정 절차】 ① 공단은 이황화탄소 중독증으로 요양을 받으려는 사람이 요양급여의 신청을 하면 그 판정에 필요한 검사를 할 수 있는 산재보험 의료기관에 정밀진단을 의뢰할 수 있다.
② 제1항에 따른 정밀진단을 의뢰받은 산재보험 의료기관은 지체 없이 정밀진단을 한 후 그 결과를 공단에 보내야 한다.

③ 공단은 제2항에 따라 정밀진단 결과를 받으면 이황화탄소 중독증에 관한 전문지식을 갖춘 자문의사 3명 이상의 의견을 들어 이황화탄소 중독증에 해당하는지를 판정하고 그 결과를 신청인에게 알려야 한다.

제7절 휴업급여의 청구 절차

제44조【부분휴업급여의 청구】 영 제50조제1항에서 "고용노동부령으로 정하는 서류"란 다음 각 호의 서류를 말한다. (2010.7.12 개정)

1. 취업 사업장의 명칭, 취업기간, 종사 업무의 내용 및 임금 등을 적은 서류 (2023.6.30 개정)
2. 취업 가능 여부 및 취업에 따른 부상·질병 상태의 악화 여부 등에 대한 의학적 소견서

제45조【재요양에 따른 평균임금 산정사유 발생일】 영 제52조제2호에서 "고용노동부령으로 정하는 절차"란 제33조부터 제43조까지의 규정에 따른 절차를 말한다. (2010.7.12 개정)

제8절 장해등급의 판정 기준

제46조【기본원칙】 ① 장해등급은 신체를 해부학적으로 구분한 부위(이하 "장해부위"라 한다) 및 장해부위를 생리학적으로 장해군으로 구분한 부위(이하 "장해계열"이라 한다)별로 판정한다.

② 장해부위는 다음 각 호와 같이 구분하되, 좌우 양쪽의 기관이 있는 부위는 각각 다른 장해부위로 본다. 다만, 안구와 속귀는 좌우를 같은 장해부위로 본다. (2019.10.15 개정)

1. 눈은 안구와 눈꺼풀의 좌 또는 우
2. 귀는 속귀 등과 귓바퀴의 좌 또는 우 (2019.10.15 개정)
3. 코
4. 입
5. 신경계통의 기능 또는 정신기능
6. 머리·얼굴·목 (2019.10.15 개정)
7. 흉복부장기(외부 생식기를 포함한다)
8. 체간은 척주(脊柱)와 그 밖의 체간골(體幹骨)
9. 팔은 팔의 좌 또는 우, 손가락은 손의 좌 또는 우
10. 다리는 다리의 좌 또는 우, 발가락은 발의 좌 또는 우

③ 장해계열은 별표 3의 구분에 따른다.

④ 영 제53조제2항에 따른 장해등급의 조정은 장해계열이 다른 장해가 둘

이상 있는 경우에 실시한다. 다만, 다음 각 호의 어느 하나에 해당하는 경우에는 장해등급을 조정하지 않고 장해계열이 같은 것으로 보아 같은 조 제3항에 따라 장해등급을 결정한다.

1. 양쪽 안구에 시력장해·조절기능장해·운동장해 또는 시야장해가 각각 남은 경우
2. 팔에 기능장해가 남고 같은 쪽 손가락의 상실 또는 기능장해가 남은 경우 (2019.10.15 개정)
3. 다리에 기능장해가 남고 같은 쪽 발가락에 상실 또는 기능장해가 남은 경우 (2019.10.15 개정)

⑤ 장해계열이 다른 장해가 둘 이상 있더라도 다음 각 호의 어느 하나에 해당하면 장해등급을 조정하지 않고 영 별표 6에 따른 장해등급의 기준(이하 "장해등급기준"이라 한다)에 따라 장해등급을 결정한다.

1. 장해계열이 다른 둘 이상의 장해의 조합에 대하여 장해등급기준에 하나의 장해등급(이하 "조합등급"이라 한다)으로 정하여진 다음 각 목의 어느 하나에 해당하는 장해가 남은 경우
   가. 두 팔의 상실 또는 기능장해로서 장해등급기준에 따른 제1급제5호·제6호 및 제2급제3호 중 어느 하나에 해당하는 장해 (2019.10.15 개정)
   나. 두 손의 손가락의 상실 또는 기능장해로서 장해등급기준에 따른 제3급제5호 및 제4급제6호 중 어느 하나에 해당하는 장해 (2019.10.15 개정)
   다. 두 다리의 상실 또는 기능장해로서 장해등급기준에 따른 제1급제7호·제8호, 제2급제4호 및 제4급제7호 중 어느 하나에 해당하는 장해 (2019.10.15 개정)
   라. 두 발의 발가락의 상실 또는 기능장해로서 장해등급기준에 따른 제5급제6호 및 제7급제11호 중 어느 하나에 해당하는 장해 (2019.10.15 개정)
   마. 두 눈의 눈꺼풀의 상실 또는 운동기능장해로서 장해등급기준에 따른 제9급제4호, 제11급제2호 및 제11급제3호 중 어느 하나에 해당하는 장해 (2019.10.15 개정)
   바. 두 귀의 귓바퀴의 상실장해로서 장해등급기준에 따른 제11급제6호, 제12급제5호 및 제13급제3호 중 어느 하나에 해당하는 장해 (2019.10.15 개정)
2. 하나의 장해가 장해등급기준에 정하여진 장해 중 둘 이상의 장해에 해당하더라도 하나의 장해를 각각 다른 관점에서 평가하는데 지나지 않는 경우. 이 경우에는 그 중 높은 장해등급을 그 근로자의 장해등급으로 한다.
3. 하나의 장해에 다른 장해가 파생되는 관계에 있는 경우. 이 경우의 장해등급의 결정에 관하여는 제2호 후단을 준용한다.

⑥ 영 제53조제4항에 따라 장해의 정도가 심해진 경우에 지급할 장해급여의

금액을 산정할 때 기존의 장해에 대하여 장해급여를 지급한 경우에는 그 장해의 정도가 변경된 경우에도 이미 장해급여를 지급한 장해등급을 기존의 장해등급으로 본다.

⑦ 같은 장해계열의 장해의 정도가 심해지고 다른 장해계열에도 새로 장해가 남은 경우에는 같은 장해계열의 심해진 장해에 대한 장해등급과 다른 장해계열의 장해에 대한 장해등급을 각각 정한 후 영 제53조제2항에 따라 조정하여 장해등급을 결정한다. 이 경우 장해급여의 금액은 영 제53조제4항에 따라 산정한 장해급여의 금액이 새로 발생한 다른 장해계열의 장해만 남은 것으로 하는 경우에 지급할 장해급여의 금액보다 적은 경우에는 그 다른 장해계열의 장해만 남은 것으로 인정하여 산정한다.

⑧ 조합등급으로 정해져 있는 장해부위의 어느 한쪽에 장해가 있던 사람이 다른 한쪽에 새로 장해가 발생하여 제5항제1호 각 목의 장해 중 어느 하나에 해당하게 된 경우에는 그 새로 발생한 장해에 대하여 따로 장해등급을 결정하지 않고, 기존의 장해가 심해진 것으로 보아 장해등급을 결정한다. 이 경우 장해급여의 금액은 제7항 후단을 준용하여 산정한다. (2020.1.10 개정)

⑨ 손가락·발가락·안구 또는 속귀의 장해 정도가 심해진 경우에 그 심해진 장해에 대한 장해급여의 금액은 영 제53조제4항에 따라 산정한 장해급여의 금액이 새로 발생한 장해만 남은 것으로 하는 경우에 지급할 장해급여의 금액보다 적은 경우에는 그 새로 발생한 장해만 남은 것으로 인정하여 산정한다. (2019.10.15 개정)

⑩ 장해등급의 판정은 요양이 끝난 때에 증상이 고정된 상태에서 한다. 다만, 요양이 끝난 때에 증상이 고정되지 않은 경우에는 다음 각 호의 구분에 따라 판정한다.

1. 의학적으로 6개월 이내에 증상이 고정될 수 있다고 인정되는 경우에는 그 증상이 고정된 때에 판정한다. 다만, 6개월 이내에 증상이 고정되지 않은 경우에는 6개월이 되는 날에 고정될 것으로 인정하는 증상에 대하여 판정한다.
2. 의학적으로 6개월 이내에 증상이 고정될 수 없다고 인정되는 경우에는 요양이 끝난 때에 장차 고정될 것으로 인정하는 증상에 대하여 판정한다.

제47조【운동기능장해의 측정】 ① 비장해인의 신체 각 관절에 대한 평균 운동가능영역은 별표 4와 같다. (2020.1.10 개정)

② 운동기능장해의 정도는 미국의학협회(AMA, American Medical Association)식 측정 방법 중 공단이 정하는 방법으로 측정한 해당 근로자의 신체 각 관절의 운동가능영역과 별표 4의 평균 운동가능영역을 비교하여 판정한다. 다만, 척주의 운동가능영역은 그러하지 아니하다. (2019.10.15 개정)

③ 제2항에 따라 해당 근로자의 신체 각 관절의 운동가능영역을 측정할 때에

는 다음 각 호의 구분에 따른 방법으로 한다. (2016.3.28 신설)

1. 강직, 오그라듦, 신경손상 등 운동기능장해의 원인이 명확한 경우 : 근로자의 능동적 운동에 의한 측정방법 (2019.10.15 개정)
2. 운동기능장해의 원인이 명확하지 아니한 경우 : 근로자의 수동적 운동에 의한 측정방법

제48조 【신체부위별 장해등급 판정 기준】 영 제53조제1항 후단에 따른 신체부위별 장해등급 판정에 관한 세부기준은 별표 5와 같다.

제49조 【장해등급등의 재판정 신청】 영 제56조제4항에 따라 장해등급등의 재판정을 받으려는 사람은 같은 조 제1항 및 제2항에 정한 기간 내에 신청하여야 한다. (2010.11.24 개정)

제9절 간병급여의 청구 방법

제50조 【간병급여의 청구 방법】 영 제59조에 따른 간병급여는 다음 각 호의 사항을 적은 서류를 첨부하여 공단에 청구하여야 한다.

1. 간병시설이나 간병을 받은 장소의 명칭 및 주소
2. 간병을 한 사람의 이름·주민등록번호 및 수급권자와의 관계(간병시설에서 간병을 받지 않은 경우만 해당한다)
3. 실제 간병을 받은 기간
4. 간병에 든 비용 및 그 명세

제10절 유족보상연금 수급자격자

제51조 【유족보상연금 수급자격자의 범위】 법 제63조제1항제4호에서 "고용노동부령으로 정한 장애 정도에 해당하는 자"란 「장애인복지법 시행규칙」 별표 1에 따른 장애의 정도가 심한 장애인을 말한다. (2019.6.25 개정)

제11절 상병보상연금의 산정 방법

제52조 【중증요양상태등급의 적용시기】 영 별표 8에 따른 중증요양상태등급은 영 제64조제1항 및 같은 조 제3항에 따라 첨부한 의사의 진단서가 발급된 날부터 적용한다. 다만, 중증요양상태가 발생하거나 변동된 날을 명백히 알 수 있는 경우에는 중증요양상태가 발생하거나 변동된 날부터 적용한다. (2018.12.13 개정)

제53조 【중증요양상태등급 판정 기준】 영 제65조제1항에 따른 중증요양상태등급 기준에 대한 세부기준은 별표 5에 따른 신체부위별 장해등급 판정

에 관한 세부기준을 준용한다. 이 경우 요양을 시작한 지 2년이 지났으나 중증요양상태의 변동이 심하여 제52조에 따른 시기에 중증요양상태등급을 판정하기 곤란한 경우에는 과거 6개월간의 중증요양상태를 종합하여 판정한다. (2018.12.13 개정)

제12절 직업재활급여 등

제54조【취업의 범위】 영 제68조제1항제3호 후단에 따른 취업의 범위는 다음 각 호와 같다. (2022.7.5 개정)

1. 「고용보험법」 제13조에 따른 피보험자격을 취득한 경우. 다만, 다음 각 목의 경우는 제외한다.
   가. 「고용보험법」 제2조제6호에 따른 일용근로자의 경우에는 1개월 동안의 피보험자격 취득일수가 10일 미만인 경우
   나. 1주 동안의 근로시간이 15시간 미만인 단시간근로자의 경우
2. 「국가공무원법」 또는 「지방공무원법」에 따른 공무원, 「사립학교교직원 연금법」의 적용을 받는 사람 또는 「별정우체국법」에 따른 별정우체국 직원으로 취업한 경우 (2022.7.5 개정)
3. 「부가가치세법」에 따라 사업자등록을 한 경우. 다만, 부동산임대업 등록을 한 사람이 근로자를 고용하지 않고 사무소를 개설하지 않은 경우 등 실제 사업을 하지 않는 경우는 제외한다.
4. 「고용보험법」 제10조에 따라 같은 법의 적용을 받지 않는 사람이 제1호 각 목의 기준 이상에 해당하는 일수 또는 시간 동안 취업한 경우 등 사회통념상 취업을 하였다고 인정할 수 있는 경우

제55조【직업훈련의 신청 등】 ① 법 제72조제1항제1호에 따른 훈련대상자(이하 "훈련대상자"라 한다)가 직업훈련을 받으려면 제46조제10항에 따라 장해등급 또는 법 제91조의8에 따라 진폐장해등급이 판정된 날부터 3년 이내에 직업훈련을 신청해야 한다. (2022.7.5 개정)

② 법 제72조제1항제1호에 따른 직업훈련은 제1항에 따른 기간 동안 2회 신청할 수 있다.

③ 공단은 제1항 및 제2항에 따라 훈련대상자가 신청한 직업훈련의 직업훈련기관, 훈련직종 및 훈련기간이 그 훈련대상자의 장해 상태, 직업재활 욕구, 직업재활 계획 및 재취업에 적합한지에 대한 평가(이하 "직업평가"라 한다) 결과 등을 고려하여 직업훈련을 실시할지를 결정하여야 한다.

④ 공단은 직업평가 결과 직업훈련기관 및 훈련직종 등이 그 훈련대상자의 재취업에 적합하지 않다고 인정하면 다른 직업훈련기관이나 훈련 직종을 추천하거나 권고할 수 있다.

⑤ 직업훈련 신청의 절차, 직업훈련기관·훈련직종 또는 훈련과정 등 직업훈련 내용의 변경, 직업평가의 방법·절차나 그 밖에 필요한 사항은 공단이 정한다.

제56조【직업훈련의 중단】 ① 공단은 직업훈련을 받고 있는 사람이 다음 각 호의 어느 하나에 해당하는 경우에는 직업훈련을 중단할 수 있다.

1. 직업훈련기간이 끝나기 전에 직업훈련을 포기한 경우
2. 정당한 사유 없이 직업훈련에 출석한 비율(이하 "출석률"이라 한다)이 100분의 50 미만인 경우. 이 경우 출석률은 직업훈련을 시작한 날부터 1개월(직업훈련기간이 1개월 미만이거나 직업훈련이 끝나는 달의 남은 기간이 1개월 미만인 경우에는 그 기간)을 단위로 하여 직업훈련기관이 그 직업훈련을 실시한 일수에 대한 훈련대상자가 직업훈련에 출석한 일수의 비율로 한다.
3. 정당한 사유 없이 직업훈련 실시일에 계속하여 5회 이상 출석하지 않은 경우
4. 출석률의 조작 등 거짓이나 그 밖에 부정한 방법으로 직업훈련비용이나 직업훈련수당을 받는 경우
5. 직업훈련에 관한 공단의 지시를 정당한 사유 없이 위반한 경우

② 제1항에 따라 훈련대상자의 직업훈련이 중단된 경우에는 제55조제2항을 적용할 때 그 중단된 직업훈련을 받은 것으로 본다.

제57조【직업훈련비용의 지급 범위 등】 ① 법 제73조제4항에 따른 직업훈련비용의 범위는 수강료·재료비 또는 교재비 등 그 직업훈련을 위하여 필요한 항목으로 한다.

② 직업훈련비용은 법 제73조제3항에 따라 고용노동부장관이 고시하는 금액의 범위에서 훈련시간, 훈련내용, 훈련에 필요한 시설·인력, 같은 훈련직종 또는 훈련과정에 대한 시장 가격 등을 고려하여 정하여야 한다. 〈2010.7.12 개정〉

③ 제1항 및 제2항에 따른 직업훈련비용의 범위 및 직업훈련비용의 세부기준은 고용노동부장관의 승인을 받아 공단이 정한다. 〈2010.7.12 개정〉

④ 직업훈련비용을 받으려는 직업훈련기관은 다음 각 호의 구분에 따라 공단에 청구하여야 한다.

1. 해당 훈련대상자의 직업훈련기간이 1개월 이상인 경우에는 직업훈련을 시작한 날부터 1개월 이상이 지난 후에 출석률을 확인할 수 있는 서류를 첨부하여 월 단위로 청구할 것
2. 해당 훈련대상자의 직업훈련기간이 1개월 미만인 경우에는 그 직업훈련이 끝난 후에 출석률을 확인할 수 있는 서류를 첨부하여 청구할 것
3. 정보통신망을 이용한 직업훈련을 실시한 경우에는 그 직업훈련기간이 끝

난 후에 청구할 것

제58조 【훈련직종 및 훈련과정】 ① 훈련대상자는 다음 각 호의 어느 하나에 해당하는 훈련직종 또는 훈련과정에 대하여 직업훈련 신청을 할 수 있다. 다만, 별표 6에 따른 직업훈련에서 제외되는 훈련직종 또는 훈련과정은 신청할 수 없다.

1. 「자격기본법」 또는 「국가기술자격법」에 따른 자격과 연계되는 훈련직종 또는 훈련과정
2. 「국민 평생 직업능력 개발법」에 따른 국가기간·전략산업직종이나 직업능력개발훈련과정으로 인정받은 훈련직종 또는 훈련과정 (2022.2.17 개정)

② 제1항에도 불구하고 정보통신망을 이용한 직업훈련은 제1항에 따른 훈련직종 또는 훈련과정 중 공단이 인정하는 훈련직종 또는 훈련과정만 신청할 수 있다.

제59조 【직업훈련기관의 범위 등】 ① 공단이 법 제73조제1항에 따라 직업훈련에 관한 계약을 체결할 수 있는 직업훈련기관은 다음 각 호의 기관으로 한다. (2022.7.5 개정)

1. 「국민 평생 직업능력 개발법」에 따라 설립·운영되는 직업능력개발훈련시설 및 직업능력개발훈련법인 (2022.2.17 개정)
2. 「장애인고용촉진 및 직업재활법」에 따른 한국장애인고용공단 (2022.7.5 개정)
3. 「국민 평생 직업능력 개발법」에 따라 설립된 기능대학 (2022.2.17 개정)
4. 「학원의 설립·운영 및 과외교습에 관한 법률」에 따라 설립·운영되는 학원
5. 「평생교육법」에 따른 평생교육기관이나 그 밖에 다른 법령에 따라 직업훈련을 실시하는 기관

② 공단은 법 제73조제1항에 따라 직업훈련기관과 계약을 체결하는 경우에는 훈련직종 또는 훈련과정을 명시하여 체결하여야 한다.

③ 공단은 계약을 체결한 직업훈련기관이 계약을 위반하거나 인력·시설 등이 직업훈련을 담당할 수 없다고 인정되면 그 계약을 해지할 수 있다. 이 경우 계약의 해지 사유는 계약에 명시하여야 한다.

제60조 【직업훈련수당의 지급 기준 등】 ① 법 제74조제1항에 따른 직업훈련수당(이하 "직업훈련수당"이라 한다)은 해당 훈련직종 또는 훈련과정에서 훈련대상자의 출석률이 100분의 80 이상인 경우에 다음 각 호의 기준에 따라 지급한다.

1. 해당 훈련직종 또는 훈련과정의 직업훈련기간 또는 시간이 다음 각 목의 요건 모두에 해당하는 경우에 그 훈련기간의 일수에 대하여 지급
   가. 1일 4시간 이상일 것
   나. 1주 동안 20시간 이상이면서 4일 이상일 것

다. 1개월 동안 80시간 이상일 것
2. 해당 훈련직종 또는 훈련과정의 직업훈련기간 또는 시간이 제1호의 기준에 미치지 못하는 경우에는 다음 각 목의 구분에 따라 지급
가. 4시간 이상의 직업훈련을 받은 일수에 대하여 직업훈련수당 지급
나. 2시간 이상 4시간 미만의 직업훈련을 받은 날에 대하여는 직업훈련수당의 2분의 1에 해당하는 금액 지급

② 제1항에도 불구하고 정보통신망을 이용한 훈련직종 또는 훈련 과정을 수료한 경우에는 직업훈련을 받은 총시간을 8로 나누어 나온 값을 직업훈련을 받은 일수로 보고 그 일수에 해당하는 직업훈련수당을 지급한다. 이 경우 8로 나누어 남은 시간이 4시간 이상이면 1일로 본다.

③ 제2항을 적용할 때 특정일에 정보통신망을 이용하여 직업훈련을 받은 시간이 8시간을 넘는 경우에는 그 직업훈련을 받은 시간 전부에 대하여 1일분의 직업훈련수당을 지급한다.

④ 훈련대상자가 직업훈련수당을 받으려면 직업훈련을 시작한 날부터 1개월(직업훈련 기간이 1개월 미만인 경우에는 그 기간)이 지난 후에 월 단위로 공단에 청구하여야 한다. 다만, 정보통신망을 이용하여 직업훈련을 받은 경우에는 해당 훈련직종 또는 훈련과정을 수료한 후에 청구하여야 한다.

제61조 【직장복귀지원금등의 청구 시기】 법 제72조제1항제2호에 따른 직장복귀지원금, 직장적응훈련비 또는 재활운동비(이하 "직장복귀지원금등"이라 한다)를 받으려는 사업주는 다음 각 호의 어느 하나에 해당하는 날부터 1개월이 지난 후에 청구하여야 한다.
1. 직장복귀지원금 : 법 제72조제1항제2호에 따른 장해급여자(이하 "장해급여자"라 한다)가 업무상의 재해가 발생할 당시의 사업장에 복귀한 날
2. 직장적응훈련비 및 재활운동비 : 장해급여자가 직장적응훈련 또는 재활운동을 시작한 날

제61조의2 【직장복귀계획서의 기재사항 등】 ① 법 제75조의2제1항 전단에 따른 근로자의 직장복귀에 관한 계획서(이하 "직장복귀계획서"라 한다)에는 다음 각 호의 사항이 포함되어야 한다. (2021.12.31 신설)
1. 업무상 재해가 발생한 사업장과 업무상 재해를 입은 근로자에 대한 정보
2. 해당 근로자의 직장복귀 가능 여부 및 직장복귀 시 수행 예정 직무
3. 해당 근로자의 직장복귀 시 사업주에 대한 지원 필요 사항
4. 그 밖에 업무상 재해를 입은 근로자의 직장복귀를 위해 필요한 사항

② 제1항에서 규정한 사항 외에 직장복귀계획서의 작성·제출 등에 필요한 사항은 공단이 정한다. (2021.12.31 신설)

제61조의3 【직장복귀지원 의료기관의 지정 기준】 ① 직장복귀지원의료기관의 지정 기준은 다음 각 호와 같다. (2021.12.31 신설)

1. 산재보험 의료기관에 공단이 정하는 산업재해보상보험 관련 교육을 이수한 직업환경의학과 또는 재활의학과 전문의가 2명 이상 재직할 것
2. 산재보험 의료기관에 직업능력 평가실, 물리치료실, 운동치료실 및 작업치료실을 각각 갖추고 재활치료 및 직업능력평가를 위한 장비를 구비할 것

② 공단은 제1항에 따른 지정 기준을 갖춘 산재보험 의료기관 중에서 지역적 분포, 직업능력 평가 등을 위한 전문성 및 직장복귀 지원 수요 등을 고려하여 직장복귀지원의료기관을 지정한다. (2021.12.31 신설)

③ 제1항 및 제2항에서 규정한 사항 외에 직장복귀지원의료기관의 지정 기준에 관한 세부적인 사항은 공단이 정한다. (2021.12.31 신설)

제61조의4 【직장복귀지원 의료기관의 지정 절차 등】 ① 직장복귀지원의료기관으로 지정받으려는 산재보험 의료기관은 다음 각 호의 서류를 첨부하여 공단에 신청해야 한다. (2021.12.31 신설)

1. 제24조제2항 후단에 따른 산재보험 의료기관 지정서 또는 「상급종합병원의 지정 및 평가에 관한 규칙」 제3조제7항에 따른 상급종합병원 지정서. 다만, 법 제43조제1항제1호의 의료기관이 신청하는 경우는 제외한다.
2. 제61조의3제1항제1호에 해당하는 전문의의 자격증 사본과 산업재해보상보험 관련 교육의 이수를 증명할 수 있는 서류
3. 제61조의3제1항제2호의 기준에 해당하는 시설 및 장비의 보유를 증명할 수 있는 서류

② 공단은 직장복귀지원의료기관이 다음 각 호의 어느 하나에 해당하는 경우에는 그 지정을 취소할 수 있다. (2021.12.31 신설)

1. 법 제43조제3항에 따라 산재보험 의료기관의 지정이 취소된 경우
2. 직장복귀지원의료기관의 인력·시설 등이 제61조의3제1항부터 제3항까지의 규정에 따른 지정 기준을 갖추지 못하게 되거나 지정 필요성이 없어지게 된 경우

③ 제1항 및 제2항에서 규정한 사항 외에 직장복귀지원 의료기관의 지정 및 지정 취소 절차 관한 세부적인 사항은 공단이 정한다. (2021.12.31 신설)

제13절 보험급여의 일시지급

제62조 【보험급여 일시지급의 신청 및 지급 절차】 ① 법 제76조에 따라 보험급여를 한꺼번에 받으려는 사람이 출국을 하려는 경우에는 업무상 부상 또는 질병의 치료에 지장이 있는지에 관한 소견서를 첨부하여 공단에 신청하여야 한다. 이 경우 공단은 출국하는 시기를 미루어야 한다는 의학적 소견이 있는 경우에는 보험급여를 한꺼번에 지급하지 않을 수 있다.

② 공단은 제1항에 따른 신청을 받으면 한꺼번에 지급할 보험급여 금액의

산정을 위하여 필요하면 해당 근로자에게 법 제43조제1항제1호·제2호에 따른 산재보험 의료기관에서 다음 각 호의 사항에 관한 신체감정을 받도록 할 수 있다. 이 경우 신체감정에 드는 비용은 실비로 지급할 수 있다. 〈2021.2.1 개정〉

1. 업무상 부상 또는 질병이 치유될 것으로 예상되는 시기
2. 업무상 부상 또는 질병이 치유될 때까지 발생할 것으로 예상되는 치료비나 그 밖의 요양급여에 해당하는 비용
3. 업무상 부상 또는 질병이 치유된 후에 남을 것으로 예상되는 장해상태. 다만, 요양 개시일부터 2년이 지나 치유될 것으로 예상되는 경우에는 그 2년이 지났을 때에 남을 것으로 예상되는 중증요양상태 〈2018.12.13 개정〉

③ 공단은 제2항에 따른 신체감정의 결과 등을 고려하여 한꺼번에 지급할 보험급여의 금액을 산정하여야 한다. 이 경우 신체감정의 결과의 인용 방법 및 범위 등에 대하여는 자문의사회의의 심의를 거쳐 결정할 수 있다.

제14절 보험급여 지급의 제한 및 충당 등

제63조【보험급여 지급 제한의 절차】 ① 공단 또는 산재보험 의료기관은 요양 중인 근로자가 다음 각 호의 어느 하나에 해당하는 행위로 부상·질병 또는 장해 상태를 악화시키거나 치유를 방해할 우려가 있다고 인정하여 법 제83조제1항제1호에 따른 보험급여의 지급제한을 하기 전에 서면으로 해당 근로자에게 그 행위의 시정을 요구하여야 한다.

1. 입원 요양 중의 정당한 사유 없는 외출·외박
2. 공단 또는 산재보험 의료기관에서 정한 주의사항의 불이행
3. 그 밖에 공단이나 산재보험 의료기관의 요양에 관한 지시 위반

② 공단은 요양 중인 근로자가 정당한 이유 없이 제1항에 따른 시정 요구를 따르지 않는 경우에 영 제78조제1항에 따른 범위에서 보험급여의 지급을 제한할 수 있다.

③ 산재보험 의료기관은 요양 중인 근로자가 제1항에 따른 시정 요구를 정당한 이유 없이 따르지 않는 경우에는 지체 없이 그 사실을 공단에 알려야 한다.

제63조의2【부정수급자 명단 공개 등】 ① 공단은 법 제84조의2에 따라 같은 조 제1항 각 호 외의 부분 전단에 따른 부정수급자(이하 "부정수급자"라 한다) 또는 같은 항 각 호 외의 부분 후단에 따른 연대책임자(이하 "연대책임자"라 한다)의 명단을 공개하려는 경우에는 제63조의3제1항에 따른 부정수급자 등 명단공개심의위원회의 심의를 거쳐야 한다. 〈2018.12.13 신설〉

② 공단은 제1항에 따라 명단을 공개하는 경우에는 부정수급자 및 연대책임자의 성명과 생년월일(부정수급자 또는 연대책임자가 법인인 경우에는 법인

의 명칭, 법인 대표자의 성명 및 생년월일을 말한다)을 공개한다. (2018.12.13 신설)
③ 공단은 법 제84조의2제4항에 따라 공개대상자에게 명단공개 대상자임을 통보하는 경우에는 부정수급액을 납부하도록 촉구하여야 한다. 이 경우 법 제84조의2제2항에 따른 명단 공개 제외 사유에 해당하면 그 소명자료를 제출할 수 있다는 안내를 하여야 한다. (2018.12.13 신설)
④ 법 제84조의2에 따른 명단 공개는 관보에 게재하거나 고용·산재정보통신망 또는 공단 게시판에 게시하는 방법으로 하되, 고용·산재정보통신망 또는 공단 게시판에 공개하는 기간은 공개일부터 3년 이내로 한다. (2018.12.13 신설)

제63조의3 【부정수급자 등 명단공개심의위원회】 ① 법 제84조의2에 따른 명단 공개 여부를 심의하기 위하여 공단에 부정수급자 등 명단공개심의위원회(이하 이 조에서 '위원회'라 한다)를 둔다. (2018.12.13 신설)
② 위원회는 위원장 1명을 포함하여 7명의 위원으로 구성한다. (2018.12.13 신설)
③ 위원회의 위원장은 공단 임원 중 산업재해보상보험 업무를 담당하는 상임이사가 되고, 위원은 다음 각 호의 사람 중에서 공단 이사장이 임명하거나 위촉한다. (2018.12.13 신설)
1. 산업재해보상보험 업무를 담당하는 공단 직원
2. 산업재해보상보험 업무를 담당하는 5급 이상 고용노동부 공무원
3. 법률, 회계 또는 사회보험에 관한 학식과 경험이 풍부한 사람
④ 제3항제1호 및 제2호에 따른 위원의 임기는 그 재직기간으로 하고, 같은 항 제3호에 따른 위원의 임기는 2년으로 하되 1회에 한하여 연임할 수 있다. (2018.12.13 신설)
⑤ 위원회의 회의는 재적위원 과반수의 출석으로 개의하고, 출석위원 과반수의 찬성으로 의결한다. (2018.12.13 신설)
⑥ 그 밖의 위원회의 구성 및 운영에 필요한 사항은 공단이 정한다. (2018.12.13 신설)

제64조 【충당 동의서의 기재사항】 영 제80조제1항제1호 단서에 따라 보험급여 수급권자가 충당에 동의하는 경우에는 다음 각 호의 사항을 서면으로 적어야 한다.
1. 지급받을 보험급여의 종류, 지급 기간 및 금액
2. 부당이득의 전제가 되는 보험급여의 종류 및 금액
3. 충당에 동의하는 금액 또는 비율

제64조의2 【국민건강보험 요양급여 비용의 지급 절차 등】 ① 「국민건강보험법」 제13조에 따른 국민건강보험공단(이하 "국민건강보험공단"이라 한

다)은 법 제90조의2제1항에 따라 국민건강보험공단이 부담한 요양급여 비용을 지급받으려는 경우에는 부담한 금액 및 내역 등을 증명할 수 있는 서류를 첨부하여 공단에 그 지급을 청구하여야 한다. (2015.4.21 신설)

② 공단은 제1항에 따른 청구를 받은 경우에는 다음 각 호의 사항을 확인하여 지급 여부 및 금액을 결정하여야 한다. (2015.4.21 신설)

1. 청구된 요양급여 비용이 법 제40조에 따른 요양급여 또는 법 제51조에 따른 재요양의 대상이 되었던 업무상의 부상 또는 질병(이하 이 조에서 "업무상 부상·질병"이라 한다)의 증상에 대한 것인지 여부
2. 청구된 요양급여 비용이 업무상 부상·질병에 대한 법에 따른 요양이 종결된 후 2년 이내에 「국민건강보험법」에 따라 실시된 요양급여에 대한 것인지 여부
3. 청구된 요양급여 비용이 「국민건강보험법」 제41조에 따른 요양급여 기준에 맞게 지급되었는지 여부

③ 공단은 제2항에 따른 확인결과 지급하지 아니하기로 결정하였거나 청구한 비용을 감액하여 지급하기로 결정한 경우에는 국민건강보험공단에 그 사유를 알려야 한다. 이 경우 국민건강보험공단은 요양급여 비용의 청구 취지 및 근거 등을 보완하여 공단에 다시 청구할 수 있다. (2015.4.21 신설)

④ 공단은 제1항 및 제3항 후단의 청구에 따라 국민건강보험공단이 부담한 요양급여 비용을 지급한 후 다음 각 호의 어느 하나에 해당하는 사유가 있는 경우에는 국민건강보험공단에 지급한 요양급여 비용의 반환을 청구할 수 있다. (2015.4.21 신설)

1. 「국민건강보험법」에 따른 요양급여를 받은 사람이 업무상 부상·질병에 대한 요양급여를 받은 사람이 아닌 것으로 확인된 경우
2. 제1항 및 제3항 후단의 청구에 따라 지급한 요양급여 비용이 계산 착오 등의 사유로 잘못 지급된 경우

제3장의2 노무제공자에 대한 특례

제64조의3 【노무제공자의 범위】 영 제83조의5제13호에서 "고용노동부령으로 정하는 자동차를 운전하는 사람"이란 「자동차등록규칙」 별표 1 제2호에 따른 자동차 중 다음 각 호에 해당하는 자동차를 운전하는 사람을 말한다. (2023.6.30 신설)

1. 특수용도형 화물자동차 중 살수차류
2. 특수용도형 화물자동차 중 굴절식 및 직진식 카고크레인류
3. 특수작업형 특수자동차 중 고소작업자동차류

제64조의4 【노무제공자에 대한 보험급여의 신청 등】 ① 법 제91조의17제

3항에 따라 평균보수 산정기간 동안 노무제공자가 근로자로서 지급받은 임금을 보수와 합산하여 평균보수로 산정하려는 경우에는 영 제21조제1항에 따라 보험급여를 신청하거나 청구할 때 그 임금을 증명하는 서류를 첨부해야 한다. (2023.6.30 신설)

② 법 제91조의20에 따른 노무제공자에 대한 보험급여의 신청·청구, 결정·통지 및 지급 등에 관하여는 영 제21조, 제22조, 제26조, 제37조, 제38조, 제40조, 제41조, 제43조부터 제45조까지, 제48조부터 제53조까지, 제55조부터 제66조까지, 제66조의2, 제67조부터 제71조까지, 제71조의2, 제72조, 제72조의2, 제73조부터 제77조까지, 제77조의2, 제78조, 제79조, 제79조의2, 제80조, 제81조, 제81조의2, 제82조, 제83조, 제83조의2부터 제83조의4까지, 제96조부터 제98조까지, 제101조부터 제105조까지, 제113조부터 제120조까지 및 이 규칙 제2조, 제10조부터 제22조까지, 제31조부터 제36조까지, 제38조, 제39조, 제41조, 제43조부터 제61조까지, 제61조의2, 제62조, 제63조, 제63조의2, 제64조, 제64조의2 및 제73조를 준용한다. (2023.6.30 신설)

제4장 근로복지사업

제65조 【지정법인의 지정 기준】 법 제92조제2항에 따른 지정법인(이하 "지정법인"이라 한다)의 지정 기준은 다음 각 호와 같다.

1. 의료·요양·직업재활 또는 근로자의 복지증진 사업을 주된 목적으로 할 것
2. 이사 중에 노동행정에 풍부한 경험이 있는 사람 및 직업환경의학에 관한 학식과 경험이 있는 사람이 각각 1명 이상 있을 것 (2015.3.24 개정)

제66조 【지정법인의 지정 신청】 ① 지정법인으로 지정을 받으려는 법인은 다음 각 호의 서류를 첨부하여 고용노동부장관에게 신청(전자문서에 의한 신청을 포함한다)하여야 한다. (2010.7.12 개정)

1. 정관
2. 임원의 명단
3. 재산의 종류·수량 및 금액을 적은 재산목록(재단법인은 기본재산·보통재산 및 운영재산으로 구분하여 적은 목록)
4. 해당 연도 수지예산서 및 사업계획서

② 고용노동부장관은 제1항에 따른 신청을 받으면 「전자정부법」 제36조제1항에 따른 행정정보의 공동이용을 통하여 법인등기부 등본을 확인하여야 한다. (2010.11.24 개정)

③ 고용노동부장관은 제1항에 따른 신청을 받으면 지체 없이 지정 여부를 결정하여 신청한 법인에 알려야 한다. (2010.7.12 개정)

산재
보험

제67조 【사업계획서 등의 제출】 고용노동부장관은 법 제92조제4항에 따라 사업에 필요한 비용의 일부를 보조하는 지정법인에 대하여 회계연도마다 다음 각 호의 구분에 따라 사업계획 또는 사업실적에 관한 서류를 제출하게 할 수 있다. (2010.7.12 개정)

1. 사업계획서 및 수지예산서 : 해당 회계연도 개시 전까지
2. 사업실적보고서 및 수지결산서 : 다음 회계연도 3월 말까지

제68조 【지정법인의 지도 감독 등】 고용노동부장관은 필요하다고 인정하면 지정법인에 대하여 그 업무 상황에 관한 보고서를 제출하게 하거나 그 업무를 지도 감독할 수 있다. (2010.7.12 개정)

제5장 보 칙

제69조 【기금관리요원】 고용노동부장관은 산업재해보상보험및예방기금(이하 "기금"이라 한다)을 효율적이고 전문적으로 관리하기 위하여 필요하면 영 제91조제1항에 따른 기금의 회계기관을 보조하는 기금관리요원을 둘 수 있다. (2017.12.27 개정)

제70조 【심사위원회의 심의 제외 사유】 삭제(2010.11.24)

제71조 【실비 지급】 ① 법 제105조제4항제1호에 따라 지정 장소에 출석한관계인에게 지급할 실비의 지급 범위 및 기준에 관하여는 제15조부터 제17조까지의 규정을 준용한다.

② 법 105조제4항제3호에 따라 감정을 한 감정인에게 지급할 실비의 지급 기준은 감정 당시의 비용으로 한다. 다만, 감정 비용에 관한 기준이 없는 등 감정 비용을 산정하기 곤란한 경우에는 산재보험 요양급여기준 중에서 감정의 내용과 가장 비슷한 항목의 비용에 따른다.

제72조 【조사연구원의 보수】 ① 삭제(2015.2.13)

② 영 제112조제2항에 따른 조사연구원의 보수는 예산의 범위에서 지급하되, 「공무원보수규정」 별표 34에 따른 일반임기제공무원의 연봉등급 5호에 적용되는 기준을 준용한다. (2015.2.13 개정)

제73조 【외국거주자의 수급권 신고】 ① 장해보상연금 수급권자, 유족보상연금 수급권자, 진폐보상연금 수급권자, 진폐유족연금 수급권자가 법 제115조제2항에 따라 신고를 하는 경우에는 다음 각 호의 서류를 첨부하여야 한다. (2010.11.24 개정)

1. 「재외국민등록법」 제7조에 따른 재외국민등록부 등본
2. 「가족관계의 등록 등에 관한 법률」 제9조에 따른 가족관계 등록사항의 변경 내용(변경 사유가 발생한 경우만 해당된다)

② 법 제115조제2항에 따른 신고는 매년 5월 1일부터 6월 30일까지의 기간

에 하여야 한다.

제73조의2 【포상금의 지급기준】 법 제119조의2에 따른 포상금은 신고가 접수된 날까지 부당하게 지급된 보험급여, 진료비 또는 약제비(소멸시효가 완성된 금액은 제외한다. 이하 "보험급여등"이라 한다)를 합산한 금액에 대하여 다음 각 호의 구분에 따라 지급한다. (2012.12.13 개정)

1. 보험급여등 합산금액(이하 "합산금액"이라 한다)이 5천만원 이상일 경우 : 550만원+(5천만원 초과 합산금액×5/100) (2012.12.13 신설)
2. 합산금액이 1천만원 이상 5천만원 미만인 경우 : 150만원+(1천만원 초과 합산금액×10/100) (2012.12.13 신설)
3. 합산금액이 1천만원 미만인 경우 : 합산금액×15/100 (2012.12.13 신설)

② 제1항에도 불구하고 보험급여등을 부당하게 지급받은(이하 "부정수급"이라 한다) 사람에 대한 장해보상연금, 유족보상연금, 진폐보상연금 또는 진폐유족연금의 지급이 중단되거나 지급액이 변경된 경우에는 제1항에서 정한 포상금에 별표 7의 기준에 따라 산정한 포상금을 더하여 지급한다. (2010.11.24 신설)

③ 제1항 및 제2항에도 불구하고 동일한 부정수급 행위에 대하여 지급되는 포상금은 3천만원을 초과할 수 없으며, 산정된 포상금이 1만원 미만인 경우에는 1만원을 지급한다. (2012.12.13 개정)

④ 동일한 부정수급 행위에 대하여 2명 이상이 각각 신고한 경우에는 가장 먼저 신고한 사람에게 포상금을 지급하고, 공동으로 신고한 경우에는 포상금을 동일하게 나누어 신고자에게 지급한다. (2010.11.24 신설)

⑤ 신고자 1명에 대한 포상금 연간 누적 지급액은 3천만원을 초과할 수 없다. (2012.12.13 개정)

제73조의3 【포상금의 지급 제한】 공단은 다음 각 호의 어느 하나에 해당하는 경우에는 포상금을 지급하지 아니할 수 있다. (2010.11.24 신설)

1. 공무원, 공단의 임직원, 「공공기관의 운영에 관한 법률」에 따른 공공기관이나 그 밖에 공공단체의 임직원이 그 직무와 관련하여 알게 된 내용을 신고한 경우
2. 부정수급한 사람 또는 부정수급을 공모한 사람이 신고한 경우 (2019.6.25 개정)
3. 신고 내용이 언론매체 등을 통해 공개되었거나 이미 조사 또는 수사 중인 경우
4. 성명·주소 등이 분명하지 아니하여 신고자를 확인할 수 없는 경우
5. 제73조의4제3항에서 정한 기간 내에 포상금 지급을 신청하지 않은 경우 (2012.12.13 개정)
6. 포상금을 받을 목적으로 사전공모 또는 이와 유사한 방법으로 신고한 경우

제73조의4 【포상금의 지급방법 등】 ① 공단은 신고내용에 대하여 사실관계를 조사하여야 한다. 다만, 신고내용이 명확하지 않아 부정수급 행위의 확인이 불가능할 것으로 예상되는 경우 조사를 하지 아니할 수 있다. (2010.11.24 신설)
② 제1항에 따른 조사가 완료된 날(피신고자가 심사청구 등의 이의를 제기한 경우에는 이의 제기에 대한 처분이 확정된 날)부터 7일 이내에 처분 결과를 신고자에게 알려야 한다. (2010.11.24 신설)
③ 신고자는 제2항에 따른 통지를 받은 날부터 1년 이내에 포상금지급신청서를 제출하여야 한다. (2010.11.24 신설)
④ 공단은 제3항에 따른 포상금지급신청서를 접수한 날부터 7일 이내에 포상금을 지급하여야 한다. (2010.11.24 신설)
⑤ 공단은 포상금 지급과 관련하여 알게 된 신고 내용과 신고자의 신상정보 등을 타인에게 제공하거나 누설하여서는 아니 된다. (2010.11.24 신설)
⑥ 이 규칙에서 규정한 사항 외에 포상금의 신청과 지급방법 등에 관하여 필요한 사항은 공단이 정한다. (2010.11.24 신설)

제74조 【해외파견자의 보험급여의 청구 등】 ① 법 제122조제1항에 따라 근로자로 보는 해외파견자(이하 "해외파견자"라 한다)의 보험급여의 신청·청구 및 결정·통지 등에 관하여는 영 제21조부터 제26조까지·제37조·제38조·제44조·제45조·제48조부터 제53조까지·제55조부터 제66조까지·제66조의2·제67조부터 제71조까지·제71조의2·제72조·제72조의2·제73조부터 제77조까지·제77조의2·제78조·제79조·제79조의2·제80조·제81조·제81조의2·제82조·제83조 및 이 규칙 제2조·제5조·제10조부터 제22조까지·제31조부터 제36조까지·제38조부터 제41조까지·제43조부터 제61조까지·제61조의2부터 제61조의4까지·제62조·제63조·제63조의2·제63조의3·제64조·제64조의2를 준용한다. (2022.7.5 개정)
② 해외파견자의 국민건강보험 요양급여 비용의 본인 일부 부담금의 대부 및 충당에 관하여는 영 제84조·제85조를 준용한다. (2021.6.9 개정)

제74조의2 【학생연구자의 보험급여의 청구 등】 ① 법 제123조의2제2항에 따른 학생 신분의 연구자(이하 "학생연구자"라 한다)의 보험급여의 신청·청구 및 결정·통지 등에 관하여는 이 규칙 제2조, 제5조, 제10조부터 제22조까지, 제31조부터 제36조까지, 제41조, 제43조부터 제60조까지, 제62조, 제63조, 제63조의2, 제64조, 제64조의2를 준용한다. 이 경우 "근로자"는 "학생연구자"로 본다. (2021.12.31 신설)
② 학생연구자의 업무상의 재해에 따른 보험급여를 산정할 때 법 제123조의2제4항에 따른 평균임금이 변경된 경우에는 그 변경된 평균임금을 산정 기준으로 한다. (2021.12.31 신설)

③ 학생연구자의 국민건강보험 요양급여 비용의 본인 일부 부담금의 대부 및 충당에 관하여는 영 제84조 및 제85조를 준용한다. (2021.12.31 신설)

제74조의3 【학생연구자의 재요양에 따른 휴업급여 등의 지급 기준】 학생연구자의 재요양으로 법 제56조 및 제69조를 적용할 때에는 재요양 당시의 임금을 기준으로 산정한 평균임금을 적용하되, 그 평균임금이 법 제123조의2제4항에 따른 평균임금보다 적거나 재요양 당시 평균임금 산정의 대상이 되는 임금이 없는 경우에는 법 제123조의2제4항에 따른 평균임금을 적용하여 휴업급여 및 상병보상연금을 지급한다. (2021.12.31 신설)

제75조 【중·소기업 사업주등의 보험급여의 청구 등】 ① 법 제124조제3항에 따라 근로자로 보는 중·소기업 사업주 및 그 배우자 또는 4촌 이내의 친족(이하 "중·소기업 사업주등"이라 한다)의 보험급여의 신청·청구 및 결정·통지 등에 관하여는 영 제21조·제37조·제38조·제44조·제45조·제48조부터 제53조까지·제55조부터 제66조까지·제66조의2·제67조부터 제69조까지·제72조·제72조의2·제76조·제77조·제77조의2·제78조·제79조·제79조의2·제80조·제81조·제81조의2·제83조 및 이 규칙 제2조·제5조·제10조부터 제22조까지·제31조부터 제36조까지·제38조부터 제41조까지·제43조부터 제60조까지·제62조·제63조·제63조의2·제63조의3·제64조·제64조의2를 준용한다. (2022.7.5 개정)

② 중·소기업 사업주등의 업무상의 재해에 따른 보험급여를 산정할 때 법 제124조제5항에 따른 평균임금이 변경된 경우에는 그 변경된 평균임금을 산정 기준으로 한다. (2021.6.9 개정)

③ 중·소기업 사업주등의 국민건강보험 요양급여 비용의 본인 일부 부담금의 대부 및 충당에 관하여는 영 제84조·제85조를 준용한다. (2021.6.9 개정)

제76조 【중·소기업 사업주등의 재요양에 따른 휴업급여 등의 지급 기준】 중·소기업 사업주등이 재요양 당시 중·소기업 사업주등이 아닌 경우에는 법 제56조 및 법 제69조를 적용할 때 평균임금 산정의 대상이 되는 임금이 없는 경우로 보아 휴업급여 및 상병보상연금을 지급한다. (2021.6.9 개정)

제77조 【특수형태근로종사자의 보험급여의 산정 기준 등】 삭제(2023.6.30)

제78조 【특수형태근로종사자의 재요양에 따른 휴업급여 등의 지급 기준】 삭제(2023.6.30)

제79조 【서식】 ① 법, 영 및 이 규칙의 시행에 필요한 신고서·신청서·청구서·통지서 및 납부서 등의 서식은 고용노동부장관의 승인을 받아 공단이 정한다. (2010.7.12 개정)

② 공단은 제1항에 따라 서식을 정할 때에는 법, 영 및 이 규칙에서 정하는 서류 외의 서류의 첨부를 요구할 수 없다. 다만, 제출된 서식만으로는 그

서식에 적힌 사항의 사실 확인이 곤란한 경우로서 그 확인을 위하여 필요하면 해당 서류의 보완을 요구할 수 있다.

제80조 【규제의 재검토】 고용노동부장관은 제39조제1항·제2항 및 별표 2의2에 따른 진폐요양 의료기관의 범위 및 등급 기준요건에 대하여 2017년 1월 1일을 기준으로 3년마다(매 3년이 되는 해의 1월 1일 전까지를 말한다) 그 타당성을 검토하여 개선 등의 조치를 하여야 한다. (2017.2.3 개정)

부 칙

제1조 【시행일】 이 규칙은 2008년 7월 1일부터 시행한다. 다만, 제11조부터 제14조까지의 개정규정은 2009년 7월 1일부터 시행한다.

제2조 【상시근로자 수 산정 및 적용시점에 관한 적용례】 제3조의 개정규정은 이 규칙 시행 후 새로 법 적용 여부를 결정하기 위하여 상시근로자 수를 산정하는 경우부터 적용한다.

제3조 【업무상 질병의 판정에 관한 적용례】 제7조 및 제8조의 개정규정은 이 규칙 시행 후 보험급여를 청구하거나 신청하는 경우부터 적용한다.

제4조 【요양급여의 신청 및 결정에 관한 적용례】 제20조 및 제21조의 개정규정은 이 규칙 시행 후 요양급여를 신청하는 경우부터 적용한다.

제5조 【산재보험 의료기관의 지정 등에 관한 적용례】 ① 제23조 및 제24조의 개정규정은 이 규칙 시행 후 지정을 신청한 의료기관부터 적용한다.
② 제25조 및 제26조의 개정규정은 이 규칙 시행 후 산재보험 의료기관이 한 위반행위부터 적용한다.

제6조 【장해등급 판정 기준에 관한 적용례】 제46조부터 제48조까지 및 별표 3부터 별표 5까지의 개정규정은 이 규칙 시행 후 치유되어 장해급여 청구사유가 발생한 사람부터 적용한다.

제7조 【다른 법령의 개정】 생략

제8조 【다른 법령과의 관계】 이 규칙 시행 당시 다른 법령에서 종전의 「산업재해보상보험법 시행규칙」의 규정을 인용한 경우에 이 규칙 가운데 그에 해당하는 규정이 있으면 종전의 규정을 갈음하여 이 규칙의 해당 규정을 인용한 것으로 본다.

〈생략〉

부칙(2010.11.24 고용노동부령 제8호)

제1조 【시행일】 이 규칙은 공포한 날부터 시행한다. 다만, 제39조의 개정규정은 2013년 1월 1일부터 시행한다.

제2조 【진폐진단 절차 등에 관한 적용례】 제33조부터 제36조까지의 개정

규정은 이 규칙 시행 후 최초로 업무상 질병인 진폐로 요양급여 또는 진폐보상연금을 청구한 경우부터 적용한다.

제3조 【포상금의 지급기준 등에 관한 적용례】 제73조의2부터 제73조의4까지의 개정규정은 보험급여, 진료비 또는 약제비를 부당하게 지급받은 사람을 이 규칙 시행 후 최초로 신고한 사람부터 적용한다.

제4조 【진폐심사회의 위원에 관한 경과조치】 이 규칙 시행 당시 종전의 규정에 따라 위촉된 진폐심사회의 위원은 제38조의 개정규정에 따라 위촉된 것으로 보며, 이 경우 그 임기는 종전의 규정에 따라 위촉된 날부터 기산한다.

제5조 【진폐요양 의료기관에 관한 경과조치】 이 규칙 시행 당시 종전의 규정에 따라 지정된 진폐요양 의료기관은 진폐근로자의 요양을 담당하는 의료기관으로 보되, 2013년 1월 31일까지 별표2의2의 개정규정에 따른 인력·시설·장비를 갖추어 제39조제2항제1호 및 같은 조 제3항의 개정규정에 따라 진폐일반 의료기관 또는 진폐전문 의료기관의 지정을 받아야 한다.

〈생략〉

부칙(2016.3.28 고용노동부령 제152호)

제1조 【시행일】 이 규칙은 공포한 날부터 시행한다.

제2조 【산재보험 의료기관에 대한 조치기준 변경에 관한 경과조치】 ① 이 규칙 시행 전의 위반행위에 대한 조치기준에 관하여는 별표 2 제1호마목 및 같은 표 제2호가목1)의 법 제43조제3항제1호란의 개정규정에도 불구하고 종전의 규정에 따른다.

② 이 규칙 시행 전에 개선명령 사유에 해당하는 위반행위를 한 산재보험 의료기관이 이 규칙 시행 이후에 개선명령 사유에 해당하는 위반행위를 한 경우의 위반행위 차수에 따른 가중처분에 관하여는 별표 2 제1호마목의 개정규정에도 불구하고 종전의 규정에 따른다.

제3조 【직업성 난청의 치유 시기에 관한 경과조치】 직업성 난청으로 이 규칙 시행 전에 영 제25조제3항 본문에 따른 진단서나 소견서를 발급받은 근로자에 대한 치유 시기는 별표 5 제2호가목1)라)의 개정규정에도 불구하고 종전의 규정에 따른다.

〈생략〉

부칙(2020.1.10 고용노동부령 제279호)

이 규칙은 공포한 날부터 시행한다.

부칙(2021.2.1 고용노동부령 제309호)

제1조【시행일】 이 규칙은 2021년 2월 1일부터 시행한다.

제2조【판정위원회의 심의에서 제외되는 질병에 관한 적용례】 제7조제4호 및 제5호의 개정규정은 이 규칙 시행 이후 제8조제1항에 따라 공단의 소속 기관의 장이 판정위원회에 심의를 의뢰하는 경우부터 적용한다.

제3조【직업훈련의 신청 기간에 관한 적용례】 제55조제1항의 개정규정은 이 규칙 시행 당시 제46조제10항에 따라 장해등급 또는 법 제91조의8에 따라 진폐장해등급이 판정된 날부터 1년이 지나지 않은 훈련대상자에게도 적용한다.

제4조【신체감정에 관한 적용례】 제62조제2항 각 호 외의 부분 전단의 개정규정은 이 규칙 시행 전에 법 제76조제1항에 따라 보험급여의 일시지급을 신청한 대한민국 국민이 아닌 근로자에게도 적용한다.

부칙(2021.6.9 고용노동부령 제319호)

이 규칙은 2021년 6월 9일부터 시행한다. 다만, 제15조제2호 및 제19조제4항제1호·제2호의 개정규정은 2021년 7월 27일부터 시행한다.

부칙(2021.7.13 고용노동부령 제328호)

이 규칙은 공포한 날부터 시행한다.

부칙(2021.12.31 고용노동부령 제342호)

이 규칙은 2022년 1월 1일부터 시행한다. 다만, 제20조제2항, 같은 조 제3항 및 별표 1 제1호나목2)가)의 개정규정은 공포한 날부터 시행한다.

부칙(2022.2.17 고용노동부령 제347호)

제1조【시행일】 이 규칙은 2022년 2월 18일부터 시행한다.

제2조 및 **제3조** 생략

부칙(2022.7.5 고용노동부령 제355호)

이 규칙은 공포한 날부터 시행한다.

부칙(2023.6.30 고용노동부령 제384호)

이 규칙은 2023년 7월 1일부터 시행한다.

부칙(2025.6.20 고용노동부령 제445호)

이 규칙은 2025년 6월 21일부터 시행한다.

[별표 1] (2021.12.31 개정)

산재보험 의료기관의 지정 기준(제23조 관련)

1. 산재보험 의료기관(진폐요양 의료기관은 제외한다)의 지정 기준
  가. 공통기준
    지정 신청을 한 날 이전 1년 동안 「의료법」에 따른 업무정지 이상의 행정처분을 받지 않았을 것
  나. 의료기관 종류별 기준
    1) 종합병원 : 가목의 공통기준을 충족하는 의료기관
    2) 병원·치과병원·한방병원·요양병원·의원·치과의원·한의원 및 보건소(보건의료원) : 다음 지정기준 배점합계의 80퍼센트 이상을 받은 의료기관
    가) 병원 및 보건의료원

구분		항목별 배점 기준	배점
인력 기준	의사	1. 전문의(산부인과 및 소아과 전문의는 제외한다. 이하 이 표에서 같다)가 2명 이상 있는 경우 : 20점	20
		2. 전문의가 1명 있는 경우 : 8점	
		3. 전문의가 없는 경우 : 3점	
		- 임상경력이 가장 오래된 의사를 기준으로 임상경력 1년당 2점(임상경력이 5년 이상이면 10점)	10
		1. 해당 의료기관에 소속된 모든 의사가 지정신청일 이전 2년 동안 「의료법」에 따른 행정처분 받지 않은 경우 : 5점	5
		2. 해당 의료기관에 소속된 의사 1명 이상이 지정 신청일 이전 2년 동안 「의료법」에 따른 행정처분을 받은 경우 : 3점	
	간호사	1. 지정신청일이 속하는 분기의 직전 분기(지정신청일이 속하는 분기에 의료기관을 개설한 경우에는 그 개설일. 이하 같다)의 일반병동의 평균 병상 수에 대한 평균 간호사(간호조무사를 포함한다. 이하 같다) 수의 비율이 25퍼센트 이상인 경우 : 5점	5
		2. 지정신청일이 속하는 분기의 직전 분기의 일반병동의 평균 병상 수에 대한 평균 간호사 수의 비율이 25퍼센트 미만인 경우 : 3점	
시설 및 장비 기준		- 응급시설이 있는 경우	5
		- 수술실이 있는 경우	5
		- MRI, CT, 근전도검사 중 어느 하나의 검사가 가능한 경우	10
		- 물리치료실과 물리치료사(작업치료사를 포함한다)가 있는 경우	10
		- 의료기관이 있는 건물 안에 식당이 있고, 식당을 의료기관에	10

	서 직영하거나 위탁 운영하는 경우	
	- 정보통신망으로 진료비 청구를 할 수 있는 경우	10
산재보험 의료기관의 지역별 분포 기준	1. 지리적 여건 및 교통편 등을 고려할 때 가까운 곳에 병원급 이상의 산재보험 의료기관이 없는 경우 : 10점 2. 지리적 여건 및 교통편 등을 고려할 때 병원급 이상의 산재보험 의료기관이 부족하여 추가로 지정할 필요가 있는 경우 : 5점 3. 가까운 곳에 병원급 이상의 산재보험 의료기관이 많아 추가로 지정할 필요가 적은 경우 : 0점	10
합계		100

※ 비고 : "일반병동의 병상"이란 다음의 병상을 제외한 병상을 말한다.
응급실, 신생아실, 분만실, 회복실, 집중치료실, 인공신장실, 낮병동, 「정신보건법」에 따른 정신보건 의료시설 중 폐쇄병동과 별도의 병동으로 구분·운영하는 격리실 및 무균치료실의 병상

나) 한방병원

구분		항목별 배점 기준	배점
인력 기준	의사	1. 전문의가 2명 이상 있는 경우 : 10점 2. 전문의가 1명 있는 경우 : 8점 3. 전문의가 없는 경우 : 3점	10
		- 임상경력이 가장 오래된 의사를 기준으로 임상경력 1년당 4점(임상경력이 5년 이상이면 20점)	20
		1. 해당 의료기관에 소속된 모든 의사가 지정신청일 이전 2년 동안 「의료법」에 따른 행정처분 받지 않은 경우 : 5점 2. 해당 의료기관에 소속된 의사 1명 이상이 지정 신청일 이전 2년 동안 「의료법」에 따른 행정처분을 받은 경우 : 3점	5
	간호사	1. 지정신청일이 속하는 분기의 직전분기의 일반병동의 평균 병상 수에 대한 평균 간호사 수의 비율이 25퍼센트 이상인 경우 : 5점 2. 지정신청일이 속하는 분기의 직전분기의 일반병동의 평균 병상 수에 대한 평균 간호사 수의 비율이 25퍼센트 미만인 경우 : 3점	5
시설 기준		- 경락자극요법 시설 등 한방요법 시설과 특수생약을 증기, 탕 요법으로 치료하는 시설이 있는 경우	15
		- 의료기관이 있는 건물 안에 식당이 있고, 식당을 의료기관에서 직영하거나 위탁 운영하는 경우	15
		- 정보통신망으로 진료비 청구를 할 수 있는 경우	10
산재보험		- 한방병원과 함께 의과 의료기관이 있어 협의진료가 가능한	10

	경우	
의료기관의 지역별 분포 기준	1. 지리적 여건 및 교통편 등을 고려할 때 가까운 곳에 있는 산재보험 의료기관 중 한방병원이 없는 경우 : 10점	10
	2. 지리적 여건 및 교통편 등을 고려할 때 산재보험 의료기관 중 한방병원이 부족하여 추가로 지정할 필요가 있는 경우 : 5점	
	3. 가까운 곳에 있는 산재보험 의료기관 중 한방병원이 있어 추가로 지정할 필요가 적은 경우 : 0점	
합계		100

다) 의원 및 보건소

구분		항목별 배점 기준	배점
인력 기준	의사	1. 전문의가 2명 이상 있는 경우 : 20점	20
		2. 전문의가 1명 있는 경우 : 15점	
		3. 전문의가 없는 경우 : 5점	
		- 임상경력이 가장 오래된 의사를 기준으로 임상경력 1년당 2점(임상경력이 5년 이상이면 10점)	10
		1. 해당 의료기관에 소속된 모든 의사가 지정신청일 이전 2년 동안 「의료법」에 따른 행정처분 받지 않은 경우 : 5점	5
		2. 해당 의료기관에 소속된 의사 1명 이상이 지정 신청일 이전 2년 동안 「의료법」에 따른 행정처분을 받은 경우 : 3점	
	간호사	1. 간호사가 2명 이상 있는 경우 : 5점	5
		2. 간호사가 1명 있는 경우 : 3점	
시설 기준		1. 입원시설이 있는 경우 : 10점	15
		2. 입원시설이 없는 경우 : 15점	
		- 승강기 또는 경사로가 있는 경우	2
		- 의료기관이 있는 건물 안에 식당이 있고, 식당을 의료기관에서 직영하거나 위탁 운영하는 경우	3
		- 물리치료실과 물리치료사(작업치료사를 포함한다)가 있는 경우	10
		- 방사선실 및 방사선사가 있는 경우	10
		- 정보통신망으로 진료비 청구를 할 수 있는 경우	10
산재보험 의료기관의 지역별 분포 기준		1. 지리적 여건 및 교통편 등을 고려할 때 가까운 곳에 해당 의료기관과 같은 진료과목의 산재보험 의료기관이 없는 경우 : 10점	10
		2. 지리적 여건 및 교통편 등을 고려할 때 해당 의료기관의 진료과목과 같은 진료과목의 산재보험 의료기관이 부족하여 추가로 지정할 필요가 있는 경우 : 5점	

		3. 가까운 곳에 해당 의료기관과 같은 진료과목의 산재보험 의료기관이 많아 추가로 지정할 필요가 적은 경우 : 0점	
		합계	100

※ 비고 : 의원 중 진료과목이 재활의학과·안과·이비인후과·피부과·비뇨기과·정신과·신경과·흉부외과 및 진단방사선과인 의료기관에 대하여는 시설 기준(정보통신망에 관한 기준은 제외한다)을 적용하지 않는다.

라) 치과병원 및 치과의원

구분		항목별 배점 기준	배점
인력 기준	의사	1. 전문의가 2명 이상 있는 경우 : 10점	10
		2. 전문의가 1명 있는 경우 : 8점	
		3. 전문의가 없는 경우 : 5점	
		- 임상경력이 가장 오래된 의사를 기준으로 임상경력 1년당 10점(임상경력이 5년 이상이면 50점)	50
		1. 해당 의료기관에 소속된 모든 의사가 지정신청일 이전 2년 동안 「의료법」에 따른 행정처분을 받지 않은 경우 : 10점	10
		2. 해당 의료기관에 소속된 의사 1명 이상이 지정 신청일 이전 2년 동안 「의료법」에 따른 행정처분을 받은 경우 : 8점	
	간호사	1. 간호사가 2명 이상 있는 경우 : 10점	10
		2. 간호사가 1명 있는 경우 : 8점	
시설 기준		정보통신망으로 진료비 청구를 할 수 있는 경우	10
산재보험 의료기관의 지역별 분포 기준		1. 지리적 여건 및 교통편 등을 고려할 때 가까운 곳에 해당 의료기관과 같은 진료과목의 산재보험 의료기관이 없는 경우 : 10점	10
		2. 지리적 여건 및 교통편 등을 고려할 때 해당 의료기관의 진료과목과 같은 진료과목의 산재보험 의료기관이 부족하여 추가로 지정할 필요가 있는 경우 : 5점	
		3. 가까운 곳에 해당 의료기관과 같은 진료과목의 산재보험 의료기관이 많아 추가로 지정할 필요가 적은 경우 : 0점	
합계			100

마) 한의원

구분		항목별 배점 기준	배점
인력 기준	의사	1. 전문의가 2명 이상 있는 경우 : 10점	10
		2. 전문의가 1명 있는 경우 : 9점	
		3. 전문의가 없는 경우 : 8점	
		- 임상경력이 가장 오래된 의사를 기준으로 임상경력 1년당	20

<table>
<tr><td></td><td></td><td>4점(임상경력이 5년 이상이면 20점)</td><td></td></tr>
<tr><td></td><td></td><td>1. 해당 의료기관에 소속된 모든 의사가 지정신청일 이전 2년 동안 「의료법」에 따른 행정처분 받지 않은 경우 : 5점</td><td rowspan="2">5</td></tr>
<tr><td></td><td></td><td>2. 해당 의료기관에 소속된 의사 1명 이상이 지정 신청일 이전 2년 동안 「의료법」에 따른 행정처분을 받은 경우 : 3점</td></tr>
<tr><td></td><td rowspan="2">간호사</td><td>1. 간호사가 2명 이상 있는 경우 : 5점</td><td rowspan="2">5</td></tr>
<tr><td></td><td>2. 간호사가 1명 있는 경우 : 3점</td></tr>
<tr><td colspan="2" rowspan="5">시설 기준</td><td>1. 입원시설이 있는 경우 : 10점</td><td rowspan="2">20</td></tr>
<tr><td>2. 입원시설이 없는 경우 : 20점</td></tr>
<tr><td>- 침구치료실 및 물리치료장비를 갖춘 한방요법시설과 탕전실의 시설이 있는 경우</td><td>10</td></tr>
<tr><td>- 승강기 또는 경사로가 있는 경우</td><td>10</td></tr>
<tr><td>- 정보통신망으로 진료비 청구를 할 수 있는 경우</td><td>10</td></tr>
<tr><td colspan="2" rowspan="3">산재보험 의료기관의 지역별 분포 기준</td><td>- 지리적 여건 및 교통편 등을 고려할 때 가까운 곳에 있는 한방병원 또는 한의원 중 산재보험 의료기관이 없는 경우 : 10점</td><td rowspan="3">10</td></tr>
<tr><td>- 지리적 여건 및 교통편 등을 고려할 때 산재보험 의료기관 중 한방병원 또는 한의원이 부족하여 추가로 지정할 필요가 있는 경우 : 5점</td></tr>
<tr><td>- 가까운 곳에 있는 산재보험 의료기관 중 한방병원 또는 한의원이 있어 추가로 지정할 필요가 적은 경우 : 0점</td></tr>
<tr><td colspan="3">합계</td><td>100</td></tr>
</table>

바) 요양병원

<table>
<tr><th colspan="2">구분</th><th>항목별 배점 기준</th><th>배점</th></tr>
<tr><td rowspan="9">인력 기준</td><td rowspan="5">의사</td><td>1. 전문의가 2명 이상 있는 경우 : 20점</td><td rowspan="3">20</td></tr>
<tr><td>2. 전문의가 1명 있는 경우 : 15점</td></tr>
<tr><td>3. 전문의가 없는 경우 : 5점</td></tr>
<tr><td>1. 해당 의료기관에 소속된 모든 의사가 지정신청일 이전 2년 동안 「의료법」에 따른 행정처분을 받지 않은 경우 : 5점</td><td rowspan="2">5</td></tr>
<tr><td>2. 해당 의료기관에 소속된 의사 1명 이상이 지정 신청일 이전 2년 동안 「의료법」에 따른 행정처분을 받은 경우 : 3점</td></tr>
<tr><td rowspan="2">간호사</td><td>1. 지정신청일이 속하는 분기의 직전분기의 일반병동의 평균 병상 수에 대한 평균 간호사 수의 비율이 25퍼센트 이상인 경우 : 5점</td><td rowspan="2">5</td></tr>
<tr><td>2. 지정신청일이 속하는 분기의 직전분기의 일반병동의 평균 병상 수에 대한 평균 간호사 수의 비율이 25퍼센트 미만인 경우 : 3점</td></tr>
</table>

	의료 인력	- 물리치료사가 있는 경우	2
		- 작업치료사가 있는 경우	2
		- 언어치료사가 있는 경우	2
		- 임상심리사가 있는 경우	2
		- 사회복지사가 있는 경우	2
시설 기준		- 물리치료실이 있는 경우	5
		- 작업치료실이 있는 경우	3
		- 언어치료실이 있는 경우	2
		- 운동치료기를 3개 이상 보유한 경우	5
		- 작업치료기를 3개 이상 보유한 경우	3
		- 통증치료기를 3개 이상 보유한 경우	2
		- 응급장비를 보유한 경우	5
		- 승강기 또는 경사로가 있는 경우	2
		- 의료기관이 있는 건물 안에 식당이 있고, 식당을 의료기관에서 직영하거나 위탁 운영하는 경우	10
		- 병실 당 1개 이상의 휠체어 및 보행기를 비치한 경우	3
		- 정보통신망으로 진료비 청구를 할 수 있는 경우	10
산재보험 의료기관의 지역별 분포 기준		- 지리적 여건 및 교통편 등을 고려할 때 가까운 곳에 있는 요양병원 중 산재보험 의료기관이 없는 경우 : 10점 - 지리적 여건 및 교통편 등을 고려할 때 산재보험 의료기관 중 요양병원이 부족하여 추가로 지정할 필요가 있는 경우 : 5점 - 가까운 곳에 있는 산재보험 의료기관 중 요양병원이 있어 추가로 지정할 필요가 적은 경우 : 0점	10
합계			100

※ 비고 :

1. "통증치료기"는 초음파치료기, 간섭파치료기, 저주파치료기, 표층열처리기, 전기자극치료기, 파라핀욕, 적외선치료기 등을 말한다.
2. "운동치료기"는 보행기, 경사대, 기립기, 평행봉, 어깨회전기, 어깨사다리, 치료용테이블, 기능적 전기치료기, 팔, 다리 치료용고정자전거, 각종측정기 등을 말한다.
3. "작업치료기"는 손가락운동판, 일상생활동작연습기, 인지기능훈련기, 관절각도측정기, 수부근력평가기, 각종평가도구세트 등을 말한다.

2. 삭제(2010.11.24.)

[별표 2] (2016.3.28 개정)

산재보험 의료기관에 대한 지정취소 및 진료제한등의 조치의 기준(제25조 관련)

산재보험 의료기관에 대한 지정취소 또는 진료제한등의 조치의 기준은 다음과 같다.

1. 공통기준
   가. 하나의 위반행위가 둘 이상의 조치 기준에 해당하면 그 중 중한 조치 기준을 적용한다.
   나. 위반행위의 횟수에 따른 조치 기준은 위반행위가 확인된 날 이전 1년 동안 위반행위로 조치를 받은 횟수로 한다.
   다. 진료제한 조치의 사유에 해당하는 위반행위가 동시에 2개 이상 있는 경우에는 각각의 위반행위에 해당하는 진료제한의 기간을 합산한다. 다만, 이 경우 진류제하의 기간을 합산한 기간이 12개월을 초과하면 12개월로 본다.
   라. 진료제한 조치를 받은 산새보험 의료기관이 진료제한 조치를 받은 날부터 1년 이내에 다시 진료제한 조치의 사유에 해당하는 위반행위를 하면 그 지정을 취소한다.
   마. 산재보험 의료기관이 개선명령을 받은 날부터 1년 이내에 2회 이상 개선명령 사유에 해당하는 위반행위를 하면 3개월간 진료를 제한한다.
   바. 법 제43조제1항제2호에 따른 상급종합병원이 제2호에 따른 위반행위별 조치기준 중 지정취소에 해당하는 위반행위를 하면 12개월간 진료를 제한한다.

2. 위반행위별 조치 기준
   가. 산재보험 의료기관이 법 제43조제3항에 해당하는 위반행위를 한 경우의 조치 기준은 다음과 같다.
      1) 법 제43조제3항제1호 및 제3호부터 제6호까지의 규정에 해당하는 위반행위를 한 경우

근거법령	위반 행위의 종류	위반행위의 정도	조치기준
법 제43조 제3항 제1호	업무상의 재해와 관련된 사항을 거짓이나 그 밖의 부정한 방법으로 진단하거나 증명한 경우	◦ 재해발생경위, 재해발생일 및 시간, 상병명, 업무와 상병 간의 인과관계에 관한 사항을 거짓으로 작성한 경우	지정취소
		◦ 취업가능 여부에 관한 사항, 장해상태, 진료행위 또는 진료계획을 거짓으로 작성한 경우	진료제한 5개월
법 제43조 제3항	법 제50조에 따른 평가 결과 지정취소나 진료제한등	◦ 업무상의 재해를 입은 자의 요양을 담당할 능력이 없는 경우	지정취소
		◦ 평가결과에 따른 인력·시설 등에 관한	진료제한

근거법령	위반 행위의 종류	위반행위의 정도		조치기준
제3호	의 조치가 필요한 경우	공단의 보정 요구를 이행하지 않은 경우 ◦ 인력·시설 등의 보정 등을 위하여 일정기간 진료제한이 필요한 경우		3개월부터 12개월까지
		◦ 인력·시설 등의 보정이 즉시 가능한 경우로서 시정이 필요한 경우		개선명령
		◦ 의료기관 평가 결과 그 평가 순위가 의료기관 종류별(의원급, 병원 및 종합병원) 하위 100분의 5에 해당하는 경우		개선명령
		◦ 의료기관 평가 결과 연속 2회 그 평가 순위가 의료기관 종류별(의원급, 병원 및 종합병원) 하위 100분의 5에 해당하는 경우		진료제한 3개월
		◦ 의료기관 평가 결과 연속 3회 그 평가 순위가 의료기관 종류별(의원급, 병원 및 종합병원) 하위 100분의 5에 해당하는 경우 ◦ 의료기관 평가 결과 그 평가 순위가 의료기관 종류별(의원급, 병원 및 종합병원) 하위 100분의 5에 해당하는 경우로서 그 평가점수가 40점 미만인 경우 ◦ 의료기관 평가 결과 산재요양의 기여도가 현저히 낮은 경우로서 2년 이상 산재보험 대상 환자의 진료 실적이 없는 경우		지정취소
		◦ 의료기관 평가에 필요한 자료제공 요청을 불응하는 등 평가를 거부하는 경우	1회	개선명령
			2회	지정취소
법 제43조 제3항 제4호	「의료법」 위반이나 그 밖의 사유로 의료업을 일시적 또는 영구적으로 할 수 없게 되거나, 소속 의사가 의료행위를 일시적 또는 영구적으로 할 수 없게 된 경우	◦ 의료업 허가·등록 취소 또는 폐쇄 ◦ 소속 의사의 면허 취소(업무상의 재해를 입은 자를 진료할 의사가 없게 되는 경우에만 해당된다)		지정취소
		◦ 일정기간의 의료업 정지 처분 ◦ 소속 의사의 자격 정지 처분		진료제한 (해당 행정처분 기간)
		◦ 의료업 정지 사유에 해당되었으나 의료법에 따른 과징금을 납부하여 의료업을 계속 영위할 수 있는 경우 ◦ 면허가 취소되거나 자격이 정지된 의사를 대신하여 진료할 다른 의사가 있는 경우		개선명령

근거법령	위반 행위의 종류	위반행위의 정도		조치기준
법 제43조 제3항 제5호	법 제43조제1항 제3호에 따른 지정 기준에 미치지 못하게 되는 경우	◦ 인력·시설 등이 별표 1에 따른 지정 기준에 미치지 못하게 된 경우	개선 가능	개선명령
			개선 불가능	지정취소
		◦ 개선명령에도 불구하고 3개월이 지날 때까지 개선되지 않은 경우		지정취소
법 제43조 제3항 제6호	진료제한등의 조치를 위반하는 경우	◦ 진료제한 기간 중 정당한 사유 없이 업무상의 재해를 입은 자(응급환자는 제외한다) 진료한 경우	1회	진료제한 3개월
			2회	지정취소
		◦ 개선명령을 이행하지 않은 경우	1회	개선명령
			2회	진료제한 3개월

2) 현지조사 결과 법 제43조제3항제2호에 해당하는 위반행위가 확인된 경우

부정비율 \ 월평균 부정금액	2퍼센트 이상 ~ 4퍼센트 미만	4퍼센트 이상 ~ 6퍼센트 미만	6퍼센트 이상 ~ 8퍼센트 미만	8퍼센트 이상 ~ 10퍼센트 미만	10퍼센트 이상
10만원 이상 ~ 50만원 미만	개선명령	진료제한 3개월	진료제한 6개월	진료제한 9개월	진료제한 12개월
50만원 이상 ~ 150만원 미만	진료제한 3개월	진료제한 6개월	진료제한 9개월	진료제한 12개월	지정취소
150만원 이상	진료제한 6개월	진료제한 9개월	진료제한 12개월	지정취소	지정취소

※ 비고 :

1. "월평균 부정금액"은 조사대상 기간(현지조사 개시일 전 3년을 말한다. 이하 이 표에서 같다)동안 해당 산재보험 의료기관이 거짓이나 그 밖의 부정한 방법으로 청구하여 지급받은 진료비를 그 기간의 월수로 나눈 금액으로 한다.
2. "부정비율"은 조사대상 기간 동안 해당 산재보험 의료기관이 청구하여 지급받은 진료비 총액에 대한 거짓이나 그 밖의 부정한 방법으로 지급받은 진료비의 금액의 비율로 한다.

나. 산재보험 의료기관이 법 제43조제5항에 해당하는 위반행위를 한 경우의 조치 기준은 다음과 같다.

1) 현지조사 결과 법 제43조제5항제1호에 해당하는 위반행위가 확인된 경우

부정비율 / 월평균 부정금액	2퍼센트 이상 ~ 4퍼센트 미만	4퍼센트 이상 ~ 6퍼센트 미만	6퍼센트 이상 ~ 8퍼센트 미만	8퍼센트 이상 ~ 10퍼센트 미만	10퍼센트 이상
10만원 이상 ~ 50만원 미만	개선명령	개선명령	진료제한 3개월	진료제한 4개월	진료제한 5개월
50만원 이상 ~ 150만원 미만	개선명령	진료제한 3개월	진료제한 4개월	진료제한 5개월	진료제한 6개월
150만원 이상	진료제한 3개월	진료제한 4개월	진료제한 5개월	진료제한 6개월	진료제한 7개월

※ 비고 :

1. "월평균 부당금액"은 조사대상 기간 동안 해당 산재보험 의료기관이 청구하여 지급받은 진료비 중 법 제40조제5항에 따른 요양급여의 산정 기준을 위반하여 지급받은 진료비의 금액을 그 기간의 월수로 나눈 금액으로 한다.
2. "부당비율"은 조사대상 기간 동안 해당 산재보험 의료기관이 청구하여 지급받은 진료비 총액에 대한 법 제40조제5항에 따른 요양급여의 산정 기준을 위반하여 지급받은 진료비의 금액으로 한다.

2) 제29조에 따라 청구된 진료비를 심사한 결과, 그 청구금액(1회의 청구금액이 500만원 이상인 경우만 해당된다)에 대한 법 제43조제5항제1호에 해당하는 금액의 비율이 100분의 20 이상으로 확인된 경우에는 개선명령 조치를 한다.

3) 법 제43조제5항제2호부터 제5호에 해당하는 위반행위를 한 경우

근거법령	위반행위의 종류	위반행위의 정도	조치 기준
법 제43조 제5항제2호	법 제45조제1항을 위반하여 공단이 아닌 자에게 진료비를 청구한 경우	◦ 2회 이하 위반	개선명령
		◦ 3회 이상 위반	진료제한 3개월
법 제43조 제5항제3호	법 제47조제1항에 따른 진료계획을 제출하지 않는 경우	◦ 정당한 사유 없이 지연 제출하는 경우	개선명령
		◦ 공단의 제출요구에도 불응하는 경우	진료제한 3개월
법 제43조 제5항제4호	법 제118조에 따른 보고, 제출 요구 또는 조사에 응하지 않는 경우	◦ 1회 위반	개선명령
		◦ 2회 위반	진료제한 3개월
		◦ 3회 위반	진료제한 6개월
법 제43조 제5항제5호	산재보험 의료기관의 지정 조건을 위반한 경우	개선명령	

[별표 2의2] (2019.10.15 개정)

진폐요양 의료기관의 등급 구분기준

(제39조제1항부터 제3항까지의 규정 관련)

1. 진폐일반 의료기관의 요건

구분	요건
인력	가. 의사 ① 결핵과, 내과, 가정의학과, 직업환경의학과 전문의 중 1명 이상 ② 영상의학과 전문의 1명 이상 나. 의료기사 ① 방사선사 1명 이상 ② 폐기능 검사를 할 수 있는 임상병리사 1명 이상
시설	가. 진료실 나. 방사선촬영실 다. 임상병리검사실
장비	가. 흉부방사선직접촬영기 나. 심전도검사기 다. 폐기능검사기 라. 자동혈구계산기 마. 적혈구침강속도측정기 바. 혈액화학분석기 사. 전해질분석기 아. 면역화학분석기 자. 동맥혈가스분석기 차. 항산균 검사[도말(塗抹 : 박리세포를 슬라이드글라스에 발라 진단 목적으로 만든 표본), 배양, 동정(同定 : 생물 분류학상의 소속이나 명칭을 바르게 정하는 일)을 포함한다]에 필요한 장비 (외부 검사기관에 의뢰하는 경우는 제외한다) 카. 심장충격기

2. 진폐전문 의료기관의 요건

구분	요건
인력	가. 의사 ① 결핵과 또는 내과 전문의 1명 이상 ② 공기가슴증 치료(공기가슴증 배기술 포함)를 할 수 있는 의사 1명 이상 (다만, ①의 전문의가 공기가슴증 치료를 할 수 있는 경우는 제외한다) 나. 의료기사 ① 방사선사 1명 이상

산재보험

	② 임상병리사 및 폐기능 검사자 각 1명 이상 ③ 영양사 1명 이상
시설	가. 진폐일반 의료기관의 시설 나. 폐기능 검사실 다. 격리병실[다른 환자와의 접촉을 차단할 수 있는 차폐시설 및 음압시설(병실 내부 기압을 인위적으로 떨어트리는 시설)이 있어야 한다. 다만, 결핵환자를 치료하지 않는 경우는 제외한다] 라. 「의료법」 제36조 및 같은 법 시행규칙 제34조에 따른 중환자실(신생아실을 제외하되, 결핵환자를 치료하는 경우에는 격리병실이 있어야 한다)
장비	가. 진폐일반 의료기관의 장비(다만, 폐기능 검사기는 일산화탄소확산능 및 폐용적 검사가 가능하여야 한다) 나. 흉부디지털영상촬영기 다. 흉부컴퓨터단층촬영기(고해상도 촬영이 가능하여야 한다) 라. 심장초음파(심에코) 검사기

[별표 2의3] (2019.10.15 개정)

진폐요양 의료기관별 등급별 요양대상 환자(제39조제6항 관련)

1. 진폐일반 의료기관
   가. 안정기 상태의 통원 치료가 필요한 환자
   나. 15일 이내의 입원 치료가 필요한 환자
   다. 폐암환자 등 보존적 입원 치료가 필요한 환자
   라. 그 밖에 의학적으로 통원 치료가 필요한 환자

2. 진폐전문 의료기관
   가. 신규 진폐환자 및 중증환자 등의 입원 치료가 필요한 환자
   나. 단기간 통원을 통해 질병의 진행상태 확인이 필요한 환자
   다. 다음의 어느 하나에 해당하는 치료가 필요한 환자
      1) 활동성 폐결핵으로 격리치료, 내성결핵치료, 항결핵제 부작용 치료가 필요한 경우
      2) 흉막염(가슴막염)으로 입원 치료, 수술적(흉관삽입술 등) 치료가 필요한 경우
      3) 기관지확장증에 따른 2차 감염으로 입원 치료가 필요한 경우
      4) 폐기종(폐공기증), 기관지염, 큰음영에 따른 정밀평가 기간과 이에 따른 치료방침 결정 및 2차 감염에 의한 입원 치료가 필요한 경우
      5) 공기가슴증으로 인한 안정 기간 및 흉관삽입술의 치료가 필요한 경우
      6) 폐성심 및 심폐기능 고도장해(F3)에 따른 산소요법 및 기계호흡 치료가 필요한 경우
      7) 폐암에 따른 항암치료(화학, 수술, 방사선등의 요법 및 상급종합병원과의 협진 포함) 및 보존적 치료가 필요한 경우
      8) 비정형 미코박테리아 감염(비결핵성 항산균 감염)에 따른 비결핵성 항산균 동정 및 이에 따른 치료방침 결정 치료가 필요한 경우
      9) 각혈에 따른 기관지동맥색전술(상급종합병원과의 협진 포함) 치료가 필요한 경우
      10) 그 밖에 의학적으로 입원 치료가 필요한 경우

[별표 3] (2019.10.15 개정)

장해계열표(제46조제3항 관련)

<table>
<tr><th colspan="2">부위</th><th>기질장해</th><th>기능장해</th><th>계열
번호</th></tr>
<tr><td rowspan="5">눈</td><td rowspan="4">안구
(양쪽)</td><td rowspan="4"></td><td>시력장해</td><td>1</td></tr>
<tr><td>운동장해</td><td>2</td></tr>
<tr><td>조절기능장해</td><td>3</td></tr>
<tr><td>시야장해</td><td>4</td></tr>
<tr><td>눈꺼풀
(좌 또는 우)</td><td>상실장해</td><td>운동장해</td><td>5</td></tr>
<tr><td rowspan="2">귀</td><td>속귀 등
(양쪽)</td><td></td><td>청력장해</td><td>6</td></tr>
<tr><td>귓바퀴
(좌 또는 우)</td><td>상실장해</td><td></td><td>7</td></tr>
<tr><td rowspan="2">코</td><td>코안</td><td></td><td>비호흡(鼻呼吸)
및 후각기능장해</td><td>8</td></tr>
<tr><td>외부 코</td><td>상실장해</td><td></td><td>9</td></tr>
<tr><td colspan="2" rowspan="2">입</td><td></td><td>씹는 기능장해 및
말하는 기능장해</td><td>10</td></tr>
<tr><td>치아장해</td><td></td><td>11</td></tr>
<tr><td colspan="2">머리, 얼굴, 목</td><td>흉터장해</td><td></td><td>12</td></tr>
<tr><td colspan="2" rowspan="2">신경·정신</td><td>신경장해</td><td></td><td>13</td></tr>
<tr><td>정신장해</td><td></td><td>14</td></tr>
<tr><td colspan="2">흉복부장기
(외부 생식기 포함)</td><td>흉복부장기 장해</td><td></td><td>15</td></tr>
<tr><td rowspan="2">체
간</td><td>척주</td><td>변형장해</td><td>기능장해</td><td>16</td></tr>
<tr><td>그 밖의
체간골</td><td>변형장해[쇄골(빗장뼈), 흉골(복장뼈), 늑골(갈비뼈), 견갑골(어깨뼈) 또는 골반골(골반뼈)]</td><td></td><td>17</td></tr>
<tr><td rowspan="4">팔</td><td rowspan="3">팔
(좌 또는 우)</td><td>상실장해</td><td>기능장해</td><td>18</td></tr>
<tr><td>변형장해(위팔뼈 또는 아래팔뼈)</td><td></td><td>19</td></tr>
<tr><td>흉터장해</td><td></td><td>20</td></tr>
<tr><td>손가락
(좌 또는 우)</td><td>상실장해</td><td>기능장해</td><td>21</td></tr>
<tr><td>다
리</td><td>다리
(좌 또는 우)</td><td>상실장해</td><td>기능장해</td><td>22</td></tr>
</table>

		변형장해[대퇴골(넙다리뼈) 또는 하퇴골(정강이뼈·종아리뼈)]		23
		단축(짧아짐)장해		24
		흉터장해		25
	발가락 (좌 또는 우)	상실장해	기능장해	26

[별표 4] (2020.1.10 개정)

비장해인의 신체 각 관절에 대한 평균 운동가능영역

(제47조제1항 관련)

구분 관절명		측정부위	평균 운동 가능영역 (각도)
척주	목뼈부 (경추부)	후두과(後頭顆 : 뒤통수 관절융기)-목뼈1번 분절	13
		목뼈1번-목뼈2번 분절	10
		목뼈2번-목뼈3번 분절	8
		목뼈3번-목뼈4번 분절	13
		목뼈4번-목뼈5번 분절	12
		목뼈5번-목뼈6번 분절	17
		목뼈6번-목뼈7번 분절	16
		목뼈7번-등뼈1번 분절	6
	등뼈부 (흉추부)	등뼈1번-등뼈2번 분절	4
		등뼈2번-등뼈3번 분절	4
		등뼈3번-등뼈4번 분절	4
		등뼈4번-등뼈5번 분절	4
		등뼈5번-등뼈6번 분절	4
		등뼈6번-등뼈7번 분절	5
		등뼈7번-등뼈8번 분절	6
		등뼈8번-등뼈9번 분절	6
		등뼈9번-등뼈10번 분절	6
		등뼈10번-등뼈11번 분절	9
		등뼈11번-등뼈12번 분절	12
	허리뼈부 (요추부)	등뼈12번-허리뼈1번 분절	12
		허리뼈1번-허리뼈2번 분절	12
		허리뼈2번-허리뼈3번 분절	14
		허리뼈3번-허리뼈4번 분절	15
		허리뼈4번-허리뼈5번 분절	17
		허리뼈5번-엉치뼈1번 분절	20
어깨관절		앞위쪽올리기	150
		옆위쪽올리기	150
		뒤쪽올리기	40
		모으기	30
		안쪽 돌리기	40
		바깥쪽 돌리기	90

팔꿈치관절	펴기 굽히기 안쪽 돌리기 바깥쪽 돌리기		0 150 80 80
손목관절	손등쪽 굽히기 손바닥쪽 굽히기 손목의 요골(橈骨 : 노뼈)쪽 굽히기(요사위) 손목의 척골(尺骨 : 자뼈)쪽 굽히기(척사위)		60 70 20 30
손허리 손가락관절 (중수지관절)	엄지손가락	펴기 굽히기	0 60
	둘째 손가락	펴기 굽히기	0 90
	가운데손가락	펴기 굽히기	0 90
	넷째 손가락	펴기 굽히기	0 90
	새끼손가락	펴기 굽히기	0 90
손가락관절	엄지손가락	펴기 굽히기	0 80
제1손가락관절 (몸쪽 손가락 뼈마디관절)	둘째 손가락	펴기 굽히기	0 100
	가운데손가락	펴기 굽히기	0 100
	넷째 손가락	펴기 굽히기	0 100
	새끼손가락	펴기 굽히기	0 100
제2손가락관절 (끝쪽 손가락 뼈마디관절)	둘째 손가락	펴기 굽히기	0 70
	가운데손가락	펴기 굽히기	0 70
	넷째 손가락	펴기 굽히기	0 70
	새끼손가락	펴기 굽히기	0 70
엉덩관절	펴기 굽히기 모으기		30 100 20

	벌리기(외전)		40
	안쪽 돌리기		40
	바깥쪽 돌리기		50
무릎관절	펴기		0
	굽히기		150
발목관절	발등쪽 굽히기		20
	발바닥쪽 굽히기		40
	바깥쪽 뒤집기		20
	안쪽 뒤집기		30
발허리 발가락관절 (중족지관절)	엄지발가락	발등쪽 굽히기	50
		발바닥쪽 굽히기	30
	둘째 발가락	발등쪽 굽히기	40
		발바닥쪽 굽히기	30
	가운데발가락	발등쪽 굽히기	30
		발바닥쪽 굽히기	20
	넷째 발가락	발등쪽 굽히기	20
		발바닥쪽 굽히기	10
	새끼발가락	발등쪽 굽히기	10
		발바닥쪽 굽히기	10
발가락관절	엄지발가락	펴기	0
		굽히기	30
제1발가락관절 (몸쪽 발가락 뼈마디관절)	둘째 발가락	펴기	0
		굽히기	40
	가운데발가락	펴기	0
		굽히기	40
	넷째 발가락	펴기	0
		굽히기	40
	새끼발가락	펴기	0
		굽히기	40

[별표 5] (2021.2.1 개정)

신체부위별 장해등급 판정에 관한 세부기준(제48조 관련)

1. 눈의 장해

가. 시력의 장해

1) 시력의 측정

가) 시력의 측정은 국내에서 공인된 시력표를 사용한다. 다만 국내에서 공인된 시력표만으로 시력의 측정이 곤란한 경우에는 다른 시력측정 방법을 함께 사용할 수 있다.

나) 굴절 이상이 있는 사람에 대한 시력은 안경(콘택트렌즈는 제외한다)으로 교정한 시력으로 한다. 다만, 상(像)의 크기가 다르게 느껴지는 증상[부등상증(不等像症)]이 생겨 두 눈으로 보기가 곤란하게 되는 것이 의학적으로 인정되는 경우에는 맨눈으로 측정한 시력으로 할 수 있다.

2) 장해의 등급

가) 영 별표 6에서 "실명"이란 안구를 잃은 경우 또는 명암을 가리지 못하는 경우를 말한다.

나) 영 별표 6에서 "안구의 조절기능에 뚜렷한 장해가 남은 사람"이란 안구의 조절력이 통상의 2분의 1 이하로 감소된 사람을 말한다. 다만, 50세 이상인 자는 장해급여의 대상으로 인정하지 않는다.

다) 영 별표 6에서 "안구의 뚜렷한 운동기능장해가 남은 사람"이란 안구의 주시야의 넓이가 2분의 1 이하로 감소된 사람을 말한다. 이 경우 한 눈으로 보는 시각의 정상각도는 약 50°, 두 눈으로 보는 시각의 정상각도는 약 45°를 말한다.

라) 영 별표 6에서 "반맹증 또는 시야협착이 남은 사람"이란 8방향의 시야의 각도의 합계가 정상시야의 각도의 60퍼센트 이하로 된 사람을 말한다. 이 경우 시야는 자동시야계 또는 수동시야계로 측정하며, 절대암점을 채용하고 비교암점을 채용하지 않는다.

나. 눈꺼풀의 장해

1) 영 별표 6에서 "눈꺼풀이 뚜렷하게 상실된 사람"이란 누워서 보통으로 눈을 감았을 때 각막 넓이의 2분의 1 이상이 노출되고 만성 활동성 각막염증이 있는 사람을 말한다.

2) 영 별표 6에서 "눈꺼풀의 일부가 상실된 사람"이란 누워서 보통으로 눈을 감았을 때 각막 넓이의 2분의 1 미만이 노출되고 만성 활동성 각막염증이 있는 사람을 말한다.

3) 1) 및 2)에서 만성 활동성 각막염증은 플루레신 검사 등으로 염증이 계속되고 있음이 객관적으로 확인되는 경우에 인정한다. 이 경우 만성 활동성

각막염증이 인정되지 않으면 외모의 흉터에 해당하는 장해등급을 인정한다.

4) 영 별표 6에서 "눈꺼풀에 뚜렷한 운동기능장해가 남은 사람"이란 보통으로 눈을 떴을 경우 눈동자를 완전히 덮어 버리거나 눈을 감았을 경우 눈동자를 완전하게 덮을 수 없는 사람을 말한다.

다. 준용등급(영 제53조제3항에 따라 결정된 장해등급을 말한다. 이하 같다) 결정

1) 안구에 뚜렷한 운동기능장해가 남은 경우에 해당되지 않거나 정면시(正面視)에서 겹보임(복시)이 발생하여 두 눈으로 보면 고도의 두통·현기증 등이 생겨 노동에 뚜렷한 지장을 주는 경우에는 제12급을 인정한다.

2) 좌시·우시·상시·하시 등에서만 겹보임이 발생하여 노동에 뚜렷한 지장을 주지 않지만 경도의 두통이나 안정(眼精)피로가 있는 경우에는 제14급을 인정한다.

3) 외상성 동공확대[산동(散瞳)]

가) 한쪽 눈 동공의 대광반사(對光反射)기능의 장해에 따른 눈부심으로 노동에 뚜렷한 지장이 있는 경우에는 제12급을 인정한다.

나) 한쪽 눈 동공의 대광반사기능이 불충분하여 눈부심으로 노동에 지장이 있는 경우에는 제14급을 인정한다.

다) 두 눈이 가)에 해당되면 제11급을 인정한다.

라) 두 눈이 나)에 해당되면 제12급을 인정한다.

마) 외상성 동공확대와 시력장해 또는 조절기능장해가 있는 경우에는 조정의 방법(영 제53조제2항에 따른 장해등급 결정의 방법을 말한다. 이하 같다) 이용하여 준용등급을 결정한다.

2. 귀의 장해

가. 청력의 장해

1) 청력의 측정

가) 난청의 장해정도 평가는 영 별표 3 제7호차목에 규정된 측정방법에 따른 순음청력검사의 기도청력역치를 기준으로 6분법{(a+2b+2c+d)/6}으로 판정하되, 가장 좋은 역치를 사용한다. 이 경우 소수점 이하는 버리고 각 주파수에서 청력역치가 100데시벨(dB) 이상이거나 0데시벨 이하이면 100데시벨 또는 0데시벨로 본다.

나) 급성으로 생기는 재해성 난청에 대하여는 급성 음향성 청기장해(急性音響性 聽器障害)로 하여 직업성 난청과 구분한다.

다) 음향성 난청(재해성 난청)에 대한 장해등급의 판정은 요양종결 후 30일의 간격으로 3회 이상 청력검사를 실시하여 유의미한 차이가 없는 경우 그 검사치를 기초로 한다.

라). 삭제(2016.3.28)

2) 장해등급 판정 기준

영 별표 6에 따른 장해등급의 판정은 아래 기준에 따르되, 청력역치는 ISO(International Standard Organization) 기준으로 한다.

가) 두 귀의 평균 청력손실치가 각각 90데시벨 이상인 사람 또는 두 귀의 평균 청력손실치가 각각 80데시벨 이상이고 최고 명료도가 30퍼센트 이하인 사람은 영 별표 6의 제4급제3호를 인정한다.

나) 두 귀의 평균 청력손실치가 각각 80데시벨 이상인 사람 또는 두 귀의 평균 청력손실치가 각각 50데시벨 이상 80데시벨 미만이고 최고 명료도가 30퍼센트 이하인 사람은 영 별표 6의 제6급제3호를 인정한다.

다) 한쪽 귀의 평균 청력손실치가 90데시벨 이상이고 동시에 다른 한쪽 귀의 평균청력손실치가 70데시벨 이상인 사람은 영 별표 6의 제6급제4호를 인정한다.

라) 두 귀의 평균 청력손실치가 각각 70데시벨 이상인 사람 또는 두 귀의 평균 청력손실치가 각각 50데시벨 이상이고 최고 명료도가 50퍼센트 이하인 사람은 영 별표 6의 제7급제2호를 인정한다.

마) 한쪽 귀의 평균 청력손실치가 90데시벨 이상이고 동시에 다른 한쪽 귀의 평균청력손실치가 60데시벨 이상인 사람은 영 별표 6의 제7급제3호를 인정한다.

바) 두 귀의 평균 청력손실치가 각각 60데시벨 이상인 사람 또는 두 귀의 평균 청력손실치가 각각 50데시벨 이상이고 최고 명료도가 70퍼센트 이하인 사람은 영 별표 6의 제9급제7호를 인정한다.

사) 한쪽 귀의 평균 청력손실치가 80데시벨 이상이고 동시에 다른 한쪽 귀의 평균청력손실치가 50데시벨 이상인 사람은 영 별표 6의 제9급제8호를 인정한다.

아) 한쪽 귀의 평균 청력손실치가 90데시벨 이상인 사람은 영 별표 6의 제9급제9호를 인정한다.

자) 한쪽 귀의 평균 청력손실치가 80데시벨 이상 90데시벨 미만인 사람은 영 별표 6의 제10급제6호를 인정한다.

차) 두 귀의 평균 청력손실치가 각각 50데시벨 이상인 사람 또는 두 귀의 평균 청력손실치가 각각 40데시벨 이상이고 최고 명료도가 70퍼센트 이하인 사람은 영 별표 6의 제10급제7호를 인정한다.

카) 한쪽 귀의 평균 청력손실치가 70데시벨 이상 80데시벨 미만인 사람 또는 한귀의 평균 청력손실치가 50데시벨 이상이고 최고 명료도가 50퍼센트 이하인 사람은 영 별표 6의 제11급제4호를 인정한다.

타) 두 귀의 평균 청력손실치가 각각 40데시벨 이상인 사람은 영 별표 6의 제11급제5호를 인정한다.

파) 한쪽 귀의 평균 청력손실치가 40데시벨 이상 70데시벨 미만인 사람은 영 별표 6의 제14급제1호를 인정한다.

나. 귓바퀴의 장해

1) 영 별표 6에서 "귓바퀴가 고도로 상실된 사람"이란 귓바퀴의 3분의 2 이상을 잃은 사람을 말한다.

2) 영 별표 6에서 "귓바퀴가 중등도로 상실된 사람"이란 귓바퀴의 2분의 1 이상 3분의 2 미만을 잃은 사람을 말한다.

3) 영 별표 6에서 "귓바퀴가 경도로 상실된 사람"이란 귓바퀴의 3분의 1 이상 2분의 1 미만을 잃은 사람을 말한다.

다. 준용등급 결정

1) 고막의 외상성 천공(穿孔)과 그에 따른 이루(耳漏)는 수술적 처치 후 청력장해가 남으면 그 장해의 정도에 따라 등급을 결정한다. 이 경우 청력장해가 장해등급에 해당되지 않지만 항상 이루가 있는 경우에는 제12급을 인정한다.

2) 난청이 있고 뚜렷한 이명(耳鳴)이 항상 있는 경우에는 그 증상이 객관적 검사로 증명되는 경우에 제12급을 인정한다.

3) 내이의 손상으로 발생한 평형기능(平衡機能)장해에 대하여는 신경계통의 기능장해에 준하여 등급을 결정한다.

4) 내이의 기능장해로 평형기능장해와 청력장해가 남은 경우에는 조정의 방법을 이용하여 준용등급을 결정한다.

3. 코의 장해

가. 외부 코의 장해

1) 외부 코는 비골(鼻骨)·비연골(鼻軟骨)과 이를 덮고 있는 피부 및 피하조직을 말한다.

2) 영 별표 6에서 "코가 고도로 상실된 사람"이란 외부 코의 3분의 2 이상을 잃은 사람을 말한다.

3) 영 별표 6에서 "코가 중등도로 상실된 사람"란 외부 코의 2분의 1 이상 3분의 2 미만을 잃은 사람을 말한다.

4) 영 별표 6에서 "코가 경도로 상실된 사람"이란 외부 코의 3분의 1 이상 2분의 1 미만을 잃은 사람을 말한다.

나. 코의 기능장해

1) 영 별표 6에서 "코로 숨쉬기가 곤란하게 된 사람"이란 일상생활에서 구강호흡의 보조를 받지 않는 상태에서 코로 숨쉬는 것만으로는 정상적인 호흡을 할 수 없다는 것이 코안 통기도검사 등 의학적으로 인정된 검사로 확인되는 사람을 말한다.

2) 영 별표 6에서 "냄새를 맡지 못하게 된 사람"이란 후각인지검사, 후각역치검사 등 의학적으로 인정된 검사로 후각이 완전히 소실된 것으로 확인되는 사람을 말한다.

4. 입의 장해
  가. 말하는 기능의 장해
    1) 영 별표 6에서 "말하는 기능을 완전히 잃은 사람"이란 구순음·치설음·구개음·후두음 중 3종 이상의 발음을 할 수 없게 된 사람을 말한다.
    2) 영 별표 6에서 "말하는 기능에 뚜렷한 장해가 남은 사람"이란 1)에 따른 4종의 어음 중 2종의 어음을 발음할 수 없는 사람 또는 철음(綴音)기능의 장해로 언어만으로는 의사소통을 할 수 없게 된 사람을 말한다.
    3) 영 별표 6에서 "말하는 기능에 장해가 남은 사람"이란 1)에 따른 4종의 어음 중 1종의 어음을 발음할 수 없게 된 사람을 말한다.
  나. 씹는 기능의 장해
    1) 씹는 기능의 장해는 상하교합(咬合)과 배열상태 및 아래턱의 개폐운동 등에 따라 결정한다.
    2) 영 별표 6에서 "씹는 기능을 완전히 잃은 사람"이란 유동식(流動食) 외에는 음식물을 섭취할 수 없는 사람을 말한다.
    3) 영 별표 6에서 "씹는 기능에 뚜렷한 장해가 남은 사람"이란 미음이나 그에 준하는 정도의 음식물 외에는 섭취할 수 없는 사람을 말한다.
    4) 영 별표 6에서 "씹는 기능에 장해가 남은 사람"이란 고형식(固形食)을 섭취할 수 있으나 이에 제한이 있어서 씹는 기능이 충분하지 않게 된 사람을 말한다.
  다. 치아의 장해
    1) 영 별표 6에서 "치과보철(補綴)을 한 사람"이란 망실 또는 뚜렷하게 상실된 치아에 대한 보철을 한 사람을 말한다.
    2) 보조 유지장치가 있는 틀니(유상의치) 또는 고정틀니(가교의치) 등을 보철한 경우의 지대관 또는 구(鉤)를 장착한 치아와 포스트-인레이(Post-Inlay, 심하게 손상된 치아에 기둥을 삽입하여 틀을 만든 후 인공물을 채우는 시술)만을 하게 된 치아는 보철한 치수에 산입하지 않는다.
    3) 잃어버린 치아가 크거나 치아와 치아 사이의 간격으로 잃어버린 치아의 수와 틀니 등 보철한 치아의 수가 다른 경우에는 잃어버린 치아의 수에 따라 장해등급을 결정한다.
  라. 준용등급 결정
    1) 식도의 협착, 혀의 이상, 인후지배신경의 마비 등으로 생기는 삼킴장해에 대하여는 그 장해의 정도에 따라 씹는 기능장해에 해당하는 장해등급을 인정한다.
    2) 미각(味覺)상실
      가) 머리 외상, 그 밖에 턱 주위 조직의 손상과 혀의 손상으로 생긴 미각상실에 대하여는 제12급을 인정한다.
      나) 미각장해는 테스트페이퍼와 각종 약물검사 결과가 전부 무반응일 경우에만 미각상실로 인정하고, 그 정도에 미달되는 경우에는 장해급여

의 대상으로 인정하지 않는다.

다) 미각장해에 대하여는 요양이 끝나고 6개월이 지난 후 등급을 결정한다.

3) 영 별표 6에 조합등급으로 정하여져 있지 않은 씹는 기능과 말하는 기능의 장해에 대하여는 각각의 장해에 해당하는 장해등급에 따라 조정의 방법을 이용하여 준용등급을 결정한다.

4) 성대마비로 뚜렷한 쉰 목소리가 남은 경우에는 제12급을 인정한다.

5. 신경계통의 기능 또는 정신기능의 장해

가. 중추신경계(뇌)의 장해

1) 영 별표 6에서 "신경계통의 기능 또는 정신기능에 뚜렷한 장해가 남아 항상 간병을 받아야 하는 사람"이란 고도의 신경계통의 기능 또는 정신기능장해로 다른 사람의 간병 없이는 혼자 힘으로 일상생활을 전혀 할 수 없거나 고도의 치매, 감정의 황폐 등의 정신증상으로 항상 다른 사람의 감시가 필요한 사람을 말한다.

2) 영 별표 6에서 "신경계통의 기능 또는 정신기능에 뚜렷한 장해가 남아 수시로 간병을 받아야 하는 사람"이란 고도의 신경계통의 기능 또는 정신기능장해로 생명유지에 필요한 일상생활의 처리동작에 수시로 다른 사람의 간병을 받아야 하거나 치매, 정의의 장해, 환각망상, 발작성 의식장해의 다발 등으로 수시로 다른 사람의 감시가 필요한 사람을 말한다.

3) 영 별표 6에서 "신경계통의 기능 또는 정신기능에 뚜렷한 장해가 남아 평생 동안 노무에 종사할 수 없는 사람"이란 2)에 따른 장해 정도에는 미치지 않지만 고도의 신경계통의 기능 또는 정신기능의 장해로 대뇌소증상, 인격변화 또는 기억장해 등이 남아 평생 동안 어떤 노동에도 종사할 수 없는 사람을 말한다.

4) 영 별표 6에서 "신경계통의 기능 또는 정신기능에 뚜렷한 장해가 남아 특별히 쉬운 일 외에는 할 수 없는 사람"이란 신경계통의 기능 또는 정신기능의 뚜렷한 장해로 노동능력이 일반인의 4분의 1 정도만 남아 평생 동안 특별히 쉬운 일 외에는 노동을 할 수 없는 사람을 말한다.

5) 영 별표 6에서 "신경계통의 기능 또는 정신기능에 장해가 남아 쉬운 일 외에는 하지 못하는 사람"이란 중등도의 신경계통의 기능 또는 정신기능의 장해로 노동능력이 일반인의 2분의 1 정도만 남은 사람을 말한다.

6) 영 별표 6에서"신경계통의 기능 또는 정신기능에 장해가 남아 노무가 상당한 정도로 제한된 사람"이란 노동능력이 어느 정도 남아 있으나 신경계통의 기능 또는 정신기능의 장해로 취업가능한 직종의 범위가 상당한 정도로 제한된 사람으로서 다음의 어느 하나에 해당하는 사람을 말한다.

가) 신체적 능력은 정상이지만 뇌손상에 따른 정신적 상실증상이 인정되는 사람

나) 뇌전증발작과 현기증이 나타날 가능성이 의학적·객관적 소견으로 증

명되는 사람

다) 경도의 사지의 단(單)마비가 인정되는 사람

7) 노동능력은 있으나 신경계통의 기능 또는 정신기능의 감각장해, 추체로(錐體路)증상과 추체외로(錐體外路)증상을 수반하지 않는 정도의 마비, 뇌위축 및 뇌파 이상 등이 의학적으로 인정되거나 이러한 이상 소견에 해당하는 자각증상이 의학적으로 인정되는 경우에는 제12급을 인정한다.

8) 노동능력은 있으나 신경계통의 기능 또는 정신기능의 장해에 대한 의학적 소견이 인정되는 경우 또는 두통·현기증·피로감 등의 자각증상이 의학적으로 인정되는 경우에는 제14급을 인정한다.

나. 척수의 장해

1) 생명유지에 필요한 일상생활의 처리동작에 대하여 항상 다른 사람의 간병을 받아야 하는 사람은 제1급을 인정한다.

2) 생명유지에 필요한 일상생활의 처리동작에 대하여 수시로 다른 사람의 간병을 받아야 하는 사람은 제2급을 인정한다.

3) 생명유지에 필요한 일상생활의 처리동작은 가능하나 평생 동안 어떤 노동에도 종사할 수 없는 사람은 제3급을 인정한다.

4) 마비나 그 밖의 뚜렷한 척수증상으로 노동능력이 일반인의 4분의 1 정도만 남은 사람은 제5급을 인정한다.

5) 명백한 척수증상으로 노동능력이 일반인의 2분의 1 정도만 남은 사람은 제7급을 인정한다.

6) 노동능력이 어느 정도 남아 있으나 명백한 척수증상으로 취업가능한 직종의 범위가 상당한 정도로 제한된 사람은 제9급을 인정한다.

7) 노동능력은 있으나 의학적으로 증명할 수 있는 척수증상이 남은 사람은 제12급을 인정한다.

다. 말초신경의 손상에 따른 장해는 손상을 입은 신경이 지배하는 신체 각 부위의 기관에서의 기능장해에 해당하는 등급을 준용한다.

라. 실조(失調 : 조화운동못함증)·현기증 및 평형기능장해

1) 고도의 실조 또는 평형기능장해로 생명유지에 필요한 일상생활의 처리동작 외에는 평생 동안 어떤 노동에도 종사할 수 없는 사람은 제3급을 인정한다.

2) 뚜렷한 실조 또는 평형기능장해로 노동능력이 일반인의 4분의 1 정도만 남은 사람은 제5급을 인정한다.

3) 중등도의 실조 또는 평형기능장해로 노동능력이 명백하게 일반인의 2분의 1 정도만 남은 사람은 제7급을 인정한다.

4) 노동능력이 어느 정도 남아 있으나 현기증의 자각증상이 강하거나 객관적으로 안구진탕증이나 그 밖에 평형기능검사 결과 명백한 이상 소견이 인정되는 사람은 제9급을 인정한다.

5) 노동능력은 있으나 안구진탕증이나 그 밖에 평형기능검사 결과 이상 소견

이 인정되는 사람은 제12급을 인정한다.

6) 현기증의 자각증상은 있으나 객관적으로 안구진탕증이나 그 밖에 평형기능검사 결과 이상 소견이 인정되는 경우로서 심인성 반응인 현기증이 아닌 것으로 인정되는 사람은 제14급을 인정한다.

마. 동통 등 감각이상

1) 뇌신경과 척추신경의 외상이나 그 밖의 원인에 따른 신경통의 경우에 쉬운 일 외의 노동에 항상 지장이 있는 정도의 동통이 있는 사람은 제7급을 인정하고, 노동능력이 어느 정도 남아 있으나 동통 때문에 취업가능한 직종의 범위가 상당히 제한된 사람은 제9급을 인정하며, 노동능력은 있으나 때로는 노동에 지장이 있는 정도의 동통이 있는 사람은 제12급을 인정한다.

2) 작열통(灼熱痛 : 불에 타는 듯이 따갑고 아픈 통증)에 대하여는 1)의 규정에 준하여 결정한다.

3) 일반적으로 노동능력은 있으나 상처를 입은 부위의 심한 동통 때문에 때로는 노동에 지장이 있는 사람은 제12급을 인정하고, 상처를 입은 부위에 항상 동통이 있거나 신경손상으로 동통 외의 이상감각 등이 발견되는 사람은 제14급을 인정한다.

바. 외상성 신경증(재해성 신경증)

외상 또는 정신적 외상이라고 할 수 있는 재해에 기인하는 심인반응으로서 정신의학적 요법으로서는 치료되지 않는 경우에는 제14급을 인정한다.

사. 그 밖의 특징적인 장해

외상성 뇌전증의 치유 시기는 치료효과를 기대할 수 없다고 인정되는 때 또는 요양으로 증상이 안정된 때로 하고, 장해등급은 발작 횟수, 발작이 노동능력에 미치는 영향의 정도, 비발작 시의 정신증상 등을 종합적으로 판단하여 다음과 같이 결정한다.

1) 충분한 치료에도 불구하고 매주 1회 이상 발작 또는 고도의 정신기능의 장해로 평생 동안 어떤 노동에도 종사할 수 없는 사람은 제3급을 인정한다.

2) 충분한 치료에도 불구하고 발작의 빈도 또는 발작형의 특징 때문에 노동능력이 일반인의 4분의 1 정도만 남은 사람 또는 뇌전증의 특수성으로 보아 취업가능한 직종이 극도로 제한된 사람은 제5급을 인정한다.

3) 충분한 치료에도 불구하고 1개월에 1회 이상의 의식장해가 수반되는 발작이 있거나 발작형의 특징 때문에 노동능력이 일반인의 2분의 1 정도만 남은 사람 또는 뇌전증의 특수성으로 보아 취업가능한 직종이 뚜렷하게 제한된 사람은 제7급을 인정한다.

4) 지속적인 약물복용을 하여야만 수개월에 1회 정도 또는 완전하게 발작을 억제할 수 있는 사람, 발작이 나타나지는 않지만 뇌파상 명백하게 뇌전증성 극파를 인정할 수 있는 사람 또는 노동능력이 어느 정도 남아 있으나 취업가능한 직종이 상당한 정도로 제한된 사람은 제9급을 인정한다.

아. 조정등급 결정

척추의 골절로 척추에 기능장해 또는 변형장해가 남은 동시에 척수손상으로 다른 부위에 기능장해가 남은 경우에는 장해등급을 조정하여 결정한다.

자. 준용등급 결정

신경마비가 객관적으로 증명되는 경우로서 장해등급기준에 해당 부위의 기능장해에 대한 장해등급이 정해지지 않은 경우에는 제12급을 인정한다.

6. 흉터의 장해

가. 흉터의 측정

1) 영 별표 6에서 "흉터"란 피부에 뚜렷이 눈에 띄는 정도 이상의 비후(肥厚) 또는 함몰을 동반하는 선상반흔(線像瘢痕), 면상반흔(面像瘢痕) 및 조직함몰(組織陷沒)이 남은 것을 말한다.

2) "선상반흔"이란 폭이 0.5센티미터 이상인 선모양의 흉터를, "면상반흔"이란 폭이 1센티미터 이상인 면적으로 이루어진 흉터를, "조직함몰"이란 연조직(soft tissue) 또는 뼈조직이 상실된 채로 상처가 치유되면서 흉터부위가 0.5센티미터 이상 패인 것을 각각 말한다.

3) 선상반흔의 길이는 그 모양에 따라 실제 길이를 측정하고, 면상반흔 및 조직함몰의 넓이는 흉터 또는 0.5센티미터 이상 패인 부위를 가로와 세로로 구분하여 가로 방향의 길이와 그에 수직하는 세로 방향의 가장 긴 길이를 곱하여 산정한다. 이 경우 수술에 따른 봉합사(縫合絲)의 자국은 흉터로 보지 않는다.

4) 2개 이상의 선상반흔 또는 면상반흔이 인접하여 있거나 모여 있어 하나의 선상반흔 또는 면상반흔처럼 보이는 경우에는 그 길이 또는 면적을 합산하여 장해등급을 결정한다.

5) 하나의 흉터에 선상반흔과 면상반흔이 동시에 있는 경우에는 선상반흔에 해당하는 장해등급과 면상반흔(선상반흔을 포함하되, 선상반흔의 폭을 1센티미터로 하여 넓이를 산정한다)에 해당하는 장해등급 중 높은 등급을 인정한다.

6) 하나의 흉터에 면상반흔과 조직함몰이 동시에 있는 경우에는 조직함몰에 해당하는 장해등급과 면상반흔(조직함몰 부위를 포함한다)에 해당하는 장해등급 중 높은 등급을 인정한다.

7) 외모 중 머리·얼굴 및 목 등의 각 부위에 흉터가 남은 경우에는 각 부위별 흉터에 해당하는 장해등급 중 높은 등급을 인정한다. 이 경우 흉터가 머리·얼굴 및 목 중 2개 이상의 부위에 걸쳐 있는 경우에는 머리 또는 목에 있는 흉터의 길이 또는 면적의 2분의 1을 얼굴의 흉터로 보아 산정하거나, 얼굴에 있는 흉터의 2배를 머리 또는 목의 흉터로 보아 산정할 수 있다.

나. 외모의 흉터

1) 영 별표 6에서 "외모"란 머리·얼굴(눈꺼풀·귓바퀴·코를 포함한다) 및 목 등 팔과 다리 외에 일상적으로 노출되는 부분을 말하며, 머리와 얼굴의

경계는 이마에 주름이 지어지는 가장 윗부분으로 한다.

2) 영 별표 6에서 "외모에 극도의 흉터가 남은 사람"이란 얼굴에 100제곱센티미터 이상의 면상반흔 또는 32제곱센티미터 이상의 조직함몰이 있는 사람을 말한다.

3) 영 별표 6에서 "외모에 고도의 흉터가 남은 사람"이란 얼굴에 50제곱센티미터 이상의 면상반흔, 16제곱센티미터 이상의 조직함몰 또는 20센티미터 이상의 선상반흔이 남았거나 머리 또는 목에 100제곱센티미터 이상의 면상반흔, 32제곱센티미터 이상의 조직함몰 또는 40센티미터 이상의 선상반흔이 남은 사람을 말한다.

4) 영 별표 6에서 "외모에 중등도의 흉터가 남은 사람"이란 얼굴에 25제곱센티미터 이상의 면상반흔, 8제곱센티미터 이상의 조직함몰, 10센티미터 이상의 선상반흔이 남았거나 머리 또는 목에 50제곱센티미터 이상의 면상반흔, 16제곱센티미터 이상의 조직함몰 또는 20센티미터 이상의 선상반흔이 남은 사람을 말한다.

5) 영 별표 6에서 "외모에 경도의 흉터가 남은 사람"이란 얼굴에 12제곱센티미터 이상의 면상반흔, 5센티미터 이상의 선상반흔이 남았거나 머리 또는 목에 25제곱센티미터 이상의 면상반흔, 10센티미터 이상의 선상반흔이 있는 남은 사람을 말한다.

6) 외모의 흉터 중 선상반흔·면상반흔 또는 조직함몰이 눈썹이나 머리카락 등으로 감추어지거나 흉터가 턱 밑 등에 있어 다른 사람에게 보이지 않는 경우에는 장해급여의 대상에서 제외한다.

7) 머리뼈 일부가 상실된 경우에는 6)에도 불구하고 그 부위에 면상반흔이 남은 것으로 본다. 이 경우 장해등급은 머리뼈의 성형수술 후에 판정한다.

다. 노출된 면의 흉터

1) 영 별표 6에서 "노출된 면"이란 팔의 경우에는 손바닥 및 손등을 포함한 팔꿈치관절 이하, 다리의 경우에는 발등을 포함한 무릎관절 이하를 말한다.

2) 영 별표 6에서 "노출된 면에 극도의 흉터가 남은 사람"이란 두 팔 또는 두 다리의 노출된 면의 90퍼센트 이상의 부위에 면상반흔이 남은 사람을 말한다.

3) 영 별표 6에서 "노출된 면에 고도의 흉터가 남은 사람"이란 두 팔 또는 두 다리의 노출된 면의 75퍼센트 이상의 부위에 면상반흔이 남은 사람을 말한다.

4) 영 별표 6에서 "노출된 면에 중등도의 흉터가 남은 사람"이란 두 팔 또는 두 다리의 노출된 면의 50퍼센트 이상의 부위에 면상반흔이 남은 사람을 말한다.

5) 영 별표 6에서 "노출된 면에 경도의 흉터가 남은 사람"이란 두 팔 또는 두 다리의 노출된 면의 25퍼센트 이상의 부위에 면상반흔이 남은 사람을 말한다.

라. 조정등급 결정

제46조제4항 본문에도 불구하고 다음의 어느 하나에 해당하는 흉터장해가 남은 경우에는 각각의 장해에 해당하는 장해등급을 조정하여 결정한다.

1) 외모의 흉터장해와 노출된 면의 흉터장해
2) 외모의 흉터장해와 노출된 면 외의 부위(두 팔의 위팔부, 두 다리의 넓적다리, 흉복부, 등 및 엉덩이 부위를 말한다. 이하 같다)의 흉터장해
3) 팔의 노출된 면의 흉터장해와 다리의 노출된 면의 흉터장해
4) 외상·화상 등으로 말미암은 안구상실에 따른 눈 주위와 얼굴의 조직함몰·흉터 등이 생긴 경우에는 안구상실에 해당하는 장해와 흉터 등의 흉터장해
5) 노출된 면의 흉터장해와 노출된 면 외의 부위의 흉터장해
6) 눈꺼풀·귓바퀴 또는 코의 상실장해와 외모, 노출된 면 또는 노출된 면 외의 부위의 흉터장해. 이 경우 장해등급을 조정한 결과 제7급 이상에 해당하면 제7급으로 결정한다.

마. 준용등급 결정

1) 얼굴에 신경마비로 다른 부위의 기능장해가 남은 경우에는 그 기능장해에 해당하는 장해등급을 인정한다. 이 경우 얼굴의 신경마비가 있고 그에 따른 다른 부위의 기능장해가 없는 경우에는 제13급을 인정한다.
2) 노출된 면 외의 부위에 면상반흔이 있는 경우에는 그 면적의 합이 전체 신체 표면 면적의 20퍼센트 이상이면 제12급을, 15퍼센트 이상 20퍼센트 미만이면 제13급을, 5퍼센트 이상 15퍼센트 미만이면 제14급을 인정한다.
3) 전체 신체 표면 면적의 40퍼센트 이상의 부위에 흉터가 남은 경우에는 제9급을 인정한다. 다만, 라목에 따라 장해등급을 결정하면 장해등급이 제9급보다 높은 경우에는 라목에 따라 결정한 장해등급을 인정한다.
4) 피부면에 비후 또는 함몰은 없으나 정상적인 피부색깔에 비하여 색소가 눈에 띄게 짙어지거나 엷어지는 피부변색 또는 탈색이 영구적으로 남게 되는 경우로서 그 넓이가 얼굴, 목, 두 팔 또는 두 다리의 노출면에 각각 중등도의 흉터에 해당하는 면상반흔의 넓이보다 넓은 경우에는 제14급을 인정한다.

7. 흉복부장기 등의 장해

가. 흉부장기의 장해

1) 영 별표 6에서 "흉부장기의 장해"란 심장·심장막·폐장·늑(흉막)·횡격막 등에 객관적으로 증명될 수 있는 변화가 인정되고 그 기능에도 장해가 증명되는 것을 말한다.
2) 고도의 흉부장기의 장해로 생명유지에 필요한 일상생활의 처리동작에 항상 다른 사람의 간병을 받아야 하는 사람은 제1급을 인정한다.
3) 고도의 흉부장기의 장해로 생명유지에 필요한 일상생활의 처리동작에 수시로 다른 사람의 간병을 받아야 하는 사람은 제2급을 인정한다.

4) 흉부장기의 장해로 생명유지에 필요한 일상생활의 처리동작은 가능하나 평생 동안 어떤 노동에도 종사할 수 없는 사람은 제3급을 인정한다.
5) 흉부장기의 장해로 노동능력이 일반인의 4분의 1 정도만 남은 사람은 제5급을 인정한다.
6) 중등도의 흉부장기의 장해로 노동능력이 일반인의 2분의 1 정도만 남은 사람은 제7급을 인정한다.
7) 노동능력이 어느 정도 남아 있으나 흉부장기의 장해로 취업가능한 직종의 범위가 상당한 정도로 제한된 사람은 제9급을 인정한다.
8) 노동능력이 어느 정도 남아 있으나 흉부장기의 장해로 노동에 지장이 있는 사람은 제11급을 인정한다.

나. 복부장기의 장해

복부장기의 장해등급 기준은 가목을 준용한다.

다. 신장장해

1) 요로(尿路) 변경술 후 신루(腎瘻), 신우루(腎盂瘻), 요관피부연결, 요관장연결을 남긴 채로 치유된 사람은 제7급을 인정한다.
2) 명백히 상처에 따른 만성 신우증(신장염), 물콩팥증(수신증)이 남은 사람은 제7급을 인정한다.
3) 요양의 종결 단계에서 요도루(尿道瘻)·방광샛길(방광누공)과 여러 차례의 수술에도 불구하고 그대로 샛길(누공)이 남아 일정한 기간 후에 다시 수술이 필요하다고 인정되나 그 상태에서 일단 치유된 사람은 제11급을 인정한다.
4) 방광괄약근(膀胱括約筋)의 변화로 인한 것이 명백한 요실금(尿失禁)이 남은 사람은 제11급을 인정한다.

라. 방광장해

1) 방광의 기능이 완전히 없어진 사람은 제3급을 인정한다.
2) 위축방광[용량 50시시(cc) 이하]인 사람은 제7급을 인정한다.
3) 항상 요류를 동반하는 경도의 방광기능부전 또는 방광경련으로 인한 지속성 배뇨통이 남은 사람은 제11급을 인정한다.

마. 요도협착

1) 사상(絲狀) 부지(Bougie, 확장기)를 필요로 하는 사람은 제11급을 인정한다.
2) 요도협착으로 신장기능에 장해가 남은 사람은 신장의 장해로 간주하여 장해등급을 결정한다.

바. 생식기장해

1) 음경의 대부분이 상실된 사람, 흉터로 인한 질구협착 등으로 생식능력에 현저한 제한을 받아 성교불능인 사람은 제9급을 인정한다.
2) 양쪽 고환이 상실된 사람은 제7급을 인정한다.
3) 음위가 다른 장해에 수반되어 생기는 경우에는 그 다른 장해에 해당하는 장해등급을 인정한다.

4) 가벼운 요도협착, 음경의 흉터 또는 경결(硬結 : 단단하게 굳음) 등으로 인한 음위가 있는 사람과 명백한 지배신경의 변화가 인정되는 사람은 제14급을 인정한다. 다만, 의학적으로 음위를 입증하는 것이 곤란한 경우는 제외한다.

사. 준용등급 결정

1) 요도협착 장해 중 요도 부지(Bougie) 프렌치 제20번(네라톤 카텔 제11호 상당)이 겨우 통과하고 때때로 확장술을 하여야 할 필요가 있는 사람은 제14급을 인정한다.

2) 한쪽 고환의 상실 또는 이에 준하는 정도의 위축이 있는 사람은 제11급을 인정한다.

8. 척주 등의 장해

가. 척주의 운동단위

척주의 운동단위는 목뼈부, 등뼈부 및 허리뼈부로 구분한다. 이 경우 각각의 운동단위의 범위는 다음과 같다.

1) 목뼈부는 목뼈 제1번부터 목뼈 제7번까지의 척추체 및 후두과(後頭顆 : 뒤통수 관절융기)와 목뼈 제1번 사이의 분절부터 목뼈 제7번과 등뼈 제1번 사이의 분절까지로 한다.

2) 등뼈부는 등뼈 제1번부터 등뼈 제12번까지의 척추체 및 등뼈 제1번과 등뼈 제2번 사이의 분절부터 등뼈 제11번과 등뼈 제12번 사이의 분절까지로 한다.

3) 허리뼈부는 허리뼈 제1번부터 제1번 엉치뼈까지의 척추체 및 등뼈 제12번과 허리뼈 제1번 사이의 분절부터 허리뼈 제5번과 엉치뼈 제1번 사이의 분절까지로 한다.

나. 척주의 기능장해

1) 척주의 기능장해는 운동단위별로 별표 4에 따른 표준 운동가능영역에 대한 척추분절의 고정으로 제한된 운동가능영역의 비율, 척추분절의 불안정증 여부, 척추분절에 대한 수술 횟수 및 수술 방법 등에 따라 판정한다. 이 경우 척주의 같은 운동단위에 척추분절의 운동가능영역의 제한에 따른 기능장해와 척추분절의 불안정증, 관혈적 수술, 인공디스크삽입술이나 준고정술에 따른 기능장해가 동시에 남은 경우에는 그 중 가장 심한 장해등급을 인정한다.

2) 척추분절의 운동가능영역의 비율은 골유합술 등으로 고정된 분절은 그 분절의 운동기능을 모두 상실한 것으로 보고, 고정된 분절 외의 분절은 해당 분절의 운동기능을 정상으로 보아 산출한다.

3) 영 별표 6에서 "척주에 극도의 기능장해가 남은 사람"이란 척추분절이 골유합술 등으로 고정되어 운동가능영역이 70퍼센트 이상 제한된 사람을 말한다.

4) 영 별표 6에서 "척주에 고도의 기능장해가 남은 사람"이란 척추분절이 골유합술 등으로 고정되어 운동가능영역이 50퍼센트 이상 70퍼센트 미만 제한된 사람을 말한다.

5) 영 별표 6에서 "척주에 중등도의 기능장해가 남은 사람"이란 척추분절이 골유합술 등으로 고정되어 운동가능영역이 30퍼센트 이상 50퍼센트 미만 제한된 사람 또는 목뼈 제1번과 목뼈 제2번 사이의 분절이 고정된 사람을 말한다.

6) 영 별표 6에서 "척주에 경도의 기능장해가 남은 사람"이란 척추분절이 골유합술 등으로 고정되어 운동가능영역이 10퍼센트 이상 30퍼센트 미만 제한된 사람 또는 척추분절의 불안정증이 남은 사람을 말한다. 이 경우 척추분절의 불안정증은 다음의 어느 하나에 해당하는 경우에 인정한다.

(가) 해당 척추분절이 어긋난 정도를 펴거나 굽힌 상태에서 각각 측정하였을 때 그 차이가 목뼈는 3.5밀리미터, 등뼈는 2.5밀리미터, 허리뼈는 4.5밀리미터 이상인 경우

(나) 허리뼈의 경우 해당 척추분절의 위쪽과 아래쪽 척추체의 윗면이 이루는 각도를 펴거나 굽힌 상태에서 각각 측정하였을 때의 측정 각도를 합산한 값이 제1허리뼈와 제2허리뼈 사이의 분절, 제2허리뼈와 제3허리뼈 사이의 분절 및 제3허리뼈와 제4허리뼈 사이의 분절은 각각 15도 이상인 경우, 제4허리뼈와 제5허리뼈 사이의 분절은 20도 이상인 경우, 제5허리뼈와 제1엉치뼈 사이의 분절은 25도 이상인 경우

(다) 목뼈의 경우 안정상태에서 해당 척추분절의 위쪽과 아래쪽 척추체의 아랫면이 이루는 각도가 해당 척추분절의 위쪽이나 아래쪽 척추분절의 각도보다 11도 이상 큰 경우

7) 영 별표 6에서 "척주에 경미한 기능장해가 남은 사람"이란 척추분절이 골유합술 등으로 고정되어 운동가능영역이 5퍼센트 이상 10퍼센트 미만 제한된 사람, 하나의 척추분절에 2회 이상의 관혈적 수술을 한 사람, 2개 이상의 척추분절에 관혈적 수술을 한 사람 또는 척추분절에 인공디스크 삽입술이나 준고정술을 한 사람을 말한다.

8) 영 별표 6에서 "척주의 수상부위에 기질적 변화가 남은 사람"이란 척추분절에 대하여 의학적으로 공인된 관혈적 수술(현미경 수술 또는 내시경 수술을 포함한다)을 한 사람을 말한다.

9) 영 별표 6에서 "척주의 수상부위에 비기질적 변화가 남은 사람"이란 척추분절에 비관혈적 수술을 한 사람을 말한다.

다. 척주의 변형장해

1) 척추의 변형장해는 척추체의 압박률, 골절의 부위 또는 골절의 형태 등을 기준으로 판정한다. 이 경우 척주의 같은 운동단위에 척추체의 압박률에 따른 변형장해와 척추체의 방출성 골절, 찬스씨 골절 등의 척추관 침범 골절 또는 추체외 골절에 따른 변형장해가 동시에 남은 경우에는 그 중

가장 높은 장해등급을 인정한다.

2) 척추체의 압박률은 변형이 남은 척추체에서 압박률이 가장 큰 쪽을 기준으로 하여 변형이 남은 척추체의 바로 위에 있는 척추체와 바로 아래에 있는 척추체의 길이의 평균값에 대한 압박골절된 척추체의 길이의 비율로 한다.

3) 하나의 운동단위에 변형이 남은 척추체가 2개 이상 있는 경우에는 각각의 압박률을 합산한 비율을 기준으로 판정한다.

4) 영 별표 6에서 "척주에 극도의 변형장해가 남은 사람"이란 같은 운동단위 내의 척추체의 압박률을 합산하여 50퍼센트 이상인 사람을 말한다.

5) 영 별표 6에서 "척주에 고도의 변형장해가 남은 사람"이란 같은 운동단위 내의 척추체의 압박률을 합산하여 30퍼센트 이상 50퍼센트 미만인 사람 또는 방출성 골절, 찬스씨 골절이나 그 밖에 척추관 침범 골절에 대하여 보존적 요법으로 치유된 사람을 말한다.

6) 영 별표 6에서 "척주에 중등도의 변형장해가 남은 사람"이란 같은 운동단위 내의 척추체의 압박률을 합산하여 20퍼센트 이상 30퍼센트 미만인 사람을 말한다.

7) 영 별표 6에서 "척주에 경도의 변형상해가 남은 사람"이란 같은 운동단위 내의 척추체의 압박률을 합산하여 10퍼센트 이상 20퍼센트 미만인 사람, 엉치뼈에 변형이 남은 사람 또는 3개 이상의 척추체의 추체외 골절이 있는 사람을 말한다. 이 경우 추체외 골절은 횡돌기(橫突起 : 척추뼈에서 양쪽 옆으로 뻗은 돌기, 가로돌기)나 극돌기(棘突起 : 척추뼈고리 정중면에서 뒤쪽으로 뻗은 돌기) 등과 같이 척추체 외부에 부속되어 있는 뼈가 골절된 것을 말한다.

8) 영 별표 6에서 "척주에 경미한 변형장해가 남은 사람"이란 같은 운동단위 내의 척추체의 압박률을 합산하여 5퍼센트 이상 10퍼센트 미만인 사람 또는 2개 이하의 척추체의 횡돌기나 극돌기 등의 추체외의 골절이 남은 사람을 말한다.

라. 척추 신경근의 장해

1) 척추 신경근의 장해는 척추 신경근의 손상(척수 손상은 제외한다)에 따른 후유신경증상의 정도를 기준으로 평가하되, 의학적 임상 증상과 특수검사 소견이 일치하는 경우에 그 증상을 인정한다. 이 경우 특수검사는 자기공명영상촬영(MRI), 전산화단층촬영(CT), 척수조영술, 근전도검사 및 핵의학검사 등을 말한다.

2) 영 별표 6에서 "극도의 척추 신경근장해가 남은 사람"이란 척추의 주된 신경근(목뼈부는 목뼈 제5번부터 목뼈 제8번까지, 허리뼈부는 허리뼈 제4번 및 허리뼈 제5번 신경근을 말한다) 중 1개 이상의 손상으로 뚜렷한 근위축이 있고 중력을 이기지 못하거나 중력을 제거한 상태에서 능동적 운동을 할 수 있는 사람을 말한다.

3) 영 별표 6에서 "고도의 척추 신경근장해가 남은 사람"이란 척추의 주된 신경근 외의 신경근의 손상으로 뚜렷한 근위축이 있고 중력을 이기지 못하거나 중력을 제거한 상태에서 능동적 운동을 할 수 있는 사람을 말한다.
4) 영 별표 6에서 "중등도의 척추 신경근장해가 남은 사람"이란 척추 신경근의 손상으로 뚜렷한 근위축이 있고 중력 또는 어느 정도의 저항이 있는 상태에서 능동적 운동을 할 수 있는 사람을 말한다.
5) 영 별표 6에서 "경도의 척추 신경근장해가 남은 사람"이란 척추 신경근이 손상되었으나 뚜렷한 근위축은 없고 근전도검사·특수검사 등에서 신경증상이 있음이 확인되는 사람을 말한다.

마. 그 밖의 체간골의 장해
1) 영 별표 6에서 "쇄골(빗장뼈), 흉골(복장뼈), 늑골(갈비뼈), 견갑골(어깨뼈) 또는 골반골(골반뼈)에 뚜렷한 변형이 남은 사람"이란 나체가 되었을 때 그 변형(상실을 포함한다)을 명백하게 알 수 있는 사람을 말한다.
2) 늑골의 변형은 그 개수·정도·부위 등에 관계없이 늑골 전체를 일괄하여 하나의 장해로 인정한다. 늑연골의 경우도 같다.

바. 준용등급 결정
1) 척주의 하나의 운동단위에 기능장해와 변형장해가 각각 따로 남은 경우에는 조정의 방법을 이용하여 준용등급을 결정한다. 이 경우 척주 기능장해 및 변형장해가 남은 동시에 척추 신경근의 장해가 남은 경우에는 기능장해와 변형장해 중 높은 등급에 해당하는 어느 하나의 장해에서 척추 신경근 장해가 발생한 것으로 보아 등급을 결정한 다음 그 장해등급과 척추 신경근 장해가 발생하지 않은 것으로 보게 되는 기능장해 또는 변형장해와 조정의 방법을 이용하여 준용등급을 결정한다.
2) 척추체의 압박골절이 있는 부위에 척추고정술을 한 경우와 같이 같은 척추체 또는 척추분절에 기능장해와 변형장해가 동시에 남은 경우에는 기능장해에 해당하는 등급을 인정한다.
3) 척주의 서로 다른 운동단위에 기능장해·변형장해 또는 척추 신경근장해가 각각 남은 경우에는 운동단위별로 장해등급을 정한 후 그 운동단위별 장해등급에 대하여 조정의 방법을 이용하여 준용등급을 결정한다.
4) 척추 신경근의 손상에 따라 나타나는 증상의 원인이 되는 부위를 운동단위별로 구분하기 곤란한 경우에는 운동단위별 기능장해 또는 변형장해 중 가장 높은 등급에 해당하는 장해가 남은 운동단위에서 발생한 것으로 본다.
5) 척주에 기능 또는 변형장해가 남은 동시에 척추 신경근의 손상으로 다른 부위에 기능장해가 남은 경우에는 그 장해에 해당하는 장해등급과 척주의 기능 또는 변형장해와 다른 부위의 기능장해를 조정한 장해등급 중 높은 등급을 인정한다.
6) 미골의 골절은 척추의 변형장해로 취급하지 않는다. 다만, 골절에 따른

신경증상이 남은 경우에는 제14급을 인정한다.

7) 그 밖의 체간골 중 두 개 이상의 뼈에 각각 뚜렷한 변형이 남은 경우에는 조정의 방법을 이용하여 준용등급을 결정한다.

9. 팔 및 손가락의 장해

가. 팔의 장해

1) 영 별표 6에서 "팔을 팔꿈치관절 이상에서 잃은 사람"이란 어깨관절에서 견갑골과 위팔뼈가 서로 떨어져 탈락된 사람, 어깨관절과 팔꿈치관절 사이에서 위팔뼈가 절단된 사람 또는 팔꿈치관절에서 위팔뼈와 요골(橈骨 : 노뼈) 및 척골(尺骨 : 자뼈)이 서로 떨어져 탈락된 사람을 말한다.

2) 영 별표 6에서 "팔을 손목관절 이상에서 잃은 사람"이란 팔꿈치관절과 손목관절 사이에서 절단된 사람 또는 손목관절에서 요골 및 척골과 수근골(手根骨 : 손목뼈)이 서로 떨어져 탈락된 사람을 말한다.

3) 영 별표 6에서 "팔을 완전히 사용하지 못하게 된 사람"이란 팔의 3대 관절(어깨관절·팔꿈치관절·손목관절)의 완전강직 또는 운동가능영역이 4분의 3 이상 제한되고, 손가락 모두를 제대로 쓸 수 없게 된 사람 또는 상완신경총이 완전히 마비된 사람을 말한다.

4) 영 별표 6에서 "관절을 제대로 못 쓰게 된 사람"이란 관절의 완전강직 또는 운동가능영역이 4분의 3 이상 제한된 사람 또는 인공골두 또는 인공관절을 삽입하여 치환한 사람을 말한다.

5) 영 별표 6에서 "관절의 기능에 뚜렷한 장해가 남은 사람"이란 관절의 운동가능영역이 2분의 1 이상 제한된 사람을 말한다.

6) 영 별표 6에서 "관절의 기능에 장해가 남은 사람"이란 관절의 운동가능영역이 4분의 1 이상 제한된 사람을 말한다.

7) 팔의 관절의 동요는 타동적이거나 자동적이거나의 여부에 불구하고 노동에 지장이 있어 항상 고정장구의 장착이 필요한 사람은 영 별표 6의 "뚜렷한 장해가 남은 사람"으로 인정하고, 노동에 다소의 지장은 있으나 고정장구의 장착을 항상 필요로 하지 않는 사람은 영 별표 6의 "장해가 남은 사람"으로 인정한다.

8) 선천성을 제외한 습관성탈구가 있는 사람은 영 별표 6의 "관절의 기능에 장해가 남은 사람"으로 인정한다.

9) 영 별표 6에서 "한쪽 팔에 가관절(假關節 : 부러진 뼈가 완전히 아물지 못하여 그 부분이 마치 관절처럼 움직이는 상태)이 남아 뚜렷한 운동기능장해가 남은 사람"이란 위팔뼈에 가관절이 남은 사람 또는 요골과 척골의 양쪽에 가관절이 남은 사람을 말한다.

10) 영 별표 6에서 "한쪽 팔에 가관절이 남은 사람"이란 요골 또는 척골 중 어느 한쪽에 가관절이 남은 사람을 말한다.

11) 영 별표 6에서 "장관골(팔과 다리의 긴 뼈)에 변형이 남은 사람"이란 위팔

뼈의 변형 또는 요골과 척골의 양쪽의 변형으로 외부에서 보아 알 수 있는 정도(15도 이상 활처럼 굽어 부정유합된 것) 이상인 사람을 말하며, 장관골의 골절부가 양방향에 단축(짧아짐) 없이 유착되어 있는 사람은 제외한다. 다만, 요골 또는 척골 중 한쪽만의 변형이라 하더라도 정도가 뚜렷한 경우에는 이에 해당되는 것으로 인정한다.

나. 손가락의 장해

1) 영 별표 6에서 "손가락을 잃은 사람"이란 제1손가락관절 이상을 잃은 사람으로서 손가락이 손허리뼈 또는 첫마디뼈에서 절단된 사람 또는 제1손가락관절에서 첫마디뼈와 중간마디뼈가 서로 떨어져 탈락된 사람을 말한다.

2) 영 별표 6에서 "손가락 뼈의 일부를 잃은 사람"이란 손가락 뼈의 일부를 잃은 것이 엑스선 사진으로 명백한 사람 또는 유리골편(遊離骨片 : 따로 떨어진 뼈 조각)이 인정되는 사람을 말한다.

3) 영 별표 6에서 "손가락을 제대로 못쓰게 된 사람"이란 손가락의 끝마디(엄지손가락은 제1손가락관절부터, 그 밖의 손가락은 제2손가락관절부터 말단까지를 말한다)의 2분의 1 이상을 잃은 사람, 손허리손가락관절 또는 제1손가락관절의 운동가능영역이 2분의 1 이상 제한된 사람을 말한다.

4) 영 별표 6에서 "끝마디 관절을 굽히고 펼 수 없게 된 사람"이란 제2손가락관절이 완전히 강직되거나 운동가능영역이 4분의 3 이상 제한된 사람 또는 굽히고 펴는 근육의 손상 등 원인이 명백한 경우로서 자동적으로 굽히고 펼 수 없는 사람을 말한다.

다. 준용등급 결정

1) 같은 팔에 둘 이상의 기질적 장해가 남은 경우

2) 같은 팔에 상실장해와 기능장해가 남은 경우. 다만, 기능장해의 정도에 불구하고 손목관절 이상을 잃은 경우에는 제5급을, 팔꿈치관절 이상을 잃은 경우에는 제4급을 인정한다.

3) 같은 팔의 3대 관절에 기능장해(제대로 못쓰게 된 경우는 제외한다)가 남은 경우. 다만, 한 팔의 3대 관절 전부의 기능에 장해가 남은 경우에는 제10급을 인정한다.

4) 한 팔의 3대 관절에 기능장해와 같은 팔의 손가락에 상실장해 또는 기능장해가 남은 경우

라. 한쪽 팔 또는 한쪽 손가락에 장해가 있던 사람이 새로 다른 쪽 팔 또는 다른 쪽 손가락에 장해가 발생한 경우 또는 한쪽 팔 또는 한쪽 손가락의 장해 정도가 심해지고 다른 쪽 팔 또는 다른 쪽 손가락에도 장해가 발생하여 조합등급에 해당하게 되는 경우에는 제46조제8항에 따라 장해급여의 금액을 산정한다.

마. 위팔뼈 또는 아래팔뼈(요골 및 척골)의 골절로 골절부에 가관절 또는 변형이 남고 그 부위에 제12급 상당의 동통이 있는 경우에는 그 중 높은 장해등급을 인정한다.

10. 다리 및 발가락의 장해

가. 다리의 장해

1) 영 별표 6에서 "다리를 무릎관절 이상에서 잃은 사람"이란 엉덩관절의 경우에는 볼기뼈와 넙다리뼈가 서로 떨어져 탈락된 사람, 엉덩관절과 무릎관절과의 사이(넓적다리)에서 절단된 사람 또는 무릎관절에서 넙다리뼈와 정강이뼈·종아리뼈가 서로 떨어져 탈락된 사람을 말한다.

2) 영 별표 6에서 "다리를 발목관절 이상에서 잃은 사람"이란 무릎관절과 발목관절의 사이(정강이)에서 절단된 사람 또는 발목관절에서 정강이뼈·종아리뼈와 거골(距骨 : 목말뼈)이 서로 떨어져 탈락된 사람을 말한다.

3) 영 별표 6에서 "발목발허리관절(족근중족관절) 이상에서 잃은 사람"이란 족근골[발꿈치뼈·거골·발배뼈(발목 관절에서 엄지쪽에 위치하는 발목뼈의 하나)와 3개의 설상골(楔狀骨 : 쐐기뼈)을 말한다]에서 절단된 사람 또는 중족골과 족근골이 서로 떨어져 탈락된 사람을 말한다.

4) 영 별표 6에서 "다리를 완전히 못쓰게 된 사람"이란 3대 관절(엉덩관절·무릎관절·발목관절)과 발가락의 전부의 완전강직 또는 운동가능영역이 4분의 3 이상 제한된 사람이나 3대 관절 전부의 완전강직 또는 운동가능영역이 4분의 3 이상 제한된 사람을 말한다.

5) 영 별표 6에서 "관절을 제대로 못쓰게 된 사람"이란 관절의 완전강직 또는 운동가능영역이 4분의 3 이상 제한된 사람 또는 인공골두 또는 인공관절을 삽입하여 치환한 사람을 말하다.

6) 영 별표 6에서 "관절의 기능에 뚜렷한 장해가 남은 사람"이란 관절의 운동가능영역이 2분의 1 이상 제한된 사람을 말한다.

7) 영 별표 6에서 "관절의 기능에 장해가 남은 사람"이란 관절의 운동가능영역이 4분의 1 이상 제한된 사람을 말한다.

8) 다리의 관절의 동요는 타동적이거나 자동적이거나의 여부에 불구하고 노동에 지장이 있어 항상 고정장구의 장착이 절대 필요한 사람은 영 별표 6의 "제대로 못쓰게 된 사람"으로 인정하고, 노동에 다소의 지장은 있으나 고정장구의 장착을 항상 필요로 하지 않는 사람은 영 별표 6의 "기능에 뚜렷한 장해가 남은 사람"으로 인정하며, 통상의 노동에는 고정장구의 장착이 필요하지 않지만 심하게 격렬한 노동을 할 경우에만 필요한 사람은 영 별표 6의 "기능에 장해가 남은 사람"으로 인정한다.

9) 선청성을 제외한 다리의 습관성 탈구가 있는 사람은 영 별표 6의 "관절의 기능장해가 남은 사람"으로 인정한다.

10) 영 별표 6에서 "한쪽 다리에 가관절이 남아 뚜렷한 운동기능장해가 남은 사람"이란 넙다리뼈에 가관절이 남은 사람 또는 정강이뼈와 종아리뼈의 양쪽에 가관절이 남은 사람을 말한다.

11) 영 별표 6에서 "한쪽 다리에 가관절이 남은 사람"이란 정강이뼈 또는 종아리뼈 중 어느 한 쪽에 가관절이 남은 사람을 말하다.

12) 영 별표 6에서 "장관골에 변형이 남은 사람"이란 팔에서의 경우와 같이 그 변형을 외부에서 보아 알 수 있는 정도(15도 이상 활처럼 굽어 부정유합된 것) 이상으로서 넙다리뼈의 변형 또는 정강이뼈의 변형이 있는 사람을 말하며, 장관골의 골절부위가 정상위로 유착되어 있는 경우는 제외한다.

나. 발가락의 장해

1) 영 별표 6에서 "발가락을 잃은 사람"이란 발가락의 전부를 잃은 사람을 말한다.

2) 영 별표 6에서 "발가락을 제대로 못쓰게 된 사람"이란 엄지발가락은 말절골의 2분의 1 이상을, 그 밖의 발가락은 제2발가락관절(끝마디 관절) 이상을 잃은 사람 또는 엄지발가락과 둘째 발가락은 발허리발가락관절 또는 제1발가락관절의 운동가능영역이 2분의 1 이상 제한된 사람, 가운데발가락, 넷째 발가락 및 새끼발가락은 완전강직된 사람을 말한다.

다. 준용등급 결정

1) 같은 다리에 2개 이상의 기질적 장해가 남은 경우
2) 같은 다리에 상실장해와 기능장해가 남은 경우
3) 같은 다리의 3대 관절에 기능장해(제대로 못쓰게 된 경우를 제외한다)가 남은 경우. 다만, 한쪽 다리의 3대 관절 전부의 기능에 뚜렷한 장해가 남은 경우에는 제8급을, 한쪽 다리의 3대 관절 전부의 기능에 장해가 남은 경우에는 제10급을 인정한다.
4) 한쪽 다리의 3대 관절에 기능장해와 같은 다리의 발가락에 상실장해 또는 기능장해가 남은 경우
5) 한쪽 다리의 연장으로 인하여 정상의 다른 다리의 길이가 3센티미터 이상 짧아진 경우에는 제10급을 인정한다.
6) 발가락을 기부(발가락이 붙어 있는 곳)에서 잃은 사람은 영 별표 6의 "발가락을 잃은 사람"으로 인정한다.
7) 한쪽 발의 발가락에 영 별표 6에 정하여져 있지 않은 상실장해가 남은 경우
8) 한쪽 발의 발가락에 상실장해와 같은 쪽 발의 다른 발가락에 기능장해가 남은 경우

라. 한쪽 다리 또는 한쪽 발가락에 장해가 있던 사람이 새로 다른 쪽 다리 또는 다른 쪽 발가락에 장해가 발생한 경우 또는 한쪽 다리 또는 한쪽 발가락의 장해 정도가 심해지고 다른 쪽 다리 또는 다른 쪽 발가락에도 장해가 발생하여 조합등급에 해당하게 되는 경우에는 제46조제8항에 따라 장해급여의 금액을 산정한다.

마. 다음의 어느 하나에 해당하는 장해가 남은 경우에는 그 중 장해등급이 높은 장해에 따른 장해등급을 인정한다.

1) 골절제가 관절부에서 실시되어 다리의 단축과 관절의 기능장해가 남은

경우

2) 장관골의 골절부위가 부정유합된 결과 장관골의 변형 또는 가관절과 다리의 단축장해가 남은 경우

3) 넙다리뼈 또는 정강이뼈·종아리뼈의 골절로 가관절, 장관골의 변형장해 또는 관절의 기능장해가 남고 그 부위에 제12급에 해당하는 동통이 남은 경우. 다만, 발꿈치뼈 골절로 발목관절에 기능장해(관절을 못 쓰게 된 경우는 제외한다)가 남고 골절부위에 제12급에 해당하는 동통이 남은 경우에는 조정하여 장해등급을 인정한다.

[별표 6]

직업훈련에서 제외되는 훈련직종 또는 훈련과정

(제58조제1항 단서 관련)

1. 세미나·심포지엄 등의 정보교류활동 또는 시사·일반상식 등에 관한 교양과정
2. 「고등교육법」에 따른 전문대학 이상의 교육기관에서 학위를 부여할 목적으로 개설되어 있는 정규 교육과정
3. 공무원임용시험 준비과정
4. 변호사, 변리사, 공인중개사, 공인노무사, 공인회계사, 법무사, 세무사, 감정평가사, 관세사, 주택관리사 등 단기간의 훈련으로 훈련 목적을 달성하기 어려운 자격 관련 시험 준비과정 또는 관련 창업 준비과정
5. 직업훈련 수료 후 창업 또는 취업을 하면 「의료법」이나 그 밖에 관련 법령에 위반될 우려가 있는 과정
6. 「도로교통법」에 따른 운전면허의 취득 과정 중 제1종 대형면허 또는 특수면허 취득 과정이 아닌 과정
7. 외국어 등 어학 과정 중 통역·번역 또는 관광통역안내원의 직업훈련 과정이 아닌 과정
8. 우편을 이용한 원격 직업훈련과정
9. 무술, 예체능 등 문화·예술 연마과정
10. 그 밖에 공단이 직업훈련직종 또는 훈련과정으로 적합하지 않다고 인정하는 훈련직종 또는 훈련과정

[별표 7] (2012.12.13 개정)

포상금의 추가 지급기준(제73조의2제2항 관련)

지급대상	추가 지급기준
1. 장해보상연금 또는 진폐보상연금의 지급이 중단된 경우	장해보상연금의 지급 기준이 되었던 장해등급에 해당하는 장해보상일시금(진폐보상연금의 경우에는 진폐장해등급과 급수가 같은 장해등급에 해당하는 장해보상일시금)의 100분의 5에 해당하는 금액. 이 경우 일시금의 산정에 적용할 평균임금은 신고할 당시에 적용되던 평균임금으로 한다(이하 이 표에서 같다)
2. 평균임금 또는 장해등급의 변경 등으로 장해보상연금 또는 진폐보상연금의 지급액이 변경된 경우	장해보상연금의 지급 기준이 되었던 평균임금·장해등급에 해당하는 장해보상일시금에서 변경된 평균임금·장해등급에 해당하는 장해보상일시금을 뺀 금액(진폐보상연금의 경우에는 지급 기준이 되었던 평균임금 및 진폐장해등급과 급수가 같은 장해등급에 해당하는 장해보상일시금에서 변경된 평균임금 및 진폐장해등급과 급수가 같은 장해등급에 해당하는 장해보상일시금을 뺀 금액)의 100분의 5에 해당하는 금액
3. 유족보상연금 또는 진폐유족연금의 지급이 중단된 경우	유족보상일시금의 100분의 3에 해당하는 금액
4. 유족보상연금 수급자격자 수의 변경 등으로 유족보상연금 지급액이 변경된 경우	1일당 유족보상연금액의 차액(변경되기 전의 유족보상연금액에서 변경된 후의 유족보상연금액을 뺀 금액을 365로 나눈 금액을 말한다)에 1,300을 곱한 금액의 100분의 3에 해당하는 금액

고용보험 및 산업재해보상보험의 보험료징수 등에 관한 법률

고용보험 및 산업재해보상보험의 보험료징수 등에 관한 법률

제정 2003.12.31 법률 제 7047호
개정 2004.12.31 법률 제 7300호
〈생략〉
2021. 4.13 법률 제18036호
2021. 8.17 법률 제18422호
2022. 6.10 법률 제18919호
2022.12.31 법률 제19209호

제1장 총 칙

제1조【목적】 이 법은 고용보험과 산업재해보상보험의 보험관계의 성립·소멸, 보험료의 납부·징수 등에 필요한 사항을 규정함으로써 보험사무의 효율성을 높이는 것을 목적으로 한다. (2009.12.30 개정)

제2조【정의】 이 법에서 사용하는 용어의 뜻은 다음과 같다. (2009.12.30 개정)

1. "보험"이란 「고용보험법」에 따른 고용보험 또는 「산업재해보상보험법」에 따른 산업재해보상보험을 말한다.
2. "근로자"란 「근로기준법」에 따른 근로자를 말한다.
3. "보수"란 「소득세법」 제20조에 따른 근로소득에서 대통령령으로 정하는 금품을 뺀 금액을 말한다. 다만, 제13조제1항제1호에 따른 고용보험료를 징수하는 경우에는 근로자가 휴직이나 그 밖에 이와 비슷한 상태에 있는 기간 중에 사업주 외의 자로부터 지급받는 금품 중 고용노동부장관이 정하여 고시하는 금품은 보수로 본다. (2011.7.21 개정)
4. "원수급인"이란 사업이 여러 차례의 도급에 의하여 행하여지는 경우에 최초로 사업을 도급받아 행하는 자를 말한다. 다만, 발주자가 사업의 전부 또는 일부를 직접 하는 경우에는 발주자가 직접 하는 부분(발주자가 직접 하다가 사업의 진행경과에 따라 도급하는 경우에는 발주자가 직접 하는 것으로 본다)에 대하여 발주자를 원수급인으로 본다.
5. "하수급인"이란 원수급인으로부터 그 사업의 전부 또는 일부를 도급받아 하는 자와 그 자로부터 그 사업의 전부 또는 일부를 도급받아 하는 자를 말한다.
6. "정보통신망"이란 「정보통신망 이용촉진 및 정보보호 등에 관한 법률」에 따른 정보통신망을 말한다.
7. "보험료등"이란 보험료, 이 법에 따른 가산금·연체금·체납처분비 및 제26조에 따른 징수금을 말한다. (2010.1.27 신설)

령 제2조의2

제3조【기준보수】 ① 다음 각 호의 어느 하나에 해당하는 경우에는 고용노동부장관이 정하여 고시하는 금액(이하 "기준보수"라 한다)을 근로자, 「고용보험법」 제77조의2제1항에 따른 예술인(이하 "예술인"이라 한다)이나 같은 법 제77조의6제1항에 따른 노무제공자(이하 "노무제공자"라 한다)의 보수 또는 보수액으로 할 수 있다. (2022.12.31 개정)

1. 사업의 폐업·도산 등으로 근로자, 예술인 또는 노무제공자의 보수 또는 보수액을 산정·확인하기 곤란한 경우 등 대통령령으로 정하는 사유가 있는 경우
2. 예술인(「고용보험법」 제77조의2제2항제2호 본문에 따른 소득 기준을 충족하는 예술인으로서 대통령령으로 정하는 사람과 같은 호 단서에 따른 단기예술인은 제외한다) 및 노무제공자(같은 법 제77조의6제2항제2호 본문에 따른 소득 기준을 충족하는 노무제공자로서 대통령령으로 정하는 사람과 같은 호 단서에 따른 단기노무제공자는 제외한다)의 보수액이 기준보수보다 적은 경우

② 기준보수는 사업의 규모, 근로·노무 형태, 보수·보수액 수준 등을 고려하여 「고용보험법」 제7조에 따른 고용보험위원회의 심의를 거쳐 시간·일 또는 월 단위로 정하되, 사업의 종류별 또는 지역별로 구분하여 정할 수 있다. (2022.12.31 개정)

③ 삭제(2010.1.27)

령 제3조

제4조【보험사업의 수행주체】 「고용보험법」 및 「산업재해보상보험법」에 따른 보험사업에 관하여 이 법에서 정한 사항은 고용노동부장관으로부터 위탁을 받아 「산업재해보상보험법」 제10조에 따른 근로복지공단(이하 "공단"이라 한다)이 수행한다. 다만, 다음 각 호에 해당하는 징수업무는 「국민건강보험법」 제13조에 따른 국민건강보험공단(이하 "건강보험공단"이라 한다)이 고용노동부장관으로부터 위탁을 받아 수행한다. (2011.12.31 개정)

1. 보험료등(제17조 및 제19조에 따른 개산보험료 및 확정보험료, 제26조에 따른 징수금은 제외한다)의 고지 및 수납 (2010.1.27 신설)
2. 보험료등의 체납관리 (2010.1.27 신설)

제4조의2【정보통신망을 이용한 신고 또는 신청】 ① 이 법에 따른 신고 또는 신청은 고용노동부장관이 정하여 고시하는 정보통신망(이하 "고용·산재정보통신망"이라 한다)을 이용하여 할 수 있다. (2010.6.4 개정)

② 제1항의 방법으로 신고 또는 신청하는 경우에는 고용·산재정보통신망에 입력된 때에 신고 또는 신청이 된 것으로 본다. (2009.12.30 개정)

③ 제1항의 방법에 따른 신고 또는 신청의 방법·절차 등에 관하여 필요한

사항은 고용노동부령으로 정한다. (2010.6.4 개정)

제2장 보험관계의 성립 및 소멸

제5조【보험가입자】 ①「고용보험법」을 적용받는 사업의 사업주와 근로자(「고용보험법」 제10조 및 제10조의2에 따른 적용 제외 근로자는 제외한다. 이하 이 조에서 같다)는 당연히 「고용보험법」에 따른 고용보험(이하 "고용보험"이라 한다)의 보험가입자가 된다. (2019.1.15 개정)

②「고용보험법」 제8조 단서에 따라 같은 법을 적용하지 아니하는 사업의 사업주가 근로자의 과반수의 동의를 받아 공단의 승인을 받으면 그 사업의 사업주와 근로자는 고용보험에 가입할 수 있다. (2019.1.15 개정)

③「산업재해보상보험법」을 적용받는 사업의 사업주는 당연히 「산업재해보상보험법」에 따른 산업재해보상보험(이하 "산재보험"이라 한다)의 보험가입자가 된다. (2009.12.30 개정)

④「산업재해보상보험법」 제6조 단서에 따라 같은 법을 적용하지 아니하는 사업의 사업주는 공단의 승인을 받아 산재보험에 가입할 수 있다. (2009.12.30 개정)

⑤ 제2항이나 제4항에 따라 고용보험 또는 산재보험에 가입한 사업주가 보험계약을 해지할 때에는 미리 공단의 승인을 받아야 한다. 이 경우 보험계약의 해지는 그 보험계약이 성립한 보험연도가 끝난 후에 하여야 한다. (2009.12.30 개정)

⑥ 제5항에 따른 사업주가 고용보험계약을 해지할 때에는 근로자 과반수의 동의를 받아야 한다. (2019.1.15 개정)

⑦ 공단은 사업 실체가 없는 등의 사유로 계속하여 보험관계를 유지할 수 없다고 인정하는 경우에는 그 보험관계를 소멸시킬 수 있다. (2009.12.30 개정)

령 제45조

제6조【보험의 의제가입】 ① 제5조제1항에 따라 사업주 및 근로자가 고용보험의 당연가입자가 되는 사업이 사업규모의 변동 등의 사유로 「고용보험법」 제8조 단서에 따른 적용 제외 사업에 해당하게 되었을 때에는 그 사업주 및 근로자는 그 날부터 제5조제2항에 따라 고용보험에 가입한 것으로 본다. (2009.12.30 개정)

② 제5조제3항에 따라 그 사업주가 산재보험의 당연가입자가 되는 사업이 사업규모의 변동 등의 사유로 「산업재해보상보험법」 제6조 단서에 따른 적용 제외 사업에 해당하게 되었을 때에는 그 사업주는 그 날부터 제5조제4항에 따라 산재보험에 가입한 것으로 본다. (2009.12.30 개정)

③ 제5조제1항부터 제4항까지의 규정에 따른 사업주가 그 사업을 운영하다가 근로자(고용보험의 경우에는 「고용보험법」 제10조 및 제10조의2 따른 적용 제외 근로자는 제외한다. 이하 이 항에서 같다)를 고용하지 아니하게 되었을 때에는 그 날부터 1년의 범위에서 근로자를 사용하지 아니한 기간에도 보험에 가입한 것으로 본다. (2019.1.15 개정)
④ 제1항 및 제2항의 사업주 및 근로자에 대한 보험계약의 해지에 관하여는 제5조제5항 및 제6항을 준용한다. (2009.12.30 개정)

제7조 【보험관계의 성립일】 보험관계는 다음 각 호의 어느 하나에 해당하는 날에 성립한다. (2009.12.30 개정)
1. 제5조제1항에 따라 사업주 및 근로자가 고용보험의 당연가입자가 되는 사업의 경우에는 그 사업이 시작된 날(「고용보험법」 제8조 단서에 따른 사업이 제5조제1항에 따라 사업주 및 근로자가 고용보험의 당연가입자가 되는 사업에 해당하게 된 경우에는 그 해당하게 된 날)
2. 제5조제3항에 따라 사업주가 산재보험의 당연가입자가 되는 사업의 경우에는 그 사업이 시작된 날(「산업재해보상보험법」 제6조 단서에 따른 사업이 제5조제3항에 따라 사업주가 산재보험의 당연가입자가 되는 사업에 해당하게 된 경우에는 그 해당하게 된 날)
3. 제5조제2항 또는 제4항에 따라 보험에 가입한 사업의 경우에는 공단이 그 사업의 사업주로부터 보험가입승인신청서를 접수한 날의 다음 날
4. 제8조제1항에 따라 일괄적용을 받는 사업의 경우에는 처음 하는 사업이 시작된 날
5. 제9조제1항 단서 및 제2항에 따라 보험에 가입한 하수급인의 경우에는 그 하도급공사의 착공일

제8조 【사업의 일괄적용】 ① 제5조제1항 또는 같은 조 제3항에 따른 보험의 당연가입자인 사업주가 하는 각각의 사업이 다음 각 호의 요건에 해당하는 경우에는 이 법을 적용할 때 그 사업의 전부를 하나의 사업으로 본다. (2009.12.30 개정)
1. 사업주가 동일인일 것
2. 각각의 사업은 기간이 정하여져 있을 것
3. 사업의 종류 등이 대통령령으로 정하는 요건에 해당할 것

② 제1항에 따른 일괄적용을 받는 사업주 외의 사업주가 제1항제1호의 요건에 해당하는 사업(산재보험의 경우에는 고용노동부장관이 정하는 사업종류가 같은 경우로 한정한다)의 전부를 하나의 사업으로 보아 이 법을 적용받으려는 경우에는 공단의 승인을 받아야 하며, 승인을 받은 경우에는 공단이 그 사업의 사업주로부터 일괄적용관계 승인신청서를 접수한 날의 다음 날부터 일괄적용을 받는다. 이 경우 일괄적용관계가 제3항에 따라 해지되지 아니

하면 그 사업주는 그 보험연도 이후의 보험연도에도 계속 그 사업 전부에 대하여 일괄적용을 받는다. (2021.1.26 개정)

③ 제2항에 따라 일괄적용을 받고 있는 사업주가 그 일괄적용관계를 해지하려는 경우에는 공단의 승인을 받아야 한다. 이 경우 일괄적용관계 해지의 효력은 다음 보험연도의 보험관계부터 발생한다. (2009.12.30 개정)

④ 제1항에 따라 일괄적용을 받는 사업주가 제1항제3호의 요건에 해당하지 아니하게 된 경우에는 제2항에 따라 일괄적용승인을 받은 것으로 보아 이 법을 적용하며, 사업주가 그 일괄적용관계를 해지하려는 경우에는 제3항에 따른다. (2009.12.30 개정)

령 제6조

제9조 【도급사업의 일괄적용】 ① 건설업 등 대통령령으로 정하는 사업이 여러 차례의 도급에 의하여 시행되는 경우에는 그 원수급인을 이 법을 적용받는 사업주로 본다. 다만, 대통령령으로 정하는 바에 따라 공단의 승인을 받은 경우에는 하수급인을 이 법을 적용받는 사업주로 본다. (2009.12.30 개정)

② 제1항에 따른 사업이 국내에 영업소를 두지 아니하는 외국의 사업주로부터 하도급을 받아 시행되는 경우에는 국내에 영업소를 둔 최초 하수급인을 이 법을 적용받는 사업주로 본다. (2009.12.30 개정)

령 제7조·제12조

제10조 【보험관계의 소멸일】 보험관계는 다음 각 호의 어느 하나에 해당하는 날에 소멸한다. (2009.12.30 개정)

1. 사업이 폐업되거나 끝난 날의 다음 날
2. 제5조제5항(제6조제4항에서 준용되는 경우를 포함한다)에 따라 보험계약을 해지하는 경우에는 그 해지에 관하여 공단의 승인을 받은 날의 다음 날
3. 제5조제7항에 따라 공단이 보험관계를 소멸시키는 경우에는 그 소멸을 결정·통지한 날의 다음 날
4. 제6조제3항에 따른 사업주의 경우에는 근로자(고용보험의 경우에는 「고용보험법」 제10조 및 제10조의2에 따른 적용 제외 근로자는 제외한다)를 사용하지 아니한 첫날부터 1년이 되는 날의 다음 날 (2019.1.15 개정)

제11조 【보험관계의 신고】 ① 사업주는 제5조제1항 또는 제3항에 따라 당연히 보험가입자가 된 경우에는 그 보험관계가 성립한 날부터 14일 이내에, 사업의 폐업·종료 등으로 인하여 보험관계가 소멸한 경우에는 그 보험관계가 소멸한 날부터 14일 이내에 공단에 보험관계의 성립 또는 소멸 신고를 하여야 한다. 다만, 다음 각 호에 해당하는 사업의 경우에는 그 구분에 따라 보험관계 성립신고를 하여야 한다. (2009.12.30 개정)

1. 보험관계가 성립한 날부터 14일 이내에 종료되는 사업 : 사업이 종료되는

날의 전날까지
2. 「산업재해보상보험법」 제6조 단서에 따른 대통령령으로 정하는 사업 중 사업을 시작할 때에 같은 법의 적용 대상 여부가 명확하지 아니하여 대통령령으로 정하는 바에 따라 해당 사업에서 일정 기간 사용한 상시근로자 수를 바탕으로 하여 같은 법의 적용 대상 여부가 정하여지는 사업 : 그 일정 기간의 종료일부터 14일 이내

② 사업주는 제8조제1항에 따라 일괄적용을 받는 사업의 경우에는 처음 하는 사업을 시작하는 날부터 14일 이내에, 일괄적용을 받고 있는 사업이 사업의 폐업·종료 등으로 일괄적용관계가 소멸한 경우에는 소멸한 날부터 14일 이내에 공단에 일괄적용관계의 성립 또는 소멸 신고를 하여야 한다. (2009.12.30 개정)

③ 제8조제1항 및 제2항에 따른 일괄적용사업의 사업주는 그 각각의 사업(제1항에 따라 신고된 사업은 제외한다)의 개시일 및 종료일(사업 종료의 신고는 고용보험의 경우만 한다)부터 각각 14일 이내에 그 개시 및 종료 사실을 공단에 신고하여야 한다. 다만, 사업의 개시일부터 14일 이내에 끝나는 사업의 경우에는 그 끝나는 날의 전날까지 신고하여야 한다. (2009.12.30 개정)

벌 법 제11조(제48조의2제8항제1호, 제48조의3제8항제1호 및 제48조의6제13항제1호에 따라 준용되는 경우를 포함한다)에 따른 보험관계의 신고를 하지 아니하거나 거짓 신고를 한 자에게는 300만원 이하의 과태료를 부과한다. (법 제50조제1항제1호)

제12조 【보험관계의 변경신고】 보험에 가입한 사업주는 그 이름, 사업의 소재지 등 대통령령으로 정하는 사항이 변경된 경우에는 그 날부터 14일 이내에 그 변경사항을 공단에 신고하여야 한다. (2009.12.30 개정)

벌 법 제12조(제48조의2제8항제1호, 제48조의3제8항제1호 및 제48조의6제13항제1호에 따라 준용되는 경우를 포함한다)에 따른 보험관계의 변경신고를 하지 아니하거나 거짓 신고를 한 자에게는 300만원 이하의 과태료를 부과한다. (법 제50조제1항제1호)

령 제9조

제3장 보험료

제13조 【보험료】 ① 보험사업에 드는 비용에 충당하기 위하여 보험가입자로부터 다음 각 호의 보험료를 징수한다. (2010.1.27 개정)
1. 고용안정·직업능력개발사업 및 실업급여의 보험료(이하 "고용보험료"라 한다)

2. 산재보험의 보험료(이하 "산재보험료"라 한다)

② 고용보험 가입자인 근로자가 부담하여야 하는 고용보험료는 자기의 보수 총액에 제14조제1항에 따른 실업급여의 보험료율의 2분의 1을 곱한 금액으로 한다. 다만, 사업주로부터 제2조제3호 본문에 따른 보수를 지급받지 아니하는 근로자는 제2조제3호 단서에 따라 보수로 보는 금품의 총액에 제14조제1항에 따른 실업급여의 보험료율을 곱한 금액을 부담하여야 하고, 제2조제3호 단서에 따른 휴직이나 그 밖에 이와 비슷한 상태에 있는 기간 중에 사업주로부터 제2조제3호 본문에 따른 보수를 지급받는 근로자로서 고용노동부장관이 정하여 고시하는 사유에 해당하는 근로자는 그 기간에 지급받는 보수의 총액에 제14조제1항에 따른 실업급여의 보험료율을 곱한 금액을 부담하여야 한다. (2011.7.21 개정)

③ 제1항에도 불구하고 「고용보험법」 제10조제2항에 따라 65세 이후에 고용(65세 전부터 피보험자격을 유지하던 사람이 65세 이후에 계속하여 고용된 경우는 제외한다)되거나 자영업을 개시한 자에 대하여는 고용보험료 중 실업급여의 보험료를 징수하지 아니한다. (2019.1.15 개정)

④ 제1항에 따라 사업주가 부담하여야 하는 고용보험료는 그 사업에 종사하는 고용보험 가입자인 근로자의 개인별 보수총액(제2항 단서에 따른 보수로 보는 금품의 총액과 보수의 총액은 제외한다)에 다음 각 호를 각각 곱하여 산출한 각각의 금액을 합한 금액으로 한다. (2013.6.4 개정)

1. 제14조제1항에 따른 고용안정·직업능력개발사업의 보험료율
2. 실업급여의 보험료율의 2분의 1

⑤ 제1항에 따라 사업주가 부담하여야 하는 산재보험료는 그 사업주가 경영하는 사업에 종사하는 근로자의 개인별 보수총액에 다음 각 호에 따른 산재보험료율을 곱한 금액을 합한 금액으로 한다. 다만, 「산업재해보상보험법」 제37조제4항에 해당하는 경우에는 제1호에 따른 산재보험료율만을 곱하여 산정한다. (2017.10.24 개정)

1. 제14조제3항부터 제6항까지에 따라 같은 종류의 사업에 적용되는 산재보험료율 (2017.10.24 신설)
2. 제14조제7항에 따른 산재보험료율 (2017.10.24 신설)

⑥ 제17조제1항에 따른 보수총액의 추정액 또는 제19조제1항에 따른 보수총액을 결정하기 곤란한 경우에는 대통령령으로 정하는 바에 따라 고용노동부장관이 정하여 고시하는 노무비율을 사용하여 보수총액의 추정액 또는 보수총액을 결정할 수 있다. (2010.6.4 개정)

령 제11조

제14조 【보험료율의 결정】 ① 고용보험료율은 보험수지의 동향과 경제상황 등을 고려하여 1000분의 30의 범위에서 고용안정·직업능력개발사업의

보험료율 및 실업급여의 보험료율로 구분하여 대통령령으로 정한다. (2009.12.30 개정)

② 제1항의 고용보험료율을 결정하거나 변경하려면 「고용보험법」 제7조에 따른 고용보험위원회의 심의를 거쳐야 한다. (2009.12.30 개정)

③ 「산업재해보상보험법」 제37조제1항제1호, 제2호 및 같은 항 제3호가목에 따른 업무상의 재해에 관한 산재보험료율(이하 제4항부터 제6항까지에서 "산재보험료율"이라 한다)은 매년 6월 30일 현재 과거 3년 동안의 보수총액에 대한 산재보험급여총액의 비율을 기초로 하여, 「산업재해보상보험법」에 따른 연금 등 산재보험급여에 드는 금액, 재해예방 및 재해근로자의 복지증진에 드는 비용 등을 고려하여 사업의 종류별로 구분하여 고용노동부령으로 정한다. 이 경우 「산업재해보상보험법」 제37조제1항제3호나목에 따른 업무상의 재해를 이유로 지급된 보험급여액은 산재보험급여총액에 포함시키지 아니한다. (2017.10.24 개정)

④ 산재보험의 보험관계가 성립한 후 3년이 지나지 아니한 사업에 대한 산재보험료율은 제3항에도 불구하고 고용노동부령으로 정하는 바에 따라 「산업재해보상보험법」 제8조에 따른 산업재해보상보험및예방심의위원회의 심의를 거쳐 고용노동부장관이 사업의 종류별로 따로 정한다. (2010.6.4 개정)

⑤ 고용노동부장관은 제3항에 따라 산재보험료율을 정하는 경우에는 특정 사업 종류의 산재보험료율이 전체 사업의 평균 산재보험료율의 20배를 초과하지 아니하도록 하여야 한다. (2010.6.4 개정)

⑥ 고용노동부장관은 제3항에 따라 정한 특정 사업 종류의 산재보험료율이 인상되거나 인하되는 경우에는 직전 보험연도 산재보험료율의 100분의 30의 범위에서 조정하여야 한다. (2010.6.4 개정)

⑦ 「산업재해보상보험법」 제37조제1항제3호나목에 따른 업무상의 재해에 관한 산재보험료율은 사업의 종류를 구분하지 아니하고 그 재해로 인하여 같은 법에 따른 연금 등 산재보험급여에 드는 금액, 재해예방 및 재해근로자의 복지증진에 드는 비용 등을 고려하여 고용노동부령으로 정한다. (2017.10.24 신설)

령 제12조·제13조·제14조

제15조 【보험료율의 특례】 ① 대통령령으로 정하는 사업으로서 매년 9월 30일 현재 고용보험의 보험관계가 성립한 후 3년이 지난 사업의 경우에 그 해 9월 30일 이전 3년 동안의 그 실업급여 보험료에 대한 실업급여 금액의 비율이 대통령령으로 정하는 비율에 해당하는 경우에는 제14조제1항에도 불구하고 그 사업에 적용되는 실업급여 보험료율의 100분의 40의 범위에서 대통령령으로 정하는 기준에 따라 인상하거나 인하한 비율을 그 사업에 대한 다음 보험연도의 실업급여 보험료율로 할 수 있다. (2009.12.30 개정)

② 대통령령으로 정하는 사업으로서 매년 6월 30일 현재 산재보험의 보험관계가 성립한 후 3년이 지난 사업의 경우에 그 해 6월 30일 이전 3년 동안의 산재보험료(제13조제5항제2호에 따른 산재보험료율을 곱한 금액은 제외한다)에 대한 산재보험급여 금액(「산업재해보상보험법」 제37조제1항제3호나목에 따른 업무상의 재해를 이유로 지급된 보험급여는 제외한다)의 비율이 대통령령으로 정하는 비율에 해당하는 경우에는 제14조제3항 및 제4항에도 불구하고 그 사업에 적용되는 제13조제5항제1호에 따른 산재보험료율의 100분의 50의 범위에서 사업 규모를 고려하여 대통령령으로 정하는 바에 따라 인상하거나 인하한 비율(이하 "개별실적요율"이라 한다)을 제13조제5항제2호에 따른 산재보험료율과 합하여 그 사업에 대한 다음 보험연도의 산재보험료율로 할 수 있다. (2021.4.13 개정)

③ 제2항에 따른 개별실적요율을 산정할 때 수급인·관계수급인(「산업안전보건법」 제2조제8호 및 제9호에 따른 수급인·관계수급인을 말한다. 이하 이 조에서 같다) 또는 파견사업주(「파견근로자보호 등에 관한 법률」 제2조제3호에 따른 파견사업주를 말한다. 이하 이 조에서 같다)의 근로자에게 발생한 업무상 재해가 다음 각 호의 어느 하나에 해당하는 재해인 경우에는 그로 인하여 지급된 산재보험급여 금액을 재해발생의 책임 등을 고려하여 대통령령으로 정하는 바에 따라 해당 근로자에 대한 도급인(「산업안전보건법」 제2조제7호에 따른 도급인을 말한다. 이하 이 조에서 같다), 수급인(제2호의 경우에 한정한다) 또는 사용사업주(「파견근로자보호 등에 관한 법률」 제2조제4호에 따른 사용사업주를 말한다. 이하 이 조에서 같다)의 산재보험급여 금액에 포함한다. (2021.4.13 신설)

1. 도급인이 「산업안전보건법」 제58조 또는 제59조에 따른 의무를 위반하여 도급한 기간 중 수급인의 근로자에게 발생한 업무상 재해
2. 「산업안전보건법」 제60조에 따른 의무를 위반하여 하도급한 기간 중 관계수급인의 근로자에게 발생한 업무상 재해
3. 도급인이 「산업안전보건법」 제62조부터 제65조까지의 의무를 위반하여 관계수급인의 근로자에게 발생한 업무상 재해
4. 파견근로자(「파견근로자보호 등에 관한 법률」 제2조제5호에 따른 파견근로자를 말한다. 이하 이 조에서 같다)에게 발생한 업무상 재해

④ 제2항 및 제3항에도 불구하고 개별실적요율 적용 사업 중 대통령령으로 정하는 규모 이상의 사업의 경우 매년 6월 30일 이전 3년 동안에 업무상 사고로 사망한 사람(해당 사업에서 직접 고용한 근로자, 수급인·관계수급인의 근로자 및 파견근로자가 해당 사업에서 업무수행 중 사고로 사망한 경우를 모두 포함한다)의 수가 대통령령으로 정하는 기준 이상인 경우에는 해당 사업주의 「산업안전보건법」 제57조제1항 또는 같은 조 제3항 위반 여부 등

을 고려하여 대통령령으로 정하는 바에 따라 개별실적요율을 달리 적용할 수 있다. 〈2021.4.13 신설〉

⑤ 대통령령으로 정하는 사업으로서 산재보험의 보험관계가 성립한 사업의 사업주가 해당 사업 근로자의 안전보건을 위하여 재해예방활동을 실시하고 이에 대하여 고용노동부장관의 인정을 받은 때에는 제14조제3항 및 제4항에도 불구하고 그 사업에 대하여 적용되는 제13조제5항제1호에 따른 산재보험료율의 100분의 30의 범위에서 대통령령으로 정하는 바에 따라 인하한 비율을 제13조제5항제2호에 따른 산재보험료율과 합하여 그 사업에 대한 다음 보험연도의 산재보험료율(이하 "산재예방요율"이라 한다)로 할 수 있다. 〈2021.4.13 개정〉

⑥ 산재예방요율을 적용할 때 재해예방활동의 내용·인정기간, 산재예방요율의 적용기간 등 그 밖에 필요한 사항은 사업주가 실시하는 재해예방활동별로 구분하여 대통령령으로 정한다. 〈2021.4.13 개정〉

⑦ 제2항 및 제5항에 따른 산재보험료율을 모두 적용받을 수 있는 사업의 경우에는 제14조제3항 및 제4항에 따라 그 사업에 적용되는 산재보험료율에 제2항 및 제5항에 따라 각각 인상 또는 인하한 비율을 합하여(인상 및 인하한 비율이 동시에 발생한 경우에는 같은 값만큼 서로 상계하여 계산한다) 얻은 값만큼을 인상하거나 인하한 비율을 그 사업에 대한 다음 보험연도 산재보험료율로 한다. 〈2021.4.13 개정〉

⑧ 고용노동부장관은 산재예방요율을 적용받는 사업이 다음 각 호의 어느 하나에 해당하는 경우에는 재해예방활동의 인정을 취소하여야 한다. 〈2021.4.13 개정〉

1. 거짓이나 그 밖의 부정한 방법으로 재해예방활동의 인정을 받은 경우
2. 재해예방활동의 인정기간 중 「산업안전보건법」 제2조제2호에 따른 중대재해가 발생한 경우. 다만, 「산업안전보건법」 제5조에 따른 사업주의 의무와 직접적으로 관련이 없는 재해로서 대통령령으로 정하는 재해는 제외한다. 〈2019.1.15 개정〉
3. 그 밖에 재해예방활동의 목적을 달성한 것으로 인정하기 곤란한 경우 등 대통령령으로 정하는 사유에 해당하는 경우

⑨ 제8항제1호에 따라 재해예방활동의 인정이 취소된 사업의 경우에는 산재예방요율 적용을 취소하고, 산재예방요율을 적용받은 기간에 대한 산재보험료를 다시 산정하여 부과하여야 한다. 〈2021.4.13 개정〉

⑩ 제8항제2호 및 제3호에 따라 재해예방활동의 인정이 취소된 사업에 대하여는 해당 보험연도 재해예방활동의 인정기간비율에 따라 산재예방요율을 적용하여 다음 보험연도의 산재보험요율을 산정한다. 〈2021.4.13 개정〉

⑪ 고용노동부장관은 제5항에 따른 재해예방활동의 인정에 관한 업무를 산

업안전보건에 관한 전문인력과 시설을 갖춘 기관 또는 단체로서 대통령령으로 정하는 기관에 위탁할 수 있다. (2021.4.13 개정)

⑫ 제5항 및 제8항에 따른 산재예방요율의 적용, 재해예방활동의 인정 및 취소의 절차 등에 필요한 사항은 고용노동부령으로 정한다. (2021.4.13 개정)

령 제15조·제16조·제17조·제18조·제18조의2~제18조의7·제56조

제16조【고용보험료의 원천공제】 ① 사업주는 제13조제2항에 따라 고용보험 가입자인 근로자가 부담하는 고용보험료에 상당하는 금액을 대통령령으로 정하는 바에 따라 그 근로자의 보수에서 원천공제할 수 있다. (2009.12.30 개정)

② 사업주는 제1항에 따라 고용보험료에 상당하는 금액을 원천공제하였으면 공제계산서를 그 근로자에게 발급하여야 한다. (2009.12.30 개정)

③ 제9조제1항 및 제2항에 따라 사업주가 되는 원수급인 또는 하수급인은 고용노동부령으로 정하는 바에 따라 자기가 고용하는 고용보험 가입자 외의 근로자를 고용하는 하수급인에게 위임하여 그 근로자가 부담하는 보험료에 상당하는 금액을 근로자의 보수에서 원천공제하게 할 수 있다. (2010.6.4 개정)

④ 제13조제2항 단서에 따라 근로자가 그 실업급여의 보험료를 부담하는 경우에는 사업주가 해당 보험료를 신고·납부하고, 근로자는 그 보험료 해당액을 사업주에게 지급한다. (2011.7.21 신설)

령 제19조

제16조의2【보험료의 부과·징수】 ① 제13조제1항에 따른 보험료는 공단이 매월 부과하고, 건강보험공단이 이를 징수한다. (2010.1.27 신설)

② 제1항에도 불구하고 건설업 등 대통령령으로 정하는 사업의 경우에는 제17조 및 제19조에 따른다. (2010.1.27 신설)

령 제19조의2

제16조의3【월별보험료의 산정】 ① 공단이 제16조의2제1항에 따라 매월 부과하는 보험료(이하 "월별보험료"라 한다)는 근로자 또는 예술인의 개인별 월평균보수에 고용보험료율 및 산재보험료율을 각각 곱한 금액을 합산하여 산정한다. 다만, 월평균보수를 산정하기 곤란한 일용근로자 등 대통령령으로 정하는 사람에 대한 월별보험료는 대통령령으로 정하는 바에 따라 산정한 금액을 개인별 월평균보수로 보아 산정한다. (2022.12.31 개정)

② 제1항의 월평균보수는 사업주가 지급한 보수·보수액 및 제2조제3호 단서에 따른 금품을 기준으로 산정한다. 이 경우 월평균보수의 산정방법, 적용기간 등은 대통령령으로 정하는 바에 따른다. (2022.12.31 개정)

③ 삭제(2020.6.9)

④ 삭제(2020.6.9)

령 제19조의3

제16조의4 【월 중간 고용관계 변동 등에 따른 월별보험료 산정】 다음 각 호의 어느 하나에 해당하는 경우 월별보험료는 해당 월의 다음 달부터 산정한다. 다만, 매월 1일에 다음 각 호의 어느 하나에 해당하는 경우에는 그 달부터 산정한다. (2022.12.31 개정)

1. 근로자가 월의 중간에 새로이 고용된 경우
2. 근로자가 월의 중간에 동일한 사업주의 하나의 사업장에서 다른 사업장으로 전근되는 경우
3. 근로자의 휴직 등 대통령령으로 정하는 사유가 월의 중간에 종료된 경우

령 제19조의4

제16조의5 【보험료 산정의 특례】 근로자가 「근로기준법」 제46조제1항에 따른 휴업수당을 받는 등 대통령령으로 정하는 사유에 해당하는 경우에는 대통령령으로 정하는 바에 따라 해당 근로자의 월평균보수(제16조의2제2항에 따른 건설업 등의 사업은 보수총액)의 전부 또는 일부를 제외하고 보험료를 산정한다. (2010.1.27 신설)

령 제19조의5

제16조의6 【조사 등에 따른 월별보험료 산정】 ① 공단은 사업주가 제16조의10제1항부터 제5항까지의 규정에 따른 신고를 하지 아니하거나, 신고한 내용이 사실과 다른 때에는 사업주에게 미리 알리고 그 사실을 조사하여 다음 각 호의 어느 하나에 해당하는 금액을 기준으로 월평균보수를 결정하여 월별보험료를 산정할 수 있다. (2013.6.4 개정)

1. 공단이 조사하여 산정한 금액
2. 사업주가 공단 또는 국세청 등 유관기관에 근로자의 보수 등을 신고한 사실이 있는 경우에는 그 금액
3. 근로자의 보수 등에 관한 자료를 확인하기 곤란한 경우에는 기준보수

② 공단은 제1항에 따라 보험료를 산정한 이후에 사업주가 월평균보수 등을 정정하여 신고하는 경우에는 사실 여부를 조사하여 월별보험료를 재산정할 수 있다. (2010.1.27 신설)

제16조의7 【월별보험료의 납부기한】 ① 사업주는 그 달의 월별보험료를 다음 달 10일까지 납부하여야 한다. (2010.1.27 신설)

② 제1항에도 불구하고 제16조의6 및 제16조의9제2항에 따라 산정된 보험료는 건강보험공단이 정하여 고지한 기한까지 납부하여야 한다. (2010.1.27 신설)

제16조의8 【월별보험료의 고지】 ① 건강보험공단은 사업주에게 다음 각 호의 사항을 적은 문서로써 납부기한 10일 전까지 월별보험료의 납입을 고지하여야 한다. (2010.1.27 신설)

1. 징수하고자 하는 보험료 등의 종류
2. 납부하여야 할 보험료 등의 금액
3. 납부기한 및 장소

② 건강보험공단은 제1항에 따른 납입의 고지를 하는 경우에는 사업주가 신청한 때에는 전자문서교환방식 등에 의하여 전자문서로 고지할 수 있다. (2010.1.27 신설)

③ 제2항에 따라 전자문서로 고지한 경우 고용노동부령으로 정하는 정보통신망에 저장하거나 납부의무자가 지정한 전자우편주소에 입력된 때에 그 사업주에게 도달된 것으로 본다. (2010.6.4 개정)

④ 제28조의4에 따른 연대납부의무자 중 1명에게 한 고지는 다른 연대납부의무자에게도 효력이 있는 것으로 본다. (2010.1.27 신설)

⑤ 건강보험공단은 제22조의5에 따른 제2차 납부의무자에게 납부의무가 발생한 경우 납입의 고지를 하여야 하며, 원납부의무자인 법인인 사업주 및 사업양도인에게 그 사실을 통지하여야 한다. 이 경우 납입의 고지 방법, 고지의 도달 등에 관한 사항은 제1항부터 제3항까지를 준용한다. (2022.12.31 신설)

⑥ 제2항에 따른 전자문서 고지에 대한 신청방법·절차, 그 밖에 필요한 사항은 고용노동부령으로 정한다. (2022.12.31 개정)

제16조의9 【보험료의 정산】 ① 공단은 제16조의10제1항·제2항 또는 제4항에 따라 사업주가 신고한 근로자의 개인별 보수총액에 보험료율을 곱한 금액을 합산하여 사업주가 실제로 납부하여야 할 보험료를 산정한다. 이 경우 제48조의2제6항 또는 제48조의4제3항에 따른 보험료납부자가 사업주, 예술인 또는 노무제공자의 보험료를 원천공제하여 납부한 경우는 제외한다. (2022.12.31 개정)

② 공단은 사업주가 제16조의10제1항·제2항 또는 제4항에 따른 보수총액을 신고하지 아니하거나 사실과 다르게 신고한 경우에는 제16조의6제1항을 준용하여 제1항에 따른 보험료를 산정한다. (2019.1.15 개정)

③ 건강보험공단은 사업주가 이미 납부한 보험료가 제1항 및 제2항에 따라 산정한 보험료보다 더 많은 경우에는 그 초과액을 사업주에게 반환하고, 부족한 경우에는 그 부족액을 사업주로부터 징수하여야 한다. (2010.1.27 신설)

④ 건강보험공단이 제3항에 따라 사업주로부터 부족액을 징수하는 경우에는 정산을 실시한 달의 보험료에 합산하여 징수한다. 다만, 그 부족액이 정산을 실시한 달의 보험료를 초과하는 경우에는 그 부족액을 2등분하여 정산을 실시한 달의 보험료와 그 다음 달의 보험료에 각각 합산하여 징수한다. (2010.1.27 신설)

령 제19조의6

제16조의10 【보수총액 등의 신고】 ① 사업주는 전년도에 근로자, 예술인 또는 노무제공자에게 지급한 보수총액 등을 매년 3월 15일까지 공단에 신고하여야 한다. 이 경우 제48조의2제6항 또는 제48조의4제3항에 따른 보험료 납부자가 사업주, 예술인 또는 노무제공자의 보험료를 원천공제하여 납부한 경우는 제외한다. (2021.1.5 개정)

② 사업주는 사업의 폐지·종료 등으로 보험관계가 소멸한 때에는 그 보험관계가 소멸한 날부터 14일 이내에 근로자, 예술인 또는 노무제공자에게 지급한 보수총액 등을 공단에 신고하여야 한다. (2021.1.5 개정)

③ 사업주는 다음 각 호의 어느 하나에 해당하는 때에는 그 근로자·예술인·노무제공자의 성명 및 주소지 등을 해당 근로자를 고용한 날 또는 해당 예술인·노무제공자의 노무제공 개시일이 속하는 달의 다음 달 15일까지 공단에 신고하여야 한다. 다만, 1개월 동안 소정근로시간이 60시간 미만인 사람 등 대통령령으로 정하는 근로자에 대해서는 신고하지 아니할 수 있다. (2021.1.5 개정)

1. 근로자를 새로 고용한 때
2. 「고용보험법」 제77조의2제1항에 따른 문화예술용역 관련 계약(이하 "문화예술용역 관련 계약"이라 한다)을 체결한 때
3. 「고용보험법」 제77조의6제1항에 따른 노무제공계약(이하 "노무제공계약"이라 한다)을 체결한 때

④ 사업주는 다음 각 호의 어느 하나에 해당하는 때에는 그 근로자·예술인·노무제공자에게 지급한 보수총액, 고용관계 또는 문화예술용역 관련 계약·노무제공계약의 종료일 등을 해당 고용관계 또는 계약이 종료된 날이 속하는 달의 다음 달 15일까지 공단에 신고하여야 한다. (2021.1.5 개정)

1. 근로자와 고용관계를 종료한 때
2. 예술인과 문화예술용역 관련 계약을 종료한 때
3. 노무제공자와 노무제공계약을 종료한 때

⑤ 사업주는 근로자, 예술인 또는 노무제공자가 휴직하거나 다른 사업장으로 전보되는 등 대통령령으로 정하는 사유가 발생한 때에는 그 사유 발생일부터 14일 이내에 그 사실을 공단에 신고하여야 한다. (2021.1.5 개정)

⑥ 제1항부터 제5항까지에 따른 신고사항, 신고방법·절차, 그 밖에 필요한 사항은 대통령령으로 정한다. (2010.1.27 신설)

⑦ 사업주 또는 발주자·원수급인이 「고용보험법」 제15조, 제77조의2제3항, 제77조의5제1항, 제77조의10제1항에 따라 제3항부터 제5항까지의 사항을 고용노동부장관에게 신고한 경우에는 제3항부터 제5항까지의 규정에 따른 신고를 생략할 수 있다. (2021.1.5 개정)

⑧ 제1항부터 제5항까지의 사항을 신고하여야 하는 사업주는 해당 신고를

정보통신망을 이용하거나 콤팩트디스크(Compact Disc) 등 전자적 기록매체로 제출하는 방식으로 하여야 한다. 다만, 대통령령으로 정하는 규모에 해당하는 사업주는 해당 신고를 문서로 할 수 있다. (2020.6.9 개정)

벌 법 제16조의10에 따른 보수총액 등의 신고를 하지 아니하거나 거짓 신고를 한 자에게는 300만원 이하의 과태료를 부과한다. (법 제50조제1항제1호)

령 제19조의7·제19조의8

제16조의11 【수정신고】 제16조의10제1항 또는 제2항에 따른 보수총액신고서를 그 신고기한 내에 제출한 사업주는 보수총액신고서에 적은 보수총액이 실제로 신고하여야 하는 보수총액과 다른 경우에는 제16조의6제1항 및 제16조의9제2항에 따라 공단이 사업주에 대하여 사실을 조사하겠다는 뜻을 미리 알리기 전까지 보수총액을 수정하여 신고할 수 있다. 이 경우 보수의 수정신고 사항 및 신고절차에 관하여 필요한 사항은 고용노동부령으로 정한다. (2013.6.4 개정)

제16조의12 【신용카드 등으로 하는 보험료등의 납부】 ① 납부의무자는 보험료등을 대통령령으로 정하는 보험료납부대행기관을 통하여 신용카드, 직불카드 등(이하 이 조에서 "신용카드등"이라 한다)으로 납부할 수 있다. (2016.12.27 개정)

② 제1항에 따라 신용카드등으로 보험료등을 납부하는 경우에는 보험료납부대행기관의 승인일을 납부일로 본다. (2014.3.24 신설)

③ 보험료납부대행기관은 납부의무자로부터 신용카드등에 의한 보험료등 납부대행 용역의 대가로 납부대행 수수료를 받을 수 있다. (2014.3.24 신설)

④ 보험료납부대행기관의 지정 및 운영, 납부대행 수수료 등에 필요한 사항은 대통령령으로 정한다. (2014.3.24 신설)

령 제19조의9

제17조 【건설업 등의 개산보험료의 신고와 납부】 ① 제16조의2제2항에 따른 사업주(이하 이 조부터 제19조까지에서 같다)는 보험연도마다 그 1년 동안(보험연도 중에 보험관계가 성립한 경우에는 그 성립일부터 그 보험연도 말일까지의 기간)에 사용할 근로자(고용보험료를 산정하는 경우에는 「고용보험법」 제10조 및 제10조의2에 따른 적용 제외 근로자는 제외한다. 이하 이 조에서 같다)에게 지급할 보수총액의 추정액(대통령령으로 정하는 경우에는 전년도에 사용한 근로자에게 지급한 보수총액)에 고용보험료율 및 산재보험료율을 각각 곱하여 산정한 금액(이하 "개산보험료"라 한다)을 대통령령으로 정하는 바에 따라 그 보험연도의 3월 31일(보험연도 중에 보험관계가 성립한 경우에는 그 보험관계의 성립일부터 70일, 건설공사 등 기간이 정하여져 있는 사업으로서 70일 이내에 끝나는 사업의 경우에는 그 사업이 끝나는 날의 전날)까지 공단에 신고·납부하여야 한다. 다만, 그 보험연도의

개산보험료 신고·납부 기한이 제19조에 따른 확정보험료 신고·납부 기한보다 늦은 경우에는 그 보험연도의 확정보험료 신고·납부 기한을 그 보험연도의 개산보험료 신고·납부 기한으로 한다. (2019.1.15 개정)

② 공단은 사업주가 제1항에 따른 신고를 하지 아니하거나 그 신고가 사실과 다른 경우에는 그 사실을 조사하여 개산보험료를 산정·징수하되, 이미 낸 금액이 있을 때에는 그 부족액을 징수하여야 한다. (2009.12.30 개정)

③ 사업주는 제1항의 개산보험료를 대통령령으로 정하는 바에 따라 분할 납부할 수 있다. (2009.12.30 개정)

④ 사업주가 제3항에 따라 분할 납부할 수 있는 개산보험료를 제1항에 따른 납부기한까지 전액 납부하는 경우에는 그 개산보험료 금액의 100분의 5의 범위에서 고용노동부령으로 정하는 금액을 경감한다. (2010.6.4 개정)

⑤ 제1항에 따른 기한에 개산보험료를 신고한 사업주는 이미 신고한 개산보험료가 이 법에 따라 신고하여야 할 개산보험료를 초과할 때(제18조제2항의 경우는 제외한다)에는 제1항에 따른 기한이 지난 후 1년 이내에 최초에 신고한 개산보험료의 경정(更正)을 공단에 청구할 수 있다. (2009.12.30 개정)

⑥ 제5항에 따른 개산보험료의 경정청구 및 경정청구 결과의 통지에 필요한 사항은 대통령령으로 정한다. (2009.12.30 개정)

벌 법 제17조에 따른 개산보험료의 신고를 하지 아니하거나 거짓 신고를 한 자에게는 300만원 이하의 과태료를 부과한다. (법 제50조제1항제1호)

령 제21조·제22조·제23조

제18조 【보험료율의 인상 또는 인하 등에 따른 조치】 ① 공단은 보험료율이 인상 또는 인하된 때에는 월별보험료 및 개산보험료를 증액 또는 감액 조정하고, 월별보험료가 증액된 때에는 건강보험공단이, 개산보험료가 증액된 때에는 공단이 각각 징수한다. 이 경우 사업주에 대한 통지, 납부기한 등 필요한 사항은 대통령령으로 정한다. (2010.1.27 개정)

② 공단은 사업주가 보험연도 중에 사업의 규모를 축소하여 실제의 개산보험료 총액이 이미 신고한 개산보험료 총액보다 대통령령으로 정하는 기준 이상으로 감소하게 된 경우에는 사업주의 신청을 받아 그 초과액을 감액할 수 있다. (2010.1.27 개정)

령 제24조·제25조

제19조 【건설업 등의 확정보험료의 신고·납부 및 정산】 ① 사업주는 매 보험연도의 말일(보험연도 중에 보험관계가 소멸한 경우에는 그 소멸한 날의 전날)까지 사용한 근로자(고용보험료를 산정하는 경우에는 「고용보험법」 제10조 및 제10조의2에 따른 적용 제외 근로자는 제외한다)에게 지급한 보수총액(지급하기로 결정된 금액을 포함한다)에 고용보험료율 및 산재보험료율을 각각 곱하여 산정한 금액(이하 "확정보험료"라 한다)을 대통령령으로

정하는 바에 따라 다음 보험연도의 3월 31일(보험연도 중에 보험관계가 소멸한 사업의 경우에는 그 소멸한 날부터 30일)까지 공단에 신고하여야 한다. 다만, 사업주가 국가 또는 지방자치단체인 경우에는 그 보험연도의 말일(보험연도 중에 보험관계가 소멸한 사업의 경우에는 그 소멸한 날부터 30일)까지 신고할 수 있다. (2019.1.15 개정)

② 제17조 및 제18조제1항에 따라 납부하거나 추가징수한 개산보험료의 금액이 제1항의 확정보험료의 금액을 초과하는 경우에 공단은 그 초과액을 사업주에게 반환하여야 하며, 부족한 경우에 사업주는 그 부족액을 다음 보험연도의 3월 31일(보험연도 중에 보험관계가 소멸한 사업의 경우에는 그 소멸한 날부터 30일)까지 납부하여야 한다. 다만, 사업주가 국가 또는 지방자치단체인 경우에는 그 보험연도의 말일(보험연도 중에 보험관계가 소멸한 사업의 경우에는 그 소멸한 날부터 30일)까지 납부할 수 있다. (2009.12.30 개정)

③ 제1항 및 제2항에도 불구하고 그 보험연도의 확정보험료 신고·납부 기한이 다음 보험연도의 확정보험료 신고·납부 기한보다 늦은 경우에는 다음 보험연도의 확정보험료 신고·납부 기한을 그 보험연도의 확정보험료 신고·납부 기한으로 한다. (2009.12.30 개정)

④ 공단은 사업주가 제1항에 따른 신고를 하지 아니하거나 그 신고가 사실과 다른 경우에는 사실을 조사하여 확정보험료의 금액을 산정한 후 개산보험료를 내지 아니한 사업주에게는 그 확정보험료 전액을 징수하고, 개산보험료를 낸 사업주에 대하여는 이미 낸 개산보험료와 확정보험료의 차액이 있을 때 그 초과액을 반환하거나 부족액을 징수하여야 한다. 이 경우 사실조사를 할 때에는 미리 조사계획을 사업주에게 알려야 한다. (2009.12.30 개정)

⑤ 제1항에 따른 기한까지 확정보험료를 신고한 사업주는 이미 신고한 확정보험료가 이 법에 따라 신고하여야 할 확정보험료보다 적은 경우에는 제4항 후단에 따른 조사계획의 통지 전까지 확정보험료 수정신고서를 제출할 수 있다. (2009.12.30 개정)

⑥ 확정보험료 수정신고서의 기재사항 및 신고절차에 관하여 필요한 사항은 고용노동부령으로 정한다. (2010.6.4 개정)

⑦ 제1항에 따른 확정보험료의 신고에 관하여는 제17조제5항 및 제6항을 준용한다. 이 경우 제17조제5항 및 제6항 중 "개산보험료"는 "확정보험료"로 본다. (2009.12.30 개정)

벌 법 제19조에 따른 확정보험료의 신고를 하지 아니하거나 거짓 신고를 한 자에게는 300만원 이하의 과태료를 부과한다. (법 제50조제1항제1호)

령 제26조·제29조의3

제19조의2【보험료 납부방법의 변경시기】 사업종류의 변경으로 보험료

납부방법이 변경되는 경우에는 사업종류의 변경일 전일을 변경 전 사업 폐지일로, 사업종류의 변경일을 새로운 사업성립일로 본다. (2010.1.27 신설)

제20조【보험료징수의 특례】 공단은 제17조제2항 및 제19조제4항에 따라 보험료를 징수할 때에는 결산서 등 보험료 산정을 위한 기초자료를 확보하기 어려운 경우 등 대통령령으로 정하는 사유에 해당하는 경우에는 그 사업주의 적용대상 사업과 규모, 보수수준 및 매출액 등이 비슷한 같은 종류의 사업을 기준으로 고용노동부령으로 정하는 바에 따라 그 사업의 보험료를 산정·부과하여 징수할 수 있다. (2010.6.4 개정)

령 제27조

제21조【고용보험료의 지원】 ① 국가는 근로자가 다음 각 호의 요건을 모두 충족하는 경우 그 사업주와 근로자가 제13조제2항 및 제4항에 따라 각각 부담하는 고용보험료의 일부를 예산의 범위에서 지원할 수 있다. (2016.12.27 개정)

1. 대통령령으로 정하는 규모 미만의 사업에 고용되어 대통령령으로 정하는 금액 미만의 보수를 받을 것
2. 대통령령으로 정하는 재산이 대통령령으로 정하는 기준 미만일 것
3. 「소득세법」 제4조제1항제1호의 종합소득이 대통령령으로 정하는 기준 미만일 것

② 제1항에 따른 고용보험료의 지원 수준, 지원 방법 및 절차 등 필요한 사항은 대통령령으로 정한다. (2016.12.27 개정)

령 제28조·제29조·제29조의2·제29조의3

제21조의2【지원금의 환수】 ① 국가는 제21조에 따른 고용보험료의 지원을 받은 자가 다음 각 호의 어느 하나에 해당하는 경우에는 그 지원금액의 전부 또는 일부를 환수할 수 있다. 다만, 환수할 금액이 대통령령으로 정하는 금액 미만인 경우에는 환수하지 아니한다. (2014.3.24 개정)

1. 거짓 또는 부정한 방법으로 지원받은 경우
2. 지원대상이 아닌 자가 지원받은 경우

② 제1항에 따라 환수대상이 되는 지원금은 공단이 국세 체납처분의 예에 따라 징수한다. (2012.2.1 신설)

③ 제1항에 따른 환수에 관하여는 제27조, 제27조의2, 제27조의3, 제28조, 제28조의2부터 제28조의7까지, 제29조, 제29조의2, 제29조의3 및 제30조를 준용한다. 이 경우 "건강보험공단"은 "공단"으로 본다. (2021.1.5 개정)

④ 제1항에 따른 환수의 구체적인 기준 및 환수절차 등 필요한 사항은 대통령령으로 정한다. (2012.2.1 신설)

령 제30조

제22조【산재보험확정보험료의 신고·납부 및 정산의 특례】 삭제(2006.

12.28)

제22조의2 【보험료 등의 경감】 ① 고용노동부장관은 천재지변이나 그 밖에 대통령령으로 정하는 특수한 사유가 있어 보험료를 경감할 필요가 있다고 인정하는 보험가입자에 대하여 「고용보험법」 제7조에 따른 고용보험위원회 또는 「산업재해보상보험법」 제8조에 따른 산업재해보상보험및예방심의위원회의 심의를 거쳐 보험료와 이 법에 따른 그 밖의 징수금을 경감할 수 있다. 이 경우 경감비율은 100분의 50의 범위에서 대통령령으로 정하며, 그 밖의 경감 신청절차 및 경감 여부의 통지 등에 필요한 사항은 고용노동부령으로 정한다. (2010.6.4 개정)

② 공단은 제16조의10제1항에 따른 보수총액 또는 제17조제1항에 따른 개산보험료를 기한까지 고용·산재정보통신망을 통하여 신고하는 사업주에 대하여는 그 월별보험료 또는 개산보험료에서 대통령령으로 정하는 금액을 경감할 수 있다. 다만, 월별보험료 또는 개산보험료가 10만원 미만인 경우에는 그러하지 아니하다. (2010.1.27 개정)

③ 공단은 월별보험료 또는 개산보험료를 자동계좌이체의 방법으로 내는 사업주에게는 대통령령으로 정하는 바에 따라 월별보험료 또는 개산보험료를 경감하거나 추첨에 따라 경품을 제공하는 등 재산상의 이익을 제공할 수 있다. (2010.1.27 개정)

령 제30조의2·제30조의3·제30조의4

제22조의3 【산재보험료등의 면제에 관한 특례】 ① 「산업재해보상보험법」 제91조의15제1호에 따른 노무제공자(이하 "산재보험 노무제공자"라 한다)로부터 노무를 제공받는 사업주가 다음 각 호의 어느 하나에 해당하는 신고를 한 때에는 산재보험 노무제공자 노무 제공 신고일(산재보험 노무제공자로부터 최초로 노무를 제공받은 날 및 산재보험 노무제공자의 업무내용 등에 대한 신고를 말한다. 이하 같다) 이전의 산재보험료 및 이에 대한 가산금·연체금(이하 "산재보험료등"이라 한다)의 전부 또는 일부를 면제할 수 있다. (2022.6.10 개정)

1. 제7조에 따라 성립한 보험관계의 신고 및 제48조의6제8항에 따른 해당 산재보험 노무제공자에 대한 노무제공 신고 (2022.6.10 개정)
2. 사업주가 이미 제7조에 따라 성립한 보험관계의 신고를 한 경우에는 제48조의6제8항에 따른 해당 산재보험 노무제공자에 대한 노무제공 신고 (2022.6.10 개정)

② 제1항에 따른 산재보험료등의 면제 비율은 다음 각 호의 구분에 따른다. (2021.1.5 신설)

1. 사업주가 2021년 12월 31일까지 제1항 각 호의 어느 하나에 해당하는 신고를 한 경우 : 산재보험료등의 전부

징수법

2. 사업주가 2022년 1월 1일부터 2022년 12월 31일까지 제1항 각 호의 어느 하나에 해당하는 신고를 한 경우 : 산재보험료등의 100분의 50

※ 법률 제17858호(2021.1.5.) 부칙 제2조의 규정에 의하여 이 조는 2022년 12월 31일까지 유효함

제22조의4【산재보험료등의 면제에 따른 지원의 제한 등에 관한 특례】 제22조의3제1항에 따라 산재보험료등을 면제받은 기간에 대하여는 해당 사업주에게 「산업재해보상보험법」 제75조에 따른 직장복귀지원금, 직장적응훈련비 및 재활운동비를 지급하지 아니한다. (2021.1.5 개정)

※ 법률 제17858호(2021.1.5.) 부칙 제2조의 규정에 의하여 이 조는 2022년 12월 31일까지 유효함

제22조의5【제2차 납부의무】 ① 법인의 재산으로 그 법인이 납부하여야 하는 보험료, 이 법에 따른 그 밖의 징수금과 체납처분비를 충당하여도 부족한 경우에는 해당 법인이 납부하여야 하는 보험료의 납부기간 만료일(제17조 및 제19조에 따른 신고가 있는 경우에는 해당 규정에 따른 납부기간 만료일을 말한다) 현재의 무한책임사원 또는 과점주주(「국세기본법」 제39조 각 호의 어느 하나에 해당하는 자를 말한다. 이하 이 항에서 같다)가 그 부족한 금액에 대하여 제2차 납부의무를 진다. 다만, 과점주주의 경우에는 그 부족한 금액을 그 법인의 발행주식 총수(의결권이 없는 주식은 제외한다) 또는 출자총액으로 나눈 금액에 해당 과점주주가 실질적으로 권리를 행사하는 주식 수(의결권이 없는 주식은 제외한다) 또는 출자액을 곱하여 산출한 금액을 한도로 한다. (2022.12.31 신설)

② 사업이 양도·양수된 경우에 양도일 이전에 양도인에게 부과 결정된 보험료(제17조 및 제19조에 따라 신고된 보험료를 포함한다), 이 법에 따른 그 밖의 징수금 및 체납처분비를 양도인의 재산으로 충당하여도 부족한 경우에는 사업의 양수인이 그 부족한 금액에 대하여 양수한 재산의 가액을 한도로 제2차 납부의무를 진다. 이 경우 양수인의 범위 및 양수한 재산의 가액은 대통령령으로 정한다. (2022.12.31 신설)

령 제30조의5

제23조【보험료등 과납액의 충당 및 반환】 ① 공단은 보험료등의 납부의무자가 잘못 낸 금액을 반환하고자 하는 때에는 다음 각 호의 순위에 따라 보험료등과 제21조의2에 따른 환수금(이하 "환수금"이라 한다)에 우선 충당하고 나머지 금액이 있으면 그 납부의무자에게 반환결정하고, 건강보험공단이 그 금액을 지급한다. 다만, 제17조, 제19조 및 제26조의 개산보험료, 확정보험료 및 징수금에 따른 나머지 금액은 공단이 지급한다. (2022.12.31 개정)

1. 제28조제1항에 따른 체납처분비

2. 월별보험료, 개산보험료 또는 확정보험료 (2013.6.4 개정)
3. 제25조제1항 및 제3항에 따른 연체금 (2019.1.15 개정)
4. 제24조에 따른 가산금 (2013.6.4 개정)
5. 제26조제1항에 따른 보험급여액의 징수금 (2013.6.4 개정)
6. 환수금 (2019.1.15 신설)

② 제1항의 경우 잘못 낸 금액이 고용보험과 관련될 때에는 고용보험료, 관련 징수금, 환수금 및 체납처분비에 충당하고, 산재보험과 관련되는 경우에는 산재보험료, 관련 징수금 및 체납처분비에 충당하여야 하며, 같은 순위의 보험료, 환수금, 이 법에 따른 그 밖의 징수금과 체납처분비가 둘 이상 있을 때에는 납부기한이 빠른 보험료, 환수금, 이 법에 따른 그 밖의 징수금과 체납처분비를 선순위로 한다. (2019.1.15 개정)

③ 「산업재해보상보험법」 제89조에 따라 보험가입자에게 산재보험급여를 지급할 때에는 제1항 각 호의 순위에 따라 산재보험료, 이 법에 따른 그 밖의 징수금과 체납처분비(산재보험 관련 징수금과 체납처분비로 한정한다)에 우선 충당하고 그 잔액을 사업주에게 지급하여야 한다. (2009.12.30 개정)

④ 공단은 제1항 또는 제2항에 따라 잘못 낸 금액을 보험료, 환수금, 이 법에 따른 그 밖의 징수금과 체납처분비에 충당하거나 반환할 때에는 다음 각 호의 어느 하나에 규정된 날의 다음 날부터 충당하거나 반환하는 날까지의 기간에 대하여 대통령령으로 정하는 이자율에 따라 계산한 금액을 그 잘못 낸 금액에 가산하여야 한다. (2019.1.15 개정)

1. 착오납부, 이중납부, 납부 후 그 부과의 취소 또는 경정결정으로 인한 초과액은 그 납부일
2. 제16조의9제3항에 따라 반환하는 경우에는 다음 각 목의 구분에 따른 날 (2010.1.27 신설)
   가. 사업주가 제16조의10제1항·제2항 또는 제4항에 따른 신고기한 내에 신고한 경우에는 그 신고기한부터 7일 (2019.1.15 개정)
   나. 사업주가 제16조의10제1항·제2항 또는 제4항에 따른 신고기한을 지나 신고한 경우에는 그 신고한 날부터 7일 (2019.1.15 개정)
   다. 사업주가 제16조의10제1항·제2항 또는 제4항에 따른 신고를 하지 아니한 경우에는 공단이 제16조의9제2항에 따라 보험료를 산정한 날이 속하는 달의 말일 (2019.1.15 개정)
3. 제18조제2항에 따라 보험료를 감액한 경우의 초과액은 개산보험료 감액신청서 접수일부터 7일 (2010.1.27 개정)
4. 제19조제2항 또는 제4항에 따라 반환하는 경우에는 확정보험료신고서 접수일부터 7일 (2010.1.27 개정)

⑤ 공단은 제1항에 따라 반환결정한 금액을 반환하려는 경우로서 사업주의

사망, 행방불명, 그 밖에 대통령령으로 정하는 사유로 사업주에게 반환할 수 없는 경우에는 그 반환할 금액 중 제13조제2항에 따라 근로자(제16조의2 제2항에 따른 사업의 근로자는 제외한다. 이하 이 항 및 제6항에서 같다)가 부담한 고용보험료에 대해서는 해당 근로자의 신청에 따라 그 근로자에게 직접 반환할 것을 결정하고, 건강보험공단이 그 금액을 지급한다. (2019.1.15 신설)

⑥ 공단은 근로자가 거짓이나 그 밖의 부정한 방법으로 제5항에 따른 반환금을 수령한 경우에는 그 금액을 환수한다. 다만, 환수할 금액이 대통령령으로 정하는 금액 미만인 경우에는 환수하지 아니한다. (2019.1.15 신설)

⑦ 제5항에 따른 반환의 절차·방법 및 그 밖에 필요한 사항은 고용노동부령으로 정한다. (2019.1.15 신설)

⑧ 제6항에 따른 환수에 관하여는 제27조, 제28조 및 제29조를 준용한다. 이 경우 "건강보험공단"은 "공단"으로 본다. (2019.1.15 신설)

령 제31조·제31조의2

제23조의2 【산재보험 진료비 등의 충당】 공단은 「산업재해보상보험법」 제40조제2항에 따라 근로자가 요양한 산재보험 의료기관에 진료비를 지급하거나 같은 조 제4항제2호에 따라 약제를 지급하는 약국에 약제비를 지급할 때에는 그 의료기관 또는 약국이 산재보험가입자로서 내야 하는 산재보험료, 이 법에 따른 그 밖의 징수금과 체납처분비에 우선 충당하고 그 잔액을 지급할 수 있다. 이 경우 충당의 순위는 제23조제1항 각 호의 순위에 따른다. (2009.12.30 개정)

제24조 【가산금의 징수】 ① 공단은 사업주가 제19조제1항에서 정하고 있는 기한까지 확정보험료를 신고하지 아니하거나 신고한 확정보험료가 사실과 달라 제19조제4항에 따라 보험료를 징수하는 경우에는 그 징수하여야 할 보험료의 100분의 10에 상당하는 가산금을 부과하여 징수한다. 다만, 가산금이 소액이거나 그 밖에 가산금을 징수하는 것이 적절하지 아니하다고 인정되어 대통령령으로 정하는 경우 또는 대통령령으로 정하는 금액을 초과하는 부분에 대하여는 그러하지 아니하다. (2012.2.1 개정)

② 삭제(2012.2.1)

③ 제1항에도 불구하고 공단은 제19조제5항에 따라 확정보험료 수정신고서를 제출한 사업주에게는 제1항에 따른 가산금의 100분의 50을 경감한다. (2012.2.1 개정)

령 제32조

제25조 【연체금의 징수】 ① 건강보험공단은 사업주가 제16조의7, 제17조 및 제19조에 따른 납부기한까지 보험료 또는 이 법에 따른 그 밖의 징수금을 내지 아니한 경우에는 그 납부기한이 지난 날부터 매 1일이 지날 때마

다 체납된 보험료, 그 밖의 징수금의 1천500분의 1에 해당하는 금액을 가산한 연체금을 징수한다. 이 경우 연체금은 체납된 보험료등의 1천분의 20을 초과하지 못한다. (2021.1.26 개정)

② 제1항에 따른 연체금은 다음 각 호의 어느 하나에 규정된 날부터 산정한다. (2010.1.27 개정)

1. 제16조의3, 제16조의6제1항, 제16조의9제1항 및 제2항, 제48조의3제2항, 제48조의6제2항에 따라 산정된 보험료에 대하여는 제16조의7에 따른 납부기한의 다음 날 (2022.6.10 개정)
2. 제17조제1항 및 제19조제2항에 따른 보험료에 대하여는 제17조제1항, 제19조제2항 및 제3항에 따른 납부기한의 다음 날
3. 제16조의9제3항, 제17조제2항 및 제19조제4항에 따른 징수금에 대하여는 제16조의7, 제17조제1항, 제19조제2항 및 제3항에 따른 납부기한의 다음 날
4. 제18조에 따른 보험료에 대하여는 공단이 제27조제1항에 따라 통지한 납부기한의 다음 날

③ 건강보험공단은 사업주가 보험료 또는 이 법에 따른 그 밖의 징수금을 내지 아니하면 납부기한 후 30일이 지난 날부터 매 1일이 지날 때마다 체납된 보험료, 그 밖의 징수금의 6천분의 1에 해당하는 연체금을 제1항에 따른 연체금에 더하여 징수한다. 이 경우 연체금은 체납된 보험료, 그 밖의 징수금의 1천분의 50을 넘지 못한다. (2021.1.26 개정)

④ 건강보험공단은 제1항 및 제3항에도 불구하고 「채무자 회생 및 파산에 관한 법률」 제140조에 따른 징수의 유예가 있거나 그 밖에 연체금을 징수하는 것이 적절하지 아니하다고 인정되어 대통령령으로 정하는 경우에는 제1항 및 제3항에 따른 연체금을 징수하지 아니할 수 있다. (2016.12.27 신설)

령 제33조

제26조【산재보험가입자로부터의 보험급여액 징수 등】 ① 공단은 다음 각 호의 어느 하나에 해당하는 재해에 대하여 산재보험급여를 지급하는 경우에는 대통령령으로 정하는 바에 따라 그 급여에 해당하는 금액의 전부 또는 일부를 사업주로부터 징수할 수 있다. (2009.12.30 개정)

1. 사업주가 제11조에 따른 보험관계 성립신고를 게을리한 기간 중에 발생한 재해
2. 사업주가 산재보험료의 납부를 게을리한 기간 중에 발생한 재해

② 공단은 제1항에 따라 산재보험급여액의 전부 또는 일부를 징수하기로 결정하였으면 지체 없이 그 사실을 사업주에게 알려야 한다. (2009.12.30 개정)

령 제33조·제34조·제35조

제26조의2【징수금의 징수우선순위】 납부기한이 지난 보험료, 환수금 또는 이 법에 따른 그 밖의 징수금과 체납처분비를 징수(고용보험 관련 징수금과 산재보험 관련 징수금을 모두 징수하는 경우에는 각 보험별 총징수금액의 비율에 따라 징수한다)하는 경우 그 징수순위는 제23조제1항 각 호의 순위에 따른다. 이 경우 같은 순위에 해당하는 징수금이 둘 이상 있을 때에는 납부기한이 빠른 징수금을 선순위로 한다. (2019.1.15 개정)

제27조【징수금의 통지 및 독촉】 ① 공단 또는 건강보험공단은 보험료(제17조제1항 및 제19조제2항에 따른 보험료는 제외한다) 또는 이 법에 따른 그 밖의 징수금을 징수하는 경우에는 납부의무자에게 그 금액과 납부기한을 문서로 알려야 한다. 다만, 제22조의2제3항에 따라 자동계좌이체의 방법으로 보험료를 내는 사업주가 동의하는 경우에는 고용노동부령으로 정하는 바에 따라 정보통신망을 이용한 전자문서로 알릴 수 있으며, 이 경우 그 전자문서는 그 사업주가 지정한 컴퓨터 등에 입력된 때에 도달된 것으로 본다. (2010.6.4 개정)

② 건강보험공단은 납부의무자가 보험료등을 납부기한까지 내지 아니하면 기한을 정하여 해당 보험료등을 낼 것을 독촉하여야 한다. (2022.12.31 개정)

③ 건강보험공단은 제2항에 따라 독촉을 하는 경우에는 독촉장을 발급하여야 한다. 이 경우의 납부기한은 독촉장 발급일부터 10일 이상의 여유가 있도록 하여야 한다. (2010.1.27 개정)

④ 건강보험공단은 납부의무자의 신청이 있으면 제2항에 따른 독촉을 전자문서교환방식 등에 의하여 전자문서로 할 수 있다. 이 경우 전자문서 독촉에 대한 신청방법·절차 등에 필요한 사항은 고용노동부령으로 정한다. (2022.6.10 신설)

⑤ 제4항에 따른 전자문서 독촉의 도달시기에 관하여는 제16조의8제3항을 준용한다. 이 경우 "고지"는 "독촉"으로 본다. (2022.6.10 신설)

⑥ 제28조의4에 따른 연대납부의무자 중 1명에게 한 독촉은 다른 연대납부의무자에게도 효력이 있는 것으로 본다. (2022.6.10 개정)

제27조의2【납부기한 전 징수】 ① 공단 또는 건강보험공단은 사업주에게 다음 각 호의 어느 하나에 해당하는 사유가 있는 경우에는 납부기한 전이라도 이미 납부의무가 확정된 보험료, 이 법에 따른 그 밖의 징수금을 징수할 수 있다. 다만, 보험료와 이 법에 따른 그 밖의 징수금의 총액이 500만원 미만인 경우에는 그러하지 아니하다. (2010.1.27 개정)

1. 국세를 체납하여 체납처분을 받은 경우
2. 지방세 또는 공과금을 체납하여 체납처분을 받은 경우
3. 강제집행을 받은 경우

4. 「어음법」 및 「수표법」에 따른 어음교환소에서 거래정지처분을 받은 경우
5. 경매가 개시된 경우
6. 법인이 해산한 경우

② 공단 또는 건강보험공단은 제1항에 따라 납부기한 전에 보험료와 이 법에 따른 그 밖의 징수금을 징수할 때에는 새로운 납부기한 및 납부기한의 변경 사유를 적어 사업주에게 알려야 한다. 이 경우 이미 납부 통지를 하였을 때에는 납부기한의 변경을 알려야 한다. (2010.1.27 개정)

제27조의3 【보험료 등의 분할 납부】 ① 사업주는 다음 각 호의 어느 하나에 해당하는 경우에는 납부기한이 지난 보험료와 이 법에 따른 그 밖의 징수금에 대하여 분할 납부를 승인하여 줄 것을 건강보험공단에 신청할 수 있다. (2021.8.17 개정)

1. 제5조제1항 또는 제3항에 따른 보험의 당연가입자인 사업주로서 제7조에 따른 보험관계 성립일부터 1년 이상이 지나서 제11조에 따른 보험관계 성립신고를 한 경우
2. 제39조에 따라 납부기한이 연장되었으나 연장된 납부기한이 지나 3회 이상 체납한 경우

② 삭제(2019.1.15)

③ 건강보험공단은 제1항에 따라 신청한 사업주에 대하여 납부능력을 확인하여 보험료와 이 법에 따른 그 밖의 징수금의 분할 납부를 승인할 수 있다. (2019.1.15 개정)

④ 건강보험공단은 제3항에 따라 분할 납부 승인을 받은 사업주가 다음 각 호의 어느 하나에 해당하게 된 경우에는 분할 납부의 승인을 취소하고 분할 납부의 대상이 되는 보험료와 이 법에 따른 그 밖의 징수금을 한꺼번에 징수할 수 있다. (2010.1.27 개정)

1. 분할 납부하여야 하는 보험료와 이 법에 따른 그 밖의 징수금을 정당한 사유 없이 두 번 이상 내지 아니한 경우
2. 제27조의2제1항 각 호의 어느 하나에 해당하는 사유가 발생한 경우

⑤ 제1항·제3항 및 제4항에 따른 분할 납부의 승인과 취소에 관한 절차·방법, 분할 납부의 기간 및 납부능력 확인 등에 필요한 사항은 고용노동부령으로 정한다. (2019.1.15 개정)

제28조 【징수금의 체납처분 등】 ① 건강보험공단은 제27조제2항 및 제3항에 따른 독촉을 받은 자가 그 기한까지 보험료나 이 법에 따른 그 밖의 징수금을 내지 아니한 경우에는 고용노동부장관의 승인을 받아 국세 체납처분의 예에 따라 이를 징수할 수 있다. (2010.6.4 개정)

② 건강보험공단은 제1항에 따른 국세 체납처분의 예에 따라 압류한 재산을 공매하는 경우에 전문지식이 필요하거나 그 밖의 특수한 사정이 있어 직접

공매하기에 적당하지 아니하다고 인정하면 대통령령으로 정하는 바에 따라 「한국자산관리공사 설립 등에 관한 법률」에 따라 설립된 한국자산관리공사(이하 "한국자산관리공사"라 한다)로 하여금 압류한 재산의 공매를 대행하게 할 수 있다. 이 경우 공매는 공단이 한 것으로 본다. (2019.11.26 개정)

③ 건강보험공단은 제2항에 따라 한국자산관리공사로 하여금 공매를 대행하게 하는 경우에는 고용노동부령으로 정하는 바에 따라 수수료를 지급할 수 있다. (2010.6.4 개정)

④ 제2항에 따라 한국자산관리공사가 공매를 대행하는 경우에 한국자산관리공사의 임직원은 「형법」 제129조부터 제132조까지의 규정을 적용할 때 공무원으로 본다. (2009.12.30 개정)

령 제37조·제40조·제52조

제28조의2 【법인의 합병으로 인한 납부의무의 승계】 법인이 합병한 경우에 합병 후 존속하는 법인 또는 합병으로 설립되는 법인은 합병으로 소멸된 법인에 부과되거나 그 법인이 내야 하는 보험료와 이 법에 따른 그 밖의 징수금과 체납처분비를 낼 의무를 진다. (2009.12.30 개정)

제28조의3 【상속으로 인한 납부의무의 승계】 ① 상속이 개시된 때에 그 상속인(「민법」 제1078조에 따라 포괄적 유증을 받은 자를 포함한다. 이하 같다) 또는 「민법」 제1053조에 따른 상속재산관리인(이하 "상속재산관리인"이라 한다)은 피상속인에게 부과되거나 그 피상속인이 내야 하는 보험료, 이 법에 따른 그 밖의 징수금과 체납처분비를 상속받은 재산의 한도에서 낼 의무를 진다. (2009.12.30 개정)

② 제1항의 경우에 상속인이 2명 이상이면 각 상속인은 피상속인에게 부과되거나 그 피상속인이 내야 하는 보험료, 이 법에 따른 그 밖의 징수금과 체납처분비를 「민법」 제1009조·제1010조·제1012조 및 제1013조에 따른 상속분에 따라 나누어 계산한 후, 상속받은 재산의 한도에서 연대하여 낼 의무를 진다. 이 경우 각 상속인은 그 상속인 중에서 피상속인의 보험료, 이 법에 따른 그 밖의 징수금과 체납처분비를 낼 대표자를 정하여 대통령령으로 정하는 바에 따라 건강보험공단에 신고하여야 한다. (2010.1.27 개정)

③ 제1항의 경우에 상속인의 존재 여부가 분명하지 아니할 때에는 상속인에게 하여야 하는 보험료, 이 법에 따른 그 밖의 징수금과 체납처분비의 납부고지·독촉 또는 그 밖에 필요한 조치는 상속재산관리인에게 하여야 한다. (2009.12.30 개정)

④ 제1항의 경우에 상속인의 존재 여부가 분명하지 아니하고 상속재산관리인도 없으면 건강보험공단은 피상속인의 주소지를 관할하는 법원에 상속재산관리인의 선임(選任)을 청구할 수 있다. (2010.1.27 개정)

⑤ 제1항의 경우에 피상속인에 대한 처분 또는 절차는 상속인 또는 상속재산

관리인에 대하여도 효력이 있다. (2009.12.30 개정)
령 제40조의2·제40조의3

제28조의4【연대납부의무】 ① 공동사업에 관계되는 보험료, 이 법에 따른 그 밖의 징수금과 체납처분비는 공동사업자가 연대하여 낼 의무를 진다. (2009.12.30 개정)
② 법인이 분할 또는 분할합병되는 경우 분할되는 법인에 대하여 분할일 또는 분할합병일 이전에 부과되거나 납부의무가 성립한 보험료, 이 법에 따른 그 밖의 징수금과 체납처분비는 다음 각 호의 법인이 연대하여 낼 책임을 진다. (2009.12.30 개정)
1. 분할되는 법인
2. 분할 또는 분할합병으로 설립되는 법인
3. 분할되는 법인의 일부가 다른 법인과 합병하여 그 다른 법인이 존속하는 경우 그 다른 법인

③ 법인이 분할 또는 분할합병으로 해산되는 경우 해산되는 법인에 대하여 부과되거나 그 법인이 내야 하는 보험료, 이 법에 따른 그 밖의 징수금과 체납처분비는 제2항제2호 및 제3호의 법인이 연대하여 낼 책임을 진다. (2009.12.30 개정)

제28조의5【연대납부의무에 관한 「민법」의 준용】 이 법에 따른 보험료, 그 밖의 징수금과 체납처분비의 연대납부의무에 관하여는 「민법」 제413조부터 제416조까지, 제419조, 제421조, 제423조 및 제425조부터 제427조까지의 규정을 준용한다. (2009.12.30 개정)

제28조의6【고액·상습 체납자의 인적사항 공개】 ① 건강보험공단은 이 법에 따른 납부기한의 다음 날부터 1년이 지난 보험료와 이 법에 따른 그 밖의 징수금과 체납처분비(제29조에 따라 결손처분한 보험료, 이 법에 따른 그 밖의 징수금과 체납처분비로서 징수권 소멸시효가 완성되지 아니한 것을 포함한다)의 총액이 5천만원 이상인 체납자가 납부능력이 있음에도 불구하고 체납한 경우에는 그 인적사항 및 체납액 등(이하 이 조에서 "인적사항등"이라 한다)을 공개할 수 있다. 다만, 체납된 보험료, 이 법에 따른 그 밖의 징수금과 체납처분비와 관련하여 행정심판 또는 행정소송이 계류 중인 경우, 그 밖에 체납된 금액의 일부납부 등 대통령령으로 정하는 사유가 있을 때에는 그러하지 아니하다. (2022.12.31 개정)
② 제1항에 따른 체납자의 인적사항등에 대한 공개 여부를 심의하기 위하여 건강보험공단에 보험료정보공개심의위원회(이하 이 조에서 "위원회"라 한다)를 둔다. (2010.1.27 개정)
③ 건강보험공단은 위원회의 심의를 거쳐 인적사항등의 공개가 결정된 자에 대하여 공개대상자임을 알림으로써 소명할 기회를 주어야 하며, 통지일부터

6개월이 지난 후 위원회로 하여금 체납액의 납부이행 등을 고려하여 체납자 인적사항등의 공개 여부를 재심의하게 한 후 공개대상자를 선정한다. (2010.1.27 개정)

④ 제1항에 따른 체납자 인적사항등의 공개는 관보에 게재하거나, 고용·산재정보통신망 또는 건강보험공단 게시판에 게시하는 방법에 따른다. (2010.1.27 개정)

⑤ 제1항부터 제4항까지의 규정에 따른 체납자 인적사항등의 공개와 관련한 절차 및 위원회의 구성·운영 등에 필요한 사항은 대통령령으로 정한다. (2009.12.30 개정)

령 제40조의4·제40조의5

제28조의7 【「국세기본법」의 준용】 보험료, 이 법에 따른 그 밖의 징수금의 체납처분 유예를 위한 납부담보의 제공에 관하여는 「국세징수법」 제18조부터 제23조까지의 규정을 준용한다. 이 경우 "세법"은 "이 법"으로, "납세담보"는 "납부담보"로, "세무서장"은 "건강보험공단"으로, "납세보증보험증권"은 "납부보증보험증권"으로, "납세보증서"는 "납부보증서"로, "납세담보물"은 "납부담보물"로, "국세·가산금과 체납처분비"는 "보험료, 이 법에 따른 그 밖의 징수금과 체납처분비"로 본다. (2020.12.29 개정)

제29조 【징수금의 결손처분】 ① 건강보험공단은 다음 각 호의 어느 하나에 해당하는 사유가 있을 때에는 고용노동부장관의 승인을 받아 보험료와 이 법에 따른 그 밖의 징수금을 결손처분할 수 있다. (2010.6.4 개정)

1. 체납처분이 끝나고 체납액에 충당된 배분금액이 그 체납액보다 적은 경우
2. 소멸시효가 완성된 경우
3. 징수할 가능성이 없다고 인정하여 대통령령으로 정하는 경우

② 건강보험공단은 제1항제3호에 따라 결손처분을 한 후 압류할 수 있는 다른 재산을 발견한 경우에는 지체 없이 그 처분을 취소하고 다시 체납처분을 하여야 한다. (2010.1.27 개정)

령 제41조

제29조의2 【체납 또는 결손처분 자료의 제공】 ① 건강보험공단은 보험료 징수 또는 공익목적을 위하여 필요한 경우에 「신용정보의 이용 및 보호에 관한 법률」 제25조제2항제1호에 따른 종합신용정보집중기관이 다음 각 호의 어느 하나에 해당하는 체납자 또는 결손처분자의 인적사항·체납액 또는 결손처분액에 관한 자료(이하 "체납등 자료"라 한다)를 요구할 때에는 그 자료를 제공할 수 있다. 다만, 체납된 보험료, 이 법에 따른 그 밖의 징수금과 관련하여 행정심판 또는 행정소송이 계류 중인 경우, 그 밖에 체납처분의 유예 등 대통령령으로 정하는 사유가 있을 때에는 그러하지 아니하다. (2010.1.27 개정)

1. 이 법에 따른 납부기한의 다음 날부터 1년이 지난 보험료, 이 법에 따른 그 밖의 징수금과 체납처분비의 총액이 500만원 이상인 자
2. 1년에 세 번 이상 체납하고 이 법에 따른 납부기한이 지난 보험료, 이 법에 따른 그 밖의 징수금과 체납처분비의 총액이 500만원 이상인 자
3. 제29조에 따라 결손처분한 금액의 총액이 500만원 이상인 자

② 제1항에 따른 체납등 자료의 제공절차에 관하여 필요한 사항은 대통령령으로 정한다. (2009.12.30 개정)

③ 제1항에 따라 체납등 자료를 제공받은 자는 이를 업무 외의 목적으로 누설하거나 이용하여서는 아니 된다. (2009.12.30 개정)

령 제41조의2·제41조의3

제29조의3【금융거래정보의 제공 요청 등】 ① 건강보험공단은 다음 각 호의 어느 하나에 해당하는 체납자의 재산조회를 위하여 필요한 경우에는 「금융실명거래 및 비밀보장에 관한 법률」 제4조에도 불구하고 같은 법 제2조제1호에 따른 금융회사등의 특정점포에 금융거래 관련 정보 또는 자료(이하 "금융거래정보"라 한다)의 제공을 요청할 수 있으며, 해당 금융회사등의 특정점포는 이를 제공하여야 한다. (2021.1.5 개정)

1. 이 법에 따른 납부기한의 다음 날부터 1년이 지난 보험료, 이 법에 따른 그 밖의 징수금 및 체납처분비의 총액이 500만원 이상인 자
2. 1년에 세 번 이상 체납하고 이 법에 따른 납부기한이 지난 보험료, 이 법에 따른 그 밖의 징수금 및 체납처분비의 총액이 500만원 이상인 자

② 건강보험공단이 제1항에 따라 금융거래정보의 제공을 요청할 때에는 「금융실명거래 및 비밀보장에 관한 법률」 제4조제2항에 따른 금융위원회가 정하는 표준양식으로 하여야 한다. (2021.1.5 개정)

③ 제1항에 따른 금융거래정보의 제공 요청은 체납자의 재산조회를 위하여 필요한 최소한도에 그쳐야 한다. (2009.12.30 신설)

④ 제1항에 따라 금융회사등이 건강보험공단에 금융거래정보를 제공하는 경우에는 그 금융회사등은 금융거래정보를 제공한 날부터 10일 이내에 제공한 금융거래정보의 주요내용·사용목적·제공받은 자 및 제공일자 등을 거래자에게 서면으로 알려야 한다. 이 경우 통지에 드는 비용에 관하여는 「금융실명거래 및 비밀보장에 관한 법률」 제4조의2제4항을 준용한다. (2013.6.4 개정)

⑤ 건강보험공단은 제1항에 따라 금융회사등에 대하여 금융거래정보를 요청하는 경우에는 그 사실을 기록하여야 하며, 금융거래정보를 요청한 날부터 5년간 그 기록을 보관하여야 한다. (2021.1.5 개정)

⑥ 제1항에 따라 금융거래정보를 알게 된 자는 그 알게 된 금융거래정보를 타인에게 제공 또는 누설하거나 그 목적 외의 용도로 이용하여서는 아니 된

다. (2009.12.30 신설)

벌 법 제29조의3제1항(제48조의2제8항제3호, 제48조의3제8항제3호 및 제48조의6제13항제3호에 따라 준용되는 경우를 포함한다)에 따른 금융거래정보의 제공을 요청받고 정당한 사유 없이 금융거래정보의 제공을 거부한 자에게는 300만원 이하의 과태료를 부과한다. (법 제50조제1항제2호)

벌 법 제29조의3제6항(제48조의2제8항제3호, 제48조의3제8항제3호 및 제48조의6제13항제3호에 따라 준용되는 경우를 포함한다)을 위반한 자는 5년 이하의 징역 또는 3천만원 이하의 벌금에 처한다. 이 경우 징역형과 벌금형은 병과할 수 있다. (법 제49조의6)

제29조의4 【보험료등의 완납증명】 ① 보험료등의 납부의무자가 국가, 지방자치단체 또는 「공공기관의 운영에 관한 법률」 제4조에 따른 공공기관 등 대통령령으로 정하는 기관으로부터 공사·제조·구매·용역 등 대통령령으로 정하는 계약의 대가를 지급받으려면 보험료등의 완납(完納) 사실을 증명하여야 한다. 다만, 납부의무자가 계약대금의 전부 또는 일부로 보험료등을 납부하려는 경우 등 대통령령으로 정하는 경우에는 그러하지 아니하다. (2022.12.31 신설)

② 납부의무자가 제1항에 따라 보험료등의 완납 사실을 증명하여야 하는 경우 같은 항의 계약을 담당하는 주무관서 또는 공공기관 등은 납부의무자의 동의를 받아 공단 또는 건강보험공단에 조회하여 보험료등의 납부 여부를 확인하는 것으로 제1항에 따른 완납 사실 증명을 갈음할 수 있다. (2022.12.31 신설)

령 제41조의5

제30조 【보험료 징수의 우선순위】 보험료와 이 법에 따른 그 밖의 징수금은 국세 및 지방세를 제외한 다른 채권보다 우선하여 징수한다. 다만, 보험료등의 납부기한 전에 전세권·질권·저당권 또는 「동산·채권 등의 담보에 관한 법률」에 따른 담보권의 설정을 등기하거나 등록한 사실이 증명되는 재산을 매각하여 그 매각대금 중에서 보험료 등을 징수하는 경우에 그 전세권·질권·저당권 또는 「동산·채권 등의 담보에 관한 법률」에 따른 담보권에 의하여 담보된 채권에 대하여는 그러하지 아니하다. (2010.6.10 개정)

제31조 【산재보험료 및 부담금 징수 등에 관한 특례】 ① 공단 또는 건강보험공단은 이 법에 따른 산재보험료 및 산재보험과 관련된 그 밖의 징수금, 「임금채권보장법」 제9조·제16조에 따른 부담금 및 그 밖의 징수금과 「석면피해구제법」 제31조제1항제1호의 자에 대한 분담금 및 그 밖의 징수금을 통합하여 징수하여야 한다. (2010.3.22 개정)

② 사업주는 이 법에 따른 산재보험료, 「임금채권보장법」 제9조에 따른 부담금 및 「석면피해구제법」 제31조제1항제1호의 자에 대한 분담금(이하 "부담

금"이라 한다)을 통합하여 신고하고 내야 한다. (2010.3.22 개정)
③ 제1항 및 제2항에 따라 사업주가 산재보험료 및 부담금(각각에 대한 연체금 및 가산금을 포함한다. 이하 이 조에서 같다)을 낸 경우에는 그 총액 중에서 사업주가 내야 할 산재보험료와 부담금의 비율만큼 산재보험료와 부담금을 낸 것으로 본다. (2009.12.30 개정)
④ 공단 또는 건강보험공단은 제1항 및 제2항에 따라 징수하거나 납부된 산재보험료 및 부담금을 「산업재해보상보험법」 제95조에 따라 설치된 기금, 「임금채권보장법」 제17조에 따라 설치된 기금 및 「석면피해구제법」 제24조에 따라 설치된 기금에 각각 납입하여야 한다. (2010.3.22 개정)
⑤ 제4항에 따라 산재보험료 및 부담금을 각각의 기금에 납입하는 경우 그 정산기준 및 정산방법 등에 관하여 필요한 사항은 대통령령으로 정한다. (2009.12.30 개정)
령 제42조

제32조 【서류의 송달】 ① 「국세징수법」 제17조 및 「국세기본법」 제8조부터 제12조까지의 규정(같은 법 제8조제2항 단서는 제외한다)은 보험료, 이 법에 따른 그 밖의 징수금에 관한 서류의 송달에 관하여 준용한다. (2021.1.5 개정)
② 제1항에도 불구하고 보험료, 이 법에 따른 그 밖의 징수금의 고지·독촉 또는 체납처분에 관계되는 서류를 우편에 따라 송달하는 경우 그 방법은 대통령령으로 정하는 바에 따른다. (2010.1.27 신설)
령 제43조의2

제4장 보험사무대행기관

제33조 【보험사무대행기관】 ① 사업주 등을 구성원으로 하는 단체로서 특별법에 따라 설립된 단체, 「민법」 제32조에 따라 고용노동부장관의 허가를 받아 설립된 법인 및 그 밖에 대통령령으로 정하는 기준에 해당하는 법인, 공인노무사 또는 세무사(이하 "법인등"이라 한다)는 사업주로부터 위임을 받아 보험료 신고, 고용보험 피보험자에 관한 신고 등 사업주가 지방고용노동관서 또는 공단에 대하여 하여야 할 보험에 관한 사무(이하 "보험사무"라 한다)를 대행할 수 있다. 이 경우 보험사무를 위임할 수 있는 사업주의 범위 및 법인등에 위임할 수 있는 업무의 범위는 대통령령으로 정한다. (2014.3.24 개정)
② 법인등이 제1항에 따라 보험사무를 대행하려는 경우에는 대통령령으로 정하는 바에 따라 공단의 인가를 받아야 한다. (2009.12.30 개정)
③ 제2항에 따라 인가를 받은 법인등(이하 "보험사무대행기관"이라 한다)이

인가받은 사항을 변경하려고 하는 경우 수탁대상지역 등 대통령령으로 정하는 사항에 관하여는 공단의 인가를 받아야 하며, 소재지 등 고용노동부령으로 정하는 사항은 공단에 신고하여야 한다. (2010.6.4 개정)

④ 보험사무대행기관이 제1항에 따른 업무의 전부 또는 일부를 폐지하려면 공단에 신고하여야 한다. (2009.12.30 개정)

⑤ 공단은 보험사무대행기관이 다음 각 호의 어느 하나에 해당하는 경우에는 그 인가를 취소할 수 있다. 다만, 제1호에 해당하는 경우에는 인가를 취소하여야 한다. (2022.6.10 개정)

1. 거짓이나 그 밖의 부정한 방법으로 인가를 받은 경우 (2022.6.10 신설)
2. 정당한 사유 없이 계속하여 2개월 이상 보험사무를 중단한 경우 (2022.6.10 신설)
3. 보험사무를 거짓이나 그 밖의 부정한 방법으로 운영한 경우 (2022.6.10 신설)
4. 그 밖에 이 법 또는 이 법에 따른 명령을 위반한 경우 (2022.6.10 신설)

⑥ 제4항에 따라 업무가 전부 폐지되거나 제5항에 따라 인가가 취소된 보험사무대행기관은 폐지신고일 또는 인가취소일부터 1년의 범위에서 대통령령으로 정하는 기간 동안은 보험사무대행기관으로 다시 인가받을 수 없다. (2022.6.10 신설)

⑦ 그 밖에 보험사무대행기관의 인가 취소 등에 필요한 사항은 대통령령으로 정한다. (2022.6.10 신설)

령 제44조·제45조·제46조·제47조·제48조·제49조·제52조

제34조【보험사무대행기관에 대한 통지】 공단은 보험료, 이 법에 따른 그 밖의 징수금의 납입의 통지 등을 보험사무대행기관에 함으로써 그 사업주에 대한 통지를 갈음한다. (2009.12.30 개정)

령 제50조

제35조【보험사무대행기관의 의무】 공단이 제24조에 따른 가산금, 제25조에 따른 연체금 및 제26조에 따른 산재보험급여에 해당하는 금액을 징수하는 경우에 그 징수사유가 보험사무대행기관의 귀책사유로 인한 것일 때에는 그 한도 안에서 보험사무대행기관이 해당 금액을 내야 한다. (2009.12.30 개정)

제36조【보험사무대행기관의 장부비치 등】 보험사무대행기관은 대통령령으로 정하는 바에 따라 보험사무에 관한 사항을 적은 장부나 그 밖의 서류를 사무소에 갖추어 두어야 한다. (2009.12.30 개정)

벌 법 제36조에 따른 장부 또는 그 밖의 서류를 갖추어 두지 아니하거나 거짓으로 적은 자에게는 50만원 이하의 과태료를 부과한다. (법 제50조제2항)

령 제51조

제37조 【보험사무대행기관에 대한 지원 등】 공단은 보험사무대행기관이 제33조제1항에 따라 보험사무를 대행한 경우에는 대통령령으로 정하는 바에 따라 징수비용과 그 밖의 지원금을 교부할 수 있다. (2009.12.30 개정)

령 제52조

제5장 보 칙

제38조 【보험료의 수납절차】 이 법에 따른 보험료와 그 밖의 징수금의 수납방법 및 그 절차 등에 관하여 필요한 사항은 고용노동부령으로 정한다. (2010.6.4 개정)

제39조 【납부기한의 연장】 공단 또는 건강보험공단은 천재지변 등 고용노동부령으로 정하는 사유로 이 법에 규정된 신고·신청·청구나 그 밖의 서류의 제출·통지 또는 납부·징수를 정하여진 기한까지 할 수 없다고 인정될 때에는 그 기한을 연장할 수 있다. (2010.6.4 개정)

제40조 【자료제공의 요청】 ① 공단 또는 건강보험공단은 보험관계의 성립 및 소멸, 고용보험료의 지원, 보험료의 부과·징수, 보험료의 정산, 그 밖에 이 법에 따른 연체금 또는 징수금의 징수 등을 위하여 근로소득자료·국세·지방세·토지·건물·건강보험·국민연금 등 대통령령으로 정하는 자료를 제공받거나 관련 전산망을 이용하려는 경우에는 관계 기관의 장에게 사용목적 등을 적은 문서로 협조를 요청할 수 있다. 이 경우 관계 기관의 장은 정당한 사유가 없으면 그 요청에 따라야 한다. (2013.6.4 개정)

② 공단은 산재보험 노무제공자에 대한 보험료의 부과·징수 등을 위하여 산재보험 노무제공자의 노무를 제공받는 사업의 도급인(「산업안전보건법」 제2조제7호에 따른 도급인을 말한다), 「보험업법」에 따른 보험회사 등 대통령령으로 정하는 기관·단체에 산재보험 노무제공자의 월 보수액 등 보험료 부과·징수 등에 필요한 내용으로서 대통령령으로 정하는 자료 또는 정보의 제공을 요청할 수 있다. 이 경우 요청을 받은 기관·단체는 특별한 사유가 없으면 그 요청에 따라야 한다. (2022.6.10 신설)

③ 제1항 또는 제2항에 따라 공단 또는 건강보험공단에 제공되는 자료에 대하여는 수수료 및 사용료 등을 면제한다. (2022.6.10 개정)

벌 제40조제2항을 위반하여 자료 또는 정보의 제공 요청에 따르지 아니한 자에게는 300만원 이하의 과태료를 부과한다.(법 제50조제1항제3호)

령 제54조의2

제41조 【시효】 ① 보험료, 이 법에 따른 그 밖의 징수금을 징수하거나 그 반환받을 수 있는 권리는 3년간 행사하지 아니하면 시효로 인하여 소멸한다. (2009.12.30 개정)

② 제1항에 따른 소멸시효에 관하여는 이 법에 규정된 것을 제외하고는 「민법」에 따른다. 〈2009.12.30 개정〉

제42조【시효의 중단】 ① 제41조에 따른 소멸시효는 다음 각 호의 사유로 중단된다. 〈2009.12.30 개정〉

1. 제16조의8에 따른 월별보험료의 고지 〈2010.1.27 신설〉
2. 제23조제1항 또는 제2항에 따른 반환의 청구 〈2010.1.27 개정〉
3. 제27조에 따른 통지 또는 독촉 〈2010.1.27 개정〉
4. 제28조에 따른 체납처분 절차에 따라 하는 교부청구 또는 압류 〈2010.1.27 개정〉

② 제1항에 따라 중단된 소멸시효는 다음 각 호의 기한 또는 기간이 지난 때부터 새로 진행한다. 〈2009.12.30 개정〉

1. 제16조의8에 따라 고지한 월별보험료의 납부기한 〈2010.1.27 신설〉
2. 독촉에 의한 납부기한 〈2010.1.27 개정〉
3. 제27조제1항에 따라 알린 납부기한 〈2010.1.27 개정〉
4. 교부청구 중의 기간 〈2010.1.27 개정〉
5. 압류기간 〈2010.1.27 개정〉

제43조【보험료 정산에 따른 권리의 소멸시효】 ① 제16조의9제3항에 따라 사업주가 반환받을 권리 및 건강보험공단이 징수할 권리의 소멸시효는 다음 보험연도의 첫날(보험연도 중에 보험관계가 소멸한 사업의 경우에는 보험관계가 소멸한 날)부터 진행한다. 〈2019.1.15 개정〉

② 제19조제2항 및 제4항에 따라 사업주가 반환받을 권리 및 공단이 징수할 권리의 소멸시효는 다음 보험연도의 첫날(보험연도 중에 보험관계가 소멸한 사업의 경우에는 보험관계가 소멸한 날)부터 진행한다. 〈2019.1.15 개정〉

제44조【보고】 공단 또는 건강보험공단은 보험료의 성실신고 및 보험사무대행기관의 지도 등을 위하여 필요하다고 인정되어 대통령령으로 정하는 경우에는 이 법을 적용받는 사업의 사업주, 그 사업에 종사하는 근로자, 보험사무대행기관 및 보험사무대행기관이었던 자에 대하여 이 법 시행에 필요한 보고 및 관계 서류의 제출을 요구할 수 있다. 〈2010.1.27 개정〉

벌 법 제44조(제48조의2제8항제4호, 제48조의3제8항제4호 및 제48조의6제13항제4호에 따라 준용되는 경우를 포함한다)에 따른 요구에 불응하여 보고를 하지 아니하거나 거짓으로 보고한 자 또는 관계 서류를 제출하지 아니하거나 거짓으로 적은 관계 서류를 제출한 자에게는 300만원 이하의 과태료를 부과한다. (법 제50조제1항제4호)

령 제55조

제45조【조사】 ① 공단은 보험료의 성실신고 및 보험사무대행기관의 지도 등을 위하여 필요하다고 인정되어 대통령령으로 정하는 경우에는 소속

직원으로 하여금 근로자를 고용하고 있거나 고용하였던 사업주의 사업장 또는 보험사무대행기관, 보험사무대행기관이었던 자의 사무소에 출입하여 관계인에 대하여 질문을 하거나 관계 서류를 조사하게 할 수 있다. (2009.12.30 개정)
② 공단은 제1항에 따라 조사를 하는 경우 해당 사업주 등에게 조사의 일시 및 내용 등 조사에 필요한 사항을 미리 알려야 한다. 다만, 긴급한 경우나 사전 통지 시 그 목적을 달성할 수 없다고 인정되는 경우에는 그러하지 아니하다. (2009.12.30 개정)
③ 제1항의 경우에 공단직원은 그 권한을 표시하는 증표를 지니고 이를 관계인에게 내보여야 한다. (2009.12.30 개정)
④ 공단은 제1항부터 제3항까지의 규정에 따라 조사를 마치면 해당 사업주 등에게 조사 결과를 서면으로 알려야 한다. (2009.12.30 개정)
벌 법 제45조제1항(제48조의2제8항제4호에 따라 준용되는 경우를 포함한다)에 따른 질문에 거짓으로 답변한 자 또는 같은 항에 따른 조사를 거부·방해 또는 기피한 자에게는 300만원 이하의 과태료를 부과한다. (법 제50조제1항제5호)
령 제55조

제45조의2 【소액 처리】 공단 또는 건강보험공단은 이 법에 따라 징수하여야 할 금액이나 제23조제1항 본문에 따라 지급하여야 할 금액이 1건당 2천원 미만인 경우에는 징수 또는 지급하지 아니한다. (2022.12.31 신설)

제46조 【업무의 위임 및 위탁】 ① 이 법에 따른 고용노동부장관의 권한은 대통령령으로 정하는 바에 따라 그 일부를 지방고용노동관서의 장에게 위임할 수 있다. (2013.6.4 신설)
② 공단 또는 건강보험공단은 대통령령으로 정하는 바에 따라 보험료, 이 법에 따른 그 밖의 징수금의 수납업무 중 일부를 체신관서 또는 금융기관에 위탁할 수 있다. (2013.6.4 개정)
령 제56조

제46조의2 【업무의 지도·감독】 ① 제4조에 따라 징수업무를 위탁받은 건강보험공단은 대통령령으로 정하는 바에 따라 회계연도마다 보험료 등의 고지, 수납 및 체납관리에 관한 사업운영계획과 예산에 관하여 고용노동부장관의 승인을 받아야 한다. (2010.6.4 개정)
② 건강보험공단은 매 회계연도가 끝난 후 2개월 이내에 그 회계연도의 사업실적과 결산을 고용노동부장관에게 보고하여야 한다. (2010.6.4 개정)
③ 고용노동부장관은 건강보험공단에 대하여 제1항에 따른 사업에 관한 보고를 명하거나 사업 또는 재산상황을 검사할 수 있고, 필요하다고 인정하면 정관의 관련 규정을 변경하도록 명하는 등 감독상 필요한 조치를 할 수 있다.

(2010.6.4 개정)
령 제56조의2·제56조의3·제56조의4

제47조【해외파견자에 대한 특례】 ①「산업재해보상보험법」 제122조제1항에 따라 산재보험의 적용을 받는 해외파견자(이하 "해외파견자"라 한다)의 산재보험료 산정의 기초가 되는 보수액은 그 사업에 사용되는 같은 직종 근로자의 보수나 그 밖의 사정을 고려하여 고용노동부장관이 정하는 금액으로 하고, 산재보험료율은 해외파견자의 재해율 및 재해보상에 필요한 금액 등을 고려하여 고용노동부장관이 정하여 고시한다. (2010.6.4 개정)
② 산재보험 가입자의 해외파견자에 대한 보험가입 신청 및 승인, 보험료의 신고 및 납부 등에 필요한 사항은 고용노동부령으로 정한다. (2010.6.4 개정)
③ 해외파견자에 대한 산재보험관계의 성립 및 소멸에 관하여는 제5조제4항·제5항·제7항, 제7조제3호 및 제10조를 준용한다. (2009.12.30 개정)

제48조【현장실습생에 대한 특례】 ①「산업재해보상보험법」 제123조제1항에 따라 산재보험의 적용을 받는 현장실습생(이하 "현장실습생"이라 한다)의 산재보험료 산정의 기초가 되는 보수액은 현장실습생이 받은 모든 금품으로 하되, 산재보험료 산정이 어려운 경우에는 고용노동부장관이 정하여 고시하는 금액으로 할 수 있다. (2010.6.4 개정)
② 현장실습생의 산재보험료의 신고 및 납부 등에 필요한 사항은 고용노동부령으로 정한다. (2010.6.4 개정)

제48조의2【예술인 고용보험 특례】 ①「고용보험법」 제77조의2에 따라 고용보험의 적용을 받는 예술인과 이들을 상대방으로 하여 문화예술용역 관련 계약을 체결한 사업의 사업주는 당연히 고용보험의 보험가입자가 된다. (2021.1.5 개정)
② 예술인의 보수액은「소득세법」 제19조에 따른 사업소득 및 같은 법 제21조에 따른 기타소득에서 대통령령으로 정하는 금품을 뺀 금액으로 한다. (2021.1.5 개정)
③ 제14조에도 불구하고 예술인과 이들을 상대방으로 하여 문화예술용역 관련 계약을 체결한 사업의 사업주에 대한 고용보험료율은 종사형태 등을 반영하여「고용보험법」 제7조에 따른 고용보험위원회의 심의를 거쳐 대통령령으로 달리 정할 수 있다. 이 경우 보험가입자의 고용보험료 평균액의 일정비율에 해당하는 금액을 고려하여 대통령령으로 고용보험료의 상한을 정할 수 있다. (2021.1.5 개정)
④「고용보험법」 제77조의2에 따라 고용보험의 적용을 받는 사업의 사업주는 예술인이 부담하여야 하는 고용보험료와 사업주가 부담하여야 하는 고용보험료를 납부하여야 한다. 이 경우 사업주는 예술인이 부담하여야 하는 고용보험료를 대통령령으로 정하는 바에 따라 그 예술인의 보수에서 원천공제

하여 납부할 수 있다. (2020.6.9 신설)

⑤ 사업주는 제4항에 따라 고용보험료에 해당하는 금액을 원천공제하였으면 공제계산서를 예술인에게 발급하여야 한다. (2021.1.5 개정)

⑥ 제4항에도 불구하고 「고용보험법」 제77조의2제3항에 따라 피보험자격의 취득을 신고한 예술인이 부담하여야 하는 고용보험료는 대통령령으로 정하는 바에 따라 발주자 또는 원수급인이 납부하여야 한다. (2020.6.9 신설)

⑦ 제6항에 따라 고용보험료를 납부하여야 하는 자는 대통령령으로 정하는 바에 따라 해당 고용보험료를 부담하여야 하는 보험가입자로부터 고용보험료를 원천공제하여 납부하여야 한다. 이 경우 해당 사업주 등에게 원천공제 내역을 알려야 한다. (2020.6.9 신설)

⑧ 예술인의 고용보험관계 등에 관하여는 다음 각 호에서 정하는 바에 따라 각 해당 규정을 준용한다. (2021.1.5 개정)

1. 예술인에 대한 고용보험관계의 성립·소멸에 관하여는 제5조제7항, 제6조제3항, 제7조제1호, 제10조(제2호는 제외한다), 제11조제1항(제2호는 제외한다) 및 제12조를 준용한다. 이 경우 "근로자"는 "근로자, 예술인 또는 노무제공자"로, "고용하지 아니하게 되었을 때"는 "고용하지 아니하게 되었거나 관련 계약이 종료되었을 때"로, "제5조제1항"은 "제1항"으로 본다. (2021.1.5 개정)
2. 예술인에 대한 고용보험료의 산정·부과에 관하여는 제13조제1항제1호·제2항(같은 항 단서는 제외한다)·제4항제2호, 제15조제1항, 제16조의2제1항, 제16조의4, 제16조의6부터 제16조의8까지, 제16조의9(제1항 후단은 제외한다), 제16조의11, 제16조의12 및 제18조제1항을 준용한다. 이 경우 "근로자"는 "예술인"으로, "고용보험료율"은 "제48조의2제3항에 따른 보험료율"로 본다. (2022.12.31 개정)
3. 예술인에 대한 고용보험료의 지원, 경감, 과납액의 충당과 반환, 고용보험료와 연체금의 징수·독촉 등에 관하여는 제21조, 제21조의2, 제22조의2(개산보험료에 관한 사항은 제외한다), 제23조(제1항제2호 중 개산보험료에 관한 사항 및 같은 항 제4호는 제외한다), 제25조(제16조의3, 제16조의6, 제16조의7, 제16조의9 및 제18조제1항에 관한 사항으로 한정한다), 제26조의2, 제27조, 제27조의2, 제27조의3, 제28조, 제28조의2부터 제28조의7까지, 제29조, 제29조의2, 제29조의3, 제30조, 제38조 및 제39조를 준용한다. 이 경우 "근로자"는 "예술인"으로 본다. (2021.1.5 개정)
4. 예술인에 대한 고용보험료 및 이 법에 따른 그 밖의 징수금에 관한 서류의 송달, 자료제공의 요청, 보고, 조사 등에 관하여는 제32조 및 제40조부터 제45조까지(제43조제2항은 제외한다)의 규정을 준용한다. 이 경우 "근로자"는 "예술인"으로 본다. (2021.1.5 개정)

령 제19조의6·제45조·제56조의5

제48조의3 【노무제공자의 고용보험 특례】 ① 「고용보험법」 제77조의6에 따라 고용보험의 적용을 받는 노무제공자와 이들을 상대방으로 하여 노무제공계약을 체결한 사업의 사업주(이하 "노무제공사업의 사업주"라 한다)는 당연히 고용보험의 보험가입자가 된다. (2021.1.5 신설)

② 공단이 제16조의2제1항에 따라 매월 부과하는 노무제공자의 월별 보험료(고용보험료에 한정한다)는 월 보수액에 고용보험료율을 곱한 금액으로 한다. 이 경우 월 보수액의 산정방법, 적용기간 등은 대통령령으로 정하는 바에 따른다. (2022.12.31 개정)

③ 노무제공자의 보수액은 「소득세법」 제19조에 따른 사업소득 및 같은 법 제21조에 따른 기타소득에서 대통령령으로 정하는 금품을 뺀 금액으로 한다. 다만, 노무제공특성에 따라 소득확인이 어렵다고 대통령령으로 정하는 직종의 고용보험료 산정기초가 되는 보수액은 고용노동부장관이 고시하는 금액으로 한다. (2022.6.10 개정)

④ 제13조 및 제14조에도 불구하고 노무제공자와 노무제공사업의 사업주가 부담하여야 하는 고용보험료 및 고용보험료율은 종사형태 등을 반영하여 「고용보험법」 제7조에 따른 고용보험위원회의 심의를 거쳐 대통령령으로 달리 정할 수 있다. 이 경우 보험가입자의 고용보험료 평균액의 일정비율에 해당하는 금액을 고려하여 대통령령으로 고용보험료의 상한을 정할 수 있다. (2022.6.10 개정)

⑤ 사업주는 대통령령으로 정하는 바에 따라 노무제공자의 노무제공 내용, 월 보수액 등을 공단에 신고하여야 한다. (2022.6.10 신설)

⑥ 노무제공사업의 사업주는 노무제공자가 부담하여야 하는 고용보험료와 사업주가 부담하여야 하는 고용보험료를 납부하여야 한다. 이 경우 노무제공사업의 사업주는 노무제공자가 부담하여야 하는 고용보험료를 대통령령으로 정하는 바에 따라 그 노무제공자의 보수에서 원천공제하여 납부할 수 있다. (2022.6.10 개정)

⑦ 노무제공사업의 사업주는 제6항 후단에 따라 고용보험료에 해당하는 금액을 원천공제한 때에는 공제계산서를 노무제공자에게 발급하여야 한다. (2022.6.10 개정)

⑧ 노무제공자의 고용보험관계 등에 관하여는 다음 각 호에서 정하는 바에 따라 각 해당 규정을 준용한다. (2022.6.10 개정)

1. 노무제공자에 대한 고용보험관계의 성립·소멸에 관하여는 제5조제7항, 제6조제3항, 제7조제1호, 제10조(제2호는 제외한다), 제11조제1항(제2호는 제외한다) 및 제12조를 준용한다. 이 경우 "근로자"는 "근로자, 노무제공자 또는 예술인"으로, "고용하지 아니하게 되었을 때"는 "고용하지

아니하게 되었거나 관련 계약이 종료되었을 때"로, "제5조제1항"은 "제1항"으로 본다.

2. 노무제공자에 대한 고용보험료의 산정·부과에 관하여는 제13조제1항제1호·제2항(같은 항 단서와 보험료의 분담비율은 제외한다)·제4항제2호(보험료의 분담비율은 제외한다), 제15조제1항, 제16조의2제1항, 제16조의4, 제16조의6부터 제16조의8까지, 제16조의9(제1항 후단은 제외한다), 제16조의11, 제16조의12 및 제18조제1항을 준용한다. 이 경우 "근로자"는 "노무제공자"로, "고용보험료율"은 "제48조의3제4항에 따른 보험료율"로 본다. (2022.12.31 개정)
3. 노무제공자에 대한 고용보험료의 지원, 경감, 과납액의 충당과 반환, 고용보험료와 연체금의 징수·독촉 등에 관하여는 제21조, 제21조의2, 제22조의2(개산보험료에 관한 사항은 제외한다), 제23조(제1항제2호 중 개산보험료에 관한 사항 및 같은 항 제4호는 제외한다), 제25조(제16조의3, 제16조의6, 제16조의7, 제16조의9 및 제18조제1항에 관한 사항으로 한정한다), 제26조의2, 제27조, 제27조의2, 제27조의3, 제28조, 제28조의2부터 제28조의7까지, 제29조, 제29조의2, 제29조의3, 제30조, 제38조 및 제39조를 준용한다. 이 경우 "근로자"는 "노무제공자"로 본다.
4. 노무제공자에 대한 고용보험료 및 이 법에 따른 그 밖의 징수금에 관한 서류의 송달, 자료제공의 요청, 보고, 조사 등에 관하여는 제32조 및 제40조부터 제45조까지(제43조제2항은 제외한다)의 규정을 준용한다. 이 경우 "근로자"는 "노무제공자"로 본다.

령 제45조·제56조의6

제48조의4【노무제공플랫폼사업자에 대한 특례】 ①「고용보험법」 제77조의7제1항에 따른 노무제공플랫폼사업자(이하 "노무제공플랫폼사업자"라 한다)는 노무제공사업의 사업주와 같은 항에 따른 노무제공플랫폼 이용에 대한 계약(이하 "노무제공플랫폼이용계약"이라 한다)을 체결하는 경우 해당 이용 계약의 개시일 또는 종료일이 속하는 달의 다음 달 15일까지 다음 각 호에 해당하는 사항을 공단에 신고하여야 한다. (2021.1.5 신설)

1. 노무제공플랫폼사업자의 성명과 주소(법인의 경우에는 법인의 명칭과 주된 사무소의 소재지)
2. 노무제공사업의 사업주가 해당 사업에 「고용보험법」 제77조의7제1항에 따른 노무제공플랫폼을 이용하기 시작한 날 또는 종료한 날
3. 노무제공사업의 사업주의 성명과 주소(법인의 경우에는 법인의 명칭과 주된 사무소의 소재지)
4. 그 밖에 고용노동부령으로 정하는 사항

② 공단은 노무제공플랫폼사업자와 노무제공사업의 사업주가 노무제공플랫

폼이용계약을 체결하는 경우 노무제공플랫폼사업자에게 노무제공 횟수 및 그 대가 등 대통령령으로 정하는 자료 또는 정보의 제공을 요청할 수 있다. 이 경우 요청을 받은 노무제공플랫폼사업자는 특별한 사유가 없으면 그 요청에 따라야 한다. (2021.1.5 신설)

③ 제48조의3제6항에도 불구하고 「고용보험법」 제77조의7제1항에 따라 노무제공플랫폼사업자가 피보험자격의 취득 등을 신고한 경우 그 노무제공자 및 노무제공사업의 사업주가 부담하는 고용보험료 부담분은 노무제공플랫폼사업자가 원천공제하여 대통령령으로 정하는 바에 따라 납부하여야 한다. (2022.6.10 개정)

④ 노무제공플랫폼사업자는 제3항에 따라 고용보험료를 원천공제한 경우에는 해당 노무제공자와 노무제공사업의 사업주에게 그 원천공제 내역을 알려야 한다. (2021.1.5 신설)

⑤ 공단 또는 건강보험공단은 제3항에 따른 노무제공플랫폼사업자의 원천공제에 관한 지도 등을 위하여 필요하다고 인정되는 경우에는 노무제공플랫폼사업자 및 노무제공플랫폼사업자이었던 자에 대하여 다음 각 호의 구분에 따라 보고 또는 관계 서류의 제출을 요구하거나 조사 등을 할 수 있다. 이 경우 보고·관계 서류의 제출 요구 및 조사 등에 관하여는 제44조 및 제45조를 준용한다. (2021.1.5 신설)

1. 공단 또는 건강보험공단의 경우 : 제3항의 업무와 관련된 보고 또는 관계 서류의 제출 요구
2. 공단의 경우 : 소속 직원으로 하여금 해당 사업자의 사무소에 출입하여 관계인에 대한 질문과 관계 서류의 조사

⑥ 제1항, 제2항 및 제5항에 따른 노무제공플랫폼사업자 등의 신고 및 통보, 공단의 자료 또는 정보의 제공 요청 및 통보, 보고 등의 요구 및 조사 등에 필요한 사항은 고용노동부령으로 정한다. (2021.1.5 신설)

⑦ 공단은 대통령령으로 정하는 바에 따라 노무제공플랫폼사업자가 이 법에 따른 보험사무에 관한 의무를 이행하는데 필요한 비용의 일부를 지원할 수 있다. (2022.6.10 신설)

벌 법 제48조의4제5항제1호에 따른 요구에 불응하여 보고를 하지 아니하거나 거짓으로 보고한 자 또는 관계 서류를 제출하지 아니하거나 거짓으로 적은 관계 서류를 제출한 자에게는 300만원 이하의 과태료를 부과한다. (법 제50조제1항제4호)

벌 법 제48조의4제5항제2호에 따른 질문에 거짓으로 답변한 자 또는 같은 항에 따른 조사를 거부·방해 또는 기피한 자에게는 300만원 이하의 과태료를 부과한다. (법 제50조제1항제5호)

령 제56조의7

제48조의5 【학생연구자에 대한 특례】 ①「산업재해보상보험법」 제123조의2제2항에 따라 산재보험의 적용을 받는 학생연구자(이하 이 조에서 "학생연구자"라 한다)에 대한 산재보험료 산정의 기초가 되는 보수액은 고용노동부장관이 정하여 고시하는 금액으로 하고, 산재보험료율은 그 사업이 적용받는 사업의 산재보험료율로 한다. (2021.4.13 신설)
② 학생연구자의 산재보험료 신고 및 납부 등에 필요한 사항은 고용노동부령으로 정한다. (2021.4.13 신설)

제48조의6 【산재보험 노무제공자의 산재보험 특례】 ① 산재보험 노무제공자의 노무를 제공받는 사업의 사업주는 당연히 산재보험의 보험가입자가 된다. (2022.6.10 신설)
② 공단이 제16조의2제1항에 따라 매월 부과하는 산재보험 노무제공자의 월별보험료(산재보험료에 한정한다)는 사업주가 매월 지급하는 보수액에 산재보험료율을 곱한 금액으로 한다. (2022.6.10 신설)
③ 제2항에 따른 산재보험 노무제공자의 월 보수액은「소득세법」 제19조에 따른 사업소득 및 같은 법 제21조에 따른 기타소득에서 대통령령으로 정하는 금품을 뺀 금액으로 한다. 다만, 노무제공특성에 따라 소득확인이 어렵다고 대통령령으로 정하는 직종의 월 보수액은 고용노동부장관이 고시하는 금액으로 한다. (2022.6.10 신설)
④ 사업주는 제3항 단서에 따른 직종의 산재보험 노무제공자가 부상·질병 등 대통령령으로 정하는 휴업의 사유가 발생하여 노무를 제공할 수 없을 때에는 그 사유가 발생한 날부터 14일 이내에 그 사실을 공단에 신고하여야 하며, 사업주가 해당 기한 내에 신고하지 아니한 경우에는 산재보험 노무제공자가 신고할 수 있다. 이 경우 해당 사유가 발생한 기간은 보험료를 부과하지 아니할 수 있다. (2022.6.10 신설)
⑤ 제13조부터 제15조까지의 규정에도 불구하고 산재보험 노무제공자의 산재보험료율은 재해율 등을 고려하여「산업재해보상보험법」 제8조에 따른 산업재해보상보험및예방심의위원회의 심의를 거쳐 고용노동부장관이 달리 정할 수 있다. (2022.6.10 신설)
⑥ 제2항에 따른 산재보험료는 사업주와 산재보험 노무제공자가 각각 2분의 1씩 부담한다. 다만, 사용종속관계(使用從屬關係)의 정도 등을 고려하여 대통령령으로 정하는 직종에 종사하는 산재보험 노무제공자의 경우에는 사업주가 부담한다. (2022.6.10 신설)
⑦ 산재보험 노무제공자의 재해율, 월 보수액, 산재보험료율 및 노무제공형태 등을 고려하여 대통령령으로 정하는 산재보험 노무제공자와 해당 사업주에 대해서는 제2항에 따른 산재보험료를 대통령령으로 정하는 바에 따라 감면할 수 있다. (2022.6.10 신설)

징수법

⑧ 사업주는 대통령령으로 정하는 바에 따라 산재보험 노무제공자의 월 보수액 등을 공단에 신고하여야 한다. 다만, 사업주가 신고하지 아니하면 대통령령으로 정하는 바에 따라 산재보험 노무제공자가 신고할 수 있다. (2022.6.10 신설)

⑨ 산재보험 노무제공자의 월 보수액 정정 신고 및 산재보험료 정산 등은 대통령령으로 정하는 바에 따른다. (2022.6.10 신설)

⑩ 사업주는 산재보험 노무제공자가 부담하여야 하는 산재보험료와 사업주가 부담하여야 하는 산재보험료를 납부하여야 한다. (2022.6.10 신설)

⑪ 사업주는 산재보험 노무제공자가 부담하여야 하는 산재보험료를 대통령령으로 정하는 바에 따라 그 산재보험 노무제공자의 보수에서 원천공제하여 납부할 수 있다. 이 경우 사업주는 공제계산서를 산재보험 노무제공자에게 발급하여야 한다. (2022.6.10 신설)

⑫ 산재보험 노무제공자의 보험관계의 변경신고 등에 필요한 사항은 고용노동부령으로 정한다. (2022.6.10 신설)

⑬ 산재보험 노무제공자의 산재보험관계 등에 관하여는 다음 각 호에서 정하는 바에 따라 각 해당 규정을 준용한다. (2022.6.10 신설)

1. 산재보험 노무제공자에 대한 산재보험관계의 성립·소멸에 관하여는 제5조제7항, 제6조제3항, 제7조제2호, 제10조(제2호는 제외한다), 제11조제1항 및 제12조를 준용한다. 이 경우 "근로자"는 "근로자 또는 산재보험 노무제공자"로, "고용하지 아니하게 되었을 때"는 "고용하지 아니하게 되었거나 노무를 제공받지 아니하게 되었을 때"로 본다.
2. 산재보험 노무제공자에 대한 산재보험료의 산정·부과에 관하여는 제3조, 제13조제1항제2호, 제16조의2, 제16조의4, 제16조의7, 제16조의8, 제16조의12, 제17조, 제18조제1항, 제19조 및 제19조의2를 준용한다. 이 경우 "근로자"는 "산재보험 노무제공자"로, "산재보험료율"은 "제48조의6제5항에 따른 산재보험료율"로 본다.
3. 산재보험 노무제공자에 대한 산재보험료의 경감, 과납액의 충당과 반환, 산재보험료와 연체금의 징수·독촉 등에 관하여는 제22조의2, 제23조, 제24조, 제25조, 제26조, 제26조의2, 제27조, 제27조의2, 제27조의3, 제28조, 제28조의2부터 제28조의7까지, 제29조, 제29조의2, 제29조의3, 제30조, 제38조 및 제39조를 준용한다. 이 경우 "근로자"는 "산재보험 노무제공자"로 본다.
4. 산재보험 노무제공자에 대한 산재보험료 및 이 법에 따른 그 밖의 징수금에 관한 서류의 송달, 자료제공의 요청, 보고, 조사 등에 관하여는 제32조 및 제40조제1항·제3항, 제41조부터 제45조까지의 규정을 준용한다. 이 경우 "근로자"는 "산재보험 노무제공자"로 본다.

벌 법 제48조의6제8항에 따른 월 보수액 등 신고를 하지 아니하거나 거짓 신고를 한 자에게는 300만원 이하의 과태료를 부과한다. (법 제50조제1항 제6호)

령 제56조의8·9·10·11·12·13·14

제48조의7 【플랫폼 운영자의 산재보험 특례】 ①「산업재해보상보험법」 제91조의15제3호에 따른 플랫폼 운영자(같은 법 같은 조 제4호 단서에 해당하는 플랫폼 운영자는 제외한다. 이하 "플랫폼 운영자"라 한다)는 같은 법 같은 조 제4호에 따른 플랫폼 이용 사업자(이하 "플랫폼 이용 사업자"라 한다)의 같은 법 같은 조 제1호나목에 따른 온라인 플랫폼(이하 "온라인 플랫폼"이라 한다) 이용 개시일 또는 종료일이 속하는 달의 다음 달 15일까지 다음 각 호에 해당하는 사항을 공단에 신고하여야 한다. (2022.6.10 신설)

1. 플랫폼 운영자의 성명과 주소(법인의 경우에는 법인의 명칭과 주된 사무소의 소재지)
2. 플랫폼 이용 사업자가 해당 사업에 온라인 플랫폼을 이용하기 시작한 날 또는 종료한 날
3. 플랫폼 이용 사업자의 성명과 주소(법인의 경우에는 법인의 명칭과 주된 사무소의 소재지)
4. 그 밖에 「산업재해보상보험법」 제91조의15제2호에 따른 플랫폼 종사자(이하 "플랫폼 종사자"라 한다)의 보험관계에 관한 정보 등 고용노동부령으로 정하는 사항

② 플랫폼 운영자는 제1항에 따른 신고를 하기 위하여 필요한 경우 해당 플랫폼 이용 사업자와 플랫폼 종사자에게 필요한 자료 또는 정보의 제공을 요청할 수 있다. 이 경우 요청을 받은 플랫폼 이용 사업자와 플랫폼 종사자는 정당한 사유가 없으면 그 요청에 따라야 한다. (2022.6.10 신설)

③ 제48조의6제8항 본문에도 불구하고 플랫폼 종사자의 월 보수액 등 신고는 대통령령으로 정하는 바에 따라 플랫폼 운영자가 하여야 한다. (2022.6.10 신설)

④ 제48조의6제10항 및 제11항에도 불구하고 플랫폼 종사자 및 플랫폼 이용 사업자가 부담하는 산재보험료는 플랫폼 운영자가 원천공제하여 대통령령으로 정하는 바에 따라 납부하여야 한다. 다만, 대통령령으로 정하는 온라인 플랫폼을 통하여 노무를 제공하는 플랫폼 종사자의 산재보험료 원천공제·납부 등에 대해서는 대통령령으로 정하는 바에 따른다. (2022.6.10 신설)

⑤ 플랫폼 운영자는 제4항에 따라 산재보험료를 원천공제한 경우에는 해당 플랫폼 종사자와 플랫폼 이용 사업자에게 그 원천공제 내역을 알려야 한다. (2022.6.10 신설)

⑥ 플랫폼 운영자는 제4항에 따라 산재보험료를 납부하기 위하여 산재보험료 원천공제 및 납부를 위한 전용 계좌를 개설하여야 한다. (2022.6.10 신설)

⑦ 공단 또는 건강보험공단은 보험료의 성실납부 등을 위하여 필요하다고 인정되는 경우에는 플랫폼 운영자 및 플랫폼 운영자였던 자에 대하여 다음 각 호의 구분에 따라 보고 또는 관계 서류의 제출을 요구하거나 조사 등을 할 수 있다. 이 경우 보고·관계 서류의 제출 요구 및 조사 등에 관하여는 제44조 및 제45조를 준용한다. (2022.6.10 신설)

1. 공단 또는 건강보험공단의 경우 : 제4항의 업무와 관련된 보고 또는 관계 서류의 제출 요구
2. 공단의 경우 : 소속 직원으로 하여금 해당 플랫폼 운영자의 사무소에 출입하여 관계인에 대한 질문과 관계 서류의 조사

⑧ 플랫폼 운영자는 제3항에 따른 월 보수액 등 신고와 관련된 정보를 플랫폼 종사자의 해당 온라인 플랫폼을 통한 노무제공이 종료된 날부터 5년 동안 보관하여야 한다. (2022.6.10 신설)

⑨ 공단은 대통령령으로 정하는 바에 따라 플랫폼 운영자가 이 법에 따른 보험사무에 관한 의무를 이행하는 데 필요한 비용의 일부를 지원할 수 있다. (2022.6.10 신설)

⑩ 제1항 및 제7항에 따른 플랫폼 운영자 등의 신고, 공단의 보고 등의 요구 및 조사 등에 필요한 사항은 고용노동부령으로 정한다. (2022.6.10 신설)

벌 법 제48조의7제3항에 따른 월 보수액 등 신고를 하지 아니하거나 거짓 신고를 한 자에게는 300만원 이하의 과태료를 부과한다. (법 제50조제1항제6호)

벌 법 제48조의7제6항을 위반하여 산재보험료 원천공제 및 납부를 위한 전용 계좌를 개설하지 아니한 자에게는 300만원 이하의 과태료를 부과한다. (법 제50조제1항제7호)

벌 법 제48조의7제7항제1호에 따른 요구에 불응하여 보고를 하지 아니하거나 거짓으로 보고한 자 또는 관계 서류를 제출하지 아니하거나 거짓으로 적은 관계 서류를 제출한 자에게는 300만원 이하의 과태료를 부과한다. (법 제50조제1항제4호)

벌 법 제48조의7제7항제2호에 따른 질문에 거짓으로 답변한 자 또는 같은 항에 따른 조사를 거부·방해 또는 기피한 자에게는 300만원 이하의 과태료를 부과한다. (법 제50조제1항제5호)

벌 법 제48조의7제8항을 위반하여 플랫폼 종사자의 월 보수액 등 신고와 관련된 정보를 보관하지 아니한 자에게는 300만원 이하의 과태료를 부과한다. (법 제50조제1항제8호)

령 제56조의15·16·17

제49조 【중소기업 사업주에 대한 특례】 ①「산업재해보상보험법」 제124조제3항에 따른 중소기업 사업주 등에 대한 산재보험료 산정의 기초가 되는 보수액은 고용노동부장관이 정하는 금액으로 하고, 산재보험료율은 그 사업이 적용받는 산재보험료율로 한다. (2020.12.8 개정)
② 중소기업 사업주 등의 산재보험 가입신청 및 승인, 보험료의 신고 및 납부 등에 필요한 사항은 고용노동부령으로 정한다. (2020.12.8 개정)
③ 중소기업 사업주 등에 대한 보험관계의 성립 및 소멸에 관하여는 제5조제4항·제5항·제7항, 제6조제3항, 제7조제3호 및 제10조를 준용한다. (2020.12.8 개정)

제49조의2 【자영업자에 대한 특례】 ① 근로자를 사용하지 아니하거나 50명 미만의 근로자를 사용하는 사업주로서 대통령령으로 정하는 요건을 갖춘 자영업자(이하 "자영업자"라 한다)는 공단의 승인을 받아 자기를 이 법에 따른 근로자로 보아 고용보험에 가입할 수 있다. (2011.7.21 개정)
② 제1항에 따라 보험에 가입한 자영업자가 50명 이상의 근로자를 사용하게 된 경우에도 본인이 피보험자격을 유지하려는 경우에는 계속하여 보험에 가입된 것으로 본다. (2011.7.21 개정)
③ 자영업자에 대한 고용보험료 산정의 기초가 되는 보수액은 자영업자의 소득, 보수수준 등을 고려하여 고용노동부장관이 정하여 고시한다. (2011.7.21 개정)
④ 자영업자는 제1항에 따라 보험가입 승인을 신청하려는 경우에는 본인이 원하는 혜택수준을 고려하여 제3항에 따라 고시된 보수액 중 어느 하나를 선택하여야 한다. (2011.7.21 개정)
⑤ 자영업자는 제4항에 따라 선택한 보수액을 다음 보험연도에 변경하려는 경우에는 직전 연도의 12월 20일까지 제3항에 따라 고시된 보수액 중 어느 하나를 다시 선택하여 공단에 보수액의 변경을 신청할 수 있다. (2011.7.21 개정)
⑥ 제13조제2항 및 제4항에도 불구하고 자영업자가 부담하여야 하는 고용안정·직업능력개발사업 및 실업급여에 대한 고용보험료는 제4항 또는 제5항에 따라 선택한 보수액에 제7항에 따른 고용보험료율을 곱한 금액으로 한다. 이 경우 월(月)의 중간에 보험관계가 성립하거나 소멸하는 경우에는 그 고용보험료는 일수에 비례하여 계산한다. (2021.1.26 개정)
⑦ 자영업자에게 적용하는 고용보험료율은 보험수지의 동향과 경제상황 등을 고려하여 1000분의 30의 범위에서 고용안정·직업능력개발사업의 보험료율 및 실업급여의 보험료율로 구분하여 대통령령으로 정한다. 이 경우 고용보험료율의 결정 및 변경은 「고용보험법」 제7조에 따른 고용보험위원회

의 심의를 거쳐야 한다. (2011.7.21 개정)
⑧ 제6항에 따른 고용보험료는 공단이 매월 부과하고, 건강보험공단이 이를 징수한다. (2011.7.21 개정)
⑨ 고용보험에 가입한 자영업자는 매월 부과된 보험료를 다음 달 10일까지 납부하여야 한다. (2011.7.21 개정)
⑩ 고용보험에 가입한 자영업자가 자신에게 부과된 월(月)의 고용보험료를 계속하여 6개월간 납부하지 아니한 경우에는 마지막으로 납부한 고용보험료에 해당되는 피보험기간의 다음날에 보험관계가 소멸된다. 다만, 천재지변이나 그 밖에 부득이한 사유로 고용보험료를 낼 수 없었음을 증명하면 그러하지 아니하다. (2019.1.15 개정)
⑪ 자영업자의 고용보험 가입 신청·승인 및 보험료의 부과·납부 등 필요한 사항은 고용노동부령으로 정한다. (2011.7.21 개정)
⑫ 자영업자의 고용보험관계 등에 관하여는 다음 각 호에서 정하는 바에 따라 준용한다. 이 경우 "사업주"는 "자영업자"로 본다. (2019.1.15 개정)
1. 자영업자에 대한 고용보험관계의 성립·소멸에 관하여는 제5조제5항(같은 항 후단은 제외한다)·제7항, 제7조제3호 및 제10조제1호부터 제3호까지를 준용한다. (2019.1.15 개정)
2. 자영업자에 대한 고용보험료 과납액의 충당과 반환, 고용보험료와 연체금의 징수·독촉에 관하여는 제23조제1항·제2항·제4항, 제25조, 제26조의2 및 제27조를 준용한다. (2019.1.15 개정)
3. 자영업자에 대한 고용보험료, 이 법에 따른 그 밖의 징수금에 관한 서류의 송달에 관하여는 제32조를 준용한다. (2019.1.15 개정)
령 제56조의18·19

제49조의3 【특수형태근로종사자에 대한 특례】 삭제(2022.6.10)
령 제56조의11

제49조의4 【「국민기초생활 보장법」의 수급자에 대한 특례】 ① 「고용보험법」 제113조의2에 따라 고용보험의 적용을 받는 사업에 참가하여 유급으로 근로하는 「국민기초생활 보장법」 제2조제2호에 따른 수급자는 이 법의 적용을 받는 근로자로 보고, 「국민기초생활 보장법」 제2조제4호에 따른 보장기관(같은 법 제15조제2항에 따라 사업을 위탁하여 행하는 경우는 그 위탁받은 기관으로 한다)은 이 법의 적용을 받는 사업주로 본다. (2021.1.5 개정)
② 제1항에 따른 사업의 보험가입자에 대한 고용보험료 산정의 기초가 되는 보수액은 같은 항에 따른 사업에 참가하고 받은 금전으로 한다. (2011.7.21 신설)
③ 제13조제2항 및 제4항에도 불구하고 제1항에 따른 수급자가 「국민기초

생활 보장법」 제8조제2항에 따른 수급권자인 경우에는 해당 수급자의 고용보험료는 제2항에 따른 보수액에 제14조제1항에 따른 고용안정·직업능력개발사업의 보험료율을 곱한 금액으로 한다. (2016.12.27 개정)

제49조의5 【산재보험관리기구의 산재보험 가입에 대한 특례】 ①「직업안정법」 제33조에 따라 국내 근로자공급사업을 하는 자(이하 "근로자공급사업자"라 한다), 근로자공급사업자로부터 근로자를 공급받는 사업주·화주(貨主) 및 그 사업주·화주 단체, 그 밖에 근로자공급사업과 관련 있는 법인 또는 단체가 산재보험의 가입자가 되는 기구(이하 "산재보험관리기구"라 한다)를 구성하려는 경우에는 공단의 승인을 받아야 한다. (2011.7.21 신설)

② 산재보험관리기구는 공단에 승인을 신청한 날의 다음 날부터 제5조제3항에 따른 보험가입자의 지위를 가지며, 산재보험의 보험관계가 성립한다. (2011.7.21 신설)

③ 산재보험관리기구의 산재보험관계는 다음 각 호의 어느 하나에 해당하는 경우에 소멸하며, 보험관계 소멸일은 다음 각 호의 구분과 같다. (2011.7.21 신설)

1. 산재보험관리기구가 보험가입자로서의 지위를 해지하기 위하여 공단의 승인을 받은 경우 : 공단의 승인을 받은 날의 다음 날
2. 공단이 산재보험관리기구가 실제로 운영되지 아니하는 등의 사유로 계속하여 산재보험의 보험관계를 유지할 수 없다고 인정하여 보험관계를 소멸시킨 경우 : 소멸 사실을 결정하여 통지한 날의 다음 날

④ 산재보험관리기구는 제1항에 따라 승인받은 사항을 변경한 경우에는 변경 사항을 공단에 신고하여야 한다. (2011.7.21 신설)

⑤ 산재보험관리기구가 납부하여야 하는 산재보험료는 산재보험관리기구를 구성하는 근로자공급사업자 등이 근로자에게 지급한 보수를 합산한 금액을 기초로 산정한다. (2011.7.21 신설)

⑥ 산재보험관리기구가 납부하여야 하는 산재보험료, 이 법에 따른 가산금·연체금·체납처분비 및 징수금은 산재보험관리기구를 구성하고 있는 근로자공급사업자 등이 연대하여 낼 의무를 진다. (2011.7.21 신설)

⑦ 공단은 산재보험관리기구를 보험사무대행기관으로 보아 대통령령으로 정하는 바에 따라 징수비용과 그 밖의 지원금을 교부할 수 있다. (2011.7.21 신설)

⑧ 제1항 및 제4항에 따른 승인의 요건 및 절차, 신고에 필요한 사항은 고용노동부령으로 정한다. (2011.7.21 신설)

령 제56조의21

제6장 벌 칙

제49조의6 【벌칙】 제29조의3제6항(제48조의2제8항제3호, 제48조의3제8항제3호 및 제48조의6제13항제3호에 따라 준용되는 경우를 포함한다)을 위반한 자는 5년 이하의 징역 또는 3천만원 이하의 벌금에 처한다. 이 경우 징역형과 벌금형은 병과할 수 있다. (2022.6.10 개정)

제49조의7 【양벌규정】 법인의 대표자나 법인 또는 개인의 대리인, 사용인, 그 밖의 종업원이 그 법인 또는 개인의 업무에 관하여 제49조의6의 위반행위를 하면 그 행위자를 벌하는 외에 그 법인 또는 개인에게도 해당 조문의 벌금형을 과(科)한다. 다만, 법인 또는 개인이 그 위반행위를 방지하기 위하여 해당 업무에 관하여 상당한 주의와 감독을 게을리하지 아니한 경우에는 그러하지 아니하다. (2011.7.21 개정)

제50조 【과태료】 ① 다음 각 호의 어느 하나에 해당하는 자에게는 300만원 이하의 과태료를 부과한다. (2009.12.30 개정)

1. 제11조(제48조의2제8항제1호, 제48조의3제8항제1호 및 제48조의6제13항제1호에 따라 준용되는 경우를 포함한다)에 따른 보험관계의 신고, 제12조(제48조의2제8항제1호, 제48조의3제8항제1호 및 제48조의6제13항제1호에 따라 준용되는 경우를 포함한다)에 따른 보험관계의 변경신고, 제16조의10에 따른 보수총액 등의 신고, 제17조에 따른 개산보험료의 신고 및 제19조에 따른 확정보험료의 신고를 하지 아니하거나 거짓 신고를 한 자 (2022.6.10 개정)
2. 제29조의3제1항(제48조의2제8항제3호, 제48조의3제8항제3호 및 제48조의6제13항제3호에 따라 준용되는 경우를 포함한다)에 따른 금융거래정보의 제공을 요청받고 정당한 사유 없이 금융거래정보의 제공을 거부한 자 (2022.6.10 개정)
3. 제40조제2항을 위반하여 자료 또는 정보의 제공 요청에 따르지 아니한 자 (2022.6.10 신설)
4. 제44조(제48조의2제8항제4호, 제48조의3제8항제4호 및 제48조의6제13항제4호에 따라 준용되는 경우를 포함한다), 제48조의4제5항제1호 및 제48조의7제7항제1호에 따른 요구에 불응하여 보고를 하지 아니하거나 거짓으로 보고한 자 또는 관계 서류를 제출하지 아니하거나 거짓으로 적은 관계 서류를 제출한 자 (2022.6.10 개정)
5. 제45조제1항(제48조의2제8항제4호에 따라 준용되는 경우를 포함한다), 제48조의4제5항제2호 및 제48조의7제7항제2호에 따른 질문에 거짓으로 답변한 자 또는 같은 항에 따른 조사를 거부·방해 또는 기피한 자 (2022.

6.10 개정)
6. 제48조의6제8항 및 제48조의7제3항에 따른 월 보수액 등 신고를 하지 아니하거나 거짓 신고를 한 자 (2022.6.10 신설)
7. 제48조의7제6항을 위반하여 산재보험료 원천공제 및 납부를 위한 전용계좌를 개설하지 아니한 자 (2022.6.10 신설)
8. 제48조의7제8항을 위반하여 플랫폼 종사자의 월 보수액 등 신고와 관련된 정보를 보관하지 아니한 자 (2022.6.10 신설)

② 제36조에 따른 장부 또는 그 밖의 서류를 갖추어 두지 아니하거나 거짓으로 적은 자에게는 50만원 이하의 과태료를 부과한다. (2009.12.30 개정)

③ 제1항 또는 제2항에 따른 과태료는 대통령령으로 정하는 바에 따라 고용노동부장관이 부과·징수한다. (2010.6.4 개정)

령 제57조

부 칙

제1조【시행일】 이 법은 2005년 1월 1일부터 시행한다.

제2조【보험료 등에 관한 일반적 적용례】 종전 고용보험법 및 산업재해보상보험법에 따라 징수 또는 납부하였거나 징수 또는 납부하여야 할 보험료 그밖의 징수금에 대하여는 종전의 고용보험법 및 산업재해보상보험법에 의한다.

제3조【연체금에 관한 적용례】 제25조의 규정은 이 법 시행일 이후에 제17조 내지 제22조의 규정에 의한 납부기한이 지난 보험료의 연체금부터 적용한다.

제4조【하수급인의 보험관계성립신고에 관한 특례】 이 법 시행당시 종전의 고용보험법 제9조제5항 본문 또는 산업재해보상보험법 제9조제1항 본문의 규정에 의한 하수급인이 이 법 제11조의 규정에 따라 보험관계의 성립신고를 하는 경우에는 제11조의 규정에 불구하고 2005년 2월 15일까지 보험관계성립신고서를 제출할 수 있다.

제5조【보험관계 성립일에 관한 경과조치】 이 법 시행 전에 종전의 고용보험법 또는 산업재해보상보험법의 규정에 따라 보험가입신청서를 제출하여 이 법 시행일 이후에 공단의 승인을 받은 자는 제7조제3호의 규정에 따라 보험관계가 성립된 것으로 본다.

제6조【확정보험료 납부기한에 관한 경과조치】 이 법 시행일 전에 보험관계가 소멸한 사업의 확정보험료 납부기한은 종전의 고용보험법 또는 산업재해보상보험법의 규정에 따른다.

제7조【보험사무조합에 관한 경과조치】 이 법 시행 당시 종전의 고용보험법 제64조의 규정에 따라 공단으로부터 고용보험사무조합의 인가를 받은

자 및 종전의 산업재해보상보험법 제58조의 규정에 따라 공단으로부터 산업재해보상보험사무조합의 인가를 받은 자는 이 법 제33조제2항의 규정에 따라 공단으로부터 보험사무대행기관으로 인가를 받은 것으로 본다.

제8조 【과태료에 관한 경과조치】 이 법 시행 전의 행위에 대한 과태료의 적용은 종전의 고용보험법 또는 산업재해보상보험법의 규정에 따른다.

제9조 【처분 등에 관한 경과조치】 이 법 시행당시 종전의 고용보험법 또는 산업재해보상보험법에 의한 공단의 행위 또는 공단에 대한 행위는 각각 그에 해당하는 이 법에 의한 공단의 행위 또는 공단에 대한 행위로 본다.

제10조 【다른 법률의 개정】 생략

제11조 【다른 법령과의 관계】 이 법 시행당시 다른 법령에서 종전의 고용보험법·산업재해보상보험법 또는 그 규정을 인용한 경우 이 법 중 그에 해당하는 규정이 있을 때에는 종전의 규정에 갈음하여 이 법 또는 이 법의 해당 규정을 인용한 것으로 본다.

부칙(2004.12.31 법률 제7300호)

① **【시행일】** 이 법은 2005년 1월 1일부터 시행한다.

② **【동종사업 일괄적용보험관계성립신고에 관한 특례】** 이 법 시행 당시 종전의 고용보험법 제10조의2제1항 또는 산업재해보상보험법 제9조제2항의 규정에 따라 일괄적용을 받지 아니하는 자가 제8조제1항의 규정에 따라 일괄적용을 받게 되는 경우 제11조제2항의 개정규정에 불구하고 2005년 2월 15일까지 일괄적용보험관계성립신고를 할 수 있다.

부칙(2005.12.7 법률 제7706호)

① **【시행일】** 이 법은 2006년 1월 1일부터 시행한다.

② **【고용안정사업과 직업능력개발사업의 통합에 따른 경과조치】** 이 법 시행당시 종전의 규정에 의하여 징수되었거나 징수중인 고용안정사업의 보험료 및 그밖의 징수금과 직업능력개발사업의 보험료 및 그밖의 징수금은 제13조제1항제1호의 개정규정에 의한 고용안정·직업능력개발사업의 보험료 및 그밖의 징수금으로 징수되었거나 징수되는 것으로 본다.

③ **【고용안정사업과 직업능력개발사업의 보험료에 관한 경과조치】** 이 법 시행 전에 종전의 규정에 의하여 징수하여야 할 고용안정사업의 보험료 및 그밖의 징수금과 직업능력개발사업의 보험료 및 그밖의 징수금에 대하여는 종전의 규정에 의한다.

부칙(2006.12.28 법률 제8117호)

제1조 【시행일】 이 법은 공포 후 3개월이 경과한 날부터 시행한다.

제2조 【보험료·가산금 및 연체금 면제의 유효기간】 제22조의3의 개정규정은 2009년 12월 31일까지 효력을 가진다.

제3조 【외국의 사업주가 원수급인인 도급사업의 일괄적용에 관한 적용례】 제9조제2항의 개정규정은 이 법 시행 후 최초로 외국의 사업주와 하도급계약을 체결하는 사업주부터 적용한다.

제4조 【징수특례사업의 특례보험료 납부기한에 관한 적용례】 제21조제4항의 개정규정은 이 법 시행 후 최초로 도래하는 분기부터 적용한다.

제5조 【보험료 등의 일부면제에 관한 적용례】 제22조의3의 개정규정은 이 법 시행 후 최초로 보험관계 성립신고를 하는 보험가입자부터 적용한다.

제6조 【가산금의 경감에 관한 적용례】 제24조의 개정규정 중 가산금의 경감에 관한 부분은 이 법 시행 후 최초로 확정보험료수정신고서를 제출하는 사업주부터 적용한다.

제7조 【납부기한 전 징수에 관한 적용례】 제27조의2의 개정규정은 이 법 시행 후 최초로 동조제1항 각 호의 어느 하나에 해당하는 사유가 발생하는 사업주부터 적용한다.

제8조 【보험료, 이 법에 따른 그 밖의 징수금의 분할납부에 관한 적용례】 제27조의3의 개정규정은 이 법 시행 후 최초로 보험에 가입하는 사업주부터 적용한다.

제9조 【산재보험확정보험료 신고·납부 및 정산의 특례 폐지에 따른 경과조치】 이 법 시행 전에 착공한 건설공사 등에 대하여는 제22조의 개정규정에 불구하고 종전의 규정에 따른다.

〈생략〉

부칙(2009.12.30 법률 제9896호)

① **【시행일】** 이 법은 2011년 1월 1일부터 시행한다. 다만, 제11조제1항, 제29조의3, 제49조의4, 제49조의5 및 제50조제1항제2호의 개정규정은 공포 후 3개월이 경과한 날부터 시행한다.

② **【보험관계의 성립신고에 관한 적용례】** 제11조제1항의 개정규정은 같은 개정규정 시행 당시 사업을 시작하여 14일이 경과되지 아니한 사업에 대하여도 적용한다.

③ **【산재보험료율 결정에 관한 경과조치】** 이 법 시행 당시 제14조제3항의 개정규정에 따라 산재보험료율을 정하는 경우 그 시행 전의 기간에 대하여는 종전의 규정에 따른 임금총액을 보수총액으로 본다.

부칙(2010.1.27 법률 제9989호)

제1조 【시행일】 이 법은 2011년 1월 1일부터 시행한다.

제2조 【보험료 등에 관한 일반적 경과조치】 이 법 시행 전에 종전의 규정에 따라 징수 또는 납부하였거나 징수 또는 납부하여야 할 보험료, 그 밖의 징수금에 대하여는 종전의 규정에 따른다.

제3조 【확정보험료에 관한 경과조치】 이 법 시행에도 불구하고 2010년도 확정보험료는 종전의 규정에 따라 신고·납부하여야 한다.

제4조 【그 밖의 징수금에 관한 경과조치】 부칙 제3조에 따른 확정보험료를 신고·납부하지 아니하여 발생하는 그 밖의 징수금은 종전의 규정에 따라 징수한다.

제5조 【처분 등에 관한 경과조치】 이 법 시행 전에 종전의 규정에 따른 공단의 행위 또는 공단에 대한 행위는 건강보험공단의 행위 또는 건강보험공단에 대한 행위로 본다.

제6조 【보험료의 산정에 관한 경과조치】 이 법 시행 당시 공단이 근로자별 월평균보수를 확인하지 못하여 제16조의3의 개정규정에 따라 보험료를 산정하지 못하는 경우 2011년도 1월부터 3월까지의 월별보험료는 제17조에 따른 2010년도 개산보험료 임금총액의 12분의 1에 해당하는 금액에 2010년도 추정임금상승률을 곱한 금액 또는 기준보수에 다시 보험료율을 곱하여 산정할 수 있다. 다만, 사업주가 해당 보험료의 납부기한이 지나기 이전에 보험료의 산정을 위한 월평균보수를 공단에 신고하는 경우에는 사업주가 신고한 월평균보수를 기준으로 보험료를 산정한다.

제7조 【다른 법령과의 관계】 이 법 시행 당시 다른 법령에서 종전의 「고용보험 및 산업재해보상보험의 보험료징수 등에 관한 법률」 또는 그 규정을 인용한 경우에는 이 법 가운데 그에 해당하는 규정이 있으면 종전의 규정을 갈음하여 이 법 또는 이 법의 해당 규정을 인용한 것으로 본다.

〈생략〉

부칙(2011.7.21 법률 제10894호)

제1조 【시행일】 이 법은 공포한 날부터 시행한다. 다만, 제49조의4의 개정규정은 공포 후 2개월이 경과한 날부터 시행하고, 제49조의2의 개정규정은 공포 후 6개월이 경과한 날부터 시행하며, 제25조제1항 단서 및 제49조의5의 개정규정은 2012년 1월 1일부터 시행한다.

제2조 【사업주 외의 자로부터 보수로 보는 금품을 지급받는 근로자에 대한 경과조치】 제2조제3호 단서 및 제13조제2항 단서의 개정규정에 따라 사업주 외의 자로부터 보수로 보는 금품을 지급받는 근로자는 2011년 1월 1일부터 이 법 시행일 전일까지의 기간을 「고용보험법」 제41조제1항에 따른 피보

험 단위기간으로 인정받기를 원하는 경우에는 이 법 시행일부터 3개월까지 고용노동부장관이 정하는 바에 따라 신청하여 그 기간에 대한 제13조제1항 제1호 중 실업급여 보험료를 부담할 수 있다.

제3조 【소액 연체금 징수에 관한 경과조치】 이 법 시행 전에 발생한 연체금의 징수에 대하여는 제25조제1항 단서의 개정규정에도 불구하고 종전의 규정에 따른다.

제4조 【고용보험 고용안정·직업능력개발사업 가입자에 대한 경과조치】 이 법 시행 전에 고용보험에 가입하여 고용안정·직업능력개발사업에 피보험자격을 가지고 있는 자영업자는 이 법 시행 이후에도 고용안정·직업능력개발사업에 한정하여 피보험자격을 계속 유지할 수 있다. 이 경우 고용안정·직업능력개발사업에 한정하여 피보험자격을 유지하는 사람의 고용보험료율, 고용보험료 산정의 기초가 되는 보수액, 보험료의 신고·납부, 보험관계의 소멸 등에 관하여는 종전의 제49조의2제2항부터 제5항까지의 규정에 따른다.

〈생략〉

부칙(2012.2.1 법률 제11269호)

제1조 【시행일】 이 법은 공포한 날부터 시행한다. 다만, 제21조, 제21조의2, 제22조의3 및 제22조의4의 개정규정은 2012년 7월 1일부터 시행하고, 제16조의3제1항의 개정규정은 공포 후 6개월이 경과한 날부터 시행한다.

제2조 【고용보험료등 면제 및 지원제한의 유효기간】 제22조의3 및 제22조의4의 개정규정은 같은 개정규정의 시행일부터 2년간 효력을 가진다.

제3조 【고용보험료등 면제의 적용에 관한 특례】 제22조의3의 개정규정은 공포한 날 이후에 제7조에 따라 보험관계가 성립된 경우 또는 해당 근로자가 「고용보험법」 제13조에 따라 피보험자격을 취득한 경우에는 적용하지 아니한다.

〈생략〉

부칙(2013.6.4 법률 제11863호)

제1조 【시행일】 이 법은 공포한 날부터 시행한다. 다만, 제13조제3항 및 제15조의 개정규정은 2014년 1월 1일부터 시행하고, 제23조제1항의 개정규정은 공포 후 6개월이 경과한 날부터 시행한다.

제2조 【보험료등 과납액의 충당 및 반환에 관한 경과조치】 제23조제1항의 개정규정 시행 전의 사유로 발생한 보험료등 과납액에 대한 충당 및 반환

에 대하여는 같은 개정규정에도 불구하고 종전의 규정에 따른다.

부칙(2014.3.24 법률 제12526호)

제1조【시행일】 이 법은 공포 후 6개월이 경과한 날부터 시행한다. 다만, 제21조의2제3항의 개정규정은 공포한 날부터 시행한다.

제2조【신용카드 등으로 하는 보험료등의 납부에 관한 적용례】 제16조의12의 개정규정은 이 법 시행 후 최초로 신고·고지하는 보험료등부터 적용한다.

제3조【지원금의 환수에 관한 적용례】 제21조의2제1항의 개정규정은 이 법 시행 후 최초로 발생한 사유로 인하여 지원금을 환수하는 경우부터 적용한다.

제4조【연체금의 징수에 관한 경과조치】 이 법 시행 전에 미납된 보험료 또는 그 밖의 징수금에 대한 연체금의 징수에 대하여는 제25조제1항 및 제3항의 개정규정에도 불구하고 종전의 규정에 따른다.

부칙(2016.12.27 법률 제14495호)

제1조【시행일】 이 법은 공포한 날부터 시행한다. 다만, 제21조의 개정규정은 공포 후 6개월이 경과한 날부터 시행하고, 제25조의 개정규정은 공포 후 1년이 경과한 날부터 시행한다.

제2조【연체금 징수에 관한 적용례】 제25조의 개정규정은 같은 개정규정 시행 후 최초로 납부기한이 도래하는 보험료, 그 밖의 징수금부터 적용한다.

부칙(2017.10.24 법률 제14932호)

이 법은 2018년 1월 1일부터 시행한다.

부칙(2019.1.15 법률 제16268호)

제1조【시행일】 이 법은 공포한 날부터 시행한다. 다만, 제5조제1항·제6조제3항·제10조제4호·제17조제1항·제19조제1항의 개정규정 중 「고용보험법」 제10조의2에 관한 사항 및 제27조의3의 개정규정은 공포 후 6개월이 경과한 날부터 시행하고, 제16조의9제1항·제2항, 제23조제4항제2호 각 목 및 같은 조 제5항부터 제8항까지의 개정규정은 공포 후 1년이 경과한 날부터 시행한다.

제2조【보험료 정산에 관한 적용례】 제16조의9제1항 및 제2항의 개정규정은 같은 개정규정 시행일 이후 고용관계가 종료되는 근로자에 대하여 보험료를 정산하는 경우부터 적용한다.

제3조【보험료등 과납액의 충당 및 반환에 관한 적용례】 제23조제1항 각

호 외의 부분 본문, 같은 항 제3호 및 제6호, 같은 조 제2항, 같은 조 제4항 각 호 외의 부분의 개정규정은 이 법 시행 전의 사유로 발생한 보험료등 과납액에 대하여 이 법 시행 이후 충당 및 반환하는 경우에도 적용한다.

제4조 【고용보험료 과납액의 근로자 직접 반환에 관한 적용례】 제23조제5항부터 제8항까지의 개정규정은 같은 개정규정 시행일 이후 부과된 고용보험료에 대하여 사업주가 잘못 낸 고용보험료를 반환하는 경우부터 적용한다.

제5조 【자영업자의 고용보험료 미납에 따른 보험관계 소멸에 관한 적용례】 제49조의2제10항의 개정규정은 이 법 시행 전에 고용보험료를 체납하기 시작하여 이 법 시행 당시 아직 고용보험료의 체납이 계속하여 3개월이 되지 아니한 경우에 대해서도 적용한다.

제6조 【보험료 징수에 관한 경과조치】 이 법 시행 당시 65세 이후에 고용되어 종전의 제13조제3항에 따라 실업급여 보험료를 징수하지 아니한 사람에 대해서는 제13조제3항의 개정규정에도 불구하고 종전의 규정에 따른다.

제7조 【재해예방활동 인정의 취소에 관한 경과조치】 이 법 시행 전에 「산업안전보건법」 제2조제7호에 따른 중대재해가 발생한 경우에는 제15조제6항제2호 본문의 개정규정에도 불구하고 종전의 규정에 따른다.

제8조 【보험료 등의 분할 납부에 관한 경과조치】 이 법 시행 전에 종전의 제27조의3에 따라 보험료 등의 분할 납부 승인을 신청한 사업주에 대해서는 제27조의3의 개정규정에도 불구하고 종전의 규정에 따른다.

제9조 【자영업자의 고용보험료 등의 체납·결손처분에 관한 경과조치】 이 법 시행 전에 납부기한이 지난 자영업자에 대한 고용보험료 및 연체금의 체납·결손처분에 관하여는 제49조의2제12항제2호의 개정규정에도 불구하고 종전의 규정에 따른다.

〈생략〉

부칙(2021.1.5 법률 제17858호)

제1조 【시행일】 이 법은 2021년 7월 1일부터 시행한다. 다만, 제21조의2제3항, 제22조의3, 제22조의4, 제29조의3제1항·제2항·제5항, 제32조제1항 및 제49조의4제1항의 개정규정은 공포한 날부터 시행하고, 제48조의4의 개정규정은 2022년 1월 1일부터 시행한다.

제2조 【산재보험료등 면제의 유효기간】 제22조의3 및 제22조의4의 개정규정은 2022년 12월 31일까지 효력을 가진다.

제3조 【산재보험료등 면제의 적용에 관한 특례】 ① 제22조의3의 개정규정은 같은 개정규정 시행일 이후에 제7조에 따라 보험관계가 성립된 경우 또는 해당 특수형태근로종사자가 최초로 노무를 제공한 경우에는 적용하지

아니한다.
② 제22조의3의 개정규정은 같은 개정규정 시행일 이후의 산재보험료 등에는 적용하지 아니한다.

제4조 【보험관계의 성립일에 관한 적용 특례】 이 법 시행 전에 체결된 노무제공계약에 따라 이 법 시행 이후에도 계속하여 노무제공자로부터 노무를 제공받는 사업은 이 법의 시행일에 보험관계가 성립된 것으로 보아 제48조의3제6항제1호의 개정규정에 따라 준용되는 제7조제1호를 적용한다.

제5조 【노무제공플랫폼사업자의 신고에 관한 적용 특례】 부칙 제1조 단서에 따른 제48조의4의 개정규정의 시행일 전에 노무제공플랫폼이용계약을 체결하여 그 시행일 이후에도 계속하여 노무제공사업의 사업주에게 노무제공플랫폼의 이용을 제공하는 노무제공플랫폼사업자는 제48조의4제1항의 개정규정에 따른 신고를 그 시행일이 속하는 달의 다음 달 15일까지 하여야 한다.

부칙(2021.1.26 법률 제17909호)

제1조 【시행일】 이 법은 공포한 날부터 시행한다.

제2조 【연체금에 관한 적용례】 제25조제1항 및 제3항의 개정규정은 이 법 시행 이후 납부기한이 도래하는 보험료 또는 이 법에 따른 그 밖의 징수금부터 적용한다.

부칙(2021.4.13 법률 제18036호)

제1조 【시행일】 이 법은 2022년 1월 1일부터 시행한다.

제2조 【개별실적요율에 관한 적용례】 제15조제3항 및 제4항의 개정규정은 이 법 시행 이후 개별실적요율을 산정하는 경우부터 적용한다.

부칙(2021.8.17 법률 제18422호)

제1조 【시행일】 이 법은 2022년 1월 1일부터 시행한다.

제2조 【보험료 등의 분할 납부에 관한 적용례】 제27조의3제1항의 개정규정은 이 법 시행 전에 제39조에 따라 납부기한이 연장되었으나 연장된 납부기한이 지난 보험료와 이 법에 따른 그 밖의 징수금에 대하여도 적용한다.

부칙(2022.6.10 법률 제18919호)

제1조 【시행일】 이 법은 2023년 7월 1일부터 시행한다. 다만, 제16조의3제1항, 제16조의9제1항, 제25조제2항제1호 중 제48조의3제2항 부분, 제27조제4항부터 제6항까지, 제33조제5항부터 제7항까지, 제48조의3제2항·제5항·제7항·제8항 및 제48조의4제3항·제7항의 개정규정은 2023년 1월 1일부터 시행한다.

제2조【보험사무대행기관의 재인가 제한에 관한 적용례】 제33조제6항의 개정규정은 이 법 시행 후 업무가 전부 폐지신고되거나 인가가 취소된 보험사무대행기관부터 적용한다.

제3조【다른 법률의 개정】 생략

부칙(2022.12.31 법률 제19209호)

제1조【시행일】 이 법은 공포 후 6개월이 경과한 날부터 시행한다. 다만, 다음 각 호의 사항은 그 구분에 따른 날부터 시행한다.

1. 제3조, 제16조의3, 제16조의9제1항, 제48조의2제8항제2호 및 제48조의3제2항·제8항제2호의 개정규정 : 2023년 1월 1일
2. 제16조의4의 개정규정 : 2024년 1월 1일

제2조【월별보험료 산정에 관한 적용례】 제16조의4의 개정규정은 2024년 1월 보험료분부터 적용한다.

제3조【제2차 납부의무에 관한 적용례】 제22조의5의 개정규정은 이 법 시행 이후 부과된 보험료부터 적용한다. 이 경우 제17조 및 제19조에 따라 신고된 보험료의 경우에는 해당 규정에 따른 신고기한이 이 법 시행 이후인 것부터 적용한다.

제4조【보험료등의 완납증명에 관한 적용례】 제29조의4의 개정규정은 이 법 시행 이후 대금지급일이 도래하는 계약부터 적용한다.

제5조【소액 처리에 관한 적용례】 제45조의2의 개정규정은 이 법 시행 이후 징수 또는 지급하는 금액분부터 적용한다.

고용보험 및 산업재해보상보험의 보험료징수 등에 관한 법률 시행령

제정 2004.10.29 대통령령 제18574호
개정 2005.12.30 대통령령 제19247호
〈생략〉
2024.12.24 대통령령 제35101호
2025. 6. 2 대통령령 제35576호
2025.10. 1 대통령령 제35805호
2025.12.23 대통령령 제35935호

제1장 총 칙

제1조 【목적】 이 영은 「고용보험 및 산업재해보상보험의 보험료징수 등에 관한 법률」에서 위임된 사항과 그 시행에 필요한 사항을 규정함을 목적으로 한다. (2010.9.29 개정)

제2조 【정의】 ① 이 영에서 사용하는 용어의 뜻은 다음과 같다. (2010.9.29 개정)

1. "총공사"란 다음 각 목의 공사가 상호 관련하여 행해지는 작업 일체를 말한다.
   가. 건설공사에서 최종 목적물을 완성하기 위하여 하는 토목공사, 건축공사, 그 밖에 공작물의 건설공사와 건설물의 개조·보수·변경 및 해체 등의 공사
   나. 가목에 따른 각각의 공사를 하기 위한 준비공사 및 마무리공사 등
2. "총공사금액"이란 총공사를 할 때 계약상의 도급금액(발주자가 재료를 제공하는 경우에는 그 재료의 시가환산액을 포함한다)을 말한다. 다만, 「건설산업기본법」 제41조에 따라 건축물 시공자의 제한을 받지 않는 건설공사 중 같은 법 제2조제7호에 따른 건설사업자가 아닌 자가 시공하는 건설공사는 고용노동부장관이 정하여 고시하는 방법에 따라 산정한 금액을 총공사금액으로 한다. (2020.2.18 개정)
3. "상시근로자수"는 다음 각 목과 같다. 다만, 제15조제1항제2호 전단의 사업은 같은 호 후단에 따라 산정한 근로자의 수를 말한다. (2016.3.22 개정)
   가. 해당 보험연도 전에 사업이 시작된 경우 : 전년도 매월 말일 현재 사용하는 근로자 수의 합계를 전년도 조업 개월수로 나눈 수. 다만, 건설업의 경우 근로자 수를 확인하기 곤란하면 다음의 계산식에 따라 산출한 수를 말하며, 이 경우 "공사실적액"이란 총공사실적액(해당 보험연도 건설공사의 총 기성 공사금액을 말한다)에서 「건설산업기본법」, 그 밖

의 관계 법령에 따라 적법하게 하도급된 부분의 공사금액을 제외한 금액을, "건설업 월평균보수"란 「통계법」 제3조에 따른 지정통계 중 고용노동부장관이 작성하는 사업체노동력조사에 따른 상용근로자 수 5명 이상인 건설업 임금을 기준으로 하여 고용노동부장관이 산정·고시하는 평균보수를 말한다. (2013.12.30 개정)

(전년도 공사실적액×전년도 노무비율)÷(전년도 건설업 월평균보수×조업 개월수)

나. 해당 보험연도 중에 사업이 시작된 경우 : 보험관계 성립일 현재 사용하는 근로자 수

② 제1항제2호 본문에 따른 총공사금액을 산정할 때 위탁 또는 그 밖의 명칭에 상관없이 최종 목적물의 완성을 위하여 하는 동일한 건설공사를 둘 이상으로 분할하여 도급(발주자가 공사의 일부를 직접 하는 경우를 포함한다)하는 경우에는 각각의 도급금액을 합산한다. 다만, 도급단위별 공사가 시간적 또는 장소적으로 분리되고 독립적으로 행해지는 경우에는 그러하지 아니하다. (2010.9.29 개정)

제2조의2 【보수에서 제외되는 금품】 「고용보험 및 산업재해보상보험의 보험료징수 등에 관한 법률」(이하 "법"이라 한다) 제2조제3호 본문에서 "대통령령으로 정하는 금품"이란 「소득세법」 제12조제3호에 따른 비과세 근로소득을 말한다. (2021.6.8 개정)

제3조 【기준보수의 적용】 ① 법 제3조제1항제1호에서 "사업의 폐업·도산 등으로 근로자, 예술인 또는 노무제공자의 보수 또는 보수액을 산정·확인하기 곤란한 경우 등 대통령령으로 정하는 사유가 있는 경우"란 다음 각 호의 어느 하나에 해당하는 경우를 말한다. (2023.6.27 개정)

1. 사업 또는 사업장(이하 "사업"이라 한다)의 폐업·도산 등으로 근로자, 「고용보험법」 제77조의2제1항에 따른 예술인(이하 "예술인"이라 한다) 또는 같은 법 제77조의6제1항에 따른 노무제공자(이하 "노무제공자"라 한다)의 보수 또는 보수액을 산정·확인하기 곤란한 경우 (2023.6.27 신설)
2. 보수 관련 자료가 없거나 명확하지 않은 경우 (2023.6.27 개정)
3. 사업 또는 사업장(이하 "사업"이라 한다)의 이전 등으로 사업의 소재지를 파악하기 곤란한 경우 (2023.6.27 개정)

② 법 제3조제1항제2호에 따라 「고용보험법」 제77조의2제2항제2호 본문에 따른 소득 기준을 충족하는 예술인으로서 기준보수의 적용 대상에서 제외되는 예술인은 「고용보험법 시행령」 제104조의5제2항제2호에 따른 소득 기준을 충족하는 예술인으로 한다. (2024.12.24 신설)

③ 법 제3조제1항제2호에 따라 「고용보험법」 제77조의6제2항제2호 본문에 따른 소득 기준을 충족하는 노무제공자로서 기준보수의 적용 대상에서 제외

되는 노무제공자는 「고용보험법 시행령」 제104조의11제2항제2호에 따른 소득 기준을 충족하는 노무제공자로 한다. (2024.12.24 신설)

④ 법 제3조에 따른 기준보수는 다음 각 호의 구분에 따라 적용한다. (2024.12.24 개정)

1. 통상근로자로서 월정액으로 보수를 지급받는 근로자에게는 월단위 기준보수를 적용한다.
2. 단시간근로자, 근로시간에 따라 보수를 지급받는 근로자(이하 이 조에서 "시간급근로자"라 한다), 근로일에 따라 일당 형식의 보수를 지급받는 근로자(이하 이 조에서 "일급근로자"라 한다)에게는 주당 소정근로시간을 실제 근로한 시간으로 보아 시간단위 기준보수를 적용한다. 다만, 시간급근로자 또는 일급근로자임이 명확하지 아니하거나 주당 소정근로시간을 확정할 수 없는 경우에는 월단위 기준보수를 적용한다.
3. 예술인에게는 월단위 기준보수를 적용한다. (2023.6.27 개정)
4. 노무제공자에게는 월단위 기준보수를 적용한다. (2023.6.27 개정)

③ 삭제(2023.6.27)

④ 삭제(2023.6.27)

제4조 【건설업 등의 범위】 이 영에서 규정된 사업의 범위에 관하여 이 영에 특별한 규정이 없으면 「통계법」 제22조에 따라 국가데이터처장이 고시하는 산업에 관한 표준분류(이하 "한국표준산업분류표"라 한다)에 따른다. (2025.10.1 개정)

제5조 【대리인】 ① 사업주는 법과 이 영에 따라 하여야 할 사항을 대리인을 선임하여 하게 할 수 있다. (2010.9.29 개정)

② 사업주는 대리인을 선임하거나 해임하면 「산업재해보상보험법」 제10조에 따른 근로복지공단(이하 "공단"이라 한다)에 신고하여야 한다. (2010.9.29 개정)

제2장 보험관계의 성립 및 소멸

제6조 【사업의 일괄적용의 요건】 ① 법 제8조제1항제3호에서 "대통령령으로 정하는 요건"이란 한국표준산업분류표의 대분류에 따른 건설업을 말한다. (2018.12.31 개정)

② 법 제8조제2항 전단에 따라 일괄적용의 승인을 받으려는 사업주는 공단에 신청하여야 한다. (2010.9.29 개정)

③ 법 제8조제3항 전단에 따라 일괄적용관계의 해지승인을 받으려는 사업주는 다음 보험연도가 시작되기 7일 전까지 공단에 이를 신청하여야 한다. (2010.9.29 개정)

제7조【도급사업의 일괄적용】 ① 법 제9조제1항 본문에서 "건설업 등 대통령령으로 정하는 사업"이란 건설업을 말한다. (2010.9.29 개정)
② 법 제9조제1항 단서에 따라 하수급인이 사업주로 인정받는 것은 하수급인이 다음 각 호의 어느 하나에 해당하는 경우로 한정한다. (2018.12.31 개정)
1. 「건설산업기본법」 제2조제7호에 따른 건설사업자 (2020.2.18 개정)
2. 「주택법」 제4조에 따른 주택건설사업자 (2018.12.31 신설)
3. 「전기공사업법」 제2조제3호에 따른 공사업자 (2018.12.31 신설)
4. 「정보통신공사업법」 제2조제4호에 따른 정보통신공사업자 (2018.12.31 신설)
5. 「소방시설공사업법」 제2조제1항제2호에 따른 소방시설업자 (2018.12.31 신설)
6. 「국가유산수리 등에 관한 법률」 제2조제5호에 따른 국가유산수리업자 (2024.5.7 개정)

③ 법 제9조제1항 단서에 따라 하수급인을 사업주로 인정받으려는 경우 원수급인은 하수급인과 보험료 납부의 인계·인수에 관한 서면계약(전자문서로 된 계약서를 포함한다)을 체결하고 하도급공사의 착공일부터 30일 이내에 하수급인의 사업주 인정 승인을 공단에 신청해야 한다. (2021.6.8 개정)
④ 공단은 원수급인이 제3항에 따라 하수급인의 사업주 인정 승인을 신청한 해당 하도급공사에서 다음 각 호의 어느 하나에 해당하는 사유가 발생한 경우에는 하수급인의 사업주 인정 승인을 하지 아니한다. (2012.6.29 개정)
1. 하도급공사의 착공 후 15일부터 승인신청 전까지 「산업재해보상보험법」 제5조제1호에 따른 업무상의 재해가 발생한 경우
2. 하도급공사의 착공 후 승인신청 전까지 「산업재해보상보험법」 제5조제1호에 따른 업무상의 재해가 발생한 경우로서 해당 재해와 관련하여 법 제26조제1항제1호에 따라 원수급인으로부터 보험급여액을 징수해야 하는 경우

제8조【보험관계 성립 및 소멸 통지】 공단은 보험관계가 성립되거나 소멸된 경우에는 지체 없이 각각 해당 사업주에게 그 사실을 알려야 한다. (2010.9.29 개정)

제9조【보험관계의 변경신고】 법 제12조에 따라 사업주는 보험에 가입된 사업에 다음 각 호의 사항이 변경되면 그 변경된 날부터 14일 이내에 공단에 신고해야 한다. 다만, 제6호는 다음 보험연도 첫날부터 14일 이내에 신고해야 한다. (2023.12.26 개정)
1. 사업주(법인인 경우에는 대표자)의 이름 및 주민등록번호
2. 사업의 명칭 및 소재지
3. 사업의 종류
4. 사업자등록번호(법인인 경우에는 법인등록번호를 포함한다)

5. 건설공사 또는 벌목업 등 기간의 정함이 있는 사업의 경우 사업의 기간
6. 「고용보험법 시행령」 제12조에 따른 우선지원 대상기업(이하 "우선지원대상기업"이라 한다)의 해당 여부에 변경이 있는 경우 상시근로자수 (2023.12.26 개정)

제3장 보험료

제10조 【공사발주자에 대한 보험료의 대행납부】 ① 국가, 지방자치단체, 「공공기관의 운영에 관한 법률」에 따른 공공기관, 그 밖에 국가 또는 지방자치단체가 출연한 기관은 건설공사를 발주할 때 그 공사금액에 보험료가 명시되어 있고 원수급인(原受給人)이 동의하면 공단의 승인을 받아 원수급인의 보험료를 대행하여 낼 수 있다. (2010.9.29 개정)

② 제1항에 따라 보험료를 대행하여 내는 자는 다음 각 호의 사항이 변경되면 지체 없이 공단에 신고하여야 한다. (2010.9.29 개정)

1. 보험료 대행납부자의 명칭, 소재지 및 대표자의 이름
2. 공사금액, 공사기간 및 공사내용

③ 공단은 보험료 대행납부가 필요 없게 되거나 그 밖에 정당한 사유가 있는 경우에는 고용노동부령으로 정하는 바에 따라 보험료 대행납부의 승인을 취소할 수 있다. (2010.9.29 개정)

④ 공단은 제3항에 따라 보험료 대행납부의 승인을 취소하면 지체 없이 그 취소 사실을 보험료 대행납부자와 원수급인에게 알려야 한다. (2010.9.29 개정)

제11조 【노무비율 등의 결정】 ① 법 제13조제6항에 따른 노무비율(이하 "노무비율"이라 한다)의 결정방법은 다음 각 호와 같다. (2010.9.29 개정)

1. 건설공사의 노무비율은 산정 시점이 속하는 연도(이하 "기준보험연도"라 한다)의 6월 30일 이전 3년 동안 건설업을 하는 각 사업주의 총공사금액을 합산한 전체 총공사금액에서 같은 사업주가 근로자에게 지급한 보수총액을 합산한 전체 보수총액이 차지하는 비율 등을 고려하여 고용노동부장관이 정하여 고시하되, 일반 건설공사와 하도급공사의 노무비율을 구분하여 정한다.
2. 벌목업의 노무비율은 기준보험연도의 6월 30일 이전 3년 동안 벌목업을 하는 각 사업주가 벌목공사에 지출한 비용을 합산한 전체 비용에서 같은 사업주가 근로자에게 지급한 보수총액을 합산한 전체 보수총액이 차지하는 비율 등을 고려하여 고용노동부장관이 정하여 고시하되, 단위 벌목재적량(伐木材積量)당 지급하는 보수액으로 정한다.

② 건설공사의 노무비율에 따른 보수총액의 추정액 또는 보수총액의 결정방법은 다음 각 호와 같다. (2010.9.29 개정)

1. 보수총액의 추정액은 총공사금액에 노무비율을 곱한 금액으로 한다. 다만, 노무비율에 따라 산정된 보수총액의 추정액이 도급금액의 100분의 90을 넘으면 도급금액의 100분의 90을 보수총액의 추정액으로 한다.
2. 보수총액은 해당 건설공사에 직접 고용된 근로자에게 지급된 보수총액과 하도급공사금액의 합계액(법 제9조제1항 단서에 따라 공단의 승인을 받은 하수급인의 하도급공사금액은 제외한다)에 하도급공사의 노무비율을 곱한 금액을 합한 금액으로 한다. 이를 계산식으로 나타내면 다음과 같다.
보수총액=해당 건설공사에 직접 고용된 근로자에게 지급된 보수총액+{하도급공사금액의 합계액(법 제9조제1항 단서에 따라 공단의 승인을 받은 하수급인의 하도급공사금액은 제외한다)×하도급공사의 노무비율}

③ 벌목업의 보수총액 추정액 또는 보수총액은 벌목재적량에 노무비율을 곱한 금액으로 한다. (2010.9.29 개정)

제12조【고용보험료율】 ① 법 제14조제1항에 따른 고용보험료율은 다음 각 호와 같다. (2010.9.29 개정)
1. 고용안정·직업능력개발사업의 보험료율 : 다음 각 목의 구분에 따른 보험료율
가. 상시근로자수가 150명 미만인 사업주의 사업 : 1만분의 25
나. 상시근로자수가 150명 이상인 사업주의 사업으로서 우선지원 대상기업의 범위에 해당하는 사업 : 1만분의 45 (2023.12.26 개정)
다. 상시근로자수가 150명 이상 1천명 미만인 사업주의 사업으로서 나목에 해당하지 않는 사업 : 1만분의 65
라. 상시근로자수가 1천명 이상인 사업주의 사업으로서 나목에 해당하지 않는 사업 및 국가·지방자치단체가 직접 하는 사업 : 1만분의 85
2. 실업급여의 보험료율 : 1천분의 18 (2021.12.31 개정)

② 제1항제1호를 적용할 때 상시근로자수는 해당 사업주가 하는 국내의 모든 사업의 상시근로자수를 합산한 수로 한다. 다만, 「공동주택관리법」 제2조제1항제1호가목에 따른 공동주택을 관리하는 사업의 경우에는 각 사업별로 상시근로자수를 산정한다. (2016.8.11 개정)

③ 제1항제1호를 적용할 때 법 제9조제1항 단서에 따라 법의 적용을 받는 사업주가 되는 하수급인에게는 원수급인에게 적용하는 고용안정·직업능력개발사업의 보험료율을 적용한다. 다만, 법 제8조에 따라 일괄적용을 받게 되는 사업주의 개별 사업에 대해 법 제9조제1항 단서에 따라 하수급인을 법의 적용을 받는 사업주로 보는 경우에는 그 하수급인인 사업주에게 적용하는 고용안정·직업능력개발사업의 보험료율을 적용한다. (2010.9.29 개정)

④ 제1항제1호를 적용할 때 상시근로자수가 증가하여 고용안정·직업능력개

발사업의 보험료율이 증가하는 경우에는 그 사유가 발생한 보험연도의 다음 보험연도부터 3년 동안 상시근로자수가 증가하기 전에 적용된 고용안정·직업능력개발사업의 보험료율을 적용한다. (2023.12.26 신설)

⑤ 제4항에도 불구하고 「독점규제 및 공정거래에 관한 법률」 제31조에 따라 지정된 상호출자제한기업집단에 속하는 회사의 경우에는 그 지정된 날이 속한 보험연도의 다음 보험연도부터 제4항을 적용하지 않는다. (2023.12.26 신설)

⑥ 제1항제1호 및 제2항에도 불구하고 보험연도 중에 사업이 양도되거나 사업주가 합병된 경우 그 양도 또는 합병된 사업에 대해서는 해당 보험연도에 한정하여 양도 또는 합병 전에 적용된 고용안정·직업능력개발사업의 보험료율을 적용한다. (2023.12.26 개정)

제13조 【산재보험료율의 고시】 고용노동부장관은 법 제14조제3항에 따라 산업재해보상보험(이하 "산재보험"이라 한다)의 보험료율(이하 "산재보험료율"이라 한다)을 결정하였을 때에는 그 적용대상 사업의 종류 및 내용을 관보 및 「신문 등의 진흥에 관한 법률」 제9조제1항에 따라 그 보급지역을 전국으로 하여 등록한 일반일간신문 등에 고시하여야 한다. (2010.9.29 개정)

제14조 【산재보험료율의 적용】 ① 동일한 사업주가 하나의 장소에서 법 제14조제3항에 따른 사업의 종류가 다른 사업을 둘 이상 하는 경우에는 그 중 근로자 수 및 보수총액 등의 비중이 큰 주된 사업(이하 이 조에서 "주된 사업"이라 한다)에 적용되는 산재보험료율을 그 장소의 모든 사업에 적용한다. (2010.9.29 개정)

② 제1항에 따른 주된 사업의 결정은 다음 각 호의 순서에 따른다. (2010.9.29 개정)

1. 근로자 수가 많은 사업
2. 근로자 수가 같거나 그 수를 파악할 수 없는 경우에는 보수총액이 많은 사업
3. 제1호 및 제2호에 따라 주된 사업을 결정할 수 없는 경우에는 매출액이 많은 제품을 제조하거나 서비스를 제공하는 사업

제15조 【산재보험료율의 특례적용사업】 ① 법 제15조제2항에서 "대통령령으로 정하는 사업"이란 다음 각 호의 사업을 말한다. (2010.9.29 개정)

1. 건설업 중 법 제8조제1항 및 제2항에 따라 일괄적용을 받는 사업으로서 해당 보험연도의 2년 전 보험연도의 총공사금액이 60억원 이상인 사업. 이 경우 총공사금액은 법 제11조제1항 및 제3항에 따라 각각 신고한 공사금액에서 법 제9조제1항 단서에 따라 공단의 승인을 받은 하수급인이 시행하는 공사금액을 제외한 금액으로 한다. (2017.12.26 개정)
2. 건설업 및 벌목업을 제외한 사업으로서 상시근로자수가 30명 이상인 사

업. 이 경우 상시근로자수는 법 제16조의10제3항부터 제5항까지, 같은 조 제7항 및 법 제48조의5제2항에 따른 신고를 기준으로 하여 제2조제1항제3호가목에 따라 산정하되, 그 산정기간은 기준보험연도의 전년도 7월 1일부터 기준보험연도 6월 30일까지로 한다. (2023.6.27 개정)

② 제1항에도 불구하고 공단은 사업주가 법 제11조제1항 및 제3항, 제16조의10제3항부터 제5항까지, 같은 조 제7항 및 법 제48조의5제2항에 따른 신고를 하지 않거나 그 신고한 내용이 사실과 다른 경우에는 사실을 기초로 하여 총공사금액 또는 상시근로자수를 산정할 수 있다. (2023.6.27 개정)

③ 기준보험연도 6월 30일 이전 3년의 기간 중에 제1항에 따른 산재보험료율 적용사업의 종류가 변경되면 그 사업에 대해서는 법 제15조제2항에 따른 개별실적요율(이하 "개별실적요율"이라 한다)을 적용하지 않는다. 다만, 사업종류가 변경된 경우라도 기계설비·작업공정 등 해당 사업의 주된 작업실태가 변경되지 않았다고 인정되는 경우에는 개별실적요율을 적용한다. (2021.12.31 개정)

④ 법 제15조제5항에서 "대통령령으로 정하는 사업"이란 상시근로자수가 50명 미만으로서 다음 각 호의 어느 하나에 해당하는 사업을 말한다. (2021.12.31 개정)

1. 제조업 (2018.12.31 신설)
2. 임업 (2018.12.31 신설)
3. 법 제14조제3항 전단에 따라 정하는 산재보험료율의 사업의 종류 중 다음 각 목의 사업 (2021.12.31 개정)
   가. 위생 및 유사서비스업 (2021.12.31 신설)
   나. 하수도업 (2021.12.31 신설)

⑤ 제4항에 따른 상시근로자수 산정 시 적용하는 해당 보험연도는 제18조의2에 따른 산재예방활동을 인정받은 보험연도로 한다. (2013.12.30 신설)

제16조 【개별실적요율의 적용을 위한 보험수지율】 법 제15조제2항에서 "대통령령으로 정하는 비율에 해당하는 경우"란 100분의 85를 넘거나 100분의 75 이하인 경우를 말한다. (2010.9.29 개정)

제17조 【개별실적요율의 적용을 위한 보험수지율의 산정】 ① 법 제15조제2항에 따라 산재보험의 보험료(이하 "산재보험료"라 한다)에 대한 산재보험급여 금액의 비율을 산정할 때 산재보험료의 금액은 기준보험연도 6월 30일 현재를 기준으로 하여 다음 각 호의 금액을 합산한 금액으로 한다. (2010.9.29 개정)

1. 기준보험연도의 경우 : 법 제16조의3제1항에 따른 월별보험료(이하 "월별보험료"라 한다)의 1월부터 6월까지의 합계액[제19조의2에 해당하는 사업의 경우에는 법 제17조제1항에 따른 개산보험료(이하 "개산보험료"

라 한다)액의 2분의 1에 해당하는 금액]

2. 기준보험연도의 직전 2개 보험연도의 경우 : 법 제16조의9제1항 및 제2항에 따라 산정한 보험료(이하 "정산보험료"라 한다)액의 합계액[제19조의2에 해당하는 사업의 경우에는 법 제19조제1항에 따른 확정보험료(이하 "확정보험료"라 한다)액의 합계액]

3. 기준보험연도의 3년 전 보험연도의 경우 : 다음 계산식에 따라 산정한 금액
기준보험연도의 3년 전보험연도의 정산보험료액 또는 확정보험료액×[6÷(기준보험연도의 3년 전 보험연도에서 보험 관계가 지속된 기간의 총 개월수)]

② 법 제15조제2항에 따라 산재보험료에 대한 산재보험급여 금액의 비율을 계산할 때 산재보험급여의 금액은 기준보험연도의 3년 전 보험연도 7월 1일부터 기준보험연도 6월 30일까지의 사이에 지급 결정(지출원인행위를 말한다. 이하 같다)된 산재보험급여 금액의 합산액으로 한다. 이 경우 지급 결정된 산재보험급여가 장해보상연금 및 유족보상연금인 경우에는 해당 연금이 최초로 지급 결정된 때에 장해보상일시금 및 유족보상일시금이 지급 결정된 것으로 본다. (2010.9.29 개정)

③ 제2항 전단에 따른 산재보험급여 금액의 합산액을 산정할 때 다음 각 호의 어느 하나에 해당하는 보험급여 금액은 합산하지 않는다. (2023.6.27 개정)

1. 「산업재해보상보험법」 제72조에 따른 직업재활급여액
2. 「산업재해보상보험법」 제87조제1항에 따른 제3자의 행위에 따른 재해로 지급이 결정된 보험급여액(법원의 확정판결 등으로 제3자의 과실이 인정되지 않는 비율에 해당하는 보험급여액은 제외한다)
3. 「산업재해보상보험법」 제37조제1항제2호에 따른 업무상 질병에 대하여 지급이 결정된 보험급여액 (2018.12.31 개정)

3의2. 종전의 「산업재해보상보험법」(법률 제18928호 산업재해보상보험법 일부개정법률로 개정되기 전의 것을 말한다. 이하 이 호에서 같다) 제125조제1항에 따른 특수형태근로종사자에게 지급이 결정된 보험급여 금액[법률 제18928호 산업재해보상보험법 일부개정법률 부칙 제8조에 따라 주된 사업 외의 사업(종전의 「산업재해보상보험법」 제125조제1항에 따른 직종에 종사하는 사업에 한정한다)에서 발생한 재해로 지급이 결정된 보험급여 금액을 포함한다] (2023.6.27 신설)

4. 천재지변 또는 정전 등 불가항력적인 사유로 발생한 재해에 대하여 지급이 결정된 보험급여액
5. 「산업재해보상보험법 시행령」 제23조제2호에 따른 단시간근로자에게 재해가 발생한 경우에는 같은 영 제24조제1항제2호에 따라 산정한 평균임

금 중 재해가 발생하지 아니한 사업을 대상으로 산정한 평균임금이 차지하는 비율에 해당하는 산재보험급여 금액 (2016.3.22 신설)

④ 제3항제2호에 따른 법원의 확정판결 등으로 제3자의 과실이 인정되지 않는 비율에 해당하는 보험급여액에 대해서는 법원의 확정판결 등이 있는 날을 해당 보험급여의 지급결정일로 본다. (2016.3.22 개정)

⑤ 제3항제5호에도 불구하고 재해가 발생한 사업만의 평균임금으로 보험급여를 산정할 경우 해당 평균임금이 낮아 「산업재해보상보험법」 제36조제7항 본문, 제54조 또는 제67조에 따라 보험급여가 산정되는 경우에는 그 산정된 보험급여 금액을 제2항에 따라 합산한다. (2016.3.22 신설)

제18조 【개별실적요율의 산정】 ① 법 제15조제2항에 따른 산재보험료율의 인상 또는 인하는 별표 1의 비율에 따른다. (2021.12.31 개정)

② 법 제15조제2항에 따라 개별실적요율을 산정할 때 수급인·관계수급인(「산업안전보건법」에 따른 수급인·관계수급인을 말한다. 이하 이 조에서 같다) 또는 파견사업주(「파견근로자보호 등에 관한 법률」에 따른 파견사업주를 말한다. 이하 이 조에서 같다)의 근로자에게 발생한 재해가 법 제15조제3항 각 호의 어느 하나의 재해인 경우 그로 인하여 지급된 산재보험급여의 금액은 다음 각 호의 구분에 따라 도급인(「산업안전보건법」에 따른 도급인을 말한다. 이하 이 조에서 같다), 수급인 또는 사용사업주(「파견근로자보호 등에 관한 법률」에 따른 사용사업주를 말한다. 이하 이 조에서 같다)의 산재보험급여 금액에 포함한다. (2021.12.31 신설)

1. 법 제15조제3항제1호의 재해로 지급된 산재보험급여 금액 : 도급인의 산재보험급여 금액에 전부 포함
2. 법 제15조제3항제2호의 재해로 지급된 산재보험급여 금액 : 수급인의 산재보험급여 금액에 전부 포함
3. 법 제15조제3항제3호의 재해로 지급된 산재보험급여 금액 : 도급인의 산재보험급여 금액에 전부 포함. 다만, 해당 업무상 재해의 발생과 관련하여 관계수급인이 「산업안전보건법」 제38조 또는 제39조의 의무를 위반한 사실이 있는 경우 그 재해로 지급된 산재보험급여 금액은 도급인 및 관계수급인의 산재보험급여 금액에 각각 2분의 1씩 포함한다.
4. 법 제15조제3항제4호의 재해로 지급된 산재보험급여 금액 : 사용사업주의 산재보험급여 금액에 전부 포함

③ 법 제15조제4항에서 "대통령령으로 정하는 규모 이상의 사업"이란 다음 각 호의 사업을 말한다. (2021.12.31 신설)

1. 제15조제1항제1호의 사업
2. 건설업(건설장비운영업은 제외한다) 및 벌목업을 제외한 사업으로서 상시근로자수가 500명 이상인 사업. 이 경우 상시근로자수는 법 제16조의

10제3항부터 제5항까지 및 제7항에 따른 신고를 기준으로 하여 제2조제1항제3호가목에 따라 산정하며, 그 산정기간은 기준보험연도의 전년도 7월 1일부터 기준보험연도 6월 30일까지로 한다. (2023.6.27 개정)

④ 법 제15조제4항에서 "대통령령으로 정하는 기준"이란 3명을 말한다. (2021.12.31 신설)

⑤ 법 제15조제4항에 따른 업무상 사고로 사망한 사람 수 등을 고려한 개별실적요율의 적용 기준은 별표 1의2와 같다. (2021.12.31 신설)

⑥ 공단은 법 제15조제2항부터 제5항까지의 규정을 적용하여 개별실적요율을 산정한 경우에는 지체 없이 해당 사업주에게 그 개별실적요율을 알려야 한다. (2021.12.31 개정)

제18조의2 【산재예방요율의 적용】 ① 법 제15조제6항에 따른 재해예방활동은 다음 각 호의 활동으로 한다. (2021.12.31 개정)

1. 「산업안전보건법」 제36조제1항에 따른 건설물, 기계·기구·설비, 원재료, 가스, 증기, 분진, 근로자의 작업행동 또는 그 밖의 업무로 인한 유해·위험요인에 관한 위험성평가의 실시
2. 고용노동부장관이 정하여 고시하는 재해예방 관련 교육의 이수와 사업장에서의 재해를 예방하기 위한 산재예방계획의 수립

② 제1항에 따른 재해예방활동별 산재보험료율 인하율(이하 "인하율"이라 한다)은 다음 각 호의 구분에 따른 계산식에 따라 산출된 비율로 하되, 소수점 이하 넷째 자리에서 반올림한다. (2021.6.8 개정)

1. 제1항제1호의 경우 : (20×전년도 재해예방활동의 인정일수)÷(100×365)
2. 제1항제2호의 경우 : (10×전년도 재해예방활동의 인정일수)÷(100×365)

③ 제1항제1호·제2호에 따른 재해예방활동을 중복 실시한 경우(같은 재해예방활동을 2회 이상 실시한 경우를 포함한다)에는 제2항제1호 및 제2호의 계산식에 따른 인하율 중에서 더 높은 것을 적용한다. (2021.6.8 개정)

제18조의3 【재해예방활동의 인정기간 등】 ① 법 제15조제6항에 따른 재해예방활동별 인정기간은 다음 각 호의 구분에 따른다. (2021.12.31 개정)

1. 제18조의2제1항제1호의 경우 : 재해예방활동의 인정을 받은 날부터 3년
2. 제18조의2제1항제2호의 경우 : 재해예방활동의 인정을 받은 날부터 1년
3. 삭제(2021.6.8)

② 재해예방활동의 인정을 받은 사업주가 제1항에 따른 재해예방활동의 인정기간 중 제15조제4항에 따른 상시근로자수를 초과하게 된 경우에도 산재예방요율을 적용한다. (2013.12.30 신설)

제18조의4 【산재예방요율의 적용기간】 법 제15조제6항에 따른 산재예방요율의 적용기간은 재해예방활동의 인정을 받은 날이 속한 연도의 다음 보험연도부터 재해예방활동의 인정이 종료되거나 취소(법 제15조제8항제1호

의 경우는 제외한다)된 날이 속한 연도의 다음 보험연도까지로 한다. (2021.12.31 개정)

제18조의5 【재해예방활동의 인정 취소 제외 사유 등】 ① 법 제15조제8항제2호 단서에서 "대통령령으로 정하는 재해"란 다음 각 호의 재해를 말한다. (2021.12.31 개정)

1. 「산업재해보상보험법 시행령」 제30조에 따른 행사 중의 사고로 인한 재해 (2020.12.8 개정)
2. 「산업재해보상보험법 시행령」 제31조에 따른 특수한 장소에서의 사고로 인한 재해 (2020.12.8 개정)
3. 「산업재해보상보험법 시행령」 제32조에 따른 요양 중의 사고로 인한 재해 (2020.12.8 개정)
4. 「산업재해보상보험법 시행령」 제33조에 따른 제3자의 행위에 따른 사고로 인한 재해 (2020.12.8 개정)
5. 「산업재해보상보험법 시행령」 제35조에 따른 출퇴근 중의 사고로 인한 재해 (2020.12.8 신설)
6. 그 밖에 사업주의 의무와 직접적으로 관련이 없는 재해로서 고용노동부장관이 정하여 고시하는 재해

② 법 제15조제8항제3호에서 "대통령령으로 정하는 사유에 해당하는 경우"란 다음 각 호의 어느 하나에 해당하는 경우를 말한다. (2021.12.31 개정)

1. 재해예방활동의 인정기간 중 「산업안전보건법」 제10조에 따라 산업재해 발생건수, 재해율 또는 그 순위 등이 공표된 사업장으로서 같은 법 시행령 제10조에 해당하는 경우 (2019.12.24 개정)
2. 제18조의2제1항제1호에 따른 위험성평가에 따른 조치가 고용노동부장관이 정하여 고시하는 기준을 충족하지 못한 경우 (2018.12.31 개정)
3. 삭제(2021.6.8)

제18조의6 【산재예방요율의 한시적 적용】 ① 다음 각 호에 해당하는 사업주의 활동은 해당 호에서 정한 기한까지는 법 제15조제6항에 따른 재해예방활동으로 본다. (2021.12.31 개정)

1. 고용노동부장관이 정하는 기준에 따라 1주간 근로시간을 52시간 이하로 단축하여 실시 : 2021년 6월 30일까지
2. 고용노동부장관이 정하는 기준에 따라 「관공서의 공휴일에 관한 규정」 제2조 각 호(제1호는 제외한다)의 공휴일 및 같은 영 제3조에 따른 대체공휴일 중 5일 이상을 유급휴일로 전환 : 2021년 12월 31일까지

② 제1항에 따른 재해예방활동별 인하율은 제18조의2제2항제2호에 따른 계산식에 따라 산출된 비율로 하되, 소수점 이하 넷째 자리에서 반올림한다. (2021.6.8 신설)

③ 제1항 또는 제18조의2제1항에 따른 재해예방활동을 중복 실시한 경우에는 다음 각 호의 구분에 따라 인하율을 적용한다. (2021.6.8 신설)

1. 제1항제1호·제2호의 재해예방활동을 중복 실시한 경우(같은 재해예방활동을 2회 이상 실시한 경우를 포함한다) : 제2항에 따른 재해예방활동별 인하율 중에서 더 높은 것(같은 재해예방활동을 2회 이상 실시한 경우에는 그에 해당하는 인하율을 적용한다)
2. 제1항제1호의 재해예방활동(중복 실시한 결과 제1항제1호의 인하율이 적용되는 경우를 포함한다)과 제18조의2제1항제1호 또는 제2호의 재해예방활동을 중복 실시한 경우 : 제18조의2제2항제1호 또는 제2호의 계산식에 따른 인하율에 제2항에 따른 인하율을 더한 것
3. 제1항제2호의 재해예방활동(중복 실시한 결과 제1항제2호의 인하율이 적용되는 경우를 포함한다)과 제18조의2제1항제1호 또는 제2호의 재해예방활동을 중복 실시한 경우 : 제18조의2제2항제1호 또는 제2호의 계산식에 따른 인하율에 제2항에 따른 인하율을 더한 것

④ 제1항에 따른 재해예방활동별 인정기간은 재해예방활동의 인정을 받은 날부터 제1항 각 호의 구분에 따른 기한까지로 한다. (2021.6.8 신설)

⑤ 법 제15조제8항제3호에 따라 다음 각 호에 해당하는 경우에는 재해예방활동의 인정을 취소해야 한다. (2021.12.31 개정)

1. 제1항제1호에 따른 노동시간 단축 조치가 고용노동부장관이 정하는 기준을 충족하지 못한 경우
2. 제1항제2호에 따른 유급휴일 전환 조치가 고용노동부장관이 정하는 기준을 충족하지 못한 경우

제18조의7【업무의 위탁기관】 법 제15조제11항에서 "대통령령으로 정하는 기관"이란 「한국산업안전보건공단법」에 따른 한국산업안전보건공단을 말한다. (2021.12.31 개정)

제19조【고용보험료의 원천공제】 사업주는 법 제16조제1항에 따라 고용보험의 보험료(이하 "고용보험료"라 한다)를 원천공제하려는 경우에는 피보험자인 근로자에게 보수를 지급할 때마다 그 지급금액에 직전의 정기 보수 지급일 이후에 부정기적으로 지급한 보수를 합산한 금액을 기준으로 그 근로자가 부담할 고용보험료에 해당하는 금액을 그 지급금액에서 공제한다. (2010.9.29 개정)

제19조의2【월별 부과·징수 제외대상 사업】 법 제16조의2제2항에서 "건설업 등 대통령령으로 정하는 사업"이란 다음 각 호의 사업을 말한다. (2010.9.29 신설)

1. 건설업(건설장비운영업은 제외한다)
2. 임업 중 벌목업

제19조의3 【월평균보수의 산정방법 등】 ① 법 제16조의3제1항 본문에 따른 근로자 또는 예술인의 개인별 월평균보수는 다음 각 호의 구분에 따라 금액을 산정하여 사업주가 공단에 법 제16조의10에 따라 신고한 금액으로 한다. (2020.12.8 신설)

1. 보험연도의 전년도에 근로 또는 노무제공이 개시된 경우 : 전년도 보수총액을 전년도에 근로 또는 노무제공을 한 개월 수로 나눈 금액
2. 해당 보험연도에 근로 또는 노무제공이 개시된 경우 : 근로 또는 노무제공이 개시된 날부터 1년 동안에 지급하기로 한 보수총액을 근로 또는 노무제공을 한 개월 수로 나눈 금액. 다만, 근로계약 기간 또는 「예술인 복지법」 제4조의4에 따른 문화예술용역 관련 계약(이하 "문화예술용역 관련 계약"이라 한다) 기간이 1년 이내인 경우에는 그 계약 기간에 지급하기로 한 보수총액을 근로 또는 노무제공을 한 개월 수로 나눈 금액으로 한다.

② 제1항에 따라 산정하여 신고한 월평균보수의 적용기간은 다음 각 호와 같다. (2020.12.8 신설)

1. 제1항제1호에 따른 경우 : 보험연도 4월부터 다음 연도 3월까지
2. 제1항제2호에 따른 경우 : 근로자 또는 예술인이 근로 또는 노무제공을 개시한 날이 속하는 달부터 다음 연도 3월까지

③ 법 제16조의3제1항 단서에서 "일용근로자 등 대통령령으로 정하는 사람"이란 다음 각 호의 사람을 말한다. (2020.12.8 신설)

1. 「고용보험법」 제2조제6호에 따른 일용근로자(이하 "일용근로자"라 한다)
2. 「고용보험법」 제77조의2제2항제2호 단서에 따른 단기예술인(이하 "단기예술인"이라 한다) (2023.6.27 개정)
3. 「고용보험법 시행령」 제104조의5제2항제2호에 따른 소득 기준을 충족하는 예술인
4. 삭제(2022.12.14)
5. 삭제(2022.12.14)
6. 삭제(2022.12.14)

④ 법 제16조의3제1항 단서에 따른 월평균보수는 월별보험료를 산정하는 월의 전월(前月)에 사업주가 지급한 보수 또는 보수액으로 한다. (2022.12.14 개정)

⑤ 삭제(2022.12.14)

⑥ 삭제(2021.12.31)

⑦ 사업주는 법 제16조의3에 따라 월평균보수가 산정된 후 보수 또는 보수액이 인상 또는 인하되었을 때에는 고용노동부령으로 정하는 바에 따라 변경된 월평균보수를 공단에 신고할 수 있다. 이 경우 공단은 월평균보수를 다시 결정하여 보수 또는 보수액이 인상 또는 인하된 날이 속하는 달부터

이를 적용한다. (2021.6.8 개정)

제19조의4 【월 중간에 종료되는 고용관계 변동 사유】 법 제16조의4제3호에서 "근로자의 휴직 등 대통령령으로 정하는 사유"란 다음 각 호의 어느 하나에 해당하는 사유를 말한다. (2023.6.27 개정)

1. 근로자의 휴업·휴직
2. 「근로기준법」 제74조제1항부터 제3항까지의 규정에 따른 출산전후휴가 또는 유산·사산 휴가 (2015.12.30 개정)
3. 그 밖에 근로자가 근로를 제공하지 않은 상태로서 고용노동부장관이 인정하는 사유

제19조의5 【보험료 산정 시 월평균보수 등에서 제외하는 보수】 ① 법 제16조의5에서 "「근로기준법」 제46조제1항에 따른 휴업수당을 받는 등 대통령령으로 정하는 사유"란 제19조의4 각 호의 사유를 말한다. (2020.12.8 개정)
② 제1항에 따른 사유에 해당하는 기간 중의 보수는 산재보험료를 산정할 때 월평균보수 또는 보수총액에서 제외한다. (2010.9.29 신설)

제19조의6 【예술인의 고용보험료의 산정】 법 제48조의2제8항제2호에서 준용하는 법 제16조의9제1항 및 제2항에 따라 고용보험료를 산정할 때에 월별보험료를 부과하는 기간 동안 예술인의 개인별 보수총액이 제3조제4항제3호에 따른 월단위 기준보수의 합계액보다 적은 경우에는 그 월단위 기준보수의 합계액을 예술인의 개인별 보수총액으로 한다. (2024.12.24 개정)

제19조의7 【보수총액 등의 신고】 ① 사업주가 법 제16조의10제1항에 따라 매년 3월 15일까지 신고해야 할 사항은 다음 각 호와 같다. (2020.12.8 개정)

1. 근로자, 예술인 또는 노무제공자의 성명 및 주민등록번호 (2021.6.8 개정)
2. 근로자, 예술인 또는 노무제공자의 전년도 개인별 보수총액 (2021.6.8 개정)
3. 사업주가 보험연도의 전년도 중에 근로자를 새로 고용한 경우에는 그 고용한 날(「고용보험법」 제13조에 따른 피보험자격의 취득일을 말한다)
4. 사업주가 보험연도의 전년도 중에 예술인으로부터 노무제공을 새로 받은 경우에는 그 노무제공 개시일(「고용보험법」 제77조의5제1항에서 준용하는 같은 법 제13조제1항에 따른 피보험자격의 취득일을 말한다)
5. 사업주가 보험연도의 전년도 중에 노무제공자로부터 노무제공을 새로 받은 경우에는 그 노무제공 개시일(「고용보험법」 제77조의10제1항에서 준용하는 같은 법 제13조제1항에 따른 피보험자격의 취득일을 말한다) (2021.6.8 신설)
6. 사업주가 근로자를 다른 사업장으로 전보시킨 경우에는 그 전보일(「고용보험법 시행령」 제9조에 따른 전보일을 말한다) (2021.6.8 개정)
7. 그 밖에 보험료 산정에 필요한 사항으로서 고용노동부령으로 정하는 사항

(2021.6.8 개정)
② 사업주가 법 제16조의10제2항에 따라 보험관계가 소멸한 때에 신고해야 할 사항은 제1항제1호·제3호부터 제5호까지의 규정에 따른 사항 및 근로자, 예술인 또는 노무제공자의 해당 연도 개인별 보수총액으로 한다. (2021.6.8 개정)
③ 사업주가 법 제16조의10제3항 본문에 따라 근로자를 새로 고용하거나 예술인과 문화예술용역 관련 계약을 체결하거나 노무제공자와 노무제공계약을 체결한 경우 신고해야 할 사항은 다음 각 호와 같다. (2021.6.8 개정)
1. 근로자, 예술인 또는 노무제공자의 성명 및 주민등록번호 (2021.6.8 개정)
2. 제19조의3제1항제2호에 따른 근로자 또는 예술인의 월평균보수 (2021.6.8 개정)
2의2. 노무제공자의 노무제공이 개시된 날이 속하는 달에 지급된 보수액 (2021.6.8 신설)
3. 근로자를 고용한 날(「고용보험법」 제13조에 따른 피보험자격의 취득일을 말한다)
4. 예술인의 노무제공이 개시된 날(「고용보험법」 제77조의5제1항에 따른 피보험자격의 취득일을 말한다)
5. 노무제공자의 노무제공이 개시된 날(「고용보험법」 제77조의6제1항에 따른 피보험자격의 취득일을 말한다) (2021.6.8 신설)
④ 법 제16조의10제3항 단서에서 "1개월간 소정근로시간이 60시간 미만인 사람 등 대통령령으로 정하는 근로자"란 「고용보험법 시행령」 제3조제1항에 따른 고용보험 적용 제외 근로자 및 같은 영 제3조의3제2호 각 목에 해당하는 사람으로서 고용보험 가입을 신청하지 않은 사람을 말한다. (2020.12.8 개정)
⑤ 사업주는 제1항 및 제2항에도 불구하고 제4항에 해당하는 근로자에 대해서는 해당 근로자 전체의 보수총액만을 신고할 수 있다. (2020.12.8 개정)
⑥ 사업주가 법 제16조의10제4항에 따라 근로자와의 고용관계를 종료하거나 예술인과의 문화예술용역 관련 계약을 종료하거나 노무제공자와의 노무제공계약을 종료한 때에 신고해야 할 사항은 다음 각 호와 같다. (2021.6.8 개정)
1. 근로자, 예술인 또는 노무제공자의 성명 및 주민등록번호 (2021.6.8 개정)
2. 근로자, 예술인 또는 노무제공자에게 지급한 보수총액 (2021.6.8 개정)
3. 근로자의 고용관계가 종료된 날(「고용보험법」 제14조에 따른 피보험자격의 상실일을 말한다)
4. 예술인의 노무제공이 종료된 날(「고용보험법」 제77조의5제1항에서 준용하는 같은 법 제14조제1항에 따른 피보험자격의 상실일을 말한다)

5. 노무제공자의 노무제공이 종료된 날(「고용보험법」 제77조의10제1항에서 준용하는 같은 법 제14조제1항에 따른 피보험자격의 상실일을 말한다) (2021.6.8 신설)

⑦ 법 제16조의10제5항에서 "근로자, 예술인 또는 노무제공자가 휴직하거나 다른 사업장으로 전보되는 등 대통령령으로 정하는 사유"란 다음 각 호의 사유를 말한다. (2021.6.8 개정)

1. 근로자의 휴업 또는 휴직
2. 「근로기준법」 제74조제1항부터 제3항까지의 규정에 따른 출산전후휴가 또는 유산·사산 휴가
3. 「남녀고용평등과 일·가정 양립 지원에 관한 법률」 제19조 또는 제19조의2에 따른 육아휴직 또는 육아기 근로시간 단축
4. 사업주의 하나의 사업장에서 다른 사업장으로의 전보
5. 근로자, 예술인 또는 노무제공자의 성명이나 주민등록번호의 변경 (2021.6.8 개정)
6. 근로자의 휴직 종료일 또는 예술인·노무제공자의 휴업 등 종료일의 변경 (2021.6.8 개정)
7. 예술인 또는 노무제공자가 휴업, 출산 또는 유산·사산을 이유로 노무를 제공할 수 없어 사업주가 보수를 지급하지 않는 경우 (2021.6.8 신설)

⑧ 사업주가 법 제16조의10제5항에 따라 제7항 각 호에 따른 사유가 발생한 때에 신고해야 할 사항은 다음 각 호의 구분에 따른다. (2020.12.8 개정)

1. 근로자가 제7항제1호부터 제4호까지 또는 제6호에 해당하는 경우 : 다음 각 목에 해당하는 사항
   가. 근로자의 성명 및 주민등록번호
   나. 발생 사유
   다. 근로를 제공하지 않은 기간의 시작일 또는 종료일
   라. 전근 사업장의 명칭 및 사업장 관리번호(제7항제4호의 사유가 있는 경우만 해당한다)
2. 근로자, 예술인 또는 노무제공자가 제7항제5호에 해당하는 경우 : 그 변경 내용 (2021.6.8 개정)
3. 예술인·노무제공자가 제7항제6호 또는 제7호에 해당하는 경우 : 다음 각 목에 해당하는 사항 (2021.6.8 신설)
   가. 예술인 또는 노무제공자의 성명 및 주민등록번호
   나. 발생 사유
   다. 노무를 제공하지 않은 기간의 시작일 및 종료일

⑨ 제1항부터 제3항까지, 제5항, 제6항 및 제8항에 따른 신고를 하려는 사업주는 고용노동부령으로 정하는 신고서를 제출해야 한다. (2020.12.8 개정)

제19조의8【문서에 의한 보수총액 신고】 법 제16조의10제8항 단서에서 "대통령령으로 정하는 규모"란 전년도 말일 현재 근로자 수가 10명 미만인 사업을 말한다. (2020.12.8 개정)

제19조의9【신용카드 등으로 하는 보험료등의 납부】 ① 삭제(2017.6.27) (2020.12.8 개정)

② 법 제16조의12제1항에서 "대통령령으로 정하는 보험료납부대행기관"이란 정보통신망을 이용하여 신용카드, 직불카드 등(이하 "신용카드등"이라 한다)에 의한 결제를 수행하는 기관으로서 다음 각 호의 어느 하나에 해당하는 기관을 말한다. (2014.9.24 신설)

1. 「민법」 제32조에 따라 금융위원회의 허가를 받아 설립된 금융결제원
2. 시설, 업무수행능력, 자본금 규모 등을 고려하여 공단 또는 「국민건강보험법」 제13조에 따른 국민건강보험공단(이하 "건강보험공단"이라 한다)이 법 제4조에 따라 위탁받은 징수업무별로 각각 지정하는 기관

③ 법 제16조의12제3항에 따른 납부대행 수수료는 공단 또는 건강보험공단이 보험료납부대행기관의 운영경비 등을 종합적으로 고려하여 승인한다. 이 경우 납부대행 수수료는 납부금액의 1천분의 10을 초과할 수 없다. (2014.9.24 신설)

④ 공단 또는 건강보험공단은 신용카드등에 의한 보험료등의 납부에 필요한 사항을 정할 수 있다. (2014.9.24 신설)

제20조【개산보험료의 신고와 납부】 사업주가 개산보험료를 납부하려는 경우에는 공단에 개산보험료신고서를 제출하고 납부서에 따라 내야 한다. (2010.9.29 개정)

제21조【전년도 보수총액의 적용】 법 제17조제1항 본문에서 "대통령령으로 정하는 경우"란 해당 보험연도 보수총액의 추정액이 전년도 보수총액의 100분의 70 이상 100분의 130 이하인 경우를 말한다. (2010.9.29 개정)

제22조【개산보험료의 분할 납부】 ① 법 제17조제3항에 따른 개산보험료의 분할 납부는 연 4분기로 하되, 각 기의 구분은 다음 각 호와 같다. (2010.9.29 개정)

1. 제1기 : 1월 1일부터 3월 31일까지
2. 제2기 : 4월 1일부터 6월 30일까지
3. 제3기 : 7월 1일부터 9월 30일까지
4. 제4기 : 10월 1일부터 12월 31일까지

② 제1항에도 불구하고 다음 각 호의 사업의 경우에는 개산보험료를 분할하여 납부할 수 없다. (2010.9.29 개정)

1. 해당 보험연도 7월 1일 이후에 보험관계가 성립된 사업
2. 건설공사 등 기간의 정함이 있는 사업으로서 그 기간이 6개월 미만인

사업

③ 보험연도 중에 보험관계가 성립된 경우의 개산보험료 분할 납부의 최초의 기는 다음 각 호의 구분에 따른 기간으로 한다. (2010.9.29 개정)

1. 1월 2일부터 3월 31일 사이에 보험관계가 성립된 경우 : 보험관계 성립일부터 6월 30일까지
2. 4월 1일부터 6월 30일 사이에 보험관계가 성립된 경우 : 보험관계 성립일부터 9월 30일까지

④ 각 기의 개산보험료는 다음 각 호와 같다. (2010.9.29 개정)

1. 제1항에 따른 각 기의 개산보험료 : 해당 연도의 개산보험료를 4등분한 금액
2. 제3항에 따른 각 기의 개산보험료 : 해당 연도의 개산보험료에 보험관계 성립일부터 해당 연도 말일까지의 총일수에서 각 기별 기간의 일수가 차지하는 비율을 각각 곱하여 산정한 금액

⑤ 개산보험료를 분할 납부하는 사업주는 최초의 기에 해당하는 개산보험료를 법 제17조제1항에 따른 납부기한까지 내고, 그 이후의 각 기에 해당하는 개산보험료는 각각 그 분기의 중간 월의 15일까지 내야 한다. (2010.9.29 개정)

⑥ 제1항부터 제5항까지의 규정 따라 분할 납부를 하려는 사업주는 공단에 개산보험료의 분할 납부를 신청하여야 한다. (2010.9.29 개정)

제23조【개산보험료의 경정청구】 ① 법 제17조제5항에 따라 개산보험료의 경정청구(更正請求)를 하려는 사업주는 다음 각 호의 사항을 적은 경정청구서를 제출하여야 한다. (2010.9.29 개정)

1. 청구인의 성명과 주소 또는 거소
2. 경정 전의 개산보험료액
3. 경정 후의 개산보험료액
4. 경정청구를 하는 이유
5. 그 밖에 경정청구를 하는 이유 및 산출근거를 설명하는 데에 필요한 사항

② 공단은 제1항에 따른 경정청구를 받은 날부터 2개월 이내에 개산보험료의 경정청구에 대한 결과를 청구인에게 알려야 한다. (2010.9.29 개정)

제24조【보험료율의 변동에 따른 보험료의 조정】 ① 공단은 법 제18조제1항에 따라 보험료를 감액 조정한 경우에는 보험료율의 인하를 결정한 날부터 20일 이내에 그 감액 조정 사실을 사업주에게 알려야 한다. (2010.9.29 개정)

② 제1항에 따라 보험료를 감액 조정한 결과 사업주가 이미 납부한 금액이 납부하여야 할 금액보다 많은 경우 공단은 법 제23조에 따라 잘못 낸 금액의 충당 및 반환을 결정하고 제31조제3항에 따라 사업주에게 이를 알려야 한

다. (2010.9.29 개정)

③ 공단 또는 건강보험공단은 법 제18조제1항에 따라 보험료를 증액 조정한 경우에는 납부기한을 정하여 보험료를 추가로 낼 것을 사업주에게 알려야 한다. (2014.9.24 개정)

④ 제3항에 따라 보험료의 추가 납부를 통지받은 사업주는 납부기한까지 증액된 보험료를 내야 한다. 다만, 공단 또는 건강보험공단은 정당한 사유가 있다고 인정되는 경우에는 30일의 범위에서 그 납부기한을 한 번 연장할 수 있다. (2010.9.29 개정)

제25조 【개산보험료의 감액조정의 기준】 법 제18조제2항에서 "대통령령으로 정하는 기준"이란 100분의 30을 말한다. (2010.9.29 개정)

제26조 【확정보험료의 신고와 납부 등】 법 제19조제1항에 따른 확정보험료의 신고·납부 및 법 제19조제7항에 따른 확정보험료의 경정청구에 관하여는 제20조 및 제23조를 준용한다. (2010.9.29 개정)

제27조 【보험료징수의 특례】 법 제20조에서 "결산서 등 보험료 산정을 위한 기초자료를 확보하기 어려운 경우 등 대통령령으로 정하는 사유"란 공단이 사업주에게 결산서 등 보험료 산정에 필요한 기초자료의 제출을 두 번 이상 요구하였으나 이에 응하지 아니하거나 제출된 자료가 현저히 믿기 어려워 보완을 요구하였으나 보완하지 아니한 경우를 말한다. (2010.9.29 개정)

제28조 【고용보험료 지원대상】 ① 법 제21조제1항제1호에서 "대통령령으로 정하는 규모 미만의 사업"이란 다음 각 호의 구분에 따른 사업을 말한다. 다만, 「부패방지 및 국민권익위원회의 설치와 운영에 관한 법률」 제2조제1호에 따른 공공기관은 제외한다. (2017.6.27 개정)

1. 법 제16조의2제1항에 따라 보험료를 납부하는 사업의 경우에는 다음 각 목의 요건에 모두 해당하는 사업. 다만, 예술인 또는 노무제공자가 부담하는 고용보험료를 지원하는 경우 그 사업주의 사업은 다음 각 목의 요건을 갖추지 않아도 된다. (2022.12.14 개정)
   가. 법 제21조에 따른 고용보험료의 지원을 신청하는 날(이하 "지원신청일"이라 한다)이 속한 보험연도의 전년도에 고용노동부장관이 정한 바에 따라 산정한 「고용보험법」 제2조제1호가목에 따른 피보험자 중 근로자(이하 "근로자인 피보험자"라 한다)의 수가 월평균 10명 미만일 것. 다만, 지원신청일이 속한 보험연도의 전년도 월평균 근로자인 피보험자 수가 10명 이상이거나 지원신청일이 속한 보험연도 중에 법 제7조에 따른 보험관계가 성립된 사업의 경우에는 지원신청일이 속한 달의 직전 3개월 동안(지원신청일이 속한 연도로 한정하며, 보험관계성립일 이후 3개월이 지나지 않은 경우에는 그 기간 동안을 말한다) 근로자인 피보험자 수가 연속하여 10명 미만일 것 (2021.6.8 개정)

나. 지원신청일이 속한 달의 말일(법 제5조제2항에 따라 고용보험 가입신청을 하거나 법 제11조에 따른 기간 내에 보험관계 성립신고를 하면서 지원신청을 하는 경우에는 그 신청일 또는 신고일을 말한다)을 기준으로 근로자인 피보험자 수가 10명 미만일 것

다. 고용보험료 지원이 시작된 이후 해당 보험연도의 매월 말일을 기준으로 한 근로자인 피보험자 수가 3개월 연속 10명 이상이 되지 않을 것

2. 법 제16조의2제2항에 따라 고용보험료를 신고·납부하는 사업의 경우에는 제1호가목의 요건을 갖춘 사업 (2017.6.27 개정)

② 제1항에 해당하는 사업의 사업주가 해당 사업의 근로자인 피보험자에 대하여 다음 각 호의 어느 하나에 해당하는 휴가 등(이하 "출산전후휴가등"이라 한다)을 실시한 경우 그 출산전후휴가등의 기간 동안에는 해당 사업의 총 근로자인 피보험자 수에서 출산전후휴가등을 실시한 근로자인 피보험자 수를 제외한 수를 해당 사업의 근로자인 피보험자 수로 본다. (2017.6.27 개정)

1. 「근로기준법」 제74조제1항부터 제3항까지의 규정에 따른 출산전후휴가 또는 유산·사산 휴가

2. 「남녀고용평등과 일·가정 양립 지원에 관한 법률」 제19조 또는 제19조의2에 따른 육아휴직 또는 육아기 근로시간 단축

③ 법 제21조제1항제1호에서 "대통령령으로 정하는 금액 미만의 보수"란 근로자인 피보험자, 예술인인 피보험자 또는 노무제공자인 피보험자에 대한 다음 각 호의 구분에 따른 금액이 유사 직종·분야 근로자, 예술인 및 노무제공자의 보수수준, 노동시장 여건 등을 고려하여 고용노동부장관이 보건복지부장관과 협의하여 고시한 금액 미만인 경우를 말한다. (2021.6.8 개정)

1. 법 제16조의2제1항에 따라 보험료를 납부하는 사업의 경우에는 법 제48조의3제3항 단서에 따른 보수액에 따라 산정한 월 보수액, 이 영 제19조의3에 따라 산정한 월평균보수, 이 영 제56조의6제1항에 따라 산정한 월 보수액, 「고용보험법 시행령」 제7조제1항 후단에 따라 제출한 근로내용 확인신고서에 기재된 월별로 지급된 보수 또는 같은 영 제104조의6제2항·제104조의12제3항·제104조의13제3항에 따라 제출한 노무제공내용 확인신고서에 기재된 월별로 지급된 보수액 (2022.12.14 개정)

2. 법 제16조의2제2항에 따라 고용보험료를 납부하는 사업의 경우에는 제29조의3제1항에 따른 지원신청 당시 기재한 월평균보수(지원신청 당시 기재한 보수총액을 그 보험연도 중 해당 근로자의 근무일수로 나눈 후 30을 곱하여 산정한 금액을 말한다) 또는 「고용보험법 시행령」 제7조제1항 후단에 따라 제출한 근로내용 확인신고서에 기재된 월별로 지급된 보수 (2022.12.14 개정)

④ 법 제21조제1항제2호에서 "대통령령으로 정하는 재산"이란 「지방세법」 제105조에 따른 토지, 건축물, 주택, 항공기 및 선박을 말한다. (2017.6.27 신설)
⑤ 법 제21조제1항제2호 및 제3호에서 "대통령령으로 정하는 기준"이란 각각 물가상승률, 경제성장율 등 국내외 경제상황 및 근로자·예술인·노무제공자의 재산·소득분포 현황, 다른 법령과의 관계 등을 고려하여 고용노동부장관이 보건복지부장관과 협의하여 정하여 고시하는 기준을 말한다. (2021.6.8 개정)

제29조 【고용보험료의 지원 수준 등】 법 제21조에 따른 고용보험료의 지원 수준과 지원 기간은 사업주 및 근로자·예술인·노무제공자가 부담하는 고용보험료의 범위에서 근로자·예술인·노무제공자의 보수·보수액의 수준, 피보험자격의 취득 상황 등을 고려하여 고용노동부장관이 보건복지부장관과 협의하여 고시한다. (2021.6.8 개정)

제29조의2 【월별보험료 납부 사업에 대한 지원 방법 및 절차】 ① 법 제21조에 따라 고용보험료를 지원받으려는 경우 그 사업의 사업주 또는 근로자·예술인·노무제공자는 고용노동부령으로 정하는 바에 따라 공단에 고용보험료의 지원을 신청해야 한다. (2022.12.14 개정)
② 공단은 제1항에 따른 신청을 받은 경우 사업주 또는 노무제공플랫폼사업자(「고용보험법」 제77조의7제1항에 따른 노무제공플랫폼사업자를 말한다. 이하 같다)가 월별보험료를 법 제16조의7에 따른 기한 내에 납부하였는지를 매월 확인한 후 지원한다. 이 경우 지원신청일이 속한 달의 고용보험료부터 해당 보험연도 말까지 지원하되, 사업주 또는 노무제공플랫폼사업자가 다음 각 호의 어느 하나에 해당하는 신고를 기한 내에 하지 않은 경우에는 그 신고를 이행한 날이 속한 달의 고용보험료부터 지원하고, 지원대상이 되는 피보험자가 일용근로자, 단기예술인 또는 「고용보험법」 제77조의6제2항제2호 단서에 따른 단기노무제공자(이하 "단기노무제공자"라 한다)인 경우에는 사업주 또는 노무제공플랫폼사업자가 「고용보험법 시행령」 제7조제1항 후단에 따라 기한 내에 제출한 근로내용 확인신고서 또는 같은 영 제104조의6제2항·제104조의12제3항·제104조의13제3항에 따라 기한 내에 제출한 노무제공내용 확인신고서나 「소득세법」 제164조제1항 단서에 따라 기한 내에 제출한 근로소득 지급명세서에 기재된 사람에 대한 월별보험료만을 지원한다. (2023.6.27 개정)
1. 법 제16조의10제1항에 따른 보수총액 신고(노무제공자에 대한 보수총액 신고는 제외한다) (2022.12.14 개정)
2. 지원대상이 되는 근로자인 피보험자에 대한 「고용보험법」 제15조에 따른 피보험자격 취득신고 (2017.6.27 개정)

3. 지원대상이 되는 예술인인 피보험자에 대한 「고용보험법」 제77조의5제1항에서 준용하는 같은 법 제15조에 따른 피보험자격 취득신고(같은 법 제77조의2제3항에 따라 발주자 또는 원수급인이 하는 신고를 포함한다) (2022.12.14 개정)
4. 지원대상이 되는 노무제공자인 피보험자에 대한 「고용보험법」 제77조의7제1항에 따른 피보험자격 취득신고(「고용보험법 시행령」 제104조의12제2항 또는 제104조의13제2항에 따라 월 보수액을 신고하여 피보험자격 취득신고를 한 것으로 보는 경우를 포함한다) 및 같은 법 제77조의10제1항에서 준용하는 같은 법 제15조에 따른 피보험자격 취득신고 (2023.12.26 개정)

③ 공단은 제2항에도 불구하고 사업주 또는 노무제공플랫폼사업자가 고용보험료의 지원기간 중에 지원대상이 되는 노무제공자인 피보험자에 대한 제56조의6제7항에 따른 월 보수액의 신고를 기한 내에 하지 않은 달에 대해서는 제2항에 따른 고용보험료를 지원하지 않는다. (2022.12.14 개정)

④ 사업이 보험연도 말 현재 고용보험료 지원을 받고 있고 그 보험연도 중 보험료 지원기간의 월평균 근로자인 피보험자 수가 10명 미만인 경우에는 다음 보험연도 1월 1일에 제1항에 따른 지원을 신청하여 지원받는 사업으로 본다. (2021.6.8 개정)

⑤ 사업이 제28조제1항제1호다목에 해당하지 아니하여 고용보험료 지원을 받지 못하게 된 경우에는 해당 보험연도 말까지는 제1항에 따른 지원신청을 하지 못한다. (2021.6.8 개정)

제29조의3 【고용보험료 신고·납부 사업에 대한 지원 방법 및 절차】 ① 제28조제1항제2호에 해당하는 사업에서 근로하는 근로자인 피보험자가 법 제21조에서 정한 요건에 해당하여 고용보험료를 지원받으려는 경우 해당 사업의 사업주 또는 근로자는 해당 사업의 사업주가 법 제19조에 따른 기한 내에 공단에 고용보험료를 신고·납부한 후 고용노동부령으로 정하는 바에 따라 고용보험료의 지원을 신청하여야 한다. (2018.12.31 개정)

② 제1항에 따른 지원을 신청받은 공단은 법 제19조에 따라 사업주가 신고·납부한 고용보험료에 대하여 지원액을 산정하여 지원한다. 다만, 사업주가 지원대상이 되는 근로자인 피보험자에 대하여 「고용보험법」 제15조에 따른 피보험자격 신고를 기한 내에 하지 않은 경우 그 사람에 대한 고용보험료는 신고를 이행한 날부터 지원하고, 지원대상이 되는 근로자인 피보험자가 일용근로자인 경우에는 사업주가 「고용보험법 시행령」 제7조제1항 후단에 따라 기한 내에 제출한 달의 근로내용 확인신고서 또는 「소득세법」 제164조제1항 단서에 따라 기한 내에 제출한 근로소득 지급명세서에 기재된 사람에 대한 고용보험료만을 지원한다. (2022.6.28 개정)

제30조【고용보험료 지원금의 환수】 ① 공단은 고용보험료의 지원을 받은 사업에 다음 각 호의 어느 하나에 해당하는 사유가 발생한 경우에는 법 제21조의2에 따라 다음 각 호의 구분에 따른 금액의 지원금을 환수한다. (2017.6.27 개정)
1. 지원신청 당시 지원요건을 갖추지 못하였음에도 거짓 또는 부정한 방법으로 신청하여 지원받은 경우 : 지원받은 금액 전부
2. 고용보험료 지원이 시작된 이후 해당 보험연도 중에 매월 말일을 기준으로 하여 근로자인 피보험자 수가 3개월 연속 10명 이상이 되었음에도 계속 지원받았음이 확인된 경우 : 3개월째 된 달의 다음 달 이후부터 지원받은 금액 (2017.6.27 개정)
3. 사업주가 지원대상 근로자 또는 예술인에 대하여 법 제16조의10제1항 및 제4항에 따라 신고한 해당 근로자 및 예술인의 보수총액으로 산정한 월평균보수가 제28조제3항에 따라 고용노동부장관이 고시한 금액의 100분의 110을 넘은 경우(지원대상 근로자 또는 예술인이 보험연도 중에 새로 고용되거나 노무제공을 개시한 경우만 해당한다) : 해당 근로자 또는 예술인에 대하여 지원받은 금액 전부 (2020.12.8 개정)
4. 그 밖에 지원대상이 아닌 사람에게 잘못 지원되었음이 확인된 경우 : 잘못 지원된 금액 (2020.12.8 개정)

② 공단은 제1항에 따른 지원금 환수사유가 발생한 경우 지원금을 지급받은 자에게 해당 사실을 통보한 후 환수금액을 고지·징수해야 한다. (2021.12.31 개정)

③ 법 제21조의2제1항 단서에서 "대통령령으로 정하는 금액"이란 3천원을 말한다. (2014.9.24 신설)

제30조의2【천재지변 등에 따른 보험료 등의 경감 사유 등】 ① 법 제22조의2제1항 전단에서 "대통령령으로 정하는 특수한 사유"란 화재, 폭발 및 전쟁의 피해, 그 밖에 이에 준하는 재난을 말한다. (2019.7.2 개정)

② 법 제22조의2제1항 후단에 따른 경감비율은 보험료와 그 밖의 징수금의 100분의 30으로 한다. (2010.9.29 개정)

제30조의3【정보통신망을 이용한 신고 시의 보험료 경감 금액】 공단은 사업주가 법 제22조의2제2항 본문에 따라 고용·산재정보통신망을 통하여 보수총액 또는 개산보험료를 신고하는 경우(제45조제1항에 따른 보험사무대행기관을 통하여 신고하는 경우는 제외한다)에는 고용보험료 5천원 및 산재보험료 5천원을 경감할 수 있다. (2010.9.29 개정)

제30조의4【자동계좌이체 시의 보험료 경감 금액】 공단은 사업주가 법 제22조의2제3항에 따라 월별보험료 또는 개산보험료를 자동계좌이체(신용카드와 연계하여 자동계좌이체를 하는 경우를 포함한다)의 방법으로 내는 경

우에는 고용보험 월별보험료 및 산재보험 월별보험료에서 각각 250원을 경감하거나 분기마다 고용보험 개산보험료 및 산재보험 개산보험료에서 각각 250원을 경감할 수 있다. (2021.6.8 개정)

제30조의5【양수인의 제2차 납부의무】 ① 법 제22조의5제2항에 따라 제2차 납부의무를 지는 사업의 양수인은 사업별로 그 사업에 관한 모든 권리(미수금에 관한 것은 제외한다)와 모든 의무(미지급금에 관한 것은 제외한다)를 포괄적으로 승계한 자로 한다. (2023.6.27 신설)

② 법 제22조의5제2항에 따른 양수한 재산의 가액은 다음 각 호의 금액으로 한다. (2023.6.27 신설)

1. 사업의 양수인이 양도인에게 지급했거나 지급해야 할 금액이 있는 경우에는 그 금액
2. 제1호에 따른 금액이 없거나 불분명한 경우에는 양수한 자산 및 부채를 건강보험공단이 「상속세 및 증여세법」 제60조부터 제66조까지를 준용하여 평가한 후 그 자산총액에서 부채총액을 뺀 가액

③ 제2항에도 불구하고 다음 각 호의 어느 하나에 해당하는 경우에 양수한 재산의 가액은 같은 항 제1호의 금액과 같은 항 제2호의 금액 중 큰 금액으로 한다. (2023.6.27 신설)

1. 제2항제1호에 따른 금액과 「상속세 및 증여세법」 제60조에 따른 시가의 차액이 3억원 이상인 경우
2. 제2항제1호에 따른 금액과 「상속세 및 증여세법」 제60조에 따른 시가의 차액이 그 시가의 100분의 30에 상당하는 금액 이상인 경우

제31조【보험료 등 과납액의 충당·반환 및 이자】 ① 삭제(2007.3.27)

② 사업주는 보험료, 그 밖의 징수금을 잘못 냈거나 「산업재해보상보험법」 제89조에 따라 보험급여를 지급받게 되는 경우에는 이를 다음 연도의 보험료, 그 밖의 징수금에 충당시켜 줄 것을 공단에 신청할 수 있다. (2010.9.29 개정)

③ 공단은 법 제23조제1항부터 제3항까지의 규정에 따라 보험료 등의 잘못 낸 금액 또는 보험급여를 보험료, 그 밖의 징수금에 우선 충당하거나 그 잔액을 반환하기로 결정한 경우에는 사업주에게 이를 알려야 한다. (2010.9.29 개정)

④ 법 제23조제4항 각 호 외의 부분에서 "대통령령으로 정하는 이자율"이란 「국세기본법 시행령」 제43조의3제2항에 따른 국세환급가산금의 이자율을 말한다. (2012.6.29 개정)

제31조의2【고용보험료 과납액의 근로자 반환】 ① 법 제23조제5항에서 "대통령령으로 정하는 사유"란 다음 각 호의 어느 하나에 해당하는 경우를 말한다. (2020.1.7 신설)

1. 법인의 청산종결의 등기
2. 폐업으로 사업주에게 반환할 수 없다고 공단이 인정하는 경우

② 법 제23조제6항 단서에서 "대통령령으로 정하는 금액"이란 3천원을 말한다. (2020.1.7 신설)

제32조【가산금 징수의 예외】 법 제24조제1항 단서에서 "대통령령으로 정하는 경우"란 다음 각 호의 경우를 말한다. (2010.9.29 개정)

1. 가산금의 금액이 3천원 미만인 경우
2. 법 제16조의10제1항 및 제2항에 따른 보수총액 또는 확정보험료를 신고하지 아니한 사유가 천재지변이나 그 밖에 고용노동부장관이 인정하는 부득이한 사유에 해당하는 경우

제33조【연체금의 징수 등】 법 제25조제4항에서 "대통령령으로 정하는 경우"란 다음 각 호의 경우를 말한다. (2017.6.27 개정)

1. 연체금, 가산금 및 법 제26조에 따라 징수하는 보험급여의 금액이 체납된 경우
2. 보험료, 그 밖의 징수금의 체납이 천재지변이나 그 밖에 고용노동부장관이 인정하는 부득이한 사유에 해당하는 경우

제34조【사업주에 대한 산재보험급여액의 징수기준】 ① 법 제26조제1항 제1호에 따른 보험급여액의 징수는 보험가입신고를 하여야 할 기한이 끝난 날의 다음 날부터 보험가입신고를 한 날까지의 기간 중에 발생한 재해에 대한 요양급여·휴업급여·장해급여·간병급여·유족급여·상병보상연금에 대하여 하며, 징수할 금액은 가입신고를 게을리한 기간 중에 발생한 재해에 대하여 지급 결정한 보험급여 금액의 100분의 50에 해당하는 금액(사업주가 가입신고를 게을리한 기간 중에 납부하여야 하였던 산재보험료의 5배를 초과할 수 없다)으로 한다. 다만, 요양을 시작한 날(재해 발생과 동시에 사망한 경우에는 그 재해발생일)부터 1년이 되는 날이 속하는 달의 말일까지의 기간 중에 급여청구사유가 발생한 보험급여로 한정한다. (2023.6.27 개정)

② 법 제26조제1항제2호에 따른 보험급여액의 징수는 월별보험료 또는 개산보험료의 납부기한(법 제17조제3항에 따른 분할 납부의 경우에는 각 분기의 납부기한)의 다음 날부터 해당 보험료를 낸 날의 전날까지의 기간 중에 발생한 재해에 대한 요양급여·휴업급여·장해급여·간병급여·유족급여·상병보상연금에 대하여 하며, 징수할 금액은 재해가 발생한 날부터 보험료를 낸 날의 전날까지의 기간 중에 급여청구사유가 발생한 보험급여 금액의 100분의 10에 해당하는 금액(사업주가 산재보험료의 납부를 게을리한 기간 중에 납부하여야 하였던 산재보험료의 5배를 초과할 수 없다)으로 한다. 다만, 다음 각 호에 해당하는 경우는 징수하지 아니한다. (2017.12.26 개정)

1. 재해가 발생한 날까지 내야 할 해당 연도의 월별보험료에 대한 보험료

납부액의 비율이 100분의 50 이상인 경우
2. 해당 연도에 내야 할 개산보험료에 대한 보험료 납부액의 비율(분할 납부의 경우에는 재해가 발생한 분기까지 내야 할 개산보험료에 대한 보험료 납부액의 비율)이 100분의 50 이상인 경우

③ 제1항이나 제2항에 따라 보험급여액을 징수할 때 지급 결정된 보험급여가 장해보상연금 또는 유족보상연금인 경우에는 최초의 급여청구사유가 발생한 날에 장해보상일시금 또는 유족보상일시금이 지급 결정된 것으로 본다. (2010.9.29 개정)

④ 법 제26조제1항제1호 및 제2호에 해당하는 사유가 경합된 경우에는 그 경합된 기간 동안에는 보험급여액의 징수비율이 가장 높은 징수금만을 징수한다. (2010.9.29 개정)

⑤ 「산업재해보상보험법 시행령」 제23조제2호에 따른 단시간근로자에게 보험급여를 지급하는 경우에는 같은 영 제24조제1항제2호에 따라 산정한 평균임금 중 재해가 발생한 사업을 대상으로 산정한 평균임금이 차지하는 비율에 해당하는 보험급여액을 기준으로 하여 제1항부터 제4항까지의 규정에 따라 보험급여액을 징수한다. 다만, 재해가 발생한 사업만의 평균임금으로 보험급여를 산정할 경우 해당 평균임금이 낮아 「산업재해보상보험법」 제36조제7항 본문, 제54조 또는 제67조에 따라 보험급여가 산정되는 경우에는 그 산정된 보험급여액을 기준으로 한다. (2016.3.22 신설)

⑥ 「산업재해보상보험법」 제91조의15제1호에 따른 노무제공자(이하 "산재보험 노무제공자"라 한다)에게 보험급여를 지급하는 경우에는 같은 조 제6호 및 같은 법 제91조의17제3항에 따라 산정한 평균보수 중 재해가 발생한 사업을 대상으로 산정한 평균보수가 차지하는 비율에 해당하는 보험급여액을 기준으로 하여 제1항부터 제4항까지의 규정에 따라 보험급여액을 징수한다. 다만, 재해가 발생한 사업만의 평균보수로 보험급여를 산정할 경우 해당 평균보수가 낮아 「산업재해보상보험법」 제36조제7항 본문, 제67조 또는 같은 법 제91조의19제1항에 따라 보험급여가 산정되는 경우에는 그에 따라 산정된 보험급여액을 기준으로 한다. (2023.6.27 신설)

제35조【산재보험가입자로부터의 보험급여액의 징수】 공단이 법 제26조제2항에 따라 보험급여액의 전부 또는 일부의 납부를 통지할 때에는 그 납부기한은 통지를 받은 날부터 30일 이상이 되도록 하여야 한다. (2010.9.29 개정)

제36조【체납징수금의 징수우선순위】 삭제(2007.3.27)

제37조【공매대행의 의뢰 등】 ① 건강보험공단은 법 제28조제2항 전단에 따라 압류재산의 공매를 「한국자산관리공사 설립 등에 관한 법률」 제6조에 따른 한국자산관리공사(이하 "한국자산관리공사"라 한다)로 하여금 대행하

게 하는 경우에는 다음 각 호의 사항을 적은 공매대행의뢰서를 한국자산관리공사에 보내야 한다. (2021.6.8 개정)

1. 체납자의 성명과 주소 또는 거소
2. 공매할 재산의 종류·수량·품질 및 소재지
3. 압류에 관계되는 보험료, 그 밖의 징수금의 명세와 납부기한
4. 그 밖에 압류재산의 공매대행에 필요한 사항

② 건강보험공단은 제1항에 따라 공매대행을 의뢰하면 지체 없이 그 사실을 체납자, 담보물 소유자, 그 재산상에 전세권·질권·저당권 또는 그 밖의 권리를 가진 자, 압류재산을 보관하고 있는 자에게 알려야 한다. (2010.9.29 개정)

제38조 【압류재산의 인도】 ① 건강보험공단은 제37조제1항에 따라 공매대행을 의뢰할 때 건강보험공단이 점유하고 있거나 제3자로 하여금 보관하게 한 재산을 한국자산관리공사에 인도할 수 있다. 다만, 제3자로 하여금 보관하게 한 재산에 대해서는 그 제3자가 발행하는 해당 재산의 보관증을 인도함으로써 이를 갈음할 수 있다. (2010.9.29 개정)

② 한국자산관리공사는 제1항에 따라 압류재산을 인수하였을 때에는 인계·인수서를 작성하여야 한다. (2010.9.29 개정)

제39조 【공매대행의 해제 요구】 ① 한국자산관리공사는 공매대행의 의뢰를 받은 날부터 2년 이내에 공매되지 않은 재산이 있으면 건강보험공단에 그 재산에 대한 공매대행 의뢰의 해제를 요구할 수 있다. (2010.9.29 개정)

② 건강보험공단은 제1항의 해제 요구를 받았을 때에는 특별한 사정이 없으면 이에 따라야 한다. (2010.9.29 개정)

제40조 【공매대행에 관한 세부 사항】 법 제28조제2항 전단에 따라 한국자산관리공사가 대행하는 공매에 필요한 사항으로서 이 영에서 정하지 않은 것은 건강보험공단이 한국자산관리공사와 협의하여 정한다. (2010.9.29 개정)

제40조의2 【상속재산의 가액】 ① 법 제28조의3제1항 및 같은 조 제2항 전단에 따른 상속받은 재산은 상속받은 자산총액에서 부채총액과 그 상속 때문에 부과되거나 내야 할 상속세를 공제한 가액(價額)으로 한다. (2010.9.29 개정)

② 제1항에 따른 자산총액과 부채총액의 가액은 「상속세 및 증여세법」 제60조부터 제66조까지의 평가방법에 따라 평가한다. (2010.9.29 개정)

제40조의3 【상속인 대표자의 신고】 ① 법 제28조의3제2항 후단에 따른 상속인 대표자의 신고는 상속 개시일부터 30일 이내에 대표자의 성명과 주소·거소, 그 밖에 필요한 사항을 적은 문서로 하여야 한다. (2010.9.29 개정)

② 건강보험공단은 법 제28조의3제2항 후단에 따른 신고가 없는 경우에는 상속인 중 1명을 대표자로 지정할 수 있다. 이 경우 건강보험공단은 그 뜻을 적은 문서를 지체 없이 각 상속인에게 보내야 한다. (2010.9.29 개정)

제40조의4【고액·상습 체납자의 인적사항 공개 제외 사유 등】 ① 건강보험공단은 법 제28조의6제1항 본문에 따라 체납자의 인적사항등을 공개할 때에는 체납자의 성명·상호(법인의 명칭을 포함한다), 나이, 업종·직종, 주소, 체납액의 종류·납부기한·금액 및 체납요지 등을 공개하여야 하고, 체납자가 법인인 경우에는 법인의 대표자를 함께 공개한다. (2024.12.24 개정)

② 건강보험공단은 법 제28조의6제1항 본문에 따른 납부능력을 판단하는 경우에는 같은 조 제2항에 따른 보험료정보공개심의위원회의 심의를 거쳐 고액·상습 체납자의 재산상태, 소득수준 및 미성년자 여부 등을 종합적으로 고려해야 한다. (2023.6.27 신설)

③ 법 제28조의6제1항 단서에서 "체납된 금액의 일부납부 등 대통령령으로 정하는 사유"란 다음 각 호의 어느 하나에 해당하는 경우를 말한다. (2023.6.27 개정)

1. 체납된 보험료와 그 밖의 징수금 및 체납처분비(이하 "체납액"이라 한다)의 100분의 30 이상을 해당 보험연도에 납부한 경우
2. 「채무자 회생 및 파산에 관한 법률」 제243조에 따른 회생계획인가의 결정에 따라 체납액의 징수를 유예받고 그 유예기간 중에 있거나 체납액을 회생계획의 납부일정에 따라 내고 있는 경우
3. 재해 등으로 재산에 심한 손실을 입어 사업이 중대한 위기에 처한 경우 등으로서 법 제28조의6제2항에 따른 보험료정보공개심의위원회가 체납자의 인적사항등을 공개할 실익이 없다고 인정하는 경우

④ 건강보험공단은 법 제28조의6제3항에 따라 체납자 인적사항등의 공개대상자에게 공개대상자임을 알리는 경우에는 체납액의 납부를 촉구하고, 법 제28조의6제1항 단서에 따른 인적사항등의 공개 제외 사유에 해당되는 경우 이에 관한 소명자료를 제출하도록 안내하여야 한다. (2023.6.27 개정)

제40조의5【보험료정보공개심의위원회의 구성 및 운영】 ① 법 제28조의6제2항에 따른 보험료정보공개심의위원회(이하 "위원회"라 한다)는 위원장 1명을 포함한 11명의 위원으로 구성한다. (2010.9.29 개정)

② 위원회의 위원장은 건강보험공단의 임원 중 해당 업무를 담당하는 상임이사가 되고, 위원은 다음 각 호의 사람 중에서 건강보험공단의 이사장이 임명하거나 위촉한다. (2010.9.29 개정)

1. 공단의 소속 직원 1명
2. 건강보험공단의 소속 직원 3명
3. 고용노동부의 고용보험 및 산업재해보상보험의 징수업무를 담당하는 3급 또는 4급 공무원 1명
4. 국세청의 3급 또는 4급 공무원 1명
5. 법률, 회계 또는 사회보험에 관한 학식과 경험이 풍부한 사람 4명

③ 제2항제5호에 따른 위원의 임기는 2년으로 한다. (2010.9.29 개정)
④ 위원회의 회의는 위원장을 포함한 재적위원 과반수의 출석으로 개의(開議)하고, 출석위원 과반수의 찬성으로 의결한다. (2010.9.29 개정)
⑤ 제1항부터 제4항까지에서 규정한 사항 외에 위원회의 구성 및 운영에 필요한 사항은 건강보험공단이 정한다. (2010.9.29 개정)

제40조의6 【「국세기본법 시행령」의 준용】 보험료, 그 밖의 징수금 체납처분 유예를 위한 납부담보의 제공에 관하여는 「국세징수법 시행령」 제18조부터 제23조까지의 규정을 준용한다. 이 경우 "납세담보"는 "납부담보"로, "국세"는 "보험료"로, "납세보증보험증권"은 "납부보증보험증권"으로, "국세청장"은 "고용노동부장관"으로, "세무서장" 및 "관할 세무서장"은 "건강보험공단"으로, "납세자"는 "사업주"로, "납세보증서"는 "납부보증서"로, "납세담보물"은 "납부담보물"로, "국세 및 강제징수비"는 "보험료와 그 밖의 징수금 및 체납처분비"로, "납세보증보험사업자"는 "납부보증보험사업자"로, "납세보증인"은 "납부보증인"으로 본다. (2021.6.8 개정)

제41조 【징수금의 결손처분】 ① 법 제29조제1항제3호에서 "대통령령으로 정하는 경우"란 다음 각 호의 어느 하나에 해당하는 경우를 말한다. (2010.9.29 개정)
1. 체납자의 행방이 분명하지 않은 경우
2. 체납자의 재산이 없거나 체납처분의 목적물인 총재산의 견적가격이 체납처분비에 충당하고 나면 나머지가 생길 여지가 없음이 확인된 경우
3. 체납처분의 목적물인 총재산이 보험료, 그 밖의 징수금보다 우선하는 국세·지방세 등의 채권 변제에 충당하고 나면 나머지가 생길 여지가 없음이 확인된 경우
4. 「채무자 회생 및 파산에 관한 법률」 제251조에 따라 체납회사가 보험료 등의 납부책임을 지지 않게 된 경우

② 건강보험공단이 제1항제1호에 따라 결손처분을 하려면 시·군·세무서, 그 밖의 기관에 체납자의 행방 또는 재산 유무를 조사·확인하여야 한다. 다만, 체납액이 10만원 미만이면 그러하지 아니하다. (2010.9.29 개정)

제41조의2 【체납 또는 결손처분 자료의 요구 등】 ① 법 제29조의2제1항에 따라 체납자 또는 결손처분자의 인적사항·체납액 또는 결손처분액에 관한 자료(이하 "체납등 자료"라 한다)를 요구하는 자(이하 "요구자"라 한다)는 다음 각 호의 사항을 적은 문서를 건강보험공단에 제출하여야 한다. (2010.9.29 개정)
1. 요구자의 이름 및 주소
2. 요구하는 체납등 자료의 내용 및 이용 목적

② 제1항에 따라 체납등 자료를 요구받은 건강보험공단은 제41조의4제1항에

따라 작성된 전자적 파일형태로 제공하거나 문서로 제공할 수 있다. (2010.9.29 개정)

③ 건강보험공단은 제2항에 따라 체납등 자료를 제공한 경우에 체납액의 납부, 결손처분의 취소 등의 사유가 발생하면 그 사실을 사유발생일부터 15일 이내에 요구자에게 알려야 한다. (2010.9.29 개정)

④ 제1항부터 제3항까지의 규정에 따른 체납등 자료의 요구 및 제공에 필요한 사항은 건강보험공단이 정한다. (2010.9.29 개정)

제41조의3 【체납 또는 결손처분 자료 제공의 제외 사유】 법 제29조의2제1항 각 호 외의 부분 단서에서 "체납처분의 유예 등 대통령령으로 정하는 사유"란 다음 각 호의 어느 하나에 해당하는 경우를 말한다. (2010.9.29 개정)

1. 건강보험공단이 법 제29조의2제1항제1호 또는 제2호에 해당하는 체납자(이하 이 조에서 "체납자"라 한다)의 체납처분을 유예한 경우
2. 체납자가 다음 각 목의 어느 하나에 해당하는 사유로 체납액을 낼 수 없다고 건강보험공단이 인정하는 경우
   가. 재해 또는 도난으로 재산이 심하게 손실된 때
   나. 사업이 현저하게 손실을 입거나 중대한 위기에 처한 때

제41조의4 【체납 또는 결손처분 자료파일의 작성】 ① 건강보험공단은 체납등 자료를 전자적 파일형태로 작성할 수 있다. (2010.9.29 개정)

② 제1항에 따라 전자적 파일형태로 작성된 체납등 자료의 정리 및 관리에 필요한 사항은 건강보험공단이 정한다. (2010.9.29 개정)

제41조의5 【보험료등의 완납증명이 필요한 경우 등】 ① 법 제29조의4제1항 본문에서 "국가, 지방자치단체 또는 「공공기관의 운영에 관한 법률」 제4조에 따른 공공기관 등 대통령령으로 정하는 기관"이란 국가, 지방자치단체 또는 「공공기관의 운영에 관한 법률」 제4조에 따른 공공기관을 말한다. (2023.6.27 신설)

② 법 제29조의4제1항 본문에서 "공사·제조·구매·용역 등 대통령령으로 정하는 계약"이란 다음 각 호의 어느 하나에 해당하는 계약을 말한다. (2023.6.27 신설)

1. 「국가를 당사자로 하는 계약에 관한 법률」 제2조에 따른 계약. 다만, 「국고금 관리법 시행령」 제31조에 따른 관서운영경비로 그 대가를 지급받는 계약은 제외한다.
2. 「지방자치단체를 당사자로 하는 계약에 관한 법률」 제2조에 따른 계약. 다만, 「지방회계법 시행령」 제38조제1항에 따른 일상경비로 그 대가를 지급받는 계약은 제외한다.
3. 「공공기관의 운영에 관한 법률」 제39조제3항에 따라 체결한 공사·제조·구매·용역 등에 관한 계약. 다만, 일상경비적 성격의 자금으로서 고용노동

부장관이 정하여 고시하는 자금으로 그 대가를 지급받는 계약은 제외한다.

③ 보험료등의 납부의무자가 법 제29조의4제1항 본문에 따라 보험료등의 완납(完納) 사실의 증명을 받으려는 경우에는 고용노동부장관이 정하여 고시하는 바에 따라 공단 또는 건강보험공단에 그 증명을 요청해야 한다. 다만, 계약대가를 지급받는 자가 원래의 계약자가 아닌 경우에는 다음 각 호의 구분에 따른 자가 완납 사실의 증명을 요청해야 한다. (2023.6.27 신설)

1. 채권양도로 인한 경우 : 양도인과 양수인
2. 법원의 전부명령(轉付命令)에 따르는 경우 : 압류채권자
3. 「하도급거래 공정화에 관한 법률」 제14조제1항제1호 및 제2호에 따라 건설공사의 하도급대금을 직접 지급받는 경우 : 수급사업자

④ 법 제29조의4제1항 단서에서 "납부의무자가 계약대금의 전부 또는 일부로 보험료등을 납부하려는 경우 등 대통령령으로 정하는 경우"란 다음 각 호의 어느 하나에 해당하는 경우를 말한다. (2023.6.27 신설)

1. 납부의무자가 지급받는 계약대금의 전부로 보험료등을 납부하거나 그 계약대금의 일부로 보험료등의 전액을 납부하려는 경우
2. 법 제28조에 따른 체납처분에 따라 건강보험공단이 그 계약대금을 지급받는 경우
3. 「채무자 회생 및 파산에 관한 법률」에 따른 파산관재인이 보험료등의 완납 사실을 증명하지 못하여 관할법원이 파산절차를 원활하게 진행하기 곤란하다고 인정하는 경우로서 파산관재인이 공단 또는 건강보험공단에 완납 사실 증명의 예외를 요청하는 경우
4. 「채무자 회생 및 파산에 관한 법률」에 따른 회생계획에서 보험료등의 징수를 유예하거나 체납처분에 따른 재산의 환가를 유예하는 내용을 정한 경우. 이 경우 완납 사실을 증명하지 않아도 되는 보험료등은 해당 징수유예 또는 환가유예된 금액만 해당한다.
5. 그 밖에 계약의 성질상 완납사실을 증명하기 위한 절차를 진행하면 계약의 이행이 불가능한 경우 등 고용노동부장관이 필요하다고 인정하는 경우

제42조 【산재보험료 및 부담금의 정산·납입】 공단 또는 건강보험공단은 법 제31조제5항에 따라 징수 또는 납부된 산재보험료, 「임금채권보장법」 제9조에 따른 부담금 및 「석면피해구제법」 제31조제1항제1호의 자에 대한 분담금(각각에 대한 연체금·가산금을 포함한다)을 매월 정산하여 「산업재해보상보험법」 제95조에 따른 산업재해보상보험및예방기금(이하 "산업재해보상보험및예방기금"이라 한다), 「임금채권보장법」 제17조에 따른 임금채권보장기금(이하 "임금채권보장기금"이라 한다) 및 「석면피해구제법」 제24조에 따른 석면피해구제기금(이하 "석면피해구제기금"이라 한다)에 각각 납입하여야 한다. (2010.9.29 개정)

제43조 【보험료 등의 회계기관】 공단 또는 건강보험공단의 이사장은 보험료, 그 밖의 징수금의 징수업무를 담당하게 하기 위하여 공단 또는 건강보험공단의 상임이사 중에서 산업재해보상보험및예방기금, 임금채권보장기금, 석면피해구제기금 및 「고용보험법」 제78조에 따른 고용보험기금(이하 "고용보험기금"이라 한다)의 수입징수관을 임명할 수 있고, 그 소속 직원 중에서 산업재해보상보험및예방기금, 임금채권보장기금, 석면피해구제기금 및 고용보험기금의 출납직원을 임명할 수 있다. (2010.9.29 개정)

제43조의2 【서류의 송달】 법 제32조제2항에 따라 공단 및 건강보험공단은 보험료, 법에 따른 그 밖의 징수금에 관한 서류를 우편으로 송달하려는 경우에는 일반우편으로 보낼 수 있다. (2010.9.29 신설)

제4장 보험사무대행기관

제44조 【보험사무대행기관】 법 제33조제1항 전단에서 "대통령령으로 정하는 기준에 해당하는 법인, 공인노무사 또는 세무사"란 다음 각 호의 어느 하나에 해당하는 자를 말한다. (2014.9.24 개정)

1. 관계 법률에 따라 주무관청의 인가 또는 허가를 받거나 등록 등을 한 법인
2. 「공인노무사법」 제5조에 따라 등록한 사람으로서 같은 법 제2조에 따른 직무를 2년 이상 하고 있는 사람 (2014.9.24 개정)
3. 「세무사법」 제6조에 따라 등록을 하고 같은 법 제2조에 따른 직무를 2년 이상 하고 있는 사람으로서 고용노동부장관이 정하는 교육을 이수한 사람 (2014.9.24 신설)

제45조 【보험사무를 위임할 수 있는 사업주의 범위】 ① 법 제5조·제48조의2제1항·제48조의3제1항 및 제48조의6제1항에 따른 보험가입자인 사업주는 법 제33조제1항에 따라 보험사무를 대행하기 위하여 공단의 인가를 받은 단체, 법인, 공인노무사 또는 세무사(이하 "보험사무대행기관"이라 한다)에게 보험사무를 위임할 수 있다. (2023.6.27 개정)

② 삭제(2018.12.31)

③ 보험사무대행기관은 제1항에 따른 사업주로부터 보험사무를 위임받거나 보험사무의 위임이 해지된 때에는 각각 14일 이내에 그 사실을 공단에 신고하여야 한다. (2010.9.29 개정)

제46조 【위임대상 보험사무의 범위】 법 제33조제1항 후단에 따라 보험사무대행기관에 위임할 수 있는 업무의 범위는 다음 각 호와 같다. (2010.9.29 개정)

1. 법 제16조의10에 따른 보수총액 등의 신고
2. 개산보험료·확정보험료의 신고·수정신고에 관한 사무 (2023.6.27 개정)

3. 고용보험 피보험자의 자격 관리에 관한 사무
4. 보험관계의 성립·변경·소멸의 신고
5. 그 밖에 사업주가 지방노동관서 또는 공단에 대하여 하여야 할 보험에 관한 사무

제47조 【보험사무대행기관의 인가】 ① 법 제33조제2항에 따라 보험사무를 대행하려면 대행사무의 내용, 수탁대상지역 등의 사항 등을 적은 인가신청서에 다음 각 호의 서류를 첨부하여 공단에 제출하여야 한다. (2010.9.29 개정)

1. 제44조제1호에 해당하는 법인의 경우 : 주무관청의 인가 또는 허가를 받거나 등록 등을 한 사실을 증명하는 서류 사본
2. 제44조제2호 또는 제3호에 해당하는 개인의 경우 : 제44조제2호 또는 제3호에 해당하는 사람임을 증명하는 서류 사본 (2014.9.24 개정)
3. 법인 또는 단체의 경우 : 정관 또는 규약 사본
4. 사업주와의 보험사무위임계약을 할 때 사용할 규약(이하 "보험사무위임처리규약"이라 한다) 사본

② 보험사무위임처리규약에는 다음 각 호의 사항이 포함되어야 한다. (2010.9.29 개정)

1. 보험사무 처리의 위임 및 그 위임의 해지 절차
2. 보험사무 처리의 방법 및 절차
3. 보험사무대행기관의 회계처리 방법 및 절차
4. 고용보험 피보험자의 자격 관리 및 산재보험 적용 근로자의 고용관계 관리에 관한 사항
5. 보수총액 및 보험료의 신고·납부책임에 관한 사항

③ 법인 또는 단체가 법 제33조제2항에 따라 보험사무를 대행하기 위하여 인가를 받으려는 경우에는 정관, 규약 등에 보험사무를 대행할 수 있도록 명시되어 있어야 한다. (2010.9.29 개정)

④ 법 제33조제3항에서 "수탁대상지역 등 대통령령으로 정하는 사항"이란 다음 각 호의 사항을 말한다. (2010.9.29 개정)

1. 수탁대상지역
2. 보험사무위임처리규약

⑤ 보험사무대행기관은 법 제33조제3항에 따라 인가받은 내용을 변경하려는 경우에는 변경하려는 날의 7일 전까지 공단에 인가를 신청하여야 하고, 법 제33조제4항에 따라 위임받은 업무를 폐지하려는 경우에는 폐지하려는 날의 30일 전까지 공단에 신고를 하여야 한다. (2010.9.29 개정)

제48조 【보험사무대행기관 인가의 제한 기간 등】 ① 법 제33조제6항에서 "대통령령으로 정하는 기간"이란 다음 각 호의 구분에 따른 기간을 말한다.

(2022.12.14 개정)

1. 법 제33조제4항에 따라 업무 전부에 대한 폐지 신고를 한 경우 : 3개월. 다만, 법 제33조제5항 각 호의 어느 하나에 해당하는 사유에 따른 인가취소 절차가 진행 중인 기간(「행정절차법」 제21조에 따른 처분의 사전 통지 시점부터 인가취소 처분 여부를 결정하기 전까지의 기간을 말한다)에 업무 전부에 대한 폐지 신고를 한 경우에는 다음 각 목의 구분에 따른다.
   가. 법 제33조제5항제1호의 사유로 인가취소의 사전 통지를 받은 경우 : 1년
   나. 법 제33조제5항제2호부터 제4호까지의 어느 하나에 해당하는 사유로 인가취소의 사전 통지를 받은 경우 : 6개월
2. 법 제33조제5항제1호의 사유로 인가가 취소된 경우 : 1년
3. 법 제33조제5항제2호부터 제4호까지의 어느 하나에 해당하는 사유로 인가가 취소된 경우 : 6개월

② 공단은 법 제33조제5항에 따라 보험사무대행기관의 인가를 취소하면 지체 없이 그 사실을 해당 보험사무대행기관과 보험사무를 위임한 사업주에게 알려야 한다. (2022.12.14 개정)

제49조 【청문】 공단은 법 제33조제5항에 따라 보험사무대행기관의 인가를 취소하려면 청문을 하여야 한다. (2010.9.29 개정)

제50조 【보험사무대행기관의 통지】 보험사무대행기관은 법 제34조에 따라 보험료, 법에 따른 그 밖의 징수금의 납입의 통지 등을 받았을 때에는 지체 없이 그 사실을 사업주에게 알려야 한다. (2010.9.29 개정)

제51조 【보험사무대행기관의 장부 비치 등】 ① 법 제36조에 따라 보험사무대행기관은 다음 각 호의 서류를 작성하여 3년 이상 갖춰 두어야 한다. (2010.9.29 개정)

1. 보험사무 위임사업주별 징수업무 처리장부 (2014.9.24 개정)
2. 삭제(2014.9.24)
3. 사업별 피보험자의 신고 등 징수업무 외의 보험사무 처리장부 및 관계 서류
4. 보험사무대행기관과 사업주간의 보험사무위임 관계 서류
5. 삭제(2014.9.24)
6. 삭제(2014.9.24)

② 제1항에 따른 서류는 「전자문서 및 전자거래 기본법」 제2조제1호에 따른 전자문서로 작성하여 갖추어 둘 수 있다. (2012.8.31 개정)

제52조 【보험사무대행기관에 대한 지원】 ① 공단은 법 제37조에 따라 보험사무대행기관에 다음 각 호의 지원금(이하 "보험사무대행지원금"이라 한다)을 지급할 수 있다. 다만, 보험사무대행기관에 보험사무를 위임한 사업주

의 과세소득(「법인세법」 또는 「소득세법」에 따른 과세소득을 말한다)이 고용노동부장관이 정하여 고시하는 금액 이상인 경우에는 보험사무대행지원금을 지급하지 않는다. (2021.6.8 개정)

1. 상시근로자수가 30명 미만인 사업주로부터 보험사무를 위임받아 보험료, 그 밖의 징수금을 납부하도록 한 경우 그에 따른 지원금(이하 "보험료납부지원금"이라 한다) (2024.12.24 개정)
2. 상시근로자수가 30명 미만인 사업주로부터 보험사무를 위임받아 고용보험 및 산재보험의 피보험자 관리 및 보수총액 신고 등의 보험사무 처리업무를 한 경우 그에 따른 지원금(이하 "피보험자관리지원금"이라 한다) (2024.12.24 개정)
3. 상시근로자수가 30명 미만인 사업주로부터 보험사무를 위임받아 고용보험 및 산재보험의 보험관계 성립신고를 한 경우 그에 따른 지원금(이하 "사업장가입지원금"이라 한다) (2024.12.24 개정)

② 보험사무대행지원금은 보험사무를 위임한 사업주의 보험료와 그 밖의 징수금의 납부 실적, 보험사무를 위임한 사업주의 규모, 피보험자격의 취득·상실 등 피보험자 관리 실적 또는 위임기간 등을 고려하여 고용노동부장관이 정하는 기준에 따라 지급하되, 보험료납부지원금은 반기마다 지급하고, 피보험자관리지원금 및 사업장가입지원금은 분기마다 지급한다. (2024.12.24 개정)

③ 제2항에 따른 보험료와 그 밖의 징수금의 납부 실적을 산정할 때 보험사무대행기관이 법 제33조제4항에 따라 보험연도 중에 업무의 폐지를 신고하면 해당 반기 첫 날부터 폐지일이 있는 분기 중간 월의 15일까지 납부기한이 끝나는 보험료와 그 밖의 징수금을 낸 실적을 기준으로 하되, 보험사무를 위임한 사업주가 법 제28조에 따른 체납처분에 따라 낸 금액은 제외한다. (2010.9.29 개정)

④ 제2항에 따른 위임기간은 보험사무대행기관이 제45조제3항에 따라 공단에 보험사무 위임신고를 한 날부터 산정한다. (2010.9.29 개정)

⑤ 보험사무대행기관은 보험사무대행지원금을 지급받으려는 경우에는 보험료납부지원금은 매 반기, 피보험자관리지원금 및 사업장가입지원금은 매 분기가 끝나는 날(법 제33조제4항에 따라 업무의 폐지신고를 한 경우에는 폐지일을 말한다) 이후 고용노동부령으로 정하는 바에 따라 공단에 보험사무대행지원금 지급을 신청하여야 한다. (2024.12.24 개정)

제53조 【보험사무대행기관에 대한 지원 제한】 ① 공단은 보험사무대행기관이 보험료, 그 밖의 징수금의 징수에 손실을 초래하면 그 손실에 해당하는 금액을 보험료납부지원금과 피보험자관리지원금에서 감액할 수 있다. (2024.12.24 개정)

② 공단은 보험사무대행기관이 고용보험 피보험자격의 취득·상실신고 등을 게을리하여 관할 직업안정기관의 장으로부터 시정명령을 두 번 이상 받고도 응하지 아니한 경우에는 해당 보험사무대행기관에 대한 피보험자관리지원금의 100분의 50을 감액하고, 시정명령을 세 번 이상 받고도 응하지 아니한 경우에는 피보험자관리지원금을 지급하지 아니한다. (2024.12.24 개정)

제54조【보험사무대행지원금의 부담】 ① 보험료납부지원금은 보험사무를 위임한 사업주가 낸 금액 중 고용보험 및 산재보험이 차지하는 비율만큼 고용보험기금 및 산업재해보상보험및예방기금에서 각각 부담한다. (2024.12.24 개정)

② 사업장가입지원금 및 피보험자관리지원금은 고용보험기금 및 산업재해보상보험및예방기금에서 각각 2분의 1씩을 부담한다. 다만, 고용보험 또는 산재보험에 한정된 사무인 경우에는 고용보험기금 또는 산업재해보상보험및예방기금에서 각각 전부 부담한다. (2024.12.24 개정)

제54조의2【제공요청 대상 자료의 범위】 ① 법 제40조제1항 전단에서 "근로소득자료·국세·지방세·토지·건물·건강보험·국민연금 등 대통령령으로 정하는 자료"란 다음 각 호의 자료를 말한다. (2023.6.27 개정)

1. 「국민건강보험법」에 따른 사업장 신고자료 및 직장가입자·지역가입자의 월별 보험료액 자료 (2021.6.8 개정)
2. 「국민연금법」에 따른 사업장가입자·지역가입자의 신고자료 및 월별 연금보험료 부과자료 (2021.6.8 개정)
3. 보수·보수액·월평균보수, 법에 따른 지원 대상 및 보험사무대행기관에 대한 지원 여부의 확인에 필요한 다음 각 목의 자료 (2021.6.8 개정)
   가. 「부가가치세법」에 따른 사업자등록 자료, 일반과세자 부가가치세신고서 중 과세표준명세 합계액 자료, 전자세금계산서 또는 세금계산서 합계표 자료
   나. 「소득세법」에 따른 원천징수이행상황신고서, 근로소득 지급명세서, 종합소득세 과세표준 예정·확정신고서의 종합소득자료, 거주자의 사업소득·기타소득 지급명세서 및 간이지급명세서 또는 사업장제공자 등의 과세자료 제출 명세서
   다. 「법인세법」에 따른 표준손익계산서 중 보수·보수액 자료 또는 보험사무대행기관에 보험사무를 위임한 법인의 당기순손익
4. 「사립학교교직원 연금법」에 따른 사립학교교직원 연금 가입자 자료
5. 「산림자원의 조성 및 관리에 관한 법률」에 따른 입목(立木)의 벌채(伐採), 임산물(林産物)의 굴취(掘取)·채취 허가 및 신고 자료
6. 「소방시설공사업법」에 따른 소방시설공사업 등록 자료 및 소방시설공사 실적 자료

7. 「어선원 및 어선 재해보상보험법」에 따른 어선원재해보상보험 가입자 자료
8. 「전기공사업법」에 따른 전기공사업 등록 자료 및 전기공사 실적 자료
9. 「전자조달의 이용 및 촉진에 관한 법률」에 따른 계약 관련 정보 중 건설공사 관련 자료
10. 「국가를 당사자로 하는 계약에 관한 법률」에 따른 계약실적보고 자료 중 건설공사 관련 자료
11. 「정보통신공사업법」에 따른 정보통신공사업 등록 자료 및 정보통신공사 실적 자료
12. 「주민등록법」에 따른 주민등록자료
13. 「건설기계관리법」에 따른 건설기계등록원부 등본, 건설기계사업 등록 자료, 「건축법」에 따른 건축물대장 등본, 「자동차관리법」에 따른 자동차등록원부 등본, 「공간정보의 구축 및 관리 등에 관한 법률」에 따른 토지대장 및 임야대장 등본 등 보험료 또는 그 밖의 징수금의 징수를 위하여 필요한 자료 (2015.6.1 개정)
14. 「건설산업기본법」에 따른 건설업 등록 자료, 폐업·양도 신고 자료, 건설공사 실적 자료, 「건축법」에 따른 건축 허가 또는 신고 자료, 건축공사 착공신고 자료, 건축허가 취소 자료 및 건축물 사용승인 자료 등 보험관계의 성립·소멸 확인 및 보험료의 부과·징수·정산을 위하여 필요한 자료
15. 삭제(2021.6.8)
16. 「지방세법」에 따른 재산세 과세자료 (2017.6.27 신설)
17. 「공무원연금법」에 따른 공무원연금 가입자 자료 (2018.12.31 신설)
18. 「주택법」에 따른 주택건설사업자의 등록 자료 및 주택건설공사 실적 자료 (2018.12.31 신설)
19. 「국가유산수리 등에 관한 법률」에 따른 국가유산수리업자의 등록 자료 및 국가유산수리 실적 자료 (2024.5.7 개정)
19의2. 「관세법」에 따른 보세운송업자등의 등록 자료 (2020.1.7 신설)
19의3. 「물류정책기본법」에 따른 위험물질 운송차량의 소유자 및 운전자, 운행정보 등에 관한 자료 (2020.1.7 신설)
19의4. 「위험물안전관리법」에 따른 위험물운반자 및 위험물운송자에 관한 자료 (2025.12.23 개정)
19의5. 「자동차관리법」에 따른 화물자동차 및 특수자동차 등록 자료 (2020.1.7 신설)
19의6. 「폐기물관리법」에 따른 사업장폐기물의 수집·운반업 허가 자료 (2020.1.7 신설)
19의7. 「화물자동차 운수사업법」에 따른 화물자동차 운수사업의 허가 자료, 운수사업자의 운송 또는 주선 실적 자료 (2022.6.28 개정)

19의8. 「화학물질관리법」에 따른 유해화학물질의 운반업체, 운반자 및 운반 정보 등에 관한 자료 (2020.1.7 신설)
19의9. 「예술인 복지법」 제3조의2에 따른 예술 활동 증명 자료 (2023.9.12 개정)
19의10. 다음 각 목에 해당하는 사람에 관한 등록 자료 (2021.6.8 신설)
 가. 「보험업법」 또는 「우체국예금·보험에 관한 법률」에 따른 보험설계사
 나. 「여신금융전문업법」에 따른 신용카드회원모집인
 다. 「대부업 등의 등록 및 금융이용자 보호에 관한 법률」에 따른 대출모집인
19의11. 「건설근로자의 고용개선 등에 관한 법률」에 따른 피공제자의 근로일수 신고 관련 자료(같은 법 제13조제4항에 따른 전자카드를 사용한 신고 자료를 포함한다) (2021.6.8 신설)
19의12. 「소프트웨어 진흥법」에 따른 소프트웨어 사업자 및 소프트웨어 기술자의 보험 가입 등에 관한 자료 (2021.6.8 신설)
19의13. 「관광진흥법」에 따른 관광통역안내사 자격 등록 자료 (2022.6.28 신설)
19의14. 「도로교통법」에 따른 어린이통학버스 신고 자료 (2022.6.28 신설)
20. 그 밖에 보험관계의 성립·소멸 및 보험료 부과를 위하여 필요한 다음 각 목의 자료 (2018.12.31 개정)
 가. 「사회복지사업법」 제2조제3호 및 제4호에 따른 사회복지법인 및 사회복지시설과 그 종사자에 관한 자료
 나. 「사회서비스 이용 및 이용권 관리에 관한 법률」 제2조제4호에 따른 사회서비스 제공자 및 그 종사자에 관한 자료
 다. 「영유아보육법」 제2조제3호 및 제5호에 따른 어린이집 및 보육교직원에 관한 자료
 라. 「국민기초생활보장법」 제15조에 따른 자활근로참여자에 관한 자료 (2018.12.31 신설)
 마. 「농어업경영체 육성 및 지원에 관한 법률」 제4조 및 제6조의2에 따른 농어업경영정보의 등록 및 정정·말소에 관한 자료 (2024.6.25 신설)

② 법 제40조제2항에서 "산재보험 노무제공자의 노무를 제공받는 사업의 도급인(「산업안전보건법」 제2조제7호에 따른 도급인을 말한다), 「보험업법」에 따른 보험회사 등 대통령령으로 정하는 기관·단체"란 다음 각 호의 어느 하나에 해당하는 기관·단체를 말한다. (2023.6.27 신설)
1. 「생활물류서비스산업발전법」 제2조제4호가목에 따른 택배서비스사업자
2. 「산업재해보상보험법 시행령」 제83조의5제12호에 따른 노무제공자로부터 노무 제공을 받는 사업의 도급인
3. 「유통산업발전법」 제2조제3호·제4호 및 제9호에 따른 대규모점포·준대

규모점포 및 무점포판매업을 운영하는 사업의 사업주
4. 「보험업법」 제2조제6호에 따른 보험회사
③ 법 제40조제2항에서 "대통령령으로 정하는 자료 또는 정보"란 다음 각 호의 구분에 따른 자료 또는 정보를 말한다. (2023.6.27 신설)
1. 제2항제1호부터 제3호까지의 경우 : 산재보험 노무제공자로부터 노무제공을 받는 사업주의 명단 및 노무제공자의 명단·소득·노무제공내용 등 산재보험 노무제공자에 대한 산재보험료 부과·징수에 필요한 자료 또는 정보
2. 제2항제4호의 경우 : 다음 각 목의 자료 또는 정보
  가. 「산업재해보상보험법 시행령」 제83조의5제1호에 따른 노무제공자로부터 노무제공을 받는 「보험업법」 제2조제10호에 따른 보험대리점 명단
  나. 「산업재해보상보험법 시행령」 제83조의5제6호에 따른 노무제공자의 배달용·대여용 이륜자동차 유상운송보험 가입자 또는 피보험자에 관한 자료
  다. 「산업재해보상보험법 시행령」 제83조의5제9호에 따른 노무제공자의 대리운전 보험 가입자 또는 피보험자에 관한 자료

제5장 보 칙

제55조【보고·제출·조사】 ① 법 제44조 및 제45조제1항에서 "대통령령으로 정하는 경우"란 다음 각 호의 경우를 말한다. (2010.9.29 개정)
1. 보험관계의 성립·변경 또는 소멸 등 보험관계의 확인이 필요한 경우
2. 근로자 수, 보수총액 및 사업종류 등 보험료의 산정 및 징수와 관련된 사항에 대한 확인이 필요한 경우
3. 보험사무대행기관이 보험사무를 위법 또는 부당하게 처리하거나 그 처리를 게을리하는지 확인이 필요한 경우
4. 보험사무대행지원금의 지급과 관련하여 사실관계의 확인이 필요한 경우
② 법 제44조에 따른 보고 및 관계 서류 제출의 요구는 문서로 하여야 한다. (2010.9.29 개정)

제56조【권한의 위임 및 위탁】 ① 법 제46조제1항에 따라 고용노동부장관은 법 제15조제8항에 따른 재해예방활동 인정의 취소에 관한 권한을 지방고용노동관서의 장에게 위임한다. (2021.12.31 개정)
② 공단 또는 건강보험공단이 법 제46조에 따라 위탁할 수 있는 업무의 범위는 다음 각 호와 같다. (2013.12.30 개정)
1. 보험료, 그 밖의 징수금의 수납에 관한 업무
2. 보험료 등 잘못 낸 금액의 반환금 지급에 관한 업무
3. 제1호 및 제2호의 업무에 부대되는 업무

③ 공단 또는 건강보험공단이 제2항에 따라 업무를 위탁한 경우에는 그 위탁을 받은 자에게 위탁에 따른 수수료를 지급할 수 있다. (2013.12.30 개정)

제56조의2 【예산 및 사업운영계획의 승인】 ① 건강보험공단은 법 제46조의2제1항에 따라 다음 회계연도의 예산에 대하여 고용노동부장관의 승인을 받으려면 예산요구서와 예산에 따른 사업설명서를 매년 5월 31일까지 고용노동부장관에게 제출하여야 한다. (2010.9.29 신설)

② 건강보험공단은 법 제46조의2제1항에 따라 사업운영계획에 대하여 고용노동부장관의 승인을 받으려면 제1항에 따라 승인받은 예산이 확정된 후 지체 없이 사업운영계획을 수립하여 고용노동부장관에게 제출하여야 한다. (2010.9.29 신설)

③ 건강보험공단은 제1항 및 제2항에 따라 승인받은 예산과 사업운영계획을 변경하려면 그 변경 사유와 내용을 적은 서류를 고용노동부장관에게 제출하여 승인을 받아야 한다. (2010.9.29 신설)

제56조의3 【실적 및 결산서의 제출】 건강보험공단은 법 제46조의2제2항에 따라 사업실적과 결산을 고용노동부장관에게 보고하려면 결산보고서에 다음 각 호의 서류를 첨부하여 고용노동부장관에게 제출해야 한다. (2021.6.8 개정)

1. 재무상태표(공인회계사나 「공인회계사법」 제23조에 따라 설립된 회계법인의 감사의 의견서를 포함한다)와 그 부속서류 (2021.6.8 개정)
2. 그 밖에 결산의 내용을 증명하는 데에 필요한 서류

제56조의4 【보험료 등 징수 현황 보고】 고용노동부장관은 법 제46조의2제3항에 따라 건강보험공단이 징수한 전월(前月)의 보험료와 그 밖의 징수금 등의 징수 현황에 대하여 건강보험공단에 매월 말일까지 문서로 보고할 것을 명할 수 있다. (2010.9.29 신설)

제56조의5 【예술인 고용보험 특례】 ① 법 제48조의2제2항에서 "대통령령으로 정하는 금품"이란 「소득세법」 제12조제2호 또는 제5호에 해당하는 비과세소득 및 고용노동부장관이 정하여 고시하는 방법에 따라 산정한 필요경비를 말한다. (2020.12.8 신설)

② 법 제48조의2제3항 전단에 따른 고용보험료율은 1천분의 16으로 한다. (2021.12.31 개정)

③ 법 제48조의2제3항 후단에 따른 예술인에 대한 고용보험료의 상한액은 보험료가 부과되는 연도의 전전년도 보험가입자의 고용보험료 평균액의 10배 이내에서 고용노동부장관이 고시하는 금액으로 한다. (2021.6.8 신설)

④ 사업주는 법 제48조의2제4항 후단에 따라 예술인에게 같은 조 제2항에 따른 보수액을 지급할 때마다 그 지급금액과 문화예술용역 관련 계약에서 정한 직전의 지급일 이후 따로 지급한 보수액을 더한 금액에서 예술인이 부

담할 고용보험료에 해당하는 금액을 원천공제한다. (2021.6.8 개정)
⑤ 발주자 또는 원수급인은 법 제48조의2제7항에 따라 원수급인 또는 하수급인에게 지급하는 도급금액 또는 하도급금액에서 피보험자격의 취득을 신고한 예술인에 대한 고용보험료에 해당하는 금액을 원천공제하여 납부해야 한다. 이 경우 원천공제해야 하는 고용보험료는 예술인별로 산정한다. (2021.6.8 개정)
⑥ 제1항부터 제5항까지에서 규정한 사항 외에 예술인의 고용보험관계 등에 관하여는 다음 각 호의 구분에 따른 규정을 준용한다. (2021.6.8 개정)
1. 예술인에 대한 고용보험관계의 성립·소멸 등에 관하여는 제5조, 제8조 및 제9조 (2021.6.8 개정)
2. 예술인에 대한 고용보험료의 산정·부과 등에 관하여는 제19조의4, 제19조의9 및 제24조 (2021.6.8 개정)
3. 예술인에 대한 고용보험료의 경감, 과납액의 충당과 반환, 고용보험료와 연체금의 징수·독촉 등에 관하여는 제30조의2부터 제30조의4까지, 제31조, 제31조의2, 제33조, 제37조부터 제40조까지, 제40조의2부터 제40조의6까지, 제41조 및 제41조의2부터 제41조의4까지의 규정 (2021.6.8 개정)
4. 예술인에 대한 고용보험료 및 법에 따른 그 밖의 징수금에 관한 서류의 송달, 보고·조사 등에 관하여는 제43조의2 및 제55조 (2021.6.8 개정)

제56조의6 【노무제공자 고용보험 특례】 ① 법 제48조의3제2항에 따른 노무제공자의 월 보수액은 사업주가 노무를 제공받은 월에 대하여 노무제공자에게 지급한 보수액을 기준으로 산정한다. 다만, 사업주 또는 노무제공플랫폼사업자가 제7항에 따라 월 보수액을 신고하지 않은 경우 그 월 보수액은 「고용보험법 시행령」 제104조의11제3항·제4항 및 제104조의13제1항에 따른 피보험자격 취득 신고, 이 영 제19조의7제3항에 따른 노무제공계약 체결 신고와 이 조 제7항에 따른 신고의 내용 중 가장 최근에 신고된 해당 노무제공자의 월 보수액으로 한다. (2022.12.14 신설)
② 법 제48조의3제3항 본문에서 "대통령령으로 정하는 금품"이란 「소득세법」 제12조제2호 또는 제5호에 해당하는 비과세소득 및 고용노동부장관이 정하여 고시하는 방법에 따라 산정한 필요경비를 말한다. (2022.12.14 개정)
③ 법 제48조의3제3항 단서에서 "대통령령으로 정하는 직종"이란 「고용보험법 시행령」 제104조의11제1항제10호, 같은 항 제11호가목부터 바목까지 또는 같은 항 제17호에 해당하는 노무제공자가 종사하는 직종을 말한다. (2022.12.14 개정)
④ 법 제48조의3제4항 전단에 따른 고용보험료율은 1천분의 16으로 하고, 노무제공자와 사업주가 각각 분담해야 하는 고용보험료는 해당 노무제공자의 월 보수액에 고용보험료율의 2분의 1을 곱한 금액으로 한다. (2022.12.14

개정)
⑤ 법 제48조의3제4항 후단에 따른 노무제공자에 대한 고용보험료의 상한액은 고용보험료가 부과되는 연도의 전전년도 보험가입자의 고용보험료 평균액의 10배 이내에서 고용노동부장관이 고시하는 금액으로 한다. (2022.12.14 개정)
⑥ 사업주는 법 제48조의3제6항 후단에 따라 노무제공자에게 같은 조 제3항에 따른 보수액을 지급할 때마다 그 지급금액과 노무제공계약에서 정한 직전의 지급일 이후 따로 지급한 보수액을 더한 금액에서 노무제공자가 부담할 고용보험료에 해당하는 금액을 원천공제한다. (2022.12.14 개정)
⑦ 사업주 또는 노무제공플랫폼사업자는 법 제48조의3제5항에 따라 노무제공자의 노무제공 내용과 월 보수액을 고용노동부령으로 정하는 바에 따라 노무제공일이 속하는 달의 다음 달 말일까지 공단에 신고해야 한다. (2022.12.14 신설)
⑧ 제1항부터 제7항까지에서 규정한 사항 외에 노무제공자의 고용보험관계 등에 관하여는 다음 각 호의 구분에 따른 규정을 준용한다. (2022.12.14 개정)
1. 노무제공자에 대한 고용보험관계의 성립·소멸 등에 관하여는 제5조, 제8조 및 제9조
2. 노무제공자에 대한 고용보험료의 산정·부과 등에 관하여는 제19조의4, 제19조의9 및 제24조
3. 노무제공자에 대한 고용보험료의 경감, 과납액의 충당과 반환, 고용보험료와 연체금의 징수·독촉 등에 관하여는 제30조의2부터 제30조의4까지, 제31조, 제31조의2, 제33조, 제37조부터 제40조까지, 제40조의2부터 제40조의6까지, 제41조 및 제41조의2부터 제41조의4까지의 규정
4. 노무제공자에 대한 고용보험료 및 법에 따른 그 밖의 징수금에 관한 서류의 송달, 보고·조사 등에 관하여는 제43조의2 및 제55조

제56조의7 【노무제공플랫폼사업자에 대한 특례】 ① 법 제48조의4제2항 전단에서 "노무제공 횟수 및 그 대가 등 대통령령으로 정하는 자료 또는 정보"란 다음 각 호의 자료 또는 정보를 말한다. (2021.12.31 신설)
1. 노무제공계약에 관한 다음 각 목의 자료 또는 정보
가. 노무제공계약의 시작일 또는 종료일
나. 노무제공횟수 및 노무제공일수
다. 월보수액(단기노무제공자의 경우에는 노무제공대가를 말한다)
2. 노무제공사업의 사업주에 관한 다음 각 목의 자료 또는 정보
가. 사업주(법인인 경우 대표자를 말한다)의 이름
나. 사업자등록번호(법인인 경우 법인등록번호를 포함한다)

다. 사업장의 명칭 및 주소
라. 법 제48조의4제1항에 따른 노무제공플랫폼이용계약의 시작일 및 종료일
3. 노무제공자에 관한 다음 각 목의 자료 또는 정보
가. 노무제공자의 이름 및 직종
나. 노무제공자의 주민등록번호(외국인인 경우에는 외국인등록번호를 말한다)

② 노무제공플랫폼사업자는 법 제48조의4제3항에 따라 노무제공자 및 노무제공사업의 사업주가 부담해야 하는 그 달의 월별보험료를 다음 달 10일까지 납부해야 한다. (2021.12.31 신설)

③ 공단은 법 제48조의4제7항에 따라 노무제공플랫폼사업자가 다음 각 호의 어느 하나에 해당하는 경우에는 노무제공플랫폼사업자가 보험사무에 관한 의무를 이행하는 데 필요한 비용의 일부를 고용보험기금에서 지원할 수 있다. (2022.12.14 신설)
1. 법 제48조의3제5항 및 이 영 제56조의6제7항에 따라 노무제공자의 월보수액을 기한 내에 신고한 경우
2. 법 제48조의4제3항에 따라 노무제공자 및 노무제공사업의 사업주가 부담하는 고용보험료를 기한 내에 납부한 경우
3. 「고용보험법」 제77조의7제1항에 따른 노무제공자에 대한 피보험자격의 취득 등을 기한 내에 신고한 경우

④ 노무제공플랫폼사업자는 제3항에 따른 지원을 받으려는 경우에는 고용노동부령으로 정하는 바에 따라 공단에 지원 신청을 해야 한다. (2022.12.14 신설)

⑤ 제3항에 따른 지원 금액은 노무제공플랫폼사업자의 보험사무에 관한 의무 이행 실적 등을 고려하여 고용노동부장관이 정하여 고시하는 기준에 따라 분기별로 산정하여 지급한다. (2022.12.14 신설)

제56조의8 【산재보험 노무제공자의 월 보수액 등】 ① 법 제48조의6제3항 본문에서 "대통령령으로 정하는 금품"이란 다음 각 호의 금품을 말한다. (2023.6.27 신설)
1. 「소득세법」 제12조제2호 또는 제5호에 해당하는 비과세소득
2. 고용노동부장관이 정하여 고시하는 방법에 따라 산정한 필요경비

② 법 제48조의6제3항 단서에서 "대통령령으로 정하는 직종"이란 「산업재해보상보험법 시행령」 제83조의5제2호 및 제13호에 해당하는 산재보험 노무제공자가 종사하는 직종을 말한다. (2023.6.27 신설)

제56조의9 【산재보험 노무제공자의 휴업 신고 사유】 법 제48조의6제4항 전단에서 "부상·질병 등 대통령령으로 정하는 휴업의 사유"란 다음 각 호의

어느 하나에 해당하는 휴업의 사유를 말한다. (2023.6.27 신설)

1. 산재보험 노무제공자가 부상을 당하거나 질병에 걸려 휴업을 하는 경우
2. 여성 산재보험 노무제공자가 임신 또는 출산으로 휴업을 하는 경우
3. 산재보험 노무제공자가 8세 이하 또는 초등학교 2학년 이하의 자녀(입양한 자녀를 포함한다)를 양육하기 위하여 휴업을 하는 경우
4. 사업주의 귀책사유로 휴업을 하는 경우
5. 사업주가 천재지변, 전쟁 또는 이에 준하는 재난이나 「감염병의 예방 및 관리에 관한 법률」 제2조제1호에 따른 감염병의 확산으로 불가피하게 휴업을 하는 경우

제56조의10 【산재보험 노무제공자의 보험료 부담분의 산정】 법 제48조의6제6항 본문에 따라 산재보험 노무제공자와 사업주가 각각 분담해야 하는 산재보험료는 개인별 월 보수액에 산재보험료율의 2분의 1을 곱한 금액으로 한다. (2023.6.27 신설)

제56조의11 【산재보험 노무제공자에 대한 산재보험료의 감면】 ① 법 제48조의6제7항에서 "대통령령으로 정하는 산재보험 노무제공자와 해당 사업주"란 다음 각 호의 구분에 따른 산재보험 노무제공자와 해당 사업주를 말한다. (2023.6.27 개정)

1. 산재보험료 감경 대상자 : 「산업재해보상보험법 시행령」 제83조의5 각 호에 해당하는 사람이 종사하는 직종의 재해율(공단이 산재보험급여의 신청 등을 고려하여 산정한 재해율을 말하며, 그 재해율을 산정하기 어려운 경우에는 해당 직종이 속하는 업종의 재해율을 말한다)이 전체 업종의 평균재해율(고용노동부장관이 보험연도의 직전 연도 말일을 기준으로 산정하여 공고한 것을 말한다)의 2분의 1 이상인 직종 중에서 산재보험료의 부담 수준, 노무제공자의 규모 등을 고려하여 고용노동부장관이 정하여 고시하는 직종에 종사하는 사람과 그 사람으로부터 노무 제공을 받는 사업의 사업주
2. 산재보험료 면제 대상자 : 산재보험 노무제공자의 월 보수액이 고용노동부장관이 정하여 고시하는 금액 미만인 사람. 다만, 「산업재해보상보험법 시행령」 제83조의5제2호 및 제13호에 해당하는 직종에 종사하는 사람은 제외한다.

② 제1항제1호에 따른 감경 비율은 산재보험료의 100분의 50 범위에서 고용노동부장관이 정하여 고시한다. (2023.6.27 개정)

③ 제1항 및 제2항에서 규정한 사항 외에 산재보험료의 감경 기간, 면제 대상 월 보수액의 판단 방법 등 산재보험료의 감면에 필요한 사항은 고용노동부장관이 정하여 고시한다. (2023.6.27 개정)

제56조의12 【산재보험 노무제공자의 월 보수액 신고 등】 ① 법 제48조의

6제8항 본문에 따라 사업주는 월 보수액(사업주가 노무 제공을 받은 월에 대해 산정한 것을 말한다)을 고용노동부령으로 정하는 바에 따라 노무제공일이 속하는 달의 다음 달 말일까지 공단에 신고해야 한다. (2023.6.27 신설)

② 제1항에도 불구하고 「산업재해보상보험법 시행령」 제83조의5제2호 및 제13호에 해당하는 직종(제19조의2 각 호의 사업에 해당하는 경우는 제외한다)의 산재보험 노무제공자로부터 노무 제공을 받는 사업주는 노무 제공을 받거나 받지 않게 된 경우에는 고용노동부령으로 정하는 바에 따라 그 사유가 발생한 날이 속하는 달의 다음 달 15일까지 공단에 신고해야 한다. (2023.6.27 신설)

③ 법 제48조의6제8항 단서에 따라 산재보험 노무제공자가 월 보수액을 신고할 때에는 소득을 증명할 수 있는 자료를 함께 제출해야 한다. (2023.6.27 신설)

제56조의13 【산재보험 노무제공자의 월 보수액의 정정신고】 사업주 또는 산재보험 노무제공자는 법 제48조의6제8항에 따른 월 보수액을 잘못 신고한 경우에는 법 제48조의6제9항에 따라 고용노동부령으로 정하는 바에 따라 공단에 월 보수액 정정 신고를 할 수 있다. 이 경우 산재보험 노무제공자는 소득을 증명할 수 있는 자료를 함께 제출해야 한다. (2023.6.27 신설)

제56조의14 【산재보험 노무제공자의 산재보험료 원천공제】 사업주는 법 제48조의6제11항 전단에 따라 산재보험 노무제공자에게 월 보수액을 지급할 때마다 그 지급금액과 직전의 지급일 이후 따로 지급한 보수액을 더한 금액에서 노무제공자가 부담할 산재보험료에 해당하는 금액을 원천공제한다. (2023.6.27 신설)

제56조의15 【플랫폼 운영자의 월 보수액 신고 등】 ① 플랫폼 운영자(「산업재해보상보험법」 제91조의15제4호 단서에 해당하는 플랫폼 운영자는 제외한다. 이하 이 조에서 같다)는 법 제48조의7제3항에 따라 플랫폼 종사자(「산업재해보상보험법」 제91조의15제2호에 따른 플랫폼 종사자를 말한다. 이하 같다)의 월 보수액(플랫폼 종사자가 노무를 제공한 월에 대해 산정한 것을 말한다)을 고용노동부령으로 정하는 바에 따라 노무제공일이 속하는 달의 다음 달 말일까지 공단에 신고해야 한다. 다만, 플랫폼 운영자가 신고하지 않은 경우에는 고용노동부령으로 정하는 바에 따라 플랫폼 종사자가 신고할 수 있다. (2023.6.27 신설)

② 플랫폼 운영자는 제1항에 따른 월 보수액을 잘못 신고한 경우에는 고용노동부령으로 정하는 바에 따라 공단에 월 보수액 정정신고를 할 수 있다. 다만, 법 제48조의7제4항 단서 및 이 영 제56조의16제2항에 따른 온라인 플랫폼(「산업재해보상보험법」 제91조의15제1호나목에 따른 온라인 플랫폼을 말한다. 이하 같다)의 경우에는 플랫폼 이용 사업자(「산업재해보상보험법」

제91조의15제4호에 따른 플랫폼 이용 사업자를 말한다. 이하 같다) 또는 플랫폼 종사자가 월 보수액 정정신고를 할 수 있다. (2023.6.27 신설)

제56조의16 【플랫폼 종사자의 산재보험료 원천공제 및 납부】 ① 플랫폼 운영자(「산업재해보상보험법」 제91조의15제4호 단서에 해당하는 플랫폼 운영자는 제외한다)는 법 제48조의7제4항 본문에 따라 플랫폼 종사자 및 플랫폼 이용 사업자가 부담해야 하는 그 달의 산재보험료를 다음 달 10일까지 납부해야 한다. (2023.6.27 신설)

② 법 제48조의7제4항 단서에서 "대통령령으로 정하는 온라인 플랫폼"이란 플랫폼 운영자가 플랫폼 이용 사업자의 플랫폼 종사자에 대한 보수 지급을 중개하지 않는 온라인 플랫폼을 말한다. (2023.6.27 신설)

③ 제2항에 따른 온라인 플랫폼의 경우에는 해당 플랫폼 이용 사업자가 플랫폼 종사자가 부담해야 하는 산재보험료를 플랫폼 종사자로부터 원천공제하여 플랫폼 이용 사업자가 부담해야 하는 산재보험료와 합산하여 납부해야 한다. (2023.6.27 신설)

제56조의17 【플랫폼 운영자에 대한 지원】 ① 공단은 법 제48조의7제9항에 따라 플랫폼 운영자가 다음 각 호의 어느 하나에 해당하는 경우에는 플랫폼 운영자가 보험사무에 관한 의무를 이행하는 데 필요한 비용의 일부를 산업재해보상보험및예방기금에서 지원할 수 있다. (2023.6.27 신설)

1. 법 제48조의7제3항 및 이 영 제56조의15에 따라 플랫폼 종사자의 월 보수액을 기한 내에 신고한 경우
2. 법 제48조의7제4항 본문에 따라 플랫폼 종사자 및 플랫폼 이용 사업자가 부담하는 산재보험료를 기한 내에 납부한 경우

② 플랫폼 운영자는 제1항에 따른 지원을 받으려는 경우에는 고용노동부령으로 정하는 바에 따라 공단에 지원 신청을 해야 한다. (2023.6.27 신설)

③ 제1항에 따른 지원 금액은 플랫폼 운영자의 보험사무에 관한 의무 이행 실적 등을 고려하여 고용노동부장관이 정하여 고시하는 기준에 따라 분기별로 산정하여 지급한다. (2023.6.27 신설)

제56조의18 【가입대상 자영업자】 법 제49조의2제1항에서 "대통령령으로 정하는 요건을 갖춘 자영업자"란 다음 각 호에 해당하는 요건을 모두 갖춘 자영업자를 말한다. (2023.6.27 개정)

1. 고용보험 가입 신청 당시 다음 각 목의 어느 하나의 경우에 해당할 것 (2022.6.28 개정)
   가. 「소득세법」 제168조제1항 또는 「부가가치세법」 제8조에 따라 사업자 등록을 하고 실제 사업을 영위하고 있는 경우
   나. 「소득세법」 제168조제5항에 따라 고유번호를 부여받아 실제 사업을 영위하고 있는 경우로서 「영유아보육법」 제10조제5호의 가정어린이집을

운영하는 등 고용노동부장관이 정하여 고시하는 사업을 영위하는 경우
다. 「농어업경영체 육성 및 지원에 관한 법률」 제4조제1항에 따라 농어업 경영정보를 등록하고 실제 사업을 영위하고 있는 경우 (2024.6.25 신설)
2. 고용보험 가입 신청일 전 2년 이내에 「고용보험법」 제69조의3에 따라 구직급여를 받은 사실이 없을 것 (2019.6.25 신설)
3. 다음 각 목의 어느 하나에 해당하는 업종에 종사하지 아니할 것 (2019.6.25 개정)
가. 「고용보험법 시행령」 제2조제1항 각 호의 어느 하나에 해당하는 사업
나. 부동산 임대업(한국표준산업분류표의 세분류를 기준으로 한다)

제56조의19 【자영업자 고용보험료율】 ① 법 제49조의2제7항에 따른 고용보험료율은 다음 각 호와 같다. (2023.6.27 개정)
1. 고용안정·직업능력개발사업의 보험료율 : 1만분의 25
2. 실업급여의 보험료율 : 1천분의 20
② 공단은 제1항에 따른 자영업자 보험료율이 인상되거나 인하된 경우에는 사업자에 대한 고용보험료를 증액 또는 감액 조정하여야 한다. (2011.12.30 신설)

제56조의20 【준용】 자영업자에 대한 보험료 등 과납액의 충당과 반환, 연체금의 징수·독촉 및 체납·결손처분에 관하여는 제31조, 제33조, 제37조부터 제40조까지, 제40조의6, 제41조 및 제43조의2를 준용한다. 이 경우 "사업주"는 각각 "자영업자"로 본다. (2023.6.27 개정)

제56조의21 【산재보험관리기구에 대한 지원】 ① 법 제49조의5제7항에 따라 산재보험관리기구가 제46조 각 호에 따른 보험사무를 한 경우에는 그에 따른 지원금(이하 "산재보험관리기구지원금"이라 한다)을 지급할 수 있다. (2023.6.27 개정)
② 산재보험관리기구지원금은 산재보험관리기구가 수행한 보험사무의 실적 등 고용노동부장관이 정하는 기준에 따라 금액을 산정하여 분기마다 지급한다. (2011.12.30 신설)
③ 산재보험관리기구지원금을 지급받으려는 산재보험관리기구는 매 분기가 끝나는 날(법 제49조의5제3항에 따라 보험관계가 소멸된 경우에는 소멸일을 말한다) 이후 고용노동부령으로 정하는 바에 따라 공단에 산재보험관리기구지원금 지급을 신청하여야 한다. (2011.12.30 신설)
④ 산재보험관리기구지원금은 산업재해보상보험및예방기금에서 부담한다. (2011.12.30 신설)

제56조의22 【고유식별정보의 처리】 고용노동부장관, 공단, 건강보험공단(제56조에 따라 공단 또는 건강보험공단의 업무를 위탁받은 자를 포함한다), 보험료납부대행기관, 보험사무대행기관, 노무제공플랫폼사업자 또는

징수법

플랫폼 운영자는 다음 각 호의 사무를 수행하기 위하여 불가피한 경우 「개인정보 보호법 시행령」 제19조에 따른 주민등록번호 및 외국인등록번호가 포함된 자료를 처리할 수 있다. (2023.6.27 개정)
1. 법 제5조에 따른 보험의 가입·해지에 관한 사무
2. 법 제8조 및 제9조에 따른 일괄적용과 관련한 승인에 관한 사무
3. 법 제11조에 따른 보험관계의 성립·소멸신고에 관한 사무
4. 법 제12조에 따른 보험관계의 변경신고에 관한 사무
5. 삭제(2021.12.31)
6. 법 제16조의6에 따른 월별보험료의 산정에 관한 사무
7. 법 제16조의8제2항에 따른 월별보험료의 전자고지 서비스에 관한 사무
7의2. 법 제16조의9에 따른 보험료 정산에 관한 사무 (2014.9.24 신설)
8. 법 제16조의10에 따른 보수총액 등의 신고에 따른 사무
9. 법 제16조의11에 따른 보수총액 수정신고에 관한 사무
9의2. 법 제16조의12에 따른 보험료납부대행기관을 통하여 신용카드등으로 하는 보험료등의 납부대행에 관한 사무 (2014.9.24 신설)
9의3. 법 제21조에 따른 고용보험료의 지원에 관한 사무 (2014.9.24 개정)
9의4. 법 제21조의2에 따른 지원금의 환수에 관한 사무 (2014.9.24 개정)
10. 법 제22조의2에 따른 보험료 등의 경감에 관한 사무
10의2. 법 제22조의3에 따른 고용보험료등의 면제에 관한 사무 (2012.6.29 신설)
10의3. 법 제22조의4에 따른 고용보험료등의 면제에 따른 지원의 제한에 관한 사무 (2012.6.29 신설)
11. 법 제23조에 따른 보험료 등 과납액의 충당 및 반환에 관한 사무
12. 법 제27조의3에 따른 보험료 등의 분할납부에 관한 사무
13. 법 제28조의3제2항 후단에 따른 상속인 대표자의 신고에 관한 사무
13의2. 법 제29조의2에 따른 체납 또는 결손처분 자료의 제공에 관한 사무 (2014.9.24 신설)
14. 법 제33조에 따른 보험사무대행기관의 인가, 변경인가, 변경신고 또는 폐지신고에 관한 사무
15. 법 제37조에 따른 보험사무대행기관의 지원에 관한 사무
16. 법 제40조에 따른 자료제공의 요청에 관한 사무
17. 법 제47조제2항에 따른 해외파견자 산재보험가입 신청 및 승인, 보험료의 신고 및 납부 등에 관한 사무
17의2. 법 제48조의2에 따른 예술인의 고용보험 적용 등에 관한 사항 (2020.12.8 신설)
17의3. 법 제48조의3에 따른 노무제공자의 고용보험 적용 등에 관한 사무

(2021.6.8 신설)
17의4. 법 제48조의4제1항·제2항 및 제5항에 따른 노무제공자의 고용보험 적용 등에 관한 사무 (2021.12.31 신설)
17의5. 법 제48조의5에 따른 학생연구자의 산재보험 적용 등에 관한 사무 (2022.6.28 신설)
17의6. 법 제48조의6제3항·제4항·제8항·제9항·제12항 및 같은 조 제13항 제1호에 따른 산재보험 사업주 및 노무제공자의 산재보험 관련 신고에 관한 사무 (2023.6.27 신설)
17의7. 법 제48조의7제1항부터 제3항까지, 제7항·제8항 및 제10항에 따른 플랫폼 운영자·플랫폼 이용 사업자·플랫폼 종사자의 산재보험 신고 및 관리에 관한 사무 (2023.6.27 신설)
18. 법 제49조제2항에 따른 중소기업 사업주 등의 산재보험 가입 신청 및 승인, 보험료의 신고 및 납부 등에 관한 사무 (2021.6.8 개정)
19. 법 제49조의2에 따른 자영업자 고용보험가입 승인 등에 관한 사무
19의2. 삭제(2023.6.27)
20. 삭제(2023.6.27)
20의2. 법 제49조의5에 따른 산재보험관리기구의 승인 및 변경사항 신고에 관한 사무 (2014.9.24 신설)
21. 제5조제2항에 따른 대리인 선임·해임 신고에 관한 사무
21의2. 제19조의3제7항에 따른 월평균보수의 변경에 관한 사무 (2021.12.31 신설)
22. 제31조에 따른 보험료 등 과납액의 충당·반환 및 이자에 관한 사무
22의2. 제46조에 따른 보험사무 위임업무에 관한 사무 (2014.9.24 신설)
23. 대통령령 제22408호 고용보험 및 산업재해보상보험의 보험료징수 등에 관한 법률 시행령 일부개정령 부칙 제2조에 따른 보험료등의 경감 특례에 관한 사무

제56조의23 【규제의 재검토】 ① 고용노동부장관은 제44조제2호 및 제3호에 따른 보험에 관한 사무를 대행할 수 있는 공인노무사 및 세무사의 기준에 대하여 2025년 1월 1일을 기준으로 3년마다(매 3년이 되는 해의 1월 1일 전까지를 말한다) 그 타당성을 검토하여 개선 등의 조치를 하여야 한다. (2025.6.2 개정)
② 고용노동부장관은 제51조에 따른 보험사무대행기관의 장부 비치 의무에 대하여 2017년 1월 1일을 기준으로 3년마다(매 3년이 되는 해의 1월 1일 전까지를 말한다) 그 타당성을 검토하여 개선 등의 조치를 하여야 한다. (2016.12.30 개정)
③ 고용노동부장관은 별표 1의2에 따른 업무상 사고로 사망한 사람 수 등을

고려한 개별실적요율의 조정 기준에 대하여 2022년 1월 1일을 기준으로 3년마다(매 3년이 되는 해의 1월 1일 전까지를 말한다) 그 타당성을 검토하여 개선 등의 조치를 해야 한다. (2021.12.31 신설)

제6장 과태료

제57조【과태료의 부과기준】 법 제50조제1항 및 제2항에 따른 과태료의 부과기준은 별표 2와 같다. (2011.4.4 개정)

부 칙

제1조【시행일】 이 영은 2005년 1월 1일부터 시행한다.

제2조【과태료 부과기준에 관한 적용례】 별표 2의 규정 중 위반행위의 횟수에 따른 과태료의 부과기준에 관하여는 이 영 시행 후 최초의 위반행위부터 적용한다.

제3조【하수급인에 대한 사업주승인에 관한 경과조치】 ① 이 영 시행 전에 고용보험법시행령 제7조의2 또는 산업재해보상보험법시행령 제14조의 규정에 따라 하수급인이 공단의 사업주승인을 얻은 경우로서 동 사업주가 행하는 사업이 이 영 시행 이후에도 계속될 경우 건설업을 행하는 사업주에 대하여는 이 영 제7조의 규정에 의한 공단의 사업주승인을 얻은 것으로, 그 외의 사업을 행하는 사업주에 대하여는 법 제11조의 규정에 따라 보험관계의 신고를 한 것으로 본다.

② 제7조제2항의 규정에 불구하고 2006년 12월 31일까지는 하수급인에 대한 사업주승인은 하수급인이 공사금액이 1억원 이상인 자로서 제6조제1항의 규정에 의한 사업의 사업주인 경우에 한한다.

제4조【하수급인에 대한 사업주승인 신청에 관한 경과조치】 이 영 시행 전에 하도급공사에 착공한 하수급인의 경우에는 제7조제3항의 규정에 불구하고 이 영 시행일부터 14일 이내에 하수급인에 대한 사업주승인을 공단에 신청하여야 한다.

제5조【보험사무를 위임한 사업주에 관한 경과조치】 이 영 시행 전에 종전의 고용보험법시행령의 규정에 의한 고용보험사무조합 또는 산업재해보상보험법시행령의 규정에 의한 산업재해보상보험사무조합에 보험사무를 위임한 사업주는 이 영에 의한 보험사무대행기관에 보험사무를 위임한 것으로 본다.

제6조【보험사무조합의 인가신청에 관한 경과조치】 이 영 시행 전에 고용보험법시행령 제78조제1항의 규정에 의한 고용보험사무조합의 인가신청을 하거나 산업재해보상보험법시행령 제54조제1항의 규정에 의한 산업재해보

상보험사무조합의 인가신청을 한 경우에는 이 영 제47조제1항의 규정에 의한 보험사무대행기관의 인가신청을 한 것으로 본다.

제7조 【보험사무조합의 지원에 관한 경과조치】 종전의 고용보험법시행령 또는 산업재해보상보험법시행령에 따라 고용보험사무조합 또는 산업재해보상보험사무조합이 보험사무를 처리함에 따른 징수비용교부금의 지급은 종전의 고용보험법시행령 제80조의2 또는 산업재해보상보험법시행령 제57조의 규정에 의한다.

제8조 【다른 법령의 개정】 생략

제9조 【다른 법령과의 관계】 이 영 시행당시 다른 법령에서 종전의 고용보험법시행령·산업재해보상보험법시행령 또는 그 규정을 인용한 경우 이 영 중 그에 해당하는 규정이 있을 때에는 종전의 규정에 갈음하여 이 영 또는 이 영의 해당 규정을 인용한 것으로 본다.

〈생략〉

부칙(2008.6.25 대통령령 제20874호)

제1조 【시행일】 이 영은 2008년 7월 1일부터 시행한다.

제2조 【노무비율 결정 기준일의 변경에 관한 적용례】 제11조의 개정규정은 법 제17조제1항에 따라 2009년도 개산보험료를 신고·납부하는 경우부터 적용한다.

제3조 【보험사무대행지원금 지원 대상 변경에 따른 경과조치】 이 영 시행당시 보험사무대행기관이 상시근로자수가 30명 이상 100명 미만 사업주로부터 보험사무를 위임받아 2009년 6월 30일까지 대행하는 보험사무에 대한 지원은 제52조의 개정규정에도 불구하고 종전의 규정에 따른다.

〈생략〉

부칙(2010.9.29 대통령령 제22408호)

제1조 【시행일】 이 영은 2011년 1월 1일부터 시행한다. 다만, 별표 2 제2호다목의 개정규정은 공포한 날부터 시행한다.

제2조 【보험료등의 경감에 관한 특례】 ① 제2조의2의 개정규정에 따라 산정한 전년도 보수총액이 종전의 규정에 따른 전년도 임금총액을 초과하는 경우(2014년도에는 임금총액의 100분의 120을, 2015년도에는 임금총액의 100분의 125를 각각 초과하는 경우로 한정한다)에는 고용보험료 및 산재보험료와 「임금채권보장법」 제9조 및 제16조에 따른 부담금, 「석면피해구제법」 제31조제1항제1호의 자에 대한 석면피해구제분담금(이하 이 조에서

"보험료등"이라 한다)을 산정할 때 2015년 보험연도까지 해당 연도 보험료등에서 다음 각 호의 구분에 따른 계산식에 따라 산출한 비율에 해당하는 보험료등을 각각 경감한다. (2013.12.30 개정)

1. 2014년 보험연도 : (전년도 임금총액 대비 보수총액 비율－1.20)÷전년도 임금총액 대비 보수총액 비율
2. 2015년 보험연도 : (전년도 임금총액 대비 보수총액 비율－1.25)÷전년도 임금총액 대비 보수총액 비율

② 제1항에 따른 보험료등의 경감 결정 이전에 이미 보험료등을 납부한 경우에는 제1항에 따른 계산식에 따라 산출한 경감하여야 할 금액에 대해서는 해당 사업주가 납부하여야 할 보험료등에 충당한다.

③ 제1항에 따른 보험료등 경감의 신청 방법 및 절차에 대해서는 공단이 정한다.

제3조【도급사업의 일괄적용에 관한 적용례】 제7조의 개정규정은 같은 조 제3항의 개정규정에 따른 하수급인의 사업주 승인 신청 기한이 이 영 시행일 이후인 하도급공사부터 적용한다.

제4조【산재보험요율의 특례적용사업에 관한 적용례】 제15조제1항제1호의 개정규정은 2011년도의 산재보험료율 결정부터 적용한다.

제5조【개별실적요율의 적용을 위한 보험수지율의 산정에 관한 적용례】 제17조제3항 본문의 개정규정은 2011년도의 산재보험료율 결정부터 적용한다.

제6조【개별실적요율의 적용을 위한 보험수지율의 산정에 관한 경과조치】 산재보험료에 대한 산재보험급여 금액의 비율을 산정할 때 이 영 시행 전의 기간에 대한 산재보험료의 금액은 제17조제1항제1호부터 제3호까지의 개정규정에도 불구하고 종전의 규정에 따른다.

제7조【연체금 징수의 제외 사유에 관한 경과조치】 이 영 시행 전에 발생한 연체금의 징수에 대해서는 제33조제3항제1호의 개정규정에도 불구하고 종전의 규정에 따른다.

제8조【산재보험급여액의 징수기준에 관한 경과조치】 이 영 시행 전에 발생한 재해에 대한 보험급여액의 징수는 제34조제2항의 개정규정에도 불구하고 종전의 규정에 따른다.

제9조【다른 법령의 개정】 생략

〈생략〉

부칙(2011.12.30 대통령령 제23466호)

제1조【시행일】 이 영은 2012년 1월 1일부터 시행한다. 다만, 제56조의5

부터 제56조의7까지의 개정규정은 2012년 1월 22일부터 시행한다.

제2조【자영업자의 보험가입에 관한 특례】 이 영 시행 당시 사업자등록을 한 자영업자에 대해서는 제56조의5의 개정규정을 적용할 때 2012년 1월 22일을 사업자등록증의 개업연월일로 본다.

부칙(2012.6.29 대통령령 제23910호)

제1조【시행일】 이 영은 2012년 7월 1일부터 시행한다. 다만, 제7조제4항, 제17조제3항, 제19조의5제1항·제8항 및 제31조제4항의 개정규정은 공포한 날부터 시행한다.

제2조【유효기간】 제30조의5 및 제56조의9제10호의2·제10호의3의 개정규정은 2014년 6월 30일까지 효력을 가진다.

제3조【하수급인 사업주 인정 승인에 관한 적용례】 제7조제4항의 개정규정은 이 영 시행 후 하수급인의 사업주 인정 승인을 신청한 경우부터 적용한다.

제4조【개별실적요율의 적용을 위한 보험수지율의 산정에 관한 적용례】 제17조제3항의 개정규정은 이 영 시행 후 확인된 질병으로 인하여 지급 결정된 보험급여액부터 적용한다.

제5조【건설공사 또는 벌목작업이 이루어지는 사업장에 관한 적용례】 제28조, 제29조, 제29조의2, 제29조의3, 제30조 및 제30조의5의 개정규정은 건설공사 또는 벌목작업이 이루어지는 사업장에 대해서는 이 영 시행 후 건설공사 또는 벌목작업을 착공한 사업장부터 적용한다.

〈생략〉

부칙(2015.12.30 대통령령 제26809호)

제1조【시행일】 이 영은 2016년 1월 1일부터 시행한다.

제2조【출산전후휴가등 사유 발생 신고에 관한 적용례】 제19조의5제7항제1호의2 및 제1호의3의 개정규정은 이 영 시행 전에 출산전후휴가등(육아휴직은 제외한다. 이하 이 조에서 같다)을 시작하여 이 영 시행일까지 14일이 지나지 아니한 근로자가 있는 사업의 사업주에 대해서도 적용한다. 이 경우 이 영의 시행일을 해당 출산전후휴가등의 사유 발생일로 본다.

제3조【고용보험료 지원대상에 관한 적용례】 제28조제2항의 개정규정은 이 영 시행 전에 고용보험 가입근로자에 대하여 출산전후휴가등을 실시하고 있는 사업장의 고용보험 가입근로자 수를 산정하는 경우에도 적용한다.

〈생략〉

부칙(2017.12.26 대통령령 제28505호)

제1조 【시행일】 이 영은 2018년 1월 1일부터 시행한다.

제2조 【개별실적요율에 관한 적용례】 제15조제1항 및 별표 1의 개정규정은 2019년도에 각 사업에 적용되는 산재보험료율을 결정하는 경우부터 적용한다.

제3조 【산재보험급여액의 징수기준에 관한 경과조치】 이 영 시행 전에 발생한 재해에 대한 보험급여액의 징수는 제34조제1항 및 제2항의 개정규정에도 불구하고 종전의 규정에 따른다.

부칙(2018.12.31 대통령령 제29455호)

제1조 【시행일】 이 영은 2019년 1월 1일부터 시행한다.

제2조 【개별실적요율 및 산재예방요율에 관한 적용례】 제17조제3항제3호 및 제18조의2제2항의 개정규정은 이 영 시행 이후 각 사업에 적용되는 개별실적요율 및 산재예방요율을 결정하는 경우부터 적용된다.

제3조 【과태료 부과기준에 관한 경과조치】 이 영 시행 전의 위반행위에 대하여 과태료의 부과기준을 적용할 때에는 별표 2 제2호나목의 개정규정에도 불구하고 종전의 규정에 따른다.

〈생략〉

부칙(2021.6.8 대통령령 제31749호)

제1조 【시행일】 이 영은 2021년 7월 1일부터 시행한다. 다만, 다음 각 호의 구분에 따른 개정규정은 해당 각 호에 규정된 날부터 각각 시행한다.

1. 제18조의2, 제18조의3, 제18조의5부터 제18조의7까지의 개정규정 : 공포한 날
2. 제56조의12제18호의 개정규정 : 2021년 6월 9일
3. 제52조제1항 각 호 외의 부분 단서의 개정규정 : 2022년 1월 1일

제2조 【산재예방요율의 한시적 적용에 관한 특례】 제18조의6의 개정규정은 사업주가 2021년 1월 1일부터 부칙 제1조제1호에 따른 시행일 전까지 실시한 제18조의6제1항제2호의 개정규정에 해당하는 재해예방활동에 관하여도 적용한다.

제3조 【보험사무대행기관에 대한 지원에 관한 경과조치】 보험사무대행기관이 사업주로부터 보험사무를 위임받아 부칙 제1조제3호에 따른 시행일 전까지 보험사무를 대행한 경우 그에 대한 지원은 제52조제1항 각 호 외의 부분 단서의 개정규정에도 불구하고 종전의 규정에 따른다.

부칙(2021.9.29 대통령령 제32018호)

이 영은 공포한 날부터 시행한다.

부칙(2021.12.31 대통령령 제32302호)

제1조 【시행일】 이 영은 2022년 1월 1일부터 시행한다. 다만, 제12조제1항제2호, 제56조의5제2항 및 제56조의6제3항의 개정규정은 2022년 7월 1일부터 시행한다.

제2조 【실업급여의 보험요율에 관한 적용례】 제12조제1항제2호, 제56조의5제2항 및 제56조의6제3항의 개정규정은 부칙 제1조 단서에 따른 시행일이 속하는 달의 월별보험료를 산정하는 경우부터 적용한다.

부칙(2022.6.28 대통령령 제32731호)

제1조 【시행일】 이 영은 2022년 7월 1일부터 시행한다.

제2조 【개별실적요율에 관한 적용례】 제15조제1항제2호 후단 및 같은 조 제2항의 개정규정은 2023년도에 각 사업에 적용되는 산재보험료율을 결정하는 경우부터 적용한다.

부칙(2022.12.14 대통령령 제33077호)

제1조 【시행일】 이 영은 2023년 1월 1일부터 시행한다.

제2조 【고용보험료 지원 요건에 관한 적용례】 제28조제1항제1호 각 목 외의 부분 단서의 개정규정은 예술인 또는 노무제공자의 2023년도 1월분의 고용보험료부터 적용한다.

제3조 【다른 법령의 개정】 생략

부칙(2023.6.27 대통령령 제33594호)

제1조 【시행일】 이 영은 2023년 7월 1일부터 시행한다. 다만, 제19조의4 및 제56조의10의 개정규정은 2024년 1월 1일부터 시행한다.

제2조 【산재보험 노무제공자의 보험료 부담분 산정방법에 관한 적용례】 제56조의10의 개정규정은 산재보험 노무제공자가 2024년 1월 1일 이후 제공하는 노무에 대한 보험료 부담분을 산정하는 것부터 적용한다.

제3조 【산재보험 노무제공자 중 골프장 캐디에 대한 월 보수액 산정·신고 및 산재보험료 감면기준에 관한 특례】 이 영 시행일부터 2023년 12월 31일까지 골프장 캐디의 월 보수액 산정·신고 및 산재보험료 감면 기준을 적용함에 있어서는 제56조의8제2항, 제56조의11제1항제2호 단서 및 제56조의12제2항의 개정규정 중 "「산업재해보상보험법 시행령」 제83조의5제2호 및 제13호"를 각각 "「산업재해보상보험법 시행령」 제83조의5제2호·제4호 및 제

13호"로 본다.

부칙(2023.9.12 대통령령 제33713호)

제1조【시행일】 이 영은 2023년 9월 22일부터 시행한다.

제2조 및 **제3조** 생략

부칙(2023.12.26 대통령령 제34049호)

제1조【시행일】 이 영은 2024년 1월 1일부터 시행한다.

제2조【고용보험료 지원 요건 완화에 관한 적용례】 제29조의2제2항제4호의 개정규정은 2024년도 1월분의 고용보험료부터 적용한다.

부칙(2024.5.7 대통령령 제34494호)

제1조【시행일】 이 영은 2024년 5월 17일부터 시행한다.

제2조부터 **제3조**까지 생략

부칙(2024.6.25 대통령령 제34602호)

이 영은 2024년 7월 1일부터 시행한다.

부칙(2024.12.24 대통령령 제35101호)

이 영은 2025년 1월 1일부터 시행한다.

부칙(2025.6.2 대통령령 제35576호)

이 영은 공포한 날부터 시행한다.

부칙(2025.10.1 대통령령 제35805호)

제1조【시행일】 이 영은 공포한 날부터 시행한다.

제2조 및 **제3조** 생략

부칙(2025.12.23 대통령령 제35935호)

이 영은 공포한 날부터 시행한다.

[별표 1] (2021.12.31 개정)

산재보험료율의 인상 및 인하 비율(제18조제1항 관련)

산재보험료에 대한 산재보험급여 금액의 백분율(보험수지율)	산재보험료율의 인상 및 인하 비율
5%까지의 것	20.0%를 인하한다
5%를 넘어 10%까지의 것	18.4%를 인하한다
10%를 넘어 20%까지의 것	16.1%를 인하한다
20%를 넘어 30%까지의 것	13.8%를 인하한다
30%를 넘어 40%까지의 것	11.5%를 인하한다
40%를 넘어 50%까지의 것	9.2%를 인하한다
50%를 넘어 60%까지의 것	6.9%를 인하한다
60%를 넘어 70%까지의 것	4.6%를 인하한다
70%를 넘어 75%까지의 것	2.3%를 인하한다
75%를 넘어 85%까지의 것	0
85%를 넘어 90%까지의 것	2.3%를 인상한다
90%를 넘어 100%까지의 것	4.6%를 인상한다
100%를 넘어 110%까지의 것	6.9%를 인상한다
110%를 넘어 120%까지의 것	9.2%를 인상한다
120%를 넘어 130%까지의 것	11.5%를 인상한다
130%를 넘어 140%까지의 것	13.8%를 인상한다
140%를 넘어 150%까지의 것	16.1%를 인상한다
150%를 넘어 160%까지의 것	18.4%를 인상한다
160%를 넘는 것	20.0%를 인상한다

[별표 1의2] (2021.12.31 신설)

업무상 사고로 사망한 사람 수 등을 고려한 개별실적요율의 적용 기준(제18조제5항 관련)

1. 법 제15조제2항에 따른 개별실적요율 적용 사업 중 제18조제3항 각 호에 해당하는 사업으로서 기준보험연도 6월 30일 이전 3년 동안에 업무상 사고로 사망한 사람(해당 사업에서 직접 고용한 근로자, 수급인·관계수급인의 근로자 및 파견근로자가 해당 사업에서 업무수행 중 사고로 사망한 경우를 모두 포함한다. 이하 제2호에서 같다)의 수가 3명 이상인 사업인 경우의 개별실적요율은 별표 1에 따른 산재보험료율의 인하율을 사망한 사람의 수에 따라 다음 각 목의 비율만큼 줄여 산정한 요율로 한다.
   가. 사망자가 3명인 경우 : 40퍼센트
   나. 사망자가 4명인 경우 : 60퍼센트
   다. 사망자가 5명인 경우 : 80퍼센트
   라. 사망자가 6명 이상인 경우 : 100퍼센트

2. 제1호에도 불구하고 법 제15조제2항에 따른 개별실적요율 적용 사업 중 제18조제3항 각 호에 해당하는 사업이 기준보험연도 6월 30일 이전 3년 동안에 업무상 사고로 사망한 사람의 수가 3명 이상인 사업에 해당하고, 해당 사업장이 「산업안전보건법」 제57조제1항 또는 제3항을 위반한 사유로 같은 법 시행령 제10조제1항제4호 또는 제5호에 따른 공표 대상 사업장에 해당하는 경우의 개별실적요율은 별표 1에 따른 산재보험료율의 인하율을 사망한 사람의 수에 따라 다음 각 목의 비율만큼 줄여 산정한 요율로 한다.
   가. 사망자가 3명인 경우 : 50퍼센트
   나. 사망자가 4명인 경우 : 70퍼센트
   다. 사망자가 5명인 경우 : 90퍼센트
   라. 사망자가 6명 이상인 경우 : 100퍼센트

[별표 2] (2023.6.27 개정)

과태료의 부과기준(제57조 관련)

1. 일반기준

가. 위반행위의 횟수에 따른 과태료의 가중된 부과기준은 최근 1년간[법 제11조(제48조의2제8항제1호, 제48조의3제8항제1호 및 제48조의6제13항제1호에 따라 준용하는 경우를 포함한다), 제16조의10제1항·제2항, 제17조 및 제19조를 위반한 경우에는 최근 3년간] 같은 위반행위로 과태료 부과처분을 받은 경우에 적용한다. 이 경우 기간의 계산은 위반행위에 대하여 과태료 부과처분을 받은 날과 다시 같은 위반행위를 하여 적발된 날을 기준으로 한다.

나. 가목에 따라 가중된 부과처분을 하는 경우 가중처분의 적용 차수는 그 위반행위 전 부과처분 차수(가목에 따른 기간 내에 과태료 부과처분이 둘 이상 있었던 경우에는 높은 차수를 말한다)의 다음 차수로 한다.

다. 부과권자는 위반행위자가 다음의 어느 하나에 해당하는 경우에는 제2호에 따른 과태료 금액의 2분의 1의 범위에서 그 금액을 줄일 수 있다. 다만, 과태료를 체납하고 있는 위반행위자의 경우에는 그렇지 않다.

1) 위반행위자가 자연재해·화재 등으로 재산에 현저한 손실이 발생하거나 사업여건의 악화로 사업이 중대한 위기에 처하는 등의 사정이 있는 경우
2) 위반행위가 사소한 부주의나 오류로 인한 것으로 인정되는 경우
3) 위반행위자가 같은 위반행위로 다른 법률에 따라 과태료·벌금·영업정지 등의 처분을 받은 경우
4) 위반행위자가 위법행위로 인한 결과를 시정했거나 해소한 경우
5) 그 밖에 위반행위의 정도, 위반행위의 동기와 그 결과 등을 고려하여 과태료 금액을 줄일 필요가 있다고 인정되는 경우

라. 부과권자는 다음의 어느 하나에 해당하는 경우에는 제2호에 따른 과태료 금액의 2분의 1의 범위에서 가중할 수 있다. 다만, 법 제50조제1항 또는 제2항에 따른 과태료 금액의 상한을 넘을 수 없다.

1) 위반행위자의 위반행위가 둘 이상인 경우
2) 그 밖에 위반행위의 정도, 위반행위의 동기와 그 결과 등을 고려하여 과태료 금액을 가중할 필요가 있다고 인정되는 경우

징수법

2. 개별기준

위반행위	근거 법조문	과태료		
		1차 위반	2차 위반	3차 이상 위반
가. 다음에 해당하는 신고를 하지 않거나 거짓 신고를 한 경우	법 제50조			

1) 법 제11조(법 제48조의2제8항제1호, 제48조의3제8항제1호 및 제48조의6제13항제1호에 따라 준용되는 경우를 포함한다)에 따른 보험관계의 신고	제1항 제1호	100만원	200만원	300만원
2) 법 제12조(법 제48조의2제8항제1호, 제48조의3제8항제1호 및 제48조의6제13항제1호에 따라 준용되는 경우를 포함한다)에 따른 보험관계의 변경신고		100만원	200만원	300만원
3) 법 제16조의10제1항 및 제2항에 따른 보수총액 등의 신고		100만원	200만원	300만원
4) 법 제17조에 따른 개산보험료의 신고		100만원	200만원	300만원
5) 법 제19조에 따른 확정보험료의 신고		100만원	200만원	300만원
나. 법 제16조의10제3항부터 제5항까지에 따른 신고를 하지 않거나 거짓으로 신고한 경우	법 제50조 제1항 제1호			
1) 신고를 하지 않은 경우		근로자 예술인 또는 노무제공자 1명당 3만원, 100만원 한도	근로자 예술인 또는 노무제공자 1명당 3만원, 100만원 한도	근로자 예술인 또는 노무제공자 1명당 3만원, 100만원 한도
2) 거짓으로 신고한 경우		근로자 예술인 또는 노무제공자 1명당 5만원, 100만원 한도	근로자 예술인 또는 노무제공자 1명당 8만원, 200만원 한도	근로자 예술인 또는 노무제공자 1명당 10만원, 300만원 한도
다. 법 제29조의3제1항(법 제48조의2제8항제3호, 제48조의3제8항제3호 및 제48조의6제13항제3호에 따라 준용되는 경우를 포함한다)에 따른 금융거래정보의 제공을 요청받고 정당한 사유 없이 금융거래정보의 제공을 거부한 경우	법 제50조 제1항 제2호	100만원	200만원	300만원
라. 법 제36조에 따른 장부 또는 그 밖의 서류를 갖추어 두지 않거나 거짓으로 적은 경우	법 제50조 제2항	10만원	30만원	50만원

마. 법 제40조제2항을 위반하여 자료 또는 정보의 제공 요청에 따르지 않은 경우	법 제50조 제1항 제3호	100만원	200만원	300만원
바. 법 제44조(법 제48조의2제8항제4호, 제48조의3제8항제4호 및 제48조의6제13항제4호에 따라 준용되는 경우를 포함한다), 제48조의4제5항제1호 및 제48조의7제7항제1호에 따른 요구에 불응하여 보고를 하지 않거나 거짓으로 보고한 경우 또는 관계 서류를 제출하지 않거나 거짓으로 적은 관계 서류를 제출한 경우	법 제50조 제1항 제4호	100만원	200만원	300만원
사. 법 제45조제1항(법 제48조의2제8항제4호에 따라 준용되는 경우를 포함한다), 법 제48조의4제5항제2호 및 제48조의7제7항제2호에 따른 질문에 거짓으로 답변한 경우 또는 같은 항에 따른 조사를 거부·방해 또는 기피한 경우	법 제50조 제1항 제5호	100만원	200만원	300만원
아. 법 제48조의6제8항 및 제48조의7제3항에 따른 월 보수액 등 신고를 하지 않거나 거짓 신고를 한 경우	법 제50조 제1항 제6호			
1) 신고를 하지 않은 경우		노무제공자 1명당 3만원, 100만원 한도	노무제공자 1명당 3만원, 100만원 한도	노무제공자 1명당 3만원, 100만원 한도
2) 거짓 신고를 한 경우		노무제공자 1명당 5만원, 100만원 한도	노무제공자 1명당 8만원, 200만원 한도	노무제공자 1명당 10만원, 300만원 한도
자. 법 제48조의7제6항을 위반하여 산재보험료 원천공제 및 납부를 위한 전용 계좌를 개설하지 않은 경우	법 제50조 제1항 제7호	100만원	200만원	300만원

차. 법 제48조의7제8항을 위반하여 플랫폼 종사자의 월 보수액 등 신고와 관련된 정보를 보관하지 않은 경우	법 제50조 제1항 제8호	50만원	50만원	50만원

고용보험법

고용보험법

전부개정 2007. 5.11 법률 제 8429호
개정 2007.12.21 법률 제 8781호
〈생략〉
2023. 8. 8 법률 제19591호
2024.10.22 법률 제20519호
2025.10. 1 법률 제21065호
2025.11.11 법률 제21133호

제1장 총 칙

제1조【목적】 이 법은 고용보험의 시행을 통하여 실업의 예방, 고용의 촉진 및 근로자 등의 직업능력의 개발과 향상을 꾀하고, 국가의 직업지도와 직업소개 기능을 강화하며, 근로자 등이 실업한 경우에 생활에 필요한 급여를 실시하여 근로자 등의 생활안정과 구직 활동을 촉진함으로써 경제·사회 발전에 이바지하는 것을 목적으로 한다. (2021.1.5 개정)

제2조【정의】 이 법에서 사용하는 용어의 뜻은 다음과 같다.

1. "피보험자"란 다음 각 목에 해당하는 사람을 말한다. (2020.5.26 개정)
   가. 「고용보험 및 산업재해보상보험의 보험료징수 등에 관한 법률」(이하 "고용산재보험료징수법"이라 한다) 제5조제1항·제2항, 제6조제1항, 제8조제1항·제2항, 제48조의2제1항 및 제48조의3제1항에 따라 보험에 가입되거나 가입된 것으로 보는 근로자, 예술인 또는 노무제공자 (2021.1.5 개정)
   나. 고용산재보험료징수법 제49조의2제1항·제2항에 따라 고용보험에 가입하거나 가입된 것으로 보는 자영업자(이하 "자영업자인 피보험자"라 한다) (2021.1.5 개정)
2. "이직(離職)"이란 피보험자와 사업주 사이의 고용관계가 끝나게 되는 것(제77조의2제1항에 따른 예술인 및 제77조의6제1항에 따른 노무제공자의 경우에는 문화예술용역 관련 계약 또는 노무제공계약이 끝나는 것을 말한다)을 말한다. (2021.1.5 개정)
3. "실업"이란 근로의 의사와 능력이 있음에도 불구하고 취업하지 못한 상태에 있는 것을 말한다. (2008.12.31 개정)
4. "실업의 인정"이란 직업안정기관의 장이 제43조에 따른 수급자격자가 실업한 상태에서 적극적으로 직업을 구하기 위하여 노력하고 있다고 인정하는 것을 말한다.
5. "보수"란 「소득세법」 제20조에 따른 근로소득에서 대통령령으로 정하는

금품을 뺀 금액을 말한다. 다만, 휴직이나 그 밖에 이와 비슷한 상태에 있는 기간 중에 사업주 외의 자로부터 지급받는 금품 중 고용노동부장관이 정하여 고시하는 금품은 보수로 본다. (2011.7.21 개정)

6. "일용근로자"란 1개월 미만 동안 고용되는 사람을 말한다. (2020.5.26 개정)

령 제1조의2·제60조

제3조 【보험의 관장】 고용보험(이하 "보험"이라 한다)은 고용노동부장관이 관장한다. (2010.6.4 개정)

제4조 【고용보험사업】 ① 보험은 제1조의 목적을 이루기 위하여 고용보험사업(이하 "보험사업"이라 한다)으로 고용안정·직업능력개발 사업, 실업급여, 육아휴직 급여 및 출산전후휴가 급여 등을 실시한다. (2012.2.1 개정)

② 보험사업의 보험연도는 정부의 회계연도에 따른다.

제5조 【국고의 부담】 ① 국가는 매년 보험사업에 드는 비용의 일부를 일반회계에서 부담하여야 한다. (2015.1.20 개정)

② 국가는 매년 예산의 범위에서 보험사업의 관리·운영에 드는 비용을 부담할 수 있다.

제6조 【보험료】 ① 이 법에 따른 보험사업에 드는 비용을 충당하기 위하여 징수하는 보험료와 그 밖의 징수금에 대하여는 고용산재보험료징수법으로 정하는 바에 따른다. (2021.1.5 개정)

② 고용산재보험료징수법 제13조제1항제1호에 따라 징수된 고용안정·직업능력개발 사업의 보험료 및 실업급여의 보험료는 각각 그 사업에 드는 비용에 충당한다. 다만, 실업급여의 보험료는 제55조의2제1항에 따른 국민연금 보험료의 지원, 제70조제1항에 따른 육아휴직 급여의 지급, 제73조의2제1항에 따른 육아기 근로시간 단축 급여의 지급, 제75조·제76조의2에 따른 출산전후휴가 급여등 및 제77조의4·제77조의9에 따른 출산전후급여등의 지급에 드는 비용에 충당할 수 있다. (2021.1.5 개정)

③ 제2항에도 불구하고 자영업자인 피보험자로부터 고용산재보험료징수법 제49조의2에 따라 징수된 고용안정·직업능력개발 사업의 보험료 및 실업급여의 보험료는 각각 자영업자인 피보험자를 위한 그 사업에 드는 비용에 충당한다. 다만, 실업급여의 보험료는 자영업자인 피보험자를 위한 제55조의2제1항에 따른 국민연금 보험료의 지원에 드는 비용에 충당할 수 있다. (2021.1.5 개정)

제7조 【고용보험위원회】 ① 이 법 및 고용산재보험료징수법(보험에 관한 사항만 해당한다)의 시행에 관한 주요 사항을 심의하기 위하여 고용노동부에 고용보험위원회(이하 이 조에서 "위원회"라 한다)를 둔다. (2021.1.5 개정)

② 위원회는 다음 각 호의 사항을 심의한다. (2008.12.31 개정)

1. 보험제도 및 보험사업의 개선에 관한 사항
2. 고용산재보험료징수법에 따른 보험료율의 결정에 관한 사항 (2021.1.5 개정)
3. 제11조의2에 따른 보험사업의 평가에 관한 사항
4. 제81조에 따른 기금운용 계획의 수립 및 기금의 운용 결과에 관한 사항
5. 그 밖에 위원장이 보험제도 및 보험사업과 관련하여 위원회의 심의가 필요하다고 인정하는 사항

③ 위원회는 위원장 1명을 포함한 20명 이내의 위원으로 구성한다. (2008.12.31 개정)

④ 위원회의 위원장은 고용노동부차관이 되고, 위원은 다음 각 호의 사람 중에서 각각 같은 수(數)로 고용노동부장관이 임명하거나 위촉하는 사람이 된다. (2010.6.4 개정)

1. 근로자를 대표하는 사람
2. 사용자를 대표하는 사람
3. 공익을 대표하는 사람
4. 정부를 대표하는 사람

⑤ 위원회는 심의 사항을 사전에 검토·조정하기 위하여 위원회에 전문위원회를 둘 수 있다. (2008.12.31 개정)

⑥ 위원회 및 전문위원회의 구성·운영과 그 밖에 필요한 사항은 대통령령으로 정한다. (2008.12.31 개정)

령 제1조의3·제1조의4·제1조의5·제1조의7

제8조【적용 범위】 ① 이 법은 근로자를 사용하는 모든 사업 또는 사업장(이하 "사업"이라 한다)에 적용한다. 다만, 산업별 특성 및 규모 등을 고려하여 대통령령으로 정하는 사업에 대해서는 적용하지 아니한다. (2021.1.5 개정)

② 이 법은 제77조의2제1항에 따른 예술인 또는 제77조의6제1항에 따른 노무제공자의 노무를 제공받는 사업에 적용하되, 제1장, 제2장, 제4장, 제5장의2, 제5장의3, 제6장, 제8장 또는 제9장의 예술인 또는 노무제공자에 관한 규정을 각각 적용한다. (2022.12.31 개정)

령 제2조

제9조【보험관계의 성립·소멸】 이 법에 따른 보험관계의 성립 및 소멸에 대하여는 고용산재보험료징수법으로 정하는 바에 따른다. (2021.1.5 개정)

제10조【적용 제외】 ① 다음 각 호의 어느 하나에 해당하는 사람에게는 이 법을 적용하지 아니한다. (2020.5.26 개정)

1. 삭제(2019.1.15)
2. 해당 사업에서 소정(所定)근로시간이 대통령령으로 정하는 시간 미만인 근로자 (2022.12.31 개정)

3. 「국가공무원법」과 「지방공무원법」에 따른 공무원. 다만, 대통령령으로 정하는 바에 따라 별정직공무원, 「국가공무원법」 제26조의5 및 「지방공무원법」 제25조의5에 따른 임기제공무원의 경우는 본인의 의사에 따라 고용보험(제4장에 한정한다)에 가입할 수 있다. (2020.5.26 개정)
4. 「사립학교교직원 연금법」의 적용을 받는 사람 (2020.5.26 개정)
5. 그 밖에 대통령령으로 정하는 사람 (2020.5.26 개정)

② 65세 이후에 고용(65세 전부터 피보험 자격을 유지하던 사람이 65세 이후에 계속하여 고용된 경우는 제외한다)되거나 자영업을 개시한 사람에게는 제4장 및 제5장을 적용하지 아니한다. (2019.1.15 신설)

령 제3조·제3조의2

제10조의2 【외국인 근로자·예술인·노무제공자에 대한 적용】 ① 「외국인근로자의 고용 등에 관한 법률」의 적용을 받는 외국인근로자에게는 이 법을 적용한다. 다만, 제4장 및 제5장은 고용노동부령으로 정하는 바에 따른 신청이 있는 경우에만 적용한다. (2022.12.31 개정)

② 제1항에 해당하는 외국인근로자를 제외한 외국인이 근로계약, 제77조의2제1항의 문화예술용역 관련 계약 또는 제77조의6제1항의 노무제공계약을 체결한 경우에는 「출입국관리법」 제10조에 따른 체류자격의 활동범위 및 체류기간 등을 고려하여 대통령령으로 정하는 바에 따라 이 법의 전부 또는 일부를 적용한다. (2022.12.31 개정)

령 제3조의3

제11조 【보험 관련 조사·연구】 ① 고용노동부장관은 노동시장·직업 및 직업능력개발에 관한 연구와 보험 관련 업무를 지원하기 위한 조사·연구 사업 등을 할 수 있다. (2010.6.4 개정)

② 고용노동부장관은 필요하다고 인정하면 제1항에 따른 업무의 일부를 대통령령으로 정하는 자에게 대행하게 할 수 있다. (2010.6.4 개정)

령 제5조·제6조

제11조의2 【보험사업의 평가】 ① 고용노동부장관은 보험사업에 대하여 상시적이고 체계적인 평가를 하여야 한다. (2010.6.4 개정)

② 고용노동부장관은 제1항에 따른 평가의 전문성을 확보하기 위하여 대통령령으로 정하는 기관에 제1항에 따른 평가를 의뢰할 수 있다. (2010.6.4 개정)

③ 고용노동부장관은 제1항 및 제2항에 따른 평가 결과를 반영하여 보험사업을 조정하거나 제81조에 따른 기금운용 계획을 수립하여야 한다. (2010.6.4 개정)

령 제6조의2

제12조 【국제교류·협력】 고용노동부장관은 보험사업에 관하여 국제기구

및 외국 정부 또는 기관과의 교류·협력 사업을 할 수 있다. (2010.6.4 개정)

제2장 피보험자의 관리

제13조 【피보험자격의 취득일】 ① 근로자인 피보험자는 이 법이 적용되는 사업에 고용된 날에 피보험자격을 취득한다. 다만, 다음 각 호의 경우에는 각각 그 해당되는 날에 피보험자격을 취득한 것으로 본다. (2021.1.5 개정)
1. 제10조 및 제10조의2에 따른 적용 제외 근로자였던 사람이 이 법의 적용을 받게 된 경우에는 그 적용을 받게 된 날 (2020.5.26 개정)
2. 고용산재보험료징수법 제7조에 따른 보험관계 성립일 전에 고용된 근로자의 경우에는 그 보험관계가 성립한 날 (2021.1.5 개정)

② 자영업자인 피보험자는 고용산재보험료징수법 제49조의2제1항 및 같은 조 제12항에서 준용하는 같은 법 제7조제3호에 따라 보험관계가 성립한 날에 피보험자격을 취득한다. (2021.1.5 개정)

제14조 【피보험자격의 상실일】 ① 근로자인 피보험자는 다음 각 호의 어느 하나에 해당하는 날에 각각 그 피보험자격을 상실한다. (2021.1.5 개정)
1. 근로자인 피보험자가 제10조 및 제10조의2에 따른 적용 제외 근로자에 해당하게 된 경우에는 그 적용 제외 대상자가 된 날 (2021.1.5 개정)
2. 고용산재보험료징수법 제10조에 따라 보험관계가 소멸한 경우에는 그 보험관계가 소멸한 날 (2021.1.5 개정)
3. 근로자인 피보험자가 이직한 경우에는 이직한 날의 다음 날 (2021.1.5 개정)
4. 근로자인 피보험자가 사망한 경우에는 사망한 날의 다음 날 (2021.1.5 개정)

② 자영업자인 피보험자는 고용산재보험료징수법 제49조의2제10항 및 같은 조 제12항에서 준용하는 같은 법 제10조제1호부터 제3호까지의 규정에 따라 보험관계가 소멸한 날에 피보험자격을 상실한다. (2021.1.5 개정)

제15조 【피보험자격에 관한 신고 등】 ① 사업주는 그 사업에 고용된 근로자의 피보험자격의 취득 및 상실 등에 관한 사항을 대통령령으로 정하는 바에 따라 고용노동부장관에게 신고하여야 한다. (2010.6.4 개정)

② 고용산재보험료징수법 제9조에 따라 원수급인(元受給人)이 사업주로 된 경우에 그 사업에 종사하는 근로자 중 원수급인이 고용하는 근로자 외의 근로자에 대하여는 그 근로자를 고용하는 다음 각 호의 하수급인(下受給人)이 제1항에 따른 신고를 하여야 한다. 이 경우 원수급인은 고용노동부령으로 정하는 바에 따라 하수급인에 관한 자료를 고용노동부장관에게 제출하여야 한다. (2021.1.5 개정)

1. 「건설산업기본법」 제2조제7호에 따른 건설사업자 (2019.4.30 개정)
2. 「주택법」 제4조에 따른 주택건설사업자 (2016.1.19 개정)
3. 「전기공사업법」 제2조제3호에 따른 공사업자
4. 「정보통신공사업법」 제2조제4호에 따른 정보통신공사업자
5. 「소방시설공사업법」 제2조제1항제2호에 따른 소방시설업자
6. 「국가유산수리 등에 관한 법률」 제14조에 따른 국가유산수리업자 (2023.8.8 개정)

③ 사업주가 제1항에 따른 피보험자격에 관한 사항을 신고하지 아니하면 대통령령으로 정하는 바에 따라 근로자가 신고할 수 있다.

④ 고용노동부장관은 제1항부터 제3항까지의 규정에 따라 신고된 피보험자격의 취득 및 상실 등에 관한 사항을 고용노동부령으로 정하는 바에 따라 피보험자 및 원수급인 등 관계인에게 알려야 한다. (2010.6.4 개정)

⑤ 제1항이나 제2항에 따른 사업주, 원수급인 또는 하수급인은 같은 항의 신고를 고용노동부령으로 정하는 전자적 방법으로 할 수 있다. (2010.6.4 개정)

⑥ 고용노동부장관은 제5항에 따라 전자적 방법으로 신고를 하려는 사업주, 원수급인 또는 하수급인에게 고용노동부령으로 정하는 바에 따라 필요한 장비 등을 지원할 수 있다. (2010.6.4 개정)

⑦ 제1항에도 불구하고 자영업자인 피보험자는 피보험자격의 취득 및 상실에 관한 신고를 하지 아니한다. (2011.7.21 신설)

벌 법 제15조(제77조의5제1항 및 제77조의10제1항에서 준용하는 경우를 포함한다)를 위반하여 신고를 하지 아니하거나 거짓으로 신고한 사업주, 보험사무대행기관, 노무제공플랫폼사업자의 대표자 또는 대리인·사용인, 그 밖의 종업원에게는 300만원 이하의 과태료를 부과한다. (법 제118조제1항 제1호)

령 제7조·제8조·제104조의6·제104조의12

제16조 【이직의 확인】 삭제(2019.8.27)

제17조 【피보험자격의 확인】 ① 피보험자 또는 피보험자였던 사람은 언제든지 고용노동부장관에게 피보험자격의 취득 또는 상실에 관한 확인을 청구할 수 있다. (2020.5.26 개정)

② 고용노동부장관은 제1항에 따른 청구에 따르거나 직권으로 피보험자격의 취득 또는 상실에 관하여 확인을 한다. (2010.6.4 개정)

③ 고용노동부장관은 제2항에 따른 확인 결과를 대통령령으로 정하는 바에 따라 그 확인을 청구한 피보험자 및 사업주 등 관계인에게 알려야 한다. (2010.6.4 개정)

령 제11조

제18조 【피보험자격의 취득기준】 ① 제2조제1호가목에 따른 근로자가 보험관계가 성립되어 있는 둘 이상의 사업에 동시에 고용되어 있는 경우에는 대통령령으로 정하는 바에 따라 그 중 한 사업의 피보험자격을 취득한다. (2022.12.31 개정)

② 제2조제1호가목 및 나목에 동시에 해당하는 사람은 같은 호 가목에 따른 근로자, 예술인 또는 노무제공자로서의 피보험자격을 취득한다. 다만, 제2조제1호가목에 따른 피보험자가 다음 각 호의 어느 하나에 해당하는 사람인 경우에는 같은 호 가목 및 나목의 피보험자격 중 하나를 선택하여 피보험자격을 취득하거나 유지한다. (2022.12.31 개정)

1. 일용근로자
2. 제77조의2제2항제2호 단서에 따른 단기예술인
3. 제77조의6제2항제2호 단서에 따른 단기노무제공자

③ 제2항에도 불구하고 제2조제1호가목 및 나목에 동시에 해당하는 사람은 본인 의사에 따라 같은 호 가목 및 나목에 따른 피보험자격 모두를 취득하거나 유지할 수 있다. (2022.12.31 개정)

④ 제2조제1호가목에 따른 예술인 또는 노무제공자가 보험관계가 성립되어 있는 둘 이상의 사업에서 동시에 노무를 제공하거나 근로를 제공하는 경우에는 대통령령으로 정하는 바에 따라 피보험자격을 취득한다. (2022.12.31 개정)

령 제11조의2

제3장 고용안정·직업능력개발 사업

제19조 【고용안정·직업능력개발 사업의 실시】 ① 고용노동부장관은 피보험자 및 피보험자였던 사람, 그 밖에 취업할 의사를 가진 사람(이하 "피보험자등"이라 한다)에 대한 실업의 예방, 취업의 촉진, 고용기회의 확대, 직업능력개발·향상의 기회 제공 및 지원, 그 밖에 고용안정과 사업주에 대한 인력 확보를 지원하기 위하여 고용안정·직업능력개발 사업을 실시한다. (2020.5.26 개정)

② 고용노동부장관은 제1항에 따른 고용안정·직업능력개발 사업을 실시할 때에는 근로자의 수, 고용안정·직업능력개발을 위하여 취한 조치 및 실적 등 대통령령으로 정하는 기준에 해당하는 기업(이하 "우선지원 대상기업"이라 한다)을 우선적으로 고려하여야 한다. (2019.8.27 개정)

벌 사업주와 공모하여 거짓이나 그 밖의 부정한 방법으로 법 제3장에 따른 고용안정·직업능력개발 사업의 지원금을 받은 자와 공모한 사업주는 각각 5년 이하의 징역 또는 5천만원 이하의 벌금에 처한다. (법 제116조제1항제1호)

법 거짓이나 그 밖의 부정한 방법으로 법 제3장에 따른 고용안정·직업능력 개발 사업의 지원금을 받은 자(다만, 법 제116조제1항에 해당하는 경우는 제외한다)는 3년 이하의 징역 또는 3천만원 이하의 벌금에 처한다. (법 제116조제2항제2호)

령 제12조

제20조 【고용창출의 지원】 고용노동부장관은 고용환경 개선, 근무형태 변경 등으로 고용의 기회를 확대한 사업주에게 대통령령으로 정하는 바에 따라 필요한 지원을 할 수 있다. (2010.6.4 개정)

령 제17조·제41조

제21조 【고용조정의 지원】 ① 고용노동부장관은 경기의 변동, 산업구조의 변화 등에 따른 사업 규모의 축소, 사업의 폐업 또는 전환으로 고용조정이 불가피하게 된 사업주가 근로자에 대한 휴업, 휴직, 직업전환에 필요한 직업능력개발 훈련, 인력의 재배치 등을 실시하거나 그 밖에 근로자의 고용안정을 위한 조치를 하면 대통령령으로 정하는 바에 따라 그 사업주에게 필요한 지원을 할 수 있다. 이 경우 휴업이나 휴직 등 고용안정을 위한 조치로 근로자의 임금(「근로기준법」 제2조제1항제5호에 따른 임금을 말한다. 이하 같다)이 대통령령으로 정하는 수준으로 감소할 때에는 대통령령으로 정하는 바에 따라 그 근로자에게도 필요한 지원을 할 수 있다. (2019.8.27 개정)

제21조 【고용조정의 지원】 ① 고용노동부장관은 경기의 변동, 산업구조의 변화 등에 따른 사업 규모의 축소, 사업의 폐업 또는 전환으로 고용조정이 불가피하게 된 사업주가 근로자에 대한 휴업이나 휴직 등 근로를 제공하지 아니하도록 하는 조치, 직업전환에 필요한 직업능력개발 훈련, 인력의 재배치 등을 실시하거나 그 밖에 근로자의 고용안정을 위한 조치를 하면 대통령령으로 정하는 바에 따라 그 사업주에게 필요한 지원을 할 수 있다. 이 경우 사업주가 근로자에게 지급하는 금품이 근로자의 고용안정을 위한 조치로 인하여 대통령령으로 정하는 수준으로 감소할 때에는 대통령령으로 정하는 바에 따라 그 근로자에게도 필요한 지원을 할 수 있다. (2025.11.11 개정 : 2026.5.12 시행)

② 고용노동부장관은 제1항의 고용조정으로 이직된 근로자를 고용하는 등 고용이 불안정하게 된 근로자의 고용안정을 위한 조치를 하는 사업주에게 대통령령으로 정하는 바에 따라 필요한 지원을 할 수 있다. (2010.6.4 개정)

③ 고용노동부장관은 제1항에 따른 지원을 할 때에는 「고용정책 기본법」 제32조에 따른 업종에 해당하거나 지역에 있는 사업주 또는 근로자에게 우선적으로 지원할 수 있다. (2013.1.23 개정)

③ 고용노동부장관은 제1항에 따른 지원을 할 때에는 다음 각 호의 어느 하나에 해당하는 경우 사업주 또는 근로자에게 「고용정책 기본법」 제10조에

따른 고용정책심의회의 심의를 거쳐 대통령령으로 정하는 바에 따라 그 지원을 확대할 수 있다. (2025.11.11 개정 : 2026.5.12 시행)

1. 사업주 또는 근로자가 「고용정책 기본법」 제32조에 따른 업종에 종사하거나 지역에 있는 경우 (2025.11.11 신설 : 2026.5.12 시행)
2. 고용상황이 전국적으로 현저히 악화되어 특별지원이 필요하게 된 경우 (2025.11.11 신설 : 2026.5.12 시행)

령 제18조·제19조·제21조의2·제21조의3·제22조·제22조의2

제22조【지역 고용의 촉진】 고용노동부장관은 고용기회가 뚜렷이 부족하거나 산업구조의 변화 등으로 고용사정이 급속하게 악화되고 있는 지역으로 사업을 이전하거나 그러한 지역에서 사업을 신설 또는 증설하여 그 지역의 실업 예방과 재취업 촉진에 기여한 사업주, 그 밖에 그 지역의 고용기회 확대에 필요한 조치를 한 사업주에게 대통령령으로 정하는 바에 따라 필요한 지원을 할 수 있다. (2010.6.4 개정)

령 제24조

제23조【고령자등 고용촉진의 지원】 고용노동부장관은 고령자 등 노동시장의 통상적인 조건에서는 취업이 특히 곤란한 사람(이하 "고령자등"이라 한다)의 고용을 촉진하기 위하여 고령자등을 새로 고용하거나 이들의 고용안정에 필요한 조치를 하는 사업주 또는 사업주가 실시하는 고용안정 조치에 해당된 근로자에게 대통령령으로 정하는 바에 따라 필요한 지원을 할 수 있다. (2020.5.26 개정)

령 제25조·제25조의2·제26조·제28조·제28조의2·제28조의4·제28조의5·제29조

제24조【건설근로자 등의 고용안정 지원】 ① 고용노동부장관은 건설근로자 등 고용상태가 불안정한 근로자를 위하여 다음 각 호의 사업을 실시하는 사업주에게 대통령령으로 정하는 바에 따라 필요한 지원을 할 수 있다. (2010.6.4 개정)

1. 고용상태의 개선을 위한 사업
2. 계속적인 고용기회의 부여 등 고용안정을 위한 사업
3. 그 밖에 대통령령으로 정하는 고용안정 사업

② 고용노동부장관은 제1항 각 호의 사업과 관련하여 사업주가 단독으로 고용안정 사업을 실시하기 어려운 경우로서 대통령령으로 정하는 경우에는 사업주 단체에 대하여도 지원을 할 수 있다. (2010.6.4 개정)

제25조【고용안정 및 취업 촉진】 ① 고용노동부장관은 피보험자등의 고용안정 및 취업을 촉진하기 위하여 다음 각 호의 사업을 직접 실시하거나 이를 실시하는 자에게 필요한 비용을 지원 또는 대부할 수 있다. (2010.6.4 개정)

1. 고용관리 진단 등 고용개선 지원 사업
2. 피보험자등의 창업을 촉진하기 위한 지원 사업
3. 그 밖에 피보험자등의 고용안정 및 취업을 촉진하기 위한 사업으로서 대통령령으로 정하는 사업

② 제1항에 따른 사업의 실시와 비용의 지원·대부에 필요한 사항은 대통령령으로 정한다.

령 제33조·제35조·제35조의2·제36조·제37조·제37조의2·제37조의3

제26조【고용촉진 시설에 대한 지원】 고용노동부장관은 피보험자등의 고용안정·고용촉진 및 사업주의 인력 확보를 지원하기 위하여 대통령령으로 정하는 바에 따라 상담 시설, 어린이집, 그 밖에 대통령령으로 정하는 고용촉진 시설을 설치·운영하는 자에게 필요한 지원을 할 수 있다. (2011.6.7 개정)

령 제38조

제26조의2【지원의 제한】 고용노동부장관은 제20조부터 제26조까지의 규정에 따른 지원을 할 때 사업주가 다른 법령에 따른 지원금 또는 장려금 등의 금전을 지급받은 경우 등 대통령령으로 정하는 경우에는 그 금액을 빼고 지원할 수 있다. (2011.7.21 신설)

령 제40조의2

제27조【사업주에 대한 직업능력개발 훈련의 지원】 ① 고용노동부장관은 피보험자등의 직업능력을 개발·향상시키기 위하여 대통령령으로 정하는 직업능력개발 훈련을 실시하는 사업주에게 대통령령으로 정하는 바에 따라 그 훈련에 필요한 비용을 지원할 수 있다. (2016.12.27 개정)

② 고용노동부장관은 사업주가 다음 각 호의 어느 하나에 해당하는 사람에게 제1항에 따라 직업능력개발 훈련을 실시하는 경우에는 대통령령으로 정하는 바에 따라 우대 지원할 수 있다. (2016.12.27 신설)

1. 「기간제 및 단시간근로자 보호 등에 관한 법률」 제2조제1호의 기간제근로자
2. 「근로기준법」 제2조제1항제9호의 단시간근로자 (2021.1.5 개정)
3. 「파견근로자 보호 등에 관한 법률」 제2조제5호의 파견근로자 (2019.4.30 개정)
4. 일용근로자
5. 「고용상 연령차별금지 및 고령자고용촉진에 관한 법률」 제2조제1호 또는 제2호의 고령자 또는 준고령자
6. 그 밖에 대통령령으로 정하는 사람

령 제41조

제28조【비용 지원의 기준 등】 고용노동부장관이 제27조에 따라 사업주에게 비용을 지원하는 경우 지원 금액은 고용산재보험료징수법 제16조의3

에 따른 월별보험료를 모두 더한 해당 연도 고용보험료 또는 같은 법 제17조에 따른 해당 연도 고용보험 개산보험료 중 고용안정·직업능력개발 사업의 보험료에 대통령령으로 정하는 비율을 곱한 금액으로 하되, 그 한도는 대통령령으로 정한다. (2021.1.5 개정)

령 제42조

제29조 【피보험자등에 대한 직업능력개발 지원】 ① 고용노동부장관은 피보험자등이 직업능력개발 훈련을 받거나 그 밖에 직업능력 개발·향상을 위하여 노력하는 경우에는 대통령령으로 정하는 바에 따라 필요한 비용을 지원할 수 있다. (2010.6.4 개정)

② 고용노동부장관은 필요하다고 인정하면 대통령령으로 정하는 바에 따라 피보험자등의 취업을 촉진하기 위한 직업능력개발 훈련을 실시할 수 있다. (2010.6.4 개정)

③ 고용노동부장관은 대통령령으로 정하는 저소득 피보험자등이 직업능력개발 훈련을 받는 경우 대통령령으로 정하는 바에 따라 생계비를 대부할 수 있다. (2010.6.4 개정)

령 제43조·제45조·제46조·제47조·제47조의2

제30조 【직업능력개발 훈련 시설에 대한 지원 등】 고용노동부장관은 피보험자등의 직업능력 개발·향상을 위하여 필요하다고 인정하면 대통령령으로 정하는 바에 따라 직업능력개발 훈련 시설의 설치 및 장비 구입에 필요한 비용의 대부, 그 밖에 고용노동부장관이 정하는 직업능력개발 훈련 시설의 설치 및 장비 구입·운영에 필요한 비용을 지원할 수 있다. (2010.6.4 개정)

령 제48조·제49조

제31조 【직업능력개발의 촉진】 ① 고용노동부장관은 피보험자등의 직업능력 개발·향상을 촉진하기 위하여 다음 각 호의 사업을 실시하거나 이를 실시하는 자에게 그 사업의 실시에 필요한 비용을 지원할 수 있다. (2010.6.4 개정)

1. 직업능력개발 사업에 대한 기술지원 및 평가 사업
2. 자격검정 사업 및 「숙련기술장려법」에 따른 숙련기술 장려 사업 (2010.5.31 개정)
3. 그 밖에 대통령령으로 정하는 사업

② 고용노동부장관은 직업능력 개발·향상과 인력의 원활한 수급(需給)을 위하여 필요하다고 인정하면 대통령령으로 정하는 바에 따라 고용노동부장관이 정하는 직종에 대한 직업능력개발 훈련 사업을 위탁하여 실시할 수 있다. (2010.6.4 개정)

령 제51조·제52조·제53조

제32조 【건설근로자 등의 직업능력개발 지원】 ① 고용노동부장관은 건설

근로자 등 고용상태가 불안정한 근로자를 위하여 직업능력 개발·향상을 위한 사업으로 대통령령으로 정하는 사업을 실시하는 사업주에게 그 사업의 실시에 필요한 비용을 지원할 수 있다. 〈2010.6.4 개정〉

② 고용노동부장관은 제1항의 사업과 관련하여 사업주가 단독으로 직업능력개발 사업을 실시하기 어려운 경우로서 대통령령으로 정하는 경우에는 사업주 단체에 대하여도 지원할 수 있다. 〈2010.6.4 개정〉

령 제54조

제33조【고용정보의 제공 및 고용 지원 기반의 구축 등】 ① 고용노동부장관은 사업주 및 피보험자등에 대한 구인·구직·훈련 등 고용정보의 제공, 직업·훈련 상담 등 직업지도, 직업소개, 고용안정·직업능력개발에 관한 기반의 구축 및 그에 필요한 전문 인력의 배치 등의 사업을 할 수 있다. 〈2010.6.4 개정〉

② 고용노동부장관은 필요하다고 인정하면 제1항에 따른 업무의 일부를 「직업안정법」 제4조의4에 따른 민간직업상담원에게 수행하도록 할 수 있다. 〈2010.6.4 개정〉

제34조【지방자치단체 등에 대한 지원】 고용노동부장관은 지방자치단체 또는 대통령령으로 정하는 비영리법인·단체가 그 지역에서 피보험자등의 고용안정·고용촉진 및 직업능력개발을 위한 사업을 실시하는 경우에는 대통령령으로 정하는 바에 따라 필요한 지원을 할 수 있다. 〈2010.6.4 개정〉

령 제55조

제35조【부정행위에 따른 지원의 제한 등】 ① 고용노동부장관은 거짓이나 그 밖의 부정한 방법으로 이 장의 규정에 따른 고용안정·직업능력개발 사업의 지원을 받은 자 또는 받으려는 자에게는 해당 지원금 중 지급되지 아니한 금액 또는 지급받으려는 지원금을 지급하지 아니하고, 1년의 범위에서 대통령령으로 정하는 바에 따라 지원금의 지급을 제한하며, 거짓이나 그 밖의 부정한 방법으로 지원받은 금액을 반환하도록 명하여야 한다. 〈2015.1.20 개정〉

② 고용노동부장관은 제1항에 따라 반환을 명하는 경우에는 이에 추가하여 고용노동부령으로 정하는 기준에 따라 그 거짓이나 그 밖의 부정한 방법으로 지급받은 금액의 5배 이하의 금액을 징수할 수 있다. 〈2010.6.4 개정〉

③ 고용노동부장관은 고용안정·직업능력개발 사업의 지원을 받은 자에게 잘못 지급된 지원금이 있으면 그 지급금의 반환을 명할 수 있다. 〈2019.8.27 신설〉

④ 제1항 및 제2항에도 불구하고 거짓이나 그 밖의 부정한 방법으로 직업능력개발 사업의 지원을 받은 자 또는 받으려는 자에 대한 지원의 제한, 반환 및 추가징수에 관하여는 「국민 평생 직업능력 개발법」 제55조 및 제56조를

준용한다. (2021.8.17 개정)
⑤ 고용노동부장관은 보험료를 체납한 자에게는 고용노동부령으로 정하는 바에 따라 이 장의 규정에 따른 고용안정·직업능력개발 사업의 지원을 하지 아니할 수 있다. (2019.8.27 개정)
령 제56조

제36조【업무의 대행】 고용노동부장관은 필요하다고 인정하면 제19조 및 제27조부터 제31조까지의 규정에 따른 업무의 일부를 대통령령으로 정하는 자에게 대행하게 할 수 있다. (2010.6.4 개정)
령 제57조

제4장 실업급여

제1절 통 칙

제37조【실업급여의 종류】 ① 실업급여는 구직급여와 취업촉진 수당으로 구분한다.
② 취업촉진 수당의 종류는 다음 각 호와같다.
1. 조기(早期)재취업 수당
2. 직업능력개발 수당
3. 광역 구직활동비
4. 이주비

벌 사업주와 공모하여 거짓이나 그 밖의 부정한 방법으로 법 제4장에 따른 실업급여를 받은 자와 공모한 사업주는 각각 5년 이하의 징역 또는 5천만원 이하의 벌금에 처한다. (법 제116조제1항제2호)

벌 거짓이나 그 밖의 부정한 방법으로 법 제4장에 따른 실업급여를 받은 자(다만, 법 제116조제1항에 해당하는 경우는 제외한다)는 3년 이하의 징역 또는 3천만원 이하의 벌금에 처한다. (법 제116조제2항제2호)

제37조의2【실업급여수급계좌】 ① 직업안정기관의 장은 제43조에 따른 수급자격자의 신청이 있는 경우에는 실업급여를 수급자격자 명의의 지정된 계좌(이하 "실업급여수급계좌"라 한다)로 입금하여야 한다. 다만, 정보통신 장애나 그 밖에 대통령령으로 정하는 불가피한 사유로 실업급여를 실업급여수급계좌로 이체할 수 없을 때에는 현금 지급 등 대통령령으로 정하는 바에 따라 실업급여를 지급할 수 있다. (2015.1.20 신설)
② 실업급여수급계좌의 해당 금융기관은 이 법에 따른 실업급여만이 실업급여수급계좌에 입금되도록 관리하여야 한다. (2015.1.20 신설)
③ 제1항에 따른 신청 방법·절차와 제2항에 따른 실업급여수급계좌의 관리

에 필요한 사항은 대통령령으로 정한다. (2015.1.20 신설)
령 제58조의2·제75조

제38조【수급권의 보호】 ① 실업급여를 받을 권리는 양도 또는 압류하거나 담보로 제공할 수 없다. (2015.1.20 개정)
② 제37조의2제1항에 따라 지정된 실업급여수급계좌의 예금 중 대통령령으로 정하는 액수 이하의 금액에 관한 채권은 압류할 수 없다. (2015.1.20 신설)
령 제58조의3

제38조의2【공과금의 면제】 실업급여로서 지급된 금품에 대하여는 국가나 지방자치단체의 공과금(「국세기본법」 제2조제8호 또는 「지방세기본법 제2조제1항제26호에 따른 공과금을 말한다)을 부과하지 아니한다. (2013.3.22 신설)

제39조【실업급여의 적용 연장】 삭제(2013.6.4)

제2절 구직급여

제40조【구직급여의 수급 요건】 ① 구직급여는 이직한 근로자인 피보험자가 다음 각 호의 요건을 모두 갖춘 경우에 지급한다. 다만, 제5호와 제6호는 최종 이직 당시 일용근로자였던 사람만 해당한다. (2021.1.5 개정)
1. 제2항에 따른 기준기간(이하 "기준기간"이라 한다) 동안의 피보험 단위기간(제41조에 따른 피보험 단위기간을 말한다. 이하 같다)이 합산하여 180일 이상일 것 (2020.5.26 개정)
2. 근로의 의사와 능력이 있음에도 불구하고 취업(영리를 목적으로 사업을 영위하는 경우를 포함한다. 이하 이 장 및 제5장에서 같다)하지 못한 상태에 있을 것 (2019.1.15 개정)
3. 이직사유가 제58조에 따른 수급자격의 제한 사유에 해당하지 아니할 것
4. 재취업을 위한 노력을 적극적으로 할 것
5. 다음 각 목의 어느 하나에 해당할 것 (2019.1.15 개정)
   가. 제43조에 따른 수급자격 인정신청일이 속한 달의 직전 달 초일부터 수급자격 인정신청일까지의 근로일 수의 합이 같은 기간 동안의 총 일수의 3분의 1 미만일 것 (2022.12.31 개정)
   나. 건설일용근로자(일용근로자로서 이직 당시에 「통계법」 제22조제1항에 따라 국가데이터처장이 고시하는 한국표준산업분류의 대분류상 건설업에 종사한 사람을 말한다. 이하 같다)로서 수급자격 인정신청일 이전 14일간 연속하여 근로내역이 없을 것 (2025.10.1 개정)
6. 최종 이직 당시의 기준기간 동안의 피보험 단위기간 중 다른 사업에서 제58조에 따른 수급자격의 제한 사유에 해당하는 사유로 이직한 사실이

있는 경우에는 그 피보험 단위기간 중 90일 이상을 일용근로자로 근로하였을 것 (2019.8.27 개정)

② 기준기간은 이직일 이전 18개월로 하되, 근로자인 피보험자가 다음 각 호의 어느 하나에 해당하는 경우에는 다음 각 호의 구분에 따른 기간을 기준기간으로 한다. (2021.1.5 개정)

1. 이직일 이전 18개월 동안에 질병·부상, 그 밖에 대통령령으로 정하는 사유로 계속하여 30일 이상 보수의 지급을 받을 수 없었던 경우 : 18개월에 그 사유로 보수를 지급 받을 수 없었던 일수를 가산한 기간(3년을 초과할 때에는 3년으로 한다)
2. 다음 각 목의 요건에 모두 해당하는 경우 : 이직일 이전 24개월
가. 이직 당시 1주 소정근로시간이 15시간 미만이고, 1주 소정근로일수가 2일 이하인 근로자로 근로하였을 것
나. 이직일 이전 24개월 동안의 피보험 단위기간 중 90일 이상을 가목의 요건에 해당하는 근로자로 근로하였을 것

령 제60조·제60조의2

제41조【피보험 단위기간】 ① 근로자의 피보험 단위기간은 피보험기간 중 보수 지급의 기초가 된 날을 합하여 계산한다. 다만, 자영업자인 피보험자의 피보험 단위기간은 제50조제3항 단서 및 제4항에 따른 피보험기간으로 한다. (2021.1.5 개정)

② 제1항에 따라 피보험 단위기간을 계산할 때에는 최후로 피보험자격을 취득한 날 이전에 구직급여를 받은 사실이 있는 경우에는 그 구직급여와 관련된 피보험자격 상실일 이전의 피보험 단위기간은 넣지 아니한다. (2011.7.21 개정)

③ 근로자인 피보험자가 제40조제2항에 따른 기준기간 동안에 근로자·제77조의2제1항에 따른 예술인·제77조의6제1항에 따른 노무제공자 중 둘 이상에 해당하는 사람으로 종사한 경우의 피보험 단위기간은 대통령령으로 정하는 바에 따른다. (2021.1.5 신설)

령 제60조의2

제42조【실업의 신고】 ① 구직급여를 지급받으려는 사람은 이직 후 지체 없이 직업안정기관에 출석하여 실업을 신고하여야 한다. 다만, 「재난 및 안전관리 기본법」 제3조제1호의 재난으로 출석하기 어려운 경우 등 고용노동부령으로 정하는 사유가 있는 경우에는 「고용정책 기본법」 제15조의2에 따른 고용정보시스템을 통하여 신고할 수 있다. (2022.12.31 개정)

② 제1항에 따른 실업의 신고에는 구직 신청과 제43조에 따른 수급자격의 인정신청을 포함하여야 한다.

③ 제1항에 따라 구직급여를 지급받기 위하여 실업을 신고하려는 사람은

이직하기 전 사업의 사업주에게 피보험 단위기간, 이직 전 1일 소정근로시간 등을 확인할 수 있는 자료(이하 "이직확인서"라 한다)의 발급을 요청할 수 있다. 이 경우 요청을 받은 사업주는 고용노동부령으로 정하는 바에 따라 이직확인서를 발급하여 주어야 한다. (2019.8.27 신설)

벌 법 제42조제3항 후단(제77조의5제2항 및 제77조의10제2항에서 준용하는 경우를 포함한다)을 위반하여 이직확인서를 발급하여 주지 아니하거나 거짓으로 작성하여 발급하여 준 사업주, 보험사무대행기관, 노무제공플랫폼사업자의 대표자 또는 대리인·사용인, 그 밖의 종업원에게는 300만원 이하의 과태료를 부과한다. (법 제118조제1항제2호)

령 제61조

제43조 【수급자격의 인정】 ① 구직급여를 지급받으려는 사람은 직업안정기관의 장에게 제40조제1항제1호부터 제3호까지·제5호 및 제6호에 따른 구직급여의 수급 요건을 갖추었다는 사실(이하 "수급자격"이라 한다)을 인정하여 줄 것을 신청하여야 한다. (2020.5.26 개정)

② 직업안정기관의 장은 제1항에 따른 수급자격의 인정신청을 받으면 그 신청인에 대한 수급자격의 인정 여부를 결정하고, 대통령령으로 정하는 바에 따라 신청인에게 그 결과를 알려야 한다.

③ 제2항에 따른 신청인이 다음 각 호의 요건을 모두 갖춘 경우에는 마지막에 이직한 사업을 기준으로 수급자격의 인정 여부를 결정한다. 다만, 마지막 이직 당시 일용근로자로서 피보험 단위기간이 1개월 미만인 사람이 수급자격을 갖추지 못한 경우에는 일용근로자가 아닌 근로자로서 마지막으로 이직한 사업을 기준으로 결정한다. (2020.5.26 개정)

1. 피보험자로서 마지막에 이직한 사업에 고용되기 전에 피보험자로서 이직한 사실이 있을 것
2. 마지막 이직 이전의 이직과 관련하여 구직급여를 받은 사실이 없을 것 (2008.12.31 개정)

④ 직업안정기관의 장은 제2항 및 제3항에 따라 신청인에 대한 수급자격의 인정 여부를 결정하기 위하여 필요하면 신청인이 이직하기 전 사업의 사업주에게 고용노동부령으로 정하는 바에 따라 이직확인서의 제출을 요청할 수 있다. 이 경우 요청을 받은 사업주는 고용노동부령으로 정하는 바에 따라 이직확인서를 제출하여야 한다. (2019.8.27 신설)

⑤ 제2항에 따라 수급자격의 인정을 받은 사람(이하 "수급자격자"라 한다)이 제48조 및 제54조제1항에 따른 기간에 새로 수급자격의 인정을 받은 경우에는 새로 인정받은 수급자격을 기준으로 구직급여를 지급한다. (2020.5.26 개정)

벌 법 제43조제4항 후단(제77조의5제2항 및 제77조의10제2항에서 준용하

는 경우를 포함한다)을 위반하여 이직확인서를 제출하지 아니하거나 거짓으로 작성하여 제출한 사업주, 보험사무대행기관, 노무제공플랫폼사업자의 대표자 또는 대리인·사용인, 그 밖의 종업원에게는 300만원 이하의 과태료를 부과한다. (법 제118조제1항제3호)

령 제62조

제43조의2 【둘 이상의 피보험자격 취득 시 수급자격의 인정】 ① 근로자, 제77조의2제1항에 따른 예술인, 제77조의6제1항에 따른 노무제공자 또는 자영업자인 피보험자로서 서로 다른 둘 이상의 피보험자격을 취득하였다가 이직하여 그 피보험자격을 모두 상실한 사람이 구직급여를 지급받으려는 경우에는 둘 이상의 피보험자격 중 자신이 선택한 피보험자격을 기준으로 수급자격의 인정 여부를 결정한다. (2022.12.31 신설)

② 제1항에 따라 수급자격을 인정받으려는 사람이 선택한 피보험자격이 가장 나중에 상실한 피보험자격(피보험자격을 동시에 상실한 경우에는 동시에 상실된 피보험자격 모두를 말한다. 이하 이 항에서 같다)이 아닌 경우에는 가장 나중에 상실한 피보험자격과 관련된 이직사유가 제58조 또는 제69조의7에 따른 수급자격의 제한 사유에 해당하지 아니하는 경우에만 수급자격을 인정한다. 다만, 직업안정기관의 장이 대통령령으로 정하는 바에 따른 소득감소로 이직하였다고 인정하는 경우에는 수급자격의 제한 사유에 해당하지 아니하는 것으로 본다. (2022.12.31 신설)

령 제62조의2

제44조 【실업의 인정】 ① 구직급여는 수급자격자가 실업한 상태에 있는 날 중에서 직업안정기관의 장으로부터 실업의 인정을 받은 날에 대하여 지급한다.

② 실업의 인정을 받으려는 수급자격자는 제42조에 따라 실업의 신고를 한 날부터 계산하기 시작하여 1주부터 4주의 범위에서 직업안정기관의 장이 지정한 날(이하 "실업인정일"이라 한다)에 출석하여 재취업을 위한 노력을 하였음을 신고하여야 하고, 직업안정기관의 장은 직전 실업인정일의 다음 날부터 그 실업인정일까지의 각각의 날에 대하여 실업의 인정을 한다. 다만, 다음 각 호에 해당하는 사람에 대한 실업의 인정 방법은 고용노동부령으로 정하는 기준에 따른다. (2020.5.26 개정)

1. 직업능력개발 훈련 등을 받는 수급자격자
2. 천재지변, 대량 실업의 발생 등 대통령령으로 정하는 사유가 발생한 경우의 수급자격자
3. 그 밖에 대통령령으로 정하는 수급자격자

③ 제2항에도 불구하고 수급자격자가 다음 각 호의 어느 하나에 해당하면 직업안정기관에 출석할 수 없었던 사유를 적은 증명서를 제출하여 실업의

인정을 받을 수 있다.

1. 질병이나 부상으로 직업안정기관에 출석할 수 없었던 경우로서 그 기간이 계속하여 7일 미만인 경우
2. 직업안정기관의 직업소개에 따른 구인자와의 면접 등으로 직업안정기관에 출석할 수 없었던 경우
3. 직업안정기관의 장이 지시한 직업능력개발 훈련 등을 받기 위하여 직업안정기관에 출석할 수 없었던 경우
4. 천재지변이나 그 밖의 부득이한 사유로 직업안정기관에 출석할 수 없었던 경우

④ 직업안정기관의 장은 제1항에 따른 실업을 인정할 때에는 수급자격자의 취업을 촉진하기 위하여 재취업 활동에 관한 계획의 수립 지원, 직업소개 등 대통령령으로 정하는 조치를 하여야 한다. 이 경우 수급자격자는 정당한 사유가 없으면 직업안정기관의 장의 조치에 따라야 한다.

령 제61조·제63조·제64조·제65조·제66조·제67조

제45조 【급여의 기초가 되는 임금일액】 ① 구직급여의 산정 기초가 되는 임금일액[이하 "기초일액(基礎日額)"이라 한다]은 제43조제1항에 따른 수급자격의 인정과 관련된 마지막 이직 당시 「근로기준법」 제2조제1항제6호에 따라 산정된 평균임금으로 한다. 다만, 마지막 이직일 이전 3개월 이내에 피보험자격을 취득한 사실이 2회 이상인 경우에는 마지막 이직일 이전 3개월간(일용근로자의 경우에는 마지막 이직일 이전 4개월 중 최종 1개월을 제외한 기간)에 그 근로자에게 지급된 임금 총액을 그 산정의 기준이 되는 3개월의 총 일수로 나눈 금액을 기초일액으로 한다.

② 제1항에 따라 산정된 금액이 「근로기준법」에 따른 그 근로자의 통상임금보다 적을 경우에는 그 통상임금액을 기초일액으로 한다. 다만, 마지막 사업에서 이직 당시 일용근로자였던 사람의 경우에는 그러하지 아니하다. (2020.5.26 개정)

③ 제1항과 제2항에 따라 기초일액을 산정하는 것이 곤란한 경우와 보험료를 고용산재보험료징수법 제3조에 따른 기준보수(이하 "기준보수"라 한다)를 기준으로 낸 경우에는 기준보수를 기초일액으로 한다. 다만, 보험료를 기준보수로 낸 경우에도 제1항과 제2항에 따라 산정한 기초일액이 기준보수보다 많은 경우에는 그러하지 아니하다. (2021.1.5 개정)

④ 제1항부터 제3항까지의 규정에도 불구하고 이들 규정에 따라 산정된 기초일액이 그 수급자격자의 이직 전 1일 소정근로시간에 이직일 당시 적용되던 「최저임금법」에 따른 시간 단위에 해당하는 최저임금액을 곱한 금액(이하 "최저기초일액"이라 한다)보다 낮은 경우에는 최저기초일액을 기초일액으로 한다. 이 경우 이직 전 1일 소정근로시간은 고용노동부령으로 정하는

방법에 따라 산정한다. (2015.1.20 개정)

⑤ 제1항부터 제3항까지의 규정에도 불구하고 이들 규정에 따라 산정된 기초일액이 보험의 취지 및 일반 근로자의 임금 수준 등을 고려하여 대통령령으로 정하는 금액을 초과하는 경우에는 대통령령으로 정하는 금액을 기초일액으로 한다.

령 제68조

제46조 【구직급여일액】 ① 구직급여일액은 다음 각 호의 구분에 따른 금액으로 한다.

1. 제45조제1항부터 제3항까지 및 제5항의 경우에는 그 수급자격자의 기초일액에 100분의 60을 곱한 금액 (2019.8.27 개정)
2. 제45조제4항의 경우에는 그 수급자격자의 기초일액에 100분의 80을 곱한 금액(이하 "최저구직급여일액"이라 한다) (2019.8.27 개정)

② 제1항제1호에 따라 산정된 구직급여일액이 최저구직급여일액보다 낮은 경우에는 최저구직급여일액을 그 수급자격자의 구직급여일액으로 한다.

제47조 【실업인정대상기간 중의 취업 등의 신고】 ① 수급자격자는 실업의 인정을 받으려 하는 기간(이하 "실업인정대상기간"이라 한다) 중에 고용노동부령으로 정하는 기준에 해당하는 취업을 한 경우에는 그 사실을 직업안정기관의 장에게 신고하여야 한다. (2019.1.15 개정)

② 직업안정기관의 장은 필요하다고 인정하면 수급자격자의 실업인정대상기간 중의 취업 사실에 대하여 조사할 수 있다. (2019.1.15 개정)

령 제69조

제48조 【수급기간 및 수급일수】 ① 구직급여는 이 법에 따로 규정이 있는 경우 외에는 그 구직급여의 수급자격과 관련된 이직일의 다음 날부터 계산하기 시작하여 12개월 내에 제50조제1항에 따른 소정급여일수를 한도로 하여 지급한다.

② 제1항에 따른 12개월의 기간 중 임신·출산·육아, 그 밖에 대통령령으로 정하는 사유로 취업할 수 없는 사람이 그 사실을 수급기간에 직업안정기관에 신고한 경우에는 12개월의 기간에 그 취업할 수 없는 기간을 가산한 기간(4년을 넘을 때에는 4년)에 제50조제1항에 따른 소정급여일수를 한도로 하여 구직급여를 지급한다. (2020.5.26 개정)

③ 다음 각 호의 어느 하나에 해당하는 경우에는 해당 최초 요양일에 제2항에 따른 신고를 한 것으로 본다. (2008.12.31 신설)

1. 「산업재해보상보험법」 제40조에 따른 요양급여를 받는 경우
2. 질병 또는 부상으로 3개월 이상의 요양이 필요하여 이직하였고, 이직 기간 동안 취업활동이 곤란하였던 사실이 요양기간과 부상·질병 상태를 구체적으로 밝힌 주치의사의 소견과 요양을 위하여 이직하였다는 사업주의

의견을 통하여 확인된 경우 〈2020.5.26 개정〉

령 제70조·제71조·제82조

제49조 【대기기간】 ① 제44조에도 불구하고 제42조에 따른 실업의 신고일부터 계산하기 시작하여 7일간은 대기기간으로 보아 구직급여를 지급하지 아니한다. 다만, 최종 이직 당시 건설일용근로자였던 사람에 대해서는 제42조에 따른 실업의 신고일부터 계산하여 구직급여를 지급한다. 〈2022.12.31 개정〉

② 제1항 본문에도 불구하고 제43조제1항 및 제43조의2제1항에 따라 수급자격의 인정신청을 한 경우로서 가장 나중에 상실한 피보험자격과 관련된 이직사유가 제43조의2제2항 단서에 해당하는 경우에는 제42조에 따른 실업의 신고일부터 계산하기 시작하여 4주의 범위에서 대통령령으로 정하는 기간을 대기기간으로 보아 구직급여를 지급하지 아니한다. 〈2022.12.31 신설〉

령 제71조의2·제84조

제50조 【소정급여일수 및 피보험기간】 ① 하나의 수급자격에 따라 구직급여를 지급받을 수 있는 날(이하 "소정급여일수"라 한다)은 대기기간이 끝난 다음날부터 계산하기 시작하여 피보험기간과 연령에 따라 별표 1에서 정한 일수가 되는 날까지로 한다. 〈2011.7.21 개정〉

② 수급자격자가 소정급여일수 내에 제48조제2항에 따른 임신·출산·육아, 그 밖에 대통령령으로 정하는 사유로 수급기간을 연장한 경우에는 그 기간만큼 구직급여를 유예하여 지급한다.

③ 피보험기간은 그 수급자격과 관련된 이직 당시의 적용 사업에서 고용된 기간(제10조 및 제10조의2에 따른 적용 제외 근로자로 고용된 기간은 제외한다. 이하 이 조에서 같다)으로 한다. 다만, 그 사업에 고용되기 전에 다른 적용사업에서 이직한 사실이 있고 그 이직일부터 3년 이내에 피보험자격을 재취득한 경우에는 그 이직 전 적용사업에서의 고용기간을 포함하여 피보험기간을 계산한다. 다만, 자영업자인 피보험자의 경우에는 그 수급자격과 관련된 폐업 당시의 적용 사업에의 보험가입기간 중에서 실제로 납부한 고용보험료에 해당하는 기간으로 한다. 〈2019.1.15 개정〉

④ 제3항에도 불구하고 피보험기간을 계산할 때에 다음 각 호의 경우에는 해당 호에 따라 각각 피보험기간을 계산한다. 〈2011.7.21 개정〉

1. 종전의 적용 사업에서 피보험자격을 상실한 사실이 있고 그 상실한 날부터 3년 이내에 현재 적용 사업에서 피보험자격을 취득한 경우 : 종전의 적용 사업에서의 피보험기간을 합산한다. 다만, 종전의 적용 사업의 피보험자격 상실로 인하여 구직급여를 지급받은 사실이 있는 경우에는 그 종전의 적용 사업에서의 피보험기간은 제외한다.
2. 자영업자인 피보험자가 종전에 근로자로서 고용되었다가 피보험자격을

상실한 사실이 있고 그 상실한 날부터 3년 이내에 자영업자로서 피보험자격을 다시 취득한 경우 : 종전의 적용 사업에서의 피보험기간을 합산하지 아니하되, 본인이 종전의 피보험기간을 합산하여 줄 것을 원하는 때에 한정하여 합산한다. 다만, 종전의 적용 사업의 피보험자격 상실로 인하여 구직급여를 지급받은 사실이 있는 경우에는 그 종전의 적용 사업에서의 피보험기간은 제외한다.

⑤ 피보험자격 취득에 관하여 신고가 되어 있지 아니하였던 피보험자의 경우에는 하나의 피보험기간에 피보험자가 된 날이 다음 각 호의 어느 하나에 해당하는 날부터 소급하여 3년이 되는 해의 1월 1일 전이면 제3항에도 불구하고 그 해당하는 날부터 소급하여 3년이 되는 날이 속하는 보험연도의 첫 날에 그 피보험자격을 취득한 것으로 보아 피보험기간을 계산한다. 다만, 사업주가 다음 각 호의 어느 하나에 해당하는 날부터 소급하여 3년이 되는 해의 1월 1일 전부터 해당 피보험자에 대한 고용보험료를 계속 납부한 사실이 증명된 경우에는 고용보험료를 납부한 기간으로 피보험기간을 계산한다. (2015.1.20 개정)

1. 제15조에 따른 피보험자격 취득신고를 한 날
2. 제17조에 따른 피보험자격 취득이 확인된 날

령 제84조

제51조 【훈련연장급여】 ① 직업안정기관의 장은 수급자격자의 연령·경력 등을 고려할 때 재취업을 위하여 직업능력개발 훈련 등이 필요하면 그 수급자격자에게 직업능력개발 훈련 등을 받도록 지시할 수 있다.

② 직업안정기관의 장은 제1항에 따라 직업능력개발 훈련 등을 받도록 지시한 경우에는 수급자격자가 그 직업능력개발 훈련 등을 받는 기간 중 실업의 인정을 받은 날에 대하여는 소정급여일수를 초과하여 구직급여를 연장하여 지급할 수 있다. 이 경우 연장하여 지급하는 구직급여(이하 "훈련연장급여"라 한다)의 지급 기간은 대통령령으로 정하는 기간을 한도로 한다.

③ 제1항에 따른 훈련대상자·훈련 과정, 그 밖의 필요한 사항은 고용노동부령으로 정한다. (2010.6.4 개정)

령 제72조

제52조 【개별연장급여】 ① 직업안정기관의 장은 취업이 특히 곤란하고 생활이 어려운 수급자격자로서 대통령령으로 정하는 사람에게는 그가 실업의 인정을 받은 날에 대하여 소정급여일수를 초과하여 구직급여를 연장하여 지급할 수 있다. (2020.5.26 개정)

② 제1항에 따라 연장하여 지급하는 구직급여(이하 "개별연장급여"라 한다)는 60일의 범위에서 대통령령으로 정하는 기간 동안 지급한다.

령 제73조

제53조 【특별연장급여】 ① 고용노동부장관은 실업의 급증 등 대통령령으로 정하는 사유가 발생한 경우에는 60일의 범위에서 수급자격자가 실업의 인정을 받은 날에 대하여 소정급여일수를 초과하여 구직급여를 연장하여 지급할 수 있다. 다만, 이직 후의 생활안정을 위한 일정 기준 이상의 소득이 있는 수급자격자 등 고용노동부령으로 정하는 수급자격자에 대하여는 그러하지 아니하다. (2010.6.4 개정)

② 고용노동부장관은 제1항 본문에 따라 연장하여 지급하는 구직급여(이하 "특별연장급여"라 한다)를 지급하려면 기간을 정하여 실시하여야 한다. (2010.6.4 개정)

령 제74조

제54조 【연장급여의 수급기간 및 구직급여일액】 ① 제51조부터 제53조까지의 규정에 따른 연장급여를 지급하는 경우에 그 수급자격자의 수급기간은 제48조에 따른 그 수급자격자의 수급기간에 연장되는 구직급여일수를 더하여 산정한 기간으로 한다.

② 제51조에 따라 훈련연장급여를 지급하는 경우에 그 일액은 해당 수급자격자의 구직급여일액의 100분의 100으로 하고, 제52조 또는 제53조에 따라 개별연장급여 또는 특별연장급여를 지급하는 경우에 그 일액은 해당 수급자격자의 구직급여일액의 100분의 70을 곱한 금액으로 한다. (2008.3.21 개정)

③ 제2항에 따라 산정된 구직급여일액이 제46조제2항에 따른 최저구직급여일액보다 낮은 경우에는 최저구직급여일액을 그 수급자격자의 구직급여일액으로 한다.

제55조 【연장급여의 상호 조정 등】 ① 제51조부터 제53조까지의 규정에 따른 연장급여는 제48조에 따라 그 수급자격자가 지급받을 수 있는 구직급여의 지급이 끝난 후에 지급한다.

② 훈련연장급여를 지급받고 있는 수급자격자에게는 그 훈련연장급여의 지급이 끝난 후가 아니면 개별연장급여 및 특별연장급여를 지급하지 아니한다.

③ 개별연장급여 또는 특별연장급여를 지급받고 있는 수급자격자가 훈련연장급여를 지급받게 되면 개별연장급여나 특별연장급여를 지급하지 아니한다.

④ 특별연장급여를 지급받고 있는 수급자격자에게는 특별연장급여의 지급이 끝난 후가 아니면 개별연장급여를 지급하지 아니하고, 개별연장급여를 지급받고 있는 수급자격자에게는 개별연장급여의 지급이 끝난 후가 아니면 특별연장급여를 지급하지 아니한다.

⑤ 그 밖에 연장급여의 조정에 관하여 필요한 사항은 고용노동부령으로 정한다. (2010.6.4 개정)

제55조의2 【국민연금 보험료의 지원】 ① 고용노동부장관은 「국민연금법」 제19조의2제1항에 따라 구직급여를 받는 기간을 국민연금 가입기간으로 추

가 산입하려는 수급자격자에게 국민연금 보험료의 일부를 지원할 수 있다. (2016.5.29 신설)
② 제1항에 따른 지원금액은 「국민연금법」 제19조의2제3항에 따른 연금보험료의 100분의 25의 범위로 한다. (2016.5.29 신설)
③ 제1항에 따른 지원 절차·방법, 제2항에 따른 지원금액 등에 필요한 사항은 대통령령으로 정한다. (2016.5.29 신설)

제56조【지급일 및 지급 방법】 ① 구직급여는 대통령령으로 정하는 바에 따라 실업의 인정을 받은 일수분(日數分)을 지급한다.
② 직업안정기관의 장은 각 수급자격자에 대한 구직급여를 지급할 날짜를 정하여 당사자에게 알려야 한다.

제57조【지급되지 않은 구직급여】 ① 수급자격자가 사망한 경우 그 수급자격자에게 지급되어야 할 구직급여로서 아직 지급되지 아니한 것이 있는 경우에는 그 수급자격자의 배우자(사실상의 혼인 관계에 있는 사람을 포함한다)·자녀·부모·손자녀·조부모 또는 형제자매로서 수급자격자와 생계를 같이하고 있던 사람의 청구에 따라 그 미지급분을 지급한다 (2020.5.26 개정)
② 수급자격자가 사망하여 실업의 인정을 받을 수 없었던 기간에 대하여는 대통령령으로 정하는 바에 따라 제1항에 따라 지급되지 아니한 구직급여의 지급을 청구하는 사람이 그 수급자격자에 대한 실업의 인정을 받아야 한다. 이 경우 수급자격자가 제47조제1항에 해당하면 지급되지 아니한 구직급여를 청구하는 사람이 같은 조 제1항에 따라 직업안정기관의 장에게 신고하여야 한다. (2020.5.26 개정)
③ 제1항에 따라 지급되지 아니한 구직급여를 지급받을 수 있는 사람의 순위는 같은 항에 열거된 순서로 한다. 이 경우 같은 순위자가 2명 이상이면 그 중 1명이 한 청구를 전원(全員)을 위하여 한 것으로 보며, 그 1명에게 한 지급은 전원에 대한 지급으로 본다. (2020.5.26 개정)
령 제76조

제58조【이직 사유에 따른 수급자격의 제한】 제40조에도 불구하고 피보험자가 다음 각 호의 어느 하나에 해당한다고 직업안정기관의 장이 인정하는 경우에는 수급자격이 없는 것으로 본다.
1. 중대한 귀책사유(歸責事由)로 해고된 피보험자로서 다음 각 목의 어느 하나에 해당하는 경우
   가. 「형법」 또는 직무와 관련된 법률을 위반하여 금고 이상의 형을 선고받은 경우
   나. 사업에 막대한 지장을 초래하거나 재산상 손해를 끼친 경우로서 고용노동부령이 정하는 기준에 해당하는 경우 (2010.6.4 개정)
   다. 정당한 사유 없이 근로계약 또는 취업규칙 등을 위반하여 장기간 무단

결근한 경우
2. 자기 사정으로 이직한 피보험자로서 다음 각 목의 어느 하나에 해당하는 경우
가. 전직 또는 자영업을 하기 위하여 이직한 경우
나. 제1호의 중대한 귀책사유가 있는 사람이 해고되지 아니하고 사업주의 권고로 이직한 경우 (2020.5.26 개정)
다. 그 밖에 고용노동부령으로 정하는 정당한 사유에 해당하지 아니하는 사유로 이직한 경우 (2010.6.4 개정)

제59조【고액 금품 수령에 따른 구직급여의 지급 유예】 삭제(2015.1.20)

제60조【훈련 거부 등에 따른 급여의 지급 제한】 ① 수급자격자가 직업안정기관의 장이 소개하는 직업에 취직하는 것을 거부하거나 직업안정기관의 장이 지시한 직업능력개발 훈련 등을 거부하면 대통령령으로 정하는 바에 따라 구직급여의 지급을 정지한다. 다만, 다음 각 호의 어느 하나에 해당하는 정당한 사유가 있는 경우에는 그러하지 아니하다.
1. 소개된 직업 또는 직업능력개발 훈련 등을 받도록 지시된 직종이 수급자격자의 능력에 맞지 아니하는 경우
2. 취직하거나 직업능력개발 훈련 등을 받기 위하여 주거의 이전이 필요하나 그 이전이 곤란한 경우
3. 소개된 직업의 임금 수준이 같은 지역의 같은 종류의 업무 또는 같은 정도의 기능에 대한 통상의 임금 수준에 비하여 100분의 20 이상 낮은 경우 등 고용노동부장관이 정하는 기준에 해당하는 경우 (2010.6.4 개정)
4. 그 밖에 정당한 사유가 있는 경우

② 수급자격자가 정당한 사유 없이 고용노동부장관이 정하는 기준에 따라 직업안정기관의 장이 실시하는 재취업 촉진을 위한 직업 지도를 거부하면 대통령령으로 정하는 바에 따라 구직급여의 지급을 정지한다. (2010.6.4 개정)
③ 제1항 단서 및 제2항에서의 정당한 사유의 유무(有無)에 대한 인정은 고용노동부장관이 정하는 기준에 따라 직업안정기관의 장이 행한다. (2010.6.4 개정)
④ 제1항과 제2항에 따라 구직급여의 지급을 정지하는 기간은 1개월의 범위에서 고용노동부장관이 정하여 고시한다. (2010.6.4 개정)
령 제79조

제61조【부정행위에 따른 급여의 지급 제한】 ① 거짓이나 그 밖의 부정한 방법으로 실업급여를 받았거나 받으려 한 사람에게는 그 급여를 받은 날 또는 받으려 한 날부터의 구직급여를 지급하지 아니한다. 다만, 그 급여와 관련된 이직 이후에 새로 수급자격을 취득한 경우 그 새로운 수급자격에 따른 구직급여에 대하여는 그러하지 아니하다. (2020.5.26 개정)

② 제1항 본문에도 불구하고 거짓이나 그 밖의 부정한 방법이 제47조제1항에 따른 신고의무의 불이행 또는 거짓의 신고 등 대통령령으로 정하는 사유에 해당하면 그 실업인정대상기간에 한정하여 구직급여를 지급하지 아니한다. 다만, 2회 이상의 위반행위를 한 경우에는 제1항 본문에 따른다. (2020.5.26 개정)

③ 거짓이나 그 밖의 부정한 방법으로 실업급여를 지급받았거나 받으려 한 사람이 제1항 또는 제2항에 따라 구직급여를 지급받을 수 없게 된 경우에도 제50조제3항 및 같은 조 제4항을 적용할 때는 그 구직급여를 지급받은 것으로 본다. (2020.5.26 개정)

④ 거짓이나 그 밖의 부정한 방법으로 실업급여를 지급받았거나 받으려 한 사람이 제1항 또는 제2항에 따라 구직급여를 지급받을 수 없게 된 경우에도 제63조제2항을 적용할 때는 그 지급받을 수 없게 된 일수분의 구직급여를 지급받은 것으로 본다. (2020.5.26 개정)

⑤ 제1항 단서에도 불구하고 거짓이나 그 밖의 부정한 방법으로 구직급여를 받았거나 받으려 한 사람이 그 구직급여를 받은 날 또는 제44조에 따른 실업인정의 신고를 한 날부터 소급하여 10년간 3회 이상 제1항 본문에 따라 구직급여를 받지 못한 경우에는 대통령령으로 정하는 바에 따라 거짓이나 그 밖의 부정한 방법으로 구직급여를 받은 날 또는 제44조에 따른 실업인정의 신고를 한 날부터 3년의 범위에서 새로운 수급자격에 따른 구직급여를 지급하지 아니한다. (2019.8.27 신설)

령 제80조·제80조의2·제81조

제62조【반환명령 등】 ① 직업안정기관의 장은 거짓이나 그 밖의 부정한 방법으로 구직급여를 지급받은 사람에게 고용노동부령으로 정하는 바에 따라 지급받은 구직급여의 전부 또는 일부의 반환을 명할 수 있다. (2019.8.27 신설)

② 직업안정기관의 장은 제1항에 따라 반환을 명하는 경우에 고용노동부령으로 정하는 바에 따라 거짓이나 그 밖의 부정한 방법으로 지급받은 구직급여액의 2배 이하의 금액을 추가로 징수할 수 있다. 다만, 사업주(사업주의 대리인·사용인, 그 밖에 사업주를 위하여 행위하는 자를 포함한다. 이하 이 조 및 제116조제1항에서 같다)와 공모(거짓이나 그 밖의 부정한 방법에 사업주의 거짓된 신고·보고 또는 증명 등 사업주의 귀책사유가 포함되어 있는 경우를 말한다. 이하 같다)하여 거짓이나 그 밖의 부정한 방법으로 구직급여를 지급받은 경우에는 지급받은 구직급여액의 5배 이하의 금액을 추가로 징수할 수 있다. (2019.8.27 신설)

③ 거짓이나 그 밖의 부정한 방법으로 구직급여를 지급받은 사람이 사업주와 공모한 경우에는 그 사업주도 그 구직급여를 지급받은 사람과 연대(連

帶)하여 제1항 및 제2항에 따른 책임을 진다. (2019.8.27 신설)
④ 직업안정기관의 장은 구직급여의 수급자격이 있는 사람 또는 수급자격이 있었던 사람에게 잘못 지급된 구직급여가 있으면 그 지급금의 반환을 명할 수 있다. (2019.8.27 신설)
⑤ 직업안정기관의 장은 제1항·제2항 또는 제4항에 따라 구직급여 지급금을 반환하거나 추가징수금을 납부하여야 하는 사람이 이 법에 따라 지급받을 구직급여가 있는 경우에는 이를 대통령령으로 정하는 바에 따라 제1항·제2항 또는 제4항에 따른 반환금·추가징수금에 충당할 수 있다. (2019.8.27 신설)
령 제81조

제63조【질병 등의 특례】 ① 수급자격자가 제42조에 따라 실업의 신고를 한 이후에 질병·부상 또는 출산으로 취업이 불가능하여 실업의 인정을 받지 못한 날에 대하여는 제44조제1항에도 불구하고 그 수급자격자의 청구에 의하여 제46조의 구직급여일액에 해당하는 금액(이하 "상병급여"라 한다)을 구직급여를 갈음하여 지급할 수 있다. 다만, 제60조제1항 및 제2항에 따라 구직급여의 지급이 정지된 기간에 대하여는 상병급여(傷病給與)를 지급하지 않는다. (2020.5.26 개정)
② 상병급여를 지급할 수 있는 일수는 그 수급자격자에 대한 구직급여 소정급여일수에서 그 수급자격에 의하여 구직급여가 지급된 일수를 뺀 일수를 한도로 한다. 이 경우 상병급여를 지급받은 사람에 대하여 이 법의 규정(제61조 및 제62조는 제외한다)을 적용할 때에는 상병급여의 지급 일수에 상당하는 일수분의 구직급여가 지급된 것으로 본다. (2020.5.26 개정)
③ 제1항에 따른 상병급여는 그 취업할 수 없는 사유가 없어진 이후에 최초로 구직급여를 지급하는 날(구직급여를 지급하는 날이 없는 경우에는 직업안정기관의 장이 정하는 날)에 지급한다. 다만, 필요하다고 인정하면 고용노동부장관이 따로 정하는 바에 따라 지급할 수 있다. (2010.6.4 개정)
④ 제1항에도 불구하고 수급자격자가 「근로기준법」 제79조에 따른 휴업보상, 「산업재해보상보험법」 제52조부터 제56조까지의 규정"에 따른 휴업급여, 그 밖에 이에 해당하는 급여 또는 보상으로서 대통령령으로 정하는 보상 또는 급여를 지급받을 수 있는 경우에는 상병급여를 지급하지 아니한다. (2019.1.15 개정)
⑤ 상병급여의 지급에 관하여는 제47조, 제49조, 제57조, 제61조(제4항은 제외한다) 및 제62조를 준용한다. 이 경우 "실업인정대상기간"은 "실업의 인정을 받지 못한 날"로, "구직급여"는 "상병급여"로 본다. (2019.8.27 개정)
령 제82조

제3절 취업촉진 수당

제64조【조기재취업 수당】 ① 조기재취업 수당은 수급자격자(「외국인근로자의 고용 등에 관한 법률」 제2조에 따른 외국인 근로자는 제외한다)가 안정된 직업에 재취직하거나 스스로 영리를 목적으로 하는 사업을 영위하는 경우로서 대통령령으로 정하는 기준에 해당하면 지급한다.
② 제1항에도 불구하고 수급자격자가 안정된 직업에 재취업한 날 또는 스스로 영리를 목적으로 하는 사업을 시작한 날 이전의 대통령령으로 정하는 기간에 조기재취업 수당을 지급받은 사실이 있는 경우에는 조기재취업 수당을 지급하지 아니한다.
③ 조기재취업 수당의 금액은 구직급여의 소정급여일수 중 미지급일수의 비율에 따라 대통령령으로 정하는 기준에 따라 산정한 금액으로 한다.
④ 조기재취업 수당을 지급받은 사람에 대하여 이 법의 규정(제61조 및 제62조는 제외한다)을 적용할 때에는 그 조기재취업 수당의 금액을 제46조에 따른 구직급여일액으로 나눈 일수분에 해당하는 구직급여를 지급한 것으로 본다. (2020.5.26 개정)
⑤ 수급자격자를 조기에 재취업시켜 구직급여의 지급 기간이 단축되도록 한 사람에게는 대통령령으로 정하는 바에 따라 장려금을 지급할 수 있다. (2020.5.26 개정)
령 제84조·제85조·제86조·제87조·제92조

제65조【직업능력개발 수당】 ① 직업능력개발 수당은 수급자격자가 직업안정기관의 장이 지시한 직업능력개발 훈련 등을 받는 경우에 그 직업능력개발 훈련 등을 받는 기간에 대하여 지급한다.
② 제1항에도 불구하고 제60조제1항 및 제2항에 따라 구직급여의 지급이 정지된 기간에 대하여는 직업능력개발 수당을 지급하지 아니한다.
③ 직업능력개발 수당의 지급 요건 및 금액에 필요한 사항은 대통령령으로 정한다. 이 경우 인력의 수급 상황을 고려하여 고용노동부장관이 특히 필요하다고 인정하여 고시하는 직종에 관한 직업능력개발 훈련 등에 대하여는 직업능력개발 수당의 금액을 다르게 정할 수 있다. (2010.6.4 개정)
령 제88조·제92조

제66조【광역 구직활동비】 ① 광역 구직활동비는 수급자격자가 직업안정기관의 소개에 따라 광범위한 지역에 걸쳐 구직 활동을 하는 경우로서 대통령령으로 정하는 기준에 따라 직업안정기관의 장이 필요하다고 인정하면 지급할 수 있다.
② 광역 구직활동비의 금액은 제1항의 구직 활동에 통상 드는 비용으로 하

되, 그 금액의 산정은 고용노동부령으로 정하는 바에 따른다. (2010.6.4 개정)
령 제89조·제92조

제67조 【이주비】 ① 이주비는 수급자격자가 취업하거나 직업안정기관의 장이 지시한 직업능력개발 훈련 등을 받기 위하여 그 주거를 이전하는 경우로서 대통령령으로 정하는 기준에 따라 직업안정기관의 장이 필요하다고 인정하면 지급할 수 있다.
② 이주비의 금액은 수급자격자 및 그 수급자격자에 의존하여 생계를 유지하는 동거 친족의 이주에 일반적으로 드는 비용으로 하되, 그 금액의 산정은 고용노동부령으로 정하는 바에 따라 따른다. (2010.6.4 개정)
령 제90조·제92조

제68조 【취업촉진 수당의 지급 제한】 ① 거짓이나 그 밖의 부정한 방법으로 실업급여를 받았거나 받으려 한 사람에게는 그 급여를 받은 날 또는 받으려 한 날부터의 취업촉진 수당을 지급하지 아니한다. 다만, 그 급여와 관련된 이직 이후에 새로 수급자격을 취득하면 그 새로운 수급자격에 따른 취업촉진 수당은 그러하지 아니하다. (2020.5.26 개정)
② 제1항 본문에도 불구하고 거짓이나 그 밖의 부정한 방법이 제47조제1항에 따른 신고의무의 불이행 또는 거짓의 신고 등 대통령령으로 정하는 사유에 해당하면 취업촉진 수당의 지급을 제한하지 아니한다. 다만, 2회 이상의 위반행위를 한 경우에는 제1항 본문에 따른다.
③ 거짓이나 그 밖의 부정한 방법으로 실업급여를 지급받았거나 받으려 한 사람이 제1항 또는 제2항에 따라 취업촉진 수당을 지급받을 수 없게 되어 조기재취업 수당을 지급받지 못하게 된 경우에도 제64조제4항을 적용할 때는 그 지급받을 수 없게 된 조기재취업 수당을 지급받은 것으로 본다. (2020.5.26 개정)
령 제91조

제69조 【준용】 취업촉진 수당에 관하여는 제57조제1항·제3항 및 제62조를 준용한다. 이 경우 "수급자격자"는 "취업촉진 수당을 지급받을 수 있는 사람"으로, "구직급여"는 "취업촉진 수당"으로 본다. (2020.5.26 개정)

제4절 자영업자인 피보험자에 대한 실업급여 적용의 특례

제69조의2 【자영업자인 피보험자의 실업급여의 종류】 자영업자인 피보험자의 실업급여의 종류는 제37조에 따른다. 다만, 제51조부터 제55조까지의 규정에 따른 연장급여와 제64조에 따른 조기재취업 수당은 제외한다. (2011.7.21 신설)

제69조의3 【구직급여의 수급 요건】 구직급여는 폐업한 자영업자인 피보

험자가 다음 각 호의 요건을 모두 갖춘 경우에 지급한다. (2011.7.21 신설)

1. 폐업일 이전 24개월간 제41조제1항 단서에 따라 자영업자인 피보험자로서 갖춘 피보험 단위기간이 합산하여 1년 이상일 것 (2020.5.26 개정)
2. 근로의 의사와 능력이 있음에도 불구하고 취업을 하지 못한 상태에 있을 것
3. 폐업사유가 제69조의7에 따른 수급자격의 제한 사유에 해당하지 아니할 것
4. 재취업을 위한 노력을 적극적으로 할 것

제69조의4 【기초일액】 ① 자영업자인 피보험자이었던 수급자격자에 대한 기초일액은 다음 각 호의 구분에 따른 기간 동안 본인이 납부한 보험료의 산정기초가 되는 고용산재보험료징수법 제49조의2제3항에 따라 고시된 보수액을 전부 합산한 후에 그 기간의 총일수로 나눈 금액으로 한다. (2021.1.5 개정)

1. 수급자격과 관련된 피보험기간이 3년 이상인 경우 : 마지막 폐업일 이전 3년의 피보험기간
2. 수급자격과 관련된 피보험기간이 3년 미만인 경우 : 수급자격과 관련된 그 피보험기간

② 제1항에도 불구하고 자영업자인 피보험자이었던 수급자격자가 제50조제4항에 따라 피보험기간을 합산하게 됨에 따라 제69조의6에서 정한 소정급여일수가 추가로 늘어나는 경우에는 그 늘어난 일수분에 대한 기초일액은 제1항에 따라 산정된 기초일액으로 하되, 그 기초일액이 다음 각 호에 해당하는 경우에는 각각 해당 호에 따른 금액으로 한다. (2011.7.21 신설)

1. 기초일액이 최저기초일액에 미치지 못하는 경우에는 최저기초일액
2. 기초일액이 제45조제5항에 따라 대통령령으로 정하는 금액을 초과하는 경우에는 그 대통령령으로 정하는 금액

제69조의5 【구직급여일액】 자영업자인 피보험자로서 폐업한 수급자격자에 대한 구직급여일액은 그 수급자격자의 기초일액에 100분의 60을 곱한 금액으로 한다. (2019.8.27 개정)

제69조의6 【소정급여일수】 자영업자인 피보험자로서 폐업한 수급자격자에 대한 소정급여일수는 제49조에 따른 대기기간이 끝난 다음 날부터 계산하기 시작하여 피보험기간에 따라 별표 2에서 정한 일수가 되는 날까지로 한다. (2011.7.21 신설)

제69조의7 【폐업사유에 따른 수급자격의 제한】 제69조의3에도 불구하고 폐업한 자영업자인 피보험자가 다음 각 호의 어느 하나에 해당한다고 직업안정기관의 장이 인정하는 경우에는 수급자격이 없는 것으로 본다. (2011.7.21 신설)

1. 법령을 위반하여 허가 취소를 받거나 영업 정지를 받음에 따라 폐업한 경우
2. 방화(放火) 등 피보험자 본인의 중대한 귀책사유로서 고용노동부령으로 정하는 사유로 폐업한 경우
3. 매출액 등이 급격하게 감소하는 등 고용노동부령으로 정하는 사유가 아닌 경우로서 전직 또는 자영업을 다시 하기 위하여 폐업한 경우
4. 그 밖에 고용노동부령으로 정하는 정당한 사유에 해당하지 아니하는 사유로 폐업한 경우

제69조의8【자영업자인 피보험자에 대한 실업급여의 지급 제한】 고용노동부장관은 보험료를 체납한 사람에게는 고용노동부령으로 정하는 바에 따라 이 장에 따른 실업급여를 지급하지 아니할 수 있다. (2011.7.21 신설)

제69조의9【준용】 ① 자영업자인 피보험자의 실업급여에 관하여는 제37조의2, 제38조, 제38조의2, 제42조, 제43조, 제43조의2, 제44조, 제47조부터 제49조까지, 제56조, 제57조, 제60조부터 제63조까지, 제65조부터 제68조까지를 준용한다. 이 경우 제42조제1항·제43조제3항 중 "이직"은 "폐업"으로 보고, 제43조제1항 중 "제40조제1항제1호부터 제3호까지·제5호 및 제6호"는 "제69조의3"으로 보며, 제63조제1항 중 "제46조"는 "제69조의5"로 보고, 제48조제1항 중 "제50조제1항"은 "제69조의6"으로 본다. (2022.12.31 개정)

② 자영업자인 피보험자의 취업촉진 수당(조기재취업 수당은 제외한다)에 관하여는 제57조제1항·제3항 및 제62조를 준용한다. 이 경우 제57조제1항 중 "수급자격자"는 "취업촉진 수당을 지급받을 수 있는 사람"으로 본다. (2020.5.26 개정)

제5장 육아휴직 급여 등

제1절 육아휴직 급여 및 육아기 근로시간 단축 급여

제70조【육아휴직 급여】 ① 고용노동부장관은 「남녀고용평등과 일·가정 양립 지원에 관한 법률」 제19조에 따른 육아휴직을 30일(「근로기준법」 제74조에 따른 출산전후휴가기간과 중복되는 기간은 제외한다) 이상 부여받은 피보험자 중 육아휴직을 시작한 날 이전에 제41조에 따른 피보험 단위기간이 합산하여 180일 이상인 피보험자에게 육아휴직 급여를 지급한다. (2020.5.26 개정)

1. 삭제(2019.8.27)
2. 삭제(2019.8.27)

3. 삭제(2011.7.21)

② 제1항에 따른 육아휴직 급여를 지급받으려는 사람은 육아휴직을 시작한 날 이후 1개월부터 육아휴직이 끝난 날 이후 12개월 이내에 신청하여야 한다. 다만, 해당 기간에 대통령령으로 정하는 사유로 육아휴직 급여를 신청할 수 없었던 사람은 그 사유가 끝난 후 30일 이내에 신청하여야 한다. (2011.7.21 신설)

③ 피보험자가 제2항에 따라 육아휴직 급여 지급신청을 하는 경우 육아휴직 기간 중에 이직하거나 고용노동부령으로 정하는 기준에 해당하는 취업을 한 사실이 있는 경우에는 해당 신청서에 그 사실을 기재하여야 한다. (2019.1.15 신설)

④ 제1항에 따른 육아휴직 급여액은 대통령령으로 정한다. (2019.1.15 개정)

⑤ 육아휴직 급여의 신청 및 지급에 관하여 필요한 사항은 고용노동부령으로 정한다. (2019.1.15 개정)

벌 사업주와 공모하여 거짓이나 그 밖의 부정한 방법으로 법 제5장에 따른 육아휴직 급여, 육아기 근로시간 단축 급여 및 출산전후휴가 급여등을 받은 자와 공모한 사업주는 각각 5년 이하의 징역 또는 5천만원 이하의 벌금에 처한다. (법 제116조제1항제3호)

벌 거짓이나 그 밖의 부정한 방법으로 법 제5장에 따른 육아휴직 급여, 육아기 근로시간 단축 급여 및 출산전후휴가 급여등을 받은 자(다만, 법 제116조제1항에 해당하는 경우는 제외한다)는 3년 이하의 징역 또는 3천만원 이하의 벌금에 처한다. (법 제116조제2항제2호)

령 제94조·제95조·제96조·제97조

제71조【육아휴직의 확인】 사업주는 피보험자가 제70조에 따른 육아휴직 급여를 받으려는 경우 고용노동부령으로 정하는 바에 따라 사실의 확인 등 모든 절차에 적극 협력하여야 한다. (2010.6.4 개정)

제72조【취업의 신고 등】 삭제(2019.1.15)

제73조【육아휴직 급여의 지급 제한 등】 ① 피보험자가 육아휴직 기간 중에 그 사업에서 이직한 경우에는 그 이직하였을 때부터 육아휴직 급여를 지급하지 아니한다. (2019.1.15 개정)

② 피보험자가 육아휴직 기간 중에 제70조제3항에 따른 취업을 한 경우에는 그 취업한 기간에 대해서는 육아휴직 급여를 지급하지 아니한다. (2019.1.15 신설)

③ 피보험자가 사업주로부터 육아휴직을 이유로 금품을 지급받은 경우 대통령령으로 정하는 바에 따라 급여를 감액하여 지급할 수 있다. (2019.1.15 개정)

④ 거짓이나 그 밖의 부정한 방법으로 육아휴직 급여를 받았거나 받으려 한

사람에게는 그 급여를 받은 날 또는 받으려 한 날부터의 육아휴직 급여를 지급하지 아니한다. 다만, 그 급여와 관련된 육아휴직 이후에 새로 육아휴직 급여 요건을 갖춘 경우 그 새로운 요건에 따른 육아휴직 급여는 그러하지 아니하다. (2019.1.15 개정)

⑤ 제4항 본문에도 불구하고 제70조제3항을 위반하여 육아휴직 기간 중 취업한 사실을 기재하지 아니하거나 거짓으로 기재하여 육아휴직 급여를 받았거나 받으려 한 사람에 대해서는 위반횟수 등을 고려하여 고용노동부령으로 정하는 바에 따라 지급이 제한되는 육아휴직 급여의 범위를 달리 정할 수 있다. (2019.1.15 신설)

령 제98조

제73조의2【육아기 근로시간 단축 급여】 ① 고용노동부장관은 「남녀고용평등과 일·가정 양립 지원에 관한 법률」 제19조의2에 따른 육아기 근로시간 단축(이하 "육아기 근로시간 단축"이라 한다)을 30일(「근로기준법」 제74조에 따른 출산전후휴가기간과 중복되는 기간은 제외한다) 이상 실시한 피보험자 중 육아기 근로시간 단축을 시작한 날 이전에 제41조에 따른 피보험 단위기간이 합산하여 180일 이상인 피보험자에게 육아기 근로시간 단축 급여를 지급한다. (2020.5.26 개정)

1. 삭제(2019.8.27)
2. 삭제(2019.8.27)

② 제1항에 따른 육아기 근로시간 단축 급여를 지급받으려는 사람은 육아기 근로시간 단축을 시작한 날 이후 1개월부터 끝난 날 이후 12개월 이내에 신청하여야 한다. 다만, 해당 기간에 대통령령으로 정하는 사유로 육아기 근로시간 단축 급여를 신청할 수 없었던 사람은 그 사유가 끝난 후 30일 이내에 신청하여야 한다. (2011.7.21 신설)

③ 제1항에 따른 육아기 근로시간 단축 급여액은 대통령령으로 정한다. (2011.7.21 신설)

④ 육아기 근로시간 단축 급여의 신청 및 지급에 필요한 사항은 고용노동부령으로 정한다. (2011.7.21 신설)

령 제104조의2·제104조의3·제104조의4

제74조【준용】 ① 육아휴직 급여에 관하여는 제62조를 준용한다. 이 경우 "구직급여"는 "육아휴직 급여"로 본다. (2011.7.21 개정)

② 육아기 근로시간 단축 급여에 관하여는 제62조, 제71조 및 제73조를 준용한다. 이 경우 제62조 중 "구직급여"는 "육아기 근로시간 단축 급여"로 보고, 제71조 및 제73조 중 "육아휴직"은 각각 "육아기 근로시간 단축"으로 본다. (2021.1.5 개정)

령 제104조의4

제2절 출산전후휴가 급여 등

제75조 【출산전후휴가 급여 등】 고용노동부장관은 「남녀고용평등과 일·가정 양립 지원에 관한 법률」 제18조에 따라 피보험자가 「근로기준법」 제74조에 따른 출산전후휴가 또는 유산·사산휴가를 받은 경우와 「남녀고용평등과 일·가정 양립 지원에 관한 법률」 제18조의2에 따른 배우자 출산휴가 또는 같은 법 제18조의3에 따른 난임치료휴가를 받은 경우로서 다음 각 호의 요건을 모두 갖춘 경우에 출산전후휴가 급여 등(이하 "출산전후휴가 급여등"이라 한다)을 지급한다. (2024.10.22 개정)

1. 휴가가 끝난 날 이전에 제41조에 따른 피보험 단위기간이 합산하여 180일 이상일 것 (2020.5.26 개정)
2. 휴가를 시작한 날[출산전후휴가 또는 유산·사산휴가를 받은 피보험자가 속한 사업장이 우선지원 대상기업이 아닌 경우에는 휴가 시작 후 60일(한 번에 둘 이상의 자녀를 임신한 경우에는 75일)이 지난 날로 본다] 이후 1개월부터 휴가가 끝난 날 이후 12개월 이내에 신청할 것. 다만, 그 기간에 대통령령으로 정하는 사유로 출산전후휴가 급여등을 신청할 수 없었던 사람은 그 사유가 끝난 후 30일 이내에 신청하여야 한다. (2020.5.26 개정)

령 제100조·제102조·제103조

제75조의2 【출산전후휴가 급여등의 수급권 대위】 사업주가 출산전후휴가 급여등의 지급사유와 같은 사유로 그에 상당하는 금품을 근로자에게 미리 지급한 경우로서 그 금품이 출산전후휴가 급여등을 대체하여 지급한 것으로 인정되면 그 사업주는 지급한 금액(제76조제2항에 따른 상한액을 초과할 수 없다)에 대하여 그 근로자의 출산전후휴가 급여등을 받을 권리를 대위한다. (2012.2.1 개정)

제76조 【지급 기간 등】 ① 제75조에 따른 출산전후휴가 급여등은 다음 각 호의 휴가 기간에 대하여 「근로기준법」의 통상임금(휴가를 시작한 날을 기준으로 산정한다)에 해당하는 금액을 지급한다. (2019.8.27 개정)

1. 「근로기준법」 제74조에 따른 출산전후휴가 또는 유산·사산휴가 기간. 다만, 우선지원 대상기업이 아닌 경우에는 휴가 기간 중 60일(한 번에 둘 이상의 자녀를 임신한 경우에는 75일)을 초과한 일수(30일을 한도로 하되, 미숙아를 출산한 경우에는 40일을 한도로 하고, 한 번에 둘 이상의 자녀를 임신한 경우에는 45일을 한도로 한다)로 한정한다. (2024.10.22 개정)
2. 「남녀고용평등과 일·가정 양립 지원에 관한 법률」 제18조의2에 따른 배우자 출산휴가 기간. 다만, 피보험자가 속한 사업장이 우선지원 대상기업인 경우로 한정한다. (2024.10.22 개정)

3. 「남녀고용평등과 일·가정 양립 지원에 관한 법률」 제18조의3에 따른 난임치료휴가 기간 중 최초 2일. 다만, 피보험자가 속한 사업장이 우선지원 대상기업인 경우로 한정한다. (2024.10.22 신설)

② 제1항에 따른 출산전후휴가 급여등의 지급 금액은 대통령령으로 정하는 바에 따라 그 상한액과 하한액을 정할 수 있다. (2012.2.1 개정)

③ 제1항과 제2항에 따른 출산전후휴가 급여등의 신청 및 지급에 필요한 사항은 고용노동부령으로 정한다. (2012.2.1 개정)

령 제101조

제76조의2 【기간제근로자 또는 파견근로자에 대한 적용】 ① 고용노동부장관은 제76조제1항제1호에도 불구하고 「기간제 및 단시간근로자 보호 등에 관한 법률」 제2조에 따른 기간제근로자 또는 「파견근로자 보호 등에 관한 법률」 제2조에 따른 파견근로자가 「근로기준법」 제74조에 따른 출산전후휴가기간 또는 유산·사산휴가기간 중 근로계약기간이 끝나는 경우 근로계약 종료일 다음 날부터 해당 출산전후휴가 또는 유산·사산휴가 종료일까지의 기간에 대한 출산전후휴가 급여등에 상당하는 금액 전부를 기간제근로자 또는 파견근로자에게 지급한다. (2022.12.31 개정)

② 제1항에 따른 출산전후휴가 급여등에 상당하는 금액의 신청 및 지급에 필요한 사항은 고용노동부령으로 정한다. (2021.1.5 신설)

령 제102조

제77조 【준용】 ① 출산전후휴가 급여등의 반환명령, 사실 확인, 지급 제한 등에 관하여는 제62조, 제71조 및 제73조를 준용한다. 이 경우 제62조 중 "구직급여"는 "출산전후휴가 급여등"으로, 제71조 및 제73조 중 "육아휴직"은 각각 "출산전후휴가, 유산·사산휴가, 배우자 출산휴가 또는 난임치료휴가"로 본다. (2024.10.22 개정)

② 제76조의2에 따른 출산전후휴가 급여등에 상당하는 금액의 반환명령, 사실 확인, 지급 제한 등에 관하여는 제62조, 제71조 및 제73조(제1항은 제외한다. 이하 이 항에서 같다)를 준용한다. 이 경우 제62조 중 "구직급여"는 "출산전후휴가 급여등에 상당하는 금액"으로, 제71조 및 제73조 중 "육아휴직"은 각각 "출산전후휴가, 유산·사산휴가"로, "육아휴직 급여"는 "출산전후휴가 급여등에 상당하는 금액"으로 본다. (2022.12.31 신설)

령 제104조

제5장의2 예술인인 피보험자에 대한 고용보험 특례

제77조의2 【예술인인 피보험자에 대한 적용】 ① 근로자가 아니면서 「예술인 복지법」 제2조제2호에 따른 예술인 등 대통령령으로 정하는 사람 중

「예술인 복지법」 제4조의4에 따른 문화예술용역 관련 계약(이하 "문화예술용역 관련 계약"이라 한다)을 체결하고 다른 사람을 사용하지 아니하고 자신이 직접 노무를 제공하는 사람(이하 "예술인"이라 한다)과 이들을 상대방으로 하여 문화예술용역 관련 계약을 체결한 사업에 대해서는 제8조제2항에 따라 이 장을 적용한다. (2021.1.5 개정)

② 제1항에도 불구하고 예술인이 다음 각 호의 어느 하나에 해당하는 경우에는 이 법을 적용하지 아니한다. (2020.6.9 신설)

1. 65세 이후에 근로계약, 문화예술용역 관련 계약 또는 제77조의6제1항에 따른 노무제공계약(65세 전부터 피보험자격을 유지하던 사람이 65세 이후에 계속하여 근로계약, 문화예술용역 관련 계약 또는 노무제공계약을 체결한 경우는 제외한다)을 체결하거나 자영업을 개시하는 경우 (2021.1.5 개정)
2. 예술인 중 대통령령으로 정하는 소득 기준을 충족하지 못하는 경우. 다만, 예술인 중 계약의 기간이 1개월 미만인 사람(이하 "단기예술인"이라 한다)은 제외한다.
3. 15세 미만인 경우. 다만, 15세 미만인 예술인으로서 고용보험 가입을 원하는 사람은 대통령령으로 정하는 바에 따라 고용보험에 가입할 수 있다. (2022.12.31 신설)

③ 제15조에도 불구하고 사업의 특성 및 규모 등을 고려하여 대통령령으로 정하는 사업이 다음 각 호의 어느 하나에 해당하는 경우에는 하수급인이 사용하는 예술인에 대하여 대통령령으로 정하는 바에 따라 발주자 또는 원수급인이 제15조에 따른 신고를 하여야 한다. (2020.6.9 신설)

1. 하나의 사업에 다수의 도급이 이루어져 원수급인이 다수인 경우
2. 하나의 사업이 여러 차례의 도급으로 이루어져 하수급인이 다수인 경우

④ 제3항에 따라 하수급인인 사업주와 예술인 등은 발주자·원수급인이 피보험자격 취득 등의 신고를 위하여 대통령령으로 정하는 관련 자료, 정보 등을 요청하는 경우 이를 제공하여야 한다. (2020.6.9 신설)

⑤ 삭제(2022.12.31)

⑥ 제1항에 따라 이 장의 적용을 받는 예술인과 문화예술용역 관련 계약을 체결한 사업의 사업주(제3항의 경우에는 발주자 또는 원수급인을 말한다)는 고용산재보험료징수법에 따라 보험료를 부담하며, 그 보험관계의 성립·소멸 및 변경, 보험료의 산정·납부 및 징수에 필요한 사항은 고용산재보험료징수법에서 정하는 바에 따른다. (2021.1.5 개정)

벌 사업주와 공모하여 거짓이나 그 밖의 부정한 방법으로 제5장의2 및 제5장의3에 따른 구직급여 및 출산전후급여등을 받은 자와 공모한 사업주는 각각 5년 이하의 징역 또는 5천만원 이하의 벌금에 처한다. (법 제116조제1

항제4호)

벌 법 제77조의2제3항을 위반하여 신고를 하지 아니하거나 거짓으로 신고한 사업주, 보험사무대행기관, 노무제공플랫폼사업자의 대표자 또는 대리인·사용인, 그 밖의 종업원에게는 300만원 이하의 과태료를 부과한다. (법 제118조제1항제1호)

령 제104조의5·제104조의6

제77조의3 【예술인인 피보험자에 대한 구직급여】 ① 예술인의 구직급여는 다음 각 호의 요건을 모두 갖춘 경우에 지급한다. 다만, 제6호는 최종 이직 당시 단기예술인이었던 사람만 해당한다. (2020.6.9 신설)

1. 이직일 이전 24개월 동안의 피보험 단위기간이 통산하여 9개월 이상일 것
2. 근로 또는 노무제공의 의사와 능력이 있음에도 불구하고 취업(영리를 목적으로 사업을 영위하는 경우를 포함한다. 이하 이 장에서 같다)하지 못한 상태에 있을 것 (2021.1.5 개정)
3. 이직사유가 제77조의5제2항에서 준용하는 제58조에 따른 수급자격의 제한 사유에 해당하지 아니할 것. 다만, 제77조의5제2항에서 준용하는 제58조제2호가목에도 불구하고 예술인이 이직할 당시 대통령령으로 정하는 바에 따른 소득감소로 인하여 이직하였다고 직업안정기관의 장이 인정하는 경우에는 제58조에 따른 수급자격의 제한 사유에 해당하지 아니하는 것으로 본다. (2021.1.5 개정)
4. 이직일 이전 24개월 중 3개월 이상을 예술인인 피보험자로 피보험자격을 유지하였을 것
5. 재취업을 위한 노력을 적극적으로 할 것
6. 다음 각 목의 요건을 모두 갖출 것
   가. 수급자격의 인정신청일 이전 1개월 동안의 노무제공일수가 10일 미만이거나 수급자격 인정신청일 이전 14일간 연속하여 노무제공내역이 없을 것
   나. 최종 이직일 이전 24개월 동안의 피보험 단위기간 중 다른 사업에서 제77조의5제2항에서 준용하는 제58조에 따른 수급자격의 제한 사유에 해당하는 사유로 이직한 사실이 있는 경우에는 그 피보험 단위기간 중 90일 이상을 단기예술인으로 종사하였을 것 (2021.1.5 개정)

② 제1항제1호에 따른 피보험 단위기간은 그 수급자격과 관련된 이직 당시의 사업에서의 피보험자격 취득일부터 이직일까지의 기간으로 산정하고, 이직일 이전 24개월 동안 근로자, 예술인, 제77조의6제1항에 따른 노무제공자 중 둘 이상에 해당하는 사람으로 종사한 경우의 피보험 단위기간은 대통령령으로 정하는 바에 따른다. (2021.1.5 개정)

③ 예술인의 기초일액은 수급자격 인정과 관련된 마지막 이직일 전 1년간의

고용산재보험료징수법 제16조의10에 따라 신고된 보수총액을 그 산정의 기준이 되는 기간의 총 일수로 나눈 금액으로 한다. 다만, 예술인(고용산재보험료징수법 제3조제1항제2호에 따라 기준보수를 적용받지 아니하는 예술인은 제외한다)의 기초일액이 이직 당시의 같은 법 제3조에 따른 예술인의 일단위 기준보수 미만인 경우에는 일단위 기준보수를 기초일액으로 한다. (2022.12.31 개정)

④ 예술인의 구직급여일액은 제3항에 따른 기초일액에 100분의 60을 곱한 금액으로 한다. (2020.6.9 신설)

⑤ 제4항에 따른 구직급여일액의 상한액은 근로자인 피보험자의 구직급여 상한액 등을 고려하여 대통령령으로 정하는 금액으로 한다. (2020.6.9 신설)

⑥ 예술인은 제42조에 따른 실업의 신고일부터 계산하기 시작하여 7일간은 대기기간으로 보아 구직급여를 지급하지 아니한다. 다만, 다음 각 호의 사유에 해당하는 경우에는 각 호의 사유별로 4주의 범위에서 대통령령으로 정하는 기간을 대기기간으로 보아 구직급여를 지급하지 아니하며, 각 호의 사유 중 둘 이상에 해당하는 경우에는 그 대기기간이 가장 긴 기간을 대기기간으로 본다. (2022.12.31 개정)

1. 제1항제3호 단서에서 정한 사유로 이직한 경우 (2022.12.31 신설)
2. 제43조의2제1항에 따라 수급자격의 인정신청을 한 경우로서 가장 나중에 상실한 피보험자격과 관련된 이직사유가 같은 조 제2항 단서에 해당하는 경우 (2022.12.31 신설)

⑦ 예술인의 소정급여일수 산정을 위한 피보험기간은 제2항에 따른 피보험 단위기간으로 한다. 다만, 단기예술인은 해당 계약기간 중 노무제공일수 등을 고려하여 대통령령으로 정하는 바에 따라 산정한 기간으로 한다. (2020.6.9 신설)

⑧ 제47조에도 불구하고 직업안정기관의 장은 예술인 피보험자에 대하여 구직급여를 지급하는 경우에는 실업인정대상기간 중 취업 등으로 발생한 소득에 대해서는 소득수준, 근로 등의 활동 기간 등을 고려하여 대통령령으로 정하는 바에 따라 일부 또는 전부를 감액하고 지급하여야 한다. (2020.6.9 신설)

령 제104조의8

제77조의4【예술인의 출산전후급여등】 ① 고용노동부장관은 예술인인 피보험자 또는 피보험자였던 사람이 출산 또는 유산·사산을 이유로 노무를 제공할 수 없는 경우에는 출산전후급여 등(이하 "출산전후급여등"이라 한다)을 지급한다. 다만, 같은 자녀에 대하여 제75조에 따른 출산전후휴가 급여등 및 제77조의9제1항에 따른 출산전후급여등의 지급요건을 동시에 충족하는 경우 등에 대해서는 대통령령으로 정하는 바에 따라 지급한다. (2022.

6.10 개정)
② 제1항에 따른 출산전후급여등의 지급요건, 지급수준 및 지급기간 등은 대통령령으로 정하는 바에 따른다. (2020.6.9 신설)
③ 제1항과 제2항에 따른 출산전후급여등의 신청 및 지급에 필요한 사항은 고용노동부령으로 정한다. (2020.6.9 신설)
령 제104조의9

제77조의5【준용】 ① 예술인의 피보험자격에 관하여는 제13조제1항, 제14조제1항, 제15조, 제17조를 준용한다. 이 경우 "근로자"는 "예술인"으로, "고용된 날"은 "문화예술용역 관련 계약 개시일"로, "고용된 근로자"는 "문화예술용역 관련 계약이 개시된 예술인"으로 본다. (2021.1.5 개정)
② 예술인에 대한 구직급여에 대해서는 제37조의2, 제38조, 제38조의2, 제40조제2항제1호, 제41조제2항, 제42조, 제43조, 제43조의2, 제44조, 제47조, 제48조, 제50조, 제56조부터 제58조까지 및 제60조부터 제63조까지의 규정을 준용한다. 이 경우 제40조제2항제1호 중 "이직일 이전 18개월 동안"은 "이직일 이전 24개월 동안"으로, 제63조제1항 본문 중 "제46조"는 "제77조의3제4항·제5항"으로, 같은 조 제5항 전단 중 "제47조, 제49조"는 "제47조"로 본다. (2022.12.31 개정)
③ 예술인의 출산전후급여등의 반환명령, 지급 제한 등에 관하여는 제62조 및 제73조제4항을 준용한다. 이 경우 제62조 중 "구직급여"는 "출산전후급여등"으로, 제73조제4항 중 "육아휴직 급여"는 "출산전후급여등"으로, "육아휴직"은 "출산 또는 유산·사산"으로, "육아휴직 급여 요건"은 "출산전후급여등 지급 요건"으로 본다. (2022.12.31 개정)
④ 예술인의 피보험자격확인·구직급여·출산전후급여등의 심사 및 재심사청구 등에 관하여는 제87조부터 제98조까지, 제99조(제2항은 제외한다) 및 제100조부터 제112조까지의 규정을 준용한다. 이 경우 "제4장의 규정에 따른 실업급여 및 제5장에 따른 육아휴직 급여와 출산전후휴가 급여등" 및 "제4장에 따른 실업급여 및 제5장에 따른 육아휴직 급여와 출산전후휴가 급여등"은 각각 "제5장의2에 따른 구직급여 및 출산전후급여등"으로, "실업급여"는 각각 "구직급여"로, "사업장"은 각각 "사업장 및 피보험자격취득신고를 하여야 하는 자의 사무소"로, "사업주"는 각각 "사업주 및 피보험자격을 신고하여야 하는 자"로, "근로자"는 각각 "예술인"으로, "육아휴직 급여등"은 "출산전후급여등"으로, "제4장"은 "제5장의2"로, "제5장에 따른 육아휴직 급여, 육아기 근로시간 단축 급여 및 출산전후휴가 급여등"은 "제5장의2에 따른 출산전후급여등"으로, "실업급여·육아휴직 급여 또는 출산전후휴가 급여등"은 "구직급여·출산전후급여등"으로 본다. (2022.12.31 신설)
령 제104조의6

제5장의3 노무제공자인 피보험자에 대한 고용보험 특례

제77조의6 【노무제공자인 피보험자에 대한 적용】 ① 근로자가 아니면서 자신이 아닌 다른 사람의 사업을 위하여 자신이 직접 노무를 제공하고 해당 사업주 또는 노무수령자로부터 일정한 대가를 지급받기로 하는 계약(이하 "노무제공계약"이라 한다)을 체결한 사람 중 대통령령으로 정하는 직종에 종사하는 사람(이하 "노무제공자"라 한다)과 이들을 상대방으로 하여 노무제공계약을 체결한 사업에 대해서는 제8조제2항에 따라 이 장을 적용한다. (2021.1.5 신설)

② 제1항에도 불구하고 노무제공자가 다음 각 호의 어느 하나에 해당하는 경우에는 이 법을 적용하지 아니한다. (2021.1.5 신설)

1. 65세 이후에 근로계약, 노무제공계약 또는 문화예술용역 관련 계약(65세 전부터 피보험자격을 유지하던 사람이 65세 이후에 계속하여 근로계약, 노무제공계약 또는 문화예술용역 관련 계약을 체결한 경우는 제외한다)을 체결하거나 자영업을 개시하는 경우
2. 노무제공자 중 대통령령으로 정하는 소득 기준을 충족하지 못하는 경우. 다만, 노무제공자 중 계약의 기간이 1개월 미만인 사람(이하 "단기노무제공자"라 한다)은 제외한다.
3. 15세 미만인 경우. 다만, 15세 미만인 노무제공자로서 고용보험 가입을 원하는 사람은 대통령령으로 정하는 바에 따라 고용보험에 가입할 수 있다. (2022.12.31 신설)

③ 삭제(2022.12.31)

④ 제1항에 따라 이 장을 적용하는 노무제공자와 그와 노무제공계약을 체결한 사업의 사업주(이하 "노무제공사업의 사업주"라 한다)는 고용산재보험료징수법에 따라 보험료를 부담하며, 그 보험관계의 성립·소멸 및 변경, 보험료의 산정·납부 및 징수에 필요한 사항은 고용산재보험료징수법에서 정하는 바에 따른다. (2021.1.5 신설)

벌 사업주와 공모하여 거짓이나 그 밖의 부정한 방법으로 제5장의2 및 제5장의3에 따른 구직급여 및 출산전후급여등을 받은 자와 공모한 사업주는 각각 5년 이하의 징역 또는 5천만원 이하의 벌금에 처한다. (법 제116조제1항제4호)

령 제104조의6·제104조의11

제77조의7 【노무제공플랫폼사업자에 대한 특례】 ① 제15조에도 불구하고 노무제공사업의 사업주가 노무제공자와 노무제공사업의 사업주에 관련된 자료 및 정보를 수집·관리하여 이를 전자정보 형태로 기록하고 처리하는

시스템(이하 "노무제공플랫폼"이라 한다)을 구축·운영하는 사업자(이하 "노무제공플랫폼사업자"라 한다)와 노무제공플랫폼 이용에 대한 계약(이하 "노무제공플랫폼이용계약"이라 한다)을 체결하는 경우 노무제공플랫폼사업자는 대통령령으로 정하는 바에 따라 노무제공자에 대한 제15조제1항에 따른 피보험자격의 취득 등을 신고하여야 한다. (2021.1.5 신설)

② 고용노동부장관은 노무제공자에 관한 보험사무의 효율적 처리를 위하여 노무제공플랫폼사업자에게 해당 노무제공플랫폼의 이용 및 보험관계의 확인에 필요한 다음 각 호의 자료 또는 정보의 제공을 요청할 수 있다. 이 경우 요청을 받은 노무제공플랫폼사업자는 정당한 사유가 없으면 그 요청에 따라야 한다. (2021.1.5 신설)

1. 노무제공플랫폼이용계약의 개시일 또는 종료일
2. 노무제공사업의 사업주의 보험관계와 관련된 사항으로서 사업장의 명칭·주소 등 대통령령으로 정하는 자료 또는 정보
3. 노무제공자의 피보험자격과 관련된 사항으로서 노무제공자의 이름·직종·보수 등 대통령령으로 정하는 자료 또는 정보

③ 노무제공플랫폼사업자는 제2항에 따라 요청받은 자료 또는 정보의 제공을 위하여 필요한 경우에는 해당 노무제공자와 노무제공사업의 사업주에게 필요한 자료 또는 정보의 제공을 요청할 수 있다. 이 경우 요청을 받은 노무제공자와 노무제공사업의 사업주는 정당한 사유가 없으면 그 요청에 따라야 한다. (2021.1.5 신설)

④ 고용노동부장관은 제2항에 따라 노무제공플랫폼사업자가 제공한 자료 또는 정보를 해당 보험사무의 처리에 필요한 범위에서만 활용하여야 하며, 이를 공개해서는 아니 된다. (2021.1.5 신설)

⑤ 노무제공플랫폼사업자는 제1항에 따른 노무제공자의 피보험자격 신고와 관련된 정보를 해당 노무제공자와 노무제공사업의 사업주 사이에 체결된 노무제공계약이 끝난 날부터 3년 동안 노무제공플랫폼에 보관하여야 한다. (2021.1.5 신설)

벌 법 제77조의7제1항을 위반하여 신고를 하지 아니하거나 거짓으로 신고한 사업주, 보험사무대행기관, 노무제공플랫폼사업자의 대표자 또는 대리인·사용인, 그 밖의 종업원에게는 300만원 이하의 과태료를 부과한다. (법 제118조제1항제1호)

벌 법 제77조의7제2항을 위반하여 자료 또는 정보의 제공 요청에 따르지 아니한 사업주, 보험사무대행기관, 노무제공플랫폼사업자의 대표자 또는 대리인·사용인, 그 밖의 종업원에게는 300만원 이하의 과태료를 부과한다. (법 제118조제1항제7호)

벌 법 제77조의7제5항을 위반하여 노무제공자의 피보험자격의 신고와 관

련된 자료 또는 정보를 보관하지 아니한 사업주, 보험사무대행기관, 노무제공플랫폼사업자의 대표자 또는 대리인·사용인, 그 밖의 종업원에게는 300만원 이하의 과태료를 부과한다. (법 제118조제1항제8호)

령 제104조의13

제77조의8 【노무제공자인 피보험자에 대한 구직급여】 ① 노무제공자의 구직급여는 다음 각 호의 요건을 모두 갖춘 경우에 지급한다. 다만, 제6호는 최종 이직 당시 단기노무제공자였던 사람만 해당한다. (2021.1.5 신설)

1. 이직일 이전 24개월 동안 피보험 단위기간이 통산하여 12개월 이상일 것
2. 근로 또는 노무제공의 의사와 능력이 있음에도 불구하고 취업(영리를 목적으로 사업을 영위하는 경우를 포함한다. 이하 이 장에서 같다)하지 못한 상태에 있을 것
3. 이직사유가 제77조의10제2항에서 준용하는 제58조에 따른 수급자격의 제한 사유에 해당하지 아니할 것. 다만, 제77조의10제2항에서 준용하는 제58조제2호가목에도 불구하고 노무제공자로 이직할 당시 대통령령으로 정하는 바에 따른 소득 감소로 인하여 이직하였다고 직업안정기관의 장이 인정하는 경우에는 제58조에 따른 수급자격의 제한 사유에 해당하지 아니하는 것으로 본다.
4. 이직일 이전 24개월 중 3개월 이상을 노무제공자인 피보험자로 피보험자격을 유지하였을 것
5. 재취업을 위한 노력을 적극적으로 할 것
6. 다음 각 목의 요건을 모두 갖출 것
   가. 수급자격의 인정신청일 이전 1개월 동안의 노무제공일수가 10일 미만이거나 수급자격 인정신청일 이전 14일간 연속하여 노무제공내역이 없을 것
   나. 최종 이직일 이전 24개월 동안의 피보험 단위기간 중 다른 사업에서 제77조의10제2항에서 준용하는 제58조에 따른 수급자격의 제한 사유에 해당하는 사유로 이직한 사실이 있는 경우에는 그 피보험 단위기간 중 90일 이상을 단기노무제공자로 종사하였을 것

② 제1항제1호에 따른 피보험 단위기간은 그 수급자격과 관련된 이직 당시의 사업에서의 피보험자격 취득일부터 이직일까지의 기간으로 산정하고, 이직 전 24개월 중 근로자·노무제공자·예술인 중 둘 이상에 해당하는 사람으로 종사한 경우의 피보험 단위기간은 대통령령으로 정하는 바에 따른다. (2021.1.5 신설)

③ 노무제공자의 기초일액은 수급자격 인정과 관련된 마지막 이직일 전 1년간의 고용산재보험료징수법 제16조의10에 따라 신고된 보수총액을 그 산정의 기준이 되는 기간의 총 일수로 나눈 금액으로 한다. 다만, 노무제공자(고

용산재보험료징수법 제3조제1항제2호에 따라 기준보수를 적용받지 아니하는 노무제공자는 제외한다)의 기초일액이 이직 당시의 같은 법 제3조에 따른 노무제공자의 일단위 기준보수 미만인 경우에는 일단위 기준보수를 기초일액으로 한다. (2022.12.31 개정)

④ 제3항에도 불구하고 고용산재보험료징수법 제48조의3제3항 단서의 적용을 받는 노무제공자의 기초일액은 고용노동부장관이 고시하는 금액으로 한다. (2022.6.10 개정)

⑤ 노무제공자의 구직급여일액은 제3항에 따른 기초일액에 100분의 60을 곱한 금액으로 한다. 이 경우 구직급여일액의 상한액은 근로자인 피보험자의 구직급여 상한액 등을 고려하여 대통령령으로 정하는 금액으로 한다. (2021.1.5 신설)

⑥ 노무제공자는 제42조에 따른 실업의 신고일부터 계산하기 시작하여 7일간은 대기기간으로 보아 구직급여를 지급하지 아니한다. 다만, 다음 각 호의 사유에 해당하는 경우에는 각 호의 사유별로 4주의 범위에서 대통령령으로 정하는 기간을 대기기간으로 보아 구직급여를 지급하지 아니하며, 각 호의 사유 중 둘 이상에 해당하는 경우에는 그 대기기간이 가장 긴 기간을 대기기간으로 본다. (2022.12.31 개정)

1. 제1항제3호 단서에서 정한 사유로 이직한 경우 (2022.12.31 신설)
2. 제43조의2제1항에 따라 수급자격의 인정신청을 한 경우로서 가장 나중에 상실한 피보험자격과 관련된 이직사유가 같은 조 제2항 단서에 해당하는 경우 (2022.12.31 신설)

⑦ 노무제공자의 소정급여일수 산정을 위한 피보험기간은 제2항에 따른 피보험 단위기간으로 한다. 다만, 단기노무제공자의 피보험기간은 해당 계약기간 중 노무제공일수 등을 고려하여 대통령령으로 정하는 바에 따라 산정한 기간으로 한다. (2021.1.5 신설)

⑧ 제47조에도 불구하고 직업안정기관의 장은 노무제공자인 피보험자에 대하여 구직급여를 지급하는 경우 실업인정대상기간 중 취업 등으로 발생한 소득에 대해서는 소득수준, 근로 등의 활동 기간 등을 고려하여 대통령령으로 정하는 바에 따라 일부 또는 전부를 감액하고 지급하여야 한다. (2021.1.5 신설)

령 제104조의15

제77조의9 【노무제공자의 출산전후급여등】 ① 고용노동부장관은 노무제공자인 피보험자 또는 피보험자였던 사람이 출산 또는 유산·사산을 이유로 노무를 제공할 수 없는 경우에는 출산전후급여등을 지급한다. 다만, 같은 자녀에 대하여 제75조에 따른 출산전후휴가 급여등 또는 제77조의4 제1항에 따른 출산전후급여등의 지급요건을 동시에 충족하는 경우 대통령령으로

정하는 바에 따라 지급한다. (2022.6.10 개정)
② 제1항에 따른 출산전후급여등의 지급요건, 지급수준 및 지급기간 등은 대통령령으로 정하는 바에 따른다. (2021.1.5 신설)
③ 제1항과 제2항에 따른 출산전후급여등의 신청 및 지급에 필요한 사항은 고용노동부령으로 정한다. (2021.1.5 신설)
령 제104조의16

제77조의10 【준용】 ① 노무제공자의 피보험자격에 관하여는 제13조제1항, 제14조제1항, 제15조 및 제17조를 준용한다. 이 경우 "근로자"는 "노무제공자"로, "고용된 날"은 "노무제공계약의 개시일"로, "고용된 근로자"는 "노무제공계약이 개시된 노무제공자"로 본다. (2021.1.5 신설)
② 노무제공자에 대한 구직급여에 관하여는 제37조의2, 제38조, 제38조의2, 제40조제2항제1호, 제41조제2항, 제42조, 제43조, 제43조의2, 제44조, 제47조, 제48조, 제50조, 제56조부터 제58조까지 및 제60조부터 제63조까지의 규정을 준용한다. 이 경우 제40조제2항제1호 중 "이직일 이전 18개월 동안"은 "이직일 이전 24개월 동안"으로, 제63조제1항 본문 중 "제46조"는 "제77조의3제4항·제5항"으로, 같은 조 제5항 전단 중 "제47조, 제49조"는 "제47조"로 본다. (2022.12.31 개정)
③ 노무제공자의 출산전후급여등의 반환명령, 지급 제한 등에 관하여는 제62조 및 제73조제4항을 준용한다. 이 경우 제62조 중 "구직급여"는 "출산전후급여등"으로, 제73조제4항 중 "육아휴직 급여"는 "출산전후급여등"으로, "육아휴직"은 "출산 또는 유산·사산"으로, "육아휴직 급여 요건"은 "출산전후급여등 지급 요건"으로 본다. (2022.12.31 개정)
④ 노무제공자의 피보험자격확인·구직급여·출산전후급여등의 심사 및 재심사 청구 등에 관하여는 제87조부터 제98조까지, 제99조(제2항은 제외한다) 및 제100조부터 제112조까지의 규정을 준용한다. 이 경우 "제4장의 규정에 따른 실업급여 및 제5장에 따른 육아휴직 급여와 출산전후휴가 급여등" 및 "제4장에 따른 실업급여 및 제5장에 따른 육아휴직 급여와 출산전후휴가 급여등"은 각각 "제5장의3에 따른 구직급여 및 출산전후급여등"으로, "실업급여"는 각각 "구직급여"로, "사업장"은 각각 "사업장 및 피보험자격취득신고를 하여야 하는 자의 사무소"로, "사업주"는 각각 "사업주 및 피보험자격을 신고하여야 하는 자"로, "근로자"는 각각 "노무제공자"로, "육아휴직 급여 등"은 "출산전후급여등"으로, "제4장"은 "제5장의3"으로, "제5장에 따른 육아휴직 급여, 육아기 근로시간 단축 급여 및 출산전후휴가 급여등"은 "제5장의3에 따른 출산전후급여등"으로, "실업급여·육아휴직 급여 또는 출산전후휴가 급여등"은 "구직급여·출산전후급여등"으로 본다. (2022.12.31 신설)
령 제104조의12

제6장 고용보험기금

제78조 【기금의 설치 및 조성】 ① 고용노동부장관은 보험사업에 필요한 재원에 충당하기 위하여 고용보험기금(이하 "기금"이라 한다)을 설치한다. (2010.6.4 개정)

② 기금은 보험료와 이 법에 따른 징수금·적립금·기금운용 수익금과 그 밖의 수입으로 조성한다.

제79조 【기금의 관리·운용】 ① 기금은 고용노동부장관이 관리·운용한다. (2010.6.4 개정)

② 기금의 관리·운용에 관한 세부 사항은 「국가재정법」의 규정에 따른다.

③ 고용노동부장관은 다음 각 호의 방법에 따라 기금을 관리·운용한다. (2010.6.4 개정)

1. 금융기관에의 예탁
2. 재정자금에의 예탁
3. 국가·지방자치단체 또는 금융기관에서 직접 발행하거나 채무이행을 보증하는 유가증권의 매입
4. 보험사업의 수행 또는 기금 증식을 위한 부동산의 취득 및 처분
5. 그 밖에 대통령령으로 정하는 기금 증식 방법

④ 고용노동부장관은 제1항에 따라 기금을 관리·운용할 때에는 그 수익이 대통령령으로 정하는 수준 이상 되도록 하여야 한다. (2010.6.4 개정)

령 제104조의18·제105조

제80조 【기금의 용도】 ① 기금은 다음 각 호의 용도에 사용하여야 한다. (2008.3.21 개정)

1. 고용안정·직업능력개발 사업에 필요한 경비
2. 실업급여의 지급

2의2. 제55조의2에 따른 국민연금 보험료의 지원 (2019.1.15 신설)

3. 육아휴직 급여 및 출산전후휴가 급여등의 지급 (2012.2.1 개정)
4. 보험료의 반환
5. 일시 차입금의 상환금과 이자
6. 이 법과 고용산재보험료징수법에 따른 업무를 대행하거나 위탁받은 자에 대한 출연금 (2021.1.5 개정)
7. 그 밖에 이 법의 시행을 위하여 필요한 경비로서 대통령령으로 정하는 경비와 제1호 및 제2호에 따른 사업의 수행에 딸린 경비 (2008.3.21 개정)

② 제1항제6호에 따라 기금으로부터 「국민건강보험법」 제13조에 따른 국민건강보험공단에 출연하는 금액은 징수업무(고지·수납·체납 업무를 말한다)

가 차지하는 비율 등을 기준으로 산정한다. (2019.1.15 신설)
③ 제1항제6호에 따른 출연금의 지급기준, 사용 및 관리에 관하여 필요한 사항은 대통령령으로 정한다. (2019.1.15 개정)
령 제107조

제81조 【기금운용 계획 등】 ① 고용노동부장관은 매년 기금운용 계획을 세워 제7조에 따른 고용보험위원회 및 국무회의의 심의를 거쳐 대통령의 승인을 받아야 한다. (2010.6.4 개정)
② 고용노동부장관은 매년 기금의 운용 결과에 대하여 제7조에 따른 고용보험위원회의 심의를 거쳐 공표하여야 한다. (2010.6.4 개정)
령 제109조·제110조

제82조 【기금계정의 설치】 ① 고용노동부장관은 한국은행에 고용보험기금계정을 설치하여야 한다. (2010.6.4 개정)
② 제1항의 고용보험기금계정은 고용안정·직업능력개발 사업 및 실업급여, 자영업자의 고용안정·직업능력개발 사업 및 자영업자의 실업급여로 구분하여 관리한다. (2011.7.21 개정)

제83조 【기금의 출납】 기금의 관리·운용을 하는 경우 출납에 필요한 사항은 대통령령으로 정한다.

제84조 【기금의 적립】 ① 고용노동부장관은 대량 실업의 발생이나 그 밖의 고용상태 불안에 대비한 준비금으로 여유자금을 적립하여야 한다. (2010.6.4 개정)
② 제1항에 따른 여유자금의 적정규모는 다음 각 호와 같다. (2008.12.31 개정)
1. 고용안정·직업능력개발 사업 계정의 연말 적립금 : 해당 연도 지출액의 1배 이상 1.5배 미만
2. 실업급여 계정의 연말 적립금 : 해당 연도 지출액의 1.5배 이상 2배 미만
령 제119조

제85조 【잉여금과 손실금의 처리】 ① 기금의 결산상 잉여금이 생기면 이를 적립금으로 적립하여야 한다.
② 기금의 결산상 손실금이 생기면 적립금을 사용하여 이를 보전(補塡)할 수 있다.

제86조 【차입금】 기금을 지출할 때 자금 부족이 발생하거나 발생할 것으로 예상되는 경우에는 기금의 부담으로 금융기관·다른 기금과 그 밖의 재원 등으로부터 차입을 할 수 있다.

제7장 심사 및 재심사청구

제87조【심사와 재심사】 ① 제17조에 따른 피보험자격의 취득·상실에 대한 확인, 제4장의 규정에 따른 실업급여 및 제5장에 따른 육아휴직 급여와 출산전후휴가 급여등에 관한 처분[이하 "원처분(原處分)등"이라 한다]에 이의가 있는 자는 제89조에 따른 심사관에게 심사를 청구할 수 있고, 그 결정에 이의가 있는 자는 제99조에 따른 심사위원회에 재심사를 청구할 수 있다. (2012.2.1 개정)

② 제1항에 따른 심사의 청구는 같은 항의 확인 또는 처분이 있음을 안 날부터 90일 이내에, 재심사의 청구는 심사청구에 대한 결정이 있음을 안 날부터 90일 이내에 각각 제기하여야 한다.

③ 제1항에 따른 심사 및 재심사의 청구는 시효중단에 관하여 재판상의 청구로 본다.

벌 법 제87조(제77조의5제3항·제4항 및 제77조의10제3항·제4항에서 준용하는 경우를 포함한다)에 따른 심사 또는 재심사의 청구를 받아 하는 심사관 및 심사위원회의 질문에 답변하지 아니하거나 거짓으로 진술한 자 또는 검사를 거부·방해하거나 기피한 자에게는 100만원 이하의 과태료를 부과한다. (법 제118조제3항)

령 제140조

제88조【대리인의 선임】 심사청구인 또는 재심사청구인은 법정대리인 외에 다음 각 호의 어느 하나에 해당하는 자를 대리인으로 선임할 수 있다.

1. 청구인의 배우자, 직계존속·비속 또는 형제자매
2. 청구인인 법인의 임원 또는 직원
3. 변호사나 공인노무사
4. 제99조에 따른 심사위원회의 허가를 받은 자

제89조【고용보험심사관】 ① 제87조에 따른 심사를 행하게 하기 위하여 고용보험심사관(이하 "심사관"이라 한다)을 둔다.

② 심사관은 제87조제1항에 따라 심사청구를 받으면 30일 이내에 그 심사청구에 대한 결정을 하여야 한다. 다만, 부득이한 사정으로 그 기간에 결정할 수 없을 때에는 한 차례만 10일을 넘지 아니하는 범위에서 그 기간을 연장할 수 있다. (2020.5.26 개정)

③ 심사관의 정원·자격·배치 및 직무에 필요한 사항은 대통령령으로 정한다.

④ 당사자는 심사관에게 심리·결정의 공정을 기대하기 어려운 사정이 있으면 그 심사관에 대한 기피신청을 고용노동부장관에게 할 수 있다. (2010.6.4 개정)

⑤ 심사청구인이 사망한 경우 그 심사청구인이 실업급여의 수급권자이면 제57조에 따른 유족이, 그 외의 자인 때에는 상속인 또는 심사청구의 대상인 원처분등에 관계되는 권리 또는 이익을 승계한 자가 각각 심사청구인의 지

위를 승계한다.

령 제121조·제123조·제124조

제90조【심사의 청구 등】 ① 제87조제1항에 따른 심사를 청구하는 경우 제17조에 따른 피보험자격의 취득·상실 확인에 대한 심사의 청구는 「산업재해보상보험법」 제10조에 따른 근로복지공단(이하 "근로복지공단"이라 한다)을, 제4장에 따른 실업급여 및 제5장에 따른 육아휴직 급여와 출산전후휴가 급여등에 관한 처분에 대한 심사의 청구는 직업안정기관의 장을 거쳐 심사관에게 하여야 한다. (2019.1.15 개정)

② 직업안정기관 또는 근로복지공단은 심사청구서를 받은 날부터 5일 이내에 의견서를 첨부하여 심사청구서를 심사관에게 보내야 한다. (2019.1.15 개정)

제91조【청구의 방식】 심사의 청구는 대통령령으로 정하는 바에 따라 문서로 하여야 한다.

령 제125조

제92조【보정 및 각하】 ① 심사의 청구가 제87조제2항에 따른 기간이 지났거나 법령으로 정한 방식을 위반하여 보정(補正)하지 못할 것인 경우에 심사관은 그 심사의 청구를 결정으로 각하(却下)하여야 한다.

② 심사의 청구가 법령으로 정한 방식을 어긴 것이라도 보정할 수 있는 것인 경우에 심사관은 상당한 기간을 정하여 심사청구인에게 심사의 청구를 보정하도록 명할 수 있다. 다만, 보정할 사항이 경미한 경우에는 심사관이 직권으로 보정할 수 있다.

③ 심사관은 심사청구인이 제2항의 기간에 그 보정을 하지 아니하면 결정으로써 그 심사청구를 각하하여야 한다.

령 제126조

제93조【원처분의 집행 정지】 ① 심사의 청구는 원처분등의 집행을 정지시키지 아니한다. 다만, 심사관은 원처분등의 집행에 의하여 발생하는 중대한 위해(危害)를 피하기 위하여 긴급한 필요가 있다고 인정하면 직권으로 그 집행을 정지시킬 수 있다.

② 심사관은 제1항 단서에 따라 집행을 정지시키려고 할 때에는 그 이유를 적은 문서로 그 사실을 직업안정기관의 장 또는 근로복지공단에 알려야 한다. (2019.1.15 개정)

③ 직업안정기관의 장 또는 근로복지공단은 제2항에 따른 통지를 받으면 지체 없이 그 집행을 정지하여야 한다. (2019.1.15 개정)

④ 심사관은 제2항에 따라 집행을 정지시킨 경우에는 지체 없이 심사청구인에게 그 사실을 문서로 알려야 한다.

령 제127조

제94조【심사관의 권한】 ① 심사관은 심사의 청구에 대한 심리를 위하여

필요하다고 인정하면 심사청구인의 신청 또는 직권으로 다음 각 호의 조사를 할 수 있다.

1. 심사청구인 또는 관계인을 지정 장소에 출석하게 하여 질문하거나 의견을 진술하게 하는 것
2. 심사청구인 또는 관계인에게 증거가 될 수 있는 문서와 그 밖의 물건을 제출하게 하는 것
3. 전문적인 지식이나 경험을 가진 제삼자로 하여금 감정(鑑定)하게 하는 것
4. 사건에 관계가 있는 사업장 또는 그 밖의 장소에 출입하여 사업주·종업원이나 그 밖의 관계인에게 질문하거나 문서와 그 밖의 물건을 검사하는 것

② 심사관은 제1항제4호에 따른 질문과 검사를 하는 경우에는 그 권한을 나타내는 증표를 지니고 이를 관계인에게 내보여야 한다.

령 제128조

제95조【실비변상】 제94조제1항제1호에 따라 지정한 장소에 출석한 사람과 같은 항 제3호에 따라 감정을 한 감정인에게는 고용노동부장관이 정하는 실비를 변상한다. (2020.5.26 개정)

제96조【결정】 심사관은 심사의 청구에 대한 심리(審理)를 마쳤을 때에는 원처분등의 전부 또는 일부를 취소하거나 심사청구의 전부 또는 일부를 기각한다.

령 제129조

제97조【결정의 방법】 ① 제89조에 따른 결정은 대통령령으로 정하는 바에 따라 문서로 하여야 한다.

② 심사관은 결정을 하면 심사청구인 및 원처분등을 한 직업안정기관의 장 또는 근로복지공단에 각각 결정서의 정본(正本)을 보내야 한다. (2019.1.15 개정)

제98조【결정의 효력】 ① 결정은 심사청구인 및 직업안정기관의 장 또는 근로복지공단에 결정서의 정본을 보낸 날부터 효력이 발생한다. (2019.1.15 개정)

② 결정은 원처분등을 행한 직업안정기관의 장 또는 근로복지공단을 기속(羈束)한다. (2019.1.15 개정)

제99조【고용보험심사위원회】 ① 제87조에 따른 재심사를 하게 하기 위하여 고용노동부에 고용보험심사위원회(이하 "심사위원회"라 한다)를 둔다. (2010.6.4 개정)

② 심사위원회는 근로자를 대표하는 사람 및 사용자를 대표하는 사람 각 1명 이상을 포함한 15명 이내의 위원으로 구성한다. (2020.5.26 개정)

③ 제2항의 위원 중 2명은 상임위원으로 한다.

④ 다음 각 호의 어느 하나에 해당하는 사람은 위원에 임명될 수 없다. (2020.

5.26 개정)

1. 피성년후견인·피한정후견인 또는 파산의 선고를 받고 복권되지 아니한 사람 (2020.5.26 개정)
2. 금고 이상의 실형을 선고받고 그 집행이 끝나거나(집행이 끝난 것으로 보는 경우를 포함한다) 집행이 면제된 날부터 3년이 지나지 아니한 사람 (2022.6.10 개정)
3. 금고 이상의 형의 집행유예를 선고받고 그 유예기간 중에 있는 사람 (2022.6.10 신설)

⑤ 위원 중 공무원이 아닌 위원이 다음 각 호의 어느 하나에 해당되는 경우에는 해촉(解囑)할 수 있다. (2019.1.15 개정)

1. 심신장애로 인하여 직무를 수행할 수 없게 된 경우
2. 직무와 관련된 비위사실이 있는 경우
3. 직무태만, 품위손상이나 그 밖의 사유로 인하여 위원으로 적합하지 아니하다고 인정되는 경우
4. 위원 스스로 직무를 수행하는 것이 곤란하다고 의사를 밝히는 경우

⑥ 상임위원은 정당에 가입하거나 정치에 관여하여서는 아니 된다.

⑦ 심사위원회는 제87조제1항에 따라 재심사의 청구를 받으면 50일 이내에 재결(裁決)을 하여야 한다. 이 경우 재결기간의 연장에 관하여는 제89조제2항을 준용한다.

⑧ 심사위원회에 사무국을 둔다.

⑨ 심사위원회 및 사무국의 조직·운영 등에 필요한 사항은 대통령령으로 정한다.

령 제130조·제136조

제100조 【재심사의 상대방】 재심사의 청구는 원처분등을 행한 직업안정기관의 장 또는 근로복지공단을 상대방으로 한다. (2019.1.15 개정)

제101조 【심리】 ① 심사위원회는 재심사의 청구를 받으면 그 청구에 대한 심리 기일(審理期日) 및 장소를 정하여 심리 기일 3일 전까지 당사자 및 그 사건을 심사한 심사관에게 알려야 한다.

② 당사자는 심사위원회에 문서나 구두로 그 의견을 진술할 수 있다.

③ 심사위원회의 재심사청구에 대한 심리는 공개한다. 다만, 당사자의 양쪽 또는 어느 한 쪽이 신청한 경우에는 공개하지 아니할 수 있다.

④ 심사위원회는 심리조서(審理調書)를 작성하여야 한다.

⑤ 당사자나 관계인은 제4항의 심리조서의 열람을 신청할 수 있다.

⑥ 위원회는 당사자나 관계인이 제5항에 따른 열람 신청을 하면 정당한 사유 없이 이를 거부하여서는 아니 된다.

⑦ 재심사청구의 심리에 관하여는 제94조 및 제95조를 준용한다. 이 경우

"심사관"은 "심사위원회"로, "심사의 청구"는 "재심사의 청구"로, "심사청구인"은 "재심사청구인"으로 본다.

령 제137조·제138조·제139조

제102조【준용 규정】 심사위원회와 재심사에 관하여는 제89조제4항·제5항, 제91조부터 제93조까지, 제96조부터 제98조까지의 규정을 준용한다. 이 경우 제89조제4항 중 "심사관"은 "심사위원회의 위원"으로, 제89조제4항·제97조·제98조 중 "결정"은 각각 "재결"로, 제91조·제93조·제96조 중 "심사의 청구"는 각각 "재심사의 청구"로, 제93조·제96조·제97조 중 "심사관"은 각각 "심사위원회"로, 제93조·제97조·제98조 중 "심사청구인"은 각각 "재심사청구인"으로 본다.

제103조【고지】 직업안정기관의 장 또는 근로복지공단이 원처분등을 하거나 심사관이 제97조제2항에 따라 결정서의 정본을 송부하는 경우에는 그 상대방 또는 심사청구인에게 원처분등 또는 결정에 관하여 심사 또는 재심사를 청구할 수 있는지의 여부, 청구하는 경우의 경유(經由) 절차 및 청구기간을 알려야 한다. (2019.1.15 개정)

제104조【다른 법률과의 관계】 ① 재심사의 청구에 대한 재결은 「행정소송법」 제18조를 적용할 경우 행정심판에 대한 재결로 본다.

② 심사 및 재심사의 청구에 관하여 이 법에서 정하고 있지 아니한 사항은 「행정심판법」의 규정에 따른다.

제8장 보 칙

제105조【불이익 처우의 금지】 사업주는 근로자가 제17조에 따른 확인의 청구를 한 것을 이유로 그 근로자에게 해고나 그 밖의 불이익한 처우를 하여서는 아니 된다.

벌 법 제105조(제77조의5제3항·제4항 및 제77조의10제3항·제4항에서 준용하는 경우를 포함한다)를 위반하여 근로자를 해고하거나 그 밖에 근로자에게 불이익한 처우를 한 사업주는 3년 이하의 징역 또는 3천만원 이하의 벌금에 처한다. (법 제116조제2항제1호)

제106조【준용】 이 법에 따른 다음 각 호의 징수금의 징수에 관하여는 고용산재보험료징수법 제27조, 제27조의2, 제27조의3, 제28조, 제28조의2부터 제28조의7까지, 제29조, 제29조의2, 제29조의3, 제30조, 제32조, 제39조, 제41조 및 제42조를 준용한다. (2021.1.5 개정)

1. 고용안정·직업능력개발 사업의 지원금액의 반환금 또는 추가징수금 (2011.7.21 신설)
2. 실업급여의 반환금 또는 추가징수금 (2011.7.21 신설)

3. 육아휴직 급여 등의 반환금 또는 추가징수금 〈2011.7.21 신설〉

제107조 【소멸시효】 ① 다음 각 호의 어느 하나에 해당하는 권리는 3년간 행사하지 아니하면 시효로 소멸한다. 〈2019.1.15 개정〉

1. 제3장에 따른 지원금을 지급받거나 반환받을 권리
2. 제4장에 따른 취업촉진 수당을 지급받거나 반환받을 권리
3. 제4장에 따른 구직급여를 반환받을 권리
4. 제5장에 따른 육아휴직 급여, 육아기 근로시간 단축 급여 및 출산전후휴가 급여등을 반환받을 권리

② 소멸시효의 중단에 관하여는 「산업재해보상보험법」 제113조를 준용한다. 〈2015.1.20 개정〉

제108조 【보고 등】 ① 고용노동부장관은 필요하다고 인정하면 피보험자 또는 수급자격자를 고용하고 있거나 고용하였던 사업주, 고용산재보험료징수법 제33조에 따른 보험사무대행기관(이하 "보험사무대행기관"이라 한다) 및 보험사무대행기관이었던 자에게 피보험자의 자격 확인, 부정수급(不正受給)의 조사 등 이 법의 시행에 필요한 보고, 관계 서류의 제출 또는 관계인의 출석을 요구할 수 있다. 〈2021.1.5 개정〉

② 이직한 사람은 종전의 사업주 또는 그 사업주로부터 보험 사무의 위임을 받아 보험 사무를 처리하는 보험사무대행기관에게 실업급여를 지급받기 위하여 필요한 증명서의 교부를 청구할 수 있다. 이 경우 청구를 받은 사업주나 보험사무대행기관은 그 청구에 따른 증명서를 내주어야 한다. 〈2020.5.26 개정〉

③ 고용노동부장관은 피보험자, 수급자격자 또는 지급되지 아니한 실업급여의 지급을 청구하는 사람에게 피보험자의 자격 확인, 부정수급의 조사 등 이 법의 시행에 필요한 보고를 하게 하거나 관계 서류의 제출 또는 출석을 요구할 수 있다. 〈2020.5.26 개정〉

벌 법 제108조제1항(제77조의5제3항·제4항 및 제77조의10제3항·제4항에서 준용하는 경우를 포함한다)에 따른 요구에 따르지 아니하여 보고를 하지 아니하거나 거짓으로 보고한 자, 같은 요구에 따르지 아니하여 문서를 제출하지 아니하거나 거짓으로 적은 문서를 제출한 자 또는 출석하지 아니한 자에 해당하는 사업주, 보험사무대행기관, 노무제공플랫폼사업자의 대표자 또는 대리인·사용인, 그 밖의 종업원에게는 300만원 이하의 과태료를 부과한다. (법 제118조제1항제4호)

벌 법 제108조제2항(제77조의5제3항·제4항 및 제77조의10제3항·제4항에서 준용하는 경우를 포함한다)에 따른 요구에 따르지 아니하여 증명서를 내주지 아니한 사업주, 보험사무대행기관, 노무제공플랫폼사업자의 대표자 또는 대리인·사용인, 그 밖의 종업원에게는 300만원 이하의 과태료를 부과한

다. (법 제118조제1항제5호)

벌 법 제108조제3항(제77조의5제3항·제4항 및 제77조의10제3항·제4항에서 준용하는 경우를 포함한다)에 따라 요구된 보고를 하지 아니하거나 거짓으로 보고한 자, 문서를 제출하지 아니하거나 거짓으로 적은 문서를 제출한 자 또는 출석하지 아니한 피보험자, 수급자격자 또는 지급되지 아니한 실업급여의 지급을 청구하는 자에게는 100만원 이하의 과태료를 부과한다. (법 제118조제2항제1호)

제109조 【조사 등】 ① 고용노동부장관은 피보험자의 자격 확인, 부정수급의 조사 등 이 법의 시행을 위하여 필요하다고 인정하면 소속 직원에게 피보험자 또는 수급자격자를 고용하고 있거나 고용하였던 사업주의 사업장 또는 보험사무대행기관 및 보험사무대행기관이었던 자의 사무소에 출입하여 관계인에 대하여 질문하거나 장부 등 서류를 조사하게 할 수 있다. (2010.6.4 개정)

② 고용노동부장관이 제1항에 따라 조사를 하는 경우에는 그 사업주 등에게 미리 조사 일시·조사 내용 등 조사에 필요한 사항을 알려야 한다. 다만, 긴급하거나 미리 알릴 경우 그 목적을 달성할 수 없다고 인정되는 경우에는 그러하지 아니하다. (2010.6.4 개정)

③ 제1항에 따라 조사를 하는 직원은 그 신분을 나타내는 증표를 지니고 이를 관계인에게 내보여야 한다.

④ 고용노동부장관은 제1항에 따른 조사 결과를 그 사업주 등에게 서면으로 알려야 한다. (2010.6.4 개정)

벌 법 제109조제1항(제77조의5제3항·제4항 및 제77조의10제3항·제4항에서 준용하는 경우를 포함한다)에 따른 질문에 답변하지 아니하거나 거짓으로 진술한 자 또는 조사를 거부·방해하거나 기피한 사업주, 보험사무대행기관, 노무제공플랫폼사업자의 대표자 또는 대리인·사용인, 그 밖의 종업원에게는 300만원 이하의 과태료를 부과한다. (법 제118조제1항제6호)

벌 법 제109조제1항(제77조의5제3항·제4항 및 제77조의10제3항·제4항에서 준용하는 경우를 포함한다)에 따른 질문에 답변하지 아니하거나 거짓으로 진술한 자 또는 검사를 거부·방해하거나 기피한 피보험자, 수급자격자 또는 지급되지 아니한 실업급여의 지급을 청구하는 자에게는 100만원 이하의 과태료를 부과한다. (법 제118조제2항제2호)

제110조 【자료 제공의 요청】 ① 고용노동부장관은 다음 각 호의 사무를 수행하기 위하여 필요하면 주민등록정보, 가족관계등록사항, 군복무에 관한 자료, 토지·건물에 관한 자료, 국민연금·건강보험 등 각종 연금·보험에 관한 자료, 출입국 정보 등을 관계 기관의 장에게 요청할 수 있다. 이 경우 요청을 받은 관계 기관의 장은 특별한 사유가 없으면 그 요청에 따라야 한다. (2019.

8.27 신설)
1. 제15조(제77조의5제1항 및 제77조의10제1항에서 준용하는 경우를 포함한다)에 따른 피보험자격의 취득 및 상실 등의 신고 내용 확인 (2021.1.5 개정)
2. 제17조(제77조의5제1항 및 제77조의10제1항에서 준용하는 경우를 포함한다)에 따른 피보험자격의 취득 또는 상실에 관한 확인 (2021.1.5 개정)
3. 제18조에 따른 피보험자격의 이중 취득 확인 (2022.12.31 개정)
3의2. 제25조에 따른 고용안정 및 취업촉진을 위한 비용지원 또는 대부 사업의 실시 (2021.1.5 신설)
4. 제35조에 따른 부정행위로 인한 고용안정·직업능력개발 사업의 지원 제한
5. 제40조, 제69조의3, 제77조의3 및 제77조의8에 따른 구직급여의 수급요건 확인 (2021.1.5 개정)
6. 제57조(제63조제5항, 제69조, 제69조의9제1항·제2항, 제77조의5제2항 및 제77조의10제2항에서 준용하는 경우를 포함한다)에 따른 지급되지 아니한 구직급여 등의 지급 (2021.1.5 개정)
7. 제61조(제63조제5항, 제69조의9제1항, 제77조의5제2항 및 제77조의10제2항에서 준용하는 경우를 포함한다)에 따른 부정행위로 인한 구직급여 등의 지급 제한 (2021.1.5 개정)
8. 제62조(제63조제5항, 제69조, 제69조의9제1항·제2항, 제74조, 제77조, 제77조의5제2항 및 제77조의10제2항에서 준용하는 경우를 포함한다)에 따른 구직급여 등 지급금의 반환 및 추가징수 (2021.1.5 개정)
9. 제68조(제69조의9제1항에서 준용하는 경우를 포함한다)에 따른 취업촉진 수당의 지급 제한 (2021.1.5 개정)
10. 제73조(제74조제2항 및 제77조에서 준용하는 경우를 포함한다)에 따른 육아휴직 급여 등의 지급 제한 (2021.1.5 개정)
11. 제113조의2에 따른 「국민기초생활 보장법」의 수급자의 피보험자격 취득

② 고용노동부장관은 제1항제3호의2 및 제4호부터 제11호까지의 사무를 수행하기 위하여 필요하면 납세자의 인적 사항 및 사용 목적을 적은 문서로 관할 세무관서의 장에게 다음 각 호에 해당하는 과세정보의 제공을 요청할 수 있다. (2021.1.5 개정)
1. 「소득세법」 제4조제1항제1호에 따른 종합소득
2. 「부가가치세법」 제8조, 「법인세법」 제111조 또는 「소득세법」 제168조에 따른 사업자등록정보

③ 제1항에 따라 요청할 수 있는 자료 또는 정보의 구체적인 범위는 대통령령으로 정한다. (2019.8.27 신설)

령 제142조의2

제111조 【진찰명령】 직업안정기관의 장은 실업급여의 지급을 위하여 필요하다고 인정하면 제44조제3항제1호에 해당하는 사람으로서 같은 조 제2항에 따른 실업의 인정을 받았거나 받으려는 사람 및 제63조에 따라 상병급여를 지급받았거나 지급받으려는 사람에게 고용노동부장관이 지정하는 의료기관에서 진찰을 받도록 명할 수 있다. (2020.5.26 개정)

령 제143조

제112조 【포상금의 지급】 ① 고용노동부장관은 이 법에 따른 고용안정·직업능력개발 사업의 지원·위탁 및 실업급여·육아휴직 급여 또는 출산전후휴가 급여등의 지원과 관련한 부정행위를 신고한 자에게 예산의 범위에서 포상금을 지급할 수 있다. (2012.2.1 개정)

② 제1항에 따른 부정행위의 신고 및 포상금의 지급에 필요한 사항은 고용노동부령으로 정한다. (2010.6.4 개정)

제113조 【자영업자에 대한 특례】 삭제(2011.7.21)

제113조의2 【「국민기초생활 보장법」의 수급자에 대한 특례】 ① 제8조에도 불구하고 「국민기초생활 보장법」 제15조제1항제4호에 따라 자활을 위한 근로기회를 제공하기 위한 사업은 이 법의 적용을 받는 사업으로 본다. 이 경우 해당 사업에 참가하여 유급으로 근로하는 「국민기초생활 보장법」 제2조제2호에 따른 수급자는 이 법의 적용을 받는 근로자로 보고, 같은 법 제2조제4호에 따른 보장기관(같은 법 제15조제2항에 따라 사업을 위탁하여 행하는 경우는 그 위탁기관을 말한다)은 이 법의 적용을 받는 사업주로 본다. (2011.7.21 신설)

② 제1항 후단에 따른 수급자가 「국민기초생활 보장법」 제8조제2항에 따른 수급권자인 경우에는 해당 수급자에 대하여는 제3장의 규정만을 적용한다. (2016.12.27 개정)

③ 제18조에도 불구하고 제2항에 따라 제3장의 규정만 적용되는 수급자는 보험관계가 성립되어 있는 다른 사업에 고용되어 있는 경우에는 그 다른 사업의 근로자로서만 피보험자격을 취득한다. (2011.7.21 신설)

④ 제1항에 따라 수급자가 사업에 참가하고 받은 자활급여는 제41조에 따른 피보험 단위기간 산정의 기초가 되는 보수 및 제45조에 따른 임금일액의 기초가 되는 임금으로 본다. (2011.7.21 신설)

령 제10조

제114조 【시범사업의 실시】 ① 고용노동부장관은 보험사업을 효과적으로 시행하기 위하여 전면적인 시행에 어려움이 예상되거나 수행 방식 등을 미리 검증할 필요가 있는 경우 대통령령으로 정하는 보험사업은 시범사업을 할 수 있다. (2010.6.4 개정)

② 고용노동부장관은 제1항에 따른 시범사업에 참여하는 사업주, 피보험자

등 및 직업능력개발 훈련 시설 등에 재정·행정·기술 그 밖에 필요한 지원을 할 수 있다. (2010.6.4 개정)

③ 제1항에 따른 시범사업의 대상자·실시지역·실시방법과 제2항에 따른 지원 내용 등에 관하여 필요한 사항은 고용노동부장관이 정하여 고시한다. (2010.6.4 개정)

령 제144조의2

제115조【권한의 위임·위탁】 이 법에 따른 고용노동부장관의 권한은 대통령령으로 정하는 바에 따라 그 일부를 직업안정기관의 장에게 위임하거나, 대통령령으로 정하는 자에게 위탁할 수 있다. (2010.6.4 개정)

령 제145조

제115조의2【벌칙 적용 시의 공무원 의제】 ① 제36조와 제115조에 따라 업무를 대행하거나 위탁하도록 하는 경우에 그 대행하거나 위탁받은 업무에 종사하는 사람은 「형법」 제129조부터 제132조까지의 규정에 따른 벌칙을 적용할 때에는 공무원으로 본다. (2020.5.26 개정)

② 심사위원회의 위원 중 공무원이 아닌 위원은 「형법」 제127조 및 제129조부터 제132조까지의 규정을 적용할 때에는 공무원으로 본다. (2019.1.15 신설)

제9장 벌 칙

제116조【벌칙】 ① 사업주와 공모하여 거짓이나 그 밖의 부정한 방법으로 다음 각 호에 따른 지원금 또는 급여를 받은 자와 공모한 사업주는 각각 5년 이하의 징역 또는 5천만원 이하의 벌금에 처한다. (2019.8.27 개정)

1. 제3장에 따른 고용안정·직업능력개발 사업의 지원금
2. 제4장에 따른 실업급여
3. 제5장에 따른 육아휴직 급여, 육아기 근로시간 단축 급여 및 출산전후휴가 급여등
4. 제5장의2 및 제5장의3에 따른 구직급여 및 출산전후급여등 (2021.1.5 개정)

② 다음 각 호의 어느 하나에 해당하는 자는 3년 이하의 징역 또는 3천만원 이하의 벌금에 처한다. (2019.8.27 개정)

1. 제105조(제77조의5제3항·제4항 및 제77조의10제3항·제4항에서 준용하는 경우를 포함한다)를 위반하여 근로자를 해고하거나 그 밖에 근로자에게 불이익한 처우를 한 사업주 (2022.12.31 개정)
2. 거짓이나 그 밖의 부정한 방법으로 제1항 각 호에 따른 지원금 또는 급여를 받은 자. 다만, 제1항에 해당하는 경우는 제외한다.

고용보험

제117조 【양벌규정】 법인의 대표자나 법인 또는 개인의 대리인, 사용인, 그 밖의 종업원이 그 법인 또는 개인의 업무에 관하여 제116조의 위반행위를 하면 그 행위자를 벌하는 외에 그 법인 또는 개인에게도 해당 조문의 벌금형을 과(科)한다. 다만, 법인 또는 개인이 그 위반행위를 방지하기 위하여 해당 업무에 관하여 상당한 주의와 감독을 게을리하지 아니한 경우에는 그러하지 아니하다. (2008.12.31 개정)

제118조 【과태료】 ① 다음 각 호의 어느 하나에 해당하는 사업주, 보험사무대행기관, 노무제공플랫폼사업자의 대표자 또는 대리인·사용인, 그 밖의 종업원에게는 300만원 이하의 과태료를 부과한다. (2021.1.5 개정)

1. 제15조(제77조의5제1항 및 제77조의10제1항에서 준용하는 경우를 포함한다), 제77조의2제3항 및 제77조의7제1항을 위반하여 신고를 하지 아니하거나 거짓으로 신고한 자 (2021.1.5 개정)
2. 제42조제3항 후단(제77조의5제2항 및 제77조의10제2항에서 준용하는 경우를 포함한다)을 위반하여 이직확인서를 발급하여 주지 아니하거나 거짓으로 작성하여 발급하여 준 자 (2021.1.5 개정)
3. 제43조제4항 후단(제77조의5제2항 및 제77조의10제2항에서 준용하는 경우를 포함한다)을 위반하여 이직확인서를 제출하지 아니하거나 거짓으로 작성하여 제출한 자 (2021.1.5 개정)
4. 제108조제1항(제77조의5제3항·제4항 및 제77조의10제3항·제4항에서 준용하는 경우를 포함한다)에 따른 요구에 따르지 아니하여 보고를 하지 아니하거나 거짓으로 보고한 자, 같은 요구에 따르지 아니하여 문서를 제출하지 아니하거나 거짓으로 적은 문서를 제출한 자 또는 출석하지 아니한 자 (2022.12.31 개정)
5. 제108조제2항(제77조의5제3항·제4항 및 제77조의10제3항·제4항에서 준용하는 경우를 포함한다)에 따른 요구에 따르지 아니하여 증명서를 내주지 아니한 자 (2022.12.31 개정)
6. 제109조제1항(제77조의5제3항·제4항 및 제77조의10제3항·제4항에서 준용하는 경우를 포함한다)에 따른 질문에 답변하지 아니하거나 거짓으로 진술한 자 또는 조사를 거부·방해하거나 기피한 자 (2022.12.31 개정)
7. 제77조의7제2항을 위반하여 자료 또는 정보의 제공 요청에 따르지 아니한 자 (2021.1.5 신설)
8. 제77조의7제5항을 위반하여 노무제공자의 피보험자격의 신고와 관련된 자료 또는 정보를 보관하지 아니한 자 (2021.1.5 신설)

② 다음 각 호의 어느 하나에 해당하는 피보험자, 수급자격자 또는 지급되지 아니한 실업급여의 지급을 청구하는 자에게는 100만원 이하의 과태료를 부과한다.

1. 제108조제3항(제77조의5제3항·제4항 및 제77조의10제3항·제4항에서 준용하는 경우를 포함한다)에 따라 요구된 보고를 하지 아니하거나 거짓으로 보고한 자, 문서를 제출하지 아니하거나 거짓으로 적은 문서를 제출한 자 또는 출석하지 아니한 자 (2022.12.31 개정)
2. 제109조제1항(제77조의5제3항·제4항 및 제77조의10제3항·제4항에서 준용하는 경우를 포함한다)에 따른 질문에 답변하지 아니하거나 거짓으로 진술한 자 또는 검사를 거부·방해하거나 기피한 자 (2022.12.31 개정)

③ 제87조(제77조의5제3항·제4항 및 제77조의10제3항·제4항에서 준용하는 경우를 포함한다)에 따른 심사 또는 재심사의 청구를 받아 하는 심사관 및 심사위원회의 질문에 답변하지 아니하거나 거짓으로 진술한 자 또는 검사를 거부·방해하거나 기피한 자에게는 100만원 이하의 과태료를 부과한다. (2022.12.31 개정)

④ 제1항부터 제3항까지의 규정에 따른 과태료는 대통령령으로 정하는 바에 따라 고용노동부장관이 부과·징수한다. (2010.6.4 개정)

⑤ 삭제(2008.12.31)

⑥ 삭제(2008.12.31)

⑦ 삭제(2008.12.31)

령 제146조

부 칙

제1조 【시행일】 이 법은 공포한 날부터 시행한다.

제2조 【직업능력개발 훈련을 실시하는 자의 부정행위에 대한 추가징수에 관한 경과조치】 직업능력개발 훈련을 실시하는 자가 이 법 시행 전에 거짓이나 그 밖의 부정한 방법으로 직업능력개발 훈련에 대한 지원을 받거나 이를 받고자 한 경우에는 제35조제2항 단서의 개정규정에도 불구하고 종전의 규정에 따른다.

제3조 【유효기간】 제107조제1항 단서의 개정규정은 2009년 12월 31일까지 효력을 가진다.

제4조 【처분 등에 관한 일반적 경과조치】 이 법 시행 당시 종전의 규정에 따른 행정기관의 행위나 행정기관에 대한 행위는 그에 해당하는 이 법에 따른 행정기관의 행위나 행정기관에 대한 행위로 본다.

제5조 【벌칙이나 과태료에 관한 경과조치】 이 법 시행 전의 행위에 대하여 벌칙이나 과태료 규정을 적용할 때에는 종전의 규정에 따른다.

제6조 【다른 법률의 개정】 생략

제7조 【다른 법령과의 관계】 이 법 시행 당시 다른 법령에서 종전의 「고용보험법」 또는 그 규정을 인용한 경우에 이 법 가운데 그에 해당하는 규정이

있으면 종전의 규정을 갈음하여 이 법 또는 이 법의 해당 규정을 인용한 것으로 본다.

〈생략〉

부칙(2008.12.31 법률 제9315호)

제1조【시행일】 이 법은 공포한 날부터 시행한다. 다만, 제29조제3항의 개정규정은 공포 후 3개월이 경과한 날부터 시행하고, 제7조, 제11조의2, 제81조 및 제84조의 개정규정은 2009년 7월 1일부터 시행한다.

제2조【수급자격 인정에 관한 적용례】 제41조 및 제43조의 개정규정은 이 법 시행 후 최초로 수급자격 인정 여부를 결정하는 경우부터 적용한다.

제3조【산전후휴가 급여등의 수급권 대위에 관한 적용례】 제75조의2의 개정규정은 이 법 시행 후 최초로 산전후휴가 등을 부여하는 경우부터 적용한다.

제4조【부정행위에 따른 지원의 제한 등에 관한 경과조치】 제35조의 개정규정에도 불구하고 이 법 시행 전에 거짓이나 그 밖의 부정한 방법으로 지원을 받은 자 또는 받으려 한 자에 대한 지원의 제한 등에 관하여는 종전의 규정에 따른다.

〈생략〉

부칙(2011.7.21 법률 제10895호)

제1조【시행일】 이 법은 공포 후 6개월이 경과한 날부터 시행한다. 다만, 제2조제5호의 개정규정은 공포한 날부터 시행하고, 제26조의2, 제50조제5항, 제70조, 제73조의2, 제74조, 제113조의2의 개정규정은 공포 후 2개월이 경과한 날부터 시행한다.

제2조【지원의 지급 제한에 관한 적용례】 제26조의2의 개정규정 중 고용유지지원금 지급에 관한 사항은 이 법 시행 후 최초로 고용유지조치계획을 신고하는 경우부터 적용하며, 그 밖의 지원금 지급에 관한 사항은 이 법 시행 후 최초로 해당 사업장에 근로자를 고용한 경우부터 적용한다.

제3조【소정급여일수에 관한 적용례】 제50조제5항의 개정규정은 이 법 시행 후 최초로 제17조에 따라 피보험자격 취득이 확인된 사람부터 적용한다.

제4조【육아휴직 급여에 관한 경과조치】 이 법 시행 당시 육아기 근로시간 단축을 허용받아 그 기간 중에 있는 근로자에 대하여는 제70조제1항에 따른 육아휴직 급여를 지급함에 있어서 이 법 시행 후의 육아기 근로시간 단축 기간부터 제70조제1항제2호의 개정규정을 적용한다.

제5조 【육아기 근로시간 단축 급여에 관한 경과조치】 이 법 시행 당시 육아기 근로시간 단축을 허용받아 그 기간 중에 있는 근로자에 대하여는 이 법 시행 후의 육아기 근로시간 단축 기간부터 제73조의2의 개정규정을 적용한다.

〈생략〉

부칙(2015.1.20 법률 제13041호)

제1조 【시행일】 이 법은 공포한 날부터 시행한다. 다만, 제37조의2, 제38조, 제45조제4항의 개정규정은 공포 후 3개월이 경과한 날부터 시행한다.

제2조 【피보험기간에 관한 적용례】 제50조의 개정규정은 이 법 시행 후 피보험자격의 취득의 신고를 하거나 확인이 된 경우부터 적용한다.

제3조 【고액 금품 수령에 따른 구직급여의 지급유예 폐지에 관한 적용례 등】 ① 이 법 시행 당시 종전의 제59조제1항에 따라 구직급여의 지급이 유예 중인 사람에 대해서도 제40조에 따라 구직급여를 지급한다.

② 제1항에 따라 구직급여를 지급받거나 이 법 시행 전에 지급유예 기간이 종료된 사람의 구직급여 수급기간은 제48조에 따른 수급기간에 종전의 제59조제1항에 따라 구직급여의 지급이 유예된 기간만큼 더하여 산정한 기간으로 한다.

제4조 【금치산자 등에 대한 경과조치】 제99조제4항제1호의 개정규정에 따른 피성년후견인 또는 피한정후견인에는 법률 제10429호 민법 일부개정법률 부칙 제2조에 따라 금치산 또는 한정치산 선고의 효력이 유지되는 사람이 포함되는 것으로 본다.

〈생략〉

부칙(2019.1.15 법률 제16269호)

제1조 【시행일】 이 법은 공포 후 6개월이 경과한 날부터 시행한다. 다만, 제6조제2항 단서, 같은 조 제3항 단서, 제10조, 제43조제1항, 제63조제4항, 제80조제1항제2호의2, 제90조, 제93조, 제97조제2항, 제98조, 제99조제5항, 제100조, 제103조, 제107조제1항 및 제115조의2의 개정규정은 공포한 날부터 시행한다.

제2조 【외국인근로자의 고용보험 적용에 관한 적용례】 제10조의2제1항의 개정규정은 다음 각 호의 구분에 따른 날부터 적용한다.

1. 상시 30명 이상의 근로자를 사용하는 사업 또는 사업장 : 2021년 1월 1일
2. 상시 10명 이상 30명 미만의 근로자를 사용하는 사업 또는 사업장 : 2022

년 1월 1일

3. 상시 10명 미만의 근로자를 사용하는 사업 또는 사업장 : 2023년 1월 1일

제3조【건설일용근로자 구직급여 수급 요건에 관한 적용례】 제40조제1항 제5호 및 제49조 단서의 개정규정은 이 법 시행 이후 제43조제1항에 따른 구직급여 수급자격 인정 신청을 하는 사람부터 적용한다.

제4조【취업 사실 미신고 등에 따른 육아휴직 급여 등의 지급 제한에 관한 적용례】 제73조제5항(제74조 및 제77조에 따라 준용되는 경우를 포함한다)의 개정규정은 이 법 시행 당시 육아휴직, 육아기 근로시간 단축, 출산전후휴가 또는 유산·사산휴가 중인 피보험자가 이 법 시행 이후 제70조제3항의 개정규정을 위반하여 취업한 사실을 기재하지 아니하거나 거짓으로 기재한 경우부터 횟수를 산정하여 적용한다.

제5조【실업급여 등 적용 제외에 관한 경과조치】 제10조의 개정규정 시행 당시 65세 이후에 고용되어 종전의 제10조제1항제1호에 따라 실업급여 등의 적용이 제외된 사람은 같은 조 제2항의 개정규정에도 불구하고 종전의 규정에 따른다.

제6조【취업한 기간에 대한 육아휴직 급여 등의 지급 제한에 관한 경과조치】 이 법 시행 전에 육아휴직, 육아기 근로시간 단축, 출산전후휴가 또는 유산·사산휴가 기간에 취업한 사실이 있는 피보험자에 대해서는 제73조제2항(제74조 및 제77조에 따라 준용되는 경우를 포함한다)의 개정규정에도 불구하고 종전의 제73조제1항을 적용한다.

제7조【피보험자격의 취득·상실에 대한 확인에 관한 심사청구 기관 변경에 따른 피청구인 등에 관한 경과조치】 제90조의 개정규정 시행 당시 제87조제1항에 따른 피보험자격의 취득·상실에 대한 확인에 관하여 심사청구, 재심사청구 및 행정소송이 계속 중인 사건의 경우 피청구인 또는 피고의 적격은 근로복지공단으로 승계된다.

〈생략〉

부칙(2019.8.27 법률 제16557호)

제1조【시행일】 이 법은 공포 후 1년이 경과한 날부터 시행한다. 다만, 제19조제2항, 제40조, 제46조제1항, 제69조의5, 제75조, 제76조제1항, 제77조 후단, 별표 1 및 별표 2의 개정규정은 2019년 10월 1일부터 시행하고, 제70조제1항 및 제73조의2제1항의 개정규정은 공포 후 6개월이 경과한 날부터 시행한다.

제2조【구직급여의 수급 요건에 관한 적용례】 제40조제2항제2호의 개정규정은 같은 개정규정 시행 전에 이직한 근로자에게도 적용한다.

제3조 【구직급여 수급자격 확인을 위한 자료 요청에 관한 적용례】 제43조제4항의 개정규정은 이 법 시행 당시 신청인에 대한 수급자격의 인정 여부를 결정 중에 있는 경우에도 적용한다.

제4조 【반복적인 구직급여 부정수급자에 대한 구직급여 지급 제한에 관한 적용례】 제61조제5항의 개정규정에 따른 구직급여를 받지 못한 횟수는 이 법 시행 이후 제61조제1항 본문에 따라 구직급여를 받지 못한 경우부터 산정한다.

제5조 【구직급여 등의 충당에 관한 적용례】 제62조제5항의 개정규정은 이 법 시행 이후에 지급사유가 발생한 구직급여를 이 법 시행 이후에 반환 결정된 구직급여 반환금 또는 추가징수금에 충당하는 경우부터 적용한다.

제6조 【육아휴직 급여 및 육아기 근로시간 단축 급여에 관한 적용례】 제70조제1항 및 제73조의2제1항의 개정규정은 같은 개정규정 시행 전에 부모가 동시에 육아휴직 또는 육아기 근로시간 단축을 사용한 경우 같은 개정규정 시행 이후의 육아휴직 또는 육아기 근로시간 단축 기간에 대하여도 적용한다.

제7조 【출산전후휴가 급여 등에 관한 적용례】 제75조, 제76조제1항 및 제77조 후단의 개정규정은 같은 개정규정 시행 후 최초로 배우자 출산휴가를 사용하는 사람부터 적용한다.

제8조 【구직급여일액에 관한 경과조치】 ① 제46조제1항 및 제69조의5의 개정규정 시행 전에 이직한 자에 대한 구직급여일액에 대해서는 같은 개정규정에도 불구하고 종전의 규정에 따른다.
② 제46조제1항제2호의 개정규정에 따라 산정한 최저구직급여일액이 같은 개정규정 시행 전 최저구직급여일액보다 낮은 경우에는 같은 개정규정 시행 전 최저구직급여일액을 해당 연도 최저구직급여일액으로 한다.

제9조 【부정행위에 따른 구직급여의 추가 징수에 관한 경과조치】 이 법 시행 전에 거짓이나 그 밖의 부정한 방법으로 구직급여를 지급받은 사람에 대한 구직급여의 추가 징수 금액에 대해서는 제62조제2항의 개정규정에도 불구하고 종전의 규정에 따른다.

제10조 【구직급여의 소정급여일수에 관한 경과조치】 별표 1 및 별표 2의 개정규정 시행 전에 이직한 자에 대한 구직급여의 소정급여일수에 대해서는 같은 개정규정에도 불구하고 종전의 규정에 따른다.

제11조 【다른 법률의 개정】 생략

〈생략〉

부칙(2020.6.9 법률 제17429호)

제1조 【시행일】 이 법은 공포 후 6개월이 경과한 날부터 시행한다.

제2조【예술인의 피보험자격 취득일에 관한 적용례】 제77조의2에 해당하는 예술인의 문화예술용역 관련 계약 개시일이 이 법 시행일 이전인 경우에는 제13조제1항에도 불구하고 이 법 시행일을 피보험자격 취득일로 본다.

부칙(2021.1.5 법률 제17859호)

제1조【시행일】 이 법은 2021년 7월 1일부터 시행한다. 다만, 제77조의7 및 제118조제1항제7호·제8호의 개정규정은 2022년 1월 1일부터 시행한다.

제2조【기간제근로자 등의 출산전후휴가 급여등에 관한 적용례】 제76조의2의 개정규정은 이 법 시행 당시 출산전후휴가 중인 기간제근로자 또는 파견근로자에 대해서도 적용한다.

제3조【노무제공자의 피보험자격 취득일에 관한 적용 특례】 이 법 시행 전에 노무제공계약이 개시되어 노무제공계약이 끝나지 아니한 노무제공자로서 제77조의6의 개정규정에 따라 피보험자격을 취득하여 제5장의3을 적용받는 노무제공자는 이 법 시행일에 피보험자격을 취득한 것으로 보아 제77조의10제1항의 개정규정에서 준용하는 제13조제1항을 적용한다.

부칙(2021.8.17 법률 제18425호)

제1조【시행일】 이 법은 공포 후 6개월이 경과한 날부터 시행한다.

제2조 및 **제3조** 생략

부칙(2022.6.10 법률 제18913호)

이 법은 공포한 날부터 시행한다.

부칙(2022.6.10 법률 제18919호)

제1조【시행일】 이 법은 2023년 7월 1일부터 시행한다. 〈단서 생략〉

제2조 및 **제3조** 생략

부칙(2022.6.10 법률 제18920호)

이 법은 공포 후 6개월이 경과한 날부터 시행한다.

부칙(2022.12.31 법률 제19210호)

제1조【시행일】 이 법은 공포 후 6개월이 경과한 날부터 시행한다. 다만, 다음 각 호의 사항은 그 구분에 따른 날부터 시행한다.

1. 제10조제1항제2호, 제77조제1항·제2항, 제77조의5제3항·제4항, 제77조의10제3항·제4항, 제116조 및 제118조의 개정규정 : 공포한 날
2. 제77조의3제3항 단서 및 제77조의8제3항 단서의 개정규정 : 2023년 1월

1일

제2조【구직급여 대기기간 연장에 관한 적용례】 제43조의2, 제49조제2항, 제77조의3제6항 및 제77조의8제6항의 개정규정은 이 법 시행 이후 구직급여를 신청한 사람부터 적용한다.

제3조【기간제근로자 및 파견근로자의 출산전후휴가 급여등에 관한 적용례】 제76조의2의 개정규정은 이 법 시행 당시 유산·사산휴가 중인 기간제근로자 또는 파견근로자에 대해서도 적용한다.

제4조【외국인인 예술인·노무제공자의 고용보험에 관한 경과조치】 ① 이 법 시행 전에 외국인인 예술인·노무제공자가 고용보험 피보험자격을 취득한 경우에 이 법 시행 전까지의 피보험자격과 관련한 사항에 대해서는 제10조의2제2항의 개정규정에도 불구하고 종전의 규정에 따른다.
② 제1항에도 불구하고 이 법 시행 전에 피보험자격을 취득한 외국인인 예술인·노무제공자가 이 법 시행 이후 제10조의2제2항의 개정규정에 따른 적용대상에 해당하지 아니하는 경우 이 법 시행 전 피보험자격과 관련한 보험료 반환 등을 근로복지공단에 신청할 수 있다. 이 경우 해당 피보험자격은 무효로 본다.
③ 제2항에 따른 보험료 반환 등을 신청받은 근로복지공단은 예술인·노무제공자가 부담한 보험료(고용산재보험료징수법 제21조에 따라 지원한 금액은 제외한다)에 대해서는 예술인·노무제공자에게 반환하고 사업주가 부담한 보험료(고용산재보험료징수법 제21조에 따라 지원한 금액은 제외한다)에 대해서는 고용산재보험료징수법에 따라 그 납부한 금액을 충당하거나 반환하여야 하며 보험료 반환 시 해당 예술인·노무제공자가 구직급여 또는 출산전후급여등을 받은 경우 직업안정기관의 장은 제77조의5제2항·제3항 및 제77조의10제2항·제3항에서 준용하는 제62조제4항에 따라 그 지급금의 반환을 명할 수 있다.

제5조【일용근로자의 구직급여 수급요건에 관한 경과조치】 이 법 시행 전에 제43조에 따라 수급자격을 인정하여 줄 것을 신청한 일용근로자의 구직급여에 관하여는 제40조제1항제5호가목의 개정규정에도 불구하고 종전의 규정에 따른다.

제6조【15세 미만인 예술인·노무제공자의 고용보험에 관한 경과조치】 ① 이 법 시행 전에 15세 미만인 예술인·노무제공자가 문화예술용역 관련 계약 또는 노무제공계약을 개시한 경우에 이 법 시행 전까지의 피보험자격과 관련한 사항에 대해서는 제77조의2제2항제3호 또는 제77조의6제2항제3호의 개정규정에도 불구하고 종전의 규정에 따른다.
② 이 법 시행 전에 15세 미만인 예술인·노무제공자로서 고용보험 피보험자격을 취득한 사람은 이 법 시행 이후 3개월이 되는 날까지 근로복지공단에

고용보험 탈퇴를 신청할 수 있다. 이 경우 탈퇴를 신청한 사람은 탈퇴를 신청한 날의 다음 날에 그 피보험자격을 상실하며 탈퇴를 신청하지 않은 사람은 고용보험 가입의사가 있는 것으로 본다.
③ 제1항에도 불구하고 이 법 시행 전에 피보험자격을 취득한 15세 미만인 예술인·노무제공자가 이 법 시행 이후 제77조의2제2항제3호 또는 제77조의6제2항제3호의 개정규정에 따른 적용대상에 해당하지 아니하는 경우 이 법 시행 전 피보험자격과 관련한 보험료 반환 등을 근로복지공단에 신청할 수 있다. 이 경우 그 피보험자격은 무효로 본다.
④ 제3항에 따른 보험료 반환 등을 신청받은 근로복지공단은 예술인·노무제공자가 부담한 보험료(고용산재보험료징수법 제21조에 따라 지원한 금액은 제외한다)에 대해서는 예술인·노무제공자에게 반환하고 사업주가 부담한 보험료(고용산재보험료징수법 제21조에 따라 지원한 금액은 제외한다)에 대해서는 고용산재보험료징수법에 따라 그 납부한 금액을 충당하거나 반환하여야 하며 보험료 반환 시 해당 예술인·노무제공자가 구직급여 또는 출산전후급여등을 받은 경우 직업안정기관의 장은 제77조의5제2항·제3항 및 제77조의10제2항·제3항에서 준용하는 제62조제4항에 따라 그 지급금의 반환을 명할 수 있다.

부칙(2023.8.8 법률 제19591호)

제1조【시행일】 이 법은 2024년 5월 17일부터 시행한다.

제2조부터 **제5조**까지 생략

부칙(2024.10.22 법률 제20519호)

제1조【시행일】 이 법은 공포 후 4개월이 경과한 날부터 시행한다.

제2조【난임치료휴가의 급여 지급 기간에 관한 적용례】 제75조 및 제76조제1항제3호의 개정규정은 이 법 시행 이후 「남녀고용평등과 일·가정 양립 지원에 관한 법률」 제18조의3제1항 본문에 따라 사용하는 유급 난임치료휴가 기간부터 적용한다.

제3조【출산전후휴가 급여 지급 기간에 관한 적용례】 제76조제1항제1호의 개정규정은 이 법 시행 이후 출산하는 근로자부터 적용한다.

제4조【배우자 출산휴가 급여의 지급 기간에 관한 적용례】 제76조제1항제2호의 개정규정은 이 법 시행 이후 사용하는 배우자 출산휴가 기간부터 적용한다.

부칙(2025.10.1 법률 제21065호)

제1조【시행일】 이 법은 공포한 날부터 시행한다. 〈단서 생략〉

제2조부터 **제8조**까지 생략

부칙(2025.11.11 법률 제21133호)

이 법은 공포 후 6개월이 경과한 날부터 시행한다.

[별표 1] (2019.8.27 개정)

구직급여의 소정급여일수(제50조제1항 관련)

구분		피보험기간				
		1년 미만	1년 이상 3년 미만	3년 이상 5년 미만	5년 이상 10년 미만	10년 이상
이직일 현재 연령	50세 미만	120일	150일	180일	210일	240일
	50세 이상	120일	180일	210일	240일	270일

※ 비고 : 「장애인고용촉진 및 직업재활법」 제2조제1호에 따른 장애인은 50세 이상인 것으로 보아 위 표를 적용한다.

[별표 2] (2019.8.27 개정)

자영업자의 구직급여의 소정급여일수(제69조의6 관련)

구분	피보험기간			
	1년 이상 3년 미만	3년 이상 5년 미만	5년 이상 10년 미만	10년 이상
소정급여일수	120일	150일	180일	210일

고용보험법 시행령

전부개정 2007.10.17 대통령령 제20330호
개정 2007.10.23 대통령령 제20331호
〈생략〉
2025.10. 1 대통령령 제35805호
2025.10.28 대통령령 제35832호
2025.12.23 대통령령 제35934호
2025.12.30 대통령령 제35947호

제1장 총 칙

제1조 【목적】 이 영은 「고용보험법」에서 위임된 사항과 그 시행에 필요한 사항을 규정하는 것을 목적으로 한다.

제1조의2 【보수에서 제외되는 금품】 「고용보험법」(이하 "법"이라 한다) 제2조제5호 본문에서 "대통령령으로 정하는 금품"이란 「소득세법」 제12조제3호에 따른 비과세 근로소득을 말한다. (2021.6.8 개정)

제1조의3 【고용보험위원회의 구성】 ① 법 제7조제4항제1호 및 제2호에 따른 근로자와 사용자를 대표하는 사람은 각각 전국 규모의 노동단체와 전국 규모의 사용자단체에서 추천하는 사람 중에서 고용노동부장관이 위촉한다. (2010.12.31 개정)
② 법 제7조제4항제3호에 따른 공익을 대표하는 사람은 고용보험과 그 밖의 고용노동 분야 전반에 관하여 학식과 경험이 풍부한 사람 중에서 고용노동부장관이 위촉한다. (2010.7.12 개정)
③ 법 제7조제4항제4호에 따른 정부를 대표하는 사람은 고용보험 관련 중앙행정기관의 고위공무원단에 속하는 공무원 중에서 고용노동부장관이 임명한다. (2010.7.12 개정)

제1조의4 【위원의 임기 등】 ① 법 제7조제4항제1호부터 제3호까지의 규정에 따른 위촉위원(이하 "위촉위원"이라 한다)의 임기는 2년으로 한다. 다만, 보궐위원의 임기는 전임자 임기의 남은 기간으로 한다. (2023.11.7 개정)
② 위촉위원은 제1항에 따른 임기가 만료된 경우에도 후임위원이 위촉될 때까지 그 직무를 수행할 수 있다. (2023.11.7 신설)
③ 고용노동부장관은 위촉위원이 다음 각 호의 어느 하나에 해당하는 경우에는 해당 위원을 해촉(解囑)할 수 있다. (2023.11.7 개정)
1. 심신장애로 인하여 직무를 수행할 수 없게 된 경우
2. 직무와 관련된 비위사실이 있는 경우

고용보험

3. 직무태만, 품위손상이나 그 밖의 사유로 인하여 위원으로 적합하지 아니하다고 인정되는 경우
4. 위원 스스로 직무를 수행하는 것이 곤란하다고 의사를 밝히는 경우

제1조의5 【위원장의 직무】 ① 법 제7조에 따른 고용보험위원회(이하 "위원회"라 한다)의 위원장은 위원회를 대표하며, 위원회의 사무를 총괄한다. (2010.12.31 개정)

② 위원장이 부득이한 사유로 직무를 수행할 수 없을 때에는 위원장이 미리 지명하는 위원이 그 직무를 대행한다. (2009.3.12 신설)

제1조의6 【회의】 ① 위원장은 위원회의 회의를 소집하고, 그 의장이 된다. (2010.12.31 개정)

② 위원회의 회의는 재적위원 과반수의 출석으로 개의(開議)하고 출석위원 과반수의 찬성으로 의결한다. (2009.3.12 신설)

제1조의7 【전문위원회】 ① 법 제7조제5항에 따라 위원회에 고용보험운영전문위원회와 고용보험평가전문위원회(이하 "전문위원회"라 한다)를 둔다. (2010.12.31 개정)

② 전문위원회는 각각 위원장 1명을 포함한 15명 이내의 위원으로 구성한다. (2009.3.12 신설)

③ 위원회의 위원장은 위원회의 위원 중에서 전문위원회의 위원장을 임명하거나 위촉하고, 다음 각 호의 어느 하나에 해당하는 사람 중에서 전문위원회의 위원을 임명하거나 위촉한다. (2009.3.12 신설)

1. 고용보험 등 사회보험에 관한 학식과 경험이 있고, 전국 규모의 노동단체나 전국 규모의 사용자단체에서 추천하는 사람
2. 고용보험 등 사회보험에 관한 학식과 경험이 풍부한 사람
3. 고용보험 관련 중앙행정기관의 3급 또는 4급 공무원

④ 전문위원회의 위원장은 법 제7조제5항에 따라 전문위원회가 심의 사항에 대하여 검토·조정한 결과를 위원회에 보고하여야 한다. (2009.3.12 신설)

⑤ 전문위원회에 관하여는 제1조의4부터 제1조의6까지의 규정을 준용한다. 이 경우 "법 제7조제4항제1호부터 제3호까지의 규정"은 "제1조의7제3항제1호 및 제2호"로, "고용노동부장관"은 "위원회의 위원장"으로, "제1조의3제1항 및 제2항"은 "제1조의7제3항제1호 및 제2호"로 본다. (2015.12.31 개정)

제1조의8 【조사·연구위원】 ① 고용보험에 관한 전문적인 사항을 조사·연구하기 위하여 위원회에 5명 이내의 조사·연구위원을 둘 수 있다. (2010.12.31 개정)

② 조사·연구위원은 고용보험에 관한 학식과 경험이 풍부한 사람 중에서 위원회의 위원장이 위촉한다. (2009.3.12 신설)

제1조의9 【협조의 요청】 위원회나 전문위원회(이하 "위원회등"이라 한다)는 안건의 심의를 위하여 필요하다고 인정하는 경우에는 관계 행정기관 또는 단체에 자료 제출을 요청하거나 관계 공무원이나 전문가 등 관계인을 출석시켜 의견을 들을 수 있다. (2010.12.31 개정)

제1조의10 【간사】 위원회등에는 각각 간사 1명을 두되, 간사는 고용노동부 소속 공무원 중에서 위원회의 위원장이 임명한다. (2010.12.31 개정)

제1조의11 【위원의 수당】 위원회등의 회의에 출석하거나 회의 안건에 대한 검토의견을 제출한 위원에게는 예산의 범위에서 수당과 여비를 지급할 수 있다. 다만, 그 소관 업무와 직접 관련되는 공무원인 위원에게는 수당과 여비를 지급하지 아니한다. (2010.12.31 개정)

제1조의12 【운영세칙】 이 영에서 규정한 사항 외에 위원회등의 운영에 필요한 사항은 위원회의 의결을 거쳐 위원회의 위원장이 정한다. (2010.12.31 개정)

제2조 【적용 범위】 ① 법 제8조제1항 단서에서 "대통령령으로 정하는 사업"이란 다음 각 호의 어느 하나에 해당하는 사업을 말한다. (2021.6.8 개정)
1. 삭제(2024.6.25)
2. 다음 각 목의 어느 하나에 해당하는 공사. 다만, 법 제15조제2항 각 호에 해당하는 자가 시공하는 공사는 제외한다.
   가. 「고용보험 및 산업재해보상보험의 보험료징수 등에 관한 법률 시행령」(이하 "고용산재보험료징수법시행령"이라 한다) 제2조제1항제2호에 따른 총공사금액(이하 이 조에서 "총공사금액"이라 한다)이 2천만원 미만인 공사 (2021.6.8 개정)
   나. 연면적이 100제곱미터 이하인 건축물의 건축 또는 연면적이 200제곱미터 이하인 건축물의 대수선에 관한 공사 (2008.9.18 개정)
3. 가구 내 고용활동 및 달리 분류되지 아니한 자가소비 생산활동 (2015.6.30 개정)

② 제1항 각 호의 어느 하나에 해당하는 사업의 범위에 관하여는 법 또는 이 영에 특별한 규정이 있는 경우 외에는 「통계법」 제22조에 따라 국가데이터처장이 고시하는 산업에 관한 표준분류(이하 "한국표준산업분류표"라 한다)에 따른다. (2025.10.1 개정)

③ 총공사금액이 2천만원 미만인 건설공사가 설계 변경(사실상의 설계 변경이 있는 경우를 포함한다)으로 인하여 2천만원 이상의 건설공사에 해당하게 되거나 「고용보험 및 산업재해보상보험의 보험료징수 등에 관한 법률」(이하 "고용산재보험료징수법"이라 한다) 제8조제1항 및 제2항에 따라 일괄 적용을 받게 되는 경우에는 그 때부터 법의 규정의 전부를 적용한다. (2021.6.8 개정)

제3조 【적용 제외 근로자】 ① 법 제10조제1항제2호에서 "해당 사업에서 소정(所定)근로시간이 대통령령으로 정하는 시간 미만인 근로자"란 해당 사업에서 1개월간 소정근로시간이 60시간 미만이거나 1주간의 소정근로시간이 15시간 미만인 근로자를 말한다. (2023.6.27 개정)
② 제1항에도 불구하고 다음 각 호의 어느 하나에 해당하는 근로자는 법 적용 대상으로 한다. (2023.6.27 신설)
1. 해당 사업에서 3개월 이상 계속하여 근로를 제공하는 근로자
2. 일용근로자
③ 법 제10조제1항제5호에서 "대통령령으로 정하는 사람"이란 다음 각 호의 어느 하나에 해당하는 사람을 말한다. (2024.6.25 개정)
1. 「별정우체국법」에 따른 별정우체국 직원
2. 농업·임업 및 어업 중 법인이 아닌 자가 상시 4명 이하의 근로자를 사용하는 사업에 종사하는 근로자. 다만, 본인의 의사로 고용노동부령으로 정하는 바에 따라 고용보험에 가입을 신청하는 사람은 고용보험에 가입할 수 있다.

제3조의2 【별정직·임기제 공무원의 보험 가입】 ① 별정직 또는 임기제 공무원(이하 "가입대상 공무원"이라 한다)을 임용하는 행정기관(이하 "소속기관"이라 한다)의 장은 가입대상 공무원이 해당 소속기관에 최초로 임용된 경우 지체 없이 법 제10조제1항제3호 단서에 따른 본인의 의사를 확인하여야 한다. (2019.6.25 개정)
② 소속기관의 장은 제1항에 따라 보험가입 의사가 있는 것으로 확인된 가입대상 공무원에 대하여 임용된 날부터 3개월 이내에 고용노동부장관에게 고용보험 가입을 신청하여야 한다. 다만, 해당 가입대상 공무원이 원하는 경우에는 같은 기간에 직접 가입을 신청할 수 있으며, 이 경우 고용노동부장관은 가입 신청 사실을 소속기관의 장에게 알려야 한다. (2016.10.18 개정)
③ 제1항 또는 제2항에 따라 가입을 신청한 경우에 해당 가입대상 공무원은 가입을 신청한 날의 다음 날에 피보험자격을 취득한 것으로 본다. 이 경우 피보험자격을 취득한 공무원이 공무원 신분의 변동에 따라 계속하여 다른 별정직 또는 임기제 공무원으로 임용된 때에는 별도의 가입신청을 하지 않은 경우에도 고용보험의 피보험자격을 유지한다. (2013.11.20 개정)
④ 고용보험에 가입한 공무원이 고용보험에서 탈퇴하려는 경우에는 고용노동부장관에게 탈퇴신청을 하여야 한다. 이 경우 탈퇴를 신청한 날의 다음 날에 피보험자격을 상실한 것으로 본다. (2016.10.18 개정)
⑤ 제4항에 따라 고용보험에서 탈퇴한 이후에 가입대상 공무원으로 계속 재직하는 동안에는 고용보험에 다시 가입할 수 없으며, 고용보험에서 탈퇴한 이후에는 수급자격을 인정하지 아니한다. 다만, 탈퇴한 공무원이 가입대

상 공무원의 직에서 이직(가입대상 공무원 외의 공무원으로 임용된 경우를 포함한다)한 이후에 법과 이 영에 따라 다시 피보험자격을 취득한 경우에는 법 제40조제1항제1호에 따른 피보험 단위기간을 산정하는 경우에 그 이전 가입대상 공무원 재직 시의 피보험기간 중 법 제41조제1항에 따른 보수 지급의 기초가 된 날을 합산하고, 법 제50조에 따라 피보험기간을 산정하는 경우에 탈퇴하기 전의 피보험기간도 같은 조에서 규정하고 있는 피보험기간에 포함하여 산정한다. (2011.9.15 개정)

⑥ 고용보험에 가입한 공무원에 대한 보험료율은 고용산재보험료징수법시행령 제12조제1항제2호에 따른 실업급여의 보험료율로 하되, 소속기관과 고용보험에 가입한 공무원이 각각 2분의 1씩 부담한다. (2021.6.8 개정)

⑦ 제1항부터 제4항까지의 규정에 따른 보험가입 및 보험가입 탈퇴의 신청 절차는 고용노동부령으로 정한다. (2010.7.12 개정)

제3조의3 【외국인에 대한 법의 적용 범위】 법 제10조의2제2항에 따른 외국인에 대한 법의 적용범위는 다음 각 호의 구분에 따른다. (2023.6.27 개정)

1. 법 제10조의2제2항에 따른 외국인 중 근로계약을 체결한 사람으로서 다음 각 목의 어느 하나에 해당하는 사람 : 법의 전부를 적용 (2023.6.27 개정)
   가. 「출입국관리법 시행령」 제12조에 따른 외국인의 체류자격 중 주재(D-7), 기업투자(D-8) 및 무역경영(D-9)의 체류자격을 가진 사람(법에 따른 고용보험에 상응하는 보험료와 급여에 관하여 그 외국인의 본국법이 대한민국 국민에게 적용되지 않는 경우는 제외한다)
   나. 「출입국관리법 시행령」 제12조의2에 따른 외국인의 체류자격 중 영주(F-5)의 체류자격을 가진 사람
   다. 「출입국관리법 시행령」 제23조제2항 각 호의 어느 하나에 해당하는 사람
2. 법 제10조의2제2항에 따른 외국인 중 근로계약을 체결한 사람으로서 다음 각 목의 어느 하나에 해당하는 사람 : 고용노동부령으로 정하는 바에 따라 보험 가입을 신청한 경우에 법의 전부를 적용 (2023.6.27 개정)
   가. 「출입국관리법 시행령」 제12조에 따른 외국인의 체류자격 중 재외동포(F-4)의 체류자격을 가진 사람
   나. 「출입국관리법 시행령」 제23조제1항에 따른 취업활동을 할 수 있는 체류자격을 가진 사람 (2023.6.27 개정)
3. 법 제10조의2제2항에 따른 외국인 중 법 제77조의2제1항에 따른 문화예술용역 관련 계약(이하 "문화예술용역 관련 계약"이라 한다)을 체결한 외국인(이하 "외국인예술인"이라 한다) 또는 법 제77조의6제1항에 따른 노무제공계약(이하 "노무제공계약"이라 한다)을 체결한 외국인(이하 "외국

인노무제공자"라 한다)으로서 다음 각 목의 어느 하나에 해당하는 사람 : 법 제1장, 제2장, 제4장, 제5장의2, 제5장의3, 제6장, 제8장 또는 제9장의 예술인 또는 노무제공자에 관한 규정을 적용 (2023.6.27 신설)

가. 「출입국관리법 시행령」 제12조의2에 따른 외국인의 체류자격 중 영주(F-5)의 체류자격을 가진 사람

나. 「출입국관리법 시행령」 제23조제2항 각 호의 어느 하나에 해당하는 사람

4. 법 제10조의2제2항에 따른 외국인 중 외국인예술인 또는 외국인노무제공자로서 다음 각 목의 어느 하나에 해당하는 사람 : 고용노동부령으로 정하는 바에 따라 보험 가입을 신청한 경우 법 제1장, 제2장, 제4장, 제5장의2, 제5장의3, 제6장, 제8장 또는 제9장의 예술인 또는 노무제공자에 관한 규정을 적용 (2023.6.27 신설)

가. 「출입국관리법 시행령」 제12조에 따른 외국인의 체류자격 중 재외동포(F-4)의 체류자격을 가진 사람

나. 「출입국관리법 시행령」 제23조제1항에 따른 취업활동을 할 수 있는 체류자격을 가진 사람

제4조 【대리인】 ① 사업주는 대리인을 선임하여 사업주가 법과 이 영에 따라 행할 사항을 대리인에게 하게 할 수 있다.

② 사업주는 대리인을 선임하거나 해임하였을 때에는 고용노동부령으로 정하는 바에 따라 고용노동부장관에게 신고하여야 한다. (2010.7.12 개정)

제5조 【고용보험 통계의 관리 등】 ① 고용노동부장관은 법 제11조에 따른 조사·연구와 고용보험의 운영을 통하여 생성된 고용보험 관련 통계(이하 이 조에서 "고용보험 통계"라 한다)를 체계적으로 관리·운영하여야 한다. (2010.7.12 개정)

② 고용노동부장관은 고용보험 통계를 체계적으로 관리·운영하기 위하여 고용보험 통계 전문요원을 둘 수 있다. (2010.7.12 개정)

③ 고용보험 통계 전문요원의 자격, 복무 및 보수 등에 관하여 필요한 사항은 고용노동부장관이 정한다. (2010.7.12 개정)

제6조 【업무의 대행】 ① 고용노동부장관은 법 제11조제2항에 따라 노동시장에 관한 연구와 고용보험(이하 "보험"이라 한다) 관련 업무를 지원하기 위한 조사·연구 사업을 다음 각 호의 기관 또는 단체가 대행하도록 할 수 있다. (2013.1.25 개정)

1. 「정부출연연구기관 등의 설립·운영 및 육성에 관한 법률」 제8조에 따라 설립된 보험 관련 정부출연연구기관 (2013.1.25 신설)
2. 「고용정책 기본법」 제18조에 따라 설립된 한국고용정보원 (2013.1.25 신설)

3. 「고등교육법」 제2조에 따른 학교(부설 연구기관을 포함한다) (2013.1.25 신설)
4. 그 밖에 노동시장·직업 및 직업능력개발과 보험 관련 업무에 관한 조사·연구를 수행할 수 있는 민간연구기관 (2013.1.25 신설)

② 고용노동부장관은 제1항에 따라 업무를 대행하도록 하는 경우에는 그에 필요한 조사·연구, 관리·운영 등에 드는 경비를 고용보험기금(이하 "기금"이라 한다)에서 지원할 수 있다. (2010.7.12 개정)

제6조의2【보험사업 평가기관】 ① 법 제11조의2제2항에서 "대통령령으로 정하는 기관"이란 다음 각 호의 기관 중에서 고용노동부장관이 지정하는 기관(이하 이 조에서 "평가기관"이라 한다)을 말한다. (2010.12.31 개정)
1. 「정부출연연구기관 등의 설립·운영 및 육성에 관한 법률」에 따른 정부출연연구기관 (2010.12.31 신설)
2. 「공공기관의 운영에 관한 법률」 제4조부터 제6조까지의 규정에 따라 지정·고시된 공공기관 (2010.12.31 신설)
3. 「고등교육법」 제2조제1호부터 제6호까지의 규정에 해당하는 학교(부설 연구기관을 포함한다) (2010.12.31 신설)
4. 민간연구기관 (2010.12.31 신설)

② 고용노동부장관은 평가기관에 대하여 예산의 범위에서 업무 수행에 필요한 비용을 지원할 수 있다. (2010.7.12 개정)

③ 평가기관은 제6조제1항, 제57조제1항 및 제145조제2항부터 제9항까지의 규정에 따른 대행기관 또는 수탁기관에 평가를 위하여 필요한 자료의 제출을 요청할 수 있다. (2025.12.23 개정)

④ 평가기관의 구체적인 업무, 지정기간 등에 관하여 필요한 사항은 고용노동부장관이 정하여 고시한다. (2010.7.12 개정)

제2장 피보험자의 관리

제7조【피보험자격의 취득 또는 상실 신고 등】 ① 사업주나 하수급인(下受給人)은 법 제15조에 따라 고용노동부장관에게 그 사업에 고용된 근로자의 피보험자격 취득 및 상실에 관한 사항을 신고하려는 경우에는 그 사유가 발생한 날이 속하는 달의 다음 달 15일까지(근로자가 그 기일 이전에 신고할 것을 요구하는 경우에는 지체 없이) 신고해야 한다. 이 경우 사업주나 하수급인이 해당하는 달에 고용한 일용근로자의 근로일수, 임금 등이 적힌 근로내용 확인신고서를 그 사유가 발생한 날의 다음 달 15일까지 고용노동부장관에게 제출한 경우에는 피보험자격의 취득 및 상실을 신고한 것으로 본다. (2020.8.27 개정)

② 고용산재보험료징수법 제11조제3항에 따라 사업의 개시 또는 종료 신고를 한 사업주는 제1항에 따른 신고기간 내에 고용노동부장관에게 피보험자격의 취득 또는 상실 신고를 해야 한다. (2021.6.8 개정)
③ 삭제(2020.8.27)
④ 삭제(2020.8.27)

제8조 【근로자의 피보험자격에 관한 신고】 법 제15조제3항에 따라 근로자가 피보험자격의 취득 및 상실 등에 관한 사항을 신고할 때에는 근로계약서 등 고용관계를 증명할 수 있는 서류를 제출하여야 한다.

제9조 【피보험자의 전근 신고】 사업주는 피보험자를 자신의 하나의 사업에서 다른 사업으로 전보시켰을 때에는 전보일부터 14일 이내에 고용노동부장관에게 신고하여야 한다. (2010.7.12 개정)

제10조 【피보험자 이름 등의 변경 신고】 ① 사업주는 피보험자의 이름이나 주민등록번호가 변경되거나 정정되었을 때에는 변경일이나 정정일부터 14일 이내에 고용노동부장관에게 신고하여야 한다. (2012.1.13 개정)
② 법 제113조의2제1항 후단에 따른 보장기관 또는 위탁기관은 같은 항 후단에 따른 수급자가 「국민기초생활 보장법」 제8조제2항에 따른 생계급여 수급권자인 수급자(이하 이 조에서 "수급권자인 수급자"라 한다)에서 그 밖의 수급자로 변경되거나 그 밖의 수급자에서 수급권자인 수급자로 변경된 경우에는 그 변경일부터 14일 이내에 고용노동부장관에게 신고하여야 한다. (2017.6.27 개정)

제11조 【확인의 청구와 통지】 ① 피보험자 또는 피보험자였던 사람은 법 제17조제1항에 따라 피보험자격의 취득 또는 상실에 관하여 확인하려면 고용노동부장관에게 이를 청구해야 한다. (2021.6.8 개정)
② 고용노동부장관은 법 제17조제3항에 따라 피보험자격의 취득 또는 상실에 관하여 확인한 결과를 해당 청구인과 그 청구인을 고용하거나 고용하였던 사업주 또는 하수급인에게 알려야 한다. (2010.7.12 개정)

제11조의2 【피보험자격의 취득기준】 ① 법 제18조제1항에 따라 보험관계가 성립되어 있는 둘 이상의 사업에 동시에 고용되어 있는 근로자는 다음 각 호의 순서에 따라 피보험자격을 취득한다. 다만, 일용근로자와 일용근로자가 아닌 근로자로 동시에 고용되어 있는 경우에는 일용근로자가 아닌 근로자로 고용된 사업에서 우선적으로 피보험자격을 취득한다. (2023.6.27 신설)
1. 고용산재보험료징수법 제16조의3에 따른 월평균보수(제21조의3에 따른 고용유지지원금을 받은 근로자의 경우에는 그 지원금 지급이 개시된 연도의 직전 연도의 보수총액을 기준으로 산정한 월평균보수를 말한다)가 많은 사업

2. 월 소정근로시간이 많은 사업
3. 근로자가 선택한 사업

② 법 제77조의2제1항에 따른 예술인(이하 "예술인"이라 한다)이 법 제18조제4항에 따라 보험관계가 성립되어 있는 둘 이상의 사업에서 동시에 근로계약, 문화예술용역 관련 계약 또는 노무제공계약을 체결한 경우에는 다음 각 호의 구분에 따라 피보험자격을 취득한다. (2023.6.27 신설)

1. 둘 이상의 문화예술용역 관련 계약을 동시에 체결한 경우에는 모든 사업에서 피보험자격을 취득한다.
2. 문화예술용역 관련 계약과 근로계약 또는 노무제공계약을 동시에 체결한 경우에는 모든 사업에서 피보험자격을 취득한다.
3. 문화예술용역 관련 계약과 둘 이상의 근로계약을 동시에 체결한 경우에는 제1호 및 제2호에 따르되, 근로자로서의 피보험자격의 이중 취득의 제한에 관하여는 제1항에 따른다.

③ 법 제77조의6제1항에 따른 노무제공자(이하 "노무제공자"라 한다)가 법 제18조제4항에 따라 보험관계가 성립되어 있는 둘 이상의 사업에서 동시에 근로계약, 문화예술용역 관련 계약 또는 노무제공계약을 체결한 경우에는 다음 각 호의 구분에 따라 피보험자격을 취득한다. (2023.6.27 신설)

1. 둘 이상의 노무제공계약을 동시에 체결한 경우에는 모든 사업에서 피보험자격을 취득한다.
2. 노무제공계약과 근로계약 또는 문화예술용역 관련 계약을 동시에 체결한 경우에는 모든 사업에서 피보험자격을 취득한다.
3. 노무제공계약과 둘 이상의 근로계약을 동시에 체결한 경우에는 제1호 및 제2호에 따르되, 근로자로서의 피보험자격의 이중 취득의 제한에 관하여는 제1항에 따른다.

제3장 고용안정·직업능력개발사업

제12조 【우선지원 대상기업의 범위】 ① 법 제19조제2항에서 "대통령령으로 정하는 기준에 해당하는 기업"이란 산업별로 상시 사용하는 근로자수가 별표 1의 기준에 해당하는 기업(이하 "우선지원대상기업"이라 한다)을 말한다. (2021.12.31 개정)

1. 삭제(2012.10.29)
2. 삭제(2012.10.29)
3. 삭제(2012.10.29)
4. 삭제(2012.10.29)
5. 삭제(2012.10.29)

② 제1항에 해당하지 않는 기업으로서 「중소기업기본법」 제2조제1항 및 제3항의 기준에 해당하는 기업은 제1항에도 불구하고 우선지원대상기업으로 본다. (2021.12.31 개정)

③ 제1항에 따른 우선지원대상기업이 그 규모의 확대 등으로 우선지원대상기업에 해당하지 않게 된 경우 그 사유가 발생한 연도의 다음 연도부터 5년간 우선지원대상기업으로 본다. (2021.12.31 개정)

④ 제1항부터 제3항까지의 규정에도 불구하고 「독점규제 및 공정거래에 관한 법률」 제31조제1항에 따라 지정된 상호출자제한기업집단에 속하는 회사는 그 지정된 날이 속하는 보험연도의 다음 보험연도부터 우선지원대상기업으로 보지 않는다. (2021.12.31 개정)

⑤ 제1항에 따라 우선지원대상기업에 해당하는지를 판단하는 경우 그 기준이 되는 사항은 다음 각 호와 같다. (2021.12.31 개정)

1. 상시 사용하는 근로자 수는 그 사업주가 하는 모든 사업에서 전년도 매월 말일 현재의 근로자 수(건설업에서는 일용근로자의 수는 제외한다)의 합계를 전년도의 조업 개월 수로 나누어 산정한 수로 하되, 「공동주택관리법」에 따른 공동주택을 관리하는 사업의 경우에는 각 사업별로 상시 사용하는 근로자의 수를 산정한다. 이 경우 상시 사용하는 근로자 수를 산정할 때 1개월 동안 소정근로시간이 60시간 이상인 단시간근로자는 0.5명으로 하여 산정하고, 60시간 미만인 단시간근로자는 상시 사용하는 근로자 수 산정에서 제외한다. (2016.8.11 개정)
2. 하나의 사업주가 둘 이상의 산업의 사업을 경영하는 경우에는 상시 사용하는 근로자의 수가 많은 산업을 기준으로 하며, 상시 사용하는 근로자의 수가 같은 경우에는 임금총액, 매출액 순으로 그 기준을 적용한다. (2012.10.29 개정)

⑥ 제5항에도 불구하고 보험연도 중에 보험관계가 성립된 사업주에 대해서는 보험관계성립일 현재를 기준으로 우선지원대상기업에 해당하는지를 판단하여야 한다. (2021.12.31 개정)

제13조 【중소기업 근로시간단축 지원금】 삭제(2011.9.15)

제14조 【교대제전환 지원금】 삭제(2010.12.31)

제15조 【중소기업 고용환경 개선에 대한 지원】 삭제(2010.12.31)

제16조 【중소기업 전문인력활용 장려금】 삭제(2010.12.31)

제17조 【고용창출에 대한 지원】 ① 고용노동부장관은 법 제20조에 따라 다음 각 호의 어느 하나에 해당하는 사업주에게 임금의 일부를 지원할 수 있다. 다만, 제1호의 경우에는 근로시간이 감소된 근로자에 대한 임금의 일부와 필요한 시설의 설치비의 일부도 지원할 수 있으며, 제2호의 경우에는 시설의 설치비의 일부도 지원할 수 있다. (2013.12.24 개정)

1. 근로시간 단축, 교대근로 개편, 정기적인 교육훈련 또는 안식휴가 부여 등(이하 "일자리 함께하기"라 한다)을 통하여 실업자를 고용함으로써 근로자 수가 증가한 경우 (2013.12.24 개정)
2. 고용노동부장관이 정하는 시설을 설치·운영하여 고용환경을 개선하고 실업자를 고용하여 근로자 수가 증가한 경우 (2013.12.24 개정)
3. 직무의 분할, 근무체계 개편 또는 시간제직무 개발 등을 통하여 실업자를 근로계약기간을 정하지 않고 시간제로 근무하는 형태로 하여 새로 고용하는 경우
4. 위원회에서 심의·의결한 성장유망업종, 인력수급 불일치 업종, 국내복귀기업 또는 지역특화산업 등 고용지원이 필요한 업종에 해당하는 기업이 실업자를 고용하는 경우 (2013.12.24 개정)
5. 위원회에서 심의·의결한 업종에 해당하는 우선지원대상기업이 고용노동부장관이 정하는 전문적인 자격을 갖춘 자(이하 "전문인력"이라 한다)를 고용하는 경우 (2021.12.31 개정)
6. 제28조에 따른 임금피크제, 제28조의2에 따른 임금을 감액하는 제도 또는 그 밖의 임금체계 개편 등을 통하여 15세 이상 34세 이하의 청년 실업자를 고용하는 경우 (2019.12.31 개정)
7. 고용노동부장관이 「고용상 연령차별 금지 및 고령자고용촉진에 관한 법률」 제2조제1호 또는 제2호에 따른 고령자 또는 준고령자가 근무하기에 적합한 것으로 인정하는 직무에 고령자 또는 준고령자를 새로 고용하는 경우 (2017.12.26 신설)

② 제1항에 따라 지원하는 경우에 지원 대상, 지원 요건, 지원 수준, 지원 기간, 신청 기간, 신청 방법 등 지원에 필요한 사항은 고용노동부장관이 정하여 고시한다. (2022.6.28 개정)

제18조 【고용조정의 지원 내용 등】 ① 법 제21조제1항 및 제2항에 따라 근로자의 고용안정을 위한 조치를 하는 사업주에게는 지원금이나 장려금을 지급한다.

② 법 제21조제3항에 따라 우선적으로 지원을 할 수 있는 사업주는 다음 각 호의 어느 하나에 해당하는 사업주로 한다.

1. 「고용정책 기본법 시행령」 제29조제1항제1호에 따라 고용조정 지원 등이 필요한 업종으로 지정된 업종(이하 이 조에서 "지정업종"이라 한다)에 속하는 사업을 하는 사업주 (2009.12.30 개정)
2. 제1호에 따른 사업주로부터 지정업종에 속하는 사업의 도급을 받아 제조·수리 등을 하는 사업주로서 매출액의 2분의 1 이상이 그 지정업종과 관련된 사업의 사업주
3. 「고용정책 기본법 시행령」 제29조제1항제2호 또는 제3호에 따라 고용조

정 지원 등이 필요한 지역으로 지정된 지역(이하 "지정지역"이라 한다)에 위치하는 사업의 사업주 (2009.12.30 개정)

③ 고용노동부장관은 제2항 각 호의 어느 하나에 해당하는 사업주가 고용유지조치 또는 전직 지원을 하는 경우에는 제19조, 제20조, 제20조의2, 제21조, 제21조의2부터 제21조의4까지 및 제22조에도 불구하고 「고용정책 기본법」에 따른 고용정책심의회(이하 "고용정책심의회"라 한다)의 심의를 거쳐 지원의 요건과 지원의 수준을 달리 정할 수 있다. (2020.3.31 개정)

제19조 【고용유지지원금의 지급 대상】 ① 고용노동부장관은 법 제21조제1항에 따라 고용조정이 불가피하게 된 사업주가 그 사업에서 고용하여 피보험자격 취득 후 90일이 지난 피보험자[일용근로자, 「근로기준법」 제26조에 따라 해고가 예고된 사람, 경영상 이유에 따른 사업주의 권고에 따라 퇴직이 예정된 사람 및 사업주(사업주가 법인인 경우에는 그 대표자를 말한다)의 배우자 및 직계존속·비속은 제외한다. 이하 이 조, 제21조, 제21조의3, 제21조의4, 제22조, 제22조의2, 제35조제8호 및 제37조의3에서 같다]에게 다음 각 호의 어느 하나에 해당하는 조치(이하 "고용유지조치"라 한다)를 취하여 그 고용유지조치 기간과 이후 1개월 동안 고용조정으로 피보험자를 이직시키지 않은 경우에 지원금(이하 "고용유지지원금"이라 한다)을 지급한다. (2023.12.26 개정)

1. 근로시간 조정, 교대제[근로자를 조(組)별로 나누어 교대로 근무하게 하는 것을 말한다. 이하 같다] 개편 또는 휴업 등을 통하여 역(曆)에 따른 1개월 단위의 전체 피보험자 총근로시간의 100분의 20을 초과하여 근로시간을 단축하고, 그 단축된 근로시간에 대한 임금을 보전하기 위하여 금품을 지급하는 경우. 이 경우 전체 피보험자 총근로시간 등 근로시간의 산정방법에 관하여 필요한 사항은 고용노동부령으로 정한다. (2017.12.26 개정)
2. 1개월 이상 휴직을 부여하고 그 휴직기간에 대하여 임금을 보전하기 위해 금품을 지급하는 경우 (2020.12.29 개정)

② 제1항에도 불구하고 사업주가 다음 각 호의 어느 하나에 해당하는 경우에는 관할 직업안정기관의 장이 불가피하다고 인정하는 경우를 제외하고는 해당 달에 대한 고용유지지원금을 지급하지 않는다. (2023.12.26 개정)

1. 사업주가 제1항에 따른 고용유지조치 기간 동안 근로자를 새로 고용하는 경우
2. 사업주가 3년 이상 연속하여 같은 달에 고용유지조치를 실시하는 경우
3. 사업주가 고용유지조치를 하려는 날의 전날 이전 2년 동안 고용유지지원금을 지급받은 사실이 있는 경우에는 그 고용유지조치 기간의 마지막 날의 다음 날부터 6개월 이내에 고용조정으로 소속 피보험자의 100분의 10

이상을 이직시킨 경우

③ 고용노동부장관은 제1항에도 불구하고 법 제21조제1항에 따라 고용조정이 불가피하게 된 사업주가 다음 각 호의 어느 하나에 해당하는 경우에는 고용유지조치의 대상이 되는 피보험자의 피보험자격 취득 기간을 고용노동부장관이 정하여 고시하는 기간으로 달리 정할 수 있다. (2020.12.29 신설)

1. 제18조제2항 각 호의 어느 하나에 해당하는 사업주인 경우
2. 「재난 및 안전관리 기본법」 제3조제1호에 따른 재난 등으로 고용사정이 급격히 악화된 경우

④ 고용노동부장관은 제1항에도 불구하고 파견사업주 또는 도급을 받은 사업주(이하 이 항에서 "수급사업주"라 한다)가 다음 각 호의 어느 하나에 해당하는 경우에는 사용사업주 또는 도급을 주는 사업주의 사업장에 종사하는 피보험자를 대상으로 그 단축된 근로시간 또는 휴직기간을 산정하여 파견사업주 또는 수급사업주에게 고용유지지원금을 지급한다. (2020.12.29 신설)

1. 「파견근로자 보호 등에 관한 법률」에 따른 파견사업주가 고용유지조치를 실시하고 있는 사용사업주의 사업장에서 종사하는 같은 법에 따른 파견근로자(이하 "파견근로자"라 한다)를 대상으로 고용유지조치를 취하여 그 고용유지조치 기간과 이후 1개월 동안 고용조정으로 해당 피보험자를 이직시키지 않은 경우 (2024.12.24 개정)
2. 수급사업주가 고용유지조치를 실시하고 있는 도급을 주는 사업주의 사업장에서 종사하는 피보험자를 대상으로 고용유지조치를 취하여 그 고용유지조치 기간과 이후 1개월 동안 고용조정으로 해당 피보험자를 이직시키지 않은 경우

⑤ 제1항부터 제4항까지에서 규정한 사항 외에 고용유지지원금의 지원 대상, 지원 요건, 지원 수준, 지원 기간, 신청 기간, 신청 방법 등 지원에 필요한 사항은 고용노동부장관이 정하여 고시한다. (2022.6.28 신설)

제20조 【고용유지조치를 위한 계획의 수립 및 신고】 ① 제19조에 따른 고용유지지원금을 받으려는 사업주는 고용노동부령으로 정하는 바에 따라 다음 각 호의 요건을 갖춘 고용유지조치계획을 역에 따른 1개월 단위로 수립하여 고용유지조치 실시예정일 전날까지 고용노동부장관에게 신고하여야 하며, 신고한 계획 중 고용유지조치 실시예정일, 고용유지조치 대상자, 고용유지조치기간에 지급할 금품 등 고용노동부령으로 정하는 사항을 변경하는 경우에는 변경예정일 전날까지 그 내용을 고용노동부장관에게 신고하여야 한다. (2013.12.24 개정)

1. 고용유지조치계획의 수립 또는 변경 시 그 사업의 근로자대표와 협의를

거칠 것. 다만, 변경하려는 고용유지조치계획의 내용이 경영 악화 이전의 고용상태로 회복하기 위하여 고용유지조치기간을 단축하거나 고용유지대상자 수를 축소하는 등 근로자에게 불리하지 아니한 경우는 제외한다. (2013.4.22 개정)

2. 직전 달(고용유지조치가 시작된 날이 속하는 달은 제외한다)에 대한 고용유지조치계획의 실시 내용 및 관련 증거 서류를 갖출 것 (2013.4.22 개정)

② 사업주는 제1항에도 불구하고 다음 각 호의 어느 하나에 해당하는 부득이한 사유가 있는 경우에는 고용유지조치 실시일 또는 변경일부터 다음 각 호에서 정한 기한까지 신고할 수 있다. (2020.12.29 개정)

1. 다음 각 목의 어느 하나에 해당하는 경우 : 30일
   가. 「재난 및 안전관리 기본법」 제60조에 따라 특별재난지역으로 선포된 지역에 소재하는 사업의 사업주가 그 특별재난으로 인하여 고용유지조치를 실시한 경우 (2025.9.23 개정)
   나. 「유아교육법」 제31조, 「초·중등교육법」 제64조 및 「고등교육법」 제61조에 따른 휴업명령 및 휴원·휴교 처분이 있는 경우
   다. 「감염병의 예방 및 관리에 관한 법률」 제49조제1항제2호에 따른 조치가 있는 경우
2. 제1호 외의 경우로서 다음 각 목의 어느 하나에 해당하는 경우 : 3일
   가. 노사대표의 부재 등으로 인하여 고용유지조치계획의 수립·실시 여부에 관한 노사협의가 지연되는 경우
   나. 제품이나 원자재의 50퍼센트 이상을 공급하거나 공급받는 사업이 예상할 수 없는 조업단축이나 폐업을 하는 경우
   다. 천재지변이나 그 밖에 고용노동부장관이 인정하는 부득이한 사유가 발생한 경우

③ 삭제(2013.12.24)

④ 삭제(2010.2.8)

⑤ 삭제(2013.4.22)

제20조의2 【고용유지조치계획 위반에 대한 지원제한】 고용노동부장관은 제20조제1항에 따라 신고하거나 변경신고한 고용유지조치계획과 다르게 고용유지조치를 이행한 사업주에게는 고용노동부령으로 정하는 바에 따라 해당 사실이 발생한 날이 속한 달에 대한 고용유지지원금의 전부 또는 일부를 지급하지 아니할 수 있다. (2013.4.22 신설)

제21조 【고용유지지원금의 금액 등】 ① 고용유지지원금은 다음 각 호에 해당하는 금액으로 한다. 다만, 고용노동부장관이 실업의 급증 등 고용사정이 악화되어 고용안정을 위하여 필요하다고 인정할 때에는 1년의 범위에서 고용노동부장관이 정하여 고시하는 기간에 사업주가 피보험자의 임금을 보

전하기 위하여 지급한 금품의 4분의 3 이상 10분의 9 이하로서 고용노동부장관이 정하여 고시하는 비율[우선지원대상기업에 해당하지 않는 기업(이하 "대규모기업"이라 한다)의 경우에는 3분의 2]에 해당하는 금액으로 한다. (2021.12.31 개정)

1. 근로시간 조정, 교대제 개편, 휴업 또는 휴직 등으로 단축된 근로시간이 역에 따른 1개월의 기간 동안 100분의 50 미만인 경우 : 단축된 근로시간 또는 휴직기간에 대하여 사업주가 피보험자의 임금을 보전하기 위하여 지급한 금품의 3분의 2(대규모기업의 경우에는 2분의 1)에 해당하는 금액 (2017.12.26 개정)
2. 근로시간 조정, 교대제 개편, 휴업 또는 휴직 등으로 단축된 근로시간이 역에 따른 1개월의 기간 동안 100분의 50 이상인 경우 : 단축된 근로시간 또는 휴직기간에 대하여 사업주가 피보험자의 임금을 보전하기 위하여 지급한 금품의 3분의 2에 해당하는 금액 (2017.12.26 개정)

② 제1항에 따른 고용유지지원금은 그 조치를 실시한 일수(둘 이상의 고용유지조치를 동시에 실시한 날은 1일로 본다)의 합계가 그 보험연도의 기간 중에 180일에 이를 때까지만 각각의 고용유지조치에 대하여 고용유지지원금을 지급한다. (2017.12.26 개정)

③ 제2항에도 불구하고 2020년 보험연도의 경우 고용유지조치를 실시한 일수의 합계가 240일에 이를 때까지 고용유지지원금을 지급한다. (2020.10.20 신설)

④ 삭제(2013.12.24)

⑤ 제1항에 따라 지급되는 고용유지지원금은 고용유지조치별 대상 근로자 1명당 고용노동부장관이 정하여 고시하는 금액을 초과할 수 없다. (2012.1.13 개정)

제21조의2 【휴업 등에 따른 임금감소 수준】 법 제21조제1항 후단에서 "대통령령으로 정하는 수준"이란 평균임금의 100분의 50 미만(지급되는 임금이 없는 경우를 포함한다)을 말한다. (2013.4.22 신설)

제21조의3 【휴업 등에 따른 피보험자 지원요건 등】 ① 고용노동부장관은 법 제21조제1항 후단에 따라 사업주가 고용노동부령으로 정하는 고용조정이 불가피하게 된 사유가 있음에도 고용조정을 하는 대신에 실시한 휴업 또는 휴직(이하 "휴업등"이라 한다)이 다음 각 호의 어느 하나에 해당하는 경우 해당 피보험자에게 지원금을 지급할 수 있다. (2020.6.9 개정)

1. 다음 각 목의 구분에 따른 피보험자 수에 대하여 30일 이상 휴업을 실시하고, 그 기간 동안 「근로기준법」 제46조제2항에 따라 노동위원회의 승인을 받아 휴업수당을 지급하지 아니하거나 평균임금의 100분의 50 미만에 해당하는 액수의 휴업수당을 지급하는 경우

가. 전체 피보험자 수가 19명 이하인 경우 : 전체 피보험자 수의 100분의 50 이상
나. 전체 피보험자 수가 20명 이상 99명 이하인 경우 : 피보험자 10명 이상
다. 전체 피보험자 수가 100명 이상 999명 이하인 경우 : 전체 피보험자 수의 100분의 10 이상
라. 전체 피보험자 수가 1000명 이상인 경우 : 피보험자 100명 이상

2. 휴직기간이 시작되기 전 1년 이내에 제19조제1항제1호에 따른 고용유지조치 또는 피보험자의 100분의 20 이상에 대한 같은 항 제2호에 따른 고용유지조치를 3개월 이상 실시한 후 다음 각 목의 구분에 따른 피보험자 수에 대하여 30일 이상 휴직을 실시하고, 그 기간 동안 근로자대표(근로자의 과반수로 조직된 노동조합이 있는 경우에는 그 노동조합, 근로자의 과반수로 조직된 노동조합이 없는 경우에는 근로자의 과반수를 대표하는 자를 말한다. 이하 이 항에서 같다)와의 합의에 따라 휴직수당 등 금품을 지급하지 않는 경우 (2020.12.29 개정)
가. 전체 피보험자 수가 99명 이하인 경우 : 피보험자 10명 이상
나. 전체 피보험자 수가 100명 이상 999명 이하인 경우 : 전체 피보험자 수의 100분의 10 이상
다. 전체 피보험자 수가 1000명 이상인 경우 : 피보험자 100명 이상

3. 휴직기간이 시작되기 전 1년 이내에 제19조제1항제1호에 따른 고용유지조치 또는 피보험자의 100분의 20 이상에 대한 같은 항 제2호에 따른 고용유지조치를 3개월 이상 실시한 후 다음 각 목의 요건을 모두 갖춘 경우(피보험자가 10명 미만인 사업장의 사업주만 해당한다)로서 해당 사업주의 사업장에서 종사하는 피보험자에 대하여 30일 이상 휴직을 실시하고, 그 기간 동안 근로자대표와의 합의에 따라 휴직수당 등 금품을 지급하지 않는 경우 (2020.12.29 신설 : 2022.12.31.까지 유효)
가. 「재난 및 안전관리 기본법」 제3조제1호에 따른 재난 등으로 고용사정이 급격히 악화된 경우
나. 해당 보험연도의 기간 중에 제21조제2항에 따라 180일까지 고용유지지원금을 지급받은 경우

② 제1항에 따른 지원금은 해당 피보험자의 평균임금의 100분의 50 범위에서 사업주가 해당 피보험자에게 지급한 임금 또는 수당 등을 고려하여 고용노동부장관이 정하는 금액으로 한다. 이 경우 지원금은 휴업등 대상 피보험자 1명당 고용노동부장관이 정하여 고시하는 금액을 초과할 수 없다. (2013.4.22 신설)

③ 제2항에 따른 지원금의 지급기간은 해당 휴업등의 기간 동안 피보험자 1명당 180일을 초과할 수 없다. (2023.12.26 개정)

④ 제1항에 따라 고용노동부장관이 피보험자에게 지원금을 지급하는 경우 사업주는 지원금을 받는 피보험자의 직업능력 개발·향상 등을 위하여 필요한 조치에 관한 내용이 포함된 고용유지조치계획을 수립하여 고용노동부장관에게 제출하여야 한다. (2013.4.22 신설)
⑤ 고용노동부장관은 「재난 및 안전관리 기본법」 제3조제1호에 따른 재난으로 실업의 급증 등 고용사정이 악화되어 고용안정을 위한 긴급한 조치가 필요할 때에는 제1항제2호에 따른 지원요건에 해당하지 않는 피보험자에 대해서도 2021년 6월 30일까지는 고용정책심의회의 심의를 거쳐 그 지원의 요건과 수준을 고시로 정하여 지원금을 지급할 수 있다. 이 경우 고시로 정하여 지원하는 기간은 6개월 이내로 하되, 필요한 경우 최대 6개월의 범위에서 그 기간을 연장할 수 있다. (2020.6.9 신설)
⑥ 제1항부터 제5항까지에서 규정한 사항 외에 휴업등에 따른 피보험자에 대한 지원금의 지원 대상, 지원 요건, 지원 수준, 지원 기간, 신청 기간, 신청 방법·절차 등 지원에 필요한 사항은 고용노동부장관이 정하여 고시한다. (2022.6.28 개정)

제21조의4 【직업능력 개발·향상 조치 등에 대한 지원】 ① 고용노동부장관은 제21조의3제4항에 따른 고용유지조치계획에 따라 사업주가 피보험자에 대하여 직업능력 개발·향상 등을 위한 조치를 하는 데 필요한 지원을 할 수 있다. (2013.4.22 신설)
② 제1항에 따른 지원의 신청절차, 지원방법 등에 관하여 필요한 사항은 고용노동부장관이 정한다. (2013.4.22 신설)

제22조 【이직예정자 등 재취업 지원】 고용노동부장관은 법 제21조제1항에 따라 고용조정이 불가피하게 된 사업주가 단독이나 공동으로 다음 각 호의 어느 하나에 해당하는 사람에게 신속한 재취업을 지원하기 위해 필요한 시설을 직접 갖추거나 그 시설을 갖춘 외부기관에 위탁하여 재취업에 필요한 서비스를 제공하는 경우에는 고용노동부장관이 정하는 바에 따라 그 비용의 일부를 지원할 수 있다. (2021.6.8 개정)
1. 해당 사업의 피보험자로서 고용조정, 정년(停年) 또는 근로계약기간이 끝남에 따른 이직예정자
2. 해당 사업의 피보험자였던 사람으로서 고용조정, 정년 또는 근로계약기간이 끝나 이직한 사람(2021.6.8 개정)

제22조의2 【고용유지를 위한 노사합의에 대한 지원】 ① 고용노동부장관은 법 제21조제1항에 따라 고용조정이 불가피하게 된 사업주가 단체협약의 체결, 취업규칙의 변경, 근로계약의 변경 또는 그 밖의 상호 합의를 통해 해당 사업에 고용된 피보험자의 고용을 유지하기로 한 경우에는 예산의 범위에서 사업주에게 필요한 비용을 지원할 수 있다. (2020.6.9 신설)

② 고용노동부장관은 해당 피보험자가 제21조의3에 따른 피보험자에 대한 지원금의 지급요건에 해당하는 경우에는 그 피보험자를 고용하고 있는 사업주에게 제1항에 따른 지원을 하지 않는다. (2020.6.9 신설)
③ 제1항에 따른 지원 대상자의 선정, 지원 방법 및 절차 등에 관하여 필요한 사항은 고용노동부장관이 정하여 고시한다. (2020.6.9 신설)

제23조 【재고용장려금】 삭제(2008.9.18)

제24조 【지역고용촉진 지원금】 ① 고용노동부장관은 법 제22조에 따라 지정지역으로 사업을 이전하거나 지정지역에서 사업을 신설 또는 증설하는 경우로서 다음 각 호의 요건을 모두 갖추어 사업을 이전, 신설 또는 증설하는 사업주에게 지역고용촉진 지원금을 지급한다. (2010.7.12 개정)
1. 「고용정책 기본법 시행령」 제29조제3항에 따라 고시된 고용조정의 지원 등의 기간(이하 이 조에서 "지정기간"이라 한다)에 사업의 이전, 신설 또는 증설과 그에 따른 근로자의 고용에 관한 지역고용계획을 세워 고용노동부장관에게 신고할 것 (2022.2.17 개정)
2. 제1호에 따라 고용노동부장관에게 신고한 지역고용계획에 따라 시행할 것 (2010.12.31 개정)
3. 지역고용계획이 제출된 날부터 1년 6개월 이내에 이전, 신설 또는 증설된 사업의 조업이 시작될 것
4. 이전, 신설 또는 증설된 사업의 조업이 시작된 날(이하 이 조에서 "조업시작일"이라 한다) 현재 그 지정지역이나 다른 지정지역에 3개월 이상 거주한 구직자를 그 이전, 신설 또는 증설된 사업에 피보험자로 고용할 것 (2010.12.31 개정)
5. 고용정책심의회에서 그 필요성이 인정된 사업일 것 (2021.6.8 개정)
6. 지역고용계획의 실시 상황과 고용된 피보험자에 대한 임금지급 상황이 적힌 서류를 갖추고 시행할 것

② 지역고용촉진 지원금을 받으려는 사업주는 제1항제3호에 따른 조업을 시작하면 고용노동부장관에게 신고하여야 한다. (2010.7.12 개정)
③ 지역고용촉진 지원금은 제1항제4호에 따라 고용된 피보험자에게 지급된 임금의 2분의 1(대규모기업의 경우에는 3분의 1로 한다)에 해당하는 금액으로 하되, 제21조제5항에 따라 고용노동부장관이 고시한 금액을 초과할 수 없다. (2012.1.13 개정)
④ 지역고용촉진 지원금은 조업시작일부터 1년간 지급한다. (2010.12.31 개정)
⑤ 지역고용촉진 지원금은 하나의 지정기간에 제1항제4호에 따라 고용된 피보험자수가 200명을 초과하는 경우에는 그 초과하는 인원 중 100분의 30에 대하여만 지급한다.

⑥ 지역고용촉진 지원금은 다음 각 호의 어느 하나에 해당하는 경우에는 지급하지 않는다. (2020.8.27 개정)

1. 제1항제4호에 따라 고용된 피보험자의 고용기간이 6개월 미만인 경우 (2013.12.24 신설)
2. 사업주가 조업시작일 전 3개월부터 조업시작일 후 1년까지 고용조정으로 근로자를 이직시킨 경우 (2013.12.24 신설)
3. 제1항제4호에 따라 구직자를 피보험자로 고용한 사업주가 해당 피보험자의 최종 이직(해당 사업주가 해당 피보험자를 고용하기 전 1년 이내에 이직한 경우로 한정한다. 이하 제4호에서 같다) 당시 사업주와 같은 경우. 다만, 사업주가 「근로기준법」 제25조제1항에 따라 해당 근로자를 우선적으로 고용한 경우는 제외한다. (2020.8.27 개정)
4. 제1항제4호에 따라 구직자를 피보험자로 고용한 사업주가 해당 근로자의 최종 이직 당시 사업주와 합병하거나 그 사업을 넘겨받은 사업주인 경우 등 해당 근로자의 최종 이직 당시 사업과 관련되는 사업주인 경우 (2013.12.24 신설)

4의2. 사업주가 임금 등을 체불하여 「근로기준법」 제43조의2에 따라 명단이 공개 중인 경우 (2016.12.30 신설)

5. 사업주가 제1항제4호에 따라 고용된 근로자에게 「최저임금법」 제5조에 따른 최저임금액 미만의 임금을 지급한 경우. 다만, 해당 근로자가 같은 법 제7조에 따라 최저임금의 적용이 제외되는 근로자인 경우는 제외한다. (2022.6.28 개정)
6. 사업주(사업주가 법인인 경우에는 그 대표자를 말한다)가 본인의 배우자 또는 직계존속·비속을 제1항제4호에 따른 근로자로 고용한 경우 (2022.6.28 신설)
7. 제1항제4호에 따라 고용된 근로자가 그 고용된 날 이전 3년 동안에 2년 이상 지역고용촉진 지원금 지급대상이었던 경우 (2023.6.27 신설)
8. 그 밖에 법 제22조에 따른 지원 목적에 부합하지 않는다고 고용노동부장관이 정하여 고시하는 대상이나 업종에 해당하는 경우 (2023.6.27 개정)

⑦ 삭제(2013.12.24)

⑧ 지역고용촉진 지원금의 신청 기간 등 신청 및 지급에 필요한 사항은 고용노동부령으로 정한다. (2022.6.28 개정)

제25조 【고령자 고용연장 지원금】 삭제(2024.12.24)

제25조의2 【60세 이상 고령자 고용지원금】 삭제(2024.12.24)

제26조 【고용촉진장려금】 ① 고용노동부장관은 법 제23조에 따라 장애인, 여성가장 등 노동시장의 통상적인 조건에서는 취업이 특히 곤란한 사람의 취업촉진을 위하여 직업안정기관이나 그 밖에 고용노동부령으로 정하는

기관(이하 이 조에서 "직업안정기관등"이라 한다)에 구직등록을 한 사람으로서 다음 각 호의 어느 하나에 해당하는 실업자를 피보험자로 고용한 사업주에게 고용촉진장려금을 지급한다. (2016.12.30 개정)

1. 고용노동부장관이 고시하는 바에 따라 노동시장의 통상적인 조건에서는 취업이 특히 곤란한 사람을 대상으로 하는 취업지원프로그램을 이수한 사람
2. 「장애인고용촉진 및 직업재활법」 제2조제2호에 따른 중증장애인으로서 1개월 이상 실업상태에 있는 사람 (2021.6.8 개정)
3. 가족 부양의 책임이 있는 여성 실업자 중 고용노동부령으로 정하는 사람으로서 「국민기초생활 보장법 시행령」 제11조제2항 전단에 따른 취업대상자 또는 「한부모가족지원법」 제5조 및 제5조의2에 따른 보호대상자에 해당하고 1개월 이상 실업상태에 있는 사람
4. 삭제(2024.6.25)
5. 제1호부터 제3호까지의 규정에 따른 요건을 갖추지 못한 실업자 중에서 실업의 급증 등 고용사정이 악화되어 취업촉진을 위한 조치가 필요하다고 고용노동부장관이 인정하는 사람 (2024.6.25 개정)

② 제1항에 따른 고용촉진장려금(이하 "고용촉진장려금"이라 한다)은 사업주가 피보험자를 6개월 이상 고용한 경우에 다음 각 호의 구분에 따라 지급한다. (2018.7.3 개정)

1. 고용기간이 6개월 이상 12개월 미만인 경우 : 6개월분
2. 고용기간이 12개월 이상인 경우 : 12개월분. 다만, 고용노동부장관이 정하여 고시하는 피보험자에 대한 고용기간이 18개월 이상인 경우에는 다음 각 목의 구분에 따른다.
   가. 고용기간이 18개월 이상 24개월 미만인 경우 : 18개월분
   나. 고용기간이 24개월 이상인 경우 : 24개월분

③ 고용촉진장려금은 다음 각 호의 어느 하나에 해당하는 경우에는 지급하지 않는다. (2022.6.28 개정)

1. 근로계약기간이 단기간인 경우 등 고용노동부령으로 정하는 경우에 해당하는 사람을 고용하는 경우
2. 삭제(2013.1.25)
3. 대규모기업이 29세 이하인 실업자로서 고용노동부장관이 정하는 사람을 고용하는 경우 (2024.12.24 개정)
4. 사업주가 고용촉진장려금 지급대상자를 고용하기 전 3개월부터 고용 후 1년까지(고용촉진장려금 지급대상자의 고용기간이 1년 미만인 경우에는 그 고용관계 종료 시까지를 말한다) 고용조정으로 근로자(고용촉진장려금 지급대상 근로자보다 나중에 고용된 근로자는 제외한다)를 이직시키는 경우 (2016.12.30 개정)

5. 고용촉진장려금 지급대상자를 고용한 사업주가 해당 근로자의 이직(해당 사업주가 해당 근로자를 고용하기 전 1년 이내에 이직한 경우에 한정한다. 이하 제6호에서 같다) 당시의 사업주와 같은 경우. 다만, 다음 각 목의 어느 하나에 해당하는 경우에는 그러하지 아니하다. (2016.12.30 개정)
   가. 사업주가 「근로기준법」 제25조제1항에 따라 해당 근로자를 우선적으로 고용한 경우
   나. 사업주가 일용근로자로 고용하였던 근로자를 기간의 정함이 없는 근로계약을 체결하여 다시 고용한 경우
6. 고용촉진장려금 지급대상자를 고용한 사업주가 해당 근로자의 이직 당시의 사업주와 합병하거나 그 사업을 넘겨받은 사업주인 경우 등 해당 근로자의 이직 당시의 사업과 관련되는 사업주인 경우로서 고용노동부령으로 정하는 경우 (2016.12.30 개정)
7. 사업주가 임금 등을 체불하여 「근로기준법」 제43조의2에 따라 명단이 공개 중인 경우 (2016.12.30 신설)
8. 「장애인고용촉진 및 직업재활법」 제28조에 따른 장애인 고용 의무를 이행하지 않은 사업주가 그 장애인 고용 의무가 이행되기 전까지 같은 법 제2조제1호에 따른 장애인(같은 조 제2호에 따른 중증장애인은 제외한다)을 새로 고용한 경우 (2018.12.31 신설)
9. 그 밖에 법 제23조에 따른 지원 목적에 부합하지 않는다고 고용노동부장관이 정하여 고시하는 대상이나 업종에 해당하는 경우 (2022.6.28 신설)

④ 고용촉진장려금은 제1호의 금액에 제2호의 인원을 곱하여 산정한다. (2022.12.6 개정)
1. 매년 고용노동부장관이 임금상승률, 노동시장 여건 등을 고려하여 고시하는 금액. 다만, 지급대상이 된 기간 동안 해당 사업주가 제1항 각 호의 피보험자에 대하여 부담하는 보수를 초과할 수 없다.
2. 고용촉진장려금의 지급대상이 되는 피보험자의 수. 다만, 다음 각 목의 인원을 한도로 한다.
   가. 해당 사업의 직전 보험연도 말일 기준 피보험자 수가 10명 이상인 경우 : 그 피보험자 수의 100분의 30(소수점 이하는 버린다)에 해당하는 인원. 다만, 100분의 30에 해당하는 인원이 30명을 넘는 경우에는 30명으로 한다.
   나. 해당 사업의 직전 보험연도 말일 기준 피보험자 수가 10명 미만인 경우 : 3명

⑤ 삭제(2022.12.6)

⑥ 삭제(2022.12.6)

⑦ 고용촉진장려금의 신청 기간 등 신청 및 지급에 필요한 사항은 고용노동

고용
보험

부령으로 정한다. (2022.6.28 개정)

⑧ 고용노동부장관은 「재난 및 안전관리 기본법」 제3조제1호에 따른 재난으로 실업의 급증 등 고용사정이 악화되어 고용촉진을 위한 긴급한 조치가 필요할 때에는 제2항부터 제7항까지의 규정(제3항의 경우 제1호, 제4호, 제5호 각 목 외의 부분 본문 및 제6호로 한정한다)에도 불구하고 제1항에 따른 사업주에 대한 지원을 확대하기 위하여 고용정책심의회의 심의를 거쳐 1년의 범위에서 고용기간, 고용촉진장려금의 지급제외 사유, 상한액 및 지급대상 피보험자 수의 한도를 고시로 달리 정할 수 있다. (2020.6.9 신설)

제27조 【중장년훈련수료자 채용장려금】 삭제(2008.9.18)

제28조 【임금피크제 지원금】 ① 고용노동부장관은 법 제23조에 따라 다음 각 호의 어느 하나에 해당하는 경우(이하 이 조에서 "임금피크제"라 한다)에는 근로자에게 임금피크제 지원금을 지급한다. 다만, 제2호에 해당하는 경우에는 사업주에게도 임금피크제 지원금을 지급한다. (2014.12.31 개정)

1. 사업주가 근로자대표의 동의를 받아 정년을 60세 이상으로 연장하거나 정년을 56세 이상 60세 미만으로 연장하면서 55세 이후부터 일정나이, 근속시점 또는 임금액을 기준으로 임금을 줄이는 제도를 시행하는 경우 (2013.12.24 개정)
2. 사업주가 제1호에 따른 제도를 시행하거나 제4호에 따라 정년퇴직 후 3개월 이내에 고용(이하 이 조 및 제28조의4에서 "재고용"이라 한다)하면서 주당 소정근로시간을 15시간 이상 30시간 이하로 단축하는 경우 (2021.6.8 개정)
3. 삭제(2013.12.24)
4. 정년을 55세 이상으로 정한 사업주가 정년에 이른 사람을 재고용(재고용기간이 1년 미만인 경우는 제외한다)하면서 정년퇴직 이후부터 임금을 줄이는 경우 (2013.12.24 개정)

② 제1항에 따른 임금피크제 지원금은 해당 사업주에 고용되어 18개월 이상을 계속 근무한 사람으로서 피크임금(임금피크제의 적용으로 임금이 최초로 감액된 날이 속하는 연도의 직전 연도 임금을 말한다. 이하 이 조에서 같다)과 해당 연도의 임금을 비교하여 다음 각 호의 구분에 따른 비율 이상 낮아진 사람(해당 연도 임금이 고용노동부장관이 고시하는 금액 이상인 경우는 제외한다)에게 지급한다. (2021.6.8 개정)

1. 제1항제1호의 경우 : 정년 연장기간에 따라 다음 각 목의 구분에 따른 비율. 다만, 상시 사용하는 근로자 수가 300명 미만인 사업은 100분의 10으로 한다. (2013.12.24 개정)
   가. 임금피크제 적용일부터 1년까지 : 100분의 10

나. 임금피크제 적용일부터 1년 초과 2년까지 : 100분의 15
다. 임금피크제 적용일부터 2년 초과 이후 : 100분의 20
2. 제1항제2호의 경우 : 100분의 30 (2013.1.25 개정)
3. 제1항제4호의 경우 : 100분의 20. 다만, 상시 사용하는 근로자 수가 300명 미만인 사업은 100분의 10으로 한다. (2013.12.24 개정)

③ 제1항에 따른 임금피크제 지원금은 해당 근로자의 피크임금과 해당 연도 임금의 차액, 임금인상률과 제1항제2호에 따른 소정근로시간 단축으로 인한 사업주의 노무비용 증가액 등을 고려하여 고용노동부장관이 고시하는 금액으로 한다. (2014.12.31 개정)

④ 제1항에 따른 임금피크제 지원금은 임금피크제가 적용되는 날부터 5년 동안 지급한다. 다만, 고용기간이 5년보다 짧은 경우에는 그 고용기간 동안 지급하고, 제1항제1호에 따른 임금피크제 시행 이후 제1항제4호에 따라 재고용한 경우에도 최대 지급 기간은 통산하여 5년으로 한다. (2013.12.24 개정)

⑤ 제1항에 따른 임금피크제 지원금의 금액산정, 신청 및 지급 등에 필요한 사항은 고용노동부령으로 정한다. (2010.12.31 개정)

※ 유효기간 : 대통령령 제25022호(2013.12.24) 부칙 제2조제2항 참조

제28조의2【정년을 60세 이상으로 정한 사업 또는 사업장에서의 임금 감액에 따른 지원금】 ① 고용노동부장관은 법 제23조에 따라 정년을 60세 이상으로 정한 사업 또는 사업장에서 55세 이후부터 임금을 감액하는 제도를 시행하는 경우 임금이 감소한 해당 근로자에게 임금을 감액하는 제도가 적용되는 날부터 2018년 12월 31일까지 지원금을 지급한다. 다만, 해당 근로자의 고용기간이 2018년 12월 31일 전에 종료되는 경우는 그 고용기간 동안 지급한다. (2015.12.4 신설)

② 제1항에 따른 지원금은 해당 사업주에 고용되어 18개월 이상을 계속 근무한 사람으로서 피크임금(제1항에 따른 제도의 시행으로 임금이 최초로 감액된 날이 속하는 연도의 직전 연도 임금을 말한다. 이하 이 조에서 같다)과 해당 연도의 임금을 비교하여 100분의 10 이상 낮아진 근로자(해당 연도 임금이 고용노동부장관이 고시하는 금액 이상인 경우는 제외한다)에게 지급한다. (2021.6.8 개정)

③ 제1항에 따른 지원금은 해당 근로자의 피크임금과 해당 연도 임금의 차액 및 임금인상률 등을 고려하여 고용노동부령으로 정하는 기준에 따라 고용노동부장관이 정하여 고시하는 금액으로 한다. (2015.12.4 신설)

④ 제1항에 따른 지원금의 신청 및 지급 등에 필요한 사항은 고용노동부령으로 정한다. (2015.12.4 신설)

제28조의3【근로시간 단축 지원금】 삭제(2019.12.31)

제28조의4 【고령자 계속고용장려금】 ① 고용노동부장관은 법 제23조에 따라 사업주가 정년을 연장 또는 폐지하거나 정년의 변경 없이 정년에 도달한 근로자를 계속하여 고용하거나 재고용하는 경우에는 그 비용의 일부를 지원할 수 있다. (2019.12.31 신설)
② 제1항에 따른 지원 대상, 지원 요건, 지원 수준, 지원 기간, 신청 기간, 신청 방법·절차 등 지원에 필요한 사항은 고용노동부장관이 정하여 고시한다. (2022.6.28 개정)

제28조의5 【고령자 고용지원금】 ① 고용노동부장관은 법 제23조에 따라 60세 이상인 근로자를 고용노동부령으로 정하는 기준 이상으로 고용하는 사업주에 대해서 그 고용에 필요한 비용의 일부를 지원할 수 있다. (2021.12.31 신설)
② 제1항에 따른 지원 대상, 지원 요건, 지원 수준, 지원 기간, 신청 기간, 신청 방법·절차 등 지원에 필요한 사항은 고용노동부장관이 정하여 고시한다. (2022.6.28 개정)

제29조 【출산육아기 고용안정장려금】 ① 고용노동부장관은 법 제23조에 따라 각 호에 해당하는 사업주에게 출산육아기 고용안정장려금을 지급한다. (2022.6.28 개정)
1. 삭제(2018.12.31)
2. 피보험자인 근로자에게 「남녀고용평등과 일·가정 양립 지원에 관한 법률」 제19조에 따른 육아휴직 또는 같은 법 제19조의2에 따른 육아기 근로시간 단축(이하 "육아휴직등"이라 한다)을 30일[「근로기준법」 제74조제1항에 따른 출산전후휴가(이하 "출산전후휴가"라 한다)의 기간과 중복되는 기간은 제외한다] 이상 허용한 우선지원대상기업의 사업주 (2021.12.31 개정)
3. 피보험자인 근로자에게 출산전후휴가, 「근로기준법」 제74조제3항에 따른 유산·사산 휴가(이하 "유산·사산 휴가"라 한다) 또는 육아휴직등을 30일 이상 부여하거나 허용하고 대체인력을 고용하거나 파견근로자를 대체인력으로 사용한 경우로서 다음 각 목의 요건을 모두 갖춘 우선지원대상기업의 사업주 (2024.12.24 개정)
   가. 다음의 어느 하나에 해당할 것 (2019.12.31 개정)
      1) 출산전후휴가, 유산·사산 휴가 또는 육아휴직등의 시작일 전 2개월이 되는 날(출산전후휴가에 연이어 유산·사산 휴가 또는 육아휴직등을 시작하는 경우에는 출산전후휴가 시작일 전 2개월이 되는 날) 이후 새로 대체인력을 고용하거나 파견근로자를 대체인력으로 사용하여 30일 이상 계속 고용하거나 사용한 경우 (2024.12.24 개정)
      2) 피보험자인 근로자에게 임신 중에 60일을 초과하여 근로시간 단축을 허용하고 대체인력을 고용하거나 파견근로자를 대체인력으로 사용한

경우로서 그 근로자가 근로시간 단축 종료에 연이어 출산전후휴가, 유산·사산 휴가 또는 육아휴직등을 시작한 이후에도 같은 대체인력을 계속 고용하거나 사용한 경우. 이 경우 대체인력을 고용하거나 사용한 기간은 30일 이상이어야 한다. (2024.12.24 개정)

나. 삭제(2020.3.31)

다. 새로 대체인력을 고용하거나 파견근로자를 대체인력으로 사용하기 전 3개월부터 대체인력의 고용 또는 사용 후 1년까지(해당 대체인력의 고용기간 또는 사용기간이 1년 미만인 경우에는 그 고용관계 또는 사용관계 종료 시까지를 말한다) 고용조정으로 다른 근로자(새로 고용 또는 사용한 대체인력보다 나중에 고용된 근로자는 제외한다)를 이직시키지 않을 것 (2024.12.24 개정)

4. 피보험자인 근로자에게 육아휴직등을 30일 이상 허용하거나 부여한 경우로서 해당 근로자의 업무 전부 또는 일부를 대신하여 수행할 근로자(이하 "업무분담자"라 한다)를 지정하고 해당 업무분담자에게 업무분담에 대한 금전적 지원을 한 우선지원대상기업의 사업주. 다만, 육아기 근로시간 단축 근로자에 대한 업무분담자를 지정한 경우에는 육아기 근로시간 단축 근로자의 단축된 근로시간이 주당 10시간 이상이어야 한다. (2024.12.24 개정)

② 고용노동부장관은 제1항에도 불구하고 다음 각 호에 해당하는 사업주에게는 출산육아기 고용안정장려금을 지급하지 않는다. (2022.6.28 신설)

1. 「부패방지 및 국민권익위원회의 설치와 운영에 관한 법률」 제2조제1호가목부터 다목까지에 해당하는 기관 및 「공공기관의 운영에 관한 법률」 제4조부터 제6조까지의 규정에 따라 지정·고시된 공공기관의 사업주
2. 임금 등을 체불하여 「근로기준법」 제43조의2에 따라 명단이 공개 중인 사업주
3. 그 밖에 법 제23조에 따른 지원 목적에 부합하지 않는다고 고용노동부장관이 정하여 고시하는 대상이나 업종의 사업주

③ 제1항제2호에 따른 출산육아기 고용안정장려금은 육아휴직등의 허용에 따른 사업주의 노무비용부담, 육아휴직등의 대상 자녀의 나이 등을 고려하여 매년 고용노동부장관이 정하여 고시하는 금액에 근로자가 사용한 육아휴직등의 개월 수를 곱하여 산정한 금액으로 한다. (2022.6.28 개정)

④ 제1항제3호에 따른 출산육아기 고용안정장려금(이하 "대체인력지원금"이라 한다. 이하 이 조에서 같다)은 대체인력의 고용 또는 사용에 따른 사업주의 노무비용부담을 고려하여 고용노동부장관이 정하여 고시하는 금액에 출산전후휴가, 유산·사산 휴가 또는 육아휴직등을 사용한 기간(출산전후휴가, 유산·사산 휴가 또는 육아휴직등을 사용하기 전 대체인력에 대한 2개월

간의 업무 인수인계기간과 육아휴직을 사용한 근로자가 복직한 후 해당 근로자에 대한 1개월간의 업무 인수인계기간을 포함한다) 중 대체인력을 고용하거나 사용한 개월 수를 곱하여 산정한 금액으로 하되, 이 영 또는 다른 법령에 따라 국가 또는 지방자치단체가 해당 대체인력 고용·사용 또는 업무분담자 지정에 대하여 사업주에게 지급하는 지원금 또는 장려금 등이 있는 경우에는 그 지원금 또는 장려금 등의 금액을 뺀 금액으로 한다. 이 경우 대체인력지원금의 금액은 사업주가 해당 대체인력에게 지급한 임금액 또는 근로자파견의 대가를 초과할 수 없다. 〈2025.12.23 개정〉

⑤ 제1항제4호에 따른 출산육아기 고용안정장려금(이하 "업무분담지원금"이라 한다)은 업무분담자 지정에 따른 사업주의 노무비용부담을 고려하여 고용노동부장관이 정하여 고시하는 금액에 육아휴직등을 사용한 기간 중 업무분담자를 지정한 개월 수를 곱하여 산정한 금액으로 하되, 이 영 또는 다른 법령에 따라 육아휴직등에 따른 업무분담자 지정 또는 대체인력의 고용·사용에 대해 사업주가 지원금 또는 장려금 등의 금전을 지급받은 경우에는 그 지원금 또는 장려금 등의 금액을 뺀 금액으로 한다. 이 경우 업무분담지원금의 금액은 사업주가 해당 업무분담자에게 지급한 금액을 초과할 수 없다. 〈2024.12.24 개정〉

⑥ 제1항에 따른 출산육아기 고용안정장려금은 다음 각 호의 구분에 따라 지급한다. 〈2024.6.25 개정〉

1. 제1항제2호에 해당하는 경우 : 제3항에 따른 출산육아기 고용안정장려금의 100분의 50에 해당하는 금액은 사업주가 제1항제2호의 요건을 갖추면 지급하고, 나머지 금액은 해당 사업주가 육아휴직등을 사용한 근로자를 육아휴직등이 끝난 후 6개월 이상 피보험자로 계속 고용하는 경우(사업주가 해당 근로자의 자기 사정으로 인하여 6개월 이상 계속 고용하지 못한 경우를 포함한다)에 합산하여 한꺼번에 지급한다. 〈2025.6.2 개정〉
2. 제1항제3호에 해당하는 경우 : 사업주가 제1항제3호의 요건을 갖추면 대체인력지원금의 100분의 100을 지급하되, 다음 각 목의 금액으로 구분하여 지급한다. 〈2025.12.23 개정〉
   가. 출산전후휴가, 유산·사산 휴가 또는 육아휴직등을 사용하기 전 대체인력에 대한 2개월간의 업무 인수인계기간에 해당하는 대체인력지원금
   나. 출산전후휴가, 유산·사산 휴가 또는 육아휴직등을 사용한 기간에 해당하는 대체인력지원금
   다. 육아휴직을 사용한 근로자가 복직한 후 해당 근로자에 대한 1개월간의 업무 인수인계기간에 해당하는 대체인력지원금
3. 제1항제4호에 해당하는 경우 : 사업주가 제1항제4호의 요건을 갖추면 업무분담지원금의 100분의 100을 지급한다. 〈2024.6.25 신설〉

⑦ 제1항에 따른 출산육아기 고용안정장려금의 신청 기간 등 신청 및 지급 등에 필요한 사항은 고용노동부령으로 정한다. (2024.12.24 개정)

제30조【육아휴직등 장려금과 대체인력채용 장려금】 삭제(2010.12.31)

제31조【건설근로자 퇴직공제부금의 지원】 삭제(2010.12.31)

제32조【건설근로자 고용보험관리지원금의 지원】 삭제(2013.12.24)

제32조의2【건설근로자 계속고용지원금】 삭제(2010.2.8)

제33조【고용관리 진단 등 지원】 ① 고용노동부장관은 법 제25조제1항제1호에 따라 피보험자, 피보험자였던 사람 또는 그 밖에 취업할 의사를 가진 사람(이하 "피보험자등"이라 한다)의 고용안정과 취업의 촉진 등을 위하여 임금체계 개편과 직무재설계 등에 관하여 전문기관의 진단을 받는 사업주나 노사단체에 대하여 그 진단에 드는 비용의 전부 또는 일부를 예산의 범위에서 지원할 수 있다. (2021.6.8 개정)

② 제1항에 따른 지원 대상자의 선정, 지원수준, 그 밖에 지원에 필요한 사항은 고용노동부장관이 정한다. (2010.7.12 개정)

제34조【장기실업자 등에 대한 창업촉진 지원사업】 삭제(2010.12.31)

제35조【고용안정과 취업의 촉진】 법 제25조제1항제3호에서 "대통령령으로 정하는 사업"이란 다음 각 호의 사업을 말한다.

1. 피보험자등의 고용안정과 취업의 촉진에 관한 교육사업·홍보사업
2. 피보험자등의 고용안정 및 취업 촉진을 위한 직업소개, 직업진로지도, 채용지원, 장기근속지원 및 전직지원서비스사업 등 취업지원사업 (2017.6.27 개정)
3. 고령자·여성·장애인인 피보험자등의 고용환경개선사업
4. 건설근로자의 고용안정 등에 대한 지원사업 (2010.2.8 개정)
5. 다음 각 목의 어느 하나에 해당하는 사람의 고용안정 등에 대한 지원사업 (2016.7.19 개정)
   가. 「기간제 및 단시간근로자 보호 등에 관한 법률」 제2조제1호의 기간제근로자(이하 "기간제근로자"라 한다) (2017.6.27 개정)
   나. 파견근로자 (2024.12.24 개정)
   다. 「산업안전보건법」 제17조에 따른 안전관리자 (2019.12.24 개정)
   라. 「산업안전보건법」 제18조에 따른 보건관리자 (2019.12.24 개정)
   마. 「근로기준법」 제2조제1항제9호의 단시간근로자 (2019.12.31 개정)
   바. 계약의 형식에 관계없이 「근로기준법」 제2조제1항제1호에 따른 근로자와 유사하게 노무를 제공함에도 「근로기준법」 등이 적용되지 않는 사람으로서 타인의 사업을 위하여 다른 사람을 사용하지 않고 그 운영에 필요한 노무를 직접 제공하고 그 대가를 받아 생활하는 사람 (2020.6.9 개정)

6. 「근로기준법」 제2조제1항제9호의 단시간근로자로의 전환을 지원하는 사업 (2020.3.31 개정)
7. 피보험자등의 근무형태 변경 등 고용환경개선을 통한 일·가정 양립 지원사업 (2015.12.4 신설)
8. 고용유지조치에 따라 사업주가 피보험자의 임금을 보전하는 데에 드는 비용에 대한 대부사업(고용노동부장관이 정하여 고시하는 기간으로 한정한다) (2020.6.9 신설)

제35조의2 【교육사업·홍보사업의 지원】 ① 고용노동부장관은 법 제25조에 따라 제35조제1호에 따른 교육사업 또는 홍보사업을 실시하려는 사람에게 그에 필요한 비용의 일부를 예산의 범위에서 지원할 수 있다. (2017.6.27 신설)

② 고용노동부장관은 제1항에 따라 지원을 하려면 대상 사업의 종류·내용, 지원의 내용과 수준 및 신청 방법 등을 미리 공고하여야 한다. (2017.6.27 신설)

제36조 【취업지원사업의 지원】 ① 고용노동부장관은 법 제25조와 이 영 제35조제2호에 따라 다음 각 호의 자가 실시하는 취업지원사업에 드는 비용을 예산의 범위에서 지원할 수 있다. (2010.7.12 개정)

1. 「직업안정법」 제18조에 따라 무료직업소개사업을 하는 자와 같은 법 제19조에 따라 유료직업소개사업을 하는 자
2. 「직업안정법」 제23조에 따라 직업정보제공사업을 하는 자
3. 그 밖에 고용노동부장관이 취업지원사업을 할 능력이 있다고 인정하는 자 (2010.7.12 개정)

② 고용노동부장관은 제1항에 따라 지원을 하려면 대상 사업의 종류·내용, 대상 피보험자등의 범위, 지원의 내용과 수준 및 신청 방법 등을 미리 공고하여야 한다. (2010.7.12 개정)

제37조 【고령자 등의 고용환경 개선 지원】 ① 고용노동부장관은 법 제25조와 이 영 제35조제3호에 따라 고령자, 여성 또는 장애인인 피보험자등의 고용안정과 취업의 촉진을 위하여 관련 시설 및 장비를 설치하거나 개선하려는 사업주에게 그에 필요한 비용의 일부를 예산의 범위에서 지원하거나 대부할 수 있다. (2010.7.12 개정)

② 제1항에 따른 지원이나 대부의 대상자 선정과 요건, 그 밖에 지원이나 대부에 필요한 사항은 고용노동부장관이 정한다. (2010.7.12 개정)

제37조의2 【고용안정 지원사업 등에 대한 지원】 ① 고용노동부장관은 법 제25조에 따라 제35조제2호 및 제5호부터 제7호까지의 규정에 따른 사업을 하려는 사업주에게 그에 필요한 비용의 일부를 예산의 범위에서 지원할 수 있다. (2017.6.27 개정)

② 제1항에 따른 고용안정 지원사업의 지원 대상, 지원 요건, 지원 수준, 지원 기간, 신청 기간, 신청 방법 등 지원에 필요한 사항은 고용노동부장관이 정하여 고시한다. (2022.6.28 개정)

제37조의3 【우선지원대상기업의 고용유지 비용의 대부】 ① 고용노동부장관은 법 제25조 및 이 영 제35조제8호에 따라 고용유지조치를 실시하는 우선지원대상기업의 사업주가 피보험자의 임금을 보전하는 데에 드는 비용에 대하여 예산의 범위에서 대부할 수 있다. (2021.12.31 개정)

② 고용노동부장관은 제1항에 따른 대부 대상자 해당 여부에 대한 확인 절차를 거친 후 대부 여부를 결정한다. (2020.6.9 신설)

③ 제1항 및 제2항에서 규정한 사항 외에 대부 결정의 취소, 대부금액의 상환 등 대부제도의 운영에 필요한 세부사항은 고용노동부장관이 정하여 고시한다. (2020.6.9 신설)

제38조 【고용촉진 시설의 지원】 ① 법 제26조에서 "그 밖에 대통령령으로 정하는 고용촉진 시설"이란 다음 각 호의 시설을 말한다.

1. 「고용정책 기본법」 제11조제4항에 따라 지방자치단체가 설치·운영하는 취업취약계층에 대한 고용서비스 제공에 필요한 시설 (2009.12.30 개정)
2. 「고등교육법」 제2조제1호·제2호 및 제4호에 따른 학교 중 고용노동부장관이 지정한 학교가 운영하는 취업지원 시설 (2010.7.12 개정)
3. 「초·중등교육법 시행령」 제90조 및 제91조에 따른 특수목적고등학교와 특성화고등학교 중 고용노동부장관이 지정한 학교 (2020.3.31 개정)
4. 「고용상 연령차별금지 및 고령자고용촉진에 관한 법률」 제11조에 따른 고령자인재은행 (2020.3.31 개정)
5. 그 밖에 피보험자등의 고용안정, 고용촉진 및 사업주의 인력 확보를 위한 시설로서 고용노동부령으로 정하는 고용촉진 시설 (2010.7.12 개정)

② 고용노동부장관은 법 제26조에 따라 고용촉진 시설을 설치·운영하는 자에게 해당 시설의 설치·운영에 필요한 비용의 일부를 지원할 수 있다. (2010.7.12 개정)

③ 제1항에 따른 고용촉진 시설의 지원에 필요한 사항은 고용노동부장관이 정한다. (2010.7.12 개정)

④ 고용노동부장관은 법 제26조에 따라 사업주가 단독이나 공동으로 설치·운영하는 어린이집의 운영비용 중 일부를 고용노동부령으로 정하는 바에 따라 지원할 수 있다. 이 경우 우선지원대상기업의 사업주와 우선지원대상기업의 수가 100분의 50 이상인 사업주단체로서 다음 각 호의 어느 하나에 해당하는 기준을 충족하는 사업주단체에 대해서는 지원의 수준을 높게 정할 수 있다. (2022.12.6 개정)

1. 매월 말일 기준으로 해당 사업주단체가 설치·운영하는 직장어린이집에서

보육하는 영유아 중 우선지원대상기업 소속 피보험자(「영유아보육법」에 따른 보호자인 피보험자로 한정한다)의 영유아(이하 이 조에서 "우선지원영유아"라 한다) 수의 비율이 100분의 50 이상인 경우

2. 매월 말일 기준으로 해당 사업주단체가 설치·운영하는 직장어린이집에서 보육하는 영유아 중 우선지원영유아 수의 비율이 100분의 50 미만인 경우로서 다음 각 목의 요건을 모두 갖춘 경우

가. 제1호에 따른 지원을 받은 적이 있을 것

나. 해당 직장어린이집에 입소 신청한 우선지원영유아 중 입소하지 못하고 있는 우선지원영유아가 없을 것

⑤ 고용노동부장관은 법 제26조에 따라 어린이집을 단독이나 공동으로 설치하려는 사업주나 사업주단체에 대하여 고용노동부장관이 정하는 바에 따라 그 설치비용을 융자하거나 일부 지원할 수 있다. 이 경우 다음 각 호의 사업주나 사업주단체에 대하여는 융자나 지원의 수준을 높게 정할 수 있다. (2022.12.6 개정)

1. 우선지원대상기업의 사업주 (2022.12.6 신설)
2. 제4항 후단에 따른 사업주단체 (2022.12.6 신설)
3. 장애아동 또는 영아를 위한 어린이집을 설치하려는 사업주나 사업주단체 (2022.12.6 신설)

제39조【일괄적용사업의 특례】 고용산재보험료징수법 제8조에 따라 일괄적용되는 사업의 경우에는 개별 사업을 하나의 사업으로 보아 제17조, 제19조, 제24조, 제26조 및 제29조를 적용한다. (2024.12.24 개정)

제40조【지원금 등의 상호조정】 ① 제19조에 따른 고용유지지원금의 지급요건에 해당하는 사업주가 그 고용유지조치기간에 제17조에 따른 비용 지원, 제22조의2제1항에 따른 비용 지원, 제26조에 따른 고용촉진장려금, 제28조의4에 따른 고령자 계속고용장려금 또는 제28조의5에 따른 고령자 고용지원금의 지급 요건에 해당하는 조치를 한 경우에는 제19조에 따른 고용유지지원금을 지급하고, 그 밖의 지원금 또는 장려금은 지급하지 않는다. (2021.12.31 개정)

② 사업주가 동일한 근로자로 인하여 다음 각 호에 따른 지원금 또는 장려금 중 둘 이상의 지원금 또는 장려금 지급 요건에 동시에 해당하게 된 경우에는 해당 사업주의 신청에 의하여 하나의 지원금 또는 장려금만 지급한다. 다만, 제17조제1항제4호에 따라 고용지원이 필요한 업종에 해당하는 기업의 사업주가 고용노동부장관이 정하는 연령의 청년(이하 이 조에서 "청년"이라 한다) 실업자를 추가로 고용하는 경우 지원되는 지원금과 제35조제2호에 따라 중소기업에 취업한 청년의 장기근속을 지원하기 위하여 지원되는 지원금의 지급 요건에 동시에 해당하게 된 경우에는 중복하여 지급할 수 있다. (2018.

10.2 개정)
1. 제17조제1항제3호부터 제7호까지의 규정에 따른 지원금 (2018.10.2 개정)
2. 제24조에 따른 지역고용촉진 지원금
3. 삭제(2024.12.24)
4. 삭제(2024.12.24)
5. 제26조에 따른 고용촉진장려금 (2016.12.30 개정)
6. 제28조의4에 따른 고령자 계속고용장려금 (2020.3.31 신설)
6의2. 제28조의5에 따른 고령자 고용지원금 (2021.12.31 신설)
7. 제29조제1항제3호에 따른 출산육아기 고용안정장려금 (2018.12.31 개정)
8. 제35조제1호부터 제7호까지의 규정에 따른 사업주에 대한 지원금
9. 제38조제4항에 따른 직장어린이집 운영비용 지원금

③ 제17조제1항제1호 및 제2호에 따른 비용 지원의 지급 요건에 동시에 해당하는 사업주가 있으면 그 사업주의 신청에 따라 하나의 지원금을 지급한다. (2011.9.15 개정)

④ 제3항에 해당하는 각 지원금 중 어느 하나의 지원금을 받고 있는 사업주가 해당 지원금을 받는 기간에 제2항에 따른 각 지원금 또는 장려금 중 어느 하나의 지원금 또는 장려금의 지급 요건에 해당하는 경우에는 그 사업주의 신청에 의하여 제2항에 따른 각 지원금 또는 장려금 중 해당하는 지원금 또는 장려금의 금액에 고용노동부장관이 정하여 고시하는 비율을 곱하여 산정한 금액을 지급한다. (2016.12.30 개정)

⑤ 삭제(2024.12.24)

⑥ 근로자가 제28조 또는 제28조의2에 따른 지원금 중 둘 이상의 지원금 지급 요건에 동시에 해당하는 경우에는 해당 근로자의 선택에 따라 하나의 지원금을 지급한다. (2019.12.31 개정)

제40조의2 【지원의 제한】 법 제26조의2에서 "대통령령으로 정하는 경우"란 사업주가 근로자를 새로 고용하거나 고용유지조치를 하여 다음 각 호의 어느 하나에 해당하게 된 경우를 말한다. (2011.9.15 신설)
1. 「북한이탈주민의 보호 및 정착지원에 관한 법률」에 따라 지원금 등 금전적 지원을 받는 경우
2. 「산업재해보상보험법」에 따라 지원금 등 금전적 지원을 받는 경우
3. 「장애인고용촉진 및 직업재활법」에 따라 지원금 등 금전적 지원을 받는 경우
4. 그 밖에 국가 또는 지방자치단체로부터 금전적 지원을 받는 경우

제41조 【사업주에 대한 직업능력개발 훈련비용의 지원】 ① 법 제27조제1항에서 "대통령령으로 정하는 직업능력개발 훈련"이란 「국민 평생 직업능력 개발법」 제24조제1항에 따라 인정받은 직업능력개발훈련과정으로서 다음

각 호의 어느 하나에 해당하는 훈련 또는 「산업현장 일학습병행 지원에 관한 법률」 제15조제2항에 따라 인정받은 일학습병행과정을 말한다. (2022.2.17 개정)

1. 피보험자[법 제2조제1호나목에 따른 피보험자(이하 "자영업자인 피보험자"라 한다)는 제외한다]를 대상으로 실시하는 직업능력개발 훈련 (2012.1.13 개정)
2. 피보험자가 아닌 사람으로서 해당 사업주에게 고용된 사람을 대상으로 실시하는 직업능력개발 훈련 (2021.6.8 개정)
3. 해당 사업이나 그 사업과 관련되는 사업에서 고용하려는 사람을 대상으로 실시하는 직업능력개발 훈련 (2021.6.8 개정)
4. 직업안정기관에 구직등록한 사람을 대상으로 실시하는 직업능력개발 훈련 (2021.6.8 개정)
5. 해당 사업에 고용된 피보험자(자영업자인 피보험자는 제외한다)에게 유급휴가[「근로기준법」 제60조의 연차 유급휴가가 아닌 경우로서 휴가기간 중 같은 법 시행령 제6조에 따른 통상임금(이하 "통상임금"이라 한다)에 해당하는 금액 이상의 임금을 지급한 경우를 말한다]를 주어 실시하는 직업능력개발 훈련으로서 다음 각 목의 어느 하나에 해당하는 훈련 (2020.9.29 개정)
   가. 우선지원대상기업의 사업주나 상시 사용하는 근로자 수가 150명 미만인 사업주(이하 이 호에서 "우선지원대상기업사업주등"이라 한다)가 해당 근로자를 대상으로 계속하여 5일 이상의 유급휴가를 주어 20시간 이상 실시하는 훈련 (2021.12.31 개정)
   나. 우선지원대상기업사업주등이 해당 근로자를 대상으로 계속하여 30일 이상의 유급휴가를 주어 120시간 이상 실시하면서 대체인력을 고용하는 훈련
   다. 삭제(2021.6.8)
   라. 우선지원대상기업사업주등이 아닌 사업주가 1년 이상 재직하고 있는 근로자를 대상으로 계속하여 60일 이상의 유급휴가를 주어 180시간 이상 실시하는 훈련
   마. 삭제(2021.6.8)
   바. 사업주가 기능·기술을 장려하기 위하여 근로자 중 생산직 또는 관련 직에 종사하는 근로자로서 고용노동부장관이 고시하는 자를 대상으로 유급휴가를 주어 20시간 이상 실시하는 훈련

② 제1항에 따른 직업능력개발 훈련의 지원금은 다음 각 호의 금액으로 한다. (2020.8.27 개정)

1. 제1항 각 호의 어느 하나에 해당하는 직업능력개발 훈련에 대한 지원금 :

훈련비(고용노동부장관이 고시하는 기준에 해당하는 비용에 한정한다)에 사업 규모 등을 고려하여 고용노동부장관이 고시하는 비율을 곱하여 산정한 금액. 다만, 다음 각 목의 직업능력개발 훈련에 대한 지원금은 본문에 따른 금액에 다음 각 목의 구분에 따른 금액을 더한 금액으로 한다.

가. 제1항제3호 및 제4호에 해당하는 직업능력개발 훈련 : 고용노동부장관이 정하여 고시하는 훈련수당

나. 제1항제5호에 해당하는 직업능력개발 훈련 : 유급휴가기간 중에 지급한 임금 및 제1항제5호나목에 따른 대체인력에게 지급한 임금 중 고용노동부장관이 정하여 고시하는 금액

2. 「산업현장 일학습병행 지원에 관한 법률」 제15조제2항에 따라 인정받은 일학습병행과정에 대한 지원금 : 고용노동부장관이 고시하는 훈련비에 훈련의 종류·직종, 사업 규모 등을 고려하여 고용노동부장관이 고시하는 비율을 곱하여 산정한 금액에 고용노동부장관이 고시하는 숙식비·훈련장려금을 더한 금액

③ 법 제27조제2항제6호에서 "대통령령으로 정하는 사람"이란 다음 각 호의 어느 하나에 해당하는 사람을 말한다. (2017.6.27 개정)

1. 생산직 또는 생산 관련 직에 종사하는 근로자로서 고용노동부장관이 기능·기술을 장려하기 위하여 필요하다고 인정하여 고시하는 사람
2. 법 제20조에 따른 고용창출을 위하여 사업주가 근로자를 조(組)별로 나누어 교대로 근로하게 하는 교대제를 새로 실시하거나 조를 늘려 교대제를 실시(4조 이하로 실시하는 경우로 한정한다)한 이후 교대제의 적용을 새로 받게 되는 근로자로서 고용노동부장관이 정하여 고시하는 사람
3. 고용노동부장관이 정한 직업능력개발 훈련 및 평가를 받는 것을 조건으로 고용한 근로자

④ 고용노동부장관은 법 제27조제2항 각 호에 해당하는 근로자를 대상으로 직업능력개발 훈련을 실시하는 사업주에 대하여 훈련에 필요한 비용을 우대하여 지원하려는 경우에는 훈련비, 훈련기간 중 훈련대상자 및 대체인력에게 지급한 임금, 그 밖에 훈련에 필요한 비용을 고려한 지원수준을 정하여 고시하여야 한다. (2017.6.27 신설)

⑤ 직업능력개발 훈련의 훈련비와 훈련수당의 지원범위, 지원상한액 및 지원신청절차와 그 밖에 지원에 필요한 사항은 고용노동부령으로 정한다. (2017.6.27 개정)

제42조 【비용 지원의 한도】 ① 법 제28조에 따라 사업주가 지원받을 수 있는 직업능력개발 훈련비용의 연간 총액은 그 사업주가 고용산재보험료징수법 제13조제1항제1호 및 제16조의3에 따라 부담하는 해당 연도 고용보험료 중 고용안정·직업능력개발사업의 보험료 또는 그 사업주가 고용산재보

험료징수법 제13조제1항제1호 및 제17조제1항에 따라 해당 연도에 납부해야 할 고용보험 개산보험료 중 고용안정·직업능력개발사업의 보험료의 100분의 100(우선지원대상기업의 경우에는 100분의 240)에 해당하는 금액으로 한다. 다만, 제18조제2항 각 호의 어느 하나에 해당하는 사업주에게 지원할 수 있는 비용의 총 한도는 그 사업주가 부담하는 해당 연도 고용보험료 중 고용안정·직업능력개발사업의 보험료 또는 그 사업주가 해당 연도에 납부해야 할 고용보험 개산보험료 중 고용안정·직업능력개발사업의 보험료의 100분의 130(우선지원대상기업의 경우에는 100분의 300)으로 할 수 있다. (2021.12.31 개정)

② 사업주가 자신의 사업 외의 다른 사업에 고용된 근로자를 대상으로 「국민 평생 직업능력 개발법」 제24조에 따라 훈련과정을 인정받아 훈련을 실시하는 경우에는 제1항에 따른 지원금 외에 그 사업주가 부담하는 해당 연도 고용보험료 중 고용안정·직업능력개발사업의 보험료 또는 그 사업주가 해당 연도에 납부하여야 할 고용보험 개산보험료 중 고용안정·직업능력개발사업의 보험료의 100분의 80까지 추가로 지원할 수 있다. (2022.2.17 개정)

③ 제1항과 제2항에도 불구하고 지원금액이 기업의 규모·업종 등을 고려하여 고용노동부장관이 정하는 비용지원한도 최소금액에 미달하는 경우에는 고용노동부장관이 정하는 비용지원한도 최소금액을 지원금액으로 한다. (2010.7.12 개정)

④ 다음 각 호의 어느 하나에 해당하는 지원금은 제1항부터 제3항까지의 규정에 따라 해당 사업주가 지원받을 수 있는 직업능력개발 훈련비용지원의 한도액에 포함되지 않는다. (2020.9.29 개정)

1. 제41조제1항제1호에 따른 직업능력개발 훈련으로서 다음 각 목의 직업능력개발 훈련의 지원금 (2021.12.31 개정)
   가. 제52조제1항제13호의 현장 훈련 지원 사업으로 실시하는 현장 훈련(훈련 기간이 6개월 이상인 경우로 한정한다)
   나. 「국민 평생 직업능력 개발법 시행령」 제3조제1항제1호의 양성훈련으로 실시하는 직업능력개발 훈련 (2022.2.17 개정)
2. 제41조제1항제3호 및 제4호에 따른 직업능력개발 훈련의 지원금 (2021.6.8 개정)
3. 제41조제1항제5호가목 및 나목에 따른 직업능력개발 훈련의 지원금 중 다음 각 목의 어느 하나에 해당하는 지원금 (2021.6.8 개정)
   가. 제41조제2항에 따라 지원되는 유급휴가기간 중에 지급한 임금 및 대체인력에게 지급한 임금의 일부에 해당하는 금액 (2018.7.3 신설)
   나. 직업능력개발 훈련의 분야 및 기간 등을 고려하여 고용노동부장관이 고시하는 직업능력개발 훈련의 훈련비 (2018.7.3 신설)

4. 「산업현장 일학습병행 지원에 관한 법률」 제15조제2항에 따라 인정받은 일학습병행과정 훈련 (2021.12.31 신설)

⑤ 제2항부터 제4항까지의 규정에도 불구하고, 법 제35조제4항에 따라 직업능력개발 사업의 지원이 제한되는 사업주에 대해서는 「국민 평생 직업능력 개발법」 제55조제2항에 따른 지원 또는 융자 제한 기간의 종료일이 속한 보험연도부터 3년간 제2항부터 제4항까지의 규정을 적용하지 않는다. (2022.2.17 개정)

제43조 【근로자의 직업능력 개발을 위한 지원】 ① 고용노동부장관은 법 제29조제1항에 따라 다음 각 호의 어느 하나에 해당하는 피보험자등이 「국민 평생 직업능력 개발법」 제2조제1호에 따른 직업능력개발훈련(이하 "직업능력개발훈련"이라 한다)을 수강한 경우에는 고용노동부령으로 정하는 바에 따라 필요한 비용의 전부나 일부를 지원할 수 있다. (2022.2.17 개정)

1. 우선지원대상기업에 고용된 피보험자등 (2021.12.31 개정)
2. 법 제27조제2항 각 호의 어느 하나에 해당하는 피보험자등 (2017.6.27 개정)
3. 자영업자인 피보험자등 (2017.6.27 개정)
4. 직업안정기관의 장에게 취업훈련을 신청한 날부터 180일 이내에 이직 예정인 피보험자등 (2017.6.27 개정)
5. 경영상의 이유로 90일 이상 무급 휴직 중인 피보험자등 (2017.6.27 개정)
6. 대규모기업에 고용된 사람으로서 45세 이상이거나 고용노동부장관이 정하여 고시하는 소득액 미만인 피보험자등 (2019.6.25 개정)
7. 법 제27조에 따라 사업주가 실시하는 직업능력개발훈련을 수강하지 못한 기간이 3년 이상인 피보험자등 (2017.6.27 개정)
8. 「남녀고용평등과 일·가정 양립 지원에 관한 법률」 제19조에 따른 육아휴직 중인 피보험자등 (2017.6.27 개정)

② 제1항에 따른 직업능력개발훈련에 드는 비용은 해당 훈련을 받는 피보험자등이나 훈련을 실시하는 기관에 지급할 수 있다. 다만, 훈련을 받는 피보험자등이 고용노동부장관이 정하는 바에 따라 「여신전문금융업법」 제2조제3호에 따른 신용카드(이하 "신용카드"라 한다)를 사용하여 훈련비용을 결제하고 신용카드를 발급한 신용카드업자가 그 훈련비용을 훈련을 실시하는 기관에 지급한 경우에 고용노동부장관은 그 훈련을 받는 피보험자등을 대신하여 훈련비용을 해당 신용카드업자에게 지급할 수 있다. (2021.6.8 개정)

③ 제1항에 따라 훈련비용을 지원받을 수 있는 훈련과정의 범위와 지원절차 등에 관하여 필요한 사항은 고용노동부령으로 정한다. (2010.7.12 개정)

제44조 【근로자능력개발카드에 따른 수강지원】 삭제(2011.9.15)

제45조 【능력개발비용의 대부】 ① 고용노동부장관은 법 제29조제1항에

따라 피보험자(자영업자인 피보험자는 해당 연도 대부사업 공고일 현재 보험가입 후 합산하여 180일이 지난 사람으로 한정한다)가 자기 비용으로 다음 각 호의 어느 하나에 해당하는 학교나 시설에 입학하거나 재학하는 경우에는 해당 학자금의 전부나 일부를 예산의 범위에서 대부할 수 있다. (2021.6.8 개정)

1. 「국민 평생 직업능력 개발법」에 따른 기능대학 (2022.2.17 개정)
2. 「평생교육법」 제33조제3항에 따른 전문대학 또는 대학졸업자와 동등한 학력·학위가 인정되는 원격대학형태의 평생교육시설 (2008.6.5 개정)
3. 「고등교육법」 제2조에 따른 학교

② 고용노동부장관은 피보험자가 직업능력개발훈련을 수강하는 경우 그 수강료의 전부나 일부를 예산의 범위에서 대부할 수 있다. 다만, 다음 각 호의 어느 하나에 해당하는 과정을 수강하는 경우는 제외한다. (2010.7.12 개정)

1. 세미나, 심포지엄 등 정보 교류 활동 또는 시사·일반상식 등 교양과정
2. 취미활동, 오락과 스포츠 등을 목적으로 하는 과정
3. 그 밖에 고용노동부장관이 직업능력개발훈련과정으로 적합하지 아니하다고 인정하는 과정 (2010.7.12 개정)

③ 제2항에 따른 직업능력개발훈련 중 외국어 과정에 대하여 수강료를 대부받을 수 있는 사람의 범위는 고용노동부장관이 정한다. (2021.6.8 개정)

④ 제1항부터 제3항까지의 규정에 따른 대부금의 이율, 대부기간 등 대부조건은 고용노동부장관이 기획예산처장관과 협의하여 정한다. (2025.12.30 개정)

⑤ 제1항부터 제3항까지의 규정에 따른 대부 대상자의 선정, 대부절차, 대부횟수, 그 밖에 대부에 필요한 사항은 고용노동부령으로 정한다. (2010.7.12 개정)

제46조【능력개발비용의 지원】 ① 고용노동부장관은 법 제29조제1항에 따라 제45조제1항 각 호의 어느 하나에 해당하는 학교나 시설에 입학하거나 재학하는 우선지원대상기업의 피보험자(자영업자인 피보험자는 제외한다) 중 성적이 우수한 사람에게 예산의 범위에서 학자금의 전부나 일부를 지원할 수 있다. (2021.12.31 개정)

② 제1항에 따른 지원 대상자의 선발, 지원 금액과 지원 방법 등에 관하여 필요한 사항은 고용노동부장관이 정한다. (2010.7.12 개정)

제47조【취업훈련의 지원】 ① 고용노동부장관은 법 제29조제2항에 따라 창업 또는 취업을 위하여 직업능력개발훈련의 수강이 필요하다고 인정되는 실업자에게 취업훈련을 실시할 수 있다. (2011.9.15 개정)

1. 삭제(2013.12.24)
2. 삭제(2013.12.24)

3. 삭제(2013.12.24)
4. 삭제(2013.12.24)

② 제1항에 따른 취업훈련에 드는 비용은 해당 훈련을 받는 사람이나 훈련을 실시하는 기관에 지급할 수 있다. 다만, 훈련을 받은 사람이 고용노동부장관이 정하는 바에 따라 신용카드를 사용하여 훈련비용을 결제하고 신용카드를 발급한 신용카드업자가 그 훈련비용을 훈련을 실시하는 기관에 지급한 경우에 고용노동부장관은 그 훈련을 받는 자를 대신하여 훈련비용을 해당 신용카드업자에게 지급할 수 있다. (2021.6.8 개정)

③ 고용노동부장관은 제1항에 따른 취업훈련을 수강하는 실업자가 법 제43조제1항에 따른 구직급여의 수급자격이 없는 경우에는 훈련수당을 지급할 수 있다. (2013.12.24 개정)

④ 고용노동부장관은 제1항에 따른 취업훈련을 수강하는 피보험자였던 실업자에게 해당 훈련비의 전부나 일부를 대부할 수 있다. (2021.6.8 개정)

⑤ 제4항에 따른 대부 대상자의 선정, 대부절차, 대부횟수, 그 밖에 대부에 관하여 필요한 사항은 고용노동부령으로 정한다. (2010.7.12 개정)

⑥ 제1항에 따른 취업훈련의 실시기관이나 그 밖에 취업훈련의 실시에 필요한 사항은 고용노동부령으로 정한다. (2011.9.15 개정)

제47조의2 【직업능력개발훈련 중 생계비 대부】 ① 법 제29조제3항에서 "대통령령으로 정하는 저소득 피보험자등"이란 다음 각 호의 어느 하나에 해당하는 사람 중 소득수준 및 종전의 대부실적 등을 고려하여 고용노동부장관이 정하여 고시하는 선정기준에 해당하는 사람을 말한다. (2020.6.9 개정)

1. 법 제2조제1호가목에 따른 피보험자로서 휴직수당 등 금품을 받지 않고 휴직 중인 사람
2. 자영업자인 피보험자
3. 법 제27조제2항 각 호의 어느 하나에 해당하는 피보험자등
4. 법 제29조제3항에 따른 생계비 대부 신청 시 실업상태에 있는 피보험자등이었던 사람(법 제4장에 따른 실업급여를 수급하고 있는 사람은 제외한다)
5. 제35조제5호바목에 해당하는 피보험자등
6. 그 밖에 생계비 대부가 필요하다고 고용노동부장관이 인정하는 피보험자등

② 법 제29조제3항에 따른 생계비는 예산의 범위에서 대부할 수 있다. (2009.3.12 신설)

③ 고용노동부장관은 직업능력개발훈련에 따른 생계비의 대부를 신청하는 사람에 대하여 제1항에 따른 대부 대상자 해당 여부의 확인절차를 거친 후에 대부 여부를 결정하여야 한다. (2010.7.12 개정)

④ 제3항에 따른 대부의 신청·결정 절차에 관한 사항, 대부결정의 취소에 관한 사항, 대부금액 및 상환방법, 그 밖에 대부제도의 운영에 필요한 사항은

고용노동부장관이 정하여 고시한다. (2010.7.12 개정)

제48조【직업능력개발훈련시설 등에 대한 비용 대부】 ① 고용노동부장관은 법 제30조에 따라 직업능력개발 훈련을 실시하고 있거나 실시하려는 사업주, 사업주단체, 근로자단체, 「국민 평생 직업능력 개발법」 제32조에 따라 고용노동부장관의 허가를 받아 설립한 직업능력개발훈련법인과 같은 법 제2조제3호나목에 따른 지정직업훈련시설을 설치·운영하는 자에게 직업능력개발훈련시설의 설치와 장비 구입에 필요한 비용을 예산의 범위에서 대부할 수 있다. (2022.2.17 개정)

② 제1항에 따른 대부금의 이율, 대부기간 등 대부 조건은 고용노동부장관이 기획예산처장관과 협의하여 정한다. 이 경우 우선지원대상기업의 사업주나 해당 기업의 사업주단체와 제52조제1항제6호에 따른 직업능력개발사업을 실시하거나 실시하려는 사업주나 사업주단체에는 대부금의 이율을 달리 정할 수 있다. (2025.12.30 개정)

③ 제1항에 따른 비용의 대부한도, 대부 절차 등에 관하여 필요한 사항은 고용노동부령으로 정한다. (2010.7.12 개정)

제49조【직업능력개발훈련시설 등의 지원】 ① 고용노동부장관은 법 제30조에 따라 사업주, 사업주단체나 그 연합체가 「국민 평생 직업능력 개발법」 제15조에 따른 국가기간·전략산업직종 등 고용노동부장관이 고시하는 직종의 훈련을 실시하기 위하여 단독이나 공동으로 직업능력개발훈련시설을 설치하거나 장비를 구입하는 경우 또는 같은 법 제2조제3호가목에 따라 공공직업훈련시설을 설치한 공공단체가 노후 시설을 개·보수하거나 장비를 구입하는 경우 해당 시설 설치와 장비 구입에 필요한 비용의 일부를 예산의 범위에서 지원할 수 있다. 이 경우 우선지원대상기업에 속하는 사업주나 해당 기업의 사업주단체와 제52조제1항제6호에 따른 직업능력개발사업을 실시하는 사업주나 사업주단체를 우대할 수 있다. (2022.2.17 개정)

② 제1항에 따른 비용의 지원한도와 절차 등에 관하여 필요한 사항은 고용노동부령으로 정한다. (2010.7.12 개정)

제50조【검정수수료 등의 지원】 삭제(2008.4.30)

제51조【자격검정 사업의 지원】 ① 고용노동부장관은 법 제31조제1항제2호에 따라 다음 각 호의 어느 하나에 해당하는 사업을 실시하는 자에게 그 사업의 실시에 필요한 비용의 전부 또는 일부를 지원할 수 있다. (2010.7.12 개정)

1. 사업주가 근로자의 기술향상을 위하여 실시하는 자격검정 사업
2. 「국가기술자격법」에 따른 국가기술자격 검정기관이 피보험자의 자격취득 편의를 위하여 실시하는 사업

② 제1항제1호에 따른 자격검정 사업은 다음 각 호의 모든 요건을 갖추어야

한다.
1. 사업주가 단독이나 공동으로 해당 사업 및 해당 사업과 관련된 사업의 근로자를 대상으로 실시하는 자격검정일 것
2. 자격 종목이 해당 사업에 필요한 지식 및 기능과 직접 관련될 것
3. 해당 자격을 취득한 근로자에게는 승진·승급·보수 등에서 우대할 수 있는 규정을 제정하여 시행하고 있을 것
4. 해당 자격을 취득하려고 하는 근로자에게 검정 사업과 관련하여 검정수수료 등 모든 비용을 받지 아니할 것
5. 자격검정이 영리를 목적으로 하는 것이 아닐 것
6. 그 밖에 고용노동부령으로 정하는 요건을 갖출 것 (2010.7.12 개정)

③ 제1항에 따른 비용의 지원신청과 지원방법 등에 관하여 필요한 사항은 고용노동부령으로 정한다. (2010.7.12 개정)

제52조 【직업능력개발의 촉진】 ① 법 제31조제1항제3호에서 "대통령령으로 정하는 사업"이란 다음 각 호의 사업을 말한다. (2010.2.8 개정)
1. 직업능력개발사업에 관한 조사·연구사업
2. 직업능력개발사업을 위한 교육·홍보사업
3. 직업능력개발을 위한 훈련 매체의 개발·편찬과 보급사업
4. 사업주단체, 근로자단체나 그 연합체가 협력하여 실시하는 직업능력개발사업
5. 인적자원개발 우수기업 인증제 지원사업
6. 사업주, 사업주단체 또는 「고등교육법」 제2조에 따른 학교 등이 직업능력개발훈련을 실시하는 둘 이상의 사업주와 협약을 체결하여 그 근로자를 위하여 수행하는 직업능력개발사업 (2012.1.13 개정)
7. 「국민 평생 직업능력 개발법」 제36조와 제37조에 따른 직업능력개발훈련교사 및 같은 법 시행령 제19조제1항제7호에 따른 인력개발담당자의 양성 및 능력개발을 위하여 실시하는 교육훈련사업 (2022.2.17 개정)
8. 「국민 평생 직업능력 개발법」 제12조에 따라 실시하는 직업능력개발훈련 (2022.2.17 개정)
9. 「국민 평생 직업능력 개발법」 제40조에 따라 기능대학에 두는 교육·훈련과정에 따라 실시하는 교육·훈련 (2022.2.17 개정)
10. 우선지원대상기업의 사업주나 근로자의 핵심직무능력 향상을 위하여 실시하는 직업능력개발훈련(고용노동부장관이 정하는 우수훈련과정으로 한정한다) (2021.12.31 개정)
11. 우선지원대상기업 근로자가 직무 지식을 습득할 기회를 확대하거나 그 기업 내의 직무 지식을 원활하게 축적·공유할 수 있도록 하는 등의 학습조직화를 촉진하기 위하여 실시하는 직업능력개발사업 (2021.12.31 개정)

12. 우선지원대상기업의 사업주나 인력개발담당자의 인적자원 개발역량을 높이기 위하여 실시하는 직업능력개발사업 (2021.12.31 개정)
13. 우선지원대상기업에 대한 체계적인 현장 훈련 지원 사업 (2021.12.31 개정)
14. 삭제(2010.12.31)
15. 그 밖에 직업능력개발의 촉진을 위한 사업 (2009.3.12 개정)

② 고용노동부장관은 제1항제6호에 따른 직업능력개발사업이 수행되는 경우 협약을 체결한 사업주들이 제42조제1항부터 제3항까지의 규정에 따라 각각 받을 수 있는 연간 직업능력개발 훈련비용 지원 한도액 중 고용노동부장관이 정하여 고시하는 비율의 금액(이하 이 항에서 "개별금액"이라 한다)의 합계액을 해당 직업능력개발사업의 수행 주체에게 직접 지원한다. 이 경우 개별금액은 협약을 체결한 사업주들이 제42조제1항부터 제3항까지의 규정에 따른 비용지원의 한도에서 각각 지원받은 것으로 본다. (2012.1.13 신설)

③ 제1항에 따른 비용의 지원신청과 지원방법 등에 관하여 필요한 사항은 고용노동부장관이 정한다. (2012.1.13 개정)

제53조 【직업능력개발훈련사업의 위탁 실시】 ① 고용노동부장관은 법 제31조제2항에 따라 직업능력개발훈련사업을 위탁하여 실시하려는 때에는 매년 위탁하려는 직업능력개발훈련사업의 계획을 세워야 한다. (2010.7.12 개정)

② 제1항에 따른 직업능력개발훈련사업은 「국민 평생 직업능력 개발법」 제15조에 따른 국가기간·전략산업직종에 대한 직업능력개발훈련(이하 "국가기간·전략산업직종훈련"이라 한다)으로 본다. (2022.2.17 개정)

③ 국가기간·전략산업직종훈련은 「국민 평생 직업능력 개발법 시행령」 제12조 각 호에 따른 시설이나 기관에 위탁하여 실시한다. (2022.2.17 개정)

④ 국가기간·전략산업직종훈련의 훈련대상, 훈련절차, 훈련비와 훈련수당의 지원 등 국가기간·전략산업직종훈련의 실시 등에 필요한 사항은 고용노동부령으로 정한다. (2010.12.31 개정)

제54조 【건설근로자의 직업능력개발 지원】 ① 고용노동부장관은 법 제32조에 따라 건설업의 사업주나 사업주단체가, 일정한 사업장에 고용되지 아니한 건설근로자로서 고용노동부장관이 정하여 고시하는 사람의 직업능력의 개발·향상을 위해 직업능력개발훈련을 실시하는 경우에는 해당 비용의 일부를 지원하고, 건설근로자에게 훈련기간 중 훈련수당을 지급한 경우에는 그에 관하여 필요한 비용을 지원할 수 있다. (2021.6.8 개정)

② 제1항에 따른 직업능력개발 훈련비용의 지원에 관하여는 제41조제2항을 준용한다.

제55조 【지방자치단체 등에 대한 지원】 ① 법 제34조에서 "대통령령으로 정하는 비영리법인·단체"란 법률에 따라 설립되거나 국가나 지방자치단체

의 허가·인가를 받아 설립된 비영리법인과 「비영리민간단체 지원법」에 따라 등록한 비영리단체를 말한다.
② 고용노동부장관은 법 제34조에 따라 지방자치단체나 제1항에 따른 비영리법인·단체가 지역 내 피보험자등의 고용안정·고용촉진과 직업능력개발을 위한 사업을 실시하는 경우에는 예산의 범위에서 그 비용의 전부나 일부를 지원할 수 있다. (2010.7.12 개정)
③ 고용노동부장관은 제2항에 따라 비용을 지원하려면 대상 사업의 종류·내용, 지원의 요건·내용·수준 및 신청 방법 등을 미리 공고하여야 한다. (2010.7.12 개정)

제56조 【부정행위에 따른 지원금 등의 지급 제한】 ① 고용노동부장관은 법 제35조제1항에 따라 거짓이나 그 밖의 부정한 방법으로 제17조, 제19조, 제21조의3, 제21조의4, 제22조, 제22조의2, 제24조, 제26조, 제28조, 제28조의2, 제28조의4, 제28조의5, 제29조, 제33조, 제35조, 제35조의2, 제36조, 제37조, 제37조의2, 제38조 및 제55조에 따른 지원금 또는 장려금을 받거나 받으려는 자에게는 해당 지원금 또는 장려금 중 지급되지 않은 금액 또는 지급받으려는 지원금 또는 장려금을 지급하지 않으며, 거짓이나 그 밖의 부정한 방법으로 이미 지급받은 지원금 또는 장려금에 대해서는 반환을 명해야 한다. (2024.12.24 개정)
② 법 제35조제1항에 따라 거짓이나 그 밖의 부정한 방법으로 제1항에 따른 각 지원금 중 어느 하나의 지원금을 받거나 받으려 한 자에 대하여 고용노동부장관은 제1항에 따른 반환명령 또는 지급 제한을 한 날부터 1년의 범위에서 새로 지원하게 되는 제1항에 따른 각 지원금 중 어느 하나에 해당하는 지원금에 대해서는 별표 2에 따른 기간 동안 지급을 제한한다. 다만, 그 부정한 방법의 정도, 동기 및 결과 등을 고려하여 그 지급제한 기간의 3분의1까지 감경할 수 있다. (2012.10.29 개정)
③ 제1항에 따른 반환(법 제35조제2항에 따른 추가징수를 포함한다. 이하 이 조에서 같다)명령을 받은 자는 그 통지를 받은 날부터 30일 이내에 통지받은 금액을 납부하여야 한다. 이 경우 납부방식은 일시 납부를 원칙으로 하되, 납부금액이 1천만원을 초과하는 경우에는 고용노동부장관이 정하는 바에 따라 나누어 낼 수 있다. (2010.12.31 개정)
④ 제1항 및 제3항이나 「국민 평생 직업능력 개발법」 제56조(기금으로 지원 또는 융자된 금액에 대한 반환명령으로 한정한다)에 따라 반환 명령을 받은 자가 정해진 기간까지 납부 의무를 이행하지 아니한 경우에는 그 기간의 종료일부터 그 의무를 이행하는 날까지 법에 따른 지원금 또는 장려금 또는 같은 법에 따른 직업능력개발훈련 비용을 지급하지 않는다. (2022.2.17 개정)

제57조 【업무의 대행】 ① 법 제36조에서 "대통령령으로 정하는 자"란 다

음 각 호의 자를 말한다.
1. 「한국산업인력공단법」에 따른 한국산업인력공단(이하 "한국산업인력공단"이라 한다)
2. 「국민 평생 직업능력 개발법」에 따른 기능대학 (2022.2.17 개정)
3. 「국민 평생 직업능력 개발법」 제23조에 따른 직업능력개발단체 (2022.2.17 개정)

② 고용노동부장관은 법 제36조에 따라 업무를 대행하게 하는 경우에는 업무 수행에 드는 경비를 기금에서 지원한다. (2010.7.12 개정)

제4장 실업급여

제58조 【실업급여 지급에 관한 결정·통지】 직업안정기관의 장은 실업급여의 지급 여부를 결정한 경우에는 그 청구인에게 서면으로 알려야 한다. 다만, 실업급여를 지급하기로 결정한 경우에는 제62조에 따른 보험 수급자격증에 그 사실을 적어 내줌으로써 통지를 갈음할 수 있으며, 청구인의 동의가 있는 경우에는 정보통신망을 이용하여 통지할 수 있다. (2021.6.8 개정)

제58조의2 【실업급여수급계좌】 ① 법 제37조의2제1항 단서에서 "대통령령으로 정하는 불가피한 사유"란 다음 각 호의 모두에 해당하는 것을 말한다. (2015.4.20 신설)
1. 수급자격자가 제65조제8호에 해당하는 사람으로서 그 수급자격자가 금융기관을 이용할 수 없는 지역에 거주하는 사람일 것 (2021.6.8 개정)
2. 제1호의 사유로 실업급여의 신청일부터 14일 이내에 수급자격자에게 금융기관을 통하여 실업급여를 지급하는 것이 불가능할 것

② 직업안정기관의 장은 법 제37조의2제1항 단서에 따라 정보통신장애나 제1항의 사유로 인하여 실업급여를 법 제37조의2제1항 본문에 따른 수급자격자 명의의 지정된 계좌(이하 "실업급여수급계좌"라 한다)로 이체할 수 없을 때에는 해당 실업급여 금액을 수급자격자에게 직접 현금으로 지급할 수 있다. (2015.4.20 신설)

③ 직업안정기관의 장은 제61조에 따라 수급자격 인정신청을 한 사람에게 신청인이 원하는 경우에는 해당 실업급여를 실업급여수급계좌로 받을 수 있다는 사실을 안내하여야 한다. (2015.4.20 신설)

제58조의3 【압류금지 실업급여 액수】 법 제38조제2항에서 "대통령령으로 정하는 액수"란 법 제37조의2제1항에 따라 실업급여수급계좌에 입금된 금액 전액을 말한다. (2017.12.26 개정)

제59조 【급여원부의 작성】 ① 직업안정기관의 장은 실업급여를 지급한 경우에는 그 급여를 받은 수급자격자별로 급여원부(給與原簿)를 작성하여

야 한다.

② 직업안정기관의 장은 보험과 관계있는 자가 청구하는 경우에는 급여원부를 열람시키고, 필요하다고 인정하면 증명서를 내주어야 한다.

제60조【기준기간의 연장 사유】 법 제40조제2항제1호에서 "그 밖에 대통령령으로 정하는 사유"란 다음 각 호의 사유를 말한다. 다만, 법 제2조제5호 단서에 따라 고용노동부장관이 정하는 금품을 지급받는 경우는 제외한다. (2019.9.17 개정)

1. 사업장의 휴업
2. 임신·출산·육아에 따른 휴직
3. 휴직이나 그 밖에 이와 유사한 상태로서 고용노동부장관이 정하여 고시하는 사유 (2010.7.12 개정)

제60조의2【피보험 단위기간 산정】 ① 법 제41조제3항에 해당하는 근로자인 피보험자의 피보험 단위기간은 다음의 계산식을 충족하면 법 제40조제1항제1호의 피보험 단위기간의 요건을 갖춘 것으로 본다. (2023.6.27 개정)

1 근로자로서의 피보험 단위기간(일 단위로 한다) ÷ 180일≤예술인으로서의 피보험 단위기간(월 단위로 한다) ÷ 9개월+노무제공자로서의 피보험 단위기간(월 단위로 한다) ÷ 12개월

② 법 제41조제3항에 해당하는 근로자인 피보험자가 다음 각 호에 해당하는 경우에는 해당 호에 따라 제1항의 계산식을 산정한다. (2021.6.8 신설)

1. 법 제40조제2항에 따른 기준기간 동안에 근로자, 예술인 및 노무제공자로 동시에 보험에 가입된 경우 : 근로자로서의 피보험 단위기간에만 포함하여 산정 (2023.6.27 개정)
2. 법 제40조제2항에 따른 기준기간 동안에 예술인 및 노무제공자로 동시에 보험에 가입된 경우 : 예술인 또는 노무제공자의 피보험 단위기간 중 근로자인 피보험자에게 유리한 피보험 단위기간에만 포함하여 산정 (2023.6.27 개정)

제61조【구직신청과 수급자격 인정신청】 ① 법 제42조에 따라 실업을 신고하려는 사람은 전산망을 통하여 「직업안정법」 제9조에 따른 구직신청을 해야 한다. (2021.6.8 개정)

② 제1항에 따라 구직신청을 한 사람은 수급자격 인정신청서를 자신의 거주지를 관할하는 직업안정기관의 장에게 제출하되, 다음 각 호의 어느 하나에 해당하는 경우에는 해당 직업안정기관의 장에게 제출할 수 있다. (2012.1.13 개정)

1. 취업을 희망하는 지역 관할 직업안정기관의 장에게 제출하려는 경우
2. 이직 전 사업장 관할 직업안정기관의 장에게 제출하려는 경우
3. 거주지 관할 직업안정기관보다 교통이 편리하다고 인정되는 인근 지역

관할 직업안정기관의 장에게 제출하려는 경우
③ 제1항에 따라 실업을 신고하려는 사람이 법 제42조제3항에 따라 사업주로부터 이직확인서를 발급받은 경우에는 이를 소재지 관할 직업안정기관의 장에게 제출해야 한다. (2021.6.8 개정)
④ 제2항에 따라 수급자격 인정신청서를 받은 직업안정기관(이하 "신청지 관할 직업안정기관"이라 한다)의 장은 법 제44조제2항에 따라 직업안정기관에 출석하여 실업의 인정을 받아야 할 날(이하 "실업인정일"이라 한다)을 지정하여 해당 신고인에게 알려야 한다. (2011.9.15 개정)

제62조 【수급자격의 인정】 ① 직업안정기관의 장은 제61조에 따라 수급자격 인정신청서를 받은 경우에 그 신청인이 법 제43조제1항에 따른 구직급여의 수급자격이 인정되면 최초의 실업인정일에 보험 수급자격증(이하 "수급자격증"이라 한다)을 내주어야 한다. (2021.6.8 개정)
② 직업안정기관의 장은 수급자격 인정신청서를 제출한 사람이 법 제43조제1항에 따른 구직급여의 수급자격이 인정되지 않는 경우에는 그 신청인에게 해당 사실을 알려야 한다. (2021.6.8 개정)
③ 수급자격자가 제1항에 따라 발급받은 수급자격증이 헐어 못쓰게 되거나 잃어버린 경우에는 신청지 관할 직업안정기관의 장에게 재발급을 신청하여야 한다. (2011.9.15 개정)
④ 수급자격자가 이름, 주민등록번호, 주소나 거소를 변경하거나 정정한 경우에는 신청지 관할 직업안정기관의 장에게 신고하여야 한다. 이 경우 직업안정기관의 장은 수급자격증의 관련 사항을 수정하여 반환하여야 한다. (2011.9.15 개정)
⑤ 제1항에 따라 수급자격증을 발급받은 사람은 수급자격 인정의 근거가 된 수급자격 인정명세서를 발급하여 줄 것을 해당 수급자격을 인정한 직업안정기관의 장에게 청구할 수 있다. (2021.6.8 개정)

제62조의2 【둘 이상의 피보험자격 취득 시 수급자격의 인정】 법 제43조의2제2항 단서에서 "대통령령으로 정하는 바에 따른 소득감소"란 다음 각 호의 요건을 모두 갖춘 소득감소를 말한다. (2023.6.27 신설)
1. 가장 나중에 상실한 피보험자격이 법 제77조의2제2항제2호 단서에 따른 단기예술인(이하 "단기예술인"이라 한다), 법 제77조의6제2항제2호 단서에 따른 단기노무제공자(이하 "단기노무제공자"라 한다) 또는 법 제77조의7제1항에 따른 노무제공플랫폼을 통해 노무를 제공하는 노무제공자에 해당할 것
2. 가장 나중에 상실한 피보험자격의 이직일 이전 1개월 동안 해당 피보험자격으로부터 발생한 소득이 법 제43조의2제1항에 따라 수급자격을 인정받으려는 사람이 선택한 피보험자격의 이직일 이전 1개월 동안 해당 피보험

자격으로부터 발생한 소득의 100분의 50 미만일 것
3. 가장 나중에 상실한 피보험자격의 이직일 이전 1개월 동안 해당 피보험자격으로부터 발생한 1일 평균소득이 이직일 당시 적용되던 「최저임금법」에 따른 시간 단위에 해당하는 최저임금액에 소정근로시간 8시간을 곱한 금액에 100분의 80을 곱한 금액 이하일 것

제63조 【실업의 인정】 ① 수급자격자가 법 제44조제2항에 따라 실업의 인정을 받으려면 실업인정일에 신청지 관할 직업안정기관에 출석하여 실업인정신청서에 직전 실업인정일의 다음 날부터 해당 실업인정일까지의 재취업활동 내용을 적은 후 수급자격증을 첨부하여 제출하여야 한다. (2011.9.15 개정)
② 직업안정기관의 장은 제1항에 따라 실업을 인정한 경우에는 그 사실을 수급자격증에 적어 반환하여야 한다.
③ 제1항에 따른 재취업활동 인정기준은 고용노동부령으로 정한다. (2010.7.12 개정)

제64조 【실업인정의 특례사유】 법 제44조제2항제2호에서 "대통령령으로 정하는 사유"란 다음 각 호의 어느 하나에 해당하는 경우를 말한다.
1. 천재지변이 발생한 경우
2. 월간 구직급여 수급자격의 인정을 신청한 사람의 수를 매월 말일의 피보험자수로 나누어 얻은 비율(이하 "수급자격신청률"이라 한다)이 연속하여 2개월간 100분의 1을 초과하는 경우 (2021.6.8 개정)
3. 법 제53조에 따른 특별연장급여의 지급이 결정된 경우

제65조 【실업인정의 특례자】 법 제44조제2항제3호에서 "그 밖에 대통령령으로 정하는 수급자격자"란 다음 각 호의 어느 하나에 해당하는 사람을 말한다. (2021.6.8 개정)
1. 취업 또는 구인자와의 면접이나 그 밖의 부득이한 사유로 실업인정일에 직업안정기관에 출석할 수 없는 사람으로서 실업인정일의 전일까지 신청지 관할 직업안정기관에 출석하여 실업인정일의 변경을 신청한 사람 (2021.6.8 개정)
2. 취업 또는 구인자와의 면접이나 그 밖의 부득이한 사유로 실업인정일 또는 그 전일까지 출석할 수 없었던 사람으로서 해당 사유가 없어진 날부터 14일 이내에 신청지 관할 직업안정기관에 출석하여 실업인정일의 변경을 신청한 사람 (2021.6.8 개정)
3. 7일 이상 계속적으로 취업하여 실업인정일 또는 그 전일까지 출석할 수 없었던 사람으로서 취업일을 증명할 수 있는 서류를 첨부하여 취업한 날부터 2개월 이내에 우편, 팩스 또는 정보통신망 등을 이용하여 실업의 인정을 신청한 사람. 다만, 실업의 인정을 신청한 날 현재 법 제15조에 따른

피보험자격의 취득신고가 되어 있는 경우에는 취업일을 증명할 수 있는 서류의 첨부를 생략할 수 있다. (2021.6.8 개정)

4. 수급자격자의 착오로 실업인정일에 직업안정기관에 출석할 수 없었던 사람으로서 해당 실업인정일부터 14일 이내에 출석하여 실업인정일의 변경을 신청한 사람(해당 수급자격자의 법 제48조에 따른 수급기간 내에 한 번만 인정한다) (2021.6.8 개정)
5. 다음 각 목의 어느 하나에 해당하는 사유로 직업안정기관의 장이 실업인정일을 변경하는 것이 적당하다고 인정한 사람 (2021.6.8 개정)
   가. 법 제48조에 따른 수급기간이 종료된 경우
   나. 「관공서의 공휴일에 관한 규정」에 따른 관공서의 공휴일인 경우
   다. 그 밖에 부득이한 사정이 있는 경우
6. 법 제87조제1항에 따른 심사·재심사 또는 소송에 의하거나 직업안정기관의 장의 직권에 따라 실업급여에 관한 처분이 취소·변경된 자
7. 해당 실업인정일부터 30일 이내에 취업하기로 확정된 사람 (2021.6.8 개정)
8. 섬 지역(제주특별자치도 본도 및 방파제 또는 교량 등으로 육지와 연결된 섬은 제외한다)에 거주하는 사람으로서 실업인정의 특례를 신청한 사람 (2021.6.8 개정)
9. 정보통신망을 통하여 직접 재취업활동 및 소득발생 여부를 신고할 수 있다고 직업안정기관의 장이 인정하는 사람 (2016.12.30 개정)
10. 다음 각 목에 모두 해당하는 사람으로서 실업인정의 특례를 신청한 사람 (2025.6.2 신설)
   가. 해외에서의 재취업활동을 위하여 해외 체류 예정이거나 해외 체류 중인 사유로 실업인정일 또는 그 전일까지 직업안정기관에 출석할 수 없을 것
   나. 직업안정기관의 장에게 해외에서의 재취업활동에 관한 계획을 제출하여 확인을 받을 것

제66조【증명서에 따른 실업의 인정】 ① 수급자격자가 법 제44조제3항제1호·제2호 또는 제4호에 따라 실업의 인정을 받으려면 그 사유가 없어진 후 14일 이내에 신청지 관할 직업안정기관에 출석하여 실업인정신청서에 수급자격증과 출석할 수 없었던 사유를 적은 증명서를 첨부하여 제출하여야 한다. (2011.9.15 개정)

② 제1항의 증명서에 적을 사항과 발급자 등에 관하여 필요한 사항은 고용노동부령으로 정한다. (2010.7.12 개정)

③ 수급자격자가 법 제44조제3항제3호에 따라 실업의 인정을 받으려면 직접 또는 대리인을 통하여 실업인정신청서에 수급자격증과 직업훈련 등의 실시기관이 내준 증명서를 첨부하여 관할 직업안정기관의 장에게 제출하여야

한다.

제67조 【수급자격자의 취업촉진을 위한 조치】 법 제44조제4항 전단에서 "재취업활동에 관한 계획의 수립 지원, 직업소개 등 대통령령으로 정하는 조치"란 수급자격자의 취업을 촉진하기 위하여 필요한 다음 각 호의 조치를 말한다.

1. 재취업활동에 관한 계획의 수립 지원
2. 실업급여 등 보험에 관한 안내와 교육
3. 직업적성검사, 직업정보제공 등 재취업을 위하여 미리 준비할 사항에 대한 심층 상담과 지도
4. 구인·훈련 등 고용정보의 탐색과 활용 요령, 이력서 작성과 면접 요령 등 재취업활동 방법의 지도
5. 일자리 정보제공, 직업소개, 동행면접, 채용 관련 행사의 참석 기회의 제공
6. 훈련의 필요 여부 상담, 적합한 훈련과정의 안내, 훈련 지시 등 재취업을 촉진하기 위하여 필요한 조치

제68조 【급여기초 임금일액의 상한액】 ① 법 제45조제5항에 따라 구직급여의 산정 기초가 되는 임금일액이 11만3500원을 초과하는 경우에는 11만3500원을 해당 임금일액으로 한다. (2025.12.23 개정)

② 고용노동부장관은 제1항에 따른 금액이 적용된 후 물가상승률과 경기변동, 임금상승률 등을 고려하여 조정이 필요하다고 판단되면 해당 금액의 변경을 고려하여야 한다. (2010.7.12 개정)

제69조 【취업의 신고】 ① 수급자격자는 법 제47조제1항에 따라 취업한 사실이 있는 경우에는 취업한 날 이후 최초의 실업인정일에 제출하는 실업인정신청서에 그 사실을 적어야 한다. (2019.6.25 개정)

② 삭제(2019.6.25)

제70조 【수급기간의 연기 사유】 법 제48조제2항에서 "그 밖에 대통령령으로 정하는 사유"란 다음 각 호의 사유를 말한다. (2012.1.13 개정)

1. 본인의 질병이나 부상(법 제63조에 따라 상병급여를 받은 경우의 질병이나 부상은 제외한다)
2. 배우자의 질병이나 부상
3. 본인과 배우자의 직계존속 및 직계비속의 질병이나 부상
4. 배우자의 국외발령 등에 따른 동거 목적의 거소 이전 (2011.9.15 신설)
5. 「병역법」에 따른 의무복무 (2011.9.15 개정)
6. 범죄혐의로 인한 구속이나 형의 집행(법 제58조제1호가목에 따라 수급자격이 없는 자는 제외한다) (2011.9.15 개정)
7. 제1호부터 제6호까지의 규정에 준하는 경우로서 고용노동부령으로 정하는 사유 (2011.9.15 개정)

제71조 【수급기간의 연기 신청】 ① 법 제48조제2항에 따라 취업할 수 없는 사실을 신고하려는 사람은 직접 또는 대리인을 통하여 수급기간 내에 수급기간 연기신청서에 수급자격증(수급자격증을 발급받은 경우로 한정한다)을 첨부하여 신청지 관할 직업안정기관의 장에게 제출해야 한다. 다만, 천재지변, 「병역법」에 따른 병역의무 이행, 그 밖의 부득이한 사유가 있는 경우에는 그 사유가 없어진 날부터 30일 이내에 제출해야 한다. (2021.6.8 개정)
② 제1항에도 불구하고 「산업재해보상보험법」 제40조에 따라 요양급여를 받는 경우에는 해당 최초 요양일에 법 제48조제2항에 따른 신고를 한 것으로 본다. (2008.6.25 개정)
③ 직업안정기관의 장은 제1항에 따른 신고가 수급기간의 연기사유에 해당한다고 인정하면 수급기간 연기통지서를 신고자에게 내주고, 수급자격증에 필요한 사항을 적은 후 반환하여야 한다. (2012.1.13 개정)
④ 제3항에 따라 수급기간 연기 통지를 받은 사람이 그 수급기간 연기 사유가 없어지거나 수급기간 연기신청서에 적은 내용 중 고용노동부령으로 정하는 사항의 변경이 있는 경우에는 지체 없이 해당 사실을 신청지 관할 직업안정기관의 장에게 신고하고 수급기간 연기통지서와 수급자격증을 제출해야 한다. (2021.6.8 개정)
⑤ 직업안정기관의 장은 제4항에 따른 신고를 받은 경우에는 수급기간 연기통지서와 수급자격증에 해당 사항을 적어 반환하여야 한다. (2012.1.13 개정)

제71조의2 【대기기간】 법 제49조제2항에서 "대통령령으로 정하는 기간"이란 2주를 말한다. (2023.6.27 신설)

제72조 【훈련연장급여 지급】 법 제51조제2항 후단에서 "대통령령으로 정하는 기간"이란 2년을 말한다.

제73조 【개별연장급여의 지급 등】 ① 법 제52조제1항에서 "대통령령으로 정하는 사람"이란 다음 각 호의 요건을 모두 갖춘 수급자격자를 말한다. (2021.6.8 개정)

1. 법 제42조제1항에 따른 실업신고일부터 구직급여의 지급이 끝날 때까지 직업안정기관의 장의 직업소개(직업안정기관의 장이 실시하는 심층상담이나 집단상담에 참여한 경우를 포함한다)에 3회 이상 응하였으나 취업되지 않은 사람으로서 다음 각 목의 어느 하나에 해당하는 부양가족이 있는 사람 (2021.6.8 개정)
   가. 18세 미만이나 65세 이상인 사람 (2021.6.8 개정)
   나. 「장애인고용촉진 및 직업재활법」에 따른 장애인
   다. 1개월 이상의 요양이 요구되는 환자
   라. 소득이 없는 배우자 (2010.2.8 신설)
   마. 학업 중인 사람으로서 고용노동부장관이 정하여 고시하는 사람 (2010

7.12 개정)
2. 삭제(2010.2.8)
3. 급여기초 임금일액과 본인과 배우자의 재산합계액이 각각 고용노동부장관이 정하여 고시한 기준 이하인 사람 (2021.6.8 개정)

② 법 제52조제2항에 따라 개별연장급여 지급일수는 최대한 60일로 하되, 일정 기간 동안 실업급여를 반복하여 수급한 정도를 고려하여 고용노동부장관이 정하는 기준에 따라 그 지급기간을 60일 미만으로 정할 수 있다. (2010.12.31 개정)

③ 수급자격자가 법 제52조에 따른 개별연장급여를 지급받으려는 경우에는 구직급여일수 종료일까지 개별연장급여 신청서를 신청지 관할 직업안정기관의 장에게 제출하여야 한다. (2024.12.24 개정)

④ 제1항에 따른 개별연장급여의 지급에 필요한 사항은 고용노동부령으로 정한다. (2010.7.12 개정)

제74조 【특별연장급여 지급】 법 제53조제1항 본문에서 "대통령령으로 정하는 사유"란 다음 각 호의 어느 하나에 해당하는 경우를 말한다. 다만, 제1호부터 제3호까지의 경우는 그와 같은 상황이 계속될 것으로 예상되는 경우로 한정한다. (2009.3.12 개정)

1. 매월의 구직급여 지급을 받은 사람의 수(법 제51조부터 제53조까지의 규정에 따라 훈련연장급여, 개별연장급여 또는 특별연장급여를 지급받는 사람의 수는 제외한다)를 해당 월의 말일의 피보험자수로 나누어 얻은 비율이 연속하여 3개월 동안 각각 100분의 3을 초과하는 경우 (2021.6.8 개정)
2. 매월의 수급자격신청률이 연속하여 3개월 동안 100분의 1을 초과하는 경우
3. 매월의 실업률이 연속하여 3개월 동안 100분의 6을 초과하는 경우
4. 실업의 급증 등에 따른 고용사정의 급격한 악화로 고용정책심의회에서 법 제53조에 따른 특별연장급여의 지급이 필요하다고 의결한 경우 (2009.3.12 신설)

제74조의2 【국민연금 보험료의 지원 절차 등】 ① 「국민연금법」 제24조에 따른 국민연금공단(이하 "국민연금공단"이라 한다)은 같은 법 제19조의2제1항에 따라 구직급여를 받는 기간을 국민연금 가입기간으로 추가 산입한 경우에는 법 제55조의2제1항 및 「국민연금법」 제19조의2제3항 후단에 따라 기금에서 지원하는 금액(같은 항 전단에 따른 연금보험료에 같은 법 시행령 제25조의5제2항에 따른 기금의 부담비율을 곱한 금액을 말한다)을 산정하여 이를 고용노동부장관에게 통보해야 한다. (2021.6.8 개정)

② 고용노동부장관은 제1항에 따른 통보를 받으면 해당 금액을 국민연금공단에 교부하여야 한다. (2016.7.19 신설)

③ 고용노동부장관은 제2항에 따라 교부한 금액이 적절하게 사용되었는지를 확인하기 위하여 국민연금공단에 필요한 자료의 제공을 요청할 수 있다. 이 경우 국민연금공단은 특별한 사유가 없으면 이에 따라야 한다. (2016.7.19 신설)

제75조【구직급여의 지급절차】 ① 수급자격자는 신청지 관할 직업안정기관에 출석하는 최초의 실업인정일에 구직급여를 받기를 원하는 금융기관과 계좌(법 제37조의2제1항 본문에 따라 구직급여를 실업급여수급계좌로 받으려는 경우에는 실업급여수급계좌를 말한다. 이하 이 조에서 같다)를 지정하여 신고하여야 한다. 신고한 금융기관 또는 계좌를 변경하려는 경우에도 또한 같다. (2015.4.20 개정)

② 구직급여는 수급자격자가 지정한 금융기관의 계좌에 입금하는 방법으로 지급한다.

제76조【지급되지 않은 구직급여의 청구】 ① 법 제57조제1항에 따라 지급되지 않은 구직급여의 지급을 청구하려는 사람(이하 "미지급급여청구자"라 한다)은 미지급 실업급여 청구서를 사망한 수급자격자의 신청지 관할 직업안정기관의 장에게 제출해야 한다. (2021.6.8 개정)

② 법 제57조제2항에 따라 미지급급여청구자가 사망한 수급자격자의 실업의 인정을 받으려면 사망한 수급자격자의 신청지 관할 직업안정기관에 출석하여 미지급 실업급여 청구서를 제출하고 해당 수급자격자에 대한 실업의 인정을 받아야 한다. (2021.6.8 개정)

③ 미지급급여청구자가 제1항에 따라 미지급 실업급여 청구서를 제출할 때에는 사망한 수급자격자가 구직급여를 받기 위해 필요한 신고나 서류 제출을 해야 한다. (2021.6.8 개정)

제77조【준용】 미지급급여청구자에 대한 구직급여의 지급절차에 관하여는 제75조를 준용한다. 이 경우 "신청지 관할 직업안정기관"은 "사망한 수급자격자의 신청지 관할 직업안정기관"으로 보고, "수급자격자"는 "미지급급여청구자"로 본다. (2021.6.8 개정)

제78조【고액 금품의 범위 등】 삭제(2015.6.30)

제79조【구직급여의 지급정지 절차】 ① 직업안정기관의 장은 다음 각 호의 어느 하나에 해당하는 사람에게는 구직급여의 지급이 정지될 수 있음을 고용노동부령으로 정하는 바에 따라 사전에 알려야 한다. (2021.6.8 개정)

1. 법 제60조제1항에 따라 직업안정기관의 장이 소개하는 직업에 취직하는 것을 거부하는 수급자격자
2. 법 제60조제1항에 따라 직업안정기관의 장이 지시한 직업능력개발훈련 등을 거부하는 수급자격자
3. 법 제60조제2항에 따라 직업안정기관의 장이 실시하는 재취업 촉진을

위한 직업 지도를 거부하는 수급자격자
② 직업안정기관의 장은 제1항에 따른 고지에도 불구하고 법 제60조제1항 및 제2항에 따른 취직, 직업능력개발훈련 등을 두 번 이상 거부하는 경우에는 구직급여의 지급을 정지하여야 한다.
③ 직업안정기관의 장은 제2항에 따라 구직급여의 지급을 정지할 때에는 다음번 실업인정일의 전일까지 지급정지의 사유·기간 등을 수급자격자에게 알려야 하며, 그 지급정지기간에 대하여는 실업을 인정하지 아니한다.

제80조 【구직급여의 지급 제한이 완화되는 부정행위】 법 제61조제2항 본문에서 "대통령령으로 정하는 사유"란 수급자격자에 대한 다음 각 호의 어느 하나에 해당하는 사유를 말한다.
1. 실업을 인정받으려는 기간(이하 "실업인정대상기간"이라 한다) 중에 근로를 제공한 사실을 실업인정을 신청할 때 신고하지 않거나 사실과 다르게 신고한 경우 (2020.12.8 개정)
2. 실업인정을 신청할 때 실업인정대상기간 중의 재취업 활동 내용을 사실과 다르게 신고한 경우 (2020.12.8 개정)

제80조의2 【새로운 수급자격에 따른 구직급여의 지급 제한】 법 제61조제5항에 따라 새로운 수급자격에 따른 구직급여를 지급하지 않는 기간은 다음 각 호의 구분에 따른다. (2020.8.27 신설)
1. 구직급여를 받지 못한 횟수가 3회인 경우 : 1년
2. 구직급여를 받지 못한 횟수가 4회인 경우 : 2년
3. 구직급여를 받지 못한 횟수가 5회 이상인 경우 : 3년

제81조 【구직급여의 반환 등】 ① 직업안정기관의 장은 다음 각 호의 어느 하나에 해당하는 조치를 했을 때에는 지체 없이 이를 해당 수급자격자 또는 수급자격자였던 사람(법 제62조제3항에 따른 사업주를 포함한다)에게 알려야 한다. (2020.8.27 개정)
1. 법 제61조에 따른 구직급여의 지급 제한
2. 법 제62조제1항·제3항 및 제4항에 따른 구직급여의 반환 명령
3. 법 제62조제2항 및 제3항에 따른 추가 징수
4. 법 제62조제5항에 따른 지급받을 구직급여의 반환금·추가징수금에의 충당

② 제1항제2호 및 제3호에 해당하는 조치를 받은 자는 제1항에 따른 통보를 받은 날부터 30일 이내에 해당 금액을 내야 한다. 다만, 낼 금액이 고용노동부장관이 정하는 금액 이상인 경우에는 본인이 신청하면 분할 납부하게 할 수 있다. (2020.8.27 개정)
③ 직업안정기관의 장은 법 제62조제1항 및 제2항에 따른 반환금과 추가징수금을 납부해야 하는 사람에게 법 제44조에 따라 지급받을 구직급여가 있

는 경우 법 제62조제5항에 따라 해당 구직급여의 10분의 1에 해당하는 금액을 해당 반환금·추가징수금에 충당한다. 다만, 해당 반환금·추가징수금을 납부해야 하는 사람이 본문에 따른 금액 이상을 충당하기로 서면 동의하면 그 동의한 금액을 충당할 수 있다. (2020.8.27 신설)

④ 직업안정기관의 장은 법 제62조제4항에 따른 반환금을 납부해야 하는 사람에게 법 제44조에 따라 지급받을 구직급여가 있는 경우 법 제62조제5항에 따라 해당 구직급여의 전부 또는 일부를 반환금에 충당하기로 서면 동의하면 그 동의한 금액을 충당할 수 있다. (2020.8.27 신설)

⑤ 제2항 단서에 따른 분할 납부의 절차, 납부기한 등은 고용노동부장관이 정한다. (2020.8.27 개정)

제82조 【상병급여의 지급 청구와 지급 제외】 ① 수급자격자는 법 제63조제1항에 따라 상병급여(傷病給與)의 지급을 청구하려는 경우 직접 또는 대리인을 통하여 그 취업할 수 없는 사유가 없어진 날부터 14일(법 제48조에 따른 수급기간이 그 취업할 수 없는 기간 내에 끝난 경우에는 수급기간 종료 후 30일) 이내에 신청지 관할 직업안정기관의 장에게 상병급여 청구서에 질병 또는 부상이나 출산에 관한 증명서를 첨부하여 제출하여야 한다. 다만, 천재지변이나 그 밖의 부득이한 사유가 있는 경우에는 그 사유가 없어진 날부터 7일 이내에 제출하여야 한다. (2024.6.25 개정)

② 법 제63조제4항에서 "대통령령으로 정하는 보상 또는 급여"란 다음 각 호의 보상과 급여를 말한다.

1. 「국가배상법」 제3조제2항제2호에 따른 휴업배상
2. 「의사상자 등 예우 및 지원에 관한 법률」 제8조에 따른 보상금

제83조 【준용】 상병급여에 관하여는 제69조, 제75조부터 제80조까지, 제80조의2 및 제81조를 준용한다. 이 경우 제69조 중 "실업인정신청서"는 "상병급여 청구서"로, 제75조부터 제80조까지, 제80조의2 및 제81조 중 "구직급여"는 "상병급여"로 본다. (2020.12.8 개정)

제84조 【조기재취업 수당의 지급기준】 ① 법 제64조제1항에서 "대통령령으로 정하는 기준"이란 법 제42조에 따른 실업의 신고일부터 14일이 지난 후 재취업한 수급자격자가 재취업한 날의 전날을 기준으로 법 제50조에 따른 소정급여일수를 2분의 1 이상 남기고 재취업한 경우로서 다음 각 호의 어느 하나에 해당하는 경우를 말한다. (2023.12.26 개정)

1. 12개월 이상 계속하여 고용된 경우이거나 이직일 당시 65세 이상인 사람(65세 전부터 65세가 될 때까지 피보험자격을 유지한 사람만 해당한다. 이하 이 조 및 제86조에서 같다)으로서 6개월 이상 계속하여 고용될 것으로 고용노동부장관이 정하는 바에 따라 직업안정기관의 장이 인정하는 경우. 다만, 수급자격자가 다음 각 목의 어느 하나에 해당하는 경우는 제외한

다. 〈2023.12.26 개정〉

가. 최후에 이직한 사업의 사업주나 그와 관련된 사업주로서 고용노동부령으로 정하는 사업주에게 재고용된 경우

나. 법 제42조에 따른 실업의 신고일 이전에 채용을 약속한 사업주에게 고용된 경우

다. 「국가공무원법」 또는 「지방공무원법」에 따른 공무원으로 채용된 경우. 다만, 가입대상 공무원으로 채용된 경우는 제외한다.

라. 조기재취업 수당 제도의 취지 및 근로자 평균 근로소득 등을 고려하여 고용노동부장관이 정하여 고시하는 임금액 이상을 받는 경우

마. 「병역법」 제2조제1항제9호, 제16호 또는 제17호에 따른 승선근무예비역, 전문연구요원 또는 산업기능요원으로 근무 또는 복무하는 경우 〈2025.6.2 신설〉

2. 12개월 이상 계속하여 사업을 영위한 경우이거나 이직일 당시 65세 이상인 사람으로서 6개월 이상 계속하여 사업을 영위할 것으로 고용노동부장관이 정하는 바에 따라 직업안정기관의 장이 인정하는 경우 〈2025.6.2 개정〉

② 법 제64조제2항에서 "대통령령으로 정하는 기간"이란 2년을 말한다.

제85조 【조기재취업 수당의 금액】 ① 법 제64조제3항에 따른 조기재취업 수당의 금액은 구직급여일액에 미지급일수의 2분의 1을 곱한 금액으로 한다. 〈2010.2.8 개정〉

② 삭제〈2013.12.24〉

제86조 【조기재취업 수당의 청구 등】 ① 수급자격자가 법 제64조에 따른 조기재취업 수당을 지급받으려면 조기재취업 수당청구서에 고용노동부령으로 정하는 서류를 첨부하여 신청지 관할 직업안정기관의 장에게 제출하여야 한다. 〈2012.1.13 개정〉

② 제1항에 따른 조기재취업 수당청구서는 법 제64조제1항에 따라 안정된 직업에 재취직하거나 스스로 영리를 목적으로 사업을 시작한 날부터 12개월 이후에 제출해야 한다. 다만, 이직일 당시 65세 이상인 사람은 재취직하거나 사업을 시작한 날부터 조기재취업 수당청구서를 제출할 수 있다. 〈2023.12.26 개정〉

③ 조기재취업 수당의 지급절차에 관하여는 제75조를 준용한다.

제87조 【재취업촉진 활동 장려금】 ① 고용노동부장관은 법 제64조제5항에 따라 직업안정기관의 직원이 제67조에 따른 조치를 하여 해당 수급자가 소정급여일수를 남기고 안정된 직업에 재취업한 경우에는 해당 실적을 평가하여 예산의 범위에서 재취업촉진 활동 장려금을 지급할 수 있다. 〈2010.7.12 개정〉

② 제1항에 따른 재취업촉진 활동 장려금을 지급하기 위한 실적평가, 지급대상자 선정, 지급방법과 금액 등에 관하여 필요한 사항은 고용노동부장관이 정한다. (2010.7.12 개정)

제88조 【직업능력개발 수당】 ① 법 제65조제3항에 따른 직업능력개발 수당은 수급자격자가 직업안정기관의 장이 지시한 직업훈련 등을 받은 날로서 구직급여의 지급대상이 되는 날에 대하여 지급한다.

② 제1항에 따른 직업능력개발 수당의 금액은 교통비, 식대 등 직업훈련 등의 수강에 필요한 비용을 고려하여 고용노동부장관이 결정하여 고시하는 금액으로 한다. (2010.7.12 개정)

③ 직업능력개발 수당은 해당 수급자격자에 대한 구직급여의 지급일에 지급한다. 이 경우 직업능력개발 수당의 지급절차에 관하여는 제75조를 준용한다.

④ 직업능력개발 수당의 청구절차는 고용노동부령으로 정한다. (2010.7.12 개정)

제89조 【광역 구직활동비】 ① 법 제66조제1항에 따른 광역 구직활동비는 수급자격자가 다음 각 호의 요건을 모두 갖춘 경우에 지급한다.

1. 구직활동에 드는 비용이 구직활동을 위하여 방문하는 사업장의 사업주로부터 지급되지 아니하거나 지급되더라도 그 금액이 광역 구직활동비의 금액에 미달할 것
2. 수급자격자의 거주지로부터 구직활동을 위하여 방문하는 사업장까지의 거리가 고용노동부령으로 정하는 거리 이상일 것. 이 경우 거리는 거주지로부터 사업장까지의 통상적인 거리에 따라 계산하되, 수로(水路)의 거리는 실제 거리의 2배로 본다. (2010.7.12 개정)

② 광역 구직활동비의 청구절차는 고용노동부령으로 정한다. 이 경우 광역 구직활동비의 지급절차에 관하여는 제75조를 준용한다. (2010.7.12 개정)

제90조 【이주비】 ① 법 제67조제1항에 따른 이주비는 수급자격자가 다음 각 호의 요건을 모두 갖춘 경우에 지급한다.

1. 취업하거나 직업훈련 등을 받게 된 경우로서 고용노동부장관이 정하는 기준에 따라 신청지 관할 직업안정기관의 장이 주거의 변경이 필요하다고 인정할 것 (2011.9.15 개정)
2. 해당 수급자격자를 고용하는 사업주로부터 주거의 이전에 드는 비용이 지급되지 아니하거나 지급되더라도 그 금액이 이주비에 미달할 것
3. 취업을 위한 이주인 경우 1년 이상의 근로계약기간을 정하여 취업할 것

② 이주비의 청구절차는 고용노동부령으로 정한다. 이 경우 이주비의 지급절차에 관하여는 제75조를 준용한다. (2010.7.12 개정)

제91조 【취업촉진 수당의 지급 제한이 완화되는 부정행위】 법 제68조제2항 본문에서 "제47조제1항에 따른 신고의무의 불이행 또는 거짓의 신고 등

대통령령으로 정하는 사유"란 제80조 각 호의 어느 하나에 해당하는 경우를 말한다. (2021.6.8 개정)

제92조【준용】 법 제64조부터 법 제67조까지의 규정에 따른 취업촉진 수당에 관하여는 제76조제1항·제3항 및 제81조를 준용한다. 이 경우 "구직급여"는 "취업촉진 수당"으로, "수급자격자"는 "취업촉진 수당을 지급받을 수 있는 사람"으로, "구직급여액"은 "취업촉진 수당액"으로 본다. (2021.6.8 개정)

제93조【사무의 위탁】 직업안정기관의 장은 수급자격자의 신청에 따라 필요하다고 인정하면 그 자에게 행하는 실업급여에 관한 사무를 다른 직업안정기관의 장에게 위탁할 수 있다.

제93조의2【준용】 자영업자인 피보험자의 실업급여에 관하여는 제58조, 제58조의2, 제58조의3, 제59조, 제61조(제3항은 제외한다), 제62조, 제62조의2, 제63조부터 제67조까지, 제69조부터 제71조까지, 제71조의2, 제75조부터 제77조까지, 제79조부터 제83조까지, 제88조부터 제92조까지의 규정을 각각 준용한다. (2023.6.27 개정)

제5장 육아휴직 급여 등

제94조【육아휴직 급여 신청기간의 연장 사유】 법 제70조제2항 단서에서 "대통령령으로 정하는 사유"란 다음 각 호의 어느 하나에 해당하는 사유를 말한다. (2012.1.13 개정)

1. 천재지변
2. 본인이나 배우자의 질병·부상
3. 본인이나 배우자의 직계존속 및 직계비속의 질병·부상
4. 「병역법」에 따른 의무복무
5. 범죄혐의로 인한 구속이나 형의 집행

제95조【육아휴직 급여】 ① 법 제70조제1항에 따른 육아휴직 급여는 다음 각 호의 구분에 따른 금액을 월별 지급액으로 한다. (2024.12.24 개정)

1. 육아휴직 시작일부터 3개월까지 : 육아휴직 시작일을 기준으로 한 월 통상임금에 해당하는 금액. 다만, 해당 금액이 250만원을 넘는 경우에는 250만원으로 하고, 해당 금액이 70만원보다 적은 경우에는 70만원으로 한다.
2. 육아휴직 4개월째부터 6개월째까지 : 육아휴직 시작일을 기준으로 한 월 통상임금에 해당하는 금액. 다만, 해당 금액이 200만원을 넘는 경우에는 200만원으로 하고, 해당 금액이 70만원보다 적은 경우에는 70만원으로 한다.
3. 육아휴직 7개월째부터 종료일까지 : 육아휴직 시작일을 기준으로 한 월 통상임금의 100분의 80에 해당하는 금액. 다만, 해당 금액이 160만원을

넘는 경우에는 160만원으로 하고, 해당 금액이 70만원보다 적은 경우에는 70만원으로 한다.

② 「남녀고용평등과 일·가정 양립 지원에 관한 법률」 제19조의4제1항에 따라 육아휴직을 분할하여 사용하는 경우에는 각각의 육아휴직 사용기간을 합산한 기간을 제1항에 따른 육아휴직 급여의 지급대상 기간으로 본다. (2020.3.31 개정)

③ 육아휴직 급여의 지급대상 기간이 1개월을 채우지 못하는 경우에는 제1항에 따른 월별 지급액을 해당 월에 휴직한 일수에 비례하여 계산한 금액을 지급액으로 한다. (2021.12.31 개정)

④ 삭제(2024.12.24)

제95조의2【두 번째 육아휴직자에 대한 육아휴직 급여에 관한 한시적 특례】 ① 2022년 12월 31일까지 같은 자녀에 대하여 피보험자인 부모가 순차적으로 육아휴직을 하는 경우 두 번째 육아휴직을 한 피보험자에게 지급하는 육아휴직 급여의 월별 지급액은 제95조제1항 각 호의 구분에 따라 산정한 금액으로 한다. (2025.8.5 개정)

1. 삭제(2025.8.5)
2. 삭제(2025.8.5)

② 제1항에도 불구하고 같은 자녀에 대하여 부모의 육아휴직 기간이 겹치는 경우에는 그 기간 동안의 육아휴직 급여에 대해서는 제95조제1항을 적용한다. (2021.12.31 개정)

③ 제1항 및 제2항을 적용할 때 임신 중인 여성 근로자가 임신을 이유로 육아휴직을 하는 경우에는 임신 중인 태아를 자녀로 보고, 임신 중인 여성 근로자와 그 배우자를 부모로 본다. (2021.12.31 개정)

④ 삭제(2024.12.24)

제95조의3【출생 후 18개월 이내의 자녀에 대한 육아휴직 급여 등의 특례】 ① 제95조제1항 및 제95조의2제1항·제2항에도 불구하고 같은 자녀에 대하여 자녀의 출생 후 18개월이 될 때까지 피보험자인 부모가 모두 육아휴직을 하는 경우(부모의 육아휴직기간이 전부 또는 일부 겹치지 않은 경우를 포함한다) 그 부모인 피보험자의 육아휴직 급여의 월별 지급액은 다음 각 호의 구분에 따라 산정한 금액으로 한다. (2023.12.26 개정)

1. 육아휴직 시작일부터 6개월까지 : 육아휴직 시작일을 기준으로 한 각 피보험자의 월 통상임금에 해당하는 금액. 이 경우 그 월별 지급액의 상한액은 다음 각 목의 구분에 따르며, 그 월별 지급액의 하한액은 부모 각각에 대하여 70만원으로 한다. (2023.12.26 개정)
   가. 부모가 육아휴직을 사용한 기간이 각각 1개월인 경우 : 부모 각각에 대하여 월 250만원 (2024.12.24 개정)

나. 부모가 육아휴직을 사용한 기간이 각각 2개월인 경우 : 부모 각각에 대하여 첫 번째 달과 두 번째 달 모두 월 250만원 (2024.12.24 개정)
다. 부모가 육아휴직을 사용한 기간이 각각 3개월인 경우 : 부모 각각에 대하여 첫 번째 달과 두 번째 달은 월 250만원, 세 번째 달은 월 300만원 (2024.12.24 개정)
라. 부모가 육아휴직을 사용한 기간이 각각 4개월인 경우 : 부모 각각에 대하여 첫 번째 달과 두 번째 달은 월 250만원, 세 번째 달은 월 300만원, 네 번째 달은 월 350만원 (2024.12.24 개정)
마. 부모가 육아휴직을 사용한 기간이 각각 5개월인 경우 : 부모 각각에 대하여 첫 번째 달과 두 번째 달은 월 250만원, 세 번째 달은 월 300만원, 네 번째 달은 월 350만원, 다섯 번째 달은 월 400만원 (2024.12.24 개정)
바. 부모가 육아휴직을 사용한 기간이 각각 6개월인 경우 : 부모 각각에 대하여 첫 번째 달과 두 번째 달은 월 250만원, 세 번째 달은 월 300만원, 네 번째 달은 월 350만원, 다섯 번째 달은 월 400만원, 여섯 번째 달은 월 450만원 (2024.12.24 개정)

2. 육아휴직 7개월째부터 육아휴직 종료일까지 : 육아휴직 시작일을 기준으로 한 각 피보험자의 월 통상임금의 100분의 80에 해당하는 금액. 다만, 해당 금액이 160만원을 넘는 경우에는 부모 각각에 대하여 160만원으로 하고, 해당 금액이 70만원보다 적은 경우에는 부모 각각에 대하여 70만원으로 한다. (2024.12.24 개정)

② 제1항을 적용할 때 임신 중인 여성 근로자가 임신을 이유로 육아휴직을 하는 경우에는 임신 중인 태아를 자녀로 보고, 임신 중인 여성 근로자와 그 배우자를 부모로 본다. (2021.12.31 신설)

③ 제95조제1항에도 불구하고 「한부모가족지원법」 제4조제1호의 모 또는 부에 해당하는 피보험자가 육아휴직을 하는 경우 그 육아휴직 급여의 월별 지급액은 다음 각 호의 구분에 따른다. (2024.12.24 개정)

1. 육아휴직 시작일부터 3개월까지 : 육아휴직 시작일을 기준으로 한 월 통상임금에 해당하는 금액. 다만, 해당 금액이 300만원을 넘는 경우에는 300만원으로 하고, 해당 금액이 70만원보다 적은 경우에는 70만원으로 한다. (2024.12.24 개정)
2. 육아휴직 4개월째부터 6개월째까지 : 육아휴직 시작일을 기준으로 한 월 통상임금에 해당하는 금액. 다만, 해당 금액이 200만원을 넘는 경우에는 200만원으로 하고, 해당 금액이 70만원보다 적은 경우에는 70만원으로 한다. (2024.12.24 개정)
3. 육아휴직 7개월째부터 종료일까지 : 육아휴직 시작일을 기준으로 한 월

통상임금의 100분의 80에 해당하는 금액. 다만, 해당 금액이 160만원을 넘는 경우에는 160만원으로 하고, 해당 금액이 70만원보다 적은 경우에는 70만원으로 한다. (2024.12.24 신설)

④ 삭제(2024.12.24)

제96조【육아휴직 급여기간 중 취업의 신고 등】 피보험자는 법 제70조제3항에 따라 이직 또는 취업을 한 날 이후 최초로 제출하는 육아휴직 급여 신청서에 이직 또는 취업을 한 사실을 적어야 한다. (2019.6.25 개정)

제97조【준용】 법 제70조제1항에 따라 지급된 육아휴직 급여의 지급 제한 또는 반환명령 등에 관하여는 제81조를 준용한다. 이 경우 "구직급여"는 "육아휴직 급여"로 본다.

제98조【육아휴직 급여의 감액】 고용노동부장관은 법 제73조제3항에 따라 피보험자가 「남녀고용평등과 일·가정 양립 지원에 관한 법률」 제19조에 따른 육아휴직 기간 중 사업주로부터 육아휴직을 이유로 금품을 지급받은 경우로서 매월 단위로 육아휴직 기간 중 지급받은 금품과 제95조, 제95조의2 및 제95조의3에 따른 육아휴직 급여를 합한 금액이 육아휴직 시작일을 기준으로 한 월 통상임금을 초과한 경우에는 그 초과하는 금액을 육아휴직 급여에서 빼고 지급한다. (2024.12.24 개정)

제99조【육아휴직 급여의 사무의 위탁】 직업안정기관의 장은 피보험자의 신청에 따라 필요하다고 인정하면 그 자에게 행하는 육아휴직 급여에 관한 사무를 다른 직업안정기관의 장에게 위탁하여 처리할 수 있다.

제100조【출산전후휴가 급여등 신청기간의 연장 사유】 법 제75조제2호 단서에 따른 출산전후휴가 급여, 유산·사산 휴가 급여, 배우자 출산휴가 급여 또는 난임치료휴가 급여(이하 "출산전후휴가 급여등"이라 한다) 신청기간의 연장 사유에 관하여는 제94조를 준용한다. (2025.2.18 개정)

제101조【출산전후휴가 급여등의 상·하한액】 법 제76조제2항에 따라 피보험자에게 지급하는 출산전후휴가 급여등의 상한액과 하한액은 다음 각 호와 같다. (2012.7.10 개정)

1. 상한액 : 다음 각 목의 사항을 고려하여 매년 고용노동부장관이 고시하는 금액 (2016.12.30 개정)
   가. 출산전후휴가 급여등 수급자들의 평균적인 통상임금 수준 (2019.9.17 개정)
   나. 물가상승률
   다. 「최저임금법」에 따른 최저임금
   라. 그 밖에 고용노동부장관이 필요하다고 인정하는 사항
2. 하한액 : 출산전후휴가, 유산·사산 휴가, 「남녀고용평등과 일·가정 양립 지원에 관한 법률」 제18조의2에 따른 배우자 출산휴가(이하 "배우자 출산

휴가"라 한다) 또는 같은 법 제18조의3에 따른 난임치료휴가(이하 "난임치료휴가"라 한다)의 시작일 당시 적용되던 「최저임금법」에 따른 시간 단위에 해당하는 최저임금액(이하 "시간급 최저임금액"이라 한다)보다 그 근로자의 시간급 통상임금이 낮은 경우에는 시간급 최저임금액을 시간급 통상임금으로 하여 산정된 출산전후휴가 급여등의 지원기간 중 통상임금에 상당하는 금액 〈2025.2.18 개정〉

제102조 【준용】 법 제75조에 따른 출산전후휴가 기간(법 제76조의2에 따른 근로계약 종료일 다음 날부터 해당 출산전후휴가 종료일까지의 기간을 포함한다) 또는 유산·사산휴가 기간(법 제76조의2에 따른 근로계약 종료일 다음 날부터 해당 유산·사산휴가 종료일까지의 기간을 포함한다) 중의 취업의 신고 등에 관하여는 제96조를 준용한다. 이 경우 "육아휴직 급여 신청서"는 "출산전후휴가 급여등 신청서 또는 출산전후휴가 급여등에 상당하는 금액 신청서"로 본다. (2023.6.27 개정)

제103조 【준용】 법 제75조에 따라 지급된 출산전후휴가 급여등 또는 법 제76조의2제1항에 따라 지급된 출산전후휴가 급여등에 상당하는 금액의 지급 제한, 반환명령 등에 관하여는 제81조를 준용한다. 이 경우 "구직급여"는 "출산전후휴가 급여등 또는 출산전후휴가 급여등에 상당하는 금액"으로 본다. (2023.6.27 개정)

제104조 【출산전후휴가 급여등의 감액】 고용노동부장관은 법 제77조제1항에 따라 준용되는 법 제73조제3항에 따라 피보험자가 출산전후휴가 기간, 유산·사산 휴가 기간, 배우자 출산휴가 기간 또는 난임치료휴가 기간 중 사업주로부터 통상임금에 해당하는 금품을 지급받은 경우로서 사업주로부터 받은 금품과 법 제75조에 따른 출산전후휴가 급여등을 합한 금액이 휴가 시작일을 기준으로 한 통상임금을 초과한 경우 그 초과하는 금액을 출산전후휴가 급여등에서 빼고 지급한다. 다만, 휴가기간 중에 통상임금이 인상된 피보험자에게 사업주가 인상된 통상임금과 출산전후휴가 급여등의 차액을 지급했을 때에는 그렇지 않다. 〈2025.2.18 개정〉

제104조의2 【육아기 근로시간 단축 급여】 ① 법 제73조의2제2항 단서에 따른 육아기 근로시간 단축 급여 신청기간의 연장 사유에 관하여는 제94조를 준용한다. 이 경우 "육아휴직급여"는 "육아기 근로시간 단축 급여"로 본다. (2011.9.15 신설)

② 법 제73조의2제3항에 따른 육아기 근로시간 단축 급여액은 다음의 계산식에 따라 산정한다. 다만, 육아기 근로시간 단축 급여의 지급대상 기간이 1개월을 채우지 못하는 경우에는 다음의 계산식에 따라 산출된 금액을 그 달의 일수로 나누어 산출한 금액에 그 달에 육아기 근로시간 단축을 사용한 일수를 곱하여 산정한다. 〈2025.12.23 개정〉

고용보험

(매주 최초 10시간 단축분) 육아기 근로시간 단축 개시일을 기준으로 「근로기준법」에 따라 산정한 월 통상임금에 해당하는 금액(250만원을 상한액으로 하고, 50만원을 하한액으로 한다) × 10(주당 단축 근로시간이 10시간 미만인 경우 실제 단축한 시간) ÷ 단축 전 소정근로시간

(나머지 근로시간 단축분) 육아기 근로시간 단축 개시일을 기준으로 「근로기준법」에 따라 산정한 월 통상임금의 100분의 80에 해당하는 금액(160만원을 상한액으로 하고, 50만원을 하한액으로 한다) × (단축 전 소정근로시간－단축 후 소정근로시간－10) ÷ 단축 전 소정근로시간

제104조의3 【준용】 ① 법 제73조의2제1항에 따른 육아기 근로시간 단축 급여의 지급 제한, 반환명령 등에 관하여는 제81조를 준용한다. 이 경우 "구직급여"는 "육아기 근로시간 단축 급여"로 본다. (2011.9.15 신설)
② 육아기 근로시간 단축기간 중의 취업의 신고 등에 관하여는 제96조를 준용한다. 이 경우 "육아휴직 급여"는 "육아기 근로시간 단축 급여"로 본다. (2011.9.15 신설)

제104조의4 【육아기 근로시간 단축 급여의 감액】 고용노동부장관은 법 제74조제2항에 따라 피보험자가 「남녀고용평등과 일·가정 양립 지원에 관한 법률」 제19조의2에 따른 육아기 근로시간 단축기간 중 매월 단위로 사업주로부터 지급받은 금품(임금과 육아기 근로시간 단축을 이유로 지급받은 금품)과 법 제73조의2에 따른 육아기 근로시간 단축 급여를 합한 금액이 다음 각 호의 구분에 따른 통상임금을 초과한 경우에는 그 초과하는 금액을 육아기 근로시간 단축 급여에서 빼고 지급한다. (2018.10.2 개정)
1. 육아기 근로시간 단축기간 중 통상임금 인상이 없는 경우 : 육아기 근로시간 단축 시작일의 직전 월을 기준으로 한 월 통상임금 (2018.10.2 신설)
2. 육아기 근로시간 단축기간 중 통상임금이 인상된 경우 : 다음 각 목의 구분에 따른 통상임금 (2018.10.2 신설)
   가. 통상임금이 인상된 날의 전날 까지 : 육아기 근로시간 단축 시작일의 직전 월을 기준으로 한 월 통상임금
   나. 통상임금이 인상된 날 이후 : 통상임금이 인상된 날을 기준으로 한 월 통상임금

제5장의2 예술인인 피보험자에 대한 고용보험 특례

제104조의5 【예술인 피보험자의 범위】 ① 법 제77조의2제1항에서 "「예술인 복지법」 제2조제2호에 따른 예술인 등 대통령령으로 정하는 사람"이란 다음 각 호의 어느 하나에 해당하는 사람을 말한다. (2023.12.26 개정)

1. 「예술인 복지법」 제2조제2호의2에 따른 예술 활동 증명 예술인 (2023.12.26 개정)
2. 「예술인 복지법」 제3조의2제1항 각 호의 어느 하나에 해당하나 예술 활동 증명을 받지 못하였거나 예술 활동 증명의 유효기간이 지난 사람으로서 문화예술 분야에서 창작, 실연(實演), 기술지원 등의 활동을 하고 있거나 하려는 사람 (2023.9.12 개정)

② 법 제77조의2제2항제2호 본문에서 "대통령령으로 정하는 소득 기준"이란 다음 각 호와 같다. (2020.12.8 신설)

1. 예술인과 사업주가 체결한 문화예술용역 관련 계약의 월평균소득(예술인이 문화예술용역 관련 계약에서 지급받기로 한 금액을 계약기간으로 나누어 월 단위로 산정한 금액을 말한다. 이하 같다)이 50만원 이상일 것 (2023.6.27 개정)
2. 제1호에 따른 소득 기준을 충족하지 못하는 예술인이 둘 이상의 문화예술용역 관련 계약을 체결한 경우로서 같은 기간에 해당하는 문화예술용역 관련 계약의 월평균소득을 합산(본인이 합산하기를 원하는 경우만 해당한다)하여 그 합계액이 50만원 이상일 것

③ 제2항제2호에 따라 예술인은 둘 이상의 문화예술용역 관련 계약의 월평균소득을 합산하기를 원하는 경우에는 고용노동부령으로 정하는 바에 따라 문화예술용역 관련 계약의 월평균소득의 합계액이 50만원 이상이 되는 날이 속하는 달의 다음 달 15일까지 고용노동부장관에게 합산 신청을 해야 한다. (2020.12.8 신설)

④ 제3항에 따라 합산 신청을 받은 고용노동부장관은 해당 예술인이 제2항제2호에 따른 소득 기준을 충족하는지를 확인하여 그 결과를 해당 사업주(소득 기준을 충족하는 경우만 해당한다) 및 예술인에게 통보해야 한다. 이 경우 예술인이 제3항에 따라 합산 신청을 한 때에 해당 사업주가 제104조의6제1항에 따라 그 예술인의 피보험자격 취득에 관한 신고를 한 것으로 본다. (2020.12.8 신설)

제104조의6 【예술인의 피보험자격에 관한 신고】 ① 예술인과 문화예술용역 관련 계약을 체결한 사업주는 법 제77조의5제1항에서 준용하는 법 제15조에 따라 그 사업과 관련된 예술인의 피보험자격 취득 및 상실에 관한 사항을 그 사유가 발생한 날이 속하는 달의 다음 달 15일까지(예술인이 그 기일 이전에 신고할 것을 요구하는 경우에는 지체 없이) 고용노동부장관에게 신고해야 한다. (2020.12.8 신설)

② 제1항에도 불구하고 단기예술인과 문화예술용역 관련 계약을 체결한 사업주가 해당 계약 기간에 제공된 문화예술용역 일수, 계약금액 등이 적힌 노무제공내용 확인신고서를 그 사유가 발생한 날이 속하는 달의 다음 달 15일까지 고용노동부장관에게 제출한 경우에는 해당 단기예술인의 피보험자격의 취득 및 상실에 관한 사항을 신고한 것으로 본다. (2023.6.27 개정)
③ 예술인은 법 제77조의5제1항에서 준용하는 법 제15조제3항에 따라 피보험자격의 취득 및 상실에 관한 사항을 신고하는 경우에는 문화예술용역 관련 계약서 등 문화예술용역 관련 계약 관계를 증명할 수 있는 서류를 제출해야 한다. (2020.12.8 신설)
④ 법 제77조의2제2항제3호 단서에 따라 고용보험 가입을 원하는 15세 미만인 예술인과 문화예술용역 관련 계약을 체결한 사업주(법 제77조의2제3항에 해당하는 경우에는 그 발주자 또는 원수급인을 말한다. 이하 이 항에서 같다)는 고용노동부령으로 정하는 바에 따라 고용노동부장관에게 고용보험 가입을 신청해야 한다. 다만, 해당 15세 미만인 예술인이 원하는 경우에는 직접 가입을 신청할 수 있고, 가입 신청을 받은 고용노동부장관은 그 사실을 사업주에게 알려야 한다. (2023.6.27 신설)
⑤ 제4항에 따라 가입을 신청한 경우 해당 15세 미만인 예술인은 가입을 신청한 날의 다음 날에 피보험자격을 취득한 것으로 본다. 다만, 해당 15세 미만인 예술인이 단기예술인인 경우에는 문화예술용역 관련 계약에 따라 노무를 제공한 날에 피보험자격을 취득한 것으로 본다. (2023.6.27 신설)
⑥ 고용보험에 가입한 15세 미만인 예술인이 고용보험에서 탈퇴하려는 경우에는 고용노동부령으로 정하는 바에 따라 고용노동부장관에게 탈퇴 신청을 해야 한다. 이 경우 탈퇴를 신청한 날의 다음 날에 피보험자격을 상실한 것으로 본다. (2023.6.27 신설)
⑦ 법 제77조의2제3항 각 호 외의 부분에서 "대통령령으로 정하는 사업"이란 국가, 지방자치단체 또는 「공공기관의 운영에 관한 법률」에 따른 공공기관(해당 문화예술용역 관련 계약 기간 중에 공공기관에서 제외된 경우에는 그 계약이 종료 또는 해지될 때까지는 제외된 공공기관을 포함한다)이 발주하는 문화예술용역 관련 사업을 말한다. (2023.6.27 개정)
⑧ 법 제77조의2제3항에 따라 발주자 또는 원수급인은 원수급인 또는 하수급인이 사용하는 예술인에 대하여 다음 각 호의 구분에 따라 해당 예술인의 피보험자격 취득 및 상실에 관한 사항을 신고해야 한다. (2023.6.27 개정)
1. 하나의 사업에 다수의 도급이 이루어져 원수급인이 다수인 경우 : 발주자가 원수급인 및 하수급인이 사용하는 예술인의 피보험자격 취득 및 상실에 관한 사항을 신고할 것
2. 하나의 사업이 여러 차례의 도급으로 이루어져 하수급인이 다수인 경우 :

원수급인이 하수급인이 사용하는 예술인의 피보험자격 취득 및 상실에 관한 사항을 신고할 것

⑨ 법 제77조의2제4항에서 "대통령령으로 정하는 관련 자료, 정보"란 다음 각 호의 자료와 정보를 말한다. (2023.6.27 개정)

1. 원수급인과 하수급인 또는 하수급인 사이에 체결된 하도급계약서
2. 문화예술용역 관련 계약서
3. 사용하는 예술인의 명부

제104조의7【예술인인 피보험자 관련 변경 신고 및 확인의 청구 등】 예술인인 피보험자의 이름과 주민등록번호의 변경·정정 신고, 피보험자격의 취득·상실에 관한 확인의 청구·통지 등에 관하여는 제10조제1항 및 제11조를 준용한다. 이 경우 제11조제2항 중 "고용하거나 고용하였던 사업주 또는 하수급인"은 "사용하거나 사용하였던 사업주 또는 발주자나 원수급인"으로 본다. (2020.12.8 신설)

제104조의8【예술인인 피보험자의 구직급여 수급요건 등】 ① 법 제77조의3제1항제3호 단서에서 "대통령령으로 정하는 바에 따른 소득감소"란 다음 각 호의 어느 하나에 해당하는 소득감소가 있는 경우를 말한다. 다만, 고용노동부장관은 「재난 및 안전관리 기본법」에 따른 재난 등 사회적·경제적 위기가 발생한 경우에는 제1호 및 제2호에 따른 소득감소를 비교하는 시점을 달리 정하여 고시할 수 있다. (2022.12.6 개정)

1. 이직일이 속한 달의 직전 3개월 동안에 이직할 당시의 문화예술용역 관련 계약(이하 "최종 계약"이라 한다. 이하 이 항에서 같다)으로부터 발생한 소득이 전년도 같은 기간에 최종 계약으로부터 발생한 소득(최종 계약이 없는 경우에는 전년도 같은 기간에 유효한 다른 문화예술용역 관련 계약으로부터 발생한 소득을 말한다)보다 100분의 20 이상 감소한 경우
2. 다음 각 목에 해당하는 소득 감소가 모두 이루어진 경우
   가. 이직일이 속한 달의 직전 3개월 동안에 최종 계약으로부터 발생한 소득의 월평균금액이 이직일이 속한 연도의 전년도에 최종 계약으로부터 발생한 소득의 월평균금액[최종 계약이 없는 경우에는 그 전년도에 유효한 다른 문화예술용역 관련 계약(계약 기간이 1개월 이상인 것만 해당한다)으로부터 발생한 소득의 월평균금액을 말한다. 이하 나목에서 "전년도 월평균금액"이라 한다]보다 작을 것
   나. 이직일이 속한 달의 직전 12개월 동안에 최종 계약으로부터 발생한 월별 소득이 전년도 월평균금액보다 100분의 20 이상 작은 달이 5개월 이상일 것

② 예술인이 이직일 이전 24개월 동안 근로자·예술인·노무제공자 중 둘 이상에 해당하는 사람으로 종사한 경우 법 제77조의3제2항에 따른 피보험 단

위기간은 다음의 계산식을 충족하면 같은 조 제1항제1호의 피보험 단위기간의 요건을 갖춘 것으로 본다. (2023.6.27 개정)

1-예술인으로서의 피보험 단위기간(월 단위로 한다)÷9개월≦근로자로서의 피보험 단위기간(일 단위로 한다)÷180일+노무제공자로서의 피보험 단위기간(월 단위로 한다)÷12개월

③ 제2항의 예술인이 다음 각 호에 해당하는 경우에는 해당 호에 따라 제2항의 계산식을 산정한다. (2021.6.8 신설)

1. 법 제77조의5제2항에서 준용하는 법 제40조제2항제1호에 따른 기준기간 동안에 근로자, 예술인 및 노무제공자로 동시에 보험에 가입된 경우 : 예술인으로서의 피보험 단위기간에만 포함하여 산정 (2023.6.27 개정)
2. 법 제77조의5제2항에서 준용하는 법 제40조제2항제1호에 따른 기준기간 동안에 근로자 및 노무제공자로 동시에 보험에 가입된 경우 : 근로자 또는 노무제공자의 피보험 단위기간 중 예술인인 피보험자에게 유리한 피보험 단위기간에만 포함하여 산정 (2023.6.27 개정)

④ 법 제77조의3제5항에서 "대통령령으로 정하는 금액"이란 6만8100원을 말한다. (2025.12.23 개정)

⑤ 법 제77조의3제6항 단서에서 "대통령령으로 정하는 기간"이란 다음 각 호의 구분에 따른 기간을 말한다. (2023.6.27 개정)

1. 법 제77조의3제6항제1호에 해당하는 경우 : 4주 (2023.6.27 신설)
2. 법 제77조의3제6항제2호에 해당하는 경우 : 2주 (2023.6.27 신설)

⑥ 법 제77조의3제7항 단서에 따른 단기예술인의 피보험기간은 다음 각 호의 구분에 따라 산정한다. (2021.6.8 개정)

1. 해당 달의 노무제공일수가 11일 이상인 경우 : 1개월로 산정
2. 해당 달의 노무제공일수가 10일 이하인 경우 : 월별 노무제공일수를 더하여 22로 나눈 기간으로 산정

⑦ 실업인정대상기간 중 취업 등으로 발생한 소득은 법 제77조의3제8항 및 다음 각 호의 구분에 따라 해당 금액을 감액하고 구직급여를 지급해야 한다. (2021.6.8 개정)

1. 예술인인 피보험자가 다음 각 목의 어느 하나에 해당하여 취업 등을 한 것으로 보는 경우 : 해당 근로일수, 노무제공일수 또는 영업일수에 그에 해당하는 구직급여일액을 곱한 금액 전부
   가. 1개월 소정근로시간을 60시간 이상 또는 1주일 소정근로시간을 15시간 이상으로 정하여 근로를 제공하는 경우
   나. 3개월 이상 계속하여 근로를 제공하는 경우
   다. 일용근로자로서 근로를 제공하거나 단기예술인 또는 법 제77조의6제2항제2호 단서에 따른 단기노무제공자로서 노무를 제공하는 경우 (2021.

6.8 개정)

라. 문화예술용역 관련 계약(월평균소득이 50만원 이상인 것을 말한다) 또는 노무제공계약(제104조의11제2항제1호에 따른 월보수액이 80만원 이상인 것을 말한다)을 새로 체결하여 노무를 제공하는 경우 (2022.6.28 개정)

마. 상업·농업 등 가업에 종사(무급 가사종사자를 포함한다)하거나 다른 사람의 사업에 참여하여 근로를 제공함으로써 다른 사업에 상시 취직하기가 곤란하다고 인정되는 경우

바. 「소득세법」, 「부가가치세법」 또는 「법인세법」에 따라 사업자등록을 한 경우. 다만, 휴업신고를 하는 등 실제 사업을 하지 않았음을 증명한 경우와 부동산임대업 중 근로자를 고용하지 않고 임대사무실도 두지 않은 경우는 제외한다.

사. 그 밖에 사회통념상 취업을 하였다고 인정되는 경우

2. 제1호 외의 경우로서 실업인정대상기간 중 발생한 1일 평균소득이 고용노동부장관이 고시한 금액을 넘는 경우 : 해당 실업인정대상기간 중 발생한 1일 평균소득에서 고용노동부장관이 고시한 금액을 뺀 금액을 모두 더한 금액

⑧ 예술인인 피보험자의 구직급여에 관하여는 다음 각 호의 구분에 따른 규정을 준용한다. (2021.6.8 개정)

1. 구직신청, 수급자격의 인정, 실업의 인정, 취업의 신고, 수급기간, 구직급여의 지급 등에 관하여는 제58조, 제58조의2, 제58조의3, 제59조, 제60조, 제61조, 제62조, 제62조의2, 제63조, 제64조(제3호는 제외한다), 제65조부터 제67조까지, 제69조부터 제71조까지, 제75조, 제76조, 제79조, 제80조, 제80조의2, 제81조 및 제82조 (2023.6.27 개정)
2. 상병급여에 관하여는 제69조, 제75조부터 제80조까지, 제80조의2 및 제81조. 이 경우 제69조 중 "실업인정신청서"는 "상병급여 청구서"로, 제75조부터 제80조까지, 제80조의2 및 제81조 중 "구직급여"는 "상병급여"로 본다. (2021.6.8 개정)
3. 미지급급여청구자에 대한 구직급여의 지급절차에 관하여는 제75조. 이 경우 "신청지 관할 직업안정기관"은 "사망한 수급자격자의 신청지 관할 직업안정기관"으로, "수급자격자"는 "미지급급여청구자"로 본다. (2021.6.8 개정)

제104조의9 【예술인의 출산전후급여등의 지급요건 등】 ① 고용노동부장관은 법 제77조의4제2항에 따라 예술인인 피보험자 또는 피보험자였던 사람이 다음 각 호의 요건을 모두 갖춘 경우에 출산전후급여 등(이하 "출산전후급여등"이라 한다)을 지급한다. (2022.12.6 개정)

1. 다음 각 목의 구분에 따른 요건을 갖출 것 (2022.12.6 개정)
   가. 출산 또는 유산·사산을 한 날 현재 피보험자인 예술인 : 출산 또는 유산·사산을 한 날 이전에 예술인으로서의 피보험 단위기간이 합산하여 3개월 이상일 것
   나. 출산 또는 유산·사산을 한 날 현재 피보험자가 아닌 예술인 : 출산 또는 유산·사산을 한 날 이전 18개월 동안 예술인으로서의 피보험 단위기간이 합산하여 3개월 이상일 것
2. 제2항에 따른 출산전후급여등의 지급기간에 노무제공을 하지 않을 것. 다만, 그 지급기간 중 노무제공 또는 자영업으로 발생한 소득이 각각 고용노동부장관이 정하여 고시하는 금액 미만인 경우에는 노무제공을 하지 않은 것으로 본다. (2021.6.8 개정)
3. 출산 또는 유산·사산을 한 날부터 12개월 이내에 출산전후급여등을 신청할 것. 다만, 다음 각 목의 어느 하나에 해당하는 사유로 그 기간까지 신청할 수 없었던 경우에는 그 사유가 끝난 날부터 30일 이내에 신청해야 한다.
   가. 천재지변
   나. 본인, 배우자 또는 본인·배우자의 직계존속·직계비속의 질병이나 부상
   다. 범죄 혐의로 인한 구속이나 형의 집행

② 출산전후급여등의 지급기간은 다음 각 호의 구분에 따른다. (2020.12.8 신설)
1. 예술인인 피보험자 또는 피보험자였던 사람이 출산한 경우 : 출산 전과 후를 연속하여 다음 각 목의 구분에 따른 기간으로 하되, 출산 후에 45일(가목의 경우에는 60일) 이상이 되도록 할 것 (2025.2.18 개정)
   가. 한 번에 둘 이상의 자녀를 임신한 경우 : 120일
   나. 고용노동부령으로 정하는 미숙아를 출산한 경우 : 100일
   다. 가목 및 나목 외의 경우 : 90일
2. 예술인인 피보험자 또는 피보험자였던 사람이 유산 또는 사산한 경우 : 다음 각 목에 해당하는 기간 (2022.12.6 개정)
   가. 임신기간이 15주 이내인 경우 : 유산 또는 사산한 날부터 10일 (2025.2.18 개정)
   나. 삭제(2025.2.18)
   다. 임신기간이 16주 이상 21주 이내인 경우 : 유산 또는 사산한 날부터 30일
   라. 임신기간이 22주 이상 27주 이내인 경우 : 유산 또는 사산한 날부터 60일
   마. 임신기간이 28주 이상인 경우 : 유산 또는 사산한 날부터 90일

③ 출산전후급여등은 출산 또는 유산·사산한 날부터 소급하여 1년(출산 또

는 유산·사산을 한 날 현재 피보험자가 아닌 예술인의 경우에는 18개월) 동안의 월평균보수에 해당하는 금액을 기준으로 제2항 각 호의 구분에 따른 기간에 대하여 산정한 금액으로 하되, 그 상한액과 하한액은 다음 각 호의 사항을 고려하여 고용노동부장관이 정하여 고시한다. (2022.12.6 개정)

1. 제101조에 따른 출산전후휴가 급여등의 상한액과 하한액
2. 예술인인 피보험자의 월평균보수 수준
3. 물가상승률
4. 그 밖에 고용노동부장관이 필요하다고 인정하는 사항

④ 예술인인 피보험자 또는 피보험자였던 사람이 같은 출산 또는 유산·사산을 이유로 다음 각 호에 해당하는 금액을 지급받은 경우에는 제3항에도 불구하고 그 지급받은 금액을 제외하고 출산전후급여등을 지급한다. (2022.12.6 개정)

1. 법 제75조에 따라 근로자로서 지급받은 출산전후휴가 급여등
2. 법 제76조에 따른 출산전후휴가 급여등의 지급기간에 법 제77조제1항에서 준용하는 법 제73조제3항에 따라 근로자로서 해당 사업주로부터 지급받은 금품 (2023.6.27 개정)
3. 법 제77조의9제1항에 따라 노무제공자로서 지급받은 출산전후급여등 및 출산전후급여등의 지급기간에 노무제공자로서 해당 사업주로부터 지급받은 금품 (2023.6.27 개정)
4. 제2항에 따른 출산전후급여등의 지급기간에 예술인으로서 해당 사업주로부터 지급받은 금품 (2021.6.8 개정)

⑤ 제1항에 따라 지급된 출산전후급여등의 반환 명령, 추가 징수 및 반환금·추가징수금에의 충당에 관하여는 제81조를 준용한다. 이 경우 "구직급여"는 "출산전후급여등"으로 본다. (2021.6.8 신설)

제104조의10【예술인의 피보험자격확인 등의 심사 등】 예술인의 피보험자격 확인·구직급여·출산전후급여등의 심사, 심사위원회 및 재심사에 관하여는 다음 각 호의 구분에 따른 규정을 준용한다. (2023.6.27 개정)

1. 심사에 관하여는 제121조부터 제129조까지의 규정 (2021.6.8 개정)
2. 심사위원회 및 재심사에 관하여는 다음 각 목의 구분에 따른 규정 (2021.6.8 개정)
   가. 심사위원회 위원의 기피 신청, 재심사 청구의 보정 등에 관하여는 제123조, 제124조 및 제126조부터 제128조까지의 규정. 이 경우 제123조 중 "심사관"은 "심사위원회 위원"으로, "고용노동부장관"은 "심사위원회 위원장"으로, 제124조 및 제128조 중 "심사청구인"은 "재심사청구인"으로, 제124조·제126조 및 제128조 중 "심사관"은 "심사위원회 위원장"으로, 제126조부터 제128조까지의 규정 중 "심사청구"는

"재심사청구"로 본다. (2021.6.8 개정)

나. 심사위원회의 위원 및 운영에 관한 사항 등에 관하여는 제130조부터 제141조까지의 규정 (2021.6.8 개정)

제5장의3 노무제공자인 피보험자에 대한 고용보험 특례

제104조의11 【노무제공자인 피보험자의 범위】 ① 법 제77조의6제1항에서 "대통령령으로 정하는 직종에 종사하는 사람"이란 다음 각 호의 어느 하나에 해당하는 사람을 말한다. (2021.6.8 신설)

1. 보험을 모집하는 사람으로서 다음 각 목의 어느 하나에 해당하는 사람
   가. 「보험업법」 제84조제1항에 따라 등록한 보험설계사
   나. 「우체국 예금·보험에 관한 법률」에 따른 우체국보험의 모집을 전업으로 하는 사람
2. 「통계법」 제22조에 따라 국가데이터처장이 고시하는 직업에 관한 표준분류(이하 "한국표준직업분류표"라 한다)의 세분류에 따른 학습·교구 관련 방문강사 등 회원의 가정 등을 직접 방문하여 아동이나 학생 등을 가르치는 사람 (2025.10.1 개정)
3. 한국표준직업분류표의 세분류에 따른 택배원 또는 세세분류에 따른 그 외 배달원인 사람으로서 택배사업[소화물을 집화(集貨)·수송 과정을 거쳐 배송하는 사업을 말한다. 이하 제11호라목에서 같다]에서 집화 또는 배송 업무를 하는 사람 (2024.12.24 개정)
4. 「대부업 등의 등록 및 금융이용자 보호에 관한 법률」 제3조제1항 단서에 따른 대출모집인
5. 「여신전문금융업법」 제14조의2제1항제2호에 따른 신용카드회원모집인(전업으로 하는 사람만 해당한다)
6. 「방문판매 등에 관한 법률」 제2조제2호에 따른 방문판매원 또는 같은 조 제8호에 따른 후원방문판매원으로서 상시적으로 방문판매업무를 하는 사람. 다만, 자가 소비를 위한 방문판매원·후원방문판매원 및 제2호 또는 제7호에 동시에 해당하는 사람은 제외한다.
7. 한국표준직업분류표의 세분류에 따른 대여 제품 방문 점검원 (2024.12.24 개정)
8. 가전제품의 판매를 위한 배송 업무를 주로 수행하고 가전제품의 설치, 시운전 등을 통해 작동상태를 확인하는 사람
9. 「초·중등교육법」 제2조에 따른 학교에서 운영하는 방과후학교의 과정을 담당하는 강사
10. 「건설기계관리법」 제3조제1항에 따라 등록된 건설기계를 직접 운전하

는 사람

11. 「화물자동차 운수사업법」에 따른 화물차주로서 다음 각 목의 어느 하나에 해당하는 사람 (2022.6.28 개정)
   가. 「자동차관리법」 제3조제1항제4호에 따른 특수자동차로 수출입 컨테이너 또는 시멘트를 운송하는 사람 (2023.6.27 개정)
   나. 「자동차관리법」 제2조제1호 본문에 따른 피견인자동차 또는 제3조에 따른 일반형 화물자동차로 「화물자동차 운수사업법 시행령」 제4조의15제1항에 따른 안전운송원가가 적용되는 철강재를 운송하는 사람 (2025.10.28 개정)
   다. 「자동차관리법」 제3조에 따른 일반형 화물자동차 또는 특수용도형 화물자동차로 「물류정책기본법」 제29조제1항에 따른 위험물질을 운송하는 사람
   라. 택배사업에서 택배사업자나 「화물자동차 운수사업법」에 따른 운수사업자(이하 이 호에서 "운수사업자"라 한다)로부터 업무를 위탁받아 「자동차관리법」 제3조제1항제3호의 일반형 화물자동차 또는 특수용도형 화물자동차로 물류센터 간 화물 운송 업무를 하는 사람 (2022.6.28 신설)
   마. 「자동차관리법」 제3조제1항제3호의 일반형 화물자동차 또는 특수용도형 화물자동차로 같은 법에 따른 자동차를 운송하는 사람 (2022.6.28 신설)
   바. 「자동차관리법」 제3조제1항제3호의 특수용도형 화물자동차로 밀가루 등 곡물 가루, 곡물 또는 사료를 운송하는 사람 (2022.6.28 신설)
   사. 「유통산업발전법」에 따른 대규모점포나 준대규모점포를 운영하는 사업 또는 체인사업에서 그 사업주나 운수사업자와 노무제공계약을 체결하여 「자동차관리법」 제3조제1항제3호의 일반형 화물자동차 또는 특수용도형 화물자동차로 상품을 물류센터로 운송하거나 점포 또는 소비자에게 배송하는 업무를 하는 사람 (2022.6.28 신설)
   아. 「유통산업발전법」에 따른 무점포판매업을 운영하는 사업에서 그 사업주나 운수사업자와 노무제공계약을 체결하여 「자동차관리법」 제3조제1항제3호의 일반형 화물자동차 또는 특수용도형 화물자동차로 상품을 물류센터로 운송하거나 소비자에게 배송하는 업무를 하는 사람 (2022.6.28 신설)
   자. 한국표준산업분류표의 중분류에 따른 음식점 및 주점업을 운영하는 사업(여러 점포를 직영하는 사업 또는 「가맹사업거래의 공정화에 관한 법률」에 따른 가맹사업으로 한정한다)에서 그 사업주나 운수사업자와 노무제공계약을 체결하여 「자동차관리법」 제3조제1항제3호의 일반형 화물자동차 또는 특수용도형 화물자동차로 식자재나 식품 등을 물류센

터로 운송하거나 점포로 배송하는 업무를 하는 사람 (2022.6.28 신설)

차. 한국표준산업분류표의 세분류에 따른 기관 구내식당업을 운영하는 사업에서 그 사업주나 운수사업자와 노무제공계약을 체결하여 「자동차관리법」 제3조제1항제3호의 일반형 화물자동차 또는 특수용도형 화물자동차로 식자재나 식품 등을 물류센터로 운송하거나 기관 구내식당으로 배송하는 업무를 하는 사람 (2022.6.28 신설)

12. 한국표준직업분류표의 세분류에 따른 늘찬배달원으로서 퀵서비스업자(소화물을 집화·수송 과정을 거치지 않고 배송하는 사업을 말한다)로부터 업무를 의뢰받아 배송 업무를 하는 사람. 다만, 다음 각 목의 사람은 제외한다. (2024.12.24 개정)

가. 제3호에 해당하는 사람

나. 「자동차관리법」 제3조제1항제3호의 화물자동차로 배송 업무를 하는 사람

13. 대리운전업자(자동차 이용자의 요청에 따라 목적지까지 유상으로 그 자동차를 운전하도록 하는 사업의 사업주를 말한다)로부터 업무를 의뢰받아 대리운전 업무를 하는 사람 (2021.12.31 신설)

14. 「소프트웨어 진흥법」에 따른 소프트웨어사업에서 노무를 제공하는 같은 법에 따른 소프트웨어기술자 (2022.6.28 신설)

15. 「관광진흥법」 제38조제1항 단서에 따른 관광통역안내의 자격을 가진 사람으로서 외국인 관광객을 대상으로 관광안내를 하는 사람 (2022.6.28 신설)

16. 「도로교통법」에 따른 어린이통학버스를 운전하는 사람 (2022.6.28 신설)

17. 「체육시설의 설치·이용에 관한 법률」 제7조에 따라 직장체육시설로 설치된 골프장 또는 같은 법 제19조에 따라 체육시설업의 등록을 한 골프장에서 골프경기를 보조하는 골프장 캐디 (2022.6.28 신설)

② 법 제77조의6제2항제2호 본문에서 "대통령령으로 정하는 소득 기준"이란 다음 각 호와 같다. (2021.6.8 신설)

1. 노무제공자와 사업주가 체결한 노무제공계약에 따라 발생한 월보수액(해당 사업주가 노무제공계약을 새로 체결한 경우에는 고용산재보험료징수법 시행령 제19조의7제3항제2호의2에 따라 신고한 보수액을 말하고, 그 신고 이후에는 사업주가 매월 노무제공자에게 지급하는 보수액을 말한다. 이하 같다)이 80만원 이상일 것 (2023.6.27 개정)

2. 제1호에 따른 소득 기준을 충족하지 못하는 노무제공자가 둘 이상의 노무제공계약을 체결한 경우로서 같은 기간에 해당하는 노무제공계약의 월보수액을 합산(본인이 합산하기를 원하는 경우만 해당한다)하여 그 합계액

이 80만원 이상일 것
③ 노무제공자가 제2항제2호에 따라 둘 이상의 노무제공계약의 월보수액을 합산하기를 원하는 경우에는 고용노동부령으로 정하는 바에 따라 노무제공계약의 월보수액의 합계액이 80만원 이상이 되는 날이 속하는 달의 다음 달 15일까지 고용노동부장관에게 합산 신청을 해야 한다. (2021.6.8 신설)
④ 고용노동부장관은 제3항에 따라 합산 신청을 받은 경우 해당 노무제공자가 제2항제2호에 따른 소득 기준을 충족하는지를 확인하여 그 결과를 해당 사업주(소득 기준을 충족하는 경우만 해당한다) 및 노무제공자에게 통보해야 한다. 이 경우 노무제공자가 제3항에 따라 합산 신청을 한 때에 해당 사업주가 제104조의12제1항에 따라 그 노무제공자의 피보험자격 취득에 관한 신고를 한 것으로 본다. (2021.6.8 신설)

제104조의12 【노무제공자의 피보험자격에 관한 신고 등】 ① 노무제공자와 노무제공계약을 체결한 사업주는 법 제77조의10제1항에서 준용하는 법 제15조에 따라 그 사업과 관련된 노무제공자의 피보험자격 취득 및 상실에 관한 사항을 그 사유가 발생한 날이 속하는 달의 다음 달 15일까지(노무제공자가 그 기일 이전에 신고할 것을 요구하는 경우에는 지체 없이) 고용노동부장관에게 신고해야 한다. (2021.6.8 신설)
② 제1항에도 불구하고 노무제공자와 노무제공계약을 체결한 사업주가 해당 노무제공계약 기간에 고용산재보험료징수법시행령 제56조의6제7항에 따라 「산업재해보상보험법」 제10조에 따른 근로복지공단(이하 "근로복지공단"이라 한다)에 월 보수액을 신고한 경우에는 그 사업과 관련된 노무제공자의 피보험자격 취득 및 상실에 관한 사항을 신고한 것으로 본다. (2022.12.14 개정)
③ 제1항에도 불구하고 단기노무제공자와 노무제공계약을 체결한 사업주가 해당 계약 기간에 제공된 노무제공일수, 노무제공대가 등이 적힌 노무제공내용 확인신고서를 그 사유가 발생한 날이 속하는 달의 다음 달 15일까지 고용노동부장관에게 제출한 경우에는 해당 단기노무제공자의 피보험자격의 취득 및 상실에 관한 사항을 신고한 것으로 본다. (2023.6.27 개정)
④ 법 제77조의6제2항제3호 단서에 따라 고용보험 가입을 원하는 15세 미만인 노무제공자와 노무제공계약을 체결한 사업의 사업주(이하 "노무제공사업의 사업주"라 한다)와 법 제77조의7제1항에 따른 노무제공플랫폼사업자(이하 "노무제공플랫폼사업자"라 한다)는 고용노동부령으로 정하는 바에 따라 고용노동부장관에게 고용보험 가입을 신청해야 한다. 다만, 해당 15세 미만인 노무제공자가 원하는 경우에는 직접 가입을 신청할 수 있고, 가입 신청을 받은 고용노동부장관은 그 사실을 노무제공사업의 사업주나 노무제공플랫폼사업자에게 알려야 한다. (2023.6.27 신설)

⑤ 제4항에 따라 가입을 신청한 경우 해당 15세 미만인 노무제공자는 가입을 신청한 날의 다음 날에 피보험자격을 취득한 것으로 본다. 다만, 해당 15세 미만인 노무제공자가 단기노무제공자인 경우에는 노무제공계약에 따라 노무를 제공한 날에 피보험자격을 취득한 것으로 본다. (2023.6.27 신설)
⑥ 고용보험에 가입한 15세 미만인 노무제공자가 고용보험에서 탈퇴하려는 경우에는 고용노동부령으로 정하는 바에 따라 고용노동부장관에게 탈퇴 신청을 해야 한다. 이 경우 탈퇴를 신청한 날의 다음 날에 피보험자격을 상실한 것으로 본다. (2023.6.27 신설)
⑦ 노무제공자는 법 제77조의10제1항에서 준용하는 법 제15조제3항에 따라 피보험자격의 취득 및 상실에 관한 사항을 신고하는 경우에는 노무제공계약서 등 노무제공계약 관계를 증명할 수 있는 서류를 제출해야 한다. (2023.6.27 개정)

제104조의13 【노무제공플랫폼사업자의 노무제공자 피보험자격 신고 등】
① 노무제공플랫폼사업자의 노무제공자에 대한 피보험자격 취득 및 상실에 관한 사항의 신고를 그 사유가 발생한 날이 속하는 달의 다음 달 15일까지(노무제공자가 그 기일 이전에 신고할 것을 요구하는 경우에는 지체 없이) 고용노동부장관에게 해야 한다. (2023.6.27 개정)
② 제1항에도 불구하고 노무제공플랫폼사업자가 노무제공계약 기간에 고용산재보험료징수법시행령 제56조의6제7항에 따라 근로복지공단에 월 보수액을 신고한 경우에는 노무제공자에 대한 피보험자격 취득 및 상실에 관한 사항을 신고한 것으로 본다. (2022.12.14 개정)
③ 제1항에도 불구하고 노무제공플랫폼사업자가 피보험자격 취득 및 상실에 관한 사항을 신고해야 하는 대상이 단기노무제공자인 경우로서 노무제공사업의 사업주와 단기노무제공자가 체결한 노무제공계약 기간에 제공된 노무제공일수, 노무제공대가 등이 적힌 노무제공내용 확인신고서를 그 사유가 발생한 날이 속하는 달의 다음 달 15일까지 고용노동부장관에게 제출한 경우에는 해당 단기노무제공자의 피보험자격 취득 및 상실에 관한 사항을 신고한 것으로 본다. (2021.12.31 신설)
④ 법 제77조의7제2항제2호에서 "사업장의 명칭·주소 등 대통령령으로 정하는 자료 또는 정보"란 다음 각 호의 자료 또는 정보를 말한다. (2021.12.31 신설)
1. 사업장의 명칭·주소
2. 사업주(법인인 경우에는 대표자를 말한다)의 이름
3. 사업주의 사업자등록번호(법인인 경우에는 법인등록번호를 포함한다)
⑤ 법 제77조의7제2항제3호에서 "노무제공자의 이름·직종·보수 등 대통령령으로 정하는 자료 또는 정보"란 다음 각 호의 자료 또는 정보를 말한다.

(2021.12.31 신설)
1. 노무제공자의 이름·직종
2. 노무제공자의 주민등록번호(외국인인 경우에는 외국인등록번호를 말한다)
3. 노무제공계약의 시작일 또는 종료일
4. 노무제공횟수 및 노무제공일수
5. 월보수액(단기노무제공자의 경우에는 노무제공대가를 말한다)

제104조의14 【노무제공자인 피보험자 관련 변경 신고 및 확인의 청구 등】 노무제공자인 피보험자의 이름과 주민등록번호의 변경·정정 신고, 피보험자격의 취득·상실에 관한 확인의 청구·통지 등에 관하여는 제10조제1항 및 제11조를 준용한다. (2021.12.31 개정)

제104조의15 【노무제공자인 피보험자의 구직급여 수급요건 등】 ① 법 제77조의8제1항제3호 단서에서 "대통령령으로 정하는 바에 따른 소득감소"란 다음 각 호의 어느 하나에 해당하는 소득감소가 있는 경우를 말한다. 다만, 고용노동부장관은 「재난 및 안전관리 기본법」에 따른 재난 등 사회적·경제적 위기가 발생한 경우에는 제1호 및 제2호에 따른 소득감소를 비교하는 시점을 달리 정하여 고시할 수 있다. (2022.12.6 개정)
1. 이직일이 속한 달의 직전 3개월 동안에 이직할 당시의 노무제공계약(이하 "최종계약"이라 한다. 이하 이 항에서 같다)으로부터 발생한 소득이 전년도 같은 기간에 최종계약으로부터 발생한 소득(최종계약이 없는 경우에는 전년도 같은 기간에 유효한 다른 노무제공계약으로부터 발생한 소득을 말한다)보다 100분의 30 이상 감소한 경우
2. 다음 각 목에 해당하는 소득 감소가 모두 이루어진 경우
가. 이직일이 속한 달의 직전 3개월 동안에 최종계약으로부터 발생한 보수액의 월평균금액이 이직일이 속한 연도의 전년도에 최종계약으로부터 발생한 보수액의 월평균금액[최종계약이 없는 경우에는 그 전년도에 유효한 다른 노무제공계약(계약 기간이 1개월 이상인 것만 해당한다)으로부터 발생한 보수액의 월평균금액을 말한다. 이하 나목에서 "전년도 월평균금액"이라 한다]보다 작을 것
나. 이직일이 속한 달의 직전 12개월 동안에 최종계약으로부터 발생한 월별 보수액이 전년도 월평균금액보다 100분의 30 이상 작은 달이 5개월 이상일 것

② 노무제공자가 이직일 이전 24개월 동안 근로자·예술인·노무제공자 중 둘 이상에 해당하는 사람으로 종사한 경우 법 제77조의8제2항에 따른 피보험 단위기간은 다음의 계산식을 충족하면 같은 조 제1항제1호의 피보험 단위기간의 요건을 갖춘 것으로 본다. (2021.6.8 신설)

1-노무제공자로서의 피보험 단위기간(월 단위로 한다)÷12개월≤근로자로서의 피보험 단위기간(일 단위로 한다)÷180일+예술인으로서의 피보험 단위기간(월 단위로 한다)÷9개월

③ 제2항의 노무제공자가 다음 각 호에 해당하는 경우에는 해당 호에 따라 제2항의 계산식을 산정한다. (2021.6.8 신설)

1. 법 제77조의10제2항에서 준용하는 법 제40조제2항제1호에 따른 기준기간 동안에 근로자, 예술인 및 노무제공자로 동시에 보험에 가입된 경우 : 노무제공자로서의 피보험 단위기간에만 포함하여 산정
2. 법 제77조의10제2항에서 준용하는 법 제40조제2항제1호에 따른 기준기간 동안에 근로자 및 예술인으로 동시에 보험에 가입된 경우 : 근로자 또는 예술인의 피보험 단위기간 중 노무제공자인 피보험자에게 유리한 피보험 단위기간에만 포함하여 산정

④ 법 제77조의8제5항 후단에서 "대통령령으로 정하는 금액"이란 6만8100원을 말한다. (2025.12.23 개정)

⑤ 법 제77조의8제6항 단서에서 "대통령령으로 정하는 기간"이란 다음 각 호의 구분에 따른 기간을 말한다. (2023.6.27 개정)

1. 제1항제1호 또는 제2호에 따른 소득 감소의 정도가 100분의 30 이상 100분의 50 미만인 경우 : 4주
2. 제1항제1호 또는 제2호에 따른 소득 감소의 정도가 100분의 50 이상이거나 법 제77조의8제6항제2호에 해당하는 경우 : 2주 (2023.6.27 개정)

⑥ 법 제77조의8제7항 단서에 따른 단기노무제공자의 피보험기간은 다음 각 호의 구분에 따라 산정한다. (2021.6.8 신설)

1. 해당 달의 노무제공일수가 11일 이상인 경우 : 1개월로 산정
2. 해당 달의 노무제공일수가 10일 이하인 경우 : 월별 노무제공일수를 더하여 22로 나눈 기간으로 산정

⑦ 실업인정대상기간 중 취업 등으로 발생한 소득은 법 제77조의8제8항 및 다음 각 호의 구분에 따라 해당 금액을 감액하고 구직급여를 지급해야 한다. (2021.6.8 신설)

1. 노무제공자인 피보험자가 제104조의8제7항제1호 각 목에 해당하여 취업 등을 한 것으로 보는 경우 : 해당 근로일수, 노무제공일수 또는 영업일수에 그에 해당하는 구직급여일액을 곱한 금액 전부
2. 제1호 외의 경우로서 실업인정대상기간 중 발생한 1일 평균소득이 고용노동부장관이 고시한 금액을 넘는 경우 : 해당 실업인정대상기간 중 발생한 1일 평균소득에서 고용노동부장관 고시에 따라 산정된 금액을 뺀 금액을 모두 더한 금액

⑧ 노무제공자인 피보험자의 구직급여에 관하여는 다음 각 호의 구분에 따

른 규정을 준용한다. (2021.6.8 신설)
1. 구직신청, 수급자격의 인정, 실업의 인정, 취업의 신고, 수급기간, 구직급여의 지급 등에 관하여는 제58조, 제58조의2, 제58조의3, 제59조, 제60조, 제61조, 제62조, 제62조의2, 제63조, 제64조(제3호는 제외한다), 제65조부터 제67조까지, 제69조부터 제71조까지, 제75조, 제76조, 제79조, 제80조, 제80조의2, 제81조 및 제82조 (2023.6.27 개정)
2. 상병급여에 관하여는 제69조, 제75조부터 제80조까지, 제80조의2 및 제81조. 이 경우 제69조 중 "실업인정신청서"는 "상병급여 청구서"로, 제75조부터 제80조까지, 제80조의2 및 제81조 중 "구직급여"는 "상병급여"로 본다.
3. 미지급급여청구자에 대한 구직급여의 지급절차에 관하여는 제75조. 이 경우 "신청지 관할 직업안정기관"은 "사망한 수급자격자의 신청지 관할 직업안정기관"으로, "수급자격자"는 "미지급급여청구자"로 본다.

제104조의16【노무제공자의 출산전후급여등의 지급요건 등】 ① 고용노동부장관은 법 제77조의9제2항에 따라 노무제공자인 피보험자 또는 피보험자였던 사람이 다음 각 호의 요건을 모두 갖춘 경우에 출산전후급여등을 지급한다. (2022.12.6 개정)
1. 다음 각 목의 구분에 따른 요건을 갖출 것 (2022.12.6 개정)
   가. 출산 또는 유산·사산을 한 날 현재 피보험자인 노무제공자 : 출산 또는 유산·사산을 한 날 이전에 노무제공자로서의 피보험 단위기간이 합산하여 3개월 이상일 것
   나. 출산 또는 유산·사산을 한 날 현재 피보험자가 아닌 노무제공자 : 출산 또는 유산·사산을 한 날 이전 18개월 동안 노무제공자로서의 피보험 단위기간이 합산하여 3개월 이상일 것
2. 제2항에 따른 출산전후급여등의 지급기간에 노무제공을 하지 않을 것. 다만, 그 지급기간 중 노무제공 또는 자영업으로 발생한 소득이 각각 고용노동부장관이 정하여 고시하는 금액 미만인 경우에는 노무제공을 하지 않은 것으로 본다.
3. 출산 또는 유산·사산을 한 날부터 12개월 이내에 출산전후급여등을 신청할 것. 다만, 다음 각 목의 어느 하나에 해당하는 사유로 그 기간까지 신청할 수 없었던 경우에는 그 사유가 끝난 날부터 30일 이내에 신청해야 한다.
   가. 천재지변
   나. 본인, 배우자 또는 본인·배우자의 직계존속·직계비속의 질병이나 부상
   다. 범죄 혐의로 인한 구속이나 형의 집행

② 출산전후급여등의 지급기간은 제104조의9제2항에 따른다. 이 경우 "예술인"을 "노무제공자"로 한다. (2022.12.6 개정)

③ 출산전후급여등은 출산 또는 유산·사산한 날부터 소급하여 1년(출산 또는 유산·사산을 한 날 현재 피보험자가 아닌 노무제공자의 경우에는 18개월) 동안의 월평균보수에 해당하는 금액을 기준으로 제104조의9제2항 각 호의 구분에 따른 기간에 대하여 산정한 금액으로 하되, 그 상한액과 하한액은 다음 각 호의 사항을 고려하여 고용노동부장관이 정하여 고시한다. (2022.12.6 개정)

1. 제101조에 따른 출산전후휴가 급여등의 상한액과 하한액
2. 노무제공자인 피보험자의 월평균보수 수준
3. 물가상승률
4. 그 밖에 고용노동부장관이 출산전후급여등의 산정에 필요하다고 인정하는 사항

④ 제3항에도 불구하고 법 제77조의9제1항 단서에 따라 노무제공자인 피보험자 또는 피보험자였던 사람이 같은 출산 또는 유산·사산을 이유로 다음 각 호에 해당하는 금액을 지급받은 경우에는 그 지급받은 금액을 제외하고 출산전후급여등을 지급한다. (2022.12.6 개정)

1. 법 제75조에 따라 근로자로서 지급받은 출산전후휴가 급여등
2. 법 제76조에 따른 출산전후휴가 급여 등의 지급기간에 법 제77조제1항에서 준용하는 법 제73조제3항에 따라 근로자로서 해당 사업주로부터 지급받은 금품 (2023.6.27 개정)
3. 법 제77조의4제1항에 따라 예술인으로서 지급받은 출산전후급여등
4. 제104조의9제2항에 따른 출산전후급여등의 지급기간에 예술인으로서 해당 사업주로부터 지급받은 금품
5. 제2항에 따른 출산전후급여등의 지급기간에 노무제공자로서 해당 사업주로부터 지급받은 금품

⑤ 제1항에 따라 지급된 출산전후급여등의 반환 명령, 추가 징수 및 반환금·추가징수금에의 충당에 관하여는 제81조를 준용한다. 이 경우 "구직급여"는 "출산전후급여등"으로 본다. (2021.6.8 신설)

제104조의17 【노무제공자의 피보험자격확인 등의 심사 등】 노무제공자의 피보험자격 확인·구직급여·출산전후급여등의 심사, 심사위원회 및 재심사에 관하여는 다음 각 호의 구분에 따른 규정을 준용한다. (2021.12.31 개정)

1. 심사에 관하여는 제121조부터 제129조까지의 규정
2. 심사위원회 및 재심사에 관하여는 다음 각 목의 구분에 따른 규정
   가. 심사위원회 위원의 기피 신청, 재심사 청구의 보정 등에 관하여는 제123조, 제124조 및 제126조부터 제128조까지의 규정. 이 경우 제123조 중 "심사관"은 "심사위원회 위원"으로, "고용노동부장관"은 "심사위원회 위원장"으로, 제124조 및 제128조 중 "심사청구인"은 "재심사

청구인"으로, 제124조·제126조 및 제128조 중 "심사관"은 "심사위원회 위원장"으로, 제126조부터 제128조까지의 규정 중 "심사청구"는 "재심사청구"로 본다.

나. 심사위원회의 위원 및 운영 등에 관하여는 제130조부터 제141조까지의 규정

제6장 고용보험기금

제104조의18 【기금 관리·운용 전문위원】 ① 고용노동부장관은 법 제79조에 따라 기금을 체계적·안정적으로 관리·운용하기 위하여 자산운용 전문위원을 둘 수 있다. (2021.12.31 개정)

② 자산운용 전문위원의 자격, 복무 및 보수 등에 관한 사항은 고용노동부장관이 정한다. (2010.7.12 개정)

제105조 【기금의 운용사업 등】 ① 법 제79조제3항제5호에서 "그 밖에 대통령령으로 정하는 기금 증식 방법"이란 「자본시장과 금융투자업에 관한 법률」 제4조에 따른 증권의 매입을 말한다. (2008.7.29 개정)

② 법 제79조제4항에서 "대통령령으로 정하는 수준"이란 1년 만기 정기예금 이자율(「은행법」에 따라 설립된 은행 중 전국을 영업구역으로 하는 은행이 적용하는 이자율로 한다)이나 예상 물가상승률 등을 고려하여 고용노동부장관이 정하는 수익률을 말한다. (2010.11.15 개정)

제106조 【기금의 계산】 기금은 「국가회계법」 제11조에서 정하는 바에 따라 계산한다. (2011.9.15 개정)

제107조 【기금의 용도 등】 ① 법 제80조제1항제7호에서 "대통령령으로 정하는 경비"란 다음 각 호의 경비를 말한다. (2008.9.18 개정)

1. 보험사업의 관리·운영에 드는 경비
2. 기금의 관리·운용에 드는 경비
3. 고용산재보험료징수법 제33조에 따른 보험사무대행기관에 대한 교부금 (2021.6.8 개정)
4. 법과 고용산재보험료징수법에 따른 사업이나 업무의 위탁수수료 지급금 (2021.6.8 개정)

② 법 제80조제1항제6호에 따른 출연금은 월 단위로 출연금을 받을 자가 다음 달에 쓸 출연금의 금액을 신청한 경우에 고용노동부장관이 그 신청금액을 검토하여 타당성이 인정되는 금액을 지급한다. (2010.7.12 개정)

③ 법 제80조제1항제6호에 따른 출연금을 받은 자(이하 이 조에서 "피출연자"라 한다)는 그 출연금을 별도의 계정을 설치하여 관리하여야 하며, 그 계정에서 발생한 이자수입은 고용노동부장관에게 반납하여야 한다. 다만,

고용노동부장관의 승인을 받은 경우에는 피출연자가 대행하거나 위탁받아 하는 사업(이하 이 조에서 "출연금의 목적사업"이라 한다)에 사용할 수 있다. (2010.7.12 개정)
④ 보험연도 내에 출연금의 목적사업에 사용되지 않고 남은 출연금은 다른 법령에서 달리 정한 바가 없으면 고용노동부장관에게 반납하여야 한다. 다만, 고용노동부장관의 승인을 받은 경우에는 다음 연도에 이월하여 출연금의 목적사업에 사용할 수 있다. (2010.7.12 개정)
⑤ 피출연자가 출연금을 출연금의 목적사업이 아닌 용도로 사용한 경우에 고용노동부장관은 그에 해당하는 금액을 반환하도록 요구할 수 있다. (2010.7.12 개정)
⑥ 피출연자는 매 분기의 다음 달 10일까지 그 분기의 출연금 집행실적을 고용노동부장관에게 보고하여야 한다. (2010.7.12 개정)

제108조【기금 지급의 위탁】 고용노동부장관은 기금의 지원금·장려금의 지급, 대부금의 교부, 훈련비용과 훈련수당의 지급, 실업급여의 지급에 관한 업무를 다음 각 호의 어느 하나에 해당하는 기관이나 체신관서에 위탁하여 할 수 있다. (2010.7.12 개정)
1. 「은행법」 제8조에 따른 인가를 받은 은행 (2010.11.15 개정)
2. 「농업협동조합법」에 따른 농협은행 (2012.1.6 개정)
3. 「수산업협동조합법」에 따른 수협은행 (2016.10.25 개정)
4. 「상호저축은행법」에 따른 상호저축은행
5. 「새마을금고법」에 따른 새마을금고
6. 「신용협동조합법」에 따른 신용협동조합

제109조【기금운용 계획】 법 제81조제1항에 따른 기금운용 계획에는 다음 각 호의 사항이 포함되어야 한다.
1. 기금의 수입과 지출에 관한 사항
2. 해당 연도의 사업계획·지출원인행위계획과 자금계획에 관한 사항
3. 전년도 이월자금의 처리에 관한 사항
4. 적립금에 관한 사항
5. 그 밖에 기금운용에 필요한 사항

제110조【기금운용 결과의 공표】 고용노동부장관은 법 제81조제2항에 따라 매년 기금의 운용 결과를 서울특별시에 본사를 두고 있는 1개 이상의 경제 분야 특수일간신문, 관보, 인터넷 홈페이지 또는 방송 등을 통하여 공표해야 한다. (2020.11.24 개정)

제111조【기금의 회계기관】 ① 고용노동부장관은 기금의 수입과 지출에 관한 사무를 수행하게 하기 위하여 소속 공무원 중에서 기금수입징수관, 기금재무관, 기금지출관 및 기금출납공무원을 임명한다. (2010.7.12 개정)

② 기금수입징수관과 기금재무관은 기금의 관리·운용에 따르는 계약, 수입·지출의 원인이 되는 행위 및 기금수입금의 징수·결정에 관한 업무를 담당하며, 기금지출관 및 기금출납공무원은 기금의 관리·운용에 따르는 수입과 지출업무를 담당한다.
③ 고용노동부장관은 기금수입징수관, 기금재무관, 기금지출관 및 기금출납공무원을 임명하였을 때에는 감사원장과 한국은행총재에게 알려야 한다. (2010.7.12 개정)

제112조【거래은행의 지정】 기금지출관은 해당 소재지에 있는 한국은행(본점, 지점, 출장소, 국고대리점을 포함한다. 이하 같다)을, 해당 소재지에 한국은행이 없는 경우에는 가까운 거리에 있는 한국은행을 그가 발행하는 수표의 지급인으로 지정하여야 한다.

제113조【기금수입금의 수납절차】 ① 기금수입징수관이 기금의 수입금을 징수하려면 납부 의무자에게 한국은행의 기금계정에 내도록 알려야 한다. 다만, 사업주가 정하여진 기한까지 스스로 낼 경우에는 그러하지 아니하다.
② 한국은행은 기금의 수입금을 수납하였을 때에는 납입자에게 영수증을 내주고, 수납통지서를 지체 없이 기금수입징수관에게 보내야 한다.
③ 한국은행은 제2항에 따라 수납한 기금의 수입금을 국고금 취급절차에 따라 한국은행 본점에 설치되어 있는 기금계정에 집중시켜야 한다.

제114조【기금의 지출절차】 ① 기금재무관이 지출원인행위를 하였을 때에는 그 지출원인행위에 관한 서류를 기금지출관에게 보내야 한다.
② 기금지출관이 지출원인행위에 따라 기금을 지출할 때에는 한국은행으로 하여금 채권자나 법령에서 정하는 바에 따라 국고금의 지급사무를 위탁받아 처리하는 자의 금융기관 예금계좌로 이체하는 방법으로 지급하게 하여야 한다.
③ 기금재무관이 지출원인행위를 한 후 부득이한 사유로 해당 회계연도 내에 지출하지 못한 금액은 다음 연도에 이월하여 지출할 수 있다.

제115조【현금 취급의 금지】 기금지출관과 기금출납공무원은 현금을 보관하거나 출납할 수 없다. 다만, 「국고금관리법」 제22조제4항과 같은 법 제24조에 따른 경우에는 그러하지 아니하다.

제116조【기금의 지출원인행위 한도액 등의 배정】 ① 고용노동부장관은 제109조제2호에 따른 분기별 지출원인행위계획의 범위에서 각 기금재무관에게 분기별 지출원인행위 한도액을 배정하여야 한다. (2010.7.12 개정)
② 고용노동부장관은 제109조제2호에 따른 월별 자금계획의 범위에서 각 기금지출관에게 「국고금관리법 시행령」 제49조제2항에 따라 작성한 월별세부자금계획서에 따라 자금을 배정하여야 한다. (2011.9.15 개정)

제117조【기금의 운용상황 보고】 ① 기금수입징수관은 기금징수액보고서를, 기금재무관은 기금지출원인행위액 보고서를, 기금지출관은 기금지출액

보고서를 매월 말일을 기준으로 작성하여 다음 달 20일까지 고용노동부장관에게 제출하여야 한다. (2010.7.12 개정)

② 제1항의 보고 외에 기금의 운용관리에 필요한 보고에 관한 사항은 고용노동부장관이 정한다. (2010.7.12 개정)

제118조 【기금의 결산보고】 고용노동부장관은 매 회계연도의 기금 결산에 관한 다음 각 호의 서류를 작성하여 위원회의 심의를 거쳐 다음 회계연도 2월 말까지 재정경제부장관에게 제출하여야 한다. (2025.12.30 개정)

1. 기금결산의 개황과 분석에 관한 서류
2. 재정상태표, 재정운영표, 순자산변동표 등 재무제표 (2011.9.15 개정)
3. 기금의 운용 계획과 실적의 대비표
4. 수입과 지출계산서
5. 그 밖에 결산의 내용을 명백히 하기 위하여 필요한 서류

제119조 【적립금 등의 출납】 법 제84조에 따른 기금의 적립금과 여유금의 출납에 필요한 사항은 고용노동부령으로 정한다. (2010.7.12 개정)

제120조 【「국가재정법」 및 「국고금 관리법」의 준용】 기금의 운용·관리에 관하여 법과 이 영에서 규정하지 않은 사항에 관하여는 「국가재정법」 및 「국고금 관리법」에 따른다. (2021.6.8 개정)

제7장 심사 및 재심사의 청구

제121조 【심사관의 자격】 법 제89조에 따른 고용보험심사관(이하 "심사관"이라 한다)은 고용노동부 소속 공무원으로서 다음 각 호의 어느 하나에 해당하는 사람 중에서 임명한다. (2021.6.8 개정)

1. 고용노동부에서 일반직 5급 이상 공무원이나 고위공무원단에 속하는 일반직공무원으로서 보험에 관한 심사 또는 재심사의 청구에 관련된 업무에 1년 이상 종사한 사람 (2021.6.8 개정)
2. 고용노동부에서 일반직 5급 이상 공무원이나 고위공무원단에 속하는 일반직공무원으로서 보험 업무에 2년 이상 종사한 사람 (2021.6.8 개정)
3. 그 밖에 제1호나 제2호의 사람에 해당하는 자격이 있다고 고용노동부장관이 인정하는 사람 (2021.6.8 개정)

제122조 【심사관의 배치·직무】 ① 심사관은 고용노동부에 둔다. (2010.7.12 개정)

② 심사관은 고용노동부장관이 지정하는 심사업무와 심사청구에 대한 사례연구를 담당한다. (2010.7.12 개정)

제123조 【기피 신청의 방식】 ① 법 제89조제4항에 따른 심사관에 대한 기피 신청은 그 사유를 구체적으로 밝힌 서면으로 하여야 한다.

② 고용노동부장관은 제1항에 따라 기피 신청을 받으면 15일 이내에 그에 대한 결정을 하여 신청인에게 알려야 한다. (2010.7.12 개정)

제124조【청구인의 지위승계 신고】 법 제89조제5항에 따라 심사청구인의 지위를 승계한 자는 승계 사실을 증명할 수 있는 서류를 첨부하여 서면으로 심사관에게 신고하여야 한다.

제125조【심사청구의 방식】 ① 법 제91조에 따른 심사청구 문서에는 다음 각 호의 사항을 적어야 한다.

1. 청구인의 이름과 주소
2. 피청구인인 처분청의 명칭
3. 심사청구 대상인 처분의 내용
4. 처분이 있었던 것을 안 날
5. 피청구인인 처분청에 따른 심사청구에 관한 통지의 유무와 통지의 내용
6. 심사청구의 취지와 이유
7. 심사청구 연월일

② 심사의 청구가 선정 대표자나 대리인에 의하여 제기되는 것일 때에는 제1항의 사항 외에 그 선정 대표자나 대리인의 이름과 주소를 적어야 하며, 선정 대표자나 대리인 자격은 서면으로 소명하여야 한다. (2010.12.31 개정)

③ 제1항의 서면에는 청구인이나 대리인이 기명날인하여야 한다.

제126조【심사청구의 보정】 ① 법 제92조제2항 본문에 따른 심사청구 보정명령은 다음 각 호의 사항을 적은 문서로 하여야 한다.

1. 보정할 사항
2. 보정이 요구되는 이유
3. 보정 기간
4. 그 밖에 필요한 사항

② 심사관은 법 제92조제2항 단서에 따라 직권으로 심사청구를 보정한 경우에는 그 사실을 당사자에게 알려야 한다.

제127조【원처분의 집행정지 통지】 법 제93조제2항에 따른 집행정지 통지 문서에는 다음 각 호의 사항을 적어야 한다.

1. 심사청구 사건명
2. 집행정지 대상 처분과 집행정지 내용
3. 청구인의 이름과 주소
4. 피청구인인 처분청의 명칭
5. 집행정지 이유

제128조【심리를 위한 조사】 ① 법 제94조제1항에 따른 심사청구에 대한 심리를 위한 조사의 신청은 다음 각 호의 사항을 적은 문서로 하여야 한다.

1. 심사청구 사건명

2. 신청의 취지와 이유
3. 출석이 요구되는 관계인의 이름과 주소(법 제94조제1항제1호의 경우에만 적는다)
4. 제출이 요구되는 문서, 그 밖의 물건의 소유자나 보관자의 이름과 주소(법 제94조제1항제2호의 경우에만 적는다)
5. 감정이 요구되는 사항과 그 이유(법 제94조제1항제3호의 경우에만 적는다)
6. 출입할 사업장이나 그 밖의 장소, 질문할 사업주·종업원이나 그 밖의 관계인, 검사할 문서나 그 밖의 물건(법 제94조제1항제4호의 경우에만 적는다)

② 심사관은 법 제94조제1항에 따라 증거조사를 한 경우에는 증거조사 조서를 작성하여야 한다. 이 경우 법 제94조제1항제1호에 따라 심사청구인이나 관계인으로부터 진술을 받을 때에는 진술조서를 작성하여 첨부하여야 한다.

③ 제2항의 증거조사 조서에는 다음 각 호의 사항을 적고, 심사관이 기명날인하여야 한다.

1. 사건표시
2. 조사 일시와 장소
3. 조사대상과 조사방법
4. 조사 결과

제129조【결정서】 법 제96조에 따른 심사청구에 대한 결정은 다음 각 호의 사항을 적고 심사관이 서명 또는 날인한 결정서에 의하여야 한다. (2011.9.15 개정)

1. 사건번호와 사건명
2. 청구인의 이름과 주소
3. 피청구인인 처분청의 명칭
4. 주문
5. 청구 취지
6. 이유
7. 결정 연월일

제130조【심사위원회 위원의 위촉·임명】 ① 법 제99조제1항에 따른 고용보험심사위원회(이하 "심사위원회"라 한다)의 위원 중 근로자를 대표하는 위원은 총연합단체인 노동조합에서, 사용자를 대표하는 위원은 전국적 규모의 사용자단체에서 추천한 사람 중에서 고용노동부장관의 제청으로 각각 대통령이 위촉한다. (2021.6.8 개정)

② 심사위원회의 위원 중 근로자를 대표하는 위원, 사용자를 대표하는 위원과 당연직 위원 외의 위원은 다음 각 호의 어느 하나에 해당하는 사람 중에서 고용노동부장관의 제청으로 대통령이 위촉한다. 다만, 상임위원은 제3호나 제4호에 해당하는 사람 중에서 고용노동부장관의 제청으로 대통령이 임

명한다. (2021.6.8 개정)
1. 판사·검사 또는 변호사의 자격이 있는 사람 (2021.6.8 개정)
2. 「고등교육법」에 따른 대학에서 부교수 이상으로 재직하고 있거나 재직했던 사람 (2021.6.8 개정)
3. 3급 이상의 공무원이나 고위공무원단에 속하는 일반직공무원으로 재직하고 있거나 재직했던 사람 (2021.6.8 개정)
4. 노동관계 업무에 15년 이상 종사한 사람으로서 고용노동부장관이 자격이 있다고 인정하는 사람 (2021.6.8 개정)
5. 사회보험 또는 고용문제에 관한 학식과 경험이 있는 사람 중에서 고용노동부장관이 자격이 있다고 인정하는 사람 (2021.6.8 개정)

③ 고용노동부장관은 보험 업무를 담당하는 고용노동부의 3급 공무원이나 고위공무원단에 속하는 일반직공무원 1명을 심사위원회의 당연직 위원으로 지명한다. (2010.7.12 개정)

제131조 【위원의 임기】 ① 심사위원회 위원의 임기는 3년으로 하되, 연임할 수 있다. (2008.9.18 개정)

② 위원이 궐위된 경우 보궐위원의 임기는 전임자 임기의 남은 기간으로 한다. 다만, 상임위원(위원장을 포함한다)이 궐위된 경우 보궐위원의 임기는 새로 시작한다. (2008.9.18 개정)

③ 위원은 제1항에 따른 임기가 만료된 경우에도 후임자가 위촉될 때까지 그 직무를 수행할 수 있다. (2008.9.18 개정)

제132조 【위원의 처우】 심사위원회 회의에 출석한 상임위원과 당연직 위원 외의 위원에게는 예산의 범위에서 그 직무수행을 위하여 필요한 수당과 여비를 지급할 수 있다. 이 경우 여비는 공무원 여비규정을 표준으로 삼아 지급한다.

제133조 【위원장과 부위원장】 ① 심사위원회에는 위원장과 부위원장 각 1명을 둔다.

② 심사위원회 위원장은 상임위원 중에서 고용노동부장관의 제청으로 대통령이 임명하고, 부위원장은 위원 중에서 호선한다. (2010.7.12 개정)

제134조 【직무】 ① 위원장은 심사위원회를 대표하며, 심사위원회의 사무를 총괄한다.

② 부위원장은 위원장을 보좌하며, 위원장이 부득이한 사유로 직무를 수행할 수 없을 때에는 그 직무를 대행한다.

제135조 【회의】 ① 심사위원회 회의는 위원장 또는 부위원장, 당연직 위원과 위원장이 회의를 할 때마다 지정하는 노·사 대표 각 1명의 위원을 포함하여 9명 이내로 구성·운영한다.

② 심사위원회의 위원장은 회의를 소집하려면 회의 개최 5일 전까지 회의

일시, 장소와 안건을 각 위원에게 서면으로 알려야 한다. 다만, 긴급을 요하는 경우에는 그러하지 아니하다.
③ 심사위원회의 회의는 제1항에 따라 구성된 구성원 과반수의 출석으로 개의하고, 출석위원 과반수의 찬성으로 의결한다.

제136조 【전문위원의 배치】 ① 고용노동부장관은 법 제99조제9항에 따라 심사위원회의 재심사 업무에 필요한 전문적인 조사·연구를 위해 전문위원을 둘 수 있다. (2021.6.8 개정)
② 전문위원의 자격·복무와 보수 등에 관하여 필요한 사항은 고용노동부령으로 정한다. (2010.7.12 개정)

제137조 【통지】 법 제101조제1항에 따른 심리기일(審理期日)과 장소는 문서로 알리되, 직접 전달하거나 등기우편으로 보내야 한다.

제138조 【심리비공개의 신청】 법 제101조제3항 단서에 따른 심리의 비공개 신청은 그 취지와 이유를 적은 문서로 하여야 한다.

제139조 【심리조서】 ① 법 제101조제4항에 따른 심리조서에는 다음 각 호의 사항을 적어야 한다.
1. 사건번호와 사건명
2. 심리일시와 장소
3. 출석한 위원 이름
4. 출석한 당사자나 대리인 이름
5. 심리 내용
6. 그 밖에 필요한 사항

② 제1항의 심리조서에는 작성 연월일을 적고, 위원장이 서명하거나 날인하여야 한다.
③ 법 제101조제5항에 따른 열람신청은 문서로 하여야 한다.

제140조 【재심사청구의 방식】 ① 법 제87조에 따른 재심사청구는 다음 각 호의 사항을 적은 문서로 하여야 한다.
1. 청구인의 이름과 주소
2. 제125조제1항제2호부터 제4호까지의 규정에 따른 사항
3. 결정을 한 심사관 이름
4. 결정이 있었던 것을 안 날
5. 결정을 한 심사관에 의한 재심사 청구에 관한 고지의 유무와 고지의 내용
6. 재심사청구 취지와 이유
7. 재심사청구 연월일

② 재심사청구가 선정 대표자나 대리인에 의하여 제기되는 것일 때에는 제1항의 사항 외에 그 선정 대표자나 대리인의 이름과 주소를 적어야 하며, 선정 대표자나 대리인 자격은 서면으로 소명하여야 한다. (2010.12.31 개정)

③ 제1항의 서면에는 청구인이나 대리인이 기명날인하여야 한다.

제141조【재결서】 재심사청구에 대한 재결서에는 다음 각 호의 사항을 적고, 심사위원회 위원장과 재결에 참여한 위원이 서명 또는 날인하여야 한다. (2011.9.15 개정)

1. 사건번호와 사건명
2. 청구인의 이름과 주소
3. 원처분청 명칭
4. 심사청구에 대한 결정을 한 심사관의 이름
5. 주문
6. 청구 취지
7. 이유
8. 재결 연월일

제142조【준용】 심사위원회와 재심사에 관하여는 제123조, 제124조, 제126조부터 제128조까지의 규정을 준용한다. 이 경우 제123조 중 "심사관"은 "심사위원회 위원"으로, "고용노동부장관"은 "심사위원회 위원장"으로, 제124조와 제128조 중 "심사청구인"은 "재심사청구인"으로, 제124조·제126조·제128조 중 "심사관"은 "심사위원회 위원장"으로, 제126조부터 제128조까지 중 "심사청구"는 "재심사청구"로 본다. (2010.7.12 개정)

제8장 보 칙

제142조의2【제공요청 대상 자료 등의 범위】 법 제110조제1항에 따라 요청할 수 있는 자료 또는 정보는 다음 각 호의 어느 하나에 해당하는 자료 또는 정보로 한다. (2020.8.27 신설)

1. 각종 연금·보험 및 임금에 관한 다음 각 목의 자료 또는 정보
   가. 「공무원연금법」에 따른 공무원연금 가입에 관한 자료
   나. 「국민연금법」에 따른 사업장가입자의 신고 자료 및 월별 연금보험료 부과 자료
   다. 「국민건강보험법」에 따른 사업장 신고 자료 및 직장가입자의 월별 보험료액 자료
   라. 「군인연금법」에 따른 군인연금 가입에 관한 자료
   마. 「별정우체국법」에 따른 별정우체국 직원의 연금 가입에 관한 자료
   바. 「사립학교교직원 연금법」에 따른 사립학교교직원의 연금 가입에 관한 자료
   사. 「산업재해보상보험법」에 따른 산재보험급여 자료 및 노무제공자에 관한 자료 (2023.6.27 개정)

아. 「임금채권보장법」에 따른 체불임금에 관한 자료
2. 가족관계·근로자·장애인·외국인 등에 관한 다음 각 목의 자료 또는 정보
가. 「가족관계의 등록 등에 관한 법률」에 따른 가족관계등록 전산정보 자료와 가족관계기록사항에 관한 증명서
나. 「국적법」에 따른 국적 취득 및 국적 상실 등에 관한 자료
다. 「병역법」에 따른 병역 복무 자료
라. 「외국인근로자의 고용 등에 관한 법률」에 따른 외국인근로자의 근로계약 해지 및 그 밖에 고용과 관련된 자료
마. 「장애인고용촉진 및 직업재활법」에 따른 장애인 증명 자료
바. 「재외동포의 출입국과 법적 지위에 관한 법률」에 따른 재외국민 및 외국국적동포의 국내거소신고 자료
사. 「주민등록법」에 따른 주민등록 자료
아. 「출입국관리법」에 따른 외국인등록 자료와 출입국정보 및 외국인 해고·퇴직 등에 관한 신고 자료
3. 부동산·자동차·선박·항공기 등에 관한 다음 각 목의 자료 또는 정보
가. 「건설기계관리법」에 따른 건설기계등록원부 등본, 건설기계사업 등록자료
나. 「건축법」에 따른 건축물대장 등본
다. 「공간정보의 구축 및 관리 등에 관한 법률」에 따른 토지대장 및 임야대장 등본
라. 「농지법」에 따른 농지대장 (2022.5.9 개정)
마. 「동산·채권 등의 담보에 관한 법률」에 따른 담보등기부
바. 「부동산등기법」에 따른 토지등기사항증명서·건물등기사항증명서
사. 「비송사건절차법」, 「상업등기법」 등에 따른 법인등기사항증명서
아. 「선박등기법」에 따른 선박등기사항증명서
자. 「선박법」에 따른 선박원부
차. 「자동차관리법」에 따른 자동차등록원부
카. 「중견기업 성장촉진 및 경쟁력 강화에 관한 특별법」에 따른 중견기업 관련 자료
타. 「특허권 등의 등록령」에 따른 등록원부
파. 「항공안전법」에 따른 항공기등록원부
4. 그 밖의 고용보험 피보험자격 관리에 필요한 다음 각 목의 자료 또는 정보
가. 「국민기초생활 보장법」에 따른 수급자격 및 자활근로 대상 여부에 관한 자료
나. 「사회복지사업법」에 따른 사회복지법인 및 사회복지시설과 그 종사자에 관한 자료

다. 「사회서비스 이용 및 이용권 관리에 관한 법률」에 따른 사회서비스 제공자 및 그 종사자에 관한 자료
라. 「영유아보육법」에 따른 어린이집 및 보육교직원, 보육영유아와 그 보호자에 관한 자료 (2021.12.31 개정)
마. 「농어업경영체 육성 및 지원에 관한 법률」 제4조 및 제6조의2에 따른 농어업경영정보의 등록 및 정정·말소에 관한 자료 또는 정보 (2024.6.25 신설)

제143조 【진찰비용】 직업안정기관의 장은 법 제111조에 따라 진찰을 받을 것을 명하는 경우에는 그 진찰에 드는 실비를 지급할 수 있다.

제144조 【임의 가입 자영업자의 범위】 삭제(2012.1.13)

제144조의2 【시범사업의 실시 대상】 법 제114조에 따라 고용노동부장관은 고용안정·직업능력개발사업을 시범사업으로 실시할 수 있다. (2017.8.29 개정)

제145조 【권한의 위임 등】 ① 법 제115조에 따라 고용노동부장관은 다음 각 호의 사항에 관한 권한을 직업안정기관의 장에게 위임한다. (2010.7.12 개정)

1. 삭제(2016.10.18)
2. 삭제(2016.10.18)
3. 삭제(2019.2.12)
4. 법 제20조에 따른 고용창출의 지원(제4항에 따라 위탁하는 것은 제외한다)
5. 법 제21조에 따른 고용조정의 지원
6. 법 제22조에 따른 지역 고용의 촉진
7. 법 제23조에 따른 고령자등 고용촉진의 지원
8. 법 제24조에 따른 건설근로자 등의 고용안정 지원
9. 법 제31조제2항에 따른 직업능력개발 훈련 사업의 실시 (2011.12.30 개정)
10. 법 제33조에 따른 고용정보의 제공과 고용 지원 기반의 구축 등(고용안정·직업능력개발에 관한 기반의 구축, 전문인력의 배치사업과 제8항에 따라 위탁된 사업은 제외한다) (2025.12.23 개정)
11. 법 제35조에 따른 부정행위에 따른 지원의 제한 등
12. 법 제70조와 법 제73조에 따른 육아휴직 급여의 지급과 지급 제한

12의2. 법 제73조의2에 따른 육아기 근로시간 단축 급여의 지급과 법 제74조제2항에서 준용하는 법 제73조에 따른 육아기 근로시간 단축 급여의 지급 제한 (2023.6.27 신설)

13. 법 제75조에 따른 출산전후휴가 급여등의 지급과 법 제77조제1항에서

준용하는 법 제73조에 따른 출산전후휴가 급여등의 지급 제한 (2023.6.27 개정)

13의2. 법 제76조의2에 따른 출산전후휴가 급여등에 상당하는 금액의 지급과 법 제77조제2항에서 준용하는 법 제73조(같은 조 제1항은 제외한다)에 따른 출산전후휴가 급여등에 상당하는 금액의 지급 제한 (2023.6.27 신설)

13의3. 법 제77조의3에 따른 예술인인 피보험자에 대한 구직급여의 지급과 법 제77조의5제2항에서 준용하는 법 제61조에 따른 구직급여의 지급 제한 (2023.6.27 개정)

13의4. 법 제77조의4에 따른 예술인인 피보험자에 대한 출산전후급여등의 지급과 법 제77조의5제3항에서 준용하는 법 제62조 및 제73조제4항에 따른 출산전후급여등의 반환명령과 지급 제한 (2023.6.27 신설)

13의5. 법 제77조의8에 따른 노무제공자인 피보험자에 대한 구직급여의 지급과 법 제77조의10제2항에서 준용하는 법 제61조에 따른 구직급여의 지급 제한 (2023.6.27 개정)

13의6. 법 제77조의9에 따른 노무제공자인 피보험자에 대한 출산전후급여등의 지급과 법 제77조의10제3항에서 준용하는 법 제62조 및 제73조제4항에 따른 출산전후급여등의 반환명령과 지급 제한 (2023.6.27 신설)

14. 법 제108조에 따른 보고, 관계 서류의 제출 및 출석의 요구(위임된 사무처리를 위하여 필요한 경우로 한정한다)

15. 법 제109조에 따른 사무소 출입, 관계인에 대한 질문과 서류의 조사(위임된 사무 처리를 위하여 필요한 경우로 한정한다)와 이와 관련된 조사 전 통지와 조사 결과 통지

16. 법 제110조에 따른 자료 제출의 요청(위임된 사무처리를 위하여 필요한 경우로 한정한다)

17. 법 제112조에 따른 포상금의 지급

18. 법 제118조에 따른 과태료의 부과·징수 (2018.7.3 개정)

19. 제4조에 따른 대리인 선임·해임의 신고 수리(대리인이 법 제15조에 관한 사항을 대리하는 경우는 제외한다) (2020.8.27 개정)

20. 제35조에 따른 고용안정과 취업촉진 사업 (2014.12.31 신설)

20의2. 삭제(2014.12.31)

21. 제36조에 따른 취업지원사업에 대한 지원

22. 제38조제2항에 따른 고용촉진 시설(제38조제1항제2호 및 같은 항 제3호의 고용촉진시설로 한정한다)에 대한 비용 지원

23. 삭제(2015.6.30)

24. 제43조에 따른 근로자의 직업능력 개발을 위한 지원 (2021.6.8 개정)

25. 삭제(2011.9.15)
26. 제47조에 따른 취업훈련의 지원 (2011.9.15 개정)

② 법 제115조에 따라 고용노동부장관은 다음 각 호의 사항에 관한 권한을 근로복지공단에 위탁한다. (2021.12.31 개정)

1. 법 제15조에 따른 피보험자격에 관한 신고의 수리 등 (2016.10.18 신설)
2. 삭제(2020.8.27)

2의2. 법 제17조(법 제77조의5제1항 및 제77조의10제1항에서 준용하는 경우를 포함한다)에 따른 피보험자격의 확인 (2021.6.8 개정)

2의3. 법 제77조의2 및 제77조의5제1항에 따른 예술인인 피보험자의 피보험자격 신고의 접수 (2020.12.8 신설)

2의4. 법 제77조의6, 제77조의7 및 제77조의10제1항에 따른 노무제공자인 피보험자의 피보험자격 신고의 접수 (2021.12.31 개정)

3. 법 제108조에 따른 보고, 관계 서류의 제출 및 출석의 요구(위탁된 사무 처리를 위하여 필요한 경우로 한정한다) (2016.10.18 개정)
4. 법 제109조에 따른 사무소 출입, 관계인에 대한 질문과 서류의 조사(위탁된 사무 처리를 위하여 필요한 경우로 한정한다) (2016.10.18 개정)
5. 법 제110조에 따른 자료 제출의 요청(위탁된 사무 처리를 위하여 필요한 경우로 한정한다) (2016.10.18 개정)
6. 제3조의2제2항에 따른 가입대상 공무원에 대한 보험 가입 신청의 수리 및 가입 신청 사실의 통보 (2016.10.18 신설)
7. 제3조의2제4항에 따른 고용보험 가입 공무원의 탈퇴신청의 수리 (2016.10.18 신설)
8. 제4조에 따른 대리인 선임·해임의 신고 수리(대리인이 법 제15조에 관한 사항을 대리하는 경우에 한정한다) (2020.8.27 개정)

8의2. 제35조제7호에 따른 일·가정 양립 지원사업을 위한 대부금의 관리·운용에 관한 사항 (2016.12.30 신설)

8의3. 제37조의3에 따른 우선지원대상기업의 고용유지 비용의 대부에 관한 사항 (2021.12.31 개정)

9. 제38조제4항에 따른 어린이집 운영비용의 지원 (2016.10.18 개정)
10. 제38조제5항에 따른 어린이집 설치비용의 융자·지원 및 융자금·지원금의 관리·운용에 관한 사항 (2016.10.18 개정)
11. 제45조에 따른 능력개발비용의 대부에 관한 사항 (2016.10.18 개정)
12. 제47조의2에 따른 직업능력개발훈련 중 생계비 대부와 대부금의 관리·운용에 관한 사항 (2016.10.18 개정)
13. 제104조의6제4항 및 제6항에 따른 15세 미만인 예술인의 고용보험 가입 및 탈퇴 신청의 접수 및 처리 (2023.6.27 신설)

14. 제104조의12제4항 및 제6항에 따른 15세 미만인 노무제공자의 고용보험 가입 및 탈퇴 신청의 접수 및 처리 (2023.6.27 신설)

③ 법 제115조에 따라 고용노동부장관은 다음 각 호의 사항에 관한 권한을 한국산업인력공단에 위탁한다. (2010.7.12 개정)

1. 법 제27조에 따른 사업주에 대한 직업능력개발 훈련의 지원 (2011.12.30 신설)
2. 법 제31조제1항제2호에 따른 숙련기술 장려 사업 중 민간 기능경기대회 비용의 지원 (2012.1.13 개정)
3. 법 제108조에 따른 보고, 관계 서류의 제출 및 출석의 요구(위탁된 사무 처리를 위하여 필요한 경우로 한정한다)
4. 법 제109조에 따른 사무소 출입, 관계인에 대한 질문 및 서류의 조사(위탁된 사무 처리를 위하여 필요한 경우로 한정한다)
5. 법 제110조에 따른 자료 제출의 요청(위탁된 사무 처리를 위하여 필요한 경우로 한정한다)
6. 삭제(2010.12.31)
7. 제46조에 따른 능력개발비용의 지원에 관한 사항
8. 제48조에 따른 직업능력개발훈련시설 등에 대한 비용 대부와 대부금의 관리·운용에 관한 사항
9. 제49조에 따른 직업능력개발훈련시설 등에 대한 비용 지원과 지원금의 관리·운용에 관한 사항(지원결정에 관한 사항은 제외한다)
10. 삭제(2008.4.30)
11. 제51조제1항제1호에 따른 자격검정 사업에 대한 비용 지원에 관한 사항

11의2. 제52조제1항제3호에 따른 훈련 매체의 개발·편찬과 보급사업 (2009.3.12 신설)

12. 제52조제1항제5호에 따른 인적자원개발 우수기업 인증제 지원 사업
13. 제52조제1항제6호에 따른 사업주, 사업주단체 등이 중소기업과 공동으로 중소기업 근로자 등을 위하여 실시하는 직업능력개발사업
14. 제52조제1항제10호의 우선지원대상기업의 사업주나 근로자의 핵심 직무능력 향상을 위하여 실시하는 직업능력개발훈련 (2021.12.31 개정)
15. 제52조제1항제11호의 우선지원대상기업의 학습조직화를 촉진하기 위하여 실시하는 직업능력개발사업 (2021.12.31 개정)
16. 제52조제1항제12호의 우선지원대상기업의 사업주나 인력개발 담당자의 인적자원 개발역량을 높이기 위하여 실시하는 직업능력개발사업 (2021.12.31 개정)
17. 제52조제1항제13호에 따른 우선지원대상기업에 대한 체계적인 현장 훈련 지원 사업 (2021.12.31 개정)

18. 삭제(2010.12.31.)

④ 법 제115조에 따라 고용노동부장관은 다음 각 호의 사항에 관한 업무의 일부를 제5항에 따른 기관에 위탁할 수 있다. (2025.12.23 개정)

1. 제17조에 따른 고용창출사업에 대한 지원
2. 제37조에 따른 고령자 등의 고용환경 개선 지원
3. 제37조의2에 따른 고용안정 지원사업 등에 대한 지원
4. 제38조제2항에 따른 고용촉진 시설(제38조제1항제5호의 고용촉진 시설로 한정한다)에 대한 비용 지원
5. 제52조제1항제4호에 따른 사업주단체, 근로자단체 또는 그 연합체가 협력하여 실시하는 직업능력개발사업의 지원
6. 제55조에 따른 지방자치단체 등에 대한 지원

⑤ 고용노동부장관이 제4항 각 호의 사항에 관한 업무의 일부를 위탁할 수 있는 기관은 다음 각 호와 같다. (2025.12.23 신설)

1. 근로복지공단
2. 「노사관계 발전 지원에 관한 법률」 제6조에 따라 설립된 노사발전재단
3. 「장애인고용촉진 및 직업재활법」 제43조에 따라 설립된 한국장애인고용공단(이하 "한국장애인고용공단"이라 한다)
4. 「정부출연연구기관 등의 설립·운영 및 육성에 관한 법률」 제8조에 따라 설립된 한국노동연구원(이하 "한국노동연구원"이라 한다)
5. 「한국산업안전보건공단법」에 따른 한국산업안전보건공단
6. 한국산업인력공단
7. 그 밖에 고용노동부장관이 정하여 고시하는 관계 전문기관이나 비영리법인

⑥ 고용노동부장관은 제4항 및 제5항에 따라 업무를 위탁하는 경우에는 위탁받는 기관 및 위탁업무의 내용을 고용노동부 인터넷 홈페이지 또는 관보 등에 고시해야 한다. (2025.12.23 신설)

⑦ 법 제115조에 따라 고용노동부장관은 제33조에 따른 고용관리 진단 등 지원의 업무를 한국산업인력공단, 한국장애인고용공단, 한국노동연구원 또는 관계 전문기관 등 고용노동부장관이 지정·고시하는 기관에 위탁한다. (2025.12.23 개정)

⑧ 법 제115조에 따라 고용노동부장관은 법 제15조제6항에 따른 장비 등의 지원, 법 제33조에 따른 고용정보의 제공과 고용 지원 기반의 구축 등에 관한 권한 중 다음 각 호의 사항에 관한 권한을 「고용정책 기본법」 제18조에 따라 설립된 한국고용정보원에 위탁한다. (2025.12.23 개정)

1. 고용정보의 수집·분석과 직업안정기관에의 제공
2. 직업·훈련 상담 등 직업 지도에 관한 기법의 연구·개발과 보급

3. 고용정보의 제공, 직업지도, 직업소개의 평가와 지원
4. 고용안정·직업능력개발에 관한 기반의 구축 중 고용보험사업에 관련된 전산망의 운용

⑨ 법 제115조에 따라 고용노동부장관은 제35조제4호에 따른 건설근로자의 고용안정 등에 대한 지원사업의 업무를 「건설근로자의 고용개선 등에 관한 법률」 제9조에 따른 건설근로자공제회에 위탁한다. (2025.12.23 개정)

⑩ 근로복지공단의 이사장, 한국산업인력공단의 이사장과 한국장애인고용공단의 이사장은 제2항부터 제7항까지의 규정에 따라 위탁받은 업무를 수행하기 위하여 그 상임이사 중에서 기금수입 담당이사와 기금지출원인행위 담당이사를 임명하고, 그 직원 중에서 기금지출직원과 기금출납직원을 임명하며, 그 임명 사실을 고용노동부장관에게 보고하여야 한다. 이 경우 각 직책의 자가 수행하는 직무는 다음 각 호와 같다. (2025.12.23 개정)

1. 기금수입 담당이사 : 기금수입징수관의 직무
2. 기금지출원인행위 담당이사 : 기금재무관의 직무
3. 기금지출직원 : 기금지출관의 직무
4. 기금출납직원 : 기금출납공무원의 직무

⑪ 고용노동부장관은 제10항에 따른 기금수입 담당이사, 기금지출원인 담당이사, 기금지출직원 및 기금출납직원의 임명 사실을 감사원장과 한국은행총재에게 알려야 한다. (2025.12.23 개정)

제145조의2 【고유식별정보의 처리】 ① 고용노동부장관(제145조에 따라 고용노동부장관의 권한·업무를 위임·위탁받은 자를 포함한다)은 다음 각 호의 사무를 수행하기 위해 불가피한 경우 「개인정보 보호법 시행령」 제19조에 따른 주민등록번호 또는 외국인등록번호가 포함된 자료를 처리할 수 있다. (2021.6.8 개정)

1. 법 제10조제1항제3호 단서 및 이 영 제3조의2에 따른 별정직·임기제 공무원의 고용보험 가입 또는 탈퇴에 관한 사무 (2023.6.27 개정)

1의2. 다음 각 목에 해당하는 사람의 고용보험 가입에 관한 사무 (2023.6.27 개정)
  가. 법 제10조의2제1항에 따른 외국인근로자
  나. 법 제10조의2제2항 및 이 영 제3조의3에 따른 근로계약 체결 외국인, 외국인예술인 및 외국인노무제공자
  다. 법 제10조제1항제5호 및 이 영 제3조제3항제2호 단서에 따른 근로자의 고용보험 가입 또는 탈퇴에 관한 사무 (2024.6.25 신설)

2. 법 제15조에 따른 피보험자격의 취득·상실 등의 신고에 관한 사무
3. 삭제(2020.8.27)
4. 법 제17조에 따른 피보험자격의 확인에 관한 사무

5. 법 제20조에 따른 고용기회 확대 사업주에 대한 지원에 관한 사무
6. 법 제21조에 따른 고용안정을 위한 조치를 한 사업주에 대한 지원에 관한 사무
7. 법 제22조에 따른 지역 고용촉진 사업주에 대한 지원에 관한 사무
8. 법 제23조에 따른 고령자등 고용촉진의 지원에 관한 사무
9. 법 제25조에 따른 고용안정 및 취업촉진 사업을 실시하는 자에 대한 지원 및 대부에 관한 사무
10. 법 제26조에 따른 고용촉진시설의 지원에 관한 사무
11. 법 제27조에 따른 사업주에 대한 직업능력개발 훈련비용의 지원에 관한 사무
12. 법 제29조에 따른 피보험자등에 대한 직업능력개발 지원 등에 관한 사무
13. 법 제30조에 따른 직업능력개발 훈련 시설의 설치, 장비구입 비용 등의 대부·지원에 관한 사무
14. 법 제31조에 따른 직업능력개발의 촉진 사업을 실시하는 자에 대한 지원에 관한 사무
15. 법 제35조에 따른 부정행위를 이유로 한 지원금의 반환명령 또는 추가 징수에 관한 사무

15의2. 법 제55조의2에 따른 국민연금 보험료의 지원에 관한 사무 (2016.7.19 신설)

16. 법 제70조에 따른 육아휴직 급여의 지급에 관한 사무
17. 법 제73조의2에 따른 육아기 근로시간 단축 급여의 지급에 관한 사무
18. 법 제75조에 따른 출산전후휴가 급여등 및 법 제76조의2에 따른 출산전후휴가 급여등에 상당하는 금액의 지급에 관한 사무 (2023.6.27 개정)
19. 법 제75조의2에 따른 출산전후휴가 급여등의 대위 신청에 관한 사무 (2012.7.10 개정)

19의2. 법 제77조의2 및 제77조의5제1항에 따른 예술인인 피보험자의 피보험자격 신고에 관한 사무 (2020.12.8 신설)

19의3. 법 제77조의6, 제77조의7 및 제77조의10제1항에 따른 노무제공자인 피보험자의 피보험자격 신고에 관한 사무 (2021.12.31 개정)

20. 법 제108조에 따른 보고 등의 요구에 관한 사무
21. 법 제109조에 따른 조사 등에 관한 사무
22. 법 제110조에 따른 자료 제출의 요청에 관한 사무
23. 법 제112조에 따른 부정행위의 신고 및 신고포상금의 지급에 관한 사무
24. 제4조에 따른 대리인 선임 또는 해임 신고에 관한 사무
25. 제10조, 제104조의7 및 제104조의14에 따른 피보험자 이름 등의 변경

신고에 관한 사무 〈2021.12.31 개정〉

② 직업안정기관의 장은 다음 각 호의 사무를 수행하기 위해 불가피한 경우 「개인정보 보호법 시행령」 제19조제1호 또는 제4호에 따른 주민등록번호 또는 외국인등록번호가 포함된 자료를 처리할 수 있다. 〈2021.6.8 개정〉

1. 법 제62조·제74조·제77조에 따른 부정행위를 이유로 한 구직급여 등의 반환명령 및 추가징수에 관한 사무
2. 법 제42조에 따른 실업의 신고(이직확인서의 확인에 관한 사무를 포함한다)에 관한 사무 〈2020.8.27 개정〉
3. 법 제43조에 따른 수급자격의 인정에 관한 사무
4. 법 제44조에 따른 실업의 인정 등에 관한 사무
5. 법 제48조 및 이 영 제71조에 따른 수급기간의 연기 등에 관한 사무
6. 법 제52조에 따른 개별연장급여의 지급에 관한 사무
7. 법 제57조에 따른 미지급 구직급여의 지급에 관한 사무
8. 법 제63조에 따른 상병급여의 지급에 관한 사무
9. 법 제64조에 따른 조기재취업 수당의 지급에 관한 사무
10. 법 제66조에 따른 광역 구직활동비의 지급에 관한 사무
11. 법 제67조에 따른 이주비의 지급에 관한 사무
12. 법 제77조의3, 제77조의4 및 제77조의5제2항·제3항에 따른 구직급여와 출산전후급여등의 지급에 관한 사무 〈2020.12.8 신설〉
13. 법 제77조의8, 제77조의9 및 제77조의10제2항·제3항에 따른 구직급여와 출산전후급여등의 지급에 관한 사무 〈2021.6.8 신설〉

③ 심사관은 법 제87조제1항에 따른 심사청구에 관한 사무를 수행하기 위하여 불가피한 경우 「개인정보 보호법 시행령」 제19조제1호 또는 제4호에 따른 주민등록번호 또는 외국인등록번호가 포함된 자료를 처리할 수 있다. 〈2012.1.13 개정〉

④ 심사위원회는 다음 각 호의 사무를 수행하기 위하여 불가피한 경우 「개인정보 보호법 시행령」 제19조제1호 또는 제4호에 따른 주민등록번호 또는 외국인등록번호가 포함된 자료를 처리할 수 있다. 〈2012.1.13 개정〉

1. 법 제87조제1항에 따른 재심사 청구에 관한 사무
2. 법 제101조제5항·제6항에 따른 심리조서 열람에 관한 사무

제145조의3 【규제의 재검토】 삭제(2020.3.3)

제146조 【과태료의 부과기준】 법 제118조제1항부터 제3항까지의 규정에 따른 과태료의 부과기준은 별표 3과 같다. 〈2013.8.6 개정〉

부 칙

제1조 【시행일】 이 영은 공포한 날부터 시행한다. 다만, 제2조제2항 및

제85조제2항의 개정 규정은 2007년 10월 28일부터 시행하고, 제19조제1항, 제20조제3항, 제21조제1항·제2항, 제23조제1항, 제25조, 제32조제2항의 개정 규정은 2008년 1월 1일부터 시행하며, 제82조제2항제2호의 개정 규정은 2008년 2월 4일부터 시행한다.

제2조 【시행일에 관한 경과조치】 부칙 제1조 단서에 따라 제2조제2항, 제82조제2항제2호 및 제85조제2항의 개정 규정이 시행되기 전까지는 그에 해당하는 종전의 제2조제3항, 제59조제2항제2호, 제62조제2항제1호를 적용한다.

제3조 【유효기간】 ① 삭제(2010.2.8)
② 삭제(2008.9.18)

제4조 【고령자 고용촉진 장려금에 대한 적용례】 ① 제25조제1항제2호 및 같은 조 제4항의 개정 규정은 이 영 시행 전에 정년을 연장한 사업장에 대하여도 적용한다. 이 경우 고령자 고용촉진 장려금의 지급대상은 이 영 시행 후에 종전의 정년에 이른 후 정년 연장에 따라 계속 근무하는 근로자로 한다.
② 제25조제5항의 개정 규정은 이 영 시행 후에 제25조제1항제3호의 개정 규정에 따라 정년에 이른 자를 퇴직시키지 아니하거나 정년 퇴직 후 3개월 이내에 재고용한 경우부터 적용한다.

제5조 【사업주에 대한 직업능력개발 훈련비용 지원에 관한 적용례】 제41조제3항제1호의 개정 규정은 이 영 시행 후에 사업주가 같은 호에 해당하는 자를 대상으로 새로 직업능력개발훈련을 실시하는 경우부터 적용한다.

제6조 【근로자 수강지원에 관한 적용례】 제43조제1항제4호와 제44조제1항의 개정 규정은 이 영 시행 후에 피보험자가 새로 직업능력개발훈련을 수강하는 경우부터 적용한다.

제7조 【건설고용보험카드에 의한 근로내용 신고 사업주 지원에 관한 특례】 노동부장관은 2008년 1월 1일 전에 제32조제2항 후단의 개정 규정에 따른 건설고용보험카드를 사용하여 근로내용 확인신고를 하는 사업주에 대한 지원을 위하여 시범사업을 할 수 있으며, 그 시범사업에 참가하는 사업주 지원에 관하여는 2008년 1월 1일 전이라도 같은 조 같은 항의 개정 규정을 적용한다.

제8조 【재고용장려금에 관한 경과조치】 2008년 1월 1일 전에 이미 재고용된 임신·출산 또는 육아를 이유로 이직한 여성근로자에 대한 재고용장려금에 관하여는 제23조제1항의 개정 규정에도 불구하고 종전의 규정(대통령령 제20036호 고용보험법 시행령 일부개정령에 따라 개정되기 전의 것을 말한다)에 따른다.

제9조 【신규고용촉진 장려금에 관한 경과조치】 ① 2007년 10월 1일 전에 이미 고용된 자에 대한 신규고용촉진 장려금의 지급은 제26조 및 별표 1

제5호의 개정 규정에도 불구하고 종전의 규정에 따른다.

② 2007년 10월 1일부터 이 영 시행 전에 이미 고용된 자 중 별표 1 제5호의 개정 규정에 해당하는 자에 대한 신규고용촉진 장려금의 지급은 제26조 및 별표 1 제5호의 개정 규정에 따른다.

③ 이 영 시행 전에 이미 고용된 자 중 별표 1 제5호의 개정 규정에 해당하는 자 외의 자에 대한 신규고용촉진 장려금의 지급 기준은 제26조의 개정 규정에도 불구하고 종전의 규정에 따른다.

제10조【다른 법령의 개정】 생략

제11조【다른 법령과의 관계】 이 영 시행 당시 다른 법령에서 종전의「고용보험법 시행령」의 규정을 인용한 경우에 이 영 가운데 그에 해당하는 규정이 있으면 종전의 규정을 갈음하여 이 영의 해당 규정을 인용한 것으로 본다.

〈생략〉

부칙(2008.4.30 대통령령 제20775호)

제1조【시행일】 이 영은 공포한 날부터 시행한다. 다만, 제30조 및 제98조의 개정규정은 2008년 6월 22일부터, 제32조의2 및 제40조제5항의 개정규정은 2008년 7월 1일부터, 제32조제3호 및 제43조의 개정규정은 2009년 1월 1일부터 시행한다.

제2조【유효기간】 제32조의2의 개정규정은 2011년 10월 31일까지 효력을 가진다.

제3조【고용유지지원금에 관한 적용례】 제19조제1항제4호 단서 및 제21조제1항의 개정규정은 이 영 시행 후 제20조제2항에 따라 고용유지조치계획을 신고(변경신고는 제외한다)하는 경우부터 적용한다.

제4조【전직지원장려금에 관한 적용례】 제22조제5항의 개정규정은 이 영 시행 후 같은 조 제3항에 따라 전직지원계획서에 대한 노동부장관의 승인(변경 승인은 제외한다)을 받는 경우부터 적용한다.

제5조【신규고용촉진장려금에 관한 적용례】 제26조제1항의 개정규정은 이 영 시행 후 실업상태에 있는 자를 피보험자로 새로 고용하는 경우부터 적용한다.

제6조【임신·출산 후 계속고용지원금에 관한 적용례】 제29조제1항 단서의 개정규정은 이 영 시행 후 기간을 정하지 아니한 계약을 체결하는 경우부터 적용한다.

제7조【육아휴직등 장려금과 대체인력채용 장려금에 관한 적용례】 제30조의 개정규정은 이 영 시행 후「남녀고용평등과 일·가정 양립 지원에 관한 법률」제19조 및 제19조의2에 따라 육아휴직등을 시작하는 경우부터 적용

한다.

제8조 【건설근로자 고용보험관리지원금에 관한 적용례】 제32조제3호의 개정규정은 이 영 시행 후 제7조제1항에 따른 기한 내에 전자적 방법으로 보험사무를 처리하는 사업주부터 적용한다.

제9조 【산전후휴가 급여등의 하한액에 관한 적용례】 제101조제2호의 개정규정은 이 영 시행 후 최초로 산전후휴가 또는 유산·사산휴가를 시작하는 경우부터 적용한다.

제10조 【정보화 기초과정에 대한 근로자 수강지원금에 관한 경과조치】 이 영 시행 당시 이미 정보화 기초과정을 수강하고 있는 경우에는 제43조제2항의 개정규정에도 불구하고 종전의 규정에 따른다.

제11조 【검정수수료 등의 지원에 관한 경과조치】 이 영 시행 당시 종전의 제50조에 따라 지원대상이 되는 국가기술자격을 취득한 자에 대한 검정수수료 등의 지원은 제50조의 개정규정에도 불구하고 종전의 규정에 따른다.

〈생략〉

부칙(2008.9.18 대통령령 제21015호)

제1조 【시행일】 이 영은 2009년 1월 1일부터 시행한다. 다만, 제3조의2, 제107조, 제131조 및 대통령령 제20330호 고용보험법 시행령 전부개정령 부칙 제3조제2항의 개정규정은 2008년 9월 22일부터 시행한다.

제2조 【법 적용 건축공사 등에 관한 적용례】 제2조제1항제2호나목의 개정규정은 이 영 시행 후 착공하는 건축물의 건축 또는 대수선에 관한 공사부터 적용한다.

제3조 【중소기업 근로시간단축 지원금에 관한 적용례】 제13조제3항의 개정규정은 이 영 시행 후 제13조제1항에 따라 근로시간을 단축한 사업장부터 적용한다.

제4조 【신규고용촉진 장려금에 관한 적용례】 별표 1의 개정규정은 이 영 시행 후 새로 신규고용촉진 장려금 대상자를 고용한 경우부터 적용한다.

제5조 【별정직 및 계약직 공무원의 보험가입에 관한 경과조치】 이 영 시행 당시 별정직 또는 계약직 공무원으로 재직하고 있는 사람에 대하여는 제3조의2의 개정규정을 적용할 때 이 영 시행일을 임용일로 본다.

제6조 【중소기업 신규업종진출 지원금에 관한 경과조치】 이 영 시행 당시 종전의 규정에 따라 신규업종진출계획을 노동부장관에게 신고한 사업주에 대하여는 그 사업주가 종전의 규정에 따른 중소기업 신규업종진출 지원금의 지급요건을 충족한 경우에 제17조의 개정규정에도 불구하고 종전의 규정에 따라 지원금을 지급한다.

제7조【재고용장려금에 관한 경과조치】 이 영 시행 당시 종전의 규정에 따라 고용조정으로 이직한 자를 재고용한 사업주에 대하여는 종전의 규정에 따른 재고용장려금의 지급요건을 충족한 경우에 제23조의 개정규정에도 불구하고 종전의 규정에 따라 장려금을 지급한다.

제8조【중장년훈련수료자 채용장려금에 관한 경과조치】 이 영 시행 당시 종전의 규정에 따라 중장년훈련수료자를 채용한 사업주에 대하여는 중장년훈련수료자 채용장려금의 지급요건을 충족한 경우에 제27조의 개정규정에도 불구하고 종전의 규정에 따라 장려금을 지급한다.

제9조【일괄적용사업에 있어서 지원금·장려금에 관한 경과조치】 보험료징수법 제8조에 따른 일괄적용사업에서 이 영 시행 후 부칙 제6조부터 제8조까지의 규정에 따른 지원금·장려금 지급 사유의 발생 여부의 판단은 종전 제39조의 규정에 따른다.

제10조【지원금·장려금의 상호조정에 관한 경과조치】 이 영 시행 당시 종전의 제17조, 제23조 및 제27조에 따른 지원금·장려금의 지급 사유가 발생한 경우와 이 영 시행 후 부칙 제6조부터 제9조까지의 규정에 따라 지원금·장려금의 지급 사유가 발생하여 그 조정이 필요한 경우에는 종전 제40조의 규정에 따른다.

제11조【지원금 등의 지급제한에 관한 경과조치】 노동부장관은 종전의 제17조, 제23조 및 제27조와 부칙 제6조부터 제9조까지의 규정에 따른 지원금·장려금의 지급 사유에 해당하는 경우 중 이 영 시행 후 종전의 제56조에 따른 지급제한 사유가 확인된 경우에는 종전의 규정에 따라 그 지급을 제한할 수 있다.

〈생략〉

부칙(2009.3.12 대통령령 제21348호)

제1조【시행일】 이 영은 공포한 날부터 시행한다. 다만, 제47조의2 및 제145조제2항제6호의 개정규정은 2009년 4월 1일부터 시행하고, 제1조의2부터 제1조의11까지 및 제6조의2의 개정규정은 2009년 7월 1일부터 시행한다.

제2조【적용례】 제19조 및 제21조의 개정규정은 이 영 시행 후 최초로 고용유지계획을 신고한 고용유지조치부터 적용한다.

제3조【경과조치】 이 영 시행 당시 피보험자가 수강 중인 직업능력개발훈련이 근로자 수강지원금의 지급대상이었으나 제43조제1항제3호의 개정규정에 따라 근로자 수강지원금 지급대상에서 제외되는 경우에는 해당 직업능력개발훈련에 대하여 종전의 규정에 따라 근로자 수강지원금을 지급한다.

부칙(2009.5.28 대통령령 제21510호)

제1조 【시행일】 이 영은 공포한 날부터 시행한다. 다만, 제35조제4호, 제37조의2, 제56조제1항제1호(제37조의2에 관한 부분으로 한정한다) 및 제145조제2항제4호의2의 개정규정은 2009년 6월 1일부터 시행한다.

제2조 【유효기간】 제19조제1항제5호, 제20조제1항제1호 본문 및 같은 조 제4항, 제21조제1항제5호, 제21조제2항제3호, 제35조제4호, 제37조의2, 제56조제1항제1호(제37조의2에 관한 부분으로 한정한다) 및 제145조제2항제4호의2의 개정규정은 2009년 12월 31일까지 효력을 가진다.

제3조 【유효기간 만료 이후의 적용에 관한 경과조치】 부칙 제2조에 따른 유효기간의 만료 당시에 신고된 고용유지조치계획 및 계속고용계획에 관계되는 사항과 부정행위에 관계되는 사항에 관하여는 필요한 사무처리가 마무리될 때까지 각각의 규정에 대한 유효기간이 지난 후에도 그 규정을 적용한다.

(생략)

부칙(2010.2.8 대통령령 제22026호)

제1조 【시행일】 이 영은 공포한 날부터 시행한다. 다만, 제21조제1항의 개정규정은 2010년 4월 1일부터 시행한다.

제2조 【유효기간】 별표 1의 신규고용촉진 장려금 대상자 중 제5호의 개정규정은 2010년 12월 31일까지, 같은 표 제8호의 개정규정은 2012년 12월 31일까지 효력을 갖는다.

제3조 【교대제전환 지원금에 대한 적용례】 제14조제1항의 개정규정은 이 영 시행 후 최초로 사업주가 새로 채용한 사람부터 적용한다.

제4조 【고용유지지원금에 대한 적용례】 제21조제1항의 개정규정은 부칙 제1조 단서에 따른 제21조제1항의 개정규정 시행 후 제20조제2항에 따라 고용유지조치계획을 최초로 신고(변경신고를 포함한다)하는 경우부터 적용한다.

제5조 【신규고용촉진 장려금에 대한 적용례】 ① 제26조제1항 및 별표 1의 개정규정은 이 영 시행 후 실업상태에 있는 사람을 피보험자로 새로 고용하는 경우부터 적용한다.

② 제26조제4항의 개정규정을 적용하여 새로 고용된 근로자의 수를 계산할 때에는 이 영 시행 후 새로 고용된 근로자부터 적용한다.

제6조 【임신·출산 후 계속고용지원금에 대한 적용례】 제29조제1항 본문의 개정규정은 이 영 시행 후 최초로 체결한 근로계약부터 적용한다.

제7조 【개별연장급여의 지급 등에 대한 적용례】 제73조의 개정규정은 이

영 시행 후 최초로 개별연장급여를 신청한 수급자격자부터 적용한다.

제8조 【조기재취업 수당에 대한 적용례】 ① 제84조제1항, 제85조 및 제86조제2항의 개정규정은 이 영 시행 후 최초로 법 제64조제1항에 따라 안정된 직업에 재취직하거나 스스로 영리를 목적으로 하는 사업을 시작한 사람부터 적용한다.

② 제1항에도 불구하고 이 영 시행 전에 수급자격의 인정을 받은 사람으로서 이 영 시행 후 법 제49조의 대기기간에 재취직하거나 스스로 영리를 목적으로 하는 사업을 시작한 사람이 제84조제1항 각 호의 개정규정의 어느 하나에 해당하는 경우에는 제85조 및 제86조제2항의 개정규정을 적용한다.

③ 제1항에도 불구하고 이 영 시행 전에 수급자격의 인정을 받은 사람으로서 이 영 시행 후에 법 제50조에 따른 소정급여일수를 30일 미만 남기고 재취직하거나 스스로 영리를 목적으로 하는 사업을 시작한 사람이 제84조제1항 각 호의 개정규정의 어느 하나에 해당하는 경우에는 제85조 및 제86조제2항의 개정규정을 적용한다.

제9조 【신규고용촉진 장려금에 대한 경과조치 등】 ① 2010년 1월 1일 전에 이미 고용된 자에 대한 신규고용촉진 장려금의 지급은 제26조 및 별표 1 제8호의 개정규정에도 불구하고 종전의 규정에 따른다.

② 별표 1 제8호의 개정규정은 2010년 1월 1일 이후 이 영 시행 전에 고용된 자에 대해서도 적용한다.

제10조 【건설근로자 계속고용지원금에 대한 경과조치】 이 영 시행 당시 종전의 제32조의2에 따른 건설근로자 계속고용지원금의 지급 요건을 갖춘 사업주에 대한 건설근로자 계속고용지원금은 제32조의2의 개정규정에도 불구하고 종전의 규정에 따른다.

제11조 【부정행위에 따른 지원금 등의 지급 제한에 대한 경과조치】 ① 이 영 시행 전의 부정행위에 대한 반환명령, 지급 제한을 적용할 때에는 제56조의 개정규정에도 불구하고 종전의 규정에 따른다.

② 부칙 제10조에 따라 이 영 시행 후 건설근로자 계속고용지원금을 받거나 받으려는 자의 부정행위에 대한 반환명령, 지급 제한을 적용할 때에는 제56조의 개정규정에도 불구하고 종전의 규정에 따른다.

〈생략〉

부칙(2010.12.31 대통령령 제22603호)

제1조 【시행일】 이 영은 2011년 1월 1일부터 시행한다. 다만, 제43조제1항의 개정규정은 2011년 4월 1일부터 시행한다.

제2조 【유효기간】 제19조제1항제4호, 제20조제3항, 제21조제1항제1호

후단 및 같은 항 제3호·제4호, 같은 조 제2항제2호와 제32조의 개정규정은 2013년 12월 31일까지 효력을 가진다.

제3조 【우선지원 대상기업에 대한 적용례】 제12조제3항의 개정규정은 우선지원 대상기업에 해당하지 아니하게 된 사유가 발생한 연도가 2010년도인 경우부터 적용한다.

제4조 【고용창출에 대한 비용지원에 관한 적용례】 제17조의 개정규정은 이 영 시행 후 최초로 근로자를 고용하는 사업주를 대상으로 하는 경우부터 적용한다.

제5조 【고용유지 지원금에 관한 적용례】 ① 제19조제1항의 개정규정은 이 영 시행 후 최초로 제20조제1항에 따른 고용유지조치계획을 신고하는 경우부터 적용한다.

② 제20조제2항의 개정규정은 이 영 시행 후 최초로 제20조제1항에 따른 고용유지조치계획을 신고하는 경우부터 적용한다.

③ 제20조제5항의 개정규정은 이 영 시행 후 고용유지조치계획의 준수의무를 위반한 사실이 최초로 확인된 경우부터 적용한다.

제6조 【지역고용촉진 지원금에 관한 적용례】 제24조의 개정규정은 이 영 시행 후 「고용정책 기본법 시행령」 제29조제1항에 따라 고용노동부장관이 고용조정 지원 등이 필요한 지역으로 최초로 지정·고시하는 지역을 대상으로 하는 경우부터 적용한다.

제7조 【고령자 고용연장 지원금에 관한 적용례】 ① 제25조제4항의 개정규정은 이 영 시행 후 제25조제1항제2호의 개정규정에 따라 정년을 폐지하거나 연장하는 경우부터 적용한다.

② 제25조제5항의 개정규정은 이 영 시행 후 제25조제1항제3호의 개정규정에 따라 재고용하는 경우부터 적용한다.

제8조 【고용촉진 지원금에 관한 적용례】 제26조의 개정규정은 이 영 시행 후 사업주가 제26조제1항 각 호의 개정규정의 어느 하나에 해당하는 실업자를 피보험자로 최초로 고용하는 경우부터 적용한다.

제9조 【건설근로자 고용보험관리 지원금에 관한 적용례】 제32조의 개정규정은 이 영 시행 후 최초로 건설근로자 고용보험관리 지원금을 신청한 사업주부터 적용한다.

제10조 【근로자 수강지원금에 관한 적용례】 제43조제1항제1호의 개정규정은 이 영 시행 후 피보험자가 최초로 직업능력개발 훈련 수강을 시작하는 경우부터 적용한다.

제11조 【부정행위에 따른 지원금 등의 지급 제한에 관한 적용례】 제56조제2항의 개정규정은 이 영 시행 후 반환명령 또는 지급제한 사유가 최초로 발생한 경우부터 적용한다.

제12조【개별연장급여의 지급에 관한 적용례】 제73조의 개정규정은 이 영 시행 후 최초로 개별연장급여를 신청한 경우부터 적용한다.

제13조【육아휴직급여의 감액에 관한 적용례】 제98조의 개정규정은 이 영 시행 후 육아휴직을 시작하는 경우부터 적용한다.

제14조【교대제전환 지원금에 관한 경과조치】 이 영 시행 당시 종전의 제14조에 따른 교대제전환 지원금의 지급요건을 갖춘 사업주에게는 제14조의 개정규정에도 불구하고 종전의 규정에 따라 교대제전환 지원금을 지급한다.

제15조【중소기업 고용환경개선에 대한 지원에 관한 경과조치】 이 영 시행 당시 종전의 제15조에 따라 고용노동부장관이 정한 절차에 따라 계획서를 제출한 사업주로서 종전의 제15조에 따른 지원 요건을 갖춘 사업주에게는 제15조의 개정규정에도 불구하고 종전의 규정에 따라 지원금을 지급한다.

제16조【중소기업 전문인력활용 장려금에 관한 경과조치】 이 영 시행 당시 종전의 제16에 따른 중소기업 전문인력활용장려금의 지급 요건을 갖춘 사업주에게는 제16조의 개정규정에도 불구하고 종전의 규정에 따라 중소기업 전문인력활용장려금을 지급한다.

제17조【전직지원장려금에 대한 경과조치】 이 영 시행 당시 종전의 제22조에 따른 전직지원장려금의 지급요건을 갖춘 사업주에게는 제22조의 개정규정에도 불구하고 종전의 규정에 따라 전직지원장려금을 지급한다.

제18조【고령자 고용연장 지원금에 관한 경과조치】 삭제(2024.12.24)

제19조【임금피크제 지원금에 관한 경과조치】 이 영 시행 당시 종전의 제28조에 따라 사업주가 임금피크제를 시행하고 있는 경우의 임금피크제 보전수당에 대해서는 제28조의 개정규정에도 불구하고 종전의 규정에 따른다.

제20조【임신·출산여성 고용안정 지원금에 관한 경과조치】 ① 이 영 시행 당시 종전의 제29조에 따른 임신·출산 후 계속고용지원금을 지급받고 있는 경우에는 제29조의 개정규정에도 불구하고 종전의 규정에 따른다.
② 이 영 시행 당시 종전의 제30조에 따른 육아휴직등 장려금 및 대체인력채용 장려금을 지급받고 있는 경우에는 제29조 및 제30조의 개정규정에도 불구하고 종전의 규정에 따른다.

제21조【건설근로자 퇴직공제부금의 지원에 관한 경과조치】 이 영 시행 당시 종전의 제31조에 따라 건설근로자 퇴직공제에 가입하고 공제부금을 낸 사업주로서 공제부금의 지원을 신청하거나 지원을 받은 사업주에 대해서는 제31조의 개정규정에도 불구하고 종전의 규정에 따른다.

제22조【장기실업자 등에 대한 창업촉진 지원사업에 관한 경과조치】 이 영 시행 당시 종전의 제34조제1항에 따라 지원을 받고 있는 자에 대해서는 제34조제1항의 개정규정에도 불구하고 종전의 규정에 따른다.

제23조【단시간일자리 창출 지원사업에 관한 경과조치】 이 영 시행 당시

종전의 제35조제5호에 따라 단시간일자리 창출 지원사업을 직접 실시하거나 이를 실시하는 자에 대해서는 제35조제5호의 개정규정에도 불구하고 종전의 규정에 따른다.

제24조【지원금 등의 상호조정에 관한 경과조치】 이 영 시행 당시 종전의 제14조부터 제16조까지의 규정에 따라 지원금·장려금의 지급사유가 발생한 경우의 지원금·장려금 등의 상호조정에 대해서는 제40조의 개정규정에도 불구하고 종전의 규정에 따른다.

제25조【사업주에 대한 직업능력개발 훈련비용 지원에 관한 경과조치】 이 영 시행 당시 종전의 제41조제1항제5호나목에 따른 요건을 갖추어 실시하고 있는 직업능력개발 훈련에 대해서는 제41조제1항제5호다목의 개정규정에 불구하고 종전의 규정에 따라 사업주에게 직업능력개발 훈련에 필요한 비용을 지원한다.

제26조【지원금 등의 지급제한에 관한 경과조치】 이 영 시행 당시 종전의 제14조부터 제16조까지, 제30조 및 제31조와 부칙 제14조부터 제16조까지, 제20조제2항 및 제21조에 따라 지원금 또는 장려금의 지급사유에 해당하는 경우 중 이 영 시행 후 종전의 제56조에 따른 반환명령 또는 지급제한 사유가 확인된 경우에는 종전의 제56조에 따라 반환명령 또는 지급 제한을 할 수 있다.

제27조【육아휴직급여액에 관한 경과조치】 이 영 시행 당시 육아휴직 기간 중에 있는 피보험자의 경우에 이 영 시행 전의 육아휴직 기간에 대한 육아휴직급여액에 대해서는 제95조의 개정규정에도 불구하고 종전의 규정에 따른다.

부칙(2011.9.15 대통령령 제23139호)

제1조【시행일】 이 영은 공포한 날부터 시행한다. 다만, 제40조의2 및 제104조의2부터 제104조의4까지의 개정규정은 2011년 9월 22일부터 시행한다.

제2조【중소기업 근로시간단축 지원금에 관한 경과조치】 이 영 시행 당시 종전의 제13조에 따른 중소기업 근로시간단축 지원금의 지급요건을 갖춘 사업주에 대해서는 종전의 규정에 따라 지원금을 지급한다.

제3조【근로자 수강지원금에 관한 경과조치】 이 영 시행 당시 종전의 제43조제1항제1호에 따라 직업능력개발훈련 수강을 하고 있는 사람에 대해서는 종전의 규정에 따라 근로자 수강지원금을 지원한다.

제4조【근로자능력개발카드에 따른 수강지원에 관한 경과조치】 이 영 시행 당시 종전의 제44조에 따라 직업능력개발훈련 수강을 하고 있는 사람에 대해서는 종전의 규정에 따라 직업능력개발훈련을 수강하는 데 필요한 비용을 지원한다.

제5조【다른 법령의 개정】 소득세법 시행령 일부를 다음과 같이 개정한다.
제110조의3제7항 중 "근로자 수강지원금"을 "근로자의 직무능력 향상을 위한 지원"으로 한다.

〈생략〉

부칙(2012.1.13 대통령령 제23513호)

제1조【시행일】 이 영은 공포한 날부터 시행한다. 다만, 제12조의 개정규정은 공포 후 6개월이 경과한 날부터 시행하고, 제41조, 제43조, 제93조의2 및 제144조의 개정규정은 각각 2012년 1월 22일부터 시행한다.

제2조【유효기간】 ① 제21조제1항제1호 각 목 외의 부분 단서 및 같은 호 나목의 개정규정은 2013년 12월 31일까지 그 효력을 가진다.
② 제25조의2 및 제40조제5항의 개정규정은 2020년 12월 31일까지 그 효력을 가진다. 다만, 2020년 4분기 60세 이상 고령자 고용지원금의 지급 요건에 해당하는 사업주에 대해서는 해당 지원금의 지급을 받을 때까지 그 효력을 가진다. (2017.12.26 개정)

제3조【임금피크제 지원금에 관한 적용례】 제28조제2항의 개정규정은 2012년 1월 1일 이후 감액된 임금분에 관하여 임금피크제 지원금을 지급하는 경우부터 적용한다.

제4조【임신·출산여성 고용안정 지원금에 관한 적용례】 ① 제29조제1항제3호의 개정규정은 이 영 시행 후 최초로 대체인력을 고용하는 경우부터 적용한다.
② 제29조제3항의 개정규정은 이 영 시행 후 최초로 육아휴직등을 허용하는 경우부터 적용한다.

제5조【별정직 또는 계약직 공무원의 보험가입에 관한 특례】 ① 대통령령 제21015호 고용보험법 시행령 일부개정령(이하 이 조에서 "같은 영"이라 한다) 시행 당시 같은 영 부칙 제5조에 따른 가입대상 공무원이 다음 각 호의 요건을 모두 충족하는 경우 해당 소속기관의 장은 제3조의2제1항 및 제2항에도 불구하고 이 영 시행일부터 3개월 이내에 소속기관 소재지 관할 직업안정기관의 장에게 고용보험 가입을 신청할 수 있다.
1. 해당 소속기관의 장 또는 해당 가입대상 공무원이 제3조의2제2항 및 같은 영 부칙 제5조에 따른 기간 내에 고용보험 가입을 신청하지 않았을 것
2. 이 영 시행 당시 해당 소속기관에 가입대상 공무원으로 계속 재직하고 있을 것
3. 고용보험 가입 의사가 있을 것
② 제3조의2제3항부터 제7항까지의 규정은 제1항에 따라 고용보험 가입을

신청하는 경우에도 적용한다.

제6조 【고령자 고용연장 지원금에 관한 경과조치】 이 영 시행 당시 고령자 고용연장 지원금을 받고 있는 사업주에 대해서는 제25조제4항 및 제5항의 개정규정에도 불구하고 종전의 규정에 따른다.

제7조 【고용촉진 지원금에 관한 경과조치】 이 영 시행 당시 실업자를 피보험자로 고용한 사람에 대해서는 제26조제1항 및 제4항의 개정규정에도 불구하고 종전의 규정에 따른다.

제8조 【근로자의 직무능력 향상 지원에 관한 경과조치】 이 영 시행 당시 고용보험에 가입한 종전의 제144조에 따른 자영업자에 관하여는 제43조제1항의 개정규정에도 불구하고 종전의 규정에 따른다.

제9조 【육아휴직 급여액 산정에 관한 경과조치】 이 영 시행 당시 육아휴직 급여를 신청한 사람에 대해서는 제95조제1항의 개정규정에도 불구하고 종전의 규정에 따른다.

〈생략〉

부칙(2013.1.25 대통령령 제24333호)

제1조 【시행일】 이 영은 공포한 날부터 시행한다.

제2조 【우선지원 대상기업의 범위에 관한 적용례】 제12조제3항의 개정규정은 이 영 시행 당시 종전의 규정에 따른 우선지원 대상기업의 적용기간이 종료되지 아니한 경우에도 적용한다.

제3조 【고용촉진 지원금에 관한 적용례】 제26조의 개정규정은 이 영 시행 후 사업주가 제26조제1항 각 호의 어느 하나에 해당하는 사람을 피보험자로 고용한 경우부터 적용한다.

제4조 【출산육아기 고용안정 지원금에 관한 적용례】 제29조의 개정규정은 이 영 시행 후 사업주가 근로계약을 체결하는 경우부터 적용한다.

제5조 【고령자 고용연장 지원금에 관한 경과조치】 이 영 시행 당시 고령자 고용연장 지원금을 지급받고 있는 사업의 사업주에 대하여는 제25조의 개정규정에도 불구하고 종전의 규정에 따른다.

제6조 【임금피크제 지원금에 관한 경과조치】 이 영 시행 당시 사업주가 임금피크제를 시행하고 있는 경우의 임금피크제 지원금에 대하여는 제28조의 개정규정에도 불구하고 종전의 규정에 따른다.

부칙(2013.4.22 대통령령 제24514호)

제1조 【시행일】 이 영은 2013년 4월 24일부터 시행한다.

제2조 【휴업등에 따른 근로자 지원에 관한 특례】 이 영 시행 당시 제21조

의3제1항의 개정규정에 해당하는 휴업등을 실시하고 있는 사업주에 고용된 피보험자가 지원금을 지급받으려는 경우에는 이 영 시행일부터 60일 이내에 제21조의3제1항의 개정규정에 따라 지원금을 신청하여야 한다.

제3조【고용유지지원금의 지급에 관한 경과조치】 이 영 시행 전에 종전의 제19조제1항에 따라 취한 고용유지조치에 대하여 고용유지지원금을 지급하는 경우에는 제19조의 개정규정에도 불구하고 종전의 규정에 따른다.

제4조【고용유지조치계획 위반에 관한 경과조치】 이 영 시행 전에 고용유지조치계획의 준수의무를 위반한 사업주에 대하여는 제20조의2의 개정규정에도 불구하고 종전의 규정에 따른다.

〈생략〉

부칙(2013.12.24 대통령령 제25022호)

제1조【시행일】 이 영은 2014년 1월 1일부터 시행한다.

제2조【유효기간】 ① 제25조의 개정규정은 2016년 12월 31일까지 효력을 가진다. 다만, 2016년 12월 31일까지 고령자 고용연장 지원금 지급요건에 해당하게 된 사업주에 대한 지원금의 지급에 관하여는 유효기간이 지난 후에도 제25조의 개정규정을 적용한다.

② 제28조의 개정규정은 다음 각 호의 구분에 따른 날까지 효력을 가진다. 다만, 제1호 및 제2호에 따른 날까지 임금피크제 지원금 지급요건에 해당하게 된 근로자에 대한 지원금의 지급에 관하여는 유효기간이 지난 후에도 제28조의 개정규정을 적용한다.

1. 상시 300명 이상의 근로자를 사용하는 사업 또는 사업장, 「공공기관의 운영에 관한 법률」 제4조에 따른 공공기관, 「지방공기업법」 제49조에 따른 지방공사 및 같은 법 제76조에 따른 지방공단 : 2015년 12월 31일
2. 상시 300명 미만의 근로자를 사용하는 사업 또는 사업장, 국가 및 지방자치단체 : 2016년 12월 31일

제3조【고용창출에 대한 지원에 관한 적용례】 제17조제1항 각 호 외의 부분 단서의 개정규정(같은 항 제1호와 관련된 개정부분으로 한정한다)은 이 영 시행 후 일자리 함께하기의 조치를 하는 사업주부터 적용한다.

제4조【출산육아기 고용안정 지원금에 관한 적용례】 제29조제1항 및 제4항의 개정규정은 이 영 시행 후 대체인력을 고용하는 경우부터 적용한다.

제5조【고용촉진 시설의 지원에 관한 적용례】 제38조제4항 후단의 개정규정은 이 영 시행 후 어린이집을 설치·운영하는 경우부터 적용한다.

제6조【사업주에 대한 직업능력개발 훈련비용 지원 한도에 관한 적용례】 제42조제4항의 개정규정은 이 영 시행 후 시작하는 직업능력개발 훈련에

대한 지원금부터 적용한다.

제7조 【근로자의 직업능력개발 지원에 관한 적용례】 제43조제1항의 개정규정은 이 영 시행 후 직업능력개발훈련을 시작하는 피보험자부터 적용한다.

제8조 【고용유지지원금 지급 대상에 관한 경과조치】 이 영 시행 전에 종전의 제19조제1항제4호에 따른 고용유지조치를 취한 사업주에 대한 고용유지지원금 지급에 관하여는 제19조제1항제4호의 개정규정에도 불구하고 종전의 규정에 따른다.

제9조 【고용유지조치계획 이행에 관한 경과조치】 이 영 시행 전에 종전의 제19조제1항제4호에 따른 사유로 고용유지조치계획을 신고한 사업주는 제20조제3항의 개정규정에도 불구하고 종전의 규정에 따라 고용노동부장관에게 신고하여야 한다.

제10조 【고용유지지원금의 금액 등에 관한 경과조치】 이 영 시행 전에 종전의 제19조제1항제3호 및 제4호에 따른 고용유지조치를 취한 사업주에 대한 고용유지지원금의 금액 및 지급범위에 관하여는 제21조의 개정규정에도 불구하고 종전의 규정에 따른다.

제11조 【지역고용촉진 지원금에 관한 경과조치】 이 영 시행 전에 제24조제1항에 따라 지역고용촉진 지원금 지급요건을 갖춘 사업주에 대한 지원금 지급제한에 관하여는 제24조제6항의 개정규정에도 불구하고 종전의 규정에 따른다.

제12조 【고령자 고용연장 지원금에 관한 경과조치 등】 ① 이 영 시행 전에 종전의 제25조제1항에 따라 고령자 고용연장 지원금 지급 요건을 갖춘 사업주에 대한 지원금 지급에 관하여는 제25조제1항 각 호 외의 부분 단서, 같은 항 제2호 및 같은 조 제5항의 개정규정에도 불구하고 종전의 규정에 따른다.
② 제25조제1항제3호 및 제4항 각 호 외의 부분 후단의 개정규정은 이 영 시행 후 재고용하는 근로자에 대한 고령자 고용연장 지원금부터 적용한다.

제13조 【임금피크제 지원금에 관한 경과조치】 이 영 시행 당시 사업주가 임금피크제를 시행하고 있는 경우의 임금피크제 지원금에 관하여는 제28조제1항제1호·제4호, 같은 조 제2항제1호·제3호 및 같은 조 제4항의 개정규정에도 불구하고 종전의 규정에 따른다.

제14조 【건설근로자 고용보험관리지원금 지원에 관한 경과조치】 이 영 시행 전에 종전의 제32조에 따라 건설근로자 고용보험관리지원금 지급요건을 갖춘 사업주에 대한 고용보험관리지원금 지원에 관하여는 제32조의 개정규정에도 불구하고 종전의 규정에 따른다.

제15조 【취업훈련의 지원에 관한 경과조치】 이 영 시행 당시 종전의 제47조제1항에 따라 직업능력개발훈련을 수강 중인 피보험자등에 대한 취업훈련의 지원에 관하여는 제47조제1항의 개정규정에도 불구하고 종전의 규정

에 따른다.

제16조 【부정행위에 따른 지원금 등의 지급 제한에 관한 경과조치】 이 영 시행 전에 종전의 제56조제1항에 따른 지원금 지급 제한 사유가 발생한 사업주에 대한 지원금의 지급 제한에 관하여는 제56조제1항의 개정규정에도 불구하고 종전의 규정에 따른다.

제17조 【조기재취업 수당 지급기준에 관한 경과조치】 이 영 시행 전에 법 제42조에 따라 구직급여 수급자격의 인정을 신청한 사람에 대한 조기재취업 수당의 지급에 관하여는 제84조제1항의 개정규정에도 불구하고 종전의 규정에 따른다.

제18조 【조기재취업 수당의 금액에 관한 경과조치】 이 영 시행 전에 법 제42조에 따라 구직급여 수급자격의 인정을 신청한 사람에 대한 조기재취업 수당의 금액에 관하여는 제85조제2항의 개정규정에도 불구하고 종전의 규정에 따른다.

제19조 【조기재취업 수당의 청구에 관한 경과조치】 이 영 시행 전에 법 제42조에 따라 구직급여 수급자격의 인정을 신청한 사람의 조기재취업 수당 청구서 제출에 관하여는 제86조제2항의 개정규정에도 불구하고 종전의 규정에 따른다.

제20조 【다른 법령의 개정】 생략

부칙(2014.6.17 대통령령 제25388호)

제1조 【시행일】 이 영은 2014년 7월 1일부터 시행한다.

제2조 【출산육아기 고용안정 지원금 지원에 관한 적용례】 제29조제1항제2호의 개정규정은 이 영 시행 후 출산하는 근로자를 고용하고 있는 사업주에게 출산육아기 고용안정 지원금을 지급하는 경우부터 적용한다.

제3조 【출산전후휴가 급여의 상한액에 관한 적용례】 제101조제1호의 개정규정은 이 영 시행 후 출산하는 근로자부터 적용한다.

부칙(2014.9.30 대통령령 제25645호)

제1조 【시행일】 이 영은 2014년 10월 1일부터 시행한다.

제2조 【출산육아기 고용안정 지원금에 관한 적용례】 제29조제1항제1호의 개정규정은 이 영 시행 당시 육아휴직 중이거나 육아휴직이 종료된 근로자와 근로계약을 체결하는 경우에도 적용한다.

제3조 【육아휴직 급여의 특례에 관한 적용례】 제95조의2의 개정규정은 이 영 시행 후 같은 자녀에 대하여 두 번째 육아휴직을 시작하는 피보험자부터 적용한다.

제4조 【육아기 근로시간 단축 급여액에 관한 경과조치】 이 영 시행 전에

육아기 근로시간 단축을 사용한 피보험자에 대한 육아기 근로시간 단축 급여액에 관하여는 제104조의2제2항의 개정규정에도 불구하고 종전의 규정에 따른다.

〈생략〉

부칙(2014.12.31 대통령령 제25955호)

제1조【시행일】 이 영은 2015년 1월 1일부터 시행한다.

제2조【고용촉진 지원금에 관한 적용례】 제26조제4항제4호의 개정규정은 이 영 시행 이후 사업주가 제26조제1항 각 호의 어느 하나에 해당하는 실업자를 피보험자로 고용한 경우부터 적용한다.

제3조【임금피크제 지원금에 관한 적용례】 제28조제1항 단서 및 제3항의 개정규정은 이 영 시행 이후 제28조제1항제2호에 따른 임금피크제를 시행한 경우부터 적용한다.

제4조【부정행위에 따른 지원금 등의 지급제한에 관한 적용례】 제56조제1항의 개정규정에 따른 같은 조 제2항의 지급제한은 이 영 시행 이후 반환명령이나 지급제한의 사유가 발생한 경우부터 적용한다.

제5조【고용유지지원금의 금액에 관한 경과조치】 이 영 시행 전에 신고한 고용유지조치계획의 실시에 따른 고용유지지원금의 금액에 관하여는 제21조제1항의 개정규정에도 불구하고 종전의 규정에 따른다.

제6조【급여기초 임금일액의 상한액에 관한 경과조치】 이 영 시행 전에 이직한 사람의 구직급여의 산정기초가 되는 임금일액은 제68조제1항의 개정규정에도 불구하고 종전의 규정에 따른다.

부칙(2015.4.20 대통령령 제26208호)

이 영은 2015년 4월 21일부터 시행한다.

부칙(2015.6.30 대통령령 제26368호)

제1조【시행일】 이 영은 2015년 7월1일부터 시행한다. 다만, 제145조제1항제23호 및 제2항제4호의 개정규정은 2016년 1월 1일부터 시행한다.

제2조【직업능력개발 훈련비용 지원의 한도에 관한 적용례】 제42조제5항의 개정규정은 이 영 시행 이후 거짓이나 그 밖의 부정한 방법으로 직업능력개발 훈련에 대한 지원을 받았거나 지원을 받으려고 한 것을 이유로 법 제35조제3항에 따라 직업능력개발 사업의 지원이 제한되는 경우부터 적용한다.

제3조【근로자의 직업능력 개발을 위한 지원에 관한 적용례】 ① 제43조제1항제6호의 개정규정은 이 영 시행 당시 45세 이상인 피보험자가 이 영 시

행 이후 직업능력개발훈련을 수강한 경우부터 적용한다.

② 제43조제1항제8호의 개정규정은 이 영 시행 당시 육아휴직 중인 피보험자가 이 영 시행 이후 직업능력개발훈련을 수강한 경우부터 적용한다.

제4조【출산육아기 고용안정 지원금 지원에 관한 경과조치】 ① 사업주가 이 영 시행 전에 육아휴직등을 허용하여 해당 근로자가 육아휴직등을 시작한 경우의 출산육아기 고용안정 지원금의 지급은 제29조제1항제2호 및 같은 조 제3항의 개정규정에도 불구하고 종전의 규정에 따른다.

② 사업주가 이 영 시행 전에 출산전후휴가, 유산·사산 휴가 또는 육아휴직등을 허용하고 대체인력을 고용한 경우의 대체인력지원금의 지급은 제29조제1항제3호가목 및 같은 조 제4항의 개정규정에도 불구하고 종전의 규정에 따른다.

제5조【육아휴직 급여 지급 방법 등에 관한 경과조치】 피보험자가 이 영 시행 전에 육아휴직을 시작한 경우 육아휴직 급여 지급에 대해서는 제95조제3항·제4항 및 제98조의 개정규정에도 불구하고 종전의 규정에 따른다.

부칙(2015.8.19 대통령령 제26496호)

제1조【시행일】 이 영은 공포한 날부터 시행한다.

제2조【유효기간】 제17조제1항제6호의 개정규정은 2018년 12월 31일까지 효력을 가진다. 다만, 2018년 12월 31일까지 제17조제1항제6호의 개정규정에 따라 임금피크제 도입 또는 그 밖의 임금체계 개편 등을 통하여 청년 실업자를 고용하는 사업주에 대한 지원에 관하여는 유효기간이 종료된 후에도 제17조제1항제6호의 개정규정을 적용한다.

제3조【고용창출에 대한 지원에 관한 적용례】 제17조제1항제6호의 개정규정은 임금피크제 도입 또는 그 밖의 임금체계 개편 등을 통하여 2015년 7월 1일 이후 15세 이상 34세 이하의 청년 실업자를 고용한 사업주에 대해서도 적용한다.

부칙(2015.12.4 대통령령 제26690호)

제1조【시행일】 이 영은 2016년 1월 1일부터 시행한다. 다만, 제17조제1항제6호, 제28조의2, 제28조의3, 제40조제2항 및 제6항의 개정규정은 공포한 날부터 시행한다.

제2조【정년을 60세 이상으로 정한 사업 또는 사업장에서의 임금 감액에 따른 지원금에 관한 적용례】 제28조의2의 개정규정은 부칙 제1조 단서에 따른 시행일 전에 해당 제도를 시행한 사업 또는 사업장에서 부칙 제1조 단서에 따른 시행일 이후 해당 제도의 적용으로 임금이 감소한 근로자에 대해서도 적용한다.

제3조 【사업주에 대한 직업능력개발 훈련비용의 지원에 관한 적용례】 제41조제3항제5호의 개정규정은 이 영 시행 전에 직업능력개발 훈련 및 평가를 받을 것을 조건으로 고용되어 이 영 시행 이후 훈련을 받거나 평가를 받는 근로자에 대해서도 적용한다.

제4조 【우선지원 대상기업 어린이집 운영비 지원에 관한 경과조치】 이 영 시행 전에 어린이집을 설치·운영하고 있는 우선지원 대상기업의 사업주에게 지급하는 이 영 시행 전의 기간에 대한 운영비용 지원은 제38조제4항의 개정규정에도 불구하고 종전의 규정에 따른다.

제5조 【육아휴직 급여의 특례에 관한 경과조치】 이 영 시행 당시 같은 자녀에 대하여 두 번째 육아휴직 중인 피보험자에 대해서는 제95조의2의 개정규정에도 불구하고 종전의 규정에 따른다.

제6조 【과태료 부과기준에 관한 경과조치】 이 영 시행 전의 위반행위에 대하여 과태료의 부과기준을 적용할 때에는 별표 3 제2호가목의 개정규정에도 불구하고 종전의 규정에 따른다.

제7조 【다른 법령의 개정】 생략

〈생략〉

부칙(2016.12.30 대통령령 제27738호)

제1조 【시행일】 이 영은 2017년 1월 1일부터 시행한다. 다만, 제95조의2 제2호의 개정규정은 2017년 7월 1일부터 시행한다.

제2조 【사업주에 대한 지역고용촉진 지원금 등의 지급 제한에 관한 적용례】 제24조제6항제4호의2, 제25조의2제2항제2호, 제26조제3항제7호 및 제29조제1항 단서의 개정규정은 이 영 시행 이후 「근로기준법」 제43조의2에 따라 명단이 공개되는 사업주부터 적용한다.

제3조 【육아휴직 급여의 특례에 관한 적용례】 제95조의2제2호의 개정규정은 2017년 7월 1일 이후 출생한 둘째 이상의 자녀에 대하여 육아휴직 급여를 지급하는 경우부터 적용한다.

제4조 【출산전후휴가 급여등의 상한액에 관한 적용례】 제101조제1호의 개정규정은 이 영 시행 당시 출산전후휴가 또는 유산·사산 휴가 중인 피보험자에 대해서는 이 영 시행 이후 사용하는 출산전후휴가기간 또는 유산·사산 휴가기간에 대하여 일할 계산하여 적용한다.

제5조 【사업주에 대한 고용촉진장려금 지급에 관한 경과조치】 ① 이 영 시행 전에 사업주에게 지급된 고용촉진 지원금은 제26조의 개정규정에 따른 고용촉진장려금으로 본다.
② 이 영 시행 전에 종전의 제26조제1항에 따라 해당 실업자를 피보험자로

고용한 사업주에 대한 고용촉진장려금의 지급요건, 지급기간, 지급액 및 지급대상 피보험자 수에 대해서는 제26조제2항, 같은 조 제3항제4호부터 제6호까지, 같은 조 제4항·제5항 및 같은 조 제6항 각 호 외의 부분의 개정규정에도 불구하고 종전의 규정에 따른다.

제6조【사업주에 대한 출산육아기 고용안정장려금 지급에 관한 경과조치】 ① 이 영 시행 전에 사업주에게 지급된 출산육아기 고용안정 지원금은 제29조의 개정규정에 따른 출산육아기 고용안정장려금으로 본다.

② 이 영 시행 전에 종전의 제29조제1항제1호에 따라 근로기간을 1년 이상으로 하는 근로계약을 체결한 사업주에 대한 출산육아기 고용안정장려금의 지급요건과 지급기간에 대해서는 제29조제1항제1호 각 목 외의 부분 및 같은 조 제2항의 개정규정에도 불구하고 종전의 규정에 따른다.

③ 이 영 시행 전에 제29조제1항제3호 각 목 외의 부분에 따라 피보험자인 근로자에게 출산전후휴가, 유산·사산 휴가 또는 육아휴직등을 30일 이상 부여하거나 허용하고 대체인력을 고용한 사업주에 대한 출산육아기 고용안정장려금의 지급요건과 지급기간에 대해서는 제29조제1항제3호다목 및 같은 조 제4항의 개정규정에도 불구하고 종전의 규정에 따른다.

〈생략〉

부칙(2017.3.27 대통령령 제27966호)

제1조【시행일】 이 영은 2017년 4월 1일부터 시행한다.

제2조【급여기초 임금일액의 상한액에 관한 경과조치】 이 영 시행 전에 이직한 사람에 대한 구직급여의 산정 기초가 되는 임금일액은 제68조제1항의 개정규정에도 불구하고 종전의 규정에 따른다.

부칙(2017.6.27 대통령령 제28160호)

제1조【시행일】 이 영은 2017년 6월 28일부터 시행한다.

제2조【기간제근로자에 대한 육아휴직 급여에 관한 적용례】 제95조제4항의 개정규정은 이 영 시행 이후 근로계약 기간이 만료하는 기간제근로자부터 적용한다.

부칙(2017.8.29 대통령령 제28256호)

제1조【시행일】 이 영은 2017년 9월 1일부터 시행한다.

제2조【육아휴직 급여에 관한 경과조치】 이 영 시행 전의 육아휴직 기간에 대한 육아휴직 급여에 대해서는 제95조의 개정규정에도 불구하고 종전의 규정에 따른다.

부칙(2017.12.12 대통령령 제28469호)

제1조 【시행일】 이 영은 공포한 날부터 시행한다.

제2조 【지원금 등의 상호조정에 관한 적용례】 제40조제2항 단서의 개정규정은 이 영 시행 전에 제17조제1항제4호에 따른 지원금과 제35조제2호에 따른 지원금의 지급 요건에 해당하는 경우에도 적용한다.

부칙(2017.12.26 대통령령 제28504호)

제1조 【시행일】 이 영은 2018년 1월 1일부터 시행한다. 다만, 대통령령 제23513호 고용보험법 시행령 일부개정령 부칙 제2조제2항의 개정규정은 공포한 날부터 시행한다.

제2조 【60세 이상 고령자 고용지원금에 관한 적용례】 제25조의2제4항의 개정규정은 2018년 1분기 60세 이상 고령자 고용지원금을 지급하는 경우부터 적용한다.

제3조 【압류금지 실업급여 액수에 관한 적용례】 제58조의3의 개정규정은 이 영 시행 이후 법 제37조의2제1항에 따라 실업급여수급계좌에 입금된 실업급여부터 적용한다.

제4조 【고용유지지원금 중 훈련지원금에 대한 경과조치】 이 영 시행 전에 고용유지를 위한 훈련을 실시한 사업주에 대해서는 제19조제1항제2호 및 제21조제1항의 개정규정에도 불구하고 종전의 규정에 따라 훈련지원금을 지급한다.

제5조 【급여기초 임금일액의 상한액에 관한 경과조치】 이 영 시행 전에 이직한 사람의 구직급여의 산정 기초가 되는 임금일액은 제68조제1항의 개정규정에도 불구하고 종전의 규정에 따른다.

제6조 【육아기 근로시간 단축 급여에 관한 경과조치】 이 영 시행 전의 육아기 근로시간 단축 기간에 대한 육아기 근로시간 단축 급여에 대해서는 제104조의2제2항의 개정규정에도 불구하고 종전의 규정에 따른다.

부칙(2018.7.3 대통령령 제29026호)

제1조 【시행일】 이 영은 공포한 날부터 시행한다.

제2조 【출산육아기 고용안정장려금에 관한 적용례】 제29조제1항제3호나목의 개정규정은 이 영 시행 이후에 피보험자인 근로자에게 출산전후휴가, 유산·사산 휴가 또는 육아휴직등을 30일 이상 부여하거나 허용하고 대체인력을 고용한 경우부터 적용한다.

제3조 【직업능력개발 훈련비용지원의 한도액에 관한 적용례】 제42조제4항제3호나목의 개정규정은 이 영 시행 이후 시작하는 제41조제1항제5호가

목 및 나목에 따른 직업능력개발 훈련부터 적용한다.

제4조 【육아휴직 급여의 특례에 관한 적용례】 제95조의2의 개정규정은 같은 자녀에 대하여 부모가 순차적으로 육아휴직을 한 경우로서 두 번째 육아휴직을 한 피보험자의 2018년 7월 1일 이후의 육아휴직 기간에 대한 육아휴직 급여부터 적용한다.

부칙(2018.10.2 대통령령 제29208호)

제1조 【시행일】 이 영은 공포한 날부터 시행한다.

제2조 【육아기 근로시간 단축 급여의 감액에 관한 경과조치】 이 영 시행 당시 육아기 근로시간 단축을 사용하고 있는 피보험자 중 이 영 시행 전 육아기 근로시간 단축기간 중에 통상임금이 인상된 경우에는 이 영 시행일부터 그 통상임금이 인상된 것으로 본다.

부칙(2018.12.31 대통령령 제29454호)

제1조 【시행일】 이 영은 2019년 1월 1일부터 시행한다.

제2조 【출산육아기 고용안정장려금 산정에 관한 적용례】 제29조제4항 전단의 개정규정은 이 영 시행 당시 피보험자인 근로자에게 출산전후휴가, 유산·사산 휴가 또는 육아휴직등을 30일 이상 부여하거나 허용하고 대체인력을 고용하고 있는 경우에도 적용한다.

제3조 【육아휴직 급여에 관한 적용례】 제95조제1항제2호의 개정규정은 「남녀고용평등과 일·가정 양립 지원에 관한 법률」 제19조에 따른 육아휴직을 부여받은 피보험자의 2019년 1월 1일 이후 육아휴직 기간에 대한 육아휴직 급여부터 적용한다.

제4조 【육아휴직 급여의 특례에 관한 적용례】 제95조의2 후단의 개정규정은 같은 자녀에 대하여 부모가 순차적으로 육아휴직을 한 경우로서 두 번째 육아휴직을 한 피보험자의 2019년 1월 1일 이후의 육아휴직 기간에 대한 육아휴직 급여부터 적용한다.

제5조 【출산육아기 고용안정장려금 지급에 관한 경과조치】 이 영 시행 전에 종전의 제29조제1항제1호에 따른 출산육아기 고용안정장려금의 지급요건을 갖춘 사업주에 대해서는 제29조제1항제1호 및 같은 조 제2항의 개정규정에도 불구하고 종전의 규정에 따라 출산육아기 고용안정장려금을 지급한다.

제6조 【급여기초 임금일액의 상한액에 관한 경과조치】 이 영 시행 전에 이직한 사람의 구직급여의 산정 기초가 되는 임금일액은 제68조제1항의 개정규정에도 불구하고 종전의 규정에 따른다.

부칙(2019.2.12 대통령령 제29547호)

제1조 【시행일】 이 영은 공포한 날부터 시행한다.

제2조 【피보험자격의 확인 청구에 관한 경과조치】 이 영 시행 당시 종전의 규정에 따라 직업안정기관의 장에게 피보험자격의 확인을 청구한 자는 근로복지공단에 피보험자격의 확인을 청구한 것으로 본다.

부칙(2019.6.25 대통령령 제29913호)

제1조 【시행일】 이 영은 2019년 7월 16일부터 시행한다. 다만, 제3조제1항, 제3조의2제1항 및 제145조의2제1항제1호의2의 개정규정은 공포한 날부터 시행하고, 제43조제1항제6호의 개정규정은 2019년 7월 1일부터 시행한다.

제2조 【근로자의 직업능력 개발을 위한 지원에 관한 적용례】 제43조제1항제6호의 개정규정은 부칙 제1조 단서에 따른 시행일 이후 직업능력개발훈련을 수강하는 경우부터 적용한다.

제3조 【외국인근로자에 대한 이 영의 적용에 관한 경과조치】 「외국인근로자의 고용 등에 관한 법률」의 적용을 받는 외국인근로자에 대해서는 제3조제2항의 개정규정에도 불구하고 다음 각 호의 구분에 따른 날까지는 종전의 규정에 따른다.

1. 상시 30명 이상의 근로자를 사용하는 사업 또는 사업장 : 2020년 12월 31일
2. 상시 10명 이상 30명 미만의 근로자를 사용하는 사업 또는 사업장 : 2021년 12월 31일
3. 상시 10명 미만의 근로자를 사용하는 사업 또는 사업장 : 2022년 12월 31일

〈생략〉

부칙(2019.12.31 대통령령 제30296호)

제1조 【시행일】 이 영은 2020년 1월 1일부터 시행한다. 다만, 제95조의2의 개정규정은 2020년 2월 28일부터 시행한다.

제2조 【출산육아기 고용안정장려금에 관한 적용례】 제29조제1항제3호가목2)의 개정규정은 이 영 시행 당시 임신 중인 근로자에게 근로시간 단축을 허용하고 대체인력을 고용하고 있는 경우에 대해서도 적용한다.

제3조 【근로시간 단축 지원금에 관한 경과조치】 이 영 시행 전에 근로시간 단축을 실시하여 종전의 제28조의3제1항에 해당하게 된 경우로서 2020년 1월 31일까지 고용노동부장관에게 근로시간 단축 지원금을 신청한 사업

주에 대해서는 종전의 제28조의3에 따라 근로시간 단축 지원금을 지급한다.

〈생략〉

부칙(2020.3.31 대통령령 제30593호)

제1조 【시행일】 이 영은 공포한 날부터 시행한다.

제2조 【대체인력지원금의 지급에 관한 적용례】 제29조제1항제3호나목 및 같은 조 제5항제2호의 개정규정은 이 영 시행 당시 피보험자인 근로자에게 출산전후휴가, 유산·사산 휴가 또는 육아휴직등을 부여하거나 허용하고 대체인력을 고용하고 있는 경우에도 적용한다.

제3조 【육아휴직 급여의 지급에 관한 적용례】 제95조제4항 단서의 개정규정은 이 영 시행 전에 육아휴직(분할하여 사용한 경우를 포함한다)이 끝난 피보험자 중 이 영 시행 당시 육아휴직이 끝난 날부터 6개월이 지나지 않은 경우로서 이 영 시행 전에 정당한 사유로 계속 근무하지 못한 경우에도 적용한다.

제4조 【육아휴직 급여의 특례에 관한 적용례】 제95조의2제3항의 개정규정은 이 영 시행 당시 육아휴직 급여를 지급받고 있는 「한부모가족지원법」 제4조제1호의 모 또는 부도 급여 대상으로 하되, 이 영 시행 이후 사용하는 육아휴직 기간에 대해 지급하는 육아휴직 급여분부터 적용한다.

제5조 【출산육아기 고용안정장려금의 지급에 관한 특례】 제29조제5항제1호의 개정규정은 종전의 제29조제3항 후단에 따라 이미 지급된 1개월분이 있는 경우에는 그 1개월분에 대해서는 적용하지 않고, 이 영 시행 이후 해당 사업주에게 지급하는 법 제29조제3항에 따른 출산육아기 고용안정장려금분부터 적용한다.

부칙(2020.4.28 대통령령 제30643호)

제1조 【시행일】 이 영은 공포한 날부터 시행한다.

제2조 【고용유지지원금의 금액에 관한 적용례】 제21조제1항 각 호 외의 부분 단서의 개정규정은 종전의 제21조제1항 각 호 외의 부분 단서에 따라 고용노동부장관이 정하여 고시한 고용유지지원금의 지원기간 중 2020년 4월 1일부터 이 영 시행일 전까지의 기간에 대한 고용유지지원금의 지급비율에 대해서도 적용한다.

부칙(2020.6.9 대통령령 제30773호)

제1조 【시행일】 이 영은 공포한 날부터 시행한다.

제2조 【휴업 등에 따른 피보험자 지원요건 등에 관한 적용례 등】 ① 제21

조의3제5항의 개정규정은 이 영 시행 이후 같은 조 제4항에 따라 사업주가 제출하는 고용유지조치계획부터 적용하되, 해당 고용유지조치계획에 따라 휴직이 실시되는 피보험자(법 제13조에 따른 피보험자격 취득일이 2020년 3월 1일 전인 사람만 해당한다)를 대상으로 한다.

② 고용노동부장관은 제21조의3제5항의 개정규정에 따른 피보험자에 대한 지원금의 지급요건에 해당하는 경우로서 2021년 7월 1일 이후 해당 지원금에 대한 신청이 있는 경우에도 같은 개정규정에 따라 해당 지원금의 지급에 필요한 업무를 계속할 수 있다.

제3조【고용촉진장려금의 지급대상에 관한 적용례】 제26조제1항제5호의 개정규정은 사업주가 이 영 시행 이후 같은 개정규정에 따른 실업자를 피보험자로 고용하는 경우부터 적용한다.

제4조【고용촉진장려금 지급대상 피보험자 수의 한도에 관한 적용례】 제26조제5항 및 제6항의 개정규정은 이 영 시행 이후 같은 조 제1항 각 호의 어느 하나에 해당하는 실업자를 피보험자로 고용하여 같은 조 제2항에 따른 요건을 갖춘 후 해당 사업주의 신청에 따라 고용노동부장관이 지급하는 고용촉진장려금부터 적용한다.

제5조【고용촉진장려금의 지급요건 등에 관한 적용례】 제26조제8항의 개정규정은 사업주가 같은 개정규정에 따라 고시로 정하는 기간에 같은 조 제1항 각 호의 어느 하나에 해당하는 실업자를 피보험자로 고용한 경우에 그 고용된 피보험자와 관련하여 같은 개정규정에 따라 해당 사업주에게 지급하는 고용촉진장려금에 대해서만 적용하고, 이 영 시행 이후 같은 개정규정에 따라 고시로 정하는 기간 외의 기간에 대한 고용촉진장려금의 지급에 대해서는 같은 조 제1항부터 제7항까지의 규정(부칙 제3조 및 제4조를 포함한다)을 적용한다.

제6조【피보험자의 고용안정 지원사업에 관한 적용례】 제35조제5호바목의 개정규정은 이 영 시행 이후 사업주가 제37조의2제2항에 따라 고용안정 지원의 대상자 선정에 참여하는 경우부터 적용한다.

제7조【우선지원 대상기업의 고용유지 비용의 대부에 관한 적용례】 제35조제8호 및 제37조의3의 개정규정은 이 영 시행 이후 사업주가 실시하는 고용유지조치에 따라 피보험자의 임금을 보전하는 데에 드는 비용부터 적용한다.

부칙(2020.8.27 대통령령 제30980호)

제1조【시행일】 이 영은 2020년 8월 28일부터 시행한다.

제2조【사업주에 대한 일학습병행과정 지원금에 관한 적용례】 제41조제2항제2호의 개정규정은 이 영 시행 전에 「근로자직업능력 개발법」 제24조에

따라 인정받은 직업능력개발훈련과정 중 일학습병행과정에 해당하는 것에 대해서도 적용한다.

제3조【지역고용촉진 지원금에 관한 경과조치】 이 영 시행 전에 제24조제1항제4호에 따라 구직자를 피보험자로 고용하고 있는 사업주에 대한지역고용촉진 지원금 지급 제한에 관해서는 제24조제6항제3호의 개정규정에도 불구하고 종전의 규정에 따른다.

제4조【다른 법령의 개정】 생략

부칙(2020.9.29 대통령령 제31078호)

제1조【시행일】 이 영은 공포한 날부터 시행한다.

제2조【휴업 등에 따른 피보험자 지원에 관한 적용례】 제21조의3제1항제2호의 개정규정은 이 영 시행 이후 제21조의3제4항에 따라 사업주가 제출하는 고용유지조치계획부터 적용한다.

제3조【사업주에 대한 직업능력개발 훈련비용의 지원에 관한 적용례】 제41조제1항제5호다목·마목 및 제42조제4항제3호의 개정규정은 이 영 시행 이후 시작하는 직업능력개발 훈련부터 적용한다.

부칙(2020.10.20 대통령령 제31120호)

제1조【시행일】 이 영은 공포한 날부터 시행한다.

제2조【고용유지지원금의 지급에 관한 적용례】 제21조제3항의 개정규정은 이 영 시행 전에 고용유지조치를 실시한 일수의 합계가 180일이 넘은 사업주가 제20조제1항 및 제2항에 따라 고용유지조치계획을 수립·신고(변경신고를 포함한다)하여 고용유지조치를 실시한 일수에 대해서도 적용한다.

<생략>

부칙(2020.12.29 대통령령 제31324호)

제1조【시행일】 이 영은 2021년 1월 1일부터 시행한다.

제2조【유효기간】 제21조의3제1항제3호의 개정규정은 2022년 12월 31일까지 효력을 가진다.

제3조【파견사업주 등의 단축된 근로시간 또는 휴직기간 산정에 관한 적용례】 제19조제4항의 개정규정은 이 영 시행 이후 파견사업주 또는 수급사업주가 같은 항 각 호의 개정규정에 해당하는 고용유지조치를 위한 계획을 수립하여 신고하는 경우부터 적용한다.

제4조【고용유지조치계획의 신고에 관한 적용례】 제20조제2항제1호의 개정규정은 고용유지지원금을 받으려는 사업주가 2020년 12월 중에 고용유

지조치를 한 경우로서 그 사업주가 같은 호 각 목의 개정규정의 요건을 충족한 경우에는 그 고용유지조치를 위한 계획을 신고하는 경우에도 적용한다.

부칙(2021.6.8 대통령령 제31748호)

제1조 【시행일】 이 영은 2021년 7월 1일부터 시행한다.

제2조 【노무제공자의 피보험자격에 관한 적용례】 제104조의11제2항제2호 및 같은 조 제3항·제4항의 개정규정은 2022년 1월 1일 이후 같은 조 제2항제2호의 소득 기준에 해당하는 노무제공자부터 적용한다.

부칙(2021.12.28 대통령령 제32274호)

제1조 【시행일】 이 영은 2021년 12월 30일부터 시행한다.

제2조부터 **제14조**까지 생략

부칙(2021.12.31 대통령령 제32301호)

제1조 【시행일】 이 영은 2022년 1월 1일부터 시행한다.

제2조 【육아휴직 급여에 관한 적용례】 제95조제1항의 개정규정은 2022년 1월 1일 전에 「남녀고용평등과 일·가정 양립 지원에 관한 법률」 제19조에 따른 육아휴직을 한 피보험자의 2022년 1월 1일 이후의 육아휴직 기간에 대한 육아휴직 급여부터 적용한다.

제3조 【육아휴직 급여의 특례에 관한 적용례】 ① 제95조의3제1항의 개정규정은 2022년 1월 1일 전에 피보험자인 부모 중 한명이 육아휴직을 하고 2022년 1월 1일 이후에 피보험자인 부모 중 다른 한명이 같은 자녀에 대하여 육아휴직을 하는 경우로서 피보험자인 부모 모두가 같은 개정규정에 따른 육아휴직 급여의 지급요건을 갖춘 경우에는 해당 피보험자인 부모의 2022년 1월 1일 전에 개시된 육아휴직 기간에 대한 육아휴직 급여를 산정할 때에도 이를 적용한다.

② 제95조의3제3항의 개정규정은 2022년 1월 1일 전에 육아휴직을 한 「한부모가족지원법」 제4조제1호의 모 또는 부인 피보험자의 2022년 1월 1일 이후의 육아휴직 기간에 대한 육아휴직 급여부터 적용한다.

제4조 【출산육아기 고용안정장려금 지급에 관한 경과조치】 이 영 시행 전에 종전의 제29조제1항제2호 및 제3호에 따른 출산육아기 고용안정장려금의 지급요건을 갖춘 사업주에 대해서는 제29조제1항부터 제5항까지의 개정규정에도 불구하고 종전의 규정에 따라 출산육아기 고용안정장려금을 지급한다.

부칙(2022.2.17 대통령령 제32446호)

제1조【시행일】 이 영은 2022년 2월 18일부터 시행한다. 〈단서 생략〉
제2조 및 **제3조** 생략

부칙(2022.2.17 대통령령 제32447호)

제1조【시행일】 이 영은 2022년 2월 18일부터 시행한다.
제2조 및 **제3조** 생략

부칙(2022.5.9 대통령령 제32635호)

제1조【시행일】 이 영은 2022년 5월 18일부터 시행한다. 〈단서 생략〉
제2조부터 **제4조**까지 생략

부칙(2022.6.28 대통령령 제32730호)

제1조【시행일】 이 영은 2022년 7월 1일부터 시행한다.

제2조【출산육아기 고용안정장려금의 지급 제한에 관한 경과조치】 이 영 시행 전에 종전의 제29조제1항에 따른 출산육아기 고용안정장려금의 지급요건을 이미 갖추어 이 영 시행 이후에 사업주에게 지급해야 할 출산육아기 고용안정장려금은 제29조제2항제1호의 개정규정에도 불구하고 종전의 규정에 따라 지급한다.

부칙(2022.12.6 대통령령 제33029호)

제1조【시행일】 이 영은 2023년 1월 1일부터 시행한다. 다만, 제104조의9 및 제104조의16의 개정규정은 2022년 12월 11일부터 시행한다.

제2조【고용촉진장려금에 관한 적용례】 제26조제4항의 개정규정은 2023년 1월 1일 이후 사업주가 고용촉진장려금의 지급을 신청하는 경우부터 적용한다.

부칙(2022.12.14 대통령령 제33077호)

제1조【시행일】 이 영은 2023년 1월 1일부터 시행한다.
제2조 및 **제3조** 생략

부칙(2023.6.27 대통령령 제33595호)

제1조【시행일】 이 영은 2023년 7월 1일부터 시행한다.

제2조【지역고용촉진 지원금의 지급 제한에 관한 적용례】 제24조제6항제7호의 개정규정은 이 영 시행 이후 「고용정책 기본법」 제32조 및 같은 법 시행령 제30조의2에 따라 고용위기지역으로 지정되거나 지정기간이 연장되어 사업주가 제24조제1항제1호에 따라 근로자의 고용에 관한 지역고용계획

을 신고하는 경우부터 적용한다.

부칙(2023.9.12 대통령령 제33713호)

제1조 【시행일】 이 영은 2023년 9월 22일부터 시행한다.

제2조 및 **제3조** 생략

부칙(2023.11.7 대통령령 제33845호)

제1조 【시행일】 이 영은 공포한 날부터 시행한다.

제2조 【위원회 위촉위원의 직무계속에 관한 적용례】 제1조의4제2항의 개정규정은 이 영 시행 이후 임기가 만료되는 위촉위원부터 적용한다.

부칙(2023.12.26 대통령령 제34048호)

제1조 【시행일】 이 영은 2024년 1월 1일부터 시행한다. 다만, 제104조의5제1항의 개정규정은 2024년 2월 9일부터 시행하고, 제19조제2항의 개정규정은 2024년 7월 1일부터 시행한다.

제2조 【고용유지지원금의 지급 대상에 관한 적용례】 제19조제1항 및 같은 조 제2항제3호의 개정규정은 다음 각 호의 구분에 따른 시행일 이후 제20조에 따라 사업주가 고용유지조치계획을 신고하는 경우부터 적용한다.

1. 제19조제1항의 개정규정 : 2024년 1월 1일
2. 제19조제2항제3호의 개정규정 : 2024년 7월 1일

제3조 【조기재취업 수당 지급기준에 관한 적용례】 제84조제1항의 개정규정은 2024년 1월 1일 이후 법 제43조에 따라 구직급여 수급자격의 인정을 신청하는 사람부터 적용한다.

제4조 【출생 후 18개월 이내의 자녀에 대한 육아휴직 급여 등에 관한 특례】 제95조의3제1항의 개정규정은 2024년 1월 1일 전에 피보험자인 부모 모두 또는 부모 중 한 명이 출생 후 18개월 이내의 자녀에 대하여 육아휴직을 하고, 2024년 1월 1일 이후 피보험자인 부모 모두 또는 부모 중 한 명이 같은 자녀에 대하여 육아휴직을 하는 경우로서 피보험자인 부모 모두 같은 개정규정에 따른 육아휴직 급여의 지급요건을 모두 갖춘 경우에는 부모 중 한 명이 2024년 1월 1일 이후 한 육아휴직 차수(첫 번째 달부터 여섯 번째 달까지 중 해당하는 달을 말한다. 이하 이 조에서 같다)의 범위에서 부모 중 다른 한 명이 2024년 1월 1일 전에 한 같은 차수의 육아휴직 기간(최대 6개월까지로 한다)에 대한 급여를 산정할 때에도 적용한다. 다만, 부모 모두 2024년 1월 1일 전에 한 육아휴직 기간이 각각 6개월 이상인 경우는 제외한다.

부칙(2024.6.25 대통령령 제34601호)

제1조【시행일】 이 영은 2024년 7월 1일부터 시행한다.

제2조【업무분담지원금의 지급에 관한 적용례】 제29조제1항제4호 및 같은 조 제4항·제5항·제6항제3호의 개정규정은 이 영 시행 이후 업무분담자를 지정하는 경우부터 적용한다.

제3조【육아기 근로시간 단축 급여액의 산정에 관한 적용례】 제104조의2 제2항의 개정규정은 이 영 시행 전에 육아기 근로시간 단축을 허용 받아 개시한 경우로서 이 영 시행 이후 남아 있는 육아기 근로시간 단축 기간에도 적용한다.

제4조【고용촉진장려금의 지급에 관한 경과조치】 이 영 시행 당시 종전의 제26조제1항제4호에 따른 실업자를 피보험자로 고용하고 있는 사업주에 대하여는 제26조제1항제4호의 개정규정에도 불구하고 종전의 규정에 따라 고용촉진장려금을 지급한다.

부칙(2024.12.24 대통령령 제35100호)

제1조【시행일】 이 영은 2025년 1월 1일부터 시행한다.

제2조【대체인력지원금 및 업무분담지원금의 지급에 관한 적용례】 제29조제1항·제4항·제5항 및 제6항의 개정규정은 이 영 시행 이후 대체인력을 고용하거나 대체인력으로 파견근로자를 사용하는 경우 또는 업무분담자를 지정하는 경우부터 적용한다.

제3조【육아휴직 급여에 관한 적용례】 제95조제1항의 개정규정은 2025년 1월 1일 전에 육아휴직을 한 피보험자의 2025년 1월 1일 이후의 육아휴직 기간에 대한 육아휴직 급여에 대해서도 적용한다.

제4조【육아휴직 급여의 특례에 관한 적용례】 ① 제95조의3제1항의 개정규정은 2025년 1월 1일 전에 육아휴직을 한 피보험자인 부모에 대한 2025년 1월 1일 이후의 육아휴직 기간에 대한 육아휴직 급여에 대해서도 적용한다.
② 제95조의3제3항의 개정규정은 2025년 1월 1일 전에 육아휴직을 한 「한부모가족지원법」 제4조제1호의 모 또는 부에 해당하는 피보험자의 2025년 1월 1일 이후의 육아휴직 기간에 대한 육아휴직 급여에 대해서도 적용한다.

제5조【육아기 근로시간 단축 급여액의 산정에 관한 적용례】 제104조의2 제2항의 개정규정은 2025년 1월 1일 전에 육아기 근로시간 단축을 허용 받아 개시한 경우로서 2025년 1월 1일 이후 남아 있는 육아기 근로시간 단축 기간에 대해서도 적용한다.

제6조【부정행위에 따른 지원금 등의 반환명령 등에 관한 경과조치】 2025년 1월 1일 전의 부정행위에 따른 고령자 고용연장 지원금 및 60세 이상 고령자 고용지원금의 반환명령에 관하여는 제56조제1항의 개정규정에도 불구하고 종전의 규정에 따른다.

제7조【육아휴직 급여의 지급에 관한 경과조치】 2025년 1월 1일 전에 육아휴직을 시작한 피보험자의 2025년 1월 1일 전의 육아휴직 기간에 대한 육아휴직 급여의 지급 금액 및 지급 시기 등에 관하여는 제95조제1항·제4항, 제95조의2제4항 및 제95조의3제1항·제4항의 개정규정에도 불구하고 종전의 규정에 따른다.

제8조【육아휴직 급여 감액에 관한 경과조치】 2025년 1월 1일 전의 육아휴직 기간 중에 사업주로부터 육아휴직을 이유로 금품을 지급받은 육아휴직 급여의 감액에 관하여는 제98조의 개정규정에도 불구하고 종전의 규정에 따른다.

제9조【다른 법령의 개정】 생략

부칙(2025.2.18 대통령령 제35277호)

제1조【시행일】 이 영은 2025년 2월 23일부터 시행한다.

제2조【예술인 또는 노무제공자 출산전후급여등의 지급기간에 관한 적용례】 제104조의9제2항의 개정규정은 피보험자 또는 피보험자였던 사람이 이 영 시행 이후 출산하거나 유산 또는 사산한 경우부터 적용한다.

부칙(2025.6.2 대통령령 제35575호)

제1조【시행일】 이 영은 2025년 7월 1일부터 시행한다.

제2조【출산육아기 고용안정장려금 지급에 관한 적용례】 제29조제6항제1호의 개정규정은 이 영 시행 이후에 사업주가 피보험자인 근로자에게 육아휴직등을 30일 이상 허용하는 경우부터 적용한다.

제3조【조기재취업 수당의 지급기준에 관한 적용례】 ① 제84조제1항제1호마목의 개정규정은 이 영 시행 이후 법 제43조제1항에 따라 구직급여 수급자격의 인정을 신청하는 경우부터 적용한다.
② 제84조제1항제2호 후단의 개정규정은 이 영 시행 이후 제86조제1항 및 제2항에 따라 조기재취업 수당을 청구하는 경우부터 적용한다.

부칙(2025.8.5 대통령령 제35697호)

제1조【시행일】 이 영은 공포한 날부터 시행한다.

제2조【육아휴직 급여의 한시적 특례에 관한 적용례】 제95조의2제1항의 개정규정은 이 영 시행 전에 종전의 규정에 따라 두 번째 육아휴직자에 대한 육아휴직 급여의 지급 요건을 갖추어 육아휴직을 한 피보험자의 2025년 1월 1일 이후의 육아휴직 기간에 대한 육아휴직 급여에 대해서도 적용한다.

부칙(2025.9.23 대통령령 제35769호)

제1조【시행일】 이 영은 2025년 10월 2일부터 시행한다.
제2조 및 **제3조** 생략

부칙(2025.10.1 대통령령 제35805호)

제1조【시행일】 이 영은 공포한 날부터 시행한다.
제2조 및 **제3조** 생략

부칙(2025.10.28 대통령령 제35832호)

제1조【시행일】 이 영은 2026년 1월 1일부터 시행한다. 〈단서 생략〉
제2조【다른 법령의 개정】 생략

부칙(2025.12.23 대통령령 제35934호)

제1조【시행일】 이 영은 2026년 1월 1일부터 시행한다.

제2조【대체인력지원금 지원에 관한 적용례】 ① 제29조제4항 전단의 개정규정 및 같은 조 제6항제2호의 개정규정(육아휴직을 사용한 근로자가 복직한 후 1개월간의 업무 인수인계기간에 해당하는 대체인력지원금의 지급에 관한 부분으로 한정한다)은 이 영 시행 전에 육아휴직을 사용한 근로자가 이 영 시행 이후 복직한 후 사업주가 해당 근로자에 대한 업무 인수인계를 위하여 대체인력을 고용·사용하는 기간에 대해서도 적용한다.
② 제29조제6항제2호의 개정규정(출산전후휴가, 유산·사산 휴가 또는 육아휴직등을 사용한 기간에 해당하는 대체인력지원금의 지급에 관한 부분으로 한정한다)은 이 영 시행 이후 사업주가 대체인력을 새로 고용·사용하는 경우(이 영 시행 전에 고용·사용한 대체인력을 이 영 시행 이후 교체하는 경우는 제외한다)부터 적용한다.

제3조【육아기 근로시간 단축 급여액의 산정에 관한 적용례】 제104조의2제2항의 개정규정은 이 영 시행 전에 육아기 근로시간 단축을 허용 받아 개시한 경우로서 이 영 시행 이후 남아있는 육아기 근로시간 단축 기간에 대해서도 적용한다.

제4조【급여기초 임금일액 및 구직급여일액의 상한액에 관한 경과조치】 이 영 시행 전에 이직한 사람의 구직급여의 산정 기초가 되는 임금일액 및 구직급여일액은 제68조제1항, 제104조의8제4항 및 제104조의15제4항의 개정규정에도 불구하고 종전의 규정에 따른다.

부칙(2025.12.30 대통령령 제35947호)

제1조【시행일】 이 영은 2026년 1월 2일부터 시행한다. 〈단서 생략〉
제2조부터 **제6조**까지 생략

[별표 1] (2025.10.1 개정)

우선지원 대상기업의 상시 사용하는 근로자 기준

(제12조제1항 관련)

산업분류	분류기호	상시 사용하는 근로자 수
1. 제조업[다만, 산업용 기계 및 장비 수리업(34)은 그 밖의 업종으로 본다]	C	500명 이하
2. 광업	B	300명 이하
3. 건설업	F	
4. 운수 및 창고업	H	
5. 정보통신업	J	
6. 사업시설관리 및 사업지원 서비스업[다만, 부동산 이외 임대업(69)은 그 밖의 업종으로 본다]	N	
7. 전문, 과학 및 기술 서비스업	M	
8. 보건업 및 사회복지 서비스업	Q	
9. 도매 및 소매업	G	200명 이하
10. 숙박 및 음식점업	I	
11. 금융 및 보험업	K	
12. 예술, 스포츠 및 여가관련 서비스업	R	
13. 그 밖의 업종		100명 이하

※ 비고 : 업종의 구분 및 분류기호는 「통계법」 제22조에 따라 국가데이터처장이 고시한 한국표준산업분류에 따른다.

[별표 2] (2012.10.29 개정)

부정행위에 따른 지원금의 지급제한 기간

(제56조제2항 관련)

구분		지급제한기간
거짓이나 그 밖의 부정한 방법으로 지급받거나 받으려고 한 금액	300만원 미만	3개월
	300만원 이상 500만원 미만	6개월
	500만원 이상 1,000만원 미만	9개월
	1,000만원 이상	12개월

[별표 3] (2023.6.27 개정)

과태료의 부과기준(제146조 관련)

1. 일반기준

가. 위반행위의 횟수에 따른 과태료의 가중된 부과기준은 최근 1년간 같은 위반행위(제2호가목의 위반행위는 제외한다)로 과태료 부과처분을 받은 경우에 적용한다. 이 경우 기간의 계산은 위반행위에 대하여 과태료 부과처분을 받은 날과 그 처분 후 다시 같은 위반행위를 하여 적발된 날을 기준으로 한다.

나. 가목에 따라 가중된 부과처분을 하는 경우 가중처분의 적용 차수는 그 위반행위 전 부과처분 차수(가목에 따른 기간 내에 과태료 부과처분이 둘 이상 있었던 경우에는 높은 차수를 말한다)의 다음 차수로 한다.

다. 부과권자는 다음의 어느 하나에 해당하는 경우에는 제2호에 따른 과태료 금액의 2분의 1 범위에서 그 금액을 줄일 수 있다. 다만, 과태료를 체납하고 있는 위반행위자의 경우에는 그렇지 않다.

1) 위반행위가 사소한 부주의나 오류로 인한 것으로 인정되는 경우

2) 위반의 내용·정도가 경미하여 사회적 피해가 적다고 인정되는 경우

3) 위반행위자가 법 위반상태를 시정하거나 해소하기 위하여 노력한 사실이 인정되는 경우

4) 그 밖에 위반행위의 정도, 위반행위의 동기와 그 결과 등을 고려하여 과태료 금액을 줄일 필요가 있다고 인정되는 경우

라. 부과권자는 다음의 어느 하나에 해당하는 경우에는 제2호에 따른 과태료 금액의 2분의 1 범위에서 그 금액을 가중할 수 있다. 다만, 법 제118조제1항부터 제3항까지의 규정에 따른 과태료 금액의 상한을 넘을 수 없다.

1) 위반의 내용·정도가 중대하여 근로자 등에게 미치는 피해가 크다고 인정되는 경우

2) 위반행위의 정도, 위반행위의 동기와 그 결과 등을 고려하여 과태료 금액을 가중할 필요가 있다고 인정되는 경우

2. 개별기준

위반행위	근거 법조문	과태료 금액		
		1차 위반	2차 위반	3차 이상 위반
가. 법 제15조(법 제77조의5제1항 및 제77조의10제1항에서 준용하는 경우를 포함한다), 법 제77조의2제3항 및	법 제118조 제1항 제1호			

제77조의7제1항을 위반하여 신고를 하지 않거나 거짓으로 신고한 경우				
1) 신고를 하지 않은 경우(기간 내에 신고를 하지 않은 경우를 포함한다)		피보험자 1명당 3만원. 다만, 과태료 금액의 합산액은 100만원을 넘을 수 없다.	피보험자 1명당 3만원. 다만, 과태료 금액의 합산액은 100만원을 넘을 수 없다.	피보험자 1명당 3만원. 다만, 과태료 금액의 합산액은 100만원을 넘을 수 없다.
2) 거짓으로 신고한 경우		피보험자 1명당 5만원. 다만, 과태료 금액의 합산액은 100만원을 넘을 수 없다.	피보험자 1명당 8만원. 다만, 과태료 금액의 합산액은 200만원을 넘을 수 없다.	피보험자 1명당 10만원. 다만, 과태료 금액의 합산액은 300만원을 넘을 수 없다.
나. 법 제42조제3항 후단(법 제77조의5제2항 및 제77조의10제2항에서 준용하는 경우를 포함한다)을 위반하여 이직확인서를 발급하여 주지 않거나 거짓으로 작성하여 발급하여 준 경우	법 제118조 제1항 제2호			
1) 이직확인서를 발급하여 주지 않은 경우		10만원	20만원	30만원
2) 거짓으로 이직확인서를 작성하여 발급하여 준 경우		100만원	200만원	300만원
다. 법 제43조제4항 후단(법 제77조의5제2항 및 제77조의10제2항에서 준용하는 경우를 포함한다)을 위반하여 이직확인서를 제출하지 않거나 거짓으로 작성하여 제출한 경우	법 제118조 제1항 제3호			
1) 이직확인서를 제출하지 않은 경우		10만원	20만원	30만원
2) 거짓으로 이직확인서를 작성하여 제출한 경우		100만원	200만원	300만원

고용 보험

라. 법 제77조의7제2항을 위반하여 자료 또는 정보의 제공 요청에 따르지 않은 경우	법 제118조 제1항 제7호	100만원	200만원	300만원
마. 법 제77조의7제5항을 위반하여 노무제공자의 피보험자격의 신고와 관련된 자료 또는 정보를 보관하지 않은 경우	법 제118조 제1항 제8호	50만원	50만원	50만원
바. 법 제87조(제77조의5제3항·제4항 및 제77조의10제3항·제4항에서 준용하는 경우를 포함한다)에 따른 심사 또는 재심사의 청구를 받아 하는 심사관 및 심사위원회의 질문에 답변하지 않거나 거짓으로 진술한 경우 또는 검사를 거부·방해하거나 기피한 경우	법 제118조 제3항	50만원	50만원	50만원
사. 법 제108조제1항(제77조의5제3항·제4항 및 제77조의10제3항·제4항에서 준용하는 경우를 포함한다)에 따른 요구에 따르지 않고 보고를 하지 않거나 거짓으로 보고한 경우, 같은 요구에 따르지 않고 문서를 제출하지 않거나 거짓으로 적은 문서를 제출한 경우 또는 출석하지 않은 경우	법 제118조 제1항 제4호	200만원	200만원	200만원
아. 법 제108조제2항(제77조의5제3항·제4항 및 제77조의10제3항·제4항에서 준용하는 경우를 포함한다)에 따른 요구에 따르지 않고 증명서를 내주지 않은 경우	법 제118조 제1항 제5호	200만원	200만원	200만원
자. 법 제108조제3항(제77조의5제3항·제4항 및 제77조의10제3항·제4항에서 준용하	법 제118조 제2항	50만원	50만원	50만원

는 경우를 포함한다)에 따라 요구된 보고를 하지 않거나 거짓으로 보고한 경우, 문서를 제출하지 않거나 거짓으로 적은 문서를 제출한 경우 또는 출석하지 않은 경우	제1호			
차. 사업주, 보험사무대행기관의 대표자 또는 대리인·사용인, 그 밖의 종업원이 법 제109조제1항(제77조의5제3항·제4항 및 제77조의10제3항·제4항에서 준용하는 경우를 포함한다)에 따른 질문에 답변하지 않거나 거짓으로 진술한 경우 또는 조사를 거부·방해하거나 기피한 경우	법 제118조 제1항 제6호	200만원	200만원	200만원
카. 피보험자, 수급자격자 또는 지급되지 않은 실업급여의 지급을 청구하는 자가 법 제109조제1항(제77조의5제3항·제4항 및 제77조의10제3항·제4항에서 준용하는 경우를 포함한다)에 따른 질문에 답변하지 않거나 거짓으로 진술한 경우 또는 검사를 거부·방해하거나 기피한 경우	법 제118조 제2항 제2호	50만원	50만원	50만원

산업안전보건법

산업안전보건법

전부개정 2019. 1.15 법률 제16272호
개정 2020. 3.31 법률 제17187호
〈생략〉
2023. 8. 8 법률 제19611호
2024.10.22 법률 제20522호
2025. 1.21 법률 제20677호
2025.10. 1 법률 제21065호

제1장 총 칙

제1조 【목적】 이 법은 산업 안전 및 보건에 관한 기준을 확립하고 그 책임의 소재를 명확하게 하여 산업재해를 예방하고 쾌적한 작업환경을 조성함으로써 노무를 제공하는 사람의 안전 및 보건을 유지·증진함을 목적으로 한다. (2020.5.26 개정)

제2조 【정의】 이 법에서 사용하는 용어의 뜻은 다음과 같다.

1. "산업재해"란 노무를 제공하는 사람이 업무에 관계되는 건설물·설비·원재료·가스·증기·분진 등에 의하거나 작업 또는 그 밖의 업무로 인하여 사망 또는 부상하거나 질병에 걸리는 것을 말한다. (2020.5.26 개정)
2. "중대재해"란 산업재해 중 사망 등 재해 정도가 심하거나 다수의 재해자가 발생한 경우로서 고용노동부령으로 정하는 재해를 말한다.
3. "근로자"란 「근로기준법」 제2조제1항제1호에 따른 근로자를 말한다.
4. "사업주"란 근로자를 사용하여 사업을 하는 자를 말한다.
5. "근로자대표"란 근로자의 과반수로 조직된 노동조합이 있는 경우에는 그 노동조합을, 근로자의 과반수로 조직된 노동조합이 없는 경우에는 근로자의 과반수를 대표하는 자를 말한다.
6. "도급"이란 명칭에 관계없이 물건의 제조·건설·수리 또는 서비스의 제공, 그 밖의 업무를 타인에게 맡기는 계약을 말한다.
7. "도급인"이란 물건의 제조·건설·수리 또는 서비스의 제공, 그 밖의 업무를 도급하는 사업주를 말한다. 다만, 건설공사발주자는 제외한다.
8. "수급인"이란 도급인으로부터 물건의 제조·건설·수리 또는 서비스의 제공, 그 밖의 업무를 도급받은 사업주를 말한다.
9. "관계수급인"이란 도급이 여러 단계에 걸쳐 체결된 경우에 각 단계별로 도급받은 사업주 전부를 말한다.
10. "건설공사발주자"란 건설공사를 도급하는 자로서 건설공사의 시공을 주도하여 총괄·관리하지 아니하는 자를 말한다. 다만, 도급받은 건설공사를

다시 도급하는 자는 제외한다.

11. "건설공사"란 다음 각 목의 어느 하나에 해당하는 공사를 말한다.
   가. 「건설산업기본법」 제2조제4호에 따른 건설공사
   나. 「전기공사업법」 제2조제1호에 따른 전기공사
   다. 「정보통신공사업법」 제2조제2호에 따른 정보통신공사
   라. 「소방시설공사업법」에 따른 소방시설공사
   마. 「국가유산수리 등에 관한 법률」에 따른 국가유산 수리공사 (2023.8.8 개정)
12. "안전보건진단"이란 산업재해를 예방하기 위하여 잠재적 위험성을 발견하고 그 개선대책을 수립할 목적으로 조사·평가하는 것을 말한다.
13. "작업환경측정"이란 작업환경 실태를 파악하기 위하여 해당 근로자 또는 작업장에 대하여 사업주가 유해인자에 대한 측정계획을 수립한 후 시료(試料)를 채취하고 분석·평가하는 것을 말한다.

제3조 【적용 범위】 이 법은 모든 사업에 적용한다. 다만, 유해·위험의 정도, 사업의 종류, 사업장의 상시근로자 수(건설공사의 경우에는 건설공사 금액을 말한다. 이하 같다) 등을 고려하여 대통령령으로 정하는 종류의 사업 또는 사업장에는 이 법의 전부 또는 일부를 적용하지 아니할 수 있다.

령 제2조

제4조 【정부의 책무】 ① 정부는 이 법의 목적을 달성하기 위하여 다음 각 호의 사항을 성실히 이행할 책무를 진다.

1. 산업 안전 및 보건 정책의 수립 및 집행
2. 산업재해 예방 지원 및 지도
3. 「근로기준법」 제76조의2에 따른 직장 내 괴롭힘 예방을 위한 조치기준 마련, 지도 및 지원
4. 사업주의 자율적인 산업 안전 및 보건 경영체제 확립을 위한 지원
5. 산업 안전 및 보건에 관한 의식을 북돋우기 위한 홍보·교육 등 안전문화 확산 추진
6. 산업 안전 및 보건에 관한 기술의 연구·개발 및 시설의 설치·운영
7. 산업재해에 관한 조사 및 통계의 유지·관리
8. 산업 안전 및 보건 관련 단체 등에 대한 지원 및 지도·감독
9. 그 밖에 노무를 제공하는 사람의 안전 및 건강의 보호·증진 (2020.5.26 개정)

② 정부는 제1항 각 호의 사항을 효율적으로 수행하기 위하여 「한국산업안전보건공단법」에 따른 한국산업안전보건공단(이하 "공단"이라 한다), 그 밖의 관련 단체 및 연구기관에 행정적·재정적 지원을 할 수 있다.

령 제3조·제4조·제5조·제6조·제7조

제4조의2 【지방자치단체의 책무】 지방자치단체는 제4조제1항에 따른 정부의 정책에 적극 협조하고, 관할 지역의 산업재해를 예방하기 위한 대책을 수립·시행하여야 한다. (2021.5.18 신설)

제4조의3 【지방자치단체의 산업재해 예방 활동 등】 ① 지방자치단체의 장은 관할 지역 내에서의 산업재해 예방을 위하여 자체 계획의 수립, 교육, 홍보 및 안전한 작업환경 조성을 지원하기 위한 사업장 지도 등 필요한 조치를 할 수 있다. (2021.5.18 신설)

② 정부는 제1항에 따른 지방자치단체의 산업재해 예방 활동에 필요한 행정적·재정적 지원을 할 수 있다. (2021.5.18 신설)

③ 제1항에 따른 산업재해 예방 활동에 필요한 사항은 지방자치단체가 조례로 정할 수 있다. (2021.5.18 신설)

제5조 【사업주 등의 의무】 ① 사업주(제77조에 따른 특수형태근로종사자로부터 노무를 제공받는 자와 제78조에 따른 물건의 수거·배달 등을 중개하는 자를 포함한다. 이하 이 조 및 제6조에서 같다)는 다음 각 호의 사항을 이행함으로써 근로자(제77조에 따른 특수형태근로종사자와 제78조에 따른 물건의 수거·배달 등을 하는 사람을 포함한다. 이하 이 조 및 제6조에서 같다)의 안전 및 건강을 유지·증진시키고 국가의 산업재해 예방정책을 따라야 한다. (2020.5.26 개정)

1. 이 법과 이 법에 따른 명령으로 정하는 산업재해 예방을 위한 기준
2. 근로자의 신체적 피로와 정신적 스트레스 등을 줄일 수 있는 쾌적한 작업환경의 조성 및 근로조건 개선
3. 해당 사업장의 안전 및 보건에 관한 정보를 근로자에게 제공

② 다음 각 호의 어느 하나에 해당하는 자는 발주·설계·제조·수입 또는 건설을 할 때 이 법과 이 법에 따른 명령으로 정하는 기준을 지켜야 하고, 발주·설계·제조·수입 또는 건설에 사용되는 물건으로 인하여 발생하는 산업재해를 방지하기 위하여 필요한 조치를 하여야 한다.

1. 기계·기구와 그 밖의 설비를 설계·제조 또는 수입하는 자
2. 원재료 등을 제조·수입하는 자
3. 건설물을 발주·설계·건설하는 자

제6조 【근로자의 의무】 근로자는 이 법과 이 법에 따른 명령으로 정하는 산업재해 예방을 위한 기준을 지켜야 하며, 사업주 또는 「근로기준법」 제101조에 따른 근로감독관, 공단 등 관계인이 실시하는 산업재해 예방에 관한 조치에 따라야 한다.

제7조 【산업재해 예방에 관한 기본계획의 수립·공표】 ① 고용노동부장관은 산업재해 예방에 관한 기본계획을 수립하여야 한다.

② 고용노동부장관은 제1항에 따라 수립한 기본계획을 「산업재해보상보험

법」 제8조제1항에 따른 산업재해보상보험및예방심의위원회의 심의를 거쳐 공표하여야 한다. 이를 변경하려는 경우에도 또한 같다.

제8조【협조 요청 등】 ① 고용노동부장관은 제7조제1항에 따른 기본계획을 효율적으로 시행하기 위하여 필요하다고 인정할 때에는 관계 행정기관의 장 또는 「공공기관의 운영에 관한 법률」 제4조에 따른 공공기관의 장에게 필요한 협조를 요청할 수 있다.

② 행정기관(고용노동부는 제외한다. 이하 이 조에서 같다)의 장은 사업장의 안전 및 보건에 관하여 규제를 하려면 미리 고용노동부장관과 협의하여야 한다.

③ 행정기관의 장은 고용노동부장관이 제2항에 따른 협의과정에서 해당 규제에 대한 변경을 요구하면 이에 따라야 하며, 고용노동부장관은 필요한 경우 국무총리에게 협의·조정 사항을 보고하여 확정할 수 있다.

④ 고용노동부장관은 산업재해 예방을 위하여 필요하다고 인정할 때에는 사업주, 사업주단체, 그 밖의 관계인에게 필요한 사항을 권고하거나 협조를 요청할 수 있다.

⑤ 고용노동부장관은 산업재해 예방을 위하여 중앙행정기관의 장과 지방자치단체의 장 또는 공단 등 관련 기관·단체의 장에게 다음 각 호의 정보 또는 자료의 제공 및 관계 전산망의 이용을 요청할 수 있다. 이 경우 요청을 받은 중앙행정기관의 장과 지방자치단체의 장 또는 관련 기관·단체의 장은 정당한 사유가 없으면 그 요청에 따라야 한다.

1. 「부가가치세법」 제8조 및 「법인세법」 제111조에 따른 사업자등록에 관한 정보
2. 「고용보험법」 제15조에 따른 근로자의 피보험자격의 취득 및 상실 등에 관한 정보
3. 그 밖에 산업재해 예방사업을 수행하기 위하여 필요한 정보 또는 자료로서 대통령령으로 정하는 정보 또는 자료

령 제8조의2

제9조【산업재해 예방 통합정보시스템 구축·운영 등】 ① 고용노동부장관은 산업재해를 체계적이고 효율적으로 예방하기 위하여 산업재해 예방 통합정보시스템을 구축·운영할 수 있다.

② 고용노동부장관은 제1항에 따른 산업재해 예방 통합정보시스템으로 처리한 산업 안전 및 보건 등에 관한 정보를 고용노동부령으로 정하는 바에 따라 관련 행정기관과 공단에 제공할 수 있다.

③ 제1항에 따른 산업재해 예방 통합정보시스템의 구축·운영, 그 밖에 필요한 사항은 대통령령으로 정한다.

령 제9조

제10조 【산업재해 발생건수 등의 공표】 ① 고용노동부장관은 산업재해를 예방하기 위하여 대통령령으로 정하는 사업장의 근로자 산업재해 발생건수, 재해율 또는 그 순위 등(이하 "산업재해발생건수등"이라 한다)을 공표하여야 한다.
② 고용노동부장관은 도급인의 사업장(도급인이 제공하거나 지정한 경우로서 도급인이 지배·관리하는 대통령령으로 정하는 장소를 포함한다. 이하 같다) 중 대통령령으로 정하는 사업장에서 관계수급인 근로자가 작업을 하는 경우에 도급인의 산업재해발생건수등에 관계수급인의 산업재해발생건수등을 포함하여 제1항에 따라 공표하여야 한다.
③ 고용노동부장관은 제2항에 따라 산업재해발생건수등을 공표하기 위하여 도급인에게 관계수급인에 관한 자료의 제출을 요청할 수 있다. 이 경우 요청을 받은 자는 정당한 사유가 없으면 이에 따라야 한다.
④ 제1항 및 제2항에 따른 공표의 절차 및 방법, 그 밖에 필요한 사항은 고용노동부령으로 정한다.
벌 법 제10조제3항 후단을 위반하여 관계수급인에 관한 자료를 제출하지 아니하거나 거짓으로 제출한 자에게는 1천만원 이하의 과태료를 부과한다. (법 제175조제4항제1호)
령 제10조·제11조·제12조

제11조 【산업재해 예방시설의 설치·운영】 고용노동부장관은 산업재해 예방을 위하여 다음 각 호의 시설을 설치·운영할 수 있다.
1. 산업 안전 및 보건에 관한 지도시설, 연구시설 및 교육시설
2. 안전보건진단 및 작업환경측정을 위한 시설
3. 노무를 제공하는 사람의 건강을 유지·증진하기 위한 시설 (2020.5.26 개정)
4. 그 밖에 고용노동부령으로 정하는 산업재해 예방을 위한 시설

제12조 【산업재해 예방의 재원】 다음 각 호의 어느 하나에 해당하는 용도에 사용하기 위한 재원(財源)은 「산업재해보상보험법」 제95조제1항에 따른 산업재해보상보험및예방기금에서 지원한다.
1. 제11조 각 호에 따른 시설의 설치와 그 운영에 필요한 비용
2. 산업재해 예방 관련 사업 및 비영리법인에 위탁하는 업무 수행에 필요한 비용
3. 그 밖에 산업재해 예방에 필요한 사업으로서 고용노동부장관이 인정하는 사업의 사업비

제13조 【기술 또는 작업환경에 관한 표준】 ① 고용노동부장관은 산업재해 예방을 위하여 다음 각 호의 조치와 관련된 기술 또는 작업환경에 관한 표준을 정하여 사업주에게 지도·권고할 수 있다.
1. 제5조제2항 각 호의 어느 하나에 해당하는 자가 같은 항에 따라 산업재해

를 방지하기 위하여 하여야 할 조치
2. 제38조 및 제39조에 따라 사업주가 하여야 할 조치
② 고용노동부장관은 제1항에 따른 표준을 정할 때 필요하다고 인정하면 해당 분야별로 표준제정위원회를 구성·운영할 수 있다.
③ 제2항에 따른 표준제정위원회의 구성·운영, 그 밖에 필요한 사항은 고용노동부장관이 정한다.

제2장 안전보건관리체제 등

제1절 안전보건관리체제

제14조 【이사회 보고 및 승인 등】 ① 「상법」 제170조에 따른 주식회사 중 대통령령으로 정하는 회사의 대표이사는 대통령령으로 정하는 바에 따라 매년 회사의 안전 및 보건에 관한 계획을 수립하여 이사회에 보고하고 승인을 받아야 한다.
② 제1항에 따른 대표이사는 제1항에 따른 안전 및 보건에 관한 계획을 성실하게 이행하여야 한다.
③ 제1항에 따른 안전 및 보건에 관한 계획에는 안전 및 보건에 관한 비용, 시설, 인원 등의 사항을 포함하여야 한다.
벌 법 제14조제1항을 위반하여 안전 및 보건에 관한 계획을 이사회에 보고하지 아니하거나 승인을 받지 아니한 자에게는 1천만원 이하의 과태료를 부과한다. (법 제175조제4항제2호)
령 제13조

제15조 【안전보건관리책임자】 ① 사업주는 사업장을 실질적으로 총괄하여 관리하는 사람에게 해당 사업장의 다음 각 호의 업무를 총괄하여 관리하도록 하여야 한다.
1. 사업장의 산업재해 예방계획의 수립에 관한 사항
2. 제25조 및 제26조에 따른 안전보건관리규정의 작성 및 변경에 관한 사항
3. 제29조에 따른 안전보건교육에 관한 사항
4. 작업환경측정 등 작업환경의 점검 및 개선에 관한 사항
5. 제129조부터 제132조까지에 따른 근로자의 건강진단 등 건강관리에 관한 사항
6. 산업재해의 원인 조사 및 재발 방지대책 수립에 관한 사항
7. 산업재해에 관한 통계의 기록 및 유지에 관한 사항
8. 안전장치 및 보호구 구입 시 적격품 여부 확인에 관한 사항
9. 그 밖에 근로자의 유해·위험 방지조치에 관한 사항으로서 고용노동부령

으로 정하는 사항
② 제1항 각 호의 업무를 총괄하여 관리하는 사람(이하 "안전보건관리책임자"라 한다)은 제17조에 따른 안전관리자와 제18조에 따른 보건관리자를 지휘·감독한다.
③ 안전보건관리책임자를 두어야 하는 사업의 종류와 사업장의 상시근로자 수, 그 밖에 필요한 사항은 대통령령으로 정한다.
벌 법 제15조제1항을 위반한 자에게는 500만원 이하의 과태료를 부과한다. (법 제175조제5항제1호)
령 제14조

제16조【관리감독자】 ① 사업주는 사업장의 생산과 관련되는 업무와 그 소속 직원을 직접 지휘·감독하는 직위에 있는 사람(이하 "관리감독자"라 한다)에게 산업 안전 및 보건에 관한 업무로서 대통령령으로 정하는 업무를 수행하도록 하여야 한다.
② 관리감독자가 있는 경우에는 「건설기술 진흥법」 제64조제1항제2호에 따른 안전관리책임자 및 같은 항 제3호에 따른 안전관리담당자를 각각 둔 것으로 본다.
벌 법 제16조제1항을 위반한 자에게는 500만원 이하의 과태료를 부과한다. (법 제175조제5항제1호)
령 제15조

제17조【안전관리자】 ① 사업주는 사업장에 제15조제1항 각 호의 사항 중 안전에 관한 기술적인 사항에 관하여 사업주 또는 안전보건관리책임자를 보좌하고 관리감독자에게 지도·조언하는 업무를 수행하는 사람(이하 "안전관리자"라 한다)을 두어야 한다.
② 안전관리자를 두어야 하는 사업의 종류와 사업장의 상시근로자 수, 안전관리자의 수·자격·업무·권한·선임방법, 그 밖에 필요한 사항은 대통령령으로 정한다.
③ 대통령령으로 정하는 사업의 종류 및 사업장의 상시근로자 수에 해당하는 사업장의 사업주는 안전관리자에게 그 업무만을 전담하도록 하여야 한다. (2021.5.18 신설)
④ 고용노동부장관은 산업재해 예방을 위하여 필요한 경우로서 고용노동부령으로 정하는 사유에 해당하는 경우에는 사업주에게 안전관리자를 제2항에 따라 대통령령으로 정하는 수 이상으로 늘리거나 교체할 것을 명할 수 있다. (2021.5.18 개정)
⑤ 대통령령으로 정하는 사업의 종류 및 사업장의 상시근로자 수에 해당하는 사업장의 사업주는 제21조에 따라 지정받은 안전관리 업무를 전문적으로 수행하는 기관(이하 "안전관리전문기관"이라 한다)에 안전관리자의 업무를

위탁할 수 있다. 〈2021.5.18 개정〉

벌 법 제17조제1항·제3항을 위반한 자에게는 500만원 이하의 과태료를 부과한다. (법 제175조제5항제1호)

벌 법 제17조제4항에 따른 명령을 위반한 자에게는 500만원 이하의 과태료를 부과한다. (법 제175조제5항제2호)

령 제16조·제17조·제18조·제19조

제18조【보건관리자】 ① 사업주는 사업장에 제15조제1항 각 호의 사항 중 보건에 관한 기술적인 사항에 관하여 사업주 또는 안전보건관리책임자를 보좌하고 관리감독자에게 지도·조언하는 업무를 수행하는 사람(이하 "보건관리자"라 한다)을 두어야 한다.

② 보건관리자를 두어야 하는 사업의 종류와 사업장의 상시근로자 수, 보건관리자의 수·자격·업무·권한·선임방법, 그 밖에 필요한 사항은 대통령령으로 정한다.

③ 대통령령으로 정하는 사업의 종류 및 사업장의 상시근로자 수에 해당하는 사업장의 사업주는 보건관리자에게 그 업무만을 전담하도록 하여야 한다. 〈2021.5.18 신설〉

④ 고용노동부장관은 산업재해 예방을 위하여 필요한 경우로서 고용노동부령으로 정하는 사유에 해당하는 경우에는 사업주에게 보건관리자를 제2항에 따라 대통령령으로 정하는 수 이상으로 늘리거나 교체할 것을 명할 수 있다. 〈2021.5.18 개정〉

⑤ 대통령령으로 정하는 사업의 종류 및 사업장의 상시근로자 수에 해당하는 사업장의 사업주는 제21조에 따라 지정받은 보건관리 업무를 전문적으로 수행하는 기관(이하 "보건관리전문기관"이라 한다)에 보건관리자의 업무를 위탁할 수 있다. 〈2021.5.18 개정〉

벌 법 제18조제1항·제3항을 위반한 자에게는 500만원 이하의 과태료를 부과한다. (법 제175조제5항제1호)

벌 법 제18조제4항에 따른 명령을 위반한 자에게는 500만원 이하의 과태료를 부과한다. (법 제175조제5항제2호)

령 제20조·제21조·제22조·제23조

제19조【안전보건관리담당자】 ① 사업주는 사업장에 안전 및 보건에 관하여 사업주를 보좌하고 관리감독자에게 지도·조언하는 업무를 수행하는 사람(이하 "안전보건관리담당자"라 한다)을 두어야 한다. 다만, 안전관리자 또는 보건관리자가 있거나 이를 두어야 하는 경우에는 그러하지 아니하다.

② 안전보건관리담당자를 두어야 하는 사업의 종류와 사업장의 상시근로자 수, 안전보건관리담당자의 수·자격·업무·권한·선임방법, 그 밖에 필요한 사항은 대통령령으로 정한다.

③ 고용노동부장관은 산업재해 예방을 위하여 필요한 경우로서 고용노동부령으로 정하는 사유에 해당하는 경우에는 사업주에게 안전보건관리담당자를 제2항에 따라 대통령령으로 정하는 수 이상으로 늘리거나 교체할 것을 명할 수 있다.
④ 대통령령으로 정하는 사업의 종류 및 사업장의 상시근로자 수에 해당하는 사업장의 사업주는 안전관리전문기관 또는 보건관리전문기관에 안전보건관리담당자의 업무를 위탁할 수 있다.

벌 법 제19조제1항 본문을 위반한 자에게는 500만원 이하의 과태료를 부과한다. (법 제175조제5항제1호)

벌 법 제19조제3항에 따른 명령을 위반한 자에게는 500만원 이하의 과태료를 부과한다. (법 제175조제5항제2호)

령 제24조·제25조·제26조

제20조 【안전관리자 등의 지도·조언】 사업주, 안전보건관리책임자 및 관리감독자는 다음 각 호의 어느 하나에 해당하는 자가 제15조제1항 각 호의 사항 중 안전 또는 보건에 관한 기술적인 사항에 관하여 지도·조언하는 경우에는 이에 상응하는 적절한 조치를 하여야 한다.

1. 안전관리자
2. 보건관리자
3. 안전보건관리담당자
4. 안전관리전문기관 또는 보건관리전문기관(해당 업무를 위탁받은 경우에 한정한다)

제21조 【안전관리전문기관 등】 ① 안전관리전문기관 또는 보건관리전문기관이 되려는 자는 대통령령으로 정하는 인력·시설 및 장비 등의 요건을 갖추어 고용노동부장관의 지정을 받아야 한다.
② 고용노동부장관은 안전관리전문기관 또는 보건관리전문기관에 대하여 평가하고 그 결과를 공개할 수 있다. 이 경우 평가의 기준·방법 및 결과의 공개에 필요한 사항은 고용노동부령으로 정한다.
③ 안전관리전문기관 또는 보건관리전문기관의 지정 절차, 업무 수행에 관한 사항, 위탁받은 업무를 수행할 수 있는 지역, 그 밖에 필요한 사항은 고용노동부령으로 정한다.
④ 고용노동부장관은 안전관리전문기관 또는 보건관리전문기관이 다음 각 호의 어느 하나에 해당할 때에는 그 지정을 취소하거나 6개월 이내의 기간을 정하여 그 업무의 정지를 명할 수 있다. 다만, 제1호 또는 제2호에 해당할 때에는 그 지정을 취소하여야 한다.

1. 거짓이나 그 밖의 부정한 방법으로 지정을 받은 경우
2. 업무정지 기간 중에 업무를 수행한 경우

3. 제1항에 따른 지정 요건을 충족하지 못한 경우
4. 지정받은 사항을 위반하여 업무를 수행한 경우
5. 그 밖에 대통령령으로 정하는 사유에 해당하는 경우

⑤ 제4항에 따라 지정이 취소된 자는 지정이 취소된 날부터 2년 이내에는 각각 해당 안전관리전문기관 또는 보건관리전문기관으로 지정받을 수 없다.

령 제27조·제28조·제73조·제82조·제91조·제96조·제98조

제22조 【산업보건의】 ① 사업주는 근로자의 건강관리나 그 밖에 보건관리자의 업무를 지도하기 위하여 사업장에 산업보건의를 두어야 한다. 다만, 「의료법」 제2조에 따른 의사를 보건관리자로 둔 경우에는 그러하지 아니하다.

② 제1항에 따른 산업보건의(이하 "산업보건의"라 한다)를 두어야 하는 사업의 종류와 사업장의 상시근로자 수 및 산업보건의의 자격·직무·권한·선임방법, 그 밖에 필요한 사항은 대통령령으로 정한다.

벌 법 제22조제1항 본문을 위반한 자에게는 500만원 이하의 과태료를 부과한다. (법 제175조제5항제1호)

령 제29조·제30조·제31조

제23조 【명예산업안전감독관】 ① 고용노동부장관은 산업재해 예방활동에 대한 참여와 지원을 촉진하기 위하여 근로자, 근로자단체, 사업주단체 및 산업재해 예방 관련 전문단체에 소속된 사람 중에서 명예산업안전감독관을 위촉할 수 있다.

② 사업주는 제1항에 따른 명예산업안전감독관(이하 "명예산업안전감독관"이라 한다)에 대하여 직무 수행과 관련한 사유로 불리한 처우를 해서는 아니 된다.

③ 명예산업안전감독관의 위촉 방법, 업무, 그 밖에 필요한 사항은 대통령령으로 정한다.

령 제32조·제33조

제24조 【산업안전보건위원회】 ① 사업주는 사업장의 안전 및 보건에 관한 중요 사항을 심의·의결하기 위하여 사업장에 근로자위원과 사용자위원이 같은 수로 구성되는 산업안전보건위원회를 구성·운영하여야 한다.

② 사업주는 다음 각 호의 사항에 대해서는 제1항에 따른 산업안전보건위원회(이하 "산업안전보건위원회"라 한다)의 심의·의결을 거쳐야 한다.

1. 제15조제1항제1호부터 제5호까지 및 제7호에 관한 사항
2. 제15조제1항제6호에 따른 사항 중 중대재해에 관한 사항
3. 유해하거나 위험한 기계·기구·설비를 도입한 경우 안전 및 보건 관련 조치에 관한 사항
4. 그 밖에 해당 사업장 근로자의 안전 및 보건을 유지·증진시키기 위하여 필요한 사항

③ 산업안전보건위원회는 대통령령으로 정하는 바에 따라 회의를 개최하고 그 결과를 회의록으로 작성하여 보존하여야 한다.
④ 사업주와 근로자는 제2항에 따라 산업안전보건위원회가 심의·의결한 사항을 성실하게 이행하여야 한다.
⑤ 산업안전보건위원회는 이 법, 이 법에 따른 명령, 단체협약, 취업규칙 및 제25조에 따른 안전보건관리규정에 반하는 내용으로 심의·의결해서는 아니 된다.
⑥ 사업주는 산업안전보건위원회의 위원에게 직무 수행과 관련한 사유로 불리한 처우를 해서는 아니 된다.
⑦ 산업안전보건위원회를 구성하여야 할 사업의 종류 및 사업장의 상시근로자 수, 산업안전보건위원회의 구성·운영 및 의결되지 아니한 경우의 처리방법, 그 밖에 필요한 사항은 대통령령으로 정한다.
벌 법 제24조제1항·제4항을 위반한 자에게는 500만원 이하의 과태료를 부과한다. (법 제175조제5항제1호)
령 제34조·제35조·제36조·제37조·제38조·제39조

제2절 안전보건관리규정

제25조 【안전보건관리규정의 작성】 ① 사업주는 사업장의 안전 및 보건을 유지하기 위하여 다음 각 호의 사항이 포함된 안전보건관리규정을 작성하여야 한다.
1. 안전 및 보건에 관한 관리조직과 그 직무에 관한 사항
2. 안전보건교육에 관한 사항
3. 작업장의 안전 및 보건 관리에 관한 사항
4. 사고 조사 및 대책 수립에 관한 사항
5. 그 밖에 안전 및 보건에 관한 사항

② 제1항에 따른 안전보건관리규정(이하 "안전보건관리규정"이라 한다)은 단체협약 또는 취업규칙에 반할 수 없다. 이 경우 안전보건관리규정 중 단체협약 또는 취업규칙에 반하는 부분에 관하여는 그 단체협약 또는 취업규칙으로 정한 기준에 따른다.
③ 안전보건관리규정을 작성하여야 할 사업의 종류, 사업장의 상시근로자 수 및 안전보건관리규정에 포함되어야 할 세부적인 내용, 그 밖에 필요한 사항은 고용노동부령으로 정한다.
벌 법 제25조제1항을 위반한 자에게는 500만원 이하의 과태료를 부과한다. (법 제175조제5항제1호)

제26조 【안전보건관리규정의 작성·변경 절차】 사업주는 안전보건관리규

정을 작성하거나 변경할 때에는 산업안전보건위원회의 심의·의결을 거쳐야 한다. 다만, 산업안전보건위원회가 설치되어 있지 아니한 사업장의 경우에는 근로자대표의 동의를 받아야 한다.

벌 법 제26조를 위반한 자에게는 500만원 이하의 과태료를 부과한다. (법 제175조제5항제1호)

제27조 【안전보건관리규정의 준수】 사업주와 근로자는 안전보건관리규정을 지켜야 한다.

제28조 【다른 법률의 준용】 안전보건관리규정에 관하여 이 법에서 규정한 것을 제외하고는 그 성질에 반하지 아니하는 범위에서 「근로기준법」 중 취업규칙에 관한 규정을 준용한다.

제3장 안전보건교육

제29조 【근로자에 대한 안전보건교육】 ① 사업주는 소속 근로자에게 고용노동부령으로 정하는 바에 따라 정기적으로 안전보건교육을 하여야 한다.

② 사업주는 근로자를 채용할 때와 작업내용을 변경할 때에는 그 근로자에게 고용노동부령으로 정하는 바에 따라 해당 작업에 필요한 안전보건교육을 하여야 한다. 다만, 제31조제1항에 따른 안전보건교육을 이수한 건설 일용근로자를 채용하는 경우에는 그러하지 아니하다. (2020.6.9 개정)

③ 사업주는 근로자를 유해하거나 위험한 작업에 채용하거나 그 작업으로 작업내용을 변경할 때에는 제2항에 따른 안전보건교육 외에 고용노동부령으로 정하는 바에 따라 유해하거나 위험한 작업에 필요한 안전보건교육을 추가로 하여야 한다.

④ 사업주는 제1항부터 제3항까지의 규정에 따른 안전보건교육을 제33조에 따라 고용노동부장관에게 등록한 안전보건교육기관에 위탁할 수 있다.

벌 법 제29조제1항·제2항(제166조의2에서 준용하는 경우를 포함한다)을 위반한 자에게는 500만원 이하의 과태료를 부과한다. (법 제175조제5항제1호)

벌 법 제29조제3항(제166조의2에서 준용하는 경우를 포함한다)을 위반한 자에게는 3천만원 이하의 과태료를 부과한다. (법 제175조제2항제1호)

제30조 【근로자에 대한 안전보건교육의 면제 등】 ① 사업주는 제29조제1항에도 불구하고 다음 각 호의 어느 하나에 해당하는 경우에는 같은 항에 따른 안전보건교육의 전부 또는 일부를 하지 아니할 수 있다.

1. 사업장의 산업재해 발생 정도가 고용노동부령으로 정하는 기준에 해당하는 경우
2. 근로자가 제11조제3호에 따른 시설에서 건강관리에 관한 교육 등 고용노동부령으로 정하는 교육을 이수한 경우

3. 관리감독자가 산업 안전 및 보건 업무의 전문성 제고를 위한 교육 등 고용노동부령으로 정하는 교육을 이수한 경우

② 사업주는 제29조제2항 또는 제3항에도 불구하고 해당 근로자가 채용 또는 변경된 작업에 경험이 있는 등 고용노동부령으로 정하는 경우에는 같은 조 제2항 또는 제3항에 따른 안전보건교육의 전부 또는 일부를 하지 아니할 수 있다.

제31조【건설업 기초안전보건교육】 ① 건설업의 사업주는 건설 일용근로자를 채용할 때에는 그 근로자로 하여금 제33조에 따른 안전보건교육기관이 실시하는 안전보건교육을 이수하도록 하여야 한다. 다만, 건설 일용근로자가 그 사업주에게 채용되기 전에 안전보건교육을 이수한 경우에는 그러하지 아니하다.

② 제1항 본문에 따른 안전보건교육의 시간·내용 및 방법, 그 밖에 필요한 사항은 고용노동부령으로 정한다.

벌 법 제31조제1항을 위반한 자에게는 500만원 이하의 과태료를 부과한다. (법 제175조제5항제1호)

제32조【안전보건관리책임자 등에 대한 직무교육】 ① 사업주(제5호의 경우는 같은 호 각 목에 따른 기관의 장을 말한다)는 다음 각 호에 해당하는 사람에게 제33조에 따른 안전보건교육기관에서 직무와 관련한 안전보건교육을 이수하도록 하여야 한다. 다만, 다음 각 호에 해당하는 사람이 다른 법령에 따라 안전 및 보건에 관한 교육을 받는 등 고용노동부령으로 정하는 경우에는 안전보건교육의 전부 또는 일부를 하지 아니할 수 있다.

1. 안전보건관리책임자
2. 안전관리자
3. 보건관리자
4. 안전보건관리담당자
5. 다음 각 목의 기관에서 안전과 보건에 관련된 업무에 종사하는 사람
   가. 안전관리전문기관
   나. 보건관리전문기관
   다. 제74조에 따라 지정받은 건설재해예방전문지도기관
   라. 제96조에 따라 지정받은 안전검사기관
   마. 제100조에 따라 지정받은 자율안전검사기관
   바. 제120조에 따라 지정받은 석면조사기관

② 제1항 각 호 외의 부분 본문에 따른 안전보건교육의 시간·내용 및 방법, 그 밖에 필요한 사항은 고용노동부령으로 정한다.

벌 법 제32조제1항(제1호부터 제4호까지의 경우만 해당한다)을 위반한 자에게는 500만원 이하의 과태료를 부과한다. (법 제175조제5항제1호)

벌 법 제32조제1항(제5호의 경우만 해당한다)을 위반하여 소속 근로자로 하여금 같은 항 각 호 외의 부분 본문에 따른 안전보건교육을 이수하도록 하지 아니한 자에게는 300만원 이하의 과태료를 부과한다. (법 제175조제6항제1호)

제33조 【안전보건교육기관】 ① 제29조제1항부터 제3항까지의 규정에 따른 안전보건교육, 제31조제1항 본문에 따른 안전보건교육 또는 제32조제1항 각 호 외의 부분 본문에 따른 안전보건교육을 하려는 자는 대통령령으로 정하는 인력·시설 및 장비 등의 요건을 갖추어 고용노동부장관에게 등록하여야 한다. 등록한 사항 중 대통령령으로 정하는 중요한 사항을 변경할 때에도 또한 같다.

② 고용노동부장관은 제1항에 따라 등록한 자(이하 "안전보건교육기관"이라 한다)에 대하여 평가하고 그 결과를 공개할 수 있다. 이 경우 평가의 기준·방법 및 결과의 공개에 필요한 사항은 고용노동부령으로 정한다.

③ 제1항에 따른 등록 절차 및 업무 수행에 관한 사항, 그 밖에 필요한 사항은 고용노동부령으로 정한다.

④ 안전보건교육기관에 대해서는 제21조제4항 및 제5항을 준용한다. 이 경우 "안전관리전문기관 또는 보건관리전문기관"은 "안전보건교육기관"으로, "지정"은 "등록"으로 본다.

령 제40조

제4장 유해·위험 방지 조치

제34조 【법령 요지 등의 게시 등】 사업주는 이 법과 이 법에 따른 명령의 요지 및 안전보건관리규정을 각 사업장의 근로자가 쉽게 볼 수 있는 장소에 게시하거나 갖추어 두어 근로자에게 널리 알려야 한다.

벌 법 제34조를 위반하여 이 법 및 이 법에 따른 명령의 요지, 안전보건관리규정 또는 물질안전보건자료를 게시하지 아니하거나 갖추어 두지 아니한 자에게는 500만원 이하의 과태료를 부과한다. (법 제175조제5항제3호)

제35조 【근로자대표의 통지 요청】 근로자대표는 사업주에게 다음 각 호의 사항을 통지하여 줄 것을 요청할 수 있고, 사업주는 이에 성실히 따라야 한다.

1. 산업안전보건위원회(제75조에 따라 노사협의체를 구성·운영하는 경우에는 노사협의체를 말한다)가 의결한 사항
2. 제47조에 따른 안전보건진단 결과에 관한 사항
3. 제49조에 따른 안전보건개선계획의 수립·시행에 관한 사항
4. 제64조제1항 각 호에 따른 도급인의 이행 사항

5. 제110조제1항에 따른 물질안전보건자료에 관한 사항
6. 제125조제1항에 따른 작업환경측정에 관한 사항
7. 그 밖에 고용노동부령으로 정하는 안전 및 보건에 관한 사항

벌 법 제35조를 위반하여 근로자대표에게 통지하지 아니한 자에게는 300만원 이하의 과태료를 부과한다. (법 제175조제6항제2호)

제36조 【위험성평가의 실시】 ① 사업주는 건설물, 기계·기구·설비, 원재료, 가스, 증기, 분진, 근로자의 작업행동 또는 그 밖의 업무로 인한 유해·위험 요인을 찾아내어 부상 및 질병으로 이어질 수 있는 위험성의 크기가 허용 가능한 범위인지를 평가하여야 하고, 그 결과에 따라 이 법과 이 법에 따른 명령에 따른 조치를 하여야 하며, 근로자에 대한 위험 또는 건강장해를 방지하기 위하여 필요한 경우에는 추가적인 조치를 하여야 한다.

② 사업주는 제1항에 따른 평가 시 고용노동부장관이 정하여 고시하는 바에 따라 해당 작업장의 근로자를 참여시켜야 한다.

③ 사업주는 제1항에 따른 평가의 결과와 조치사항을 고용노동부령으로 정하는 바에 따라 기록하여 보존하여야 한다.

④ 제1항에 따른 평가의 방법, 절차 및 시기, 그 밖에 필요한 사항은 고용노동부장관이 정하여 고시한다.

제37조 【안전보건표지의 설치·부착】 ① 사업주는 유해하거나 위험한 장소·시설·물질에 대한 경고, 비상시에 대처하기 위한 지시·안내 또는 그 밖에 근로자의 안전 및 보건 의식을 고취하기 위한 사항 등을 그림, 기호 및 글자 등으로 나타낸 표지(이하 이 조에서 "안전보건표지"라 한다)를 근로자가 쉽게 알아 볼 수 있도록 설치하거나 붙여야 한다. 이 경우 「외국인근로자의 고용 등에 관한 법률」 제2조에 따른 외국인근로자(같은 조 단서에 따른 사람을 포함한다)를 사용하는 사업주는 안전보건표지를 고용노동부장관이 정하는 바에 따라 해당 외국인근로자의 모국어로 작성하여야 한다. (2020.5.26 개정)

② 안전보건표지의 종류, 형태, 색채, 용도 및 설치·부착 장소, 그 밖에 필요한 사항은 고용노동부령으로 정한다.

벌 법 제37조제1항을 위반한 자에게는 500만원 이하의 과태료를 부과한다. (법 제175조제5항제1호)

제38조 【안전조치】 ① 사업주는 다음 각 호의 어느 하나에 해당하는 위험으로 인한 산업재해를 예방하기 위하여 필요한 조치를 하여야 한다.
1. 기계·기구, 그 밖의 설비에 의한 위험
2. 폭발성, 발화성 및 인화성 물질 등에 의한 위험
3. 전기, 열, 그 밖의 에너지에 의한 위험

② 사업주는 굴착, 채석, 하역, 벌목, 운송, 조작, 운반, 해체, 중량물 취급,

그 밖의 작업을 할 때 불량한 작업방법 등에 의한 위험으로 인한 산업재해를 예방하기 위하여 필요한 조치를 하여야 한다.

③ 사업주는 근로자가 다음 각 호의 어느 하나에 해당하는 장소에서 작업을 할 때 발생할 수 있는 산업재해를 예방하기 위하여 필요한 조치를 하여야 한다.

1. 근로자가 추락할 위험이 있는 장소
2. 토사·구축물 등이 붕괴할 우려가 있는 장소
3. 물체가 떨어지거나 날아올 위험이 있는 장소
4. 천재지변으로 인한 위험이 발생할 우려가 있는 장소

④ 사업주가 제1항부터 제3항까지의 규정에 따라 하여야 하는 조치(이하 "안전조치"라 한다)에 관한 구체적인 사항은 고용노동부령으로 정한다.

벌 법 제38조제1항부터 제3항까지(제166조의2에서 준용하는 경우를 포함한다)를 위반한 자는 5년 이하의 징역 또는 5천만원 이하의 벌금에 처한다. (법 제168조제1호)

벌 법 제38조제1항부터 제3항까지(제166조의2에서 준용하는 경우를 포함한다)를 위반하여 근로자를 사망에 이르게 한 자는 7년 이하의 징역 또는 1억원 이하의 벌금에 처한다. (법 제167조제1항) ※ 법 제167조제1항의 죄로 형을 선고받고 그 형이 확정된 후 5년 이내에 다시 제1항의 죄를 저지른 자는 그 형의 2분의 1까지 가중한다. (법 제167조제2항)

제39조 【보건조치】 ① 사업주는 다음 각 호의 어느 하나에 해당하는 건강장해를 예방하기 위하여 필요한 조치(이하 "보건조치"라 한다)를 하여야 한다.

1. 원재료·가스·증기·분진·흄(fume, 열이나 화학반응에 의하여 형성된 고체증기가 응축되어 생긴 미세입자를 말한다)·미스트(mist, 공기 중에 떠다니는 작은 액체방울을 말한다)·산소결핍·병원체 등에 의한 건강장해
2. 방사선·유해광선·고열·한랭·초음파·소음·진동·이상기압 등에 의한 건강장해 (2024.10.22 개정)
3. 사업장에서 배출되는 기체·액체 또는 찌꺼기 등에 의한 건강장해
4. 계측감시(計測監視), 컴퓨터 단말기 조작, 정밀공작(精密工作) 등의 작업에 의한 건강장해
5. 단순반복작업 또는 인체에 과도한 부담을 주는 작업에 의한 건강장해
6. 환기·채광·조명·보온·방습·청결 등의 적정기준을 유지하지 아니하여 발생하는 건강장해
7. 폭염·한파에 장시간 작업함에 따라 발생하는 건강장해 (2024.10.22 신설)

② 제1항에 따라 사업주가 하여야 하는 보건조치에 관한 구체적인 사항은 고용노동부령으로 정한다.

벌 법 제39조제1항(제166조의2에서 준용하는 경우를 포함한다)을 위반한

자는 5년 이하의 징역 또는 5천만원 이하의 벌금에 처한다. (법 제168조제1호)
벌 법 제39조제1항(제166조의2에서 준용하는 경우를 포함한다)을 위반하여 근로자를 사망에 이르게 한 자는 7년 이하의 징역 또는 1억원 이하의 벌금에 처한다. (법 제167조제1항) ※ 법 제167조제1항의 죄로 형을 선고받고 그 형이 확정된 후 5년 이내에 다시 제1항의 죄를 저지른 자는 그 형의 2분의 1까지 가중한다. (법 제167조제2항)

제40조 【근로자의 안전조치 및 보건조치 준수】 근로자는 제38조 및 제39조에 따라 사업주가 한 조치로서 고용노동부령으로 정하는 조치 사항을 지켜야 한다.
벌 법 제40조(제166조의2에서 준용하는 경우를 포함한다)를 위반한 자에게는 300만원 이하의 과태료를 부과한다. (법 제175조제6항제3호)

제41조 【고객의 폭언 등으로 인한 건강장해 예방조치 등】 ① 사업주는 주로 고객을 직접 대면하거나 「정보통신망 이용촉진 및 정보보호 등에 관한 법률」 제2조제1항제1호에 따른 정보통신망을 통하여 상대하면서 상품을 판매하거나 서비스를 제공하는 업무에 종사하는 고객응대근로자에 대하여 고객의 폭언, 폭행, 그 밖에 적정 범위를 벗어난 신체적·정신적 고통을 유발하는 행위(이하 이 조에서 "폭언등"이라 한다)로 인한 건강장해를 예방하기 위하여 고용노동부령으로 정하는 바에 따라 필요한 조치를 하여야 한다. (2021. 4.13 개정)
② 사업주는 업무와 관련하여 고객 등 제3자의 폭언등으로 근로자에게 건강장해가 발생하거나 발생할 현저한 우려가 있는 경우에는 업무의 일시적 중단 또는 전환 등 대통령령으로 정하는 필요한 조치를 하여야 한다. (2021. 4.13 개정)
③ 근로자는 사업주에게 제2항에 따른 조치를 요구할 수 있고, 사업주는 근로자의 요구를 이유로 해고 또는 그 밖의 불리한 처우를 해서는 아니 된다. (2021.4.13 개정)
벌 법 제41조제2항(제166조의2에서 준용하는 경우를 포함한다)을 위반한 자에게는 1천만원 이하의 과태료를 부과한다. (법 제175조제4항제3호)
벌 법 제41조제3항(제166조의2에서 준용하는 경우를 포함한다)을 위반하여 해고나 그 밖의 불리한 처우를 한 자는 1년 이하의 징역 또는 1천만원 이하의 벌금에 처한다. (법 제170조제1호)
령 제41조

제42조 【유해위험방지계획서의 작성·제출 등】 ① 사업주는 다음 각 호의 어느 하나에 해당하는 경우에는 이 법 또는 이 법에 따른 명령에서 정하는 유해·위험 방지에 관한 사항을 적은 계획서(이하 "유해위험방지계획서"라 한다)를 작성하여 고용노동부령으로 정하는 바에 따라 고용노동부장관에게

제출하고 심사를 받아야 한다. 다만, 제3호에 해당하는 사업주 중 산업재해 발생률 등을 고려하여 고용노동부령으로 정하는 기준에 해당하는 사업주는 유해위험방지계획서를 스스로 심사하고, 그 심사결과서를 작성하여 고용노동부장관에게 제출하여야 한다.

1. 대통령령으로 정하는 사업의 종류 및 규모에 해당하는 사업으로서 해당 제품의 생산 공정과 직접적으로 관련된 건설물·기계·기구 및 설비 등 전부를 설치·이전하거나 그 주요 구조부분을 변경하려는 경우 (2020.5.26 개정)
2. 유해하거나 위험한 작업 또는 장소에서 사용하거나 건강장해를 방지하기 위하여 사용하는 기계·기구 및 설비로서 대통령령으로 정하는 기계·기구 및 설비를 설치·이전하거나 그 주요 구조부분을 변경하려는 경우
3. 대통령령으로 정하는 크기, 높이 등에 해당하는 건설공사를 착공하려는 경우

② 제1항제3호에 따른 건설공사를 착공하려는 사업주(제1항 각 호 외의 부분 단서에 따른 사업주는 제외한다)는 유해위험방지계획서를 작성할 때 건설안전 분야의 자격 등 고용노동부령으로 정하는 자격을 갖춘 자의 의견을 들어야 한다.

③ 제1항에도 불구하고 사업주가 제44조제1항에 따라 공정안전보고서를 고용노동부장관에게 제출한 경우에는 해당 유해·위험설비에 대해서는 유해위험방지계획서를 제출한 것으로 본다.

④ 고용노동부장관은 제1항 각 호 외의 부분 본문에 따라 제출된 유해위험방지계획서를 고용노동부령으로 정하는 바에 따라 심사하여 그 결과를 사업주에게 서면으로 알려 주어야 한다. 이 경우 근로자의 안전 및 보건의 유지·증진을 위하여 필요하다고 인정하는 경우에는 해당 작업 또는 건설공사를 중지하거나 유해위험방지계획서를 변경할 것을 명할 수 있다.

⑤ 제1항에 따른 사업주는 같은 항 각 호 외의 부분 단서에 따라 스스로 심사하거나 제4항에 따라 고용노동부장관이 심사한 유해위험방지계획서와 그 심사결과서를 사업장에 갖추어 두어야 한다.

⑥ 제1항제3호에 따른 건설공사를 착공하려는 사업주로서 제5항에 따라 유해위험방지계획서 및 그 심사결과서를 사업장에 갖추어 둔 사업주는 해당 건설공사의 공법의 변경 등으로 인하여 그 유해위험방지계획서를 변경할 필요가 있는 경우에는 이를 변경하여 갖추어 두어야 한다.

벌 법 제42조제1항·제5항·제6항을 위반한 자에게는 1천만원 이하의 과태료를 부과한다. (법 제175조제4항제3호)

벌 법 제42조제2항을 위반하여 자격이 있는 자의 의견을 듣지 아니하고 유해위험방지계획서를 작성·제출한 자에게는 300만원 이하의 과태료를 부과

한다. (법 제175조제6항제4호)

벌 법 제42조제4항 후단에 따른 명령을 위반한 자는 5년 이하의 징역 또는 5천만원 이하의 벌금에 처한다. (법 제168조제2호)

령 제42조

제43조 【유해위험방지계획서 이행의 확인 등】 ① 제42조제4항에 따라 유해위험방지계획서에 대한 심사를 받은 사업주는 고용노동부령으로 정하는 바에 따라 유해위험방지계획서의 이행에 관하여 고용노동부장관의 확인을 받아야 한다.

② 제42조제1항 각 호 외의 부분 단서에 따른 사업주는 고용노동부령으로 정하는 바에 따라 유해위험방지계획서의 이행에 관하여 스스로 확인하여야 한다. 다만, 해당 건설공사 중에 근로자가 사망(교통사고 등 고용노동부령으로 정하는 경우는 제외한다)한 경우에는 고용노동부령으로 정하는 바에 따라 유해위험방지계획서의 이행에 관하여 고용노동부장관의 확인을 받아야 한다.

③ 고용노동부장관은 제1항 및 제2항 단서에 따른 확인 결과 유해위험방지계획서대로 유해·위험방지를 위한 조치가 되지 아니하는 경우에는 고용노동부령으로 정하는 바에 따라 시설 등의 개선, 사용중지 또는 작업중지 등 필요한 조치를 명할 수 있다.

④ 제3항에 따른 시설 등의 개선, 사용중지 또는 작업중지 등의 절차 및 방법, 그 밖에 필요한 사항은 고용노동부령으로 정한다.

벌 법 제43조제1항을 위반하여 확인을 받지 아니한 자에게는 300만원 이하의 과태료를 부과한다. (법 제175조제6항제5호)

제44조 【공정안전보고서의 작성·제출】 ① 사업주는 사업장에 대통령령으로 정하는 유해하거나 위험한 설비가 있는 경우 그 설비로부터의 위험물질 누출, 화재 및 폭발 등으로 인하여 사업장 내의 근로자에게 즉시 피해를 주거나 사업장 인근 지역에 피해를 줄 수 있는 사고로서 대통령령으로 정하는 사고(이하 "중대산업사고"라 한다)를 예방하기 위하여 대통령령으로 정하는 바에 따라 공정안전보고서를 작성하고 고용노동부장관에게 제출하여 심사를 받아야 한다. 이 경우 공정안전보고서의 내용이 중대산업사고를 예방하기 위하여 적합하다고 통보받기 전에는 관련된 유해하거나 위험한 설비를 가동해서는 아니 된다.

② 사업주는 제1항에 따라 공정안전보고서를 작성할 때 산업안전보건위원회의 심의를 거쳐야 한다. 다만, 산업안전보건위원회가 설치되어 있지 아니한 사업장의 경우에는 근로자대표의 의견을 들어야 한다.

벌 법 제44조제1항 후단을 위반한 자는 3년 이하의 징역 또는 3천만원 이하의 벌금에 처한다. (법 제169조제1호)

벌 법 제44조제1항 전단을 위반한 자에게는 1천만원 이하의 과태료를 부과한다. (법 제175조제4항제3호)

벌 법 제44조제2항을 위반한 자에게는 500만원 이하의 과태료를 부과한다. (법 제175조제5항제1호)

령 제43조·제44조제45조

제45조 【공정안전보고서의 심사 등】 ① 고용노동부장관은 공정안전보고서를 고용노동부령으로 정하는 바에 따라 심사하여 그 결과를 사업주에게 서면으로 알려 주어야 한다. 이 경우 근로자의 안전 및 보건의 유지·증진을 위하여 필요하다고 인정하는 경우에는 그 공정안전보고서의 변경을 명할 수 있다.

② 사업주는 제1항에 따라 심사를 받은 공정안전보고서를 사업장에 갖추어 두어야 한다.

벌 법 제45조제1항 후단에 따른 명령을 위반한 자는 3년 이하의 징역 또는 3천만원 이하의 벌금에 처한다. (법 제169조제2호)

벌 법 제45조제2항을 위반한 자에게는 1천만원 이하의 과태료를 부과한다. (법 제175조제4항제3호)

제46조 【공정안전보고서의 이행 등】 ① 사업주와 근로자는 제45조제1항에 따라 심사를 받은 공정안전보고서(이 조 제3항에 따라 보완한 공정안전보고서를 포함한다)의 내용을 지켜야 한다.

② 사업주는 제45조제1항에 따라 심사를 받은 공정안전보고서의 내용을 실제로 이행하고 있는지 여부에 대하여 고용노동부령으로 정하는 바에 따라 고용노동부장관의 확인을 받아야 한다.

③ 사업주는 제45조제1항에 따라 심사를 받은 공정안전보고서의 내용을 변경하여야 할 사유가 발생한 경우에는 지체 없이 그 내용을 보완하여야 한다.

④ 고용노동부장관은 고용노동부령으로 정하는 바에 따라 공정안전보고서의 이행 상태를 정기적으로 평가할 수 있다.

⑤ 고용노동부장관은 제4항에 따른 평가 결과 제3항에 따른 보완 상태가 불량한 사업장의 사업주에게는 공정안전보고서의 변경을 명할 수 있으며, 이에 따르지 아니하는 경우 공정안전보고서를 다시 제출하도록 명할 수 있다.

벌 법 제46조제1항을 위반한 자에게는 1천만원 이하의 과태료를 부과한다. (법 제175조제4항제3호)

벌 법 제46조제2항을 위반하여 확인을 받지 아니한 자에게는 300만원 이하의 과태료를 부과한다. (법 제175조제6항제5호)

벌 법 제46조제5항에 따른 명령을 위반한 자는 3년 이하의 징역 또는 3천만원 이하의 벌금에 처한다. (법 제169조제2호)

제47조 【안전보건진단】 ① 고용노동부장관은 추락·붕괴, 화재·폭발, 유

해하거나 위험한 물질의 누출 등 산업재해 발생의 위험이 현저히 높은 사업장의 사업주에게 제48조에 따라 지정받은 기관(이하 "안전보건진단기관"이라 한다)이 실시하는 안전보건진단을 받을 것을 명할 수 있다.

② 사업주는 제1항에 따라 안전보건진단 명령을 받은 경우 고용노동부령으로 정하는 바에 따라 안전보건진단기관에 안전보건진단을 의뢰하여야 한다.

③ 사업주는 안전보건진단기관이 제2항에 따라 실시하는 안전보건진단에 적극 협조하여야 하며, 정당한 사유 없이 이를 거부하거나 방해 또는 기피해서는 아니 된다. 이 경우 근로자대표가 요구할 때에는 해당 안전보건진단에 근로자대표를 참여시켜야 한다.

④ 안전보건진단기관은 제2항에 따라 안전보건진단을 실시한 경우에는 안전보건진단 결과보고서를 고용노동부령으로 정하는 바에 따라 해당 사업장의 사업주 및 고용노동부장관에게 제출하여야 한다.

⑤ 안전보건진단의 종류 및 내용, 안전보건진단 결과보고서에 포함될 사항, 그 밖에 필요한 사항은 대통령령으로 정한다.

벌 법 제47조제1항에 따른 명령을 위반한 자에게는 1천만원 이하의 과태료를 부과한다. (법 제175조제4항제4호)

벌 법 제47조제3항 전단을 위반하여 안전보건진단을 거부·방해하거나 기피한 자 또는 같은 항 후단을 위반하여 안전보건진단에 근로자대표를 참여시키지 아니한 자에게는 1천500만원 이하의 과태료를 부과한다. (법 제175조제3항제1호)

령 제46조

제48조 【안전보건진단기관】 ① 안전보건진단기관이 되려는 자는 대통령령으로 정하는 인력·시설 및 장비 등의 요건을 갖추어 고용노동부장관의 지정을 받아야 한다.

② 고용노동부장관은 안전보건진단기관에 대하여 평가하고 그 결과를 공개할 수 있다. 이 경우 평가의 기준·방법 및 결과의 공개에 필요한 사항은 고용노동부령으로 정한다.

③ 안전보건진단기관의 지정 절차, 그 밖에 필요한 사항은 고용노동부령으로 정한다.

④ 안전보건진단기관에 관하여는 제21조제4항 및 제5항을 준용한다. 이 경우 "안전관리전문기관 또는 보건관리전문기관"은 "안전보건진단기관"으로 본다.

령 제47조·제48조

제49조 【안전보건개선계획의 수립·시행 명령】 ① 고용노동부장관은 다음 각 호의 어느 하나에 해당하는 사업장으로서 산업재해 예방을 위하여 종합적인 개선조치를 할 필요가 있다고 인정되는 사업장의 사업주에게 고용노

동부령으로 정하는 바에 따라 그 사업장, 시설, 그 밖의 사항에 관한 안전 및 보건에 관한 개선계획(이하 "안전보건개선계획"이라 한다)을 수립하여 시행할 것을 명할 수 있다. 이 경우 대통령령으로 정하는 사업장의 사업주에게는 제47조에 따라 안전보건진단을 받아 안전보건개선계획을 수립하여 시행할 것을 명할 수 있다.

1. 산업재해율이 같은 업종의 규모별 평균 산업재해율보다 높은 사업장
2. 사업주가 필요한 안전조치 또는 보건조치를 이행하지 아니하여 중대재해가 발생한 사업장
3. 대통령령으로 정하는 수 이상의 직업성 질병자가 발생한 사업장
4. 제106조에 따른 유해인자의 노출기준을 초과한 사업장

② 사업주는 안전보건개선계획을 수립할 때에는 산업안전보건위원회의 심의를 거쳐야 한다. 다만, 산업안전보건위원회가 설치되어 있지 아니한 사업장의 경우에는 근로자대표의 의견을 들어야 한다.

벌 법 제49조제1항에 따른 명령을 위반한 자에게는 1천만원 이하의 과태료를 부과한다. (법 제175조제4항제4호)

벌 법 제49조제2항을 위반한 자에게는 500만원 이하의 과태료를 부과한다. (법 제175조제5항제1호)

령 제49조·제50조

제50조 【안전보건개선계획서의 제출 등】 ① 제49조제1항에 따라 안전보건개선계획의 수립·시행 명령을 받은 사업주는 고용노동부령으로 정하는 바에 따라 안전보건개선계획서를 작성하여 고용노동부장관에게 제출하여야 한다.

② 고용노동부장관은 제1항에 따라 제출받은 안전보건개선계획서를 고용노동부령으로 정하는 바에 따라 심사하여 그 결과를 사업주에게 서면으로 알려 주어야 한다. 이 경우 고용노동부장관은 근로자의 안전 및 보건의 유지·증진을 위하여 필요하다고 인정하는 경우 해당 안전보건개선계획서의 보완을 명할 수 있다.

③ 사업주와 근로자는 제2항 전단에 따라 심사를 받은 안전보건개선계획서(같은 항 후단에 따라 보완한 안전보건개선계획서를 포함한다)를 준수하여야 한다.

벌 법 제50조제3항을 위반한 자에게는 500만원 이하의 과태료를 부과한다. (법 제175조제5항제1호)

제51조 【사업주의 작업중지】 사업주는 산업재해가 발생할 급박한 위험이 있을 때에는 즉시 작업을 중지시키고 근로자를 작업장소에서 대피시키는 등 안전 및 보건에 관하여 필요한 조치를 하여야 한다.

벌 법 제51조(제166조의2에서 준용하는 경우를 포함한다)를 위반한 자는

5년 이하의 징역 또는 5천만원 이하의 벌금에 처한다. (법 제168조제1호)

제52조 【근로자의 작업중지】 ① 근로자는 산업재해가 발생할 급박한 위험이 있는 경우에는 작업을 중지하고 대피할 수 있다.

② 제1항에 따라 작업을 중지하고 대피한 근로자는 지체 없이 그 사실을 관리감독자 또는 그 밖에 부서의 장(이하 "관리감독자등"이라 한다)에게 보고하여야 한다.

③ 관리감독자등은 제2항에 따른 보고를 받으면 안전 및 보건에 관하여 필요한 조치를 하여야 한다.

④ 사업주는 산업재해가 발생할 급박한 위험이 있다고 근로자가 믿을 만한 합리적인 이유가 있을 때에는 제1항에 따라 작업을 중지하고 대피한 근로자에 대하여 해고나 그 밖의 불리한 처우를 해서는 아니 된다.

제53조 【고용노동부장관의 시정조치 등】 ① 고용노동부장관은 사업주가 사업장의 건설물 또는 그 부속건설물 및 기계·기구·설비·원재료(이하 "기계·설비등"이라 한다)에 대하여 안전 및 보건에 관하여 고용노동부령으로 정하는 필요한 조치를 하지 아니하여 근로자에게 현저한 유해·위험이 초래될 우려가 있다고 판단될 때에는 해당 기계·설비등에 대하여 사용중지·대체·제거 또는 시설의 개선, 그 밖에 안전 및 보건에 관하여 고용노동부령으로 정하는 필요한 조치(이하 "시정조치"라 한다)를 명할 수 있다.

② 제1항에 따라 시정조치 명령을 받은 사업주는 해당 기계·설비등에 대하여 시정조치를 완료할 때까지 시정조치 명령 사항을 사업장 내에 근로자가 쉽게 볼 수 있는 장소에 게시하여야 한다.

③ 고용노동부장관은 사업주가 해당 기계·설비등에 대한 시정조치 명령을 이행하지 아니하여 유해·위험 상태가 해소 또는 개선되지 아니하거나 근로자에 대한 유해·위험이 현저히 높아질 우려가 있는 경우에는 해당 기계·설비등과 관련된 작업의 전부 또는 일부의 중지를 명할 수 있다.

④ 제1항에 따른 사용중지 명령 또는 제3항에 따른 작업중지 명령을 받은 사업주는 그 시정조치를 완료한 경우에는 고용노동부장관에게 제1항에 따른 사용중지 또는 제3항에 따른 작업중지의 해제를 요청할 수 있다.

⑤ 고용노동부장관은 제4항에 따른 해제 요청에 대하여 시정조치가 완료되었다고 판단될 때에는 제1항에 따른 사용중지 또는 제3항에 따른 작업중지를 해제하여야 한다.

벌 법 제53조제1항(제166조의2에서 준용하는 경우를 포함한다)에 따른 명령을 위반한 자는 3년 이하의 징역 또는 3천만원 이하의 벌금에 처한다. (법 제169조제2호)

벌 법 제53조제2항(제166조의2에서 준용하는 경우를 포함한다)을 위반하여 고용노동부장관으로부터 명령받은 사항을 게시하지 아니한 자에게는

500만원 이하의 과태료를 부과한다. (법 제175조제5항제4호)

벌 법 제53조제3항(제166조의2에서 준용하는 경우를 포함한다)에 따른 명령을 위반한 자는 5년 이하의 징역 또는 5천만원 이하의 벌금에 처한다. (법 제168조제2호)

제54조 【중대재해 발생 시 사업주의 조치】 ① 사업주는 중대재해가 발생하였을 때에는 즉시 해당 작업을 중지시키고 근로자를 작업장소에서 대피시키는 등 안전 및 보건에 관하여 필요한 조치를 하여야 한다.

② 사업주는 중대재해가 발생한 사실을 알게 된 경우에는 고용노동부령으로 정하는 바에 따라 지체 없이 고용노동부장관에게 보고하여야 한다. 다만, 천재지변 등 부득이한 사유가 발생한 경우에는 그 사유가 소멸되면 지체 없이 보고하여야 한다.

벌 법 제54조제1항(제166조의2에서 준용하는 경우를 포함한다)을 위반한 자는 5년 이하의 징역 또는 5천만원 이하의 벌금에 처한다. (법 제168조제1호)

벌 법 제54조제2항(제166조의2에서 준용하는 경우를 포함한다)을 위반하여 중대재해 발생 사실을 보고하지 아니하거나 거짓으로 보고한 자에게는 3천만원 이하의 과태료를 부과한다. (법 제175조제2항제2호)

제55조 【중대재해 발생 시 고용노동부장관의 작업중지 조치】 ① 고용노동부장관은 중대재해가 발생하였을 때 다음 각 호의 어느 하나에 해당하는 작업으로 인하여 해당 사업장에 산업재해가 다시 발생할 급박한 위험이 있다고 판단되는 경우에는 그 작업의 중지를 명할 수 있다.

1. 중대재해가 발생한 해당 작업
2. 중대재해가 발생한 작업과 동일한 작업

② 고용노동부장관은 토사·구축물의 붕괴, 화재·폭발, 유해하거나 위험한 물질의 누출 등으로 인하여 중대재해가 발생하여 그 재해가 발생한 장소 주변으로 산업재해가 확산될 수 있다고 판단되는 등 불가피한 경우에는 해당 사업장의 작업을 중지할 수 있다.

③ 고용노동부장관은 사업주가 제1항 또는 제2항에 따른 작업중지의 해제를 요청한 경우에는 작업중지 해제에 관한 전문가 등으로 구성된 심의위원회의 심의를 거쳐 고용노동부령으로 정하는 바에 따라 제1항 또는 제2항에 따른 작업중지를 해제하여야 한다.

④ 제3항에 따른 작업중지 해제의 요청 절차 및 방법, 심의위원회의 구성·운영, 그 밖에 필요한 사항은 고용노동부령으로 정한다.

벌 법 제55조제1항(제166조의2에서 준용하는 경우를 포함한다)·제2항(제166조의2에서 준용하는 경우를 포함한다)에 따른 명령을 위반한 자는 5년 이하의 징역 또는 5천만원 이하의 벌금에 처한다. (법 제168조제2호)

제56조 【중대재해 원인조사 등】 ① 고용노동부장관은 중대재해가 발생하

였을 때에는 그 원인 규명 또는 산업재해 예방대책 수립을 위하여 그 발생 원인을 조사할 수 있다.

② 고용노동부장관은 중대재해가 발생한 사업장의 사업주에게 안전보건개선계획의 수립·시행, 그 밖에 필요한 조치를 명할 수 있다.

③ 누구든지 중대재해 발생 현장을 훼손하거나 제1항에 따른 고용노동부장관의 원인조사를 방해해서는 아니 된다.

④ 중대재해가 발생한 사업장에 대한 원인조사의 내용 및 절차, 그 밖에 필요한 사항은 고용노동부령으로 정한다.

벌 법 제56조제3항(제166조의2에서 준용하는 경우를 포함한다)을 위반하여 중대재해 발생 현장을 훼손하거나 고용노동부장관의 원인조사를 방해한 자는 1년 이하의 징역 또는 1천만원 이하의 벌금에 처한다. (법 제170조제2호)

제57조 【산업재해 발생 은폐 금지 및 보고 등】 ① 사업주는 산업재해가 발생하였을 때에는 그 발생 사실을 은폐해서는 아니 된다.

② 사업주는 고용노동부령으로 정하는 바에 따라 산업재해의 발생 원인 등을 기록하여 보존하여야 한다.

③ 사업주는 고용노동부령으로 정하는 산업재해에 대해서는 그 발생 개요·원인 및 보고 시기, 재발방지 계획 등을 고용노동부령으로 정하는 바에 따라 고용노동부장관에게 보고하여야 한다.

벌 법 제57조제1항(제166조의2에서 준용하는 경우를 포함한다)을 위반하여 산업재해 발생 사실을 은폐한 자 또는 그 발생 사실을 은폐하도록 교사(敎唆)하거나 공모(共謀)한 자는 1년 이하의 징역 또는 1천만원 이하의 벌금에 처한다. (법 제170조제3호)

벌 법 제57조제3항(제166조의2에서 준용하는 경우를 포함한다)에 따른 보고를 하지 아니하거나 거짓으로 보고한 자에게는 1천500만원 이하의 과태료를 부과한다. (법 제175조제3항제2호)

제5장 도급 시 산업재해 예방

제1절 도급의 제한

제58조 【유해한 작업의 도급금지】 ① 사업주는 근로자의 안전 및 보건에 유해하거나 위험한 작업으로서 다음 각 호의 어느 하나에 해당하는 작업을 도급하여 자신의 사업장에서 수급인의 근로자가 그 작업을 하도록 해서는 아니 된다.

1. 도금작업
2. 수은, 납 또는 카드뮴을 제련, 주입, 가공 및 가열하는 작업

3. 제118조제1항에 따른 허가대상물질을 제조하거나 사용하는 작업

② 사업주는 제1항에도 불구하고 다음 각 호의 어느 하나에 해당하는 경우에는 제1항 각 호에 따른 작업을 도급하여 자신의 사업장에서 수급인의 근로자가 그 작업을 하도록 할 수 있다.

1. 일시·간헐적으로 하는 작업을 도급하는 경우
2. 수급인이 보유한 기술이 전문적이고 사업주(수급인에게 도급을 한 도급인으로서의 사업주를 말한다)의 사업 운영에 필수 불가결한 경우로서 고용노동부장관의 승인을 받은 경우

③ 사업주는 제2항제2호에 따라 고용노동부장관의 승인을 받으려는 경우에는 고용노동부령으로 정하는 바에 따라 고용노동부장관이 실시하는 안전 및 보건에 관한 평가를 받아야 한다.

④ 제2항제2호에 따른 승인의 유효기간은 3년의 범위에서 정한다.

⑤ 고용노동부장관은 제4항에 따른 유효기간이 만료되는 경우에 사업주가 유효기간의 연장을 신청하면 승인의 유효기간이 만료되는 날의 다음 날부터 3년의 범위에서 고용노동부령으로 정하는 바에 따라 그 기간의 연장을 승인할 수 있다. 이 경우 사업주는 제3항에 따른 안전 및 보건에 관한 평가를 받아야 한다.

⑥ 사업주는 제2항제2호 또는 제5항에 따라 승인을 받은 사항 중 고용노동부령으로 정하는 사항을 변경하려는 경우에는 고용노동부령으로 정하는 바에 따라 변경에 대한 승인을 받아야 한다.

⑦ 고용노동부장관은 제2항제2호, 제5항 또는 제6항에 따라 승인, 연장승인 또는 변경승인을 받은 자가 제8항에 따른 기준에 미달하게 된 경우에는 승인, 연장승인 또는 변경승인을 취소하여야 한다.

⑧ 제2항제2호, 제5항 또는 제6항에 따른 승인, 연장승인 또는 변경승인의 기준·절차 및 방법, 그 밖에 필요한 사항은 고용노동부령으로 정한다.

벌 법 제58조제3항 또는 같은 조 제5항 후단(제59조제2항에 따라 준용되는 경우를 포함한다)에 따른 안전 및 보건에 관한 평가 업무를 제165조제2항에 따라 위탁받은 자로서 그 업무를 거짓이나 그 밖의 부정한 방법으로 수행한 자는 3년 이하의 징역 또는 3천만원 이하의 벌금에 처한다. (법 제169조제3호)

제59조 【도급의 승인】 ① 사업주는 자신의 사업장에서 안전 및 보건에 유해하거나 위험한 작업 중 급성 독성, 피부 부식성 등이 있는 물질의 취급 등 대통령령으로 정하는 작업을 도급하려는 경우에는 고용노동부장관의 승인을 받아야 한다. 이 경우 사업주는 고용노동부령으로 정하는 바에 따라 안전 및 보건에 관한 평가를 받아야 한다.

② 제1항에 따른 승인에 관하여는 제58조제4항부터 제8항까지의 규정을 준용한다.

령 제51조

제60조 【도급의 승인 시 하도급 금지】 제58조제2항제2호에 따른 승인, 같은 조 제5항 또는 제6항(제59조제2항에 따라 준용되는 경우를 포함한다)에 따른 연장승인 또는 변경승인 및 제59조제1항에 따른 승인을 받은 작업을 도급받은 수급인은 그 작업을 하도급할 수 없다.

제61조 【적격 수급인 선정 의무】 사업주는 산업재해 예방을 위한 조치를 할 수 있는 능력을 갖춘 사업주에게 도급하여야 한다.

제2절 도급인의 안전조치 및 보건조치

제62조 【안전보건총괄책임자】 ① 도급인은 관계수급인 근로자가 도급인의 사업장에서 작업을 하는 경우에는 그 사업장의 안전보건관리책임자를 도급인의 근로자와 관계수급인 근로자의 산업재해를 예방하기 위한 업무를 총괄하여 관리하는 안전보건총괄책임자로 지정하여야 한다. 이 경우 안전보건관리책임자를 두지 아니하여도 되는 사업장에서는 그 사업장에서 사업을 총괄하여 관리하는 사람을 안전보건총괄책임자로 지정하여야 한다.
② 제1항에 따라 안전보건총괄책임자를 지정한 경우에는 「건설기술 진흥법」 제64조제1항제1호에 따른 안전총괄책임자를 둔 것으로 본다.
③ 제1항에 따라 안전보건총괄책임자를 지정하여야 하는 사업의 종류와 사업장의 상시근로자 수, 안전보건총괄책임자의 직무·권한, 그 밖에 필요한 사항은 대통령령으로 정한다.
벌 법 제62조제1항을 위반한 자에게는 500만원 이하의 과태료를 부과한다. (법 제175조제5항제1호)
령 제52조·제53조

제63조 【도급인의 안전조치 및 보건조치】 도급인은 관계수급인 근로자가 도급인의 사업장에서 작업을 하는 경우에 자신의 근로자와 관계수급인 근로자의 산업재해를 예방하기 위하여 안전 및 보건 시설의 설치 등 필요한 안전조치 및 보건조치를 하여야 한다. 다만, 보호구 착용의 지시 등 관계수급인 근로자의 작업행동에 관한 직접적인 조치는 제외한다.
벌 법 제63조(제166조의2에서 준용하는 경우를 포함한다)를 위반한 자는 3년 이하의 징역 또는 3천만원 이하의 벌금에 처한다. (법 제169조제1호)
벌 법 제63조(제166조의2에서 준용하는 경우를 포함한다)를 위반하여 근로자를 사망에 이르게 한 자는 7년 이하의 징역 또는 1억원 이하의 벌금에 처한다. (법 제167조제1항) ※ 법 제167조제1항의 죄로 형을 선고받고 그 형이 확정된 후 5년 이내에 다시 제1항의 죄를 저지른 자는 그 형의 2분의 1까지 가중한다. (법 제167조제2항)

제64조 【도급에 따른 산업재해 예방조치】 ① 도급인은 관계수급인 근로자가 도급인의 사업장에서 작업을 하는 경우 다음 각 호의 사항을 이행하여야 한다.

1. 도급인과 수급인을 구성원으로 하는 안전 및 보건에 관한 협의체의 구성 및 운영
2. 작업장 순회점검
3. 관계수급인이 근로자에게 하는 제29조제1항부터 제3항까지의 규정에 따른 안전보건교육을 위한 장소 및 자료의 제공 등 지원
4. 관계수급인이 근로자에게 하는 제29조제3항에 따른 안전보건교육의 실시 확인
5. 다음 각 목의 어느 하나의 경우에 대비한 경보체계 운영과 대피방법 등 훈련
   가. 작업 장소에서 발파작업을 하는 경우
   나. 작업 장소에서 화재·폭발, 토사·구축물 등의 붕괴 또는 지진 등이 발생한 경우
6. 위생시설 등 고용노동부령으로 정하는 시설의 설치 등을 위하여 필요한 장소의 제공 또는 도급인이 설치한 위생시설 이용의 협조
7. 같은 장소에서 이루어지는 도급인과 관계수급인 등의 작업에 있어서 관계수급인 등의 작업시기·내용, 안전조치 및 보건조치 등의 확인 (2021.5.18 신설)
8. 제7호에 따른 확인 결과 관계수급인 등의 작업 혼재로 인하여 화재·폭발 등 대통령령으로 정하는 위험이 발생할 우려가 있는 경우 관계수급인 등의 작업시기·내용 등의 조정 (2021.5.18 신설)

② 제1항에 따른 도급인은 고용노동부령으로 정하는 바에 따라 자신의 근로자 및 관계수급인 근로자와 함께 정기적으로 또는 수시로 작업장의 안전 및 보건에 관한 점검을 하여야 한다.

③ 제1항에 따른 안전 및 보건에 관한 협의체 구성 및 운영, 작업장 순회점검, 안전보건교육 지원, 그 밖에 필요한 사항은 고용노동부령으로 정한다.

벌 법 제64조제1항제1호부터 제5호까지, 제7호, 제8호 또는 같은 조 제2항을 위반한 자는 500만원 이하의 벌금에 처한다. (법 제172조) (2021.8.17 개정)

벌 법 제64조제1항제6호를 위반하여 위생시설 등 고용노동부령으로 정하는 시설의 설치 등을 위하여 필요한 장소의 제공을 하지 아니하거나 도급인이 설치한 위생시설 이용에 협조하지 아니한 자에게는 1천500만원 이하의 과태료를 부과한다. (법 제175조제3항제2호의2)

령 제53조의2

제65조 【도급인의 안전 및 보건에 관한 정보 제공 등】 ① 다음 각 호의 작업을 도급하는 자는 그 작업을 수행하는 수급인 근로자의 산업재해를 예방하기 위하여 고용노동부령으로 정하는 바에 따라 해당 작업 시작 전에 수급인에게 안전 및 보건에 관한 정보를 문서로 제공하여야 한다.

1. 폭발성·발화성·인화성·독성 등의 유해성·위험성이 있는 화학물질 중 고용노동부령으로 정하는 화학물질 또는 그 화학물질을 포함한 혼합물을 제조·사용·운반 또는 저장하는 반응기·증류탑·배관 또는 저장탱크로서 고용노동부령으로 정하는 설비를 개조·분해·해체 또는 철거하는 작업 (2020. 5.26 개정)
2. 제1호에 따른 설비의 내부에서 이루어지는 작업
3. 질식 또는 붕괴의 위험이 있는 작업으로서 대통령령으로 정하는 작업

② 도급인이 제1항에 따라 안전 및 보건에 관한 정보를 해당 작업 시작 전까지 제공하지 아니한 경우에는 수급인이 정보 제공을 요청할 수 있다.

③ 도급인은 수급인이 제1항에 따라 제공받은 안전 및 보건에 관한 정보에 따라 필요한 안전조치 및 보건조치를 하였는지를 확인하여야 한다.

④ 수급인은 제2항에 따른 요청에도 불구하고 도급인이 정보를 제공하지 아니하는 경우에는 해당 도급 작업을 하지 아니할 수 있다. 이 경우 수급인은 계약의 이행 지체에 따른 책임을 지지 아니한다.

벌 법 제65조제1항을 위반한 자는 1년 이하의 징역 또는 1천만원 이하의 벌금에 처한다. (법 제170조제4호)

령 제54조

제66조 【도급인의 관계수급인에 대한 시정조치】 ① 도급인은 관계수급인 근로자가 도급인의 사업장에서 작업을 하는 경우에 관계수급인 또는 관계수급인 근로자가 도급받은 작업과 관련하여 이 법 또는 이 법에 따른 명령을 위반하면 관계수급인에게 그 위반행위를 시정하도록 필요한 조치를 할 수 있다. 이 경우 관계수급인은 정당한 사유가 없으면 그 조치에 따라야 한다.

② 도급인은 제65조제1항 각 호의 작업을 도급하는 경우에 수급인 또는 수급인 근로자가 도급받은 작업과 관련하여 이 법 또는 이 법에 따른 명령을 위반하면 수급인에게 그 위반행위를 시정하도록 필요한 조치를 할 수 있다. 이 경우 수급인은 정당한 사유가 없으면 그 조치에 따라야 한다.

벌 법 제66조를 위반한 자에게는 500만원 이하의 과태료를 부과한다. (법 제175조제5항제1호)

제3절 건설업 등의 산업재해 예방

제67조 【건설공사발주자의 산업재해 예방 조치】 ① 대통령령으로 정하는

건설공사의 건설공사발주자는 산업재해 예방을 위하여 건설공사의 계획, 설계 및 시공 단계에서 다음 각 호의 구분에 따른 조치를 하여야 한다.

1. 건설공사 계획단계 : 해당 건설공사에서 중점적으로 관리하여야 할 유해·위험요인과 이의 감소방안을 포함한 기본안전보건대장을 작성할 것
2. 건설공사 설계단계 : 제1호에 따른 기본안전보건대장을 설계자에게 제공하고, 설계자로 하여금 유해·위험요인의 감소방안을 포함한 설계안전보건대장을 작성하게 하고 이를 확인할 것
3. 건설공사 시공단계 : 건설공사발주자로부터 건설공사를 최초로 도급받은 수급인에게 제2호에 따른 설계안전보건대장을 제공하고, 그 수급인에게 이를 반영하여 안전한 작업을 위한 공사안전보건대장을 작성하게 하고 그 이행 여부를 확인할 것

② 제1항에 따른 건설공사발주자는 대통령령으로 정하는 안전보건 분야의 전문가에게 같은 항 각 호에 따른 대장에 기재된 내용의 적정성 등을 확인받아야 한다. (2021.5.18 신설)

③ 제1항에 따른 건설공사발주자는 설계자 및 건설공사를 최초로 도급받은 수급인이 건설현장의 안전을 우선적으로 고려하여 설계·시공 업무를 수행할 수 있도록 적정한 비용과 기간을 계상·설정하여야 한다. (2021.5.18 신설)

④ 제1항 각 호에 따른 대장에 포함되어야 할 구체적인 내용은 고용노동부령으로 정한다. (2021.5.18 개정)

벌 법 제67조제1항·제2항을 위반한 자에게는 1천만원 이하의 과태료를 부과한다. (법 제175조제4항제3호)

령 제55조·제55조의2

제68조 【안전보건조정자】 ① 2개 이상의 건설공사를 도급한 건설공사발주자는 그 2개 이상의 건설공사가 같은 장소에서 행해지는 경우에 작업의 혼재로 인하여 발생할 수 있는 산업재해를 예방하기 위하여 건설공사 현장에 안전보건조정자를 두어야 한다.

② 제1항에 따라 안전보건조정자를 두어야 하는 건설공사의 금액, 안전보건조정자의 자격·업무, 선임방법, 그 밖에 필요한 사항은 대통령령으로 정한다.

벌 법 제68조제1항을 위반한 자에게는 500만원 이하의 과태료를 부과한다. (법 제175조제5항제1호)

령 제56조·제57조

제69조 【공사기간 단축 및 공법변경 금지】 ① 건설공사발주자 또는 건설공사도급인(건설공사발주자로부터 해당 건설공사를 최초로 도급받은 수급인 또는 건설공사의 시공을 주도하여 총괄·관리하는 자를 말한다. 이하 이 절에서 같다)은 설계도서 등에 따라 산정된 공사기간을 단축해서는 아니 된다.

② 건설공사발주자 또는 건설공사도급인은 공사비를 줄이기 위하여 위험성

이 있는 공법을 사용하거나 정당한 사유 없이 정해진 공법을 변경해서는 아니 된다.

벌 법 제69조제1항·제2항을 위반한 자는 1천만원 이하의 벌금에 처한다. (법 제171조제1호)

제70조 【건설공사 기간의 연장】 ① 건설공사발주자는 다음 각 호의 어느 하나에 해당하는 사유로 건설공사가 지연되어 해당 건설공사도급인이 산업재해 예방을 위하여 공사기간의 연장을 요청하는 경우에는 특별한 사유가 없으면 공사기간을 연장하여야 한다.

1. 태풍·홍수 등 악천후, 전쟁·사변, 지진, 화재, 전염병, 폭동, 그 밖에 계약당사자가 통제할 수 없는 사태의 발생 등 불가항력의 사유가 있는 경우
2. 건설공사발주자에게 책임이 있는 사유로 착공이 지연되거나 시공이 중단된 경우

② 건설공사의 관계수급인은 제1항제1호에 해당하는 사유 또는 건설공사도급인에게 책임이 있는 사유로 착공이 지연되거나 시공이 중단되어 해당 건설공사가 지연된 경우에 산업재해 예방을 위하여 건설공사도급인에게 공사기간의 연장을 요청할 수 있다. 이 경우 건설공사도급인은 특별한 사유가 없으면 공사기간을 연장하거나 건설공사발주자에게 그 기간의 연장을 요청하여야 한다.

③ 제1항 및 제2항에 따른 건설공사 기간의 연장 요청 절차, 그 밖에 필요한 사항은 고용노동부령으로 정한다.

벌 법 제70조제1항을 위반한 자에게는 1천만원 이하의 과태료를 부과한다. (법 제175조제4항제3호)

벌 법 제70조제2항 후단을 위반한 자에게는 1천만원 이하의 과태료를 부과한다. (법 제175조제4항제3호)

제71조 【설계변경의 요청】 ① 건설공사도급인은 해당 건설공사 중에 대통령령으로 정하는 가설구조물의 붕괴 등으로 산업재해가 발생할 위험이 있다고 판단되면 건축·토목 분야의 전문가 등 대통령령으로 정하는 전문가의 의견을 들어 건설공사발주자에게 해당 건설공사의 설계변경을 요청할 수 있다. 다만, 건설공사발주자가 설계를 포함하여 발주한 경우는 그러하지 아니하다.

② 제42조제4항 후단에 따라 고용노동부장관으로부터 공사중지 또는 유해위험방지계획서의 변경 명령을 받은 건설공사도급인은 설계변경이 필요한 경우 건설공사발주자에게 설계변경을 요청할 수 있다.

산업안전

③ 건설공사의 관계수급인은 건설공사 중에 제1항에 따른 가설구조물의 붕괴 등으로 산업재해가 발생할 위험이 있다고 판단되면 제1항에 따른 전문가의 의견을 들어 건설공사도급인에게 해당 건설공사의 설계변경을 요청할 수 있다. 이 경우 건설공사도급인은 그 요청받은 내용이 기술적으로 적용이 불

가능한 명백한 경우가 아니면 이를 반영하여 해당 건설공사의 설계를 변경하거나 건설공사발주자에게 설계변경을 요청하여야 한다.
④ 제1항부터 제3항까지의 규정에 따라 설계변경 요청을 받은 건설공사발주자는 그 요청받은 내용이 기술적으로 적용이 불가능한 명백한 경우가 아니면 이를 반영하여 설계를 변경하여야 한다.
⑤ 제1항부터 제3항까지의 규정에 따른 설계변경의 요청 절차·방법, 그 밖에 필요한 사항은 고용노동부령으로 정한다. 이 경우 미리 국토교통부장관과 협의하여야 한다.
벌 법 제71조제3항 후단을 위반한 자에게는 1천만원 이하의 과태료를 부과한다. (법 제175조제4항제3호)
벌 법 제71조제4항을 위반한 자에게는 1천만원 이하의 과태료를 부과한다. (법 제175조제4항제3호)
령 제58조

제72조 【건설공사 등의 산업안전보건관리비 계상 등】 ① 건설공사발주자가 도급계약을 체결하거나 건설공사의 시공을 주도하여 총괄·관리하는 자(건설공사발주자로부터 건설공사를 최초로 도급받은 수급인은 제외한다)가 건설공사 사업 계획을 수립할 때에는 고용노동부장관이 정하여 고시하는 바에 따라 산업재해 예방을 위하여 사용하는 비용(이하 "산업안전보건관리비"라 한다)을 도급금액 또는 사업비에 계상(計上)하여야 한다. (2020.6.9 개정)
② 고용노동부장관은 산업안전보건관리비의 효율적인 사용을 위하여 다음 각 호의 사항을 정할 수 있다.
1. 사업의 규모별·종류별 계상 기준
2. 건설공사의 진척 정도에 따른 사용비율 등 기준
3. 그 밖에 산업안전보건관리비의 사용에 필요한 사항
③ 건설공사도급인은 산업안전보건관리비를 제2항에서 정하는 바에 따라 사용하고 고용노동부령으로 정하는 바에 따라 그 사용명세서를 작성하여 보존하여야 한다. (2020.6.9 개정)
④ 선박의 건조 또는 수리를 최초로 도급받은 수급인은 사업 계획을 수립할 때에는 고용노동부장관이 정하여 고시하는 바에 따라 산업안전보건관리비를 사업비에 계상하여야 한다.
⑤ 건설공사도급인 또는 제4항에 따른 선박의 건조 또는 수리를 최초로 도급받은 수급인은 산업안전보건관리비를 산업재해 예방 외의 목적으로 사용해서는 아니 된다. (2020.6.9 개정)
벌 법 제72조제1항·제3항·제5항(건설공사도급인만 해당한다)을 위반한 자에게는 1천만원 이하의 과태료를 부과한다. (법 제175조제4항제3호)

제73조 【건설공사의 산업재해 예방 지도】 ① 대통령령으로 정하는 건설

공사의 건설공사발주자 또는 건설공사도급인(건설공사발주자로부터 건설공사를 최초로 도급받은 수급인은 제외한다)은은 해당 건설공사를 착공하려는 경우 제74조에 따라 지정받은 전문기관(이하 "건설재해예방전문지도기관"이라 한다)과 건설 산업재해 예방을 위한 지도계약을 체결하여야 한다. (2021.8.17 개정)

② 건설재해예방전문지도기관은 건설공사도급인에게 산업재해 예방을 위한 지도를 실시하여야 하고, 건설공사도급인은 지도에 따라 적절한 조치를 하여야 한다. (2021.8.17 신설)

③ 건설재해예방전문지도기관의 지도업무의 내용, 지도대상 분야, 지도의 수행방법, 그 밖에 필요한 사항은 대통령령으로 정한다. (2021.8.17 개정)

벌 법 제73조제1항을 위반하여 지도계약을 체결하지 아니한 자에게는 300만원 이하의 과태료를 부과한다. (법 제175조제6항제6호)

벌 법 제73조제2항을 위반하여 지도를 실시하지 아니한 자 또는 지도에 따라 적절한 조치를 하지 아니한 자에게는 300만원 이하의 과태료를 부과한다. (법 제175조제6항세6오의2)

령 제59조·제60조

제74조 【건설재해예방전문지도기관】 ① 건설재해예방전문지도기관이 되려는 자는 대통령령으로 정하는 인력·시설 및 장비 등의 요건을 갖추어 고용노동부장관의 지정을 받아야 한다.

② 제1항에 따른 건설재해예방전문지도기관의 지정 절차, 그 밖에 필요한 사항은 대통령령으로 정한다.

③ 고용노동부장관은 건설재해예방전문지도기관에 대하여 평가하고 그 결과를 공개할 수 있다. 이 경우 평가의 기준·방법, 결과의 공개에 필요한 사항은 고용노동부령으로 정한다.

④ 건설재해예방전문지도기관에 관하여는 제21조제4항 및 제5항을 준용한다. 이 경우 "안전관리전문기관 또는 보건관리전문기관"은 "건설재해예방전문지도기관"으로 본다.

령 제61조·제62조

제75조 【안전 및 보건에 관한 협의체 등의 구성·운영에 관한 특례】 ① 대통령령으로 정하는 규모의 건설공사의 건설공사도급인은 해당 건설공사 현장에 근로자위원과 사용자위원이 같은 수로 구성되는 안전 및 보건에 관한 협의체(이하 "노사협의체"라 한다)를 대통령령으로 정하는 바에 따라 구성·운영할 수 있다.

② 건설공사도급인이 제1항에 따라 노사협의체를 구성·운영하는 경우에는 산업안전보건위원회 및 제64조제1항제1호에 따른 안전 및 보건에 관한 협의체를 각각 구성·운영하는 것으로 본다.

③ 제1항에 따라 노사협의체를 구성·운영하는 건설공사도급인은 제24조제2항 각 호의 사항에 대하여 노사협의체의 심의·의결을 거쳐야 한다. 이 경우 노사협의체에서 의결되지 아니한 사항의 처리방법은 대통령령으로 정한다.
④ 노사협의체는 대통령령으로 정하는 바에 따라 회의를 개최하고 그 결과를 회의록으로 작성하여 보존하여야 한다.
⑤ 노사협의체는 산업재해 예방 및 산업재해가 발생한 경우의 대피방법 등 고용노동부령으로 정하는 사항에 대하여 협의하여야 한다.
⑥ 노사협의체를 구성·운영하는 건설공사도급인·근로자 및 관계수급인·근로자는 제3항에 따라 노사협의체가 심의·의결한 사항을 성실하게 이행하여야 한다.
⑦ 노사협의체에 관하여는 제24조제5항 및 제6항을 준용한다. 이 경우 "산업안전보건위원회"는 "노사협의체"로 본다.

벌 법 제75조제6항을 위반한 자에게는 500만원 이하의 과태료를 부과한다. (법 제175조제5항제1호)

령 제63조·제64조제65조

제76조 【기계·기구 등에 대한 건설공사도급인의 안전조치】 건설공사도급인은 자신의 사업장에서 타워크레인 등 대통령령으로 정하는 기계·기구 또는 설비 등이 설치되어 있거나 작동하고 있는 경우 또는 이를 설치·해체·조립하는 등의 작업이 이루어지고 있는 경우에는 필요한 안전조치 및 보건조치를 하여야 한다.

벌 법 제76조를 위반한 자는 3년 이하의 징역 또는 3천만원 이하의 벌금에 처한다. (법 제169조제1호)

령 제66조

제4절 그 밖의 고용형태에서의 산업재해 예방

제77조 【특수형태근로종사자에 대한 안전조치 및 보건조치 등】 ① 계약의 형식에 관계없이 근로자와 유사하게 노무를 제공하여 업무상의 재해로부터 보호할 필요가 있음에도 「근로기준법」 등이 적용되지 아니하는 사람으로서 다음 각 호의 요건을 모두 충족하는 사람(이하 "특수형태근로종사자"라 한다)의 노무를 제공받는 자는 특수형태근로종사자의 산업재해 예방을 위하여 필요한 안전조치 및 보건조치를 하여야 한다. (2020.5.26 개정)
1. 대통령령으로 정하는 직종에 종사할 것
2. 주로 하나의 사업에 노무를 상시적으로 제공하고 보수를 받아 생활할 것
3. 노무를 제공할 때 타인을 사용하지 아니할 것
② 대통령령으로 정하는 특수형태근로종사자로부터 노무를 제공받는 자는

고용노동부령으로 정하는 바에 따라 안전 및 보건에 관한 교육을 실시하여야 한다.
③ 정부는 특수형태근로종사자의 안전 및 보건의 유지·증진에 사용하는 비용의 일부 또는 전부를 지원할 수 있다.
벌 법 제77조제1항을 위반한 자에게는 1천만원 이하의 과태료를 부과한다. (법 제175조제4항제3호)
벌 법 제77조제2항을 위반한 자에게는 500만원 이하의 과태료를 부과한다. (법 제175조제5항제1호)
령 제67조·제68조제8조

제78조 【배달종사자에 대한 안전조치】 「전기통신사업법」 제2조제20호에 따른 이동통신단말장치로 물건의 수거·배달 등을 중개하는 자는 그 중개를 통하여 「자동차관리법」 제3조제1항제5호에 따른 이륜자동차로 물건을 수거·배달 등을 하는 사람의 산업재해 예방을 위하여 필요한 안전조치 및 보건조치를 하여야 한다. (2025.1.21 개정)
벌 법 제78조를 위반한 자에게는 1천만원 이하의 과태료를 부과한다. (법 제175조제4항제3호)
령 제8조

제79조 【가맹본부의 산업재해 예방 조치】 ① 「가맹사업거래의 공정화에 관한 법률」 제2조제2호에 따른 가맹본부 중 대통령령으로 정하는 가맹본부는 같은 조 제3호에 따른 가맹점사업자에게 가맹점의 설비나 기계, 원자재 또는 상품 등을 공급하는 경우에 가맹점사업자와 그 소속 근로자의 산업재해 예방을 위하여 다음 각 호의 조치를 하여야 한다.
1. 가맹점의 안전 및 보건에 관한 프로그램의 마련·시행
2. 가맹본부가 가맹점에 설치하거나 공급하는 설비·기계 및 원자재 또는 상품 등에 대하여 가맹점사업자에게 안전 및 보건에 관한 정보의 제공
② 제1항제1호에 따른 안전 및 보건에 관한 프로그램의 내용·시행방법, 같은 항 제2호에 따른 안전 및 보건에 관한 정보의 제공방법, 그 밖에 필요한 사항은 고용노동부령으로 정한다.
벌 법 제79조제1항을 위반한 자에게는 3천만원 이하의 과태료를 부과한다. (법 제175조제2항제1호)
령 제69조

제6장 유해·위험 기계 등에 대한 조치

제1절 유해하거나 위험한 기계 등에 대한 방호조치 등

제80조 【유해하거나 위험한 기계·기구에 대한 방호조치】 ① 누구든지 동력(動力)으로 작동하는 기계·기구로서 대통령령으로 정하는 것은 고용노동부령으로 정하는 유해·위험 방지를 위한 방호조치를 하지 아니하고는 양도, 대여, 설치 또는 사용에 제공하거나 양도·대여의 목적으로 진열해서는 아니 된다.

② 누구든지 동력으로 작동하는 기계·기구로서 다음 각 호의 어느 하나에 해당하는 것은 고용노동부령으로 정하는 방호조치를 하지 아니하고는 양도, 대여, 설치 또는 사용에 제공하거나 양도·대여의 목적으로 진열해서는 아니 된다.

1. 작동 부분에 돌기 부분이 있는 것
2. 동력전달 부분 또는 속도조절 부분이 있는 것
3. 회전기계에 물체 등이 말려 들어갈 부분이 있는 것

③ 사업주는 제1항 및 제2항에 따른 방호조치가 정상적인 기능을 발휘할 수 있도록 방호조치와 관련되는 장치를 상시적으로 점검하고 정비하여야 한다.

④ 사업주와 근로자는 제1항 및 제2항에 따른 방호조치를 해체하려는 경우 등 고용노동부령으로 정하는 경우에는 필요한 안전조치 및 보건조치를 하여야 한다.

벌 법 제80조제1항·제2항·제4항을 위반한 자는 1년 이하의 징역 또는 1천만원 이하의 벌금에 처한다. (법 제170조제4호)

령 제70조

제81조 【기계·기구 등의 대여자 등의 조치】 대통령령으로 정하는 기계·기구·설비 또는 건축물 등을 타인에게 대여하거나 대여받는 자는 필요한 안전조치 및 보건조치를 하여야 한다.

벌 법 제81조를 위반한 자는 3년 이하의 징역 또는 3천만원 이하의 벌금에 처한다. (법 제169조제1호)

령 제71조

제82조 【타워크레인 설치·해체업의 등록 등】 ① 타워크레인을 설치하거나 해체를 하려는 자는 대통령령으로 정하는 바에 따라 인력·시설 및 장비 등의 요건을 갖추어 고용노동부장관에게 등록하여야 한다. 등록한 사항 중 대통령령으로 정하는 중요한 사항을 변경할 때에도 또한 같다.

② 사업주는 제1항에 따라 등록한 자로 하여금 타워크레인을 설치하거나 해체하는 작업을 하도록 하여야 한다.

③ 제1항에 따른 등록 절차, 그 밖에 필요한 사항은 고용노동부령으로 정한다.

④ 제1항에 따라 등록한 자에 대해서는 제21조제4항 및 제5항을 준용한다. 이 경우 "안전관리전문기관 또는 보건관리전문기관"은 "제1항에 따라 등록한 자"로, "지정"은 "등록"으로 본다.

벌 법 제82조제1항 전단을 위반하여 등록하지 아니하고 타워크레인을 설치·해체하는 자에게는 1천만원 이하의 과태료를 부과한다. (법 제175조제4항제5호)

벌 법 제82조제2항을 위반한 자는 3년 이하의 징역 또는 3천만원 이하의 벌금에 처한다. (법 제169조제1호)

령 제72조·제73조

제2절 안전인증

제83조 【안전인증기준】 ① 고용노동부장관은 유해하거나 위험한 기계·기구·설비 및 방호장치·보호구(이하 "유해·위험기계등"이라 한다)의 안전성을 평가하기 위하여 그 안전에 관한 성능과 제조자의 기술 능력 및 생산 체계 등에 관한 기준(이하 "안전인증기준"이라 한다)을 정하여 고시하여야 한다.

② 안전인증기준은 유해·위험기계등의 종류별, 규격 및 형식별로 정할 수 있다.

제84조 【안전인증】 ① 유해·위험기계등 중 근로자의 안전 및 보건에 위해(危害)를 미칠 수 있다고 인정되어 대통령령으로 정하는 것(이하 "안전인증대상기계등"이라 한다)을 제조하거나 수입하는 자(고용노동부령으로 정하는 안전인증대상기계등을 설치·이전하거나 주요 구조 부분을 변경하는 자를 포함한다. 이하 이 조 및 제85조부터 제87조까지의 규정에서 같다)는 안전인증대상기계등이 안전인증기준에 맞는지에 대하여 고용노동부장관이 실시하는 안전인증을 받아야 한다.

② 고용노동부장관은 다음 각 호의 어느 하나에 해당하는 경우에는 고용노동부령으로 정하는 바에 따라 제1항에 따른 안전인증의 전부 또는 일부를 면제할 수 있다.

1. 연구·개발을 목적으로 제조·수입하거나 수출을 목적으로 제조하는 경우
2. 고용노동부장관이 정하여 고시하는 외국의 안전인증기관에서 인증을 받은 경우
3. 다른 법령에 따라 안전성에 관한 검사나 인증을 받은 경우로서 고용노동부령으로 정하는 경우

③ 안전인증대상기계등이 아닌 유해·위험기계등을 제조하거나 수입하는 자가 그 유해·위험기계등의 안전에 관한 성능 등을 평가받으려면 고용노동부장관에게 안전인증을 신청할 수 있다. 이 경우 고용노동부장관은 안전인증기준에 따라 안전인증을 할 수 있다.

④ 고용노동부장관은 제1항 및 제3항에 따른 안전인증(이하 "안전인증"이

라 한다)을 받은 자가 안전인증기준을 지키고 있는지를 3년 이하의 범위에서 고용노동부령으로 정하는 주기마다 확인하여야 한다. 다만, 제2항에 따라 안전인증의 일부를 면제받은 경우에는 고용노동부령으로 정하는 바에 따라 확인의 전부 또는 일부를 생략할 수 있다.

⑤ 제1항에 따라 안전인증을 받은 자는 안전인증을 받은 안전인증대상기계등에 대하여 고용노동부령으로 정하는 바에 따라 제품명·모델명·제조수량·판매수량 및 판매처 현황 등의 사항을 기록하여 보존하여야 한다.

⑥ 고용노동부장관은 근로자의 안전 및 보건에 필요하다고 인정하는 경우 안전인증대상기계등을 제조·수입 또는 판매하는 자에게 고용노동부령으로 정하는 바에 따라 해당 안전인증대상기계등의 제조·수입 또는 판매에 관한 자료를 공단에 제출하게 할 수 있다.

⑦ 안전인증의 신청 방법·절차, 제4항에 따른 확인의 방법·절차, 그 밖에 필요한 사항은 고용노동부령으로 정한다.

벌 법 제84조제1항을 위반한 자는 3년 이하의 징역 또는 3천만원 이하의 벌금에 처한다. (법 제169조제1호)

벌 법 제84조제1항 및 제3항에 따른 안전인증 업무를 제165조제2항에 따라 위탁받은 자로서 그 업무를 거짓이나 그 밖의 부정한 방법으로 수행한 자는 3년 이하의 징역 또는 3천만원 이하의 벌금에 처한다. (법 제169조제4호)

벌 법 제84조제6항에 따른 자료 제출 명령을 따르지 아니한 자에게는 300만원 이하의 과태료를 부과한다. (법 제175조제6항제7호)

령 제74조

제85조【안전인증의 표시 등】 ① 안전인증을 받은 자는 안전인증을 받은 유해·위험기계등이나 이를 담은 용기 또는 포장에 고용노동부령으로 정하는 바에 따라 안전인증의 표시(이하 "안전인증표시"라 한다)를 하여야 한다.

② 안전인증을 받은 유해·위험기계등이 아닌 것은 안전인증표시 또는 이와 유사한 표시를 하거나 안전인증에 관한 광고를 해서는 아니 된다.

③ 안전인증을 받은 유해·위험기계등을 제조·수입·양도·대여하는 자는 안전인증표시를 임의로 변경하거나 제거해서는 아니 된다.

④ 고용노동부장관은 다음 각 호의 어느 하나에 해당하는 경우에는 안전인증표시나 이와 유사한 표시를 제거할 것을 명하여야 한다.

1. 제2항을 위반하여 안전인증표시나 이와 유사한 표시를 한 경우
2. 제86조제1항에 따라 안전인증이 취소되거나 안전인증표시의 사용 금지 명령을 받은 경우

벌 법 제85조제1항을 위반한 자에게는 1천만원 이하의 과태료를 부과한다. (법 제175조제4항제3호)

벌 법 제85조제2항·제3항을 위반한 자는 1년 이하의 징역 또는 1천만원

이하의 벌금에 처한다. (법 제170조제4호)

벌 법 제85조제4항에 따른 명령을 위반한 자는 1년 이하의 징역 또는 1천만원 이하의 벌금에 처한다. (법 제170조제5호)

제86조 【안전인증의 취소 등】 ① 고용노동부장관은 안전인증을 받은 자가 다음 각 호의 어느 하나에 해당하면 안전인증을 취소하거나 6개월 이내의 기간을 정하여 안전인증표시의 사용을 금지하거나 안전인증기준에 맞게 시정하도록 명할 수 있다. 다만, 제1호의 경우에는 안전인증을 취소하여야 한다.

1. 거짓이나 그 밖의 부정한 방법으로 안전인증을 받은 경우
2. 안전인증을 받은 유해·위험기계등의 안전에 관한 성능 등이 안전인증기준에 맞지 아니하게 된 경우
3. 정당한 사유 없이 제84조제4항에 따른 확인을 거부, 방해 또는 기피하는 경우

② 고용노동부장관은 제1항에 따라 안전인증을 취소한 경우에는 고용노동부령으로 정하는 바에 따라 그 사실을 관보 등에 공고하여야 한다.

③ 제1항에 따라 안전인증이 취소된 자는 안전인증이 취소된 날부터 1년 이내에는 취소된 유해·위험기계등에 대하여 안전인증을 신청할 수 없다.

제87조 【안전인증대상기계등의 제조 등의 금지 등】 ① 누구든지 다음 각 호의 어느 하나에 해당하는 안전인증대상기계등을 제조·수입·양도·대여·사용하거나 양도·대여의 목적으로 진열할 수 없다.

1. 제84조제1항에 따른 안전인증을 받지 아니한 경우(같은 조 제2항에 따라 안전인증이 전부 면제되는 경우는 제외한다)
2. 안전인증기준에 맞지 아니하게 된 경우
3. 제86조제1항에 따라 안전인증이 취소되거나 안전인증표시의 사용 금지 명령을 받은 경우

② 고용노동부장관은 제1항을 위반하여 안전인증대상기계등을 제조·수입·양도·대여하는 자에게 고용노동부령으로 정하는 바에 따라 그 안전인증대상기계등을 수거하거나 파기할 것을 명할 수 있다.

벌 법 제87조제1항을 위반한 자는 3년 이하의 징역 또는 3천만원 이하의 벌금에 처한다. (법 제169조제1호)

벌 법 제87조제2항에 따른 명령을 위반한 자는 3년 이하의 징역 또는 3천만원 이하의 벌금에 처한다. (법 제169조제2호)

제88조 【안전인증기관】 ① 고용노동부장관은 제84조에 따른 안전인증 업무 및 확인 업무를 위탁받아 수행할 기관을 안전인증기관으로 지정할 수 있다.

② 제1항에 따라 안전인증기관으로 지정받으려는 자는 대통령령으로 정하는 인력·시설 및 장비 등의 요건을 갖추어 고용노동부장관에게 신청하여야

한다.
③ 고용노동부장관은 제1항에 따라 지정받은 안전인증기관(이하 "안전인증기관"이라 한다)에 대하여 평가하고 그 결과를 공개할 수 있다. 이 경우 평가의 기준·방법 및 결과의 공개에 필요한 사항은 고용노동부령으로 정한다.
④ 안전인증기관의 지정 신청 절차, 그 밖에 필요한 사항은 고용노동부령으로 정한다.
⑤ 안전인증기관에 관하여는 제21조제4항 및 제5항을 준용한다. 이 경우 "안전관리전문기관 또는 보건관리전문기관"은 "안전인증기관"으로 본다.
령 제75조·제76조

제3절 자율안전확인의 신고

제89조 【자율안전확인의 신고】 ① 안전인증대상기계등이 아닌 유해·위험기계등으로서 대통령령으로 정하는 것(이하 "자율안전확인대상기계등"이라 한다)을 제조하거나 수입하는 자는 자율안전확인대상기계등의 안전에 관한 성능이 고용노동부장관이 정하여 고시하는 안전기준(이하 "자율안전기준"이라 한다)에 맞는지 확인(이하 "자율안전확인"이라 한다)하여 고용노동부장관에게 신고(신고한 사항을 변경하는 경우를 포함한다)하여야 한다. 다만, 다음 각 호의 어느 하나에 해당하는 경우에는 신고를 면제할 수 있다.
1. 연구·개발을 목적으로 제조·수입하거나 수출을 목적으로 제조하는 경우
2. 제84조제3항에 따른 안전인증을 받은 경우(제86조제1항에 따라 안전인증이 취소되거나 안전인증표시의 사용 금지 명령을 받은 경우는 제외한다)
3. 다른 법령에 따라 안전성에 관한 검사나 인증을 받은 경우로서 고용노동부령으로 정하는 경우

② 고용노동부장관은 제1항 각 호 외의 부분 본문에 따른 신고를 받은 경우 그 내용을 검토하여 이 법에 적합하면 신고를 수리하여야 한다.
③ 제1항 각 호 외의 부분 본문에 따라 신고를 한 자는 자율안전확인대상기계등이 자율안전기준에 맞는 것임을 증명하는 서류를 보존하여야 한다.
④ 제1항 각 호 외의 부분 본문에 따른 신고의 방법 및 절차, 그 밖에 필요한 사항은 고용노동부령으로 정한다.
벌 법 제89조제1항을 위반한 자는 1천만원 이하의 벌금에 처한다. (법 제171조제1호)
령 제77조

제90조 【자율안전확인의 표시 등】 ① 제89조제1항 각 호 외의 부분 본문에 따라 신고를 한 자는 자율안전확인대상기계등이나 이를 담은 용기 또는 포장에 고용노동부령으로 정하는 바에 따라 자율안전확인의 표시(이하 "자

율안전확인표시"라 한다)를 하여야 한다.
② 제89조제1항 각 호 외의 부분 본문에 따라 신고된 자율안전확인대상기계등이 아닌 것은 자율안전확인표시 또는 이와 유사한 표시를 하거나 자율안전확인에 관한 광고를 해서는 아니 된다.
③ 제89조제1항 각 호 외의 부분 본문에 따라 신고된 자율안전확인대상기계등을 제조·수입·양도·대여하는 자는 자율안전확인표시를 임의로 변경하거나 제거해서는 아니 된다.
④ 고용노동부장관은 다음 각 호의 어느 하나에 해당하는 경우에는 자율안전확인표시나 이와 유사한 표시를 제거할 것을 명하여야 한다.
1. 제2항을 위반하여 자율안전확인표시나 이와 유사한 표시를 한 경우
2. 거짓이나 그 밖의 부정한 방법으로 제89조제1항 각 호 외의 부분 본문에 따른 신고를 한 경우
3. 제91조제1항에 따라 자율안전확인표시의 사용 금지 명령을 받은 경우

벌 법 제90조제1항을 위반한 자에게는 500만원 이하의 과태료를 부과한다. (법 제175조제5항제1호)

벌 법 제90조제2항·제3항을 위반한 자는 1천만원 이하의 벌금에 처한다. (법 제171조제1호)

벌 법 제90조제4항에 따른 명령을 위반한 자는 1천만원 이하의 벌금에 처한다. (법 제171조제2호)

제91조 【자율안전확인표시의 사용 금지 등】 ① 고용노동부장관은 제89조제1항 각 호 외의 부분 본문에 따라 신고된 자율안전확인대상기계등의 안전에 관한 성능이 자율안전기준에 맞지 아니하게 된 경우에는 같은 항 각 호 외의 부분 본문에 따라 신고한 자에게 6개월 이내의 기간을 정하여 자율안전확인표시의 사용을 금지하거나 자율안전기준에 맞게 시정하도록 명할 수 있다.
② 고용노동부장관은 제1항에 따라 자율안전확인표시의 사용을 금지하였을 때에는 그 사실을 관보 등에 공고하여야 한다.
③ 제2항에 따른 공고의 내용, 방법 및 절차, 그 밖에 필요한 사항은 고용노동부령으로 정한다.

제92조 【자율안전확인대상기계등의 제조 등의 금지 등】 ① 누구든지 다음 각 호의 어느 하나에 해당하는 자율안전확인대상기계등을 제조·수입·양도·대여·사용하거나 양도·대여의 목적으로 진열할 수 없다.
1. 제89조제1항 각 호 외의 부분 본문에 따른 신고를 하지 아니한 경우(같은 항 각 호 외의 부분 단서에 따라 신고가 면제되는 경우는 제외한다)
2. 거짓이나 그 밖의 부정한 방법으로 제89조제1항 각 호 외의 부분 본문에 따른 신고를 한 경우
3. 자율안전확인대상기계등의 안전에 관한 성능이 자율안전기준에 맞지 아

니하게 된 경우
4. 제91조제1항에 따라 자율안전확인표시의 사용 금지 명령을 받은 경우
② 고용노동부장관은 제1항을 위반하여 자율안전확인대상기계등을 제조·수입·양도·대여하는 자에게 고용노동부령으로 정하는 바에 따라 그 자율안전확인대상기계등을 수거하거나 파기할 것을 명할 수 있다.
벌 법 제92조제1항을 위반한 자는 1년 이하의 징역 또는 1천만원 이하의 벌금에 처한다. (법 제170조제4호)
벌 법 제92조제2항에 따른 명령을 위반한 자는 1년 이하의 징역 또는 1천만원 이하의 벌금에 처한다. (법 제170조제5호)

제4절 안전검사

제93조 【안전검사】 ① 유해하거나 위험한 기계·기구·설비로서 대통령령으로 정하는 것(이하 "안전검사대상기계등"이라 한다)을 사용하는 사업주(근로자를 사용하지 아니하고 사업을 하는 자를 포함한다. 이하 이 조, 제94조, 제95조 및 제98조에서 같다)는 안전검사대상기계등의 안전에 관한 성능이 고용노동부장관이 정하여 고시하는 검사기준에 맞는지에 대하여 고용노동부장관이 실시하는 검사(이하 "안전검사"라 한다)를 받아야 한다. 이 경우 안전검사대상기계등을 사용하는 사업주와 소유자가 다른 경우에는 안전검사대상기계등의 소유자가 안전검사를 받아야 한다.
② 제1항에도 불구하고 안전검사대상기계등이 다른 법령에 따라 안전성에 관한 검사나 인증을 받은 경우로서 고용노동부령으로 정하는 경우에는 안전검사를 면제할 수 있다.
③ 안전검사의 신청, 검사 주기 및 검사합격 표시방법, 그 밖에 필요한 사항은 고용노동부령으로 정한다. 이 경우 검사 주기는 안전검사대상기계등의 종류, 사용연한(使用年限) 및 위험성을 고려하여 정한다.
벌 법 제93조제1항에 따른 안전검사 업무를 제165조제2항에 따라 위탁받은 자로서 그 업무를 거짓이나 그 밖의 부정한 방법으로 수행한 자는 3년 이하의 징역 또는 3천만원 이하의 벌금에 처한다. (법 제169조제5호)
벌 법 제93조제1항 전단을 위반한 자에게는 1천만원 이하의 과태료를 부과한다. (법 제175조제4항제3호)
령 제78조

제94조 【안전검사합격증명서 발급 등】 ① 고용노동부장관은 제93조제1항에 따라 안전검사에 합격한 사업주에게 고용노동부령으로 정하는 바에 따라 안전검사합격증명서를 발급하여야 한다.
② 제1항에 따라 안전검사합격증명서를 발급받은 사업주는 그 증명서를 안

전검사대상기계등에 붙여야 한다. (2020.5.26 개정)

벌 법 제94조제2항을 위반한 자에게는 500만원 이하의 과태료를 부과한다. (법 제175조제5항제1호)

제95조【안전검사대상기계등의 사용 금지】 사업주는 다음 각 호의 어느 하나에 해당하는 안전검사대상기계등을 사용해서는 아니 된다.

1. 안전검사를 받지 아니한 안전검사대상기계등(제93조제2항에 따라 안전검사가 면제되는 경우는 제외한다)
2. 안전검사에 불합격한 안전검사대상기계등

벌 법 제95조를 위반한 자에게는 1천만원 이하의 과태료를 부과한다. (법 제175조제4항제3호)

제96조【안전검사기관】 ① 고용노동부장관은 안전검사 업무를 위탁받아 수행하는 기관을 안전검사기관으로 지정할 수 있다.

② 제1항에 따라 안전검사기관으로 지정받으려는 자는 대통령령으로 정하는 인력·시설 및 장비 등의 요건을 갖추어 고용노동부장관에게 신청하여야 한다.

③ 고용노동부장관은 제1항에 따라 지정받은 안전검사기관(이하 "안전검사기관"이라 한다)에 대하여 평가하고 그 결과를 공개할 수 있다. 이 경우 평가의 기준·방법 및 결과의 공개에 필요한 사항은 고용노동부령으로 정한다.

④ 안전검사기관의 지정 신청 절차, 그 밖에 필요한 사항은 고용노동부령으로 정한다.

⑤ 안전검사기관에 관하여는 제21조제4항 및 제5항을 준용한다. 이 경우 "안전관리전문기관 또는 보건관리전문기관"은 "안전검사기관"으로 본다.

령 제79조·제80조

제97조【안전검사기관의 보고의무】 안전검사기관은 제95조 각 호의 어느 하나에 해당하는 안전검사대상기계등을 발견하였을 때에는 이를 고용노동부장관에게 지체 없이 보고하여야 한다.

제98조【자율검사프로그램에 따른 안전검사】 ① 제93조제1항에도 불구하고 같은 항에 따라 안전검사를 받아야 하는 사업주가 근로자대표와 협의(근로자를 사용하지 아니하는 경우는 제외한다)하여 같은 항 전단에 따른 검사기준, 같은 조 제3항에 따른 검사 주기 등을 충족하는 검사프로그램(이하 "자율검사프로그램"이라 한다)을 정하고 고용노동부장관의 인정을 받아 다음 각 호의 어느 하나에 해당하는 사람으로부터 자율검사프로그램에 따라 안전검사대상기계등에 대하여 안전에 관한 성능검사(이하 "자율안전검사"라 한다)를 받으면 안전검사를 받은 것으로 본다.

1. 고용노동부령으로 정하는 안전에 관한 성능검사와 관련된 자격 및 경험을 가진 사람

2. 고용노동부령으로 정하는 바에 따라 안전에 관한 성능검사 교육을 이수하고 해당 분야의 실무 경험이 있는 사람

② 자율검사프로그램의 유효기간은 2년으로 한다.

③ 사업주는 자율안전검사를 받은 경우에는 그 결과를 기록하여 보존하여야 한다.

④ 자율안전검사를 받으려는 사업주는 제100조에 따라 지정받은 검사기관(이하 "자율안전검사기관"이라 한다)에 자율안전검사를 위탁할 수 있다.

⑤ 자율검사프로그램에 포함되어야 할 내용, 자율검사프로그램의 인정 요건, 인정 방법 및 절차, 그 밖에 필요한 사항은 고용노동부령으로 정한다.

벌 법 제98조에 따른 자율검사프로그램에 따른 안전검사 업무를 거짓이나 그 밖의 부정한 방법으로 수행한 자는 3년 이하의 징역 또는 3천만원 이하의 벌금에 처한다. (법 제169조제6호)

제99조【자율검사프로그램 인정의 취소 등】 ① 고용노동부장관은 자율검사프로그램의 인정을 받은 자가 다음 각 호의 어느 하나에 해당하는 경우에는 자율검사프로그램의 인정을 취소하거나 인정받은 자율검사프로그램의 내용에 따라 검사를 하도록 하는 등 시정을 명할 수 있다. 다만, 제1호의 경우에는 인정을 취소하여야 한다.

1. 거짓이나 그 밖의 부정한 방법으로 자율검사프로그램을 인정받은 경우
2. 자율검사프로그램을 인정받고도 검사를 하지 아니한 경우
3. 인정받은 자율검사프로그램의 내용에 따라 검사를 하지 아니한 경우
4. 제98조제1항 각 호의 어느 하나에 해당하는 사람 또는 자율안전검사기관이 검사를 하지 아니한 경우

② 사업주는 제1항에 따라 자율검사프로그램의 인정이 취소된 안전검사대상기계등을 사용해서는 아니 된다.

벌 법 제99조제2항을 위반한 자에게는 1천만원 이하의 과태료를 부과한다. (법 제175조제4항제3호)

제100조【자율안전검사기관】 ① 자율안전검사기관이 되려는 자는 대통령령으로 정하는 인력·시설 및 장비 등의 요건을 갖추어 고용노동부장관의 지정을 받아야 한다.

② 고용노동부장관은 자율안전검사기관에 대하여 평가하고 그 결과를 공개할 수 있다. 이 경우 평가의 기준·방법 및 결과의 공개에 필요한 사항은 고용노동부령으로 정한다.

③ 자율안전검사기관의 지정 절차, 그 밖에 필요한 사항은 고용노동부령으로 정한다.

④ 자율안전검사기관에 관하여는 제21조제4항 및 제5항을 준용한다. 이 경우 "안전관리전문기관 또는 보건관리전문기관"은 "자율안전검사기관"으로

본다.
령 제81조·제82조

제5절 유해·위험기계등의 조사 및 지원 등

제101조 【성능시험 등】 고용노동부장관은 안전인증대상기계등 또는 자율안전확인대상기계등의 안전성능의 저하 등으로 근로자에게 피해를 주거나 줄 우려가 크다고 인정하는 경우에는 대통령령으로 정하는 바에 따라 유해·위험기계등을 제조하는 사업장에서 제품 제조 과정을 조사할 수 있으며, 제조·수입·양도·대여하거나 양도·대여의 목적으로 진열된 유해·위험기계등을 수거하여 안전인증기준 또는 자율안전기준에 적합한지에 대한 성능시험을 할 수 있다.
벌 법 제101조에 따른 조사, 수거 또는 성능시험을 방해하거나 거부한 자는 1년 이하의 징역 또는 1천만원 이하의 벌금에 처한다. (법 제170조제6호)
령 제83조

제102조 【유해·위험기계등 제조사업 등의 지원】 ① 고용노동부장관은 다음 각 호의 어느 하나에 해당하는 자에게 유해·위험기계등의 품질·안전성 또는 설계·시공 능력 등의 향상을 위하여 예산의 범위에서 필요한 지원을 할 수 있다.
1. 다음 각 목의 어느 하나에 해당하는 것의 안전성 향상을 위하여 지원이 필요하다고 인정되는 것을 제조하는 자
   가. 안전인증대상기계등
   나. 자율안전확인대상기계등
   다. 그 밖에 산업재해가 많이 발생하는 유해·위험기계등
2. 작업환경 개선시설을 설계·시공하는 자

② 제1항에 따른 지원을 받으려는 자는 고용노동부령으로 정하는 인력·시설 및 장비 등의 요건을 갖추어 고용노동부장관에게 등록하여야 한다.
③ 고용노동부장관은 제2항에 따라 등록한 자가 다음 각 호의 어느 하나에 해당하는 경우에는 그 등록을 취소하거나 1년의 범위에서 제1항에 따른 지원을 제한할 수 있다. 다만, 제1호의 경우에는 등록을 취소하여야 한다.
1. 거짓이나 그 밖의 부정한 방법으로 등록한 경우
2. 제2항에 따른 등록 요건에 적합하지 아니하게 된 경우
3. 제86조제1항제1호에 따라 안전인증이 취소된 경우

④ 고용노동부장관은 제1항에 따라 지원받은 자가 다음 각 호의 어느 하나에 해당하는 경우에는 지원한 금액 또는 지원에 상응하는 금액을 환수하여야 한다. 이 경우 제1호에 해당하면 지원한 금액에 상당하는 액수 이하의 금액

을 추가로 환수할 수 있다.
1. 거짓이나 그 밖의 부정한 방법으로 지원받은 경우
2. 제1항에 따른 지원 목적과 다른 용도로 지원금을 사용한 경우
3. 제3항제1호에 해당하여 등록이 취소된 경우

⑤ 고용노동부장관은 제3항에 따라 등록을 취소한 자에 대하여 등록을 취소한 날부터 2년 이내의 기간을 정하여 제2항에 따른 등록을 제한할 수 있다.

⑥ 제1항부터 제5항까지의 규정에 따른 지원내용, 등록 및 등록 취소, 환수 절차, 등록 제한 기준, 그 밖에 필요한 사항은 고용노동부령으로 정한다.

제103조【유해·위험기계등의 안전 관련 정보의 종합관리】 ① 고용노동부장관은 사업장의 유해·위험기계등의 보유현황 및 안전검사 이력 등 안전에 관한 정보를 종합관리하고, 해당 정보를 안전인증기관 또는 안전검사기관에 제공할 수 있다.

② 고용노동부장관은 제1항에 따른 정보의 종합관리를 위하여 안전인증기관 또는 안전검사기관에 사업장의 유해·위험기계등의 보유현황 및 안전검사 이력 등의 필요한 자료를 제출하도록 요청할 수 있다. 이 경우 요청을 받은 기관은 특별한 사유가 없으면 그 요청에 따라야 한다.

③ 고용노동부장관은 제1항에 따른 정보의 종합관리를 위하여 유해·위험기계등의 보유현황 및 안전검사 이력 등 안전에 관한 종합정보망을 구축·운영하여야 한다.

제7장 유해·위험물질에 대한 조치

제1절 유해·위험물질의 분류 및 관리

제104조【유해인자의 분류기준】 고용노동부장관은 고용노동부령으로 정하는 바에 따라 근로자에게 건강장해를 일으키는 화학물질 및 물리적 인자 등(이하 "유해인자"라 한다)의 유해성·위험성 분류기준을 마련하여야 한다.

제105조【유해인자의 유해성·위험성 평가 및 관리】 ① 고용노동부장관은 유해인자가 근로자의 건강에 미치는 유해성·위험성을 평가하고 그 결과를 관보 등에 공표할 수 있다.

② 고용노동부장관은 제1항에 따른 평가 결과 등을 고려하여 고용노동부령으로 정하는 바에 따라 유해성·위험성 수준별로 유해인자를 구분하여 관리하여야 한다.

③ 제1항에 따른 유해성·위험성 평가대상 유해인자의 선정기준, 유해성·위험성 평가의 방법, 그 밖에 필요한 사항은 고용노동부령으로 정한다.

제106조【유해인자의 노출기준 설정】 고용노동부장관은 제105조제1항

에 따른 유해성·위험성 평가 결과 등 고용노동부령으로 정하는 사항을 고려하여 유해인자의 노출기준을 정하여 고시하여야 한다.

제107조 【유해인자 허용기준의 준수】 ① 사업주는 발암성 물질 등 근로자에게 중대한 건강장해를 유발할 우려가 있는 유해인자로서 대통령령으로 정하는 유해인자는 작업장 내의 그 노출 농도를 고용노동부령으로 정하는 허용기준 이하로 유지하여야 한다. 다만, 다음 각 호의 어느 하나에 해당하는 경우에는 그러하지 아니하다.

1. 유해인자를 취급하거나 정화·배출하는 시설 및 설비의 설치나 개선이 현존하는 기술로 가능하지 아니한 경우
2. 천재지변 등으로 시설과 설비에 중대한 결함이 발생한 경우
3. 고용노동부령으로 정하는 임시 작업과 단시간 작업의 경우
4. 그 밖에 대통령령으로 정하는 경우

② 사업주는 제1항 각 호 외의 부분 단서에도 불구하고 유해인자의 노출 농도를 제1항에 따른 허용기준 이하로 유지하도록 노력하여야 한다.

벌 법 제107조제1항 각 호 외의 부분 본문을 위반한 자에게는 1천만원 이하의 과태료를 부과한다. (법 제175조제4항제3호)

령 제84조

제108조 【신규화학물질의 유해성·위험성 조사】 ① 대통령령으로 정하는 화학물질 외의 화학물질(이하 "신규화학물질"이라 한다)을 제조하거나 수입하려는 자(이하 "신규화학물질제조자등"이라 한다)는 신규화학물질에 의한 근로자의 건강장해를 예방하기 위하여 고용노동부령으로 정하는 바에 따라 그 신규화학물질의 유해성·위험성을 조사하고 그 조사보고서를 고용노동부장관에게 제출하여야 한다. 다만, 다음 각 호의 어느 하나에 해당하는 경우에는 그러하지 아니하다.

1. 일반 소비자의 생활용으로 제공하기 위하여 신규화학물질을 수입하는 경우로서 고용노동부령으로 정하는 경우
2. 신규화학물질의 수입량이 소량이거나 그 밖에 위해의 정도가 적다고 인정되는 경우로서 고용노동부령으로 정하는 경우

② 신규화학물질제조자등은 제1항 각 호 외의 부분 본문에 따라 유해성·위험성을 조사한 결과 해당 신규화학물질에 의한 근로자의 건강장해를 예방하기 위하여 필요한 조치를 하여야 하는 경우 이를 즉시 시행하여야 한다.

③ 고용노동부장관은 제1항에 따라 신규화학물질의 유해성·위험성 조사보고서가 제출되면 고용노동부령으로 정하는 바에 따라 그 신규화학물질의 명칭, 유해성·위험성, 근로자의 건강장해 예방을 위한 조치 사항 등을 공표하고 관계 부처에 통보하여야 한다.

④ 고용노동부장관은 제1항에 따라 제출된 신규화학물질의 유해성·위험성

조사보고서를 검토한 결과 근로자의 건강장해 예방을 위하여 필요하다고 인정할 때에는 신규화학물질제조자등에게 시설·설비를 설치·정비하고 보호구를 갖추어 두는 등의 조치를 하도록 명할 수 있다.

⑤ 신규화학물질제조자등이 신규화학물질을 양도하거나 제공하는 경우에는 제4항에 따른 근로자의 건강장해 예방을 위하여 조치하여야 할 사항을 기록한 서류를 함께 제공하여야 한다.

벌 법 제108조제1항에 따른 유해성·위험성 조사보고서를 제출하지 아니한 자에게는 500만원 이하의 과태료를 부과한다. (법 제175조제5항제4호의2)

벌 법 제108조제2항을 위반한 자는 1천만원 이하의 벌금에 처한다. (법 제171조제1호)

벌 법 제108조제4항에 따른 명령을 위반한 자는 1천만원 이하의 벌금에 처한다. (법 제171조제2호)

벌 법 제108조제5항을 위반한 자에게는 300만원 이하의 과태료를 부과한다. (법 제175조제6항제3호)

령 제85조

제109조 【중대한 건강장해 우려 화학물질의 유해성·위험성 조사】 ① 고용노동부장관은 근로자의 건강장해를 예방하기 위하여 필요하다고 인정할 때에는 고용노동부령으로 정하는 바에 따라 암 또는 그 밖에 중대한 건강장해를 일으킬 우려가 있는 화학물질을 제조·수입하는 자 또는 사용하는 사업주에게 해당 화학물질의 유해성·위험성 조사와 그 결과의 제출 또는 제105조제1항에 따른 유해성·위험성 평가에 필요한 자료의 제출을 명할 수 있다.

② 제1항에 따라 화학물질의 유해성·위험성 조사 명령을 받은 자는 유해성·위험성 조사 결과 해당 화학물질로 인한 근로자의 건강장해가 우려되는 경우 근로자의 건강장해를 예방하기 위하여 시설·설비의 설치 또는 개선 등 필요한 조치를 하여야 한다.

③ 고용노동부장관은 제1항에 따라 제출된 조사 결과 및 자료를 검토하여 근로자의 건강장해를 예방하기 위하여 필요하다고 인정하는 경우에는 해당 화학물질을 제105조제2항에 따라 구분하여 관리하거나 해당 화학물질을 제조·수입한 자 또는 사용하는 사업주에게 근로자의 건강장해 예방을 위한 시설·설비의 설치 또는 개선 등 필요한 조치를 하도록 명할 수 있다.

벌 법 제109조제1항에 따른 유해성·위험성 조사 결과 또는 유해성·위험성 평가에 필요한 자료를 제출하지 아니한 자에게는 300만원 이하의 과태료를 부과한다. (법 제175조제6항제8호)

벌 법 제109조제1항에 따른 유해성·위험성 조사 결과 또는 유해성·위험성 평가에 필요한 자료를 제출하지 아니한 자에게는 500만원 이하의 과태료를 부과한다. (법 제175조제5항제4호의2)

벌 법 제109조제2항을 위반한 자는 1천만원 이하의 벌금에 처한다. (법 제171조제1호)

벌 법 제109조제3항에 따른 명령을 위반한 자는 1천만원 이하의 벌금에 처한다. (법 제171조제2호)

제110조 【물질안전보건자료의 작성 및 제출】 ① 화학물질 또는 이를 포함한 혼합물로서 제104조에 따른 분류기준에 해당하는 것(대통령령으로 정하는 것은 제외한다. 이하 "물질안전보건자료대상물질"이라 한다)을 제조하거나 수입하려는 자는 다음 각 호의 사항을 적은 자료(이하 "물질안전보건자료"라 한다)를 고용노동부령으로 정하는 바에 따라 작성하여 고용노동부장관에게 제출하여야 한다. 이 경우 고용노동부장관은 고용노동부령으로 물질안전보건자료의 기재 사항이나 작성 방법을 정할 때 「화학물질관리법」 및 「화학물질의 등록 및 평가 등에 관한 법률」과 관련된 사항에 대해서는 기후에너지환경부장관과 협의하여야 한다. (2025.10.1 개정)

1. 제품명
2. 물질안전보건자료대상물질을 구성하는 화학물질 중 제104조에 따른 분류기준에 해당하는 화학물질의 명칭 및 함유량
3. 안전 및 보건상의 취급 주의 사항
4. 건강 및 환경에 대한 유해성, 물리적 위험성
5. 물리·화학적 특성 등 고용노동부령으로 정하는 사항

② 물질안전보건자료대상물질을 제조하거나 수입하려는 자는 물질안전보건자료대상물질을 구성하는 화학물질 중 제104조에 따른 분류기준에 해당하지 아니하는 화학물질의 명칭 및 함유량을 고용노동부장관에게 별도로 제출하여야 한다. 다만, 다음 각 호의 어느 하나에 해당하는 경우는 그러하지 아니하다.

1. 제1항에 따라 제출된 물질안전보건자료에 이 항 각 호 외의 부분 본문에 따른 화학물질의 명칭 및 함유량이 전부 포함된 경우
2. 물질안전보건자료대상물질을 수입하려는 자가 물질안전보건자료대상물질을 국외에서 제조하여 우리나라로 수출하려는 자(이하 "국외제조자"라 한다)로부터 물질안전보건자료에 적힌 화학물질 외에는 제104조에 따른 분류기준에 해당하는 화학물질이 없음을 확인하는 내용의 서류를 받아 제출한 경우

③ 물질안전보건자료대상물질을 제조하거나 수입한 자는 제1항 각 호에 따른 사항 중 고용노동부령으로 정하는 사항이 변경된 경우 그 변경 사항을 반영한 물질안전보건자료를 고용노동부장관에게 제출하여야 한다.

④ 제1항부터 제3항까지의 규정에 따른 물질안전보건자료 등의 제출 방법·시기, 그 밖에 필요한 사항은 고용노동부령으로 정한다.

벌 법 제110조제1항부터 제3항까지의 규정을 위반하여 물질안전보건자료, 화학물질의 명칭·함유량 또는 변경된 물질안전보건자료를 제출하지 아니한 자에게는 500만원 이하의 과태료를 부과한다. (법 제175조제5항제5호)

벌 법 제110조제2항제2호를 위반하여 국외제조자로부터 물질안전보건자료에 적힌 화학물질 외에는 제104조에 따른 분류기준에 해당하는 화학물질이 없음을 확인하는 내용의 서류를 거짓으로 제출한 자에게는 500만원 이하의 과태료를 부과한다. (법 제175조제5항제6호)

령 제86조

제111조 【물질안전보건자료의 제공】 ① 물질안전보건자료대상물질을 양도하거나 제공하는 자는 이를 양도받거나 제공받는 자에게 물질안전보건자료를 제공하여야 한다.

② 물질안전보건자료대상물질을 제조하거나 수입한 자는 이를 양도받거나 제공받은 자에게 제110조제3항에 따라 변경된 물질안전보건자료를 제공하여야 한다.

③ 물질안전보건자료대상물질을 양도하거나 제공한 자(물질안전보건자료대상물질을 제조하거나 수입한 자는 제외한다)는 제110조제3항에 따른 물질안전보건자료를 제공받은 경우 이를 물질안전보건자료대상물질을 양도받거나 제공받은 자에게 제공하여야 한다.

④ 제1항부터 제3항까지의 규정에 따른 물질안전보건자료 또는 변경된 물질안전보건자료의 제공방법 및 내용, 그 밖에 필요한 사항은 고용노동부령으로 정한다.

벌 법 제111조제1항을 위반하여 물질안전보건자료를 제공하지 아니한 자에게는 500만원 이하의 과태료를 부과한다. (법 제175조제5항제7호)

벌 법 제111조제2항 또는 제3항을 위반하여 물질안전보건자료의 변경 내용을 반영하여 제공하지 아니한 자에게는 300만원 이하의 과태료를 부과한다. (법 제175조제6항제9호)

제112조 【물질안전보건자료의 일부 비공개 승인 등】 ① 제110조제1항에도 불구하고 영업비밀과 관련되어 같은 항 제2호에 따른 화학물질의 명칭 및 함유량을 물질안전보건자료에 적지 아니하려는 자는 고용노동부령으로 정하는 바에 따라 고용노동부장관에게 신청하여 승인을 받아 해당 화학물질의 명칭 및 함유량을 대체할 수 있는 명칭 및 함유량(이하 "대체자료"라 한다)으로 적을 수 있다. 다만, 근로자에게 중대한 건강장해를 초래할 우려가 있는 화학물질로서 「산업재해보상보험법」 제8조제1항에 따른 산업재해보상보험및예방심의위원회의 심의를 거쳐 고용노동부장관이 고시하는 것은 그러하지 아니하다.

② 고용노동부장관은 제1항 본문에 따른 승인 신청을 받은 경우 고용노동부

령으로 정하는 바에 따라 화학물질의 명칭 및 함유량의 대체 필요성, 대체자료의 적합성 및 물질안전보건자료의 적정성 등을 검토하여 승인 여부를 결정하고 신청인에게 그 결과를 통보하여야 한다.
③ 고용노동부장관은 제2항에 따른 승인에 관한 기준을 「산업재해보상보험법」 제8조제1항에 따른 산업재해보상보험및예방심의위원회의 심의를 거쳐 정한다.
④ 제1항에 따른 승인의 유효기간은 승인을 받은 날부터 5년으로 한다.
⑤ 고용노동부장관은 제4항에 따른 유효기간이 만료되는 경우에도 계속하여 대체자료로 적으려는 자가 그 유효기간의 연장승인을 신청하면 유효기간이 만료되는 다음 날부터 5년 단위로 그 기간을 계속하여 연장승인할 수 있다.
⑥ 삭제(2023.8.8)
⑦ 삭제(2023.8.8)
⑧ 고용노동부장관은 다음 각 호의 어느 하나에 해당하는 경우에는 제1항, 제5항 또는 제112조의2제2항에 따른 승인 또는 연장승인을 취소할 수 있다. 다만, 제1호의 경우에는 그 승인 또는 연장승인을 취소하여야 한다. (2023.8.8 개정)
1. 거짓이나 그 밖의 부정한 방법으로 제1항, 제5항 또는 제112조의2제2항에 따른 승인 또는 연장승인을 받은 경우 (2023.8.8 개정)
2. 제1항, 제5항 또는 제112조의2제2항에 따른 승인 또는 연장승인을 받은 화학물질이 제1항 단서에 따른 화학물질에 해당하게 된 경우 (2023.8.8 개정)
⑨ 제5항에 따른 연장승인과 제8항에 따른 승인 또는 연장승인의 취소 절차 및 방법, 그 밖에 필요한 사항은 고용노동부령으로 정한다.
⑩ 다음 각 호의 어느 하나에 해당하는 자는 근로자의 안전 및 보건을 유지하거나 직업성 질환 발생 원인을 규명하기 위하여 근로자에게 중대한 건강장해가 발생하는 등 고용노동부령으로 정하는 경우에는 물질안전보건자료대상물질을 제조하거나 수입한 자에게 제1항에 따라 대체자료로 적힌 화학물질의 명칭 및 함유량 정보를 제공할 것을 요구할 수 있다. 이 경우 정보제공을 요구받은 자는 고용노동부장관이 정하여 고시하는 바에 따라 정보를 제공하여야 한다.
1. 근로자를 진료하는 「의료법」 제2조에 따른 의사
2. 보건관리자 및 보건관리전문기관
3. 산업보건의
4. 근로자대표
5. 제165조제2항제38호에 따라 제141조제1항에 따른 역학조사(疫學調査)

실시 업무를 위탁받은 기관

6. 「산업재해보상보험법」 제38조에 따른 업무상질병판정위원회

벌 법 제112조제1항 본문을 위반하여 승인을 받지 아니하고 화학물질의 명칭 및 함유량을 대체자료로 적은 자에게는 500만원 이하의 과태료를 부과한다. (법 제175조제5항제8호)

벌 법 제112조제1항 또는 제5항에 따른 비공개 승인 또는 연장승인 신청 시 영업비밀과 관련되어 보호사유를 거짓으로 작성하여 신청한 자에게는 500만원 이하의 과태료를 부과한다. (법 제175조제5항제9호)

벌 법 제112조제10항 각 호 외의 부분 후단을 위반하여 대체자료로 적힌 화학물질의 명칭 및 함유량 정보를 제공하지 아니한 자에게는 500만원 이하의 과태료를 부과한다. (법 제175조제5항제10호)

제112조의2 【물질안전보건자료 일부 비공개 승인 등에 대한 이의신청 특례】 ① 제112조제1항 또는 제5항에 따른 승인 또는 연장승인 결과에 이의가 있는 신청인은 그 결과 통보를 받은 날부터 30일 이내에 고용노동부령으로 정하는 바에 따라 고용노동부장관에게 이의신청을 할 수 있다. (2023.8.8 신설)

② 고용노동부장관은 제1항에 따른 이의신청을 받은 날부터 14일(「행정기본법」 제36조제2항 단서에 따라 결과 통지기간을 연장한 경우에는 그 연장한 기간을 말한다) 이내에 고용노동부령으로 정하는 바에 따라 승인 또는 연장승인 여부를 결정하고 그 결과를 신청인에게 통지하여야 한다. (2023.8.8 신설)

③ 고용노동부장관은 제2항에 따른 승인 또는 연장승인 여부를 결정하기 위하여 필요한 경우 외부 전문가의 의견을 들을 수 있다. 이 경우 외부 전문가의 의견을 듣는 데 걸리는 기간은 제2항에 따른 결과 통지기간에 산입(算入)하지 아니한다. (2023.8.8 신설)

제113조 【국외제조자가 선임한 자에 의한 정보 제출 등】 ① 국외제조자는 고용노동부령으로 정하는 요건을 갖춘 자를 선임하여 물질안전보건자료대상물질을 수입하는 자를 갈음하여 다음 각 호에 해당하는 업무를 수행하도록 할 수 있다.

1. 제110조제1항 또는 제3항에 따른 물질안전보건자료의 작성·제출
2. 제110조제2항 각 호 외의 부분 본문에 따른 화학물질의 명칭 및 함유량 또는 같은 항 제2호에 따른 확인서류의 제출
3. 제112조제1항에 따른 대체자료 기재 승인, 같은 조 제5항에 따른 유효기간 연장승인 또는 제112조의2에 따른 이의신청 (2023.8.8 개정)

② 제1항에 따라 선임된 자는 고용노동부장관에게 제110조제1항 또는 제3항에 따른 물질안전보건자료를 제출하는 경우 그 물질안전보건자료를 해당

물질안전보건자료대상물질을 수입하는 자에게 제공하여야 한다.
③ 제1항에 따라 선임된 자는 고용노동부령으로 정하는 바에 따라 국외제조자에 의하여 선임되거나 해임된 사실을 고용노동부장관에게 신고하여야 한다.
④ 제2항에 따른 물질안전보건자료의 제출 및 제공 방법·내용, 제3항에 따른 신고 절차·방법, 그 밖에 필요한 사항은 고용노동부령으로 정한다.
벌 법 제113조제1항에 따라 선임된 자로서 같은 항 각 호의 업무를 거짓으로 수행한 자에게는 500만원 이하의 과태료를 부과한다. (법 제175조제5항제11호)
벌 법 제113조제1항에 따라 선임된 자로서 같은 조 제2항에 따라 고용노동부장관에게 제출한 물질안전보건자료를 해당 물질안전보건자료대상물질을 수입하는 자에게 제공하지 아니한 자에게는 500만원 이하의 과태료를 부과한다. (법 제175조제5항제12호)

제114조 【물질안전보건자료의 게시 및 교육】 ① 물질안전보건자료대상물질을 취급하려는 사업주는 제110조제1항 또는 제3항에 따라 작성하였거나 제111조제1항부터 제3항까지의 규정에 따라 제공받은 물질안전보건자료를 고용노동부령으로 정하는 방법에 따라 물질안전보건자료대상물질을 취급하는 작업장 내에 이를 취급하는 근로자가 쉽게 볼 수 있는 장소에 게시하거나 갖추어 두어야 한다.
② 제1항에 따른 사업주는 물질안전보건자료대상물질을 취급하는 작업공정별로 고용노동부령으로 정하는 바에 따라 물질안전보건자료대상물질의 관리 요령을 게시하여야 한다.
③ 제1항에 따른 사업주는 물질안전보건자료대상물질을 취급하는 근로자의 안전 및 보건을 위하여 고용노동부령으로 정하는 바에 따라 해당 근로자를 교육하는 등 적절한 조치를 하여야 한다.
벌 법 제114조제1항을 위반하여 이 법 및 이 법에 따른 명령의 요지, 안전보건관리규정 또는 물질안전보건자료를 게시하지 아니하거나 갖추어 두지 아니한 자에게는 500만원 이하의 과태료를 부과한다. (법 제175조제5항제3호)
벌 법 제114조제3항(제166조의2에서 준용하는 경우를 포함한다)을 위반하여 해당 근로자를 교육하는 등 적절한 조치를 하지 아니한 자에게는 300만원 이하의 과태료를 부과한다. (법 제175조제6항제10호)

제115조 【물질안전보건자료대상물질 용기 등의 경고표시】 ① 물질안전보건자료대상물질을 양도하거나 제공하는 자는 고용노동부령으로 정하는 방법에 따라 이를 담은 용기 및 포장에 경고표시를 하여야 한다. 다만, 용기 및 포장에 담는 방법 외의 방법으로 물질안전보건자료대상물질을 양도하거나 제공하는 경우에는 고용노동부장관이 정하여 고시한 바에 따라 경고표시 기재 항목을 적은 자료를 제공하여야 한다.

② 사업주는 사업장에서 사용하는 물질안전보건자료대상물질을 담은 용기에 고용노동부령으로 정하는 방법에 따라 경고표시를 하여야 한다. 다만, 용기에 이미 경고표시가 되어 있는 등 고용노동부령으로 정하는 경우에는 그러하지 아니하다.

벌 법 제115조제1항 또는 같은 조 제2항 본문을 위반하여 경고표시를 하지 아니한 자에게는 300만원 이하의 과태료를 부과한다. (법 제175조제6항제11호)

제116조 【물질안전보건자료와 관련된 자료의 제공】 고용노동부장관은 근로자의 안전 및 보건 유지를 위하여 필요하면 물질안전보건자료와 관련된 자료를 근로자 및 사업주에게 제공할 수 있다.

제117조 【유해·위험물질의 제조 등 금지】 ① 누구든지 다음 각 호의 어느 하나에 해당하는 물질로서 대통령령으로 정하는 물질(이하 "제조등금지물질"이라 한다)을 제조·수입·양도·제공 또는 사용해서는 아니 된다.

1. 직업성 암을 유발하는 것으로 확인되어 근로자의 건강에 특히 해롭다고 인정되는 물질
2. 제105조제1항에 따라 유해성·위험성이 평가된 유해인자나 제109조에 따라 유해성·위험성이 조사된 화학물질 중 근로자에게 중대한 건강장해를 일으킬 우려가 있는 물질

② 제1항에도 불구하고 시험·연구 또는 검사 목적의 경우로서 다음 각 호의 어느 하나에 해당하는 경우에는 제조등금지물질을 제조·수입·양도·제공 또는 사용할 수 있다.

1. 제조·수입 또는 사용을 위하여 고용노동부령으로 정하는 요건을 갖추어 고용노동부장관의 승인을 받은 경우
2. 「화학물질관리법」 제18조제1항 단서에 따른 금지물질의 판매 허가를 받은 자가 같은 항 단서에 따라 판매 허가를 받은 자나 제1호에 따라 사용 승인을 받은 자에게 제조등금지물질을 양도 또는 제공하는 경우

③ 고용노동부장관은 제2항제1호에 따른 승인을 받은 자가 같은 호에 따른 승인요건에 적합하지 아니하게 된 경우에는 승인을 취소하여야 한다.

④ 제2항제1호에 따른 승인 절차, 승인 취소 절차, 그 밖에 필요한 사항은 고용노동부령으로 정한다.

벌 법 제117조제1항을 위반한 자는 5년 이하의 징역 또는 5천만원 이하의 벌금에 처한다. (법 제168조제1호)

령 제87조

제118조 【유해·위험물질의 제조 등 허가】 ① 제117조제1항 각 호의 어느 하나에 해당하는 물질로서 대체물질이 개발되지 아니한 물질 등 대통령령으로 정하는 물질(이하 "허가대상물질"이라 한다)을 제조하거나 사용하려는

자는 고용노동부장관의 허가를 받아야 한다. 허가받은 사항을 변경할 때에도 또한 같다.
② 허가대상물질의 제조·사용설비, 작업방법, 그 밖의 허가기준은 고용노동부령으로 정한다.
③ 제1항에 따라 허가를 받은 자(이하 "허가대상물질제조·사용자"라 한다)는 그 제조·사용설비를 제2항에 따른 허가기준에 적합하도록 유지하여야 하며, 그 기준에 적합한 작업방법으로 허가대상물질을 제조·사용하여야 한다.
④ 고용노동부장관은 허가대상물질제조·사용자의 제조·사용설비 또는 작업방법이 제2항에 따른 허가기준에 적합하지 아니하다고 인정될 때에는 그 기준에 적합하도록 제조·사용설비를 수리·개조 또는 이전하도록 하거나 그 기준에 적합한 작업방법으로 그 물질을 제조·사용하도록 명할 수 있다.
⑤ 고용노동부장관은 허가대상물질제조·사용자가 다음 각 호의 어느 하나에 해당하면 그 허가를 취소하거나 6개월 이내의 기간을 정하여 영업을 정지하게 할 수 있다. 다만, 제1호에 해당할 때에는 그 허가를 취소하여야 한다.
1. 거짓이나 그 밖의 부정한 방법으로 허가를 받은 경우
2. 제2항에 따른 허가기준에 맞지 아니하게 된 경우
3. 제3항을 위반한 경우
4. 제4항에 따른 명령을 위반한 경우
5. 자체검사 결과 이상을 발견하고도 즉시 보수 및 필요한 조치를 하지 아니한 경우
⑥ 제1항에 따른 허가의 신청절차, 그 밖에 필요한 사항은 고용노동부령으로 정한다.
벌 법 제118조제1항을 위반한 자는 5년 이하의 징역 또는 5천만원 이하의 벌금에 처한다. (법 제168조제1호)
벌 법 제118조제3항을 위반한 자는 3년 이하의 징역 또는 3천만원 이하의 벌금에 처한다. (법 제169조제1호)
벌 법 제118조제4항에 따른 명령을 위반한 자는 3년 이하의 징역 또는 3천만원 이하의 벌금에 처한다. (법 제169조제2호)
벌 법 제118조제5항에 따른 명령을 위반한 자는 5년 이하의 징역 또는 5천만원 이하의 벌금에 처한다. (법 제168조제2호)
령 제88조

제2절 석면에 대한 조치

제119조 【석면조사】 ① 건축물이나 설비를 철거하거나 해체하려는 경우에 해당 건축물이나 설비의 소유주 또는 임차인 등(이하 "건축물·설비소유

주등"이라 한다)은 다음 각 호의 사항을 고용노동부령으로 정하는 바에 따라 조사(이하 "일반석면조사"라 한다)한 후 그 결과를 기록하여 보존하여야 한다.
1. 해당 건축물이나 설비에 석면이 포함되어 있는지 여부 (2020.5.26 개정)
2. 해당 건축물이나 설비 중 석면이 포함된 자재의 종류, 위치 및 면적 (2020.5.26 개정)

② 제1항에 따른 건축물이나 설비 중 대통령령으로 정하는 규모 이상의 건축물·설비소유주등은 제120조에 따라 지정받은 기관(이하 "석면조사기관"이라 한다)에 다음 각 호의 사항을 조사(이하 "기관석면조사"라 한다)하도록 한 후 그 결과를 기록하여 보존하여야 한다. 다만, 석면함유 여부가 명백한 경우 등 대통령령으로 정하는 사유에 해당하여 고용노동부령으로 정하는 절차에 따라 확인을 받은 경우에는 기관석면조사를 생략할 수 있다.
1. 제1항 각 호의 사항
2. 해당 건축물이나 설비에 포함된 석면의 종류 및 함유량 (2020.5.26 개정)

③ 건축물·설비소유주등이 「석면안전관리법」 등 다른 법률에 따라 건축물이나 설비에 대하여 석면조사를 실시한 경우에는 고용노동부령으로 정하는 바에 따라 일반석면조사 또는 기관석면조사를 실시한 것으로 본다.

④ 고용노동부장관은 건축물·설비소유주등이 일반석면조사 또는 기관석면조사를 하지 아니하고 건축물이나 설비를 철거하거나 해체하는 경우에는 다음 각 호의 조치를 명할 수 있다.
1. 해당 건축물·설비소유주등에 대한 일반석면조사 또는 기관석면조사의 이행 명령
2. 해당 건축물이나 설비를 철거하거나 해체하는 자에 대하여 제1호에 따른 이행 명령의 결과를 보고받을 때까지의 작업중지 명령

⑤ 기관석면조사의 방법, 그 밖에 필요한 사항은 고용노동부령으로 정한다.

벌 법 제119조제1항에 따라 일반석면조사를 하지 아니하고 건축물이나 설비를 철거하거나 해체한 자에게는 300만원 이하의 과태료를 부과한다. (법 제175조제6항제12호)

벌 법 제119조제2항에 따라 기관석면조사를 하지 아니하고 건축물 또는 설비를 철거하거나 해체한 자에게는 5천만원 이하의 과태료를 부과한다. (법 제175조제1항제1호)

벌 법 제119조제4항에 따른 명령을 위반한 자는 3년 이하의 징역 또는 3천만원 이하의 벌금에 처한다. (법 제169조제2호)

령 제89조

제120조 【석면조사기관】 ① 석면조사기관이 되려는 자는 대통령령으로 정하는 인력·시설 및 장비 등의 요건을 갖추어 고용노동부장관의 지정을 받아야 한다.

② 고용노동부장관은 기관석면조사의 결과에 대한 정확성과 정밀도를 확보하기 위하여 석면조사기관의 석면조사 능력을 확인하고, 석면조사기관을 지도하거나 교육할 수 있다. 이 경우 석면조사 능력의 확인, 석면조사기관에 대한 지도 및 교육의 방법, 절차, 그 밖에 필요한 사항은 고용노동부장관이 정하여 고시한다.
③ 고용노동부장관은 석면조사기관에 대하여 평가하고 그 결과를 공개(제2항에 따른 석면조사 능력의 확인 결과를 포함한다)할 수 있다. 이 경우 평가의 기준·방법 및 결과의 공개에 필요한 사항은 고용노동부령으로 정한다.
④ 석면조사기관의 지정 절차, 그 밖에 필요한 사항은 고용노동부령으로 정한다.
⑤ 석면조사기관에 관하여는 제21조제4항 및 제5항을 준용한다. 이 경우 "안전관리전문기관 또는 보건관리전문기관"은 "석면조사기관"으로 본다.
령 제90조·제91조

제121조【석면해체·제거업의 등록 등】 ① 석면해체·제거를 업으로 하려는 자는 대통령령으로 정하는 인력·시설 및 장비를 갖추어 고용노동부장관에게 등록하여야 한다.
② 고용노동부장관은 제1항에 따라 등록한 자(이하 "석면해체·제거업자"라 한다)의 석면해체·제거작업의 안전성을 고용노동부령으로 정하는 바에 따라 평가하고 그 결과를 공개할 수 있다. 이 경우 평가의 기준·방법 및 결과의 공개에 필요한 사항은 고용노동부령으로 정한다.
③ 제1항에 따른 등록 절차, 그 밖에 필요한 사항은 고용노동부령으로 정한다.
④ 석면해체·제거업자에 관하여는 제21조제4항 및 제5항을 준용한다. 이 경우 "안전관리전문기관 또는 보건관리전문기관"은 "석면해체·제거업자"로, "지정"은 "등록"으로 본다.
령 제92조·제93조

제122조【석면의 해체·제거】 ① 기관석면조사 대상인 건축물이나 설비에 대통령령으로 정하는 함유량과 면적 이상의 석면이 포함되어 있는 경우 해당 건축물·설비소유주등은 석면해체·제거업자로 하여금 그 석면을 해체·제거하도록 하여야 한다. 다만, 건축물·설비소유주등이 인력·장비 등에서 석면해체·제거업자와 동등한 능력을 갖추고 있는 경우 등 대통령령으로 정하는 사유에 해당할 경우에는 스스로 석면을 해체·제거할 수 있다. (2020.5.26 개정)
② 제1항에 따른 석면해체·제거는 해당 건축물이나 설비에 대하여 기관석면조사를 실시한 기관이 해서는 아니 된다.
③ 석면해체·제거업자(제1항 단서의 경우에는 건축물·설비소유주등을 말한다. 이하 제124조에서 같다)는 제1항에 따른 석면해체·제거작업을 하기 전

에 고용노동부령으로 정하는 바에 따라 고용노동부장관에게 신고하고, 제1항에 따른 석면해체·제거작업에 관한 서류를 보존하여야 한다.
④ 고용노동부장관은 제3항에 따른 신고를 받은 경우 그 내용을 검토하여 이 법에 적합하면 신고를 수리하여야 한다.
⑤ 제3항에 따른 신고 절차, 그 밖에 필요한 사항은 고용노동부령으로 정한다.
벌 법 제122조제1항을 위반한 자는 5년 이하의 징역 또는 5천만원 이하의 벌금에 처한다. (법 제168조제1호)
벌 법 제122조제2항을 위반한 자에게는 500만원 이하의 과태료를 부과한다. (법 제175조제5항제1호)
벌 법 제122조제3항을 위반하여 고용노동부장관에게 신고하지 아니한 자에게는 300만원 이하의 과태료를 부과한다. (법 제175조제6항제13호)
령 제94조

제123조【석면해체·제거 작업기준의 준수】 ① 석면이 포함된 건축물이나 설비를 철거하거나 해체하는 자는 고용노동부령으로 정하는 석면해체·제거의 작업기준을 준수하여야 한다. (2020.5.26 개정)
② 근로자는 석면이 포함된 건축물이나 설비를 철거하거나 해체하는 자가 제1항의 작업기준에 따라 근로자에게 한 조치로서 고용노동부령으로 정하는 조치 사항을 준수하여야 한다. (2020.5.26 개정)
벌 법 제123조제1항을 위반한 자는 3년 이하의 징역 또는 3천만원 이하의 벌금에 처한다. (법 제169조제1호)
벌 법 제123조제2항을 위반한 자에게는 300만원 이하의 과태료를 부과한다. (법 제175조제6항제3호)

제124조【석면농도기준의 준수】 ① 석면해체·제거업자는 제122조제1항에 따른 석면해체·제거작업이 완료된 후 해당 작업장의 공기 중 석면농도가 고용노동부령으로 정하는 기준 이하가 되도록 하고, 그 증명자료를 고용노동부장관에게 제출하여야 한다.
② 제1항에 따른 공기 중 석면농도를 측정할 수 있는 자의 자격 및 측정방법에 관한 사항은 고용노동부령으로 정한다.
③ 건축물·설비소유주등은 석면해체·제거작업 완료 후에도 작업장의 공기 중 석면농도가 제1항의 기준을 초과한 경우 해당 건축물이나 설비를 철거하거나 해체해서는 아니 된다.
벌 법 제124조제1항에 따른 증명자료를 제출하지 아니한 자에게는 300만원 이하의 과태료를 부과한다. (법 제175조제6항제14호)
벌 법 제124조제1항(증명자료의 제출은 제외한다)을 위반한 자에게는 500만원 이하의 과태료를 부과한다. (법 제175조제5항제1호)
벌 법 제124조제3항을 위반하여 건축물 또는 설비를 철거하거나 해체한 자

에게는 5천만원 이하의 과태료를 부과한다. (법 제175조제1항제2호)

제8장 근로자 보건관리

제1절 근로환경의 개선

제125조 【작업환경측정】 ① 사업주는 유해인자로부터 근로자의 건강을 보호하고 쾌적한 작업환경을 조성하기 위하여 인체에 해로운 작업을 하는 작업장으로서 고용노동부령으로 정하는 작업장에 대하여 고용노동부령으로 정하는 자격을 가진 자로 하여금 작업환경측정을 하도록 하여야 한다.

② 제1항에도 불구하고 도급인의 사업장에서 관계수급인 또는 관계수급인의 근로자가 작업을 하는 경우에는 도급인이 제1항에 따른 자격을 가진 자로 하여금 작업환경측정을 하도록 하여야 한다.

③ 사업주(제2항에 따른 도급인을 포함한다. 이하 이 조 및 제127조에서 같다)는 제1항에 따른 작업환경측정을 제126조에 따라 지정받은 기관(이하 "작업환경측정기관"이라 한다)에 위탁할 수 있다. 이 경우 필요한 때에는 작업환경측정 중 시료의 분석만을 위탁할 수 있다.

④ 사업주는 근로자대표(관계수급인의 근로자대표를 포함한다. 이하 이 조에서 같다)가 요구하면 작업환경측정 시 근로자대표를 참석시켜야 한다.

⑤ 사업주는 작업환경측정 결과를 기록하여 보존하고 고용노동부령으로 정하는 바에 따라 고용노동부장관에게 보고하여야 한다. 다만, 제3항에 따라 사업주로부터 작업환경측정을 위탁받은 작업환경측정기관이 작업환경측정을 한 후 그 결과를 고용노동부령으로 정하는 바에 따라 고용노동부장관에게 제출한 경우에는 작업환경측정 결과를 보고한 것으로 본다.

⑥ 사업주는 작업환경측정 결과를 해당 작업장의 근로자(관계수급인 및 관계수급인 근로자를 포함한다. 이하 이 항, 제127조 및 제175조제5항제15호에서 같다)에게 알려야 하며, 그 결과에 따라 근로자의 건강을 보호하기 위하여 해당 시설·설비의 설치·개선 또는 건강진단의 실시 등의 조치를 하여야 한다.

⑦ 사업주는 산업안전보건위원회 또는 근로자대표가 요구하면 작업환경측정 결과에 대한 설명회 등을 개최하여야 한다. 이 경우 제3항에 따라 작업환경측정을 위탁하여 실시한 경우에는 작업환경측정기관에 작업환경측정 결과에 대하여 설명하도록 할 수 있다.

⑧ 제1항 및 제2항에 따른 작업환경측정의 방법·횟수, 그 밖에 필요한 사항은 고용노동부령으로 정한다.

벌 법 제125조제1항·제2항에 따라 작업환경측정을 하지 아니한 자에게는

1천만원 이하의 과태료를 부과한다. (법 제175조제4항제6호)

벌 법 제125조제1항 및 제2항에 따른 작업환경측정 시 고용노동부령으로 정하는 작업환경측정의 방법을 준수하지 아니한 사업주(같은 조 제3항에 따라 작업환경측정기관에 위탁한 경우는 제외한다)에게는 500만원 이하의 과태료를 부과한다. (법 제175조제5항제13호)

벌 법 제125조제4항을 위반하여 근로자대표가 요구하였는데도 근로자대표를 참석시키지 아니한 자에게는 500만원 이하의 과태료를 부과한다. (법 제175조제5항제14호)

벌 법 제125조제5항에 따른 보고, 제출 또는 통보를 하지 아니하거나 거짓으로 보고, 제출 또는 통보한 자에게는 300만원 이하의 과태료를 부과한다. (법 제175조제6항제15호)

벌 법 제125조제6항을 위반하여 해당 시설·설비의 설치·개선 또는 건강진단의 실시 등의 조치를 하지 아니한 자는 1천만원 이하의 벌금에 처한다. (법 제171조제3호)

벌 법 제125조제6항을 위반하여 작업환경측정 결과를 해당 작업장 근로자에게 알리지 아니한 자에게는 500만원 이하의 과태료를 부과한다. (법 제175조제5항제15호)

벌 법 제125조제7항을 위반한 자에게는 500만원 이하의 과태료를 부과한다. (법 제175조제5항제1호)

제126조 【작업환경측정기관】 ① 작업환경측정기관이 되려는 자는 대통령령으로 정하는 인력·시설 및 장비 등의 요건을 갖추어 고용노동부장관의 지정을 받아야 한다.

② 고용노동부장관은 작업환경측정기관의 측정·분석 결과에 대한 정확성과 정밀도를 확보하기 위하여 작업환경측정기관의 측정·분석능력을 확인하고, 작업환경측정기관을 지도하거나 교육할 수 있다. 이 경우 측정·분석능력의 확인, 작업환경측정기관에 대한 교육의 방법·절차, 그 밖에 필요한 사항은 고용노동부장관이 정하여 고시한다.

③ 고용노동부장관은 작업환경측정의 수준을 향상시키기 위하여 필요한 경우 작업환경측정기관을 평가하고 그 결과(제2항에 따른 측정·분석능력의 확인 결과를 포함한다)를 공개할 수 있다. 이 경우 평가기준·방법 및 결과의 공개, 그 밖에 필요한 사항은 고용노동부령으로 정한다.

④ 작업환경측정기관의 유형, 업무 범위 및 지정 절차, 그 밖에 필요한 사항은 고용노동부령으로 정한다.

⑤ 작업환경측정기관에 관하여는 제21조제4항 및 제5항을 준용한다. 이 경우 "안전관리전문기관 또는 보건관리전문기관"은 "작업환경측정기관"으로 본다.

령 제95조·제96조

제127조 【작업환경측정 신뢰성 평가】 ① 고용노동부장관은 제125조제1항 및 제2항에 따른 작업환경측정 결과에 대하여 그 신뢰성을 평가할 수 있다.
② 사업주와 근로자는 고용노동부장관이 제1항에 따른 신뢰성을 평가할 때에는 적극적으로 협조하여야 한다.
③ 제1항에 따른 신뢰성 평가의 방법·대상 및 절차, 그 밖에 필요한 사항은 고용노동부령으로 정한다.

제128조 【작업환경전문연구기관의 지정】 ① 고용노동부장관은 작업장의 유해인자로부터 근로자의 건강을 보호하고 작업환경관리방법 등에 관한 전문연구를 촉진하기 위하여 유해인자별·업종별 작업환경전문연구기관을 지정하여 예산의 범위에서 필요한 지원을 할 수 있다.
② 제1항에 따른 유해인자별·업종별 작업환경전문연구기관의 지정기준, 그 밖에 필요한 사항은 고용노동부장관이 정하여 고시한다.

제128조의2 【휴게시설의 설치】 ① 사업주는 근로자(관계수급인의 근로자를 포함한다. 이하 이 조에서 같다)가 신체적 피로와 정신적 스트레스를 해소할 수 있도록 휴식시간에 이용할 수 있는 휴게시설을 갖추어야 한다. (2021.8.17 신설)
② 사업주 중 사업의 종류 및 사업장의 상시 근로자 수 등 대통령령으로 정하는 기준에 해당하는 사업장의 사업주는 제1항에 따라 휴게시설을 갖추는 경우 크기, 위치, 온도, 조명 등 고용노동부령으로 정하는 설치·관리기준을 준수하여야 한다. (2021.8.17 신설)

벌 법 제128조의2제1항을 위반하여 휴게시설을 갖추지 아니한 자(같은 조 제2항에 따른 대통령령으로 정하는 기준에 해당하는 사업장의 사업주로 한정한다)에게는 1천500만원 이하의 과태료를 부과한다. (법 제175조제3항제2호의3)

벌 법 제128조의2제2항을 위반하여 휴게시설의 설치·관리기준을 준수하지 아니한 자에게는 1천만원 이하의 과태료를 부과한다. (법 제175조제4항제6호의2)

령 제96조의2

제2절 건강진단 및 건강관리

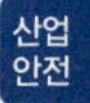

제129조 【일반건강진단】 ① 사업주는 상시 사용하는 근로자의 건강관리를 위하여 건강진단(이하 "일반건강진단"이라 한다)을 실시하여야 한다. 다만, 사업주가 고용노동부령으로 정하는 건강진단을 실시한 경우에는 그 건

강진단을 받은 근로자에 대하여 일반건강진단을 실시한 것으로 본다.
② 사업주는 제135조제1항에 따른 특수건강진단기관 또는 「건강검진기본법」 제3조제2호에 따른 건강검진기관(이하 "건강진단기관"이라 한다)에서 일반건강진단을 실시하여야 한다.
③ 일반건강진단의 주기·항목·방법 및 비용, 그 밖에 필요한 사항은 고용노동부령으로 정한다.

벌 법 제129조제1항의 규정에 따른 근로자 건강진단을 하지 아니한 자에게는 1천만원 이하의 과태료를 부과한다. (법 제175조제4항제7호)

제130조 【특수건강진단 등】 ① 사업주는 다음 각 호의 어느 하나에 해당하는 근로자의 건강관리를 위하여 건강진단(이하 "특수건강진단"이라 한다)을 실시하여야 한다. 다만, 사업주가 고용노동부령으로 정하는 건강진단을 실시한 경우에는 그 건강진단을 받은 근로자에 대하여 해당 유해인자에 대한 특수건강진단을 실시한 것으로 본다.
1. 고용노동부령으로 정하는 유해인자에 노출되는 업무(이하 "특수건강진단대상업무"라 한다)에 종사하는 근로자
2. 제1호, 제3항 및 제131조에 따른 건강진단 실시 결과 직업병 소견이 있는 근로자로 판정받아 작업 전환을 하거나 작업 장소를 변경하여 해당 판정의 원인이 된 특수건강진단대상업무에 종사하지 아니하는 사람으로서 해당 유해인자에 대한 건강진단이 필요하다는 「의료법」 제2조에 따른 의사의 소견이 있는 근로자

② 사업주는 특수건강진단대상업무에 종사할 근로자의 배치 예정 업무에 대한 적합성 평가를 위하여 건강진단(이하 "배치전건강진단"이라 한다)을 실시하여야 한다. 다만, 고용노동부령으로 정하는 근로자에 대해서는 배치전건강진단을 실시하지 아니할 수 있다.
③ 사업주는 특수건강진단대상업무에 따른 유해인자로 인한 것이라고 의심되는 건강장해 증상을 보이거나 의학적 소견이 있는 근로자 중 보건관리자 등이 사업주에게 건강진단 실시를 건의하는 등 고용노동부령으로 정하는 근로자에 대하여 건강진단(이하 "수시건강진단"이라 한다)을 실시하여야 한다.
④ 사업주는 제135조제1항에 따른 특수건강진단기관에서 제1항부터 제3항까지의 규정에 따른 건강진단을 실시하여야 한다.
⑤ 제1항부터 제3항까지의 규정에 따른 건강진단의 시기·주기·항목·방법 및 비용, 그 밖에 필요한 사항은 고용노동부령으로 정한다.

벌 법 제130조제1항부터 제3항까지의 규정에 따른 근로자 건강진단을 하지 아니한 자에게는 1천만원 이하의 과태료를 부과한다. (법 제175조제4항제7호)

제131조 【임시건강진단 명령 등】 ① 고용노동부장관은 같은 유해인자에

노출되는 근로자들에게 유사한 질병의 증상이 발생한 경우 등 고용노동부령으로 정하는 경우에는 근로자의 건강을 보호하기 위하여 사업주에게 특정 근로자에 대한 건강진단(이하 "임시건강진단"이라 한다)의 실시나 작업전환, 그 밖에 필요한 조치를 명할 수 있다.
② 임시건강진단의 항목, 그 밖에 필요한 사항은 고용노동부령으로 정한다.
벌 법 제131조제1항(제166조의2에서 준용하는 경우를 포함한다)에 따른 명령을 위반한 자는 3년 이하의 징역 또는 3천만원 이하의 벌금에 처한다. (법 제169조제2호)

제132조 【건강진단에 관한 사업주의 의무】 ① 사업주는 제129조부터 제131조까지의 규정에 따른 건강진단을 실시하는 경우 근로자대표가 요구하면 근로자대표를 참석시켜야 한다.
② 사업주는 산업안전보건위원회 또는 근로자대표가 요구할 때에는 직접 또는 제129조부터 제131조까지의 규정에 따른 건강진단을 한 건강진단기관에 건강진단 결과에 대하여 설명하도록 하여야 한다. 다만, 개별 근로자의 건강진단 결과는 본인의 동의 없이 공개해서는 아니 된다.
③ 사업주는 제129조부터 제131조까지의 규정에 따른 건강진단의 결과를 근로자의 건강 보호 및 유지 외의 목적으로 사용해서는 아니 된다.
④ 사업주는 제129조부터 제131조까지의 규정 또는 다른 법령에 따른 건강진단의 결과 근로자의 건강을 유지하기 위하여 필요하다고 인정할 때에는 작업장소 변경, 작업 전환, 근로시간 단축, 야간근로(오후 10시부터 다음 날 오전 6시까지 사이의 근로를 말한다)의 제한, 작업환경측정 또는 시설·설비의 설치·개선 등 고용노동부령으로 정하는 바에 따라 적절한 조치를 하여야 한다.
⑤ 제4항에 따라 적절한 조치를 하여야 하는 사업주로서 고용노동부령으로 정하는 사업주는 그 조치 결과를 고용노동부령으로 정하는 바에 따라 고용노동부장관에게 제출하여야 한다.
벌 법 제132조제1항을 위반하여 근로자대표가 요구하였는데도 근로자대표를 참석시키지 아니한 자에게는 500만원 이하의 과태료를 부과한다. (법 제175조제5항제14호)
벌 법 제132조제2항을 위반한 자에게는 500만원 이하의 과태료를 부과한다. (법 제175조제5항제1호)
벌 법 제132조제3항을 위반한 자에게는 300만원 이하의 과태료를 부과한다. (법 제175조제6항제3호)
벌 법 제132조제4항을 위반하여 작업장소 변경 등의 적절한 조치를 하지 아니한 자는 1천만원 이하의 벌금에 처한다. (법 제171조제4호)
벌 법 제132조제5항에 따른 보고, 제출 또는 통보를 하지 아니하거나 거짓

으로 보고, 제출 또는 통보한 자에게는 300만원 이하의 과태료를 부과한다. (법 제175조제6항제15호)

제133조 【건강진단에 관한 근로자의 의무】 근로자는 제129조부터 제131조까지의 규정에 따라 사업주가 실시하는 건강진단을 받아야 한다. 다만, 사업주가 지정한 건강진단기관이 아닌 건강진단기관으로부터 이에 상응하는 건강진단을 받아 그 결과를 증명하는 서류를 사업주에게 제출하는 경우에는 사업주가 실시하는 건강진단을 받은 것으로 본다.

벌 법 제133조를 위반한 자에게는 300만원 이하의 과태료를 부과한다. (법 제175조제6항제3호)

제134조 【건강진단기관 등의 결과보고 의무】 ① 건강진단기관은 제129조부터 제131조까지의 규정에 따른 건강진단을 실시한 때에는 고용노동부령으로 정하는 바에 따라 그 결과를 근로자 및 사업주에게 통보하고 고용노동부장관에게 보고하여야 한다.

② 제129조제1항 단서에 따라 건강진단을 실시한 기관은 사업주가 근로자의 건강보호를 위하여 그 결과를 요청하는 경우 고용노동부령으로 정하는 바에 따라 그 결과를 사업주에게 통보하여야 한다.

벌 법 제134조제1항·제2항에 따른 보고, 제출 또는 통보를 하지 아니하거나 거짓으로 보고, 제출 또는 통보한 자에게는 300만원 이하의 과태료를 부과한다. (법 제175조제6항제15호)

제135조 【특수건강진단기관】 ① 「의료법」 제3조에 따른 의료기관이 특수건강진단, 배치전건강진단 또는 수시건강진단을 수행하려는 경우에는 고용노동부장관으로부터 건강진단을 할 수 있는 기관(이하 "특수건강진단기관"이라 한다)으로 지정받아야 한다.

② 특수건강진단기관으로 지정받으려는 자는 대통령령으로 정하는 요건을 갖추어 고용노동부장관에게 신청하여야 한다.

③ 고용노동부장관은 제1항에 따른 특수건강진단기관의 진단·분석 결과에 대한 정확성과 정밀도를 확보하기 위하여 특수건강진단기관의 진단·분석능력을 확인하고, 특수건강진단기관을 지도하거나 교육할 수 있다. 이 경우 진단·분석능력의 확인, 특수건강진단기관에 대한 지도 및 교육의 방법, 절차, 그 밖에 필요한 사항은 고용노동부장관이 정하여 고시한다.

④ 고용노동부장관은 특수건강진단기관을 평가하고 그 결과(제3항에 따른 진단·분석능력의 확인 결과를 포함한다)를 공개할 수 있다. 이 경우 평가 기준·방법 및 결과의 공개, 그 밖에 필요한 사항은 고용노동부령으로 정한다.

⑤ 특수건강진단기관의 지정 신청 절차, 업무 수행에 관한 사항, 업무를 수행할 수 있는 지역, 그 밖에 필요한 사항은 고용노동부령으로 정한다.

⑥ 특수건강진단기관에 관하여는 제21조제4항 및 제5항을 준용한다. 이 경

우 "안전관리전문기관 또는 보건관리전문기관"은 "특수건강진단기관"으로 본다.

령 제97조·제98조

제136조 【유해인자별 특수건강진단 전문연구기관의 지정】 ① 고용노동부장관은 작업장의 유해인자에 관한 전문연구를 촉진하기 위하여 유해인자별 특수건강진단 전문연구기관을 지정하여 예산의 범위에서 필요한 지원을 할 수 있다.

② 제1항에 따른 유해인자별 특수건강진단 전문연구기관의 지정 기준 및 절차, 그 밖에 필요한 사항은 고용노동부장관이 정하여 고시한다.

제137조 【건강관리카드】 ① 고용노동부장관은 고용노동부령으로 정하는 건강장해가 발생할 우려가 있는 업무에 종사하였거나 종사하고 있는 사람 중 고용노동부령으로 정하는 요건을 갖춘 사람의 직업병 조기발견 및 지속적인 건강관리를 위하여 건강관리카드를 발급하여야 한다.

② 건강관리카드를 발급받은 사람이 「산업재해보상보험법」 제41조에 따라 요양급여를 신청하는 경우에는 건강관리카드를 제출함으로써 해당 재해에 관한 의학적 소견을 적은 서류의 제출을 대신할 수 있다.

③ 건강관리카드를 발급받은 사람은 그 건강관리카드를 타인에게 양도하거나 대여해서는 아니 된다.

④ 건강관리카드를 발급받은 사람 중 제1항에 따라 건강관리카드를 발급받은 업무에 종사하지 아니하는 사람은 고용노동부령으로 정하는 바에 따라 특수건강진단에 준하는 건강진단을 받을 수 있다.

⑤ 건강관리카드의 서식, 발급 절차, 그 밖에 필요한 사항은 고용노동부령으로 정한다.

벌 법 제137조제3항을 위반한 자에게는 500만원 이하의 과태료를 부과한다. (법 제175조제5항제1호)

제138조 【질병자의 근로 금지·제한】 ① 사업주는 감염병, 정신질환 또는 근로로 인하여 병세가 크게 악화될 우려가 있는 질병으로서 고용노동부령으로 정하는 질병에 걸린 사람에게는 「의료법」 제2조에 따른 의사의 진단에 따라 근로를 금지하거나 제한하여야 한다.

② 사업주는 제1항에 따라 근로가 금지되거나 제한된 근로자가 건강을 회복하였을 때에는 지체 없이 근로를 할 수 있도록 하여야 한다.

벌 법 제138조제1항(제166조의2에서 준용하는 경우를 포함한다)·제2항을 위반한 자는 1천만원 이하의 벌금에 처한다. (법 제171조제1호)

제139조 【유해·위험작업에 대한 근로시간 제한 등】 ① 사업주는 유해하거나 위험한 작업으로서 높은 기압에서 하는 작업 등 대통령령으로 정하는 작업에 종사하는 근로자에게는 1일 6시간, 1주 34시간을 초과하여 근로하

계 해서는 아니 된다.
② 사업주는 대통령령으로 정하는 유해하거나 위험한 작업에 종사하는 근로자에게 필요한 안전조치 및 보건조치 외에 작업과 휴식의 적정한 배분 및 근로시간과 관련된 근로조건의 개선을 통하여 근로자의 건강 보호를 위한 조치를 하여야 한다.

벌 법 제139조제1항을 위반한 자는 3년 이하의 징역 또는 3천만원 이하의 벌금에 처한다. (법 제169조제1호)

령 제99조

제140조【자격 등에 의한 취업 제한 등】 ① 사업주는 유해하거나 위험한 작업으로서 상당한 지식이나 숙련도가 요구되는 고용노동부령으로 정하는 작업의 경우 그 작업에 필요한 자격·면허·경험 또는 기능을 가진 근로자가 아닌 사람에게 그 작업을 하게 해서는 아니 된다.
② 고용노동부장관은 제1항에 따른 자격·면허의 취득 또는 근로자의 기능 습득을 위하여 교육기관을 지정할 수 있다.
③ 제1항에 따른 자격·면허·경험·기능, 제2항에 따른 교육기관의 지정 요건 및 지정 절차, 그 밖에 필요한 사항은 고용노동부령으로 정한다.
④ 제2항에 따른 교육기관에 관하여는 제21조제4항 및 제5항을 준용한다. 이 경우 "안전관리전문기관 또는 보건관리전문기관"은 "제2항에 따른 교육기관"으로 본다.

벌 법 제140조제1항(제166조의2에서 준용하는 경우를 포함한다)을 위반한 자는 3년 이하의 징역 또는 3천만원 이하의 벌금에 처한다. (법 제169조제1호)

령 제100조

제141조【역학조사】 ① 고용노동부장관은 직업성 질환의 진단 및 예방, 발생 원인의 규명을 위하여 필요하다고 인정할 때에는 근로자의 질환과 작업장의 유해요인의 상관관계에 관한 역학조사(이하 "역학조사"라 한다)를 할 수 있다. 이 경우 사업주 또는 근로자대표, 그 밖에 고용노동부령으로 정하는 사람이 요구할 때 고용노동부령으로 정하는 바에 따라 역학조사에 참석하게 할 수 있다.
② 사업주 및 근로자는 고용노동부장관이 역학조사를 실시하는 경우 적극 협조하여야 하며, 정당한 사유 없이 역학조사를 거부·방해하거나 기피해서는 아니 된다.
③ 누구든지 제1항 후단에 따라 역학조사 참석이 허용된 사람의 역학조사 참석을 거부하거나 방해해서는 아니 된다.
④ 제1항 후단에 따라 역학조사에 참석하는 사람은 역학조사 참석과정에서 알게 된 비밀을 누설하거나 도용해서는 아니 된다.
⑤ 고용노동부장관은 역학조사를 위하여 필요하면 제129조부터 제131조까

지의 규정에 따른 근로자의 건강진단 결과, 「국민건강보험법」에 따른 요양급여기록 및 건강검진 결과, 「고용보험법」에 따른 고용정보, 「암관리법」에 따른 질병정보 및 사망원인 정보 등을 관련 기관에 요청할 수 있다. 이 경우 자료의 제출을 요청받은 기관은 특별한 사유가 없으면 이에 따라야 한다.
⑥ 역학조사의 방법·대상·절차, 그 밖에 필요한 사항은 고용노동부령으로 정한다.

벌 법 제141조제2항을 위반하여 정당한 사유 없이 역학조사를 거부·방해하거나 기피한 자에게는 1천500만원 이하의 과태료를 부과한다. (법 제175조제3항제3호)

벌 법 제141조제3항을 위반하여 역학조사 참석이 허용된 사람의 역학조사 참석을 거부하거나 방해한 자에게는 1천500만원 이하의 과태료를 부과한다. (법 제175조제3항제4호)

벌 법 제141조제4항을 위반한 자는 1년 이하의 징역 또는 1천만원 이하의 벌금에 처한다. (법 제170조제4호)

제9장 산업안전지도사 및 산업보건지도사

제142조 【산업안전지도사 등의 직무】 ① 산업안전지도사는 다음 각 호의 직무를 수행한다.
1. 공정상의 안전에 관한 평가·지도
2. 유해·위험의 방지대책에 관한 평가·지도
3. 제1호 및 제2호의 사항과 관련된 계획서 및 보고서의 작성
4. 그 밖에 산업안전에 관한 사항으로서 대통령령으로 정하는 사항

② 산업보건지도사는 다음 각 호의 직무를 수행한다.
1. 작업환경의 평가 및 개선 지도
2. 작업환경 개선과 관련된 계획서 및 보고서의 작성
3. 근로자 건강진단에 따른 사후관리 지도
4. 직업성 질병 진단(「의료법」 제2조에 따른 의사인 산업보건지도사만 해당한다) 및 예방 지도
5. 산업보건에 관한 조사·연구
6. 그 밖에 산업보건에 관한 사항으로서 대통령령으로 정하는 사항

③ 산업안전지도사 또는 산업보건지도사(이하 "지도사"라 한다)의 업무 영역별 종류 및 업무 범위, 그 밖에 필요한 사항은 대통령령으로 정한다.

령 제101조

제143조 【지도사의 자격 및 시험】 ① 고용노동부장관이 시행하는 지도사 자격시험에 합격한 사람은 지도사의 자격을 가진다.

산업
안전

② 대통령령으로 정하는 산업 안전 및 보건과 관련된 자격의 보유자에 대해서는 제1항에 따른 지도사 자격시험의 일부를 면제할 수 있다.
③ 고용노동부장관은 제1항에 따른 지도사 자격시험 실시를 대통령령으로 정하는 전문기관에 대행하게 할 수 있다. 이 경우 시험 실시에 드는 비용을 예산의 범위에서 보조할 수 있다. (2020.5.26 개정)
④ 제3항에 따라 지도사 자격시험 실시를 대행하는 전문기관의 임직원은 「형법」 제129조부터 제132조까지의 규정을 적용할 때에는 공무원으로 본다.
⑤ 지도사 자격시험의 시험과목, 시험방법, 다른 자격 보유자에 대한 시험 면제의 범위, 그 밖에 필요한 사항은 대통령령으로 정한다.
령 제103조·제104조·제105조·제106조

제144조 【부정행위자에 대한 제재】 고용노동부장관은 지도사 자격시험에서 부정한 행위를 한 응시자에 대해서는 그 시험을 무효로 하고, 그 처분을 한 날부터 5년간 시험응시자격을 정지한다.

제145조 【지도사의 등록】 ① 지도사가 그 직무를 수행하려는 경우에는 고용노동부령으로 정하는 바에 따라 고용노동부장관에게 등록하여야 한다.
② 제1항에 따라 등록한 지도사는 그 직무를 조직적·전문적으로 수행하기 위하여 법인을 설립할 수 있다.
③ 다음 각 호의 어느 하나에 해당하는 사람은 제1항에 따른 등록을 할 수 없다.
1. 피성년후견인 또는 피한정후견인
2. 파산선고를 받고 복권되지 아니한 사람
3. 금고 이상의 실형을 선고받고 그 집행이 끝나거나(집행이 끝난 것으로 보는 경우를 포함한다) 집행이 면제된 날부터 2년이 지나지 아니한 사람
4. 금고 이상의 형의 집행유예를 선고받고 그 유예기간 중에 있는 사람
5. 이 법을 위반하여 벌금형을 선고받고 1년이 지나지 아니한 사람
6. 제154조에 따라 등록이 취소(이 항 제1호 또는 제2호에 해당하여 등록이 취소된 경우는 제외한다)된 후 2년이 지나지 아니한 사람

④ 제1항에 따라 등록을 한 지도사는 고용노동부령으로 정하는 바에 따라 5년마다 등록을 갱신하여야 한다.
⑤ 고용노동부령으로 정하는 지도실적이 있는 지도사만이 제4항에 따른 갱신등록을 할 수 있다. 다만, 지도실적이 기준에 못 미치는 지도사는 고용노동부령으로 정하는 보수교육을 받은 경우 갱신등록을 할 수 있다.
⑥ 제2항에 따른 법인에 관하여는 「상법」 중 합명회사에 관한 규정을 적용한다.
벌 법 제145조제1항을 위반한 자에게는 500만원 이하의 과태료를 부과한다. (법 제175조제5항제1호)
령 제102조·제108조

제146조 【지도사의 교육】 지도사 자격이 있는 사람(제143조제2항에 해당하는 사람 중 대통령령으로 정하는 실무경력이 있는 사람은 제외한다)이 직무를 수행하려면 제145조에 따른 등록을 하기 전 1년의 범위에서 고용노동부령으로 정하는 연수교육을 받아야 한다.

령 제107조

제147조 【지도사에 대한 지도 등】 고용노동부장관은 공단에 다음 각 호의 업무를 하게 할 수 있다.

1. 지도사에 대한 지도·연락 및 정보의 공동이용체제의 구축·유지
2. 제142조제1항 및 제2항에 따른 지도사의 직무 수행과 관련된 사업주의 불만·고충의 처리 및 피해에 관한 분쟁의 조정
3. 그 밖에 지도사 직무의 발전을 위하여 필요한 사항으로서 고용노동부령으로 정하는 사항

제148조 【손해배상의 책임】 ① 지도사는 직무 수행과 관련하여 고의 또는 과실로 의뢰인에게 손해를 입힌 경우에는 그 손해를 배상할 책임이 있다.

② 제145조제1항에 따라 등록한 지도사는 제1항에 따른 손해배상책임을 보장하기 위하여 대통령령으로 정하는 바에 따라 보증보험에 가입하거나 그 밖에 필요한 조치를 하여야 한다.

제149조 【유사명칭의 사용 금지】 제145조제1항에 따라 등록한 지도사가 아닌 사람은 산업안전지도사, 산업보건지도사 또는 이와 유사한 명칭을 사용해서는 아니 된다.

벌 법 제149조를 위반한 자에게는 300만원 이하의 과태료를 부과한다. (법 제175조제6항제3호)

제150조 【품위유지와 성실의무 등】 ① 지도사는 항상 품위를 유지하고 신의와 성실로써 공정하게 직무를 수행하여야 한다.

② 지도사는 제142조제1항 또는 제2항에 따른 직무와 관련하여 작성하거나 확인한 서류에 기명·날인하거나 서명하여야 한다.

제151조 【금지 행위】 지도사는 다음 각 호의 행위를 해서는 아니 된다.

1. 거짓이나 그 밖의 부정한 방법으로 의뢰인에게 법령에 따른 의무를 이행하지 아니하게 하는 행위
2. 의뢰인에게 법령에 따른 신고·보고, 그 밖의 의무를 이행하지 아니하게 하는 행위
3. 법령에 위반되는 행위에 관한 지도·상담

제152조 【관계 장부 등의 열람 신청】 지도사는 제142조제1항 및 제2항에 따른 직무를 수행하는 데 필요하면 사업주에게 관계 장부 및 서류의 열람을 신청할 수 있다. 이 경우 그 신청이 제142조제1항 또는 제2항에 따른 직무의 수행을 위한 것이면 열람을 신청받은 사업주는 정당한 사유 없이 이를 거부

해서는 아니 된다.

제153조 【자격대여행위 및 대여알선행위 등의 금지】 ① 지도사는 다른 사람에게 자기의 성명이나 사무소의 명칭을 사용하여 지도사의 직무를 수행하게 하거나 그 자격증이나 등록증을 대여해서는 아니 된다. (2020.3.31 개정)

② 누구든지 지도사의 자격을 취득하지 아니하고 그 지도사의 성명이나 사무소의 명칭을 사용하여 지도사의 직무를 수행하거나 자격증·등록증을 대여받아서는 아니 되며, 이를 알선하여서도 아니 된다. (2020.3.31 신설)

벌 법 제153조제1항을 위반하여 다른 사람에게 자기의 성명이나 사무소의 명칭을 사용하여 지도사의 직무를 수행하게 하거나 자격증·등록증을 대여한 사람은 1년 이하의 징역 또는 1천만원 이하의 벌금에 처한다. (법 제170조제7호)

벌 법 제153조제2항을 위반하여 지도사의 성명이나 사무소의 명칭을 사용하여 지도사의 직무를 수행하거나 자격증·등록증을 대여받거나 이를 알선한 사람은 1년 이하의 징역 또는 1천만원 이하의 벌금에 처한다. (법 제170조제8호)

제154조 【등록의 취소 등】 고용노동부장관은 지도사가 다음 각 호의 어느 하나에 해당하는 경우에는 그 등록을 취소하거나 2년 이내의 기간을 정하여 그 업무의 정지를 명할 수 있다. 다만, 제1호부터 제3호까지의 규정에 해당할 때에는 그 등록을 취소하여야 한다.

1. 거짓이나 그 밖의 부정한 방법으로 등록 또는 갱신등록을 한 경우
2. 업무정지 기간 중에 업무를 수행한 경우
3. 업무 관련 서류를 거짓으로 작성한 경우
4. 제142조에 따른 직무의 수행과정에서 고의 또는 과실로 인하여 중대재해가 발생한 경우
5. 제145조제3항제1호부터 제5호까지의 규정 중 어느 하나에 해당하게 된 경우
6. 제148조제2항에 따른 보증보험에 가입하지 아니하거나 그 밖에 필요한 조치를 하지 아니한 경우
7. 제150조제1항을 위반하거나 같은 조 제2항에 따른 기명·날인 또는 서명을 하지 아니한 경우
8. 제151조, 제153조제1항 또는 제162조를 위반한 경우 (2020.3.31 개정)

제10장 근로감독관 등

제155조 【근로감독관의 권한】 ① 「근로기준법」 제101조에 따른 근로감독관(이하 "근로감독관"이라 한다)은 이 법 또는 이 법에 따른 명령을 시행

하기 위하여 필요한 경우 다음 각 호의 장소에 출입하여 사업주, 근로자 또는 안전보건관리책임자 등(이하 "관계인"이라 한다)에게 질문을 하고, 장부, 서류, 그 밖의 물건의 검사 및 안전보건 점검을 하며, 관계 서류의 제출을 요구할 수 있다.

1. 사업장
2. 제21조제1항, 제33조제1항, 제48조제1항, 제74조제1항, 제88조제1항, 제96조제1항, 제100조제1항, 제120조제1항, 제126조제1항 및 제129조제2항에 따른 기관의 사무소
3. 석면해체·제거업자의 사무소
4. 제145조제1항에 따라 등록한 지도사의 사무소

② 근로감독관은 기계·설비등에 대한 검사를 할 수 있으며, 검사에 필요한 한도에서 무상으로 제품·원재료 또는 기구를 수거할 수 있다. 이 경우 근로감독관은 해당 사업주 등에게 그 결과를 서면으로 알려야 한다.

③ 근로감독관은 이 법 또는 이 법에 따른 명령의 시행을 위하여 관계인에게 보고 또는 출석을 명할 수 있다.

④ 근로감독관은 이 법 또는 이 법에 따른 명령을 시행하기 위하여 제1항 각 호의 어느 하나에 해당하는 장소에 출입하는 경우에 그 신분을 나타내는 증표를 지니고 관계인에게 보여 주어야 하며, 출입 시 성명, 출입시간, 출입 목적 등이 표시된 문서를 관계인에게 내주어야 한다.

벌 법 제155조제1항(제166조의2에서 준용하는 경우를 포함한다)에 따른 질문에 대하여 답변을 거부·방해 또는 기피하거나 거짓으로 답변한 자에게는 300만원 이하의 과태료를 부과한다. (법 제175조제6항제16호)

벌 법 제155조제1항(제166조의2에서 준용하는 경우를 포함한다) 또는 제2항(제166조의2에서 준용하는 경우를 포함한다)에 따른 근로감독관의 검사·점검 또는 수거를 거부·방해 또는 기피한 자에게는 1천만원 이하의 과태료를 부과한다. (법 제175조제4항제8호)

벌 법 제155조제3항(제166조의2에서 준용하는 경우를 포함한다)에 따른 명령을 위반하여 보고 또는 출석을 하지 아니하거나 거짓으로 보고한 자에게는 500만원 이하의 과태료를 부과한다. (법 제175조제5항제16호)

제156조【공단 소속 직원의 검사 및 지도 등】 ① 고용노동부장관은 제165조제2항에 따라 공단이 위탁받은 업무를 수행하기 위하여 필요하다고 인정할 때에는 공단 소속 직원에게 사업장에 출입하여 산업재해 예방에 필요한 검사 및 지도 등을 하게 하거나, 역학조사를 위하여 필요한 경우 관계자에게 질문하거나 필요한 서류의 제출을 요구하게 할 수 있다.

② 제1항에 따라 공단 소속 직원이 검사 또는 지도업무 등을 하였을 때에는 그 결과를 고용노동부장관에게 보고하여야 한다.

③ 공단 소속 직원이 제1항에 따라 사업장에 출입하는 경우에는 제155조제4항을 준용한다. 이 경우 "근로감독관"은 "공단 소속 직원"으로 본다.

벌 법 제156조제1항(제166조의2에서 준용하는 경우를 포함한다)에 따른 검사·지도 등을 거부·방해 또는 기피한 자에게는 300만원 이하의 과태료를 부과한다. (법 제175조제6항제17호)

제157조 【감독기관에 대한 신고】 ① 사업장에서 이 법 또는 이 법에 따른 명령을 위반한 사실이 있으면 근로자는 그 사실을 고용노동부장관 또는 근로감독관에게 신고할 수 있다.

② 「의료법」 제2조에 따른 의사·치과의사 또는 한의사는 3일 이상의 입원치료가 필요한 부상 또는 질병이 환자의 업무와 관련성이 있다고 판단할 경우에는 「의료법」 제19조제1항에도 불구하고 치료과정에서 알게 된 정보를 고용노동부장관에게 신고할 수 있다.

③ 사업주는 제1항에 따른 신고를 이유로 해당 근로자에 대하여 해고나 그 밖의 불리한 처우를 해서는 아니 된다.

벌 법 제157조제3항(제166조의2에서 준용하는 경우를 포함한다)을 위반한 자는 5년 이하의 징역 또는 5천만원 이하의 벌금에 처한다. (법 제168조제1호)

제11장 보 칙

제158조 【산업재해 예방활동의 보조·지원】 ① 정부는 사업주, 사업주단체, 근로자단체, 산업재해 예방 관련 전문단체, 연구기관 등이 하는 산업재해 예방사업 중 대통령령으로 정하는 사업에 드는 경비의 전부 또는 일부를 예산의 범위에서 보조하거나 그 밖에 필요한 지원(이하 "보조·지원"이라 한다)을 할 수 있다. 이 경우 고용노동부장관은 보조·지원이 산업재해 예방사업의 목적에 맞게 효율적으로 사용되도록 관리·감독하여야 한다.

② 고용노동부장관은 보조·지원을 받은 자가 다음 각 호의 어느 하나에 해당하는 경우 보조·지원의 전부 또는 일부를 취소하여야 한다. 다만, 제1호 및 제2호의 경우에는 보조·지원의 전부를 취소하여야 한다.

1. 거짓이나 그 밖의 부정한 방법으로 보조·지원을 받은 경우
2. 보조·지원 대상자가 폐업하거나 파산한 경우
3. 보조·지원 대상을 임의매각·훼손·분실하는 등 지원 목적에 적합하게 유지·관리·사용하지 아니한 경우
4. 제1항에 따른 산업재해 예방사업의 목적에 맞게 사용되지 아니한 경우
5. 보조·지원 대상 기간이 끝나기 전에 보조·지원 대상 시설 및 장비를 국외로 이전한 경우
6. 보조·지원을 받은 사업주가 필요한 안전조치 및 보건조치 의무를 위반하

여 산업재해를 발생시킨 경우로서 고용노동부령으로 정하는 경우

③ 고용노동부장관은 제2항에 따라 보조·지원의 전부 또는 일부를 취소한 경우, 같은 항 제1호 또는 제3호부터 제5호까지의 어느 하나에 해당하는 경우에는 해당 금액 또는 지원에 상응하는 금액을 환수하되 대통령령으로 정하는 바에 따라 지급받은 금액의 5배 이하의 금액을 추가로 환수할 수 있고, 같은 항 제2호(파산한 경우에는 환수하지 아니한다) 또는 제6호에 해당하는 경우에는 해당 금액 또는 지원에 상응하는 금액을 환수한다. (2021.5.18 개정)

④ 제2항에 따라 보조·지원의 전부 또는 일부가 취소된 자에 대해서는 고용노동부령으로 정하는 바에 따라 취소된 날부터 5년 이내의 기간을 정하여 보조·지원을 하지 아니할 수 있다. (2021.5.18 개정)

⑤ 보조·지원의 대상·방법·절차, 관리 및 감독, 제2항 및 제3항에 따른 취소 및 환수 방법, 그 밖에 필요한 사항은 고용노동부장관이 정하여 고시한다.

령 제109조·제109조의2

제159조 【영업정지의 요청 등】 ① 고용노동부장관은 사업주가 다음 각 호의 어느 하나에 해당하는 산업재해를 발생시킨 경우에는 관계 행정기관의 장에게 관계 법령에 따라 해당 사업의 영업정지나 그 밖의 제재를 할 것을 요청하거나 「공공기관의 운영에 관한 법률」 제4조에 따른 공공기관의 장에게 그 기관이 시행하는 사업의 발주 시 필요한 제한을 해당 사업자에게 할 것을 요청할 수 있다.

1. 제38조, 제39조 또는 제63조를 위반하여 많은 근로자가 사망하거나 사업장 인근지역에 중대한 피해를 주는 등 대통령령으로 정하는 사고가 발생한 경우
2. 제53조제1항 또는 제3항에 따른 명령을 위반하여 근로자가 업무로 인하여 사망한 경우

② 제1항에 따라 요청을 받은 관계 행정기관의 장 또는 공공기관의 장은 정당한 사유가 없으면 이에 따라야 하며, 그 조치 결과를 고용노동부장관에게 통보하여야 한다.

③ 제1항에 따른 영업정지 등의 요청 절차나 그 밖에 필요한 사항은 고용노동부령으로 정한다.

령 제110조

제160조 【업무정지 처분을 대신하여 부과하는 과징금 처분】 ① 고용노동부장관은 제21조제4항(제74조제4항, 제88조제5항, 제96조제5항, 제126조제5항 및 제135조제6항에 따라 준용되는 경우를 포함한다)에 따라 업무정지를 명하여야 하는 경우에 그 업무정지가 이용자에게 심한 불편을 주거나 공익을 해칠 우려가 있다고 인정되면 업무정지 처분을 대신하여 10억원 이

하의 과징금을 부과할 수 있다.
② 고용노동부장관은 제1항에 따른 과징금을 징수하기 위하여 필요한 경우에는 다음 각 호의 사항을 적은 문서로 관할 세무관서의 장에게 과세 정보 제공을 요청할 수 있다.
1. 납세자의 인적사항
2. 사용 목적
3. 과징금 부과기준이 되는 매출 금액
4. 과징금 부과사유 및 부과기준
③ 고용노동부장관은 제1항에 따른 과징금 부과처분을 받은 자가 납부기한까지 과징금을 내지 아니하면 국세 체납처분의 예에 따라 이를 징수한다.
④ 제1항에 따라 과징금을 부과하는 위반행위의 종류 및 위반 정도 등에 따른 과징금의 금액, 그 밖에 필요한 사항은 대통령령으로 정한다.
령 제111조·제112조

제161조【도급금지 등 의무위반에 따른 과징금 부과】 ① 고용노동부장관은 사업주가 다음 각 호의 어느 하나에 해당하는 경우에는 10억원 이하의 과징금을 부과·징수할 수 있다.
1. 제58조제1항을 위반하여 도급한 경우
2. 제58조제2항제2호 또는 제59조제1항을 위반하여 승인을 받지 아니하고 도급한 경우
3. 제60조를 위반하여 승인을 받아 도급받은 작업을 재하도급한 경우
② 고용노동부장관은 제1항에 따른 과징금을 부과하는 경우에는 다음 각 호의 사항을 고려하여야 한다.
1. 도급 금액, 기간 및 횟수 등
2. 관계수급인 근로자의 산업재해 예방에 필요한 조치 이행을 위한 노력의 정도
3. 산업재해 발생 여부
③ 고용노동부장관은 제1항에 따른 과징금을 내야 할 자가 납부기한까지 내지 아니하면 납부기한의 다음 날부터 과징금을 납부한 날의 전날까지의 기간에 대하여 내지 아니한 과징금의 연 100분의 6의 범위에서 대통령령으로 정하는 가산금을 징수한다. 이 경우 가산금을 징수하는 기간은 60개월을 초과할 수 없다.
④ 고용노동부장관은 제1항에 따른 과징금을 내야 할 자가 납부기한까지 내지 아니하면 기간을 정하여 독촉을 하고, 그 기간 내에 제1항에 따른 과징금 및 제3항에 따른 가산금을 내지 아니하면 국세 체납처분의 예에 따라 징수한다.
⑤ 제1항 및 제3항에 따른 과징금 및 가산금의 징수와 제4항에 따른 체납처

분 절차, 그 밖에 필요한 사항은 대통령령으로 정한다.

령 제113조·제114조

제162조【비밀 유지】 다음 각 호의 어느 하나에 해당하는 자는 업무상 알게 된 비밀을 누설하거나 도용해서는 아니 된다. 다만, 근로자의 건강장해를 예방하기 위하여 고용노동부장관이 필요하다고 인정하는 경우에는 그러하지 아니하다.

1. 제42조에 따라 제출된 유해위험방지계획서를 검토하는 자
2. 제44조에 따라 제출된 공정안전보고서를 검토하는 자
3. 제47조에 따른 안전보건진단을 하는 자
4. 제84조에 따른 안전인증을 하는 자
5. 제89조에 따른 신고 수리에 관한 업무를 하는 자
6. 제93조에 따른 안전검사를 하는 자
7. 제98조에 따른 자율검사프로그램의 인정업무를 하는 자
8. 제108조제1항 및 제109조제1항에 따라 제출된 유해성·위험성 조사보고서 또는 조사 결과를 검토하는 자
9. 제110조제1항부터 제3항까지의 규정에 따라 물질안전보건자료 등을 제출받는 자
10. 제112조제2항·제5항 및 제112조의2제2항에 따라 대체자료의 승인, 연장승인 여부를 검토하는 자 및 제112조제10항에 따라 물질안전보건자료의 대체자료를 제공받은 자 (2023.8.8 개정)
11. 제129조부터 제131조까지의 규정에 따라 건강진단을 하는 자
12. 제141조에 따른 역학조사를 하는 자
13. 제145조에 따라 등록한 지도사

벌 법 제162조를 위반한 자는 1년 이하의 징역 또는 1천만원 이하의 벌금에 처한다. (법 제170조제4호)

제163조【청문 및 처분기준】 ① 고용노동부장관은 다음 각 호의 어느 하나에 해당하는 처분을 하려면 청문을 하여야 한다.

1. 제21조제4항(제48조제4항, 제74조제4항, 제88조제5항, 제96조제5항, 제100조제4항, 제120조제5항, 제126조제5항, 제135조제6항 및 제140조제4항에 따라 준용되는 경우를 포함한다)에 따른 지정의 취소
2. 제33조제4항, 제82조제4항, 제102조제3항, 제121조제4항 및 제154조에 따른 등록의 취소
3. 제58조제7항(제59조제2항에 따라 준용되는 경우를 포함한다. 이하 제2항에서 같다), 제112조제8항 및 제117조제3항에 따른 승인의 취소
4. 제86조제1항에 따른 안전인증의 취소
5. 제99조제1항에 따른 자율검사프로그램 인정의 취소

6. 제118조제5항에 따른 허가의 취소
7. 제158조제2항에 따른 보조·지원의 취소

② 제21조제4항(제33조제4항, 제48조제4항, 제74조제4항, 제82조제4항, 제88조제5항, 제96조제5항, 제100조제4항, 제120조제5항, 제121조제4항, 제126조제5항, 제135조제6항 및 제140조제4항에 따라 준용되는 경우를 포함한다), 제58조제7항, 제86조제1항, 제91조제1항, 제99조제1항, 제102조제3항, 제112조제8항, 제117조제3항, 제118조제5항 및 제154조에 따른 취소, 정지, 사용 금지 또는 시정명령의 기준은 고용노동부령으로 정한다.

제164조 【서류의 보존】 ① 사업주는 다음 각 호의 서류를 3년(제2호의 경우 2년을 말한다) 동안 보존하여야 한다. 다만, 고용노동부령으로 정하는 바에 따라 보존기간을 연장할 수 있다.

1. 안전보건관리책임자·안전관리자·보건관리자·안전보건관리담당자 및 산업보건의의 선임에 관한 서류
2. 제24조제3항 및 제75조제4항에 따른 회의록
3. 안전조치 및 보건조치에 관한 사항으로서 고용노동부령으로 정하는 사항을 적은 서류
4. 제57조제2항에 따른 산업재해의 발생 원인 등 기록
5. 제108조제1항 본문 및 제109조제1항에 따른 화학물질의 유해성·위험성 조사에 관한 서류
6. 제125조에 따른 작업환경측정에 관한 서류
7. 제129조부터 제131조까지의 규정에 따른 건강진단에 관한 서류

② 안전인증 또는 안전검사의 업무를 위탁받은 안전인증기관 또는 안전검사기관은 안전인증·안전검사에 관한 사항으로서 고용노동부령으로 정하는 서류를 3년 동안 보존하여야 하고, 안전인증을 받은 자는 제84조제5항에 따라 안전인증대상기계등에 대하여 기록한 서류를 3년 동안 보존하여야 하며, 자율안전확인대상기계등을 제조하거나 수입하는 자는 자율안전기준에 맞는 것임을 증명하는 서류를 2년 동안 보존하여야 하고, 제98조제1항에 따라 자율안전검사를 받은 자는 자율검사프로그램에 따라 실시한 검사 결과에 대한 서류를 2년 동안 보존하여야 한다.

③ 일반석면조사를 한 건축물·설비소유주등은 그 결과에 관한 서류를 그 건축물이나 설비에 대한 해체·제거작업이 종료될 때까지 보존하여야 하고, 기관석면조사를 한 건축물·설비소유주등과 석면조사기관은 그 결과에 관한 서류를 3년 동안 보존하여야 한다.

④ 작업환경측정기관은 작업환경측정에 관한 사항으로서 고용노동부령으로 정하는 사항을 적은 서류를 3년 동안 보존하여야 한다.

⑤ 지도사는 그 업무에 관한 사항으로서 고용노동부령으로 정하는 사항을

적은 서류를 5년 동안 보존하여야 한다.

⑥ 석면해체·제거업자는 제122조제3항에 따른 석면해체·제거작업에 관한 서류 중 고용노동부령으로 정하는 서류를 30년 동안 보존하여야 한다.

⑦ 제1항부터 제6항까지의 경우 전산입력자료가 있을 때에는 그 서류를 대신하여 전산입력자료를 보존할 수 있다.

벌 법 제164조제1항부터 제6항까지의 규정을 위반하여 서류를 보존하지 아니한 자에게는 300만원 이하의 과태료를 부과한다. (법 제175조제6항제18호)

제165조 【권한 등의 위임·위탁】 ① 이 법에 따른 고용노동부장관의 권한은 대통령령으로 정하는 바에 따라 그 일부를 지방고용노동관서의 장에게 위임할 수 있다.

② 고용노동부장관은 이 법에 따른 업무 중 다음 각 호의 업무를 대통령령으로 정하는 바에 따라 공단 또는 대통령령으로 정하는 비영리법인 또는 관계 전문기관에 위탁할 수 있다.

1. 제4조제1항제2호부터 제7호까지 및 제9호의 사항에 관한 업무
2. 제11조제3호에 따른 시설의 설치·운영 업무
3. 제13조제2항에 따른 표준제정위원회의 구성·운영
4. 제21조제2항에 따른 기관에 대한 평가 업무
5. 제32조제1항 각 호 외의 부분 본문에 따른 직무와 관련한 안전보건교육
6. 제33조제1항에 따라 제31조제1항 본문에 따른 안전보건교육을 실시하는 기관의 등록 업무
7. 제33조제2항에 따른 평가에 관한 업무
8. 제42조에 따른 유해위험방지계획서의 접수·심사, 제43조제1항 및 같은 조 제2항 본문에 따른 확인
9. 제44조제1항 전단에 따른 공정안전보고서의 접수, 제45조제1항에 따른 공정안전보고서의 심사 및 제46조제2항에 따른 확인
10. 제48조제2항에 따른 안전보건진단기관에 대한 평가 업무
11. 제58조제3항 또는 제5항 후단(제59조제2항에 따라 준용되는 경우를 포함한다)에 따른 안전 및 보건에 관한 평가
12. 제74조제3항에 따른 건설재해예방전문지도기관에 대한 평가 업무
13. 제84조제1항 및 제3항에 따른 안전인증
14. 제84조제4항 본문에 따른 안전인증의 확인
15. 제88조제3항에 따른 안전인증기관에 대한 평가 업무
16. 제89조제1항 각 호 외의 부분 본문에 따른 자율안전확인의 신고에 관한 업무
17. 제93조제1항에 따른 안전검사

18. 제96조제3항에 따른 안전검사기관에 대한 평가 업무
19. 제98조제1항에 따른 자율검사프로그램의 인정
20. 제98조제1항제2호에 따른 안전에 관한 성능검사 교육 및 제100조제2항에 따른 자율안전검사기관에 대한 평가 업무
21. 제101조에 따른 조사, 수거 및 성능시험
22. 제102조제1항에 따른 지원과 같은 조 제2항에 따른 등록
23. 제103조제1항에 따른 유해·위험기계등의 안전에 관한 정보의 종합관리
24. 제105조제1항에 따른 유해성·위험성 평가에 관한 업무
25. 제110조제1항부터 제3항까지의 규정에 따른 물질안전보건자료 등의 접수 업무
26. 제112조제1항·제2항·제5항 및 제112조의2에 따른 물질안전보건자료의 일부 비공개 승인 등에 관한 업무 (2023.8.8 개정)
27. 제116조에 따른 물질안전보건자료와 관련된 자료의 제공
28. 제120조제2항에 따른 석면조사 능력의 확인 및 석면조사기관에 대한 지도·교육 업무
29. 제120조제3항에 따른 석면조사기관에 대한 평가 업무
30. 제121조제2항에 따른 석면해체·제거작업의 안전성 평가 업무
31. 제126조제2항에 따른 작업환경측정·분석능력의 확인 및 작업환경측정기관에 대한 지도·교육 업무
32. 제126조제3항에 따른 작업환경측정기관에 대한 평가 업무
33. 제127조제1항에 따른 작업환경측정 결과의 신뢰성 평가 업무
34. 제135조제3항에 따른 특수건강진단기관의 진단·분석능력의 확인 및 지도·교육 업무
35. 제135조제4항에 따른 특수건강진단기관에 대한 평가 업무
36. 제136조제1항에 따른 유해인자별 특수건강진단 전문연구기관 지정에 관한 업무
37. 제137조에 따른 건강관리카드에 관한 업무
38. 제141조제1항에 따른 역학조사
39. 제145조제5항 단서에 따른 지도사 보수교육
40. 제146조에 따른 지도사 연수교육
41. 제158조제1항부터 제3항까지의 규정에 따른 보조·지원 및 보조·지원의 취소·환수 업무

③ 제2항에 따라 업무를 위탁받은 비영리법인 또는 관계 전문기관의 임직원은 「형법」 제129조부터 제132조까지의 규정을 적용할 때에는 공무원으로 본다.

령 제115조·제116조

제166조 【수수료 등】 ① 다음 각 호의 어느 하나에 해당하는 자는 고용노동부령으로 정하는 바에 따라 수수료를 내야 한다.

1. 제32조제1항 각 호의 사람에게 안전보건교육을 이수하게 하려는 사업주
2. 제42조제1항 본문에 따라 유해위험방지계획서를 심사받으려는 자
3. 제44조제1항 본문에 따라 공정안전보고서를 심사받으려는 자
4. 제58조제3항 또는 같은 조 제5항 후단(제59조제2항에 따라 준용되는 경우를 포함한다)에 따라 안전 및 보건에 관한 평가를 받으려는 자
5. 제84조제1항 및 제3항에 따라 안전인증을 받으려는 자
6. 제84조제4항에 따라 확인을 받으려는 자
7. 제93조제1항에 따라 안전검사를 받으려는 자
8. 제98조제1항에 따라 자율검사프로그램의 인정을 받으려는 자
9. 제112조제1항 또는 제5항에 따라 물질안전보건자료의 일부 비공개 승인 또는 연장승인을 받으려는 자
10. 제118조제1항에 따라 허가를 받으려는 자
11. 제140조에 따른 자격·면허의 취득을 위한 교육을 받으려는 사람
12. 제143조에 따른 지도사 자격시험에 응시하려는 사람
13. 제145조에 따라 지도사의 등록을 하려는 자
14. 그 밖에 산업 안전 및 보건과 관련된 자로서 대통령령으로 정하는 자

② 공단은 고용노동부장관의 승인을 받아 공단의 업무 수행으로 인한 수익자로 하여금 그 업무 수행에 필요한 비용의 전부 또는 일부를 부담하게 할 수 있다.

제166조의2 【현장실습생에 대한 특례】 제2조제3호에도 불구하고 「직업교육훈련 촉진법」 제2조제7호에 따른 현장실습을 받기 위하여 현장실습산업체의 장과 현장실습계약을 체결한 직업교육훈련생(이하 "현장실습생"이라 한다)에게는 제5조, 제29조, 제38조부터 제41조까지, 제51조부터 제57조까지, 제63조, 제114조제3항, 제131조, 제138조제1항, 제140조, 제155조부터 제157조까지를 준용한다. 이 경우 "사업주"는 "현장실습산업체의 장"으로, "근로"는 "현장실습"으로, "근로자"는 "현장실습생"으로 본다. (2020.3.31 신설)

제12장 벌 칙

제167조 【벌칙】 ① 제38조제1항부터 제3항까지(제166조의2에서 준용하는 경우를 포함한다), 제39조제1항(제166조의2에서 준용하는 경우를 포함한다) 또는 제63조(제166조의2에서 준용하는 경우를 포함한다)를 위반하여 근로자를 사망에 이르게 한 자는 7년 이하의 징역 또는 1억원 이하의 벌금에

처한다. 〈2020.3.31 개정〉
② 제1항의 죄로 형을 선고받고 그 형이 확정된 후 5년 이내에 다시 제1항의 죄를 저지른 자는 그 형의 2분의 1까지 가중한다. 〈2020.5.26 개정〉

제168조 【벌칙】 다음 각 호의 어느 하나에 해당하는 자는 5년 이하의 징역 또는 5천만원 이하의 벌금에 처한다.
1. 제38조제1항부터 제3항까지(제166조의2에서 준용하는 경우를 포함한다), 제39조제1항(제166조의2에서 준용하는 경우를 포함한다), 제51조(제166조의2에서 준용하는 경우를 포함한다), 제54조제1항(제166조의2에서 준용하는 경우를 포함한다), 제117조제1항, 제118조제1항, 제122조제1항 또는 제157조제3항(제166조의2에서 준용하는 경우를 포함한다)을 위반한 자 〈2020.3.31 개정〉
2. 제42조제4항 후단, 제53조제3항(제166조의2에서 준용하는 경우를 포함한다), 제55조제1항(제166조의2에서 준용하는 경우를 포함한다)·제2항(제166조의2에서 준용하는 경우를 포함한다) 또는 제118조제5항에 따른 명령을 위반한 자 〈2020.6.9 개정〉

제169조 【벌칙】 다음 각 호의 어느 하나에 해당하는 자는 3년 이하의 징역 또는 3천만원 이하의 벌금에 처한다.
1. 제44조제1항 후단, 제63조(제166조의2에서 준용하는 경우를 포함한다), 제76조, 제81조, 제82조제2항, 제84조제1항, 제87조제1항, 제118조제3항, 제123조제1항, 제139조제1항 또는 제140조제1항(제166조의2에서 준용하는 경우를 포함한다)을 위반한 자 〈2020.3.31 개정〉
2. 제45조제1항 후단, 제46조제5항, 제53조제1항(제166조의2에서 준용하는 경우를 포함한다), 제87조제2항, 제118조제4항, 제119조제4항 또는 제131조제1항(제166조의2에서 준용하는 경우를 포함한다)에 따른 명령을 위반한 자 〈2020.3.31 개정〉
3. 제58조제3항 또는 같은 조 제5항 후단(제59조제2항에 따라 준용되는 경우를 포함한다)에 따른 안전 및 보건에 관한 평가 업무를 제165조제2항에 따라 위탁받은 자로서 그 업무를 거짓이나 그 밖의 부정한 방법으로 수행한 자
4. 제84조제1항 및 제3항에 따른 안전인증 업무를 제165조제2항에 따라 위탁받은 자로서 그 업무를 거짓이나 그 밖의 부정한 방법으로 수행한 자
5. 제93조제1항에 따른 안전검사 업무를 제165조제2항에 따라 위탁받은 자로서 그 업무를 거짓이나 그 밖의 부정한 방법으로 수행한 자
6. 제98조에 따른 자율검사프로그램에 따른 안전검사 업무를 거짓이나 그 밖의 부정한 방법으로 수행한 자

제170조 【벌칙】 다음 각 호의 어느 하나에 해당하는 자는 1년 이하의 징

역 또는 1천만원 이하의 벌금에 처한다.
1. 제41조제3항(제166조의2에서 준용하는 경우를 포함한다)을 위반하여 해고나 그 밖의 불리한 처우를 한 자 (2020.3.31 개정)
2. 제56조제3항(제166조의2에서 준용하는 경우를 포함한다)을 위반하여 중대재해 발생 현장을 훼손하거나 고용노동부장관의 원인조사를 방해한 자 (2020.3.31 개정)
3. 제57조제1항(제166조의2에서 준용하는 경우를 포함한다)을 위반하여 산업재해 발생 사실을 은폐한 자 또는 그 발생 사실을 은폐하도록 교사(敎唆)하거나 공모(共謀)한 자 (2020.3.31 개정)
4. 제65조제1항, 제80조제1항·제2항·제4항, 제85조제2항·제3항, 제92조제1항, 제141조제4항 또는 제162조를 위반한 자
5. 제85조제4항 또는 제92조제2항에 따른 명령을 위반한 자
6. 제101조에 따른 조사, 수거 또는 성능시험을 방해하거나 거부한 자
7. 제153조제1항을 위반하여 다른 사람에게 자기의 성명이나 사무소의 명칭을 사용하여 지도사의 직무를 수행하게 하거나 자격증·등록증을 대여한 사람 (2020.3.31 신설)
8. 제153조제2항을 위반하여 지도사의 성명이나 사무소의 명칭을 사용하여 지도사의 직무를 수행하거나 자격증·등록증을 대여받거나 이를 알선한 사람 (2020.3.31 신설)

제170조의2【벌칙】 제174조제1항에 따라 이수명령을 부과받은 사람이 보호관찰소의 장 또는 교정시설의 장의 이수명령 이행에 관한 지시에 따르지 아니하여 「보호관찰 등에 관한 법률」 또는 「형의 집행 및 수용자의 처우에 관한 법률」에 따른 경고를 받은 후 재차 정당한 사유 없이 이수명령 이행에 관한 지시에 따르지 아니한 경우에는 다음 각 호에 따른다. (2020.3.31 신설)
1. 벌금형과 병과된 경우는 500만원 이하의 벌금에 처한다.
2. 징역형 이상의 실형과 병과된 경우에는 1년 이하의 징역 또는 1천만원 이하의 벌금에 처한다.

제171조【벌칙】 다음 각 호의 어느 하나에 해당하는 자는 1천만원 이하의 벌금에 처한다.
1. 제69조제1항·제2항, 제89조제1항, 제90조제2항·제3항, 제108조제2항, 제109조제2항 또는 제138조제1항(제166조의2에서 준용하는 경우를 포함한다)·제2항을 위반한 자 (2020.3.31 개정)
2. 제90조제4항, 제108조제4항 또는 제109조제3항에 따른 명령을 위반한 자
3. 제125조제6항을 위반하여 해당 시설·설비의 설치·개선 또는 건강진단의 실시 등의 조치를 하지 아니한 자
4. 제132조제4항을 위반하여 작업장소 변경 등의 적절한 조치를 하지 아니

한 자

제172조【벌칙】 제64조제1항제1호부터 제5호까지, 제7호, 제8호 또는 같은 조 제2항을 위반한 자는 500만원 이하의 벌금에 처한다. (2021.8.17 개정)

제173조【양벌규정】 법인의 대표자나 법인 또는 개인의 대리인, 사용인, 그 밖의 종업원이 그 법인 또는 개인의 업무에 관하여 제167조제1항 또는 제168조부터 제172조까지의 어느 하나에 해당하는 위반행위를 하면 그 행위자를 벌하는 외에 그 법인에게 다음 각 호의 구분에 따른 벌금형을, 그 개인에게는 해당 조문의 벌금형을 과(科)한다. 다만, 법인 또는 개인이 그 위반행위를 방지하기 위하여 해당 업무에 관하여 상당한 주의와 감독을 게을리하지 아니한 경우에는 그러하지 아니하다.

1. 제167조제1항의 경우 : 10억원 이하의 벌금
2. 제168조부터 제172조까지의 경우 : 해당 조문의 벌금형

제174조【형벌과 수강명령 등의 병과】 ① 법원은 제38조제1항부터 제3항까지(제166조의2에서 준용하는 경우를 포함한다), 제39조제1항(제166조의2에서 준용하는 경우를 포함한다) 또는 제63조(제166조의2에서 준용하는 경우를 포함한다)를 위반하여 근로자를 사망에 이르게 한 사람에게 유죄의 판결(선고유예는 제외한다)을 선고하거나 약식명령을 고지하는 경우에는 200시간의 범위에서 산업재해 예방에 필요한 수강명령 또는 산업안전보건 프로그램의 이수명령(이하 "이수명령"이라 한다)을 병과(併科)할 수 있다. (2020.3.31 개정)

② 제1항에 따른 수강명령은 형의 집행을 유예할 경우에 그 집행유예기간 내에서 병과하고, 이수명령은 벌금 이상의 형을 선고하거나 약식명령을 고지할 경우에 병과한다. (2020.3.31.신설)

③ 제1항에 따른 수강명령 또는 이수명령은 형의 집행을 유예할 경우에는 그 집행유예기간 내에, 벌금형을 선고하거나 약식명령을 고지할 경우에는 형 확정일부터 6개월 이내에, 징역형 이상의 실형(實刑)을 선고할 경우에는 형기 내에 각각 집행한다. (2020.3.31 개정)

④ 제1항에 따른 수강명령 또는 이수명령이 벌금형 또는 형의 집행유예와 병과된 경우에는 보호관찰소의 장이 집행하고, 징역형 이상의 실형과 병과된 경우에는 교정시설의 장이 집행한다. 다만, 징역형 이상의 실형과 병과된 이수명령을 모두 이행하기 전에 석방 또는 가석방되거나 미결구금일수 산입 등의 사유로 형을 집행할 수 없게 된 경우에는 보호관찰소의 장이 남은 이수명령을 집행한다. (2020.3.31 개정)

⑤ 제1항에 따른 수강명령 또는 이수명령은 다음 각 호의 내용으로 한다. (2020.3.31 개정)

1. 안전 및 보건에 관한 교육

2. 그 밖에 산업재해 예방을 위하여 필요한 사항

⑥ 수강명령 및 이수명령에 관하여 이 법에서 규정한 사항 외의 사항에 대해서는 「보호관찰 등에 관한 법률」을 준용한다. (2020.3.31 개정)

법 법 제174조제1항에 따라 이수명령을 부과받은 사람이 보호관찰소의 장 또는 교정시설의 장의 이수명령 이행에 관한 지시에 따르지 아니하여 「보호관찰 등에 관한 법률」 또는 「형의 집행 및 수용자의 처우에 관한 법률」에 따른 경고를 받은 후 재차 정당한 사유 없이 이수명령 이행에 관한 지시에 따르지 아니한 경우, 벌금형과 병과된 경우는 500만원 이하의 벌금에 처하고, 징역형 이상의 실형과 병과된 경우에는 1년 이하의 징역 또는 1천만원 이하의 벌금에 처한다. (법 제170조의2)

제175조 【과태료】 ① 다음 각 호의 어느 하나에 해당하는 자에게는 5천만원 이하의 과태료를 부과한다.

1. 제119조제2항에 따라 기관석면조사를 하지 아니하고 건축물 또는 설비를 철거하거나 해체한 자
2. 제124조제3항을 위반하여 건축물 또는 설비를 철거하거나 해체한 자

② 다음 각 호의 어느 하나에 해당하는 자에게는 3천만원 이하의 과태료를 부과한다.

1. 제29조제3항(제166조의2에서 준용하는 경우를 포함한다) 또는 제79조제1항을 위반한 자 (2020.3.31 개정)
2. 제54조제2항(제166조의2에서 준용하는 경우를 포함한다)을 위반하여 중대재해 발생 사실을 보고하지 아니하거나 거짓으로 보고한 자 (2020.3.31 개정)

③ 다음 각 호의 어느 하나에 해당하는 자에게는 1천500만원 이하의 과태료를 부과한다.

1. 제47조제3항 전단을 위반하여 안전보건진단을 거부·방해하거나 기피한 자 또는 같은 항 후단을 위반하여 안전보건진단에 근로자대표를 참여시키지 아니한 자
2. 제57조제3항(제166조의2에서 준용하는 경우를 포함한다)에 따른 보고를 하지 아니하거나 거짓으로 보고한 자 (2020.3.31 개정)

2의2. 제64조제1항제6호를 위반하여 위생시설 등 고용노동부령으로 정하는 시설의 설치 등을 위하여 필요한 장소의 제공을 하지 아니하거나 도급인이 설치한 위생시설 이용에 협조하지 아니한 자 (2021.8.17 신설)

2의3. 제128조의2제1항을 위반하여 휴게시설을 갖추지 아니한 자(같은 조 제2항에 따른 대통령령으로 정하는 기준에 해당하는 사업장의 사업주로 한정한다) (2021.8.17 신설)

3. 제141조제2항을 위반하여 정당한 사유 없이 역학조사를 거부·방해하거

나. 기피한 자
4. 제141조제3항을 위반하여 역학조사 참석이 허용된 사람의 역학조사 참석을 거부하거나 방해한 자

④ 다음 각 호의 어느 하나에 해당하는 자에게는 1천만원 이하의 과태료를 부과한다.
1. 제10조제3항 후단을 위반하여 관계수급인에 관한 자료를 제출하지 아니하거나 거짓으로 제출한 자
2. 제14조제1항을 위반하여 안전 및 보건에 관한 계획을 이사회에 보고하지 아니하거나 승인을 받지 아니한 자
3. 제41조제2항(제166조의2에서 준용하는 경우를 포함한다), 제42조제1항·제5항·제6항, 제44조제1항 전단, 제45조제2항, 제46조제1항, 제67조제1항·제2항, 제70조제1항, 제70조제2항 후단, 제71조제3항 후단, 제71조제4항, 제72조제1항·제3항·제5항(건설공사도급인만 해당한다), 제77조제1항, 제78조, 제85조제1항, 제93조제1항 전단, 제95조, 제99조제2항 또는 제107조제1항 각 호 외의 부분 본문을 위반한 자 (2021.5.18 개정)
4. 제47조제1항 또는 제49조제1항에 따른 명령을 위반한 자
5. 제82조제1항 전단을 위반하여 등록하지 아니하고 타워크레인을 설치·해체하는 자
6. 제125조제1항·제2항에 따라 작업환경측정을 하지 아니한 자 (2020.6.9 개정)

6의2. 제128조의2제2항을 위반하여 휴게시설의 설치·관리기준을 준수하지 아니한 자 (2021.8.17 신설)
7. 제129조제1항 또는 제130조제1항부터 제3항까지의 규정에 따른 근로자 건강진단을 하지 아니한 자
8. 제155조제1항(제166조의2에서 준용하는 경우를 포함한다) 또는 제2항(제166조의2에서 준용하는 경우를 포함한다)에 따른 근로감독관의 검사·점검 또는 수거를 거부·방해 또는 기피한 자 (2020.3.31 개정)

⑤ 다음 각 호의 어느 하나에 해당하는 자에게는 500만원 이하의 과태료를 부과한다.
1. 제15조제1항, 제16조제1항, 제17조제1항·제3항, 제18조제1항·제3항, 제19조제1항 본문, 제22조제1항 본문, 제24조제1항·제4항, 제25조제1항, 제26조, 제29조제1항·제2항(제166조의2에서 준용하는 경우를 포함한다), 제31조제1항, 제32조제1항(제1호부터 제4호까지의 경우만 해당한다), 제37조제1항, 제44조제2항, 제49조제2항, 제50조제3항, 제62조제1항, 제66조, 제68조제1항, 제75조제6항, 제77조제2항, 제90조제1항, 제94조제2항, 제122조제2항, 제124조제1항(증명자료의 제출은 제외한다),

제125조제7항, 제132조제2항, 제137조제3항 또는 제145조제1항을 위반한 자 (2021.5.18 개정)

2. 제17조제4항, 제18조제4항 또는 제19조제3항에 따른 명령을 위반한 자 (2021.5.18 개정)
3. 제34조 또는 제114조제1항을 위반하여 이 법 및 이 법에 따른 명령의 요지, 안전보건관리규정 또는 물질안전보건자료를 게시하지 아니하거나 갖추어 두지 아니한 자
4. 제53조제2항(제166조의2에서 준용하는 경우를 포함한다)을 위반하여 고용노동부장관으로부터 명령받은 사항을 게시하지 아니한 자 (2020.3.31 개정)

4의2. 제108조제1항에 따른 유해성·위험성 조사보고서를 제출하지 아니하거나 제109조제1항에 따른 유해성·위험성 조사 결과 또는 유해성·위험성 평가에 필요한 자료를 제출하지 아니한 자 (2021.5.18 신설)

5. 제110조제1항부터 제3항까지의 규정을 위반하여 물질안전보건자료, 화학물질의 명칭·함유량 또는 변경된 물질안전보건자료를 제출하지 아니한 자
6. 제110조제2항제2호를 위반하여 국외제조자로부터 물질안전보건자료에 적힌 화학물질 외에는 제104조에 따른 분류기준에 해당하는 화학물질이 없음을 확인하는 내용의 서류를 거짓으로 제출한 자
7. 제111조제1항을 위반하여 물질안전보건자료를 제공하지 아니한 자
8. 제112조제1항 본문을 위반하여 승인을 받지 아니하고 화학물질의 명칭 및 함유량을 대체자료로 적은 자
9. 제112조제1항 또는 제5항에 따른 비공개 승인 또는 연장승인 신청 시 영업비밀과 관련되어 보호사유를 거짓으로 작성하여 신청한 자
10. 제112조제10항 각 호 외의 부분 후단을 위반하여 대체자료로 적힌 화학물질의 명칭 및 함유량 정보를 제공하지 아니한 자
11. 제113조제1항에 따라 선임된 자로서 같은 항 각 호의 업무를 거짓으로 수행한 자
12. 제113조제1항에 따라 선임된 자로서 같은 조 제2항에 따라 고용노동부장관에게 제출한 물질안전보건자료를 해당 물질안전보건자료대상물질을 수입하는 자에게 제공하지 아니한 자
13. 제125조제1항 및 제2항에 따른 작업환경측정 시 고용노동부령으로 정하는 작업환경측정의 방법을 준수하지 아니한 사업주(같은 조 제3항에 따라 작업환경측정기관에 위탁한 경우는 제외한다)
14. 제125조제4항 또는 제132조제1항을 위반하여 근로자대표가 요구하였는데도 근로자대표를 참석시키지 아니한 자
15. 제125조제6항을 위반하여 작업환경측정 결과를 해당 작업장 근로자에게 알리지 아니한 자

16. 제155조제3항(제166조의2에서 준용하는 경우를 포함한다)에 따른 명령을 위반하여 보고 또는 출석을 하지 아니하거나 거짓으로 보고한 자 (2020.3.31 개정)

⑥ 다음 각 호의 어느 하나에 해당하는 자에게는 300만원 이하의 과태료를 부과한다.

1. 제32조제1항(제5호의 경우만 해당한다)을 위반하여 소속 근로자로 하여금 같은 항 각 호 외의 부분 본문에 따른 안전보건교육을 이수하도록 하지 아니한 자
2. 제35조를 위반하여 근로자대표에게 통지하지 아니한 자
3. 제40조(제166조의2에서 준용하는 경우를 포함한다), 제108조제5항, 제123조제2항, 제132조제3항, 제133조 또는 제149조를 위반한 자 (2020.3.31 개정)
4. 제42조제2항을 위반하여 자격이 있는 자의 의견을 듣지 아니하고 유해위험방지계획서를 작성·제출한 자
5. 제43조제1항 또는 제46조제2항을 위반하여 확인을 받지 아니한 자
6. 제73조제1항을 위반하여 지도계약을 체결하지 아니한 자 (2021.8.17 개정)

6의2. 제73조제2항을 위반하여 지도를 실시하지 아니한 자 또는 지도에 따라 적절한 조치를 하지 아니한 자 (2021.8.17 신설)

7. 제84조제6항에 따른 자료 제출 명령을 따르지 아니한 자
8. 삭제(2021.5.18)
9. 제111조제2항 또는 제3항을 위반하여 물질안전보건자료의 변경 내용을 반영하여 제공하지 아니한 자
10. 제114조제3항(제166조의2에서 준용하는 경우를 포함한다)을 위반하여 해당 근로자를 교육하는 등 적절한 조치를 하지 아니한 자 (2020.3.31 개정)
11. 제115조제1항 또는 같은 조 제2항 본문을 위반하여 경고표시를 하지 아니한 자
12. 제119조제1항에 따라 일반석면조사를 하지 아니하고 건축물이나 설비를 철거하거나 해체한 자
13. 제122조제3항을 위반하여 고용노동부장관에게 신고하지 아니한 자
14. 제124조제1항에 따른 증명자료를 제출하지 아니한 자
15. 제125조제5항, 제132조제5항 또는 제134조제1항·제2항에 따른 보고, 제출 또는 통보를 하지 아니하거나 거짓으로 보고, 제출 또는 통보한 자
16. 제155조제1항(제166조의2에서 준용하는 경우를 포함한다)에 따른 질문에 대하여 답변을 거부·방해 또는 기피하거나 거짓으로 답변한 자 (2020.3.31 개정)

17. 제156조제1항(제166조의2에서 준용하는 경우를 포함한다)에 따른 검사·지도 등을 거부·방해 또는 기피한 자 (2020.3.31 개정)
18. 제164조제1항부터 제6항까지의 규정을 위반하여 서류를 보존하지 아니한 자

⑦ 제1항부터 제6항까지의 규정에 따른 과태료는 대통령령으로 정하는 바에 따라 고용노동부장관이 부과·징수한다.

령 제119조

부 칙

제1조 【시행일】 이 법은 공포 후 1년이 경과한 날부터 시행한다. 다만, 제14조 및 제175조제4항제2호의 개정규정은 공포 후 1년이 경과한 날이 속한 해의 다음 해 1월 1일부터 시행하고, 제35조제5호, 제110조부터 제116조까지, 제162조제9호 및 제10호, 제163조제1항제3호 및 제2항(제112조제8항에 관한 부분에 한정한다), 제165조제2항제25호부터 제27호까지, 제166조제1항제9호, 제175조제5항제3호(제114조제1항에 관한 부분에 한정한다) 및 제5호부터 제12호까지, 같은 조 제6항제2호(제35조제5호에 관한 부분에 한정한다) 및 제9호부터 제11호까지의 개정규정은 공포 후 2년이 경과한 날부터 시행한다.

제2조 【산업재해 발생건수 등의 공표에 관한 적용례】 제10조제2항 및 제3항의 개정규정은 이 법 시행일이 속한 해의 다음해 1월 1일 이후 발생한 산업재해부터 적용한다.

제3조 【건설공사발주자의 산업재해 예방 조치에 관한 적용례】 제67조의 개정규정은 이 법 시행 이후 건설공사발주자가 건설공사의 설계에 관한 계약을 체결하는 경우부터 적용한다.

제4조 【타워크레인 설치·해체 작업에 관한 적용례】 제82조제2항의 개정규정은 이 법 시행 이후 사업주가 타워크레인 설치·해체 작업에 관한 계약을 체결하는 경우부터 적용한다.

제5조 【건강진단에 따른 조치결과 제출에 관한 적용례】 제132조제5항의 개정규정은 이 법 시행 이후 실시하는 건강진단부터 적용한다.

제6조 【역학조사 참석 등에 관한 적용례】 제141조제1항 후단, 같은 조 제3항 및 제4항의 개정규정은 이 법 시행 이후 실시하는 역학조사부터 적용한다.

제7조 【물질안전보건자료의 작성·제출에 관한 특례】 부칙 제1조 단서에 따른 시행일 당시 종전의 제41조제1항 또는 제6항에 따라 물질안전보건자료를 작성 또는 변경한 자(대상화학물질을 양도하거나 제공한 자 중 그 대상화학물질을 제조하거나 수입한 자로 한정한다)는 제110조제1항 또는 제2항의 개정규정에도 불구하고 부칙 제1조 단서에 따른 시행일 이후 5년을 넘지

아니하는 범위 내에서 고용노동부령으로 정하는 날까지 물질안전보건자료 및 제110조제2항 본문에 따른 화학물질의 명칭 및 함유량에 관한 자료(같은 항 제2호에 따라 물질안전보건자료에 적힌 화학물질 외에는 제104조에 따른 분류기준에 해당하는 화학물질이 없음을 확인하는 경우에는 그 확인에 관한 서류를 말한다)를 고용노동부장관에게 제출하여야 한다.

제8조 【물질안전보건자료의 제공에 관한 특례】 제111조제1항의 개정규정에도 불구하고 부칙 제7조에 따라 고용노동부장관에게 물질안전보건자료를 제출한 자는 부칙 제1조 단서에 따른 시행일 이후 5년을 넘지 아니하는 기간 내에서 고용노동부령으로 정하는 날까지 물질안전보건자료대상물질을 양도받거나 제공받은 자에게 물질안전보건자료를 제공(종전의 제41조제1항 또는 제6항에 따라 제공된 물질안전보건자료의 기재사항에서 변경된 사항이 없는 경우는 제외한다)하여야 한다.

제9조 【물질안전보건자료의 일부 비공개 승인에 관한 특례】 부칙 제1조 단서에 따른 시행일 당시 종전의 제41조제2항에 따라 물질안전보건자료에 영업비밀로서 보호할 가치가 있다고 인정되는 화학물질 및 이를 함유한 제제의 사항을 적지 아니하고 같은 조 제1항에 따라 제공한 자(대상화학물질을 양도하거나 제공한 자 중 그 대상화학물질을 제조하거나 수입한 자로 한정한다)는 제112조의 개정규정에도 불구하고 부칙 제1조 단서에 따른 시행일 이후 5년을 넘지 아니하는 범위 내에서 고용노동부령으로 정하는 날까지 대체자료 기재에 관하여 고용노동부장관의 승인을 받아야 한다.

제10조 【유해한 작업의 도급금지에 관한 경과조치】 이 법 시행 당시 종전의 규정에 따라 도급인가를 받은 사업주는 그 인가의 남은 기간이 3년을 넘지 아니하는 경우에는 그 남은 기간 동안, 3년을 초과하거나 그 인가기간이 정해지지 아니한 경우에는 이 법 시행 이후 3년까지 제58조제1항의 개정규정에도 불구하고 종전의 규정에 따른다.

제11조 【안전보건조정자의 선임에 관한 경과조치】 이 법 시행 전에 건설공사에 관한 도급계약을 체결하여 건설공사가 행해지는 현장의 경우에는 제68조제1항의 개정규정에도 불구하고 종전의 규정에 따른다.

제12조 【타워크레인 설치·해체업의 등록 등에 관한 경과조치】 ① 이 법 시행 당시 타워크레인 설치·해체업을 영위하고 있는 자는 이 법 시행일부터 3개월까지는 등록을 하지 아니하고 타워크레인 설치·해체업을 영위할 수 있다.
② 제82조제2항의 개정규정에도 불구하고 사업주는 이 법 시행일부터 3개월까지는 타워크레인 설치·해체업을 등록하지 아니한 자로 하여금 타워크레인을 설치하거나 해체하는 작업을 하도록 할 수 있다.

제13조 【안전인증 신청에 관한 경과조치】 이 법 시행 전에 종전의 제34조의3에 따라 안전인증이 취소된 자는 제86조제3항의 개정규정에도 불구하고

종전의 규정에 따른다.

제14조 【물질안전보건자료의 작성·비치 등에 관한 경과조치】 이 법 시행 후 물질안전보건자료의 작성·비치 등에 관하여는 제110조부터 제116조까지의 개정규정 시행일 전까지 종전의 제11조제2항제4호, 제41조, 제63조(제41조에 관한 부분에 한정한다), 제65조제2항제12호, 제72조제4항제3호(제41조에 관한 부분에 한정한다), 같은 조 제5항제1호(제41조에 관한 부분에 한정한다) 및 제2호, 같은 조 제6항제1호(제11조제2항제4호에 관한 부분에 한정한다) 및 제8호에 따른다.

제15조 【과징금에 관한 경과조치】 이 법 시행 전에 종전의 제15조의3(종전의 제16조제3항, 제30조의2제3항, 제34조의5제4항, 제36조제10항, 제42조제10항 및 제43조제11항에 따라 준용되는 경우를 포함한다)을 위반한 행위에 대하여 과징금에 관한 규정을 적용할 때에는 종전의 규정에 따른다.

제16조 【안전관리대행기관 등에 관한 경과조치】 ① 법률 제4220호 산업안전보건법 시행일인 1990년 7월 14일 당시 노동부장관의 지정을 받은 안전관리대행기관 및 보건관리대행기관은 제21조의 개정규정에 따라 고용노동부장관의 지정을 받은 것으로 본다.

② 공단은 법률 제4220호 산업안전보건법에 따라 노동부장관이 지정하도록 되어 있는 지정교육·검사·측정 또는 진단기관으로 지정받은 것으로 본다.

제17조 【산업위생지도사에 관한 경과조치】 법률 제11882호 산업안전보건법 일부개정법률 시행일인 2014년 3월 13일 당시 종전의 규정에 따른 산업위생지도사는 이 법에 따른 산업보건지도사로 본다.

제18조 【지도사 연수교육에 관한 경과조치】 법률 제11882호 산업안전보건법 일부개정법률 시행일인 2014년 3월 13일 전에 등록한 지도사는 제146조의 개정규정에 따른 연수교육을 받은 것으로 본다.

제19조 【벌칙과 과태료에 관한 경과조치】 이 법 시행 전의 행위에 대하여 벌칙이나 과태료에 관한 규정을 적용할 때에는 종전의 규정에 따른다. 다만, 제110조부터 제116조까지의 개정규정 시행 전의 행위에 대하여 제175조제5항제3호(제114조제1항에 관한 부분에 한정한다) 및 제5호부터 제12호까지, 같은 조 제6항제2호(제35조제5호에 관한 부분에 한정한다) 및 제9호부터 제11호까지에 관한 규정을 적용할 때에는 종전의 규정에 따른다.

제20조 【다른 법률의 개정】 생략

제21조 【다른 법령과의 관계】 이 법 시행 당시 다른 법령에서 종전의 「산업안전보건법」의 규정을 인용하고 있는 경우 이 법 중 그에 해당하는 규정이 있을 때에는 종전의 규정을 갈음하여 이 법의 해당 규정을 인용한 것으로 본다.

부칙(2020.3.31 법률 제17187호)

이 법은 공포한 날부터 시행한다. 다만, 제166조의2, 제167조제1항, 제168조, 제169조, 제170조제1호부터 제3호까지, 제171조제1호, 제174조제1항 본문(제166조의2를 준용하는 부분으로 한정한다) 및 제175조의 개정규정은 공포 후 6개월이 경과한 날부터 시행한다.

부칙(2020.5.26 법률 제17326호)

이 법은 공포한 날부터 시행한다. 〈단서 생략〉

부칙(2020.6.9 법률 제17433호)

이 법은 공포한 날부터 시행한다. 다만, 제168조제2호와 제175조제4항제6호의 개정규정은 공포 후 3개월이 경과한 날부터 시행하고, 법률 제17187호 산업안전보건법 일부개정법률 제168조제2호의 개정규정은 10월 1일부터 시행한다.

부칙(2021.4.13 법률 제18039호)

이 법은 공포 후 6개월이 경과한 날부터 시행한다.

부칙(2021.5.18 법률 제18180호)

제1조 【시행일】 이 법은 공포 후 6개월이 경과한 날부터 시행한다.

제2조 【건설공사발주자의 산업재해 예방 조치 등에 관한 적용례】 제67조제2항 및 제3항의 개정규정은 이 법 시행 이후 건설공사발주자가 건설공사의 설계에 관한 계약을 체결하는 경우부터 적용한다.

제3조 【산업재해 예방 활동의 보조·지원금 환수에 관한 적용례】 제158조제3항 및 제4항의 개정규정은 이 법 시행 이후 보조·지원을 받은 경우부터 적용한다.

부칙(2021.8.17 법률 제18426호)

제1조 【시행일】 이 법은 공포 후 1년이 경과한 날부터 시행한다.

제2조 【건설공사의 산업재해 예방지도에 관한 적용례】 제73조제1항·제2항의 개정규정은 이 법 시행 이후 건설 산업재해 예방을 위한 지도계약을 체결하는 경우부터 적용한다.

제3조 【벌칙에 관한 경과조치】 이 법 시행 전의 위반행위에 대하여 벌칙을 적용할 때에는 제172조 및 제175조제3항제2호의2의 개정규정에도 불구하고 종전의 규정에 따른다.

부칙(2023.8.8 법률 제19591호)

제1조【시행일】 이 법은 2024년 5월 17일부터 시행한다.
제2조부터 **제6조**까지 생략

부칙(2023.8.8 법률 제19611호)

제1조【시행일】 이 법은 공포한 날부터 시행한다.
제2조【이의신청 기간에 관한 적용례】 제112조의2제2항 및 제3항의 개정규정은 이 법 시행 이후 하는 처분부터 적용한다.

부칙(2024.10.22 법률 제20522호)

이 법은 2025년 6월 1일부터 시행한다.

부칙(2025.1.21 법률 제20677호)

제1조【시행일】 이 법은 공포 후 6개월이 경과한 날부터 시행한다. 〈단서 생략〉
제2조부터 **제6조**까지 생략

부칙(2025.10.1 법률 제21065호)

제1조【시행일】 이 법은 공포한 날부터 시행한다. 〈단서 생략〉
제2조부터 **제8조**까지 생략

산업안전보건법 시행령

전부개정 2019.12.24 대통령령 제30256호
개정 2020. 3. 3 대통령령 제30509호
〈생략〉
2025. 1.31 대통령령 제35240호
2025. 4.29 대통령령 제35483호
2025. 6.20 대통령령 제35597호
2025.10. 1 대통령령 제35805호

제1장 총 칙

제1조 【목적】 이 영은 「산업안전보건법」에서 위임된 사항과 그 시행에 필요한 사항을 규정함을 목적으로 한다.

제2조 【적용범위 등】 ① 「산업안전보건법」(이하 "법"이라 한다) 제3조 단서에 따라 법의 전부 또는 일부를 적용하지 않는 사업 또는 사업장의 범위 및 해당 사업 또는 사업장에 적용되지 않는 법 규정은 별표 1과 같다.
② 이 영에서 사업의 분류는 「통계법」에 따라 국가데이터처장이 고시한 한국표준산업분류에 따른다. (2025.10.1 개정)

제3조 【산업재해 예방을 위한 시책 마련】 고용노동부장관은 법 제4조제1항제2호에 따른 산업재해 예방 지원 및 지도를 위하여 산업재해 예방기법의 연구 및 보급, 안전·보건 기술의 지원 및 교육에 관한 시책을 마련해야 한다.

제4조 【산업 안전 및 보건 경영체제 확립 지원】 고용노동부장관은 법 제4조제1항제4호에 따른 사업주의 자율적인 산업 안전 및 보건 경영체제 확립을 위하여 다음 각 호와 관련된 시책을 마련해야 한다.
1. 사업의 자율적인 안전·보건 경영체제 운영 등의 기법에 관한 연구 및 보급
2. 사업의 안전관리 및 보건관리 수준의 향상

제5조 【산업 안전 및 보건 의식을 북돋우기 위한 시책 마련】 고용노동부장관은 법 제4조제1항제5호에 따라 산업 안전 및 보건에 관한 의식을 북돋우기 위하여 다음 각 호와 관련된 시책을 마련해야 한다.
1. 산업 안전 및 보건 교육의 진흥 및 홍보의 활성화
2. 산업 안전 및 보건과 관련된 국민의 건전하고 자주적인 활동의 촉진
3. 산업 안전 및 보건 강조 기간의 설정 및 그 시행

제6조 【산업재해에 관한 조사 및 통계의 유지·관리】 고용노동부장관은 산업재해를 예방하기 위하여 법 제4조제1항제7호에 따라 산업재해에 관하여 조사하고 이에 관한 통계를 유지·관리하여 산업재해 예방을 위한 정책수립 및 집행에 적극 반영해야 한다.

제7조 【건강증진사업 등의 추진】 고용노동부장관은 법 제4조제1항제9호에 따른 노무를 제공하는 사람의 안전 및 건강의 보호·증진에 관한 사항을 효율적으로 추진하기 위하여 다음 각 호와 관련된 시책을 마련해야 한다. (2020.9.8 개정)

1. 노무를 제공하는 사람의 안전 및 건강 증진을 위한 사업의 보급·확산 (2020.9.8 개정)
2. 깨끗한 작업환경의 조성
3. 직업성 질병의 예방 및 조기 발견을 위한 사업 (2022.8.16 신설)

제8조 【사업주 등의 협조】 사업주(이 조에서만 법 제77조에 따른 특수형태근로종사자로부터 노무를 제공받는 자와 법 제78조에 따른 물건의 수거·배달 등을 중개하는 자를 포함한다)와 근로자(이 조에서만 법 제77조에 따른 특수형태근로종사자와 법 제78조에 따른 물건의 수거·배달 등을 하는 사람을 포함한다), 그 밖의 관련 단체는 제3조부터 제7조까지의 규정에 따른 시책 등에 적극적으로 참여하는 등 협조해야 한다. (2020.9.8 개정)

제8조의2 【협조 요청 대상 정보 또는 자료】 법 제8조제5항제3호에서 "대통령령으로 정하는 정보 또는 자료"란 다음 각 호의 어느 하나에 해당하는 정보를 말한다. (2023.6.27 개정)

1. 「전기사업법」 제16조제1항에 따른 기본공급약관에서 정하는 사업장별 계약전력 정보(법 제42조제1항에 따른 유해위험방지계획서의 심사를 위하여 필요한 경우로 한정한다)
2. 「화학물질관리법」 제9조제1항에 따른 화학물질확인 정보(같은 법 제52조제1항에 따른 자료보호기간 중에 있는 정보는 제외한다)

제9조 【산업재해 예방 통합정보시스템 구축·운영】 ① 고용노동부장관은 법 제9조제1항에 따라 산업재해 예방 통합정보시스템을 구축·운영하는 경우에는 다음 각 호의 정보를 처리한다.

1. 「산업재해보상보험법」 제6조에 따른 적용 사업 또는 사업장에 관한 정보
2. 산업재해 발생에 관한 정보
3. 법 제93조에 따른 안전검사 결과, 법 제125조에 따른 작업환경측정 결과 등 안전·보건에 관한 정보
4. 그 밖에 산업재해 예방을 위하여 고용노동부장관이 정하여 고시하는 정보

② 제1항에서 정한 사항 외에 산업재해 예방 통합정보시스템의 구축·운영에 관한 연구개발 및 기술지원, 그 밖에 산업재해 예방 통합정보시스템의 구축·운영 등에 필요한 사항은 고용노동부장관이 정한다.

제10조 【공표대상 사업장】 ① 법 제10조제1항에서 "대통령령으로 정하는 사업장"이란 다음 각 호의 어느 하나에 해당하는 사업장을 말한다.

1. 산업재해로 인한 사망자(이하 "사망재해자"라 한다)가 연간 2명 이상 발

생한 사업장
2. 사망만인율(死亡萬人率 : 연간 상시근로자 1만명당 발생하는 사망재해자 수의 비율을 말한다)이 규모별 같은 업종의 평균 사망만인율 이상인 사업장
3. 법 제44조제1항 전단에 따른 중대산업사고가 발생한 사업장
4. 법 제57조제1항을 위반하여 산업재해 발생 사실을 은폐한 사업장
5. 법 제57조제3항에 따른 산업재해의 발생에 관한 보고를 최근 3년 이내 2회 이상 하지 않은 사업장

② 제1항제1호부터 제3호까지의 규정에 해당하는 사업장은 해당 사업장이 관계수급인의 사업장으로서 법 제63조에 따른 도급인이 관계수급인 근로자의 산업재해 예방을 위한 조치의무를 위반하여 관계수급인 근로자가 산업재해를 입은 경우에는 도급인의 사업장(도급인이 제공하거나 지정한 경우로서 도급인이 지배·관리하는 제11조 각 호에 해당하는 장소를 포함한다. 이하 같다)의 법 제10조제1항에 따른 산업재해발생건수등을 함께 공표한다.

제11조 【도급인이 지배·관리하는 장소】 법 제10조제2항에서 "대통령령으로 정하는 장소"란 다음 각 호의 어느 하나에 해당하는 장소를 말한다.
1. 토사(土砂)·구축물·인공구조물 등이 붕괴될 우려가 있는 장소
2. 기계·기구 등이 넘어지거나 무너질 우려가 있는 장소
3. 안전난간의 설치가 필요한 장소
4. 비계(飛階) 또는 거푸집을 설치하거나 해체하는 장소
5. 건설용 리프트를 운행하는 장소
6. 지반(地盤)을 굴착하거나 발파작업을 하는 장소
7. 엘리베이터홀 등 근로자가 추락할 위험이 있는 장소
8. 석면이 붙어 있는 물질을 파쇄하거나 해체하는 작업을 하는 장소
9. 공중 전선에 가까운 장소로서 시설물의 설치·해체·점검 및 수리 등의 작업을 할 때 감전의 위험이 있는 장소
10. 물체가 떨어지거나 날아올 위험이 있는 장소
11. 프레스 또는 전단기(剪斷機)를 사용하여 작업을 하는 장소
12. 차량계(車輛系) 하역운반기계 또는 차량계 건설기계를 사용하여 작업하는 장소
13. 전기 기계·기구를 사용하여 감전의 위험이 있는 작업을 하는 장소
14. 「철도산업발전기본법」 제3조제4호에 따른 철도차량(「도시철도법」에 따른 도시철도차량을 포함한다)에 의한 충돌 또는 협착의 위험이 있는 작업을 하는 장소
15. 그 밖에 화재·폭발 등 사고발생 위험이 높은 장소로서 고용노동부령으로 정하는 장소

제12조 【통합공표 대상 사업장 등】 법 제10조제2항에서 "대통령령으로 정하는 사업장"이란 다음 각 호의 어느 하나에 해당하는 사업이 이루어지는 사업장으로서 도급인이 사용하는 상시근로자 수가 500명 이상이고 도급인 사업장의 사고사망만인율(질병으로 인한 사망재해자를 제외하고 산출한 사망만인율을 말한다. 이하 같다)보다 관계수급인의 근로자를 포함하여 산출한 사고사망만인율이 높은 사업장을 말한다.
1. 제조업
2. 철도운송업
3. 도시철도운송업
4. 전기업

제2장 안전보건관리체제 등

제13조 【이사회 보고·승인 대상 회사 등】 ① 법 제14조제1항에서 "대통령령으로 정하는 회사"란 다음 각 호의 어느 하나에 해당하는 회사를 말한다.
1. 상시근로자 500명 이상을 사용하는 회사
2. 「건설산업기본법」 제23조에 따라 평가하여 공시된 시공능력(같은 법 시행령 별표 1의 종합공사를 시공하는 업종의 건설업종란 제3호에 따른 토목건축공사업에 대한 평가 및 공시로 한정한다)의 순위 상위 1천위 이내의 건설회사

② 법 제14조제1항에 따른 회사의 대표이사(「상법」 제408조의2제1항 후단에 따라 대표이사를 두지 못하는 회사의 경우에는 같은 법 제408조의5에 따른 대표집행임원을 말한다)는 회사의 정관에서 정하는 바에 따라 다음 각 호의 내용을 포함한 회사의 안전 및 보건에 관한 계획을 수립해야 한다.
1. 안전 및 보건에 관한 경영방침
2. 안전·보건관리 조직의 구성·인원 및 역할
3. 안전·보건 관련 예산 및 시설 현황
4. 안전 및 보건에 관한 전년도 활동실적 및 다음 연도 활동계획

제14조 【안전보건관리책임자의 선임 등】 ① 법 제15조제2항에 따른 안전보건관리책임자(이하 "안전보건관리책임자"라 한다)를 두어야 하는 사업의 종류 및 사업장의 상시근로자 수(건설공사의 경우에는 건설공사 금액을 말한다. 이하 같다)는 별표 2와 같다.

② 사업주는 안전보건관리책임자가 법 제15조제1항에 따른 업무를 원활하게 수행할 수 있도록 권한·시설·장비·예산, 그 밖에 필요한 지원을 해야 한다.

③ 사업주는 안전보건관리책임자를 선임했을 때에는 그 선임 사실 및 법 제15조제1항 각 호에 따른 업무의 수행내용을 증명할 수 있는 서류를 갖추어

두어야 한다.

제15조【관리감독자의 업무 등】 ① 법 제16조제1항에서 "대통령령으로 정하는 업무"란 다음 각 호의 업무를 말한다.

1. 사업장 내 법 제16조제1항에 따른 관리감독자(이하 "관리감독자"라 한다)가 지휘·감독하는 작업(이하 이 조에서 "해당작업"이라 한다)과 관련된 기계·기구 또는 설비의 안전·보건 점검 및 이상 유무의 확인
2. 관리감독자에게 소속된 근로자의 작업복·보호구 및 방호장치의 점검과 그 착용·사용에 관한 교육·지도
3. 해당작업에서 발생한 산업재해에 관한 보고 및 이에 대한 응급조치
4. 해당작업의 작업장 정리·정돈 및 통로 확보에 대한 확인·감독
5. 사업장의 다음 각 목의 어느 하나에 해당하는 사람의 지도·조언에 대한 협조
   가. 법 제17조제1항에 따른 안전관리자(이하 "안전관리자"라 한다) 또는 같은 조 제5항에 따라 안전관리자의 업무를 같은 항에 따른 안전관리전문기관(이하 "안전관리전문기관"이라 한다)에 위탁한 사업장의 경우에는 그 안전관리전문기관의 해당 사업장 담당자 (2021.11.19 개정)
   나. 법 제18조제1항에 따른 보건관리자(이하 "보건관리자"라 한다) 또는 같은 조 제5항에 따라 보건관리자의 업무를 같은 항에 따른 보건관리전문기관(이하 "보건관리전문기관"이라 한다)에 위탁한 사업장의 경우에는 그 보건관리전문기관의 해당 사업장 담당자 (2021.11.19 개정)
   다. 법 제19조제1항에 따른 안전보건관리담당자(이하 "안전보건관리담당자"라 한다) 또는 같은 조 제4항에 따라 안전보건관리담당자의 업무를 안전관리전문기관 또는 보건관리전문기관에 위탁한 사업장의 경우에는 그 안전관리전문기관 또는 보건관리전문기관의 해당 사업장 담당자
   라. 법 제22조제1항에 따른 산업보건의(이하 "산업보건의"라 한다)
6. 법 제36조에 따라 실시되는 위험성평가에 관한 다음 각 목의 업무
   가. 유해·위험요인의 파악에 대한 참여
   나. 개선조치의 시행에 대한 참여
7. 그 밖에 해당작업의 안전 및 보건에 관한 사항으로서 고용노동부령으로 정하는 사항

② 관리감독자에 대한 지원에 관하여는 제14조제2항을 준용한다. 이 경우 "안전보건관리책임자"는 "관리감독자"로, "법 제15조제1항"은 "제1항"으로 본다.

제16조【안전관리자의 선임 등】 ① 법 제17조제1항에 따라 안전관리자를 두어야 하는 사업의 종류와 사업장의 상시근로자 수, 안전관리자의 수 및 선임방법은 별표 3과 같다.

② 법 제17조제3항에서 "대통령령으로 정하는 사업의 종류 및 사업장의 상시근로자 수에 해당하는 사업장"이란 제1항에 따른 사업 중 상시근로자 300명 이상을 사용하는 사업장[건설업의 경우에는 공사금액이 120억원(「건설산업기본법 시행령」 별표 1의 종합공사를 시공하는 업종의 건설업종란 제1호에 따른 토목공사업의 경우에는 150억원) 이상인 사업장]을 말한다. (2021.11.19 개정)

③ 제1항 및 제2항을 적용할 경우 제52조에 따른 사업으로서 도급인의 사업장에서 이루어지는 도급사업의 공사금액 또는 관계수급인의 상시근로자는 각각 해당 사업의 공사금액 또는 상시근로자로 본다. 다만, 별표 3의 기준에 해당하는 도급사업의 공사금액 또는 관계수급인의 상시근로자의 경우에는 그렇지 않다.

④ 제1항에도 불구하고 같은 사업주가 경영하는 둘 이상의 사업장이 다음 각 호의 어느 하나에 해당하는 경우에는 그 둘 이상의 사업장에 1명의 안전관리자를 공동으로 둘 수 있다. 이 경우 해당 사업장의 상시근로자 수의 합계는 300명 이내[건설업의 경우에는 공사금액의 합계가 120억원(「건설산업기본법 시행령」 별표 1의 종합공사를 시공하는 업종의 건설업종란 제1호에 따른 토목공사업의 경우에는 150억원) 이내]이어야 한다.

1. 같은 시·군·구(자치구를 말한다) 지역에 소재하는 경우
2. 사업장 간의 경계를 기준으로 15킬로미터 이내에 소재하는 경우

⑤ 제1항부터 제3항까지의 규정에도 불구하고 도급인의 사업장에서 이루어지는 도급사업에서 도급인이 고용노동부령으로 정하는 바에 따라 그 사업의 관계수급인 근로자에 대한 안전관리를 전담하는 안전관리자를 선임한 경우에는 그 사업의 관계수급인은 해당 도급사업에 대한 안전관리자를 선임하지 않을 수 있다.

⑥ 사업주는 안전관리자를 선임하거나 법 제17조제5항에 따라 안전관리자의 업무를 안전관리전문기관에 위탁한 경우에는 고용노동부령으로 정하는 바에 따라 선임하거나 위탁한 날부터 14일 이내에 고용노동부장관에게 그 사실을 증명할 수 있는 서류를 제출해야 한다. 법 제17조제4항에 따라 안전관리자를 늘리거나 교체한 경우에도 또한 같다. (2021.11.19 개정)

⑦ 사업주는 안전관리자를 해임하거나 법 제17조제5항에 따른 안전관리전문기관에 대한 업무 위탁을 해지한 경우에는 고용노동부령으로 정하는 바에 따라 안전관리자를 해임하거나 위탁을 해지한 날부터 14일 이내에 고용노동부장관에게 그 사실을 증명할 수 있는 서류를 제출해야 한다. (2025.4.29 신설)

제17조 【안전관리자의 자격】 안전관리자의 자격은 별표 4와 같다.

제18조 【안전관리자의 업무 등】 ① 안전관리자의 업무는 다음 각 호와 같다.

1. 법 제24조제1항에 따른 산업안전보건위원회(이하 "산업안전보건위원회"라 한다) 또는 법 제75조제1항에 따른 안전 및 보건에 관한 노사협의체(이하 "노사협의체"라 한다)에서 심의·의결한 업무와 해당 사업장의 법 제25조제1항에 따른 안전보건관리규정(이하 "안전보건관리규정"이라 한다) 및 취업규칙에서 정한 업무
2. 법 제36조에 따른 위험성평가에 관한 보좌 및 지도·조언
3. 법 제84조제1항에 따른 안전인증대상기계등(이하 "안전인증대상기계등"이라 한다)과 법 제89조제1항 각 호 외의 부분 본문에 따른 자율안전확인대상기계등(이하 "자율안전확인대상기계등"이라 한다) 구입 시 적격품의 선정에 관한 보좌 및 지도·조언
4. 해당 사업장 안전교육계획의 수립 및 안전교육 실시에 관한 보좌 및 지도·조언
5. 사업장 순회점검, 지도 및 조치 건의
6. 산업재해 발생의 원인 조사·분석 및 재발 방지를 위한 기술적 보좌 및 지도·조언
7. 산업재해에 관한 통계의 유지·관리·분석을 위한 보좌 및 지도·조언
8. 법 또는 법에 따른 명령으로 정한 안전에 관한 사항의 이행에 관한 보좌 및 지도·조언
9. 업무 수행 내용의 기록·유지
10. 그 밖에 안전에 관한 사항으로서 고용노동부장관이 정하는 사항

② 사업주가 안전관리자를 배치할 때에는 연장근로·야간근로 또는 휴일근로 등 해당 사업장의 작업 형태를 고려해야 한다.

③ 사업주는 안전관리 업무의 원활한 수행을 위하여 외부전문가의 평가·지도를 받을 수 있다.

④ 안전관리자는 제1항 각 호에 따른 업무를 수행할 때에는 보건관리자와 협력해야 한다.

⑤ 안전관리자에 대한 지원에 관하여는 제14조제2항을 준용한다. 이 경우 "안전보건관리책임자"는 "안전관리자"로, "법 제15조제1항"은 "제1항"으로 본다.

제19조 【안전관리자 업무의 위탁 등】 ① 법 제17조제5항에서 "대통령령으로 정하는 사업의 종류 및 사업장의 상시근로자 수에 해당하는 사업장"이란 건설업을 제외한 사업으로서 상시근로자 300명 미만을 사용하는 사업장을 말한다. (2021.11.19 개정)

② 사업주가 법 제17조제5항 및 이 조 제1항에 따라 안전관리자의 업무를 안전관리전문기관에 위탁한 경우에는 그 안전관리전문기관을 안전관리자로 본다. (2021.11.19 개정)

제20조 【보건관리자의 선임 등】 ① 법 제18조제1항에 따라 보건관리자를 두어야 하는 사업의 종류와 사업장의 상시근로자 수, 보건관리자의 수 및 선임방법은 별표 5와 같다.
② 법 제18조제3항에서 "대통령령으로 정하는 사업의 종류 및 사업장의 상시근로자 수에 해당하는 사업장"이란 상시근로자 300명 이상을 사용하는 사업장을 말한다. (2021.11.19 개정)
③ 보건관리자의 선임 등에 관하여는 제16조제3항부터 제7항까지의 규정을 준용한다. 이 경우 "별표 3"은 "별표 5"로, "안전관리자"는 "보건관리자"로, "안전관리"는 "보건관리"로, "법 제17조제5항"은 "법 제18조제5항"으로, "안전관리전문기관"은 "보건관리전문기관"으로 본다. (2025.4.29 개정)

제21조 【보건관리자의 자격】 보건관리자의 자격은 별표 6과 같다.

제22조 【보건관리자의 업무 등】 ① 보건관리자의 업무는 다음 각 호와 같다.
1. 산업안전보건위원회 또는 노사협의체에서 심의·의결한 업무와 안전보건관리규정 및 취업규칙에서 정한 업무
2. 안전인증대상기계등과 자율안전확인대상기계등 중 보건과 관련된 보호구(保護具) 구입 시 적격품 선정에 관한 보좌 및 지도·조언
3. 법 제36조에 따른 위험성평가에 관한 보좌 및 지도·조언
4. 법 제110조에 따라 작성된 물질안전보건자료의 게시 또는 비치에 관한 보좌 및 지도·조언
5. 제31조제1항에 따른 산업보건의의 직무(보건관리자가 별표 6 제2호에 해당하는 사람인 경우로 한정한다)
6. 해당 사업장 보건교육계획의 수립 및 보건교육 실시에 관한 보좌 및 지도·조언
7. 해당 사업장의 근로자를 보호하기 위한 다음 각 목의 조치에 해당하는 의료행위(보건관리자가 별표 6 제2호 또는 제3호에 해당하는 경우로 한정한다)
   가. 자주 발생하는 가벼운 부상에 대한 치료
   나. 응급처치가 필요한 사람에 대한 처치
   다. 부상·질병의 악화를 방지하기 위한 처치
   라. 건강진단 결과 발견된 질병자의 요양 지도 및 관리
   마. 가목부터 라목까지의 의료행위에 따르는 의약품의 투여
8. 작업장 내에서 사용되는 전체 환기장치 및 국소 배기장치 등에 관한 설비의 점검과 작업방법의 공학적 개선에 관한 보좌 및 지도·조언
9. 사업장 순회점검, 지도 및 조치 건의
10. 산업재해 발생의 원인 조사·분석 및 재발 방지를 위한 기술적 보좌 및 지도·조언

11. 산업재해에 관한 통계의 유지·관리·분석을 위한 보좌 및 지도·조언
12. 법 또는 법에 따른 명령으로 정한 보건에 관한 사항의 이행에 관한 보좌 및 지도·조언
13. 업무 수행 내용의 기록·유지
14. 그 밖에 보건과 관련된 작업관리 및 작업환경관리에 관한 사항으로서 고용노동부장관이 정하는 사항

② 보건관리자는 제1항 각 호에 따른 업무를 수행할 때에는 안전관리자와 협력해야 한다.

③ 사업주는 보건관리자가 제1항에 따른 업무를 원활하게 수행할 수 있도록 권한·시설·장비·예산, 그 밖의 업무 수행에 필요한 지원을 해야 한다. 이 경우 보건관리자가 별표 6 제2호 또는 제3호에 해당하는 경우에는 고용노동부령으로 정하는 시설 및 장비를 지원해야 한다.

④ 보건관리자의 배치 및 평가·지도에 관하여는 제18조제2항 및 제3항을 준용한다. 이 경우 "안전관리자"는 "보건관리자"로, "안전관리"는 "보건관리"로 본다.

제23조【보건관리자 업무의 위탁 등】 ① 법 제18조제5항에 따라 보건관리자의 업무를 위탁할 수 있는 보건관리전문기관은 지역별 보건관리전문기관과 업종별·유해인자별 보건관리전문기관으로 구분한다. (2021.11.19 개정)

② 법 제18조제5항에서 "대통령령으로 정하는 사업의 종류 및 사업장의 상시근로자 수에 해당하는 사업장"이란 다음 각 호의 어느 하나에 해당하는 사업장을 말한다. (2021.11.19 개정)

1. 건설업을 제외한 사업(업종별·유해인자별 보건관리전문기관의 경우에는 고용노동부령으로 정하는 사업을 말한다)으로서 상시근로자 300명 미만을 사용하는 사업장
2. 외딴곳으로서 고용노동부장관이 정하는 지역에 있는 사업장

③ 보건관리자 업무의 위탁에 관하여는 제19조제2항을 준용한다. 이 경우 "법 제17조제5항 및 이 조 제1항"은 "법 제18조제5항 및 이 조 제2항"으로, "안전관리자"는 "보건관리자"로, "안전관리전문기관"은 "보건관리전문기관"으로 본다. (2021.11.19 개정)

제24조【안전보건관리담당자의 선임 등】 ① 다음 각 호의 어느 하나에 해당하는 사업의 사업주는 법 제19조제1항에 따라 상시근로자 20명 이상 50명 미만인 사업장에 안전보건관리담당자를 1명 이상 선임해야 한다.

1. 제조업
2. 임업
3. 하수, 폐수 및 분뇨 처리업
4. 폐기물 수집, 운반, 처리 및 원료 재생업

5. 환경 정화 및 복원업

② 안전보건관리담당자는 해당 사업장 소속 근로자로서 다음 각 호의 어느 하나에 해당하는 요건을 갖추어야 한다.

1. 제17조에 따른 안전관리자의 자격을 갖추었을 것
2. 제21조에 따른 보건관리자의 자격을 갖추었을 것
3. 고용노동부장관이 정하여 고시하는 안전보건교육을 이수했을 것

③ 안전보건관리담당자는 제25조 각 호에 따른 업무에 지장이 없는 범위에서 다른 업무를 겸할 수 있다.

④ 사업주는 제1항에 따라 안전보건관리담당자를 선임한 경우에는 그 선임 사실 및 제25조 각 호에 따른 업무를 수행했음을 증명할 수 있는 서류를 갖추어 두어야 한다.

제25조【안전보건관리담당자의 업무】 안전보건관리담당자의 업무는 다음 각 호와 같다.

1. 법 제29조에 따른 안전보건교육 실시에 관한 보좌 및 지도·조언
2. 법 제36조에 따른 위험성평가에 관한 보좌 및 지도·조언
3. 법 제125조에 따른 작업환경측정 및 개선에 관한 보좌 및 지도·조언
4. 법 제129조부터 제131조까지의 규정에 따른 각종 건강진단에 관한 보좌 및 지도·조언 (2020.9.8 개정)
5. 산업재해 발생의 원인 조사, 산업재해 통계의 기록 및 유지를 위한 보좌 및 지도·조언
6. 산업 안전·보건과 관련된 안전장치 및 보호구 구입 시 적격품 선정에 관한 보좌 및 지도·조언

제26조【안전보건관리담당자 업무의 위탁 등】 ① 법 제19조제4항에서 "대통령령으로 정하는 사업의 종류 및 사업장의 상시근로자 수에 해당하는 사업장"이란 제24조제1항에 따라 안전보건관리담당자를 선임해야 하는 사업장을 말한다.

② 안전보건관리담당자 업무의 위탁에 관하여는 제19조제2항을 준용한다. 이 경우 "법 제17조제5항 및 이 조 제1항"은 "법 제19조제4항 및 이 조 제1항"으로, "안전관리자"는 "안전보건관리담당자"로, "안전관리전문기관"은 "안전관리전문기관 또는 보건관리전문기관"으로 본다. (2021.11.19 개정)

제27조【안전관리전문기관 등의 지정 요건】 ① 법 제21조제1항에 따라 안전관리전문기관으로 지정받을 수 있는 자는 다음 각 호의 어느 하나에 해당하는 자로서 별표 7에 따른 인력·시설 및 장비를 갖춘 자로 한다.

1. 법 제145조제1항에 따라 등록한 산업안전지도사(건설안전 분야의 산업안전지도사는 제외한다)
2. 안전관리 업무를 하려는 법인

② 법 제21조제1항에 따라 보건관리전문기관으로 지정받을 수 있는 자는 다음 각 호의 어느 하나에 해당하는 자로서 별표 8에 따른 인력·시설 및 장비를 갖춘 자로 한다.
1. 법 제145조제1항에 따라 등록한 산업보건지도사
2. 국가 또는 지방자치단체의 소속기관
3. 「의료법」에 따른 종합병원 또는 병원
4. 「고등교육법」 제2조제1호부터 제6호까지의 규정에 따른 대학 또는 그 부속기관
5. 보건관리 업무를 하려는 법인

제28조 【안전관리전문기관 등의 지정 취소 등의 사유】 법 제21조제4항제5호에서 "대통령령으로 정하는 사유에 해당하는 경우"란 다음 각 호의 경우를 말한다.
1. 안전관리 또는 보건관리 업무 관련 서류를 거짓으로 작성한 경우
2. 정당한 사유 없이 안전관리 또는 보건관리 업무의 수탁을 거부한 경우
3. 위탁받은 안전관리 또는 보건관리 업무에 차질을 일으키거나 업무를 게을리한 경우
4. 안전관리 또는 보건관리 업무를 수행하지 않고 위탁 수수료를 받은 경우
5. 안전관리 또는 보건관리 업무와 관련된 비치서류를 보존하지 않은 경우
6. 안전관리 또는 보건관리 업무 수행과 관련한 대가 외에 금품을 받은 경우
7. 법에 따른 관계 공무원의 지도·감독을 거부·방해 또는 기피한 경우

제29조 【산업보건의의 선임 등】 ① 법 제22조제1항에 따라 산업보건의를 두어야 하는 사업의 종류와 사업장은 제20조 및 별표 5에 따라 보건관리자를 두어야 하는 사업으로서 상시근로자 수가 50명 이상인 사업장으로 한다. 다만, 다음 각 호의 어느 하나에 해당하는 경우는 그렇지 않다.
1. 의사를 보건관리자로 선임한 경우
2. 법 제18조제5항에 따라 보건관리전문기관에 보건관리자의 업무를 위탁한 경우 (2021.11.19 개정)

② 산업보건의는 외부에서 위촉할 수 있다.
③ 사업주는 제1항 또는 제2항에 따라 산업보건의를 선임하거나 위촉했을 때에는 고용노동부령으로 정하는 바에 따라 선임하거나 위촉한 날부터 14일 이내에 고용노동부장관에게 그 사실을 증명할 수 있는 서류를 제출해야 한다.
④ 사업주는 산업보건의를 해임하거나 해촉한 경우에는 고용노동부령으로 정하는 바에 따라 산업보건의를 해임하거나 해촉한 날부터 14일 이내에 고용노동부장관에게 그 사실을 증명할 수 있는 서류를 제출해야 한다. (2025.4.29 신설)
⑤ 제2항에 따라 위촉된 산업보건의가 담당할 사업장 수 및 근로자 수, 그

밖에 필요한 사항은 고용노동부장관이 정한다. (2025.4.29 개정)

제30조【산업보건의의 자격】 산업보건의의 자격은 「의료법」에 따른 의사로서 직업환경의학과 전문의, 예방의학 전문의 또는 산업보건에 관한 학식과 경험이 있는 사람으로 한다.

제31조【산업보건의의 직무 등】 ① 산업보건의의 직무 내용은 다음 각 호와 같다.

1. 법 제134조에 따른 건강진단 결과의 검토 및 그 결과에 따른 작업 배치, 작업 전환 또는 근로시간의 단축 등 근로자의 건강보호 조치
2. 근로자의 건강장해의 원인 조사와 재발 방지를 위한 의학적 조치
3. 그 밖에 근로자의 건강 유지 및 증진을 위하여 필요한 의학적 조치에 관하여 고용노동부장관이 정하는 사항

② 산업보건의에 대한 지원에 관하여는 제14조제2항을 준용한다. 이 경우 "안전보건관리책임자"는 "산업보건의"로, "법 제15조제1항"은 "제1항"으로 본다.

제32조【명예산업안전감독관 위촉 등】 ① 고용노동부장관은 다음 각 호의 어느 하나에 해당하는 사람 중에서 법 제23조제1항에 따른 명예산업안전감독관(이하 "명예산업안전감독관"이라 한다)을 위촉할 수 있다.

1. 산업안전보건위원회 구성 대상 사업의 근로자 또는 노사협의체 구성·운영 대상 건설공사의 근로자 중에서 근로자대표(해당 사업장에 단위 노동조합의 산하 노동단체가 그 사업장 근로자의 과반수로 조직되어 있는 경우에는 지부·분회 등 명칭이 무엇이든 관계없이 해당 노동단체의 대표자를 말한다. 이하 같다)가 사업주의 의견을 들어 추천하는 사람
2. 「노동조합 및 노동관계조정법」 제10조에 따른 연합단체인 노동조합 또는 그 지역 대표기구에 소속된 임직원 중에서 해당 연합단체인 노동조합 또는 그 지역 대표기구가 추천하는 사람
3. 전국 규모의 사업주단체 또는 그 산하조직에 소속된 임직원 중에서 해당 단체 또는 그 산하조직이 추천하는 사람
4. 산업재해 예방 관련 업무를 하는 단체 또는 그 산하조직에 소속된 임직원 중에서 해당 단체 또는 그 산하조직이 추천하는 사람

② 명예산업안전감독관의 업무는 다음 각 호와 같다. 이 경우 제1항제1호에 따라 위촉된 명예산업안전감독관의 업무 범위는 해당 사업장에서의 업무(제8호는 제외한다)로 한정하며, 제1항제2호부터 제4호까지의 규정에 따라 위촉된 명예산업안전감독관의 업무 범위는 제8호부터 제10호까지의 규정에 따른 업무로 한정한다.

1. 사업장에서 하는 자체점검 참여 및 「근로기준법」 제101조에 따른 근로감독관(이하 "근로감독관"이라 한다)이 하는 사업장 감독 참여

2. 사업장 산업재해 예방계획 수립 참여 및 사업장에서 하는 기계·기구 자체 검사 참석
3. 법령을 위반한 사실이 있는 경우 사업주에 대한 개선 요청 및 감독기관에의 신고
4. 산업재해 발생의 급박한 위험이 있는 경우 사업주에 대한 작업중지 요청
5. 작업환경측정, 근로자 건강진단 시의 참석 및 그 결과에 대한 설명회 참여
6. 직업성 질환의 증상이 있거나 질병에 걸린 근로자가 여러 명 발생한 경우 사업주에 대한 임시건강진단 실시 요청
7. 근로자에 대한 안전수칙 준수 지도
8. 법령 및 산업재해 예방정책 개선 건의
9. 안전·보건 의식을 북돋우기 위한 활동 등에 대한 참여와 지원
10. 그 밖에 산업재해 예방에 대한 홍보 등 산업재해 예방업무와 관련하여 고용노동부장관이 정하는 업무

③ 명예산업안전감독관의 임기는 2년으로 하되, 연임할 수 있다.

④ 고용노동부장관은 명예산업안전감독관의 활동을 지원하기 위하여 수당 등을 지급할 수 있다.

⑤ 제1항부터 제4항까지에서 규정한 사항 외에 명예산업안전감독관의 위촉 및 운영 등에 필요한 사항은 고용노동부장관이 정한다.

제33조 【명예산업안전감독관의 해촉】 고용노동부장관은 다음 각 호의 어느 하나에 해당하는 경우에는 명예산업안전감독관을 해촉(解囑)할 수 있다.
1. 근로자대표가 사업주의 의견을 들어 제32조제1항제1호에 따라 위촉된 명예산업안전감독관의 해촉을 요청한 경우
2. 제32조제1항제2호부터 제4호까지의 규정에 따라 위촉된 명예산업안전감독관이 해당 단체 또는 그 산하조직으로부터 퇴직하거나 해임된 경우
3. 명예산업안전감독관의 업무와 관련하여 부정한 행위를 한 경우
4. 질병이나 부상 등의 사유로 명예산업안전감독관의 업무 수행이 곤란하게 된 경우

제34조 【산업안전보건위원회 구성 대상】 법 제24조제1항에 따라 산업안전보건위원회를 구성해야 할 사업의 종류 및 사업장의 상시근로자 수는 별표 9와 같다.

제35조 【산업안전보건위원회의 구성】 ① 산업안전보건위원회의 근로자위원은 다음 각 호의 사람으로 구성한다.
1. 근로자대표
2. 명예산업안전감독관이 위촉되어 있는 사업장의 경우 근로자대표가 지명하는 1명 이상의 명예산업안전감독관
3. 근로자대표가 지명하는 9명(근로자인 제2호의 위원이 있는 경우에는 9명

에서 그 위원의 수를 제외한 수를 말한다) 이내의 해당 사업장의 근로자
② 산업안전보건위원회의 사용자위원은 다음 각 호의 사람으로 구성한다. 다만, 상시근로자 50명 이상 100명 미만을 사용하는 사업장에서는 제5호에 해당하는 사람을 제외하고 구성할 수 있다.
1. 해당 사업의 대표자(같은 사업으로서 다른 지역에 사업장이 있는 경우에는 그 사업장의 안전보건관리책임자를 말한다. 이하 같다)
2. 안전관리자(제16조제1항에 따라 안전관리자를 두어야 하는 사업장으로 한정하되, 안전관리자의 업무를 안전관리전문기관에 위탁한 사업장의 경우에는 그 안전관리전문기관의 해당 사업장 담당자를 말한다) 1명
3. 보건관리자(제20조제1항에 따라 보건관리자를 두어야 하는 사업장으로 한정하되, 보건관리자의 업무를 보건관리전문기관에 위탁한 사업장의 경우에는 그 보건관리전문기관의 해당 사업장 담당자를 말한다) 1명
4. 산업보건의(해당 사업장에 선임되어 있는 경우로 한정한다)
5. 해당 사업의 대표자가 지명하는 9명 이내의 해당 사업장 부서의 장
③ 제1항 및 제2항에도 불구하고 법 제69조제1항에 따른 건설공사도급인(이하 "건설공사도급인"이라 한다)이 법 제64조제1항제1호에 따른 안전 및 보건에 관한 협의체를 구성한 경우에는 산업안전보건위원회의 위원을 다음 각 호의 사람을 포함하여 구성할 수 있다.
1. 근로자위원 : 도급 또는 하도급 사업을 포함한 전체 사업의 근로자대표, 명예산업안전감독관 및 근로자대표가 지명하는 해당 사업장의 근로자
2. 사용자위원 : 도급인 대표자, 관계수급인의 각 대표자 및 안전관리자

제36조【산업안전보건위원회의 위원장】 산업안전보건위원회의 위원장은 위원 중에서 호선(互選)한다. 이 경우 근로자위원과 사용자위원 중 각 1명을 공동위원장으로 선출할 수 있다.

제37조【산업안전보건위원회의 회의 등】 ① 법 제24조제3항에 따라 산업안전보건위원회의 회의는 정기회의와 임시회의로 구분하되, 정기회의는 분기마다 산업안전보건위원회의 위원장이 소집하며, 임시회의는 위원장이 필요하다고 인정할 때에 소집한다.
② 회의는 근로자위원 및 사용자위원 각 과반수의 출석으로 개의(開議)하고 출석위원 과반수의 찬성으로 의결한다.
③ 근로자대표, 명예산업안전감독관, 해당 사업의 대표자, 안전관리자 또는 보건관리자는 회의에 출석할 수 없는 경우에는 해당 사업에 종사하는 사람 중에서 1명을 지정하여 위원으로서의 직무를 대리하게 할 수 있다.
④ 산업안전보건위원회는 다음 각 호의 사항을 기록한 회의록을 작성하여 갖추어 두어야 한다.
1. 개최 일시 및 장소

2. 출석위원
3. 심의 내용 및 의결·결정 사항
4. 그 밖의 토의사항

제38조【의결되지 않은 사항 등의 처리】 ① 산업안전보건위원회는 다음 각 호의 어느 하나에 해당하는 경우에는 근로자위원과 사용자위원의 합의에 따라 산업안전보건위원회에 중재기구를 두어 해결하거나 제3자에 의한 중재를 받아야 한다.

1. 법 제24조제2항 각 호에 따른 사항에 대하여 산업안전보건위원회에서 의결하지 못한 경우
2. 산업안전보건위원회에서 의결된 사항의 해석 또는 이행방법 등에 관하여 의견이 일치하지 않는 경우

② 제1항에 따른 중재 결정이 있는 경우에는 산업안전보건위원회의 의결을 거친 것으로 보며, 사업주와 근로자는 그 결정에 따라야 한다.

제39조【회의 결과 등의 공지】 산업안전보건위원회의 위원장은 산업안전보건위원회에서 심의·의결된 내용 등 회의 결과와 중재 결정된 내용 등을 사내방송이나 사내보(社內報), 게시 또는 자체 정례조회, 그 밖의 적절한 방법으로 근로자에게 신속히 알려야 한다.

제3장 안전보건교육

제40조【안전보건교육기관의 등록 및 취소】 ① 법 제33조제1항 전단에 따라 법 제29조제1항부터 제3항까지의 규정에 따른 안전보건교육에 대한 안전보건교육기관(이하 "근로자안전보건교육기관"이라 한다)으로 등록하려는 자는 법인 또는 산업 안전·보건 관련 학과가 있는 「고등교육법」 제2조에 따른 학교로서 별표 10에 따른 인력·시설 및 장비 등을 갖추어야 한다.

② 법 제33조제1항 전단에 따라 법 제31조제1항 본문에 따른 안전보건교육에 대한 안전보건교육기관으로 등록하려는 자는 법인 또는 산업 안전·보건 관련 학과가 있는 「고등교육법」 제2조에 따른 학교로서 별표 11에 따른 인력·시설 및 장비를 갖추어야 한다.

③ 법 제33조제1항 전단에 따라 법 제32조제1항 각 호 외의 부분 본문에 따른 안전보건교육에 대한 안전보건교육기관(이하 "직무교육기관"이라 한다)으로 등록할 수 있는 자는 다음 각 호의 어느 하나에 해당하는 자로 한다.

1. 「한국산업안전보건공단법」에 따른 한국산업안전보건공단(이하 "공단"이라 한다)
2. 다음 각 목의 어느 하나에 해당하는 기관으로서 별표 12에 따른 인력·시설 및 장비를 갖춘 기관

가. 산업 안전·보건 관련 학과가 있는 「고등교육법」 제2조에 따른 학교
나. 비영리법인

④ 법 제33조제1항 후단에서 "대통령령으로 정하는 중요한 사항"이란 다음 각 호의 사항을 말한다.

1. 교육기관의 명칭(상호)
2. 교육기관의 소재지
3. 대표자의 성명

⑤ 제1항부터 제3항까지의 규정에 따른 안전보건교육기관에 관하여 법 제33조제4항에 따라 준용되는 법 제21조제4항제5호에서 "대통령령으로 정하는 사유에 해당하는 경우"란 다음 각 호의 경우를 말한다.

1. 교육 관련 서류를 거짓으로 작성한 경우
2. 정당한 사유 없이 교육 실시를 거부한 경우
3. 교육을 실시하지 않고 수수료를 받은 경우
4. 법 제29조제1항부터 제3항까지, 제31조제1항 본문 또는 제32조제1항 각 호 외의 부분 본문에 따른 교육의 내용 및 방법을 위반한 경우

제4장 유해·위험 방지 조치

제41조 【제3자의 폭언등으로 인한 건강장해 발생 등에 대한 조치】 법 제41조제2항에서 "업무의 일시적 중단 또는 전환 등 대통령령으로 정하는 필요한 조치"란 다음 각 호의 조치 중 필요한 조치를 말한다. (2021.10.14 개정)

1. 업무의 일시적 중단 또는 전환
2. 「근로기준법」 제54조제1항에 따른 휴게시간의 연장
3. 법 제41조제2항에 따른 폭언등으로 인한 건강장해 관련 치료 및 상담 지원 (2021.10.14 개정)
4. 관할 수사기관 또는 법원에 증거물·증거서류를 제출하는 등 법 제41조제2항에 따른 폭언등으로 인한 고소, 고발 또는 손해배상 청구 등을 하는 데 필요한 지원 (2021.10.14 개정)

제42조 【유해위험방지계획서 제출 대상】 ① 법 제42조제1항제1호에서 "대통령령으로 정하는 사업의 종류 및 규모에 해당하는 사업"이란 다음 각 호의 어느 하나에 해당하는 사업으로서 전기 계약용량이 300킬로와트 이상인 경우를 말한다.

1. 금속가공제품 제조업 ; 기계 및 가구 제외
2. 비금속 광물제품 제조업
3. 기타 기계 및 장비 제조업
4. 자동차 및 트레일러 제조업

5. 식료품 제조업
6. 고무제품 및 플라스틱제품 제조업
7. 목재 및 나무제품 제조업
8. 기타 제품 제조업
9. 1차 금속 제조업
10. 가구 제조업
11. 화학물질 및 화학제품 제조업
12. 반도체 제조업
13. 전자부품 제조업

② 법 제42조제1항제2호에서 "대통령령으로 정하는 기계·기구 및 설비"란 다음 각 호의 어느 하나에 해당하는 기계·기구 및 설비를 말한다. 이 경우 다음 각 호에 해당하는 기계·기구 및 설비의 구체적인 범위는 고용노동부장관이 정하여 고시한다.

1. 금속이나 그 밖의 광물의 용해로
2. 화학설비
3. 건조설비
4. 가스집합 용접장치
5. 근로자의 건강에 상당한 장해를 일으킬 우려가 있는 물질로서 고용노동부령으로 정하는 물질의 밀폐·환기·배기를 위한 설비 (2021.11.19 개정)
6. 삭제(2021.11.19)

③ 법 제42조제1항제3호에서 "대통령령으로 정하는 크기 높이 등에 해당하는 건설공사"란 다음 각 호의 어느 하나에 해당하는 공사를 말한다.

1. 다음 각 목의 어느 하나에 해당하는 건축물 또는 시설 등의 건설·개조 또는 해체(이하 "건설등"이라 한다) 공사
   가. 지상높이가 31미터 이상인 건축물 또는 인공구조물
   나. 연면적 3만제곱미터 이상인 건축물
   다. 연면적 5천제곱미터 이상인 시설로서 다음의 어느 하나에 해당하는 시설
      1) 문화 및 집회시설(전시장 및 동물원·식물원은 제외한다)
      2) 판매시설, 운수시설(고속철도의 역사 및 집배송시설은 제외한다)
      3) 종교시설
      4) 의료시설 중 종합병원
      5) 숙박시설 중 관광숙박시설
      6) 지하도상가
      7) 냉동·냉장 창고시설
2. 연면적 5천제곱미터 이상인 냉동·냉장 창고시설의 설비공사 및 단열공사

3. 최대 지간(支間)길이(다리의 기둥과 기둥의 중심사이의 거리)가 50미터 이상인 다리의 건설등 공사
4. 터널의 건설등 공사
5. 다목적댐, 발전용댐, 저수용량 2천만톤 이상의 용수 전용 댐 및 지방상수도 전용 댐의 건설등 공사
6. 깊이 10미터 이상인 굴착공사

제43조 【공정안전보고서의 제출 대상】 ① 법 제44조제1항 전단에서 "대통령령으로 정하는 유해하거나 위험한 설비"란 다음 각 호의 어느 하나에 해당하는 사업을 하는 사업장의 경우에는 그 보유설비를 말하고, 그 외의 사업을 하는 사업장의 경우에는 별표 13에 따른 유해·위험물질 중 하나 이상의 물질을 같은 표에 따른 규정량 이상 제조·취급·저장하는 설비 및 그 설비의 운영과 관련된 모든 공정설비를 말한다.
1. 원유 정제처리업
2. 기타 석유정제물 재처리업
3. 석유화학계 기초화학물질 제조업 또는 합성수지 및 기타 플라스틱물질 제조업. 다만, 합성수지 및 기타 플라스틱물질 제조업은 별표 13 제1호 또는 제2호에 해당하는 경우로 한정한다.
4. 질소 화합물, 질소·인산 및 칼리질 화학비료 제조업 중 질소질 비료 제조
5. 복합비료 및 기타 화학비료 제조업 중 복합비료 제조(단순혼합 또는 배합에 의한 경우는 제외한다)
6. 화학 살균·살충제 및 농업용 약제 제조업[농약 원제(原劑) 제조만 해당한다]
7. 화약 및 불꽃제품 제조업

② 제1항에도 불구하고 다음 각 호의 설비는 유해하거나 위험한 설비로 보지 않는다.
1. 원자력 설비
2. 군사시설
3. 사업주가 해당 사업장 내에서 직접 사용하기 위한 난방용 연료의 저장설비 및 사용설비
4. 도매·소매시설
5. 차량 등의 운송설비
6. 「액화석유가스의 안전관리 및 사업법」에 따른 액화석유가스의 충전·저장시설
7. 「도시가스사업법」에 따른 가스공급시설
8. 그 밖에 고용노동부장관이 누출·화재·폭발 등의 사고가 있더라도 그에 따른 피해의 정도가 크지 않다고 인정하여 고시하는 설비

③ 법 제44조제1항 전단에서 "대통령령으로 정하는 사고"란 다음 각 호의

어느 하나에 해당하는 사고를 말한다.
1. 근로자가 사망하거나 부상을 입을 수 있는 제1항에 따른 설비(제2항에 따른 설비는 제외한다. 이하 제2호에서 같다)에서의 누출·화재·폭발 사고
2. 인근 지역의 주민이 인적 피해를 입을 수 있는 제1항에 따른 설비에서의 누출·화재·폭발 사고

제44조【공정안전보고서의 내용】 ① 법 제44조제1항 전단에 따른 공정안전보고서에는 다음 각 호의 사항이 포함되어야 한다.
1. 공정안전자료
2. 공정위험성 평가서
3. 안전운전계획
4. 비상조치계획
5. 그 밖에 공정상의 안전과 관련하여 고용노동부장관이 필요하다고 인정하여 고시하는 사항

② 제1항제1호부터 제4호까지의 규정에 따른 사항에 관한 세부 내용은 고용노동부령으로 정한다.

제45조【공정안전보고서의 제출】 ① 사업주는 제43조에 따른 유해하거나 위험한 설비를 설치(기존 설비의 제조·취급·저장 물질이 변경되거나 제조량·취급량·저장량이 증가하여 별표 13에 따른 유해·위험물질 규정량에 해당하게 된 경우를 포함한다)·이전하거나 고용노동부장관이 정하는 주요 구조부분을 변경할 때에는 고용노동부령으로 정하는 바에 따라 법 제44조제1항 전단에 따른 공정안전보고서를 작성하여 고용노동부장관에게 제출해야 한다. 이 경우 「화학물질관리법」에 따라 사업주가 기후에너지환경부장관에게 제출해야 하는 같은 법 제23조에 따른 화학사고예방관리계획서의 내용이 제44조에 따라 공정안전보고서에 포함시켜야 할 사항에 해당하는 경우에는 그 해당 부분에 대한 작성·제출을 같은 법 제23조에 따른 화학사고예방관리계획서 사본의 제출로 갈음할 수 있다. (2025.10.1 개정)

② 제1항 전단에도 불구하고 사업주가 제출해야 할 공정안전보고서가 「고압가스 안전관리법」 제2조에 따른 고압가스를 사용하는 단위공정 설비에 관한 것인 경우로서 해당 사업주가 같은 법 제11조에 따른 안전관리규정과 같은 법 제13조의2에 따른 안전성향상계획을 작성하여 공단 및 같은 법 제28조에 따른 한국가스안전공사가 공동으로 검토·작성한 의견서를 첨부하여 허가 관청에 제출한 경우에는 해당 단위공정 설비에 관한 공정안전보고서를 제출한 것으로 본다.

제46조【안전보건진단의 종류 및 내용】 ① 법 제47조제1항에 따른 안전보건진단(이하 "안전보건진단"이라 한다)의 종류 및 내용은 별표 14와 같다.
② 고용노동부장관은 법 제47조제1항에 따라 안전보건진단 명령을 할 경우

기계·화공·전기·건설 등 분야별로 한정하여 진단을 받을 것을 명할 수 있다.
③ 안전보건진단 결과보고서에는 산업재해 또는 사고의 발생원인, 작업조건·작업방법에 대한 평가 등의 사항이 포함되어야 한다.

제47조 【안전보건진단기관의 지정 요건】 법 제48조제1항에 따라 안전보건진단기관으로 지정받으려는 자는 법인으로서 제46조제1항 및 별표 14에 따른 안전보건진단 종류별로 종합진단기관은 별표 15, 안전진단기관은 별표 16, 보건진단기관은 별표 17에 따른 인력·시설 및 장비 등의 요건을 각각 갖추어야 한다.

제48조 【안전보건진단기관의 지정 취소 등의 사유】 법 제48조제4항에 따라 준용되는 법 제21조제4항제5호에서 "대통령령으로 정하는 사유에 해당하는 경우"란 다음 각 호의 경우를 말한다.
1. 안전보건진단 업무 관련 서류를 거짓으로 작성한 경우
2. 정당한 사유 없이 안전보건진단 업무의 수탁을 거부한 경우
3. 제47조에 따른 인력기준에 해당하지 않은 사람에게 안전보건진단 업무를 수행하게 한 경우
4. 안전보건진단 업무를 수행하지 않고 위탁 수수료를 받은 경우
5. 안전보건진단 업무와 관련된 비치서류를 보존하지 않은 경우
6. 안전보건진단 업무 수행과 관련한 대가 외의 금품을 받은 경우
7. 법에 따른 관계 공무원의 지도·감독을 거부·방해 또는 기피한 경우

제49조 【안전보건진단을 받아 안전보건개선계획을 수립할 대상】 법 제49조제1항 각 호 외의 부분 후단에서 "대통령령으로 정하는 사업장"이란 다음 각 호의 사업장을 말한다.
1. 산업재해율이 같은 업종 평균 산업재해율의 2배 이상인 사업장
2. 법 제49조제1항제2호에 해당하는 사업장
3. 직업성 질병자가 연간 2명 이상(상시근로자 1천명 이상 사업장의 경우 3명 이상) 발생한 사업장
4. 그 밖에 작업환경 불량, 화재·폭발 또는 누출 사고 등으로 사업장 주변까지 피해가 확산된 사업장으로서 고용노동부령으로 정하는 사업장

제50조 【안전보건개선계획 수립 대상】 법 제49조제1항제3호에서 "대통령령으로 정하는 수 이상의 직업성 질병자가 발생한 사업장"이란 직업성 질병자가 연간 2명 이상 발생한 사업장을 말한다.

제5장 도급 시 산업재해 예방

제51조 【도급승인 대상 작업】 법 제59조제1항 전단에서 "급성 독성, 피부 부식성 등이 있는 물질의 취급 등 대통령령으로 정하는 작업"이란 다음 각

호의 어느 하나에 해당하는 작업을 말한다.

1. 중량비율 1퍼센트 이상의 황산, 불화수소, 질산 또는 염화수소를 취급하는 설비를 개조·분해·해체·철거하는 작업 또는 해당 설비의 내부에서 이루어지는 작업. 다만, 도급인이 해당 화학물질을 모두 제거한 후 증명자료를 첨부하여 고용노동부장관에게 신고한 경우는 제외한다.
2. 그 밖에 「산업재해보상보험법」 제8조제1항에 따른 산업재해보상보험및예방심의위원회(이하 "산업재해보상보험및예방심의위원회"라 한다)의 심의를 거쳐 고용노동부장관이 정하는 작업

제52조 【안전보건총괄책임자 지정 대상사업】 법 제62조제1항에 따른 안전보건총괄책임자(이하 "안전보건총괄책임자"라 한다)를 지정해야 하는 사업의 종류 및 사업장의 상시근로자 수는 관계수급인에게 고용된 근로자를 포함한 상시근로자가 100명(선박 및 보트 건조업, 1차 금속 제조업 및 토사석 광업의 경우에는 50명) 이상인 사업이나 관계수급인의 공사금액을 포함한 해당 공사의 총공사금액이 20억원 이상인 건설업으로 한다.

제53조 【안전보건총괄책임자의 직무 등】 ① 안전보건총괄책임자의 직무는 다음 각 호와 같다.

1. 법 제36조에 따른 위험성평가의 실시에 관한 사항
2. 법 제51조 및 제54조에 따른 작업의 중지
3. 법 제64조에 따른 도급 시 산업재해 예방조치
4. 법 제72조제1항에 따른 산업안전보건관리비의 관계수급인 간의 사용에 관한 협의·조정 및 그 집행의 감독
5. 안전인증대상기계등과 자율안전확인대상기계등의 사용 여부 확인

② 안전보건총괄책임자에 대한 지원에 관하여는 제14조제2항을 준용한다. 이 경우 "안전보건관리책임자"는 "안전보건총괄책임자"로, "법 제15조제1항"은 "제1항"으로 본다.

③ 사업주는 안전보건총괄책임자를 선임했을 때에는 그 선임 사실 및 제1항 각 호의 직무의 수행내용을 증명할 수 있는 서류를 갖추어 두어야 한다.

제53조의2 【도급에 따른 산업재해 예방조치】 법 제64조제1항제8호에서 "화재·폭발 등 대통령령으로 정하는 위험이 발생할 우려가 있는 경우"란 다음 각 호의 경우를 말한다. (2021.11.19 신설)

1. 화재·폭발이 발생할 우려가 있는 경우
2. 동력으로 작동하는 기계·설비 등에 끼일 우려가 있는 경우
3. 차량계 하역운반기계, 건설기계, 양중기(揚重機) 등 동력으로 작동하는 기계와 충돌할 우려가 있는 경우
4. 근로자가 추락할 우려가 있는 경우
5. 물체가 떨어지거나 날아올 우려가 있는 경우

6. 기계·기구 등이 넘어지거나 무너질 우려가 있는 경우
7. 토사·구축물·인공구조물 등이 붕괴될 우려가 있는 경우
8. 산소 결핍이나 유해가스로 질식이나 중독의 우려가 있는 경우

제54조【질식 또는 붕괴의 위험이 있는 작업】 법 제65조제1항제3호에서 "대통령령으로 정하는 작업"이란 다음 각 호의 작업을 말한다.

1. 산소결핍, 유해가스 등으로 인한 질식의 위험이 있는 장소로서 고용노동부령으로 정하는 장소에서 이루어지는 작업
2. 토사·구축물·인공구조물 등의 붕괴 우려가 있는 장소에서 이루어지는 작업

제55조【산업재해 예방 조치 대상 건설공사】 법 제67조제1항 각 호 외의 부분에서 "대통령령으로 정하는 건설공사"란 총공사금액이 50억원 이상인 공사를 말한다.

제55조의2【안전보건전문가】 법 제67조제2항에서 "대통령령으로 정하는 안전보건 분야의 전문가"란 다음 각 호의 사람을 말한다. (2021.11.19 신설)

1. 법 제143조제1항에 따른 건설안전 분야의 산업안전지도사 자격을 가진 사람
2. 「국가기술자격법」에 따른 건설안전기술사 자격을 가진 사람
3. 「국가기술자격법」에 따른 건설안전기사 자격을 취득한 후 건설안전 분야에서 3년 이상의 실무경력이 있는 사람
4. 「국가기술자격법」에 따른 건설안전산업기사 자격을 취득한 후 건설안전 분야에서 5년 이상의 실무경력이 있는 사람

제56조【안전보건조정자의 선임 등】 ① 법 제68조제1항에 따른 안전보건조정자(이하 "안전보건조정자"라 한다)를 두어야 하는 건설공사는 각 건설공사의 금액의 합이 50억원 이상인 경우를 말한다.

② 제1항에 따라 안전보건조정자를 두어야 하는 건설공사발주자는 제1호 또는 제4호부터 제7호까지에 해당하는 사람 중에서 안전보건조정자를 선임하거나 제2호 또는 제3호에 해당하는 사람 중에서 안전보건조정자를 지정해야 한다.

1. 법 제143조제1항에 따른 산업안전지도사 자격을 가진 사람
2. 「건설기술 진흥법」 제2조제6호에 따른 발주청이 발주하는 건설공사인 경우 발주청이 같은 법 제49조제1항에 따라 선임한 공사감독자
3. 다음 각 목의 어느 하나에 해당하는 사람으로서 해당 건설공사 중 주된 공사의 책임감리자
   가. 「건축법」 제25조에 따라 지정된 공사감리자
   나. 「건설기술 진흥법」 제2조제5호에 따른 감리업무를 수행하는 사람 (2020.9.8 개정)
   다. 「주택법」 제44조제1항에 따라 배치된 감리원 (2024.3.12 개정)

라. 「전력기술관리법」 제12조의2에 따라 배치된 감리원
마. 「정보통신공사업법」 제8조제2항에 따라 해당 건설공사에 대하여 감리 업무를 수행하는 사람 (2020.9.8 개정)
4. 「건설산업기본법」 제8조에 따른 종합공사에 해당하는 건설현장에서 안전보건관리책임자로서 3년 이상 재직한 사람
5. 「국가기술자격법」에 따른 건설안전기술사
6. 「국가기술자격법」에 따른 건설안전기사 또는 산업안전기사 자격을 취득한 후 건설안전 분야에서 5년 이상의 실무경력이 있는 사람 (2024.3.12 개정)
7. 「국가기술자격법」에 따른 건설안전산업기사 또는 산업안전산업기사 자격을 취득한 후 건설안전 분야에서 7년 이상의 실무경력이 있는 사람 (2024.3.12 개정)

③ 제1항에 따라 안전보건조정자를 두어야 하는 건설공사발주자는 분리하여 발주되는 공사의 착공일 전날까지 제2항에 따라 안전보건조정자를 선임하거나 지정하여 각각의 공사 도급인에게 그 사실을 알려야 한다.

제57조【안전보건조정자의 업무】 ① 안전보건조정자의 업무는 다음 각 호와 같다.
1. 법 제68조제1항에 따라 같은 장소에서 이루어지는 각각의 공사 간에 혼재된 작업의 파악
2. 제1호에 따른 혼재된 작업으로 인한 산업재해 발생의 위험성 파악
3. 제1호에 따른 혼재된 작업으로 인한 산업재해를 예방하기 위한 작업의 시기·내용 및 안전보건 조치 등의 조정
4. 각각의 공사 도급인의 안전보건관리책임자 간 작업 내용에 관한 정보 공유 여부의 확인

② 안전보건조정자는 제1항의 업무를 수행하기 위하여 필요한 경우 해당 공사의 도급인과 관계수급인에게 자료의 제출을 요구할 수 있다.

제58조【설계변경 요청 대상 및 전문가의 범위】 ① 법 제71조제1항 본문에서 "대통령령으로 정하는 가설구조물"이란 다음 각 호의 어느 하나에 해당하는 것을 말한다.
1. 높이 31미터 이상인 비계
2. 작업발판 일체형 거푸집 또는 높이 5미터 이상인 거푸집 동바리[타설(打設)된 콘크리트가 일정 강도에 이르기까지 하중 등을 지지하기 위하여 설치하는 부재(部材)] (2021.11.19 개정)
3. 터널의 지보공(支保工 : 무너지지 않도록 지지하는 구조물) 또는 높이 2미터 이상인 흙막이 지보공
4. 동력을 이용하여 움직이는 가설구조물

② 법 제71조제1항 본문에서 "건축·토목 분야의 전문가 등 대통령령으로 정하는 전문가"란 공단 또는 다음 각 호의 어느 하나에 해당하는 사람으로서 해당 건설공사도급인 또는 관계수급인에게 고용되지 않은 사람을 말한다.

1. 「국가기술자격법」에 따른 건축구조기술사(토목공사 및 제1항제3호의 구조물의 경우는 제외한다)
2. 「국가기술자격법」에 따른 토목구조기술사(토목공사로 한정한다)
3. 「국가기술자격법」에 따른 토질및기초기술사(제1항제3호의 구조물의 경우로 한정한다)
4. 「국가기술자격법」에 따른 건설기계기술사(제1항제4호의 구조물의 경우로 한정한다)

제59조【기술지도계약 체결 대상 건설공사 및 체결 시기】 ① 법 제73조제1항에서 "대통령령으로 정하는 건설공사"란 공사금액 1억원 이상 120억원(「건설산업기본법 시행령」 별표 1의 종합공사를 시공하는 업종의 건설업종란 제1호의 토목공사업에 속하는 공사는 150억원) 미만인 공사와 「건축법」 제11조에 따른 건축허가의 대상이 되는 공사를 말한다. 다만, 다음 각 호의 어느 하나에 해당하는 공사는 제외한다. (2022.8.16 개정)

1. 공사기간이 1개월 미만인 공사
2. 육지와 연결되지 않은 섬 지역(제주특별자치도는 제외한다)에서 이루어지는 공사
3. 사업주가 별표 4에 따른 안전관리자의 자격을 가진 사람을 선임(같은 광역지방자치단체의 구역 내에서 같은 사업주가 시공하는 셋 이하의 공사에 대하여 공동으로 안전관리자의 자격을 가진 사람 1명을 선임한 경우를 포함한다)하여 제18조제1항 각 호에 따른 안전관리자의 업무만을 전담하도록 하는 공사
4. 법 제42조제1항에 따라 유해위험방지계획서를 제출해야 하는 공사

② 제1항에 따른 건설공사의 건설공사발주자 또는 건설공사도급인(건설공사도급인은 건설공사발주자로부터 건설공사를 최초로 도급받은 수급인은 제외한다)은 법 제73조제1항의 건설 산업재해 예방을 위한 지도계약(이하 "기술지도계약"이라 한다)을 해당 건설공사 착공일의 전날까지 체결해야 한다. (2022.8.16 신설)

제60조【건설재해예방전문지도기관의 지도 기준】 법 제73조제1항에 따른 건설재해예방전문지도기관(이하 "건설재해예방전문지도기관"이라 한다)의 지도업무의 내용, 지도대상 분야, 지도의 수행방법, 그 밖에 필요한 사항은 별표 18과 같다.

제61조【건설재해예방전문지도기관의 지정 요건】 법 제74조제1항에 따라 건설재해예방전문지도기관으로 지정받을 수 있는 자는 다음 각 호의 어

느 하나에 해당하는 자로서 별표 19에 따른 인력·시설 및 장비를 갖춘 자로 한다.

1. 법 제145조에 따라 등록한 산업안전지도사(전기안전 또는 건설안전 분야의 산업안전지도사만 해당한다)
2. 건설 산업재해 예방 업무를 하려는 법인

제62조 【건설재해예방전문지도기관의 지정신청 등】 ① 법 제74조제1항에 따라 건설재해예방전문지도기관으로 지정받으려는 자는 고용노동부령으로 정하는 바에 따라 건설재해예방전문지도기관 지정신청서를 고용노동부장관에게 제출해야 한다.

② 건설재해예방전문지도기관에 대한 지정서의 재발급 등에 관하여는 고용노동부령으로 정한다.

③ 법 제74조제4항에 따라 준용되는 법 제21조제4항제5호에서 "대통령령으로 정하는 사유에 해당하는 경우"란 다음 각 호의 경우를 말한다.

1. 지도업무 관련 서류를 거짓으로 작성한 경우
2. 정당한 사유 없이 지도업무를 거부한 경우
3. 지도업무를 게을리하거나 지도업무에 차질을 일으킨 경우
4. 별표 18에 따른 지도업무의 내용, 지도대상 분야 또는 지도의 수행방법을 위반한 경우
5. 지도를 실시하고 그 결과를 고용노동부장관이 정하는 전산시스템에 3회 이상 입력하지 않은 경우
6. 지도업무와 관련된 비치서류를 보존하지 않은 경우
7. 법에 따른 관계 공무원의 지도·감독을 거부·방해 또는 기피한 경우

제63조 【노사협의체의 설치 대상】 법 제75조제1항에서 "대통령령으로 정하는 규모의 건설공사"란 공사금액이 120억원(「건설산업기본법 시행령」 별표 1의 종합공사를 시공하는 업종의 건설업종란 제1호에 따른 토목공사업은 150억원) 이상인 건설공사를 말한다.

제64조 【노사협의체의 구성】 ① 노사협의체는 다음 각 호에 따라 근로자위원과 사용자위원으로 구성한다.

1. 근로자위원
   가. 도급 또는 하도급 사업을 포함한 전체 사업의 근로자대표
   나. 근로자대표가 지명하는 명예산업안전감독관 1명. 다만, 명예산업안전감독관이 위촉되어 있지 않은 경우에는 근로자대표가 지명하는 해당 사업장 근로자 1명
   다. 공사금액이 20억원 이상인 공사의 관계수급인의 각 근로자대표
2. 사용자위원
   가. 도급 또는 하도급 사업을 포함한 전체 사업의 대표자

나. 안전관리자 1명
다. 보건관리자 1명(별표 5 제44호에 따른 보건관리자 선임대상 건설업으로 한정한다)
라. 공사금액이 20억원 이상인 공사의 관계수급인의 각 대표자
② 노사협의체의 근로자위원과 사용자위원은 합의하여 노사협의체에 공사금액이 20억원 미만인 공사의 관계수급인 및 관계수급인 근로자대표를 위원으로 위촉할 수 있다.
③ 노사협의체의 근로자위원과 사용자위원은 합의하여 제67조제2호에 따른 사람을 노사협의체에 참여하도록 할 수 있다.

제65조【노사협의체의 운영 등】 ① 노사협의체의 회의는 정기회의와 임시회의로 구분하여 개최하되, 정기회의는 2개월마다 노사협의체의 위원장이 소집하며, 임시회의는 위원장이 필요하다고 인정할 때에 소집한다.
② 노사협의체 위원장의 선출, 노사협의체의 회의, 노사협의체에서 의결되지 않은 사항에 대한 처리방법 및 회의 결과 등의 공지에 관하여는 각각 제36조, 제37조제2항부터 제4항까지, 제38조 및 제39조를 준용한다. 이 경우 "산업안전보건위원회"는 "노사협의체"로 본다.

제66조【기계·기구 등】 법 제76조에서 "타워크레인 등 대통령령으로 정하는 기계·기구 또는 설비 등"이란 다음 각 호의 어느 하나에 해당하는 기계·기구 또는 설비를 말한다.
1. 타워크레인
2. 건설용 리프트
3. 항타기(해머나 동력을 사용하여 말뚝을 박는 기계) 및 항발기(박힌 말뚝을 빼내는 기계)

제67조【특수형태근로종사자의 범위 등】 법 제77조제1항제1호에 따른 요건을 충족하는 사람은 다음 각 호의 어느 하나에 해당하는 사람으로 한다.
1. 보험을 모집하는 사람으로서 다음 각 목의 어느 하나에 해당하는 사람
가. 「보험업법」 제83조제1항제1호에 따른 보험설계사
나. 「우체국예금·보험에 관한 법률」에 따른 우체국보험의 모집을 전업(專業)으로 하는 사람
2. 「건설기계관리법」 제3조제1항에 따라 등록된 건설기계를 직접 운전하는 사람
3. 「통계법」 제22조에 따라 국가데이터처장이 고시하는 직업에 관한 표준분류(이하 "한국표준직업분류표"라 한다)의 세분류에 따른 학습·교구 관련 방문강사 등 회원의 가정 등을 직접 방문하여 아동이나 학생 등을 가르치는 사람 (2025.10.1 개정)
4. 「체육시설의 설치·이용에 관한 법률」 제7조에 따라 직장체육시설로 설치

된 골프장 또는 같은 법 제19조에 따라 체육시설업의 등록을 한 골프장에서 골프경기를 보조하는 골프장 캐디

5. 한국표준직업분류표의 세분류에 따른 택배원 또는 세세분류에 따른 그 외 배달원으로서 택배사업(소화물을 집화·수송 과정을 거쳐 배송하는 사업을 말한다)에서 집화 또는 배송 업무를 하는 사람 (2024.12.31 개정)
6. 한국표준직업분류표의 세분류에 따른 늘찬배달원으로서 고용노동부장관이 정하는 기준에 따라 주로 하나의 퀵서비스업자로부터 업무를 의뢰받아 배송 업무를 하는 사람 (2024.12.31 개정)
7. 「대부업 등의 등록 및 금융이용자 보호에 관한 법률」 제3조제1항 단서에 따른 대출모집인
8. 「여신전문금융업법」 제14조의2제1항제2호에 따른 신용카드회원 모집인
9. 고용노동부장관이 정하는 기준에 따라 주로 하나의 대리운전업자로부터 업무를 의뢰받아 대리운전 업무를 하는 사람
10. 「방문판매 등에 관한 법률」 제2조제2호 또는 제8호의 방문판매원이나 후원방문판매원으로서 고용노동부장관이 정하는 기준에 따라 상시적으로 방문판매업무를 하는 사람 (2021.11.19 신설)
11. 한국표준직업분류표의 세분류에 따른 대여 제품 방문 점검원 (2024.12.31 개정)
12. 한국표준직업분류표의 세분류에 따른 가전제품 설치 및 수리원으로서 가전제품을 배송, 설치 및 시운전하여 작동상태를 확인하는 사람 (2021.11.19 신설)
13. 「화물자동차 운수사업법」에 따른 화물차주로서 다음 각 목의 어느 하나에 해당하는 사람 (2021.11.19 신설)
    가. 「자동차관리법」 제3조제1항제4호의 특수자동차로 수출입 컨테이너를 운송하는 사람
    나. 「자동차관리법」 제3조제1항제4호의 특수자동차로 시멘트를 운송하는 사람
    다. 「자동차관리법」 제2조제1호 본문의 피견인자동차나 「자동차관리법」 제3조제1항제3호의 일반형 화물자동차로 철강재를 운송하는 사람
    라. 「자동차관리법」 제3조제1항제3호의 일반형 화물자동차나 특수용도형 화물자동차로 「물류정책기본법」 제29조제1항 각 호의 위험물질을 운송하는 사람
14. 「소프트웨어 진흥법」에 따른 소프트웨어사업에서 노무를 제공하는 소프트웨어기술자 (2021.11.19 신설)

제68조【안전 및 보건 교육 대상 특수형태근로종사자】 법 제77조제2항에서 "대통령령으로 정하는 특수형태근로종사자"란 제67조제2호, 제4호부터

제6호까지 및 제9호부터 제13호까지의 규정에 따른 사람을 말한다. (2021. 11.19 개정)

제69조 【산업재해 예방 조치 시행 대상】 법 제79조제1항 각 호 외의 부분에서 "대통령령으로 정하는 가맹본부"란 「가맹사업거래의 공정화에 관한 법률」 제6조의2에 따라 등록한 정보공개서(직전 사업연도 말 기준으로 등록된 것을 말한다)상 업종이 다음 각 호의 어느 하나에 해당하는 경우로서 가맹점의 수가 200개 이상인 가맹본부를 말한다. (2020.9.8 개정)

1. 대분류가 외식업인 경우
2. 대분류가 도소매업으로서 중분류가 편의점인 경우

제6장 유해·위험 기계 등에 대한 조치

제70조 【방호조치를 해야 하는 유해하거나 위험한 기계·기구】 법 제80조제1항에서 "대통령령으로 정하는 것"이란 별표 20에 따른 기계·기구를 말한다.

제71조 【대여자 등이 안전조치 등을 해야 하는 기계·기구 등】 법 제81조에서 "대통령령으로 정하는 기계·기구·설비 및 건축물 등"이란 별표 21에 따른 기계·기구·설비 및 건축물 등을 말한다.

제72조 【타워크레인 설치·해체업의 등록요건】 ① 법 제82조제1항 전단에 따라 타워크레인을 설치하거나 해체하려는 자가 갖추어야 하는 인력·시설 및 장비의 기준은 별표 22와 같다.

② 법 제82조제1항 후단에서 "대통령령으로 정하는 중요한 사항"이란 다음 각 호의 사항을 말한다.

1. 업체의 명칭(상호)
2. 업체의 소재지
3. 대표자의 성명
4. 별표 22 제1호에 따라 보유한 인력 (2025.4.29 신설)

제73조 【타워크레인 설치·해체업의 등록 취소 등의 사유】 법 제82조제4항에 따라 준용되는 법 제21조제4항제5호에서 "대통령령으로 정하는 사유에 해당하는 경우"란 다음 각 호의 어느 하나에 해당하는 경우를 말한다.

1. 법 제38조에 따른 안전조치를 준수하지 않아 벌금형 또는 금고 이상의 형의 선고를 받은 경우
2. 법에 따른 관계 공무원의 지도·감독을 거부·방해 또는 기피한 경우

제74조 【안전인증대상기계등】 ① 법 제84조제1항에서 "대통령령으로 정하는 것"이란 다음 각 호의 어느 하나에 해당하는 것을 말한다.

1. 다음 각 목의 어느 하나에 해당하는 기계 또는 설비

가. 프레스
나. 전단기 및 절곡기(折曲機)
다. 크레인
라. 리프트
마. 압력용기
바. 롤러기
사. 사출성형기(射出成形機)
아. 고소(高所) 작업대
자. 곤돌라

2. 다음 각 목의 어느 하나에 해당하는 방호장치
가. 프레스 및 전단기 방호장치
나. 양중기용(揚重機用) 과부하 방지장치
다. 보일러 압력방출용 안전밸브
라. 압력용기 압력방출용 안전밸브
마. 압력용기 압력방출용 파열판
바. 절연용 방호구 및 활선작업용(活線作業用) 기구
사. 방폭구조(防爆構造) 전기기계·기구 및 부품
아. 추락·낙하 및 붕괴 등의 위험 방지 및 보호에 필요한 가설기자재로서 고용노동부장관이 정하여 고시하는 것
자. 충돌·협착 등의 위험 방지에 필요한 산업용 로봇 방호장치로서 고용노동부장관이 정하여 고시하는 것

3. 다음 각 목의 어느 하나에 해당하는 보호구
가. 추락 및 감전 위험방지용 안전모
나. 안전화
다. 안전장갑
라. 방진마스크
마. 방독마스크
바. 송기(送氣)마스크
사. 전동식 호흡보호구
아. 보호복
자. 안전대
차. 차광(遮光) 및 비산물(飛散物) 위험방지용 보안경
카. 용접용 보안면
타. 방음용 귀마개 또는 귀덮개

② 안전인증대상기계등의 세부적인 종류, 규격 및 형식은 고용노동부장관이 정하여 고시한다.

제75조 【안전인증기관의 지정 요건】 법 제88조제1항에 따른 안전인증기관(이하 "안전인증기관"이라 한다)으로 지정받을 수 있는 자는 다음 각 호의 어느 하나에 해당하는 자로 한다.
1. 공단
2. 다음 각 목의 어느 하나에 해당하는 기관으로서 별표 23에 따른 인력·시설 및 장비를 갖춘 기관
   가. 산업 안전·보건 또는 산업재해 예방을 목적으로 설립된 비영리법인
   나. 기계 및 설비 등의 인증·검사, 생산기술의 연구개발·교육·평가 등의 업무를 목적으로 설립된 「공공기관의 운영에 관한 법률」에 따른 공공기관

제76조 【안전인증기관의 지정 취소 등의 사유】 법 제88조제5항에 따라 준용되는 법 제21조제4항제5호에서 "대통령령으로 정하는 사유에 해당하는 경우"란 다음 각 호의 경우를 말한다.
1. 안전인증 관련 서류를 거짓으로 작성한 경우
2. 정당한 사유 없이 안전인증 업무를 거부한 경우
3. 안전인증 업무를 게을리하거나 업무에 차질을 일으킨 경우
4. 안전인증·확인의 방법 및 절차를 위반한 경우
5. 법에 따른 관계 공무원의 지도·감독을 거부·방해 또는 기피한 경우

제77조 【자율안전확인대상기계등】 ① 법 제89조제1항 각 호 외의 부분 본문에서 "대통령령으로 정하는 것"이란 다음 각 호의 어느 하나에 해당하는 것을 말한다.
1. 다음 각 목의 어느 하나에 해당하는 기계 또는 설비
   가. 연삭기(硏削機) 또는 연마기. 이 경우 휴대형은 제외한다.
   나. 산업용 로봇
   다. 혼합기
   라. 파쇄기 또는 분쇄기
   마. 식품가공용 기계(파쇄·절단·혼합·제면기만 해당한다)
   바. 컨베이어
   사. 자동차정비용 리프트
   아. 공작기계(선반, 드릴기, 평삭·형삭기, 밀링만 해당한다)
   자. 고정형 목재가공용 기계(둥근톱, 대패, 루타기, 띠톱, 모떼기 기계만 해당한다)
   차. 인쇄기
2. 다음 각 목의 어느 하나에 해당하는 방호장치
   가. 아세틸렌 용접장치용 또는 가스집합 용접장치용 안전기
   나. 교류 아크용접기용 자동전격방지기

다. 롤러기 급정지장치
라. 연삭기 덮개
마. 목재 가공용 둥근톱 반발 예방장치와 날 접촉 예방장치
바. 동력식 수동대패용 칼날 접촉 방지장치
사. 추락·낙하 및 붕괴 등의 위험 방지 및 보호에 필요한 가설기자재(제74조제1항제2호아목의 가설기자재는 제외한다)로서 고용노동부장관이 정하여 고시하는 것
3. 다음 각 목의 어느 하나에 해당하는 보호구
가. 안전모(제74조제1항제3호가목의 안전모는 제외한다)
나. 보안경(제74조제1항제3호차목의 보안경은 제외한다)
다. 보안면(제74조제1항제3호카목의 보안면은 제외한다)
② 자율안전확인대상기계등의 세부적인 종류, 규격 및 형식은 고용노동부장관이 정하여 고시한다.

제78조 【안전검사대상기계등】 ① 법 제93조제1항 전단에서 "대통령령으로 정하는 것"이란 다음 각 호의 어느 하나에 해당하는 것을 말한다.
1. 프레스
2. 전단기
3. 크레인(정격 하중이 2톤 미만인 것은 제외한다)
4. 리프트
5. 압력용기
6. 곤돌라
7. 국소 배기장치(이동식은 제외한다)
8. 원심기(산업용만 해당한다)
9. 롤러기(밀폐형 구조는 제외한다)
10. 사출성형기[형 체결력(型 締結力) 294킬로뉴턴(KN) 미만은 제외한다]
11. 고소작업대(「자동차관리법」 제3조제3호 또는 제4호에 따른 화물자동차 또는 특수자동차에 탑재한 고소작업대로 한정한다)
12. 컨베이어
13. 산업용 로봇
14. 혼합기 (2024.6.25 신설 : 2026.6.26 시행)
15. 파쇄기 또는 분쇄기 (2024.6.25 신설 : 2026.6.26 시행)
② 법 제93조제1항에 따른 안전검사대상기계등의 세부적인 종류, 규격 및 형식은 고용노동부장관이 정하여 고시한다.

제79조 【안전검사기관의 지정 요건】 법 제96조제1항에 따른 안전검사기관(이하 "안전검사기관"이라 한다)으로 지정받을 수 있는 자는 다음 각 호의 어느 하나에 해당하는 자로 한다.

1. 공단
2. 다음 각 목의 어느 하나에 해당하는 기관으로서 별표 24에 따른 인력·시설 및 장비를 갖춘 기관
   가. 산업안전·보건 또는 산업재해 예방을 목적으로 설립된 비영리법인
   나. 기계 및 설비 등의 인증·검사, 생산기술의 연구개발·교육·평가 등의 업무를 목적으로 설립된 「공공기관의 운영에 관한 법률」에 따른 공공기관

제80조 【안전검사기관의 지정 취소 등의 사유】 법 제96조제5항에 따라 준용되는 법 제21조제4항제5호에서 "대통령령으로 정하는 사유에 해당하는 경우"란 다음 각 호의 경우를 말한다.
1. 안전검사 관련 서류를 거짓으로 작성한 경우
2. 정당한 사유 없이 안전검사 업무를 거부한 경우
3. 안전검사 업무를 게을리하거나 업무에 차질을 일으킨 경우
4. 안전검사·확인의 방법 및 절차를 위반한 경우
5. 법에 따른 관계 공무원의 지도·감독을 거부·방해 또는 기피한 경우

제81조 【자율안전검사기관의 지정 요건】 법 제100조제1항에 따른 자율안전검사기관(이하 "자율안전검사기관"이라 한다)으로 지정받으려는 자는 별표 25에 따른 인력·시설 및 장비를 갖추어야 한다.

제82조 【자율안전검사기관의 지정 취소 등의 사유】 법 제100조제4항에 따라 준용되는 법 제21조제4항제5호에서 "대통령령으로 정하는 사유에 해당하는 경우"란 다음 각 호의 경우를 말한다.
1. 검사 관련 서류를 거짓으로 작성한 경우
2. 정당한 사유 없이 검사업무의 수탁을 거부한 경우
3. 검사업무를 하지 않고 위탁 수수료를 받은 경우
4. 검사 항목을 생략하거나 검사방법을 준수하지 않은 경우
5. 검사 결과의 판정기준을 준수하지 않거나 검사 결과에 따른 안전조치 의견을 제시하지 않은 경우

제83조 【성능시험 등】 ① 법 제101조에 따른 제품 제조 과정 조사는 안전인증대상기계등 또는 자율안전확인대상기계등이 법 제83조제1항에 따른 안전인증기준 또는 법 제89조제1항에 따른 자율안전기준에 맞게 제조되었는지를 대상으로 한다.

② 고용노동부장관은 법 제101조에 따라 법 제83조제1항에 따른 유해·위험기계등(이하 "유해·위험기계등"이라 한다)의 성능시험을 하는 경우에는 제조·수입·양도·대여하거나 양도·대여의 목적으로 진열된 유해·위험기계등 중에서 그 시료(試料)를 수거하여 실시한다.

③ 제1항 및 제2항에 따른 제품 제조 과정 조사 및 성능시험의 절차 및 방법

산업안전

등에 관하여 필요한 사항은 고용노동부령으로 정한다.

제7장 유해·위험물질에 대한 조치

제84조 【유해인자 허용기준 이하 유지 대상 유해인자】 법 제107조제1항 각 호 외의 부분 본문에서 "대통령령으로 정하는 유해인자"란 별표 26 각 호에 따른 유해인자를 말한다.

제85조 【유해성·위험성 조사 제외 화학물질】 법 제108조제1항 각 호 외의 부분 본문에서 "대통령령으로 정하는 화학물질"이란 다음 각 호의 어느 하나에 해당하는 화학물질을 말한다.

1. 원소
2. 천연으로 산출된 화학물질
3. 「건강기능식품에 관한 법률」 제3조제1호에 따른 건강기능식품
4. 「군수품관리법」 제2조 및 「방위사업법」 제3조제2호에 따른 군수품[「군수품관리법」 제3조에 따른 통상품(痛常品)은 제외한다]
5. 「농약관리법」 제2조제1호 및 제3호에 따른 농약 및 원제
6. 「마약류 관리에 관한 법률」 제2조제1호에 따른 마약류
7. 「비료관리법」 제2조제1호에 따른 비료
8. 「사료관리법」 제2조제1호에 따른 사료
9. 「생활화학제품 및 살생물제의 안전관리에 관한 법률」 제3조제7호 및 제8호에 따른 살생물물질 및 살생물제품
10. 「식품위생법」 제2조제1호 및 제2호에 따른 식품 및 식품첨가물
11. 「약사법」 제2조제4호 및 제7호에 따른 의약품 및 의약외품(醫藥外品)
12. 「원자력안전법」 제2조제5호에 따른 방사성물질
13. 「위생용품 관리법」 제2조제1호에 따른 위생용품
14. 「의료기기법」 제2조제1항에 따른 의료기기
15. 「총포·도검·화약류 등의 안전관리에 관한 법률」 제2조제3항에 따른 화약류
16. 「화장품법」 제2조제1호에 따른 화장품과 화장품에 사용하는 원료
17. 법 제108조제3항에 따라 고용노동부장관이 명칭, 유해성·위험성, 근로자의 건강장해 예방을 위한 조치 사항 및 연간 제조량·수입량을 공표한 물질로서 공표된 연간 제조량·수입량 이하로 제조하거나 수입한 물질
18. 고용노동부장관이 기후에너지환경부장관과 협의하여 고시하는 화학물질 목록에 기록되어 있는 물질 (2025.10.1 개정)

제86조 【물질안전보건자료의 작성·제출 제외 대상 화학물질 등】 법 제110조제1항 각 호 외의 부분 전단에서 "대통령령으로 정하는 것"이란 다음

각 호의 어느 하나에 해당하는 것을 말한다.
1. 「건강기능식품에 관한 법률」 제3조제1호에 따른 건강기능식품
2. 「농약관리법」 제2조제1호에 따른 농약
3. 「마약류 관리에 관한 법률」 제2조제2호 및 제3호에 따른 마약 및 향정신성의약품
4. 「비료관리법」 제2조제1호에 따른 비료
5. 「사료관리법」 제2조제1호에 따른 사료
6. 「생활주변방사선 안전관리법」 제2조제2호에 따른 원료물질
7. 「생활화학제품 및 살생물제의 안전관리에 관한 법률」 제3조제4호 및 제8호에 따른 안전확인대상생활화학제품 및 살생물제품 중 일반소비자의 생활용으로 제공되는 제품
8. 「식품위생법」 제2조제1호 및 제2호에 따른 식품 및 식품첨가물
9. 「약사법」 제2조제4호 및 제7호에 따른 의약품 및 의약외품
10. 「원자력안전법」 제2조제5호에 따른 방사성물질
11. 「위생용품 관리법」 제2조제1호에 따른 위생용품
12. 「의료기기법」 제2조제1항에 따른 의료기기

12의2. 「첨단재생의료 및 첨단바이오의약품 안전 및 지원에 관한 법률」 제2조제5호에 따른 첨단바이오의약품 (2020.8.27 신설)

13. 「총포·도검·화약류 등의 안전관리에 관한 법률」 제2조제3항에 따른 화약류
14. 「폐기물관리법」 제2조제1호에 따른 폐기물
15. 「화장품법」 제2조제1호에 따른 화장품
16. 제1호부터 제15호까지의 규정 외의 화학물질 또는 혼합물로서 일반소비자의 생활용으로 제공되는 것(일반소비자의 생활용으로 제공되는 화학물질 또는 혼합물이 사업장 내에서 취급되는 경우를 포함한다)
17. 고용노동부장관이 정하여 고시하는 연구·개발용 화학물질 또는 화학제품. 이 경우 법 제110조제1항부터 제3항까지의 규정에 따른 자료의 제출만 제외된다.
18. 그 밖에 고용노동부장관이 독성·폭발성 등으로 인한 위해의 정도가 적다고 인정하여 고시하는 화학물질

제87조 【제조 등이 금지되는 유해물질】 법 제117조제1항 각 호 외의 부분에서 "대통령령으로 정하는 물질"이란 다음 각 호의 물질을 말한다. (2020.9.8 개정)

1. β-나프틸아민[91-59-8]과 그 염(β-Naphthylamine and its salts)
2. 4-니트로디페닐[92-93-3]과 그 염(4-Nitrodiphenyl and its salts)
3. 백연[1319-46-6]을 포함한 페인트(포함된 중량의 비율이 2퍼센트 이하

인 것은 제외한다) (2020.9.8 개정)
4. 벤젠[71-43-2]을 포함하는 고무풀(포함된 중량의 비율이 5퍼센트 이하인 것은 제외한다) (2020.9.8 개정)
5. 석면(Asbestos ; 1332-21-4 등)
6. 폴리클로리네이티드 터페닐(Polychlorinated terphenyls ; 61788-33-8 등)
7. 황린(黃燐)[12185-10-3] 성냥(Yellow phosphorus match)
8. 제1호, 제2호, 제5호 또는 제6호에 해당하는 물질을 포함한 혼합물(포함된 중량의 비율이 1퍼센트 이하인 것은 제외한다) (2020.9.8 개정)
9. 「화학물질관리법」 제2조제5호에 따른 금지물질(같은 법 제3조제1항제1호부터 제12호까지의 규정에 해당하는 화학물질은 제외한다)
10. 그 밖에 보건상 해로운 물질로서 산업재해보상보험및예방심의위원회의 심의를 거쳐 고용노동부장관이 정하는 유해물질

제88조 【허가 대상 유해물질】 법 제118조제1항 전단에서 "대체물질이 개발되지 아니한 물질 등 대통령령으로 정하는 물질"이란 다음 각 호의 물질을 말한다.

1. α-나프틸아민[134-32-7] 및 그 염(α-Naphthylamine and its salts)
2. 디아니시딘[119-90-4] 및 그 염(Dianisidine and its salts)
3. 디클로로벤지딘[91-94-1] 및 그 염(Dichlorobenzidine and its salts)
4. 베릴륨(Beryllium ; 7440-41-7)
5. 벤조트리클로라이드(Benzotrichloride ; 98-07-7)
6. 비소[7440-38-2] 및 그 무기화합물(Arsenic and its inorganic compounds)
7. 염화비닐(Vinyl chloride ; 75-01-4)
8. 콜타르피치[65996-93-2] 휘발물(Coal tar pitch volatiles)
9. 크롬광 가공(열을 가하여 소성 처리하는 경우만 해당한다)(Chromite ore processing)
10. 크롬산 아연(Zinc chromates ; 13530-65-9 등)
11. o-톨리딘[119-93-7] 및 그 염(o-Tolidine and its salts)
12. 황화니켈류(Nickel sulfides ; 12035-72-2, 16812-54-7)
13. 제1호부터 제4호까지 또는 제6호부터 제12호까지의 어느 하나에 해당하는 물질을 포함한 혼합물(포함된 중량의 비율이 1퍼센트 이하인 것은 제외한다) (2020.9.8 개정)
14. 제5호의 물질을 포함한 혼합물(포함된 중량의 비율이 0.5퍼센트 이하인 것은 제외한다) (2020.9.8 개정)
15. 그 밖에 보건상 해로운 물질로서 산업재해보상보험및예방심의위원회의

심의를 거쳐 고용노동부장관이 정하는 유해물질

제89조 【기관석면조사 대상】 ① 법 제119조제2항 각 호 외의 부분 본문에서 "대통령령으로 정하는 규모 이상"란 다음 각 호의 어느 하나에 해당하는 경우를 말한다.

1. 건축물(제2호에 따른 주택은 제외한다. 이하 이 호에서 같다)의 연면적 합계가 50제곱미터 이상이면서, 그 건축물의 철거·해체하려는 부분의 면적 합계가 50제곱미터 이상인 경우
2. 주택(「건축법 시행령」 제2조제12호에 따른 부속건축물을 포함한다. 이하 이 호에서 같다)의 연면적 합계가 200제곱미터 이상이면서, 그 주택의 철거·해체하려는 부분의 면적 합계가 200제곱미터 이상인 경우
3. 설비의 철거·해체하려는 부분에 다음 각 목의 어느 하나에 해당하는 자재(물질을 포함한다. 이하 같다)를 사용한 면적의 합이 15제곱미터 이상 또는 그 부피의 합이 1세제곱미터 이상인 경우
   가. 단열재
   나. 보온재
   다. 분무재
   라. 내화피복재(耐火被覆材)
   마. 개스킷(Gasket : 누설방지재)
   바. 패킹재(Packing material : 틈박이재)
   사. 실링재(Sealing material : 액상 메움재)
   아. 그 밖에 가목부터 사목까지의 자재와 유사한 용도로 사용되는 자재로서 고용노동부장관이 정하여 고시하는 자재
4. 파이프 길이의 합이 80미터 이상이면서, 그 파이프의 철거·해체하려는 부분의 보온재로 사용된 길이의 합이 80미터 이상인 경우

② 법 제119조제2항 각 호 외의 부분 단서에서 "석면함유 여부가 명백한 경우 등 대통령령으로 정하는 사유"란 다음 각 호의 어느 하나에 해당하는 경우를 말한다.

1. 건축물이나 설비의 철거·해체 부분에 사용된 자재가 설계도서, 자재 이력 등 관련 자료를 통해 석면을 포함하고 있지 않음이 명백하다고 인정되는 경우 (2020.9.8 개정)
2. 건축물이나 설비의 철거·해체 부분에 석면이 중량비율 1퍼센트가 넘게 포함된 자재를 사용하였음이 명백하다고 인정되는 경우 (2020.9.8 개정)

제90조 【석면조사기관의 지정 요건 등】 법 제120조제1항에 따라 석면조사기관으로 지정받을 수 있는 자는 다음 각 호의 어느 하나에 해당하는 자로서 별표 27에 따른 인력·시설 및 장비를 갖추고 법 제120조제2항에 따라 고용노동부장관이 실시하는 석면조사기관의 석면조사 능력 확인에서 적합

판정을 받은 자로 한다.
1. 국가 또는 지방자치단체의 소속기관
2. 「의료법」에 따른 종합병원 또는 병원
3. 「고등교육법」 제2조제1호부터 제6호까지의 규정에 따른 대학 또는 그 부속기관
4. 석면조사 업무를 하려는 법인

제91조 【석면조사기관의 지정 취소 등의 사유】 법 제120조제5항에 따라 준용되는 법 제21조제4항제5호에서 "대통령령으로 정하는 사유에 해당하는 경우"란 다음 각 호의 경우를 말한다.
1. 법 제119조제2항의 기관석면조사 또는 법 제124조제1항의 공기 중 석면농도 관련 서류를 거짓으로 작성한 경우
2. 정당한 사유 없이 석면조사 업무를 거부한 경우
3. 제90조에 따른 인력기준에 해당하지 않는 사람에게 석면조사 업무를 수행하게 한 경우
4. 법 제119조제5항에 따라 고용노동부령으로 정하는 조사 방법과 그 밖에 필요한 사항을 위반한 경우
5. 법 제120조제2항에 따라 고용노동부장관이 실시하는 석면조사기관의 석면조사 능력 확인을 받지 않거나 부적합 판정을 받은 경우
6. 법 제124조제2항에 따른 자격을 갖추지 않은 자에게 석면농도를 측정하게 한 경우
7. 법 제124조제2항에 따른 석면농도 측정방법을 위반한 경우
8. 법에 따른 관계 공무원의 지도·감독을 거부·방해 또는 기피한 경우

제92조 【석면해체·제거업자의 등록 요건】 법 제121조제1항에 따라 석면해체·제거업자로 등록하려는 자는 별표 28에 따른 인력·시설 및 장비를 갖추어야 한다.

제93조 【석면해체·제거업자의 등록 취소 등의 사유】 법 제121조제4항에 따라 준용되는 법 제21조제4항제5호에서 "대통령령으로 정하는 사유에 해당하는 경우"란 다음 각 호의 경우를 말한다.
1. 법 제122조제3항에 따른 서류를 거짓이나 그 밖의 부정한 방법으로 작성한 경우
2. 법 제122조제3항에 따른 신고(변경신고는 제외한다) 또는 서류 보존 의무를 이행하지 않은 경우
3. 법 제123조제1항에 따라 고용노동부령으로 정하는 석면해체·제거의 작업기준을 준수하지 않아 벌금형의 선고 또는 금고 이상의 형의 선고를 받은 경우
4. 법에 따른 관계 공무원의 지도·감독을 거부·방해 또는 기피한 경우

제94조 【석면해체·제거업자를 통한 석면해체·제거 대상】 ① 법 제122조제1항 본문에서 "대통령령으로 정하는 함유량과 면적 이상의 석면이 포함되어 있는 경우"란 다음 각 호의 어느 하나에 해당하는 경우를 말한다. (2020.9.8 개정)

1. 철거·해체하려는 벽체재료, 바닥재, 천장재 및 지붕재 등의 자재에 석면이 중량비율 1퍼센트가 넘게 포함되어 있고 그 자재의 면적의 합이 50제곱미터 이상인 경우 (2020.9.8 개정)
2. 석면이 중량비율 1퍼센트가 넘게 포함된 분무재 또는 내화피복재를 사용한 경우 (2020.9.8 개정)
3. 석면이 중량비율 1퍼센트가 넘게 포함된 제89조제1항제3호 각 목의 어느 하나(다목 및 라목은 제외한다)에 해당하는 자재의 면적의 합이 15제곱미터 이상 또는 그 부피의 합이 1세제곱미터 이상인 경우 (2020.9.8 개정)
4. 파이프에 사용된 보온재에서 석면이 중량비율 1퍼센트가 넘게 포함되어 있고 그 보온재 길이의 합이 80미터 이상인 경우 (2020.9.8 개정)

② 법 제122조제1항 단서에서 "석면해체·제거업자와 동등한 능력을 갖추고 있는 경우 등 대통령령으로 정하는 사유에 해당할 경우"란 석면해체·제거작업을 스스로 하려는 자가 제92조 및 별표 28에 따른 인력·시설 및 장비를 갖추고 고용노동부령으로 정하는 바에 따라 이를 증명하는 경우를 말한다.

제8장 근로자 보건관리

제95조 【작업환경측정기관의 지정 요건】 법 제126조제1항에 따라 작업환경측정기관으로 지정받을 수 있는 자는 다음 각 호의 어느 하나에 해당하는 자로서 작업환경측정기관의 유형별로 별표 29에 따른 인력·시설 및 장비를 갖추고 법 제126조제2항에 따라 고용노동부장관이 실시하는 작업환경측정기관의 측정·분석능력 확인에서 적합 판정을 받은 자로 한다.

1. 국가 또는 지방자치단체의 소속기관
2. 「의료법」에 따른 종합병원 또는 병원
3. 「고등교육법」 제2조제1호부터 제6호까지의 규정에 따른 대학 또는 그 부속기관
4. 작업환경측정 업무를 하려는 법인
5. 작업환경측정 대상 사업장의 부속기관(해당 부속기관이 소속된 사업장 등 고용노동부령으로 정하는 범위로 한정하여 지정받으려는 경우로 한정한다)

제96조 【작업환경측정기관의 지정 취소 등의 사유】 법 제126조제5항에 따라 준용되는 법 제21조제4항제5호에서 "대통령령으로 정하는 사유에 해

당하는 경우"란 다음 각 호의 경우를 말한다.
1. 작업환경측정 관련 서류를 거짓으로 작성한 경우
2. 정당한 사유 없이 작업환경측정 업무를 거부한 경우
3. 위탁받은 작업환경측정 업무에 차질을 일으킨 경우
4. 법 제125조제8항에 따라 고용노동부령으로 정하는 작업환경측정 방법 등을 위반한 경우
5. 법 제126조제2항에 따라 고용노동부장관이 실시하는 작업환경측정기관의 측정·분석능력 확인을 1년 이상 받지 않거나 작업환경측정기관의 측정·분석능력 확인에서 부적합 판정을 받은 경우
6. 작업환경측정 업무와 관련된 비치서류를 보존하지 않은 경우
7. 법에 따른 관계 공무원의 지도·감독을 거부·방해 또는 기피한 경우

제96조의2 【휴게시설 설치·관리기준 준수 대상 사업장의 사업주】 법 제128조의2제2항에서 "사업의 종류 및 사업장의 상시 근로자 수 등 대통령령으로 정하는 기준에 해당하는 사업장"이란 다음 각 호의 어느 하나에 해당하는 사업장을 말한다. (2022.8.16 신설)
1. 상시근로자(관계수급인의 근로자를 포함한다. 이하 제2호에서 같다) 20명 이상을 사용하는 사업장(건설업의 경우에는 관계수급인의 공사금액을 포함한 해당 공사의 총공사금액이 20억원 이상인 사업장으로 한정한다)
2. 다음 각 목의 어느 하나에 해당하는 직종(한국표준직업분류표에 따른다)의 상시근로자가 2명 이상인 사업장으로서 상시근로자 10명 이상 20명 미만을 사용하는 사업장(건설업은 제외한다) (2024.12.31 개정)
   가. 전화 상담원
   나. 요양보호사 및 간병인
   다. 노인 및 장애인 돌봄 종사자
   라. 텔레마케터
   마. 배달원
   바. 청소 관련 종사자
   사. 아파트 경비원
   아. 그 외 건물 관리원 중 건물 경비원

제97조 【특수건강진단기관의 지정 요건】 ① 법 제135조제1항에 따라 특수건강진단기관으로 지정받을 수 있는 자는 「의료법」에 따른 의료기관으로서 별표 30에 따른 인력·시설 및 장비를 갖추고 법 제135조제3항에 따라 고용노동부장관이 실시하는 특수건강진단기관의 진단·분석능력 확인에서 적합 판정을 받은 자로 한다.
② 제1항에도 불구하고 고용노동부장관은 법 제135조제1항에 따른 특수건강진단기관이 없는 시·군(「수도권정비계획법」 제2조제1호에 따른 수도권에

속하는 시는 제외한다) 또는 「제주특별자치도 설치 및 국제자유도시 조성을 위한 특별법」 제10조에 따른 행정시의 경우에는 고용노동부령으로 정하는 유해인자에 대하여 「건강검진기본법」 제3조제2호에 따른 건강검진기관 중 고용노동부령으로 정하는 건강검진기관으로서 해당 기관에 「의료법」에 따른 의사(특수건강진단과 관련하여 고용노동부장관이 정하는 교육을 이수한 의사를 말한다) 및 「간호법」에 따른 간호사가 각각 1명 이상 있는 의료기관을 해당 지역의 특수건강진단기관으로 지정할 수 있다. (2025.6.20 개정)

제98조 【특수건강진단기관의 지정 취소 등의 사유】 법 제135조제6항에 따라 준용되는 법 제21조제4항제5호에서 "대통령령으로 정하는 사유에 해당하는 경우"란 다음 각 호의 경우를 말한다.

1. 고용노동부령으로 정하는 검사항목을 빠뜨리거나 검사방법 및 실시 절차를 준수하지 않고 건강진단을 하는 경우
2. 고용노동부령으로 정하는 건강진단의 비용을 줄이는 등의 방법으로 건강진단을 유인하거나 건강진단의 비용을 부당하게 징수한 경우
3. 법 제135조제3항에 따라 고용노동부장관이 실시하는 특수건강진단기관의 진단·분석 능력 확인에서 부적합 판정을 받은 경우
4. 건강진단 결과를 거짓으로 판정하거나 고용노동부령으로 정하는 건강진단 개인표 등 건강진단 관련 서류를 거짓으로 작성한 경우
5. 무자격자 또는 제97조에 따른 특수건강진단기관의 지정 요건을 충족하지 못하는 자가 건강진단을 한 경우
6. 정당한 사유 없이 건강진단의 실시를 거부하거나 중단한 경우
7. 정당한 사유 없이 법 제135조제4항에 따른 특수건강진단기관의 평가를 거부한 경우
8. 법에 따른 관계 공무원의 지도·감독을 거부·방해 또는 기피한 경우

제99조 【유해·위험작업에 대한 근로시간 제한 등】 ① 법 제139조제1항에서 "높은 기압에서 하는 작업 등 대통령령으로 정하는 작업"이란 잠함(潛函) 또는 잠수 작업 등 높은 기압에서 하는 작업을 말한다.

② 제1항에 따른 작업에서 잠함·잠수 작업시간, 가압·감압방법 등 해당 근로자의 안전과 보건을 유지하기 위하여 필요한 사항은 고용노동부령으로 정한다.

③ 법 제139조제2항에서 "대통령령으로 정하는 유해하거나 위험한 작업"이란 다음 각 호의 어느 하나에 해당하는 작업을 말한다.

1. 갱(坑) 내에서 하는 작업
2. 다량의 고열물체를 취급하는 작업과 현저히 덥고 뜨거운 장소에서 하는 작업
3. 다량의 저온물체를 취급하는 작업과 현저히 춥고 차가운 장소에서 하는 작업

4. 라듐방사선이나 엑스선, 그 밖의 유해 방사선을 취급하는 작업
5. 유리·흙·돌·광물의 먼지가 심하게 날리는 장소에서 하는 작업
6. 강렬한 소음이 발생하는 장소에서 하는 작업
7. 착암기(바위에 구멍을 뚫는 기계) 등에 의하여 신체에 강렬한 진동을 주는 작업
8. 인력(人力)으로 중량물을 취급하는 작업
9. 납·수은·크롬·망간·카드뮴 등의 중금속 또는 이황화탄소·유기용제, 그 밖에 고용노동부령으로 정하는 특정 화학물질의 먼지·증기 또는 가스가 많이 발생하는 장소에서 하는 작업

제100조 【교육기관의 지정 취소 등의 사유】 법 제140조제4항에 따라 준용되는 법 제21조제4항제5호에서 "대통령령으로 정하는 사유에 해당하는 경우"란 다음 각 호의 경우를 말한다.

1. 교육과 관련된 서류를 거짓으로 작성한 경우
2. 정당한 사유 없이 특정인에 대한 교육을 거부한 경우
3. 정당한 사유 없이 1개월 이상의 휴업으로 인하여 위탁받은 교육 업무의 수행에 차질을 일으킨 경우
4. 교육과 관련된 비치서류를 보존하지 않은 경우
5. 교육과 관련한 수수료 외의 금품을 받은 경우
6. 법에 따른 관계 공무원의 지도·감독을 거부·방해 또는 기피한 경우

제9장 산업안전지도사 및 산업보건지도사

제101조 【산업안전지도사 등의 직무】 ① 법 제142조제1항제4호에서 "대통령령으로 정하는 사항"이란 다음 각 호의 사항을 말한다.

1. 법 제36조에 따른 위험성평가의 지도
2. 법 제49조에 따른 안전보건개선계획서의 작성
3. 그 밖에 산업안전에 관한 사항의 자문에 대한 응답 및 조언

② 법 제142조제2항제6호에서 "대통령령으로 정하는 사항"이란 다음 각 호의 사항을 말한다.

1. 법 제36조에 따른 위험성평가의 지도
2. 법 제49조에 따른 안전보건개선계획서의 작성
3. 그 밖에 산업보건에 관한 사항의 자문에 대한 응답 및 조언

제102조 【산업안전지도사 등의 업무 영역별 종류 등】 ① 법 제145조제1항에 따라 등록한 산업안전지도사의 업무 영역은 기계안전·전기안전·화공안전·건설안전 분야로 구분하고, 같은 항에 따라 등록한 산업보건지도사의 업무 영역은 직업환경의학·산업위생 분야로 구분한다.

② 법 제145조제1항에 따라 등록한 산업안전지도사 또는 산업보건지도사(이하 "지도사"라 한다)의 해당 업무 영역별 업무 범위는 별표 31과 같다.

제103조【자격시험의 실시 등】 ① 법 제143조제1항에 따른 지도사 자격시험(이하 "지도사 자격시험"이라 한다)은 필기시험과 면접시험으로 구분하여 실시한다.

② 지도사 자격시험 중 필기시험의 업무 영역별 과목 및 범위는 별표 32와 같다.

③ 지도사 자격시험 중 필기시험은 제1차 시험과 제2차 시험으로 구분하여 실시하고 제1차 시험은 선택형, 제2차 시험은 논문형을 원칙으로 하되, 각각 주관식 단답형을 추가할 수 있다.

④ 지도사 자격시험 중 제1차 시험은 별표 32에 따른 공통필수Ⅰ, 공통필수Ⅱ 및 공통필수Ⅲ의 과목 및 범위로 하고, 제2차 시험은 별표 32에 따른 전공필수의 과목 및 범위로 한다.

⑤ 지도사 자격시험 중 제2차 시험은 제1차 시험 합격자에 대해서만 실시한다.

⑥ 지도사 자격시험 중 면접시험은 필기시험 합격자 또는 면제자에 대해서만 실시하되, 다음 각 호의 사항을 평가한다.

1. 전문지식과 응용능력
2. 산업안전·보건제도에 관한 이해 및 인식 정도
3. 상담·지도능력

⑦ 지도사 자격시험의 공고, 응시 절차, 그 밖에 시험에 필요한 사항은 고용노동부령으로 정한다.

제104조【자격시험의 일부면제】 ① 법 제143조제2항에 따라 지도사 자격시험의 일부를 면제할 수 있는 자격 및 면제의 범위는 다음 각 호와 같다.

1. 「국가기술자격법」에 따른 건설안전기술사, 기계안전기술사, 산업위생관리기술사, 인간공학기술사, 전기안전기술사, 화공안전기술사 : 별표 32에 따른 전공필수·공통필수Ⅰ 및 공통필수Ⅱ 과목
2. 「국가기술자격법」에 따른 건설 직무분야(건축 중 직무분야 및 토목 중 직무분야로 한정한다), 기계 직무분야, 화학 직무분야, 전기·전자 직무분야(전기 중 직무분야로 한정한다)의 기술사 자격 보유자 : 별표 32에 따른 전공필수 과목
3. 「의료법」에 따른 직업환경의학과 전문의 : 별표 32에 따른 전공필수·공통필수Ⅰ 및 공통필수Ⅱ 과목
4. 공학(건설안전·기계안전·전기안전·화공안전 분야 전공으로 한정한다), 의학(직업환경의학 분야 전공으로 한정한다), 보건학(산업위생 분야 전공으로 한정한다) 박사학위 소지자 : 별표 32에 따른 전공필수 과목
5. 제2호 또는 제4호에 해당하는 사람으로서 각각의 자격 또는 학위 취득

후 산업안전·산업보건 업무에 3년 이상 종사한 경력이 있는 사람 : 별표 32에 따른 전공필수 및 공통필수Ⅱ 과목
6. 「공인노무사법」에 따른 공인노무사 : 별표 32에 따른 공통필수Ⅰ 과목
7. 법 제143조제1항에 따른 지도사 자격 보유자로서 다른 지도사 자격 시험에 응시하는 사람 : 별표 32에 따른 공통필수Ⅰ 및 공통필수Ⅲ 과목
8. 법 제143조제1항에 따른 지도사 자격 보유자로서 같은 지도사의 다른 분야 지도사 자격 시험에 응시하는 사람 : 별표 32에 따른 공통필수Ⅰ, 공통필수Ⅱ 및 공통필수Ⅲ 과목

② 제103조제3항에 따른 제1차 필기시험 또는 제2차 필기시험에 합격한 사람에 대해서는 다음 회의 자격시험에 한정하여 합격한 차수의 필기시험을 면제한다.

③ 제1항에 따른 지도사 자격시험 일부 면제의 신청에 관한 사항은 고용노동부령으로 정한다.

제105조 【합격자의 결정 등】 ① 지도사 자격시험 중 필기시험은 매 과목 100점을 만점으로 하여 40점 이상, 전과목 평균 60점 이상 득점한 사람을 합격자로 한다. (2023.6.27 개정)

② 지도사 자격시험 중 면접시험은 제103조제6항 각 호의 사항을 평가하되, 10점 만점에 6점 이상인 사람을 합격자로 한다.

③ 고용노동부장관은 지도사 자격시험에 합격한 사람에게 고용노동부령으로 정하는 바에 따라 지도사 자격증을 발급하고 관리해야 한다. (2023.6.27 신설)

제106조 【자격시험 실시기관】 ① 법 제143조제3항 전단에서 "대통령령으로 정하는 전문기관"이란 「한국산업인력공단법」에 따른 한국산업인력공단(이하 "한국산업인력공단"이라 한다)을 말한다.

② 고용노동부장관은 법 제143조제3항에 따라 지도사 자격시험의 실시를 한국산업인력공단에 대행하게 하는 경우 필요하다고 인정하면 한국산업인력공단으로 하여금 자격시험위원회를 구성·운영하게 할 수 있다.

③ 자격시험위원회의 구성·운영 등에 필요한 사항은 고용노동부장관이 정한다.

제107조 【연수교육의 제외 대상】 법 제146조에서 "대통령령으로 정하는 실무경력이 있는 사람"이란 산업안전 또는 산업보건 분야에서 5년 이상 실무에 종사한 경력이 있는 사람을 말한다.

제108조 【손해배상을 위한 보증보험 가입 등】 ① 법 제145조제1항에 따라 등록한 지도사(같은 조 제2항에 따라 법인을 설립한 경우에는 그 법인을 말한다. 이하 이 조에서 같다)는 법 제148조제2항에 따라 보험금액이 2천만원(법 제145조제2항에 따른 법인인 경우에는 2천만원에 사원인 지도사의

수를 곱한 금액) 이상인 보증보험에 가입해야 한다.
② 지도사는 제1항의 보증보험금으로 손해배상을 한 경우에는 그 날부터 10일 이내에 다시 보증보험에 가입해야 한다.
③ 손해배상을 위한 보증보험 가입 및 지급에 관한 사항은 고용노동부령으로 정한다.

제10장 보 칙

제109조 【산업재해 예방사업의 지원】 법 제158조제1항 전단에서 "대통령령으로 정하는 사업"이란 다음 각 호의 어느 하나에 해당하는 업무와 관련된 사업을 말한다.
1. 산업재해 예방을 위한 방호장치, 보호구, 안전설비 및 작업환경개선 시설·장비 등의 제작, 구입, 보수, 시험, 연구, 홍보 및 정보제공 등의 업무
2. 사업장 안전·보건관리에 대한 기술지원 업무
3. 산업 안전·보건 관련 교육 및 전문인력 양성 업무
4. 산업재해예방을 위한 연구 및 기술개발 업무
5. 법 제11조제3호에 따른 노무를 제공하는 사람의 건강을 유지·증진하기 위한 시설의 운영에 관한 지원 업무 (2020.9.8 개정)
6. 안전·보건의식의 고취 업무
7. 법 제36조에 따른 위험성평가에 관한 지원 업무
8. 안전검사 지원 업무
9. 유해인자의 노출 기준 및 유해성·위험성 조사·평가 등에 관한 업무
10. 직업성 질환의 발생 원인을 규명하기 위한 역학조사·연구 또는 직업성 질환 예방에 필요하다고 인정되는 시설·장비 등의 구입 업무
11. 작업환경측정 및 건강진단 지원 업무
12. 법 제126조제2항에 따른 작업환경측정기관의 측정·분석 능력의 확인 및 법 제135조제3항에 따른 특수건강진단기관의 진단·분석 능력의 확인에 필요한 시설·장비 등의 구입 업무
13. 산업의학 분야의 학술활동 및 인력 양성 지원에 관한 업무
14. 그 밖에 산업재해 예방을 위한 업무로서 산업재해보상보험및예방심의위원회의 심의를 거쳐 고용노동부장관이 정하는 업무

제109조의2 【보조·지원의 취소에 따른 추가 환수】 ① 고용노동부장관이 법 제158조제3항에 따라 추가로 환수할 수 있는 금액은 다음 각 호의 구분에 따른 금액으로 한다. (2021.11.19 신설)
1. 법 제158조제2항제1호의 경우 : 지급받은 금액의 5배에 해당하는 금액
2. 법 제158조제2항제3호부터 제5호까지의 어느 하나에 해당하는 경우 : 지

급받은 금액의 2배에 해당하는 금액

3. 법 제158조제2항제3호부터 제5호까지의 어느 하나에 해당하여 같은 조 제1항에 따른 보조·지원이 취소된 후 5년 이내에 같은 사유로 다시 보조·지원이 취소된 경우 : 지급받은 금액의 5배에 해당하는 금액

② 고용노동부장관은 법 제158조제1항 전단에 따라 보조·지원을 받은 자가 같은 조 제2항제3호부터 제5호까지의 어느 하나에 해당하는 경우로서 그 위반행위가 경미한 부주의로 인한 것으로 인정되는 경우에는 제1항제2호에 따른 추가 환수금액을 2분의 1 범위에서 줄일 수 있다. (2021.11.19 신설)

제110조 【제재 요청 대상 등】 법 제159조제1항제1호에서 "많은 근로자가 사망하거나 사업장 인근지역에 중대한 피해를 주는 등 대통령령으로 정하는 사고"란 다음 각 호의 어느 하나를 말한다.

1. 동시에 2명 이상의 근로자가 사망하는 재해
2. 제43조제3항 각 호에 따른 사고

제111조 【과징금의 부과기준】 법 제160조제1항에 따라 부과하는 과징금의 부과기준은 별표 33과 같다.

제112조 【과징금의 부과 및 납부】 ① 고용노동부장관은 법 제160조제1항에 따라 과징금을 부과하려는 경우에는 위반행위의 종류와 해당 과징금의 금액 등을 고용노동부령으로 정하는 바에 따라 구체적으로 밝혀 과징금을 낼 것을 서면으로 알려야 한다.

② 제1항에 따라 통지를 받은 자는 통지받은 날부터 30일 이내에 고용노동부장관이 정하는 수납기관에 과징금을 내야 한다. (2023.12.12 개정)

③ 제2항에 따라 과징금을 받은 수납기관은 납부자에게 영수증을 발급하고, 지체 없이 수납한 사실을 고용노동부장관에게 통보해야 한다.

④ 고용노동부장관이 「행정기본법」 제29조 단서에 따라 과징금의 납부기한을 연기하거나 분할 납부하게 하는 경우 납부기한의 연기는 그 납부기한의 다음 날부터 1년을 초과할 수 없고, 각 분할된 납부기한 간의 간격은 4개월 이내로 하며, 분할 납부의 횟수는 3회 이내로 한다. (2023.12.12 개정)

⑤ 삭제(2023.12.12)

⑥ 삭제(2023.12.12)

⑦ 삭제(2023.12.12)

⑧ 제1항부터 제4항까지에서 규정한 사항 외에 과징금의 부과·징수에 필요한 사항은 고용노동부령으로 정한다. (2023.12.12 개정)

제113조 【도급금지 등 의무위반에 따른 과징금 및 가산금】 ① 법 제161조제1항에 따라 부과하는 과징금의 금액은 같은 조 제2항 각 호의 사항을 고려하여 별표 34의 과징금 산정기준을 적용하여 산정한다.

② 법 제161조제3항 전단에서 "대통령령으로 정하는 가산금"이란 과징금

납부기한이 지난 날부터 매 1개월이 지날 때마다 체납된 과징금의 1천분의 5에 해당하는 금액을 말한다.

제114조 【도급금지 등 의무위반에 따른 과징금의 부과 및 납부】 법 제161조제1항 및 제3항에 따른 과징금 및 가산금의 부과와 납부에 관하여는 제112조를 준용한다.

제115조 【권한의 위임】 고용노동부장관은 법 제165조제1항에 따라 다음 각 호의 권한을 지방고용노동관서의 장에게 위임한다. (2020.9.8 개정)

1. 법 제10조제3항에 따른 자료 제출의 요청
2. 법 제17조제4항, 제18조제4항 또는 제19조제3항에 따른 안전관리자, 보건관리자 또는 안전보건관리담당자의 선임 명령 또는 교체 명령 (2021.11.19 개정)
3. 법 제21조제1항 및 제4항에 따른 안전관리전문기관 또는 보건관리전문기관(이 영 제23조제1항에 따른 업종별·유해인자별 보건관리전문기관은 제외한다)의 지정, 지정 취소 및 업무정지 명령
4. 법 제23조제1항에 따른 명예산업안전감독관의 위촉
5. 법 제33조제1항 및 제4항에 따른 안전보건교육기관의 등록, 등록 취소 및 업무정지 명령
6. 법 제42조제4항 후단에 따른 작업 또는 건설공사의 중지 및 유해위험방지계획의 변경 명령
7. 법 제45조제1항 후단 및 제46조제4항·제5항에 따른 공정안전보고서의 변경 명령, 공정안전보고서의 이행 상태 평가 및 재제출 명령
8. 법 제47조제1항 및 제4항에 따른 안전보건진단 명령 및 안전보건진단 결과보고서의 접수
9. 법 제48조제1항 및 제4항에 따른 안전보건진단기관의 지정, 지정 취소 및 업무정지 명령
10. 법 제49조제1항에 따른 안전보건개선계획의 수립·시행 명령
11. 법 제50조제1항 및 제2항에 따른 안전보건개선계획서의 접수, 심사, 그 결과의 통보 및 안전보건개선계획서의 보완 명령
12. 법 제53조제1항에 따른 시정조치 명령
13. 법 제53조제3항 및 제55조제1항·제2항에 따른 작업중지 명령
14. 법 제53조제5항 및 제55조제3항에 따른 사용중지 또는 작업중지 해제
15. 법 제57조제3항에 따른 사업주의 산업재해 발생 보고의 접수·처리
16. 법 제58조제2항제2호, 같은 조 제5항·제6항·제7항에 따른 승인, 연장승인, 변경승인과 그 승인·연장승인·변경승인의 취소 및 법 제59조제1항에 따른 도급의 승인
17. 법 제74조제1항 및 제4항에 따른 건설재해예방전문지도기관의 지정,

지정 취소 및 업무정지 명령
18. 법 제82조제1항 및 제4항에 따른 타워크레인 설치·해체업의 등록, 등록 취소 및 업무정지 명령
19. 법 제84조제6항에 따른 자료 제출 명령
20. 법 제85조제4항에 따른 표시 제거 명령
21. 법 제86조제1항에 따른 안전인증 취소, 안전인증표시의 사용 금지 및 시정 명령
22. 법 제87조제2항에 따른 수거 또는 파기 명령
23. 법 제90조제4항에 따른 표시 제거 명령
24. 법 제91조제1항에 따른 사용 금지 및 시정 명령
25. 법 제92조제2항에 따른 수거 또는 파기 명령
26. 법 제99조제1항에 따른 자율검사프로그램의 인정 취소와 시정 명령
27. 법 제100조제1항 및 제4항에 따른 자율안전검사기관의 지정, 지정 취소 및 업무정지 명령
28. 법 제102조제3항에 따른 등록 취소 및 지원 제한
29. 법 제112조제8항에 따른 승인 또는 연장승인의 취소
30. 법 제113조제3항에 따른 선임 또는 해임 사실의 신고 접수·처리
31. 법 제117조제2항제1호 및 같은 조 제3항에 따른 제조등금지물질의 제조·수입 또는 사용의 승인 및 그 승인의 취소
32. 법 제118조제1항·제4항 및 제5항에 따른 허가대상물질의 제조·사용의 허가와 변경 허가, 수리·개조 등의 명령, 허가대상물질의 제조·사용 허가의 취소 및 영업정지 명령
33. 법 제119조제4항에 따른 일반석면조사 또는 기관석면조사의 이행 명령 및 이행 명령의 결과를 보고받을 때까지의 작업중지 명령
34. 법 제120조제1항 및 제5항에 따른 석면조사기관의 지정, 지정 취소 및 업무정지 명령
35. 법 제121조제1항 및 제4항에 따른 석면해체·제거업의 등록, 등록 취소 및 업무정지 명령
36. 법 제121조제2항에 따른 석면해체·제거작업의 안전성 평가 및 그 결과의 공개
37. 법 제122조제3항 및 제4항에 따른 석면해체·제거작업 신고의 접수 및 수리
38. 법 제124조제1항에 따라 제출된 석면농도 증명자료의 접수
39. 법 제125조제5항에 따른 작업환경측정 결과 보고의 접수·처리
40. 법 제126조제1항 및 제5항에 따른 작업환경측정기관의 지정, 지정 취소 및 업무정지 명령

41. 법 제131조제1항에 따른 임시건강진단 실시 등의 명령
42. 법 제132조제5항에 따른 조치 결과의 접수
43. 법 제134조제1항에 따른 건강진단 실시 결과 보고의 접수
44. 법 제135조제1항 및 제6항에 따른 특수건강진단기관의 지정, 지정 취소 및 업무정지 명령
45. 법 제140조제2항 및 제4항에 따른 교육기관의 지정, 지정 취소 및 업무정지 명령
46. 법 제145조제1항 및 제154조에 따른 지도사의 등록, 등록 취소 및 업무정지 명령
47. 법 제157조제1항 및 제2항에 따른 신고의 접수·처리
48. 법 제160조에 따른 과징금의 부과·징수(위임된 권한에 관한 사항으로 한정한다)
49. 법 제161조에 따른 과징금 및 가산금의 부과·징수
50. 법 제163조제1항에 따른 청문(위임된 권한에 관한 사항으로 한정한다)
51. 법 제175조에 따른 과태료의 부과·징수(위임된 권한에 관한 사항으로 한정한다)
52. 제16조제6항·제7항, 제20조제3항 및 제29조제3항·제4항에 따른 서류의 접수 (2025.4.29 개정)

52의2. 제105조제3항에 따른 지도사 자격증(고용노동부장관 명의로 된 자격증을 말한다. 이하 같다)의 발급 및 관리 (2023.6.27 신설)

53. 그 밖에 제1호부터 제52호까지의 규정에 따른 권한을 행사하는 데 따르는 감독상의 조치

제116조 【업무의 위탁】 ① 고용노동부장관은 법 제165조제2항제2호부터 제4호까지, 제6호부터 제10호까지, 제12호, 제15호, 제16호, 제18호부터 제30호까지, 제32호, 제33호 및 제35호부터 제41호까지의 업무를 공단에 위탁한다.

② 고용노동부장관은 법 제165조제2항제1호, 제11호, 제13호, 제14호, 제17호, 제31호 및 제34호의 업무를 다음 각 호의 법인 또는 기관에 위탁한다. (2021.11.19 개정)

1. 공단
2. 다음 각 목의 법인 또는 기관 중에서 위탁업무를 수행할 수 있는 인력·시설 및 장비를 갖추어 고용노동부장관이 정하여 고시하는 바에 따라 지정을 받거나 등록한 법인 또는 기관
   가. 산업안전·보건 또는 산업재해 예방을 목적으로 「민법」에 따라 설립된 비영리법인
   나. 법 제21조제1항, 제48조제1항, 제74조제1항, 제120조제1항, 제126조

제1항, 제135조제1항 또는 제140조제2항에 따라 고용노동부장관의 지정을 받은 법인 또는 기관

다. 「고등교육법」 제2조에 따른 학교

라. 「공공기관의 운영에 관한 법률」에 따른 공공기관

3. 그 밖에 고용노동부장관이 산업재해 예방 업무에 전문성이 있다고 인정하여 고시하는 법인 또는 기관

③ 고용노동부장관은 제2항에 따라 공단, 법인 또는 기관에 그 업무를 위탁한 경우에는 위탁기관의 명칭과 위탁업무 등에 관한 사항을 관보 또는 고용노동부 인터넷 홈페이지 등에 공고해야 한다.

④ 공단은 제1항 및 제2항에 따라 위탁받은 업무의 일부를 제2항제2호 또는 제3호에 해당하는 법인 또는 기관에 고용노동부장관의 승인을 받아 재위탁할 수 있다. 이 경우 공단은 재위탁받은 법인 또는 기관과 재위탁 업무의 내용을 인터넷 홈페이지에 게재해야 한다. (2021.11.19 신설)

제117조 【민감정보 및 고유식별정보의 처리】 고용노동부장관(법 제143조제3항에 따라 지도사 자격시험 실시를 대행하는 자, 법 제165조에 따라 고용노동부장관의 권한을 위임받거나 업무를 위탁받은 자와 이 영 제116조제4항 전단에 따라 재위탁받은 자를 포함한다)은 다음 각 호의 사무를 수행하기 위해 불가피한 경우 「개인정보 보호법」 제23조의 건강에 관한 정보(제1호부터 제6호까지 및 제9호의 사무를 수행하는 경우로 한정한다), 같은 법 시행령 제18조제2호의 범죄경력자료에 해당하는 정보(제7호 및 제8호의 사무를 수행하는 경우로 한정한다) 및 같은 영 제19조제1호·제4호의 주민등록번호·외국인등록번호가 포함된 자료를 처리할 수 있다. (2023.6.27 개정)

1. 법 제8조에 따라 고용노동부장관이 협조를 요청한 사항으로서 산업재해 또는 건강진단 관련 자료의 처리에 관한 사무
2. 법 제57조에 따른 산업재해 발생 기록 및 보고 등에 관한 사무
3. 법 제129조부터 제136조까지의 규정에 따른 건강진단에 관한 사무
4. 법 제137조에 따른 건강관리카드 발급 및 건강진단 실시에 관한 사무 (2025.1.31 개정)
5. 법 제138조에 따른 질병자의 근로 금지·제한에 관한 지도, 감독에 관한 사무
6. 법 제141조에 따른 역학조사에 관한 사무
7. 법 제143조에 따른 지도사 자격시험에 관한 사무
8. 법 제145조에 따른 지도사의 등록에 관한 사무
9. 제7조제3호에 따른 직업성 질병의 예방 및 조기 발견에 관한 사무 (2022.8.16 신설)
10. 제105조제3항에 따른 지도사 자격증의 발급 및 관리 (2023.6.27 신설)

제118조 【규제의 재검토】 ① 고용노동부장관은 제96조의2에 따른 휴게시설 설치·관리기준 준수 대상 사업장의 사업주 범위에 대하여 2022년 8월 18일을 기준으로 4년마다(매 4년이 되는 해의 기준일과 같은 날 전까지를 말한다) 그 타당성을 검토하여 개선 등의 조치를 해야 한다. (2022.8.16 신설)
② 고용노동부장관은 다음 각 호의 사항에 대하여 다음 각 호의 기준일을 기준으로 3년마다(매 3년이 되는 해의 기준일과 같은 날 전까지를 말한다) 그 타당성을 검토하여 개선 등의 조치를 해야 한다. (2022.8.16 개정)
1. 제2조제1항 및 별표 1 제3호에 따른 대상사업의 범위 : 2019년 1월 1일
2. 제13조제1항에 따른 이사회 보고·승인 대상 회사 : 2022년 1월 1일 (2022.3.8 신설)
3. 제14조제1항 및 별표 2 제33호에 따른 안전보건관리책임자 선임 대상인 건설업의 건설공사 금액 : 2022년 1월 1일 (2022.3.8 신설)
4. 제24조에 따른 안전보건관리담당자의 선임 대상사업 : 2019년 1월 1일 (2022.3.8 개정)
5. 제52조에 따른 안전보건총괄책임자 지정 대상사업 : 2020년 1월 1일 (2022.3.8 개정)
6. 제95조에 따른 작업환경측정기관의 지정 요건 : 2020년 1월 1일 (2022.3.8 개정)
7. 제100조에 따른 자격·면허 취득자의 양성 또는 근로자의 기능 습득을 위한 교육기관의 지정 취소 등의 사유 : 2020년 1월 1일

제11장 벌 칙

제119조 【과태료의 부과기준】 법 제175조제1항부터 제6항까지의 규정에 따른 과태료의 부과기준은 별표 35와 같다.

부 칙

제1조 【시행일】 이 영은 2020년 1월 16일부터 시행한다. 다만, 제13조 및 별표 35 제4호나목의 개정규정은 2021년 1월 1일부터 시행하고, 제86조, 별표 35 제4호러목(법 제35조제5호에 관한 부분으로 한정한다) 및 트목부터 지목까지의 개정규정은 2021년 1월 16일부터 시행한다.

제2조 【공정안전보고서 제출 대상 등의 적용에 관한 일반적 적용례】 ① 제43조·제45조(별표 13과 관련되는 부분으로 한정한다) 및 별표 13의 개정규정은 다음 각 호의 구분에 따른 날부터 적용한다.
1. 상시근로자 5명 이상을 사용하는 사업장 : 2021년 1월 16일
2. 상시근로자 5명 미만을 사용하는 사업장 : 2021년 7월 16일

② 제71조(별표 21 제24호에 관련되는 부분으로 한정한다) 및 별표 21 제24호의 개정규정은 2020년 7월 16일부터 적용한다.

③ 제74조제1항제2호자목 및 제77조제1항제2호의 개정규정은 2021년 1월 16일부터 적용한다.

④ 별표 3 제46호의 개정규정은 다음 각 호의 구분에 따른 날부터 적용한다.

1. 공사금액 100억원 이상 공사의 경우 : 2020년 7월 1일
2. 공사금액 80억원 이상 100억원 미만 공사의 경우 : 2021년 7월 1일
3. 공사금액 60억원 이상 80억원 미만 공사의 경우 : 2022년 7월 1일
4. 공사금액 50억원 이상 60억원 미만 공사의 경우 : 2023년 7월 1일

제3조【유효기간】 삭제(2022.8.16)

제4조【산업재해 발생건수 등의 공표에 관한 적용례 등】 ① 제10조 및 제12조의 개정규정은 이 영 시행일이 속한 해의 다음해 1월 1일 이후 발생하는 산업재해부터 적용한다.

② 제1항에 따라 제10조 및 제12조의 개정규정이 적용되기 전까지는 종전의 「산업안전보건법 시행령」(대통령령 제30256호로 전부개정되기 전의 것을 말한다) 제8조의4를 적용한다.

제5조【건설업의 안전관리자의 선임에 관한 적용례】 ① 대통령령 제16947호 산업안전보건법시행령중개정령 제12조제2항의 개정규정은 2001년 1월 1일 이후 착공하는 건설공사부터 적용한다.

② 대통령령 제19804호 산업안전보건법 시행령 일부개정령 별표 3의 개정규정은 2007년 7월 1일 이후 착공하는 건설공사부터 적용한다.

③ 대통령령 제21653호 산업안전보건법 시행령 일부개정령 별표 3 비고의 개정규정은 2009년 8월 7일 이후 최초로 계약하는 공사부터 적용한다.

④ 대통령령 제26985호 산업안전보건법 시행령 일부개정령 별표 3 제41호의 개정규정은 2016년 8월 18일 이후 착공하는 공사부터 적용한다.

제6조【유해·위험방지계획서 제출에 관한 적용례】 ① 대통령령 제20973호 산업안전보건법 시행령 일부개정령 제33조의2의 개정규정은 2009년 2월 1일 이후 해당 사업과 관계있는 건설물·기계·기구 및 설비 등을 설치·이전하거나 그 주요 구조부분을 변경하기 위한 공사를 시작하는 경우부터 적용한다.

② 대통령령 제23545호 산업안전보건법 시행령 일부개정령 제33조의2제3호부터 제10호까지의 개정규정은 2012년 7월 1일 이후 해당 개정규정에 따른 사업과 관련하여 건설물·기계·기구 및 설비 등을 설치·이전하거나 그 주요 구조부분을 변경하기 위한 작업을 시작하는 경우부터 적용한다.

제7조【대여자 등이 안전조치 등을 해야 하는 기계·기구 등에 관한 적용례】 제71조 및 별표 21 제24호의 개정규정은 2020년 7월 16일 이후 고소작

업대를 대여하거나 대여받는 자부터 적용한다.

제8조【안전인증대상기계등에 관한 적용례】 제74조제1항제2호자목의 개정규정은 2021년 1월 16일 이후 제조·수입하는 산업용 로봇 방호장치부터 적용한다.

제9조【특수건강진단기관의 지정 취소 등의 사유에 관한 적용례】 제98조제7호의 개정규정은 이 영 시행 이후 정당한 사유 없이 고용노동부장관이 법 제135조제4항에 따라 실시하는 평가를 거부하는 경우부터 적용한다.

제10조【제재요청 등의 대상 확대에 관한 적용례】 대통령령 제18609호 산업안전보건법시행령중개정령 제33조의9제1호의 개정규정은 2006년 1월 1일 이후 해당 산업재해가 발생하는 경우부터 적용한다.

제11조【과징금의 분할 납부 등에 관한 적용례】 제112조제4항부터 제7항까지의 개정규정은 이 영 시행 이후 부과하는 과징금부터 적용한다.

제12조【공공행정 등에서의 도급인의 안전 및 보건 조치에 관한 적용례】 별표 1 제4호의 개정규정 중 도급인의 안전 및 보건 조치 관련 부분은 이 영 시행 이후 도급계약을 체결하는 경우부터 적용한다.

제13조【건설업의 안전관리자 선임에 관한 적용례】 별표 3 제46호 및 비고의 개정규정은 부칙 제2조제4항 각 호의 구분에 따른 날 이후 착공하는 공사부터 적용한다.

제14조【건설업의 보건관리자 선임에 관한 적용례】 대통령령 제24684호 산업안전보건법 시행령 일부개정령 별표 5 제40호의 개정규정은 2015년 1월 1일 이후 착공하는 공사부터 적용한다.

제15조【과징금에 관한 적용례】 대통령령 제23545호 산업안전보건법 시행령 일부개정령 별표 4의2의 개정규정은 2012년 1월 26일 이후 최초로 업무정지처분의 사유가 발생하는 경우부터 적용한다.

제16조【유해작업 도급금지에 관한 적용례】 대통령령 제16947호 산업안전보건법시행령중개정령 별표 1 제1호·제2호 및 제4호부터 제6호까지의 개정규정에 따라 새로 적용되는 유해작업 도급인가에 관한 「산업안전보건법」(법률 제6315호로 개정되기 전의 것을 말한다) 제28조는 대통령령 제16947호 산업안전보건법시행령중개정령 별표 1 제1호·제2호 및 제4호부터 제6호까지의 개정규정에 따른 대상사업이 2000년 8월 5일 이후 도급·하도급하는 작업부터 적용한다.

제17조【공표대상 사업장에 관한 특례】 대통령령 제28368호 산업안전보건법 시행령 일부개정령 제8조의4제3항의 개정규정에도 불구하고 2019년 12월 31일까지는 제12조 각 호 외의 부분 개정규정 중 "500명 이상"을 "1천명 이상"으로 본다.

제18조【재직 중인 안전관리자 등에 관한 경과조치】 ① 대통령령 제

13053호 산업안전보건법시행령개정령 시행 당시 종전의 「산업안전보건법 시행령」(대통령령 제13053호로 전부개정되기 전의 것을 말한다)에 따라 안전관리자 선임을 신고한 사업주는 제16조제6항의 개정규정에 따라 안전관리자 선임을 증명할 수 있는 서류를 제출한 것으로 본다.

② 대통령령 제13053호 산업안전보건법시행령개정령 시행 당시 종전의 「산업안전보건법 시행령」(대통령령 제13053호로 전부개정되기 전의 것을 말한다)에 따라 보건관리자 선임을 신고한 사업주는 제20조제3항의 개정규정에 따라 준용되는 제16조제6항의 개정규정에 따라 보건관리자 선임을 증명할 수 있는 서류를 제출한 것으로 본다.

③ 대통령령 제13053호 산업안전보건법시행령개정령 시행일인 1990년 7월 14일 당시 종전의 「산업안전보건법 시행령」(대통령령 제13053호로 전부개정되기 전의 것을 말한다)에 따라 건강관리보건담당자로 재직하고 있는 사람은 이 영에 따른 자격기준에 따라 신규로 선임될 때까지는 제20조의 개정규정에 따라 선임된 보건관리자로 본다.

제19조 【보건관리대행기관 등에 관한 경과조치】 ① 대통령령 제14787호 산업안전보건법시행령중개정령 시행 당시 종전의 「산업안전보건법 시행령」(대통령령 제14787호로 개정되기 전의 것을 말한다)에 따라 보건관리대행기관, 지정측정기관 또는 건설재해예방전문기관으로 지정을 받은 자는 각각 이 영에 따라 보건관리전문기관, 작업환경측정기관 또는 건설재해예방전문지도기관으로 지정받은 것으로 본다.

② 대통령령 제15372호 산업안전보건법시행령중개정령 시행 당시 종전의 「산업안전보건법 시행령」(대통령령 제15372호로 개정되기 전의 것을 말한다)에 따라 지정을 받은 건설재해예방전문기관, 지정교육기관, 근로자 기능습득을 위한 교육기관 또는 안전·보건진단기관은 각각 이 영에 따라 건설재해예방전문지도기관, 근로자안전보건교육기관, 근로자 기능습득을 위한 교육기관 또는 안전보건진단기관으로 지정받은 것으로 본다.

제20조 【공정안전보고서 제출 대상에 관한 경과조치】 ① 제43조·제45조(별표 13과 관련되는 부분으로 한정한다) 및 별표 13의 개정규정에도 불구하고 부칙 제2조제1항 각 호의 구분에 따른 날 전에 종전의 「산업안전보건법 시행령」(대통령령 제30256호로 전부개정되기 전의 것을 말한다)에 따라 공정안전보고서 제출 대상이 아니었던 설비를 보유한 사업주가 별표 13의 개정규정에 따라 공정안전보고서 제출 대상이 되는 경우에는 부칙 제2조제1항 각 호의 구분에 따른 날부터 3개월 이내에 공정안전보고서를 제출해야 한다.

② 부칙 제2조제1항에 따라 제43조·제45조(별표 13과 관련되는 부분으로 한정한다) 및 별표 13의 개정규정이 적용되기 전까지는 종전의 「산업안전보

건법 시행령」(대통령령 제30256호로 전부개정되기 전의 것을 말한다) 제33조의6·제33조의8(별표 10과 관련되는 부분으로 한정한다) 및 별표 10을 적용한다.

제21조 【안전인증대상기계등에 관한 경과조치】 부칙 제2조제3항에 따라 제77조제1항제2호의 개정규정이 적용되기 전까지는 종전의 「산업안전보건법 시행령」(대통령령 제30256호로 전부개정되기 전의 것을 말한다) 제28조의5제1항제2호를 적용한다.

제22조 【석면조사기관 지정취소 등에 관한 경과조치】 대통령령 제23545호 산업안전보건법 시행령 일부개정령 시행 전에 발생한 사유로 석면조사기관의 지정의 취소 등을 할 때에는 종전의 「산업안전보건법 시행령」(대통령령 제23545호로 개정되기 전의 것을 말한다) 제30조의6에 따른다.

제23조 【발전업을 하는 사업주의 안전관리자 선임에 관한 경과조치】 이 영 시행 당시 발전업을 하는 사업주(상시근로자 수 500명 이상 1천명 미만의 경우로 한정한다)로서 별표 3 제23호의 개정규정에 따른 안전관리자를 선임하고 있지 않은 자는 이 영 시행일부터 6개월 이내에 별표 3 제23호의 개정규정에 따라 안전관리자를 선임해야 한다.

제24조 【건설업의 안전관리자 선임에 관한 경과조치】 부칙 제2조제4항에 따라 별표 3 제46호의 개정규정이 적용되기 전까지는 종전의 「산업안전보건법 시행령」(대통령령 제30256호로 전부개정되기 전의 것을 말한다) 별표 3 제41호 및 같은 표 비고를 적용한다.

제25조 【육상운송 및 파이프라인 운송업을 하는 사업주의 보건관리자 선임에 관한 경과조치】 이 영 시행 당시 육상운송 및 파이프라인 운송업(도시철도 운송업은 제외한다)을 하는 사업주는 이 영 시행일부터 6개월 이내 별표 5 제27호의 개정규정에 따라 보건관리자를 선임해야 한다.

제26조 【보건관리자의 자격에 관한 경과조치】 ① 대통령령 제15372호 산업안전보건법시행령중개정령 시행 당시 종전의 「산업안전보건법 시행령」(대통령령 제15372호로 개정되기 전의 것을 말한다)에 따라 보건관리자로 재직하고 있는 자로서 별표 6 제6호의 개정규정에 따른 자격기준에 적합하지 않은 사람은 재직 중인 해당 사업장 재직기간 중에만 이 영에 따른 보건관리자로 본다.

② 대통령령 제28368호 산업안전보건법 시행령 일부개정령 시행 당시 종전의 「산업안전보건법 시행령」(대통령령 제28368호로 개정되기 전의 것을 말한다) 별표 6에 따라 보건관리자로 선임된 사람은 별표 6의 개정규정에 따라 보건관리자 자격을 가진 것으로 본다.

제27조 【안전관리전문기관 등에 재직 중인 사람에 관한 경과조치】 ① 이 영 시행 당시 안전관리전문기관에 재직하고 있는 사람으로서 별표 7의 개정

규정에 따른 인력기준에 적합하지 않은 사람은 해당 기관에 재직하는 기간에 한정하여 별표 7의 개정규정에 따른 인력기준에 적합한 사람으로 본다.
② 이 영 시행 당시 보건관리전문기관에 재직하고 있는 사람으로서 별표 8의 개정규정에 따른 인력기준에 적합하지 않은 사람은 해당 기관에 재직하는 기간에 한정하여 별표 8의 개정규정에 따른 인력기준에 적합한 사람으로 본다.
③ 이 영 시행 당시 종합진단기관에 재직하고 있는 사람으로서 별표 15의 개정규정에 따른 인력기준에 적합하지 않은 사람은 해당 기관에 재직하는 기간에 한정하여 별표 15의 개정규정에 따른 인력기준에 적합한 사람으로 본다.
④ 이 영 시행 당시 보건진단기관에 재직하고 있는 사람으로서 별표 17의 개정규정에 따른 인력기준에 적합하지 않은 사람은 해당 기관에 재직하는 기간에 한정하여 별표 17의 개정규정에 따른 인력기준에 적합한 사람으로 본다.
⑤ 이 영 시행 당시 건설재해예방전문지도기관에 재직하고 있는 사람으로서 별표 19의 개정규정에 따른 인력기준에 적합하지 않은 사람은 해당 기관에 재직하는 기간에 한정하여 별표 19의 개정규정에 따른 인력기준에 적합한 사람으로 본다.
⑥ 이 영 시행 당시 작업환경측정기관에 재직하고 있는 사람으로서 별표 29의 개정규정에 따른 인력기준에 적합하지 않은 사람은 해당 기관에 재직하는 기간에 한정하여 별표 29의 개정규정에 따른 인력기준에 적합한 사람으로 본다.
⑦ 이 영 시행 당시 특수건강진단기관에 재직하고 있는 사람으로서 별표 30의 개정규정에 따른 인력기준에 적합하지 않은 사람은 해당 기관에 재직하는 기간에 한정하여 별표 30의 개정규정에 따른 인력기준에 적합한 사람으로 본다.

제28조 【안전보건교육기관의 등록요건에 대한 경과조치】 ① 이 영 시행 당시 종전의 「산업안전보건법 시행령」(대통령령 제30256호로 전부개정되기 전의 것을 말한다) 제26조의10에 따라 등록한 안전보건교육위탁기관은 이 영에 따른 근로자안전보건교육기관으로 본다.
② 이 영 시행 당시 종전의 「산업안전보건법 시행령」(대통령령 제30256호로 전부개정되기 전의 것을 말한다)에 따라 등록된 안전보건교육위탁기관은 이 영 시행일부터 3개월 이내에 별표 10 제4호의 개정규정에 따라 사무직·비사무직 근로자용 교육교재를 보유해야 한다.

제29조 【과징금 부과기준에 관한 경과조치】 대통령령 제28368호 산업안전보건법 시행령 일부개정령 시행 전의 위반행위에 대하여 과징금 부과기준

을 적용할 때에는 종전의 「산업안전보건법 시행령」(대통령령 제28368호로 개정되기 전의 것을 말한다) 별표 4의2에 따른다.

제30조 【과태료 부과기준에 관한 경과조치】 대통령령 제26985호 산업안전보건법 시행령 일부개정령 시행 전의 위반행위에 대하여 과태료 부과기준을 적용할 때에는 종전의 「산업안전보건법 시행령」(대통령령 제26985호로 개정되기 전의 것을 말한다) 별표 13 제4호조목 및 초목에 따른다.

제31조 【종전 부칙의 적용범위에 관한 경과조치】 종전의 「산업안전보건법 시행령」의 개정에 따라 규정했던 종전의 부칙은 이 영 시행 전에 그 효력이 이미 상실된 경우를 제외하고는 이 영의 규정에 위배되지 않는 범위에서 이 영 시행 이후에도 계속하여 적용한다.

제32조 【다른 법령의 개정】 생략

제33조 【다른 법령과의 관계】 이 영 시행 당시 다른 법령에서 종전의 「산업안전보건법 시행령」의 규정을 인용하고 있는 경우 이 영 중 그에 해당하는 규정이 있을 때에는 종전의 규정을 갈음하여 이 영의 해당 규정을 인용한 것으로 본다.

〈생략〉

부칙(2020.9.8 대통령령 제31004호)

이 영은 공포한 날부터 시행한다. 다만, 다음 각 호의 개정규정은 다음 각 호의 구분에 따른 날부터 시행한다.

1. 제45조제1항 후단의 개정규정 : 2021년 4월 1일
2. 별표 35 제4호라목의 개정규정 : 2020년 9월 10일
3. 별표 35 제4호(라목은 제외한다)의 개정규정 : 2020년 10월 1일
4. 대통령령 제30256호 산업안전보건법 시행령 전부개정령 별표 35 제4호 이목의 개정규정 : 2021년 1월 16일

〈생략〉

부칙(2021.11.19 대통령령 제32132호)

제1조 【시행일】 이 영은 2021년 11월 19일부터 시행한다.

제2조 【설계변경 요청 대상에 관한 적용례】 제58조제1항제2호의 개정규정은 이 영 시행 이후 착공하는 건설공사부터 적용한다.

제3조 【기술지도계약 체결 시 전산시스템 사용에 관한 적용례】 별표 18 제2호나목의 개정규정은 이 영 시행 이후 건설재해예방전문지도기관이 기술지도계약을 체결하는 경우부터 적용한다.

제4조【소방시설공사 분야 지도 및 지정 요건에 관한 경과조치】 이 영 시행 전에 법 제74조제1항에 따라 종전의 별표 18 제1호의 건설공사 지도 분야의 건설재해예방전문지도기관으로 종전의 별표 19 제1호에 따른 지정 요건을 갖추어 지정받은 자가 이 영 시행 당시 소방시설공사 분야의 지도계약에 따라 지도를 수행 중인 경우에는 별표 18 제1호나목 및 별표 19 제2호의 개정규정에도 불구하고 그 지도계약에 따른 지도가 끝나는 날까지 소방시설공사 분야의 지도를 할 수 있다.

부칙(2022.3.8 대통령령 제32528호)

이 영은 공포한 날부터 시행한다.

부칙(2022.8.16 대통령령 제32873호)

제1조【시행일】 이 영은 2022년 8월 18일부터 시행한다.

제2조【휴게시설의 설치·관리기준 적용 사업장에 대한 적용례】 제96조의2의 개정규정은 다음 각 호의 구분에 따른 날부터 적용한다.

1. 상시근로자 50명 이상을 사용하는 사업장(건설업의 경우에는 관계수급인의 공사금액을 포함한 해당 공사의 총공사금액이 50억원 이상인 사업장으로 한정한다) : 2022년 8월 18일
2. 상시근로자 20명 이상 50명 미만을 사용하는 사업장(건설업의 경우에는 관계수급인의 공사금액을 포함한 해당 공사의 총공사금액이 20억원 이상 50억원 미만인 사업장으로 한정한다) : 2023년 8월 18일
3. 제96조의2제2호의 개정규정에 따른 사업장 : 2023년 8월 18일

제3조【안전관리자 선임 수에 관한 적용례】 별표 3 제3호·제21호·제23호·제24호 및 제27호의 개정규정은 상시근로자 수가 500명 이상 1천명 미만인 사업장의 경우에는 2023년 2월 19일부터 적용한다.

제4조【석면해체·제거업자에 재직 중인 사람에 관한 경과조치】 이 영 시행 당시 종전의 별표 28 제1호 각 목의 구분에 따라 석면해체·제거업자의 석면해체·제거 관련 업무를 전담하는 인력으로 재직하고 있는 사람으로서 별표 28 제1호 각 목의 개정규정에 따른 인력기준에 적합하지 않은 사람은 해당 석면해체·제거업자의 석면해체·제거 관련 업무를 전담하는 인력으로 재직하는 기간에 한정하여 다음 각 호의 구분에 따라 별표 28 제1호의 개정규정에 따른 인력기준에 적합한 사람으로 본다.

1. 종전의 별표 28 제1호가목1)에 해당하는 사람 : 별표 28 제1호가목의 개정규정에 따른 인력기준
2. 종전의 별표 28 제1호나목에 해당하는 사람 : 별표 28 제1호나목의 개정규정에 따른 인력기준

부칙(2023.6.27 대통령령 제33597호)

이 영은 공포한 날부터 시행한다. 다만, 제105조제3항, 제115조제52호의2 및 제117조제10호의 개정규정은 공포 후 3개월이 경과한 날부터 시행한다.

부칙(2023.12.12 대통령령 제33913호)

이 영은 공포한 날부터 시행한다.

부칙(2024.3.12 대통령령 제34304호)

이 영은 공포한 날부터 시행한다.

부칙(2024.6.25 대통령령 제34603호)

이 영은 2024년 7월 1일부터 시행한다. 다만, 제78조제1항제14호·제15호, 별표 24 제1호가목, 같은 표 제2호 번호 2 및 별표 25 번호 3의 개정규정은 공포 후 2년이 경과한 날부터 시행하고, 별표 30 제1호가목의 개정규정은 2025년 1월 1일부터 시행한다.

부칙(2024.12.31 대통령령 제35159호)

이 영은 2025년 1월 1일부터 시행한다.

부칙(2025.1.31 대통령령 제35240호)

이 영은 공포한 날부터 시행한다.

부칙(2025.4.29 대통령령 제35483호)

제1조【시행일】 이 영은 공포한 날부터 시행한다.

제2조【안전관리자 또는 보건관리자의 해임 등에 관한 적용례】 제16조제7항 및 제20조제3항의 개정규정은 이 영 시행 이후 안전관리자 또는 보건관리자를 해임하거나 안전관리전문기관 또는 보건관리전문기관에 대한 업무위탁을 해지하는 경우부터 적용한다.

제3조【산업보건의의 해임 또는 해촉에 관한 적용례】 제29조제4항의 개정규정은 이 영 시행 이후 산업보건의를 해임 또는 해촉하는 경우부터 적용한다.

제4조【타워크레인 설치·해체업의 변경등록에 관한 적용례】 제72조제2항제4호의 개정규정은 이 영 시행 이후 별표 22 제1호에 따른 인력을 변경하는 경우부터 적용한다.

부칙(2025.6.20 대통령령 제35597호)

제1조【시행일】 이 영은 2025년 6월 21일부터 시행한다. <단서 생략>

제2조부터 **제5조**까지 생략

부칙(2025.10.1 대통령령 제35805호)

제1조【시행일】 이 영은 공포한 날부터 시행한다.

제2조 및 **제3조** 생략

[별표 1] (2024.6.25 개정)

법의 일부를 적용하지 않는 사업 또는 사업장 및 적용 제외 법 규정(제2조제1항 관련)

대상 사업 또는 사업장	적용 제외 법 규정
1. 다음 각 목의 어느 하나에 해당하는 사업 가. 「광산안전법」 적용 사업(광업 중 광물의 채광·채굴·선광 또는 제련 등의 공정으로 한정하며, 제조공정은 제외한다) 나. 「원자력안전법」 적용 사업(발전업 중 원자력 발전설비를 이용하여 전기를 생산하는 사업장으로 한정한다) 다. 「항공안전법」 적용 사업(항공기, 우주선 및 부품 제조업과 창고 및 운송관련 서비스업, 여행사 및 기타 여행보조 서비스업 중 항공 관련 사업은 각각 제외한다) 라. 「선박안전법」 적용 사업(선박 및 보트 건조업은 제외한다)	제15조부터 제17조까지, 제20조제1호, 제21조(다른 규정에 따라 준용되는 경우는 제외한다), 제24조(다른 규정에 따라 준용되는 경우는 제외한다), 제2장제2절, 제29조(보건에 관한 사항은 제외한다), 제30조(보건에 관한 사항은 제외한다), 제31조, 제38조, 제51조(보건에 관한 사항은 제외한다), 제52조(보건에 관한 사항은 제외한다), 제53조(보건에 관한 사항은 제외한다), 제54조(보건에 관한 사항은 제외한다), 제55조, 제58조부터 제60조까지, 제62조, 제63조, 제64조(제1항제6호는 제외한다), 제65조, 제66조, 제72조, 제75조, 제88조, 제103조부터 제107조까지 및 제160조(제21조제4항 및 제88조제5항과 관련되는 과징금으로 한정한다)
2. 다음 각 목의 어느 하나에 해당하는 사업 가. 소프트웨어 개발 및 공급업 나. 컴퓨터 프로그래밍, 시스템 통합 및 관리업 다. 영상·오디오물 제공 서비스업 라. 정보서비스업 마. 금융 및 보험업 바. 기타 전문서비스업 사. 건축기술, 엔지니어링 및 기타 과학기술 서비스업 아. 기타 전문, 과학 및 기술 서비스업(사진 처리업은 제외한다) 자. 사업지원 서비스업 차. 사회복지 서비스업	제29조(제3항에 따른 추가교육은 제외한다) 및 제30조

3. 다음 각 목의 어느 하나에 해당하는 사업으로서 상시 근로자 50명 미만을 사용하는 사업장 가. 농업 나. 어업 다. 환경 정화 및 복원업 라. 소매업 ; 자동차 제외 마. 영화, 비디오물, 방송프로그램 제작 및 배급업 바. 녹음시설 운영업 사. 라디오 방송업 및 텔레비전 방송업 아. 부동산업(부동산 관리업은 제외한다) 자. 임대업 ; 부동산 제외 차. 연구개발업 카. 보건업(병원은 제외한다) 타. 예술, 스포츠 및 여가관련 서비스업 파. 협회 및 단체 하. 기타 개인 서비스업(세탁업은 제외한다)	
4. 다음 각 목의 어느 하나에 해당하는 사업 가. 공공행정(청소, 시설관리, 조리 등 현업업무에 종사하는 사람으로서 고용노동부장관이 정하여 고시하는 사람은 제외한다), 국방 및 사회보장 행정 나. 교육 서비스업 중 초등·중등·고등 교육기관, 특수학교·외국인학교 및 대안학교(청소, 시설관리, 조리 등 현업업무에 종사하는 사람으로서 고용노동부장관이 정하여 고시하는 사람은 제외한다)	제2장제1절·제2절 및 제3장(다른 규정에 따라 준용되는 경우는 제외한다)
5. 다음 각 목의 어느 하나에 해당하는 사업 가. 초등·중등·고등 교육기관, 특수학교·외국인학교 및 대안학교 외의 교육서비스업(청소년수련시설 운영업은 제외한다) 나. 국제 및 외국기관 다. 사무직에 종사하는 근로자만을 사용하는 사업장(사업장이 분리된 경우로서 사무직에 종사하는 근로자만을 사용하는 사업장을 포함한다)	제2장제1절·제2절, 제3장 및 제5장제2절(제64조제1항제6호는 제외한다). 다만, 다른 규정에 따라 준용되는 경우는 해당 규정을 적용한다.
6. 상시 근로자 5명 미만을 사용하는 사업장	제2장제1절·제2절, 제3장(제29조제3항에 따른 추가교육은 제외한다), 제47조, 제49조, 제50조 및 제159조(다른 규정에 따라 준용되는 경우는 제외한다)

※ 비고 : 제1호부터 제6호까지의 규정에 따른 사업에 둘 이상 해당하는 사업의 경우에는 각각의 호에 따라 적용이 제외되는 규정은 모두 적용하지 않는다.

[별표 2] (2024.6.25 개정)

안전보건관리책임자를 두어야 하는 사업의 종류 및 사업장의 상시근로자 수(제14조제1항 관련)

사업의 종류	사업장의 상시근로자 수
1. 토사석 광업 2. 식료품 제조업, 음료 제조업 3. 목재 및 나무제품 제조업 ; 가구 제외 4. 펄프, 종이 및 종이제품 제조업 5. 코크스, 연탄 및 석유정제품 제조업 6. 화학물질 및 화학제품 제조업 ; 의약품 제외 7. 의료용 물질 및 의약품 제조업 8. 고무 및 플라스틱제품 제조업 9. 비금속 광물제품 제조업 10. 1차 금속 제조업 11. 금속가공제품 제조업 ; 기계 및 가구 제외 12. 전자부품, 컴퓨터, 영상, 음향 및 통신장비 제조업 13. 의료, 정밀, 광학기기 및 시계 제조업 14. 전기장비 제조업 15. 기타 기계 및 장비 제조업 16. 자동차 및 트레일러 제조업 17. 기타 운송장비 제조업 18. 가구 제조업 19. 기타 제품 제조업 20. 서적, 잡지 및 기타 인쇄물 출판업 21. 해체, 선별 및 원료 재생업 22. 자동차 종합 수리업, 자동차 전문 수리업	상시 근로자 50명 이상
23. 농업 24. 어업 25. 소프트웨어 개발 및 공급업 26. 컴퓨터 프로그래밍, 시스템 통합 및 관리업 26의2. 영상·오디오물 제공 서비스업 27. 정보서비스업 28. 금융 및 보험업 29. 임대업 ; 부동산 제외 30. 전문, 과학 및 기술 서비스업(연구개발업은 제외한다) 31. 사업지원 서비스업 32. 사회복지 서비스업	상시 근로자 300명 이상
33. 건설업	공사금액 20억원 이상
34. 제1호부터 제26호까지, 제26호의2 및 제27호부터 제33호까지의 사업을 제외한 사업	상시 근로자 100명 이상

[별표 3] (2024.6.25 개정)

안전관리자를 두어야 하는 사업의 종류, 사업장의 상시근로자 수, 안전관리자의 수 및 선임방법

(제16조제1항 관련)

사업의 종류	사업장의 상시근로자 수	안전관리자의 수	안전관리자의 선임방법
1. 토사석 광업 2. 식료품 제조업, 음료 제조업 3. 섬유제품 제조업 ; 의복 제외 4. 목재 및 나무제품 제조업 ; 가구 제외 5. 펄프, 종이 및 종이제품 제조업 6. 코크스, 연탄 및 석유정제품 제조업 7. 화학물질 및 화학제품 제조업 ; 의약품 제외 8. 의료용 물질 및 의약품 제조업 9. 고무 및 플라스틱제품 제조업 10. 비금속 광물제품 제조업 11. 1차 금속 제조업 12. 금속가공제품 제조업 ; 기계 및 가구 제외 13. 전자부품, 컴퓨터, 영상, 음향 및 통신장비 제조업 14. 의료, 정밀, 광학기기 및 시계 제조업 15. 전기장비 제조업 16. 기타 기계 및 장비 제조업 17. 자동차 및 트레일러 제조업	상시근로자 50명 이상 500명 미만	1명 이상	별표 4 제1호, 제2호, 제4호, 제5호, 제6호(상시근로자 300명 미만인 사업장만 해당한다), 제7호(이 표 제27호에 따른 사업만 해당한다), 제7호의2(상시근로자 300명 미만인 사업장만 해당한다) 및 제8호 중 어느 하나에 해당하는 사람을 선임해야 한다.
	상시근로자 500명 이상	2명 이상	별표 4 제1호부터 제5호까지, 제7호(이 표 제27호에 따른 사업으로서 상시근로자 1,000명 미만의 사업장만 해당한다) 및 제8호 중 어느 하

18. 기타 운송장비 제조업 19. 가구 제조업 20. 기타 제품 제조업 21. 산업용 기계 및 장비 수리업 22. 서적, 잡지 및 기타 인쇄물 출판업 23. 폐기물 수집, 운반, 처리 및 원료 재생업 24. 환경 정화 및 복원업 25. 자동차 종합 수리업, 자동차 전문 수리업 26. 발전업 27. 운수 및 창고업			나에 해당하는 사람을 선임해야 한다. 다만, 별표 4 제1호, 제2호(「국가기술자격법」에 따른 산업안전산업기사의 자격을 취득한 사람은 제외한다) 및 제4호 중 어느 하나에 해당하는 사람이 1명 이상 포함되어야 한다.
28. 농업, 임업 및 어업 29. 제2호부터 제31호까지의 사업을 제외한 제조업 30. 전기, 가스, 증기 및 공기조절 공급업(발전업은 제외한다) 31. 수도, 하수 및 폐기물 처리, 원료 재생업(제23호 및 제24호에 해당하는 사업은 제외한다) 32. 도매 및 소매업 33. 숙박 및 음식점업 34. 영상·오디오 기록물 제작 및 배급업 35. 라디오 방송업 및 텔레비전 방송업 36. 우편 및 통신업 37. 부동산업 38. 임대업 ; 부동산 제외 39. 연구개발업 40. 사진처리업 41. 사업시설 관리 및 조경 서비스업	상시근로자 50명 이상 1천명 미만. 다만, 제37호의 사업(부동산 관리업은 제외한다)과 제40호의 사업의 경우에는 상시근로자 100명 이상 1천명 미만으로 한다.	1명 이상	별표 4 제1호, 제2호, 제3호(이 표 제28호, 제30호부터 제46호까지의 사업만 해당한다), 제4호, 제5호, 제6호(상시근로자 300명 미만인 사업장만 해당한다), 제7호(이 표 제36호에 따른 사업만 해당한다), 제7호의2(상시근로자 300명 미만인 사업장만 해당한다) 및 제8호 중 어느 하나에 해당하는 사람을 선임해야 한다.

42. 청소년 수련시설 운영업 43. 보건업 44. 예술, 스포츠 및 여가 관련 서비스업 45. 개인 및 소비용품수리업(제25호에 해당하는 사업은 제외한다) 46. 기타 개인 서비스업 47. 공공행정(청소, 시설관리, 조리 등 현업업무에 종사하는 사람으로서 고용노동부장관이 정하여 고시하는 사람으로 한정한다) 48. 교육서비스업 중 초등·중등·고등 교육기관, 특수학교·외국인학교 및 대안학교(청소, 시설관리, 조리 등 현업업무에 종사하는 사람으로서 고용노동부장관이 정하여 고시하는 사람으로 한정한다)	상시근로자 1천명 이상	2명 이상	별표 4 제1호부터 제5호까지 또는 제8호부터 제10호까지에 해당하는 사람을 선임해야 한다. 다만, 별표 4 제1호, 제2호, 제4호 및 제5호 중 어느 하나에 해당하는 사람이 1명 이상 포함되어야 한다.
49. 건설업	공사금액 50억원 이상(관계수급인은 100억원 이상) 120억원 미만(「건설산업기본법 시행령」 별표 1 제1호가목의 토목공사업의 경우에는 150억원 미만)	1명 이상	별표 4 제1호부터 제7호까지 및 제10호부터 제12호까지의 어느 하나에 해당하는 사람을 선임해야 한다.
	공사금액 120억원 이상(「건설산업기본법		별표 4 제1호부터 제7호까지 및 제10호의 어느 하나에

	시행령」 별표 1 제1호가목의 토목공사업의 경우에는 150억원 이상) 800억원 미만		해당하는 사람을 선임해야 한다.
	공사금액 800억원 이상 1,500억원 미만	2명 이상. 다만, 전체 공사기간을 100으로 할 때 공사 시작에서 15에 해당하는 기간과 공사 종료 전의 15에 해당하는 기간(이하 "전체 공사기간 중 전·후 15에 해당하는 기간"이라 한다) 동안은 1명 이상으로 한다.	별표 4 제1호부터 제7호까지 및 제10호의 어느 하나에 해당하는 사람을 선임하되, 같은 표 제1호부터 제3호까지의 어느 하나에 해당하는 사람이 1명 이상 포함되어야 한다.
	공사금액 1,500억원 이상 2,200억원 미만	3명 이상. 다만, 전체 공사기간 중 전·후 15에 해당하는 기간은 2명 이상으로 한다.	별표 4 제1호부터 제7호까지 및 제12호의 어느 하나에 해당하는 사람을 선임하되, 같은 표 제12호에 해당하는 사람은 1명만 포함될 수 있고, 같은 표 제1호 또는 「국가기술자격법」에 따른 건설안전기술사(건설안전기사 또는 산업안전기사의 자격을 취득한 후 7년 이상 건설안전 업무를 수행한 사람이거나 건설안전산업기사 또는 산업안전산업기사의 자격을 취득한 후 10년 이상 건설안전 업무를 수행한 사람을 포함한다)
	공사금액 2,200억원 이상 3천억원 미만	4명 이상. 다만, 전체 공사기간 중 전·후 15에 해당하는 기간은 2명 이상으로 한다.	

산업안전

			자격을 취득한 사람(이하 "산업안전지도사등"이라 한다)이 1명 이상 포함되어야 한다.
	공사금액 3천억원 이상 3,900억원 미만	5명 이상. 다만, 전체 공사기간 중 전·후 15에 해당하는 기간은 3명 이상으로 한다.	별표 4 제1호부터 제7호까지 및 제12호의 어느 하나에 해당하는 사람을 선임하되, 같은 표 제12호에 해당하는 사람이 1명만 포함될 수 있고, 산업안전지도사등이 2명 이상 포함되어야 한다. 다만, 전체 공사기간 중 전·후 15에 해당하는 기간에는 산업안전지도사등이 1명 이상 포함되어야 한다.
	공사금액 3,900억원 이상 4,900억원 미만	6명 이상. 다만, 전체 공사기간 중 전·후 15에 해당하는 기간은 3명 이상으로 한다.	
	공사금액 4,900억원 이상 6천억원 미만	7명 이상. 다만, 전체 공사기간 중 전·후 15에 해당하는 기간은 4명 이상으로 한다.	별표 4 제1호부터 제7호까지 및 제12호의 어느 하나에 해당하는 사람을 선임하되, 같은 표 제12호에 해당하는 사람은 2명까지만 포함될 수 있고, 산업안전지도사등이 2명 이상 포함되어야 한다. 다만, 전체 공사기간 중 전·후 15에 해당하는 기간에는 산업안전지도사등이 2명 이상 포함되어야 한다.
	공사금액 6천억원 이상 7,200억원 미만	8명 이상. 다만, 전체 공사기간 중 전·후 15에 해당하는 기간은 4명 이상으로 한다.	
	공사금액	9명 이상. 다만, 전체	별표 4 제1호부터

	7,200억원 이상 8,500억원 미만	공사기간 중 전·후 15에 해당하는 기간은 5명 이상으로 한다.	제7호까지 및 제12호의 어느 하나에 해당하는 사람을 선임하되, 같은 표 제12호에 해당하는 사람은 2명까지만 포함될 수 있고, 산업안전지도사등이 3명 이상 포함되어야 한다. 다만, 전체 공사기간 중 전·후 15에 해당하는 기간에는 산업안전지도사등이 3명 이상 포함되어야 한다.
	공사금액 8,500억원 이상 1조원 미만	10명 이상. 다만, 전체 공사기간 중 전·후 15에 해당하는 기간은 5명 이상으로 한다.	
	1조원 이상	11명 이상[매 2천억원(2조원이상부터는 매 3천억원)마다 1명씩 추가한다]. 다만, 전체 공사기간 중 전·후 15에 해당하는 기간은 선임 대상 안전관리자 수의 2분의 1(소수점 이하는 올림한다) 이상으로 한다.	

※ 비고 :

1. 철거공사가 포함된 건설공사의 경우 철거공사만 이루어지는 기간은 전체 공사기간에는 산입되나 전체 공사기간 중 전·후 15에 해당하는 기간에는 산입되지 않는다. 이 경우 전체 공사기간 중 전·후 15에 해당하는 기간은 철거공사만 이루어지는 기간을 제외한 공사기간을 기준으로 산정한다.
2. 철거공사만 이루어지는 기간에는 공사금액별로 선임해야 하는 최소 안전관리자 수 이상으로 안전관리자를 선임해야 한다.

[별표 4] (2024.3.12 개정)

안전관리자의 자격(제17조 관련)

안전관리자는 다음 각 호의 어느 하나에 해당하는 사람으로 한다.

1. 법 제143조제1항에 따른 산업안전지도사 자격을 가진 사람
2. 「국가기술자격법」에 따른 산업안전산업기사 이상의 자격을 취득한 사람
3. 「국가기술자격법」에 따른 건설안전산업기사 이상의 자격을 취득한 사람
4. 「고등교육법」에 따른 4년제 대학 이상의 학교에서 산업안전 관련 학위를 취득한 사람 또는 이와 같은 수준 이상의 학력을 가진 사람
5. 「고등교육법」에 따른 전문대학 또는 이와 같은 수준 이상의 학교에서 산업안전 관련 학위를 취득한 사람
6. 「고등교육법」에 따른 이공계 전문대학 또는 이와 같은 수준 이상의 학교에서 학위를 취득하고, 해당 사업의 관리감독자로서의 업무(건설업의 경우는 시공실무경력)를 3년(4년제 이공계 대학 학위 취득자는 1년) 이상 담당한 후 고용노동부장관이 지정하는 기관이 실시하는 교육(1998년 12월 31일까지의 교육만 해당한다)을 받고 정해진 시험에 합격한 사람. 다만, 관리감독자로 종사한 사업과 같은 업종(한국표준산업분류에 따른 대분류를 기준으로 한다)의 사업장이면서, 건설업의 경우를 제외하고는 상시근로자 300명 미만인 사업장에서만 안전관리자가 될 수 있다.
7. 「초·중등교육법」에 따른 공업계 고등학교 또는 이와 같은 수준 이상의 학교를 졸업하고, 해당 사업의 관리감독자로서의 업무(건설업의 경우는 시공실무경력)를 5년 이상 담당한 후 고용노동부장관이 지정하는 기관이 실시하는 교육(1998년 12월 31일까지의 교육만 해당한다)을 받고 정해진 시험에 합격한 사람. 다만, 관리감독자로 종사한 사업과 같은 종류인 업종(한국표준산업분류에 따른 대분류를 기준으로 한다)의 사업장이면서, 건설업의 경우를 제외하고는 별표 3 제27호 또는 제36호의 사업을 하는 사업장(상시근로자 50명 이상 1천명 미만인 경우만 해당한다)에서만 안전관리자가 될 수 있다.

7의2. 「초·중등교육법」에 따른 공업계 고등학교를 졸업하거나 「고등교육법」에 따른 학교에서 공학 또는 자연과학 분야 학위를 취득하고, 건설업을 제외한 사업에서 실무경력이 5년 이상인 사람으로서 고용노동부장관이 지정하는 기관이 실시하는 교육(2028년 12월 31일까지의 교육만 해당한다)을 받고 정해진 시험에 합격한 사람. 다만, 건설업을 제외한 사업의 사업장이면서 상시근로자 300명 미만인 사업장에서만 안전관리자가 될 수 있다.

8. 다음 각 목의 어느 하나에 해당하는 사람. 다만, 해당 법령을 적용받은 사업에서만 선임될 수 있다.
   가. 「고압가스 안전관리법」 제4조 및 같은 법 시행령 제3조제1항에 따른 허가를 받은 사업자 중 고압가스를 제조·저장 또는 판매하는 사업에서 같은 법 제15

조 및 같은 법 시행령 제12조에 따라 선임하는 안전관리 책임자

나. 「액화석유가스의 안전관리 및 사업법」 제5조 및 같은 법 시행령 제3조에 따른 허가를 받은 사업자 중 액화석유가스 충전사업·액화석유가스 집단공급사업 또는 액화석유가스 판매사업에서 같은 법 제34조 및 같은 법 시행령 제15조에 따라 선임하는 안전관리책임자

다. 「도시가스사업법」 제29조 및 같은 법 시행령 제15조에 따라 선임하는 안전관리 책임자

라. 「교통안전법」 제53조에 따라 교통안전관리자의 자격을 취득한 후 해당 분야에 채용된 교통안전관리자

마. 「총포·도검·화약류 등의 안전관리에 관한 법률」 제2조제3항에 따른 화약류를 제조·판매 또는 저장하는 사업에서 같은 법 제27조 및 같은 법 시행령 제54조·제55조에 따라 선임하는 화약류제조보안책임자 또는 화약류관리보안책임자

바. 「전기안전관리법」 제22조에 따라 전기사업자가 선임하는 전기안전관리자

9. 제16조제2항에 따라 전담 안전관리자를 두어야 하는 사업장(건설업은 제외한다)에서 안전 관련 업무를 10년 이상 담당한 사람

10. 「건설산업기본법」 제8조에 따른 종합공사를 시공하는 업종의 건설현장에서 안전보건관리책임자로 10년 이상 재직한 사람

11. 「건설기술 진흥법」에 따른 토목·건축 분야 건설기술인 중 등급이 중급 이상인 사람으로서 고용노동부장관이 지정하는 기관이 실시하는 산업안전교육(2025년 12월 31일까지의 교육만 해당한다)을 이수하고 정해진 시험에 합격한 사람

12. 「국가기술자격법」에 따른 토목산업기사 또는 건축산업기사 이상의 자격을 취득한 후 해당 분야에서의 실무경력이 다음 각 목의 구분에 따른 기간 이상인 사람으로서 고용노동부장관이 지정하는 기관이 실시하는 산업안전교육(2025년 12월 31일까지의 교육만 해당한다)을 이수하고 정해진 시험에 합격한 사람

가. 토목기사 또는 건축기사 : 3년

나. 토목산업기사 또는 건축산업기사 : 5년

[별표 5] (2024.6.25 개정)

보건관리자를 두어야 하는 사업의 종류, 사업장의 상시근로자 수, 보건관리자의 수 및 선임방법

(제20조제1항 관련)

사업의 종류	사업장의 상시근로자 수	보건관리자의 수	보건관리자의 선임방법
1. 광업(광업 지원 서비스업은 제외한다) 2. 섬유제품 염색, 정리 및 마무리 가공업 3. 모피제품 제조업 4. 그 외 기타 의복액세서리 제조업(모피 액세서리에 한정한다) 5. 모피 및 가죽 제조업(원피 가공 및 가죽 제조업은 제외한다) 6. 신발 및 신발부분품 제조업 7. 코크스, 연탄 및 석유정제품 제조업 8. 화학물질 및 화학제품 제조업 ; 의약품 제외 9. 의료용 물질 및 의약품 제조업 10. 고무 및 플라스틱제품 제조업 11. 비금속 광물제품 제조업 12. 1차 금속 제조업 13. 금속가공제품 제조업 ; 기계 및 가구 제외 14. 기타 기계 및 장비 제조업 15. 전자부품, 컴퓨터, 영상, 음향 및 통신장비 제조업 16. 전기장비 제조업 17. 자동차 및 트레일러 제조업 18. 기타 운송장비 제조업 19. 가구 제조업 20. 해체, 선별 및 원료 재생업	상시근로자 50명 이상 500명 미만	1명 이상	별표 6 각 호의 어느 하나에 해당하는 사람을 선임해야 한다.
	상시근로자 500명 이상 2천명 미만	2명 이상	별표 6 각 호의 어느 하나에 해당하는 사람을 선임해야 한다.
	상시근로자 2천명 이상	2명 이상	별표 6 각 호의 어느 하나에 해당하는 사람을 선임하

21. 자동차 종합 수리업, 자동차 전문 수리업 22. 제88조 각 호의 어느 하나에 해당하는 유해물질을 제조하는 사업과 그 유해물질을 사용하는 사업 중 고용노동부장관이 특히 보건관리를 할 필요가 있다고 인정하여 고시하는 사업			되, 같은 표 제2호 또는 제3호에 해당하는 사람이 1명 이상 포함되어야 한다.
23. 제2호부터 제22호까지의 사업을 제외한 제조업	상시근로자 50명 이상 1천명 미만	1명 이상	별표 6 각 호의 어느 하나에 해당하는 사람을 선임해야 한다.
	상시근로자 1천명 이상 3천명 미만	2명 이상	별표 6 각 호의 어느 하나에 해당하는 사람을 선임해야 한다.
	상시근로자 3천명 이상	2명 이상	별표 6 각 호의 어느 하나에 해당하는 사람을 선임하되, 같은 표 제2호 또는 제3호에 해당하는 사람이 1명 이상 포함되어야 한다.
24. 농업, 임업 및 어업 25. 전기, 가스, 증기 및 공기 조절공급업 26. 수도, 하수 및 폐기물 처리, 원료 재생업(제20호에 해당하는 사업은 제외한다) 27. 운수 및 창고업 28. 도매 및 소매업 29. 숙박 및 음식점업 30. 서적, 잡지 및 기타 인쇄물 출판업 31. 라디오 방송업 및 텔레비전 방송업 32. 우편 및 통신업 33. 부동산업 34. 연구개발업	상시근로자 50명 이상 5천명 미만. 다만, 제35호의 경우에는 상시근로자 100명 이상 5천명 미만으로 한다.	1명 이상	별표 6 각 호의 어느 하나에 해당하는 사람을 선임해야 한다.

35. 사진 처리업 36. 사업시설 관리 및 조경 서비스업 37. 공공행정(청소, 시설관리, 조리 등 현업업무에 종사하는 사람으로서 고용노동부장관이 정하여 고시하는 사람으로 한정한다) 38. 교육서비스업 중 초등·중등·고등 교육기관, 특수학교·외국인학교 및 대안학교(청소, 시설관리, 조리 등 현업업무에 종사하는 사람으로서 고용노동부장관이 정하여 고시하는 사람으로 한정한다) 39. 청소년 수련시설 운영업 40. 보건업 41. 골프장 운영업 42. 개인 및 소비용품수리업(제21호에 해당하는 사업은 제외한다) 43. 세탁업	상시 근로자 5천명 이상	2명 이상	별표 6 각 호의 어느 하나에 해당하는 사람을 선임하되, 같은 표 제2호 또는 제3호에 해당하는 사람이 1명 이상 포함되어야 한다.
44. 건설업	공사금액 800억원 이상(「건설산업기본법 시행령」 별표 1의 종합공사를 시공하는 업종의 건설업종란 제1호에 따른 토목공사업에 속하는 공사의 경우에는 1천억 이상) 또는 상시 근로자 600명 이상	1명 이상[공사금액 800억원(「건설산업기본법 시행령」 별표 1의 종합공사를 시공하는 업종의 건설업종란 제1호에 따른 토목공사업은 1천억원)을 기준으로 1,400억원이 증가할 때마다 또는 상시 근로자 600명을 기준으로 600명이 추가될 때마다 1명씩 추가한다]	별표 6 각 호의 어느 하나에 해당하는 사람을 선임해야 한다.

[별표 6] (2025.6.20 개정)

보건관리자의 자격(제21조 관련)

보건관리자는 다음 각 호의 어느 하나에 해당하는 사람으로 한다.

1. 법 제143조제1항에 따른 산업보건지도사 자격을 가진 사람
2. 「의료법」에 따른 의사
3. 「간호법」에 따른 간호사
4. 「국가기술자격법」에 따른 산업위생관리산업기사 또는 대기환경산업기사 이상의 자격을 취득한 사람
5. 「국가기술자격법」에 따른 인간공학기사 이상의 자격을 취득한 사람
6. 「고등교육법」에 따른 전문대학 이상의 학교에서 산업보건 또는 산업위생 분야의 학위를 취득한 사람(법령에 따라 이와 같은 수준 이상의 학력이 있다고 인정되는 사람을 포함한다)

[별표 7] (2023.6.27 개정)

안전관리전문기관의 인력·시설 및 장비 기준(제27조제1항 관련)

1. 법 제145조제1항에 따라 등록한 산업안전지도사의 경우
   가. 인력기준 : 법 제145조제1항에 따라 등록한 산업안전지도사(건설안전 분야는 제외한다) 1명 이상
   나. 시설기준 : 사무실(장비실을 포함한다)
   다. 장비기준 : 제2호가목 표에 따른 장비와 같음
   라. 업무수탁한계(법 제145조제1항에 따라 등록한 산업안전지도사 1명 기준) : 사업장 30개소 또는 근로자 수 2천명 이하

2. 안전관리 업무를 하려는 법인의 경우
   가. 기본 인력·시설 및 장비

인력	시설	장비	대상업종
1) 다음의 어느 하나에 해당하는 사람 1명 이상 가) 기계·전기·화공안전 분야의 산업안전지도사 또는 안전기술사 나) 산업안전산업기사 이상의 자격을 취득한 후 산업안전 실무경력(건설업에서의 경력은 제외한다. 이하 같다)이 산업안전기사 이상의 자격은 10년, 산업안전산업기사 자격은 12년 이상인 사람 2) 산업안전산업기사 이상의 자격을 취득한 후 산업안전 실무경력이 산업안전기사 이상의 자격은 5년, 산업안전산업기사 자격은 7년 이상인 사람 1명 이상 3) 다음의 어느 하나에 해당하는 사람 2명 이상. 이 경우 가)에 해당하는 사람이 전체 인원의 2분의 1 이상이어야 한다. 가) 산업안전산업기사 이상의 자격을 취득한 후 산업안전 실무경력이 산업안전기사 이상의 자격은 3년, 산업안전산업기사	사무실(장비실 포함)	1) 자분탐상비파괴시험기 또는 초음파두께측정기 2) 클램프미터 3) 소음측정기 4) 가스농도측정기 또는 가스검지기 5) 산소농도측정기 6) 가스누출탐지기(휴대용) 7) 절연저항측정기 8) 정전기전위측정기 9) 조도계 10) 멀티테스터 11) 접지저항측정기 12) 토크게이지 13) 검전기(저압용·고압용·특고압용) 14) 온도계(표면온도측정용) 15) 시청각교육장비(VTR이나 OHP 또는 이와 같은 수준 이상의 성능을 가	모든 사업(건설업은 제외한다)

자격은 5년 이상인 사람 나) 일반기계·전기·화공·가스 분야 산업기사 이상의 자격을 취득한 후 그 분야 실무경력 또는 산업안전 실무경력이 기사 이상의 자격은 4년, 산업기사 자격은 6년 이상인 사람 4) 다음의 어느 하나에 해당하는 사람 1명 이상. 이 경우 2명 이상인 경우에는 가)에 해당하는 사람이 전체 인원의 2분의 1 이상이어야 한다. 가) 제17조에 따른 안전관리자의 자격(별표 4 제1호부터 제5호까지의 어느 하나에 해당하는 자격을 갖춘 사람만 해당한다)을 갖춘 후 산업안전 실무경력(「고등교육법」 제22조, 「직업교육훈련 촉진법」 제7조에 따른 현장실습과 이에 준하는 경력을 포함한다)이 6개월 이상인 사람 나) 「국가기술자격법」에 따른 직무분야 중 기계·금속·화공·전기·조선·섬유·안전관리(소방설비·가스 분야만 해당한다)·산업응용 분야의 산업기사 이상의 자격을 취득한 후 그 분야 실무경력 또는 산업안전 실무경력(「고등교육법」 제22조, 「직업교육훈련 촉진법」 제7조에 따른 현장실습과 이에 준하는 경력을 포함한다)이 3년 이상인 사람 ※ 다만, 안전관리 업무를 하려는 법인의 소재지가 제주특별자치도인 경우에는 1) 및 2)에 해당하는 사람 중 1명 이상과 3)에 해당하는 사람 2명 이상이어야 한다.		진 교육장비)

나. 수탁하려는 사업장 또는 근로자의 수에 따른 인력 및 장비

1) 인력기준

가) 수탁하려는 사업장 또는 근로자 수의 수가 151개소 이상 또는 10,001명 이상인 경우 다음의 구분에 따라 가목1)부터 4)까지의 규정에 따른 인력을 추가로 갖추어야 한다.

나) 사업장 수에 따른 인력기준과 근로자 수에 따른 인력기준이 서로 다른 경우에는 그 중 더 중한 기준에 따라야 한다.

구분		자격별 인력기준[가목1)부터 4)까지]				
사업장 수(개소)	근로자 수(명)	계	가목1)	가목2)	가목3)	가목4)
151~180	10,001~12,000	6	1	1	3	1
181~210	12,001~14,000	7	1	1	3	2
211~240	14,001~16,000	8	1	1	4	2
241~270	16,001~18,000	9	1	2	4	2
271~300	18,001~20,000	11	1	2	5	3
301~330	20,001~22,000	12	2	2	5	3
331~360	22,001~24,000	13	2	2	6	3
361~390	24,001~26,000	14	2	2	7	3
391~420	26,001~28,000	15	2	2	7	4
421~450	28,001~30,000	16	2	2	8	4
451~480	30,001~32,000	17	2	3	8	4
481~510	32,001~34,000	18	2	3	9	4
511~540	34,001~36,000	19	3	3	9	4
541~570	36,001~38,000	20	3	3	10	4
571~600	38,001~40,000	22	3	4	10	5

※ 비고 : 사업장 수 600개소를 초과하거나 근로자 수 4만명을 초과하는 경우에는 사업장 수 30개소 또는 근로자 수 2천명을 초과할 때마다 자격별 인력기준 가목1)부터 4)까지의 어느 하나에 해당하는 사람 중 1명을 추가해야 한다. 이 경우 누적 사업장 수가 150개소 또는 누적 근로자 수가 1만명을 초과할 때마다 추가해야 하는 사람은 자격별 인력기준 가목1)부터 3)까지의 어느 하나에 해당하는 사람 중 1명으로 한다.

2) 장비기준 : 인력 3명을 기준으로 3명을 추가할 때마다 가목 표의 장비란 중 2)·5)·6) 및 13)(저압용 검전기만 해당한다)을 각각 추가로 갖추어야 한다.

[별표 8] (2025.6.20 개정)

보건관리전문기관의 인력·시설 및 장비 기준(제27조제2항 관련)

1. 제27조제2항제1호에 해당하는 자의 경우
   가. 인력기준
      1) 법 제145조제1항에 따라 등록한 산업보건지도사 1명 이상
      2) 제2호가목1)가)에 해당하는 사람(위촉을 포함한다) 1명 이상. 다만, 법 제145조제1항에 따라 등록한 산업보건지도사가 해당 자격을 보유하고 있는 경우는 제외한다.
   나. 시설기준 : 사무실(건강상담실·보건교육실을 포함한다)
   다. 장비기준 : 제2호가목3)의 장비와 같음
   라. 업무수탁한계(법 제145조제1항에 따라 등록한 산업보건지도사 1명 기준) : 사업장 30개소 또는 근로자 수 2천명 이하

2. 제27조제2항제2호부터 제5호까지의 규정에 해당하는 사
   가. 수탁하려는 사업장 또는 근로자의 수가 100개소 이하 또는 1만명 이하인 경우
      1) 인력기준
         가) 다음의 어느 하나에 해당하는 의사 1명 이상
            (1) 「의료법」에 따른 직업환경의학과 전문의 또는 직업환경의학과 레지던트 4년차의 수련과정에 있는 사람
            (2) 「의료법」에 따른 예방의학과 전문의(환경 및 산업보건 전공)
            (3) 직업환경의학 관련 기관의 직업환경의학 분야에서 또는 사업장의 전임 보건관리자로서 4년 이상 실무나 연구업무에 종사한 의사. 다만, 임상의학과 전문의 자격자는 직업환경의학 분야에서 2년간의 실무나 연구업무에 종사한 것으로 인정한다.
         나) 「간호법」에 따른 간호사 2명 이상
         다) 법 제143조제1항에 따른 산업보건지도사 자격을 가진 사람이나 산업위생관리기술사 1명 이상 또는 산업위생관리기사 자격을 취득한 후 산업보건 실무경력이 5년 이상인 사람 1명 이상
         라) 산업위생관리산업기사 이상인 사람 1명 이상
      2) 시설기준 : 사무실(건강상담실·보건교육실 포함)
      3) 장비기준
         가) 작업환경관리장비
            (1) 분진·유기용제·특정 화학물질·유해가스 등을 채취하기 위한 개인용 시료채취기 세트
            (2) 검지관(檢知管) 등 가스·증기농도 측정기 세트
            (3) 주파수분석이 가능한 소음측정기
            (4) 흑구·습구온도지수(WBGT) 산출이 가능한 온열조건 측정기 및 조도계

(5) 직독식 유해가스농도측정기(산소 포함)

(6) 국소배기시설 성능시험장비 : 스모크테스터(연기 측정관 : 연기를 발생시켜 기체의 흐름을 확인하는 도구), 청음기 또는 청음봉, 절연저항계, 표면온도계 또는 유리온도계, 정압 프로브(압력 측정봉)가 달린 열선풍속계, 회전계(R.P.M측정기) 또는 이와 같은 수준 이상의 성능을 가진 장비

나) 건강관리장비

(1) 혈당검사용 간이검사기

(2) 혈압계

나. 수탁하려는 사업장 또는 근로자의 수가 101개소 이상 또는 10,001명 이상인 경우 다음의 구분에 따라 가목1)가)부터 라)까지에서 규정하는 인력을 추가로 갖추어야 한다.

구분		자격별 인력기준[가목1)가)부터 라)까지]					
사업장 수 (개소)	근로자 수 (명)	계	가목 1)가)	가목1)나)부터 라)까지			
				소계	가목1)나)	가목1)다)	가목1)라)
101~125	10,001~12,500	6	1	5	2 이상	1 이상	1 이상
126~150	12,501~15,000	7	1	6	2 이상	1 이상	1 이상
151~175	15,001~17,500	9	*2	7	2 이상	1 이상	1 이상
176~200	17,501~20,000	10	*2	8	2 이상	1 이상	1 이상
201~225	20,001~22,500	11	2	9	2 이상	1 이상	1 이상
226~250	22,501~25,000	12	2	10	2 이상	1 이상	1 이상
251~275	25,001~27,500	13	2	11	2 이상	1 이상	1 이상
276~300	27,501~30,000	14	2	12	2 이상	1 이상	1 이상
301~325	30,001~32,500	16	*3	13	2 이상	1 이상	1 이상
326~350	32,501~35,000	17	*3	14	2 이상	1 이상	1 이상
351~375	35,001~37,500	18	3	15	2 이상	1 이상	1 이상
376~400	37,501~40,000	19	3	16	2 이상	1 이상	1 이상
401~425	40,001~42,500	20	3	17	2 이상	1 이상	1 이상
426~450	42,501~45,000	21	3	18	2 이상	1 이상	1 이상

※ 비고 :

1. 사업장 수 451개소 이상 또는 근로자 수 45,001명 이상인 경우 사업장 150개소마다 또는 근로자 15,000명마다 가목1)가)에 해당하는 사람 1명을 추가해야 하며, 사업장 25개소마다 또는 근로자 2,500명마다 가목1)나)·다) 또는 라)에 해당하는 사람 중 1명을 추가해야 한다.
2. 사업장 수에 따른 인력기준과 근로자 수에 따른 인력기준이 서로 다른 경우에는 그 중 더 중한 기준에 따라야 한다.
3. "*"는 해당 기관이 특수건강진단기관으로 별도 지정·운영되고 있는 경우 의사 1명은 업무 수행에 지장이 없는 범위에서 특수건강진단기관 의사를 활용할 수 있음을 나타낸다.

[별표 9] (2024.6.25 개정)

산업안전보건위원회를 구성해야 할 사업의 종류 및 사업장의 상시근로자 수(제34조 관련)

사업의 종류	사업장의 상시근로자 수
1. 토사석 광업 2. 목재 및 나무제품 제조업 ; 가구제외 3. 화학물질 및 화학제품 제조업 ; 의약품 제외(세제, 화장품 및 광택제 제조업과 화학섬유 제조업은 제외한다) 4. 비금속 광물제품 제조업 5. 1차 금속 제조업 6. 금속가공제품 제조업 ; 기계 및 가구 제외 7. 자동차 및 트레일러 제조업 8. 기타 기계 및 장비 제조업(사무용 기계 및 장비 제조업은 제외한다) 9. 기타 운송장비 제조업(전투용 차량 제조업은 제외한다)	상시근로자 50명 이상
10. 농업 11. 어업 12. 소프트웨어 개발 및 공급업 13. 컴퓨터 프로그래밍, 시스템 통합 및 관리업 13의2. 영상·오디오물 제공 서비스업 14. 정보서비스업 15. 금융 및 보험업 16. 임대업 ; 부동산 제외 17. 전문, 과학 및 기술 서비스업(연구개발업은 제외한다) 18. 사업지원 서비스업 19. 사회복지 서비스업	상시근로자 300명 이상
20. 건설업	공사금액 120억원 이상(「건설산업기본법 시행령」 별표 1의 종합공사를 시공하는 업종의 건설업종란 제1호에 따른 토목공사업의 경우에는 150억원 이상)
21. 제1호부터 제13호까지, 제13호의2 및 제14호부터 제20호까지의 사업을 제외한 사업	상시근로자 100명 이상

[별표 10] (2025.6.20 개정)

근로자안전보건교육기관의 인력·시설 및 장비 등 기준
(제40조제1항 관련)

1. 기본사항
   가. 기본인력은 근로자 안전보건교육 업무를 담당하면서 분기별 12시간 이상 강의를 하는 사람을 제2호에 따라 갖추어야 한다.
   나. 시설 및 장비는 항상 갖추어 두고 사용할 수 있도록 하되, 임대하여 사용할 수 있다. 이 경우 시설로 등록한 강의실이 아닌 장소에서 교육을 실시하는 경우에도 시설 및 장비를 갖추어야 한다.
   다. 근로자 안전보건교육을 하기 위하여 지부 또는 출장소 등을 설치하는 경우에는 각 지부 또는 출장소별로 해당 인력·시설 및 장비 기준을 갖추어야 한다.
   라. 관련 분야의 범위
      1) 산업안전 분야 : 기계안전, 전기안전, 화공안전, 건설안전
      2) 산업보건 분야 : 직업환경의학, 산업위생관리, 산업간호, 인간공학, 대기환경

2. 인력기준
   가. 총괄책임자 : 다음의 어느 하나에 해당하는 사람 1명 이상
      1) 법 제143조제1항에 따른 산업안전지도사·산업보건지도사 자격을 가진 사람 또는 산업안전·보건 분야 기술사
      2) 「의료법」 제77조에 따른 직업환경의학과 전문의
      3) 「간호법」 제5조에 따른 산업전문간호사 자격을 취득한 후 실무경력이 2년 이상인 사람
      4) 산업안전·보건 분야 기사 자격을 취득한 후 실무경력이 5년 이상인 사람
      5) 「고등교육법」에 따른 전문대학 또는 4년제 대학의 산업안전·보건 분야 관련 학과의 전임강사 이상인 사람
      6) 5급 이상 공무원(고위공무원단에 속하는 일반직공무원을 포함한다)으로 근무한 기간 중 산업재해 예방 행정 분야에 실제 근무한 기간이 3년 이상인 사람
   나. 강사 : 다음의 어느 하나에 해당하는 사람 2명 이상
      1) 가목에 따른 총괄책임자의 자격이 있는 사람
      2) 산업안전·보건 분야 기사 자격을 취득한 후 실무경력이 3년 이상인 사람
      3) 산업안전·보건 분야 산업기사 자격을 취득한 후 실무경력이 5년 이상인 사람
      4) 「의료법」에 따른 의사 또는 「간호법」에 따른 간호사 자격을 취득한 후

산업보건 분야 실무경력이 2년 이상인 사람

5) 「고등교육법」 제2조(제2호, 제6호 및 제7호는 수업연한이 4년인 경우로 한정한다)에 따른 학교에서 산업안전·보건 분야 관련 학위를 취득한 후 (다른 법령에서 이와 같은 수준 이상의 학력이 있다고 인정받은 경우를 포함한다) 해당 분야에서 실제 근무한 기간이 3년 이상인 사람

6) 5)에 해당하지 않는 경우로서 산업안전·보건 분야 석사 이상의 학위를 취득한 후 산업안전·보건 분야에서 실제 근무한 기간이 3년 이상인 사람

7) 7급 이상 공무원(고위공무원단에 속하는 일반직공무원을 포함한다)으로 근무한 기간 중 산업재해 예방 행정 분야에 실제 근무한 기간이 3년 이상인 사람

8) 공단 또는 비영리법인에서 산업안전·보건 분야에 실제 근무한 기간이 5년 이상인 사람

3. 시설 및 장비 기준

가. 사무실 : 연면적 30㎡ 이상인 것

나. 강의실 : 연면적 120㎡ 이상이고, 의자·탁자 및 교육용 비품을 갖출 것

4. 제조업, 건설업, 기타 사업(제조업·건설업을 제외한 사업을 말한다)에 대하여 사무직·비사무직 근로자용 교육교재를 각각 1개 이상 보유할 것

[별표 11]

건설업 기초안전보건교육을 하려는 기관의 인력·시설 및 장비 기준

(제40조제2항 관련)

1. 기본사항

가. 시설 및 장비는 항상 갖추어 두고 사용할 수 있도록 하되, 임대하여 사용할 수 있다.

나. 건설업 기초안전보건교육을 하기 위하여 지부 또는 출장소 등을 설치하는 경우에는 각 지부 또는 출장소별로 해당 인력·시설 및 장비를 갖추어야 한다.

2. 인력기준
가. 다음의 어느 하나에 해당하는 사람 1명 이상
1) 법 제143조제1항에 따른 산업안전지도사(건설안전 분야로 한정한다)·산업보건지도사 자격을 가진 사람, 건설안전기술사 또는 산업위생관리기술사
2) 건설안전기사 또는 산업안전기사 자격을 취득한 후 건설안전 분야 실무경력이 7년 이상인 사람
3) 대학의 조교수 이상으로서 건설안전 분야에 관한 학식과 경험이 풍부한 사람
4) 5급 이상 공무원, 산업안전·보건 분야 석사 이상의 학위를 취득하거나 산업전문간호사 자격을 취득한 후 산업안전·보건 분야 실무경력이 3년 이상인 사람
나. 다음의 어느 하나에 해당하는 사람 2명 이상(건설안전 및 산업보건·위생 분야별로 각 1명 이상)
1) 법 제143조제1항에 따른 산업안전지도사(건설안전 분야로 한정한다)·산업보건지도사 자격을 가진 사람, 건설안전기술사 또는 산업위생관리기술사
2) 건설안전기사 또는 산업위생관리기사 자격을 취득한 후 해당 실무경력이 1년 이상인 사람
3) 건설안전산업기사 또는 산업위생관리산업기사 자격을 취득한 후 해당 실무경력이 3년 이상인 사람
4) 산업안전산업기사 이상의 자격을 취득한 후 건설안전 실무경력이 산업안전기사 이상의 자격은 1년, 산업안전산업기사 자격은 3년 이상인 사람
5) 건설 관련 기사 자격을 취득한 후 건설 관련 실무경력이 1년 이상인 사람
6) 「건설기술 진흥법 시행령」 별표 1 제2호나목에 따른 특급건설기술인 또는 고급건설기술인
7) 「고등교육법」 제2조에 따른 학교 중 4년제 대학의 건설안전 또는 산업보건·위생 관련 분야 학위를 취득한 후(다른 법령에 따라 이와 같은 수준 이상의 학력이 인정되는 경우를 포함한다) 해당 실무경력이 1년 이상인 사람
8) 「고등교육법」 제2조에 따른 학교 중 전문대학의 건설안전 또는 산업보건·위생 관련 분야 학위를 취득한 후(다른 법령에 따라 이와 같은 수준 이상의 학력이 인정되는 사람을 포함한다) 해당 실무경력이 3년 이상인 사람

3. 시설 및 장비 기준
가. 사무실 : 연면적 30㎡
나. 강의실 : 연면적 120㎡이고, 의자, 책상, 빔 프로젝터 등 교육에 필요한 비품과 방음·채광·환기 및 냉난방을 위한 시설 또는 설비를 갖출 것

[별표 12] (2025.6.20 개정)

직무교육기관의 인력·시설 및 장비 기준(제40조제3항제2호 관련)

1. 기본사항

가. 기본인력은 직무교육기관의 업무만을 담당하면서 분기별 12시간 이상 강의를 하는 사람을 3명[총괄책임자 1명과 교육대상에 따른 관련 분야별 강사 2명(제2호가목에 따라 안전보건관리책임자와 안전보건관리담당자를 교육대상으로 하는 경우에는 산업안전 및 산업보건 분야의 강사 각 1명)] 이상으로 해야 하며, 제2호가목의 구분에 따른 교육대상을 달리하는 교육을 실시하는 경우에는 관련 분야의 강사 1명을 추가로 확보해야 한다.

나. 시설 및 장비는 항상 갖추어 두고 사용할 수 있도록 하되, 임대하여 사용할 수 있으며, 교육대상별로 보유해야 할 장비 중 중복되는 장비에 대해서는 공용으로 사용할 수 있다. 이 경우 등록한 강의실이 아닌 장소에서 교육을 실시하는 경우에도 시설 및 해당 교육과정에 적합한 장비를 갖추어야 한다.

다. 직무교육을 하기 위하여 지부 또는 출장소 등을 설치하는 경우에는 각 지부 또는 출장소별로 해당 인력·시설 및 장비를 갖추어야 한다.

라. 관련 분야의 범위

1) 산업안전 분야 : 기계안전, 전기안전, 화공안전, 건설안전

2) 산업보건 분야 : 직업환경의학, 산업위생관리, 산업간호, 인간공학, 대기환경

3) 안전검사 분야 : 기계안전, 전기안전, 화공안전, 산업안전, 산업위생관리

2. 인력기준

가. 교육대상별 관련 분야 구분

구분	교육대상	관련 분야
총괄	1) 안전보건관리책임자 2) 안전보건관리담당자	산업안전 및 산업보건
산업 안전	3) 안전관리자 4) 안전관리전문기관의 종사자 5) 건설재해예방전문지도기관의 종사자	산업안전
산업 보건	6) 보건관리자 7) 보건관리전문기관의 종사자 8) 석면조사기관의 종사자	산업보건 ※ 석면조사기관의 종사자에 대한 관련 분야는 산업보건 분야 중 산업위생관리로 한정한다.
안전 검사	9) 안전검사기관의 종사자 10) 자율안전검사기관의 종사자	안전검사

나. 인력별 기준

구분	자격기준
총괄 책임자	1) 교육대상별 관련 분야 지도사, 기술사 또는 박사학위 소지자 2) 「의료법」 제77조에 따른 직업환경의학과 전문의 3) 교육대상별 관련 분야의 기사 자격 또는 「간호법」 제5조에 따른 산업전문간호사 자격을 취득한 후 실무경력이 10년 이상인 사람 4) 「고등교육법」 제2조에 따른 학교의 교육대상별 관련 분야 학과 조교수 이상인 사람 5) 5급 이상 공무원(고위공무원단에 속하는 일반직공무원을 포함한다)으로 근무한 기간 중 산업재해 예방 행정 분야에 실제 근무한 기간이 3년 이상인 사람 6) 산업안전·보건 분야 석사 이상의 학위를 취득한 후 교육대상별 관련 분야에 실제 근무한 기간이 3년 이상인 사람
강사	1) 총괄책임자의 자격이 있는 사람 2) 교육대상별 관련 분야 기사 자격을 취득한 후 실무경력이 7년 이상인 사람 3) 교육대상별 관련 분야 산업기사 자격을 취득한 후 실무경력이 10년 이상인 사람 4) 「간호법」에 따른 간호사 자격을 취득한 후 관련 분야 실무경력이 7년 이상인 사람 5) 교육대상별 관련 분야 석사 학위를 취득한 후 실무경력이 5년 이상인 사람 6) 7급 이상 공무원(고위공무원단에 속하는 일반직공무원을 포함한다)으로 근무한 기간 중 산업재해 예방 행정 분야에 실제 근무한 기간이 5년 이상인 사람

3. 시설기준

가. 사무실 : 연면적 30㎡ 이상일 것

나. 강의실 : 연면적 120㎡ 이상이고, 의자·탁자 및 교육용 비품을 갖출 것

4. 교육대상별 장비 기준

가. 안전관리자, 안전관리전문기관 및 재해예방 전문지도기관의 종사자

장비명	수량(대)
1) 회전속도측정기	1
2) 온도계측기(표면온도 측정용일 것)	1
3) 소음측정기	1
4) 절연저항측정기	1
5) 접지저항측정기	1
6) 정전기전하량측정기	1

7) 클램프미터	1
8) 검전기(저·고·특고압용일 것)	1
9) 직독식 유해가스농도측정기(산소농도의 측정도 가능할 것)	1

나. 보건관리자 및 보건관리전문기관의 종사자

장비명	수량(대)
1) 화학적 인자의 채취를 위한 개인용 시료채취기 세트	1
2) 분진의 채취를 위한 개인용 시료채취기 세트	1
3) 소음측정기	1
4) 습구·흑구온도지수(WBGT)의 산출이 가능한 온열조건 측정기	1
5) 검지관 등 가스·증기농도 측정기 세트	1
6) 직독식 유해가스농도측정기(산소농도의 측정도 가능할 것)	1
7) 청력검사기	1
8) 국소배기시설 성능시험을 위한 스모크테스터	1
9) 정압 프로브가 달린 열선풍속계	1
10) 심폐소생 인체모형	1
11) 혈압계	1
12) 혈당검사용 간이검사기	1
13) 혈중지질검사용 간이검사기	1

다. 안전보건관리담당자

장비명	수량(대)
1) 절연저항측정기	1
2) 접지저항측정기	1
3) 클램프미터	1
4) 검전기(저·고·특고압용일 것)	1
5) 소음측정기	1
6) 검지관 등 가스·증기농도 측정기 세트	1
7) 직독식 유해가스농도측정기(산소농도의 측정도 가능할 것)	1
8) 심폐소생 인체모형	1
9) 혈압계	1
10) 혈당검사용 간이검사기	1
11) 혈중지질검사용 간이검사기	1

라. 석면조사기관의 종사자

장비명	수량(대)
1) 지역시료 채취펌프	1
2) 유량보정계	1
3) 입체현미경	1

산업 안전

4) 편광현미경	1
5) 위상차현미경	1
6) 흄 후드[고성능필터(HEPA필터) 이상의 공기정화장치가 장착된 것일 것]	1
7) 진공청소기[고성능필터(HEPA필터) 이상의 공기정화장치가 장착된 것일 것]	1
8) 아세톤 증기화 장치	1
9) 필터 여과추출장치	1
10) 저울(최소 측정단위가 0.1mg 이하이어야 한다)	1
11) 송기마스크 또는 전동식 호흡보호구[전동식 방진마스크(전면형 특등급일 것), 전동식 후드 또는 전동식 보안면{분진·미스트(mist : 공기 중에 떠다니는 작은 액체방울)·흄(fume : 열이나 화학반응에 의하여 형성된 고체증기가 응축되어 생긴 미세입자)}에 대한 용도로 안면부 누설률이 0.05% 이하인 특등급일 것)]	1

마. 안전검사기관 및 자율안전검사기관의 종사자

장비명	수량(대)
1) 회전속도측정기	1
2) 비파괴시험장비	1
3) 와이어로프 테스터	1
4) 진동측정기	1
5) 초음파 두께측정기	1
6) 토크메타	1
7) 로드셀, 분동	1
8) 온도계측기(표면측정용일 것)	1
9) 소음측정기	1
10) 절연저항측정기	1
11) 접지저항측정기	1
12) 정전기전압측정기	1
13) 클램프미터	1
14) 검전기(저·고·특고압용일 것)	1
15) 직독식 유해가스농도측정기(산도농도의 측정이 가능할 것)	1

[별표 13]

유해·위험물질 규정량(제43조제1항 관련)

번호	유해·위험물질	CAS번호	규정량(kg)
1	인화성 가스	-	제조·취급 : 5,000 (저장 : 200,000)
2	인화성 액체	-	제조·취급 : 5,000 (저장 : 200,000)
3	메틸 이소시아네이트	624-83-9	제조·취급·저장 : 1,000
4	포스겐	75-44-5	제조·취급·저장 : 500
5	아크릴로니트릴	107-13-1	제조·취급·저장 : 10,000
6	암모니아	7664-41-7	제조·취급·저장 : 10,000
7	염소	7782-50-5	제조·취급·저장 : 1,500
8	이산화황	7446-09-5	제조·취급·저장 : 10,000
9	삼산화황	7446-11-9	제조·취급·저장 : 10,000
10	이황화탄소	75-15-0	제조·취급·저장 : 10,000
11	시안화수소	74-90-8	제조·취급·저장 : 500
12	불화수소(무수불산)	7664-39-3	제조·취급·저장 : 1,000
13	염화수소(무수염산)	7647-01-0	제조·취급·저장 : 10,000
14	황화수소	7783-06-4	제조·취급·저장 : 1,000
15	질산암모늄	6484-52-2	제조·취급·저장 : 500,000
16	니트로글리세린	55-63-0	제조·취급·저장 : 10,000
17	트리니트로톨루엔	118-96-7	제조·취급·저장 : 50,000
18	수소	1333-74-0	제조·취급·저장 : 5,000
19	산화에틸렌	75-21-8	제조·취급·저장 : 1,000
20	포스핀	7803-51-2	제조·취급·저장 : 500
21	실란(Silane)	7803-62-5	제조·취급·저장 : 1,000
22	질산(중량 94.5% 이상)	7697-37-2	제조·취급·저장 : 50,000
23	발연황산(삼산화황 중량 65% 이상 80% 미만)	8014-95-7	제조·취급·저장 : 20,000
24	과산화수소(중량 52% 이상)	7722-84-1	제조·취급·저장 : 10,000
25	톨루엔 디이소시아네이트	91-08-7, 584-84-9, 26471-62-5	제조·취급·저장 : 2,000
26	클로로술폰산	7790-94-5	제조·취급·저장 : 10,000
27	브롬화수소	10035-10-6	제조·취급·저장 : 10,000

산업 안전

28	삼염화인	7719-12-2	제조·취급·저장 : 10,000
29	염화 벤질	100-44-7	제조·취급·저장 : 2,000
30	이산화염소	10049-04-4	제조·취급·저장 : 500
31	염화 티오닐	7719-09-7	제조·취급·저장 : 10,000
32	브롬	7726-95-6	제조·취급·저장 : 1,000
33	일산화질소	10102-43-9	제조·취급·저장 : 10,000
34	붕소 트리염화물	10294-34-5	제조·취급·저장 : 10,000
35	메틸에틸케톤과산화물	1338-23-4	제조·취급·저장 : 10,000
36	삼불화 붕소	7637-07-2	제조·취급·저장 : 1,000
37	니트로아닐린	88-74-4, 99-09-2, 100-01-6, 29757-24-2	제조·취급·저장 : 2,500
38	염소 트리플루오르화	7790-91-2	제조·취급·저장 : 1,000
39	불소	7782-41-4	제조·취급·저장 : 500
40	시아누르 플루오르화물	675-14-9	제조·취급·저장 : 2,000
41	질소 트리플루오르화물	7783-54-2	제조·취급·저장 : 20,000
42	니트로 셀룰로오스 (질소 함유량 12.6% 이상)	9004-70-0	제조·취급·저장 : 100,000
43	과산화벤조일	94-36-0	제조·취급·저장 : 3,500
44	과염소산 암모늄	7790-98-9	제조·취급·저장 : 3,500
45	디클로로실란	4109-96-0	제조·취급·저장 : 1,000
46	디에틸 알루미늄 염화물	96-10-6	제조·취급·저장 : 10,000
47	디이소프로필 퍼옥시디카보네이트	105-64-6	제조·취급·저장 : 3,500
48	불산(중량 10% 이상)	7664-39-3	제조·취급·저장 : 10,000
49	염산(중량 20% 이상)	7647-01-0	제조·취급·저장 : 20,000
50	황산(중량 20% 이상)	7664-93-9	제조·취급·저장 : 20,000
51	암모니아수(중량 20% 이상)	1336-21-6	제조·취급·저장 : 50,000

※ 비고 :

1. "인화성 가스"란 인화한계 농도의 최저한도가 13% 이하 또는 최고한도와 최저한도의 차가 12% 이상인 것으로서 표준압력(101.3 ㎪)에서 20℃에서 가스 상태인 물질을 말한다.
2. 인화성 가스 중 사업장 외부로부터 배관을 통해 공급받아 최초 압력조정기 후단 이후의 압력이 0.1 MPa(계기압력) 미만으로 취급되는 사업장의 연료용 도시가스(메탄 중량성분 85% 이상으로 이 표에 따른 유해·위험물질이 없는 설비에 공급되는 경우에 한정한다)는 취급 규정량을

50,000kg으로 한다.

3. 인화성 액체란 표준압력(101.3 ㎪)에서 인화점이 60℃ 이하이거나 고온·고압의 공정운전조건으로 인하여 화재·폭발위험이 있는 상태에서 취급되는 가연성 물질을 말한다.
4. 인화점의 수치는 태그밀폐식 또는 펜스키마르테르식 등의 밀폐식 인화점 측정기로 표준압력(101.3 ㎪)에서 측정한 수치 중 작은 수치를 말한다.
5. 유해·위험물질의 규정량이란 제조·취급·저장 설비에서 공정과정 중에 저장되는 양을 포함하여 하루 동안 최대로 제조·취급 또는 저장할 수 있는 양을 말한다.
6. 규정량은 화학물질의 순도 100%를 기준으로 산출하되, 농도가 규정되어 있는 화학물질은 그 규정된 농도를 기준으로 한다.
7. 사업장에서 다음 각 목의 구분에 따라 해당 유해·위험물질을 그 규정량 이상 제조·취급·저장하는 경우에는 유해·위험설비로 본다.
   가. 한 종류의 유해·위험물질을 제조·취급·저장하는 경우 : 해당 유해·위험물질의 규정량 대비 하루 동안 제조·취급 또는 저장할 수 있는 최대치 중 가장 큰 값$\left(\frac{C}{T}\right)$이 1 이상인 경우
   나. 두 종류 이상의 유해·위험물질을 제조·취급·저장하는 경우 : 유해·위험물질별로 가목에 따른 가장 큰 값$\left(\frac{C}{T}\right)$을 각각 구하여 합산한 값(R)이 1 이상인 경우, 그 계산식은 다음과 같다.

   $$R : \frac{C_1}{T_1} + \frac{C_2}{T_2} + \cdots \cdots \cdots \cdots \cdots + \frac{C_n}{T_n}$$

   주) C_n : 유해·위험물질별(n) 규정량과 비교하여 하루 동안 제조·취급 또는 저장할 수 있는 최대치 중 가장 큰 값
   T_n : 유해·위험물질별(n) 규정량
8. 가스를 전문으로 저장·판매하는 시설 내의 가스는 이 표의 규정량 산정에서 제외한다.

[별표 14]

안전보건진단의 종류 및 내용(제46조제1항 관련)

종류	진단내용
종합진단	1. 경영·관리적 사항에 대한 평가 가. 산업재해 예방계획의 적정성 나. 안전·보건 관리조직과 그 직무의 적정성 다. 산업안전보건위원회 설치·운영, 명예산업안전감독관의 역할 등 근로자의 참여 정도 라. 안전보건관리규정 내용의 적정성 2. 산업재해 또는 사고의 발생 원인(산업재해 또는 사고가 발생한 경우만 해당한다) 3. 작업조건 및 작업방법에 대한 평가 4. 유해·위험요인에 대한 측정 및 분석 가. 기계·기구 또는 그 밖의 설비에 의한 위험성 나. 폭발성·물반응성·자기반응성·자기발열성 물질, 자연발화성 액체·고체 및 인화성 액체 등에 의한 위험성 다. 전기·열 또는 그 밖의 에너지에 의한 위험성 라. 추락, 붕괴, 낙하, 비래(飛來) 등으로 인한 위험성 마. 그 밖에 기계·기구·설비·장치·구축물·시설물·원재료 및 공정 등에 의한 위험성 바. 법 제118조제1항에 따른 허가대상물질, 고용노동부령으로 정하는 관리대상 유해물질 및 온도·습도·환기·소음·진동·분진, 유해광선 등의 유해성 또는 위험성 5. 보호구, 안전·보건장비 및 작업환경 개선시설의 적정성 6. 유해물질의 사용·보관·저장, 물질안전보건자료의 작성, 근로자 교육 및 경고표시 부착의 적정성 7. 그 밖에 작업환경 및 근로자 건강 유지·증진 등 보건관리의 개선을 위하여 필요한 사항
안전진단	종합진단 내용 중 제2호·제3호, 제4호가목부터 마목까지 및 제5호 중 안전 관련 사항
보건진단	종합진단 내용 중 제2호·제3호, 제4호바목, 제5호 중 보건 관련 사항, 제6호 및 제7호

[별표 15] (2025.1.31 개정)

종합진단기관의 인력·시설 및 장비 등의 기준(제47조 관련)

1. 인력기준

안전 분야	보건 분야
다음 각 목에 해당하는 전담 인력 보유 가. 기계안전·화공안전·전기안전 분야의 산업안전지도사 또는 안전기술사 1명 이상 나. 건설안전 분야의 산업안전지도사 또는 건설안전기술사 1명 이상 다. 산업안전기사 이상의 자격을 취득한 사람 2명 이상 라. 기계기사 이상의 자격을 취득한 사람 1명 이상 마 전기기사 이상의 자격을 취득한 사람 1명 이상 바. 화공기사 이상의 자격을 취득한 사람 1명 이상 사. 건설안전기사 이상의 자격을 취득한 1명 이상	다음 각 목에 해당하는 전담 인력 보유 가. 의사(별표 30 제1호의 특수건강진단기관의 인력기준에 해당하는 사람)·산업보건지도사 또는 산업위생관리기술사 1명 이상 나. 분석전문가(「고등교육법」에 따른 대학에서 화학, 화공학, 약학 또는 산업보건학 관련 학위를 취득한 사람 또는 이와 같은 수준 이상의 학력을 가진 사람) 2명 이상 다. 산업위생관리기사(산업위생관리기사 이상의 자격을 취득한 사람 또는 산업위생관리산업기사 이상의 자격을 취득한 사람 각 1명 이상) 2명 이상

2. 시설기준
   가. 안전 분야 : 사무실 및 장비실
   나. 보건 분야 : 작업환경상담실, 작업환경측정 준비 및 분석실험실

3. 장비기준
   가. 안전 분야 : 별표 16 제2호에 따라 일반안전진단기관이 갖추어야 할 장비
   나. 보건 분야 : 별표 17 제3호에 따라 보건진단기관이 갖추어야 할 장비

4. 장비의 공동활용
   별표 17 제3호아목부터 러목까지의 규정에 해당하는 장비는 해당 기관이 법 제126조에 따른 작업환경측정기관 또는 법 제135조에 따른 특수건강진단기관으로 지정을 받으려고 하거나 지정을 받아 같은 장비를 보유하고 있는 경우에는 분석 능력 등을 고려하여 이를 공동으로 활용할 수 있다.

[별표 16] (2025.1.31 개정)

안전진단기관의 인력·시설 및 장비 등의 기준(제47조 관련)

번호	종류	인력기준	시설·장비 기준	대상 업종
1	공통 사항		1. 사무실 2. 장비실	
2	일반 안전 진단 기관	다음 각 호에 해당하는 전담 인력 보유 1. 기계안전·화공안전·전기안전 분야의 산업안전지도사 또는 안전기술사 1명 이상 2. 산업안전기사 이상의 자격을 취득한 사람 2명 이상 3. 기계기사 이상의 자격을 취득한 사람 1명 이상 4. 전기기사 이상의 자격을 취득한 사람 1명 이상 5. 화공기사 이상의 자격을 취득한 사람 1명 이상	1. 회전속도측정기 2. 자동 탐상비파괴시험기 3. 재료강도시험기 4. 진동측정기 5. 표준압력계 6. 절연저항측정기 7. 만능회로측정기 8. 산업용 내시경 9. 경도측정기 10. 산소농도측정기 11. 두께측정기 12. 가스농도측정기 13. 가연성 가스 검지관 14. 수압시험기 15. 접지저항측정기 16. 계전기기시험기 17. 정전기전하량측정기 18. 정전전위측정기 19. 차압측정기	모든 사업(건설업은 제외한다)
3	건설 안전 진단 기관	다음 각 호에 해당하는 전담 인력 보유 1. 건설안전 분야의 산업안전지도사 또는 안전기술사 1명 이상 2. 건설안전기사 이상의 자격을 취득한 사람 2명 이상 3. 건설안전산업기사 또는 산업안전산업기사 이상의 자격을 취득한 사람 2명 이상	1. 재료강도시험기 2. 진동측정기 3. 산소농도측정기 4. 가스농도측정기	건설업

[별표 17]

보건진단기관의 인력·시설 및 장비 등의 기준(제47조 관련)

1. 인력기준(보건진단 업무만을 전담하는 인력기준)

인력	인원	자격
의사, 산업보건지도사 또는 산업위생관리기술사	1명 이상	의사는 「의료법」에 따른 직업환경의학과 전문의
분석전문가	2명 이상	「고등교육법」에 따른 대학에서 화학, 화공학, 약학 또는 산업보건학 관련 학위를 취득한 사람 또는 이와 같은 수준 이상의 학력을 가진 사람
산업위생관리기사	2명 이상	산업위생관리기사 이상의 자격을 취득한 사람 및 산업위생관리산업기사 이상의 자격을 취득한 사람 각각 1명 이상

※ 비고 : 인원은 보건진단 대상 사업장 120개소를 기준으로 120개소를 초과할 때마다 인력별로 1명씩 추가한다.

2. 시설기준
   가. 작업환경상담실
   나. 작업환경측정 준비 및 분석실험실

3. 장비기준
   가. 분진, 특정 화학물질, 유기용제 및 유해가스의 시료 포집기
   나. 검지관 등 가스·증기농도 측정기 세트
   다. 분진측정기
   라. 옥타브 분석이 가능한 소음측정계 및 소음조사량측정기
   마. 대기의 온도·습도, 기류, 복사열, 조도(照度), 유해광선을 측정할 수 있는 기기
   바. 산소측정기
   사. 일산화탄소농도측정기
   아. 원자흡광광도계
   자. 가스크로마토그래피
   차. 자외선·가시광선 분광광도계
   카. 현미경
   타. 저울(최소 측정단위가 0.01㎎ 이하이어야 한다)
   파. 순수제조기
   하. 건조기
   거. 냉장고 및 냉동고

너. 드래프트 체임버
더. 화학실험대
러. 배기 또는 배액의 처리를 위한 설비
머. 피토 튜브 등 국소배기시설의 성능시험장비

4. 시설 및 장비의 공동활용
제2호의 시설과 제3호아목부터 러목까지의 규정에 해당하는 장비는 해당 기관이 법 제126조에 따른 작업환경측정기관 또는 법 제135조 따른 특수건강진단기관으로 지정을 받으려고 하거나 지정을 받아 같은 장비를 보유하고 있는 경우에는 분석 능력 등을 고려하여 이를 공동으로 활용할 수 있다.

[별표 18] (2022.8.16 개정)

건설재해예방전문지도기관의 지도 기준(제60조 관련)

1. 건설재해예방전문지도기관의 지도대상 분야
건설재해예방전문지도기관이 법 제73조제2항에 따라 건설공사도급인에 대하여 실시하는 지도(이하 "기술지도"라 한다)는 공사의 종류에 따라 다음 각 목의 지도 분야로 구분한다.
가. 건설공사(「전기공사업법」, 「정보통신공사업법」 및 「소방시설공사업법」에 따른 전기공사, 정보통신공사 및 소방시설공사는 제외한다) 지도 분야
나. 「전기공사업법」, 「정보통신공사업법」 및 「소방시설공사업법」에 따른 전기공사, 정보통신공사 및 소방시설공사 지도 분야

2. 기술지도계약
가. 건설재해예방전문지도기관은 건설공사발주자로부터 기술지도계약서 사본을 받은 날부터 14일 이내에 이를 건설현장에 갖춰 두도록 건설공사도급인(건설공사발주자로부터 해당 건설공사를 최초로 도급받은 수급인만 해당한다)을 지도하고, 건설공사의 시공을 주도하여 총괄·관리하는 자에 대해서는 기술지도계약을 체결한 날부터 14일 이내에 기술지도계약서 사본을 건설현장에 갖춰 두도록 지도해야 한다.

나. 건설재해예방전문지도기관이 기술지도계약을 체결할 때에는 고용노동부장관이 정하는 전산시스템(이하 "전산시스템"이라 한다)을 통해 발급한 계약서를 사용해야 하며, 기술지도계약을 체결한 날부터 7일 이내에 전산시스템에 건설업체명, 공사명 등 기술지도계약의 내용을 입력해야 한다.
다. 삭제(2022.8.16)
라. 삭제(2022.8.16)

3. 기술지도의 수행방법
가. 기술지도 횟수
1) 기술지도는 특별한 사유가 없으면 다음의 계산식에 따른 횟수로 하고, 공사시작 후 15일 이내마다 1회 실시하되, 공사금액이 40억원 이상인 공사에 대해서는 별표 19 제1호 및 제2호의 구분에 따른 분야 중 그 공사에 해당하는 지도 분야의 같은 표 제1호나목 지도인력기준란 1) 및 같은 표 제2호나목 지도인력기준란 1)에 해당하는 사람이 8회마다 한 번 이상 방문하여 기술지도를 해야 한다.

$$\text{기술지도 횟수(회)} = \frac{\text{공사기간(일)}}{\text{15일}}$$

※ 단, 소수점은 버린다.
2) 공사가 조기에 준공된 경우, 기술지도계약이 지연되어 체결된 경우 및 공사기간이 현저히 짧은 경우 등의 사유로 기술지도 횟수기준을 지키기 어려운 경우에는 그 공사의 공사감독자(공사감독자가 없는 경우에는 감리자를 말한다)의 승인을 받아 기술지도 횟수를 조정할 수 있다.
나. 기술지도 한계 및 기술지도 지역
1) 건설재해예방전문지도기관의 사업장 지도 담당 요원 1명당 기술지도 횟수는 1일당 최대 4회로 하고, 월 최대 80회로 한다.
2) 건설재해예방전문지도기관의 기술지도 지역은 건설재해예방전문지도기관으로 지정을 받은 지방고용노동관서 관할지역으로 한다.

4. 기술지도 업무의 내용
가. 기술지도 범위 및 준수의무
1) 건설재해예방전문지도기관은 기술지도를 할 때에는 공사의 종류, 공사규모, 담당 사업장 수 등을 고려하여 건설재해예방전문지도기관의 직원 중에서 기술지도 담당자를 지정해야 한다.
2) 건설재해예방전문지도기관은 기술지도 담당자에게 건설업에서 발생하는 최근 사망사고 사례, 사망사고의 유형과 그 유형별 예방 대책 등에 대하여 연 1회 이상 교육을 실시해야 한다.
3) 건설재해예방전문지도기관은 「산업안전보건법」 등 관계 법령에 따라 건설공사도급인이 산업재해 예방을 위해 준수해야 하는 사항을 기술지도해

야 하며, 기술지도를 받은 건설공사도급인은 그에 따른 적절한 조치를 해야 한다.

4) 건설재해예방전문지도기관은 건설공사도급인이 기술지도에 따라 적절한 조치를 했는지 확인해야 하며, 건설공사도급인 중 건설공사발주자로부터 해당 건설공사를 최초로 도급받은 수급인이 해당 조치를 하지 않은 경우에는 건설공사발주자에게 그 사실을 알려야 한다.

나. 기술지도 결과의 관리

1) 건설재해예방전문지도기관은 기술지도를 한 때마다 기술지도 결과보고서를 작성하여 지체 없이 다음의 구분에 따른 사람에게 알려야 한다.

가) 관계수급인의 공사금액을 포함한 해당 공사의 총공사금액이 20억원 이상인 경우 : 해당 사업장의 안전보건총괄책임자

나) 관계수급인의 공사금액을 포함한 해당 공사의 총공사금액이 20억원 미만인 경우 : 해당 사업장을 실질적으로 총괄하여 관리하는 사람

2) 건설재해예방전문지도기관은 기술지도를 한 날부터 7일 이내에 기술지도 결과를 전산시스템에 입력해야 한다.

3) 건설재해예방전문지도기관은 관계수급인의 공사금액을 포함한 해당 공사의 총공사금액이 50억원 이상인 경우에는 건설공사도급인이 속하는 회사의 사업주와 「중대재해 처벌 등에 관한 법률」에 따른 경영책임자등에게 매 분기 1회 이상 기술지도 결과보고서를 송부해야 한다.

4) 건설재해예방전문지도기관은 공사 종료 시 건설공사의 건설공사발주자 또는 건설공사도급인(건설공사도급인은 건설공사발주자로부터 건설공사를 최초로 도급받은 수급인은 제외한다)에게 고용노동부령으로 정하는 서식에 따른 기술지도 완료증명서를 발급해 주어야 한다.

5. 기술지도 관련 서류의 보존

건설재해예방전문지도기관은 기술지도계약서, 기술지도 결과보고서, 그 밖에 기술지도업무 수행에 관한 서류를 기술지도계약이 종료된 날부터 3년 동안 보존해야 한다.

[별표 19] (2023.6.27 개정)

건설재해예방전문지도기관의 인력·시설 및 장비 기준
(제61조 관련)

1. 건설공사(「전기공사업법」, 「정보통신공사업법」 및 「소방시설공사업법」에 따른 전기공사, 정보통신공사 및 소방시설공사는 제외한다) 지도 분야
   가. 법 제145조제1항에 따라 등록한 산업안전지도사의 경우
      1) 지도인력기준 : 법 제145조제1항에 따라 등록한 산업안전지도사(건설안전 분야)
      2) 시설기준 : 사무실(장비실을 포함한다)
      3) 장비기준 : 나목의 장비기준과 같음
   나. 건설 산업재해 예방 업무를 하려는 법인의 경우

지도인력기준	시설기준	장비기준
• 다음에 해당하는 인원 1) 산업안전지도사(건설 분야) 또는 건설안전기술사 1명 이상 2) 다음의 기술인력 중 2명 이상 가) 건설안전산업기사 이상의 자격을 취득한 후 건설안전 실무경력이 건설안전기사 이상의 자격은 5년, 건설안전산업기사 자격은 7년 이상인 사람 나) 토목·건축산업기사 이상의 자격을 취득한 후 건설 실무경력이 토목·건축기사 이상의 자격은 5년, 토목·건축산업기사 자격은 7년 이상이고 제17조에 따른 안전관리자의 자격을 갖춘 사람 3) 다음의 기술인력 중 2명 이상 가) 건설안전산업기사 이상의 자격을 취득한 후 건설안전 실무경력이 건설안전기사 이상의 자격은 1년, 건설안전산업기사 자격은 3년 이상인 사람 나) 토목·건축산업기사 이상의 자격을 취득한 후 건설 실무경력이 토목·건축기사 이상의 자격은 1년, 토목·건축산업기사 자격은 3년 이상이고 제17조에 따른 안전관리자의 자격을 갖춘 사람 4) 제17조에 따른 안전관리자의 자격(별표 4 제1호부터 제5호까지의 어느 하나에 해당하는 자격을 갖	사무실 (장비실 포함)	지도인력 2명당 다음의 장비 각 1대 이상(지도인력이 홀수인 경우 지도인력 인원을 2로 나눈 나머지인 1명도 다음의 장비를 갖추어야 한다) 1) 가스농도측정기 2) 산소농도측정기 3) 접지저항측정기 4) 절연저항측정기 5) 조도계

춘 사람만 해당한다)을 갖춘 후 건설안전 실무경력이 2년 이상인 사람 1명 이상		

※ 비고 : 지도인력기준란 3)과 4)를 합한 인력 수는 1)과 2)를 합한 인력의 3배를 초과할 수 없다.

2. 「전기공사업법」, 「정보통신공사업법」 및 「소방시설공사업법」에 따른 전기공사, 정보통신공사 및 소방시설공사 지도 분야

가. 법 제145조제1항에 따라 등록한 산업안전지도사의 경우

1) 지도인력기준 : 법 제145조제1항에 따라 등록한 산업안전지도사(전기안전 또는 건설안전 분야)

2) 시설기준 : 사무실(장비실을 포함한다)

3) 장비기준 : 나목의 장비기준과 같음

나. 건설 산업재해 예방 업무를 하려는 법인의 경우

지도인력기준	시설기준	장비기준
• 다음에 해당하는 인원 1) 다음의 기술인력 중 1명 이상 가) 산업안전지도사(건설 또는 전기 분야), 건설안전기술사 또는 전기안전기술사 나) 건설안전·산업안전기사 자격을 취득한 후 건설안전 실무경력이 9년 이상인 사람 2) 다음의 기술인력 중 2명 이상 가) 건설안전·산업안전산업기사 이상의 자격을 취득한 후 건설안전 실무경력이 건설안전·산업안전기사 이상의 자격은 5년, 건설안전·산업안전산업기사 자격은 7년 이상인 사람 나) 토목·건축·전기·전기공사 또는 정보통신산업기사 이상의 자격을 취득한 후 건설 실무경력이 토목·건축·전기·전기공사 또는 정보통신기사 이상의 자격은 5년, 토목·건축·전기·전기공사 또는 정보통신산업기사 자격은 7년 이상이고 제17조에 따른 안전관리자의 자격을 갖춘 사람 3) 다음의 기술인력 중 2명 이상 가) 건설안전·산업안전산업기사 이상의 자격을 취득한 후 건설안전 실무경력이 건설안전·산업안전기사 이상의 자격은 1년, 건설안전·산업안전산업기사 자격은 3년 이상인 사람 나) 토목·건축·전기·전기공사 또는 정보통신산업기사 이상의 자격을 취득한 후 건설 실무경력	사무실 (장비실 포함)	지도인력 2명당 다음의 장비 각 1대 이상(지도인력이 홀수인 경우 지도인력 인원을 2로 나눈 나머지인 1명도 다음의 장비를 갖추어야 한다) 1) 가스농도측정기 2) 산소농도측정기 3) 고압경보기 4) 검전기 5) 조도계 6) 접지저항측정기 7) 절연저항측정기

이 토목·건축·전기·전기공사 또는 정보통신기사 이상의 자격은 1년, 토목·건축·전기·전기공사 또는 정보통신산업기사 자격은 3년 이상이고 제17조에 따른 안전관리자의 자격을 갖춘 사람 4) 제17조에 따른 안전관리자의 자격(별표 4 제1호부터 제5호까지의 어느 하나에 해당하는 자격을 갖춘 사람만 해당한다)을 갖춘 후 건설안전 실무경력이 2년 이상인 사람 1명 이상		

※ 비고 : 지도인력기준란 3)과 4)를 합한 인력의 수는 1)과 2)를 합한 인력의 수의 3배를 초과할 수 없다.

[별표 20]

유해·위험 방지를 위한 방호조치가 필요한 기계·기구(제70조 관련)

1. 예초기
2. 원심기
3. 공기압축기
4. 금속절단기
5. 지게차
6. 포장기계(진공포장기, 래핑기로 한정한다)

[별표 21] (2021.1.5 개정)

대여자 등이 안전조치 등을 해야 하는 기계·기구·설비 및 건축물 등
(제71조 관련)

1. 사무실 및 공장용 건축물
2. 이동식 크레인
3. 타워크레인
4. 불도저
5. 모터 그레이더
6. 로더
7. 스크레이퍼
8. 스크레이퍼 도저
9. 파워 셔블
10. 드래그라인
11. 클램셸
12. 버킷굴착기
13. 트렌치
14. 항타기
15. 항발기
16. 어스드릴
17. 천공기
18. 어스오거
19. 페이퍼드레인머신
20. 리프트
21. 지게차
22. 롤러기
23. 콘크리트 펌프
24. 고소작업대
25. 그 밖에 산업재해보상보험및예방심의위원회 심의를 거쳐 고용노동부장관이 정하여 고시하는 기계, 기구, 설비 및 건축물 등

[별표 22] (2025.1.31 개정)

타워크레인 설치·해체업의 인력·시설 및 장비 기준
(제72조제1항 관련)

1. 인력기준 : 다음 각 목의 어느 하나에 해당하는 사람 4명 이상을 보유할 것
   가. 「국가기술자격법」에 따른 타워크레인 설치·해체기능사의 자격을 취득한 사람
   나. 「국가기술자격법」에 따른 판금제관기능사 또는 비계기능사의 자격을 취득한 사람(2025년 12월 31일까지 해당 자격을 취득한 사람으로 한정한다)
   다. 법 제140조제2항에 따라 지정된 타워크레인 설치·해체작업 교육기관에서 지정된 교육을 이수하고 수료시험에 합격한 사람으로서 합격 후 5년이 지나지 않은 사람
   라. 법 제140조제2항에 따라 지정된 타워크레인 설치·해체작업 교육기관에서 보수교육을 이수한 후 5년이 지나지 않은 사람

2. 시설기준 : 사무실

3. 장비기준
   가. 렌치류(토크렌치, 함마렌치 및 전동임팩트렌치 등 볼트, 너트, 나사 등을 죄거나 푸는 공구)
   나. 드릴링머신(회전축에 드릴을 달아 구멍을 뚫는 기계)
   다. 버니어캘리퍼스(자로 재기 힘든 물체의 두께, 지름 따위를 재는 기구)
   라. 트랜싯(각도를 측정하는 측량기기로 같은 수준의 기능 및 성능의 측량기기를 갖춘 경우도 인정한다)
   마. 체인블록 및 레버블록(체인 또는 레버를 이용하여 중량물을 달아 올리거나 수직·수평·경사로 이동시키는데 사용하는 기구)
   바. 전기테스터기
   사. 송수신기

[별표 23]

안전인증기관의 인력·시설 및 장비 기준(제75조제2호 관련)

1. 공통사항

가. 인력기준 : 안전인증 대상별 관련 분야 구분

안전인증 대상	관련 분야
크레인, 리프트, 고소작업대, 프레스, 전단기, 사출성형기, 롤러기, 절곡기, 곤돌라	기계, 전기·전자, 산업안전(기술사는 기계·전기안전으로 한정함)
압력용기	기계, 전기·전자, 화공, 금속, 에너지, 산업안전(기술사는 기계·화공안전으로 한정함)
방폭구조 전기기계·기구 및 부품	기계, 전기·전자, 금속, 화공, 가스
가설기자재	기계, 건축, 토목, 생산관리, 건설·산업안전(기술사는 건설·기계안전으로 한정함)

나. 시설 및 장비기준

1) 시설기준

가) 사무실

나) 장비보관실(냉난방 및 통풍시설이 되어 있어야 함)

2) 제2호에 따른 개별사항의 시설 및 장비기준란에 규정된 장비 중 둘 이상의 성능을 모두 가지는 장비를 보유한 경우에는 각각의 해당 장비를 갖춘 것으로 인정한다.

다. 안전인증을 행하기 위한 조직·인원 및 업무수행체계가 한국산업규격 KS A ISO Guide 65(제품인증시스템을 운영하는 기관을 위한 일반 요구사항)과 KS Q ISO/IEC 17025(시험기관 및 교정기관의 자격에 대한 일반 요구사항)에 적합해야 한다.

라. 안전인증기관이 지부를 설치하는 경우에는 고용노동부장관과 협의를 해야 한다.

2. 개별사항

번호	항목	인력기준	시설 및 장비기준
1	크레인·리프트·고소작업대·곤돌라	가. 다음의 어느 하나에 해당하는 사람 1명 이상 1) 「국가기술자격법」에 따른 관련 분야 기술사 자격을 취득한 사람 2) 관련 분야 석사 이상 학위를	가. 크레인·리프트(이삿짐 운반용 리프트는 제외한다)·고소작업대·곤돌라 1) 와이어로프테스터 2) 회전속도측정기 3) 진동측정기

		취득한 후 해당 실무경력이 5년 이상인 사람 3) 「국가기술자격법」에 따른 관련 분야 기사 자격을 취득한 후 해당 실무경력이 7년 이상인 사람 나. 「국가기술자격법」에 따른 관련 분야 기사 이상의 자격을 취득한 후 해당 실무경력이 3년 이상인 사람 또는 관련 분야 전문학사 이상의 학위를 취득한 후 해당 실무경력이 학사 이상의 학위는 5년, 전문학사 학위는 7년 이상인 사람을 관련 분야별로 각 2명 이상(총 6명 이상) 다. 용접·비파괴검사 분야 산업기사 이상의 자격을 취득한 후 해당 실무경력이 3년 이상인 사람을 분야별로 각 1명 이상(총 2명 이상)	4) 경도계 5) 로드셀(5톤 이상) 6) 분동(0.5톤 이상) 7) 초음파두께측정기 8) 비파괴시험장비(UT, MT) 9) 트랜시트 10) 표면온도계 11) 절연저항측정기 12) 클램프미터 13) 만능회로시험기 14) 접지저항측정기 15) 레이저거리측정기 16) 수준기 ※ 비고 : 1. 1)부터 6)까지의 장비는 본부 및 지부 공용 2. 7)부터 9)까지의 장비는 각 지부별로 보유 3. 10)부터 16)까지의 장비는 제품심사 요원 2명당 1대 이상 보유 나. 이삿짐 운반용 리프트 1) 초음파두께측정기 2) 절연저항측정기 3) 비파괴시험장비(UT, MT)
2	프레스·전단기·사출성형기·롤러기·절곡기	가. 다음의 어느 하나에 해당하는 사람 1명 이상 1) 「국가기술자격법」에 따른 관련 분야 기술사 자격을 취득한 사람 2) 관련 분야 석사 이상의 학위를 취득한 후 해당 실무경력이 5년 이상인 사람 3) 「국가기술자격법」에 따른 관련 분야 기사 자격을 취득한 후 해당 실무경력이 7년 이상인 사람 나. 「국가기술자격법」에 따른 관	가. 회전속도측정기 나. 정지성능측정장치 다. 진동측정기 라. 경도계 마. 비파괴시험장비(UT, MT) 바. 표면온도계 사. 소음측정기 아. 절연저항측정기 자. 클램프미터 차. 만능회로시험기 카. 접지저항측정기 ※ 비고 :

산업안전

		련 분야 기사 이상의 자격을 취득한 후 해당 실무경력이 3년 이상인 사람 또는 관련 분야 학사 이상의 학위를 취득한 후 해당 실무경력 5년 이상인 사람을 관련 분야별로 각 2명 이상(총 6명 이상)	1. 가목부터 마목까지의 장비는 본부 및 지부 공용 2. 바목 및 사목의 장비는 각 지부별로 보유 3. 아목부터 카목까지의 장비는 제품심사 요원 2명당 1대 이상 보유
3	압력 용기	가. 다음의 어느 하나에 해당하는 사람 1명 이상 1) 「국가기술자격법」에 따른 관련 분야 기술사 자격을 취득한 사람 2) 관련 분야 석사 이상 학위를 취득한 후 해당 실무경력이 5년 이상인 사람 3) 「국가기술자격법」에 따른 관련 분야 기사 자격을 취득한 후 해당 실무경력이 7년 이상인 사람 나. 「국가기술자격법」에 따른 관련 분야 기사 이상의 자격을 취득한 후 해당 실무경력이 3년 이상인 사람 또는 관련 분야 전문학사 이상의 학위를 취득한 후 해당 실무경력이 학사 이상의 학위는 5년, 전문학사 학위는 7년 이상인 사람을 관련 분야별로 각 1명 이상(총 6명 이상) 다. 용접·비파괴검사 분야 산업기사 이상의 자격을 취득한 후 해당 실무경력이 3년 이상인 사람을 분야별로 각 1명 이상(총 2명 이상)	가. 수압시험기 나. 기밀시험장비 다. 비파괴시험장비(UT, MT) 라. 표준압력계 마. 안전밸브시험기구 바. 산업용내시경 사. 금속현미경 아. 경도계 자. 핀홀테스터기 차. 초음파두께측정기 카. 접지저항측정기 타. 산소농도측정기 파. 가스농도측정기 하. 표면온도계 거. 가스누설탐지기 너. 절연저항측정기 더. 만능회로시험기 ※ 비고 : 1. 가목부터 아목까지의 장비는 본부 및 지부 공용 2. 자목의 장비는 각 지부별 보유 3. 차목부터 더목까지의 장비는 제품심사 요원 2명당 1대 이상 보유
4	방폭용 전기 기계· 기구	가. 「국가기술자격법」에 따른 관련 분야 기술사의 자격 또는 박사 학위를 취득한 후 해당 실무경력이 5년 이상인 사람 1명 이상 나. 관련 분야별로 다음의 자격기	가. 시설기준 : 실험실(220㎡ 이상) 나. 장비기준 1) 폭발시험설비 2) 수압시험기 3) 충격시험기

		준 이상인 사람 각 1명 이상 (총 4명 이상) 1) 관련분야 기술사 자격 또는 박사학위를 취득한 사람 2) 관련 분야 전문학사 이상 학위를 취득한 후 해당 실무경력이 석사 이상의 학위는 5년, 학사학위는 7년, 전문학사 학위는 9년 이상인 사람 3) 관련 분야 산업기사 이상의 자격을 취득한 후 해당 실무경력이 7년(기사인 경우 5년) 이상인 사람	4) 인유기능시험기 4) 고속온도기록계 5) 토크시험장비 6) 열안전성시험장비 7) 불꽃점화시험기 8) 구속시험장비 9) 살수시험기 10) 분진시험기 11) 트래킹시험기 12) 내부압력시험기 13) 오실로스코프 14) 내광시험장비 15) 정전기시험장비 16) 내전압시험장비 17) 절연저항시험장비 18) 통기배기폭발시험장비 19) 밀봉시험장비 20) 동압력센서교정장비 21) 최대실험안전틈새시험 장비 또는 산소분석계 22) 휴대용압력계 23) 휴대용가스농도계 24) 램프홀더토크시험기 25) RLC측정기 26) 침수누설시험장비 27) 통기제한시험장비 28) 접점압력시험장비 29) 수분함유량측정기 30) 고무경도계(IRHD)
5	가설 기자재	가. 다음 각 호의 어느 하나에 해당하는 사람 1명 이상 1) 「국가기술자격법」에 따른 관련 분야 기술사 자격을 취득한 사람 2) 산업안전지도사(건설안전, 기계안전 분야) 3) 관련 분야 석사 이상 학위를 취득한 후 해당 실무경력이 박사학위는 2년, 석사학위는 5년 이상인 사람	가. 시설기준 : 검정실(사무실 포함 200㎡이상) 나. 장비기준 1) 압축변형시험기 2) 인장시험기 3) 만능재료시험기 4) 낙하시험기 5) 초음파두께측정기 6) 경도기 7) 토크렌치 8) 마이크로미터

		4) 「국가기술자격법」에 따른 관련 분야 기사 자격을 취득한 후 해당 실무경력이 7년 이상인 사람 나. 「국가기술자격법」에 따른 관련 분야의 산업기사 이상의 자격을 취득한 후 해당 실무경력이 기사 이상의 자격은 3년, 산업기사 자격은 5년 이상인 사람 1명 이상 다. 다음의 어느 하나에 해당하는 사람 1명 이상 1) 관련 분야 학사 이상의 학위를 취득한 사람 2) 관련 분야 전문학사 이상의 학위를 취득한 후 해당 실무경력이 2년 이상인 사람 3) 「초·중등교육법」에 따른 공업계 고등학교에서 관련 분야 학과를 졸업(다른 법령에서 이와 같은 수준 이상의 학력을 가진 사람으로 관련 학과를 졸업한 경우를 포함한다)한 후 해당 실무경력이 4년 이상인 사람	9) 버니어캘리퍼스

※ 비고 : 위 표에서 "실무경력"이란 유해하거나 위험한 기계·기구 및 설비의 연구·제작, 안전인증 또는 안전검사 분야 실무에 종사한 경력을 말한다.

[별표 24] (2024.6.25 개정)

안전검사기관의 인력·시설 및 장비 기준(제79조제2호 관련)

1. 공통사항

가. 인력기준 : 안전검사 대상별 관련 분야 구분

안전검사 대상	관련 분야
크레인, 리프트, 곤돌라, 프레스, 전단기, 사출성형기, 롤러기, 원심기, 화물자동차 또는 특수자동차에 탑재한 고소작업대, 컨베이어, 산업용 로봇 크레인, 리프트, 곤돌라, 프레스, 전단기, 사출성형기, 롤러기, 원심기, 화물자동차 또는 특수자동차에 탑재한 고소작업대, 컨베이어, 산업용 로봇, 혼합기, 파쇄기 또는 분쇄기 (2026.6.26 시행)	기계, 전기·전자, 산업안전(기술사는 기계·전기안전으로 한정함)
압력용기	기계, 전기·전자, 화공, 산업안전(기술사는 기계·화공안전으로 한정함)
국소배기장치	기계, 전기, 화공, 산업안전, 산업위생관리(기술사는 기계·화공안전, 산업위생관리로 한정함)
종합안전검사	기계, 전기·전자, 화공, 산업안전, 산업위생관리(기술사는 기계·전기·화공안전, 산업위생관리로 한정함)

나. 시설 및 장비기준

1) 시설기준

가) 사무실

나) 장비보관실(냉난방 및 통풍시설이 있어야 함)

2) 제2호에 따른 개별사항의 시설 및 장비기준란에 규정된 장비 중 둘 이상의 성능을 모두 가지는 장비를 보유한 경우에는 각각 해당 장비를 갖춘 것으로 인정한다.

3) 제2호에 따른 개별사항의 시설 및 장비기준에서 기관별로 본부 및 지부의 공용 장비 또는 지부별 보유 장비가 둘 이상 중복되는 경우에는 검사업무에 지장을 주지 않는 범위에서 공동으로 활용할 수 있다.

다. 안전검사기관이 지부를 설치할 때에는 고용노동부장관과 협의를 해야 한다.

2. 개별사항

번호	항목	인력기준	시설 및 장비기준
1	크레인, 리프트, 곤돌라, 화물 자동차 또는 특수 자동차에 탑재한 고소 작업대	가. 다음의 어느 하나에 해당하는 사람 1명 이상 1) 「국가기술자격법」에 따른 관련 분야 기술사 자격을 취득한 사람 2) 관련 분야 석사 이상 학위를 취득한 후 해당 실무경력이 5년 이상인 사람 3) 「국가기술자격법」에 따른 관련 분야 기사 자격을 취득한 후 해당 실무경력이 7년 이상인 사람 나. 「국가기술자격법」에 따른 관련 분야 기사 이상의 자격을 취득한 후 해당 실무경력이 3년 이상인 사람 또는 관련 분야 학사 이상의 학위를 취득한 후 해당 실무경력이 5년 이상인 사람을 관련 분야별로 각 3명 이상(총 9명 이상) 다. 「국가기술자격법」에 따른 관련 분야 산업기사 이상의 자격을 취득한 후 해당 실무경력이 5년 이상인 사람을 관련 분야별로 각 3명 이상(총 9명 이상) 라. 용접·비파괴검사 분야 산업기사 이상의 자격을 취득한 후 해당 실무경력이 3년 이상인 사람 2명 이상 마. 연간 검사대수가 21,000대를 초과할 때에는 1,000대 추가 시마다 나목 또는 다목에 해당하는 사람 1명 추가. 이 경우 2명 이상인 경우에는 나목에 해당하는 인원이 전체 인원의 2분의 1 이상이어야 한다.	가. 크레인, 리프트(이삿짐 운반용 리프트 제외), 곤돌라, 화물자동차 또는 특수자동차에 탑재한 고소작업대 1) 와이어로프테스터 2) 회전속도측정기 3) 로드셀(5톤 이상) 4) 분동(0.5톤 이상) 5) 초음파두께측정기 6) 비파괴시험장비(UT, MT) 7) 트랜시트 8) 절연저항측정기 9) 클램프미터 10) 만능회로시험기 11) 접지저항측정기 12) 레이저거리측정기 13) 수준기 ※ 비고 : 1. 1)부터 4)까지의 장비는 본부 및 지부 공용 2. 5)부터 7)까지의 장비는 각 지부별로 보유 3. 8)부터 13)까지의 장비는 2명당 1대 이상 보유 나. 이삿짐 운반용 리프트 1) 초음파두께측정기 2) 절연저항측정기 3) 비파괴시험장비(UT, MT) ※ 이동 출장검사 가능

2	프레스, 전단기, 사출성형기, 롤러기, 원심기, 컨베이어, 산업용로봇 프레스, 전단기, 사출성형기, 롤러기, 원심기, 컨베이어, 산업용로봇, 혼합기, 파쇄기 또는 분쇄기 (2026. 6.26 시행)	가. 다음의 어느 하나에 해당하는 사람 1명 이상 1) 「국가기술자격법」에 따른 관련 분야 기술사 자격을 취득한 사람 2) 관련 분야 석사 이상의 학위를 취득한 후 해당 실무경력이 5년 이상인 사람 3) 「국가기술자격법」에 따른 관련 분야 기사 자격을 취득한 후 해당 실무경력이 7년 이상인 사람 나. 「국가기술자격법」에 따른 관련 분야 기사 이상의 자격을 취득한 후 해당 실무경력이 3년 이상인 사람 또는 관련 분야 학사 이상의 학위를 취득한 후 해당 실무경력이 5년 이상인 사람을 관련 분야별로 각 3명 이상(총 9명 이상) 다. 「국가기술자격법」에 따른 관련 분야 산업기사 이상의 자격을 취득한 후 해당 실무경력이 5년 이상인 사람을 관련 분야별로 각 3명 이상(총 9명 이상) 라. 용접·비파괴검사 분야 산업기사 이상의 자격을 취득한 후 해당 실무경력이 3년 이상인 사람 2명 이상 마. 연간 검사대수가 22,800대를 초과할 때에는 1,200대 추가 시마다 나목 또는 다목에 해당하는 사람 1명 추가. 이 경우 2명 이상인 경우에는 나목에 해당하는 인원이 전체 인원의 2분의 1 이상이어야 한다.	가. 회전속도측정기 나. 정지성능측정장치 다. 비파괴시험장비(UT, MT) 라. 소음측정기 마. 절연저항측정기 바. 클램프미터 사. 만능회로시험기 아. 접지저항측정기 ※ 비고: 1. 가목부터 다목까지의 장비는 본부 및 지부 공용 2. 라목의 장비는 지부별로 보유 3. 마목부터 아목까지의 장비는 2명당 1대 이상 보유
3	압력용기	가. 다음의 어느 하나에 해당하는 사람 1명 이상 1) 「국가기술자격법」에 따른 관련 분야 기술사 자격을 취득한 사람 2) 관련 분야 석사 이상의 학위를 취득한 후 해당 실무경력이 5년 이상인 사람 3) 「국가기술자격법」에 따른 관련 분야 기사 자격을 취득한 후 해당 실무경력이 7년 이상인 사람 나. 「국가기술자격법」에 따른 관련 분야 기사 이상의 자격을 취득한 후 해당	가. 수압시험기 나. 기밀시험장비 다. 비파괴시험장비(UT, MT) 라. 표준압력계 마. 안전밸브시험기구 바. 산업용내시경 사. 초음파두께측정기 아. 접지저항측정기 자. 산소농도측정기 차. 가스농도측정기

		실무경력이 3년 이상인 사람 또는 관련 분야 학사 이상의 학위를 취득한 후 해당 실무경력이 5년 이상인 사람을 관련 분야별로 각 2명 이상(총 8명 이상) 다. 「국가기술자격법」에 따른 관련 분야 산업기사 이상의 자격을 취득한 후 해당 실무경력이 5년 이상인 사람을 관련 분야별로 각 2명 이상(총 8명 이상) 라. 연간 검사대수가 22,800대를 초과할 때에는 1,200대 추가 시마다 나목 또는 다목에 해당하는 사람 1명 추가. 이 경우 2명 이상인 경우에는 나목에 해당하는 인원이 전체 인원의 2분의 1 이상이어야 한다.	카. 표면온도계 타. 가스누설탐지기 파. 절연저항측정기 하. 만능회로시험기 ※ 비고 : 1. 가목부터 바목까지의 장비는 본부 및 지부 공용 2. 사목부터 하목까지의 장비는 2명당 1대 이상 보유
4	국소배기장치	가. 다음의 어느 하나에 해당하는 사람 1명 이상 1) 「국가기술자격법」에 따른 관련 분야 기술사 자격을 취득한 사람 2) 관련 분야 석사 이상의 학위를 취득한 후 해당 실무경력이 5년 이상인 사람 3) 「국가기술자격법」에 따른 관련 분야 기사 자격을 취득한 후 해당 실무경력이 7년 이상인 사람 나. 「국가기술자격법」에 따른 관련 분야 기사 이상의 자격을 취득한 후 해당 실무경력이 3년 이상인 사람 또는 관련 분야 학사 이상의 학위를 취득한 후 해당 실무경력이 5년 이상인 사람 2명 이상 다. 「국가기술자격법」에 따른 관련 분야 산업기사 이상의 자격을 취득한 후 해당 실무경력이 5년 이상인 사람 2명 이상 라. 연간 검사대수가 5,000대를 초과할 때에는 1,000대 추가 시마다 나목 및 다목에 해당하는 사람 1명 추가. 이 경우 2명 이상인 경우에는 나목에 해당하는 인원이 전체 인원의 2분의 1 이상이어야 한다.	가. 스모크테스터 나. 청음기 또는 청음봉 다. 절연저항측정기 라. 표면온도계 및 내부 온도측정기 마. 열선 풍속계 바. 회전속도측정기 사. 만능회로시험기 아. 접지저항측정기 자. 클램프미터 ※ 비고 : 가목부터 자목까지의 장비는 2명당 1대 이상 보유

5	종합안전검사기관	가. 다음의 어느 하나에 해당하는 사람 1명 이상 1) 「국가기술자격법」에 따른 관련 분야 기술사 자격을 취득한 사람 2) 관련 분야 석사 이상의 학위를 취득한 후 해당 실무경력이 5년 이상인 사람 3) 「국가기술자격법」에 따른 관련 분야 기사 자격을 취득한 후 해당 실무경력이 7년 이상인 사람 나. 제1호가목부터 라목까지, 제2호가목부터 다목까지, 제3호가목부터 다목까지 및 제4호가목부터 다목까지에 해당하는 사람 다. 국소배기장치를 제외한 연간 검사대수가 72,300대를 초과할 때에는 1,800대 추가 시마다 다음의 어느 하나에 해당하는 사람 1명 추가. 이 경우 2명 이상인 경우에는 1)에 해당하는 인원이 전체 인원의 2분의 1 이상이어야 한다. 1) 산업안전, 기계, 전기·전자 또는 화공 분야 산업기사 이상의 자격을 취득한 후 해당 실무경력이 기사 이상의 자격은 3년, 산업기사 자격은 5년 이상인 사람 2) 산업안전, 기계, 전기·전자 또는 화공 분야 학사 이상의 학위를 취득한 후 해당 실무경력이 5년 이상인 사람 라. 국소배기장치 연간 검사대수가 5,000대를 초과할 때에는 1,000대 추가 시마다 다음의 어느 하나에 해당하는 사람 1명 추가. 이 경우 2명 이상인 경우에는 1)에 해당하는 인원이 전체 인원의 2분의 1 이상이어야 한다. 1) 산업안전, 기계, 전기, 화공 또는 산업위생관리 분야 기사 이상의 자격을 취득한 후 해당 실무경력이 3년 이상인 사람 또는 학사 이상의 학위를 취득한 후 해당 기계·기구 및 설비의 연구·제작 또는 검사 분야 실무경력이 5년 이상인 사람 2) 산업안전, 기계, 전기, 화공 또는 산업	제1호부터 제4호까지에 해당하는 모든 시설 및 장비

			위생관리 분야 산업기사 이상의 자격을 취득한 후 해당 실무경력이 5년 이상인 사람		

※ 비고 : 위 표에서 "실무경력"이란 유해하거나 위험한 기계·기구 및 설비의 연구·제작, 안전관리, 안전진단, 안전인증 또는 안전검사 분야 실무에 종사한 경력을 말한다.

33. 톨루엔-2,6-디이소시아네이트(Toluene-2,6-diisocyanate ; 91-08-7 등)
34. 트리클로로메탄(Trichloromethane ; 67-66-3)
35. 트리클로로에틸렌(Trichloroethylene ; 79-01-6)
36. 포름알데히드(Formaldehyde ; 50-00-0)
37. n-헥산(n-Hexane ; 110-54-3)
38. 황산(Sulfuric acid ; 7664-93-9)

[별표 27]

석면조사기관의 인력·시설 및 장비 기준(제90조 관련)

1. 인력기준
   가. 다음의 어느 하나에 해당하는 사람 1명 이상
      1) 산업위생관리기사 또는 대기환경기사 이상인 사람
      2) 산업위생관리산업기사 또는 대기환경산업기사 자격을 취득한 후 해당 분야에서 2년 이상 실무에 종사한 사람
   나. 다음의 어느 하나에 해당하는 사람 1명 이상
      1) 「초·중등교육법」에 따른 공업계 고등학교 또는 이와 같은 수준 이상의 학교를 졸업한 사람
      2) 「고등교육법」 제2조제1호부터 제6호까지의 규정에 따른 대학 또는 이와 같은 수준 이상의 학교에서 산업보건(위생)학·환경보건(위생)학 관련 학위를 취득한 사람(법령에 따라 이와 같은 수준 이상의 학력이 있다고 인정되는 사람을 포함한다) 또는 그 분야에서 2년 이상 실무에 종사한 사람
   다. 「고등교육법」 제2조제1호부터 제6호까지의 규정에 따른 대학 또는 이와 같은 수준 이상의 학교에서 산업보건(위생)학·환경보건(위생)학·환경공학·위생공학·약학·화학·화학공학·광물학 또는 화학 관련 학위를 취득한 사람(법령에 따라 이와 같은 수준 이상의 학력이 있다고 인정되는 사람을 포함한다) 중 분석을 전담하는 사람 1명 이상

2. 시설기준 : 분석실 및 조사준비실

3. 장비기준
 가. 지역시료 채취펌프
 나. 유량보정계
 다. 입체현미경
 라. 편광현미경
 마. 위상차현미경
 바. 흄 후드[고성능필터(HEPA필터) 이상의 공기정화장치가 장착된 것]
 사. 진공청소기[고성능필터(HEPA필터) 이상의 공기정화장치가 장착된 것]
 아. 아세톤 증기화 장치
 자. 전기로(600℃ 이상까지 작동 가능한 것이어야 한다)
 차. 필터 여과추출장치
 카. 저울(최소 측정단위가 0.1㎎ 이하이어야 한다)

※ 비고 :
 1. 제1호가목에 해당하는 인력이 2명 이상인 경우에는 같은 호 나목에 해당하는 인력을 갖추지 않을 수 있다.
 2. 제2호의 시설과 제3호가목 및 나목을 제외한 장비는 해당 기관이 법 제48조에 따른 안전보건진단기관, 법 제126조에 따른 작업환경측정기관, 법 제135조에 따른 특수건강진단기관으로 지정을 받으려고 하거나 지정을 받아 그 장비를 보유하고 있는 경우에는 분석능력 등을 고려하여 이를 공동으로 활용할 수 있다. 이 경우 공동으로 활용될 수 있는 시설 및 장비는 필요한 지정 기준에 포함되는 것으로 인정한다.

[별표 28] (2022.8.16 개정)

석면해체·제거업자의 인력·시설 및 장비 기준(제92조 관련)

1. 인력기준
   가. 「국가기술자격법」에 따른 산업안전산업기사, 건설안전산업기사, 산업위생관리산업기사, 대기환경산업기사 또는 폐기물처리산업기사 이상의 자격을 취득한 후 석면해체·제거작업 방법, 보호구 착용 방법 등에 관하여 고용노동부장관이 정하여 고시하는 교육(이하 "석면해체·제거관리자교육"이라 한다)을 이수하고 석면해체·제거 관련 업무를 전담하는 사람 1명 이상
   나. 다음의 어느 하나에 해당하는 자격 또는 실무경력을 갖춘 후 석면해체·제거관리자교육을 이수하고 석면해체·제거 관련 업무를 전담하는 사람 1명 이상
      1) 「건설기술 진흥법」에 따른 토목·건축 분야 건설기술인
      2) 「국가기술자격법」에 따른 토목·건축 분야의 기술자격
      3) 토목·건축 분야 2년 이상의 실무경력

2. 시설기준 : 사무실

3. 장비기준
   가. 고성능필터(HEPA 필터)가 장착된 음압기(陰壓機 : 작업장 내의 기압을 인위적으로 떨어뜨리는 장비)
   나. 음압기록장치
   다. 고성능필터(HEPA 필터)가 장착된 진공청소기
   라. 위생설비(평상복 탈의실, 샤워실 및 작업복 탈의실이 설치된 설비)
   마. 송기마스크 또는 전동식 호흡보호구[전동식 방진마스크(전면형 특등급만 해당한다), 전동식 후드 또는 전동식 보안면(분진·미스트·흄에 대한 용도로 안면부 누설률이 0.05% 이하인 특등급에만 해당한다)]
   바. 습윤장치(濕潤裝置)

※ 비고 : 제1호가목에 해당하는 인력이 2명 이상인 경우에는 같은 호 나목에 해당하는 인력을 갖추지 않을 수 있다.

[별표 29] (2024.6.25 개정)

작업환경측정기관의 유형별 인력·시설 및 장비 기준(제95조 관련)

1. 사업장 위탁측정기관의 경우

가. 인력기준

1) 측정대상 사업장(매 반기 동안 측정하려는 사업장을 말한다. 이하 이 목에서 같다)이 총 240개소 미만이고 그 중 5명 이상 사업장이 120개소 미만인 경우

가) 법 제143조제1항에 따른 산업보건지도사 자격을 가진 사람 또는 산업위생관리기술사 1명 이상

나) 다음의 어느 하나에 해당하는 분석을 전담하는 사람 1명 이상

(1) 대학 또는 이와 같은 수준 이상의 학교에서 산업보건(위생)학·환경보건(위생)학·환경공학·위생공학·약학·화학·화학공학 관련 학위를 취득한 사람(법령에 따라 이와 같은 수준 이상의 학력이 있다고 인정되는 사람을 포함한다)

(2) 대학 또는 이와 같은 수준 이상의 학교에서 화학 관련 학위(화학과 및 화학공학과 학위는 제외한다)를 취득한 사람(법령에 따라 이와 같은 수준 이상의 학력이 있다고 인정되는 사람을 포함한다) 중 분석화학(실험)을 3학점 이상 이수한 사람

다) 산업위생관리산업기사 이상인 사람 1명 이상

2) 측정대상 사업장이 총 480개소 미만이고 그 중 5명 이상 사업장이 240개소 미만인 경우

가) 법 제143조제1항에 따른 산업보건지도사 자격을 가진 사람 또는 산업위생관리기술사 1명 이상

나) 다음의 어느 하나에 해당하는 분석을 전담하는 사람 1명 이상

(1) 대학 또는 이와 같은 수준 이상의 학교에서 산업보건(위생)학·환경보건(위생)학·환경공학·위생공학·약학·화학·화학공학 관련 학위를 취득한 사람(법령에 따라 이와 같은 수준 이상의 학력이 있다고 인정되는 사람을 포함한다)

(2) 대학 또는 이와 같은 수준 이상의 학교에서 화학 관련 학위(화학과 및 화학공학과 학위는 제외한다)를 취득한 사람(법령에 따라 이와 같은 수준 이상의 학력이 있다고 인정되는 사람을 포함한다) 중 분석화학(실험)을 3학점 이상 이수한 사람

다) 산업위생관리기사 이상인 사람 1명 이상

라) 산업위생관리산업기사 이상인 사람 2명 이상

3) 측정대상 사업장이 총 720개소 미만이고 그 중 5명 이상 사업장이 360개소 미만인 경우

가) 법 제143조

위생관리기술

나) 다음의 어느 하업보건지도사 자격을 가진 사람 또는 산업

(1) 대학 또는 이와 분석을 전담하는 사람 2명 이상

보건(위생)학·환경 의 학교에서 산업보건(위생)학·환경

취득한 사람(법령에 ·약학·화학·화학공학 관련 학위를

되는 사람을 포함한다 수준 이상의 학력이 있다고 인정

(2) 대학 또는 이와 같은 수

및 화학공학과 학위는 제 교에서 화학 관련 학위(화학과

같은 수준 이상의 학력이 있 득한 사람(법령에 따라 이와

석화학(실험)을 3학점 이상 는 사람을 포함한다) 중 분

다) 산업위생관리기사 이상인 사람 1

라) 산업위생관리산업기사 이상인 사람

4) 상시근로자 5명 이상인 측정대상 사업장이 이상인 경우에는 60

개소가 추가될 때마다 3)의 인력기준 외에 산 리산업기사 이상인

사람을 1명 이상 추가한다.

나. 시설기준

작업환경측정 준비실 및 분석실험실

다. 장비기준

1) 화학적 인자·분진의 채취를 위한 개인용 시료채취기

2) 광전분광광도계

3) 검지관 등 가스·증기농도 측정기 세트

4) 저울(최소 측정단위가 0.01mg 이하이어야 한다)

5) 소음측정기(누적소음폭로량 측정이 가능한 것이어야 한다)

6) 건조기 및 데시케이터

7) 순수제조기(2차 증류용), 드래프트 체임버 및 화학실험대

8) 대기의 온도·습도·기류·고열 및 조도 등을 측정할 수 있는 기기

9) 산소농도측정기

10) 가스크로마토그래피(GC)

11) 원자흡광광도계(AAS) 또는 유도결합 플라스마(ICP)

12) 국소배기시설 성능시험장비 : 스모크테스터, 청음기 또는 청음봉, 전열저항계, 표면온도계 또는 초자온도계, 정압 프로브가 달린 열선풍속계, 회전계(R.P.M측정기) 또는 이와 같은 수준 이상의 성능을 가진 설비

13) 분석을 할 때에 유해물질을 배출할 우려가 있는 경우 배기 또는 배액처리를 위한 설비

14) 다음 각 호의 어느 하나에 해당하는 유해인자를 측정하려는 때에는 해당 설비 또는 이와 같은 수준 이상의 성능이 있는 설비

가) 톨루엔 디이소시아네이트(TDI) 등 이소시아네이트 화합물 : 고속액체

크로마토그래피(HPLC) 또는 적외선분광분석기
나) 유리규산(SiO_2) : X- …에 필요한 부속품
다) 석면 : 위상차현미경 …

2. 사업장 자체측정기관의 …
가. 인력기준 … 을 취득한 사람 1명 또는 산업위생관리산업
1) 산업위생관리기사 … 위생 실무경력이 2년 이상인 사람 1명 이상
기사 자격을 취득 … 이상의 학교에서 산업보건(위생)학·환경보건
2) 대학 또는 이와 … 공학·약학·화학 또는 화학공학 관련 학위를 취득
(위생)학·환경 … 와 같은 수준 이상의 학력이 있다고 인정되는 사람
한 사람(법령상 … 다만, 측정대상 사업장에서 실험실 분석이 필요하
을 포함한다 … 발생하는 경우에는 제외할 수 있다)
지 않은 유 … 정 준비실 또는 분석실험실
나. 시설기준 : … 이나 측정대상 사업장의 유해인자 측정·분석에 필요
다. 장비기준 : …
한 장비

※ 비고 :

1. 제1호다목 4)·6)·7)·10)·11)·13) 및 14)의 장비는 해당 기관이 법 제48조에 따른 안전보건진단기관, 법 제135조에 따른 특수건강진단기관으로 지정을 받으려고 하거나 지정을 받아 그 장비를 보유하고 있는 경우에는 분석능력 등을 고려하여 이를 공동활용할 수 있다.
2. 다음 각 목의 어느 하나에 해당하는 경우에는 작업환경측정 시 채취한 유해인자 시료의 분석을 해당 시료를 분석할 수 있는 다른 위탁측정기관 또는 유해인자별·업종별 작업환경전문연구기관에 의뢰할 수 있다.
가. 제1호다목10) 또는 11)의 장비에 별도의 부속장치를 장착해야 분석이 가능한 유해인자의 시료를 채취하는 경우
나. 제1호다목14)의 장비를 보유하지 않은 기관이 해당 장비로 분석이 가능한 유해인자의 시료를 채취하는 경우
다. 그 밖에 고용노동부장관이 필요하다고 인정하여 고시하는 경우
3. 비고 제2호에 따라 분석을 의뢰할 수 있는 유해인자 시료의 종류, 분석의뢰 절차 및 그 밖에 필요한 사항은 고용노동부장관이 정하여 고시한다.

[별표 30] (2025.6.20 개정)

특수건강진단기관의 인력·시설 및 장비 기준(제97조제1항 관련)

1. 인력기준
   가. 「의료법」에 따른 직업환경의학과 전문의(2015년 12월 31일 당시 특수건강진단기관에서 특수건강진단업무에 8년 이상 계속하여 종사하고 있는 의사를 포함한다. 이하 이 목에서 같다) 1명 이상. 다만, 다음의 기준에 따라 직업환경의학과 전문의를 추가하되, 1) 또는 2)를 적용한 직업환경의학과 전문의 추가 인원 수가 각각 같은 경우에는 해당 인원 수를 추가하고, 서로 다른 경우에는 더 큰 인원 수를 추가한다.
      1) 1년 동안 특수건강진단 실시 대상 근로자의 수가 1만명을 넘는 경우 : 근로자 1만명당 직업환경의학과 전문의 1명씩
      2) 1년 동안 특수건강진단 실시 대상 근로자의 수와 법 제130조제2항에 따른 배치전건강진단 실시 대상 근로자의 수의 합계가 1만3천명을 넘는 경우 : 근로자 1만3천명당 직업환경의학과 전문의 1명씩
   나. 「간호법」에 따른 간호사 2명 이상
   다. 「의료기사 등에 관한 법률」에 따른 임상병리사 1명 이상
   라. 「의료기사 등에 관한 법률」에 따른 방사선사 1명 이상
   마. 「고등교육법」에 따른 전문대학 또는 이와 같은 수준 이상의 학교에서 화학, 화공학, 약학 또는 산업보건학을 전공한 사람(법령에 따라 이와 같은 수준 이상의 학력이 있다고 인정되는 사람을 포함한다) 또는 산업위생관리산업기사 이상의 자격을 취득한 사람 1명 이상

2. 시설기준
   가. 진료실
   나. 방음실(청력검사용)
   다. 임상병리검사실
   라. 엑스선촬영실

3. 장비기준
   가. 시력검사기
   나. 청력검사기(오디오 체커는 제외한다)
   다. 현미경
   라. 백혈구 백분율 계산기(자동혈구계수기로 계산이 가능한 경우는 제외한다)
   마. 항온수조
   바. 원심분리기(원심력을 이용해 혼합액을 분리하는 기계)
   사. 간염검사용 기기

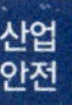

아. 저울(최소 측정단위가 0.01㎎ 이하이어야 한다)
자. 자외선-가시광선 분광 광도계(같은 기기보다 성능이 우수한 기기 보유 시에는 제외한다)
차. 엑스선촬영기
카. 자동 혈구계수기
타. 자동 혈액화학(생화학)분석기 또는 간기능검사·혈액화학검사·신장기능검사에 필요한 기기
파. 폐기능검사기
하. 냉장고
거. 원자흡광광도계(시료 속의 금속원자가 흡수하는 빛의 양을 측정하는 장치) 또는 그 이상의 성능을 가진 기기
너. 가스크로마토그래프(기체 상태의 혼합물을 분리하여 분석하는 장치) 또는 그 이상의 성능을 가지는 기기. 다만, 사업장 부속의료기관으로서 특수건강진단기관으로 지정을 받으려고 하거나 지정을 받은 경우에는 그 사업장의 유해인자 유무에 따라 거목 또는 너목의 기기 모두를 갖추지 않을 수 있다.

※ 비고 :

1. 제3호아목·자목·거목 및 너목의 장비는 해당 기관이 법 제48조에 따른 안전보건진단기관, 법 제126조에 따른 작업환경측정기관으로 지정을 받으려고 하거나 지정을 받아 같은 장비를 보유하고 있는 경우에는 분석능력 등을 고려하여 이를 공동 활용할 수 있다.
2. 법 제135조제3항에 따라 고용노동부장관이 실시하는 특수건강진단기관의 진단·분석 능력 확인 결과 적합 판정을 받은 기관과 생물학적 노출지표 분석 의뢰계약을 체결한 경우에는 제1호마목의 인력과 제3호마목·아목·자목·거목 및 너목의 장비를 갖추지 않을 수 있다.

[별표 31]

지도사의 업무 영역별 업무 범위(제102조제2항 관련)

1. 법 제145조제1항에 따라 등록한 산업안전지도사(기계안전·전기안전·화공안전 분야)
   가. 유해위험방지계획서, 안전보건개선계획서, 공정안전보고서, 기계·기구·설비의 작업계획서 및 물질안전보건자료 작성 지도
   나. 다음의 사항에 대한 설계·시공·배치·보수·유지에 관한 안전성 평가 및 기술 지도
      1) 전기
      2) 기계·기구·설비
      3) 화학설비 및 공정
   다. 정전기·전자파로 인한 재해의 예방, 자동화설비, 자동제어, 방폭전기설비 및 전력시스템 등에 대한 기술 지도
   라. 인화성 가스, 인화성 액체, 폭발성 물질, 급성독성 물질 및 방폭설비 등에 관한 안전성 평가 및 기술 지도
   마. 크레인 등 기계·기구, 전기작업의 안전성 평가
   바. 그 밖에 기계, 전기, 화공 등에 관한 교육 또는 기술 지도

2. 법 제145조제1항에 따라 등록한 산업안전지도사(건설안전 분야)
   가. 유해위험방지계획서, 안전보건개선계획서, 건축·토목 작업계획서 작성 지도
   나. 가설구조물, 시공 중인 구축물, 해체공사, 건설공사 현장의 붕괴우려 장소 등의 안전성 평가
   다. 가설시설, 가설도로 등의 안전성 평가
   라. 굴착공사의 안전시설, 지반붕괴, 매설물 파손 예방의 기술 지도
   마. 그 밖에 토목, 건축 등에 관한 교육 또는 기술 지도

3. 법 제145조제1항에 따라 등록한 산업보건지도사(산업위생 분야)
   가. 유해위험방지계획서, 안전보건개선계획서, 물질안전보건자료 작성 지도
   나. 작업환경측정 결과에 대한 공학적 개선대책 기술 지도
   다. 작업장 환기시설의 설계 및 시공에 필요한 기술 지도
   라. 보건진단결과에 따른 작업환경 개선에 필요한 직업환경의학적 지도
   마. 석면 해체·제거 작업 기술 지도
   바. 갱내, 터널 또는 밀폐공간의 환기·배기시설의 안전성 평가 및 기술 지도
   사. 그 밖에 산업보건에 관한 교육 또는 기술 지도

4. 법 제145조제1항에 따라 등록한 산업보건지도사(직업환경의학 분야)
   가. 유해위험방지계획서, 안전보건개선계획서 작성 지도
   나. 건강진단 결과에 따른 근로자 건강관리 지도
   다. 직업병 예방을 위한 작업관리, 건강관리에 필요한 지도
   라. 보건진단 결과에 따른 개선에 필요한 기술 지도
   마. 그 밖에 직업환경의학, 건강관리에 관한 교육 또는 기술 지도

[별표 32]

지도사 자격시험 중 필기시험의 업무 영역별 과목 및 범위

(제103조제2항 관련)

구분		산업안전지도사				산업보건지도사	
		기계안전 분야	전기안전 분야	화공안전 분야	건설안전 분야	직업환경 의학분야	산업위생 분야
전공필수	과목	기계안전공학	전기안전공학	화공안전공학	건설안전공학	직업환경의학	산업위생공학
	시험범위	- 기계·기구·설비의 안전 등(위험기계·양중기·운반기계·압력용기 포함) - 공장자동화설비의 안전기술 등 - 기계·기구·설비의 설계·배치·보수·유지기술 등	- 전기기계·기구 등으로 인한 위험 방지 등(전기방폭설비 포함) - 정전기 및 전자파로 인한 재해예방 등 - 감전사고 방지기술 등 - 컴퓨터·계측제어 설비의 설계 및 관리기술 등	- 가스·방화 및 방폭설비 등, 화학장치·설비안전 및 방식기술 등 - 정성·정량적 위험성 평가, 위험물 누출·확산 및 피해 예측 등 - 유해위험물질 화재폭발 방지론, 화학공정 안전관리 등	- 건설공사용 가설구조물·기계·기구 등의 안전기술 등 - 건설공법 및 시공방법에 대한 위험성 평가 등 - 추락·낙하·붕괴·폭발 등 재해요인별 안전대책 등 - 건설현장의 유해·위험요인에 대한 안전기술 등	- 직업병의 종류 및 인체발병경로, 직업병의 증상 판단 및 대책 등 - 역학조사의 연구방법, 조사 및 분석방법, 직종별 직업환경의학적 관리대책 등 - 유해인자별 특수건강진단 방법, 판정 및 사후관리대책 등 - 근골격계 질환, 직무스트레스 등 업무상 질환의 대책 및 작업관리방법 등	- 산업환기설비의 설계, 시스템의 성능검사·유지관리기술 등 - 유해인자별 작업환경측정 방법, 산업위생통계 처리 및 해석, 공학적 대책 수립기술 등 - 유해인자별 인체에 미치는 영향·대사 및 축적, 인체의 방어기전 등 - 측정시료의 전처리 및 분석 방법, 기기분석 및 정도관리기술 등

공통필수 I		산업안전보건법령	
	시험범위	「산업안전보건법」, 「산업안전보건법 시행령」, 「산업안전보건법 시행규칙」, 「산업안전보건기준에 관한 규칙」	
공통필수 II		산업안전 일반	산업위생 일반
	시험범위	산업안전교육론, 안전관리 및 손실방지론, 신뢰성공학, 시스템안전공학, 인간공학, 위험성평가, 산업재해 조사 및 원인 분석 등	산업위생개론, 작업관리, 산업위생보호구, 위험성평가, 산업재해 조사 및 원인 분석 등
공통필수 III		기업진단·지도	
	시험범위	경영학(인적자원관리, 조직관리, 생산관리), 산업심리학, 산업위생개론	경영학(인적자원관리, 조직관리, 생산관리), 산업심리학, 산업안전개론

[별표 33]

과징금의 부과기준(제111조 관련)

1. 일반기준
   가. 업무정지기간은 법 제163조제2항에 따른 업무정지의 기준에 따라 부과되는 기간을 말하며, 업무정지기간의 1개월은 30일로 본다.
   나. 과징금 부과금액은 위반행위를 한 지정기관의 연간 총 매출금액의 1일 평균매출금액을 기준으로 제2호에 따라 산출한다.
   다. 과징금 부과금액의 기초가 되는 1일 평균매출금액은 위반행위를 한 해당 지정기관에 대한 행정처분일이 속한 연도의 전년도 1년간의 총 매출금액을 365로 나눈 금액으로 한다. 다만, 신규 개설 또는 휴업 등으로 전년도 1년간의 총 매출금액을 산출할 수 없거나 1년간의 총 매출금액을 기준으로 하는 것이 타당하지 않다고 인정되는 경우에는 분기(90일을 말한다)별, 월별 또는 일별 매출금액을 해당 단위에 포함된 일수로 나누어 1일 평균매출금액을 산정한다.
   라. 제2호에 따라 산출한 과징금 부과금액이 10억원을 넘는 경우에는 과징금 부과금액을 10억원으로 한다.
   마. 고용노동부장관은 위반행위의 동기, 내용 및 횟수 등을 고려하여 제2호에 따른 과징금 부과금액의 2분의 1 범위에서 과징금을 늘리거나 줄일 수 있다. 다만, 늘리는 경우에도 과징금 부과금액의 총액은 10억원을 넘을 수 없다.

2. 과징금의 산정방법

과징금 부과금액=위반사업자 1일 평균매출금액×업무정지 일수×0.1

[별표 34]

도급금지 등 의무위반에 따른 과징금의 산정기준
(제113조제1항 관련)

1. 일반기준

과징금은 법 제161조제1항 각 호의 경우, 같은 조 제2항 각 호의 사항 및 구체적인 위반행위의 내용 등을 종합적으로 고려하여 그 금액을 산정한다.

2. 과징금의 구체적 산정기준

고용노동부장관은 제1호에 따라 과징금의 금액을 산정하되, 가목의 위반행위 및 도급금액에 따라 산출되는 금액(이하 "기본 산정금액"이라 한다)에 나목의 위반 기간 및 횟수에 따른 조정(이하 "1차 조정"이라 한다)과 다목의 관계수급인 근로자의 산업재해 예방에 필요한 조치 이행을 위한 노력의 정도 및 산업재해(도급인 및 관계수급인의 근로자가 사망한 경우 또는 3일 이상의 휴업이 필요한 부상을 입거나 질병에 걸린 경우로 한정한다. 이하 이 별표에서 같다)의 발생빈도에 따른 조정(이하 "2차 조정"이라 한다)을 거쳐 과징금 부과액을 산정한다. 다만, 산정된 과징금이 10억원을 초과하는 경우에는 10억원으로 한다.

가. 위반행위 및 도급금액에 따른 산정기준

위반행위	근거 법조문	기본 산정금액
1) 법 제58조제1항을 위반하여 도급한 경우	법 제161조 제1항제1호	연간 도급금액의 100분의 50
2) 법 제58조제2항제2호를 위반하여 승인을 받지 않고 도급한 경우	법 제161조 제1항제2호	연간 도급금액의 100분의 40
3) 법 제59조제1항을 위반하여 승인을 받지 않고 도급한 경우	법 제161조 제1항제2호	연간 도급금액의 100분의 40
4) 법 제60조를 위반하여 승인을 받아 도급받은 작업을 재하도급한 경우	법 제161조 제1항제3호	연간 도급금액의 100분의 50

※ 비고 : 도급금액은 다음 각 호에 따라 산출한다.

1. 도급금지 등 의무위반이 있는 작업과 의무위반이 없는 작업을 함께 도급한 경우 각 작업별로 도급금액을 산출할 수 있으면 의무위반이 있는 작업의 금액만을 도급금액으로 하고, 각 작업을 분리할 수 없어 각 작업별로 도급금액을 산출할 수 없으면 해당 작업의 상시근로자 수에 따른 비율로 도급금액을 추계한다.
2. 도급금지와 도급승인을 함께 위반한 경우 등 2가지 이상 위반행위가 중복되는 경우에는 중대한 위반행위의 도급금액을 기준으로 한다.

나. 1차 조정 기준

1) 위반 기간에 따른 조정

위반 기간	가중치
1년 이내	-
1년 초과 2년 이내	기본 산정금액×100분의 20
2년 초과 3년 이내	기본 산정금액×100분의 50
3년 이상	기본 산정금액×100분의 80

2) 위반 횟수에 따른 조정

위반 횟수	가중치
3년간 1회 위반	기본 산정금액×100분의 20
3년간 2회 위반	기본 산정금액×100분의 50
3년간 3회 위반	기본 산정금액×100분의 80

3) 위반 기간과 위반 횟수에 따른 조정에 모두 해당하는 경우에는 해당 가중치를 합산한다.

다. 2차 조정 기준

1) 관계수급인 근로자의 산업재해 예방에 필요한 조치 이행을 위한 노력의 정도

조치 이행의 노력	감경치
3년간 법 제63조부터 제66조까지의 규정에 따른 도급인의 의무사항 이행 여부에 대한 근로감독관의 점검을 받은 결과 해당 규정 위반을 이유로 행정처분을 받지 않은 경우	1차 조정 기준에 따른 금액×100분의 50
3년간 법 제63조부터 제66조까지의 규정에 따른 도급인의 의무사항 이행 여부에 대한 근로감독관의 점검을 받지 않은 경우 또는 해당 점검을 받은 결과 법 제63조부터 제66조까지의 규정 위반을 이유로 행정처분을 받은 경우	-

2) 산업재해 발생 빈도

산업재해 발생 빈도	가중치
3년간 미발생	-
3년간 1회 이상 발생	1차 조정 기준에 따른 금액×100분의 20

3) 산업재해 예방에 필요한 조치 이행을 위한 노력의 정도와 산업재해 발생 빈도에 따른 조정에 모두 해당하는 경우에는 해당 감경치와 가중치를 합산한다.

3. 비고

가. 이 표에서 "위반 기간"이란 위반행위가 있었던 날부터 위반행위가 적발된 날까지의 기간을 말한다.

나. 이 표에서 3년간이란 위반행위가 적발된 날부터 최근 3년간을 말한다.

[별표 35] (2023.6.27 개정)

과태료의 부과기준(제119조 관련)

1. 일반기준

가. 위반행위의 횟수에 따른 과태료의 가중된 부과기준은 최근 5년간 같은 위반행위로 과태료 부과처분을 받은 경우에 적용한다. 이 경우 기간의 계산은 위반행위에 대하여 과태료 부과처분을 받은 날과 그 처분 후 다시 같은 위반행위를 하여 적발한 날을 기준으로 한다.

나. 가목에 따라 가중된 부과처분을 하는 경우 가중처분의 적용 차수는 그 위반행위 전 부과처분 차수(가목에 따른 기간 내에 과태료 부과처분이 둘 이상 있었던 경우에는 높은 차수를 말한다)의 다음 차수로 한다. 다만, 적발된 날부터 소급하여 5년이 되는 날 전에 한 부과처분은 가중처분의 차수 산정 대상에서 제외한다.

다. 부과권자는 다음의 어느 하나에 해당하는 경우에는 제4호의 개별기준에 따른 과태료 부과금액의 2분의 1 범위에서 그 금액을 줄일 수 있다. 다만, 과태료를 체납하고 있는 위반행위자의 경우에는 그 금액을 줄일 수 없다.

1) 위반행위자가 자연재해·화재 등으로 재산에 현저한 손실을 입었거나 사업여건의 악화로 사업이 중대한 위기에 처하는 등의 사정이 있는 경우

2) 그 밖에 위반행위의 동기와 결과, 위반 정도 등을 고려하여 그 금액을 줄일 필요가 있다고 인정되는 경우

라. 위반행위에 대하여 다목 및 제3호에 따른 과태료 감경사유가 중복되는 경우에도 감경되는 과태료 부과금액의 총액은 제4호에 따른 과태료 부과금액의 2분의 1을 넘을 수 없다.

마. 제4호에 따른 과태료 부과금액이 100만원 미만인 경우에는 다목 또는 제3호에 따라 줄이지 않고 제4호에 따라 과태료를 부과한다. 다만, 다목 또는 제3호에 따라 줄인 후 과태료 금액이 100만원 미만이 된 경우에는 100만원으로 부과한다.

2. 특정 사업장에 대한 과태료 부과기준

다음 각 목의 어느 하나에 해당하는 재해 또는 사고가 발생한 사업장에 대하여 법 제56조제1항에 따라 실시하는 발생원인 조사 또는 이와 관련된 감독에서 적발된 위반행위에 대해서는 그 위반행위에 해당하는 제4호의 개별기준 중 3차 이상 위반 시의 금액에 해당하는 과태료를 부과한다.

가. 중대재해

나. 법 제44조제1항 전단에 따른 중대산업사고

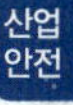

3. 사업장 규모 또는 공사 규모에 따른 과태료 감경기준

다음 각 목의 어느 하나에 해당하는 규모(건설공사의 경우에는 괄호 안의 공사금액)의 사업장에 대해서는 제4호에 따른 과태료 금액에 해당 목에서 규정한 비율을 곱하여 산출한 금액을 과태료로 부과한다.
가. 상시근로자 50명(10억원) 이상 100명(40억원) 미만 : 100분의 90
나. 상시근로자 10명(3억원) 이상 50명(10억원) 미만 : 100분의 80
다. 상시근로자 10명(3억원) 미만 : 100분의 70

4. 개별기준

위반행위	근거 법조문	세부내용	과태료 금액(만원)		
			1차 위반	2차 위반	3차 이상 위반
가. 법 제10조제3항 후단을 위반하여 관계수급인에 관한 자료를 제출하지 않거나 거짓으로 제출한 경우	법 제175조 제4항 제1호		1,000	1,000	1,000
나. 법 제14조제1항을 위반하여 회사의 안전 및 보건에 관한 계획을 이사회에 보고하지 않거나 승인을 받지 않은 경우	법 제175조 제4항 제2호		1,000	1,000	1,000
다. 법 제15조제1항을 위반하여 사업장을 실질적으로 총괄하여 관리하는 사람으로 하여금 업무를 총괄하여 관리하도록 하지 않은 경우	법 제175조 제5항 제1호	1) 안전보건관리책임자를 선임하지 않은 경우	500	500	500
		2) 안전보건관리책임자로 하여금 업무를 총괄하여 관리하도록 하지 않은 경우	300	400	500
라. 법 제16조제1항을 위반하여 관리감독자에게 직무와 관련된 산업 안전 및 보건에 관한 업무를 수행하도록 하지 않은 경우	법 제175조 제5항 제1호		300	400	500
마. 법 제17조제1항, 제18조제1항 또는 제19조제1항 본문을 위반하여 안전관	법 제175조 제5항	1) 안전관리자를 선임하지 않은 경우	500	500	500
		2) 선임된 안전관리	300	400	500

리자, 보건관리자 또는 안전보건관리담당자를 두지 않거나 이들로 하여금 업무를 수행하도록 하지 않은 경우	제1호	자로 하여금 안전관리자의 업무를 수행하도록 하지 않은 경우			
		3) 보건관리자를 선임하지 않은 경우	500	500	500
		4) 선임된 보건관리자로 하여금 보건관리자의 업무를 수행하도록 하지 않은 경우	300	400	500
		5) 안전보건관리담당자를 선임하지 않은 경우	500	500	500
		6) 선임된 안전보건관리담당자로 하여금 안전보건관리담당자의 업무를 수행하도록 하지 않은 경우	300	400	500
바. 법 제17조제3항 또는 제18조제3항을 위반하여 안전관리자 또는 보건관리자가 그 업무만을 전담하도록 하지 않은 경우	법 제175조 제5항 제1호		200	300	500
사. 법 제17조제4항, 제18조제4항 또는 제19조제3항에 따른 명령을 위반하여 안전관리자, 보건관리자 또는 안전보건관리담당자를 늘리지 않거나 교체하지 않은 경우	법 제175조 제5항 제2호		500	500	500
아. 법 제22조제1항 본문을 위반하여 산업보건의를 두지 않은 경우	법 제175조 제5항 제1호		300	400	500
자. 법 제24조제1항을 위반하여 산업안전보건위원회를 구성·운영하지 않	법 제175조 제5항	1) 산업안전보건위원회를 구성하지 않은 경우(법 제75	500	500	500

산업안전

은 경우(법 제75조에 따라 노사협의체를 구성·운영하지 않은 경우를 포함한다)	제1호	조에 따라 노사협의체를 구성한 경우는 제외한다)			
		2) 제37조를 위반하여 산업안전보건위원회(법 제75조에 따라 구성된 노사협의체를 포함한다)의 정기회의를 개최하지 않은 경우(1회당)	50	250	500
차. 법 제24조제4항을 위반하여 산업안전보건위원회가 심의·의결한 사항을 성실하게 이행하지 않은 경우	법 제175조 제5항 제1호	1) 사업주가 성실하게 이행하지 않은 경우	50	250	500
		2) 근로자가 성실하게 이행하지 않은 경우	10	20	30
카. 법 제25조제1항을 위반하여 안전보건관리규정을 작성하지 않은 경우	법 제175조 제5항 제1호		150	300	500
타. 법 제26조를 위반하여 안전보건관리규정을 작성하거나 변경할 때 산업안전보건위원회의 심의·의결을 거치지 않거나 근로자대표의 동의를 받지 않은 경우	법 제175조 제5항 제1호		50	250	500
파. 법 제29조제1항(법 제166조의2에서 준용하는 경우를 포함한다)을 위반하여 정기적으로 안전보건교육을 하지 않은 경우	법 제175조 제5항 제1호	1) 교육대상 근로자 1명당	10	20	50
		2) 교육대상 관리감독자 1명당	50	250	500
하. 법 제29조제2항(법 제166조의2에서 준용하는 경우를 포함한다)을 위반하여 근로자를 채용할 때와 작업내용을 변경할	법 제175조 제5항 제1호	교육대상 근로자 1명당	10	20	50

때(현장실습생의 경우는 현장실습을 최초로 실시할 때와 실습내용을 변경할 때를 말한다) 안전보건교육을 하지 않은 경우					
거. 법 제29조제3항(법 제166조의2에서 준용하는 경우를 포함한다)을 위반하여 유해하거나 위험한 작업에 근로자를 사용할 때(현장실습생의 경우는 현장실습을 실시할 때를 말한다) 안전보건교육을 추가로 하지 않은 경우	법 제175조 제2항 제1호	교육대상 근로자 1명당	50	100	150
너. 법 제31조제1항을 위반하여 건설 일용근로자를 채용할 때 기초안전보건교육을 이수하도록 하지 않은 경우	법 제175조 제5항 제1호	교육대상 근로자 1명당	10	20	50
더. 법 제32조제1항을 위반하여 안전보건관리책임자 등으로 하여금 직무와 관련한 안전보건교육을 이수하도록 하지 않은 경우	법 제175조 제5항 제1호	1) 법 제32조제1항 제1호부터 제3호까지의 규정에 해당하는 사람으로 하여금 안전보건교육을 이수하도록 하지 않은 경우	500	500	500
		2) 법 제32조제1항 제4호에 해당하는 사람으로 하여금 안전보건교육을 이수하도록 하지 않은 경우	100	200	500
	법 제175조 제6항 제1호	3) 법 제32조제1항 제5호에 해당하는 사람으로 하여금 안전보건교육을 이수하도록 하지 않은 경우	300	300	300

러. 법 제34조를 위반하여 법과 법에 따른 명령의 요지, 안전보건관리규정를 게시하지 않거나 갖추어 두지 않은 경우	법 제175조 제5항 제3호		50	250	500
머. 법 제35조를 위반하여 근로자대표의 요청 사항을 근로자대표에게 통지하지 않은 경우	법 제175조 제6항 제2호		30	150	300
버. 법 제37조제1항을 위반하여 안전보건표지를 설치·부착하지 않거나 설치·부착된 안전보건표지가 같은 항에 위배되는 경우	법 제175조 제5항 제1호	1개소당	10	30	50
서. 법 제40조(법 제166조의2에서 준용하는 경우를 포함한다)를 위반하여 조치 사항을 지키지 않은 경우	법 제175조 제6항 제3호		5	10	15
어. 법 제41조제2항(법 제166조의2에서 준용하는 경우를 포함한다)을 위반하여 필요한 조치를 하지 않은 경우	법 제175조 제4항 제3호		300	600	1,000
저. 법 제42조제1항·제5항·제6항을 위반하여 유해위험방지계획서 또는 심사결과서를 작성하여 제출하지 않거나 심사결과서를 갖추어 두지 않은 경우	법 제175조 제4항 제3호	1) 법 제42조제1항을 위반하여 유해위험방지계획서 또는 자체 심사결과서를 작성하여 제출하지 않은 경우			
		가) 법 제42조제1항제1호 또는 제2호에 해당하는 사업주	300	600	1,000
		나) 법 제42조제1항제3호에 해당하는 사업주	1,000	1,000	1,000
		2) 법 제42조제5항을	300	600	1,000

		위반하여 유해위험방지계획서와 그 심사결과서를 사업장에 갖추어 두지 않은 경우			
		3) 법 제42조제6항을 위반하여 변경할 필요가 있는 유해위험방지계획서를 변경하여 갖추어 두지 않은 경우			
		가) 유해위험방지계획서를 변경하지 않은 경우	1,000	1,000	1,000
		나) 유해위험방지계획서를 변경했으나 갖추어 두지 않은 경우	300	600	1,000
처. 법 제42조제2항을 위반하여 자격이 있는 자의 의견을 듣지 않고 유해위험방지계획서를 작성·제출한 경우	법 제175조 제6항 제4호		30	150	300
커. 법 제43조제1항을 위반하여 고용노동부장관의 확인을 받지 않은 경우	법 제175조 제6항 제5호		30	150	300
터. 법 제44조제1항 전단을 위반하여 공정안전보고서를 작성하여 제출하지 않은 경우	법 제175조 제4항 제3호		300	600	1,000
퍼. 법 제44조제2항을 위반하여 공정안전보고서 작성 시 산업안전보건위원회의 심의를 거치지 않거나 근로자대표의 의견을 듣지 않은 경우	법 제175조 제5항 제1호		50	250	500
허. 법 제45조제2항을 위반하여 공정안전보고서를	법 제175조		300	600	1,000

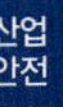

사업장에 갖추어 두지 않은 경우	제4항 제3호				
고. 법 제46조제1항을 위반하여 공정안전보고서의 내용을 지키지 않은 경우	법 제175조 제4항 제3호	1) 사업주가 지키지 않은 경우(내용 위반 1건당)	10	20	30
		2) 근로자가 지키지 않은 경우(내용 위반 1건당)	5	10	15
노. 법 제46조제2항을 위반하여 공정안전보고서의 내용을 실제로 이행하고 있는지에 대하여 고용노동부장관의 확인을 받지 않은 경우	법 제175조 제6항 제5호		30	150	300
도. 법 제47조제1항에 따른 명령을 위반하여 안전보건진단기관이 실시하는 안전보건진단을 받지 않은 경우	법 제175조 제4항 제4호		1,000	1,000	1,000
로. 법 제47조제3항 전단을 위반하여 정당한 사유 없이 안전보건진단을 거부·방해 또는 기피하거나 같은 항 후단을 위반하여 근로자대표가 요구하였음에도 불구하고 안전보건진단에 근로자대표를 참여시키지 않은 경우	법 제175조 제3항 제1호	1) 거부·방해 또는 기피한 경우	1,500	1,500	1,500
		2) 근로자대표를 참여시키지 않은 경우	150	300	500
모. 법 제49조제1항에 따른 명령을 위반하여 안전보건개선계획을 수립하여 시행하지 않은 경우	법 제175조 제4항 제4호	1) 법 제49조제1항 전단에 따라 안전보건개선계획을 수립·시행하지 않은 경우	500	750	1,000
		2) 법 제49조제1항 후단에 따라 안전보건개선계획을 수립·시행하지 않은 경우	1,000	1,000	1,000

보. 법 제49조제2항을 위반하여 산업안전보건위원회의 심의를 거치지 않거나 근로자대표의 의견을 듣지 않은 경우	법 제175조 제5항 제1호		50	250	500
소. 법 제50조제3항을 위반하여 안전보건개선계획을 준수하지 않은 경우	법 제175조 제5항 제1호	1) 사업주가 준수하지 않은 경우	200	300	500
		2) 근로자가 준수하지 않은 경우	5	10	15
오. 법 제53조제2항(법 제166조의2에서 준용하는 경우를 포함한다)을 위반하여 고용노동부장관으로부터 명령받은 사항을 게시하지 않은 경우	법 제175조 제5항 제4호		50	250	500
조. 법 제54조제2항(법 제166조의2에서 준용하는 경우를 포함한다)을 위반하여 중대재해 발생 사실을 보고하지 않거나 거짓으로 보고한 경우	법 제175조 제2항 제2호	중대재해 발생 보고를 하지 않거나 거짓으로 보고한 경우(사업장 외 교통사고 등 사업주의 법 위반을 직접적인 원인으로 발생한 중대재해가 아닌 것이 명백한 경우는 제외한다)	3,000	3,000	3,000
초. 법 제57조제3항(법 제166조의2에서 준용하는 경우를 포함한다)을 위반하여 산업재해를 보고하지 않거나 거짓으로 보고한 경우(오목에 해당하는 경우는 제외한다)	법 제175조 제3항 제2호	1) 산업재해를 보고하지 않은 경우(사업장 외 교통사고 등 사업주의 법 위반을 직접적인 원인으로 발생한 산업재해가 아닌 것이 명백한 경우는 제외한다)	700	1,000	1,500
		2) 산업재해를 거짓으로 보고한 경우	1,500	1,500	1,500
코. 법 제62조제1항을 위반하여 안전보건총괄책임자를 지정하지 않은 경우	법 제175조 제5항 제1호		500	500	500

토. 법 제64조제1항제6호를 위반하여 위생시설 등 고용노동부령으로 정하는 시설의 설치 등을 위하여 필요한 장소의 제공을 하지 않거나 도급인이 설치한 위생시설 이용에 협조하지 않은 경우	법 제175조 제3항 제2호의2		500	1,000	1,500
포. 법 제66조제1항 후단을 위반하여 도급인의 조치에 따르지 않은 경우	법 제175조 제5항 제1호		150	300	500
호. 법 제66조제2항 후단을 위반하여 도급인의 조치에 따르지 않은 경우	법 제175조 제5항 제1호		150	300	500
구. 법 제67조제1항을 위반하여 건설공사의 계획, 설계 및 시공 단계에서 필요한 조치를 하지 않은 경우	법 제175조 제4항 제3호		1,000	1,000	1,000
누. 법 제67조제2항을 위반하여 안전보건 분야의 전문가에게 같은 조 제1항 각 호에 따른 안전보건대장에 기재된 내용의 적정성 등을 확인받지 않은 경우	법 제175조 제4항 제3호		1,000	1,000	1,000
두. 법 제68조제1항을 위반하여 안전보건조정자를 두지 않은 경우	법 제175조 제5항 제1호		500	500	500
루. 법 제70조제1항을 위반하여 특별한 사유 없이 공사기간 연장 조치를 하지 않은 경우	법 제175조 제4항 제3호		1,000	1,000	1,000
무. 법 제70조제2항 후단을 위반하여 특별한 사유 없이 공사기간을 연장하지 않거나 건설공사발주자	법 제175조 제4항 제3호		1,000	1,000	1,000

에게 그 기간의 연장을 요청하지 않은 경우					
부. 법 제71조제3항 후단을 위반하여 설계를 변경하지 않거나 건설공사발주자에게 설계변경을 요청하지 않은 경우	법 제175조 제4항 제3호		1,000	1,000	1,000
수. 법 제71조제4항을 위반하여 설계를 변경하지 않은 경우	법 제175조 제4항 제3호		1,000	1,000	1,000
우. 법 제72조제1항을 위반하여 산업안전보건관리비를 도급금액 또는 사업비에 계상하지 않거나 일부만 계상한 경우	법 제175조 제4항 제3호	1) 전액을 계상하지 않은 경우	계상하지 않은 금액 (다만, 1,000만원을 초과할 경우 1,000만원)	계상하지 않은 금액 (다만, 1,000만원을 초과할 경우 1,000만원)	계상하지 않은 금액 (다만, 1,000만원을 초과할 경우 1,000만원)
		2) 50% 이상 100% 미만을 계상하지 않은 경우	계상하지 않은 금액 (다만, 100만원을 초과할 경우 100만원)	계상하지 않은 금액 (다만, 300만원을 초과할 경우 300만원)	계상하지 않은 금액 (다만, 600만원을 초과할 경우 600만원)
		3) 50% 미만을 계상하지 않은 경우	계상하지 않은 금액 (다만, 100만원을 초과할 경우 100만원)	계상하지 않은 금액 (다만, 200만원을 초과할 경우 200만원)	계상하지 않은 금액 (다만, 300만원을 초과할 경우 300만원)

주. 법 제72조제3항을 위반하여 산업안전보건관리비 사용명세서를 작성하지 않거나 보존하지 않은 경우	법 제175조 제4항 제3호	1) 작성하지 않은 경우	100	500	1,000
		2) 공사 종료 후 1년간 보존하지 않은 경우	100	200	300
추. 법 제72조제5항을 위반하여 산업안전보건관리비를 다른 목적으로 사용한 경우(건설공사도급인만 해당한다)	법 제175조 제4항 제3호	1) 사용한 금액이 1천만원 이상인 경우	1,000	1,000	1,000
		2) 사용한 금액이 1천만원 미만인 경우	목적 외 사용금액	목적 외 사용금액	목적 외 사용금액
쿠. 법 제73조제1항을 위반하여 지도계약을 체결하지 않은 경우	법 제175조 제6항 제6호		100	200	300
투. 법 제73조제2항을 위반하여 지도를 실시하지 않거나 지도에 따라 적절한 조치를 하지 않은 경우	법 제175조 제6항 제6호의2		100	200	300
푸. 법 제75조제6항을 위반하여 노사협의체가 심의·의결한 사항을 성실하게 이행하지 않은 경우	법 제175조 제5항 제1호	1) 건설공사도급인 또는 관계수급인이 성실하게 이행하지 않은 경우	50	250	500
		2) 근로자가 성실하게 이행하지 않은 경우	10	20	30
후. 법 제77조제1항을 위반하여 안전조치 및 보건조치를 하지 않은 경우	법 제175조 제4항 제3호		500	700	1,000
그. 법 제77조제2항을 위반하여 안전보건에 관한 교육을 실시하지 않은 경우	법 제175조 제5항 제1호	1) 최초로 노무를 제공받았을 때 교육을 실시하지 않은 경우(1인당)	10	20	50
		2) 고용노동부령으로 정하는 안전 및 보건에 관한 교육을 실시하지 않은 경우(1인당)	50	100	150

느. 법 제78조를 위반하여 안전조치 및 보건조치를 하지 않은 경우	법 제175조 제4항 제3호		500	700	1,000
드. 법 제79조제1항을 위반하여 가맹점의 안전·보건에 관한 프로그램을 마련·시행하지 않거나 가맹사업자에게 안전·보건에 관한 정보를 제공하지 않은 경우	법 제175조 제2항 제1호		1,500	2,000	3,000
르. 법 제82조제1항 전단을 위반하여 등록하지 않고 타워크레인을 설치·해체한 경우	법 제175조 제4항 제5호		500	700	1,000
므. 법 제84조제6항을 위반하여 안전인증대상기계등의 제조·수입 또는 판매에 관한 자료 제출 명령을 따르지 않은 경우	법 제175조 제6항 제7호		300	300	300
브. 법 제85조제1항을 위반하여 안전인증표시를 하지 않은 경우(안전인증대상별)	법 제175조 제4항 제3호		100	500	1,000
스. 법 제90조제1항을 위반하여 자율안전확인표시를 하지 않은 경우(자율안전확인대상별)	법 제175조 제5항 제1호		50	250	500
으. 법 제93조제1항 전단을 위반하여 안전검사를 받지 않은 경우(1대당)	법 제175조 제4항 제3호		200	600	1,000
즈. 법 제94조제2항을 위반하여 안전검사합격증명서를 안전검사대상기계등에 부착하지 않은 경우(1대당)	법 제175조 제5항 제1호		50	250	500
츠. 법 제95조를 위반하여 안전검사대상기계등을 사용한 경우(1대당)	법 제175조 제4항	1) 안전검사를 받지 않은 안전검사대상기계등을 사용	300	600	1,000

	제3호	한 경우			
		2) 안전검사에 불합격한 안전검사대상기계등을 사용한 경우	300	600	1,000
크. 법 제99조제2항을 위반하여 자율검사프로그램의 인정이 취소된 안전검사대상기계등을 사용한 경우(1대당)	법 제175조 제4항 제3호		300	600	1,000
트. 법 제107조제1항 각 호 외의 부분 본문을 위반하여 작업장 내 유해인자의 노출 농도를 허용기준 이하로 유지하지 않은 경우	법 제175조 제4항 제3호		1,000	1,000	1,000
프. 법 제108조제1항에 따른 신규화학물질의 유해성·위험성 조사보고서를 제출하지 않은 경우	법 제175조 제5항 제4호의2		100	200	500
흐. 법 제108조제5항을 위반하여 근로자의 건강장해 예방을 위한 조치 사항을 기록한 서류를 제공하지 않은 경우	법 제175조 제6항 제3호		30	150	300
기. 법 제109조제1항에 따른 유해성·위험성 조사결과 및 유해성·위험성 평가에 필요한 자료를 제출하지 않은 경우	법 제175조 제5항 제4호의2		500	500	500
니. 법 제110조제1항부터 제3항까지의 규정을 위반하여 물질안전보건자료, 화학물질의 명칭·함유량 또는 변경된 물질안전보건자료를 제출하지 않은 경우(물질안전보건자료대상물질 1종당)	법 제175조 제5항 제5호	1) 물질안전보건자료대상물질을 제조하거나 수입하려는 자가 물질안전보건자료를 제출하지 않은 경우	100	200	500
		2) 물질안전보건자료대상물질을 제조하거나 수입하려는 자가 화학물	100	200	500

		질의 명칭 및 함유량을 제출하지 않은 경우			
		3) 물질안전보건자료대상물질을 제조하거나 수입한 자가 변경 사항을 반영한 물질안전보건자료를 제출하지 않은 경우	50	100	500
디. 법 제110조제2항제2호를 위반하여 국외제조자로부터 물질안전보건자료에 적힌 화학물질 외에는 법 제104조에 따른 분류기준에 해당하는 화학물질이 없음을 확인하는 내용의 서류를 거짓으로 제출한 경우(물질안전보건자료대상물질 1종당)	법 제175조 제5항 제6호		500	500	500
리. 법 제111조제1항을 위반하여 물질안전보건자료를 제공하지 않은 경우(물질안전보건자료대상물질 1종당)	법 제175조 제5항 제7호	1) 물질안전보건자료대상물질을 양도·제공하는 자가 물질안전보건자료를 제공하지 않은 경우(제공하지 않은 사업장 1개소당)			
		가) 물질안전보건자료대상물질을 양도·제공하는 자가 물질안전보건자료를 제공하지 않은 경우[나)에 해당하는 경우는 제외한다]	100	200	500
		나) 종전의 물질안전보건자료대상물질 양도·제공자로부터 물질안	10	20	50

		전보건자료를 제공받지 못하여 상대방에게 물질안전보건자료를 제공하지 않은 경우			
		2) 물질안전보건자료의 기재사항을 잘못 작성하여 제공한 경우(제공한 사업장 1개소당)			
		가) 물질안전보건자료의 기재사항을 거짓으로 작성하여 제공한 경우	100	200	500
		나) 과실로 잘못 작성하거나 누락하여 제공한 경우	10	20	50
미. 법 제111조제2항 또는 제3항을 위반하여 물질안전보건자료의 변경 내용을 반영하여 제공하지 않은 경우(물질안전보건자료대상물질 1종당)	법 제175조 제6항 제9호	1) 물질안전보건자료대상물질을 제조·수입한 자가 변경사항을 반영한 물질안전보건자료를 제공하지 않은 경우(제공하지 않은 사업장 1개소당)	50	100	300
		2) 종전의 물질안전보건자료대상물질 양도·제공자로부터 변경된 물질안전보건자료를 제공받지 못하여 상대방에게 변경된 물질안전보건자료를 제공하지 않은 경우(제공하지 않은 사업장 1개소당)	10	20	30
비. 법 제112조제1항 본문을 위반하여 승인을 받지	법 제175조	1) 물질안전보건자료대상물질을 제	100	200	500

않고 화학물질의 명칭 및 함유량을 대체자료로 적은 경우(물질안전보건자료대상물질 1종당)	제5항 제8호	조·수입하는 자가 승인을 받지 않은 경우			
		2) 물질안전보건자료에 승인 결과를 거짓으로 적용한 경우	500	500	500
		3) 물질안전보건자료대상물질을 제조·수입한 자가 승인의 유효기간이 지났음에도 불구하고 대체자료가 아닌 명칭 및 함유량을 물질안전보건자료에 반영하지 않은 경우	100	200	500
시. 법 제112조제1항 또는 제5항에 따른 비공개 승인 또는 연장승인 신청 시 영업비밀과 관련되어 보호사유를 거짓으로 작성하여 신청한 경우(물질안전보건자료대상물질 1종당)	법 제175조 제5항 제9호		500	500	500
이. 법 제112조제10항 각 호 외의 부분 후단을 위반하여 대체자료로 적힌 화학물질의 명칭 및 함유량 정보를 제공하지 않은 경우	법 제175조 제5항 제10호		100	200	500
지. 법 제113조제1항에 따라 선임된 자로서 같은 항 각 호의 업무를 거짓으로 수행한 경우	법 제175조 제5항 제11호		500	500	500
치. 법 제113조제1항에 따라 선임된 자로서 같은 조 제2항에 따라 고용노동부장관에게 제출한 물질안전보건자료를 해당 물	법 제175조 제5항 제12호		100	200	500

질안전보건자료대상물질을 수입하는 자에게 제공하지 않은 경우(물질안전보건자료대상물질 1종당)					
키. 법 제114조제1항을 위반하여 물질안전보건자료를 게시하지 않거나 갖추어 두지 않은 경우(물질안전보건자료대상물질 1종당)	법 제175조 제5항 제3호	1) 작성한 물질안전보건자료를 게시하지 않거나 갖추어 두지 않은 경우(작업장 1개소당)	100	200	500
		2) 제공받은 물질안전보건자료를 게시하지 않거나 갖추어 두지 않은 경우(작업장 1개소당)	100	200	500
		3) 물질안전보건자료대상물질을 양도 또는 제공한 자로부터 물질안전보건자료를 제공받지 못하여 게시하지 않거나 갖추어 두지 않은 경우(작업장 1개소당)	10	20	50
티. 법 제114조제3항(법 제166조의2에서 준용하는 경우를 포함한다)을 위반하여 해당 근로자 또는 현장실습생을 교육하는 등 적절한 조치를 하지 않은 경우	법 제175조 제6항 제10호	교육대상 근로자 1명당	50	100	300
피. 법 제115조제1항 또는 같은 조 제2항 본문을 위반하여 경고표시를 하지 않은 경우(물질안전보건자료대상물질 1종당)	법 제175조 제6항 제11호	1) 물질안전보건자료대상물질을 담은 용기 및 포장에 경고표시를 하지 않은 경우			
		가) 물질안전보건자료대상물질을	50	100	300

			용기 및 포장에 담는 방법으로 양도·제공하는 자가 용기 및 포장에 경고표시를 하지 않은 경우(양도·제공받은 사업장 1개소당)			
			나) 물질안전보건자료대상물질을 사용하는 사업주가 용기에 경고표시를 하지 않은 경우	50	100	300
			다) 종전의 물질안전보건자료대상물질 양도·제공자로부터 경고표시를 한 용기 및 포장을 제공받지 못해 경고표시를 하지 않은 채로 물질안전보건자료대상물질을 양도·제공한 경우(경고표시를 하지 않고 양도·제공받은 사업장 1개소당)	10	20	50
			라) 용기 및 포장의 경고표시가 제거되거나 경고표시의 내용을 알아볼 수 없을 정도로 훼손된 경우	10	20	50
			2) 물질안전보건자료대상물질을 용기 및 포장에 담는 방법이 아닌 방법으로 양도·제공하는 자가 경	50	100	300

		고표시 기재항목을 적은 자료를 제공하지 않는 경우(제공받지 않은 사업장 1개소당)			
히. 법 제119조제1항을 위반하여 일반석면조사를 하지 않고 건축물이나 설비를 철거하거나 해체한 경우	법 제175조 제6항 제항 제12호		철거 또는 해체 공사 금액의 100분의 5에 해당하는 금액. 다만, 해당 금액이 10만원 미만인 경우에는 10만원으로, 해당 금액이 100만원을 초과하는 경우에는 100만원으로 한다.	200	300
갸. 법 제119조제2항을 위반하여 기관석면조사를 하지 않고 건축물 또는 설비를 철거하거나 해체한 경우	법 제175조 제1항 제1호	1) 개인 소유의 단독주택(다중주택, 다가구주택, 공관은 제외한다)	철거 또는 해체 공사 금액의 100분의 5에 해당하는 금액. 다만, 해당 금액이 50만원 미만인 경우에는 50만원으로, 해당 금액이	1,000	1,500

			500만원을 초과하는 경우에는 500만원으로 한다.		
		2) 그 밖의 경우	철거 또는 해체공사 금액의 100분의 5에 해당하는 금액. 다만, 해당 금액이 150만원 미만인 경우에는 150만원으로, 해당 금액이 1,500만원을 초과하는 경우에는 1,500만원으로 한다.	3,000	5,000
냐. 법 제122조제2항을 위반하여 기관석면조사를 실시한 기관으로 하여금 석면해체·제거를 하도록 한 경우	법 제175조 제5항 제1호		150	300	500
댜. 법 제122조제3항을 위반하여 석면해체·제거작업을 고용노동부장관에게 신고하지 않은 경우	법 제175조 제6항 제13호	1) 신고하지 않은 경우	100	200	300
		2) 변경신고를 하지 않은 경우	50	100	150
랴. 법 제123조제2항을 위반하여 석면이 함유된 건축물이나 설비를 철거하거나 해체하는 자가 한 조치 사항을 준수하지 않은 경우	법 제175조 제6항 제3호		5	10	15

먀. 법 제124조제1항을 위반하여 공기 중 석면농도가 석면농도기준 이하가 되도록 하지 않은 경우	법 제175조 제5항 제1호		150	300	500
뱌. 법 제124조제1항을 위반하여 공기 중 석면농도가 석면농도기준 이하임을 증명하는 자료를 제출하지 않은 경우	법 제175조 제6항 제14호		100	200	300
샤. 법 제124조제3항을 위반하여 공기 중 석면농도가 석면농도기준을 초과함에도 건축물 또는 설비를 철거하거나 해체한 경우	법 제175조 제1항 제2호		1,500	3,000	5,000
야. 법 제125조제1항 및 제2항에 따라 작업환경측정을 하지 않은 경우	법 제175조 제4항 제6호	측정대상 작업장의 근로자 1명당	20	50	100
쟈. 법 제125조제1항 및 제2항을 위반하여 작업환경측정 시 고용노동부령으로 정한 작업환경측정의 방법을 준수하지 않은 경우	법 제175조 제5항 제13호		100	300	500
챠. 법 제125조제4항을 위반하여 작업환경측정 시 근로자대표가 요구하였는 데도 근로자대표를 참석시키지 않은 경우	법 제175조 제5항 제14호		500	500	500
캬. 법 제125조제5항을 위반하여 작업환경측정 결과를 보고하지 않거나 거짓으로 보고한 경우	법 제175조 제6항 제15호	1) 보고하지 않은 경우	50	150	300
		2) 거짓으로 보고한 경우	300	300	300
탸. 법 제125조제6항을 위반하여 작업환경측정의 결과를 해당 작업장 근로자에게 알리지 않은 경우	법 제175조 제5항 제15호		100	300	500
퍄. 법 제125조제7항을 위반하여 산업안전보건위원회 또는 근로자대표가	법 제175조 제5항		100	300	500

작업환경측정 결과에 대한 설명회의 개최를 요구했음에도 이에 따르지 않은 경우	제1호				
하. 법 제128조의2제1항을 위반하여 휴게시설을 갖추지 않은 경우(이 영 제96조의2에 따른 사업장의 사업주로 한정한다)	법 제175조 제3항 제2호의 3		1,500	1,500	1,500
겨. 법 제128조의2제2항을 위반하여 휴게시설의 설치·관리기준을 준수하지 않은 경우	법 제175조 제4항 제6호의 2	고용노동부령으로 정하는 휴게시설 설치·관리기준의 내용 위반 1건당	50	250	500
녀. 법 제129조제1항 또는 제130조제1항부터 제3항까지의 규정을 위반하여 근로자의 건강진단을 하지 않은 경우	법 제175조 제4항 제7호	건강진단 대상 근로자 1명당	10	20	30
뎌. 법 제132조제1항을 위반하여 건강신단을 할 때 근로자대표가 요구하였는 데도 근로자대표를 참석시키지 않은 경우	법 세175조 제5항 제14호		500	500	500
려. 법 제132조제2항 전단을 위반하여 산업안전보건위원회 또는 근로자대표가 건강진단 결과에 대한 설명을 요구했음에도 이에 따르지 않은 경우	법 제175조 제5항 제1호		100	300	500
며. 법 제132조제3항을 위반하여 건강진단 결과를 근로자 건강 보호 및 유지 외의 목적으로 사용한 경우	법 제175조 제6항 제3호		300	300	300
벼. 법 제132조제5항을 위반하여 조치결과를 제출하지 않거나 거짓으로 제출한 경우	법 제175조 제6항 제15호	1) 제출하지 않은 경우	50	150	300
		2) 거짓으로 제출한 경우	300	300	300

산업 안전

서. 법 제133조를 위반하여 건강진단을 받지 않은 경우	법 제175조 제6항 제3호		5	10	15
어. 법 제134조제1항 을 위반하여 건강진단의 실시 결과를 통보·보고하지 않거나 거짓으로 통보·보고한 경우	법 제175조 제6항 제15호	1) 통보 또는 보고하지 않은 경우	50	150	300
		2) 거짓으로 통보 또는 보고한 경우	300	300	300
저. 법 제134조제2항 을 위반하여 건강진단의 실시 결과를 통보하지 않거나 거짓으로 통보한 경우	법 제175조 제6항 제15호	1) 통보하지 않은 경우	50	150	300
		2) 거짓으로 통보한 경우	300	300	300
처. 법 제137조제3항을 위반하여 건강관리카드를 타인에게 양도하거나 대여한 경우	법 제175조 제5항 제1호		500	500	500
커. 법 제141조제2항을 위반하여 정당한 사유 없이 역학조사를 거부·방해·기피한 경우	법 제175조 제3항 제3호	1) 사업주가 거부·방해·기피한 경우	1,500	1,500	1,500
		2) 근로자가 거부·방해·기피한 경우	5	10	15
터. 법 제141조제3항을 위반하여 역학조사 참석이 허용된 사람의 역학조사 참석을 거부하거나 방해한 경우	법 제175조 제3항 제4호		1,500	1,500	1,500
퍼. 법 제145제1항을 위반하여 등록 없이 지도사 직무를 시작한 경우	법 제175조 제5항 제1호		150	300	500
허. 법 제149조를 위반하여 지도사 또는 이와 유사한 명칭을 사용한 경우	법 제175조 제6항 제3호	1) 등록한 지도사가 아닌 사람이 지도사 명칭을 사용한 경우	100	200	300
		2) 등록한 지도사가 아닌 사람이 지도사와 유사한 명칭을 사용한 경우	30	150	300

규. 법 제155조제1항(법 제166조의2에서 준용하는 경우를 포함한다)에 따른 질문에 답변을 거부·방해 또는 기피하거나 거짓으로 답변한 경우	법 제175조 제6항 제16호		300	300	300
뉴. 법 제155조제1항(법 제166조의2에서 준용하는 경우를 포함한다) 또는 제2항(법 제166조의2에서 준용하는 경우를 포함한다)에 따른 근로감독관의 검사·점검 또는 수거를 거부·방해 또는 기피한 경우	법 제175조 제4항 제8호		1,000	1,000	1,000
듀. 법 제155조제3항(법 제166조의2에서 준용하는 경우를 포함한다)에 따른 명령을 위반하여 보고·출석을 하지 않거나 거짓으로 보고한 경우	법 제175조 제5항 제16호	1) 보고 또는 출석을 하지 않은 경우 2) 거짓으로 보고한 경우	150 500	300 500	500 500
류. 법 제156조제1항(법 제166조의2에서 준용하는 경우를 포함한다)에 따른 검사·지도 등을 거부·방해 또는 기피한 경우	법 제175조 제6항 제17호		300	300	300
뮤. 법 제164조제1항부터 제6항까지의 규정을 위반하여 보존해야 할 서류를 보존기간 동안 보존하지 않은 경우(각 서류당)	법 제175조 제6항 제18호		30	150	300

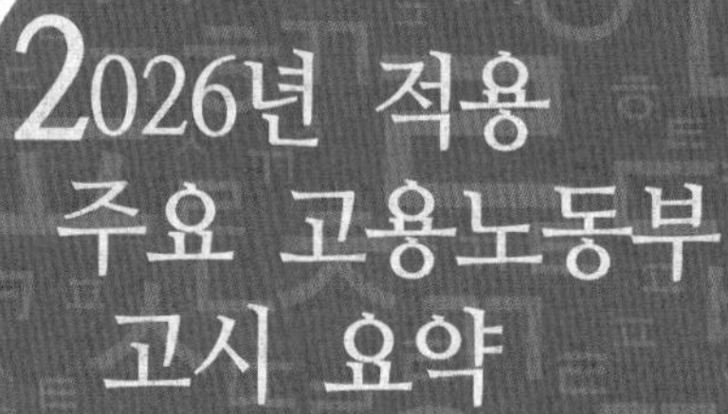

2026년 적용 주요 고용노동부 고시 요약

2026년 적용 주요 고용노동부 고시 요약

2026년 적용 최저임금 고시 (제2025-47호)

1. 최저임금액

업종 \ 결정단위	시간급
모든 산업	10,320원

※ 월 환산액 2,156,880원 : 주 소정근로 40시간을 근무할 경우, 월 환산 기준시간 수 209시간(주당 유급주휴 8시간 포함) 기준

2. 최저임금의 사업의 종류별 구분 여부 : 사업의 종류별 구분 없이 모든 사업장에 동일하게 적용

[적용기간] 2026년 1월 1일 ~ 2026년 12월 31일

전체 근로자의 임금 평균액의 증감률 및 소비자물가변동률 고시 (제2025-83호)

1. 전체 근로자의 임금 평균액의 증감률 : 1.0348(3.48% 상승)
2. 소비자물가변동률 : 1.0194(1.94% 상승)

[시 행 일] 이 고시는 2026년 1월 1일부터 시행한다.
[유효기간] 이 고시는 2026년 12월 31일까지 효력을 가진다.

최고·최저 보상기준 금액 고시 (제2025-84호)

1. 최고 보상기준 금액 : 1일 268,299원
2. 최저 보상기준 금액 : 1일 82,560원

[시 행 일] 이 고시는 2026년 1월 1일부터 시행한다.
[유효기간] 이 고시는 2026년 12월 31일까지 효력을 가진다.

장례비 최고·최저 금액 고시 (제2025-85호)

1. 장례비 최고금액 : 19,279,760원
2. 장례비 최저금액 : 13,943,000원

[시 행 일] 이 고시는 2026년 1월 1일부터 시행한다.
[유효기간] 이 고시는 2026년 12월 31일까지 효력을 가진다.

중·소기업 사업주에 대한 산재보험료 및 보험급여 산정의 기초가 되는 보수액 및 평균임금 고시 (제2025-86호)

(단위 : 원)

구분	보수액(월)	평균임금(1일)	구분	보수액(월)	평균임금(1일)
1등급	2,511,200	82,560	7등급	5,592,780	183,870
2등급	3,024,800	99,450	8등급	6,106,380	200,760
3등급	3,538,390	116,330	9등급	6,619,970	217,640
4등급	4,051,990	133,220	10등급	7,133,570	234,530
5등급	4,565,590	150,100	11등급	7,647,170	251,410
6등급	5,079,180	166,990	12등급	8,160,761	268,299

[시 행 일] 이 고시는 2026년 1월 1일부터 시행한다.
[유효기간] 이 고시는 2026년 12월 31일까지 효력을 가진다.

무급가족종사자에 대한 산재보험료 및 보험급여 산정의 기초가 되는 보수액 및 평균임금 고시 (제2025-87호)

(단위 : 원)

구분	보수액(월)	평균임금(1일)
1등급	2,511,200	82,560
2등급	3,024,800	99,450
3등급	3,538,390	116,330
4등급	4,051,990	133,220
5등급	4,565,590	150,100

[시 행 일] 이 고시는 2026년 1월 1일부터 시행한다.
[유효기간] 이 고시는 2026년 12월 31일까지 효력을 가진다.

진폐고시임금 고시 (제2025-88호)

◦ 진폐고시임금 : 1일 149,055원

[시 행 일] 이 고시는 2026년 1월 1일부터 시행한다.
[유효기간] 이 고시는 2026년 12월 31일까지 효력을 가진다.

직업재활급여 상한금액 고시 (제2025-89호)

1. 「산업재해보상보험법」 제73조제3항에 따른 1인당 직업훈련비용 지원 한도 금액
   가. 근로자직업능력개발법에 따른 직업능력개발훈련 및 한국장애인고용공단의 위탁훈련 : 정부지원승인 훈련비

나. 가목 이외의 산업재해보상보험법시행규칙 제58조에 의한 훈련 : 6,000,000원

2. 「산업재해보상보험법」 제75조제2항에 따른 직장복귀지원금 상한 금액
가. 장해등급 제1급 ~ 제3급 : 월 800,000원
나. 장해등급 제4급 ~ 제9급 : 월 600,000원
다. 장해등급 제10급 ~ 제12급 : 월 450,000원

3. 「산업재해보상보험법」 제75조제3항에 따른 직장적응훈련비 상한 금액 : 월 450,000원

4. 「산업재해보상보험법」 제75조제3항에 따른 재활운동비 상한 금액 : 월 150,000원

5. 직장적응훈련비의 지급 기준 및 절차 등에 관하여 필요한 사항은 근로복지공단 이사장이 정한다.

[시 행 일] 이 고시는 2026년 1월 1일부터 시행한다.

통상근로계수 고시 (제2025-90호)

◦ 통상근로계수는 73/100으로 한다.

[시 행 일] 이 고시는 2026년 1월 1일부터 시행한다.

2026년도 사업종류별 산재보험료율 고시 (제2025-91호)

1. 2026년도 사업종류별 산재보험료율

(단위 : 천분율(‰))

사업종류	요율
1. 광업	
석탄광업 및 채석업	185
석회석·금속·비금속·기타광업	57
2. 제조업	
식료품 제조업	16
섬유 및 섬유제품 제조업	11
목재 및 종이제품 제조업	20
출판·인쇄·제본업	9
화학 및 고무제품 제조업	13
의약품·화장품·연탄·석유제품 제조업	7
기계기구·금속·비금속광물제품 제조업	13
금속제련업	10
전기기계기구·정밀기구·전자제품 제조업	6
선박건조 및 수리업	24

수제품 및 기타제품 제조업	12
3. 전기·가스·증기·수도사업	7
4. 건설업	35
5. 운수·창고·통신업	
철도·항공·창고·운수관련서비스업	8
육상 및 수상운수업	18
통신업	9
6. 임업	58
7. 어업	27
8. 농업	20
9. 기타의 사업	
시설관리 및 사업지원 서비스업	8
기타의 각종사업	8
전문·보건·교육·여가관련 서비스업	6
도소매·음식·숙박업	8
부동산 및 임대업	7
국가 및 지방자치단체의 사업	9
0. 금융 및 보험업	5
* 해외파견자: 14/1,000	

2. 2026년도 통상적인 경로와 방법으로 출퇴근하는 중 발생한 재해에 관한 산재보험료율 : 전 업종 0.6/1,000 동일

[시 행 일] 이 고시는 2026년 1월 1일부터 시행한다.
[유효기간] 이 고시는 2026년 12월 31일까지 효력을 가진다.

노무제공자 직종별 산재보험료율 고시 (제2025-92호)

노무제공자 직종	요율 (단위 : ‰)
1. 보험을 모집하는 사람으로서 다음 각 목의 어느 하나에 해당하는 사람(「산업재해보상보험법」 시행령 제83조의5제1호에 해당하는 사람) 가. 「보험업법」 제83조제1항제1호에 따른 보험설계사 나. 「새마을금고법」 및 「신용협동조합법」에 따른 공제의 모집을 전업으로 하는 사람 다. 「우체국예금·보험에 관한 법률」에 따른 우체국보험의 모집을 전업으로 하는 사람	5
2. 「건설기계관리법」 제3조제1항에 따라 등록된 건설기계를 직접 운전하는 사람(「산업재해보상보험법 시행령」 제83조의5제2호에 해당하는 사람)	34

3. 「화물자동차 운수사업법」 제2조제1호에 따른 화물자동차 중 고용노동부령으로 정하는 자동차를 운전하는 사람(「산업재해보상보험법 시행령」 제83조의5제13호에 해당하는 사람) 「산업재해보상보험법 시행령」 제83조의5제13호에서 "고용노동부령으로 정하는 자동차를 운전하는 사람"이란 「자동차등록규칙」 별표 1 제2호에 따른 자동차 중 다음 각 호에 해당하는 자동차를 운전하는 사람을 말한다. 1. 특수용도형 화물자동차 중 살수차류 2. 특수용도형 화물자동차 중 굴절식 및 직진식 카고크레인류 3. 특수작업형 특수자동차 중 고소작업자동차류	
4. 「통계법」 제22조에 따라 국가데이터처장이 고시하는 직업에 관한 표준분류(이하 "한국표준직업분류표"라 한다)의 세분류에 따른 학습·교구 관련 방문강사 등 회원의 가정 등을 직접 방문하여 아동이나 학생 등을 가르치는 사람(「산업재해보상보험법 시행령」 제83조의5제3호에 해당하는 사람)	7
5. 「체육시설의 설치·이용에 관한 법률」 제7조에 따라 직장체육시설로 설치된 골프장 또는 같은 법 제19조에 따라 체육시설업의 등록을 한 골프장에서 골프경기를 보조하는 골프장 캐디(「산업재해보상보험법 시행령」 제83조의5제4호에 해당하는 사람)	5
6. 한국표준직업분류표의 세분류에 따른 택배원 또는 세세분류에 따른 그 외 배달원으로서 다음 각 목의 어느 하나에 해당하는 사람(「산업재해보상보험법 시행령」 제83조의5제5호에 해당하는 사람) 가. 「생활물류서비스산업발전법」 제2조제6호가목에 따른 택배서비스종사자로서 집화 또는 배송(설치를 수반하는 배송을 포함한다) 업무를 하는 사람 나. 가목 외에 택배사업(소화물을 집화·수송 과정을 거쳐 배송하는 사업을 말한다)에서 집화 또는 배송 업무를 하는 사람	17
7. 한국표준직업분류표의 세분류에 따른 늘찬배달원으로서 퀵서비스업의 사업주로부터 업무를 의뢰받아 배송 업무를 하는 사람. 다만, 제5호 또는 제14호에 해당하는 사람은 제외한다.(「산업재해보상보험법 시행령」 제83조의5제6호에 해당하는 사람)	17
8. 「대부업 등의 등록 및 금융이용자 보호에 관한 법률」 제3조제1항 단서에 따른 대출모집인(「산업재해보상보험법 시행령」 제83조의5제7호에 해당하는 사람)	5
9. 「여신전문금융업법」 제14조의2제1항제2호에 따른 신용카드회원모집인(「산업재해보상보험법 시행령」 제83조의5제8호에 해당하는 사람)	5
10. 다음 각 목의 어느 하나에 해당하는 사업자로부터 업무를 의뢰받아 자동차를 운전하는 사람(「산업재해보상보험법 시행령」 제83조의5제9호에 해당하는 사람)	18

가. 대리운전업자(자동차 이용자의 요청에 따라 그 이용자와 동승하여 해당 자동차를 목적지까지 운전하는 사업의 사업주를 말한다) 나. 탁송업자(자동차 이용자의 요청에 따라 그 이용자와 동승하지 않고 해당 자동차를 목적지까지 운전하는 사업의 사업주를 말한다) 다. 대리주차업자(자동차 이용자의 요청에 따라 그 이용자를 대신하여 해당 자동차를 주차하는 사업의 사업주를 말한다)	
11. 「방문판매 등에 관한 법률」 제2조제2호에 따른 방문판매원 또는 같은 조 제8호에 따른 후원방문판매원으로서 방문판매업무를 하는 사람. 다만, 다음 각 목의 어느 하나에 해당하는 경우는 제외한다.(「산업재해보상보험법 시행령」 제83조의5제10호에 해당하는 사람) 가. 방문판매는 하지 않고 자가 소비만 하는 경우 나. 제3호 또는 제11호에 해당하는 경우	8
12. 한국표준직업분류표의 세분류에 따른 대여 제품 방문 점검원(「산업재해보상보험법 시행령」 제83조의5제11호에 해당하는 사람)	7
13. 한국표준직업분류표의 세분류에 따른 가전제품 설치 및 수리원으로서 가전제품의 판매를 위한 배송 업무를 주로 수행하고 가전제품의 설치·시운전 등을 통해 작동상태를 확인하는 사람(「산업재해보상보험법 시행령」 제83조의5제12호에 해당하는 사람)	7
14. 「화물자동차 운수사업법」 제2조제11호에 따른 화물차주로서 다음 각 목의 어느 하나에 해당하는 자동차를 운전하는 사람 및 그 밖에 화물을 운송하기 위하여 다음 각 목의 어느 하나에 해당하는 자동차를 운전하는 사람. 다만, 제5호, 제12호 또는 제13호에 해당하는 사람은 제외한다.(「산업재해보상보험법 시행령」 제83조의5제14호에 해당하는 사람) 가. 「자동차관리법」 제3조제1항제3호에 따른 화물자동차 나. 「자동차관리법」 제3조제1항제4호에 따른 특수자동차 중 견인형 자동차 또는 특수작업형 사다리차(이사 등을 위하여 높은 건물에 필요한 물건을 올리기 위한 자동차를 말한다)	17
15. 「소프트웨어 진흥법」 제2조제3호에 따른 소프트웨어사업에서 노무를 제공하는 같은 조 제10호에 따른 소프트웨어기술자(「산업재해보상보험법 시행령」 제83조의5제15호에 해당하는 사람)	5
16. 다음 각 목의 어느 하나에 해당하는 강사(「산업재해보상보험법 시행령」 제83조의5제16호에 해당하는 사람) 가. 「초·중등교육법」 제2조에 따른 학교에서 운영하는 방과후학교의 과정을 담당하는 강사 나. 「유아교육법」 제2조제2호에 따른 유치원에서 운영하는 같은 조 제6호에 따른 방과후 과정을 담당하는 강사 다. 「영유아보육법」 제2조제3호에 따른 어린이집에서 운영하는 같은 법 제29조제4항에 따른 특별활동프로그램을 담당하는 강사	6

17. 「관광진흥법」 제38조제1항 단서에 따른 관광통역안내의 자격을 가진 사람으로서 외국인 관광객을 대상으로 관광안내를 하는 사람(「산업재해보상보험법 시행령」 제83조의5제17호에 해당하는 사람)	6
18. 「도로교통법」 제2조제23호에 따른 어린이통학버스를 운전하는 사람(「산업재해보상보험법 시행령」 제83조의5제18호에 해당하는 사람)	18

[시 행 일] 이 고시는 2026년 1월 1일부터 시행한다.
[유효기간] 이 고시는 2026년 12월 31일까지 효력을 가진다.

산업재해보상보험법에 따른 간병급여 지급기준 고시 (제2025-95호)

(단위 : 원)

구분	상시간병급여	수시간병급여
전문간병인	53,060	35,370
가족·기타 간병인	46,250	30,830

◦ 전문간병인은 「산업재해보상보험법 시행규칙」 제12조제1항제1호 및 제2호에 따른 사람을 말한다.

[시 행 일] 이 고시는 2026년 1월 1일부터 시행한다.

소득확인이 어려운 직종의 노무제공자에 대한 산재보험료 및 보험급여 산정의 기초가 되는 월 보수액 및 평균보수 등 고시 (제2025-97호)

1. 직종별 월 보수액 및 평균보수

(단위 : 원)

직종	월 보수액	평균보수 (일)
◦ 「건설기계관리법」 제3조제1항에 따라 등록된 건설기계를 직접 운전하는 사람(산재보험법 시행령 제83조의5 제2호에 해당하는 사람) ◦ 「화물자동차 운수사업법」 제2조제1호에 따른 화물자동차 중 고용노동부령으로 정하는 자동차를 운전하는 사람 (산재보험법 시행령 제83조의5제13호에 해당하는 사람) 「산재보험법 시행령」 제83조의5제13호에서 "고용노동부령으로 정하는 자동차를 운전하는 사람"이란 「자동차등록규칙」 별표 1 제2호에 따른 자동차 중 다음 각 호에 해당하는 자동차를 운전하는 사람을 말한다. 1. 특수용도형 화물자동차 중 살수차류 2. 특수용도형 화물자동차 중 굴절식 및 직진식 카고크	2,813,000	93,766

레인류
3. 특수작업형 특수자동차 중 고소작업자동차류

2. 사업이 폐업하거나 도산한 경우, 보수 관련 자료가 없거나 명확하지 않은 경우 또는 사업의 이전 등으로 사업의 소재지를 파악하기 곤란한 경우에 적용되는 산재보험 노무제공자의 보수액은 월 1,799,785원으로 한다.

[시 행 일] 이 고시는 2026년 1월 1일부터 시행한다.
[유효기간] 이 고시는 2026년 12월 31일까지 효력을 가진다.

노무제공자 최저 휴업급여 보장액 고시 (제2025-98호)

◦ 노무제공자 최저 휴업급여 보장액은 1일 59,171원으로 한다.

[시 행 일] 이 고시는 2026년 1월 1일부터 시행한다.
[유효기간] 이 고시는 2026년 12월 31일까지 효력을 가진다.

임금채권보장기금 사업주 부담금비율 고시 (제2025-100호)

◦ 보수총액의 1000분의 0.9(전업종 공통)

[시 행 일] 이 고시는 2026년 1월 1일부터 시행한다.
[유효기간] 이 고시는 2026년 12월 31일까지 효력을 가진다.

근로자의 기준보수 고시 (제2025-117호)

1. 월 단위의 기준보수액은 다음 세목과 같다.
(1) 지역을 구분하여 적용하는 산업분류별 기준보수액

(단위 : 원)

구분	C.제조업	G.도매 및 소매업	H.운수 및 창고업	I.숙박 및 음식점업	L.부동산업	M.전문, 과학 및 기술 서비스업
서울	2,822,932	2,722,300	2,936,852	2,276,301	2,335,163	2,879,496
부산	2,964,658	2,518,542	3,096,812	2,183,938	2,184,551	2,804,771
대구	2,729,317	2,441,624	2,299,098	2,156,880	2,286,474	2,477,989
인천	3,014,902	2,477,247	2,796,095	2,200,990	2,425,253	2,976,801
광주	3,195,019	2,541,268	3,012,758	2,158,435	2,325,565	2,495,630
대전	2,989,452	2,428,312	2,516,774	2,156,880	2,190,825	2,604,759
울산	3,376,928	2,542,305	2,858,765	2,164,759	2,758,302	2,999,434
경기	3,155,748	2,610,547	2,484,915	2,199,498	2,374,720	2,884,688
강원	2,878,792	2,266,811	2,419,956	2,210,438	2,245,994	2,707,389

충북	3,605,155	2,408,082	2,429,562	2,170,954	2,520,092	2,714,543
충남	3,454,079	2,468,379	2,695,325	2,173,385	2,505,392	3,050,260
전북	3,129,723	2,324,447	2,688,978	2,182,016	2,194,570	2,483,064
전남	3,138,586	2,318,471	2,441,823	2,173,487	2,485,974	2,679,923
경북	3,173,662	2,371,924	2,286,599	2,215,942	2,256,316	2,668,372
경남	3,339,248	2,452,447	2,462,060	2,156,880	2,240,060	2,840,741
제주	2,785,122	2,247,940	2,853,434	2,302,593	2,156,880	2,842,399
세종	2,636,108	2,289,217	2,367,481	2,156,880	2,156,880	2,319,091

구분	N. 사업시설 관리, 사업 지원 및 임대 서비스업	P. 교육 서비스업	Q. 보건업 및 사회복지 서비스업	R. 예술, 스포츠 및 여가관련 서비스업	S. 협회 및 단체, 수리 및 기타 개인 서비스업
서울	2,619,151	2,312,879	2,555,016	2,164,586	2,707,333
부산	2,319,535	2,324,304	2,417,466	2,287,406	2,412,739
대구	2,272,048	2,227,507	2,388,932	2,169,489	2,307,870
인천	2,450,665	2,277,803	2,493,394	2,700,917	2,342,422
광주	3,086,387	2,233,652	2,491,449	2,252,222	2,522,408
대전	2,556,812	2,179,587	2,522,817	2,163,351	2,687,933
울산	2,405,579	2,226,296	2,280,487	2,213,824	2,314,663
경기	2,446,321	2,262,135	2,397,481	2,390,106	2,620,780
강원	2,730,343	2,374,300	2,502,029	2,247,631	2,499,237
충북	2,499,935	2,266,402	2,462,465	2,326,920	2,426,225
충남	2,569,369	2,357,018	2,417,802	2,207,125	2,401,006
전북	2,431,366	2,277,254	2,573,019	2,180,121	2,510,990
전남	2,298,713	2,711,360	2,531,508	2,235,330	2,502,145
경북	2,425,886	2,224,756	2,449,817	2,305,577	2,415,786
경남	2,805,082	2,203,407	2,373,818	2,196,802	2,545,389
제주	2,295,814	2,400,499	2,397,527	2,182,433	2,433,554
세종	2,247,442	2,425,785	2,196,146	2,156,880	2,414,224

(2) 지역을 구분하지 아니하고 적용하는 산업분류별 기준보수액

(단위 : 원)

산업분류	기준보수액
A. 농업, 임업 및 어업	2,714,233
B. 광업	3,168,012
D. 전기, 가스, 증기 및 공기조절 공급업	2,611,036
E. 수도, 하수 및 폐기물처리, 원료 재생업	2,955,509

F. 건설업	4,798,427
J. 정보통신업	3,036,858
K. 금융 및 보험업	2,741,221
O. 공공행정, 국방 및 사회보장 행정	2,806,398
T. 가구 내 고용활동 및 달리 분류되지 않은 자가소비 생산활동	2,187,555
U. 국제 및 외국기관	3,797,875

※ 산업분류는 「통계법」에 따라 통계청장이 고시하는 한국표준산업분류표에 따름

2. 시간단위의 기준보수액은 월 단위 기준보수액을 209시간(상시근로자 수 5인 미만 사업의 경우, 주 44시간일 때 226시간 적용 등)으로 나누어 산출한 금액으로 한다.

[시 행 일] 이 고시는 2026년 1월 1일부터 시행한다.
[유효기간] 이 고시는 2026년 12월 31일까지 효력을 가진다.

예술인 및 노무제공자에 대한 고용보험료의 상한액 고시 (제2025-118호)

1. 예술인 보험료액의 상한
   가. 월별보험료의 상한액 : 499,190원
   나. 연간보험료의 상한액 : 5,990,280원
2. 노무제공자 보험료액의 상한
   가. 월별보험료의 상한액 : 649,160원
   나. 연간보험료의 상한액 : 7,789,920원

[시 행 일] 이 고시는 2026년 1월 1일부터 시행한다.
[유효기간] 이 고시는 2026년 12월 31일까지 효력을 가진다.

건설공사의 노무비율 고시 (제2025-119호)

1. 일반 건설공사 : 총공사 금액의 100분의 27에 해당하는 금액
2. 하도급 공사 : 하도급공사 금액의 100분의 29에 해당하는 금액

[시 행 일] 이 고시는 2026년 1월 1일부터 시행한다.
[유효기간] 이 고시는 2026년 12월 31일까지 효력을 가진다.

벌목업의 노무비율 고시 (제2025-120호)

◦ 벌목업의 노무비율은 벌목재적량(伐木材積量) 1㎥당 10,374원으로 한다.

[시 행 일] 이 고시는 2026년 1월 1일부터 시행한다.
[유효기간] 이 고시는 2026년 12월 31일까지 효력을 가진다.

2026년도 건설업 월평균보수 고시 (제2025-121호)

◦ 건설업의 상시근로자수 산정을 위한 2026년도 건설업 월평균보수는 4,798,427원으로 한다.

[시 행 일] 이 고시는 2026년 1월 1일부터 시행한다.
[유효기간] 이 고시는 2026년 12월 31일까지 효력을 가진다.

출산전후휴가 급여등 상한액 고시 (제2025-124호)

Ⅰ. 출산전후휴가(유산·사산휴가) 급여의 상한액
1. 출산전후휴가기간 또는 유산·사산휴가기간 90일에 대한 통상임금에 상당하는 금액이 660만원을 초과하는 경우 : 660만원
2. 출산전후휴가 급여 또는 유산·사산휴가 급여의 지급기간이 90일 미만인 경우 : 일수로 계산한 금액
3. 미숙아를 출산한 경우의 출산전후휴가기간 100일에 대한 통상임금에 상당하는 금액이 7,333,330원을 초과하는 경우 : 7,333,330원
4. 미숙아를 출산한 경우의 출산전후휴가 급여의 지급기간이 100일 미만인 경우 : 일수로 계산한 금액
5. 한 번에 둘 이상의 자녀를 임신한 경우의 출산전후휴가기간 120일에 대한 통상임금에 상당하는 금액이 880만원을 초과하는 경우 : 880만원
6. 한 번에 둘 이상의 자녀를 임신한 경우의 출산전후휴가 급여의 지급기간이 120일 미만인 경우 : 일수로 계산한 금액

Ⅱ. 배우자 출산휴가 급여의 상한액
1. 배우자 출산휴가기간 20일에 대한 통상임금에 상당하는 금액이 1,684,210원을 초과하는 경우 : 1,684,210원
2. 배우자 출산휴가 급여의 지급기간이 20일 미만인 경우 : 일수로 계산한 금액

Ⅲ. 난임치료휴가 급여의 상한액
1. 난임치료휴가기간 최초 2일분 급여가 168,420원을 초과하는 경우 : 168,420원
2. 난임치료휴가기간 최초 1일분 급여가 84,210원을 초과하는 경우 : 84,210원

[시 행 일] 이 고시는 2026년 1월 1일부터 시행한다.
[적 용 례] 이 고시를 시행할 당시 이미 출산전후휴가 급여등의 지급기간 중인 경우에는 이 고시 시행 이후부터는 위 상한액을 기준으로 일할 계산하여 지급한다.
[유효기간] 이 고시는 2026년 12월 31일까지 효력을 가진다.

예술인 출산전후급여등 상한액 및 하한액 고시 (제2025-125호)

1. 출산전후급여등의 상한액 : 90일에 대하여 총 660만원, 매 30일에 대하여 220만원
   - 미숙아를 출산한 경우 출산전후급여등의 상한액 : 100일에 대하여 총 7,333,330원, 매 30일에 대하여 220만원, 마지막 10일에 대하여 733,330원
   - 한 번에 둘 이상의 자녀를 임신한 경우 출산전후급여등의 상한액 : 120일에 대하여 총 880만원, 매 30일에 대하여 220만원
2. 출산전후급여등의 하한액 : 90일에 대하여 총 180만원, 매 30일에 대하여 60만원
   - 미숙아를 출산한 경우 출산전후급여등의 하한액 : 100일에 대하여 총 200만원, 매 30일에 대하여 60만원, 마지막 10일에 대하여 20만원
   - 한 번에 둘 이상의 자녀를 임신한 경우 출산전후급여등의 하한액 : 120일에 대하여 총 240만원, 매 30일에 대하여 60만원
3. 출산전후급여등의 지급기간이 90일(미숙아를 출산한 경우는 100일, 한 번에 둘 이상의 자녀를 임신한 경우는 120일) 미만인 경우 : 일수로 계산한 금액

[시 행 일] 이 고시는 2026년 1월 1일부터 시행한다.

[적 용 례] 이 고시를 시행할 당시 이미 출산전후급여등의 지급기간 중인 경우에는 이 고시 시행 이후부터는 위 상한액을 기준으로 일할 계산하여 지급한다.

[유효기간] 이 고시는 2026년 12월 31일까지 효력을 가진다.

노무제공자 출산전후급여등의 상한액 및 하한액 고시 (제2025-126호)

1. 출산전후급여등의 상한액 : 90일에 대하여 총 660만원, 매 30일에 대하여 220만원
   - 미숙아를 출산한 경우 출산전후급여등의 상한액 : 100일에 대하여 총 7,333,330원, 매 30일에 대하여 220만원, 마지막 10일에 대하여 733,330원
   - 한 번에 둘 이상의 자녀를 임신한 경우 출산전후급여등의 상한액 : 120일에 대하여 총 880만원, 매 30일에 대하여 220만원
2. 출산전후급여등의 하한액 : 90일에 대하여 총 240만원, 매 30일에 대하여 80만원
   - 미숙아를 출산한 경우 출산전후급여등의 하한액 : 100일에 대하여 총 2,666,660원, 매 30일에 대하여 80만원, 마지막 10일에 대하여 266,660원

- 한 번에 둘 이상의 자녀를 임신한 경우 출산전후급여등의 하한액 : 120일에 대하여 총 320만원, 매 30일에 대하여 80만원

3. 출산전후급여등의 지급기간이 90일(미숙아를 출산한 경우는 100일, 한 번에 둘 이상의 자녀를 임신한 경우는 120일) 미만인 경우 : 일수로 계산한 금액

[시 행 일] 이 고시는 2026년 1월 1일부터 시행한다.
[적 용 례] 이 고시를 시행할 당시 이미 출산전후급여등의 지급기간 중인 경우에는 이 고시 시행 이후부터는 위 상한액을 기준으로 일할 계산하여 지급한다.
[유효기간] 이 고시는 2026년 12월 31일까지 효력을 가진다.

예술인의 출산전후급여등의 지급기간 중 소득허용금액에 관한 고시 (제2025-127호)

◦ "아래의 소득금액" 미만인 경우 노무제공 하지 않은 것으로 본다.

1. 노무제공을 통한 소득이 있는 경우 : 매 30일에 대하여 출산일 직전 1년간 월평균보수의 40분의 15에 해당하는 금액. 다만, 월평균보수가 1,333,340원 미만인 경우에는 50만원, 월평균보수가 400만원을 초과하는 경우에는 150만원으로 본다.
2. 자영업을 통한 소득이 있는 경우 : 매 30일에 대하여 150만원
3. 노무제공 및 자영업을 통한 소득이 모두 있는 경우 : 각각에 해당하는 금액 모두 충족

[시 행 일] 이 고시는 2026년 1월 1일부터 시행한다.
[유효기간] 이 고시는 2026년 12월 31일까지 효력을 가진다.

노무제공자의 출산전후급여등의 지급기간 중 소득허용금액에 관한 고시 (제2025-128호)

◦ "아래의 소득금액" 미만인 경우 노무제공 하지 않은 것으로 본다.

1. 노무제공을 통한 소득이 있는 경우 : 매 30일에 대하여 출산일 직전 1년간 월평균보수의 40분의 15에 해당하는 금액. 다만, 월평균보수가 1,333,340원 미만인 경우에는 50만원, 월평균보수가 400만원을 초과하는 경우에는 150만원으로 본다.
2. 자영업을 통한 소득이 있는 경우 : 매 30일에 대하여 150만원
3. 노무제공 및 자영업을 통한 소득이 모두 있는 경우 : 각각에 해당하는 금액 모두 충족

[시 행 일] 이 고시는 2026년 1월 1일부터 시행한다.
[유효기간] 이 고시는 2026년 12월 31일까지 효력을 가진다.

장애인 고용부담금의 부담기초액 고시 (제2025-133호)

1. 장애인 고용부담금 산정기준
   - 월 부담금=해당 월 의무고용 미달인원×장애인 고용률에 따른 부담기초액 및 가산금액
   - 부담금 납부총액=매월 부담금의 연간 합계액
2. 부담기초액 : 1,295,000원
   - 장애인 고용의무 인원 대비 고용하고 있는 장애인 근로자 비율이 3/4 이상인 경우에 적용한다.
   - 장애인 고용률에 따라 가산한 부담기초액

장애인 고용의무 인원 대비 고용하고 있는 장애인 근로자 비율			
1/2이상 3/4미만	1/4이상 1/2미만	1/4미만	장애인을 한명도 고용하지 않은 경우
1,372,700원	1,554,000원	1,813,000원	2,156,880원

※ 비율에 따른 인원에 소수점이 있는 경우 소수점 이하의 인원은 버림

3. 부담기초액 적용기간 : 2026년 1월 1일 ~ 2026년 12월 31일

2026년 노무/HR 일지

2026년 노무일지

매월	∘ 4대보험료(연금·건강·산재·고용) 납부(매월 10일까지) ∘ 원천세 신고·납부(매월 10일까지) ∘ 4대보험 피보험자격 취득·상실 신고(사유 발생일이 속하는 달의 다음 달 15일까지, 단 건강은 입·퇴사일로부터 14일 이내) ∘ 근로내용확인 신고(다음 달 15일까지) ∘ 이직확인서 신고(다음 달 15일까지) ∘ 휴직자 및 전출자 4대보험 신고(고용·산재·건강 발생일로부터 14일 이내, 연금 다음 달 15일까지) ∘ 직장보육교사 등 인건비 지원금, 중소기업직장보육시설 운영비지원금(다음 달 말일까지) ∘ "육아휴직 등 부여" 출산육아기고용지원금 신청 ∘ 출산육아기 "대체인력지원금", "업무분담지원금" 신청 ∘ 육아휴직급여 신청(근로자 신청, 당월 중 실시분에 대하여 다음 달 말일까지)
기타	∘ 고용촉진장려금 신청(고용한 날이 속하는 달의 다음 달부터 6개월마다) ∘ 고용창출장려금/고용안정장려금 신청(연중 매월 수시 접수, 12월 31일까지 접수) ∘ 고용유지지원금 신청(당월 분에 대하여 다음 달 말일까지) ∘ 직장어린이집지원 신청(당월 분에 대하여 다음 달 말일까지)

월	주요 내용
1월	∘ 시무식 ∘ 인사정책수립 및 고용계획작성 ∘ 연차휴가 사용계획서 접수 ∘ 설날의 휴일 대책 ∘ 안전·보건교육계획 작성 ∘ 2026년 최저임금(10,320원) 효력 발생(1일) ∘ 건강보험료 근로자 보수기준 3.545% → 3.595%로 변경(1일) ∘ 장기요양보험료 근로자 보수기준 0.4591% → 0.4656%로 변경(1일) ∘ 국민연금보험료 근로자 보수기준 4.5% → 4.75%로 변경(1일) ∘ 2025년 제4분기 고령자계속고용지원금 신청(31일) ∘ 2025년 제4분기 60세 이상 고령자고용지원금 신청(31일) ∘ 2025년 제4분기 지역고용촉진지원금 신청(31일)

	◦ 2025년 장애인고용계획실시상황 및 2026년 장애인고용계획서 제출(31일) ◦ 2026년 장애인고용부담금 신고·제1분기 납부(31일, 분할납부 가능) ◦ 산재보험가입 중소기업사업주 2026년도 기준보수(등급) 신고기한(31일)
2월	◦ 임금교섭(안)·단체협약(안) 마련 ◦ 건강진단실시계획서 작성 ◦ 보험사무대행지원금 2025년 제4분기분 신청개시(15일)
3월	◦ 임금인상 대책 ◦ 단체교섭 실시 및 정기 노사협의회 개최 ◦ 건강보험 보수총액 신고(10일, 선택사항) ◦ 2025년분 산재·고용 보수총액 신고(15일) ◦ 제1분기 출산육아기고용안정지원금(기간제, 파견근로자 재고용) 신청(31일) ◦ 고용보험·산재보험개산보험료신고 및 제1분기 납부(건설, 31일) ◦ 고용보험·산재보험확정보험료신고·납부 및 정산(건설, 31일)
4월	◦ 장애인의 날 행사 ◦ 단체협약 체결 및 신고 ◦ 취업규칙의 점검 ◦ 춘계행사 준비(야유회 등) ◦ 제1분기 고령자계속고용지원금 신청(30일) ◦ 제1분기 60세 이상 고령자고용지원금 신청(30일) ◦ 제1분기 지역고용촉진지원금 신청(30일) ◦ 제2분기 장애인고용부담금 납부(30일, 분할납부 가능) ◦ 2025년 고용·산재·건강 연말정산 고지 및 보험료 징수
5월	◦ 근로자의날 행사(1일) ◦ 고충처리 대책 ◦ 보험사무대행지원금 제1분기분 신청개시(15일) ◦ 제2분기 고용보험·산재보험개산보험료 납부(건설, 15일)
6월	◦ 여름철 장마 및 수방대책 ◦ 정기 노사협의회 개최 ◦ 하반기 각종 대책 수립 ◦ 제2분기 출산육아기고용안정지원금(기간제, 파견근로자 재고용) 신청(30일)
7월	◦ 하계휴가 대책 ◦ 산업안전보건의 날 행사(6일)

	◦ 연차휴가 사용계획서 접수 ◦ 국민연금 신규보험료 고지(7월~익년 6월까지 적용) ◦ 제2분기 고령자계속고용지원금 신청(31일) ◦ 제2분기 60세 이상 고령자고용지원금 신청(31일) ◦ 제2분기 지역고용촉진지원금 신청(31일) ◦ 제3분기 장애인고용부담금 납부(31일, 분할납부 가능) ◦ 장애인고용계획에 대한 상반기 실시상황 보고(31일)
8월	◦ 제3분기 고용보험·산재보험개산보험료 납부(건설, 15일) ◦ 보험사무대행지원금 제2분기분 신청개시(15일) ◦ 하계휴가 실적관리
9월	◦ 추석의 휴일대책 ◦ 정기 노사협의회 개최 ◦ 제3분기 출산육아기고용안정지원금(기간제, 파견근로자 재고용) 신청 (30일)
10월	◦ 추계행사 준비(체육대회·야유회 등) ◦ 제3분기 고령자계속고용지원금 신청(31일) ◦ 세3분기 60세 이상 고령자고용지원금 신청(31일) ◦ 제3분기 지역고용촉진지원금 신청(31일) ◦ 제4분기 장애인고용부담금 납부(31일, 분할납부 가능)
11월	◦ 동절기 화재 및 난방 대책 ◦ 2027년 인력수급계획, 계약직 갱신여부 결정·통보 ◦ 보험사무대행지원금 제3분기분 신청개시(15일) ◦ 제4분기 고용보험·산재보험개산보험료 납부(건설, 15일)
12월	◦ 연말·연시 휴일 대책 ◦ 연말 노사협의회 개최 ◦ 연차유급휴가의 임금대체 지급 ◦ 고용보험가입 자영업자 2027년도분 기준보수(등급) 신고기한(20일) ◦ 제4분기 출산육아기고용안정지원금(기간제, 파견근로자 재고용) 신청 (31일) ◦ 2026년 최저임금(10,320원) 효력 종료(31일) ◦ 종무식

※ 정리: 노무법인 천지

※ 2025년(10월 27일) 기준 작성, 2026년 변경가능

2026년 HR일지

월	주요 내용
1월	◦ 시무식 ◦ 전년도 인력백서 발간 ◦ 임원 인사관리 ◦ 조직개편 ◦ 연차휴가 사용계획 접수 ◦ 연차휴가비 정산 ◦ 전년도 성과평가 및 보상 ◦ 임금조정 워크숍 – 지급여력 확인 ◦ 승진·승격 실시 – 인력운영 계획 확인 ◦ 교육프로그램 안내
2월	◦ 임금 및 단체교섭 준비 – 사전조율기능 확대 ◦ 확정개산보험료 신고 준비 ◦ 연봉평가·호봉승급 결정 ◦ 연말정산 신고 ◦ 저성과자 점검
3월	◦ 전년도 임금분석 ◦ 임금 및 단체교섭 진행 – 임금인상 작업 ◦ 1/4분기 노사협의회 – 임금·복리후생 조정 ◦ 4대 사회보험 신고 및 납부 ◦ 산재보험료 정산 ◦ 연봉계약 실시 – 계약 거부자 확인 ◦ 상반기 채용시장 분석 및 계획 확정
4월	◦ 상반기 채용공고 ◦ 1/4분기 실적 점검 ◦ 근로자 건강검진 – 검진결과 피드백 ◦ 성희롱 예방교육 – 쌍방향 교육 실시 ◦ 현장관리자 교육 – 관리자 리더십 제고 ◦ 건강보험료 정산

5월	• 근로자의 날 행사 • 가정의 달 행사 • 조직활성화 프로그램 운영 – 노사협의회 운영 • 현장중심 인사 – 현장 정기방문 • 노사공동 워크숍 – 과제 발굴 및 개선 • 임금교섭 종료 • 인사제도 및 관행 점검 • 상반기 채용진행
6월	• 상반기 채용확정 – 입사 전 관리 • 2/4분기 노사협의회 – 제도·개선 협의 • 상반기 성과평가 • 현장지원시스템 가동 – 현장관리자와 공동워크숍 실시 • 집단성과 평가 • 신입사원 교육 • 건강검진 안내 • 상반기 연차사용현황 통보 • 하계휴가 일정 안내
7월	• 하계휴가 준비 – 근무 스케쥴 관리 • 연장 근로시간 점검 • 하절기 안전대책 점검 • 연차사용 촉진
8월	• 하계휴가 실적관리 – 휴가소진계획 수립 • 하계 조직활성화 행사준비 – 노사협의회 공동진행 • 4대 사회보험 신고 및 납부 • 하반기 채용계획 확정
9월	• 하반기 채용 준비– 인력확정, 채용공고, 캠퍼스리크루팅 등 • 3/4분기 노사협의회 – 근로조건 등 협의 • 추석 휴일 대책 – 대휴, 선물 등 협의 • 직원 만족도 조사 – 근무환경, 의식조사 및 분석 • 조직활성화 행사 – 동호회 경진대회 등
10월	• 하반기 채용진행 – 모집, 채용확정, 입사 전 관리 • 현장관리자 교육 • 차년도 교육계획 수립 • 능력평가, 역량평가 실시 • 차년도 인력계획 확정(인력·인건비)

11월	◦ 차년도 조직개편 준비 ◦ 차년도 정년퇴직자 점검 ◦ 차년도 승진계획 수립 ◦ 차년도 목표수립 워크숍 ◦ 사내근로복지기금 출연 협의 ◦ 조직별 성과평가 ◦ 임원 평가
12월	◦ 차년도 목표수립 확정 ◦ 차년도 인력, 인건비 계획 확정 ◦ 승진심의 및 발표 ◦ 송년행사 및 계층별 간담회 ◦ 연말정산 안내 ◦ 연말 시상 및 상여·인센티브 지급 ◦ 신입사원 입문교육 ◦ 차년도 교육계획 확정 ◦ 4/4분기 노사협의회 ◦ 종무식

※ 본 HR Calendar는 표준 매뉴얼이므로 貴社 상황에 따라 조정하여 운영하시기 바랍니다.

2026 실무 노동소법전

초판인쇄 2026년 1월 21일
초판발행 2026년 2월 12일

최초발행 1994년 1월 10일

발 행 인 김남진
편 집 자 안상길 · 이지훈 · 최가영

발 행 처 중앙경제

등 록 1980년 6월 21일 제2-66호
주 소 서울시 중구 다산로 11길 19
(신당2동 355-8) 백석빌딩 신관
전 화 (02)2231-7293(代)
팩 스 (02)2235-5344
홈페이지 www.elabor.co.kr

ISBN 978-89-7017-578-2 (10360)

정가 : 38,000원